Wurzel/Schraml/Becker
Rechtspraxis der kommunalen Unternehmen

Rechtspraxis der kommunalen Unternehmen

Herausgegeben von

Dr. Gabriele Wurzel
Rechtsanwältin,
Staatssekretärin a. D., Bonn/Köln

Dr. Alexander Schraml
Vorstand des Kommunalunternehmens
des Landkreises Würzburg

Dr. Ralph Becker
Rechtsanwalt/Fachanwalt für Steuerrecht,
Frankfurt/Main

3. Auflage 2015

C.H.BECK

Zitiervorschlag:
Rechtspraxis KommUntern/*Bearbeiter* Kap. ... Rn. ...
oder
Gaß in: Wurzel/Schraml/Becker, Rechtspraxis KommUntern, Kap. ... Rn. ...

www.beck.de

ISBN 978 3 406 66160 0

Wilhelmstraße 9, 80801 München

Druck: Beltz Bad Langensalza GmbH
Neustädter Straße 1–4, 99947 Bad Langensalza

Satz: ottomedien
Heimstättenweg 52, 64295 Darmstadt

Gedruckt auf säurefreiem, alterungsbeständigem Papier
(hergestellt aus chlorfrei gebleichtem Zellstoff)

Bearbeiterverzeichnis

Dr. Ralph Becker	Rechtsanwalt/Fachanwalt für Steuerrecht, Frankfurt/Main
Gerhard Bissinger	Revisionsrat beim Bayerischen Kommunalen Prüfungsverband, München
Dr. Angelika Eck	Oberregierungsrätin im Bayerischen Staatsministerium der Finanzen, München
Prof. Dr. Dirk Ehlers	Universität Münster
Alfred Faßbender	Kämmerer der Stadt Bergheim
Dr. Andreas Gaß	Verwaltungsdirektor beim Bayerischen Gemeindetag, München
Dr. Reiner Gay	Steuerberater, Nürnberg
Dr. Christoph Häusler	Geschäftsführer des Regensburger Verkehrsverbundes RVV
Prof. Dr. Hans-Günter Henneke . .	Hauptgeschäftsführer des Deutschen Landkreistages, Berlin
Christoph Heppekausen	Leiter der Stabstelle Recht der Bayerischen Krankenhausgesellschaft e.V., München
Axel Keilhold	Referent beim Kommunalen Arbeitgeberverband Brandenburg
Dr. Otto Korte, M.B.L.	Abteilungsleiter Rechtsberatung beim Deutschen Genossenschafts- und Raiffeisenverband, Berlin
Ingo Leppelmeier	Rechtsdirektor der Stadt Bergheim
Miriam Marnich	Referatsleiterin beim Deutschen Städte- und Gemeindebund, Berlin
Dr. Christoph Naendrup LL.M . .	Rechtsanwalt, Köln
Anka Neudert	Steuerberaterin, Nürnberg
Dr. Wolfgang Neutz	Hauptgeschäftsführer des Städtetages Rheinland-Pfalz, Mainz (1. und 2. Auflage)
Florian Orlitsch	Oberregierungsrat beim Bayerischen Staatsministerium der Finanzen, München
Udo Schneider	Präsident des Verwaltungsgerichts, Meiningen
Dr. Alexander Schraml	Vorstand des Kommunalunternehmens des Landkreises Würzburg
Holger Schröder	Rechtsanwalt, Nürnberg
Linda Wagner	Referentin für Abfallwirtschaft und Stadtreinigung Verband kommunaler Unternehmen, Büro Brüssel
Dr. Werner Weber	Revisionsdirektor beim Bayerischen Kommunalen Prüfungsverband, München
Dr. Sonja Witte	Bereichsleiterin Grundsatz und Europa Verband kommunaler Unternehmen, Büro Berlin
Dr. Gabriele Wurzel	Rechtsanwältin, Staatssekretärin a. D., Bonn/Köln

Vorwort zur 3. Auflage

Fragen der Rechtspraxis kommunaler Unternehmen sind im Zuge der Modernisierung der öffentlichen Verwaltung und Wirtschaft von weiter zunehmender Bedeutung.

Kaum eine kommunale Gebietskörperschaft kann sich dieser Problemstellung entziehen. Einerseits sind gerade kleinere kommunale Gebietskörperschaften aufgrund neuerer wirtschaftlicher Entwicklungen nicht selten gezwungen, die Art und Weise der Erbringung kommunaler Leistungen auf den Prüfstand zu stellen.

Andererseits sehen viele Städte, Kreise und Gemeinden in der wirtschaftlichen Betätigung angesichts zunehmend knapper finanzieller Ressourcen die Möglichkeit, sich zusätzliche Einnahmen zu verschaffen oder auch klassische Aufgaben der Daseinsvorsorge wirtschaftlicher zu erbringen.

Auch neue Formen der Zusammenarbeit – sei es bei interkommunalen Kooperationen von Gebietskörperschaften oder zwischen kommunalen und privaten Unternehmen – gewinnen zunehmend an Bedeutung; dies beinhaltet für Praktiker in den Kommunalverwaltungen oder den örtlichen Gremien nicht selten bisher ungekannte, neuartige Herausforderungen.

Seit einiger Zeit ist eine Entwicklung feststellbar, dass Kommunen sich über ihren angestammten Aufgabenbereich der Daseinsvorsorge und der Kommunalwirtschaft hinaus in den unterschiedlichsten Formen wirtschaftlich betätigen. Die Kommunalverfassungen in den Ländern räumen den Kommunen dazu zahlreiche Handlungsmöglichkeiten ein, setzen andererseits aber auch mehr oder weniger klare Grenzen. Die Handlungsspielräume wurden auf dem Feld der wirtschaftlichen Betätigung in den letzten Jahren im Zuge der Neufassung kommunaler Regelwerke teils erweitert, zumindest aber neuen Gegebenheiten angepasst. Nicht übersehen werden darf in diesem Zusammenhang auch der stets wachsende Einfluss europarechtlicher Regelungen auf die kommunale Ebene.

In diesem Umfeld soll das vorliegende Handbuch Orientierung geben. Es geht nicht darum, ein weiteres Studienbuch auf den Markt zu bringen. Zielsetzung ist vielmehr, eine Entscheidungshilfe für Praktiker in den Kommunalverwaltungen und den kommunalen Vertretungen vor Ort zur Verfügung zu stellen. Fachleute aus unterschiedlichen Tätigkeitsbereichen haben an diesem Handbuch mitgewirkt, so dass die jeweiligen Gebiete von ausgewiesenen Spezialisten bearbeitet wurden. Für die Nutzer lassen sich die Gesamtzusammenhänge aufgrund von Querverweisen zu anderen Kapiteln leicht erschließen.

Anliegen der Herausgeber war und ist es, dass sich durch den engen Praxisbezug der einzelnen Beiträge die wesentlichen Fragestellungen der aktuellen Rechtsprobleme kommunaler Unternehmen in diesem Handbuch wiederfinden.

Im ersten Teil stehen die Rahmenbedingungen kommunalwirtschaftlicher Betätigung im Mittelpunkt, wobei zunächst die Rolle der Kommunen als Unternehmer dargestellt wird, bevor das Augenmerk auf den stetig wachsenden Einfluss des Europäischen Rechts sowie auf verfassungsrechtliche Vorgaben gelenkt wird. Schließlich sind in diesem Zusammenhang die kommunalrechtlichen Rahmenbedingungen zu nennen.

Im weiteren Verlauf werden dann die unterschiedlichen Rechts- und Betriebsformen abgehandelt. In der dritten Auflage wurde dieses Kapitel um die Personengesellschaften und die Genossenschaft ergänzt. Diese traditionellen Rechts- und Betriebsformen werden in zunehmendem Maße auch von Kommunen genutzt und erleben aufgrund ihrer besonderen internen Verfassung und ihrer Zielsetzung derzeit eine Renaissance.

Breiten Raum nimmt im Folgenden das Rechnungs-, Berichts- und Prüfungswesen ein, dem sich – seit dieser Auflage – das Kapitel „Compliance (Public Governance)" anschließt. Die Beachtung der Rechtsvorschriften, im Grunde eine Selbstverständlichkeit, sowie interner, freiwilliger und ethischer Regeln ist nicht nur in der privaten Wirtschaft (zu Recht) Gegenstand der Diskussion. Im Gegenteil: Gerade öffentliche Unternehmen trifft hier eine besondere Verantwortung.

Gegenstand der weiteren Kapitel sind die für die kommunalwirtschaftliche Betätigung maßgeblichen Auswirkungen des Beamten- und Arbeitsrechts, des Steuerrechts, des Vergaberechts sowie des Kartell- und Wettbewerbsrechts, bevor schließlich die Entscheidungskriterien für die Wahl einer Rechtsform dargestellt werden.

Der mit der zweiten Auflage eingeschlagene Weg, das Werk um weitere spartenspezifische Beiträge zu ergänzen, wird fortgesetzt. Der øffentliche Personennahverkehr, die Kultur, die Abfallentsorgung und das Krankenhauswesen sind Bereiche, in denen Kommunen die Vielfalt der ihnen möglichen Rechts- und Betriebsformen nutzen. Während im Beitrag „Krankenhaus" in erster Linie die aktuellen rechtlichen Rahmenbedingungen kommunaler Kliniken in der Rechtsform eines Kommunalunternehmen (Anstalt des öffentlichen Rechts) beschrieben werden, stellen die Autoren der Kapitel „Abfallentsorgung" und „Kultur" einen konkreten Umorganisationsprozess aus der Sicht daran beteiligter Praktiker dar mit dem Ziel, anderen konkrete Hilfestellungen für vergleichbare Entscheidungsprozesse zu geben. Der Beitrag zum Öffentlichen Personennahverkehr stellt sowohl die ÖPNV-Rechtslage als auch kommunale Umsetzungsmodelle dar. Neu hinzugekommen ist ein Kapitel zum europäischen Abfallrecht, das zeigt, wie stark auch Hoheitsbereiche mittlerweile vom EU-Recht geprägt sind.

Neben der Darstellung grundlegender Strukturen und Hilfestellungen für die Problemlösung im Bereich kommunaler Unternehmen haben daneben auch vergleichende Erfahrungswerte für die Beurteilung und Bewertung der in den einzelnen Abschnitten aufgeworfenen Fragestellungen Eingang gefunden. Somit liegt eine fundierte Basis für die Lösung vielfältigster Probleme auf dem Feld des kommunalen Wirtschaftsrechts vor. Mit dem Buch werden den Nutzern vielfältige Entscheidungskriterien zur Verfügung gestellt, die sie im Rahmen notwendiger Abwägungsprozesse als Entscheidungshilfe heranziehen können. Darüber hinaus werden die Vor- und Nachteile der unterschiedlichen Rechtsformen dargestellt sowie die vorhandenen unterschiedlichen rechtlichen Rahmenbedingungen plausibel gemacht.

Die Herausgeber und Autoren des Handbuches sind auch weiterhin offen und dankbar für kritische Anmerkungen, konkrete sachorientierte Ergänzungen oder Verbesserungsvorschläge, die im Interesse der Nutzer zur Optimierung des Handbuchs beitragen können.

Bonn/Köln, Würzburg, Worms im September 2014

Dr. Gabriele Wurzel
Prof. Dr. Alexander Schraml
Dr. Ralph Becker

Geleitwort

Dr. Ulrich Maly
Präsident des Deutschen Städtetages und Oberbürgermeister der Stadt Nürnberg

Die Erbringung zahlreicher Aufgaben der Daseinsvorsorge durch kommunale und öffentliche Einrichtungen hat in unserer Gesellschaft eine bewährte Tradition. Bereits vor 150 Jahren etablierte sich die Erbringung von Leistungen für die Bürgerinnen und Bürger durch Kommunen. Schon im Jahr 1926 positionierte sich der Deutsche Städtetag dazu und stellte in seiner Denkschrift „Städte, Staat, Wirtschaft" fest: „Die Gemeinden betätigen sich wirtschaftlich, nicht um mit ihren Bürgern und Steuerzahlern in Wettbewerb zu treten, sondern um öffentliche Pflichten zu erfüllen. [...] So dient ihre wirtschaftliche Betätigung der Fürsorge für die breiten Schichten der Bevölkerung. Gas, Wasser und Elektrizität sind für viele unentbehrliche Lebensbedürfnisse, deren sichere und angemessene Befriedigung heute mehr denn je öffentliche Aufgabe ist."

Die Position des Städtetages, dass die Kommunen und nicht der Einzelne für bestimmte Leistungen und Güter Verantwortung trägt, wurde mit der Einführung des Begriffs der Daseinsvorsorge durch Ernst Forsthoff nach und nach in das Verwaltungsrecht übernommen. Dieser Grundgedanke findet sich heute als Garantie der kommunalen Selbstverwaltung in Art. 28 Abs. 2 des Grundgesetzes und gewährleistet den Kommunen das Recht, alle Angelegenheiten der örtlichen Gemeinschaft im Rahmen der Gesetze in eigner Verantwortung zu regeln. Der Deutsche Städtetag vertritt als Stimme der Städte aktiv eben diese, im Grundgesetz verankerte, Garantie der kommunalen Selbstverwaltung sowie die Interessen der Städte gegenüber Bund, Ländern, Europäischer Union, staatlichen und nichtstaatlichen Institutionen sowie Verbänden.

Innerhalb der EU bestehen in den Mitgliedstaaten sehr unterschiedliche, lange gewachsene Traditionen der Erbringung von Daseinsvorsorgeleistungen. Bei der Erbringung dieser Leistungen sind die Kommunen innerhalb der EU an den Vertrag von Lissabon gebunden. Dieser stellt dennoch fest, dass es in die Zuständigkeit der Mitgliedstaaten fällt, Dienste von allgemeinem wirtschaftlichem Interesse im Einklang mit den Verträgen zur Verfügung zu stellen, in Auftrag zu geben und zu finanzieren. Das dem Vertrag von Lissabon beigefügte Protokoll Nr. 26 betont sogar die wichtige Rolle und den weiten Ermessensspielraum der nationalen, regionalen und lokalen Behörden in der Frage, wie Dienste von allgemeinem wirtschaftlichem Interesse auf eine den Bedürfnissen der Nutzer so gut wie möglich entsprechende Weise zur Verfügung zu stellen, in Auftrag zu geben und zu organisieren sind.

Trotz dieser allgemeinen Rahmenbedingungen bei der Erbringung öffentlicher Dienstleistungen, für die sich der Städtetag seit jeher eingesetzt hat, ist die Erbringung von Dienstleistungen der Kommunen innerhalb der Europäischen Union vielfältigen Regelungen unterworfen, welche die Handlungsfreiheit der Kommunen begrenzen. Dabei spielen die Überwachung staatlicher Beihilfen durch das EU-Wettbewerbsrecht sowie das Vergaberecht für die Kommunen eine besondere Rolle, da diese Regulierungen die Erbringung öffentlicher Dienstleistungen nachdrücklich determinieren.

Die EU-Kommission greift im Bereich Beihilfen und Dienstleistungen von allgemeinem wirtschaftlichen Interesse zunehmend in kommunale Aufgabenfelder ein. Die europäischen Wettbewerbsregeln berücksichtigen nicht ausreichend, dass die Kommunen Flexibilität bei der Entscheidung benötigen, wie sie die von ihnen gegenüber ihren Bürgerinnen und Bürgern verantworteten Leistungen erbringen, organisieren und finanzieren.

Kommunale Dienstleistungen werden traditionell in Deutschland in unterschiedlichen Rechtsformen erbracht. Somit kann bei der Wahl der Rechtsform abgewogen werden, welche Organisationsform eine bestmögliche Erfüllung der Ziele sicherstellt. Darüber hinaus werden viele kommunale Aufgaben traditionell in interkommunaler Zusammenarbeit erbracht. Zudem haben sich manche Kommunen entschieden, private Dritte mit der Aufgabenwahrnehmung zu betrauen, diese an kommunalen Unternehmen zu beteiligen oder Öffentlich-Private-Partnerschaften einzugehen. In Deutschland gibt es somit eine breite Palette unterschiedlicher Formen der Aufgabenwahrnehmung, die auf die jeweilige lokale Situation und Aufgabe abgestellt ist.

Die Vorgaben seitens der EU führen zu erheblichen Unsicherheiten in den Kommunen und zu Konflikten mit den unterschiedlichen Gepflogenheiten und den einzelstaatlichen Rahmenbedingungen bei der Erbringung von Daseinsvorsorgeleistungen. Gleichwohl sind die deutschen Kommunen davon überzeugt, dass die kommunale Daseinsvorsorge und das europäische Wettbewerbsrecht sich nicht ausschließen. Dafür ist jedoch in vielerlei Hinsicht eine EU-Wettbewerbspolitik erforderlich, welche die Gemeinwohlinteressen für eine verlässliche und leistungsfähige Daseinsvorsorge besser mit den wirtschaftlichen Interessen in einem einheitlichen Binnenmarkt in Einklang bringt.

Auch die sich durch das Vergaberecht ergebenden Einschränkungen der Organisationsfreiheit der kommunalen Unternehmen konnten bisher trotz erheblicher Bemühungen des Deutschen Städtetags sowie der anderen kommunalen Spitzenverbände im Zuge der Novelle des europäischen Vergaberechts nicht völlig behoben werden. Zwar konnte für den Anwendungsbereich der Inhousegeschäfte eine Öffnung erreicht werden, so dass eine derartige Vergabe unter bestimmten Umständen auch dann ausschreibungsfrei möglich ist, wenn privates Kapital an dem Unternehmen beteiligt ist. Leider konnte für die interkommunale Zusammenarbeit das von den kommunalen Spitzenverbänden geforderte Ziel der völligen Freistellung vom Vergaberecht jedoch nicht erreicht werden. Hier bedarf es somit weiterhin erheblicher Bemühungen gegenüber Kommission und Parlament.

So bedeutet die vorliegende Neuauflage des Handbuches – besonders vor dem Hintergrund der immerwährenden Aktualität dieser Themen sowie der fortdauernden Entwicklung und Anpassung der Rechtslage an die Urteile des Europäischen Gerichtshofes – einen großen Nutzen. Die hohe Geschwindigkeit an Veränderungen und erforderlichen Anpassungen an das Rechtssystem – besonders auf europäischer Ebene – stellen eine Herausforderung für Kommunen sowie kommunale Unternehmen dar und machen deutlich, was diese zu leisten haben. Somit begrüße ich besonders in der steigenden Schnellebigkeit heute die aktuelle Auflage mit hoher Gültigkeit. Ein Standardwerk für Kommunen.

Inhaltsübersicht

Abkürzungsverzeichnis

a. A.	anderer Ansicht
a. M.	anderer Meinung
ABl.	Amtsblatt
Abs.	Absatz
a.Chr. n.	ante Christum natum (vor Christus)
AEG	Allgemeines Eisenbahngesetz
AG	Amtsgericht
ALR	Allgemeines Landrecht für die Preußischen Staaten von 1794
ÄndG	Änderungsgesetz
Anh.	Anhang
Anm.	Anmerkung
AöR	Archiv des öffentlichen Rechts (Zeitschrift)
ArbStättV	Arbeitsstättenverordnung
Art.	Artikel
Aufl.	Auflage
ausgen.	ausgenommen
AVO	Ausführungsverordnung
Az.	Aktenzeichen
Banz	Bundesanzeiger
BauGB	Baugesetzbuch
BauNVO	Baunutzungsverordnung
BauO	Bauordnung
BauR	Zeitschrift für das gesamte öffentliche und zivile Baurecht
Bay	Bayern
BayGO	Gemeindeordnung für den Freistaat Bayern
BayObLG	Bayerisches Oberstes Landesgericht
BayVBl.	Bayerische Verwaltungsblätter (Zeitschrift)
BayVerfGH	Bayerischer Verfassungsgerichtshof
BayVGH	Bayerischer Verwaltungsgerichtshof
Bbg	Brandenburg
Bd.	Band
Bek.	Bekanntmachung
best.	bestimmte
BGB	Bürgerliches Gesetzbuch
BGBl.	Bundesgesetzblatt
BGH	Bundesgerichtshof
BGHZ	Entscheidungen des Bundesgerichtshofes in Zivilsachen
BImSchG	Gesetz zum Schutz vor schädlichen Umwelteinwirkungen durch Luftverunreinigungen, Geräusche, Erschütterungen und ähnliche Vorgänge (Bundes-Immissionsschutzgesetz)
BImSchV	Verordnung zur Durchführung des Bundes-Immissionsschutzgesetzes
bish.	bisherig
Bln	Berlin
BM	Bundesminister (Bundesministerium)
BNatSchG	Gesetz über Naturschutz und Landschaftspflege (Bundesnaturschutzgesetz)
BR-Drs.	Bundesratsdrucksache
Brem	Bremen
BT-Drs.	Bundestagsdrucksache
Buchholz	Sammel- und Nachschlagewerk der Rechtsprechung des BVerwG
Buchst.	Buchstabe

Abkürzungsverzeichnis

BVerfG	Bundesverfassungsgericht
BVerwG	Bundesverwaltungsgericht
BW	Baden-Württemberg
BW VGH	Verwaltungsgerichtshof Baden-Württemberg
BWVBl.	Baden-Württembergisches Verwaltungsblatt (Zeitschrift)
ChE	Verfassungsentwurf Herrenchiemsee
DAR	Deutsches Autorecht
Def.	Definition
ders.	derselbe
dies.	dieselbe
DIN	Deutsche Industrie Norm
DÖV	Die Öffentliche Verwaltung (Zeitschrift)
Drs.	Drucksache
DVBl.	Deutsches Verwaltungsblatt (Zeitschrift)
DVO	Durchführungsverordnung
E	Entscheidungssammlung
EG	Europäische Gemeinschaft
EGBGB	Einführungsgesetz zum Bürgerlichen Gesetzbuch
Einl.	Einleitung
Erl.	Erlass
f., ff.	die folgende(n) Seite(n) (oder Rn.)
Fn.	Fußnote
FStrG	Bundesfernstraßengesetz
Fundstelle	Die Fundstelle. Erläuterungen und Fundstellennachweise zu allen Vorschriften für die Bayer. Gemeindeverwaltung (Zeitschrift)
G	Gesetz
GBl./GVBl./GV/GVOBl.	Gesetz- (und Verordnungs)blatt
gem.	gemäß
GemO RhPf	Gemeindeordnung Rheinland-Pfalz
G(er)OrgG	Gerichtsorganisationsgesetz
GewArch	Gewerbearchiv (Zeitschrift)
GFZ	Geschossflächenzahl
GG	Grundgesetz
GMBl.	Gemeinsames Ministerialblatt
GO	Gemeindeordnung
GVS	Gesetz- und Verordnungssammlung
h. M.	herrschende Meinung
Hamb.	Hamburg
Hess.	Hessen
Hess VGH	Hessischer Verwaltungsgerichtshof
HS	Halbsatz
i.d.F.(d.)	in der Fassung (des/der)
i.d.R.	in der Regel
i.S.	im Sinne
i.V.m.	in Verbindung mit
insbes.	insbesondere
JVBl.	Justizverwaltungsblatt
JZ	Juristenzeitung (Zeitschrift)

KommP BW . . . . Kommunale Praxis Ausgabe Baden-Württemberg (Zeitschrift)
KommP BY . . . . Kommunale Praxis Ausgabe Bayern (Zeitschrift)
KommP N . . . . Kommunale Praxis Ausgabe Niedersachsen (Zeitschrift)
krit. kritisch

LKV . . . . Landes- und Kommunalverwaltung, Verwaltungssachen. Zeitschrift für die Länder Berlin, Brandenburg, Mecklenburg-Vorpommern, Sachsen, Sachsen-Anhalt und Thüringen
LS . . . . Leitsatz

m.w.N. . . . . mit weiteren Nachweisen
MBliV . . . . Ministerialblatt der inneren Verwaltung
MinBl./MBl. . . . . Ministerialblatt
M-V . . . . Mecklenburg-Vorpommern

n. F. neue Fassung
Nds. Niedersachsen
NdsVBl. . . . . Verwaltungsblätter für Niedersachsen
NF . . . . Neue Folge
NJW . . . . Neue Juristische Wochenschrift (Zeitschrift)
NordÖR . . . . Öffentliches Recht (Zeitschrift)
NRW . . . . Nordrhein-Westfalen
NuR . . . . Natur und Recht (Zeitschrift)
NVwZ. . . . . Neue Zeitschrift für Verwaltungsrecht
NVwZ-RR . . . . NVwZ-Rechtsprechungsreport (Zeitschrift)
NWVBl. . . . . Verwaltungsblätter für Nordrhein-Westfalen
NZV . . . . Neue Zeitschrift für Verkehrsrecht

o.J. ohne Jahr
OLG . . . . Oberlandesgericht
ÖPNV. . . . . öffentlicher Personennahverkehr
öR . . . . öffentliches Recht, öffentlich-rechtlich
OVG Bbg. . . . . Oberverwaltungsgericht für das Land Brandenburg
OVG Bln. . . . . Oberverwaltungsgericht Berlin
OVG Brem. . . . . Oberverwaltungsgericht der Freien Hansestadt Bremen
OVG Hamb. . . . . Hamburgisches Oberverwaltungsgericht
OVG M-V . . . . Oberverwaltungsgericht Mecklenburg-Vorpommern
OVG Nds. . . . . Niedersächsisches Oberverwaltungsgericht
OVG NRW . . . . Oberverwaltungsgericht für das Land Nordrhein-Westfalen
OVG Rh-Pf. . . . . Oberverwaltungsgericht Rheinland-Pfalz
OVG Saar . . . . Oberverwaltungsgericht des Saarlandes
OVG Sachs. . . . . Sächsisches Oberverwaltungsgericht
OVG Sachs-Anh. . . . . Oberverwaltungsgericht des Landes Sachsen-Anhalt
OVG Schl-H. . . . . Schleswig-Holsteinisches Oberverwaltungsgericht
OVG Thür. . . . . Thüringer Oberverwaltungsgericht
OWiG . . . . Gesetz über Ordnungswidrigkeiten

PBefG . . . . Personenbeförderungsgesetz
p.Chr.n. . . . . post Christum natum (nach Christus)
Pkt. Punkt (als Gliederung)
pr. . . . . preußisch
PrALR, prALR . . . . Allgemeines Landrecht für die Preußischen Staaten von 1794
PrGS . . . . Preußische Gesetzessammlung
PrOVG . . . . Preußisches Oberverwaltungsgericht
PrVBl. . . . . Preußisches Verwaltungsblatt

RdErl. . . . . Runderlass
RdL . . . . Recht der Landwirtschaft (Zeitschrift)

RE, RegE	Regierungsentwurf
RegBl.	Regierungsblatt
RG	Reichsgericht
RGBl.	Reichsgesetzblatt
RheimstG	Reichheimstättengesetz
Rh-Pf.	Rheinland-Pfalz
RL	Richtlinie
Rn.	Randnummer(n)
Rspr.	Rechtsprechung
RuPrVBl.	Reichs- und Preußisches Verwaltungsblatt
RVBl.	Reichsverwaltungsblatt
RVO	Rechtsverordnung
s.(o.) (u.)	siehe (oben) (unten)
S.	Seite oder Satz
Saar	Saarland
Sachs	Sachsen
Sachs-Anh	Sachsen-Anhalt
SächsVBl.	Sächsische Verwaltungsblätter (Zeitschrift)
Schl.-H	Schleswig-Holstein
StAnz.	Staatsanzeiger
StPO	Strafprozessordnung
StVG	Straßenverkehrsgesetz
StVO	Straßenverkehrsordnung
Thür.	Thüringen
ThürBO	Thüringer Bauordnung
ThürVBl.	Thüringer Verwaltungsblätter (Zeitschrift)
TÜV	Technischer Überwachungs-Verein
u.Ä.	und Ähnliches
u. a.	und andere, unter anderem
udgl.	und dergleichen
u.U.	unter Umständen
UPR	Umwelt- und Planungsrecht (Zeitschrift)
Urt.	Urteil
usw.	und so weiter
UVP	Umweltverträglichkeitsprüfung
UVPG	Gesetz über die Umweltverträglichkeitsprüfung
v.a.	vor allem
VA	Verwaltungsakt
VB	Verwaltungsbehörde
VerfGH	Verfassungsgerichtshof
VerwArch.	Verwaltungsarchiv
VerwRspr.	Verwaltungsrechtsprechung in Deutschland
VG	Verwaltungsgericht
VGG	Verwaltungsgerichtsgesetz
VGH	Verwaltungsgerichtshof (s. auch bei den Ländern)
vgl.	vergleiche
VO	Verordnung
vorüberg.	vorübergehend
VRS	Verkehrsrechts-Sammlung
VVDStRL	Veröffentlichung der Vereinigung der Deutschen Staatsrechtslehrer
VwGO	Verwaltungsgerichtsordnung
VwRR BY	Verwaltungsrechtsreport Bayern (Zeitschrift)

VwRRMO . . . . VerwaltungsRechtsReport MO
Aktuelle Rechtsprechung für die Verwaltungspraxis. Ausgabe Brandenburg, Mecklenburg-Vorpommern, Sachsen, Sachsen-Anhalt, Thüringen (Zeitschrift)
VwVfG . . . . Verwaltungsverfahrensgesetz (ohne Landesadjektiv: VwVfG des Bundes)
VwZG . . . . Verwaltungszustellungsgesetz

WaStrG . . . . Wasserstraßengesetz
WEG. Gesetz über das Wohnungseigentum und das Dauerwohnrecht
WG. . . . . Wassergesetz
WHG . . . . Wasserhaushaltsgesetz
WRV. Weimarer Reichsverfassung

z. B. zum Beispiel
z. T. zum Teil
ZfBR . . . . Zeitschrift für deutsches und internationales Baurecht
ZfW . . . . Zeitschrift für Wasserrecht
ZMR . . . . Zeitschrift für Miet- und Raumrecht
ZPO . . . . Zivilprozessordnung
ZRP . . . . Zeitschrift für Rechtspolitik
ZTR . . . . Zeitschrift für Tarif-, Arbeits- und Sozialrecht des öffentlichen Dienstes
ZUR. Zeitschrift für Umweltrecht

Literaturverzeichnis

(siehe auch die Literaturhinweise bei den einzelnen Kapiteln)

Badura	Staatsrecht, 5. Aufl. 2012
Bauer	Genossenschafts-Handbuch, Stand: April 2014
Bauer/Böhle/Ecker	Bayerische Kommunalgesetze, Kommentar, Loseblatt, Stand: April 2013
Bauer/Büchner/Hajasch (Hrsg.)	Rekommunalisierung öffentlicher Daseinsvorsorge, KWI Schriften 6, 2012
Baumbach/Hopt (Hrsg.)	Handelsgesetzbuch mit GmbH & Co, 36.Aufl. 2014
Baumbach/Hueck	GmbH-Gesetz, Kommentar, 20. Aufl. 2013
Bechtold	Kartellgesetz, GWB-Kommentar, 7. Aufl. 2013
Beck'sches Handbuch der GmbH, Gesellschaftsrecht, Steuerrecht	5. Aufl. 2014
Berger	Staatseigenschaft gemischtwirtschaftlicher Unternehmen, 2006
Berger/Ellrott/Förschle/Hense/Hoyos/Winkeljohann (Hrsg.)	Beck'scher Bilanzkommentar Handels- und Steuerrecht, 6. Aufl. 2006
Birnstiel/Bungenberg/Heinrich (Hrsg.)	Europäisches Beihilfenrecht, Kommentar, 2013
Blümich	EStG, KStG, GewStG, Kommentar, Loseblatt, Stand: Juni 2014
Boesche	Die zivilrechtsdogmatische Struktur des Anspruchs auf Zugang zu Energieversorgungsnetzen, 2002
Bolsenkötter/Dau/Zuschlag (vormals: Zeiß)	Gemeindliche Eigenbetriebe und Anstalten, 5. Aufl. 2004
Bredemeier/Neffke	BAT/BAT-O, Kommentar, 2. Aufl. 2003
	TVöD/TV-L, Kommentar, 4. Aufl. 2013
Breier/Dassau/Kiefer/Lang/Langenbrinck	TVöD-Kommentar, Tarifvertrag für den öffentlichen Dienst, Loseblatt, Stand: August 2014
Buchna/Seeger/Brox	Gemeinnützigkeit im Steuerrecht, 10. Aufl.2010
Burgi	Neuer Ordnungsrahmen für die energiewirtschaftliche Betätigung der Kommunen, 2010
Cronauge/Knirsch/Kottenberg/von Lennep/Rehn	Gemeindeordnung für das Land Nordrhein-Westfalen, Kommentar, Loseblatt, Stand: März 2014
Cronauge/Westermann	Kommunale Unternehmen, 5. Aufl. 2006
Danner/Theobald (Hrsg.)	Energierecht, Kommentar, Loseblatt, Stand: April 2014
Detig	Die kommunale Anstalt des öffentlichen Rechts als Wirtschaftsförderungsinstitution, 2004
Dötsch/ Pung/Möhlenbrock (Hrsg.)	Körperschaftssteuergesetz, Kommentar, Loseblatt, Stand: August 2014
Dreher/Stockmann	Kartellvergaberecht, 4. Aufl. 2008
Ehlers	Empfiehlt es sich, das Recht der öffentlichen Unternehmen im Spannungsverhältnis von öffentlichem Auftrag und Wettbewerb national und gemeinschaftsrechtlich neu zu regeln?, Gutachten E zum 64. Deutschen Juristentag, 2002
Ehlers/Fehling/Pünder	Besonderes Verwaltungsrecht, Bd. 3 Kommunalrecht, Haushalts- und Abgabenrecht u.a., 3. Aufl. 2013
Eisenblätter	Die extraterritoriale Kommunalwirtschaft, 2007
Ellermann/Gietz	Steuerrecht der Krankenhäuser, 2007

Literaturverzeichnis

Emmerich/Habersack/Sonnenschein .... Konzernrecht, 9. Aufl. 2008
Emmerich .... Kartellrecht, 12. Aufl. 2012
Emmerich .... Unlauterer Wettbewerb, 9. Aufl. 2012
Engel .... Verhandelter Netzzugang, 2002
Erfurter Kommentar zum Arbeitsrecht .... Müller-Glöge/Preis/Schmidt (Hrsg.), 14. Aufl., 2014 (zit. ErfK/Bearbeiter)

Fabry/Augsten (Hrsg.) .... Handbuch Unternehmen der öffentlichen Hand, 2. Aufl. 2002
Fiebig (Hrsg.) .... Kommunale Rechnungsprüfung: Grundlagen - Aufgaben - Organisation, 4. Aufl. 2007
Frenz .... Handbuch Europarecht, Bd. 3, Beihilfe und Vergaberecht, 2007
Frotscher/Maas .... Körperschafts-, Gewerbe- und Umwandlungssteuergesetz, Kommentar, Loseblatt, Stand: 2012

Gabler/Höhlein/Klöckner/Lukas/Oster/Rheindorf/Schaaf//Stubenrauch/Tutschapsky .... Kommunalverfassungsrecht Rheinland-Pfalz, Kommentar, Loseblatt, Stand: September 2013 (zit.: Gabler/Höhlein u.a.)
Gaß .... Die Umwandlung gemeindlicher Unternehmen, 2003
Geib/Gelhausen/Gelhausen ..... WP-Handbuch 2012, Band I: Wirtschaftsprüfung, Rechnungslegung, Beratung
Geis .... Kommunalrecht, 3. Aufl. 2014
Gersdorf .... Öffentliche Unternehmen im Spannungsfeld zwischen Demokratie- und Wirtschaftlichkeitsprinzip, 2000
Graf/Dirnberger/Gaß .... Gemeinden in der Energiewende, 2013

Hauschka .... Corporate Compliance – Handbuch der Haftungsvermeidung im Unternehmen, 2. Aufl. 2010
Held/Winkel (Hrsg.) .... Gemeindeordnung Nordrhein-Westfalen, Kommentar, 3. Aufl. 2014
Held/Winkel/Wansleben (Hrsg.) .. Kommunalverfassungsrecht Nordrhein-Westfalen. Kommentar, Loseblatt, Stand: Dezember 2013
Hellermann .... Örtliche Daseinsvorsorge und gemeindliche Selbstverwaltung, 2000
Henneke/Ritgen .... Kommunales Energierecht, 2. Aufl. 2013
Herrmann/Heuer/Raupach ..... Einkommensteuer- und Körperschaftssteuergesetz, Kommentar, Stand: August 2014
Hertwig .... Praxis der öffentlichen Auftragsvergabe, 5. Aufl.. 2014
Heuvels/Höß/Kuss/Wagner (Hrsg.) Kommentar, Vergaberecht, 2013
Hölzl/Hien/Huber .... Gemeindeordnung mit Verwaltungsgemeinschaftsordnung, LKrO und BezO für den Freistaat Bayern, Kommentar, Loseblatt, Stand: Juni 2014
Hoppe/Uechtritz/Reck (Hrsg.) ... Handbuch Kommunale Unternehmen, 3. Aufl. 2012
Hüffer .... Aktiengesetz, Kommentar, 11. Aufl. 2014

Immenga/Mestmäcker (Hrsg.) ... Wettbewerbsrecht. Bd. 2. GWB, 4. Aufl. 2007
Ipsen (Hrsg.) .... Kommunalwirtschaft im Umbruch, 11. Bad Iburger Gespräche, 2001
Ipsen (Hrsg.) .... Unternehmen Kommune?, 17. Bad Iburger Gespräche, 2007

Jarass .... Kommunale Wirtschaftsunternehmen im Wettbewerb, 2002
Jarass/Pieroth .... Grundgesetz, Kommentar, 13. Aufl. 2014

Kapellmann/Messerschmidt (Hrsg.) VOB Teile A und B, 4. Aufl. 2013
Kirchhof / Söhn / Mellinghoff ... Einkommensteuergesetz, Kommentar, Loseblatt, Stand: Mai 2014

Literaturverzeichnis

Klein/Uckel/Ibler	Kommunen als Unternehmer: Leitfaden für die Gründung, Umwandlung und Führung kommunaler Betriebe, Kommentar, Loseblatt, Stand: Oktober 2012
Knemeyer/Kempen	Kommunales Wirtschaftsrecht, in: Achterberg/Püttner/Würtenberger (Hrsg.), Besonderes Verwaltungsrecht, Band 2, 2. Aufl., 2000
Knieps (Hrsg.)	Warten auf Wettbewerb: ÖPNV in Deutschland, Schriftenreihe B der deutschen Verkehrswissenschaftlichen Gesellschaft, 2007
Köhler/Bornkamm	UWG, Kommentar, 9. Aufl. 2011
Koller/Roth/Morck	Handelsgesetzbuch, Kommentar, 7. Aufl. 2011
KR-Gemeinschaftskommentar zum Kündigungsschutzgesetz. . . .	(zit. KR/Autor), 10. Aufl. 2013
Kulartz/Marx/Portz/Prieß (Hrsg.)	Kommentar zur VOL/A, 3. Aufl. 2014
Kunze/Bronner/Katz	Gemeindeordnung für Baden-Württemberg, Kommentar, 4. Aufl., Loseblatt, Stand: Oktober 2013
Küting/Pfitzer/Weber (Hrsg.) . . .	Handbuch der Rechnungslegung, Kommentar, Loseblatt, 5. Aufl., Stand: Dezember 2013
Lang/Weidmüller	Genossenschaftsgesetz, Kommentar, 37. Aufl. 2011
Lange	Kommunalrecht, 2013
Langner	Die örtliche Begrenzung kommunaler Wirtschaftstätigkeit und die Grundfreiheiten des EG-Vertrages, 2008
Laufs/Kern	Handbuch des Arztrechts, 4. Aufl. 2010
Leible/Lippert/Walter (Hrsg.) . . .	Die Sicherung der Energieversorgung auf globalisierten Märkten, 2007
Leisner.	Staatliche Rechnungsprüfung Privater unter besonderer Berücksichtigung der freien Wohlfahrtspflege, 1990
Lenz/Dettling/Kieser u.a.	Krankenhausrecht, 2007
Limmer (Hrsg.)	Handbuch der Unternehmensumwandlung, 3. Aufl., 2007
Lindner/Möstl/Wolff.	Verfassung des Freistaates Bayern, Kommentar, 2009
Littmann/Bitz/Pust	Das Einkommensteuerrecht, Kommentar, Loseblatt, Stand: 2014
Lutter	Umwandlungsgesetz, Kommentar, 5. Aufl. 2014
Lutter/Hommelhoff (Hrsg.).	GmbH-Gesetz, Kommentar, 18. Aufl. 2012
von Mangoldt /Klein/Starck	GG, Kommentar, Bd. 2 und 3, 6. Aufl. 2010
Mann/Püttner (Hrsg.).	Handbuch der kommunalen Wissenschaft und Praxis, Teil 2 Kommunale Wirtschaft, 3. Aufl. 2011
Montag/Säcker (Hrsg.)	Münchener Kommentar zum Europäischen und Deutschen Wettbewerbsrecht (Kartellrecht), Bd. 3 Beihilfen- und Vergaberecht, 2011
Müller-Wrede	Kommentar zur VOF, 5. Aufl. 2014
Münchner Anwaltshandbuch	Personengesellschaftsrecht, 2. Aufl. 2014; Arbeitsrecht, 3. Aufl. 2012
Münchener Handbuch des Gesellschaftsrechts	Handbuch, Bd. 4, Aktiengesellschaft, 4. Aufl., 2013
Münchener Kommentar zum Aktiengesetz	3. Aufl. 2012
Münchener Kommentar zum GmbHG (Hrsg. Goette/Fleischer) .	2. Aufl. 2014
Ohly/Sonitza (ehemals Köhler/Piper)	UWG, Kommentar, 6. Aufl., 2014
Ohrtmann/Gimnich	Compliance-Praxishandbuch für öffentliche Unternehmen, 2.Aufl. 2013
Ossola-Haring (Hrsg.)	Die GmbH mit kommunaler Beteiligung und die gemeinnützige GmbH, 3. Aufl. 2009

Literaturverzeichnis

Pielow . . . . Grundstrukturen öffentlicher Versorgung, 2001

Poppen . . . . Der Wettbewerb der öffentlichen Hand, 2007

Praxis der Kommunalverwaltung . Sammelwerk (12 Bundesländer), Loseblatt, Stand: 2014

Püttner in; Püttner (Hrsg.) . . . . . . Zur Reform des Gemeindewirtschaftsrechts, 2002

Purzer/Haertle . . . . Das Rechnungswesen der Krankenhäuser, Loseblatt, Stand: Juni 2014

Quecke/Schmid/Menke u.a.. . . . . . Gemeindeordnung für den Freistaat Sachsen, Kommentar, Loseblatt, Stand: 2014

Reich . . . . Beamtenstatusgesetz, Kommentar, 2. Aufl. 2012

Riedmayer/Schraml . . . . Das Kommunalunternehmen – Anstalt des öffentlichen Rechts – Erweiterung kommunaler Handlungsmöglichkeiten, 2000

Rowedder/Schmidt-Leithoff . . . . GmbHG, 5. Aufl. 2013

Schaub/Koch/Linck . . . . Arbeitsrechts-Handbuch, 15. Aufl. 2013

Scheps . . . . Das Örtlichkeitsprinzip im kommunalen Wirtschaftsrecht, 2006

Schmidt . . . . Einkommensteuergesetz, Kommentar, 33. Auflage, 2014

Schreml/Westner/Bauer . . . . Kommunales Haushalts- und Wirtschaftsrecht in Bayern, Handbuch, Loseblatt, Stand: Juni 2014

Schwarze (Hrsg.). . . . . Daseinsvorsorge im Lichte des Wettbewerbsrechts, 2001

Storr . . . . Der Staat als Unternehmer, 2001

Stober/Vogel (Hrsg.) . . . . Wirtschaftliche Betätigung der öffentlichen Hand, 2000

Teplitzky . . . . Wettbewerbsrechtliche Ansprüche und Verfahren, 10. Aufl., 2011

Tettinger/Erbguth/Mann . . . . . . Besonderes Verwaltungsrecht: Kommunalrecht u.a., 11. Aufl. 2012

Trapp/Bolay . . . . Privatisierung in Kommunen – eine Auswertung kommunaler Beteiligungsberichte, 2003

Voppel/Osenbrück/Bubert . . . . . VOF, Kommentar, 3. Aufl. 2012

Wambach (Hrsg.) . . . . Kommunale Unternehmer im Fokus, 2003

Weiß/Niedermaier/Summer/Zängl . . . . Beamtenrecht in Bayern, incl. BeamtStG, Kommentar, Loseblatt, Stand: September 2014

Widmann/Mayer . . . . Umwandlungsrecht, Kommentar, Loseblatt, Stand: 2014

Widtmann/Grasser/Glaser . . . . . . Bayerische Gemeindeordnung, Kommentar, Loseblatt, Stand: Oktober 2014

Wiedemann (Hrsg.). . . . . Handbuch des Kartellrechts, 2. Aufl. 2008

Wieland/Hellermann . . . . Der Schutz des Selbstverwaltungsrechts der Kommunen gegenüber Einschränkungen ihrer wirtschaftlichen Betätigung im nationalen und europäischen Recht, 1995

Wolff/Bachof/Stober/Kluth. . . . . Verwaltungsrecht Band II, 7. Aufl. 2010

Ziekow. Öffentliches Wirtschaftsrecht, 3. Aufl., 2013

Zöllner/Noack Hrsg.) . . . . Kölner Kommentar zum Aktiengesetz, 3. Aufl.

A. Kommunen als Unternehmer?

Übersicht

I. Relevanz und Aktualität der Fragestellung

Sind die Kommunen in der Pflicht, neue Finanzierungsquellen zu suchen, um die Erfüllung defizitärer Aufgaben im Bereich der Daseinsvorsorge zu sichern? Diese Frage wird in vielen Kommunen – in den Städten weit mehr als in den Landkreisen, in größeren Städten weitaus häufiger als in kleineren Gemeinden – bejaht. Es „boomt" in vielen Kommunen seit einiger Zeit die unternehmerische Betätigung in Aufgabenbereichen, die nicht gerade zum klassischen Aufgabenfächer kommunaler Daseinsvorsorgeleistungen für die eigenen Bürger zu zählen sind. Als „Erschließung neuer Geschäftsfelder" ist dieses Phänomen benannt worden; es ist aber vor gut einem Jahrzehnt auch in vielen Kommunen so etwas wie eine Goldgräbermentalität ausgemacht worden, die allerdings in der letzten Zeit weitgehender Ernüchterung gewichen ist. In der Absicht, Gewinne zu erzielen bzw. kommunale Arbeitsplätze zu sichern, geschieht in zahlreichen Kommunen u. a. Folgendes: 1

Kommunen erschließen sich den Telekommunikations- und Multimedia-Markt auch über das Gemeindegebiet hinaus. Kommunale Energieversorgungsunternehmen führen Wartungs- und Instandhaltungsarbeiten durch und beschränken sich bei der Belieferung mit Strom und Gas ebenfalls nicht mehr auf das Gemeindegebiet. Stadtwerke bieten Paketlösungen für Dienstleistungsangebote an, stellen sich als zentrale Dienstleister dar und beteiligen sich an kommunalen Unternehmen in den neuen Ländern. 2

Kommunale Verkehrsbetriebe warten bundesweit ausländische Busse, bieten Fahrzeugreparaturen und sonstige Werkstattleistungen für Dritte im Kfz-Bereich ebenso an, wie sie Autos recyceln und Abschleppdienste vorhalten. Hinzu treten Tourismusdienstleistungen und Ausflugsfahrten, das Betreiben von Taxen, das Vertreiben von Fahrzeugen und die Bereitstellung der eigenen Waschanlage für Außenstehende. Kommunale Wohnungsunternehmen verwalten und verwerten Wohnungen, üben Maklertätigkeiten aus und betreiben einen Umzugsservice. 3

Kommunale Gartenbaubetriebe haben gärtnerische Leistungen im Bereich der privaten Garten- und Grünpflege angeboten, Grünpflanzen verkauft, ökologischen Garten- und Landbau betrieben und sich am Weinbau beteiligt. Kommunale Druckereien bieten Druckarbeiten zu fairen Preisen an und drucken Geburts- und Todesanzeigen ebenso wie Hochzeitseinladungen für Trauungen, die Standesämter als Ambiente-Trauungen gegen Aufpreis veranstalten und für die städtische Kantinen einen Partyservice vorhalten. 4

Städtische Bauhöfe stellen Maschinen und Werkgeräte wie den kommunalen Baukran auch Privaten zur Verfügung. Consulting- und Planungstätigkeiten außerhalb des Ge- 5 meindegebiets, auch im Ausland, werden ebenso angeboten, wie eine Software-Firma, die auch sanitäre Erzeugnisse und dekorative Baumaterialien vertreiben sollte, in Südindien gegründet. Tochtergesellschaften einer kommunalen Messegesellschaft befinden sich in Tokio, Singapur, Chicago und Warschau. Reisebüros, Sonnenstudios, Hotels, Gaststätten und Campingplätze werden betrieben sowie Fahrräder und Sonnenschirme verliehen. Service- und Reinigungsarbeiten werden Privaten genauso von kommunaler Seite angeboten wie Vermessungs- und Katasterleistungen. Auch Nachhilfeunterricht für Schüler durch Volkshochschulen durfte insoweit nicht fehlen.

6 Dagegen beschränkten sich die Kommunen in der Vergangenheit regelmäßig auf die klassischen Bereiche der Ver- und Entsorgungswirtschaft, also auf die Versorgung der örtlichen bzw. kreislichen Bevölkerung mit Strom, Gas, Wasser, Fernwärme und öffentlichem Personennahverkehr, die Entsorgung des Abfalls und Abwassers sowie den Betrieb von Krankenhäusern und Pflegeheimen.

6a Gerade in diesen Bereichen hatten sich die Kommunen seit den 1990er Jahren allerdings verstärkt aus der Eigenproduktion zurückgezogen und vielfach auf Privatisierungen gesetzt. Kommunale Energieversorgungsunternehmen, aber auch Gas- und Wasserwerke sowie Krankenhäuser wurden an private Investoren verkauft. Maßgebliches Privatisierungsmotiv waren in diesen Fällen – abgesehen von der Hoffnung, mit den Verkaufserlösen einen Beitrag zur Sanierung der kommunalen Haushalte leisten zu können – vielfach auch geänderte rechtliche Rahmenbedingungen. Namentlich im Energiesektor stellte sich nach der europarechtlich erzwungenen Liberalisierung der Märkte die Frage nach der Wettbewerbsfähigkeit kommunaler Energieversorgungsunternehmen (dazu noch unten Rn. 18). Auch insoweit ist mittlerweile allerdings eine Trendwende spürbar, für die das Stichwort „Rekommunalisierung" steht.[1] Die Kommunen erschließen sich also nicht nur neue Geschäftsfelder, sie werden auch wieder verstärkt in Bereichen tätig, aus denen sie sich in der jüngeren Vergangenheit bereits zurückgezogen hatten.

1. Hauptmotiv: Unzureichende kommunale Finanzausstattung

7 Fragt man nun zunächst nach den Motiven für die Erschließung neuer Geschäftsfelder, liefert die seit ca. 15 Jahren äußerst schwierige kommunale Finanzlage das Hauptmotiv. Allen vorgenannten neuen Aktivitäten ist gemeinsam, dass sie nicht in erster Linie der Deckung eines Bedarfs der Bevölkerung dienen, sondern primär zur Erzielung von Einnahmen für die kommunalen Haushalte bzw. des Fachbereichsbudgets aufgenommen worden sind. Aber auch für die Rekommunalisierung kann der Erschließung von Einnahmequellen zur Querfinanzierung defizitärer Segmente kommunaler Aufgabenerfüllung ein Motiv sein, wenngleich insoweit auch noch zahlreiche andere Aspekte eine Rolle spielen (dazu unten sub 23a ff.).[2]

8 Unbestreitbar ist, dass die Entwicklung der kommunalen Einnahmen gerade seit Anfang der neunziger Jahre mit der Ausgabenentwicklung im pflichtigen Bereich nicht Schritt gehalten hat. Neben den viele Jahre stagnierenden bzw. rückläufigen und erst in jüngster Zeit wieder ansteigenden Steuereinnahmen ist insbesondere auf ebenfalls stagnierende bzw. sogar rückläufige Kostenerstattungen und Finanzausgleichsleistungen der Länder zu verweisen, so dass bei immer mehr Kommunen selbst bei einem Verzicht auf alle freiwilligen Leistungen auch nach der dramatischen Finanz- und Konjunkturkrise seit Herbst 2008 die laufenden Einnahmen die laufenden Ausgaben nicht zu decken vermögen.

---

[1] Vgl. *Bauer*, Zukunftsthema „Rekommunalisierung", DÖV 2012, 329 ff.; *Budäus/Hilgers*, Mutatis Mutandis: Rekommunalisierung zwischen Euphorie und Staatsversagen, DÖV 2013, 701 ff.; *Leisner-Egensperger*, Rekommunalisierung und Grundgesetz, NVwZ 2013, 1110 ff.; *Christoph Brüning*, (Re-)Kommunalisierung von Aufgaben aus privater Hand – Maßstäbe und Grenzen, VerwArch 100 (2009), 453 ff.; *Burgi*, Privatisierung und Rekommunalisierung aus rechtswissenschaftlicher Sicht, NdsVBl 2012, 225 ff.

[2] *Bauer*, Zukunftsthema „Rekommunalisierung", DÖV 2012, 329, 335.

Die landesverfassungsgerichtliche Rechtsprechung hat zwischen 1995 und 2005 in zahlreichen Ländern zutreffend herausgearbeitet, dass der Anspruch der Kommunen auf eine aufgabenangemessene Finanzausstattung auch bei fehlender Leistungsfähigkeit des Landes die vom Land zu gewährleistende Mindestausstattung nicht unterschreiten darf; insofern ist in den letzten Jahren allerdings eine Trendwende zu Lasten der Kommunen eingetreten. Hierzu hat der *VerfGH Rheinland-Pfalz* jüngst – jedenfalls im Ergebnis – einen erfreulichen Gegenakzent gesetzt.[3] Positiv zu vermerken ist darüber hinaus, dass inzwischen in allen Ländern ein Anspruch der Kommunen auf Belastungsausgleich bei der Übertragung von Aufgaben hinzugetreten ist. Indes hapert es z. T. bei der landesrechtlichen Umsetzung dieser Verfassungsgebote, was von der Verfassungsgerichtsbarkeit in den einzelnen Ländern immer häufiger toleriert worden ist[4]. Diverse Länder lassen ihre Kommunen bei der Finanzierung der ihnen landes-, vor allem aber bundesseitig übertragenen Aufgaben also faktisch schlicht im Stich, was bei zahlreichen Kommunen neben Überlegungen zum Aufgabenabbau und zur Effizienzsteigerung auch Betrachtungen zur Erschließung neuer Einnahmequellen forciert hat, um mit den so zu erwirtschaftenden Mitteln klassische kommunale Aufgaben im pflichtigen, vor allem aber auch im freiwilligen Bereich, insbesondere für Soziales, Gesundheit, Jugend, Schule und Kultur, zu erwirtschaften bzw. einen Beitrag zur Konsolidierung des Haushalts zu leisten. Die Kommunalpolitik hofft mithin immer häufiger, nach dem Motto: „Der Zweck heiligt die Mittel" die kommunale Haushaltswirtschaft durch unternehmerische Betätigung mit Kommunen als Profitcenter sanieren zu können. 9

Die Kommunen praktizieren also nicht nur intelligentes Sparen, sondern mit vielfältigen Strategien eine kreative Finanzpolitik durch eine Kombination der Reduktion von Ausgaben, der inneren Modernisierung der eigenen Verwaltung durch Managementmethoden und der Erschließung neuer Einnahmequellen. Die Haushaltskrise hat mithin viele Kommunen dazu veranlasst, einen zentralen Lösungsbeitrag in einer Ausweitung unternehmerischer Tätigkeit zu suchen, zumal vielen Kommunalpolitikern die bisherige restriktive Politik der Kommunalwirtschaft nicht mehr einsichtig erscheint. 10

Eine ähnliche Entwicklung hat es bereits in den Zwanzigerjahren des letzten Jahrhunderts gegeben, nachdem insbesondere im Kaiserreich, welches – anders als die nachfolgende Weimarer Republik – noch keinen Steuerstaat darstellte, die wirtschaftlichen Staats- und Kommunaleinnahmen noch die entscheidende Haushaltsvorgabe und damit zugleich eine natürliche Ausgabenbegrenzung bildeten. Während die Kommunalwirtschaft vor dem Ersten Weltkrieg auf die Daseinsvorsorge für die Gemeindebürger fixiert war, daneben allerdings auch beträchtliche Gewinne für die kommunalen Haushalte abwarf, weitete sich die kommunale Wirtschaftstätigkeit in der Weimarer Republik auch in den Bereich der reinen Erwerbswirtschaft aus – ein Phänomen, dem man in jüngerer Zeit erneut begegnet. Als Folge vielfältigen Missgeschicks der kommunalwirtschaftlichen Betätigung kam es 1935 zur Statuierung des § 67 Deutsche Gemeindeordnung vom 30. 1. 1935[5], der in der Nachkriegszeit für nahezu fünf Jahrzehnte auch das Vorbild für entsprechende Regelungen in den Kommunalverfassungen der einzelnen Länder bildete. Diese Vorschrift hatte folgenden Wortlaut: 11

„(1) Die Gemeinde darf wirtschaftliche Unternehmen nur errichten oder wesentlich erweitern, wenn

1. der öffentliche Zweck das Unternehmen rechtfertigt,
2. das Unternehmen nach Art und Umfang in einem angemessenen Verhältnis zu der Leistungsfähigkeit der Gemeinde und zum voraussichtlichen Bedarf steht,
3. der Zweck nicht besser und wirtschaftlicher durch einen anderen erfüllt wird oder erfüllt werden kann.

---

[3] VerfGH RhPf, DVBl 2012, 432 ff. mit Anm. *Henneke*, ebd., 440 f.

[4] Dazu umfassend: *Henneke*, Die Kommunen in der Finanzverfassung des Bundes und der Länder, 5. Aufl. 2012, Kap. 8; *ders.*, in: *Henneke/Pünder/Waldhoff* (Hrsg.), Recht der Kommunalfinanzen, 2006, § 24.

[5] RGBl. I S. 49.

(2) Wirtschaftliche Unternehmen im Sinne dieses Abschnitts sind nicht
1. Unternehmen, zu denen die Gemeinde gesetzlich verpflichtet ist,
2. Einrichtungen des Unterrichts-, Erziehungs- und Bildungswesens, der körperlichen Ertüchtigung, der Kranken-, Gesundheits- und Wohlfahrtspflege. Auch diese Unternehmen und Einrichtungen sind nach wirtschaftlichen Gesichtspunkten zu verwalten.
(3) Bankunternehmen darf die Gemeinde nicht errichten.
(4) Für das öffentliche Sparkassenwesen verbleibt es bei den besonderen Vorschriften."

2. Weiteres Motiv: Verwaltungsmodernisierung

12 Die Finanzkrise der öffentlichen Hand hat der Intensivierung der Verwaltungsmodernisierung im kommunalen Bereich insbesondere durch die Umsetzung neuer Steuerungsmodelle seit dem Anfang der neunziger Jahre mit der Folge nachdrücklich Schub verliehen, dass die dezentrale Ressourcenverantwortung gestärkt, d. h. den Fachbereichen der Verwaltung mehr Autonomie und Verantwortung verliehen worden ist. Betriebswirtschaftliche Steuerungs- und Managementinstrumente haben seit etwa zwei Jahrzehnten Einzug in die kommunale Verwaltung gehalten. Seither bekommen die Fachbereiche Budgets zur Verfügung gestellt, können innerhalb ihres Budgets eigenverantwortlich wirtschaften und in diesem Rahmen auch darüber entscheiden, ob sie die benötigten Dienstleistungen von den Servicebereichen der eigenen Verwaltung, die bisher den Querschnittsämtern zugeordnet waren, erbringen lassen oder sie am Markt „einkaufen". Die Fachbereiche werden aber durch das Saldoprinzip bei der Budgetierung nicht nur zur Ausgabensenkung, sondern auch zur Erzielung eigener Einnahmen angeregt, was erhebliche Kreativität freisetzt, die nicht nur darauf ausgerichtet ist zu prüfen, wie die bestehenden Strukturen verbessert werden können, sondern auch darauf, wie durch Erschließung neuer Geschäftsfelder neue Einnahmen erzielt werden können. Das Konkurrieren der Serviceeinheiten wie Bauhof, Druckerei, Rechtsberatung etc. mit privaten Konkurrenten hat zudem zur Folge, dass die kommunalen Anbieter im eigenen Hause gegenüber privaten Dienstleistern vielfach bei Durchführung von Vollkostenrechnungen nur dann noch wettbewerbsfähig sind, wenn ihnen auch der private Markt offen steht, um vorhandene Kapazitäten auszulasten. Können sie ihre Leistungen nicht zu wettbewerbsfähigen Konditionen anbieten, laufen sie Gefahr, vollständig aus dem Leistungsspektrum der jeweiligen Kommune verdrängt zu werden.

13 Viele Kommunen haben auf diese Weise durch die Einführung neuer Managementmethoden und ein stärkeres betriebswirtschaftliches Denken ganz erhebliche Rationalisierungserfolge zu verzeichnen. Auch setzt verändertes Recht mit dem Ziel zunehmender Deregulierung erhebliche Personalkapazitäten frei, was zu einem Dilemma führt, da die Kommunen bei Beginn des jeweiligen Modernisierungs- und Umstrukturierungsprozesses, um die Mitarbeiter für ein aktives Mitwirken zu gewinnen („Mitarbeiterorientierung"), in aller Regel auf betriebsbedingte Kündigungen verzichtet haben. Um die vorhandenen, indes frei gewordenen Kapazitäten auszulasten, gilt es mithin, „Arbeit aufzusaugen" und insbesondere mit bisher ausschließlich intern angebotenen Dienstleistungen an den Markt zu gehen. Jedenfalls so lange, wie sonst ungenutzte Kapazitäten eingesetzt werden, können diese Leistungen dabei auch bei streng betriebswirtschaftlicher Kalkulation zu sehr günstigen Konditionen angeboten werden, weil die Grenzkosten sehr niedrig sind. Vorübergehende Minderauslastungen führen mithin nicht zu Personalfreisetzungen, wie es das Gebot der Wirtschaftlichkeit eigentlich vorgeben würde, sondern werden durch neue Aktivitäten aufgefangen und dienen damit der Arbeitsplatzsicherung, zumal man sich dabei auf qualifizierte Mitarbeiter, vorhandenes Know-how und bewährte Strukturen stützen kann. Zudem wird bisweilen die Vorbildfunktion der öffentlichen Arbeitgeber angemahnt, für die ein erhöhtes Anforderungsprofil bestehe, und ergänzend darauf hingewiesen, dass als Kehrseite Fehlentwicklungen am Arbeitsmarkt letztlich die Kommunen als Träger der Sozialhilfe bzw. der Leistungen für Unterkunft und Heizung unmittelbar träfen.

Auch wird darauf abgestellt, dass die Vermarktung überschüssiger Kapazitäten aus Rentabilitätsgesichtspunkten geboten sei, um sonst brachliegendes Wirtschaftspotential auszunutzen. Die Wahrnehmung dieser gewinnorientierten Annextätigkeiten werde gleichsam durch das kommunalverfassungsrechtliche Rentabilitätsgebot gefordert. Gewinnmitnahmen bei Gelegenheit einer durch einen öffentlichen Zweck gerechtfertigten Betätigung seien so lange und so weit statthaft, wie das Rentabilitätsgebot verlange, dass vorhandene Produktivitätsreserven voll ausgelastet und sinnvoll genutzt würden. 14

Schließlich wird gerade für die Stadtwerke geltend gemacht, dass sie in den herkömmlichen Geschäftsfeldern an Wachstumsgrenzen mit der Folge stoßen, dass bei der Versorgung mit Energie und Wasser insbesondere aufgrund des gestiegenen Umweltbewusstseins und der sprunghaften Kostenentwicklung nur noch geringe oder gar keine Wachstumserwartungen mehr bestehen, was ebenfalls zu unausgelasteten Ressourcen im personellen Bereich führt. Daraus resultiert die Forderung, dass die Kommunen ganz normale Mitspieler am Markt werden müssten und ihre Geschäftspolitik demnach ebenso wie private Unternehmen nach seinen Gesetzen ausrichten müssten. „Gleiches Recht für alle" und „Herstellung von Waffengleichheit" lautet dann die Devise; die „Identität der Kommunen" wird von einigen beschworen, während andere insoweit von einer krisenhaften Entwicklung sprechen. Die Gesetzgeber einiger Bundesländer – Nordrhein-Westfalen hat insoweit eine Vorreiterrolle übernommen – haben sich diese Erwägungen mittlerweile ein Stück weit zu eigen gemacht und den Bereich der Energiewirtschaft weitgehend von den hergebrachten, auf § 67 DGO zurückgehenden Limitierung kommunaler Wirtschaftstätigkeit befreit (vgl. etwa § 107a GO NRW).[6] Eine ähnliche Entwicklung zeichnet sich im Telekommunikationssektor ab. Hier spielt eine Rolle, dass die am Markt tätigen privaten Telekommunikationsunternehmen unter Wettbewerbsbedingungen vor allem im ländlichen Raum vielfach nicht bereit sind, die für eine Breitbandversorgung erforderlichen Investitionen zu tätigen. Deshalb schaffen die Länder rechtliche Rahmenbedingungen, die es den Kommunen – namentlich auch den Landkreisen – erlauben bzw. erleichtern, entsprechende Telekommunikationsnetze zu errichten und ggf. auch zu betreiben (vgl. z. B. § 136 Abs. 1 Satz 2 Nr. 3 NKomVG).[7] 15

3. Entmonopolisierung durch zunehmende Europäisierung

Angesichts der gänzlich unterschiedlichen Verwaltungstraditionen, die schon unter den sechs Gründungsmitgliedern der Europäischen Wirtschaftsgemeinschaft (EWG) im Jahre 1957 bestanden, kommt es bei der zunehmenden Vertiefung der europäischen Integration zu einer Europäisierung des Wirtschaftsrechts, also zu einem verstärkten Einfluss supranational zustande gekommener Entscheidungsprozesse auf die Politikfelder, aber auch auf die politischen und administrativen Strukturen der Mitgliedstaaten, was zu nachweisbaren Veränderungen in den davon betroffenen Verwaltungssystemen führt. Wegen der komplexen Wechselbeziehungen und Abhängigkeiten zwischen mitgliedstaatlicher und supranationaler Ebene beim Zustandekommen von Unionsrecht handelt es sich bei Einwirkung des Unionsrechts auf die mitgliedstaatlichen Rechtsordnungen allerdings keinesfalls um einen Oktroi für die Mitgliedstaaten. In der Union von mittlerweile 28 Mitgliedern kann dies indes nicht bedeuten, dass die Rechtstraditionen der einzelnen Mitgliedstaaten bei der Entwicklung allgemeiner europäischer Rechtsgrundsätze stets gleichermaßen berücksichtigt werden. Daher machen die europarechtlichen Anforderungen, die insbesondere mit den letzten Vertragsrevisionen von Maastricht, Amsterdam und Nizza erheblich zugenommen haben und mit dem Vertrag von Lissabon[8] ihre Vertiefung erfahren haben, Anpassungen notwendig. 16

[6] Eingehend *Burgi*, Neuer Ordnungsrahmen für die energiewirtschaftliche Betätigung der Kommunen, 2010.

[7] Dazu *Ritgen*, Breitbandnetze in (kreis-)kommunaler Trägerschaft, NdsVBl 2011, 97 ff.

[8] Dazu BVerfGE 123, 267, 339 ff.

17 Daher war es gerade nach der Einführung des Binnenmarktes 1993 nur eine Frage der Zeit, bis sich die Strategie der ausgedehnten Wirtschaftstätigkeit und -steuerung moderner Wohlfahrtsstaaten auch auf die öffentlichen Verwaltungen und den öffentlichen Sektor auswirken musste. Dabei hat die Anwendung des europäischen Wettbewerbsrechts auf den öffentlichen Sektor immer wieder zu rechtlichen und politischen Auseinandersetzungen geführt. Auf besonders heftige Kritik einiger Mitgliedstaaten, zu denen vor allem Deutschland gehört, ist sie im Zusammenhang mit der öffentlichen Daseinsvorsorge gestoßen. Insbesondere die stringente Politik der Generaldirektion Wettbewerb unter den Kommissaren van Miert, Monti und Kroes hat deutlich gemacht, dass die gerade in Deutschland verbreitete „Bastionenseligkeit", die sich auf nationale Rechtspositionen und Gewährleistungen versteift, dauerhaft kaum verhindern kann, dass die öffentliche Daseinsvorsorge in Deutschland und anderen Mitgliedstaaten europaechtskonform auszugestalten ist. In Art. 14 S. 2 des Vertrags über die Arbeitsweise der EU (AEUV) ist über Art. 16 EGV hinausgehend normiert, dass die Grundsätze und Bedingungen für das Funktionieren der Dienste von allgemeinem wirtschaftlichem Interesse vom Europäischen Parlament und vom Rat durch Verordnungen gemäß dem ordentlichen Gesetzgebungsverfahren festgelegt werden, unbeschadet der Zuständigkeit der Mitgliedstaaten, diese Dienste im Einklang mit den Verträgen zur Verfügung zu stellen, in Auftrag zu geben und zu finanzieren.

18 Im Ergebnis hat die Wettbewerbspolitik der Europäischen Kommission in den letzten Jahren umfangreiche Veränderungen im öffentlichen Sektor angestoßen oder zumindest nationale Modernisierungstendenzen verstärkt. Dies hat etwa dazu geführt, dass bisherige Dienstleistungsmonopole im Bereich der Telekommunikation und von Post und Bahn aufgelöst worden sind und es insoweit zu einer Umwandlung von bisher öffentlich-rechtlichen in nunmehr privatrechtliche Organisationsformen gekommen ist. Das den Wettbewerb betonende EU-Recht und seine nationale Umsetzung sind zudem immer tiefer in das kommunale Wirtschaftsrecht mit der Folge eingedrungen, dass zunehmend historisch gewachsene, angestammte Aufgabenfelder der Kommunen zur Disposition stehen, indem bislang den Kommunen zur alleinigen Erledigung zugewiesene Aufgaben für den Wettbewerb geöffnet werden. Die Kommunen sehen sich insoweit mit einer völlig veränderten, die wirtschaftlichen Rahmenbedingungen ihres Handelns verschlechternden Wettbewerbssituation und einem neuen Ordnungsrahmen konfrontiert und entwickeln auch von daher Strategien, wie sie mit ihren bisherigen exklusiven Tätigkeitsfeldern etwa in der Energieversorgung oder der gewerblichen Abfallentsorgung in einem dynamischen Änderungsprozess bestehen und sich behaupten können.

19 So hat die Neuregelung des Energiewirtschaftsrechts im Frühjahr 1998 den Schutz geschlossener Versorgungsgebiete mit der Folge beseitigt, dass Ausschließlichkeitsvereinbarungen in Konzessionsverträgen unzulässig werden und fremde Energieversorgungsunternehmen Großkunden aus dem bisherigen Kundenkreis der Stadtwerke herausgebrochen werden können, was sich – neben der Gefahr des Rückgangs des Konzessionsabgabeaufkommens – massiv auf die Ertragslage der Stadtwerke ausgewirkt hat.[9]

20 Im Bereich der Sparkassen und Landesbanken konnte die öffentlich-rechtliche Organisationsform vielen Anfechtungen zum Trotz erhalten werden; es kam aufgrund einer Verständigung mit der Europäischen Kommission allerdings zur Abschaffung der überkommenen Gewährträgerhaftung und Anstaltslast mit Wirkung seit 17.7.2005, was die Rahmenbedingungen für die öffentlich-rechtliche Kreditversorgung massiv verändert hat. Die weltweiten Entwicklungen im Bankensektor seit Sommer 2007, vor allem aber seit Herbst 2008 haben auf geradezu dramatische Weise bestätigt, welche Kraft dem von den Sparkassen und Landesbanken zur Aufrechterhaltung von Anstaltslast und Gewährträgerhaftung ins Feld geführten Argument des „too big to fail" zukommt.

[9] Dazu eingehend *Henneke/Ritgen*, Kommunales Energierecht, 2. Auflage 2013, S. 44 ff.

21 Während das Verhalten der Mitgliedstaaten als Unternehmer inzwischen fast ausschließlich durch unionsrechtliche Anforderungen bestimmt ist, sind Verwaltungsorganisation sowie Zuständigkeiten und Verfahren in europäischen Angelegenheiten weiterhin national geprägt. Anpassungen an funktionelle Anforderungen der EU erfolgen eher durch graduelle Adjustierungen als durch tiefgreifende Reformen, was allerdings zu Dysfunktionalitäten führen kann.

22 Obwohl die kommunale Ebene die klassische Vollzugsebene auch für die Implementation von Unionsrecht ist, sind hier bisher keine europaveranlassten organisatorischen Veränderungen zu verzeichnen. Die europäische Integration kann in gewissen Bereichen zwar vereinheitlichende Wirkung entfalten; es ist den Mitgliedstaaten aber grundsätzlich durchweg gelungen, ihre spezifischen Verwaltungstraditionen und -praktiken zu bewahren.

4. Klassifizierung neuer kommunalwirtschaftlicher Betätigungen

23 Versucht man, die neu hinzutretende wirtschaftliche Betätigung der Kommunen zu klassifizieren, lassen sich zwei Fallgruppen unterscheiden: Zum einen sind völlig neue Geschäftsfelder wie der Telekommunikationssektor erschlossen und wahrgenommen worden, die die Kommunen bisher weder für interne (Eigenbedarfsdeckung) noch für externe Zwecke (Fremdbedarfsdeckung) ausgeübt haben, um die Leistungen Dritten anzubieten. Hierfür müssen in der Regel neue Ressourcen aufgebaut werden. Ausnahmsweise werden auch vorhandene Ressourcen umgewidmet. Zum anderen werden Tätigkeiten, die bisher ausschließlich internen Zwecken gedient haben und nunmehr erstmalig Dritten auf dem Markt angeboten werden, ausgeübt, die überwiegend mit vorhandenen, aber nicht mehr oder nicht mehr im bisherigen Umfang benötigten Ressourcen erbracht werden.

5. Rekommunalisierung

23a Mit dem bereits erwähnten Stichwort der Rekommunalisierung wird ein Trend beschrieben, der einen Kontrapunkt gegen eine aus heutiger Sicht vielfach als übertrieben empfundene Welle von Privatisierungsmaßnahme der letzten 20 Jahre markiert. Nicht zuletzt die weltweite Bankenkrise hat das Vertrauen in die Marktkräfte schwinden lassen und dafür gesorgt, dass staatliche bzw. kommunale Betätigung auch in Aufgabenbereichen, die prinzipiell ebenso gut von privaten Unternehmen wahrgenommen werden können, sozusagen wieder salonfähig geworden ist. Denn darum geht es im Kern bei der Rekommunalisierung: die Kommunen bauen ihre wirtschaftliche Betätigung in Bereichen aus, aus denen sie sich zuvor zugunsten privaten Unternehmertums zurückgezogen hatten. Betroffen sind insbesondere die Bereiche der Abfallentsorgung sowie der Energie- und Wasserversorgung, also ehedem klassische Bestandteile kommunaler Daseinsvorsorge. Für die Energieversorgung spielt dabei auch eine Rolle, dass derzeit der größere Teil der Konzessionsverträge ausläuft, mit denen die Gemeinden jeweils einem Unternehmen das Recht einräumen, das jeweilige Netz der allgemeinen Versorgung im Gemeindegebiet oder in Teilen davon zu betreiben. Damit bietet sich die – angesichts der regelmäßig sehr langen Laufzeit solcher Verträge nur in größeren Zeitabständen überhaupt gegebene – Möglichkeit sämtliche energiewirtschaftliche Wertschöpfungsstufen (Erzeugung, Verteilung, Vertrieb) wieder oder erstmals in kommunaler Hand zu vereinigen. Als weiterer wichtiger Treiber eines verstärkten kommunalen Engagements im Energiebereich wirkt die sog. Energiewende: der angestrebte Ausbau der erneuerbaren Energien führt nahezu zwangsläufig zu einer stärkeren Dezentralisierung der Energieerzeugung und eröffnet den Kommunen die in wachsendem Umfang wahrgenommene Chance, allein oder in Partnerschaft mit ihren Bürgern als Betreiber von Wind- oder Solarparks in den Markt einzutreten.

23b Die Motive für die damit in ihren groben Zügen umrissene Trendwende sind ebenso zahlreich wie vielfältig. Das zeigt beispielhaft die Zusammenstellung von *Bauer*, der folgende Aspekte identifiziert hat:

- ein neu erwachtes Selbstbewusstsein der Kommunen,
- die Wiederbelebung der kommunalen Selbstverwaltungsidee,
- die Einbindung der Bürger in das Gemeinwesen durch die Erschließung von Mitwirkungspotenzialen und die Bereitstellung von Partizipationsoptionen in einem Modell der Bürgergemeinde,
- die Rückbesinnung auf Leitbilder öffentlicher Daseinsvorsorge (Gemeinwohlorientierung statt reiner Profitmaximierung, „citizen value" statt „shareholder value" etc.),
- die Rückgewinnung kommunaler Steuerungsoptionen und Einflussmöglichkeiten auf die Aufgabenerledigung einschließlich der dazugehörigen Kontrolle,
- die Aufbrechung monopolartiger privater Leistungserbringung mit Gewinnerzielungsinteressen,
- die Schaffung effizienter kommunaler Firmenstrukturen mit Rückwirkungen auf die Qualität der Leistungserbringung,
- die Erhaltung von Arbeitsplätzen,
- die Wahrung von Umwelt- und Sozialstandards,
- Kostensenkungen für die Bürger und
- die Erschließung von Einnahmequellen zur Querfinanzierung defizitärer Segmente kommunaler Aufgabenerfüllung.[10]

23c Vor diesem Hintergrund verwundert es nicht, dass der Begriff bzw. das Phänomen der Rekommunalisierung – über dessen tatsächlichen Umfang übrigens wenig bekannt ist – überwiegend positiv konnotiert wird. Es mehren sich freilich bereits die Stimmen derjenigen, die zu Recht eine nüchternere Betrachtungsweise anmahnen. So wird aus wirtschaftswissenschaftlicher Sicht davor gewarnt, Rekommunalisierung schon allein deshalb positiv zu bewerten, weil Privatisierungsmaßnahmen in der Vergangenheit zu einer Reihe negativer Ergebnisse geführt hätten.[11] In der Tat lohnt es sich, daran zu erinnern, dass die in den 1980er Jahren einsetzende und dann in den 1990er Jahren zur vollen Entfaltung kommende Privatisierungswelle ja ihrerseits ebenfalls mit (angeblichen oder tatsächlichen) Defiziten staatlicher bzw. kommunaler Leistungsbereitstellung wie mangelnder Effizienz, Flexibilität etc. begründet worden war. Wenn nun (angebliche oder tatsächliche) Defizite privater Leistungsbereitstellung als Argument für eine Rekommunalisierung – von einer „Reverstaatlichung" etwa der Deutschen Post AG oder der Deutschen Telekom AG ist bezeichnender Weise bislang noch nicht die Rede– herangezogen werden, sollte das als Mahnung dienen, nicht in das andere Extrem zu verfallen und der Rekommunalisierung ebenso vorbehaltlos zu begegnen wie seinerzeit der Privatisierung das Wort geredet wurde.

23d Darüber hinaus darf nicht in Vergessenheit geraten, dass einer Rekommunalisierung auch rechtliche Hürden entgegenstehen können. Verfassungsrechtlich ist hier in erster Linie sicher an Art. 12 GG zu denken.[12] Aber auch auf der Ebene des einfachen Rechts gibt es Grenzen, die zu beachten sind. Das gilt nicht zuletzt im Hinblick auf die Rekommunalisierung der Energieversorgungsnetze. Hinsichtlich des Abschlusses von Konzessionsverträgen enthält § 46 Abs. 3 EnWG eine Reihe von Vorgaben für ein Vergabeverfahren, die nicht ohne Weiteres mit dem Hinweis, die betreffende Kommune wolle den Netzbetrieb (wieder) selbst in die Hand nehmen, überspielt werden können. Vielmehr muss sich der mögliche kommunale Betreiber einem Auswahlverfahren stellen, für dessen Ausgang es in erster Linie darauf ankommt, ob er besser als andere Bewerber die Gewähr für eine möglichst sichere, preisgünstige, verbraucherfreundliche, effiziente und umweltverträgliche Energieversorgung bietet. An diesen in § 1 Abs. 1 EnWG normierten Zielen hat sich Auswahl auszurichten.

---

[10] *Bauer*, Zukunftsthema „Rekommunalisierung", DÖV 2012, 329, 335.

[11] *Budäus/Hilgers*, Mutatis mutandis: Rekommunalisierung zwischen Euphorie und Staatsversagen, DÖV 2013, 701 ff.

[12] Eingehend *Leisner-Egensperger*, Rekommunaliserung und Grundgesetz, NVwZ 2013, 1110 ff.

Im Ergebnis bleibt festzuhalten, dass Rekommunalisierung genauso wenig wie Privatisierung einen Selbstwert darstellt. Ziel muss eine bestmögliche Versorgung der Betroffenen sein, und zwar im Rahmen des geltenden Rechts. Auf welchem Weg das zu bewältigen ist, kann jeweils nur vor Ort entschieden werden. Der Verweis auf bloße Schlagworte kann diesen Prozess der Entscheidungsfindung nicht ersetzen. 23e

II. Unterschiedliche Regelungskonzepte und -erwartungen kommunalwirtschaftlicher Betätigung

Hinsichtlich der kommunalwirtschaftlichen Betätigung im Sektor der Daseinsvorsorge werden im AEUV und im deutschen Recht unterschiedliche Regelungskonzepte verfolgt. Bei der Daseinsvorsorge handelt es sich um eine deskriptive Kategorie, die die Bereitstellung bestimmter existenzieller oder wesentlicher Dienstleistungen erfasst, die sich der Einzelne nicht bzw. nicht mehr aus eigener Kraft beschaffen kann. Ihre Ausgestaltung hängt von den faktischen Gegebenheit in den einzelnen Mitgliedstaaten bzw. ihren Regionen und Kommunen ebenso ab wie von den jeweiligen kulturellen und sonstigen Traditionen und obliegt daher grundsätzlich den einzelnen Mitgliedstaaten. Dabei geht es im Kern hinsichtlich der davon erfassten Bereiche um das jeweilige Verhältnis von Staat und Wirtschaft bei der Versorgung der Bevölkerung mit Waren und Dienstleistungen, wobei bei der Ausformung grundsätzlich beliebige Abstufungen und Übergänge zwischen einer Versorgung durch öffentliche und durch private Einrichtungen, die einer differenzierten staatlichen Lenkung und Kontrolle unterliegen, möglich ist. 24

1. Aufgabenbezogene Betrachtung im AEUV

Da die Wettbewerbsvorschriften des AEUV auf einem eindimensionalen Ansatz beruhen, stellen sie im Grundsatz allein auf eine unternehmerische, also marktbezogene Verhaltensweise ohne Ansehung konkreter Organisations- und Handlungsformen und damit prinzipiell auch ohne Rücksicht auf damit verfolgte besondere Zwecke ab. Daher führt der spezifische Zusammenhang von staatlicher Aufgabenerfüllung und öffentlicher Zweckbindung bei der Anwendung der Art. 101ff. AEUV potentiell zu Verwerfungen. Art. 106 AEUV erlaubt dabei – in einem eindeutigen Regel-Ausnahme-Verhältnis Durchbrechungen des Wettbewerbsrechts zugunsten von trägerneutral gefassten Dienstleistungen von allgemeinem wirtschaftlichen Interesse. 25

Die EU-Kommission hat im Juli 2005 mit dem „Monti-Kroes-Paket" eine vertiefende Auslegung der Anforderungen an eine gerechtfertigte Beihilfe nach Art. 86 Abs. 2 EG-Vertrag (heute: Art. 106 Abs. 2 AEUV) vorgelegt. Das „Monti-Kroes-Paket" ist mittlerweile durch das sog. „Almunia-Paket" abgelöst und fortentwickelt worden. Im Einzelnen handelt sich dabei um

- einen Beschluss der EU-Kommission vom 20.12.2011[13], der an die Stelle der Freistellungsentscheidung des „Monti-Kroes-Pakets" getreten ist und mit dem erläutert wird, unter welchen Voraussetzungen generell und ohne nähere Prüfung durch die EU-Kommission (d. h. ohne Notifizierung) eine mit dem EU-Recht vereinbare Beihilfe angenommen werden kann,
- einen Gemeinschaftsrahmen[14], mit dem erläutert wird, unter welchen Voraussetzungen Zahlungen o.ä., die nicht die vom EuGH in der Altmark-Trans-Entscheidung aufgestellten Kriterien erfüllen und die weder von der De-minimis-Verordnung noch von der Freistellungsentscheidung umfasst werden, gemäß der durch Art. 106 Abs. 2

[13] ABl EU Nr. L 7 vom 11.1.2012, S. 3.

[14] Mitteilung der Kommission über einen Rahmen der Europäischen Union für staatliche Beihilfen in Form von Ausgleichsleistungen für die Erbringung öffentlicher Dienstleistungen (2011), ABl EU Nr. C 8 vom 11.1.2012, S. 15.

AEUV umschriebenen Bereichsausnahme mit dem AEUV kompatibel erklärt werden können sowie

- um eine spezifische De-minimis-Verordnung für Dienstleistungen von allgemeinem wirtschaftlichem Interesse.[15]

Flankiert werden diese Rechtsakte durch eine Mitteilung der Kommission über die Anwendung der Beihilfevorschriften auf Ausgleichsleistungen für die Erbringung von Dienstleistung von allgemeinem wirtschaftlichem Interesse.[16] In dieser Mitteilung erläuter die Kommission ihre Schlüsselkonzepte für die Beihilfenkontrolle in diesem Bereich.

Insbesondere der Freistellungsbeschluss hat große Bedeutung für die Kommunen, wirft aber selbst weitere Fragen auf.[17]

Zudem wurde schon durch Art. 16 EGV – der in Art. 14 AEUV um einen weiteren Satz ergänzt worden ist – die gemeinwohlorientierte Leistung selbst in den Vordergrund gerückt.

26 Die Fragen, durch wen oder mit welchen Mitteln die Leistungen erbracht werden, treten demgegenüber in den Hintergrund. So offenbart etwa die Kommissionsmitteilung über Leistungen der Daseinsvorsorge vom 20.9.2000 nach wie vor exemplarisch, dass sich die Kommission nicht mit Trägerfragen befasst, sondern aufgabenbezogen von gemeinwohlorientierten Leistungen spricht. Wenn Art. 14 AEUV aber aufgaben- und nicht trägerbezogen formuliert ist, dient diese Regelung gerade nicht der Sicherung des Status quo der Organisationsstrukturen in den Mitgliedstaaten, sondern der Sicherung der Erbringung von Diensten von allgemeinem wirtschaftlichen Interesse im Einklang mit der Rahmenordnung des Gemeinschaftsrechts. Angestrebt wird mithin europarechtlich eine Funktionsgarantie zugunsten der Dienste, nicht aber eine Bestandsgarantie zugunsten überkommener Strukturen und Modalitäten.

2. Trägerbezogene Betrachtung in Deutschland

27 In Deutschland ist die Daseinsvorsorge dagegen zur geläufigen Chiffre für die staatliche bzw. kommunale Leistungserbringung auf dem Gebiet der öffentlichen Versorgung avanciert. Daseinsvorsorgeleistungen wurden als exklusive Aufgaben- bzw. Verwaltungsmonopole nahezu ausschließlich von öffentlichen Trägern erbracht. Nach dem deutschen Begriffshorizont wird die Daseinsvorsorge mithin in den Kontext der Leistungsverwaltung gestellt und die Erbringung von Versorgungsleistungen durch Private grundsätzlich nicht erfasst. Daher wird in Deutschland in der Diskussion mit den europäischen Organen dem Begriff der Daseinsvorsorge eine gewisse „Hassliebe" entgegengebracht. Gegenüber der Europäischen Kommission wird argumentiert, Rechtssicherheit anstreben zu wollen. Dabei muss man indes ganz deutlich hinzufügen, dass von deutscher Seite regelmäßig Rechtssicherheit nicht funktionsorientiert, sondern struktur- und trägerorientiert angestrebt wird. Mit anderen Worten wird in Deutschland – durchaus mit guten Gründen – viel Kraft darauf verwendet, die überkommenen Strukturen der Erbringung der Daseinsvorsorge insbesondere im Bereich der Kommunalwirtschaft möglichst aufrechtzuerhalten. Dies kollidiert allerdings tendenziell mit dem europäischen Regelungsansatz.

28 Der Konflikt spiegelt sich dabei in der öffentlichen Daseinsvorsorge in Deutschland nicht generell auf allen Ebenen wider, sondern erfasst schwerpunktmäßig den kommunalen Bereich. Bund und Länder haben die von ihnen bisher wahrgenommenen Daseinsvorsorgeaufgaben, die am Markt erfüllbar sind, weitestgehend privatisiert und liberalisiert. Art. 87 f GG ist Ausdruck dieses Gedankens.

---

[15] Verordnung (EU) Nr. 360/2012 der Kommission über die Anwendung der Art. 107 und 108 AEUV auf De-minimis-Beihilfen an Unternehmen, die Dienstleistungen von allgemeinem wirtschaftlichen Interesse erbringen, Abl EU Nr. L 114 vom 26.4.2012, S. 8.

[16] ABl EU Nr. C 8 vom 11.1.2012, S. 4.

[17] Vgl. dazu insgesamt Kap. H. II. (Rn. 241ff.)

Die Beratungen des 64. Deutschen Juristentages in Berlin im Herbst 2002 haben ganz deutlich gezeigt, dass die in den 1990er Jahren modifizierte Philosophie der Aufgabenerfüllung des Bundes und der Länder nur wenig Konfliktpunkte mit der Regelungsphilosophie der Art. 14, 101ff. AEUV und insbesondere des Art. 106 Abs. 2 AEUV aufweist. Die eigentliche Problematik in der Diskussion liegt auf der kommunalen Ebene, weil man hier nach wie vor in der deutschen Diskussion von der kommunalen Eigenverantwortung und damit einem trägerorientierten Daseinsvorsorgebegriff, der den Bereich der öffentlichen Leistungsverwaltung umfasst, ausgeht. 29

Der Kernkonflikt einerseits und Konvergenzbedarf andererseits besteht also im trägerorientierten Begriff der Daseinsvorsorge in Deutschland einerseits und im aufgabenorientierten Begriff der Dienstleistungen von allgemeinem wirtschaftlichen Interesse in Art. 106 Abs. 2, 14 AEUV andererseits. Insoweit muss man zugeben, dass die Hauptzielrichtung der in Deutschland geführten Diskussion weniger dahin geht, Rechtssicherheit per se zu schaffen, sondern mehr darauf abzielt, weitest möglich die Aufrechterhaltung überkommener Strukturen zu bewahren, also die kommunale Eigenwahrnehmung von Daseinsvorsorgeaufgaben durch kommunalwirtschaftliche Betätigung möglichst weitgehend EU-fest zu machen. Während man von deutscher Seite vorrangig das Instrument der Aufgabenerfüllung – etwa durch öffentliche Unternehmen – in den Blick rückt, stellt die EU-Konzeption primär auf die Wirkung der Aufgabenerfüllung ab. Dies lässt sich am Beispiel der Erörterungen des 64. Deutschen Juristentages 2002 ganz deutlich machen. Die gewählte Themenstellung lautete: „Empfiehlt es sich, das Recht der öffentlichen Unternehmen im Spannungsfeld von öffentlichem Auftrag und Wettbewerb national und gemeinschaftsrechtlich neu zu regeln?" 30

In dieser Themenstellung kam primär die deutsche Betrachtungsweise zum Tragen, wobei allerdings das Ziel verfolgt wurde, zwischen dem europäischen und dem deutschen Regelungsansatz durch Modifizierung vor allem des deutschen Rechts möglichst Kompatibilität herzustellen. Aus Sicht des europäischen Rechts ist diese Themenwahl kritisiert worden, was allerdings den Ausgangspunkt der in Deutschland seit Jahren nachhaltig geführten und weiter zu führenden Diskussion verkennt, in der ausgehend von den überkommenen Strukturen die Frage nach einzuschlagenden (rechts-)politischen Lösungsansätzen kontrovers debattiert wird.[18] 31

Dabei schwankt das deutsche kommunale Wirtschaftsrecht in jüngerer Zeit unentschlossen zwischen den Leitbildern einer klaren Zweckbestimmung für die kommunalwirtschaftliche Betätigung öffentlicher Unternehmen einerseits und einer Lockerung spezifischer öffentlich-rechtlicher Bindungen andererseits. 32

3. Der rechtspolitische Richtungsstreit

Wie eingangs dargestellt, befindet sich in den deutschen Kommunen das kommunale Unternehmertum keinesfalls auf dem Rückzug, sondern ist trotz zunehmenden Wettbewerbs zusätzlich in immer weitere Sektoren vorgestoßen bzw. dabei, bereits aufgegebene Bereiche im Wege der Rekommunalisierung wieder für sich zu entdecken. Daraus kann allerdings keinesfalls Einigkeit über den einzuschlagenden Weg der Weiterentwicklung des kommunalen Wirtschaftsrechts abgeleitet werden. In den vergangenen Jahren hat zwar eine Strömung an Kraft gewonnen, die insbesondere das kommunale Unternehmertum von Zweck- und Zuständigkeitsbindungen befreien möchte, um ihm ein ökonomisch erfolgversprechenderes Agieren in bestehenden Märkten und eine Ausdehnung auf künftige Märkte zu ermöglichen. Diese Strömung zielt weniger auf die Kommunen bzw. den Staat als Unternehmensträger, sondern auf das Unternehmen selbst, dessen Rechtsstellung vorwiegend unter dem Aspekt der Gleichbehandlung, und d.h. der Beseitigung 33

---

[18] Dazu ausführlich: *Krautscheid* (Hrsg.), Die Daseinsvorsorge im Spannungsfeld von europäischem Wettbewerb und Gemeinwohl. Eine sektorspezifische Betrachtung, 2009.

der bestehenden absichtsvollen Benachteiligung, gesehen wird. Genannt sei insoweit das Stichwort des „Wettbewerbsunternehmens".

34 Gegenwärtig sieht es allerdings nicht nach einem erfolgreichen Durchmarsch dieser Auffassung aus, sondern eher nach einer Rückgewinnung des Bewusstseins für die politische Funktion der öffentlichen Unternehmen und deren verfassungsrechtlicher Verteidigung und Erweiterung. Dafür sind insbesondere die in der Gesetzgebung einzelner Bundesländer unternommenen Versuche einer Wiederbelebung bzw. zur Verfügungsstellung öffentlich-rechtlicher Organisationsformen wie der Anstalt öffentlichen Rechts anzuführen. Auch gibt es auf der Ebene der Landesgesetzgebung durchaus Verschärfungen der kommunalwirtschaftsrechtlichen Voraussetzungen für eine unternehmerische Tätigkeit bis hin zur obligatorischen Durchführung von Markterkundungsverfahren bzw. der Pflicht zur Einstellung einer ursprünglich legitimen unternehmerischen Tätigkeit nach Wegfall des öffentlichen Interesses bzw. nach Etablierung Erfolg versprechender privater Alternativen. Aus dieser Entwicklung ist also eine stärkere Tendenz in Richtung der Repolitisierung der kommunalen Unternehmertätigkeit abzuleiten. Andererseits ist nicht zu verkennen, dass mit dem Energie- und dem Telekommunikationssektor gerade in zwei Bereichen, in denen kommunale Unternehmen in einem intensiven Wettbewerb mit privaten Unternehmen stehen, einzelne Landesgesetzgeber bereit gewesen sind, überkommene Beschränkungen kommunaler Wirtschaftstätigkeit zu beseitigen (dazu schon Rn. 15).

35 Das Europarecht steht für beide Entwicklungen offen. Insbesondere steht es der Verfolgung öffentlicher Zwecke durch staatsunternehmerische Tätigkeit nicht entgegen. Stattdessen sind im Europarecht sogar Impulse in Richtung einer Repolitisierung der staatlichen bzw. kommunalen Wirtschaftstätigkeit auszumachen, wobei als zentraler Impulsgeber Art. 106 Abs. 2 i.V.m. Art. 14 AEUV fungiert, der der Daseinsvorsorge in Europa eine eigene materiellrechtliche Heimat bietet. In diesen Bestimmungen liegt eine bedeutende normative Basis zur Repolitisierung der staatlichen bzw. kommunalen Unternehmertätigkeit, da die Rechtfertigung von Bereichsausnahmen zugunsten der unternehmerischen Staats- bzw. Kommunaltätigkeit nach Art. 106 Abs. 2 AEUV nur gelingen kann, wenn eine möglichst exakte und transparente Zielkonzeption, also mit anderen Worten eine politische Konzeption, zugrunde liegt, auf die die zu ihrer Verwirklichung eingesetzten Mittel nachvollziehbar bezogen sind. Dies spricht für eine Rückbesinnung auf die politischen Zwecke der Leistungserbringung, mithin darauf, dass wirtschaftliches Handeln nicht Selbstzweck, sondern Modus ist. Je schärfer die Bedingungen der kommunalen Daseinsvorsorge von denen der privatwirtschaftlichen Leistungserbringung abgesetzt sind, desto deutlicher treten die auferlegten Nachteile zu Tage – desto größer sind allerdings auch die Chancen, dass deren Kompensation durch Beihilfe- und andere Vorteilsgewährungen europarechtlich akzeptiert wird.

36 Dieser inzwischen mehrjährige innerdeutsche Kampf um die strukturelle Richtungsentscheidung, wie sich die öffentliche Aufgabenerfüllung insbesondere mittels des Instruments öffentlicher Unternehmen weiterentwickeln soll, ist in Deutschland nicht entschieden. Dies ist vor allem in den kontroversen Diskussionen des 64. Deutschen Juristentages 2002 ganz deutlich zu Tage getreten, was dazu geführt hat, dass aus den dort gefassten Beschlüssen gänzlich unterschiedliche Schlussfolgerungen gezogen worden sind[19].

37 Der 67. Deutsche Juristentag, der im September 2008 in Erfurt stattgefunden hat, hat inmitten der weltweiten Bankenkrise und der Immobilienkrise in den USA einen anderen Zugang zu der hier behandelten Fragestellung gewählt und nach Gestaltungsmöglichkeiten, Grenzen und Regelungsbedarf bei der Privatisierung öffentlicher Aufgaben gefragt. Er ist dabei sehr einvernehmlich u. a. zu den Ergebnissen gekommen, dass Priva-

---

[19] Dazu ausführlich: *H. Meyer*, NVwZ 2002, 1479, 1480f.; *Henneke*, Der Landkreis 2002, 644; *ders.*, Der Landkreis 2003, 15; *Ehlers*, Der Landkreis 2003, 22; *Burgi*, Der Landkreis 2003, 26; *Schöneich*, Der Landkreis 2003, 32; *Katz*, Der Gemeindehaushalt 2003, 1.

tisierung eine dauerhafte ordnungspolitische Option für politische Entscheidungsträger darstellt, die wesentlich zur Modernisierung und Entbürokratisierung des Staatswesens und zur Stärkung des Wirtschaftsstandortes beitragen kann, wenn die betreffende öffentliche Aufgabe privatisierungsgeeignet ist, hierdurch nicht öffentliche durch private Monopole ersetzt werden und der Staat eine gegebenenfalls im Interesse des Gemeinwohls erforderliche Gewährleistungsverantwortung übernimmt.

Das gemeinschaftliche Beihilferecht bedürfe einer verbreiterten sekundärrechtlichen Grundlegung namentlich für die Anwendung des sog. privaten Investortests, die Erfassung von Ausgleichsleistungen und Unterstützungszahlungen sowie für die Behandlung von Quersubventionen. An der Stelle von Leitlinien und Mitteilung der Kommission seien entsprechende Regelungen auf der Grundlage von Art. 109 AEUV zu erlassen. Die zukünftig auf der Grundlage von Art. 14 Satz 2 AEUV zu erlassenden Vorschriften haben die besonderen Funktionsbedingungen der Dienste von allgemeinem wirtschaftlichen Interesse ebenso zu gewährleisten wie die unverfälschten Wettbewerbsbedingungen. Im Interesse der Wettbewerbsgleichheit sollten die Anforderungen an die Erbringung von Universaldienstleistungen in stärkerem Maße angeglichen werden, soweit sie zu Kostenunterschieden führten, die sich nicht unwesentlich auf die Wettbewerbsverhältnisse der betroffenen Unternehmen auswirken.

Der 67. DJT vertrat überdies einmütig die Auffassung, dass es nicht der Aufnahme einer 38
Subsidiaritätsklausel in das Grundgesetz, nach der Privatisierungen verfassungsrechtlich geboten sind, bedürfe, wenn der Rückgriff auf private Strukturen möglich sei und dies die Aufgabenerfüllung qualitativ besser und effzienter mache. Einfach-gesetzliche Subsidiaritätsklauseln und Privatisierungspflichten liefen dem Ziel zuwider, aufgaben- und situationsgerechte Einzelentscheidungen bei möglichst klar definierten Tatbeständen zu ermöglichen. Eine aufgabenübergreifende Privatisierungspflicht zulasten der Kommunen sei mit der Selbstverwaltungsgarantie des Art. 28 Abs. 2 GG nicht vereinbar. Der Grundsatz der Wirtschaftlichkeit dürfe nicht auf finanzwirtschaftliche Aspekte beschränkt werden, sondern sei ergebnisoffen im Sinne einer umfassenden Nutzenbewertung unter Einbeziehung auch nichtmonetärer Vor- und Nachteile zu verstehen, in die namentlich auch die mit einer Privatisierung verbundene Risikoverteilung einfließt und die nach der Höhe der jeweiligen Transaktionsvolumina differenziert. Ferner solle eine Pflicht zur Berichterstattung gegenüber den für die Privatisierungsentscheidung zuständigen Organen über die Realisierung der bei der Privatisierungsentscheidung erwarteten Wirtschaftlichkeit vorgesehen werden. Privatisierungen müssten gegebenenfalls durch wettbewerbssichernde Maßnahmen sowie durch Anreizmechanismen flankiert werden, um sicherzustellen, dass die Individualinteressen mit den Gemeinwohlinteressen in Übereinstimmung stehen. Die staatliche Gewährleistungsverantwortung könne sich bei lebensnotwendigen Infrastrukturaufgaben zu einer Pflicht zur Sicherstellung der Dienstleistungserbringung verdichten. Eine Umsatzbesteuerung von kommunalen Dienstleistungsunternehmen des öffentlichen Rechts im Aufgabenfeld der Abwasserentsorgung wurde vom 67. DJT solange abgelehnt, wie nicht auf der Durchführungs- bzw. auf der Trägerebene der Markt für die Erbringung der entsprechenden Dienstleistungen eröffnet ist.

Es bleibt abzuwarten, welche Regelungsstrategie sich in Deutschland durchzusetzen 39
vermag. Auf eines ist dabei ganz deutlich hinzuweisen: Kommunale Unternehmen sind kein Selbstzweck, sondern Instrument des Trägers zur Erfüllung öffentlicher Aufgaben. Diesen Aspekt gilt es bei der Weiterentwicklung des kommunalen Wirtschaftsrechts ebenso zu berücksichtigen, wie er auch bei der Neufassung der Sparkassengesetze aufgrund der Verständigungen mit der Europäischen Kommission zu berücksichtigen war und – wie im Hinblick auf das im Sommer 2014 vorgelegte XX. Hauptgutachten der Monopolkommission hervorzuheben ist – ist.

Wenn man sich von den Erfordernissen des Gebietsbezugs und des Vorliegens eines öf- 40
fentlichen Zwecks bei öffentlichen Unternehmen lösen sollte, stünde dies zwar mit dem EU-Recht in Einklang, nicht aber mit den Strukturen des öffentlichen Rechts in

Deutschland, das stets Sonderrecht des Staates darstellt. Deshalb sind die Relativierungen, die das Örtlichkeitsprinzip im Bereich der Energieversorgung mittlerweile in den meisten Kommunalverfassungen erfahren hat, durchaus kritisch zu sehen.[20] Man kann nicht zugleich für Sicherheit der Aufgabenerfüllung für bestimmte Bereiche und Chancengleichheit im Wettbewerb eintreten. Koppeln sich die öffentlichen Unternehmen hinsichtlich ihres Betätigungsfeldes von ihren Trägern, deren Tätigkeit zwingend zweck- und gebietsbezogen ist, ab, werden sie zu einem – beliebigen – Instrument der Aufgabenerfüllung wie jedes andere auch. Was gegenwärtig durch Erweiterung der Handlungsmöglichkeiten wie eine Stabilisierung zu erscheinen vermag, würde auf Dauer die Spezifik öffentlicher Unternehmen zur Disposition stellen und damit letztlich unterminieren.[21]

---

[20] Dazu *Henneke/Ritgen*, Kommunales Energierecht, 2. Auflage 2013, S. 89 ff., S. 99 ff.

[21] In diesem Sinne auch *Burgi*, Kommunalrecht, 4. Auflage 2012, § 17 Rn. 51, *Hennecke*, Öffentlicher Auftrag und Regionalprinzip im Lichte des XX. Hauptgutachtens der Monopolkommission, Der Landkreis 2014, 527 ff.

B. Europa- und verfassungsrechtliche Vorgaben

Übersicht

Literatur: *Berger*, Staatseigenschaft gemischtwirtschaftlicher Unternehmen, 2006; *Burgi*, Kommunalrecht, 4. Aufl. 2012; *Brüning*, Kommunalverfassung, in: *Ehlers/Fehling/Pünder* (Hrsg.), Besonderes Verwaltungsrecht, Bd. 3, 3. Aufl. 2013, § 64; *Cremer*, Gewinnstreben als öffentliche Unternehmen legitimierender Zweck: Die Antwort des Grundgesetzes, DÖV 2003, 921; *Cronauge/Westermann*, Kommunale Unternehmen, 5. Aufl. 2006; *Ehlers,* Die Rechtsprobleme der Kommunalwirtschaft, DVBl. 1998, 497; *ders.*, Das neue Kommunalwirtschaftsrecht in Nordrhein-Westfalen, NWVBl. 2000, 1; *ders.*, Empfiehlt es sich, das Recht der öffentlichen Unternehmen im Spannungsverhältnis von öffentlichem Auftrag und Wettbewerb national und gemeinschaftsrechtlich neu zu regeln?, Gutachten E zum 64. Deutschen Juristentag 2002, 2002; *ders.*, Die Entwicklung des kommunalen Wirtschaftsrechts, Der Landkreis 2007, 456; *ders.*, Verhältnis des Unionsrechts zu dem Recht der Mitgliedstaaten, in: *Schulze/Zuleeg/Kadelbach* (Hrsg.), Europarecht, 2. Aufl. 2010, § 11; *Eisenblätter*, Die extraterritoriale Kommunalwirtschaft, 2007; *Fabry/Augsten* (Hrsg.), Handbuch Unternehmen der öffentlichen Hand, 2. Aufl. 2011; *Franzius*, Die wirtschaftliche Betätigung der Kommunen, JURA 2009, 677; *Geis*, Kommunalrecht, 3. Aufl. 2014; *Gersdorf*, Öffentliche Unternehmen im Spannungsfeld zwischen Demokratie- und Wirtschaftlichkeitsprinzip, 2000; *Grawert*, Zuständigkeitsgrenzen der Kommunalwirtschaft, in: FS Blümel, 1999, S. 119; *Held*, Ist das kommunale Wirtschaftsrecht noch zeitgemäß?, WiVerw 1998, 264; *Hellermann*, Örtliche Daseinsvorsorge und gemeindliche Selbstverwaltung, 2000; *Hösch*, Die kommunale Wirtschaftstätigkeit, 2000; *Ipsen*, Kommunalwirtschaft im Umbruch, 2001; *Jarass*, Kommunale Wirtschaftsunternehmen im Wettbewerb, 2002; *ders.*, Kommunale Wirtschaftsunternehmen und Verfassungsrecht, DÖV 2002, 489; *Katz*, Kommunale Wirtschaft, 2004; *Kluth*, Grenzen kommunaler Wettbewerbsteilnahme, 1988; *ders.*, Kommunalwirtschaftliche Aktivitäten als Dienste von allgemeinem wirtschaftlichen Interesse, in: Mann/Püttner (Hrsg.), Handbuch der kommunalen Wissenschaft und Praxis, Bd. 2, 3. Aufl. 2011, § 39; *Langner*, Die örtliche Regelung kommunaler Wirtschaftstätigkeit und die Grundfreiheiten des EG-Vertrages, 2008; *Löwer*, Der Staat als Wirtschaftssubjekt und Auftraggeber, VVDStRL 60 (2001), 416; *Moraing*, Kommunales Wirtschaftsrecht vor dem Hintergrund der Liberalisierung der Märkte, WiVerw 1998, 233; *Nagel*, Gemeindeordnung als Hürde?, 1999; *Nierhaus*, Selbstverwaltungsgarantien wirtschaftlicher Betätigung der Kommunen, in: *Mann/Püttner* (Hrsg.), Handbuch der kommunalen Wissenschaft und Praxis, Bd. 2, 3. Aufl. 2011, § 40; *Oebbecke*, Die örtliche Begrenzung kommunaler Wirtschaftstätigkeit, ZHR 164 (2002), 375; *ders.*, Kommunalrechtliche Voraussetzungen der wirtschaftlichen Betätigung, in: *Mann/Püttner* (Hrsg.), Handbuch der kommunalen Wissenschaft und Praxis, Bd. 2, 3. Aufl. 2011, § 41; *Otting*, Neues Steuerungsmodell und rechtliche Betätigungsspielräume der Kommunen, 1997; *Pieroth/Hartmann*, Grundrechtsschutz gegen wirtschaftliche Betätigung der öffentlichen Hand, DVBl. 2002, 421; *Pielow*, Gemeindewirtschaft im Gegenwind?, NWVBl. 1999, 369; *ders.*, Grundstrukturen öffentlicher Versorgung, 2001; *Poppen*, Der Wettbewerb der öffentlichen Hand, 2007; *Reichard* (Hrsg.), Kommunen am Markt, 2001; *Rennert*, Der Selbstverwaltungsgedanke im kommunalen Wirtschaftsrecht, JZ 2003, 385; *Ronellenfitsch*, Verfassungsrechtliche und gemeinschaftsrechtliche Vorgaben, in: *Hoppe/Uechtritz/Reck* (Hrsg.), Handbuch Kommunale Unternehmen, 3. Aufl. 2012, § 3; *Scharpf*, Kommunales Unternehmensrecht in Bayern, 2004; *Schink*, Wirtschaftliche Betätigung kommunaler Unternehmen, NVwZ 2002, 129; *T. I. Schmidt*, Kommunalrecht, 2011; *Röhl*, Kommunalrecht, in: *Schoch* (Hrsg.), Besonderes Verwaltungsrecht, 15. Aufl. 2013, 1. Kap.; *Storr*, Der Staat als Unternehmer, 2001; *Stober/Vogel* (Hrsg.), Wirtschaftliche Betätigung der öffentlichen Hand, 2000; *Schwarze* (Hrsg.), Daseinsvorsorge im Lichte des Wettbewerbsrechts, 2001; *Suerbaum*, Kommunale und sonstige öffentliche Unternehmen, in: *Ehlers/Fehling/Pünder* (Hrsg.), Besonderes Verwaltungsrecht, Bd. 1, 3. Aufl. 2012, § 13; *Tietje*, Die Neuordnung des Rechts wirtschaftlicher Betätigung und privatrechtliche Beteiligung der Gemeinden, 2002; *Wallerath* (Hrsg.), Kommunen im Wettbewerb, 2001; *Wieland/Hellermann*, Der Schutz des Selbstverwaltungsrechts der Kommunen gegenüber Einschränkungen ihrer wirtschaftlichen Betätigung im nationalen und europäischen Recht, 1995; *Wieland*, Kommunalwirtschaftliche Betätigung unter veränderten Wettbewerbsbedingungen, in: *Henneke* (Hrsg.), Optimale Aufgabenerfüllung im Kreisgebiet?, 1999, S. 193ff.

I. Vorgaben des Europäischen Unionsrechts

1. Grundlagen und Wirkungsweise des Europäischen Unionsrechts

a) Rechtsquellen und Vorrang des Europäischen Unionsrechts

1 Das in allen Mitgliedstaaten der Europäischen Union und damit auch in Deutschland geltende Europäische Unionsrecht besteht aus dem **Primärrecht** – d. h. dem Vertrag über die Europäische Union (EUV) einschließlich der Protokolle und Anhänge (Art. 51 EUV) und insbesondere auch der Charta der Grundrechte (Art. 6 I EUV) sowie dem Vertrag über die Arbeitsweise der Europäischen Union (AEUV) –, dem **Sekundärrecht** – d. h. dem von der Europäischen Union durch Verordnungen, Richtlinien und Beschlüsse selbst gesetzten Recht (Art. 288 II-IV AEUV) – sowie dem **Tertiärrecht** – d. h. den Gesetzgebungsakten der Kommission (Art. 29 AEUV) sowie den Durchführungsrecht-

sakten der Union (Art. 291 AEUV). Für die Abgrenzung der Zuständigkeiten der Union im Verhältnis zu den Mitgliedstaaten gilt der **Grundsatz der begrenzten Einzelermächtigung** (Art. 5 I 1 EUV). Für die Ausübung der Zuständigkeiten der Union gelten die Grundsätze der Subsidiarität und der Verhältnismäßigkeit (Art. 5 I 2 EUV). Während das Primärrecht in aller Regel unmittelbare Wirkung in den Mitgliedstaaten entfaltet, kann sich dies beim Sekundärrecht anders darstellen. So bedürfen die Richtlinien der Umsetzung in nationales Recht, wobei zwar die Zielsetzungen verbindlich sind, den innerstaatlichen Stellen aber die Wahl der Form und Mittel überlassen bleibt (Art. 288 III AEUV). Dies schließt verbindliche Detailregelungen nicht aus. Sind Richtlinien nicht rechtzeitig oder nicht vollständig in verbindliches nationales Recht umgesetzt worden, kommt ihnen unmittelbare Wirkung zu, wenn sie inhaltlich unbedingt und hinreichend bestimmt sind, keines weiteren Ausführungsaktes bedürfen und (jedenfalls grundsätzlich) die Privaten nicht belasten.[1] Im Kollisionsfall geht das unmittelbar anwendbare bzw. das unmittelbare Wirkung entfaltende Europäische Unionsrecht nach Auffassung des Europäischen Gerichtshofs (EuGH) dem mitgliedstaatlichen Recht ohne jede Einschränkung vor.[2] Das Bundesverfassungsgericht (BVerfG) geht in ständiger Rechtsprechung davon aus, dass das Grundgesetz eine Übertragung von Hoheitsrechten auf zwischenstaatliche Einrichtungen (und damit auch auf die Europäische Union) nicht schrankenlos zulässt. Vielmehr ziehe es der Übertragung und damit zugleich dem Vorrang des Unionsrechts in zweifacher Hinsicht Grenzen: nämlich durch die **Grenze des Nichtübertragbaren** und die Grenze des Nichtübertragenen. Nach der zuerst genannten Grenze ermächtigt das Grundgesetz nicht dazu, die Identität der geltenden Verfassungsordnung der Bundesrepublik durch Einbruch in ihr Grundgefüge mittels Übertragung von Hoheitsrechten auf zwischenstaatliche Einrichtungen (einschließlich der Europäischen Union) aufzugeben.[3] Heute ergeben sich die Schranken der Übertragung von Hoheitsrechten auf die Europäische Union ausdrücklich aus Art. 23 I 1 (i.V.m. S. 3) GG. Näher umschrieben hat das BVerfG diese Schranken in seinem Lissabon-Urteil.[4] Hinsichtlich der Unionsgrundrechte hat das BVerfG entschieden, dass es erst und nur dann im Rahmen seiner Gerichtsbarkeit wieder tätig werden wird, wenn der als unabdingbar gebotene Grundrechtsschutz im Unionsrecht „generell" nicht mehr gewährleistet wird.[5] Die **Grenze des Nichtübertragenen** besagt, dass das Unionsrecht in Deutschland nur im Rahmen des durch das Zustimmungsgesetz Übertragenen Geltung beanspruchen kann. Ausbrechende Rechtsakte der Europäischen Union, die sich nicht in den Grenzen der ihnen eingeräumten Hoheitsrechte halten, sind im deutschen Hoheitsbereich nicht verbindlich und dürfen daher nicht angewendet werden.[6] Eine Ultra-vires-Kontrolle zieht das BVerfG aber nur in Betracht, wenn ein Kompetenzverstoß der europäischen Organe hinreichend qualifiziert ist. Das setzt voraus, dass das kompetenzwidrige Handeln der Unionsgewalt offensichtlich ist und der angegriffene Akt im Kompetenzgefüge zu einer strukturell bedeutsamen Verschiebung zu Lasten der Mitgliedstaaten führt.[7] Der Vorrang des Unionsrechts führt nicht zur Nichtigkeit, wohl aber zur Nichtanwendbarkeit des unionsrechtswidrigen nationalen Rechts, soweit das Unionsrecht selbst unmittelbare Anwendung verlangt.[8] Ferner ergibt sich aus dem Vorrang des Unionsrechts das **Gebot unionsrechtskonformer Auslegung** des nationalen Rechts.

---

1 Näher dazu *Ruffert*, in: *Calliess/Ruffert* (Hrsg.), EUV/AEUV, 4. Aufl. 2011, Art. 288 Rn. 47ff.; *Schroeder*, in: *Streinz* (Hrsg.), EUV/AEUV, 2. Aufl. 2012, Art. 288 AEUV Rn. 101ff.

2 Grundlegend EuGH, Slg. 1964, 1251 Rn. 3 – Costa/ENEL; vgl. auch die Erklärung Nr. 17 zur Schlussakte zum Vertrag von Lissabon (Erklärung zum Vorrang).

3 Vgl. BVerfGE 73, 271 (279 – Solange I); 73, 339 (375ff. – Solange II).

4 BVerfGE 123, 267.

5 Vgl. BVerfGE 73, 339 (378); 102, 147 (161ff.).

6 BVerfGE 89, 155ff.

7 BVerfGE 126, 286.

8 Vgl. z. B. EuGH, Slg. 1991, I-297 Rn. 21 – Nimz; BVerfGE 85, 191 (204).

b) Konsequenzen für die kommunale Selbstverwaltung

2 Der Vorrang des Unionsrechts gilt auch im Verhältnis zu den verfassungsrechtlichen Garantien der kommunalen Selbstverwaltung im Grundgesetz und in den Landesverfassungen. Nach ganz h. M. ist die von Art. 79 III GG nicht erfasste Gewährleistung des **Art. 28 II GG „nicht europafest“**.[9] Mittelbar werden die Kommunen durch das unionsrechtliche Subsidiaritäts- und Verhältnismäßigkeitsprinzip (Art. 5 III, IV EUV) geschützt[10], weil diese Prinzipien im Rahmen ihres Anwendungsbereichs die Union auch zu einer Abwägung zwischen den Vorteilen einer gemeinschaftsrechtlichen Regelung und den damit einhergehenden Nachteilen für die Handlungsspielräume auf der Ebene der Mitgliedstaaten einschließlich der föderalen, regionalen und kommunalen Ebenen verpflichten. Art. 4 II 1 EUV verpflichtet die Union ausdrücklich zur Achtung der grundlegenden politischen und verfassungsmäßigen Strukturen „einschließlich der regionalen und lokalen Selbstverwaltung“.[11] Ferner wird der Subsidiaritätsgrundsatz nunmehr explizit auch auf die regionale und lokale Ebene bezogen (Art. 5 III EUV).[12] Der deutsche Vertreter im Rat ist als Mitglied eines europäischen Organs nicht nur zur Rücksichtnahme auf die Europäische Union, sondern auch zur Beachtung des (auch die Kommunen schützenden) Grundsatzes der Subsidiarität i.S.d. Art. 23 I 1 GG verpflichtet.

3 Die Beeinflussung der gemeinschaftsrechtlichen Steuerung kommunalen Handelns über den **Ausschuss der Regionen** (Art. 305 AEUV) ist wegen der geringen Beteiligungsquote der Kommunen und der bloß konsultativen Befugnisse des Ausschusses begrenzt. Die vom Europarat (also nicht der EU) erlassene **Europäische Charta der kommunalen Selbstverwaltung** (BGBl. II 1987, S. 66) bindet die Union nicht unmittelbar. Bemühungen, die Charta zugleich als allgemeinen Rechtsgrundsatz des Gemeinschaftsrechts einzustufen[13], haben sich zu Recht nicht durchsetzen können.[14]

c) Reichweite des Europäischen Unionsrechts

4 Die Europäische Union darf nur diejenigen Kompetenzen ausüben, die ihr übertragen worden sind (**Grundsatz der begrenzten Einzelermächtigung**[15]). Eine allgemeine Kompetenz zur Ausgestaltung der kommunalen Selbstverwaltung kennt das Unionsrecht nicht. Vielmehr interessiert sich das Unionsrecht grundsätzlich nicht für die Organisation und die Untergliederung der Mitgliedstaaten (Rn. 12). Wohl aber müssen das Primärrecht und das kompetenzgemäß erlassene Sekundär- und Tertiärrecht (Rn. 1) der Union auch von den Mitgliedstaaten (einschließlich der Kommunen und ihrer Unternehmen) beachtet werden. So hat die Union die Befugnis zur Gestaltung zahlreicher Bereiche, die auch und gerade für die Kommunalwirtschaft von Bedeutung sind (vgl. Rn. 32).

d) Steuerungsansatz des Europäischen Unionsrechts

5 Gem. Art. 3 III 1 EUV, 26 AEUV errichtet die Union einen **Binnenmarkt**, wobei sowohl sie als auch die Mitgliedstaaten dem Grundsatz einer **offenen Marktwirtschaft** mit freiem Wettbewerb verpflichtet sind (Art. 119 I, 120 AEUV). Der Verwirklichung die-

---

9 Näher hierzu und zum Folgenden *Ehlers*, in: *Erichsen* (Hrsg.), Kommunale Verwaltung im Wandel, 1999, S. 21ff.; *Schoch*, in: *Henneke* (Hrsg.), Kommunen und Europa – Herausforderungen und Chancen, 1999, S. 11ff.; *Groß*, DVBl. 2002, 1182 (1188f.); *Ruffert*, in: *Mann/Püttner* (Hrsg.), Handbuch der kommunalen Wissenschaft und Praxis, Bd. 1, 3. Aufl. 2007, § 38 Rn. 6; *Brüning*, in: *Ehlers/Fehling/Pünder* (Hrsg.), Besonderes Verwaltungsrecht, Bd. 3, 3. Aufl. 2013, § 64 Rn. 59.

10 Vgl. dazu das Protokoll Nr. 30 über die Anwendung der Grundsätze der Subsidiarität und der Verhältnismäßigkeit (1997) zum Vertrag über die Europäische Union; Protokoll Nr. 2 zum Vertrag von Lissabon.

11 Vgl. auch Franzius, JURA 2009, 677 (678).

12 Vgl. auch Art. 5 S. 5 des Protokolls Nr. 2 zum Vertrag von Lissabon, wonach die Entwürfe von Gesetzgebungsakten u.a. die finanzielle Belastung und den Verwaltungsaufwand der regionalen und lokalen Behörden zu berücksichtigen haben.

13 *Schaffarzik*, in: *Mann/Püttner* (Fn. 9), § 14 Rn. 23ff.

14 Vgl. *Röhl*, in: *Schoch* (Hrsg.), Besonderes Verwaltungsrecht, 15. Aufl. 2013, 1. Kapitel Rn. 51; *Schmidt*, Kommunalrecht, 2011, Rn. 126ff., 140ff.; *Geis*, Kommunalrecht, 3. Aufl. 2014, § 4 Rn. 15.

15 Vgl. auch Rn. 1.

ser Zielsetzung dienen insbesondere die Grundfreiheiten (3.), die Unionsgrundrechte (4.), das Wettbewerbsrecht (5.), das Beihilferecht (6.) und das Vergaberecht (9). Eine Festlegung auf ein rein marktwirtschaftliches System ergibt sich aus diesen Vorgaben gleichwohl nicht. So sind der Europäischen Union zugleich zahlreiche Ziele gesetzt worden, die sich nur mit wirtschaftsregulierenden oder -lenkenden Maßnahmen erreichen lassen.[16] Auch bleibt die (unterschiedlich ausgestaltete) Eigentumsordnung in den Mitgliedstaaten unberührt.[17] Ferner hat die Union auf den Gebieten, in denen sie über eine Kompetenz verfügt, dafür Sorge zu tragen, dass die Grundsätze und Bedingungen des Funktionierens der Dienste von allgemeinem wirtschaftlichen Interesse so gestaltet werden, dass die Mitgliedstaaten ihren Gemeinwohlaufgaben nachkommen können.[18] Deshalb strebt die Europäische Union die Ermöglichung oder **Gewährleistung einer** hochwertigen, preisgünstigen, effizienten und allseits verfügbaren **Daseinsvorsorge** an. Die zuletzt genannte Zwecksetzung wurde früher vernachlässigt, ist aber in den letzten zehn Jahren zunehmend an die Seite der Wettbewerbsausrichtung getreten. Anders als früher enthält Art. 14 S. 2 AEUV nunmehr eine Ermächtigung für das Europäische Parlament und den Rat, unbeschadet der Zuständigkeit der Mitgliedstaaten diejenigen Grundsätze und Bedingungen im ordentlichen Gesetzgebungsverfahren festzulegen, welche für das Funktionieren der Dienste von allgemeinem wirtschaftlichen Interesse notwendig sind.[19]

2. Zulässigkeit kommunaler Unternehmen

a) Begriff des öffentlichen Unternehmens

Kommunale Unternehmen gehören zu der Gruppe der öffentlichen Unternehmen. 6
Unter einem Unternehmen (i. S. d. Art. 101ff. AEUV) versteht das Unionsrecht **jede** eine **wirtschaftliche Tätigkeit ausübende Einheit**, unabhängig von ihrer Rechtsform und der Art ihrer Finanzierung.[20] Auf die Rechtsform und Eigentumsverhältnisse kommt es nicht an. Deshalb werden sowohl Regie- und Eigenbetriebe mit wirtschaftlicher Aufgabenstellung als auch Unternehmen **jedweder Gesellschaftsform** erfasst. Unter einer wirtschaftlichen Tätigkeit wird jede Tätigkeit verstanden, die darin besteht, Güter oder Dienstleistungen auf einem bestimmten Markt anzubieten.[21] Unerheblich ist, ob eine Gewinnerzielungsabsicht besteht. Ausgeklammert werden hoheitliche Tätigkeiten. Dazu können auch kulturelle oder soziale Leistungserbringungen zählen. Erforderlich ist aber stets, dass die Maßnahmen nicht in gleicher Weise auch von Privaten getroffen werden bzw. getroffen werden könnten.[22] Leistungen auf dem Gebiet der Daseinsvorsorge können in aller Regel auch von Privaten erbracht werden, so dass es sich bei den der Daseinsvorsorge dienenden kommunalen Unternehmen im Normalfall um wirtschaftliche Unternehmen i. S. d. Europäischen Unionsrechts handelt. Keine Unternehmens-

[16] Vgl. insbes. Art. 3 III 2 EUV, 9 AEUV. Näher zur EU-Wirtschaftsverfassung *Cremer*, in: *Ehlers/Fehling/Pünder* (Hrsg.), Besonderes Verwaltungsrecht, Bd. 1, 3. Aufl. 2012, § 9 Rn. 7ff. Zu den sozialpolitischen Gestaltungsmöglichkeiten der Union vgl. BVerfGE 123, 267 (426ff.).

[17] Art. 345 AEUV.

[18] Art. 14 AEUV.

[19] Vgl. dazu die Mitteilung der Kommission KOM (2007) 724. Krit. zu der gleichlautenden Vorgängerbestimmung des Art. 14 S. 2 AEUV im Vertrag über eine Verfassung für Europa (Art. III-122) haben sich die kommunalen Spitzenverbände geäußert. Siehe dazu *Wohltmann*, Der Landkreis 2003, 746ff.; vgl. auch KOM (2003) 270, Rn. 49, wonach es „wahrscheinlich" weder erstrebenswert noch möglich ist, eine einheitliche umfassende europäische Definition des Inhalts der Dienstleistung von allgemeinem Interesse zu entwickeln, aber gemeinsame Elemente Wesensmerkmale der Werte und Ziele der Gemeinschaft sind (insbesondere Universaldienst, Kontinuität, Qualität und Erschwinglichkeit der Dienste, Nutzer- und Verbraucherschutz).

[20] Grundlegend EuGH, Slg. 1991, I-1979 Rn. 1 – Höfner.

[21] EuGH, Slg. 2000, I-6451 Rn. 75 – Pavlov.

[22] Vgl. bereits EuGH, Slg. 1987, 2599 Rn. 7 – Kommission/Italien. Näher dazu *Ehlers*, Gutachten E zum 64. DJT 2002, 2002, E 26f.

eigenschaft i. S. d. Art. 101, 102 AEUV mangels des Anbietens von Gütern und Dienstleistungen wird bei einer bloßen Nachfragetätigkeit angenommen.[23]

7 Nach Art. 2 lit. b) der Transparenzrichtlinie (RL 2006/111/EG) ist unter einem „öffentlichen" Unternehmen jedes Unternehmen zu verstehen, auf das die öffentliche Hand aufgrund Eigentums, finanzieller Beteiligung, Satzung oder sonstiger Bestimmung, die die Tätigkeit des Unternehmens regelt, unmittelbar oder mittelbar einen **beherrschenden Einfluss** ausüben kann. Ein beherrschender Einfluss wird nach Satz 2 der Bestimmung vermutet, wenn die öffentliche Hand unmittelbar oder mittelbar die Mehrheit des gezeichneten Kapitals des Unternehmens besitzt oder über die Mehrheit der mit den Anteilen des Unternehmens verbundenen Stimmrechte verfügt oder mehr als die Hälfte der Mitglieder des Verwaltungs-, Leitungs- oder Aufsichtsorgans des Unternehmens bestellen kann.

b) Vereinbarkeit öffentlicher Unternehmen mit dem Europäischen Unionsrecht

8 Da das Unionsrecht die Eigentumsordnung in den Mitgliedstaaten unberührt lässt (Art. 345 AEUV) und öffentliche Unternehmen im AEUV **ausdrücklich anerkannt** werden (Art. 106 I AEUV), bleibt es den Mitgliedstaaten überlassen, über das „Ob" und den Umfang der öffentlichen Wirtschaft und damit auch der kommunalwirtschaftlichen Betätigung selbst zu entscheiden.[24] Somit ist der Europäischen Union sowohl eine Privatisierungs- als auch eine Verstaatlichungspolitik untersagt. Daher darf das Unionsrecht auch die Existenzberechtigung kommunaler Unternehmen nicht antasten. Anderes gilt für das „Wie" des Handelns, weil das Unionsrecht grundsätzliche Anforderungen an alle Wirtschaftsteilnehmer stellt und diese somit auch von der wirtschaftlich agierenden öffentlichen Hand beachtet werden müssen. Oftmals lassen sich das „Ob" und das „Wie" eines Handelns nicht exakt auseinanderhalten. Zudem kann eine Reglementierung des „Wie" so gravierende Auswirkungen haben, dass das „Ob" eines Tätigwerdens davon beeinflusst wird.

3. Bindung an die Grundfreiheiten

a) Gewährleistungsgehalt der Grundfreiheiten

9 Die im Falle des Fehlens sekundärrechtlicher Bestimmungen in den Mitgliedstaaten unmittelbar anwendbaren Grundfreiheiten garantieren die Freiheit des Warenverkehrs (Art. 30, 34f. AEUV), die Freizügigkeit der Arbeitnehmer (Art. 45 AEUV), die Niederlassungsfreiheit (Art. 49 AEUV), die Dienstleistungsfreiheit (Art. 56 AEUV) und die Freiheit des Kapital- und Zahlungsverkehrs (Art. 63 AEUV). Die Grundfreiheiten enthalten **Diskriminierungs- und Beschränkungsverbote** für den Fall des Vorliegens eines **grenzüberschreitenden Sachverhalts**.[25] Eine Diskriminierung liegt vor, wenn EU-Ausländer (respektive grenzüberschreitende Sachverhalte) offen oder versteckt schlechter als Inländer (inländische Sachverhalte) behandelt werden. Beschränkt werden die Grundfreiheiten, wenn die Ausübung der Freiheit behindert oder weniger attraktiv gemacht wird[26], es sei denn, es geht nicht um den Markt- oder Berufszugang, sondern das Verhalten im Markt oder die Berufsausübung.[27] Grenzüberschreitend ist ein Sachverhalt, wenn der Marktzugang in einem anderen Mitgliedstaat der Europäischen Union berührt wird. Rechtfertigen lässt sich die Beeinträchtigung einer Grundfreiheit, wenn eine gesetzliche Grundlage besteht, die ausdrücklichen Schrankenregelungen oder die ungeschriebene

---

[23] Vgl. EuGH, Slg. 2000, I-6451 Rn. 75 – Pavlov; Slg. 2004, I-2493 – AOK Bundesverband; Slg. 2006, I-6295 Rn. 25f.– FENIN.

[24] Näher zum Sinngehalt der wortgleichen Vorgängervorschrift des Art. 345 AEUV (Art. 295 EGV) *Ruffert*, in: *Henneke* (Hrsg.), Kommunale Perspektiven im zusammenwachsenden Europa, 2002, S. 10ff.

[25] Näher hierzu und zum Folgenden *Ehlers*, in: *ders.* (Hrsg.), Europäische Grundrechte und Grundfreiheiten, 3. Aufl. 2009, § 7 Rn. 20ff.

[26] Vgl. grundlegend dazu EuGH, Slg. 1974, 837, Rn. 5 – Dassonville.

[27] Grundlegend EuGH, Slg. 1993, I-6097, Rn. 14ff. – Keck.

Schranke des zwingenden Erfordernisses im Allgemeininteresse liegender Zwecke[28] zur Anwendung gelangen und die Schranken-Schranken (insbesondere die Unionsgrundrechte und das Verhältnismäßigkeitsprinzip) beachtet wurden.

b) Kommunale Unternehmen als Verpflichtete der Grundfreiheiten

Verpflichtet werden durch die Grundfreiheiten in erster Linie die Mitgliedstaaten der Europäischen Union (daneben auch die Union selber sowie unter bestimmten Voraussetzungen Private[29]). Hierzu zählen in Deutschland nicht nur Bund und Länder, sondern alle Träger von Staatsgewalt einschließlich der Kommunen und der von einer oder mehreren Kommunen getragenen Unternehmen. Ferner ordnet das Unionsrecht den Mitgliedstaaten auch die **gemischt-wirtschaftliche**n (d. h. von der öffentlichen Hand und den Privaten gemeinsam getragenen) **Unternehmen** zu, sofern die öffentliche Hand einen beherrschenden Einfluss hat.[30] Dies betrifft auch die kommunalen Unternehmen bzw. die Public Private Partnerships mit beherrschender kommunaler Beteiligung. Anders als im Wettbewerbsrecht (Rn. 15) gelten für die Grundfreiheiten keine De-minimis-Regelungen, jedoch dürfen die Auswirkungen einer Maßnahme nicht zu unbestimmt oder zu mittelbar sein (rule of remoteness).[31] Verletzt werden die Freiheiten (des Warenverkehrs und der Arbeitnehmer) z. B., wenn sich ein kommunaler Energieversorger weigert, sein Leitungsnetz Mitbewerbern aus dem EU-Ausland zur Durchleitung zur Verfügung zu stellen oder andere als deutsche Arbeitskräfte zu beschäftigen. Im Streit um die Veräußerung der Berliner Sparkasse hat die EU-Kommission die Auffassung vertreten, dass die Kapitalverkehrs- und Niederlassungsfreiheit gebieten, den der Berliner Sparkasse zugute kommenden öffentlich-rechtlichen Bezeichnungsschutz des § 40 I KWG im Falle der Beachtung bestimmter Voraussetzungen auch dann beizubehalten, wenn die Sparkasse privatisiert wird.[32] 10

c) Kommunale Unternehmen als Berechtigte der Grundfreiheiten

Wie sich für die Niederlassungs- und Dienstleistungsfreiheit ausdrücklich aus Art. 54, 62 AEUV ergibt, werden **öffentliche Unternehmen** (juristische Personen des öffentlichen und privaten Rechts mit Ausnahme derjenigen, die keinen Erwerbszweck verfolgen) durch die Grundfreiheiten nicht nur gebunden, sondern auch **geschützt**. Da für die Verfolgung eines Erwerbszwecks i.S.d. genannten Bestimmungen eine wirtschaftliche Tätigkeit im Binnenmarkt genügt, welche durch ein entgeltliches Auftreten im Markt sowie eine Betriebsführung nach wirtschaftlichen Grundsätzen gekennzeichnet ist[33], werden die kommunalen Unternehmen hiervon erfasst. Wird ihnen eine Betätigung im Ausland verboten, können sie sich somit gegenüber anderen Mitgliedstaaten der Union auf die Grundfreiheiten berufen. Weitergehend ist in der Literatur aus den Grundfreiheiten (und weiteren Diskriminierungsverboten des Unionsrechts) ein Recht der kommunalen Unternehmen auf Gleichbehandlung mit den privaten Unternehmen auch und gerade gegenüber dem eigenen Mitgliedstaat abgeleitet worden.[34] Zwar sei die öffentliche Hand – und damit auch eine Kommune – nicht gezwungen, öffentliche Unterneh- 11

---

[28] EuGH, Slg. 1979, 649ff. – Rewe (Cassis de Dijon).

[29] Näher dazu *Ehlers* (Fn. 25), § 7 Rn. 48ff.

[30] Vgl. EuGH, Slg. 1990, I-4625 Rn. 16f. – Hennen Olie BV.

[31] Vgl. EuGH, Slg. 2000, I-491 Rn. 23f. – Graf.

[32] Vgl. die gleichlautenden Pressemitteilungen der EU-Kommission (IP/06/1692) und des Bundesministeriums der Finanzen (Nr. 146/2006 v. 6. 12. 2006). Krit. *Thiemann*, Rechtsprobleme der Marke Sparkasse, 2008, S. 181ff.

[33] Vgl. *Jung*, in: *Schwarze* (Hrsg.), EU-Kommentar, 3. Aufl. 2012, Art. 54 AEUV Rn. 7.

[34] Vgl. *Nagel*, Gemeindeordnung als Hürde?, 1999, S. 48ff.; *dens.*, NVwZ 2000, 758 (761); *Becker*, ZNER 2000, 259 (261); *Schwintowski*, NVwZ 2001, 607 (610, 612); *Jarass*, Kommunale Wirtschaftsunternehmen im Wettbewerb, 2002, S. 41ff.; *Schöneich*, Verhandlungen zum 64. DJT 2002, 2002, Bd. II/1, O 56f.; *Langner*, Die örtliche Begrenzung kommunaler Wirtschaftstätigkeit und die Grundfreiheiten des EG-Vertrages, 2008, S. 115ff.; *Neumann/Schmitz*, NWVBl. 2011, 208ff. (Grundfreiheitsberechtigung einer Gemeindegesellschaft, nicht der Gemeinde).

men zu unterhalten. Sie könne auch den Wirkungskreis ihrer Unternehmen festlegen. Das berechtige den Bund oder das Land aber nicht, den Kommunen Vorgaben über die wirtschaftlichen Aktivitäten ihrer Unternehmen zu machen.[35]

12 So sollen insbesondere die Bindung der kommunalen Unternehmen an das **Örtlichkeitsprinzip**[36] sowie die Statuierung von Genehmigungserfordernissen für ein Handeln im Ausland[37] mit den Grundfreiheiten unvereinbar sein. Da das Kommunalwirtschaftsrecht fast ausschließlich aus Bindungen der Kommunen und ihrer Unternehmen besteht, dürften diese Auffassungen konsequent zu Ende gedacht auf die Unanwendbarkeit nahezu des gesamten Kommunalwirtschaftsrechts und auch des Örtlichkeitsprinzips im Sinne des Art. 28 II 1 GG im Anwendungsbereich des Unionsrechts hinauslaufen. Indessen kann den Literaturstimmen in Übereinstimmung mit der h. M. nicht gefolgt werden. Zunächst ist zu bedenken, dass die Grundfreiheiten ohnehin nur ein grenzüberschreitendes Verhalten erfassen. Sodann interessiert sich das Unionsrecht grundsätzlich nicht für die Organisation der Mitgliedstaaten, sondern behandelt diese als Einheit.[38] Dementsprechend betreffen die Bindungen der Grundfreiheiten alle Untergliederungen des Staates (Bund, Länder, Kommunen und sonstige Verwaltungsträger). Dann aber kann das Unionsrecht den als Einheit verstandenen Staat auch nicht vor sich selbst schützen. Selbstbeschränkungen widersprechen gerade nicht dem Europäischen Unionsrecht.[39] Eine **erlaubte Selbstbeschränkung** liegt auch vor, wenn der Bund oder ein Land den Kommunen oder ihren Unternehmen Bindungen nach Art des Kommunalwirtschaftsrechts auferlegt, welche Privaten gegenüber nicht gelten. Geht man entgegen der hier vertretenen Auffassung wegen der Personenverschiedenheit von einer Beschränkung aus, wäre diese jedenfalls gerechtfertigt.[40] Somit gewähren die Grundfreiheiten den öffentlichen Unternehmen im Gegensatz zu den privaten **kein Marktaustrittsrecht** gegenüber dem eigenen Mitgliedstaat. Ferner lässt sich aus den Grundfreiheiten kein Anspruch der EU-Ausländer darauf herleiten, dass die öffentlichen Unternehmen ihr Geschäftsgebiet über die Staatsgrenzen hinaus ausweiten.[41]

13 Das **Sekundärrecht** folgt in dem hier entscheidenden Punkt dem Primärrecht. Wenn etwa Art. 3 I RL 2009/72/EG (Elektrizitätsbinnenmarktrichtlinie) und Art. 3 I RL 2009/73/EG (Gasbinnenmarktrichtlinie) vorschreiben, dass die Unternehmen „hinsichtlich der Pflichten und Rechte" nicht diskriminiert werden dürfen, kann dies nicht als Verbot einer Selbstbeschränkung verstanden werden,[42] wie auch die Gesetzgebungsgeschichte der Richtlinien und ihre Zielsetzung zeigen.[43]

[35] *Jarass* (Fn. 34), S. 46.

[36] *Nagel*, NVwZ 2000, 758 (761); *Schwintowski*, NVwZ 2001, 607 (610, 612); *Langner* (Fn. 34), S. 157ff. Vorsichtiger *Jarass* (Fn. 34), S. 47f. Vgl. auch Beschluss Nr. 8 des 64. DJT (Verhandlungen zum 64. DJT 2002, 2002, Bd. II/2, O 222f.): Ablehnung der Auffassung, dass die Bindung öffentlicher Unternehmer in räumliche Zuständigkeitsgrenzen durch den eigenen Mitgliedstaat weder gegen die Grundfreiheiten und Diskriminierungsverbote noch gegen Wettbewerbsbestimmungen des Gemeinschaftsrechts verstößt.

[37] *Jarass* (Fn. 34), S. 47f.

[38] Vgl. *Manthey*, Bindung und Schutz öffentlicher Unternehmen durch die Grundfreiheiten des Europäischen Gemeinschaftsrechts, 2001, S. 115ff.; *Ehlers* (Fn. 22), E 42; *dens.*, Der Landkreis 2007, 456 (461f.); *Weiß*, EuR 2003, 165 (176ff.); *Uhlenhut*, Wirtschaftliche Betätigung der Gemeinden außerhalb ihres Gebietes, 2004, S. 25; *Scharpf*, NVwZ 2005, 148 (152f.); *Guckelberger*, BayVBl. 2006, 293 (299f.); *Scheps*, Das Örtlichkeitsprinzip im kommunalen Wirtschaftsrecht, 2006, S. 171ff.

[39] Vgl. auch *Hösch*, Die kommunale Wirtschaftstätigkeit, 2000, S. 83; *Grawert*, in: *Reichard* (Hrsg.), Kommunen am Markt, 2001, S. 9 (13).

[40] *Weiß*, DVBl. 2003, 564 (572).

[41] Vgl. *Ehlers*, Der Landkreis 2007, 456 (461). A. A. *Schwintowski*, NVwZ 2001, 607 (610), wonach es nicht am Örtlichkeitsprinzip des deutschen Gemeinderechts scheitern darf, wenn ein Schwede von einem deutschen Stadtwerk Strom kaufen will.

[42] A. A. *Moraing*, WiVerw. 1998, 233 (258); *Nagel* (Fn. 34), S. 48; *Jarass* (Fn. 34), S. 44.

[43] Vgl. *Weiß*, DVBl. 2003, 564 (573).

4. Bindung an die Unionsgrundrechte

Die Unionsgrundrechte – bestehend aus den in der **Charta der Grundrechte** (GRCh) positivierten Rechten und Grundsätzen (Art. 6 I EUV) sowie den als allgemeine Rechtsgrundsätze geltenden Grundrechten, wie sie in der Europäischen Konvention zum Schutz der Menschenrechte und Grundfreiheiten (EMRK) gewährleistet sind und wie sie sich aus den gemeinsamen Verfassungsüberlieferungen der Mitgliedstaaten ergeben (Art. 6 III EUV) –binden nicht nur die Europäische Union, sondern auch die Mitgliedstaaten (und damit die öffentlichen Unternehmen einschließlich der kommunalen). Die Charta-Grundrechte binden die Mitgliedstaaten „ausschließlich bei der **Durchführung des Rechts der Union**" (Art. 51 I 1 GRCh). Eine Durchführung liegt nach h. M. vor, wenn das Unionsrecht anwendbar ist, also eine Anknüpfung an das Unionsrecht besteht.[44] In Betracht kommt eine Bindung der Mitgliedstaaten, wenn diese Unionsrecht umsetzen, vollziehen oder die Grundfreiheiten durch nationale Maßnahmen beschränken. Auch falls Richtlinien und Beschlüsse nicht unmittelbar anwendbar sind, müssen sich die Rechtsakte der Mitgliedstaaten im Rahmen des Unionsrechts und damit zugleich der Unionsgrundrechte halten. Die Bindung an die Unionsgrundrechte dürfte den Spielraum der kommunalen Unternehmen nicht sonderlich einschränken, weil die Grundrechtsbindung in aller Regel nicht weiter geht als die Bindung an die nationalen Grundrechte sowie an die Grundrechte der Europäischen Menschenrechtskonvention. Einer unmittelbaren Bindung an die Unionsgrundrechte unterliegen auch die von der öffentlichen Hand (den Kommunen) beherrschten gemischt-wirtschaftlichen Unternehmen. 14

5. Bindung an das Wettbewerbsrecht

Die Vorschriften des EU-Wettbewerbsrechts, die unter anderem sowohl **wettbewerbsbeschränkende Vereinbarungen** und Verhaltensweisen (Art. 101 I AEUV) als auch den **Missbrauch einer marktbeherrschenden Stellung** (Art. 102 AEUV) beschränken[45], müssen von den kommunalen Unternehmen und deren Mitgliedstaaten (Art. 106 I AEUV) – und damit auch von den Kommunen selbst – beachtet werden. Die Anwendung der Vorschriften setzt voraus, dass die Maßnahmen geeignet sind, den Handel zwischen den Mitgliedstaaten zu beeinträchtigen und eine Verhinderung, Einschränkung oder Verfälschung des Wettbewerbs innerhalb des Binnenmarktes zu bezwecken oder zu bewirken (so Art. 101 I AEUV). Erforderlich ist eine **spürbare Beeinträchtigung**.[46] Diese richtet sich nach der Stellung der Bedeutung der Unternehmen auf dem betroffenen Markt. Die Rechtsprechung stellt auf qualitative und quantitative Faktoren ab. Die EU-Kommission geht davon aus, dass lokal angebotene Leistungen die Bagatellgrenze normalerweise nicht überschreiten.[47] Anderes kann namentlich gelten, wenn die lokalen Regelungen kumulative Wirkungen entfalten (Bündeltheorie). Vereinbarungen oder abgestimmte Verhaltensweisen, die gegen das Verbot des Art. 101 I AEUV verstoßen, sind unwirksam und nichtig, sofern nicht eine Ausnahmevoraussetzung gem. Absatz 3 der Vorschrift vorliegt. Gem. Art. 1 Abs. 1 VO (EG) Nr. 1/2003 sind Verhaltensweisen, die nicht die Voraussetzungen des Art. 101 III AEUV erfüllen, verboten, ohne dass dies einer vorherigen Entscheidung bedarf.[48] 15

---

[44] Vgl. näher zum Streitstand *Jarass*, Charta der Grundrechte der Europäischen Union, 2. Aufl. 2013, Art. 51 Rn. 16f.; *Borowsky*, in: *Meyer* (Hrsg.), Charta der Grundrechte der Europäischen Union, 3. Aufl. 2011, Art. 51 Rn. 20ff.; *Kingreen*, JURA 2014, 295 (301ff.). Zur weiten Auslegung der Unionsgrundrechtebindung vgl. grunds. EuGH, Urt. v. 26.2.2013, Rs. C-617/10 Rn. 24ff. – Åkerberg Fransson; einschränkender BVerfG JZ 2013, 621 (622).

[45] Vgl. VO (EG) Nr. 139/2004.

[46] Vgl. z. B. *Weiß*, in: *Calliess/Ruffert* (Fn. 1), Art. 101 AEUV Rn. 85ff.

[47] KOM (2000) 580, Rn. 32. Näher zur Spürbarkeitsgrenze *Eilmansberger*, in: *Streinz* (Fn. 1), Art. 101 AEUV Rn. 92ff.

[48] Vgl. aber auch Art. 10 der VO Nr. 1/2003/EG.

Neben Einzel**freistellungen** kommen auch solche ganzer Gruppen vor allem nach Maßgabe des Art. 105 III AEUV in Betracht.

16 Art. 101 I lit. c) AEUV verbietet insbesondere eine Aufteilung der Märkte oder Versorgungsquellen. Das **Örtlichkeits-** bzw. **Regionalprinzip** des Kommunalrechts und Sparkassenrechts führt zu einer Abschottung der kommunalen Geschäftsgebiete im Verhältnis der Kommunen zueinander. Ein Verstoß gegen Art. 101 I lit. c) AEUV kann aber schon deshalb nicht vorliegen, weil das Örtlichkeits- respektive Regionalprinzip auf gesetzlicher Regelung beruht, Verpflichtungsadressaten des Art. 101 AEUV aber nur Unternehmen sind.[49] Zwar verbietet die Bestimmung des Art. 4 III EUV den Mitgliedstaaten, Maßnahmen zu treffen, welche die Verwirklichung der Ziele des Vertrages über die Europäische Union und des Vertrages über die Arbeitsweise der Europäischen Union gefährden können. Deshalb dürfen sie auch nicht die praktische Wirksamkeit der für die Unternehmen geltenden Wettbewerbsregeln missachten. Die Anwendung dieser Norm auf kommunale Unternehmen ist aber keineswegs selbstverständlich, weil es sich bei den kommunalen Unternehmen um öffentliche Unternehmen im Sinne des Unionsrechts handelt und die Pflichten der Mitgliedstaaten in Bezug auf öffentliche Unternehmen in Art. 106 I AEUV eine Sonderregelung erfahren haben. Danach werden die Mitgliedstaaten in Bezug auf öffentliche Unternehmen keine den Verträgen und insbesondere den Artikeln 18 und 101 bis 109 AEUV **widersprechende Maßnahmen** treffen oder beibehalten. Unter die Vorschrift fallen nur solche Maßnahmen, die gerade auf die öffentlichen (oder die mit besonderen oder ausschließlichen Rechten ausgestatteten) Unternehmen bezogen sind.[50] Dies trifft auf Regelungen über den territorialen Wirkungskreis nicht zu, weil diese nicht spezifisch unternehmerischer oder gar wettbewerblicher Art sind, sondern für sämtliches Handeln der Träger und damit auch und gerade für die nichtwirtschaftlichen (hoheitlichen) Tätigkeiten gelten. Sie verdeutlichen somit nur die allgemeinen Zuständigkeitsgrenzen. Lässt man Art. 4 III EUV i.V.m. 101 AEUV neben Art. 106 I AEUV zur Anwendung gelangen, gilt im Ergebnis nichts anderes. Jedem privaten Wirtschaftstreibenden bleibt es unbenommen, selbst darüber zu befinden, in welchem territorialen Gebiet er sich wirtschaftlich betätigen will (etwa um das Risiko zu begrenzen). Entsprechendes muss der öffentlichen Hand für ihr eigenwirtschaftliches Tätigwerden zugestanden werden. Vorgaben darüber, wer für die öffentliche Hand entscheidet, enthält das Unionsrecht nicht. Nach deutschem Recht darf ein Verwaltungsträger einer Untergliederung sachlich wie räumlich keine weitergehenden Zuständigkeiten übertragen, als er selbst besitzt. Ein Selbstentscheidungsrecht der öffentlichen Unternehmen über ihren räumlichen Geschäftsbereich widerspräche nicht nur dem (auf ein bestimmtes Gebiet bezogenen) Gemeinwohlauftrag der Träger von Staatsgewalt, sondern auch dem (die Staatsgewalt der Länder begrenzenden) Bundesstaatsprinzip und dem Demokratieprinzip. Die öffentlichen Unternehmen dürfen sich danach nicht losgelöst vom Volkswillen wie die Privaten ihre Geschäftsgebiete selbst aussuchen. Da das kommunale Selbstverwaltungsrecht nur im Rahmen oder nach Maßgabe der Gesetze gewährt wird und die Kommunen einschließlich ihrer Unternehmen Träger mittelbarer Landesverwaltung sind, bestehen auch keine Bedenken dagegen, dass die Landesverfassungs- und Landesgesetzgeber den Wirkungskreis der Kommunen – und damit zugleich ihrer Wirtschaftsunternehmen – territorial begrenzen. Mittelbar wird durch die Festlegung kommunaler Unternehmen auf ein bestimmtes Gebiet zwar der Wettbewerb zwischen kommunalen Unternehmen in Deutschland eingeschränkt. Relevante Nachteile für die privaten Wettbewerber sind damit aber nicht verbunden, weil sich die kommunalen Unternehmen ohne Einschränkung dem Wettbewerb mit den privaten Wirtschaftsunternehmen stellen müssen.[51]

---

[49] Grundl. EuGH, Slg. 1997, I-6265, Rn. 33 – Ladbroke Racing Ltd.

[50] Vgl. auch *Jung,* in: *Calliess/Ruffert* (Fn. 1), Art. 106 AEUV Rn. 18; *Voet van Vormizeele,* in: *Schwarze* (Fn. 33), Art. 106 AEUV Rn. 31.

[51] Vgl. auch *Ehlers/Schepers,* Der Landkreistag 2002, 590 (591).

Die Rechtsprechung des Bundesgerichtshofs, wonach das in (früheren) Staatsverträgen verankerte Regionalitätsprinzip der – über eine Monopolstellung verfügenden – Lottogesellschaften als unzulässige **Gebietsabsprache** im Sinne des **Art. 101 I lit. c AEUV** anzusehen ist[52], lässt sich wegen der anderen Ausgangslage nicht auf das Kommunalrecht übertragen.[53] Die hier vertretene Auffassung dürfte auch von der EU-Kommission geteilt werden. So haben die EU-Kommission und die Bundesrepublik Deutschland in einer gemeinsamen Stellungnahme zur Beilegung ihres Streits über den Bezeichnungsschutz für öffentlich-rechtliche Sparkassen[54] ausdrücklich festgehalten, dass im Falle einer Privatisierung der Berliner Sparkasse und Weiterführung der Bezeichnung dem Erwerber eine Reihe sparkassentypischer Gemeinwohlaufgaben auferlegt werden dürfen. Zu diesen Aufgaben gehört neben einer flächendeckenden Versorgung wirtschaftlich schwächerer Bevölkerungskreise und der mittelständischen Wirtschaft auch „die Gewährleistung des Regionalprinzips gem. dem maßgeblichen Sparkassenrecht". Daraus ergibt sich eine Billigung des (mit dem Örtlichkeitsprinzip gleichzusetzenden) sparkassenrechtlichen Regionalprinzips. 17

6. Bindung an das Beihilferecht

Nach Art. 107 I AEUV sind staatliche oder aus **staatliche**n **Mittel**n gewährte Beihilfen gleich welcher Art, die durch die Begünstigung bestimmter Unternehmen oder Produktionszweige den Wettbewerb verfälschen oder zu verfälschen drohen, grundsätzlich mit dem Binnenmarkt unvereinbar, soweit sie den Handel zwischen den Mitgliedstaaten beeinträchtigen. Staatlichen Charakter hat eine Maßnahme, wenn sie von einem Träger von Staatsgewalt stammt, somit auch von einer Kommune. Zum Staat sind auch die vom Staat beherrschten Einrichtungen zu zählen, sofern die finanziell bedeutsamen Transaktionen dem Staat im konkreten Fall zugerechnet werden können.[55] 18

a) Staatlichkeit

Eine staatliche Maßnahme oder eine Maßnahme unter Inanspruchnahme staatlicher Mittel liegt **nicht** im Falle staatlich veranlasster Begünstigungen **zu Lasten privater „Kassen"** vor (wie bei der Verpflichtung der Energieversorgungsunternehmen zur Abnahme von „Ökostrom" zu über den Marktpreisen liegenden Mindestpreisen).[56] Anderes gilt, wenn die privaten Mittel in die Verfügungsgewalt des Staates gelangen und dieser über die Verwendung der Mittel entscheidet.[57] 19

b) Begünstigung

Eine Beihilfe ist nur gegeben, wenn dem begünstigten Unternehmen ein Vorteil gewährt wird, den es unter normalen Marktbedingungen nicht erhalten hätte.[58] Vergleichsmaßstab ist also das Verhalten eines vernünftigen privaten Marktteilnehmers. Neben kommerziellen kann es sich auch um sonstige Unterstützungen handeln (z. B. logistischer Art[59]). Als Beihilfe angesehen wurde von der EU-Kommission auch die an die Verwendung einer Organisationsform gebundene Gewährträgerhaftung und Anstaltslast der öffentlichen Hand. Deshalb haben sich die EG-Kommission und die Bundesrepublik Deutschland am 17.7.2001 darauf verständigt, die Gewährträgerhaftung für die Landesbanken und Sparkassen bis zum 18.7.2005 abzuschaffen und die Anstaltslast so zu modifizieren, dass sie sich nicht von einer normalen marktwirtschaftlichen Eigen- 20

---

52 BGH WRP 2008, 1456 (1465ff.).
53 Näher dazu *Ehlers*, Der Landkreistag 2007, 456 (462f.).
54 Vgl. die Ausführungen zu Rn. 10.
55 *Ehlers*, DVBl. 2014, 1 (3).
56 EuGH, Slg. 2001, I-2099 Rn. 59ff. – Preussen Elektra.
57 Näher dazu *Zoltész*, EuZW 2013, 134 (137); *Germelmann*, EWS 2013, 161 (164ff.).
58 EuGH, Slg. 2003, I-7747 Rn. 84 – Altmark Trans.
59 Vgl. EuGH, Slg. 1996, I-3547 Rn. 62 – SFEI.

tümerbeziehung unterscheidet. Erbringt das begünstigte Unternehmen eine Gegenleistung, kommt es darauf an, ob diese dem Wert der staatlichen Leistung entspricht. So kann etwa bei Grundstücksveräußerungsverträgen der öffentlichen Hand der Wert des Grundstücks nach Maßgabe der §§ 192ff. BauGB festgestellt oder ein wettbewerbsoffenes, transparentes und diskriminierungsfreies Ausschreibungsverfahren durchgeführt werden.[60] Auch **unternehmensinterne Quersubventionierung**en können nicht nur gegen das Verbot des Missbrauchs einer marktbeherrschenden Stellung (Art. 102 AEUV) oder gegen das Sekundärrecht verstoßen, sondern auch Beihilfecharakter haben.[61] Das ist jedenfalls anzunehmen, wenn erlaubte Gemeinwohlförderungen unternehmensintern auf andere Gebiete umgeleitet werden. Auch die Wahrnehmung von Ausschließlichkeitsrechten schließt weder eine wirtschaftliche Tätigkeit noch eine unzulässige Quersubventionierung aus.[62] Dagegen stellt ein angemessener finanzieller Ausgleich, den die öffentliche Hand einem Unternehmen für die **Erfüllung von Gemeinwohlverpflichtungen** gewährt, keine Beihilfe dar (so dass die Pflicht zur Notifizierung entfällt).[63]

21 Doch müssen dann **vier Voraussetzungen** erfüllt sein: 1. muss das begünstigte Unternehmen tatsächlich mit der Erfüllung gemeinwirtschaftlicher Verpflichtungen betraut (vgl. auch Rn. 28ff.) und diese Verpflichtungen klar definiert worden sein. 2. sind die Parameter, anhand derer der Ausgleich berechnet wird, zuvor (also ex ante) objektiv und transparent aufzustellen. 3. darf der Ausgleich nicht über das hinausgehen, was erforderlich ist, um die Kosten der Erfüllung der gemeinwirtschaftlichen Verpflichtung unter Berücksichtigung der dabei erzielten Einnahmen und eines angemessenen Gewinns aus der Erfüllung dieser Verpflichtungen ganz oder teilweise zu decken. 4. ist die Höhe des erforderlichen Ausgleichs auf der Grundlage einer Analyse der Kosten zu bestimmen, die ein durchschnittliches, gut geführtes Unternehmen bei der Erfüllung der betreffenden Verpflichtungen hätte.[64] Zwar bedarf es nicht notwendigerweise einer Ausschreibung zur Ermittlung der zuletzt genannten Anforderungen.[65] Auch muss es sich bei dem durchschnittlich gut geführten Vergleichsunternehmen nicht zwingend um ein im Wettbewerb stehendes privates Unternehmen handeln.[66] Stehen keine anderen Erkenntnisquellen zur Verfügung, wird den Kommunen aber oftmals nichts anderes als eine Ausschreibung übrig bleiben, um das geforderte Benchmarking durchführen zu können. Auch die Rechtsprechung und die EU-Kommission präferieren seit langem wettbewerbsoffene, transparente und diskriminierungsfreie Ausschreibungsverfahren, um den Ausschluss von Überkompensationen sicherzustellen.[67] Umgekehrt spricht im Falle einer Ausschreibung die Vermutung gegen die Gewährung eines Vorteils i. S. d. Beihilferechts.

c) Selektivität

22 Eine Beihilfe liegt nur vor, wenn die Begünstigung selektiv wirkt. Sie muss **bestimmte**n **Unternehmen** oder Produktionszweigen (Wirtschaftsbranchen), nicht aber der gesamten Wirtschaft oder allen, zugute kommen. Deshalb scheiden allgemeine

---

[60] Näher dazu Mitteilung der Kommission (97/C209/03).

[61] Näher dazu *Koenig/Busch*, GewArch 2011, 181ff.; *EG-Kommission*, ABl. 1998 Nr. C 39/2, S. 10; *Britz*, DVBl. 2000, 1641 (1646); *Classen*, in: *Wallerath* (Hrsg.), Kommunen im Wettbewerb, 2001, S. 85 (90).

[62] Vgl. *Sonder*, KommJur 2013, 121 (125f.). Vgl. aber auch BVerwGE 138, 322 Rn. 38f.

[63] Grundl. EuGH, Slg. 2001, I-9067 Rn. 27 – Ferring.

[64] Grundl. EuGH, Slg. 2003, I-7747 Rn. 88ff. – Altmark Trans. Vgl. auch die Entscheidung der Kommission über die Anwendung von Art. 86 II EGV (= Art. 106 II AEUV) auf staatliche Beihilfen, die bestimmte mit der Erbringung von Dienstleistungen von allgemeinem wirtschaftlichen Interesse betraute Unternehmen als Ausgleich gewährt werden, vom 28. 11. 2005 (2005/842/EG); ferner Gemeinschaftsrahmen für staatliche Beihilfen, die als Ausgleich für die Erbringung öffentlicher Dienstleistungen gewährt werden (2005/C 297/04); RL 2005/81/EG der Kommission zur Änderung der RL 80/723/EWG über die Transparenz der finanziellen Beziehungen zwischen den Mitgliedstaaten und den öffentlichen Unternehmen sowie über die finanzielle Transparenz innerhalb bestimmter Unternehmen.

[65] Näher dazu Mitteilung der Kommission C (2011) 9404.

[66] Vgl. auch EuGH, Slg. 2003, I-6993 Rn. 31ff. – Chronopost SA.

[67] Vgl. EuG, Urt. v. 28.2.2012, T-268/08 und T-281/08, Rn. 72 – Land Burgenland; *Kühling*, in: *Streinz* (Fn. 1), Art. 107 AEUV Rn. 37.

Infrastruktur- oder Fördermaßnahmen aus, es sei denn, sie bevorteilen doch einzelne Unternehmen oder Produktionszweige. Letzteres trifft etwa auf die Förderung von staatlicher Infrastruktur zu, welche nur einem Profifußballverein zugute kommt.[68]

d) Wettbewerbsverfälschung

23 Eine Beihilfe setzt weiter voraus, dass der Wettbewerb verfälscht wird oder eine solche Verfälschung droht. Dies ist der Fall, wenn die **Stellung des begünstigten Unternehmens** gegenüber den nichtbegünstigten Unternehmen **verbessert** oder der Marktzutritt für neue Wettbewerber erschwert wird.[69] Grundsätzlich hat jede Beihilfe wettbewerbsverzerrende Wirkungen. Anders als Art. 101 I AEUV (Rn. 15) verlangt Art. 107 I AEUV **keine Spürbarkeit** der Wettbewerbsverfälschung.[70] Da es ausreicht, dass eine Wettbewerbsverfälschung droht, kommt es auf den Nachweis einer tatsächlichen Beeinträchtigung nicht an. Keine Wettbewerbsverfälschung liegt mehr vor, wenn der unionsrechtswidrig begünstigte Subventionsempfänger mittlerweile insolvent geworden ist und das begünstigte Unternehmen nicht mehr fortgeführt wird. Um den in der Vergangenheit erlangten Wettbewerbsvorteil zu entziehen, reicht es grundsätzlich aus, die Forderungen nach Rückerstattung zur Insolvenztabelle anzumelden.[71]

e) Beeinträchtigung des Handelns

24 Schließlich muss die Begünstigung zu einer Beeinträchtigung des Handels zwischen den Mitgliedstaaten führen, also **grenzüberschreitende Bedeutung** haben. Dies kann auch der Fall sein, wenn es sich um geringfügige Beihilfen an kleinere Unternehmen oder solche handelt, die örtliche oder regionale Dienste und keine Dienste außerhalb ihres Heimatstaates erbringen. Durch solche Zuwendungen können sich nämlich die Chancen der in anderen Mitgliedstaaten niedergelassenen Unternehmen, ihre Dienste auf dem Markt dieses Staates zu erbringen, verringern.[72] Nicht beeinträchtigt wird der Handel zwischen den Mitgliedstaaten, wenn es sich um rein lokale Wirtschaftstätigkeiten handelt, beispielsweise kein grenzüberschreitender Wettbewerb verschiedener Dienstanbieter besteht.[73]

f) Vereinbarkeit mit dem Binnenmarkt

25 Das Beihilfeverbot des Art. 107 I AEUV gilt nur, soweit nichts anderes bestimmt ist. Neben den Absätzen 2 und 3 der Vorschrift sind vor allem der Art. 106 II AEUV[74] sowie die Ausnahmeregelung des Art. 93 AEUV zu beachten. Um die Vereinbarkeit mit dem Binnenmarkt prüfen zu können, muss die EU-Kommission vor jeder beabsichtigten Einführung neuer oder umgestalteter Beihilfen so rechtzeitig vom Mitgliedstaat unterrichtet werden, dass sie sich dazu äußern kann (Art. 108 III 1 AEUV). Die mitgliedstaatliche **Notifizierungspflicht** wird in Deutschland vom Bundesministerium für Wirtschaft und Energie unter Einbeziehung der Ständigen Vertretung der Bundesrepublik bei der EU wahrgenommen. Kommunale Beihilfen müssen zunächst dem Land gemeldet werden, das diese Meldung an das Bundesministerium für Wirtschaft und Energie weiterzuleiten hat. Ausgenommen von der Notifizierungspflicht sind insbesondere die allgemeinen sog. De-minimis-Beihilfen[75] und Unternehmen, die Dienstleistungen von allgemeinem wirtschaftlichen Interesse erbringen[76], sowie Beihilfen, für die eine Gruppenfreistellung vorgesehen ist[77]. Für die allgemeinen De-minimis-Beihilfen gilt im

---

68 Vgl. *Sonder*, KommJur 2013, 121 (123).
69 *Bungenberg*, in: *Terhechte* (Hrsg.), Verwaltungsrecht der EU, 2011, § 21 Rn. 36.
70 EuGH, Slg. 2003, I-7747 Rn. 81 – Altmark Trans.
71 Näher dazu *Ehlers*, DVBl. 2014, 1 (3, 9).
72 EuGH, Slg. 1991, I-1603 Rn. 26 – Italien/Kommission; Slg. 2003, I-7747 Rn. 77f. – Altmark Trans.
73 Vgl. *Koenig/Paul*, in: *Streinz* (Fn. 1), Art. 107 AEUV Rn. 100.
74 Vgl. EuG, Slg. 1997, II-229 Rn. 170 – FFSA.
75 VO (EU) Nr. 1407/2013.
76 VO (EU) Nr. 360/2012; Freistellungsbeschluss 2012/21/EU v. 20.12.2011.
77 VO (EG) Nr. 800/2008, bis zum 30.6.2014 verlängert durch VO (EU) Nr. 1224/2013.

Grundsatz, mit vielen Abweichungen im Einzelnen, ein De-minimis-Höchstbetrag von 200.000 Euro je Beihilfeempfänger in einem Zeitraum von 3 Steuerjahren.[78] Die Beihilfen an Unternehmen für die Erbringung einer Dienstleistung von allgemeinem wirtschaftlichen Interesse sind von der Anmeldepflicht bei Vorliegen der sonstigen Voraussetzungen befreit, wenn der Gesamtbetrag 500.000 Euro in 3 Jahren nicht übersteigt.[79] Die Allgemeine Gruppenfreistellung gilt u.a. für Regionalbeihilfen, Investitions- und Beschäftigungsbeihilfen für kleinere und mittlere Unternehmen sowie Umweltschutzbeihilfen. Für die Investitions- und Beschäftigungsbeihilfen für kleine und mittlere Unternehmen sowie für Beihilfen zugunsten des Umweltschutzes, die als Einzelbeihilfen auf der Grundlage einer Beihilferegelung vergeben werden, ist z. B. ein Schwellenwert von 7,5 Millionen Euro pro Unternehmen und Investitionsvorhaben vorgesehen.[80]

7. Sonderregelung des Art. 106 Abs. 2 AEUV

26 Eine strikte Anwendung der unionsrechtlichen Binnenmarkt- und Wettbewerbsregeln (einschl. des grundsätzlichen Beihilfeverbots des Art. 107 I AEUV) kann u. U. der Erfüllung von Staatsaufgaben im Bereich der Daseinsvorsorge zuwiderlaufen. Daher sieht Art. 106 II AEUV für Unternehmen, die mit **Dienstleistungen von allgemeinem wirtschaftlichen Interesse** betraut sind (oder den Charakter eines Finanzmonopols haben), vor, dass die Vorschriften des Vertrages, insbesondere die Wettbewerbsregeln nur gelten, soweit die Anwendung dieser Vorschriften nicht die Erfüllung der ihnen übertragenen besonderen Aufgabe rechtlich oder tatsächlich verhindert. Die Entwicklung des Handelsverkehrs darf nicht in einem Ausmaß beeinträchtigt werden, das dem Interesse der Gemeinschaft zuwiderläuft.[81]

27 Unterstrichen wird die Bedeutung der Dienste von allgemeinem wirtschaftlichen Interesse durch die mit dem Amsterdamer Vertrag in den EGV eingefügte Bestimmung des (heutigen) **Art. 14 AEUV**. Danach tragen die Europäische Union und die Mitgliedstaaten im Rahmen ihrer jeweiligen Befugnisse im Anwendungsbereich des Vertrages dafür Sorge, dass die Grundsätze und Bedingungen für das Funktionieren der genannten Dienste so gestaltet sind, dass sie ihren Aufgaben nachkommen können. Art. 14 AEUV ändert nichts an dem Normprogramm der Art. 106 II, 107 AEUV – wie der Vorbehalt „unbeschadet der Art. 93, 106 und 107 AEUV" ausdrücklich zeigt –, beeinflusst aber die Auslegung der Vorschrift, weil die durch Art. 14 AEUV geschützten **Gemeinwohlinteressen** berücksichtigt werden müssen. Zugleich enthält Satz 2 des Art. 14 AEUV einen Handlungsauftrag zugunsten der Europäischen Union (Rn. 5).[82]

28 Dienstleistungen von allgemeinem wirtschaftlichen Interesse sind **marktbezogene Tätigkeiten**, die im Interesse der Allgemeinheit erbracht und daher von den Mitgliedstaaten mit besonderen Gemeinwohlverpflichtungen verbunden werden.[83] Betraut ist ein Unternehmen mit den angesprochenen Dienstleistungen, wenn die Gemeinwohlverpflichtung dem Unternehmen ausdrücklich, bestimmt und verbindlich auferlegt wurde.[84] Die Rechtsform ist nicht entscheidend.[85] Auch muss es sich nicht um eine Rechtsvorschrift handeln,[86] z. B. reicht ein Vertrag für eine Betrauung aus.[87]

---

[78] Art. 3 II VO (EU) Nr. 1407/2013.
[79] Ar. 2 II VO (EU) Nr. 360/2012.
[80] Art. 6 I lit. a) u. b) VO (EG) Nr. 800/2008.
[81] Näher dazu *Kluth*, in: *Mann/Püttner* (Hrsg.), Handbuch der kommunalen Wissenschaft und Praxis, Bd. 2, 3. Aufl. 2011, § 39.
[82] Vgl. auch das dem Vertrag von Lissabon beigefügte Protokoll Nr. 9 über Dienste von allgemeinem Interesse sowie die Mitteilung der Kommission KOM (2007) 724.
[83] *EG-Kommission*, ABl. EG 1996 Nr. C 281/3.
[84] *Ehlers* (Fn. 22), E 53.
[85] Vgl. aber auch EuGH, Slg. 1974, 313 Rn. 21f. – BRT II; Slg. 1981, 2021 Rn. 7 – Züchner.
[86] EuGH, Slg. 1997, I-5815 Rn. 66 – Kommission/Frankreich.
[87] Ebenso SEC (2010) 1545 Rn. 3.4.2.

Grundsätzlich geht Art. 106 II AEUV davon aus, dass die Binnenmarkt- und Wettbewerbsregeln der Erfüllung gemeinwohlbezogener Aufgaben nicht entgegenstehen, sondern im Gegenteil einen Beitrag dazu leisten, die Gemeinwohlaufgabe besonders effektiv zu erfüllen. Anderes gilt **nur ausnahmsweise**, wenn sich der Nachweis erbringen lässt, dass die Anwendung der Vertragsvorschriften die Verwirklichung der Aufgabenstellung verhindert. Zwar wird nach der Rechtsprechung des EuGH nicht verlangt, dass die Anwendung der Vertragsvorschriften die Existenz des Unternehmens bedroht oder die Erbringung der Leistung unmöglich macht. Es genügt, wenn die Erfüllung der den Unternehmen übertragenen Aufgaben gefährdet erscheint.[88] Intensität und Umfang der Freistellung dürfen aber nicht weiter gehen, als dies zur Sicherung der Aufgabenstellung des Unternehmens erforderlich ist. Dies setzt eine Verhältnismäßigkeitsprüfung (unter Einbeziehung der Wertung des Art. 14 AEUV) voraus.[89] Der EuGH sieht die Voraussetzungen für eine Freistellung als gegeben an, wenn diese notwendig ist, um den betrauten Unternehmen die Erfüllung der Gemeinwohlaufgabe zu wirtschaftlich tragbaren Bedingungen zu ermöglichen.[90] Diesen europarechtlichen Maßstäben hat der mitgliedstaatliche Gesetzgeber Rechnung zu tragen. Das trifft beispielsweise auf die Abfallentsorgungsbestimmung des § 17 KrWG zu. Zwar geht die Norm im Grundsatz von einem öffentlich-rechtlichen Entsorgungsträger aus, doch erfordert § 17 II 1 Nr. 4 KrWG für den Ausschluss gewerblicher Abfallsammlungen das Vorliegen eines überwiegenden öffentlichen Interesses und schließt das Tätigwerden Privater damit erst bei einer Gefährdung der Funktionsfähigkeit der Entsorgungsstruktur aus.[91] 29

Gewährt der Staat einem Unternehmen für die Erfüllung von Gemeinwohlverpflichtungen einen **Ausgleich** oder eine Abgabenbefreiung, dürfen die Vergünstigungen nicht über die mit der anvertrauten Aufgabe verbundenen Nettokosten hinausgehen (Rn. 20f.).[92] Wurde die Erbringung einer Dienstleistung von allgemeinem wirtschaftlichen Interesse aufgrund eines fairen, transparenten und nicht diskriminierenden Verfahrens vergeben (insbesondere auf der Grundlage einer offenen Ausschreibung), geht die EU-Kommission regelmäßig davon aus, dass der Betrag der Ausgleichszahlung mit den Anforderungen des Art. 106 II AEUV vereinbar ist.[93] Damit der Betraute seiner Verpflichtung zu einer wirtschaftlich ausgewogenen Leistungserbringung nachkommen kann, muss ihm die Möglichkeit eines Ausgleichs zwischen rentablen und weniger rentablen Tätigkeitsbereichen gestattet werden. Dies rechtfertigt eine Beschränkung des Wettbewerbs auch in den rentablen Tätigkeitsbereichen nur, wenn die Leistungen eng zusammenhängen.[94] 30

Nicht zulässig ist es, Beihilfen für die Erbringung einer Dienstleistung von allgemeinem wirtschaftlichen Interesse zu verwenden, um Aktivitäten ohne Gemeinwohlauftrag zu unterstützen (**Quersubventionierung**).[95] Als Schranken-Schranke schreibt **Art. 106 II 2 AEUV** vor, dass die Entwicklung des Handelsverkehrs in keinem Falle in einem Ausmaß beeinträchtigt werden darf, das dem Interesse der Gemeinschaft zuwiderläuft. Die Beweislast für das Vorliegen der Tatbestandsvoraussetzung des Art. 106 II AEUV liegt bei dem Unternehmen, das sich auf die Bereichsausnahme der Vorschrift beruft, bzw. dem Mitgliedstaat, der das Unternehmen betraut hat. 31

---

88 EuGH, Slg. 1997, I-5815 Rn. 59 – Kommission/Frankreich; Slg. 2001, I-4109 Rn. 54 – TNT Traco.
89 Vgl. *Magiera*, in: FS Rauschning, 2001, S. 269 (286, 288).
90 EuGH, Slg. 1993, I-2533 Rn. 16 – Corbeau; 2000, I-825 Rn. 52 – Deutsche Post.
91 Ausf. dazu *Schoch*, in: FS Dolde, 2014, S. 291 (300f.).
92 EuGH, Slg. 2001, I-9067 Rn. 32 – Ferring.
93 KOM (2001) 598 Rn. 19.
94 EuGH, Slg. 2001, I-8089 Rn. 57 – Ambulanz Glöckner.
95 KOM (2001) 598 Rn. 20. Vgl. auch Rn. 20.

8. Bindung an das bereichsspezifisch einschlägige Sekundärrecht

32 Das Unionsrecht enthält vereinzelt sekundärrechtliche Bestimmungen, die sich lediglich an die öffentlichen Unternehmen wenden. Dies trifft z. B. auf die Transparenzrichtlinie (Rn. 7) zu. Auch macht die RL 2006/112/EG über das gesamte Mehrwertsteuersystem von der Mehrwertsteuerpflichtigkeit aller Personen, die eine wirtschaftliche Tätigkeit ausüben (Art. 9), eine Ausnahme für die Einrichtung des öffentlichen Rechts, soweit sie Tätigkeiten ausüben oder Umsätze bewirken, die ihnen im Rahmen der öffentlichen Gewalt obliegen (Art. 13 I UA 1), es sei denn, dass eine Behandlung als Nichtsteuerpflichtige zu größeren Wettbewerbsverzerrungen führen würde (Art. 13 I UA 2).[96] Im Übrigen muss das auf Wirtschaftsbranchen bezogene **allgemeine** und **spezielle Sekundärrecht** von allen Wirtschaftstreibenden und damit auch von den kommunalen Unternehmen beachtet werden. Dies betrifft nahezu alle kommunalen Unternehmen. So sind z. B. auch die kommunalen Energieversorgungsunternehmen[97], die Sparkassen[98] und die kommunalen Verkehrsunternehmen[99] an die zahlreichen Vorgaben des Europäischen Unionsrechts gebunden. Von Bedeutung für die Kommunalwirtschaft sind auch diejenigen auf der Grundlage der Art. 114f. AEUV erlassenen sekundärrechtlichen Bestimmungen der Europäischen Union zur Angleichung der Rechts- und Verwaltungsvorschriften der Mitgliedstaaten, welche die Errichtung und das Funktionieren des Binnenmarktes zum Gegenstand haben. Für den Dienstleistungsverkehr kommt der RL 2006/123/EG besondere Bedeutung zu.[100] Ferner müssen die zahlreichen umweltrechtlichen Vorschriften der Europäischen Union berücksichtigt werden.[101]

9. Bindung an das Vergaberecht

33 Unabhängig von dem traditionell geltenden staatlichen Haushaltsrecht[102] (für die Kommunen: Gemeindehaushaltsverordnungen[103]) verpflichtet das Unionsrecht die öffentliche Hand und ihre öffentlichen Unternehmen unter bestimmten Voraussetzungen zu Ausschreibungen von Aufträgen, falls diese gewisse Schwellenwerte erreichen. Dem liegt eine **wettbewerbliche Zielsetzung** zugrunde (im Gegensatz zu dem haushaltsrechtlichen, an den Grundsätzen von Wirtschaftlichkeit und Sparsamkeit orientierten Ansatz des traditionellen deutschen Rechts). Die Einzelheiten sind derzeit noch in der Vergabekoordinierungsrichtlinie[104] und in der (Sonderregelungen für die Auftragsvergabe im Bereich der Wasser-, Energie- und Verkehrsversorgungen sowie der Postdienste treffenden) Sektorenrichtlinie[105] näher geregelt worden.[106] Ergänzt werden die materiellen Vergabevorschriften durch zwei (novellierte) Rechtsmittelrichtlinien.[107] Das Vergaberecht der Europäischen Union soll grundlegend **reformiert** werden. An die Stelle der Vergabekoordinierungsrichtlinie und Sektorenrichtlinie sollen die Richtlinie über die Vergabe öffentlicher Aufträge sowie die Richtlinie über die Vergabe von Aufträgen durch Auftraggeber im Bereich

---

96 Vgl. auch EuGH, Slg. 2006, I-4999 Rn. 24ff. – Feuerbestattungsverein Halle e.V.

97 Vgl. namentlich RL 2009/72/EG und RL 2009/73/EG.

98 Vgl. z. B. RL 2013/36/EU.

99 Vgl. Art. 90ff. AEUV. Zum Sondervergaberecht für Verkehrsdienstleistungen vgl. VO (EG) Nr. 1370/2007.

100 Näher dazu *Calliess*, DVBl. 2007, 336ff.; *Waldheim*, Dienstleistungsfreiheit und Herkunftslandprinzip, 2008.

101 Zur Grundlage vgl. Art. 191f. AEUV.

102 Vgl. zum Vergaberecht ausführlich *Schröder* H Rn. 1ff.; *Fehling*, in: *Pünder/Schellenberg*, Vergaberecht, 2011, § 97 GWB.

103 Vgl. z. B. § 31 GemHVO NRW.

104 RL 2004/18/EG über die Koordinierung der Verfahren zur Vergabe öffentlicher Bauaufträge, Lieferaufträge und Dienstleistungsaufträge.

105 RL 2004/17/EG zur Koordinierung der Zuschlagserteilung durch Auftraggeber im Bereich der Wasser-, Energie- und Verkehrsversorgung sowie der Postdienste.

106 Für den Verkehrsbereich vgl. auch die VO (EG) Nr. 1370/2007.

107 RL 89/665/EWG; RL 92/13/EWG; geändert durch die RL 2007/66/EG.

der Wasser-, Energie- und Verkehrsversorgung sowie der Postdienste treten. Ferner soll erstmals eine Richtlinie über die Konzessionsvergabe erlassen werden.[108] Das EU-Parlament hat den neuen Richtlinien am 15.1.2014 zugestimmt, so dass in Kürze mit einem Inkrafttreten der neuen Richtlinien zu rechnen ist. Die Richtlinien müssen innerhalb von zwei Jahren in das nationale Recht umgesetzt werden.

Finden die Vergaberichtlinien keine Anwendung (weil die Schwellenwerte nicht 34 erreicht werden oder eine Ausnahme gegeben ist), bedeutet dies nicht, dass das Unionsrecht unanwendbar ist. Vielmehr ist insbesondere das sich aus den **Grundfreiheiten** des Europäischen Unionsrechts ergebende Diskriminierungsverbot zu beachten. Hieraus ergibt sich eine Transparenzpflicht, wonach ein Auftraggeber bei grenzüberschreitender Bedeutung des Auftrags zugunsten potenzieller Bieter einen angemessenen Grad von Öffentlichkeit sicherstellen muss, der den Dienstleistungsmarkt dem Wettbewerb öffnet und die Nachprüfung ermöglicht, ob die Vergabeverfahren unparteiisch durchgeführt wurden.[109] Grundsätzlich ist es Sache des öffentlichen Auftraggebers, vor der Vergabebekanntmachung ein etwaiges grenzüberschreitendes Interesse an einem Auftrag zu prüfen. Bei Aufstellung objektiver Kriterien kommt insbesondere ein Auftragswert von gewisser Bedeutung in Verbindung mit dem Ort der Ausführung der Arbeiten in Betracht. Zulässig ist es, ein grenzüberschreitendes Interesse auszuschließen, wenn der fragliche Auftrag eine sehr geringe wirtschaftliche Bedeutung hat.[110] Allerdings ist zu berücksichtigen, dass die Grenzen manchmal durch Ballungsräume verlaufen, die sich über das Gebiet verschiedener Mitgliedstaaten erstrecken, so dass unter solchen Umständen selbst an Aufträgen mit einem niedrigen Auftragswert ein eindeutiges grenzüberschreitendes Interesse bestehen kann.[111]

Die vergaberechtlichen Normierungen der Europäischen Union sind in Deutschland 35 durch die kartellrechtlichen Bestimmungen der §§ 97ff. GWB sowie die Vergabeverordnung (VgV)[112] i. V. m. den Teilen A der Verdingungsordnungen für Bauleistungen (VOB/A) und Leistungen (VOL/A) sowie die Verdingungsordnung für freiberufliche Leistungen (VOF) umgesetzt worden (**Kaskadenprinzip**).[113] Im Folgenden kann nur ein Überblick über hauptsächliche Problemstellungen gegeben werden.[114]

a) Begriff des öffentlichen Auftraggebers

In personeller Hinsicht verpflichtet das Vergaberecht die öffentlichen Auftraggeber. 36 Dieser Begriff ist in den Vergaberichtlinien der Europäischen Union[115] sowie der (zu ihrer Umsetzung ergangenen) Vorschrift des § 98 GWB näher geregelt worden. Zu den öffentlichen Auftraggebern sind nicht nur die kommunalen **Gebietskörperschaften**, sondern auch die **verwaltungseigenen** und **gemischt-öffentlichen** (z. B. interkommunalen) Unternehmen sowie die von einer Kommune **beherrschten** gemischt-wirtschaftlichen **Unternehmen** zu rechnen, wenn sie zu dem Zweck gegründet wurden, im Allgemeininteresse liegende nichtgewerbliche Aufgaben zu erfüllen.

b) Begriff des öffentlichen Auftrags

In sachlicher Hinsicht muss es sich um öffentliche Aufträge (Art. 1 II RL 2004/18/ 37 EG; 2 I (5) Vergabe RL n.F.; § 99 GWB) handeln, d. h. **entgeltliche Verträge** zwischen öffentlichen Auftraggebern und Unternehmen, die Bau-, Liefer- oder Dienstleistungen

---

108 Vgl. näher zu den Bestimmungen den Überblick von *Brauser-Jung*, VergabeR 2013, 285ff.

109 Vgl. EuGH, Slg. 2000, I-10745 Rn. 62 – Telaustria; Slg. 2005, I-8585, Rn. 49 – Parking Brixen (jeweils für Dienstleistungskonzessionen); Slg. 2008, I-3565, Rn. 20ff. – SECAP; Mitteilung der Kommission 2006/C 179/02 Rn. 1.2.

110 EuGH, Slg. 2005, I-7287, Rn. 23f. – Coname.

111 EuGH, Slg. 2008, I-3565, Rn. 31 – SECAP.

112 BGBl. I 2003, S. 169.

113 Vgl. §§ 4ff. VgV.

114 Näher dazu *Schröder* H. Rn. 1ff.

115 Vgl. Art. 1 IX RL 2004/18/EG; Art. 2 I Vergabe RL n.F.

zum Gegenstand haben, sowie Auslobungsverfahren, die zu Dienstleistungsaufträgen führen sollen. Vorausgesetzt wird das Erreichen der gemeinschaftsrechtlich vorgegebenen **Schwellenwerte** (Art. 7ff. RL 2004/18/EG; Art. 4 Vergabe RL n.F.; § 100 I GWB i.V. m. § 2 VgV), es sei denn, dass ein Ausnahmetatbestand einschlägig ist (Art. 12ff. RL 2004/18/EG; Art. 7ff. Vergabe RL n.F.; § 100 II GWB). Das Merkmal der Entgeltlichkeit des Vertrags ist weit zu verstehen. Es erfasst jede Art von geldwerter Leistung. Die nationalen Bestimmungen sind unionsrechtskonform auszulegen. Z. B. kann entgegen der Begründung zum Regierungsentwurf des Vergaberechtsänderungsgesetzes[116] ein öffentlicher Auftrag nicht nur auf einem privatrechtlichen, sondern auch auf einem öffentlich-rechtlichen Vertrag beruhen.[117]

c) Grundsätze des Vergaberechts

38 Das Vergaberecht wird durch die zentralen Grundsätze des Wettbewerbsprinzips, des Diskriminierungsverbotes, des Transparenzgebotes und des Verhältnismäßigkeitsgrundsatzes geprägt (Art. 2 RL 2004/18/EG; 18 I Vergabe RL n.F.; § 97 I, II GWB). Das Wettbewerbsprinzip und das **Transparenzgebot** stehen einer Beschränkung auf ausgewählte Bieter grundsätzlich entgegen und führen deshalb zu einem offenen Verfahren bzw. zu einer öffentlichen Ausschreibung als Regelverfahren. Das **Diskriminierungsverbot** untersagt es den öffentlichen Auftraggebern, die Teilnehmer an einem Vergabeverfahren ungleich zu behandeln. Um eine sachgerechte Auswahl treffen zu können, sind bieterbezogene und angebotsbezogene Auswahlkriterien zu berücksichtigen, d. h. Eignungs- und Zuschlagskriterien.

39 Zunächst hat eine **Eignungsprüfung** der Bieter stattzufinden.[118] Aufträge sind an fachkundige, leistungsfähige und zuverlässige Unternehmen zu vergeben, sofern nicht andere oder weitergehende Anforderungen gesetzlich vorgesehen sind (§ 97 IV GWB). Ein fachkundiger Bieter muss über die zur Erbringung der Leistung erforderlichen, insbesondere technischen, aber auch kaufmännischen, Kenntnisse verfügen. Die Leistungsfähigkeit erfordert das Vorliegen der zur Erbringung der Leistung notwendigen Kapazitäten in fachlicher, technischer, personeller und wirtschaftlicher Hinsicht. Die Zuverlässigkeit bezieht sich schließlich auf die Erfüllung der gesetzlichen Verpflichtungen. Bei der Feststellung dieser Eigenschaften kommt dem öffentlichen Auftraggeber ein nur beschränkt nachprüfbarer Beurteilungsspielraum zu.[119]

40 Hinsichtlich der **Zuschlagskriterien** lässt die Vergabekoordinierungsrichtlinie wahlweise einen Zuschlag des Auftraggebers entweder nach dem wirtschaftlich günstigsten Angebot (Wirtschaftlichkeitsprinzip) oder nach dem niedrigsten Preis (Günstigkeitsprinzip) zu.[120] Nach der Vergabe RL n.F. und ebenfalls nach § 97 V GWB ist der Zuschlag auf das wirtschaftlich günstigste Angebot zu erteilen (allerdings können die Auftraggeber nach Art. 67 V Vergabe RL n.F. die Zuschlagserteilung auch allein nach dem Kriterium des niedrigsten Preises treffen). Das Wirtschaftlichkeitsprinzip hat zur Folge, dass bei der Zuschlagserteilung nicht allein der Preis ausschlaggebend ist. Vielmehr können andere Aspekte Berücksichtigung finden, vor allem die Qualität der Leistung (aber auch z. B. der technische Wert, die Ästhetik, Zweckmäßigkeit, Umwelteigenschaften, Betriebskosten, Rentabilität, der Kundendienst und die technische Hilfe, der Lieferzeitpunkt und die Lieferungs- oder Ausführungsfrist).[121] Welche Art von Leistung der öffentliche Auftraggeber nachfragen will, steht in seinem Ermessen. Voraussetzung ist aber stets ein Zusammenhang mit dem Auftragsgegenstand. Ferner müssen die Kriterien vor Einreichung der Angebote beschrieben und bekannt gemacht worden sein.

---

[116] BT-Drucks. 13/9340, S. 15. Vgl. auch OVG Nds. NdsVBl. 1999, 285; OLG Celle NZBau 2000, 299 (300).

[117] Vgl. EuGH, Slg. 2001, I-5409 Rn. 73 – Ordine degli Architetti delle Province di Milano et Lodi.

[118] Art. 44ff. RL 2004/18/EG; Art. 57 f Vergabe RL n.F.

[119] Vgl. *Ziekow*, Öffentliches Wirtschaftsrecht, 2. Aufl. 2010, § 9 Rn. 56.

[120] Art. 53 I RL 2004/18/EG.

[121] Vgl. Art. 53 I lit. a RL 2004/18/EG; Art. 67 II Vergabe RL n.F.

d) Zulässigkeit einer Berücksichtigung vergabefremder Kriterien

Bei der Vergabe öffentlicher Aufträge wird in der Praxis vielfach nicht nur auf Eignungs- und Zuschlagskriterien, sondern auf weitere Kriterien abgestellt, insbesondere auf **soziale und umweltpolitische Zielsetzungen** (etwa auf Beschäftigungsquoten für Frauen, Lehrlinge und einzustellende Arbeitslose, auf Entlohnung der Arbeitnehmer nicht unter den ortsüblichen Tarifen oder auf Verwendung von umweltfreundlichen Materialien). Der EuGH hat erstmals in einer Grundsatzentscheidung im Jahre 1988[122] das Abstellen auf die sogenannten vergabefremden Kriterien für grundsätzlich zulässig gehalten.[123] Doch ändert dies nichts an dem Prinzip, dass von mehreren den Anforderungen genügenden Bietern der günstigste ausgesucht werden muss. Die meisten Bundesländer haben mittlerweile Vergabegesetze erlassen, in denen sich Arbeitnehmerschutzbestimmungen (insbesondere über die Festsetzung von Mindestlöhnen) finden. Die Bestimmungen über die Mindestlöhne dürften unionsrechtswidrig sein, weil im Anwendungsbereich des Unionsrechts Mindestlöhne bloß für alle, also auch die privaten, Auftraggeber und damit nur durch den Bundesgesetzgeber eingeführt werden dürfen.[124] 41

e) Vergabeverfahren

Die Vergabe von öffentlichen Aufträgen kann in vier (künftig fünf) verschiedenen Verfahren erfolgen, nämlich dem offenen Verfahren, dem nicht offenen Verfahren, dem Verhandlungsverfahren und dem wettbewerblichen Dialog (Art. 28 RL 2004/18/EG; 26ff. Vergabe RL n.F.; § 101 I GWB). **Offene Verfahren** sind Verfahren, in denen eine unbeschränkte Anzahl von Unternehmen öffentlich zur Abgabe von Angeboten aufgefordert wird (§ 101 II GWB). Bei **nicht offene**n **Verfahren** wird öffentlich zur Teilnahme, aus dem Bewerberkreis sodann eine beschränkte Anzahl von Unternehmen zur Angebotsabgabe aufgefordert. **Verhandlungsverfahren** sind Verfahren, bei denen sich der Auftraggeber mit oder ohne vorherige öffentliche Aufforderung zur Teilnahme an ausgewählte Unternehmen wendet, um mit einem oder mehreren über die Auftragsbedingungen zu verhandeln. Ein **wettbewerblicher Dialog** ist ein Verfahren zur Vergabe besonders komplexer Aufträge durch staatliche Auftraggeber. In diesem Verfahren erfolgen eine Aufforderung zur Teilnahme und anschließend Verhandlungen mit ausgewählten Unternehmen über alle Einzelheiten des Auftrags (Art. 29 RL 2004/18/EG; 30 Vergabe RL n.F.; § 101 V GWB). Das wettbewerbliche Verfahren soll zur Anwendung gelangen, wenn die staatlichen Auftraggeber objektiv nicht in der Lage sind, die technischen Mittel, mit denen ihre Bedürfnisse und Ziele erfüllt werden können oder die rechtlichen oder finanziellen Bedingungen des Vorhabens anzugeben.[125] Diese Konstellation kann sich insbesondere bei Public Private Partnerships ergeben, weil häufig erst durch Kommunikation ermittelt werden kann, was für die öffentliche Hand erstrebenswert ist. Zusätzlich sieht Art. 31 der Vergabe RL n. F. eine **Innovationspartnerschaft** vor. Zwischen den verschiedenen Verfahrensarten besteht eine Hierarchie. Grundsätzlich haben die öffentlichen Auftraggeber (anders als die Sektorenauftraggeber) das offene Verfahren anzuwenden. Es bedarf dann einer öffentlichen Ausschreibung. Diese hat europaweit durch Bekanntgabe im Supplement zum Amtsblatt der Europäischen Union zu erfolgen.[126] 42

---

[122] EuGH, Slg. 1988, 4635 Rn. 37 – Beentjes.

[123] Vgl. ferner EuGH, Slg. 2000, I-7445 Rn. 50 – Calais; Slg. 2002, I-7213 Rn. 53ff. – Concordia Bus Finland; Slg. 2003, I-14527 Rn. 33 – Wienstrom. Näher zum Ganzen *Fehling*, in: *Pünder/Schellenberg* (Fn. 102), § 97 GWB Rn. 133ff.

[124] Grundlegend dazu EuGH, Slg. 2008, I-1989 – Rüffert. Zur Auslegung der Vorschrift vgl. *Pünder/Klafki*, NJW 2014, 429 (433). Für reine Inlandssachverhalte gelten die Regelungen weiter. Der Bund plant, mit Wirkung zum 1.1.2015 Mindestlöhne generell einzuführen.

[125] Näher dazu *T. Schneider*, Der wettbewerbliche Dialog im Spannungsfeld der Grundsätze des Vergaberechts, 2008.

[126] Vgl. Art. 35f. RL 2004/18/EG i. V. m. Anhang VII, VIII; Art. 79 Vergabe RL n.F.

43 Der Verfahrenslauf ist mehrgestaltig und bringt einen erheblichen **bürokratischen Aufwand** mit sich. So wird im offenen Verfahren zwischen der Vorbereitungsphase (Bestimmung des Beschaffungsbedarfs, Erstellung der Leistungsbeschreibung) und der Publizitätsphase (Bekanntmachung der zu erbringenden Leistung, Versendung der Vergabeunterlagen), der Angebotsphase (Einreichung der Angebote, Öffnung der Angebote), der Prüfungs- und Wertungsphase (Prüfung der Mangelhaftigkeit der Bietereignung und der preislichen Unangemessenheit; Wertung der Angebote, d.h. Ermittlung des wirtschaftlichsten Angebots) und der Zuschlagsphase (Vorabinformation der unterlegenen Bieter, Zuschlagserteilung) unterschieden.[127]

f) Grenzen des Vergaberechts[128]

(1) In-house-Geschäfte

44 Nach der Legaldefinition der bisher geltenden Richtlinien[129] und des § 99 GWB fallen im Gegensatz zu den In-sich-Geschäften (etwa Deckung des Bedarfs einer Kommune durch einen Regie- oder Eigenbetrieb) auch die entgeltlichen Leistungsbeziehungen zwischen einer Kommune und ihren rechtlich verselbstständigten Unternehmen unter den Begriff des öffentlichen Auftrags. Im Wege einer teleologischen Reduktion hat der EuGH aber entschieden, dass ein vergabefreies „In-house-Geschäft" auch vorliegt, wenn die Gebietskörperschaft über die zu beauftragende (rechtlich selbstständige) Person eine Kontrolle ausübt wie über eigene Dienststellen und wenn diese Person zugleich ihre Tätigkeit im Wesentlichen für die Gebietskörperschaft oder die Gebietskörperschaften verrichtet, die ihre Anteile innehaben.[130] Der BGH ist dieser Betrachtungsweise gefolgt.[131] Es soll nicht Sache des Vergaberechts sein, darüber zu entscheiden, ob die Verwaltung eine Ware oder Dienstleistung selbst herstellt bzw. erbringt oder ob sie diese am Markt durch Vergabe eines öffentlichen Auftrags beschafft. Einen Zwang zur Privatisierung übt das Vergaberecht somit nicht aus.[132] Werden die Anteile eines Unternehmens ausschließlich von öffentlichen Stellen gehalten, ist nach der Rechtsprechung des EuGH von einer **Kontrolle wie über eigene Dienststellen** auch dann auszugehen, wenn die auftragvergebende Kommune nicht über eine Mehrheitsbeteiligung verfügt.[133] Dagegen scheidet eine Kontrolle wie über eine eigene Dienststelle dann aus, wenn an dem beauftragten Unternehmen Private beteiligt sind – und sei es in noch so geringem Umfang.[134] Für die Beurteilung, ob ein Unternehmen eine **Tätigkeit im Wesentlichen für eine Körperschaft** verrichtet, die seine Anteile innehat, sind alle Tätigkeiten zu berücksichtigen, die dieses Unternehmen aufgrund einer Vergabe durch den öffentlichen Auftraggeber verrichtet, unabhängig davon, wer diese Tätigkeit vergütet – sei es der öffentliche Auftraggeber selbst oder der Nutzer der erbrachten Dienstleistung –, und ohne dass es darauf ankäme, in welchem Gebiet diese Tätigkeit ausgeübt wird.[135] Ein öffentliches Unternehmen, das im Durchschnitt rund 90 % seiner Tätigkeit für die öffentlichen Anteilseigner verrichtet, ist im Wesentlichen für die Körperschaften und öffentlichen Einrichtungen tätig, die seine Anteile innehaben.[136] **Sonderregelungen** gelten für die Erteilung von Dienstleistungsaufträgen im Bereich des öffentlichen **Personenverkehrs**

---

[127] Näher dazu *Ziekow* (Fn. 119), § 9 Rn. 73.

[128] Näher dazu *Pietzcker*, NVwZ 2007, 1225ff.

[129] Art. 1 II RL 2004/17/EG und Art. 1 II RL 2004/18/EG.

[130] EuGH, Slg. 1999, I-8121 Rn. 50 – Teckal. Näher zum Ganzen *Hüser*, Ausschreibungspflichten bei der Privatisierung öffentlicher Aufgaben, 2005.

[131] BGHZ 148, 55ff.

[132] *Pietzcker*, NVwZ 2007, 1225 (1229).

[133] Vgl. EuGH, Slg. 2008, I-8486 Rn. 43ff. – Coditel Brabant (die Entscheidung betrifft zwar nur Dienstleistungskonzessionen, bezieht sich aber auch auf das Gebiet der öffentlichen Aufträge im Allgemeinen). Vgl. auch EuGH, Slg. 2007, I-2999 Rn. 57f. – Asociación Nacional de Empresas Forestales (Asemfo).

[134] Grundl. EuGH, Slg. 2005, I-1 Rn. 50ff. – Stadt Halle.

[135] EuGH, Slg. 2006, I-4137 Rn. 62ff. – Carbotermo.

[136] EuGH, Slg. 2007, I-2999 Rn. 63 – Asociación Nacional de Empresas Forestales (Asemfo).

auf Schiene und Straße. Nach Art. 5 II lit. a) VO (EG) Nr. 1370/2007 dürfen Dienstleistungsaufträge im Sinne der Verordnung in-house auch dann an Unternehmen vergeben werden, wenn die Kommune nicht zu 100% Eigentümerin ist, aber ein **beherrschender Einfluss** besteht und eine entsprechende Kontrolle ausgeübt wird. Die geplante Vergabe RL soll die Teckal-Rspr. übernehmen (Art. 12), hält aber entgegen der Rechtsprechung eine private Beteiligung für unschädlich, wenn mit ihr kein beherrschender Einfluss verbunden ist. Außerdem soll ein **Drittgeschäft bis zu 20 %** zugelassen werden. Ferner haben Aufträge zwischen Tochtergesellschaften und verschiedenen Auftraggebern, Aufträge zwischen Enkelgesellschaften und verschiedenen Auftraggebern sowie Aufträge von Tochtergesellschaften an eine herrschende Muttergesellschaft eine Regelung erfahren.

(2) Interkommunale Zusammenarbeit

Die In-house-Rechtsprechung ist auch bei der interkommunalen Zusammenarbeit zu berücksichtigen. So unterfällt die Auftragsvergabe an einen **Zweckverband**, an dem auch Private beteiligt sind, nach dem bisherigen Recht dem Vergaberecht. Keine Anwendung findet das Vergaberecht dagegen, wenn an dem Zweckverband nur öffentliche Mitglieder einschließlich der auftragvergebenden Kommune selbst beteiligt sind. Wird eine Aufgabe im Wege **einer delegierenden Zweckvereinbarung** auf eine andere Kommune übertragen, ist das Vergaberecht schon deshalb nicht einschlägig, weil es an einem öffentlichen Auftrag fehlt.[137] Anderes könnte allenfalls angenommen werden, wenn eine „baldige Öffnung für Fremdkapital" vorgesehen ist.[138] Eine Auftragsvergabe wegen einer **mandatierenden Zweckvereinbarung** an einen anderen kommunalen Rechtsträger (also eine Stelle, an der die auftragvergebende Kommune nicht beteiligt ist) unterfällt nach der Rechtsprechung des EuGH ebenfalls nicht dem Vergaberecht.[139] Nach der neuen Vergabe RL ist für eine Zusammenarbeit zwischen zwei oder mehr öffentlichen Auftraggebern Vergabefreiheit anzunehmen, wenn die zu erbringenden öffentlichen Dienstleistungen im Hinblick auf die Erreichung gemeinsamer Ziele ausgeführt werden, die Durchführung der Zusammenarbeit ausschließlich durch Überlegungen im Zusammenhang mit dem öffentlichen Interesse bestimmt wird und die beteiligten öffentlichen Auftraggeber auf dem offenen Markt **weniger als 20 %** der durch die Zusammenarbeit erfassten Tätigkeiten erbringen (Art. 12 IV). 45

(3) Dienstleistungskonzessionen

Anders als die Baukonzessionen (vgl. auch § 99 I GWB) unterfallen die Dienstleistungskonzessionen (d. h. die Verträge, die von öffentlichen Dienstleistungsaufträgen nur insoweit abweichen, als die Gegenleistung für die Erbringung der Dienstleistungen ausschließlich in dem Recht zur Nutzung der Dienstleistung oder in diesem Recht zuzüglich der Zahlung des Preises besteht[140]) nicht dem Vergaberecht. Dies trifft etwa auf Verträge über den entgeltfreien Betrieb eines städtischen Parkplatzes gegen Übertragung des Rechtes zu, die Entgelte der Parkplatzbenutzer behalten zu dürfen.[141] Dienstleistungskonzessionen sind bisher nur an den **Grundfreiheiten** des Europäischen Unionsrechts zu messen, wobei die Grundsätze der Gleichbehandlung, der Nichtdiskriminierung und der Transparenz nach der Rspr. des EuGH der Verwaltung prinzipiell verbieten, grenzüberschreitende öffentliche Dienstleistungskonzessionen ohne Ausschreibung zu vergeben.[142] Die geplante neue **Richtlinie über die Konzessionsvergabe** sieht nunmehr eine separate sekundärrechtliche Regelung für solche öffentlichen Aufträge vor. Im Grundsatz sollen die für die Vergabe von öffentlichen Baukonzessionen geltenden Verpflichtungen nunmehr auch auf sämtliche Dienstleistungskonzessionen angewandt werden. Die Richtlinie soll für Kon- 46

137 A. A. OLG Naumburg NZBau 2006, 58 (60f.).
138 Vgl. zu diesem Kriterium EuGH, Slg. 2005, I-8585 Rn. 67 – Parking Brixen.
139 EuGH, Slg. 2009, I-4762 – Stadtreinigung Hamburg.
140 Vgl. Art. 1 IV RL 2004/18/EG; Art. 1 I (7) Vergabe RL n.F.
141 Vgl. dazu EuGH, Slg. 2005, I-8585 – Parking Brixen.
142 EuGH, Slg. 2005, I-8585, Rn. 72 – Parking Brixen.

zessionen gelten, wenn ihr Vertragswert mindestens 5 Mill. Euro beträgt (Art. 5 I). Für Dienstleistungskonzessionen ab 2,5 Mill. Euro, die keine sozialen und anderen besonderen Dienstleistungen betreffen, ist eine Vergabebekanntmachung zu veröffentlichen (Art. 5 II). Außerdem soll der Anwendungsbereich der Rechtsmittelrichtlinien (Rn. 33) auf alle Konzessionsverträge oberhalb des Schwellenwerts erweitert werden (Art. 44f.).

g) Rechtsschutz im Vergaberecht

47 Werden die von den Vergaberichtlinien der Europäischen Union vorgegebenen Schwellenwerte erreicht, müssen die nicht berücksichtigten Bieter nach den Rechtsmittelrichtlinien der Europäischen Union die Möglichkeit haben, gegen Zuschlagsentscheidungen der öffentlichen Auftraggeber wirksame **Nachprüfungsverfahren** anzustrengen. Deshalb darf der Vertragsabschluss im Anschluss an die Zuschlagsentscheidung für einen Auftrag nicht vor Ablauf bestimmter Fristen nach Information der Bieter erfolgen.[143] Die Einreichung eines Nachprüfungsantrags löst einen unmittelbaren Suspensiveffekt auf den Vertragsschluss aus.[144] Die Nachprüfung kann getrennt mehreren Stellen übertragen werden.[145] Somit verlangt das Europäische Unionsrecht einen ausgebauten, umfassenden und **effektiven Rechtsschutz**. In Deutschland ist die Nachprüfung der Auftragsvergabe Vergabekammern übertragen worden.[146] Gegen die Entscheidung der Vergabekammer kann sofortige Beschwerde zum Oberlandesgericht eingelegt werden, das in der Regel endgültig entscheidet.[147]

48 Finden die Vergaberichtlinien der Europäischen Union keine Anwendung, wird der erfolglose Bewerber um einen öffentlichen Auftrag vor Erteilung des Zuschlags an den Konkurrenten in Deutschland in der Regel nicht informiert. Etwaige Ansprüche auf Abschluss eines Vertrages gehen mit Erteilung des Zuschlags unter. Damit ist ein **Primärrechtsschutz** nicht gesichert. Das BVerfG hat dies mit Hinweis darauf gebilligt, dass der nicht berücksichtigte Bieter Schadensersatz verlangen könne, wenn er der Meinung ist, in seinen Rechten verletzt worden zu sein.[148] Schadensersatzansprüche werden allerdings äußerst selten erfolgreich sein. Zudem wird grundsätzlich nur der Vertrauensschaden (das negative Interesse) ersetzt. Den entgangenen Gewinn kann der Bieter nur ersetzt verlangen, wenn er nachweist, dass er den Zuschlag hätte erhalten müssen. Der Nachweis lässt sich aber kaum jemals führen. Die Rechtslage in Deutschland ist mit dem Europäischen Unionsrecht nicht – jedenfalls nicht vollständig – vereinbar. Auch wenn die Vergaberichtlinien einschließlich der Rechtsmittelrichtlinien nicht einschlägig sind, ergibt sich aus den **Grundfreiheiten** des Unionsrechts – d. h. bei Vorliegen eines grenzüberschreitenden Interesses – nach der Rechtsprechung des EuGH ein Anspruch auf effektiven Rechtsschutz.[149] Ein bloßer (noch dazu wenig erfolgversprechender) Sekundärrechtsschutz dürfte nicht ausreichen.

II. Vorgaben des nationalen Verfassungsrechts

1. Wirtschaftsverfassungsrechtliche Aussagen des Grundgesetzes

49 Das BVerfG ist allen Versuchen, dem Grundgesetz die Verpflichtung auf ein bestimmtes Wirtschaftssystem (etwa auf die soziale Marktwirtschaft[150]) zu entnehmen, von Anfang an entgegengetreten. So hat es bereits im Jahre 1954 festgestellt, dass das Grund-

---

[143] Vgl. namentlich Art. 2 a der RL 89/665/EWG i. d. F. der RL 2007/66/EG.
[144] Art. 1 V RL 89/665/EWG i. d. F. der RL 2007/66/EG.
[145] Art. 2 II RL 89/665/EWG i. d. F. der RL 2007/66/EG.
[146] §§ 102ff. GWB.
[147] § 116 GWB.
[148] BVerfGE 116, 135 (149ff.).
[149] Näher dazu Mitteilung der Kommission 2006/C 179/02 Rn. 2.3.3.
[150] Vgl. insbes. *Nipperdey*, Die soziale Marktwirtschaft in der Verfassung der Bundesrepublik Deutschland, 1954, S. 3ff.; aus neuerer Zeit (mit gewissen Relativierungen) z. B. *Schmidt-Preuß*, DVBl. 1993, 236 (239ff.).

gesetz weder eine nur mit marktkonformen Mitteln zu steuernde soziale Marktwirtschaft noch ein anderes Wirtschaftssystem garantiere. Die gegenwärtige Wirtschaftsordnung sei lediglich eine nach dem Grundgesetz mögliche, nicht aber die allein mögliche. Sie beruhe auf einer vom Willen des Gesetzgebers getragenen wirtschafts- und sozialpolitischen Entscheidung, die durch eine andere Entscheidung ersetzt oder durchbrochen werden könne.[151] An dieser „**wirtschaftspolitische**n **Neutralität**" des Grundgesetzes hat das BVerfG auch später festgehalten. So hat es im Mitbestimmungsurteil betont, dass es nicht angehe, aus einer Zusammenschau der einzelnen Grundrechte ein überhöhendes Gesamtsystem wirtschaftsverfassungsrechtlicher Leitlinien herzuleiten.[152] Dieser Ansicht ist im Grundsatz zuzustimmen. Schon die Gewährleistung des Eigentums (Art. 14 I GG) einerseits und die Zulassung einer Vergesellschaftung von Grund und Boden, Naturschätzen und Produktionsmitteln (Art. 15 GG) andererseits zeigen die wirtschaftspolitische Offenheit des Grundgesetzes. Dies besagt zwar nicht, dass es keine verfassungsrechtlichen Grenzen gibt. So ist eine reine Zentralverwaltungswirtschaft nicht mit den Grundrechten, eine reine Marktwirtschaft (ohne Einwirkungsmöglichkeiten des Staates) nicht mit der Sozialbindungsklausel des Art. 14 II GG, dem Sozialstaatsprinzip (Art. 20 I GG), dem Schutz der natürlichen Lebensgrundlagen (Art. 20 a GG) und den Erfordernissen des gesamtwirtschaftlichen Gleichgewichts (Art. 109 II GG) vereinbar. Auch ist jedes Handeln des Staates rechtfertigungsbedürftig. Dies belässt dem Staat auf wirtschaftlichem Gebiet aber gleichwohl einen weiten Gestaltungsspielraum. Markteingriffe erfordern keine zusätzliche Rechtfertigung. Dies trifft vielmehr nur auf Grundrechtseingriffe zu.

Im Hinblick auf die **Notwendigkeit der Rechtfertigung von Eingriffen** des Staates 50
in grundrechtlich geschützte Interessen der Marktteilnehmer lässt sich von einem Regel-Ausnahme-Verhältnis zugunsten der grundrechtlich geschützten Freiheit sprechen. Dies sagt aber noch nichts darüber aus, wann ein Grundrechtseingriff vorliegt (vgl. Rn. 73), und nach welchen Maßstäben die verfassungsrechtlich geschützten privaten und staatlichen Belange jeweils einander konkret zugeordnet werden müssen. Maßgeblich ist eine Abwägung im Einzelfall und nicht ein wirtschaftspolitisches Konzept. Dementsprechend können die Träger von Staatsgewalt auch weitgehend selbst darüber entscheiden, ob sie sich eigenwirtschaftlich betätigen wollen. Selbst wenn das Grundgesetz ausdrücklich die Privatwirtschaft schützt,[153] verpflichtet es den Staat nicht dazu, die bestehenden öffentlichen Unternehmen zu privatisieren. Die Entscheidung des Einigungsvertrags[154] und verschiedener Landesverfassungen[155] für die soziale Marktwirtschaft vermag an den Vorgaben des Grundgesetzes nichts zu ändern und engt insbesondere den Bundesgesetzgeber kaum zusätzlich ein.

2. Verfassungsrechtliche Gewährleistung der Kommunalwirtschaft

a) Selbstverwaltungsrecht der Gemeinden und Kreise

Die Gemeinden und Kreise können sich den Trägern von Staatsgewalt gegenüber auf 51
das in Art. 28 II GG und den Landesverfassungen garantierte Recht auf Selbstverwaltung berufen. Den **Gemeinden** muss das Recht gewährleistet sein, alle Angelegenheiten der örtlichen Gemeinschaft (im Rahmen der Gesetze) in eigener Verantwortung zu regeln

---

[151] BVerfGE 4, 7 (17f.).

[152] BVerfGE 50, 92 (336ff.). Vgl. auch *Jarass*, Wirtschaftsverwaltungsrecht mit Wirtschaftsverfassungsrecht, 3. Aufl. 1997, § 3 Rn. 2ff.; *Schmidt*, in: *ders./Vollmöller* (Hrsg.), Kompendium öffentliches Wirtschaftsrecht, 3. Aufl. 2007, § 2 Rn. 2ff.; *Ziekow* (Fn. 119), § 3 Rn. 7ff.; *Rittner/Dreher*, Europäisches und deutsches Wirtschaftsrecht, 3. Aufl. 2008, § 2 Rn. 47ff.; *Ruthig*, in: *ders./Storr*, Öffentliches Wirtschaftsrecht, 3. Aufl. 2011, § 1 Rn. 4; *Durner*, in: *Ehlers/Fehling/Pünder* (Fn. 16), § 11 Rn. 3ff.

[153] So z. B. die privaten Anbieter von Post- und Telekommunikationsdienstleistungen (Art. 87f II 1 GG).

[154] Vgl. dazu *Schmidt-Preuß*, DVBl. 1993, 236ff.

[155] Vgl. z. B. Art. 51 Verf R-P; Art. 38 ThüVerf.

(Art. 28 II 1 GG). Damit wird den Gemeinden von Verfassungs wegen[156] ein bestimmter Aufgabenkreis (Allzuständigkeit im Hinblick auf die Erledigung der Angelegenheiten der örtlichen Gemeinschaft) garantiert. Die Teilnahme am Wirtschaftsleben stellt zwar keine eigene Aufgabenstellung (etwa im Sinne eines Selbstzwecks), sondern nur ein Mittel zur Erfüllung von Aufgaben (bzw. Ziel- oder Zwecksetzungen) dar.[157] Da die Gemeinden aber im Rahmen der Gesetze über das Ob und Wie der Aufgabenwahrnehmung eigenverantwortlich entscheiden dürfen, unterfällt ihre wirtschaftliche Betätigung bei zulässiger Aufgabenstellung der verfassungsrechtlichen **Garantie der kommunalen Selbstverwaltung**.[158] Gleichzeitig wird auch das der wirtschaftlichen Betätigung dienende Vermögen der Gemeinden durch Art. 28 II 1 GG und die entsprechenden Gewährleistungen der Landesverfassungen geschützt. Abzulehnen ist die Ansicht des BVerfG, wonach sich der Vermögensschutz der Gemeinde nicht auf jede einzelne vermögenswerte Rechtsposition, sondern nur auf das gemeindliche Wirtschaften als solches bezieht.[159]

52 Anders als den Gemeinden steht den (zu den Gemeindeverbänden zu rechnenden) **Kreisen** das Recht der Selbstverwaltung nur im Rahmen „ihres gesetzlichen Aufgabenkreises" zu (Art. 28 II 2 GG).[160] Dies bedeutet, dass die Kreise auf die Zuweisung von Aufgaben durch den Gesetzgeber angewiesen sind. Doch müssen die Kreise mit einem Aufgabenbestand ausgestattet werden, der eine sinnvolle und leistungsfähige Selbstverwaltung auf Kreisebene ermöglicht.[161] Das wirtschaftliche Handeln unterfällt dann ebenfalls der Garantie der Eigenverantwortlichkeit kommunaler Selbstverwaltung.

53 Die Garantien der kommunalen Selbstverwaltung richten sich **gegen** alle anderen **Träger von Staatsgewalt** und damit auch gegen andere Gemeinden und Kreise, die sich wirtschaftlich betätigen (Rn. 65). Für das Verhältnis von Gemeinden und Kreisen zueinander gilt ein Regel-Ausnahme-Verhältnis zu Gunsten der Gemeinden.[162] In der Literatur ist darüber hinaus die Auffassung vertreten worden, dass den Selbstverwaltungsgarantien auch Aussagen über das Verhältnis zur Privatwirtschaft entnommen werden können. So sollen Privatisierungsvorgaben des Staates an einem Regel-Ausnahme-Verhältnis zugunsten der kommunalen gegenüber einer privaten Aufgabenerfüllung zu messen sein.[163] Nach anderer Auffassung greifen gesamtstaatliche Marktliberalisierungsentscheidungen niemals in die kommunalen Selbstverwaltungsgarantien ein.[164] Diesen Ansichten ist nicht zu folgen. Die verfassungsrechtlichen Garantien der Selbstverwaltung stellen ein Organisationsprinzip der staatlichen Verwaltung, nicht aber ein Verteilungsprinzip zwischen Kommunen und Privatwirtschaft dar. Die Abschaffung kommunaler Monopolstellungen im Wege der Zulassung privater Wirtschaftsteilnehmer berührt daher das Selbstverwaltungsrecht nicht. Andererseits liegt immer eine rechtfertigungsbedürftige **Schmälerung des** verfassungsrechtlich geschützten **Selbstverwaltungsrechts** der Kommunen vor, wenn der Staat ihnen eine wirtschaftliche Betätigung ge- oder verbie-

---

[156] Vgl. *Ehlers*, in: *ders./Krebs* (Hrsg.), Grundfragen des Verwaltungsrechts und des Kommunalrechts, 2000, S. 59 (72f.).

[157] Vgl. *Kluth*, Grenzen kommunaler Wirtschaftsteilnahme, 1988, S. 9ff.; *Grawert*, in: FS Blümel, 1999, S. 119 (125f.); *Pielow*, NWVBl. 1999, 369 (376); *Hellermann*, in: *Oldiges* (Hrsg.), Daseinsvorsorge durch Privatisierung – Wettbewerb oder staatliche Gewährleistung, 2001, S. 19 (24).

[158] BVerfG-K NVwZ 1999, 520 (521); VerfGH RP, NVwZ 2000, 801. Vgl. statt vieler *Hellermann*, Örtliche Daseinsvorsorge und gemeindliche Selbstverwaltung, 1998, S. 146ff.; *Schink*, NVwZ 2002, 129 (133); *Franzius*, JURA 2009, 677 (678); *Schmidt* (Fn. 14), Rn. 940; *Nierhaus*, in: *Mann/Püttner* (Hrsg.) Handbuch der kommunalen Wissenschaft und Praxis, Bd. 2, 3. Aufl. 2011, § 40 Rn. 23; *Suerbaum*, in: *Ehlers/Fehling/Pünder* (Fn. 16), § 13 Rn. 32.

[159] Vgl. BVerfG-K NVwZ 1999, 520ff.

[160] Grundlegend dazu BVerfGE 119, 331 (352ff.).

[161] Restriktiv BVerfGE 119, 331 (353 – Mindestbestand an Aufgaben). Vgl. auch *Maurer*, DVBl. 1995, 1037 (1046); *Nierhaus*, in: *Sachs* (Hrsg.), GG, 6. Aufl. 2011, Art. 28 Rn. 79f.

[162] Vgl. BVerfGE 79, 127ff.

[163] *Wieland/Hellermann*, DVBl. 1996, 401 (407); vgl. auch *Hellermann* (Fn. 158), S. 138ff.; *Pagenkopf*, GewArch 2000, 177 (178). Krit. VerfGH R-P NVwZ 2000, 801 (804).

[164] *Löwer*, VVDStRL 60 (2001), 416 (435f., 454).

tet. Eine staatliche Beschränkung der Kommunalwirtschaft muss sich deshalb auch an den verfassungsrechtlichen Garantien der Selbstverwaltung messen lassen, wenn sie der Privatwirtschaft zugute kommen soll.[165]

Das Selbstverwaltungsrecht wird nur im Rahmen der Gesetze (Art. 28 II 1 GG) bzw. nach Maßgabe der Gesetze (Art. 28 II 2 GG) gewährleistet. Die gesetzlichen Bestimmungen dürfen bei Zugrundelegung der Rechtsprechung des BVerfG nicht den **Kernbereich** der Selbstverwaltungsgarantie antasten[166] und müssen im **Randbereich** den Kommunen einen hinreichenden Spielraum bei der Wahrnehmung der einzelnen Aufgabenbereiche offenhalten.[167] Die Verfassungsgerichtsbarkeit der Länder[168] und die Literatur stehen demgegenüber vielfach auf dem Standpunkt, dass die Beeinträchtigung des Selbstverwaltungsrechts dem **Verhältnismäßigkeitsprinzip** genügen muss.[169] 54

Welche gesetzlichen Ausgestaltungen oder Beschränkungen zulässig sind, beurteilt sich nach der Abwägung im Einzelfall. Da es nach Art. 28 II GG nicht auf den Vergleich mit der Privatwirtschaft ankommt, sich das Verhältnis von Kommunal- und Privatwirtschaft vielmehr nach anderen Regelungen bestimmt (vgl. Rn. 67, 70f.), kann aus den Garantien der Selbstverwaltung auch **kein Verbot der Schlechterstellung kommunaler Unternehmen** gegenüber den privaten Unternehmen hergeleitet werden.[170] 55

Sind die Gemeinden und Kreise der Auffassung, dass der Staat zu Unrecht ihre Wirkmöglichkeiten schmälert, können sie sich auch auf wirtschaftlichem Gebiet unter Berufung auf das in den Selbstverwaltungsgarantien mitenthaltene „Recht" auf Selbstverwaltung hiergegen vor Gericht zur Wehr setzen. Beruht die Schmälerung auf einem Gesetz, kommt eine **kommunale Verfassungsbeschwerde** nach Art. 93 I Nr. 4 b GG oder nach Landes(verfassungs)recht in Betracht. 56

b) Steuerungsansatz des Verfassungsrechts

Der Steuerungsansatz des Verfassungsrechts unterscheidet sich grundlegend von demjenigen des Europäischen Unionsrechts (Rn. 5). Es geht den Verfassungen nicht um Wettbewerb oder ein bestimmtes Maß von Daseinsvorsorge. Vielmehr überlassen sie das Wirtschaften im Grundsatz der kommunalen Selbstverwaltung. Da die Selbstverwaltung aber nur im Rahmen der Gesetze bzw. nach Maßgabe der Gesetze garantiert wird, bleibt es dem **Gesetzgeber** überlassen, diese Selbstverwaltung auszugestalten und der kommunalwirtschaftlichen Betätigung Grenzen zu ziehen. 57

c) Verfassungsrechtliche Stellung der Eigenunternehmen und der gemischtöffentlichen Unternehmen

Kommunale Unternehmen ohne eigene Rechtspersönlichkeit (wie Regie- oder Eigenbetriebe[171]) sind Teil der Kommune und nehmen daher am **Schutz der Selbstverwaltungsgarantien** teil. Rechtlich verselbstständigte Unternehmen, die entweder (unmittelbar oder mittelbar) allein von einer Kommune getragen werden (Eigenunternehmen) oder deren Anteilseigner (unmittelbar oder mittelbar) verschiedene juristische Personen des öffentlichen Rechts einschließlich solcher kommunaler Provenienz sind (gemischt- 58

---

165 Wie hier *Oebbecke*, in: *Henneke* (Hrsg.), Kommunale Aufgabenerfüllung in Anstaltsform, 2000, S. 11 (20f.).

166 Vgl. BVerfGE 1, 167; 79, 127 (146).

167 BVerfGE 91, 228 (241f.).

168 Vgl. die Nachw. bei *Suerbaum*, in: *Dreier* (Hrsg.), Macht und Ohnmacht des Grundgesetzes, 2009, S. 75 (98 m. Fn. 107).

169 Vgl. *Ehlers* (Fn. 22), E 83ff.; *Schoch*, JURA 2001, 121 (126); *Nierhaus*, in: *Sachs* (Fn. 161), Art. 28 Rn. 72 f.; *Suerbaum* (Fn. 168), S. 94ff.; nach *Burgi*, Kommunalrecht, 4. Aufl. 2012, § 6 Rn. 39f. findet der Verhältnismäßigkeitsgrundsatz zwar keine Anwendung, gleichwohl soll aber nichts dagegen einzuwenden sein, sich im Prüfungsaufbau am Verhältnismäßigkeitsgrundsatz zu orientieren.

170 Zur Forderung einer Gleichstellung öffentlicher Wettbewerbsunternehmen mit privaten vgl. *Jarass* (Fn. 34), passim.

171 Vgl. *Schneider* D Rn. 1ff.

öffentliche Unternehmen), gehören unabhängig von der Rechtsform[172] zwar ebenfalls zu den Trägern von Staatsgewalt.[173] Berechtigte der kommunalen **Selbstverwaltungsgarantien** sind aber **nur** die **Gemeinden** und **Gemeindeverbände** (von Ausnahmen abgesehen lediglich die Kreise). Auch auf den Schutz der Grundrechte können sich die Unternehmen – abgesehen von den Verfahrensgrundrechten[174] – ebenso wie die Kommunen selbst[175] nicht berufen, weil diese nur die Freiheit und Gleichheit der Privaten verbürgen (vgl. auch Rn. 76). Dies heißt andererseits nicht, dass die verselbstständigten Unternehmen belastenden staatlichen Maßnahmen wehrlos ausgeliefert sind. Solche Maßnahmen betreffen nämlich auch die kommunalen Anteilseigner und müssen sich diesen gegenüber am Maßstab der Selbstverwaltungsgarantien rechtfertigen lassen.

d) Verfassungsrechtliche Stellung der gemischt-wirtschaftlichen Unternehmen

59 Ob die gemischt-wirtschaftlichen (d.h. teils von Kommunen, teils von Privaten getragenen) Unternehmen als Träger von Staatsgewalt anzusehen sind, ist umstritten. Für die in der Form einer juristischen Person des öffentlichen Rechts organisierten Unternehmen (z.B. Zweckverbände mit privater Beteiligung oder Sparkassen mit Genussrechtskapitalinhabern oder mit einer stillen Beteiligung Privater[176]) wird die Frage zumeist wie selbstverständlich bejaht.[177] Sind die „Jedermannsformen" des Privatrechts in Anspruch genommen worden (z.B. die Gesellschaftsformen), ist in der Literatur vielfach die Auffassung vertreten worden, dass die Gebilde in Anbetracht des Umstandes, dass das deutsche Recht grundsätzlich zwischen Staat und Gesellschaft differenziert, nicht ohne Weiteres der Staatssphäre zugeordnet werden könne, selbst wenn die Träger von Staatsgewalt (hier Gemeinden oder Kreise) die Mehrheit der Anteile innehaben.[178] Bei Zugrundelegung dieses Verständnisses können sich die gemischtwirtschaftlichen Unternehmen und ihre privaten Anteilseigner gegenüber belastenden staatlichen Maßnahmen auf den Grundrechtsschutz (vgl. Rn. 76), die kommunalen Anteilseigner auf ihr Selbstverwaltungsrecht berufen. Das BVerfG ist dieser Betrachtungsweise indessen nicht gefolgt. Es hat die **von der öffentlichen Hand beherrschten** gemischtwirtschaftlichen **Unternehmen** in Privatrechtsform einer unmittelbaren Grundrechtsbindung unterstellt (Rn. 70) und damit wie Träger von Staatsgewalt behandelt. Wird das gemischt-wirtschaftliche Unternehmen als Erfüllungsgehilfe der Kommunalverwaltung tätig, gelten die allgemeinen Grundsätze der Verwaltungshilfe. Im Außenverhältnis tritt der Verwaltungshelfer nicht selbstständig rechtlich in Erscheinung. Vielmehr handelt er als Teil der Verwaltung.[179]

3. Zielsetzung der Kommunalwirtschaft

60 In Anlehnung an § 67 I Nr. 1 Deutsche Gemeindeordnung vom 30.1.1935 (DGO) schreiben die Gemeinde- und Kreisordnungen (in leicht unterschiedlichen Wendungen) vor, dass die Kommunen wirtschaftliche Unternehmen nur errichten, übernehmen oder wesentlich erweitern dürfen, wenn ein **öffentlicher Zweck** dies rechtfertigt oder erfor-

---

[172] Zu den in Betracht kommenden öffentlich-rechtlichen und privatrechtlichen Organisationsformen (z.B. Sparkassen, Kommunalunternehmen in der Form einer Anstalt des öffentlichen Rechts, Zweckverbände einerseits, Eigengesellschaften andererseits) vgl. *Schraml* D Rn. 118ff.

[173] Vgl. *Ehlers*, in: *Erichsen/ders.* (Hrsg.), Allgemeines Verwaltungsrecht, 14. Aufl. 2010, § 1 Rn. 4.

[174] Nach st. Rspr. des BVerfG stehen die Prozessgrundrechte der Art. 101 I 2, 103 I GG allen Personen, selbst den juristischen Personen des öffentlichen Rechts, zu (vgl. z. B. BVerfGE 18, 441, 447; 61, 82, 104f.).

[175] Zum grundsätzlich fehlenden Grundrechtsschutz öffentlich-rechtlicher Vereinigungen vgl. BVerfGE 61, 82 (100f.); 68, 193 (206); 75, 192 (196); *Schoch*, JURA 2001, 201ff. Vgl. zu den Gemeinden auch *Röhl*, in: *Schoch* (Fn. 14), 1. Kap Rn. 55.

[176] Vgl. etwa §§ 21ff. SparkG Hess.

[177] Vgl. dazu auch *Oebbecke*, in: *Hoppe/Uechtritz/Reck* (Hrsg.), Handbuch Kommunale Unternehmen, 3. Aufl. 2012, § 8.

[178] Vgl. statt Vieler *Ehlers*, in: *Erichsen/ders.* (Fn. 173), § 3 Rn. 93; *Höfling*, in: *Sachs* (Fn. 161), Art. 1 Rn. 104 – jeweils m.w.N.

[179] Näher dazu *Ehlers*, in: *Erichsen/ders.* (Fn. 173), § 1 Rn. 17; *Burgi*, ebd., § 9 Rn. 31ff.

dert.[180] Vielfach wird nicht mehr auf einen bestimmten Zeitpunkt (Errichtung, Übernahme, Erweiterung), sondern auf die wirtschaftliche Betätigung schlechthin abgestellt[181], wobei den Unternehmen im Falle von Veränderungen zumeist Übergangszeiten eingeräumt werden oder sogar Bestandsschutz garantiert wird.[182] Als öffentliche Zwecke kommen sämtliche Gemeinwohlbelange in Betracht. Dazu dürften auch die Bekämpfung der Arbeitslosigkeit durch aktive Beschäftigungsmaßnahmen[183], die Beeinflussung der Wettbewerbsverhältnisse auf dem Markt sowie Umweltschutzbelange[184] zu zählen sein, sofern damit lokale Verbesserungen angestrebt werden.[185] Teilweise haben die Gesetzgeber einzelne Tätigkeitsbereiche bestimmt, die einem öffentlichen Zweck dienen.[186] Kein öffentlicher Zweck ist nach nahezu allgemeiner Auffassung aber eine rein erwerbswirtschaftliche Zielsetzung,[187] es sei denn, es geht um die annexweise Wahrnehmung sonst brachliegenden Wirtschaftspotentials.[188] Einige Gemeindeordnungen normieren ausdrücklich das Nichtausreichen eines reinen Ertragsstrebens.[189] Gewinne dürfen und sollen nur erzielt werden, wenn und soweit der öffentliche Zweck nicht beeinträchtigt wird (Gewinnmitnahme).[190] Abgestellt wird in der Regel auf den Unternehmensgegenstand insgesamt und nicht im Wege atomisierender Betrachtung auf jede einzelne unternehmerische Handlung.[191] Umstritten ist, ob der (grundsätzliche) Ausschluss einer bloßen Gewinnmaximierung als erlaubte Zwecksetzung kommunalwirtschaftlicher Betätigung auch **von Verfassungs wegen** gilt.[192] Die Erzielung von Einnahmen dient (ebenso wie die Erhebung von Steuern) mittelbar einer öffentlichen Zwecksetzung, wenn die Erträge zur Erfüllung rechtmäßiger Staatsaufgaben verwendet werden. Für die Notwendigkeit einer unmittelbaren Wahrnehmung öffentlicher Zwecke durch die Kommunalwirtschaft[193] lässt sich anführen, dass mittelbare Gemeinwohlförderungen des Staates in besonderem Maße rechtfertigungsbedürftig sind, die Abgrenzungen der Finanzverfassung[194] durch Zulassung einer Erwerbswirtschaft u. U. unterlaufen werden könnten, eine in die Grundrechte der priva-

---

[180] Näher hierzu sowie zu der Schranken-Trias der Gemeindeordnungen *Oebbecke*, in: *Mann/Püttner* (Hrsg.), Handbuch der kommunalen Wissenschaft und Praxis, Bd. 2, 3. Aufl. 2011, § 41, Rn. 28ff.; *Gaß* C. Rn. 100ff.

[181] Vgl. z. B. §§ 91 I BbgKVerf; 121 I GO Hess; 68 I KV M-V; 107 I GO NRW; 97 I SächsGO; 116 I GO LA.

[182] So jedenfalls Art. IX § 1 GO-Reformgesetz NRW, GVBl. NRW 2007, 373, 380.

[183] A.A. z.B. OLG Düsseldorf, GewArch 2001, 370; *Suerbaum*, in: *Ehlers/Fehling/Pünder* (Fn. 16), § 13 Rn. 67.

[184] Vgl. dazu BVerwG NVwZ 2006, 595.

[185] Im Einzelnen streitig. Vgl. *Ehlers* (Fn. 22), E 71; *Burgi* (Fn. 169), § 17 Rn. 43.

[186] Vgl. Art. 87 I 1 Nr. 1 BayGO i.V.m. Art. 83 BayVerf.

[187] A.A. soweit ersichtlich nur *Otting*, Neues Steuerungsmodell und rechtliche Betätigungsspielräume der Kommunen, 1997, S. 217. Nicht eindeutig *Steckert*, Kommunalwirtschaft im Wettbewerb, 2002, S. 50ff. Ablehnend zu Recht VerfGH RP NVwZ 2000, 801 (804). Vgl. auch BVerwGE 39, 329 (334); *Meßmer*, in: *Fabry/Augsten* (Hrsg.), Handbuch Unternehmen der öffentlichen Hand, 2. Aufl. 2011, Teil 2 Rn. 26; *Cronauge/Westermann*, Kommunale Unternehmen, 5. Aufl. 2006, Rn. 247; *Schmidt* (Fn. 14), Rn. 947; *Geis* (Fn. 14), § 12 Rn. 77. Vgl. aber auch die §§ 108 III 3 SaarlKSVG, 116 I 2 GO LA, die das Verbot der ausschließlichen Gewinnerzielung nur auf das vom Wettbewerb beherrschte Wirtschaftsleben beziehen.

[188] Vgl. OVG NRW DVBl. 2004, 133 (135f.). Eine Legaldefinition enthält § 91 V BbgKVerf. Zu den Grenzen vgl. *Scharpf*, DÖV 2006, 23ff.

[189] Vgl. Art. 87 I 2 BayGO; §§ 91 II Nr. 1 BbGKVerf; 108 III 3 SaarlKSVG; 116 I 2 GO LA.

[190] Vgl. § 72 I DGO sowie die entsprechenden Landesbestimmungen.

[191] Vgl. OVG NRW DVBl. 2004, 133 (135). Krit. *Suerbaum*, Die Verwaltung 40 (2007), 29 (41ff.); *ders.*, in: *Ehlers/Fehling/Pünder* (Fn. 16), § 13 Rn. 70.

[192] Ablehnend z. B. *Hellermann* (Fn. 158), S. 208; *Schneider*, DVBl. 2000, 1250 (1255); *Böckenförde*, VVDStRL 60 (2001), 593 (594); *Jarass*, DÖV 2002, 489 (490f.); *Cremer*, DÖV 2003, 921 (922). A. A. etwa *Henneke*, NdsVBl. 1998, 273 (280f.); *Hösch* (Fn. 39), S. 81f.; *Selmer*, in: *Stober/Vogel* (Hrsg.), Wirtschaftliche Betätigung der öffentlichen Hand, 2000, S. 88; *Löwer*, VVDStRL 60 (2001), 416 (418ff.); *Mann*, JZ 2002, 819 (820); *Rennert*, JZ 2003, 385 (390); *Schmidt-Aßmann*, in: FS Ulmer, 2003, S. 1015 (1018f.).

[193] BVerfGE 61, 82 (107), spricht davon, dass die kommunalen Unternehmen unmittelbar durch ihre Leistung dem Wohl der Gemeindebürger dienen müssen, beruft sich hierbei allerdings nicht auf das Grundgesetz selbst, sondern nur auf bestimmte Gemeindeordnungen.

[194] Vgl. dazu (allgemein) BVerfGE 78, 249 (266f.); 82, 159 (178); 93, 319 (342). Krit. zum Begriff des Steuerstaates *Sacksofsky*, Umweltschutz durch nicht-steuerliche Abgaben, 2000, S. 153ff.

ten Konkurrenten eingreifende Teilnahme am Wirtschaftsleben kaum mit einer erwerbswirtschaftlichen Erwägung legitimiert werden kann und die öffentliche Wirtschaft im Falle der Zulassung des Geldverdienens als alleiniger Zielsetzung dieselbe Freiheit wie die Privatwirtschaft gewinnen würde (also sich nicht mehr zu rechtfertigen bräuchte). Das Vorliegen einer öffentlichen Zwecksetzung unterliegt auch nach Art. 19 IV 1 GG (oder jedenfalls der staatlichen Justizgewährungspflicht[195]) der vollen gerichtlichen Überprüfung. Hinsichtlich der Frage, ob die öffentliche Zwecksetzung das wirtschaftliche Tätigwerden erfordert oder rechtfertigt, dürfte den Kommunen aber ein (gewisser) Gestaltungsspielraum zukommen.[196]

4. Notwendigkeit einer demokratischen Legitimation kommunaler Unternehmen

61 Nach Art. 28 I 1 GG muss die verfassungsmäßige Ordnung in den Ländern u. a. dem Grundsatz der Demokratie entsprechen. Das Demokratiegebot verlangt, dass alle Staatsgewalt vom Volke ausgeht (Art. 20 II 1 GG). Entscheidet das Volk nicht selbst durch Wahlen oder Abstimmungen, ist in organisatorisch-personeller Hinsicht eine ununterbrochene, auf das Volk zurückzuführende **Legitimationskette** der mit der Wahrnehmung von Verwaltungsaufgaben betrauten Amtswalter erforderlich. Sachlich-inhaltlich muss das Handeln, mediatisiert über die Volksvertretungen und eine der Volksvertretung verantwortliche Verwaltungsspitze, auf den Willen des Volkes zurückgeführt werden können. Dies lässt sich nur durch eine Bindung an das Gesetz, eine Leitungsmacht der Exekutivspitze und grundsätzliche Weisungsunterworfenheit der mit der Ausübung von Staatsgewalt betrauten Amtswalter erreichen.[197] Da Art. 28 I 2 GG den Kreisen und Gemeinden ein eigenes Volk (in Gestalt der Kreis- und Gemeindebürger) zuordnet, kommt es bei der Wahrnehmung der kommunalen Selbstverwaltung nicht nur auf das Staatsvolk, sondern auch und besonders auf das kommunale „Teilvolk" (d. h. die Wahlberechtigten der Kommunalwahl) an.[198] Die Anforderungen des Demokratieprinzips müssen auch von den Eigenunternehmen und gemischt-öffentlichen Unternehmen der Kommunen gewahrt werden, weil es sich bei den genannten Unternehmen um lediglich rechtstechnisch abgesonderte Erscheinungsformen der Verwaltung und damit um Träger von Staatsgewalt handelt. Nichts anderes gilt für die von den Kommunen beherrschten gemischt-wirtschaftlichen Unternehmen, wenn man in ihnen Träger von Staatsgewalt sieht (Rn. 59). Im Ergebnis hat dies zur Folge, dass die Kommunen über ihre Verwaltungsspitzen in der Lage sein müssen, das Handeln „ihrer" Unternehmen zu steuern und zu kontrollieren. Dies schließt eigenverantwortliche Spielräume der Unternehmensleitungen nicht aus (ohne die eine rechtliche Verselbstständigung der Unternehmen auch keinen Sinn ergeben würde). Doch dürfen die Kommunen jedenfalls das **Letztentscheidungsrecht** in grundlegenden Angelegenheiten nicht aus der Hand geben.[199] Dementsprechend sehen die Gemeindeordnungen unternehmensbezogene Ingerenzbefugnisse – auch bei der Verwendung privatrechtlicher Organisationsformen – der Kommunen vor.[200] Teilweise stehen die von Verfassungs wegen erforderlichen Steuerungs- und Kontrollrechte in einem Spannungsverhältnis zum Europäischen Unionsrecht, weil das Europäische Recht für vertikal integrierte Versorgungsunternehmen (d. h. Unternehmen, die

---

195 Vgl. BVerfGE 80, 103 (107); 85, 337 (345); 97, 169 (185), 107, 395 (406f.).

196 Vgl. dazu VerfG RP, NVwZ 2000, 801 (803); *Suerbaum*, in: *Ehlers/Fehling/Pünder* (Fn. 16), § 13 Rn. 66; *Geis* (Fn. 14), § 12 Rn. 76; *Gaß* C Rn. 123.

197 Vgl. näher zum Ganzen BVerfGE 83, 60ff.; 93, 37ff.; 107, 59ff.

198 Näher dazu *Ehlers*, in: FS E. Stein, 2002, S. 125 (131ff.).

199 Vgl. zu den Einzelheiten *Püttner*, DVBl. 1975, 353ff.; *Dreier*, Hierarchische Verwaltung im demokratischen Staat, 1991, S. 258f.; *Spannowsky*, DVBl. 1992, 1072ff.; *ders.*, ZGR 1996, 400ff.; *Gersdorf*, Öffentliche Unternehmen im Spannungsfeld zwischen Demokratie- und Wirtschaftlichkeitsprinzip, 2000, S. 222ff.; *Tietje*, Die Neuordnung des Rechts wirtschaftlicher Betätigung und privatrechtlicher Beteiligung der Gemeinden, 2002, S. 121ff., insbes. S. 124; *Ehlers*, JURA 2012, 849 (853ff.).

200 Vgl. als pars pro toto die zahlreichen Vorgaben des § 108 GO NRW. Ferner *Gaß* C Rn. 197.

sich sowohl mit der Erzeugung von Waren oder Leistungen, dem Betrieb von Netzen und/oder der Verteilung befassen) Unbundlings-Regelungen für den Netzbetrieb vorsieht (z.B. Ownership Unbundling, Independent System Operator, Independent Transmission Operator[201]). Die Unbundling-Regelungen sollen gewährleisten, dass der Netzbetrieb unabhängig von den sonstigen Tätigkeitsbereichen erfolgt. Daher ist insoweit eine Einflussnahme verboten. Doch kann dem dadurch Rechnung getragen werden, dass die kommunalen Unternehmen auf vertikal integrierte Versorgungsunternehmen (mit einem eigenen Netzbetrieb) verzichten.[202]

5. Wirkungskreis der Kommunalwirtschaft

Die Selbstverwaltungsgarantie des Art. 28 II 1 GG bezieht sich auf die **Angelegenheiten der örtlichen Gemeinschaft**. Hieran knüpfen auch die gemeindebezogenen Regelungen der Landesverfassungen an. Somit haben die Gemeinden einen gebietsbezogenen Auftrag zu erfüllen. Dies heißt nicht, dass sie die Gemeindegrenzen in keinem Falle überschreiten dürfen. Zum einen ist es denkbar, dass die Gemeinden von fremdem Gebiet aus Leistungen an ihre Einwohner erbringen (etwa weil es in der Gemeinde an einer geeigneten Fläche für die Errichtung einer Kläranlage fehlt). Zum anderen ergibt sich aus den Selbstverwaltungsgarantien (und nicht nur aus dem einfachen Gesetzesrecht) zugleich die Zulässigkeit einer interkommunalen Zusammenarbeit.[203] Stets muss es der verfassungsrechtlichen Selbstverwaltungsschutz beanspruchenden Gemeinde aber um die Erfüllung von Aufgaben gehen, „die in der örtlichen Gemeinschaft wurzeln oder auf die örtliche Gemeinschaft einen spezifischen Bezug haben".[204] In gewissem Ausmaß ist der Gesetzgeber befugt, rechtsgestaltend den örtlichen Bezug auszuformen und auch grenzüberschreitende Tätigkeiten zuzulassen.[205] So dürfte es von Verfassungs wegen nicht zu beanstanden sein, wenn die Sparkassen berechtigt und verpflichtet sind, Spareinlagen von „Jedermann" anzunehmen (wohingegen eine Kreditvergabe an Personen mit Sitz oder Niederlassung außerhalb des Satzungsgebietes grundsätzlich unzulässig ist).[206] Dagegen ist kein örtlicher Bezug mehr vorhanden, wenn eine Gemeinde auf fremdem Gebiet Leistungen an Gebietsfremde erbringt.[207] Tatsächlich wird die Kommunalwirtschaft in beträchtlichem Ausmaße außerhalb des Kommunalgebietes – und nicht ganz selten im fernen Ausland – tätig. So betreibt etwa die mehrheitlich von den Stadtwerken hoch defizitärer nordrhein-westfälischer Städte getragene Steag, die als der fünftgrößte deutsche Stromerzeuger gilt, Kraftwerke in der Türkei, Kolumbien und den Philippinen. Hinzu kommen zahlreiche Ingenieur-Dienstleistungen in weiteren anderen Staaten. Ebenso erwirtschaften die kommunalen Messegesellschaften einen Großteil ihrer Erträge im Ausland (ohne stets Gewinne zu machen). 62

In der Literatur wird z. T. die Auffassung vertreten, dass zwischen hoheitlicher Verwaltung und (privat-)wirtschaftlicher Betätigung der öffentlichen Hand zu unterscheiden ist 63

---

[201] Vgl. für den Energiebereich Art. 9, 13f., 17ff. RL 2009/72/EG; RL 2009/73/EG; §§ 7ff. EnWG. Näher dazu *Hölscher,* in: *Britz/Hellermann/Hermes,* EnWG, 2. Aufl. 2010, Vorb., §§ 6–9, Rn. 9ff.

[202] Vgl. zum Ganzen auch *Chen*, Rechtliche Zulässigkeit und Handlungsvorgaben gemischt-wirtschaftlicher Unternehmen mit kommunaler Beteiligung im Bereich der Energieversorgung, 2012, S. 278ff.

[203] Vgl. BVerfGE 119, 331 (362); BVerwGE 87, 237 (238); OVG NRW NVwZ 2008, 1031 (1036); *Suerbaum*, in: *Oebbecke/Ehlers/Klein/Diemert* (Hrsg.), Zwischen kommunaler Kooperation und Verwaltungsreform, 2006, S. 49ff.; *Oebbecke*, in: *Mann/Püttner* (Fn. 9), § 29 Rn. 16; *Schmidt*, in: *Ehlers/Fehling/Pünder* (Fn. 9), § 65 Rn. 14.

[204] BVerfGE 8, 122 (134); 79, 127 (151). Vgl. auch BVerwG NVwZ 2006, 595ff., wonach eine Gemeinde zur Begründung eines Anschluss- und Benutzungszwangs nicht Aufgaben des Umweltschutzes losgelöst von ihrem Kompetenzbereich an sich ziehen darf.

[205] Vgl. zu den einfachgesetzlichen Regelungen *Gaß* C Rn. 1ff.

[206] Vgl. *Stern/Nierhaus*, Das Regionalprinzip im öffentlich-rechtlichen Sparkassenwesen, 1991, S. 200ff., *Raskin*, Das Regionalprinzip und (neue) elektronische Vertriebswege im Retailbanking, 2001, S. 98ff.; *Schepers*, Internet-Banking und sparkassenrechtliches Regionalprinzip, 2003, S. 89ff.

[207] Vgl. auch *Nierhaus*, in: *Mann/Püttner* (Hrsg.), Handbuch der kommunalen Wissenschaft und Praxis, Bd. 2, 3. Aufl. 2011, § 40 Rn. 42.

und die (räumlichen) Kompetenzgrenzen der Gebietskörperschaft Gemeinde von vornherein nur für den hoheitlichen, nicht für den wirtschaftlichen Bereich Geltung beanspruchen können.[208] Dieser Auffassung kann mit der ganz h. M.[209] nicht zugestimmt werden. Da die kommunalen Unternehmen nur **Instrumente kommunaler Aufgabenerfüllung** sind (Rn. 51), bleibt die Verwaltung auch dann Verwaltung, wenn sie wirtschaftet.[210] Auch die Eigenunternehmen der Gemeinde sind daher an die der Gemeinde gezogenen **Kompetenzgrenzen** gebunden. Dies gilt auch, wenn sie privatrechtlich organisiert sind, da durch die Inanspruchnahme der privatrechtlichen Organisationsformen nicht die Zuständigkeitsgrenzen unterlaufen werden können. Sind an dem Unternehmen mehrere Kommunen beteiligt, addieren sich die Verbandskompetenzen. Auch dann muss es sich aber um mehrörtliche und nicht um überörtliche Angelegenheiten handeln.[211] Rechnet man die von der oder den Kommunen beherrschten gemischt-wirtschaftlichen Unternehmen zu den Trägern von Staatsgewalt (Rn. 59), gilt für sie nichts anderes. Auch mit einer Minderbeteiligung darf sich eine Gemeinde nicht an einem gemischt-wirtschaftlichen Unternehmen beteiligen, wenn sich das Unternehmen ganz überwiegend mit gebietsfremden oder gemeindefremden Angelegenheiten befasst, die Gemeinde als Anteilseignerin andere als eigene Aufgaben oder öffentliche Zwecke verfolgen will, das interkommunale Gebot der Rücksichtnahme missachtet wird oder die Zusammenarbeit nur der Umgehung der den Gemeinden selbst gezogenen räumlichen Grenzen dient.[212]

64 Da der räumliche Wirkungskreis der Gemeindeunternehmen grundsätzlich durch das Gebiet der Gemeinde bestimmt wird und die Gebietsbestimmung dem Gesetzgeber obliegt, bedarf eine **Erweiterung** des territorialen Zuständigkeitsbereichs über die an sich geltenden Gebietsgrenzen hinaus einer **gesetzlichen Regelung**.[213] Ohne staatsvertragliche Grundlage kann der Landesgesetzgeber nur Regelungen für den Landesbereich treffen.[214] Ferner ist der Gesetzgeber zur **Beachtung** der **verfassungsrechtlichen Vorgaben** verpflichtet.[215] Geht man davon aus, dass die auch kraft Verfassungsrechts geltende Notwendigkeit einer öffentlichen Zwecksetzung das grundsätzliche Verbot einer reinen Erwerbswirtschaft einschließt (Rn. 60), sind einer einseitigen Gebietsüberschreitung bereits aus diesem Grunde enge Grenzen gesetzt, weil es den auf fremdem Gebiet tätig werdenden Kommunalunternehmen i.d.R. nur um Gewinnerzielung[216] gehen dürfte.[217]

65 Des Weiteren betreffen die verfassungsrechtlichen Selbstverwaltungsgarantien auch das Verhältnis der Kommunen zueinander. Gesetzliche Regelungen, welche eine Betätigung

---

208 Vgl. z. B. *Moraing*, WiVerw 1998, 233 (244f.); *Wieland*, in: *Henneke* (Hrsg.), Optimale Aufgabenerfüllung im Kreisgebiet?, 1999, S. 193 (196ff.); *Hellermann* (Fn. 158), S. 157. Vgl. auch den Beschluss 20 des 64. DJT (Verhandlungen des 64. DJT 2002, 2002, Bd. II/2, O 225), wonach der räumliche Wirkungskreis kommunaler Unternehmen nicht durch das Gebiet ihres Trägers (Gebietskörperschaft bzw. interkommunale Zusammenarbeit) bestimmt wird.

209 Vgl. statt vieler VerfGH R-P NVwZ 2000, 801ff.; *Pielow*, NWVBl. 1999, 369 (373); *Tietje* (Fn. 199), S. 96ff., 165ff.; *Schneider*, DVBl. 2000, 1250 (1257f.); *Rennert*, JZ 2003, 385 (391, 394 m. Fn. 80) – der die auf dem 64. DJT vertretene gegenteilige Auffassung (vgl. Fn. 208) als „schlechterdings unhaltbar" einstuft; *Katz*, Kommunale Wirtschaft, 2004, Teil 1 Rn. 38; *Eisenblätter*, Die extraterritoriale Kommunalwirtschaft, 2007, S. 61ff.; *Glaser*, Die Verwaltung 2008, 483 (488ff.); *Nierhaus*, in: *Mann/Püttner* (Hrsg.), Handbuch der kommunalen Wissenschaft und Praxis, Bd. 2, 3. Aufl. 2011, § 40, Rn. 24ff.

210 VerfGH R-P NVwZ 2000, 801 (802); *Glaser*, Die Verwaltung 2008, 483 (488).

211 Wie hier *Held*, in: *Henneke* (Fn. 203), S. 181 (185).

212 *Ehlers* (Fn. 22), E 104; zur gegenteiligen Auffassung vgl. Fn. 208.

213 Vgl. auch *Burgi* (Fn. 169), § 17 Rn. 49.

214 Vgl. *Ehlers*, NWVBl. 2000, 1 (6); *Gottschalk*, ThürVBl. 2003, 25 (27); *Brosius-Gersdorf*, AöR 130 (2005), 392 (401f.).

215 Näher dazu *Ruffert*, VerwArch 92 (2001) 27 (34ff.); *Scharpf*, NVwZ 2005, 148ff.; *Heilshorn*, VerwArch 96 (2005), 88ff.; *Brosius-Gersdorf*, AöR 130 (2005), 392; *Schmidt* (Fn. 14), Rn. 950ff.; *Röhl*, in: *Schoch* (Fn. 14), Kap. 1 Rn. 178; *Suerbaum*, in: *Ehlers/Fehling/Pünder* (Fn. 16), § 13 Rn. 62; *Burgi* (Fn. 169), § 17 Rn. 49f.

216 Vgl. aber auch OVG NRW NVwZ 2008, 1031 (1036) – Auslastung.

217 Problematisch daher die §§ 107 a I GO NRW, 116 III GO LA, wonach die wirtschaftliche Betätigung einer Gemeinde in den Bereichen der Strom-, Gas- und Wärmeversorgung außerhalb des Gemeindegebietes stets einem öffentlichen Zweck dienen soll.

außerhalb des eigenen Kommunalgebietes zu Lasten anderer Kommunen ermöglichen, greifen daher mittelbar in das **Selbstverwaltungsrecht** dieser Kommunen ein, wenn deren berechtigte Interessen berührt werden (d.h. sich die betroffenen Kommunen selbst wirtschaftlich betätigen oder betätigen wollen, mit der „feindlichen" Konkurrenz nicht einverstanden sind und durch die Konkurrenz nicht unerheblich beeinträchtigt werden).[218] Es ist nicht ersichtlich, wie sich derartige Eingriffe rechtfertigen lassen. Daher dürften die geltenden Gebietsklauseln[219] der Gemeindeordnungen insoweit nicht mit den Selbstverwaltungsgarantien vereinbar sein, als sie nur solche Interessen als berechtigt anerkennen, die nach bundesrechtlichen Vorgaben eine Einschränkung des Wettbewerbs (auch gegenüber privaten Konkurrenten) zulassen.[220] Sodann ergeben sich – limitierte – weitere Schranken aus dem **Demokratieprinzip**, weil dieses die Bürger grundsätzlich zur Legitimierung derjenigen Staatsgewalt berechtigt, die sie betrifft. Im Falle der Verlagerung der Wirtschaftstätigkeit auf fremdes Gebiet kommt es aber gerade nicht zu einer Legitimation der Wirtschaftstätigkeit durch die fremden Gebietsangehörigen.[221] Zusammengenommen zeigen die verfassungsrechtlichen Vorgaben, dass i. d. R. nur das Kooperieren, nicht das einseitige Expandieren das taugliche Mittel zur Geschäftsgebietserweiterung der Gemeindewirtschaft ist. Für eine Auslandsbetätigung ergeben sich vor allem aus dem Erfordernis einer öffentlichen Zwecksetzung (Rn. 60) und der Bindung an die Leistungsfähigkeit[222] erhebliche Restriktionen.

Ebenso wie das Gebiet der Gemeinden wird auch das Gebiet der **Kreise** vom Gesetz- 66
geber festgelegt. Der Gebietsbezug bestimmt den räumlichen Zuständigkeitsbereich der Kreisunternehmen. Eine Erweiterung dieses Zuständigkeitsbereichs unterliegt denselben Einschränkungen wie auf der Gemeindeebene.

6. Verhältnis von Kommunal- und Privatwirtschaft

Anders als früher enthalten die meisten Gemeindeordnungen heute **Subsidiaritäts-** 67
klauseln, wonach sich die Gemeinden wirtschaftlich nur betätigen respektive Unternehmen nur errichten, übernehmen oder wesentlich erweitern dürfen, wenn der öffentliche Zweck „nicht ebenso gut und wirtschaftlich" durch einen anderen erfüllt wird oder erfüllt werden kann.[223] Dies bedeutet, dass die Gemeinden nur tätig werden dürfen, wenn sie den öffentlichen Zweck besser und/oder wirtschaftlicher als andere (vor allem die privaten Unternehmen) erfüllen können. Nicht selten sind die Subsidiaritätsklauseln begrenzt – z.B. nur auf das Tätigwerden außerhalb der kommunalen Daseinsvorsorge[224] oder außerhalb der Energieversorgung, der Wasserversorgung, des öffentlichen Verkehrs oder des Betriebs von Telekommunikationsleitungsnetzen[225] bezogen – worden. Ist das Grundgesetz „wirtschaftspolitisch neutral" (Rn. 49), wird eine Subsidiarität der Kommunalwirtschaft zwar nicht von Verfassungs wegen gefordert.[226] Umgekehrt greifen aber auch die im Schrifttum gegen die einfachgesetzlichen Subsidiaritätsklauseln erhobenen verfassungsrechtlichen Bedenken[227] nicht durch, weil die kommunale Selbstverwaltung nur

---

[218] Vgl. *Ehlers* (Fn. 22), E 100 m. w. N.

[219] Zu den Nachw. vgl. *Gaß* C Rn. 51.

[220] So etwa § 107 a III GO NRW. Vgl. auch § 116 III 2 GO LA. Krit wie hier *Schink*, NVwZ 2002, 129 (136f.); *Rennert*, JZ 2003, 385 (391 m. Fn. 50). A. A. *Braun*, SächsVBl. 1999, 25 (30); *Köhler*, BayVBl. 2000, 1 (9); *Jarass*, DÖV 2002, 489 (498f.).

[221] Vgl. auch *Löwer*, NWVBl. 2000, 241 (244); *Oebbecke*, ZHR 164 (2000), 375 (389); *Schmidt-Aßmann* (Fn. 173), S. 1023.

[222] Vgl. dazu *Gaß* C Rn. 127ff.

[223] Zu den Nachw. vgl. *Gaß* C Rn. 51.

[224] Vgl. Art. 87 I 1 Nr. 4 BayGO; §§ 102 I, III GO BW; 71 II Nr. 4 ThürKO.

[225] So §§ 136 I 2 Nr. 3 NdsKVG; 107 I 1 Nr. 3 GO NRW.

[226] Näher zur Geltung des Subsidiaritätsprinzips im kommunalen Wirtschaftsrecht (auch im Hinblick auf das Verfassungsrecht) *Rennert*, JZ 2003, 385 (394f.).

[227] *Wieland/Hellermann*, Der Schutz des Selbstverwaltungsrechts der Kommunen gegenüber Einschränkungen ihrer wirtschaftlichen Betätigung im nationalen und europäischen Recht, 1995, S. 44ff., 63f.; *Heller-*

im Rahmen bzw. nach Maßgabe der Gesetze gewährleistet wird. Zudem ist es nicht verfassungswidrig, der Privatinitiative den Vorrang zu geben, da sich die Notwendigkeit einer Gleichbehandlung von kommunalen und privaten Unternehmen respektive von kommunalen Wettbewerbsunternehmen und privaten Unternehmen (vgl. auch Rn. 55, 68) verfassungsrechtlich nicht begründen lässt.[228] Schließlich wird der Bewegungsspielraum der Gemeinden nicht über Gebühr eingeschränkt, weil diese den öffentlichen Zweck selbst bestimmen können und ihnen ein begrenzter Beurteilungsspielraum im Hinblick auf den Qualitäts- und Wirtschaftlichkeitsvergleich mit der Privatwirtschaft zuzubilligen ist.[229]

68 Auch wenn es in erheblichem Umfang Sache des Gesetzgebers ist, über die Ausgestaltung des Verhältnisses von Kommunal- und Privatwirtschaft zu entscheiden, bedeutet dies nicht, dass der Gesetzgeber völlig frei ist. Einerseits darf die kommunale Selbstverwaltung nicht völlig ausgehöhlt werden.[230] Andererseits schreiben diejenigen Gemeindeordnungen, die keine echte Subsidiaritätsklausel kennen (Rn. 67), in Anlehnung an § 67 I Nr. 3 DGO jedenfalls als Untergrenze vor, dass Gemeinden wirtschaftliche Unternehmen nur errichten, übernehmen oder wesentlich erweitern dürfen, wenn der öffentliche Zweck nicht besser und wirtschaftlicher von einem anderen erfüllt wird oder erfüllt werden kann.[231] Die Gemeinden müssen danach auf Dauer **mindestens ebenso gut wie die Privatwirtschaft** zur öffentlichen Zweckerfüllung in der Lage sein. Diese einfachgesetzlichen Mindestanforderungen lassen sich auch aus dem Rechtsstaatsprinzip und (bei Erreichen der grundrechtlichen Eingriffsschwelle) aus den Grundrechten ableiten. Es liefe auf eine Ermächtigung zu einem gemeinwohlschädlichen Verhalten hinaus, wenn sich die Kommunen zu Lasten der Privatwirtschaft auch dann wirtschaftlich betätigen dürften, wenn die private Konkurrenz den von der Kommunalwirtschaft verfolgten und von den Kommunen selbst definierten öffentlichen Zweck sowohl besser als auch wirtschaftlicher als die Kommunalwirtschaft erfüllt oder erfüllen kann.[232]

69 Ob das Grundgesetz über die allgemeinen Vorgaben hinausgehende ausdrückliche Wahrnehmungsverbote für die Kommunalwirtschaft enthält, ist umstritten. Nach **Art. 87 f II GG** werden Dienstleistungen im Bereich des Postwesens und der Telekommunikation als privatwirtschaftliche Tätigkeiten durch die aus dem Sondervermögen Deutsche Bundespost hervorgegangenen Unternehmen und durch „andere private Anbieter“ erbracht. Wohl überwiegend wird angenommen, dass den öffentlichen Unternehmen – abgesehen von dem aus dem Sondervermögen der Deutschen Bundespost hervorgegangenen Rechtssubjekten – das Erbringen der genannten Dienstleistungen versperrt ist.[233] Nach anderer Auffassung versteht Art. 87f II GG unter anderen privaten Anbietern nur privatrechtlich organisierte Rechtssubjekte (so dass Eigenunternehmen der Kommunen oder gemischt-wirtschaftliche Unternehmen mit kommunaler Beteiligung in Privatrechtsform zulässig sind).[234]

---

mann (Fn. 158), S. 217ff.; *Cronauge*, Gemhlt 1998, 131 (133); *ders.*, AfK 1999, 24 (30). Vgl. auch *Tietje* (Fn. 199), S. 149ff.

228 Wie hier VerfGH R-P NVwZ 2000, 801ff.; *Ehlers* (Fn. 22), E 81f.; *Ruffert*, VerwArch 92 (2001), 27 (44); *Nierhaus*, in: *Mann/Püttner* (Hrsg.), Handbuch der kommunalen Wissenschaft und Praxis, Bd. 2, 3. Aufl. 2011, § 40 Rn. 33f.

229 Vgl. *Ehlers* (Fn. 22), E 81f.

230 Vgl. bereits StGH, RGZ 126, Anhang 14, 22. Näher dazu *Ehlers*, in: *ders./Krebs* (Fn. 156), S. 59 (63, 71).

231 Zu den Nachw. vgl. *Gaß* C Rn. 51.

232 Vgl. *Ehlers*, NWVBl. 2000, 1 (4).

233 Vgl. *Müller-Terpitz*, NWVBl. 1999, 292 (295); siehe aber auch *Windthorst*, in: *Sachs* (Fn. 161), Art. 87f Rn. 28a (wenn keine privatwirtschaftliche Entscheidungsautonomie gewährleistet ist); *Möstl*, in: *Maunz/Dürig* (Begr.), GG, Art. 87 f, Rn. 50f. (Aufgabenprivatisierung, keine Kapitalprivatisierung); ebenso *Pieroth* in: *Jarass/ders.*, GG, 12. Aufl. 2012, Art. 87 f Rn. 3. Näher zum Meinungsstand *Gersdorf*, in: *v. Mangoldt/Klein/Starck* (Hrsg.), GG, Bd. 3, 6. Aufl. 2010, Art. 87f Rn. 51ff. (Verpflichtung zu einer erweiterten Organisationsprivatisierung, keine echte materielle Privatisierung).

234 Vgl. *Ebsen*, DVBl. 1997, 1039 (1042); *Pünder*, DVBl. 1997, 1353f.; *Ehlers*, DVBl. 1998, 497 (502); *Trute*, VVDStRL 57 (1998), 216 (226f.); *Pielow*, NWVBl. 1999, 369 (374f.).

7. Grundrechtsbindung und Grundrechtsberechtigung der Kommunalwirtschaft

a) Grundrechtsbindung

Gem. **Art. 1 III GG** binden die Grundrechte u. a. die vollziehende Gewalt. Zur vollziehenden Gewalt sind die gesamte Staatsverwaltung (unabhängig von der Verwendung öffentlich-rechtlicher oder privatrechtlicher Organisations- und Handlungsformen) und somit neben den Kommunen auch deren Eigenunternehmen und die gemischt-öffentlichen Unternehmen zu zählen.[235] Streitig ist die Grundrechtsbindung der **gemischtwirtschaftlichen Unternehmen**. Das BVerfG hat angenommen, dass die von der öffentlichen Hand beherrschten gemischt-wirtschaftlichen Unternehmen in Privatrechtsform ebenso wie die im Alleineigentum des Staates stehenden öffentlichen Unternehmen, die in den Formen des Privatrechts organisiert sind, einer unmittelbaren Grundrechtsbindung unterliegen.[236] Dies ist insofern nicht zweifelsfrei, weil die privaten Anteilseigner privatrechtlich organisierter Unternehmen damit ebenfalls einer Grundrechtsbindung unterworfen werden (selbst wenn sich der – kommunale – Träger von Staatsgewalt erst später an dem Unternehmen beteiligt). Zudem kann es auch im Falle einer Ablehnung der unmittelbaren Grundrechtsbindung der von der öffentlichen Hand beherrschten Unternehmen[237] nicht zu einer Umgehung der Grundrechtsbindung kommen, weil die Grundrechtsbindung des öffentlichen (hier kommunalen) Anteilseigners immer bestehen bleibt und dieser verpflichtet ist, von seinen Beteiligungsrechten grundrechtskonform Gebrauch zu machen. Auch hätten die von dem Handeln der gemischtwirtschaftlichen Unternehmen Betroffenen gegenüber den öffentlichen (hier kommunalen) Anteilseignern einen Anspruch auf grundrechtsgemäße Einwirkung, wenn die Beteiligungsquote des öffentlichen Anteilseigners eine Beherrschung zulässt und das Unterlassen der Einwirkung einer Verletzung der grundrechtlich gewährleisteten Freiheit gleichkommt. Das BVerfG ist dieser Betrachtungsweise nicht gefolgt. Die Grundrechtsbindung der hinter den Unternehmen stehenden öffentlichen Eigentümer und ihrer gesellschaftsrechtlichen Einwirkungsbefugnisse allein seien ungeeignet, die Grundrechtsbindung solcher Unternehmen zu ersetzen und machten sie insbesondere nicht überflüssig. Schon grundsätzlich könne eine Grundrechtsbindung nicht quotenweise realisiert werden. Auch seien die Einwirkungsrechte der Anteilseigner auf die laufende Geschäftsführung gesellschaftsrechtlich vielfach beschränkt, so dass – insbesondere im Aktienrecht (vgl. etwa § 119 Abs. 2 AktG) und unter Berücksichtigung des Mitbestimmungsrechts – eine Grundrechtsbindung selbst durch die Mehrheit der Eigentümer vielfach nicht durchsetzbar sei. Überdies wäre die Geltendmachung von Grundrechten über den Umweg der Einwirkungsrechte, zumal wenn an einem Unternehmen mehrere öffentliche Anteilseigner beteiligt seien, vom Verfahren und Zeitaufwand her zu schwerfällig, um einen effektiven Grundrechtsschutz sicherzustellen.[238] Eine Beherrschung wird in der Regel angenommen, wenn mehr als die Hälfte der Anteile im Eigentum der öffentlichen Hand stehen. Hat die öffentliche Hand keinen beherrschenden Einfluss, unterliegt das privatrechtlich organisierte Unternehmen keiner unmittelbaren Grundrechtsbindung. 70

Die Geltung der Grundrechte wirkt sich sowohl auf das Verhältnis der kommunalen Unternehmen zu den **Kunden** als auch auf das Verhältnis zu den privaten **Konkurrenten** aus. Im ersten Fall ist vor allem der Gleichheitssatz des Art. 3 I GG, im letzteren das Grundrecht der Berufsfreiheit (Art. 12 I GG) zu beachten. Rechtsprechung und Literatur sind nicht darüber einig, ob und wann sich die privaten Konkurrenten der Kommunalwirtschaft mit Erfolg auf Art. 12 I GG berufen können. Die Verwaltungsrechtsprechung 71

[235] Vgl. BVerfGE 128, 226 (244); *Jarass*, in: *ders./Pieroth* (Fn. 233), Art. 1 Rn. 38ff.; zu den Sparkassen: BGH DVBl. 2003, 942.
[236] Grdl. BVerfGE 128, 226ff.
[237] Vgl. Vorauflage, B Rn. 66 m. w. Hinw.
[238] BVerfGE 128, 226 (246).

geht grundsätzlich davon aus, dass Art. 12 I GG nicht vor Konkurrenz schützt, auch nicht vor dem Wettbewerb der öffentlichen Hand.[239] Anderes soll nur gelten, wenn die wirtschaftliche Betätigung eines privaten Konkurrenten unmöglich oder unzumutbar gemacht oder eine Monopolstellung erreicht wird.[240]

72 Die aufgebaute **Hürde** ist so **hoch**, dass eine Grundrechtsverletzung kaum jemals in Betracht kommt. Im Übrigen werden Schutzbereich, Eingriff und Rechtsverletzung in eins gesetzt, weil bei Annahme einer Unzumutbarkeit das Ergebnis (Grundrechtsverletzung) feststeht. In der Literatur wird deshalb vielfach die Auffassung vertreten, dass eine Wirtschaftskonkurrenz staatlicher Verwaltungsträger den Grundrechtsschutz des Art. 12 I GG auslöst,[241] die Vorschrift allerdings erst dann abwehrrechtliche Sperrwirkung entfaltet, wenn sich die Wirtschaftsteilnahme des Verwaltungsträgers als (nicht gerechtfertigter) Grundrechtseingriff darstellt.

73 Auch die Frage, wann die Teilnahme am Wirtschaftsleben **Eingriffscharakter** hat, konnte bisher nicht einverständlich geklärt werden. Da eine bloße Konkurrenz weder unmittelbar auf die Privatwirtschaft einwirkt noch mit dem Mittel von Befehl und Zwang tätig wird, scheidet ein klassischer Grundrechtseingriff aus. In Betracht kommt nur ein mittelbar-faktischer Eingriff. Wann ein solcher anzunehmen ist, hängt von der Bestimmung der Eingriffsschwelle ab. Da die Grundrechte nicht mittelbare Nachteilszufügungen jeglicher Art abwehren sollen, kann nicht jede Teilnahme der öffentlichen Hand am Marktgeschehen als Eingriff in den Schutzbereich des Art. 12 I GG angesehen werden.[242] Umgekehrt käme es einer Minimalisierung der Grundrechte gleich, wenn man mit dem Bundesverwaltungsgericht (BVerwG) die Unmöglichkeit oder Unzumutbarkeit privatwirtschaftlicher Betätigung als maßgeblich erachten würde.[243] Nicht gangbar erscheint auch der Weg, Unzumutbarkeit bereits immer dann anzunehmen, wenn die öffentliche Hand rechtswidrig handelt.[244] Dies liefe auf eine Vermengung der Verfassungsebene und einfachrechtlichen Ebene sowie die Gleichsetzung von Grundrechtsverletzung und Gesetzeswidrigkeit hinaus. Nach einer anderen Ansicht soll es für die Beantwortung der Frage, ob ein Grundrechtseingriff durch Teilnahme der öffentlichen Hand am Wirtschaftsverkehr vorliegt, darauf ankommen, ob ein öffentliches Unternehmen Vorteile erhält, die einem privaten Unternehmen nicht zukommen.[245] Sei dies nicht der Fall, scheide ein Grundrechtseingriff selbst dann aus, wenn die Aktivitäten des öffentlichen Unternehmens zur Verdrängung eines privaten führe.[246]

74 Diese Differenzierung ist nicht nur deshalb problematisch, weil die Annahme einer Vorteilsgewährung schwer zu bestimmen sein dürfte, sondern auch, weil den öffentlichen Unternehmen immer eine andere Qualität als den privaten zukommt. Nach der hier vertretenen Ansicht ist es notwendig, nicht nur bereichsspezifisch anzusetzen, sondern die **Grundrechtsschwelle** bei mittelbaren Nachteilszufügungen auf der Grundlage allgemeiner Kriterien zu bestimmen. Das BVerwG hat hierzu die Merkmale „Staatsautorität", „schwerwiegende Folgen" und „Beabsichtigungen oder Inkaufnahme der Folgen" entwickelt.[247] Da Verwaltungsträger immer Staatsautorität in Anspruch nehmen und sich

---

239 BVerwGE 39, 329 (336); ebenso BVerwG NJW 1978, 1539 (1540); DVBl. 1996, 152 (153); OVG NRW DVBl. 2004, 123 (127). Krit. statt vieler *Schmidt-Aßmann* (Fn. 192), S. 1015 (1019); *Ehlers*, JZ 2012, 623 (624).

240 BVerwG DVBl. 1978, 639; DVBl. 1996, 152 (153); OVG NRW DVBl. 2004, 133 (137). Im Grundsatz zust. *Pieroth/Hartmann*, DVBl. 2002, 421f.

241 Vgl. *Kluth* (Fn. 157), S. 23 (27ff.); *Jarass*, DÖV 2002, 489 (492).

242 A. A. *Hösch* (Fn. 39), S. 55ff.; *Löwer*, VVDStRL 60 (2001), 416 (444ff.); *Cremer*, DÖV 2003, 921 (929).

243 Vgl. auch die Kritik von *Tettinger*, NJW 1998, 3473 (3474); *Scharpf*, Kommunales Unternehmensrecht in Bayern, 2004, S. 27ff.; *Suerbaum*, Die Verwaltung 2007, 29 (46ff.); *Brüning*, JZ 2009, 29 (30).

244 So *Pieroth/Hartmann*, DVBl. 2002, 421 (426ff.).

245 Zum Kriterium der Marktkonformität respektive -inkonformität der wirtschaftlichen Betätigung von Gemeinden aus der Sicht des einfachen Gesetzesrechts vgl. OVG NRW NVwZ-RR 2005, 198 (199).

246 *Jarass*, DÖV 2002, 489 (494).

247 Vgl. grundlegend (zu den Warnungen der Bundesregierung) BVerwGE 87, 37 (43f.).

bei einem wirtschaftlichen Auftreten der Folgen für die Privatwirtschaft bewusst sind, kommt es entscheidend darauf an, ob die Teilnahme am Wirtschaftsleben „schwerwiegende Folgen" für die privaten Konkurrenten hat. Das ist anzunehmen, wenn die Möglichkeit eines privaten Konkurrenten, sich als verantwortlicher Unternehmer wirtschaftlich zu betätigen, **in einem erheblichen Maße eingeschränkt wird**.[248] Dies dürfte tendenziell auch den üblichen Umschreibungen mittelbar-faktischer Eingriffe entsprechen.[249] Eine Rechtsprechung des BVerfG in Bezug auf den hier in Rede stehenden Konkurrentenschutz fehlt bisher. In seinen Entscheidungen über die Informationstätigkeit der Bundesregierung im Bereich des Verbraucherschutzes (Glykolwein) und der religiösen und weltanschaulichen Vereinigungen (Jugendsekten)[250] hat das Gericht andere Akzente gesetzt, ohne dass klar geworden ist, ob sich diese verallgemeinern und auf den Grundrechtsschutz vor staatlicher Konkurrenz übertragen lassen. Daher ist festzustellen, dass sich die Lehre von den mittelbaren Grundrechtseingriffen weiterhin im „Experimentierlabor der Dogmatik"[251] befindet. Die Problemstellung verliert allerdings an Gewicht, wenn sich die Tendenz der neueren Rechtsprechung durchsetzen sollte, den einfachgesetzlichen Bestimmungen über die Zulässigkeit einer wirtschaftlichen Betätigung der Kommunen drittschützenden Charakter beizumessen.[252] Insbesondere Subsidiaritätsklauseln (Rn. 67) sprechen für einen Drittschutz. Nichts anderes sollte aber auch für die sonstigen Verhältnisbestimmungen von Kommunalwirtschaft und Privatwirtschaft angenommen werden.[253]

Liegt eine Überschreitung der grundrechtlichen Eingriffsschwelle vor, kommt es 75 darauf an, ob das Handeln der kommunalen Unternehmen **gerechtfertigt** ist. Dies bestimmt sich nach den allgemeinen Maßstäben (Vorliegen eines Gesetzes, Wichtigkeit der verfolgten Gemeinwohlbelange, Wahrung der Verhältnismäßigkeit).[254] Es muss keineswegs zwangsläufig Unzumutbarkeit oder Unmöglichkeit vorliegen. Das Kriterium der Unzumutbarkeit betrifft nur einen Aspekt der Verhältnismäßigkeit (nämlich die Unangemessenheit mit Blick auf den Grundrechtsträger).[255]

b) Grundrechtsberechtigung

Mit Ausnahme der Justizgrundrechte (Rn. 58) werden die Träger von Staatsgewalt (und 76 damit auch die Kommunen und ihre Unternehmen) durch die Grundrechte gebunden, **nicht** aber **geschützt**.[256] Wie bereits ausgeführt wurde (Rn. 70), erstreckt das BVerfG die Grundrechtsbindung auch auf die gemischt-wirtschaftlichen Unternehmen, soweit diese öffentliche Aufgaben wahrnehmen und von der öffentlichen Hand beherrscht werden. Dem entsprechend kann solchen Unternehmen ein Grundrechtsschutz nicht zugestanden werden.[257] Folgt man der Gegenansicht, sind die gemischt-wirtschaftlichen Unternehmen immer grundrechtsberechtigt. Allerdings ist das Gewicht der geschützten Belange gerin-

[248] Vgl. *Ehlers* (Fn. 22), E 41; *dens.*, Der Landkreis 2007, 456 (460); JZ 2012, 623 (625); zust. zit. von *Schmidt-Aßmann* (Fn. 192), S. 1015 (1020); *Nierhaus*, in: *Mann/Püttner* (Hrsg.), Handbuch der kommunalen Wissenschaft und Praxis, Bd. 2, 3. Aufl. 2011, § 40 Rn. 48; ähnlich *Selmer*, in: *Stober/Vogel* (Fn. 192), S. 84; *Di Fabio*, in: *Maunz/Dürig* (Fn. 233), Art. 2 I Rn. 122 (2001). Vgl. auch *Faber*, DVBl. 2003, 761 (762f.).

[249] Vgl. dazu auch *Pieroth/Schlink/Kingreen/Poscher*, Grundrechte, Staatsrecht II, 29. Aufl. 2013, Rn. 253ff., wonach es darauf ankommt, ob ein Verhalten, das in den Schutzbereich eines Grundrechts fällt, ganz oder teilweise unmöglich gemacht wird und hierbei auch zwischen Beeinträchtigung und Belästigung zu unterscheiden ist.

[250] BVerfGE 105, 252 (252ff.; 279 ff).

[251] *Rennert*, JZ 2003, 385 (395f. m. Fn. 100).

[252] In diesem Sinne VerfGH R-P NVwZ 2000, 801 (804); OVG NRW DVBl. 2004, 133 (134f.); NVwZ 2005, 1211 (1212); NVwZ-RR 2005, 198; VGH BW NVwZ-RR 2006, 714 (715). Näher zum gegenwärtigen Meinungsstand (auch der gegenteiligen Rspr.) *Suerbaum*, in: *Ehlers/Fehling/Pünder* (Fn. 16), § 13 Rn. 77ff.

[253] Vgl. statt Vieler *Ehlers* (Fn. 22), E 84f.

[254] Vgl. dazu *Cremer*, DÖV 2003, 921 (930f.).

[255] *Ehlers*, JZ 2012, 623 (625).

[256] Vgl. Fn. 235.

[257] Vgl. auch bereits BVerfG NJW 1990, 1783.

ger, wenn die öffentliche Hand maßgeblich an den gemischt-wirtschaftlichen Unternehmen beteiligt ist.

8. Bindung der Kommunalwirtschaft an das Prinzip vom Vorbehalt und vom Vorrang des Gesetzes

77 Nach der sog. Wesentlichkeitsrechtsprechung des BVerfG muss der parlamentarische Gesetzgeber aus demokratischen und rechtsstaatlichen Gründen im staatlichen Bereich die grundlegenden Entscheidungen, zumal im Bereich der Grundrechtsausübung, selbst treffen.[258] Somit bedürfen zumindest **Grundrechtseingriffe** einer Grundlage im Parlamentsgesetz. Ob und wann dies auch für mittelbare Grundrechtseingriffe zutrifft,[259] kann dahinstehen, da die kommunalwirtschaftsrechtlichen Bestimmungen in den Gemeinde- bzw. Kreisordnungen weder als reine Aufgabennormen, noch als lediglich verwaltungsinterne Normierungen anzusehen sind und daher grundsätzlich eine ausreichende gesetzliche Ermächtigungsgrundlage für das Handeln der kommunalen Unternehmen im Hinblick auf die private Konkurrenz darstellen.[260] Aus der **Bindung an Gesetz und Recht** (Art. 20 III GG) ergibt sich, dass die Kommunalwirtschaft die bestehenden Gesetze achten muss. Dies trifft auch auf die kommunalen Unternehmen in Privatrechtsform zu.

---

[258] Vgl. BVerfGE 49, 89 (126); 61, 260 (275); 98, 218 (251).
[259] Relativierend BVerfGE 105, 252ff.
[260] Ebenso *Di Fabio*, in: *Maunz/Dürig* (Fn. 233), Art. 2 I Rn. 123.

C. Kommunalrechtliche Rahmenbedingungen*

Übersicht

Literatur: *Badura,* Wirtschaftliche Betätigung der Gemeinde zur Erledigung von Angelegenheiten der örtlichen Gemeinschaft im Rahmen der Gesetze, DÖV 1998, 818 ff.; *Basedow,* Altmodisch und ideologisch aufgeladen, Handelsblatt.com, 17.10.2000; *Becker,* Grenzenlose Kommunalwirtschaft, DÖV 2000, 1032 ff.; *Britz,* Funktion und Funktionsweise öffentlicher Unternehmen im Wandel: Zu den jüngsten Entwicklungen im Recht der kommunalen Wirtschaftsunternehmen, NVwZ 2001, 380 ff.; *Bulla,* Kommunale Wohnungsvermittlung – unzulässige wirtschaftliche Betätigung der Gemeinden?, DVBl. 1975, 643 ff.; *Burgi,* Neuer Ordnungsrahmen für die energiewirtschaftliche Betätigung der Kommunen, in: Bochumer Beiträge zum Berg- und Energierecht, Band 55, 2010; *Cronauge,* Welchen rechtlichen Rahmen braucht die kommunale Wirtschaft von morgen?, Der Gemeindehaushalt 1998, 131 ff.; *ders.,* Benötigen die Kommunen ein neues Wirtschaftsrecht?, Der Gemeindehaushalt 1997, 265 ff.; *ders./Westermann,* Kommunale Unternehmen, 5. Aufl., 2006; *Ehlers,*

* Bearbeitet bis zur 2. Auflage von Wolfgang Neutz, fortgeführt ab der 3. Auflage von Andreas Gaß.

Rechtsprobleme der Kommunalwirtschaft, DVBl. 1998, 497 ff.; *Forsthoff,* Lehrbuch des Verwaltungsrechts, Erster Band: Allgemeiner Teil, 10. Aufl., 1973; *Gabler/Höhlein/Klöckner/Lukas/Oster/Rheindorf/Schaaf/Stubenrauch/Tutschapsky,* Kommunalverfassungsrecht Rheinland-Pfalz, Kommentar, Loseblatt, zit.: *Gabler/Höhlein* u. a.; *Gaß,* Zulässigkeitsvoraussetzungen und Kooperationsmodelle für den Betrieb von Anlagen erneuerbarer Energien auf gemeindlicher Ebene, KommP BY 2012, 2 ff.; *Gern,* Der Rechtsstatus kommunal beherrschter Kapitalgesellschaften, KommJur 2004, 1 ff.; *Guckelberger,* Die wirtschaftliche Betätigung kommunaler Unternehmen außerhalb des Gemeindegebiets, BayVBl. 2006, 293 ff.; *Heilshorn,* Gebietsbezug der Kommunalwirtschaft, 2003; *Heintzen,* Zur Tätigkeit kommunaler (Energieversorgungs-)Unternehmen außerhalb der kommunalen Gebietsgrenzen, NVwZ 2000, 743 ff.; *Hellermann,* Mitgliedstaatliche Daseinsvorsorge im gemeinschaftlichen Binnenmarkt, Der Landkreis 2001, 434 ff.; *ders.,* Statement in der Anhörung zu dem Referentenentwurf für das 4. Landesgesetz zur Änderung kommunalrechtlicher Vorschriften am 16. 9. 1997 im Ministerium des Innern und für Sport des Landes Rheinland-Pfalz; *Hösch,* Öffentlicher Zweck und wirtschaftliche Betätigung von Kommunen, DÖV 2000, 393 ff.; *Hüttl,* Sind die gemeindlichen Versorgungsbetriebe den „wirtschaftlichen Unternehmen" in § 67 DGO zuzuordnen?, DÖV 1958, 198 ff.; *Jarass,* Kommunale Wirtschaftsunternehmen und Verfassungsrecht, DÖV 2002, 489 ff.; *ders.,* Kommunale Wirtschaftsunternehmen im Wettbewerb, 2002; *Knemeyer,* Vom kommunalen Wirtschaftsrecht zum kommunalen Unternehmensrecht, BayVBl. 1999, 1 ff.; Kühling, Verfassungs- und kommunalrechtliche Probleme grenzüberschreitender Wirtschaftsbetätigung der Gemeinden, NJW 2001, 177 ff.; *Kunze/Bronner/Katz,* Gemeindeordnung für Baden-Württemberg, Kommentar, 4. Aufl., Loseblatt; *Leder,* Kohärenz und Wirksamkeit des kommunalen Wirtschaftsrechts im wettbewerbsrechtlichen Umfeld – Probleme und Lösungen unter Einschluss der Rechtsfigur „Wettbewerbsunternehmen", DÖV 2008, 173 ff.; *Löwer,* Der Staat als Wirtschaftssubjekt und Auftraggeber, DVBl. 2000, 175; *Moraing,* Kommunale Wirtschaft zwischen Wettbewerb und Gemeindewirtschaftsrecht, Der Gemeindehaushalt 1998, 223 ff.; *Münch,* Grundsätze und Grenzen der Geschäftspolitik, HKWP, 2. Aufl. 1984, Band 5, S. 71 ff.; *Neutz,* Gemeindewirtschaftsrecht – Verschärfte Subsidiaritätsklausel und Berichtspflicht sind mit der Verfassung von Rheinland-Pfalz vereinbar, ZG 2000, 279 ff.; *Oebbecke,* Die kommunale Beteiligung nach der Reform des nordrhein-westfälischen Kommunalrechts, Städte- und Gemeinderat 1995, S. 387 ff.; *Otting,* Neues Steuerungsmodell und rechtliche Betätigungsspielräume der Kommunen, 1997; *ders.,* Öffentlicher Zweck, Finanzhoheit und fairer Wettbewerb – Spielräume kommunaler Erwerbswirtschaft, DVBl. 1997, 1258 ff.; *Peters* (Hrsg.), Handbuch der kommunalen Wissenschaft und Praxis, Dritter Band, Kommunale Finanzen und kommunale Wirtschaft, 1959; *Püttner,* Zur Reform des Kommunal-Wirtschaftsrechts in Rheinland-Pfalz, Rechtsgutachten 1997; *ders.* (Hrsg.), Handbuch der kommunalen Wissenschaft und Praxis, Band 5, Kommunale Wirtschaft, 2. Aufl., 1984; *ders.,* Das Recht der kommunalen Energieversorgung, 1967; *ders.,* Daseinsvorsorge und Wettbewerb von Stadtwerken, DVBl. 2010, 1189 ff.; *Quecke/Schmid/Menke/Rehak/Wahl/Vinke/Blazek/Schaffarzik,* Gemeindeordnung für den Freistaat Sachsen, Kommentar, Loseblatt; *Rehn/Cronauge/von Lennep,* Gemeindeordnung für das Land Nordrhein-Westfalen, Kommentar, 2. Aufl., Loseblatt, zit.: *Rehn/Cronauge*; *Ruffert,* Grundlagen und Maßstäbe einer wirkungsvollen Aufsicht über die kommunale wirtschaftliche Betätigung, VerwArch 2001, 27 ff.; *ders.,* Kommunalwirtschaft und Landes-Wirtschaftsverfassung, NVwZ 2000, 763 ff.; *Schink,* Wirtschaftliche Betätigung kommunaler Unternehmen, NVwZ 2002, 129 ff.; *ders./Kuhn/Rühl,* Leistungen der öffentlichen Daseinsvorsorge aus kommunaler Sicht, Der Landkreis 2001, 438 ff.; *Schmidt-Jortzig* Die Zulässigkeit kommunaler wirtschaftlicher Unternehmen im Einzelnen, HKWP, 2. Aufl. 1984, Band 5, S. 50 ff.; *Schoch/Wieland,* Verfassungsrechtliche Vorgaben für eine aufgabenangemessene kommunale Finanzausstattung, Vorlage 044 EK 14/01 für die Sitzung der Enquete-Kommission „Kommunen" des Landtags Rheinland-Pfalz am 11. 7. 2003; *Scholz,* Neue Entwicklungen im Gemeindewirtschaftsrecht – Strukturfragen und Verfassungskritik, DÖV 1976, 441 ff.; *Schulz/Wachsmuth/Zwick/Bauer/Mühlbauer/Oehler/Stanglmayr/Winkler,* Kommunalverfassungsrecht Bayern, Bayerische Gemeindeordnung, Kommentar, Loseblatt, zit.: *Schulz/Wachsmuth/Zwick*; *Schuster/Diehl/Steenbock,* Kommunales Verfassungsrecht Rheinland-Pfalz, Kommentar, Loseblatt, 1991; *Stehlin,* Wirkt die Subsidiaritätsklausel des § 102 I Nr. 3 BadWürttGO drittschützend?, NVwZ 2001, 645 ff.; *Siedentopf,* Grenzen und Bindungen der Kommunalwirtschaft, 1963; *Stern/ Püttner,* Die Gemeindewirtschaft, Recht und Realität 1965; *ders.,* Der rechtliche Standort der Gemeindewirtschaft, Archiv für Kommunalwissenschaften, 1964, S. 81 ff.; *Terhalle,* Die Finanzwirtschaft des Staates und der Gemeinden, 1948; *Wieland,* Kommunalwirtschaftliche Betätigung außerhalb des Gemeindegebiets, Stadt und Gemeinde 1998, S. 4 ff.; *ders./Hellermann,* Der Schutz des Selbstverwaltungsrechts der Kommunen gegenüber Einschränkungen ihrer wirtschaftlichen Betätigung im nationalen und europäischen Recht, Beiträge zur kommunalen Versorgungswirtschaft, Heft 85, 1995; *Wissenschaftliche Dienste des Deutschen Bundestages – WD –,* Zulässigkeit und Grenzen wirtschaftlicher Betätigung der Kommunen, 6. 11. 1996, Reg.Nr.WE III–188/96; *Wohltmann,* Neue europäische Weichenstellungen zu den rechtlichen Rahmenbedingungen der kommunalen Daseinsvorsorge, Der Landkreis 2003, 746ff.; *Wolff,* Verfassungs- und europarechtliche Fragen der wirtschaftlichen Betätigung deutscher Kommunen im Ausland, DÖV 2011, 721ff.; *Wurzel,* Die Bestandsschutzregelung im GO-Reformgesetz NRW, Der Landkreis 2007, 576ff.; *Zeiß,* Die Versorgungs- und Verkehrsbetriebe als wirtschaftliche Unternehmen der Gemeinden nach den Deutschen Gemeindeordnungen, DÖV 1958, 201ff.; *ders.,* Kommunales Wirtschaftsrecht und Wirtschaftspolitik, HKWP, Band 3, 1959, S. 611ff.

I. Wirtschaftliche Betätigung und nichtwirtschaftlicher Bereich

1. Einführung

Das zum Kommunalverfassungsrecht zählende und damit der Gesetzgebungskompetenz der Länder unterliegende Gemeindewirtschaftsrecht ist seit den neunziger Jahren vielfach Gegenstand der gesetzgeberischen Tätigkeit der Landesparlamente. Dabei erfolgten teils gravierende **Änderungen des Gemeindewirtschaftsrechts** (Rheinland-Pfalz), verschiedentlich in relativ kurzer Folge auch wiederholt (Nordrhein-Westfalen). 1

Geprägt wurden und werden diese Maßnahmen durch zwei gegenläufige Zielrichtungen, die auch ordnungspolitisch unterschiedlich zu verorten sind:

In einem Teil der Länder (bspw. Rheinland-Pfalz, Saarland, Hessen, Niedersachsen) gingen die gesetzgeberischen Bestrebungen zunächst dahin, die wirtschaftliche Betätigung der Kommunen durch restriktive kommunalrechtliche Regelungen einzuschränken und zu begrenzen zugunsten privater Anbieter.

In anderen Ländern hingegen erfolgten Änderungen der Gemeindeordnungen mit der Absicht, den kommunalen Unternehmen auch vor dem Hintergrund sich rasant verändernder, weil liberalisierter, Märkte (Beispiel: Strom) und einem gewandelten Verständnis vom Inhalt des Begriffs der Daseinsvorsorge (Beispiele: Kreislaufwirtschaft, Breitbandversorgung) auch künftig Möglichkeiten und Chancen zur von kommunaler Selbstverwaltung getragenen Leistungserbringung in Form wirtschaftlicher Tätigkeit zu erhalten. Zum Teil wurden die Möglichkeiten einer wirtschaftlichen Betätigung in Privatrechtsform erweitert, gleichzeitig aber Vorschriften zur Steuerung und Überwachung der verselbständigten Unternehmen eingeführt.

Teilweise waren diese gesetzgeberischen Maßnahmen aber nicht von dauerhaftem Bestand. Vielfach ist in relativ kurzen Abständen ein – parteipolitisch bedingter – Paradigmenwechsel zu beobachten. So hat Nordrhein-Westfalen sein seit 1999 geltendes kommunalfreundliches Kommunalwirtschaftsrecht 2007 zu einer der restriktivsten Regelungen verändert, bevor mit dem „Gesetz zur Revitalisierung des Gemeindewirtschaftsrechts" vom 21.12.2010[1] die Zulässigkeitsvoraussetzungen für die kommunalwirtschaftliche Betätigung wieder deutlich gelockert wurde. Nordrhein-Westfalen nimmt dabei insoweit eine Vorreiterrolle ein, als es erstmals eine Sonderregelung für die wirtschaftliche Betätigung der Gemeinen in einem liberalisierten Bereich – der Energiewirtschaft – geschaffen und dort die rechtlichen Beschränkungen weitgehend zurückgenommen hat. Inhaltlich orientierte man sich u.a. an der bereits seit geraumer Zeit bestehenden Rechtslage in Sachsen-Anhalt.[2] Rheinland-Pfalz hat bereits 2009 sein restriktives Recht aus dem Jahr 1998 für zentrale Bereiche kommunaler wirtschaftlicher Betätigung liberalisiert und 2013[3] weitere Erleichterungen in den Bereichen der kommunalen Energieversorgung und der Breitbandversorgung in die Gemeindeordnung aufgenommen. Eine

---

[1] GVBl. S. 688.
[2] Vgl. § 128 Abs. 2 KVG LSA; *Burgi,* Neuer Ordnungsrahmen für die energiewirtschaftliche Betätigung der Kommunen, S. 42f., 50f.
[3] Gesetz zur Änderung der Gemeindeordnung vom 20.12.2013, GVBl. S. 538.

kommunalfreundliche gesetzgeberische Tätigkeit ist jüngst auch in den Ländern Brandenburg[4] und Sachsen-Anhalt[5] zu verzeichnen gewesen und in Niedersachsen angekündigt, während Hessen[6] und Sachsen[7] eher eine restriktive Haltung eingenommen haben.

2 Entscheidende Bedeutung im Hinblick auf die Klärung der **Zulässigkeit einschränkender landesgesetzgeberischer Maßnahmen** zu Lasten der Kommunen kommt der vorletzten Änderung des Gemeindewirtschaftsrechts von Rheinland-Pfalz durch das 4. Landesgesetz zur Änderung kommunalrechtlicher Vorschriften vom 2.4.1998 (GVBl. S. 108) zu. Durch dieses Gesetz waren die Anforderungen an die Wirtschaftstätigkeit der Gemeinden deutlich verschärft worden. Ausweislich der Begründung des Gesetzentwurfs wollte der Gesetzgeber damit eine ungehemmte wirtschaftliche Betätigung der Gemeinden und Gemeindeverbände verhindern und sie stärker auf ihre eigentlichen öffentlichen Aufgaben festlegen.

3 Kern der damals getroffenen gesetzlichen Bestimmungen war die Normierung einer so genannten „echten" Subsidiaritätsklausel, wonach die Gemeinden generell wirtschaftliche Unternehmen nur dann errichten, übernehmen oder wesentlich erweitern durften, wenn der öffentliche Zweck nicht ebenso gut und wirtschaftlich durch einen privaten Dritten erfüllt wurde oder erfüllt werden konnte. Nach dem bis 1998 bestehenden Rechtszustand durften die Kommunen in Rheinland-Pfalz ein Unternehmen bereits dann errichten, übernehmen oder wesentlich erweitern, wenn „der Zweck nicht besser und wirtschaftlicher" durch einen anderen erfüllt wurde oder erfüllt werden konnte (einfache oder „unechte" Subsidiaritätsklausel bzw. „Funktionssperre").

4 Mit der Neuregelung wurde den Kommunen auch erstmalig die Pflicht auferlegt, über ihre wirtschaftliche Betätigung durch die Erstellung von Beteiligungsberichten periodisch zu berichten und hierüber auch die Öffentlichkeit in geeigneter Form zu unterrichten. Dies soll zu größerer Transparenz der Gemeindewirtschaft beitragen und nach der Begründung des Gesetzentwurfs dazu dienen, die Gemeinde periodisch zur Überprüfung etwaiger Privatisierungspotentiale anzuhalten. Darzulegen ist im Beteiligungsbericht auch das Vorliegen der Voraussetzungen der echten Subsidiaritätsklausel für das Unternehmen.

5 Bereits im Gesetzgebungsverfahren hatten die kommunalen Spitzenverbände des Landes wiederholt den neuen Bestimmungen nachhaltig widersprochen, weil sie deutliche Einschränkungen der wirtschaftlichen Betätigung der Kommunen – insbesondere mit negativen Auswirkungen auf Verbundunternehmen, vor allem den ÖPNV – sowie drastische Wettbewerbsverzerrungen zu Lasten kommunaler Unternehmen erwarteten. Nach Inkrafttreten des neuen Gemeindewirtschaftsrechts am 15. 4. 1998 ließ eine große kreisangehörige Stadt stellvertretend für andere Kommunen in Rheinland-Pfalz mit Unterstützung des Städtetages Rheinland-Pfalz die wesentlichen Rechtsänderungen mittels eines Normenkontrollantrags beim RhPfVerfGH verfassungsgerichtlich überprüfen.

6 Das **Urteil des RhPfVerfGH vom 28.3.2000**[8] ist wegweisend für die Beurteilung der Zulässigkeit der genannten restriktiven Ausgestaltung des Gemeindewirtschaftsrechts eines Landes und soweit ersichtlich die bislang in jüngerer Zeit einzige in einem Normenkontrollverfahren ergangene Entscheidung eines Verfassungsgerichts zu einer derartigen Novelle einer Gemeindeordnung.[9]

---

4 Gesetz zur Stärkung der kommunalen Daseinsvorsorge vom 9.1.2012, GVBl. I S. 1.

5 Viertes Gesetz zur Änderung der Gemeindeordnung vom 30.11.2011, GVBl. S. 814.

6 Gesetz zur Änderung der Hessischen Gemeindeordnung und anderer Gesetze vom 16.12.2011, GVBl. S. 786. Diese Haltung wurde mit Gesetz zur Änderung der Hessischen Gemeindeordnung vom 18.7.2014 (GVBl. S. 178) teilweise revidiert, indem Erleichterungen bezüglich der energiewirtschaftlichen Betätigung der Kommunen und im Bereich der Breitbandversorgung geschaffen wurden.

7 Gesetz zur Fortentwicklung des Kommunalrechts vom 28.11.2013, GVBl. S. 822.

8 RhPfVerfGH, NVwZ 2000, 801ff.

9 Zur Signalwirkung der Entscheidung auch für andere Bundesländer vgl. *Ruffert*, NVwZ 2000, 763 (765).

Der in Bezug auf die Subsidiaritätsklausel und das Örtlichkeitsprinzip durch das Landesgesetz vom 7. April 2009 (GVBl. S. 162f.) wieder geänderten Rechtslage der Jahre 1998 bis 2009 in Rheinland-Pfalz und dem zu dieser ergangenen Urteil des RhPfVerfGH kommt im Hinblick auf die Bewertung der Rechtslage und der gesetzgeberischen Aktivitäten in den anderen Bundesländern unveränderte Bedeutung zu.

Das hessische Gemeindewirtschaftsrecht orientiert sich sehr eng an der (damaligen) 7 rheinland-pfälzischen Regelung. Die Ausführungen des RhPfVerfGH zur öffentlichen Zweckbindung sind von generellem Interesse, Länder wie Baden-Württemberg, Bayern, Hessen, Niedersachsen und Thüringen verfügen ebenfalls über eine echte Subsidiaritätsklausel, wie sie der zitierten Entscheidung zugrunde lag.

Die nachfolgenden Ausführungen erfolgen daher in weitem Umfang auf der Grund- 8 lage der einschlägigen Kriterien des rheinland-pfälzischen Gemeindewirtschaftsrechts und der hierzu ergangenen Entscheidung des Verfassungsgerichtshofs Rheinland-Pfalz.

2. Verfassungsrechtliche Bezüge

Der Schutzbereich der Selbstverwaltungsgarantie des Art. 28 Abs. 2 S. 1 GG sowie der 9 entsprechenden Regelungen der Landesverfassungen[10] erfasst auch die wirtschaftliche Betätigung der Kommunen. Art. 28 Abs. 2 S. 1 GG gewährleistet das Recht der Kommunen, alle Angelegenheiten der örtlichen Gemeinschaft im Rahmen der Gesetze in Eigenverantwortung zu regeln. Diese **Garantie der kommunalen Selbstverwaltung** umfasst auch die wirtschaftliche Betätigung der Gemeinden. Die wirtschaftliche Betätigung ist ein wesentliches Element des den Gemeinden verfassungsrechtlich garantierten Aufgabenkreises. Im Rahmen ihres universellen Aufgabenzugriffsrechts obliegt der Kommune die Befugnis sowohl über die Wahrnehmung einer Aufgabe als solcher als auch über die Form der Organisation der Aufgabenerfüllung zu entscheiden.

Der Garantiegehalt des Art. 28 Abs. 2 GG kann dabei zweigeteilt gesehen werden. Zum 10 einen bezieht er sich auf den Aufgabenbestand, zum anderen auf die Art und Weise der Aufgabenerfüllung. Die wirtschaftliche Betätigung als solche (d. h. losgelöst vom konkreten Aufgabenbezug) mag nicht Bestandteil des Aufgabenbestandes der Städte und Gemeinden sein, weil ihr als Aktivität nicht die Merkmale einer Aufgabe im eigentlichen Sinn zukommen, sondern als Art und Weise der Aufgabenerfüllung bezeichnet werden.[11] Letztlich muss für eine Bewertung allerdings immer der Gesamtsachverhalt betrachtet werden: Nichts anderes hat der RhPfVerfGH getan, als er auf die Daseinsvorsorge abgehoben hat, und damit eben nicht nur auf die Art und Weise der Aufgabenerfüllung, sondern auch auf die erfüllte Aufgabe.

Die Bestimmungen des Grundgesetzes sind wirtschaftspolitisch neutral, sie enthalten 11 keine Festlegung auf ein bestimmtes Wirtschaftssystem. Insbesondere ist dem Grundgesetz **kein Vorrang des wirtschaftlichen Handelns Privater** zu entnehmen.[12] Das Grundgesetz ist mithin offen für eine wirtschaftliche Betätigung der öffentlichen Hand.[13]

Dem Grundgesetz ist die grundsätzliche Zulässigkeit einer erwerbswirtschaftlichen 12 Tätigkeit des Staates zu entnehmen; verwiesen werden kann insoweit auf die Vorschriften des Steuerverfassungsrechts – Art. 105 Abs. 1 GG – und die Unterscheidung zwischen Verwaltungsvermögen und sonstigem Vermögen, das üblicherweise als Finanzvermögen bezeichnet wird – Art. 134 Abs. 2 GG und Art. 135 Abs. 2 GG.[14]

---

[10] Vgl. nur Art. 49 Abs. 1 u. 3 LVerf RhPf.; Art. 11 Abs. 2, 83 Abs. 1 BayVerf.

[11] *Ruffert*, VerwArch 2001, 27 (32).

[12] BVerfGE 50, 290 ff.; BVerwGE 29, 329 ff.; *Britz*, NVwZ 2001, 380 ff. (381 m. w. N.).

[13] Vgl. Wissenschaftliche Dienste des Deutschen Bundestages – WD – „Zulässigkeit und Grenzen wirtschaftlicher Betätigung der Kommunen" v. 6.11.1996, Reg.Nr. WE III – 188/96 m. w. N.

[14] *Jarass*, DÖV 2002, 489 ff. (490, 491).

Das Grundgesetz hält damit eine erwerbswirtschaftliche Tätigkeit des Staates für möglich, es trifft keine prinzipielle Entscheidung gegen eine erwerbswirtschaftliche Betätigung der öffentlichen Hand. Eine Festlegung dieses Inhalts würde sehr gewichtige Anhaltspunkte in der Verfassung erfordern, an denen es aber fehlt. Das GG enthält wie auch hinsichtlich des Wirtschaftsverfassungsrechts insoweit gleichfalls keine Systementscheidung.[15]

13 Auch der Rechtsprechung des BVerfG ist kein verfassungsrechtliches Verbot der auf Ausgabenfinanzierung gerichteten Gewinnerzielungsabsicht der Kommunen zu entnehmen.[16] Besondere Bedeutung kommt auch in diesem Zusammenhang der Entscheidung des RhPfVerfGH vom 28.3.2000 zu, in welcher die 1998 erfolgte Einführung der stringenten Subsidiaritätsklausel in die GemO RhPf als mit der Landesverfassung vereinbar bewertet wurde. Auch der RhPfVerfGH kommt in dieser Entscheidung zu der Feststellung, dass die Kommunen keinesfalls nur kraft ausdrücklicher kompetenzrechtlicher Ermächtigung befugt sind, zu wirtschaften, also sich wirtschaftlich zu betätigen; es gibt keinen Vorbehalt des Gesetzes für die Freigabe des Weges zur wirtschaftlichen Betätigung. Soweit es sich um diejenigen Bedürfnisse und Interessen handelt, die in der örtlichen Gemeinschaft wurzeln, weil sie das Zusammenleben in der Gemeinde und so die Gemeindeeinwohner in ihrer Gesamtheit betreffen, dürfen die Gemeinden sich dieser **ohne besonderen Kompetenztitel** annehmen. Dies macht ihr universelles Aufgabenzugriffsrecht aus.[17]

14 Nach ständiger Rspr. des BVerfG und des BVerwG zählen z. B. die Durchführung der Wasser- und der Energieversorgung zu den typischen die **Daseinsvorsorge** betreffenden Aufgaben kommunaler Körperschaften und damit zu den durch Art. 28 Abs. 2 S. 1 GG gewährleisteten Selbstverwaltungsangelegenheiten örtlich relevanten Charakters.[18]

15 Angeknüpft wird damit an den von *Forsthoff* vorgeschlagenen Leitbegriff der „Daseinsvorsorge" als Zusammenfassung für alle Funktionen der leistenden Verwaltung. Dem Begriff sollen alle Leistungen der Verwaltung an die Bevölkerung zugerechnet werden, gleich, ob diese lebensnotwendig sind oder nicht.[19] Die Vorsorge der öffentlichen Verwaltung braucht sich danach nicht auf die elementaren Bedürfnisse der Menschen zu beschränken. „Alles, was von Seiten der Verwaltung geschieht, um die Allgemeinheit oder nach objektiven Merkmalen bestimmte Personenkreise in den Genuss nützlicher Leistungen zu versehen", ist Daseinsvorsorge.[20] Dieser Bereich ist seit jeher ein Schwergewicht kommunaler Betätigung. Schon unter Geltung der preußischen Städteordnung von 1808 hat das preußische OVG mit der Allzuständigkeit der Gemeinden vor allem die Vorstellung verbunden, dass eine Gemeinde all das in ihre Wirksamkeit einbeziehen durfte, was die Wohlfahrt des Ganzen, die materiellen Interessen und die geistige Entwicklung des Einzelnen fördert, ohne hierfür eines speziellen Kompetenztitels zu bedürfen.[21]

16 Die gemeindliche Daseinsvorsorge und die Wirtschaftstätigkeit kommunaler Unternehmen insgesamt gehören mithin zum Kreis der kommunalen Selbstverwaltungsaufgaben. Die Gemeindewirtschaft prägt seit jeher das Wesen der kommunalen Selbstverwaltung und ist typenbestimmend.[22] Durch die **Gewährleistung der Selbstverwaltungsgaran-**

---

15 *Jarass*, DÖV 2001, 489ff. (491).

16 *Britz*, NVwZ 2001, 380ff., 382, die zu Recht darauf verweist, dass die oft zitierte „Sasbach-Entscheidung" (BVerfGE 61, 82) die Nichtgestattung allein der Gewinnerzielung dienender wirtschaftlicher Tätigkeit nur nach der kommunalrechtlichen (einfachgesetzlichen) Rechtslage feststellt.

17 RhPfVerfGH, NVwZ 2000, 801ff. (801).

18 BVerfG NJW 1990, 1783; BVerfGE 79, 127; BVerwGE 98, 273ff. (275); krit. *Ruffert*, NVwZ 2000, 763.

19 *Forsthoff*, Lehrbuch des Verwaltungsrechts, Bd. 1, S. 370.

20 *Forsthoff*, S. 370; kritisch zur unveränderten Geltung und Anwendung des Begriffs: *Basedow*, Altmodisch und ideologisch aufgeladen, Handelsblatt.com, 17. 10. 2000.

21 Vgl. *Cronauge/Westermann*, Kommunale Unternehmen, Rn. 20 m. w. N.

22 *Scholz*, DÖV 1976, 441: *Cronauge/Westermann*, Kommunale Unternehmen, Rn. 253.

tie des Grundgesetzes und den historisch gewachsenen tatsächlichen Aufgabenbestand sind die Kommunen als umfassendes örtliches Dienstleistungsunternehmen ausgestaltet. Durch die seitens kommunaler Unternehmen und Einrichtungen zur Verfügung gestellten Leistungen werden die örtliche Lebensqualität und die wesentlichen Standortbedingungen für die zentralen Funktionen Leben, Arbeiten, Wohnen und Verkehr geschaffen.[23]

Allerdings gewährt Art. 28 Abs. 2 S. 1 GG das Selbstverwaltungsrecht und den gemeindlichen Aufgabenbestand nur im Rahmen der Gesetze, stellt ihn also unter einen **Gesetzesvorbehalt**. Dieser aber eröffnet trotz des dem Gesetzgeber zugestandenen erheblichen Ausgestaltungsspielraums keine unbeschränkte, d. h. schrankenlose Eingriffsbefugnis, sondern unterliegt seinerseits der **Begrenzung** durch den Schutz des Kernbereichs der kommunalen Selbstverwaltung und den Grundsatz der Verhältnismäßigkeit. 17

Ob die wirtschaftliche Betätigung zum Wesensgehalt und damit zum Kernbereich der kommunalen Selbstverwaltung gehört, ist streitig.[24] Das BVerfG sieht den Wesensgehalt der gemeindlichen Selbstverwaltung nicht durch einen gegenständlich bestimmten oder nach feststehenden Merkmalen bestimmbaren Aufgabenkatalog determiniert.[25] Der RhPfVerfGH jedenfalls hat in der Einführung der stringenten Subsidiaritätsklausel in Rheinland-Pfalz keinen Eingriff in den **Kernbereich der Selbstverwaltungsgarantie** gesehen, weil durch diese Norm keine Aufhebung des Rechtsprinzips der Universalität des gemeindlichen Wirkungskreises stattfinde und von ihr auch keine verfassungswidrige, das Selbstverwaltungsrecht in wesentlichen Teilen beseitigende oder aushöhlende Wirkung ausgehe.[26] Zwar verstärke die angefochtene Bestimmung den Druck auf die Kommunalwirtschaft, der durch die Neuregelung des Energiewirtschaftsrechts und das Kreislaufwirtschafts- und Abfallgesetz bereits entstanden sei. Die Folgen seien aber nicht so schwerwiegend, dass die Selbstverwaltungsgarantie in ihrem Kernbereich verletzt sei.[27] 18

Auch außerhalb des Kernbereichs ist der Gesetzgeber nicht von verfassungsrechtlichen Bindungen frei. Er hat stets den Grundsatz der Verhältnismäßigkeit und das Willkürverbot zu beachten. **Eingriffe außerhalb des Kernbereichs** der Selbstverwaltungsgarantie sind zulässig, wenn dies durch das Gemeinwohl geboten ist. Allerdings darf der Eingriff auch nur so weit reichen, wie Gemeinwohlgründe überwiegen.[28] Die Verfassungsgerichtsbarkeit beschränkt ihre Kontrolldichte insoweit darauf, ob die Einschätzungen und Entscheidungen des Gesetzgebers offensichtlich fehlerhaft oder eindeutig widerlegbar sind oder der verfassungsrechtlichen Ordnung widersprechen.[29] 19

Von vornherein nicht dem Schutz der Selbstverwaltungsgarantie unterliegen sollen aber von öffentlichen Aufgaben gelöste, **erwerbswirtschaftlich-fiskalische Betätigungen**, bei denen das Gewinnstreben Selbstzweck ist.[30] 20

Auch die mittelbare Zwecksetzung, mit dem Gewinn aus wirtschaftlicher Betätigung gemeindliche Aufgaben zu finanzieren, kann allein gemeindliche Wirtschaftstätigkeit nicht rechtfertigen.[31]

---

23 *Cronauge/Westermann*, Kommunale Unternehmen, Rn. 403.

24 Ablehnend *Wieland/Hellermann*, Der Schutz des Selbstverwaltungsrechts der Kommunen gegenüber Einschränkungen ihrer wirtschaftlichen Betätigung im nationalen und europäischen Recht, Beiträge zur kommunalen Versorgungswirtschaft, Heft 85, S. 33; a. A. *Scholz*, DÖV 1976, 441 ff.; *Cronauge*, Der Gemeindehaushalt 1997, 349 ff.

25 BVerfGE 79, 127 ff.

26 Krit. zum Ansatz des RhPfVerfGH, die Untersuchung wie eine Grundrechtsprüfung aufzubauen, *Ruffert*, NVwZ 2000, 763 (763).

27 RhPfVerfGH, NVwZ 2000, 801 ff. (802).

28 RhPfVerfGH, NVwZ 2000, 801 ff. (804).

29 BVerfGE 50, 50 ff., dort auch nähere Ausführungen zum Prüfungsmaßstab.

30 RhPfVerfGH, NVwZ 2000, 801 unter Bezugnahme auf BVerfGE 61, 82 ff. (107).

31 *Löwer*, DVBl. 2000, 1757; dazu unten Rn. 112 ff.

3. Historische Entwicklung

a) Die Zeit bis 1935

21 Die wirtschaftliche Betätigung von Gemeinwesen lässt sich zurückverfolgen zu ersten Ansätzen mit dem Betrieb allgemeiner Wasserversorgungsanlagen, der Versorgung der Bevölkerung mit Getreide und der Beseitigung der Abwässer in der **Antike**.[32] Über die Teilnahme der Städte am Wirtschaftsleben im **Mittelalter**[33] führt die Entwicklung zum **Merkantilismus** des 16. bis 18. Jahrhunderts. Hauptantrieb der wirtschaftspolitischen Maßnahmen dieser Zeit war der ständig steigende staatliche Geldbedarf, der die Erschließung neuer Finanzquellen notwendig machte.

22 Zu beachten ist, dass im Zeitalter des absolutistischen Merkantilismus das „Finanzsystem" der erwerbswirtschaftlichen Monopolwirtschaft in Form der Großunternehmung in Hand der öffentlichen Wirtschaft als besonders geeignete Finanzierungsquelle des Staates betrachtet wurde. Steuern hingegen wurden zu dieser Zeit noch keineswegs als normale Finanzierungsquelle angesehen, die Theorie der Staatsfinanzwirtschaft erkannte Steuern erst ab Mitte des 18. Jahrhunderts als solche an.[34]

Auch die gemeindliche Tätigkeit weitete sich auf Gebiete aus, die auch von Privaten wahrgenommen wurden. Beispiele sind von der öffentlichen Hand betriebene Tuchfabriken, Spinnereien, Eisenwerke, Porzellanmanufakturen, Reedereien und Banken. Grund für derartige Betätigungen war aber nicht nur die Absicht, durch die erwirtschafteten Gewinne höhere Einnahmen zu erzielen, sondern auch zur Förderung des Außenhandels Gewerbe, Handel und Verkehr durch die Bereitstellung von Musterbetrieben und wirtschaftlichen Vorbildern zu unterstützen.[35]

Nur kurze Zeit später zogen sich Staat und Gemeinden aus weiten Gebieten der zuvor gewonnenen wirtschaftlichen Tätigkeit aufgrund des dem **Liberalismus** immanenten „wirtschaftlichen Automatismus" wieder zurück.[36]

23 Der Ausgangspunkt für die geschichtliche Herleitung der heutigen wirtschaftlichen Betätigung der Gemeinden wird maßgeblich in der Zeit der **Industrialisierung** in der ersten Hälfte des 19. Jahrhunderts gesehen.[37] Seit Mitte des 19. Jahrhunderts wollten die Gemeinden im Bereich der Daseinsvorsorge zunehmend eine **geregelte Versorgung der Bevölkerung** sicherstellen und übernahmen Aufgaben der Wasser-, Gas- und Elektrizitätsversorgung.[38] Maßgebend neben dem Erwerbszweck waren vorwiegend Gründe der Sozialgestaltung und Wirtschaftspolitik.[39] Ende des 19. Jahrhunderts setzte sich diese Bewegung beispielsweise durch den Betrieb elektrischer Straßenbahnen fort.

Eine beträchtliche Ausweitung der kommunalen Wirtschaftstätigkeit erfolgte nach dem **Ersten Weltkrieg**.[40] Gemeinden gründeten aufgrund der wirtschaftlichen Not insbesondere Unternehmen zur **Grundversorgung** der Bevölkerung mit Waren (kommunale Bäckereien) und Dienstleistungen (z. B. Friseure).

24 Ab 1920 ist eine verstärkte **fiskalische Inanspruchnahme** der Gemeindebetriebe festzustellen. Der Bezug der Gemeinden aus ihrem Erwerbsvermögen betrug im Jahr 1913 die Summe von 278 Mio. M, 1925 von 412 Mio. RM, 1930 von 752 Mio. RM, um 1932 auf 609 Mio. RM zurückzugehen und 1935 auf 341 Mio. RM zu fallen.[41] Unter anderem ist diese Entwicklung zurückzuführen auf die Finanznot der Gemeinden aufgrund des

---

[32] *Zeiß*, Kommunales Wirtschaftsrecht und Wirtschaftspolitik, Handbuch der kommunalen Wissenschaft und Praxis, Band 3, 1959, S. 39.
[33] *Stern*, Archiv für Kommunalwissenschaft (AfK) 1964, 81 ff.
[34] Vgl. *Terhalle*, Die Finanzwirtschaft des Staates und der Gemeinden, 1948, S. 94 f.
[35] *Siedentopf*, Grenzen und Bindungen der Kommunalwirtschaft, 1963, S. 17.
[36] *Siedentopf*, S. 17.
[37] Vgl. *Stern/Püttner*, S. 13.
[38] *Püttner*, Das Recht der kommunalen Energieversorgung, 1967, S. 13 f.
[39] *Siedentopf*, S. 17.
[40] *Stern*, AfK 1964, 81 ff.
[41] *Terhalle*, S. 99.

Wegfalls des gemeindlichen Zuschlagsrechts auf die Einkommensteuer durch die Erzbergersche Finanzreform von 1920.[42]

Aufgrund der wirtschaftspolitischen Denkweise ab der zweiten Hälfte des 19. Jahrhunderts war eine **Beteiligung der öffentlichen Hand an der Erwerbswirtschaft** in Form vieler und großer öffentlicher Betriebe in Deutschland selbstverständlich geworden. Bei einem Teil des gebietskörperschaftlichen Erwerbsvermögens handelte es sich um altüberkommenen Besitz, vor allem land- und forstwirtschaftlich genutztes Grundvermögen. Von größerer Bedeutung aber war das weit jüngere staatliche Erwerbsvermögen auf dem Gebiet der Wasser- und Energiewirtschaft, beim Staat (Reich) auch der Eisenbahn und der Post. 25

Das fiskalwirtschaftliche Interesse trat als einzige oder überwiegende Begründung der Existenz oder des Weiterbestehens von öffentlichen Betrieben oder Grundvermögen zurück. Öffentliche Betriebe fanden sich insbesondere dort, wo die Gebietskörperschaften Großabnehmer für bestimmte Güter und Leistungen waren oder wo sie für die Sicherheit, die Güte oder die Geheimhaltung von Produktion und Lieferung aus politischen Gründen als erforderlich angesehen wurden oder auch wo der Besitz eigener Kreditinstitute erwünscht erschien.[43] Hinzu kam der gebietskörperschaftliche Besitz, der gar nicht erstrebt, sondern mehr oder weniger erzwungen war. So war eine staatsseitige Übernahme von großen, Not leidenden Unternehmen zur Zeit der **Weltwirtschaftskrise** häufig. Bereits ab 1932 gab es deutliche Bestrebungen, sich von vielen dieser zwangsweise übernommenen Aufgaben zu trennen und eine Reprivatisierung durchzuführen.[44] 26

b) Die Regelungen der Deutschen Gemeindeordnung (DGO) von 1935

Das Vorkommen und die Erwünschtheit öffentlicher Betriebe fielen damit in den dreißiger Jahren vielfach auseinander, auch waren die einschlägigen politischen Zielsetzungen bei den unterschiedlichen Gebietskörperschaften verschieden. 27

Aufgrund dessen wurde die Notwendigkeit gesehen, von Staats wegen die Zulässigkeit öffentlicher Betriebe grundsätzlich zu klären und festzulegen.

Für das Gebiet der gemeindlichen Wirtschaft geschah dies durch die Deutsche Gemeindeordnung (DGO) vom 30. 1. 1935 (RGBl. I S. 49). In den §§ 67 ff. DGO wurden allgemeine **Grenzen der Zulässigkeit kommunaler wirtschaftlicher Betätigung** geregelt.

§ 67 Abs. 1 DGO normierte die Voraussetzungen, dass die Gemeinde wirtschaftliche Unternehmen nur errichten oder wesentlich erweitern darf, wenn 28

1. der öffentliche Zweck das Unternehmen rechtfertigt,
2. das Unternehmen nach Art und Umfang in einem angemessenen Verhältnis zu der Leistungsfähigkeit der Gemeinde sowie zum voraussichtlichen Bedarf steht,
3. der Zweck nicht besser und wirtschaftlicher durch einen anderen erfüllt wird oder erfüllt werden kann.

Eine Festlegung im Einzelnen, welche Betriebe der wirtschaftlichen Betätigung der Gemeinden zuzurechnen waren, traf die DGO nicht. 29

In § 67 Abs. 2 DGO wurde aber bestimmt, dass **wirtschaftliche Unternehmen** im Sinne dieses Abschnitts der DGO **nicht sind** 30

1. Unternehmen, zu denen die Gemeinde gesetzlich verpflichtet ist,
2. Einrichtungen des Unterrichts-, Erziehungs- und Bildungswesens, der körperlichen Ertüchtigung, der Kranken-, Gesundheits- und Wohlfahrtspflege.

Diese Einrichtungen wurden damit hinsichtlich ihrer Errichtung und Erweiterung von jeglichen gemeinderechtlichen Einschränkungen freigestellt. Bezüglich ihres Betrie- 31

[42] *Stern*, AfK 1964, 81 ff. (85).
[43] Vgl. zum Ganzen *Terhalle*, S. 101 f.
[44] Vgl. *Terhalle*, S. 102, 103.

bes bestimmte § 67 Abs. 2 S. 2 DGO jedoch: „Auch diese Unternehmen und Einrichtungen sind nach wirtschaftlichen Gesichtspunkten zu verwalten."

32 Durch die DGO erfolgte somit die reichsweite Normierung der Unterscheidung von „wirtschaftlichen Unternehmen" und „nichtwirtschaftlichen Unternehmen" bzw. „im öffentlichen Interesse unterhaltenen Veranstaltungen", die sich zuvor bereits in §§ 3 u. 4 des preußischen Kommunalabgabengesetzes von 1893 und Art. 126 der Württembergischen Gemeindeordnung von 1906 gefunden hatte.[45]

33 Die Motive des Reichsgesetzgebers für die gesetzliche Regelung der Gemeindewirtschaft erschließen sich aus der Begründung zu § 67 DGO, in der es u. a. heißt, dass es der Gemeinde „nie" erlaubt sein solle, zu „wirtschaften", wenn ihr einziges Ziel dabei die **Gewinnerzielung** sei. Es solle sich bei öffentlichen Betrieben immer um Betätigungen handeln, die nach der ganzen Entwicklung und nach der herrschenden Anschauung eine im öffentlichen Interesse gebotene Versorgung breitester Volkskreise bezweckten oder die von so erheblicher funktioneller Bedeutung für den Staat oder die ganze Volkswirtschaft seien, dass sie Privaten nicht mehr überlassen werden könne.[46]

34 Die entschiedene Zurückweisung von Gründungen, deren Zweck „nur" Gewinnerzielung war, bedeutete aber keineswegs, dass die betrieblichen Leistungen zur Versorgung der Bevölkerung nicht einen Gewinn abwerfen sollten. § 72 DGO verlangte ganz im Gegenteil einen Ertrag für den Haushalt der Gemeinde, und zwar außer der Deckung aller Betriebsaufwendungen und außer der Bildung von Rücklagen, auch außer Tilgungsbeiträgen für die zu Zwecken des Unternehmens aufgenommenen Schulden.[47]

35 Nachdem sich das Gesetz selbst einer **Definition des „wirtschaftlichen Unternehmens"** enthielt, wurde versucht, durch die Vorläufige Ausführungsanweisung zu § 67 DGO eine gewisse Hilfe zur Verfügung zu stellen. Nach dieser Vorläufigen Ausführungsanweisung waren „wirtschaftliche Unternehmen Einrichtungen und Anlagen, die auch von Privatunternehmen mit der Absicht der Gewinnerzielung betrieben werden könnten".[48] Als Beispiele waren Versorgungsbetriebe, Verkehrsbetriebe, Industrie- und Handwerksbetriebe aufgezählt, ohne dass diese Zusammenstellung Anspruch auf Vollständigkeit erhob.[49]

36 Diese Definition war allerdings bereits seinerzeit beschränkt auf die Zeit bis „zum Erlass der endgültigen Anweisung", was schon eine damals herrschende Unsicherheit kennzeichnete.[50]

37 Durch die DGO wurde in § 67 Abs. 3 weiterhin eindeutig festgelegt: „Bankunternehmen darf die Gemeinde nicht errichten", zugleich in § 67 Abs. 4 aber bestimmt: „Für das **Sparkassenwesen** verbleibt es bei den besonderen Vorschriften." Der Gesetzgeber der DGO verfolgte also zwei Ziele, zum einen eine **Begrenzung** der gemeindlichen Wirtschaft im Verhältnis zur Privatwirtschaft sowie zum anderen den **Schutz** der Gemeinden vor wirtschaftlichen Risiken. An die Regelungen der §§ 67 ff. DGO knüpften die Gemeindeordnungen der Länder in der Bundesrepublik Deutschland nach dem Zweiten Weltkrieg an.

4. Gemeindeordnungen der Länder

a) Entwicklung des Gemeindewirtschaftsrechts nach 1945

38 Die Landesgesetzgeber der Bundesrepublik Deutschland orientierten sich bei der Schaffung ihrer Gemeindeordnungen nach dem Zweiten Weltkrieg am Gemeindewirtschaftsrecht der §§ 67 ff. DGO. So wurden die Erfordernisse des Vorliegens eines öffent-

[45] Näher *Stern*, AfK 1964, 81 ff. (83 f.).
[46] *Terhalle*, S. 104.
[47] *Terhalle*, S. 106 f.
[48] Zit. nach *Terhalle*, S. 104.
[49] *Zeiß*, Kommunales Wirtschaftsrecht und Wirtschaftspolitik, S. 613.
[50] *Schuster/Diehl/Steenbock*, Kommunales Verfassungsrecht Rheinland-Pfalz, Kommentar, § 85 GemO, Anm. I 1.

lichen Zwecks und des Leistungsfähigkeitsbezugs in den einzelnen Ländern i. d. R. unverändert übernommen. Unterschiedlich aber erfolgte die Ausgestaltung des dritten Elements der sog. **„Schrankentrias“** des § 67 Abs. 1 DGO, der „Funktionssperre“ bzw. der „einfachen Subsidiaritätsklausel“.

Eine Reihe von Ländern übernahm auch diese „Funktionssperrklausel“ unverändert. 39
Andere hingegen verzichteten seinerzeit zunächst vollständig auf die Subsidiaritätsklausel (Hessen, Nordrhein-Westfalen).

Einen Sonderweg beschritt Bayern, das eine über die Regelung der DGO hinausge- 40
hende **„echte Subsidiaritätsklausel“** normierte, indem Art. 75 Abs. 1 der damaligen Bayerischen Gemeindeordnung (BayGO), der im Übrigen § 67 Abs. 1 DGO entsprach, in Nr. 3 lautete: „ebenso gut und wirtschaftlich“ statt „besser und wirtschaftlicher“. Dadurch wurde eine deutliche Verschärfung des Gemeindewirtschaftsrechts durch wesentlich höhere Anforderungen an die gemeindliche wirtschaftliche Tätigkeit im Vergleich zur Privatwirtschaft geschaffen.

Art. 75 Abs. 2 der damaligen BayGO lautete: „Gemeindliche Wirtschaftsunternehmen 41
dürfen keine wesentliche Schädigung und keine Aufsaugung selbständiger Betriebe in Landwirtschaft, Handel, Gewerbe und Industrie bewirken.“

Mit einer Popularklage beim BayVerfGH hatten die Städte München, Kulmbach und 42
Bayreuth begehrt, Art. 75 Abs. 1 und 2 BayGO für verfassungswidrig zu erklären, weil sie sich in ihrem Selbstverwaltungsrecht beschnitten sahen.

Der BayVerfGH stellte in seiner Entscheidung vom 23.12.1957[51] zwar fest, dass die Regelung der BayGO dem verfassungsrechtlich garantierten Selbstverwaltungsrecht widerspreche, kam an einer Normverwerfung aber vorbei mit der Begründung, dass wirtschaftliche Unternehmen nur solche seien, „deren Zweck in erster Linie darauf gerichtet ist, an dem vom Wettbewerb beherrschten Wirtschaftsleben teilzunehmen und dabei Gewinn zu erzielen“. Dies seien Versorgungs- und Verkehrsbetriebe nicht, daher fielen sie auch nicht unter Art. 75 Abs. 1 BayGO.[52]

Diese enge Auslegung der bayerischen „echten“ Subsidiaritätsklausel führte im Ergebnis zu einer Bereichsausnahme für den angestammten Bereich der Daseinsvorsorge. Die verschärfte Subsidiaritätsklausel in Bayern hat damit kaum eine andere Wirkung entfaltet als die einfache Subsidiaritätsklausel in anderen Bundesländern.[53]

Diese zunächst so restriktive Haltung gegenüber kommunaler wirtschaftlicher Tätig- 43
keit hat Bayern in der späteren Entwicklung der **Neuregelungen im Bereich des Gemeindewirtschaftsrechts** bemerkenswerterweise nicht beibehalten. Vielmehr bildet das neue bayerische Gemeindewirtschaftsrecht[54] im Gesamtspektrum der letzten Entwicklungen der Landesrechte den Ausgangspunkt, von dem an versucht wurde, den durch den Wettbewerb entstandenen kommunalen Bedürfnissen gerecht zu werden.

Die BayGO verzichtet nunmehr auf eine Unterscheidung zwischen wirtschaftlichen und nichtwirtschaftlichen Unternehmen, nimmt den Bereich der „kommunalen Daseinsvorsorge“ aus der weiterhin existenten echten Subsidiaritätsklausel aus und eröffnet den Kommunen die uneingeschränkte Auswahl der Rechtsformen für ihre Unternehmen einschließlich derjenigen des Privatrechts. Flankiert wird die Freiheit der Rechtsformenwahl durch die zusätzliche Voraussetzung, dass die einem Unternehmen zu übertragenden Aufgaben für die Wahrnehmung außerhalb der allgemeinen Verwaltung geeignet sein müssen. Diese Konzeption findet sich bislang außerhalb Bayerns nur in der Thüringer

[51] Vf 107, 114, 117-VII-56, DÖV 1958, 216.

[52] Vgl. auch *Hüttl*, Sind die gemeindlichen Versorgungsbetriebe den wirtschaftlichen Unternehmen in § 67 DGO zuzuordnen?, DÖV 1958, 198; *Zeiß*, Die Versorgungs- und Verkehrsbetriebe als wirtschaftliche Unternehmen der Gemeinden nach den deutschen Gemeindeordnungen, DÖV 1958, 201.

[53] Wissenschaftliche Dienste des Deutschen Bundestages – WD – „Zulässigkeit und Grenzen wirtschaftlicher Betätigung der Kommunen“ v. 6. 11. 1996, Reg.Nr.WE III – 188/96, S. 20.

[54] Gesetz zur Änderung des kommunalen Wirtschaftsrechts und anderer kommunalrechtlicher Vorschriften vom 24. Juli 1998 (GVBl. S. 424). Vgl. dazu *Knemeyer*, Vom kommunalen Wirtschaftsrecht zum kommunalen Unternehmensrecht, BayVBl. 1999, 1.

Kommunalordnung.[55] Darüber hinaus enthielt die BayGO als erste Kommunalverfassung eine Öffnungsklausel zum Örtlichkeitsprinzip.

Dass diese Rechtslage in der Praxis nicht auf ungeteilte Zustimmung, insbesondere im Bereich des Mittelstands, stößt, belegen der zwischenzeitlich erfolgte Erlass der „Vollzugsbekanntmachung zum kommunalen Unternehmensrecht“[56] und die Auseinandersetzung im Rahmen des Gesetzgebungsverfahrens zum Mittelstandsförderungsgesetz[57]. Durch diese soll den Bedenken aus dem Bereich der Wirtschaft insbesondere hinsichtlich der Grenzen öffentlicher Betätigung und der Einhaltung der Subsidiaritätsklausel Rechnung getragen werden.

44 Die entgegengesetzte Entwicklung wie in Bayern nahm zunächst der rheinland-pfälzische Gesetzgeber mit dem Änderungsgesetz vom 2.4.1998, das Vorreiter einer Reihe entsprechender Rechtsänderungen in anderen Ländern war.[58, 59] So wurden u. a. die echte Subsidiaritätsklausel eingeführt, der Nachrang der Aktiengesellschaft gegenüber anderen Organisationsformen normiert, für den Inhalt der Gesellschaftsverträge von Unternehmen in GmbH-Form stringente Vorgaben gemacht und eine regelmäßige Berichtspflicht der Kommunen über ihre wirtschaftlichen Beteiligungen geschaffen. In Nordrhein-Westfalen ging man mit der Novelle vom 9.10.2007 noch darüber hinaus, indem zusätzlich zur stringenten Subsidiaritätsklausel ein „dringender“ öffentlicher Zweck verlangt wurde.

45 Die Rechtsänderungen anderer Länder bewegten und bewegen sich zwischen diesen Extremen. In einigen Ländern ist in den letzten Jahren eine Tendenz erkennbar, die Zulässigkeitsvoraussetzungen für die gemeindewirtschaftliche Betätigung generell und insbesondere im Bereich der Daseinsvorsorge zu lockern. Nordrhein-Westfalen nimmt dabei eine gewisse Vorreiterrolle ein, weil es erstmals formal eine Sonderregelung für die wirtschaftliche Betätigung der Gemeinden in einem liberalisierten Bereich – der Energiewirtschaft – geschaffen und dort die rechtlichen Beschränkungen weitgehend zurückgenommen hat.[60] Ob dieser Ansatz eines bereichsspezifischen Ordnungsrahmens für im Wettbewerb stehende kommunale Unternehmen fortentwickelt wird und Verbreitung findet, bleibt abzuwarten.[61]

Ein Blick in die Rechtsprechung[62] und Literatur der letzten Jahre zeigt jedenfalls, dass nach einem langjährigen Trend zur Privatisierung ein Umdenkprozess stattfindet, der sicherlich auch durch die globale Finanzmarkt-, Wirtschafts- und jetzt Staatsschuldenkrise befördert wird. Die Rede ist verstärkt von den Grenzen der Privatisierung[63] und von

---

[55] Vgl. §§ 71, 72 ThürKO.

[56] VollzugsBekKUR – Bekanntmachung des Bayerischen Staatsministeriums des Innern vom 3. März 2003 Az.: I B 3-1515-66, AllMBl. S. 57, zuletzt geändert durch Bekanntmachung vom 25.5.2009 (AllMBl. S. 179).

[57] Vgl. insbesondere Art. 7 des Mittelstandsförderungsgesetzes vom 20.12.2007 (GVBl. S. 926), der einen Vorrang privater Leistungserbringung – ähnlich der Subsidiaritätsklausel – beschreibt, aber klarstellt, dass diese Regelung ausschließlich öffentlichen Interessen dient.

[58] S.o. Rn. 2ff.

[59] Das Saarland hat sich mit dem Gesetz Nr. 1532 vom 8.10.2003 zur Änderung des KSVG (Amtsbl. v. 11.3.2004, S. 594) den damaligen gesetzgeberischen Zielen der Länder Rheinland-Pfalz, Brandenburg und Thüringen angeschlossen. Bemerkenswerterweise erfolgte die Verkündung und Inkraftsetzung der deutlich verschärften Bestimmungen mit einer zeitlichen Verzögerung von fünf Monaten nach der Beschlussfassung durch den Landtag, um den Kommunen noch Ausgründungen nach der seitherigen Gesetzeslage zu ermöglichen.

[60] Dazu *Burgi*, Neuer Ordnungsrahmen für die energiewirtschaftliche Betätigung der Kommunen, S. 41ff. Nach *Rehn/Cronauge*, § 107a GO, Anm. I. 3. wäre in diesem Zusammenhang weitergehend eine grundsätzliche Diskussion der Zweiteilung „wirtschaftlich/nichtwirtschaftlich“ durchaus wünschenswert gewesen.

[61] Zum Stand der Diskussion vgl. *Püttner*, DVBl. 2010, 1189 (1191ff.).

[62] Vgl. nur die – umstrittene – Entscheidung des BVerwG vom 27.5.2009, 8 C 10/08 (juris), in der überraschend klar erstmals aus der Selbstverwaltungsgarantie des Art. 28 GG ein Verbot der (materiellen) Privatisierung einer kommunalen Aufgabe entnommen wurde.

[63] Statt vieler *Katz*, Verantwortlichkeiten und Grenzen bei „Privatisierung“ kommunaler Aufgaben, NVwZ 2010, 405ff.

„Rekommunalisierung". Die Gründe für die aktuellen Entwicklungen sind allerdings vielschichtig.[64] So sind die zahlreichen Neugründungen von Stadtwerken seit 2007 zunächst auf das bundesweite Auslaufen vieler Strom- und Gaskonzessionsverträge bis 2015/2016 zurückzuführen. Ursächlich ist daneben auch die mit der Energiewende und dem Ausbau der Erneuerbaren Energien einhergehende Dezentralisierung der Energieversorgung. Hinzu kommen Herausforderungen wie der flächendeckende Ausbau der Breitbandversorgung, für die Gemeinden im ländlichen Raum ein harter Standortfaktor, für private gewinnorientierte Telekommunikationsunternehmen eine Frage der Rentabilität. Es gibt allerdings auch gegenläufige Tendenzen sowie gesetzgeberische und rechtliche Entwicklungen vor allem aus den Bereichen des Wettbewerbs- und Vergaberechts.[65] Von einem allgemeinen Trend zur „(Re-)Kommunalisierung" zu sprechen, erscheint daher verfrüht.

In der **ehemaligen DDR** war bereits 1948 das kommunale Vermögen an wirtschaftlichen Einrichtungen sowie die Beteiligungen und Anteilsrechte in Volkseigentum überführt worden. Diese Überführung war bis 1952 abgeschlossen.[66] 46

Nach der politischen Wende in der DDR wurde mit dem Gesetz über die Selbstverwaltung der Gemeinden und Landkreise in der DDR,[67] dem Gesetz zur Privatisierung und Reorganisation des volkseigenen Vermögens[68] und dem Gesetz über das Vermögen der Gemeinden, Städte und Landkreise[69] die Grundlage für die Rücküberführung volkseigenen Vermögens und volkseigener Betriebe und Unternehmen in das Eigentum der Kommunen geschaffen.[70]

In den neuen Bundesländern wurde die nach der Herstellung der Einheit Deutschlands am 3.10.1990 zunächst als Landesrecht fortgeltende Kommunalverfassung der DDR durch **eigene Kommunalverfassungen der Länder** ersetzt. Diese treffen wie die Gemeindeordnungen der alten Länder jeweils eigenständige Bestimmungen über das Wirtschaftsrecht der kommunalen Gebietskörperschaften. Bemerkenswert ist, dass in Mecklenburg-Vorpommern und nunmehr auch in Brandenburg und Sachsen-Anhalt eine zunächst bestehende „echte" Subsidiaritätsklausel durch eine einfache Funktionssperre ersetzt wurde. In Brandenburg kommt selbst die einfache Funktionssperre dann nicht zur Anwendung, wenn die Gemeinde eine wirtschaftliche Betätigung im öffentlichen Interesse für erforderlich hält; damit wurde das Subsidiaritätsprinzip dort faktisch abgeschafft.[71] 47

Ein im Jahr 1999 seitens der Innenministerkonferenz (IMK) unternommener Versuch, einen **GO-Musterentwurf** zu erstellen mit dem Ziel einer Fortentwicklung bzw. Harmonisierung gemeinderechtlicher Vorschriften, ist gescheitert. 48

Der Arbeitskreis III „Kommunale Angelegenheiten" hatte den Auftrag erhalten, die Möglichkeiten einer Fortentwicklung des Gemeindewirtschaftsrechts zu prüfen, insbesondere hinsichtlich der Auslegung des Örtlichkeitsprinzips und des Merkmals der Rechtfertigung durch einen öffentlichen Zweck. Eine hierzu vom zuständigen Unterausschuss „Kommunale Wirtschaft und Finanzen" eingesetzte Arbeitsgruppe legte bis zum Frühjahr 2001 einen Zwischenbericht vor, der im wesentlichen Aussagen zu den Themen Öffnung des Örtlichkeitsgrundsatzes, öffentlicher Zweck, Annextätigkeiten, Subsidiaritätsklausel und der Aufgabe der Trennung wirtschaftlicher von nichtwirtschaftlichen Betätigungsbereichen enthielt. 49

---

[64] Ausführlich zur Rekommunalisierung und den Motiven hierfür Kapitel A. I. Rn. 23a ff.

[65] Vgl. nur die Diskussion um die am 15.1.2014 vom Europäischen Parlament beschlossene Konzessionsrichtlinie, den Tätigkeitsbericht des Bundeskartellamts 2011/2012, insbes. S. 14 ff. (BT-Drs. 17/13675) oder das XX. Hauptgutachten der Monopolkommission 2012/2013, Kapitel V.

[66] *Cronauge/Westermann*, Kommunale Unternehmen, Rn. 50.

[67] Kommunalverfassung – KVDDR – v. 17.5.1990, GBl. I S. 255.

[68] Treuhandgesetz – THG – v. 17.6.1990, GBl. I S. 300.

[69] Kommunalvermögensgesetz – KVG – v. 6.7.1990, GBl. I S. 660.

[70] Zum Ganzen *Cronauge/Westermann*, Kommunale Unternehmen, Rn. 51 f.

[71] So die Begr. zum Gesetzentwurf vom 31.3.2011, LT-Drs. 5/3023, S. 4 f.

50 Der AK III hat diesen Zwischenbericht lediglich zur Kenntnis genommen und in einem Beschluss festgestellt, dass nach seiner Auffassung zum gegenwärtigen Zeitpunkt eine länderübergreifende harmonisierte Fortentwicklung des Gemeindewirtschaftsrechts aufgrund politischer Vorgaben nicht möglich sei.

b) Übersicht über die Rechtslage in den Bundesländern

51 Die derzeitige Rechtslage zu den wesentlichsten Regelungsbereichen des Gemeindewirtschaftsrechts in den einzelnen Bundesländern stellt sich wie folgt dar:

Land	Subsidiaritäts-klausel	Festlegung nichtwirtschaft-licher Betätigungen (Negativklausel)	Ausnahme vom Örtlichkeitsprinzip
Baden-Württemberg (§ 102 GemO BW)	Echte Wenn bei einem Tätigwerden **außerhalb der kommunalen Daseinsvorsorge** der Zweck nicht ebenso gut und wirtschaftlich durch privaten Anbieter erfüllt wird oder erfüllt werden kann.	– Unternehmen, zu deren Betrieb gesetzliche Verpflichtung besteht – Einrichtungen des Unterrichts-, Erziehungs- u. Bildungswesens, der Kunstpflege, der körperl. Ertüchtigung, der Gesundheits- u. Wohlfahrtspflege sowie öffentl. Einrichtungen ähnl. Art – Hilfsbetriebe, die ausschließl. der Eigenbedarfsdeckung dienen	Ja (§ 102 Abs. 7 GemO BW) wenn – allgem. Vorauss. erfüllt – berechtigte Interessen betroffener Gebietskörperschaften gewahrt. Bei Strom und Gas gelten nur Interessen als berechtigt, die nach den maßgebl. Vorschriften Wettbewerbseinschränkung zulassen.
Bayern (Art. 87 BayGO)	Echte Wenn bei einem Tätigwerden **außerhalb der kommunalen Daseinsvorsorge** der Zweck nicht ebenso gut und wirtschaftlich durch einen anderen erfüllt wird oder erfüllt werden kann. Unternehmen dürfen keine wesentliche Schädigung und kein Aufsaugen selbständiger Betriebe in Landwirtschaft, Handwerk, Handel, Gewerbe und Industrie bewirken (Art. 95 Abs. 2 BayGO)	Unternehmensbezogene Schrankentrias Tätigkeiten oder Tätigkeitsbereiche, mit denen die Gemeinde oder ihre Unternehmen an dem vom Wettbewerb beherrschten Wirtschaftsleben teilnehmen, um Gewinn zu erzielen, entsprechen keinem öffentl. Zweck (Art. 87 Abs. 1 S. 2 BayGO)	Ja (Art. 87 Abs. 2 BayGO) wenn – allgem. Vorauss. erfüllt – berechtigte Interessen betroffener kommunaler Gebietskörperschaften gewahrt. Bei Strom u. Gas sind nur Interessen berechtigt, die nach Energiewirtschaftsgesetz Wettbewerbsbeschränkung zulassen.
Brandenburg (§ 91 BbgKVerf)	Einfache (Funktionssperre) Die Gemeinde hat im Interesse einer sparsamen Haushaltsführung dafür zu sorgen, dass Leistungen, die von	Keine (echte) Negativklausel Wirtschaftl. Betät. i.S.d. Gesetzes ist das Herstellen, Anbieten oder Verteilen von Gütern, Dienstleistungen	Ja (§ 91 Abs. 4 BbgKVerf) für – Elektrizität, Gas und Fernwärme

Land	Subsidiaritäts-klausel	Festlegung nichtwirtschaftlicher Betätigungen (Negativklausel)	Ausnahme vom Örtlichkeitsprinzip
	privaten Anbietern wirtschaftlicher erbracht werden können, diesen Anbietern übertragen werden. Dazu sind Angebote einzuholen und Vergleichberechnungen vorzunehmen. **Dies gilt nicht,** wenn die Gemeindevertretung eine wirtschaftliche Betätigung der Gemeinde im öffentlichen Interesse für erforderlich hält; dies ist zu begründen.	od. vergleichbaren Leistungen, die ihrer Art nach auch mit der Absicht der Gewinnerzielung erbracht werden könnten. Keine wirtschaftliche Betätigung ist die Vermögensverwaltung, insbes. das unmittelbare oder mittelbare Halten von Anteilen an einer Kapitalgesellschaft, wenn mit dem Vermögen keine kommunale Aufgabenerfüllung verbunden ist (§ 91 Abs. 7 BbgKVerf)	– Betätigung im Rahmen von Vereinbarungen oder Konzessionen von Gemeinden, Gemeindeverbänden u. komm. Unternehmen. Wirtschaftl. Betätigung im Ausland zulässig bei Einhaltung der allgem. Voraussetzungen, wenn Interessen des Bundes oder des Landes nicht entgegenstehen; Unterrichtungspflicht an Aufsichtsbehörde
Hessen (§ 121 HGO)	Echte Wenn der Zweck nicht ebenso gut und wirtschaft- lich durch einen privaten Dritten erfüllt wird oder erfüllt werden kann. § 121 Abs. 1a HGO: Ausnahme für wirtschaftl. Betätigung im Bereich erneuerbare Energien, wenn Betätigung innerhalb des Gemeindegebiets oder im regionalen Umfeld in Form interkommunaler Zusammenarbeit. Die wirtschaftliche Beteiligung der Einwohner soll ermöglicht werden.	Tätigkeiten, – zu denen gesetzl. Verpflichtung besteht – auf den Gebieten des Bildungs-, Gesundheits- u. Sozialwesens, der Kultur, des Sports, der Erholung, der Abfall- u. Abwasserbeseitigung , der Breitbandversorgung – zur Deckung des Eigenbedarfs	Ja (§ 121 Abs. 5 HGO) wenn – allgem. Voraussetzungen vorliegen und – berechtigte Interessen betroffener kommunaler Gebietskörperschaften gewahrt sind. Bei gesetzl. liberalisierten Tätigkeiten gelten nur Interessen als berechtigt, die nach den maßgebl. Vorschriften Wettbewerb seinschränkungen zulassen.
Mecklenburg-Vorpommern (§ 68 KV M-V)	Einfache (Funktionssperre) Wenn die Gemeinde die Aufgaben ebenso gut und wirtschaftlich wie Dritte erfüllen kann.	– Einrichtungen, zu deren Betrieb gesetzl. Verpflichtung besteht – Einrichtungen des Unterrichts-, Erziehungs- u. Bildungswesens, der Kunstpflege, der körperl. Ertüchtigung, der Gesundheits- u. Wohlfahrtspflege u. öffentl. Einr. ähnl. Art	Ja (§ 68 Abs. 2 Satz 3 KV M-V) Wirtschaftliche Betätigung in den Bereichen Strom-, Gas- und Wärmeversorgung dient auch bei Betätigung außerhalb des Gemeindegebiets

Land	Subsidiaritäts-klausel	Festlegung nichtwirtschaftlicher Betätigungen (Negativklausel)	Ausnahme vom Örtlichkeitsprinzip
		– Einrichtungen zur ausschließl. Eigenbedarfsdeckung – Einrichtungen zur Erzeugung von Energie, insbesondere erneuerbarer Art, soweit Leistungsfähigkeitsbezug gegeben	einem öffentlichen Zweck
Niedersachsen (§ 136 NKomVG)	Echte Wenn bei Tätigwerden **außerhalb der Energieversorgung, der Wasserversorgung, des ÖPNV sowie des Betriebs von Telekommunikationsleitungsnetzen einschließlich der Telefondienstleistungen** der öffentliche Zweck nicht ebenso gut und wirtschaftlich durch einen privaten Dritten erfüllt wird oder erfüllt werden kann.	**Insbesondere nicht** – Einrichtungen, zu denen gesetzl. Verpflichtung besteht – Einrichtungen des Unterrichts-, Erziehungs- u. Bildungswesens, des Sports u. der Erholung, des Gesundheits- u. Sozialwesens, des Umweltschutzes sowie ähnl. Art – Hilfsbetriebe zur ausschl. Deckung des Eigenbedarfs	Nein
Nordrhein-Westfalen (§ 107 und § 107a GO NRW)	Einfache (Funktionssperre) Wenn bei einem Tätigwerden **außerhalb der Wasserversorgung, des öffentl. Verkehrs sowie des Betriebs von Telekommunikationsleitungsnetzen einschließl. der Telekommunikationsdienstleistungen** der öffentliche Zweck durch andere Unternehmen nicht besser u. wirtschaftlicher erfüllt werden kann. Neue Sondervorschrift § 107a nimmt auch die **Strom-, Gas- und Wärmeversorgung** aus, der öffentliche Zweck wird insoweit fingiert	– Einrichtungen, zu denen gesetzl. Verpflichtung besteht – öffentliche Einrichtungen, die für die soziale u. kulturelle Betreuung der Einwohner erforderlich sind, insbesondere … – Einrichtungen der Straßenreinigung, Wirtschaftsförderung, Fremdenverkehrsförderung, Wohnraumversorgung – Einrichtungen des Umweltschutzes, insb. Abfallbeseit., Abwasserentsorgung, Messe-u. Ausstellungswesen – Einrichtungen zur ausschließlichen Deckung des Eigenbedarfs	Ja (§ 107 Abs. 3, § 107a Abs. 3 GO NRW) wenn – allgem. Vorauss. erfüllt, – berechtigte Interessen betroffener Gebietskörperschaften gewahrt. Bei Strom u. Gas gelten nur Interessen als berechtigt, die nach Energiewirtschaftsgesetz Wettbewerbseinschränkung zulassen (§ 107a Abs. 3 Satz 2). Wirtschaftl. Betätigung auf ausländ. Märkten ist nur zulässig, wenn die Vorauss. des § 107 Abs. 1 Satz 1 Nr. 1 u. 2 bzw. § 107a Abs. 1 vorliegen; genehmigungspflichtig

Land	**Subsidiaritäts-klausel**	**Festlegung nichtwirtschaftlicher Betätigungen (Negativklausel)**	**Ausnahme vom Örtlichkeitsprinzip**
			Ähnliche Regelung für nichtwirtschaftliche Betätigung außerhalb des Gemeindegebiets und im Ausland in § 107 Abs. 4
Rheinland-Pfalz (§ 85 GemO RhPf)	Echte Wenn der öffentl. Zweck bei einem Tätigwerden **außerhalb der Versorgung mit Elektrizität, Gas, Wärme (Energieversorgung), der Versorgung mit Wasser, der Versorgung mit Breitbandtelekommunikation und des ÖPNV** nicht ebenso gut u. wirtschaftlich durch einen privaten Dritten erfüllt wird oder erfüllt werden kann	Einrichtungen, die überwiegend folgenden Zwecken zu dienen bestimmt sind: 1. Erziehung, Bildung und Kultur 2. Sport und Erholung 3. Sozial- u. Jugendhilfe 4. Gesundheitswesen 5. Umweltschutz 6. Wohnungswesen u. Stadtentwicklung 7. Deckung des Eigenbedarfs der Gemeinde	Ja (§ 85 Abs. 2 GemO RhPf) wenn – die allgem. Voraussetzungen vorliegen – die berechtigten Interessen aller hiervon unmittelbar betroffenen Gemeinden gewahrt sind. Bei Versorgung mit Elektrizität und Gas gelten nur Interessen berechtigt, die nach Energiewirtschaftsgesetz Wettbewerbseinschränkungen zulassen. Beteiligung eines wirtsch. Unternehmens der Gemeinde an EE-Anlagen, die im Ausland errichtet werden oder bestehen, ist zulässig, wenn öffentlicher Zweck Beteiligung rechtfertigt und angemessenes Verhältnis zur Leistungsfähigkeit der Gemeinde (§ 85 Abs. 2a GemO RhPf)
Saarland (§ 108 KSVG)	Echte Wenn der öffentl. Zweck nicht ebenso gut u. wirtschaftlich durch einen privaten Dritten erfüllt wird oder erfüllt werden kann.	Einrichtungen – des Bildungs-, Gesundheits- u. Sozialwesens, der Kultur, des Sports, der Erholung, der Freizeitgestaltung, der Abfall- u. Abwasserbeseitigung sowie ähnlicher Art – die als Hilfsbetriebe ausschließl. der Eigenbedarfsdeckung dienen.	Ja (§ 108 Abs. 4 KSVG) wenn – allgem Vorauss. erfüllt – keine betroffene kommunale Gebietskörperschaft aus berechtigten Interessen widerspricht. Bei gesetzl. liberalisierten Tätigkeiten gelten nur Interessen als berech-

Land	Subsidiaritäts-klausel	Festlegung nichtwirtschaft-licher Betätigungen (Negativklausel)	Ausnahme vom Örtlichkeitsprinzip
			tigt, die nach den maßgebl. Vorschriften Wettbewerbsein-schränkung zulassen.
Sachsen (§ 94a SächsGemO)	Einfache (Funktionssperre) Wenn der Zweck nicht besser u. wirtschaftli-cher durch einen pri-vaten Dritten erfüllt wird oder erfüllt wer-den kann. Im Bereich der Woh-nungswirtschaft hat die Gemeinde darüber hinaus darauf hinzu-wirken, dass die zur angemessenen Bewirt-schaftung des Woh-nungsbestands erfor-derliche Kredit- u. In-vestitionsfähigkeit ge-sichert ist u. der von ihr unmittelbar oder mittelbar gehaltene Wohnungsbestand kei-ne marktbeherrschen-de Stellung einnimmt.	– Unternehmen, zu deren Betrieb gesetz-liche Verpflichtung be-steht – Hilfsbetriebe zur ausschließl. Eigenbe-darfsdeckung	Nein
Sachsen-Anhalt (§ 128 KVG LSA)	Einfache (Funktionssperre) Wenn der Zweck nicht besser u. wirtschaftli-cher durch einen ande-ren erfüllt wird oder erfüllt werden kann. Subsidiaritätsklausel gilt **nicht in den Bereichen Strom-, Gas- u. Wärmever-sorgung, Wasserver-sorgung, Abfallent-sorgung, Abwasserbeseiti-gung, Wohnungs-wirtschaft, öffentl. Verkehr.** Öffentlicher Zweck wird insoweit fingiert.	Keine Negativklausel	Ja (§ 128 Abs. 3 und 4 KVG LSA) 1. Bei Strom-, Gas-, Wärmeversorgung, wenn angemessenes Verhältnis zur Leis-tungsfähigkeit der Gemeinde, Funk-tionssperre beach-tet; 2. bei anderen Betäti-gungen nur in be-gründeten Ausnah-mefällen, wenn öffentlicher Zweck, angemesenes Ver-hältnis zur Leis-tungsfähigkeit (ohne Funktions-sperre).

Land	Subsidiaritätsklausel	Festlegung nichtwirtschaftlicher Betätigungen (Negativklausel)	Ausnahme vom Örtlichkeitsprinzip
			In allen Fällen müssen berechtigte Interessen der betroffenen Gemeinde gewahrt sein. Im Wettbewerb gelten Interessen nur als berechtigt, soweit jeweiliger Ordnungsrahmen Wettbewerbseinschränkung zulässt. Genehmigungspflicht für Betätigung im Ausland.
Schleswig-Holstein (§ 101 GO S-H)	Einfache (Funktionssperre) Wenn der Zweck nicht besser u. wirtschaftlicher auf andere Weise erfüllt werden kann.	– Unternehmen, zu denen gesetzliche Verpflichtung besteht – Einrichtungen des Bildungs-, Gesundheits- u. Sozialwesens, der Kultur, des Sports, der Erholung, der Abfallentsorgung und Abwasserbeseitigung sowie Einrichtungen ähnlicher Art – Hilfsbetriebe zur ausschließlichen Eigenbedarfsdeckung	Ja (§ 101 Abs. 2, 3 GO) wenn – allg. Vorauss. erfüllt – berechtigte Interessen betroffener Gebietskörperschaft gewahrt. Bei im Wettbewerb wahrgenommenen Aufgaben sind nur Interessen berechtigt, die nach Bundesrecht Wettbewerbseinschränkung zulassen. Besonderheit **Ausland**: – allg. Vorauss. erfüllt – keine entgegenst. ber. Interessen des Bundes oder Landes
Thüringen (§ 71 ThürKO)	Echte Wenn bei einem Tätigwerden **außerhalb der kommunalen Daseinsvorsorge**, **insbesondere** im Bereich der Strom-, Gas- und Wärmeversorgung einschließliche der Erzeugung, Speicherung und Einspeisung erneuerbarer Energien sowie der Verteilung von hieraus gewonnener thermischer Energie, der Zweck nicht ebenso gut und wirtschaftlich durch einen anderen erfüllt wird	Unternehmensbezogene Schrankentrias	Ja (§ 71 Abs. 5 ThürKO) wenn – allg. Vorauss. erfüllt – berechtigte Interessen betroffener kommunaler Gebietskörperschaften gewahrt sind. Bei Strom u. Gas sind nur Interessen berechtigt, die nach Energiewirtschaftsgesetz Wettbewerbseinschränkung zulassen.

Land	Subsidiaritäts-klausel	Festlegung nichtwirtschaftlicher Betätigungen (Negativklausel)	Ausnahme vom Örtlichkeitsprinzip
	oder erfüllt werden kann. Ggf. ist ein Markterkundungsverfahren unter Einbindung der betroffenen örtlichen Betriebe in Landwirtschaft, Handel, Gewerbe und Industrie durchzuführen. Unternehmen der Gemeinde dürfen keine wesentliche Schädigung und keine Aufsaugung selbständiger Betriebe in Landwirtschaft, Handel, Gewerbe und Industrie bewirken.		

52 Vorstehender Übersicht über einzelne Elemente der Gemeindewirtschaftsrechte der Länder ist bereits zu entnehmen, dass alle Landesrechte **Regelungen mehr oder weniger restriktiven Inhalts** normieren, um die kommunale Wirtschaftstätigkeit zu beschränken. Grundsätzlich geschieht dies durch den Ansatz der bereits in der DGO[72] enthaltenen Schrankentrias, deren Anforderungen erfüllt sein müssen, damit eine kommunale Gebietskörperschaft zulässigerweise ein wirtschaftliches Unternehmen errichten, übernehmen oder erweitern darf.

53 Im Einzelnen sind regelmäßig folgende Voraussetzungen zu erfüllen:
1. Ein öffentlicher Zweck muss die wirtschaftliche Betätigung erfordern oder rechtfertigen,
2. die wirtschaftliche Betätigung muss in einem angemessenen Verhältnis zur Leistungsfähigkeit der Gemeinde und dem voraussichtlichen Bedarf stehen,
3. eine Subsidiaritätsklausel.

54 Die Schranke 2. ist in allen Gemeindeordnungen enthalten, lediglich in Nordrhein-Westfalen fehlt die Anforderung des voraussichtlichen Bedarfs. § 85 Abs. 1 Satz 2 GO RhPf enthält insoweit eine Sonderregelung für die energiewirtschaftlichen Betätigung, indem ausnahmsweise auf das Kriterium eines bestehenden Bedarfs innerhalb der Gemeinde verzichtet wird. Unterschiede bestehen zwischen den Ländern insbesondere in der Ausgestaltung des öffentlichen Zwecks und der Subsidiaritätsklausel.[73]

Die gesetzgeberischen Aktivitäten der Länder sind in den letzten fünfzehn Jahren zunächst bestimmt gewesen durch den Trend, die ehemals einfachen Funktionssperren durch stringente Subsidiaritätsklauseln zu ersetzen. Mittlerweile ist eine deutliche Tendenz festzustellen, diese Verschärfungen entweder zurückzunehmen oder durch „Bereichsausnahmen", d. h. Herausnahme bestimmter Aufgabenbereiche aus dem Anwendungsbereich der Schrankentrias insgesamt oder von Teilen davon (Subsidiaritätsklausel) sowie durch die Schaffung von Öffnungsklauseln beim Örtlichkeitsprinzip zu relativieren.

[72] Vgl. oben Rn. 27 ff.
[73] Näheres unten Rn. 100 ff. und Rn. 131 ff.

c) Wirtschaftliche – nichtwirtschaftliche Betätigung

aa) Unterscheidung. Die Gemeindeordnungen gehen – mit Ausnahme der Kommunalordnungen in Bayern und Thüringen, die auf eine Unterscheidung zwischen wirtschaftlichen und nichtwirtschaftlichen Betätigungen zugunsten des einheitlichen Begriffs des „Unternehmens“ verzichten – sämtlich von einem weiten Begriff des wirtschaftlichen Unternehmens aus. Die Gesetzgeber der meisten dieser Länder haben aber nach dem Vorbild der DGO für bestimmte Bereiche kommunaler wirtschaftlicher Betätigung eine Ausnahme von dem Anwendungsbereich der einschränkenden Bestimmungen geregelt. Einzelne Länder sind den Weg gegangen, unter Verzicht auf eine Negativklausel (Sachsen-Anhalt) oder neben einer Negativklausel (Baden-Württemberg, Niedersachsen, Nordrhein-Westfalen, Rheinland-Pfalz) für bestimmte Versorgungsaufgaben Bereichsausnahmen von der geltenden Subsidiaritätsklausel zu normieren. Die der Ausnahme unterfallenden Unternehmen werden damit privilegiert, weil sie von der Erfüllung der Voraussetzungen der in den betreffenden Ländern geltenden Schrankentrias freigestellt werden. 55

Diese Länder – mit Ausnahme Brandenburgs und Sachsen-Anhalts – bedienen sich zu diesem Zweck der aus § 67 Abs. 2 DGO bekannten **Negativklausel**, d. h., es findet eine Negativabgrenzung bestimmter Unternehmen und Einrichtungen im Sinne eine Negativkatalogs statt.[74] Dadurch werden qua definitionem „nichtwirtschaftliche Unternehmen“ von „wirtschaftlichen Unternehmen“ unterschieden. Es handelt sich um eine **Fiktion**.[75] Bei diesen wirtschaftlichen Unternehmen liegt damit keine wirtschaftliche Betätigung i. S. d. Gemeindeordnung vor, wohl aber im weiteren Sinne. Die jeweils enumerativ aufgeführten Einrichtungen dienen zweifelsfrei der kommunalen Daseinsvorsorge und tragen ihre öffentliche Zwecksetzung gewissermaßen auf der Stirn.[76] 56

Die inhaltliche **Ausgestaltung** der Negativklauseln in den Ländern **differiert**. Den Negativklauseln ist gemein, dass Unternehmen bzw. Einrichtungen, zu deren Betrieb die Gemeinde gesetzlich verpflichtet ist, zu den nichtwirtschaftlichen Unternehmen zählen. Allerdings fehlt eine derartige Abgrenzung in den Gemeindeordnungen von Rheinland-Pfalz und des Saarlandes. 57

Ebenso verhält es sich mit der Zuordnung der Hilfsbetriebe bzw. Einrichtungen, die (ausschließlich) der Eigenbedarfsdeckung der Gemeinde dienen; alle Negativklauseln der Länder bezeichnen diese als nichtwirtschaftliche Unternehmen. 58

Alle Negativklauseln – mit Ausnahme der von Sachsen (§ 94a Abs. 3 SächsGemO), die sich einer Zuordnung von Unternehmen bestimmter Tätigkeitsbereiche zur nichtwirtschaftlichen Betätigung insgesamt enthält – zählen Einrichtungen, die der Erziehung, der Bildung, der Kultur, dem Sport, dem Sozialwesen bzw. der Wohlfahrtspflege oder der Gesundheit dienen, zu den nichtwirtschaftlichen Betätigungen. 59

In Niedersachsen, Nordrhein-Westfalen[77] und Rheinland-Pfalz werden auch Einrichtungen des Umweltschutzes generell ausdrücklich genannt, in Hessen, dem Saarland und Schleswig-Holstein solche, die der Abwasser- und Abfallbeseitigung dienen. Andere Tätigkeitsbereiche, wie z. B. das Messe- und Ausstellungswesen oder das Wohnungs- und Siedlungswesen werden vereinzelt aufgeführt. In Mecklenburg-Vorpommern wurden 2011 „Einrichtungen zur Erzeugung von Energie, insbesondere erneuerbarer Art,“ in den Katalog neu aufgenommen, um „dem Anliegen einer nachhaltigen Entwicklung der Energieversorgung“ Rechnung zu tragen[78]; allerdings findet die Vorgabe, dass die Ener-

---

[74] Vgl. *Kunze/Bronner/Katz*, § 102 GemO, Rn. 65.

[75] *Oebbecke*, Städte- und Gemeinderat 1995, 387ff. (389).

[76] *Ehlers*, DVBl. 1998, 497ff. (498).

[77] Besonders hervorgehoben („insbesondere“) werden dabei Einrichtungen der Abfallbeseitigung und der Abwasserentsorgung, vgl. § 107 Abs. 2 Satz 1 Nr. 4 GO NRW.

[78] Vgl. § 68 Abs. 3 Satz 1 Nr. 4 KV M-V, eingeführt durch Gesetz vom 13.7.2011 (GVBl. S. 777) und die Begründung zum Gesetzentwurf, LT-Drs. 5/4173, S. 146f.

gieerzeugung nach Art und Umfang in einem angemessenen Verhältnis zur Leistungsfähigkeit der Gemeinde stehen muss, ausnahmsweise auf eine in der Negativklausel genannte Einrichtung Anwendung. Einige andere Länder haben ebenfalls – an anderer Stelle und auch weitgehendere – Erleichterungen für die energiewirtschaftliche Betätigung eingeführt (dazu sogleich).

In Hessen wurde kürzlich die Breitbandversorgung in den Katalog der nichtwirtschaftlichen Betätigungen aufgenommen.

Aufgrund der entweder nicht abschließenden oder sehr weit gefassten Bezeichnungen der Tätigkeitsfelder in den Negativklauseln der Gemeindeordnungen ergeben sich für die Praxis in den einzelnen Ländern nur vereinzelt Unterschiede.

60 **bb) Rechtsfolgen.** Die **Freistellung** von den einschränkenden Bestimmungen des Gemeindewirtschaftsrechts gilt für die von der Negativklausel erfassten Unternehmen **umfassend**. Dabei ist es gleich, ob es sich um pflichtige oder freiwillige Aufgabenerfüllung handelt. Von den strengen Voraussetzungen der Schrankentrias – auch bei echter Subsidiaritätsklausel – ausgenommen sind der Negativklausel unterfallende Unternehmen auch dann, wenn sie rein tatsächlich Teil der kommunalen Wirtschaftstätigkeit sind. Ausdrücklich hat dies der RhPfVerfGH[79] für die Einrichtungen des Umweltschutzes, namentlich für solche der Abfallentsorgung festgestellt; es macht dabei keinen Unterschied, ob die betreffenden Aufgaben von der Kommune als Pflichtaufgaben zu erledigen sind oder von ihr freiwillig übernommen werden, wie dies etwa bei der Verwertung von Abfällen gewerblicher Herkunft der Fall ist.

61 Soweit in einzelnen Gemeindeordnungen auf eine explizite Unterscheidung nichtwirtschaftlicher von wirtschaftlichen Unternehmen verzichtet wurde, wird dies in der Regel mit nicht gegebener Praktikabilität und Undurchführbarkeit im Einzelfall begründet.

Der **Wegfall der Subsidiaritätsklausel** in Nordrhein-Westfalen durch die Kommunalrechtsnovelle von 1994 – der durch die GO-Novelle von 2007 zunächst in sogar verschärfter Form revidiert wurde, bevor 2010 eine Ausgestaltung als einfache Subsidiaritätsklausel erfolgt ist – war seinerzeit mit Schwierigkeiten eines Vergleichs von Kommunal- und Privatwirtschaft begründet worden.[80]

62 Die zweite Auswirkung der Fiktion der „nichtwirtschaftlichen“ Betätigung ist in verschiedenen Bundesländern die ausdrückliche **Befreiung** von der Forderung nach der **Erzielung eines Überschusses** für den Gemeindehaushalt durch die betroffenen Unternehmen.[81] Bei diesen Einrichtungen handelt es sich üblicherweise um solche, deren Entgelte nach den einschlägigen Kommunalabgabengesetzen zu kalkulieren sind. Durch das Kommunalabgabenrecht ist das Kostendeckungsprinzip zur Limitierung der Gebühren- bzw. Beitragshöhe vorgegeben.

Nur den „wirtschaftlichen“ Unternehmen soll eine Erwerbsfunktion für den allgemeinen Haushalt der Gemeinde zukommen.

63 Eine dritte Bedeutung hat die Klassifizierung als „nichtwirtschaftliche“ Betätigung für die betroffenen Unternehmen insoweit, als für die Rechtsformwahl in verschiedenen Ländern **andere Maßstäbe** gelten. Unternehmen mit „wirtschaftlicher Tätigkeit“ können dort unter anderen, in der Regel geringeren Voraussetzungen in einer Rechtsform des Privatrechts betrieben werden als solche mit „nichtwirtschaftlichem“ Betätigungsbereich.[82]

---

[79] RhPfVerfGH NVwZ 2000, 801 ff.; vgl. auch OVG NRW vom 12.10.2004, 15 B 1873/04 (juris).

[80] Vgl. *Ehlers*, DVBl. 1998, 497 ff. (501).

[81] Vgl. § 102 Abs. 3 und 4 GemO BW, § 121 Abs. 8 i. V. m. § 121 Abs. 2 HGO, § 85 Abs. 3 u. 4 GemO RhPf, § 94a Abs. 3 u. 4 SächsGemO.

[82] Vgl. § 122 Abs. 2 HGO, § 69 Abs. 1 Nr. 2 KV M-V, § 136 Abs. 4 NKomVG, § 108 Abs. 1 Nr. 2 GO NRW.

d) Wirtschaftsgrundsätze

Die Kommunalverfassungen beinhalten nicht nur Regelungen für die Errichtung, sondern auch für den Betrieb sowohl der wirtschaftlichen als auch der nichtwirtschaftlichen Unternehmen der Kommunen. 64

Wirtschaftliche Unternehmen sind nach fast allen Gemeindeordnungen so zu führen, dass der öffentliche Zweck erfüllt (Muss-Vorschrift) und daneben ein Überschuss für den Haushalt der Gemeinde erzielt wird (Soll-Bestimmung).[83] 65

Hierin kommt der eindeutige **Vorrang des öffentlichen Zwecks** vor der Ertragserzielung für den Haushalt zum Ausdruck. Begründet ist dieser im gemeinwirtschaftlichen Charakter der kommunalen Unternehmen, wenn unter gemeinwirtschaftlichen Unternehmen diejenigen Einzelwirtschaften verstanden werden, „die kraft Gesetzes, Satzung, Vertrages oder sonstiger äußerlich erkennbarer Merkmale ihrer organisatorischen Form nachhaltig bestimmt sind, nicht nur dem Wohle ihrer Träger, sondern unmittelbar dem Wohle einer übergeordneten Gesamtheit oder einer von ihr vertretenen Idee zu dienen"; Leistungen und Ergebnis dieser Unternehmen sollen einer objektiv bestimmten Aufgabe „gewidmet" sein.[84]

Der nachhaltigen und stetigen Erfüllung des öffentlichen Zwecks kommt die Primärfunktion zu. Die Erzielung eines Ertrags für den Gemeindehaushalt ist hingegen eine Sekundärfunktion, ein Nebenziel.[85] Die festgelegte **Rangfolge zwischen öffentlichem Zweck und Ertragserzielung** ist eine eindeutige Handlungs- und Entscheidungsvorgabe für sämtliche an der Führung kommunaler Unternehmen beteiligten Personen und Gremien.[86] 66

Die Priorisierung des öffentlichen Zwecks bedeutet, dass das Ertragsstreben mit der öffentlichen Zielsetzung des Unternehmens und den Besonderheiten kommunaler Bedürfniserfüllung abzustimmen ist. Im Hinblick hierauf ist u. U. teilweise oder ganz auf einen Ertrag zu verzichten. In bestimmten Fällen können bei Gefährdung des Primärziels oder einer ansonsten nicht gegebenen Erreichbarkeit sozial tragbarer Entgelte auch Verluste zulässig sein. 67

Hinsichtlich der **Höhe des anzustrebenden Ertrags oder Gewinns** finden sich in den Gemeindeordnungen Regelungen unterschiedlicher Regelungsdichte und unterschiedlicher Terminologie. 68

Thüringen, Rheinland-Pfalz und Niedersachsen, eingeschränkter auch Hessen, normieren insoweit am umfassendsten den Umfang des anzustrebenden Unternehmensergebnisses.[87] Als Minimum nennen Rheinland-Pfalz und Niedersachsen eine Ertragshöhe, durch die alle Aufwendungen und kalkulatorischen Kosten gedeckt werden, Rücklagenbildung zur Erhaltung des Vermögens des Unternehmens sowie zu seiner notwendigen technischen und wirtschaftlichen Fortentwicklung ermöglicht und eine marktübliche Verzinsung des Eigenkapitals erzielt wird. Zu den Aufwendungen gehören auch die Steuern, Konzessionsabgaben und die Zinsen für Fremdkapital. Lieferungen und Leistungen von anderen Unternehmen und anderen Verwaltungszweigen der Gemeinde an das Unternehmen sowie Lieferungen und Leistungen des Unternehmens an andere Unternehmen und Verwaltungszweige sind angemessen zu vergüten. Thürin-

[83] So § 102 Abs. 3 GemO BW, § 92 Abs. 4 BbgKVerf, § 121 Abs. 8 HGO, § 75 Abs. 1 Satz 2 KV M-V, § 149 NKomVG, § 109 GO NRW, § 85 Abs. 3 GemO RhPf, § 116 KSVG, § 94a Abs. 4 SächsGemO. Graduell anders Bayern und Schleswig-Holstein: Normierung der Erfüllung d. öffentl. Zwecks, keine Nennung der Überschusserzielung (Art. 95 Abs. 1 BayGO, § 107 GO S-H), Thüringen: Normierung des Soll-Überschusses für den Haushalt ohne Nennung der Erfüllung des öffentl. Zwecks (§ 75 Abs. 1 ThürKO), lediglich Sachsen-Anhalt trifft insoweit gar keine Regelung.

[84] *Münch*, Grundsätze und Grenzen der Geschäftspolitik, Handbuch der kommunalen Wissenschaft und Praxis, 2. Aufl., Bd. 5, S. 71 ff., S. 76 m. w. N.

[85] *Kunze/Bronner/Katz*, § 102 GemO, Rn. 61.

[86] *Münch*, S. 77.

[87] Vgl. § 75 Abs. 2 u. 3 ThürKO, § 85 Abs. 3 GemO RhPf, § 149 Abs. 2 NKomVG, § 121 Abs. 8 HGO.

gen nennt darüber hinaus noch angemessene Aufwands- und Gefahrenrückstellungen.

Mecklenburg-Vorpommern und Nordrhein-Westfalen normieren hingegen mit identischem Gesetzeswortlaut lediglich einen anzustrebenden Jahresgewinn zur Bildung der für die technische und wirtschaftliche Fortentwicklung notwendigen Rücklagen und eine mindestens marktübliche Verzinsung des Eigenkapitals, Brandenburg beschränkt sich auf letzteres.[88]

Baden-Württemberg, das Saarland und Sachsen formulieren zwar das „Soll" eines Ertrags für den Haushalt der Gemeinde, enthalten sich aber weiterer Bestimmungen zu dessen Höhe.[89]

Die Begriffe „Gewinn" und „Ertrag" für den Haushalt werden von den Ländern mit dem gleichen Sinngehalt verwendet.

69 Unter Zugrundelegung betriebswirtschaftlicher Grundsätze und in Ansehung der für das betriebswirtschaftliche Ergebnis (Gewinn und Verlust) maßgebenden Faktoren ist trotz der **uneinheitlichen Regelungsdichte** und der **uneinheitlichen Terminologie** in den Gemeindeordnungen der Länder davon auszugehen, dass materiell-rechtliche Unterschiede nicht bestehen.[90]

70 Auch soweit in der Mehrzahl der Landesrechte „nichtwirtschaftliche" Unternehmen mittels einer Negativklausel definiert werden,[91] treffen die Gemeindeordnungen gleichwohl Regelungen, wonach auch diese Unternehmen **nach wirtschaftlichen Grundsätzen** zu verwalten sind, soweit dies mit dem öffentlichen Zweck vereinbar ist. Dies ergibt sich bereits aus haushaltsrechtlichen Grundsätzen. Eine Gewinnerzielung führt für die „nichtwirtschaftlichen" Unternehmen deshalb auch nicht zu einem Verlust der Fiktion der Nichtwirtschaftlichkeit.[92]

e) Aktuelle Bedeutung der Unterscheidung „nichtwirtschaftlicher" von „wirtschaftlichen" Unternehmen

71 *Cronauge* ist der Auffassung, zumindest in den Bereichen der Abfallwirtschaft und wohl auch der Abwasserbeseitigung sei die tatsächliche und auch rechtliche Entwicklung über diesen ausschließlich historisch begründbaren Dualismus hinweggegangen.[93] Es ist zuzugestehen, dass veränderte rechtliche Rahmenbedingungen wie das KrWG und die Veränderung der Marktsituation durch das sich nunmehr auf ehemals klassische kommunale Tätigkeitsfelder erstreckende Interesse Privater zu entscheidend **veränderten Bewertungen** geführt haben. Dies begründet für die Kommunen auch die Gefahr eines weitgehenden Verlustes der Aufgaben, die sie im Interesse des Funktionierens der örtlichen Gemeinschaft erfüllen. Gerade in der Abfallwirtschaft findet eine schleichende Aushöhlung der kommunalen Verantwortung statt.[94]

72 Eine rechtliche Funktionslosigkeit des **Dualismus „wirtschaftlich – nichtwirtschaftlich"** aber ist damit bisher nicht einhergegangen. Zwar wurde die Unbestimmtheit dieser Rechtsbegriffe kritisiert.[95] In Bayern und Thüringen, die auf diese Unterscheidung verzichten und gemeindliche „Unternehmen" generell den Zulässigkeitsvoraussetzungen unterwerfen, wurden die ordnungspolitischen Grundentscheidungen in der Folge auf das

---

[88] Vgl. § 92 Abs. 4 BbgKVerf, § 75 Abs. 2 GO M-V, § 109 Abs. 2 GO NW.

[89] Vgl. § 102 Abs. 3 GemO BW, § 116 KSVG, § 94a Abs. 4 SächsGemO.

[90] Vgl. nur zu der baden-württembergischen Regelung *Kunze/Bronner/Katz*, § 102 GemO, Rn. 64.

[91] S. oben Rn. 51.

[92] OLG Düsseldorf, NVwZ 2000, 714 ff. (715); *Britz*, NVwZ 2001, 380 ff. (383).

[93] *Cronauge/Westermann*, Kommunale Unternehmen, Rn. 412.

[94] *Schink/Kuhn/Rühl*, Der Landkreis 2001, 438 ff. (440). Anschaulich zuletzt die Auseinandersetzungen um das Gesetz zur Neuordnung des Kreislaufwirtschafts- und Abfallrechts 2011/2012, die erst im Vermittlungsausschuss einem Kompromiss zugeführt werden konnten, vgl. Pressemitteilung des DStGB Nr. 05-12 vom 9.2.2012, abrufbar unter www.dstgb.de, Schwerpunkt Abfallwirtschaft.

[95] *Schulz*, Wirtschaftliche, nichtwirtschaftliche und nicht nichtwirtschaftliche Unternehmen, BayVBl. 1997, 518 ff.

Erfordernis eines öffentlichen Zwecks und die Daseinsvorsorge als Ausnahme zur Subsidiaritätsklausel verlagert, also Begriffe, die im Einzelfall ebenfalls Abgrenzungsprobleme aufwerfen können. Das wiederholt geänderte Gemeindewirtschaftsrecht Nordrhein-Westfalens stellt dagegen weiterhin ganz entscheidend auf die Terminologie „wirtschaftlich – nichtwirtschaftlich" ab.[96] Daneben beschreitet Nordrhein-Westfalen mit dem 2010 geschaffenen § 107a einen neuen Weg, der eine Sonderregelung für die **energiewirtschaftliche Betätigung** enthält und ausweislich der Gesetzesbegründung neben die Bestimmungen in § 107 Abs. 1 und 2 GO NRW über wirtschaftliche und nichtwirtschaftliche Betätigungen tritt; dadurch sollte ein **eigener Ordnungsrahmen** definiert werden, um eine „rechtssystematisch umstrittene Klärung weiterer Zuordnungen im Rahmen der wirtschaftlichen bzw. nichtwirtschaftlichen Betätigung" zu vermeiden.[97] Die Einführung einer neuen Kategorie kommunaler wirtschaftlicher Betätigung in unterschiedlicher Ausgestaltung wird bereits seit geraumer Zeit in der Literatur diskutiert.[98] Der Landesgesetzgeber in NRW ist dem Regelungskonzept einer (sektorenspezifischen) Gleichstellung kommunaler Unternehmen mit solchen der Privatwirtschaft allerdings nur im Ansatz gefolgt. Letztlich steht auch § 107a GO NRW in starkem Kontext zu den bestehenden Vorschriften.[99] In Rheinland-Pfalz ist die im Gemeindewirtschaftsrecht unverändert vorhandene Negativklausel eine **tragende Norm** für die aus kommunaler Sicht so bedeutsame Entscheidung des RhPfVerfGH vom 28. 3. 2000 zur Verfassungskonformität der Einführung einer stringenten Subsidiaritätsklausel und einer Berichtspflicht der Kommunen über ihre wirtschaftlichen Beteiligungen.[100]

Für die kommunalen Unternehmen von durchaus existenzieller Bedeutung ist die Feststellung, dass die strengen **Zulässigkeitsvoraussetzungen** des § 85 Abs. 1 GemO RhPf **einschließlich der „echten" Subsidiaritätsklausel keine Geltung** beanspruchen für Unternehmen, die überwiegend Zwecken dienen, die § 85 Abs. 4 GemO RhPf als nichtwirtschaftlich fingiert. Sie sind umfassend von diesen Voraussetzungen freigestellt, auch insoweit, als sie rein tatsächlich Teil der kommunalen Wirtschaftstätigkeit sind. Dabei ist es gleich, ob es sich um pflichtige oder freiwillige Aufgabenerfüllung handelt. Ausdrücklich festgestellt wird dies für die Einrichtungen des Umweltschutzes, namentlich der Abfallentsorgung. Dabei mache es – so der RhPfVerfGH – keinen Unterschied, ob die betreffenden Aufgaben von den Kommunen als Pflichtaufgaben zu erledigen sind oder von ihnen freiwillig übernommen werden, wie dies etwa bei der Verwertung von Abfällen gewerblicher Herkunft der Fall ist. Zu der Frage, ob die stringente Subsidiaritätsklausel auch auf kommunale Unternehmen, die von der Fiktion der Negativklausel erfasst werden, ausgedehnt werden könnte, hat der VerfGH ausdrücklich nicht Stellung genommen mit der Begründung, dass der in dem konkreten Verfahren zu überprüfende § 85 Abs. 1 Nr. 3 GemO RhPf a.F. die fraglichen Bereiche der Daseinsvorsorge ausdrücklich von seiner Geltung ausnehme.[101] 73

Damit hat der RhPfVerfGH eine klare Leitlinie für die oftmals nur unter eingehender Würdigung der Verhältnisse des Einzelfalls mögliche Zuordnung eines Unternehmens zum „wirtschaftlichen" oder „nichtwirtschaftlichen" Bereich gegeben. Durch diese ist klargestellt, dass die Erweiterung des Betätigungsfeldes eines fiktiv „nichtwirtschaftlichen" kommunalen Unternehmens auch in den sog. „wirtschaftlichen" Bereich hinein ohne die Erfüllung der Kriterien der Schrankentrias zulässig ist und auch keine Änderung der Qualifizierung als „nichtwirtschaftliches Unternehmen" bewirkt, sofern es sich 74

[96] § 107 Abs. 2, 3 u. 4 GO NRW. Kritisch dazu *Rehn/Cronauge*, § 107a GO, Anm. I. 3.
[97] Vgl. LT-Drs. 15/27, S. 11.
[98] Vgl. *Burgi*, Neuer Ordnungsrahmen für die energiewirtschaftliche Betätigung der Kommunen, S. 41, 44 ff.; *Püttner*, DVBl. 2010, 1189 (1191 ff.), jeweils m. w. N.
[99] Darauf weisen *Rehn/Cronauge*, § 107a GO, Anm. I. 3. zu recht hin.
[100] RhPfVerfGH, NVwZ 2000, 801 ff.; unzutreffend *Britz*, NVwZ 2001, 380 ff. (383), die davon ausgeht, in RhPf seien die Daseinsvorsorgeaufgaben von der Subsidiaritätsklausel nicht mehr freigestellt.
[101] Vgl. RhPfVerfGH, NVwZ 2000, 801 ff. (802).

bei der Aufgabe als solcher nur um eine der in der Negativklausel genannten handelt und der Anteil der ausgeübten wirtschaftlichen Tätigkeit nicht den der fiktiv nichtwirtschaftlichen überwiegt.

75 Zum gleichen Ergebnis kommt die Rechtsprechung des OVG NRW zu § 107 Abs. 1 S. 1 GO NRW a.F. in einem Verfahren, in dem die Zulässigkeit der Vermietung des obersten Stockwerks eines Parkhauses durch eine kommunale Gesellschaft zum Betrieb eines Fitness-Studios zur Entscheidung stand.[102] Das Gericht erkennt auf die Zulässigkeit von Hilfs- und Nebengeschäften „wirtschaftlicher" Art zu Betätigungen, die dem fiktiv nichtwirtschaftlichen Bereich zuzuordnen sind. Für den **Begriff der wirtschaftlichen Betätigung** i. S. d. § 107 Abs. 1 GO NRW komme es nicht auf den Charakter jeder einzelnen wirtschaftlichen Handlung an. Der Begriff sei nämlich **betriebs-, und nicht handlungsbezogen**. Die Definition stelle ab auf den Betrieb eines Unternehmens, das in bestimmter Weise am Markt tätig wird, nicht auf die einzelne Tätigkeit des Herstellens, Anbietens oder Verteilens von Gütern oder Dienstleistungen. Daraus ergebe sich, dass es für die Zulässigkeitsschranken des § 107 Abs. 1 S. 1 GO NRW nur auf den Unternehmensgegenstand insgesamt ankomme, nicht aber im Wege atomisierender Betrachtung auf jede einzelne unternehmerische Handlung, die bei Gelegenheit der Verfolgung des Unternehmensgegenstandes vorgenommen wird.[103]

76 Grundlegende Bedeutung für die Entscheidung darüber, ob die fiktiv nichtwirtschaftliche Tätigkeit auch die angestrebte Hilfs- oder Nebentätigkeit erfasst, kommt nach Auffassung des OVG als Abgrenzungskriterium der Bestimmung des Unternehmenszwecks im Gesellschaftsvertrag oder in der Satzung zu. Entscheidend dafür, ob eine konkrete unternehmerische Tätigkeit den Schranken des § 107 Abs. 1 S. 1 GO NRW unterworfen ist oder ob sich die Zulässigkeit des Unternehmensgegenstandes ohne weiteres auf jene erstreckt, ist deshalb, ob sich das Unternehmen mit der in Rede stehenden Tätigkeit noch im Rahmen des Unternehmensgegenstandes bewegt. Auch § 107 Abs. 1 S. 3 GO NRW will nach Auffassung des OVG NW mit seinem betriebsbezogenen Begriff wirtschaftlicher Betätigung lediglich den Unternehmensgegenstand an die Beschränkungen des § 107 Abs. 1. S. 1 GO NRW binden, so dass erst eine Überschreitung dieses Unternehmensgegenstandes eine erneute Überprüfung auslöst. Begründet wird dies mit der im Gesellschaftsrecht anerkannten Zulässigkeit von Hilfs- und Nebengeschäften auch außerhalb des Unternehmensgegenstandes. Ausdrücklich erwähnt wird die Zulässigkeit der Wahrnehmung von Erwerbschancen außerhalb des Unternehmenszwecks zur Verhinderung des Brachliegens vorhandener Ressourcen der Gesellschaft oder zur besseren Auslastung eigener Einrichtungen, wobei allerdings der unternehmensgegenstandsfremde Geschäftsumfang der Haupttätigkeit untergeordnet bleiben muss. Die zu dieser Zulässigkeit führenden Wirtschaftlichkeitsgründe sieht das OVG NRW auch in den Bestimmungen der GO NRW über die wirtschaftliche Verwaltung von Vermögensgegenständen (§ 90 Abs. 2 S. 1 GO NRW) und die Haushaltswirtschaft (§ 75 Abs. 1 GO NRW) verankert. Damit ergebe sich auch aus der GO die Erlaubnis derartiger Nebengeschäfte bei kommunaler wirtschaftlicher Betätigung, ohne dass sie selbst den Schranken des § 107 Abs. 1 S. 1 GO NRW unterworfen wären.[104]

77 Die beiden dargestellten Entscheidungen sind ein Beleg für die unverändert große rechtliche Bedeutung der Fiktion der „nichtwirtschaftlichen" Betätigung kommunaler Unternehmen insbesondere für die Zulässigkeit **untergeordneter**, isoliert betrachtet **„wirtschaftlicher" Betätigungen**, ohne dass es auf die Beachtung oder Erfüllung der Kriterien für die Zulässigkeit wirtschaftlicher Betätigung ankäme.

---

102 OVG NRW, DVBl. 2004, 133 ff. (135 f.) m. Anm. *Schliesky*.

103 Vgl. OVG NRW, DVBl. 2004, 133 ff. (135); an dieser Auffassung hat der erkennende Senat auch unter der Geltung des zwischen 2007 und 2010 verschärften § 107 GO NRW festgehalten, vgl. OVG NRW vom 1.4.2008, 15 B 122/08, Rn. 45 (juris).

104 Zum Ganzen OVG NRW, DVBl. 2004, 133 ff. (135, 136).

Vor diesem Hintergrund ist darüber hinaus festzustellen, dass für die Erschließung neuer und ergänzender Betätigungsfelder (Annextätigkeiten) der kommunalen, fiktiv nichtwirtschaftlichen Unternehmen in all den Ländern, die in ihren Negativklauseln die privilegierten Aufgaben nicht gesetzespositivistisch aufgelistet haben, sondern lediglich allgemeine kommunale Aufgabenbereiche benennen, erheblich günstigere Rahmenbedingungen bestehen.

II. Allgemeine Zulässigkeit von kommunalen Unternehmen

1. Ausdrücklich verbotene Unternehmen – ausdrücklich gestattete Unternehmen

a) Ausdrücklich verbotene Unternehmen

Die Gemeindeordnungen verbieten den Gemeinden die Errichtung bzw. den Betrieb von **Bankunternehmen**. Dieses Verbot ist teilweise genereller Art,[105] andere hingegen formulieren ein grundsätzliches Verbot des Betreibens mit einem gesetzlichen Erlaubnisvorbehalt.[106] Soweit nach dem Wortlaut der Verbotsnorm nur der Betrieb untersagt wird, werden diese Bestimmungen allerdings gleichfalls dahingehend ausgelegt, dass neben dem Betrieb auch die Errichtung und die Beteiligung ausgeschlossen sein sollen.[107] 78

Banken sind Kreditinstitute und damit Unternehmen, die Bankgeschäfte i. S. d. in § 1 Abs. 1 Satz 2 Nrn. 1 bis 12 KWG aufgeführten Art betreiben, wenn der Umfang dieser Geschäfte einen in kaufmännischer Weise eingerichteten Gewerbebetrieb erfordert. Nicht als Kreditinstitute gelten nach § 2 KWG u. a. private und öffentliche Versicherungsunternehmen, Bausparkassen, anerkannte gemeinnützige Wohnungsbauunternehmen und unter bestimmten Voraussetzungen Unternehmen des Pfandleihgewerbes.[108] 79

Wie schon die DGO[109] wollen die Gemeindeordnungen der Länder die Kommunen insbesondere vor den wirtschaftlichen Risiken von Bankgeschäften schützen. Das bloße **Vermitteln von Bankgeschäften für Dritte** hingegen fällt nicht unter die Verbotsklausel, etwa der Abschluss von Bank-/Agenturverträgen mit der Deutschen Post AG.[110] 80

Auch der bloße Erwerb eines Mindestanteils an einer Genossenschaftsbank, um bei dieser ein Zahlungsverkehrskonto einzurichten oder um zu den für Mitglieder geltenden Konditionen Kredite zu erhalten, ist nicht von dem Verbot erfasst.[111] 81

Im Gegensatz zu dem Verbot von Bankgeschäften gilt nach allen Gemeindeordnungen etwas anderes für die Errichtung und den Betrieb öffentlicher **Sparkassen**. Diese Betätigungen sind nach den besonderen Bestimmungen der Landessparkassengesetze zulässig und unterliegen nicht den Bestimmungen des jeweiligen Gemeindewirtschaftsrechts. Begründet ist dies einerseits historisch, resultiert aber auch aus der Anbindung des Sparkassenauftrags an die Aufgaben des kommunalen Trägers, der Qualifizierung der Sparkassentätigkeit als Teil der kommunalen Daseinsvorsorge und aus der Rechtsstellung der Sparkassen als rechtsfähige Anstalten des öffentlichen Rechts.[112] Die Sparkassen betreiben zwar auch Bankgeschäfte, doch werden ihre Tätigkeiten durch die Sparkassengesetze dahin gehend modifiziert, dass sie besonders auf die öffentlichen, gemeinwohlorientierten bankwirtschaftlichen Aufgaben verpflichtet und grundsätzlich auf den Hoheitsbereich ihrer Trägerkörperschaft(en) beschränkt sind.[113] Merkmale der Sparkassen waren 82

[105] Vgl. nur Art. 87 Abs. 4 BayGO, § 85 Abs. 5 GemO RhPf, § 94a Abs. 5 SächsGemO.
[106] Vgl. § 102 Abs. 5 S. 1 GemO BW.
[107] *Kunze/Bronner/Katz*, § 102 GemO, Rn. 72.
[108] Näher *Kunze/Bronner/Katz*, § 102 GemO, Rn. 72 m. w. N.
[109] § 67 Abs. 3 DGO, oben Rn. 37.
[110] *Kunze/Bronner/Katz*, § 102 GemO, Rn. 72; vgl. auch *Schulz/Wachsmuth/Zwick*, Art. 87 BayGO, Anm. 6.1.
[111] Näher *Schulz/Wachsmuth/Zwick*, Art. 87 BayGO, Anm. 6.3.
[112] BVerfG, NVwZ 1995, 370 f.
[113] Näher *Kunze/Bronner/Katz*, § 102 GemO, Rn. 73 m. w. N.

seit jeher die Anstaltslast und die Gewährträgerhaftung der Errichtungskörperschaft(en). Aufgrund des Brüsseler Kompromisses vom 17.7.2001 zur Beilegung des EU-Bankenstreits, bei dem es ausgelöst durch Maßnahmen um die Westdeutsche Landesbank um die Unzulässigkeit der den Sparkassen bei der Refinanzierung aus der Anstaltslast und der Gewährträgerhaftung erwachsenden Wettbewerbsvorteile und um den Verstoß dieser Garantien gegen das EU-Wettbewerbsrecht ging, fand eine Neustrukturierung des Sparkassenwesens nach dem sog. Plattformmodell statt.

83 Dieses beinhaltet im Wesentlichen folgendes:

- Der öffentlich-rechtliche Charakter und die öffentlich-rechtliche Rechtsform bleiben ebenso bestehen wie der öffentliche Auftrag mit der Betonung des Gemeinwohls sowie die Zweistufigkeit von Sparkassen und Landesbanken.
- Die Gewährträgerhaftung ist zum 18.7.2005 weggefallen, die Kommunen bleiben aber Träger der Sparkassen. Die Anstaltslast wurde modifiziert, um sie in Einklang mit dem Beihilferecht der EU zu bringen. Für alle Geschäfte, die die Sparkassen bis zum 18.7. 2005 abgeschlossen haben, gilt für die volle Laufzeit noch die Gewährträgerhaftung, längstens aber bis zum 31.12.2015.
- Das Regionalprinzip, die dezentralen Strukturen in der Sparkassenorganisation und damit das Verbundprinzip in Verbindung mit dem Subsidiaritätsgrundsatz bleiben bestehen.

84 Die Sparkassengesetze der Bundesländer wurden vor diesem Hintergrund im Hinblick auf den 18.7.2005 eingehenden Novellierungen unterzogen.

b) Ausdrücklich gestattete Unternehmen

85 Ein ausdrücklicher Gestattungstatbestand ist den Gemeindeordnungen zu entnehmen, die durch eine **Negativklausel** bestimmte Unternehmen oder kommunale Tätigkeitsfelder als „nichtwirtschaftlich“ fingieren und damit von den einschränkenden Bestimmungen des jeweiligen Gemeindewirtschaftsrechts ausnehmen. Insoweit wird auf die Darstellung oben unter Rn. 55 – 77 verwiesen.

Sämtliche von der Fiktion erfassten Betätigungen nebst der untergeordneten Hilfs- und Nebentätigkeiten sind kommunalrechtlich zulässig.

2. Eingeschränkt gestattete Unternehmen

86 Alle nicht von den ausdrücklichen Gestattungstatbeständen der Gemeindeordnungen erfassten wirtschaftlichen Unternehmen der Kommunen unterliegen den aus den Gründen einer Beschränkung kommunaler wirtschaftlicher Betätigung im Interesse privater Anbieter oder zum Schutz der Kommunen vor zu großen wirtschaftlichen Risiken erlassenen restriktiven Regelungen, die als **Zugangsvoraussetzung zur wirtschaftlichen Betätigung** erfüllt sein müssen.[114]

Wie bereits dargestellt, handelt es sich i. d. R. um die bereits aus der DGO bekannte Schrankentrias[115] sowie das verfassungsrechtlich begründete Örtlichkeitsprinzip.

87 Eingeschränkt werden in allen Ländern **die Errichtung, die Übernahme und die wesentliche Erweiterung wirtschaftlicher Unternehmen** durch die Gemeinde. Auf die ausdrückliche Nennung dieser Tatbestände beschränken sich Niedersachsen, Rheinland-Pfalz und Schleswig-Holstein.[116] Auch das Saarland und Thüringen nennen diese, allerdings ohne die Einschränkung auf „wesentliche“ Erweiterungen, erfasst wird dort jede Erweiterung.[117]

---

[114] Vgl. *Gern*, KommJur 2004, 1 (2); zur Motivation der Gesetzgeber vgl. *Ruffert*, VerwArch 2001, 27 (29f.).
[115] Oben Rn. 38ff.
[116] § 136 Abs. 1 NKomVG, § 85 Abs. 1 GemO RhPf, § 101 Abs. 1 GO S-H.
[117] § 108 Abs. 1 KSVG, § 71 Abs. 2 ThürKO.

Andere Länder unterwerfen zusätzlich jede Beteiligung der Gemeinde an einem Unternehmen den Zulässigkeitsvoraussetzungen des Gemeindewirtschaftsrechts. Es sind dies Baden-Württemberg, Bayern, das Saarland und Sachsen.[118] 88

Die sächsische Regelung geht allerdings noch einen Schritt weiter und bezieht auch die Unterhaltung wirtschaftlicher Unternehmen ein.

Keine Nennung konkreter Tatbestände, die zur Anwendung der allgemeinen Zulässigkeitsschranken führen, enthalten die Gemeindeordnungen Hessens, Mecklenburg-Vorpommerns, Nordrhein-Westfalens und Sachsen-Anhalts. In Mecklenburg-Vorpommern ist ganz allgemein bestimmt: „Unternehmen der Gemeinde sind nur zulässig, wenn ...",[119] ähnlich ist die Regelung in Hessen und Sachsen-Anhalt: „Die Gemeinde darf sich ... wirtschaftlich betätigen, wenn ..."[120] Nordrhein-Westfalen formuliert: „Die Gemeinde darf sich zur Erfüllung ihrer Aufgaben wirtschaftlich betätigen, wenn ...",[121] um dann zu konkretisieren „Als wirtschaftliche Betätigung ist der Betrieb von Unternehmen zu verstehen, die ..."[122]

Dies verdeutlicht, dass die **Beschränkung** kommunaler wirtschaftlicher Betätigung **in den einzelnen Ländern unterschiedlich stark** ausgeprägt ist. 89

Den jeweiligen Restriktionen des Gemeindewirtschaftsrechts werden im Extremfall alle denkbaren Tatbestände wirtschaftlicher Tätigkeit unterworfen, insbesondere auch die Fortführung bestehender Unternehmen. Es handelt sich dann um einen permanenten Ansatz der Gemeindeordnung, der eine dauerhafte Beobachtung und Überprüfung während der gesamten Zeit des Betriebes eines Unternehmens vorsieht.

Das Saarland hat mit dem am 11.3.2004 verkündeten Gesetz Nr. 1532 vom 8.10. 2003[123] in § 108 Abs. 6 KSVG geregelt, dass die Gemeinden in regelmäßigen Abständen prüfen sollen, inwieweit wirtschaftliche Unternehmen materiell privatisiert werden können. Dabei ist privaten Dritten die Möglichkeit gegeben, darzulegen, ob und wie sie die dem öffentlichen Zweck dienende wirtschaftliche Betätigung ebenso gut und wirtschaftlich erfüllen können. Über das Ergebnis ist der Kommunalaufsicht zu berichten.

In Hessen haben die Gemeinden mindestens einmal in jeder Wahlzeit zu prüfen, inwieweit ihre wirtschaftliche Betätigung noch die Zulässigkeitsvoraussetzungen erfüllt und inwieweit die Tätigkeiten privaten Dritten übertragen werden können.[124]

Die absolute Mehrzahl der Länder beschränkt sich hingegen auf die Erfassung der Errichtung, der Übernahme und der (wesentlichen) Erweiterung wirtschaftlicher Unternehmen. Dies ist eine lediglich einmalige Betrachtungsweise, die nur bezogen auf den Zeitpunkt der jeweiligen Errichtungs-, Übernahme- oder Erweiterungsmaßnahme ansetzt. Bestehende Unternehmen dürfen bei dieser Ausgestaltung fortgeführt werden, auch wenn die Voraussetzungen der Restriktionsvorschrift (bspw. die Erfüllung der Subsidiaritätsklausel) nicht (mehr) gegeben sind.[125] 90

Ausdrückliche Ausnahmen von bestimmten Zulässigkeitsvoraussetzungen für zu bestimmten Stichtagen vorhandene wirtschaftliche Betätigungen regeln Bayern, Hessen und Nordrhein-Westfalen.[126]

Im Hinblick hierauf ist in jedem konkreten Einzelfall eine eingehende Prüfung des einschlägigen Landesrechts unumgänglich.

---

118 § 102 Abs. 1 GemO BW, Art. 87 Abs. 1 i.V. m. Abs. 3 BayGO, § 108 Abs. 1 KSVG, § 94a Abs. 1 Sächs GemO.

119 § 68 Abs. 2 GO M-V.

120 § 121 Abs. 1 HGO, § 128 Abs. 1 KVG LSA.

121 § 107 Abs. 1 S. 1 GO NRW.

122 § 107 Abs. 1 S. 3 GO NRW.

123 Amtsbl. Saarl. 2004, S. 594.

124 § 121 Abs. 7 HGO.

125 So zu § 85 Abs. 1 GemO RhPf ausdrücklich RhPfVerfGH, NVwZ 2000, 801 ff. (802).

126 Art. 87 Abs. 1 Satz 3 BayGO; § 121 Abs 1 S. 2 HGO; Art. XI § 1 Gesetz zur Stärkung der kommunalen Selbstverwaltung v. 9. Oktober 2007 (GV. NRW, S. 380), siehe auch *Wurzel,* Der Landkreis 2007, 576ff.

91 Von Interesse für die kommunale Praxis ist zudem, dass nicht überall sämtliche **Betriebsformen** wirtschaftlicher Betätigung gleichermaßen den jeweiligen Zulässigkeitsvoraussetzungen unterworfen werden. In verschiedenen Fällen erfassen die einschränkenden Regelungen nur die verselbständigten Betriebsformen (Eigenbetrieb, Anstalt/Kommunalunternehmen, privatrechtliche Gesellschaftsformen), nicht aber den Regiebetrieb.[127]

92 Ein Fall der **Errichtung** eines wirtschaftlichen Unternehmens liegt vor, wenn eine derartige Einrichtung bisher nicht existierte und die Gemeinde das Unternehmen neu begründet, d. h. rechtlich konstitutiv schafft und tatsächlich einrichtet. Umstritten ist, ob auch die bloße Ausgliederung bereits ausgeübter Tätigkeiten von einem Regiebetrieb auf eine rechtlich verselbständige Betriebsform hierunter fällt. Zumindest bei einer betriebsformbezogenen Ausgestaltung der Zulässigkeitsschranken ist dies durchaus diskutabel.[128] Hier wird es auf die jeweilige landesgesetzliche Ausgestaltung ankommen. Jedenfalls ist ein bloßer Rechtsformenwechsel im Wege der Gesamtrechtsnachfolge – z. B. die Umwandlung eines Eigenbetriebs in ein Kommunalunternehmen – keine „Errichtung" eines Unternehmens in o.g. Sinne, sodass die Prüfung der Schrankentrias entfällt. In dem Fall, dass ein Gründungsakt im eigentlichen Sinne nicht stattfindet, wie z. B. beim Regiebetrieb, wird eine wirtschaftstätigkeitsbezogene Bewertung der Einrichtung vorzunehmen sein.

93 Auch wenn die bisherigen Geschäftstätigkeiten in den bestehenden Betriebsanlagen durch funktional wesentlich andere ersetzt werden, kann darin eine Neuerrichtung zu sehen sein.[129] Die Angliederung eines neuen bedeutsamen Geschäftszweiges, durch den ein zusätzliches Betätigungsfeld eröffnet wird, ist hingegen als Erweiterung zu bewerten. Nur so ist der Weg zu einer Klärung anhand der vom RhPfVerfGH[130] und vom OVG NRW[131] formulierten Kriterien eröffnet, ob diese zusätzlichen wirtschaftlichen Aktivitäten ohne Einschränkungen zulässig sind oder den strengen Zulässigkeitsvoraussetzungen des Gemeindewirtschaftsrechts für wirtschaftliche Betätigungen unterliegen. Es bedarf insoweit nämlich einer weitergehenden Prüfung durch eine gesamtbetriebsbezogene, nicht aber atomisierend handlungsbezogene, Betrachtung, welche der ausgeübten Tätigkeiten (die bisherige, über die Negativklausel privilegierte oder die neue, wirtschaftliche) überwiegt bzw. ob der Unternehmensgegenstand des Gesamtunternehmens durch die hinzutretende Tätigkeit so verändert wird, dass der durch den Unternehmenszweck festgelegte Rahmen in einem Umfang verlassen wird, dass die unternehmensgegenstandsfremde neue Tätigkeit der Haupttätigkeit nicht mehr untergeordnet ist.

94 Eine **Übernahme** liegt dann vor, wenn ein vorhandenes, in fremder Trägerschaft befindliches Unternehmen in die unternehmerische Verantwortung der Gemeinde überführt wird. Dabei ist gleich, ob dies durch Kauf, Pacht, Tausch oder ein anderes Rechtsgeschäft erfolgt. Maßgeblich ist nur, dass die Gemeinde die Stellung des Unternehmensträgers erlangt.

95 Eine **Erweiterung** besteht darin, dass der Umfang und die Leistung eines bestehenden Unternehmens ausgedehnt werden. Dies kann durch investive Maßnahmen, durch personelle Aufstockung, die Erschließung zusätzlicher Geschäftsfelder und anderes mehr geschehen.[132] Ob die Erweiterung „wesentlich" ist, kann nur im Einzelfall anhand der jeweiligen individuellen Verhältnisse festgestellt werden. Eine allgemeine Festlegung ist nicht möglich.

---

127 Vgl. Art. 87 Abs. 1 i. V. m. Art. 86 BayGO, § 128 Abs. 1 KVG LSA; § 71 Abs. 1 und 2 ThürKO.

128 Vgl. Rn. 91; bejahend *Schulz/Wachsmuth/Zwick*, Art. 87 BayGO, Anm. 1.2.1 (m. w. N.) insbesondere unter Hinweis auf die neben die klassische Schrankentrias tretende weitere Zulässigkeitsvoraussetzung des Art. 87 Abs. 1 Satz 1 Nr. 3 BayGO, nach der „die dem Unternehmen zu übertragenden Aufgaben für die Wahrnehmung außerhalb der allgemeinen Verwaltung geeignet" sein müssen.

129 *Kunze/Bronner/Katz*, § 102 GemO Rn. 27 hingegen sehen diese Rechtsfolge als zwingend an.

130 RhPfVerfGH NVwZ 2000, 801 ff. (802).

131 OVG NRW, DVBl. 2004, 133 ff. (135 f.).

132 Vgl. *Kunze/Bronner/Katz*, § 102 GemO Rn. 29.

96 Der RhPfVerfGH sieht eine Erweiterung erst dann als wesentlich an, wenn die fraglichen Maßnahmen den Umfang oder die Leistungsfähigkeit eines Unternehmens i. S. einer räumlichen oder funktionellen Ausdehnung erheblich steigern,[133] so etwa, wenn Stadtwerke zusätzlich zur schon wahrgenommenen Stromversorgung auch die Gasversorgung übernehmen. Keine wesentliche Erweiterung wird ausdrücklich in bloßen Rationalisierungsmaßnahmen, wie der Verbesserung der Betriebseinrichtungen oder Arbeitsmethoden oder auch der Übernahme untergeordneter Annexaufgaben zum Unternehmensgegenstand gesehen. Soweit sich eine Unternehmenserweiterung wirtschaftlich gesehen und wegen des Sachzusammenhangs als bloße Ergänzung oder Abrundung der einem öffentlichen Zweck dienenden Hauptleistung darstellt und sie nicht behindert, ist sie von der öffentlichen Zweckbestimmung mit umfasst und ist somit als Unternehmenserweiterung nicht wesentlich. Das Kriterium für die Feststellung der Unwesentlichkeit der Erweiterung eines Unternehmens wird also ganz entscheidend in dem mit der Hauptbetätigung verfolgten öffentlichen Zweck und dessen Reichweite gesehen. Hierauf wird bei der Darstellung der einzelnen Bestandteile der Schrankentrias zurückzukommen sein.

Eine unwesentliche Unternehmenserweiterung ist danach z. B. die Erweiterung des Energieversorgungsangebots von Stadtwerken zur Abrundung durch Zusatzdienste wie Beratung oder Installation zu einer wettbewerbsfähigen Gesamtleistung.[134]

97 An den dargestellten Maßstäben des RhPfVerfGH sind auch andere Versuche der definitorischen **Unterscheidung wesentlicher von unwesentlichen Unternehmenserweiterungen** zu messen, wie etwa die Anknüpfung der Wesentlichkeit einer Unternehmenserweiterung an eine mit dem Auftritt auf dem Markt verbundene Übernahme einer neuen Aufgabe.[135] Soweit diese nicht nur in der ausdrücklichen Änderung der Betriebssatzung, sondern auch in der faktischen Übernahme der neuen Aufgabe gesehen werden können soll,[136] kann dem zugestimmt werden. Im Übrigen bedarf es aber der Prüfung der Reichweite der Legitimationswirkung des mit der Haupttätigkeit verfolgten öffentlichen Zwecks und des evtl. Charakters einer bloß marktgerechten Abrundung der bisherigen Tätigkeit durch die neu angebotene Leistung.

98 Die Grenze des Zulässigen wird danach bestimmt, ob die Leistung des Unternehmens selbst, d. h. sein Dienstleistungs- und Güterangebot unmittelbar dem Wohl der Allgemeinheit dient, insbesondere einen Versorgungsbedarf deckt. Mit einer erwerbswirtschaftlich geprägten, gewinnorientierten Nebentätigkeit zu einer von einem öffentlichen Zweck getragenen Haupttätigkeit erzielte Gewinne sind nur insoweit zulässig, wenn dadurch vorhandene, sonst brachliegende, aber noch benötigte Kapazitäten genutzt werden. Dauernd entbehrlich gewordene Kapazitäten dürfen aber nicht aufrechterhalten oder gar neu aufgebaut werden, um außerhalb des öffentlichen Unternehmenszwecks Gewinne zu erwirtschaften.[137]

Hessen und Brandenburg haben in ihremGemeindewirtschaftsrecht ausdrückliche allgemeine Regelungen über die Zulässigkeit von Nebenleistungen getroffen.[138] In Hessen sind mit einer wirtschaftlichen Betätigung verbundene Tätigkeiten, die üblicherweise im Wettbewerb zusammen mit der Haupttätigkeit erbracht werden, ebenfalls zulässig; allerdings sollen mit der Ausführung private Dritte beauftragt werden, soweit dies nicht unwirtschaftlich ist. Nach der 2012 neu gefassten Bestimmung in Brandenburg sind diese Nebenleistungen (Annextätigkeiten) zulässig, wenn der öffentliche Hauptzweck nicht beeinträchtigt wird; mit deren Durchführung sollen private Anbieter beauftragt werden, es sei denn, dies ist mit berechtigten Interessen der Gemeinde oder des Unternehmens nicht vereinbar. Daneben ist die Erbringung sogenannter Randnutzungen, also von

---

133 RhPfVerfGH NVwZ 2000, 801 ff. (802 m. w. N.).
134 RhPfVerfGH NVwZ 2000, 801 (803).
135 *Stehlin*, NVwZ 2001, 645 (646).
136 *Stehlin*, NVwZ 2001, 645 ff. (646).
137 RhPfVerfGH NVwZ 2000, 801 (803); *Ehlers*, NVwZ 1998, 497 (500).
138 § 121 Abs. 4 HGO, § 91 Abs 5 BbgKVerf.

Nebenleistungen zur Ausnutzung bestehender, sonst brachliegender Kapazitäten bei der Gemeinde oder dem Unternehmen ausdrücklich zugelassen. Bemerkenswert sind die in Nordrhein-Westfalen, Sachsen-Anhalt und Thüringen neu eingeführten Regelungen zur Zulässigkeit von Nebenleistungen, die bereichsspezifisch ausgestaltet sind und entweder beim öffentlichen Zweck oder im Rahmen der Subsidiaritätsklausel ansetzen.[139]

a) Die allgemeinen Zulässigkeitsvoraussetzungen (Schrankentrias)

99 Nach den Gemeindeordnungen der Länder[140] sind als Zulässigkeitsvoraussetzungen kommunaler Wirtschaftstätigkeit regelmäßig **drei Kriterien**, die sog. **Schrankentrias**, zu erfüllen. Diese sind schlagwortartig zu bezeichnen mit

- öffentlicher Zweck,
- Leistungsfähigkeitsbezug und
- Subsidiaritätsklausel.

100 **aa) Der öffentliche Zweck.** Grundvoraussetzung wirtschaftlicher Betätigung der Kommunen ist nach den Gemeindeordnungen aller Länder die damit verfolgte Erfüllung eines öffentlichen Zwecks. Der öffentliche Zweck ist die zentrale kommunalrechtliche Legitimationsgrundlage für die Kommunalwirtschaft. Sein Erfordernis legt die Kommunalwirtschaft auf Gemeinwohlbelange fest.[141]

101 Die meisten Kommunalverfassungen fordern als Zulässigkeitsvoraussetzung, dass die wirtschaftliche Betätigung **durch einen öffentlichen Zweck gerechtfertigt** ist.[142] Einige Länder gehen darüber hinaus und verlangen, dass **der öffentliche Zweck die wirtschaftliche Betätigung erfordert**.[143]

In Nordrhein-Westfalen wurde das 2007 eingeführte Tatbestandsmerkmal „dringend" mit Gesetz zur Revitalisierung des Gemeindewirtschaftsrechts vom 21.12.2010 wieder abgeschafft. Die Bedeutung des bereits zuvor bis 1999 bestehenden Dringlichkeitserfordernisses war ohnehin zweifelhaft.[144]

Soweit Gemeindeordnungen verlangen, dass der öffentliche Zweck die wirtschaftliche Betätigung erfordert, bedeutet dies eine gesteigerte Anforderung im Sinne einer Bedürfnisprüfung. Eine allgemeine Gemeinwohldienlichkeit der Betätigung ist in diesen Fällen nicht ausreichend. Der in der Literatur vertretenen Auffassung, wonach die Zulässigkeit kommunalwirtschaftlicher Betätigung insoweit neben der Feststellung eines öffentlichen Zwecks vom Vorliegen unzureichender Marktergebnisse, deren Behebung durch die Betätigung angestrebt wird, abhängig sei,[145] ist aus Gründen der Systematik der Schrankentrias abzulehnen. Damit würde nämlich ein Teil der Prüfung der im Rahmen der Schrankentrias als selbständiges Kriterium zu beachtenden Subsidiaritätsklausel bereits in die Gemeinwohlbestimmung und in den öffentlichen Zweck verlagert. Erwähnenswert ist in diesem Zusammenhang die Regelung in § 91 Abs. 3 Satz 3 BbgKVerf. Grundsätzlich genügt in Brandenburg die Rechtfertigung der Betätigung durch einen öffentlichen Zweck; kann die Gemeinde allerdings begründen, dass sie eine wirtschaftliche Betätigung im öffentlichen Interesse für erforderlich hält, entfallen die Prüfung der Funktionssperre und Vergleichsberechnungen zur Wirtschaftlichkeit.[146]

---

[139] § 128 Abs. 2 Satz 2 KVG LSA, § 107a Abs. 2 GO NRW, § 71 Abs. 2 Nr. 4 Halbs. 2 ThürKO; vgl. auch § 108 Abs. 3 Sätze 1 und 2 KSVG. Sh. dazu unten Rn. 103, 109 ff.

[140] Oben Rn. 38 ff.

[141] *Ehlers*, DVBl. 1998, 497 (498).

[142] § 102 Abs. 1 Nr. 1 GemO BW, § 91 Abs. 2 Nr. 1 BbgKVerf, § 121 Abs. 1 Satz 1 Nr. 1 HGO, § 68 Abs. 2 Satz 1 Nr. 1 KV M-V, § 136 Abs. 1 Satz 2 Nr. 1 NKomVG, § 85 Abs. 1 Satz 1 Nr. 1 GemO RhPf, § 108 Abs. 1 Nr. 1 KSVG, § 94a Abs. 1 Satz 1 Nr. 1 SächsGemO , § 128 Abs. 1 Satz 1 Nr. 1 KVG LSA, § 101 Abs. 1 Nr. 1 GO S-H; § 71 Abs. 2 Nr. 1 ThürKO.

[143] Art. 87 Abs. 1 Satz 1 Nr. 1 BayGO, § 107 Abs. 1 Satz 1 Nr. 1 GO NRW.

[144] Vgl. zum Ganzen *Wellmann,* NWVBl. 2007, 1 (6); *Rehn/Cronauge*, § 107 GO, Anm. III. 2.

[145] So aber *Hösch*, DÖV 2000, 393 (400).

[146] Ausweislich der Gesetzesbegründung steht der Gemeinde dabei ein weiter Beurteilungsspielraum zu, vgl. LT-Drs. 5/3023, S. 5.

Besonderheiten in Bezug auf das Kriterium des öffentlichen Zwecks bestehen mittlerweile in zahlreichen Gemeindeordnungen, so in Bayern, Brandenburg, Mecklenburg-Vorpommern, Nordrhein-Westfalen, Rheinland-Pfalz, Sachsen-Anhalt und Schleswig-Holstein sowie im Saarland. Art. 87 Abs. 1 S. 2 BayGO, § 91 Abs. 2 Nr. 1 BbgKVerf, § 68 Abs. 2 Satz 2 KV M-V und § 108 Abs. 3 S. 3 KSVG enthalten eine Negativabgrenzung des öffentlichen Zwecks, indem festgelegt wird, dass alle Tätigkeiten oder Tätigkeitsbereiche, mit denen die Gemeinde oder ihre Unternehmen an dem vom Wettbewerb beherrschten Wirtschaftsleben teilnehmen, um Gewinn zu erzielen, keinem öffentlichen Zweck entsprechen. Das Saarland regelt aber zugleich positiv, dass durch den öffentlichen Zweck auch gerechtfertigt sind Tätigkeiten, die üblicherweise im Wettbewerb zusammen mit der Haupttätigkeit erbracht werden; mit der Ausführung dieser Tätigkeiten sollen die Unternehmen aber private Dritte beauftragen.[147] Eine Besonderheit ist die saarländische Bestimmung für Unternehmen, an denen auch private Dritte beteiligt sind, nach der bei diesen ausreichend ist, wenn ein Anteil von Leistungen an der Gesamtleistung des Unternehmens, der der Höhe der kommunalen Beteiligung entspricht, durch den öffentlichen Zweck gerechtfertigt ist. 102

In Bayern enthält Art. 87 Abs. 1 Satz 1 Nr. 1 GO darüber hinaus eine **inhaltliche Konkretisierung** des „öffentlichen Zwecks“, indem beispielhaft auf die Erfüllung der in Art. 83 Abs. 1 der Bayerischen Verfassung und Art. 57 BayGO genannten, insbesondere die Daseinsvorsorge betreffenden Aufgaben hingewiesen wird. Damit wird für zahlreiche gemeindliche Aufgabenstellungen der öffentliche Zweck bereits kraft Gesetzes unterstellt.[148] 103

Sachsen-Anhalt normiert zunächst in § 128 Abs. 2 Satz 1 KVG LSA ausdrücklich, dass Betätigungen in den Bereichen Strom-, Gas-, Wärme- und Wasserversorgung, Abfallentsorgung und Abwasserbeseitigung, Wohnungswirtschaft und öffentlicher Verkehr einem öffentlichen Zweck dienen und unter der Voraussetzung, dass die Betätigungen in einem angemessenen Verhältnis zur Leistungsfähigkeit der Gemeinde und zum voraussichtlichen Bedarf stehen, zulässig sind. Des Weiteren regelt Sachsen-Anhalt im Zusammenhang mit dem öffentlichen Zweck auch die Zulässigkeit von Annextätigkeiten für alle diese Tätigkeitsbereiche. In § 128 Abs. 2 Satz 2 KVG LSA wird ausdrücklich bestimmt, dass mit den in Satz 1 genannten Tätigkeiten verbundene Dienstleistungen zulässig sind, wenn ihnen im Vergleich zum Hauptzweck untergeordnete Bedeutung zukommt und der Zweck nicht besser und wirtschaftlicher durch einen anderen erfüllt wird oder erfüllt werden kann; d. h., insoweit gilt nur eine einfache Funktionssperre.[149]

Nordrhein-Westfalen ist dieser Systematik 2010 in einer eigens für die **energiewirtschaftliche Betätigung** geschaffenen **Sonderregelung** gefolgt. Nach § 107a Abs. 1 GO NRW wird für die wirtschaftliche Betätigung in den Bereichen der Strom-, Gas- und Wärmeversorgung der öffentliche Zweck ebenfalls fingiert; sie ist zulässig, wenn sie nach Art und Umfang in einem angemessenen Verhältnis zur Leistungsfähigkeit der Gemeinde steht.[150] Die Prüfung der Subsidiaritätsklausel entfällt. Die Erbringung mit diesen Betätigungen unmittelbar verbundener Dienstleistungen ist zulässig, wenn sie den Hauptzweck fördern; die Gemeinde hat allerdings sicher zu stellen, dass bei der Erbringung dieser Dienstleistungen die Belange kleiner Unternehmen, insbesondere des Handwerks, berücksichtigt werden.[151]

Auch der rheinland-pfälzische Gesetzgeber hat jüngst eine (weitere) Sonderregelung für den Bereich der Energieversorgung (Elektrizität, Gas, Wärme) getroffen: Die Errich-

---

147 § 108 Abs. 3 S. 1 KSVG.

148 Vgl. *Schulz/Wachsmuth/Zwick*, Art. 87 BayGO, Anm. 1.3.1.

149 Die Ausdehnung der Funktionssperre auf Annextätigkeiten in allen genannten Tätigkeitsbereichen erfolgte durch das 4. Gesetz zur Änderung der Gemeindeordnung vom 30.11.2011 (GVBl. S. 814); zuvor war dies auf die mit den Tätigkeiten Strom-, Gas- und Wärmeversorgung verbundenen Dienstleistungen beschränkt, im Übrigen galt eine echte Subsidiaritätsklausel.

150 Vgl. oben Rn. 72.

151 § 107a Abs. 2 GO NRW. Zu den gesetzlichen Bestimmungen über die Zulässigkeit von Nebenleistungen in Brandenburg und Hessen s. o. Rn. 98; allgemein dazu unten Rn. 109 ff.

tung, Übernahme oder wesentliche Erweiterung eines wirtschaftlichen Unternehmens in diesem Betätigungsfeld ist stets durch einen öffentlichen Zweck gerechtfertigt; zudem wird – wie in Nordrhein-Westfalen – lediglich ein Leistungsfähigkeitsbezug gefordert und auf den Nachweis eines bestimmten Bedarfs innerhalb der Gemeinde verzichtet. Dies gilt allerdings nicht für die künftige Beteiligung eines wirtschaftlichen Unternehmens der Gemeinde an Anlagen zur Energieerzeugung aus fossilen Energieträgern und Kernbrennstoffen. Davon ausgenommen sind aber erdgasbasierte Kraftwerke als hocheffiziente GuD-Anlagen, im Rahmen der Kraft-Wärme-Kopplung oder als Erzeuger von Regel- und Ausgleichsenergie für einen stabilen Betrieb des elektrischen Netzes.[152] Nach den bereits 2009 erfolgten Erleichterungen durch Abschaffung der Subsidiaritätsklausel für die kommunale Energieversorgung und die Lockerung des Örtlichkeitsprinzips soll damit der Ausbau der dezentralen Energieerzeugung aus erneuerbaren Energieträgern im Rahmen der Energiewende weiter gefördert werden.[153]

§ 101 Abs. 1 Nr. 1 GO S-H enthält als Besonderheit den Zusatz, dass die Erfüllung des öffentlichen Zwecks im Vordergrund der Unternehmung stehen muss.

104 Die Leistungen und Lieferungen der kommunalen Unternehmen müssen im Aufgabenbereich der Gemeinde liegen und eine im öffentlichen Interesse gebotene Versorgung der Einwohner zum Ziel haben. In diesem Sinne ist **jede gemeinwohlorientierte, im öffentlichen Interesse der Einwohner liegende Zielsetzung**, also die Wahrnehmung einer sozial-, gemeinwohl- und damit einwohnernützigen Aufgabe ein öffentlicher Zweck. Der Begriff ist nicht eng auf die klassische Versorgung der Einwohner mit Elektrizität, Gas und Wasser zu beziehen oder auf den Bereich der Daseinsvorsorge zu beschränken, sondern für die Bedürfnisprüfung der Einwohner und der Gemeinde kommen Leistungen und Lieferungen auf den verschiedensten Lebens- und Aufgabengebieten in Betracht.[154] Die Gemeinwohlbelange lassen sich nicht umfassend umschreiben,[155] in Betracht kommen aber z. B. neben der klassischen kommunalen Daseinsvorsorge die örtliche Infrastruktur, der soziale Wohnungsbau, städtebauliche Entwicklungs- und Sanierungsmaßnahmen, sozial- und umweltpolitische Aufgaben sowie in gewissem Umfang auch kommunale Wirtschaftsförderungs- und Arbeitsmarktaktivitäten.[156]

105 Soweit gefordert wird, dass der öffentliche Zweck nicht ohne weiteres mit jeglichen Versorgungsbedürfnissen der Einwohner gleichgesetzt werden dürfe, sondern zusätzliche Umstände vorliegen müssten, die die Aufgabe zu einer öffentlichen Gemeindeaufgabe machen und deshalb ein kommunales Unternehmen rechtfertigen,[157] ist dem zuzustimmen. Allerdings birgt diese Feststellung das Problem der Notwendigkeit einer Abgrenzung dieser öffentlichen Gemeindeaufgaben zu den Bedürfnisbefriedigungen, die ohne weiteres von privaten Anbietern erfüllt werden können. Insofern kommt dem Begriff der Daseinsvorsorge und seiner Entwicklung für die Auslegung der einschlägigen Bestimmungen der Gemeindeordnungen wiederum eine wesentliche Bedeutung zu.

106 Daseinsvorsorge ist ein Verwaltungszweck der leistenden Verwaltung, durch den Bedürfnisse befriedigt werden sollen, die durch die Hilfsquellen des Begünstigten oder durch die Arbeitsweise des Marktes nicht hinreichend befriedigt werden würden. Unter Bezugnahme auf den Sozialstaat des Grundgesetzes wird bei Bewertung der jeweiligen kommunalen Betätigung zu berücksichtigen sein, ob die lebensnotwendigen Bedürfnisse der Bevölkerung mit Mitteln, die krisenfest sind, befriedigt werden. Auch ist die dauernde und ungestörte Versorgung der Bevölkerung unbedingt sicherzustellen und die

[152] § 85 Abs. 1 Sätze 2 bis 4 GO RhPf n. F., angefügt durch das 2. Landesgesetz zur Änderung der Gemeindeordnung vom 20.12.2013 (GVBl. S. 538).

[153] Vgl. die Gesetzesbegründung in LT-Drs. 16/2382.

[154] Vgl. BVerwG vom 22.2.1972, I C 24.69, Rn. 17; OVG LSA vom 17.2.2011, 2 L 126/09, Rn. 32 f.; OVG NRW vom 1.4.2008, 15 B 122/08, Rn. 70 (alle juris). *Kunze/Bronner/Katz*, § 102 GemO, Rn. 33; *Rehn/Cronauge* § 107 GO, Anm. III. 3.; *Cronauge*, Der Gemeindehaushalt 1998, 131 ff. (133).

[155] *Ehlers*, DVBl. 1998, 497 (498).

[156] *Kunze/Bronner/Katz*, § 102 GemO, Rn. 33.

[157] *Kunze/Bronner/Katz*, § 102 GemO, Rn. 33 m. w. N.

Leistungen müssen zu sozial gerechtfertigten Bedingungen erbracht werden.[158] Diese Kriterien sind auch zur Ermittlung des öffentlichen Zwecks bei kommunalwirtschaftlichen Betätigungen außerhalb der klassischen Daseinsvorsorge heranzuziehen.

Angesichts der auch danach verbleibenden Unsicherheiten einer positiven Bestimmung der öffentlichen Zwecksetzung dürfte sich aber häufig anbieten, eine negative Abgrenzung vorzunehmen. Stets muss nämlich die Leistung des Unternehmens selbst, sein Güter- oder Dienstleistungsangebot unmittelbar und nicht nur mittelbar sein Gewinn, Ertrag oder eine sonstige Nebenwirkung, z. B. beschäftigungspolitischer Art, unmittelbar dem Wohl der Gemeindebürger dienen, insbesondere einen Versorgungsbedarf decken. Rein erwerbswirtschaftlich-fiskalische Unternehmen der Gemeinden sind nicht zulässig.[159] Der öffentliche Zweck ist also gemeinwohldienlich, einwohnernützig und gemeindebezogen zu bestimmen.[160] 107

Als Kriterien oder Indizien für das Vorliegen eines öffentlichen Zwecks können herangezogen werden die mit der kommunalwirtschaftlichen Betätigung verfolgte Sicherung des Bedarfs der Gemeinde und besonders ihrer Einwohner, des ortsansässigen Gewerbes und der Industrie mit öffentlichen Versorgungs- und Dienstleistungen, Unterstützung der gemeindlichen Entwicklungs- und Bauleitplanung, der Siedlungspolitik und der Stadterneuerung, die Berücksichtigung sozialer Belange und Bedürfnisse der Leistungsempfänger (z. B. die Festsetzung angemessener, sozial tragbarer Entgelte und Tarife), die Wahrung des Einflusses auf die örtliche Versorgung gegenüber Großunternehmen sowie die Überwachung örtlicher Monopole zur Verhinderung von Missbräuchen durch überhöhte Preise und ungünstige Bedingungen, Beseitigung sozialer und anderer unzuträglicher Missstände, Notwendigkeit objektiver und neutraler Aufgabenwahrnehmung und vieles mehr.[161] 108

Zunehmende Bedeutung wird bereits in diesem Zusammenhang der Frage des **Bedarfs der Gemeinde und besonders ihrer Einwohner** beigemessen, insbesondere im Hinblick auf die Vergabe von Konzessionsverträgen für die Stromversorgung an Stadtwerke und die Errichtung von Anlagen zur **Energieerzeugung** bzw. Beteiligung an Energieerzeugungsunternehmen. Entscheidend ist dabei die konkrete Ausgestaltung des Landesrechts. So hat beispielsweise das OVG Schleswig in Bezug auf § 101 Abs. 1 Nr. 1 GO S-H[162] ausgeführt, dass eine gemeindliche Beteiligung an einem Windpark jedenfalls dann dem öffentlichen Zweck der Daseinsvorsorge in ihrem Gebiet zuzuordnen sei, solange und soweit tatsächlich eine ausschließliche oder zumindest deutlich vordergründige Vermarktung des erzeugten Windstroms unmittelbar an die Gemeindeeinwohner im Gemeindegebiet erfolgt. Unter diesen Bedingungen schade es auch nicht, wenn in gewissen Maßen eine Netzeinspeisung nach EEG, die im Verhältnis vernehmlich hinter dem Direktvermarktungsanteil zurückbleiben müsse, stattfindet und auf diese Weise Ertragseinnahmen im Wege der garantierten Einspeisevergütung erzielt werden.[163] Nach Auffassung des Bayerischen Staatsministeriums des Innern kann der gemeindliche Bedarf bei der Versorgung über überörtliche und liberalisierte Netzstrukturen dagegen nur auf der Grundlage eines rechnerischen Bedarfs mengenmäßig umrissen werden. Die für die Erfüllung der gemeindlichen Versorgungsaufgabe zulässige und maßgebliche Energie-

---

158 *Bulla*, DVBl. 1975, 643 (648) unter Bezugnahme auf *Badura*.

159 BVerfG vom 8.7.1982, 2 BvR 1187/80, Rn. 69; RhPfVerfGH NVwZ 2000, 801 (803); *Badura*, DÖV 1998, 818 (821).

160 *Kunze/Bronner/Katz*, § 102 GemO, Rn. 33 m. w. N.

161 *Kunze/Bronner/Katz*, § 102 GemO, Rn. 34 m. w. N.

162 Danach ist die wirtschaftliche Betätigung zulässig, wenn ein öffentlicher Zweck, dessen Erfüllung im Vordergrund der Unternehmung stehen muss, das Unternehmen rechtfertigt.

163 OVG Schleswig vom 11.7.2013, 2 LB 32/10, Rn. 87 ff., insbes. 98 (juris); auf eine genaue Abgrenzung kam es letztlich nicht an, weil die Gemeinde von vornherein keine „belastbare Analyse der tatsächlichen Bedarfslage im örtlichen Versorgungsgebiet" vorweisen konnte und im Übrigen auch das Vorliegen des Leistungsfähigkeitsbezug und des voraussichtlichen Bedarfs gemäß § 101 Abs. 1 Nr. 2 GO S-H verneint wurde (vgl. Rn. 99 ff.).

menge bestimme sich daher nicht nach der tatsächlichen Abnahme vom kommunalen Energieerzeuger durch Kunden im Gemeindegebiet, sondern errechne sich aus dem im Gemeindegebiet bestehenden (fiktiven) Gesamtenergiebedarfs unter Einbeziehung aller Energieerzeugungsarten. Eine Auslastung vorhandener Anlagen aus Rentabilitätsgründen könne gewisse Überschreitungen dieses Bedarfs rechtfertigen, solange nicht von vornherein Überkapazitäten aufgebaut würden. Betätigt sich die Gemeinde über den örtlichen Bedarf hinaus, läge die Vermutung einer vorrangigen, nicht vom öffentlichen Zweck gedeckten und damit unzulässigen Gewinnerzielung nahe.[164] In Nordrhein-Westfalen stellt sich diese Frage dagegen nicht, weil bereits der Gesetzgeber unterstellt, dass die Versorgung mit Strom, Gas und Wärme schon vom Grundsatz her einem öffentlichen Zweck dient und als einzige Zulässigkeitsvoraussetzung der Leistungsfähigkeitsbezug bleibt.[165] Auch in Sachsen-Anhalt und Rheinland-Pfalz wird insoweit ein öffentlicher Zweck fingiert, Sachsen Anhalt verlangt allerdings zusätzlich, dass die energiewirtschaftliche Betätigung nach Art und Umfang in einem angemessenen Verhältnis zum voraussichtlichen Bedarf steht.[166]

109 Nicht ausgeschlossen ist damit aber, dass die Gemeinde mit einer **Nebentätigkeit** zu einer von einem öffentlichen Zweck getragenen Haupttätigkeit Gewinne erzielt, wenn sie dadurch vorhandene, sonst brachliegende, aber noch benötigte Kapazitäten ausnutzt.[167] In § 91 Abs. 5 Nr. 2 BbgKVerf wird dies ausdrücklich klargestellt; danach dürfen Nebenleistungen im Rahmen der wirtschaftlichen Betätigung erbracht werden, die der Ausnutzung bestehender, sonst brachliegender Kapazitäten bei der Gemeinde oder dem Unternehmen dienen.[168] Dauernd entbehrlich gewordene Kapazitäten dürfen jedoch nicht aufrechterhalten oder gar neue Kapazitäten aufgebaut werden, um außerhalb des öffentlichen Unternehmenszwecks Gewinne zu erwirtschaften.[169]

110 Die Kriterien, die maßgeblich sind für die Qualifizierung einer kommunalwirtschaftlichen Betätigung als „nichtwirtschaftlich“ oder „wirtschaftlich“ und nach denen die Zulässigkeit von Annextätigkeiten „nichtwirtschaftlicher“ Unternehmen im „wirtschaftlichen“ Bereich zu bewerten ist, finden somit ebenfalls Anwendung bei der Feststellung des Vorliegens eines öffentlichen Zwecks und dessen Reichweite.[170]

Wesentlich ist auch insoweit, dass die kapazitätsauslastende Tätigkeitserweiterung im Hinblick auf das Erfordernis des öffentlichen Zwecks nur dann erlaubt ist, wenn sie im Dienste der ursprünglichen, vom öffentlichen Zweck getragenen Tätigkeit steht; das setzt jedenfalls voraus, dass die neue der ursprünglichen Tätigkeit quantitativ nachgeordnet ist.[171]

111 Für die kommunalen Unternehmen ist weiterhin von Bedeutung, inwieweit eine Erweiterung der angebotenen Leistungen über das bisherige Angebotsspektrum hinaus zulässig ist. Es handelt sich insoweit nicht um den Fall der Ausnutzung bereits vorhandener Kapazitäten, sondern um die Schaffung einer Kapazitätserweiterung.

Der RhPfVerfGH hat sogar vor dem Hintergrund der zum Entscheidungszeitpunkt umfassend geltenden stringenten Subsidiaritätsklausel in Rheinland-Pfalz hierzu festgestellt, dass die **marktgerechte Ergänzung der angestammten Tätigkeitsfelder kommunaler Unternehmen** zulässig ist, soweit es sich um unwesentliche Erweiterungen handelt. Ausdrücklich „unwesentlich“ und vom öffentlichen Zweck umfasst sei es, wenn Stadtwerke ihr Energieversorgungsangebot durch Zusatzdienste wie Beratung und Instal-

---

164 Schreiben des Bayerischen Staatsministeriums des Innern vom 31.7.2012, IB3-3321-7, S. 2f.

165 § 107a Abs. 1 und 3 GO NRW. Dazu *Rehn/Cronauge*, § 107a GO, Anm. II. 2., IV. 1. und 2.

166 § 128 Abs. 2 Satz 1 i.V.m. Abs. 1 Satz 1 Nr. 2 KVG LSA; § 85 Abs. 1 Satz 2 (bis 4) GemO RhPf.

167 Vgl. *Schink*, NVwZ 2002, 129 (134), der zwischen Gewinnmitnahme, Randnutzung und Annextätigkeit differenziert.

168 Neu gef. durch Gesetz vom 9.1.2012, GVBl. S. 1; vgl. auch die Begr. in LT-Drs. 5/3023, S. 8.

169 RhPfVerfGH, NVwZ 2000, 801 (803); BVerwG NJW 1989, 2409; a.A. OLG Hamm, NJW 1998, 3504 (Gelsengrün); vgl. *Britz*, NVwZ 2001, 380 (384).

170 Vgl. oben Rn. 71–77.

171 *Britz*, NVwZ 2001, 380 (384).

lation zu einer wettbewerbsfähigen Gesamtleistung abrunden.[172] Damit wird ausdrücklich der Stagnation kommunaler Unternehmen (KU) eine Absage erteilt. Dies ist auch sachgerecht, denn wollte man dem KU verbieten, sich am Wettbewerb um die Erbringung von Gesamtleistungen zu beteiligen, könnte es auch seine einem öffentlichen Zweck dienende Hauptaufgabe nicht mehr erfüllen und müsste zum Nachteil der Verbraucher und Kunden, die vom wirksamen Wettbewerb profitieren, aus dem Markt ausscheiden.[173]

In der Literatur wird vor dem Hintergrund der zunehmend dramatischeren Finanznot kommunaler Haushalte – die sowohl hinsichtlich der Rasanz ihrer Steigerung als auch der absoluten Höhe der aufgelaufenen Altschulden und der aktuellen operativen Defizite noch vor wenigen Jahren unvorstellbare Dimensionen angenommen hat – verschiedentlich die Auffassung vertreten, der Aspekt der **Gewinnerzielung** durch wirtschaftliche Betätigung müsse eine andere Gewichtigkeit als früher erfahren.[174] Das in der kommunalen Selbstverwaltungsgarantie mitenthaltene Recht auf eine angemessene Finanzausstattung garantiere den Kommunen in einer Situation kommunaler Unterfinanzierung die Ausschöpfung aller nicht hoheitlichen Einnahmequellen, zu denen auch die Erzielung von Gewinnen durch rein erwerbswirtschaftliche Betätigung gehöre.[175] 112

In einer Situation kommunaler Unterfinanzierung wegen zu geringer Steuereinnahmen und unzureichender Landeszuweisungen aus dem Finanzausgleich wird eine Lösung zum Teil in einer Anwendung der Regeln des strafrechtlichen Notstands gesucht, wobei bei der Wahl, entweder die haushaltsrechtlichen Regeln des Haushaltsausgleichs zu missachten oder aber sich über zwingende rechtliche Regeln bezüglich der Leistungsdichte oder der Standards kommunaler Aufgabenerfüllung hinwegzusetzen, dem Haushaltsausgleich das wesentlich überwiegende Interesse zukommen soll, das eine Abweichung von sonstigen Regeln legitimieren könne.[176] *Otting* sieht bei nicht mehr gegebener Deckung der Aufwendungen für die Erfüllung der Pflichtaufgaben und der Aufrechterhaltung des Kernbereichs der kommunalen Selbstverwaltung, nämlich eines Minimums an freiwilligen Aufgaben, die Ausschöpfung aller Einnahmemöglichkeiten unter Erschließung zusätzlicher nichthoheitlicher Einnahmequellen als verpflichtend an. Dies sei gegenüber einem kontrollierten Gesetzesbruch auf der Ausgabenseite das mildere Mittel. In dem Fall, dass der einfache Gesetzgeber nicht in der Lage ist, die Gemeinden ausreichend mit Finanzmitteln auszustatten, sei er gehindert, diesen durch das Gemeindewirtschaftsrecht die Ausschöpfung an sich vorhandener Einnahmepotentiale zu verwehren. In dem Extremfall, dass ohne die Nutzung der Einnahmemöglichkeiten aus wirtschaftlicher Betätigung der Kernbereich der kommunalen Selbstverwaltung **wegen verfassungswidriger Unterfinanzierung** verletzt wäre, könne dies durch extensive Interpretation der Zulässigkeitsschranke des „öffentlichen Zwecks" verhindert werden.[177] 113

Anzumerken ist, dass nicht ohne weiteres plausibel erscheint, weshalb der Rechtsverstoß, wenn er auf der Einnahmenseite begangen wird, weniger gravierend sein soll, als wenn Gleiches auf der Ausgabenseite geschieht. An dieser Stelle kann dies aber nicht vertieft werden.

Der Ansatz in beiden Ausprägungsformen ist aus Sicht der kommunalen Verwaltungspraxis gewiss verlockend. Allerdings dürfte seiner Nutzung vielfach bereits entgegenstehen, dass von der einzelnen Kommune kaum tatsächlich und juristisch wird dargelegt werden können, dass die Voraussetzungen vorliegen, die von den Vertretern dieser Auffassung für erforderlich gehalten werden (unzureichende Mittelbereitstellung durch den 114

172 RhPfVerfGH NVwZ 2000, 801 (803).
173 *Britz*, NVwZ 2001, 380 (385) m. w. N., dort auch zur Kritik in der Lit. zur Entfernung von der unmittelbaren Bindung an den öffentlichen Zweck.
174 *Cronauge*, Der Gemeindehaushalt 1998, 131 ff. (133); *Moraing*, Der Gemeindehaushalt 1998, 223 ff. (224); auch *Britz*, NVwZ 2001, 380 (382); *Wolff*, DÖV 2011, 721 (725).
175 *Otting*, Neues Steuerungsmodell und rechtliche Betätigungsspielräume der Kommunen, 1997, S. 199, 218; *ders.* DVBl. 1997, 1258 (1262); krit. dazu *Ehlers*, DVBl. 1998, 497 (499 f.).
176 Vgl. *Otting*, DVBl. 1997, 1258 (1262) m. w. N.
177 *Otting*. DVBl. 1997, 1258 (1262).

Finanzausgleich – ggf. bei insgesamt zutreffender Dotierung nur im konkreten Einzelfall wegen kostenträchtiger Sonderbedingungen –, Verletzung des Kernbereichs der kommunalen Selbstverwaltung).

115 Zweifelhaft ist aber insbesondere, ob die Verfolgung des Ansatzes, der seine Legitimation letztlich aus der Zielsetzung der Erhaltung des Kernbereichs der kommunalen Selbstverwaltung im Sinne der Wahrnehmbarkeit eines Minimums an freiwilligen Aufgaben bezieht, überhaupt tragfähig ist in einer Situation, in der vielfach bereits die von den Kommunen als Auftragsangelegenheit wahrzunehmenden staatlichen Aufgaben nur noch durch Kassenkredite finanziert werden können. Die kommunalwirtschaftliche Betätigung würde damit letztlich eine Einnahmebeschaffungsmaßnahme für die Finanzierung staatlicher Aufgaben. Dies aber wäre als Verstoß gegen staatliche Finanzierungsgrundsätze abzulehnen.

116 Die verfassungsrechtlichen Regelungen der Finanzausstattung der Kommunen lassen weder dem Notstandsgedanken noch der extensiven Interpretation der einfachgesetzlichen Bestimmungen über die kommunalwirtschaftliche Betätigung Raum. *Ehlers* stützt die Ablehnung bloßen „Money makings“ als Gemeinwohlbeitrag auf die Finanzverfassung des Grundgesetzes und die dazu ergangene Rechtsprechung des BVerfG, nach der die Finanzierung der staatlichen Aufgaben in Bund und Ländern „einschließlich der Gemeinde“ in erster Linie der Steuer vorbehalten bleiben müsse. Diese Finanzverfassung verlöre ihren Sinn und ihre Funktion, wenn daneben beliebig andere Abgaben oder die Erzielung von Einkünften durch eine ausschließlich erwerbswirtschaftlich motivierte Wirtschaftsteilnahme treten könnten.[178] Der Heranziehung dieser staatlichen Finanzierungsgrundsätze, die nach der Systematik des GG unmittelbare Geltung nur für den Bund und die Länder haben, ist im Kern zuzustimmen, vermag hier allerdings für sich genommen noch nicht vollständig zu überzeugen.

117 Tragfähig wird dieser Ansatz erst durch die insoweit vom RhPfVerfGH[179] herangezogene Begründung, die die besonderen Beziehungen der kommunalen Gebietskörperschaften zum Land, als dessen Bestandteil die Kommunen verfassungsrechtlich gelten, berücksichtigt. Der Gerichtshof führt aus, dass der die kommunale **Finanzausstattungsgarantie** regelnde Art. 49 Abs. 5 RhPfVerf.[180] staatsgerichtet und auf öffentlich-rechtliche Einnahmequellen sowie Finanzausgleichsmittel bezogen ist. Er gewährleiste den Gemeinden aber keine gewinnorientierte, erwerbswirtschaftliche Betätigung. Unter Bezugnahme auf eine frühere Entscheidung des Gerichtshofs wird sodann darauf verwiesen, dass auf etwaige Unterfinanzierung der Gemeinden das Land durch Pflichtenreduzierung (Senkung von Standards) oder Finanzmittelzuweisung zu reagieren hat. Etwaige Verstöße wären dort begründet und auch dort zu korrigieren.

118 Für die Enquete-Kommission „Kommunen“ des Landtags Rheinland-Pfalz haben die Sachverständigen Schoch und Wieland u. a. die verfassungsrechtlichen Grundlagen des kommunalindividuellen **Anspruchs auf aufgabenangemessene Finanzausstattung gegen das jeweilige Land** eindeutig herausgearbeitet.[181] Die Kommunen haben aufgrund normativer Basis in den meisten Landesverfassungen einen Anspruch auf eine aufgabenangemessene Finanzausstattung. Das Bundesverwaltungsgericht teilt diese Auffassung auf der bundesverfassungsrechtlichen Grundlage des Art. 28 Abs. 2 GG ausdrücklich, ebenso einige Landesverfassungsgerichte unter Bezugnahme auf das jeweils einschlägige Landes(verfassungs)recht.[182]

---

[178] *Ehlers*, DVBl. 1998, 497 (499).

[179] RhPfVerfGH NVwZ 2000, 801 ff. (803).

[180] Vgl. auch Art. 83 Abs. 3 der Bayerischen Verfassung.

[181] *Schoch/Wieland*, Verfassungsrechtliche Vorgaben für eine aufgabenangemessene kommunale Finanzausstattung, Vorlage 044 EK 14/01 für die Sitzung der Enquete-Kommission „Kommunen“ des Landtags Rheinland-Pfalz am 11. 7. 2003.

[182] BVerwG, DVBl. 1998, 776 (779); auf Landesebene zuletzt StGH Hessen vom 21.5.2013, P.St. 2361, insbes. Rn. 90 ff. m.w.N. (juris).

Die Aufgabenangemessenheit der kommunalen Finanzausstattung bezieht sich zunächst auf die Gesamtheit der Kommunen und die Gesamtheit ihrer Aufgaben. Das kommunale Selbstverwaltungsrecht stellt aber nicht nur eine lediglich objektivrechtlich wirkende institutionelle Garantie dar, sondern schützt in der Ausprägung als subjektive Rechtsstellungsgarantie jede einzelne kommunale Gebietskörperschaft. Jede einzelne Kommune hat also verfassungsrechtlich einen Anspruch auf eine aufgabenangemessene Finanzausstattung. Eine verfassungswidrige Lage ist demnach nicht erst dann gegeben, wenn für die Gesamtheit der Kommunen Defizite in der Finanzausstattung zu verzeichnen sind, sondern schon dann, wenn einzelnen Kommunen die aufgabenangemessenen Mittel vorenthalten werden. 119

Verpflichtungsadressat der kommunalen Finanzausstattungsgarantie ist das Land, ihm ist es verfassungsrechtlich untersagt, die Kommunen insoweit an den Bund zu verweisen. Die Länder tragen die Letztverantwortung für die kommunale Finanzausstattung.[183]

Bei diesem Befund müssen Lösungen, die veranlasst durch die kommunale Finanznot 120 auf eine Auflösung der Bindung an den öffentlichen Zweck als Voraussetzung der Zulässigkeit kommunalwirtschaftlicher Betätigung hinauslaufen, ausscheiden. Vielmehr ist Abhilfe durch Geltendmachung der kommunalindividuellen Ansprüche gegen das Land zu suchen.[184]

Der Begriff des öffentlichen Zwecks ist ein unbestimmter Rechtsbegriff. Bei der Ent- 121 scheidung, ob ein öffentlicher Zweck gegeben ist, ist eine Einbeziehung sämtlicher Umstände des Einzelfalles aus der spezifisch örtlichen Sicht in den **Prüfungs- und Abwägungsprozess** erforderlich. Die Bewertung hat den heutigen wirtschaftlichen Verhältnissen und den heutigen kommunalen Aufgabenstellungen Rechnung zu tragen. Zu berücksichtigen sind auch Veränderungen der tatsächlichen Lebensverhältnisse, der Funktionswandel der Gemeinden sowie die Herausbildung neuer Schwerpunkte innerhalb des gemeindlichen Aufgabenspektrums.[185] Als aktuelles Beispiel für die sich wandelnden Rahmenbedingungen seien nur die Veränderungen im Bereich der Telekommunikationsdienstleistungen – Stichwort Breitbandversorgung – genannt.[186] Aufgrund der für die nächsten Jahrzehnte prognostizierten demografischen Entwicklung in Deutschland sind für die Zukunft öffentliche Zwecke absehbar, die gegenwärtig als solche noch nicht bestehen. So ist nicht unwahrscheinlich, dass bei einer überalterten, immobil gewordenen Bevölkerung in ländlichen Ortschaften ohne Versorgungsinfrastruktur künftig den Gemeinden u. a. die Aufgabe der Lebensmittelversorgung zuwächst, weil die bisherige Abdeckung dieser Bedürfnisse durch Private mittels Verkaufswagen mangels Rentabilität dann möglicherweise nicht mehr gewährleistet ist.

Cronauge stellt deshalb zu Recht die **Notwendigkeit dynamischer Auslegung** des 122 geltenden Rechts fest.[187] Der kommunalverfassungsrechtliche Rahmen für die Kommunalwirtschaft ist nicht statisch und auf bloße Bestandssicherung des Vorhandenen gerichtet. Vielmehr ist bei der Auslegung und Anwendung seiner unbestimmten Rechtsbegriffe den sich wandelnden politischen, wirtschaftlichen und rechtlichen Rahmenbedingungen Rechnung zu tragen. Für das Recht der kommunalwirtschaftlichen Tätigkeit ist diesbezüglich das Gleiche in Anspruch zu nehmen, was in den übrigen Rechtsbereichen Geltung hat.

---

183 BVerfGE 86, 148 (219); StGH Hessen vom 21.5.2013, P.St. 2361, insbes. Rn. 90 ff. m.w.N. (juris); zum Ganzen *Schoch/Wieland*, Fn. 139, S. 4 f. m. w. N.

184 Im Ergebnis ebenso *Heilshorn*, Gebietsbezug der Kommunalwirtschaft, S. 154.

185 *Rehn/Cronauge*, § 107 GO, Anm. III. 3.; *Kunze/Bronner/Katz*, § 102 GemO, Rn. 32.

186 Vgl. *Ehlers*, DVBl. 1998, 497 ff. (499). In § 85 Abs. 1 Satz 1 Nr. 3 GO RhPf wird die Versorgung mit Breitbandtelekommunikation nunmehr ausdrücklich genannt und von der Subsidiaritätsklausel ausgenommen; vgl. dazu auch LT-Drs, 16/2382, S. 4. In Bayern wird dies durch Subsumtion der Breitbandversorgung unter den Begriff der kommunalen Daseinsvorsorge i.S.v. Art. 87 Abs. 1 Satz 1 Nr. 4 BayGO erreicht. In Hessen wurde die Breitbandversorgung jüngst in den Katalog der nichtwirtschaftlichen Betätigungen aufgenommen, vgl. § 121 Abs. 2 Nr. 2 HGO.

187 *Cronauge*, Der Gemeindehaushalt 1998, 131 (135 f.).

123 Weil die Gemeinwohlbedingungen und damit der öffentliche Zweck mangels statischer Beschreibbarkeit nicht abstrakt festgelegt werden können, sondern prozedural sind, müssen sie in jedem Einzelfall entwickelt werden.[188] Für die Entscheidung, ob ein öffentlicher Zweck eine bestimmte kommunalwirtschaftliche Betätigung rechtfertigt oder erfordert, steht der Gemeinde ein weiter Beurteilungsspielraum in Form einer kommunalpolitischen **Einschätzungsprärogative** zu.[189] Systematisch schlüssig weisen die Gemeindeordnungen die betreffende Konkretisierungsentscheidung der Vertretungskörperschaft als demokratisch legitimiertem Beschlussorgan der Gemeinde zu.[190]

124 Es handelt sich letztlich um eine Frage sachgerechter Kommunalpolitik, die sehr stark von Zweckmäßigkeitsüberlegungen bestimmt sein kann. Durch die Kommunalaufsichtsbehörden und die Verwaltungsgerichtsbarkeit sind derartige Entscheidungen nur sehr eingeschränkt überprüfbar.[191] Diese dürfen lediglich eine Plausibilitätskontrolle vornehmen, nicht aber in die eigentliche Gemeinwohlbestimmung eingreifen.[192]

125 Es besteht insoweit eine Spannungslage zwischen Selbstverwaltung und Staatsaufsicht. Soweit deshalb eindeutigere gesetzliche Vorgaben für die Kommunalaufsicht als wünschenswert diskutiert werden, wird zutreffend darauf verwiesen, dass dies nur schwer durchsetzbar ist, weil damit zugleich die Steuerung der Kommunalwirtschaft zu Lasten der Kommunen eingeschränkt würde. Auch insoweit müssen die unbestimmten Rechtsbegriffe verfassungskonform ausgefüllt und Verfassungsrecht damit als anwendbares Verwaltungsrecht konkretisiert werden.[193]

126 Keinesfalls immanent ist dem öffentlichen Zweck per se ein **Subsidiaritätsgrundsatz eigener Art** zu Lasten der Gemeinden, durch den diesen eine bloße Lückenbüßer-Funktion zugewiesen würde, um Defizite in der Tätigkeit Privater auszugleichen. Dem steht bereits die Systematik der Schrankentrias entgegen, die in den Gemeindeordnungen der Länder in unterschiedlich scharfer Ausformung neben dem Erfordernis eines öffentlichen Zwecks die Beachtung einer ausdrücklichen Subsidiaritätsklausel als Zulässigkeitsvoraussetzung kommunalwirtschaftlicher Betätigung verlangt.[194] Allein die Subsidiaritätsklausel regelt die Abgrenzung der zulässigen von der unzulässigen kommunalwirtschaftlichen Tätigkeit im Verhältnis zu privaten Wettbewerbern. Auch dem Grundgesetz ist keine Subsidiarität kommunaler wirtschaftlicher Betätigung gegenüber privatwirtschaftlichem Handeln zu entnehmen. Die Bestimmungen des Grundgesetzes sind wirtschaftspolitisch neutral, sie enthalten keine Festlegung auf ein bestimmtes Wirtschaftssystem und damit auch nicht auf eine Vorrangstellung privatwirtschaftlicher Betätigung.[195]

127 **bb) Leistungsfähigkeitsbezug.** Die Gemeindeordnungen aller Länder fordern als zweite Voraussetzung der Schrankentrias, dass die wirtschaftliche Betätigung in einem angemessenen Verhältnis zur **Leistungsfähigkeit der Gemeinde** und dem voraussichtlichen Bedarf steht. Nur Nordrhein-Westfalen verzichtet generell auf das letztgenannte Kriterium, in Rheinland-Pfalz sind wirtschaftliche Unternehmen im Bereich der Energieversorgung hiervon befreit.

Durch die genannten Anforderungen sollen die Gemeinden von wirtschaftlichen Aktivitäten abgehalten werden, die ihre Verwaltungs- und/oder Finanzkraft übersteigen, d. h.

---

188 *Britz*, NVwZ 2001, 380 (382); *Cronauge/Westermann*, Kommunale Unternehmen Rn. 261.

189 *Cronauge*, Der Gemeindehaushalt 1998, 131 (133 f.); *Cronauge/Westermann*, Kommunale Unternehmen, Rn. 261; *Moraing*, Der Gemeindehaushalt 1998, 223 (224 f.); *Ehlers*, DVBl. 1998, 497 (499); *Schmidt-Jortzig*, HKWP, 2. Aufl., Bd. 5, S. 58; *Kunze/Bronner/Katz*, § 102 GemO Rn. 32; *Rehn/Cronauge*, § 107 GO, Anm. III. 4.; *Quecke/Schmid*, § 97 SächsGemO, Rn. 53; RhPfVerfGH NVwZ 2000, 801 (803).

190 *Schmidt-Jortzig*, HKWP, 2. Aufl., Bd. 5, S. 58; *Britz*, NVwZ 2001, 380 (382).

191 BVerwG vom 22.2.1972, I C 24.69, Rn. 17; OVG Schleswig vom 11.7.2013, 2 LB 32/10, Rn. 94 f.; OVG LSA vom 17.2.2011, 2 L 126/09, Rn. 33 (alle juris). Insgesamt dazu *Rehn/Cronauge*, § 107 GO Anm. III. 4 m. w. N.

192 *Moraing*, Der Gemeindehaushalt 1998, 223 (224 f.).

193 *Ruffert*, VerwArch 2001, 27 (38).

194 Str., wie hier *Cronauge*, der Gemeindehaushalt 1998, 131 (134); *Rehn/Cronauge*, § 107 GO, Anm. III. 5., *Schulz/Wachsmuth/Zwick*, Art. 87 BayGO, Anm. 1.6, jeweils m. w. N.; a. A. *Ehlers*, DVBl. 1998, 497 (501).

195 Vgl. oben Rn. 11 ff.

ihre personellen, sachlichen und finanziellen Kräfte überfordern.[196] Diese Anforderung der Verhältnismäßigkeit ist eine weithin als unproblematisch angesehene Bindung der Kommunalwirtschaft.[197]

Das Kriterium muss als besonders nachdrücklicher Appell an die beschließende Kommunalvertretung verstanden werde, die geplante Initiative unter diesem Gesichtspunkt einer gezielten und gesonderten Prüfung zu unterziehen.[198] Dabei müssen auch greifbare Zukunftsaussichten im Sinne einer Prognose von der Kommune mit berücksichtigt werden.[199] Die Prüfung der langfristigen Fähigkeit der Gemeinde zur Unterhaltung der beabsichtigten Einrichtung unter Minimierung der Folgekosten ist ebenfalls durchzuführen. Der Gemeinde bzw. ihrem Beschlussorgan steht auch insoweit ein weiter **Beurteilungsspielraum** zu. Die getroffene Entscheidung wird nur bei offenkundiger Fehlentscheidung, bei einem Ermittlungsdefizit oder Abwägungsausfall als rechtswidrig angesehen werden können.[200] 128

Der Bindung an das Erfordernis, dass die kommunalwirtschaftliche Betätigung nach Art und Umfang in einem angemessenen Verhältnis zu der Leistungsfähigkeit der Kommune stehen muss, kann angesichts der teils extremen Verschuldung der Gemeinden erhebliche Bedeutung zukommen. Ist eine Kommune hoch verschuldet oder muss sie nach dem jeweiligen Landesrecht ein Haushaltssicherungskonzept aufstellen, ist sie nur eingeschränkt leistungsfähig. Mit Wagnissen und Risiken verbundene Wirtschaftsaktivitäten dürften dann ausgeschlossen sein.[201] 129

Die Prüfung des **voraussichtlichen Bedarfs** soll gewährleisten, dass Umfang und Ausmaß des wirtschaftlichen Unternehmens dem gegenwärtigen und zu erwartenden künftigen Bedarf entsprechen. Unzulässige dauerhafte Überdimensionierungen sollen damit vermieden und Beeinträchtigungen der Wirtschaftlichkeit durch damit verbundene Investitions- und Finanzierungslasten sowie ein eventueller Zuschussbedarf aus dem kommunalen Haushalt verhindert werden. In § 85 Abs. 1 Sätze 2 bis 4 GO RhPf wurden wirtschaftliche Unternehmen im Bereich der Energieversorgung von dieser Zulässigkeitsvoraussetzung freigestellt, um kommunalen Unternehmen, die bereits eine Strommenge erzeugen, die zur Versorgung der Gemeinde ausreichen würde, weitere Investitionen zur Erzeugung von Strom aus erneuerbaren Energien zu ermöglichen[202], die GO NRW verzichtet generell auf dieses Kriterium. 130

cc) Subsidiaritätsklausel. Die dritte und **umstrittenste Zulässigkeitsschranke** für die kommunalwirtschaftliche Betätigung in den Gemeindeordnungen der Länder ist die Subsidiaritätsklausel, in der das ordnungspolitische Verhältnis zwischen kommunalen Unternehmen und privater Wirtschaft in unterschiedlicher Weise geregelt ist. 131

Zu unterscheiden sind zwei Formen von Subsidiaritätsklauseln. 132

Die **einfache Subsidiaritätsklausel**, auch als Funktionssperre bezeichnet, bestimmt, dass der durch ein kommunales Unternehmen zu erfüllende Zweck nicht besser und wirtschaftlicher durch einen anderen erfüllt wird oder erfüllt werden kann. Diese Ausgestaltung entspricht derjenigen in § 67 Abs. 1 Nr. 3 DGO.[203] Die kommunale wirtschaftliche Betätigung hat danach zur Voraussetzung, dass zwischen der Gemeinde und anderen Marktteilnehmern Leistungsparität besteht. Anders ausgedrückt wird die

---

[196] Vgl. nur *Rehn/Cronauge*, § 107 GO, Anm. IV. 1.; *Kunze/Bronner/Katz*, § 102 GemO, Rn. 39; *Gabler/Höhlein* u. a., § 85 GemO, Anm. 3.4.

[197] *Ehlers*, DVBl. 1998, 497 (503). Vgl. auch das im Auftrag des Landtags NRW im Juli 2013 erstellte (Information 16/134) Rechtsgutachten von *Oebbecke*, Zur Vereinbarkeit der Beteiligung von Gemeinden in schwieriger Haushaltslage an Unternehmen der Energiewirtschaft mit § 107a GO NRW, insbes. S. 25 ff.

[198] *Schmidt-Jortzig*, HKWP, 2. Aufl., Bd. 5, S. 60; *Gabler/Höhlein*, § 85 GemO, Anm. 3.4.

[199] *Cronauge*, Der Gemeindehaushalt 1998, 131 (134).

[200] *Schmidt-Jortzig*, HKWP, 2. Aufl., Bd. 5, S. 60; *Gabler/Höhlein* u. a., § 85 GemO, Anm. 3.4.

[201] Vgl. *Ehlers*, DVBl. 1998, 497 (503), der als Beispiel auf eine Beteiligung der Stadt Köln an dem Fernsehsender Vox verweist.

[202] Vgl. dazu oben Rn. 103, 108 und die Begründung zum Gesetzentwurf, LT-Drs. 16/2382, S. 4.

[203] Oben Rn. 28.

gemeindliche Wirtschaft in die Gesamtorganisation der deutschen Wirtschaft so eingeordnet, dass der Privatwirtschaft der Vorrang bleibt, wenn sie dem von der Gemeinde beabsichtigten Zweck besser und wirtschaftlicher als ein kommunales Unternehmen entsprechen kann.

Darüber hinaus geht die „echte", auch als „stringente" oder **„verschärfte"** bezeichnete **Subsidiaritätsklausel** der Gemeindeordnungen von Baden-Württemberg, Bayern, Hessen, Niedersachsen, Rheinland-Pfalz, des Saarlandes und von Thüringen.[204] Nach diesen ist die kommunalwirtschaftliche Tätigkeit nur dann zugelassen, wenn der (öffentliche)[205] Zweck nicht ebenso gut und wirtschaftlich durch einen privaten Dritten erfüllt wird oder erfüllt werden kann. Dies bedeutet mit anderen Worten und klarer ausgedrückt, dass Leistungsparität für die Zulässigkeit einer gemeindlichen Tätigkeit nicht ausreichend ist, sondern diese die Voraussetzung besserer und wirtschaftlicherer Aufgabenerfüllung gegenüber Privaten erfüllen muss.

Einen Sonderweg schlägt Brandenburg mit dem Gesetz zur Stärkung der kommunalen Daseinsvorsorge vom 9.1.2012 ein, durch das die Subsidiaritätsklausel „abgeschafft" wurde.[206] Die in § 91 Abs. 3 Satz 1 BbgKVerf enthaltene einfache Subsidiaritätsklausel gilt dann nicht, wenn die Gemeinde eine wirtschaftliche Betätigung im öffentlichen Interesse für erforderlich hält; diese Entscheidung ist zu begründen, wobei der Gemeinde dabei ein weiter Beurteilungsspielraum zusteht.[207]

133 Mit Ausnahme von Mecklenburg-Vorpommern, Sachsen, Schleswig-Holstein und dem Saarland haben die Bundesländer den **Anwendungsbereich** der Subsidiaritätsklauseln unterschiedlich weitgehend **eingeschränkt**. Am restriktivsten ist dabei die Einschränkung in Hessen, nach der eine wirtschaftliche Betätigung im Bereich der Erzeugung, Speicherung und Einspeisung erneuerbarer Energien und der Verteilung von hieraus gewonnener thermischer Energie unter bestimmten Voraussetzungen abweichend von der (echten) Subsidiaritätsklausel zulässig ist.[208] Baden-Württemberg, Bayern und Thüringen nehmen Tätigkeiten im Bereich der kommunalen Daseinsvorsorge generell aus dem Anwendungsbereich der (echten) Subsidiaritätsklausel aus, wobei auf eine Definition des (dynamischen) Begriffs der Daseinsvorsorge zu Recht verzichtet wurde.[209] In Thüringen wird in diesem Zusammenhang klargestellt, dass diese Ausnahme „insbesondere" für die Bereiche der Strom-, Gas- und Wärmeversorgung einschließlich einer Betätigung auf dem Gebiet der Erzeugung, Speicherung und Einspeisung erneuerbarer Energien sowie der Verteilung von hieraus gewonnener thermischer Energie gilt und dies auch die Erbringung von damit verbundenen Nebenleistungen einschließt, soweit ihnen im Vergleich zum Hauptzweck eine untergeordnete Bedeutung zukommt.[210] In Niedersachsen, Nordrhein-Westfalen, Rheinland-Pfalz und Sachsen-Anhalt werden die von der Subsidiaritätsklausel nicht erfassten Betätigungen konkret aufgezählt, insbesondere – und je nach Ausgestaltung des Katalogs der nichtwirtschaftlichen Betätigungen – die Energie- und Wasserversorgung, der ÖPNV und die Telekommunikation.[211]

---

[204] Vgl. auch die Übersicht oben Rn. 51.

[205] § 136 Abs. 1 Satz 2 Nr. 3 NKomVG; § 85 Abs. 1 Nr. 3 GemO RhPf; § 108 Abs. 1 Nr. 3 KSVG.

[206] GVBl. 2012, S. 1; so die Begründung in LT-Drs. 5/3123, S. 4 f.

[207] § 91 Abs. 3 Sätze 2 und 3 BbgKVerf, LT-Drs. 5/3123, S. 5.

[208] § 121 Abs. 1a HGO. Die Vorschrift wurde durch Gesetz vom 18.7.2014 (GVBl. S. 178) – nach ihrer Einführung in 2011 – zugunsten der Gemeinden gelockert, indem u. a. die Verpflichtung zur Beteiligung Privater an diesen Beteiligungen gestrichen wurde.

[209] Nach VGH BW vom 29.11.2012, 1 S 1258/12, Rn. 62 (juris) verbietet sich allerdings eine Auslegung, bei der für die Subsidiaritätsklausel kein nennenswerter Anwendungsbereich verbleibt. In Bezug auf die Erbringung untergeordneter Nebentätigkeiten hält das Gericht eine Zuordnung zur Daseinsvorsorge für möglich, solange der Schwerpunkt der unternehmerischen Betätigung im Bereich der Daseinsvorsorge liegt (verneint für Erwerb, Bebauung und Veräußerung von Grundstücken für den gehobenen Wohnbedarf).

[210] § 71 Abs. 2 Nr. 4 ThürKO, der in diesem Zusammenhang auch die Durchführung eines Markterkundungsverfahrens vorsieht.

[211] Vgl. die Übersicht in Rn. 51.

Umstritten und nicht pauschal zu beantworten ist die Frage, ob die **einfache Subsidiaritätsklausel** (Funktionssperre) auch den **Schutz privater Konkurrenten** bezweckt.[212] Gegen die Interpretation der Funktionssperre als Ausdruck eines allgemeinen, auf Vorrangigkeit privater Wirtschaftstätigkeit abzielenden Subsidiaritätsprinzips wird auf die Entstehungsgeschichte des § 67 Abs. 1 DGO verwiesen und eine rein technische, wertneutrale Auslegung reklamiert im Sinne einer Sperre kommunaler Wirtschaftsinitiative, solange sich der angestrebte Verbesserungserfolg für die Versorgung der Einwohner anderweitig effektiver und weniger aufwendig erzielen lässt, sei dies durch bürgerliche Selbsthilfe, durch privatwirtschaftliche Angebote oder durch bereits vorhandene bzw. in anderem Zusammenhang zu errichtende Versorgungseinrichtungen öffentlicher Leistungsträger sowie der Gemeinde selbst, vor allem aber durch nicht-wirtschaftliche Anstrengungen.[213] Damit wird der Funktionssperre der Inhalt einer wertfreien, begünstigungslosen Zurückdrängung kommunaler Wirtschaftstätigkeit beigemessen, die nur in spezieller Ausrichtung die Wirkung eines Privatwirtschaftsschutzes erreicht. In erster Linie zielt die Klausel danach auf eine Reduzierung kommunalwirtschaftlicher Tätigkeit im Interesse der Gemeinde selbst und ihrer Rolle im Zusammenhang staatlich-öffentlicher Aufgabenstellung. Sofern speziell ein Privatrechtsschutz gewollt ist, müsse dieser ausdrücklich durch gesetzliche Regelung präjudiziert werden.[214] Eine ausdrückliche Regelung zum Privatrechtsschutz der Funktionssperre existiert bislang nur in Brandenburg. § 91 Abs. 1 Satz 2 BbgKVerf stellt klar, dass die Zulässigkeitsvoraussetzungen ausschließlich dem Schutz der Leistungsfähigkeit der Gemeinden dienen.[215] 134

Weil die Funktionssperre die **Leistungsparität** zwischen öffentlicher und privater Aufgabenerfüllung als notwendig, aber auch ausreichend ansieht, bedeutet dies, dass der Private im Einzelfall besser als die kommunale Wirtschaft sein muss. Hierfür obläge ihm auch die Beweislast.[216] 135

Nach der Begründung des baden-württembergischen Gesetzentwurfs zur Einfügung der früheren einfachen Subsidiaritätsklausel mit der GemO-Novelle 1999 sind für den Leistungserfüllungsvergleich von einer Gemeinde die relevanten Marktgegebenheiten im Hinblick auf das Vorhandensein, die Leistungsfähigkeit und die Effizienz privater Anbieter zu prüfen sowie ein Vergleich zwischen der Leistungserbringung durch ein kommunales Unternehmen oder einen privaten Anbieter anzustellen. Neben der Wirtschaftlichkeit ist dabei auch die „Güte" der Leistung zu berücksichtigen, u. a. auch die Versorgungssicherheit und Dauerhaftigkeit sowie soziale und ökologische Komponenten.[217] 136

Die Konkretisierung dieser Anforderungen ist im Einzelfall nur der **Kommune** aufgrund ihrer umfassenden Kenntnisse der örtlichen Situation und Wirtschaftsverhältnisse möglich. Ihr steht deshalb insoweit ein **Beurteilungsspielraum**, eine Einschätzungsprärogative zu.[218] Im Hinblick auf die praktischen Schwierigkeiten der erforderlichen Bewertungen und die anzustellenden Prognosen[219] dürfen keine überzogenen Forderungen gestellt werden, der kommunale Handlungsspielraum nicht unverhältnismäßig tangiert werden.

Dies muss auch für die Erfüllung der in verschiedenen Ländern ergänzend zu den Bestimmungen der Gemeindeordnung geltenden Regelungen in Mittelstandsförde- 137

---

212 *Cronauge/Westermann*, Kommunale Unternehmen, Rn. 263.

213 *Schmidt-Jortzig*, HKWP, 2. Aufl., Bd. 5, S. 60 f.

214 *Schmidt-Jortzig*, HKWP, 2. Aufl., Bd. 5, S. 61.

215 Näher zum Drittschutz und zum Rechtsweg unten Rn. 163, 164.

216 *Cronauge*, Der Gemeindehaushalt 1998, 131 (134).

217 Vgl. *Kunze/Bronner/Katz*, § 102 GemO Rn. 41.

218 *Cronauge/Westermann*, Kommunale Unternehmen, Rn. 263; *Ehlers*, DVBl. 1998, 497 (502); OVG LSA vom 17.2.2011, 2 L 126/09, Rn. 42 (juris).

219 *Cronauge*, Der Gemeindehaushalt 1998, 131 (134) kritisiert zu Recht, dass der von der Subsidiaritätsklausel geforderte Vergleich im Grunde Unmögliches verlangt, weil die Privatwirtschaft mit dem ausschließlichen Ziel der Gewinnerzielung und die kommunale Wirtschaft mit der primären Aufgabenstellung der Verwirklichung des öffentlichen Auftrages unvergleichbar sind.

rungsgesetzen gelten.[220] In der Rechtsprechung hatte die einfache Subsidiaritätsklausel bei der Bewertung der Zulässigkeit kommunaler Wirtschaftstätigkeit soweit ersichtlich bislang selten eine entscheidende Bedeutung[221], vielmehr problematisierten die Gerichte im Rahmen der Schrankentrias regelmäßig das Kriterium des öffentlichen Zwecks.[222]

138 Die **verschärfte Subsidiaritätsklausel** stellt im Gegensatz zu der einfachen eine deutliche Beschneidung des kommunalen Handlungsspielraums dar. Durch sie wird ein absoluter Vorrang privater Dritter mit einer Umkehr der Beweislast zu Lasten der Städte und Gemeinden festgeschrieben. Die herkömmliche Subsidiaritätsklausel wird damit in ihr Gegenteil verkehrt. Im Einzelfall muss nunmehr die Gemeinde darlegen und beweisen, dass sie zur **besseren und wirtschaftlicheren Aufgabenerfüllung** in der Lage ist.[223]

139 Dies ist auch die erklärte Absicht derartiger gesetzlicher Bestimmungen, wie zum Beispiel den Begründungen der Gesetzentwürfe zum 4. Landesgesetz zur Änderung kommunalrechtlicher Vorschriften des Landes Rheinland-Pfalz vom 2.4.1998 bzw. zu dem am 20.9.2007 beschlossenen „Gesetz zur Stärkung der kommunalen Selbstverwaltung – GO – Reformgesetz" des Landes Nordrhein-Westfalen zu entnehmen ist. In Rheinland-Pfalz wurde explizit ausgeführt, durch die Einführung der verschärften Subsidiaritätsklausel solle eine ungehemmte wirtschaftliche Betätigung der Gemeinden und Gemeindeverbände verhindert und diese stärker auf ihre eigentlichen öffentlichen Aufgaben festgelegt werden.[224]

140 Die rheinland-pfälzischen kommunalen Spitzenverbände hatten bereits im Gesetzgebungsverfahren sowohl die Erforderlichkeit der beabsichtigten Regelung als auch die Argumentation in der Begründung abgelehnt. Bewertet wurde die Rechtsänderung als bedenklicher Eingriff in die kommunale Selbstverwaltung.[225]

141 In dem insbesondere gegen die in § 85 Abs. 1 Nr. 3 GemO RhPf im Jahr 1998 mit ausnahmsloser Geltung eingefügte echte Subsidiaritätsklausel von der Stadt Bad Kreuznach mit Unterstützung des Städtetages Rheinland-Pfalz angestrengten Normenkontrollverfahren wurde geltend gemacht, dass die stringente Subsidiaritätsklausel die Stadt in ihrem verfassungsrechtlich geschützten Recht auf kommunale Selbstverwaltung (Art. 49 LV RhPf) verletze. Die wirtschaftliche Betätigung sei, jedenfalls soweit sie der öffentlichen Daseinsvorsorge diene, ein wesentliches Element des den Gemeinden verfassungsrechtlich garantierten Aufgabenkreises. Geschützt sei dieser nicht nur gegen die Umverteilung von Aufgaben auf staatliche Aufgabenträger höherer Ordnung (sog. Hochzonung), sondern prinzipiell auch gegen die Aufgabenprivatisierung. Denn der politisch-demokratische Aspekt bürgerschaftlicher Partizipation sei jeweils in gleicher Weise betroffen. Die Selbstverwaltungsgarantie werde durch § 85 Abs. 1 Nr. 3 GemO RhPf in der Fassung der Novelle von 1998 im Kernbereich verletzt, weil die Gemeinden nunmehr auf die im Wesentlichen unveränderte Fortführung bestehender Unternehmen beschränkt seien, neue gewinnträchtige Unternehmungen aber gleich gut und gleich wirtschaftlich anbietenden Privaten überlassen müssten und zudem Gewinne und Verluste nicht mehr ausgleichen könnten. Dies werde dazu führen, dass die Kommunen auf defizitären öffentlichen Aufgaben (bspw. dem Nahverkehr) „sitzen bleiben", während Privatunternehmen die gewinnträchtigen Bereiche an sich ziehen. Indem das Gesetz den kommunalen Unternehmen die Anpassung an die sich verändernden Wettbewerbsbedingungen verwehre, zwinge es sie faktisch zur Aufgabe. Jedenfalls aber verstoße § 85 Abs. 1 Nr. 3 GemO RhPf in der Fassung der Novelle von 1998 gegen die Bindungen, die die Selbstverwaltungs-

220 Vgl. nur Art. 7, 18 BayMFG oder §§ 3, 22 MFG B-W; dazu *Kunze/Bronner/Katz* § 102 GemO, Rn. 41.
221 Zuletzt OVG LSA vom 17.2.2011, 2 L 126/09, Rn. 39 ff. (juris).
222 Vgl. VGH BW vom 6.3.2006, 1 S 2490/05, Rn. 5 (juris) zu § 102 GemO BW in der bis 31.12.2005 geltenden Fassung (einfache Subsidiaritätsklausel).
223 *Cronauge/Westermann*, Kommunale Unternehmen, Rn. 265.
224 RhPf: LT-Drs. 13/230; NRW: LT-Drs. 14/3979.
225 *Püttner*, Rechtsgutachten „Zur Reform des Kommunal-Wirtschaftsrechts in Rheinland-Pfalz" 1997; *Hellermann*, Statement in der Anhörung zu dem Referentenentwurf für das 4. Landesgesetz zur Änderung kommunalrechtlicher Vorschriften am 16. 9. 1997 im Ministerium des Innern und für Sport des Landes Rheinland-Pfalz.

garantie außerhalb ihres Kernbereichs dem Gesetzgeber auferlege. Dieser habe ein Regel-Ausnahme-Verhältnis zugunsten der kommunalen Zuständigkeit zu beachten. Die Zuweisung von Aufgaben an andere Stellen, auch an die Privatwirtschaft, sei nur im dringenden öffentlichen Interesse zulässig. Ein derartig wichtiges Interesse, für das allgemeine wirtschafts- und ordnungspolitische Vorstellungen nicht ausreichen, sei hier weder dargetan noch sonst ersichtlich.[226]

Der RhPfVerfGH ist dieser Argumentation in seinem Urteil vom 28.3.2000 allerdings nicht gefolgt.[227] Der Gerichtshof hat entschieden, § 85 Abs. 1 Nr. 3 GemO RhPf in der Fassung der Novelle von 1998 greife zwar in den Schutzbereich der kommunalen Selbstverwaltungsgarantie des Art. 49 RhPfVerf. ein. In den Fällen, in denen die Grenze der stringenten Subsidiaritätsklausel Wirksamkeit entfalte,[228] nämlich der beabsichtigten Errichtung, Übernahme oder wesentlichen Erweiterung eines zweckgebundenen Unternehmens, bleibe der **Kernbereich des Selbstverwaltungsrechts** aber **gewahrt**. 142

Der Gemeinde sei das beabsichtigte wirtschaftliche Engagement erst dann untersagt, wenn ein privater Dritter den öffentlichen Zweck mindestens ebenso gut und ebenso wirtschaftlich erfüllen könne wie die Gemeinde. Maßgebend seien damit zwei Kriterien von gleichem Gewicht, die Wirtschaftlichkeit der Leistung und ihre Güte. Wenn der private Dritte auch nur bei einem dieser Merkmale schlechter bewertet werde, sei der Gemeinde die Errichtung, Übernahme oder wesentliche Erweiterung des Unternehmens gestattet. 143

Der RhPfVerfGH stellt fest, dass die Gemeinde nach allgemeiner, durch Art. 49 RhPfVerf. abgesicherter Auffassung, dabei einen Beurteilungsspielraum hat. Dies werde im Übrigen durch die Gesetzesmaterialien der angefochtenen Norm ausdrücklich hervorgehoben. Dieser Beurteilungsspielraum beziehe sich auch und gerade auf die **„Güte" der betreffenden Leistung**. Damit sei vor allem deren Nachhaltigkeit, d. h. Dauerhaftigkeit und Zuverlässigkeit angesprochen. Je wichtiger eine durch den öffentlichen Zweck gerechtfertigte Leistung sei, desto größer sei das Bedürfnis nach einem krisenfesten, stetigen und möglichst ungestörten Angebot, und zwar zu sozial gerechtfertigten Bedingungen. Diese Kontinuität der Aufgabenerfüllung könne von Fall zu Fall den Ausschlag dafür geben, dass ein Privater den öffentlichen Zweck nach der rechtlich vertretbaren Einschätzung der Gemeinde nicht „ebenso gut" verwirklichen wird wie sie. Denn der Private stehe stärker noch als die Gemeinde unter betriebswirtschaftlichem Erfolgszwang, der eine mögliche Einschränkung oder gar Einstellung des Betriebes einschließe. 144

Weiter führt der RhPfVerfGH unmissverständlich aus, dass entsprechende Erwägungen auch für kommunale Verbundunternehmen gelten, die, gegliedert in einzelne Unternehmenssparten, verschiedene Aufgaben wahrnehmen, die jede für sich und in ihrer konkreten betrieblichen Zusammenfassung durch einen öffentlichen Zweck gerechtfertigt sind. Als Beispiel genannt werden die Stromversorgung und der öffentliche Nahverkehr als Leistungsangebot der Stadtwerke. Das Gericht trifft die Feststellung, dass ein Gesetz, das die Gemeinden zwänge, rentierliche Unternehmen zu privatisieren, und ihnen nur die defizitären beließe, vor Art. 49 RhPfVerf. schwerlich Bestand haben könnte. Derartige Wirkungen entfalte die verschärfte Subsidiaritätsklausel bei sachgerechter, an Wortlaut und Systematik orientierter Auslegung aber gerade nicht. Zum einen betreffe die gesetzliche Neuregelung – vorbehaltlich der gleichzeitig eingeführten Berichtspflicht des § 90 Abs. 2 GemO RhPf – bestehende und nicht wesentlich erweiterte Querverbünde ohne- 145

---

[226] Vgl. *Neutz*, ZG 2000, 279 ff.

[227] RhPfVerfGH NVwZ 2000, 801 ff.

[228] Der Gerichtshof führt zunächst umfangreich aus, dass erstens wesentliche kommunale Tätigkeitsfelder von der Norm gänzlich unberührt bleiben, weil diese aufgrund der Negativklausel des § 85 Abs. 3 GemO RhPf als nicht-wirtschaftlich fingiert werden, zweitens wesentliche kommunale Tätigkeitsfelder im Hinblick auf schon vorhandene Unternehmen einem umfassenden Bestandsschutz unterlägen, und drittens rein erwerbswirtschaftliche Aktivitäten den Kommunen – ganz unabhängig von der gesetzlichen Neuregelung – ohnehin verschlossen seien.

hin nicht. Zum anderen, und dies vor allem, fordere die Gemeindeordnung die Rechtfertigung durch den öffentlichen Zweck für das *Unternehmen*. Derselbe Begriff der öffentlichen Zweckbindung gelte auch für die stringente Subsidiaritätsklausel in § 85 Abs. 1 Nr. 3 GemO RhPf in der Fassung der Novelle von 1998, weil beide Bestimmungen in engem systematischem Zusammenhang stehen. Bei einem etwaigen Wirtschaftlichkeits- und Qualitätsvergleich, den die Gemeinde im Rahmen des ihr obliegenden Beurteilungsspielraums zwischen einem kommunalen Verbundunternehmen und einem privaten Dritten anzustellen habe, sei maßgeblicher **Bezugspunkt das gesamte Unternehmen, nicht seine einzelnen Sparten oder Teile.** Das Leistungsangebot des privaten Dritten müsse sich an der von dem Verbundunternehmen zu erfüllenden Gesamtaufgabe messen lassen.

146 Wenn die Gemeinde aufgrund eines vollständig ermittelten Sachverhalts und ausgehend von einem richtigen Verständnis der anzuwenden Norm vertretbar darlege, dass und warum ihre eigene Leistungserbringung wirtschaftlicher und besser ist, haben dies sowohl das Verwaltungsgericht als auch der private Dritte hinzunehmen.[229]

Die Verwaltungsgerichte haben diesen Beurteilungsspielraum zu achten und sind gehindert, eine eigene Beurteilung an diejenige der Gemeinde zu setzen. Ob sich aber die Beurteilung der Gemeinde in dem durch das Gesetz vorgegebenen Rahmen hält, ist eine voll nachprüfbare Rechtsfrage.

147 Im Hinblick auf den Kernbereich der kommunalen Selbstverwaltung trifft der RhPfVerfGH in der Gesamtschau die Wertung, dass die verschärfte Subsidiaritätsklausel des § 85 Abs. 1 Nr. 3 GemO RhPf in der Fassung der Novelle von 1998 den Kommunen einen beträchtlichen, diesen **Kernbereich wahrenden Handlungsspielraum** belasse. Was ihn in seinen historischen und regionalen Erscheinungsformen historisch und durchlaufend präge, werde durch die strittige Norm weder rechtlich noch faktisch beseitigt oder ausgehöhlt. Vielmehr biete der unternehmensbezogene Ansatz zusammen mit dem kommunalen Beurteilungsspielraum die Gewähr, dass sich die Gemeinden gerade auf ihren angestammten, die Selbstverwaltung traditionell prägenden Betätigungsfeldern auch weiterhin in angemessenem Umfang wirtschaftlich betätigen könnten.[230]

148 Für die Gemeinden und die kommunalen Unternehmen von elementarer Bedeutung ist insbesondere, dass nach dieser verfassungsgerichtlichen Entscheidung kommunale **Verbundunternehmen als Gesamtheit in den Wirtschaftlichkeits- und Gütevergleich** mit den Leistungen des Privaten einzubringen sind. Damit wird ein Herausbrechen lukrativer Geschäftszweige aus kommunalen Unternehmen durch Private (Rosinenpickerei) durch isolierte, atomisierte vergleichende Betrachtung einzelner Unternehmensbereiche verhindert.[231] Von nicht minderer Bedeutung sind die Feststellungen, dass die erforderliche vergleichende Prüfung der Leistungen des kommunalen Unternehmens und derjenigen des Privaten vor allem hinsichtlich der „Güte" anhand des Kriteriums der Nachhaltigkeit von der Gemeinde im Rahmen eines ihr zustehenden Beurteilungsspielraums vorzunehmen ist.[232]

149 Auch **außerhalb des Kernbereichs** verletzt die verschärfte Subsidiaritätsklausel nach Auffassung des RhPfVerfGH die Selbstverwaltungsgarantie nicht. Art. 49 RhPfVerf. lege kein Regel-Ausnahme-Verhältnis zugunsten der kommunalen gegenüber einer privaten Aufgabenerfüllung fest. Ebenso wie Art. 28 Abs. 2 GG enthalte Art. 49 RhPfVerf. ein verfassungsrechtliches Aufgabenverteilungsprinzip hinsichtlich der Angelegenheiten der örtlichen Gemeinschaft zugunsten der Gemeinden, das aber nur einer Aufgabenverlagerung auf übergeordnete Ebenen der öffentlichen Verwaltung (Hochzonung) entgegen-

[229] Diese Feststellung erfolgt vor dem Hintergrund, dass der RhPfVerfGH der Subsidiaritätsklausel in § 85 Abs. 1 Nr. 3 GemO RhPf die Wirkung einer drittschützenden Norm zuerkennt, dazu Rn. 163.

[230] RhPfVerfGH, NVwZ 2000, 801 (804).

[231] *Neutz*, ZG 2000, 279 (283, 285).

[232] Wegen der beschränkenden Wirkung dieser rechtlichen Situation für die Kommunalaufsicht vgl. *Ruffert*, VerwArch 2001, 27 (37 f.).

stehe. Nicht gelte dies für die Aufgabenprivatisierung, auch wenn die Folgen aus Sicht der Gemeinden vergleichbar seien.[233]

Das bedeute aber nicht, dass der privatisierende Gesetzgeber außerhalb des Kernbereichs der Selbstverwaltungsgarantie frei von jeglichen rechtlichen Bindungen sei. In diesen Bereich dürfe nur insoweit eingegriffen werden, als dies durch das Gemeinwohl geboten sei. Bei der Konkretisierung dessen, was Gemeinwohl sei, habe der Gesetzgeber einen weiten Gestaltungsspielraum. Im Wesentlichen müsse die fragliche Regelung von sachgerechten Erwägungen getragen werden, geeignet sein, den mit ihr verfolgten Zweck zu erreichen, und dürfe nicht willkürlich sein. **150**

§ 85 Abs. 1 Nr. 3 GemO RhPf in der Fassung der Novelle von 1998 erfülle diese Anforderungen. Maßgeblich seien die für die neugefasste Subsidiaritätsklausel bestimmenden zwei Regelungszwecke, nämlich der Schutz der Privatwirtschaft und die Bewahrung der Gemeinden vor unvertretbaren wirtschaftlichen Risiken.

Gegen § 85 Abs. 1 Nr. 3 GemO RhPf in der Fassung der Novelle von 1998 war weiterhin geltend gemacht worden, die Norm verstoße gegen den **Bestimmtheitsgrundsatz**, denn das Gesetz treffe weder eine ausdrückliche Regelung noch lasse es erkennen, wie der geforderte Leistungsvergleich zwischen dem kommunalen Unternehmen und dem privaten Dritte durchzuführen sei, noch wer in ihn einbezogen werden müsse.[234] **151**

Der RhPfVerfGH sah aber schließlich auch keine Verletzung des Art. 49 RhPfVerf. unter dem Gesichtspunkt mangelnder Bestimmtheit. Das Gericht gesteht zwar zu, dass der Wortlaut hinsichtlich des Kreises der in den Leistungsvergleich einzubeziehenden Privaten mehrdeutig sein möge, allerdings sei es nicht Sinn des Gesetzes, einen Vergleich zwischen einem konkret beabsichtigten wirtschaftlichen Unternehmen der Gemeinde und imaginären Privatunternehmen zu verlangen; anderenfalls wäre der Vergleich uferlos und die Vorschrift nicht handhabbar. Unter Verweis auf die Gesetzesmaterialien und die einschlägige Kommentarliteratur postuliert der Gerichtshof, dass in den Leistungsvergleich nur solche Dritte einzubeziehen seien, die die von der Kommune beabsichtigte Leistung schon anbieten oder konkret bereit sind, das zu tun. Im Hinblick darauf, dass der Gesetzgeber ein bestimmtes Markterkundungsverfahren für den Wirtschaftlichkeits- und Qualitätsvergleich zwischen der Gemeinde und dem privaten Dritten nicht vorgeschrieben hat, sieht das Gericht die Möglichkeit zur Behebung der Auslegungsschwierigkeiten mit herkömmlichen juristischen Methoden. Es biete sich an, ein Markterkundungsverfahren entsprechend § 7 Abs. 2 S. 2 BHO durchzuführen. Soweit den Begriffen „wirtschaftlich“ und mehr noch „gut“ klare inhaltliche Kriterien fehlten – was der Antragstellerin zuzugestehen sei –, sei den Gemeinden hier zum Schutz der Selbstverwaltung bewusst ein Beurteilungsspielraum eingeräumt, der mit einem Verlust an Regelungsdichte zwangsläufig verbunden sei. **152**

Im Hinblick auf die von der antragstellenden Stadt und den kommunalen Spitzenverbänden geltend gemachte Unbestimmtheit des § 85 Abs. 1 Nr. 3 GemO RhPf in der Fassung der Novelle von 1998 und die in der Literatur vertretene Notwendigkeit eines Markterkundungsverfahrens[235] – für die sich im Gesetz kein Anhaltspunkt findet – wären klarere Aussagen des Gerichtshofs zu erwarten gewesen.[236] **153**

Die Entscheidung des RhPfVerfGH hat nicht die beantragte Normenverwerfung ausgesprochen, die angefochtenen Normen, insbesondere die verschärfte Subsidiaritätsklausel, sind in Rheinland-Pfalz weiterhin geltendes Recht. Allerdings wurde den Forderungen der kommunalen Spitzenverbände aufgrund der Veränderung der Rahmenbedingungen für die wirtschaftliche Betätigung der Kommunen durch Privatisierung und Wettbewerb und der dadurch verursachten dramatischen Umbruchsituation insbesondere im Bereich der leitungsgebundenen Energie zwischenzeitlich durch ein Änderungsgesetz **154**

---

[233] RhPfVerfGH, NVwZ 2000, 801 (804).
[234] *Neutz*, ZG 2000, 279 (280).
[235] *Gabler/Höhlein* u. a., § 85 GemO, Anm. 3.5.2.
[236] *Neutz*, ZG 2000, 279 (286).

vom 7. April 2009 (GVBl. S. 162f.) Rechnung getragen. Mit diesem Gesetz wurde die Subsidiaritätsklausel des § 85 Abs. 1 Nr. 3 GemO dahingehend geändert, dass diese Klausel nur noch gilt, wenn sich die Gemeinde außerhalb der Energieversorgung, der Wasserversorgung und des öffentlichen Personennahverkehrs wirtschaftlich betätigt. 2013 wurde dieser Ausnahmetatbestand auf die Versorgung mit Breitbandtelekommunikation ausgedehnt.[237] Um für die kommunalen Unternehmen im Wettbewerb die gleichen Bedingungen wie für die Privatwirtschaft zu schaffen, gilt in den genannten Bereichen nunmehr weder eine Subsidiaritätsklausel noch eine Funktionssperre. Außerhalb dieser Tätigkeiten allerdings wurde die stringente Subsidiaritätsklausel beibehalten. Die kommunalen Spitzenverbände hingegen hatten insoweit die Forderung erhoben, den bis 1998 geltenden Rechtszustand (Funktionssperre) wieder herzustellen.

Ungeachtet dieser Rechtsänderung sind die Urteilsgründe der Entscheidung des RhPfVerfGH im Hinblick auf die grundsätzlich unverändert fortgeltende verschärfte Subsidiaritätsklausel von außerordentlicher Bedeutung.

Dort hat das Gericht sehr konkrete und eindeutige **Klarstellungen der angegriffenen Bestimmungen** vorgenommen und **Kriterien zu ihrer Auslegung** festgeschrieben, die uneingeschränkt zu beachten sind, um verfassungswidrige Ergebnisse bei der Anwendung der Normen zu vermeiden. In einer Vielzahl von Einzelheiten hat die verfassungsgerichtliche Entscheidung Transparenz geschaffen und den Anwendungsbereich der umstrittenen Normen eindeutig begrenzt. Dadurch wurde die Situation der kommunalen wirtschaftlichen Unternehmen deutlich verbessert und diese Unternehmen in ihrem Bestand und in ihrer Fortentwicklung gesichert.[238]

155 Zur korrekten Einordnung der Entscheidung des RhPfVerfGH insbesondere im Hinblick auf die gemeindewirtschaftsrechtlichen Bestimmungen anderer Bundesländer ist zu beachten, dass die GemO RhPf keine Rechtsfolge vorsieht für den **Fall des Nicht-Nachweises der Voraussetzungen der verschärften Subsidiaritätsklausel** bei bestehenden Unternehmen im Rahmen des in der Regel jährlich zu erstellenden Beteiligungsberichts der Gemeinde.[239, 240]

156 Die wesentlichen Feststellungen des RhPfVerfGH zur **verfassungskonformen Auslegung der verschärften Subsidiaritätsklausel** in der Fassung der Novelle von 1998 sind wie folgt zusammenzufassen:

157 – Die Schrankentrias (§ 85 Abs. 1 GemO RhPf) gilt nicht für Einrichtungen, die in § 85 Abs. 3 (jetzt: 4) GemO RhPf (Negativklausel) genannt sind. Dabei ist es gleich, ob es sich um pflichtige oder freiwillige Aufgabenerfüllung handelt. Diese Freistellung von der Schrankentrias gilt umfassend. Von den strengen Voraussetzungen des § 85 Abs. 1 GemO RhPf sind kommunale Einrichtungen auch dann freigestellt, wenn sie rein tatsächlich Teil der kommunalen Wirtschaftstätigkeit sind. Ausdrücklich festge-

[237] Gesetz vom 20.12.2013, GVBl. S. 538.

[238] *Neutz*, ZG 2000, 279 (285).

[239] Vgl. § 90 Abs. 2 GemO RhPf; diese Norm war in dem Normenkontrollverfahren vor dem RhPfVerfGH ebenfalls angefochten, wurde vom Gerichtshof bei verfassungskonformer Auslegung aber auch für mit der Verfassung vereinbar erklärt, RhPfVerfGH NVwZ 2000, 801 (805f.). Wichtig ist vor allem die Feststellung des Gerichts, dass der notwendige Inhalt der Beteiligungsberichte eingeschränkt ist. Die Berichtspflicht des § 90 Abs. 2 GemO RhPf zwingt nicht zu selbstschädigender ruinöser Offenlegung der eigenen Unternehmensverhältnisse. Ist konkret erkennbar, dass die Kommune bestimmte Vergleichsdaten nicht offen legen kann, ohne sich selbst im Wettbewerb zu benachteiligen, müssen diese Daten nicht in den Bericht aufgenommen werden.

[240] Das Saarland erlegt (§ 108 Abs. 6 KSVG) seinen Kommunen zwar die Pflicht zur regelmäßigen Überprüfung der Möglichkeit materieller Privatisierung wirtschaftlicher Unternehmen auf und gewährt privaten Dritten dabei die Möglichkeit zur Darlegung ihrer Leistungsfähigkeit. Allerdings wird lediglich normiert, dass über das Ergebnis der Kommunalaufsicht zu berichten ist. Rechtsfolgen sieht auch das verschärfte saarländische Gemeindewirtschaftsrecht nicht vor. Das Gesetz Nr. 1532 vom 8. 10. 2003 (Amtsbl. 2004, S. 594) enthält in Art. 6 zudem die Übergangsvorschrift, dass die verschärften gesetzlichen Voraussetzungen nicht für bestehende Unternehmen und Beteiligungen gelten. Sh. auch die vergleichbare Regelung des § 121 Abs. 7 HGO.

stellt wird dies für die Einrichtungen des Umweltschutzes, namentlich für solche der Abfallentsorgung. Es macht dabei keinen Unterschied, ob die betreffenden Aufgaben von den Kommunen als Pflichtaufgaben zu erledigen sind oder von ihnen freiwillig übernommen werden, wie dies etwa bei der Verwertung von Abfällen gewerblicher Herkunft der Fall ist.

- Bestehende Unternehmen genießen Bestandsschutz, sie dürfen auch dann fortgeführt werden, wenn der öffentliche Zweck ebenso gut und wirtschaftlich durch einen privaten Dritten erfüllt wird oder erfüllt werden kann. Weil § 90 Abs. 2 GemO RhPf keine Rechtsfolge für den Fall des Nicht-Nachweises der Voraussetzungen des § 85 Abs. 1 (Satz 1) Nr. 3 GemO RhPf (verschärfte Subsidiaritätsklausel) vorsieht, kann die Kommunalaufsicht den Rückzug der Gemeinde aus dem Unternehmen nicht erzwingen. 158
- Die marktgerechte Ergänzung der angestammten Tätigkeitsfelder kommunaler Unternehmen ist zulässig, soweit es sich um „unwesentliche" Erweiterungen handelt. „Unwesentlich" ist nach Auffassung des RhPfVerfGH ausdrücklich, wenn Stadtwerke ihr Energieversorgungsangebot durch Zusatzdienste wie Beratung und Installation zu einer wettbewerbsfähigen Gesamtleistung abrunden. Der Bestandschutz, den § 85 Abs. 1 GemO RhPf den Kommunen gewähre, sei deshalb keineswegs gleichbedeutend mit Stagnation. 159
- Die Kommune darf für eine öffentliche Haupttätigkeit vorhandene, sonst brachliegende, aber noch benötigte Kapazitäten ausnutzen für eine mit Gewinnerzielungsabsicht betriebene Nebentätigkeit. Lediglich dauernd entbehrlich gewordene Kapazitäten dürfen nicht aufrechterhalten oder gar derartige neue Kapazitäten aufgebaut werden zur Gewinnerwirtschaftung außerhalb des öffentlichen Unternehmenszwecks. 160
- Die Prüfung, ob ein privater Dritter einen öffentlichen Zweck „ebenso gut" und „ebenso wirtschaftlich" erfüllen kann, obliegt der Kommune. Diese hat einen Beurteilungsspielraum auch und gerade hinsichtlich der „Güte" der jeweiligen Leistung. Kriterium für diese Beurteilung ist vor allem die Nachhaltigkeit, d. h. die Dauerhaftigkeit und Zuverlässigkeit der Aufgabenerfüllung. Je wichtiger eine Leistung für den Bürger ist, desto größere Bedeutung kommt einem krisenfesten, stetigen und ungestörten Angebot zu sozialgerechtfertigten Bedingungen zu. 161
- Bei dem Wirtschaftlichkeits- und Gütevergleich zwischen kommunalen Verbundunternehmen und privaten Dritten ist maßgeblicher Bezugspunkt das gesamte Unternehmen, nicht etwa nur einzelne Sparten oder Teile. Das Leistungsangebot des Privaten muss sich an der von dem Verbundunternehmen zu erfüllenden Gesamtaufgabe messen lassen. Ein Gesetz, das die Gemeinden zwänge, rentierliche Unternehmensteile zu privatisieren und ihnen nur die defizitären beließe, könnte vor der verfassungsrechtlichen Selbstverwaltungsgarantie schwerlich Bestand haben.[241] 162

Bemerkenswert ist, dass der RhPfVerfGH in der verschärften Subsidiaritätsklausel des § 85 Abs. 1 Nr. 3 GemO RhPf in der Fassung der Novelle von 1998 – im Gegensatz zur Gesetzesbegründung dieser Norm – nach Wortlaut und Gesetzeszweck eine **drittschützende Norm** i. S. d. § 42 Abs. 2 VwGO erkannt hat.[242] In der Rechtsprechung anderer Oberverwaltungsgerichte zeichnet sich die Tendenz ab, den Regelungen über die Zulässigkeit kommunaler Unternehmen – allerdings unter Berücksichtigung der jeweiligen landesrechtlichen Ausgestaltungen – ebenfalls eine drittschützende Wirkung zuzuerkennen. Der VGH BW attestiert der echten Subsidiaritätsklausel in § 102 Abs. 1 Nr. 3 GemO BW eine drittschützende Wirkung.[243] Das OVG Saarland hat in einer Entscheidung vom 163

---

[241] Die vom RhPfVerfGH vorgenommene verfassungskonforme Auslegung der verschärften Subsidiaritätsklausel kann als Leitlinie für die Interpretation der Gemeindewirtschaftsrechte anderer Länder herangezogen werden; vgl. dazu *Wellmann,* NWVBl. 2007, 1 ff.

[242] RhPfVerfGH, NVwZ 2000, 801 (803 f.).

[243] VGH BW vom 6.3.2006, 1 S 2490/05, Rn. 6 (juris); a. A. OVG LSA vom 29.10.2008, 4 L 146/05, Rn. 38 f. (juris) zur zwischen 2003 und 2011 in Sachsen-Anhalt geltenden echten Subsidiaritätsklausel (§ 116 Abs. 1 Satz 1 Nr. 3 GO LA a.F.).

22.10.2008 eine gewisse Tendenz zu dieser Auslegung erkennen lassen, musste diese Frage aber mangels Entscheidungserheblichkeit nicht abschließend klären.[244] Das OVG NRW leitet den Drittschutz aus dem Erfordernis eines öffentlichen Zwecks in § 107 Abs. 1 Satz 1 Nr. 1 GO NRW ab.[245]

In Hessen und Niedersachen hat der Gesetzgeber zwischenzeitlich klargestellt, dass die (echte) Subsidiaritätsklausel auch dem Schutz privater Dritter dient.[246] Für Sachsen und Thüringen enthalten die jeweiligen Gesetzesbegründungen zur Einführung der Subsidiaritätsklausel Ausführungen, die in diese Richtung gehen.[247] Unklar ist die Rechtslage in Mecklenburg-Vorpommern und Schleswig-Holstein.

Der brandenburgische Landesgesetzgeber hat dagegen in § 91 Abs. 1 Satz 2 BbgKVerf normiert, dass die Regelungen zur Zulässigkeit wirtschaftlicher Betätigung ausschließlich dem Schutz der Leistungsfähigkeit der Gemeinden dienen.

In Bayern hat das Verwaltungsgericht Würzburg jüngst entschieden, dass der (echten) Subsidiaritätsklausel wegen der landesspezifischen Historie und Systematik der einschlägigen Vorschriften keine drittschützende Wirkung zukommt.[248]

164 Privaten Dritten ist damit jedenfalls in Baden-Württemberg, Hessen, Niedersachsen, Rheinland-Pfalz und Nordrhein-Westfalen der **Rechtsweg zu den Verwaltungsgerichten** eröffnet, wenn sie sich durch die Beurteilungsentscheidung der Kommune in ihren Rechten verletzt sehen.

In der Vergangenheit wurde versucht, die Problemfälle der Drittwirkung in das Wettbewerbsrecht und damit auf die **Zivilgerichtsbarkeit** zu verlagern. Dem ist der BGH durch ein Grundsatzurteil vom 25.4.2002 entgegengetreten, indem er einen zivilrechtlichen Unterlassungsanspruch nach § 1 UWG a.F. und § 823 Abs. 2 BGB zur Abwehr des Marktzutritts kommunaler Unternehmen abgelehnt hat.[249] Ein derartiger Anspruch kann daher nur auf die kommunalrechtliche Unzulässigkeit gestützt werden und ist gegebenenfalls vor den Verwaltungsgerichten geltend zu machen.[250] Dagegen sind zivilgerichtliche Klagen gegen das Marktverhalten kommunaler Unternehmen, z. B. wegen Unlauterbarkeit nach Wettbewerbsrecht, weiterhin möglich.[251] Jüngst zu beobachtenden Bestrebungen der Zivilgerichte, die Vorschriften über die Zulässigkeit kommunalen Unternehmen in den vergaberechtlichen Prüfungskatalog einzubeziehen, ist mit dem OVG NRW aus gesetzessystematischen Gründen eine Absage zu erteilen.[252]

b) Das Örtlichkeitsprinzip

165 Durch die in den neunziger Jahre aufgrund zunehmender Forderungen nach Privatisierung, Deregulierung und Wettbewerb eingeleitete **Veränderung der Rahmenbedingungen für die wirtschaftliche Betätigung der Kommunen** wurde für die kommunalen Unternehmen eine dramatische Umbruchsituation herbeigeführt.[253] Die kommunalen Unternehmen müssen sich vielfältigen neuen Herausforderungen stellen,

---

244 OVG Saarlouis vom 22.10.2008, 3 B 279/08, Rn. 13 ff. (juris).

245 OVG NRW vom 1.4.2008, 15 B 122/08, Rn. 11 ff. m. w. N.

246 § 121 Abs. 1b HGO, § 136 Abs. 1 Satz 3 NKomVG.

247 Sachsen: vgl. Plenarprotokoll 3/75, S. 5279 f.; Thüringen: LT-Drs. 1/2149, S. 95.

248 VG Würzburg vom 5.9.2012, W 2 K 10.1204 – rechtskräftig (juris); so auch *Schulz/Wachsmuth/Zwick*, Art. 87 BayGO, Anm. 1.8.2.

249 BGH vom 25.4.2002, I ZR 250/00 (juris).

250 Vgl. *Schulz/Wachsmuth/Zwick*, Art. 87 BayGO, Anm. 1.8.1.

251 Vgl. BGH vom 25.4.2002, I ZR 250/00, Rn. 30 ff. Zum wettbewerbsrechtlichen Drittschutz Kapitel I Rn. 151 ff., 186 ff.

252 OVG NRW vom 1.4.2008, 15 B 122/08, Rn. 15 ff., 22 ff.; zustimmend *Mann*, Kommunales Wirtschaftsrecht als Vorfrage des Vergaberechts?, NVwZ 2010, S. 857 (862). A.A. OLG Düsseldorf vom 13.8. 2008, VII-Verg 42/07, Rn. 22 ff. (juris); *Gabler/Höhlein u.a.*, § 85 GemO, Anm. 9.1.2.

253 Siehe die Zusammenstellung der äußeren und internen Gründe für die Veränderungen der kommunalwirtschaftlichen Aktivitäten bei *Ruffert*, VerwArch 2001, 27 (28 f.).

die historisch gewachsene Teilhabe der Städte, Gemeinden und Kreise am Wirtschaftsleben[254] ist nachhaltig gefährdet.[255]

166 Beispiele für ursächliche Rechtsänderungen sind die Verpackungsverordnung, das Kreislaufwirtschafts- und Abfallgesetz (a.F.), das Telekommunikationsgesetz, die Änderung des Wasserhaushaltsgesetzes und des Rechts der leitungsgebundenen Energieversorgung[256]. Nicht zu unterschätzen sind auch die Wirkungen des Europäischen Rechts, der Maßnahmen der EU-Kommission und der Rechtsprechung des EuGH.[257]

Erfolgt ist durch die Liberalisierung eine Herauslösung ehemals klassischer Bereiche der kommunalen Ver- und Entsorgungswirtschaft aus der bisherigen Monopolsituation und deren Überführung in einen Wettbewerbsrahmen.[258] Auch geht damit einher eine Neubewertung eines gewichtigen Teils der kommunalen Aufgaben der Daseinsvorsorge.

167 Wenn die Kommunalwirtschaft durch derart gravierende Veränderungen seitens des Gesetzgebers in eine allgemeine Konkurrenzsituation mit privaten Wettbewerbern hineingestellt wird, muss aber den kommunalen Unternehmen eine Teilnahme an diesem Wettbewerb auch möglich sein. Die Möglichkeit der Strukturanpassung an die veränderten Rahmenbedingungen und die Fähigkeit zur Reaktion auf die Erfordernisse des Markts sind in dieser Situation von existenzieller Bedeutung. Unerlässlich für tatsächlichen Wettbewerb ist die Chancengleichheit der am Markt Beteiligten. Unter anderem verlangt diese Forderung nach **Vermeidung von Wettbewerbsverzerrungen**, dass ebenso wie kommunale Unternehmen nunmehr den Wettbewerb privater Unternehmen in ihrem seitherigen Geschäftsgebiet hinnehmen müssen, sie ihrerseits nicht behindert werden dürfen, einen Ausgleich für nunmehr im Gemeindegebiet entgehenden Absatz bzw. Umsatz im Wettbewerb auch jenseits der Gemeindegrenzen zu erwirtschaften.[259] Die Wettbewerbssituation in der leitungsgebundenen Energieversorgung zielt z. B. gerade darauf ab, dass ein Wettbewerb um den einzelnen Kunden, sowohl Industrie- wie Tarifkunden, d. h. jeden einzelnen Bürger erfolgt. Auch die Stadtwerke, die früher – wie jeder andere Energieversorger – in geschlossenen Versorgungsgebieten operierten, haben im Wettbewerb durch den Zugriff externer Konkurrenten bereits Kunden verloren und werden nach den Regeln des Wettbewerbs erfahrungsgemäß auch in Zukunft Kunden verlieren. Dies muss aber durch die Anwerbung neuer Kunden außerhalb des früheren geschlossenen, durch die Gemeindegrenzen gebildeten Versorgungsgebiets kompensiert werden können. Das Stadtwerk hält in einem solchen Fall an seinem örtlichen Ursprung fest, indem es weiter überwiegend die Versorgung im eigenen Gemeindegebiet durchführt, aber durch außergebietliche Aktivitäten jenseits der Gemeindegrenzen Rentabilitätsgewinne und Synergieeffekte erzielt, die dem Fortbestand der gesamten Einrichtung und damit der örtlichen Gemeinschaft zugute kommen.[260]

168 Soweit die veränderten Marktgegebenheiten eine Anpassung des Angebots an das Nachfrageverhalten in Form einer **Ergänzung der Angebotspalette** des Kerngeschäfts verlangen oder die Wirtschaftlichkeit vorhandener und noch benötigter Ressourcen die **Erschließung zusätzlicher Betätigungsfelder** erfordern, kann den insoweit ein-

---

254 Vgl. oben Rn. 21 ff.

255 *Cronauge*, Der Gemeindehaushalt 1998, 131 (131).

256 Vgl. dazu *Burgi*, Neuer Ordnungsrahmen für die energiewirtschaftliche Betätigung der Kommunen, S. 25 ff.

257 Vgl. nur *Wohltmann*, Der Landkreis, 2003, 746 ff.; *Hellermann*, Der Landkreis 2001, 434 ff.; Grünbuch zu Dienstleistungen von allgemeinem Interesse, Kommission der Europäischen Gemeinschaften, 21. 3. 2003, KOM (2003) 270 endgültig; zur Beihilfenproblematik: EuGH, NJW 2003, 2515 = NVwZ 2003, 1101 (Altmark-Trans); Mitteilung der Bundesregierung der Bundesrepublik Deutschland an die Europäische Kommission vom 2. 2. 2004 „Rechtssicherheit auf dem Gebiet der Daseinsvorsorge, insbesondere durch die Umsetzung des EuGH-Urteils ‚Altmark-Trans" vom 24. Juli 2003; *Burgi*, Neuer Ordnungsrahmen für die energiewirtschaftliche Betätigung der Kommunen, S. 35 ff.

258 Näher *Cronauge*, Der Gemeindehaushalt 1998, 131 (131 f.).

259 Vgl. *Moraing*, Der Gemeindehaushalt 1998, 223 (223), der zu Recht in diesem Zusammenhang die Frage der Widerspruchsfreiheit der Gesetzgebung aufwirft.

260 *Rehn/Cronauge*, § 107 GO, Anm. VIII. 3; *Schulz/Wachsmuth/Zwick*, Art. 87 BayGO, Anm. 4.2.

schränkenden Bestimmungen des Gemeindewirtschaftsrechts durch verfassungskonforme Auslegung die für eine Markttauglichkeit der Kommunalwirtschaft notwendige Weite verliehen werden.[261]

Im Hinblick auf die Wettbewerbsfähigkeit genauso bedeutsam ist die Klärung der Frage, ob eine Beschränkung der kommunalwirtschaftlichen Betätigung auf das Gebiet der **eigenen Gemeindegrenzen** besteht oder ob sich die Kommunen mit ihren Unternehmen über diese Grenzen hinaus wirtschaftlich betätigen dürfen.

169 In der Literatur werden insoweit zwei absolut **konträre Auffassungen** vertreten.

Nach der wohl herrschenden Auffassung beschränkt Art. 28 Abs. 2 S. 1 GG die Zuständigkeit der Gemeinden auf die Angelegenheiten der örtlichen Gemeinschaft. Erforderlich sei diese Beschränkung aus Kompetenzgründen und zur Wahrung der Interessen der betroffenen (Nachbar-)Gemeinden.[262] Einbezogen werden alle Bereiche des Tätigwerdens, auch das wirtschaftliche Handeln. Zum Teil wird auch auf das Demokratieprinzip rekurriert. Danach sei die wirtschaftliche Betätigung einer Gemeinde in Konkurrenz zu privaten Wettbewerbern, die nicht Mitglieder der betreffenden Gemeinde sind, aufgrund der fehlenden bzw. unzureichenden Beteiligung dieser Personen an der demokratischen Legitimation dieser Betätigung grundsätzlich unzulässig. Dies gelte aufgrund der gemeindlichen Gebietshoheit nicht auf dem eigenen Gemeindegebiet.[263]

170 Die Länder tragen den veränderten Bedingungen für die Kommunalwirtschaft in Wettbewerbsmärkten zunehmend Rechnung durch ausdrückliche Ausdehnung des kommunalen unternehmerischen Aktionsradius im Wege einer **Lockerung des Territorialprinzips**,[264] um die Position der Kommunen im Wettbewerb zu stärken. Insbesondere für die gemeindewirtschaftliche Betätigung im Bereich der Energieversorgung sind verstärkte gesetzgeberische Aktivitäten zu verzeichnen.[265]

Nach den meisten dieser ausdrücklichen Ausnahmeregelungen vom Örtlichkeitsgrundsatz ist eine wirtschaftliche Betätigung außerhalb des Gemeindegebietes nur zulässig, wenn neben der Erfüllung der allgemeinen Zulässigkeitsvoraussetzungen (Schrankentrias)[266] die berechtigten Interessen der betroffenen kommunalen Gebietskörperschaften gewahrt sind.[267] Eine weitgehende Privilegierung enthalten die Bestimmungen in Nordrhein-Westfalen und Sachsen-Anhalt für die überörtliche Betätigung in den Bereichen Strom-, Gas- und Wärmeversorgung, die den öffentlichen Zweck insoweit fingieren.[268] Solche Betätigungen sind zulässig, wenn der Leistungsfähigkeitsbezug gegeben ist und die berechtigten Interessen der betroffenen Gemeinden gewahrt sind; Sachsen-Anhalt verlangt zudem die Einhaltung der (einfachen) Subsidiaritätsklausel.[269] Auch in Mecklen-

[261] Oben Rn. 86 ff.

[262] Vgl. *Britz*, NVwZ 2001, 380 (385); *Gabler/Höhlein* u.a., Vorbem. Zu §§ 85-92 GemO, Anm. 2.2.1, jeweils m. w. N.

[263] *Heilshorn*, Gebietsbezug der Kommunalwirtschaft, S. 101 ff., S. 195.

[264] Baden-Württemberg, Bayern, Brandenburg, Hessen, Nordrhein-Westfalen, Rheinland-Pfalz, Saarland, Sachsen-Anhalt, Schleswig-Holstein, Thüringen, vgl. oben Rn. 51.

[265] Mecklenburg-Vorpommern: Gesetz vom 13.7.2011 (GVBl. S. 777); Nordrhein-Westfalen: Gesetz vom 21.12.2010 (GVBl. S. 688) und vom 13.12.2011 (GVBl. S. 658); Rheinland-Pfalz: Gesetz vom 20.12.2013 (GVBl. S. 538); Sachsen-Anhalt: Gesetz vom 30.11.2011 (GVBl. S. 814).

[266] S. o. Rn. 99 ff.

[267] § 102 Abs. 7 GemO BW, Art. 87 Abs. 2 BayGO, § 121 Abs. 5 HGO, § 107 Abs. 3 GO NRW (für Betätigungen außerhalb der Energiewirtschaft; für die nichtwirtschaftliche Betätigung außerhalb des Gemeindegebiets gilt dies mit Ausnahme der Subsidiaritätsklausel, vgl. § 107 Abs. 4 GO NRW), § 85 Abs. 2 GemO RhPf, § 101 Abs. 2 GO S-H, § 71 Abs. 5 ThürKO; Saarland: Wenn keine betroffene kommunale Gebietskörperschaft aus berechtigten Interessen widerspricht (§ 108 Abs. 4 Nr. 2 KSVG).

[268] Zur Bedeutung des Kriteriums „öffentlicher Zweck" für die energiewirtschaftliche Betätigung in anderen Ländern sh. Rn. 108.

[269] § 107a Abs. 3 GO NRW. § 128 Abs. 3 KVG LSA; alle anderen wirtschaftlichen Betätigungen außerhalb des Gemeindegebiets sind nach § 128 Abs. 4 KVG LSA nur in begründeten Ausnahmefällen zulässig, wenn ein öffentlicher Zweck dies rechtfertigt, der Leistungsfähigkeitsbezug besteht und die berechtigten Interessen der betroffenen Gemeinden gewahrt sind; die Regelung zur Zulässigkeit von Annextätigkeiten aus § 128 Abs. 2 Satz 2 KVG LSA wird allgemein für anwendbar erklärt.

burg-Vorpommern dient die energiewirtschaftliche Betätigung außerhalb der Gemeinde kraft Gesetzes einem öffentlichen Zweck.[270] Noch großzügiger ist Brandenburg, wo die wirtschaftliche Betätigung außerhalb der Versorgung der örtlichen Gemeinschaft sowie der Nutzung von Einrichtungen bzw. Angeboten in der Gemeinde erstens für die Versorgung mit Elektrizität, Gas und Fernwärme und zweitens im Rahmen von Vereinbarungen oder Konzessionen der betroffenen Gemeinde generell für zulässig erklärt wird.[271] Was die Abwehrmöglichkeit der betroffenen Gemeinden angeht, sehen die Gemeindeordnungen der Länder Baden-Württemberg, Bayern, Hessen, Nordrhein-Westfalen und Rheinland-Pfalz für die Bereiche der Versorgung mit Strom und Gas vor, dass nur die Interessen als berechtigt gelten, die nach den Vorschriften des Energiewirtschaftsgesetzes eine Einschränkung zulassen. Sachsen-Anhalt und Schleswig-Holstein gehen darüber hinaus und sehen allgemein vor, dass bei im Wettbewerb wahrgenommenen Aufgaben nur die Interessen als berechtigt gelten, die nach bundesgesetzlichen Vorgaben eine Einschränkung des Wettbewerbs zulassen. In Hessen, Thüringen und im Saarland gelten bei gesetzlich liberalisierten Tätigkeiten nur die Interessen als berechtigt, die nach den hierfür maßgeblichen Vorschriften eine Einschränkung des Wettbewerbs zulassen.

Für die wirtschaftliche (und nichtwirtschaftliche) **Betätigung im Ausland** müssen nach nordrhein-westfälischem Recht das Erfordernis eines öffentlichen Zwecks und der Leistungsfähigkeitsbezug gegeben sein, bei der energiewirtschaftlichen Betätigung im Ausland wird wiederum der öffentliche Zweck fingiert; generell bedarf die Aufnahme einer solchen Betätigung im Ausland der Genehmigung.[272] Rheinland-Pfalz lässt neuerdings die Beteiligung eines wirtschaftlichen Unternehmens der Gemeinde an im Ausland zu errichtenden oder bestehenden Erneuerbare-Energie-Anlagen zu, wenn ein öffentlicher Zweck dies rechtfertigt und der Leistungsfähigkeitsbezug gegeben ist; die Beteiligung ist genehmigungspflichtig.[273]Brandenburg und Schleswig-Holstein verzichten auf das Genehmigungserfordernis und bestimmen, dass die wirtschaftliche Betätigung im Ausland bereits dann zulässig ist, wenn die allgemeinen Zulässigkeitsvoraussetzungen für die wirtschaftliche Betätigung vorliegen und berechtigte Interessen des Bundes oder des Landes nicht entgegenstehen. Die Kommunalaufsichtsbehörden sind nur zu unterrichten.[274] Sachsen-Anhalt sieht für die Aufnahme einer wirtschaftlichen Betätigung im Ausland ebenfalls eine Genehmigungspflicht vor.[275]

Von Vertretern der herrschenden Meinung in der Literatur ist die mit diesen Bestim- 171
mungen erfolgte gesetzliche Ausdehnung der gemeindlichen wirtschaftlichen Tätigkeit über die Gemeindegrenzen hinaus wegen Verstoßes gegen die Art. 28 Abs. 2 GG beigemessene Beschränkungswirkung als verfassungswidrig bezeichnet worden.[276] Erst recht wird die Zulässigkeit außerörtlicher wirtschaftlicher Betätigung dort bestritten, wo es an ausdrücklichen Regelungen in der Gemeindeordnung fehlt.

Der Verfassungsbestimmung des Art. 28 Abs. 2 S. 1 GG bzw. den entsprechenden landesverfassungsrechtlichen Bestimmungen wird also bezogen auf die wirtschaftende Gemeinde sowohl die Funktion einer **Schutznorm** als auch einer **Beschränkungsnorm** zuerkannt.[277]

Hier setzt die Kritik der entgegengesetzten Meinung an. Nach dieser ist Art. 28 Abs. 2 172
S. 1 GG zwar als Schutznorm zugunsten der Gemeinden, nicht aber als Beschränkungsnorm zu verstehen.[278] Den Kommunen werde durch sie das Recht der Selbstverwaltung garantiert, nicht jedoch die wirtschaftliche Tätigkeit beschränkt. Nur hoheitliches Handeln setze

270 § 68 Abs. 2 Satz 3 KV M-V.
271 § 91 Abs. 4 BbgKVerf.
272 § 107 Abs. 3 Sätze 2 und 3, Abs. 4 Sätze 3 und 4, § 107a Abs. 3 Sätze 3 und 4 GO NRW.
273 § 85 Abs. 2a GemO RhPf.
274 Vgl. § 91 Abs. 4 Satz 2 BbgKVerf, § 101 Abs. 3 GO S-H.
275 § 128 Abs. 5 KVG LSA.
276 *Heilshorn*, S. 170 ff. (175); vgl. *Britz*, NVwZ 2001, 380 (385).
277 *Schink*, NVwZ 2002, 129 (133).
278 *Wolff*, DÖV 2011, 721 (723 f.).

nämlich Kompetenzen voraus, welche die Handlungsbefugnisse verschiedener Hoheitsträger gegeneinander abgrenzen müssen.[279] Ganz anders sei die Rechtslage, wenn Gemeinden sich wirtschaftlich betätigen. Wirtschaftliches Handeln erfolge im Wettbewerb einer theoretisch unbeschränkten Anzahl von Unternehmen. Deshalb hätten die Gemeinden weder das Recht, auf ihrem Gebiet allein wirtschaftlich tätig zu werden, noch seien sie umgekehrt in ihrer wirtschaftlichen Betätigung auf ihr Gemeindegebiet bzw. die Erledigung von Angelegenheiten der örtlichen Gemeinschaft beschränkt. Es wird darauf verwiesen, dass für Kommunen insoweit nichts anderes gelte als für sonstige Gebietskörperschaften, für die eine über ihr Gebiet hinausgehende wirtschaftliche Tätigkeit auch von der vorherrschenden Meinung als zulässig angesehen wird. Die **Wirtschaftstätigkeit** der Kommunen bleibe tatsächlich im Bereich des wirtschaftlichen Handelns und **außerhalb des Bereichs der Verwaltungstätigkeit**, selbst wenn sie zur Daseinsvorsorge auf örtlicher Ebene erfolge. Für Kommunen gelte insoweit nichts anderes als für Bund und Länder; anderenfalls gerate das in Art. 28 Abs. 2 GG den Kommunen garantierte Recht, örtliche Gemeinwohlzwecke auf dem Weg wirtschaftlicher Betätigung zu verfolgen, in Gefahr leer zu laufen.[280]

173 Für die Praxis der Kommunalwirtschaft bedeutsam ist, dass sich die **Unterschiede** beider Auffassungen im Ergebnis letztlich **in Grenzen** halten.

174 Auch seitens restriktiver Vertreter der Auffassung, nach der Art. 28 Abs. 2 GG den Kommunen und möglicherweise auch dem Gesetzgeber Schranken hinsichtlich der Ausweitung kommunaler Wirtschaftstätigkeit setzt, wird zugestanden, dass das außerörtliche wirtschaftliche Engagement durchaus im Dienste der Erledigung der örtlichen Aufgabe stehen kann. Formuliert wird dies teils als Zulässigkeit erwerbswirtschaftlicher **Randnutzungen außerhalb des eigenen Gebiets,**[281] teils als Zulässigkeit **annexweise wahrgenommener** erwerbswirtschaftlicher **Tätigkeiten**, die nicht zwingend den Gebietsangehörigen oder den Personen zugute kommen müssen, die sich auf dem Gebiet der Kommune aufhalten.[282] Mithin kann nicht ohne Weiteres die Verfassungswidrigkeit jeglicher außerörtlicher wirtschaftlicher Tätigkeit der Kommunen oder der Außerörtlichkeitsklauseln in den Gemeindeordnungen der o. g. Länder festgestellt werden.[283]

175 Das OLG Düsseldorf hat diese Auffassung zu einem tragenden Entscheidungsgrund seines Beschlusses vom 12.1.2000 zur überörtlichen Tätigkeit einer Kommune bei der Abfallentsorgung gemacht.[284] Zwar handelte es im entschiedenen Fall nicht um eine wirtschaftliche Betätigung, weshalb § 107 Abs. 3 GO NRW nicht zur Anwendung kam.[285] Gleichwohl befand das Gericht die Tätigkeit für zulässig. Zwar habe die Stadt als öffentlich-rechtlicher Entsorgungsträger nach dem Kreislaufwirtschafts- und Abfallgesetz nur die in ihrem Gebiet angefallenen und überlassenen Abfälle aus privaten Haushaltungen und Abfälle zur Beseitigung aus anderen Herkunftsbereichen zu verwerten und zu beseitigen. Daraus folge jedoch kein generelles Verbot, dies (auch) außerhalb der eigenen Gemeindegrenzen zu tun. Dies lasse sich auch nicht aus Art. 28 Abs. 2 GG oder Art. 78 Abs. 2 NWVerf. herleiten. Selbst wenn man insoweit fordere, dass mit Blick auf die grundsätzlich ortsbezogene Verbandskompetenz einer Gemeinde der von ihrer Einrichtung zu erfüllende öffentliche Zweck in der örtlichen Gemeinschaft wurzeln müsse, wäre dies im konkreten Fall gegeben. Die gemeindliche Einrichtung halte an ihrem territorialen Ursprung fest, indem sie nach wie vor die Entsorgung im Stadtgebiet ausführe

---

279 *Wieland*, Stadt und Gemeinde 7-8/1998, 4; *Moraing*, Der Gemeindehaushalt 1998, 223 (227, 228).

280 *Wieland*, Stadt und Gemeinde 7-8/1998, 4 (5 f.).

281 *Heilshorn*, S. 148, 195.

282 *Ehlers*, DVBl. 1998, 497 (504), der keine Bedenken hat, wenn für die Gemeindeverwaltung entwickelte Software an andere Gemeinden, auswärts wohnende Private oder sogar ausländische Interessenten verkauft wird.

283 *Britz*, NVwZ 2001, 380 (386).

284 OLG Düsseldorf vom 12.1.2000, Verg 3/99 (juris), AWISTA.

285 Die außerörtliche Betätigung im Bereich der Abfallwirtschaft stellte eine durch die Negativklausel des § 107 Abs. 2 Nr. 4 GO NRW privilegierte Tätigkeit des Betriebs von Einrichtungen des Umweltschutzes dar.

und dort ihr Hauptbetätigungsfeld habe. Daran ändere nichts, dass sie ergänzende Investitionen tätigen wolle, zumal sich daraus – ähnlich wie in Unternehmensfusionen – Synergieeffekte ergeben könnten, die sich günstig auf die Organisationsstruktur und die Rentabilität der gesamten Einrichtung der Gemeinde auswirken und damit auch der örtlichen Gemeinschaft zugute kommen.[286]

Diese Bewertung durch das OLG Düsseldorf entspricht den Erwägungen, die der RhPfVerfGH in Bezug auf die Zulässigkeit kapazitätsauslastender und kapazitätserweiternder wirtschaftlicher Betätigungen der Kommunen vor dem Hintergrund des Art. 28 Abs. 2 GG bzw. des Art. 49 RhPfVerf angestellt hat,[287] wenngleich sich diese Entscheidung ausdrücklicher Aussagen zur gebietsübergreifenden wirtschaftlichen Betätigung enthält.[288] Auch das OVG NRW hat in einer Entscheidung vom 1.4.2008 unter Bezugnahme auf das zitierte Urteil des OLG Düsseldorf zu einer gemeindegebietsüberschreitenden Abfallentsorgung ausgeführt, dass eine (nichtwirtschaftliche) Tätigkeit außerhalb des Gemeindegebiets noch als Angelegenheit der örtlichen Gemeinschaft jedenfalls dann zugeordnet werden könne, wenn sie als sog. Annex- oder Hilfstätigkeit erfolgt, es aber auch im Übrigen nicht ausgeschlossen scheine, bestimmte gemeindeexterne Tätigkeiten als Angelegenheiten der örtlichen Gemeinschaft anzusehen.[289] 176

Die in der Literatur vertretene Auffassung, die nur mittelbare Wirkung für die eigene Gemeinde reiche nicht aus, eine Tätigkeit außerhalb der Gemeinde zu rechtfertigen, weil die Erhaltung oder Steigerung der Rentabilität vorhandener Anlagen durch bessere Auslastung schon intra muros kein erlaubter Selbstzweck sei, Grenzüberschreitungen aber auch nicht zu rechtfertigen vermöge, erscheint damit vernachlässigbar. 177

Die Vertreter der Auffassung, die in Art. 28 Abs. 2 GG keine Beschränkungsnorm zu Lasten der wirtschaftenden Kommunen erkennt, sehen ihrerseits aber dennoch gewisse Grenzen der außergemeindlichen wirtschaftlichen Betätigung. Festgestellt wird, dass der Schutzbereich des Art. 28 Abs. 2 GG über das Gemeindegebiet hinausreichende wirtschaftliche Betätigungen dann nicht erfasst, wenn sie **in keinem sachlichen Bezug zur Daseinsvorsorge im eigenen Gemeindegebiet** stehen, sondern der örtlichen Gemeinschaft nur noch durch die erzielten Gewinne dienen.[290] 178

Im Übrigen wird das Erfordernis **einer Radizierung der überörtlichen Betätigung in der örtlichen Gemeinschaft** als Voraussetzung der Zulässigkeit dieser Betätigung anerkannt.[291] Als notwendig angesehen wird eine institutionelle Betrachtungsweise des Merkmals der örtlichen Gemeinschaft. Entscheidend und maßgeblich sei, wo die eigentliche „Wertschöpfung" einer gemeindlichen Einrichtung erfolge.[292]

Festzustellen ist, dass als Leitlinie für die Praxis gelten kann, dass die Zulässigkeit der exterritorialen wirtschaftlichen Betätigung dann gegeben ist, wenn eine wirtschaftliche **Tätigkeit auf die territorial definierte Gemeinschaft und die dortige unmittelbare Aufgabenerfüllung rückführbar** ist.[293] Dies bedeutet gerade nicht eine schlichte kartographische Abgrenzung der örtlich begründeten Aktivitäten.[294] Kapazitätsauslastende und rentabilitätserhöhende außerörtliche Tätigkeiten sind vielmehr möglich, sofern sie der Rentabilität der örtlichen Tätigkeit dienen und damit auf diese rückführbar sind.[295] 179

---

[286] OLG Düsseldorf vom 12.1.2000, Verg 3/99, Rn. 22 (juris); auch OLG Düsseldorf vom 13.8.2008, Verg 42/07, Rn. 33 ff., 37 (juris); abl. im Hinblick auch auf Synergieeffekte durch sog. Randnutzungen *Heintzen*, NVwZ 2000, 734 (746); *Schulz/Wachsmuth/Zwick*, Art. 87 BayGO, Anm. 4.2, mit dem Argument, dadurch könne eine praktisch schrankenlose Expansion begründet werden. Vgl. dazu Rn. 178.

[287] RhPfVerfGH, NVwZ 2000, 801; oben Rn. 154 ff.

[288] Vgl. *Neutz*, ZG 2000, 279 (284).

[289] OVG NRW vom 1.4.2008, 15 B 122/08, Rn. 83 ff. (juris).

[290] *Ruffert*, VerwArch 2001, 27 (35); *Wieland*, Stadt und Gemeinde 7-8/98, 4 (6).

[291] *Moraing*, Der Gemeindehaushalt 1998, 223 (228); *Rehn/Cronauge* § 107 GO, Anm. VIII. 2.

[292] *Cronauge*, Der Gemeindehaushalt 1998, 131 (134).

[293] Vgl. *Jarass*, DÖV 2002, 489 (498).

[294] *Kühling*, NJW 2001, 177 (178).

[295] Vgl. *Britz*, NVwZ 2001, 380 (386) m. w. N.

180 Gefordert sind insoweit auch die Landesgesetzgeber und die Kommunalaufsichtsbehörden. Es ist nicht vertretbar, dass die Gemeinden einzelner Bundesländer an einer Teilnahme am Wettbewerb über die Gemeindegrenze hinaus gehindert werden, während zugleich kommunale Unternehmen aus anderen Bundesländern über die Landesgrenzen hinweg als Wettbewerber auf ihrem ehemals angestammten originären Territorium auftreten. Insoweit muss Gleichheit im Wettbewerb herrschen.

181 Den Schutz der von außergebietlicher kommunaler Wirtschaftstätigkeit betroffenen Kommunen sehen die Gemeindeordnungen in der Regel ausdrücklich vor, indem sie bestimmen, dass deren Interessen zu wahren sind, dies allerdings als Bestandteil sog. Expansionsklauseln.[296] Sowohl die **wirtschaftlich exterritorial handelnde Kommune** als auch die **von dieser Betätigung betroffene Gemeinde** können sich auf das ihnen verbürgte **Selbstverwaltungsrecht des Art. 28 Abs. 2 GG** berufen. Dies ist zu beachten von allen Kommunen bzw. deren Unternehmen, die wirtschaftlich im Gebiet anderer kommunaler Gebietskörperschaften tätig werden wollen oder schon tätig sind.

182 Ob eine Verletzung der „Zielkommune" im Schutzbereich ihres Selbstverwaltungsrechts vorliegen wird, bedarf der **individuellen Prüfung in jedem Einzelfall**, weil sich insoweit unterschiedliche Abwägungsergebnisse ergeben können. Abhängig sein wird das Ergebnis u. a. entscheidend davon, ob die in ihrem Territorium betroffene Kommune selbst nicht tätig werden will, aus welchen Gründen dies geschieht – ob aus bloßem Desinteresse oder bewusst zur Förderung von Mittelstand und Handwerk –, ob sie aus tatsächlichen oder rechtlichen Gründen nicht tätig werden kann – z. B. mangels hinreichender Leistungsfähigkeit – oder aber ob sie die betreffende Aufgabe bereits selbst erfüllt und die expandierende Gemeinde ihr nunmehr auf dem eigenen Gemeindegebiet Konkurrenz macht.[297]

183 Hieraus ergeben sich auch nicht unbeachtliche verfassungsrechtliche Bedenken hinsichtlich der in viele Gemeindeordnungen aufgenommenen Bestimmungen zur außergebietlichen Wirtschaftstätigkeit mit einer gesetzlichen Reduzierung der zu berücksichtigenden „berechtigten Interessen" der betroffenen Kommunen – zumindest im Bereich der Strom- und Gasversorgung, teilweise aber auch darüber hinausgehend. Im Einzelfall schwierig zu bestimmen ist die Schwelle, ab deren Überschreiten eine Verletzung der Garantie des Art. 28 Abs. 2 GG bei der Zielkommune vorliegt.[298]

184 Der Vorzug ist auf jeden Fall Lösungen zu geben, bei denen im Wege der **Kooperation und Abstimmung** der beteiligten Kommunen untereinander ein Ausgleich der jeweils relevanten Interessen erfolgt.[299]

185 Für die Landesgesetzgeber bestehen im Hinblick hierauf verschiedene Möglichkeiten, durch **legislative Ausgestaltung** von Abstimmungsprozessen eine Klärung und abwägende Bewertung der evtl. widerstreitenden Interessenlagen der beteiligten bzw. betroffenen kommunalen Gebietskörperschaften im Vorfeld gebietsübergreifender kommunaler Wirtschaftstätigkeit sicherzustellen.[300]

c) Markterkundung, Marktanalyse

186 Hessen, Nordrhein-Westfalen, das Saarland und Thüringen sehen als weitere Voraussetzung der Aufnahme wirtschaftlicher Betätigung der Kommune die Durchführung eines Markterkundungsverfahrens bzw. die Erstellung einer Marktanalyse vor.

187 Thüringen hatte mit § 71 Abs. 1 (jetzt: Abs. 2) Nr. 4 ThürKO erstmalig in eine Kommunalverfassung eine derartige Bestimmung aufgenommen. Im Zusammenhang mit der

---

[296] Oben Rn. 170; krit. dazu *Becker*, DÖV 2000, 1032 (1037 f.).

[297] Vgl. *Becker*, DÖV 2000, 1032 (1037 f.).

[298] Vgl. dazu *Kühling*, NJW 2001, 177 (179 f.); kritisch auch *Guckelberger*, BayVBl. 2006, 293 (296 f.).

[299] Anschaulich *Burgi*, Neuer Ordnungsrahmen für die energiewirtschaftliche Betätigung von Kommunen, S. 85, 87 f. m. w. N. Zu den Grenzen derartiger Kooperationsmodelle *Becker*, DÖV 2000, 1032 (1038f.).

[300] *Kühling*, NJW 2001, 177 (180); solche gesetzgeberischen Maßnahmen befürwortend wohl *Moraing*, Der Gemeindehaushalt 1998, 223 (228) und *Cronauge*, Der Gemeindehaushalt 1998, 131 (134).

verschärften Subsidiaritätsklausel soll privaten Anbietern in geeigneten Fällen die Möglichkeit gegeben werden, darzulegen, ob und inwieweit sie staatliche Aufgaben oder öffentlichen Zwecken dienende wirtschaftliche Tätigkeiten ebenso gut und wirtschaftlich erfüllen können. Das Gesetz sieht dazu ausdrücklich die **Einbindung der betroffenen örtlichen Betriebe** in Landwirtschaft, Gewerbe und Industrie in das Verfahren vor. Erforderlich ist somit eine Erkundung des Marktes nach wettbewerblichen Grundsätzen mit anschließendem Vergleich des Ergebnisses mit den zur Verfügung stehenden kommunalen Lösungsmöglichkeiten. Das Verfahren ist offenbar angelehnt an das Interessenbekundungsverfahren des § 7 Abs. 2 BHO.[301]

§ 107 Abs. 5 S. 1 GO NRW schreibt vor der Entscheidung über die Gründung von oder 188
die Beteiligung an einem wirtschaftlichen Unternehmen i. S. d. § 107 Abs. 1 GO NW vor, dass der Rat auf Grundlage einer Marktanalyse über die Chancen und Risiken des beabsichtigten wirtschaftlichen Engagements und über die Auswirkungen auf das Handwerk und die mittelständische Wirtschaft zu unterrichten ist. Dabei ist den **örtlichen Selbstverwaltungsorganisationen** von Handwerk, Industrie und Handel und der für die Beschäftigten der jeweiligen Branche handelnden Gewerkschaften **Gelegenheit zur Stellungnahme** zu den Marktanalysen zu geben. Der damit vorgesehene sog. Branchendialog geht weit über das thüringische Markterkundungsverfahren hinaus. Die Vorschrift begegnet erheblichen Bedenken im Hinblick auf die Selbstverwaltungsgarantie des Art 28 Abs. 2 GG und die Chancengleichheit kommunaler Unternehmen im Wettbewerb; sie bedarf der einschränkenden Interpretation als Verfahrensweg zur Konfliktlösung.[302] Für die energiewirtschaftliche Betätigung wurde in § 107a Abs. 4 GO NRW auch insoweit eine Sonderregelung geschaffen und die Anforderungen deutlich zurückgenommen; die genannten Institutionen sind nur noch für den Fall einzubinden, dass die gemeindliche Entscheidung die Erbringung verbundener Dienstleistungen betrifft, das Erfordernis einer Marktanalyse entfällt. Das Saarland hat seit März 2004 in § 108 Abs. 5 KSVG eine mit § 107 Abs. 5 GO NRW grundsätzlich vergleichbare Regelung eingeführt. Den Kammern der gewerblichen Wirtschaft und der freien Berufe sowie der Arbeitskammer ist dort Gelegenheit zur Stellungnahme zur Marktanalyse zu geben, soweit ihr Geschäftsbereich betroffen ist; die Stellungnahmen sind dem Gemeinderat zur Kenntnis zu geben. Hessen schreibt eine umfassende Unterrichtung der Gemeindevertretung über die Chancen und Risiken der beabsichtigten unternehmerischen Betätigung sowie über deren zu erwartenden Auswirkungen auf das Handwerk und die mittelständische Wirtschaft auf der Grundlage eines Markterkundungsverfahrens vor; den örtlichen Handwerkskammern, Industrie- und Handwerkskammern sowie Verbänden ist Gelegenheit zur Stellungnahme zu geben und die Gemeindevertretung hierüber in Kenntnis zu setzen.[303]

Die Gemeindeordnungen in Baden-Württemberg, Mecklenburg-Vorpommern und 189
Sachsen sehen Anhörungsrechte der (örtlichen) wirtschafts- und ggf. berufsständischen Kammern im Vorfeld der Entscheidung zu einer wirtschaftlichen Betätigung u.a. vor.[304] Kritisiert wird die dadurch verursachte Bürokratie und Verkomplizierung der kommunalen Entscheidungsfindung vor Ort.[305] Darüber hinaus oder statt dessen erfolgt in einigen Bundesländern eine besondere **Berücksichtigung der Belange des Mittelstandes** nicht (nur) in der Gemeindeordnung selbst, sondern in besonderen Mittelstandsförderungsgesetzen, die auch von den kommunalen Gebietskörperschaften im Vorfeld wirtschaftlicher Betätigungen zu beachten sind. Hingewiesen sei insoweit auf

---

[301] *Cronauge/Westermann*, Kommunale Unternehmen, Rn. 264.

[302] Eingehend *Rehn/Cronauge*, § 107 GO, Anm. X. 1. und 3.

[303] § 121 Abs. 6 HGO. Die 2011 in § 121 Abs. 1a HGO eingeführte gesonderte Markterkundung zur Beteiligung privater Dritter an Erneuerbare-Energien-Projekten der Gemeinden wurde mit Gesetz vom 18.7.2014 (GVBl. S. 178) wieder abgeschafft.

[304] § 102 Abs. 2 GemO BW (bei einem Tätigwerden außerhalb der Daseinsvorsorge nach § 102 Abs. 1 Nr. 3), § 68 Abs. 7 KV M-V, § 94a Abs. 1 Satz 2 SächsGemO.

[305] Vgl. *Woitschek*, Sachsenlandkurier 1/14, S. 10 ff. (12) zur mit Gesetz vom 28.11.2013 (GVBl. S. 822) neu eingeführten Regelung in Sachen.

das baden-württembergische Gesetz zur Mittelstandsförderung, das in § 3 einen Vorrang der privaten Leistungserbringung normiert – mit dem Wortlaut einer verschärften Subsidiaritätsklausel.[306]

190 In Rheinland-Pfalz hat die Gemeinde im Vorfeld der Entscheidung, ein wirtschaftliches Unternehmen oder eine nichtwirtschaftliche Einrichtung als Unternehmen in einer Rechtsform des privaten Rechts zu errichten oder wenn die Gemeinde ein bestehendes Unternehmen in einer Rechtsform des privaten Rechts übernehmen, sich an einem solchen Unternehmen unmittelbar beteiligen oder einen Eigenbetrieb oder eine rechtsfähige Anstalt des öffentlichen Rechts in eine Rechtsform des privaten Rechts umwandeln will, eine sog. **Vorteilsanalyse** zu erstellen.[307] In dieser sollen die Vor- und Nachteile der öffentlich-rechtlichen und der privatrechtlichen Organisationsformen im konkreten Einzelfall dargestellt werden. Ein Anhörungs- oder Beteiligungsrecht Außenstehender besteht dabei nicht. Darzustellen ist in der Analyse insbesondere, welche organisatorischen, mitbestimmungs- und gleichstellungsrechtlichen Auswirkungen zu berücksichtigen sind, welche wirtschaftlichen, finanziellen und steuerlichen Unterschiede bestehen sowie welche Auswirkungen sich auf den kommunalen Haushalt bzw. die Entgeltgestaltung ergeben.[308] Eine solche Analyse versteht sich gerade bei Ausgründungen oder Umstrukturierungen eigentlich von selbst und ist schon nach haushaltsrechtlichen Grundsätzen geboten.

Ähnliche Regelungen finden sich in Sachsen-Anhalt für die Gründung eines Unternehmens in einer Rechtsform des öffentlichen Rechts oder des Privatrechts oder die Änderung seiner Rechtsform innerhalb des Privatrechts, sowie auch in Schleswig-Holstein für die Gründung oder Beteiligung an einer Gesellschaft.[309]

§ 92 Abs. 3 BbgKVerf verlangt vor Gründung oder wesentlicher Erweiterung eines rechtlich selbständigen Unternehmens, dieses Vorhaben entweder öffentlich bekannt zu machen, verbunden mit der Aufforderung an private Anbieter, eigene Angebote vorzulegen, oder den Vergleich und die Bewertung der Unternehmensgründung und Privatisierungsmöglichkeiten in einer unabhängigen sachverständigen oder von der Gemeinde erstellten **Wirtschaftlichkeitsanalyse**; allerdings entfällt diese Vorgabe, wenn die Gemeindevertretung die Unternehmensgründung im öffentlichen Interesse für erforderlich hält. Der örtlichen Industrie- und Handelskammer beziehungsweise Handwerkskammer ist im Rahmen ihres Zuständigkeitsbereichs Gelegenheit zur Stellungnahme zu geben.

191 Die Vorteilsanalyse kann sowohl von der Verwaltung der betreffenden Gemeinde selbst als auch durch eine beauftragte außenstehende sachverständige Stelle erstellt werden. Die Entscheidung hierüber obliegt der Gemeinde in Ausübung ihres Selbstverwaltungsrechts.

Vorzulegen ist die Analyse in Rheinland-Pfalz der Aufsichtsbehörde und dem Landesrechnungshof, in Sachsen-Anhalt der Aufsichtsbehörde.[310]

In Rheinland-Pfalz sind der **Aufsichtsbehörde** spätestens sechs Wochen vor ihrem Vollzug **schriftlich anzuzeigen**:

- Die wesentliche Erweiterung, die Änderung der Rechtsform oder die Änderung der Aufgaben eines Unternehmens in einer Rechtsform des privaten Rechts, das von einer Gemeinde geführt wird oder an dem eine Gemeinde beteiligt ist,
- Die gänzliche oder teilweise Veräußerung eines von der Gemeinde in einer Rechtsform des privaten Rechts geführten Unternehmens oder der Beteiligung der Gemeinde an einem Unternehmen in einer Rechtsform des privaten Rechts,

---

306 Gesetz zur Mittelstandsförderung – MFG – vom 19. 12. 2000, GBl. S. 745ff.; vgl. auch Art. 7 BayMfG, § 5 MfG NRW, § 6 MfG RhPf, § 4 MfG S-H, § 5 MfG Thü.

307 § 92 Abs. 1 GemO RhPf.

308 Zu einzelnen in diesem Zusammenhang interessierenden Fragestellungen vgl. *Gabler/Höhlein* u. a., § 92 GemO, Anm. 1.

309 Vgl. § 135 Abs. 1 KVG LSA, § 102 Abs. 1 Satz 1 Nr. 1 GO S-H.

310 § 92 Abs. 1 Satz 4 GemO RhPf, §§ 111 Abs. 1 i.V. m. 102 Abs. 1 Nr. 3 LHO RhPf; § 135 Abs. 1 Satz 3 KVG LSA.

- Die Änderung des Gesellschaftsvertrages oder der Satzung eines Unternehmens in einer Rechtsform des privaten Rechts, das von der Gemeinde geführt wird oder an dem die Gemeinde beteiligt ist,
- Die Errichtung, die wesentliche Erweiterung oder die Auflösung einer rechtsfähigen Anstalt des öffentlichen Rechts der Gemeinde.

Auch die übrigen Bundesländer beschränken sich insoweit auf Anzeige- oder Vorlagepflichten, nur teilweise besteht noch eine Genehmigungspflicht für bestimmte Sachverhalte.[311]

III. Besondere Anforderungen bei Unternehmen in Privatrechtsform

1. Rechtsform

a) Öffentlich-rechtliche Rechtsformen

Den kommunalen Gebietskörperschaften in allen Bundesländern stehen die klassischen öffentlich-rechtlichen Betriebsformen des **Regiebetriebes** und des **Eigenbetriebes** für ihre wirtschaftlichen und fiktiv nichtwirtschaftlichen Betätigungen offen. 192

In Rheinland-Pfalz sind Einrichtungen und Anlagen der Wasserversorgung und Abwasserbeseitigung als Eigenbetriebe zu führen oder nach den Bestimmungen der Eigenbetriebsverordnung zu verwalten (eigenbetriebsähnlicher Betrieb). Für Einrichtungen und Anlagen der Abfallentsorgung gilt dies entsprechend, wenn der Träger die Aufgabe unmittelbar erfüllt.[312]

Mittlerweile haben zehn Bundesländer zusätzlich die Möglichkeit eröffnet, die Organisationsform einer **Anstalt des öffentlichen Rechts bzw.** eines **Kommunalunternehmens** zu wählen; entsprechende Bestimmungen enthalten die Gemeindeordnungen der Länder Bayern, Brandenburg, Hessen, Mecklenburg-Vorpommern, Niedersachsen, Nordrhein-Westfalen, Rheinland-Pfalz, Sachsen-Anhalt, Schleswig-Holstein und Thüringen.[313] 193

Einen **Vorrang für die öffentlich-rechtlichen Rechtsformen** des Eigenbetriebs und – soweit nach dem betreffenden Landesrecht zugelassen – der Anstalt des öffentlichen Rechts gegenüber Unternehmen in Privatrechtsform haben die Länder Mecklenburg-Vorpommern, Niedersachsen, Sachsen-Anhalt und Schleswig-Holstein normiert.[314] 194

b) Privatrechtliche Rechtsformen

Die Gemeindeordnungen aller Bundesländer bestimmen, dass die Gemeinde ein Unternehmen in Privatrechtsform nur gründen bzw. sich an einem solchen beteiligen darf, wenn die Haftung der Gemeinde auf einen ihrer Leistungsfähigkeit angemessenen Betrag begrenzt wird und die Gemeinde einen ihrer Beteiligung angemessenen Einfluss, insbesondere im Aufsichtsrat oder in einem entsprechenden Überwachungsorgan des Unternehmens, erhält. Die privaten Rechtsformen ohne Haftungsbeschränkung (z. B. OHG, Komplementär einer KG) und die privaten Rechtsformen ohne Einflussmöglichkeit (z. B. Kommanditist einer KG) sind den kommunalen Gebietskörperschaften damit verwehrt. Auch die GbR scheidet aufgrund der rechtlichen Schwierigkeiten, die ein notwendig einzelvertraglich mit dem jeweiligen Vertragspartner zu vereinbarender Haftungsausschluss mit sich bringt[315], in der Regel aus. Als **zulässige Rechtsformen** ver- 195

---

[311] § 100 Satz 2 BbgKVerf, § 102 Abs. 1 SächsGemO. Vgl. Rn. 223 ff.

[312] § 86 Abs. 2 GemO RhPf.

[313] Art. 89 BayGO, § 94 BbgKVerf, § 126a HGO, § 70 KV M-V, § 141 NKomVG, § 114a GO NRW, § 86a GemO RhPf, § 128 Abs. 1 KVG LSA, § 106a GO S-H, § 76a ThürKO. Im Einzelnen dazu Kapitel D II.

[314] § 69 Abs. 1 Nr. 2 KV M-V, §§ 136 Abs. 4, 148 Abs. 1 Satz 1 Nr. 1 NKomVG, § 129 Abs. 1 Nr. 1 KVG LSA, § 102 Abs. 1 Nr. 1 GO S-H.

[315] Vgl. *Palandt/Sprau*, BGB (73. Aufl. 2014), § 714 Rn. 18 m. w. N.

bleiben insbesondere die AG und die GmbH[316], daneben unter gewissen Voraussetzungen vor allem auch die GmbH & Co.KG und die Genossenschaft.[317]

196 **aa) Haftungsbeschränkung.** Die Bestimmungen der Gemeindeordnungen zur Haftungsbeschränkung sollen verhindern, dass Gemeinden Risiken eingehen bzw. Vermögensverluste erleiden können, die nicht abschätzbar sind und die finanzielle Leistungsfähigkeit der Gemeinde möglicherweise übersteigen. Es handelt sich also um **Schutznormen vor zu hohen, nicht zu vertretenden Haushaltsrisiken**. Bei Unternehmensformen mit begrenzter Haftung sind die Einzahlungs- oder Nachschussverpflichtungen und damit der maximale Haftungsumfang betragsmäßig begrenzt und damit kalkulierbar.

Neben den bereits erwähnten Rechtsformen der AG und der GmbH können noch die Erwerbs- und Wirtschaftsgenossenschaft mbH sowie evtl. die GmbH & Co.KG als zulässige Unternehmensformen in Betracht kommen. Letztere bedürfen allerdings äußerst sorgfältiger Prüfung und Konstruktion der kommunalen Beteiligung, damit die Vereinbarkeit mit den Vorgaben der jeweiligen Gemeindeordnung sichergestellt ist. Insbesondere muss eine Nachschusspflicht der Gemeinde ausgeschlossen sein.

197 **bb) Angemessener Einfluss.** Die gesetzliche Forderung eines angemessenen Einflusses der Gemeinde im Aufsichtsrat oder dem entsprechenden Überwachungsorgan des Unternehmens soll die **Einwirkungs- und Kontrollmöglichkeiten der Gemeinde** auf ihre Unternehmen, Einrichtungen und Beteiligungen sichern. Die nähere Bestimmung des „angemessenen Einflusses" kann nur anhand der Größenordnung und des Umfangs der gemeindlichen Beteiligung im konkreten Einzelfall erfolgen. Bei Beteiligungsgesellschaften werden den Möglichkeiten der Gemeinde insoweit Grenzen durch den Beteiligungsumfang und die berechtigte Interessenlage der anderen Gesellschafter gezogen sein. Die „Angemessenheit" wird aber gewahrt sein, wenn die konkreten gesellschaftsrechtlichen Anteilsverhältnisse ihren Niederschlag in der Besetzung des Kontrollorgans berücksichtigt sind. Dies bedeutet, dass eine kommunale Minderheitsbeteiligung nicht die Pflicht zur kommunalen Dominanz im Aufsichtsrat auslösen kann, andererseits sich eine kommunale Mehrheitsbeteiligung in der Besetzung des Überwachungsorgans niederzuschlagen hat.[318] Das Kriterium des „angemessenen Einflusses" wird bei Kapitalgesellschaften wie der GmbH, bei der grundsätzlich die Höhe der Kapitaleinlage über die Gewichtung der Stimme bestimmt, im Rahmen der gesellschaftsrechtlichen Möglichkeiten ohne weiteres zu erfüllen sein. Viel schwieriger ist dies zum Beispiel im Rahmen einer Beteiligung an einer Genossenschaft zu realisieren, die ähnlich wie ein Verein mitgliedschaftlich organisiert ist, indem jedes Mitglied grundsätzlich unabhängig von seiner Kapitalbeteiligung eine Stimme in der Generalversammlung hat und die Mitglieder des Aufsichtsrats von der Generalversammlung gewählt werden.[319] Hier wird man sich gegebenenfalls mit Konstruktionen wie der Sekundärgenossenschaft oder doppelstöckigen Genossenschaft bzw. Holding-Modellen behelfen müssen, um einen angemessenen Einfluss auf den Vorstand zu gewährleisten.[320]

198 Die ggf. gesellschaftsrechtlich nur fakultative Einrichtung eines Aufsichtsrates – wie regelmäßig bei der GmbH – wird nicht durch die Bestimmungen des Kommunalverfassungsrechts verpflichtend. Insoweit gilt der Vorrang des Gesellschaftsrechts vor dem

[316] Im Einzelnen dazu Kapitel D III.; Kapitel D IV.

[317] Vgl. dazu *Gaß*, KommP BY, 2 ff. (8 f.).

[318] *Rehn/Cronauge*, § 108 GO Anm. IV. 3; vgl. auch *Schulz/Wachsmuth/Zwick*, Art. 92 BayGO, Anm. 1.2.

[319] Vgl. §§ 43 Abs. 3, 36 Abs. 1 GenG. Die Rechtsform der Genossenschaft hat seit einigen Jahren – bedingt durch die Entwicklungen im Energiesektor – eine gewisse Renaissance erfahren.

[320] Vgl. *Gaß*, KommP BY 2012, 2 (9). Denkbar wäre auch die rechtlich gesicherte Entsendung eines gemeindlichen Vertreters unmittelbar in den Vorstand einer Genossenschaft, um einen angemessenen Einfluss zu sichern.

Kommunalverfassungsrecht, der auch in anderer Hinsicht in der Praxis immer wieder bedeutsam ist.[321]

c) Nachrangigkeit der AG

Für die Wahl privatrechtlicher Gesellschaftsformen für kommunale Eigengesellschaften 199
oder Beteiligungen regeln eine Nachrangigkeit der AG im Verhältnis zur GmbH die Gemeindeordnungen von Baden-Württemberg, Brandenburg, Hessen, Nordrhein-Westfalen, Rheinland-Pfalz und Sachsen.[322] In Mecklenburg-Vorpommern ist die Errichtung einer AG oder die Umwandlung von bestehenden Unternehmen oder Einrichtungen in eine solche gänzlich ausgeschlossen.[323]

Zur Begründung wird auf den Verselbständigungsgrad der AG gegenüber der 200
Gesellschafterin Gemeinde verwiesen, der sehr weitgehend sei. Wegen des **gesellschaftsformbedingten Einflussnahmedefizits** werde in der Regel davon auszugehen sein, dass die Rechtsform der AG nicht als geeignete Unternehmensform eines kommunalen Unternehmens in Betracht komme. Die herausgehobene Stellung des Vorstandes und des Aufsichtsrates, die aufgrund der Unabdingbarkeit des Aktienrechts nicht zugunsten der Hauptversammlung geändert werden kann, begrenzten die Möglichkeiten der Gemeinde, eine AG im Sinne der Erfüllung des öffentlichen Zwecks zu steuern.[324]

Zuzugeben ist, dass die Einflussnahmemöglichkeiten der Gemeinde auf den weisungs- 201
frei agierenden Vorstand einer AG aufgrund der starren Vorgaben des Aktienrechts beschränkt sind. Dies hat zum Beispiel auch Auswirkungen auf die Frage, ob zwischen der Gemeinde und ihrer AG vergaberechtsfreie Inhouse-Geschäfte möglich sind.[325] Gleichwohl sollte die Entscheidung, ob im konkreten Fall die AG als geeignete Rechtsform für eine wirtschaftliche Betätigung in Betracht kommt, der Eigenverantwortlichkeit der kommunalen Gebietskörperschaften in Ausübung ihres Rechts auf Selbstverwaltung überlassen sein.

2. Kommunalrechtliche Anforderungen an den Gesellschaftsvertrag privatrechtlicher Unternehmen

a) Allgemeine Regelungen

Alle Gemeindeordnungen beinhalten die Bestimmung, dass der **Gesellschaftsvertrag** 202
oder die **Satzung** des Unternehmens in Privatrechtsform sicherstellen muss, dass das Unternehmen den öffentlichen Zweck erfüllt, der angemessene Einfluss der Gemeinde im Aufsichtsrat oder einem entsprechenden Überwachungsorgan des Unternehmens gesichert ist und die Einzahlungsverpflichtungen der Gemeinde in einem angemessenen Verhältnis zu ihrer Leistungsfähigkeit stehen.[326]

---

321 Dies v.a. im Hinblick auf die Einflussnahmemöglichkeiten der Städte und Gemeinden auf ihre Gesellschaften z. B. im Wege von Weisungs- und Informationsrechten, exemplarisch dazu VGH Kassel vom 9.2.2012, 8 A 2043/10, Rn. 74 ff. m. w. N.

322 § 103 Abs. 2 GemO BW, § 96 Abs. 4 BbgKVerf, § 122 Abs. 3 HGO, § 108 Abs. 4 GO NRW, § 87 Abs. 2 GemO RhPf, § 96 Abs. 2 SächsGemO.

323 § 68 Abs. 4 Satz 2 KV M-V.

324 *Gabler/Höhlein* u. a., § 87 GemO, Anm. 3.

325 Nach der EuGH-Rechtsprechung ist hierfür u.a. Voraussetzung, dass der kommunale Gesellschafter und Auftraggeber über das Unternehmen eine Kontrolle wie über eine eigene Dienststelle ausüben kann. Vgl. dazu Kapitel H I. 6. Rn. 170 ff. und BGH vom 3.7.2008, I ZR 145/05, Rn. 29 (verneint); EuGH vom 13.10.2005, C-458/03, Nrn. 68 ff. („Parking Brixen", verneint) und vom 10.09.2009, C 573/07, Nrn. 41, 63 („Sea", bejaht), alle juris.

326 § 103 Abs. 1 GemO BW, Art. 92 Abs. 1 BayGO, § 96 Abs. 1 BbgKVerf, § 122 Abs. 1 HGO, § 69 Abs. 1 KV M-V, § 137 Abs. 1 NKomVG, § 108 Abs. 1 GO NRW, § 87 Abs. 1 GemO RhPf, § 110 Abs. 1 GO KSVG, § 96 Abs. 1 SächsGemO („Erfüllung der Aufgaben der Gemeinde sichergestellt ist" statt Erfüllung des öffentlichen Zwecks), § 129 Abs. 1 KVG LSA, § 102 Abs. 1 GO S-H, § 73 Abs. 1 ThürKO.

b) Wirtschaftsplan und Finanzplan

203 Die Gemeindeordnungen der Bundesländer sehen mit Ausnahme Niedersachsens und Thüringens vor, dass für wirtschaftliche Unternehmen und Einrichtungen in Privatrechtsform für jedes Wirtschaftsjahr ein Wirtschaftsplan aufgestellt und der Wirtschaftsführung eine in der Regel fünfjährige Finanzplanung zugrunde gelegt wird.[327] Häufig genügt nach den Gemeindeordnungen, dass die Gemeinden auf eine Aufstellung eines Wirtschaftsplanes und eine mehrjährige Finanzplanung **hinwirken**. In Baden-Württemberg, Brandenburg, Rheinland-Pfalz, Saarland und Sachsen aber wird verlangt, dass eine entsprechende Regelung in den Gesellschaftsvertrag bzw. die Unternehmenssatzung **aufgenommen wird**.[328]

c) Zusätzliche Anforderungen an Gesellschaftsvertrag oder Satzung

204 Über die dargestellten Anforderungen hinaus enthalten die **Gemeindeordnungen** der Länder **verschiedentlich weitere Anforderungen** an die Inhalte der Gesellschaftsverträge bzw. Satzungen kommunaler Unternehmen in Privatrechtsform.

205 Durch diese Bestimmungen soll die **Zuständigkeit der Gesellschafterversammlung** einen bestimmten Mindestumfang erhalten und so die Mitwirkungsmöglichkeit des Gesellschafters Kommune insoweit gewährleistet werden. So fordern Bayern und Thüringen zur Sicherstellung des öffentlichen Zwecks von GmbHs, dass im Gesellschaftsvertrag oder in der Satzung bestimmt wird, dass die Gesellschafterversammlung auch über den Erwerb und die Veräußerungen von Unternehmen und Beteiligungen und über den Abschluss und die Änderung von Unternehmensverträgen beschließt.[329] Für Aktiengesellschaften soll die Satzung vorsehen, dass zum Erwerb und zur Veräußerung von Unternehmen und Beteiligungen die Zustimmung des **Aufsichtsrates** erforderlich ist.[330] In Thüringen bedarf darüber hinaus deren Gründung, die Änderung der Zweckbestimmung oder Beteiligung der Genehmigung.[331]

206 In **Nordrhein-Westfalen** und **Rheinland-Pfal**z darf eine Gemeinde eine GmbH nur gründen oder sich daran beteiligen, wenn durch die Ausgestaltung des Gesellschaftsvertrags sichergestellt ist, dass die Gesellschafterversammlung auch beschließt über

– den Abschluss und die Änderung von Unternehmensverträgen i. S. d. §§ 291 und 292 Abs. 1 Aktiengesetz (Beherrschungsvertrag, Gewinnabführungsvertrag und Gewinngemeinschaft),
– (RhPf: die Errichtung), den Erwerb und die Veräußerung von Unternehmen und Beteiligungen,
– den Wirtschaftsplan, die Feststellung des Jahresabschlusses und die Verwendung des Ergebnisses sowie
– die Bestellung und die Abberufung der Geschäftsführer, soweit dies nicht der Gemeinde vorbehalten ist, und

der Gemeinderat den von der Gemeinde bestellten oder auf Vorschlag der Gemeinde gewählten Mitgliedern des Aufsichtsrats Weisungen erteilen kann, soweit die Bestellung eines Aufsichtsrats gesetzlich nicht vorgeschrieben ist.[332]

---

[327] § 103 Abs. 1 Nr. 5 a) GemO BW, Art. 94 Abs. 1 Satz 1 Nr. 1 BayGO, § 96 Abs. 1 Satz 1 Nr. 6 BbgKVerf, § 122 Abs. 4 Nr. 1 HGO, § 73 Abs. 1 Satz 1 Nr. 1 KV M-V, § 108 Abs. 3 Nr. 1 GO NRW, § 87 Abs. 1 Nr. 7 a) GemO RhPf, § 111 Abs.1 Nr. 3 KSVG, § 96a Abs. 1 Nr. 5 SächsGemO, § 133 Abs. 1 Nr. 1 KVG LSA (hier bezieht sich die Finanzplanung auf das Haushaltsjahr), § 102 Abs. 4 GO S-H.

[328] § 103 Abs. 1 Nr. 5 a) GemO BW (für Beteiligungen nach § 53 HGrG), § 96 Abs. 1 Nr. 6 u. 7 BbgKVerf, § 87 Abs. 1 Nr. 7 a) GemO RhPf, § 96a Abs. 1 Nr. 5 SächsGemO (für Mehrheitsbeteiligung), § 111 Abs. 1 Nr. 3 KSVG.

[329] Art. 92 Abs. 1 Satz 2 BayGO, § 73 Abs. 1 S. 2 ThürKO.

[330] Art. 92 Abs. 1 Satz 3 BayGO, § 73 Abs. 1 S. 3 ThürKO.

[331] § 73 Abs. 1 S. 4 ThürKO.

[332] § 108 Abs. 5 Nr. 1 u. 2 GO NRW, § 87 Abs. 3 Nr. 1 u. 3 GemO RhPf. Vgl. auch § 96a Abs. 1 Nr. 2, Abs. 3 SächsGemO.

Darüber hinaus sieht § 108 Abs. 6 Satz 1 b) GO NRW vor, dass Vertreter der Gemeinde in einer Gesellschaft, an der u.a. Gemeinden unmittelbar oder mittelbar mit mehr als 25 % beteiligt sind, einer wesentlichen Änderung des Gesellschaftszwecks oder sonstiger wesentlicher Änderungen des Gesellschaftsvertrags nur nach vorheriger Entscheidung des Rates zustimmen dürfen; als Vertreter der Gemeinde gelten nach Satz 2 auch Geschäftsführer, Vorstandsmitglieder und Mitglieder sonstiger Organe und ähnlicher Gremien der Gesellschaft, die von der Gemeinde oder auf ihre Veranlassung oder ihren Vorschlag in das Organ oder Gremium entsandt oder gewählt worden sind.

Auch **Sachsen** normiert im neuen § 96a Abs. 1 SächsGemO[333] umfassende Vorgaben in Bezug auf den Inhalt des Gesellschaftsvertrags, soweit der Gemeinde allein oder zusammen mit anderen Körperschaften eine zur Änderung des Gesellschaftsvertrags berechtigende Mehrheit der Anteile zusteht; zudem bedarf die Errichtung, Übernahme und Beteiligung an anderen Unternehmen der Zustimmung des Gemeinderats.

In **Baden-Württemberg** darf die Gemeinde eine GmbH nur errichten, übernehmen, 207
wesentlich erweitern oder sich daran beteiligen, wenn im Gesellschaftsvertrag sichergestellt ist, dass die Gesellschafterversammlung auch beschließt über
- den Abschluss und die Änderung von Unternehmensverträgen im Sinne der §§ 291 und 292 Abs. 1 Aktiengesetz,
- die Übernahme neuer Aufgaben von besonderer Bedeutung im Rahmen des Unternehmensgegenstands,
- die Errichtung, den Erwerb und die Veräußerung von Unternehmen und Beteiligungen, sofern dies im Verhältnis zum Geschäftsumfang der Gesellschaft wesentlich ist,
- die Feststellung des Jahresabschlusses und die Verwendung des Ergebnisses.[334]

Das **Saarland** geht darüber hinaus und schränkt die Gemeinden bei der Ausgestaltung 208
des Gesellschaftsvertrags oder der Satzung noch mehr ein, indem verlangt wird, dass die Gesellschafterversammlung auch beschließt über
- die Aufnahme neuer Geschäftszweige innerhalb des Rahmens des Unternehmensgegenstandes und die Aufgabe vorhandener Geschäftszweige,
- die Gründung, den Erwerb und die vollständige oder teilweise Veräußerung eines Unternehmens,
- den Erwerb, die Veräußerung und die vollständige oder teilweise Veräußerung von Beteiligungen an anderen Unternehmen,
- den Abschluss, die Änderung und die Kündigung von Unternehmensverträgen,
- die Feststellung und die Änderung des Wirtschaftsplanes,
- die Feststellung des Jahresabschlusses und die Behandlung des Ergebnisses,
- die Bestellung und die Abberufung der Geschäftsführerinnen oder Geschäftsführer, soweit dies nicht der Gemeinde vorbehalten ist, sowie die Entlastung derselben,
- die Bestellung und die Abberufung von Mitgliedern des Aufsichtsrates oder entsprechenden Überwachungsorgans von Beteiligungsunternehmen.[335]

3. Mittelbare Beteiligungen

Vielfach sehen die Gemeindeordnungen vor, dass die Zulässigkeitsvoraussetzungen für 209
eine kommunalwirtschaftliche Betätigung ganz oder teilweise auch in den Fällen zur Anwendung kommen, in denen es sich um mittelbare Beteiligungen der Gemeinde handelt, d. h., dass sich ein Unternehmen, an dem die Gemeinde ausschließlich oder anteilig beteiligt ist, sich an einem anderen Unternehmen beteiligt (**Tochtergesellschaft**).

---

[333] Gesetz vom 28.11.2013 (GVBl. S. 822); es gilt eine Übergangsfrist bis zum 31.12.2016, um die bestehenden Gesellschaftsverträge anpassen zu können.

[334] § 103 a GemO BW.

[335] § 111 Abs. 1 Nr. 2 KSVG.

210 Von Bedeutung sind derartige Gestaltungen für die Kommunalwirtschaft insbesondere im Hinblick auf die zunehmende Bildung kommunaler Konzerne durch verbundene Unternehmen oder Holdinggesellschaften.

Die weitest gehenden Bestimmungen enthalten insoweit die Gemeindeordnungen Bayerns, Sachsens und Thüringens, indem uneingeschränkt für die Zulässigkeit mittelbarer Beteiligungen dem kommunalen Unternehmen die gleichen Voraussetzungen auferlegt werden, die für die Gemeinde selbst gelten, wenn sie sich wirtschaftlich betätigen will.[336]

211 Mehrheitlich allerdings treffen die Länder einschränkende Regelungen nur für Unternehmen, an denen die Gemeinde allein oder gemeinsam mit anderen kommunalen Gebietskörperschaften eine Beteiligung von über 50 % (Mecklenburg-Vorpommern: 20 %; Nordrhein-Westfalen: 25 %) hält.

Baden-Württemberg, Hessen, Mecklenburg-Vorpommern, Niedersachsen, Nordrhein-Westfalen und Schleswig-Holstein[337] bringen für derartige Fälle die für die Gemeinde selbst geltenden Bestimmungen zur Anwendung, wodurch die Schrankentrias einschließlich der jeweils geltenden Subsidiaritätsklausel zur Anwendung kommt.

Die übrigen Länder, die Bestimmungen zur mittelbaren Beteiligung in ihre Gemeindeordnungen aufgenommen haben, nehmen entweder nur auf die öffentliche Zweckbestimmung aus der Schrankentrias Bezug (Rheinland-Pfalz)[338] oder verzichten vollständig auf eine Bezugnahme auf die Schrankentrias und stellen lediglich Anforderungen zur Haftungsbeschränkung bzw. an die Ausgestaltung des Gesellschaftsvertrages (Brandenburg, Saarland, Sachsen-Anhalt).[339]

Das Saarland, Hessen und Nordrhein-Westfalen – soweit es nicht um eine Beteiligung im Rahmen einer energiewirtschaftlichen Betätigung geht – sehen darüber hinaus die Durchführung der Marktanalyse bzw. Markterkundung[340] auch vor mittelbarer Beteiligung vor.[341]

4. Beteiligungsbericht

212 Mit Ausnahme von Schleswig-Holstein fordern alle Länder in ihren Gemeindeordnungen von den Gemeinden die Erstellung von Beteiligungsberichten. Diese Berichte sollen in knapper Form **den Rat und die Öffentlichkeit** über die Beteiligungen der Gemeinde in Privatrechtsform **unterrichten**. Regelmäßig werden Angaben über die Beteiligungsverhältnisse, die Zusammensetzung der Organe, die Erfüllung des öffentlichen Zwecks und die Kreditaufnahme verlangt.[342]

213 In Rheinland-Pfalz ist im Einzelnen darzustellen[343] der Gegenstand des Unternehmens, die Beteiligungsverhältnisse, die Besetzung der Organe, die Beteiligungen des Unternehmens, der Stand der Erfüllung des öffentlichen Zwecks, die Grundzüge des Geschäftsverlaufs, die Lage des Unternehmens, die Kapitalzuführungen und -entnahmen, die Auswirkungen auf die Haushaltswirtschaft, die Gesamtbezüge der Mitglieder der Geschäftsführung und das Vorliegen der Voraussetzungen des § 85 Abs. 1 GemO RhPf.[344]

---

336 Art. 92 Abs. 2 BayGO, § 94 a Abs. 1 SächsGemO, § 74 Abs. 2 ThürKO.

337 § 105 a GemO BW (Geltung Rechtfertigung öffentlicher Zweck, Subsidiaritätsklausel), § 122 Abs. 5 HGO, § 69 Abs. 2 KV M-V, § 137 Abs. 2 NKomVG, § 108 Abs. 6 Satz 1 a) GO NRW, § 102 Abs. 5 GO S-H.

338 § 91 Abs. 1 GemO RhPf.

339 § 96 Abs. 1 Satz 1 Nr. 8 BbgKVerf, § 112 Abs. 1 S. 1 KSVG, § 129 Abs. 2 KVG LSA.

340 S. o. Rn. 186 ff.

341 § 121 Abs. 6 HGO (Markterkundung), § 107 Abs. 5 GO NRW, § 108 Abs. 5 S. 1 KSVG.

342 § 105 Abs. 2 GemO BW, Art. 94 Abs. 3 BayGO, § 98 Nr. 3 BbgKVerf, § 123a HGO, § 73 Abs. 3 KV M-V, § 151 NKomVG, § 117 GO NRW, § 90 Abs. 2 GemO RhPf, § 115 Abs. 2 KSVG, § 99 Abs. 2 bis 4 SächsGemO, § 130 Abs. 2 und 3 KVG LSA, § 75a ThürKO.

343 § 90 Abs. 2 GemO RhPf.

344 Voraussetzungen der Schrankentrias einschließlich der verschärften Subsidiaritätsklausel.

Die mit dem 4. Landesgesetz zur Änderung kommunalrechtlicher Vorschriften vom 2.4.1998[345] den Kommunen erstmals auferlegte Pflicht, über ihre wirtschaftliche Betätigung periodisch zu berichten und auch die Öffentlichkeit in geeigneter Form zu unterrichten, soll nach der Begründung des Gesetzentwurfs zu größerer Transparenz der Gemeindewirtschaft beitragen und dazu dienen, **die Gemeinde periodisch zur Überprüfung etwaiger Privatisierungspotentiale anzuhalten.** 214

Im Rahmen des gegen die Änderung des Gemeindewirtschaftsrechts durch dieses Änderungsgesetz geführten Normenkontrollverfahrens vor dem RhPfVerfGH bildete neben der verschärften Subsidiaritätsklausel die Berichtspflicht den Kern des Verfahrens. Die Geltendmachung der Verfassungswidrigkeit der Berichtspflicht in § 90 Abs. 2 S. 3 Nr. 4 GemO RhPf wurde im Wesentlichen auf die gegen die verschärfte Subsidiaritätsklausel vorgetragene Argumentation gestützt, weil im Rahmen der Berichtspflicht unter anderem das Vorliegen der Voraussetzungen dieser Klausel für das betreffende Unternehmen darzustellen ist. Darüber hinaus machten die Stadt Bad Kreuznach und die kommunalen Spitzenverbände des Landes geltend, die Norm verstoße gegen das **Diskriminierungsverbot**, weil durch die weitgehenden Offenlegungspflichten Unternehmen, die ganz oder teilweise kommunalgetragen sind, gegenüber anderen Unternehmen, die eine rein private Gesellschafterstruktur aufweisen, Regelungen unterworfen würden, die in der Praxis dazu führen könnten, dass private Gesellschafter sich an derartigen Unternehmen nicht mehr beteiligten bzw. sich aus bestehenden derartigen Unternehmen zurückzögen. 215

In seinem Urteil vom 28. 3. 2000 hat der RhPfVerfGH die Vereinbarkeit der Norm mit der Landesverfassung festgestellt, weil die **kommunale Selbstverwaltungsgarantie weder innerhalb noch außerhalb des Kernbereichs verletzt werde**.[346] 216

Zur Begründung wird darauf verwiesen, dass die Berichtspflicht mit keinerlei Zwang zur Aufgabe bestehender Unternehmen verbunden ist.

Auch sei die Norm von sachgerechten Erwägungen getragen, zur Erreichung des verfolgten Regelungszwecks geeignet und nicht willkürlich.

Im Einzelnen führt das Gericht aus, der Zweck der Berichtspflicht bestehe darin, ergänzend zu § 85 Abs. 1 GemO RhPf, der seine Anforderungen nach Art einer „Momentaufnahme" auf den Zeitpunkt der Errichtung, Übernahme oder wesentlichen Erweiterung des wirtschaftlichen Unternehmens beschränkt, eine wiederkehrende Kontrolle und Aufgabenkritik anzustoßen. Ihr **Fernziel** sei auf **weitere Aufgabenprivatisierung** gerichtet, doch setzte sie dabei nicht auf staatlichen Zwang, sondern allein auf den durch Transparenz und Publizität erzeugten faktischen Privatisierungsdruck. Weder diesem Ziel des Gesetzgebers noch dem von ihm gewählten Mittel könne der RhPfVerfGH die Sachgerechtigkeit absprechen. 217

§ 90 Abs. 2 S. 3 Nr. 4 GemO RhPf verstoße insbesondere nicht gegen das von Art. 49 RhPfVerf. mit umfasste **Willkürverbot**. Eine verfassungswidrige Ungleichbehandlung kommunaler und gemischt kommunal-privater Unternehmen im Verhältnis zu rein privaten Gesellschaften liege nicht darin, dass nur erstere, nicht aber letztere Gruppe der hier strittigen, über die gesellschaftsrechtlichen Anforderungen hinausgehenden Publizitätspflicht unterworfen ist. Der wesentliche Unterschied zwischen beiden Vergleichsgruppen bestehe darin, dass Unternehmen mit maßgeblicher kommunaler Beteiligung, anders als privatwirtschaftliche Erwerbsbetriebe, nicht vorrangig auf Gewinnerzielung ausgerichtet seien, sondern einem öffentlichen Zweck dienen müssten. Dass das Gesetz an diese Verschiedenheit der Lebenssachverhalte maßgeblich anknüpft, sei verfassungsrechtlich unbedenklich. 218

Die **Ungleichbehandlung** sei ferner in ihrem Gewicht **nicht unangemessen** und auch insoweit **nicht willkürlich**. Die Antragstellerin sehe die von ihr beklagte Diskriminierung vor allem darin, dass der Beteiligungsbericht in *öffentlicher* Sitzung zu erörtern 219

---

345 GVBl. RhPf 1998, 108.
346 RhPfVerfGH NVwZ 2000, 801 (805 f.).

und in geeigneter Form der Einwohnerschaft zugänglich zu machen ist (§ 90 Abs. 2 S. 4–6 GemO RhPf damaliger Fassung). Eben diese Handhabung entspreche aber dem Zweck des Gesetzes; an ihm gemessen seien die Folgen der Regelung nicht unverhältnismäßig. Die neu geschaffene Berichtspflicht solle für mehr Transparenz in der Kommunalwirtschaft sorgen. Zwar liege (auch) der rheinland-pfälzischen Kommunalverfassung gem. Art. 28 Abs. 1 GG und Art. 50 Abs. 1 RhPfVerf. das repräsentative Modell bürgerschaftlicher Interessenvertretung zugrunde. Trotzdem sei es nicht nur für die Ratsmitglieder, sondern auch und gerade für die Öffentlichkeit von erheblichem Interesse, in welcher Form, in welchem Umfang und mit welchen Ergebnissen die Gemeinde sich wirtschaftlich betätigt. Die Bürger könnten nicht nur über die Teilnahme an Wahlen, sondern in verschiedener Weise auch unmittelbar auf die kommunale Willensbildung Einfluss nehmen; Einwohnerantrag, Bürgerbegehren und Bürgerentscheid seien wichtige und in den letzten Jahren weiter ausgebaute und verstärkte Elemente bürgerschaftlicher Mitwirkung. Erst aus der verfassungsrechtlich gewollten Teilnahme der Bürger an der Kommunalverwaltung rechtfertige sich letztlich die prinzipielle gemeindliche Zuständigkeit in örtlichen Angelegenheiten. Insofern sei es nur konsequent, dass die Gemeindeverwaltung nicht nur dem Gemeinderat, sondern auch der Öffentlichkeit Rechenschaft darüber abzulegen habe, ob und inwieweit sie ihre wirtschaftlichen Betätigungen und Verflechtungen (noch) für gerechtfertigt hält.

220 Den Einwand, die Berichtspflicht greife grob verzerrend in den Wettbewerbsprozess ein, indem sie die Gemeinden zu **selbstschädigender, ja ruinöser Offenlegung der eigenen Unternehmensverhältnisse** zwinge, teilt der RhPfVerfGH nicht. Das Gesetz bezwecke, die Privatisierungsdiskussion anzustoßen und in Gang zu halten, nicht aber, die Kommunalwirtschaft mittels der Veröffentlichung von Geschäftsgeheimnissen zur Aufgabe zu zwingen. Deshalb begnüge § 90 Abs. 2 GemO RhPf sich damit, „Angaben" über das Vorliegen der Voraussetzungen des § 85 Abs. 1 für das Unternehmen zu verlangen, und sei zudem als Soll-Vorschrift ausgestaltet. Sei konkret erkennbar, dass die Gemeinde bestimmte Vergleichsdaten nicht offen legen kann, ohne sich selbst (und unter Umständen auch einen oder mehrere ihrer privaten Konkurrenten) im Wettbewerb zu benachteiligen, brauche sie diese Einzelheiten nicht in den Bericht aufzunehmen. Ob sie ihren Beteiligungsbericht in diesem Sinne sachgerecht abgefasst und eingegrenzt habe, sei ggf. von der Kommunalaufsichtsbehörde (§ 90 Abs. 3 GemO RhPf) zu überprüfen.

221 § 90 Abs. 2 Satz 2 Nr. 4 GemO RhPf sei schließlich auch hinreichend bestimmt. Auslegungsschwierigkeiten hinsichtlich der **Reichweite der Berichtspflicht** im Einzelfall seien nach der Eigenart des Sachverhalts unvermeidlich, ließen sich aber mit Rücksicht auf den Normzweck gemäß den oben angestellten Erwägungen bewältigen. Unzutreffend sei der Vorwurf, das Gesetz lasse nicht erkennen, auf welche Maßnahmen eine Gemeinde sich einstellen müsse, wenn sie in dem Beteiligungsbericht das Vorliegen der Voraussetzungen des § 85 Abs. 1 Nr. 3 GemO RhPf für ein bestehendes (also weder neu errichtetes noch übernommenes oder wesentlich erweitertes) Unternehmen nicht nachweisen könne. Diese Frage beantworte sich unmittelbar aus Wortlaut und Systematik des Gesetzes: Wie bereits ausgeführt, habe der Gesetzgeber bewusst davon abgesehen, bestehende Unternehmen und damit die wirtschaftliche Betätigung der Gemeinden als solche den Schranken des § 85 Abs. 1 GemO RhPf zu unterwerfen. Der insoweit *allein* anwendbare § 90 Abs. 2 GemO RhPf verpflichte die Gemeinden nur zur Erstellung, fristgerechten Vorlage und Erörterung des Beteiligungsberichts sowie zur Unterrichtung der Öffentlichkeit in geeigneter Form. Das Schweigen des Gesetzes über weitergehende Rechtsfolgen sei beredt. Art. 49 Abs. 3 RhPfVerf. beschränke die staatliche Kommunalaufsicht darauf, dass die Gemeinden ihre Verwaltung im Einklang mit den Gesetzen führen. Mehr als das gesetzlich Gebotene, insbesondere der **Rückzug der Gemeinde** aus dem bestehenden Wirtschaftsunternehmen, welches den Gegenstand des Berichts bilde, sei deshalb **nicht erzwingbar**.

Soweit verschiedentlich darauf hingewiesen wurde, für diese Feststellungen habe es des verfassungsgerichtlichen Verfahrens nicht bedurft, weil die Aufsichtsbehörden in Rheinland-Pfalz bislang die angefochtenen Bestimmungen nicht anders auslegten als der Verfassungsgerichtshof, ist dem entgegenzuhalten, dass das Interesse der Gemeinden und ihrer Unternehmen an **Rechtssicherheit und -klarheit** dieses Verfahren durchaus erforderte. Rechtsauslegung und -anwendung – gerade wenn sie wie im Rahmen der Kommunalaufsicht nach dem Opportunitätsprinzip erfolgt – ist nicht unbedingt unbeeinflusst von politischen und wirtschaftlichen Interessen. Auch wenn hinsichtlich bestimmter Auslegungsgrundsätze zu einer bestimmten Zeit Konsens zwischen den Aufsichtsbehörden und den Kommunen bestehen sollte, wäre dies keinesfalls zwangsläufig auch für die Zukunft gesichert. Vor diesem Hintergrund ist das Urteil des RhPfVerfGH eine verlässlichere und sicherere Grundlage kommunalwirtschaftlichen Handelns als dies gegenseitige Konsensversicherungen sein können.[347] Die grundlegenden Aussagen des Verfassungsgerichtshofs dürften auch in anderen Ländern fruchtbar gemacht werden können. 222

Die Gemeindeordnungen Brandenburgs, Mecklenburg-Vorpommerns, Niedersachsens, Sachsens und Sachsen-Anhalts enthalten ausdrückliche Regelungen zur Beteiligungsverwaltung bzw. zum **Beteiligungsmanagement**, die teilweise weit in die Organisationshoheit der Gemeinde hineinreichen. Dabei geht es insbesondere um die Verpflichtung der Gemeinden, die Unternehmen und Einrichtungen, an denen sie beteiligt sind, zu steuern und zu überwachen sowie die auf ihre Veranlassung tätigen Organmitglieder fachlich zu unterstützen[348], sowie um die Gewährleistung ausreichender Informationsrechte der Gemeinde.[349] 222a

Am weitest gehend sind die Vorgaben in Brandenburg. Danach soll die Gemeinde zur Steuerung ihrer Beteiligungen eine mit hierzu qualifiziertem Personal ausgestattete Stelle einrichten, die insbesondere die Aufgaben wahrzunehmen hat,

- die Einhaltung der Vorschriften über die Haushaltswirtschaft durch die Unternehmen zu kontrollieren,
- die Beteiligungen zur Erreichung strategischer und finanzieller Ziele der Gemeinde zu steuern,
- die Gemeindevertretung zu informieren, insbesondere den Beteiligungsbericht und den Konsolidierungsbericht vorzubereiten und
- die Vertreter der Gemeinde in den Organen der Unternehmen in Angelegenheiten von grundsätzlicher rechtlicher oder finanzieller Bedeutung zu betreuen, zu unterstützen und zu beraten, sowie ihre Qualifizierung und Weiterbildung im Rahmen des aus dieser Tätigkeit resultierenden Bedarfs in handels- und gesellschaftsrechtlichen Fragen zu gewährleisten.[350]

5. Anzeige- und Genehmigungspflichten bei Unternehmensgründungen

Die überwiegende Zahl der Bundesländer hat die früher bestehende Genehmigungspflicht für die Gründung, Übernahme und Umwandlung von Unternehmen sowie die Beteiligung an Unternehmen aufgegeben und sieht nur noch eine **Anzeigepflicht bei der Kommunalaufsichtsbehörde** vor.[351] In Brandenburg bedürfen nur die Gründung oder gründungsgleiche Vorgänge in Bezug auf die kommunale Anstalt einer Genehmi- 223

[347] *Neutz*, ZG 2000, 279 (285).
[348] § 75a KV M-V, § 150 Satz 1 NKomVG, § 99 Abs. 1 SächsGemO, § 130 Abs. 4 KVG LSA.
[349] § 130 Abs. 4 KVG LSA, § 150 Satz 2 NKomVG; letzterer weist ausdrücklich auf die gesellschaftsrechtlichen Schranken hin.
[350] § 98 BbgKVerf.
[351] § 108 GemO BW, Art. 96 BayGO, § 100 Satz 1 BbgKVerf, § 127a HGO, § 77 KV M-V, § 115 GO NRW, § 118 KSVG, § 102 Abs. 2 und 3 SächsGemO, § 135 Abs. 2 KVG LSA, § 108 GO S-H, § 72 ThürKO.

gung[352], in Sachsen erstreckt sich die Genehmigungspflicht auf Unternehmen in Privatrechtsform.[353]

224 Für **Rheinland-Pfalz** ist die Verpflichtung zur Erstellung und Vorlage der Vorteilsanalyse[354] bis spätestens sechs Wochen vor der Entscheidung zu beachten, die in ihrer Wirkung damit einer Anzeigepflicht immanent ist.

Im Übrigen sind alle wesentlichen Entscheidungen und Maßnahmen einer Gemeinde, die ein Unternehmen in Privatrechtsform betreffen, spätestens sechs Wochen vor ihrem Vollzug der Aufsichtsbehörde schriftlich anzuzeigen.

225 Niedersachsen normiert grundsätzlich eine Anzeigepflicht,[355] sieht für verschiedene Fallgestaltungen aber weitergehend eine Genehmigungspflicht vor. Diese besteht bei Entscheidungen der Gemeinde über

- die Veräußerung eines Eigenbetriebs, einer Eigengesellschaft oder einer Mehrheitsbeteiligung an einem Unternehmen oder einer Einrichtung mit eigener Rechtspersönlichkeit,
- die Umwandlung einer Eigengesellschaft in eine Gesellschaft, an der Personen des Privatrechts eine Mehrheitsbeteiligung eingeräumt wird, und
- den Zusammenschluss eines gemeindlichen Unternehmens oder einer Einrichtung mit einem privaten Unternehmen ohne Einräumung eines beherrschenden kommunalen Einflusses.[356]

226 Die **Fristen zur Anzeige** sind in den Ländern unterschiedlich ausgestaltet. Baden-Württemb., Brandenburg, Mecklenb.-Vorpommern, Sachsen und Schleswig-Holst. sehen gar keine Frist vor. Das Saarland normiert eine Frist von einem Monat,[357] die übrigen Bundesländer eine solche von sechs Wochen vor Beginn des Vollzugs der jeweiligen Maßnahme.

Mecklenburg-Vorpommern und Schleswig-Holstein bestimmen allerdings, dass die Entscheidung der Gemeinde erst wirksam wird, wenn die Kommunalaufsichtsbehörde nicht innerhalb von zwei Monaten nach Eingang der erforderlichen Unterlagen[358] bzw. innerhalb von sechs Wochen nach Eingang der Anzeige[359] wegen Verletzung von Rechtsvorschriften widerspricht.

IV. Zusammenfassung

227 Die Erbringung öffentlicher Dienstleistungen für die Bürgerschaft ist eine traditionelle Aufgabe der Kommunen. Diese bedienen sich dazu bereits seit langem häufig in ihrer Trägerschaft oder Beteiligung befindlicher Unternehmen. Verbreitet sind sowohl Rechtsformen des öffentlichen Rechts als auch des Privatrechts. Die Gemeinden sehen sich aufgrund veränderter rechtlicher Rahmenbedingungen und einer sich wandelnden Auffassung vom Begriff der Daseinsvorsorge mit einer dramatischen Veränderung ihrer angestammten Tätigkeitsfelder konfrontiert. Ehemals monopolisierte Tätigkeitsbereiche wurden dem Wettbewerb geöffnet, andere klassische Aufgaben finden zwischenzeitlich das wirtschaftliche Interesse privater Anbieter. Auswirkungen hat dies in besonderem Maß auf kommunale Verbundunternehmen, bei denen Einnahmen aus profitablen Geschäftsfeldern zur Gewährleistung sozial vertretbarer Bedingungen in defizitären Leistungsbereichen verwendet werden.

228 Die Bestimmungen des Gemeindewirtschaftsrechts zählen zum Kommunalverfassungsrecht und liegen damit in der Gesetzgebungskompetenz der Länder. Basierend auf

[352] § 100 Satz 2 BbgKVerf, mit der Begründung, dass hierdurch ein eigenständiger Verwaltungsträger entstehe (vgl. LT-Drs. 5/3023, S. 15); für die Gründung einer Eigengesellschaft gilt dagegen eine Anzeigepflicht.

[353] § 102 Abs. 1 SächsGemO.

[354] Vgl. oben Rn. 190f.

[355] § 152 Abs. 1 NKomVG.

[356] § 152 Abs. 2 NKomVG.

[357] § 118 Abs. 1 KSVG.

[358] § 77 Abs. 1 Satz 2 KV M-V.

[359] § 108 Abs. 1 Satz 4 GO S-H.

den Bestimmungen der DGO von 1935 treffen alle Gemeindeordnungen in unterschiedlich starker Ausprägung einschränkende Vorgaben für die Kommunalwirtschaft. Motive dafür sind insbesondere der Schutz der Privatwirtschaft und die Bewahrung der Kommunen vor unvertretbaren wirtschaftlichen Risiken. Das verwendete rechtliche Instrumentarium zur Einschränkung kommunalwirtschaftlicher Tätigkeit besteht in der Regel aus der sog. Schrankentrias (Öffentlicher Zweck, Leistungsfähigkeitsbezug, Subsidiaritätsklausel) und – in der Mehrzahl der Bundesländer – einer durch eine sog. Negativklausel vorgenommenen Fiktion bestimmter Betätigungen als „nichtwirtschaftlich".

Auf die neueren Entwicklungen der ehemals klassisch kommunal erfüllten Aufgaben haben die Landesgesetzgeber unterschiedlich reagiert. Zum Teil wurde versucht, den Gemeinden erleichterte Bedingungen für eine Teilnahme am Wettbewerb – auch in räumlicher Hinsicht – zu gewähren; andere Länder hingegen haben die Restriktionen zunächst verstärkt. Allerdings ist in den landesgesetzgeberischen Aktivitäten zuletzt ein Trend zur Rücknahme dieser Restriktionen bzw. zu einer (weiteren) Lockerung der rechtlichen Vorgaben für die kommunalwirtschaftliche Betätigung ablesbar. Beispielsweise wurden echte Subsidiaritätsklauseln durch einfache Subsidiaritätsklauseln (Funktionssperren) ersetzt bzw. Tätigkeiten aus dem Anwendungsbereich der Subsidiaritäsklauseln ausgenommen oder das Örtlichkeitsprinzip aufgeweicht. Bemerkenswert ist der in Nordrhein-Westfalen verfolgte sektorenspezifische Ansatz einer eigenständigen, privilegierenden Sonderregelung für die energiewirtschaftliche Betätigung.

Die Gesetzgeber der Länder sind in ihrer Rechtsetzung beschränkt durch die verfas- 229
sungsrechtliche Garantie der kommunalen Selbstverwaltung, die auch den Bereich der Kommunalwirtschaft umfasst. Wegen der Verfassungsrelevanz ist das Kommunalwirtschaftsrecht geprägt durch eine Vielzahl unbestimmter Rechtsbegriffe, zu deren Konkretisierung den Gemeinden eine Einschätzungsprärogative zuerkannt wird. Hieraus resultiert, dass vielfach zur Bestimmung der Zulässigkeit bestimmter kommunalwirtschaftlicher Betätigungen allgemeine Kriterien nicht herausgebildet werden können, sondern jeweils einzelfallbezogene Prüfungen erforderlich sind. Dabei ist häufig eine Lösung nur durch das Verfassungsrecht interpretierende Auslegung möglich. Hinzu kommen europarechtliche Vorgaben, die auf einem anderen – prinzipiell aufgaben- statt trägerbezogenen[360] – Regelungskonzept aufbauen und immer stärker auf die Zulässigkeit der wirtschaftlichen Betätigung kommunaler Unternehmen einwirken. Umso wichtiger ist es, auf europäischer Ebene für das Modell der kommunalen Selbstverwaltung zu werben und europarechtliche Entwicklungen frühzeitig zu erkennen.

Für die Praxis problematisch sind landesrechtlich unterschiedliche Ausgestaltungen 230
beispielsweise des Örtlichkeitsprinzips. Insoweit sind die Landesgesetzgeber gefordert, die Ausgestaltung von Abstimmungsprozessen im Vorfeld gebietsübergreifender kommunalwirtschaftlicher Betätigung – auch über Landesgrenzen hinweg – zu regeln.

Veränderte Wettbewerbsmärkte erfordern sachgerechte Bedingungen für die in diesen 231
Märkten tätigen Unternehmen, auch die kommunalen. Dem werden die geltenden Gemeindeordnungen nur bedingt gerecht. Es bedarf deshalb weiterer Änderungen des Gemeindewirtschaftsrechts in den Gemeindeordnungen. Ein interessanter Ansatz besteht insoweit in dem Vorschlag, eine Unterscheidung von Wettbewerbsunternehmen und sonstigen kommunalen Unternehmen vorzunehmen, um sodann für beide Gruppen jeweils unterschiedliche rechtliche Rahmenbedingungen zu normieren.[361] Ein weiterer liegt mit dem Konzept einer sektorenspezifischen Modernisierung des kommunalen Wirtschaftsrechts vor.[362] Die weitere Entwicklung des Gemeindewirtschaftsrechts darf mit Interesse verfolgt werden.

---

360 Dazu Kapitel A. II. Rn. 25 ff.

361 *Jarass*, Kommunale Unternehmen im Wettbewerb, S. 91 ff., *Leder*, DÖV 2008, 173 ff.

362 *Burgi*, Neuer Ordnungsrahmen für die energiewirtschaftliche Betätigung der Kommunen, S. 41 ff.

D. Rechts- und Betriebsformen

Übersicht

I. Regie- und Eigenbetrieb

Literatur: *Baier/Müller,* Die Umwandlung von Regie- und Eigenbetrieben in ein Kommunalunternehmen, BayVBl. 2011, 493; *Bolsenkötter/Dau/Zuschlag*: Gemeindliche Eigenbetriebe und Anstalten, 5. Aufl., 2004; *Britz:* Funktion und Funktionsweise kommunaler Unternehmen, NVwZ 2001, 380; *Cronauge/Westermann*: Kommunale Unternehmen, 5. Aufl., 2006; *Emmerlich,* Das novellierte kommunale Eigenbetriebsrecht in Sachsen, LKV 2010, 537; *Hillermeier:* Grenzen bei der Privatisierung öffentlicher Einrichtungen, KommunalPraxis spezial, 2002, 9; *Hoppe/Uechtritz/Reck,* Handbuch kommunale Unternehmen 3. Aufl. 2012; *Kern:* Zur Bindung kommunaler Eigenbetriebe und -gesellschaften an das Vergaberecht bei Vergaben unterhalb der Schwellenwerte, VergabeR 2008, 416; *Kremer:* Die Errichtung von Eigenbetrieben und eigenbetriebsähnlichen Einrichtungen, DVP 2006, 410; *Leitzen,* Die Umwandlung kommunaler Eigengesellschaften und Regie- und Eigenbetriebe aus zivilrechtlicher und notarieller Sicht, MittBayNot 2009, 354; *Müller:* Die Neuregelungen in der nordrhein-westfälischen EigBetrVO und der KUV durch das Gesetz über ein neues kommunales Finanzmanagement, DVP 2006, 185; *Pauli:* Die Umwandlung von Kommunalunternehmen, BayVBl 2008, 325; *Säcker/Busche:* Kommunale Eigenbetriebe im Spannungsfeld von Selbstverwaltungskompetenz und Kartellaufsicht, VerwArch 1992, 1; *Schäfer:* Der Eigenbetrieb im Schriftverkehr, NordÖR 2008, 258; *Schmidt,* Das Recht kommunaler Eigenbetriebe, KKZ 2009, 266, 2010, 1 ff., 26 ff., 73 ff.; *Weber,* Zur Behördeneigenschaft der Betriebsleitung eines Eigenbetriebs, DVP 2011, 53.

1 Der Eigenbetrieb gilt als das **„klassische" Instrument** wirtschaftlicher Betätigung von Gemeinden. Bis vor drei Jahrzehnten bot er für die Mehrzahl der kommunalen Unternehmen die rechtliche und finanzwirtschaftliche Struktur, um im Geflecht von kommunaler Selbstverwaltung und unternehmerischem Handeln Aufgaben der Daseinsvorsorge für die Bürger zu erfüllen. Die Möglichkeit umfassender politischer Kontrolle des kommunalen Wirtschaftens durch die gewählten Räte bzw. durch die Verwaltungsspitze verbindet sich bei diesem Modell mit der Option kaufmännischen Rechnens und Wirtschaftens. Letzteres verlangt eine gewisse Verselbständigung gegenüber der Verwaltung der Kommune.

2 Inzwischen gerät der Eigenbetrieb als Organisationsform im Wettbewerb mit privatrechtlich organisierten Modellen durch die Forderung nach Abbau von Regulierungen und dem Wunsch zu mehr **Privatisierungen** zunehmend unter Druck. Die Motive, die hinter den Veränderungswünschen stehen, sind vielgestaltig. Sie wurzeln in Haushaltszwängen, in betriebswirtschaftlichen und steuerrechtlichen Überlegungen, in politischen Grundüberzeugungen, in dem Willen, kommunales Wirtschaften „zukunftsfähig" zu machen, rechtliche Vorgaben des Staates zu erfüllen bzw. sich dem europäischen Integrationsprozess anzupassen, aber auch darin, politischen Forderungen der Bürger nachzukommen. Allerdings zeigen demgegenüber die neuen sozialen Bewegungen, dass der Trend zur Privatisierung bislang öffentlich-rechtlich organisierter Aufgaben zunehmend auf politischen Widerstand stößt. So wird eingewandt, dass die bei der Privatisierung angestrebten Ziele wie Kostenersparnis, eine bürokratische und kommunalpolitische „Entfesselung" der Kommunalwirtschaft und sachorientiertes unternehmerisches Handeln nicht selten in Konflikt mit unerwünschten „Nebeneffekten" wie Stellenabbau, Verlust demokratischer Kontrolle sowie Abbau und Qualitätsverlust kommunaler Leistungen geraten. Entscheidungsträger in den Kommunen, in den Aufsichtsbehörden und den Länderparlamenten können eine verantwortliche und sachgerechte Entscheidung über die generelle Veränderung rechtlicher Rahmenbedingungen und die **Wahl der konkreten Organisationsform**, die der Organisationshoheit der Kommunen unterliegt, nur treffen, wenn die realen Stärken und Schwächen der jeweiligen Struktur klar vor Augen stehen. Die Vor- und Nachteile des Eigenbetriebs gegenüber anderen Formen mittelbarer Kommunalverwaltung lassen sich nur überschauen, wenn zunächst die rechtlichen und organisatorischen Rahmenbedingungen dargestellt und analysiert werden, um auf dieser Grundlage dann die wirtschaftlichen, insbesondere steuerlichen Aspekte näher zu untersuchen.

3 Dabei darf nicht vergessen werden, dass die oben angesprochen Zielkonflikte nicht neu sind, sondern mit der Schaffung dieses Modells gerade in ein abgewogenes Verhältnis gebracht werden sollten. Die **historische Rückschau** bietet insofern reiches Anschauungsmaterial, warum der Eigenbetrieb als Organisationsform Ende der 20er bis Mitte der 30er Jahre entwickelt wurde und welche guten und schlechten Erfahrungen sich damit machen ließen (siehe dazu auch unten Rn. 11 ff.).

1. Rechtsgrundlagen

4 Im Folgenden soll zunächst kurz der rechtliche Rahmen abgesteckt werden, in dem die kommunalen Eigenbetriebe agieren. Dabei soll zur Vermeidung von Wiederholungen der spezifische Bezug des höherrangigen Rechts zum Eigenbetrieb herausgestellt werden (vgl. zu den Einzelheiten oben Kapitel B Rn. 1 ff.; Rn. 32 ff.).

a) Recht der Europäischen Union

5 Das Recht der öffentlichen Unternehmen und damit insbesondere das der kommunalen Eigenbetriebe muss sich an den Vorgaben des mit Anwendungsvorrang auch gegenüber Art. 28 Abs. 2 GG versehenen Rechts der Europäischen Union messen lassen. So streben das gemeinschaftliche **Vergaberecht** und das **Beihilfenrecht** den Wettbewerb

aller Wirtschaftsteilnehmer an, der von öffentlichen Hoheitsträgern nicht verfälscht werden darf. Nach Art. 106 des AEUV dürfen die Mitgliedstaaten in Bezug auf die öffentlichen Unternehmen und auf Unternehmen, denen sie besondere oder ausschließliche Rechte gewähren, keine dem EG-Vertrag und insbesondere dem Art. 18 (Diskriminierungsverbot) und 101 bis 109 (Wettbewerbsregeln für Unternehmen und staatliche Beihilfen) widersprechende Maßnahmen treffen oder beibehalten. Diese Anordnung unterscheidet nicht zwischen den Rechtsformen öffentlicher Unternehmen und erfasst daher auch den Eigenbetieb. Wettbewerbsverzerrende staatliche Beihilfen, wozu auch Kostenentlastungen, finanzielle und sächliche Zuwendungen, Gewährträgerhaftung und Anstaltslasten der Kommunen zählen, sind unter den Voraussetzungen des Art. 107 Abs. 1 AEUV unzulässig.[1] Art. 37 AEUV verpflichtet daneben die Mitgliedstaaten aus kartellrechtlicher Sicht zur Umformung staatlicher Handelsmonopole, um Diskriminierungen Angehöriger anderer Mitgliedstaaten auszuschließen.

6 Damit ist im Grundsatz das traditionell den Kommunen monopolartig zustehende Aufgabenfeld der **Daseinsvorsorge**, die in überkommener Weise in der Rechtsform des Eigenbetriebs gewährleistet wurde (Versorgung mit Strom, Gas, Wasser; öffentlicher Verkehr; Abfall- und Abwasserversorgung; Wohnungswirtschaft), im Grundsatz dem störungsfreien Wettbewerb zu öffnen, soweit nicht Dienstleistungen von allgemeinem wirtschaftlichen Interesse erbracht werden (vgl. Art. 14 und 106 Abs. 2 AEUV; Art. 36 GRCh).[2] Damit sind marktbezogene oder nichtmarktbezogene Tätigkeiten gemeint, die im Interesse der Allgemeinheit erbracht und daher von den Mitgliedstaaten mit besonderen Gemeinwohlverpflichtungen verbunden werden. Für diese gelten die Wettbewerbsregeln des Vertrages allerdings ebenfalls, soweit die Anwendung dieser Vorschriften nicht die Erfüllung der besonderen Aufgaben rechtlich oder tatsächlich verhindert.

7 Vor allem für die Bereiche Strom- und Gasversorgung, aber auch für den öffentlichen Personennahverkehr und für das Sparkassenwesen ergeben sich aus der grundsätzlichen Verpflichtung zur Einhaltung der Wettbewerbsregeln **fundamentale Veränderungen**. Aber auch die kommunale Wasserversorgung und Abfallwirtschaft stehen vor neuen Anforderungen. Bisher durch die Erfüllung öffentlicher Pflichtaufgaben begründete Monopolstellungen öffentlicher Unternehmen werden mithin durch Liberalisierungsentscheidungen dem Wettbewerb geöffnet und diesem ausgesetzt. Die Wettbewerbssituation hat zwangsläufig zur Folge, dass der staatliche und kommunale Träger die Organisationsformen diesen Erfordernissen anpassen oder gar die künftige Erfüllung dieser Aufgabenfelder überdenken muss.

b) Bundesrecht, insbesondere Selbstverwaltungsgarantie

8 Das Grundgesetz schützt die Gemeinden in Art 28 Abs. 2 vor staatlichen Eingriffen. Eine Betrachtung des Schutzbereichs dieser Bestimmung zeigt aber die Grenzen auf, innerhalb der die Gemeinden vor staatlichen Zugriffen sicher sind. Die Gewährleistung des Art. 28 Abs. 2 GG umfasst die Befugnis, sich aller Angelegenheiten der örtlichen Gemeinschaft, die nicht bereits anderen Trägern öffentlicher Verwaltung übertragen sind, ohne besonderen Kompetenztitel anzunehmen.[3] Zum Wesensgehalt der gemeindlichen Selbstverwaltung gehört aber kein gegenständlich bestimmter oder nach feststehenden Merkmalen bestimmter Aufgabenkatalog. Der Aufgabenbestand ist grundsätzlich nur „im Rahmen der Gesetze" gewährleistet. Der Gesetzgeber kann deshalb, wenn die ordnungsgemäße Aufgabenerfüllung nicht sichergestellt ist, unter Umständen die Wahrnehmung bestimmter Angelegenheiten entziehen (vgl. zu den Einzelheiten Kapitel B. Rn. 32 ff.).

---

[1] Vgl. zur näheren Differenzierung EuGH, Entscheidung vom 23.7.2003 – Rs. C-280/00 Altmark Trans GmbH.

[2] Hierzu näher Blanke, Kommunale Selbstverwaltung und Daseinsvorsorge nach dem Unionsvertrag von Lissabon, DVBl. 2010, 1333, 1335 ff. m. w. N.

[3] BVerfG, NVwZ 1989, 347.

Für die unternehmerische Betätigung der Kommunen bedeutete dies, dass ihr **Recht zur Schaffung und Unterhaltung** von Einrichtungen der Daseinsvorsorge, verstanden als Organisationsform einer öffentlichen Versorgungsaufgabe, grundsätzlich ebenso geschützt ist wie ihre Hoheit, dies eigenverantwortlich zu organisieren. Sie dürfen sich nach den Regeln des Grundgesetzes insoweit auch unternehmerisch betätigen und dabei sogar Gewinnerzielungsabsicht an den Tag legen, wenn die Erfüllung einer öffentlichen Aufgabe und nicht die Gewinnerzielung Hauptzweck ist.[4] Allerdings ist diese Betätigung in der Regel nur im Zusammenhang mit der Wahrnehmung öffentlicher Aufgaben und bezogen auf den jeweiligen Ort geschützt.[5] Soweit Gemeinden nicht-öffentliche und/ oder über den örtlichen Bereich hinausgreifende Aufgaben wahrnehmen, bewegen sie sich außerhalb ihres eigentlichen Aufgabenbereichs, weshalb auch ein geringerer (verfassungs-)rechtlicher Schutz vor gesetzgeberischen Eingriffen in diese Aufgaben gewährt ist. Ob eine öffentliche örtliche Aufgabe wahrgenommen wird, ist im Einzelfall festzustellen. Der Eigen- und Regiebetrieb als Organisationsform lässt jedenfalls grundsätzlich keine zwingende Aussage über die in dieser Form durchgeführte Aufgabe zu. In der überkommenen, klassischen Form vollzieht der Eigenbetrieb aber in der Tendenz eher zweckgebundene Verwaltungstätigkeit als erwerbswirtschaftliches Handeln. Die zunehmende Liberalisierung bestimmter Bereiche der Daseinsvorsorge lässt die Gemeinden aber auch in diesem herkömmlichen Handlungsfeld in die Defensive geraten. 9

Neben den verfassungsrechtlichen Vorgaben des Grundgesetzes begrenzen bzw. steuern direkt oder indirekt andere **Bundesgesetze** das unternehmerische Handeln der kommunalen Unternehmen. So zeigt sich, dass private Dienstleister zunehmend auf der Grundlage des Wettbewerbsrechts deren Handlungsraum unter Zuhilfenahme gerichtlichen Rechtsschutzes einzuschränken versuchen. Während der Weg zu den Verwaltungsgerichten, denen nach der herkömmlichen Zwei-Stufen-Theorie die Prüfung der rechtlichen Zulässigkeit des „Ob" der wirtschaftlichen Betätigung von Gemeinden obliegt, in der Vergangenheit wegen der restriktiven Rechtsprechung zum drittschützenden Charakter des Gemeindewirtschaftsrechts und des fehlenden grundrechtlichen Konkurrentenschutzes wenig erfolgreich war,[6] war der über den gewerblichen Rechtsschutz erfolgreicher. So wurden unter Verweis auf genau diese Vorschriften, die die Begrenzung der unternehmerischen Tätigkeit auf öffentliche Zwecke regeln, etwa die Erfüllung nicht-öffentlicher Aufgaben, erfolgreiche Angriffe privater Marktteilnehmer im Zivilrechtsweg nach dem Gesetz gegen den unlauteren Wettbewerb oder nach dem Gesetz gegen Wettbewerbsbeschränkungen gegen Kommunen geführt[7]. Damit wurden Fragen des „Ob's" gemeindlicher Aktivitäten in solche des „Wie's" umgemünzt[8] und tendenziell der Rechtsweg zu den Verwaltungsgerichten unterlaufen. Im europarechtlich überlagerten Vergaberecht ist der Konkurrenzschutz effektiver. In neuerer Zeit sind wettbewerbs- und markenrechtliche 10

[4] Vgl. RhPfVerfGH, NVwZ 2000, 801; hierzu: *Ruffert*, Kommunalwirtschaft und Landes-Wirtschaftsverfassung, NVwZ 2000, 763.

[5] BVerfG, NJW 1982, 2173.

[6] Vgl. BVerwGE 39, 329, 336; OVG Niedersachsen, Beschluss vom 14.08.2008 – 10 ME 280/08 – NVwZ 2009, 258; OVG NRW, Beschluss vom 1.4.2008 – 15 B 122/08; OVG Sachsen-Anhalt, Urteil vom 29.10.2008 – 4 L 146/05; demgegenüber aber RhPfVerfGH, Urteil vom 28. 3. 2000, vgl. Fn. 2; OVG NRW, Beschluss vom 13.8.2003 – 15 B 1137/03; Jungkamp, Rechtsschutz privater Komkurrenz gegen die wirtschaftliche Betätigung der Gemeinden, NVwZ 2010, 546. In einzelnen Ländern hat der Gesetzgeber inzwischen den drittschützenden Charakter der Subsidiaritätsklausel klargestellt.

[7] Vgl. OLG Düsseldorf, NWVBl. 1997, 35 und NVwZ 2000, 111 und 714; OLG Hamm, NJW 1998, 3504; zurückhaltender BGH, Urteil vom 25. 4. 2002 – I ZR 250/00 – DVBl. 2002, 1282 zum bayerischen Recht; ebenfalls kritisch: OLG Karlsruhe (DÖV 2001,431) zum baden-württembergischen Recht; nach dem Thüringer Oberlandesgericht, OLG-NL 1995, 15, besteht kein wettbewerbsrechtlicher Unterlassungsanspruch gegen einen kommunalen Eigenbetrieb der Abfallentsorgung in den neuen Bundesländern wegen Preisunterbietung; Hübschle, Wettbewerbsrechtliche Abwehransprüche gegen unternehmerische Betätigung der öffentlichen Hand, GewArch 2000, 186; Schink, Wirtschaftliche Betätigung kommunaler Unternehmen, NVwZ 2002, 129.

[8] Vgl. hierzu und zum Drittschutz des § 107 GO NW: OVG NRW, Beschluss vom 1.4.2008 – 15 B 122/08.

Streitigkeiten um die Bezeichnung „Stadtwerke" festzustellen.[9] Inzwischen hat sich das Bild etwas verändert. Während durch gesetzgeberische Klarstellungen im Kommunalrecht der Länder der drittschützende Charakter der Subsidiaritätsklausel zunehmend hervorgehoben wird, hat der Bundesgerichtshof den Rechtsschutz vor den ordentlichen Gerichten beschränkt.

Je nach Unternehmenszweck des Eigenbetriebs sind die Bestimmungen des Energiewirtschaftsgesetzes und seiner Ausführungsbestimmungen, des Personenbeförderungsgesetzes, des Konzessionsabgabenrechts, des Kartellrechts, aber auch des Handelsrechtes bei der Gründung und der Betriebsführung des Eigenbetriebes zu beachten.[10]

c) Gemeindeordnungen

11 Die **Kompetenz** für die gesetzliche Regelung des Kommunalrechts, insbesondere der kommunalen Unternehmenstätigkeit, steht den **Ländern** zu (vgl. Art. 70 ff. GG). Dort sind auch die speziellen landesverfassungsrechtlichen Gewähreistungen zu beachten. Für den Eigenbetrieb haben sie entweder bereits in den Gemeinde- oder Kommunalordnungen umfassende und abschließende Regelungen getroffen oder diese Betriebsart in eigenständigen Eigenbetriebsgesetzen entsprechend geregelt.

12 Trotzdem hat diese Kompetenzordnung nicht zu einer völligen **Zersplitterung des Eigenbetriebsrechtes** geführt. Denn die rechtliche und organisatorische Grundstruktur des Eigenbetriebs hat bereits in der Deutschen Gemeindeordnung – DGO – vom 30.1.1935[11] und der Eigenbetriebsverordnung vom 21.11.1938[12] ihre erste die Landesgrenzen übergreifende und exemplarische Ausprägung gefunden. An ihr haben nach 1945 die landesrechtlichen Regelungen im Grundsatz angeknüpft und dabei lediglich den Anforderungen eines demokratischen Gemeinwesens Rechnung getragen. Auch hat es in den 60er und 70er Jahren des vorigen Jahrhunderts Bemühungen gegeben, das Gemeindehaushaltsrecht und damit das Eigenbetriebsrecht länderübergreifend durch Musterentwürfe zu vereinheitlichen. Auch in den 80er Jahren wurde der Musterentwurf im Zusammenhang mit dem Bilanzrichtlinien-Gesetz fortgeschrieben. Deshalb stimmte und stimmt das Eigenbetriebswesen in den Ländern in den Grundzügen noch weitgehend überein. Mit der Kommunalverfassung der DDR vom 17. Mai 1990,[13] die in den neuen Bundesländern zunächst als Landesrecht fortgalt, wurde diese Rechtsform auch in den neuen Bundesländern eingeführt (vgl. § 58 KommVerf-DDR) und im eigenständigen Kommunalrecht der neuen Länder etabliert. Einzuräumen ist allerdings, dass seit Ende der 50er Jahre der Eigenbetrieb als Organisationsform zunehmend von der privatrechtlichen GmbH abgelöst wurde.

13 Trotz dieser gemeinsamen geschichtlichen Wurzeln und trotz des Bemühens um einheitliche Regelung des Eigenbetriebsrechts haben die einzelnen Bundesländer bei der inneren und äußeren Ausgestaltung des Eigenbetriebswesens im Einzelnen doch unterschiedliche Akzente gesetzt. Dies führt dazu, dass im Folgenden in erster Linie der übereinstimmende Kern dieser Regelungen dargestellt wird. Es ist bei der konkreten Rechtsanwendung stets darauf zu achten, was das jeweilige Landesrecht an spezialgesetzlichen **Besonderheiten** bereithält.

14 Um den Nutzer hier den Zugang zu den derzeit geltenden Rechtsquellen zu erleichtern, finden sich im Weiteren die derzeit geltenden Bestimmungen mit ihren Fundstellen:

---

[9] Vgl. zusammenfassend: Hoffmann, „Stadtwerke" als Marke und Betriebsbezeichnung, NVwZ 2013, 896 ff.

[10] Vgl. zur Kaufmannseigenschaft der Gemeinde/des Eigenbetriebs bei der Führung eines Eigenbetriebs: BGH, NJW 1991, 2134; OLG Stuttgart, NJW-RR 1999, 1557; nach dem BayObLG, BayVBl. 2002, 315, sind bei der Eintragung des Eigenbetriebs einer bayerischen Gemeinde in das Handelsregister als Mitglieder des Vorstandes die Mitglieder der Werkleitung einzutragen.

[11] RGBl. I. S. 49; vgl. §§ 67, 74 DGO; siehe auch Kapitel C Rn. 27 ff.

[12] RGBl. I S. 1650.

[13] GBl.-DDR I Nr. 28 S. 255.

Baden-Württemberg: Gemeindeordnung – GemO BW – in der Fassung vom 24.7.2000 (GBl. S. 582; ber. S. 698) zuletzt geändert durch Artikel 1 des Gesetzes vom 16. April 2013 (GBl. S. 55)

Bayern: Art. 86 und 88 der Gemeindeordnung für den Freistaat Bayern – BayGO – vom 22.8. 1998 (GVBl. S. 796), zuletzt geändert durch Gesetz vom 22.7.2014 (GVBl S. 286); Art. 72 und 74 der Bezirksordnung für den Freistaat Bayern – BayBezO – vom 22. 8. 1998 (GVBl. S. 850) zuletzt geändert durch Gesetz vom 22.7.2014 (GVBl S. 286); Art. 74 und 76 der Landkreisordnung für den Freistaat Bayern – BayLkrO – vom 22.8.1998 (GVBl. S. 826) zuletzt geändert durch Gesetz vom 22.7.2014 (GVBl S. 286)

Berlin: Art. 92 der Verfassung von Berlin vom 23.11.1995 (GVBl. S. 779) zuletzt geändert durch Art. 13 geändert geändert durch Gesetz vom 7.2.2014 (GVBl. S. 38)

Brandenburg: § 93 Kommunalverfassung des Landes Brandenburg (BbgKVerf) vom 18.12.2007 (GVBl. I S. 286), geändert durch Artikel 4 des Gesetzes vom 10.7.2014 (GVBl. I Nr. 32)

Hessen: § 127 der Hessischen Gemeindeordnung – HGO – in der Fassung vom 1.4.2005 (GVBl. I S. 142) zuletzt geändert durch Gesetz vom 18.7.2014 (GVBl. S. 178); § 52 der Hessischen Landkreisordnung – HKO – in der Fassung vom 1.4.2005 (GVBl. 2005 I S. 183) zuletzt geändert durch Artikel 2 des Gesetzes vom 16.12.2011 (GVBl. I S. 786, 794)

Mecklenburg-Vorpommern: §§ 68 ff. der Kommunalverfassung für das Land Mecklenburg-Vorpommern – KV M-V – in der Fassung vom 13.07.2011 (GVOBl. S. 777)

Niedersachsen: § 140 der Niedersächsisches Kommunalverfassungsgesetz (NKomVG) vom 17.12. 2010 (Nds. GVBl. S. 576) zuletzt geändert durch Gesetz vom 16.12.2013 (Nds. GVBl. S. 307)

Nordrhein-Westfalen: § 114 Gemeindeordnung für das Land Nordrhein-Westfalen in der Fassung vom 14. 7. 1994 – GO NW – (GV.NRW. S. 666) zuletzt geändert durch Artikel 3 des Gesetzes vom 19.12.2013 (GV. NRW. S. 878); Kreisordnung für das Land Nordrhein-Westfalen in der Fassung vom 14.7.1994 – KrO NW – (GV.NRW. S. 646) zuletzt geändert durch Artikel 4 des Gesetzes vom 19.12.2013 (GV. NRW. S. 878)

Rheinland-Pfalz: § 86 Gemeindeordnung in der Fassung vom 31.1.1994 – RP GO – (GVBl. S. 153) zuletzt geändert durch Artikel 2 des Gesetzes vom 19.8.2014 (GVBl. S. 181); Landkreisordnung in der Fassung vom 31.1.1994 – RP LkO – (GVBl. S. 188) zuletzt geändert durch Artikel 3 des Gesetzes vom 19.8.2014 (GVBl. S. 181)

Saarland: § 109 Kommunalselbstverwaltungsgesetz – KSVG – in der Fassung vom 27.6.1997 (Amtsbl. S. 682) zuletzt geändert durch das Gesetz vom 14.5.2014 (Amtsbl. S. 172)

Sachsen: § 95 Gemeindeordnung für den Freistaat Sachsen in der Fassung vom 3.3.2014 – Sächs GemO – (GVBl. S. 146) zuletzt geändert durch Artikel 6 des Gesetzes vom 2.4.2014 (SächsGVBl. S. 224); Landkreisordnung für den Freistaat Sachsen in der Fassung vom 3.3.2014 – SächsLkrO – (GVBl. S. 180)

Sachsen-Anhalt: § 121 Kommunalverfassungsgesetz des Landes Sachsen-Anhalt – KVG LSA – vom 17.6.2014 (GVBl. LSA S. 288)

Schleswig-Holstein: § 106 Gemeindeordnung für Schleswig-Holstein – GO SH – in der Fassung vom 28.2.2003 (GVOBl. S. 57, ber. S. 35) zuletzt geändert durch Gesetz vom 15.7.2014 (GVOBl. S. 179); Kreisordnung für Schleswig-Holstein – KO SH – in der Fassung vom 28.2.2003 (GVOBl. S. 94) zuletzt geändert durch Gesetz vom 6.5.2014 (GVOBl. S. 75)

Thüringen: § 76, § 114 der Thüringer Gemeinde- und Landkreisordnung – ThürKO – in der Fassung vom 28.1.2003 (GVBl. S. 41) zuletzt geändert durch Artikel 2 des Gesetzes vom 20.3.2014 (GVBl. S. 82)

d) Eigenbetriebsrecht/-verordnungen

Die Gemeindeordnungen bzw. die Eigenbetriebsgesetze regeln die **Grundfragen** des Eigenbetriebsrechts. Sie bestimmen den Anwendungsbereich und klären die Rechtsgrundlagen,[14] enthalten grundlegende Regelungen zur Verfassung und Verwaltung[15] sowie zur Wirtschaftsführung und das Rechnungswesen.[16] 15

---

[14] Vgl. z. B. §§ 1 bis 3 EigBG BW; § 1 HEigBGes; § 114 GO NW; § 86 Abs. 2 RP GO; § 1 RP EigAnVO; §§ 1 und 2 EigBG LA; § 109 Abs. 1 und Abs. 4 KSVG.

[15] Vgl. z. B. §§ 4 bis 11 EigBG BW; §§ 2 bis 9 HEigBGes; § 86 Abs. 3 und 4 RP GO in Verbindung mit §§ 2 bis 10 RP EigAnVO.

[16] Vgl. z. B. §§ 12 bis 17 EigBG BW; §§ 10 bis 29 HEigBGes.

16 Die Eigenbetriebsverordnungen, die auf Ermächtigungsnormen der Kommunalordnungen bzw. der Eigenbetriebsgesetze der Länder beruhen, führen die Gesetze aus und enthalten **Detailregelungen** zum Eigenbetriebsrecht. Zum Teil wird zunächst der Anwendungsbereich näher bestimmt.[17] Sie regeln insbesondere – wenn es nicht schon in den Gesetzen angeordnet ist –, dass das Eigenbetriebsrecht auch für die Eigenbetriebe der Landkreise, Verwaltungsgemeinschaften, Ämter oder Zweckverbände gilt.[18] Außerdem begrenzen sie zum Teil den Anwendungsbereich dadurch, dass auf Eigenbetriebe mit einem Versorgungs- und Einzugsgebiet unter einer bestimmten Einwohnerzahl die Regelungen der Verordnung nicht anzuwenden sind. Insoweit bleibt es den Gemeinden überlassen, in der Betriebssatzung evtl. Rechtslücken durch einen Verweis oder durch die Übernahme dieser Bestimmungen zu schließen. Im Einzelfall kann die zuständige Aufsichtsbehörde von bestimmten Anforderungen befreien.

17 Regelmäßig verpflichten die Eigenbetriebsgesetze bzw. -verordnungen die Kommunen, alle Versorgungs- bzw. Verkehrsbetriebe in jeweils einem Betrieb zusammenzufassen.[19] Sie ermöglichen aber auch eine Trennung. Sollvorschriften regeln die Bezeichnung des Versorgungsbetriebes („Gemeindewerke"/"Stadtwerke") und das Verhältnis zwischen Hoheitsbetrieben und „wirtschaftlichem" Eigenbetrieb.[20] Eigenbetriebsgesetze und -verordnungen regeln zum Teil den notwendigen und den möglich Inhalt der Betriebssatzungen,[21] die Organisation und die Aufgaben der Werk- oder Betriebsleitung[22] und des Ausschusses bzw. der Betriebskommission[23] sowie die der Gemeindevertretungen in jedem Falle vorbehaltenen Entscheidungen[24] und die Stellung der Verwaltungsspitze zu den Organen des Eigenbetriebs.[25]

Im Weiteren regeln die Gesetze und Verordnungen im Einzelnen die Wirtschaftsführung und das Rechnungswesen der Eigenbetriebe.[26] Zunächst werden die Kommunen zur Erhaltung des Vermögens und der Leistungsfähigkeit der Betriebe verpflichtet. Im Anschluss daran finden sich einzelne Bestimmungen zu folgenden Aspekten: Rücklagenbildung; Voraussetzungen für die Verminderung des Eigenkapitals; Kreditaufnahme bei umfangreichen Investitionen; Lieferungen und Leistungen im Verhältnis zwischen Eigenbetrieb und Gemeinde; Vergabe von Aufträgen; Bestimmung des Wirtschaftsjahres; Aufstellung, Inhalt und Umgang mit dem Wirtschafts-, Erfolgs- , Vermögens- und Stellenplan; Finanzplanung; Leitung des Rechnungswesens; Buchführung und Kostenrechnung; Kassenwirtschaft; Zwischenbericht, Jahresabschluss und Lagebericht sowie deren Aufstellung, Behandlung und Offenlegung; Bilanz und Gewinn- und Verlustrechnung; Umgang mit Jahresgewinn und -verlust.

Das Eigenbetriebsrecht regelt auch die Ausnahmen, unter denen – in der Regel nach vorheriger Entscheidung der Kommunalaufsicht – von der Anwendung des Eigenbetriebsrechtes befreit werden kann.[27] Dies kommt insbesondere dann in Betracht, wenn der Umfang des Eigenbetriebs nach der Höhe der Bilanzsumme und des Umsatzes nur gering ist oder der Eigenbetrieb nur geringe wirtschaftliche Bedeutung für die Gemeinde oder ein nur geringes Versorgungsgebiet hat.

---

17 Wirtschaftliche/nichtwirtschaftliche Unternehmen: vgl. z. B. § 1 EigVO NW; § 1 Abs. 1 SaarlEigVO.

18 Vgl. z. B. § 1 BayEBV; § 1 Satz 2 BbgEigV; § 30 HEigBGes; § 1 EigBG LA.

19 Vgl. z. B. § 2 BbgEigV; § 8 EigVO NW.

20 Vgl. z. B. § 4 BayEBV.

21 Vgl. z. B. § 3 BbgEigV; § 8 M-V-EigVO; § 4 NEigBetrVO; § 4 EigBG LA.

22 Vgl. z. B. § 4 bis 6 BbgEigV; §§ 2 bis 4 HEigBGes; § 3 M-V-EigVO; § 2 NEigBetrVO; §§ 2 und 3 EigVO NW; §§ 4 und 5 RP EigAnVO; §§ 3 und 6 SaarlEigVO; §§ 5 bis 7 EigBG LA.

23 Vgl. z. B. § 8 BbgEigV; §§ 6 und 7 HEigBGes;§ 5 EigVO NW; § 4 SaarlEigVO; §§ 8 bis 9 EigBG LA.

24 Vgl. z. B. § 7 BbgEigV; § 5 HEigBGes; § 5 Abs. 1 M-V-EigVO; § 4 EigVO NW; § 2 RP EigAnVO; § 4 SaarlEigVO; § 10 EigBG LA.

25 Vgl. z. B. § 9 BbgEigV; § 6 EigVO NW; § 6 RP EigAnVO; § 3 Abs. 1 SaarlEigVO.

26 Vgl. z. B. §§ 10 bis 27 BbgEigV; §§ 9 bis 28 M-V-EigVO; §§ 5 ff. NEigBetrVO; §§ 9 bis 26 EigVO NW; §§ 10 ff. RP EigAnVO; §§ 12 bis 18 EigBG LA i.V.m. EigVO LA.

27 Vgl. z. B. § 28 BbgEigV; § 31 HEigBGes; § 35 NEigBetrVO; § 26 SaarlEigVO; § 16 EigVO LA.

Eine Sonderstellung im deutschen Eigenbetriebsrecht nehmen aufgrund ihres besonderen Charakters als Kommune und Bundesland die **Stadtstaaten** ein. So hat **Hamburg** bislang kein Eigenbetriebsrecht. **Berlin** hat auf der Grundlage von Art. 92 der Berliner Verfassung, in dem die Grundsätze des Eigenbetriebsrechtes geregelt sind, sein Eigenbetriebsgesetz erlassen. In ihm werden unter Berücksichtigung des Umstandes, dass Berlin gleichzeitig Land und Kommune ist, die Verfassung und das Zusammenwirken der Organe des Eigenbetriebes (Geschäftsleitung, Verwaltungsrat) und das Zusammenwirken von Senat, Abgeordnetenhaus, Bezirksämter und Bezirksverordnetenversammlung geregelt.[28] Die Strukturen sind insgesamt aber den sonstigen eigenbetriebsrechtlichen Regelungen anderer Länder vergleichbar. Auch die Bestimmungen über die Wirtschaftsführung und das Rechnungswesen sind mit den Regelungen in den Flächenländern vergleichbar.[29] Allerdings hat das Eigenbetriebswesen in Berlin seine Bedeutung dadurch verloren, dass die bedeutensten Eigenbetriebe in den 90er Jahren in rechtsfähige Anstalten des öffentlichen Rechts übergeleitet wurden. Initiativen, das Eigenbetriebsgesetz ganz aufzuheben, hatten aber keinen Erfolg. In Teilbereichen wurden neue Eigenbetriebe gebildet[30]. **Bremen** hat in seinem Eigenbetriebsgesetz – neben den Regelungen zu den Eigenbetrieben des Landes – im Wesentlichen ein Rahmengesetz für die Eigenbetriebe der Stadtgemeinden Bremen und Bremerhaven[31] beschlossen. Ähnlich wie im Falle Berlins sind darin die inneren Strukturen und die Bestimmungen über die Wirtschaftsführung und das Rechnungswesen den eigenbetriebsrechtlichen Regelungen anderer Länder vergleichbar geregelt. Besonderheiten bestehen hinsichtlich der Regelung zur Kapazitätsauslastung (§ 14 Abs. 2 Satz 3 BremSVG) oder des Nachweises des Beschäftigungsvolumens im Personalplan (§ 21 BremSVG). 18

Derzeit gelten in den Ländern folgende Eigenbetriebsgesetze oder -verordnungen: 19

Baden-Württemberg: Gesetz über die Eigenbetriebe der Gemeinden – EigBG BW – in der Fassung vom 8. 1. 1992 (GBl. S. 22) zuletzt geändert durch Artikel 5 des Gesetzes vom 16. April 2013 (GBl. S. 55, 57); Verordnung des Innenministeriums über die Wirtschaftsführung und das Rechnungswesen der Eigenbetriebe – EigBVO BW – vom 7.12.1992 (GBl. S. 776)

Bayern: Eigenbetriebsverordnung vom 29. 5. 1987 – BayEBV – (GVBl. S. 195) zuletzt geändert durch § 1 Nr. 54 des Gesetzes vom 22.7.2014 (GVBl S. 286)

Berlin: Gesetz über die Eigenbetriebe des Landes Berlin vom 13.7.1999 – BerlEigG – (GVBl. S. 374)

Brandenburg: Verordnung über die Eigenbetriebe der Gemeinden vom 26.3.2009 – BbgEigV- (GVBl. II S. 150)

Bremen: Bremisches Gesetz für Eigenbetriebe und sonstige Sondervermögen des Landes und der Stadtgemeinden (BremSVG) vom 24.11.2009 (GBl. S. 505)

Hessen: Eigenbetriebsgesetz in der Fassung vom 9.6.1989 (GVBl. I S. 154) – HEigBGes – zuletzt geändert durch Artikel 5 des Gesetzes vom 16.12.2011 (GVBl. S. 786)

Mecklenburg-Vorpommern: Eigenbetriebsverordnung – EigVO M-V – vom 25.2.2008 (GVOBl. S. 71)

Niedersachsen: Eigenbetriebsverordnung (EigBetrVO) vom 27.01.2011 (Nds. GVBl. S. 21)

Nordrhein-Westfalen: Eigenbetriebsverordnung für das Land Nordrhein-Westfalen – EigVO NRW – vom 16.11.2004 (GV NRW S. 644, berichtigt durch GV NRW 2005 S. 15) zuletzt geändert geändert durch Artikel 1 der Verordnung vom 13.8.2012 (GV. NRW. S. 296); Verordnung über die Durchführung der Jahresabschlussprüfung bei Eigenbetriebe und prüfungspflichtigen Einrichtungen vom 9.3.1981 (GVNRW S. 147) zuletzt geändert durch durch Artikel 2 der Verordnung vom

---

[28] Vgl. §§ 1 bis 9 BerlEigG.

[29] Vgl. §§ 10 bis 28 BerlEigG.

[30] Vgl. Hundt, Kita-Eigenbetriebe in Berlin, LKV 2009, 17 ff.

[31] Art. 143 BremLVerf.; Bremisches Gesetz für Eigenbetriebe und sonstige Sondervermögen des Landes und der Stadtgemeinden (BremSVG) vom 24.11.2009 (GBl. S. 505); vgl. auch das im Internet verfügbare, zum früheren Recht erstellte Handbuch für Eigenbetriebe der Freien Hansestadt Bremen (Land und Stadtgemeinde) und der Stadt Bremerhaven; Stand: Juli 2005

13.8.2012 (GV. NRW. S. 296, 297); Verordnung über das Wahlverfahren zur Benennung der Beschäftigten des Eigenbetriebs für die Wahl in den Werksauschuss vom 24.10.2001 (GVNRW. S. 77) zuletzt geändert durch Artikel 3 der VO v. 13.8.2012 (GV. NRW. S. 296, 297); Verordnung über den Betrieb gemeindlicher Krankenhäuser – GemKHBVO NW – vom 5.8.2009 (GVNRW. S. 360) zuletzt geändert durch VO v. 13.8.2012 (GV NRW. S. 297)

Rheinland-Pfalz: Eigenbetriebs- und Anstaltsverordnung – RP EigAnVO – vom 5.10.1999 (GVBl. S. 373)

Saarland: Eigenbetriebsverordnung (EigVO) vom 29.11.2010 zuletzt geändert durch die Verordnung vom 2.9.2013 (Amtsbl. S. 281); Verordnung über die Prüfung des Jahresabschlusses der Eigenbetriebe und sonstigen Unternehmen ohne eigene Rechtspersönlichkeit mit Sonderrechnung (Jahresabschlussprüfungsverordnung) vom 29.11.2010 (Amtsbl. S. 1424)

Sachsen: Verordnung des Sächsischen Staatsministeriums des Innern über kommunale Eigenbetriebe – SächsEigBVO – vom 16.12.2013 (GVBl. S. 941)

Sachsen-Anhalt: Gesetz über kommunale Eigenbetriebe im Land Sachsen-Anhalt – EigBG LSA – vom 24.3.1997 (GVBl. S. 446) zuletzt geändert durch Artikel 5 des Gesetzes vom 17.7.2014 (GVBl. LSA S. 288); Eigenbetriebsverordnung – EigBVO LSA – vom 25.12.2012 (GVBl. LSA S. 160)

Schleswig-Holstein: Landesverordnung über die Eigenbetriebe der Gemeinden – EigVO SH – vom 15.8.2007 (GVOBl. 404) zuletzt geändert durch Verordnung vom 7.12.2012 (GOVBl. S 772)

Thüringen: Thüringer Eigenbetriebsverordnung vom 15. 7. 1993 (GVBl. S. 432), geändert durch Verordnung vom 25.10.2013 (GVBl. S. 325); Thüringer Verordnung über die Wirtschaftsführung der kommunalen Krankenhäuser – ThürWkKV – vom 4.10.1994 (GVBl. S. 1165)

e) Verwaltungsvorschriften

20 Zu den gesetzlichen Eigenbetriebsregelungen haben die zuständigen Ministerien der Länder Verwaltungsvorschriften erlassen. In ihnen finden sich neben Begriffsbestimmungen (zum „Eigenbetrieb" oder „wirtschaftlichen Unternehmen") Erläuterungen zu Zuständigkeiten, die sich nach den Kommunalordnungen, Eigenbetriebsverordnungen und Betriebssatzungen ergeben, sowie Ansichten zum Verständnis einzelner gesetzlicher Bestimmungen. Vereinzelt enthalten sie auch Hinweise zu anderen Rechtsmaterien (z. B. Kommunalabgabenrecht, Steuer-, Handels-, Preis- und Vergaberecht). Den Verwaltungsvorschriften sind regelmäßig Formblätter (Bilanzgliederung, Gliederung und Formulare für Anlagennachweise und Gewinn- und Verlustrechnungen) als Anlagen beigefügt, die in der täglichen Praxis der Betriebe Verwendung finden sollen.

21 Zur **Verbindlichkeit der Verwaltungsvorschriften** gilt Folgendes: Diese Bestimmungen werden in der Regel vom Innenministerium des jeweiligen Landes erlassen. Sie können aber, nachdem der Eigenbetrieb zu den eigenen Angelegenheiten zählt, gegenüber der jeweiligen Kommune nicht als „Anweisung" in allgemeiner Form wirken. Sie dienen vielmehr in erster Linie dazu, aus Sicht des Verordnungsgebers das Verständnis von Bestimmungen des Eigenbetriebsrechtes des Landes für den jeweiligen Rechtsanwender bei der staatlichen Kommunalaufsicht verständlich und im Einzelfall handhabbar zu machen. Der Sichtweise des zuständigen Ministeriums als oberster Rechtsaufsichtsbehörde wird allerdings im Falle einer Nichtbeachtung durch die Kommunen bzw. den Eigenbetrieb im Falle einer rechtsaufsichtlichen Maßnahme entscheidende Bedeutung zukommen (vgl. dazu unten Rn. 110). Ob sich die Auffassung der Verwaltungsvorschrift aber auch in einem verwaltungsgerichtlichen Verfahren der Kommune gegen eine kommunalaufsichtliche Maßnahme durchsetzt, hängt aber letztlich davon ab, ob das Gericht, das an die Regelungen der Verwaltungsvorschriften nicht gebunden ist, diese Rechtsansicht teilt.

22 Als Beispiele für solche Verwaltungsvorschriften mögen folgende dienen:

Bayern: Bekanntmachung des Staatsministeriums des Inneren über Verwaltungsvorschriften zur Eigenbetriebsverordnung – VwvEBV – vom 5.6.1987 (MABl. S. 428, ber. S. 694)

Brandenburg: Verwaltungsvorschriften des Ministeriums des Innern zur Eigenbetriebsverordnung vom 28.7.2009 (ABl. S. 520)

Bremen: Richtlinien für die Aufstellung und Ausführung von Wirtschaftsplänen der Wirtschaftsbetriebe und der Eigenbetriebe (RlWiPl) vom 6.9.1994 (Brem.Abl. S. 425) zuletzt geändert durch Schreiben des Senators für Finanzen vom 18.10.2001

Mecklenburg-Vorpommern: Hinweise zur Umsetzung der Eigenbetriebsverordnung (EigVOVV M-V) -Verwaltungsvorschrift des Innenministeriums – vom 3.8.2010 (AmtsBl. M-V S. 474)

Nordrhein-Westfalen: Erlass über die Ausführung der Eigenbetriebsverordnung vom 14.4.1954 (SMBl. NRW 6411); Richtlinie für die Befreiung von Eigenbetrieben von der Anwendung der Vorschriften der Eigenbetriebsverordnung vom 16.1.1962 (SMBl. NRW 6411)

Rheinland-Pfalz: Vollzug der Eigenbetriebsverordnung – Rundschreiben des Ministeriums des Innern und für Sport vom 22.6.1992 – VVEigVO – (MinBl. S. 386)

Saarland: Bekanntgabe des Ministeriums für Inneres und Sport der von den Gemeinden, Gemeindeverbänden, kommunalen Eigenbetrieben und den kommunalen Zweckverbänden bei der Vergabe von Aufträgen anzuwendenden Vergabegrundsätze (Vergabeerlass) vom 22.7.2004 (Amtsbl. S. 1748)

Schleswig-Holstein: Ausführungsanweisung zur Landesverordnung über die Eigenbetriebe der Gemeinden (AA EigVO) vom 16.8.2007 (AmtsBl. S. 886); Erlass zur Befreiung von der Anwendung der Eigenbetriebsverordnung und von der Jahresabschlussprüfung vom 12.12.2006 (AmtsBl. S. 1593)

Thüringen: Verwaltungsvorschrift zur Thüringer Eigenbetriebsverordnung – VwVThürEBV – vom 23.9.1993 (StAnz. Nr. 38, S. 1654)

f) Betriebssatzungen

Die Betriebssatzungen, die nach den meisten kommunalrechtlichen Regelungen zwingend erforderlich sind, werden von den Räten als Recht der jeweiligen Kommune erlassen. Sie müssen daher die Anforderungen an das gemeindliche Normsetzungsverfahren erfüllen und haben mit dem materiellen höherrangigen Eigenbetriebsrecht in Einklang zu stehen. Die Satzungen der Kommunen haben mithin in dem Verfahren und der Form zu ergehen, die das Landeskommunalrecht für den Satzungserlass vorsieht. Insbesondere sind die rechtsaufsichtlichen Anzeige- oder Mitteilungspflichten zu beachten. Soweit ersichtlich besteht in keinem Bundesland eine aufsichtliche Genehmigungspflicht, sieht man von den Genehmigungspflichten von gebietsübergreifenden Unternehmen ab. In Berlin erlässt der Senat die „Betriebssatzung" durch Rechtsverordnung. In Bremen regelt anstelle der Betriebssatzung das Ortsgesetz, durch das der Eigenbetrieb errichtet wird, nähere Einzelheiten des Eigenbetriebs[32]. 23

Regelmäßig – aber nicht zwingend – wird mit dem Erlass der Betriebssatzung der Eigenbetrieb rechtlich gegründet. Als **Mindestinhalt** dieser Satzung gelten Bestimmungen über die Wirtschaftsführung, die Vermögensverwaltung und die Rechnungslegung des Eigenbetriebs. Allerdings ist nach dem jeweiligen Landesrecht zu klären, welche Regelungen notwendig getroffen werden müssen und welche nur getroffen werden sollen oder können.[33] Die Betriebssatzung ergänzt das Eigenbetriebsrecht auf örtlicher Ebene, trifft die Bestimmungen, die nach dem Eigenbetriebsrecht der Betriebssatzung vorbehalten sind, und berücksichtigt dabei die örtlichen und betrieblichen Besonderheiten. 24

In der Regel enthalten sie zu Beginn eine Regelung über den Gründungszeitpunkt, die Bezeichnung oder den Namen des Eigenbetriebs und die Höhe des Stammkapitals. In diesem Zusammenhang werden dann der Betriebszweck, Gegenstand bzw. die Aufgaben des Eigenbetriebs sowohl in sachlicher wie territorialer Hinsicht umschrieben.[34] Weiter werden die Zuständigkeiten der einzelnen, für den Eigenbetrieb verantwortlichen Organe (Werkleitung, -ausschuss, Rat, Bürgermeister/Landrat) abgegrenzt sowie ihre Zusammensetzung und ihre Zusammenarbeit näher bestimmt. Zweckmäßigerweise geschieht dies

---

[32] Vgl. Handbuch für Eigenbetriebe der Freien Hansestadt Bremen (Land und Stadtgemeinde) und der Stadt Bremerhaven; Stand: Juli 2005

[33] Vgl. z. B. § 5 Abs. 3, § 8 M-V-EigVO; § 4 NEigBetrVO.

[34] Zur konkreten Umschreibung des Betriebsgegenstandes vgl. VG Dessau, LKV 2001, 233.

dadurch, dass für jedes Organ ein Zuständigkeitskatalog erstellt wird. In diesem Zusammenhang wird regelmäßig auch bestimmt, was und bis zu welchem Betrag „laufende Geschäfte" sind bzw. vorliegen. Der Umfang der Vertretungsbefugnis der Werkleitung bei der Vertretung der Kommune nach außen und ihre Übertragbarkeit auf Bedienstete des Eigenbetriebs wird in der Satzung ebenfalls geregelt. Vereinzelt finden sich Berichts- und Beteiligungspflichten sowie Anhörungsrechte einzelner Organe zueinander. Folgende weitere Regelungsgegenstände können/müssen je nach landesrechtlichen Vorgaben in der Betriebssatzung geregelt werden: Verfahren bei Meinungsverschiedenheiten innerhalb der Werkleitung; Bezeichnung des Werkleiters (z.B. „Werkdirektor"); Mitwirkung der Werkleitung bei Anstellung, Beförderung und Entlassung von Personal; Beauftragung von Dienststellen der Stadtverwaltung durch die Werkleitung; Form der Verpflichtungserklärungen bei rechtsgeschäftlichen Erklärungen nach außen; Bestimmung des vom Haushaltsjahr der Gemeinde abweichenden Wirtschaftsjahrs.

Einzelne Länder haben als Arbeitshilfe Muster für Eigenbetriebssatzungen veröffentlicht.[35]

g) Geschäftsordnungen/Dienstanweisungen

25 Soweit die Betriebssatzung keine Regelungen zu der Frage enthält, wie die Geschäfte im Einzelnen (insbesondere die Abgrenzung der Geschäftsbereiche und Zuständigkeiten) bei einer aus mehreren Personen bestehenden Geschäftsleitung zu führen sind, kann bzw. muss dies nach einigen kommunalrechtlichen Bestimmungen in einer Geschäftsordnung geregelt werden. In einigen Ländern wird dies auch für das Verfahren und den Geschäftsgang des Werksauschusses verlangt. Für die Dienstanweisungen bzw. für die Geschäftsordnung der Werkleitung ist insoweit das Organ zuständig, an dessen Stelle die Werkleitung handelt, in der Regel also der Bürgermeister bzw. der Landrat. Soweit für das Verfahren und den Geschäftsgang des Werksauschusses eine Geschäftsordnung erforderlich ist, beschließt dieser selbst.

Ist der Werkleitung die eigenverantwortliche Erledigung von Aufgaben übertragen, kann sie für den ihr nachgeordneten Bereich wiederum dienstliche Anweisungen erlassen.

2. Begriffsbestimmung und Rechtsnatur

a) Der Begriff des Eigenbetriebs

26 Der kommunale Eigenbetrieb ist ein Unternehmen einer kommunalen Gebietskörperschaft ohne eigene Rechtspersönlichkeit, das außerhalb des Haushaltsplans der Gemeinde nach kaufmännischen Grundsätzen als Sondervermögen verwaltet wird. Bei ihm handelt es sich um ein kommunales Unternehmen, das gegenüber der Gebietskörperschaft nur teilweise verselbständigt ist.

Ausgehend von dieser Definition lassen sich im Einzelnen folgende Abgrenzungen vornehmen.

27 **aa) „kommunal".** Auch der Bund und die Länder können Eigenbetriebe errichten. Diese staatlichen Sondervermögen unterliegen den besonderen haushaltsrechtlichen Anforderungen des Bundes und der Länder. Im Folgenden werden nur die Eigenbetriebe der kommunalen Gebietskörperschaften und ihrer Zweckverbände dargestellt. Hierbei ist zu beachten, dass die Kommunalordnungen bzw. Eigenbetriebsgesetze für die Landkreise und die Zweckverbände regelmäßig auf die Bestimmungen des Gemeindewirtschaftsrechts verweisen. Eine Sonderstellung haben insoweit allerdings die Eigenbetriebe der

[35] Vgl. z.B. für Bayern: Bekanntmachung des Staatsministeriums des Inneren über Muster einer Betriebssatzung für Eigenbetriebe bayerischer Gemeinden vom 28. 3. 1995 (AllMBl. S. 252); jetzt: Mustersatzung für Eigenbetriebe bayerischer Städte und Gemeinden vom Verband kommunaler Unternehmen e.V. (VKU) Landesgruppe Bayern vom November 2010; für Schleswig-Holstein: Musterbetriebssatzung für Eigenbetriebe (Amtsbl. 1975, 750).

Stadtstaaten, die – wie etwa in Berlin – Eigenbetriebe des Landes sind. In Bremen hingegen sind die Stadtgemeinden Bremen und Bremerhaven Träger der Eigenbetriebe.

bb) Unternehmen. Mit diesem Begriff wird in sehr allgemeiner Form der Gegenstand dieses Betriebes angesprochen. Dabei handelt es sich um solche Einrichtungen und Anlagen, die die Kommune regelmäßig mit wirtschaftlicher Zielsetzung als verselbständigte organisatorische Einheit zur Erfüllung ihrer Aufgaben außerhalb ihrer allgemeinen Verwaltung betreibt. 28

Ob der Eigenbetrieb als Unternehmen ein „**wirtschaftliches**" sein muss oder auch ein „**nichtwirtschaftliches**" – die Unterscheidung geht auf § 67 DGO zurück – sein kann, hängt von der jeweiligen Kommunalordnung ab.[36] Die landesrechtlichen Regeln lassen die Tendenz erkennen, dass für einen Eigenbetrieb die wirtschaftliche Betätigung nicht (mehr) wesentliches Merkmal ist.[37] Wirtschaftlich in diesem Sinne ist ein auf Gewinnerzielung gerichtetes Unternehmen, das auch von privaten Rechtsträgern betrieben werden kann. 29

Die früher noch als „eigenbetriebsähnliche Einrichtungen" oder „Hoheitsbetriebe" bezeichneten **nichtwirtschaftlichen Unternehmen** der Kommunen, also solche die herkömmlich nicht wirtschaftlich betrieben werden können, nämlich 30

- Unternehmen, zu deren Errichtung die Gemeinde gesetzlich verpflichtet ist [z. B. nach dem Seuchen- und Tierkörperbeseitigungsrecht],
- Einrichtungen der Abwasser- und Abfallbeseitigung, der Straßenreinigung,
- des Sports [Hallen, Stadien, Bäder], der Kultur [Theater, Oper, Orchester, Museen], der Erziehung [z. B. Jugendheime und –herbergen, Kindergärten und -horte] und des Unterrichts [Volkshochschule, Schulen] sowie der Erholung [z. B. zoologische und botanische Gärten];
- Betriebe zur ausschließlichen Deckung des gemeindlichen Eigenbedarfs (Hilfsbetriebe),
- werden in den Gemeindeordnungen zunehmend und/oder grundsätzlich dem Eigenbetriebsrecht unterworfen.[38] Auch Krankenhäuser und Sanatorien können als Eigenbetriebe geführt werden.[39] Der Verzicht auf den abgrenzenden Begriff „wirtschaftliches Unternehmen" hat zur Folge, dass auch dann, wenn die Kommune ihre Aufgaben „nichtwirtschaftlich", aber außerhalb ihrer allgemeinen Verwaltung erfüllt, sie den Beschränkungen der kommunalwirtschaftlichen Bestimmungen unterliegt. Bei der steuerlichen Betrachtung und bei der unternehmerischen Mitbestimmung im Eigenbetrieb kann der Unterschied zwischen „Hoheitsbetrieb" und „wirtschaftlichen" Unternehmen allerdings wieder zum Tragen kommen (vgl. zu den Einzelheiten der Abgrenzung wirtschaftliche/nichtwirtschaftliche Betätigung: oben Kapitel C. Rn. 55 ff.).

Die klassischen Tätigkeitsfelder[40] des Eigenbetriebs als „**wirtschaftliches Unternehmen**" sind Folgende: 31

- Versorgungsbetriebe (z. B. Wasser-, Gas-, Elektrizitäts-, Heizkraftwerke jeweils einschließlich der Verteilungsbetriebe);
- Verkehrsbetriebe (z. B. Hoch-, Untergrund-, Stadtschnell-, Klein-, Berg-, Sessel- und Straßenbahnen, Busse, Skilifte, Industriebahnen, Gleisbetriebe, Hafenbetriebe, Speicher- und Lagerhäuser, Flughäfen, Parkhäuser, Tankstellen, Schiffs- und Fährbetriebe);
- Betriebe der Urproduktion und darauf bezogene Verarbeitungsbetriebe (Landgüter, Gestüte, Molkereien, Mostereien, Wein-, Obst- und Gartenbaubetriebe, Brennereien, Fischereien, Mühlen, Sägewerke, Kühlanlagen, Steinbrüche und Sandgruben, Ziegeleien);

---

[36] Vgl. z. B. Thüringen: § 76 Abs. 1 ThürKO, sämtliche gemeindliche Unternehmen dieser Organisationsform.

[37] Vgl. § 76 ThürKO.

[38] Vgl. § 107 Abs. 2 Satz 2 GO NW; § 76 Abs. 1 ThürKO.

[39] Vgl. § 29 Abs. 1 Nr. 2 ThürKHG.

[40] Ausgehend vom Runderlass des Reichsministeriums des Inneren vom 22.3.1939 (MBliV 467)

– sonstige Betriebe (Messe-, Mehrzweck- und Stadthallen, Gaststätten [Ratskeller, Theatergaststätten], Kurbetriebe, Wäschereien).

32 **cc) ohne eigene Rechtspersönlichkeit.** Der Eigenbetrieb ist keine eigenständige juristische Person des öffentlichen Rechts, sondern nur Teil oder Gliederung der juristischen Person Gemeinde oder Landkreis. Alles Handeln oder Unterlassen wird deshalb unmittelbar der sie tragenden Gebietskörperschaft zugerechnet (vgl. unten Rn. 97 ff.). Nur sie und nicht der Eigenbetrieb wird berechtigt und verpflichtet. Der Eigenbetrieb handelt also als Gliederung der Gebietskörperschaft. Ihn als „nichtrechtsfähige öffentliche Anstalt" zu bezeichnen, sollte – unabhängig von dem darin zum Ausdruck kommenden geschichtlich überholten Verständnis – aus Gründen klarer Begrifflichkeit unterbleiben.

33 Manche Kommunalordnungen sehen überdies vor, dass der Zweck eines Eigenbetriebs in Gestalt einer rechtsfähigen **Anstalt des öffentlichen Rechts** wahrgenommen werden kann bzw. bestehende Eigen- und Regiebetriebe in solche überführt werden dürfen.[41] Jedenfalls für die Landkreise und kreisfreien Städte ist es in allen Bundesländern möglich, Sparkassen als Anstalten des öffentlichen Rechts zu betreiben. Auf diese ist aufgrund der bestehenden eigenständigen Regelungen das Recht der wirtschaftlichen Unternehmen der Gemeinden nicht anwendbar.

34 Gegenüber der Erfüllung der Aufgaben in der Rechtsform einer **juristischen Person des Privatrechts** (GmbH, AG) genießt der Eigenbetrieb nach einigen Kommunalordnungen den Vorrang. Die Wahl der privaten Rechtsform für das Unternehmen ist danach erst dann möglich, wenn der öffentliche Zweck nicht ebenso gut in einer Rechtsform des öffentlichen Rechts, insbesondere durch einen Eigenbetrieb, erfüllt werden kann. Dieser Vorrang gilt allerdings dann nicht, wenn an der Erfüllung des öffentlichen Zwecks Private wesentlich beteiligt werden sollen und die Aufgabe hierfür geeignet ist.

35 Wirtschaftliche Unternehmen in der Rechtsform des privaten Rechts, an denen die Gebietskörperschaft die Mehrheit der Anteile besitzt, heißen **Eigengesellschaften. Eigenbeteiligungen** heißen die Unternehmensanteile der Gebietskörperschaften an wirtschaftlichen Unternehmen in der Rechtsform des privaten Rechts.

36 **dd) außerhalb des Haushaltsplans.** In diesem Kriterium wird der Charakter des Eigenbetriebs als Sondervermögen besonders deutlich. So bestimmen die Kommunalordnungen der Länder in der Regel im Zusammenhang mit den Haushaltsplänen der Gemeinden, dass die Vorschriften über die Einnahmen, Ausgaben und Verpflichtungsermächtigungen der Eigenbetriebe unberührt bleiben. Damit und mit den jeweiligen Eigenbetriebsgesetzen und -verordnungen werden sie unter ein besonderes, dem Zweck dieser Einrichtung dienendes Haushaltsregime gestellt.

37 In der Regel taucht die Wirtschaftslage des Eigenbetriebs im Vorbericht zum **Haushaltsplan** der Gemeinde bzw. des Landkreises auf. Dort ist darzustellen, wie sich die Wirtschaftslage der Eigenbetriebe in den dem Haushaltsjahr vorangehenden Jahren entwickelt hat und wie sie sich im Haushaltsjahr voraussichtlich entwickeln wird.

38 Wesentliche Unterschiede zum kommunalen Haushaltsrecht bestehen darin, dass der Eigenbetrieb vor Beginn eines jeden Wirtschaftsjahrs einen **Wirtschaftsplan**[42] zu erstellen hat, der in der Regel aus dem Erfolgsplan und dem Vermögensplan besteht. Wirtschaftliche Veränderungen des Eigenbetriebs (z. B. absehbare, erhebliche Verschlechterung des Jahresergebnisses mit Auswirkungen auf den Gemeindehaushalt; erforderliche Zuführungen von Gemeindevermögen oder höhere Kredite; erhöhter Personalbedarf) verlangen eine unverzügliche Änderung des Wirtschaftsplanes.

---

[41] Art. 89 BayGO bzw. Art. 77 ff. BayLkrO in Verbindung mit der Verordnung über Kommunalunternehmen vom 19. 3. 1998; § 114a GO NW; §§ 86 a ff. RP GO; § 106a GOSH siehe unten Kapitel D. II. Rn. 118 ff.

[42] Vgl. zu den Anforderungen an einen Wirtschaftsplan: OVG Sachsen-Anhalt, Urteil vom 17.10.2002 – 2 L 313/01.

Der **Erfolgsplan** enthält alle voraussehbaren Erträge und Aufwendungen (bei der Gebietskörperschaft: Verwaltungshaushalt mit Einnahmen und Ausgaben). Er ist mindestens wie die Gewinn- und Verlustrechnung zu gliedern. 39

Im **Vermögensplan** (bei der Gebietskörperschaft: Vermögenshaushalt) sind alle voraussehbaren Einnahmen und Ausgaben zu erfassen, die sich aus Anlagenänderungen (Erneuerung, Erweiterung, Neubau, Veräußerung) und aus der Kreditwirtschaft des Eigenbetriebs ergeben. Außerdem sind die notwendigen Verpflichtungsermächtigungen aufzunehmen. Auf der Einnahmenseite des Vermögensplans sind die vorhandenen oder zu beschaffenden Deckungsmittel nachzuweisen. Insoweit bestehen Verknüpfungen mit der Haushaltssatzung der Gebietskörperschaft als dort der Gesamtbetrag der vorgesehenen Kreditaufnahmen für Investitionen, der Gesamtbetrag der vorgesehenen Verpflichtungsermächtigungen und der Höchstbetrag der Kassenkredite getrennt für das Haushaltswesen der Gebietskörperschaft und des Eigenbetriebs anzugeben sind. Weitere Deckungsmittel, die aus dem Haushalt der Gemeinde stammen, müssen mit den Ansätzen im Haushaltsplan der Gemeinde übereinstimmen.

Die **Stellenübersicht** ist ein Anhang zum Wirtschaftsplan, die nachrichtlich als Auszug aus dem Stellenplan der Gemeinde die im Wirtschaftsjahr erforderlichen Stellen der Beamten und der nicht nur vorübergehend beschäftigten Arbeitnehmern des Eigenbetriebs enthält. 40

Außerdem hat der Eigenbetrieb einen fünfjährigen **Finanzplan** zu erstellen.

Am Ende des Wirtschaftsjahres ist ein **Jahresabschluss** aufzustellen, der aus einer Bilanz, der Gewinn- und Verlustrechnung und dem Anhang besteht. Dieses Abschluss ist dem Rat zur Feststellung zuzuleiten.

Das Ziel des wirtschaftlich geführten Eigenbetriebs ist letztlich aber doch wieder auf den Haushalt gerichtet. Er soll – wie alle Unternehmen und Beteiligungen der Kommunen – einen **Ertrag für den Haushalt** abwerfen. Die Einnahmen, zu denen auch angemessene Vergütungen für Leistungen des Eigenbetriebs an die Kommune oder an andere kommunale Unternehmen mit eigener oder ohne eigene Rechtspersönlichkeit gehören (Bruttoprinzip), sollten mindestens alle Aufwendungen, bei denen ebenfalls das Bruttoprinzip gilt, decken. Der Jahresgewinn sollte der Bildung angemessener Rücklagen und – nach Steuern – einer marktüblichen Verzinsung des eingesetzten Kapitals dienen. 41

ee) nach kaufmännischen Grundsätzen. Die Wirtschaftsführung und das Rechnungswesen des Eigenbetriebs unterliegt anders als der nach kameralistischen Vorgaben geführte Haushalt der Gemeinde, die zum Teil noch dem Nachweis des Haushaltsvollzuges dient, kaufmännischen Regeln. Hier wird nach der doppelten Buchführung oder einer entsprechenden Verwaltungsbuchführung vorgegangen. Deren Zweck ist es, den während des Rechnungsjahres erzielten Gewinn oder Verlust sowie die Rentabilität des eingesetzten Kapitals zu ermitteln. Sie soll außerdem einen Einblick in die Liquidität und die Vermögens- und Kapitalstruktur des Eigenbetriebs eröffnen. 42

Das Rechnungswesen der Eigenbetriebe unterscheidet sich regelmäßig von dem der Gemeinde oder des Landkreises. Der Jahresabschluss und der Lagebericht sind zu prüfen. Die Prüfung wird je nach Landesrecht von öffentlich bestellten Wirtschaftsprüfern, kommunalen Prüfungsverbänden oder -anstalten, der Rechtsaufsichtsbehörde oder anderen Behörden durchgeführt. Auch eine bloß örtliche Prüfung durch das Prüfungsamt der Gemeinde findet sich im Recht der Länder. 43

ff) Sondervermögen. Das Vermögen, das der Erfüllung der Aufgaben des Eigenbetriebs dient, wird neben dem sonstigen Vermögen der Gebietskörperschaft verwaltet. Die organisatorische und finanzwirtschaftliche Sonderstellung des Eigenbetriebsvermögens ergibt sich zum einen aus der beschränkten Selbstverwaltung dieses Vermögens durch Werksleitung und Werkausschuss, zum anderen aus einem eigenen Wirtschafts-, Erfolgs-, Stellen- und Finanzplan sowie der besonderen Rechnungs- bzw. Buchfüh- 44 rung.[43] Der Eigenbetrieb ist mit einem angemessenen Stammkapital auszustatten, dessen Höhe in der Betriebssatzung auszuweisen ist. Sacheinlagen sind angemessen zu bewerten.

45 **Zusammenfassend lässt sich festhalten:** Der Organisationsform „Eigenbetrieb" gelingt mit ihrer Sonderstellung in der kommunalen Verwaltung ein Spagat. Sie ermöglicht einerseits eine wirtschaftliche Unternehmensführung unter Berücksichtigung kaufmännischer Verhaltensregeln und der damit verbundenen (Teil-)Verselbständigung gegenüber der Kommunalverwaltung. Andererseits ist bei ihr eine weitgehende Kontrolle und Einflussnahme durch die Trägerkommune gewährleistet. Sie bestimmen die „Unternehmenspolitik", was insbesondere im Bereich der klassischen Daseinsvorsorge von Belang sein kann. Im Außenverhältnis zum Benutzer liegt ihr Vorteil darin, dass die Beziehungen privat- oder öffentlich-rechtlich ausgestaltet werden können. Als Nachteile dieser Betriebsform gelten die geringere Flexibilität bei der Verwaltung und Unternehmensführung, die teilweise ungünstige steuerliche Behandlung sowie – so man dies als Nachteil ansehen will – die Bindungen an die öffentlich-rechtlichen Vorgaben.

b) Regiebetrieb

46 **aa) Begriff.** Im Gegensatz zum Eigenbetrieb wird der Regiebetrieb im Rahmen der allgemeinen Verwaltung mit seinen Einnahmen und Ausgaben im gemeindlichen Haushaltsplan, also gerade nicht als Sondervermögen, geführt. Er unterliegt damit hinsichtlich seiner Leitung und seines Haushalts gegenüber der normalen Verwaltung keinen Besonderheiten. Für die Personalwirtschaft gilt der allgemeine Stellenplan. Es sind die allgemeinen Regeln des kommunalen Haushalts-, Kassen- und Rechnungswesen anzuwenden. Er stellt damit kein kommunales Unternehmen wie der Eigenbetrieb dar, weil er Teil der unmittelbaren Kommunalverwaltung ist. Beim Regiebetrieb handelt es sich nur um eine Zusammenfassung technischer und finanzieller Mittel als Abteilung der Gemeindeverwaltung. Die Einflussnahme der Gemeinde ist bei dieser Organisationsform jederzeit und umfassend gewährleistet. Er entsteht je nach Größe der Kommune durch interne Anordnung der Verwaltungsspitze im Rahmen der laufenden Verwaltung oder – wegen der grundsätzlichen Bedeutung – durch Beschluss des Rates. Manche Kommunalordnungen sehen jedoch vor, dass Regiebetriebe unter bestimmten Voraussetzungen ganz oder teilweise nach den Vorschriften über die Wirtschaftsführung der Eigenbetriebe geführt werden können.[44]

47 **bb) Arten.** Als **Hilfsbetriebe** decken sie den kommunalen Eigenbedarf ab (z. B. Gemeindegärtnerei, die nur die öffentlichen Anlagen betreut; Friedhofsgärtnerei; Bauhof; Reparaturbetriebe). Kostenrechnende Einrichtungen oder **Bruttoregiebetriebe** oder **kostenrechnende Einrichtungen** sind solche öffentliche Einrichtungen, die die Kommunen ohne organisatorische Verselbständigung gegen Entrichtung einer Benutzungsgebühr auf der Grundlage des jeweiligen Abgabenrechts oder gegen Zahlung eines vergleichbaren privatrechtlichen Entgelts den Benutzern zur Verfügung stellt (z. B. Abwasserbeseitigung, Abfallentsorgung, Friedhof; Schlachthof). Die Zusammenfassung dient auch dem Zweck, das gebührenrechtliche Kostendeckungsprinzip auf eine organisatorische Grundlage zu stellen. Das Kostendeckungsprinzip verlangt, dass sich die Kosten der Inanspruchnahme der kommunalen Leistung nach dem abgrenzbaren Aufwand der Kommune für die jeweilige Einrichtung oder Anlage bemessen.

48 Bei **Nettoregiebetrieben** handelt es sich um Regiebetriebe mit eigener Rechnung, bei denen nur das Endergebnis in den kommunalen Haushalt eingestellt wird. Hier werden vom Eigenbetriebsrecht nur die Bestimmungen über die Wirtschaftsführung und das Rechnungswesen, nicht aber die organschaftliche Verselbständigung übernommen.

---

[43] Vgl. hierzu z. B. §§ 12 ff. EigBG BW bzw. EigBVO BW; §§ 6 ff. BayEBV.
[44] Vgl. z. B. Art. 88 Abs. 6 BayGO.

3. Gründung und andere Bestandsveränderungen beim Eigenbetrieb

a) Gründung und Errichtung

Gründung ist die Neuschaffung eines bisher noch nicht vorhandenen Unternehmens, wobei „Gründung" die rechtliche, „Errichtung" die tatsächliche Schaffung meint: 49

aa) Allgemeine Gründungsvoraussetzungen. Für die Gründung von Eigenbetrieben gelten grundsätzlich die allgemeinen Voraussetzungen für die rechtliche Zulässigkeit von kommunalen Unternehmen. Diese allgemeinen Voraussetzungen sichern unter anderem, dass die Aufgaben nur ausnahmsweise aus der allgemeinen Verwaltung ausgegliedert werden, dass sich die Kommunen nicht zum Schaden ihrer eigentlichen Aufgaben auf wirtschaftliche Abenteuer einlassen und dass keine wettbewerbsverzerrenden Markteingriffe durch die Kommunen vorgenommen werden. Sie sind in den Kommunalordnungen der Länder in unterschiedlicher Weise geregelt. Regelmäßig sind folgende Voraussetzungen zu erfüllen, die übereinstimmend die Schranken „öffentlicher Zweck", „Leistungsfähigkeit" und „Subsidiarität" kennen (vgl. im Einzelnen oben Kapitel C. Rn. 51 ff., 78 ff.): 50

- der öffentliche Zweck muss das Unternehmen erfordern bzw. rechtfertigen, wobei mehr als nur Gewinnerzielung für den Gemeindehaushalt beabsichtigt sein muss;
- das Unternehmen muss nach Art und Umfang in einem angemessenen Verhältnis zu der Leistungsfähigkeit der Gemeinde und zum voraussichtlichen Bedarf bestehen, um unnötige Belastungen der Finanz- und Verwaltungskraft der Kommune zu vermeiden;
- die dem Unternehmen übertragenen Aufgaben sind für die Wahrnehmung außerhalb der allgemeinen Verwaltung geeignet (Vorrang des Handelns im Rahmen der allgemeinen Verwaltung);
- bei einem Tätigwerden des Unternehmens außerhalb der kommunalen Daseinsvorsorge kann der Zweck nicht ebenso gut und wirtschaftlich („strenge" Subsidiarität) oder besser („mildere" Subsidiarität) durch einen anderen erfüllt werden. Das Unternehmen darf keine Schädigung oder Aufsaugung bestehender nicht-kommunaler Unternehmen bewirken (Ziel: Schutz der Privatwirtschaft)[45]; bestimmte Bereiche (Wasserversorgung, Energieversorgung, ÖPNV; Telekomunikation) werden in einigen Ländern von der Subsidiaritätsklausel ausgenommen;
- bei gebietsübergreifenden Tätigkeiten müssen die Interessen der betroffenen kommunalen Gebietskörperschaften gewahrt sein bzw. dürfen nur auf der Grundlage einer Vereinbarung bzw. nach den Formen kommunaler Zusammenarbeit gemeinsam durchgeführt werden (Sicherung des Örtlichkeitsprinzip).

In einzelnen Ländern werden bestimmte Betätigungen generell verboten (Bankgeschäfte vorbehaltlich des Sparkassenrechts) oder durch rechtsaufsichtliche Anzeige- oder Genehmigungsvorbehalte beschränkt (Lieferung von Wasser, Gas und Strom). Manche fordern vor der Entscheidung über die Gründung und Errichtung eine Marktanalyse oder ein Erkundungsverfahren unter Einbindung der betroffenen örtlichen Betriebe in Landwirtschaft, Handel, Gewerbe und Industrie.

bb) Besondere Gründungsvoraussetzungen. Die Entscheidung über die Gründung eines Eigenbetriebs hat, da es sich um eine grundsätzliche Entscheidung handelt, der Rat zu treffen. In der Regel wird er diese Entscheidung beim Eigenbetrieb in die Form einer Betriebssatzung gießen, die den gesetzlich geforderten Mindestinhalt enthält. Denkbar ist aber auch, dass der Rat einen Gründungsbeschluss fasst und zu seiner Ausführung von der Verwaltungsspitze bzw. den Rat die weiteren erforderlichen Rechtsakte getroffen werden. 51

[45] Hier setzt in der Regel der mögliche Drittschutz für private Konkurrenten an: vgl. etwa § 136 Abs. 1 Satz 3 NKomVG in der Fassung von 2011.

52 Regelmäßig besteht eine Verpflichtung der Gebietskörperschaft, der Rechtsaufsichtsbehörde die Gründung, Übernahme oder Erweiterung eines Eigenbetriebs rechtzeitig (z.B. innerhalb von sechs Wochen) vor dem Beginn, d.h. z.T. bereits vor dem Gründungsbeschluss, z.T. vor dessen Vollzug, oder vor der Vergabe von Arbeiten oder vor Abschluss des Übernahmevertrages und unter Darlegung der Gründungs-, Übernahme- und Erweiterungsvoraussetzungen anzuzeigen.[46] Diese Information geschieht je nach landesrechtlicher Vorgabe, in der Sache aber weitgehend identisch, in der Gestalt einer „Vorlage", eines „Berichtes" oder einer „Anzeige". Damit soll sichergestellt werden, dass die Rechtsaufsichtbehörde bei rechtswidrigen Gründungsbeschlüssen kommunalaufsichtliche Maßnahmen ergreifen kann, bevor tatsächlich (Beginn von Arbeiten; Ausschreibungen) oder rechtlich (Vergabeentscheidungen, Vertragsabschlüsse) nur schwer rückgängig zu machende Fakten geschaffen werden. Rechtsaufsichtliche Genehmigungen sind in der Regel nur bei der Gründung gebietsübergreifender Unternehmen erforderlich und sind daher bei Eigenbetrieben, die regelmäßig auf das Territorium der Kommune beschränkt bleiben, zumeist nicht erforderlich. Im Bereich der Versorgung mit Strom und Gas gelten überdies die besonderen Genehmigungserfordernisse des Energiewirtschaftsgesetzes.

53 Im Rahmen der **Errichtung** ist zur Herstellung der Betriebsfähigkeit dem Betrieb Personal durch Einstellungen oder Umsetzungen zuzuweisen und es sind Haushaltsmittel für das Stammkapital bereitstellen. In diesem Zusammenhang sind die sächlichen Mittel, wie Immobilien, Fahrzeuge und sonstige Ausstattungen zu beschaffen sowie entsprechende Verträge mit Versicherungen und anderen Leistungserbringern abzuschließen.

b) Übernahme

54 Ein Unternehmen zu übernehmen heißt ein vorhandenes Unternehmen zu einer Einrichtung der Gemeinde zu machen, wobei die Gemeinde das Eigentum daran erwirbt oder es pachtet. Wegen der Rechtsnatur des Eigenbetriebes ist diese Erscheinungsform praktisch weniger von Belang.

c) Erweiterung

55 Unter „Erweitern" sind Maßnahmen zu verstehen, die den Umfang oder die Leistungsfähigkeit des Unternehmens im Sinne einer räumlichen oder funktionellen Ausdehnung steigern, z.B. Erweiterungsbauten, Anschaffung maschineller Einrichtungen; Aufnahme neuer Geschäftszweige. Nicht hier zu zählen allerdings Rationalisierungsmaßnahmen.

Für diese Maßnahmen müssen die allgemeinen (Gründungs-)Voraussetzungen in der Regel nur dann erfüllt sein, wenn es sich um wesentliche Erweiterungen handelt. Wann bei Erweiterungsbauten und bei der Anschaffung maschineller Einrichtungen von einer „Erweiterung" im engeren Sinne gesprochen werden kann, ist allgemein schwer zu bestimmen. Zu Erweiterungsmaßnahmen dürfte jedenfalls die Übernahme neuer Aufgaben zählen.

d) Zusammenfassung mehrerer Eigenbetriebe/Unternehmungen

56 **aa) „Kommunaler Querverbund":** Zum Teil verpflichten die Eigenbetriebsregelungen der Länder die Kommunen, alle Versorgungs- bzw. Verkehrsbetriebe in jeweils einem Betrieb organisatorisch zusammenzufassen. Die Versorgungsbetriebe tragen dabei die Bezeichnung „Gemeindewerke" bzw. „Stadtwerke". Diese Zusammenfassungen dienen der effektiveren Verwaltung (rationellere Betriebsabläufe durch Ausschöpfung organisatorischer, personalwirtschaftlicher, betriebswirtschaftlicher und technischer Synergieeffekte), der breiteren Kapitalausstattung sowie der Ersparnis von Kosten und der Verrechnung von Gewinnen mit Verlusten aus steuerlichen Gründen. Solche Zusammenfassungen sind sowohl bei der Neuerrichtung als auch durch spätere Übernahme denkbar.

[46] Vgl. z.B. § 72 ThürKO.

bb) „Kombinierte Eigenbetriebe": Die landesrechtlichen Bestimmungen zu den Eigenbetrieben lassen zunehmend auch für nichtwirtschaftliche Hoheitsbetriebe die Anwendung des Eigenbetriebsrechtes zu. Soweit dies eröffnet ist, wird auch die Möglichkeit geschaffen die Hoheitsbetriebe, die in einem engen wechselseitigen wirtschaftlichen oder technischen Zusammenhang mit einem wirtschaftlichen Unternehmen stehen und die nach den eigenbetriebsrechtlichen Regeln geführt werden, mit dem wirtschaftlichen Unternehmen zu einem einheitlichen Eigenbetrieb zusammenzufassen. 57

cc) Mehrere kommunale Gebietskörperschaften können nicht Träger eines Eigenbetriebs sein. Allerdings ist insoweit vorstellbar, dass ein von ihnen gegründeter Zweckverband Träger eines Eigenbetriebs zur Erfüllung der Verbandsaufgabe ist. 58

e) Umwandlung

Die Voraussetzungen für die Gründung eines privaten Unternehmens, insbesondere das Erfordernis der rechtsaufsichtlichen Genehmigung, gelten nach nicht unbestrittener Ansicht grundsätzlich auch für die Umwandlung eines Eigenbetriebs in eine privat-rechtliche Eigengesellschaft.[47] Insoweit wird – bei entsprechender gesetzlicher Bestimmung – insbesondere der Vorrang der öffentlich-rechtlichen Rechtsform des Eigenbetriebs gegenüber privatrechtlicher Organisationsformen ein besonderes Gewicht erlangen. Denn es dürfte der Gemeinde bei strikter Handhabung dieses Grundsatzes schwer fallen, eine bloß „formale" Privatisierung bei bislang öffentlich-rechtlich erfüllter Aufgabenwahrnehmung zu begründen. Leichter fällt dies dann, wenn die Aufgabe, so sie denn hierfür geeignet ist, nach Umwandlung in Zusammenarbeit mit einem Privaten erfüllt werden soll („Public-private-partnership"). 59

Die Rechtsprechung hat für einzelne Probleme, die bei der Umwandlung entstehen können, bereits die Maßstäbe aufgezeigt, so zum Übergang von Versorgungslasten bei der Umwandlung eines Eigenbetriebs in eine Aktiengesellschaft,[48] zur Umwandlung eines Eigenbetriebs in eine GmbH[49] und zur personalvertretungsrechtlichen Seite.[50] Die Umwandlung eines Eigen- oder Regiebetriebes in eine kommunale Anstalt bzw. ein Kommunalunternehmen des öffentlichen Rechts ist in einigen Bundesländern vorgesehen (vgl. im Einzelnen unten Kapitel D. Rn. 144 ff.).[51] 60

4. Organe

Als Ausdruck organisatorischer Verselbständigung handelt der Eigenbetrieb durch besondere Organe. Von Organen des Eigenbetriebs zu sprechen, ist allerdings wegen dessen rechtlicher Unselbständigkeit zumindest missverständlich. Nach den landesrechtlichen Eigenbetriebsregelungen spiegelt die Organstruktur des Eigenbetriebs die der Kommune. Neben der Verwaltungsspitze, im Eigenbetrieb die Werk- oder Betriebsleitung, steht ein beschließendes Gremium, der Werk- oder Betriebsausschuss. Werkleitung und Werkausschuss sind Organe der Gemeinde, denen durch die jeweiligen Gemeindeordnungen ein eigener Aufgaben- und Befugnisbereich und die gesetzliche Vertretungsmacht für den Eigenbetrieb eingeräumt ist. Im Rahmen ihrer Zuständigkeit treten die Werkleitung und der Werkausschuss regelmäßig an die Stelle der sonst üblichen allgemeinen Organe der Gebietskörperschaft (Bürgermeister/Landrat bzw. Gemeinderat/Kreistag). 61

[47] Vgl. § 73 Abs. 1 ThürKO.

[48] Vgl. BVerwG, DVBl. 1999, 1727.

[49] Vgl. Thüringer Oberlandesgericht, ThürVBl. 1994, 140, zur Untersagung des Vollzug eines Umwandlungsbeschlusses vgl. OVG Saarland, Beschluss vom 11. 6. 1993 – 1 W 66/93 –.

[50] Vgl. HessVGH, Beschluss vom 1. 6. 1994 – TL 864/94 –.

[51] Vgl. hierzu im Einzelnen auch: Baier/Müller, Die Umwandlung von Regie- und Eigenbetrieben in ein Kommunalunternehmen, BayVBl. 2011, 493; Leitzen, Die Umwandlung kommunaler Eigengesellschaften und Regie- und Eigenbetriebe aus zivilrechtlicher und notarieller Sicht, MittBayNot 2009, 354.

62 Die **Verletzung dieser Organrechte** kann unter Umständen zur Folge haben, dass die Betroffenen dies streitig austragen und dabei zu Beteiligten eines kommunalverfassungsrechtlichen Streits vor den Verwaltungsgerichten werden. Ein solcher Streit ist aber nur statthaft, wenn er kommunalrechtlich zugewiesene Organrechte betrifft.[52] Hierunter fallen nicht Auseinandersetzungen um Maßnahmen, die allein das dienstrechtliche oder arbeitsrechtliche Verhältnis des jeweiligen Organwalters berühren (zum Beispiel: Kündigung des Werkleiters sowie deren Androhung, Abmahnung, dienstliche Rüge). Hiergegen kann der Organwalter persönlich Klage erheben, und zwar als Beamter vor den Verwaltungsgerichten bzw. als Angestellter vor den Zivilgerichten oder Arbeitsgerichten.

a) Werk- oder Betriebsleitung

63 Die Werk- oder Betriebsleitung soll möglichst ein umfassendes Maß an Selbstständigkeit gegenüber den Organen der Gebietskörperschadft haben, um ihrer Funktion, der selbständigen und eigenverantwortlichen Leitung des Eigenbetriebs, sachgerecht nachkommen zu können. Sie kann – je nach Landesrecht und Betriebssatzung sowie Größe des Eigenbetriebs – aus einem oder mehreren Werkleitern bestehen.[53] Ob es praktisch vorteilhaft ist, mehrere Werkleiter einzusetzen, hängt von der Größe des Betriebes (Umsatzvolumen, Anzahl der Beschäftigten, Bilanzsumme), aber auch von den zur Auswahl stehenden Personen ab. Die Trennung zwischen kaufmännischen und technischen Werkleiter bietet sich häufig an. Insbesondere beim Querverbund liegt es nahe, die jeweiligen Teilbetriebe von technischen Leitern führen zu lassen, während die kaufmännischen Angelegenheiten des Gesamtbetriebes in der Hand eines entsprechend vorgebildeten Werkleiters stehen sollten. Auch wenn ein Eigenbetrieb mehrere Teilbetriebe hat, besteht aber bezogen auf den gesamten Betrieb nur eine Werkleitung. Das Landesrecht kann aber vorsehen, dass für den jeweiligen Teilbetrieb eine Betriebsleitung bestellt wird.

In jedem Falle müssen der oder die Werkleiter zur ordnungsgemäßen Erfüllung ihrer Aufgaben geeignet bzw. die erforderlichen fachlichen Voraussetzungen erfüllen. Angesichts der herausgehobenen Stellung gehört zu den persönlichen Eignungsvoraussetzungen regelmäßig auch eine hinreichende Berufs- und Lebenserfahrung.

64 Ein – auch zeitlich befristeter – **Verzicht auf eine Werkleitung** ist grundsätzlich nicht möglich. In personellen Übergangsphasen (Kündigung, Entlassung, Tod, ...) ist ein kommissarischer Werkleiter einzusetzen. Jedenfalls hat die Verwaltungsspitze der Kommune diese Aufgaben wahrzunehmen[54], wenn dies nicht durch Landesrecht ausgeschlossen ist. Soweit die Vereinigung der Funktion von Verwaltungsspitze und Werkleitung nicht schon landesrechtlich ausgeschlossen ist, verbietet sich die Personalunion[55] schon zur Vermeidung von Interessenkollisionen und Überlastungen. Außerdem ergeben sich gerade aus der Reibung zwischen den getrennten Funktionen unter Umständen reflektiertere Enscheidungen.

65 **Bestellung der Werkleitung:** Unter Abweichung von der sonst in den Gebietskörperschaften bestehenden Regel, dass das Personal von der Verwaltungsspitze ernannt bzw. eingestellt wird, sehen einige Landesrechte vor, dass der Rat die Werkleitung bestellt bzw. wählt. Allerdings ist dies nicht durchgängig der Fall. In einigen Ländern verbleibt es bei der Kompetenz der Verwaltungsspitze, wobei aber teilweise eine Zustimmung des Rates oder des Werksausschusses vorgesehen ist.

66 **Aufgabe der Werkleitung** ist – wie der Name sagt – die Leitung des Betriebes. Nachdem es um die Führung eines wirtschaftlichen Unternehmens geht, hat sie – allgemein gesprochen – im rechtlich vorgegebenen Rahmen die unternehmerischen Ziele zu setzen, die betrieblichen Prozesse zu planen, zu organisieren, zu überwachen und zu koordinieren, die hierfür erforderlichen Mittel bereitzustellen und deren Einsatz zu steuern sowie das ein-

---

52 Vgl. VG Minden, Urteil vom 17. 4. 1985 – 10 K 1431/84 –.

53 Vgl. z. B. § 4 EigBG BW; § 2 Abs. 2 M-V-EigVO.

54 Vgl. hierzu z. B. § 10 Abs. 3 EigBG BW; § 4 Abs. 1 Satz 2 BbgEigV

55 Hierzu: SächsOVG, Beschluss vom 13.09.2013 – 4 B 402/13.

gesetzte Personal anzuweisen und zu beaufsichtigen.[56] Über den Betriebserfolg ist in den vorgegebenen Formen Rechenschaft abzulegen. Beim Eigenbetrieb sind insbesondere die öffentlichen Interessen und die Belange der Gemeindeeinwohner zu beachten.

Diese Aufgaben werden in erster Linie im Rahmen der **„laufenden Geschäfte"** des 67
Eigenbetriebs erfüllt (auch: „laufende Betriebsführung"). Die Werkleitung nimmt damit allein verantwortlich und andere Organe ausschließend Aufgaben war, die im Grundsatz als „laufende Angelegenheiten" (auch: „einfache Geschäfte der laufenden Verwaltung") in die Zuständigkeit des Bürgermeisters oder Landrates fallen. Laufende Geschäfte sind solche, die im täglichen Geschäftsgang nach Art und Ausmaß immer wieder anfallen und zur Aufrechterhaltung des Betriebes notwendig sind. Entsprechend den Kriterien für die Abgrenzung der Zuständigkeiten von Rat und Bürgermeister bzw. Landrat sind dies nur solche Angelegenheiten, die für die Gemeinde oder Landkreis keine grundsätzliche Bedeutung haben und keine erheblichen Verpflichtungen erwarten lassen. Hierzu zählen insbesondere die selbständige eigenverantwortliche Leitung des Eigenbetriebs einschließlich Organisation und Geschäftsleitung, der Abschluss wiederkehrender Verträge, wie etwa bei der Beschaffung von Roh-, Hilfs- und Betriebsstoffen sowie von Investitionsgütern des laufenden Bedarfs und deren Ersatzbeschaffung, die Anordnung der notwendigen Instandhaltungsmaßnahmen von Anlagen, die dem Betriebszweck dienen, deren bedarfsgerechter Ausbau und Erweiterung sowie der Abschluss von Verträgen mit Kunden. Ob ein Geschäft ein „laufendes" ist, kann je nach Größe, Struktur, Finanzkraft und Verwaltungsintensität der Gebietskörperschaft bzw. des Eigenbetriebs unterschiedlich sein. So können z. B. bei einem großen städtischen Verkehrsbetrieb die Anschaffung von Bussen oder Bahnen ein „laufendes Geschäft" sein, während bei einem gemeindlichen Wasserwerk die Anschaffung eines LKW nicht dazu zählt.

Neben den laufenden Geschäften hat die Werkleitung **weitere Aufgaben**. Hierzu 68
zählt je nach den Regeln des jeweils geltenden Eigenbetriebsrechtes die Verantwortung für das Rechnungswesen (Buchführung, Kostenrechnung, Jahresabschluss, Lagebericht, Wirtschaftsplan) und – in einigen Bundesländern[57] – die Umsetzung der Entscheidungen und Beschlüsse der anderen kommunalen Organe, die sich auf den Eigenbetrieb beziehen (Rat, Werksausschuss, Verwaltungsspitze). In allen Bundesländern ist die Werkleitung zur rechtzeitigen Information gegenüber dem jeweils zuständigen Organ verpflichtet.[58] Die Vorbereitung und Durchführung der Sitzungen des Werkausschusses ist von ihm ebenso zu leisten wie der Vollzug dessen Beschlusse, soweit diese Aufgabe gesetzlich nicht der Verwaltungsspitze zugewiesen ist.

Durch die Betriebssatzung, durch eine Dienstanweisung oder eine Geschäftsordnung des 69
Bürgermeisters/Landrates – je nach Landesrecht ohne oder mit Zustimmung des Werksausschusses – oder des Werksauschusses ist die **interne Geschäftsverteilung** der Werkleiter, insbesondere der Gang der internen Abstimmung und der Vertretung nach außen, zu regeln.[59] Dabei kann auch ein „Erster Werkleiter" bestellt werden,[60] dessen herausgehobene Stellung näher festgelegt wird und dessen Stimme bei Stimmengleichheit der Werkleiter den Ausschlag gibt. Durch die Bestellung einer ungeraden Zahl an Werkleitern kann verhindert werden, dass es zu Meinungsverschiedenheiten kommt, die auf der Ebene der Werkleitung nicht mehr lösbar sind. Sollte ein solcher Fall dennoch eintreten, sind zunächst die in der Betriebssatzung vorgesehenen Konfliktlösungsverfahren einzuschlagen bzw. im letzten Falle die Entscheidung der kommunalen Verwaltungsspitze herbeizuführen.[61]

---

[56] Vgl. z. B. § 5 Abs. 1 EigBG BW; § 3 M-V-EigVO.
[57] Vgl. z. B. § 5 Abs. 2 EigBG BW, § 4 Abs. 2 BbgEigV; § 3 Abs. 3 M-V-EigVO.
[58] Vgl. z. B. § 5 Abs. 3 EigBG BW; § 4 Abs. 3 BbgEigV; § 3 Abs. 4 M-V-EigVO.
[59] Vgl. z. B. § 4 Abs. 3 BbgEigV; § 2 Abs. 2 M-V-EigVO; § 3 Abs. 2 NEigBetrVO.
[60] Vgl. z. B. § 4 Abs. 2 BbgEigV.
[61] Vgl. VG Gießen, NVwZ-RR 1994, 173, zu der in einer Satzung eines Eigenbetriebs enthaltene Regelung, wonach im Falle zweier gleichberechtigter Betriebsleiter die Stimme des Bürgermeisters den Ausschlag geben soll.

Bestimmte Aufgaben (Jahresabschluss, Lagebericht) sind regelmäßig von allen Werkleitern zu verantworten. Auch ein mit Mitentscheidungsbefugnissen ausgestatteter, „stellvertretender Werkleiter" kann bestellt werden, der vom Stellvertreter des Werkleiters[62] im jeweiligen Aufgabengebiet zu unterscheiden ist. Bei der ressortmäßigen Aufteilung der Aufgaben sind auch die zivilrechtlichen Haftungsfragen (Organisationsverschulden, Auswahl- und Überwachungspflichten) mitzubedenken. Die Aufteilung sollte unter diesem Aspekt klar und schriftlich erfolgen.

70 Auch arbeitsrechtliche Konsequenzen sind zu berücksichtigen. So meint das Landesarbeitsgericht Schleswig-Holstein,[63] gegenüber einem Angestellten, der gemäß Arbeitsvertrag zum Ersten Werkleiter eines kommunalen Eigenbetriebs bestellt worden ist und innerhalb der Werkleitung in Übereinstimmung mit der Betriebssatzung die Alleinentscheidungsbefugnis hat, sei die spätere Änderung der Betriebssatzung insoweit unwirksam, als bei Meinungsverschiedenheiten innerhalb der Werkleitung nunmehr mit Mehrheit entschieden werden solle. Diese Auffassung – so sie sich durchsetzen würde – würde jedoch die Befugnis einer Kommune, die Satzung eines Eigenbetriebes zu ändern, erheblich einschränken, wenn sie ihr Organisationsermessen gegenüber dem Arbeitnehmer durch eine bestimmte arbeitsvertragliche Regelung gebunden hat. Diese Auffassung erscheint unter öffentlich-rechtlicher Betrachtungsweise nur schwer vertretbar.

71 Zur Klarstellung und zur Vermeidung positiver oder negativer Kompetenzkonflikte in **Sachangelegenheiten** liegt es nahe, in der Betriebssatzung – ggf. unter Angabe von Geldbeträgen als Zuständigkeitsgrenzen – näher zu bestimmen, was laufende Geschäfte sind, die der Entscheidung der Werkleitung obliegen, und wann der Bereich grundsätzlich bedeutsamer Maßnahmen erreicht ist. Diese Bestimmung kann rechtlich im Zweifel – falls die gesetzlichen Grenzen, die in dem Begriff des „laufenden Geschäfts" gerichtlich voll überprüfbar gesetzt sind, überschritten werden – auch als Übertragung der Befugnisse des Gemeinderats auf die Werkleitung bewertet werden, soweit das Gesetz die Übertragung zulässt.

72 Die **Vertretung** der Kommune durch die Werkleitung **nach außen** ist rechtlich nur dann wirksam, wenn dies durch Gesetz vorgesehen ist und/oder sie auf der Grundlage des Gesetzes durch die Betriebssatzung übertragen ist.[64] Insoweit bestehen in den Ländern unterschiedliche Regelungsansätze, die auch zu einer jeweils unterschiedlichen Reichweite der Vertretungsmacht führen. Ist eine Übertragung der Vertretungsmacht gesetzlich vorgesehen, kann die Betriebssatzung den Umfang der Vertretungsmacht – ggf. nach der gesetzlich geforderten Zustimmung des Bürgermeisters – im Einzelnen bestimmen und die rechtliche Möglichkeit eröffnen, die Vertretungsbefugnis auf andere Beschäftigte des Eigenbetriebs weiter zu übertragen bzw. diese mit der Durchführung bestimmter Angelegenheiten – öffentlich-rechtlich – zu beauftragen. Einige Länder schreiben aus Gründen der Rechtssicherheit und der Rechtsklarheit vor, dass die Vertretungsberechtigten und der Umfang der Vertretungsmacht öffentlich bekannt gemacht werden müssen.[65] Ist die Vertretungsmacht übertragen, handelt die Werkleitung nicht für den Eigenbetrieb, der nicht rechtsfähig ist, sondern für die jeweilige Gebietskörperschaft. Die Wirksamkeit von Erklärungen der Werkleitung wird in einigen Ländern von der Einhaltung bestimmter Formen abhängig gemacht (z. B. Schriftform, handschriftliche Unterzeichnung von zwei Vertretungsberechtigten; rechtsaufsichtliche Genehmigung bestimmter Geschäfte).

---

[62] Vgl. hierzu: OLG Frankfurt, Beschluss vom 10.12.2010 – 20 W 150/09 –.

[63] Urteil vom 7.2.1990 – 5 Sa 559/89 –.

[64] Vgl. z. B. § 6 EigBG BW; § 5 BbgEigV; § 4 M-V-EigVO. Hierzu auch: Weber, Zur Behördeneigenschaft der Betriebsleitung eines Eigenbetriebs, DVP 2011, 53 ff. Zu Brandenburg: BAG, Beschluss vom 17.12.2008 – 5 AZB 69/08 -. Zu Hessen: VG Gießen, Beschluss vom 26.06.2013 – 8 L 807/13.GI; Zu Sachsen-Anhalt: OVG Sachsen-Anhalt, Beschluss vom 08.05.2009 – 4 L 272/07 – und Urteil vom 28.09.2009 – 4 L 313/07 -.

[65] Vgl. z. B. § 6 Abs. 2 BbgEigV.

Da der Werkleiter regelmäßig gesetzlich (nur) zur Führung der laufenden Geschäfte des Eigenbetriebes ermächtigt ist, kann er auch nur in diesen Grenzen vom Gemeinderat zur Vertretung nach außen ermächtigt werden. Unter diesem Aspekt wird in einigen Bundesländern die Auffassung vertreten, dass sich die Vertretungsbefugnis nur auf die rein wirtschaftliche Betriebsführung und das insoweit nach außen allein geforderte zivilrechtliche Handeln richtet und sich somit nicht auf die gesetzliche Vertretung der Gebietskörperschaft in Angelegenheiten erstreckt, die über die wirtschaftliche Tätigkeit hinausgehen, insbesondere **hoheitliche Maßnahmen** betreffen (vgl. auch Rn. 101).[66] Maßnahmen, die nicht der kaufmännischen und wirtschaftlichen Führung des Eigenbetriebes dienen, sondern als hoheitliche Tätigkeit im Zusammenhang mit der Benutzung der öffentlichen Einrichtung anzusehen sind – wie die durch Verwaltungsakt zu treffende Entscheidung über Begründung, Umfang oder Aufrechterhalten eines Anschluss- und Benutzungsverhältnisses sowie die Heranziehung zu Anschlussbeiträgen oder Gebühren – gehören danach nicht zu den auf die Werkleitung gesetzlich übertragenen Aufgaben. Allerdings sind gerade hier die teils umstrittenen landesgesetzlichen Besonderheiten zu beachten.[67] Wird die Vertretungsmacht nicht übertragen, bleibt der Bürgermeister bzw. Landrat im Außenverhältnis zuständig. 73

Ob der Werkleitung ein **Eilentscheidungsrecht** – vergleichbar mit Befugnissen des Bürgermeisters/Landrats – zusteht, richtet sich nach dem jeweiligen Landesrecht und ist auch dort zum Teil streitig. In einigen Ländern ist bestimmt, dass dieses Recht von der Verwaltungsspitze der Gebietskörperschaft nicht auf die Werkleitung übertragen werden kann. In der Praxis wird die Werkleitung dort in unaufschiebbaren Notfällen beim Bürgermeister bzw. Landrat oder eines Vertreters im Amt anregen müssen, von seinem Eilentscheidungsrecht Gebrauch zu machen. In den Ländern, die ein Eilentscheidungsrecht der Werkleitung kennen, sind jedenfalls Informationspflichten gegenüber dem Werkausschuss, der Verwaltungsspitze oder dem Rat bzw. die Pflicht begründet, baldmöglichst eine Entscheidung des zuständigen Organs herbeizuführen. 74

In **Personalangelegenheiten** ist die Zuständigkeit des Bürgermeisters oder Landrats als oberste Dienstbehörde der Beamten und als Vorgesetzter bzw. Dienstvorgesetzter der Gemeindebediensteten grundsätzlich gesetzlich vorgegeben.[68] Einzelne Gemeindeordnungen bzw. Eigenbetriebsgesetze sehen allerdings vor, dass die Werkleitung Dienstvorgesetzter der Beamten im Eigenbetrieb ist und die Dienstaufsicht über sie und die im Eigenbetrieb tätigen Arbeitnehmern führt.[69] Insoweit kann die Werkleitung Dienstanweisungen und Dienstordnungen für die Beschäftigten des Eigenbetriebs erlassen. Der Gemeinderat kann nach Maßgabe der jeweiligen gesetzlichen Grundlage mit Zustimmung des Bürgermeisters der Werkleitung für Beamte und Arbeitnehmer im Eigenbetrieb personalrechtliche Befugnisse übertragen.[70] Auch insoweit wird jedoch zu beachten sein, dass der Werkleiter nur „laufende Geschäfte" wahrnehmen darf, zu denen auch dann, wenn ihm die Einstellung von Bediensteten übertragen wurde, die Entscheidung über die Weiterbeschäftigung eines Auszubildenden, der Mitglied einer Jugend- oder 75

---

66 Vgl. OVG NRW, Beschluss vom 24.10.2013 – 9 A 2553/11 -, der aber die Behördeneigenschaft bejaht; ThürOVG, Beschluss vom 20.5.1998 – 4 EO 736/95 –; OVG Rhl-Pfl., Beschluss vom 4.6.1993 – 7 B 11203/93 -, BayVGH, Urteil vom 25.1.2010 – 20 B 09.1553 –; VG München, Beschluss vom 22.6.2010 – M 10 S 10.2303 – und Urteil vom 2.4.2009 – M 10 K 08.1631 – (a. A. VG Neustadt, Beschluss vom 28.2.2013 – 4 L 44/13.NW); Sonderfall einer Rückforderung von Zuwendungen: VG Aachen, Urteil vom 8.8.2007 – 6 K 1444/06.

67 Für das nordrhein-westfälische Landesrecht: BayVGH, Urteile vom 25.1.2010 – 20 B 09.1553 –, NVwZ-RR 2010, 931, und vom 6.9.2012 – 20 B 11.2171 –, OVG Berlin-Brandenburg Beschluss vom 6.7.2007 – 12 S 60.07 –; HessVGH, Urteil vom 19.9.2002 – 5 UE 1147/02 –; OVG Mecklenburg-Vorpommern, Beschluss vom 24.6.2008 – 1 M 54/08 -. OVG NRW, Beschluss vom 24.10.2013 – 9 A 2553/11 –; SächsOVG 30.6.2004 – 5 B 369/03 –;

68 Vgl. hierzu z. B. § 11 EigBG BW.

69 Vgl. z. B. Art. 88 Abs. 3 Satz 3 BayGO.

70 Vgl. z. B. Art. 88 Abs. 3 Satz 4 BayGO.

Auszubildendenvertretung ist, nicht zählt.[71] Die personalvertretungsrechtlichen Zuständigkeiten des Werkleiters im Übrigen hängen vom Bestehen einer **eigenständigen Dienststelle „Eigenbetrieb"** und damit regelmäßig von einem Beschluss der wahlberechtigten Beschäftigten ab. Ob die Beschäftigten des Eigenbetriebes personalvertretungsrechtlich Angehörige einer eigenständigen Dienststelle sind, richtet sich nach dem jeweiligen Landesrecht.[72] Die in einzelnen Bundesländern vorgesehene unternehmerische Mitbestimmung für den Bereich der Eigenbetriebe wirkt sich bei der Zusammensetzung der stimmberechtigten Mitglieder des Werkausschusses aus (vgl. unten Rn. 82).

76 Sieht das Landesrecht eine **Übertragung von Personalbefugnissen** kraft Gesetzes nicht vor, lässt die Personalhoheit des Bürgermeisters/Landrats jedenfalls zu, dass der konkrete Personaleinsatz durch die Werkleitung organisiert wird bzw. ihr die Fachaufsicht obliegt. Ob der Werkleitung vom Bürgermeister auch beamtenrechtliche Entscheidungen übertragen werden dürfen, die – wie etwa die Ernennung, Beförderung oder Entlassung – eine Verfügung der obersten Dienstbehörde verlangen, hängt davon ab, ob das jeweilige Landesbeamtenrecht in Verbindung mit der jeweiligen Kommunalordnung dies zulassen.[73] Soweit die Gesetze oder – bei Personalmaßnahmen gegenüber Arbeitnehmern – die Tarifverträge eine Übertragung auf den nachgeordneten Werkleiter zulassen, wird dies im Rahmen einer allgemeinen Dienstanweisung oder einer Einzelübertragung geschehen können. Soweit solche auf die Werkleitung übertragenen Personalentscheidungen im Einzelfall der Zustimmung des Rates bedürfen, liegt es nahe – soweit gesetzlich zulässig –, dem Werkausschuss diese Befugnis zu übertragen.

77 Der jeweilige **Werkleiter ist Kommunalbediensteter** (Beamter auf Zeit oder Lebenszeit oder Angestellter) und unterliegt damit grundsätzlich der Dienstaufsicht des Bürgermeister bzw. Landrats. In manchen Kommunalordnungen ist die – denkbare, insbesondere bei größeren Betrieben praktisch aber wenig sinnvolle – Personalunion zwischen dem Bürgermeister und dem Werkleiter untersagt, andere lassen sie zu.[74] Werden dem Fachbeamten für das Finanzwesen – Kämmerer – die Aufgaben des Werkleiters eines gemeindlichen Eigenbetriebs als Nebentätigkeit übertragen, so ist hierin nicht ohne weiteres ein Missbrauch der Organisationsgewalt durch den Bürgermeister einer Gemeinde zu sehen.[75] Bei der Umwandlung zu Kommunalunternehmen können Beamte in einem Regie- oder Eigenbetrieb im dienstlichen oder öffentlichen Interesse mit ihrer Zustimmung eine ihrem Amt entsprechende Tätigkeit bei dem Kommunalunternehmen zugewiesen werden. Die Rechtsstellung des Beamten bleibt unberührt.[76]

78 Als vertretungsberechtigtes Organ der Gemeinde unterfällt der Werkleiter im Status des **Angestellten** selbst nicht dem **Kündigungsschutz**gesetz.[77] Für die Vergütung ist im Grundsatz auf die Regeln des Tarifrechts zurückzugreifen. Soweit dessen Regeln nicht

[71] Vgl. BayVGH Beschluss vom 23. 4. 1997 – 17 P 2259/96 und 17 P 2260/96 –.

[72] Vgl. BVerwG, Beschluss vom 20.09.2013 – 6 P 3/13 – zum sächsischen Personalvertretungsgesetz: Danach obliegt nicht nur die in § 85 Abs. 1 Satz 3 SächsPersVG geregelte Bestellung der Beisitzer der Einigungsstelle dem Eigenbetriebsleiter und dem Personalrat des Eigenbetriebs, sondern sind diese auch zuständig für die Einigung auf die Person des Vorsitzenden der Einigungsstelle, wenn im Mitbestimmungsverfahren zwischen dem Eigenbetriebsleiter und dem Personalrat des Eigenbetriebs keine Einigung zustande kommt und einer von ihnen daraufhin die Einigungsstelle (§ 85 SächsPersVG) anruft. Zu Baden-Württemberg: BVerwG, Beschluss vom 13.3.2013 – 6 PB 4/13, VGH BW Beschlüsse vom 29.6.1999 – PL 15 S 1670/98 – und – PL 15 S 1927/98 –, Beschluss vom 24.7.2007 – PL 15 S 3/06 – zur Stellung der Beschäftigten des Eigenbetriebs bei Personalratswahlen; Landesarbeitsgericht Frankfurt, Urteil vom 5.7.1984 – 12 Sa 814/83 –; Landesarbeitsgericht Schleswig-Holstein, Urteil vom 6. April 1987 – 4 Sa 16/87 –; Püttner, Zur Mitbestimmung in öffentlich-rechtlich organisierten Unternehmen, DVBl 1984, 165.

[73] Vgl. z. B. § 11 Abs. 2 SächsEigBG.

[74] Vgl. hierzu z. B. § 10 Abs. 3 EigBG BW.

[75] Vgl. VGH Baden-Württemberg, Urteil vom 15. 8. 1994 – 1 S 1540/93 –; HessVGH, Beschluss vom 19. 9. 1995 – 1 TG 2628/95 –.

[76] BVerwG, Urteil vom 25.10.2007 – 4 B 30/07 – zum bayerischen Recht.

[77] Vgl. § 14 Abs. 1 Nr. 1 KSchG; BAG Urteil vom 17. 1. 2002 – 2 AZR 719/00 für das bayerische Kommunalrecht; LAG Mecklenburg-Vorpommern, Urteil vom 30.4.2008 – 2 Sa 236/07 –; BAG, PersR 1990, 46 zur Anhörung des zuständigen Personalrats bei der Kündigung eines Werkleiters.

einschlägig sind, werden die Werkleiter auf der Grundlage von Privatdienstverträgen tätig.

Als **Beamter** unterliegt der Werkleiter dem jeweiligen Landesbeamtenrecht bzw. 79
dem unmittelbar anzuwendenden Bundesbeamtenrecht. Die Besoldung des Werkleiters richtete sich früher auch nach der Verordnung über die Zuordnung der Ämter der Leiter kommunaler Versorgungs- und Verkehrsbetriebe des Bundes – Werkleiterbesoldungsverordnung –.[78] Die Einstufung wurde insoweit ausgehend von bestimmten Betriebszahlen vorgenommen. Der Landesgesetzgeber kann nunmehr etwa durch eine Kommunalbesoldungs- oder Eingruppierungsverordnung die besoldungsrechtlichen Fragen regeln.[79]

Ob der Werkleiter über Dienstreisen zur Erfüllung seiner gesetzlichen Aufgaben selbst entscheiden kann, sollte zur Klarstellung in der Betriebssatzung bzw. der allgemeinen Dienstanweisung des Bürgermeisters bzw. Landrats festgelegt werden.

Als Beamter **haftet** der Werkleiter neben dem kommunalen Träger des Eigenbetriebs 80
nach beamtenrechtlichen Grundsätzen persönlich nur für Vorsatz und grobe Fahrlässigkeit.[80] Gleiches gilt für tariflichen Arbeitnehmer. Bei sonstigen dienstvertraglichen Arbeitnehmer gelten die vertraglichen und allgemeinen zivilrechtlichen Haftungsbegrenzungen.

b) Werk(s)ausschuss oder Betriebsausschuss

Der Werkausschuss (z.T. auch „Betriebsauschuss“, „Betriebskommission“, „Werksenat“, 81
„Verwaltungsrat“) verkörpert das **demokratische** Element in der Organisation des Eigenbetriebs. Insofern kann er auch als „Instrument der Werkspolitik“ bezeichnet werden. In ihm wirkt sich der Idee nach der politische Wille der Bürger mittelbar auf die Betriebsführung des Eigenbetriebs aus. Er ist als spezialisiertes und sachkundiges Organ zugleich verlängerter Arm des Rats. Er hat im Rahmen der Beschlüsse des Rats über die Grundsätze der Wirtschaftsführung, der Vermögensverwaltung und der Rechnungslegung zu beraten und – als beschließender Ausschuss – zu entscheiden. Er befasst sich ausschließlich mit den Angelegenheiten des Eigenbetriebs, für den er eingesetzt wurde.[81] Er wird nicht in allen Ländern als weiteres Organ neben der Werkleitung unbedingt für erforderlich gehalten. In manchen Bundesländern ist er bei kleineren Gemeinden oder Betrieben nur als vorberatender oder vorbereitender, also nur fakultativ als beschließender Ausschuss, tätig. In den meisten Bundesländern kann für mehrere in einer Gemeinde bestehenden Eigenbetriebe bzw. für die in einem Eigenbetrieb zusammengefassten wirtschaftliche Unternehmen **ein Werksausschuss** bestellt werden.

Der Werksausschuss, ein in der Regel beschließender Ausschuss des Rates, wird grund- 82
sätzlich durch den Rat bestellt, der dabei die jeweiligen gesetzlichen Regelungen über die **Zusammensetzung** der Ausschüsse zu beachten hat. Er besteht regelmäßig aus dem Bürgermeister/Landrat oder einem von ihm beauftragten Beigeordneter mit Stimmrecht und den weiteren Mitgliedern aus dem Kreis der Ratsmitglieder. Bei der Berufung der übrigen Mitglieder ist auf das Stärkeverhältnis der im Rat vertretenen Parteien und Wählergruppen Rechnung zu tragen. In einigen Bundesländern[82] besteht der Werksausschuss ab einer bestimmten Beschäftigtenzahl des Eigenbetriebs, der sich „wirtschaftlich“ betätigt, zu einem gesetzlich festgelegten Anteil aus Beschäftigten. Dabei werden diese Vertreter von den Beschäftigten im Wege der personalvertretungsrechtlichen Mitbestimmung oder auf der Grundlage der Entscheidung einer Versammlung der Beschäftigten[83]

---

78 BGBl. I S. 1983, 731.

79 Z. B. Höhe der Dienstaufwandsentschädigung: vgl. z. B. § 7 NWEingrVO.

80 Vgl. § 46 BeamtStG.

81 Vgl. z. B. §§ 7 und 8 EigBG BW.

82 Vgl. z. B. Brandenburg: § 103 Abs. 3 Satz 3 BbgGO, Hessen: § 6 Abs. 2 HEigBGes, Nordrhein-Westfahlen: § 114 Abs. 3 GO NW; Sachsen-Anhalt: § 8 Abs. 2 und 3 EigBG LA.

83 Vgl. § 103 Abs. 3 Satz 6 BbgGO.

vorgeschlagen und dann vom Rat gewählt.[84] Problematisch kann diese Art der Mitbestimmung dann werden, wenn nichtwirtschaftliche „Hoheitsbetriebe", für die die unternehmerische Mitbestimmung nicht gilt, und wirtschaftliche Betriebe in einem Eigenbetrieb zusammengefasst werden. In einigen Ländern ist zur Stärkung des Sachverstandes in diesem Ausschuss auch die Berufung sachkundiger Bürger möglich. In der Regel ist sichergestellt, dass die Zahl der sachkundigen Einwohner zusammen mit der Zahl der Beschäftigten die der Gemeindevertreter im Ausschuss nicht erreicht.[85]

83 Im Interesse der Sache sollte nach Maßgabe der landesrechtlichen Bestimmungen bei der Auswahl der Mitglieder die **Sachkunde**, insbesondere zu wirtschaftlichen Abläufen, und die Verhinderung auch kommunalrechtlich beachtlicher Interessenkollisionen im Vordergrund stehen. Die Größe des Ausschusses muss sich nach der Betriebsgröße und der Überlegung richten, die Arbeitsfähigkeit des Ausschusses nicht zu gefährden.

84 Ihrer **rechtlichen Stellung** nach stehen die Ausschussmitgliedern nach Maßgabe der jeweiligen Kommunalordnung zum Teil Ehrenbeamten bzw. den Räten gleich. Sie sind unabhängig und – auch nach dem Ausscheiden aus dem Amt – zur Verschwiegenheit verpflichtet. Regelmäßig steht ihnen Verdienstausfall- und Aufwandsentschädigung für die Teilnahme an Sitzungen oder sonstiger Tätigkeiten in Angelegenheiten des Eigenbetriebs nach Maßgabe der jeweiligen Betriebssatzung zu. Auch kennen die Kommunalordnungen Bestimmungen, die ein arbeitsrechtliches Benachteiligungsverbot oder einen Freistellungsanspruch normieren. Die Mitglieder haften für einen Schaden, der der Gemeinde dadurch entsteht, dass sie vorsätzlich oder fahrlässig eine ihrer Pflichten verletzt haben.

85 Die Einzelheiten und Besonderheiten, die bei der Besetzung, der Geschäftsführung und Beschlussfassung des Ausschusses zu beachten sind, richten sich nach den jeweiligen Kommunalgesetzen. Sie sind in diesem Bereich äußerst vielgestaltig.[86] Für den **Geschäftsgang und die Beschlussfassung** gelten regelmäßig die Bestimmungen für den Rat entsprechend. Soweit ein Beschluss einem Ausschussmitglied einen unmittelbaren persönlichen Vor- oder Nachteil, also nicht nur als Angehöriger einer Berufs- oder einer Bevölkerungsgruppe, bereitet, darf er nicht mitberaten und mitstimmen. In einigen Ländern gilt eine Pflicht für die Mitglieder des Ausschusses, an dessen Sitzungen teilzunehmen. Die Werkleitung bereitet teilweise diese Sitzungen vor, an der sie teilzunehmen berechtigt und verpflichtet ist.

86 Die **Zuständigkeit des Werksausschusses** kann abstrakt nur **negativ** abgegrenzt werden. Danach entscheidet er – soweit gesetzlich vorgesehen – allein und abschließend über die Angelegenheiten des Eigenbetriebs, die nicht in der Zuständigkeit des Bürgermeisters/Landrats bzw. der Werkleitung liegen, d.h. keine „laufenden" Angelegenheiten bzw. Geschäfte sind, oder die nach dem jeweils geltenden Kommunal- oder Eigenbetriebsrecht nicht vom Rat an den Ausschuss übertragen werden dürfen (vgl. insoweit den jeweiligen landesrechtlichen Katalog der nicht an einen Ausschuss übertragbaren Angelegenheiten) bzw. übertragen worden sind. Insoweit ist auch das Recht des Rats zu berücksichtigen, dass er dem Werksausschuss allgemein oder im Einzelfall Kompetenzen entziehen kann. Die Unterschiede zwischen den Bundesländern bei der gesetzlichen Ausgestaltung der Zuständigkeiten sind in diesem Bereich beachtlich.

Da der Werksausschuss regelmäßig ein beschließender Ausschuss ist, er also die ihm übertragenen Aufgaben anstelle des Gemeinderats erledigt, lassen sich ihm alle bzw. eine Fülle von Aufgaben zuordnen.[87] Sinnvollerweise wird die Zuständigkeit des Werksaus-

---

[84] Vgl. hierzu OVG NW, Beschluss vom 15. 5. 1997 – 1 A 5987/94 –; VG Düsseldorf, PersR 1995, 350, zur Begrenzung der Wählbarkeit von Beschäftigten der Eigenbetriebe in den Werksausschuss auf Deutsche.

[85] Vgl. § 103 Abs. 3 Satz 9 BbgGO.

[86] Vgl. zur Bildung und Zusammensetzung: z.B. § 40 GemO BW, Art. 33 BayGO; § 6 BerlEigG; § 6 HessEigBGes und § 72 HessGO; § 41 Abs. 1 GO NW; §§ 44, 45 RP GO; § 48 SaarlKSVG; § 46 SHGO.

[87] Vgl. z.B. § 8 EigBG BW, Art. 88 Abs. 4 BayGO.

schusses in der Betriebssatzung zur Wahrung einer transparenten und Kompetenzkonflikte ausschließenden Abgrenzung zwischen den gemeindlichen Organen **positiv** umschrieben (grundsätzliche Entscheidungen über Einnahmen und Ausgaben; nach Zuweisung durch den Rat: Kreditaufnahmen und deren Absicherung; Personalentscheidungen; Vergabeentscheidungen; Verfügungen über Vermögensteile; bestimmte Verträge; Festsetzung allgemeiner Vertrags- und Lieferbedingungen und Tarife; ggf. Beteiligungen), wobei auch hier mit betragsmäßigen Abgrenzungen Zuständigkeitsgrenzen markiert werden können. Letzteres ist insbesondere für die Zuständigkeitsabgrenzung beim Abschluss von Verträgen und Vergleichen sowie bei der Befugnis zum Führen von Rechtsstreitigkeiten empfehlenswert. Ist ein dezidiert festgelegter Zuständigkeitskatalog erstellt, ist im Rahmen der Zuständigkeitsermittlung im Zweifel davon auszugehen, dass nicht erfasste Bereiche als laufende Geschäfte bei der Werkleitung verbleiben. Als grober Anhaltspunkt für die positive Umschreibung seiner Zuständigkeit gilt: Der Werksausschuss hat im Rahmen der Beschlüsse des Rats über die Grundsätze der Wirtschaftsführung, der Vermögensverwaltung und der Rechnungslegung zu entscheiden. Daneben hat er die Aufgabe, für die Gemeindevertretung Gegenständen, die nicht seiner Beschlussfassung unterliegen, sachkundig vorzuberaten und Berichte der zur Unterrichtung verpflichteten Werkleitung entgegenzunehmen und zu beraten.

Wer für den **Vollzug der Beschlüsse** des Werksausschusses zuständig ist, ist in den 87 Ländern unterschiedlich geregelt. Zum Teil ist die Werkleitung,[88] zum Teil die Verwaltungsspitze der Kommune hierzu berufen. Von dieser gesetzgeberischen Grundentscheidung hängt auch ab, wie zu verfahren ist, wenn rechtswidrige Beschlüsse gefasst wurden. Regelmäßig ist vorgesehen, dass das zuständige Vollzugsorgan den Beschluss beanstandet, seinen Vollzug aussetzt und – zum Teil erst nach Beschlussfassung des Rates oder des Ausschusses[89] – der Rechtsaufsichtsbehörde mit der Bitte vorlegt, eine Entscheidung herbeizuführen.

c) Organe der Gemeinde bzw. des Kreises

aa) Verwaltungsspitze. Die Leitung der Verwaltung in den Kommunen der Länder 88 liegt je nach der kommunalverfassungsrechtlichen Ausgestaltung in der Hand einer Person als Hauptverwaltungsbeamten (Bürgermeister, Amtsdirektor, Landrat, Zweckverbandsvorsitzender, ...), der dabei teilweise mit einem Leitungsgremium zusammenzuarbeiten hat (Gemeinde- bzw. Stadtvorstand, Verwaltungsausschuss). Nachdem ihre Aufgabe darin besteht, die gesamte gemeindliche Verwaltung zu leiten, gehört im Grundsatz auch die Verwaltung des Eigenbetriebes hierzu. Manche Kommunalordnungen sehen für den Bereich des Eigenbetriebes ab einer bestimmten Größe der Gemeinde die Bestellung eines Beigeordneten – auch „berufsmäßiges Gemeinderatsmitglied" – vor, der insoweit die Aufgaben und Befugnisse der Verwaltungsspitze wahrnimmt. Ob dies zweckmäßig ist, ist jedoch fraglich. Denn es ist gerade Sinn und Zweck der Sonderstellung des Eigenbetriebes, dessen Leitung innerhalb der Verwaltung zu verselbständigen, um so den besonderen wirtschaftlichen Erfordernissen Rechnung zu tragen. In erster linie kommt der Verwaltungsspitze eine Koordinations- und Überwachungsfunktion zu.

Bei der Verwaltung ist zwischen der Spitze der kommunalen Verwaltung und der des 89 Eigenbetriebs die **Abgrenzung der Zuständigkeiten** genau zu beachten.[90] Soweit „laufende Angelegenheiten" oder Personalbefugnisse durch Gesetz, durch die Betriebssatzung oder durch die Geschäftsverteilung der Verwaltungsspitze rechtswirksam auf die Werkleitung übertragen wurden, ist Letztere zuständiges Entscheidungsorgan. Sonst bleibt es bei der Zuständigkeit der Gemeindespitze, insbesondere als Dienstvorgesetzter bzw. oberste Dienstbehörde. Auch im Bereich der laufenden Angelegenheiten können

---

[88] Vgl. z. B. § 5 Abs. 2 EigBG BW; § 3 Abs. 3 M-V-EigVO.
[89] Vgl. § 103 Abs. 3 Satz 2 BbgGO.
[90] Vgl. z. B. § 10 EigBG BW; § 7 RP EigVO.

Zuständigkeiten bei ihr verbleiben, insbesondere in den Bereichen, die ihr vom Rat nach der Hauptsatzung zur eigenständigen Erledigung übertragen wurden.

90 Der Verwaltungsspitze gegenüber hat die Werkleitung **Auskunftspflichten**, die im Einzelfall (ohne oder nach Aufforderung) oder durch regelmäßige Berichte zu erfüllen sind. In manchen Ländern ist die Werkleitung mit Rücksicht auf die finanziellen Verflechtungen von Gemeindehaushalt und Eigenbetrieb auch dem **Kämmerer** gegenüber zur Unterrichtung verpflichtet. Die Auskünfte dienen der allgemeinen Unterrichtung und der Wahrung des Rechtes der Verwaltung, Weisungen zu erteilen.

91 Die Befugnis des Bürgermeisters/Landrats, der Werkleitung **Weisungen** zu erteilen, findet ihre Grenze darin, dass sie nur im Interesse der Einheitlichkeit der Verwaltung und bei Vernachlässigung oder Verletzung der Pflichten der Werkleitung ausgeübt werden darf und nicht in die kraft Gesetzes bestehenden oder eingeräumten Organrechte eingreifen darf.[91] Im Bereich der bei der Verwaltungsspitze verbliebenen Zuständigkeiten gelten diese Grenzen nicht. In einigen Ländern kommt ihr das Recht zu, von der Werkleitung zu fordern, Maßnahmen, die schwerwiegende Nachteile für die Gemeinde nach sich ziehen oder gesetzeswidrig sind, zu unterlassen oder zurückzunehmen. Die Weisungen sind an die Werkleitung und nicht an einen dieser nachgeordneten Bediensteten zu richten. Zum Weisungsrecht gehört – soweit es nicht nach dem jeweiligen Landesrecht einem anderen kommunalen Organ (in der Regel dem Werksausschuss) zugewiesen oder mit dessen Einwilligung auszuüben ist – die Geschäfte innerhalb der Werkleitung zu verteilen. Im Interesse wichtiger Belange der Gemeinde, der Gesetzmäßigkeit und Einheitlichkeit der Verwaltung besteht unter Umständen sogar eine Weisungspflicht.[92] In einigen Ländern besteht für die Werkleitung die Möglichkeit sich bei ungerechtfertigten Weisungen an den Werksausschuss zu wenden. Unter Umständen kommt auch eine Eingabe bei der Rechtsaufsicht und bei der Verletzung von Organrechten ein kommunalverfassungsrechtlicher Streit vor den Verwaltungsgerichten in Betracht.

92 Das dem Bürgermeister bzw. Landrat zustehende Recht, in Angelegenheiten, deren Erledigung nicht ohne Nachteil für die Gemeinde bis zu einer Sitzung des Gemeinderates oder des zuständigen Ausschusses aufgeschoben werden kann, anstelle des Gemeinderates oder Ausschusses zu entscheiden (**Eilentscheidungsrecht**), besteht uneingeschränkt gegenüber dem Werksausschuss. Aber auch der Werkleitung gegenüber besteht dieses Recht in entsprechender Weise. Denn dieses Notrecht ist ein exklusives und nicht übertragbares Recht des Verwaltungsspitze. Insofern bietet es sich an in der Betriebssatzung klarzustellen, dass der Bürgermeister/Landrat anstelle von Gemeinderat/Kreistag bzw. Werksausschuss in Angelegenheiten entscheidet, deren Erledigung nicht ohne Nachteile für den Eigenbetrieb bis zu einer Sitzung des zuständigen Organs aufgeschoben werden kann.

93 Die Verwaltungsspitze ist nach einigen landesrechtlichen Bestimmungen **Vorsitzender des Werksausschusses**. Insoweit kommen ihr zum Teil auch die auf diese Funktion bestehenden Rechte und Aufgaben zu (Vorbereitung der Sitzung, Vollzug der Beschlüsse). Der Vollzug der Beschlüsse des Rates betreffend den Eigenbetrieb bzw. des Werksausschusses kommen grundsätzlich der Verwaltungsspitze zu, soweit diese Aufgabe nicht der Werkleitung übertragen sind.

94 **bb) Der Rat (z. B. Gemeinderat/Kreistag)**. Die Gemeindevertretung, der Kreistag oder die Verbandsversammlung – im Folgenden: der Rat –, dessen konkrete Zusammensetzung in den Kommunalverfassungsgesetzen zum Teil sehr unterschiedlich ausgestaltet ist, trifft nach der gesetzlichen Verteilung der Zuständigkeit der Kommunalorgane die grundsätzlichen Entscheidungen, die den Eigenbetrieb betreffen und die er nicht nach dem jeweils geltenden Kommunalrecht in der Betriebssatzung auf den Werksausschuss übertragen kann bzw. übertragen hat.[93] Bei ihm liegen mithin die grundsätzlichen Kom-

[91] Vgl. hierzu z. B. § 10 Abs. 1 EigBG BW; § 9 Abs. 1 BbgEigV.
[92] Vgl. hierzu z. B. § 10 Abs. 2 EigBG BW.
[93] Vgl. z. B. § 9 EigBG BW; § 5 M-V-EigVO.

petenzen; er ist in diesem Sinne oberstes Organ der Kommune und damit auch des Eigenbetriebs. Dessen Zuständigkeiten können zum Teil auch nicht auf den Werksausschuss übertragen werden. Sie enden aber – wie beim Hauptverwaltungsbeamten der Gemeinde – bei den laufenden Geschäften, auf die der Rat unmittelbar keinen Einfluss hat. Es ist regelmäßig zweckmäßig, die dem Rat vorbehaltenen Zuständigkeiten in der Betriebssatzung geordnet zusammenzustellen und damit transparent zu machen. Denn diese Kompetenzen sind zum Teil in verschiedenen höherrangigen Gesetzen geregelt und damit nicht sofort erkennbar.

Der **vorbehaltene Aufgabenkatalog** des Rates, der landesrechtlich und/oder orts- 95
rechtlich im Einzelnen auch anders ausgestaltet sein kann, lässt sich grundsätzlich wie folgt umschreiben: Er entscheidet über die Errichtung, Erweiterung oder Umwandlung des Eigenbetriebes. Er bestellt insbesondere die Werkleitung und die Mitglieder des Werksausschusses. Er erlässt und ändert die Betriebssatzung einschließlich der denkbaren Anordnung eines Anschluss- und Benutzungszwangs. In diesem Rahmen bestimmt er auch die Grenzen der Vertretungsbefugnis des Werkleiters. Nur der Rat kann die Betriebssatzung wieder aufheben. Die Tarife und die sonstigen allgemeine Entgelte werden regelmäßig von ihm festgelegt. Er entscheidet über die Kapitalausstattung und die Grundentscheidungen betreffend das Personal. Die Aufnahme von Krediten und deren Absicherung sowie bedeutsamer Verträge (z. B. Vermögensverfügungen) wird ihm häufig vorbehalten sein, insbesondere bei erheblicher wirtschaftlicher Bedeutung für die Gemeinde. Er bestimmt auch regelmäßig den Abschlussprüfer. Er stellt die Jahresabschlüsse der Eigenbetriebe fest und beschließt die Entlastung und den Wirtschaftsplan. Er entscheidet über die Verwendung des Jahresgewinns, die Rückzahlung des Eigenkapitals und die Deckung des Verlustes.

Selbst wenn er an den Ausschuss Zuständigkeiten auf der Grundlage einer gesetzlichen 96
Delegation übertragen hat, hat der Rat nach einigen Gemeindeordnungen das Recht, sie dem Werksausschuss allgemein oder im Einzelfall wieder zu entziehen (so genanntes **Rückholrecht**). Grundsätzlich bedarf es – soweit gesetzlich nicht anderes bestimmt ist – dabei keines förmlichen Beschlusses, in dem er die Zuständigkeit ausdrücklich entzieht. Vielmehr liegt die „Rückholung" in der jeweiligen Sachentscheidung selbst. Auch über diese Befugnis ist er Kontrollorgan für den Eigenbetrieb. Manche Kommunalordnungen verlangen für die Rückholung der Kompetenz dieselbe Form wie für die Übertragung. Einige Landesrechte gehen sogar soweit, dass der Rat auch nach dem Beschluss des Werksausschusses von diesem Recht Gebrauch machen kann, soweit nicht bereits Rechte Dritter entstanden sind.

Ob der Rat einen bereits gefassten **Beschluss des Werksausschusses** ändern oder gar aufheben kann, richtet sich nach der Ausgestaltung des jeweiligen Landesrechts. Soweit das Gesetz hierzu schweigt, spricht mehr für diese Kompetenz als gegen sie. Denn das Gesetz behält regelmäßig dem Rat gegenüber dem Eigenbetrieb und seinem Ausschuss mehr Rechte zurück und weist ihm die Klärung grundsätzlicher Fragen zu, wozu auch zwischen dem Rat und dem Ausschuss politisch umstrittene Grundsatzfragen zählen.

5. Rechtsverhältnis zum kommunalen Träger

Der Eigenbetrieb ist rechtlich nicht verselbständigt. Trägerin und Eigentümerin des 97
Sondervermögens „Eigenbetrieb" ist die ihn betreibende Kommune. Dieser Rechtszustand hat konsequenterweise Auswirkungen sowohl im Verhältnis Eigenbetrieb zur Gemeinde als auch im Verhältnis Eigenbetrieb zu Dritten.

Die fehlende Rechtsfähigkeit führt dazu, dass zwischen dem kommunalen Träger und dem Eigenbetrieb keine **Verträge** abgeschlossen werden können. Das Verhältnis ist vielmehr kommunalverfassungsrechtlich, beamten- und arbeitsrechtlich ausgestaltet. So kann sich etwa der Eigenbetrieb vertraglich nicht verpflichten, an die Gemeinde Konzessionsabgaben, also privat-rechtliche Entgelte, die von Unternehmen an die Gemeinde für die Einräumung des Rechts bezahlt werden, die öffentlichen Verkehrswege im Gemeindegebiet für die Verlegung und den Betrieb von Versorgungsleitungen und Entsorgungsleitungen benutzen zu dürfen, zu zahlen. Dies setzt nämlich den Abschluss eines entsprechenden privat-rechtlichen Vertrages zwischen zwei Rechtssubjekten voraus. Der Eigenbetrieb selbst besitzt aber keine Rechtsfähigkeit. Wenn es gleichwohl in der Praxis üblich ist, die rechtlichen Beziehungen etwa hinsichtlich der Wegenutzung zwischen einer Gemeinde und ihrem Eigenbetrieb unter der Bezeichnung „Konzessionsvertrag" zu regeln, so handelt es sich hierbei nicht um einen Vertrag, sondern ihrem rechtlichen Charakter nach um eine besonders gestaltete Verwaltungsanweisung des Bürgermeisters bzw. der jeweiligen Verwaltungsspite.[94]

Auch im Kostenrecht, insbesondere bei der Frage einer **Gebührenbefreiung**, ist eine identische Behandlung des Eigenbetriebs mit der Gebietskörperschaft üblich.[95]

98 **Lieferungen, Leistungen und Darlehen** des Eigenbetriebs an die Gemeinde oder anderer Eigenbetriebe der Gemeinde, die – wie soeben dargestellt – nicht im Wege rechtsgeschäftlicher Vereinbarung, sondern im Wege des Austausches stattfinden, sind nach den Regelungen des jeweils geltenden Eigenbetriebsrechtes zu vergüten.[96] Damit wird dem Umstand Rechnung getragen, dass die wirtschaftliche Leistung bzw. der Bestand des Sondervermögens Eigenbetrieb nachweisbar erfasst bzw. gesichert wird.

99 Der Eigenbetrieb kann **Verträge mit Dritten**, auch mit rechtlich selbständigen Eigengesellschaften, nur für den kommunalen Träger abschließen, wobei die Vertretungsbefugnis – wie unter Rdnr. 72 ausgeführt – im Einzelnen durch Gesetz geregelt ist bzw. durch Einzel- oder Generalvollmacht herzustellen ist. Für die Verbindlichkeiten aus diesen Verträgen bzw. für sonstige Schulden haftet daher die Kommune ohne Beschränkung auf das Sondervermögen des Eigenbetriebs. Die Kommune haftet also mit ihrem Vermögen für die wirtschaftlichen Verluste des Eigenbetriebs.

Im Markenrecht bestehen hinsichtlich der Rechtsfähigkeit allerdings Besonderheiten. So können teilrechtsfähige Verwaltungseinheiten – wie der Eigenbetrieb „Stadtwerk X" – Immaterialgüterrechte, wie Markenrechte, erwerben.[97]

100 Im **Grundbuch** sind vom Eigenbetrieb genutzte Grundstücke als Eigentum der Kommune einzutragen. Allerdings besteht die Möglichkeit, dass auf Antrag durch einen Zusatz auf die organisatorische Zugehörigkeit des Grundstücks zum Eigenbetrieb hingewiesen wird. Dass das Grundstück in der Jahresbilanz dagegen in jedem Falle beim Eigenbetrieb zu verbuchen ist, ergibt sich aus dem Charakter als Sondervermögen.

101 **Verwaltungsakte** ergehen – wenn das jeweilige Kommunalrecht dem Eigenbetrieb den Erlass überhaupt ermöglicht – grundsätzlich „durch" die Gemeinde, die auch bei einer Klage passivlegitimiert ist (vgl. auch oben Rdnr. 73).[98] Will sich der Eigenbetrieb den Einwand ersparen, er habe keine Befugnis zum Erlass des Bescheides, wird er die hoheitliche Maßnahme nicht als „Eigenbetrieb", sondern als Teil der Verwaltung ihres Rechtsträgers (Stadt, Gemeinde, Landkreis, ...) erlassen und den Bescheid in seiner äußeren Erscheinung entsprechend gestalten.

102 Erhebt der **Eigenbetrieb** Klage, ist durch Auslegung zu ermitteln, ob hier die Gemeinde unter der Bezeichnung des Eigenbetriebs in dessen Angelegenheiten auftritt

---

[94] Vgl. OVG Schleswig-Holstein, Urteil vom 28. 11. 2001 – 2 K 6/99 -.

[95] OLG Naumburg, Beschluss vom 09.01.2012 – 2 W 90/10 – (zum Justizkostenrecht); VG Sigmaringen, Urteil vom 14.06.2011 – 4 K 671/10 – und ThürOVG, Urteil vom 13.02.2009 – 1 KO 896/07 –; dagegen VG Frankfurt/Oder, Urteil vom 02.12.2010 – 5 K 1923/07 – (zum Verwaltungskostenrecht)

[96] Vgl. z. B. § 7 BayEBV.

[97] BPatG München, Beschluss vom 15.9.2009 – 27 W (pat) 166/09. Hierzu auch Hoffmann, „Stadtwerke" als Marke und Betriebsbezeichnung, NVwZ 2013, 896 ff.

[98] Vgl. aber: VG Frankfurt (Oder), Beschluss vom 19.2.2007 – 5 L 418/06 –; insbesondere kann der Eigenbetrieb nach dem Landesrecht als passivlegitimierte Behörde i.S.d. § 78 Abs. 1 Nr. 2 VwGO ausgestaltet sein: OVG NRW, Urteil vom 7.12.1988 – 22 A 1013/88 – dagegen VG Potsdam, Urteil vom 1.9.2008 – 9 K 1480/04 –.

oder ein Parteiunfähiger handelt. Im Zweifel wird sich die erste Alternative als die sachgerechte erweisen und wurde auch in der Rechtsprechung akzeptiert.[99] Dabei ist aber auch klar, dass damit keine „Teilrechtsfähigkeit“ begründet wird, weil Klägerin in jedem Falle die Kommune ist, allerdings unter der Bezeichnung ihres Eigenbetriebs. In Bremen und Berlin ist gesetzlich vorgesehen, dass die Eigenbetriebe unmittelbar für die Stadtgemeinde bzw. das Land Berlin handeln können.

6. Rechtsverhältnis zum Gemeindeeinwohner

Ist der Eigenbetrieb aufgrund der öffentlichen Zwecksetzung eine öffentliche Einrichtung der Gemeinde, hat der Gemeindeeinwohner grundsätzlich einen öffentlich-rechtlichen Anspruch auf seine Leistungen. Daneben und hiervon zu unterscheiden, kann im Einzelfall ein zivilrechtlicher Kontrahierungszwang bestehen. Die Kommune ist auch und gerade auf der Betriebsebene an Art. 3 GG gebunden und hat das Schädigungsverbot zu achten. Schließlich bestehen für einzelne Versorgungsbereiche allgemeine Anschluss- und Versorgungspflichten, die auf der Seite des Nutzers durchsetzbare Ansprüche begründen.[100] Selbstredend stehen diese Ansprüche unter dem Vorbehalt, dass der Nutzer bzw. Gemeindeeinwohner die durch Satzung oder durch sonstige Nutzungsbedingungen festgelegten Bedingungen erfüllt, insbesondere die geforderten Tarife zahlt. **103**

Auf der anderen Seite ist die Gemeinde für gesetzlich bestimmte öffentliche Einrichtungen (insbesondere Wasserversorgung, Abwasserbeseitigung, Straßenreinigung) ermächtigt, im Wege einer Satzung, die auch die Betriebssatzung sein kann, einen Anschluss- und Benutzungszwang anzuordnen. **104**

Eine Reihe von Kommunalordnungen der Länder sehen vor, dass direkt-demokratische Entscheidungsformen (**Bürgerbegehren, Bürgerentscheid**) nicht stattfinden, soweit die Tätigkeit der Eigenbetriebe betroffen ist[101]. **104a**

7. Aufsicht

Versteht man den Begriff „Aufsicht“ in einem weiteren Sinne, so ist unter diesem Aspekt nicht nur die staatliche Aufsicht, sondern auch die gegenseitige Kontrolle und Überwachung der kommunalen Organe, insbesondere der Organe des Eigenbetriebs, anzusprechen. **105**

a) Innerhalb der Kommune[102]

Kontrolle des Werksausschusses gegenüber der Werkleitung. Regelmäßig kommt dem Werksausschuss gegenüber der Werkleitung keine Kontrollfunktion im Einzelfall zu. Stellt der Werksausschuss fest, dass seine Beschlüsse nicht ausgeführt wurden oder die Werkleitung sonst sich nicht an die Vorgaben anderer Organe handelt, bleibt ihm nur die Möglichkeit, sich an die Verwaltungsspitze, den Rat, die Rechtsaufsicht und – wo eigene Organrechte verletzt werden – an das Verwaltungsgericht zu wenden. Nur vereinzelt finden sich Bestimmungen, wonach der Werksausschuss ein Widerspruchsrecht gegenüber Maßnahmen der Werkleitung oder gar die Überwachung der gesamten Werkleitung zukommt. Regelmäßig ist die Werkleitung verpflichtet, den Ausschuss rechtzeitig und umfassend zu informieren und die Zwischenberichte vorzulegen. **106**

Kontrolle durch den Hauptverwaltungsbeamten. Ihm stehen nach einigen Eigenbetriebsgesetzen bzw. Gemeindeordnungen gegenüber der Werkleitung Weisungsrechte sowie dienstaufsichtliche Mittel zu. Er unterrichtet den Rat als Kollegium bzw. den **107**

---

[99] Vgl. BGH, Urteil vom 25. 2. 1981, VKU-ND Folge 395 S. 5; AG Bergen, Urteil vom 09.04.2013 – 23 C 578/12 – stellt für Mecklenburg-Vorpommern fest, dass der Eigenbetrieb aber Vertreter der Kommune ist. Amtsgericht Passau, RdE 1984, 132, geht – wohl fehlerhaft – sogar von einer Parteifähigkeit aus.

[100] Vgl. § 17 EnWG.

[101] Vgl. etwa § 21 GemO BW

[102] Vgl. hierzu: Kraft-Zörcher, Kontrolle kommunaler Aufgabenerfüllung durch Stadt- und Gemeinderäte, ThürVBl. 2008, 1

Werksausschuss in den bedeutsamen Angelegenheiten und eröffnet dadurch dessen Kontrollmöglichkeit. In einigen Kommunalordnungen ist außerdem vorgesehen, dass der Hauptverwaltungsbeamte, hält er die Entscheidung des Rates oder des Werksausschusses für rechtswidrig, den Vollzug aussetzen und in der nächsten Sitzung gegenüber dem jeweils betroffenen Gremium beanstanden muss. Verbleibt der Rat oder der Ausschuss bei seiner Entscheidung, so hat der Hauptverwaltungsbeamte unverzüglich die Rechtsaufsichtsbehörde zu richten. Teilt die Rechtsaufsichtsbehörde die Ansicht des Hauptverwaltungsbeamten nicht, hat er die Entscheidung zu vollziehen. Im anderen Fall kann der Rat für die Gemeinde wegen des unterbliebenen Vollzugs Klage zum Verwaltungsgericht erheben.

108 **Kontrolle durch die Gemeindevertretung.** Als das Organ, dem in der Gemeinde alle wesentlichen Entscheidungen im Bereich der eigenen Angelegenheiten vorbehalten sind, überwacht der Rat grundsätzlich die gesamte Verwaltung der Kommune und damit auch die Betriebsführung des Eigenbetriebs. Allerdings obliegt es ihm nicht, der Werkleitung oder dem Werksausschuss Weisungen zu erteilen. Er kann jedoch – über den Hauptverwaltungsbeamten oder die Werkleitung – um Auskunft und Aktenvorlage bitten. Der Rat wird, soweit grundsätzliche Fragen, also seine Zuständigkeiten, betroffen sind in der Form des Beschlusses oder der Satzungsänderung reagieren. Denkbar ist auch, dass er sich an den Hauptverwaltungsbeamten oder – als ultima ratio – an die Rechtsaufsicht wendet und um Einschreiten bittet.

109 **Rechnungsprüfung.** Wesentliches Mittel der innerkommunalen Aufsicht über die wirtschaftliche Betätigung des Eigenbetriebs ist die kommunale Rechnungsprüfung. Sie ist Gegenstand des Kapitels E, auf das insoweit verwiesen wird.

b) Staatliche Aufsicht

110 Neben dem innerkommunalen Kontroll- und Aufsichtssystem steht die staatliche Kommunalaufsicht, die hier – nachdem im Bereich des Eigenbetriebsrechtes im Wesentlichen Angelegenheiten des eigenen Wirkungskreises (freiwillige oder pflichtige Selbstverwaltungsaufgabe) berührt sind – inhaltlich auf die Rechtsaufsicht beschränkt ist. Das heißt, dass die staatliche Aufsicht nur die Erfüllung der gesetzlich festgelegten und übernommenen öffentlich-rechtlichen Aufgaben und Verpflichtungen sowie die Gesetzmäßigkeit der Verwaltungstätigkeit im staatlichen Interesse überwachen kann. Oberste Aufsichtsbehörde ist regelmäßig das Innenministerium, obere Aufsichtsbehörde der Regierungspräsident, die Bezirksregierung bzw. ein Landesverwaltungsamt, die untere Aufsichtsbehörde (über kreisangehörige Gemeinden) der Landrat als untere staatliche Verwaltungsbehörde. Sie lässt sich unterteilen in Maßnahmen der „präventiven" und der „repressiven" Aufsicht. Während die Ersteren auf einen ordnungsgemäßen Verwaltungsvollzug hinwirken und ihn begleiten, greifen Letztere in das Selbstverwaltungsrecht unmittelbar ein.

aa) Präventive Aufsicht

111 – **Rechtsaufsichtliche Beratung und Hilfe.** Die kommunalen Gebietskörperschaften können, bevor sie Entscheidungen treffen, rechtsaufsichtlichen Rat einholen. Die Rechtsaufsichtsbehörden sind grundsätzlich verpflichtet, die Kommunen bei der Erfüllung ihrer Aufgaben zu beraten, zu fördern und zu unterstützen, ihre Rechte, ihrer Entschlusskraft und Selbstverwaltung zu stärken. Für den Bereich des Eigenbetriebs besteht also die Möglichkeit, bevor externer – und in der Regel kostspieliger – Sachverstand „eingekauft" wird, die Kenntnisse und Erfahrungen der staatlichen Aufsichtsbehörden bei der Gründung, Errichtung, Ausgestaltung und Betriebsführung von Eigenbetrieben in Anspruch zu nehmen. Insbesondere die oberen und obersten Rechtsaufsichtsbehörden verfügen über einen umfassenderer Überblick über die Möglichkeiten und Grenzen kommunalen Wirtschaftens in der Form des Eigenbetriebs bzw. sind in der Lage über andere staatliche Behörden, insbesondere andere Ressorts, sich die notwendigen Kenntnisse zu beschaffen.

– **Informationsrecht.** Dem Beratungsrecht der Kommune korrespondiert ihre Pflicht, die Aufsichtsbehörde über die Angelegenheiten des Eigenbetriebs zu unterrichten. Insbesondere dann, wenn Organe der Kommune oder Bürger Verstöße gegen öffentlich-rechtliche Aufgaben und Verpflichtungen der Kommune im Zusammenhang mit der Betriebsführung des Eigenbetriebs bei der Rechtsaufsichtsbehörde anzeigen, kann sie Einrichtungen des Eigenbetriebs besichtigen und prüfen sowie Akten, Berichte und sonstige Unterlagen einsehen oder anfordern. 112

– **Genehmigungserfordernisse.** Eine Reihe von Rechtsgeschäften des Eigenbetriebs oder für ihn bedürfen der rechtsaufsichtlichen Genehmigung. Hierzu zählen – wie generell bei den Gemeinden – die Aufnahme von Krediten, die Übernahme von Verpflichtungen aus Gewährverträgen und die Übernahme von Bürgschaften, soweit sie nicht im Rahmen der laufenden Betriebsführung abgeschlossen werden, die Veräußerung von Vermögen. 113

bb) Repressive Aufsicht

– **Beanstandung und Aufhebungsbegehren.** Rechtswidrige Beschlüsse oder Maßnahmen der kommunalen Organe kann bzw. – in einigen Ländern – muss die Rechtsaufsichtsbehörde beanstanden und ihre Aufhebung oder Änderung verlangen.[103] 114

– **Anordnungsrecht.** Bei Nichterfüllen öffentlich-rechtlicher Aufgaben oder Verpflichtungen hat die Rechtsaufsichtsbehörde die Kommune zur Durchführung der notwendigen Maßnahmen aufzufordern. Erfüllt ein Organ der Gemeinde, insbesondere des Eigenbetriebs, seine ihm obliegenden öffentlich-rechtlichen Aufgaben oder Verpflichtungen nicht, ist streitig, ob das Anordnungsrecht erst besteht, wenn zugleich eine der Körperschaft nach außen obliegenden Pflicht verletzt wurde, oder ob es ausreicht, dass eine öffentlich-rechtliche Pflicht des Organs (ggf. gegenüber einem anderen Organ) nicht erfüllt wurde. Die Verletzung bürgerlich-rechtlicher Verpflichtungen durch Organe des Eigenbetriebs löst das Anordnungsrecht grundsätzlich nicht aus. 115

– **Ersatzvornahme.** Kommt eine Kommune innerhalb einer angemessenen Frist einem Aufhebungs- oder Abänderungsbegehren der Rechtsaufsichtsbehörde bzw. einer ihrer Anordnungen nicht nach, so kann bzw. muss die Rechtsaufsichtbehörde die notwendigen Maßnahmen anstelle und auf Kosten der Kommune treffen und vollziehen. Gegen rechtsaufsichtliche Maßnahmen kann die Kommune grundsätzlich um verwaltungsgerichtlichen Rechtsschutz nachsuchen. 116

– **Zusammenfassend lässt sich feststellen:** Der Eigenbetrieb als klassische Betriebsform kommunaler Unternehmen verbindet die Möglichkeit umfassender politischer Kontrolle durch die gewählten Räte bzw. der Verwaltungsspitze mit der Option kaufmännischen Rechnens und Wirtschaftens. Damit sind gleichzeitig die Vor- und Nachteile dieser Betriebsform umschrieben. So kann die politische Kontrolle kommunalen Wirtschaftens unter dem Aspekt der demokratischen Legitimation und Steuerung im Bereich der Erfüllung der Daseinsvorsorge der Bürger einen wichtigen Beitrag zur Akzeptanz und Transparenz seiner Tätigkeit leisten. Auf der anderen Seite besteht die Gefahr, dass die Aufgaben wegen schwerfälliger Abläufe nicht effizient oder nicht immer sachgerecht, d.h. unökonomisch, erfüllt werden. Es ist nicht auszuschließen, dass bei wachsender Skepsis der Bevölkerung gegen die Privatisierung staatlicher und kommunaler Aufgaben diese derzeit auf dem Rückzug befindlichen Betriebsform eine Renaissance erlebt. Allerdings könnte dem der Erfolg der im nächsten Kapitel abzuhandelnden Betriebsform „Anstalt des öffentlichen Rechts/Kommunalunternehmen" entgegenstehen. 117

---

[103] Vgl. zur kommunalaufsichtlichen Beanstandung eines Wirtschaftsplanes eines gemeindlichen Eigenbetriebes VG Magdeburg, Urteil vom 19.9.2012 – 9 A 208/11 –, zur rechtsaufsichtlichen Beanstandung der tariflichen Eingruppierung von Bediensteten des Eigenbetriebs: OVG Lüneburg, Urteil vom 25.2.1970 – V A 23/68 –, OVGE MüLü 26, 421; rechtsaufsichtliche Untersagung der Umwandlung eines Eigenbetriebs: OVG Saarland, NVwZ-RR 1994, 40.

II. Kommunalunternehmen (Anstalt des öffentlichen Rechts)[1]

Literatur: *Bauer/Böhle/Ecker,* Bayerische Kommunalgesetze – Kommentar, München; *Blessing,* Öffentlich-rechtliche Anstalten unter Beteiligung Privater, Baden-Baden 2008; *Busch,* „Kleine Kommunalrechtsreform" in Schleswig-Holstein, NordÖR 2005, S. 201 ff; *Cronauge/Westermann,* Kommunale Unternehmen, 5. Aufl. 2006, S. 107ff.; *Detig,* Die kommunale Anstalt des öffentlichen Rechts als Wirtschaftsförderungsinstitution, 2004; *Ehlers,* Die Anstalt des öffentlichen Rechts als neue Unternehmensform der kommunalen Wirtschaft, ZHR 167 (2003), S. 546ff.; *Erdmann,* Die Anstalt des öffentlichen Rechts – eine neue Rechtsform für gemeindliche Betriebe in Niedersachsen, NdsVBl. 2003, S. 261ff.; *Fabry/Augsten* (Hrsg.), Handbuch Unternehmen der öffentlichen Hand, Baden-Baden, 2. Aufl., 2011; *Gaß,* Die Umwandlung gemeindlicher Unternehmen, 2003; *Hamacher,* GO-Reform in NRW und wirtschaftliche Betätigung, NWVBl. 2008, S. 81ff.; *Hofmann-Hoeppel,* Das Kommunalunternehmen, KommP spezial 2008, S. 61ff.; *Hogeweg,* Die Kommunale Anstalt in Niedersachsen, 2007; *Hoppe/Nüßlein,* Die Anstalt öffentlichen Rechts in Niedersachsen – ein Mittel zur Verwaltungsoptimierung, der gemeindehaushalt 2009, S. 112 ff.; *Hoppe/Uechtritz/Reck* (Hrsg.), Handbuch Kommunale Unternehmen, 3. Aufl. 2012; *Ipsen (Hrsg.),* Unternehmen Kommune?, 17. Bad Iburger Gespräche, 2007; *Kirchgässner/Knemeyer/Schulz,* Das Kommunalunternehmen – Neue Rechtsform zwischen Eigenbetrieb und GmbH, 1997; *Klein/Uckel/Ibler,* Kommunen als Unternehmer: Gründung, Umwandlung und Führung kommunaler Betriebe, Loseblattsammlung, 1997ff.; *Knemeyer,* Privatisierung und modernes kommunales Unternehmensrecht, Juridica International, XVI/2009, S. 22 ff.; *Koller/Roth/Morck,* Handelsgesetzbuch – Kommentar, 7. Aufl. 2011; *Kronawitter,* Interkommunale Zusammenarbeit im Gemeinsamen Kommunalunternehmen, KommP By 2010, S. 266 ff; *Leisner-Egensperger,* Die kommunale Anstalt des Öffentlichen Rechts nach §§ 76 a bis c ThürKO n.F. – Ein Beitrag zu den verfassungsrechtlichen Vorgaben für eine Rekommunalisierung in Thüringen, ThürVBl. 2014, S. 81 ff.; *Lindt,* Gemeinsame Kommunalunternehmen als neue Gestaltungsform interkommunaler Zusammenarbeit, KommP spezial 2008, S. 76ff.; *Lux,* Das neue kommunale Wirtschaftsrecht in Nordrhein-Westfalen, NWVBl. 2000, S. 7ff.; *Mann/Püttner* (Hrsg.), Handbuch der kommunalen Wissenschaft und Praxis, Teil 2, Kommunale Wirtschaft, 3. Aufl. 2011; *Menzel/Hornig,* Die Anstalt des öffentlichen Rechts – Eine neue Rechtsform für gemeindliche Betriebe in Nordrhein-Westfalen, ZKF 2000, S. 178 ff. und 199ff.; *Neusinger/Lindt,* Ein Unternehmen auf dem Vormarsch – 7 Jahre bayerisches Kommunalunternehmen, BayVBl. 2002, S. 689ff.; *Pauli,* Die Umwandlung von Kommunalunternehmen, BayVBl. 2008, S. 325ff.; *Pencereci/Brandt,* Die Kommunale Anstalt, LKV 2008, S. 293ff.; *Prandl/Zimmermann/Buchner/Pahlke,* Kommunalrecht in Bayern, Loseblattsammlung; *Püttner* (Hrsg.), Zur Reform des Gemeindwirtschaftsrechts, 2002; *Reich,* BeamtStG – Beamtenstatusgesetz, Kommentar, 2009; *Riedmayer/Schraml,* Das Kommunalunternehmen – Anstalt des öffentlichen Rechts – Erweiterung kommunaler Handlungsmöglichkeiten, 2000; *Rinken,* Alternativen zur Privatisierung, Baden- Baden 2008; *Schraml/Gögercin,* Die kommunale Anstalt – eine neue Rechtsform für die Kommunen Thüringens, ThürVBl. 2014, S. 85ff; *Schulz,* in: Praxis der Kommunalverwaltung, Loseblattsammlung, Komm. zu Art. 86ff. GO Bay und zu Art. 49ff. KommZG Bay; *Schwartz,* Hatte Bismarck Unrecht? – Zur Reform der Kommunalverfassung in Mecklenburg-Vorpommern im Hinblick auf das Gemeindewirtschaftsrecht, NordÖR 2011, S. 421 ff; *Storr,* Das neue Kommunalunternehmen in Schleswig-Holstein, NordÖR 2005, S. 94ff.; *Wambach* (Hrsg.), Kommunale Unternehmer im Fokus, 2003; *Waldmann,* Das Kommunalunternehmen als Rechtsformalternative für die wirtschaftliche Betätigung von Gemeinden, NVwZ 2008, S. 284 ff; *Wolff/Bachof/Stober/Kluth,* Verwaltungsrecht Band II, 7. Aufl. 2010; *Wurzel,* Die Bestandsschutzregelung im GO-Reformgesetz NRW, Der Landkreis 2007, S. 576ff.

118 Mitte der neunziger Jahre begann in den Bundesländern eine grundlegende **Neuordnung des kommunalen Wirtschaftsrechts**.[2] Ein wesentlicher Bestandteil dieser Reformen war die Einführung einer neuen Rechtsform für kommunale Unternehmen – der kommunalen rechtsfähigen Anstalt des öffentlichen Rechts.[3] Sieht man von den Stadt-

[1] Für die Unterstützung bei der Recherche für die 3. Auflage bedanke ich mich recht herzlich bei Rechtsreferendarin Lisa Gögercin.

[2] Siehe den Erfahrungsbericht von *Detig,* S. 124ff., dem umfangreiche empirische Untersuchungen zugrunde liegen.

[3] Im Folgenden wird sich jeweils auf die Gemeindeordnungen der Länder beschränkt. Die Gesetze für andere kommunale Gebietskörperschaften sind in der Regel identisch.

staaten Berlin und Hamburg ab, so war der Freistaat Bayern mit seinem Gesetz zur Änderung des kommunalen Wirtschaftsrechts vom 26. Juli 1995[4] Vorreiter dieser Rechtsentwicklung.[5] Es folgten die Bundesländer Nordrhein-Westfalen,[6] Rheinland-Pfalz,[7] Sachsen-Anhalt,[8] Niedersachsen[9], Schleswig-Holstein[10], Brandenburg[11], Hessen[12], Mecklenburg-Vorpommern[13] und Thüringen[14]. In Sachsen liegt bislang ledglich ein Gesetzentwurf der Fraktion DIE Linke vor,[15] in Baden-Württemberg wird zumindest darüber politisch diskutiert.

Die **Bezeichnung** für die neue Rechtsform variiert. In Bayern, Sachsen-Anhalt, Mecklenburg-Vorpommern und Schleswig-Holstein wird sie „Kommunalunternehmen" genannt, in Niedersachen, Thüringen und Brandenburg „kommunale Anstalt", in Nordrhein-Westfalen, Hessen und Rheinland-Pfalz nur „Anstalt des öffentlichen Rechts".[16] Im Folgenden wird aus Vereinfachungsgründen die kommunale rechtsfähige Anstalt des öffentlichen Rechts ausschließlich als Kommunalunternehmen bzw. KU bezeichnet. 119

1. Rechtsgrundlagen

Das Kommunalunternehmen ist im kommunalen Wirtschaftsrecht verankert. Neben Regie- und Eigenbetrieb sowie den privaten Rechtsformen wird den Kommunen eine weitere Gestaltungsalternative eröffnet. Folgende **Gesetze** sind insoweit maßgeblich: 120

Bayern: Art. 89 bis 91 GO Bay, Art. 49 und 50 KommZG Bay
Brandenburg: §§ 92, 94 und 95 BbgKVerf
Hessen: § 126a HGO
Mecklenburg-Vorpommern: §§ 70ff, 167a ff KV M-V
Niedersachsen: §§ 141ff NKomVG
Nordrhein-Westfalen: § 114a GO NW
Rheinland-Pfalz: §§ 86a und 86b GemO RhPf, §§ 14a und b ZwVG RhPf

---

4 GVBl. Bay S. 376.

5 Zu den Hintergründen der bayerischen Reform vgl. *Knemeyer* und *Schulz* in: *Kirchgäßner/Knemeyer/Schulz*, S. 9ff. und 18 ff; ein Erfahrungsbericht aus dem Landkreis Würzburg gibt *Schraml* in: *Ipsen*, S. 73ff.

6 § 114a GO NW; Gesetz zur Modernisierung von Regierung und Verwaltung in Nordrhein-Westfalen vom 15. Juni 1999 (1. ModernG NRW), GV NW S. 386; vgl. dazu *Lux*, NWVBl. 2000, S. 7 (11ff.) und *Menzel/Hornig*, ZKF 2000, S. 178ff. und 199 ff; zum GO-Reformgesetz 2007, GV NW S. 380 siehe u.a. *Hamacher*, NWVBl. 2008, S. 81ff., *Wurzel*, Der Landkreis, 2007, S. 576ff.

7 §§ 86 a, 86 b GemO RhPf; Viertes Landesgesetz zur Änderung kommunalrechtlicher Vorschriften vom 2. April 1998, GVBl. RhPf S. 108.

8 Gesetz über die kommunalen Anstalten des öffentlichen Rechts (Anstaltsgesetz – AnstG) vom 3.4.2001, GVBl. LA S. 136 zuletzt geändert durch Gesetz vom 17.6.2014 GVBl. LAS S. 288.

9 §§ 141ff NKomVG, Niedersächsisches Komunalverfassungsgesetz vom 17.12.2010, GVBl. Nds. S. 576; erstmals eingeführt wurde die kommunale Anstalt durch das Gesetz zur Änderung des kommunalen Wirtschaftsrechts vom 27. 1. 2003, GVBl. Nds. S. 36; vgl. dazu *Erdmann*, NdsVBl. 2003, S. 261ff., *Hogeweg*, Die kommunale Anstalt in Niedersachsen, 2007, *Hoppe/Nüßlein*, der gemeindehaushalt 2009, S. 112ff.

10 § 106a GO SH.

11 §§ 94ff. BbgKVerf; Gesetz zur Reform der Kommunalverfassung und zur Einführung der Direktwahl der Landräte sowie zur Änderung sonstiger kommunalrechtlicher Vorschriften (Kommunalrechtsreformgesetz – KommRRefG).

12 § 126a der Hessischen Gemeindeordnung (HGO) in der Fassung der Bek. v. 7.3.2005

13 §§ 70ff, 167 aff der Kommunalverfassung für das Land Mecklenburg-Vorpommern (Kommunalverfassung – KV M-V), Gesetz vom 13.7.2011, GVOBl. M-V S. 777; siehe dazu *Schwartz*, NordÖR 2011, S. 421, 425

14 §§ 76 aff der Thüringer Kommunalordnung (ThürKO) und §§ 43 f des Thüringer Gesetzes über die kommunale Gemeinschaftsarbeit (ThürKGG), eingeführt durch das Gesetz zur Änderung der Thüringer Kommunalordnung und anderer Gesetze vom 23.7.2013, GVBl. S. 194ff.; siehe dazu *Schraml/Gögercin*, ThürVBl. 2014, S. 85ff, *Leisner-Egensperger*, ThürVBl. 2014, S. 81ff.

15 Sächsischer Landtag, Drs. 5/11427, Gesetzentwurf vom 5.3.2013

16 Die nordrhein-westfälische „Verordnung über kommunale Unternehmen und Einrichtungen als Anstalt des öffentlichen Rechts" heißt jedoch – wie in Bayern – „Kommunalunternehmensverordnung – KUV", Verordnung vom 24. 10. 2001, GV NW S. 733.

Sachsen-Anhalt: Anstaltsgesetz[17]
Schleswig-Holstein: § 106a GO SH und §§ 19b ff. GkZ[18]
Thüringen: §§ 76a ff ThürKO und §§ 43 f ThürKGG

121 Die Bestimmungen der Kommunalgesetze werden ergänzt und konkretisiert durch **Verordnungen** über das Kommunalunternehmen, die jedoch noch nicht in allen Ländern mit der Rechtsform des Kommunalunternehmens vorliegen:

- **Bayern:** Verordnung über Kommunalunternehmen (KUV) vom 19.3.1998[19]
- **Niedersachen:** Verordnung über kommunale Anstalten (KomAnstVO) vom 18.10. 2013[20]
- **Nordrhein-Westfalen:** Verordnung über kommunale Unternehmen und Einrichtungen als Anstalt des öffentlichen Rechts (Kommunalunternehmensverordnung – KUV) vom 24.10.2001[21]
- **Rheinland-Pfalz:** Eigenbetriebs- und Anstaltsverordnung (EigAnVO) vom 5.10. 1999[22]
- **Sachsen-Anhalt**: Verordnung über die kommunalen Anstalten des öffentlichen Rechts (Anstaltsverordnung – AnstVO) vom 14.1.2004[23]
- **Schleswig-Holstein**: Landesverordnung über Kommunalunternehmen als Anstalt des öffentlichen Rechts (KUVO) vom 1.12.2008[24]

2. Rechtsnatur – Anstalts- und Gewährträgerschaft – Beteiligungen

a) Rechtsfähige Anstalt des öffentlichen Rechts

122 Das Kommunalunternehmen ist eine rechtsfähige Anstalt des öffentlichen Rechts.[25] Die **rechtsfähige Anstalt** stellt eine mit eigenem Stammkapital sowie eigenen Personal- und Sachmitteln ausgestattete öffentlich-rechtliche Organisationsform dar, durch die der Anstaltsträger ihm obliegende öffentliche Aufgaben erfüllt. Im Unterschied zur Körperschaft ist die Anstalt nicht mitgliedschaftlich organisiert, sie hat „Benutzer", keine Mitglieder.[26] Anders als Regie- oder Eigenbetrieb ist die Anstalt unmittelbar Träger von Rechten und Pflichten, kann selbst Eigentum und andere dingliche Rechte erwerben und ist im Prozess parteifähig. Soweit gesetzlich vorgesehen,[27] kann der Anstalt darüber hinaus eine eigene Satzungsgewalt und damit ein partielles Selbstverwaltungsrecht übertragen werden. Das Kommunalunternehmen als rechtsfähige Anstalt des öffentlichen Rechts ist daher – wie die Kommune selbst – Teil der mittelbaren Staatsverwaltung.[28]

123 Im Unterschied zu Körperschaften oder Personen- und Kapitalgesellschaften ist die Kommune aber nicht Mitglied oder Gesellschafter der Anstalt, sondern **Anstaltsträger**. Die für die Gewährleistung der Aufgabenerfüllung erforderliche Einflussnahme übt der Anstaltsträger in einem entsprechenden Repräsentativorgan der Anstalt – beim Kommunalunternehmen der Verwaltungsrat – aus. Die Anstalt fungiert damit als eine Art verselbständigter „Erfüllungsgehilfe" des Anstaltsträgers.

[17] Die Gemeindeordnung für das Land Sachsen-Anhalt enthält in §§ 116ff. nur einige wenige Bestimmungen zur „Anstalt des öffentlichen Rechts", z. B. in §§ 118, 123.
[18] Siehe dazu *Busch*, NordÖR 2005, S. 201ff. und *Storr*, NordÖR 2005, S. 94ff.
[19] GVBl. Bay S. 220, zuletzt geändert durch VO v. 12.10. 2001, GVBl. Bay S. 720.
[20] GVBl. Nds. S. 244.
[21] GV NW S. 733, zulezt geändert durch VO v. 17.12.2009, GV NW S. 963.
[22] GVBl. RhPf S. 373.
[23] GVBl. LA S. 38.
[24] GVOBl. Schl.-H S. 735, zuletzt geändert durch VO v. 27.11.2013, GVOBl. Schl.-H. S. 533
[25] Art. 89 Abs. 1 S. 1 GO Bay, § 94 BbgKVerf, § 141 Abs. 1 S. 1 NKomVG, § 114a Abs. 1 S. 1 GO NW, § 86a Abs. 1 S. 1 GemO RhPf, § 1 Abs. 1 S. 1 AnstG LA, § 106a Abs. 1 GO SH, § 126a Abs. 1 S. 1 HGO, § 70 Abs. 1 KV M-V, § 76a Abs. 1 S. 1 ThürKO.
[26] Ausf. dazu *Wolff/Bachof/Stober/Kluth*, S. 253ff., *Blessing*, S. 41ff.
[27] Art. 89 Abs. 2 S. 3 GO Bay, § 94 Abs. 4 S. 3 BbgKVerf, § 143 Abs. 1 S. 3 NKomVG, § 114a Abs. 3 S. 2 GO NW, § 86a Abs. 3 S. 2 GemO RhPf, § 3 S. 3 AnstG LA, § 106a Abs. 3 S. 2 GO SH, § 126a Abs. 3 S. 2 HGO, § 70 Abs. 4 S. 3 KV M-V, § 76a Abs. 2 S. 3 ThürKO.
[28] Siehe dazu *Detig*, S. 74f.

b) Anstaltsträgerschaft – Anstaltslast – Gewährträgerschaft

Das Kommunalunternehmen ist nicht als Körperschaft und damit nicht mitgliedschaftlich organisiert. Ursprünglich war die Rechtslage für Kommunalunternehmen dahingehend beschränkt, dass nur **eine Kommune** Anstaltsträger sein konnte. Anders als bei Zweckverbänden oder bei anderen spezialgesetzlich geregelten rechtsfähigen Anstalten konnte das Kommunalunternehmen meist nur von einer Kommune getragen werden.[29] Einen Ausweg eröffnete das Zweckverbandsrecht, so dass das KU – begründet von einem Zweckverband – mittelbar auch von mehreren Kommunen getragen werden kann.[30] In mehreren Reformgesetzen seit 2004 wurde diese als unbefriedigend empfundene Rechtslage geändert und das **„gemeinsame Kommunalunternehmen"** geschaffen.[31] 124

Ein Kommunalunternehmen kann nur von einer **Kommune**, nicht jedoch von einem Kommunalunternehmen selbst getragen werden. Ein KU kann also selbst kein Kommunalunternehmen gründen. Eine Holding-Struktur ist demzufolge nur dadurch möglich, dass eine Kommune mehrere KU gründet und diese kraft Unternehmenssatzung in ein Hierarchie-Verhältnis zueinander bringt.[32] 125, 126

Nachdem auf Zweckverbände die Vorschriften des Gemeindewirtschaftsrechts anwendbar sind, können Kommunalunternehmen jedoch auch von Zweckverbänden gegründet werden.[33] Im Wege der kommunalen Zusammenarbeit ist es also nicht ausgeschlossen, dass mehrere Kommunen einen Zweckverband gründen, dessen einzige Aufgabe in der Anstaltsträgerschaft für ein KU besteht („ausgehöhlter Zweckverband"). 127

Eng verbunden mit der Rechtsnatur ist die **Gewährträgerhaftung** des Anstaltsträgers. Die Gemeinde haftet für die Verbindlichkeiten des Kommunalunternehmens unbeschränkt, soweit nicht Befriedigung aus dessen Vermögen zu erlangen ist. Derartige Bestimmungen sehen die Kommunalgesetze Bayerns, Brandenburgs, Nordrhein-Westfalens, von Rheinland-Pfalz, Hessen und Sachsen-Anhalt vor.[34] Ausdrücklich verneint wird die Haftung der Gemeinde für Verbindlichkeiten des KU vom niedersächsischen und schleswig-holsteinischen Kommunalrecht.[35] In Mecklenburg-Vorpommern ist die Haftung der Gemeinde auf die Höhe des einzuzahlenden Stammkapitals beschränkt.[36] 128

Die Gewährträgerhaftung gegenüber Dritten ist das Spiegelbild zur **Anstaltslast.**[37] Eine Kommune ist im Innenverhältnis verpflichtet, die Existenz der Anstalt zu sichern. Sie muss gewährleisten, dass das KU seine Aufgaben nachhaltig erfüllen kann. Dies setzt eine angemessene Ausstattung mit Stammkapital voraus.[38] Eine Besonderheit bieten auch hier die niedersächsische und die schleswig-holsteinische Gemeindeordnung sowie die Kommunalverfassung Mecklenburg-Vorpommerns: Die Gemeinde unterstützt das KU bei der Erfüllung seiner Aufgaben mit der Maßgabe, dass ein Anspruch des KU gegen die Gemeinde oder eine sonstige rechtliche Verpflichtung der Gemeinde, dem KU Mittel zur Verfügung zu stellen, nicht besteht.[39] 129

Gewährträgerhaftung und Anstaltslast sind letztlich Ausfluss der den Kommunen kraft Gesetzes eingeräumten Möglichkeit, sich einer selbstständigen Organisationsform zur Erfüllung ihrer Aufgaben zu bedienen. Dies darf nicht dazu führen, dass sich die Kom- 130

---

29 Art. 89 Abs. 1 S. 1 GO Bay, §§ 94 Abs. 1 S. 1, 131 Abs. 2 BbgKVerf, § 141 Abs. 1 S. 1 NKomVG, § 114a Abs. 1 S. 1 GO NW, § 86a Abs. 1 S. 1 GemO RhPf, § 1 Abs. 1 S. 1 AnstG LA, § 106a Abs. 1 S. 1 GO SH, § 126a Abs. 1 S. 1 HGO, § 76a Abs. 1 S. 1 ThürKO.

30 Siehe dazu *Lindt*, KommP spezial, S. 76, 77.

31 Siehe unten Rn. 239aff.

32 Ausf. dazu *Schulz*, Art. 89 GO Bay, Erl. 1.5.

33 So z. B. in Bayern Art. 40 Abs. 1 S. 1 KommZG Bay.

34 So oder ähnlich z. B. Art. 89 Abs. 4 GO Bay, § 94 Abs. 5 BbgKVerf, § 114a GO NW, § 86a GemO RhPf, § 4 S. 1 AnstG LA, § 126a Abs. 4 S. 1 HGO.

35 § 144 Abs. 2 S. 2 NKomVG, § 9 S. 2 KUVO SH.

36 § 70 Abs. 7 S. 2 KV M-V.

37 Vgl. dazu auch *Hellermann* in: *Hoppe/Uechtritz/Reck*, § 7, Rn. 73, sowie *Schulz*, Art. 89, Ziff. 4.

38 § 9 KUV Bay, § 9 KUV NW, § 29 EigAnVO RhPf, § 4 S. 2 AnstG LA, § 4 Abs. 1 KomAnstVO Nds.

39 § 144 Abs. 1 NKomVG, § 106a Abs. 4 GO SH, § 70 Abs. 6 KV M-V.

munen ihrer Verantwortung durch schlichte Ausgliederung der Aufgaben entledigen. Jedenfalls im Bereich kommunaler Pflichtaufgaben muss die Kommune als Anstaltsträger daher deren Erfüllung ungeachtet von Liquiditätsschwierigkeiten der Anstalt stets sicherstellen. Ein nennenswerter Nachteil gegenüber den Organisationsformen des privaten Gesellschaftsrechts erwächst dem Kommunalunternehmen dadurch aber nicht. Bedient sich die Kommune einer Kapitalgesellschaft zur Erfüllung ihrer Pflichtaufgaben, trifft sie auch dort jedenfalls insoweit eine **Insolvenzabwendungspflicht**.[40]

131 Ob Gewährträgerhaftung und Anstaltslast im Bereich des kommunalen Wirtschaftsrechts von den **europarechtlichen Regelungen** zu staatlichen Beihilfen (Art. 106, 107 AEUV) überlagert werden, bleibt abzuwarten.[41] Für den Bereich der Sparkassen wurde die Gewährträgerhaftung und Anstaltslast von der EG-Kommission als wettbewerbsverzerrende und damit grundsätzlich gemeinschaftsrechtswidrige Beihilfe qualifiziert. Die Länder Niedersachsen und Schleswig-Holstein haben bereits auf diese Sicht der Dinge reagiert und explizit eine interne Haftung der Kommune abgelehnt oder generell auf eine entsprechende Regelung verzichtet. Allerdings ist zu beachten, dass das Beihilfeverbot des Art. 107 AEUV überhaupt nur dann zur Anwendung kommt, wenn die Gewährung kommunaler Mittel den Wettbewerb verfälscht oder zu verfälschen droht *und* der Handel zwischen den Mitgliedstaaten beeinträchtigt wird, indem etwa Ausfuhren erleichtert oder Einfuhren erschwert werden.[42] Insoweit bestehen aber erhebliche Unterschiede zwischen dem international verflochtenen Finanzsektor und der in der Regel lokal oder regional begrenzten kommunalwirtschaftlichen Tätigkeit außerhalb des Sparkassenwesens. Darüber hinaus enthält das Europarecht selbst in Art. 106 Abs. 2 AEUV eine Ausnahme für den Bereich der Daseinsvorsorge, so dass jedenfalls in diesem – freilich nicht abschließend abgrenzbaren, weil im Fluss befindlichen – Bereich die Gewährträgerhaftung weiter Bestand haben dürfte. Die Thüringer Kommunalordnung hat die Gewährträgerhaftung unter dem Vorbehalt der Vereinbarkeit mit dem europäischen Beihilferecht gestellt.[43] Gegen die Anwendbarkeit des europäischen Beihilferechts auf die Gewährträgerhaftung spricht jedoch, dass die Kommune – wie beim Regie- und Eigenbetrieb – hier lediglich eine Organisationsentscheidung getroffen hat. Die – letztlich formale – Tatsache, dass mit dem Kommunalunternehmen eine selbständige Rechtsperson geschaffen wurde, ist materiellrechtlich ohne Bedeutung und kann damit beihilferechtlich nicht von Belang sein: Das Kommunalunternehmen rückt in seinem Unternehmensgegenstand uneingeschränkt an die Stelle der Kommune. Für die Anwendbarkeit des Beihilferechts ist somit kein Raum.

c) Kaufmannseigenschaft

132 Ein Kommunalunternehmen muss in das Handelsregister eingetragen werden, wenn es ein Handelsgewerbe betreibt und somit **Kaufmann** ist (§ 1 HGB). Ein Handelsgewerbe betreibt jeder Gewerbebetrieb, es sei denn, dass das Unternehmen nach Art und Umfang einen in kaufmännischer Weise eingerichteten Geschäftsbetrieb nicht erfordert. Nach § 8 Abs. 1 KUV Bay ist der Vorstand zur Anmeldung beim Registergericht und zur Vorlage der kommunalrechtlich notwendigen Zustimmungsbeschlüsse gemäß § 33 HGB verpflichtet.[44]

133 Das Vorliegen eines Gewerbebetriebes setzt zwingend voraus, dass **Gewinnerzielungsabsicht** besteht.[45] Dabei kommt es nur auf die Absicht an und nicht darauf, ob tatsächlich Gewinne erzielt werden. Öffentliche Unternehmen sind insoweit nicht privile-

---

40 Näher dazu *Gaß*, S. 79f.

41 Ausf. zu den europarechtlichen Rahmenbdingungen kommunaler Unternehmen *Beyer*, in: *Wambach*, S. 65ff. sowie Kapitel B. Rn. 1ff.; kritisch *Hofmann-Hoeppel*, KommP spezial 2008, S. 61, 66f., *Püttner*, in: *Püttner*, S. 501, und *Waldmann*, NVwZ 2008, S. 284, 285.

42 Darauf weist auch *Ehlers*, ZHR 167 (2003), S. 546 (574) hin.

43 § 76a Abs. 5 S. 1 und 2 ThürKO

44 Entsprechendes gilt für das gemeinsame Kommunalunternehmen; trotz des Wortlautes des § 8 Abs. 1 KUV Bay sind auch in Bayern nicht alle KU unabhängig von der Kaufmannseigenschaft einzutragen.

45 Siehe zum Begriff des Handelsgewerbes *Koller/Roth/Morck*, HGB, § 1 Rn. 1ff.

giert. Bei der Erledigung hoheitlicher Aufgaben wird es jedoch in der Regel an der Gewinnerzielungsabsicht fehlen. Dies gilt insbesondere für Unternehmen, die dem kommunalen Abgabenrecht (z. B. Abfallwirtschaft, Wasser, Abwasser) unterliegen und kostendeckende Entgelte kalkulieren müssen. Ohne Gewinnerzielungsabsicht wirtschaften auch Einrichtungen mit gemeinnützigen Zwecken. Mit Gewinnerzielungsabsicht betrieben werden hingegen in der Regel Energieversorgungsunternehmen, Krankenhäuser, Alten- und Pflegeheime, soweit Letztere nicht gemeinnützig sind. Ein Gewerbebetrieb stellt auch das Halten einer Beteiligung im Rahmen einer Holding-Konstruktion dar.

Gemäß § 33 Abs. 1 HGB ist das KU vom Vorstand zur **Eintragung ins Handelsregister** anzumelden. Der Anmeldung sind die Unternehmenssatzung und die Urkunden über die Bestellung des Vorstandes in Urschrift oder in öffentlich beglaubigter Abschrift beizufügen (§ 33 Abs. 2 HGB). Problematisch könnten Satzungsbestimmungen sein, die in Anlehnung an die Verordnungen über das KU vorsehen, dass das KU vom vorsitzenden Mitglied des Verwaltungsrates vertreten wird, wenn noch kein Vorstand vorhanden ist oder der Vorstand handlungsunfähig ist.[46] Möglicherweise erachtet das Registergericht diese Regelung als zu unbestimmt. Eintragungsfähig wird das KU aber jedenfalls dadurch, wenn diese Bestimmung nicht in die Unternehmenssatzung aufgenommen wird. Aufgrund der jeweiligen landesrechtlichen Verordnung gilt die Vertretungsregelung auch ohne Verankerung in der Unternehmenssatzung. Für die Anmeldung und Eintragung in das Handelsregister hat das KU die gesetzlich vorgeschriebenen Gebühren zu entrichten und die notwendigen Auslagen zu erstatten. 134

d) Beteiligung Privater am Kommunalunternehmen

Eine **Beteiligung Privater** ist beim Kommunalunternehmen grundsätzlich nicht möglich.[47] Anders als bei den Zweckverbänden[48] sieht dies das kommunale Wirtschaftsrecht nicht vor.[49] 135

Zulässig ist jedoch die **„typische stille Beteiligung"** eines Privaten im Sinne der §§ 230ff. HGB.[50] Der (typische) stille Gesellschafter leistet lediglich eine Einlage. Diese Beteiligung ändert nichts an der Gewährträgerschaft der Kommune und den kommunalrechtlichen Zuständigkeitsregelungen. Die Einlage begründet keine Einflussmöglichkeit auf die Geschäftsführung des KU, sondern stellt lediglich ein „qualifiziertes Kreditverhältnis" dar.[51] Eine stille Beteiligung ist jedenfalls dann zulässig, wenn dem Gesellschafter keine unternehmerischen Rechte eingeräumt werden, die das Unternehmen an der eigenverantwortlichen Erfüllung seiner Aufgaben hindern könnten.[52] 136

Problematisch erscheint vor dem gegenwärtigen rechtlichen Hintergrund hingegen eine **atypische stille Beteiligung**, da Mitentscheidungsrechte die Organe des KU in ihren Rechten beschneiden.[53] 137

Ob in Zukunft überhaupt ein Bedürfnis für eine unmittelbare Beteiligung Privater an Kommunalunternehmen besteht, wird von der Entwicklung und Verbreitung der Rechtsform abhängen. Dass eine private Beteiligung an Anstalten des öffentlichen Rechts zumindest aus rechtlicher Sicht als möglich und zulässig erscheint, zeigt das Modell der **Berliner Wasserbetriebe**, einer Anstalt des öffentlichen Rechts, an der eine Holding-AG als atypisch stille (Minderheits-)Gesellschafterin beteiligt ist.[54] 138

---

46 So z. B. § 2 Abs. 3 S. 2 KUV Bay.

47 A.a. *Waldmann*, NVwZ 2008, S. 284, 285; ausf. dazu *Blessing*, S. 92ff.

48 Siehe z. B. Art. 17 Abs. 2 S. 2 KommZG Bay, § 7 Abs. 3 NKomZG Nds., § 4 Abs. 2 S. 2 GkG NW, § 2 Abs. 2 ZwVG RP, § 6 Abs. 2 S. 2 GkG LA.

49 Kritisch dazu *Pauli*, BayVBl. 2008, S. 325, 326.

50 Ausf. dazu *Klein/Uckel/Ibler*, 31.40, Erl. 1.2.3, zur stillen Gesellschaft allg. siehe *Koller/Roth/Morck*, HGB, §§ 230ff.

51 Näher dazu *Gaß*, S. 118.

52 So zu Recht *Neusinger/Lindt*, BayVBl. 2002, S. 689 (694).

53 *Blessing*, S. 113, erachtet auch eine atypische stille Beteiligung für zulässig.

54 Vgl. dazu die Entscheidung des BerlVerfGH, NVwZ 2000, S. 794. Näher dazu *Gaß*, S. 119ff. m.w.N.

e) Beteiligungsfähigkeit

139 Das KU kann sich an anderen Unternehmen beteiligen, wenn es dem Unternehmenszweck dient. Dies schließt auch die Befugnis ein, selbst Tochter-Gesellschaften zu gründen. Voraussetzung für eine Beteiligung des KU an anderen Unternehmen ist jedoch, dass die allgemeinen Voraussetzungen über die Zulässigkeit wirtschaftlicher Betätigung erfüllt sind[55] und die **Unternehmenssatzung** eine Beteiligung zulässt.[56] Lediglich in Rheinland-Pfalz ist dies nicht möglich.[57]

140 Mit der Beteiligung an anderen Unternehmen wird damit auch die Möglichkeit der Kooperation mit Privatunternehmen eröffnet. Das KU eignet sich demzufolge für eine **Holdingstruktur** und für flexible Gestaltungen: Für Aufgaben, die sinnvollerweise mit einem privaten Partner erledigt werden, wird eine Tochter-Gesellschaft gegründet, an der sich das Privatunternehmen beteiligen kann. Andere, insbesondere hoheitliche Aufgaben, bleiben dagegen beim KU.[58] Auf diese Weise wird eine mittelbare Beteiligung Privater am KU ermöglicht.[59]

141 Das KU besitzt auf dem Gebiet der kommunalen Zusammenarbeit die gleiche Rechtsstellung wie die Kommune selbst. Sie unterliegt daher nicht den Beschränkungen, die für andere juristische Personen des öffentlichen Rechts gelten. Das KU kann daher Mitglied eines **Zweckverbandes** sein. Voraussetzung ist allerdings auch in diesem Fall, dass die Unternehmenssatzung eine derartige Aufgabenübertragung gestattet. Der Abschluss einer **Zweckvereinbarung** ist im Rahmen der übertragenen Aufgaben uneingeschränkt zulässig. Darüber hinaus ist ein KU befugt, Aufgaben zu übernehmen, die eng mit dem Unternehmensgegenstand zusammen hängen (Annexkompetenz) oder deren Wahrnehmung die ordnungsgemäße Erfüllung der satzungsmäßigen Aufgaben überhaupt erst ermöglicht. Diese Voraussetzung ist auch dann gegeben, wenn der Grundsatz der Wirtschaftlichkeit und Sparsamkeit eine stärkere Kapazitätsauslastung fordert.

142 Davon zu unterscheiden ist der Fall, dass sich eine Kommune bereits vor Gründung des KU an einem Zweckverband beteiligt hat. In diesen Fällen hat die Kommune die Aufgabe bereits abgegeben, so dass eine weitere Übertragung auf das KU ins Leere geht. Das KU übernimmt demnach nicht die Rechtsstellung der Kommune in diesem Zweckverband. Zweckverbandsmitglied bleibt die Kommune. Hat die Kommune nur einen Teil einer Aufgabe übertragen, so erhält das KU mit der Unternehmenssatzung allenfalls eine (Rest-)Zuständigkeit.[60]

3. Gründung und Auflösung

143 Die Gründung eines Kommunalunternehmens erfolgt entweder durch **Umwandlung** eines bereits bestehenden Regie- und Eigenbetriebs im Wege der Gesamtrechtsnachfolge oder durch **Neuerrichtung**. Rechtstechnisch ist der Erlass einer Unternehmenssatzung erforderlich. Auch eine Umwandlung kommunaler Eigen- oder Beteiligungsgesellschaften in Kommunalunternehmen ist mittlerweile kommunalrechtlich geregelt.[61]

---

[55] Vgl. dazu Kapitel C.

[56] Art. 89 Abs. 1 S. 2 GO Bay, § 94 Abs. 3 BbgKVerf, § 141 Abs. 3 NKomVG, § 114a Abs. 4 GO NW, § 1 Abs. 1 S. 3 AnstG LA, § 106a Abs. 1 S. 2 GO SH, § 126 a Abs. 3 S. 3 HGO, § 70 Abs. 3 KV M-V, § 76 a Abs. 1 S. 3 ThürKO.

[57] § 86a GemO RhPf enthält keine Bestimmung, die hierzu ermächtigt.

[58] So z. B. beim Kommunalunternehmen des Landkreises Würzburg, vgl. *Schraml*, in: *Riedmayer/Schraml*, S. 35f.

[59] Zur Einbindung des KU in privatrechtliche Konzernstrukturen am Beispiel Berlin siehe *Ehlers*, ZHR 167 (2003), S. 546 (557f.).

[60] Ebenso *Neusinger/Lindt*, BayVBl. 2002, S. 689 (694).

[61] Weiterhin ungeklärt ist demgegenüber die Umwandlung von Kommunalunternehmen in Rechtsformen des Privatrechts; siehe dazu *Pauli*, BayVBl. 2008, S. 325ff.

a) Umwandlung eines Regie- oder Eigenbetriebs

Die klassischen Formen wirtschaftlicher Betätigung einer Kommune sind der **Regie-** und der **Eigenbetrieb**. In beiden Fällen wurden innerhalb des Hoheitsträgers Betriebe geschaffen, die eine teilweise rechtliche, in jedem Fall aber faktische Eigenständigkeit erlangt haben. Die Umwandlung eines derartigen Betriebes erfordert seine klare Abgrenzung von der sonstigen Verwaltung. Dem Beschluss zur Umwandlung ist demnach eine Eröffnungsbilanz zu Grunde zu legen. Liegt die Eröffnungsbilanz zum Zeitpunkt des Entstehens des KU nicht vor, so ist über diese gesondert zu beschließen.[62] 144

Beim **Eigenbetrieb** besteht bereits außerhalb der eigenen Verwaltung ein Sondervermögen mit eigener Wirtschaftsführung. Mit dem jeweiligen Jahresabschluss bzw. einer gesondert zu erstellenden Zwischenbilanz ist damit der Unternehmensgegenstand hinreichend definiert. Der Kommune bleibt es freilich unbenommen, einzelne Bestandteile des bisherigen Betriebes von der Umwandlung auszuklammern. In diesem Fall ist im Rahmen einer Eröffnungsbilanz der Unternehmensgegenstand abzugrenzen. 145

Von Bedeutung ist dies insbesondere aufgrund der **Grunderwerbsteuerpflicht**.[63] Sind Grundstücke Bestandteil des Betriebsvermögens, so führt der Umwandlungsvorgang zur Grunderwerbsteuerpflicht. Eine Ausnahme gilt nur für Erwerb eines Grundstücks durch eine juristische Person des öffentlichen Rechts, wenn das Grundstück anlässlich des Übergangs von öffentlich-rechtlichen Aufgaben übergeht und nicht überwiegend einem Betrieb gewerblicher Art dient.[64] Da beispielsweise Krankenhäuser oder Altenheime einen Betrieb gewerblicher Art darstellen, würde bei der Umwandlung solcher Einrichtungen in ein KU in einem erheblichen Umfang Grunderwerbsteuer anfallen. Die Kommune kann dies vermeiden, indem sie die Grundstücke aus dem Betriebsvermögen herauslöst und sie im Rahmen eines Pacht- oder Nutzungsvertrages dem neuen KU zur Verfügung stellt. 146

Sollen **Regiebetriebe** umgewandelt werden, so steht man vor der Schwierigkeit, dass ein von der sonstigen Verwaltung abgegrenztes Sondervermögen nicht besteht. Vor der Umwandlung in ein Kommunalunternehmen ist daher gemäß den für alle Kaufleute geltenden Vorschriften des HGB eine Eröffnungsbilanz aufzustellen.[65] Es empfiehlt sich, bereits bei der Beschlussfassung über die Gründung des KU eine detaillierte Vermögensübersicht vorzulegen. 147

Die Umwandlung selbst erfolgt nach der jeweils einschlägigen kommunalrechtlichen Vorschrift.[66] Die kommunalrechtlichen Umwandlungsvorschriften wurden erforderlich, weil § 168 des Umwandlungsgesetzes (UmwG) die **Umwandlung** in eine Anstalt des öffentlichen Rechts nicht erfasst. Die Länder haben damit die Ermächtigung in § 1 Abs. 2 UmwG genutzt und vergleichbare Bestimmungen in ihre Kommunalgesetze aufgenommen. 148, 149

Mit der Umwandlung eines Regie- oder Eigenbetriebs tritt das neu gegründete KU in alle Rechte und Pflichten des bisherigen Betriebes ein. Diese **Gesamtrechtsnachfolge** erfolgt kraft Gesetzes, so dass es keiner gesonderten Übertragungsakte bedarf. Werden Grundstücke in einer Unternehmenssatzung aufgeführt, so bedarf es für den Übergang keiner notariellen Beurkundung. Beurkundungspflichtig ist jedoch gemäß § 15 Abs. 4 S. 1 und Abs. 3 GmbHG die Übertragung von GmbH-Anteilen. 150

Im Rahmen der Gesamtrechtsnachfolge tritt das Kommunalunternehmen in alle Rechte und Pflichten der im Zeitpunkt des Übergangs bestehenden **Arbeitsverhältnisse** 151

---

[62] So ausführlich § 7 KUV Bay und § 7 KUV NW.

[63] Zur Grunderwerbsteuer siehe Kapitel G. Rn. 251ff.

[64] § 4 Ziff. 1 GrEStG.

[65] So z. B. § 7 KUV Bay, § 7 KUV NW, § 8 KUVO SH.

[66] Art. 89 Abs. 1 S. 1 GO Bay, § 94 Abs. 1 BbgKVerf, § 141 Abs. 1 NKomVG, § 114a Abs. 1 S. 1 GO NW, § 86a Abs. 1 S. 1 GemO RhPf, § 1 Abs. 1 S. 1 AnstG LA, § 126a Abs. 1 S. 1 HGO, § 70 Abs. 2 KV M-V, § 76a Abs. 1 S. 2 und Abs. 3 ThürKO; in der Regel gilt das Umwandlungsgesetz (teilweise) analog.

und damit in die arbeitsvertragliche Position der Kommune als früherer Arbeitgeber ein.[67] Unterliegt das Kommunalunternehmen mangels Mitgliedschaft in einem kommunalen Arbeitgeberverband nicht der Tarifbindung, werden die bislang tarifvertraglichen Regelungen Bestandteil der einzelnen Arbeitsverträge.[68] Durch die Mitgliedschaft des Kommunalunternehmens in der jeweiligen Zusatzversorgungskasse der Kommunen wird die Problematik der Bildung von Rückstellungen für Versorgungslasten vermieden.

152 Das Kommunalunternehmen ist eine Dienststelle im Sinne der einschlägigen Personalvertretungsgesetze der Länder, so dass in dem neuen Unternehmen ein **Personalrat** zu bilden ist. Wird in Bayern ein Regie- oder ein Eigenbetrieb in ein KU umgewandelt, so sieht Art. 27a BayPVG eine Übergangsregelung vor. Der Personalrat übernimmt die Funktion eines Übergangspersonalrates für das neue Unternehmen, bis sich dort der neue Personalrat konstituiert hat, längstens jedoch für zwölf Monate. Erfolgt keine Personalratswahl im KU, so erlischt das Mandat des Personalrats mit der regulären Wahl eines neuen Personalrates der Kommune. Die gleichen Grundsätze dürften wegen der Gesamtrechtsnachfolge – zur Vermeidung einer vertretungslosen Zeit zumindest bis zur Neuwahl eines Personalrates – auch in den übrigen Ländern jedenfalls dann gelten, wenn der Betrieb als organisatorische Einheit unverändert auf das Kommunalunternehmen übergeht.

153 Insgesamt empfiehlt sich in diesem Zusammenhang der Abschluss eines **Personalüberleitungsvertrags** zwischen der Kommune und dem Kommunalunternehmen, in dem im Interesse der Rechtssicherheit die maßgeblichen Fragen der Personalüberleitung geregelt werden.

154 Besitzt das Kommunalunternehmen Dienstherrenfähigkeit, sind die bisher bei der Kommune für den Regie- oder Eigenbetrieb tätigen **Beamten** gemäß Landesrecht vom Kommunalunternehmen zu übernehmen.

Übt das Kommunalunternehmen keine hoheitlichen Befugnisse aus und ist daher nicht dienstherrenfähig, besteht die Möglichkeit einer Zuweisung nach § 20 BeamtStG. Eine Zustimmung des Beamten ist nicht erforderlich, wenn dringende öffentliche Interessen die Zuweisung erfordern.[69] Sowohl Übernahme als auch Zuweisung lassen den bisher erreichten beamtenrechtlichen Status unberührt.[70]

155 Das Kommunalunternehmen entsteht grundsätzlich am Tag nach der Bekanntmachung der Unternehmenssatzung, wenn nicht in dieser Satzung ein späterer Zeitpunkt vorgesehen ist. Anders als etwa die GmbH entsteht das Kommunalunternehmen damit in einem Akt, so dass die im Gesellschaftsrecht geltenden Regelungen über die **Vorgesellschaft** keine Anwendung finden können.[71] Rechtsgeschäfte, die vor Entstehung des Kommunalunternehmens im Rahmen des umzuwandelnden Betriebs abgeschlossen werden, berechtigen und verpflichten daher unmittelbar die Kommune und gehen erst mit Entstehung des Kommunalunternehmens im Wege der Gesamtrechtsnachfolge auf dieses über.

b) Umwandlung von Eigen- oder Beteiligungsgesellschaften

156 Eine direkte **Umwandlung** von kommunalen Eigen- oder Beteiligungsgesellschaften in der Rechtsform einer GmbH oder einer Aktiengesellschaft in ein Kommunalunternehmen ist im Umwandlungsgesetz nicht vorgesehen. Auch die meisten Kommunalgesetze enthalten hierzu keine Regelungen. Eine derartige Umstrukturierung im Wege der Gesamtrechtsnachfolge kann nach aktueller Rechtslage nur durch zwei hintereinander geschaltete Umwandlungsvorgänge erreicht werden.[72] Im Übrigen bleibt lediglich

---

[67] Dies wird teilweise aus dem Institut der Gesamtrechtsnachfolge oder aus einer direkten oder analogen Anwendung von § 613a BGB gefolgert, vgl. *Ehlers*, ZHR 167 (2003), S. 546 (569) m. w. N.; zu Fragen des Beamten- und Arbeitsrechts siehe Kap. F.

[68] Bei direkter oder analoger Anwendung von § 613a BGB dürfen diese Regelungen nach dessen Abs. 1 S. 2 nicht vor Ablauf eines Jahres geändert werden.

[69] In Bayern folgt dies bereits aus Art. 90 Abs. 5 S. 2 GO Bay; zu § 20 BeamtStG siehe *Reich*, § 20.

[70] Ausf. zum Beamten- und Arbeitsrecht Kapitel F.

[71] *Klein/Uckel/Ibler*, 32.00; Ehlers, ZHR 167 (2003), S. 546 (556).

[72] *Gaß*, S. 298f.

die Möglichkeit der Übertragung des Gesellschaftsvermögens durch Einzelrechtsakte. Aufgrund der Komplexität dieser Verfahren ist die Umwandlung von kommunalen Gesellschaften in Kommunalunternehmen auf diesem Weg derzeit aber kaum zu erwarten.[73]

Spezielle kommunalrechtliche Umwandlungsvorschriften existieren mittlerweile in **156a**
Bayern, in **Brandenburg,** in **Hessen,** in **Thüringen** und in **Niedersachsen**.[74] Kapitalgesellschaften, an den ausschließlich eine Kommune beteiligt ist, können durch Formwechsel in ein KU umgewandelt werden.[75] Der Formwechsel setzt den Erlass einer Unternehmenssatzung und einen sich darauf beziehenden Umwandlungsbeschluss der formwechselnden Gesellschaft voraus. Die Umwandlung richtet sich im Wesentlichen nach Umwandlungsrecht. Die Umwandlung wird wirksam, wenn sie in das Handelsregister eingetragen wurde und die Unternehmenssatzung in Kraft getreten ist. Mit dem speziellen kommunalen Umwandlungsrecht wurde in den genannten Bundesländern eine Gesetzeslücke geschlossen und der Weg für die Errichtung weiterer Kommunalunternehmen frei gemacht.

c) Neuerrichtung

Die Neuerrichtung eines Kommunalunternehmens erfolgt durch Erlass und **157**
Bekanntmachung einer entsprechenden **Unternehmenssatzung**. Die im Gesellschaftsrecht anwendbaren Vorschriften über die Vorgründungs- und Vorgesellschaft gelten auch hier weder unmittelbar noch entsprechend. In Brandenburg[76], Nordrhein-Westfalen[77], Rheinland-Pfalz[78] und Sachsen-Anhalt[79] ist vor der Neugründung eines Kommunalunternehmens die Durchführung einer Wirtschaftlichkeits- oder Marktanalyse bzw. eines Branchendialogs vorgeschrieben.

d) Unternehmenssatzung

Rechtstechnisch erfolgt die Gründung eines Kommunalunternehmens durch die **158**
Bekanntmachung der Unternehmenssatzung.[80] In ihr werden die Rechtsverhältnisse des Unternehmens geregelt. Die Kommune behält auch nach der Gründung des KU diese Regelungskompetenz, diese geht nicht auf ein Unternehmensorgan über. Die zuständigen Gremien der Kommune bleiben somit „Herr" über das Unternehmen.

Die Unternehmenssatzung ist vom Anstaltsträger nach den allgemeinen kommunal- **159**
rechtlichen Bestimmungen zu erlassen. Aufgrund der Tragweite der Entscheidung hat das Kommunalgremium selbst den **Beschluss** über die Satzung zu fassen, eine Übertragung auf einen beschließenden Ausschuss kommt nicht in Betracht. Die Satzung wird vom Bürgermeister, Landrat etc. ausgefertigt und bekannt gemacht. Das Kommunalunternehmen entsteht am Tag nach der **Bekanntmachung**, wenn nicht in der Unternehmenssatzung ein späterer Zeitpunkt bestimmt ist.[81] Wie der Wortlaut der einschlägigen Vorschriften zeigt, kann die Unternehmenssatzung nicht rückwirkend in Kraft gesetzt werden. Sondervorschriften gelten in Bayern für die Umwandlung einer Kapitalgesellschaft in ein (gemeinsames) KU. Hier entsteht das KU erst mit dessen Eintragung oder – wenn es nicht eingetragen wird – mit der Eintragung der Umwandlung.[82]

---

73 Ausf. dazu *Gaß*, S. 309ff.

74 Art. 89 Abs. 2a GO Bay, § 94 Abs. 1 BbgKVerf, § 141 Abs. 1 S. 4 bis 6 NKomVG, § 70 Abs. 2 S. 1 KV M-V, § 76a Abs. 3 ThürKO.

75 Ausf. dazu *Schulz,* Art. 89, Ziff. 1.4.

76 § 92 Abs. 3.

77 § 107 Abs. 5 GO NW.

78 § 92 Abs. 1 GemO RhPf.

79 § 123 Abs. 1 GO LA.

80 In Brandenburg „Anstaltssatzung", § 94 Abs. 2 BbgKVerf.

81 Art. 89 Abs. 3 S. 4 GO Bay, § 94 Abs. 2 S. 3 BbgKVerf. In den übrigen Bundesländern tritt die Unternehmenssatzung nach den allgemeinen kommunalrechtlichen Vorschriften in Kraft.

82 Art. 89 Abs. 2a S. 6 GO Bay, Art. 49 Abs. 5 S. 3 KommZG Bay.

160 Anders als der Gesellschaftsvertrag einer GmbH bedarf es keiner (kostenpflichtigen) notariellen Beurkundung. Die Errichtung eines Kommunalunternehmens verursacht daher grundsätzlich keine **Gründungskosten**.

161 Gesetze und Verordnungen schreiben bestimmte **Mindestinhalte** für die Satzung vor:

162 So ist es in **Bayern**[83], **Thüringen**[84] und **Brandenburg**[85] gesetzlich zwingend erforderlich, dass die Unternehmenssatzung Bestimmungen über den Namen und die Aufgaben des Unternehmens, die Anzahl der Mitglieder des Vorstands und des Verwaltungsrates sowie die Höhe des Stammkapitals enthält. Darüber hinaus verlangen die Verordnungen über das Kommunalunternehmen Regelungen über die Geschäftsordnung des Verwaltungsrates und des Vorstands (falls dieser aus mehr als einer Person besteht), die Entschädigung der Verwaltungsratsmitglieder sowie über die Beschlussfähigkeit des Verwaltungsrates. Ähnliche Regelungen gelten in **Mecklenburg-Vorpommern**[86] und **Schleswig Holstein**.[87]

163 Die Unternehmenssatzung der kommunalen Anstalt in **Niedersachsen**[88] und **Sachsen-Anhalt**[89] muss Bestimmungen über den Namen und den Zweck des Unternehmens, die Anzahl der Mitglieder des Verwaltungsrates und die Höhe des Stammkapitals enthalten.

164 **Nordrhein-Westfalen**[90] verlangt Satzungsbestimmungen über den Namen und die Aufgaben des KU, die Anzahl der Vorstands- und Verwaltungsratsmitglieder, die Höhe des Stammkapitals, die Wirtschaftsführung, die Vermögensverwaltung, die Rechnungslegung, die Geschäftsordnung des Verwaltungsrates und des Vorstands sowie über die Beschlussfähigkeit des Verwaltungsrates. Ähnliche Regelungen gelten in **Hessen**.[91]

165 In **Rheinland-Pfalz**[92] muss die Unternehmenssatzung nähere Bestimmungen über den Namen und die Aufgaben sowie die Organe der Anstalt, insbesondere über die Zahl der Mitglieder, deren Bestellung, Amtsdauer und Aufgaben enthalten.

166 Neben diesen rechtlich zwingenden Inhalten kann die Kommune **fakultativ weitere Regelungen** treffen:

- Beteiligung des KU an anderen Unternehmen[93]
- Verteilung der Zuständigkeiten der Organe[94]
- Weisungs- und Zustimmungsrechte der Kommune gegenüber den Organen des KU[95]
- Vertretungsregelung bei einem Vorstand, der aus mehreren Personen besteht[96]

167 Den Kommunen eröffnet sich daher ein weiter Spielraum für die Gestaltung der Unternehmenssatzung, so dass eine ideale Anpassung der Unternehmensstruktur an die vom Kommunalunternehmen zu erfüllende Aufgabe möglich wird.

---

83 Art. 89 Abs. 3 S. 2 GO Bay, § 2 Abs. 2 S. 3 und § 5 KUV Bay; Sonderregelungen gelten beim gemeinsamen KU, Art. 50 Abs. 2 KommZG Bay.

84 § 76 a Abs. 4 S. 2 ThürKO

85 § 94 Abs. 2 S. 2 BbgKVerf.

86 § 70 Abs. 5 KV M-V

87 § 106 a Abs. 2 GO SH, § 6 KUVO SH; siehe auch Mustersatzung für Schleswig-Holstein, Bek. des Innenministeriums vom 31. 10. 2008, Abl. S. 1019.

88 § 142 NKomVG.

89 § 2 AnstG LA.

90 § 114a Abs. 2 GO NW, § 5 KUV NW.

91 § 126 a Abs. 2 S. 2 HGO.

92 § 86a Abs. 2 GemO RhPf.

93 Z. B. Art. 89 Abs. 1 S. 2 GO Bay, § 141 Abs. 3 S. 1 NKomVG, § 114a Abs. 4 GO NW, § 1 Abs. 1 S. 3 AnstG LA, § 126 a Abs. 3 S. 3 HGO, § 70 Abs. 3 KV M-V, § 76 a Abs. 1 S. 3 ThürKO.

94 Z. B. Art. 90 Abs. 1 S. 1 GO Bay, § 145 Abs. 2 S. 1 NKomVG, § 114a Abs. 6 S. 1 GO NW, § 5 Abs. 2 S. 1 AnstG LA, § 126 a Abs. 5 S. 1 HGO, § 70 a Abs. 2 S. 1 KV M-V, § 76 b Abs. 1 S. 1 ThürKO; dazu sogleich Rn. 195ff.

95 Z. B. Art. 90 Abs. 2 S. 5 GO Bay, § 95 Abs. 2 S. 3 BbgKVerf, § 145 Abs. 3 S. 5 NKomVG, § 114a Abs. 7 S. 6 GO NW, § 86 b Abs. 2 S. 2 GemO RhPf, § 5 Abs. 3 S. 5 AnstG LA, § 126 a Abs. 6 S. 4 und 6 HGO; vgl. unten Rn. 223ff.

96 Z. B. § 3 Abs. 2 KUV Bay.

e) Auflösung und Abwicklung

So wie das KU durch den Erlass einer Unternehmenssatzung entsteht, wird es durch den gegenteiligen Akt, die **Aufhebung** dieser Satzung, aufgelöst. Auch diese Aufhebung erfolgt in Form einer Satzung, die nach den allgemeinen kommunalrechtlichen Bestimmungen bekannt zu machen ist. Die Entscheidung muss vom Kommunalgremium selbst getroffen werden. Eine Delegation auf einen (beschließenden) Ausschuss ist nicht zulässig.[97] 168

Das **Vermögen** eines aufgelösten KU geht im Wege der Gesamtrechtsnachfolge auf den Anstaltsträger über.[98] Es bedarf also weder einer rechtsgeschäftlichen Übertragung einzelner Vermögensgegenstände noch der rechtsgeschäftlichen Vertragsübernahme. Die Gesamtrechtsnachfolge gilt auch für die Beschäftigungsverhältnisse. Ist das KU Eigentümer von Grundstücken, so ist nach der Auflösung das Grundbuch zu berichtigen; eine Auflassung ist nicht erforderlich. 169

4. Aufgaben

a) Umfang der Aufgabenübertragung

Nach den weitgehend identischen gesetzlichen Vorschriften kann der Anstaltsträger dem KU einzelne oder alle mit einem bestimmten Zweck zusammenhängende Aufgaben ganz oder teilweise übertragen. Abgesehen von den allgemeinen Bestimmungen über die Zulässigkeit der kommunalen wirtschaftlichen Betätigung[99] hat der Gesetzgeber auf einschränkende Bestimmungen verzichtet. Er überlässt es der Entscheidung der Kommune, welche Aufgaben auf das KU übertragen werden sollen. Übertragen werden können demnach Pflichtaufgaben ebenso wie freiwillige Aufgaben, Aufgaben des eigenen Wirkungskreises ebenso wie solche des übertragenen.[100] In Brandenburg ist ausdrücklich normiert, dass die Übertragung auf Teile des „Anstaltsgebietes" beschränkt werden kann.[101] 170

Eine Beschränkung der Kommune ergibt sich auch nicht aus **Fachgesetzen**, die bestimmte Aufgaben einer „Gemeinde" oder einem „Landkreis" zuweisen. Eine Aufgabenübertragung wird dadurch nicht ausgeschlossen, da das Fachgesetz die Zuständigkeit nur einer bestimmten Verwaltungsebene zuordnet, ohne in deren Organisationsrecht einzugreifen. Werden beispielweise im Abfallrecht, in den ÖPNV-Gesetzen der Länder oder in den Ausführungsgesetzen zum Pflegeversicherungsrecht die kreisfreien Städte und Landkreis zu Aufgabenträgern bzw. zuständigen Behörden bestimmt, so schließt dies nicht aus, dass die jeweilige Kommune diese Aufgabe auf ein KU überträgt. 171

Dem KU können auch **mehrere Aufgaben** übertragen werden.[102] Die Kommune hat also die Möglichkeit ein KU mit mehreren Unternehmenssparten zu gründen (Spartenorganisation). Als Alternative steht ihr die Gründung mehrerer Kommunalunternehmen zur Verfügung. Sie kann jedoch auch das KU als Holding ausgestalten und die operativen Tätigkeiten auf Tochter-Gesellschaften übertragen (Holding-Organisation). Das KU bekommt in diesem Fall zwar kraft Unternehmenssatzung alle Aufgaben, gibt diese aber kraft Gesellschaftsvertrag zur Erfüllung weiter. Die Gründung eines eigenen „Tochter-KU" bleibt dem „Holding-KU" jedoch untersagt, da nur die Kommune selbst ein KU gründen darf. Für die Spartenorganisation spricht der geringere Gründungsaufwand und die bessere Übersichtlichkeit. Sie ist jedenfalls dann zu bevorzugen, wenn sich die Unternehmensbereiche weitgehend ähneln. Die Holding-Organisation schafft demgegenüber homogene Organisationseinheiten („Profitcenter"). Der Verwaltungsaufwand kann da- 172

---

97 Siehe dazu *Klein/Uckel/Ibler*, 37.40, Ziff. 2.1.
98 § 28 KUV Bay, § 28 KUV NW, § 38 EigAnVO RhPf.
99 Siehe hierzu Kapitel C.
100 Zur Wirtschaftsförderung in der Rechtsform des KU, siehe *Detig*, S. 164ff.
101 § 94 Abs. 4 S. 1 BbgKVerf.
102 A.A. *Bauer/Böhle/Ecker*, Art. 89 GO, Rn. 15.

durch minimiert werden, dass Querschnittsaufgaben (z.B. Personal-, Rechnungswesen, Controlling) unmittelbar durch die Holding wahrgenommen werden.

173 Eine **Sondervorschrift** für mehrere kommunale Betriebe existiert in Bayern[103], Nordrhein-Westfalen[104] und Schleswig-Holstein.[105] Die Versorgungs- oder Verkehrsbetriebe einer Kommune sollen die gleiche Rechtsform haben und, wenn sie ein Kommunalunternehmen sind, jeweils zu einem KU zusammengefasst werden. Versorgungs-, Verkehrsbetriebe und sonstige Unternehmen einer Kommune können zu einem einheitlichen oder verbundenen KU zusammengefasst werden.

174 Wird dem KU eine Aufgabe übertragen, so gehen damit grundsätzlich alle mit ihr zusammenhängenden **Befugnisse** auf das KU über. Wenn dennoch einzelne Befugnisse bei der Kommune verbleiben sollen, so bedarf es hierfür eines ausdrücklichen Vorbehalts in der Unternehmenssatzung.[106]

175 Mit der Aufgabenübertragung erhält das KU das Recht und die Pflicht, die übertragene Angelegenheit umfassend zu erledigen. Handelt es sich um einen Bereich der **Hoheitsverwaltung** (z.B. Abfallentsorgung), so ist das KU berechtigt, Verwaltungsakte zu erlassen und mit Verwaltungszwang durchzusetzen. Dies schließt auch den Erlass von Gebührenbescheiden ein.[107] Das KU ist zur Vollstreckung von Verwaltungsakten in demselben Umfang berechtigt wie die Kommune.[108] Eine besondere Satzungsbestimmung ist lediglich dann erforderlich, wenn dem KU das Recht eingeräumt werden soll, Satzungen und – soweit Landesrecht zu deren Erlass ermächtigt – auch Verordnungen für das übertragene Aufgabengebiet zu erlassen. Der Erlass von Abgabesatzungen durch das KU ist verfassungsrechtlich unbedenklich. Die kommunalrechtlichen Bestimmungen gewährleisten eine unmittelbare demokratische und rechtsstaatliche Legitimation.[109]

176 Einer differenzierteren Betrachtung bedarf es dann, wenn die Kommune dem KU nicht die Aufgabe selbst, sondern nur deren Erfüllung übertragen hat. In diesem Fall wäre das KU nur der **„Erfüllungsgehilfe“** der Kommune, die weiterhin öffentlich-rechtlich verantwortlich bliebe. Hierfür sieht das Kommunalrecht vor, dass die Kommune durch gesonderte Satzung einen Anschluss- und Benutzungszwang zugunsten des KU festlegen und das Unternehmen zu dessen Durchsetzung ermächtigen kann. Das KU erlässt dann die Verwaltungsakte und sorgt gegebenenfalls für deren zwangsweise Durchsetzung.

b) Dienstherrenfähigkeit[110]

177 Zur Erfüllung seiner Aufgaben kann das KU auch Beamte beschäftigen.[111]

178 In Bayern[112], Brandenburg[113], Nordrhein-Westfalen[114], Niedersachsen[115], Mecklenburg-Vorpommern[116], Thüringen[117] und Sachsen-Anhalt[118] ist dies jedoch nur dann möglich, wenn dem KU hoheitliche Aufgaben übertragen worden sind. Es genügt, wenn dem KU zumindest auch hoheitliche Tätigkeiten übertragen worden sind. Welche Aufgabe der jeweilige Beamte zu erfüllen hat ist ohne Belang. Es ist also durchaus möglich,

---

103 § 6 KUV Bay.
104 § 6 KUV NW.
105 § 7 KUVO SH.
106 A.A. BayVG Würzburg, U. v. 31.5.2006, W 2 K 05.1587: ausdrückliche Übertragung der Befugnisse erforderlich; offen gelassen wurde diese Frage von der Berufungsinstanz, BayVGH, U. v. 1.3.2007, 23 B 06.1892; siehe dazu *Hofmann-Hoeppel*, KommP spezial 2008, S. 61, 64ff.
107 Eine ausdrückliche Übertragung in der Unternehmenssatzung fordert § 113 c Abs. 2 GO Nds.
108 Art. 91 Abs. 4 GO Bay, §126a Abs. 11 HGO.
109 Ausf. dazu *Schulz*, Art. 89 GO Bay, Erl. 2.3.
110 Zur Übernahme bzw. Zuweisung von Beamten im Rahmen einer Umwandlung vgl. Rn. 154.
111 Zum Beamtenrecht siehe Kap. F.
112 Art. 90 Abs. 4 S. 1 GO Bay.
113 § 95 Abs. 3 BbgKVerf.
114 § 114a Abs. 9 S. 1 GO NW.
115 § 146 S. 1 NKomVG.
116 § 70 a Abs. 5 KV M-V.
117 § 76 b Abs. 4 S. 1 ThürKO
118 § 6 S. 1 AnstG LA.

dass einem KU Aufgaben auf dem Gebiet der Abfallwirtschaft und der Krankenversorgung übertragen worden sind, der Beamte jedoch ausschließlich für die kommunale Klinik tätig wird. Das rheinland-pfälzische Kommunalrecht überlässt es der jeweiligen Kommune, dem KU mit der Unternehmenssatzung Dienstherrenfähigkeit zu verleihen.[119]

5. Organe und Zuständigkeiten

Die Organe eines KU sind gesetzlich[120] festgelegt: Ein Vorstand und ein Verwaltungsrat sind für die Geschicke des KU verantwortlich.[121] Ergänzt werden diese gesetzlichen Bestimmungen durch Geschäftsordnungen.[122] **179**

Das KU ähnelt insoweit einer GmbH: Der Vorstand erhält weitgehende Handlungsbefugnisse – vergleichbar mit der Geschäftsführung einer GmbH. Der Verwaltungsrat entscheidet über strategische Angelegenheiten und kontrolliert den Vorstand – vergleichbar mit dem Aufsichtsrat einer GmbH. Da das KU nicht mitgliedschaftlich verfasst ist, nimmt der Verwaltungsrat zugleich die Funktion der Gesellschafterversammlung wahr. Einer gesonderten Betrachtung bedürfen die Einwirkungsmöglichkeiten der kommunalen Entscheidungsgremien. **180**

a) Vorstand

Das Kommunalunternehmen wird von einem Vorstand in eigener Verantwortung geleitet. **181**

aa) Natürliche Person. Vorstand eines KU kann nur eine **natürliche Person** sein. Juristische Personen können daher nicht zum Vorstand bestellt werden. **182**

Möglich bleibt freilich, die Beauftragung einer juristischen Person als **Managementgesellschaft**. Zwischen dem KU und der juristischen Person wird ein Managementvertrag geschlossen, in dem sich die Managementgesellschaft gegen Zahlung einer Vergütung verpflichtet, den Vorstand zu stellen. Ein Beschäftigter der Managementgesellschaft wird dann vom Verwaltungsrat zum Vorstand bestellt. Das Rechtsverhältnis zwischen dem Vorstand und dem KU wird dann in einem gesonderten Gestellungsvertrag geregelt.[123] **183**

bb) Vertretungsmacht. Der Vorstand ist das Organ, das das KU nach außen vertritt.[124] Diese Vertretungsmacht ist unbeschränkt und auch durch die Unternehmenssatzung nicht beschränkbar. Eine Ausnahme gilt für den Fall, dass noch kein Vorstand vorhanden ist oder dieser handlungsfähig ist. Das KU wird dann vom Vorsitzenden des Verwaltungsrates vertreten. Auch gegenüber den Vorstandsmitgliedern selbst, insbesondere beim Abschluss des Dienstvertrages, ist der Vorsitzende des Verwaltungsrates vertretungsberechtigt.[125] Besteht der Vorstand aus mehreren Personen, so sind – vorbehaltlich einer abweichenden Satzungsbestimmung – sämtliche Vorstandsmitglieder nur gemeinschaftlich zur Vertretung des KU befugt.[126] Der Vorstand selbst kann wiederum gemäß **184**

[119] § 86 b GemO RhPf.

[120] In Schleswig-Holstein erfolgt die Festlegung in der Verordnung, siehe §§ 2ff. KUVO.

[121] Art. 90 GO Bay, § 95 Abs. 1 BbgKVerf, § 145 NKomVG, § 114a Abs. 6 und 7 GO NW, § 86 b GemO RhPf, § 5 AnstG LA, § 126 a Abs. 5 und 6 HGO, § 70 a Abs. 1 KV M-V, § 76 b Abs. 1 und 2 ThürKO.

[122] Siehe z. B. § 5 Ziff. 2 KUV Bay, § 4 Ziff. 1 AnstVO LA; eine Muster-Geschäftsordnung für den Verwaltungsrat findet sich bei *Kein/Uckel/Ibler*, 33.15

[123] Dazu näher *Klein/Uckel/Ibler*, 33.11., Nr. 1.1.1.

[124] Art. 90 Abs. 1 GO Bay, § 95 Abs. 1 S. 2 BbgKVerf, § 145 Abs. 2 S. 2 NKomVG, § 114a Abs. 6 GO NW, § 86 b GemO RhPf, § 5 Abs. 2 AnstG LA, § 3 Abs. 1 S. 2 KUVO SH, § 126 a Abs. 5 S. 2 HGO, § 70 a Abs. 2 S. 2 KV M-V, § 76 b Abs. 1 S. 2 ThürKO.

[125] § 2 Abs. 3 KUV Bay, § 2 Abs. 3 KUV NW, § 4 Abs. 4 KUVO SH; in den anderen Ländern gibt es keine entsprechende Gesetzes- oder Verordnungsregelung.

[126] § 3 Abs. 2 KUV Bay, § 3 Abs. 2 KUV NW, § 3 Abs. 3 S. 1 KUVO SH; in Brandenburg ist bei einem Vorstand, der aus mehreren Personen besteht, eine Satzungsregelung zwingend, § 95 Abs. 1 S. 3 BbgKVerf; in den anderen Ländern gibt es keine entsprechende Gesetzes- oder Verordnungsregelung.

den allgemeinen zivilrechtlichen Bestimmungen den Beschäftigten des KU Vertretungsmacht – auch in der Form der Prokura gemäß §§ 48ff. HGB – erteilen.

185 **cc) Bestellung und Abberufung.** Der Vorstand wird bestellt vom Verwaltungsrat. Die Kommune hat daher keinen unmittelbaren Einfluss auf die personelle Besetzung des Vorstandes. Allerdings können in die **Unternehmenssatzung** entsprechende Regelungen über ein unverbindliches Vorschlagsrecht bis hin zu einer Weisungsbefugnis der Kommune gegenüber dem Verwaltungsrat im Rahmen der Bestellung von Vorstandsmitgliedern aufgenommen werden.

186 Der **Zeitraum** der Bestellung ist in Bayern, Niedersachsen, Nordrhein-Westfalen, Sachsen-Anhalt, Mecklenburg-Vorpommern, Thüringen und Schleswig-Holstein auf fünf Jahre beschränkt, wobei eine erneute Bestellung zulässig ist.[127] In Rheinland-Pfalz ist auch eine zeitlich unbeschränkte Bestellung möglich.

187 Die Kompetenz zur Bestellung des Vorstands umfasst auch das **Rechtsverhältnis des Vorstands zum KU**. In Betracht kommt ein zivilrechtliches, tarifliches oder außertarifliches Dienstverhältnis. Ist das KU dienstherrenfähig, so kann der Vorstand auch zum Beamten auf Zeit ernannt werden.

188 Die Amtszeit als Vorstand endet in der Regel mit Ablauf der gesetzlich oder – in Rheinland-Pfalz und Schleswig-Holstein – kraft Satzung normierten Amtsdauer. Daneben ist eine vorzeitige **Abberufung** des Vorstands zulässig, wenn ein hinreichend wichtiger Grund vorliegt. Dies folgt aus den allgemeinen kommunalrechtlichen Grundsätzen über die Abberufung von Funktions- und Amtsträgern.[128] Zur Rechtsklarheit empfiehlt sich die Aufnahme einer entsprechenden Regelung in die Unternehmenssatzung, wonach beispielsweise der Vorstand vom Verwaltungsrat kraft qualifiziertem Mehrheitsbeschluss bei Vorliegen eines wichtigen Grundes abberufen werden kann.

189 Die Abberufung betrifft allerdings lediglich die Organstellung des Vorstands. Davon zu unterscheiden ist das **Dienst- oder Anstellungsverhältnis** der betreffenden Person zum Kommunalunternehmen. Wurde der Anstellungsvertrag unter der auflösenden Bedingung des Fortbestandes der Organstellung als Vorstand abgeschlossen, endet das Anstellungsverhältnis automatisch mit dem Ablauf der Amtszeit oder der Abberufung als Vorstand, ohne dass es einer weiteren Kündigung bedarf. Soweit das Angestelltenverhältnis zeitlich auf die Amtsdauer des Vorstands befristet eingegangen wurde, kommt im Falle einer vorzeitigen Abberufung lediglich eine außerordentliche Kündigung des Angestelltenverhältnisses in Betracht. Fehlt eine zeitliche Befristung, muss das Angestelltenverhältnis ordentlich oder außerordentlich gekündigt werden. Handelt es sich um ein Beamtenverhältnis, ist eine Beendigung nur nach den restriktiven beamtenrechtlichen Regelungen möglich.

190 **dd) Bemessung der Vorstandsgehälter.** Die **Höhe** der Vorstandsgehälter ist in den Kommunalgesetzen nicht geregelt. Ist der Vorstand zum Beamten (auf Zeit) ernannt worden, so gelten die beamtenrechtlichen Bestimmungen, ansonsten das öffentliche Tarifwerk oder außertarifliche individuelle Vereinbarungen. Für die Höhe der Vorstandsgehälter gilt lediglich der allgemeine Grundsatz der Sparsamkeit und Wirtschaftlichkeit,[129] nicht jedoch das vergütungsrechtliche (engere) Angemessenheitsgebot.[130]

191 Zur Gewährleistung von Transparenz und Kontrolle sehen einige Kommunalgesetze vor, dass die Vorstandsbezüge im Sinne von § 285 Nr. 9 Buchst. a HGB veröffentlicht werden. In Bayern hat die Gemeinde darauf hinzuwirken, dass jedes Vorstandsmitglied vertraglich verpflichtet wird, die ihm im Geschäftsjahr jeweils gewährten Bezüge der

[127] Art. 90 Abs. 2 S. 2 GO Bay, § 95 Abs. 1 S. 6 BbgKVerf, § 145 Abs. 3 S. 2 NKomVG, § 114a Abs. 7 S. 2 GO NW, § 5 Abs. 3 S. 2 AnstG LA, § 4 Abs. 1 S. 2 KUVO SH, § 126a Abs. 6 S. 2 HGO, § 70a Abs. 3 S. 2 KV M-V, § 76 b Abs. 2 S. 2 ThürKO.

[128] Vgl. *Klein/Uckel/Ibler*, 33.11, Nr. 1.3.1.

[129] Z. B. Art. 61 Abs. 2 GO Bay, § 110 Abs. 2 NKomVG.

[130] Z. B. Art. 43 Abs. 4 GO Bay.

Gemeinde jährlich zur **Veröffentlichung** mitzuteilen.[131] In Niedersachsen ergibt sich die Veröffentlichungspflicht unmittelbar aus dem Gesetz,[132] in Sachsen-Anhalt enthält der Beteiligungsbericht Angaben über die Vorstandsbezüge.[133]

ee) Rechtsstellung. Die Rechtsstellung des Vorstands wird in Bayern, Nordrhein- 192
Westfalen und Schleswig-Holstein konkretisiert in den Verordnungen zum Kommunalunternehmen. Dabei wird besonders die **Auskunfts- und Berichtspflicht** gegenüber dem Verwaltungsrat und dem Anstaltsträger hervorgehoben.

Der Vorstand hat dem Verwaltungsrat in allen Angelegenheiten auf Anforderung Aus- 193
kunft zu geben und ihn über alle wichtigen Vorgänge rechtzeitig zu unterrichten.[134] Über die Abwicklung des Vermögens- und Erfolgsplans muss der Verwaltungsrat vierteljährlich schriftlich unterrichtet werden. Eine sofortige Berichtspflicht besteht bei Erfolg gefährdenden Mindererträgen oder Mehraufwendungen. Sind Verluste zu erwarten, so muss auch der Anstaltsträger vom Vorstand informiert werden.[135] Besteht der Vorstand aus mehreren Mitgliedern, so haben diese mit der Sorgfalt ordentlicher Geschäftsleute vertrauensvoll und eng zum Wohle des KU zusammenzuarbeiten.[136]

Bei einem **mehrköpfigen Vorstand** sind die einzelnen Mitglieder grundsätzlich 194
gleichberechtigt. Der Verwaltungsrat kann jedoch ein Hierarchie- oder Vertretungsverhältnis festlegen.

ff) Zuständigkeit. Der Vorstand ist das zentrale Organ des KU. Nach der Intention 195
der Gesetzgeber soll dem Vorstand grundsätzlich eine eigenständige und **eigenverantwortliche Leitungsfunktion** zukommen.[137] Seine Rechtsstellung geht damit erheblich über die des Werkleiters eines Eigenbetriebes oder des Leiters eines Regiebetriebes hinaus und ist am ehesten mit der des Vorstands einer AG vergleichbar. Die Kompetenzen des Vorstands werden nur durch das Gesetz und durch die Unternehmenssatzung konkretisiert bzw. beschränkt. Im Übrigen handelt der Vorstand eigenverantwortlich und unterliegt lediglich der Kontrolle des Verwaltungsrates.

In den Ländern **Bayern, Niedersachsen, Nordrhein-Westfalen, Sachsen-Anhalt,** 196
Thüringen, Hessen und Schleswig-Holstein werden die Kompetenzen des Vorstands kraft Gesetzes bzw. Verordnung beschränkt, indem dem Verwaltungsrat bestimmte grundsätzliche Angelegenheiten zur Entscheidung zugewiesen werden bzw. ein Zustimmungsvorbehalt zugunsten des Verwaltungsrates normiert wird.[138]

Im Übrigen und besonders in den Ländern Rheinland-Pfalz und Schleswig-Holstein 197
bleibt es den Kommunen überlassen, die Kompetenzen des Vorstands in der **Unternehmenssatzung** nach ihren Vorstellungen zu gestalten.[139] So kann die Kommune in der Unternehmenssatzung bestimmen, dass bestimmte Kompetenzen vom Vorstand auf den Verwaltungsrat verlagert werden. Durch die im Verwaltungsrat vertretenen Kommunalorgane eröffnet sich für die Kommune dann die Möglichkeit einer direkten Einflussnahme auf unternehmerische Entscheidungen. Diese vom Gesetzgeber bewusst eingeräumte Flexibilität bei der Ausgestaltung der Unternehmensstruktur sollte dazu genutzt werden, eine der zu erfüllenden Aufgabe gerecht werdende Balance zwischen Eigenver-

---

131 Art. 90 Abs. 1 S. 3 GO Bay, § 145 Abs. 2 S. 3 NKomVG, § 5 Abs. 2 S. 3 AnstG LA. § 70 a Abs. 2 S. 3 KV M-V.

132 § 145 Abs. 2 S. 3 NKomVG.

133 § 118 Abs. 2 S. 2 Ziff. 4 GO LA.

134 § 3 Abs. 1 S. 2 KUV Bay, § 3 Abs. 1 S. 2 KUV NW.

135 § 21 KUV Bay, § 21 KUV NW.

136 § 3 Abs. 1 S. 1 KUV Bay, § 3 Abs. 1 S. 1 KUV NW.

137 Vgl. Art. 90 Abs. 1 S. 1 GO Bay, § 95 Abs. 1 S. 1 BbgKVerf, § 145 Abs. 2 S. 1 NKomVG, § 114a Abs. 6 GO NW, § 86 b Abs. 1 GemO RhPf, § 5 Abs. 2 AnstG LA, § 126 a Abs. 5 S. 1 HGO, § 76 b Abs. 1 S. 1 ThürKO.

138 Vgl. dazu die Ausführungen zur Zuständigkeit des Verwaltungsrates unter Rn. 211ff.

139 Art. 90 Abs. 1 S. 1 GO Bay, § 95 Abs. 1 S. 1 BbgKVerf, § 145 Abs. 2 S. 1 NKomVG, § 114a Abs. 6 S. 1 GO NW, § 5 Abs. 2 S. 1 AnstG LA.

antwortlichkeit des Vorstands einerseits und Kontrolle bzw. Einflussnahme durch den Verwaltungsrat und die Kommune andererseits herzustellen. Je größer die Haftungs- und Einstandspflichten des Anstaltsträgers aus der Unternehmertätigkeit einzuschätzen sind, desto stärker wird dessen Bedürfnis nach Einflussnahme und Kontrolle sein.

b) Verwaltungsrat

198 Der Verwaltungsrat ist das kollegial strukturierte Organ des Kommunalunternehmens, das für strategische Entscheidungen zuständig ist und Kontrollfunktionen wahrnimmt. Er hat außerdem die Aufgabe, die Geschäftsführung des Vorstands zu überwachen.

199 **aa) Zusammensetzung.** Die Kommunalgesetze enthalten detaillierte, im Wesentlichen ähnliche Bestimmungen über die Zusammensetzung des Verwaltungsrates.[140] Lediglich in Schleswig-Holstein wird es der jeweiligen Kommune überlassen, dies im Rahmen der Unternehmenssatzung zu regeln.[141]

200 Den **Vorsitz im Verwaltungsrat** führt in der Regel kraft Amtes der jeweilige Bürgermeister des Anstaltsträgers[142]. In Bayern, Niedersachsen, Mecklenburg-Vorpommern und Sachsen-Anhalt kann mit seiner Zustimmung jedoch auch eine andere Person zum Vorsitzenden bestellt werden.[143] Sind in Nordrhein-Westfalen, Hessen oder Rheinland-Pfalz Beigeordnete mit eigenem Geschäftsbereich bestellt, so führt derjenige Beigeordnete den Vorsitz, zu dessen Geschäftsbereich die dem KU übertragenen Aufgaben gehören. Sind die Aufgaben mehreren Geschäftsbereichen übertragen, so entscheidet der Bürgermeister über den Vorsitz.[144] Dem Verwaltungsratsvorsitzenden kommen darüber hinaus keine besonderen Befugnisse zu. Bei der Beschlussfassung ist seine Stimme gleichwertig mit der der übrigen Verwaltungsratsmitglieder. Die Unternehmenssatzung kann jedoch vorsehen, dass bei Stimmengleichheit die Stimme des Vorsitzenden den Ausschlag gibt. Ein Beanstandungs- und Aussetzungsrecht bei vermeintlich rechtswidrigen Beschlüssen (entsprechend den kommunalrechtlichen Vorschriften bei den Kommunalgremien) steht ihm jedenfalls mangels gesetzlicher Grundlage nicht zu.[145]

201 Die **übrigen Verwaltungsratsmitglieder** werden vom jeweiligen Kollegialgremium des Anstaltsträgers (insb. Gemeinde- oder Stadtrat) bestellt. Anders als bei den Organen von Regie- und Eigenbetrieben können auch Personen bestellt werden, die nicht dem Kollegialgremium des Anstaltsträgers angehören. Damit wird die Möglichkeit eröffnet, Fachleute in das Gremium zu berufen. Die Unternehmenssatzung kann auch bestimmen, dass für Verwaltungsratsmitglieder Vertreter bestellt werden.[146]

202 Äußerst unterschiedlich geregelt ist die **Personalvertretung** im Verwaltungsrat.[147]

203 In **Bayern** können Beamte und leitende oder hauptberufliche Angestellte des KU, leitende Beamte und leitende Angestellte von juristischen Personen oder sonstigen Organisationen des öffentlichen oder privaten Rechts, an denen das KU mit mehr als 50% beteiligt ist (Beteiligung am Stimmrecht genügt), nicht Mitglied des Verwaltungsrates sein.[148] Ähnliche Regelungen enthalten die **Thüringer** Kommunalordnung[149], die Gemeindeordnung **Nordrhein-Westfalens**[150] und die Kommunalunternehmensverord-

---

140 Art. 90 Abs. 3 GO Bay, § 145 Abs. 4 bis 7 NKomVG, § 114a Abs. 8 GO NW, § 86 b Abs. 3 GemO RhPf, § 5 Abs. 4 AnstG LA, § 126 a Abs. 7 HGO, § 70 a Abs. 4 KV M-V, § 76 b Abs. 3 ThürKO.

141 § 106a Abs. 2 S. 1 und 2 GO SH.

142 In Brandenburg ist dies der Hauptverwaltungsbeamte, § 95 Abs. 2 S. 1 BbgKVerf.

143 Art. 90 Abs. 3 S. 2 GO Bay, § 145 Abs. 6 NKomVG, § 5 Abs. 4 S. 4 AnstG LA, § 70 a Abs. 4 S. 3 KV M-V.

144 § 114a Abs. 8 S. 3 und 4 GO NW, § 86 b Abs. 3 S. 4 und 5 GemO RhPf., § 126 a Abs. 6 S. 3 und 4 HGO

145 A.A. *Schulz*, Art. 90 GO Bay, Erl. 3.2.

146 Siehe dazu *Schulz*, Art. 90 GO Bay, Erl. 3.1.

147 Dazu ausf. *Ehlers*, ZHR 167 (2003), S. 546 (563ff.); allg. zur Mitbestimmung in kommunalen Unternehmen *Becker* in: *Mann/Püttner*, § 50

148 Art. 90 Abs. 3 S. 6 Ziff. 1 und 2 GO Bay.

149 § 76 b Abs. 3 S. 6

150 § 114a Abs. 8 S. 8 Ziff. 1 und 2 .

nung **Schleswig-Holsteins.**[151] In **Hessen** und **Mecklenburg-Vorpommern** können Bedienstete der Anstalt generell nicht Mitglieder des Verwaltungsrats sein.[152]

In **Niedersachsen**[153] muss mindestens ein Mitglied des Verwaltungsrates beim KU beschäftigt sein, die Zahl der Personalvertreter darf aber ein Drittel aller Mitglieder des Verwaltungsrates nicht übersteigen. Näheres regelt die Unternehmenssatzung nach Maßgabe des niedersächsischen Personalvertretungsrechts. 204

Personalvertreter als beratende Mitglieder sind in **Rheinland-Pfalz**[154] und **Sachsen-Anhalt**[155] vorgesehen. In Sachsen-Anhalt darf die Anzahl der Personalvertreter ein Drittel aller Mitglieder des Verwaltungsrates nicht übersteigen. 205

bb) Bestellung, Amtsdauer, Abberufung. Die Mitglieder des Verwaltungsrates werden vom jeweils zuständigen kommunalen Kollegialorgan bestellt. Im Rahmen eines Umwandlungsvorgangs oder bei Neugründung eines Kommunalunternehmens ist der Verwaltungsrat als für die **Bestellung** des Vorstands zuständiges Organ vor der Errichtung des Unternehmens zu bilden. Solange noch kein Vorstand vorhanden ist, vertritt der Verwaltungsratsvorsitzende das Kommunalunternehmen, um dessen Handlungsfähigkeit herzustellen.[156] 206

Die **Amtsdauer** beträgt in Thüringen, Niedersachsen, Nordrhein-Westfalen, Hessen, Sachsen-Anhalt und Schleswig-Holstein fünf Jahre, in Bayern sechs Jahre.[157] In Rheinland-Pfalz ergibt sich die Amtsdauer aus der Unternehmenssatzung des jeweiligen KU. 207

Die Amtszeit von Mitgliedern, die dem kommunalen Gremium des Anstaltsträgers angehören, endet in der Regel mit dem Ende der Wahlzeit oder dem vorzeitigen Ausscheiden aus dem kommunalen Gremium.[158] Eine zwingende Verknüpfung von kommunalem Mandat und der Funktion des Verwaltungsratsmitglieds besteht allerdings nicht.[159] In Bayern endet die Mitgliedschaft von berufsmäßigen Gemeinderatsmitgliedern im Verwaltungsrat mit dem Ausscheiden aus dem Beamtenverhältnis.[160] 208

Bis zum **Amtsantritt der neuen Mitglieder** üben in Bayern, Hessen, Nordrhein-Westfalen, Sachsen-Anhalt, Thüringen und Schleswig-Holstein die bisherigen Mitglieder ihr Amt aber weiter aus.[161] In Niedersachsen muss die Amtsausübung bis zum Amtsantritt der neuen Mitglieder durch die Unternehmenssatzung geregelt werden.[162] Die Gemeindeordnungen Rheinland-Pfalz und Schleswig-Holsteins äußern sich hierzu nicht. Eine Bestimmung in der Unternehmenssatzung ist jedoch zulässig und aus Gründen der Rechtssicherheit und Kontinuität der Unternehmensführung sinnvoll. Die Satzungsnorm sollte sich insoweit an den Kommunalgesetzen der anderen Länder orientieren. 209

Uneinheitlich geregelt ist die Frage der **Abberufung** von Verwaltungsratsmitgliedern. In Sachsen-Anhalt und in Schleswig-Holstein können Verwaltungsratsmitglieder in besonders begründeten Fällen jederzeit mit einer Zwei-Drittel-Mehrheit der Mitglieder des kommunalen Gremiums abberufen werden.[163] Eine Abberufung „aus wichtigem 210

---

151 § 4 Abs. 2 S. 5.
152 § 126 a Abs. 7 S. 8 Ziff. 1 HGO, § 70 a Abs. 4 S. 6 Ziff. 1 KV M-V.
153 § 145 Abs. 4 S. 1 und Abs. 5 NKomVG.
154 § 86 b Abs. 3 GemO RhPf.
155 § 5 Abs. 4 S. 1 bis 3 AnstG LA.
156 Dies ist in Bayern in § 2 Abs. 3 S. 2 KUV ausdrücklich geregelt.
157 Art. 90 Abs. 3 S. 3 GO Bay, § 145 Abs. 7 S. 1 NKomVG, § 114a Abs. 8 S. 5 GO NW, § 5 Abs. 4 S. 5 AnstG LA, § 4 Abs. 2 S. 1 KUVO SH, § 126 a Abs. 7 S. 5 HGO. § 76 b Abs. 3 S. 3 ThürKO.
158 Art. 90 Abs. 3 S. 4 GO Bay, § 145 Abs. 7 S. 2 NKomVG, § 114a Abs. 8 S. 6 GO NW, § 5 Abs. 4 S. 6 AnstG LA, § 4 Abs. 2 S. 2 KUVO SH, § 126 a Abs. 7 S. 6 HGO, § 70 a Abs. 4 S. 5 KV M-V, § 76 Abs. 3 S. 4 ThürKO.
159 Keine Regelung gibt es diesbezüglich z. B. in Schleswig-Holstein und in Brandenburg; siehe dazu auch *Waldmann*, NVwZ 2008, S. 284, 285.
160 Art. 90 Abs. 3 S. 4 GO Bay.
161 Art. 90 Abs. 3 S. 5 GO Bay, § 114a Abs. 8 S. 7 GO NW, § 5 Abs. 4 S. 8 AnstG LA, § 4 Abs. 2 S. 4 KUVO SH, § 126 a Abs. 7 S. 7 HGO, § 76 b Abs. 3 S. 5 ThürKO.
162 § 145 Abs. 7 S. 3 NKomVG.
163 § 5 Abs. 4 S. 7 AnstG LA, § 4 Abs. 2 S. 3 KUVO SH.

Grund" durch den Gemeinderat sieht die Thüringer Kommunalordnung vor.[164] In Niedersachsen muss die Unternehmenssatzung dazu eine Aussage treffen.[165] In den anderen Ländern gelten die allgemeinen kommunal- bzw. verwaltungsverfahrensrechtlichen Bestimmungen. So ist in Bayern gemäß Art. 86 VwVfG Bay eine Abberufung aus wichtigem Grund zulässig.[166]

211 **cc) Zuständigkeit.** Die Länder haben in ihren Kommunalgesetzen unterschiedliche Regelungssysteme für die Abgrenzung der Zuständigkeiten geschaffen. Im Grundsatz gilt festzuhalten, dass der Verwaltungsrat nur in den Angelegenheiten zuständig ist, die ihm durch Gesetz oder Unternehmenssatzung zugewiesen werden.

212 In **Bayern**[167] ist der Verwaltungsrat kraft Gesetzes zuständig für
- die Bestellung des Vorstands,
- den Erlass von Verordnungen und Satzungen,
- die Feststellung des Wirtschaftsplans und des Jahresabschlusses,
- die Feststellung allgemein geltender Tarife und Entgelte für die Leistungsnehmer,
- die Beteiligung des KU an anderen Unternehmen,
- die Bestellung des Abschlussprüfers sowie
- die Ergebnisverwendung.

Die Unternehmenssatzung kann dem Verwaltungsrat weitere Angelegenheiten zuordnen. Ähnliche Bestimmungen enthalten die Gemeindeordnungen **Brandenburgs[168], Mecklenburg-Vorpommerns[169], Thüringens[170], Niedersachsens[171], Nordrhein-Westfalens[172], Hessens[173]** und **Sachsen-Anhalts[174]** sowie die Kommunalunternehmensverordnung **Schleswig-Holsteins**.[175]

213 Keine Aussagen zur Zuständigkeitsverteilung zwischen Vorstand und Verwaltungsrat treffen die Kommunalgesetze von **Rheinland-Pfalz[176]** und **Schleswig-Holstein**.[177] Hier bleibt es den Kommunen selbst überlassen, eine geeignete Abgrenzung in der Unternehmenssatzung vorzunehmen.

214 Die Gesetzgeber haben damit ein flexibles System der Zuständigkeitsverteilung geschaffen. Den Kommunen wird dadurch die Möglichkeit eröffnet, für eine aufgabenorientierte und effektive Ausgestaltung der Unternehmensstruktur zu sorgen.[178]

215 **dd) Entschädigung.** Die Mitglieder des Verwaltungsrates haben in **Bayern** einen Anspruch auf angemessene Entschädigung, alles Weitere regelt die jeweilige Unternehmenssatzung.[179] Diese kann Höhe und Art der Entschädigung selbst festlegen oder den Verwaltungsrat ermächtigen, einen entsprechenden Beschluss zu fassen. In **Nordrhein-Westfalen** und **Schleswig-Holstein** kann nach Maßgabe der jeweiligen Unternehmenssatzung eine angemessene Entschädigung für die Teilnahme an den Sitzungen gewährt werden. Eine Gewinnbeteiligung darf den Verwaltungsratsmitgliedern in Bayern, Nordrhein-Westfalen und Schleswig-Holstein nicht gewährt werden.[180] Die beamten- und kommunalrechtlichen Ablieferungs- bzw. Abführungspflichten sind zu beachten.

---

[164] § 76 b Abs. 3 S. 6
[165] § 145 Abs. 7 S. 3 NKomVG.
[166] *Schulz*, Art. 90 GO Bay, Erl. 3.1.
[167] Art. 90 Abs. 2 S. 2 und 3 GO Bay.
[168] § 95 Abs. 1 S. 6 und 7 BbgKVerf.
[169] § 70 a Abs. 3 S. 2 und 3 KV M-V.
[170] § 76 b Abs. 2 S. 2 und 3 ThürKO
[171] § 145 Abs. 3 S. 3 NKomVG.
[172] § 114a Abs. 7 S. 3 GO NW.
[173] § 126 a Abs. 6 S. 3 HGO
[174] § 5 Abs. 3 S. 3 AnstG LA.
[175] § 4 Abs. 1 S. 2 .
[176] § 86 b Abs. 2 S. 2 GemO RhPf.
[177] § 106a Abs. 2 S. 2 GO SH.
[178] Vgl. dazu die Ausführungen zur Zuständigkeit des Vorstands unter Rn. 195ff.
[179] § 2 Abs. 2 S. 1 und 3 KUV Bay.
[180] § 2 Abs. 2 S. 2 KUV Bay, § 2 Abs. 2 S. 2 KUV NW, § 4 Ab. 3 KUV SH.

Keine Aussage zur Entschädigung trifft das Kommunalrecht **Niedersachsens, Hessens, Rheinland-Pfalz, Sachsen-Anhalts, Hessens, Thüringens** und **Schleswig-Holsteins**. In diesen Ländern besitzen die Anstaltsträger uneingeschränkten Gestaltungsspielraum. 216

ee) Öffentlichkeit und Verschwiegenheitspflicht. Der Verwaltungsrat ist ein Organ der Exekutive. Deren Entscheidungen werden in **nichtöffentlicher Sitzungen** getroffen, es sei denn, das Gesetz oder eine Verordnung sehen etwas anderes vor. Dementsprechend ordnet die bayerische Verordnung über Kommunalunternehmen an, dass die allgemeinen kommunalrechtlichen Grundsätze für die Öffentlichkeit von Sitzungen[181] gelten, soweit in Sitzungen des Verwaltungsrates Satzungen und Verordnungen beraten und beschlossen werden, die Rechte und Pflichten Dritter begründen.[182] In Schleswig-Holstein gilt dies für alle Abgabesatzungen.[183] In Hessen hat der Gesetzgeber generell die Öffentlichkeit von Sitzungen angeordnet.[184] Im Übrigen haben die Landesgesetzgeber – anders als bei den Gremien einer Kommune – auf entsprechende Vorschriften verzichtet. Aus dem Demokratieprinzip folgt auch nicht zwingend, dass Satzungen und Verordnungen in öffentlicher Sitzung erörtert und beschlossen werden müssen.[185] Zudem ist zu beachten, dass Satzungen und Verordnungen, dem Weisungsrecht bzw. Zustimmungsvorbehalt des kommunalen Gremiums unterworfen werden können[186] und diese Angelegenheit dann dort in öffentlicher Sitzung behandelt werden. Eine Unternehmenssatzung, die entgegen den gesetzlichen Bestimmungen dennoch die Öffentlichkeit von Sitzungen anordnet, ist insoweit nichtig. Der strikte Grundsatz der Nichtöffentlichkeit gilt auch für die Mitglieder des Kommunalgremiums, die nicht dem Verwaltungsrat angehören.[187] 217

Dem Grundsatz der Nichtöffentlichkeit (mit Ausnahme Hessens) entsprechend sind die Mitglieder des Verwaltungsrates zur Verschwiegenheit verpflichtet. Sie haben über alle vertraulichen Angaben, Geschäfts- und Betriebsgeheimnisse **Verschwiegenheit** zu bewahren. Diese Pflicht besteht auch nach ihrem Ausscheiden aus dem Verwaltungsrat fort.[188] 218

Die Verschwiegenheitspflicht besteht nicht gegenüber dem kommunalen Gremium.[189] Gemäß den kommunalrechtlichen Bestimmungen wird jedoch zu beachten sein, dass die Informations- und Auskunftspflicht zur Wahrung der Betriebs- und Geschäftsgeheimnisse regelmäßig nur in nichtöffentlicher Sitzung erfüllt werden kann. Satzungen und Verordnungen, die meist dem Weisungsrecht des kommunalen Gremiums unterliegen, sind demgegenüber grundsätzlich in öffentlicher Sitzung zu behandeln. Gerade in den Ländern, in denen das Kommunalrecht keine ausdrückliche Regelung enthält, empfehlen sich insoweit Konkretisierungen in der Unternehmenssatzung. 219

6. Rechtsverhältnis zum Träger

Die Kommune hat als Anstalts- und Gewährträger eine besondere Verantwortung für das Kommunalunternehmen. Diese Verantwortung ist geprägt von der gesetzlich intendierten Selbständigkeit des Unternehmens und der demokratischen Notwendigkeit, in strategischen Fragen steuernd und kontrollierend eingreifen zu können. Die **Einwirkungsrechte** ergeben sich zum einen unmittelbar aus dem Gesetz oder der Verordnung über das Kommunalunternehmen, zum anderen aus der Unternehmenssatzung. Diese 220

---

181 In Bayern Art. 52 GO Bay; dazu ausf. *Prandl/Zimmermann/Buchner/Pahlke,* Komm. zu Art. 52 GO.
182 § 2 Abs. 4 KUV Bay.
183 § 4 Abs. 1 S. 5 KUVO SH i.V.m. § 35 GO SH.
184 § 126 Abs. 6 S. 4 HGO; rechtlich bedenklich, da nach dem insoweit eindeutigen Gesetzeswortlaut auch die kommunalrechtlich üblichen Gründe für die Nichtöffentlichkeit nicht zur Anwendung kommen.
185 A. A. *Ehlers,* ZHR 167 (2003), S. 546, 562, *Schulz,* Art. 90 GO Bay, Erl. 3.3.
186 So z. B. Art. 90 Abs. 2 S. 4 GO Bay.
187 Ebenso *Schulz,* Art. 90 GO Bay, Erl. 3.3.
188 So z. B. § 4 S. 1 und 2 KUV Bay, § 4 S. 1 und 2 KUV NW.
189 So z. B. geregelt in § 4 S. 3 KUV Bay, § 4 S. 3 KUV NW, § 5 KUVO SH. Näher dazu unter Rn. 229 ff.

hat insoweit nach sorgfältiger Abwägung aller Vor- und Nachteile Festlegungen zu treffen.

a) Übertragung von Aufgaben und Befugnissen

221 Die Einwirkungsmöglichkeiten der Kommune auf die vom Kommunalunternehmen zu erfüllende(n) Aufgabe(n) werden bereits durch den Umfang der auf das Unternehmen übertragenen Aufgaben und Befugnisse beeinflusst.[190] Die Kommune kann die Aufgabenerfüllung und darüber hinaus insoweit auch die Satzungs- und Verordnungsgewalt auf das Kommunalunternehmen übertragen oder aber weiterhin selbst die **Aufgabenträgerschaft** beanspruchen, so dass das Kommunalunternehmen – ähnlich einer GmbH – lediglich als ihr „Erfüllungsgehilfe" tätig wird. In letzterem Falle reduziert sich die Reichweite der Entscheidungsbefugnisse der Unternehmensorgane auf die Erfüllung der kraft Satzung oder Verordnung normierten Vorgaben des Anstaltsträgers.

222 Das Rechtsverhältnis zwischen Kommune und Kommunalunternehmen kann zudem durch eine hinreichend präzise Umschreibung der übertragenen Aufgabe und des **öffentlichen Zwecks** des Unternehmens konkretisiert werden. Dadurch gibt die Kommune den Unternehmensorganen einen verbindlichen Handlungsrahmen vor und ermöglicht eine effektive Kontrolle von Aufgabenerfüllung und Zweckerreichung durch die Kommune bzw. ihre Vertreter im Verwaltungsrat sowie auch der Aufsichtsbehörde.[191]

b) Zustimmungs- und Weisungsrechte

223 Alle Kommunalgesetze sehen vor, dass das kommunale Gremium bei besonders bedeutsamen Angelegenheiten auf die Entscheidungsfindung beim Kommunalunternehmen Einfluss nehmen kann. Die Ausgestaltung im Einzelnen variiert.

224 In **Schleswig-Holstein**[192] existieren zum einen zwingende Zustimmungsrechte beim Erlass von Satzungen und bei Entscheidungen über Unternehmensbeteiligungen. Zum anderen kann die Unternehmenssatzung festlegen, dass bei Entscheidungen von grundsätzlicher Bedeutung – sowohl des Verwaltungsrates als auch des Vorstands – die Zustimmung der Kommune eingeholt werden muss.[193] In **Bayern**[194] hingegen unterliegen die Mitglieder des Verwaltungsrates beim Erlass von Satzungen und Verordnungen kraft Gesetzes dem Weisungsrecht des kommunalen Gremiums. Dieses Weisungsrecht kann in der Unternehmenssatzung auf weitere Angelegenheiten ausdehnt werden, es kann aber angesichts der eindeutigen Gesetzeslage nicht zu einem Zustimmungsvorbehalt aufgewertet werden.[195] Die Abstimmung entgegen der Weisung berührt zwar nicht die Gültigkeit des Verwaltungsratsbeschlusses. Ein solches Abstimmungsverhalten kann jedoch einen wichtigen Grund zur Abberufung eines Verwaltungsratsmitgliedes darstellen. Ein derartiges Einwirkungsrecht des kommunalen Gremiums besteht nur in Angelegenheiten, die dem Verwaltungsrat obliegen. Ein Weisungsrecht gegenüber dem Vorstand besteht nicht. Damit das kommunale Gremium sein Weisungsrecht überhaupt wahrnehmen kann, empfiehlt sich eine ergänzende Satzungsbestimmung: Das kommunale Gremium ist in allen Fällen, in denen es zur Weisung berechtigt ist, vor der Beschlussfassung im Verwaltungsrat oder vor dem Vollzug eines Verwaltungsratsbeschlusses durch den Vorstand mit der Angelegenheit zu befassen. Eine Beschlussfassung des kommunalen Gremiums ist dagegen nicht erforderlich. Gegenüber dem Vorstand ist das kommunale Gremium nicht weisungsberechtigt. Dies gilt auch dann, wenn Beschäftigte der Kommune zum Vorstand des KU bestellt werden. Die arbeits- oder beamtenrechtlichen Weisungsrechte sind gegenüber den kommunalrechtlichen Organisationsvorschriften nachrangig.[196] Eine mit der bayerischen

[190] Zu den Möglichkeiten der Aufgabenübertragung vgl. Rn. 170ff.
[191] Vgl. *Gaß*, S. 349.
[192] § 106a Abs. 2 S. 3 GO SH, § 4 Abs. 1 KUVO SH.
[193] Dazu grundsätzlich *Storr,* NordÖR 2005, S. 94, 96f.
[194] Art. 90 Abs. 2 S. 4 bis 6 GO Bay.
[195] A.A. *Schulz*, Art. 90 GO Bay, Erl. 3.2.
[196] Ausf. dazu *Gaß*, S. 354f.

Gesetzeslage vergleichbare Bestimmung gilt in **Sachsen-Anhalt**.[197] In **Brandenburg** wird das Weisungsrecht ergänzt um die Befugnis der Gemeindevertretung, für Entscheidungen von grundsätzlicher Bedeutung Richtlinien zu erlassen.[198]

Eine Kombination aus Zustimmungs- und Weisungsrecht sehen die Gemeindeordnun- 225
gen in **Niedersachsen**[199], **Mecklenburg-Vorpommern**[200], **Thüringen**[201] und **Hessen**[202] vor. Für den Erlass von Satzungen und einer Entscheidung über die Beteiligung an anderen Unternehmen bedarf der Verwaltungsrat in Niedersachsen der Zustimmung des Gemeinderates. Für weitere Angelegenheiten kann die Unternehmenssatzung vorsehen, dass der Gemeinderat den Verwaltungsratsmitgliedern Weisungen erteilen kann. In Hessen kann die Unternehmenssatzung ein Zustimmungsrecht darüber hinaus auch für Entscheidungen von grundsätzlicher Bedeutung vorsehen. Während ein Beschluss ohne die nötige Zustimmung nichtig ist, berührt ein weisungswidriges Abstimmungsverhalten die Wirksamkeit einer Verwaltungsratsentscheidung nicht. In Mecklenburg-Vorpommern bedürfen der Erlass von Satzungen sowie Beschlüsse über die Beteiligung an anderen Unternehmen und die Ergebnisverwendung. In allen anderen Angelegenheiten des Verwaltungsrats unterliegen dessen Mitglieder einem Weisungsrecht und den Richtlinien der Gemeindevertretung. In Thüringen bedarf es der Zustimmung des Gemeinderats beim Erlass von Satzungen und Verordnungen, bei der Festsetzung von allgemein gltenden Tarifen und privatrechtlichen Entgelten sowie bei Beschlüssen über die Beteiligung an anderen Unternehmen. Darüber hinaus kann die Unternehmenssatzung weitere Zustimmungs- und Weisungsvorbehalte vorsehen.

Die Gemeindeordnung **Nordrhein-Westfalens**[203] schreibt ein Weisungsrecht beim 226
Erlass von Satzungen und bei der Entscheidung über die Beteiligung an anderen Unternehmen vor und ermächtigt zu weitergehenden Festlegungen in der Unternehmenssatzung. Darüber hinaus kann die Satzung vorsehen, „dass bei Entscheidungen der Organe der Anstalt von grundsätzlicher Bedeutung die Zustimmung des Rates erforderlich ist".[204] Die Gemeindeordnung geht damit über das bloße Weisungsrecht hinaus und ordnet einen Zustimmungsvorbehalt bei „grundsätzlicher Bedeutung" an. Er lässt jedoch offen, was er darunter versteht. Die gerade für Zuständigkeitsabgrenzungen notwendige Rechtsklarheit geht auf diese Weise verloren. Des Weiteren kann ein nordrhein-westfälischer Gemeinderat nicht nur auf die Entscheidung des Verwaltungsrates Einfluss nehmen, sondern auch auf die des Vorstands. Dieser „Durchgriff" über den Verwaltungsrat hinweg ist unsystematisch. In dem Gefüge Vorstand – Verwaltungsrat – Gemeinderat nimmt die Bedeutung der Angelegenheiten, für die das jeweilige Organ zuständig ist, zu. Eine Angelegenheit, die von solch grundsätzlicher Bedeutung ist, dass der Gemeinderat zustimmen muss, ist zu Unrecht beim Vorstand angesiedelt. Der Gemeinderat muss in diesen Fällen die Unternehmenssatzung ändern, den Regelungsgegenstand in die Zuständigkeit des Verwaltungsrates stellen und sich hierfür ein Weisungsrecht einräumen.

Dieselben Bedenken bestehen hinsichtlich der Gesetzeslage in **Rheinland-Pfalz**.[205] 227
In der Unternehmenssatzung „kann vorgesehen werden, dass bei Entscheidungen der Organe der Anstalt von grundsätzlicher Bedeutung die Zustimmung des Gemeinderats erforderlich ist". Konkrete Angelegenheiten sind weder im Gesetz genannt, noch dürfen solche in der Unternehmenssatzung benannt werden. Diese Bestimmung ist für die Praxis ungeeignet.[206]

---

197 § 5 Abs. 3 S. 4 bis 6 AnstG LA.
198 §§ 95 Abs. 2 S. 2 und 3, 97 Abs. 1 BbgKVerf.
199 § 145 Abs. 3 S. 4 bis 6 NKomVG.
200 § 70 a Abs. 3 S. 4 und 5 i. V. m. § 71 Abs. 1 S. 5 KV M-V.
201 § 76 b Abs. 2 S. 4 und 5 ThürKO.
202 § 126 a Abs. 6 S. 6 und 7 HGO.
203 § 114a Abs. 7 S. 4 bis 6 GO NW.
204 § 114a Abs. 7 S. 6 GO NW.
205 § 86 b Abs. 2 S. 3 GemO RhPf.
206 A. A. *Waldmann*, NVwZ 2008, S. 284, 285.

228 Insgesamt kann festgestellt werden, dass die Einwirkungsmöglichkeiten der Kommune auf unternehmerische Entscheidungen maßgeblich von der **Kompetenzverteilung** zwischen Vorstand und Verwaltungsrat abhängen. Da ein unmittelbares Weisungsrecht bzw. Zustimmungsrecht – außerhalb Nordrhein-Westfalens, Rheinland-Pfalz und bei entsprechender Satzungsregelung auch Schleswig-Holsteins – gegenüber dem Vorstand nicht besteht, kann die Kommune direkt nur auf solche Entscheidungen einwirken, die kraft Unternehmenssatzung dem Verwaltungsrat zugewiesen sind. Im Übrigen verbleibt nur eine mittelbare Einflussnahme über die im Verwaltungsrat sitzenden kommunalen Vertreter, soweit dem Verwaltungsrat in der jeweiligen Angelegenheit ein Weisungsrecht gegenüber dem Vorstand zukommt.[207] Hier gilt es, eine den Bedürfnissen der Kommune und des Kommunalunternehmens gerecht werdende Unternehmensstruktur zu schaffen, die die grundsätzlich konträren Interessen nach Einflussnahme und Kontrolle einerseits und **unternehmerischer Freiheit** andererseits in sinnvoller Weise vereint.

c) Informationsrechte

229 Die Mitglieder der Unternehmensorgane unterliegen zwar grundsätzlich einer Verschwiegenheitspflicht.[208] Dies gilt jedoch nicht im Innenverhältnis zum Anstaltsträger. Der Vorstand ist gegenüber dem Verwaltungsrat zur regelmäßigen Berichterstattung verpflichtet.[209] Besondere Berichtspflichten bestehen in **Bayern** und **Nordrhein-Westfalen** für den Fall, dass über die im Erfolgsplan ausgewiesenen Mindereinnahmen hinaus Verluste zu erwarten sind, die Auswirkungen auf den kommunalen Haushalt haben können.[210]

230 In den Fällen, in denen das Gesetz oder die Unternehmenssatzung ein **Weisungsrecht** der Kommune normiert, folgt allerdings bereits aus der Natur der Sache, dass gleichzeitig ein entsprechendes Informationsrecht bestehen muss. Die Erteilung von sachgerechten Weisungen ist nämlich überhaupt nur bei genauer Kenntnis der die unternehmerischen Entscheidungen tragenden Gesichtspunkte denkbar und möglich.[211] Das Informationsrecht stellt sozusagen das Pendant zum Weisungsrecht dar. In diesem Zusammenhang ist eine Satzungsregelung daher nicht zwingend erforderlich, gleichwohl im Interesse der Rechtssicherheit zu empfehlen.

231 Daneben können die Kommunen ohne weiteres in die Unternehmenssatzung entsprechende Bestimmungen über Informationsrechte und Berichtspflichten aufnehmen. Die Möglichkeiten reichen dabei von der Normierung eines allgemeinen und/oder punktuellen **Informationsrechts** des kommunalen Kollegialorgans bzw. des kommunalen Vertretungsorgans gegenüber Vorstand und/oder Verwaltungsrat bis hin zur Regelung einer **Berichtspflicht** der Unternehmensorgane gegenüber dem kommunalen Kollegialorgan bzw. dem kommunalen Vertretungsorgan in bestimmten Angelegenheiten und/oder in bestimmten zeitlichen Abständen.

232 In diesem Zusammenhang sei mit Nachdruck darauf hingewiesen, dass die Mitglieder des kommunalen Organs als Informationsempfänger der strikten **Verschwiegenheit** nach außen verpflichtet sind. Dies ergibt sich bereits aus den einschlägigen allgemeinen kommunalen Vorschriften[212] und gilt umso mehr, als das Kommunalunternehmen wie jedes andere wirtschaftlich tätige Unternehmen ein schützenswertes Interesse an der Geheimhaltung unternehmerischer Interna gegenüber Dritten hat. Dementsprechend sind die Berichte der Unternehmensorgane auch in **nichtöffentlichen Sitzungen** des kommunalen Kollegialorgans – soweit dieses empfangsberechtigt ist – zu erstatten.

---

[207] So auch *Gaß*, S. 356f.

[208] Vgl. oben Rn. 217ff.

[209] Siehe z.B. §§ 3 Abs. 1 S. 2, 21 KUV Bay, §§ 3 Abs. 1 S. 2, 21 KUV NW, §§ 6 Abs. 2, 18 AnstVO LA, §§ 3 Abs. 2, 21 KUVO SH, § 2 KomAnstVO Nds.

[210] § 21 Abs. 2 S. 2 KUV Bay, § 21 Abs. 2 S. 2 KUV NW.

[211] Vgl. *Gaß*, S. 387 m.w. N.

[212] Z.B. Art. 20 Abs. 2 und 4 GO Bay, §§ 43 Abs. 2 Nr. 1, 30 Abs. 1 S. 2, Abs. 6 GO NW, § 20 GemO RhPf, §§ 30 Abs. 2 und 4, 50 Abs. 3 GO LA.

7. Rechtsverhältnis zum Bürger

Soweit dem Kommunalunternehmen die entsprechenden Aufgaben und Befugnisse von der Kommune kraft Unternehmenssatzung übertragen wurden, steht ihm als Anstalt des öffentlichen Rechts hinsichtlich der Ausgestaltung der Rechtsverhältnisse zum Bürger das gleiche **Wahlrecht** zu wie der Kommune selbst. Das Nutzungs- und Leistungsverhältnis zwischen dem Kommunalunternehmen und den Bürgern kann daher öffentlich-rechtlich in Gestalt von Satzungen, Verordnungen, Verwaltungsakten oder öffentlich-rechtlichen Verträgen als auch privatrechtlich etwa durch Allgemeine Geschäftsbedingungen nach den §§ 307ff. BGB geregelt werden. Die Kommune kann dem Kommunalunternehmen dabei insbesondere auch das Recht zum Erlass einer Abgabensatzung übertragen.[213] 233

Diese Gestaltungsfreiheit verschafft der Rechtsform des Kommunalunternehmens einen nicht unwesentlichen Vorteil gegenüber den Privatrechtsformen, welche lediglich durch Privatrechtsakte tätig werden können. So ist das Kommunalunternehmen selbst – immer vorausgesetzt, die entsprechende Befugnis wurde von der Kommune übertragen – für die **Vollstreckung** nach den einschlägigen Verwaltungsvollstreckungsgesetzen zuständig, ohne dass es eines zivilrechtlichen Verfahrens nach der ZPO bedarf.[214] Des Weiteren bestehen gerade im Bereich der Leistungsverwaltung Vorteile bei der **Begründung von Rechtsverhältnissen** zu Minderjährigen, die im Gegensatz zu den zivilrechtlichen Regelungen über die Geschäftsfähigkeit im öffentlichen Recht Handlungsfähigkeit besitzen.[215] 234

8. Aufsicht

Anders als bei kommunalen Eigengesellschaften erstreckt sich die staatliche Aufsicht bei Kommunalunternehmen auf zwei Rechtssubjekte. 235

Zum einen unterliegt die **Kommune** der staatlichen Aufsicht, soweit sie selbst Handlungen vornimmt bzw. unterlässt. Gegenstand der Aufsicht sind insbesondere die Gründung des Kommunalunternehmens selbst und dabei vor allem die zu erlassende Unternehmenssatzung, die Bestellung und Abberufung von Organmitgliedern sowie die Wahrnehmung kommunaler Einwirkungsrechte zur Gewährleistung einer ordnungsgemäßen Aufgabenerfüllung. 236

Hinsichtlich der Gründung des Kommunalunternehmens oder der Umwandlung von Regie- oder Eigenbetrieben in Kommunalunternehmen besteht in der Regel nur eine Anzeigepflicht gegenüber der Aufsichtsbehörde; die maßgeblichen Unterlagen sind rechtzeitig vorzulegen.[216] In einigen Bundesländern existiert aber auch ein (partieller) Genehmigungsvorbehalt.[217] 237

Zum anderen ist das **Kommunalunternehmen** selbst unmittelbar Objekt der Rechtsaufsicht, so dass die Aufsichtsbehörde nicht den Umweg über die Kommune gehen muss.[218] Der Aufsicht unterliegen insbesondere die vom Kommunalunternehmen erlassenen Satzungen und Verordnungen sowie sonstige in Vollzug von unternehmerischen Entscheidungen erlassene Rechtsakte. Durch die staatliche Aufsicht wird sichergestellt, dass das Kommunalunternehmen die kommunalrechtlichen Vorgaben über die Zulässigkeit einer wirtschaftlichen Betätigung und dabei vor allem das Erfordernis eines öffentlichen Zwecks beachtet. Die Aufsichtsbehörde kann jedoch nur rückwirkend im Wege der **Kon-** 238

---

213 *Klein/Uckel/Ibler*, 31.20, Nr. 1.2; *Ehlers*, ZHR 167 (2003), S. 546 (567).
214 *Klein/Uckel/Ibler*, 31.20, Nr. 1.2.
215 Näher dazu *Ehlers*, ZHR 167 (2003), S. 546 (568).
216 Siehe im Einzelnen Art. 96 GO Bay, § 152 Abs. 1 S. 1 Nr. 6 NKomVG, § 115 Abs. 1 d), h) GO NW, § 92 Abs. 1 GemO RhPf, § 123 Abs. 2 S. 1 GO LA, § 108 GO SH.
217 § 100 S. 1 BbgKVerf, § 27 Abs. 4 GKG NW, § 86 b Abs. 4 S. 2 GemO RhPf.
218 Vgl. Art. 91 Abs. 3 GO Bay, § 147 Abs. 1 NKomVG, § 114a Abs. 11 GO NW, § 86 b Abs. 5 S. 1 GemO RhPf, § 7 Abs. 3 AnstG LA, § 126 a Abs. 10 HGO.

trolle tätig werden und nicht – abgesehen von einer beratenden Tätigkeit – auf laufende Entscheidungsprozesse einwirken. Eine besondere Anzeigepflicht wurde aber in Bayern eingeführt: Das KU muss – wie die Kommune selbst auch – die Errichtung, Übernahme und wesentliche Erweiterung sowie die Änderung der Rechtsform oder der Aufgaben seiner Unternehmen, seine unmittelbare oder mittelbare Beteiligung an Unternehmen sowie die gänzliche oder teilweise Veräußerung seiner Unternehmen oder Beteiligungen der Rechtsaufsichtsbehörde mindestens sechs Wochen vorher mitteilen.[219]

9. Prüfungswesen, Bindung an das Vergaberecht

239 Hinsichtlich der für das Kommunalunternehmen bestehenden Regelungen zum Prüfungswesen und zum Vergaberecht sei auf die Ausführungen in den einschlägigen Kapiteln dieses Buches hingewiesen.[220]

10. Gemeinsames Kommunalunternehmen (gKU)

239a Gemeinden, Landkreise und Bezirke können in Bayern[221], Mecklenburg-Vorpommern[222], Niedersachsen[223], Nordrhein-Westfalen[224], Rheinland-Pfalz[225]. Thüringen[226] und Schleswig-Holstein[227] durch Vereinbarung einer Unternehmenssatzung ein gemeinsames Kommunalunternehmen errichten.[228] Regie- und Eigenbetriebe sowie Zweckverbände und Kapitalgesellschaften, an denen ausschließlich kommunale Körperschaften des öffentlichen Rechts beteiligt sind, können in ein gemeinsames KU ausgegliedert bzw. umgewandelt werden. Ebenso möglich ist die Verschmelzung bereits bestehender KU und der Beitritt einer Kommune zu einem bereits bestehenden (gemeinsamen) KU.[229]

239b Die beteiligten Kommunen müssen jeweils der gemeinsamen Unternehmenssatzung uneingeschränkt zustimmen. Die Unternehmenssatzung muss unter anderem Angaben über die Stammeinlagen sowie die Sitz- und Stimmenverteilung enthalten. Nach dem Verhältnis der Stammeinlagen richtet sich – vorbehaltlich einer insoweit abweichenden Unternehmenssatzung – auch die interne Haftungsverteilung.[230] Mit den Organen „Vorstand“ und „Verwaltungsrat“ weist das gKU dieselbe interne Struktur auf wie das KU. Im Außenverhältnis sind die Gewährträger Gesamtschuldner.

239c Unterschiedliche Wege gehen die Kommunalverfassungen bei der wichtigen Frage der Änderung der Unternehmenssatzung. Während beim KU das Kollegialorgan der Kommune „Herr der Unternehmenssatzung“ bleibt, wird diese Zuständigkeit beim gKU in Bayern[231], Rheinland-Pfalz[232] und Schleswig-Holstein[233] auf den Verwaltungsrat übertragen. In Niedersachsen und Mecklenburg-Vorpommern wird diese Zuständigkeit in der Unternehmenssatzung festgesetzt[234], in Nordrhein-Westfalen bleiben die Kollegialorgane

---

[219] Art. 96 Abs. 2 GO Bay.
[220] Vgl. dazu Kapitel E.
[221] Art. 49 und 50 KommZG Bay; siehe dazu *Schulz*, Art. 49ff. KommZG Bay und *Kronawitter*, KommP BY, 2010, S. 266ff.
[222] § 167 a ff KV M-V.
[223] §§ 3 und 4 des niedersächsischen Gesetz über die kommunale Zusammenarbeit (NKomZG).
[224] §§ 27 ff des nordrhein-westfälischen Gesetzes über kommunale Gemeinschaftsarbeit.
[225] §§ 14 af. des rheinland-pfälzischen Zweckverbandgesetzes (ZwVG).
[226] §§ 43 f ThürKGG
[227] §§ 19 b ff des schleswig-holsteinischen Gesetzes über die kommunale Zusammenarbeit (GkZ); siehe dazu *Busch*, NordÖR 2005, S. 201, 202.
[228] Ausf. dazu *Lindt*, KommP spezial 2008, S. 76ff.
[229] Siehe hierzu im Einzelnen Art. 49 Abs. 1 bis 4 KommZG Bay.
[230] Zur Organisation siehe Art. 50 KommZG Bay.
[231] Art. 50 Abs. 6 KommZG Bay.
[232] § 14 b Abs. 5 ZwVG RhPf.
[233] § 19 d Abs. 4 GkZ SH.
[234] § 3 Abs. 3 S. 2 NKomZG, § 167 b Abs. 3 S. 2 KV M-V.

der beteiligten Kommunen auch für die Änderung der Unternehmenssatzung zuständig.[235]

Das gemeinsame Kommunalunternehmen wird aufgrund der klaren und unbürokratischen Strukturen auf Dauer den Zweckverband als Rechtsform der kommunalen Zusammenarbeit ablösen.[236] Da die Beschränkung des KU auf einen Anstaltsträger weder rechtlich zwingend noch organisatorisch sinnvoll ist, werden sicher auch die anderen Bundesländer diesen Beispielen folgen und ihr kommunales Unternehmensrecht dahingehend reformieren. 239d

11. Checkliste „Gründung eines Kommunalunternehmens"

Im Folgenden sollen nochmals die für die Gründung eines Kommunalunternehmens notwendigen Schritte und Überlegungen stichpunktartig aufgezeigt werden: 240

(1) Vorbereitende Überlegungen der Verwaltung:
- Formulierung der Unternehmensziele bzw. der zu erfüllenden kommunalen Aufgabe
- Bewertung der zur Verfügung stehenden Rechtsformen nach ihrer Geeignetheit
- Zulässigkeit der Unternehmensgründung/Umwandlung
- Abwägung der Alternativen; bei Umwandlungen Abwägung zwischen Gestaltungspotential der bestehenden Rechtsform gegenüber Vorteilen anderer Rechtsformen
- bei Umwandlungen evtl. Einbindung/Information der betroffenen Arbeitnehmer

(2) Grundsatzentscheidung des kommunalen Kollegialorgans

(3) Vorbereitung der erforderlichen Bilanzen/Rechtstexte:
- Eröffnungsbilanz (insbesondere bei Umwandlungen)
- Unternehmenssatzung
- ggf. Personalüberleitungsvertrag
- ggf. Nutzungs- und Überlassungsvertrag
- ggf. Umlagevertrag (bei Holdingstruktur)

(4) Kontaktaufnahme mit der Personalvertretung und Behörden (Rechtsaufsichtsbehörde, Finanzamt, Kommunaler Prüfungsverband)

(5) Beschluss des kommunalen Kollegialorgans:
- Unternehmenssatzung
- Bestellung der Verwaltungsratsmitglieder
- Ausübung von Weisungs- und Informationsrechten

(6) Anzeige an die Rechtsaufsichtsbehörde

(7) Ausfertigung und Bekanntmachung der Unternehmenssatzung

(8) ggf. Eintragung in das Handelsregister

(9) Einberufung der ersten Verwaltungsratssitzung durch den Verwaltungsratsvorsitzenden:
- Bestellung des Vorstands
- Beschluss über die Geschäftsordnung und ggf. wichtige Verträge
- Feststellung des Wirtschaftsplans
- Beschluss über die Entschädigung der Verwaltungsratsmitglieder
- Bestellung des Abschlussprüfers
- ggf. Beschluss über die Eröffnungsbilanz
- ggf. Erlass von Satzungen und Verordnungen.

---

[235] § 27 Abs. 6 GKG NW.
[236] Ebenso *Lindt*, KommP spezial 2008, S. 76, 79.

III. Gesellschaft mit beschränkter Haftung

Literatur: *Altmeppen*, Die Einflussrechte der Gemeindeorgane in einer kommunalen GmbH, NJW 2003, 2561; *Bayer/Hoffmann/Schmidt*, Satzungskomplexität und Mustersatzung, GmbHR 2007, 953; *Becker*, Die Erfüllung öffentlicher Aufgaben durch gemischtwirtschaftliche Unternehmen, 1997; *Ehlers*, Verwaltung in Privatrechtsform, 1984; *Ehlers*, Die Entscheidung der Kommunen für eine öffentlich-rechtliche oder privatrechtliche Organisation ihrer Einrichtungen und Unternehmen, DÖV 1986, 897; *Emmerich/Habersack/Sonnenschein*, Konzernrecht, 9. Aufl. 2008; *Erle/Becker*, Der Gemeinderat als Gesellschafterversammlung der GmbH, NZG 1999, 58; *Fischer*, Das Entsendungs- und Weisungsrecht öffentlich-rechtlicher Körperschaften beim Aufsichtsrat einer Aktiengesellschaft, AG 1982, S. 85; *Gaß*, Die Umwandlung gemeindlicher Unternehmen, 2003; *Goette*, Die GmbH, 2. Aufl. 2002; *Grunewald*, Einsichts- und Auskunftsrecht des GmbH-Gesellschafters nach neuem Recht, ZHR 146 (1982), 211; *Habersack*, Private public partnership: Gemeinschaftsunternehmen zwischen Privaten und der öffentlichen Hand – Gesellschaftsrechtliche Analyse –, ZGR 1996, 544; *Harbarth*, Anlegerschutz in öffentlichen Unternehmen, 1998; *Harder/Ruter*, Die Mitglieder des Aufsichtsrats einer GmbH mit öffentlich-rechtlichem Anteilseigner – ihre Rechte und Pflichten, GmbHR 1995, S. 813; *Hueck*, Zur arbeitsrechtlichen Stellung des GmbH-Geschäftsführers, ZfA 1985, S. 25; *Joost*, Unternehmergesellschaft, Unterbilanz und Verlustanzeige, ZIP 2007, 2242; *Karl*, Das Auskunfts- und Einsichtsrecht des GmbH-Gesellschafters nach § 51a GmbHG, DStR 1995, 940; Kölner Kommentar zum Aktiengesetz, 3. Aufl. 2004; *Kraft*, Das Verwaltungsgesellschaftsrecht, Frankfurt/Main u. a. 1982; *Kropff*, Zur Anwendbarkeit des Rechts der verbundenen Unternehmen auf den Bund, ZHR 144 (1980), 74; *Leisner*, Der Vorrang des Gesellschaftsinteresses bei den Eigengesellschaften der öffentlichen Hand, WiVerw 1983, S. 212; *Limmer*, Handbuch der Unternehmensumwandlung, 3. Aufl. 2007; *Lutter*, Umwandlungsgesetz, Kommentar, 3. Aufl. 2004; *Lutter/Hommelhoff*, GmbH-Gesetz, Kommentar, Köln 17. Aufl. 2009; *Lutter/Krieger*, Rechte und Pflichten des Aufsichtsrats, 5. Aufl. 2008; *Lutter/Timm*, Konzernrechtlicher Präventivschutz im GmbH-Recht, NJW 1982, 409; *Mayer*, Erste Zweifelsfragen bei der Unternehmensspaltung, DB 1995, 861; *Mertens*, Die Prüfung der Ordnungsmäßigkeit der Geschäftsführung bei kommunalen Wirtschaftsunternehmen nach § 53 HGrG, Der Gemeindehaushalt 1983, S. 104; *Müller*, Rechtsformenwahl bei der Erfüllung öffentlicher Aufgaben, 1993; *Noack*, Der Regierungsentwurf des MoMiG – Die Reform des GmbH-Rechts geht in die Endrunde, DB 2007, 1395; *Ossola-Haring*, Die GmbH mit kommunaler Beteiligung und die gemeinnützige GmbH, 3. Aufl. 2009; *Paschke*, Die kommunalen Unternehmen im Lichte des GmbH-Konzernrechts, ZHR 152 (1988), S. 263; *Püttner*, Die öffentlichen Unternehmen, 2. Aufl. 1985; *ders.*, Die Einwirkungspflicht, DVBl. 1975, 353; *Raiser*, Konzernverflechtungen unter Einschluss öffentlicher Unternehmen, ZGR 1996, 458; *ders.*, Der Begriff der juristischen Person, AcP 199 (1999), 104; *Rowedder/Schmidt-Leithoff*, Gesetz betreffend die Gesellschaften mit beschränkter Haftung (GmbHG), 4. Aufl. 2002; *R. Schmidt*, Öffentliches Wirtschaftsrecht – Allgemeiner Teil, 1990; *Schneider*, Konzernbildung, Konzernleitung und Verlustausgleich im Konzernrecht der Personengesellschaften – Zugleich eine Beitrag zur Bedeutung des Gervais-Urteils für die Entwicklung des Konzernrechts, ZGR 1980, 511; *Scholz*, Kommentar zum GmbH-Gesetz, 10. Aufl. 2006ff.; *Schwintowski*, Verschwiegenheitspflicht für politisch legitimierte Mitglieder des Aufsichtsrats, NJW 1990, 1009; *ders.*, Gesellschaftsrechtliche Bindungen für entsandte Aufsichtsratsmitglieder der öffentlichen Hand, NJW 1995, 1316; *Spannowsky*, Die Verantwortung der öffentlichen Hand für die Erfüllung öffentlicher Aufgaben und die Reichweite ihrer Einwirkungspflichten auf Beteiligungsunternehmen, DVBl. 1992, 1072; *ders.*, Der Einfluss öffentlich-rechtlicher Zielsetzung auf das Statut privatrechtlicher Eigengesellschaften in öffentlicher Hand: – Öffentlich-rechtliche Vorgaben, insbesondere zur Ingerenzpflicht –, ZGR 1996, 400; *Stober*, Die privatrechtlich organisierte Verwaltung: Zur Problematik privatrechtlicher Gesellschaften und Beteiligungen der öffentlichen Hand, NJW 1984, 449; *Ulmer/Habersack/Winter*, Großkommentar zum GmbHG, 1. Aufl. 2008; *v. Danwitz*, Vom Verwaltungsprivat- zum Verwaltungsgesellschaftsrecht – Zu Begründung und Reichweite öffentlich-rechtlicher Ingerenz in der mittelbaren Kommunalverwaltung, AöR 120 (1995), 595; *Veil*, Die Unternehmergesellschaft nach dem Regierungsentwurf des MoMiG, GmbHR 2007, 1080; *Widmann/Mayer*, Umwandlungsrecht, Umwandlungsgesetz, Umwandlungssteuergesetz, Kommentar, Losebl. Stand: März 2007; *Zeichner*, Die Voraussetzungen für die Beteiligung des Bundes/eines Landes an einem Unternehmen nach § 65 Abs. 1 BHO/LHO und ihre Prüfung durch den Rechnungshof, AG 1985, S. 61.

1. Rechtsgrundlagen

Die kommunale GmbH findet ihre **Rechtsgrundlage** bereits im GmbH-Gesetz vom 20. April 1892 (RGBl. S. 477), in der Fassung der Bekanntmachung vom 20. Mai 1898 (RGBl. S. 369, 846, ber. abgedr. im BGBl. III/FNA 4123-1), diese Fassung zuletzt geändert durch Art. 1 des Gesetzes vom 23. Oktober 2008 (BGBl. I S. 2026). Daneben treten die Regelungen der Gemeindeordnungen der Länder zur Zulässigkeit wirtschaftlicher Unternehmen in privater Rechtsform.[1] 241

a) Die kommunale GmbH zwischen Gesellschafts- und Kommunalrecht

Die wirtschaftliche Betätigung kommunaler Gebietskörperschaften durch den organisatorischen Einsatz von Kapitalgesellschaften muss zwangsläufig zur Frage des Verhältnisses zwischen den **Regelungen des Gesellschaftsrechts** und den **Vorschriften des Kommunalrechts** führen. Die Regelungen des Kommunalrechts geben der Kommune nämlich die „Leitplanken" vor, die für eine Beteiligung an einer Gesellschaft privater Rechtsform eingehalten werden müssen. 242

Aus dieser **Einwirkungs- oder Ingerenzpflicht**[2] folgt die Verpflichtung der öffentlichen Hand, auf die von ihr geschaffenen Rechtssubjekte dahin gehend einzuwirken, dass diese ihrerseits die Ziele kommunaler Politik, die Orientierung am Allgemeinwohl und das Gebot der Rechtsstaatlichkeit einhalten.[3] Die Einwirkungspflicht kann somit im Ergebnis als die Pflicht beschrieben werden, auf eine in einer privaten Organisationsform betriebene öffentliche Einrichtung mit geeigneten Mitteln so einzuwirken, dass die Einhaltung der durch das öffentliche Recht bestimmten besonderen rechtlichen Bindungen jederzeit sichergestellt ist.[4] 243

Die Gemeindeordnungen versuchen dieser Pflicht Rechnung zu tragen, indem sie verlangen, dass sich die Gemeinde erhebliche **Informations- und Einflussmöglichkeiten** vorbehält. Durch die indirekte Aufgabenwahrnehmung über ein Beteiligungsunternehmen werden nämlich z. B. die Verhandlungen vom öffentlich tagenden Gemeinderat in die internen Gremien der Gesellschaft verlagert. Hierdurch geht aber im Interesse der größeren Effizienz ein Großteil der Publizität und Transparenz verloren.[5] 244

Aus dem **Demokratieprinzip** folgt aber die Verpflichtung zur Aufrechterhaltung der Legitimationskette, da sich aus der Tatsache, dass die Kommune ihre Kontrollpflichten wegen der Existenz nicht kontrollierbarer Freiräume nicht mehr erfüllen kann, kein Abreißen der durch demokratische Wahl legitimierten Kette ergeben darf. Weiterhin verlangt das **Rechtsstaatsprinzip** hinsichtlich der Verantwortlichkeit der öffentlichen Hand, dass keine kontrollfreien Räume in der Erfüllung öffentlicher Aufgaben entstehen. 245

Daher ergibt sich für die Kommune als Gesellschafterin einer GmbH die Verpflichtung ihre Rechtsbeziehungen zu der GmbH so auszugestalten, dass die **Kontrolle und Steuerung** dieser GmbH durch die Kommune sichergestellt ist. 246

---

1 §§ 102 ff. GemO Baden-Württemberg, Art. 86 ff. GemO Bayern, §§ 121 ff. GemO Hessen, §§ 107 ff. GemO Nordrhein-Westfalen, §§ 108 ff. GemO Niedersachsen, §§ 85 ff. GemO Rheinland-Pfalz, §§ 106 ff. KSVG Saarland, §§ 101 ff. GemO Schleswig-Holstein, §§ 100 ff. GemO Brandenburg, §§ 68 ff. Kommunal-Verf. Mecklenburg-Vorpommern, §§ 95 ff. GemO Sachsen, §§ 116 ff. GemO Sachsen-Anhalt, §§ 71 ff. KommunalO Thüringen; ausführlich oben Kapitel C, Rn. 195 ff.

2 Vgl. auch *Kraft*, §§ 2, 3; *Ehlers*, Verwaltung in Privatrechtsform, S. 124 ff.; zum Begriff siehe auch *Püttner*, DVBl. 1975, 353 (354).

3 *Müller*, S. 249 m. w. N.

4 *Becker*, S. 96.

5 Vgl. auch *Leisner*, WiVerw 1983, 212 (225); *Spannowsky*, ZGR 1996, 400 (412).

b) Das Verhältnis zwischen Gesellschafts- und Kommunalrecht in einer kommunalen GmbH

247 In die Beurteilung der **privatrechtlichen Rechtsbeziehungen** zwischen einer GmbH und der Kommune als deren Gesellschafterin sind Aspekte des GmbH-Rechts und des Kommunalrechts einzubeziehen. Hierbei steht der öffentlichen Hand grundsätzlich die Möglichkeit zu, sich einen besonderen Einfluss durch gesetzliche Einführung von gesellschaftsrechtlichen Sonderpositionen zu sichern.

248 Aus verfassungsrechtlicher Sicht lässt sich solchen Eingriffen in das Privatrecht kein prinzipieller **„Vorrang des Gesellschaftsrechts"** entgegenhalten. Gesetzgeberische Sonderregelungen für die öffentliche Hand im Rahmen des Gesellschaftsrechts sind aber nur dem Bund als derjenigen Gebietskörperschaft möglich, der im Rahmen der konkurrierenden Gesetzgebung nach Art. 74 Nr. 1 GG die entsprechende Gesetzgebungskompetenz zusteht.[6]

249 Hieraus folgt, dass **landesgesetzliche Regelungen** für öffentliche Unternehmen die gesellschaftsrechtliche Rechtslage nicht modifizieren können.[7] Durch die umfangreichen Vorschriften der Gemeindeordnungen über kommunale Gesellschaften wird das Innen- und Außenrecht dieser Unternehmen also nicht beeinflusst.

250 Die **Gemeindeordnungen** können für ihren Adressaten „Kommune" nur Grundsätze für eine Beteiligung an einer GmbH aufstellen, die diese im Rahmen der gesellschaftsrechtlich zulässigen Gestaltungsmöglichkeiten umzusetzen hat. Dabei sind die Kommunen verpflichtet, die Gestaltungsmöglichkeiten des Gesellschaftsrechts so weit auszuschöpfen, dass die Interessen der Kommune und die Ziele der Selbstverwaltung mit dem Demokratieprinzip so weit wie möglich verwirklicht werden.

251 Diese Grundsätze können aber nicht das Gesellschaftsverhältnis unmittelbar regeln. Für die Beurteilung des **Verhältnisses zwischen Kommune und GmbH** kommt es somit vorrangig auf das GmbH-Recht an. Ob und inwieweit die Kommune von dem so gesetzten Rahmen Gebrauch machen darf bzw. muss, bestimmt sich nach der Gemeindeordnung und den ihr zugrunde liegenden Zielen.

252 Somit lässt sich die **Organisationsverfassung** einer kommunalen GmbH nur aus der Gemengelage von Öffentlichem Recht und privatem Wirtschaftsrecht, von gemeindewirtschaftsrechtlichen und gesellschaftsrechtlichen Vorschriften bestimmen.

2. Rechtsnatur

253 Die GmbH ist eine **selbständige juristische Person** des privaten Rechts.[8] Sie beginnt mit der Eintragung in das Handelsregister (§ 11 Abs. 1 GmbHG) und endet mit Eintritt der Vermögenslosigkeit und Löschung aus dem Register.

254 Als juristische Person im Sinne eines rechtstechnischen Verständnisses des Begriffs ist die GmbH selbst Trägerin von Rechten und Pflichten.[9] Sie ist durch ihre **Organe** (Geschäftsführung, Gesellschafterversammlung) handlungsfähig.[10]

Für **Verbindlichkeiten** der GmbH haftet nach § 13 Abs. 2 GmbHG nur das **Gesellschaftsvermögen**.[11]

255 Gemäß § 5 Abs. 1 GmbHG hat die GmbH ein **Stammkapital**. Seine Existenz bietet den notwendigen Ausgleich für den in § 13 Abs. 2 GmbHG angeordneten Haftungsausschluss.[12] Das Stammkapital dient nämlich der Sicherung der Gläubiger, weil die GmbH

---

[6] Vgl. *Püttner*, Die öffentlichen Unternehmen, S. 234f.; *Fischer*, AG 1982, 85 (90); siehe auch *Schön*, ZGR 1996, 429 (432); a. A. *v. Danwitz*, AöR 120 (1995), 595 (616 ff.).

[7] *R. Schmidt*, S. 513 ff.; *Spannowsky*, DVBl. 1992, 1072 (1077); *Zeichner*, AG 1985, 61 (69); *Schwintowski*, NJW 1990, 1009 (1013); *ders.*, NJW 1995, 1316 (1317); *Schön*, ZGR 1996, 429 (432).

[8] *Lutter/Hommelhoff*, GmbHG, Einl. Rn. 2.

[9] *Raiser*, AcP 199 (1999), 104 (115).

[10] *Lutter/Hommelhoff*, GmbHG, Einl. Rn. 5.

[11] *Lutter/Hommelhoff*, GmbHG, § 13 Rn. 3.

[12] *Lutter/Hommelhoff*, GmbHG, § 5 Rn. 2.

über Vermögensgegenstände verfügen muss, deren Gesamtwert wenigstens dem Betrag des Stammkapitals entspricht.

Mit dem Stammkapital allein ist den Gläubigern allerdings nicht gedient. Die Gesellschaft muss vielmehr dafür sorgen, dass ein der Grundkapitalziffer entsprechendes Vermögen auch tatsächlich aufgebracht wird (**Prinzip der Kapitalaufbringung**).[13] Seine Garantiefunktion kann das Grundkapital aber nur erfüllen, wenn ein entsprechendes Mindestvermögen nicht nur aufgebracht wird, sondern dauerhaft auch erhalten bleibt (**Prinzip der Kapitalerhaltung**).[14] 256

Das Stammkapital besteht aus den Stammeinlagen der Gesellschafter (§ 5 Abs. 2 AktG). Ein Gesellschafter kann bei Errichtung der Gesellschaft mehrere **Stammeinlagen** übernehmen. Die Untergrenze beträgt EUR 1,00; eine Obergrenze besteht nicht. 257

Zu den Strukturmerkmalen der GmbH gehört schließlich ihr Charakter als **Handelsgesellschaft**. Aus § 13 Abs. 3 GmbHG i.V.m. § 6 HGB folgt, dass die GmbH notwendig den Bestimmungen des Handelsrecht unterliegt.[15] 258

3. Gründung

a) Errichtung der kommunalen GmbH

aa) Gründung einer GmbH. Eine GmbH entsteht durch **Abschluss des Gesellschaftsvertrages** und **Eintragung** in das Handelsregister. 259

Gründer und Gesellschafter einer GmbH können **natürliche und juristische Personen**[16] sowie **Personengesellschaften**[17] sein. Die GmbH kann auch von nur einer Person gegründet werden.[18] 260

Im Rahmen der GmbH-Reform durch das Gesetz zur Modernisierung des GmbH-Rechts und zur Bekämpfung von Mißbräuchen (MoMiG) vom 23. Oktober 2008[19] wurde in § 5a GmbHG eine Gründungsvariante der GmbH – die sog. „Unternehmergesellschaft" (UG) – eingeführt. Der Gesetzgeber wollte durch diese Gründungsvariante die Gründung einer GmbH mit einem minimalen gesetzlichen Mindeststammkapital (EUR 1,00) ermöglichen. Alle Vorschriften des GmbHG und des gesamten deutschen Rechts, die die GmbH betreffen, gelten auch für die UG, es sei denn § 5a GmbHG trifft eine andere Regelung.[20] 261

Der **Gesellschaftsvertrag** der GmbH ist ein Organisationsvertrag und zugleich die Satzung der Gesellschaft. In dieser Satzung[21] müssen Regelungen enthalten sein über Firma, Sitz, Gegenstand, Stammkapital und Stammeinlage. Sie muss notariell beurkundet werden (§ 2 GmbHG). 262

Zur Erleichterung der Gründung einer GmbH in Standardfällen wurde durch das MoMiG ein vereinfachtes Gründungsverfahren mit einem **Musterprotokoll** eingeführt (§ 2 Abs. 1a GmbHG). 263

Das vereinfachte Gründungsverfahren kann nur unter Verwendung des in der Anlage 1 zum GmbHG niedergelegten Musterprotokolls für eine Gesellschaft mit bis zu drei Gesellschaftern und einem Geschäftsführer durchgeführt werden. Es kann sowohl für die Gründung einer „klassischen" GmbH als auch für die UG verwendet werden. 264

---

13 *Lutter/Hommelhoff*, GmbHG, § 5 Rn. 1.

14 *Lutter/Hommelhoff*, GmbHG, § 5 Rn. 2; § 30 Rn. 1ff.

15 *Lutter/Hommelhoff*, GmbHG, § 13 Rn. 1.

16 *Lutter/Hommelhoff, GmbHG*, § 2 Rn. 1ff.

17 *Lutter/Hommelhoff*, GmbHG, § 2 Rn. 5; zur GbR vgl. BGHZ 78, 311; BGH WM 1992, 12; zur Erbengemeinschaft siehe auch *Emmerich*, in: *Scholz*, GmbHG, § 2 Rn. 50; zu sonstigen Gesamthandsgemeinschaften vgl. *Ulmer*, in: Großkommentar zum GmbHG, § 2 Rn. 80 ff; bei der Verwendung des Musterporotokolls sollen Personengesellschaften als Gründer ausscheiden, vgl. *Noack*, DB 2007, 1395 (1398).

18 *Lutter/Hommelhoff*, GmbHG, § 1 Rn. 2.

19 BGBl. I S. 2026.

20 Begr. RegE, Beilage zu ZIP 23/2007, S. 7f.

21 Zum Inhalt vgl. unten Rn. 311ff.

265 Das Musterprotokoll hat folgende zwingenden, inhaltlich aber individuell festlegbaren Satzungsbestandteile: Firma, Sitz, Höhe und Aufteilung des Stammkapitals, Unternehmensgegenstand. Da bei der Gründung kommunaler GmbHs aber gerade durch die jeweiligen Gemeindeordnungen zusätzliche – über das Musterprotokoll hinausgehende – Regelungen gefordert werden, scheidet die Verwendung dieses Musterprotokolls wohl grundsätzlich für die Gründung kommunaler Gesellschaften aus.[22]

266 Daneben kann es auch die Bestellung des Geschäftsführers beinhalten, ohne dass ein gesonderter Beschluss erforderlich ist. Dabei ist aber zu beachten, dass der Geschäftsführer in diesem Fall kein satzungsmäßiges Geschäftsführungsrecht mit der Bestellung erhält.

267 Das Musterprotokoll ist durch einen Notar zu beurkunden.

268 Mit **Beurkundung** der Satzung ist die GmbH zwar errichtet. Sie ist aber noch keine juristische Person.[23] Dazu wird sie erst mit **Eintragung in das Handelsregister** (§ 11 Abs. 1 GmbHG).

269 Die GmbH-Gründer müssen schon vor Eintragung der GmbH[24] in das Handelsregister einen oder mehrere **Geschäftsführer** bestellen, die sämtlich bei der Anmeldung mitwirken müssen (§§ 8, 78 GmbHG). Zum Geschäftsführer kann nur eine natürliche, voll geschäftsfähige Person bestellt werden (§ 6 GmbHG). Auch Gesellschafter können zu Geschäftführern bestellt werden.

270 Zusammen mit den Regelungen über die **Kapitalerhaltung**[25] sind die Vorschriften des GmbH-Rechts über die **Kapitalaufbringung** unverzichtbare Voraussetzung für die Beschränkung der Haftungsmasse auf das Gesellschaftsvermögen.

271 Die Pflicht zur **Leistung der Stammeinlagen** kann den GmbH-Gründern nicht erlassen[26] oder gestundet[27] werden. Bei verspäteter Leistung schulden sie Verzugszinsen (§ 20 GmbHG). Sie können gegen die Forderung auf Leistung ihrer Einlagen nur mit Gegenforderungen aufrechnen, wenn diese Gegenforderungen aus der Überlassung von Gegenständen resultieren, deren Anrechnung auf die Einlageverpflichtung nach § 5 Abs. 4 S. 1 GmbHG vereinbart worden ist (§ 19 Abs. 2 Satz 2 GmbHG).

272 Dagegen kann die Vor-GmbH und nach ihrer Eintragung auch die GmbH die Aufrechnung gegen die Verpflichtung des Gesellschafters auf **Leistung der Einlage** erklären, wenn der Gründer eine liquide, fällige und vollwertige Forderung gegen die Vor-GmbH bzw. gegen die GmbH hat.[28]

273 Es muss also gewährleistet sein, dass der GmbH der **als Einlage versprochene Betrag** auch tatsächlich zufließt bzw. dass sie darüber **uneingeschränkt verfügen** kann.[29]

274 Bei Säumnis mit der Einzahlung kann der Gesellschafter nach Fristsetzung und Fristablauf seines Gesellschaftsanteils für verlustig erklärt werden (**Kaduzierung**), ohne dass die Verpflichtung des Ausgeschlossenen zur Leistung der rückständigen Einlage damit entfällt (§ 21 GmbHG). Rechtsvorgänger des Ausgeschlossenen haften ebenfalls auf den Ausfall (§ 22 GmbHG).

275 Die Gesellschaft kann den Geschäftsanteil im Wege **öffentlicher Versteigerung** verkaufen, wenn die Zahlung der rückständigen Einlage auch vom Rechtsvorgänger nicht zu erlangen ist (§ 23 GmbHG). Schließlich haften aber auch alle übrigen Gesellschafter anteilig für die bei einem Mitgesellschafter oder bei dessen Rechtsvorgänger uneinbringliche Einlage (§ 24 GmbHG).

---

22 Vgl. auch *Bayer/Hoffmann/Schmidt*, GmbHR 2007, 953.
23 Sog. „Vor-Gesellschaft", vgl. auch *Lutter/Hommelhoff*, GmbHG, § 11 Rn. 3.
24 *Lutter/Hommelhoff*, GmbHG, § 6 Rn. 8 ff.
25 *Lutter/Hommelhoff*, GmbHG, § 30 Rn. 9 ff.; § 32 a/b Rn. 11 ff.
26 *Lutter/Hommelhoff*, GmbHG, § 19 Rn. 9 ff., ebenso ist ein Vergleich (rechtsgeschäftlich oder prozessual) über die Einlageforderung zulässig, BayObLG, DB 1985, 107.
27 *Lutter/Hommelhoff*, GmbHG, § 19 Rn. 15.
28 *Lutter/Hommelhoff*, GmbHG, § 19 Rn. 17 ff.
29 *Lutter/Hommelhoff*, GmbHG, § 7 Rn. 13 ff.

Bei Gründung der GmbH kann in ihrer Satzung vorgesehen werden, dass der Gesellschafter seine Stammeinlage in Form einer **Sacheinlage** erbringt.[30] Der Wert der Sacheinlage muss mindestens dem Nennwert der übernommenen Stammeinlage entsprechen.[31] 276

Weil die **Bewertung von Sacheinlagen** schwierig ist und die Beteiligten ihre Sachwerte häufig zu hoch einschätzen, muss über die Sacheinlage, ihren Erwerb, ihren Zustand, ihre Bewertung usw. ein **Sachgründungsbericht** erstellt werden (§ 5 Abs. 4 S. 2 GmbHG), in dem die Gesellschafter „die für die Angemessenheit der Leistungen für Sacheinlagen wesentlichen Umstände darzulegen" haben.[32] Bei nicht unwesentlicher **Überbewertung von Sacheinlagen** ist das Registergericht verpflichtet, die Eintragung abzulehnen (§ 9 c GmbHG). 277

Wurde die Sacheinlage zu hoch bewertet, hat der Einlageverpflichtete die Differenz zwischen dem tatsächlichen Wert zum Zeitpunkt der Anmeldung zum Handelsregister und dem Nennwert des übernommenen Geschäftsanteils in bar nachzuzahlen (**Differenzhaftung**, § 9 GmbHG). 278

Bei der UG sind bei der Gründung, aber auch bei späteren Kapitalerhöhungen Sacheinlagen unzulässig (§ 5a Abs. 2 S. 2 GmbHG). Erst wenn das Stammkapital durch (Bar-) Kapitalerhöhung das Mindeststammkapital einer „normalen" GmbH (EUR 25.000,00) erreicht hat, unterliegt diese nicht mehr den Beschränkungen des § 5a GmbHG, weshalb ab diesem Zeitpunkt Sachkapitalerhöhungen uneingeschränkt zulässig sind.[33] 279

Wird statt einer Bareinlage eine **verschleierte Sacheinlage** erbracht, bleibt die Bareinlageschuld weiterhin bestehen (§ 19 Abs. 4 GmbHG). Der objektive Wert der verdeckt eingelegten Sacheinlage kann aber auf die Geldeinlageverpflichtung angerechnet werden (§ 19 Abs. 4 S. 3 GmbHG). Sowohl das mit der verdeckten Sacheinlage verbundene schuldrechtliche, als auch das dingliche Rechtsgeschäft bleiben vollumfänglich wirksam (§ 19 Abs. 4 S. 2 GmbHG).[34] 280

Sacheinlagen müssen bei der Gründung einer GmbH sofort und uneingeschränkt erbracht werden, während ein Teil der in Geld geschuldeten Einlagen auch erst nach der Eintragung der GmbH geleistet werden kann. 281

Jeder Gesellschafter muss mindestens 25% auf seine **Stammeinlage** einzahlen, insgesamt muss bis zur Eintragung der GmbH in das Handelsregister mindestens soviel eingezahlt worden sein, dass der Gesamtbetrag der eingezahlten Geldeinlagen zuzüglich des Gesamtnennbetrags der Geschäftsanteile, für die Sacheinlagen zu leisten sind, die Hälfte des Mindeststammkapitals der Gesellschaft gemäß § 5 Abs. 1 GmbHG erreichen (§ 7 Abs. 2 GmbHG). 282

Bei der UG muss das von den Gründern gewählte Stammkapital in voller Höhe eingezahlt werden. Andernfalls darf keine Anmeldung nach § 7 Abs. 2 GmbHG erfolgen (§ 5a Abs. 2 GmbHG). 283

Sämtliche **Einzahlungen** müssen auf ein Konto der Vor-GmbH oder als Barzahlung an deren Geschäftsführer erfolgen. Über die eingezahlten Beträge muss der Geschäftsführer der Vor-GmbH frei verfügen können, bevor die Gesellschaft in das Handelsregister eingetragen werden kann und damit entsteht.[35] 284

Über die nach dem Gesellschaftsvertrag geschuldeten **Sacheinlagen** muss der Geschäftsführer schon vor der Eintragung der GmbH nicht nur teilweise, sondern vollständig verfügen können (§ 7 Abs. 2, 3 GmbHG). 285

Unrichtige Angaben über Art und Umfang der Kapitalaufbringung bei der Gründung begründen Schadensersatzansprüche (§§ 9 a, 9 b GmbHG) und können mit Freiheitsstrafe geahndet werden (§ 82 Ziff. 1 und 2 GmbHG). 286

---

[30] *Lutter/Hommelhoff*, GmbHG, § 5 Rn. 12 ff.
[31] *Lutter/Hommelhoff*, GmbHG, § 5 Rn. 22 ff.
[32] *Lutter/Hommelhoff*, GmbHG, § 5 Rn. 28 ff.
[33] Begr. RegE, Beilage ZIP 23/2007, S. 8; *Joost*, ZIP 2007, 2242 (2245); *Veil*, GmbHR 2007, 1080 (1081).
[34] Vgl. zur Rechtslage bis zum Inkrafttreten des MoMiG statt aller BGH ZIP 2003, 1540.
[35] *Lutter/Hommelhoff*, GmbHG, § 7 Rn. 3 ff.

287 Der **Antrag auf Eintragung** der GmbH in das Handelsregister ist vom Geschäftsführer beim zuständigen Registergericht (Amtsgericht) zu stellen (§ 7 Abs. 1 GmbHG). Die **Unterschrift** des Geschäftsführers muss notariell beglaubigt sein.

288 Dem Antrag sind die in § 8 GmbHG aufgeführten **Unterlagen und Nachweise** beizufügen.[36] Bei **Sachgründungen** sind außerdem ein Sachgründungsbericht, die Verträge über die Übertragung der Sachen sowie Unterlagen über ihre Bewertung beizufügen.

289 Das **Registergericht** prüft den Gesellschaftsvertrag und den Eintragungsantrag auf Übereinstimmung mit den gesetzlichen Anforderungen. Bei begründeten Zweifeln an der Richtigkeit der Angaben muss es Nachweise über die behaupteten Leistungen anfordern und gegebenenfalls eigene Ermittlungen durchführen. Werden die Zweifel nicht ausgeräumt, muss es die Eintragung ablehnen (§ 9 c GmbHG).

290 Unrichtige Bestätigungen Dritter gegenüber dem Registergericht begründen in entsprechender Anwendung von § 37 Abs. 1 Satz 4 AktG deren persönliche Haftung.

291 **bb) Rechtsformwechsel (Ausgliederung).** Gemäß § 168 UmwG können **Gebietskörperschaften** oder deren Zusammenschlüsse von ihnen in öffentlich-rechtlicher Organisationsform betriebene Unternehmen in bestimmte privatrechtliche Gesellschaftsformen, namentlich in eine GmbH, **überführen**. Dabei ist in § 168 UmwG ausdrücklich klargestellt, dass das für den Zusammenschluss maßgebende Bundes- oder Landesrecht, insbesondere also auch das kommunale Wirtschaftsrecht, einer Umwandlung nicht entgegenstehen darf.[37]

292 Das Umwandlungsrecht ermöglicht eine **privatisierende Umwandlung** mit Gesamtrechtsnachfolge.[38] Damit wird der ansonsten notwendige umständliche Weg von Einzelrechtsübertragungen erspart und, z. B. mit Blick auf die zu Dritten begründeten Rechtsverhältnisse (z. B. Verträge mit Kunden oder Benutzern), eine praktische Vereinfachung erzielt.

293 Im Vergleich zur Ausgliederung aus dem Vermögen eines anderen Rechtsträgers ist zu beachten, dass Gebietskörperschaften nur gesamte **Unternehmen** ausgliedern können.[39] Während Gesellschaften und andere Rechtsträger beliebig Vermögen, auch einen einzigen Vermögensgegenstand, ausgliedern und abspalten können, verlangt § 168 UmwG, dass das gesamte Vermögen ausgegliedert wird. Daher ist Voraussetzung einer Ausgliederung aus dem Vermögen einer Gebietskörperschaft das Vorliegen einer in der Form einer organisatorisch weitgehend verselbständigten, finanzwirtschaftlich als eigenes Vermögen getrennt zu verwaltende Unternehmenstätigkeit.[40]

294 Die Vorschriften über die Ausgliederung aus dem Vermögen von Gebietskörperschaften sind **Sondervorschriften der Ausgliederung**, die wiederum **Sondervorschriften der Spaltung** darstellen. Es gelten daher grundsätzlich auch die allgemeinen Vorschriften über Spaltung und Ausgliederung, soweit nicht die §§ 168 ff. UmwG Sondervorschriften vorsehen.

295 Da gemäß § 125 S. 1 UmwG auf die Spaltung der Vorschriften des zweiten Buches des UmwG anwendbar sind, gilt auch § 6 UmwG, d. h. ein Ausgliederungsplan bzw. ein Ausgliederungsvertrag muss **notariell beurkundet** werden. Nach § 169 S. 1 UmwG ist **kein Ausgliederungsbericht** für die Gebietskörperschaft notwendig.

---

[36] Beurkundeter Gesellschaftsvertrag; Legitimation des Geschäftsführers; Angabe über die Vertretungsbefugnis der Geschäftsführer; Unterschriftsprobe der Geschäftsführer zur Aufbewahrung bei Gericht; Versicherung des Geschäftsführers, dass die Leistungen auf die Stammeinlagen erbracht sind und endgültig zu seiner freien Verfügung stehen; Versicherung des Geschäftsführers, dass er nicht wegen eines Konkursdelikts verurteilt wurde und seiner Tätigkeit keine Berufs oder Gewerbeverbote entgegenstehen; die von allen Geschäftsführern unterzeichnete Liste der Gesellschafter; Angabe einer inländischen Geschäftsanschrift.

[37] *Gaß*, S. 195.

[38] *H. Schmidt*, in: *Lutter*, UmwG, § 168 Rn. 5; zu steuerlichen Fragen vgl. unten Kapitel G. Rn. 249 ff.

[39] *H. Schmidt*, in: *Lutter*, UmwG, § 168 Rn. 9; *Gaß*, S. 190 ff.

[40] *H. Schmidt*, in: *Lutter*, UmwG, § 168 Rn. 11; *Gaß*, S. 191.

Da die Ausgliederung ein Sonderfall der Spaltung ist, muss für den Ausgliederungsplan bzw. Ausgliederungsvertrag § 126 UmwG berücksichtigt werden, der den Inhalt des **Spaltungsvertrages** beschreibt. 296

In diesem Zusammenhang ist insbesondere die Frage zu beachten, auf welche Weise gem. § 126 Abs. 1 Nr. 9 UmwG die Gegenstände zu bezeichnen sind, die ausgegliedert werden sollen. Hierbei ist im Hinblick auf den **sachenrechtlichen Bestimmtheitsgrundsatz** von einer genauen Abgrenzung des Kreises übergehenden **Aktiva und Passiva** auszugehen, und zwar möglichst mit der gleichen Genauigkeit, mit der etwa bei einer Veräußerung von Unternehmen im Wege der Übertragung von Einzelwirtschaftsgütern gearbeitet wird. 297

Bei der Übertragung von **Eigenbetrieben oder sonstigen Sondervermögen** wird es häufig ausreichen, dass auf Bilanzen und Inventar Bezug genommen wird.[41] Sind jedoch auch **Grundstücke** von der Ausgliederung betroffen, so müssen diese gemäß § 126 Abs. 2 S. 2 UmwG nach § 28 GBO hinreichend individualisiert sein. Weiterhin sind auch die **nicht-bilanzierungsfähigen Gegenstände** und insbesondere die Vertragsverhältnisse gesondert aufzuführen. 298

Mit der **Eintragung** der Ausgliederung in das Register des Sitzes des übernehmenden Rechtsträgers geht das ausgegliederte Unternehmen gemäß § 171 UmwG auf den neuen Rechtsträger über, ohne dass noch Einzelübertragungen erforderlich sind.[42] Mit dem Wirksamwerden der Ausgliederung gehen damit die zu übertragenden Vermögensteile im Wege der **Sonderrechtsnachfolge** automatisch auf die übernehmende Gesellschaft über, ohne dass es irgendwelcher weiteren Übertragungshandlungen bedarf.[43] 299

Mit der Eintragung im Register des übernehmenden Rechtsträgers geht das ausgegliederte Unternehmen als Gesamtheit nach § 131 Abs. 1 Nr. 1 UmwG auf den aufnehmenden Rechtsträger über; die **partielle Gesamtrechtsnachfolge** umfasst dabei die im Ausgliederungsplan bzw. Ausgliederungsvertrag sowie deren Anlagen aufgeführten Vermögensgegenstände.[44] 300

Der übernehmende Rechtsträger tritt in die Rechtsstellung ein, die der übertragende Rechtsträger innehatte. Der **Rechtsübergang** vollzieht sich dabei außerhalb von mit öffentlichem Glauben versehenen Registern.[45] 301

Bei einer Ausgliederung besteht für die **Verbindlichkeiten**, die bis zur Eintragung der Ausgliederung in das Handelsregister begründet worden sind, eine Haftung des übertragenden Rechtsträger gesamtschuldnerisch mit dem übernehmenden Rechtsträger, auf den die Verbindlichkeiten übergegangen sind, für die Dauer von fünf Jahren fort. Dies ist ausdrücklich in den §§ 172, 173 UmwG klargestellt.[46] 302

Es besteht Einigkeit darüber, dass der Gesetzgeber durch die Einführung der Ausgliederung als neue Umwandlungsform den Gesellschaftern nicht die Möglichkeit der **Einzelrechtsübertragung** verschließen wollte. Die allgemeinen Möglichkeiten der Einzelrechtsübertragung und der Sachgründung bzw. Sachkapitalerhöhung bleiben demnach weiter eröffnet.[47] 303

304-310 *(einstweilen frei)*

---

[41] *Widmann/Mayer*, Umwandlungsrecht, § 126 Rn. 209 ff.; *Frenz*, in: *Limmer*, Rn. 1019 ff.; *Mayer*, DB 1995, 861 (864). .

[42] *Teichmann*, in: *Lutter*, UmwG, § 131 Rn. 1; *Schwarz*, in: *Widmann/Mayer*, Umwandlungsrecht, § 123 Rn. 4.1.3; *Vossius*, in: *Widmann/Mayer*, Umwandlungsrecht, § 131 Rn. 23.

[43] *Priester*, in: *Lutter*, UmwG, § 126 Rn. 32.

[44] *H. Schmidt*, in: *Lutter*, UmwG, § 171 Rn. 6; zur Frage der Wertansätze dieser Vermögensgegenstände vgl. unten Kapitel G. Rn. 234 ff.

[45] *Vossius*, in: *Widmann/Mayer*, Umwandlungsrecht, § 131 Rn. 38.

[46] *H. Schmidt*, in: *Lutter*, UmwG, § 171 Rn. 10 ff.

[47] *Limmer*, in: *Limmer*, Rn. 1144; *Gaß*, S. 228.

b) Der Gesellschaftsvertrag der kommunalen GmbH

311 Der Gesellschaftsvertrag einer kommunalen GmbH muss nach § 3 Abs. 1 GmbHG bestimmte **Mindestanforderungen** erfüllen. Daneben beschränkt sich das Gemeindewirtschaftsrecht nicht auf eine Definition der Voraussetzungen für die Rechtsform des kommunalen Unternehmens. Vielmehr machen die Gemeindeordnungen eine Reihe von **weitergehenden Vorgaben** für die Ausgestaltung des Gesellschaftsvertrages kommunaler Gesellschaften.

312 **aa) Firma und Sitz.** Im Gesellschaftsvertrag einer GmbH sind Firma und Sitz der Gesellschaft anzugeben.

313 Die **Firma** ist der Name, unter dem die GmbH am Rechtsverkehr teilnimmt. Sie muss die Bezeichnung „Gesellschaft mit beschränkter Haftung" oder die Abkürzung „GmbH" enthalten. Für die UG ordnet § 5a Abs. 1 GmbHG hiervon abweichend an, dass diese die Bezeichnung „Unternehmergesellschaft (haftungsbeschränkt)" oder „UG (haftungsbeschränkt)" zu führen hat.

314 Aufgrund der neuen Fassung des § 4 GmbHG im Rahmen des Gesetzes zur Neuregelung des Kaufmanns- und Firmenrechts vom 22. Juni 1998[48] hat sich die frühere Streitfrage, ob die Firma aus dem Gegenstand des Unternehmens entlehnt sein muss, erledigt. Es sind nun auch **Fantasiefirmen** zulässig.

315 Sitz der Gesellschaft ist nach § 4a Abs. 1 GmbHG der Ort, den die Satzung bestimmt. Dieser **(Satzungs-)Sitz** der Gesellschaft muss innerhalb der Bundesrepublik Deutschland liegen. Der Sitz der **Verwaltung, Geschäftsleitung** oder des **Betriebs** der Gesellschaft kann sich dagegen im Ausland befinden.

316 **bb) Unternehmensgegenstand und Öffentlicher Zweck.** Ein weiterer notwendiger Bestandteil des Gesellschaftsvertrages ist der **Gegenstand des Unternehmens**. Gegenstand des Unternehmens ist die **Tätigkeit**, die die Gesellschaft zu betreiben beabsichtigt.[49] Die Angabe des Unternehmensgegenstandes muss derart individualisierbar sein, dass der **Schwerpunkt der Geschäftstätigkeit** erkennbar ist.

317 Der Gesellschaftsvertrag der kommunalen GmbH muss sicherstellen, dass der **öffentliche Zweck** des Unternehmens erfüllt wird. Geht man davon aus, dass jede Beteiligung einer Kommune an einer GmbH durch einen öffentlichen Zweck legitimiert sein muss, so drängt sich die Frage auf, ob dieser Zweck im Sinne des verfolgten Verwaltungszieles im Gesellschaftsvertrag des Unternehmens festgelegt werden muss.[50]

318 Ausgehend von der allgemein anerkannten Unterscheidung zwischen **Unternehmensgegenstand** und **Unternehmenszweck**[51] ist festzuhalten, dass zumindest in dem Fall, in dem sich aus dem Unternehmensgegenstand eindeutige Hinweise auf den Versorgungsauftrag und damit auf die öffentlich-rechtliche Zwecksetzung ergeben, eine ausdrückliche Bestimmung, wonach der Zweck der Gesellschaft in der Wahrnehmung öffentlicher Aufgaben besteht, nicht notwendig ist.[52] Ansonsten ist von einer deklaratorischen Bedeutung der Angabe des Unternehmenszwecks auszugehen, die sich aus der Steuerungsaufgabe der Kommune gegenüber ihren Beteiligungen an privaten Unternehmen ergibt.[53]

319 **cc) Stammkapital.** Das **Stammkapital** ist die rechnerische Zusammenfassung aller Stammeinlagen der Gesellschafter in einer Summe. Es muss bei der „klassischen" GmbH mindestens EUR 25.000 betragen. Seine Höhe ist im Gesellschaftsvertrag anzugeben.

---

[48] BGBl. 1998 I S. 1474 ff.

[49] BayObLG, NJW 1976, 1694.

[50] Vgl. hierzu auch *Habersack*, ZGR 1996, 544 (553).

[51] Vgl. z. B. *Lutter/Hommelhoff*, GmbHG, § 1 Rn. 2 m. w. N.

[52] Ausführlich zu diesem Thema *Becker*, S. 100 ff.; nach *Harbarth*, S. 117 ff. und *Habersack*, ZGR 1996, 544 (553) soll die bloße Beschreibung des Unternehmensgegenstandes nicht ausreichend sein; vgl. auch *Ehlers*, DÖV 1986, 897 (904).

[53] *Becker*, S. 107.

Anders als bei der „normalen“ GmbH kann die UG ohne Einhaltung des nach § 5 Abs. 1 GmbH vorgeschriebenen Mindeststammkapitals von EUR 25.000,00 gegründet werden. Dennoch hat auch die UG ein „Mindeststammkapital“ – nämlich mindestens EUR 1,00 – entsprechend dem Mindestnennbetrag eines Geschäftsanteils. Bei mehreren Geschäftsanteilen erhöht sich dieses Mindestkapital entsprechend der Anzahl der Gesellschafter. Das Maximalstammkapital einer UG beträgt EUR 24.999,00, da es sich ab einem Stammkapital von EUR 25.000,00 um eine „normale“ GmbH handelt. 320

Das Stammkapital ist nicht mit dem Gesellschaftsvermögen identisch. Das Gesellschaftsvermögen kann höher oder niedriger sein als das Stammkapital. 321

dd) Stammeinlagen. Als **Stammeinlage** übernehmen die Gesellschafter Anteile am Stammkapital. Jeder Gesellschafter kann mehrere Stammeinlagen übernehmen, die auf volle Euro lauten müssen. 322

Die Einlage kann in **bar** oder in **Sachwerten** erbracht werden. 323

Nach der Höhe der jeweiligen Stammeinlage bemisst sich der **Geschäftsanteil** der Gesellschafter (§ 14 GmbHG). 324

Im Gesellschaftsvertrag kann vorgesehen werden, dass die Gesellschafter auch zu **Nachschüssen** verpflichtet sind (§ 26 GmbHG). Von einer unbeschränkten Nachschusspflicht kann sich ein Gesellschafter dadurch befreien, dass er der Gesellschaft seinen Geschäftsanteil zur Befriedigung zur Verfügung stellt (Abandon, § 27 GmbHG). 325

ee) Wirtschaftsplan, Jahresabschluss, Abschlussprüfung. Die Gemeindeordnungen[54] fordern, dass im Gesellschaftsvertrag der GmbH sichergestellt wird, dass für jedes Wirtschaftsjahr ein **Wirtschaftsplan** aufgestellt wird und der **Wirtschaftsführung** eine fünfjährige Finanzplanung zugrunde gelegt wird. Darüber hinaus sind der **Jahresabschluss und der Lagebericht** in entsprechender Anwendung der Vorschriften des Handelsgesetzbuchs für große Kapitalgesellschaften aufzustellen und zu prüfen. 326

Der Wirtschaftsplan und die Finanzplanung, der Jahresabschluss und der Lagebericht sowie der Prüfungsbericht des Abschlussprüfers sind der Kommune zu übersenden. Für die **Prüfung der Betätigung der Gemeinde** bei dem Unternehmen sind darüber hinaus dem Rechnungsprüfungsamt und der für die überörtliche Prüfung zuständigen Prüfungsbehörde die in § 54 HGrG vorgesehenen Befugnisse wie auch das **Recht zur überörtlichen Prüfung** der Haushalts- und Wirtschaftsführung des Unternehmens nach den Vorschriften der Gemeindeordnungen einzuräumen.[55] 327

ff) Fakultativer Inhalt des Gesellschaftsvertrages. Das Legalstatut der GmbH geht von einer weitgehenden **Satzungsfreiheit** aus.[56] Im Gegensatz zur AG, bei der der Grundsatz gilt, „was nicht ausdrücklich gesetzlich erlaubt ist, ist als Satzungsinhalt verboten“,[57] kann bei der GmbH jede nicht ausdrücklich verbotene Regelung Satzungsinhalt werden. 328

---

[54] § 103 Abs. 1 Nr. 5 Buchst. a) GemO Baden-Württemberg, Art. 94 Abs. 1 Nr. 1 GemO Bayern, § 122 Abs. 3 Nr. 1 GemO Hessen, § 108 Abs. 2 Nr. 1 GemO Nordrhein-Westfalen, § 87 Abs. 1 Nr. 7 Buchst. a) GemO Rheinland-Pfalz, § 111 Abs. 1 Nr. 3 KSVG Saarland, § 9 KommunalprüfungsG Schleswig-Holstein, § 73 Abs. 1 Nr. 1 Buchst. a) KommunalVerf. Mecklenburg-Vorpommern, § 96 Abs. 1 Nr. 4 GemO Sachsen, § 121 Abs. 1 Nr. 1 Buchst. a) GemO Sachsen-Anhalt, vgl. auch § 114 GemO Niedersachsen, § 107 GemO Brandenburg, § 75 KommunalO Thüringen; vgl. auch oben Kapitel C. Rn. 203.

[55] § 103 Abs. 1 Nr. 5 GemO Baden-Württemberg, Art. 94 Abs. 1 Nr. 2 bis 5 GemO Bayern, § 122 Abs. 1 Nr. 4 GemO Hessen, § 108 Abs. 2 GemO Nordrhein-Westfalen, § 124 GemO Niedersachsen, § 87 Abs. 1 Nr. 7 GemO Rheinland-Pfalz, § 111 Abs. 1 Nr. 4 KSVG Saarland, § 9 KommunalprüfungsG Schleswig-Holstein, § 105 GemO Brandenburg, § 73 Abs. 1 Nr. 2 KommunalVerf. Mecklenburg-Vorpommern, § 96 Abs. 1 Nr. 7 GemO Sachsen, § 121 GemO Sachsen-Anhalt, § 75 Abs. 4 KommunalO Thüringen; ausführlich unten Kapitel E. Rn. 231 ff.

[56] *Lutter/Hommelhoff*, GmbHG, § 3 Rn. 15 ff.

[57] Vgl. hierzu auch Kapitel D. Rn. 507.

329 Soweit also **Vorschriften der Gemeindeordnungen** die Aufnahme bestimmter Regelungen in den Gesellschaftsvertrag zur Sicherung der Einflussmöglichkeiten der Kommune fordern,[58] lässt sich dies bei einer GmbH problemlos umsetzen.

330 **gg) Satzungsänderungen. Die Änderung des Gesellschaftsvertrages** bedarf eines mit qualifizierter Mehrheit gefassten Beschlusses der Gesellschafterversammlung von $^3/_4$ der abgegebenen Stimmen sowie der notariellen Beurkundung (§ 53 Abs. 2 GmbHG). Der Beschluss wird erst mit der Eintragung in das Handelsregister wirksam (§ 54 Abs. 3 GmbHG).

331 Das gilt allerdings nur für **Änderungen des materiellen Satzungsinhalts**, nicht dagegen für sonstige Bestimmungen, die nicht zu den normativen Grundregeln der Gesellschaft gehören (also nicht für sog. **unechte Satzungsbestandteile**).[59]

4. Aufgaben und Befugnisse

332 Einer kommunalen **Aufgabenerfüllung** durch eine kommunale GmbH stehen nur wenige zu erfüllende Zulässigkeitskriterien entgegen.[60] Die einschlägigen Vorschriften der Gemeindeordnungen sehen somit ausdrücklich vor, dass die Gemeinden Unternehmen in der Rechtsform der GmbH führen können, wobei sich normative Beschränkungen nur insoweit ergeben, als bestimmte Einrichtungen des Bildungs-, Gesundheits- und Sozialwesens nicht als **wirtschaftliche Unternehmen** geführt werden können.[61]

333 Etwas anderes gilt nur im Hinblick auf **kommunale Pflichtaufgaben**. Insoweit können diese Aufgaben nicht selbst, sondern nur ihre **Durchführung** auf ein privatrechtliches Unternehmen übertragen werden. Die Aufgabe selbst und die **Verantwortung für die ordnungsgemäße Erfüllung** verbleiben bei der Kommune.[62]

5. Organe

334 Als juristische Person kann eine GmbH nur durch ihre **Gesellschaftsorgane** handeln: Geschäftsführer und die Gesamtheit ihrer Gesellschafter (Gesellschafterversammlung).

335 Ein Aufsichtsrat ist grundsätzlich fakultativ; es bietet sich aber an, einen solchen einzurichten, zumal die Gemeindeordnungen ihn teilweise voraussetzen.[63] Ist auf eine GmbH wegen der Zahl ihrer Arbeitnehmer das BetrVG 1952 oder das MitBestG anwendbar, so muss ein Aufsichtsrat als obligatorisches Kontrollorgan gebildet werden.[64]

---

[58] § 103a GemO Baden-Württemberg, Art. 92 Abs. 1 S. 2 GemO Bayern, § 108 Abs.4 GemO Nordrhein-Westfalen, § 87 Abs. 3 GemO Rheinland-Pfalz, § 96 Abs. 2 Nr. 3 GemO Sachsen, § 73 Abs. 1 S. 2 KommunalO Thüringen; siehe auch oben Kapitel C. Rn. 204 ff.

[59] *Lutter/Hommelhoff*, GmbHG, § 53 Rn. 29; vgl auch *Priester*, in: *Scholz*, GmbHG, § 53 Rn. 18f., 21; *Ulmer*, in: Großkommentar zum GmbHG, § 53 Rn. 27f.

[60] §§ 102 ff. GemO Baden-Württemberg, Art. 86 ff. GemO Bayern, §§ 121 ff. GemO Hessen, §§ 107 ff. GemO Nordrhein-Westfalen, §§ 108 ff. GemO Niedersachsen, §§ 85 ff. GemO Rheinland-Pfalz, §§ 106 ff. KSVG Saarland, §§ 101 ff. GemO Schleswig-Holstein, §§ 100 ff. GemO Brandenburg, §§ 68 ff. KommunalVerf. Mecklenburg-Vorpommern, §§ 95 ff. GemO Sachsen, §§ 116 ff. GemO Sachsen-Anhalt, §§ 71 ff. KommunalO Thüringen.

[61] § 102 Abs. 3 GemO Baden-Württemberg, Art. 57 GemO Bayern, § 121 Abs. 2 Nr. 2 GemO Hessen, § 107 Abs. 2 Nr. 2 GemO Nordrhein-Westfalen, § 108 Abs. 3 Nr. 2 GemO Niedersachsen, § 85 Abs. 3 GemO Rheinland-Pfalz, § 108 Abs. 2 Nr. 1 KSVG Saarland, § 101 Abs. 2 Nr. 2 GemO Schleswig-Holstein, § 101 Abs. 2 Nr. 2 GemO Brandenburg; § 68 Abs. 2 Nr. 2 KommunalVerf. Mecklenburg-Vorpommern, für Sachsen, Sachsen-Anhalt und Thüringen fehlen entsprechende Vorschriften; vgl. auch oben Kapitel C. Rn. 55 ff.

[62] *Gaß*, S. 185 ff.

[63] Vgl. § 103 Abs. 1 Nr. 3 GemO Baden-Württemberg, Art. 92 Abs. 1 Nr. 2 GemO Bayern, § 122 Abs. 1 Nr. 3 GemO Hessen, § 108 Abs. 1 Nr. 6 GemO Nordrhein-Westfalen, § 109 Abs. 1 Nr. 6 GemO Niedersachsen, § 87 Abs. 1 Nr. 3 GemO Rheinland-Pfalz, § 110 Abs. 1 Nr. 3 KSVG Saarland, § 102 Abs. 1 Nr. 3 GemO Schleswig-Holstein, § 102 Nr. 2 GemO Brandenburg; § 69 Abs. 1 Nr. 3 KommunalVerf. Mecklenburg-Vorpommern, § 96 Abs. 1 Nr. 2 GemO Sachsen, § 117 Abs. 1 Nr. 3 GemO Sachsen-Anhalt, § 73 Abs. 1 Nr. 3 KommunalO Thüringen.

[64] § 77 BetrVG 1952, § 1 MitBestG.

a) Die Geschäftsführung

336 Die GmbH muss einen oder mehrere **Geschäftsführer** haben (§ 6 Abs. 1 GmbHG). Sie werden von den Gesellschaftern durch einen Beschluss mit einfacher Mehrheit bestellt (§§ 46 Ziff. 5, 47 Abs. 1 GmbHG). Die Bestellung ist jederzeit widerruflich (§ 38 Abs. 1 GmbHG). Besteht ein Aufsichtsrat nach dem MitbestG, so bestellt dieser den Geschäftsführer (§ 31 MitbestG).

337 Der Geschäftsführer ist in das Handelsregister des Sitzortes einzutragen und nach § 35a GmbHG auf den **Geschäftsbriefen** der Gesellschaft zu benennen. Das Registergericht kann das durch Androhung und Festsetzung von Zwangsgeldern erzwingen.

338 Von der **Bestellung** des Geschäftsführers ist dessen **Anstellung** durch schuldrechtlichen Anstellungsvertrag zu unterscheiden. Das ist meist ein freier Dienstvertrag i. S. von §§ 611 ff. BGB, in dem die beiderseitigen Rechte und Pflichten einschließlich der dem Geschäftsführer geschuldeten Vergütung vereinbart werden.[65]

339 In der Literatur wird zwar auch die Auffassung vertreten, zumindest Fremdgeschäftsführer, die keine oder nur unbedeutende Geschäftsanteile halten, seien häufig Arbeitnehmer. Regelmäßig sind die entgeltlichen Vertragsverhältnisse zwischen GmbH und GmbH-Geschäftsführer aber als freie **Dienstverträge**[66] und nicht als Arbeitsverträge einzuordnen, weil sie Unternehmer- bzw. Arbeitgeberfunktionen wahrnehmen und keine abhängige Arbeit leisten.

340 Sie genießen also keinen arbeitsrechtlichen Kündigungsschutz nach den Vorschriften des KSchG. Teilweise sind allerdings **arbeitsrechtliche Vorschriften** auch auf die freien Dienstverhältnisse anzuwenden (vgl. etwa § 17 BetrAVG bei Ruhegeldversprechen).[67] War der Geschäftsführer vor seiner Bestellung und Anstellung Arbeitnehmer der GmbH, so kann das Arbeitsverhältnis für die Dauer seiner organschaftlichen Stellung als ruhendes fortbestehen und nach deren Beendigung wieder aufleben.[68]

341 Der Geschäftsführer führt die Geschäfte der Gesellschaft und vertritt sie gegenüber Außenstehenden. Er leitet das Unternehmen der GmbH und nimmt auch die Arbeitgeberfunktionen wahr.[69] Seine **Geschäftsführungsbefugnis** umfasst alle rechtsgeschäftlichen und tatsächlichen Handlungen im Interesse der Gesellschaft mit Wirkung nach innen, wie z. B. Abschluss von Kauf- und Arbeitsverträgen, Buchführung, Management usw.

342 Er ist prinzipiell für alle Fragen zuständig, die nicht einem anderen Organ (vgl. § 46 GmbHG) vorbehalten sind. Dazu gehört auch die **Erfüllung öffentlich-rechtlicher Pflichten** der GmbH, wie etwa die Abführung der Arbeitnehmerbeiträge zur Sozialversicherung.[70]

343 Anders als bei der Aktiengesellschaft ist aber bei der GmbH eine weitgehende **Beschränkung der Geschäftsführungsbefugnis** möglich.[71] Das kann sich im Einzelfall aus einem besonderen Gesellschafterbeschluss ergeben (§ 37 Abs. 1 GmbHG).

344 Der Geschäftsführer vertritt die Gesellschaft nach außen. Seine **Vertretungsbefugnis** ist im Gegensatz zur Geschäftsführungsbefugnis prinzipiell nicht beschränkbar (§ 37 Abs. 2 GmbHG).[72] Sind mehrere Geschäftsführer bestellt, vertreten sie die Gesellschaft

---

65 *Lutter/Hommelhoff*, GmbHG, Anh. § 6 Rn. 3.

66 *Goette*, S. 258 m. w. N.

67 *Koppensteiner*, in: *Rowedder*, GmbHG, § 35 Rn. 65; *Hueck*, ZfA 1985, 25 (32).

68 *Goette*, S. 261.

69 *Lutter/Hommelhoff*, GmbHG, § 37 Rn. 3 ff.

70 Hinsichtlich der dem Geschäftsführer im öffentlichen Interesse auferlegten Aufgaben können die Gesellschafter keine Weisungen erteilen, die den Geschäftsführer zwingen würden, seine öffentlich-rechtlichen Pflichten zu verletzen (arg. § 43 Abs. 3 S. 3 GmbHG), *Lutter/Hommelhoff*, GmbHG, § 37 Rn. 5.

71 *Lutter/Hommelhoff*, GmbHG, § 37 Rn. 12.

72 BFH, DB 1993, 460; *Schneider*, in: *Scholz*, GmbHG, § 35 Rn. 13; *Lutter/Hommelhoff*, GmbHG, § 35 Rn. 3.

gemeinsam, es sei denn, der Gesellschaftsvertrag sieht etwas anderes vor. (**Gesamtvertretungsbefugnis**, § 35 Abs. 2 S. 1 GmbHG).[73]

345 Aus den weitreichenden und nach außen unbeschränkbaren Befugnissen des Geschäftsführers bei der Wahrung der (Vermögens-)Interessen der Gesellschafter ergibt sich ein besonderes **Vertrauensverhältnis** und eine **wechselseitige Treuepflicht**. Geschäftsführer haben bei ihren Geschäftsführungstätigkeiten die Sorgfalt eines ordentlichen Geschäftsmanns anzuwenden (§ 43 GmbHG).[74] Sie dürfen danach ihre Stellung nicht zum eigenen Vorteil auf Kosten der Gesellschaft nutzen und haben alles zu unterlassen, was der Gesellschaft schaden könnte.

346 Für GmbH-Geschäftsführer folgt daraus auch ohne eine ausdrückliche Vereinbarung ein **Wettbewerbsverbot**.[75] Eine gesetzlich ausgeformte Treuepflicht ist die **Geheimhaltungspflicht** (§ 85 GmbHG).

347 Schäden, die der GmbH entstehen, weil der Geschäftsführer bei seiner Tätigkeit die **Sorgfalt eines ordentlichen Kaufmanns** verletzt hat, begründen Ersatzansprüche gegen ihn. Am Maßstab der Sorgfalt eines ordentlichen Kaufmanns wird also auch das gesellschaftsinterne Verhalten des Geschäftsführers gemessen, das sich aus dem gesetzlich bestimmten Verantwortungsbereich und aus der Satzung ergibt.[76]

348 Sind mehrere Geschäftsführer bestellt, haften sie gesamtschuldnerisch, wenn für die Verfehlung des anderen eine Mitverantwortung gegeben ist. Das ist der Fall, wenn für den Geschäftsbereich eine **Überwachungspflicht** besteht und wohl auch, wenn bei der Geschäftsleitung zu **Grundsatzfragen** gemeinsam entschieden wird.

349 Der Geschäftsführer kann nach § 38 GmbHG jederzeit von den Gesellschaftern **abberufen** werden. Ein wichtiger Grund ist dafür nicht erforderlich.[77]

350 Von der **Abberufung** ist die **Kündigung seines Anstellungsvertrages** zu unterscheiden, die ohne eine entsprechende Vereinbarung nur unter Einhaltung der üblichen Kündigungsfrist oder aus wichtigem Grund fristlos möglich ist (§ 626 BGB). Die Abberufung allein stellt keinen wichtigen Grund für eine außerordentliche Kündigung des Anstellungsvertrages dar.[78]

351 Umgekehrt kann auch ein Geschäftsführer selbst sein Amt niederlegen, ohne zugleich sein Anstellungsverhältnis fristlos zu kündigen.[79] Ein wichtiger Grund ist für die **Niederlegung** des Amts durch den Geschäftsführer nicht erforderlich. Damit gibt er seine Kompetenzen auf und entzieht sich für die Zukunft seiner organschaftlichen Verantwortung für die GmbH, ohne zugleich seine Entgeltansprüche aus seinem Anstellungsvertrag aufzugeben.

352 Wegen der unterschiedlichen Rechtsfolgen sind also **Beendigung der organschaftlichen Stellung** durch Abberufung oder Amtsniederlegung und **Beendigung des Dienstverhältnisses** durch Kündigung voneinander zu unterscheiden.

b) Der (fakultative) Aufsichtsrat

353 Der Gesellschaftsvertrag einer GmbH kann die Bildung eines **fakultativen Aufsichtsrats** vorsehen. Das GmbHG stellt dafür jedoch keine eigenen Regeln auf, sondern verweist auf die entsprechenden Vereinbarungen in der Satzung und auf das AktG (§ 52 GmbHG).[80]

354 Zu den Aufgaben des Aufsichtsrats gehören regelmäßig die **Überwachung der Geschäftsführung**,[81] die Einberufung der Gesellschafterversammlung, die Entgegen-

---

[73] Zu den Rechtsformen der Gesamtvertretung vgl. *Lutter/Hommelhoff*, GmbHG, § 35 Rn. 27 ff.
[74] Siehe hierzu *Schneider*, in : *Scholz*, GmbHG, § 43 Rn. 70.
[75] *Lutter/Hommelhoff*, GmbHG, Anh. § 6 Rn. 20 ff.
[76] Zum Sorgfaltmaßstab vgl. auch *Lutter/Hommelhoff*, GmbHG, § 43 Rn. 21.
[77] *Lutter/Hommelhoff*, GmbHG, § 38 Rn. 2 ff.
[78] Anders bei Verkoppelung durch eine auflösende Bedingung im Anstellungsvertrag, BGH, BB 1989, 1578.
[79] BGHZ 78, 84.
[80] Zum fakultativen Aufsichtsrat vgl. *Lutter/Hommelhoff*, GmbHG, § 52 Rn. 3 ff.
[81] *Lutter/Hommelhoff*, GmbHG, § 52 Rn. 11 ff.; *Lutter/Krieger*, Rn. 16 ff.

nahme des Berichts des Geschäftsführers, die Prüfung des Jahresabschlusses sowie die Vertretung der GmbH gegenüber dem Geschäftsführer.

Nach § 77 BetrVG 1952 ist in einer GmbH ein Aufsichtsrat dann zu bilden, wenn mehr als 500 Arbeitnehmer beschäftigt werden. Er ist zu 1/3 mit Arbeitnehmervertretern zu besetzen.[82] 355

Der Aufsichtsrat eines Unternehmens, in dem mehr als 2.000 Arbeitnehmer beschäftigt sind, muss nach § 1 MitbestG paritätisch mit Arbeitnehmervertretern und Vertretern der Anteilseigner besetzt werden. Beim **paritätisch besetzten Aufsichtsrat** der GmbH ist durch die Zweitstimme des von der Arbeitgeberseite gestellten Aufsichtsratsvorsitzenden gesichert, dass die Anteilseigner sich in Abstimmungen bei Pattsituationen und bei der Wahl der Geschäftsführer stets durchsetzen können. 356

Zusammensetzung, Zuständigkeit und Arbeitsweise der **obligatorischen Aufsichtsräte** ergeben sich im Einzelnen aus den Regelungen des MitbestG und des BetrVG 1952, die wiederum auf die aktienrechtlichen Regelungen verweisen. 357

c) Die Gesellschafterversammlung

Die Gesellschafter in ihrer Gesamtheit sind das **oberste Organ der GmbH** mit einer umfassenden Zuständigkeit.[83] 358

Für eine **Beschlussfassung** ist die Abhaltung einer Gesellschaftsversammlung nicht erforderlich, wenn sich sämtliche Gesellschafter schriftlich mit einem Vorschlag oder mit einer schriftlichen Stimmabgabe einverstanden erklären (§ 48 Abs. 2 GmbHG). 359

Gesetzlich sind die Gesellschafter zuständig für die in § 46 GmbHG genannten **Aufgaben**, zu denen vor allem die Feststellung des Jahresabschlusses, die Gewinnverwendung, die Berufung oder Abberufung des Geschäftsführers sowie Änderungen der Satzung einschließlich der Liquidation der Gesellschaft gehören (§§ 53, 60 Abs. 1 Nr. 2 GmbHG). Weitere obligatorische Zuständigkeiten der Gesellschafterversammlung bestehen bei der Verschmelzung und Umwandlung, bei Unternehmensverträgen, bei der Wahl des Abschlussprüfers sowie bei der Geltendmachung von Ersatzansprüchen gegenüber dem Geschäftsführer.[84] 360

Die Gesellschafterversammlung ist **Willensbildungs- und Kontrollorgan** der GmbH zugleich.[85] Der Gesellschaftsvertrag kann die Gesellschafterversammlung nicht durch ein anderes, insbesondere kein externes Gremium (wie z. B. den Gemeinderat) ersetzen.[86] 361

Anders als die Hauptversammlung einer Aktiengesellschaft kann die Gesellschafterversammlung von sich aus auch über **Geschäftsführungsmaßnahmen** beschließen (§§ 37 Abs. 1, 46 Nr. 6 GmbHG). Die Gesellschafterversammlung kann damit aber lediglich den Geschäftsführer zur Ausführung ihrer Beschlüsse verpflichten; sie kann dagegen nicht selbst anstelle des Geschäftsführers die GmbH vertreten.[87] 362

Zu ihren Aufgaben gehört auch die Bestellung eines **Prokuristen** (§ 46 Ziff. 7 GmbHG). Wird der Prokurist vom Geschäftsführer ohne einen solchen Beschluss bestellt, ist das Dritten gegenüber wirksam (§ 48 Abs. 1 HGB, §§ 35, 37 GmbHG), und nur eine Verletzung seiner Pflichten, die Schadensersatzansprüche begründen kann. 363

Zur **Einberufung der Gesellschafterversammlung** ist jeder Geschäftsführer berechtigt (§ 49 Abs. 1 GmbHG). Sie erfolgt durch eingeschriebenen Brief (§ 51 Abs. 1 GmbHG). Die Einberufung kann auch von Gesellschaftern gefordert bzw. vorgenommen werden, die 10 % der Geschäftsanteile halten (§ 50 GmbHG). 364

Eine **Pflicht zur Einberufung** besteht nur, wenn das Wohl der Gesellschaft das erfordert (§ 49 Abs. 2 GmbHG) und beim Verlust der Hälfte des Stammkapitals (§ 49 Abs. 3 365

---

[82] *Lutter/Hommelhoff*, GmbHG, § 52 Rn. 21 ff.; *Lutter/Krieger*, Rn. 328 ff.
[83] *Goette*, S. 199; *Lutter/Hommelhoff*, GmbHG, Einl. Rn. 5.
[84] *Lutter/Hommelhoff*, GmbHG, § 46 Rn. 2.
[85] *Goette*, S. 199.
[86] Siehe hierzu *Erle/Becker*, NZG 1999, 58 (60); *Altmeppen*, NJW 2003, 2561 (2563).
[87] Vgl. auch *Lutter/Hommelhoff*, GmbHG, § 37 Rn. 12 ff.

GmbHG). Für die UG regelt § 5a Abs. 4 GmbHG, dass die Gesellschafterversammlung abweichend von § 49 Abs. 3 GmbHG bei drohender Zahlungsunfähigkeit unverzüglich einzuberufen ist.

366 Mit der Einladung soll der Zweck der Versammlung (**Tagesordnung**) mitgeteilt werden. Ohne diese Mitteilung ist die Einberufung zwar wirksam, Beschlüsse sind aber anfechtbar, wenn die Gegenstände der Beschlussfassung nicht wenigstens 3 Tage vor der Versammlung den Gesellschaftern angekündigt worden sind (§ 51 Abs. 4 GmbHG).

367 Beschlüsse der Gesellschafter werden mit **einfacher Mehrheit** gefasst, es sei denn, Gesetz oder Gesellschaftsvertrag schreiben eine qualifizierte Mehrheit vor. Eine $^{3}/_{4}$-Mehrheit ist insbesondere bei Änderungen des Gesellschaftsvertrages erforderlich (§ 53 Abs. 2 GmbHG). Im Gesellschaftsvertrag wird häufig für die Zustimmung zur Übertragung von Geschäftsanteilen sowie für die Einziehung von Geschäftsanteilen, die Abberufung von Geschäftsführern u. Ä. eine qualifizierte Mehrheit vorgesehen.

368 Einige Beschlüsse müssen **notariell beurkundet** werden, z. B. Satzungsänderungen, Kapitalerhöhung oder -herabsetzung, Übertragung von Geschäftsanteilen (§ 53 Abs. 1 und Abs. 2 GmbHG).

369 Im Übrigen ist nur für die ohne Einhaltung von Frist und Form für die Einberufung der Gesellschafter gefassten Beschlüsse und Beschlüsse der Einmann-Gesellschaft eine **Protokollierung** erforderlich (§ 48 Abs. 3 GmbHG).

370 Ebenso wie andere Rechtsgeschäfte können auch Beschlüsse nichtig[88] oder anfechtbar[89] sein. Beides kann allerdings nur durch Klage geltend gemacht werden. Die aktienrechtlichen Vorschriften über **Nichtigkeit** und **Anfechtbarkeit** werden entsprechend angewandt.

371 Allerdings führen nicht alle Verstöße gegen die für die Beschlussfassung bestehenden Regelungen zur Anfechtbarkeit oder Nichtigkeit. So können etwa wirksame Beschlüsse auch in einer nicht ordnungsgemäß einberufenen Versammlung gefasst werden, wenn alle Gesellschafter anwesend sind (§ 51 Abs. 3 GmbHG). Möglich ist auch eine **schriftliche Stimmabgabe** (§ 48 Abs. 2 GmbHG).

372 Im Verhältnis der Gesellschafter zur Gesellschaft sowie zwischen den Gesellschaftern selbst besteht die **gesellschaftsrechtliche Treuepflicht**.[90] Die Gesellschafter einer GmbH dürfen ihre Individualrechte deshalb nur so ausüben, dass die Rechte ihrer Mitgesellschafter und der GmbH nicht unangemessen beeinträchtigt werden.

373 Ein Gesellschafter hat sich auch persönlich für die **Belange der Gesellschaft** einzusetzen und alles zu unterlassen, was diese schädigen könnte.[91] Er hat darauf bedacht zu sein, das Gesellschaftsunternehmen wirtschaftlich zu unterhalten und zu fördern. Daraus ist u. a. ein allgemeines Schädigungsverbot, die Unzulässigkeit von Mehrheitsentscheidungen in bestimmten Fällen,[92] die Verpflichtung zur Anpassung des Gesellschaftsvertrages an veränderte Bedingungen[93] u. Ä. abgeleitet worden.

374 Ein **Wettbewerbsverbot der Gesellschafter** besteht zwar grundsätzlich nicht.[94] Es kann jedoch vereinbart werden oder sich aus den Umständen ergeben. Die Befreiung von einem bestehenden Wettbewerbsverbot oder der Verzicht auf die Geltendmachung von Schadensersatzansprüchen wegen seiner Missachtung kann aber als eine (auch steuerrechtlich relevante) verdeckte Gewinnausschüttung Rückzahlungsansprüche der Gesellschaft begründen.[95]

---

[88] *Goette*, S. 227 ff.; *Lutter/Hommelhoff*, GmbHG, Anh. § 47 Rn. 9 ff.
[89] *Goette*, S. 229 ff.; *Lutter/Hommelhoff*, GmbHG, Anh. § 47 Rn. 42 ff.
[90] Vgl. BGHZ 103, 184 (194).
[91] BGHZ 65, 15; BGH, WM 1978, 1205.
[92] Zum Stimmrechtsmißbrauch vgl. auch *Lutter/Hommelhoff*, GmbHG, § 47 Rn. 26.
[93] BGH, WM 1978, 1230; OLG München, DStR 1992, 1102.
[94] Vgl. hierzu *Lutter/Hommelhoff*, GmbHG, § 14 Rn. 23 m. w. N.
[95] *Lutter/Hommelhoff*, GmbHG, § 14 Rn. 27.

Umgekehrt dürfen Gesellschafter von der Gesellschaft und von ihren Mitgesellschaftern aber auch nicht ohne Grund unterschiedlich behandelt werden (**Gleichbehandlungsgebot bzw. Willkürverbot**).[96] Die Verletzung dieses Grundsatzes begründet für den Betroffenen z. B. ein Anfechtungsrecht von Beschlüssen der Gesellschafterversammlung und Ausgleichsansprüche (Rückgewähr des erlangten Vorteils).[97] 375

Schadensersatzansprüche gegen einen Mitgesellschafter sind an sich auf Weisung der Gesellschafterversammlung durch den Geschäftsführer geltend zu machen. Ausnahmsweise können sie allerdings auch durch Gesellschafterklage, d.h. durch die im eigenen Namen erhobene Klage eines Gesellschafters gegen seinen Mitgesellschafter auf Leistung an die GmbH geltend gemacht werden, wenn die Durchsetzung der dem Geschäftsführer erteilten Weisung auf Erhebung einer Schadensersatzklage durch die GmbH selbst ein zeitraubender, kostenträchtiger und deshalb unzumutbarer Umweg wäre. 376

Jeder Gesellschafter hat das Recht, an der Gesellschafterversammlung teilzunehmen und sein **Stimmrecht** auszuüben. Ein Gesellschafter kann zwar nicht sein Stimmrecht, wohl aber dessen Ausübung auf einen Dritten übertragen.[98] 377

Die **Stimmkraft** bemisst sich nach der Höhe der Beteiligung am Stammkapital. Jeder Geschäftsanteil gewährt eine Stimme (§ 47 Abs. 2 GmbHG). 378

Das Stimmrecht eines Gesellschafters kann **vertraglich ausgeschlossen** werden. Es ruht bei der Beschlussfassung über seine Entlastung oder Abberufung aus wichtigem Grund als Geschäftsführer, über seine Befreiung von einer Verbindlichkeit, über die Vornahme von Rechtsgeschäften mit ihm und über die Einleitung oder Erledigung eines Rechtsstreits (§ 47 Abs. 4 GmbHG).[99] 379

Jeder Gesellschafter kann vom Geschäftsführer **Auskunft** über Angelegenheiten der Gesellschaft fordern.[100] Er hat das Recht, die Bücher und Unterlagen einzusehen und sich Kopien anzufertigen (§§ 51 a, 51 b GmbHG). 380

Wird die Auskunft verweigert, so hat der Gesellschafter ein **Auskunftserzwingungsrecht** nach aktienrechtlichen Grundsätzen (§ 51 b GmbHG mit Verweis auf § 132 AktG). 381

6. Rechtsverhältnis zum Träger

a) Die Gemeinde als Gesellschafterin der kommunalen GmbH

Der **Bürgermeister** als organschaftlicher Vertreter der Kommune repräsentiert diese auch in der Gesellschafterversammlung. Er übt insoweit die Gesellschafterrechte der Kommune in der GmbH aus.[101] 382

Ob er bei dieser organschaftlichen Vertretung selbst entscheiden darf oder nur den Beschluss des Gemeinderates zu vollziehen hat, hängt grundsätzlich davon ab, ob es sich bei dieser Entscheidung um eine **Angelegenheit der laufenden Verwaltung** handelt.[102] Hierbei ist zu beachten, dass die Bedeutung der Angelegenheit nicht aus Sicht der Gesellschaft, sondern aus Sicht der Kommune zu beurteilen ist. 383

Aus der aus dem Demokratieprinzip folgenden **Ingerenzpflicht** ergibt sich für die Gemeinde die Verpflichtung, einen angemessenen Einfluss in Form von **Beteiligungs-, Mitsprache- und Kontrollrechten** zu etablieren. Es stellt sich somit die Frage, wie diese Verpflichtung bei einer kommunalen GmbH umgesetzt werden kann. 384

---

96 *Lutter/Hommelhoff*, GmbHG, § 14 Rn. 30.
97 Vgl. hierzu auch *Lutter/Hommelhoff*, GmbHG, Anh. § 47 Rn. 55.
98 *Lutter/Hommelhoff*, GmbHG, § 47 Rn. 8.
99 Vgl. zum Stimmverbot des Gesellschafters auch *Lutter/Hommelhoff*, GmbHG, § 47 Rn. 13 ff.
100 *Grunewald*, ZHR 146 (1982), 211; *Karl*, DStR 1995, 940.
101 Vgl. hierzu auch *Altmeppen*, NJW 2003, 2561 (2562f.).
102 § 44 Abs. 2 GemO Baden-Württemberg, Art. 37 Abs. 1 Nr. 1 GemO Bayern, § 70 Abs. 2 GemO Hessen, § 62 Abs. 1 Nr. 6 GemO Niedersachsen, § 47 Abs. 1 Nr. 3 GemO Rheinland-Pfalz, § 59 Abs. 3 S. 1 KSVG Saarland, § 55 Abs. 1 S. 2 GemO Schleswig-Holstein, § 63 Abs. 1 Buchst. e GemO Brandenburg, § 38 Abs. 3 KommunalVerf. Mecklenburg-Vorpommern, § 53 Abs. 2 S. 1 GemO Sachsen, § 63 Abs. 1 S. 2 GemO Sachsen-Anhalt, § 29 Abs. 2 Nr. 1 KommunalO Thüringen.

385 Die GmbH ermöglicht durch die **„legale Herrschaft über die Geschäftsführung“**[103] ausgeprägte Einwirkungen der Kommune und ist aus diesem Grund gegenüber der Aktiengesellschaft als unproblematischere Rechtsform für ein Beteiligungsunternehmen der Kommune anzusehen.[104]

386 Die GmbH kennt nämlich in ihrem Legalstatut mit der Geschäftsführung und der Gesellschafterversammlung nur zwei obligatorische Organe. Des Weiteren eröffnet diese Rechtsform der Kommune über die Gesellschafterversammlung nach §§ 37 Abs. 1, 38 Abs. 1, 45 Abs. 1 GmbHG die Möglichkeit der Durchsetzung von **Weisungsrechten** gegenüber der Geschäftsleitung.[105]

387 Darüber hinaus besteht durch die Einrichtung eines **fakultativen Aufsichtsrats** die Möglichkeit,[106] in einem faktischen Abhängigkeitsverhältnis problemlos **Kontroll- und Prüfungsmechanismen** implementieren zu können, um der Ingerenzpflicht der Kommune gerecht zu werden.[107] Hierbei sind über entsprechende **Berichtspflichten der Geschäftsführung** an den Aufsichtsrat und einen **Katalog zustimmungspflichtiger Geschäfte** Überwachungsinstrumente und Überwachungsfunktionen einzurichten, die die Beteiligungs-, Mitsprache- und Kontrollrechten der Kommune entsprechend absichern.

388 Dieses Instrumentarium hat sich in der Praxis als ausreichend erwiesen, den vom Gesetz geforderten Einfluss zur Geltung zu bringen.[108] Eine Absicherung durch die Statuierung von **Entsendungsrechten** kann zusätzlich zur Sicherstellung der Leitung des Unternehmens dienen.[109] Darüber hinaus kann die Kommune nach § 52 GmbHG i.V.m. § 103 Abs. 1 AktG Aufsichtsratsmitglieder, die gegen die Interessen der Kommune verstoßen, auch ohne das Vorliegen eines wichtigen Grundes abberufen.

389 Dem steht auch nicht entgegen, dass jedes Aufsichtsratsmitglied primär das **Unternehmensinteresse** zu vertreten hat. Das Unternehmensinteresse kann inhaltlich nämlich regelmäßig mit den zusammengefassten gemeinschaftlichen Interessen der Gesellschafter identifiziert werden.[110] Daher ist das **öffentliche Interesse** als Beteiligungszweck der Kommune von den Aufsichtsratsmitgliedern stets mit zu beachten.[111]

b) Absicherung der Einwirkungspflicht der Gemeinde durch einen Beherrschungsvertrag?

390 Die Verfassung der GmbH sieht – im Gegensatz zu dem vom Grundsatz der Eigenverantwortlichkeit und Weisungsfreiheit des Vorstandes der Aktiengesellschaft ausgehenden AktG – **Weisungen der Gesellschafterversammlung** an die Geschäftsführer vor. Eine Änderung der Interessenausrichtung der GmbH auf das herrschende Unternehmen ist aber auch für die GmbH nur im Rahmen eines Vertragskonzerns möglich.[112]

391 Daher wird teilweise[113] auch für die GmbH vertreten, zur **Sicherung der Einflussmöglichkeiten** der Kommune sei zusätzlich der Abschluss eines **Beherrschungsvertrages** nach § 291 AktG geboten. Die aufgrund eines solchen Beherrschungsvertrages mögliche Weisung sei als Essentiale der verfassungsmäßig gebotenen **Ingerenzpflicht** zu sehen.[114]

---

[103] *Lutter/Timm*, NJW 1982, 409.
[104] Zu den Problemen bei der AG vgl. unten Rn. 564 ff.
[105] Vgl. auch *Becker*, S. 116f.
[106] Siehe hierzu *Becker*, S. 116f.
[107] Ausführlich hierzu *Becker*, S. 151f.
[108] *Schlitt*, FB 1999, 440 (443).
[109] Zur Weisungsgebundenheit der von der Kommune gewählten oder entsandten Mitglieder des Aufsichtsrats vgl. z. B. *Becker*, S. 113; *Hüffer*, AktG, § 394 Rn. 28; *Schön*, ZGR 1996, 429 (449); *Harder/Ruter*, GmbHR 1995, 813 (814); *Altmeppen*, NJW 2003, 2561 (2563 ff.).
[110] BGHZ 95, 330 (346 m. w. N.).
[111] *Becker*, S. 112.
[112] *Schneider*, ZGR 1980, 511 (519).
[113] Vgl. statt aller *Spannowsky*, ZGR 1996, 400 (423).
[114] *Kraft*, S. 254; *Stober*, NJW 1984, 449 (455); *v. Danwitz*, AöR 120 (1995), 595 (622). .

392 Grundsätzlich ist festzuhalten, dass das GmbH-Recht dem Abschluss eines Beherrschungsvertrages nicht entgegensteht.[115] Der Abschluss eines solchen Beherrschungsvertrages zwischen Kommune und kommunaler GmbH ist aber nach diesseitiger Ansicht rechtlich **nicht zulässig** und darüber hinaus auch **nicht notwendig**.

393 Die Vorschriften des Gemeindewirtschaftsrechts setzen für die Beteiligung der Kommune an einer Rechtsform des privaten Rechts eine **Begrenzung der Haftung der Kommune** voraus.[116] Diese Regelungen stehen aber grundsätzlich einer in der Rechtsfolge des § 302 AktG zum Ausdruck gebrachten uneingeschränkten Einstandspflicht der Kommune für Verluste aus ihrer wirtschaftlichen Betätigung entgegen.

394 Die **Verlustübernahmepflicht** als „abstrakter Gefährdungstatbestand"[117] bringt die Kommune in eine spezifische Haftungssituation, die ihr als herrschendes Unternehmen[118] für die Vertragsdauer des Beherrschungsvertrages das gesamte **Geschäftsrisiko** der abhängigen GmbH aufbürdet. Darüber hinaus besteht die mit dem Beherrschungsvertrag verbundene Verlustausgleichspflicht auch dann, wenn die Kommune als herrschendes Unternehmen von ihrer Direktionsbefugnis tatsächlich keinen Gebrauch macht oder im Rahmen eines Verbots nachteiliger Weisungen keinen Gebrauch machen darf (§ 308 Abs. 1 S. 2 AktG). Schließlich besteht die Verlustausgleichspflicht sogar in den Fällen, in denen der entstandene Verlust auf ungünstige konjunkturelle Entwicklungen oder gar höhere Gewalt zurückzuführen ist.[119]

395 Diese **haftungsrechtlichen Konsequenzen** führen zu einer für die Gemeinde unüberschaubaren Inanspruchnahmemöglichkeit von Haushaltsmitteln, welche ihr einen beherrschungsvertraglich gesicherten Einfluss auf die kommunale GmbH verbietet.[120]

7. Aufsicht

396 Die spezielle Natur der Kommune als Treuhänderin der ihr überlassenen Steuergelder[121] hat zur Entwicklung eigener, sich von Privaten unterscheidenden Methoden zur **nachträglichen Kontrolle** der Aktivitäten geführt. Hierdurch soll gewährleistet werden, dass auch tatsächlich durchgeführt wird, was einmal beschlossen wurde. Diese Kontrolle ist einem unabhängigen Organ, dem **Gemeindeprüfungsamt**, übertragen.

396 Daneben verpflichten die Gemeindeordnungen die Kommunen dazu ihre Beteiligungsunternehmen eine **Abschlussprüfung** durch Wirtschaftsprüfer durchführen zu lassen, auch wenn die Gesellschaft selbst nicht prüfungspflichtig wäre.[122]

---

115 So z. B. *Lutter/Hommelhoff*, Anh. § 13 Rn. 49 ff.; *Emmerich/Sonnenschein*, S. 392.

116 § 103 Abs. 1 Nr. 4 GemO Baden-Württemberg, Art. 91 Abs. 1 Nr. 3 GemO Bayern, § 122 Abs. 1 Nr. 2 GemO Hessen, § 108 Abs. 1 Nr. 3 und 5 GemO Nordrhein-Westfalen, § 109 Abs. 1 Nr. 2 und 4 GemO Niedersachsen, § 87 Abs. 1 Nr. 4 und 6 GemO Rheinland-Pfalz, § 110 Abs. 1 Nr. 2 KSVG Saarland, § 102 Abs. 1 Nr. 2 GemO Schleswig-Holstein, § 102 Nr. 3 GemO Brandenburg, § 69 Abs. 1 Nr. 4 KommunalVerf. Mecklenburg-Vorpommern, § 96 Abs. 1 Nr. 3 GemO Sachsen, § 117 Abs. 1 Nr. 4 und 6 Sachsen-Anhalt, § 73 Abs. 1 Nr. 4 KommunalO Thüringen; vgl. auch oben Kapitel C. Rn. 196.

117 *Koppensteiner*, in: Kölner Kommentar zum Aktiengesetz, § 302 Rn. 4.

118 Dass die Kommunen „Unternehmen" i. S. d. Rechts der verbundenen Unternehmen sind, ist auch für den Fall, dass die Kommune nur ein Unternehmen privater Rechtsform beherrscht, wohl inzwischen unstreitig, vgl. hierzu *Becker*, S. 122 ff.; *Gaß*, S. 402 ff.; *Raiser*, ZGR 1996, 458 (464) jeweils m. w. N.

119 *Koppensteiner*, in: Kölner Kommentar zum Aktiengesetz, § 302 Rn. 4.

120 Ebenso *Becker*, S. 132 ff.; *Kropff*, ZHR 144 (1980), 74 (97f.); *Paschke*, ZHR 152 (1988), 263 (277).

121 Vgl. hierzu *Becker*, S. 43 ff.; ausführlich unten Kapitel E. Rn. 231 ff.

122 § 103 Abs. 1 Nr. 5 Buchst. b) GemO Baden-Württemberg, Art. 94 Abs. 1 Nr. 2 GemO Bayern, § 122 Abs. 1 Nr. 4 GemO Hessen, § 108 Abs. 2 Nr. 1 GemO Nordrhein-Westfalen, § 124 GemO Niedersachsen, § 89 GemO Rheinland-Pfalz, § 110 Abs. 1 Nr. 4 KSVG Saarland, § 9 KommunalprüfungsG Schleswig-Holstein, § 73 Abs. 1 Nr. 2 Buchst. a) KommunalVerf. Mecklenburg-Vorpommern, § 96 Abs. 2 Nr. 6 GemO Sachsen, § 121 Abs. 1 Nr. 2 GemO Sachsen-Anhalt, § 75 Abs. 4 Nr. 1 KommunalO Thüringen, für Brandenburg fehlt eine entsprechende Vorschrift; vgl. unten Kapitel E. Rn. 159 ff.

a) Die haushaltsrechtlichen Prüfungsrechte

397 Die Vorschriften des Gemeindewirtschaftsrechts[123] räumen den Kommunen die Möglichkeit ein, die **Betätigung der Gebietskörperschaften** in ihren privatrechtlichen Beteiligungen zu prüfen. Von dieser Übertragung darf die Gemeinde nur dann absehen, wenn sie über kein Rechnungsprüfungsamt verfügt.[124] In diesem Fall würde die Betätigungsprüfung leer laufen, da kein Prüfer vorhanden wäre, der die Befugnisse ausüben könnte.

398 Die **Betätigungsprüfung** umfasst nicht das Unternehmen selbst, sondern – ohne Rücksicht auf die Höhe der kommunalen Beteiligung – die die Beteiligung verwaltende Stelle. Anerkanntermaßen umfasst diese Prüfung insbesondere die Frage, ob die für die Beteiligung an privatrechtlich organisierten Unternehmen von der Verwaltung **zu beachtenden Vorschriften** eingehalten wurden.

399 Aus diesem Grund ist es herausragende Aufgabe der Rechnungsprüfungsämter festzustellen, ob der **„öffentliche Zweck"** für eine wirtschaftliche Betätigung der Gemeinde noch gegeben ist.

b) Die handelsrechtliche Rechnungslegung und Abschlussprüfung

400 Die **Rechnungslegung** der GmbH dient der Ermittlung des Bilanzgewinns und damit des Betrages, der an die Gesellschafter ausgeschüttet werden darf. Darüber hinaus dient sie aber auch der Information der Gläubiger über die wirtschaftliche Lage der Gesellschaft. Wegen des Grundsatzes der Maßgeblichkeit der Handelsbilanz für die Steuerbilanz und damit für die Besteuerung der GmbH dient die Rechnungslegung auch der Ermittlung der geschuldeten Körperschaftsteuer.

401 Grundsätzlich hat jeder Kaufmann und damit auch jede GmbH in den ersten drei Monaten des Geschäftsjahrs für das vergangene Geschäftsjahr einen **Jahresabschluss**[125] aufzustellen (§ 242 Abs. 1 HGB), der aus der **Jahresbilanz und der Gewinn- und Verlustrechnung** besteht. Als Kapitalgesellschaften haben GmbHs nach § 264 Abs. 1 HGB ihren Jahresabschluss um einen **Anhang**[126] zu erweitern (§§ 284f. HGB) und einen **Lage- oder Geschäftsbericht**[127] aufzustellen (§ 289 HGB).

402 Jahresabschluss und Geschäftsbericht sind von der Geschäftsführung **aufzustellen** und nach den Regelungen des Gemeindewirtschaftsrechts durch **Abschlussprüfer** zu prüfen (§ 316 Abs. 1 HGB). Danach sind sie zum Handelsregister einzureichen und ggf. zusätzlich zu veröffentlichen (§ 325 HGB).

403 Da die Aufstellung und Veröffentlichung von Jahresabschlüssen nur sinnvoll ist, wenn die Einhaltung der bilanziellen Vorschriften überwacht wird, müssen Jahresabschluss und Geschäftsbericht von einem sachverständigen Prüfer (**Abschlussprüfer**) geprüft werden (§§ 316ff. HGB). Die öffentlich bestellten Sachverständigen (Wirtschaftsprüfer und Wirtschaftsprüfungsgesellschaften) haben über das Ergebnis ihrer Prüfung einen **Prüfungsbericht** mit dem in § 321 Abs. 1 HGB vorgeschriebenen Inhalt zu erstatten, der von ihnen zu unterzeichnen und der Geschäftsführung der GmbH vorzulegen ist (§ 321 Abs. 3 HGB).

404 Als äußeres Zeichen der Prüfung und ihres Ergebnisses erteilen die Abschlussprüfer einen uneingeschränkten oder mit Einschränkungen versehenen **Bestätigungsvermerk** (§ 322 HGB). Bei schwerwiegenden Mängeln des Jahresabschlusses haben die Abschlussprüfer den Bestätigungsvermerk zu versagen (§ 322 Abs. 3 HGB).

---

[123] Vgl. § 112 Abs. 2 Nr. 3 GemO Baden-Württemberg, Art. 106 Abs. 4 GemO Bayern, § 131 Abs. 2 Nr. 6 GemO Hessen, § 103 Abs. 2 Nr. 5 GemO Nordrhein-Westfalen, § 119 Abs. 3 Nr. 3 GemO Niedersachsen, § 112 Abs. 2 Nr. 2 GemO Rheinland-Pfalz, § 121 Abs. 2 Nr. 1 KSVG Saarland, § 116 Abs. 2 Nr. 4 GemO Schleswig-Holstein, § 113 Abs. 2 Nr. 4 GemO Brandenburg, § 106 Abs. 2 Nr. 5 GemO Sachsen, § 129 Abs. 2 Nr. 4 GemO Sachsen-Anhalt, § 84 Abs. 4 KommunalO Thüringen.

[124] *Becker*, S. 93.

[125] *Lutter/Hommelhoff*, GmbHG, § 29 Rn. 6ff.

[126] Vgl. *Lutter/Hommelhoff*, GmbHG, § 42 Rn. 5.

[127] Zum Begriff vgl. *Lutter/Hommelhoff*, GmbHG, § 42 Rn. 6.

405 Durch die Verpflichtung zur **Einreichung** des mit dem Bestätigungsvermerk des Wirtschaftsprüfers oder mit dem Vermerk über dessen Versagung versehenen Jahresabschlusses zum Handelsregister des Gesellschaftssitzes (§ 325 Abs. 1 HGB), ist sichergestellt, dass ein eingeschränkter oder versagter Bestätigungsvermerk publik wird und von Interessenten berücksichtigt werden kann.

406 Der Prüfungsbericht des Abschlussprüfers wird grundsätzlich nicht veröffentlicht. Er steht nur der Geschäftsführung zur Verfügung. Daher sehen die Gemeindeordnungen die Verpflichtung zur **Übersendung** des Jahresabschlusses und des Prüfungsberichts **an die Kommune** vor.[128]

407 Da sich die **Aufgabe der Rechnungsprüfungsämter** auf die Überprüfung der Haushalts- und Wirtschaftsführung der Kommune beschränkt und somit nicht das Verhalten der GmbH selbst umfasst, erhalten diese von den Vorgängen in der Gesellschaft prinzipiell nur mittelbar Kenntnis. Hierfür stellt der **Bericht des Wirtschaftsprüfers** die wichtigste Unterlage dar.[129]

408 Daher ist durch die entsprechende Anwendung des § 53 HGrG[130] vorgeschrieben, dass eine Prüfung der **Ordnungsmäßigkeit der Geschäftsführung** durch den Abschlussprüfer erfolgen muss. Aus diesem Grund ist der Prüfungsauftrag bei einer kommunalen GmbH um die Prüfung nach § 53 HGrG zu erweitern.

409–410 *(einstweilen frei)*

IV. Aktiengesellschaft

Literatur: *Altmeppen,* Die Einflussrechte der Gemeindeorgane in einer kommunalen GmbH, NJW 2003, 2561; *Becker,* Die Erfüllung öffentlicher Aufgaben durch gemischtwirtschaftliche Unternehmen, 1997; *Berrar,* Die zustimmungspflichtigen Geschäfte nach § 111 Abs. 4 AktG im Lichte der Corporate Governance-Diskussion, DB 2001, 2181; *Böttcher/Krömker,* Abschied von der kommunalen AG in NW?, NZG 2001, 590; *Ehlers,* Verwaltung in Privatrechtsform, 1984; *ders.*, Die Entscheidung der Kommunen für eine öffentlich-rechtliche oder privatrechtliche Organisation ihrer Einrichtungen und Unternehmen, DÖV 1986, 897; *Fischer,* Die Entsendungs- und Weisungsrechte öffentlich-rechtlicher Körperschaften beim Aufsichtsrat einer Aktiengesellschaft, AG 1982, S. 85; *Ganske,* Das zweite gesellschaftsrechtliche Koordinierungsgesetz vom 13. 12. 1978, DB 1978, 2461; *Gaß,* Die Umwandlung gemeindlicher Unternehmen, 2003; *Götz,* Zustimmungsvorbehalte des Aufsichtsrats der Aktiengesellschaft, ZGR 1990, 633; *Götz,* Leitungssorgfalt und Leitungskontrolle der Aktiengesellschaft hinsichtlich abhängiger Unternehmen, ZGR 1998, 524; Großkommentar zum Aktiengesetz, 4. Aufl. 1992 ff.; *Habersack,* Private public partnership: Gemeinschaftsunternehmen zwischen Privaten und der öffentlichen Hand – Gesellschaftsrechtliche Analyse –, ZGR 1996, 544; *Harbarth,* Anlegerschutz in öffentlichen Unternehmen, 1998; *Harder/Ruter,* Die Mitglieder des Aufsichtsrats einer GmbH mit öffentlich-rechtlichem Anteilseigner – ihre Rechte und Pflichten, GmbHR 1995, 813; *Held/Becker/Decker/Kirchhof/Krämer/Wansleben,* Kommunalverfassungsrecht Nordrhein-Westfalen, Gemeindeordnung für das Land Nordrhein-Westfalen (GO), Kreisordnung für das Land Nordrhein-Westfalen (KrO), Gesetz über kommunale Gemeinschaftsarbeit (GkG), Landschaftsverbandsordnung für das Land Nordrhein-Westfalen (LVerbO), Gesetz über den Kommunalverband Ruhrge-

---

128 § 103 Abs. 1 Nr. 5 Buchst. c) GemO Baden-Württemberg, § 108 Abs. 2 S. 2 GemO Nordrhein-Westfalen, § 87 Abs. 3 GemO Rheinland-Pfalz, § 110 Abs. 1 Nr. 3 KSVG Saarland, § 9 KommunalprüfungsG Schleswig-Holstein, § 73 Abs. 1 Nr. 3 KommunalVerf. Mecklenburg-Vorpommern, § 96 Abs. 2 Nr. 7 GemO Sachsen, § 121 Abs. 1 Nr. 3 GemO Sachsen-Anhalt, nach § 124 Abs. 1 S. 3 GemO Niedersachsen ist der Prüfungsbericht der Kommunalaufsicht zu übersenden; in Bayern, Hessen, Brandenburg und Thüringen fehlen entsprechende Vorschriften.

129 Ausführlich hierzu *Harbarth,* S. 393 ff.

130 Die Anwendung des HGrG ergibt sich im kommunalen Bereich aus folgenden Vorschriften: § 103 Abs. 1 GemO Baden-Württemberg, Art. 94 GemO Bayern, § 123 GemO Hessen, § 112 GemO Nordrhein-Westfalen, § 124 GemO Niedersachsen, § 89 GemO Rheinland-Pfalz, § 111 KSVG Saarland, § 9 KommunalprüfungsG Schleswig-Holstein, § 105 GemO Brandenburg, § 73 Abs. 2 KommunalVerf. Mecklenburg-Vorpommern, § 96 Abs. 2 Nr. 1 GemO Sachsen, § 121 GemO Sachsen-Anhalt, § 75 Abs. 4 KommunalO Thüringen; vgl. auch *Mertens,* Der Gemeindehaushalt 1983, 104 (106); siehe auch unten Kapitel E. Rn. 163 ff.

biet (KVRG); Kommentare, 1994 ff.; *Hüffer,* Aktiengesetz, 8. Aufl. 2008; Kölner Kommentar zum Aktiengesetz, 3. Aufl. 2004; *Kraft,* Das Verwaltungsgesellschaftsrecht, 1982; *Kropff,* Zur Anwendbarkeit des Rechts der verbundenen Unternehmen auf den Bund, ZHR 144 (1980), 74; *Leisner,* Der Vorrang des Gesellschaftsinteresses bei den Eigengesellschaften der öffentlichen Hand, WiVerw 1983, 212; *Limmer,* Handbuch der Unternehmensumwandlung, 3. Aufl. 2007; *Lutter,* Umwandlungsgesetz, Kommentar, 3. Aufl. 2004; *Mayer,* Erste Zweifelsfragen bei der Unternehmensspaltung, DB 1995, 861; *Mertens,* Die Prüfung der Ordnungsmäßigkeit der Geschäftsführung bei kommunalen Wirtschaftsunternehmen nach § 53 HGrG, Der Gemeindehaushalt 1983, 104; *Müller,* Rechtsformenwahl bei der Erfüllung öffentlicher Aufgaben, 1993; Münchener Handbuch des Gesellschaftsrechts, Bd. 4, Aktiengesellschaft, 3. Aufl. 2004; Münchener Kommentar zum Aktiengesetz, 2. Aufl. 2000; *Paschke,* Die kommunalen Unternehmen im Lichte des GmbH-Konzernrechts, ZHR 152 (1988), 263; *Püttner,* Die öffentlichen Unternehmen, 2. Aufl. 1985; *ders.,* Die Einwirkungspflicht, DVBl. 1975, 353; *Raiser,* Konzernverflechtungen unter Einschluss öffentlicher Unternehmen, ZGR 1996, 458; *ders.,* Der Begriff der juristischen Person, AcP 199 (1999), 104; *Schiessl,* Abhängigkeitsbericht bei Beteiligungen der öffentlichen Hand – Besprechung des Beschlusses BGHZ 135, 107 VW/Niedersachsen –, ZGR 1998, 871; *Schlitt,* Rechtliche Rahmenbedingungen des Börsengangs kommunaler AGs, FB 1999, 440; *Schmid,* Kommunale Beteiligungen: Abwägungspflicht der Kommunen und Nachrang der Aktiengesellschaft, ZKF 2004, 1; R. *Schmidt,* Öffentliches Wirtschaftsrecht – Allgemeiner Teil, 1990; *Schön,* Der Einfluss öffentlich-rechtlicher Zielsetzung auf das Statut privatrechtlicher Eigengesellschaften der öffentlichen Hand: – Gesellschaftsrechtliche Analyse –, ZGR 1996, 429; *Schwark,* Spartenorganisation in Großunternehmen und Unternehmensrecht, ZHR 142 (1978), 203; *Schwintowski,* Verschwiegenheitspflicht für politisch legitimierte Mitglieder des Aufsichtsrats, NJW 1990, 1009; *ders.,* Gesellschaftsrechtliche Bindungen für entsandte Aufsichtsratsmitglieder der öffentlichen Hand, NJW 1995, 1316; *Spannowsky,* Die Verantwortung der öffentlichen Hand für die Erfüllung öffentlicher Aufgaben und die Reichweite ihrer Einwirkungspflichten auf Beteiligungsunternehmen, DVBl. 1992, 1072; *ders.,* Der Einfluss öffentlich-rechtlicher Zielsetzung auf das Statut privatrechtlicher Eigengesellschaften in öffentlicher Hand: – Öffentlich-rechtliche Vorgaben, insbesondere zur Ingerenzpflicht –, ZGR 1996, 400; *Stober,* Die privatrechtlich organisierte Verwaltung: Zur Problematik privatrechtlicher Gesellschaften und Beteiligungen der öffentlichen Hand, NJW 1984, 449; *v. Danwitz,* Vom Verwaltungsprivat- zum Verwaltungsgesellschaftsrecht – Zu Begründung und Reichweite öffentlich-rechtlicher Ingerenz in der mittelbaren Kommunalverwaltung, AöR 120 (1995), 595; *Widmann/Mayer,* Umwandlungsrecht, Umwandlungsgesetz, Umwandlungssteuergesetz, Kommentar, Losebl. Stand: März 2007; *Zeichner,* Die Voraussetzungen für die Beteiligung des Bundes/eines Landes an einem Unternehmen nach § 65 Abs. 1 BHO/LHO und ihre Prüfung durch den Rechnungshof, AG 1985, 61.

1. Rechtsgrundlagen

411 Die kommunale Aktiengesellschaft (AG) findet ihre Rechtsgrundlage im Aktiengesetz vom 6. September 1965 (BGBl. I S. 1089), zuletzt geändert durch Artikel 2 des Gesetzes vom 8. Dezember 2008 (BGBl. I S. 2369). Daneben treten die Regelungen der Gemeindeordnungen der Länder zur Zulässigkeit wirtschaftlicher Unternehmen in privater Rechtsform.[131]

a) Die kommunale AG zwischen Gesellschafts- und Kommunalrecht

412 Die wirtschaftliche Betätigung kommunaler Gebietskörperschaften durch den organisatorischen Einsatz von Kapitalgesellschaften muss zwangsläufig zur Frage des Verhältnisses zwischen den **Regelungen des Gesellschaftsrechts** und den **Vorschriften des Kommunalrechts** führen. Die Regelungen des Kommunalrechts geben der Kommune nämlich die „Leitplanken" vor, die für eine Beteiligung an einer Gesellschaft privater Rechtsform eingehalten werden müssen.

---

[131] §§ 102 ff. GemO Baden-Württemberg, Art. 86 ff. GemO Bayern, §§ 121 ff. GemO Hessen, §§ 107 ff. GemO Nordrhein-Westfalen, §§ 108 ff. GemO Niedersachsen, §§ 85 ff. GemO Rheinland-Pfalz, §§ 106 ff. KSVG Saarland, §§ 101 ff. GemO Schleswig-Holstein, §§ 100 ff. GemO Brandenburg, §§ 68 ff. KommunalVerf. Mecklenburg-Vorpommern, §§ 95 ff. GemO Sachsen, §§ 116 ff. GemO Sachsen-Anhalt, §§ 71 ff. KommunalO Thüringen; ausführlich oben Kapitel C. Rn. 195 ff.

Aus der **Einwirkungs- oder Ingerenzpflicht**[132] folgt die Verpflichtung der öffentlichen Hand, auf die von ihr geschaffenen Rechtssubjekte dahin gehend einzuwirken, dass diese ihrerseits die Ziele kommunaler Politik, die Orientierung am Allgemeinwohl und das Gebot der Rechtsstaatlichkeit einhalten.[133] Die Einwirkungspflicht kann somit im Ergebnis als die Pflicht beschrieben werden, auf eine in einer privaten Organisationsform betriebene öffentliche Einrichtung mit geeigneten Mitteln so einzuwirken, dass die Einhaltung der durch das öffentliche Recht bestimmten besonderen rechtlichen Bindungen jederzeit sichergestellt ist.[134] 413

Die Gemeindeordnungen versuchen dieser Pflicht Rechnung zu tragen, indem sie verlangen, dass sich die Gemeinde erhebliche **Informations- und Einflussmöglichkeiten** vorbehält. Durch die indirekte Aufgabenwahrnehmung über ein Beteiligungsunternehmen werden nämlich z. B. die Verhandlungen vom öffentlich tagenden Gemeinderat in die internen Gremien der Gesellschaft verlagert. Hierdurch geht aber im Interesse der größeren Effizienz ein Großteil der Publizität und Transparenz verloren.[135] 414

Aus dem **Demokratieprinzip** folgt aber die Verpflichtung zur Aufrechterhaltung der Legitimationskette, da sich aus der Tatsache, dass die Kommune ihre Kontrollpflichten wegen der Existenz nicht kontrollierbarer Freiräume nicht mehr erfüllen kann, kein Abreißen der durch demokratische Wahl legitimierten Kette ergeben darf. Weiterhin verlangt das **Rechtsstaatsprinzip** hinsichtlich der Verantwortlichkeit der öffentlichen Hand, dass keine kontrollfreien Räume in der Erfüllung öffentlicher Aufgaben entstehen. 415

Daher ergibt sich für die Kommune als Aktionärin einer AG die Verpflichtung ihre Rechtsbeziehungen zu der AG so auszugestalten, dass die **Kontrolle und Steuerung** dieser AG durch die Kommune sichergestellt ist. 416

b) Das Verhältnis zwischen Gesellschafts- und Kommunalrecht in einer kommunalen AG

In die Beurteilung der **privatrechtlichen Rechtsbeziehungen** zwischen einer AG und der Kommune als deren Aktionärin sind Aspekte des Aktienrechts und des Kommunalrechts einzubeziehen. Hierbei steht der öffentlichen Hand grundsätzlich die Möglichkeit zu, sich einen besonderen Einfluss durch gesetzliche Einführung von gesellschaftsrechtlichen Sonderpositionen zu sichern. 417

Aus verfassungsrechtlicher Sicht lässt sich solchen Eingriffen in das Privatrecht kein prinzipieller **„Vorrang des Gesellschaftsrechts“** entgegenhalten. Gesetzgeberische Sonderregelungen für die öffentliche Hand im Rahmen des Gesellschaftsrechts sind aber nur dem Bund als derjenigen Gebietskörperschaft möglich, der im Rahmen der konkurrierenden Gesetzgebung nach Art. 74 Nr. 1 GG die entsprechende Gesetzgebungskompetenz zusteht.[136] 418

Hieraus folgt, dass **landesgesetzliche Regelungen** für öffentliche Unternehmen die gesellschaftsrechtliche Rechtslage nicht modifizieren können.[137] Durch die umfangreichen Vorschriften der Gemeindeordnungen über kommunale Gesellschaften wird das Innen- und Außenrecht dieser Unternehmen also nicht beeinflusst. 419

Die **Gemeindeordnungen** können für ihren Adressaten „Kommune“ nur Grundsätze für eine Beteiligung an einer AG aufstellen, die diese im Rahmen der gesellschaftsrechtlich zulässigen Gestaltungsmöglichkeiten umzusetzen hat. Dabei sind die Kommunen verpflichtet, die Gestaltungsmöglichkeiten des Gesellschaftsrechts soweit auszuschöpfen, 420

---

[132] Vgl. auch *Kraft*, §§ 2, 3; *Ehlers*, Verwaltung in Privatrechtsform, S. 124 ff.; zum Begriff siehe auch *Püttner*, DVBl. 1975, 353 (354).

[133] *Müller*, S. 249 m. w. N.

[134] *Becker*, S. 96.

[135] Vgl. auch *Leisner*, WiVerw 1983, 212 (225); *Spannowsky*, ZGR 1996, 400 (412).

[136] Vgl. *Püttner*, Die öffentlichen Unternehmen, S. 234 f.; *Fischer*, AG 1982, 85 (90); siehe auch *Schön*, ZGR 1996, 429 (432); a. A. *v. Danwitz*, AöR 120 (1995), 595 (616 ff.).

[137] *R. Schmidt*, S. 513 ff.; *Spannowsky*, DVBl. 1992, 1075 (1077); *Zeichner*, AG 1995, 61 (69); *Schwintowsky*, NJW 1990, 1009 (1013); *ders.*, NJW 1995, 1316 (1317); *Schön*, ZGR 1996, 429 (432)).

dass die Interessen der Kommune und die Ziele der Selbstverwaltung mit dem Demokratieprinzip so weit wie möglich verwirklicht werden.

421 Diese Grundsätze können aber nicht das Gesellschaftsverhältnis unmittelbar regeln. Für die Beurteilung des **Verhältnisses zwischen Kommune und AG** kommt es somit vorrangig auf das Aktienrecht an. Ob und inwieweit die Kommune von dem so gesetzten Rahmen Gebrauch machen darf bzw. muss, bestimmt sich nach der Gemeindeordnung und den ihr zugrunde liegenden Zielen.

422 Somit lässt sich die **Organisationsverfassung** einer kommunalen AG nur aus der Gemengelage von Öffentlichem Recht und privatem Wirtschaftsrecht, von gemeindewirtschaftsrechtlichen und gesellschaftsrechtlichen Vorschriften bestimmen.

c) Besonderheiten für die Zulässigkeit kommunaler Aktiengesellschaften

423 Verschiedene Gemeindeordnungen sehen einen prinzipiellen **Nachrang der Rechtsform** der Aktiengesellschaft vor.[138] Hiernach darf die Gemeinde ein Unternehmen in der Rechtsform der Aktiengesellschaft nur noch errichten, übernehmen oder sich an ihm beteiligen, wenn der öffentliche Zweck des Unternehmens nicht ebenso gut in einer anderen Rechtsform erfüllt wird oder erfüllt werden kann.

424 Zweck dieses Nachranges ist es, den Einfluss der Kommune auf ein kommunales Unternehmen zu sichern. Grund für die **Subsidiarität** einer Beteiligung in der Rechtsform einer Aktiengesellschaft ist der weniger ausgeprägte **Katalog an Einflussmöglichkeiten** der Gemeinde auf die Organe der Aktiengesellschaft als dies z. B. bei einer GmbH der Fall ist.

425 Gemäß § 76 Abs. 1 AktG führt der **Vorstand** die Geschäfte der Gesellschaft in eigener Verantwortlichkeit und unabhängig von etwaigen Weisungen der Aktionäre.[139] Auch der Aufsichtsrat unterliegt nicht den Weisungen Dritter, insbesondere nicht des Gemeinderates.[140]

426 Wegen des **Vorrangs des Bundesrechts** gegenüber den Landesgesetzen ist das Kommunalrecht nicht in der Lage, sich über diese aktienrechtlichen Vorgaben hinwegzusetzen. Ziel des Landesgesetzgebers war es deshalb, mit der Einführung des Nachranges der Aktiengesellschaft dieses **Steuerungs- und Kontrolldefizit** der Gemeinde in Bezug auf Aktiengesellschaften so weit wie möglich einzuschränken.[141]

427 Die Gemeinde soll durch die Wahl der Rechtsform und die Ausgestaltung des Gesellschaftsvertrages bei einer kommunalen Gesellschaft sicherstellen können, dass dem **Gemeinderat** als unmittelbar demokratisch legitimiertem Organ die Freiheit zur aktiven Mitgestaltung bei wesentlichen Entscheidungen in einem kommunalen Unternehmen verbleibt.[142]

428 Zur Durchsetzung dieser Zielsetzung müssen Steuerungs- und Kontrollinstrumente vorgesehen werden, die eine **aktive Einflussnahme des Gemeinderates** ermöglichen, was aber in der Satzung einer Aktiengesellschaft im Gegensatz zu den Gesellschaftsverträgen anderer haftungsbeschränkender Rechtsformen des Privatrechts nicht möglich ist.[143]

429 Die GmbH beispielsweise bietet einer Gemeinde die Möglichkeit, über die Einführung von Kontrollinstrumenten (Zustimmungserfordernisse, Beirat, Aufsichtsrat usw.) im Gesellschaftsvertrag oder den Erlass einer Geschäftsordnung für die Geschäftsführung die gewünschten Einflussmöglichkeiten zu sichern. In einer Aktiengesellschaft besteht diese Möglichkeit wegen der zwingenden **Unabhängigkeit von Vorstand und Auf-**

[138] § 103 Abs. 2 GemO Baden-Württemberg; § 108 Abs. 3 GemO Nordrhein-Westfalen, § 87 Abs. 2 GemO Rheinland-Pfalz, § 95 Abs. 2 GemO Sachsen; vgl. auch oben Kapitel C. Rn. 199.

[139] *Hüffer*, AktG, § 76 Rn. 10.

[140] *Becker*, S. 111f.

[141] Vgl. z. B. die Amtliche Begründung des Gesetzentwurfs zur Änderung der Gemeindeordnung von Nordrhein-Westfalen, LT-Drs. 12/3730, S. 109.

[142] Vgl. hierzu *Böttcher/Krömker*, NZG 2001, 590 (591) m. w. N.

[143] *Becker*, S. 114f.

sichtsrat nur eingeschränkt. Daher soll die Aktiengesellschaft nur dann gewählt werden, wenn es unbedingt notwendig ist.[144]

Wie bereits dargestellt, hat der Nachrang der Aktiengesellschaft zur Folge, dass **die Gründung und die Übernahme, Beteiligung und wesentliche Erweiterung von Unternehmen** und Einrichtungen durch die Gemeinde in der **Rechtsform der Aktiengesellschaft** verboten ist, sofern der öffentliche Zweck nicht ebenso gut durch eine andere Rechtsform erreicht werden kann. Es stellt sich damit die Frage, wann dies der Fall ist. 430

Ausgangspunkt der Betrachtung muss die **Zielsetzung des Nachranges** der Aktiengesellschaft sein. Die Landesgesetzgeber haben durch diese Regelung nicht nur eine Stärkung des gemeindlichen Einflusses auf kommunale Gesellschaften beabsichtigt, sondern wollten auch den heutigen wirtschaftlichen Verhältnissen und den modernen Aufgabenstellungen der Kommune Rechnung tragen.[145] Hieraus ergibt sich unter anderem, dass der **Begriff des öffentlichen Zwecks** heute nicht mehr nur die Aufgabenwahrnehmung im klassischen Bereich wie **Daseinsvorsorge und Kulturpflege** beinhaltet, sondern – angepasst an die tatsächlichen Lebensverhältnisse – auch **neue Tätigkeiten** innerhalb des gemeindlichen Aufgabenspektrums, wie z. B. Wirtschaftsförderung, Wettbewerbssicherung oder Telekommunikation. Alle gemeinwohlorientierten und im öffentlichen Interesse liegenden Zielsetzungen dienen folglich einem öffentlichen Zweck.[146] 431

Lediglich ausschließlich auf **Gewinnerzielung** ausgerichtete Tätigkeiten vermögen ein gemeindliches Tätigwerden nicht zu rechtfertigen.[147] Innerhalb dieses Tätigkeitsspektrums steht der Gemeinde ein weiter Beurteilungsspielraum zu, der fachaufsichtlich und gerichtlich nur eingeschränkt überprüft werden kann.[148] 432

In diesem Zusammenhang ist insbesondere zu beachten, dass die Gemeinden in vielen ihrer ursprünglichen und meist monopolartig beherrschten Tätigkeiten sowie in neu hinzugekommenen Aufgabenbereichen nunmehr dem **Wettbewerb** ausgesetzt sind. 433

Eine Geschäftstätigkeit im **freien Wettbewerb** erfordert aber eine gewisse Größe.[149] Daher gehen immer mehr Gemeinden dazu über, ihre Energieversorgungsbetriebe zu Gesellschaften von **wettbewerbsfähiger Größe** zusammenzuschließen. Solche wettbewerbsfähigen Einheiten bedürfen einer professionellen Organisationsstruktur, die ein weisungsunabhängiger und deswegen von politischen Trendwenden unbeeinflusster Vorstand einer Aktiengesellschaft besser gewährleisten kann als die weisungsabhängige Geschäftsführung einer GmbH.[150] 434

Weiterhin ist eine ausreichende und den jeweiligen Notwendigkeiten angepasste **Kapitaldecke** für ein flexibles und ergebnisorientiertes Agieren auf liberalisierten Märkten unbedingt notwendig. Auch hier zeigt sich der Vorteil der Aktiengesellschaft gegenüber der GmbH, da sie weitaus einfacher mit (Fremd-)Kapital ausgestattet werden kann (etwa durch Ausgabe von Anleihen) als die GmbH.[151] 435

Schließlich treten die meisten der großen Mitbewerber auf den liberalisierten Märkten selbst als Aktiengesellschaft auf, so dass der Markt ein **Auftreten eines öffentlichen Unternehmens** in der Rechtsform einer Aktiengesellschaft erwartet, die außerdem auch ein größeres Ansehen als etwa die GmbH genießt.[152] 436

---

144 Ebenso *Böttcher/Krömker*, NZG 2001, 590 (591).
145 Vgl. z. B. *Held/Becker/Decker/Kirchhof/Krämer/Wansleben*, GemO NW, § 107 Anm. 4.3.
146 Vgl. hierzu z. B. auch *Becker*, S. 72 ff.
147 BVerfGE 61, 82 (107).
148 BVerwGE 39, 329 (334); vgl. auch *Schmid*, ZKF 2004, 1 (2).
149 *Böttcher/Krömker*, NZG 2001, 590 (592) m. w. N.
150 *Schlitt*, FB 1999, 440, 443; *Böttcher/Krömker*, NZG 2001, 590 (592).
151 *Schlitt*, FB 1999, 440, 443; *Böttcher/Krömker*, NZG 2001, 590 (592).
152 *Schlitt*, FB 1999, 440, 443; *Böttcher/Krömker*, NZG 2001, 590 (592).

2. Rechtsnatur

437 Die Aktiengesellschaft ist eine **selbständige juristische Person** des privaten Rechts.[153] Sie beginnt mit der Eintragung in das Handelsregister (§ 41 Abs. 1 S. 1 AktG) und endet mit Eintritt der Vermögenslosigkeit und Löschung aus dem Register.

438 Als juristische Person im Sinne eines rechtstechnischen Verständnisses des Begriffs ist die Aktiengesellschaft selbst Trägerin von Rechten und Pflichten.[154] Sie ist durch ihre **Organe** (Vorstand, Aufsichtsrat, Hauptversammlung) handlungsfähig.[155]

439 Für **Verbindlichkeiten** der Aktiengesellschaft haftet nach § 1 Abs. 1 S. 2 AktG nur das **Gesellschaftsvermögen**.[156]

440 Gemäß § 1 Abs. 2 AktG hat die Aktiengesellschaft ein in Aktien zerlegtes **Grundkapital**. Seine Existenz bietet den notwendigen Ausgleich für den in § 1 Abs. 1 S. 2 AktG angeordneten Haftungsausschluss.[157] Das Grundkapital dient nämlich der Sicherung der Gläubiger, weil die Aktiengesellschaft über Vermögensgegenstände verfügen muss, deren Gesamtwert wenigstens dem Betrag des Grundkapitals entspricht.

441 Mit dem Grundkapital allein ist den Gläubigern allerdings nicht gedient. Die Gesellschaft muss vielmehr dafür sorgen, dass ein der Grundkapitalziffer entsprechendes Vermögen auch tatsächlich aufgebracht wird (**Prinzip der Kapitalaufbringung**).[158]

442 Seine Garantiefunktion kann das Grundkapital aber nur erfüllen, wenn ein entsprechendes Mindestvermögen nicht nur aufgebracht wird, sondern dauerhaft auch erhalten bleibt (**Prinzip der Kapitalerhaltung**).[159] Das Grundkapital ist in Aktien zerlegt (§ 1 Abs. 2 AktG). Zerlegung bedeutet im Wortsinne eine Aufteilung in mehrere (mindestens 2) **Aktien**.[160] Ihre Zahl ist in der Satzung anzugeben (§ 23 Abs. 3 Nr. 4 AktG).[161]

443 Zu den Strukturmerkmalen der Aktiengesellschaft gehört schließlich ihr Charakter als **Handelsgesellschaft**. Aus § 3 Abs. 1 AktG i.V.m. § 6 HGB folgt, dass die Aktiengesellschaft notwendig den Bestimmungen des Handelsrechts unterliegt.[162]

3. Gründung

a) Errichtung der kommunalen Aktiengesellschaft

444 Eine Aktiengesellschaft entsteht durch die in den §§ 23 ff. AktG geregelte Gründung, als **Bar- oder Sachgründung**. Darüber hinaus ist eine Gründung einer kommunalen Aktiengesellschaft auch durch die **Ausgliederung** einer bisher in öffentlich-rechtlicher Organisationsform betriebenen Einheit möglich (Rechtsformwechsel).

445 **aa) Gründung einer AG.** Die rechtsgeschäftliche Errichtung der Aktiengesellschaft erfolgt in einem notariell beurkundeten **Gründungsprotokoll**. Für die notarielle Beurkundung gelten die §§ 8 ff. BeurkG. Gleichzeitige Anwesenheit der Gründer ist danach nicht erforderlich. Ihre Beitrittserklärungen können zeitlich nacheinander vor dem Notar abgegeben werden, der hierüber ein einheitliches Protokoll fertigt. Die **Satzung** ist wirksam festgestellt, sobald der letzte Gründer unterzeichnet hatte (vgl. § 152 S. 1 BGB).[163]

446 Die sich **an der Gründung beteiligenden Personen** sind im Gründungsprotokoll namentlich aufzuführen (§ 23 Abs. 2 Nr. 1 AktG).[164] Nach § 2 AktG müssen sich eine oder

---

153 *Hüffer*, AktG, § 1 Rn. 4.
154 *Raiser*, AcP 199 (1999), 104 (115).
155 *Hüffer*, AktG, § 1 Rn. 4.
156 *Hüffer*, AktG, § 1 Rn. 6.
157 *Hüffer*, AktG, § 1 Rn. 10.
158 *Hüffer*, AktG, § 1 Rn. 11.
159 *Hüffer*, AktG, § 1 Rn. 12.
160 *Hüffer*, AktG, § 1 Rn. 13.
161 *Hüffer*, AktG, § 23 Rn. 29.
162 *Hüffer*, AktG, § 3 Rn. 3f.
163 Vgl. auch *Hüffer*, AktG, § 23 Rn. 9 m. w. N.
164 Vgl. hierzu *Hüffer*, AktG, § 23 Rn. 16 ff.

mehrere Personen an der Feststellung der Satzung beteiligen und die Aktien gegen Einlagen übernehmen.

Gründer kann jede natürliche oder juristische Person[165] sowie eine offene Handelsgesellschaft oder Kommanditgesellschaft sein.[166] Ebenfalls kann die als Gesamthandsgemeinschaft strukturierte Gesellschaft bürgerlichen Rechts Gründer sein.[167] 447

Im Gründungsprotokoll oder als Anlage ist die **Satzung** der zu errichtenden Aktiengesellschaft festzustellen.[168] Die Satzung der Aktiengesellschaft muss nach § 23 Abs. 3 und 4 AktG einen bestimmten Mindestinhalt haben. 448

Der oder die Gründer der Aktiengesellschaft müssen sämtliche **Aktien** übernehmen. Die Aufteilung der Aktien auf die einzelnen Gründer ist im Gründungsprotokoll anzugeben. Im Gründungsprotokoll muss ferner der **Nennbetrag der Aktien**, der **Ausgabebetrag** – auch wenn er mit dem Nennbetrag übereinstimmt – und, wenn mehrere Gattungen bestehen, auch die **Gattung der Aktien** bezeichnet werden, die jeder Gründer übernimmt. 449

Der **Ausgabebetrag** kann dem Nennbetrag entsprechen. Er darf aber in keinem Fall geringer (**Verbot der Unterpariemission**), kann aber jederzeit höher sein (§ 9 AktG). 450

Die Gründer haben den **ersten Aufsichtsrat** der Aktiengesellschaft zu bestellen (§ 30 Abs. 1 S. 1 AktG). Die Bestellung bedarf der notariellen Beurkundung (§ 30 Abs. 1 S. 2 AktG). Sie muss nicht notwendigerweise – wird jedoch zweckmäßigerweise – zusammen mit der Feststellung der Satzung und der Übernahme der Aktien im notariellen Gründungsprotokoll erfolgen. 451

Der erste Aufsichtsrat bestellt nach § 30 Abs. 4 AktG den ersten **Vorstand**. Die Bestellung erfolgt gem. § 108 AktG durch Beschluss mit einfacher Mehrheit. Ein Formerfordernis für die Bestellung besteht nicht. Sie wird gemäß § 107 Abs. 2 AktG in einer Niederschrift über den Aufsichtsratsbeschluss festgehalten. 452

Die **Bestellung** der Mitglieder des ersten sowie jedes weiteren Vorstands kann auf längstens **fünf Jahre** erfolgen (§ 84 Abs. 1 S. 1 AktG). Eine wiederholte Bestellung ist zulässig (§ 84 Abs. 1 S. 2 AktG). 453

Nach § 30 Abs. 1 AktG haben die Gründer neben dem ersten Aufsichtsrat in notariell beurkundeter Form auch den **Abschlussprüfer** für das erste Voll- oder Rumpfgeschäftsjahr der Aktiengesellschaft zu bestellen. Auch dies erfolgt zweckmäßigerweise in der Gründungsurkunde. 454

Gemäß § 32 Abs. 1 AktG haben der oder die Gründer einen schriftlichen Bericht (§ 126 BGB) über den Hergang der Gründung zu erstatten. Die Gründer haben diesen **Gründungsbericht** persönlich zu erstatten.[169] 455

In dem Gründungsbericht haben die Gründer insbesondere Angaben zu machen über die für die wirtschaftliche Lage der Aktiengesellschaft sehr gefährlichen **Sacheinlagen** und **Sachübernahmen** (§ 32 Abs. 2 AktG). Darüber hinaus sind Angaben darüber zu machen, ob und in welcher Weise die Mitglieder des Aufsichtsrats und des Vorstandes an der Gesellschaft beteiligt sind und ob andere wirtschaftliche Beziehungen zwischen der Gesellschaft und diesen Personen bestehen.[170] 456

---

[165] *Hüffer*, AktG, § 2 Rn. 6 ff.; *Kraft*, in: Kölner Kommentar zum Aktiengesetz, § 2 Rn. 22; *Hoffmann-Becking*, in: Münchener Handbuch des Gesellschaftsrechts, Bd. 4, Aktiengesellschaft, § 3 Rn. 4.

[166] *Hüffer*, AktG, § 2 Rn. 9; *Kraft*, in: Kölner Kommentar zum Aktiengesetz, § 2 Rn. 22; *Hoffmann-Becking*, in: Münchener Handbuch des Gesellschaftsrechts, Bd. 4, Aktiengesellschaft, § 3 Rn. 4.

[167] BGH, WM 1992, 1225 (1230); Schuldnerin der Einlageschuld ist in diesem Fall die Gesellschaft bürgerlichen Rechts, neben der die Gesellschafter zwingend als Gesamtschuldner haften BGHZ 78, 311 (316); BGH, WM 1992, 1225 (1230 f.); zustimmend *Kraft*, in: Kölner Kommentar zum Aktiengesetz, § 2 Rn. 23.

[168] Siehe zum Inhalt der Satzung unten Rn. 480 ff.

[169] *Kraft*, in: Kölner Kommentar zum Aktiengesetz, § 32 Rn. 4; *Röhricht*, in: Großkommentar zum Aktiengesetz, § 32 Rn. 5.

[170] *Kraft*, in: Kölner Kommentar zum Aktiengesetz, § 32 Rn. 18; *Röhricht*, in: Großkommentar zum Aktiengesetz, § 32 Rn. 21.

457 Zu diesem Gründungsbericht tritt eine **Prüfung** der Gründung (§ 33 AktG) und damit auch eine Prüfung des Gründungsberichts. Diese Prüfung ist in erster Linie von den Mitgliedern des Aufsichtsrats und des Vorstandes vorzunehmen (§ 33 Abs. 1 AktG).

458 Gründungsprüfer werden vom Gericht bestellt, wenn besondere Beziehungen zwischen mindestens einem Mitglied des Vorstandes oder des Aufsichtsrates und der Gesellschaft bestehen (§ 33 Abs. 2 Nr. 1 bis 3 AktG). Sie müssen die erforderliche **Sachkunde** haben, brauchen aber nicht Wirtschaftsprüfer zu sein (§ 33 Abs. 4 AktG). Die Gründungsprüfung hat sich auf die wesentlichen **Umstände der Gründung** zu erstrecken (§ 34 Abs. 1 AktG). Der Prüfungsbericht ist schriftlich zu erstatten.

459 Die Aktiengesellschaft ist in das **Handelsregister** einzutragen (§ 36 Abs. 1 AktG). Diese Eintragung ist Voraussetzung für die **Entstehung** der Aktiengesellschaft (§ 41 Abs. 1 S. 1 AktG).

460 Erst mit der **Eintragung** in das Handelsregister wird die Aktiengesellschaft zu einer rechtlich selbständigen **juristischen Person**.[171] Aus Rechtsgeschäften, die vor der Eintragung im Namen der Gesellschaft vorgenommen worden sind, haften die Handelnden persönlich (§ 41 Abs. 1 S. 2 AktG). Vor der Eintragung können Anteilsrechte nicht übertragen und auch Aktien oder Zwischenscheine nicht ausgegeben werden (§ 41 Abs. 4 S. 1 AktG).

461 Voraussetzung für die Eintragung ist eine **Anmeldung** der Gesellschaft durch alle Gründer, alle Mitglieder des Vorstands und des Aufsichtsrats (§ 36 Abs. 1 AktG).[172] Die bar zu zahlenden und vom Vorstand eingeforderten Beträge müssen vor der Anmeldung eingezahlt sein (§§ 36 Abs. 2, 54 Abs. 3 S. 1 AktG).

462 Bei **Bareinlagen** muss der eingeforderte Betrag mindestens ein Viertel des Nennbetrags der Aktie und das gesamte Aufgeld umfassen (§ 36a Abs. 1 AktG). Sacheinlagen sind grundsätzlich vor der Anmeldung vollständig zu leisten (§ 36a Abs. 2 AktG). Für einzelne Vermögensgegenstände kann die Übertragung um bis zu fünf Jahre hinausgeschoben werden (§ 36a Abs. 2 S. 2 AktG).[173]

463 Gehören alle Aktien allein oder neben der Gesellschaft einem Aktionär, so ist dies sowie der Name, Vorname, Beruf und Wohnort des **alleinigen Aktionärs** ebenfalls anzumelden (§ 42 AktG).

464 Das Gericht **prüft** die Anmeldung und die beigefügten Unterlagen und hat die Eintragung **abzulehnen**, wenn die Gesellschaft nicht ordnungsgemäß errichtet worden ist (§ 38 Abs. 1 AktG) und die in § 39 AktG aufgeführten Anforderungen nicht erfüllt sind.

465 Darüber hinaus kann es die Eintragung bei Mängeln des Gründungsbericht oder des Prüfungsberichts des Vorstands und des Aufsichtsrats ablehnen (§ 38 Abs. 2 S. 1 AktG). Schließlich kann das Registergericht die Eintragung ablehnen, wenn es der Auffassung ist, dass der Wert der Sacheinlagen nicht unwesentlich hinter dem Nennbetrag der dafür zu gewährenden Aktien zurückbleibt oder dass der Wert der Sachübernahmen nicht unwesentlich hinter dem Wert der dafür zu gewährenden Leistungen zurückbleibt (§ 38 Abs. 2 S. 2 AktG).

466 Hält das Gericht die Voraussetzung einer **Eintragung** für gegeben, so trägt es die Gesellschaft in das Handelsregister ein. Mit der Eintragung entsteht die Aktiengesellschaft.[174] Erst nach der Eintragung dürfen Aktienurkunden ausgegeben und übertragen werden (§ 41 Abs. 4 AktG).

467 **bb) Rechtsformwechsel (Ausgliederung).** Gemäß § 168 UmwG können **Gebietskörperschaften** oder deren Zusammenschlüsse von ihnen in öffentlich-rechtlicher Organisationsform betriebene Unternehmen in bestimmte privatrechtliche Gesellschaftsformen, namentlich in eine Aktiengesellschaft, **überführen**. Dabei ist in § 168 UmwG

---

[171] Vgl. *Hüffer*, AktG, § 2 Rn. 4.
[172] *Hüffer*, AktG, § 36 Rn. 2 ff.
[173] Zur sog. „gemischten Einlage" siehe auch *Hüffer*, AktG, § 36 Rn. 12. .
[174] Vgl. *Hüffer*, AktG, § 2 Rn. 4.

ausdrücklich klargestellt, dass das für den Zusammenschluss maßgebende Bundes- oder Landesrecht, insbesondere also auch das kommunale Wirtschaftsrecht, einer Umwandlung nicht entgegenstehen darf.[175]

Das Umwandlungsrecht ermöglicht eine **privatisierende Umwandlung** mit Gesamtrechtsnachfolge.[176] Damit wird der ansonsten notwendige umständliche Weg von Einzelrechtsübertragungen erspart und, z. B. mit Blick auf die zu Dritten begründeten Rechtsverhältnisse (z. B. Verträge mit Kunden oder Benutzern), eine praktische Vereinfachung erzielt. 468

Im Vergleich zur Ausgliederung aus dem Vermögen eines anderen Rechtsträger ist zu beachten, dass Gebietskörperschaften nur gesamte **Unternehmen** ausgliedern können.[177] Während Gesellschaften und andere Rechtsträger beliebig Vermögen, auch einen einzigen Vermögensgegenstand, ausgliedern und abspalten können, verlangt § 168 UmwG, dass das gesamte Vermögen ausgegliedert wird. Daher ist Voraussetzung einer Ausgliederung aus dem Vermögen einer Gebietskörperschaft das Vorliegen einer in der Form einer organisatorisch weitgehend verselbständigten, finanzwirtschaftlich als eigenes Vermögen getrennt zu verwaltende Unternehmenstätigkeit.[178] 469

Die Vorschriften über die Ausgliederung aus dem Vermögen von Gebietskörperschaften sind **Sondervorschriften der Ausgliederung**, die wiederum **Sondervorschriften der Spaltung** darstellen. Es gelten daher grundsätzlich auch die allgemeinen Vorschriften über Spaltung und Ausgliederung, soweit nicht die §§ 168 ff. UmwG Sondervorschriften vorsehen. 470

Da gemäß § 125 S. 1 UmwG auf die Spaltung die Vorschriften des zweiten Buches des UmwG anwendbar sind, gilt auch § 6 UmwG, d. h. ein Ausgliederungsplan bzw. ein Ausgliederungsvertrag muss **notariell beurkundet** werden. Nach § 169 S. 1 UmwG ist **kein Ausgliederungsbericht** für die Gebietskörperschaft notwendig. 471

Da die Ausgliederung ein Sonderfall der Spaltung ist, muss für den Ausgliederungsplan bzw. Ausgliederungsvertrag § 126 UmwG berücksichtigt werden, der den Inhalt des **Spaltungsvertrages** beschreibt. 472

In diesem Zusammenhang ist insbesondere die Frage zu beachten, auf welche Weise gemäß § 126 Abs. 1 Nr. 9 UmwG die Gegenstände zu bezeichnen sind, die ausgegliedert werden sollen. Hierbei ist im Hinblick auf den **sachenrechtlichen Bestimmtheitsgrundsatz** von einer genauen Abgrenzung des Kreises übergehender **Aktiva und Passiva** auszugehen, und zwar möglichst mit der gleichen Genauigkeit, mit der etwa bei einer Veräußerung von Unternehmen im Wege der Übertragung von Einzelwirtschaftsgütern gearbeitet wird. 473

Bei der Übertragung von **Eigenbetrieben oder sonstigen Sondervermögen** wird es häufig ausreichen, dass auf **Bilanzen und Inventare** Bezug genommen wird.[179] Sind jedoch auch **Grundstücke** von der Ausgliederung betroffen, so müssen diese gemäß § 126 Abs. 2 S. 2 UmwG nach § 28 GBO hinreichend individualisiert sein. Weiterhin sind auch die **nicht-bilanzierungsfähigen Gegenstände** und insbesondere die Vertragsverhältnisse gesondert aufzuführen. 474

Mit der **Eintragung** der Ausgliederung in das Register des Sitzes des übernehmenden Rechtsträgers geht das ausgegliederte Unternehmen gemäß § 171 UmwG auf den neuen Rechtsträger über, ohne dass noch Einzelübertragungen erforderlich sind.[180] Mit dem Wirksamwerden der Ausgliederung gehen damit die zu übertragenden Vermögensteile 475

---

[175] *Gaß*, S.195.

[176] *H. Schmidt*, in: *Lutter*, UmwG, § 168 Rn. 5; zu steuerlichen Fragen vgl. unten Kapitel G. Rn. 232 ff. III.2.)

[177] *H. Schmidt*, in: *Lutter*, UmwG, § 168 Rn. 9; *Gaß*, S. 190 ff.

[178] *H. Schmidt*, in: *Lutter*, UmwG, § 168 Rn. 11; *Gaß*, S. 191.

[179] *Widmann/Mayer*, Umwandlungsrecht, § 126 Rn. 209 ff.; *Frenz*, in: *Limmer*, Rn. 1019 ff.; *Mayer*, DB 1995, 861 (864). .

[180] *Teichmann*, in: *Lutter*, UmwG, § 131 Rn. 1; *Schwarz*, in: *Widmann/Mayer*, Umwandlungsrecht, § 123 Rn. 4.1.3; *Vossius*, in: *Widmann/Mayer*, Umwandlungsrecht, § 131 Rn. 23.

im Wege der **Sonderrechtsnachfolge** automatisch auf die übernehmende Gesellschaft über, ohne dass es irgendwelcher weiteren Übertragungshandlungen bedarf.[181]

476 Mit der Eintragung im Register des übernehmenden Rechtsträgers geht das ausgegliederte Unternehmen als Gesamtheit nach § 131 Abs. 1 Nr. 1 UmwG auf den aufnehmenden Rechtsträger über; die **partielle Gesamtrechtsnachfolge** umfasst dabei die im Ausgliederungsplan bzw. Ausgliederungsvertrag sowie deren Anlagen aufgeführten Vermögensgegenstände.[182]

477 Der übernehmende Rechtsträger tritt in die Rechtsstellung ein, die der übertragende Rechtsträger innehatte. Der **Rechtsübergang** vollzieht sich dabei außerhalb von mit öffentlichem Glauben versehenen Registern.[183]

478 Bei einer Ausgliederung besteht für die **Verbindlichkeiten**, die bis zur Eintragung der Ausgliederung in das Handelsregister begründet worden sind, eine Haftung des übertragenden Rechtsträger gesamtschuldnerisch mit dem übernehmenden Rechtsträger, auf den die Verbindlichkeiten übergegangen sind, für die Dauer von fünf Jahren fort. Dies ist ausdrücklich in den §§ 172, 173 UmwG klargestellt.[184]

479 Es besteht Einigkeit darüber, dass der Gesetzgeber durch die Einführung der Ausgliederung als neue Umwandlungsform den Gesellschaftern nicht die Möglichkeit der **Einzelrechtsübertragung** verschließen wollte. Die allgemeinen Möglichkeiten der Einzelrechtsübertragung und der Sachgründung bzw. Sachkapitalerhöhung bleiben demnach weiter eröffnet.[185]

b) Die Satzung der kommunalen Aktiengesellschaft

480 Die Satzung einer kommunalen Aktiengesellschaft muss nach § 23 Abs. 3 und 4 AktG bestimmte **Mindestanforderungen** erfüllen. Daneben beschränkt sich das Gemeindewirtschaftsrecht nicht auf eine Definition der Voraussetzungen für die Rechtsform des kommunalen Unternehmens. Vielmehr machen die Gemeindeordnungen eine Reihe von **weitergehenden Vorgaben** für die Ausgestaltung der Satzung kommunaler Gesellschaften.

481 **aa) Firma und Sitz.** In der Satzung einer Aktiengesellschaft sind **Firma und Sitz** der Gesellschaft anzugeben.

482 Die **Firma** ist der Name, unter dem die Aktiengesellschaft am Rechtsverkehr teilnimmt. Sie muss die Bezeichnung „Aktiengesellschaft" oder eine allgemein verständliche Abkürzung dieser Bezeichnung enthalten. Aufgrund der neuen Fassung des § 4 AktG im Rahmen des Gesetzes zur Neuregelung des Kaufmanns- und Firmenrechts vom 22. Juni 1998[186] hat sich die frühere Streitfrage, ob die Firma aus dem Gegenstand des Unternehmens entlehnt sein muss, erledigt. Es sind nun auch Fantasiefirmen zulässig.

483 Sitz der Gesellschaft ist nach § 5 Abs. 1 AktG der Ort, den die Satzung bestimmt. Dieser **(Satzungs-)Sitz** der Gesellschaft muss innerhalb der Bundesrepublik Deutschland liegen. Der Sitz der **Verwaltung**, **Geschäftsleitung** oder des **Betriebes** kann sich dagegen im Ausland befinden.

484 **bb) Unternehmensgegenstand und Öffentlicher Zweck.** Ein weiterer notwendiger Satzungsbestandteil ist der **Gegenstand des Unternehmens**. Gegenstand des Unternehmens ist die **Tätigkeit**, die die Gesellschaft zu betreiben beabsichtigt.[187] Die Angabe des Unternehmensgegenstandes muss derart individualisierbar sein, dass der **Schwerpunkt der Geschäftstätigkeit** erkennbar ist.

---

181 *Priester*, in: *Lutter*, UmwG, § 126 Rn. 32.

182 *H. Schmidt*, in: *Lutter*, UmwG, § 171 Rn. 6; zur Frage der Wertansätze dieser Vermögensgegenstände vgl. unten Kapitel G. Rn. 234 ff.

183 *Vossius*, in: *Widmann/Mayer*, Umwandlungsrecht, § 131 Rn. 38.

184 *H. Schmidt*, in: *Lutter*, UmwG, § 171 Rn. 10 ff.

185 *Limmer*, in: *Limmer*, Rn. 1144; *Gaß*, S. 228.

186 BGBl. 1998 I S. 1474 ff.

187 BayObLG, NJW 1976, 1694.

Die Satzung der kommunalen Aktiengesellschaft muss sicherstellen, dass der **öffentliche Zweck** des Unternehmens erfüllt wird. Geht man davon aus, dass jede Beteiligung einer Kommune an einer Aktiengesellschaft durch einen öffentlichen Zweck legitimiert sein muss, so drängt sich die Frage auf, ob dieser Zweck im Sinne des verfolgten Verwaltungszieles in der Satzung des Unternehmens festgelegt werden muss.[188] 485

Ausgehend von der allgemein anerkannten Unterscheidung zwischen **Unternehmensgegenstand** und **Unternehmenszweck**[189] ist festzuhalten, dass zumindest in dem Fall, in dem sich aus dem Unternehmensgegenstand eindeutige Hinweise auf den Versorgungsauftrag und damit auf die öffentlich-rechtliche Zwecksetzung ergeben, eine ausdrückliche Bestimmung, wonach der Zweck der Gesellschaft in der Wahrnehmung öffentlicher Aufgaben besteht, nicht notwendig ist.[190] Ansonsten ist von einer deklaratorischen Bedeutung der Angabe des Unternehmenszwecks auszugehen, die sich aus der Steuerungsaufgabe der Kommune gegenüber ihren Beteiligungen an privaten Unternehmen ergibt.[191] 486

cc) Grundkapital. Das in der Satzung anzugebende **Grundkapital** der Aktiengesellschaft muss nach § 7 AktG mindestens EUR 50.000,00 betragen. 487

Bei einer **Sachgründung**[192] müssen in der Satzung der Gegenstand der Sacheinlage, die Person, von der die Gesellschaft den Gegenstand erwirbt und der Nennbetrag, bei Stückaktien die Zahl der bei der Sacheinlage zu gewährenden Aktien, oder bei der Sachübernahme zu gewährenden Vergütung festgesetzt werden (§ 27 Abs. 1 S. 1 AktG). Ohne diese Festsetzung sind die Sacheinlage sowie Rechtshandlungen zu ihrer Ausführung unwirksam.[193] Der Aktionär ist in diesem Fall verpflichtet, den Nennbetrag oder den höheren Ausgabebetrag der Aktien in bar einzuzahlen (§ 27 Abs. 3 AktG).[194] 488

dd) Aktien. Darüber hinaus ist in der Satzung nach § 23 Abs. 3 Nr. 4 AktG die Zerlegung des Grundkapitals in entweder **Nennbetragsaktien** oder in **Stückaktien** anzugeben. Bei Nennbetragsaktien beträgt der Nennwert einer Aktie mindestens EUR 1,00 (§ 8 Abs. 2 S. 1 AktG). Höhere Aktienennbeträge müssen auf volle Euro lauten (§ 8 Abs. 2 S. 4 AktG). 489

Stückaktien lauten auf keinen Nennbetrag (§ 8 Abs. 3 S. 1 AktG). Die **Stückaktien** einer Gesellschaft sind am Grundkapital in gleichem Umfang beteiligt (§ 8 Abs. 3 S. 2 AktG). Der auf die einzelne Aktie entfallende anteilige Betrag des Grundkapitals darf einen Euro nicht unterschreiten (§ 8 Abs. 3 S. 3 AktG). Ermitteln lässt sich die Beteiligungsquote des Aktionärs durch Division der Grundkapitalziffer durch die Zahl der ausgegebenen Stückaktien. 490

Der Anteil am Grundkapital bestimmt sich bei **Nennbetragsaktien** nach dem Verhältnis ihres Nennbetrag zum Grundkapital, bei Stückaktien nach der Zahl der Aktien (§ 8 Abs. 4 AktG). 491

Die Aktien können auf den Namen (**Namensaktien**) oder auf den Inhaber (**Inhaberaktien**) lauten. Die Gründer können grundsätzlich frei entscheiden, welche Art der Aktien sie wählen. 492

Namensaktien sind unter Bezeichnung des Inhabers nach Namen, Geburtsdatum und Adresse in das **Aktienregister** der Gesellschaft einzutragen (§ 67 Abs. 1 AktG). Im Verhältnis zur Gesellschaft gilt nur derjenige als Aktionär, der als solcher im Aktienregister eingetragen ist (§ 67 Abs. 2 AktG). 493

---

188 Vgl. hierzu auch *Habersack*, ZGR 1996, 544 (553).

189 Vgl. z. B. *Hüffer*, AktG, § 23 Rn. 22.

190 Ausführlich zu diesem Thema *Becker*, S. 100 ff.; nach *Harbarth*, S. 117 ff. und *Habersack*, ZGR 1996, 544 (553) soll die bloße Beschreibung des Unternehmensgegenstandes nicht ausreichend sein; vgl. auch *Ehlers*, DÖV 1986, 897 (904).

191 *Becker*, S. 107.

192 Zur verdeckten Sacheinlage vgl. *Hüffer*, AktG, § 27 Rn. 9 ff.

193 *Hüffer*, AktG, § 27 Rn. 30.

194 Zu Fragen der Heilung vgl. *Hüffer*, AktG, § 27 Rn. 31.

494 Bei Namensaktien kann durch Satzungsregelung die Übertragung der Aktien an die Zustimmung der Gesellschaft gebunden werden (sog. **„vinkulierte Namenaktien"**, § 68 Abs. 2 S. 1 AktG). Die Zustimmung erteilt der Vorstand, sofern diese Befugnis nicht in der Satzung dem Aufsichtsrat oder der Hauptversammlung übertragen wurde (§ 68 Abs. 2 S. 2 und 3 AktG). Sofern die Satzung nicht die Gründe abschließend bestimmt, aus denen die Zustimmung verweigert werden kann, hat das zur Entscheidung berufene Organ seine Entscheidung nach pflichtgemäßem Ermessen zu treffen.[195]

495 Jede Aktie gewährt grundsätzlich nach § 12 Abs. 1 S. 1 AktG das **Stimmrecht** (Stammaktie). Es ist jedoch nach der Regelung des § 12 Abs. 1 S. 2 AktG zulässig, **Vorzugsaktien ohne Stimmrecht** auszugeben. Die näheren Regelungen hierzu finden sich in den §§ 139 ff. AktG.

496 Stimmrechtslose Vorzugsaktien müssen danach einen **Vorzug bei der Verteilung des Gewinns** erhalten (§ 139 Abs. 1 AktG). Wird der Vorzugsbetrag in einem Jahr nicht oder nicht vollständig gezahlt und der Rückstand auch im nächsten Jahr nicht neben dem vollen Vorzug dieses Jahres nachgezahlt, so steht den Vorzugsaktionären so lange ein Stimmrecht zu, bis die Rückstände nachgezahlt sind (§ 140 Abs. 2 S. 1 AktG).

497 Der Gesamtnennbetrag stimmrechtsloser Vorzugsaktien darf den Gesamtnennbetrag der anderen ausgegebenen Aktien nicht übersteigen. **Vorzugsaktien ohne Stimmrecht** dürfen nur bis zur Hälfte des Grundkapitals ausgegeben werden (§ 139 Abs. 2 AktG).

498 Die Ausgabe von **Mehrstimmrechtsaktien** ist unzulässig (§ 12 Abs. 2 AktG). Gemäß § 5 Abs. 1 EGAktG kann eine Fortgeltung für bereits ausgegebene Mehrstimmrechtsaktien über den 1. Juni 2003 hinaus nur aufgrund eines Hauptversammlungsbeschlusses bestimmt werden.

499 **ee) Vorstand.** Nach § 23 Abs. 2 Nr. 6 AktG ist weiterer zwingender Satzungsbestandteil die Angabe der **Anzahl der Mitglieder** des Vorstandes oder der Regel, nach denen diese Anzahl festgelegt wird. Der Vorstand kann aus einer oder mehreren Personen bestehen. Bei Gesellschaften mit einem Grundkapital von mehr als EUR 3.000.000,00 hat er aus mindestens zwei Personen zu bestehen, es sei denn, die Satzung bestimmt, dass er aus einer Person besteht (§ 76 Abs. 2 S. 2 AktG).

500 Statt der Festlegung einer bestimmten Zahl von Vorstandsmitglieder kann in der Satzung auch eine **Mindest- oder Höchstzahl** genannt werden.[196] Die nähere Bestimmung der Zahl der Vorstandsmitglieder erfolgt dann durch den Aufsichtsrat.[197] Die Satzung kann dieses Recht aber auch der Hauptversammlung zubilligen.[198]

501 **ff) Gesellschaftsblätter.** Nach § 23 Abs. 4 AktG muss die Satzung Bestimmungen über die Form der Bekanntmachungen der Gesellschaft enthalten. Das Pflichtgesellschaftsblatt für Aktiengesellschaften ist der **elektronische Bundesanzeiger** (§ 25 AktG). Daneben kann die Satzung andere Blätter oder elektronische Informationsmedien als Gesellschaftsblätter bezeichnen.

502 **gg) Gründungsaufwand.** Weiterhin muss in der Satzung die Gesamtziffer des von der Gesellschaft zu tragenden **Gründungsaufwands** festgesetzt werden (§ 26 Abs. 2 AktG). Der Gründungsaufwand ist der Gesamtaufwand, der zu Lasten der Gesellschaft an Aktionäre oder andere Personen als Entschädigung oder als Belohnung für die Gründung oder ihre Vorbereitung gewährt wird. Er umfasst die **Gründungsentschädigung** und den **Gründerlohn**.

---

[195] LG Aachen, DB 1992, 1564.

[196] LG Köln, AG 1999, 137; *Kraft*, in: Kölner Kommentar zum Aktiengesetz, § 23 Rn. 74; *Hüffer*, AktG, § 23 Rn. 31; *Pentz*, in: Münchener Kommentar zum Aktiengesetz, § 23 Rn. 136.

[197] *Ganske*, DB 1978, 2461.

[198] *Kraft*, in: Kölner Kommentar zum Aktiengesetz, § 23 Rn. 76; *Wiesner*, in: Münchener Handbuch des Gesellschaftsrechts, Bd. 4, Aktiengesellschaft, § 19 Rn. 29.

Entschädigung ist der **Ersatz von Aufwendungen** für die Kosten der Gründung und der Einlagenleistung. Dazu gehören Steuern, Gebühren des Notars und des Gerichts, Honorare der Gründungsprüfer, Kosten der Bekanntmachung oder des Drucks von Aktienurkunden.[199] Gründerlohn ist die **Tätigkeitsvergütung** für die Mitwirkung bei der Gründung und ihrer Vorbereitung einschließlich der Honorare für Gutachten, Beratung und Vermittlung, gleichgültig, ob die Leistung an Gründer oder an Dritte erfolgt. 503

Fehlt eine Festsetzung des Gründungsaufwands in der Satzung, so sind die **Verträge und Rechtshandlungen** zu ihrer Ausführung der Gesellschaft gegenüber unwirksam (§ 26 Abs. 3 S. 1 AktG). 504

hh) Wirtschaftsplan, Jahresabschluss, Abschlussprüfung. Die Gemeindeordnungen[200] fordern, dass in der Satzung der Aktiengesellschaft sichergestellt wird, dass für jedes Wirtschaftsjahr ein **Wirtschaftsplan** aufgestellt wird und der **Wirtschaftsführung** eine fünfjährige Finanzplanung zugrundegelegt wird. Darüber hinaus sind der **Jahresabschluss und der Lagebericht** in entsprechender Anwendung der Vorschriften des Handelsgesetzbuchs für große Kapitalgesellschaften aufzustellen und zu prüfen. 505

Der Wirtschaftsplan und die Finanzplanung, der Jahresabschluss und der Lagebericht sowie der Prüfungsbericht des Abschlussprüfers sind der Kommune zu übersenden. Für die **Prüfung der Betätigung der Gemeinde** bei dem Unternehmen sind darüber hinaus dem Rechnungsprüfungsamt und der für die überörtliche Prüfung zuständigen Prüfungsbehörde die in § 54 HGrG vorgesehenen Befugnisse wie auch das **Recht zur überörtlichen Prüfung** der Haushalts- und Wirtschaftsführung des Unternehmens nach den Vorschriften der Gemeindeordnungen einzuräumen.[201] 506

ii) Gestaltungsmöglichkeiten in der Satzung. Nach § 23 Abs. 5 S. 1 AktG kann die Satzung von Vorschriften des Aktiengesetzes nur abweichen, wenn es ausdrücklich zugelassen ist.[202] Nach § 23 Abs. 5 S. 2 AktG sind **ergänzende Bestimmungen** zulässig, es sei denn, dass das Aktiengesetz eine abschließende Regelung enthält.[203] 507

jj) Satzungsänderungen. Eine **Satzungsänderung** bedarf grundsätzlich eines Beschlusses der Hauptversammlung (§ 179 Abs. 1 S. 1 AktG). 508

Satzungsänderungen, die auch für die **Erhöhung und Herabsetzung des Grundkapitals** erforderlich sind, können durch Beschluss der Hauptversammlung mit einer Mehrheit von mindestens $^3/_4$ des vertretenen Grundkapitals vorgenommen werden (§ 179 Abs. 1, Abs. 2 AktG) und bedürfen notarieller Beurkundung (§ 130 Abs. 1 AktG). In der Satzung der Aktiengesellschaft können auch andere Mehrheiten vorgesehen werden (§ 179 Abs. 2 S. 2 AktG). 509

---

199 *Hüffer*, AktG, § 26 Rn. 5; *Pentz*, in: Münchener Kommentar zum Aktiengesetz, § 26 Rn. 30.

200 § 103 Abs. 1 Nr. 5 Buchst. a) GemO Baden-Württemberg, Art. 94 Abs. 1 Nr. 1 GemO Bayern, § 122 Abs. 3 Nr. 1 GemO Hessen, § 108 Abs. 2 Nr. 1 GemO Nordrhein-Westfalen, § 87 Abs. 1 Nr. 7 Buchst. a) GemO Rheinland-Pfalz, § 111 Abs. 1 Nr. 3 KSVG Saarland, § 9 KommunalprüfungsG Schleswig-Holstein, § 73 Abs. 1 Nr. 1 Buchst. a) KommunalVerf. Mecklenburg-Vorpommern, § 96 Abs. 1 Nr. 4 GemO Sachsen, § 121 Abs. 1 Nr. 1 Buchst. a) GemO Sachsen-Anhalt, vgl. auch § 114 GemO Niedersachsen, § 107 GemO Brandenburg, § 75 KommunalO Thüringen; vgl. auch oben Kapitel C. Rn. 203.

201 § 103 Abs. 1 Nr. 5 GemO Baden-Württemberg, Art. 94 Abs. 1 Nr. 2 bis 5 GemO Bayern, § 122 Abs. 1 Nr. 4 GemO Hessen, § 108 Abs. 2 GemO Nordrhein-Westfalen, § 124 GemO Niedersachsen, § 87 Abs. 1 Nr. 7 GemO Rheinland-Pfalz, § 111 Abs. 1 Nr. 4 KSVG Saarland, § 9 KommunalprüfungsG Schleswig-Holstein, § 105 GemO Brandenburg, § 73 Abs. 1 Nr. 2 KommunalVerf. Mecklenburg-Vorpommern, § 96 Abs. 1 Nr. 7 GemO Sachsen, § 121 GemO Sachsen-Anhalt, § 75 Abs. 4 KommunalO Thüringen; ausführlich unten Kapitel E. Rn. 231 ff.

202 Vgl. zur Frage, wann eine Abweichung i. S. d. § 23 Abs. 5 AktG anzunehmen ist, *Kraft*, in: Kölner Kommentar zum Aktiengesetz, § 23 Rn. 83; *Röhricht*, in: Großkommentar zum Aktiengesetz, § 23 Rn. 168 ff.

203 Eine Ergänzung liegt vor, wenn das Gesetz einen entsprechenden Regelungsinhalt nicht enthält oder die gesetzliche Regelung ihrem Gedanken nach weitergeführt wird, also im Grundsatz unberührt bleibt; siehe hierzu auch *Hüffer*, AktG, § 23 Rn. 37; *Pentz*, in: Münchener Kommentar zum Aktiengesetz, § 23 Rn. 157; *Wiesner*, in: Münchener Handbuch des Gesellschaftsrechts, Bd. 4, Aktiengesellschaft, § 6 Rn. 11.

510 Soll das bisherige Verhältnis mehrerer Gattungen von Aktien geändert werden, so müssen die benachteiligten Aktionäre dem durch **Sonderbeschluss** zustimmen (§ 179 Abs. 3 AktG). Alle betroffenen Aktionäre müssen zustimmen, denen durch Satzungsänderung Nebenverpflichtungen auferlegt werden sollen (§ 180 Abs. 1 AktG) oder denen die Veräußerung von Namensaktien künftig nur noch mit Zustimmung der Gesellschaft möglich sein soll (§ 180 Abs. 2 AktG, Vinkulierung – § 68 Abs. 2 AktG).

511 Satzungsänderungen werden erst mit **Eintragung in das Handelsregister** wirksam (§ 181 Abs. 3 AktG).

4. Aufgaben und Befugnisse

512 Einer kommunalen **Aufgabenerfüllung** durch eine kommunale Aktiengesellschaft stehen nur wenige zu erfüllende Zulässigkeitskriterien entgegen.[204] Die einschlägigen Vorschriften der Gemeindeordnungen sehen somit ausdrücklich vor, dass die Gemeinden Unternehmen in der Rechtsform der Aktiengesellschaft führen können, wobei sich normative Beschränkungen nur insoweit ergeben, als bestimmte Einrichtungen des Bildungs-, Gesundheits- und Sozialwesens nicht als **wirtschaftliche Unternehmen** geführt werden können.[205]

513 Etwas anderes gilt nur im Hinblick auf **kommunale Pflichtaufgaben**. Insoweit können diese Aufgaben nicht selbst, sondern nur ihre **Durchführung** auf ein privatrechtliches Unternehmen übertragen werden. Die Aufgabe selbst und die **Verantwortung für die ordnungsgemäße Erfüllung** verbleiben bei der Kommune.[206]

5. Organe

514 Wie jede juristische Person benötigt auch eine Aktiengesellschaft Organe, um funktionsfähig zu sein. Diese Organe sind nicht nur nötig, damit jemand für die AG handelt; sie müssen auch für sie denken. Die Aktiengesellschaft braucht ihre Organe also nicht nur zur Abgabe von Willenserklärungen; sie ist ohne deren Mitwirkung gar nicht in der Lage, einen eigenen Willen zu bilden. Für die Aktiengesellschaft sind als **Gesellschaftsorgane** Vorstand, Aufsichtsrat und Hauptversammlung zwingend vorgeschrieben.

a) Der Vorstand (§§ 76–94 AktG)

515 Der Vorstand leitet[207] die AG unter eigener Verantwortung (§ 76 Abs. 1 AktG) und ist zu ihrer **Geschäftsführung**[208] berechtigt und verpflichtet (§ 77 Abs. 1 AktG) sowie zu ihrer **Vertretung** ermächtigt (§ 78 Abs. 1 AktG). Er besteht aus einer oder mehreren natürlichen, unbeschränkt geschäftsfähigen Personen (§ 76 Abs. 2 und 3 AktG).

516 Bei allen größeren Aktiengesellschaften mit einem Grundkapital von mehr als EUR 3.000.000,00 muss der Vorstand aus mindestens zwei Personen bestehen (§ 76 Abs. 2 S. 2 AktG). Auch bei Aktiengesellschaften, auf die das Mitbestimmungsgesetz oder das Montanmitbestimmungsgesetz anzuwenden ist, muss der Vorstand aus mindestens zwei Personen bestehen, weil ein Vorstandsmitglied die Aufgaben des **Arbeitsdirektors** wahrzunehmen hat (vgl. § 13 MontanMitbestG bzw. § 33 MitBestG).

---

[204] Zu diesen Zulässigkeitskriterien vgl. oben Rn. 411 ff.

[205] § 102 Abs. 3 GemO Baden-Württemberg, Art. 57 GemO Bayern, § 121 Abs. 2 Nr. 2 GemO Hessen, § 107 Abs. 2 Nr. 2 GemO Nordrhein-Westfalen, § 108 Abs. 3 Nr. 2 GemO Niedersachsen, § 85 Abs. 3 GemO Rheinland-Pfalz, § 108 Abs. 2 Nr. 1 KSVG Saarland, § 101 Abs. 2 Nr. 2 GemO Schleswig-Holstein, § 101 Abs. 2 Nr. 2 GemO Brandenburg; § 68 Abs. 2 Nr. 2 KommunalVerf. Mecklenburg-Vorpommern, für Sachsen, Sachsen-Anhalt und Thüringen fehlen entsprechende Vorschriften; vgl. auch oben Kapitel C. Rn. 55 ff.

[206] *Gaß*, S. 185 ff.

[207] Zur Leitungsfunktion als Teilbereich der Geschäftsführung vgl. Mertens, in: Kölner Kommentar zum Aktiengesetz, § 76 Rn. 4; Schwark, ZHR 142 (1978), 203 (215f.).

[208] Hüffer, AktG, § 77 Rn. 3f.; Mertens, in: Kölner Kommentar zum Aktiengesetz, § 77 Rn. 2.

Vorstandsmitglieder müssen nicht Aktionäre sein (**Grundsatz der Fremdorganschaft**).[209] Sie werden vom Aufsichtsrat für höchstens fünf Jahre bestellt (§ 84 Abs. 1 S. 1 AktG). Eine wiederholte **Bestellung** oder Verlängerung ihrer Amtszeit ist zulässig (§ 84 Abs. 1 S. 2 AktG). Ein Widerruf der Bestellung durch den Aufsichtsrat ist nach § 84 Abs. 3 AktG möglich, wenn dafür ein wichtiger Grund vorliegt[210] (z. B. grobe Pflichtverletzung, Unfähigkeit oder Entzug des Vertrauens durch die Hauptversammlung).[211] 517

Von der **Bestellung** des einzelnen Vorstandsmitgliedes ist dessen **Anstellung** zu unterscheiden. Während durch den körperschaftlichen Akt der Bestellung die Leitungs- und Vertretungsmacht begründet wird,[212] folgt die Geschäftsführungspflicht erst aus dem Anstellungsvertrag,[213] die selten unentgeltlich als Auftrag (§§ 662 ff. BGB) und meist entgeltlich durch Abschluss eines Dienstvertrages (§§ 611 ff. BGB) übernommen wird. 518

Der freie **Dienstvertrag** von Vorstandsmitgliedern ist zwar kein Arbeitsvertrag; auf ihn finden aber teilweise arbeitsrechtliche Vorschriften (z. B. das BetrAVG auf Ruhegeldzusagen) Anwendung. Zur Beendigung des Anstellungsvertrages reicht der Widerruf der Bestellung (§ 84 Abs. 3 AktG) nicht aus. Dafür ist vielmehr auch noch eine außerordentliche Kündigung des Anstellungsvertrages erforderlich.[214] 519

Aus § 620 Abs. 1 BGB ergibt sich, dass der für höchstens fünf Jahre und damit für eine bestimmte Zeit abgeschlossenen Anstellungsvertrag von Vorstandsmitgliedern durch Fristablauf endet.[215] Eine Beendigung von Vorstandsverträgen durch **ordentliche Kündigung** ist daher ausgeschlossen, denn sie ist nach § 620 Abs. 2 BGB nur bei Dienstverhältnissen möglich, die nicht für eine bestimmte Dauer geschlossen worden sind. 520

Obwohl die **Geschäftsführungsbefugnis** des einzelnen Vorstandsmitgliedes im Innenverhältnis beschränkt werden kann (§ 82 Abs. 2 AktG), besteht gegenüber Dritten eine nicht beschränkbare **Vertretungsmacht** des Organs Vorstand (§ 82 Abs. 1 AktG). Überschreitet also ein Vorstandsmitglied seine Geschäftsführungsbefugnis, so ändert das nichts an der Wirksamkeit der von ihm im Namen der Gesellschaft abgeschlossenen Rechtsgeschäfte.[216] Es führt höchstens zu seiner Haftung im Innenverhältnis, d. h. zu einer Verpflichtung, den der Gesellschaft entstandenen Schaden zu ersetzen (§ 93 Abs. 2 AktG). 521

Eine allgemeine Bindung von Geschäftsführungsmaßnahmen an die Zustimmung anderer Gremien kann allerdings auch im Innenverhältnis nicht wirksam vorgesehen werden.[217] Nach der Satzung oder aufgrund eines Aufsichtsratsbeschlusses kann für bestimmte Arten von Geschäften die **Zustimmung des Aufsichtsrates** gefordert werden (§ 111 Abs. 4 AktG).[218] 522

Nur wenn der Vorstand es verlangt, kann die Hauptversammlung über **Fragen der Geschäftsführung** einen Beschluss fassen (§ 119 Abs. 2 AktG).[219] An einer derartigen Beschlussfassung über Geschäftsführungsmaßnahmen kann der Vorstand etwa dann interessiert sein, wenn er seine Ersatzpflicht wegen einer möglichen Pflichtverletzung ausschließen will (§ 93 Abs. 4 S. 1 AktG). 523

Nur in wenigen, im Aktiengesetz ausdrücklich genannten Fällen fehlt dem Vorstand die **Vertretungsmacht**, die Gesellschaft wirksam zu verpflichten: 524

---

209 *Hüffer*, AktG, § 76 Rn. 25.

210 Vgl. *Hüffer*, AktG, § 84 Rn. 23 ff.; *Mertens*, in: Kölner Kommentar zum Aktiengesetz, § 84 Rn. 102.

211 Beispiele bei *Hüffer*, AktG, § 84 Rn. 27 ff.

212 *Hüffer*, AktG, § 84 Rn. 3 ff.; *Mertens*, in: Kölner Kommentar zum Aktiengesetz, § 84 Rn. 3.

213 *Hüffer*, AktG, § 84 Rn. 11 ff.

214 *Hüffer*, AktG, § 84 Rn. 24; *Mertens*, in: Kölner Kommentar zum Aktiengesetz, § 84 Rn. 94.

215 *Hüffer*, AktG, § 84 Rn. 15; zu Einzelfragen vgl. *Mertens*, in: Kölner Kommentar zum Aktiengesetz, § 84 Rn. 94.

216 *Hüffer*, AktG, § 78 Rn. 5, § 82 Rn. 2.

217 *Hüffer*, AktG, § 78 Rn. 5, 8 ff.

218 Vgl. hierzu auch *Götz*, ZGR 1990, 633; *ders.*, ZGR 1998, 524; *Berrar*, DB 2001, 2181.

219 Bei Geschäftsführungsmaßnahmen von herausragender Bedeutung besteht eine Pflicht des Vorstandes zur Einholung eines Zustimmungsbeschlusses der Hauptversammlung, vgl. BGHZ 83, 122 („Holzmüller"); BGH AG 2004, 384 („Gelatine"); OLG München, AG 1995, 232 (233); LG Hamburg, AG 1997, 238; LG Frankfurt a.M., AG 1993, 287 (288f.); LG Köln, AG 1992, 238 (239f.); LG Stuttgart, AG 1992, 236 (237f.).

525 – Für den Abschluss von **Verträgen zwischen der Aktiengesellschaft** und ihren aktiven oder ausgeschiedenen **Vorstandsmitgliedern** ist der Aufsichtsrat zuständig (§ 112 AktG).

526 – Die Gewährung eines **Kredites** an ein Vorstandsmitglied setzt einen Beschluss des Aufsichtsrates voraus (§ 89 Abs. 1 AktG).

527 – Ein **Verzicht auf Schadensersatzansprüche**, die der Aktiengesellschaft gegen ein Vorstandsmitglied zustehen, ist frühestens drei Jahre nach der Entstehung des Schadens möglich und nur wirksam, wenn dem die Hauptversammlung zustimmt (§ 93 Abs. 4 S. 3 AktG).

528 – Die Erteilung des **Prüfungsauftrags für den Jahres- und den Konzernabschluss** an den von der Hauptversammlung gewählten Wirtschaftsprüfer obliegt nicht dem Vorstand, sondern dem Aufsichtsrat (§ 111 Abs. 2 AktG).

529 Vorstandsmitglieder sind der Aktiengesellschaft nach § 93 Abs. 2 S. 1 AktG zum **Schadensersatz** verpflichtet, wenn sie ihr bei ihrer Geschäftsführung einen Schaden zufügen. Im Zweifel müssen sie nach § 93 Abs. 2 S. 2 AktG nachweisen, dass sie ihre Aufgaben mit der Sorgfalt eines ordentlichen und gewissenhaften Geschäftsführers erfüllt haben.

530 Gegenüber **Dritten** haften Vorstandsmitglieder nach den allgemeinen Vorschriften über **unerlaubte Handlungen** (§§ 823 ff. BGB). Dritte können sich dann allerdings auch an die Aktiengesellschaft halten, die nach § 31 BGB für unerlaubte Handlungen ihrer Vorstandsmitglieder ebenfalls haftet, wenn diese in Ausführung der ihnen zustehenden Verrichtungen gehandelt haben.

b) Der Aufsichtsrat (§§ 95–116 AktG)

531 Dem **Aufsichtsrat** gehören nach § 95 S. 1–4 AktG zwischen drei und 21 Mitglieder an.[220] Soweit die Regelungen der Mitbestimmungsgesetze über die Zusammensetzung und die Mitgliederzahl des Aufsichtsrates anwendbar sind, gehen diese **Sonderregelungen** vor (§ 95 S. 5 AktG).

532 Mitglieder des Aufsichtsrates können nur **natürliche, unbeschränkt geschäftsfähige Personen** sein (§ 100 Abs. 1 AktG). Ämterhäufungen (mehr als zehn Mandate, wobei die Stellung als Aufsichtsratsvorsitzender doppelt zählt, § 100 Abs. 2 AktG) und Pflichtenkollisionen (§ 105 AktG) sollen ausgeschlossen werden.

533 Aufsichtsratsmitglieder werden mit ihrer **Wahl** bestellt.[221] Dafür ist teilweise die Hauptversammlung, teilweise aber auch die Arbeitnehmerschaft der Aktiengesellschaft zuständig (§ 101 Abs. 1 AktG). Ausnahmsweise kann auch ein **Entsendungsrecht** einzelner Aktionäre oder der Inhaber bestimmter Aktien die Bestellung eines Aufsichtsratsmitgliedes begründen (§ 101 Abs. 2 AktG).

534 Die **Amtszeit** der Aufsichtsratsmitglieder beträgt höchstens fünf Jahre (§ 102 Abs. 1 AktG). Sie beginnt mit der Annahme der Wahl im ersten Geschäftsjahr[222] und endet spätestens im fünften Geschäftsjahr mit der ordentlichen Hauptversammlung, die über die Entlastung für das vierte Geschäftsjahr beschließt. Wiederwahl ist möglich.

535 Von der Hauptversammlung gewählte Aufsichtsratsmitglieder können nur dann jederzeit wieder **abberufen** werden, wenn sie von ihr ohne Bindung an einen Wahlvorschlag gewählt worden sind (§ 103 Abs. 1 AktG). Das schließt die Abwahl jener Arbeitnehmervertreter aus, die nach § 6 MontanMitbestG aufgrund eines die Hauptversammlung bindenden Vorschlags von Betriebsräten oder Spitzenorganisationen in den Aufsichtsrat von Montanunternehmen gewählt worden sind.[223]

536 Neben der Bestellung und Abberufung des Vorstandes (§ 84 AktG), der laufenden Überwachung seiner Geschäftsführung (§ 111 Abs. 1 AktG), gehört es zu den **Aufgaben**

---

[220] § 95 S. 4 AktG statuiert bestimmte Höchstzahlen.

[221] *Hüffer*, AktG, § 101 Rn. 3 ff.

[222] *Hüffer*, AktG, § 101 Rn. 7; *Hoffmann-Becking*, in: Münchener Handbuch des Gesellschaftsrechts, Bd. 4, Aktiengesellschaft, § 30 Rn. 19.

[223] *Hüffer*, AktG, § 103 Rn. 14.

des Aufsichtsrates, die Hauptversammlung einzuberufen, wenn das Wohl der Gesellschaft dies erfordert (§ 111 Abs. 3 AktG), den Jahresabschluss zu prüfen (§ 171 AktG), bei rechtswidrigen Beschlüssen der Hauptversammlung Anfechtungsklage zu erheben (§ 245 Nr. 5 AktG) und die Gesellschaft gegenüber Vorstandsmitgliedern zu vertreten (§ 112 AktG).

Die **innere Ordnung des Aufsichtsrats** wird im Wesentlichen durch die Satzung oder die Geschäftsordnung bestimmt.[224] Vorgeschrieben ist lediglich, dass ein Vorsitzender und sein Stellvertreter zu wählen sind (§ 107 Abs. 1 AktG). Die Bildung von Ausschüssen ist in § 107 Abs. 3 AktG vorgesehen und in § 27 Abs. 3 MitbestG für die von diesem Gesetz erfassten Aktiengesellschaften vorgeschrieben. 537

Einberufungen, Sitzungen und Art der **Beschlussfassung** des Aufsichtsrates sind in §§ 107 Abs. 2, 108 bis 110 AktG geregelt. 538

Die den Aufsichtsratsmitgliedern obliegende **Sorgfaltspflicht** und ihre Haftung bei Pflichtverletzung entspricht derjenigen von Vorstandsmitgliedern (§ 116 AktG). Umgekehrt haftet auch die Aktiengesellschaft nach § 31 BGB für die unerlaubten Handlungen ihrer ordentlich bestellten Aufsichtsratsmitglieder (**Organhaftung**).[225] 539

c) Die Hauptversammlung (§§ 118–149 AktG)

Die **Hauptversammlung** ist das oberste Organ der Aktiengesellschaft, in dem die Aktionäre ihre Rechte ausüben, soweit das Gesetz ihnen nicht noch andere Möglichkeiten einräumt (§ 118 Abs. 1 AktG). 540

Die Zuständigkeit der Hauptversammlung ist auf die in § 119 Abs. 1 AktG genannten, besonders bedeutsamen Aufgaben beschränkt: 541

- **Bestellung der Aufsichtsratsmitglieder**, soweit sie nicht als Arbeitnehmervertreter von anderen Gremien zu wählen sind (§ 119 Abs. 1 Nr. 1 AktG). 542
- Beschlussfassung über die **Verwendung des Bilanzgewinns** (§ 119 Abs. 1 Nr. 2 AktG). Dies ist jedoch von der wesentlich bedeutsameren Feststellung des Jahresgewinns zu unterscheiden, die der Hauptversammlung nur ausnahmsweise obliegt (§ 173 AktG). 543
- **Entlastung** der Mitglieder von **Vorstand und Aufsichtsrat** (§§ 119 Abs. 1 Nr. 3, 120 AktG). 544
- Bestellung der Abschlussprüfer (§ 119 Abs. 1 Nr. 4 AktG, § 318 HGB). 545
- **Satzungsänderungen** (§§ 119 Abs. 1 Nr. 5, 179 ff. AktG). 546
- Maßnahmen der **Kapitalbeschaffung und -herabsetzung** (§§ 119 Abs. 1 Nr. 6, 182, 192, 202, 207, 222, 229, 237 AktG). 547
- Bestellung von **Sonderprüfern** (§§ 119 Abs. 1 Nr. 7, 142 AktG). 548
- **Auflösung** der Gesellschaft (§§ 119 Abs. 1 Nr. 8, 262 Abs. 1 Nr. 2 AktG – aber auch Fortsetzung einer aufgelösten AG – § 274 AktG). 549

Eine Beschlussfassung über **Fragen der Geschäftsführung** ist nur auf Verlangen des Vorstandes möglich (§ 119 Abs. 2 AktG).[226] 550

Kompetenzen, die nach der gesetzlichen Regelung einem anderen Gesellschaftsorgan zugewiesen sind, kann die Hauptversammlung auch durch eine entsprechende **Satzungsänderung** nicht an sich ziehen. Sie kann den Vorstand auch nicht selbst zur **Rechenschaft** ziehen, weil das zu den Aufgaben des Aufsichtsrats gehört. Sie hat also nur die Möglichkeit, dem Vorstand durch **Verweigerung der Entlastung** (§ 120 AktG) das Vertrauen zu entziehen, damit dann der Aufsichtsrat die Bestellung der Vorstandsmitglieder widerruft (§ 84 Abs. 3 AktG). 551

---

[224] *Hüffer*, AktG, § 107 Rn. 2.

[225] BGH NJW 1984, 1893 verneint eine Haftung aus § 31 BGB der benennenden oder entsendenden Kommune neben dem Aufsichtsratsmitglied.

[226] Bei Maßnahmen von herausragender Bedeutung besteht eine Pflicht des Vorstandes, die Zustimmung der Hauptversammlung gem. § 119 Abs. 2 AktG einzuholen, BGHZ 83, 122 („Holzmüller"); siehe auch BGH AG 2004, 384 („Gelatine").

552 Die **Einberufung der Hauptversammlung** ist normalerweise Sache des Vorstandes (§ 121 Abs. 2 AktG). Nur ausnahmsweise erfolgt sie durch den Aufsichtsrat (§ 111 Abs. 3 AktG). Eine Aktionärsminderheit, die 5% des Grundkapitals einer Aktiengesellschaft hält, kann jederzeit die Einberufung verlangen (§ 122 Abs. 1 AktG) und notfalls gerichtlich durchsetzen (§ 122 Abs. 3 AktG).

553 Die Einberufung und die Tagesordnung sind durch **Veröffentlichung in den Gesellschaftsblättern** bekannt zu machen (§§ 121 Abs. 3, 124 Abs. 1 AktG). Die Information der Aktionäre erfolgt aber auch über die Kreditinstitute und Aktionärsvereinigungen (§§ 125 Abs. 1, 128 AktG) sowie unmittelbar durch die AG (§ 125 Abs. 2 AktG).

554 Sind die Aktionäre der Gesellschaft namentlich bekannt, so kann die Hauptversammlung statt durch Veröffentlichung in den Gesellschaftsblättern auch **mit eingeschriebenem Brief** einberufen werden; der Tag der Absendung gilt als Tag der Bekanntmachung (§ 121 Abs. 4 AktG). Sind alle Aktionäre erschienen oder vertreten, so kann die Hauptversammlung Beschlüsse **ohne Einhaltung der gesetzlichen Formvorschriften** fassen, soweit kein Aktionär der Beschlussfassung widerspricht (§ 121 Abs. 6 AktG).

555 Eine **ordentliche Hauptversammlung** ist jährlich innerhalb der ersten acht Monate eines Geschäftsjahres einzuberufen (§§ 120 Abs. 1 AktG). **Außerordentliche Hauptversammlungen** finden bei Bedarf statt (§§ 121 Abs. 1, 111 Abs. 4 AktG).

556 Jeder Aktionär kann in der Hauptversammlung **Auskunft** über alle Angelegenheiten fordern, die zur sachgemäßen Beurteilung der Gegenstände der Tagesordnung und zur Beschlussfassung erforderlich sind (§ 131 AktG). Wenn über die Entlastung von Vorstands- und Aufsichtsratsmitgliedern ein Beschluss gefasst werden soll, kann das sehr weit gehende Fragen zu einzelnen Geschäftsführungsmaßnahmen rechtfertigen.

557 Zur **Auskunftserteilung** ist der Vorstand verpflichtet (§ 131 Abs. 1 AktG). Die Auskunft muss alle wesentlichen Tatsachen umfassen und begründet werden.[227] Wird sie zu Unrecht verweigert, so entscheidet über die Berechtigung auf Antrag eines Aktionärs das Gericht (§ 132 AktG). Eine zu Unrecht verweigerte Auskunft berechtigt zur **Anfechtung von Beschlüssen** der Hauptversammlung (§ 243 Abs. 4 AktG).

558 Für die Beschlussfassung in der Hauptversammlung ist grundsätzlich nur die **einfache Mehrheit** der abgegebenen Stimmen erforderlich (§ 133 AktG). Das Stimmrecht steht jedem Aktionär zu (§ 12 AktG). Im Regelfall richtet es sich nach den Kapitalanteilen der Aktionäre (§ 134 Abs. 1 S. 1 AktG).

559 Ausnahmen bestehen für **Vorzugsaktien ohne Stimmrecht** (§§ 12 Abs. 1 S. 2, 139 AktG) und für **Mehrstimmrechtsaktien**, mit denen bestimmten Aktionärsgruppen ein ihrer kapitalmäßigen Beteiligung nicht entsprechender überproportionaler Einfluss eingeräumt wird. Möglich sind aber auch **Stimmrechtsbeschränkungen** auf einen bestimmten Anteil am Grundkapital, die in der Satzung festgesetzt werden können (§ 134 Abs. 1 S. 2 AktG). Mit ihnen können die Einflussmöglichkeiten eines Großaktionärs verringert, Übernahmen erschwert und die Stellung des Vorstands verstärkt werden.[228]

560 Sämtliche in der Hauptversammlung gefassten Beschlüsse müssen **durch einen Notar protokolliert** und damit **beurkundet** werden (§ 130 Abs. 1 AktG). Eine Missachtung dieser Protokollierungspflicht führt zur Nichtigkeit der gefassten Beschlüsse (§ 241 Nr. 2 AktG).

561 Geringere Anforderungen bestehen für Aktiengesellschaften, deren **Aktien nicht an einer Börse zum Handel** zugelassen sind. Bei ihnen reicht eine **vom Vorsitzenden des Aufsichtsrats zu unterzeichnende Niederschrift**, soweit keine Beschlüsse gefasst worden sind, für die das Gesetz eine Dreiviertel- oder größere Mehrheit bestimmt (§ 130 Abs. 3 AktG).

---

[227] *Hüffer*, AktG, § 131 Rn. 21f.

[228] Zu weitergehenden gesetzlichen und satzungsmäßigen Anforderungen vgl. *Hüffer*, AktG, § 133 Rn. 14 f.

Wenn über die Entlastung eines Aktionärs oder Befreiung eines Aktionärs von einer Verbindlichkeit oder über den Verzicht auf die Geltendmachung eines Anspruchs gegen einen Aktionär Beschluss gefasst werden soll, ist das Stimmrecht für den Betroffenen wegen der **Interessenkollision** ausgeschlossen (§ 136 Abs. 1 AktG).[229] Für **eigene Aktien** darf die Aktiengesellschaft das Stimmrecht nicht ausüben oder ausüben lassen, weil ihr aus eigenen Aktien nach § 71 AktG keine Rechte und damit auch keine Stimmrechte zustehen.[230] 562

Abstimmung durch **Bevollmächtigte**, die eine schriftliche Vollmacht vorweisen müssen, ist möglich (§ 134 Abs. 3 AktG). Häufig erfolgt auch eine Legitimationsübertragung, die es einem Dritten ermöglicht, das Stimmrecht des Aktionärs im eigenen Namen auszuüben (§ 129 Abs. 3 AktG). 563

6. Rechtsverhältnis zum Träger

Aus der dem Demokratieprinzip folgenden **Ingerenzpflicht** ergibt sich für die Gemeinde die Verpflichtung, einen angemessenen Einfluss in Form von **Beteiligungs-, Mitsprache- und Kontrollrechten** zu etablieren. Es stellt sich somit die Frage, wie diese Verpflichtung bei einer kommunalen Aktiengesellschaft umgesetzt werden kann. 564

a) Die Gemeinde als Aktionärin der kommunalen Aktiengesellschaft

Der **Bürgermeister** als organschaftlicher Vertreter der Kommune repräsentiert diese auch in der Hauptversammlung. Er übt insoweit die Gesellschafterrechte der Kommune in der AG aus. 565

Ob er bei dieser organschaftlichen Vertretung selbst entscheiden darf oder nur den Beschluss des Gemeinderates zu vollziehen hat, hängt grundsätzlich davon ab, ob es sich bei dieser Entscheidung um eine **Angelegenheit der laufenden Verwaltung** handelt.[231] Hierbei ist zu beachten, dass die Bedeutung der Angelegenheit nicht aus Sicht der Gesellschaft, sondern aus Sicht der Kommune zu beurteilen ist. 566

Bei einer Aktiengesellschaft ist grundsätzlich jede **unmittelbare Einwirkung der Aktionäre** auf den Vorstand nach § 76 Abs. 1 AktG ausgeschlossen. Darüber hinaus sind die Rechte der Aktionäre nach § 119 AktG auf das Recht zur Satzungsgebung, der Entlastung von Vorstand und Aufsichtsrat und das Recht zur Bestimmung über die Verwendung des Bilanzgewinnes beschränkt.[232] 567

Aus diesem Grund stellt sich die Frage, ob die Rechtsform der Aktiengesellschaft **andere Einwirkungsmöglichkeiten** für die Kommune bietet, um ihrer Ingerenzpflicht nachkommen zu können.[233] 568

Hier ist zuvorderst natürlich an den mittelbaren Einfluss über die Wahl des Aufsichtsrats zu denken. Nach § 84 AktG erfolgt die Bestellung und die Abberufung des Vorstandes durch den Aufsichtsrat. Weiterhin überwacht dieses Organ die **Ordnungsmäßigkeit der Geschäftsführung**, d. h. die Übereinstimmung der Geschäftsführung mit Gesetz und Satzung, wie auch deren Zweckmäßig- und Wirtschaftlichkeit (§ 111 Abs. 1 AktG). 569

Zwar schließt die in § 76 Abs. 1 AktG verankerte eigenverantwortliche Leitungsbefugnis des Vorstandes den Aufsichtsrat sowohl von **Maßnahmen der Geschäftsführung** (§ 111 Abs. 4 S. 1 AktG) als auch von Weisungen an den Vorstand aus. Nach den §§ 90, 111 Abs. 2 AktG steht dem Aufsichtsrat allerdings ein laufendes Unterrichtungsrecht zu und 570

---

229 *Hüffer*, AktG, § 136 Rn. 17 ff.

230 *Hüffer*, AktG, § 71 b Rn. 5; *Lutter*, in: Kölner Kommentar zum Aktiengesetz, 2. Aufl. 1986 ff., § 71 b Rn. 8.

231 § 44 Abs. 2 GemO Baden-Württemberg, Art. 37 Abs. 1 Nr. 1 GemO Bayern, § 70 Abs. 2 GemO Hessen, § 62 Abs. 1 Nr. 6 GemO Niedersachsen, § 47 Abs. 1 Nr. 3 GemO Rheinland-Pfalz, § 59 Abs. 3 S. 1 KSVG Saarland, § 55 Abs. 1 S. 2 GemO Schleswig-Holstein, § 63 Abs. 1 Buchst. e GemO Brandenburg, § 38 Abs. 3 KommunalVerf. Mecklenburg-Vorpommern, § 53 Abs. 2 S. 1 GemO Sachsen, § 63 Abs. 1 S. 2 GemO Sachsen-Anhalt, § 29 Abs. 2 Nr. 1 KommunalO Thüringen.

232 Vgl. auch oben Rn. 540 ff.

233 Siehe auch *Schön*, ZGR 1996, 429 (447 f.).

darüber hinaus können nach § 111 Abs. 4 S. 2 AktG zum Zwecke einer **vorbeugenden Überwachung** bestimmte Geschäfte des Vorstandes einem **Genehmigungsvorbehalt** unterworfen werden.[234]

571 Dieses Instrumentarium hat sich in der Praxis als ausreichend erwiesen, den vom Gesetz geforderten Einfluss zur Geltung zu bringen.[235] Eine Absicherung durch die Statuierung von **Entsendungsrechten** kann zusätzlich zur Sicherstellung der Leitung des Unternehmens dienen.[236] Darüber hinaus kann die Kommune nach § 103 Abs. 1 AktG Aufsichtsratsmitglieder, die gegen die Interessen der Kommune verstoßen, auch ohne das Vorliegen eines wichtigen Grundes abberufen.

572 Dem steht auch nicht entgegen, dass jedes Aufsichtsratsmitglied primär das **Unternehmensinteresse** zu vertreten hat. Das Unternehmensinteresse kann inhaltlich nämlich regelmäßig mit den zusammengefassten gemeinschaftlichen Interessen der Gesellschafter identifiziert werden.[237] Daher ist das **öffentliche Interesse** als Beteiligungszweck der Kommune von den Aufsichtsratsmitgliedern stets mit zu beachten.[238]

b) Absicherung der Einwirkungspflicht der Gemeinde durch einen Beherrschungsvertrag?

573 Teilweise[239] wird nun vertreten, bei einer kommunalen Aktiengesellschaft sei zur **Sicherung der Einflussmöglichkeiten** der Kommune zusätzlich der Abschluss eines **Beherrschungsvertrages** nach § 291 AktG geboten. Die aufgrund eines solchen Beherrschungsvertrages mögliche Weisung sei als Essentiale der verfassungsmäßig gebotenen **Ingerenzpflicht** zu sehen.[240]

574 Der Abschluss eines solchen Beherrschungsvertrages zwischen Kommune und kommunaler Aktiengesellschaft ist aber nach diesseitiger Ansicht rechtlich **nicht zulässig** und darüber hinaus auch **nicht notwendig**.

575 Die Vorschriften des Gemeindewirtschaftsrechts setzen für die Beteiligung der Kommune an einer Rechtsform des privaten Rechts eine **Begrenzung der Haftung der Kommune** voraus.[241] Diese Regelungen stehen aber grundsätzlich einer in der Rechtsfolge des § 302 AktG zum Ausdruck gebrachten uneingeschränkten Einstandspflicht der Kommune für Verluste aus ihrer wirtschaftlichen Betätigung entgegen.

576 Die **Verlustübernahmepflicht** als „abstrakter Gefährdungstatbestand"[242] bringt die Kommune in eine spezifische Haftungssituation, die ihr als herrschendes Unternehmen[243] für die Vertragsdauer des Beherrschungsvertrages das gesamte **Geschäftsrisiko** der abhängigen Aktiengesellschaft aufbürdet. Darüber hinaus besteht die mit dem Beherrschungsvertrag verbundene Verlustausgleichspflicht auch dann, wenn die Kommune als herrschendes Unternehmen von ihrer Direktionsbefugnis tatsächlich keinen Gebrauch macht oder im Rahmen eines Verbots nachteiliger Weisungen keinen Gebrauch

---

234 Ausführlich *Becker*, S. 148 ff.

235 *Schlitt*, FB 1999, 440 (443).

236 Zur Weisungsgebundenheit der von der Kommune gewählten oder entsandten Mitglieder des Aufsichtsrats vgl. z. B. *Becker*, S. 113; *Hüffer*, AktG, § 394 Rn. 28; *Schön*, ZGR 1996, 429 (449); *Harder/Ruter*, GmbHR 1995, 813 (814); *Altmeppen*, NJW 2003, 2561 (2563 ff.).

237 BGHZ 95, 330 (346 m. w. N.).

238 *Becker*, S. 112.

239 Vgl. statt aller *Gaß*, S. 414; *Spannowsky*, ZGR 1996, 400 (423).

240 *Kraft*, S. 254; *Stober*, NJW 1984, 449 (455); *v. Danwitz*, AöR 120 (1995), 595 (622). .

241 § 103 Abs. 1 Nr. 4 GemO Baden-Württemberg, Art. 91 Abs. 1 Nr. 3 GemO Bayern, § 122 Abs. 1 Nr. 2 GemO Hessen, § 108 Abs. 1 Nr. 3 und 5 GemO Nordrhein-Westfalen, § 109 Abs. 1 Nr. 2 und 4 GemO Niedersachsen, § 87 Abs. 1 Nr. 4 und 6 GemO Rheinland-Pfalz, § 110 Abs. 1 Nr. 2 KSVG Saarland, § 102 Abs. 1 Nr. 2 GemO Schleswig-Holstein, § 102 Nr. 3 GemO Brandenburg, § 69 Abs. 1 Nr. 4 KommunalVerf. Mecklenburg-Vorpommern, § 96 Abs. 1 Nr. 3 GemO Sachsen, § 117 Abs. 1 Nr. 4 und 6 Sachsen-Anhalt, § 73 Abs. 1Nr. 4 KommunalO Thüringen; vgl. auch oben Kapitel C. Rn. 196.

242 *Koppensteiner*, in: Kölner Kommentar zum Aktiengesetz, § 302 Rn. 4.

243 Dass die Kommunen „Unternehmen" i. S. d. Rechts der verbundenen Unternehmen sind, ist auch für den Fall, dass die Kommune nur ein Unternehmen privater Rechtsform beherrscht, wohl inzwischen unstreitig, vgl. hierzu *Becker*, S. 122 ff.; *Gaß*, S. 402 ff.; *Raiser*, ZGR 1996, 458 (464) jeweils m. w. N.

machen darf (§ 308 Abs. 1 S. 2 AktG). Schließlich besteht die Verlustausgleichspflicht sogar in den Fällen, in denen der entstandene Verlust auf ungünstige konjunkturelle Entwicklungen oder gar höhere Gewalt zurückzuführen ist.[244]

Diese **haftungsrechtlichen Konsequenzen** führen zu einer für die Gemeinde unüberschaubaren Inanspruchnahmemöglichkeit von Haushaltsmitteln, welche ihr einen beherrschungsvertraglich gesicherten Einfluss auf die kommunale Aktiengesellschaft verbietet.[245] **577**

Darüber hinaus ist eine solche Absicherung über einen Beherrschungsvertrag aber auch nicht notwendig, da auch in einem faktischen Abhängigkeitsverhältnis problemlos **Kontroll- und Prüfungsmechanismen** implementiert werden können, um der Ingerenzpflicht der Kommune gerecht zu werden.[246] Hierbei sind über entsprechende **Berichtspflichten des Vorstandes** an den Aufsichtsrat und einen **Katalog zustimmungspflichtiger Geschäfte** Überwachungsinstrumente und Überwachungsfunktionen einzurichten, die die Beteiligungs-, Mitsprache- und Kontrollrechten der Kommune entsprechend absichern. **578**

Soweit aus kommunaler Sicht der Abschluss eines Beherrschungsvertrages dennoch notwendig erscheint, ist eine GmbH als **„Holding"** zwischenzuschalten, die der Kommune eine entsprechende Abschirmwirkung vermittelt.[247] Zwischen dieser GmbH, die aufgrund ihres Legalstatuts der Kommune bereits umfangreiche Einflussmöglichkeiten eröffnet,[248] und der Aktiengesellschaft kann unproblematisch ein Beherrschungsvertrag abgeschlossen werden. **579**

7. Aufsicht

›Die spezielle Natur der Kommune als Treuhänderin der ihr überlassenen Steuergelder[249] hat zur Entwicklung eigener, sich von Privaten unterscheidenden Methoden zur **nachträglichen Kontrolle** der Aktivitäten geführt. Hierdurch soll gewährleistet werden, dass auch tatsächlich durchgeführt wird, was einmal beschlossen wurde. Diese Kontrolle ist einem unabhängigen Organ, dem **Gemeindeprüfungsamt**, übertragen. **580**

Daneben verpflichten die Gemeindeordnungen die Kommunen dazu ihre Beteiligungsunternehmen eine **Abschlussprüfung** durch Wirtschaftsprüfer durchführen zu lassen, auch wenn die Gesellschaft selbst nicht prüfungspflichtig wäre.[250] **581**

a) Die haushaltsrechtlichen Prüfungsrechte

Die Vorschriften des Gemeindewirtschaftsrechts[251] räumen den Kommunen die Möglichkeit ein, die **Betätigung der Gebietskörperschaften** in ihren privatrechtlichen Beteiligungen zu prüfen. Von dieser Übertragung darf die Gemeinde nur dann absehen, wenn sie über kein Rechnungsprüfungsamt verfügt.[252] In diesem Fall würde die Betäti- **582**

---

244 *Koppensteiner*, in: Kölner Kommentar zum Aktiengesetz, § 302 Rn. 4.

245 Ebenso *Becker*, S. 132 ff.; *Kropff*, ZHR 144 (1980), 74 (97f.).; *Paschke*, ZHR 152 (1988), 263 (277).

246 Ausführlich hierzu *Becker*, S. 148 ff.

247 Vgl. auch *Gaß* S. 418f.

248 Zu den Einwirkungsmöglichkeiten auf eine GmbH vgl. oben Rn. 382 ff.

249 Vgl. hierzu *Becker*, S. 43 ff.; ausführlich unten Kapitel E. Rn. 231 ff.

250 § 103 Abs. 1 Nr. 5 Buchst. b) GemO Baden-Württemberg, Art. 94 Abs. 1 Nr. 2 GemO Bayern, § 122 Abs. 1 Nr. 4 GemO Hessen, § 108 Abs. 2 Nr. 1 GemO Nordrhein-Westfalen, § 124 GemO Niedersachsen, § 89 GemO Rheinland-Pfalz, § 110 Abs. 1 Nr. 4 KSVG Saarland, § 9 KommunalprüfungsG Schleswig-Holstein, § 73 Abs. 1 Nr. 2 Buchst. a) KommunalVerf. Mecklenburg-Vorpommern, § 96 Abs. 2 Nr. 6 GemO Sachsen, § 121 Abs. 1 Nr. 2 GemO Sachsen-Anhalt, § 75 Abs.4 Nr. 1 KommunalO Thüringen, für Brandenburg fehlt eine entsprechende Vorschrift; vgl. auch unten Kapitel E. Rn. 159 ff.

251 Vgl. § 112 Abs. 2 Nr. 3 GemO Baden-Württemberg, Art. 106 Abs. 4 GemO Bayern, § 131 Abs. 2 Nr. 6 GemO Hessen, § 103 Abs. 2 Nr. 5 GemO Nordrhein-Westfalen, § 119 Abs. 3 Nr. 3 GemO Niedersachsen, § 112 Abs. 2 Nr. 2 GemO Rheinland-Pfalz, § 121 Abs. 2 Nr. 1 KSVG Saarland, § 116 Abs. 2 Nr. 4 GemO Schleswig-Holstein, § 113 Abs. 2 Nr. 4 GemO Brandenburg, § 106 Abs. 2 Nr. 5 GemO Sachsen, § 129 Abs. 2 Nr. 4 GemO Sachsen-Anhalt, § 84 Abs. 4 KommunalO Thüringen.

252 *Becker*, S. 93.

gungsprüfung leer laufen, da kein Prüfer vorhanden wäre, der die Befugnisse ausüben könnte.

583 Die **Betätigungsprüfung** umfasst nicht das Unternehmen selbst, sondern – ohne Rücksicht auf die Höhe der kommunalen Beteiligung – die die Beteiligung verwaltende Stelle. Anerkanntermaßen umfasst diese Prüfung insbesondere die Frage, ob die für die Beteiligung an privatrechtlich organisierten Unternehmen von der Verwaltung **zu beachtenden Vorschriften** eingehalten wurden.

584 Aus diesem Grund ist es herausragende Aufgabe der Rechnungsprüfungsämter festzustellen, ob der **„öffentliche Zweck"** für eine wirtschaftliche Betätigung der Gemeinde noch gegeben ist.

b) Der Abhängigkeitsbericht

585 Ist eine Aktiengesellschaft von einem anderen Unternehmen[253] abhängig, ist der Vorstand der Aktiengesellschaft verpflichtet, für jedes Geschäftsjahr einen schriftlichen Bericht über die Beziehungen der Gesellschaft zu verbundenen Unternehmen aufzustellen (§ 312 AktG). Der **Abhängigkeitsbericht** ist durch den Abschlussprüfer (§ 313 AktG) und den Aufsichtsrat (§ 314 AktG) zu prüfen. Erheben der Abschlussprüfer oder der Aufsichtsrat Einwendungen oder erklärt der Vorstand selbst, dass die Gesellschaft durch bestimmte Maßnahmen benachteiligt worden ist, ohne dass die Nachteile nach § 311 AktG ausgeglichen wurden, kann jeder Aktionär eine **Sonderprüfung** beantragen (§ 315 S. 1 AktG).

586 Der Abhängigkeitsbericht ergänzt das System der §§ 311, 317, 318 AktG, die die Gesellschaft im **faktischen Konzern** vor der Zufügung von unausgeglichenen Nachteilen schützen sollen. Nach den §§ 317, 318 AktG haften das herrschende Unternehmen, seine gesetzlichen Vertreter sowie unter gewissen Umständen die Verwaltungsmitglieder der abhängigen Gesellschaft auf Schadensersatz.[254]

587 Die Ansprüche können durch Aktionäre und Gläubiger der Gesellschaft geltend gemacht werden (§§ 317 Abs. 4, 318 Abs. 4, 309 Abs. 3, 4 AktG). In diesem Zusammenhang soll der Abhängigkeitsbericht sicherstellen, dass Aktionäre und Gläubiger die erforderlichen Informationen über **nicht ausgeglichene Nachteile** erhalten, um solche Ansprüche geltend machen zu können.[255]

588 Voraussetzung für eine Anwendung des § 312 AktG auf das Verhältnis zwischen Kommune und kommunaler Aktiengesellschaft, ist die Qualifikation der Kommune als **„Unternehmen"**. Es ist insoweit allgemein anerkannt, dass die Kommunen ebenso wie Private den Regelungen des Rechts der verbundenen Unternehmen unterworfen sind, wenn sie andere Unternehmen beherrschen,[256] selbst wenn sie keine weiteren Beteiligungen neben der kommunalen Aktiengesellschaft mehr halten.[257]

589 Darüber hinaus muss ein **Abhängigkeitsverhältnis** zwischen Kommune und kommunaler Aktiengesellschaft vorliegen. Die Abhängigkeit im Sinne der §§ 17, 312 Abs. 1 AktG setzt einen unmittelbar oder mittelbar **beherrschenden Einfluss der Kommune** auf die kommunale Aktiengesellschaft voraus. Dieser Einfluss wird bei einer Mehrheitsbeteiligung vermutet (§ 17 Abs. 2 AktG), kann aber auch bei einer unter 50 % liegenden Beteiligung in Verbindung mit weiteren verlässlichen Umständen rechtlicher oder tatsächlicher Art vorliegen.[258]

590 Nach § 312 Abs. 1 S. 2 AktG sind in dem Abhängigkeitsbericht alle **Rechtsgeschäfte**, die die Aktiengesellschaft mit dem herrschenden Unternehmen oder einem mit ihm verbundenen Unternehmen oder auf Veranlassung oder im Interesse dieser Unternehmen

---

253 Zur Unternehmenseigenschaft der öffentlichen Hand vgl. *Becker*, S. 122 ff.; *Gaß*, S. 402 ff.; *Raiser*, ZGR 1996, 458 (464) jeweils m. w. N.

254 *Schiessl*, ZGR 1998, 871 (872).

255 *Schiessl*, ZGR 1998, 871 (872).

256 BGHZ 69, 334 (338 ff.) („VEBA/Gelsenberg"); 105, 168 (176 f.) („HSW"); *Hüffer*, AktG, § 15 Rn. 13; *Becker*, S. 122 ff.; *Gaß*, S. 402 ff.; *Raiser*, ZGR 1996, 458 (464) jeweils m. w. N.

257 BGHZ 135, 107 (114) („VW/Land Niedersachsen").

258 BGHZ 69, 334 (337); 135, 107 (114).

vorgenommen wurden, und alle **anderen Maßnahmen**, die sie auf Veranlassung oder im Interesse dieser Unternehmen getroffen oder unterlassen hat, aufzuführen. Darüber hinaus sind nach § 312 Abs. 1 S. 3 AktG bei den Rechtsgeschäften Leistung und Gegenleistung, bei den Maßnahmen die Gründe der Maßnahme und deren Vor- und Nachteile für die Aktiengesellschaft anzugeben.

Um die hieraus resultierende Informationsflut auf das Notwendige zu beschränken, 591
werden in Rechtsprechung und Literatur Wege gesucht, den **Umfang der Berichtspflicht** gerade für Gebietskörperschaften auf das Erforderliche zu beschränken.[259]

Bei **Drittgeschäften** ist es ausreichend, über diejenigen Rechtsgeschäfte zu berichten, 592
die von der Kommune als herrschendem Unternehmen veranlasst wurden oder bei denen Zweifel bleiben, ob der Vorstand einer unabhängigen Aktiengesellschaft das Geschäft unter Beachtung seiner Sorgfaltspflichten ebenfalls abgeschlossen hätte.[260] Bei der **Veranlassung anderer Maßnahmen** sind solche Vorgänge berichtspflichtig, bei denen die Kommune ihren gesellschaftsrechtlich vermittelten Einfluss geltend gemacht hat.[261]

Durch eine solche Berichterstattung wird der **Schutzzweck des Abhängigkeitsberichtes** erfüllt, um hierdurch die Gesellschaft von einer einseitigen Förderung öffentlicher Aufgaben und politischer Ziele zu Lasten der Gesellschaft zu bewahren.[262] 593

c) Die handelsrechtliche Rechnungslegung und Abschlussprüfung

Die **Rechnungslegung** der Aktiengesellschaft dient der Ermittlung des Bilanzgewinns und damit des Betrages, der an die Aktionäre ausgeschüttet werden darf. Darüber hinaus dient sie aber auch zur Information der Gläubiger über die wirtschaftliche Lage der Gesellschaft. Wegen des Grundsatzes der Maßgeblichkeit der Handelsbilanz für die Steuerbilanz und damit für die Besteuerung der Aktiengesellschaft dient die Rechnungslegung auch zur Ermittlung der geschuldeten Körperschaftsteuer. 594

Grundsätzlich hat jeder Kaufmann und damit auch jede Aktiengesellschaft in den ersten drei Monaten des Geschäftsjahrs für das vergangene Geschäftsjahr einen **Jahresabschluss**[263] aufzustellen (§ 242 Abs. 1 HGB), der aus der **Jahresbilanz und der Gewinn- und Verlustrechnung** besteht. Als Kapitalgesellschaften haben Aktiengesellschaften nach § 264 Abs. 1 HGB ihren Jahresabschluss um einen **Anhang**[264] zu erweitern (§§ 284f. HGB) und einen **Lage- oder Geschäftsbericht**[265] aufzustellen (§ 289 HGB). 595

Jahresabschluss und Geschäftsbericht sind vom Vorstand **aufzustellen**, durch Abschlussprüfer zu prüfen (§ 316 Abs. 1 HGB) und dem Aufsichtsrat zur **Prüfung** vorzulegen (§§ 170f. AktG).[266] Danach sind sie zum Handelsregister einzureichen und ggf. zusätzlich zu veröffentlichen (§ 325 HGB). 596

Da die Aufstellung und Veröffentlichung von Jahresabschlüssen nur sinnvoll ist, wenn die Einhaltung der bilanziellen Vorschriften überwacht wird, müssen Jahresabschluss und Geschäftsbericht von einem sachverständigen Prüfer (**Abschlussprüfer**) geprüft werden (§§ 316ff. HGB). Die öffentlich bestellten Sachverständigen (Wirtschaftsprüfer und Wirtschaftsprüfungsgesellschaften) haben über das Ergebnis ihrer Prüfung einen **Prüfungsbericht** mit dem in § 321 Abs. 1 HGB vorgeschriebenen Inhalt zu erstatten, der von ihnen zu unterzeichnen und dem Vorstand der Aktiengesellschaft vorzulegen ist (§ 321 Abs. 3 HGB). 597

259 BGHZ 69, 334 (343); OLG Braunschweig ZIP 1996, 875 (877); *Hüffer*, AktG, § 312 Rn. 22; *Kropff*, ZHR 144 (1980), 74 (96f.); ausführlich zum Abhängigkeitsbericht einer Aktiengesellschaft mit öffentlich-rechtlichem Anteilseigner *Harbarth*, S. 296ff.

260 *Hüffer*, AktG, § 312 Rn. 22; *Kropff*, ZHR 144 (1980), 74 (96f.); *Schiessl*, ZGR 1998, 871 (880).

261 Vgl. hierzu die Beispiele bei *Schiessl*, ZGR 1998, 871 (880f.).

262 BGHZ 135, 107 (114).

263 *Hüffer*, AktG, § 170 Rn. 2.

264 Vgl. *Hüffer*, AktG, § 160 Rn. 2.

265 Zum Begriff vgl. *Hüffer*, AktG, § 170 Rn. 2.

266 Zum Verhältnis von Abschlussprüfung und Prüfung durch den Aufsichtsrat siehe auch *Hüffer*, AktG, § 171 Rn. 5.

598 Als äußeres Zeichen der Prüfung und ihres Ergebnisses erteilen die Abschlussprüfer einen uneingeschränkten oder mit Einschränkungen versehenen **Bestätigungsvermerk** (§ 322 HGB). Bei schwerwiegenden Mängeln des Jahresabschlusses haben die Abschlussprüfer den Bestätigungsvermerk zu versagen (§ 322 Abs. 3 HGB).

599 Durch die Verpflichtung zur **Einreichung** des mit dem Bestätigungsvermerk des Wirtschaftsprüfers oder mit dem Vermerk über dessen Versagung versehenen Jahresabschlusses zum Handelsregister des Gesellschaftssitzes (§ 325 Abs. 1 HGB) ist sichergestellt, dass ein eingeschränkter oder versagter Bestätigungsvermerk publik wird und von Interessenten berücksichtigt werden kann.

600 Der Prüfungsbericht des Abschlussprüfers wird grundsätzlich nicht veröffentlicht. Er steht nur dem Vorstand und dem Aufsichtsrat zur Verfügung. Daher sehen die Gemeindeordnungen die Verpflichtung zur **Übersendung** des Jahresabschlusses und des Prüfungsberichts **an die Kommune** vor.[267]

601 Da sich die **Aufgabe der Rechnungsprüfungsämter** auf die Überprüfung der Haushalts- und Wirtschaftsführung der Kommune beschränkt und somit nicht das Verhalten der Aktiengesellschaft selbst umfasst, erhalten diese von den Vorgängen in der Gesellschaft prinzipiell nur mittelbar Kenntnis. Hierfür stellt der **Bericht des Wirtschaftsprüfers** die wichtigste Unterlage dar.[268]

602 Daher ist durch die entsprechende Anwendung des § 53 HGrG[269] vorgeschrieben, dass eine Prüfung der **Ordnungsmäßigkeit der Geschäftsführung** durch den Abschlussprüfer erfolgen muss. Daher ist der Prüfungsauftrag bei einer kommunalen Aktiengesellschaft um die **Prüfung nach § 53 HGrG** zu erweitern.

603 Erst der geprüfte Jahresabschluss ist zusammen mit dem Geschäftsbericht und dem Prüfungsbericht vom Vorstand dem Aufsichtsrat vorzulegen und von diesem noch einmal zu prüfen. Billigt[270] der Aufsichtsrat den Jahresabschluss, so ist dieser festgestellt, sofern nicht Vorstand und Aufsichtsrat (ausnahmsweise) beschließen, die **Feststellung** der Hauptversammlung[271] zu überlassen (§ 172 AktG).

604 Die Beschlüsse des Vorstandes und des Aufsichtsrats sind in den Bericht des Aufsichtsrats an die Hauptversammlung aufzunehmen.[272] Die **Hauptversammlung** ist sodann vom Vorstand unverzüglich einzuberufen (§ 175 AktG).

605 Haben Vorstand und Aufsichtsrat den Jahresabschluss festgestellt, so hat die Hauptversammlung nur noch einen sehr **geringen Entscheidungsspielraum**.

606 Sie ist an den festgestellten Jahresabschluss gebunden (§ 174 Abs. 1 S. 2 AktG) und kann nach § 119 Abs. 1 Nr. 2 AktG nur noch über die **Verwendung des festgestellten Bilanzgewinns** entscheiden.[273] Dabei hat sie auch noch die gesetzlichen Vorgaben über die Einstellung eines Teils des Jahresüberschusses in eine **gesetzliche Rücklage** (§ 150 AktG) und in **zusätzliche Gewinnrücklagen** (§ 59 AktG) zu beachten.

(einstweilen frei) 607–610

---

[267] § 103 Abs. 1 Nr. 5 Buchst. c) GemO Baden-Württemberg, § 108 Abs. 2 S. 2 GemO Nordrhein-Westfalen, § 87 Abs. 3 GemO Rheinland-Pfalz, § 110 Abs. 1 Nr. 3 KSVG Saarland, § 9 KommunalprüfungsG Schleswig-Holstein, § 73 Abs. 1 Nr. 3 KommunalVerf. Mecklenburg-Vorpommern, § 96 Abs. 2 Nr. 7 GemO Sachsen, § 121 Abs. 1 Nr. 3 GemO Sachsen-Anhalt, nach § 124 Abs. 1 S. 3 GemO Niedersachsen ist der Prüfungsbericht der Kommunalaufsicht zu übersenden; in Bayern, Hessen, Brandenburg und Thüringen fehlen entsprechende Vorschriften.

[268] Ausführlich hierzu *Harbarth*, S. 393 ff.

[269] Die Anwendung des HGrG ergibt sich im kommunalen Bereich aus folgenden Vorschriften: § 103 Abs. 1 GemO Baden-Württemberg, Art. 94 GemO Bayern, § 123 GemO Hessen, § 112 GemO Nordrhein-Westfalen, § 124 GemO Niedersachsen, § 89 GemO Rheinland-Pfalz, § 111 KSVG Saarland, § 9 KommunalprüfungsG Schleswig-Holstein, § 105 GemO Brandenburg, § 73 Abs. 2 KommunalVerf. Mecklenburg-Vorpommern, § 96 Abs. 2 Nr. 1 GemO Sachsen, § 121 GemO Sachsen-Anhalt, § 75 Abs. 4 KommunalO Thüringen; vgl. auch *Mertens*, Der Gemeindehaushalt 1983, 104 (106); siehe auch unten Kapitel E. Rn. 163 ff.

[270] Vgl. auch *Hüffer*, AktG, § 172 Rn. 2 ff.

[271] Vgl. hierzu *Hüffer*, AktG, § 173 Rn. 1 ff.

[272] Zu den einzelnen Berichtspunkten siehe auch *Hüffer*, AktG, § 171 Rn. 13 ff.

[273] Vgl. hierzu *Hüffer*, AktG, § 58 Rn. 6 ff.

V. Personengesellschaften

Literatur: *Baumbach/Hopt*, Handelsgesetzbuch mit GmbH & Co., Handesklauseln, Bank- und Börsenrecht, Transportrecht (ohne Seerecht), 36. Aufl. 2014; *Becker*, Die Erfüllung öffentlicher Aufgaben durch gemischtwirtschaftliche Unternehmen, 1997; *Ehlers*, Verwaltung in Privatrechtsform, 1984; *ders.*, Die Entscheidung der Kommunen für eine öffentlich-rechtliche oder privatrechtliche Organisation ihrer Einrichtungen und Unternehmen, DÖV 1986, 897; *Fischer*, Die Entsendungs- und Weisungsrechte öffentlich-rechtlicher Körperschaften beim Aufsichtsrat einer Aktiengesellschaft, AG 1982, S. 85; *Gaß*, Die Umwandlung gemeindlicher Unternehmen, 2003; *Habersack*, Private public partnership: Gemeinschaftsunternehmen zwischen Privaten und der öffentlichen Hand – Gesellschaftsrechtliche Analyse –, ZGR 1996, 544; *Harbarth*, Anlegerschutz in öffentlichen Unternehmen, 1998; *Kraft*, Das Verwaltungsgesellschaftsrecht, 1982; *Leisner*, Der Vorrang des Gesellschaftsinteresses bei den Eigengesellschaften der öffentlichen Hand, WiVerw 1983, 212; *Limmer*, Handbuch der Unternehmensumwandlung, 3. Aufl. 2007; *Lutter*, Umwandlungsgesetz, Kommentar, 3. Aufl. 2004; *Lutter/Timm*, Konzernrechtlicher Präventivschutz im GmbH-Recht, NJW 1982, 409; *Mayer*, Erste Zweifelsfragen bei der Unternehmensspaltung, DB 1995, 861; *Müller*, Rechtsformenwahl bei der Erfüllung öffentlicher Aufgaben, 1993; Münchener Anwaltshandbuch Personengesellschaftsrecht, 2.Aufl 2014; *Püttner*, Die öffentlichen Unternehmen, 2. Aufl. 1985; *ders.*, Die Einwirkungspflicht, DVBl. 1975, 353; R. *Schmidt*, Öffentliches Wirtschaftsrecht – Allgemeiner Teil, 1990; *Schön*, Der Einfluss öffentlich-rechtlicher Zielsetzung auf das Statut privatrechtlicher Eigengesellschaften der öffentlichen Hand: – Gesellschaftsrechtliche Analyse –, ZGR 1996, 429; *Schwintowski*, Verschwiegenheitspflicht für politisch legitimierte Mitglieder des Aufsichtsrats, NJW 1990, 1009; *ders.*, Gesellschaftsrechtliche Bindungen für entsandte Aufsichtsratsmitglieder der öffentlichen Hand, NJW 1995, 1316; *Spannowsky*, Die Verantwortung der öffentlichen Hand für die Erfüllung öffentlicher Aufgaben und die Reichweite ihrer Einwirkungspflichten auf Beteiligungsunternehmen, DVBl. 1992, 1072; *ders.*, Der Einfluss öffentlich-rechtlicher Zielsetzung auf das Statut privatrechtlicher Eigengesellschaften in öffentlicher Hand: – Öffentlich-rechtliche Vorgaben, insbesondere zur Ingerenzpflicht –, ZGR 1996, 400; *Stober*, Die privatrechtlich organisierte Verwaltung: Zur Problematik privatrechtlicher Gesellschaften und Beteiligungen der öffentlichen Hand, NJW 1984, 449; *v. Danwitz*, Vom Verwaltungsprivat- zum Verwaltungsgesellschaftsrecht – Zu Begründung und Reichweite öffentlich-rechtlicher Ingerenz in der mittelbaren Kommunalverwaltung, AöR 120 (1995), 595; *Widmann/Mayer*, Umwandlungsrecht, Umwandlungsgesetz, Umwandlungssteuergesetz, Kommentar, Losebl. Stand. März 2007; *Zeichner*, Die Voraussetzungen für die Beteiligung des Bundes/eines Landes an einem Unternehmen nach § 65 Abs. 1 BHO/LHO und ihre Prüfung durch den Rechnungshof, AG 1985, 61.

1. Rechtsgrundlagen

Die kommunale Personengesellschaft findet ihre Rechtsgrundlage insbesondere im Bürgerlichen Gesetzbuch (BGB) vom 18. August 1896 in der Fassung der Bekanntmachung vom 2. Januar 2002 (BGBl. I S. 42, 2909; 2003 I S. 738), zuletzt geändert durch Artikel 4 Abs. 5 des Gesetzes vom 1. Oktober 2013 (BGBl. I S. 3719) und im Handelsgesetzbuch (HGB) vom 10. Mai 1897 in der im Bundesgesetzblatt Teil III, Gliederungsnummer 4100-1, veröffentlichten bereinigten Fassung, zuletzt geändert durch Artikel 1 des Gesetzes vom 4. Oktober 2013 (BGBl. I S. 3746). Daneben treten die Regelungen der Gemeindeordnungen der Länder zur Zulässigkeit wirtschaftlicher Unternehmen in privater Rechtsform.[274] 611

[274] §§ 102 ff. GemO Baden-Württemberg, Art. 86 ff. GemO Bayern, §§ 121 ff. GemO Hessen, §§ 107 ff. GemO Nordrhein-Westfalen, §§ 108 ff. GemO Niedersachsen, §§ 85 ff. GemO Rheinland-Pfalz, §§ 106 ff. KSVG Saarland, §§ 101 ff. GemO Schleswig-Holstein, §§ 100 ff. GemO Brandenburg, §§ 68 ff. Kommunal-Verf. Mecklenburg-Vorpommern, §§ 95 ff. GemO Sachsen, §§ 116 ff. GemO Sachsen-Anhalt, §§ 71 ff. KommunalO Thüringen; ausführlich oben Kapitel C. Rn. 195 ff.

a) Die kommunale Personengesellschaft zwischen Gesellschafts- und Kommunalrecht

612 Die wirtschaftliche Betätigung kommunaler Gebietskörperschaften durch den organisatorischen Einsatz von Personengesellschaften muss zwangsläufig zur Frage des Verhältnisses zwischen den **Regelungen des Gesellschaftsrechts** und den **Vorschriften des Kommunalrechts** führen. Die Regelungen des Kommunalrechts geben der Kommune nämlich die „Leitplanken" vor, die für eine Beteiligung an einer Gesellschaft privater Rechtsform eingehalten werden müssen.

613 Aus der **Einwirkungs- oder Ingerenzpflicht**[275] folgt die Verpflichtung der öffentlichen Hand, auf die von ihr geschaffenen Rechtssubjekte dahin gehend einzuwirken, dass diese ihrerseits die Ziele kommunaler Politik, die Orientierung am Allgemeinwohl und das Gebot der Rechtsstaatlichkeit einhalten.[276] Die Einwirkungspflicht kann somit im Ergebnis als die Pflicht beschrieben werden, auf eine in einer privaten Organisationsform betriebene öffentliche Einrichtung mit geeigneten Mitteln so einzuwirken, dass die Einhaltung der durch das öffentliche Recht bestimmten besonderen rechtlichen Bindungen jederzeit sichergestellt ist.[277]

614 Die Gemeindeordnungen versuchen dieser Pflicht Rechnung zu tragen, indem sie verlangen, dass sich die Gemeinde erhebliche **Informations- und Einflussmöglichkeiten** vorbehält. Durch die indirekte Aufgabenwahrnehmung über ein Beteiligungsunternehmen werden nämlich z. B. die Verhandlungen vom öffentlich tagenden Gemeinderat in die internen Gremien der Gesellschaft verlagert. Hierdurch geht aber im Interesse der größeren Effizienz ein Großteil der Publizität und Transparenz verloren.[278]

615 Aus dem **Demokratieprinzip** folgt aber die Verpflichtung zur Aufrechterhaltung der Legitimationskette, da sich aus der Tatsache, dass die Kommune ihre Kontrollpflichten wegen der Existenz nicht kontrollierbarer Freiräume nicht mehr erfüllen kann, kein Abreißen der durch demokratische Wahl legitimierten Kette ergeben darf. Weiterhin verlangt das **Rechtsstaatsprinzip** hinsichtlich der Verantwortlichkeit der öffentlichen Hand, dass keine kontrollfreien Räume in der Erfüllung öffentlicher Aufgaben entstehen.

616 Daher ergibt sich für die Kommune als Gesellschafterin einer Personengesellschaft die Verpflichtung ihre Rechtsbeziehungen zu der Personengesellschaft so auszugestalten, dass die **Kontrolle und Steuerung** dieser Personengesellschaft durch die Kommune sichergestellt ist.

b) Das Verhältnis zwischen Gesellschafts- und Kommunalrecht in einer kommunalen Personengesellschaft

617 In die Beurteilung der **privatrechtlichen Rechtsbeziehungen** zwischen einer Personengesellschaft und der Kommune als deren Gesellschafterin sind Aspekte des Gesellschaftsrechts und des Kommunalrechts einzubeziehen. Hierbei steht der öffentlichen Hand grundsätzlich die Möglichkeit zu, sich einen besonderen Einfluss durch gesetzliche Einführung von gesellschaftsrechtlichen Sonderpositionen zu sichern.

618 Aus verfassungsrechtlicher Sicht lässt sich solchen Eingriffen in das Privatrecht kein prinzipieller **„Vorrang des Gesellschaftsrechts"** entgegenhalten. Gesetzgeberische Sonderregelungen für die öffentliche Hand im Rahmen des Gesellschaftsrechts sind aber nur dem Bund als derjenigen Gebietskörperschaft möglich, der im Rahmen der konkurrierenden Gesetzgebung nach Art. 74 Nr. 1 GG die entsprechende Gesetzgebungskompetenz zusteht.[279]

---

[275] Vgl. auch *Kraft*, §§ 2, 3; *Ehlers*, Verwaltung in Privatrechtsform, S. 124 ff.; zum Begriff siehe auch *Püttner*, DVBl. 1975, 353 (354).

[276] *Müller*, S. 249 m. w. N.

[277] *Becker*, S. 96.

[278] Vgl. auch *Leisner*, WiVerw 1983, 212 (225); *Spannowsky*, ZGR 1996, 400 (412).

[279] Vgl. *Püttner*, Die öffentlichen Unternehmen, S. 234 f.; *Fischer*, AG 1982, 85 (90); siehe auch *Schön*, ZGR 1996, 429 (432); a. A. *v. Danwitz*, AöR 120 (1995), 595 (616 ff.).

619 Hieraus folgt, dass **landesgesetzliche Regelungen** für öffentliche Unternehmen die gesellschaftsrechtliche Rechtslage nicht modifizieren können.[280] Durch die umfangreichen Vorschriften der Gemeindeordnungen über kommunale Gesellschaften wird das Innen- und Außenrecht dieser Unternehmen also nicht beeinflusst.

620 Die **Gemeindeordnungen** können für ihren Adressaten „Kommune" nur Grundsätze für eine Beteiligung an einer Personengesellschaft aufstellen, die diese im Rahmen der gesellschaftsrechtlich zulässigen Gestaltungsmöglichkeiten umzusetzen hat. Dabei sind die Kommunen verpflichtet, die Gestaltungsmöglichkeiten des Gesellschaftsrechts soweit auszuschöpfen, dass die Interessen der Kommune und die Ziele der Selbstverwaltung mit dem Demokratieprinzip so weit wie möglich verwirklicht werden.

621 Diese Grundsätze können aber nicht das Gesellschaftsverhältnis unmittelbar regeln. Für die Beurteilung des **Verhältnisses zwischen Kommune und Personengesellschaft** kommt es somit vorrangig auf das Gesellschaftsrecht an. Ob und inwieweit die Kommune von dem so gesetzten Rahmen Gebrauch machen darf bzw. muss, bestimmt sich nach der Gemeindeordnung und den ihr zugrunde liegenden Zielen.

622 Somit lässt sich die **Organisationsverfassung** einer kommunalen Personengesellschaft nur aus der Gemengelage von Öffentlichem Recht und privatem Wirtschaftsrecht, von gemeindewirtschaftsrechtlichen und gesellschaftsrechtlichen Vorschriften bestimmen.

c) Besonderheiten für die Zulässigkeit kommunaler Personengesellschaften

623 Die kommunalen Gebietskörperschaften können grundsätzlich zwischen allen Formen des Gesellschaftsrechts wählen. Da aber die Gemeindeordnungen vorschreiben, dass die Haftung der Gemeinde auf einen bestimmten Betrag begrenzt sein muss[281], kommen als privatrechtliche Formen wirtschaftlicher Unternehmen der kommunalen Gebietskörperschaften die BGB-Gesellschaft (GbR), OHG, KG und der nichtrechtsfähige Verein nicht in Betracht.

624 Möglich ist demnach die Gründung einer kommunalen Personengesellschaft nur in der Rechtsform einer GmbH und Co. KG (bzw. UG & Co. KG).

625 Eine Kommanditgesellschaft stellt grundsätzlich eine modifizierte Form der OHG dar, bei der es neben persönlich voll haftenden Gesellschaftern, genannt Komplementäre, solche gibt, die lediglich mit den von ihnen geleisteten Einlagen haften und der Rechtsform zu ihrem Namen verhelfen, den Kommanditisten. Daher ist für die Komplementäre das OHG-Recht (§§ 105 bis 160 HGB), für die Kommanditisten ergänzend die §§ 161 bis 177a HGB anzuwenden.

626 Aus dem Wortlaut der Vorschriften folgt, dass die Gesellschaft mindestens aus zwei Gesellschaftern besteht und es zwangsläufig eines Kommanditisten bedarf, um eine KG zu bilden. Wie festgestellt, scheidet die OHG für Gemeinden aufgrund der in den Gemeindeordnungen geforderten Haftungsbeschränkung aus. Ebenfalls ist die KG in ihrer Grundform ungeeignet, weil auch hier die Vollhafterposition für die Gemeinde ausscheidet, die bloße Beteiligung als Kommanditist zwar die begrenzte Haftung auf die Einlage mit sich bringt, jedoch dieser grundsätzlich von der Geschäftsführung ausgeschlossen ist.

627 Die GmbH als Komplementär schlägt dazu schließlich die Brücke: Sie haftet zwar als solcher „persönlich", dennoch tatsächlich aufgrund ihrer rechtlichen Selbständigkeit als juristische Person nur mit ihrem Gesellschaftsvermögen. Da hierdurch im Vergleich zur ursprünglichen KG keine unbeschränkte Haftung der Gemeinde mehr besteht, wird im Rechtsverkehr dies Dritten durch die Firmierung unter Verwendung des Zusatzes „GmbH & Co. KG" angezeigt

---

280 *R. Schmidt*, S. 513 ff.; *Spannowsky*, DVBl. 1992, 1075 (1077); *Zeichner*, AG 1995, 61 (69); *Schwintowsky*, NJW 1990, 1009 (1013); *ders.*, NJW 1995, 1316 (1317); *Schön*, ZGR 1996, 429 (432)).

281 Vgl. oben Kapital C. Rn. 195 f.

2. Rechtsnatur

628 Die GmbH & Co. KG ist eine Sonderform der Kommanditgesellschaft (KG), bei der die Stelle des Komplementärs von einer GmbH eingenommen wird[282].

629 Die Besonderheit gegenüber einer „normalen" KG liegt darin begründet, dass den Gläubigern der Gesellschaft keine natürliche Person haftet. Die Kommanditisten haften nach §§ 171 Abs. 1, 172 Abs. 4 HGB beschränkt bis zur Höhe ihrer Haftsumme; die GmbH haftet zwar als Komplementärin gem. § 128 HGB unbeschränkt, haftet aber ihrerseits nur mit ihrem Gesellschaftsvermögen (§ 13 Abs. 2 GmbHG).

630 Die KG wird dadurch aber nicht etwa zur Kapitalgesellschaft, sondern bleibt Personengesellschaft. Man kann die GmbH & Co. KG jedoch als Personengesellschaft mit Haftungsbeschränkung bezeichnen.

631 Als KG ist die GmbH & Co. KG gemäß § 6 Abs. 1 HGB Kaufmann[283].

632 Da in der GmbH & Co. KG keine natürliche Person persönlich haftet, muss der Rechtsformzusatz der Firma eine Bezeichnung enthalten, welche die Haftungsbeschränkung kennzeichnet (§ 19 Abs. 2 HGB). Dies ist durch die Abkürzung „GmbH & Co. KG" gewährleistet[284].

633 In der Praxis ist die Gestaltung der so genannten Einpersonen-GmbH & Co. KG häufig. Damit ist gemeint, dass der Gesellschafter der GmbH mit dem Kommanditisten der KG identisch ist. Die GmbH & Co. KG hat dann zwar formal zwei Gesellschafter, die GmbH und den Kommanditisten. Letztlich steht aber nur eine Person hinter dem Unternehmen, der Kommanditist.

634 Da die GmbH bei dieser Unternehmensform strukturell nur eine untergeordnete Rolle einnimmt, kann auf die Ausführungen zur GmbH an anderer Stelle dieses Kapitels[285] verwiesen werden. Nachfolgend wird ausschließlich auf die KG eingegangen, soweit die Besonderheiten der GmbH & Co. KG nichts anderes erfordern.

3. Gründung

a) Errichtung der kommunalen GmbH & Co. KG

635 **aa) Gründung einer GmbH & Co. KG.** Bei der Gründung einer KG ist zwischen der Entstehung der Gesellschaft als Rechtssubjekt und der Entstehung der Gesellschaft in der Rechtsform der KG zu unterscheiden.

636 Die Gesellschaft entsteht als Rechtssubjekt bereits mit dem Abschluss des Gesellschaftsvertrages, allerdings zunächst in der Rechtsform der GbR[286].

637 Die Entstehung der Gesellschaft als KG (einschließlich der damit einhergehenden Haftungsbeschränkung der Kommanditisten) ist dagegen von weiteren Voraussetzungen abhängig:

638 – Betreibt die Gesellschaft ein vollkaufmännisches Handelsgewerbe (§ 1 Abs. 2 HGB), so entsteht sie in der Rechtsform der KG unabhängig von der (deklaratorischen) Eintragung ins Handelsregister bereits mit dem Beginn der Geschäfte (§§ 161 Abs. 2, 105 Abs. 1, 123 Abs. 2 HGB).

639 – Betreibt die Gesellschaft ein Kleingewerbe nach § 2 HGB, so obliegt es den Gesellschaftern, entweder durch (konstitutive) Eintragung der Gesellschaft ins Handelsregister den Status einer KG zu erhalten (§§ 161 Abs. 2, 105 Abs.2, 123 Abs.1 HGB) oder die Gesellschaft als GbR zu betreiben (dann allerdings ohne die mit der Rechtsform der KG einhergehende Haftungsbeschränkung der „Kommanditisten"!).

---

[282] *Baumbach/Hopt*, HGB, Anh. § 177a Rn. 1.
[283] *Baumbach/ Hopt*, HGB, § 6 Rn. 1.
[284] Vgl. auch *Baumbach/Hopt*, HGB, § 19 Rn. 24 ff.
[285] Vgl. oben Kapitel D. Rn. 241 ff.
[286] S.a. *Baumbach/Hopt*, HGB, Anh. § 177a Rn. 15.

Die KG kann schließlich auch dadurch entstehen, dass ein neuer Gesellschafter als Kommanditist unter gleichzeitiger entsprechender Änderung des Gesellschaftsvertrags in eine bestehende oHG eintritt. Von dem Zeitpunkt an, in welchem der Eintritt wirksam wird, wandelt sich die Gesellschaft in eine KG um. 640

Der Gesetzgeber hat die Rechtsform der GmbH & Co. KG bei Schaffung des HGB nicht vorgesehen. Vielmehr wurde diese durch die Vertragspraxis entwickelt, um die Vorteile der Kapitalgesellschaft mit den Vorteilen der Personengesellschaft in noch idealerer Weise miteinander zu kombinieren, als dies bei einer „normalen" KG möglich ist. 641

Die Vorteile der Personengesellschaft bestehen neben der (mittlerweile teilweise abgebauten) steuerlichen Begünstigung der Personengesellschaften gegenüber den Kapitalgesellschaften in dem Fehlen einer Kapitalbindung sowie in der weitgehenden Freiheit bei der Gestaltung des Gesellschaftsvertrages, die eine flexible Anpassung der Gesellschaftsorganisation an das jeweilige Geschäftsmodell ermöglicht[287]. 642

Der wesentliche Vorteil der Kapitalgesellschaft, der durch die Errichtung einer GmbH & Co. KG realisiert werden soll, ist das Fehlen einer persönlichen Haftung aller Personen, die hinter der Gesellschaft stehen. 643

Eine derart weitgehende Haftungsbeschränkung ist selbst bei der „normalen" KG im Hinblick auf die unbeschränkte persönliche Haftung des Komplementärs nicht gegeben. Sie lässt sich aber bei der GmbH & Co. KG dadurch erreichen, dass die Stellung des Komplementärs durch eine ihrerseits haftungsbeschränkte Kapitalgesellschaft eingenommen wird. 644

Durch diese Maßnahme lässt sich schließlich auch das für Personengesellschaften geltende Prinzip der Selbstorganschaft umgehen. Zwar wird die KG durch ihre Komplementär-GmbH verwaltet (§§ 164, 170 HGB). Diese selbst kann allerdings als juristische Person wiederum nur über ihren Geschäftsführer als Organ handeln. Mittelbar wird die GmbH & Co. KG daher durch den Geschäftsführer der Komplementär- GmbH verwaltet, bei dem es sich auch um eine gesellschaftsfremde Person handeln kann. 645

Auf diese Weise lässt sich eine für die Kapitalgesellschaften (insbesondere die AG) typische Trennung von Management und Kapital erreichen, wodurch die GmbH & Co. KG – gleich einer AG – die Funktion einer Kapitalsammelstelle erfüllen kann. 646

Es wurde bereits dargelegt, dass es bei der KG streng genommen keine echte Kapitalbindung zugunsten der Gläubiger der Gesellschaft gibt, d. h. es finden sich auch für die Kommanditisten keine unabdingbaren Regelungen, wonach diese eine bestimmte Einlage gegenüber der Gesellschaft erbringen müssen und nachträglich nicht mehr entnehmen dürfen. 647

Im Hinblick auf die bei der KG fehlende unbeschränkte persönliche Haftung der Kommanditisten werden die Gläubiger aber durch eine beschränkte Außenhaftung der Kommanditisten geschützt, soweit letztere ihre im Innenverhältnis gegenüber der Gesellschaft geschuldete Einlage noch nicht erbracht bzw. wieder zurückerlangt haben. Wegen dieser Verknüpfung der Einlageleistung im Innenverhältnis mit der Haftung im Außenverhältnis kann man aber bei der KG im weitesten Sinn von einer Kapitalbindung sprechen. 648

Hier ist zwischen der Kapitalaufbringung in der KG und der Kapitalaufbringung in der Komplementär-GmbH zu unterscheiden[288]. 649

In der KG unterliegt allein der Kommanditist einer Kapitalaufbringungspflicht (im weitesten Sinne), da er nur durch Einlageleistung in Höhe seiner Haftsumme die Außenhaftung gegenüber den Gläubigern der Gesellschaft vermeiden kann (vgl. § 171 Abs. 1 HGB). 650

Für die Komplementär-GmbH besteht dagegen keine Kapitalaufbringungspflicht, da sie den Gläubigern der KG gemäß §§ 161 Abs. 1, 128 HGB unbeschränkt, allerdings nur mit ihrem Gesellschaftsvermögen haftet. Für die Gesellschafter der GmbH besteht dage- 652

[287] *Baumbach/Hopt*, HGB, Anh. § 177a Rn. 2f.
[288] Ausführlich hierzu *Gummert*, in: MAH Personengesellschaftsrecht, § 3 Rn. 1 ff.

gen die Pflicht zur Aufbringung eines Mindest-Stammkapitals nach den Vorschriften des GmbHG (§§ 19, 5 Abs. 1 GmbHG). Hierbei handelt es sich um eine Kapitalaufbringungspflicht im eigentlichen Sinne, die allerdings nicht die KG, sondern einzig die GmbH betrifft.

653 Durch die Kombination der Regeln zur Kapitalaufbringung bei der GmbH und § 171 Abs. 1 HGB bei der KG (= Kapitalaufbringung im weitesten Sinne) wird somit zugunsten der Gläubiger der KG die Aufbringung einer Gesamt-Haftungsmasse sichergestellt, die sich aus der Haftsumme des Kommanditisten und dem Stammkapital der Komplementär-GmbH zusammensetzt.

654 Etwas komplizierter ist die Kapitalerhaltung in der GmbH & Co. KG ausgestaltet. Werden dem Kommanditisten Gelder aus der KG „zurückgezahlt", lebt zunächst seine Außenhaftung gegenüber den Gläubigern bis zur Höhe der Haftsumme wieder auf[289].

655 Allerdings ist diese Außenhaftung absolut auf den Betrag der Haftsumme beschränkt. Zusätzlich steht den Gläubigern der KG das Stammkapital der GmbH als Haftungsmasse zur Verfügung, da diese als Komplementärin für die Verbindlichkeiten der KG nach §§ 161 Abs. 2, 128 HGB haftet.

656 Auszahlungen aus dem KG-Vermögen an den Kommanditisten, die über die Höhe seiner Haftsumme hinausgehen, führen wegen dieser Einstandspflicht der GmbH zu entsprechenden, in der Bilanz der GmbH zu passivierenden Verbindlichkeiten und schmälern auf diese Weise mittelbar auch das Stammkapital der GmbH. Dies führt wiederum dazu, dass den Gläubigern der KG nicht mehr die ihnen versprochene Gesamthaftungsmasse, bestehend aus Kommanditeinlage und Stammkapital der GmbH, zur Verfügung steht.

657 Insbesondere für den Fall, dass es sich bei dem Gesellschafter der Komplementär-GmbH und dem Kommanditisten um dieselbe Person handelt (Einpersonen-GmbH & Co. KG), wäre es jedoch unbillig, einzig die Gläubiger der Gesellschaft über den Verlust ihrer Haftmasse und dem damit einhergehenden Ausfallrisiko in der Insolvenz der KG mit den Folgen der von dem „Alleingesellschafter" gewählten gesellschaftsrechtlichen Konstruktion zu belasten.

658 Deshalb hat der Bundesgerichtshof für den Fall der Einpersonen-GmbH & Co: KG schon sehr früh entschieden, dass die Kapitalerhaltungsvorschriften des GmbH-Rechts auch auf Auszahlungen der KG an den „Alleingesellschafter" analog Anwendung finden[290].

659 Sinkt also durch solche Auszahlungen das Vermögen der GmbH unter die Stammkapitalziffer, so entsteht der KG ein Anspruch gegen den „Alleingesellschafter" auf Rückgewähr der ausgezahlten Beträge analog. In einer späteren Entscheidung hat der Bundesgerichtshof diese Haftung auch auf den so genannten „Nur-Kommanditisten", der nicht zugleich Gesellschafter der Komplementär-GmbH ist, ausgedehnt[291].

660 **bb) Rechtsformwechsel (Ausgliederung).** Gemäß § 168 UmwG können **Gebietskörperschaften** oder deren Zusammenschlüsse von ihnen in öffentlich-rechtlicher Organisationsform betriebene Unternehmen in bestimmte privatrechtliche Gesellschaftsformen, namentlich in eine KG, **überführen**. Dabei ist in § 168 UmwG ausdrücklich klargestellt, dass das für den Zusammenschluss maßgebende Bundes- oder Landesrecht, insbesondere also auch das kommunale Wirtschaftsrecht, einer Umwandlung nicht entgegenstehen darf.[292]

661 Das Umwandlungsrecht ermöglicht eine **privatisierende Umwandlung** mit Gesamtrechtsnachfolge.[293] Damit wird der ansonsten notwendige umständliche Weg von Ein-

---

289 S.a. *Gummert*, in: MAH Personengesellschaftsrecht, § 3 Rn. 86 ff.
290 BGHZ 60, 324 (328 ff.).
291 BGHZ 110, 342 (355 f.).
292 *Gaß*, S. 195.
293 *H. Schmidt*, in: *Lutter*, UmwG, § 168 Rn. 5; zu steuerlichen Fragen vgl. unten Kapitel G.

zelrechtsübertragungen erspart und, z. B. mit Blick auf die zu Dritten begründeten Rechtsverhältnisse (z. B. Verträge mit Kunden oder Benutzern), eine praktische Vereinfachung erzielt.

Im Vergleich zur Ausgliederung aus dem Vermögen eines anderen Rechtsträger ist zu beachten, dass Gebietskörperschaften nur gesamte **Unternehmen** ausgliedern können.[294] Während Gesellschaften und andere Rechtsträger beliebig Vermögen, auch einen einzigen Vermögensgegenstand, ausgliedern und abspalten können, verlangt § 168 UmwG, dass das gesamte Vermögen ausgegliedert wird. Daher ist Voraussetzung einer Ausgliederung aus dem Vermögen einer Gebietskörperschaft das Vorliegen einer in der Form einer organisatorisch weitgehend verselbständigten, finanzwirtschaftlich als eigenes Vermögen getrennt zu verwaltende Unternehmenstätigkeit.[295] 662

Die Vorschriften über die Ausgliederung aus dem Vermögen von Gebietskörperschaften sind **Sondervorschriften der Ausgliederung**, die wiederum **Sondervorschriften der Spaltung** darstellen. Es gelten daher grundsätzlich auch die allgemeinen Vorschriften über Spaltung und Ausgliederung, soweit nicht die §§ 168 ff. UmwG Sondervorschriften vorsehen. 663

Da gemäß § 125 S. 1 UmwG auf die Spaltung die Vorschriften des zweiten Buches des UmwG anwendbar sind, gilt auch § 6 UmwG, d. h. ein Ausgliederungsplan bzw. ein Ausgliederungsvertrag muss **notariell beurkundet** werden. Nach § 169 S. 1 UmwG ist **kein Ausgliederungsbericht** für die Gebietskörperschaft notwendig. 664

Da die Ausgliederung ein Sonderfall der Spaltung ist, muss für den Ausgliederungsplan bzw. Ausgliederungsvertrag § 126 UmwG berücksichtigt werden, der den Inhalt des **Spaltungsvertrages** beschreibt. 665

In diesem Zusammenhang ist insbesondere die Frage zu beachten, auf welche Weise gemäß § 126 Abs. 1 Nr. 9 UmwG die Gegenstände zu bezeichnen sind, die ausgegliedert werden sollen. Hierbei ist im Hinblick auf den **sachenrechtlichen Bestimmtheitsgrundsatz** von einer genauen Abgrenzung des Kreises übergehender **Aktiva und Passiva** auszugehen, und zwar möglichst mit der gleichen Genauigkeit, mit der etwa bei einer Veräußerung von Unternehmen im Wege der Übertragung von Einzelwirtschaftsgütern gearbeitet wird. 666

Bei der Übertragung von **Eigenbetrieben oder sonstigen Sondervermögen** wird es häufig ausreichen, dass auf **Bilanzen und Inventare** Bezug genommen wird.[296] Sind jedoch auch **Grundstücke** von der Ausgliederung betroffen, so müssen diese gemäß § 126 Abs. 2 S. 2 UmwG nach § 28 GBO hinreichend individualisiert sein. Weiterhin sind auch die **nicht-bilanzierungsfähigen Gegenstände** und insbesondere die Vertragsverhältnisse gesondert aufzuführen. 667

Mit der **Eintragung** der Ausgliederung in das Register des Sitzes des übernehmenden Rechtsträgers geht das ausgegliederte Unternehmen gemäß § 171 UmwG auf den neuen Rechtsträger über, ohne dass noch Einzelübertragungen erforderlich sind.[297] Mit dem Wirksamwerden der Ausgliederung gehen damit die zu übertragenden Vermögensteile im Wege der **Sonderrechtsnachfolge** automatisch auf die übernehmende Gesellschaft über, ohne dass es irgendwelcher weiteren Übertragungshandlungen bedarf.[298] 668

Mit der Eintragung im Register des übernehmenden Rechtsträgers geht das ausgegliederte Unternehmen als Gesamtheit nach § 131 Abs. 1 Nr. 1 UmwG auf den aufnehmenden Rechtsträger über; die **partielle Gesamtrechtsnachfolge** umfasst dabei die im Ausglie- 669

---

[294] *H. Schmidt*, in: *Lutter*, UmwG, § 168 Rn. 9; *Gaß*, S. 190 ff.

[295] *H. Schmidt*, in: *Lutter*, UmwG, § 168 Rn. 11; *Gaß*, S. 191.

[296] *Widmann/Mayer*, Umwandlungsrecht, § 126 Rn. 209 ff.; *Frenz*, in: *Limmer*, Rn. 1019 ff., *Mayer*, DB 1995, 861 (864). .

[297] *Teichmann*, in: *Lutter*, UmwG, § 131 Rn. 1; *Schwarz*, in: *Widmann/Mayer*, Umwandlungsrecht, § 123 Rn. 4.1.3; *Vossius*, in: *Widmann/Mayer*, Umwandlungsrecht, § 131 Rn. 23.

[298] *Priester*, in: *Lutter*, UmwG, § 126 Rn. 32.

derungsplan bzw. Ausgliederungsvertrag sowie deren Anlagen aufgeführten Vermögensgegenstände.[299]

670 Der übernehmende Rechtsträger tritt in die Rechtsstellung ein, die der übertragende Rechtsträger innehatte. Der **Rechtsübergang** vollzieht sich dabei außerhalb von mit öffentlichem Glauben versehenen Registern.[300]

671 Bei einer Ausgliederung besteht für die **Verbindlichkeiten**, die bis zur Eintragung der Ausgliederung in das Handelsregister begründet worden sind, eine Haftung des übertragenden Rechtsträger gesamtschuldnerisch mit dem übernehmenden Rechtsträger, auf den die Verbindlichkeiten übergegangen sind, für die Dauer von fünf Jahren fort. Dies ist ausdrücklich in den §§ 172, 173 UmwG klargestellt.[301]

672 Es besteht Einigkeit darüber, dass der Gesetzgeber durch die Einführung der Ausgliederung als neue Umwandlungsform den Gesellschaftern nicht die Möglichkeit der **Einzelrechtsübertragung** verschließen wollte. Die allgemeinen Möglichkeiten der Einzelrechtsübertragung und der Sachgründung bzw. Sachkapitalerhöhung bleiben demnach weiter eröffnet.[302]

b) Die Gesellschaftsvertrag der kommunalen GmbH & Co. KG

673 Für den Gesellschaftsvertrag der kommunalen Komplementär-GmbH ergeben sich keine Besonderheiten. Es kann insoweit auf die Ausführungen zur kommunalen GmbH verwiesen werden[303].

674 Der Gesellschaftsvertrag einer kommunalen KG muss nach §§ 705 BGB, 105 HGB bestimmte **Mindestanforderungen** erfüllen. Daneben beschränkt sich das Gemeindewirtschaftsrecht nicht auf eine Definition der Voraussetzungen für die Rechtsform des kommunalen Unternehmens. Vielmehr machen die Gemeindeordnungen eine Reihe von **weitergehenden Vorgaben** für die Ausgestaltung der Satzung kommunaler Gesellschaften.

675 **aa) Firma und Sitz.** Firma und Sitz der Gesellschaft anzugeben.

676 Die **Firma** ist der Name, unter dem die KG am Rechtsverkehr teilnimmt. Sie muss die Bezeichnung „GmbH & Co., KG" enthalten. Aufgrund der neuen Fassung der § 17 ff. HGB im Rahmen des Gesetzes zur Neuregelung des Kaufmanns- und Firmenrechts vom 22. Juni 1998[304] hat sich die frühere Streitfrage, ob die Firma aus dem Gegenstand des Unternehmens entlehnt sein muss, erledigt. Es sind nun auch Fantasiefirmen zulässig.

677 Sitz der Gesellschaft ist nach § 106 HGB der Ort, den der Gesellschaftsvertrag bestimmt. Der **Sitz** der Gesellschaft muss innerhalb der Bundesrepublik Deutschland liegen.

678 **bb) Unternehmensgegenstand und Öffentlicher Zweck. Ein weiterer notwendiger Bestandteil des Gesellschaftsvertrags ist der Gegenstand des Unternehmens**. Gegenstand des Unternehmens ist die **Tätigkeit**, die die Gesellschaft zu betreiben beabsichtigt.[305] Die Angabe des Unternehmensgegenstandes muss derart individualisierbar sein, dass der **Schwerpunkt der Geschäftstätigkeit** erkennbar ist.

679 Der Gesellschaftsvertrag der kommunalen KG muss sicherstellen, dass der **öffentliche Zweck** des Unternehmens erfüllt wird. Geht man davon aus, dass jede Beteiligung einer Kommune an einer KG durch einen öffentlichen Zweck legitimiert sein muss, so drängt sich die Frage auf, ob dieser Zweck im Sinne des verfolgten Verwaltungszieles im Gesellschaftsvertrag des Unternehmens festgelegt werden muss.[306]

---

[299] *H. Schmidt*, in: *Lutter*, UmwG, § 171 Rn. 6; zur Frage der Wertansätze dieser Vermögensgegenstände vgl. unten Kapitel G.
[300] *Vossius*, in: *Widmann/Mayer*, Umwandlungsrecht, § 131 Rn. 38.
[301] *H. Schmidt*, in: *Lutter*, UmwG, § 171 Rn. 10 ff.
[302] *Limmer*, in: *Limmer*, Rn. 1144; *Gaß*, S. 228.
[303] Vgl. oben Kapital D. Rn. 311 ff.
[304] BGBl. 1998 I S. 1474 ff.
[305] BayObLG, NJW 1976, 1694.
[306] Vgl. hierzu auch *Habersack*, ZGR 1996, 544 (553).

Ausgehend von der allgemein anerkannten Unterscheidung zwischen **Unternehmensgegenstand** und **Unternehmenszweck** ist festzuhalten, dass zumindest in dem Fall, in dem sich aus dem Unternehmensgegenstand eindeutige Hinweise auf den Versorgungsauftrag und damit auf die öffentlich-rechtliche Zwecksetzung ergeben, eine ausdrückliche Bestimmung, wonach der Zweck der Gesellschaft in der Wahrnehmung öffentlicher Aufgaben besteht, nicht notwendig ist.[307] Ansonsten ist von einer deklaratorischen Bedeutung der Angabe des Unternehmenszwecks auszugehen, die sich aus der Steuerungsaufgabe der Kommune gegenüber ihren Beteiligungen an privaten Unternehmen ergibt.[308] 680

cc) Kommanditanteile. Die KG kennt keine fixes Mindest-Grund- oder Stammkapital. Die Kommune ist insoweit bei der Wahl der Höhe des Haftkapitals weitgehend flexibel. 681

dd) Geschäftsführung. Wie bereits ausgeführt, übernimmt die GmbH als Komplementärin der KG die Geschäftsführung und Vertretung der Gesellschaft. Dabei handelt die GmbH – weil sie juristische Person ist – durch ihr Gesellschaftsorgan, den Geschäftsführer der GmbH. Auf diese Weise führt der Geschäftsführer der GmbH mittelbar auch die Geschäfte der KG, ist aber nicht selbst deren Geschäftsführer. 682

ee) Wirtschaftsplan, Jahresabschluss, Abschlussprüfung. Die Gemeindeordnungen[309] fordern, dass im Gesellschaftsvertrag der KG sichergestellt wird, dass für jedes Wirtschaftsjahr ein **Wirtschaftsplan** aufgestellt wird und der **Wirtschaftsführung** eine fünfjährige Finanzplanung zugrundegelegt wird. Darüber hinaus sind der **Jahresabschluss und der Lagebericht** in entsprechender Anwendung der Vorschriften des Handelsgesetzbuchs für große Kapitalgesellschaften aufzustellen und zu prüfen. 683

Der Wirtschaftsplan und die Finanzplanung, der Jahresabschluss und der Lagebericht sowie der Prüfungsbericht des Abschlussprüfers sind der Kommune zu übersenden. Für die **Prüfung der Betätigung der Gemeinde** bei dem Unternehmen sind darüber hinaus dem Rechnungsprüfungsamt und der für die überörtliche Prüfung zuständigen Prüfungsbehörde die in § 54 HGrG vorgesehenen Befugnisse wie auch das **Recht zur überörtlichen Prüfung** der Haushalts- und Wirtschaftsführung des Unternehmens nach den Vorschriften der Gemeindeordnungen einzuräumen.[310] 684

ff) Fakultativer Inhalt des Gesellschaftsvertrages. Das Legalstatut der KG geht von einer weitgehenden **Satzungsfreiheit** aus. Im Gegensatz zur AG, bei der der Grundsatz gilt, „was nicht ausdrücklich gesetzlich erlaubt ist, ist als Satzungsinhalt verboten",[311] kann bei der KG jede nicht ausdrücklich verbotene Regelung Satzungsinhalt werden. 685

---

[307] Ausführlich zu diesem Thema *Becker*, S. 100 ff.; nach *Harbarth*, S. 117 ff. und *Habersack*, ZGR 1996, 544 (553) soll die bloße Beschreibung des Unternehmensgegenstandes nicht ausreichend sein; vgl. auch *Ehlers*, DÖV 1986, 897 (904).

[308] *Becker*, S. 107.

[309] § 103 Abs. 1 Nr. 5 Buchst. a) GemO Baden-Württemberg, Art. 94 Abs. 1 Nr. 1 GemO Bayern, § 122 Abs. 3 Nr. 1 GemO Hessen, § 108 Abs. 2 Nr. 1 GemO Nordrhein-Westfalen, § 87 Abs. 1 Nr. 7 Buchst. a) GemO Rheinland-Pfalz, § 111 Abs. 1 Nr. 3 KSVG Saarland, § 9 KommunalprüfungsG Schleswig-Holstein, § 73 Abs. 1 Nr. 1 Buchst. a) KommunalVerf. Mecklenburg-Vorpommern, § 96 Abs. 1 Nr. 4 GemO Sachsen, § 121 Abs. 1 Nr. 1 Buchst. a) GemO Sachsen-Anhalt, vgl. auch § 114 GemO Niedersachsen, § 107 GemO Brandenburg, § 75 KommunalO Thüringen; vgl. auch oben Kapitel C. Rn. 203.

[310] § 103 Abs. 1 Nr. 5 GemO Baden-Württemberg, Art. 94 Abs. 1 Nr. 2 bis 5 GemO Bayern, § 122 Abs. 1 Nr. 4 GemO Hessen, § 108 Abs. 2 GemO Nordrhein-Westfalen, § 124 GemO Niedersachsen, § 87 Abs. 1 Nr. 7 GemO Rheinland-Pfalz, § 111 Abs. 1 Nr. 4 KSVG Saarland, § 9 KommunalprüfungsG Schleswig-Holstein, § 105 GemO Brandenburg, § 73 Abs. 1 Nr. 2 KommunalVerf. Mecklenburg-Vorpommern, § 96 Abs. 1 Nr. 7 GemO Sachsen, § 121 GemO Sachsen-Anhalt, § 75 Abs. 4 KommunalO Thüringen; ausführlich unten Kapitel E. Rn. 231 ff.

[311] Vgl. hierzu auch Kapitel D. Rn. 507.

686 Soweit also **Vorschriften der Gemeindeordnungen** die Aufnahme bestimmter Regelungen in den Gesellschaftsvertrag zur Sicherung der Einflussmöglichkeiten der Kommune fordern,[312] lässt sich dies bei einer KG problemlos umsetzen.

687 **gg) Satzungsänderungen. Eine Satzungsänderung** bedarf grundsätzlich eines Beschlusses der Gesellschafter (§ 709 BGB)[313].

4. Aufgaben und Befugnisse

688 Einer kommunalen **Aufgabenerfüllung** durch eine kommunale GmbH & Co. KG stehen nur wenige zu erfüllende Zulässigkeitskriterien entgegen.[314] Die einschlägigen Vorschriften der Gemeindeordnungen sehen damit auch vor, dass die Gemeinden Unternehmen in der Rechtsform der GmbH & Co. KG führen können, wobei sich normative Beschränkungen nur insoweit ergeben, als bestimmte Einrichtungen des Bildungs-, Gesundheits- und Sozialwesens nicht als **wirtschaftliche Unternehmen** geführt werden können.[315]

689 Etwas anderes gilt nur im Hinblick auf **kommunale Pflichtaufgaben**. Insoweit können diese Aufgaben nicht selbst, sondern nur ihre **Durchführung** auf ein privatrechtliches Unternehmen übertragen werden. Die Aufgabe selbst und die **Verantwortung für die ordnungsgemäße Erfüllung** verbleiben bei der Kommune.[316]

5. Organe

690 Bei einer Personengesellschaft gilt grundsätzlich das Prinzip der Selbstorganschaft, d.h. die Gesellschafter führen die Geschäfte der Gesellschaft selbst und vertreten die Gesellschaft auch nach außen. Dieses Prinzip ist bei einer GmbH & Co. KG in zweifacher Weise abgewandelt:

691 Zum einen ist bei der KG die Befugnis zur Geschäftsführung und Vertretung der Gesellschaft grundsätzlich auf die Komplementäre beschränkt.

692 Die Kommanditisten sind dagegen nach der gesetzlichen Grundkonzeption von der Geschäftsführung ausgeschlossen (§ 164 HGB). Sie haben auch kein Widerspruchsrecht gegen Geschäftsführungsmaßnahmen, die nicht über den gewöhnlichen Betrieb eines Handelsgewerbes hinausgehen. Der Gesellschaftsvertrag kann allerdings eine abweichende Regelung treffen und die Geschäftsführung einem Kommanditisten übertragen. Man spricht dann von einer atypischen KG.

693 § 170 HGB sieht darüber hinaus einen Ausschluss der Kommanditisten von der Vertretung der Gesellschaft vor. Diese das Außenverhältnis betreffende Regel ist – anders als § 164 HGB zur Geschäftsführung – nach h.M. nicht abdingbar.

694 Einem Kommanditisten kann daher die organschaftliche Vertretungsmacht der KG nicht übertragen werden. Möglich ist allerdings, dem in der atypischen Gesellschaft geschäftsführungsbefugten Kommanditisten rechtsgeschäftliche Vertretungsmacht (z.B. Prokura) zu erteilen. Auf diese Weise kann eine KG auch von einem Kommanditisten beherrscht werden.

---

312 § 103a GemO Baden-Württemberg, Art. 92 Abs. 1 S. 2 GemO Bayern, § 108 Abs.4 GemO Nordrhein-Westfalen, § 87 Abs. 3 GemO Rheinland-Pfalz, § 96 Abs. 2 Nr. 3 GemO Sachsen, § 73 Abs. 1 S. 2 KommunalO Thüringen; siehe auch oben Kapitel C. Rn. 204 ff.

313 *Baumbach/Hopt*, HGB, Anh. § 177a Rn. 33.

314 Zu diesen Zulässigkeitskriterien vgl. oben Rn. 623 ff.

315 § 102 Abs. 3 GemO Baden-Württemberg, Art. 57 GemO Bayern, § 121 Abs. 2 Nr. 2 GemO Hessen, § 107 Abs. 2 Nr. 2 GemO Nordrhein-Westfalen, § 108 Abs. 3 Nr. 2 GemO Niedersachsen, § 85 Abs. 3 GemO Rheinland-Pfalz, § 108 Abs. 2 Nr. 1 KSVG Saarland, § 101 Abs. 2 Nr. 2 GemO Schleswig-Holstein, § 101 Abs. 2 Nr. 2 GemO Brandenburg; § 68 Abs. 2 Nr. 2 KommunalVerf. Mecklenburg-Vorpommern, für Sachsen, Sachsen-Anhalt und Thüringen fehlen entsprechende Vorschriften; vgl. auch oben Kapitel C. Rn. 55 ff.

316 *Gaß*, S. 185 ff.

Wie bereits ausgeführt, übernimmt die GmbH als Komplementärin der KG die Geschäftsführung und Vertretung der Gesellschaft. Dabei handelt die GmbH – weil sie juristische Person ist – durch ihr Gesellschaftsorgan, den Geschäftsführer der GmbH. Auf diese Weise führt der Geschäftsführer der GmbH mittelbar auch die Geschäfte der KG, ist aber nicht selbst deren Geschäftsführer[317]. 695

a) Die Geschäftsführung

Wie ausgeführt, übernimmt bei einer kommunalen GmbH & Co. KG die GmbH als Komplementärin der KG die Geschäftsführung und Vertretung der Gesellschaft. Daher kann hinsichtlich der Fragen der Geschäftsführung vollumfänglich auf die Ausführungen zur Geschäftsführung der kommunalen GmbH verwiesen werden[318]. 696

b) Der (fakultative) Aufsichtsrat

Der Gesellschaftsvertrag einer GmbH & Co. KG kann die Bildung eines **fakultativen Aufsichtsrats** vorsehen[319]. Weder das BGB noch das HGB stellen dafür jedoch eigenen Regeln auf. 697

Zu den Aufgaben des Aufsichtsrats gehören regelmäßig die **Überwachung der Geschäftsführung**, die Einberufung der Gesellschafterversammlung, die Entgegennahme des Berichts des Geschäftsführers, die Prüfung des Jahresabschlusses sowie die Vertretung der GmbH gegenüber dem Geschäftsführer. 698

c) Die Gesellschafterversammlung

Anders als in Kapitalgesellschaften, für die sowohl das GmbHG als auch das AktG spezielle Regelungen über die Versammlungen der Gesellschafter vorsehen, werden Gesellschafterbeschlüsse in der Personengesellschaft mangels gesetzlicher Regelung grundsätzlich formfrei gefasst. Es ist nicht erforderlich, zur Fassung von Gesellschafterbeschlüssen eine Gesellschafterversammlung einzuberufen. 699

Weder im BGB noch im HGB finden sich daher Regelungen zur Einberufung und Durchführung von Gesellschafterversammlungen[320]. 700

Um einen Stillstand in der Geschäftsführung der Gesellschaft durch Blockaden einzelner Gesellschafter zu verhindern, sollte der Gesellschaftsvertrag allerdings Regelungen über die Einberufung, Beschlussfähigkeit und Durchführung von Gesellschafterversammlungen enthalten. Darüber hinaus empfiehlt es sich, ausdrücklich vorzusehen, dass Gesellschafterbeschlüsse in nur Gesellschafterversammlungen gefasst werden konnen. 701

Die Gemeindeordnung selbst sehen – über die allgemeinen Zulässigkeitsvoraussetzungen hinaus – keine zusätzlichen Bedingungen an die Beteiligung der öffentlichen Hand oder die Gestaltung des Gesellschaftsvertrags vor. Jedoch wird im Regelfall auf die für die GmbH geltenden Regelungen[321] zurückgegriffen werden, da diese sich bei der Gestaltung von Gesellschaftsverträgen kommunaler Beteiligungsunternehmen bewährt haben. 702

6. Rechtsverhältnis zum Träger

Aus der dem Demokratieprinzip folgenden **Ingerenzpflicht** ergibt sich für die Gemeinde die Verpflichtung, einen angemessenen Einfluss in Form von **Beteiligungs-, Mitsprache- und Kontrollrechten** zu etablieren. Es stellt sich somit die Frage, wie diese Verpflichtung bei einer kommunalen GmbH & Co. KG umgesetzt werden kann. 703

---

[317] Vgl. auch *Baumbach/Hopt*, HGB, Anh. § 177a Rn. 26 f.
[318] Vgl. oben Kapital D. Rn. 336 ff.
[319] S.a. *Baumbach/Hopt*, HGB, Anh. § 177a Rn. 27.
[320] *Baumbach/Hopt*, HGB, Anh. § 177a Rn. 32.
[321] Vgl. oben Kapital D. Rn. 311 ff.

a) Die Gemeinde als Gesellschafterin der kommunalen GmbH & Co. KG

704 Der **Bürgermeister** als organschaftlicher Vertreter der Kommune repräsentiert diese auch in der Gesellschafterversammlung. Er übt insoweit die Gesellschafterrechte der Kommune in der KG aus.

705 Ob er bei dieser organschaftlichen Vertretung selbst entscheiden darf oder nur den Beschluss des Gemeinderates zu vollziehen hat, hängt grundsätzlich davon ab, ob es sich bei dieser Entscheidung um eine **Angelegenheit der laufenden Verwaltung** handelt.[322] Hierbei ist zu beachten, dass die Bedeutung der Angelegenheit nicht aus Sicht der Gesellschaft, sondern aus Sicht der Kommune zu beurteilen ist.

706 Aus der aus dem Demokratieprinzip folgenden **Ingerenzpflicht** ergibt sich für die Gemeinde die Verpflichtung, einen angemessenen Einfluss in Form von **Beteiligungs-, Mitsprache- und Kontrollrechten** zu etablieren. Es stellt sich somit die Frage, wie diese Verpflichtung bei einer kommunalen GmbH & Co. KG umgesetzt werden kann.

707 Die GmbH & Co. KG ermöglicht durch die **„legale Herrschaft über die Geschäftsführung“**[323] bei der Komplementär-GmbH ausgeprägte Einwirkungen der Kommune und ist aus diesem Grund gegenüber der Aktiengesellschaft als unproblematischere Rechtsform für ein Beteiligungsunternehmen der Kommune anzusehen.[324]

708 Die GmbH & Co. KG kennt nämlich in ihrem Legalstatut mit der Geschäftsführung und der Gesellschafterversammlung der Komplementär-GmbH nur zwei obligatorische Organe. Des Weiteren eröffnet diese Rechtsform der Kommune über die Gesellschafterversammlung die Möglichkeit der Durchsetzung von **Weisungsrechten** gegenüber der Geschäftsleitung.[325]

709 Darüber hinaus besteht durch die Einrichtung eines **fakultativen Aufsichtsrats** die Möglichkeit,[326] in einem faktischen Abhängigkeitsverhältnis problemlos **Kontroll- und Prüfungsmechanismen** implementieren zu können, um der Ingerenzpflicht der Kommune gerecht zu werden.[327] Hierbei sind über entsprechende **Berichtspflichten der Geschäftsführung** an den Aufsichtsrat und einen **Katalog zustimmungspflichtiger Geschäfte** Überwachungsinstrumente und Überwachungsfunktionen einzurichten, die die Beteiligungs-, Mitsprache- und Kontrollrechten der Kommune entsprechend absichern.

710 Dem steht auch nicht entgegen, dass jedes Aufsichtsratsmitglied primär das **Unternehmensinteresse** zu vertreten hat. Das Unternehmensinteresse kann inhaltlich nämlich regelmäßig mit den zusammengefassten gemeinschaftlichen Interessen der Gesellschafter identifiziert werden.[328] Daher ist das **öffentliche Interesse** als Beteiligungszweck der Kommune von den Aufsichtsratsmitgliedern stets mit zu beachten.[329]

b) Absicherung der Einwirkungspflicht der Gemeinde durch einen Beherrschungsvertrag?

711 Teilweise[330] wird nun vertreten, bei einer kommunalen Beteiligungsgesellschaft sei zur **Sicherung der Einflussmöglichkeiten** der Kommune zusätzlich der Abschluss eines **Beherrschungsvertrages** nach § 291 AktG geboten. Die aufgrund eines solchen

---

322 § 44 Abs. 2 GemO Baden-Württemberg, Art. 37 Abs. 1 Nr. 1 GemO Bayern, § 70 Abs. 2 GemO Hessen, § 62 Abs. 1 Nr. 6 GemO Niedersachsen, § 47 Abs. 1 Nr. 3 GemO Rheinland-Pfalz, § 59 Abs. 3 S. 1 KSVG Saarland, § 55 Abs. 1 S. 2 GemO Schleswig-Holstein, § 63 Abs. 1 Buchst. e GemO Brandenburg, § 38 Abs. 3 KommunalVerf. Mecklenburg-Vorpommern, § 53 Abs. 2 S. 1 GemO Sachsen, § 63 Abs. 1 S. 2 GemO Sachsen-Anhalt, § 29 Abs. 2 Nr. 1 KommunalO Thüringen.

323 *Lutter/Timm*, NJW 1982, 409.

324 Zu den Problemen bei der AG vgl. oben Kapital D. Rn. 564 ff.

325 Vgl. auch *Becker*, S. 116f.

326 Siehe hierzu *Becker*, S. 116f.

327 Ausführlich hierzu *Becker*, S. 151f.

328 BGHZ 95, 330 (346 m. w. N.).

329 *Becker*, S. 112.

330 Vgl. statt aller *Gaß*, S. 414; *Spannowsky*, ZGR 1996, 400 (423).

Beherrschungsvertrages mögliche Weisung sei als Essentiale der verfassungsmäßig gebotenen **Ingerenzpflicht** zu sehen.[331]

Allerdings scheidet der Abschluss eines solchen Beherrschungsvertrages zwischen Kommune und kommunaler GmbH & Co. KG schon deswegen aus, weil eine KG definitionsmäßig nicht als beherrschtes Unternehmen Partei eines Beherrschungsvertrages sein kann. 712

7. Aufsicht

Die spezielle Natur der Kommune als Treuhänderin der ihr überlassenen Steuergelder[332] hat zur Entwicklung eigener, sich von Privaten unterscheidenden Methoden zur **nachträglichen Kontrolle** der Aktivitäten geführt. Hierdurch soll gewährleistet werden, dass auch tatsächlich durchgeführt wird, was einmal beschlossen wurde. Diese Kontrolle ist einem unabhängigen Organ, dem **Gemeindeprüfungsamt**, übertragen. 713

Daneben verpflichten die Gemeindeordnungen die Kommunen dazu ihre Beteiligungsunternehmen eine **Abschlussprüfung** durch Wirtschaftsprüfer durchführen zu lassen, auch wenn die Gesellschaft selbst nicht prüfungspflichtig wäre.[333] 714

a) Die haushaltsrechtlichen Prüfungsrechte

Die Vorschriften des Gemeindewirtschaftsrechts[334] räumen den Kommunen die Möglichkeit ein, die **Betätigung der Gebietskörperschaften** in ihren privatrechtlichen Beteiligungen zu prüfen. Von dieser Übertragung darf die Gemeinde nur dann absehen, wenn sie über kein Rechnungsprüfungsamt verfügt.[335] In diesem Fall würde die Betätigungsprüfung leer laufen, da kein Prüfer vorhanden wäre, der die Befugnisse ausüben könnte. 715

Die **Betätigungsprüfung** umfasst nicht das Unternehmen selbst, sondern – ohne Rücksicht auf die Höhe der kommunalen Beteiligung – die die Beteiligung verwaltende Stelle. Anerkanntermaßen umfasst diese Prüfung insbesondere die Frage, ob die für die Beteiligung an privatrechtlich organisierten Unternehmen von der Verwaltung **zu beachtenden Vorschriften** eingehalten wurden. 716

Aus diesem Grund ist es herausragende Aufgabe der Rechnungsprüfungsämter festzustellen, ob der **„öffentliche Zweck"** für eine wirtschaftliche Betätigung der Gemeinde noch gegeben ist. 717

b) Die handelsrechtliche Rechnungslegung und Abschlussprüfung

Die **Rechnungslegung** der GmbH & Co. KG dient der Ermittlung des Bilanzgewinns und damit des Betrages, der an die Gesellschafter ausgeschüttet werden darf. Darüber hinaus dient sie aber auch der Information der Gläubiger über die wirtschaftliche Lage der Gesellschaft. Wegen des Grundsatzes der Maßgeblichkeit der Handelsbilanz für die Steuerbilanz und damit für die Besteuerung der GmbH & Co. KG dient die Rechnungslegung auch der Ermittlung der geschuldeten Körperschaftsteuer der Anteilseignerin Kommune. 718

Grundsätzlich hat jeder Kaufmann und damit auch jede GmbH & Co. KG in den ersten drei Monaten des Geschäftsjahrs für das vergangene Geschäftsjahr einen **Jahres-** 719

---

[331] *Kraft*, S. 254; *Stober*, NJW 1984, 449 (455); *v. Danwitz*, AöR 120 (1995), 595 (622). .

[332] Vgl. hierzu *Becker*, S. 43 ff.; ausführlich unten Kapitel E. Rn. 231 ff.

[333] § 103 Abs. 1 Nr. 5 Buchst. b) GemO Baden-Württemberg, Art. 94 Abs. 1 Nr. 2 GemO Bayern, § 122 Abs. 1 Nr. 4 GemO Hessen, § 108 Abs. 2 Nr. 1 GemO Nordrhein-Westfalen, § 124 GemO Niedersachsen, § 89 GemO Rheinland-Pfalz, § 110 Abs. 1 Nr. 4 KSVG Saarland, § 9 KommunalprüfungsG Schleswig-Holstein, § 73 Abs. 1 Nr. 2 Buchst. a) KommunalVerf. Mecklenburg-Vorpommern, § 96 Abs. 2 Nr. 6 GemO Sachsen, § 121 Abs. 1 Nr. 2 GemO Sachsen-Anhalt, § 75 Abs. 4 Nr. 1 KommunalO Thüringen, für Brandenburg fehlt eine entsprechende Vorschrift; vgl. auch unten Kapitel E. Rn. 159 ff.

[334] Vgl. § 112 Abs. 2 Nr. 3 GemO Baden-Württemberg, Art. 106 Abs. 4 GemO Bayern, § 131 Abs. 2 Nr. 6 GemO Hessen, § 103 Abs. 2 Nr. 5 GemO Nordrhein-Westfalen, § 119 Abs. 3 Nr. 3 GemO Niedersachsen, § 112 Abs. 2 Nr. 2 GemO Rheinland-Pfalz, § 121 Abs. 2 Nr. 1 KSVG Saarland, § 116 Abs. 2 Nr. 4 GemO Schleswig-Holstein, § 113 Abs. 2 Nr. 4 GemO Brandenburg, § 106 Abs. 2 Nr. 5 GemO Sachsen, § 129 Abs. 2 Nr. 4 GemO Sachsen-Anhalt, § 84 Abs. 4 KommunalO Thüringen.

[335] *Becker*, S. 93.

abschluss[336] aufzustellen (§ 242 Abs. 1 HGB), der aus der **Jahresbilanz und der Gewinn- und Verlustrechnung** besteht. Da für die GmbH & Co. KG die Vorschriften für Kapitalgesellschaften analog Anwendung finden, haben diese nach § 264 Abs. 1 HGB ihren Jahresabschluss um einen **Anhang**[337] zu erweitern (§§ 284f. HGB) und einen **Lage- oder Geschäftsbericht**[338] aufzustellen (§ 289 HGB).

720 Jahresabschluss und Geschäftsbericht sind von der Geschäftsführung **aufzustellen** und nach den Regelungen des Gemeindewirtschaftsrechts durch **Abschlussprüfer** zu prüfen (§ 316 Abs. 1 HGB). Danach sind sie zum Handelsregister einzureichen und ggf. zusätzlich zu veröffentlichen (§ 325 HGB).

721 Da die Aufstellung und Veröffentlichung von Jahresabschlüssen nur sinnvoll ist, wenn die Einhaltung der bilanziellen Vorschriften überwacht wird, müssen Jahresabschluss und Geschäftsbericht von einem sachverständigen Prüfer (**Abschlussprüfer**) geprüft werden (§§ 316 ff. HGB). Die öffentlich bestellten Sachverständigen (Wirtschaftsprüfer und Wirtschaftsprüfungsgesellschaften) haben über das Ergebnis ihrer Prüfung einen **Prüfungsbericht** mit dem in § 321 Abs. 1 HGB vorgeschriebenen Inhalt zu erstatten, der von ihnen zu unterzeichnen und der Geschäftsführung der GmbH & Co. KG vorzulegen ist (§ 321 Abs. 3 HGB).

722 Als äußeres Zeichen der Prüfung und ihres Ergebnisses erteilen die Abschlussprüfer einen uneingeschränkten oder mit Einschränkungen versehenen **Bestätigungsvermerk** (§ 322 HGB). Bei schwerwiegenden Mängeln des Jahresabschlusses haben die Abschlussprüfer den Bestätigungsvermerk zu versagen (§ 322 Abs. 3 HGB).

723 Durch die Verpflichtung zur **Einreichung** des mit dem Bestätigungsvermerk des Wirtschaftsprüfers oder mit dem Vermerk über dessen Versagung versehenen Jahresabschlusses zum Handelsregister des Gesellschaftssitzes (§ 325 Abs. 1 HGB), ist sichergestellt, dass ein eingeschränkter oder versagter Bestätigungsvermerk publik wird und von Interessenten berücksichtigt werden kann.

724 Der Prüfungsbericht des Abschlussprüfers wird grundsätzlich nicht veröffentlicht. Er steht nur der Geschäftsführung zur Verfügung. Daher sehen die Gemeindeordnungen die Verpflichtung zur **Übersendung** des Jahresabschlusses und des Prüfungsberichts **an die Kommune** vor.[339]

725 Da sich die **Aufgabe der Rechnungsprüfungsämter** auf die Überprüfung der Haushalts- und Wirtschaftsführung der Kommune beschränkt und somit nicht das Verhalten der GmbH & Co. KG selbst umfasst, erhalten diese von den Vorgängen in der Gesellschaft prinzipiell nur mittelbar Kenntnis. Hierfür stellt der **Bericht des Wirtschaftsprüfers** die wichtigste Unterlage dar.[340]

726 Daher ist durch die entsprechende Anwendung des § 53 HGrG[341] vorgeschrieben, dass eine Prüfung der **Ordnungsmäßigkeit der Geschäftsführung** durch den Abschlussprüfer erfolgen muss. Aus diesem Grund ist der Prüfungsauftrag bei einer kommunalen GmbH & Co. KG um die Prüfung nach § 53 HGrG zu erweitern.

---

336 *Baumbach/Hopt*, HGB, § 242 Rn. 2.

337 Vgl. *Baumbach/Hopt*, HGB, § 284 Rn. 1.

338 Zum Begriff vgl. *Baumbach/Hopt*, HGB, § 289 Rn. 1 ff.

339 § 103 Abs. 1 Nr. 5 Buchst. c) GemO Baden-Württemberg, § 108 Abs. 2 S. 2 GemO Nordrhein-Westfalen, § 87 Abs. 3 GemO Rheinland-Pfalz, § 110 Abs. 1 Nr. 3 KSVG Saarland, § 9 KommunalprüfungsG Schleswig-Holstein, § 73 Abs. 1 Nr. 3 KommunalVerf. Mecklenburg-Vorpommern, § 96 Abs. 2 Nr. 7 GemO Sachsen, § 121 Abs. 1 Nr. 3 GemO Sachsen-Anhalt, nach § 124 Abs. 1 S. 3 GemO Niedersachsen ist der Prüfungsbericht der Kommunalaufsicht zu übersenden; in Bayern, Hessen, Brandenburg und Thüringen fehlen entsprechende Vorschriften.

340 Ausführlich hierzu *Harbarth*, S. 393 ff.

341 Die Anwendung des HGrG ergibt sich im kommunalen Bereich aus folgenden Vorschriften: § 103 Abs. 1 GemO Baden-Württemberg, Art. 94 GemO Bayern, § 123 GemO Hessen, § 112 GemO Nordrhein-Westfalen, § 124 GemO Niedersachsen, § 89 GemO Rheinland-Pfalz, § 111 KSVG Saarland, § 9 KommunalprüfungsG Schleswig-Holstein, § 105 GemO Brandenburg, § 73 Abs. 2 KommunalVerf. Mecklenburg-Vorpommern, § 96 Abs. 2 Nr. 1 GemO Sachsen, § 121 GemO Sachsen-Anhalt, § 75 Abs. 4 KommunalO Thüringen; vgl. auch *Mertens*, Der Gemeindehaushalt 1983, 104 (106); siehe auch unten Kapitel E. Rn. 163 ff.

VI. Genossenschaften

Literatur: *Althanns,* Genossenschaftliche Modelle bei der Realisierung von Anlagen der erneuerbaren Energien, ZfBR-Beil. 2012, 36 ff.; *Bauer,* Genossenschafts-Handbuch, Stand: April 2014; *Becker,* Die Erfüllung öffentlicher Aufgaben durch gemischtwirtschaftliche Unternehmen, 1997; Beck'sches Handbuch der Genossenschaft, 2009; Berliner Kommentar zum Genossenschaftsgesetz, 2. Aufl. 2010; *Beuthien,* Genossenschaftsgesetz, 15. Aufl. 2011; *ders.,* Müssen Sonderrechte unentziehbar sein?, ZGR 2014, 24 ff.; *Carspecken,* Festschrift für Schaffland, S. 123 ff.; *Frankenberger/Gschrey/Bauer,* Der Aufsichtsrat der Genossenschaft, 7. Aufl. 2011; *Glenk,* Genossenschaftsrecht, 2. Aufl. 2013; *Gräser/Metz/Werhahn,* Die Generalversammlung und die Vertreterversammlung der Genossenschaft, 8. Aufl. 2010; *Henssler/Strohn* (Hrsg.), Gesellschaftsrecht, 2. Aufl. 2014; *Keßler/Herzberg,* Zur Anwendung der Prüfungs- und Unterrichtungsrechte der Kommunen gegenüber ihren Beteiligungen aus den §§ 53, 54 HGrG auf genossenschaftlich verfasste Unternehmen, NZG 2007, 531 ff.; *Klemisch/Maron,* Genossenschaftliche Lösungsansätze zur Sicherung der kommunalen Daseinsvorsorge, ZfgG 60 (2010), 3 ff.; *Lang/Weidmüller,* Genossenschaftsgesetz, 37. Aufl. 2011; Münchener Kommentar zum Aktiengesetz, Bd. 6, 3. Aufl. 2011; *Pöhlmann/Fandrich/Bloehs,* Genossenschaftsgesetz, 4. Aufl. 2012; *Volz,* Zur Umsetzung des Förderauftrags in Energiegenossenschaften, ZfgG 61 (2011), 289 ff.; *Voormann,* Die Stellung des Beirats im Genossenschaftsrecht, ZfgG 34 (1984), 237 ff.

1. Rechtsgrundlagen

Die Genossenschaft beruht auf dem Gesetz betreffend die Erwerbs- und Wirtschaftsge- 727
nossenschaften vom 1. Mai 1889 (Genossenschaftsgesetz) in der Fassung der Bekanntmachung vom 16. Oktober 2006 (BGBl. I, 2230), zuletzt geändert durch Art. 8 des Gesetzes vom 15. Juli 2013 (BGBl. I, 2379). Daneben treten für die kommunale Genossenschaft die Regelungen der landesrechtlichen Gemeindeordnungen zur Zulässigkeit wirtschaftlicher Unternehmen in privater Rechtsform.[1]

a) Kommunale Genossenschaft zwischen Gesellschafts- und Kommunalrecht[2]

Den (öffentlich-rechtlichen) Vorschriften des Kommunalrechts muss zunächst die 728
Zulässigkeit einer Überführung von wirtschaftlichen Betätigungen der öffentlichen Hand auf eine kommunale Genossenschaft entnommen werden können. Auch wenn dies der Fall ist, haben die kommunalen Gebietskörperschaften dafür Sorge zu tragen, die kommunalrechtlichen Vorgaben für eine solche Beteiligung an einer Genossenschaft (z. B. im Hinblick auf die Sicherung von Mitspracherechten und Einflussmöglichkeiten) einzuhalten. Die Organisationsverfassung der kommunalen Genossenschaft wird allerdings in erster Linie durch die privatrechtlichen Normen des Gesellschaftsrechts bestimmt. Des Weiteren ist zu bedenken, dass die Genossenschaft selbst – auch wenn sie kommunale Aufgaben wahrnimmt – im Rechtsverkehr als privatrechtlich organisiertes Rechtssubjekt behandelt wird. Es kommt somit zwangsläufig zu einer Gemengelage von anwendbaren Vorschriften des öffentlichen Rechts sowie des privaten Wirtschaftsrechts.

Die Wahrnehmung kommunaler Aufgaben durch einen privaten Rechtsträger befreit 729
die öffentliche Hand aufgrund der weiterhin bestehenden **Einwirkungs- und Ingerenzpflicht**[3] nicht von der Verantwortung für die ordnungsgemäße Erfüllung der Aufgaben. Es muss deshalb durch geeignete Instrumentarien sichergestellt werden können, dass auch bei einer Aufgabenwahrnehmung durch private Rechtsträger eine Orientierung am Allgemeinwohl unter Berücksichtigung der kommunalpolitischen Ziele stattfindet und das Gebot der Rechtsstaatlichkeit eingehalten wird.[4]

Die Gemeindeordnungen sehen daher zur Sicherstellung dieser öffentlich-rechtlichen 730
Bindung häufig vor, dass sich die Gemeinde erhebliche **Informations- und Einfluss-**

---

1 Siehe III Fn. 1 bzw. IV Fn. 131.
2 Vgl. zum Nachfolgenden *Becker* unter III 1 a (GmbH) bzw. IV 1 a (AG).
3 Siehe III Fn. 2 bzw. IV Fn. 132.
4 Siehe III Fn. 3 bzw. IV Fn. 133.

möglichkeiten auf die Rechtssubjekte, an denen sie sich beteiligen möchte, vorbehalten muss, zumal die wesentlichen Unternehmensentscheidungen nunmehr in den internen Gremien der Rechtsträger besprochen und getroffen werden, was ein Informationsdefizit im Vergleich zu den Verhandlungen des öffentlich tagenden Gemeinderats bedeutet.[5]

731 Schließlich sind auch die Anforderungen des **Rechtsstaats- sowie des Demokratieprinzips** zu beachten, wonach keine unkontrollierten bzw. unkontrollierbaren Freiräume bei der Erfüllung öffentlicher Aufgaben entstehen dürfen.

732 Aus den genannten Gründen folgt daher in Bezug auf die Übernahme kommunaler Aufgaben durch eine Genossenschaft, dass die Rechtsbeziehungen zu der Kommune so auszugestalten sind, dass das notwendige Maß an **Kontrolle und Steuerung** der Genossenschaft durch die Kommune gewährleistet ist.

b) Verhältnis zwischen Gesellschafts- und Kommunalrecht in einer kommunalen Genossenschaft[6]

733 Aus Sicht der kommunalen Gebietskörperschaft ist im Falle einer Aufgabenwahrnehmung durch einen privaten Rechtsträger insbesondere das Verhältnis zwischen den Regelungen des Kommunalrechts und des Gesellschaftsrechts von Bedeutung.

734 Sofern die Kommune ihre Aufgaben indirekt über eine Genossenschaft wahrnehmen möchte, richten sich die **privatrechtlichen Rechtsbeziehungen** und damit auch die Gestaltungsmöglichkeiten hinsichtlich der Mitgliedschaftsrechte vorrangig nach dem Genossenschaftsrecht.

735 Dies bedeutet keinen grundsätzlichen **„Vorrang des Gesellschaftsrechts".** Dem Bund als derjenigen Gebietskörperschaft, die im Rahmen der konkurrierenden Gesetzgebung nach Art. 74 Nr. 1 GG die entsprechende Gesetzgebungskompetenz innehat, steht es frei, diese Kompetenz wahrzunehmen und den Einfluss der öffentlichen Hand durch gesetzliche Einführung von gesellschaftsrechtlichen Sonderpositionen zu sichern.[7]

736 **Landesgesetzliche Regelungen** können dagegen stets nur einen Gestaltungsauftrag formulieren, dessen Grenzen durch das Genossenschaftsrecht bzw. das Privatrecht gezogen werden – und zwar sowohl im Hinblick auf die Organisationsverfassung (Innenrecht) als auch im Verhältnis zu den anderen Teilnehmern im Rechtsverkehr (Außenrecht).[8]

737 Sofern die **Gemeindeordnungen** Anforderungen an die Beteiligung an einem privaten Rechtsträger aufstellen, ist entscheidend, ob diesen durch eine entsprechende Ausgestaltung der Organisationsverfassung oder der Mitgliedschaftsrechte Rechnung getragen werden kann. Ungeachtet dessen sind – bezogen auf die Beteiligung an einer Genossenschaft – die durch das Genossenschaftsgesetz zugelassenen Gestaltungsmöglichkeiten im Hinblick auf die Besetzung der Organe und die Ausgestaltung der Mitgliedschaftsrechte in einer Weise einzusetzen, dass die oben genannten Prinzipien (z. B. das Demokratieprinzip) eingehalten werden und den Interessen der Kommunen und den Zielen der Selbstverwaltung angemessen Rechnung getragen wird.[9]

738 Ob und inwieweit die Kommune von dem durch das Genossenschaftsrecht gesetzten Rahmen überhaupt Gebrauch machen darf, bestimmt sich also nach der Gemeindeordnung und den ihr zugrunde liegenden Zielen. Hierbei gestaltet sich das Zusammenwirken der Kommune mit einer Genossenschaft insofern flexibler als das Zusammenwirken mit einer Kapitalgesellschaft, weil diese grundsätzlich auf die Gewinnerzielung ausgerichtet ist.[10]

---

[5] Siehe III Fn. 5 bzw. IV Fn. 135; ferner *Klemisch/Maron,* ZfgG 60 (2010), 3 (5).

[6] Vgl. zum Nachfolgenden *Becker* unter III 1 b (GmbH) bzw. IV 1 b (AG).

[7] Siehe III Fn. 6 bzw. IV Fn. 136.

[8] Siehe III Fn. 7 bzw. IV Fn. 137.

[9] Aufschlussreich für die kommunale Genossenschaft unter dem Aspekt „bürgerschaftliches Engagement" *Klemisch/Maron,* ZfgG 60 (2010), 3 (6 ff.).

[10] Vgl. zu den mit der Gewinnerzielung einhergehenden Schwierigkeiten bei der Satzungsgestaltung *Schürnbrand,* in: Münchener Kommentar zum AktG, Rn. 22 f., 88 ff. vor § 394.

Die **Organisationsverfassung** einer kommunalen Genossenschaft wird daher nicht nur von gesellschaftsrechtlichen Vorschriften, sondern mittelbar auch durch öffentlich-rechtliche Normen und Anforderungen geprägt. 739

2. Rechtsnatur

Die Genossenschaft ist eine Gesellschaft von nicht geschlossener Mitgliederzahl, deren Zweck darauf gerichtet ist, den Erwerb oder die Wirtschaft ihrer Mitglieder oder deren soziale oder kulturelle Belange durch gemeinschaftlichen Geschäftsbetrieb zu fördern (§ 1 Abs. 1 GenG). Das Wesen der Genossenschaft zeichnet sich somit durch eine „nicht geschlossene" Zahl von Mitgliedern und die ausdrückliche Festlegung eines bestimmten Gesellschaftszwecks aus.[11] 740

Das erste Wesensmerkmal der **nicht geschlossenen Mitgliederzahl** unterscheidet die Genossenschaft nicht grundlegend von der GmbH oder der Aktiengesellschaft. Die Satzung der Genossenschaft muss in ihrer generellen Ausgestaltung vorsehen, dass jederzeit neue Mitglieder eintreten und bestehende Mitglieder (in dem durch § 65 Abs. 2 GenG zugelassenen Gestaltungsrahmen) austreten können. Ein Rechtsanspruch auf Aufnahme ist damit grundsätzlich nicht verbunden.[12] Die Genossenschaft ist – wie auch die GmbH und die Aktiengesellschaft – eine körperschaftlich verfasste Personenvereinigung in Form eines rechtsfähigen wirtschaftlichen Sondervereins.[13] 741

§ 17 Abs. 1 GenG ordnet an, dass die Genossenschaft Träger von Rechten und Pflichten sein kann und damit eine **juristische Person** ist. Gerichtlich wie außergerichtlich handelt sie durch ihre Organe, d. h. durch den Vorstand als gesetzlicher Vertreter (§ 24 Abs. 1 S. 1 GenG) und in den in § 39 Abs. 1 S. 1 GenG bestimmten Fällen durch den Aufsichtsrat. Die Mitglieder können ihre Rechte in der Generalversammlung geltend machen (§ 43 Abs. 1 GenG). Als Mitglieder einer juristischen Person haften sie den Gläubigern der Genossenschaft im Außenverhältnis nicht, wie § 2 GenG ausdrücklich klarstellt. Soweit § 23 GenG in der Überschrift von einer „Haftung der Mitglieder" spricht, ist damit eine Haftung im Innenverhältnis gemeint.[14] In bestimmten Fällen (Insolvenz der Genossenschaft, Ausscheiden aus einer überschuldeten Genossenschaft) kann es zu einer Nachschusspflicht gegenüber der Genossenschaft kommen, sofern eine solche Haftung nicht – wie in der Praxis üblich[15] – satzungsmäßig beschränkt oder ganz ausgeschlossen ist. 742

Aus § 17 Abs. 2 GenG folgt, dass die Genossenschaft, obwohl sie – anders als die GmbH und die Aktiengesellschaft – keine Handelsgesellschaft ist, kraft ihrer Rechtsform und damit unabhängig vom Gegenstand des Unternehmens gleichwohl Kaufmann ist (**Formkaufmann:** § 6 Abs. 2 HGB). 743

Das wesentliche Unterscheidungsmerkmal der Genossenschaft zur GmbH oder Aktiengesellschaft besteht darin, dass ihr Zweck nicht in der eigenen Gewinnerzielung, sondern in der Unterstützung der wirtschaftlichen Betätigung ihrer Mitglieder durch **gemeinschaftlichen Geschäftsbetrieb** liegt. Alle weiteren Besonderheiten der Genossenschaft (wie z. B. die Gleichberechtigung der Mitglieder unabhängig von der Höhe ihrer Beteiligung) lassen sich aus diesem genossenschaftlichen Grundprinzip der Förderung der Mitgliederbelange ableiten, bei dem es nicht um die Erwirtschaftung eines zwischen den Gesellschaftern verteilbaren Gewinns (z. B. in Form einer Dividende), sondern als Grundsatz um die Erzielung eines Vorteils durch Inanspruchnahme der Einrichtungen der Genossenschaft geht.[16] 744

---

11 Vgl. etwa *Beuthien,* GenG, § 1 Rn. 6 ff.
12 Vgl. *Schulte,* in: *Lang/Weidmüller,* GenG, § 1 Rn. 17.
13 Siehe *Beuthien,* GenG, § 1 Rn. 2.
14 Vgl. *Beuthien,* GenG, § 23 Rn. 1; *Schulte,* in: *Lang/Weidmüller,* GenG, § 23 Rn. 1.
15 Siehe *Geschwandtner,* in: Beck'sches Handbuch der Genossenschaft, § 4 Rn. 95.
16 Zu den Einzelheiten *Schulte,* in: *Lang/Weidmüller,* GenG, § 1 Rn. 18 ff.

745 Innerhalb dieser Vorgaben sind zahlreiche genossenschaftsrechtlich zulässigen Ausprägungen eines gemeinschaftlich betriebenen Geschäftsbetriebs denkbar, solange dadurch entweder der **Erwerb oder die Wirtschaft der Mitglieder** (im Sinne einer Erhöhung der Einnahmen bzw. einer Verminderung der Ausgaben) **oder deren soziale oder kulturelle Belange** gefördert werden. Das Spektrum der Erscheinungsformen reicht je nach der Art des verfolgten wirtschaftlichen Zwecks von Kreditgenossenschaften über Einkaufsgenossenschaften, Absatz- und Verwertungsgenossenschaften, Dienstleistungsgenossenschaften, Wohnungsbaugenossenschaften bis hin zu den in den letzten Jahren verstärkt neu gegründeten Energiegenossenschaften.[17] Sofern die Genossenschaft die Inanspruchnahme des Ergebnisses des gemeinschaftlichen Geschäftsbetrieb nur ihren Mitgliedern vorbehält, aber eine Monopolstellung innehat und lebenswichtige Güter produziert oder vertreibt, kann ausnahmsweise ein Anspruch auf Aufnahme als Mitglied bestehen.[18]

746 Kommt jemand als förderndes Mitglied der Genossenschaft nicht in Frage, so kann die Satzung bestimmen, dass er als **investierendes Mitglied** zugelassen werden kann; die näheren Einzelheiten regelt § 8 Abs. 2 GenG.

3. Gründung

a) Errichtung und Satzung

747 Die Gründung der Genossenschaft erfolgt gemäß § 5 GenG durch einen schriftlichen Vertrag, d.h. durch **Feststellung der Satzung,** die inhaltlich den Anforderungen der §§ 6 bis 8a GenG genügen muss. Die Satzung muss durch alle Gründer unterzeichnet (§ 11 Abs. 2 Nr. 1 GenG) und in das Genossenschaftsregister eingetragen werden (§ 10 Abs. 1 GenG). Die Zahl der Mitglieder bei Gründung beträgt mindestens drei (§ 4 GenG).

748 Hinsichtlich des Satzungsinhalts ist zu unterscheiden zwischen den in §§ 6 und 7 GenG angeordneten Mindestvorgaben und den fakultativen Regelungsmöglichkeiten, wie sie in §§ 7a, 8 und 8a GenG vorgesehen sind.

749 In der Satzung muss demnach Folgendes zwingend festgelegt werden:
- die Firma (§ 6 Nr. 1 GenG); sie muss die Bezeichnung „eingetragene Genossenschaft" oder die Abkürzung „eG" enthalten (§ 3 S. 1 GenG), aber nicht zwingend eine Sachfirma sein,
- der Sitz (§ 6 Nr. 1 GenG),
- der Gegenstand des Unternehmens (§ 6 Nr. 2 GenG), wobei für die kommunale Genossenschaft die damit einhergehende Zweckbindung in Bezug auf die Wahrnehmung öffentlicher Aufgaben zu beachten ist,
- eine eventuelle Nachschusspflicht (Haftart; § 6 Nr. 3 GenG),
- die Form für die Einberufung der Generalversammlung und für die Beurkundung ihrer Beschlüsse sowie der Vorsitzende in der Versammlung (§ 6 Nr. 4 GenG),
- die Bekanntmachungsblätter (§ 6 Nr. 5 GenG),
- die Höhe des Geschäftsanteils sowie die darauf zu leistenden Einzahlungen (§ 7 Nr. 1 GenG),
- die Bildung einer gesetzlichen Rücklage (§ 7 Nr. 2 GenG).

750 Darüber hinaus können, wenn die Genossenschaft dies wünscht, weiter gehende Regelungen getroffen werden, z. B. zur Zulässigkeit der Übernahme mehrerer Geschäftsanteile inklusive der Angabe diesbezüglicher Höchstgrenzen (§ 7a Abs. 1 GenG), zur Leistung der Einzahlung auf den Geschäftsanteil im Wege der Sacheinlage (§ 7a Abs. 3 GenG) oder zur Bildung eines bestimmten Mindestkapitals (§ 8a GenG). Einen umfangreichen Katalog von zulässigen Satzungsvorbehalten enthält § 8 Abs. 1 GenG. Danach kann z. B.

---

[17] Zu den Letztgenannten *Volz,* ZfgG 61 (2011), 289 ff.; *Althanns,* ZfBR-Beil. 2012, 36 ff.
[18] Vgl. *Beuthien,* GenG, § 15 Rn. 30 m. w. N.

die Genossenschaft auf eine bestimmte Dauer beschränkt werden (§ 8 Abs. 1 Nr. 1 GenG) oder der Geschäftsbetrieb auch für Nichtmitglieder geöffnet werden (§ 8 Abs. 1 Nr. 5 GenG). Letzteres stellt ebenso eine zulässige „Aufweichung" des genossenschaftlichen Förderprinzips durch gemeinschaftlichen Geschäftsbetrieb der Mitglieder dar wie – auf eine ganz andere Art und Weise – die in § 8 Abs. 2 GenG mit Einschränkungen vorgesehene Möglichkeit der Zulassung sog. investierender Mitglieder.[19]

Vorstand und Aufsichtsrat sind gemäß § 9 Abs. 1 S. 1 GenG notwendige Organe der 751
Genossenschaft, weshalb die Gründung daher die (erstmalige) **Bestellung von Vorstand und Aufsichtsrat** voraussetzt. Für die Wahl der Mitglieder des Aufsichtsrats ist grundsätzlich die Versammlung der Mitglieder zuständig; für die Wahl des Vorstands können nach Maßgabe der Satzung abweichende Zuständigkeiten bestehen, weshalb gegebenenfalls der Aufsichtsrat unmittelbar nach seiner Bestellung den Vorstand ernennen muss.

Die Anmeldung der Genossenschaft zur Eintragung in das beim zuständigen Amts- 752
gericht geführte Genossenschaftsregister (§ 10 Abs. 1 GenG) erfolgt aufgrund einer in öffentlich beglaubigter Form vorzunehmenden „Anmeldung" durch den gesamten Vorstand (§§ 11 Abs. 1, 157 GenG). Der Anmeldung sind gemäß § 11 Abs. 2 Nrn. 1 und 2 GenG die von den Mitgliedern unterzeichnete Satzung sowie eine Abschrift der Urkunden über die Bestellung von Vorstand und Aufsichtsrat (Gründungsprotokoll) beizufügen.

Da jede Genossenschaft gemäß § 54 GenG einem Prüfungsverband angehören muss,[20] 753
fordert § 11 Abs. 2 Nr. 3 GenG ferner die Einreichung der **Mitgliedsbescheinigung eines Prüfungsverbandes** sowie eine gutachtliche Äußerung desselben, ob nach den persönlichen oder wirtschaftlichen Verhältnissen eine Gefährdung der Belange der Mitglieder oder der Gläubiger der Genossenschaft zu besorgen ist.

Nach erfolgreicher **Gründungsprüfung** durch das Gericht (§ 11a GenG) erfolgt die **Eintragung in das Genossenschaftsregister.** Die Genossenschaft erlangt erst dadurch ihre Rechtsfähigkeit (Umkehrschluss aus § 13 GenG).

b) Rechtsformwechsel (Ausgliederung)[21]

Das Umwandlungsgesetz regelt verschiedene Formen der nachträglichen Veränderung 754
der gesellschaftsrechtlichen Organisationsform unterschiedlicher Rechtsträger. Die Vorzüge von Restrukturierungsmaßnahmen nach dem Umwandlungsgesetz liegen regelmäßig in steuerlichen Vorteilen sowie der erleichterten Vermögensübertragung im Wege der (partiellen) Gesamtrechtsnachfolge.[22] Eine Übertragung im Wege der Einzelrechtsnachfolge soll durch das Umwandlungsgesetz aber nicht eingeschränkt werden.[23]

In §§ 168 ff. UmwG wird **Gebietskörperschaften** oder deren Zusammenschlüssen 755
generell die Möglichkeit einer Ausgliederung ihrer Unternehmen auf einen privatrechtlich organisierten Rechtsträger eröffnet, sofern das einschlägige Bundes- oder Landesrecht (insbesondere auch das kommunale Wirtschaftsrecht) diesem Vorgang nicht entgegenstehen.[24]

Die Ausgliederung als Unterfall der Spaltung ist grundsätzlich in zwei Varianten mög- 756
lich (vgl. § 123 Abs. 3 UmwG):

- **Ausgliederung zur Aufnahme** durch Übertragung des Vermögens auf einen bestehenden (übernehmenden) Rechtsträger;
- **Ausgliederung zur Neugründung** durch Übertragung des Vermögens auf einen neuen Rechtsträger.

---

19 Vgl. *Glenk*, Genossenschaftsrecht, Rn. 287.
20 Zur diesbezüglichen Verfassungskonformität BVerfG, NJW 2001, 2617 ff.
21 Vgl. zum Nachfolgenden *Becker* unter III 3 a bb (GmbH) bzw. IV 3 a bb (AG).
22 Siehe III Fn. 38 bzw. IV Fn. 176.
23 Siehe III Fn. 47 bzw. IV Fn. 185.
24 Siehe III Fn. 37 bzw. IV Fn. 175.

757 Dabei sind bei der Ausgliederung durch Gebietskörperschaften folgende Besonderheiten zu beachten:

- Entgegen der allgemeinen Regelung in § 123 Abs. 3 UmwG darf Gegenstand der Ausgliederung nur ein Unternehmen als Ganzes sein, nicht aber einzelne Vermögensgegenstände.[25] Was der Gesetzgeber in diesem Zusammenhang als „Unternehmen" versteht, wird weder hier noch an anderer Stelle definiert. Es herrscht aber weitgehend Einigkeit, dass eine organisatorisch verselbstständigte, finanzwirtschaftlich als eigenes Vermögen getrennt zu verwaltende Unternehmenstätigkeit vorliegen muss, die nicht zwingend eine Gewinnerzielungsabsicht voraussetzt.[26]
- Der Kreis der zulässigen Zielrechtsträger ist eingeschränkt, wobei die Genossenschaft (wie auch die Kapitalgesellschaften) in beiden Ausgliederungsvarianten als Zielrechtsträger in Betracht kommt.

758 Von der Gesetzessystematik her enthalten die §§ 168 ff. UmwG **Sonderregelungen,** die den – grundsätzlich ebenfalls anwendbaren – allgemeinen Regelungen für die Spaltung (und Ausgliederung) in §§ 123 ff. UmwG sowie den über den Verweis in § 125 S. 1 UmwG einbezogenen Vorschriften vorgehen. So sind neben den Vorschriften des Umwandlungsrechts auch die für die jeweilige Gesellschaftsform geltenden Spezialgesetze zu beachten, im Falle der Genossenschaft als Zielrechtsträger also die Normen des Genossenschaftsgesetzes, soweit sich aus dem Umwandlungsgesetz nichts anderes ergibt, wie etwa aus § 81 UmwG im Hinblick auf die Mitwirkung des Prüfungsverbandes[27] oder aus § 135 Abs. 2 S. 3 UmwG, wonach § 4 GenG, also die Vorgabe einer Mindestanzahl von drei Gründern, nicht anwendbar ist.[28]

759 Die Durchführung der Ausgliederung setzt für die Ausgliederung zur Aufnahme einen **Ausgliederungsvertrag** und für die Ausgliederung zur Neugründung einen einseitigen **Ausgliederungsplan** voraus, der gewissen inhaltlichen Mindestanforderungen genügen (§ 126 Abs. 1 UmwG) und notariell beurkundet werden muss (§ 6 UmwG).

760 Dagegen ist nach § 169 S. 1 UmwG **kein Ausgliederungsbericht** für die Gebietskörperschaft notwendig, da sie keine Anteilseigner hat, zu deren Information ein solcher Bericht notwendig wäre.

761 Vollzogen – und damit wirksam – ist die Ausgliederung des Unternehmens auf den Zielrechtsträger mit der letzten notwendigen Eintragung durch das Registergericht des neu gegründeten oder aufnehmenden Rechtsträgers (vgl. § 171 UmwG).[29]

762 Es erfolgt gemäß § 131 Abs. 1 Nr. 1 UmwG der gesetzlich angeordnete (automatische) Übergang der von der Umwandlung betroffenen Aktiva und Passiva auf den Zielrechtsträger im Wege der **(partiellen) Gesamtrechtsnachfolge.**[30]

763 Insofern kommt der in § 126 Abs. 1 Nr. 9 UmwG vorgesehenen Bezeichnung der übergehenden Gegenstände im Ausgliederungsvertrag bzw. Ausgliederungsplan eine besondere Bedeutung zu, da diese mit hinreichender Genauigkeit, d. h. mit **sachenrechtlicher Bestimmtheit,** zu erfolgen hat. Nicht bilanzierungsfähige Gegenstände und Vertragsverhältnisse sind gesondert aufzuführen. Bei der Übertragung von Grundstücken sind gemäß § 126 Abs. 2 S. 2 UmwG zudem die Vorschriften der Grundbuchordnung (§ 28 GBO) zu beachten, da sich auch der Eigentumsübergang an dem Grundstück mit dem Wirksamwerden der Ausgliederung außerhalb des Grundbuchs vollzieht.

764 Der übernehmende Rechtsträger tritt in die Rechtsstellung ein, die der übertragende Rechtsträger innehatte, im Gegenzug erhält der übertragende Rechtsträger (also die Gebietskörperschaft) Anteile an dem aufnehmenden oder neu gegründeten Rechtsträger. Es ist im Hinblick auf die Folgen des § 80 Abs. 1 S. 1 GenG (Auflösung durch das Gericht)

---

[25] Siehe III Fn. 39 bzw. IV Fn. 177.
[26] Siehe III Fn. 40 bzw. IV Fn. 178.
[27] Im Einzelnen *Lehnhoff,* in: *Lang/Weidmüller,* GenG, § 81 UmwG Rn. 1 ff.
[28] Vgl. *Wolff,* in: *Beuthien,* GenG, §§ 123 ff. UmwG Rn. 47.
[29] Siehe III Fn. 42 bzw. IV Fn. 180.
[30] Siehe III Fn. 44 bzw. IV Fn. 182.

bei der Ausgliederung zur Neugründung auf eine Genossenschaft darauf zu achten, dass die vorgesehene Mindestanzahl an Mitgliedern innerhalb von sechs Monaten nach Gründung eingehalten wird.

Auch bei der Ausgliederung durch Gebietskörperschaften wird an dem für die Spaltung geltenden Grundsatz festgehalten, dass die beteiligten Rechtsträger für die vor Wirksamwerden der Ausgliederung begründeten Verbindlichkeiten als **Gesamtschuldner** haften (vgl. § 172 UmwG), und zwar für einen Zeitraum von fünf Jahren (§ 157 i.V.m. § 173 UmwG).[31] 765

4. Aufgaben und Befugnisse[32]

Hinsichtlich der Zulässigkeit einer **kommunalen Aufgabenerfüllung** durch eine kommunale Genossenschaft ist zwischen den Pflichtaufgaben und den freiwilligen Aufgaben zu unterscheiden. Im Grundsatz gilt jedoch, dass kommunale Aufgaben, z.B. im Bereich der Daseinsvorsorge,[33] auch durch private Rechtsträger erfüllt werden können.[34] Die einschlägigen Vorschriften der Gemeindeordnungen sehen entsprechend die Möglichkeit vor, dass die Gemeinden Unternehmen auch in der Rechtsform der Genossenschaft führen können. 766

Allerdings ist es für bestimmte Einrichtungen des Bildungs-, Gesundheits- und Sozialwesens gesetzlich nicht gestattet, diese als **wirtschaftliche Unternehmen** zu führen.[35] 767

Beschränkungen ergeben sich in Bezug auf die **kommunalen Pflichtaufgaben** zudem daraus, dass die Gemeinde keine Entscheidungsfreiheit hinsichtlich der Wahrnehmung der Aufgaben (das „Ob"), sondern nur – zumindest bei den Pflichtaufgaben im eigenen Wirkungskreis – hinsichtlich der Art und Weise ihrer Durchführung (das „Wie") hat. 768

Die Gemeinde kann daher weder die Pflichtaufgaben selbst noch die **Verantwortung für die ordnungsgemäße Erfüllung,** sondern lediglich die Durchführung auf einen privaten Rechtsträger delegieren.[36] Mehr Gestaltungsspielraum hat sie dagegen bei den freiwilligen Aufgaben, die sie sich selbst stellt (z.B. Betrieb von Bibliotheken oder Jugendeinrichtungen); hier kann sie auch über das „Ob" entscheiden. 769

5. Vorstand

a) Zahl der Vorstandsmitglieder

§ 24 Abs. 2 S. 1 GenG legt als Grundsatz fest, dass der Vorstand aus zwei Personen besteht. In diesem Rahmen existiert weitgehend Gestaltungsfreiheit in der Satzung; dort können Anordnungen zu Höchst- und/oder Mindestzahl getroffen werden.[37] Zu beachten ist allerdings, dass lediglich der Vorstand einer Genossenschaft mit nicht mehr als 20 Mitgliedern von der Mindestvorgabe eines doppelköpfigen Vorstands abweichen und vorbehaltlich einer entsprechenden Satzungsregelung aus nur einer Person bestehen darf (§ 24 Abs. 2 S. 3 GenG). 770

b) Persönliche Voraussetzungen

Bei der Genossenschaft gilt anders als bei der GmbH oder der Aktiengesellschaft der Grundsatz der Selbstorganschaft, d.h. die Geschäftsführung und Vertretung der Genossenschaft darf nicht – wie bei der Fremdorganschaft – durch außenstehende Dritte erfol- 771

---

31 Siehe III Fn. 46 bzw. IV Fn. 184.
32 Vgl. zum Nachfolgenden *Becker* unter III 4 (GmbH) bzw. IV 4 (AG).
33 Wie Abwasser, Abfall, Verkehr oder der Betrieb von Krankenhäusern.
34 Siehe III Fn. 60.
35 Siehe III Fn. 61 bzw. IV Fn. 205.
36 Siehe III Fn. 62 bzw. IV Fn. 206.
37 Vgl. *Schaffland,* in: *Lang/Weidmüller,* GenG, § 24 Rn. 14.

gen. Die Mitglieder des Vorstands müssen Mitglieder der Genossenschaft sein (vgl. § 9 Abs. 2 S. 1 GenG), wobei ausreichend ist, dass sie diesen Status während ihrer Amtsführung, also nicht notwendig bereits im Zeitpunkt ihrer Wahl bzw. Bestellung haben.[38] Gehören der Genossenschaft andere Genossenschaften als Mitglieder an, können deren Mitglieder in den Vorstand gewählt werden, ohne persönlich die Mitgliedschaft erwerben zu müssen (§ 9 Abs. 2 S. 2 HS 1 GenG). Diese Einschränkung gilt entsprechend für gesetzliche oder rechtsgeschäftliche Vertreter anderer juristischer Personen oder Personengesellschaften (§ 9 Abs. 2 S. 2 HS 2 GenG).

772 In allen Varianten ist zwingend erforderlich, dass die Vorstandsmitglieder natürliche Personen sind. Dies wird in § 9 Abs. 2 S. 1 GenG ausdrücklich klargestellt, folgt aber letztlich schon aus der Natur des Vorstandsamts, durch dessen Wahrnehmung die juristische Person erst handlungsfähig wird. Auch wenn das Genossenschaftsgesetz keine dem § 76 Abs. 3 S. 1 AktG vergleichbare ausdrückliche Regelung enthält, ist unstreitig als weitere persönliche Voraussetzung die unbeschränkte Geschäftsfähigkeit notwendig.[39]

c) Wahl

773 Nach § 24 Abs. 2 GenG wird der Vorstand grundsätzlich von der Generalversammlung mit einfacher Mehrheit (vgl. dazu § 43 Abs. 2 GenG) gewählt; die Satzung kann aber eine andere Art der Bestellung oder andere Mehrheitsverhältnisse bestimmen.

774 Von diesen Satzungsvorbehalten wird in der Praxis regelmäßig zugunsten des Aufsichtsrats Gebrauch gemacht, so dass sich die Zuständigkeit der Generalversammlung meist auf die Wahl der **ehrenamtlichen Vorstandsmitglieder** beschränkt.[40] Um diese Abkehr vom gesetzlichen Leitbild auch begrifflich zu verdeutlichen, wird häufig im Zusammenhang mit der Ernennungskompetenz der Generalversammlung der Begriff „Wahl“ verwendet, während es im Zusammenhang mit dem Aufsichtsrat „Bestellung“ heißt, auch wenn es die Formulierung in § 24 Abs. 2 S. 2 GenG („eine andere Art der Bestellung“) an sich nahelegt, dass „Bestellung“ der Oberbegriff für die Berufung des Vorstands ist.

d) Bestellung

775 Wie soeben dargelegt, besteht im Allgemeinen nur eine eingeschränkte Zuständigkeit der Generalversammlung bei der Bestellung des Vorstands. Insofern hat sich die genossenschaftliche Praxis dem gesetzlichen Leitbild der Aktiengesellschaft (Bestellung des Vorstands gemäß § 84 Abs. 1 AktG durch den Aufsichtsrat) angepasst. Hier wie dort wird der Aufsichtsrat mit seiner umfassenden Kontrollfunktion in Bezug auf das Leitungsgremium der Gesellschaft bereits für das Stadium der Auswahl und der Berufung geeigneter Kandidaten als besonders kompetent angesehen. Hinsichtlich der notwendigen Mehrheitserfordernisse gilt das für die Generalversammlung Gesagte in gleicher Weise. Ebenfalls zulässig ist schließlich auch eine sonstige Art der Bestellung, wie z. B. die Ernennung durch einen Dritten.

e) Beendigung des Amts

776 Gemäß § 24 Abs. 3 S. 2 GenG ist der **Widerruf der Bestellung** als Vorstand jederzeit auch ohne Vorliegen eines wichtigen Grundes möglich. Der Widerruf erfolgt durch das zuständige Organ, also grundsätzlich durch einen ordnungsgemäßen Beschluss der Generalversammlung oder aufgrund einer entsprechenden satzungsmäßigen Bestimmung durch den Aufsichtsrat, wobei im Zweifel das für die Bestellung zuständige Organ auch für den Widerruf der Bestellung zuständig ist (und umgekehrt).[41]

---

38 Vgl. *Beuthien,* GenG, § 9 Rn. 8.
39 Vgl. etwa *Beuthien,* GenG, § 24 Rn. 7.
40 Siehe *Schaffland,* in: *Lang/Weidmüller,* GenG, § 24 Rn. 38.
41 Vgl. *Beuthien,* GenG, § 24 Rn. 20.

777 Bei bestehender Abberufungszuständigkeit der Generalversammlung ermächtigt § 40 GenG den Aufsichtsrat, nach pflichtgemäßem Ermessen ein Vorstandsmitglied vorläufig seines Amts zu entheben **(Suspendierung).** Vorbehaltlich einer abweichenden Satzungsbestimmung hat der Aufsichtsrat unverzüglich eine Entscheidung der Generalversammlung über die Amtsenthebung herbeizuführen, die im Falle eines bestätigenden Beschlusses einen Widerruf nach § 24 Abs. 3 S. 1 GenG darstellt.

778 Von der Organstellung zu trennen ist ein dienstvertragliches Anstellungsverhältnis, wie es regelmäßig bei den hauptamtlichen Vorstandsmitgliedern zusätzlich besteht.

779 Der Widerruf der Organstellung führt nicht automatisch zur **Beendigung eines zusätzlich bestehenden Dienstvertrags** (§ 24 Abs. 3 S. 2 GenG). Grundsätzlich ist allerdings davon auszugehen, dass beide Rechtsbeziehungen eines Vorstandsmitglieds zur Genossenschaft in ihrem Schicksal voneinander abhängen und daher im Falle des für die Beendigung insgesamt zuständigen Aufsichtsrats in der Kündigung des Dienstverhältnisses regelmäßig auch der Widerruf der Bestellung mit Wirkung zum selben Zeitpunkt liegt.[42] Bis dahin ist das Vorstandsmitglied berechtigt und verpflichtet, die Amtsgeschäfte weiterzuführen.

780 Häufig wird das Recht zur fristgemäßen **Kündigung des Dienstverhältnisses** aus der satzungsmäßig eingeräumten Wahrnehmungszuständigkeit des Aufsichtsrats für die Verträge mit den Vorstandsmitgliedern folgen.[43] Gleiches gilt auch für den praktisch relevanten Fall einer einvernehmlichen Trennung durch Abschluss eines Aufhebungsvertrages anstelle einer einseitigen Beendigung durch Kündigung. Ganz grundsätzlich ist allerdings bei auseinanderfallenden Kompetenzen zu beachten, dass der Aufsichtsrat eine bestehende Abberufungszuständigkeit der Generalversammlung im Hinblick auf die Organstellung nicht faktisch aushöhlen darf.[44] Dies gilt insbesondere im Falle einer außerordentlichen Kündigung des Dienstvertrags nach § 626 Abs. 1 BGB, wobei erschwerend hinzukommt, dass die Übertragung der Zuständigkeit für die außerordentliche Kündigung nicht schon mit der Zuständigkeit für die Bestellung und den Abschluss eines Dienstvertrags begründen lässt.[45]

781 Es wurde bereits darauf hingewiesen, dass die **nicht hauptamtlichen Vorstandsmitglieder** in der Regel von der Generalversammlung gewählt und entsprechend von dieser abberufen werden, wobei auch hier Satzungsfreiheit besteht. Die zivilrechtliche Ebene wird nicht durch einen Dienstvertrag, sondern durch ein Auftragsverhältnis geprägt.[46] Praktisch relevant wird dieser Unterschied bei der freiwilligen Aufgabe des Amts durch Niederlegung. Die ehrenamtlichen Vorstandsmitglieder können ihr Amt jederzeit niederlegen (es sei denn, dies geschieht „zur Unzeit"), ohne dadurch eine Vertragsverletzung zu begehen.[47]

f) Vorstand als gesetzlicher Vertreter der Genossenschaft

782 Der Vorstand ist gemäß §§ 24 Abs. 1 S. 1, 27 Abs. 1 S. 1 GenG das zur gerichtlichen und außergerichtlichen Vertretung sowie zur Geschäftsleitung berufene Organ. § 26 Abs. 1 GenG ordnet entsprechend an, dass die Genossenschaft (nur) durch die vom Vorstand in ihrem Namen geschlossenen Rechtsgeschäfte berechtigt und verpflichtet wird. Beschränkungen im Innenverhältnis sind gemäß § 27 Abs. 2 GenG im Außenverhältnis grundsätzlich unbeachtlich. Von dieser gesetzlichen Vertretungsmacht des Vorstands ist die rechtsgeschäftlich eingeräumte Vertretungsmacht zu unterscheiden. Der Vorstand kann anderen Personen (z. B. Mitarbeitern) Handlungsvollmacht oder Prokura erteilen (siehe dazu § 42

42 Differenzierend *Beuthien,* GenG, § 24 Rn. 22.
43 Vgl. *Schaffland,* in: *Lang/Weidmüller,* GenG, § 24 Rn. 71 m. w. N.
44 Im Einzelnen *Bauer,* Genossenschafts-Handbuch, § 24 GenG Rn. 233 m. w. N.
45 Vgl. *Bauer,* Genossenschafts-Handbuch, § 24 GenG Rn. 246. Grundlegend zur Zuständigkeit des Aufsichtsrats für die fristlose Kündigung von Vorstandsmitgliedern *Carspecken,* Festschrift für Schaffland, S. 123 ff.
46 Vgl. *Schaffland,* in: *Lang/Weidmüller,* GenG, § 24 Rn. 47.
47 Vgl. *Schaffland,* in: *Lang/Weidmüller,* GenG, § 24 Rn. 92.

GenG) und diese so in dem jeweils damit einhergehenden Umfang ermächtigen, mit Wirkung für und gegen die Genossenschaft im Rechtsverkehr tätig zu sein.

g) Zusammenwirken von Vorstand und Aufsichtsrat

783 Die Organisationsverfassung der Genossenschaft geht davon aus, dass sich Vorstand und Aufsichtsrat auf Augenhöhe begegnen, während sie die ihnen durch das Gesetz (oder die Satzung) zugewiesenen Aufgaben wahrnehmen. Wie auch bei anderen Gesellschaftsformen ist im Sinne der Genossenschaft daher ein respektvoller und vertrauensvoller Umgang miteinander unerlässlich. Der Aufsichtsrat muss insbesondere in die Lage versetzt werden, seinen Kontrollpflichten gegenüber dem Vorstand gemäß § 38 GenG nachzukommen. Es ist daher anerkannt, dass der Vorstand auf Verlangen des Aufsichtsrats an Aufsichtsratssitzungen teilzunehmen hat, und zwar auch dann, wenn umgekehrt ein Recht des Vorstands auf Teilnahme an den Aufsichtsratssitzungen nicht besteht.[48]

h) Pflichten des Vorstands

784 **aa) Rechtsquellen der Pflichten.** Die Pflichten des Vorstands ergeben sich aus den ihm als Organ durch das Genossenschaftsgesetz zugewiesenen Funktionen. Der Vorstand hat die Genossenschaft eigenverantwortlich zu leiten und dabei insbesondere den Förderauftrag (§ 1 Abs. 1 GenG) zu berücksichtigen sowie die Genossenschaft im Rechtsverkehr und vor Gericht zu vertreten. Dabei haben sämtliche Vorstandsmitglieder die Sorgfalt eines ordentlichen und gewissenhaften Geschäftsleiters zu beachten (§ 34 Abs. 1 GenG). Über diese allgemein gefassten gesetzlichen Vorgaben hinaus können sich im konkreten Einzelfall für alle bzw. einzelne Vorstandsmitglieder weitere Pflichten aus der Satzung, der Geschäftsordnung des Vorstands und – soweit vorhanden – aus dem Anstellungsvertrag ergeben.

785 **bb) Leitungs- und Sachverantwortung.** Die Geschäftsführung obliegt gemäß § 27 Abs. 1 GenG dem Vorstand unter eigenverantwortlicher Leitung. Er unterliegt grundsätzlich keinen Weisungsrechten der Generalversammlung oder des Aufsichtsrats. Die Vorstandsmitglieder sind verpflichtet, den Betrieb der Genossenschaft in sachlicher und personeller Hinsicht adäquat auszustatten und so zu leiten, dass der Genossenschaftszweck der Mitgliederförderung erreicht werden kann. Von dieser „Leitungsverantwortung“ ist die „Sachverantwortung“ zu unterscheiden. Insbesondere bei größeren Genossenschaften ist eine Aufteilung der Vorstandsaufgaben nach einem bestimmten Ressortprinzip, innerhalb dessen jedes Vorstandsmitglied sein Fachgebiet (z. B. Finanzen, Personal, Recht, Vertrieb) eigenständig unter Einbeziehung der Mitarbeiter leitet, üblich. An der Gesamtverantwortung ändert diese Ressortaufteilung allerdings grundsätzlich nichts.[49]

786 **cc) Schadensersatzpflicht.** Vorstandsmitglieder, die ihre Pflichten verletzen und nicht die Sorgfalt eines ordentlichen und gewissenhaften Geschäftsleiters walten lassen, sind der Genossenschaft als Gesamtschuldner zum Ersatz des daraus entstehenden Schadens verpflichtet (§ 34 Abs. 2 GenG). § 34 Abs. 3 GenG enthält eine nicht abschließende Aufzählung von haftungsauslösenden Pflichtverletzungen, wie z. B. die gesetz- oder satzungswidrige Auszahlung von Geschäftsguthaben. Ganz grundsätzlich kommt eine haftungsrelevante Verletzung der Sorgfaltspflicht dann in Betracht, wenn (mindestens) ein Vorstandsmitglied nicht das objektiv Mögliche und subjektiv Zumutbare getan hat, um die Genossenschaft selbst sowie ihre Mitglieder und Gläubiger vor Schaden zu bewahren.[50]

---

48 Vgl. *Fandrich*, in: *Pöhlmann/Fandrich/Bloehs*, GenG, § 36 Rn. 22.
49 Vgl. *Fandrich*, in: *Pöhlmann/Fandrich/Bloehs*, GenG, § 34 Rn. 10.
50 Siehe *Schaffland*, in: *Lang/Weidmüller*, GenG, § 34 Rn. 23.

6. Aufsichtsrat

a) Zahl der Aufsichtsratsmitglieder

Genossenschaften mit mehr als 20 Mitgliedern müssen zwingend einen Aufsichtsrat haben; bei einer kleineren Mitgliederzahl kann die Satzung vorsehen, dass die Aufgaben und Pflichten des Aufsichtsrats von der Generalversammlung wahrgenommen werden (siehe § 9 Abs. 1 GenG). Die Größe des Aufsichtsrats hängt wesentlich von der Größe der Genossenschaft und der Komplexität der durch den Aufsichtsrat wahrzunehmenden Kontrollfunktion ab. Gemäß § 36 Abs. 1 S. 1 GenG liegt die Mindestzahl bei drei Mitgliedern. Die Satzung kann eine höhere Zahl vorsehen. Bei Genossenschaften, die aufgrund ihrer Größe einer Mitbestimmung der Arbeitnehmer unterliegen, muss eine gewisse Anzahl der Aufsichtsratsmitglieder aus den Reihen der Arbeitnehmer kommen. Einzelheiten regeln die einschlägigen mitbestimmungsrechtlichen Gesetze. 787

b) Persönliche Voraussetzungen

Aus dem Grundsatz der Selbstorganschaft folgt auch für die Besetzung des Aufsichtsrats, dass dessen Mitglieder der Genossenschaft angehören müssen (vgl. § 9 Abs. 2 S. 1 GenG mit den bereits für den Vorstand dargestellten Besonderheiten des § 9 Abs. 2 S. 2 GenG im Falle von juristischen Personen oder Personengesellschaften als Mitgliedsunternehmen). Hinsichtlich des Erfordernisses, dass es sich um natürliche Personen mit unbeschränkter Geschäftsfähigkeit handeln muss, bestehen keine Unterschiede zu den bereits dargestellten persönlichen Anforderungen an die Vorstandsmitglieder. Weitere persönliche Voraussetzungen für die Wählbarkeit werden – mit Ausnahme der Sonderregelung in § 36 Abs. 4 GenG für die kapitalmarktorientierte Genossenschaft – nicht verlangt. Die Satzung kann zusätzliche Anforderungen enthalten.[51] Dass die Mitglieder des Aufsichtsrats neben dem notwendigen Engagement über eine hinreichende Qualifikation (auch in Wirtschaftsfragen) und Unabhängigkeit verfügen müssen, um ihre Aufgaben sachgerecht und frei von persönlichen Interessen auszuüben, versteht sich von selbst. 788

Auch im Genossenschaftsgesetz findet sich die im Gesellschaftsrecht übliche Kollisionsregel zur Verhinderung möglicher Interessenkonflikte bei der Wahrnehmung unterschiedlicher interner Funktionen: Gemäß § 37 Abs. 1 S. 1 GenG dürfen Mitglieder des Aufsichtsrats nicht zugleich Mitglieder des Vorstands, dauernde Stellvertreter derselben, Prokuristen oder zum Betrieb des gesamten Geschäfts ermächtigte Handlungsbevollmächtigte der Genossenschaft sein. Eine dem § 105 Abs. 2 AktG vergleichbare Regelung enthält § 37 Abs. 1 S. 2 GenG, wonach es für einen im Voraus begrenzten Zeitraum zulässig ist, dass ein an der Ausübung seines Amts gehindertes Vorstandsmitglied durch ein Mitglied des Aufsichtsrats vertreten wird. Die Amtsgeschäfte als Aufsichtsrat dürfen allerdings erst wieder aufgenommen werden, nachdem die Entlastung für die stellvertretende Vorstandstätigkeit erteilt worden ist. 789

Hinsichtlich des personellen Wechsels vom Vorstand in den Aufsichtsrat fordert § 37 Abs. 2 GenG für die Wählbarkeit, dass zuvor Entlastung erteilt worden ist; weitergehende gesetzliche Anforderungen bestehen nicht. 790

c) Beendigung der Amtszeit

Das Amt des Aufsichtsratsmitglieds endet regulär mit dem **Ablauf der Wahlperiode,** die in der Satzung festgelegt ist.[52] 791

Widerruf und Abberufung: Die vorzeitige Abberufung eines Aufsichtsratsmitglieds durch Widerruf der Bestellung kann nur durch die Generalversammlung erfolgen und setzt einen entsprechenden, hinreichend konkreten Hinweis (unter Nennung des abzuberufenden Mitglieds) in der Einladung voraus. § 36 Abs. 3 GenG fordert eine Stim- 792

---

[51] Vgl. *Beuthien,* GenG, § 36 Rn. 2.
[52] Vgl. *Beuthien,* GenG, § 36 Rn. 21.

menmehrheit von mindestens drei Viertel der abgegebenen Stimmen. Durch diese erschwerten Abberufungsvoraussetzungen soll insbesondere der exponierten Stellung des Aufsichtsrats zwischen Vorstand einerseits und Generalversammlung andererseits Rechnung getragen werden.

d) Aufgaben des Aufsichtsrats

793 Der Aufsichtsrat ist das **Kontrollorgan** der Genossenschaft, dessen Hauptaufgabe in der umfassenden Überwachung der geschäftsleitenden Tätigkeit des Vorstands besteht. Zur Wahrnehmung dieser Aufgabe werden ihm entsprechende Informations- und Einsichtsrechte eingeräumt; er kann sogar selbst Prüfungsmaßnahmen durchführen (Einzelheiten in § 38 Abs. 1 und 1a GenG). Darüber hinaus vertritt der Aufsichtsrat die Genossenschaft gegenüber den Vorstandsmitgliedern gerichtlich und außergerichtlich (§ 39 Abs. 1 S. 1 GenG).

794 **Weitere Aufgaben:** Neben den gesetzlich konkret geregelten Zuständigkeiten kann die Satzung dem Aufsichtsrat weitere Aufgaben – auch geschäftsleitender Art – übertragen (§ 38 Abs. 3 GenG). Diese Vorschrift korrespondiert mit § 27 Abs. 1 S. 2 GenG, wonach die Leitungskompetenz des Vorstands durch die Satzung eingeschränkt werden kann. Von dieser Ermächtigung wird häufig Gebrauch gemacht, indem bestimmte Arten von Geschäften der Zustimmung des Aufsichtsrats unterworfen werden. Beide Gremien beraten dann gegebenenfalls gemeinsam, fassen aber getrennt Beschlüsse.[53]

795 Der Aufsichtsrat nimmt somit eine wichtige Funktion innerhalb der Genossenschaft wahr. Unabhängig von der notwendigen fachlichen Kompetenz geeigneter Kandidaten, sollte daher auch die Zusammensetzung des Organs mit Bedacht erfolgen – und dies nicht nur im Hinblick auf die viel diskutierte Diversifizierung von Männern und Frauen. Es empfiehlt sich insbesondere, dass die Mitglieder nach regionalen, berufsständischen oder anderen für die Mitgliedschaft bedeutenden Merkmalen im Aufsichtsrat vertreten sind. Des Weiteren wurde bereits darauf hingewiesen, dass sich die Gemeinden im Falle der Übertragung kommunaler Pflichtaufgaben auf private Rechtsträger ihrer öffentlich-rechtlichen Verantwortung für deren ordnungsgemäße Erfüllung nicht entziehen können und daher unter Ausnutzung der gesellschaftsrechtlich bestehenden Möglichkeiten entsprechende Einfluss- und Informationsmöglichkeiten, z. B. über einen oder mehrere Sitze im Aufsichtsrat, sichergestellt werden.[54] Nicht zuletzt können auch geschäftspolitische Interessen die Zusammensetzung des Aufsichtsrats prägen. So kann es auch unter diesen Aspekten sinnvoll sein, Mandatsträger aus kommunalen oder staatlichen Institutionen als Mitglied zu gewinnen und in den Aufsichtsrat zu wählen.

e) Aufsichtsratsvorsitzender

796 **Wahl und Abberufung:** Das Genossenschaftsgesetz enthält im Gegensatz zum Aktiengesetz (vgl. § 107 Abs. 1 AktG) keine Regelung über die Notwendigkeit der Bestimmung eines Aufsichtsratsvorsitzenden sowie seines Stellvertreters. Es entspricht gleichwohl genossenschaftlicher Praxis (und wird auch in einigen Regelungen des Genossenschaftsgesetzes aufgegriffen, siehe etwa § 57 Abs. 2 bis 4 GenG), dass der Aufsichtsrat aus seiner Mitte einen Vorsitzenden sowie gegebenenfalls einen Stellvertreter wählt. Vorbehaltlich einer abweichenden Festlegung durch die Satzung oder die Geschäftsordnung des Aufsichtsrats erfolgt die Wahl für die Amtsperiode des Gesamtorgans. Die Satzungen sehen indes häufig die Beschränkung auf eine einjährige Wahlpe-

---

[53] Vgl. *Keßler,* in: Berliner Kommentar zum GenG, § 38 Rn. 30 ff.

[54] Allerdings kennt das Genossenschaftsgesetz ein Entsenderecht wie bei der Aktiengesellschaft (§ 101 Abs. 2 AktG) nicht, weshalb dies von den Kommunen teilweise als Problem für die Zusammenarbeit mit der Genossenschaft angesehen wird (vgl. – auch zur Lösung dieses Problems – *Althanns,* ZfBR-Beil. 2012, 36, 40; darüber hinaus weist *Schürnbrand,* in: Münchener Kommentar zum AktG, Rn. 27 vor § 394 darauf hin, dass die Kommune bei ihrer grundsätzlichen Berechtigung, Wahlvorschläge zu unterbreiten, anregen kann, dass bestimmte Repräsentanten der Gebietskörperschaft berücksichtigt werden sollten).

riode des Vorsitzenden (bzw. seines Stellvertreters) vor. Die Abberufung des Vorsitzenden durch den Aufsichtsrat ist jederzeit möglich; einfache Stimmenmehrheit genügt.[55]

Auch die **Aufgaben des Vorsitzenden** ergeben sich weitgehend nicht unmittelbar aus dem Gesetz, sondern aus dem Sachzusammenhang (Vorsitz). Danach hat der Aufsichtsratsvorsitzende die Sitzungen des Gremiums zu leiten, wozu auch die Vorbereitung und Einberufung selbst zählen. Der Vorsitzende ist ferner der Sprecher des Aufsichtsrats und hat die Gremienbeschlüsse an die zuständigen Adressaten weiterzuleiten. Im Rahmen des Prüfungsverfahrens ist der Aufsichtsratsvorsitzende frühzeitig in Kenntnis zu setzen und – wenn notwendig – einzubinden (Einzelheiten in §§ 57 f. GenG). Ein allgemeines Mandat des Vorsitzenden, für den Aufsichtsrat tätig zu werden, ist indes gesetzlich nicht vorgesehen. Die grundsätzliche Entscheidungsbildung findet somit entweder im Gesamtorgan oder in den Ausschüssen statt. Dem Aufsichtsratsvorsitzenden obliegt dann kraft einer entsprechenden Ermächtigung durch die Satzung oder den Aufsichtsrat die Umsetzung der getroffenen Beschlüsse, wie z. B. die Unterzeichnung der vom Aufsichtsrat (oder dessen Personalausschuss) ausgehandelten und beschlossenen Dienstverträge mit den Vorstandsmitgliedern. 797

f) Ausschüsse

Ausschussarten: Der Aufsichtsrat kann beschließen, Ausschüsse zu bilden. Eine ausdrückliche Regelung dazu enthält lediglich § 38 Abs. 1a GenG hinsichtlich der Möglichkeit zur Einsetzung eines Prüfungsausschusses. Es ist jedoch anerkannt, dass auch weitere Ausschüsse (Kreditausschuss etc.) gebildet werden können. In der genossenschaftlichen Praxis häufig anzutreffen ist ein Personalausschuss, der sich mit den dienstvertraglichen Belangen des Vorstands befasst. Inwieweit die Einsetzung von Ausschüssen sinnvoll ist, richtet sich nach dem jeweiligen Einzelfall. Anhaltspunkte sind die Größe der Genossenschaft und des Aufsichtsrats sowie Art und Komplexität des Geschäftsbetriebs. Die Einsetzung von Ausschüssen entbindet den Aufsichtsrat nicht von seiner Verantwortlichkeit als Gesamtorgan; er kann daher auch die übertragenen Aufgaben jederzeit wieder an sich ziehen.[56] 798

Beratende oder beschließende Funktion: Bei der Einsetzung eines Ausschusses muss der Aufsichtsrat als Gesamtorgan ausdrücklich festlegen, ob der Ausschuss nur beratende oder auch beschließende Funktion haben soll. Die einschränkenden (neuen) Regelungen des Aktienrechts (siehe § 107 Abs. 3 S. 3 i.V. m. § 87 Abs. 1 und 2 AktG) gelten für Genossenschaften nicht entsprechend.[57] Es ist also bei einer Genossenschaft möglich, die Beschlussfassung über die Grundsätze für die Bezüge der Vorstandsmitglieder einem Ausschuss (dem Personalausschuss) zu übertragen. 799

Die Bildung eines Ausschusses setzt begrifflich voraus, dass er aus **mindestens drei Personen** besteht, weshalb der Aufsichtsrat seine Aufgaben (z. B. im Hinblick auf die Personalkompetenz für die Vorstandsmitglieder) grundsätzlich nur an ein kleineres Gremium, nicht aber an den Aufsichtsratsvorsitzenden als Einzelperson delegieren darf.[58] 800

g) Aufwandsentschädigung

Aufsichtsratsmitglieder einer Genossenschaft dürfen gemäß § 36 Abs. 2 GenG keine Tantieme, d. h. keine nach dem Geschäftsergebnis bemessene Vergütung, beziehen. Hintergrund dieser Regelung ist der Gesellschaftszweck, der bei der Genossenschaft nicht primär in der Gewinnerzielung, sondern vielmehr in der genossenschaftlichen Förderung ihrer Mitglieder liegt. Dies schließt die Zahlung einer von dem Ergebnis unabhängigen Vergütung nicht aus, setzt aber eine entsprechende satzungsmäßige Bestimmung oder 801

[55] Vgl. zum Ganzen *Schaffland,* in: *Lang/Weidmüller,* GenG, § 36 Rn. 49 ff.

[56] Vgl. *Fandrich,* in: *Pöhlmann/Fandrich/Bloehs,* GenG, § 36 Rn. 48.

[57] Vgl. *Geibel,* in: *Henssler/Strohn* (Hrsg.), Gesellschaftsrecht, § 36 GenG Rn. 6 m. w. N.; a. A. *Beuthien,* NZG 2010, 333 (334).

[58] Vgl. *Frankenberger/Gschrey/Bauer,* Aufsichtsrat, S. 33; aber auch *Schaffland,* in: *Lang/Weidmüller,* GenG, § 38 Rn. 48.

einen Beschluss der Generalversammlung voraus. Von der Vergütung zu trennen ist die Erstattung von Auslagen, d.h. von Barauslagen und sonstigen für die Genossenschaft aufgewendeten Kosten der Aufsichtsratsmitglieder wie z.B. Reise-, Übernachtungs- und Portokosten sowie Sitzungsgelder, die in vertretbarem Rahmen auch pauschaliert werden können. Derartige Aufwendungen sind zu ersetzen, wenn sie im Rahmen der Amtsausübung entstanden sind und das Aufsichtsratsmitglied sie den Umständen nach für erforderlich halten durfte.[59]

h) Sorgfaltspflichten

802 Auch die Mitglieder des Aufsichtsrats einer Genossenschaft haben bei der Durchführung ihrer Aufsicht oder – im Falle einer entsprechenden Übertragung – bei der Wahrnehmung der ihnen zugewiesenen Aufgaben die Sorgfalt eines ordentlichen und gewissenhaften Aufsichtsrats einer Genossenschaft anzuwenden (§ 41 i.V.m. § 34 Abs. 1 S. 1 GenG) und haften entsprechend für durch sie verursachte Schäden als Gesamtschuldner (§ 41 i.V.m. § 34 Abs. 2 S. 1 GenG). Wenn es streitig ist, ob infolge einer unzureichenden Aufsichtsratstätigkeit ein Schadensfall bei der Genossenschaft entstanden ist, greift die gesetzliche Vermutung des § 41 i.V.m. § 34 Abs. 2 S. 2 GenG: Die Aufsichtsratsmitglieder müssen dann beweisen, dass sie nicht gegen ihre Sorgfaltspflichten verstoßen haben. Bei einer mitbestimmten Genossenschaft bestehen für die Arbeitnehmervertreter im Aufsichtsrat keine Besonderheiten im Hinblick auf den Sorgfaltsmaßstab und die Haftung.[60]

803 Im Unterschied zu § 394 AktG, wonach Aufsichtsratsmitglieder, die auf Veranlassung einer Gebietskörperschaft in den Aufsichtsrat gewählt wurden, nur einer eingeschränkten **Verschwiegenheitspflicht** unterliegen, sieht das Genossenschaftsgesetz für eine entsprechende Verpflichtung, über vertrauliche Angaben und Geheimnisse der Genossenschaft Stillschweigen zu bewahren (§ 41 i.V.m. § 34 Abs. 1 S. 2 GenG), keinen vergleichbaren Ausnahmetatbestand vor. Dies wird teilweise von Kommunen als Hinderungsgrund für eine Beteiligung an einer Genossenschaft angesehen.[61] Die Schweigepflicht besteht jedoch anerkanntermaßen nicht, wenn die Offenlegung der Informationen im Interesse der Genossenschaft liegt.[62] Das Fehlen einer ausdrücklichen Einschränkung der Verschwiegenheitspflicht ist damit zu einem gewissen Grade entschärft.[63]

i) Beirat

804 Als weiteres Organ neben dem Aufsichtsrat kann ein Beirat gebildet werden. Hat ein Beirat nur beratende Funktion – z.B. Unterstützung des Aufsichtsrats bei seiner Kontrolltätigkeit – bedarf es keiner satzungsmäßigen Regelung.[64] Soll der Beirat dagegen auch beschließende Funktion haben, braucht er zum einen eine satzungsmäßige Grundlage, zum anderen darf er nicht in die dem Aufsichtsorgan zwingend zugewiesenen Aufgaben eingegriffen werden.[65] Zulässig ist jedoch insbesondere, dass der Vorstand für einzelne Geschäfte satzungsgemäß die Zustimmung des Beirats benötigt (siehe § 27 Abs. 2 S. 2 GenG). Darüber hinaus ist es zulässig, dass die Satzung dem Beirat die Bestellung der Vorstandsmitglieder überträgt (siehe § 24 Abs. 2 S. 2 GenG) oder die Mitwirkung für den Mitgliedschaftserwerb bzw. Mitgliederausschluss[66] oder das ausschließliche Vorschlagsrecht für die Wahlen zum Aufsichtsrat einräumt.[67] Zulässig ist ferner die satzungsmäßige Bildung von zusätzlichen Kontrollorganen, sofern die Aufgabenstellung durch die Sat-

---

[59] Vgl. zum Ganzen *Beuthien*, GenG, § 36 Rn. 10.
[60] Vgl. *Schaffland*, in: *Lang/Weidmüller*, GenG, § 41 Rn. 3.
[61] Siehe *Althanns*, ZfBR-Beil. 2012, 36 (40 f.).
[62] Vgl. *Bauer*, Genossenschafts-Handbuch, § 34 GenG Rn. 59 m. w. N.
[63] *Althanns*, ZfBR-Beil. 2012, 36 (41).
[64] Vgl. nur *Voormann*, ZfgG 34 (1984), 237 (239).
[65] Im Einzelnen *Bauer*, Genossenschafts-Handbuch, Rn. 3 ff. vor §§ 24 ff. GenG m. w. N.
[66] Vgl. zum letzteren RGZ 73, 406 (408).
[67] Vgl. den Hinweis bei *Voormann*, ZfgG 34 (1984), 237 (241).

zung sachlich beschränkt ist und sich hinreichend deutlich von der Aufgabenstellung des Aufsichtsrats unterscheidet.[68] Da die Bestellung des Beirats selbst keinerlei gesetzlichen Einschränkungen unterliegt, kann die Satzung z. B. die Kommune als hierfür zuständig benennen und damit für diese die Möglichkeit der Einflussnahme auf die Ausgestaltung, die Kontrolle und die Konzeption der kommunalen Genossenschaft maßgeblich erhöhen. Dies ist auch ein maßgeblicher Grund dafür, dass in manchen Gemeindeordnungen die Beteiligung an einer Aktiengesellschaft wegen der geringeren Gestaltungsmöglichkeiten für kommunale Einflussnahmen,[69] nicht dagegen die Beteiligung an einer Genossenschaft gegenüber anderen Gesellschaftsformen subsidiär ist.[70]

7. Generalversammlung

Die Generalversammlung (Mitgliederversammlung) ist das „Parlament" der Genossenschaft und damit ihr oberstes Willensbildungsorgan. Ausgestattet mit einer weitreichenden Entscheidungszuständigkeit (auch im Vergleich zur Hauptversammlung der Aktiengesellschaft) bietet sie den Mitgliedern die Möglichkeit, unmittelbar auf das Geschehen der Genossenschaft einzuwirken und im Bereich ihrer Zuständigkeiten rechtsverbindliche Beschlüsse zu fassen. **805**

a) Zuständigkeiten

Das Genossenschaftsgesetz enthält entsprechend einen umfassenden Katalog von Entscheidungszuständigkeiten. Danach ist die Generalversammlung ausschließlich und unentziehbar zuständig für: **806**

- Alle Satzungsänderungen (§ 16 Abs. 1 GenG),
- Fortsetzung einer auf bestimmte Zeit beschränkten Genossenschaft (§ 16 Abs. 1 GenG),
- Wahl der Mitglieder des Aufsichtsrats (§ 36 Abs. 1 GenG),
- Amtsenthebung von Mitgliedern des Aufsichtsrats (§ 36 Abs. 3 GenG),
- Beschlussfassung über die Wahlordnung für die Vertreterversammlung (§ 43a Abs. 4 GenG),
- Beschlussfassung über den Jahresabschluss (§ 48 Abs. 1 GenG),
- Beschlussfassung über die Verteilung von Gewinn und die Deckung von Verlust (§§ 19, 48 GenG),
- Entlastung des Vorstands und des Aufsichtsrats (§ 48 Abs. 1 GenG),
- Festsetzung der Kreditbeschränkungen (§ 49 GenG),
- Festsetzung von Einzahlungen auf den Geschäftsanteil, wenn die Einzahlungspflicht nur dem Grunde nach in der Satzung geregelt ist (§ 50 GenG),
- Beschlussfassung über die Verlesung des Prüfungsberichts (§ 59 Abs. 3 GenG),
- Beschlussfassung über die Beseitigung der im Prüfungsbericht festgestellten Mängel (§ 60 Abs. 1 GenG),
- Auflösung der Genossenschaft (§ 78 Abs. 1 GenG),
- Fortsetzung der aufgelösten Genossenschaft (§ 79a Abs. 1 GenG),
- Abberufung der Liquidatoren (§ 83 Abs. 4 GenG),
- Maßnahmen zur Abwendung der Insolvenz (§ 87a GenG),
- Verschmelzung der Genossenschaft (§§ 79 ff. UmwG),
- Ausgliederung von Betriebsteilen (§§ 147, 148 UmwG),
- Formwechsel der Genossenschaft (§§ 258 ff. UmwG).

Neben diesen ausdrücklich geregelten Zuständigkeiten kann die Generalversammlung nach allgemeiner Meinung über alle Gegenstände Beschluss fassen, die nicht durch **807**

---

[68] Vgl. *Voormann,* ZfgG 34 (1984), 237 (246 f.).
[69] Im Einzelnen *Becker* unter IV 1 c.
[70] Dafür, dass auch für die Einräumung von Sonderrechten die Genossenschaft weiter geht als die Aktiengesellschaft, jüngst *Beuthien,* ZGR 2014, 24 (41 f.).

Gesetz oder Satzung anderen Organen zugewiesen sind. Der zwingenden Beschlussfassung durch die Generalversammlung unterliegen schließlich ungeschrieben solche Entscheidungen, die den Kernbereich der Genossenschaft betreffen.[71]

b) Einberufung

808 **aa) Einzuladende Personen.** Grundsätzlich sind alle Mitglieder teilnahmeberechtigt und somit zur Generalversammlung einzuladen. Im Falle einer Kündigung der Mitgliedschaft ist für die Frage der Teilnahmeberechtigung nicht der Zeitpunkt der Kündigung entscheidend, sondern der Zeitpunkt des Ausscheidens.[72] Aus der Genossenschaft ausgeschlossene Mitglieder werden nicht mehr eingeladen, sobald der Ausschließungsbeschluss per Einschreiben an sie abgesandt worden ist (vgl. § 68 Abs. 2 S. 2 GenG). Einzuladen ist schließlich auch der jeweilige Prüfungsverband, der eine beratende Funktion einnehmen soll. Sein Teilnahmerecht ist gesetzlich statuiert (vgl. § 59 Abs. 3 GenG), folgt aber im Allgemeinen auch aus der Satzung des Prüfungsverbandes, die von der Genossenschaft akzeptiert worden ist.

809 Neben dem genannten Kreis der Teilnahmeberechtigten steht es im Ermessen des Versammlungsleiters, auch Gäste (z. B. Mitarbeiter der Genossenschaft, fachkundige Berater von Mitgliedern oder Pressevertreter) zur Generalversammlung zuzulassen.

810 **bb) Einberufungsberechtigte.** Die Einberufung ist grundsätzlich Aufgabe des Vorstands (vgl. § 44 Abs. 1 GenG), ersatzweise des Aufsichtsrats, wenn die Einberufung im Interesse der Genossenschaft erforderlich ist (§ 38 Abs. 2 S. 1 GenG) oder die Satzung dem Aufsichtsrat die Einberufungszuständigkeit zuweist. Gemäß § 45 Abs. 1 S. 1 GenG kann – vorbehaltlich einer abweichenden satzungsmäßigen Bestimmung zur Mindestanzahl – eine qualifizierte Minderheit von 10 % der Mitglieder die unverzügliche Einberufung der Generalversammlung verlangen. Wird dieser Forderung nicht entsprochen, können diese Mitglieder selbst nach § 45 Abs. 3 GenG durch das Gericht zur Einberufung ermächtigt werden. Schließlich steht die Einberufungszuständigkeit nach § 60 Abs. 1 GenG ausnahmsweise auch dem Prüfungsverband zu, wenn die Beschlussfassung über den Prüfungsbericht ungebührlich verzögert wird oder die Generalversammlung über wesentliche Feststellungen oder Beanstandungen des Prüfungsberichts unzulänglich unterrichtet war.

811 **cc) Form und Frist.** Gemäß § 46 Abs. 1 S. 1 GenG muss die Generalversammlung in der durch die Satzung bestimmten Weise mit einer Frist von mindestens zwei Wochen einberufen werden. Die Form der Einberufung richtet sich also im Rahmen des § 6 Nr. 4 GenG nach den Vorgaben der Satzung, die üblicherweise alternativ die Einladung durch unmittelbare Benachrichtigung der Mitglieder oder durch Bekanntmachung in einem näher bestimmten öffentlichen Blatt vorsieht.[73] Letzteres ist aus Beweissicherungsgründen für die Wahrung der Einberufungsfrist von Vorteil, während die unmittelbare Benachrichtigung „persönlicher" ist. In der genossenschaftlichen Praxis werden beide Einberufungsmöglichkeiten daher eher kumulativ als alternativ eingesetzt.

812 **dd) Bekanntgabe der Tagesordnung.** Mit der Einberufung ist die Tagesordnung bekannt zu machen (§ 46 Abs. 1 S. 2 GenG). Nähere Einzelheiten zu den Punkten der Tagesordnung sind nicht erforderlich, solange die Mitglieder hinreichend Gelegenheit haben, sich inhaltlich auf die Versammlung vorzubereiten bzw. eine fundierte Entscheidung zu treffen, ob sie überhaupt teilnehmen möchten.[74] Gegenstände, über die ein Beschluss gefasst werden soll, sind nach § 46 Abs. 2 S. 1 GenG grundsätzlich mindestens eine Woche vor der Generalversammlung anzukündigen.

---

[71] Zu den Einzelheiten *Cario,* Festschrift für Schaffland, S. 111 (116 ff.).

[72] Vgl. *Bauer,* Genossenschafts-Handbuch, § 65 GenG Rn. 22.

[73] Zum Teil wird allerdings die Auffassung vertreten, dass sich aus der Satzung selbst ergeben muss, für welche Form sich die Genossenschaft entscheidet; vgl. *Beuthien,* GenG, § 6 Rn. 10.

[74] Vgl. *Cario,* in: *Lang/Weidmüller,* GenG, § 46 Rn. 16.

ee) Anfechtungsmöglichkeit. Im Falle eines Verstoßes gegen die dargestellten Verfahrensvorschriften greifen – je nach der Schwere des Mangels – die gesellschaftsrechtlich bekannten Instrumentarien der Anfechtungs- bzw. der Nichtigkeitsklage (vgl. § 51 GenG). Behauptet ein in der Versammlung überstimmtes Mitglied die Verletzung gesetzlicher oder satzungsmäßiger Bestimmungen oder einen Verstoß gegen den Grundsatz der Gleichbehandlung, kann sich dieses Mitglied auch gegen den materiellen Inhalt eines ordnungsgemäß zustande gekommenen Beschlusses wehren. Ein erschienenes Mitglied ist allerdings stets nur dann anfechtungsbefugt, wenn es vor der Beendigung der Generalversammlung seinen Widerspruch zu Protokoll gegeben hat (§ 51 Abs. 2 S. 1 GenG). 813

c) Rechte der Mitglieder

aa) Rede-, Antrags- und Vorschlagsrecht. Zu den im Rahmen der Generalversammlung auszuübenden Mitverwaltungsrechten der Mitglieder zählen neben den bereits genannten Sonderfällen des Einberufungs- und des Anfechtungsrechts das Recht, in der Generalversammlung das Wort zu ergreifen (Rederecht), Anträge zur Beschlussfassung über einzelne Tagesordnungspunkte oder zur Geschäftsordnung zu stellen (Antragsrecht) sowie Wahlvorschläge zu unterbreiten (Vorschlagsrecht). Hinsichtlich des Vorschlagsrechts besteht allerdings eine Einschränkung für die Mitglieder des Vorstands, obwohl diese wegen der bereits beschriebenen Selbstorganschaft auch Mitglieder der Genossenschaft sind; sie dürfen keine Vorschläge bei den Wahlen zum Aufsichtsrat unterbreiten. Dadurch soll die Neutralität der Willensbildung in der Generalversammlung gestärkt werden, da die Erfahrung gezeigt hat, dass Vorschlägen aus den Reihen des Vorstands ein größeres Gewicht beigemessen wird und daher die Gefahr eines Vertrauensvorschusses für den vorgeschlagenen Kandidaten zu befürchten ist.[75] 814

bb) Auskunftsrecht. Das Auskunftsrecht ist das Recht eines jeden Mitglieds, sich in der Generalversammlung über die Angelegenheiten der Genossenschaft zu informieren, soweit dies zur Meinungsbildung oder sachgemäßen Beurteilung eines Tagesordnungspunkts erforderlich ist. Das Auskunftsrecht folgt in seinem Grundsatz aus dem in § 18 GenG niedergelegten Rechtsverhältnis zwischen Genossenschaft und Mitglied. Vereinzelt finden sich, vor allem zu Informationsrechten außerhalb der Generalversammlung, auch ausdrückliche gesetzliche Regelungen: 815

- Recht auf Einsichtnahme in die Niederschrift der Generalversammlung (§ 47 Abs. 4 S. 1 GenG),
- Recht auf Einsichtnahme in den Jahresabschluss (§ 48 Abs. 3 S. 1 GenG),
- Recht auf Einsichtnahme in das zusammengefasste Ergebnis des Prüfungsberichts (§ 59 Abs. 1 S. 2 GenG).

Eine in der Generalversammlung zu erteilende Auskunft erfolgt – je nach der Entscheidung des Versammlungsleiters – durch den Vorstand oder Aufsichtsrat bzw. durch einen sachverständigen Dritten (z. B. einen Vertreter des Prüfungsverbandes). Der Vorstand hat stets das Recht und unter Umständen sogar die Pflicht, seine eigene Auffassung darzulegen.[76] 816

cc) Stimmrecht. Das Stimmrecht ist das Recht eines Mitglieds, an der Beschlussfassung in der Generalversammlung und damit unmittelbar an der Willensbildung innerhalb der Genossenschaft teilzunehmen (§ 43 Abs. 3 GenG). Eine Entziehung des Stimmrechts ist im Allgemeinen unzulässig (Ausnahme: Interessenkonflikt gemäß § 43 Abs. 6 GenG). 817

Für die Genossenschaft gilt die Besonderheit, dass jedes Mitglied ohne Rücksicht auf die Anzahl seiner Geschäftsanteile grundsätzlich nur eine Stimme hat (§ 43 Abs. 3 S. 1 GenG). Die Satzung kann allerdings nach § 43 Abs. 3 S. 2 GenG die Gewährung von 818

---

[75] Vgl. *Schaffland,* in: *Lang/Weidmüller,* GenG, § 36 Rn. 24.
[76] Vgl. *Gräser/Metz/Werhahn,* Generalversammlung, S. 69 f.

Mehrstimmrechten vorsehen. Bei den Primärgenossenschaften liegt die Höchstgrenze bei drei Stimmen (§ 43 Abs. 3 S. 3 Nr. 1 GenG), es sei denn, mehr als drei Viertel der Mitglieder sind dies als Unternehmer i. S. des § 14 BGB; auch dann darf jedoch ein einzelnes mehrstimmberechtigtes Mitglied nicht mehr als höchstens 10 % der in der Generalversammlung anwesenden Stimmen ausüben (§ 43 Abs. 3 S. 3 Nr. 2 GenG). Bei Zentralgenossenschaften (Genossenschaften, deren Mitglieder wiederum ausschließlich oder überwiegend Genossenschaften sind) unterliegt die Gewährung von Mehrstimmrechten nach § 43 Abs. 3 S. 3 Nr. 3 GenG dagegen keinerlei Beschränkungen.

819 Das Bayerische Staatsministerium des Innern steht in seinen Hinweisen zu kommunalrechtlichen Fragen im Zusammenhang mit der Erzeugung regenerativer Energien vom 31. Juli 2012[77] auf dem Standpunkt, die **Beteiligung der Kommune** an einer Primärgenossenschaft scheide gemäß Art. 92 Abs. 1 S. 1 Nr. 2 BayGO, Art. 80 Abs. 1 S. 1 Nr. 2 BayLKrO sowie Art. 78 Abs. 1 S. 1 Nr. 2 BayBezO wegen des Fehlens einer dem Beteiligungsumfang entsprechenden Einflussnahme in der Regel aus (S. 6 und 10). Ob eine derartige Schlussfolgerung zutreffend ist (ist die Einflussnahme eines Genossenschaftsmitglieds gegenüber der nach dem Grundsatz „ein Mitglied – eine Stimme" strukturierten Generalversammlung wirklich geringer als etwa die Einflussnahme eines Minderheitsaktionärs gegenüber der von einem Mehrheitsaktionär beherrschten Hauptversammlung?), kann hier offenbleiben. Jedenfalls widerspricht es diesem Gleichlauf nicht, wenn die Kommune sich nur mit einem Anteil an der Genossenschaft beteiligt; denn dann entspricht die (geringe) Möglichkeit der Einflussnahme dem (geringen) Beteiligungsumfang.[78] Und um die Einflussmöglichkeit entsprechend zu erhöhen, steht für die Kommune namentlich der genossenschaftliche Beirat zur Verfügung.[79]

820 Auch wenn der Leitidee der Genossenschaft die persönliche Ausübung des Stimmrechts näher steht, können Mitglieder (oder ihre gesetzlichen Vertreter) auch **Stimmvollmacht** erteilen (vgl. § 43 Abs. 5 GenG). Eine persönliche Wahrnehmung des Stimmrechts ist daher trotz der Regelung in § 43 Abs. 4 GenG nicht zwingend erforderlich. Ein Bevollmächtigter kann jedoch nicht mehr als zwei Mitglieder vertreten, also inklusive seiner eigenen Stimme maximal drei Stimmen abgeben (§ 43 Abs. 5 S. 3 GenG). Von der rechtsgeschäftlichen Vertretung zu unterscheiden ist die Stellung als gesetzlicher Vertreter; hier bestehen keine zahlenmäßigen Beschränkungen.

821 In den Grenzen des Willkürverbots und der auch bei der Genossenschaft bestehenden gesellschaftsrechtlichen Treuepflicht sind die Mitglieder frei in der **Stimmrechtsausübung.**

822 Das Genossenschaftsgesetz enthält keine Vorgaben für die **Stimmabgabe** selbst. Vorbehaltlich ausdrücklicher satzungsmäßiger Bestimmungen liegt die Entscheidung, ob eine „offene" (z. B. durch Handzeichen) oder eine „geheime" Abstimmung über Stimmzettel erfolgt, daher grundsätzlich im Ermessen des Versammlungsleiters. Die Abstimmung durch Handzeichen ist in der genossenschaftlichen Praxis der Regelfall. Insbesondere bei Wahlen kann eine geheime Abstimmung ratsam sein, um eine unabhängige Stimmabgabe zu gewährleisten, z. B. wenn mehrere Aufsichtsratsmitglieder gewählt werden sollen und es mehr Wahlvorschläge als zu besetzende Aufsichtsratssitze gibt.

d) Durchführung der Generalversammlung und Beschlussfassung

823 Der Versammlungsleiter (in der Regel der Vorsitzende des Aufsichtsrats) eröffnet und schließt die Generalversammlung und leitet diese nach parlamentarischen Grundsätzen. Er stellt nach angemessener Aussprache die zu den einzelnen Tagesordnungspunkten vor-

[77] http://www.energieatlas.bayern.de/file/pdf/1027/Hinweise%20zu%20kommunalrechtlichen%20Fragen%20im%20Zusammenhang%20mit%20der%20Erzeugung%20regenerativer%20Energien.pdf

[78] Vgl. auch die im Internet verfügbare, von der genossenschaftlichen Stiftung in Auftrag gegebene, von Prof. Degenhart geleitete und von Herrn Holstenkamp koordinierte Projektstudie „Bürgerwindparks als genossenschaftliche Kooperationsprojekte", 2012/2013, S. 9 f.

[79] Siehe unter 6 i.

liegenden Anträge zur Beschlussfassung durch die Mitglieder und verkündet das Abstimmungsergebnis.

Die erforderlichen Mehrheiten richten sich nach dem Beschlussgegenstand. Die Generalversammlung beschließt gemäß § 43 Abs. 2 S. 1 GenG mit einfacher Stimmenmehrheit, soweit nicht Gesetz oder Satzung eine größere Mehrheit bestimmt. Es kommt auf die Anzahl der gültig abgegebenen Stimmen an, d.h. nicht auf die Zahl der insgesamt stimmberechtigten Mitglieder und auch nicht auf die Zahl der erschienenen Mitglieder. Wie auch bei anderen Gesellschaftsformen ist für Satzungsänderungen grundsätzlich eine qualifizierte Mehrheit von drei Vierteln der abgegebenen Stimmen erforderlich (vgl. § 16 GenG). In Bezug auf die bereits erwähnten investierenden Mitglieder ist zu beachten, dass nach § 8 Abs. 2 S. 2 GenG durch geeignete Regelungen sicherzustellen ist, dass diese die anderen Mitglieder in keinem Fall überstimmen oder qualifizierte Mehrheiten verhindern können. **824**

§ 47 Abs. 1 GenG ordnet an, dass über die Beschlüsse der Generalversammlung eine Niederschrift anzufertigen ist. Dies dient vor allem zu Beweiszwecken. Das Protokoll darf knapp gehalten sein; entscheidend ist, dass die gefassten Beschlüsse im Wortlaut mit Angabe des Abstimmungsergebnisses festgehalten werden. **825**

e) Vertreterversammlung

Bei Genossenschaften mit mehr als 1.500 Mitgliedern kann die Generalversammlung aus einer satzungsmäßig eingesetzten Vertreterversammlung bestehen (fakultative Vertreterversammlung; § 43a GenG). Maßgeblich für die Berechnung der Mitgliederzahl ist der Schluss des vorangegangenen Geschäftsjahres (§ 43a Abs. 1 S. 3 GenG). **826**

Anzahl der Vertreter: Die Vertreterversammlung muss gemäß § 43a Abs. 3 S. 1 GenG aus mindestens 50 Mitgliedern (zuzüglich einer ausreichenden Anzahl Ersatzmitglieder) bestehen, die von den Mitgliedern der Genossenschaft für eine satzungsmäßig zu bestimmende Amtszeit (in der Regel vier Jahre) gewählt werden. **827**

Das **aktive Wahlrecht,** einen Vertreter zu wählen, steht jedem Mitglied der Genossenschaft zu, das bei Weiterbestehen der Generalversammlung stimmberechtigt gewesen wäre. **828**

Hinsichtlich des **passiven Wahlrechts** trifft § 43a Abs. 2 GenG im Wesentlichen vergleichbare Anordnungen, wie sie bereits für den Vorstand und den Aufsichtsrat dargestellt wurden, wenngleich die Mitglieder dieser beiden Organe nicht als Vertreter oder Ersatzvertreter gewählt werden können. Auch hier ist von zentraler Bedeutung, dass als Ausdruck der Selbstorganschaft grundsätzlich nur Mitglieder der Genossenschaft diese Funktionen wahrnehmen dürfen. **829**

Das **Wahlverfahren** erfolgt gemäß § 43a Abs. 4 S. 1 GenG in allgemeiner, unmittelbarer, gleicher und geheimer Wahl. Weitere Anordnungen zum Prozedere trifft das Gesetz nicht. In der Praxis werden die Einzelheiten in einer Wahlordnung geregelt. Die Wahl erfolgt dann – je nach Praktikabilität – entweder als Listenwahl (üblich bei Kreditgenossenschaften) oder als Bezirkswahl (so z. B. bei ländlichen Warengenossenschaften). Eine Liste mit den Namen und Anschriften der gewählten Vertreter und der Ersatzvertreter ist mindestens zwei Wochen lang in den Geschäftsräumen der Genossenschaft und ihren Niederlassungen auszulegen (§ 43a Abs. 6 S. 1 GenG). **830**

Zuständigkeiten: Die Vertreterversammlung ist eine besondere Form der Generalversammlung. Sofern die Satzung daher nicht bestimmte Beschlüsse weiterhin der Generalversammlung zuweist, hat die Vertreterversammlung dieselben Zuständigkeiten und Kompetenzen wie die Generalversammlung (einschließlich eines Beschlusses zur Liquidation der Genossenschaft). Auch hinsichtlich der Einberufung, Durchführung, Beschlussfassung und der notwendigen Mehrheiten gelten mit Ausnahme der nachfolgenden Punkte keine Besonderheiten: **831**

- Eine Stimmvollmacht kann nicht erteilt werden (§ 43a Abs. 3 S. 2 GenG).
- Ein Vertreter kann kein Mehrstimmrecht haben (§ 43a Abs. 3 S. 3 GenG).

– Die Vertreter haben ein allgemeines Mandat aller Mitglieder; sie sind somit zwar nicht an Weisungen einzelner Mitglieder gebunden, müssen sich aber bei der Stimmabgabe an den Interessen der Gesamtheit der Mitglieder und der Genossenschaft orientieren.[80]
– Das Vertreteramt geht nicht auf den Erben über (vgl. § 43a Abs. 5 GenG).

832 Sinkt die Mitgliederzahl zum entscheidenden Stichtag (Ende eines Geschäftsjahres) unter die notwendige Mitgliederzahl von 1.500, erlischt das Amt der Vertreter und die Generalversammlung tritt automatisch wieder an die Stelle der Vertreterversammlung.[81]

833 **Zulassung von Mitgliedern:** Mitglieder, die keine Vertreter sind, haben zwar das Recht auf Bekanntmachung der Tagesordnung und Stellung von eigenen Anträgen, können aber an der Generalversammlung allenfalls als Gäste teilnehmen. Ein aus der Mitgliedschaft abgeleitetes Teilnahmerecht haben sie nicht (mehr), es sei denn, einer der in § 45 Abs. 1 und 2 GenG geregelten Ausnahmefälle liegt vor. Was dagegen bestehen bleibt, ist das Recht der Mitglieder darauf, die Ergebnisse der Vertreterversammlung zu erfahren, indem sie Einsicht in die Versammlungsniederschrift nehmen können.

834 Eine Ausnahme hinsichtlich des Teilnahmerechts gilt für diejenigen Mitglieder der Genossenschaft, die dem Vorstand oder Aufsichtsrat angehören. Sie müssen sogar an der Vertreterversammlung teilnehmen, in der ihnen mit Ausnahme des Stimmrechts die bereits beschriebenen Mitverwaltungsrechte (Rederecht bzw. Antrags- und – in Grenzen – Vorschlagsrecht) zustehen.[82]

835 **Aufwandsentschädigung:** Das Vertreteramt ist ein Ehrenamt, weshalb die Zahlung einer Vergütung grundsätzlich ausgeschlossen ist. Davon zu trennen ist – wie auch schon beim Aufsichtsrat – die Möglichkeit der Erstattung von Aufwendungen im Rahmen der Amtsausübung (z. B. Fahrtkosten).

8. Mitgliedschaft der Gemeinde[83]

836 Der **Bürgermeister** als organschaftlicher Vertreter der Kommune repräsentiert diese auch in der Generalversammlung und nimmt insoweit ihre Mitgliederrechte in der Genossenschaft wahr.[84]

837 Ob er bei der organschaftlichen Vertretung die Entscheidung selbst treffen oder nur den Beschluss des Gemeinderats vollziehen kann, richtet sich grundsätzlich danach, ob es sich bei der Maßnahme um eine **laufende Verwaltungsangelegenheit** handelt.[85] Hierbei kommt es maßgeblich darauf an, welche Bedeutung diese Angelegenheit nicht etwa für die Genossenschaft, sondern vielmehr für die Kommune selbst hat.

838 Der mit dem Demokratieprinzip einhergehenden **Ingerenzpflicht** folgt für die Gemeinde die Verpflichtung, einen angemessenen Einfluss in Form von Beteiligungs-, Mitsprache- und Kontrollrechte zu gewährleisten.[86]

839 Die Forderung, dass hierfür zwingend der Abschluss eines **Beherrschungsvertrages** vonnöten ist (wobei sämtliche Primärgenossenschaften schon wegen des grundlegenden Erfordernisses der Abhängigkeit im Sinne des Aktienrechts ausscheiden würden[87]), ist aber nicht nur abzulehnen, sondern wäre darüber hinaus ein solcher Vertrag auch gar nicht zulässig.[88]

---

[80] Im Einzelnen *Cario,* in: *Lang/Weidmüller,* GenG, § 43 a Rn. 9.
[81] Vgl. *Beuthien,* GenG, § 43 a Rn. 3.
[82] Vgl. *Cario,* in: *Lang/Weidmüller,* GenG, § 43 a Rn. 72.
[83] Vgl. zum Nachfolgenden *Becker* unter III 6 a (GmbH) bzw. IV 6 a (AG).
[84] Siehe III Fn. 101.
[85] Siehe III Fn. 102 bzw. IV Fn. 231.
[86] Was die genossenschaftliche Rechtsform als Einflussmöglichkeiten für die Kommune bereithält, um ihrer Ingerenzpflicht zu entsprechen, siehe unter 6 d und 6 i.
[87] Im Einzelnen *Bauer,* Genossenschafts-Handbuch, § 1 GenG Rn. 116 ff. m. w. N.
[88] Zur eingehenden Begründung siehe *Becker* unter III 6 b (GmbH) bzw. IV 6 b (AG).

9. Aufsicht

Auf die besondere Rolle der Kommune als Treuhänderin der ihr überlassenen Steuergelder wurde bereits hingewiesen, weshalb die Anforderungen an die Methoden der **nachträglichen Kontrolle** in diesem Zusammenhang in vergleichbarer Weise auch im Falle der Überführung von wirtschaftlichen Betätigungen der öffentlichen Hand auf eine Genossenschaft gelten.[89] 840

Die Durchführung der Kontrolle im Sinne einer Überprüfung der Umsetzung der getroffenen Gemeindebeschlüsse obliegt einem unabhängigen Organ, dem **Gemeindeprüfungsamt.** 841

Als rechtsformunabhängiger, in den Gemeindeordnungen festgelegter Grundsatz ist zu beachten, dass die Beteiligungsunternehmen eine **Abschlussprüfung** entsprechend den für große Kapitalgesellschaften geltenden Vorschriften durchführen lassen müssen sowie darüber hinaus spezielle **Unterrichtungsrechte der Kommune** vorsehen.[90] 842

a) Haushaltsrechtliche Prüfungsrechte[91]

Die Vorschriften des Gemeindewirtschaftsrechts räumen den Kommunen die Möglichkeit ein, die **Betätigung der Gebietskörperschaften** in ihren privatrechtlichen Beteiligungen zu prüfen.[92] Zuständig ist das jeweilige kommunale Rechnungsprüfungsamt. Die Prüfung darf entfallen, wenn die Gemeinde nicht über eine solche Kontrollbehörde verfügt.[93] 843

Diese sog. **Betätigungsprüfung** bezieht sich nicht auf das Beteiligungsunternehmen, sondern auf die Arbeit der diese Beteiligung verwaltenden öffentlich-rechtlichen Einheit. 844

Zum Prüfungsumfang gehört neben der Haushalts- und Wirtschaftlichkeitsprüfung auch die Feststellung, ob der **„öffentliche Zweck“** noch besteht und ob die entsprechenden rechtlichen Vorgaben für eine Beteiligung der Kommune an einem privaten Rechtsträger eingehalten werden. 845

b) Umfang der genossenschaftlichen Prüfung

Jede Genossenschaft muss nach § 54 GenG einem Verband angehören, dem das Prüfungsrecht verliehen worden ist. Dies wurde im Zusammenhang mit der Gründungsprüfung bereits dargelegt und erstreckt sich auch auf die Zeit nach Aufnahme des Geschäftsbetriebs. Die Genossenschaft wird durch den Verband geprüft, dem sie angehört (§ 55 Abs. 1 S. 1 GenG). 846

Gegenstand der Prüfung nach § 53 Abs. 2 S. 1 GenG (Bilanzsumme über 1 Mio. Euro und Umsatzerlöse über 2 Mio. Euro) sind neben dem Jahresabschluss unter Einbeziehung der Buchführung und des Lageberichts die **Einrichtungen, die wirtschaftliche Lage sowie die Geschäftsführung.** Alle drei Prüfungsgegenstände, die für sämtliche Genossenschaften gelten, werden wegen ihrer zentralen Bedeutung in § 53 Abs. 1 S. 1 GenG ausdrücklich erwähnt. Die Prüfung umfasst damit im Grunde die gesamte Binnenorganisation einschließlich der Kontrollsysteme sowie des Organisations- und Informationswesens. Im Mittelpunkt steht dabei zunächst die Geschäftsführung als Institution sowie ihre Arbeitsweise und Organisation, wozu bei größeren Genossenschaften auch die Themen Delegation und Kontrolle der delegierten Aufgaben gehören. Die Geschäftsführung muss ferner nachweisen können, dass dem bereits beschriebenen Förderauftrag hinreichend 847

---

[89] Vgl. *Becker* Rn. 396 (GmbH) bzw. Rn. 580 (AG).

[90] Siehe III Fn. 54f. bzw. IV Fn. 200f. Ein Teil der Gemeindeordnungen sieht allerdings die genannten Prüfungs- und Unterrichtungsrechte der Kommune nur dann vor, wenn diese Anteile an einem Unternehmen in dem in §§ 53, 54 HGrG bezeichneten Umfang gehören, was aber bei der Genossenschaft schon dem Grunde nach nicht in Frage kommt; vgl. im Einzelnen *Keßler/Herzberg,* NZG 2007, 531 ff.

[91] Vgl. zum Nachfolgenden *Becker* unter III 7 a (GmbH) bzw. IV 7 a (AG).

[92] Siehe III Fn. 123 bzw. IV Fn. 251.

[93] Vgl. *Becker,* Erfüllung, S. 93.

Rechnung getragen wurde und der Grundsatz der Gleichbehandlung aller Mitglieder beachtet worden ist. Von zentraler Bedeutung sind naturgemäß auch die Vermögensverhältnisse der Genossenschaft, d. h. der Bereich Rechnungswesen (Finanzen). Die Prüfung der wirtschaftlichen Lage betrifft dabei sämtliche Aspekte der Vermögens-, Finanz- und Ertragslage sowie die Wirtschaftlichkeit. Auch der Prüfungsgegenstand der Einrichtungen ist umfassend (unter Berücksichtigung der Art des Gesellschaftszwecks und der Größe der Genossenschaft) zu verstehen und kann von den Betriebsanlagen und der technischen Ausstattung bis hin zur gesamten Innen- und Außenorganisation reichen.[94]

c) Ablauf der genossenschaftlichen Prüfung

848 **aa) Unterrichtung des Aufsichtsratsvorsitzenden.** Es wurde bereits darauf hingewiesen, dass das Gesetz dem Aufsichtsratsvorsitzenden im Rahmen des Prüfungsverfahrens eine herausgehobene Stellung innerhalb des Kontrollgremiums einräumt. Gemäß § 57 Abs. 2 S. 1 GenG hat der Verband dem Vorsitzenden des Aufsichtsrats den Beginn der Prüfung rechtzeitig anzuzeigen. Dieser setzt dann seinerseits unverzüglich die übrigen Mitglieder des Gremiums in Kenntnis. Jedes Aufsichtsratsmitglied ist auf sein Verlangen oder auf Verlangen des Prüfers hinzuziehen (§ 57 Abs. 2 S. 2 GenG).

849 **bb) Gewährung von Einsicht.** Der Vorstand hat dem Prüfer die Einsicht der Bücher und Schriften der Genossenschaft sowie die Untersuchung sämtlicher Bestände (Kassenbestand, Wertpapiere, Waren) zu gestatten und ihm alle Aufklärungen und Nachweise zu geben, die der Prüfer für eine sorgfältige Prüfung benötigt (§ 57 Abs. 1 S. 1 GenG). Der Prüfer bestätigt die Einhaltung dieser gesetzlichen Vorgabe durch die zu Beginn oder am Ende der Prüfung auszufertigende Vollständigkeitserklärung.[95]

850 **cc) Prüfungsdurchführung.** Zentrales Element der Prüfung ist die Feststellung, ob die gesetzlichen und satzungsmäßigen Vorgaben (einschließlich einer ordnungsgemäßen Rechnungslegung) beachtet worden sind. Der Verband darf die notwendigen Entscheidungen treffen, wenn der Vorstand die Durchführung der Prüfung verweigert oder nicht ausreichend mitwirkt. Der Prüfer hat für die Zwecke seiner Feststellungen geeignete Prüfungsmaßnahmen einzuleiten, also insbesondere eine entsprechende Stichprobenauswahl für seine rechnerischen und vergleichenden Prüfungsschritte vorzunehmen. Von zentraler Bedeutung für die Qualität der Prüfung und der Prüfungsergebnisse ist dabei die ständige Kommunikation mit dem Vorstand bzw. – auf Arbeitsebene – die Prüfungsgespräche mit dem intern bei der Genossenschaft zuständigen Ansprechpartner. § 57 Abs. 4 S. 1 GenG sieht vor, dass der Prüfer in einer gemeinsamen Sitzung von Vorstand und Aufsichtsrat über das voraussichtliche Ergebnis der Prüfung berichtet. Sinn dieser Prüfungsschlusssitzung ist neben ihrer Informationsfunktion auch das Verhindern von negativen Überraschungen. Vorstand und Aufsichtsrat sollen in die Lage versetzt werden, etwaige Zweifelsfragen oder Meinungsunterschiede vor dem Ende der Prüfung auszuräumen. Die Prüfung schließt mit einem Prüfungsbericht. Im Nachgang dazu können sich Maßnahmen der Prüfungsverfolgung ergeben.[96]

851 **dd) Dokumentation und Beratung des Prüfungsergebnisses.** Der Prüfer muss Art, Umfang und Ergebnis seiner Prüfungshandlungen angemessen dokumentieren (Arbeitspapiere, Prüfungsberichte). Über wichtige Feststellungen, nach denen sofortige Maßnahmen des Aufsichtsrats notwendig erscheinen, soll der Prüfer unverzüglich den Vorsitzenden des Aufsichtsrats in Kenntnis setzen (§ 57 Abs. 3 GenG).

852 § 58 Abs. 4 S. 1 GenG ordnet schließlich an, dass Vorstand und Aufsichtsrat unverzüglich nach Erhalt des Prüfungsberichts über das Prüfungsergebnis gemeinsam beraten.

---

[94] Vgl. zum Ganzen *Korte,* in: *Lang/Weidmüller,* GenG, § 53 Rn. 11 ff.
[95] Vgl. *Beuthien,* GenG, § 57 Rn. 6.
[96] Vgl. *Korte,* in: *Lang/Weidmüller,* GenG, § 53 Rn. 17.

d) Organisation des Prüfungsverbandes

Die Prüfungsverbände haben grundsätzlich die **Rechtsform des eingetragenen Vereins** (§ 63b Abs. 1 GenG). Dem Vorstand soll mindestens ein Wirtschaftsprüfer angehören (§ 63b Abs. 5 S. 1 GenG). 853

Die Verbände und die von ihnen beauftragten Prüfer und Prüfungsgesellschaften sind zur **gewissenshaften und unparteiischen Prüfung und zur Verschwiegenheit** verpflichtet (§ 62 Abs. 1 S. 1 GenG). 854

Die Prüfungsverbände unterliegen der **Staatsaufsicht** (§ 64 GenG). Sie müssen sich grundsätzlich wie Wirtschaftsprüfer oder Wirtschaftsprüfungsgesellschaften einer externen Qualitätskontrolle unterziehen (§ 63e GenG). 855

E. Verantwortung und Kontrolle

Übersicht

1. Teil. Rechnungs-, Berichts- und Prüfungswesen

Literatur: *Adler/Düring/Schmaltz*, Rechnungslegung und Prüfung der Unternehmen, 6. Aufl. 1995 ff.; *Bals*, Vorschläge und Hinweise zur inhaltlichen und formalen Gestaltung der Beteiligungsberichte der Kommunen (ohne Jahr; http://www.mik.nrw.de/publikationen/hinweise.beteiligungsberichte pdf); *Bärenz*, Haftung des Abschlussprüfers bei Bestätigung fehlerhafter Jahresabschlüsse gemäß § 323 Abs. 1 S. 3 HGB, BB 2003, 1781 ff.; *Baumbach/Hueck*, GmbHG, 20. Aufl. 2013; *Berger/Ellrott/Förschle/Hense*, Beck'scher Bilanzkommentar. Handels- und Steuerrecht, 6. Aufl. 2006; *Bissinger*, Aufsichtsrat – Stellung und Pflichten in kommunalen Unternehmen, Geschäftsbericht des Bayer. Komm. Prüfungsverbandes 2011, S. 13 ff.; *Bormann/Gucht*, Übermittlung des Prüfungsberichts an den Aufsichtsrat – ein Beitrag zu § 170 Abs. 3 S. 2 AktG, BB 2003, 1887 ff., Corporate Governance Kodex (Stand 13. 05. 2013 – http://www.corporate -governance-code. de/ger/kodex/index.html); *Diller*, Aufgaben und Organisation einer Innenrevision im kommunalen Krankenhaus, Geschäftsbericht 2002 des Bayer. Komm. Prüfungsverbandes, S. 66 ff.; *Fabry/Augsten* (Hrsg.), Handbuch der öffentlichen Unternehmen, 2002; *Fiebig*, Kommunale Rechnungsprüfung. Grundlagen – Aufgaben – Organisation, 4. Aufl. 2007; *Gampe/Iltgen*, Controlling kommunaler Beteiligungen unter Einbindung eines externen Dienstleisters, GemH 2004, S. 25 ff.; *Gaß*, Die Umwandlung gemeindlicher Unternehmen, Stuttgart u. a. 2003; *Geib u.a.*, WP-Handbuch 2006, Bd. I, 13. Aufl. 2006; GPA Baden-Württemberg, Geschäftsbericht 2002; *Haertle/Purzer*, Das Rechnungswesen der Krankenhäuser, Stand Februar 2008; *Hahn*, Was bedeutet die Reform der Rechnungslegung der öffentlichen Verwaltung aus der Perspektive der kommunalen Unternehmen?, in Roedl & Partner, Newsletter Öffentliches Management, April 2003, S. 3 f.; Hessischer Rechnungshof, 10. Zusammenfassender Bericht 2001; *Hoffmann/Lüdenbach*, Bilanzrechtsreformgesetz – Seine Bedeutung für den Einzel- und Konzernabschluß der GmbH, GmbHR 2004, S. 145 ff.; *Hofmann*, Prüfungshandbuch, Praxisorientierter

Leitfaden einer umfassenden Revisionskonzeption, Berlin 1990, S. 15; *Hoppe/Uechtritz* (Hrsg.), Handbuch Kommunale Unternehmen, 2. Aufl. 2007; IDW, Formulierungsvorschlag zur Unabhängigkeit des Abschlussprüfers, FN-IDW 2002, S. 755f.; IDW, Prüfungsstandard: Die Beurteilung der Fortführung der Unternehmenstätigkeit im Rahmen der Abschlussprüfung (IDW PS 270); IDW, Prüfungsstandard: Wesentlichkeit im Rahmen der Abschlussprüfung (IDW PS 250); IDW, Prüfungsstandard: Zur Aufdeckung von Unregelmäßigkeiten im Rahmen der Abschlussprüfung (PS 210), WPg 2006, S. 1422ff.; IDW PS 261, Feststellung und Beurteilung von Fehlerrisiken und Reaktionen des Abschlussprüfers auf die beurteilten Fehlerrisiken, WPg 2006, S. 1433ff.; IDW, Stellungnahme vom 28.5.2003 zur Mitteilung der EU-Kommission: Stärkung der Abschlussprüfung in der EU, WPg 2003, S. 668ff.; IDW, Stellungnahme zur Rechnungslegung: Aufstellung des Lageberichts (IDW RS HFA 1), WPg 1998, S. 653; Entwurf IDW Prüfungsstandard: Zum erweiterten Umfang der Jahresabschlussprüfung von Krankenhäusern nach Landeskrankenhausrecht (IDW EPS 650) – Stand 4.9.2008, FN 2009, S. 35ff.; *Janssen*, Holding und Organschaft: Bestandsaufnahme, Gestaltung, Perspektiven, Die Wirtschaftsprüfung, Sonderheft 2003; *Jöhnk/Mitschke/Uhlen* (PwC), Modell zur Steuerung und Kontrolle kommunaler Beteiligungen, (ohne Jahr); *Kämpfer/Schmidt*, Die Auswirkungen der neueren Prüfungsstandards auf die Durchführung von Abschlussprüfungen, WPg 2009, S. 47ff.; *Kajüter*, Der Lagebericht als Instrument einer kapitalmarktorientierten Rechnungslegung – Umfassende Reformen nach dem Entwurf zum BilReG und E-DRS 20 –, DB 2004, 197ff.; *Köhler*, Die Aufstellung des Lageberichts für kommunale Krankenhäuser und Pflegeeinrichtungen, Bayer. Komm. Prüfungsverband, Geschäftsbericht 2006, S. 182ff.; *Küting/Dawo/Heiden*, Das Testat des Wirtschaftsprüfers im Internet – Internationale audit guidance als Vorbild einer künftigen deutschen Regelung?, JurPC Web-Dok. 25/2002, Abs. 63; *Küting/Weber*, Handbuch der Rechnungslegung, Kommentar zur Bilanzierung und Prüfung, 5. Aufl. 2002ff.; *Latz*, Europäisches Beihilferecht – Das Monti-Paket und kommunale Leistungen der Daseinsvorsorge, Geschäftsbericht des Bayer. Komm. Prüfungsverbandes 2007, S. 15ff.; *Leffson*, Die Grundsätze ordnungsgemäßer Buchführung, 7. Aufl. 1987, S. 163ff.; *Leisner*, Staatliche Rechnungsprüfung Privater unter besonderer Berücksichtigung der freien Wohlfahrtspflege, 1990; *Leßweng*, Einsatz von Business Intelligence Tools (BIT) im betrieblichen Berichtswesen, Controlling 2004, S. 41ff.; *Lommatzsch*, „Von alle dem nichts gewusst"? – Persönliche Außenhaftung des Aufsichtsrats, Status:Recht 2008, 287; *Lutter/Krieger*, Rechte und Pflichten des Aufsichtsrats, 5. Aufl. 2008; *Marx*, Unabhängige Abschlussprüfung und Beratung, 2001; *Meyer*, Grundlagen und Reichweite der Einrichtungs- und der Betätigungsprüfung nach dem Gesetz zur Regelung der überörtlichen Prüfung kommunaler Körperschaften in Hessen (ÜPKKG), 1995; *Meyer*, Der Regierungsentwurf des Bilanzrechtsreformgesetzes (BilReG): Wichtige Neuerungen in der externen Rechnungslegung, DStR 2004, 971ff.; Modellprojekt „Doppischer Kommunalhaushalt in NW" (Hrsg.), 2. Aufl. 2003; *Niehus*, Nahestehende Personen nach dem BilMoG, DStR 2008, 2280; *Och/Wager*, Betriebswirtschaftslehre in der öffentlichen Verwaltung, herausgegeben von der Bayerischen Verwaltungsschule, 2003; *Pfitzer/Orth/Hettich*, Stärkung der Unabhängigkeit des Abschlussprüfers? Kritische Würdigung des Referentenentwurfs zum Bilanzrechtsreformgesetz, DStR 2004, 328ff.; *Püttner*, Zur Frage der zu empfehlenden Rechtsform für kommunale Unternehmen in Bayern unter den heute gegebenen Rahmenbedingungen, Anlage zum VKU-Nachrichtendienst Juli 1999; Rechnungshof Rheinland-Pfalz, Kommunalbericht 1999 TZ 4, S. 3ff.; *Reindl*, Rechnungslegung nach IAS/IFRS – Pflicht oder Kür?, GmbHR 2003, R 181f.; *Schreml/Westner* u.a., Kommunales Haushalts- und Wirtschaftsrecht in Bayern, Stand Januar 2009; *Schruff*, Zur Aufdeckung von Top-Management-Fraud durch den Wirtschaftsprüfer im Rahmen der Jahresabschlussprüfung, WPg 2003, S. 901ff.; *Strobel*, Der Beteiligungsbericht als Informationsinstrument des Gemeinderats, DÖV 2004, 477ff.; *Theile*, Erstmalige Anwendung der IAS/IFRS, DB 2003, S. 1745ff.; *Tomerius/Breitkreuz*, Selbstverwaltungsrecht und „Selbstverwaltungspflicht", DVBl 2003, 426ff.; *Trapp/Bolay*, Privatisierung in Kommunen – eine Auswertung kommunaler Beteiligungsberichte, Deutsches Institut für Urbanistik, 2003; *v. Mutius/Groth*, Amtshaftung bei fehlerhafter kommunalaufsichtsbehördlicher Genehmigung privatrechtlicher Rechtsgeschäfte, NJW 2003, 1278ff.; *Vogelpoth/Poullie/Voß*, Probleme im Zusammenwirken von HGB, BilMoG und kommunaler Rechnungslegung, WPg 2009, S. 83ff.; *Wager*, Bilanz/Gewinn- und Verlustrechnung der Eigenbetriebe und Kommunalunternehmen, 2. Aufl. 2002; *Wambach*, in: *Roedl & Partner*, Newsletter Öffentliches Management, April 2003, S. 1; *Widtmann/Grasser*, Bayerische Gemeindeordnung, Stand Oktober 2007; *Wöhe*, Einführung in die Allgemeine Betriebswirtschaftslehre, 23. Aufl. 2008; *Zeitler*, Rechnungslegung und Rechtstaat – Übernahme der IAS oder Reform des HGB? –, DB 2003, 1529ff.; *Zwirner*, Finanzkrise – Auswirkungen auf die Rechnungslegung, DB 2009, S. 353ff.

I. Einführung

1 Die Zusammenfassung von Rechnungs-, Berichts- und Prüfungswesen in einem eigenen Abschnitt verdeutlicht, dass sich alle drei Bereiche thematisch unter einem einzigen Bezug fassen lassen, dem der **Steuerungsrelevanz**. Rechnungs- und Berichtswesen liefern die für die Steuerung des Unternehmens notwendigen Informationen. Art und Weise dieser Informationsgewinnung sowie daraus abgeleitete Steuerungsmaßnahmen untersuchen (interne und externe) Prüfungsorgane, die darüber hinaus auch selbst Steuerungsmaßnahmen empfehlen.

2 Die Steuerung kommunaler Unternehmen ist nicht lediglich eine unternehmensinterne Angelegenheit. Denn kommunale Unternehmen erfüllen im Grunde **öffentliche Aufgaben** mit öffentlichen Geldern. Mittels Ausgliederungen dürfen Kommunen sich nicht ihrer Verantwortung entledigen. Nach neuerer Auffassung gewährleistet Art. 28 Abs. 2 GG den Kommunen nicht nur das Recht zur Selbstverwaltung ihrer eigenen Angelegenheiten, sondern es trifft sie auch eine Pflicht hierzu, also eine verfassungsrechtlich abgeleitete Pflicht zur eigenverantwortlichen Entscheidung über ihre weitere Entwicklung.[1] Vor dem Hintergrund des ungebrochenen Trends zur Ausgliederung und Privatisierung öffentlicher Aufgaben muss eine Kommune deshalb ihre aus wirtschaftlichen oder organisatorischen Gründen getroffenen Entscheidungen, bestimmte Aufgaben auf (in Teilen selbständige) Eigenbetriebe oder rechtlich selbständige Unternehmen zu übertragen, mittels satzungsmäßiger, vertraglicher und organisatorischer Vorkehrungen absichern, die gewährleisten, dass sie für die Aufgabenerfüllung wesentliche Fragen in diesen Unternehmen steuernd beeinflussen und Entwicklungen im kommunalen Interesse korrigier- und notfalls umkehrbar halten kann. Ergänzend sei erwähnt, dass auch EU-rechtliche Vorgaben für kommunale Beihilfen an kommunale Unternehmen zu derartigen Vorkehrungen zwingen (sog. Monti-Paket). Das Verselbständigen kommunaler Aufgabenerfüllung in eigenständigen Unternehmen dünnt die durch Wahlen den kommunalen Mandatsträgern vermittelte demokratische Legitimation aus. Dem muss eine Kommune mittels Steuerung ihrer Unternehmen entgegenwirken. Die notwendige **Steuerung** kommunaler Unternehmen umfasst auch und gerade ihre **Lenkung** und **Kontrolle**.[2] Die Bedeutung guter Unternehmensführung, größerer Effizienz und Transparenz unterstreicht die Diskussion um den Public Corporate Governance Kodex (PCGK) mit seinen Empfehlungen u.a. zur Verbesserung von Prozessen und Arbeitsstrukturen der Unternehmensorgane Vorstand / Geschäftsführung, Aufsichts-/ Verwaltungsrat und zum Thema Rechnungslegung und Prüfungsrechte.[3] Geeignete Instrumente, welche die steuernde Einflussnahme der gewählten öffentlichen Mandatsträger sichern können, sind insbesondere die Einführung von **Berichtspflichten** und die Einräumung und das Wahrnehmen von **Prüfungsrechten**. Beide Bereiche werden neben dem **Rechnungswesen** als Grundlage unternehmensbezogener Informationen im Folgenden näher erläutert. Dazu muss betont werden, dass öffentliche Mandatsträger, die in Gremien kommunaler Unternehmen (Überwachungs)Aufgaben wahrnehmen, ohne ein Mindestmaß an betriebswirtschaftlichen Kenntnissen nicht auskommen.

3 Dass kommunale Unternehmen in der Regel nur zur Erfüllung eines **öffentlichen Zwecks** errichtet werden dürfen und im Grunde öffentliche Aufgaben erfüllen, was die Gewinnerzielung als alleinigen Unternehmenszweck ausschließt, bedeutet weiter, dass eine allein unternehmensbezogene Betrachtung mittels gängiger betriebswirtschaftlicher Instrumentarien nicht ausreicht, um beurteilen zu können, ob die spezifischen kommunalrechtlichen Vorgaben beachtet werden. Der Erfolg kommunaler Unternehmen und

---

1 *Tomerius/Breitkreuz*, Selbstverwaltungsrecht und „Selbstverwaltungspflicht", DVBl 2003, 426ff.

2 *Tomerius/Breitkreuz* (Rn. 2), S. 431.

3 Vgl. http://www.bundesfinanzministerium.de/nn_3384/DE/Wirtschaft_und_Verwaltung/Bundesliegenschaften_und_Bundesbeteiligungen/Public_corporate_governance_Kodex/node.html?_nnn=true

die Tätigkeit ihrer Organe werden nicht daran gemessen, ob es gelingt, den Unternehmensgewinn zu maximieren, sondern am Maß der Erfüllung des öffentlichen Zwecks und damit letztlich an der **Gemeinwohlausrichtung**. Entscheidend sind damit die wohlverstandenen Interessen der hinter einem kommunalen Unternehmen stehenden Kommune.

4 Bundes- und Landesgesetzgeber haben versucht, dieser besonderen Stellung kommunaler Unternehmen Rechnung zu tragen. Allerdings führen EU-rechtliche Vorgaben, der Vorrang der Gesetzgebungskompetenz des Bundes für das Gesellschaftsrecht (Art. 74 Nr. 11 GG iV. m. Art. 31 GG), die Gesetzgebungskompetenz der Länder für das Kommunalrecht, die Vielzahl der den Kommunen zur Verfügung gestellten Formen unternehmerischer Betätigung sowie branchenspezifische Besonderheiten dazu, dass sich ein **einheitliches Bild** des Rechnungs-, Berichts- und Prüfungswesens kommunaler Unternehmen **nicht** zeichnen lässt. Im Folgenden soll versucht werden, wenigstens einen Überblick zu geben, wobei ein gewisser Schwerpunkt auf die Regelung in Bayern gelegt wird.[4]

II. Rechnungswesen

1. Begriff und Zweck des Rechnungswesens

5 Unter dem **Rechnungswesen** eines Unternehmens versteht man die systematische Erfassung, Überwachung und Auswertung der in Wert- oder Mengengrößen vorliegenden und ermittelbaren Vorgänge.[5]

6 Das betriebliche Rechnungswesen dient unternehmensbezogen einem vierfachen Zweck.[6] Zunächst erfasst es mit der **Buchführung** als Grundlage des Rechnungswesens chronologisch die tatsächlich eingetretenen Sachverhalte in zeitlicher und sachlicher Weise (Dokumentationsfunktion). Diese werden mittels der sog. **Kostenrechnung** verursachungsgerecht den Kostenstellen und -trägern zugeordnet sowie ausgewertet. Das Erstellen von **Jahres-** und ggf. **Zwischenabschlüssen** (Bilanzierung) dient der Rechenschaftslegung, dem Vergleich mit anderen Unternehmen und der Informationsgewinnung. Das Rechnungswesen stellt damit der Leitung des Unternehmens die Daten zur Verfügung, auf deren Grundlage sie **unternehmerische (steuernde) Entscheidungen** treffen und jeweils vor Beginn eines jeden Wirtschaftsjahres den **Wirtschaftsplan** aufstellen kann. Das Rechnungswesen spielt danach eine zentrale Rolle für die Unternehmensführung.[7]

7 Daneben lassen sich aus dem Rechnungswesen auch die für **Externe**, vor allem Gesellschafter und Gläubiger des Unternehmens, wichtigen Informationen (etwa für die Gewinnausschüttung oder ein Rating) gewinnen. Schließlich leitet der Fiskus aus der Rechnungslegung die geschuldete Körperschaftsteuer ab (Grundsatz der Maßgeblichkeit der Handelsbilanz für die Steuerbilanz) (vgl. Kapitel D Rn. 400).

8 In diesem Zusammenhang ist auch auf die derzeit laufende Reform des Rechnungswesens der Kommunen hinzuweisen, die trotz der möglichen Schärfung der Kameralistik zur sog. erweiterten Kameralistik einen deutlichen Trend hin zum kaufmännischen Rechnungswesen (häufig als **(kommunale) Doppik** oder **„Neues Kommunales Finanzwesen – NKF“** bezeichnet) erkennen lässt.[8] U. a. Baden-Württemberg, Niedersachsen, Nordrhein-Westfalen und Sachsen haben sich bei den Kommunen für ein Rech-

[4] Die angegebenen Internet-Adressen wurden am 23.12.2013 gesichtet.

[5] *Och/Wager*, Betriebswirtschaftslehre in der öffentlichen Verwaltung, herausgegeben von der Bayerischen Verwaltungsschule, S. 174.

[6] Siehe auch *Dengler*, Wirtschaftsführung, Rechnungswesen und Prüfung von Unternehmen der öffentlichen Hand, Rn. 24, in: *Fabry/Augsten* (Hrsg.), Handbuch der öffentlichen Unternehmen.

[7] *Wambach*, in: *Roedl & Partner*, Newsletter Öffentliches Management, April 2003, S. 1

[8] Vgl. Beschluss der Innenministerkonferenz vom 24.11.2000, „Eckpunkte für die Reform des kameralistischen Haushalts- und Rechnungssystems der Kommunen“ und „Eckpunkte für ein doppisches Haushaltsrecht“, GemH 2001, S. 112ff.; Beschluss der Innenministerkonferenz vom 20./21.11.2003, KKZ 2004, S. 12.

nungswesen nach kaufmännischen Grundsätzen entschieden. Auf lange Sicht dürfte aber auch in den Ländern, die ein Wahlrecht zwischen (ggf. erweiterter) Kameralistik und Doppik vorsehen (z. B. Bayern, Hessen, Thüringen), ein die Vergleichbarkeit von Kommunen erschwerendes, letztlich aufwendiges Nebeneinander zweier Buchungssysteme nicht haltbar sein. Das kaufmännische Rechnungswesen dürfte allein wegen seiner Verbreitung im Unternehmensbereich beste Chancen haben, sich mit den notwendigen Anpassungen an kommunale Spezifika bei den Kommunen durchzusetzen. Für kommunale Unternehmen bietet ihre Vertrautheit mit dem kaufmännischen Rechnungswesen trotz der nicht zu unterschätzenden Besonderheiten und notwendigen Abweichungen im kommunalen Bereich zum einen die Chance, ihre Kommunen beim Umstellungsprozess und danach als Dienstleister zu begleiten und zu unterstützen. Zum andern werden die Bewertung des kommunalen Unternehmens als Beteiligung in der Eröffnungsbilanz der Kommune und die Pflicht zur Erstellung konsolidierter Jahresabschlüsse eine nicht zu vernachlässigende Rolle spielen. Die Beteiligungsverwaltung und -steuerung könnten infolge der Annäherung der Systeme der Rechnungslegung in Kernverwaltung und Unternehmen auf lange Sicht erleichtert werden.[9]

2. Rechtsgrundlagen

Maßgeblich für das Rechnungswesen juristisch verselbständigter kommunaler **Unternehmen in Privatrechtsform** sind in erster Linie die Bestimmungen des HGB, wobei nach kommunalrechtlichen Vorgaben regelmäßig die Vorschriften für große Kapitalgesellschaften im Dritten Buch des HGB anzuwenden sind (z. B. Art. 94 Abs. 1 Satz 1 Nr. 2 BayGO, vgl. Rn. 160), so dass die für kleine und mittelgroße Kapitalgesellschaften (zum Begriff siehe § 267 HGB) und Personengesellschaften eingeräumten Bilanzierungs- und Bewertungserleichterungen nicht zum Tragen kommen.[10] Zudem ist es möglich, gesellschaftsvertraglich die Anwendung haushaltsrechtlicher Bestimmungen aus dem kommunalen oder sonstigen öffentlich-rechtlichen Bereich zu vereinbaren. Bei **öffentlich-rechtlichen Rechtsformen** (Eigenbetriebe, Kommunalunternehmen) wird ebenfalls regelmäßig auf die Vorschriften für große Kapitalgesellschaften im Dritten Buch des HGB verwiesen (z. B. § 18 Abs. 2 Eigenbetriebsverordnung – EBV – BY, § 20 Abs. 2 Verordnung über Kommunalunternehmen – KUV – BY), wobei (regelmäßig strengere) landesrechtliche Sonderregelungen in den jeweiligen Eigenbetriebsgesetzen- oder -verordnungen Vorrang haben (§ 263 HGB). Die besonderen landesrechtlichen Vorschriften zielen vor allem darauf ab, die Information der hinter dem Unternehmen stehenden Kommune zu verbessern und ihr Kontrolle, Prüfung und Steuerung des Unternehmens zu erleichtern.[11] 9

Der Gesetzgeber hat die Vorschriften der Rechnungslegung in den letzten Jahren kontinuierlich weiterentwickelt und sich dabei an internationalen Standards orientiert. So setzte das Bilanzrechtsreformgesetz 2004 die Fair-Value-Richtlinie (Richtlinie 2001/65/EG) und die sog. Modernisierungsrichtlinie (Richtlinie 2003/51/EG) teilweise in nationales Recht um. Mit dem **Bilanzrechtsmodernisierungsgesetz** – BilMoG –, das im Wesentlichen ab 1.1.2010 anzuwenden ist, aber bereits ein Anwendungswahlrecht ab 1.1.2009 beinhaltet (siehe insbes. Art. 66 Abs. 3 EGHGB),[12] wird dieser Weg fortgesetzt. Ziel ist, das bewährte Bilanzrecht des HGB zu einer dauerhaften und im Verhältnis zu internationalen 10

---

[9] Vgl. *Hahn*, Was bedeutet die Reform der Rechnungslegung der öffentlichen Verwaltung aus der Perspektive der kommunalen Unternehmen?, in: *Roedl & Partner*, Newsletter Öffentliches Management, April 2003, S. 3f.

[10] Zur Rechnungslegung siehe allgemein z. B. *Adler/Düring/Schmaltz*, Rechnungslegung und Prüfung der Unternehmen; *Berger/Ellrott/Förschle/Hense*, Beck'scher Bilanzkommentar. Handels- und Steuerrecht; *Kütting/Weber*, Handbuch der Rechnungslegung, Kommentar zur Bilanzierung und Prüfung.

[11] Vgl. *Och/Wager* (Rn. 5), S. 180.

[12] Gesetz vom 25.5.2009, BGBl. I 2009, 1102.

Standards vollwertigen, aber kostengünstigeren und einfacheren Alternative weiter zu entwickeln, ohne seine Eckpunkte (Bilanz als Grundlage der Ausschüttungsbemessung und der steuerlichen Gewinnermittlung) und das System der Grundsätze ordnungsgemäßer Buchführung aufzugeben. Die Informationsfunktion des Jahres- und des Konzernabschlusses soll gestärkt werden. Außerdem sollten europarechtliche Vorgaben schonend umgesetzt werden (Richtlinie 2006/43/EG – Abschlussprüferrichtlinie; Richtlinie 2006/46/EG – Abänderungsrichtlinie).[13] Mit der Anhebung der Schwellenwerte (§ 267 HGB) will es der Gesetzgeber Kapitalgesellschaften (und bestimmten Kapitalgesellschaften & Co.) verstärkt ermöglichen, größenabhängige Erleichterungen und Befreiungen in Anspruch zu nehmen; für kommunale Unternehmen führt aber die typischerweise in den landesrechtlichen Vorschriften bezüglich der Aufstellung und Prüfung des Jahresabschlusses und des Lageberichts enthaltene Verweisung auf die Vorschriften für große Kapitalgesellschaften (vgl. Rn. 160) insoweit nicht zu Änderungen.

11 Die internationale Finanzkrise mit ihren ab 2008 deutlich spürbaren Auswirkungen führte im Lauf des Gesetzgebungsverfahrens zu einer gewissen Ernüchterung hinsichtlich der vorgeblichen Bewährung internationaler Standards und zu einer Redimensionierung des BilMoG, insbesondere in folgenden Punkten:

- Die ursprünglich im Regierungsentwurf vorgesehene Zeitwertbewertung der zu Handelszwecken erworbenen Finanzinstrumente wurde in dieser allgemeinen Form gestrichen und betrifft nur Banken und sonstige Finanzdienstleister.
- Die Aktivierung selbst geschaffener immaterieller Vermögensgegenstände des Anlagevermögens (z. B. Software-Entwicklung) wird nicht als Pflicht, sondern als Wahlrecht ausgestaltet.
- Zum Ausweis der aktiven latenten Steuern wird ein Wahlrecht anstelle einer Aktivierungspflicht eingeführt.
- Künftig sind Rückstellungen abzuzinsen und dabei im Finanzergebnis zu buchen (wobei künftige Entwicklungen, z. B. Preis- und Kostensteigerungen, Personalentwicklung, einzuberechnen sind).
- Die handelsrechtlichen Vorschriften zur Konsolidierung von Zweckgesellschaften werden an die internationalen Rechnungslegungsvorschriften angepasst.

Das BilMoG nähert die Rechnungslegung nur behutsam an internationale Standards an; das insbesondere für kommunale Unternehmen, die im Grunde öffentliche Gelder verwenden, bedeutsame handelsrechtliche Vorsichtsprinzip bleibt erhalten, wenngleich die neu eingeräumten Wahlrechte die Vergleichbarkeit von Jahresabschlüssen künftig erschweren könnten. Insgesamt betreffen die durch das BilMoG eingeführten Änderungen öffentliche Unternehmen in geringerem Maß, zum einen, weil viele Neuerungen nur für kapitalmarktorientierte Unternehmen gelten, zum andern, weil größenabhängige Erleichterungen wegen der kommunalgesetzlichen Verweise auf große Kapitalgesellschaften nur eingeschränkt zum Tragen kommen.

3. Adressaten des Rechnungswesens

12 Die verschiedenen Teilbereiche des Rechnungswesens im weiteren Sinn (Buchführung und Bilanzierung, Kosten- und Leistungsrechnung, Planungsrechnung, betriebliche Statistik) können danach, an wen sich die jeweils gewonnenen Informationen richten, in **internes** und **externes Rechnungswesen** unterschieden werden. Das interne Rechnungswesen wendet sich mit den Ergebnissen der Kosten- und Leistungsrechnung, der Planungsrechnung und der betrieblichen Statistik an die Entscheidungsträger des Unternehmens, während das externe Rechnungswesen daneben auch für die Gesellschafter, die Gläubiger, den Fiskus, die Konkurrenz und allgemein die Öffentlichkeit Informationen

---

[13] Vgl. Gesetzentwurf der Bundesregierung – BT-Drs. 16/10067; Beschlussempfehlung und Bericht des Rechtsausschusses vom 24.3.2009 – BT-Drs. 16/12407

bereithält.[14] Sie werden mittels der Veröffentlichung des Jahresabschlusses und bei Kapitalgesellschaften des Lageberichts erreicht.

Während selbständige kommunale Unternehmen in Privatrechtsform selbst den Aufbau des internen Rechnungswesens bestimmen können, unterliegen sie hinsichtlich des externen Rechnungswesens im Interesse des Schutzes der außenstehenden Adressaten gesetzlichen Bindungen (§§ 238–342e HGB, Anforderungen der Kommunalgesetze). Dabei sind im Bereich der externen Rechnungslegung internationale Bestrebungen erkennbar, die Vorschriften zu harmonisieren. 13

4. Planungsrechnung – Wirtschaftsplan und Finanzplanung

Nicht eigentlich Teil des Rechnungswesens kommunaler Unternehmen sind **Wirtschaftsplan** und **Finanzplanung**. Da diese Instrumente aber als Planungsrechnungen dazu dienen, die Überwachung und Steuerung kommunaler Unternehmen zu erleichtern, sollen sie hier vorgestellt werden. 14

Bei Eigenbetrieben als kommunalen Sondervermögen und bei Kommunalunternehmen nimmt der für jedes Wirtschaftsjahr zu erstellende **Wirtschaftsplan**, über den die zuständigen kommunalen Gremien zu beschließen haben, die Stelle des Haushaltsplans ein, mit dem er abzustimmen ist (vgl. § 2 Abs. 2 Nr. 4 KommHV-Kameralistik BY); eine **fünfjährige Finanzplanung** ergänzt ihn (vgl. z. B. §§ 14ff. EigBG BW, § 4 EigBVO BW, §§ 13, 17 EBV BY, §§ 16, 19 KUV BY, § 19 KUVO SH). Die Kommunalgesetze der Länder schreiben außerdem regelmäßig vor, dass kommunale Unternehmen in Privatrechtsform in sinngemäßer Anwendung der für Eigenbetriebe geltenden Vorschriften für jedes Jahr einen Wirtschaftsplan und eine fünfjährige Finanzplanung aufzustellen haben (z. B. § 103 Abs. 1 Satz 1 Nr. 5 Buchst. a) GemO BW, Art. 94 Abs. 1 Satz 1 Nr. 1 BayGO, § 108 Abs. 2 Satz 1 Nr. 1 Buchst. a) und b) GO NRW, § 87 Abs. 1 Satz 1 Nr. 7 Buchst. a) GemO RP). Eine jährliche Wirtschaftsplanung und eine mittelfristige Finanzplanung sind bereits aus betriebswirtschaftlichen Gründen notwendig; die **sinngemäße Anwendung** der Vorschriften des Eigenbetriebsrechts beinhaltet jedoch einen gewissen Spielraum bei der Ausgestaltung der Planungsrechnung. 15

Der Wirtschaftsplan untergliedert sich in **Erfolgsplan** und **Vermögensplan;** ihm ist ein Auszug aus dem **Stellenplan** beizufügen (vgl. §§ 1ff. EigBVO BW, §§ 13ff. EBV BY, § 16 KUVO SH). Oft enthält er auch Aufstellungen genehmigungspflichtiger Kreditaufnahmen und Verpflichtungsermächtigungen. 16

Der (mindestens) wie die Gewinn- und Verlustrechnung zu gliedernde **Erfolgsplan** enthält alle voraussehbaren Erträge und Aufwendungen des Wirtschaftsjahres. Der in Einnahmen und Ausgaben ausgeglichene (vgl. § 15 Abs. 1 Nr. 2 EigBG BW, § 13 Abs. 2 Nr. 2 EBV BY) **Vermögensplan** stellt die voraussehbaren Vermögensänderungen und die dafür verwendeten Finanzierungsmittel dar. Der **Stellenplan** weist die im Wirtschaftsjahr notwendigen Stellen für Beschäftigte aus. Bei wesentlichen Änderungen ist der Wirtschaftsplan unterjährig zu ändern (vgl. § 15 EigBG BW, § 13 Abs. 2 EBV BY, § 16 Abs. 2 KUVO SH). 17

Die **mehrjährige Finanzplanung**, die letztlich auf Art. 109 Abs. 3 GG fußt, soll einen Überblick über künftige Ausgaben und ihre Finanzierung geben. Eine wesentliche Rolle spielen daher der **Investitions-** und der **Kredittilgungsplan**. 18

5. Buchführung kommunaler Unternehmen

a) Grundlagen

Die **Buchführung** erfasst in zeitlicher Reihenfolge systematisch und vollständig die in einer Periode angefallenen Geschäftsvorfälle und ist damit die Basis für die am Ende der Periode aufzustellende Bilanz und die Gewinn- und Verlustrechnung. Ihre handels- 19

[14] *Wöhe*, Einführung in die Allgemeine Betriebswirtschaftslehre, 23. Aufl. 2008, S. 687ff.

rechtlichen Vorgaben enthalten die §§ 238 bis 263 HGB. Ein sachverständiger Dritter muss sich anhand der Buchhaltung in angemessener Zeit einen Überblick über die Geschäftsvorfälle und die wirtschaftliche Lage des Unternehmens verschaffen können. Die Pflicht zur Buchführung, die mit der Unternehmensgründung beginnt, endet mit dem Untergang des Unternehmens (z. B. durch Verschmelzung).

20 Im Rechnungswesen der Eigenbetriebe (und der nach Eigenbetriebsrecht geführten Regiebetriebe – vgl. z. B. Art. 88 Abs. 6 BayGO), der Kommunalunternehmen und der Gesellschaften in Rechtsformen des Privatrechts findet die **doppelte kaufmännische Buchführung** – grundsätzlich nach Handelsrecht – Verwendung. Anders als der (herkömmlichen, nicht erweiterten) Kameralistik, bei der es sehr vereinfacht ausgedrückt darum geht, ob die tatsächlichen Einnahmen die tatsächlichen Ausgaben decken und der Haushaltsplan vollzogen wurde, geht es der kaufmännischen Buchführung insbesondere um die Ermittlung von Gewinn und Verlust, den Verbrauch von Ressourcen und die Erfassung des Vermögens zum aktuellen Wert. Um es den Kommunen zu ermöglichen, für ihre Eigenbetriebe und Kommunalunternehmen soweit wie möglich die für die Kommune selbst geltenden Regelungen der Haushaltswirtschaft nach den Grundsätzen der doppelten kommunalen Buchführung anzuwenden und ein Nebeneinander verschiedener Normen in Kommune und Unternehmen zu vermeiden, gibt es vereinzelt bereits entsprechende Öffnungsklauseln (§ 28 KUVO SH).

21 Gemäß § 238 Abs. 1 HGB unterliegen der **Buchführungspflicht** grundsätzlich alle Kaufleute (§§ 1ff. HGB), also insbesondere auch Kapitalgesellschaften als Formkauf-leute (§ 6 Abs. 1 HGB). § 140 AO übernimmt die handelsrechtliche Buchführungspflicht in das Steuerrecht. Für Eigenbetriebe und Kommunalunternehmen sind zusätzlich landesrechtliche Regelungen zu beachten (z. B. § 18 Abs. 1 und 2 EBV BY, § 20 Abs. 2 KUV BY).

b) Inventur

22 Zum Gründungszeitpunkt und für den Schluss eines jeden Geschäftsjahres muss nach § 240 HGB ein Verzeichnis (**Inventar**) aufgestellt werden, das alle zum Unternehmen gehörenden Gegenstände und Schulden erfasst und bewertet, wobei ggf. unter Beachtung des Grundsatzes der Vorsicht zu schätzen ist (zur Anwendung auf Eigenbetriebe und Kommunalunternehmen vgl. z. B. § 18 Abs. 2 EBV BY, § 20 Abs. 2 KUV BY). Das Inventar ist Grundlage für den Jahresabschluss. Der Vorgang der Bestandsaufnahme wird als **Inventur** bezeichnet.

23 Zu den **Grundsätzen ordnungsgemäßer Inventur (GoI)** zählen:[15]

- Grundsatz der Vollständigkeit Alle dem Unternehmen rechtlich und/oder wirtschaftlich zuordenbare Vermögensgegenstände (verkehrsfähige Sachen und Rechte) und Schulden sind einschließlich der Risiken zu erfassen. Auch auf den sog. Erinnerungswert abgeschriebene Gegenstände sind in das Inventar aufzunehmen. Eine Ausnahme besteht für sog. geringwertige Wirtschaftsgüter des Anlagevermögens.
- Grundsatz der Einzelerfassung und -bewertung Jeder Vermögensgegenstand und jede Schuld sind grundsätzlich für sich zu erfassen und zu bewerten. Dieser Grundsatz wird durchbrochen, wenn der damit verbundene Aufwand wirtschaftlich nicht vertretbar ist (z. B. Inventurvereinfachungsverfahren nach § 240 Abs. 3 und 4 HGB, § 241 Abs. 1 HGB, Bildung von Bewertungseinheiten nach § 254 HGB, Sammelbewertungsverfahren bei gleichartigen Gegenständen des Vorratsvermögens nach § 256 HGB).
- Grundsatz der Richtigkeit und Willkürfreiheit Vermögensgegenstände und Schulden sind nach Art, Menge und Wert richtig zu erfassen. Schätzungen müssen sachgerecht sein.
- Grundsatz der Nachprüfbarkeit Ein sachverständiger Dritter muss die im Inventar ausgewiesenen Bestände nachvollziehen können.

[15] Beck'scher Bilanzkommentar (Rn. 9), § 240 HGB Anm. 17ff.

• Grundsatz der Klarheit Das Inventar ist verständlich und übersichtlich zu gestalten, um die Nachprüfbarkeit zu gewährleisten.

Als **Inventurverfahren** können die **Stichtagsinventur** zum Bilanzstichtag, die **ausgeweitete Stichtagsinventur** mit Bestandsaufnahme innerhalb von zehn Tagen vor oder nach dem Bilanzstichtag, die **vor- oder nachgelagerte Stichtagsinventur** mit Bestandsaufnahme an einem Tag innerhalb der letzten drei Monate vor oder innerhalb der ersten beiden Monate nach dem Bilanzstichtag (mit Fort- oder Rückschreibung der Bestände), die **permanente Inventur** mit Bestandsaufnahme an einem beliebigen Stichtag zwischen zwei Bilanzstichtagen (und Fortschreibung der Bestände – Skontration) und die **Stichprobeninventur** unterschieden werden. Neben der vollständigen Inventur lässt § 241 Abs. 1 HGB die Stichprobeninventur bei Vermögensgegenständen, nicht aber bei Schulden, auf der Grundlage mathematisch-statistischer Verfahren zu. Dabei entspricht es den Grundsätzen ordnungsgemäßer Buchführung noch, wenn der maximale Stichprobenfehler bei einer Aussagegenauigkeit von 95 % bei 1 % liegt. 24

c) Grundsätze ordnungsmäßiger Buchführung nach HGB

§ 238 Abs. 1 HGB bestimmt, dass die Bücher nach den **Grundsätzen ordnungsmäßiger Buchführung (GoB)** zu führen sind (für Eigenbetriebe und Kommunalunternehmen vgl. die entsprechenden Verweise, z. B. § 18 Abs. 2 EBV BY, § 20 Abs. 2 KUV BY). Auch an anderen Stellen nimmt das Gesetz auf die GoB Bezug (z. B. § 243 Abs. 1, § 264 Abs. 2 HGB, § 5 Abs. 1 EStG), ohne sie abschließend zu definieren. Die Buchführung ist danach ordnungsgemäß, wenn sich ein sachverständiger Dritter innerhalb angemessener Zeit aus den Aufzeichnungen einen Überblick über die Geschäftsvorfälle machen kann. Der unbestimmte Rechtsbegriff der GoB bedarf der inhaltlichen Konkretisierung im Sinn von Mindestanforderungen an Inhalt und Form der Bücher, wobei insbesondere Gesetz, Rechtsprechung, Fachliteratur, Verfahrensweise ordentlicher Kaufleute und Äußerungen von Fachverbänden (z. B. Institut der Wirtschaftsprüfer – IDW) heranzuziehen sind.[16] 25

Die systematische Einteilung der GoB, etwa nach GoB im engeren und weiteren Sinn, nach Elementar- und abgeleiteten Grundsätzen, nach Dokumentations- und Rechenschaftsgrundsätzen, nach formellen und materiellen Grundsätzen, nimmt im Schrifttum breiten Raum ein.[17] Auch die GoI (Rn. 23), die **Grundsätze ordnungsmäßiger Bilanzierung** (**GoBB** – siehe auch Rn. 43ff.) und die **Grundsätze ordnungsgemäßer DV-gestützter Buchführungssysteme** (**GoBS**)[18] rechnen zu den GoB. Weil die systematische Einteilung für die Praxis nicht entscheidend ist, wird hier nicht weiter darauf eingegangen. 26

Zu den GoB gehören insbesondere: 27

- Grundsatz der Klarheit und Übersichtlichkeit Für kommunale Unternehmen empfiehlt sich die Anwendung bestimmter Kontenpläne, wie sie von verschiedenen Verbänden herausgegeben werden.
- Grundsatz der Vollständigkeit (einschließlich des Ausschlusses von Doppelerfassungen); allerdings lässt der durch das BilMoG eingefügte § 246 Abs. 2 Satz 2 HGB unter engen Voraussetzungen Verrechnungen zu (Rn. 44).
- Grundsatz der Richtigkeit und Willkürfreiheit
- Grundsatz der Nachprüfbarkeit (§ 238 Abs. 1 Satz 2 HGB)
- Grundsatz der Belegbarkeit
- Grundsatz der zeitnahen Verbuchung von Geschäftsvorfällen (Zeitgerechtigkeit)
- Verwendung einer lebenden Sprache
- Erkennbarkeit nachträglicher (notwendiger) Änderungen (§ 239 Abs. 3 HGB)
- Installieren eines internen Kontrollsystems

---

[16] *Dengler* (Rn. 6), Rn. 39.
[17] Vgl. *Leffson*, Die Grundsätze ordnungsgemäßer Buchführung, S. 163ff.
[18] BMF-Schreiben vom 7.11.1995 – IVA8-S0316-52/95 –, veröffentlicht in DB 1996 Beilage Nr. 2.

- Geordnete Aufbewahrung von Geschäftsunterlagen (dazu Rn. 28 ff.)
- Grundsatz der Bewertungsstetigkeit/Bilanzidentität
- Grundsatz der Einzelbewertung; der Grundsatz wird allerdings durch die mit dem BilMoG auch im Gesetz verankerte Möglichkeit der Bildung von Bewertungseinheiten – § 254 HGB – eingeschränkt.
- Stichtagsprinzip
- Vorsichtsprinzip Die sich aus der Tätigkeit des Unternehmens ergebenden Chancen und Risiken sind vorsichtig, also zurückhaltend zu bewerten. Das Vorsichtsprinzip ist mit das zentrale Prinzip der GoB (vgl. auch Rn. 45, 56f.), an dem auch das BilMoG festgehalten hat.
- Realisationsprinzip Gewinne sind danach nur zu erfassen, wenn sie zum Abschlussstichtag realisiert sind; der Grundsatz wird allerdings durch die mit dem BilMoG auch im Gesetz verankerte Möglichkeit der Bildung von Bewertungseinheiten – § 254 HGB – eingeschränkt.
- Imparitätsprinzip Am Abschlussstichtag bestehende Verluste müssen erfasst werden, auch wenn sie noch nicht realisiert wurden; der Grundsatz wird allerdings durch die mit dem BilMoG auch im Gesetz verankerte Möglichkeit der Bildung von Bewertungseinheiten – § 254 HGB – eingeschränkt.
- Anschaffungskostenprinzip
- Herstellungskostenprinzip
- Periodengerechte Zuordnung von Einnahmen und Ausgaben

d) Aufbewahrung von Geschäftsunterlagen

28 Die Pflicht zur **Aufbewahrung von Geschäftsunterlagen** bestimmt sich bei kommunalen Gesellschaften – wie für alle Kaufleute – nach § 257 HGB. Danach sind Jahresabschlüsse, Lageberichte, Eröffnungsbilanzen, Handelsbücher, Inventare, Buchungsbelege sowie die zu ihrem Verständnis erforderlichen Arbeitsanweisungen und sonstigen Organisationsunterlagen zehn Jahre aufzubewahren; Handelsbriefe sind sechs Jahre aufzubewahren (§ 257 Abs. 4 HGB). Die Frist beginnt mit dem Schluss des Kalenderjahres, in dem die letzte Eintragung in das Handelsbuch gemacht, das Inventar aufgestellt, die Eröffnungsbilanz oder der Jahresabschluss festgestellt, der Buchungsbeleg entstanden, der Handelsbrief empfangen oder abgesandt worden ist (§ 257 Abs. 5 HGB).

29 Die Unterlagen sind geordnet aufzubewahren (§ 257 Abs. 1 HGB, § 147 Abs. 1 AO). Jahresabschlüsse und Eröffnungsbilanz sind ausgedruckt aufzubewahren, während das Gesetz für sonstige Unterlagen das Aufbewahren auf Bildträgern oder anderen Datenträgern zulässt (§ 257 Abs. 3 HGB, § 147 Abs. 2 AO). Während der Dauer der Aufbewahrungsfrist muss sichergestellt sein, dass die Wiedergabe oder die Daten mit den Originalen bildlich (Handelsbriefe und Buchungsbelege) und inhaltlich (sonstige Unterlagen) übereinstimmen, verfügbar sind, unverzüglich lesbar gemacht und (für steuerliche Zwecke) maschinell ausgewertet werden können.

30 Für Eigenbetriebe und Kommunalunternehmen gelten vorrangig die landesspezifischen Regelungen. So schreiben § 94, § 69 Abs. 2 Satz 1 KommHV-Doppik BY i V. m. § 10 Abs. 1, § 18 Abs. 2 EBV BY vor, dass Jahresabschlüsse und Eröffnungsbilanzen dauernd aufzubewahren sind. Andere Unterlagen als Jahresabschlüsse und Eröffnungsbilanzen können z. T. erst nach Abschluss der überörtlichen Prüfung auf Bildträgern oder anderen Datenträgern aufbewahrt werden (§ 94, § 69 Abs. 3 KommHV-Doppik BY). Für Kommunalunternehmen verweist z. B. § 20 Abs. 2 KUV BY auf die Vorschriften des HGB.

6. Jahresabschluss und Lagebericht

a) Pflicht zur Aufstellung

Aus der Buchführung (§§ 238f. HGB) und dem Inventar (§§ 240f. HGB) wird der handelsrechtliche **Jahresabschluss** abgeleitet. Die Pflicht zur Aufstellung (in den ersten drei Monaten des Geschäftsjahres für das vergangene Geschäftsjahr, bei Eigenbetrieben und Kommunalunternehmen länderspezifisch in den ersten drei bis sechs Monaten) ergibt sich für Kapitalgesellschaften aus § 264 Abs. 1 HGB, im Übrigen für kommunale Unternehmen mit Kaufmannseigenschaft (§§ 1ff. HGB) aus § 242 HGB. Für die OHG und die GmbH & Co KG gilt § 264 a HGB. Die gesellschaftsvertragliche Verlängerung der Frist wäre unwirksam. Die Kommunalgesetze der Länder verpflichten die Kommunen regelmäßig, bei **Mehrheitsbeteiligungen** an Kapitalgesellschaften im Sinn des § 53 HGrG dafür zu sorgen, dass der Jahresabschluss und der Lagebericht nach den für **große Kapitalgesellschaften** geltenden Vorschriften des HGB aufgestellt und geprüft werden (z. B. § 103 Abs. 1 Satz 1 Nr. 5 Buchst. b) GemO BW, Art. 94 Abs. 1 Satz 1 Nr. 2 BayGO, § 122 Abs. 1 Satz 1 Nr. 4 HGO, § 108 Abs. 1 Satz 1 Nr. 8 GO NRW, § 96 Abs. 2 Nr. 6 SächsGemO, § 102 Abs. 1 Satz 1 Nr. 4 GO SH, § 75 Abs. 4 Satz 1 Nr. 1 ThürKO). Im Wesentlichen inhaltsgleiche Anforderungen bestehen für Eigenbetriebe und Kommunalunternehmen (z. B. § 20 EBV BY, § 22 KUV BY; in Baden-Württemberg unterliegen Eigenbetriebe grundsätzlich nur der Abschlussprüfungspflicht durch das Rechnungsprüfungsamt gemäß § 111 Abs. 1 GemO BW.). Die **größenabhängigen Erleichterungen** (vgl. § 266 Abs. 1 Satz 3, § 274a HGB, § 276, § 326, § 327 HGB i.V. m. § 267 HGB) kommen für kommunale Unternehmen regelmäßig nicht zum Tragen. 31

Den Jahresabschluss unterzeichnet bei Kapitalgesellschaften der Geschäftsführer oder Vorstand als Vertreter der Gesellschaft, bei Kommunalunternehmen der Vorstand und bei Eigenbetrieben der Werkleiter (vgl. § 245 HGB und z. B. § 20 EBV BY, § 22 KUV BY). Dabei meint **Unterzeichnung** die Unterschrift am Ende des Anhangs unter Angabe des Datums. 32

b) Gliederung

Der Jahresabschluss besteht aus der **Bilanz**, der **Gewinn- und Verlustrechnung (GuV)** und einem (erläuternden) **Anhang**. Bei Kapitalgesellschaften kommt ein **Lagebericht** dazu, der selbst nicht Bestandteil des Jahresabschlusses ist. Nicht Bestandteil des Jahresabschlusses ist auch die kommunalrechtlich bei Eigenbetrieben und Kommunalunternehmen mit mehreren Betriebszweigen geforderte **Erfolgsübersicht** (z. B. § 22 Abs. 3 EBV BY, § 24 Abs. 3 KUV BY, § 24 Abs. 3 KUVO SH[19]), welche die Aufwendungen und Erträge sowie das Betriebsergebnis nach Betriebszweigen getrennt aufzeigt. 33

Die Gliederung der **Bilanz** bestimmt sich nach § 266 HGB, die der GuV nach § 275 HGB. Die in **Aktiv-** und **Passivseite** unterteilte Bilanz muss das Anlage- und das Umlaufvermögen, das Eigenkapital, die Rückstellungen (§ 249 HGB), die Verbindlichkeiten und die Rechnungsabgrenzungsposten (§ 250 HGB) ausweisen und ist diesbezüglich hinreichend zu gliedern (vgl. § 247 HGB). Als Bestandsrechnung stellt sie Vermögens- und Kapitalposten zu einem bestimmten Zeitpunkt gegenüber und stellt im Saldo zwischen Aktiv- und Passivseite den Erfolg der Wirtschaftsperiode dar. 34

Für Eigenbetriebe und Kommunalunternehmen enthalten landesspezifische Formblätter besondere Vorgaben für die Gliederung der Bilanz, welche u. a. bestimmte Ausweiswahlrechte des HGB (z. B. § 277 Abs. 3 Satz 1 HGB) ausschließen. 35

Die **GuV** ist gleichsam ein Unterkonto des Eigenkapitals. Aus ihr sind Entstehung und Zusammensetzung des Erfolgs sowie Höhe und Herkunft von Aufwand und Ertrag in 36

---

[19] § 28 Nr. 1 KUVO SH schreibt bei der Anwendung der Regeln der GemHVO-Doppik SH für Kommunalunternehmen eine Ergebnisrechnung vor, in der gemeinsame Aufwendungen und Erträge sachgerecht auf die Unternehmenszweige aufzuteilen sind.

einer Wirtschaftsperiode ersichtlich. Sie ist i.d.R. in der sog. Staffelform aufzustellen (§ 275 HGB).

c) Inhalt des Jahresabschlusses

37 Nach der sog. Generalnorm des § 264 Abs. 2 HGB hat der Jahresabschluss einer Kapitalgesellschaft unter Beachtung der Grundsätze ordnungsmäßiger Buchführung ein den tatsächlichen Verhältnissen entsprechendes Bild der **Vermögens-, Finanz- und Ertragslage** zu vermitteln. Dazu bildet er die in einer Periode entstandenen und verbrauchten Werte (periodengerechte Gewinnermittlung) sowie den Wertbestand (Vermögen) am Ende der Periode unter Beachtung besonderer Regeln zahlungsorientiert ab. Aus Sicht der kommunalen Anteilseigner liegt seine Hauptaufgabe in seiner Informationsfunktion und – darauf fußend – seiner Steuerungs- und Kontrollfunktion.

38 Einige Kommunalgesetze sehen vor, dass z. B. der Wirtschaftsplan, der Jahresabschluss, der Lagebericht und der Bericht über die Einhaltung der öffentlichen Zweckerfüllung als Anlage dem **Haushaltsplan** beizugeben sind (z. B. § 2 Abs. 2 Nr. 4 KommHV-Kameralistik BY, § 1 Abs. 3 Nr. 7 KommHV-Doppik BY, § 108 Abs. 2 Satz 2 GO NRW). Information und Transparenz sollen so verbessert werden.

d) Lagebericht

39 Die inhaltlichen Anforderungen an den **Lagebericht** einer Kapitalgesellschaft enthält § 289 HGB, der durch landesrechtliche Regelungen ergänzt werden kann (z. B. § 24 EBV BY). Der Lagebericht enthält als notwendige Informationen zumindest eine tatsachengetreue Darstellung des Geschäftsverlaufs und der Lage der Kapitalgesellschaft, wobei auch auf die **Chancen und Risiken der künftigen Entwicklung** einzugehen ist (§ 289 Abs. 1 HGB). § 289 Abs. 1 HGB enthält auch Vorschriften zur Darstellung des Geschäftsverlaufs und der Lage entsprechend dem Umfang und der Komplexität der Geschäfte und zur Erläuterung der wichtigsten finanziellen und nicht finanziellen Leistungsindikatoren (vgl. § 289 Abs. 3 HGB für große Kapitalgesellschaften). Ferner soll er u. a. auf Vorgänge von besonderer Bedeutung, die nach dem Schluss des Geschäftsjahrs eingetreten sind, und die voraussichtliche Entwicklung eingehen (§ 289 Abs. 2 Nr. 1 HGB).[20] Sofern dies für die Beurteilung der Lage oder der voraussichtlichen Entwicklung der Gesellschaft von Belang ist, soll der Lagebericht auch auf Risikomanagementziele und -methoden sowie Absicherungsmethoden und Ausfall- und Liquiditätsrisiken bzgl. Finanzinstrumenten (z. B. Derivate wie Futures, Optionen, Swaps) eingehen (§ 289 Abs. 2 Nr. 2 HGB). In die Analyse sind auch Informationen über Umwelt- und Arbeitnehmerbelange einzubeziehen, soweit sie für das Verständnis des Geschäftsverlaufs oder der Lage von Bedeutung sind (§ 289 Abs. 3 HGB).

40 Als Besonderheit für kommunale Unternehmen in Nordrhein-Westfalen, an denen eine Kommune mehr als 50 % der Anteile hält, sieht § 108 Abs. 2 Satz 1 Nr. 2 GO NRW vor, dass im oder im Zusammenhang mit dem Lagebericht darzustellen ist, inwieweit der öffentliche Zweck erfüllt wird.

e) Anhang

41 Der erläuternde **Anhang** enthält nach §§ 284f. HGB insbesondere nähere Angaben, Aufgliederungen oder Begründungen zur Bilanz und zur Gewinn- und Verlustrechnung oder zu einzelnen ihrer Positionen. Außerdem lässt sich dem Anhang entnehmen, welche Bilanzierungs- und Bewertungsmethoden angewendet wurden. Das **Bilanzrechtsreformgesetz** vom 4.12.2004 hat weitere Pflichtangaben eingeführt, z. B.

- Art und Umfang derivativer Finanzinstrumente mit beizulegendem Zeitwert (Fair Value),

[20] Vgl. auch IDW-Stellungnahme zur Rechnungslegung: Aufstellung des Lageberichts (IDW RS HFA 1), WPg. 1998, S. 653.

- Gründe für das Unterlassen der Abschreibung von zu den Finanzanlagen gehörenden Finanzinstrumenten (z. B. Aktien, Beteiligungen), wenn sie bei Anwendung des gemilderten Niederstwertprinzips über dem Fair Value ausgewiesen sind.

Durch das **BilMoG** wurde für große Kapitalgesellschaften die Pflicht normiert, über wesentliche Geschäfte mit nahestehenden natürlichen Personen im Anhang zu berichten (§ 285 Nr. 21 HGB). Diese Regelung, die die Beziehungen zu nahestehenden Unternehmen und Personen transparenter machen soll, erfasst nicht nur Geschäfte mit Aufsichtsrats- und Vorstandsmitgliedern (wie bisher § 285 Nr. 10 HGB), sondern auch mit Führungskräften auf der Ebene darunter.[21] Werden für die Bilanz Bewertungseinheiten nach § 254 HGB gebildet, ist – falls die Angaben nicht im Lagebericht gemacht werden – im Anhang zu erläutern, zur Absicherung welcher Risiken welche Bewertungseinheiten gebildet wurden, und zur Wirksamkeit der Bewertungseinheiten hinsichtlich der abgesicherten Risiken Stellung zu nehmen (§ 285 Nr. 23 HGB).

Für Eigenbetriebe und Kommunalunternehmen ergeben sich weitere inhaltliche Anforderungen aus den **landesrechtlichen Regelungen**. So gehört bei Eigenbetrieben und Kommunalunternehmen auch der – nach landesspezifischen Formblättern zu erstellende – **Anlagenachweis** zum Anhang (z. B. § 23 Abs. 2 EBV BY, § 25 Abs. 2 KUV BY, § 25 Abs. 2 KUVO SH). Die ordnungsgemäße Anlagenbuchführung mit Anlagenachweis ersetzt die an sich für das Anlagevermögen notwendige jährliche körperliche Bestandsaufnahme. 42

f) Ansatz und Bewertung der Vermögenswerte und Verpflichtungen im Jahresabschluss

Kommunale Unternehmen müssen grundsätzlich für die Gliederung und Bewertung der einzelnen Abschlussposten die GoB sowie die handelsrechtlichen **Ansatzvorschriften** (§§ 246 bis 251 HGB) und **Bewertungsvorschriften** (§§ 252 bis 256 HGB) beachten. Dazu treten ergänzend die Vorschriften für Kapitalgesellschaften (§§ 268 bis 274a HGB, §§ 279 bis 283 HGB). Das **BilMoG** (Rn. 10f.) hat in der Annäherung an internationale Standards eine Reihe von Änderungen eingeführt, insbesondere das Wahlrecht zur Aktivierung selbst geschaffener immaterieller Vermögensgegenstände des Anlagevermögens (z. B. Software-Entwicklung) mit dann folgender Ausschüttungssperre gemäß § 268 Abs. 8 HGB, das Wahlrecht zum Ausweis der aktiven latenten Steuern und die Möglichkeit der Bildung von Bewertungseinheiten (§ 254 HGB). 43

Der Jahresabschluss muss **vollständig** sein. Posten der Aktivseite dürfen grundsätzlich ebenso wenig mit denjenigen der Passivseite verrechnet werden wie Aufwendungen mit Erträgen (§ 246 HGB). Eine Ausnahme enthalten die durch das BilMOG neu eingefügten § 246 Abs. 2 Sätze 2 und 3 HGB, welche unter dem Gesichtspunkt der Information über die Belastung des Unternehmens die Verrechnung von Vermögensgegenständen mit Schulden aus Altersversorgungsverpflichtungen oder vergleichbaren langfristig fälligen Verpflichtungen dann vorsehen, wenn diese Vermögensgegenstände dem Zugriff aller übrigen Gläubiger entzogen sind (zur Bewertung siehe § 253 Abs. 1 Satz 3 HGB). In der Bilanz sind **alle selbständig bewertbaren Vermögensgegenstände** aufzunehmen, die einen wirtschaftlichen Wert haben und dem Unternehmen wirtschaftlich zuzuordnen sind. Bilanzierungsverbote (§ 248 HGB) dürfen nicht bestehen. **Verbindlichkeiten**, die in die Bilanz aufgenommen werden, müssen ebenfalls selbständig bewertbar sein und auf einer rechtlichen oder wirtschaftlichen Leistungsverpflichtung des Unternehmens gründen. 44

Mit der Frage, zu welchem Wert Vermögensgegenstände oder Kapitalposten in die Bilanz aufzunehmen sind, befassen sich insbesondere die **allgemeinen Bewertungsvorschriften** des § 252 HGB, der folgende Grundsätze aufstellt: 45

---

21 *Niehus*, Nahestehende Personen nach dem BilMoG, DStR 2008, 2280

- Grundsatz der **Bilanzidentität** Schlussbilanz und Eröffnungsbilanz des Folgejahres müssen identisch sein.
- Grundsatz der **Fortführung** (**Going-Concern-Prinzip**) Es wird unter der Annahme bewertet, dass das Unternehmen fortgeführt wird.
- Grundsatz der **Einzelbewertung** Vermögensgegenstände und Schulden sind einzeln zu bewerten.
- **Vorsichtsprinzip** mit **Imparitäts-** und **Realisationsprinzip** Das Vorsichtsprinzip ist als zentraler Grundsatz, an dem auch das BilMoG grundsätzlich festhält, in der Bilanzierung und Bewertung stets zu beachten. Als Imparitätsprinzip meint es die ungleiche Behandlung noch nicht realisierter Gewinne und Verluste. Zum Zeitpunkt der Bilanzerstellung vorhersehbare Risiken und Verluste sind in der Bewertung zu berücksichtigen, während zu erwartende, aber noch nicht realisierte Gewinne in der Bilanz nicht ausgewiesen werden dürfen (Realisationsprinzip). Die durch das BilMoG nunmehr gesetzlich geregelte Möglichkeit zur Bildung von Bewertungseinheiten (§ 254 HGB) führt allerdings zu einer Durchbrechung.
- Grundsatz der **Periodenabgrenzung** Aufwendungen und Erträge des Wirtschaftsjahres sind unabhängig vom Zahlungszeitpunkt im Jahresabschluss anzusetzen.
- Grundsatz der **Stetigkeit** Die auf den vorhergehenden Jahresabschluss angewandten Bewertungsmethoden (z. B. Abschreibungsmethode, Ausübung von Wahlrechten) sind beizubehalten (vgl. § 252 Abs. 1 Nr. 6 HGB).
- Von den Grundsätzen darf nur in begründeten Ausnahmefällen abgewichen werden (§ 252 Abs. 2 HGB).

46 Einzelvorschriften zur Bewertung enthalten die §§ 253ff. HGB:

- Vermögensgegenstände sind danach höchstens mit den Anschaffungs- oder Herstellungskosten (§ 255 HGB), die um Abschreibungen vermindert sind, anzusetzen (**Anschaffungswertprinzip** – § 253 Abs. 1 HGB).
- Vermögensgegenstände des **Anlagevermögens** sind bei einer voraussichtlich dauernden Wertminderung außerplanmäßig abzuschreiben; sie sind mit dem niedrigeren Wert des Abschlussstichtags anzusetzen (**Niederstwertprinzip** – § 253 Abs. 3 HGB). Bei Finanzanlagen können außerplanmäßige Abschreibungen auch bei voraussichtlich nicht dauernder Wertminderung vorgenommen werden.
- Vermögensgegenstände des **Umlaufvermögens** sind mittels Abschreibungen mit dem gegenüber dem Buchwert niedrigeren Wert anzusetzen, der sich am Abschlussstichtag aus einem Börsen- oder Marktpreis ergibt oder ihnen beizulegen ist (**strenges Niederstwertprinzip** – § 253 Abs. 4 HGB).
- Verbindlichkeiten sind mit ihrem Erfüllungsbetrag, im Zweifel mit dem höchsten zulässigen Betrag, anzusetzen (**Höchstwertprinzip**).
- **Rückstellungen** sind grundsätzlich mit dem nach vernünftiger kaufmännischer Beurteilung notwendigen Erfüllungsbetrag zu bilanzieren (§ 253 Abs. 1 Satz 2 HGB). Das BilMoG hat hier allerdings zu wesentlichen Änderungen geführt. So sind Rückstellungen mit einer Restlaufzeit von mehr als einem Jahr mit dem ihrer Restlaufzeit entsprechenden durchschnittlichen Marktzinssatz der vergangenen sieben Geschäftsjahre **abzuzinsen** (§ 253 Abs. 2 Satz 1 HGB). Künftige Entwicklungen (z. B. Lohnkosten, Preise) sind einzubeziehen. Soweit sich die Höhe von **Altersversorgungs-** oder vergleichbaren langfristig fälligen Verpflichtungen ausschließlich nach dem beizulegenden Zeitwert von Wertpapieren im Sinn des § 266 Abs. 2 A III 5. HGB bestimmt, sind die Rückstellungen hierfür aus Vereinfachungsgründen, soweit sie eine Mindestverpflichtung übersteigen, zum beizulegenden Teilwert der Wertpapiere zu bewerten; damit sollen kostenaufwändige Pensionsgutachten vermieden werden.[22]
- Im Übrigen können – steuerlich nicht anerkannte – Rückstellungen für eigenen Instandhaltungsaufwand nicht mehr gebildet werden.

[22] Vgl. BT-Drs. 16/12407, S. 111

- Der durch das BilMoG neu gefasste § 254 HGB lässt die Bildung von **Bewertungseinheiten** (Zusammenfassung von Vermögensgegenständen, Schulden, schwebenden Geschäften oder mit hoher Wahrscheinlichkeit erwarteten Transaktionen zum Ausgleich gegenläufiger Wertänderungen oder Zahlungsströme aus dem Eintritt vergleichbarer Risiken) in dem Umfang und für den Zeitraum zu, in dem sich die gegenläufigen Wertänderungen oder Zahlungsströme ausgleichen. Grundgeschäfte und Sicherungsinstrumente müssen dabei demselben, eindeutig ermittelbaren Risiko ausgesetzt sein.[23]

g) Feststellung des Jahresabschlusses und Gewinnverwendung

Über die **Feststellung des Jahresabschlusses** einer **GmbH** ist spätestens bis zum Ablauf der ersten acht Monate des Geschäftsjahres (bei kleinen Kapitalgesellschaften i. S. d. § 267 HGB bis zum Ablauf der ersten elf Monate)[24] von den Gesellschaftern, also i. d. R. von der Gesellschafterversammlung (§ 46 Nr. 1 GmbHG – die Zuständigkeit kann auf ein anderes Organ übertragen werden), gemäß § 42a Abs. 2 GmbHG zu beschließen. Die Frist kann nicht durch den Gesellschaftsvertrag verlängert werden. Bis zur Feststellung kann der Jahresabschluss jederzeit geändert oder ergänzt werden. Für **Aktiengesellschaften** gelten die §§ 170 ff. AktG. Zur Frist siehe § 171 Abs. 3 AktG. Beschließen Vorstand und Aufsichtsrat, die Feststellung des Jahresabschlusses der Hauptversammlung zu überlassen, oder billigt der Aufsichtsrat den Jahresabschluss nicht, so stellt die Hauptversammlung den Jahresabschluss fest (§ 173 Abs. 1 Satz 1 AktG). Diese beschließt über die Gewinnverwendung (§ 174 AktG). Der informatorische, freiwillig erstellte IFRS-Einzelabschluss wird bei der GmbH von der Geschäftsführung aufgestellt; die Gesellschafterversammlung entscheidet über Billigung und Offenlegung (siehe dazu § 325 Abs. 2a HGB). Bei der AG stellt der Vorstand den informatorischen IFRS-Einzelabschluss auf, den er nach Billigung durch den Aufsichtsrat offen legen darf. 47

In der **GuV** wird der Jahresgewinn oder –verlust ausgewiesen. Außerdem ist die Ergebnisverwendung nachrichtlich anzugeben (z. B. Abführung an die Kommune, Zuweisung an die Rücklagen, Vortrag auf neue Rechnung). 48

Bei **Eigenbetrieben** stellt das zuständige Gremium der Kommune (Gemeinderat, Stadtrat, Verbandsversammlung etc.) i. d. R. innerhalb eines Jahres nach Ende des Wirtschaftsjahres den Jahresabschluss und den Lagebericht fest und beschließt über die Gewinnverwendung oder die Behandlung des Verlustes. Erwirtschaften Eigenbetriebe einen Verlust, so ist er nach landesrechtlichen Bestimmungen i. d. R. innerhalb von fünf Wirtschaftsjahren durch Gewinne oder aus Haushaltsmitteln der Kommune auszugleichen (z. B. § 8 Abs. 2 EBV BY). Zuständiges Gremium bei **Kommunalunternehmen** ist der Verwaltungsrat; der Verlustausgleich ist wie bei Eigenbetrieben geregelt (z. B. § 14 Abs. 2 KUV BY, § 14 Abs. 2 KUVO SH). Diese Verlustausgleichspflicht könnte EU-beihilferechtlich problematisch sein und ist zumindest EU-Rechts-konform zu lesen. 49

Nicht festzustellen ist der Lagebericht. 50

h) Offenlegung

Für die Offenlegung des Jahresabschlusses gelten für **Kapitalgesellschaften** §§ 325 bis 329 HGB. Mit dem Jahresabschluss sind der Bestätigungsvermerk des Abschlussprüfers oder der Vermerk über dessen Versagung, der Lagebericht, der Bericht des Aufsichtsrats und grundsätzlich der Vorschlag und der Beschluss über die Ergebnisverwendung unverzüglich nach der Vorlage des Jahresabschlusses an die Gesellschafter, jedoch spätestens vor Ablauf des zwölften Monats des dem Abschlussstichtag nachfolgenden Geschäftsjahrs beim Betreiber des **elektronischen Bundesanzeigers** elektronisch einzureichen und 51

---

[23] Vgl. BT-Drs. 16/12407, S. 112

[24] Die Kommunalgesetze schließen die größenabhängigen Erleichterungen nur für Aufstellung und Prüfung des Jahresabschlusses aus.

bekannt zu machen (§ 325 Abs. 1 Sätze 1 bis 3 und Abs. 2 HGB). Die Kommunalgesetze verweisen nur für Aufstellung und Prüfung des Jahresabschlusses, nicht aber für die Offenlegung auf die Vorschriften des HGB, so dass die in den §§ 326f. HGB enthaltenen Erleichterungen für kleine und mittlere Kapitalgesellschaften auch von entsprechenden kommunalen Unternehmen genutzt werden können. § 325 Abs. 2 a HGB eröffnet Kapitalgesellschaften die Möglichkeit, einen IFRS-Einzelabschluss offenzulegen.

52 Für **Eigenbetriebe** und **Kommunalunternehmen** gelten die landesrechtlichen Bestimmungen, die in der Regel vorschreiben, dass der Beschluss über die Feststellung des Jahresabschlusses und die Verwendung des Ergebnisses oder die Behandlung des Verlustes **ortsüblich bekannt zu machen** ist. Der Jahresabschluss und der Lagebericht sind regelmäßig **öffentlich auszulegen** (z. B. § 25 Abs. 4 EBV BY, § 27 Abs. 3 KUV BY, § 27 Abs. 3 KUVO SH).

i) Konzernabschluss

53 Öffentliche Unternehmen, die auf Tochterunternehmen unmittelbar oder mittelbar einen beherrschenden Einfluss ausüben können, müssen einen **Konzernabschluss** aufstellen, wenn sie die Rechtsformvoraussetzungen der §§ 264a, 290 HGB erfüllen und eine Befreiung (§§ 290 Abs. 5, 291, 293 HGB) nicht in Betracht kommt. § 290 Abs. 2 HGB regelt, in welchen Fällen stets ein beherrschender Einfluss besteht; erfasst sind seit Inkrafttreten des BilMoG nicht nur Stimmrechtsmehrheiten und Beherrschungsverträge, sondern auch sog. Zweckgesellschaften. Die Pflicht zur Aufstellung eines Konzernabschlusses kann sich auch für Unternehmen ab einer bestimmten Größe ergeben (§ 14 Abs. 1 iV. m. § 11 PublG). Der Konzernabschluss besteht aus der Konzernbilanz, der Konzern-Gewinn- und -Verlustrechnung, dem Konzernanhang, der Kapitalflussrechnung und dem Eigenkapitalspiegel; er kann um eine Segmentberichterstattung erweitert werden (§ 295 Abs. 1 HGB).

54 Die Kommune selbst trifft keine Pflicht, einen Konzernabschluss aufzustellen, sie kann aber herrschendes Unternehmen i. S. d. § 17 AktG mit daraus folgenden Mitteilungspflichten (§ 20 AktG) sein.[25] Allerdings verfolgt das NKF auch das Ziel, die wirtschaftliche Lage einer Kommune unter Einbeziehung ihrer unternehmerischen Betätigung in Eigenbetrieben, Kommunalunternehmen und privatrechtlich verfassten Unternehmen darzustellen. Instrument hierfür kann ein sog. **Konsolidierungsbericht** sein, der den konsolidierten Jahresabschluss erläutert (vgl. Art. 102 a Abs. 3 BayGO). Allerdings besteht derzeit weithin das Problem, dass die Rechnungslegungsvorschriften des HGB, der Eigenbetriebsgesetze und –Verordnungen der Länder und der Kommunalgesetze nicht miteinander harmonisiert sind.[26]

7. Rechnungslegung nach IFRS

a) Anwendbarkeit der IFRS

55 Kapitalmarktorientierte Gesellschaften mit Sitz innerhalb der EU (d. h. Unternehmen, deren Wertpapiere zum Handel auf einem organisierten Kapitalmarkt i.S.v. Art. 1 Abs. 13 der Wertpapierdienstleistungs-Richtlinie zugelassen sind (Richtlinie 93/22/EWG)) sind für Geschäftsjahre, die ab dem 1.1.2005 beginnen, zwingend verpflichtet, im Konzernabschluss die **International Financial Reporting Standards (IFRS)** anzuwenden (VO (EG) Nr. 1606/2002 vom 19.7.2002; mit VO (EG) Nr. 1735/2003 vom 29.9.2003 wurden alle IAS/IFRS, ausgenommen IAS 32 und 39, in den Rechtsbestand der EU übernommen). Die EG-rechtliche Verpflichtung ist unmittelbar geltendes Recht der Mitgliedstaaten, das § 315a HGB in nationales Recht umgesetzt hat. Kommunale Unternehmen

---

[25] *Dengler* (Rn. 6), Rn. 70.

[26] Vgl. *Vogelpoth/Poullie/Voß*, Probleme im Zusammenwirken von HGB, BilMoG und kommunaler Rechnungslegung, WPg 2009, S. 83ff.

werden hierunter regelmäßig nicht fallen. Bezüglich der Einzel- und Konzernabschlüsse sonstiger Unternehmen und bezüglich der Einzelabschlüsse kapitalmarktorientierter Unternehmen ist den Mitgliedstaaten in Art. 5 IAS-Verordnung ein Wahlrecht eingeräumt, die Anwendung der IAS/IFRS zu untersagen oder (obligatorisch oder fakultativ) vorzugeben. § 325 Abs. 2a HGB eröffnet über § 315a HGB hinaus Kapitalgesellschaften die Möglichkeit, einen IFRS-Einzelabschluss zum Gegenstand der Offenlegung zu machen und sich so als international geprägtes Unternehmen darzustellen. Angesichts des damit verbundenen Aufwands und der Gemeinwohlorientierung kommunaler Unternehmen mit ihrem Örtlichkeitsbezug dürfte die Inanspruchnahme dieser Regelung im kommunalen Bereich typischerweise ausscheiden.

b) Effekte der Umstellung auf IFRS

Abgesehen davon, dass IFRS internes und externes Rechnungswesen einander annähern könnten, kann die Umstellung der Rechnungslegung auf IFRS dazu führen, dass die Eigenkapitalquote tendenziell steigt und eine positive Präsentation des Unternehmens nach außen erleichtert wird. Denn bei der Bilanzierung nach HGB steht abgesehen von steuerrechtlichen Einflüssen das **Vorsichtsprinzip** im Vordergrund. Gewinne sind danach erst zu bilanzieren, wenn sie realisiert sind, während Verluste bereits auszuweisen sind, wenn sie nur drohen (Realisations- und Imparitätsprinzip). Demgegenüber erlauben die IFRS, die der periodengerechten Gewinnermittlung mehr Bedeutung zuweisen, Bewertungen von Vermögensgegenständen zum sog. **Fair Value** (Markt- oder Zeitwert) und nach dem Grad der Fertigstellung von Produkten, so dass für die Bilanz stille Reserven aufgedeckt werden können. 56

Im Hinblick darauf, dass kommunale Unternehmen eine besondere **Gemeinwohlverpflichtung** haben und letztlich mit öffentlichen Mitteln wirtschaften, wäre allerdings eine weitgehende Abkehr vom handelsrechtlichen Vorsichtsprinzip nicht wünschenswert.[27] 57

8. Sonderfälle

a) Sonderfall Krankenhäuser und Pflegeeinrichtungen

Für kommunale **Krankenhäuser** und **Pflegeeinrichtungen** gelten rechtsformunabhängig, also auch für Eigenbetriebe und Kommunalunternehmen, die besonderen Rechnungslegungsvorschriften der Krankenhaus-Buchführungsverordnung – KHBV – und der Pflege-Buchführungsverordnung – PBV –, die teilweise landesrechtlich ergänzt werden (z. B. für Bayern Verordnung über die Wirtschaftsführung kommunaler Krankenhäuser – WkKV – und Verordnung über die Wirtschaftsführung kommunaler Pflegeeinrichtungen – WkPV –; beide Verordnungen gelten für als Regiebetriebe, als Eigenbetriebe oder als Kommunalunternehmen geführte Krankenhäuser, nicht aber für kommunale Krankenhäuser in Privatrechtsform, § 1 Abs. 2 Satz 2 WkKV, § 1 Abs. 2 Satz 2 WkPV; seit 1.1.2007 ist auch für Eigen- und Regiebetriebe die Aufstellung eines Lageberichts vorgeschrieben, § 11 WkKV, § 11 WkPV.).[28] Zur Gliederung der Bilanz von Krankenhäusern und Pflegeeinrichtungen siehe jeweils Anlage 1 zur KHBV und zur PBV, zur Gliederung der GuV jeweils Anlage 2 zur KHBV und PBV. Nach § 75 Abs. 7 SGB XI vereinbaren die dort genannten Verbände gemeinsam und einheitlich Grundsätze ordnungsgemäßer Pflegebuchführung für die ambulanten und stationären Pflegeeinrichtungen. Die Bundesregierung wird prüfen, ob die Vereinbarung sachgerecht ist, damit die PBV außer Kraft gesetzt werden kann. Die Vereinbarung tritt unmittelbar nach Aufhebung der PBV in 58

---

[27] Krit. auch *Zeitler*, Rechnungslegung und Rechtsstaat – Übernahme der IAS oder Reform des HGB? –, DB 2003, 1529ff.

[28] Siehe *Haertle/Purzer*, Das Rechnungswesen der Krankenhäuser; *Köhler*, Die Aufstellung des Lageberichts für kommunale Krankenhäuser und Pflegeeinrichtungen, Bayer. Komm. Prüfungsverband, Geschäftsbericht 2006, S. 182ff.

Kraft und ist den im Land tätigen zugelassenen Pflegeeinrichtungen von den Landesverbänden der Pflegekassen unverzüglich bekannt zu geben. Sie ist für alle Pflegekassen und deren Verbände sowie für die zugelassenen Pflegeeinrichtungen unmittelbar verbindlich.

b) Sonderfall Energieversorgung

59 **Energieversorgungsunternehmen** i.S.d. § 3 Nr. 18 EnWG müssen nach § 10 EnWG rechtsformunabhängig einen Jahresabschluss nach den für Kapitalgesellschaften geltenden Vorschriften des HGB aufstellen, prüfen lassen und offen legen. Die Liberalisierung der leitungsgebundenen Wirtschaftszweige Strom und Gas erfordert zudem nach Auffassung des Gesetzgebers (§§ 6ff. EnWG) die Entflechtung (**Unbundling**) des weiterhin bestehenden natürlichen Netzmonopols von den übrigen, wettbewerbsbezogenen Aktivitäten des Unternehmens. Sog. vertikal integrierte Energieversorgungsunternehmen (§ 3 Nr. 38 EnWG) und mit ihnen im Sinne von § 3 Nr. 38 EnWG verbundene rechtlich selbständige Betreiber von Elektrizitäts- und Gasversorgungsnetzen müssen deshalb die Unabhängigkeit der Netzbetreiber von anderen Tätigkeitsbereichen der Energieversorgung nach den §§ 7 bis 10 EnWG sicherstellen. Damit soll Transparenz geschaffen werden. Das lässt sich auf verschiedene Weise erreichen. Neben der Trennung in rechtlich selbständige Einheiten (legal unbundling, § 7 EnWG), der operationellen Entflechtung hinsichtlich Organisation, Entscheidungsgewalt und Ausübung des Netzgeschäfts (§ 8 EnWG), der informationellen Entflechtung (§ 9 EnWG) und der eigentumsrechtlichen Entflechtung ist eine Methode die **buchhalterische Entflechtung** (§ 10 EnWG). Um Bevorzugungen, Quersubventionierungen und Wettbewerbsverzerrungen von vornherein auszuschließen, müssen Energieversorgungsunternehmen nach § 10 Abs. 3 EnWG die Rechnungslegung ihrer verschiedenen Sparten durch das Führen getrennter Konten so aufspalten, als würden die verschiedenen Tätigkeiten von rechtlich selbständigen Unternehmen ausgeführt. Das betrifft die Bereiche Elektrizitätsübertragung und –verteilung, Gasfernleitung, -verteilung und –speicherung sowie den Betrieb von LNG-Anlagen. § 10 EnWG gilt auch für Regie- und Eigenbetriebe sowie Kommunalunternehmen. [29] § 10 EnWG enthält (anders als § 7 Abs. 2 EnWG) keine De-minimis-Klausel für Unternehmen mit weniger als 100.000 Kunden.

9. Kosten- und Leistungsrechnung

a) Zweck der Kosten- und Leistungsrechnung

60 Die **Kosten- und Leistungsrechnung** (**KLR**) ist neben der Buchführung/Finanzbuchhaltung ein weiterer wesentlicher Teil des Rechnungswesens. Sie dient der **Dokumentation**, der **Kontrolle** (im Sinn einer Wirtschaftlichkeitskontrolle) und der **Planung**. Mit ihrer Hilfe lassen sich die Kosten für die Erstellung (**Verbrauch von Ressourcen)** klar den Leistungen (Produkten) des Unternehmens zuordnen. Damit liefert die KLR auch die Grundlagen für die **bilanzielle Bewertung** und die **Entscheidung**, welche Leistungen in welcher Art und Menge erbracht werden sollen und ob sie vom Unternehmen selbst erstellt oder von einem Dritten bezogen werden sollen. Insbesondere für kommunale Unternehmen, die im Wettbewerb stehen (z. B. Stromversorgungsunternehmen) ist es von eminenter Bedeutung, über die Kenntnis der Kosten Kalkulationen kostendeckend erstellen zu können und Entscheidungen auch an den aus der KLR gewonnenen Informationen auszurichten.

[29] *Wager*, Bilanz/Gewinn- und Verlustrechnung der Eigenbetriebe und Kommunalunternehmen, S. 19; IDW ERS ÖFA 2 vom 2.3.2005. Die mit dem Bezug und Verkauf von Elektrizität zusammenhängenden Tätigkeiten gehören nicht zur Verteilung, sondern stehen als eigene Aktivität neben den genannten (str.).

b) Begriffe

61 Unter **Kosten** versteht man den bewerteten Verbrauch von Gütern in einer Rechnungsperiode, der erforderlich ist, um betriebliche Leistungen zu erstellen und abzusetzen sowie um die dazu notwendigen Kapazitäten aufrechtzuerhalten.

62 Leistungen lassen sich als Wert der (innerbetrieblich und gegenüber Dritten) erstellten Wirtschaftsgüter und erbrachten Dienstleistungen verstehen.

c) Gliederung der Kosten- und Leistungsrechnung

63 Um ihren Zweck zu erfüllen, betrachtet die KLR Kosten und Leistungen aus unterschiedlichen Blickwinkeln.[30] Sie lässt sich in Kostenarten-, Kostenstellen- und Kostenträgerrechnung gliedern:

- Die **Kostenartenrechnung** erfasst als erste Stufe der KLR die gesamten in einer Rechnungsperiode angefallenen Kosten und gliedert sie in einzelne Arten (z. B. Personalkosten, Materialkosten, kalkulatorische Kosten).
- Die **Kostenstellenrechnung**, die in der Regel mittels sog. **Betriebsabrechnungsbögen** (BAB) durchgeführt wird, zeigt, in welchen Unternehmensbereichen (Kostenstellen) diese Kosten angefallen sind. Die Kostenstellen können nach Funktionsbereichen, Leistungsarten oder Verantwortungsbereichen gebildet werden und lassen sich einteilen in **Endkostenstellen** (die Leistungen nach außen erbringen) und **Vorkostenstellen** (die innerbetriebliche Leistungen erstellen). Die Kostenstellenrechnung dient ferner der Ermittlung der Gemeinkostenzuschläge für die Kostenträgerrechnung.
- Die **Kostenträgerrechnung** ordnet die Kosten – ggf. unterschieden nach Einzel- und Gemeinkosten – den einzelnen Produkten zu. Systematisch lassen sich **Kostenträgerstückrechnung** (Kalkulation) und **Kostenträgerzeitrechnung** (Erfolgsrechnung) unterscheiden. Erstere ermittelt die Kosten je Kostenträger, also je erzeugtem Wirtschaftsgut oder je erbrachter innerbetrieblicher Leistung; sie dient v.a. der Ermittlung von Preisuntergrenzen. Letztere stellt die Gesamtkosten je Kostenträger in einer Periode dar. Bei Eigenbetrieben und Kommunalunternehmen, die im Bereich der Abfallwirtschaft tätig sind, wird regelmäßig bei der Kostenträgerrechnung zwischen dem hoheitlichen und dem gewerblichen Bereich der Abfallwirtschaft abzugrenzen sein.

d) Gesetzliche Vorgaben

64 In einigen Bereichen bestehen gesetzliche Vorschriften, deren Erfüllung das Einrichten einer KLR bedingt:

- Kostenrechnende kommunale Einrichtungen (vgl. z. B. § 12 KommHV-Kameralistik BY) müssen ihre **Gebühren kostendeckend** nach dem tatsächlichen Werteverzehr festsetzen, also Über- und Unterdeckungen vermeiden (z. B. Art. 8 KAG BY). Das setzt Vor- und Nachkalkulation voraus. Die Feststellung einer Über- oder Unterdeckung ist nur durch eine Betriebsabrechnung möglich, in der die nach betriebswirtschaftlichen Grundsätzen ansatzfähigen Kosten den Erlösen im betriebswirtschaftlichen Sinn gegenübergestellt werden (vgl. Art. 8 Abs. 6 Satz 2 KAG BY). Betriebsfremde Kosten und Erlöse sind deshalb in der Kostenstellenrechnung auszugliedern.
- **Eigenbetriebe und Kommunalunternehmen** sind nach landesrechtlichen Regelungen i. d. R. gehalten, nach Bedarf eine Kostenrechnung zu führen (z. B. § 18 Abs. 3 EBV BY, § 20 Abs. 3 KUV BY). Wenn sie mehr als einen Betriebszweig haben, müssen sie eine Aufwendungen und Erträge gegenüberstellende Erfolgsübersicht fertigen (z. B. § 22 Abs. 3 EBV BY, § 24 Abs. 3 KUV BY), für die regelmäßig eine Kostenstellenrechnung notwendig sein wird.[31]

---

30 Dazu ausführlich *Och/Wager* (Rn. 5), S. 247ff.; *Wöhe* (Rn. 12), S. 917ff.

31 *Och/Wager* (Rn. 5), S. 289.

e) Vorgaben des EU-Beihilferechts

65 Ausgehend von der Entscheidung des EuGH in der Rechtssache Altmark[32] setzte die EU-Kommission am 29.11.2005 mit dem sog. **Monti-Paket** den durch den EG-Vertrag vorgegebenen rechtlichen Rahmen für die Gewährung von Beihilfen an mit der Wahrnehmung von Dienstleistungen von allgemeinem wirtschaftlichen Interesse betraute Unternehmen. Für diese Unternehmen gelten gemäß Art. 86 Abs. 2 EGV die Wettbewerbsregeln und das Beihilfenverbot nicht uneingeschränkt, da EU-rechtlich die Notwendigkeit anerkannt ist, dass die öffentliche Hand die besonderen Kosten der von ihr erfüllten Gemeinwohlverpflichtung ganz oder teilweise trägt, wenn die gemeinwohlbezogene Aufgabe nicht mehr zu tragbaren und wirtschaftlich ausgewogenen Bedingungen erfüllt werden kann. Die sog. **Freistellungsentscheidung** als Teil des Monti-Pakets[33] konkretisiert – abgesehen von den sonstigen Regelungen, die hier nicht näher darzustellen sind – für die unter sie fallenden Unternehmen die Anforderungen für den buchungsmäßigen Ausweis von Zuschüssen etc. für die Wahrnehmung von Dienstleistungen von allgemeinem wirtschaftlichen Interesse, die erfüllt sein müssen, damit keine notifizierungspflichtige Beihilfe vorliegt. Die Einnahmen und Ausgaben der Dienstleistung von allgemeinem wirtschaftlichen Interesse und die der sonstigen wirtschaftlichen Tätigkeit sind in den Büchern getrennt auszuweisen (Art. 5 Abs. 5 UAbs. 1 Satz 1 der Freistellungsentscheidung). Vorgaben, in welcher Form die Bücher zu trennen sind, enthält die Freistellungsentscheidung nicht. Eine **getrennte Kostenrechnung** dürfte den Anforderungen genügen (z. B. Erfolgsübersicht nach § 22 Abs. 3 EBV BY, die gegebenenfalls noch weiter nach den einzelnen Tätigkeiten differenziert werden muss). Getrennte Kostenrechnungen sind auch zwischen unterschiedlichen Dienstleistungen von allgemeinem wirtschaftlichen Interesse und sogar nichtwirtschaftlichen Tätigkeiten erforderlich.[34]

66–99 *(freibleibend)*

III. Berichtswesen

1. Steuerungsrelevanz des Berichtswesens

100 Die Kommunalgesetze der Länder verlangen, dass den Kommunen in Unternehmen, an denen sie Beteiligungen halten, durch Gesellschaftsvertrag, Satzung oder in sonstiger Weise ein **angemessener Einfluss** im Aufsichtsrat oder einem entsprechenden Organ eingeräumt sein muss (z. B. Art. 90 Abs. 3 BayGO, Art. 93 Abs. 2 Satz 1 BayGO, § 122 Abs. 1 Satz 1 Nr. 3 HGO, § 108 Abs. 1 Nr. 6 GO NRW, § 110 Abs. 1 Nr. 3 KSVG SL, § 96 Abs. 1 Nr. 2 SächsGemO, § 102 Abs. 1 Satz 1 Nr. 3 GO SH – sog. Ingerenzpflicht). Zudem bestehen gesetzliche, die Vertreter der Kommunen zumindest im Innenverhältnis bindende Vorgaben für die Führung kommunaler Unternehmen (z. B. Beachtung des Grundsatzes der Sparsamkeit und Wirtschaftlichkeit – Art. 95 BayGO). Der kommunale Einfluss auf kommunale Unternehmen ist das notwendige Korrelat zur Zulässigkeit der Ausgliederung einer kommunalen Aufgabe auf eine eigenständige juristische Person. Eine Kommune kann sich nicht durch die Ausgliederung bestimmter Aufgaben auf ihre Unternehmen ihrer eigenen Verantwortung entziehen. Soweit sie sich unternehmerisch betätigt, muss sie sich einen angemessenen Einfluss auf ihre Beteiligungen sichern und diesen auch wahrnehmen. Einflussnahme und **Steuerung** im geforderten Umfang setzen ausreichendes Wissen der kommunalen Gremien und der Kommunalverwaltung und

[32] Urteil vom 24.7.2003, Rs. C-280/00
[33] 2005/842/ EG, ABl. 2005 L 312, S. 67
[34] Vgl. zum Ganzen *Latz*, Europäisches Beihilferecht – Das Monti-Paket und kommunale Leistungen der Daseinsvorsorge, Geschäftsbericht des Bayer. Komm. Prüfungsverbandes 2007, S. 15ff.; Zur Prüfung siehe Rn. 275

einen strukturierten Informationsfluss vom Unternehmen zur Kommune voraus. Davon hängt die Qualität kommunaler Steuerung ab.

Abgesehen von dieser gesellschafterbezogenen Betrachtung ist – unternehmensbezogen gesehen – die **Unternehmensführung** selbst für eine wirksame Steuerung auf die Kenntnis der steuerungsrelevanten Daten angewiesen. Zugleich kann sie aus dem Berichtswesen gewonnene Daten für die Präsentation des Unternehmens in der Öffentlichkeit nutzen. 101

Sowohl den Interessen der Kommune als auch denen des Unternehmens dient das **Berichtswesen** kommunaler Unternehmen, das unerlässliche Voraussetzung einer wirksamen Unternehmenssteuerung ist. Unter dem betrieblichen Berichtswesen sind die Einrichtungen, Mittel und Maßnahmen eines Unternehmens zu verstehen, die dazu dienen, Informationen über den Betrieb und seine Umwelt zu erarbeiten, weiterzuleiten, zu sammeln, zu verarbeiten und zu speichern; Berichte sind zweckgerichtet zusammengefasste Informationen.[35] Das betriebliche Berichtswesen wendet sich an Adressaten innerhalb des Unternehmens, insbesondere die Geschäftsführung und den Aufsichtsrat, und ist von der Berichterstattung nach außen, z. B. an die Kommune, zu unterscheiden. Der Unternehmensberichterstattung kommt eine dreifache Wirkrichtung zu. Zum einen ist sie an die Kommunen als Träger oder Gesellschafter (und damit an die dahinter stehende Öffentlichkeit) gerichtet, zum andern dient sie unternehmensintern dem Vorbereiten und Treffen von Entscheidungen; und schließlich stellt sie Informationen für Dritte (z. B. Gläubiger, kreditgewährende Banken, potentielle Partner) zur Verfügung. Gerade im Hinblick auf die wohl zunehmende Bedeutung des Ratings für die Kreditaufnahme werden kommunale Unternehmen auf die Darstellung kreditrelevanter Teile ihres Berichtswesens besonderes Augenmerk richten müssen. 102

Im Folgenden wird wegen der besonderen Verflechtung zwischen Kommunen und kommunalen Unternehmen auch auf das in der **Beteiligungsverwaltung** der Kommunen angesiedelte Berichtswesen eingegangen. 103

2. Beteiligungsverwaltung der Kommune (Beteiligungsmanagement)

Die Vertreter der Kommune in Entscheidungsgremien kommunaler Unternehmen müssen dafür Sorge tragen, dass neben den (Partikular-)Interessen des Unternehmens auch die Interessen der Kommune und damit letztlich Gemeinwohlinteressen gewahrt werden (vgl. Art. 95 BayGO). Dabei werden sie von dem bei der bei der Kommune einzurichtenden Beteiligungsverwaltung unterstützt. Die Beteiligungsverwaltung ist das Bindeglied zwischen den Beteiligungen in der privaten Rechtsform bzw. Anstalten des öffentlichen Rechts und Verwaltung/Kommunalgremium. Ihm obliegt daher die primäre Aufgabe, die Gesellschafterin/Anstaltslast- und Gewährträgerin Kommune bei der Steuerung ihrer Beteiligungsunternehmen zu unterstützen. 104

a) Aufgaben der Beteiligungsverwaltung

Aufgabe der Beteiligungsverwaltung ist es,[36] 105

- den Zusammenhang der finanziellen Situation der kommunalen Unternehmen mit der Finanzlage der Kommune darzustellen,
- Entwicklungstendenzen zu erkennen,
- Planabweichungen durch – im Regelfall unterjährige – Soll-/Ist-Vergleiche zu erkennen und zu analysieren und
- der Verwaltungsspitze, der Vertretungskörperschaft und den kommunalen Mandatsträgern in Gesellschafterversammlungen, Verwaltungsratssitzungen, Aufsichtsratssitzungen usw. Beschluss-, Steuerungs- und ggf. Empfehlungen für Zielvereinbarungen zu geben, d. h. bei der strategischen Beteiligungssteuerung mitzuwirken.

[35] Vgl. *Leßweng*, Einsatz von Business Intelligence Tools (BIT) im betrieblichen Berichtswesen, Controlling 2004, S. 41ff., S. 41.

[36] Vgl. etwa Landesrechnungshof Mecklenburg-Vorpommern, Jahresbericht 2002, S. 227 Rn. 478.

Die Aufgaben der Beteiligungsverwaltung formuliert etwa § 98 BbgKVerf.

106 Die Aufgaben der Beteiligungsverwaltung bei der Mutterkommune entsprechen damit weitgehend denen des im Unternehmen angesiedelten **Controllings**. Von der Zielrichtung her hat jedoch die Beteiligungsverwaltung einen umfassenderen Ansatz, da das Controlling nur auf das Unternehmen ausgerichtet ist.

b) Funktionsweise der Beteiligungsverwaltung

107 Die Beteiligungsverwaltung wird ihren Aufgaben nur gerecht, wenn steuerungsrelevante Daten **systematisch gesammelt** und nach betriebswirtschaftlichen Grundsätzen **analysiert** werden (vgl. Rn. 215ff.).[37] Dabei darf sie sich nicht auf die bloße Sammlung von Unterlagen und die Weitergabe von Informationen, also auf lediglich verwaltende Tätigkeiten beschränken. Neben dem Vergleich von Plandaten und -zahlen sowie der Prüfung, ob vereinbarte Ziele erreicht wurden, obliegt es ihr auch, selbst Ziele zu entwickeln und den Entscheidungsträgern vorzuschlagen.[38]

108 Für eine funktionierende Beteiligungsverwaltung sollten sowohl seitens der Kommune als auch seitens ihrer kommunalen Unternehmen Ansprechpartner benannt und **Informationswege** (einschließlich des zeitlichen Vorlaufs) vereinbart werden, damit Informationen rechtzeitig und der zuständigen Stelle zur Verfügung gestellt werden. In diesem Zusammenhang kann das Einsichtsrecht nach § 51a GmbHG Bedeutung erlangen. Nach § 114a Nds. GO ist die Gemeinde berechtigt, sich jederzeit bei ihren unmittelbaren und mittelbaren Beteiligungen zu unterrichten. Zu den relevanten **Unterlagen**, auf welche die Kommune angewiesen ist, um ihre Überwachungs- und Steuerungsaufgaben wahrnehmen zu können, zählen insbesondere Jahresabschluss, Lagebericht, Wirtschaftsplan, Finanzplan, die Prüfungsberichte des Aufsichtsrats, des Abschlussprüfers und der Rechnungsprüfung, Quartalsberichte, sonstige Berichte, Registerauszüge sowie Sitzungsprotokolle, etwa der Gesellschafterversammlung und von Aufsichtsratssitzungen. Die Beteiligungsverwaltung sammelt diese sowie weitere, z. B. aus der Kommune selbst erhaltene Unterlagen, die zur Beteiligungsüberwachung und -steuerung und für das Erstellen eines Beteiligungsberichts benötigt werden, systematisch, wertet sie aus und verwaltet sie. Für die Datenbeschaffung, das Erstellen von Berichten sowie ihre Verwaltung kommen IT-gestützte Werkzeuge in Betracht.[39] Zweckmäßigerweise sollten kommunale Vertreter in Gremien eines Unternehmens von der Kommune angehalten werden, erhaltene Unterlagen der Beteiligungsverwaltung weiterzureichen (vgl. Art. 42 BayKWBG).

109 Die Beteiligungsverwaltung sollte insbesondere die Feststellungen im Prüfungsbericht des Abschlussprüfers kritisch hinterfragen. Denn der Abschlussprüfer wird von dem Unternehmen beauftragt und hat typischerweise vor allem dessen Interessen mehr im Blick als die Interessen der hinter dem Unternehmen stehenden Kommune.

110 Aufbau und Organisation der Beteiligungsverwaltung sind der Anzahl und dem Gewicht der von der Kommune gehaltenen Beteiligungen **anzupassen**. Vereinzelt ist die Einrichtung einer mit **qualifiziertem Personal** ausgestatteten Stelle gesetzlich vorgesehen (§ 98 BbgKVerf, § 118 Abs. 4 SachsAnhGO). Bisweilen ist auch die Beteiligungsverwaltung einem selbständigen Unternehmen übertragen (vgl. das sog. **Leipziger Modell**)[40]; da ein solches Unternehmen aber selbst wieder kommunaler Überwachung und Steuerung unterworfen werden sollte, ist die Ausgliederung der Beteiligungsverwaltung auf ein selbständiges Unternehmen schon vom Grundsatz her kritisch zu hinterfragen.

[37] Siehe auch GPA Baden-Württemberg, Geschäftsbericht 2002, Nr. 6.3 Instrumente der Beteiligungsverwaltung; Beteiligungsverwaltung der Stadt Aachen (http://www.aachen.de/DE/stadt_buerger/politik_verwaltung/staedtische_unternehmen/wir_ueber_uns/index.html)

[38] Landesrechnungshof Mecklenburg-Vorpommern, Jahresbericht 2002, S. 227 Rn. 478f.

[39] Vgl. *Leßweng* (Rn. 102), S. 43ff.

[40] Vgl. http://www.bbvl.de/; siehe auch *Gampe/Iltgen*, Controlling kommunaler Beteiligungen unter Einbindung eines externen Dienstleisters, GemH 2004, S. 25ff.

3. Kommunaler Beteiligungsbericht

a) Rechtsgrundlagen

Die meisten Länderkommunalgesetze verpflichten die Kommunen, jährlich sog. **Beteiligungsberichte** zu erstellen (§ 105 Abs. 2 GemO BW, Art. 94 Abs. 3 BayGO, § 82 Abs. 1, Abs. 2 Nr. 5 BbgKVerf, § 123a HGO, § 73 Abs. 3 KV MV, § 116a Nds. GO, § 112 Abs. 3 GO NRW, § 90 Abs. 2 GemO RP, § 115 Abs. 2 KSVG SL, § 99 SächsGemO, § 118 Abs. 2 GO LSA, § 75a ThürKO), die kommunale Beteiligungen an Unternehmen in Privatrechtsform ab einer gewissen kapitalmäßigen, z. T. nach unmittelbaren und mittelbaren Beteiligungen gestaffelten Bagatellgrenze ausweisen (z. B. Art. 94 Abs. 3 Satz 1 BayGO: 5 %; § 105 Abs. 2 GemO BW: bei unmittelbaren Beteiligungen unabhängig von der Höhe der Beteiligung, bei mittelbaren Beteiligungen nur, wenn die Beteiligungsquote mehr als 50 v. H. beträgt). Zur Ermittlung der Anteilsverhältnisse kann auf § 271 Abs. 1 Satz 4 HGB, § 16 Abs. 2 und 4 AktG zurückgegriffen werden. In den Beteiligungsbericht kann jedermann **Einsicht** nehmen (z. B. Art. 94 Abs. 3 Satz 5 BayGO, § 116a Nds. GO); damit soll die Erfüllung kommunaler Aufgaben trotz privatrechtlicher Ausgliederung auch für die Bürger **transparent** sein. 111

Teilweise ist ausdrücklich vorgeschrieben, dass die **Rechtsaufsichtsbehörden** die Vorlage des Beteiligungsberichts verlangen können (z. B. § 105 Abs. 4 GemO BW). Im Übrigen ist dieses Recht ohnehin Teil des grundsätzlich umfassenden Informationsrechts der Rechtsaufsichtsbehörden. 112

Selbst wenn nicht ausdrücklich vorgeschrieben ist, bis wann der Beteiligungsbericht **spätestens** zu erstellen und ortsüblich bekannt zu geben ist, dürfte als Grenze das Ende des auf das Berichtsjahr folgenden Jahres anzusehen sein, weil die mit dem Beteiligungsbericht bezweckte Unterrichtung der Mandatsträger und der Öffentlichkeit aktuelle Angaben und zeitnahe Offenlegung voraussetzt. Bis zu diesem Zeitpunkt dürften die Jahresabschlüsse und Lageberichte, die nach § 42a Abs. 2 GmbHG bis zum Ablauf der ersten acht Monaten des Geschäftsjahres (bei kleinen GmbH i.S.v. § 267 Abs. 1 HGB elf Monate) festzustellen sind, vorliegen und die dafür vorgeschriebenen Prüfungen durch den Aufsichtsrat und den Abschlussprüfer erledigt sein. 113

b) Inhalt

Zum Inhalt eines Beteiligungsberichts bestimmt z. B. Art. 94 Abs. 3 Satz 2 BayGO, dass er insbesondere Angaben über die **Erfüllung des öffentlichen Zwecks**, die **Beteiligungsverhältnisse**, die Zusammensetzung der **Organe der Gesellschaft**, die **Bezüge der einzelnen Mitglieder des geschäftsführenden Unternehmensorgans**, die **Ertragslage** und die **Kreditaufnahme** enthalten soll. Diese Aufzählung ist nicht abschließend. Andere Kommunalgesetze enthalten z. T. weitergehende Vorschriften, etwa bezüglich der Darstellung der Grundzüge des Geschäftsverlaufs für das jeweilige letzte Geschäftsjahr, der Lage des Unternehmens, der Zuschüsse und Kapitalentnahmen durch die Kommune und (im Vergleich mit den Werten des vorangegangenen Geschäftsjahrs) der durchschnittlichen Zahl der beschäftigten Arbeitnehmer (vgl. § 267 Abs. 5 HGB), der wichtigsten Kennzahlen der Vermögens-, Finanz- und Ertragslage des Unternehmens sowie der gewährten Gesamtbezüge der Mitglieder der Geschäftsführung und des Aufsichtsrats oder der entsprechenden Organe des Unternehmens (vgl. § 105 Abs. 2 GemO BW, § 75a ThürKO – siehe auch § 286 Abs. 4 HGB zum handelsrechtlich zulässigen Verzicht auf diese Angaben bei der Möglichkeit, die Bezüge eines einzelnen Mitglieds der Geschäftsleitung festzustellen, was aber das kommunalrechtliche Veröffentlichungsgebot unberührt lässt).[41] § 99 Abs. 2 Nr. 1 SächsGemO verlangt auch die namentliche 114

41 Zum Inhalt von Beteiligungsberichten sehr instruktiv: *Bals*, Vorschläge und Hinweise zur inhaltlichen und formalen Gestaltung der Beteiligungsberichte der Kommunen (http://www.im.nrw.de/imshop/shopdocs/hinweise.beteiligungsberichte.pdf). Vgl. auch *Strobel*, Der Beteiligungsbericht als Informationsinstrument des Gemeinderats, DÖV 2004, 477ff.

Angabe des Abschlussprüfers. Detaillierte Ausführungen zu Form und Inhalt von Beteiligungsberichten enthält der Leitfaden Beteiligungsmanagement – Inhalt des Beteiligungsberichts des Innenministeriums des Landes Sachsen-Anhalt.[42]

115 Die gesetzlichen Regelungen fordern regelmäßig nicht, **Regie- und Eigenbetriebe** sowie **Kommunalunternehmen** im Beteiligungsbericht aufzuführen (§ 116a Nds. GO erfasst jedoch auch Kommunalunternehmen). Bei Regie- und Eigenbetrieben lässt sich das damit begründen, dass sie keine eigene Rechtspersönlichkeit haben (§ 99 Abs. 1 Satz 1 SächsGemO bezieht allerdings Eigenbetriebe in den Beteiligungsbericht ein). Den Kommunen ist aber zu empfehlen, sämtliche kommunalen unternehmerischen Betätigungen bis hin zu Mitgliedschaften in **Zweckverbänden** im Beteiligungsbericht aufzuführen.[43] Die Betätigung der Kommune gewinnt damit für Mandatsträger und Bürger an **Transparenz**. Im Hinblick auf die Darstellung von **mittelbaren** Beteiligungen im Beteiligungsbericht z. B. über **Kommunalunternehmen** wäre dieses zur Verdeutlichung der Zusammenhänge im Beteiligungsbericht aufzunehmen.

116 Bei im Wettbewerb zu Privaten stehenden kommunalen Unternehmen ist dafür Sorge zu tragen, dass aus den im Beteiligungsbericht enthaltenen Informationen und Kennzahlen Konkurrenzunternehmen **Betriebsgeheimnisse** nicht ersehen oder ableiten können.

c) Steuerungsrelevanz

117 Da sich die kommunalen Gremien ohnehin vor der Erstellung des Beteiligungsberichts mit den wesentlichen Unternehmensdaten (z. B. Wirtschaftsplan, Finanzplan, Jahresabschluss, Lagebericht) beschäftigen müssen, ist der Beteiligungsbericht weniger steuerungsrelevant. Seine Bedeutung liegt vor allem darin, dass er (vergangenheitsbezogen) einen Überblick über die Beteiligungen gewährt und Vergleiche erleichtert.[44] Wichtiger für die Steuerung kommunaler Unternehmen sind unterjährige Berichte, die detailliertere Informationen über einzelne Unternehmen liefern, als das mit dem wesensmäßig eher auf Überblick und Vergleich hin ausgerichteten Beteiligungsbericht möglich ist.

4. Sonstige Berichte

a) Jährliche Berichte

118 Im Zusammenhang mit dem Berichtswesen sind neben dem Beteiligungsbericht auch **Jahresabschluss**, **Lagebericht** und **Abschlussprüfungsbericht** anzuführen (Rn. 31 ff., 39 f., 193 ff., 197 ff.), aus denen ebenfalls steuerungsrelevante Informationen hervorgehen. Zum Abhängigkeitsbericht nach § 312 AktG siehe Kapitel D Rn. 585ff.

119 Weiter ist darauf hinzuweisen, dass mit dem NKF auch das Ziel verfolgt wird, die wirtschaftliche Lage einer Kommune unter Einbeziehung ihrer unternehmerischen Betätigung in Eigenbetrieben, Kommunalunternehmen und privatrechtlich verfassten Unternehmen darzustellen. Das kann in Form eines **Konsolidierungsberichts** (Rn. 54) geschehen, der den konsolidieren Jahresabschluss erläutert (vgl. Art. 102 a Abs. 3 BayGO). Allerdings dürfte mit der Erstellung eines Konzernberichts ein sehr großer Aufwand verbunden sein, der auch seine Aktualität gefährdet.

b) Unterjährige Berichte

120 Die unter 1. genannten Berichtstypen erlauben eine zeitnahe Steuerung nur sehr eingeschränkt. Es ist deshalb zumindest in größeren Kommunen, die eine nicht mehr ohne weiteres im Detail für die kommunalen Entscheidungsorgane überblickbare Anzahl von

---

[42] http://www.sachsen-anhalt.de/LPSA/fileadmin/Elementbibliothek/Bibliothek_Politik_und_Verwaltung/Bibliothek_Ministerium_des_Innern/PDF_Dokumente/Referat_33/leit3_beteil.pdf

[43] Hessischer Rechnungshof, 18. Zusammenfassender Bericht 2008, S. 55; vgl. auch *Oebbecke*, in *Hoppe/Uechtritz*, Handbuch Kommunale Unternehmen, § 9 Rn. 68

[44] Vgl. auch *Weiblen*, Beteiligungscontrolling und -management, Rn. 118, in: *Fabry/Augsten* (Hrsg.), Handbuch der öffentlichen Unternehmen.

Beteiligungen halten, sinnvoll, die Beteiligungsunternehmen (in der Gesellschaftssatzung) zu verpflichten, auch **unterjährig** zu **berichten.**[45] Das Gleiche gilt bezüglich der Regie- und Eigenbetriebe. Dabei ist zu unterscheiden zwischen **anlassunabhängigen Berichten** in regelmäßigen, einheitlichen Abständen (z. B. monatlich, quartalsweise, halbjährlich – vgl. § 19 EBV BY, der einen vierteljährlichen Bericht über die Abwicklung des Vermögens- und des Erfolgsplans vorschreibt) und einer anlassabhängigen **(Ad-hoc-) Risikoberichterstattung.** Wenn Berichtspflichten (z. B. in der Betriebssatzung) eingeführt werden, sollte darauf geachtet werden, dass Informationen in möglichst standardisierter Form und nur so weit übermittelt werden, als sie für die Adressaten notwendig sind. Ein effektives Berichtswesen muss **steuerungsrelevante** Informationen den Entscheidungsträgern zweckmäßig und übersichtlich aufbereiten. Entscheidend für Form und Inhalt der Berichte sind die einzelnen Ebenen der Berichtsadressaten. Sachgerecht ist es, Berichte dergestalt an ihren **Adressaten** auszurichten, dass Kennzahlen umso mehr verdichtet werden, je höher die Adressaten in der Hierarchie angesiedelt sind. An Funktion und Verantwortung der Adressaten wird sich auch die Häufigkeit der Berichte orientieren (z. B. Monatsbericht an die Beteiligungsverwaltung, Quartalsbericht an den Aufsichtsrat, Halbjahresbericht an das kommunale Entscheidungsorgan).

Danach ist insbesondere zu unterscheiden zwischen 121

- Berichten der Geschäftsführung an den Aufsichtsrat und/oder die Gesellschafterversammlung,
- Berichten der Geschäftsführung an Fachressorts und/oder die Beteiligungsverwaltung der Kommune,
- Berichten der Geschäftsführung an das (kollegiale) Entscheidungsorgan der Kommune,
- (Vorab)Berichten des Aufsichtsrats an die Beteiligungsverwaltung der Kommune oder an ihr Entscheidungsorgan und
- Berichten der Fachressorts/der Beteiligungsverwaltung an das Entscheidungsorgan der Kommune.

Regelmäßige und anlassbezogene Pflichten der mit der Wahrnehmung von Dienstleistungen von allgemeinem wirtschaftlichen Interesse betrauten Unternehmen, an die Kommune anhand der Parameter des Art. 5 der Freistellungsentscheidung zu berichten (vgl. Rn. 65, 275), erleichtern dieser Kontrolle und Steuerung.. 122

123–149 *(freibleibend)*

IV. Prüfungswesen

1. Systematik

Im Prüfungswesen kommunaler Unternehmen lässt sich grundsätzlich zwischen **interner Prüfung** durch Organisationseinheiten des Unternehmens selbst (Innenrevision; Prüfung durch den Aufsichtsrat nach gesellschaftsrechtlichen Vorschriften; örtliche Rechnungsprüfungsorgane, wie Rechnungsprüfungsausschuss und Revisionsamt) und **externer Prüfung** durch Dritte (Wirtschaftsprüfer, örtliche und überörtliche Rechnungsprüfungsorgane) unterscheiden. Zur externen Prüfung zählt die Abschlussprüfung, während die Rechnungsprüfung sowohl interne Prüfung sein kann (wenn das kommunale Unternehmen als Regie- oder Eigenbetrieb rechtlich nicht verselbständigt ist und das örtliche Rechnungsprüfungsorgan der Kommune die Prüfung durchführt) als auch externe (wenn das überörtliche Prüfungsorgan ein rechtlich nicht verselbständigtes Unternehmen prüft oder wenn das örtliche oder überörtliche Prüfungsorgan aufgrund besonderer Rechte das Unternehmen selbst oder im Rahmen der sog. Betätigungsprüfung die kommunale unternehmerische Betätigung bei dem Unternehmen prüft). 150

---

[45] Vgl. *Jöhnk/Mitschke/Uhlen* (PwC), Modell zur Steuerung und Kontrolle kommunaler Beteiligungen – ohne Jahr

151 Für kommunale Unternehmen in Privatrechtsform gelten hinsichtlich der **Abschlussprüfung** die Vorschriften des HGB (§§ 316ff. HGB) sowie § 53 HGrG, die branchenspezifisch ergänzt werden (z. B. § 10 EnWG). Für öffentlich-rechtlich verfasste kommunale Unternehmen gelten besondere landesrechtliche Bestimmungen zur Abschlussprüfung (z. B. Art. 107 BayGO). Bezüglich der Prüfung durch **Rechnungsprüfungsorgane** gilt das jeweilige Landesrecht (ggf. in Konkordanz mit Bundesrecht); ferner ist hinsichtlich der Befugnisse § 54 HGrG zu beachten.

152 Das Bilanzkontrollgesetz vom 15. 12. 2004 hat darüber hinaus für kapitalmarktorientierte Unternehmen unter bestimmten Voraussetzungen die Überprüfung von Unternehmensabschlüssen und -berichten durch eine (private) Prüfstelle für Rechnungslegung und die Bundesanstalt für Finanzdienstleistungsaufsicht (BaFin) eingeführt (§§ 342 bff. HGB).

2. Innenrevision

a) Unterstützung der Leitungsorgane

153 Auch die Leitungsorgane kommunaler Unternehmen sehen sich mit der zunehmenden Komplexität wirtschaftlicher Abläufe und den daraus resultierenden erhöhten Beanspruchungen konfrontiert. Es empfiehlt sich deshalb, die Einrichtung einer **Innenrevision** zu prüfen, welche die Leitungsorgane in ihren Kontroll- und Steuerungsfunktionen **unterstützt**. In diesem Zusammenhang ist auch die durch das Gesetz zur Kontrolle und Transparenz im Unternehmensbereich (KonTraG)[46] in § 91 Abs. 2 AktG aufgenommene Bestimmung zu beachten, wonach der Vorstand verpflichtet ist, geeignete Maßnahmen zu treffen, insbesondere ein Überwachungssystem einzurichten, damit Entwicklungen frühzeitig erkannt werden, die den Fortbestand des Unternehmens gefährden. Diese Verpflichtung gilt zwar zunächst nur für Aktiengesellschaften, sie strahlt aber auf andere Rechtsformen aus.[47] Für Unternehmen, die der erweiterten Abschlussprüfung nach § 53 HGrG unterliegen, kommt zu dieser Ausstrahlungswirkung hinzu, dass die Einrichtung eines **Risiko-Management-Systems** als Konkretisierung der ohnehin bereits bestehenden Anforderungen des § 53 HGrG gesehen werden kann, die nur der neueren Sicht zur Notwendigkeit einer verbesserten Steuerung und Kontrolle der Unternehmen Rechnung trägt. Die Innenrevision ist ein wesentliches Element dieses Risiko-Management-Systems und auch Gegenstand der erweiterten Abschlussprüfung nach § 53 HGrG. Der Fragenkatalog des IDW (Rn. 191f.) zur erweiterten Abschlussprüfung befasst sich damit in Fragenkreis 6.

154 Methodisch kann sich die Innenrevision einer Vielzahl von Instrumenten bedienen (z. B. Kosten- und Leistungsrechnung, Bilanzanalyse, Balanced Score Card).

b) Begriff

155 Die Innenrevision kann als eine **prozessunabhängige** (freiwillige) **Überwachungsfunktion** definiert werden, die im Auftrag der Geschäftsleitung Prüfungen in allen Unternehmensbereichen durchführt.[48] „Prozessunabhängig" meint, dass Personen, welche die Innenrevision durchführen, typischerweise weder von den zu überwachenden Abläufen noch den jeweiligen Verantwortungsbereichen abhängig sein dürfen. Die Berichterstattung ergeht direkt an die Geschäftsleitung, die auch Vorgaben hinsichtlich der Prüfungsgebiete machen kann.

156 Von der **Kontrolle** lässt sich die Innenrevision begrifflich dahin unterscheiden, dass Kontrollfunktionen von mit der Ausführung der Aufgabe selbst befassten Personen ausgeübt werden.[49]

---

[46] Gesetz vom 27.4.1998, BGBl. I S. 786.

[47] Gesetzesbegründung, BT-Drs. 872/97, S. 37.

[48] *Hofmann*, Prüfungshandbuch, Praxisorientierter Leitfaden einer umfassenden Revisionskonzeption, S. 15.

[49] *Diller*, Aufgaben und Organisation einer Innenrevision im kommunalen Krankenhaus, Geschäftsbericht 2002 des Bayerischen Kommunalen Prüfungsverbandes, S. 66, 68

Vom **Controlling** unterscheidet sich die Innenrevision insofern, als sie eher vergangenheitsbezogen ist, während das Controlling auf zukunftsgerichtete Lenkung zielt.[50] 157

c) Aufgaben

Die Innenrevision lässt sich als eine aus der umfassenden Verantwortung der Geschäftsführung abgeleitete Funktion begreifen.[51] Ihre **Aufgaben** sind insbesondere[52] 158

- Überwachung der Beachtung von Gesetzen, behördlichen Auflagen, unternehmensinternen Richtlinien und Vorgaben, vertraglichen Bindungen,
- Prüfung der formellen und materiellen Ordnungsmäßigkeit des Rechnungs- und des Berichtswesens,
- Überprüfung des prozessabhängigen Kontrollsystems,
- Rentabilitäts- und Wirtschaftlichkeitsuntersuchungen

3. Abschlussprüfung

a) Zweck und Rechtsgrundlagen

Gegenstand der Abschlussprüfung sind zunächst (zur erweiterten Abschlussprüfung siehe unten Rn. 163ff.) die Vollständigkeit und Ordnungsmäßigkeit des Jahresabschlusses unter Einbeziehung der Buchführung und des Lageberichts einschließlich der Darstellung der Risiken der künftigen Entwicklung (§ 317 HGB). Die Jahresabschlussprüfung bezweckt damit vor allem, **Dritte** davor zu **schützen**, dass sie infolge eines fehlerhaften Rechnungswesens Schaden erleiden. 159

aa) Prüfung des Jahresabschlusses und des Lageberichts nach Handels- und Gesellschaftsrecht. Die Mehrzahl kommunaler Unternehmen in Privatrechtsform unterliegt wie regelmäßig private Unternehmen der **Jahresabschlussprüfung** durch einen Abschlussprüfer (§ 316 HGB; für die GmbH & Co KG siehe § 264a HGB). Allerdings schreiben die Kommunalgesetze regelmäßig für die Fälle, in denen eine Kommune eine Mehrheitsbeteiligung im Sinn des § 53 HGrG hält, vor, dass sie u. a. dafür Sorge zu tragen hat, dass der Jahresabschluss und der Lagebericht nach den für **große Kapitalgesellschaften** geltenden Vorschriften des HGB aufgestellt und geprüft werden (z. B. § 103 Abs. 1 Satz 1 Nr. 5 Buchst. b) GemO BW, Art. 94 Abs. 1 Satz 1 Nr. 2 BayGO, § 122 Abs. 1 Satz 1 Nr. 4 HGO, § 73 Abs. 1 KV MV, § 108 Abs. 1 Satz 1 Nr. 8 GO NRW, § 110 Abs. 1 Nr. 4 KSVG SL, § 96 Abs. 2 Nr. 6 SächsGemO, § 102 Abs. 1 Satz 1 Nr. 4 GO SH, § 75 Abs. 4 Satz 1 Nr. 1 ThürKO). 160

Die Prüfungspflicht hinsichtlich der Jahresabschlüsse der **Eigenbetriebe** und der **Kommunalunternehmen** ergibt sich aus den landesgesetzlichen Bestimmungen (z. B. Art. 107 BayGO, der verfahrensmäßig durch § 25 Abs. 2 EBV BY, § 27 KUV BY ergänzt wird; in Baden-Württemberg unterliegen Eigenbetriebe grundsätzlich nur der Abschlussprüfungspflicht durch das Rechnungsprüfungsamt gemäß § 111 Abs. 1 GemO BW; §§ 113 g, 123 Nds. GO). In Hessen und Schleswig-Holstein ist auch die Erfolgsübersicht Gegenstand der Abschlussprüfung. 161

Als **Abschlussprüfer** kommen Wirtschaftsprüfer und Wirtschaftsprüfungsgesellschaften in Betracht; vereidigte Buchprüfer scheiden aus, wenn die jeweiligen Landeskommunalgesetze auch für kleine Kapitalgesellschaften die Prüfung des Jahresabschlusses nach den Vorschriften des dritten Buches des HGB für große Kapitalgesellschaften vorsehen (siehe Rn. 160). In Bayern ist als Besonderheit für die Abschlussprüfung rechtlich nicht verselbständigter Unternehmen (insbes. Eigenbetriebe) und von Kommunalunternehmen auch der Bayer. Kommunale Prüfungsverband zuständig (Art. 107 BayGO); das lässt sich damit begründen, dass der Prüfungsverband selbst fachkundiges Personal, wie Wirt- 162

---

50 *Diller* (Rn. 156), S. 71.
51 Vgl. *Tanski*, Interne Revision im Krankenhaus, S. 10.
52 Vgl. *Diller* (Rn. 156), S. 68.

schaftsprüfer, beschäftigt (siehe im Einzelnen den Überblick über die Rechtsgrundlagen der Flächenländer für die externe Prüfung im **Anhang**).

163 **bb) Erweiterte Abschlussprüfung nach § 53 HGrG. (1) Prüfungsmaßstab.** Im Rahmen der Abschlussprüfung wird grundsätzlich u. a. die Geschäftsführung nicht geprüft. Aus Sicht der hinter einem Unternehmen stehenden Kommune wäre das misslich. § 53 HGrG legt daher im öffentlichen Interesse besondere Rechte der Kommunen gegenüber Unternehmen in einer Rechtsform des privaten Rechts fest. Diese Rechte ergeben sich in Bezug auf die Abschlussprüfung unter den Voraussetzungen des § 53 Abs. 1 HGrG (sog. **erweiterte Abschlussprüfung**).

164 Eine Kommune, der die Mehrheit der Anteile eines privatrechtlich verfassten Unternehmens gehört oder der allein mindestens ein Viertel und zusammen mit anderen Gebietskörperschaften die Mehrheit der Anteile gehört, kann verlangen, dass das Unternehmen

- im Rahmen der Abschlussprüfung auch die Ordnungsmäßigkeit der Geschäftsführung prüfen lässt,
- die Abschlussprüfer beauftragt, in ihrem Bericht auch die Entwicklung der Vermögens- und Ertragslage sowie die Liquidität und Rentabilität der Gesellschaft, verlustbringende Geschäfte und die Ursachen der Verluste, wenn diese Geschäfte und die Ursachen für die Vermögens- und Ertragslage von Bedeutung waren, und die Ursachen eines in der Gewinn- und Verlustrechnung ausgewiesenen Jahresfehlbetrages darzustellen,
- ihr den Prüfungsbericht der Abschlussprüfer und, wenn das Unternehmen einen Konzernabschluss aufzustellen hat, auch den Prüfungsbericht der Konzernabschlussprüfer unverzüglich nach Eingang übersendet.

165 § 53 Abs. 1 HGrG gilt nur für Unternehmen in einer Rechtsform des privaten Rechts. Um eine in gleichem Umfang erweiterte Abschlussprüfung auch bei öffentlich-rechtlich verfassten kommunalen Unternehmen sicherzustellen, enthalten die Kommunalgesetze der Länder § 53 Abs. 1 HGrG nachgebildete Bestimmungen (z. B. Art. 107 Abs. 3 BayGO für Eigenbetriebe und Kommunalunternehmen, § 106 Abs. 1 BbgKVerf).

166 (2) Einzelfragen des Anwendungsbereichs des § 53 HGrG. Für die Ermittlung des nach § 53 Abs. 1 HGrG maßgeblichen **Anteils** einer Kommune zählen als ihre Anteile auch diejenigen, die einem ihrer Sondervermögen (Eigenbetrieb) gehören; als Anteile der Kommune gelten ferner Anteile, die Unternehmen gehören, bei denen die Rechte aus § 53 Abs. 1 HGrG der Kommune zustehen (§ 53 Abs. 2 HGrG).

167 § 53 HGrG erfasst nur **Gebietskörperschaften**. Hält ein Zweckverband oder ein Kommunalunternehmen die Mehrheit der Anteile an einem Unternehmen in Privatrechtsform oder gehört einer Kommune, die allein mindestens ein Viertel der Anteile hält, zusammen mit einem Zweckverband oder einem Kommunalunternehmen die Mehrheit der Anteile, greift § 53 HGrG nicht. Ebenso wenig greift § 53 HGrG, wenn einer Kommune zusammen mit anderen Kommunen zwar die Mehrheit der Anteile eines Unternehmens gehört, sie aber nicht mindestens ein Viertel der Anteile hält. Diese Lücken lassen sich durch eine entsprechende gesellschaftsvertragliche Gestaltung schließen. Die Kommunalgesetze enthalten dazu für die Kommunen z. T. entsprechende Hinwirkungspflichten (z. B. Art. 94 Abs. 2 BayGO, § 108 Abs. 2 Satz 3 GO NRW).

168 Die Tatbestandsvoraussetzungen des § 53 Abs. 1 HGrG sind nicht erfüllt, wenn die Kommune zwar die Mehrheit der Stimmrechte hat, aber nicht **kapitalmäßig** die Mehrheit der Anteile hält.

169 **cc) Überblick nach Unternehmensformen.** Für **privatrechtlich** verfasste **kommunale Unternehmen** gibt im Wesentlichen das Bundesrecht die Vorgaben zur Abschlussprüfung in §§ 316ff. HGB, §§ 1ff. PublG und § 10 EnWG sowie zum Prüfungsmaßstab in § 53 HGrG. Der durch das BilMoG neu eingefügte § 317 Abs. 5 HGB schreibt die Anwendung der von der EU angenommenen internationalen Prüfungsstandards vor

(Abschlussprüferrichtlinie, Abänderungsrichtlinie); der ebenfalls neue § 317 Abs. 6 HGB enthält eine Verordnungsermächtigung für zusätzliche Anforderungen an die Abschlussprüfung oder für die Nichtanwendung von Teilen der internationalen Prüfungsstandards. Für öffentlich-rechtlich verfasste kommunale Unternehmen gelten dagegen länderspezifische Regelungen aufgrund der jeweiligen Kommunalgesetze, Eigenbetriebsgesetze und -verordnungen und Verordnungen über Kommunalunternehmen, die zu einem insgesamt uneinheitlichen Befund führen, dem im Folgenden nicht in allen Einzelheiten nachgegangen werden kann.

Danach lässt sich überblicksmäßig wie folgt unterscheiden: 170

- Einrichtungen, die entsprechend den Vorschriften über das Rechnungswesen der Eigenbetriebe geführt werden, können landesrechtlich der Abschlussprüfungspflicht unterworfen werden (z. B. § 107 Abs. 2, § 106 GO NRW). Die Abschlussprüfung ist in diesem Fall nach landesrechtlichen Vorschriften im Umfang des § 53 HGrG erweitert. (Regiebetriebe, die gemäß Art. 88 Abs. 6 BayGO ganz oder teilweise nach den Vorschriften über die Wirtschaftsführung der Eigenbetriebe geführt werden, sind nicht abschlussprüfungspflichtig; denn die Abschlussprüfungspflicht ergibt sich aus Art. 107 GO, den § 25 Abs. 2 EBV BY nur ergänzt.)
- Für **Eigenbetriebe** besteht grundsätzlich die – in Anlehnung an § 53 HGrG erweiterte – Abschlussprüfungspflicht (z. B. Art. 107 BayGO, § 106 Abs. 1 BbgKVerf, § 106 GO NRW).
- Das Gleiche gilt für **Kommunalunternehmen** als rechtlich selbständige Unternehmen in der Rechtsform einer Anstalt des öffentlichen Rechts (z. B. Art. 91 Abs. 1 BayGO). Im Übrigen schreiben auch § 6 iV. m. § 3 Abs. 1 Nr. 5 iV. m. § 1 Abs. 1 PublG die Jahresabschlussprüfung vor.
- **Kommunale Unternehmen** in der Rechtsform einer juristischen Person des **Privatrechts** (insbes. GmbH, AG) unterliegen der Abschlussprüfungspflicht nach §§ 316ff. HGB. Die Kommunen dürfen sie regelmäßig nur gründen oder sich an ihnen beteiligen, wenn ihre Jahresabschlüsse und Lageberichte nach den Vorschriften für große Kapitalgesellschaften geprüft werden (z. B. Art. 94 Abs. 1 Satz 1 Nr. 2 BayGO, § 108 Abs. 1 Satz 1 Nr. 8 GO NRW; siehe auch Rn. 160). Die Abschlussprüfung ist nach § 53 HGrG erweitert. Die Kommunen haben die Rechte nach § 53 HGrG auszuüben (z. B. Art. 94 Abs. 1 Satz 1 Nr. 1 BayGO, § 112 Abs. 1 Nr. 1 GO NRW).

Daneben ist auf einige **Sonderfälle** hinzuweisen: 171

- In einigen Ländern ist die Prüfung der Jahresabschlüsse von **Krankenhäusern** verpflichtend vorgeschrieben und der Prüfungsumfang gegenüber der Jahresabschlussprüfung nach HGB erweitert (z. B. § 29 HmbKHG, § 16 Hess. KHG, § 30 KHGG NRW, § 35 SächsKHG, § 30 ThürKHG). Hervorzuheben ist die Prüfung der Kosten- und Leistungsrechnung, die eine betriebsinterne Steuerung sowie eine Beurteilung der Wirtschaftlichkeit und Leistungsfähigkeit erlauben muss (§ 8 KHBV – für ein Krankenhaus mit bis zu 100 Betten besteht die Befreiungsmöglichkeit nach § 9 KHBV). Prüfungsgegenstand ist ferner die zweckentsprechende, sparsame und wirtschaftliche Verwendung öffentlicher Fördermittel. Das IDW hat hierzu den Entwurf eines Prüfungsstandards vorgelegt.[53]
- Als Eigenbetriebe geführte **Krankenhäuser** und **Pflegeeinrichtungen** unterliegen z. B. nach § 12 WkKV BY und § 12 WkPV BY nicht der Jahresabschlussprüfung. Eine freiwillige Prüfung des Jahresabschlusses wird damit aber nicht ausgeschlossen. Demgegenüber bezieht etwa § 10 KPG SH kommunale Krankenhäuser und Pflegeheime vollständig in die Jahresabschlussprüfung ein.

---

53 Entwurf IDW Prüfungsstandard: Zum erweiterten Umfang der Jahresabschlussprüfung von Krankenhäusern nach Landeskrankenhausrecht (IDW EPS 650) – Stand 4.9.2008, FN 2009, S. 35ff.

172 • **Strom-** und **Gasversorgungsunternehmen**, die § 10 EnWG unterliegen, müssen ihren Jahresabschluss rechtsformunabhängig nach den für Kapitalgesellschaften geltenden Vorschriften des HGB aufstellen, prüfen lassen und offen legen.

b) Aufgaben der Abschlussprüfung

173 Die Abschlussprüfung soll die Verlässlichkeit der Informationen erhöhen, die Jahresabschluss und Lagebericht enthalten (sog. Gesetz- und Ordnungsmäßigkeitsprüfung). Sie hat insbesondere folgende Funktionen:

- **Beglaubigungsfunktion** (§ 317 Abs. 1 Satz 2 HGB) Mit dem Bestätigungsvermerk testiert der Abschlussprüfer nach außen die Gesetz- und Ordnungsmäßigkeit des Jahresabschlusses.
- **Informationsfunktion** Der Abschlussprüfungsbericht (und der sog. Management-Letter) unterrichtet die gesetzlichen Vertreter, die Aufsichtsgremien und die Gesellschafter über die wirtschaftliche Lage des Unternehmens.
- **Kontrollfunktion** Der Abschlussprüfungsbericht ist ein wesentliches Hilfsmittel für den Aufsichtsrat, um wirksam kontrollieren zu können, ob die Geschäftsführung gesetzliche, satzungsmäßige und sonstige Vorgaben eingehalten hat.

c) Befreiung von der Abschlussprüfungspflicht

174 Kommunale Unternehmen, die nicht nach Handels- und Gesellschaftsrecht, sondern nur nach den jeweiligen kommunalgesetzlichen Bestimmungen abschlussprüfungspflichtig sind (z. B. kleine, nicht börsenorientierte AG – § 316 Abs. 1 Satz 1 HGB), können hiervon ganz oder teilweise **befreit** werden. In Betracht kommen grundsätzlich Eigenbetriebe, Kommunalunternehmen und kleine Kapitalgesellschaften (soweit nicht bundesrechtliche, spezielle Gesetze die Abschlussprüfung vorsehen, vgl. § 10 EnWG). Gegen eine Freistellung von der kommunalrechtlich vorgeschriebenen Abschlussprüfungspflicht (vgl. Art. 94 Abs. 1 Satz 2 BayGO, § 13 KPG MV) bestehen grundsätzlich keine Bedenken, sofern die Verhältnisse geordnet, einfach und überschaubar sind und im **Gesellschaftsvertrag** den örtlichen und/oder überörtlichen Rechnungsprüfungsorganen **volle** Prüfungsrechte eingeräumt werden.

175 Weiter besteht nach landesrechtlichen Bestimmungen die Möglichkeit, mehrere **Jahresabschlüsse zusammengefasst zu prüfen**. So können Eigenbetriebe nach bayerischem Landesrecht nicht mehr insgesamt von der Abschlussprüfungspflicht befreit werden. Nach § 5 Abs. 2 Kommunalwirtschaftliche Prüfungsverordnung – KommPrV – BY besteht lediglich die Möglichkeit, auf Antrag widerruflich zuzulassen, dass zwei oder drei Jahresabschlüsse zusammengefasst geprüft werden. Voraussetzung dafür ist, dass die Verhältnisse des Eigenbetriebs geordnet sind und seine Betriebsführung einfach und übersichtlich ist. Die für die Entscheidung zuständigen Bezirksregierungen stellen insoweit auch auf die Größe des Anlagevermögens ab.

d) Bestellung und Beauftragung des Abschlussprüfers

176 **aa) Bestellung.** Der Abschlussprüfer wird von der **Gesellschafterversammlung** oder der **Hauptversammlung bestellt** (§ 318 Abs. 1 Satz 1 HGB, § 48 Abs. 1 GmbHG, § 119 Abs. 1 Nr. 4 AktG). Für Eigenbetriebe und Kommunalunternehmen gelten die landesrechtlichen Regelungen (z. B. für Eigenbetriebe in Bayern: Gemeinderat wegen der Bedeutung der Sache oder Werkausschuss (str.);[54] § 113 e Abs. 3 Satz 3 Nr. 5 Nds. GO: Verwaltungsrat des Kommunalunternehmens; § 8 Kommunalprüfungsgesetz – KPG – SH: Landesrechnungshof).

177 Nach § 256 Abs. 1 Nr. 3 AktG ist ein festgestellter Jahresabschluss **nichtig**, wenn er im Fall einer gesetzlichen Prüfungspflicht von Personen geprüft wurde, die nicht zum Abschlussprüfer bestellt sind. Ob eine wirksame Bestellung vorliegt, bestimmt sich nach den gesellschaftsrechtlichen Vorschriften.

---

[54] Vgl. *Widtmann/Grasser*, Bayerische Gemeindeordnung, Art. 107 GO Rn. 4; Art. 76 LKrO Rn. 4.

bb) Beauftragung. Von der Bestellung des Abschlussprüfers ist die Erteilung des Prüfungsauftrags zu unterscheiden. Den **Vertrag** mit dem Abschlussprüfer, einen Geschäftsbesorgungsvertrag mit Werkvertragscharakter,[55] schließt bei **AG und GmbH** seit Inkrafttreten des KonTraG der **Aufsichtsrat** (§ 111 Abs. 2 Satz 3 AktG, § 52 Abs. 1 GmbHG). Mit der Verlagerung dieser Kompetenz weg von Vorstand und Geschäftsführer sollte die Neutralität des Abschlussprüfers betont werden. In der Gesellschaftssatzung kann die Organkompetenz des fakultativen Aufsichtsrats einer GmbH zum Abschluss des Vertrages abbedungen werden. Für **Eigenbetriebe** und **Kommunalunternehmen** verbleibt es bei den landesrechtlichen Zuständigkeitsvorschriften zum Vollzug von Beschlüssen. 178

Soweit nicht gesetzliche Bestimmungen (bei Eigenbetrieben und sonstigen Einrichtungen) vorsehen, dass die Erweiterungen der Prüfung nach § 53 HGrG Teil der Abschlussprüfung sind, bedarf es für die **erweiterte Abschlussprüfung** eines gesonderten Auftrags. 179

Im Rahmen der gesetzlichen Mindestbestimmungen zum Prüfungsumfang (Prüfung des Jahresabschlusses, des Lageberichts, des Risikomanagements, der Erweiterungen nach § 53 HGrG) ist der Aufsichtsrat befugt, **Prüfungsschwerpunkte** zu bestimmen oder **erweiterte Prüfungen** zu vereinbaren, z. B. bezüglich strafrechtlich relevanter Vorwürfe. 180

§ 6 Abs. 5 Vergabeverordnung – VgV – 1994 nahm die gesetzlich vorgeschriebenen Abschlussprüfungen von Unternehmen, die öffentliche Auftraggeber sind, vom Vergaberecht aus. Für die **Vergabe** von Aufträgen zur Jahresabschlussprüfung kommunaler Unternehmen, die öffentliche Auftraggeber i. S. d. § 98 GWB sind, besteht nunmehr bei Überschreiten der in § 2 VgV genannten Schwellenwerte (geschätzter Auftragswert über 211.000 Euro) eine europaweite **Ausschreibungspflicht** (§ 2 Nr. 3 VgV, § 2 Abs. 2 VOF), wobei das Verhandlungsverfahren anzuwenden ist. Für die beteiligungsführenden Stellen des Bundes sehen mit dem Institut der Wirtschaftsprüfer – IDW – und dem Bundesrechnungshof abgestimmte Grundsätze vor, dass eine wiederholte Bestellung von Abschlussprüfern in einem Zeitraum bis zu fünf Jahren ohne jährliches Vergabeverfahren möglich ist, wenn über diese Leistung eine Rahmenvereinbarung mit dem Bestbieter abgeschlossen wird, die für den Prüfer keinen Rechtsanspruch auf eine wiederholte Bestellung begründet.[56] Diese Handhabung empfiehlt sich auch für größere kommunale Unternehmen. 181

Daneben kann sich auch unterhalb der EU-Schwellenwerte eine Ausschreibungspflicht aus haushaltsrechtlichen Vorschriften (z. B. § 30 KommHV-Doppik BY i.V.m. § 9 EBV BY, § 30 GemHVO HE, § 22 GemHVO RP) ergeben, die aber regelmäßig nur für rechtlich unselbständige Unternehmen gelten (Eigenbetriebe).[57] Keine Pflicht zur Ausschreibung besteht bzgl. der Eigenbetriebe von Kommunen, die Mitglieder des Bayer. Komm. Prüfungsverbandes sind, da es um die Inanspruchnahme mitgliedschaftlicher Rechte geht; das entspricht der Rechtsprechung des EuGH zur kommunalen Zusammenarbeit (Urteil vom 9.6.2009, Rs. C-480/06). 182

e) Unabhängigkeit des Abschlussprüfers

Die **Unabhängigkeit** des Abschlussprüfers ist unerlässlich für eine funktionierende Abschlussprüfung, wenn sie von ernst zu nehmender Qualität sein soll.[58] Der Abschlussprüfer muss nunmehr im Prüfungsbericht seine Unabhängigkeit bestätigen (§ 321 Abs. 4 a HGB). Über den allgemeinen Grundsatz der Besorgnis der Befangenheit hinaus enthält § 319 Abs. 2 bis 4 HGB dementsprechend **Inkompatibilitätsvorschriften**, unter deren Voraussetzungen Wirtschaftsprüfer oder Wirtschaftsprüfungsgesellschaften nicht Ab- 183

---

55 BGH, NJW 1994, 323ff.; *Lutter/Krieger*, Rechte und Pflichten des Aufsichtsrats, Rn. 173.

56 BMF-Schreiben VIII C 1 – FB 0300 – 20/01; siehe auch FN-IDW 2001, S. 288 a.

57 So gilt etwa § 30 KommHV-Doppik BY trotz der öffentlich-rechtlichen Verfasstheit bayerischer Kommunalunternehmen i. S. d. Art. 89 BayGO nicht für diese.

58 Siehe zum Problemkreis Unabhängigkeit auch *Marx*, Unabhängige Abschlussprüfung und Beratung.

schlussprüfer sein dürfen. Generell ist ein Wirtschaftsprüfer von der Abschlussprüfung ausgeschlossen, wenn Gründe vorliegen, nach denen die Besorgnis der Befangenheit besteht (insbesondere Beziehungen geschäftlicher, finanzieller oder persönlicher Art – § 319 Abs. 2 HGB). § 319 Abs. 2ff. HGB konkretisieren die Ausschlussgründe, z.T. in Form einer beispielhaften Aufzählung. Der früher nur berufsrechtlich verankerte Grundsatz des **Selbstprüfungsverbots** wird – auch im Einklang mit europarechtlichen Vorgaben – präzisiert und verschärft. Hervorzuheben ist § 319 Abs. 3 Satz 1 Nr. 3 HGB, wonach ein Wirtschaftsprüfer nicht Abschlussprüfer sein darf, wenn er bei der Führung der Bücher oder der Aufstellung des zu prüfenden Jahresabschlusses oder bei der Durchführung der internen Revision in verantwortlicher Position über die Prüfungstätigkeit hinaus mitgewirkt hat. Gleiches gilt, wenn er über die Prüfungstätigkeit hinaus Unternehmensleitungs- oder Finanzdienstleistungen erbracht hat oder eigenständige versicherungsmathematische oder Bewertungsleistungen erbracht hat, die sich auf den zu prüfenden Jahresabschluss nicht nur unwesentlich auswirken. Tätigkeiten von untergeordneter Bedeutung werden nicht erfasst. Im Sinn einer Selbstregulierung empfiehlt Nr. 7.2.1 des Deutschen Corporate Governance Kodex (DCGK), der unmittelbar nur für börsennotierte Gesellschaften (§ 161 AktG) gilt, eine sog. Unabhängigkeitserklärung des vorgesehenen Abschlussprüfers einzuholen.[59]. Im Übrigen unterliegen Wirtschaftsprüfer bei ihrer Berufsausübung der Unabhängigkeitsverpflichtung gemäß § 43 WPO. Mit dem durch das BilMoG neu eingeführten § 319 b HGB werden die Unabhängigkeitserfordernisse auf das **Netzwerk** des Abschlussprüfers ausgedehnt (soweit nicht ohnehin die Sozietätsklauseln in § 319 HGB bereits greifen); der Abschlussprüfer hat – im Interesse der Erhaltung mittelständischer Abschlussprüfer, die mittels eines Netzwerkes eine breite Beratungs- und Prüfungspalette anbieten – die Möglichkeit, sich zu entlasten, wenn das Mitglied des Netzwerks keinen Einfluss auf die Abschlussprüfung nehmen kann. Ein Netzwerk liegt nach der Legaldefinition in § 319 b Abs. 1 Satz 3 HGB vor, wenn Personen bei ihrer Berufsausübung zur Verfolgung gemeinsamer wirtschaftlicher Interessen für eine gewisse Dauer zusammenwirken.

184 Hinzuweisen ist auch auf eine mit der Unabhängigkeit des Abschlussprüfers zusammenhängende Folge aus der verstärkten Anwendung internationaler Rechnungslegungsgrundsätze. Soweit diese subjektiven Bewertungen der Unternehmensführung für die Bilanzierung mehr Gewicht zumessen (z. B. Fair Value des Goodwill), könnte dem Abschlussprüfer seine regelmäßig eher geringere fachliche Erfahrung in der Branche des geprüften Unternehmens bei der Durchsetzung gegenüber der Unternehmensführung hinderlich sein.[60]

185 Der generellen, insbesondere auch Beratungsleistungen geringeren Umfangs oder Gewichts erfassenden **Trennung von Prüfung und Beratung** ist eine Absage zu erteilen, da sie die Qualität der Abschlussprüfung gefährden könnte. In Rahmen der Beratung gewonnene Erkenntnisse über ein Unternehmen erleichtern die Abschlussprüfung und können sie problemorientierter und wirksamer machen.[61] Das gilt insbesondere für steuerberatende Dienstleistungen,[62] jedenfalls wenn sie nicht gestaltender Art sind und nicht die Prozessvertretung umfassen. Das bayerische Landesrecht trägt diesen Gedanken Rechnung, indem es dem Bayer. Komm. Prüfungsverband als unabhängiger („Non-profit"-)Einrichtung per Gesetz die Prüfung und Beratung als Aufgabe zuweist und ihn zugleich für Abschlussprüfungen von Eigenbetrieben und Kommunalunternehmen zuständig sein lässt (Art. 2 Gesetz über den Bayerischen Kommunalen Prüfungsverband

---

[59] http://www.corporate-governance-code.de/ger/kodex/7.html

[60] *Baetge/Richter*, Buchbesprechung von *Marx*, Unabhängige Abschlussprüfung und Beratung, Baden-Baden 2001, WPg 2003, S. 672.

[61] *Janssen*, Holding und Organschaft: Bestandsaufnahme, Gestaltung, Perspektiven, Die Wirtschaftsprüfung, Sonderheft 2003, S. S2.

[62] IDW, WPg 2003, S. 670.

– PrVbG – BY, Art. 107 BayGO). Auch hier gilt aber für die jeweilige Abschlussprüfung § 319 Abs. 2 und 3 HGB entsprechend (§ 4 Abs. 3 KommPrV BY).

f) Prüfungsfelder und Durchführung der Abschlussprüfung

Der Abschlussprüfer ist nach § 321 Abs. 1 Satz 3 HGB gehalten, im Prüfungsbericht 186
über bei der Durchführung der Prüfung festgestellte Unrichtigkeiten und Verstöße gegen gesetzliche Vorschriften sowie Tatsachen zu berichten, die den Bestand des geprüften Unternehmens oder des Konzerns gefährden oder seine Entwicklung wesentlich beeinträchtigen können oder die schwerwiegende Verstöße der gesetzlichen Vertreter oder von Arbeitnehmern gegen Gesetz, Gesellschaftsvertrag oder die Satzung erkennen lassen. Daran orientieren sich Prüfungsfelder und Durchführung der Prüfung. Der Abschlussprüfer führt seine Prüfung unter Beachtung der vom **Institut der Wirtschaftsprüfer (IDW)** festgelegten **Grundsätze ordnungsgemäßer Abschlussprüfung** durch. Das IDW hat sich dazu in Fachgutachten, Stellungnahmen und Prüfungsstandards (PS) geäußert. Das IDW arbeitet daran, noch 2009 der EU-Kommission eine deutsche Übersetzung der International Standards on Auditing (ISA) vorzulegen.[63] Der durch das BilMoG neu eingefügte § 317 Abs. 5 HGB verpflichtet die Abschlussprüfer, bei der Durchführung gesetzlich vorgeschriebener Abschlussprüfungen die von der EU übernommenen **internationalen Prüfungsstandards** anzuwenden. Die Abschlussprüfung ist so zu planen und durchzuführen, dass Unrichtigkeiten und Verstöße, die sich auf die Darstellung des durch den Jahresabschluss (unter Beachtung der GoB) und durch den Lagebericht vermittelten Bildes der Vermögens-, Finanz- und Ertragslage wesentlich auswirken, mit hinreichender Sicherheit erkannt werden. Mittels des sowohl quantitativ als auch qualitativ zu verstehenden Kriteriums der **Wesentlichkeit** wird die Abschlussprüfung risikoorientiert auf entscheidungserhebliche Sachverhalte konzentriert.[64] Letztlich beurteilt der Abschlussprüfer, ob nicht bereinigte Unrichtigkeiten und Verstöße wesentlich für das Prüfungsergebnis sind. Prüfungsgrundsätze sind Sorgfalt, Wesentlichkeit und Wirtschaftlichkeit. Dabei greift die Berichtspflicht des Abschlussprüfers nicht erst, wenn im Rahmen der Prüfung festgestellte Tatsachen schwerwiegende Verstöße darstellen, sondern bereits dann, wenn diese Tatsachen derartige Verstöße erkennen lassen.

Soweit es der Sicherung einer ordnungsmäßigen Rechnungslegung dient, gehören zur 187
Prüfung in diesem Sinn auch die Prüfung und Beurteilung des **internen Kontrollsystems (IKS)**. Die Prüfung des internen Kontrollsystems und das Verständnis der Abläufe (Transaktionen) stehen bei der modernen Abschlussprüfung vermehrt im Vordergrund, während die Konzentration auf Bilanzpositionen eher zurücktritt. Ausgehend davon kann der Abschlussprüfer Art und Umfang seiner einzelnen Prüfungshandlungen festlegen. Dabei prüft er in **Stichproben**, wobei die qualitativ und quantitativ **risikoorientierte** Stichprobenauswahl regelmäßig außergewöhnliche Geschäftsvorfälle oder Abläufe und solche, bei denen der Geschäftsführung ein weiter Entscheidungsspielraum zukommt, besonders berücksichtigen wird. Dazu kann auch der außerbuchhalterische Bereich des Unternehmens gehören, also z. B. seine vertraglichen Bindungen. Die Prüfungshandlungen zur Risikobeurteilung sind in systematischem Zusammenhang mit den Funktionsprüfungen des IKS und den sachbezogenen Prüfungshandlungen zu sehen; dabei definieren die IDW-Standards auch Mindestanforderungen an Prüfungshandlungen und schreiben die umfassende **Dokumentation** der Einhaltung der Prüfungspflichten in Zusammenhang mit der risikoorientierten Prüfung vor.[65] Auch die seit 2008 in ihren Auswirkungen deutliche Finanzkrise stellt besondere Anforderungen im Rahmen der risikoorientierten Prüfung. Insbesondere im Bereich der Finanzanlagen ist die Not-

[63] *Kämpfer/Schmidt*, Die Auswirkungen der neueren Prüfungsstandards auf die Durchführung von Abschlussprüfungen, WPg 2009, S. 47ff.

[64] Vgl. IDW Prüfungsstandard: Wesentlichkeit im Rahmen der Abschlussprüfung (IDW PS 250 – Stand 8.5.2003), WPg 2003, S. 944ff.

[65] *Kämpfer/Schmidt* (Rn. 186), S. 48f.

wendigkeit von Abschreibungen und die Absicherung zu prüfen. Auch die Prognosen über die Entwicklung des Unternehmens und seine Chancen und Risiken sind vor diesem Hintergrund zu sehen.[66]

188 Zur Abschlussprüfung gehört auch die Prüfung von Aufbau und Funktion **IT-gestützter Rechnungslegungssysteme**, wobei insoweit wohl regelmäßig Spezialisten beizuziehen sind.

189 Eine wirksame Abschlussprüfung setzt voraus, dass das geprüfte Unternehmen kooperiert; § 320 HGB normiert eine entsprechende **Mitwirkungspflicht**. Dazu zählt z. B., dass der Jahresabschluss und der Lagebericht vorliegen, das Kontroll- und das Risikofrüherkennungssystem ordnungsgemäß dokumentiert sind, sachkundige, zur Auskunft berechtigte Ansprechpartner benannt und verfügbar sind, zu den für die Prüfung erforderlichen Unterlagen dem Prüfer und seinen Hilfskräften – bei digital vorgehaltenen Unterlagen mittels eines Nur-Lese-Zugriffs – unbeschränkt Zugang gewährt wird. Vom geprüften Unternehmen wird dazu eine sog. Vollständigkeitserklärung verlangt.

190 Nach § 53 HGrG umfasst die **erweiterte** Abschlussprüfung auch die Prüfung und Beurteilung der **Ordnungsmäßigkeit der Geschäftsführung** und der **wirtschaftlichen Verhältnisse** (Rn. 163f., 193ff.).

191 Die Durchführung der nach § 53 HGrG erweiterten Abschlussprüfung prägt in der Praxis der dazu vom IDW verabschiedete **Fragenkatalog** zur Prüfung der Ordnungsmäßigkeit der Geschäftsführung und der wirtschaftlichen Verhältnisse nach § 53 HGrG (IDW PS 720 – Stand 09.09.2010), der mit dem Bundesfinanzministerium und den Rechnungshöfen abgestimmt ist und in 16 Fragenkreisen mit 67 Fragen die Bereiche Geschäftsorganisation, Instrumentarien der Geschäftsführung, Geschäftsführung, Finanzinstrumente, interne Revision, Berichterstattung an das Überwachungsorgan, Vermögens-, Finanz- und Ertragslage abdeckt. Große Bedeutung wird auf das Risikofrüherkennungssystem gelegt.

192 Die Fragen des Katalogs sind – unabhängig von ihrer Relevanz im konkreten Fall – vollständig zu bearbeiten; sind einzelne Fragen nicht einschlägig, ist das zu begründen. In der Praxis ist dieses vorgeschriebene Vorgehen eher zeitaufwendig zu Lasten der eigentlichen Prüfung und kann im Ergebnis die Lesbarkeit beeinträchtigen, wenngleich die Straffung des Katalogs zu einer schlankeren und effizienteren Berichterstattung geführt hat. Die Berichterstattung zum Fragenkatalog geschieht regelmäßig in Form einer Anlage zum Prüfungsbericht.

g) Berichterstattung gemäß § 53 Abs. 1 HGrG

193 § 53 Abs. 1 HGrG erweitert die Berichterstattung gegenüber der sonst bei der Abschlussprüfung gebräuchlichen insofern, als die Abschlussprüfer neben

- der **Beurteilung der Ordnungsmäßigkeit der Geschäftsführung** in ihrem Bericht auch
- die Entwicklung der **Vermögens-** und **Ertragslage** sowie die **Liquidität** und **Rentabilität** der Gesellschaft,
- **verlustbringende Geschäfte** und die **Ursachen der Verluste**, wenn diese Geschäfte und die Ursachen für die Vermögens- und Ertragslage von Bedeutung waren, und
- die **Ursachen** eines in der Gewinn- und Verlustrechnung ausgewiesenen **Jahresfehlbetrages**

darstellen müssen.

194 Dabei orientiert sich die Beurteilung der Ordnungsmäßigkeit der Geschäftsführung an der Sorgfalt eines ordentlichen und gewissenhaften Geschäftsleiters (vgl. § 93 Abs. 1 Satz 1 AktG, § 43 Abs. 1 GmbHG). Allerdings wird der Abschlussprüfer nur wesentliche

[66] *Zwirner*, Finanzkrise – Auswirkungen auf die Rechnungslegung, DB 2009, S. 353ff.; vgl. auch IDW PS 261, Feststellung und Beurteilung von Fehlerrisiken und Reaktionen des Abschlussprüfers auf die beurteilten Fehlerrisiken, WPg 2006, S. 1433ff.

Verstöße gegen diese Sorgfaltspflicht darstellen, also insbesondere grob fehlerhafte oder missbräuchliche kaufmännische Entscheidungen.

Die Berichterstattung des Abschlussprüfers ist insoweit durch den **Fragenkatalog** des IDW (Rn. 191f.) vorgegeben. Der Fragenkatalog deckt jedoch nicht alle für die Kommune als Anteilseignerin interessanten Bereiche ab. Z. B. beschäftigen sich die Fragenkreise nicht mit der kommunalrechtlichen Relevanz von Beratungstätigkeiten von (von der Kommune entsandten) Aufsichtsräten bei der Gesellschaft und einer daraus folgenden beamten- oder kommunalrechtlichen Ablieferungs- oder Abführungspflicht, der wettbewerbswidrigen Tätigkeit der Geschäftsführer bei Konkurrenzunternehmen, möglichen Interessenkonflikten durch weitere Beschäftigungsverhältnisse der Geschäftsführer (z. B. beim privaten Mitgesellschafter) oder der Angemessenheit der Aufsichtsrats- und Geschäftsführervergütung. 195

h) Management Letter

Neben dem gesetzlich vorgeschriebenen Prüfungsbericht über die Abschlussprüfung erstellt der Abschlussprüfer berufsüblich für den Vorstand oder Geschäftsführer einen sog. **Management Letter**, der Hinweise auf Schwächen in den betrieblichen Abläufen des Unternehmens enthält und Mängel aufzeigt, die bei der Prüfung aufgefallen sind und abgestellt werden sollten, aber unterhalb der Schwelle der rechtlichen Berichtspflichten liegen, so dass sie das Testat nicht beeinflussen. In der Vergangenheit wurde der Management Letter dem **Aufsichtsrat** regelmäßig **nicht** zugeleitet. Mit der durch das KonTraG und das Transparenz- und Publizitätsgesetz – TransPubG – erweiterten Überwachungsfunktion des Aufsichtsrats ist das nicht mehr vereinbar.[67] Zumindest der Vorsitzende des Aufsichtsrats und der Prüfungsausschuss des Aufsichtsrats sollten daher den Management Letter zur Kenntnis erhalten. Dies könnte bereits bei der Auftragserteilung durch das zuständige Unternehmensorgan (vgl. Rn. 176) entsprechend festgelegt werden. 196

i) Abschlussprüfungsbericht und Berichterstattung

Unabhängig von der Rechtsform des geprüften Unternehmens muss der Abschlussprüfer vom Ergebnis seiner Prüfung **schriftlich berichten** (§ 321 HGB). Negativerklärungen bezüglich dessen, was im Rahmen der Prüfung nicht festgestellt wurde, sind nicht erforderlich. Der Abschlussprüfer muss im Prüfungsbericht seine Unabhängigkeit bestätigen (§ 321 Abs. 4a HGB). § 53 Abs. 1 Nr. 3 HGrG und die entsprechenden landesrechtlichen Bestimmungen für Eigenbetriebe und Kommunalunternehmen stellen sicher, dass die **Kommune** den Abschlussprüfungsbericht ihres Unternehmens erhält. Adressat dieser Pflicht ist nicht der Abschlussprüfer, sondern das Unternehmen. 197

Der Abschlussprüfungsbericht richtet sich an den **Aufsichtsrat** (§ 321 Abs. 5 Satz 2 HGB). Die Übermittlung des Abschlussprüfungsberichts an die einzelnen Mitglieder des Aufsichtsrats bestimmt sich bei AG nach § 170 Abs. 3 AktG, bei GmbH nach § 52 Abs. 1 GmbHG i V. m. § 170 Abs. 3 AktG (Rn. 214). 198

An der Bilanzsitzung des Aufsichtsrats muss der Abschlussprüfer teilnehmen und seinen schriftlichen Bericht erläutern sowie auf Fragen eingehen. Er muss an den Verhandlungen des Aufsichtsrats oder des Prüfungsausschusses über den Jahresabschluss teilnehmen und über die wesentlichen Ergebnisse seiner Prüfung, insbesondere wesentliche Schwächen des internen Kontroll- und des Risikomanagementsystems bezogen auf den Rechnungslegungsprozess, berichten. Er informiert über Umstände, die seine Befangenheit besorgen lassen und über Leistungen, die er zusätzlich zu den Abschlussprüfungsleistungen erbracht hat (§ 171 Abs. 1 Sätze 2 und 3 AktG). 199

[67] Vgl. auch Nrn. 7.2.3 und 7.2.4 Corporate Governance Kodex (http://www.corporate-governance-code.de/ger/kodex/index.html).

j) Bestätigungsvermerk

200 Der **Bestätigungsvermerk** stellt die Ergebnisse der Prüfung des Jahresabschlusses zusammenfassend fest. Seine rechtliche Grundlage ist § 322 HGB, der in Absatz 3 ein sog. **Formeltestat** enthält. § 322 HGB wird durch landesrechtliche Vorschriften ergänzt (z. B. § 7 Abs. 4 KommPrV BY). Der Bestätigungsvermerk muss neben einer Beschreibung von Gegenstand, Art und Umfang der Prüfung und der Angabe der dabei angewandten Rechnungslegungs- und Prüfungsgrundsätze auch eine Beurteilung des Prüfungsergebnisses beinhalten (§ 322 Abs. 1 HGB). Sind vom Abschlussprüfer keine Einwendungen zu erheben, so hat er in seinem Bestätigungsvermerk zu erklären, dass die von ihm nach § 317 HGB durchgeführte Prüfung zu keinen Einwendungen geführt hat und dass der von den gesetzlichen Vertretern der Gesellschaft aufgestellte Jahres- oder Konzernabschluss aufgrund der bei der Prüfung gewonnenen Erkenntnisse des Abschlussprüfers nach seiner Beurteilung den gesetzlichen Vorschriften entspricht und unter Beachtung der Grundsätze ordnungsmäßiger Buchführung oder sonstiger maßgeblicher Rechnungslegungsgrundsätze ein den tatsächlichen Verhältnissen entsprechendes Bild der Vermögens-, Finanz- und Ertragslage des Unternehmens oder des Konzerns vermittelt. Hierin liegt eine wesentliche Erweiterung des Formeltestats, die das KonTraG eingeführt hat.

201 Ferner soll das Prüfungsergebnis allgemein verständlich und problemorientiert beurteilt werden. Auf erkannte **Risiken**, die den Fortbestand des Unternehmens gefährden, ist gesondert einzugehen. Dabei betont das Gesetz, dass die gesetzlichen Vertreter der Gesellschaft den Jahresabschluss zu verantworten haben (§ 322 Abs. 2 HGB). Darin, dass der Abschlussprüfer im Bestätigungsvermerk nicht nach § 322 Abs. 2 Satz 3 HGB auf den Fortbestand des Unternehmens gefährdende Risiken hingewiesen hat, liegt nicht eine Garantie, dass die Fortführung der Unternehmenstätigkeit gesichert ist. Nach § 252 Abs. 1 Nr. 2 HGB ist bei der Bewertung der im Jahresabschluss ausgewiesenen Vermögensgegenstände und Schulden von der Fortführung der Unternehmenstätigkeit auszugehen, sofern dem nicht tatsächliche oder rechtliche Gegebenheiten entgegenstehen. Der Abschlussprüfer hat auf bestandsgefährdende Tatsachen zu achten und beurteilt die Einschätzung der gesetzlichen Vertreter für den Prognosezeitraum (mindestens zwölf Monate, gerechnet vom Abschlussstichtag des Geschäftsjahrs).[68]

202 Im Bestätigungsvermerk ist auch darauf einzugehen, ob der **Lagebericht** insgesamt nach der Beurteilung des Abschlussprüfers eine zutreffende Vorstellung von der Lage des Unternehmens vermittelt. Dabei ist auch zu erörtern, ob die Chancen und Risiken der zukünftigen Entwicklung zutreffend dargestellt sind (§ 322 Abs. 6 HGB).

203 Sind **Einwendungen** zu erheben, so schreibt § 322 Abs. 4 HGB vor, dass der Abschlussprüfer sein Testat in geeigneter Weise **einzuschränken** oder bei besonders schwerwiegenden Einwendungen zu **versagen** hat. Die Versagung ist in den Vermerk, der nicht mehr als Bestätigungsvermerk zu bezeichnen ist, aufzunehmen. Die Einschränkung und die Versagung sind zu begründen. Einschränkungen sind so darzustellen, dass deren Tragweite erkennbar wird. Der Bestätigungsvermerk ist auch dann zu versagen, wenn der Abschlussprüfer nach Ausschöpfung aller angemessenen Möglichkeiten zur Klärung des Sachverhalts nicht in der Lage ist, ein Prüfungsurteil abzugeben (§ 322 Abs. 5).

204 Der Abschlussprüfer hat den Bestätigungsvermerk oder den Vermerk über die Versagung zu unterzeichnen und in den Prüfungsbericht aufzunehmen (§ 322 Abs. 7 HGB).

205 Probleme können sich für den Abschlussprüfer im Rahmen der externen Berichterstattung im **Internet** ergeben, wenn der Bestätigungsvermerk Teil der Internetpräsentation des Unternehmens ist und gleichzeitig nicht testierte Informationen damit verknüpft

[68] Vgl. IDW Prüfungsstandard: Die Beurteilung der Fortführung der Unternehmenstätigkeit im Rahmen der Abschlussprüfung (IDW PS 270), WPg 2003, S. 775ff.

werden. Der Abschlussprüfer sollte insbesondere darauf achten, dass testierte und nicht testierte Informationen deutlich voneinander abgegrenzt werden und der Bestätigungsvermerk durch eine digitale Signatur geschützt wird.[69]

k) Grenzen der Abschlussprüfung

Die Abschlussprüfung kann wie jede Prüfung wesensmäßig nicht sämtlichen 206
Geschäftsvorfällen nachspüren. Sie ist auf **Stichproben** beschränkt. Daraus und aus den jedem rechnungslegungsbezogenen internen Kontrollsystem immanenten Grenzen folgt, dass ein gewisses **Risiko** nicht auszuschließen ist, dass selbst wesentliche falsche Angaben nicht aufgedeckt werden. Das Finden von Verdachtsmomenten für **Straftaten**, wie Unterschlagungen, Untreue, Bilanzfälschung u. Ä., ist nicht notwendig Ziel der Abschlussprüfung. Hier sieht sich die Abschlussprüfung allerdings zunehmend erhöhten Erwartungen ausgesetzt, die auch schon zur Fortentwicklung einschlägiger Prüfungsstandards geführt haben.[70] Die ordnungsgemäße Buchführung, das Aufstellen des Jahresabschlusses und des Lageberichts sowie die Einrichtung eines angemessenen internen Kontrollsystems, das auch gelebt werden muss, liegen in der **Verantwortung der Unternehmensleitung**, die durch die Abschlussprüfung hiervon nicht befreit wird.

l) Haftung des Abschlussprüfers

Maßgebend ist zunächst § 323 HGB, wonach dem **geprüften Unternehmen** (und 207
ggf. einem verbundenen Unternehmen) aus einer fahrlässigen oder vorsätzlichen Pflichtverletzung des Abschlussprüfers oder seiner Gehilfen ein **Schadensersatzanspruch** entsteht. Die Ersatzpflicht ist für den Fall einer fahrlässigen Pflichtverletzung bei gesetzlich vorgeschriebenen Abschlussprüfungen auf 1.000.000 beschränkt (§ 323 Abs. 2 HGB). Im Übrigen ist auf die „Allgemeinen Auftragsbedingungen für Wirtschaftsprüfer und Wirtschaftsprüfungsgesellschaften" (Fassung vom 1.1.2002) zu verweisen; der erweiterte Haftungsrahmen kommt zum Tragen, soweit nicht gesetzlich eine niedrigere Haftungsbegrenzung bestimmt ist. Die Europäische Kommission veröffentlichte am 5.6.2008 eine Empfehlung zur Beschränkung der zivilrechtlichen Haftung von Abschlussprüfern kapitalmarktorientierter Unternehmen;[71] die in Deutschland bestehenden Regelungen entsprechen bereits dieser Empfehlung. Die Haftung des Abschlussprüfers begründet z. B. regelmäßig die Bestätigung einer von der BFH-Rechtsprechung abweichenden Bilanzierung.[72]

Auch gegenüber Dritten kann nach den Grundsätzen des **Vertrages mit Schutzwir-** 208
kung für Dritte eine vorsätzliche oder grob fahrlässige Pflichtverletzung zur Haftung führen, etwa, wenn ein Kreditinstitut auf die Richtigkeit eines Testats vertrauen durfte (und auch vertraute) und deshalb dem geprüften Unternehmen einen Kredit gewährte, der Not leidend wurde. Allerdings ist das Risiko der **Dritthaftung** des Abschlussprüfers entsprechend der in § 323 HGB zum Ausdruck kommenden gesetzgeberischen Intention angemessen zu begrenzen und darf nicht auf eine Vielzahl von Gläubigern etc. erstreckt werden. Voraussetzung ist, dass die Abschlussprüfung nach dem Willen der Vertragsparteien auch im Interesse eines Dritten durchgeführt werden und ihr Ergebnis dem Dritten als Entscheidungsgrundlage dienen sollte.[73]

---

[69] *Küting/Dawo/Heiden*, Das Testat des Wirtschaftsprüfers im Internet – Internationale audit guidance als Vorbild einer künftigen deutschen Regelung?, JurPC Web-Dok. 25/2002, Abs. 63.

[70] IDW PS 210: Zur Aufdeckung von Unregelmäßigkeiten im Rahmen der Abschlussprüfung, WPg 2006, S. 1422ff.; *Schruff*, Zur Aufdeckung von Top-Management-Fraud durch den Wirtschaftsprüfer im Rahmen der Jahresabschlussprüfung, WPg 2003, S. 901ff.

[71] ABl vom 21.6.2008, L 162/39

[72] Vgl. *Bärenz*, Haftung des Abschlussprüfers bei Bestätigung fehlerhafter Jahresabschlüsse gemäß § 323 Abs. 1 S. 3 HGB, BB 2003, 1781ff.

[73] BGH Beschl. v. 11.11.2008, III ZR 317/07 (in JURIS); BGH, NJW 1998, 1948ff.; OLG Düsseldorf, OLGR Düsseldorf 2000, 335ff. (in JURIS).

4. Prüfung durch den Aufsichtsrat

a) Prüfungspflicht des Aufsichtsrats

209 Der **Aufsichtsrat** einer Kapitalgesellschaft hat den **Jahresabschluss**, den **Lagebericht** und den Vorschlag über die Ergebnisbehandlung zu **prüfen** und über das Ergebnis seiner Prüfung der Haupt- oder Gesellschafterversammlung schriftlich zu berichten (für GmbH: § 52 Abs. 1 GmbHG i V. m. § 171 AktG, außerdem für den obligatorischen Aufsichtsrat einer mitbestimmten GmbH § 6 Abs. 2 Satz 1, § 25 Abs. 1 Satz 1 Nr. 2 MitbestG; für AG: §§ 171, 172 AktG). In dem **Bericht** muss der Aufsichtsrat auch mitteilen, in welcher Art und in welchem Umfang er die Geschäftsführung der Gesellschaft während des Geschäftsjahres geprüft hat. Außerdem hat er zu dem Ergebnis der Prüfung des Jahresabschlusses durch den Abschlussprüfer Stellung zu nehmen. Der Aufsichtsrat kann einen besonderen **Ausschuss** aus seiner Mitte bestellen (z. B. **Bilanzprüfungsausschuss**), der ihn bei der Prüfung des Jahresabschlusses unterstützt (§ 107 Abs. 3 AktG). Allerdings sind bislang in eher wenig Unternehmen Bilanzprüfungsausschüsse eingerichtet worden.[74] Ein Prüfungsausschuss ist verpflichtend nur von Kapitalgesellschaften i.S.d. § 264 d HGB unter den Voraussetzungen des § 324 Abs. 1 HGB zu bilden, worunter kommunale Unternehmen regelmäßig nicht fallen.

210 Der Aufsichtsrat kommunaler Unternehmen und seine Überwachungsarbeit sind in Zusammenhang mit der aktuellen Diskussion um den **Public Corporate Governance Kodex** (PCGK) zu sehen. Aufsichtsräte, die als Vertreter einer am Unternehmen beteiligten Kommune ihrer kommunalen Funktion wegen ein Mandat im Aufsichtsrat haben, unterliegen im Grundsatz den gleichen rechtlichen Rahmenbedingungen wie jedes andere Aufsichtsratsmitglied. Dabei sind Aufsichtsräte mit hinreichenden Fachkenntnissen und Kontrollrechten nicht nur aus betriebswirtschaftlicher Sicht, sondern auch aufgrund des Demokratieprinzips geboten. Kommunale Unternehmen sind der Bevölkerung wegen ihrer Ausrichtung auf die Erfüllung **öffentlicher Zwecke** und der Verwendung **öffentlicher** (und regelmäßig knapper) **Mittel** besonders zu **Transparenz** und **wirtschaftlicher Effizienz** verpflichtet.[75] Die Leitfäden der Länder Mecklenburg-Vorpommern, Sachsen-Anhalt[76] und Sachsen[77] sowie des Rhein-Sieg Kreises[78] für Aufsichtsratsmitglieder in kommunalen Unternehmen sowie Mitarbeiter in den Beteiligungsverwaltungen enthalten detaillierte Ausführungen zur Qualifikation sowie zu den Rechten und Pflichten der Aufsichtsratsmitglieder in kommunalen Unternehmen (ergänzend hierzu auch Geschäftsbericht des Bayer. Kommunalen Prüfungsverbandes 201, Aufsichtsrat-Stellung und Pflichten in kommunalen Unternehmen [79]).

211 Im Hinblick auf die Aufgabenstellung des Aufsichtsrats fordert die Rspr. von seinen Mitgliedern gewisse **Mindestqualifikationen** allgemeiner, wirtschaftlicher, organisatorischer und rechtlicher Art, die notwendig sind, um alle üblicherweise anfallenden Geschäftsvorfälle selbst sachgerecht beurteilen zu können (z. B. Kenntnisse der Aufgaben des Aufsichtsrats, für die Jahresabschlussprüfung, zur Beurteilung von Führungsentscheidungen – vgl. Rn. 215).[80] Dabei tendiert die Rspr. dazu, auch die Haftung der Aufsichts-

---

[74] *Veit*, Verbreitung von Bilanzprüfungsausschüssen in Deutschland, DB 2003, 2021ff.

[75] Vgl. Institut für den öffentlichen Sektor e.V. (http://www.publicgovernanceinstitute.com/public_governance/index_13571.htm)

[76] http://www.sachsen-anhalt.de/LPSA/fileadmin/Elementbibliothek/Bibliothek_Politik_und_Verwaltung/Bibliothek_Ministerium_ des_Innern/PDF_Dokumente/Referat_33/leit1_gmbh.pdf, http://www.sachsen-anhalt. de/LPSA/fileadmin/Elementbibliothek/Bibliothek_Politik_und_Verwaltung/Bibliothek_Ministerium_des_ Innern/PDF_Dokumente/Referat_33/leit2_ar.pdf

[77] http://www.publicgovernanceinstitute.com/pdf/qualifikation_sachsen.pdf

[78] http://www.rhein-sieg-kreis.de/imperia/md/content/cms100/buergerservice/aemter/amt_20/handlungsleitlinien_310107.pdf

[79] *Bissinger*, Aufsichtsrat – Stellung und Pflichten in kommunalen Unternehmen, Geschäftsbericht des Bayer. Komm. Prüfungsverbandes 2011, S. 13ff.

[80] BGHZ 85, 293ff.; Landesrechnungshof Schleswig-Holstein, Kommunalbericht 2008, S. 103

ratsmitglieder zu verschärfen. Das gilt nicht nur für die sog. **Innenhaftung**, also die Haftung gegenüber der Gesellschaft (vgl. §§ 116, 93 Abs. 2 AktG)[81], sondern auch die sog. **Außenhaftung** (z. B. wegen vorsätzlicher sittenwidriger Schädigung in Form der Beihilfe zu einer strafbaren Handlung des Vorstands – §§ 826, 830 Abs. 2 BGB, während § 823 Abs. 2 BGB wegen des fehlenden Schutzgesetzcharakters der §§ 116, 93 AktG kaum zum Tragen kommen dürfte). Insgesamt wachsen die Anforderungen, die Gesetz und Rspr. an die Aufsichtsratsmitglieder stellen (vgl § 52 Abs. 1 GmbHG i.V.m. § 100 Abs. 5, § 107 Abs. 4 AktG in der Fassung des BilMoG; vgl. für mitbestimmte GmbH § 6 Abs. 2 Satz 1, § 25 Abs. 1 Satz 1 Nr. 2 MitbestG). Dabei kann es für die Bejahung des Vorsatzes genügen, wenn ein Mitglied des Aufsichtsrates trotz starker Verdachtsmomente Möglichkeiten nicht wahrnimmt, sich Klarheit zu verschaffen, um gerade zu vermeiden, dass aus einem Verdacht Gewissheit wird (bewusstes Sichverschließen). Auch eine D&O-Versicherung steht dem Aufsichtsrat regelmäßig nicht zur Seite, weil sie i.d.R. bei Vorsatz oder wissentlichem Abweichen vom Gesetz nicht greift.[82]

Die Kompetenz des **fakultativen Aufsichtsrats** einer GmbH zur Prüfung des Jahres- 212
abschlusses und des Lageberichts kann durch Satzung insoweit abbedungen werden (§ 52 Abs. 1 GmbHG), als es um die entsprechende Anwendung der §§ 170f. AktG geht. Nicht disponibel ist jedoch eine **Kernkompetenz** zur Prüfung des Jahresabschlusses und des Lageberichts, die sich bereits aus der zum Wesen des Aufsichtsrats notwendig gehörenden Aufgabe ergibt, die Geschäftsführung zu überwachen (vgl. §§ 93, 116 S. 1 AktG). Soll dem Aufsichtsrat satzungsmäßig auch diese Kernkompetenz nicht zukommen, handelt es sich in Wahrheit nur um einen unzutreffend bezeichneten Beirat.[83]

b) Aufsichtsrat und Abschlussprüfer

Der Aufsichtsrat kann seine Aufgabe, die Geschäftsführung zu überwachen, nur mit 213
Unterstützung des Abschlussprüfers und insbesondere nicht ohne Kenntnis des Abschlussprüfungsberichts erfüllen. Die Aufgabe des Abschlussprüfers ist nicht nur darin zu sehen, dass er gegenüber der Öffentlichkeit und den Anlegern die Richtigkeit des Jahresabschlusses, des Lageberichts und des Anhangs bestätigt, sondern insbesondere auch darin, dass er als **„Gehilfe“** des Aufsichtsrats prüft. Das KontraG hat diese **Doppelfunktion** unterstrichen.[84] Das BilMoG hat die Pflichten des Abschlussprüfers hinsichtlich der Teilnahme an Sitzungen des Aufsichtsrats noch intensiviert. So muss er an den Verhandlungen des Aufsichtsrats oder des Prüfungsausschusses über den Jahresabschluss **teilnehmen** und über die wesentlichen Ergebnisse seiner Prüfung, insbesondere wesentliche Schwächen des internen Kontroll- und des Risikomanagementsystems bezogen auf den Rechnungslegungsprozess, berichten. Er informiert ferner über Umstände, die seine Befangenheit besorgen lassen und über Leistungen, die er zusätzlich zu den Abschlussprüfungsleistungen erbracht hat (§ 171 Abs. 1 Sätze 2 und 3 AktG, der gemäß § 52 Abs. 1 GmbHG auch für GmbH entsprechend anzuwenden ist, deren Gesellschaftsvertrag die Bestellung eines Aufsichtsrats vorsieht). Der Aufsichtsrat muss damit mit Unterstützung des Abschlussprüfers Rechnungslegung, Wirksamkeit des IKS und Revisionssystem überwachen (z. B. hinsichtlich der Risikoeinschätzungen), wobei sich aus der Berichterstattung des Abschlussprüfers für den Aufsichtsrat eigene Überwachungs- und Prüfungsschwerpunkte ergeben können.

c) Übermittlung des Abschlussprüfungsberichts an die Aufsichtsratsmitglieder

Jedes Aufsichtsratsmitglied einer AG (und einer GmbH mit obligatorischem Aufsichts- 214
rat) hat das Recht, von den Vorlagen und Prüfungsberichten zum Jahresabschluss Kennt-

[81] *Hüffer*, AktG, § 116 Rn. 8
[82] OLG Düsseldorf, Urteil vom 23.6.2008, DB 2008, 1961 mit Anm. *Wilsing/Ogorek*; *Lommatzsch*, „Von alle dem nichts gewusst“? – Persönliche Außenhaftung des Aufsichtsrats, Status:Recht 2008, 287
[83] *Lutter/Krieger* (Rn. 178), Rn. 1205f.
[84] Vgl. BR-Drs. 872/97, S. 41; *Lutter/Krieger* (Rn. 178), Rn. 172.

nis zu nehmen. Diese sind auch jedem Aufsichtsratsmitglied oder, soweit der Aufsichtsrat das beschlossen hat, den Mitgliedern eines Ausschusses übermitteln (§ 170 Abs. 3 AktG).[85] Vorlagen und Prüfungsberichte können dann als Mehrexemplare oder Kopien, seit Inkrafttreten des TransPubG[86] auch **elektronisch** übermittelt werden. § 170 Abs. 3 AktG wird auch auf GmbH mit fakultativem Aufsichtsrat und bei freiwilligen Abschlussprüfungen Anwendung finden. Ein Verstoß gegen § 170 Abs. 3 AktG kann zur Nichtigkeit des Jahresabschlusses wegen nicht ordnungsgemäßer Mitwirkung des Aufsichtsrats bei seiner Feststellung führen (§ 256 Abs. 2 AktG).

d) Auswertung des Jahresabschlusses, Bilanzanalyse

215 Um die Interessen ihrer Kommune und damit letztlich Gemeinwohlinteressen wirksam vertreten zu können, sind für kommunale Mandatsträger und Bedienstete, die in den Aufsichtsrat oder ein ähnliches Gremium eines kommunalen Unternehmens entsandt oder gewählt werden, betriebswirtschaftliche Kenntnisse unerlässlich. Zu den **Mindestkenntnissen**, die erforderlich sind, um alle üblicherweise anfallenden Geschäftsvorfälle ohne fremde Hilfe verstehen und sachgerecht beurteilen zu können, gehören insbesondere nicht nur Kenntnisse der gesetzlichen und satzungsmäßigen Aufgaben des Aufsichtsrats sowie der Rechte und Pflichten als Aufsichtsratsmitglied, sondern auch Kenntnisse zum Verständnis und zur Bewertung der vorzulegenden Berichte, Kenntnisse für die Prüfung des Jahresabschlusses mit Hilfe des Abschlussprüfers und Kenntnisse zur Beurteilung der Ordnungsmäßigkeit, Wirtschaftlichkeit und Zweckmäßigkeit von Führungsentscheidungen.[87] Insbesondere lassen sich mit betriebswirtschaftlichen Methoden, die hier nur angerissen werden können, aus Jahresabschluss und Bilanz Erkenntnisse über die Vermögens-, Finanz- und Ertragslage des kommunalen Unternehmens gewinnen.[88]

216 In einem ersten Schritt wird dazu der **Jahresabschluss aufbereitet**, d. h. er wird (z. B. von außerordentlichen Posten, wie sie etwa aus der einmaligen Veräußerung von Gegenständen des Anlagevermögens resultieren) **bereinigt**, zusammengehörige Positionen werden **zusammengefasst** (z. B. lang- und kurzfristig), wirtschaftlich zusammengehörende Positionen werden **aufgerechnet** (z. B. zusammengehörende Forderungen und Verbindlichkeiten), Beträge werden **gerundet** und **prozentuale Anteile** errechnet.

217 In einem zweiten Schritt lassen sich die aufbereiteten Zahlen und daraus gewonnene Kennzahlen mit denen anderer Wirtschaftsjahre, Branchen oder mit Soll-Zahlen (etwa aus der Planungsrechnung) **vergleichen**.

218 Weitere Erkenntnisse liefert die eigentliche **Bilanzanalyse**, die versucht, eine Bilanz nach einer Reihe von bestimmten Kennzahlen zu beurteilen. Damit werden Vermögens- und Kapitalstruktur, Anlagenfinanzierung und Liquidität untersucht. Ferner lassen sich die Finanzströme nach Mittelherkunft und Mittelverwendung gliedern. Wesentlich sind weiter Kapitalflussrechnungen (Cashflow-Rechnungen), welche die Veränderung des Geldvermögens ermitteln sollen, und Rentabilitätskennzahlen zur Beurteilung der Ertragslage.

219 Beispielhaft lassen sich folgende **Kennzahlen** nennen:

- Anlagenintensität (in % = Anlagevermögen / Gesamtvermögen 6100)
- Eigenkapitalanteil (in % = Eigenkapital / Gesamtkapital 6100)
- Verschuldensgrad (in % = Fremdkapital / Gesamtkapital 6100)
- Anlagendeckungsgrad I (in % = Eigenkapital / Anlagevermögen 6100)
- Anlagendeckungsgrad II (in % = (Eigenkapital + langfristiges Fremdkapital) / Anlagevermögen × 100)
- Liquidität 1. Grades (in % = flüssige Mittel / kurzfristiges Fremdkapital 6100)

---

[85] Zu den dabei auftretenden Fragen siehe *Bormann/Gucht*, Übermittlung des Prüfungsberichts an den Aufsichtsrat – ein Beitrag zu § 170 Abs. 3 S. 2 AktG, BB 2003, 1887ff.

[86] Transparenz- und Publizitätsgesetz vom 19.7.2002, BGBl. I S. 2681ff.

[87] Vgl. BGHZ 85, 293ff.; Landesrechnungshof Schleswig-Holstein, Kommunalbericht 2008, S. 103f.

[88] Vgl. zum Ganzen *Och/Wager* (Rn. 5), S. 231ff.

- Liquidität 2. Grades (in % = (flüssige Mittel + kurzfristige Forderungen) / kurzfristiges Fremdkapital 6100)
- Liquidität 3. Grades (in % = kurzfristiges Umlaufvermögen / kurzfristiges Fremdkapital 6100)
- Bindungsgrad der Selbstfinanzierung (in % = planmäßige Darlehenstilgung / Selbstfinanzierung 6100)
- Cashflow aus der laufenden Geschäftstätigkeit (= Jahresergebnis + nicht auszahlungswirksame Aufwendungen – nicht einzahlungswirksame Erträge)
- Cashflow aus der Investitionstätigkeit (= Auszahlungen für Investitionen – Einzahlungen aus Anlagenabgängen)
- Eigenkapitalrentabilität (= Jahresgewinn 6100 / 0,56 (Eigenkapital Anfangsstand + Eigenkapital Endstand))
- Fremdkapitalrentabilität (= Zinsaufwand 6100 / 0,56 (Fremdkapital Anfangsstand + Fremdkapital Endstand))
- Gesamtkapitalrentabilität (= (Fremdkapitalzins + Jahresergebnis) 6100 / 0,56 (Gesamtkapital Anfangsstand + Gesamtkapital Endstand))
- Umsatzrentabilität (= Jahresgewinn / Umsatzerlöse 6100)
- Personalintensität (= Personalaufwand / Gesamtaufwand 6100)

Ein wichtiger Grundsatz ist, dass langfristiges Vermögen auch langfristig zu finanzieren ist (**Goldene Bilanzregel**). 220

Eine Bilanzanalyse sollte allerdings nicht isoliert anhand dieser Kennzahlen durchgeführt werden, sondern ergänzende Informationen heranziehen, z. B. aus dem Unternehmen, aus Perioden- und Betriebsvergleichen. 221

5. Rechnungsprüfung

a) Allgemeines

Die Rechnungsprüfung ist ein traditionelles Instrument der **öffentlichen Finanzkontrolle**, die für einen demokratischen Staat von hoher Bedeutung ist, weil sie die Rechenschaftslegung über die Verwendung öffentlicher Mittel gewährleistet. Ungeachtet der länderspezifischen Unterschiede gehört zu den Aufgaben der örtlichen Finanzkontrolle neben der überkommenen Prüfung der Jahresrechnung und der Prüfung der Kassen nach modernem Verständnis auch die Prüfung der Zweckmäßigkeit und Wirtschaftlichkeit des Verwaltungshandelns, das Durchführen von Organisationsuntersuchungen und weit gefächerte Beratungsleistungen. Z. T. hat sich deshalb bereits die umfassendere Bezeichnung „Revisionsamt" eingebürgert.[89] Nach dem Verständnis der öffentlichen Finanzkontrolle, der prüfungsfreie Räume grundsätzlich fremd sind, ist Gegenstand der Rechnungsprüfung auch die **unternehmerische Betätigung** der öffentlichen Hand, wobei es zunächst nicht auf die private oder öffentliche Rechtsform dieser Betätigung ankommt. 222

Die Rechnungsprüfung wird in der Literatur zum Prüfungswesen kommunaler Unternehmen bislang eher nur am Rande behandelt. Das mag zum einen daran liegen, dass sie als traditionelle Finanzkontrolle der Kommunen nicht recht in eine Zeit schnellen Wandels zu passen scheint. Zum andern ist sie systematisch zunächst **Prüfung der Kommune** selbst und **ihrer Betätigung** bei einem rechtlich verselbständigten (privatrechtlich oder öffentlich-rechtlich verfassten) kommunalen Unternehmen, nicht des Unternehmens selbst. Lediglich Eigenbetriebe und Regiebetriebe unterliegen als Teil der Kommune ohne weiteres der Rechnungsprüfung. 223

Von der Prüfung des Jahresabschlusses, die stets unmittelbar das Unternehmen betrifft, ist die Rechnungsprüfung scharf zu trennen, obgleich sie typischerweise auf die Ergebnisse der Jahresabschlussprüfung mit abstellt (z. B. Art. 106 Abs. 3 Satz 2 BayGO). Über 224

[89] Vgl. http://www.revisionsamt.de.

gesetzlich oder sonst eingeräumte Prüfungsrechte (Rn. 234, 247, 249) kann sie aber auch ein Unternehmen selbst erfassen. Wer interne Revision, Tätigkeit des Aufsichtsrats, Abschluss- und Rechnungsprüfung nicht als einander ergänzende Bausteine sieht, die der Steuerung kommunaler Unternehmen dienen, verschenkt wesentliche Chancen.

225 Die Rechnungsprüfung der kommunalen Körperschaften (insbesondere Gemeinden; Verwaltungsgemeinschaften; Gemeindeverbände, d. h. Landkreise; Zweckverbände; in Bayern auch Bezirke) und Anstalten (Kommunalunternehmen) hat in den Bundesländern organisatorisch und nach der Reichweite der Prüfungsrechte eine **unterschiedliche Ausgestaltung** gefunden. Z. T. sind dafür Rechnungsprüfungs- oder Revisionsämter geschaffen, die zwar zur Verwaltung gehören, hinsichtlich der Prüfung aber unabhängig sind. Z. T. bestehen Rechnungsprüfungsausschüsse, die – je nach Größe der Körperschaft – von Rechnungsprüfungsämtern unterstützt werden (Art. 103 Abs. 3 BayGO). Dabei bestimmt sich die Form der Finanzkontrolle auch nach Status und Größe der Körperschaft (vgl. Art. 104 Abs. 1 BayGO, der für kreisfreie Städte ein Rechnungsprüfungsamt vorschreibt). In den meisten Bundesländern gibt es zusätzlich zur örtlichen Prüfung noch eine überörtliche Prüfung in unterschiedlichen Ausprägungen (siehe dazu unten den Länderüberblick im **Anhang**).

b) Örtliche und überörtliche Rechnungsprüfung

226 Die Kommunalgesetze unterscheiden zwischen **örtlicher** und **überörtlicher Rechnungsprüfung**. Dabei ist die örtliche Rechnungsprüfung im Gegensatz zur (externen) überörtlichen (mit der Besonderheit vergleichender Prüfungen in Hessen) nicht flächendeckend vorgeschrieben.

227 Die **Zuständigkeit** für die überörtliche Rechnungsprüfung ist in den Kommunalgesetzen der Länder geregelt. Ein bundeseinheitliches Bild ergibt sich danach nicht. Die örtliche Rechnungsprüfung führen der Rechnungsprüfungsausschuss und, falls ein solches besteht (regelmäßig in Kommunen ab einer bestimmten Größenordnung), das Rechnungsprüfungsamt durch. Für die überörtliche Rechnungsprüfung ergibt sich in den Flächenstaaten kein einheitliches Bild. Z. T. sind letztlich die (Kommunal)Abteilungen der Innenministerien mit nachgeschalteten Behörden zuständig (Brandenburg, Saarland), z. T. die Landesrechnungshöfe (Hessen (der Hessische Rechnungshof vergibt die einzelnen Prüfungsaufträge seiner vergleichenden Prüfungen an Wirtschaftsprüfer oder Wirtschaftsprüfergesellschaften), Mecklenburg-Vorpommern, Rheinland-Pfalz, Sachsen, Sachsen-Anhalt, Schleswig-Holstein, Thüringen), z. T. sind eigene juristische Personen des öffentlichen Rechts gebildet, so die Gemeindeprüfanstalten in Baden-Württemberg (für Gemeinden mit mehr als 4.000 Einwohnern) und Nordrhein-Westfalen, die Kommunale Prüfungsanstalt in Niedersachsen und der körperschaftlich (also mitgliedschaftlich) verfasste Kommunale Prüfungsverband in Bayern, der überörtliches Prüfungsorgan für die bayerischen Bezirke, Landkreise, kreisfreien Städte und Gemeinden ab etwa 5.000 Einwohner ist (die das bayerische Staatsministerium des Innern als Mitglieder bestimmt hat), während für kleinere Gemeinden die staatlichen Rechnungsprüfungsämter bei den Landratsämtern die überörtliche Rechnungsprüfung durchführen.

c) Historische Entwicklung von Abschluss- und Rechnungsprüfung

228 Die Prüfung der Wirtschaftsbetriebe der öffentlichen Hand bestimmte sich früher nach den Bestimmungen über die Prüfungspflicht vom 6.10.1931 und der Durchführungsverordnung vom 30.3.1933.

229 Für den Freistaat Bayern wurden die Bestimmungen durch das Dritte Rechtsbereinigungsgesetz vom 1.8.1968 grundsätzlich für nicht mehr anwendbar erklärt.

230 Die Beibehaltung der besonderen Abschlussprüfung beruhte auf einer Absprache mit den Innenministerien der Bundesländer. Man hielt das u. a. für erforderlich, weil die dortigen Prüfungseinrichtungen (anders als etwa der Bayer. Kommunale Prüfungsverband) nicht mit dem nötigen Fachpersonal ausgestattet waren. Mit Rücksicht auf die anderen

Bundesländer wurde daher in Bayern die Abschlussprüfung nicht voll in die Rechnungsprüfung eingebaut.[90]

d) Betätigungsprüfung

aa) Wesen. Typischerweise sind die Rechnungsprüfungsorgane auf die sog. **Betätigungsprüfung** beschränkt, die Teil der Rechnungsprüfung ist. Dabei wird nicht die Betätigung des Unternehmens oder dieses selbst geprüft, sondern die Betätigung der Kommune, also die **kommunale Einflussnahme**, bei Unternehmen in einer Rechtsform des privaten Rechts und bei Kommunalunternehmen.[91] Beide Bereiche werden sich aber nach der Art der getroffenen Feststellungen nicht stets scharf trennen lassen, so dass die Prüfung kommunaler Betätigung auch eine indirekte Prüfung des Unternehmens bedeuten kann.[92] 231

bb) Rechtsgrundlagen. Trotz ihres Bezugs auf das kommunale Unternehmen findet die Betätigungsprüfung (als Teil der Rechnungsprüfung der Kommune selbst) zunächst nur bei der Kommune statt. Es liegt auf der Hand, dass dabei Fragen auftreten können, die nur beim kommunalen Unternehmen und durch Einsicht in dessen Unterlagen geklärt werden können. Um den Rechnungsprüfungsorganen die Befugnis für diesen unmittelbaren Zugriff auf das Unternehmen zu schaffen, regelt § 54 Abs. 1 HGrG, dass in den Fällen des § 53 HGrG in der Satzung (im Gesellschaftsvertrag) mit Dreiviertelmehrheit des vertretenen Kapitals bestimmt werden kann, dass sich die Rechnungsprüfungsbehörde der Kommune zur **Klärung von Fragen**, die bei der Betätigungsprüfung (vgl. § 44 HGrG) auftreten, im Rahmen ihres Prüfungsermessens **unmittelbar unterrichten** und zu diesem Zweck den Betrieb, die Bücher und die Schriften des Unternehmens **einsehen** kann. Dabei bestimmt das Rechnungsprüfungsorgan, welche Unterlagen zur Klärung noch offener Fragen erforderlich sind. Eine Vorauswahl durch das Unternehmen ist nicht zulässig. Die Einsicht in die entsprechenden Unterlagen und Bücher schließt das Kopieren der entsprechenden Vorgänge ein; zum einen gehört das zur typischen Prüfungsmethodik, zum andern wird die – ihrerseits aus öffentlichen Mitteln finanzierte – Prüfung beschleunigt. Vor Inkrafttreten des HGrG begründete Rechte der Rechnungsprüfungsbehörde auf unmittelbare Unterrichtung bleiben unberührt (§ 54 Abs. 2 HGrG). 232

§ 54 HGrG gilt wie § 53 HGrG nur für Unternehmen in einer Rechtsform des privaten Rechts. Um der Betätigungsprüfung auch den Zugriff bei selbständigen **Kommunalunternehmen** zu ermöglichen, enthalten die Kommunalgesetze der Länder § 54 Abs. 1 HGrG nachgebildete Bestimmungen (Art. 91 Abs. 2 BayGO, § 120 Abs. 1 Satz 2 Nds. GO). 233

Der unmittelbare Zugriff bei kommunalen Unternehmen in privater Rechtsform setzt eine **satzungsmäßige/gesellschaftsvertragliche** Einräumung der Befugnisse nach § 54 Abs. 1 HGrG voraus. Im Interesse einer wirksamen Steuerung des Unternehmens durch die Kommune und einer ausreichenden öffentlichen Finanzkontrolle ist Kommunen zu empfehlen, sich die Befugnisse nach § 54 Abs. 1 HGrG einräumen zu lassen. Die meisten Kommunalgesetze enthalten die Vorgabe, dass die Kommunen darauf hinzuwirken haben, dass ihnen die in § 54 HGrG vorgesehenen Befugnisse eingeräumt werden (z. B. Art. 94 Abs. 1 Satz 1 Nr. 4 BayGO; siehe **Anhang**). Soweit keine Rechte nach § 54 HGrG eingeräumt wurden und die erforderlichen Unterlagen bei der Kommune nicht vorliegen, darf die Betätigungsprüfung deshalb **nicht vereitelt** werden. Die Kommune hat alles zu unternehmen, um die gewünschten Unterlagen zu beschaffen. Insbesondere kann 234

---

90 *Schreml/Westner* u. a., Kommunales Haushalts- und Wirtschaftsrecht in Bayern, Art. 107 BayGO, Anm. 3.

91 Vgl. VG Magdeburg, Beschluss vom 15.11.2007, Rn. 19 (in Juris)

92 Zur Betätigungsprüfung siehe allgemein *Fiebig*, Kommunale Rechnungsprüfung. Grundlagen – Aufgaben – Organisation, Rn. 234ff.; *Meyer*, Grundlagen und Reichweite der Einrichtungs- und der Betätigungsprüfung nach dem Gesetz zur Regelung der überörtlichen Prüfung kommunaler Körperschaften in Hessen (ÜPKKG)

sie hierzu nach § 51a GmbHG Auskunft über Angelegenheiten der Gesellschaft verlangen und Einsicht in Bücher und Schriften des Unternehmens nehmen (dazu Rn. 249f.).

235 Sind die Befugnisse allgemein der Rechnungsprüfungsbehörde eingeräumt, sind darunter sowohl das **örtliche** wie das **überörtliche Prüfungsorgan** zu verstehen. Ist ausdrücklich nur die örtliche Prüfungsbehörde angesprochen, dürfte regelmäßig die Inanspruchnahme der Befugnisse des § 54 Abs. 1 HGrG auch im Rahmen der überörtlichen Rechnungsprüfung zulässig sein. Maßgeblich ist die Auslegung der Satzung/des Gesellschaftsvertrages. Dabei handelt es sich nicht (nur) um gegenseitige Vereinbarungen, sondern vielmehr auch um normative Bestimmungen. Die Kommune als Gesellschafterin ist nicht isoliert in ihrer Interessenlage zu betrachten, sondern im Gefüge der für sie geltenden kommunalrechtlichen Bestimmungen. Dabei gewinnt an Bedeutung, dass die überörtliche Prüfung systematisch der Rechtsaufsicht zuzuordnen ist, deren Informationsrecht gegenüber der Kommune wiederum vom Grundsatz her unbeschränkt ist. Das spricht dafür, Befugnisse des örtlichen Rechnungsprüfungsorgans auch dem überörtlichen zuzugestehen. Das ist für andere, private Gesellschafter auch nicht unzumutbar. Wer mit Kommunen vertragliche Bindungen, insbesondere gesellschaftsvertraglicher Art, eingeht, muss davon ausgehen, dass die Kommune sich im öffentlich-rechtlichen Regime bewegt und ihr Handeln besonders dem Allgemeinwohl verpflichtet ist. Die überörtliche Rechnungsprüfung ist als öffentliche Finanzkontrolle letztlich Ausfluss dieser Allgemeinwohlbindung. Teilweise hat das gesetzlichen Niederschlag gefunden, z. B. in Art. 106 Abs. 4 Satz 3 BayGO, § 106 Abs. 2 Satz 1 Nr. 6 SächsGemO, § 84 Abs. 4 ThürKO, wonach die Rechnungsprüfung auch die Buch-, Betriebs- und sonstigen Prüfungen umfasst, die sich die Kommune vorbehalten hat. Etwas anderes wird gelten, wenn das überörtliche Prüfungsorgan in der Satzung/im Gesellschaftsvertrag ausdrücklich ausgeschlossen wird und auch keine landesgesetzlichen Regelungen wie o.g. bestehen.[93] Sind dagegen die Befugnisse des § 54 Abs. 1 HGrG ausdrücklich nur dem (möglicherweise als besonders neutral verstandenen) überörtlichen Prüfungsorgan eingeräumt, dürfte eine Ausdehnung auf das örtliche Prüfungsorgan im Wege der Auslegung eher ausscheiden.

236 Wenn die Befugnisse nach § 54 Abs. 1 HGrG eingeräumt sind, spricht viel dafür, dass darauf gestützte Einzelfallmaßnahmen trotz der „nur" gesellschaftsvertraglichen Einräumung notfalls **hoheitlich** durch die Befugnisse konkretisierenden Verwaltungsakt (der Kommune für die örtliche Rechnungsprüfung oder des überörtlichen Prüfungsorgans im Rahmen der überörtlichen Prüfung der Kommune) durchgesetzt werden können.

237 **cc) Reichweite der Betätigungsprüfung.** Es besteht grundsätzlich keine rechtliche Befugnis, etwa Bereiche der Organisation der Unternehmen, die IT-Ausstattung oder Vertragsverhältnisse mit Dritten (z. B. Versicherungsverhältnisse) an sich zu prüfen. Das kann nur in Frage kommen, wenn sich aus der **Betätigung der Kommune** selbst als Gesellschafterin **Anknüpfungspunkte** für eine Prüfung ergeben (wobei die Prüfung auch in diesem Fall auf die Betätigung der Kommune beschränkt ist) oder der Kommune weiter gehende oder umfassende Prüfungsrechte (z. B. gesellschafts- oder einzelvertraglich) mit der Folge eingeräumt sind, dass der Bereich der eigentlichen Betätigungsprüfung in Richtung auf eine Prüfung des Unternehmens selbst hin (ggf. im Auftrag der Kommune) verlassen werden kann (Rn. 247).

238 Die Ausübung dieser Befugnisse ist aber ihrerseits auf die **Klärung von Fragen** bezogen, die bei der Prüfung der Betätigung der Kommune auftreten. Die eingeräumten Einsichtsrechte sind nicht gleichsam davon entkoppelt und ermöglichen nicht eine davon unabhängige Prüfung der Betätigung der Unternehmen selbst.

239 Bloße einzelvertraglich oder gesetzlich ohne Bezug auf die Prüfungsorgane eingeräumte Einsichtsrechte (z. B. § 51a GmbHG) werden nicht ohne weiteres genügen, um beim Unternehmen direkt zu prüfen. Letztlich ist das Auslegungsfrage.

---

93 Ob ein solcher Ausschluss aufgrund der obigen Überlegungen nicht durch die Rechtsaufsicht beanstandet werden könnte, ist eine andere Frage.

Anknüpfungspunkte für die Betätigungsprüfung werden sich z.B. aus den zwischen der Kommune und dem Unternehmen bestehenden Rechtsverhältnissen und aus dem Verhalten (oder Unterlassen) kommunaler Mandatsträger und Bediensteter in der Gesellschafterversammlung und in Sitzungen des Aufsichts- oder Verwaltungsrates des Unternehmens und in seinen sonstigen Organen sowie aus ggf. daneben bestehenden vertraglichen Beziehungen kommunaler Mandatsträger oder Bediensteter mit dem Unternehmen ergeben können. Dabei werden die Kompetenzen des betreffenden Organs zugrunde zu legen sein. Wenn etwa kommunale Mandatsträger im Aufsichtsrat einer Angelegenheit nicht nachgehen, die regelungsbedürftig ist und in den Kompetenzbereich des Aufsichtsrates fällt, so kann das Anlass sein, in der Betätigungsprüfung darauf einzugehen. 240

dd) Prüfungsgegenstände. Die daraus ableitbaren möglichen Gegenstände der Betätigungsprüfung, also der Prüfung der **kommunalen Einflussnahme**, können nicht abschließend aufgezählt werden. Folgende Prüfungsfelder bieten sich im Wesentlichen an:[94] 241

- Allgemeine gesetzliche Zulässigkeitsvoraussetzungen unternehmerischer Betätigung und Beteiligung an Unternehmen in Privatrechtsform (öffentlicher Zweck, finanzielle Leistungsfähigkeit der Kommune, Subsidiarität der Aufgabenerfüllung, Begrenzung der Haftung, Nachschusspflicht, Pflicht zur Übernahme von Verlusten)
- Wirtschaftlichkeit und Eignung der gewählten Rechtsform; ggf. Prüfung, ob Kostenvergleich, Folgekostenanalyse, Analyse der Vor- und Nachteile der gewählten Form im Vergleich zu anderen durchgeführt wurden; ggf. Prüfung, ob die gewählte Form eine kommunalrechtlich gebotene und ausreichende Einflussnahme zulässt
- Vorliegen eines Wirtschaftsplans, Bestehen einer (i. d. R. fünfjährigen) Finanzplanung (diese Unterlagen müssten der Kommune in aller Regel ohnehin vorliegen, vgl. § 1 Abs. 3 Nr. 7 KommHV-Doppik BY, § 2 Abs. 2 Nr. 4 KommHV-Kameralistik BY)
- Einhaltung der Vorgaben zu Aufstellung und Prüfung des Jahresabschlusses und des Lageberichts (z.B. Offenlegung, Beachtung des § 53 HGrG, Vorliegen des Abschlussprüfungsberichts bei der Kommune)
- Mitteilung der Bezüge des geschäftsführenden Unternehmensorgans von Unternehmen in Privatrechtsform an den Träger (vgl. Art. 94 Abs. 1 Satz 1 Nr. 5 BayGO)
- Bestellung des Abschlussprüfers durch zuständiges Organ
- Beachtung des § 319 HGB bei der Auswahl des Abschlussprüfers
- Sicherung der gesetzlich vorgesehenen Rechte/Einflussmöglichkeiten der Kommune bei Kommunalunternehmen, Eigen- und Beteiligungsgesellschaften durch entsprechende Ausgestaltung der Satzung, des Gesellschaftsvertrags und ggf. sonstiger vertraglicher Regelungen und ihre sachgerechte Wahrnehmung, insbesondere:
  - Einräumen der Befugnisse des § 54 HGrG
  - Weisungsbindung (vgl. § 37 Abs. 1 GmbHG), Berichtspflicht und -erstattung kommunaler Vertreter in den kommunalen Vertretungsorganen
  - Vertretung der Kommune in den Organen des Unternehmens sowie durch die kommunalen Vertreter nach den kommunalgesetzlichen Vorgaben zu veranlassende Einbeziehung der kommunalen Vertretungsgremien in Entscheidungsprozesse (z.B. Gemeinderat, Kreistag, Kreisausschuss)
  - Sachgerechte Gestaltung von Zustimmungskatalogen für Gesellschafterversammlung und Aufsichtsrat (z.B. in Bezug auf Erwerb und Veräußerung von Beteiligungen, Abschluss und Änderung von Beherrschungs- und Gewinnabführungsverträgen, Art. 92 Abs. 1 Satz 2 BayGO)
  - Innere Ordnung des Aufsichtsrats/Verwaltungsrats (Geschäftsordnung) und Wahrnehmung einzelner Aufgaben und (Unterrichtungs- und Prüfungs-)Rechte; Ab-

[94] Schr. des BayStMI v. 13.10.2008, Az. IB4-1517.3-35 (nicht veröffentlicht); Rechnungshof Rheinland-Pfalz, Kommunalbericht 1999 TZ 4, S. 3ff.; vgl. auch GK BY 1991, 239 Nr. 5; Hinweise für die Verwaltung von Bundesbeteiligungen vom 24.9.2001, Bek. des BMF vom 19.10.2001, GMBl 2001, S. 963.

stimmungsverhalten und geäußerte Auffassungen von Mandatsträgern der Kommune in Gremien des Unternehmens
- Geschäftsordnung für den Geschäftsführer
- Sonderbestimmungen bei mittelbarer Beteiligung – Tochter- und Enkelunternehmen – zur Sicherung von Rechten/Einflussmöglichkeiten auch im Rahmen von Konzernstrukturen
- Beteiligungsverwaltung, Berichtswesen; insbesondere die Frage, ob die Beteiligungsverwaltung eigene Erkenntnisse und etwaige Feststellungen des Abschlussprüfers zum Anlass nimmt, bei Bedarf unter Wahrung der Interessen der Kommune steuernd auf die Wirtschaftsführung der Unternehmen einzuwirken

- Entgeltgestaltung im Verhältnis Kommune – Unternehmen und ihre Auswirkung auf die Bürgerinnen und Bürger
- Angemessenheit von Erwerbs- und Veräußerungspreisen bei Beteiligungen und sonstigen Vermögensgegenständen von Bedeutung für die Gesellschaft
- Angemessene Verteilung von Chancen und Risiken zwischen Kommune und Unternehmen
- Defizitausgleich zwischen Kommune und Unternehmen, Bürgschaften und sonstige Haftungsübernahmen zu Gunsten des Unternehmens, Darlehensverträge zwischen Kommune und Unternehmen
- Ablieferung/Abführung von Vergütungen, die kommunale Mandatsträger für ihre Tätigkeit in Organen des Unternehmens erhalten
- Sonstige Prüfungsgegenstände (z. B. erforderliche Sorgfalt und Wirtschaftlichkeit der Geschäftsführung; Verträge der Gesellschaft mit Aufsichtsratsmitgliedern(z. B. Beraterverträge), Geschäftsführern/Vorstandsmitgliedern oder mit Gesellschaftern; Angemessenheit der Bezüge und Sachleistungen für Mitglieder der Geschäftsleitung und Aufsichtsratsmitglieder (insbes. im Verhältnis zu Aufgaben und Lage des Unternehmens sowie zu Verantwortung und persönlicher Absicherung); Entlastung der Geschäftsführung/des Vorstands und des Aufsichtsrats)

242 Die Betätigungsprüfung darf sich nicht in der Abhandlung formeller Gesichtspunkte erschöpfen. Diese sollen nur Ausgangspunkte für eine nachfolgende und weitergehende **materielle** Prüfung sein, auch wenn diese in der Praxis häufig rasch an rechtliche Grenzen stoßen dürfte, weil eine Prüfung des Unternehmens selbst ausscheidet und Vollprüfungsrechte fehlen, wenn sie nicht gesellschaftsvertraglich festgelegt sind.

243 **ee) Prüfungsunterlagen.** Zur Durchführung der Betätigungsprüfung hat die geprüfte Kommune dem örtlichen oder überörtlichen Prüfungsorgan die **Unterlagen** vorzulegen, die dieses nach seiner Einschätzung zur Durchführung der Betätigungsprüfung für erforderlich hält (vgl. Art. 106 Abs. 6 BayGO). Eine besondere Begründung ist nicht erforderlich; sie liefe regelmäßig dem Zweck der Prüfung zuwider. Anhaltspunkte für die Durchführung der Betätigungsprüfung geben die Bundeshaushaltsordnung (BHO) und die Haushaltsordnungen der Länder. In den Hinweisen für die Verwaltung von Bundesbeteiligungen[95] ist im Einzelnen aufgeführt, welche Unterlagen dem Bundesrechnungshof zu übersenden sind. In entsprechender Anwendung dieser Bestimmungen kann der Rechnungsprüfer bzw. das Rechnungsprüfungsorgan von der Kommune als Gesellschafterin oder Unternehmensträgerin insbesondere Einsicht in folgende Prüfungsunterlagen verlangen:

- Bericht des Abschlussprüfers (einschließlich der Feststellungen nach § 53 HGrG sowie der Berichte über Zwischen- oder Ergänzungsprüfungen) und die etwaige Stellungnahme der Geschäftsleitung des Unternehmens und des Aufsichtsrats oder eines sonstigen Überwachungsorgans
- Berichte über Zwischen- und Sonderprüfungen

[95] Bek. des BMF vom 19.10.2001, GMBl 2001, S. 963

- Bericht des Aufsichtsrats
- Vorlagen an den Verwaltungsrat, Aufsichtsrat und seine Ausschüsse sowie Sitzungsniederschriften, die den Gang der Verhandlungen und die Abstimmungsergebnisse wiedergeben sollen
- Berichte der Aufsichtsratsmitglieder und der Mitglieder anderer Überwachungsorgane
- Niederschriften nebst Anlagen über ordentliche und außerordentliche Haupt- oder Gesellschafterversammlungen
- Gesellschaftsvertrag oder Satzung
- Geschäftsanweisung für die Geschäftsführung, den Vorstand, den Verwaltungs- oder Aufsichtsrat und seine Ausschüsse
- Mitteilungen an den Aufsichts- oder Verwaltungsrat oder seinen Vorsitzenden über die Prüfung bestimmter Gebiete (z. B. Organisation, Kasse, Bezüge der Mitglieder der Gesellschaftsorgane)
- Jahresabschlüsse (Bilanz, Gewinn- und Verlustrechnung und Anhang), Lageberichte
- Sonstige Berichte an den Aufsichtsrat oder ein sonstiges zur Überwachung zuständiges Organ, insbesondere des Vorstands/der Geschäftsführung, z. B. über die beabsichtigte Geschäftspolitik, die Rentabilität der Gesellschaft, den Gang der Geschäfte und über Geschäfte und Vorgänge, die für die Gesellschaft von erheblicher Bedeutung sein können
- Vom Aufsichtsrat oder einem sonstigen Überwachungsorgan zu genehmigende Verträge
- Geschäftsführervertrag
- Betrauungsakte zum Defizitausgleich für die Erbringung von Dienstleistungen von allgemeinem wirtschaftlichen Interesse im Sinn der Freistellungsentscheidung oder des Gemeinschaftsrahmens (Monti-Paket)
- sonstige Verträge zwischen Kommune und Unternehmen

Wenn die **Befugnisse nach** § 54 HGrG eingeräumt sind, kann das Rechnungsprüfungsorgan bei der Gesellschaft im Rahmen der Betätigungsprüfung zur Klärung von (bestimmten) Fragen diese Unterlagen einsehen (soweit diese nicht ohnehin schon zweckmäßigerweise bei der Kommune vorhanden sind). Auch diesbezüglich sind aufgrund des Zwecks der Prüfung keine besonderen Anforderungen an die Begründung des Einsichtsverlangens zu stellen.

Welche Unterlagen im konkreten Fall bei der Gesellschaft eingesehen werden dürfen, 244 ist von der Fragestellung abhängig. Die Unterlagen werden regelmäßig aus dem Prüfungszeitraum stammen. Auch Unterlagen aus früheren Zeiträumen können eingesehen werden, soweit auf sie Bezug genommen wird oder sie sonst von Bedeutung sind.

Kommunale Wahlbeamte oder Beamte als gesetzliche oder sonstige Vertreter der Kom- 245 mune in der Haupt- oder Gesellschafterversammlung erhalten Schriftstücke und sonstige Unterlagen im Hauptamt; diese haben daher **dienstlichen Charakter** und müssen auf Verlangen des Dienstherrn herausgegeben werden (vgl. Art. 42 BayKWBG, Art. 71 BayBG). Gleiches gilt, wenn die Tätigkeit als entsandtes oder auf Veranlassung der Kommune gewähltes Aufsichtsratsmitglied nach Landesrecht[96] zum Hauptamt gehört. Ist die Tätigkeit als Aufsichtsratsmitglied trotz der Entsendung oder der von der Kommune veranlassten Wahl als Nebentätigkeit anzusehen (so nach bayerischem Landesrecht), ist, falls die Nebentätigkeit nicht genehmigungsfrei ist, eine die Verpflichtung zur Herausgabe an die Kommune regelnde Nebenbestimmung in der Nebentätigkeitsgenehmigung zu empfehlen. Eine Verpflichtung der Mitglieder des Aufsichts- oder Verwaltungsrats zur Herausgabe der Geschäftsunterlagen der Gesellschaft nach Beendigung ihrer Amtszeit (entsprechend §§ 675, 666f. BGB)[97] besteht nicht, wenn die Unterlagen (der Beteiligungsverwaltung) der Kommune übermittelt wurden.

[96] OVG Rheinland-Pfalz, Urteil vom 13.12.2002, 2 A 11104/02, NVwZ 2003, 889ff.
[97] Vgl. BGH, Beschluss vom 7.7.2008, II ZR 71/07, DB 2008, 2074

246 Hinsichtlich der bei der Betätigungsprüfung zur Verfügung zu stellenden Unterlagen besteht auch kein Konflikt zwischen gesellschafts- und kommunalrechtlichen Vorschriften. Zwar unterliegen Aufsichtsratsmitglieder einer **Verschwiegenheitspflicht** (§ 116 Abs. 1 Satz 2 AktG). Für Aufsichtsratsmitglieder einer GmbH gilt dies von vornherein nur gegenüber Dritten, also nicht gegenüber der Kommune als Gesellschafterin und den für sie zuständigen Rechnungsprüfungsorganen oder Rechtsaufsichtsbehörden. Die von der Kommune entsandten oder auf ihre Veranlassung gewählten Personen haben die Kommune über wichtige Angelegenheiten möglichst frühzeitig zu unterrichten und auf Verlangen Auskunft zu erteilen (vgl. Art. 93 Abs. 2 Sätze 2 und 3 BayGO). Bei Aktiengesellschaften unterliegen Aufsichtsratsmitglieder, die auf Veranlassung einer Kommune entsandt oder gewählt worden sind, hinsichtlich der Berichte, die sie der Kommune zu erstatten haben, grundsätzlich keiner Verschwiegenheitspflicht. Etwas anderes gilt nur für vertrauliche Angaben oder Geheimnisse der Gesellschaft, deren Kenntnis für den Berichtszweck unbedeutend ist (§ 394 Satz 2 AktG). Ein kommunales Unternehmen darf gegenüber Rechnungsprüfungsorganen die Einsichtnahme mit Verweis auf besondere, vertrauenswürdige und zu schützende Dokumente bzw. Interessen des Unternehmens nicht verweigern, da das Unternehmen durch die auf die Rechnungsprüfer erweiterte Verschwiegenheitspflicht in § 395 AktG ausreichend geschützt ist.[98] Soweit den Rechnungsprüfungsorganen die Befugnisse nach § 54 HGrG eingeräumt sind, wäre diese Argumentation im Übrigen widersprüchlich und unbeachtlich.

e) Gesellschaftsvertragliche oder sonstige vertragliche Einräumung von Prüfungsrechten

247 Mehrere Kommunalgesetze (z. B. Art. 106 Abs. 4 Satz 3 BayGO, § 106 Abs. 2 Satz 1 Nr. 6 SächsGemO, § 84 Abs. 4 ThürKO) zählen zur Rechnungsprüfung auch die Buch-, Betriebs- und sonstigen Prüfungen, die sich die Kommune bei der Hingabe eines Darlehens oder sonst **vorbehalten** hat. Ein solcher sonstiger Vorbehalt kann sich etwa daraus ergeben, dass in der Satzung, im Gesellschaftsvertrag des Unternehmens oder in weiteren Verträgen (z. B. Kooperationsverträge, Betreiberverträge) den Organen der (über-)örtlichen Rechnungsprüfung besondere Prüfungsrechte oder sogar volle Prüfungsrechte wie im Rahmen der Rechnungsprüfung eingeräumt sind. Werden auf ein kommunales Unternehmen Kassen- und Rechnungsgeschäfte übertragen (z. B. im Rahmen der Besorgung von IT-Dienstleistungen), ergibt sich aus kommunalgesetzlichen Vorgaben die Verpflichtung der Kommune, sich Prüfungsrechte einräumen zu lassen (Art. 101 BayGO, § 94 GemO BW). Zu § 129 Abs. 2 Nr. 5 GO LSA, der sich ähnlich wie die genannten Normen auf Buch-, Betriebs- und Kassenprüfungen, die sich die Kommune bei der Hergabe eines Kredits oder sonst vorbehalten hat, bezieht, hat das VG Magdeburg im Verfahren des vorbeugenden Rechtsschutzes entschieden, dass gestützt auf diesen Prüfungsvorbehalt ausschließlich geprüft werden dürfe, ob die Gefahr der Inanspruchnahme aus einer Beteiligung zu befürchten sei und ob insoweit die gemeindlichen Interessen bei der Beteiligung hinreichend berücksichtigt oder abgesichert worden seien (sog. **Gefährdungsprüfung**). Eine auf die Prüfung der Geschäftsführung und nicht auf die Feststellung einer Gefährdung angelegte Prüfung scheide aus.[99] Diese Auffassung ist angesichts des Verfassungsrangs der öffentlichen Finanzkontrolle und des Gebots, prüfungsfreie Räume bei der Verwendung öffentlicher Mittel zu vermeiden (vgl. Rn. 258), zu eng. Sie findet auch keine Stütze im Wortlaut des § 129 Abs. 2 Nr. 5 GO LSA. Vielmehr sind vertragliche oder satzungsmäßige Vorbehalte von Prüfungsrechten im Interesse einer wirksamen Finanzkontrolle regelmäßig **weit auszulegen**. Insbesondere ist zu berücksichtigen, dass sich eine Kommune nicht von vornherein bestimmter Prüfungsmöglichkeiten bege-

[98] *Eibelshäuser/Nowak*, Haushaltsrecht, § 54 HGrG, Rn. 21; Schr. des BayStMI v. 13.10.2008, Az. IB4-1517.3-35 (nicht veröffentlicht); vgl. auch Landesrechnungshof Schleswig-Holstein, Kommunalbericht 2008, S. 99, 106f.

[99] Beschluss vom 15.11.2007, Az. 9 B 208/07, Rn. 20 (in Juris)

ben darf; hierauf muss sich auch ein privater Mitgesellschafter redlicherweise einlassen. An die Formulierung der Einräumung von Rechten zur Prüfung der Wirtschaftsführung eines kommunalen Unternehmens selbst dürfen daher keine überzogenen Anforderungen gestellt werden. Zur Frage, ob auch das überörtliche Prüfungsorgan die eingeräumten Prüfungsrechte in Anspruch nehmen kann, gelten die obigen Überlegungen zur Einräumung der Befugnisse nach § 54 HGrG (Rn. 234).

Nach § 6a Abs. 1 Satz 1 SGB II (in der Fassung des Kommunalen Optionsgesetzes vom 30.7.2004, BGBl I S. 2014) sollen zur Weiterentwicklung der Grundsicherung für Arbeitsuchende an Stelle der **Agenturen für Arbeit** als Träger der Leistung nach § 6 Abs. 1 Satz 1 Nr. 1 SGB II kommunale Träger zugelassen werden können. 96 Kommunen dürfen bundesweit von der Option Gebrauch machen. Die übrigen Kommunen sollen mit der Bundesagentur für Arbeit Arbeitsgemeinschaften (ARGE) bilden (§ 44 b SGB II). Als Rechtsform der Arbeitsgemeinschaften kommen insbesondere GbR, GmbH oder eine Rechtsform öffentlichen Rechts besonderer Art in Betracht. Das SGB II schreibt vor, dass die Bundesagentur für eine Innenrevision zu sorgen hat (§ 49 SGB II), wobei mit der Durchführung der Prüfungen Dritte beauftragt werden können. Außerdem ist der Bundesrechnungshof berechtigt, die Leistungsgewährung optierender Kommunen unmittelbar zu überprüfen (§ 6 b Abs. 3 SGB II). Prüfungsrechte für nach Landesrecht bestehende Organe der überörtlichen Rechnungsprüfung mussten bezüglich der zu bildenden Arbeitsgemeinschaften ggf. (gesellschafts)vertraglich vereinbart werden oder sind in den entsprechenden Landesausführungsgesetzen verankert (z. B. Art. 2 Abs. 4 Satz 2 AGSG BY). Auch Musterverträge der Bundesagentur für Arbeit enthielten Vorschriften, die eine Prüfung des kommunalen Anteils an der Mittelverwendung durch die Kommune und (bei entsprechender Auslegung) ihre überörtlichen Prüfungsorgane zuließen (z. B. § 6a Abs. 2 Mustervertrag Errichtung und Aufgabenübertragung GmbH – der Gesellschaftsvertrag selbst enthält keine entsprechende Bestimmung; § 12 Abs. 2 Mustervertrag GbR; § 12 Abs. 2 Mustervertrag öffentlich-rechtlicher Vertrag). Das BVerfG entschied mit Urteil vom 20.12.2007, dass Arbeitsgemeinschaften gemäß § 44b SGB II dem Grundsatz eigenverantwortlicher Aufgabenwahrnehmung widersprechen und eine unzulässige Mischverwaltung darstellen.[100] Das Gericht erklärte die Regelungen des § 44 b SGB II für verfassungswidrig und gab dem Gesetzgeber eine Neuregelung auf. Diese gelang in der Legislaturperiode nicht mehr. § 44 b SBG II bleibt nach dem Urteil des BVerfG bis 31.12.2010 in Kraft, so dass bis zu diesem Zeitpunkt auch die ARGEn bestehen können. 248

f) Verhältnis der Rechnungsprüfung zur Wahrnehmung gesellschaftsrechtlicher Informations-, Auskunfts- und Einsichtsrechte nach § 51a GmbHG

§ 51a Abs. 1 GmbHG gibt jedem Gesellschafter das Recht auf Auskunft über die Angelegenheiten der Gesellschaft und das Recht, in Bücher und Schriften der Gesellschaft Einsicht zu nehmen. Die Geschäftsführer dürfen die Auskunft und die Einsicht verweigern, wenn zu besorgen ist, dass der Gesellschafter sie zu gesellschaftsfremden Zwecken verwenden und dadurch der Gesellschaft oder einem verbundenen Unternehmen einen nicht unerheblichen Nachteil zufügen wird. Die Kommune hat alles zu unternehmen, um die für eine Betätigungsprüfung gewünschten Unterlagen zu beschaffen. Insbesondere kann sie hierzu nach § 51a GmbHG Auskunft über Angelegenheiten der Gesellschaft verlangen und Einsicht in Bücher und Schriften des Unternehmens nehmen. Das Ermöglichen von demokratisch legitimierter öffentlicher Finanzkontrolle im Rahmen der überörtlichen Rechnungsprüfung ist dabei **kein gesellschaftsfremder Zweck** im Sinn des § 51a GmbHG, der eine Verweigerung der Auskunft ausnahmsweise rechtfertigen könnte. Die intendierte öffentliche Finanzkontrolle gehört bereits wesensmäßig zur unternehmerischen Betätigung der Kommune in Privatrechtsform und liegt ihr gedanklich voraus. Im Übrigen reicht im Hinblick auf die Verwendung öffentlicher Mittel und das 249

---

[100] BVerfG, Urteil vom 20.12.2007, Az. 2 BvR 2433/04, NVwZ 2008, 183ff.

notwendige Maß demokratischer Legitimation bei mittelbarem Tätigwerden der öffentlichen Hand das in § 51a GmbHG eingeflossene berechtigte Interesse der Gesellschaft, vor Schäden durch Gesellschafter bewahrt zu werden, nicht weiter, als die unternehmerische Betätigung der Kommune den kommunalrechtlichen Vorgaben entspricht. Die Verweigerung bedarf eines Beschlusses der Gesellschafter (§ 51a Abs. 2 GmbHG). Diese Bestimmungen können im Gesellschaftsvertrag nicht abbedungen werden (§ 51a Abs. 3 GmbHG). Ob auch die (über-)örtlichen Prüfungsorgane bei GmbH mit kommunaler Beteiligung diese Rechte unmittelbar haben, ist im Gesetz nicht ausdrücklich geregelt. Im Hinblick auf die Einschränkung der Rechnungsprüfung auf die Betätigung der Kommune **bei** Unternehmen erscheint es aber ausgeschlossen, die Rechte nach § 51a GmbHG unmittelbar auch den überörtlichen Prüfungsorganen zuzubilligen. Denn die Betätigung des Unternehmens ist für diese gerade nicht Prüfungsgegenstand. Bei den Rechten aus § 51a GmbHG handelt es sich auch nicht um Prüfungsrechte, die sich die Kommune vorbehalten hat (etwa im Sinn des Art. 106 Abs. 4 BayGO), sondern um bereits von Gesetzes wegen bestehende Rechte der Gesellschafter. Im Übrigen ist § 51a GmbHG als Schutzrecht für Minderheitsgesellschafter konzipiert. Unbenommen bleibt allerdings eine entsprechende Regelung im Gesellschaftsvertrag.

250 Die Kommune kann ferner zur Ausübung ihrer Informationsrechte Bevollmächtigte und **Dritte** (Sachverständige) einschalten oder beiziehen, wenn die Geheimhaltung hinreichend gewährleistet erscheint, etwa weil der Dritte und seine Mitarbeiter der beruflichen Schweigepflicht unterliegen. Es begegnet danach keinen Bedenken, das (über-) örtliche Rechnungsprüfungsorgan mit der Wahrnehmung der Auskunfts- und Einsichtsrechte nach § 51a GmbHG zu betrauen. Diese Möglichkeit kann z. B. im Rahmen von Beratungsaufträgen oder Aufträgen zu Sonderprüfungen in Anspruch genommen werden. Die Kommune kann sich auch im Verhältnis zur Gesellschaft des überörtlichen Prüfungsorgans zur Wahrnehmung ihrer Rechte nach § 51a GmbHG bedienen, während das überörtliche Prüfungsorgan insoweit zugleich die Betätigung der Kommune bei der Gesellschaft im Rahmen der überörtlichen Rechnungsprüfung prüft. Die Handlungen des Prüfungsorgans hätten dann eine **doppelte Rechtsnatur**: gegenüber der Kommune würde das Prüfungsorgan hoheitlich handeln, gegenüber der Gesellschaft ginge es um die Wahrnehmung gesellschaftsrechtlicher Rechte und damit um zivilrechtliches Handeln. Diese Fragen sind – soweit ersichtlich – in der Rechtsprechung bislang nicht geklärt. In der Praxis könnte es bei diesem Dreiecksverhältnis allerdings zu Abgrenzungsproblemen dahin gehend kommen, welche Feststellungen Eingang in den (auch der Rechtsaufsicht zuzuleitenden) Prüfungsbericht finden können und welche zunächst nur der Kommune mitgeteilt werden. Dabei begegnet die Übermittlung personenbezogener Daten aus den Akten einer kommunalen GmbH an die Kommune als Gesellschafterin keinen durchgreifenden **datenschutzrechtlichen** Bedenken. Die Kommune ist zwar Dritte i. S. d. § 3 Abs. 8 Satz 2 BDSG. Die Übermittlung ist aber zulässig, da sie § 51a GmbHG als spezielle Norm erlaubt (§ 4 Abs. 1 BDSG). Bezüglich der Weitergabe der Daten an die Rechtsaufsichtsbehörden wird auf deren umfassendes Informationsrecht abzustellen sein (z. B. Art. 111 BayGO).

251 Zu beachten ist ferner für lediglich **mittelbare Beteiligungen**, dass die Rechte nach § 51a GmbHG nicht der Kommune selbst, sondern nur dem jeweiligen Mutterunternehmen als Gesellschafter zustehen, das seinerseits der Rechnungsprüfung nur über besondere vertragliche oder satzungsmäßige Vereinbarungen zugänglich ist.

252 Allgemein finden der Auskunftsanspruch der Kommune als Gesellschafterin aus § 51a GmbHG und damit die Wahrnehmung dieses Auskunftsrechts durch das Rechnungsprüfungsorgan ihre Grenze nach Maßgabe des **Verhältnismäßigkeitsgrundsatzes**. Im Übrigen dürfen Auskunft und Einsicht zwar verweigert werden, wenn zu besorgen ist, dass der Gesellschafter sie zu gesellschaftsfremden Zwecken verwenden und dadurch der Gesellschaft oder einem verbundenen Unternehmen einen nicht unerheblichen Nachteil zufügen wird. Das Ermöglichen von demokratisch legitimierter öffentlicher Finanzkontrolle im Rahmen der überörtlichen Rechnungsprüfung ist aber kein gesellschaftsfremder Zweck im Sinn des § 51a GmbHG. Die Rechnungsprüfung in Form der Betätigungsprüfung gehört vielmehr wesensmäßig zur unternehmerischen Betätigung der Kommune in Privatrechtsform. Im Übrigen kann angesichts der Verwendung öffentlicher Mittel und des daher notwendigen Maßes demokratischer Legitimation bei mittelbarem Tätigwerden der öffentlichen Hand das nach § 51a GmbHG zu berücksichtigende berechtigte Interesse der Gesellschaft, vor Schäden durch Gesellschafter bewahrt zu werden, nicht weiter reichen, als die Betätigung der Kommune den kommunalrechtlichen Vorgaben entspricht.

g) Veröffentlichung der Prüfungsergebnisse in Bezug auf selbständige kommunale Unternehmen; Unterrichtung der Rechtsaufsichtsbehörde

Die Bezugnahme auf selbständige kommunale Unternehmen (evtl. mit Beteiligung 253 Privater) in Prüfungsberichten ist nicht unproblematisch, da insoweit auch Rechte Dritter betroffen sein können. Es lässt sich nicht immer vermeiden, dass im Rahmen der Prüfung der Verwendung öffentlicher Mittel auch Dritte Erwähnung finden, mit denen die geprüfte Kommune in finanziellen Beziehungen steht. Solchen **Drittbetroffenen** kann im Einzelfall in engen Grenzen ein öffentlich-rechtlicher Unterlassungsanspruch analog § 1004 BGB zustehen, wenn der Bericht sie in geschäftlichen Interessen rechtswidrig schädigt. Allerdings müssen diejenigen, die mit der öffentlichen Hand in finanzielle Beziehungen treten, es im Rahmen des öffentlich-rechtlichen Beziehungsgeflechts hinnehmen, dass sie in Prüfungsbemerkungen und Prüfungsberichten – ggf. in anonymisierter Form (insbesondere bei privaten Mitgesellschaftern) – erwähnt werden.[101] Für kommunale Eigengesellschaften gilt das wohl in erhöhtem Maß.

Die Verabschiedung und die Veröffentlichung von Prüfungsberichten sind zwar keine 254 Entscheidungen, durch welche die Rechte der darin genannten Personen unmittelbar beeinträchtigt werden, können für diese aber so folgenschwer sein, dass den Betroffenen vor der endgültigen Verabschiedung der Berichte **Gelegenheit** gegeben werden muss, zu den darin enthaltenen Punkten, in denen sie namentlich genannt sind, **Stellung zu nehmen.**[102] Ggf. können auch Teile von der Veröffentlichung ausgenommen werden.[103] Allerdings ist auch der Zweck der Prüfung zu beachten; wäre er dadurch, dass einem Dritten Gelegenheit zur Stellungnahme gegeben würde, vereitelt oder würden erkennbar z. B. die Ermittlungen in einem Strafverfahren gefährdet, muss keine Gelegenheit zur Stellungnahme eingeräumt werden.

Bei der Unterrichtung der **Rechtsaufsichtsbehörde** über die Prüfungsergebnisse 255 müssen die überörtlichen Rechnungsprüfungsorgane darauf achten, dass die **Wettbewerbsfähigkeit** der kommunalen Unternehmen nicht beeinträchtigt wird und insbesondere Betriebs- oder Geschäftsgeheimnisse gewahrt werden.[104]

h) Haftung der Rechnungsprüfungsorgane

Nach der Rechtsprechung des BGH[105] kann die kommunale Rechtsaufsicht **Amts-** 256 **pflichten** der Aufsichtsbehörde auch gegenüber der zu beaufsichtigenden Kommune als einem geschützten Dritten begründen. Schutzpflichten der Aufsicht gegenüber der Kommune können auch bei begünstigenden Maßnahmen bestehen, also solchen, die von der Kommune selbst angestrebt werden, etwa bei der Genehmigung eines von der Kommune abgeschlossenen Rechtsgeschäfts. Verletzungen dieser Pflichten können **Amtshaftungs-**

---

[101] BayVGH, NVwZ 1999, 549f.

[102] Vgl. EuGH, EuGHE I 2001, S. 5281ff. (in JURIS); Hess. VGH, DÖV 1994, 1015.

[103] a.A. VG Magdeburg, Beschluss vom 15.11.2007, Az. 9 B 208/07, Rn. 22 (in Juris), mit der wenig praxisnahen Begründung, zulässigerweise zu veröffentlichende Teile könnten in einen neu zu erstellenden Prüfungsbericht übernommen werden.

[104] So für eine vergleichbare Sachlage Art. 13 Abs. 4 Satz 2 Bayerisches Rundfunkgesetz – BayRG.

[105] BGH, NJW 2003, 1318; krit. *v. Mutius/Groth*, Amtshaftung bei fehlerhafter kommunalaufsichtsbehördlicher Genehmigung privatrechtlicher Rechtsgeschäfte, NJW 2003, 1278ff.

ansprüche der Kommune gegen die Aufsichtsbehörde nach § 839 BGB iV. m. Art. 34 GG auslösen. Dabei kann eine Kommune nur „Dritter“ im Sinne des § 839 Abs. 1 Satz 1 BGB sein, wenn ihr der für die haftpflichtige Behörde tätig gewordene Beamte bei Erledigung seiner Dienstgeschäfte in einer Weise gegenübertritt, wie sie für das Verhältnis zwischen ihm und seinem Dienstherrn einerseits und dem Staatsbürger andererseits charakteristisch ist. Wirken hingegen der Dienstherr des Beamten und eine andere Körperschaft des öffentlichen Rechts bei der Erfüllung einer ihnen gemeinsam übertragenen Aufgabe gleichsinnig und nicht in Vertretung einander widerstreitender Interessen derart zusammen, dass sie im Rahmen dieser Aufgabe als Teil eines einheitlichen Ganzen erscheinen, dann können jene Pflichten, die dem Beamten im Interesse der Förderung des gemeinsam angestrebten Ziels obliegen, nicht als drittgerichtete Amtspflichten angesehen werden, deren Verletzung außenrechtliche Amtshaftungsansprüche der geschädigten Kommune auslöst. Ein Amtshaftungsanspruch scheidet jedenfalls aus, wenn das jeweilige Landesgesetz der Rechtsaufsicht Schutzfunktionen zugunsten der zu beaufsichtigenden Kommune nicht auferlegt, sondern die **Aufsicht allein im staatlichen Interesse** vorschreibt (z. B. § 117 Abs. 1 ThürKO).

257 Der BGH ließ in einer neueren Entscheidung offen, ob diese für das Verhältnis von Rechtsaufsichtsbehörde und Kommune entwickelten Grundsätze auch auf das Verhältnis der überörtlichen (externen) Rechnungsprüfungsorgane zur Kommune übertragen werden können.[106] Im entschiedenen Fall sah er den wegen einer – tatsächlich nicht gebotenen – Personalaufstockung geltend gemachten Schaden bereits als nicht vom **Schutzzweck der Prüfungspflicht** umfasst an. Denn die vom überörtlichen Prüfungsorgan konkret gegebene Empfehlung zur Aufstockung sei an statistischen Durchschnittswerten ausgerichtet gewesen, ohne die konkreten Besonderheiten im Einzelfall zu erfassen, und habe keine hinreichende Verlässlichkeitsgrundlage für das Handeln der geprüften Stelle geboten, ohne dass diese sich zuvor eigenverantwortlich von der Notwendigkeit der Empfehlung vergewissert und Alternativen geprüft hatte. Einen Schadensersatzanspruch wegen Verletzung der Pflichten aus einer verwaltungsrechtlichen Sonderbeziehung lehnte der BGH im Ergebnis aus den gleichen Gründen ab.

Letztlich wird unabhängig von diesem Einzelfall Folgendes gelten:

- Die überörtliche Prüfung lässt sich als öffentliche Finanzkontrolle dogmatisch aus dem allgemeinen staatlichen Aufsichtsrecht herleiten.[107]
- Auch die Rechnungsprüfungsorgane haben auf die Belange der Kommune die gebührende Rücksicht zu nehmen und sie vor Schädigungen zu bewahren. Das gilt sowohl im Bereich der Prüfung als auch der Beratung.
- Rechnungsprüfungsorgane und Kommune wirken grundsätzlich gleichgerichtet auf die rechtmäßige und wirtschaftliche Aufgabenerfüllung hin. Zwischen Beanstandung oder Empfehlung eines Prüfungsorgans und Umsetzung liegt die eigenverantwortliche Entscheidung des zuständigen Organs der Kommune, die ggf. von der Rechtsaufsichtsbehörde angestoßen wird.
- Ist die überörtliche Rechnungsprüfung außerhalb der unmittelbaren Staatsverwaltung in Form selbständiger Anstalten oder Körperschaften (deren Mitglieder die geprüften Stellen sind) organisiert, fällt die Annahme schwer, das Prüfungsorgan trete der geprüften Stelle in einer Weise gegenüber, wie sie „für das Verhältnis zwischen ihm und seinem Dienstherrn einerseits und dem Staatsbürger andererseits charakteristisch“ und Voraussetzung eines Amtshaftungsanspruchs ist.
- Gibt ein überörtliches Prüfungsorgan in Hinsicht auf ein rechtlich selbständiges kommunales Unternehmen Empfehlungen ab, die beim Unternehmen zu einem Schaden führen, liegt abhängig vom Einzelfall die Annahme einer verwaltungsrechtlichen Sonderbeziehung nahe, aus der Pflichten entstehen, deren Verletzung Schadensersatzan-

---

[106] BGH, Urteil vom 5.6.2008, III ZR 225/07, in JURIS, BayVBl 2009, 27ff.
[107] *Schreml/Bauer/Westner* (Rn. 230), Art. 105 BayGO Anm. 8.2.

sprüche – ggf. unter dem Gesichtspunkt der Schutzwirkung für Dritte – begründen können. Für das örtliche Prüfungsorgan als Teil der Gesellschaftsanteile haltenden Kommune ergibt sich das bei Unternehmen des Privatrechts aus gesellschaftsrechtlichen Grundsätzen.

i) Prüfung der kommunalen Betätigung versus Prüfung der kommunalen Unternehmen – Notwendigkeit einer externen öffentlichen Finanzkontrolle in kommunalen Unternehmen

Die kommunale unternehmerische Betätigung bedarf einer öffentlich verantworteten externen und unabhängigen Finanzkontrolle. Diese ist nach den geltenden Länderkommunalgesetzen weithin nur bei Eigenbetrieben und der unternehmerischen Betätigung innerhalb der Verwaltung (Regiebetriebe) gewährleistet. Bei kommunalen Unternehmen in Privatrechtsform und z. T. bei Kommunalunternehmen in der Rechtsform einer Anstalt des öffentlichen Rechts ist die Rechnungsprüfung kommunalgesetzlich typischerweise auf die Betätigung der Kommune in diesen Unternehmen beschränkt, während ihr die Prüfung der Unternehmen selbst verwehrt ist (siehe **Anhang**). Einzelne Länder haben auch für kommunale Unternehmen in Privatrechtsform und Kommunalunternehmen eine öffentliche Finanzkontrolle in Form der (örtlichen und/oder überörtlichen) Rechnungsprüfung eingerichtet oder einzurichten versucht. Für Unternehmen in Privatrechtsform wurde dazu in den Kommunalgesetzen als Gründungsvoraussetzung festgeschrieben, das die jeweiligen **Gesellschaftssatzungen** ein entsprechendes **Prüfungsrecht** (insbes. der Haushalts- und Wirtschaftsführung) vorsehen müssen (§ 103 Abs. 1 Satz 1 Nr. 5 Buchst. e) GemO BW, § 87 Abs. 1 Satz 1 Nr. 7 Buchst. c) GemO RP, § 96 Abs. 2 Nr. 3 SächsGemO). Kommunalunternehmen unterliegen der überörtlichen Rechnungsprüfung in Niedersachsen (§ 121 Nds. GO). Einer unmittelbaren Regelung der Prüfungsrechte in den Kommunalgesetzen steht bei Unternehmen in Privatrechtsform anders als bei Kommunalunternehmen die (konkurrierende) Gesetzgebungskompetenz des Bundes für das Gesellschaftsrecht entgegen (Art. 74 Abs. 1 Nr. 11 GG), die der Bund mit AktG, GmbHG etc. ausgefüllt hat. 258

Dieser Ausdehnung der Rechnungsprüfung auf selbständige kommunale Unternehmen liegen folgende Überlegungen zugrunde: 259

Auch bei kommunaler unternehmerischer Betätigung handelt es sich um die **Verwendung öffentlicher Mittel**.[108] Deren Verwendung sollte aus verfassungs- und haushaltsrechtlichen Gründen unabhängig von der gewählten Rechtsform und ohne Ausgrenzung bestimmter Bereiche geprüft werden können. Bei haushaltswirtschaftlicher Betrachtungsweise besteht zwischen der Kommune und ihrer Beteiligung eine (Teil-)Identität, die sie selbst geschaffen hat und die auch für die Prüfung relevant ist.[109] Diese Prüfung muss einem externen Prüfungsorgan offen stehen, um von vornherein Interessenkonflikten zu begegnen. Das entspricht dem System der verfassungsrechtlich verankerten Aufsicht über die Kommunen.

Es liegt in der Natur der Sache und ist die eigentliche Rechtfertigung externer Kontrolle, dass Gesetz und tatsächlicher Befund nicht stets zusammenpassen. So lässt sich die ausreichende Umsetzung der kommunalgesetzlichen Vorgaben an die Kommunen zur Steuerung ihrer Unternehmen in der Praxis bislang nicht durchgängig belegen. Insbesondere stellen die Rechnungsprüfungsorgane Defizite der Beteiligungsverwaltung und -steuerung fest (z. B. fehlende Unterlagen, kein zentrales Sammeln relevanter Unterlagen, fehlende Bindung kommunaler Mandatsträger).[110] 260

---

108 Vgl. *Gaß*, Die Umwandlung gemeindlicher Unternehmen, S. 144.

109 *Leisner*, Staatliche Rechnungsprüfung Privater unter besonderer Berücksichtigung der freien Wohlfahrtspflege, S. 98.

110 Z. B. Hessischer Rechnungshof, 18. Zusammenfassender Bericht 2008, S. 46ff., 54f.; Landesrechnungshof Mecklenburg-Vorpommern, Jahresbericht 2002, S. 227 Rn. 479; vgl. auch *Trapp/Bolay*, Privatisierung in Kommunen – eine Auswertung kommunaler Beteiligungsberichte, Deutsches Institut für Urbanistik, S. 19.

261 Eine **externe Finanzkontrolle** muss, um wirksam sein zu können, eine Reihe wesentlicher Voraussetzungen erfüllen und grundsätzliche Wesensmerkmale aufweisen:[111]

262 Dazu gehört neben der fachlichen Kompetenz ihrer Prüfer das **Recht zur umfassenden Prüfung**, also die Möglichkeit, den Prüfungsstoff nach bestimmten, an Belangen des Gemeinwohls ausgerichteten Ermessenserwägungen selbst auszuwählen und einer zumindest stichprobenartigen Prüfung in formeller und vor allem **materieller** Hinsicht unterziehen zu können. Es liegt im Wesen der externen Kontrolle, dass sie nicht flächendeckend und vollständig sein kann und will, sondern sich selbst nach bestimmten Kriterien beschränken muss. Solche Kriterien können etwa die Bedeutung einer Angelegenheit, besondere Anlässe oder Ereignisse oder auch Anregungen der geprüften Stelle selbst sein, ohne dass sich zu Beginn einer Prüfung stets sichere Aussagen über ihren Umfang und ihre Dauer treffen ließen. Dass Bereiche der Finanzkontrolle entzogen sein könnten, würde ihren Aussagewert und ihre Wirksamkeit einschränken. Die Prüfung folgt im Grundsatz einem **riskoorientierten Ansatz**.

263 Wesentliche Merkmale einer wirksamen Finanzkontrolle sind ferner **Unabhängigkeit** und **Neutralität** der Prüfungseinrichtung (und ihrer Prüfer). Dazu zählt nicht nur die Freiheit von Weisungen, sondern auch die persönliche und sachliche sowie vor allem die **wirtschaftliche** Unabhängigkeit. Eine Prüfungseinrichtung darf in ihrem Bestand nicht auf die Akquisition von Aufträgen und Folgeaufträgen angewiesen sein. Sie muss frei sein von sonstigen Abhängigkeiten und Bindungen, wie sie durch erhebliche Auftragsmacht entstehen können.

264 Zum Wesen der Finanzkontrolle gehören ferner ihr **öffentlicher Auftrag** und ihre Orientierung am **Gemeinwohl**. Sie darf nicht die Interessen des geprüften Unternehmens in den Vordergrund ihrer Tätigkeit stellen. Besonders deutlich wird diese Problematik bei gemischtwirtschaftlichen Unternehmen, deren private Mitgesellschafter typischerweise am wirtschaftlichen Erfolg interessiert sind (shareholder value), nicht dagegen daran, wie dieser Erfolg refinanziert wird und ob er im Ergebnis die Kommune und ihre Bürgerinnen und Bürger belastet.

265 Diese Ansprüche an eine wirksame Finanzkontrolle können durch die Organe der hoheitlich und antrags- sowie auftragsunabhängig agierenden **Rechnungsprüfung** erfüllt werden. Demgegenüber wird verschiedentlich die Auffassung vertreten, für eine wirksame externe Finanzkontrolle reiche die Prüfung nach unternehmerischen Maßstäben durch private Wirtschaftsprüfer, etwa in Gestalt der **Abschlussprüfung**, aus.[112] Diese Auffassung greift ungeachtet der fachlichen Professionalität und des beruflichen Selbstverständnisses der Wirtschaftsprüfer aus der Sicht des öffentlichen Auftrags der Finanzkontrolle etwas zu kurz. Die handelsrechtlich vorgeschriebene Abschlussprüfung durch Wirtschaftsprüfer kann die öffentliche Finanzkontrolle auch in Gestalt der Erweiterungen, die sie durch § 53 HGrG und entsprechende Bestimmungen der Kommunalgesetze erfahren hat, nicht ersetzen. Die Abschlussprüfung verfolgt nämlich einen sich wesensmäßig von der öffentlichen Rechnungsprüfung unterscheidenden Ansatz. Ihre Zielrichtung ist **unternehmensbezogen**; sie betrachtet Wirtschaftlichkeit, finanzbuchhalterische Sicherheit und Ertragskraft des Unternehmens. Dagegen sind öffentlich-rechtlich geprägte, am **Gemeinwohl** ausgerichtete Belange wie die wirtschaftliche und sparsame Verwendung der öffentlichen Mittel bei kommunalen Unternehmen und die Ausrichtung auf die hinter dem Unternehmen stehenden Interessen der Kommune als Gesellschafterin und ihrer Bürgerinnen und Bürger regelmäßig nicht Gegenstand einer Abschlussprüfung. Der Schwerpunkt der Rechnungsprüfung liegt bei der sachlichen und materiellen Prüfung finanzwirksamen Handelns. Sie erstreckt sich auch auf die Beachtung des Grundsatzes der

---

[111] Zum Folgenden siehe Schreiben des Bayerischen Kommunalen Prüfungsverbandes an das Bayer. Landtagsamt vom 26. 1. 2001 zur Anhörung zur Reform der Bezirke (nicht veröffentlicht).

[112] *Püttner*, Zur Frage der zu empfehlenden Rechtsform für kommunale Unternehmen in Bayern unter den heute gegebenen Rahmenbedingungen, Anlage zum VKU-Nachrichtendienst Juli 1999, S. 6.

Sparsamkeit und Wirtschaftlichkeit (z. B. Art. 106 Abs. 1 Nr. 3 BayGO) aus der Sicht der Kommune und dabei z. B. auch auf die Frage, ob Aufgaben mit geringerem Personal- oder Sachaufwand oder auf andere Weise wirksamer erfüllt werden können (z. B. Art. 106 Abs. 1 Nr. 4 BayGO). Diese Gesichtspunkte können zwar auch bei der Abschlussprüfung im Abschnitt „verlustbringende Geschäfte" eine Rolle spielen, dürften aber von der Intensität her weniger gewichtig sein.

Die Abschlussprüfung ist zudem enger als die Rechnungsprüfung angelegt. Der Abschlussprüfer deckt in der Praxis regelmäßig nicht alle materiellen Prüfungsfelder im Sinn einer umfassenden öffentlichen Finanzkontrolle ab. Zu nennen sind vor allem: 266

- Planung, Abwicklung und Abrechnung von Baumaßnahmen
- Angemessenheit der Abgaben- und Entgeltgestaltung sowie Wirtschaftlichkeit vertraglicher Bindungen in ihren Folgen für die hinter dem Unternehmen stehende Kommune und ihre Bürger (z. B. für die Benutzung leitungsgebundener Einrichtungen)
- vertragliche Beziehungen zwischen dem Unternehmen und etwaigen privaten Mitgesellschaftern oder ihren Organvertretern
- eine **detaillierte** Prüfung der Steuerveranlagung und steuerlicher Gestaltungsmöglichkeiten; sie ist nicht Gegenstand der Abschlussprüfung.[113]

Die Abschlussprüfung genügt den Ansprüchen einer öffentlichen Finanzkontrolle an die Unabhängigkeit und Neutralität nicht in gleichem Maß wie die überörtliche Rechnungsprüfung. Die Abschlussprüfer sind zwar kraft berufsrechtlicher Regelungen persönlich und sachlich unabhängig. Faktisch besteht aber der aus Sicht einer öffentlichen Finanzkontrolle missliche Umstand, dass sie wirtschaftlich in eine **gewisse Abhängigkeit** von den geprüften Stellen geraten können. Die öffentliche Finanzkontrolle darf, um effizient zu sein, nicht von der Akquisition sich wirtschaftlich rechnender Aufträge abhängig sein. Der Abschlussprüfer, dessen Auswahl dem geprüften Unternehmen und nicht der Kommune obliegt, muss gewinnorientiert arbeiten und könnte deshalb sein Augenmerk auf Folgeaufträge richten. Interessenkonflikte sind daher nicht von vornherein von der Hand zu weisen. Das gilt sogar in besonderem Maße, wenn eine zusätzliche freiwillige oder gesetzlich vorgeschriebene Erweiterung des Prüfauftrags an den Abschlussprüfer oder einen Wirtschaftsprüfer, etwa im Wege von Sonderprüfungen, ins Auge gefasst würde, um die (Abschluss-)Prüfung durch Wirtschaftsprüfer inhaltlich zur Rechnungsprüfung auszubauen. Denn damit würde der Bereich der Gebührenordnung für Wirtschaftsprüfer verlassen und die Bestimmung des Honorars wäre davon unabhängig. Es ist mit den Grundsätzen einer neutralen und unabhängigen öffentlichen Finanzkontrolle nicht vereinbar, dass sich die zu prüfende Stelle ihren Prüfer selbst wählt und zudem die Auswahl möglicherweise danach ausrichtet, welcher Prüfer am billigsten prüft. Dazu tritt, dass der Abschlussprüfer im Angebot, das er abgibt, auch seine zeitlichen Vorstellungen zur Prüfungsdauer festschreibt. Unabhängig davon, welche Prüfungstiefe und -zeit von ihm erst während der Prüfung festgestellte Vorgänge erfordern würden, kann er also nicht ohne weiteres von seinem Prüfungszeitplan nachträglich abgehen, ohne wirtschaftliche Nachteile befürchten zu müssen. 267

Die Argumentation, die Abschlussprüfung oder Sonderprüfungen durch private Wirtschaftsprüfer reichten aus, setzt nur scheinbar konsequent fort, was mit dem Zulassen der Erledigung kommunaler Aufgaben in Privatrechtsform begonnen wurde. Sie übersieht, dass es auch bei unternehmerischer Betätigung der Kommunen um die **Verwendung öffentlicher Mittel** und letztlich um die Ausübung mittelbarer öffentlicher Gewalt geht. Die Erleichterung unternehmerischer Betätigung der Kommunen ist unabhängig vom Charakter der Prüfung zu sehen. Die Rechtsform der Betätigung sollte nicht die Rechtsform der Prüfung bedingen. Es ist deshalb bedenklich, wenn bisweilen ausgeführt 268

[113] Demgemäß nehmen auch die Allgemeinen Auftragsbedingungen für Wirtschaftsprüfer (Nrn. 2, 11) aus Haftungsgründen bestimmte Vorgänge, wie z. B. die Einhaltung der Vorschriften des Steuerrechts, die Inanspruchnahme möglicher Subventionen, Zulagen oder sonstiger Vergünstigungen, von der Abschlussprüfung aus.

wird, ein Vorteil der kommunalen GmbH gegenüber dem Eigenbetrieb sei im Fehlen der Rechnungsprüfung zu sehen.[114] Die Beschränkung der Rechnungsprüfung auf die Prüfung der Betätigung der Kommune bei ihren Unternehmen in Privatrechtsform und Kommunalunternehmen wäre mittels privat verantworteter Prüfungen durch Wirtschaftsprüfer nicht kompensierbar. Eine öffentliche Finanzkontrolle bedingt nämlich in ihrer am Gemeinwohl orientierten Ausrichtung sowohl eine entsprechende „Philosophie" der Prüfungseinrichtung als auch eine entsprechende Grundhaltung des Prüfers, die bei einer unternehmensbezogenen, aus dem Privatrechtsbereich überkommenen Betrachtungsweise nur schwerlich vorliegen werden. Die öffentliche Finanzkontrolle ist privatisierungsfeindlich. Ihrer öffentlich-rechtlichen Einbindung entspricht es, dass der Prüfer aus der Fülle möglicher Prüfungsgebiete nach pflichtgemäßem, auf öffentliche Belange hin ausgerichtetem Ermessen den Prüfungsstoff wählt und Stichproben zieht. Eine vergleichbar öffentlich-rechtlich verankerte Pflichtenstellung hat eine private, zudem wirtschaftlich gebundene Institution nicht, so dass die Einräumung eines entsprechenden, wegen der Unmöglichkeit vollständiger Prüfungen erforderlichen Ermessens bedenklich erschiene.

269 Den Anforderungen an eine unabhängige externe Finanzkontrolle, wie sie die überörtliche Rechnungsprüfung leistet, werden nach alledem bereits aus systematischen Gründen weder Abschlussprüfungen noch Sonderprüfungen durch Wirtschaftsprüfer gerecht.[115] Die Länder Baden-Württemberg (§ 103 Abs. 1 Satz 1 Nr. 5 Buchst. e) GemO BW), Rheinland-Pfalz (§ 87 Abs. 1 Satz 1 Nr. 7 Buchst. c) GemO RP) und Sachsen (§ 96 Abs. 2 Nr. 3 SächsGemO) haben Überlegungen dieser Art bewogen, für die Rechnungsprüfungsorgane **volle Prüfungsrechte** der Haushalts- und Wirtschaftsführung bei selbständigen kommunalen Unternehmen zu verlangen. Niedersachsen und Schleswig-Holstein sind dem für Kommunalunternehmen gefolgt (§ 121 Nds. GO, § 7a KPG SH). Die Stärken von **Rechnungs- und Abschlussprüfung** lassen sich damit im kommunalen Interesse und zur Unternehmenssteuerung **kombinieren**.[116]

270 Die Regelung in den Ländern Baden-Württemberg, Rheinland-Pfalz und Sachsen führt nicht zu einer flächendeckenden, die geprüften Unternehmen über Gebühr belastenden überörtlichen Rechnungsprüfung oder zu überflüssigen und unwirtschaftlichen **Doppelprüfungen**. Die gegen die Stärkung der überörtlichen Rechnungsprüfung geäußerten Bedenken, es käme entweder infolge des Nebeneinanders von Abschluss- und Rechnungsprüfung zu im Aufwand intensiveren oder Mehrfachprüfungen mit daraus resultierenden finanziellen und organisatorischen Belastungen für das geprüfte Unternehmen oder die Rechnungsprüfung greife infolge ihres langen Prüfungszyklus regelmäßig zu spät, um wirksam zu sein, verfangen nicht. Denn die Rechnungsprüfung bei Unternehmen in Privatrechtsform und Kommunalunternehmen kann nicht isoliert verstanden werden. Dass dabei auf die Ergebnisse einer Abschlussprüfung mit abgestellt wird, ist selbstverständlich. Aus den jährlichen Unternehmenskennzahlen können im Rahmen der Rechnungsprüfung längere Zeitreihen gebildet und hieraus weitere Schlüsse gezogen werden. Eine flächendeckende überörtliche Rechnungsprüfung kommunal beherrschter Unternehmen in Privatrechtsform oder von Kommunalunternehmen ist schon wegen der **präventiven Wirkung** einmal eingeräumter Prüfungsrechte, die nicht notwendig in Anspruch genommen werden müssen und für deren Inanspruchnahme der Verhältnismäßigkeitsgrundsatz gilt, nicht erforderlich. Zudem könnten in den Fällen, in

---

[114] *Püttner* (Rn. 265), S. 6.

[115] Vgl. auch Landesrechnungshof Brandenburg, Jahresbericht 1999, Teil B TZ 28 Nr. 2.1.6 a. E..

[116] In Zusammenhang mit dem Nebeneinander bestehender Prüfungspflichten und –rechte sowie den gestiegenen Anforderungen an die Prüfung (auch hinsichtlich der Einhaltung von Mindeststandards und Dokumentationspflichten) wird auch die Kostenfrage diskutiert werden. Allein für die Abschlussprüfung werden deutliche Kostensteigerungen erwartet, was um den Preis fehlender Vergleichbarkeit die Einführung verminderter Standards für kleine und mittlere Unternehmen mit sich bringen (vgl. *Kämpfer/Schmidt* (Rn. 186), S. 53), aber auch dazu führen könnte, das Bestreben zu hinterfragen, öffentliche Aufgaben zu privatisieren.

denen eine zeitnahe Prüfung gewünscht wird oder etwa anlass- und ereignisbezogen geboten erscheint, die Organe der Rechnungsprüfung und unter ihrer Verantwortung selbst private Wirtschaftsprüfer eingeschaltet werden. Ähnlich wird z. B. in Baden-Württemberg und Hessen verfahren. Damit bliebe zugleich das **öffentlich-rechtliche Prüfungsregime** erhalten.

6. Sonderfälle

271 Das Gesetz sieht in Sonderfällen eine Prüfung durch Wirtschaftsprüfer (oder vereidigte Buchprüfer) unter besonderen Aspekten vor. Zu nennen sind beispielhaft folgende Bereiche:

272 Nach § 8 Abs. 1 **Kraft-Wärme-Kopplungsgesetz – KWKG** – muss die KWK-Strommenge, die im vorangegangenen Kalenderjahr in das Netz für die allgemeine Versorgung eingespeist wurde, und die im Sinne von § 4 Abs. 3a Satz 1 KWKG gelieferte KWK-Strommenge (einschließlich der Zuordnung zu den einzelnen Anlagenkategorien nach § 5 KWKG) von einem Wirtschaftsprüfer oder einer Wirtschaftsprüferin oder einem vereidigten Buchprüfer oder einer vereidigten Buchprüferin testiert sein. Geprüft wird die Ordnungsmäßigkeit der Angaben des Unternehmens zu den gemäß § 4 KWKG abgenommenen und vergüteten KWK-Strommengen. Ferner wird die Ordnungsmäßigkeit der Angaben zu den aus dem Netz des Unternehmens an Letztverbraucher ausgespeisten Strommengen geprüft (§ 9 Abs. 7 KWKG). Außerdem legt der Betreiber einer KWK-Anlage nach § 8 Abs. 1 Satz 5 KWKG jährlich eine Abrechnung der im vorangegangenen Kalenderjahr eingespeisten KWK-Strommenge sowie Angaben zur KWK-Nettostromerzeugung, zur KWK-Nutzwärmeerzeugung sowie zu Brennstoffart und -einsatz vor. Die Prüfung wird unter Beachtung des IDW-Prüfungshinweises Prüfungen nach dem Kraft-Wärme-Kopplungsgesetz und dem Erneuerbare-Energien-Gesetz (IDW PH 9.420.3) vom 30.3.2007 durchgeführt.[117] Die Systeme zur Erfassung und Aufzeichnung der relevanten Daten werden auf der Basis von Stichproben beurteilt.

273 Nach § 50 **Erneuerbare-Energien-Gesetz – EEG** können Netzbetreiber und Elektrizitätsversorgungsunternehmen verlangen, dass die Endabrechnungen nach § 47 Abs. 1 Nr. 2 EEG (Endabrechnungen von Netzbetreibern, die nicht Übertragungsnetzbetreiber sind), nach § 48 EEG (Endabrechnungen von Übertragungsnetzbetreibern) und § 49 EEG (Verpflichtung von Elektrizitätsversorgungsunternehmen, ihrem regelverantwortlichen Übertragungsnetzbetreiber unverzüglich die an Letztverbraucherinnen oder Letztverbraucher gelieferte Energiemenge elektronisch mitzuteilen und bis zum 31. Mai die Endabrechnung für das Vorjahr vorzulegen) bei Vorlage durch eine Wirtschaftsprüferin, einen Wirtschaftsprüfer, eine vereidigte Buchprüferin oder einen verteidigten Buchprüfer bescheinigt werden. Geprüft wird die Ordnungsmäßigkeit der Angaben unter Beachtung des IDW-Prüfungshinweises Prüfungen nach dem Kraft-Wärme-Kopplungsgesetz und dem Erneuerbare-Energien-Gesetz (IDW PH 9.420.3).

274 • Zur Ermittlung von Mehr- oder Mindererlösen bestätigt der Jahresabschlussprüfer dem Krankenhausträger die Aufstellung der Erlöse (§ 4 Abs. 3 Satz 7 **Krankenhausentgeltgesetz – KHEntgG**).

275 Gewährt eine Kommune einem kommunalen, mit der Wahrnehmung von Dienstleistungen von allgemeinem wirtschaftlichen Interesse betrauten Unternehmen unter Inanspruchnahme der Erleichterungen des sog. Monti-Pakets **Ausgleichszahlungen** (vgl. Rn. 65), muss sie durch die Festlegung geeigneter Kontrollmechanismen **Vorkehrungen gegen Überkompensierungen** treffen und im Betrauungsakt fixieren (Art. 6 der Frei-

---

[117] Siehe auch die „Verfahrensbeschreibung zur Umsetzung des Gesetzes für die Erhaltung, die Modernisierung und den Ausbau der Kraft-Wärme-Kopplung (Kraft-Wärme-Kopplungsgesetz) vom 1. April 2002 durch die Netzbetreiber", herausgegeben vom Verband der Netzbetreiber (VDN) mit Stand vom 7. 11. 2002 (aktualisiert 1.3.2004) (http://www.bdew.de/bdew.nsf/id/22771F7CCE68AB00C1257401003EF04E/$file/KWK-VB2004-03-01.2-4.pdf).

stellungsentscheidung). Danach führen die EU-Mitgliedsstaaten in regelmäßigen Abständen Kontrollen durch oder veranlassen regelmäßige Kontrollen, um sicherzustellen, dass die Unternehmen keine Ausgleichszahlungen erhalten, die über das durch die Dienstleistung von allgemeinem wirtschaftlichen Interesse veranlasste Defizit hinausgehen. Dafür kommen eigens mit dieser Aufgabe betraute Organisationseinheiten der Kommune, die Rechtsaufsicht, die Organe der örtlichen und überörtlichen Rechnungsprüfung (denen z.B. besondere Prüfungsrechte im Betrauungsakt eingeräumt werden können) und der Abschlussprüfer (mit einem entsprechend erweiterten Prüfungsauftrag) in Betracht.[118]

276 Auf sonstige Prüfungen (nach Steuerrecht, Sozialversicherungsrecht) kann hier nur hingewiesen werden. Das Bilanzkontrollgesetz vom 15. 12. 2004 hat darüber hinaus für kapitalmarktorientierte Unternehmen unter bestimmten Voraussetzungen die Überprüfung von Unternehmensabschlüssen und -berichten durch eine (private) Prüfstelle für Rechnungslegung und die Bundesanstalt für Finanzdienstleistungsaufsicht (BaFin) eingeführt (§§ 342 bff. HGB).

Anhang: Überblick über die Rechtsgrundlagen der Flächenländer für die externe Prüfung kommunaler Unternehmen/bei kommunalen Unternehmen

277 Der nachfolgende Überblick beschränkt sich auf die für die (überörtliche) Prüfung im Bereich der kommunalen Unternehmen wichtigsten Aussagen der Kommunalgesetze der Länder. Soweit die Abschlussprüfung nicht eigens erwähnt ist, verbleibt es bei der bundesgesetzlichen Regelung (insbes. §§ 316ff. HGB).

278 Aus den Kommunalgesetzen werden im Folgenden regelmäßig nur die einschlägigen Bestimmungen der jeweiligen Gemeindeordnungen, nicht der Landkreisordnungen angegeben.

Baden-Württemberg

279 Nach § 103 Abs. 1 Satz 1 Nr. 5 GemO BW sind für Kommunen unmittelbare und mittelbare Mehrheitsbeteiligungen i. S. d. § 53 HGrG u. a. nur zulässig, wenn für jedes Wirtschaftsjahr ein Wirtschaftsplan aufgestellt und der Wirtschaftsführung eine fünfjährige Finanzplanung zugrunde gelegt wird (Buchst. a)), wenn Jahresabschluss und Lagebericht nach den für große Kapitalgesellschaften geltenden Vorschriften des HGB aufgestellt und geprüft werden (Buchst. b)) und wenn den örtlichen und überörtlichen Prüfungsorganen für die Durchführung der Betätigungsprüfung im Gesellschaftsvertrag oder der Satzung § 54 HGrG entsprechende Unterrichtungs- und Einsichtsbefugnisse eingeräumt sind (Buchst. d)).

280 Ferner sieht § 103 Abs. 1 Satz 1 Nr. 5 Buchst. e) GemO BW die sog. Überörtliche Unternehmensprüfung (Prüfung der Haushalts- und Wirtschaftsführung) vor. Dabei handelt es sich um ein Prüfungsrecht (keine Pflichtprüfung), das vom überörtlichen Prüfungsorgan in der Regel aus besonderem Anlass ausgeübt werden kann. Anders als bei der Betätigungsprüfung ist Prüfungsgegenstand das kommunale Unternehmen selbst. Das Recht zur Überörtlichen Unternehmensprüfung wurde durch das Gemeindewirtschaftsrechtsänderungsgesetz 1999 – GWR-ÄndG 1999 – als gesellschaftsvertraglich umzusetzende Zulässigkeitsvoraussetzung einer kommunalen Mehrheitsbeteiligung i. S. d. § 53 HGrG eingeführt.

281 Zuständig für die Durchführung der überörtlichen Prüfung der Gemeinden (mit mehr als 4.000 Einwohnern) und Landkreise ist die Gemeindeprüfungsanstalt – GPA – (§ 2 Abs. 1 GPA-Gesetz). Die GPA ist ferner zuständig für die Überörtliche Unternehmensprüfung. Abschlussprüfungen führt sie auf Antrag durch, soweit diese nicht durch Bundesrecht vorgeschrieben und deshalb ausschließlich den in § 319 Abs. 1 HGB bestimmten Abschlussprüfern vorbehalten sind (also Jahresabschlussprüfungen bei Eigenbetrieben als

[118] *Latz* (Rn. 65), 3.2.2.5

freiwillige Prüfungen und bei kleinen kommunalen Unternehmen in Privatrechtsform, die sich nach § 103 Abs. 1 Satz 1 Nr. 5 Buchst. b und § 106a GemO BW durch Bestimmung im Gesellschaftsvertrag oder in der Satzung einer Pflicht zur Abschlussprüfung unterwerfen müssen).

Bayern

Nach Art. 94 Abs. 1 BayGO (und Art. 82 Abs. 1 BayLKrO sowie Art. 80 Abs. 1 BayBezO) sind die Kommunen bei Mehrheitsbeteiligungen i. S. d. § 53 Abs. 1 HGrG u. a. verpflichtet, 282

- darauf hinzuwirken, dass für jedes Wirtschaftsjahr ein Wirtschaftsplan aufgestellt und der Wirtschaftsführung eine fünfjährige Finanzplanung zugrunde gelegt wird,
- dafür Sorge zu tragen, dass der Jahresabschluss und der Lagebericht nach den für große Kapitalgesellschaften geltenden Vorschriften des HGB aufgestellt und geprüft werden, sofern nicht weitergehende gesetzliche Vorschriften gelten oder andere gesetzliche Vorschriften entgegenstehen,
- die Rechte nach § 53 Abs. 1 HGrG auszuüben,
- darauf hinzuwirken, dass ihnen und dem für sie zuständigen überörtlichen Prüfungsorgan die in § 54 HGrG vorgesehenen Befugnisse eingeräumt werden.

Die Rechtsaufsichtsbehörde kann Ausnahmen zulassen.

Ist eine kommunale Beteiligung an einem Unternehmen keine Mehrheitsbeteiligung 283 im Sinn des § 53 HGrG, so soll die Kommune, soweit ihr Interesse das erfordert, darauf hinwirken, dass ihr in der Satzung oder im Gesellschaftsvertrag die Rechte nach § 53 Abs. 1 HGrG und ihr und dem für sie zuständigen überörtlichen Prüfungsorgan die Befugnisse nach § 54 HGrG eingeräumt werden. Bei mittelbaren Beteiligungen gilt das nur, wenn die Beteiligung 25 % der Anteile übersteigt und einer Gesellschaft zusteht, an der die Kommune allein oder zusammen mit anderen Gebietskörperschaften oder deren Zusammenschlüssen mit Mehrheit im Sinn des § 53 HGrG beteiligt ist.

Die Prüfung kommunaler Betätigung in Kommunalunternehmen und in Unterneh- 284 men in Privatrechtsform ist in Art. 106 Abs. 4 BayGO (und Art. 92 Abs. 4 BayLKrO sowie Art. 88 Abs. 4 BayBezO) geregelt. Für Kommunalunternehmen gelten außerdem Art. 91 Abs. 2 BayGO, Art. 79 Abs. 2 BayLKrO, Art. 77 Abs. 2 BayBezO und Art. 107 Abs. 3 BayGO, Art. 93 Abs. 3 BayLKrO, Art. 89 Abs. 3 BayBezO, die § 54 und § 53 HGrG nachgebildet sind. Kommunalunternehmen unterliegen wie Eigenbetriebe der Abschlussprüfungspflicht; im Übrigen wird nur die Betätigung der Kommune geprüft, während eine „Vollprüfung“ seitens der Rechnungsprüfungsorgane nicht stattfinden kann, sofern das Recht dazu nicht eigens eingeräumt ist.

Überörtliches Prüfungsorgan für Bezirke, Landkreise und Gemeinden ab etwa 5.000 285 Einwohnern (die das bayerische Staatsministerium des Innern als Mitglieder bestimmt hat) ist der Bayer. Kommunale Prüfungsverband, während für kleinere Gemeinden die staatlichen Rechnungsprüfungsämter bei den Landratsämtern die überörtliche Rechnungsprüfung und damit auch die sog. Betätigungsprüfung durchführen.

Der Kommunale Prüfungsverband führt (neben Wirtschaftsprüfern und Wirtschafts- 286 prüfungsgesellschaften) auch Abschlussprüfungen bei Eigenbetrieben und Kommunalunternehmen durch (Art. 107 Abs. 2 BayGO).

Brandenburg

Bei einem Unternehmen in der Rechtsform des privaten Rechts, an der der Gemeinde 287 allein oder zusammen mit anderen kommunalen Trägern die Mehrheit der Anteile zusteht, ist durch Gesellschaftsvertrag beziehungsweise -satzung sicherzustellen, dass die in § 53 Abs. 1 und § 54 des HGrG normierten Rechte der Gemeinden und der Rechnungsprüfungsbehörde bei Eigengesellschaften und unmittelbaren und mittelbaren Mehrheitsbeteiligungen, die eine Gemeinde allein oder mit anderen kommunalen Trägern innehat, wahrzunehmen sind (§ 96 Abs. 1 Nr. 5 BbgKVerf).

288 Prüfungsbehörde für die überörtliche Prüfung ist der Landrat als allgemeine untere Landesbehörde. Sie wird vom Rechnungsprüfungsamt des Landkreises wahrgenommen. Bei kreisfreien Städten erfolgt die überörtliche Prüfung durch das kommunale Prüfungsamt bei dem für Inneres zuständigen Ministerium (§ 105 Abs. 3 BbgKVerf). Für die Jahresabschlussprüfung der Eigenbetriebe gilt die Zuständigkeitsregel des § 105 Abs. 3 BbgKVerf ebenfalls; zur Durchführung kann sich die zuständige Stelle eines Wirtschaftsprüfers oder einer Wirtschaftsprüfungsgesellschaft bedienen (§ 106 Abs. 2 Bbg KVerf).

289 Dem Rechnungsprüfungsamt obliegt im Rahmen der örtlichen Prüfung auch die Einsichtnahme gemäß § 54 Abs. 1 HGrG bei Unternehmen in Privatrechtsform und bei Anstalten des öffentlichen Rechts, soweit sich die Gemeinde eine solche vorbehalten hat (§ 102 Abs. 1 Satz 3 BbgKVerf). Das überörtliche Prüfungsorgan hat nicht das Recht, sich bei einer Gesellschaft unmittelbar zu unterrichten.

Hessen

290 Nach § 122 Abs. 1 Satz 1 Nr. 4 HGO muss gewährleistet sein, dass der Jahresabschluss und der Lagebericht kommunaler Unternehmen in Privatrechtsform grundsätzlich nach den Vorschriften des HGB für große Kapitalgesellschaften aufgestellt und geprüft werden. Hält eine Kommune die Mehrheit der Anteile an einem Unternehmen, treffen sie besondere Pflichten. So muss sie darauf hinwirken, dass das Unternehmen einen Wirtschaftsplan aufstellt und der Wirtschaftsführung eine fünfjährige Finanzplanung zugrunde legt (§ 122 Abs. 4 HGO); außerdem muss die Kommune die Rechte nach § 53 HGrG ausüben und darauf hinwirken, dass ihr die Befugnisse nach § 54 HGrG eingeräumt werden (§ 123 HGO).

291 Nach § 3 Abs. 1 Satz 3 Gesetz zur Regelung der überörtlichen Prüfung kommunaler Körperschaften in Hessen – ÜPKKG – ist die Betätigung bei Gesellschaften in einer Rechtsform des privaten Rechts, an denen kommunale Körperschaften unmittelbar oder mittelbar beteiligt sind, im Rahmen der überörtlichen Prüfung zu prüfen, wobei die Sondervermögen mit zu prüfen sind. Seit 2005 sind die Kommunen verpflichtet, auch dem überörtlichen Prüfungsorgan bei ihren Mehrheitsbeteiligungen die Unterrichtungsrechte nach § 54 HGrG einzuräumen (§ 123 Abs. 1 Nr. 2 HGO), wobei die Prüfung auch durch eigene Bedienstete des Landesrechnungshofs möglich ist.

292 Überörtliches Prüfungsorgan ist der Präsident des Hessischen Rechnungshofs – Überörtliche Prüfung kommunaler Körperschaften (§ 3 Abs. 1 Satz 3 iV. m. § 1 ÜPKKG).

Mecklenburg-Vorpommern

293 Die Kommunen haben darauf hinzuwirken, dass dem überörtlichen Prüfungsorgan in der Satzung oder im Gesellschaftsvertrag die in § 54 HGrG vorgesehenen Befugnisse eingeräumt werden (§ 12 Abs. 1 Satz 1 Nr. 3 Kommunalprüfungsgesetz – KPG – MV).

294 Überörtliches Prüfungsorgan für kommunale Körperschaften, die der unmittelbaren Rechtsaufsicht des Landes unterliegen, ist der Landesrechnungshof (§ 5 KPG MV), dem die überörtliche Prüfung kommunaler Wirtschaftsbetriebe obliegt (Abschnitt III KPG MV).

295 Sind kommunale Gesellschaften nicht nach anderen Vorschriften abschlussprüfungspflichtig (z. B. § 316 HGB), beauftragt der Landesrechnungshof im Namen und für Rechnung der kommunalen Körperschaften einen Abschlussprüfer (§ 14 KPG MV). Das gilt insbesondere für kleine Kapitalgesellschaften (§ 267 HGB). Im Übrigen kann der Landesrechnungshof nach § 12 Abs. 2 KPG MV die Vorlage der Prüfungsberichte verlangen.

Niedersachsen

Bei einer Mehrheitsbeteiligung nach § 53 HGrG hat die Gemeinde darauf hinzuwirken, dass den für sie zuständigen Prüfungseinrichtungen die in § 54 HGrG vorgesehenen Befugnisse eingeräumt werden. Eine Befugnis zur Prüfung der Unternehmen selbst besteht aber nicht; die Einsichtnahme in Unterlagen bei Unternehmen in Privatrechtsform dient nur als „Erkenntnismittel" für die Prüfung der Betätigung der Kommunen.

Kommunalunternehmen unterliegen unmittelbar der überörtlichen Rechnungsprüfung (§ 121 Nds. GO).

Die Jahresabschlussprüfung von Unternehmen in Privatrechtsform richtet sich nach § 124 Nds. GO. Ist der Jahresabschluss aufgrund anderer Rechtsvorschriften zu prüfen, muss die Gemeinde die Rechte nach § 53 HGrG ausüben.

Der Niedersächsische Landtag hat am 16.12.2004 das Niedersächsische Gesetz über die überörtliche Kommunalprüfung (Niedersächsisches Kommunalprüfungsgesetz – NKPG – verabschiedet. Mit Wirkung vom 1.1.2005 wurde eine Kommunalprüfungsanstalt errichtet. Der Kommunalprüfungsanstalt obliegt die überörtliche Prüfung der Gemeinden, Samtgemeinden, Landkreise, kommunalen Anstalten, gemeinsamen kommunalen Anstalten und Zweckverbände. Die Kommunalprüfungsanstalt kann ferner die überörtliche Prüfung bei denjenigen rechtlich selbständigen privatrechtlichen Unternehmen vornehmen, an denen Kommunen in dem in § 53 HGRG bezeichneten Umfang beteiligt sind, wenn der Kommunalprüfungsanstalt im Gesellschaftsvertrag oder in der Unternehmenssatzung ein Prüfungsrecht eingeräumt worden ist (ergänzende Prüfung). Die für die Prüfung der Kommunen geltenden Bestimmungen finden auf die ergänzende Prüfung entsprechende Anwendung (§ 2 NKPG). 298

Nordrhein-Westfalen

Die Gemeinde darf Unternehmen und Einrichtungen in einer Rechtsform des privaten Rechts nur gründen oder sich daran beteiligen, wenn u. a. gewährleistet ist, dass der Jahresabschluss und der Lagebericht, soweit nicht weitergehende Vorschriften bestehen, in entsprechender Anwendung der Vorschriften des HGB für große Kapitalgesellschaften aufgestellt und geprüft werden (§ 108 Abs. 1 Satz 1 Nr. 8 GO NRW). Die Aufsichtsbehörde kann in begründeten Fällen Ausnahmen zulassen. Außerdem muss die Kommune bei Mehrheitsbeteiligungen darauf hinwirken, dass für jedes Wirtschaftsjahr ein Wirtschaftsplan aufgestellt und der Wirtschaftsführung eine fünfjährige Finanzplanung zugrunde gelegt wird (§ 108 Abs. 2 GO NRW). Gehören einer Kommune unmittelbar oder mittelbar Anteile an einem Unternehmen in Privatrechtsform in dem in § 53 HGrG bezeichneten Umfang, soll sie die Rechte nach § 53 HGrG ausüben und darauf hinwirken, dass ihr die in § 54 HGrG vorgesehenen Befugnisse eingeräumt werden. Bei Minderheitsbeteiligungen soll sie, soweit ihr Interesse das erfordert, nur darauf hinwirken, dass ihr die Befugnisse nach § 53 HGrG eingeräumt werden (§ 112 Abs. 1 und 2 GO NRW). Nach § 103 Abs. 2 Nr. 2 GO NRW kann der Rat dem Rechnungsprüfungsamt als Aufgabe die Prüfung der Betätigung der Kommune als Gesellschafterin oder Aktionärin in Unternehmen in Privatrechtsform oder in Kommunalunternehmen sowie die Wahrnehmung sonst vorbehaltener Prüfungsrechte übertragen. 299

Überörtliches Prüfungsorgan ist die zum 1.1.2003 gegründete Gemeindeprüfanstalt (§ 105 Abs. 1 GO NRW i. V. m. Art. 1 GPA-Gesetz). 300

Der GPA obliegt auch die Jahresabschlussprüfung der Eigenbetriebe, wozu sie sich eines Wirtschaftsprüfers, einer Wirtschaftsprüfungsgesellschaft oder in Einzelfällen eines hierzu befähigten eigenen Prüfers bedient. Die GPA kann auch zulassen, dass der Betrieb mit ihrem Einvernehmen unmittelbar einen Wirtschaftsprüfer oder eine Wirtschaftsprüfungsgesellschaft beauftragt (§ 106 Abs. 2 GO NRW). 301

Die Jahresabschlüsse und Lageberichte der Kommunalunternehmen werden nach den für große Kapitalgesellschaften geltenden Vorschriften des HGB geprüft (§ 114a Abs. 10 GO NRW). 302

Rheinland-Pfalz

Die Kommunen haben nach § 89 Abs. 6 GemO RP bei Unternehmen, an denen sie eine Mehrheitsbeteiligung halten, 303

1. zu verlangen, dass im Gesellschaftsvertrag oder in der Satzung vorgeschrieben wird, dass der Jahresabschluss und der Lagebericht in entsprechender Anwendung der für Eigenbetriebe geltenden Vorschriften aufgestellt und geprüft werden, soweit sich nicht

die entsprechenden Anforderungen für das Unternehmen bereits aus dem Handelsgesetzbuch ergeben oder weitergehende gesetzliche Vorschriften gelten oder andere gesetzliche Vorschriften entgegenstehen,

2. darauf hinzuwirken, dass ihnen, der Aufsichtsbehörde und dem für sie zuständigen überörtlichen Prüfungsorgan die in § 54 Abs. 1 HGrG vorgesehenen Befugnisse eingeräumt werden, und
3. die Befugnisse nach § 53 Abs. 1 HGRG auszuüben.

Die obere Aufsichtsbehörde kann in begründeten Fällen Ausnahmen zulassen.

304 Gehören einer Kommune weniger als 50 % der Anteile, soll sie, soweit die Wahrung gemeindlicher Belange dies erfordert, darauf hinwirken, dass u. a. die Befugnisse nach § 54 Abs. 1 HGrG und § 53 HGrG eingeräumt werden (§ 89 Abs. 7 Satz 1 Nrn. 3 und 4 GemO RP). Bei mittelbaren Beteiligungen gilt das nur, wenn die Beteiligung 25 % der Anteile übersteigt und einem Unternehmen zusteht, an dem die Kommune allein oder zusammen mit anderen kommunalen Gebietskörperschaften in dem in § 53 HGrG bezeichneten Umfang beteiligt ist (§ 89 Abs. 7 Satz 2 GemO RP).

305 Geprüft wird danach grundsätzlich nur die Betätigung der Kommunen bei Unternehmen (Der Bürgermeister kann dem Rechnungsprüfungsamt diese Aufgabe übertragen – § 112 Abs. 2 Nr. 5 GemO RP). Die überörtliche Prüfung erstreckt sich allerdings auch auf die Haushalts- und Wirtschaftsführung der von Kommunen geführten rechtsfähigen Anstalten des öffentlichen Rechts (§ 110 Abs. 5 Satz 2 GemO RP).

306 Nach § 87 Abs. 1 Satz 1 Nr. 7 Buchst. c) GemO RP dürfen Kommunen zudem wirtschaftliche Unternehmen in Privatrechtsform nur führen oder sich daran beteiligen, wenn dem Rechnungshof durch Gesellschaftsvertrag oder Satzung ein unmittelbares Recht zur überörtlichen Prüfung der Haushalts- und Wirtschaftsführung kommunaler Eigen- und Beteiligungsgesellschaften, die mehrheitlich der öffentlichen Hand gehören, nach Maßgabe des § 110 Abs. 5 GemO RP eingeräumt wird, so dass eine „Vollprüfung“ stattfinden kann.

307 Überörtliche Prüfungsorgane sind der Rechnungshof (§ 110 Abs. 5 GemO RP) oder die Gemeindeprüfungsämter (§ 110 Abs. 5 Satz 4 GemO RP).

Saarland

308 Kommunale Körperschaften, denen allein oder mit anderen kommunalen Körperschaften die Mehrheit der Anteile gehört, dürfen Unternehmen in Privatrechtsform nur errichten, übernehmen, erweitern oder sich daran beteiligen, wenn u. a. im Gesellschaftsvertrag oder in der Satzung geregelt ist, dass die Rechte nach § 53 HGrG ausgeübt werden, und ihnen und dem überörtlichen Prüfungsorgan die in § 54 HGrG vorgesehenen Befugnisse eingeräumt sind (§ 111 Abs. 1 Nr. 4 Kommunalselbstverwaltungsgesetz – KSVG – SL). Ferner muss gewährleistet sein, dass der Jahresabschluss und der Lagebericht nach den für große Kapitalgesellschaften geltenden Vorschriften des HGB aufgestellt und geprüft werden (§ 110 Abs. 1 Nr. 4 KSVG SL).

309 Die laufende Prüfung der Wirtschaftsführung der Eigenbetriebe, die Prüfung der Betätigung der Gemeinde bei Unternehmen in einer Rechtsform des privaten Rechts und die Buch- und Betriebsprüfungen, die sich die Gemeinde bei einer Beteiligung oder sonst vorbehalten hat, kann den örtlichen Rechnungsprüfungsämtern übertragen werden (§ 121 Abs. 2 KSVG SL). Die Jahresabschlussprüfung der Eigenbetriebe regelt § 124 KSVG SL.

310 Die überörtliche Prüfung obliegt dem Landesverwaltungsamt als Kommunalaufsichtsbehörde (§ 123 Abs. 2 KSVG SL). Die überörtliche Prüfung erstreckt sich darauf, ob bei der Haushalts- und Wirtschaftsführung der Gemeinde sowie ihrer Sonder- und Treuhandvermögen die Gesetze beachtet wurden (§ 123 Abs. 1 KSVG SL). Die Prüfung kommunaler Betätigung in Unternehmen des Privatrechts ist nicht aufgeführt.

Sachsen

Steht einer Kommune allein oder zusammen mit anderen kommunalen Trägern der Selbstverwaltung, die der Aufsicht des Freistaates Sachsen unterstehen, die zur Änderung des Gesellschaftsvertrages oder der Satzung berechtigende Mehrheit zu, ist im Gesellschaftsvertrag oder in der Satzung nach § 96 Abs. 2 SächsGemO u. a. festzulegen, dass 311

- eine erweiterte Abschlussprüfung nach § 53 Abs. 1 HGrG durchgeführt wird (Nr. 1),
- den örtlichen und überörtlichen Prüfungsbehörden die Befugnisse nach § 54 HGrG eingeräumt sind (Nr. 2),
- den örtlichen und überörtlichen Prüfungsbehörden das Recht eingeräumt ist, die Haushalts- und Wirtschaftsführung des Unternehmens zu prüfen (Nr. 3),
- Jahresabschluss und Lagebericht entsprechend den Vorschriften des HGB für große Kapitalgesellschaften aufgestellt und geprüft werden (Nr. 6),
- der Jahresabschluss, der Lagebericht und der Prüfungsbericht des Abschlussprüfers der Gemeinde und der Rechtsaufsichtsbehörde unverzüglich zu übersenden sind (Nr. 7).

Damit kann im Rahmen der Rechnungsprüfung nicht nur die kommunale Betätigung in Unternehmen geprüft werden, sondern es besteht die Möglichkeit, eine Prüfung der Haushalts- und Wirtschaftsführung des Unternehmens selbst ohne die Beschränkungen auf die Regelungen der Betätigungsprüfung durchzuführen. 312

Die Prüfung des Jahresabschlusses und des Lageberichts der Eigenbetriebe wird im Auftrag der überörtlichen Prüfungsbehörde durch Wirtschaftsprüfer oder Wirtschaftsprüfungsgesellschaften durchgeführt, die von der Gemeinde bestellt werden. Die überörtliche Prüfungsbehörde erteilt zum Prüfungsbericht einen abschließenden Vermerk (§ 110 Abs. 1 SächsGemO). 313

Überörtliches Prüfungsorgan ist der Rechnungshof (§ 108 SächsGemO). 314

Sachsen-Anhalt

Kommunen, die an einem Unternehmen mit eigener Rechtspersönlichkeit Anteile in dem in § 53 HGrG bezeichneten Umfang besitzen, haben darauf hinzuwirken, dass die in § 54 HGrG vorgesehenen Befugnisse eingeräumt werden (§ 129 Abs. 3 GO LSA). Dasselbe gilt, wenn Kommunen gemeinsam mit anderen Gebietskörperschaften Anteile in dem in § 53 HGrG bezeichneten Umfang halten (§ 129 Abs. 4 GO LSA). Außerdem haben die Kommunen dafür Sorge zu tragen, dass für jedes Wirtschaftsjahr ein Wirtschaftsplan aufgestellt und der Wirtschaftsführung eine dreijährige Finanzplanung zugrunde gelegt wird, sowie dafür, dass Jahresabschluss und Lagebericht nach den Vorschriften des HGB für große Kapitalgesellschaften aufgestellt und geprüft werden (§ 121 Abs. 1 GO LSA). 315

Der Gemeinderat kann dem Rechnungsprüfungsamt für die örtliche Prüfung als Aufgabe die Prüfung der unternehmerischen Betätigung übertragen (§ 129 Abs. 2 Nr. 4 GO LSA). Die Prüfung der Eigenbetriebe und Anstalten des öffentlichen Rechts umfasst auch die Prüfung der Ordnungsmäßigkeit der Geschäftsführung (einschließlich der wirtschaftlichen Führung des Unternehmens) und die verlustbringenden Geschäfte sowie die Ursachen der Verluste (§ 131 GO LSA). 316

Überörtliches Prüfungsorgan für kreisangehörige Gemeinden und Verwaltungsgemeinschaften bis 25.000 Einwohner ist das Rechnungsprüfungsamt des Landkreises als Gemeindeprüfungsamt; für kreisfreie Städte und Verwaltungsgemeinschaften mit mehr als 25.000 Einwohnern sind der Rechnungshof und seine staatlichen Rechnungsprüfungsämter überörtliche Prüfungsorgane (§ 126 Abs. 1 GO LSA). 317

Schleswig-Holstein

Kommunen dürfen Gesellschaften nur gründen oder sich an ihnen beteiligen, wenn u. a. gewährleistet ist, dass der Jahresabschluss und der Lagebericht in entsprechender Anwendung der Vorschriften des HGB für große Kapitalgesellschaften aufgestellt und geprüft werden. Die Kommunalaufsichtsbehörde kann in besonderen Fällen Ausnahmen zulassen (§ 102 Abs. 1 GO SH). § 11 Kommunalprüfungsgesetz – KPG – SH schreibt vor, 318 dass eine Kommune, der Anteile an Gesellschaften in dem in § 53 HGrG bezeichneten Umfang gehören,

- verlangen muss, dass in der Satzung oder im Gesellschaftsvertrag auch außerhalb des Anwendungsbereiches des HGB oder anderer gesetzlicher Vorschriften die Durchführung einer Jahresabschlussprüfung nach diesem Gesetz gewährleistet wird,
- die Rechte nach § 53 Abs. 1 HGrG ausüben muss,
- darauf hinzuwirken hat, dass ihr und der für die überörtliche Prüfung zuständigen Prüfungsbehörde in der Satzung oder im Gesellschaftsvertrag die in § 54 HGrG vorgesehenen Befugnisse eingeräumt werden.

Die Kommunalaufsichtsbehörde kann im Einvernehmen mit der Prüfungsbehörde Ausnahmen von den letztgenannten beiden Erfordernissen zulassen.

319 Bei Minderheitsbeteiligungen gilt Entsprechendes, soweit es das Interesse der Kommune erfordert. Bei mittelbaren Beteiligungen gilt das nur, wenn die Beteiligung 25 % der Anteile übersteigt und einem Unternehmen zusteht, an dem die Kommune allein oder zusammen mit anderen kommunalen Körperschaften mit Mehrheit nach § 53 HGrG beteiligt ist.

320 Geprüft wird nur die Betätigung der Kommunen in Unternehmen in Privatrechtsform mit den in § 54 HGrG vorgesehenen Befugnissen. Kommunalunternehmen unterliegen allerdings der überörtlichen Rechnungsprüfung (§ 7a KPG SH). In die Betätigungsprüfung (§ 54 HGrG) werden auch die Gesellschaften einbezogen, deren Jahresabschlüsse nicht nach dem KPG SH, sondern aufgrund ihrer Größe nach dem HGB geprüft werden.

321 Überörtliches Prüfungsorgan für die Kreise, die kreisfreien Städte und die kreisangehörigen Städte über 20.000 Einwohner ist der Rechnungshof (§ 2 Abs. 1 und 2 Gesetz über den Landesrechnungshof iV. m. § 2 KPG SH). Im Übrigen sind die Landräte überörtliche Prüfungsorgane, wobei sie sich der Rechnungsprüfungsämter der Kreise als Gemeindeprüfungsämter bedienen. Der Landesrechnungshof kann aber unabhängig von der kommunalrechtlichen Zuordnung Querschnittsprüfungen vornehmen (§ 5a KPG SH).

322 Der Landesrechnungshof ist auch zuständig für die Jahresabschlussprüfung der Eigenbetriebe und kleinen Kapitalgesellschaften, d. h. er beauftragt damit Wirtschaftsprüfer oder Wirtschaftsprüfungsgesellschaften. Kommunale Krankenhäuser und Pflegeheime sowie Kommunalunternehmen sind in die Jahresabschlussprüfung einbezogen (§§ 10, 14a KPG SH). Die §§ 8ff. KPG SH enthalten detaillierte Aussagen zur Abschlussprüfung, u. a. zum Wechsel des Abschlussprüfers nach höchstens sechs Jahren (§ 9 Abs. 3 KPG SH).

Thüringen

323 Die Kommunen haben nach § 75 Abs. 4 ThürKO dafür Sorge zu tragen,

- dass der Jahresabschluss und der Lagebericht nach den für große Kapitalgesellschaften geltenden Vorschriften des HGB aufgestellt und geprüft werden (Nr. 1),
- dass die Möglichkeit der Einsichtnahme in den Jahresabschluss und in das Ergebnis der Prüfung des Jahresabschlusses und des Lageberichts sowie in die beschlossene Verwendung des Jahresüberschusses oder die Behandlung des Jahresfehlbetrags besteht und darauf hingewiesen wird (Nr. 2),
- dass die Rechte nach § 53 HGrG eingeräumt und ausgeübt werden (Nr. 3) und
- dass ihnen und dem für sie zuständigen überörtlichen Prüfungsorgan die Befugnisse nach § 54 HGrG eingeräumt werden (Nr. 4).

324 Geprüft wird nur die Betätigung der Kommunen in Unternehmen in privater Rechtsform (unmittelbare und mittelbare Beteiligung) unter Beachtung kaufmännischer Grundsätze. Die Rechnungsprüfung umfasst ferner Buch-, Betriebs- und sonstige Prüfungen, die sich die Kommune bei Hingabe eines Darlehens oder sonst vorbehalten hat (§ 84 Abs. 4 ThürKO).

Die Abschlussprüfung der Eigenbetriebe wird von einem Wirtschaftsprüfer oder einer Wirtschaftsprüfungsgesellschaft durchgeführt (§ 85 ThürKO). 325

Durch das Prüfungs- und Beratungsgesetz vom 25.6.2001 wurde dem Präsidenten des Thüringer Rechnungshofs die überörtliche Rechnungs- und Kassenprüfung für die kommunalen Körperschaften übertragen. 326

2. Teil. Compliance in kommunalen Unternehmen – Public Compliance

Literatur: *Acker/Ehling,* Einladung in die Business-Lounge? – Strafbarkeitsrisiko bei Vergabe oder Annahme von Einladungen im geschäftlichen Verkehr, BB 2012, 2517; *Baumbach/Hueck,* GmbHG, 20. Aufl. 2013; *Baumert,* Handlungssicherheit in der Compliance-Arbeit an Beispielen, CCZ 2013, 265; *BDEW-Info,* Compliance-Anwendungshilfe für die Praxis – Erarbeitung einer Compliance-Risiko-Matrix, 2013; *BDEW-Info,* Compliance-Fragen aus der Praxis – Fallsammlung – Zuwendungen, Sponsoring und Spenden, 2012; *Beck'sches Handbuch der GmbH,* Gesellschaftsrecht, Steuerrecht, 5. Aufl. 2014; *Bicker,* Compliance – organisatorische Umsetzung im Konzern; Bihr/Philippsen, Qualitätsaspekte bei der Arbeit von Aufsichtsratsgremien – Grundsätze ordnungsgemäßer Überwachung für Aufsichtsräte, DStR 2011, 1133; *Böttcher,* Compliance: Der IDW PS 980 – Keine Lösung für alle (Haftungs-)Fälle!, NZG 2011, 1054; *Buck-Heeb,* Die Haftung von Mitgliedern des Leitungsorgans bei unklarer Rechtslage, BB 2013, 2247; *Bürkle,* Grenzen der strafrechtlichen Garantenstellung des Compliance-Officers, CCZ 2010,4; *Busekist/Hein,* Der IDW PS 980 und die allgemeinen rechtlichen Mindestanforderungen an ein wirksames Compliance Management System (1) – Grundlagen, Kultur und Ziele, CCZ 2012, 41; von *Busekist/Schlitt,* Der IDW PS 980 und die allgemeinen rechtlichen Mindestanforderungen an ein wirksames Compliance Management System (2) – Risikoermittlungspflicht, CCZ 2012, 86; *Dann/Mengel,* Tanz auf einem Pulverfass – oder: Wie gefährlich leben Compliance-Beauftragte? NJW 2010, 3265; *Ensch,* Compliance im öffentlich-rechtlichen Rundfunk, ZUM 2012, 16; *Fischer,* StGB, 61. Aufl. 2014; *Gärtner,* BB-Rechtsprechungsreport zur Organhaftung 2012, BB 2013, 2242; *Gerst/Meinicke,* Die strafrechtliche Relevanz der Kick-Back-Rechtsprechung des XI. BGH-Zivilsenates und die Folgen für eine ordnungsgemäße Compliance-Funktion, CCZ 2011, 96; *Grigoleit,* AktG, 1. Aufl. 2013; *Giesen,* Die Haftung des Compliance- Officers gegenüber seinem Arbeitgeber – Haftungsprivilegierung bei innerbetrieblichem Schadensausgleich, CCZ 2009, 102; *Grützner/Behr,* Die Haftung von Compliance Officer, Vorstand und Aufsichtsrat bei Rechtsverstößen von Mitarbeitern, DB 2013, 561; *Grunewald,* Interne Aufklärungspflichten von Vorstand und Aufsichtsrat, NZG 2013, 841; *Haas,* Geschenke an Arbeitnehmer: Was ist erlaubt, was ist verboten? BC 2010, 492; *Hauschka,* Corporate Compliance – Handbuch der Haftungsvermeidung im Unternehmen, 2. Aufl. 2010; *Heidel,* Zur Weisungsgebundenheit von Aufsichtsratsmitgliedern bei Beteiligung von Gebietskörperschaften und Alleinaktionären, NZG 2012, 48; *Heißner/Benecke,* Compliance-Praxis im Wandel: von der reinen Kontrolle zum Integrity Management, BB 2013, 2923; *Held,* Die Garantenpflicht des Compliance-Officers und die D&O-Versicherung als „Allheilmittel", CCZ 2009, 231; *Heuking/von Coelln,* „Public Compliance" – Maßnahmen zur Regelkonformität im öffentlichen Sektor, DÖV 2012, 827; *Hölzl/Ritzenhoff,* Compliance leicht gemacht! Zu den Voraussetzungen des Verlusts, den Konsequenzen daraus und der Wiedererlangung der Zuverlässigkeit im Vergaberecht, NZBau 2012, 28; *Hoffmann,* Existenzvernichtende Haftung von Vorständen und Aufsichtsräten? NJW 2012, 1393; *Horrer/Patschke,* Strafrechtlicher Umgang mit Fremdzahlungen von Geldbußen, -strafen und –auflagen durch Unternehmen für ihre Mitarbeiter – Können sich Unternehmensverantwortliche strafbar machen, wenn ein Unternehmen Geldstrafen, Geldbußen und Geldauflagen für seine Mitarbeiter übernimmt; *Hüffer,* AktG, 10. Aufl. 2012; *Illing/Umnuß,* Die arbeitsrechtliche Stellung des Compliance Managers – insbesondere Weisungsunterworfenheit und Reportingpflichten, CCZ 2009, 1; *Jahn,* Compliance, Litigation-PR und die Medien, CCZ 2011, 139; *Karlsruhe Kommentar zum OWiG,* 3. Aufl. 2006; *Kiethe,* Vermeidung der Haftung von geschäftsführenden Organen durch Corporate Compliance, GmbHR 2007, 393; *Kindler,* Umfang der Pflicht von Betriebsinhabern und Vorgesetzten zur Verhinderung von Straftaten nachgeordneter Mitarbeiter, GWR 2012, 48; *Klein/Uckel/Ibler,* Kommunen als Unternehmer, Losebl. Stand: Mai 2013; *Klindt/Pelz/Theusinger,* Compliance im Spiegel der Rechtsprechung, NJW 2010, 2385; *Kort,* Compliance-Pflichten und Haftung von GmbH-Geschäftsführern, GmbHR 2013, 566; *Kopp,* Recht, Transparent und Integrität beim Lobbying – Compliance angesichts von Regulierung und Selbstverpflichtung, CCZ 2013, 67; *Krause,* Strafrechtliche Haftung des Aufsichtsrates, NStZ 2011, 57; *Krause/Albien,* BB-Gesetzgebungs- und Rechtsprechungsreport zu Compliance 2012/2013, BB 2013, 2883; *Krieger/ Günther,* Die arbeitsrechtliche Stellung des Compliance Officers – Gestaltung einer Compliance Organisation unter Berücksichtigung der Vorgaben im BGH-Urteil vom 17.7.2009, NZA 2010, 367; *Kromer/Henschel/Simshäuser,* Umsetzung einer effektiven Tax Compliance Organisation – Teil I: Erfüllung von Steuererklärungspflichten, BB 2013, 2903; *Lackhoff/Schulz,* Das Unternehmen als Gefahrenquelle? Compliance-Risiken für Unternehmensleiter und Mitarbeiter, CCZ 2010, 81; *Löw,* Korruptionsdelikte im Lichte der Compliance-Funktion – „Aber Sie doch, wie es läuft", JA 2013, 88; *Loritz/Wagner,* Haftung von Vorständen und Aufsichtsräten, DStR 2012, 2189; *Marschlich,* Praxis der Compliance-Organisation: Zuständigkeit der Compliance-Organisation, CCZ 2010, 195; *Meier,* Der Arbeitsvertrag des Compliance-Beauftragten – Rechtliche Notwendigkeiten und Möglichkeiten, NZA 2011, 779; *Meier-Greve,* Zur Unabhängigkeit des sog. Compliance-Officers, CCZ 2010, 216; *Mengel,* Compliance und Arbeitsrecht, 1. Aufl. 2009; *Moll,* Münchener Anwaltshandbuch Arbeitsrecht, 3. Aufl. 2012; *Moosmayer,* Compliance – Praxisleitfaden für Unternehmen, 2. Aufl. 2012; *Moosmayer,* Modethema oder Pflichtprogramm guter Unternehmensführung? – Zehn Thesen zu Compliance, NJW 2012, 3013; *Münchner Kommentar zum AktG,* 3.Aufl. 2008; *Münchner Kommentar zum GmbHG,* 1.Aufl. 2012; *Ohrtmann/Gimnich,* Compliance – Praxishandbuch für öffentliche Unternehmen, 2. Aufl. 2013; *Otto/Fonk,* Haftung und Corporate Compliance in der öffentlichen Wirtschaft – Aspekte der Haftungsvermeidung aus Sicht kommunaler Unternehmen, CCZ 2012, 161; *Pauli/Albrecht,* Die Erfüllung gesetzlicher Risikomanagement-Anforderungen mit Hilfe von Risikomanagement-Informationssystemen, CCZ 2014, 17; *Pauthner/de Lamboy,* Aufbau unternehmensinterner Kompetenz- und Wissensressourcen für das Compliance Management – A. Teil 1 – Grundlagen des Compliance-Kompetenzmanagements, CCZ 2011, 106; *Pauthner/de Lamboy,* Aufbau unternehmensinterner Kompetenz- und Wissensressourcen für das Compliance Management – B. Teil 2 – Aufbau von Compliance-Ressourcen durch geeignete und angemessene Schulungskonzepte und Schulungsformen, CCZ 2011, 146; *Peters/Hecker,* BB-Report zu Änderungen des DCGK im Jahr 2013, BB 2013, 2887; *Pisani,* Compliance: Wege aus der persönlichen Haftung, Energiewirtschaftliche Tagesfragen 2013, 97; *Plagemann,* Der Aufsichtsratsausschuss für Integrität, Unternehmenskultur und Unternehmensreputation am Beispiel des Integritätsausschusses der Deutsche Bank AG, NZG 2013, 1293; *PwC,* Compliance und Unternehmenskultur – Zur aktuellen Situation in deutschen Großunternehmen, 2010; *PwC,* Kriminalität im öffentlichen Sektor 2010 – Auf der Spur von Korruption & Co, 2010; *Raiser,* Kommuale Corporate Governance Kodizes – Zum Verhältnis von Aktienrecht und Kommunalrecht, Hans Böckler Stiftung, Arbeitspapier 226, November 2010; *Rieble,* Zivilrechtliche Haftung der Compliance-Agenten, CCZ 2010, 1; *Rauch,* Energierechtliche Compliance nach § 7a Abs. 5 EnWG – ein Fall privater Selbstregulierung, CCZ 2011, 175; *Römermann,* Münchener Anwaltshandbuch, GmbH-Recht, 3. Aufl. 2014; *Rudkowski,* Die Aufklärung von Compliance-Verstößen durch „Interviews", NZA 2011, 612; *Salvenmoser/Hauschka,* Korruption, Datenschutz und Compliance, NJW 2010, 331; *Schäfer/Baumann,* Compliance-Organisation und Sanktionen bei Verstößen, NJW 2011, 3601; *Schmid,* Die Garantenpflicht des Compliance-Beauftragten zur Verhinderung fremder Straftaten, JA 2013, 835; *Scherer,* Good Governance und ganzheitliches strategisches und operative Management: Die Anreicherung des „unternehmerischen Bauchgefühls" mit Risiko-, Chancen- und Compliancemanagement, CCZ 2012, 201; *Schreiber,* Implementierung von Compliance-Richtlinien, NZA-RR 2010, 617; *Schürrle/Olbers,* Compliance-Verantwortung in der AG – Praktische Empfehlungen zur Haftungsbegrenzung an Vorstände und Aufsichtsräte, CCZ 2010, 102; *Spindler,* Beratungsverträge mit Aufsichtsratsmitgliedern – Die Fresenius-Entscheidung des BGH, NZG 2012, 1161; *Schröder,* Anforderungen an einen Compliance-/CSR-Prozess im Lieferantenmanagement (Compliance-Risiko: Korruption); *Spindler/Stilz,* Aktiengesetz, 2. Aufl. 2010; *Strohn, Pflichtenmaßstab und Verschulden bei der Haftung von Organen einer Kapitalgesellschaft; Transparency International,* Checkliste für „Self-Audits" zur Korruptionsprävention in Unternehmen, 2007; *Transparency International,* Korruptionsbekämpfung in Deutschland: Institutionelle Resourcen der Bundesländer im Vergleich, 2012; *Umnuß,* Corporate Compliance Checklisten – Rechtliche Risiken im Unternehmen erkennen und vermeiden, 2. Aufl. 2012; *VKU,* Compliance in kommunalen Unternehmen – Ein Überblick, 2011; *Vogt,* Compliance und Investigations – Zehn Fragen aus der Sicht der arbeitsrechtlichen Praxis, NJW 2009, 3755; *Walther/Zimmer,* Mehr Rechtssicherheit für Compliance-Ermittlungen, BB 2013, 2933; *Warnecke,* Die Garantenstellung von Compliance-Beauftragten, NStZ 2010, 312; *Withus/Hein,* Prüfung oder Zertifizierung eines Compliance Management Systems – Voraussetzungen und mögliche Rechtsfolgen; *Wolf,* Der IDW Prüfungsstandard 980 zur ordnungsgemäßen Prüfung von Compliance Management Systemen, DStR 2011, 997; *Zenke/Schäfer/Brocke,* Compliance in Energieversorgungsunternehmen – Ein Praxishandbuch.

1. Einführung

Compliance ist zwar ein Modethema, aber keine bloße Modeerscheinung[1] und erfährt infolgedessen seit einigen Jahren immer größere Aufmerksamkeit sowohl in der Öffentlichkeit durch mediale Berichterstattung als auch in der Unternehmenspraxis. Einer der ersten großen öffentlichkeitswirksamen Fälle war im Jahr 2006 die sog. Ruhrgas-Affäre, die damit begann, dass bekannt wurde, dass die Aufsichtsratsmitglieder eines kommunalen Gasversorgers, meist führende Mandatsträger aus den angeschlossenen Stadt- und Kreisräten, nebst Begleitung in einem edlen Hotel in Rom verbrachten. Offiziell als Arbeitsbesuch tituliert, soll das Tourprogramm Themen der Gaswirtschaft aber nur gestreift haben. Die Kosten der Reise, etwa 90.000 Euro, teilte man sich brüderlich. Zwei Drittel übernahm Ruhrgas direkt, ein Drittel zahlte zunächst die lokale Gasgesellschaft. Später gewährte Ruhrgas Lieferrabatte und füllte so die Kasse der lokalen Gasgesellschaft wieder auf[2]. Ein staatsanwaltschaftliches Ermittlungsverfahren wurde mit der Begründung eingeleitet, die Vergnügungsreise sei bezahlt worden, um sich geschäftliche Vorteile zu verschaffen. Der Ruhrgas-Affäre folgte der Siemens-Korruptionsskandal mit der Aufdeckung schwarzer Kassen und in dessen Folge der Aufbau eines umfangreichen Compliance-Management-Systems in den Jahren 2007 und 2008 als Reaktion auf die Ermittlungen der Staatsanwaltschaft München, der US-Börsenaufsicht, des US-Justizministeriums und zahlreicher anderer Ermittlungsbehörden weltweit[3]. Viel beachtet wurden auch die von den Kommunalen Wasserwerken Leipzig (KWL) ausgehenden Negativschlagzeilen wegen der untreue- und betrugsrelevanten Aktivitäten ihres ehemaligen Geschäftsführers[4]. Die Liste an Beispielen ist lang[5]. Aktuell tauchen auch Pressemeldungen über Manipulationsversuche im Zusammenhang mit den zahlreichen, aktuell stattfindenden Neuvergaben von Strom- und Gaskonzessionen durch die konzessionsgebenden Gemein- 327

---

1 *Von Busekist/Hein,* CCZ 2012, 41

2 Vgl. Focus vom 23.1.2006, Korruption – Ratsherren gekauft

3 Vgl. *Moosmayer,* Compliance, 2. Aufl. 2012, S. 118.

4 In dem Prozess wirft die Staatsanwaltschaft Leipzig dem ehemaligen Geschäftsführer Untreue, Bestechlichkeit, Bilanzfälschung und Steuerhinterziehung vor. Er soll hinter dem Rücken der Aufsichtsgremien von 2005 bis 2007 riskante Finanzwetten unter anderem bei der Schweizer Großbank UBS abgeschlossen haben, die mittlerweile geplatzt sind. Der Stadt Leipzig soll dadurch ein Schaden von bis zu 300 Millionen Euro entstanden sein. Die zwei mitangeklagten Finanzberater sollen den ehemaligen Geschäftsführer mit rund 3,5 Millionen Euro bestochen haben.

5 Vgl. z. B. Aachener Zeitung vom 14.8.2012: Ein Bürgermeister soll in seiner Funktion als damaliger Aufsichtsratsvorsitzender einer kommunalen Gesellschaft dem Geschäftsführer zwei Mal Vorauszahlungen auf Tantiemen angeboten und deren Auszahlung bewilligt haben, die diesem laut seinem Anstellungsvertrag gar nicht zustanden. In einem dritten Fall soll sich der Geschäftsführer Tantiemen selbst bewilligt und ausgezahlt haben. Kern der Anklage ist der Anstellungsvertrag des Geschäftsführers, der ihm zusätzlich zum Grundgehalt von 96.000 Euro pro Jahr eine nach Umsatz gestaffelte jährliche Umsatzbeteiligung in Aussicht stellte. Die Gesellschaft war zu dem Zweck gegründet worden, private Investitionsmittel und Fördergelder zu akquirieren: beim Land, beim Bund, bei der EU. Je mehr Geld der Geschäftsführer eintrieb, desto mehr Tantiemen gestand ihm sein Anstellungsvertrag zu, maximal 25.000 Euro pro Jahr. Die Staatsanwaltschaft ging davon aus, dass die Abschlagszahlungen für zu erwartende Tantiemen für die Jahre 2004 bis 2007 vom Bürgermeister zu Unrecht angeboten und bewilligt und vom Geschäftsführer zu Unrecht akzeptiert worden seien. In beiden Fällen habe es sich „um höhere fünfstellige Summen" gehandelt. In dem dritten, nur dem Geschäftsführer zur Last gelegten Fall um 25.000 Euro. Während ihrer Ermittlungen hat die Staatsanwaltschaft Beweise dafür zusammengetragen haben, dass die Gesellschaft von 2005 bis 2007 defizitär gewirtschaftet und keine nennenswerten Summen akquiriert habe. 2004 seien zwar Umsätze verzeichnet worden; doch die für diese Umsätze ausgezahlte Tantieme sei gemäß Anstellungsvertrag um ein Vielfaches zu hoch gewesen. Vgl. außerdem Berliner Morgenpost vom 10.09.2012: Einem Stadtwerke-Geschäftsführer war vorgeworfen worden, an den Aufsichtsgremien vorbei einem Fußball-Drittligisten heimlich Bürgschaften gewährt zu haben. Der Geschäftsführer war zugleich Chef des Aufsichtsrats des Fußballklubs. Die Staatsanwaltschaft ging von einer fremdnützigen Untreue aus, auch wenn dem Unternehmen kein wirklicher Schaden entstanden sei und der Geschäftsführer sich keine privaten Vorteile verschafft habe. Als Konsequenz beriefen die Stadtverordneten eine Transparenz-Kommission ein, in der die Gehälter in kommunalen Unternehmen offengelegt werden, neue Regeln für Sponsoring aufgestellt wurden und ein Anti-Korruptionsbeauftragter bestellt wurde.

den an die das jeweilige Netz betreibenden Strom- oder Gasversorgungsunternehmen auf[6].

328 Nach einer Studie der Wirtschaftsprüfungsgesellschaft PwC zur Kriminalität im öffentlichen Sektor[7] wird die öffentliche Verwaltung durch verschiedene Formen von Kriminalität, insbesondere Vermögens- und Urkundendelikte sowie wettbewerbswidrige Absprachen und Subventionsbetrug geschädigt. Danach war fast jede dritte Behörde (29%) in den letzten zwei Jahren nachweislich von mindestens einer strafbaren Handlung betroffen. Sogar 44% der Behörden berichteten von konkreten Verdachtsfällen. Während die Zahl der nachgewiesenen Fälle von Korruption in der öffentlichen Verwaltung relativ niedrig ist, vermuteten über 25% der Verwaltungen in den letzten zwei Jahren mindestens einen Fall von Vorteilsannahme und 14% einen Fall von Bestechlichkeit. Außerdem berichtet jede fünfte Behörde von Bestechungsversuchen gegenüber ihren Mitarbeitern durch Privatpersonen oder Unternehmen. Ausgehend von insgesamt 8.500 Strafanzeigen wegen Korruption im Jahr 2008 schätzt man die Zahl der jährlichen Korruptionsverdachtsfälle in der öffentlichen Verwaltung auf circa 20.000. Infolgedessen haben rund 80% der befragten Behörden interne Richtlinien zur Korruptionsbekämpfung und zur Annahme von Belohnungen und Geschenken eingeführt. Dennoch sind die Kontroll- und Präventionsmaßnahmen oft unzureichend; die Aufdeckung von Straftaten ist häufig von Zufällen abhängig. Insbesondere Korruptionsfälle werden erst von Strafverfolgungsbehörden aufgedeckt[8]. Dem Thema Compliance kann sich damit weder ein privates noch ein öffentliches Unternehmen, insbesondere auch kein kommunales Unternehmen mehr verschließen.

329 Entscheidend bei der Umsetzung eines Compliance-Programms ist es nicht, Rechtsverstöße Einzelner völlig auszuschließen, sondern systematisches Fehlverhalten im Unternehmen zu verhindern bzw. entsprechende Warnzeichen rechtzeitig zu erkennen, um Gegenmaßnahmen einleiten zu können[9].

2. Begriffsbestimmung

330 Es existiert keine allgemein gültige oder gar gesetzlich fixierte Definition für den Begriff „Compliance", so dass über dessen Bedeutung in der Praxis oft erhebliche Unklarheit herrscht[10]. Der Begriff wurde wie auch der der „Corporate Governance" aus der angelsächsischen Rechtsterminologie in das deutsche Recht übernommen und kann wörtlich mit „Befolgung, Einhaltung, Konformität, Ordnungsmäßigkeit oder Übereinstimmung" übersetzt werden[11]. Mit dem ursprünglich aus der Medizin stammenden Begriff wurde das Verhalten eines Patienten beschrieben, sich an die Therapievorgaben des Arztes zu halten, d. h. therapietreu oder compliant zu sein[12]. So wie sich der Patient zur Erreichung des Behandlungserfolges an die Therapievorgaben seines Arztes zu halten hat, verlangt Compliance von den Unternehmen und deren Organen, dass sie im Einklang mit den geltenden gesetzlichen und den selbst auferlegten Regeln, also rechtskonform handeln müssen[13].

---

[6] Vgl. beispielsweise Südwestpresse vom 03.05.2013: Danach soll ein Mitarbeiter der EnBW einen Bürgermeister dazu gedrängt haben, den Stromkonzessionsvertrag mit der EnBW zu verlängern und nicht einen anderen Betreiber für das Stromnetz zu beauftragen. Als Gegenleistung habe der EnBW-Mitarbeiter dem Bürgermeister das große Sommerschirmzelt des Energiekonzerns angeboten, um es kostenlos für ein Dorffest nutzen zu können.

[7] *PwC,* Kriminalität im öffentlichen Sektor 2010 – Auf der Spur von Korruption & Co, 2010.

[8] Vgl. *PwC,* a.a.O.

[9] Vgl. *Moosmayer,* Compliance, S. 3.

[10] Vgl. *Schäfer/Holzingen,* in: *Zenke/Schäfer/Brocke,* Compliance in Energieversorgungsunternehmen, S. 5.

[11] Vgl. *Heuking/von Coelln,* DÖV 2012, S. 827, 828.

[12] Vgl. *Schäfer/Holzingen,* a.a.O., S. 6.

[13] Vgl. *Hauschka,* in: *Hauschka,* Corporate Compliance, § 1 Rn. 2.

Der Begriff „Compliance" ist auch gegenüber dem Risikomanagement[14] abzugrenzen. Während es Aufgabe des Risikomanagements ist, eine vornehmlich ökonomische Risikobewertung einzelner Handels- und Geschäftsvorgänge im Unternehmen vorzunehmen[15], zielt Compliance durch präventives Handeln auf die Einhaltung gesetzlicher Vorschriften und sonstiger Regeln, damit keine Haftungsfälle oder Imageschäden für das Unternehmen entstehen[16]. 331

Daran knüpfen auch der Deutsche Corporate Governance Kodex (DCGK) in Nr. 4.1.3 und der Public Corporate Governance Kodex des Bundes (PCGK) in Nr. 4.1.2 an, die Compliance jeweils dahingehend definieren, dass die Geschäftsleitung für die Einhaltung der gesetzlichen Bestimmungen und der unternehmensinternen Richtlinien zu sorgen hat und auch auf deren Beachtung durch die Konzernunternehmen hinwirkt. Ähnlich definiert der Prüfungsstandard des Instituts der Wirtschaftsprüfer zur ordnungsgemäßen Prüfung von Compliance-Management-Systemen (IDW PS 980) den Begriff Compliance als die Einhaltung von Regeln, d. h. von gesetzlichen Bestimmungen und unternehmensinternen Richtlinien und infolgedessen ein Compliance-Management-System als die Gesamtheit der Grundsätze und Maßnahmen eines Unternehmens zur Einhaltung dieser Regeln und damit zur Vermeidung von Regelverstößen[17]. 332

Folgerichtig wird man den Bedeutungsgehalt des Begriffs „Compliance" daher weitergehend als Verpflichtung aller Mitarbeiter und der Geschäftsleitung zur Beachtung der rechtlichen Vorschriften und sonstigen Regeln des Unternehmens verstehen müssen[18]. Zu diesen sonstigen Regeln des Unternehmens gehören insbesondere Unternehmenssatzung, Geschäftsordnungen für Geschäftsführung und Aufsichtsrat, Unterschriftenregelungen, Dienst- und Arbeitsanweisungen und sonstige unternehmensinterne bzw. innerbetriebliche Regelungen. 333

3. Notwendigkeit des Aufbaus eines Compliance-Management-Systems

a) Allgemeine Pflicht des Unternehmensinhabers

Der Einhaltung bestimmter Regeln immanent ist die Verhinderung von Regelverstößen. Die durch solche Regelverstöße ausgelösten Haftungsrisiken, Reputationsverluste und finanziellen Aufwendungen können für Unternehmen im Einzelfall sogar Existenz bedrohend sein. Die Nichteinhaltung von Regeln kann nämlich zu Unternehmensstrafen, Bußgeldern, Gewinnabschopfungen oder dem Verfall des durch den Gesetzesverstoß erzielten Gewinns führen. Gleichzeitig resultiert aus dem Verstoß oftmals ein erheblicher Imageverlust. 334

---

14 Seit 1998 schreibt das Gesetz zur Kontrolle und Transparenz im Unternehmensbereich vom 27.04.1998 (KonTraG) für Handelsgesellschaften die Einrichtung eines Risikomanagementsystems vor. Ausgehend von § 91 Abs. 2 AktG besteht die Verpflichtung, ein mit einem Frühwarnsystem verbundenes Risikomanagementsystem einzurichten.

15 Vgl. *BDEW-Info*, Compliance-Anwendungshilfe für die Praxis, S. 4: *„Um Mehrarbeit oder Doppelarbeit zu vermeiden, kann das Compliance-Risikomanagement eng in das übrige Risikomanagement des Unternehmens eingebunden werden. Letzteres nimmt in ähnlicher Art und Weise Risiken auf und bewertet sie. Zwischen Compliance-Management- und Risikomanagement-Systemen bestehen demnach methodische und inhaltliche Überschneidungen. Gegebenenfalls kann auch eine Verbindung beider Systeme für eine effiziente Organisation und/oder die Durchführung gemeinsamer Workshops sinnvoll sein. Denn Mängel in der Compliance des Unternehmens können zugleich Risiken darstellen, die in den Aufgabenbereich des übrigen Risikomanagements fallen. Alternativ ist es möglich – soweit das Unternehmen legale Risiken aus normaler unternehmerischer Tätigkeit von solchen aus Regelverstößen (Risiken aus illegalem Handeln) getrennt halten will – eine klare Schnittstellenabgrenzung zu treffen."*

16 Vgl. *Schäfer/Holzingen*, a.a.O., S. 10.

17 Vgl. IDW PS 980 Tz. 6.

18 Vgl. *Schäfer/Holzingen*, a.a.O., S. 9; *Moosmayer*, Compliance, S. 1: *„Eine inhaltliche Einschränkung bei der Begriffsdefinition etwa auf das Antikorruptionsrecht oder das Wettbewerbsrecht ist dabei nicht zulässig. Die Verantwortung der Unternehmensleitung erstreckt sich eben nicht nur darauf, dass keine Bestechungsgelder gezahlt oder wettbewerbswidrige Absprache getroffen werden, sondern in gleicher Weise etwa auch auf die Einhaltung des Datenschutzrechts, des Außenwirtschaftsrechts oder auf die Bestimmungen zum Schutz der Umwelt und der Arbeitssicherheit."*

335 Das deutsche Recht kennt aber keine allgemeingültigen gesetzlichen Regelungen, die der Geschäftsleitung eines Unternehmens ausdrücklich die Einrichtung eines Compliance-Management-Systems vorschreiben[19]. Die Notwendigkeit der Einhaltung von Compliance-Regeln ist nicht in einer Norm geregelt, sondern ergibt sich aus verschiedenen vom Gesetzgeber getroffenen spezialgesetzlichen Regelungen, die aber durchaus Anhaltspunkte für die Ausgestaltung und Dokumentation in anderen Rechtsgebieten mit vergleichbaren Risiken liefern können[20]. Aus einer Vielzahl solcher Regelungen ist die bußgeldbewehrte[21] Norm des § 130 OWiG hervorzuheben, die den Betriebsinhaber zu einer „gehörigen Aufsicht", also zu objektiv zumutbaren Aufsichtsmaßnahmen verpflichtet[22], um die Verletzung von betriebsbezogenen Pflichten zu verhindern. Grundsätzlich sind Unternehmensinhaber und vertretungsberechtigte Unternehmensorgane (vgl. § 9 Abs. 1 Nr. 1 OWiG) daher über § 130 OWiG gefordert, dafür Sorge zu tragen, dass aus dem Unternehmen heraus keine Gesetzesverstöße erfolgen; eine flächendeckende Kontrolle kann aber nicht gefordert werden[23]. Eine Pflicht zur Sicherstellung der Compliance ergibt sich auch aus § 91 AktG (Organisation, Buchführung), § 93 AktG (Sorgfaltspflicht und Verantwortlichkeit der Vorstandsmitglieder) sowie § 43 GmbHG (Haftung der Geschäftsführer). Daneben empfiehlt der Deutsche Corporate Governance Kodex die Beachtung der dort für börsennotierte Gesellschaften und Gesellschaften mit Kapitalmarktzugang aufgestellten Regeln durch nicht kapitalmarktorientierte Gesellschaften, so dass mit ihrer Einhaltung den unternehmerischen Sorgfaltspflichten Genüge getan werden kann[24].

---

[19] Vgl. *Orthmann/Gimnich,* Compliance – Praxishandbuch für öffentliche Unternehmen, 2. Aufl. 2013, S. 9; *Schäfer/Holzingen,* a.a.O., S. 18.

[20] Vgl. beispielsweise § 33 Abs. Nr. 1 WpHG, wonach ein Wertpapierdienstleistungsunternehmen *„angemessene Grundsätze aufstellen, Mittel vorhalten und Verfahren einrichten [muss], die darauf ausgerichtet sind, sicherzustellen, dass das Wertpapierdienstleistungsunternehmen selbst und seine Mitarbeiter den Verpflichtungen dieses Gesetzes nachkommen, wobei insbesondere eine dauerhafte und wirksame* ***Compliance-Funktion*** *einzurichten ist, die ihre Aufgaben unabhängig wahrnehmen kann".*

[21] Bei Verletzung kann gegen den Inhaber des Betriebes gem. § 130 Abs. 3 OWiG eine Geldbuße festgesetzt werden; die durch Zuwiderhandlungen erzielten Mehrerlöse können nach §§ 30 Abs. 3 i.V. mit 17 Abs. 4 OWiG abgeschöpft werden.

[22] Vgl. *Rogall,* in: Karlsruher Kommentar zum OWiG, § 130 Rn. 49: *„Nicht verlangt werden können ferner Maßnahmen, die in ihrem Umfang und damit in kostenmäßiger Hinsicht wirklichkeitsfremd und überspannt sind. ... Auch eine übermäßige Bürokratisierung des Unternehmens und damit eine Beeinträchtigung von dessen Effektivität soll ebenso verhindert werden wie solche Maßnahmen, die wenig Aussicht auf Erfolg haben; denn Aufsichtsmaßnahmen, die nur ein „Stochern im Netz" sind und nur „Zufallstreffer" einbringen können, sind weder erforderlich iSd. § 130 noch zumutbar."*

[23] Vgl. OLG Düsseldorf: Urteil vom 5.4.2006 – 2 Kart 5, 6/05: *„Dem Betroffenen ist vorzuwerfen, dass er die durchführbaren und zumutbaren Organisationsmaßnahmen, die erforderlich und geeignet sind, Verstöße gegen kartellrechtliche Bestimmungen zu verhindern, nicht ergriffen hat. Das Ausmaß der Aufsichtspflicht hängt von den Umständen des Einzelfalles ab. Die Aufsichtspflicht soll die Beachtung der bestehenden Gebote und Verbote gewährleisten und muss folglich so ausgeübt werden, dass die betriebsbezogenen Pflichten aller Voraussicht nach eingehalten werden. Zu den erforderlichen Aufsichtsmaßnahmen gehören insbesondere die sorgfältige Auswahl der Mitarbeiter und gegebenenfalls die Bestellung von Aufsichtspersonen, sachgerechte Instruktion und Aufgabenverteilung, Aufklärung, Belehrung und Überwachung der Mitarbeiter und Aufsichtspersonen, unter Umständen auch Androhung und Vollzug zulässiger Sanktionen. ... Die Aufsichtsmaßnahmen müssen objektiv erforderlich und zumutbar sein, wobei der Maßstab wesentlich durch die konkreten Zuwiderhandlungsgefahren in dem jeweiligen Betrieb geprägt ist. ... Für den Umfang der Maßnahmen ist die Sorgfalt bestimmend, die einem ordentlichen Angehörigen des jeweiligen Tätigkeitsbereichs abverlangt werden kann. ...Erforderlich sind von vornherein nur solche Aufsichtsmaßnahmen, die auch geeignet sind, betriebsbezogene Verstöße zu verhindern. Dies ergibt sich daraus, dass § 130 OWiG keine „flächendeckende Personalkontrolle", also nicht die Aufsicht bloß um der Aufsicht willen, sondern nur solche Maßnahmen fordert, die eine hohe Wahrscheinlichkeit dafür bieten, dass betriebsbezogene Verstöße unterbleiben. Aufsichtsmaßnahmen, von denen keinerlei Verhaltensbeeinflussung ausgehen kann, sind von vornherein als untauglich anzusehen."*

[24] Vgl. *Orthmann/Gimnich,* a.a.O., S. 9.

b) Aktienrecht

Nach § 76 Abs. 1 AktG obliegt dem Vorstand einer Aktiengesellschaft deren Leitung. 336
§ 91 Abs. 2 AktG verlangt vom Vorstand in diesem Rahmen ausdrücklich ein Überwachungssystem einzurichten, damit den Fortbestand der Gesellschaft gefährdende Entwicklungen frühzeitig erkannt werden. Der Vorstand muss also zur Vorbeugung gegen Haftungsrisiken ein Risikofrüherkennungssystem und damit Compliance-Instrumentarien implementieren[25]. Für die Aktiengesellschaft ist es heute daher allgemein anerkannt, obwohl im Aktiengesetz nicht ausdrücklich normiert, dass der Vorstand zur Einrichtung eines Compliance-Management-Systems verpflichtet ist[26]. Diese Pflicht des Vorstands, durch organisatorische Vorkehrungen für die Einhaltung gesetzlicher Bestimmungen und unternehmensinterner Richtlinien durch Unternehmensangehörige zu sorgen, findet ihre Rechtsgrundlage in der Leitungs- und Organisationsverantwortung des Vorstands aus §§ 76 Abs. 1, 93 Abs. 1 AktG. Der Vorstand muss dafür Sorge tragen, dass geeignete Maßnahmen und organisatorische Vorkehrungen im Unternehmen getroffen werden, damit die Einhaltung von geltendem in- und ausländischem Recht und interner Richtlinien des Unternehmens gewährleistet ist; die Organisation der Gesellschaft und deren interne Entscheidungsprozesse müssen Gesetz und Satzung entsprechen. Die Legalitätspflicht der Leitungsorgane erschöpft sich nicht in eigener Rechtstreue, sondern schließt eine Legalitätskontrolle fremder Personen ein (Legalitäts- und Organisationspflicht). Jedes Vorstandsmitglied muss daher in seinem Verantwortungsbereich durch geeignete organisatorische Maßnahmen für ein gesetzestreues Verhalten auch auf nachgeordneten Leitungsebenen sorgen[27], um Gesetzesverstöße von sämtlichen Unternehmensangehörigen zu unterbinden. Insoweit trifft sich die Legalitätskontrolle mit der Überwachungsverantwortung der Vorstandsmitglieder. Die hinreichende Wahrnehmung der Compliance-Aufgabe durch den Vorstand ist ihrerseits Teil der Überwachungsverpflichtung des Aufsichtsrats nach § 111 AktG[28].

c) GmbH-Recht

Im GmbH-Gesetz fehlt ebenso wie im Aktiengesetz eine Definition des Begriffs der Compliance. 337
Wie der Vorstand einer Aktiengesellschaft muss der Geschäftsführer einer GmbH nicht nur selbst die der Gesellschaft obliegenden Pflichten einhalten, sondern auch organisatorische Vorkehrungen treffen, die eine Beachtung von Recht und Gesetz durch die Gesellschaft nach außen sicherstellen[29]. Dies umfasst auch die Pflicht des Geschäftsführers im Rahmen der Gesetze, des Gesellschaftsvertrages und unter Berücksichtigung öffentlicher Interessen die Interessen der Gesellschaft zu fördern, ihre Vorteile zu wahren, Schaden von ihr abzuwenden und sich rechtstreu sowie nach den anerkannten Grundsätzen der Geschäftsmoral zu verhalten[30]. Ob aber der Geschäftsführer wie auch der Vorstand zu diesem Zweck verpflichtet ist, eine Compliance-Organisation einzurichten ist umstritten. Unter Hinweis auf die schon oben erwähnte Begriffsbestimmung in

---

25 Vgl. *Orthmann/Gimnich,* a.a.O., S. 10.

26 Vgl. *Fleischer,* in: *Spindler/Stilz,* Aktiengesetz, § 91 Rn. 47; *Hüffer,* AktG, § 76 Rn. 9a m. w. N.; *Kort,* GmbHR 2013, 566; *Orthmann/Gimnich,* a.a.O., S. 9. Zurückhaltender dagegen *Spindler,* in *Münchner Kommentar zum AktG,* § 91 Rn. 36, der es zum einen für eine Selbstverständlichkeit hält, dass das Unternehmen und der Vorstand als sein Leitungsorgan gesetzliche Bestimmungen einzuhalten haben und dass der Vorstand zum anderen auch hier einen Ermessensspielraum im Sinne der Business Judgement Rule genießt, wie die Compliance-Organisation zu gestalten ist. Er kommt daher zum Ergebnis, dass eine Rechtspflicht für alle Unternehmen, gleich welcher Größe, Branche etc., ein umfassendes Compliance-Management-System einzurichten nicht angenommen werden kann, sondern es entscheidend auf die Größe, Struktur und Lage des Unternehmens, das Risikopotential der Märkte, auf dem das Unternehmen tätig ist, sowie die Art des Kapitalmarktzugangs ankommt.

27 Vgl. *Fleischer,* in: *Spindler/Stilz,* Aktiengesetz, § 91 Rn. 47.

28 Vgl. *Hüffer,* AktG, § 76 Rn. 9a.

29 Vgl. *Zöllner/Noack,* in: *Baumbach/Hueck,* § 43 Rn. 17.

30 Vgl. *Orthmann/Gimnich,* a.a.O., S. 12 m.w.N .

Ziffer 4.1.3 DCGK, wonach der Vorstand für die Einhaltung der gesetzlichen Bestimmungen und der unternehmerischen Richtlinien zu sorgen hat, wird angenommen, dass die dortige Compliance-Verpflichtung sinngemäß nicht nur für Vorstandsmitglieder einer börsennotiert AG, sondern ebenso für Geschäftsführer von GmbH gilt[31]. Die Regelungen des Aktiengesetzes zu den Compliance-Verpflichtungen des Vorstands sollen nach dem Willen des Gesetzgebers zudem auch auf den Pflichtenrahmen der Geschäftsführung anderer Gesellschaften Ausstrahlungswirkung haben. Eine solche Ausstrahlungswirkung wird man jedenfalls bei einer GmbH mit einem mitbestimmten oder fakultativen Aufsichtsrat annehmen können[32], insbesondere weil auch die Geschäftsführer einer GmbH nach § 43 GmbHG[33], wonach diese in den Angelegenheiten der Gesellschaft die Sorgfalt eines ordentlichen Geschäftsmannes anzuwenden haben, eine allgemeine Sorgfalts- und Organisationspflicht trifft.

338 Unter bestimmten Voraussetzungen, insbesondere bei Vorliegen eines bestimmten Risikopotenzials oder einer entsprechenden Zumutbarkeit[34], kann also eine Verpflichtung der Unternehmensführung bestehen, eine Compliance-Organisation aufzubauen[35]. Für das Bestehen einer solchen Verpflichtung spielen viele Faktoren eine Rolle. Anhaltspunkte sind Organisationsform, Art und Größe des Unternehmens, Branche und Tätigkeitsfeld, Anzahl der Mitarbeiter, Umfang und Bedeutung der zu beachtenden Vorschriften und Vorkommnisse oder Unregelmäßigkeiten in der Vergangenheit[36]. Dabei ist das jeweilige Risiko, inwieweit es im Unternehmen überhaupt zu Rechtsverstößen kommen kann, für die Beantwortung der Notwendigkeit einer Compliance-Organisation, ausschlaggebend, immer aber auch vor dem Hintergrund eine unnötige oder unzumutbare Überregulierung zu vermeiden[37].

339 Sowohl der Aufsichtsrat als auch die Geschäftsführung sind nicht nur für die Wirksamkeit interner Kontroll- und Risikomanagementsysteme verantwortlich, sondern bereits für ihr Vorhandensein und ihren Einsatz. Die Praxis offenbart jedoch, dass bei kommunalen Unternehmen Strategien zur Haftungsvermeidung häufig noch nicht etabliert sind[38]. Vor allem kleinere Stadtwerke stehen bei der Umsetzung der neuen Anforderungen auch vor organisatorischen Problemen, weil ihre technischen Anlagen und Prozesse sowie ihre hohen Beschaffungsvolumina vergleichsweise hohe Risiken bergen. Daneben fehlen mitunter die personellen Ressourcen zur Ausbildung einer eigenständigen Compliance-Funktion, so dass Compliance-Verantwortlichkeiten eher geschäftsbereichs- bzw. abteilungsbezogen existieren. In vielen Unternehmen herrscht Unsicherheit, ob sie damit die gesetzlichen Anforderungen an eine ordnungsgemäße Compliance erfüllen. Darum sollte jedes Unternehmen, gleichgültig, ob in privater oder öffentlicher Hand, organisatorische Vorkehrungen zur wirksamen und dauerhaften Befolgung aller gesetzlichen Regelungen und unternehmensinternen Richtlinien treffen und umsetzen.

---

[31] Vgl. auch *Kort,* GmbHR 2013, 566.

[32] Vgl. *Otto/Fonk,* Haftung und Corporate Compliance in der öffentlichen Wirtschaft – Aspekte der Haftungsvermeidung aus Sicht kommunaler Unternehmen, CCZ 2012, 161, 162.

[33] Vgl. *Heuking/von Coelln,* DÖV 2012, 827 829.

[34] Vgl. *Zöllner/Noack,* in: *Baumbach/Hueck,* § 43 Rn. 17; *Fleischer,* in: *Münchner Kommentar zum GmbHG,* § 43 Rn. 147; *Schäfer/Holzingen,* a.a.O., S. 19.

[35] Vgl. *von Busekist/Hein,* Der IDW PS 980 und die allgemeinen rechtlichen Mindestanforderungen an ein wirksames Compliance Management System (1) – Grundlagen, Kultur und Ziele, CCZ 2012, 41, 43; *Hauschka,* in: *Hauschka,* § 1 Rn. 22.

[36] Vgl. *Spindler,* in: *Münchner Kommentar zum AktG,* § 91 Rn. 36; ; *Fleischer,* in: *Münchner Kommentar zum GmbHG,* § 43 Rn. 147.

[37] Vgl. *Hauschka,* in: *Hauschka,* § 1 Rn. 23.

[38] Vgl. *Otto/Fonk,* Haftung und Corporate Compliance in der öffentlichen Wirtschaft – Aspekte der Haftungsvermeidung aus Sicht kommunaler Unternehmen, CCZ 2012, 161.

d) Anstalt des öffentlichen Rechts (Kommunalunternehmen)

Auch für das rechtlich selbständige Kommunalunternehmen[39] fehlt eine Definition von Compliance. Nach Art. 90 GO Bay führt der Vorstand das Kommunalunternehmen in eigener Verantwortung; die Mitglieder des Vorstands sind dabei nach § 3 Abs. 1 S. 1 KUV Bay verpflichtet mit der Sorgfalt ordentlicher Geschäftsleute vertrauensvoll und eng zum Wohl des Kommunalunternehmens zusammenzuarbeiten. Der Vorstand ist das zentrale Organ des Unternehmens und damit für den gesetz- und ordnungsgemäßen Geschäftsablauf originär zuständig. In diesem Rahmen ist er auch verpflichtet, dass bei der Wahrnehmung der Leitungsaufgaben die methodischen Grundregeln ordnungsgemäßer Unternehmensführung zu beachten sind[40]. Deshalb gehört es wegen der Stellung des Vorstands im Unternehmen auch zu seinen Pflichten abhängig von Größe, Struktur und Lage des Unternehmens sowie dessen Risikopotential eine Compliance-Organisation aufzubauen[41]. Allerdings kann die Ausgestaltung der Unternehmenssatzung und die Einflussnahme von Kommune oder Verwaltungsrat den Pflichtenrahmen im Einzelfall stark beschränken. 340

e) Eigenbetrieb

Anders als das Kommunalunternehmen ist der Eigenbetrieb[42] keine eigenständige juristische Person des öffentlichen Rechts, sondern ein nur wirtschaftlich selbständiges Sondervermögen, rechtlich aber Teil der juristischen Person Gemeinde oder Landkreis, so dass jeweils nur die jeweilige Kommune aus dem Handeln des Eigenbetriebs berechtigt und verpflichtet wird. Die Werkleitung ist nur für die laufenden Geschäfte zuständig, also für die Entscheidungen, die im täglichen Geschäftsgang von Art und Umfang regelmäßig wiederkehren. Zu den Aufgaben der Werkleitung gehört sowohl die unternehmerische Planung, in deren Rahmen die langfristige Strategie und die Entwicklung der Unternehmensziele, das Investitionsprogramm und seine Finanzierung festgelegt werden als auch die Organisation (Personalführung und Personaleinsatz, Koordination von Arbeitsmitteln) einschließlich der Betriebs- und Geschäftsleitung und die Kontrolle, ob und wie das durch die Planung vorgegebene Soll tatsächlich erreicht wird[43]. Im Rahmen dieses Aufgaben- und Verantwortungsbereichs muss die Werkleitung – wie bei GmbH und Kommunalunternehmen abhängig von Größe, Struktur und Lage sowie Risiko des Unternehmens – Compliance-Maßnahmen ergreifen, um den Aufgaben ordnungsgemäß gerecht zu werden, während es Aufgabe des kommunalen Vertretungsorgans als oberstem Beschlussorgan ist, ein um fassendes Compliance-Management-System zu implementieren[44]. 341

4. Implementierung eines Compliance-Management-Systems als Aufgabe der Unternehmensleitung

Der Kern der Compliance-Verpflichtungen des Vorstands bzw. Geschäftsführers wird durch § 91 Abs. 2 AktG bzw. § 43 Abs. 1 GmbHG vorgegeben, wonach diese geeignete Maßnahme zu treffen und vor allem ein Überwachungssystem einzurichten haben, damit den Fortbestand der Gesellschaft gefährdende Entwicklungen frühzeitig erkannt werden[45]. Da sich allgemein verbindliche Leitlinien zur Ausgestaltung einer Compliance-Organisation nicht aufstellen lassen, ist eine unter Berücksichtigung des Gefahrenpoten- 342

---

[39] Vgl. dazu *Schraml,* in: *Wurzel/Schraml/Becker,* Rechtspraxis der kommunalen Unternehmen, D.II.
[40] Vgl. *Klein/Uckel/Ibler,* Kommunen als Unternehmer, 33.11 Ziffer 1.4.2.
[41] Vgl. *Orthmann/Gimnich,* a.a.O., S. 42.
[42] Vgl. dazu *Schneider,* in: *Wurzel/Schraml/Becker,* Rechtspraxis der kommunalen Unternehmen, D.I.
[43] Vgl. *Klein/Uckel/Ibler,* Kommunen als Unternehmer, 43.20 Ziffer 1.
[44] Vgl. *Orthmann/Gimnich,* a.a.O., S. 41.
[45] Vgl. *Otto/Fonk,* Haftung und Corporate Compliance in der öffentlichen Wirtschaft – Aspekte der Haftungsvermeidung aus Sicht kommunaler Unternehmen, CCZ 2012, 161, 162.

zials auf Haftungsvermeidung und Risikokontrolle angelegte Compliance-Organisation einzurichten[46], die sich auf alle insbesondere für öffentliche Unternehmen compliancerelevanten Risikobereiche wie Arbeitsrecht (insbesondere Diskriminierungsverbot), Datenschutzrecht, Gesellschaftsrecht, Kartellrecht, Korruptionsstrafrecht, Steuerrecht, Umweltrecht (insbesondere Wasser- und Immissionsschutzrecht) sowie Vergabe- und Beihilferecht erstreckt[47]. Die Verpflichtung, Compliance-Vorkehrungen zu ergreifen, ist nicht unbegrenzt, sondern steht unter dem Vorbehalt der Erforderlichkeit und Zumutbarkeit, so dass sich die Compliance-Aktivitäten auf die kritischen Bereiche konzentrieren dürfen[48]. Bei der Beurteilung der Notwendigkeit von konkreten Compliance-Maßnahmen ist dem Vorstand ein weiter Gestaltungsspielraum einzuräumen[49], der aber im Einzelfall durch Branchenstandards[50], Vorfälle in der Vergangenheit im Unternehmen selbst oder in derselben Branche eingeschränkt sein kann.

343 Die Verpflichtung zur Einrichtung einer Compliance-Organisation wird nach Auffassung von Moosmayer in einem dreistufigen Prozess erfüllt[51]. In einer ersten Stufe muss sich die Geschäftsführung einen nachhaltigen Eindruck von den Risiken des Unternehmens im Rahmen seiner geschäftlichen Aktivitäten einschließlich seiner Geschäftspartner verschaffen (Risikoanalyse). Im Anschluss gilt es, ein Compliance Programm und eine Compliance-Organisation aufzusetzen und dabei den Grundfunktionen einer funktionierenden Compliance gerecht zu werden: Vorbeugen (Prevent), Erkennen (Detect) und Reagieren (Respond). Entscheidend und größte Herausforderung ist anschließend die Implementierung des Compliance Programms in die tägliche Arbeitspraxis des Unternehmens. Dabei handelt es sich um keine statische Aufgabe, sondern einen fortwährenden Prozess abhängig von den Veränderungen aufgrund strategischer Entscheidungen, aufgrund sich ändernder externer Rahmenbedingungen, die das Unternehmen zu befolgen hat oder auch aufgrund von erkanntem Verbesserungspotenzial[52].

a) Grundelemente eines Compliance-Management-Systems

344 Kernstück eines Compliance-Managements-Systems ist zunächst eine Art Pflichtenheft, in dem die Geschäftsführung die unternehmensindividuell maßgeblichen Aufgaben und Standards festlegt und die Verhaltensregeln für alle Führungskräfte und Beschäftigten definiert, die sowohl für das Verhalten nach außen (z. B. Umgang mit Geschäftspartnern, Kunden, Anlegern oder Behörden) als auch für die betriebsinternen Grundsätze (z. B. Arbeitsplatzsicherheit, Diskriminierungsverbote) Vorgaben machen und statuieren. Die insoweit festgelegten Leitlinien[53] reflektieren auch die ethischen Grundsätze, nach denen sich das Unternehmen im Geschäftsverkehr richten will[54].

---

[46] Vgl. *Fleischer,* in: *Spindler/Stilz,* Aktiengesetz, § 91 Rn. 50f.

[47] Vgl. *PCGK,* Anmerkung zu Ziffer 3.3.1: „Zu den Regeln der ordnungsgemäßen Unternehmensführung zählen neben den einschlägigen Gesetzen und sonstigen zwingenden Vorschriften auch der aktuelle Stand der betriebswirtschaftlichen Erkenntnisse und Erfahrungen im Hinblick auf eine gute und verantwortungsvolle Unternehmensführung und -überwachung sowie die Grundsätze des Public Corporate Governance Kodex.

[48] Vgl. *Fleischer,* in: *Spindler/Stilz,* Aktiengesetz, § 91 Rn. 51f: *„Ein flächendeckendes Kontrollnetz aufzubauen oder unverhältnismäßige Schnüffelei zu betreiben, wird dem Vorstand nicht abverlangt."*

[49] Vgl. schon oben unter Fußnote 26 und *Spindler,* in *Münchner Kommentar zum AktG,* § 91 Rn. 36; *Fleischer,* in: *Spindler/Stilz,* Aktiengesetz, § 91 Rn. 53.

[50] So verpflichtet beispielsweise § 7a Abs. 5 EnWG vertikal integrierte Energieversorgungsunternehmen dazu, *„für die mit Tätigkeiten des Netzbetriebs befassten Mitarbeiter ein Programm mit verbindlichen Maßnahmen zur diskriminierungsfreien Ausübung des Netzgeschäfts (Gleichbehandlungsprogramm) festzulegen, den Mitarbeitern dieses Unternehmens und der Regulierungsbehörde bekannt zu machen und dessen Einhaltung durch eine natürliche oder juristische Person (Gleichbehandlungsbeauftragter) zu überwachen."* Vgl. ausführlich zur energierechtlichen Compliance nach § 7a Abs. 5 EnWG: *Rauch,* CCZ 2011, 175.

[51] Vgl. *Moosmayer,* Compliance, S. 2.

[52] Vgl. *Orthmann/Gimnich,* a.a.O., S. 106.

[53] Häufig werden diese Grundsätze als „Unternehmensrichtlinien", „Code of Conduct", „Verhaltenskodex" oder „Mission Statement" bezeichnet.

[54] Vgl. *VKU,* Compliance in kommunalen Unternehmen, S. 47.

Ein Compliance-Management-System muss also regelkonformes Verhalten sicherstellen. Es ist dann angemessen, wenn es geeignet ist, mit hinreichender Sicherheit sowohl Risiken für wesentliche Regelverstöße rechtzeitig zu erkennen als auch solche Regelverstöße zu verhindern oder bereits eingetretene Regelverstöße zeitnah an die zuständige Stelle im Unternehmen zu berichten, um Konsequenzen zur Verbesserung des Compliance-Management-Systems ziehen zu können[55]. Das Compliance-Management-System beinhaltet entsprechend Ziffer 23 des IDW PS 980 die folgenden sieben miteinander in Wechselwirkung stehenden Grundelemente[56], die nicht neben der Unternehmensorganisation existieren, sondern in die Geschäftsabläufe eingebunden und vom jeweiligen Unternehmen konkret ausgestaltet werden müssen: 345

aa) Compliance-Kultur: Als Compliance-Kultur werden die Grundeinstellungen und Verhaltensweisen, die von der Unternehmensleitung vermittelt werden, bezeichnet (sog. „tone at the top" bzw. „tone from the top"). Die Compliance-Kultur soll allen Mitarbeitern sowie auch Kunden und Lieferanten die Bedeutung vermitteln, die das Unternehmen der Beachtung von Regeln beimisst. 346

bb) Compliance-Ziele: Die gesetzlichen Vertreter legen auf der Grundlage der allgemeinen Unternehmensziele und der für das Unternehmen bedeutsamen Regeln die Ziele fest, die durch das Compliance-Management-System erreicht werden sollen. Dazu werden Compliance-Themen eingegrenzt oder Kriterien für die Bestimmung von Compliance-Risiken definiert. 347

cc) Compliance-Risiken: Auf der Basis der Compliance-Ziele werden durch systematische Identifikation und Bewertung der Risiken (sog. Risikoanalyse) die Compliance-Risiken festgestellt, die die Verfehlung der Ziele zur Folge haben können. 348

dd) Compliance-Programm: Auf der Grundlage der Beurteilung der Compliance-Risiken werden die Grundsätze und Maßnahmen bestimmt, die auf eine Begrenzung und damit Vermeidung von Compliance-Verstößen ausgerichtet sind, also beginnend bei der Festlegung der grundsätzlichen Werte und Ziele bis hin zu den sich darauf gründenden Einzelmaßnahmen. 349

ee) Compliance-Organisation: Das Management regelt die Rollen und Verantwortlichkeiten (Aufgaben) sowie die Aufbau- und Ablauforganisation und stellt die notwendigen Ressourcen zur Verfügung. 350

ff) Compliance-Kommunikation: Dabei werden die betroffenen Mitarbeiter und ggf. Dritte über das Compliance-Programm sowie die festgelegten Rollen und Verantwortlichkeiten informiert, damit sie ihre Aufgabe im Compliance-Management-System ausreichend verstehen und sachgerecht erfüllen können. 351

gg) Compliance-Überwachung und -Verbesserung: Voraussetzung für die Überwachung ist eine ausreichende Dokumentation des Compliance-Management-Systems. Die gesetzlichen Vertreter sorgen für die Durchsetzung des Compliance-Management-Systems, die Beseitigung der Mängel und die Verbesserung des Systems. 352

b) Aufbau eines Compliance-Management-Systems

Die Einführung eines Compliance-Management-Systems ist unternehmensindividuell; es ist ausgehend von der Identifikation der Geschäftsleitung und der Festlegung der Ziele und Risikobereiche eine für den Einzelfall maßgeschneiderte Compliance-Struktur zu definieren und zu implementieren. Dazu ist zunächst der Handlungsrahmen zu bestimmen, entweder durch Eingrenzung auf bestimmte Compliance-Themen oder Bestimmung spezifischer Compliance-Risiken. Die Eingrenzung kann also thematisch 353

---

[55] Vgl. IDW PS 980 Tz. 20.
[56] Vgl. IDW PS 980 Tz. 23.

erfolgen, indem etwa ausschließlich die Vermeidung von Korruption und Kartellrechtsverstößen als Compliance-Ziele definiert werden oder qualitativ, indem etwa die Einhaltung der gesetzlichen Bestimmungen, die strafbewehrt sind oder deren Verletzung einen hohen materiellen oder immateriellen Schaden zur Folge haben kann, in den Fokus des Compliance-Management-Systems gerückt werden[57]. Es muss herausgearbeitet werden, in welchen Organisationseinheiten, Prozessabläufen und Tätigkeiten im Allgemeinen das jeweilige Compliance-Risiko besteht. Daran anschließend folgt eine detaillierte Untersuchung der ausgewählten Bereiche und Erarbeitung der Verhaltensrichtlinien und Dokumentationen. Um die individuelle Risikosituation des Unternehmens festzustellen, ist das Wissen aller Fachbereiche des Unternehmens zu bündeln. Dazu ist eine systematische Identifikation und Bewertung der Risiken für Rechtsverstöße im Unternehmen vorzunehmen, um eine ausreichende Informationsbasis zu erlangen (Compliance-Risiko-Analyse). Bei der Risikoerhebung ist sicherzustellen, dass alle aktuellen und potenziellen Risiken vollständig erfasst werden und die erhobenen Daten aktuell sind, damit die sich anschließende Bewertung aussagekräftig ist. Zur Risikoidentifikation existieren verschiedene Methoden und Instrumente. Angesetzt werden kann bei den Risikoursachen oder bei den mit einem Risikomanagement verfolgten Zielen, den so genannten Sicherheitszielen[58]. Die Risikoinventur kann in Form eines „top down" oder „bottom up" Ansatzes erfolgen. Unter dem Top-down-Vorgehen versteht man einen Ansatz, in dem man nur die oberste Führungsebene zu Compliance-Risiken befragt. Man blickt also von den obersten Hierarchiestufen hinab auf die Organisation in der Annahme, dass die Topführungskräfte aus der Perspektive ihrer Leitungsfunktion einen vollständigen Überblick über ihren jeweiligen Bereich haben. Die Bottom-up-Methode stellt dagegen das Prinzip der Top-down-Methode auf den Kopf und beginnt mit der Befragung der unteren Hierarchiestufen.

354 Im Rahmen der Compliance-Risiko-Analyse ist die Wahrscheinlichkeit des Eintritts eines Risikos zu ermitteln. Dabei kann es hilfreich sein, ein Bewertungsschema in Form eines Risiko-Diagramms mit Auswirkungen und Eintrittswahrscheinlichkeit zu erarbeiten, um die Bewertung von Ursachen und Auswirkungen sichtbar zu machen. Auf einer Achse des Risikodiagramms kann die Eintrittswahrscheinlichkeit beispielsweise mit einer Einteilung in fünf Schritten von der Gewissheit (>80%) der Verwirklichung eines Risikos über hochwahrscheinliche (50% – 80%), wahrscheinliche (25% – 50%) und nur mögliche (10% – 25%) bis zu den unwahrscheinlichen (<10%) Fällen aufgenommen werden. Auf der anderen Achse werden die Auswirkungen auf das Unternehmen beurteilt, gestaffelt in hohe, mittlere oder geringe Auswirkungen[59]. Eintrittswahrscheinlichkeit und Schadenspotenzial bilden damit die Grundlage für die Risikoklassifikation.

355 Erst dadurch wird für die Geschäftsleitung der konkrete Handlungsbedarf sichtbar und bildet die Grundlage für Dimensionierung und Ausgestaltung eines Compliance-Programms. Abhängig von der konkreten Ausgestaltung der Richtlinien und Dienstanweisungen für das Verhalten der Mitarbeiter ist unter Umständen der jeweilige Betriebsrat gemäß § 87 Abs. 1 Nr. 1 BetrVG bei der Erarbeitung der Regeln zu beteiligen[60]. In diesem Zusammenhang ist die sog. „Wal-Mart-Entscheidung" zu berücksichtigen, wonach für die Prüfung der Zulässigkeit einer innerbetrieblichen Ethikrichtlinie insbesondere das allgemeine Persönlichkeitsrecht der Mitarbeiter aus Art. 1 und 2 GG einzubeziehen ist. Im Übrigen werden große Regelungsbereiche einer Ethikrichtlinie – beispielsweise hinsichtlich der Annahme von Geschenken und Zuwendungen durch die Arbeitnehmer – als mitbestimmungspflichtig beurteilt[61].

---

[57] Vgl. *Orthmann/Gimnich,* a.a.O., S. 120.

[58] Vgl. *Pampel/Glage,* in: *Hauschka,* § 5 Rn. 26.

[59] Vgl. *BDEW-Info,* Compliance-Anwendungshilfe für die Praxis, S. 7.

[60] Ausführlich zur Implementierung von Compliance-Richtlinien durch Abschluss einer Betriebsvereinbarung *Schreiber,* NZA-RR 2010, 617, 621.

[61] Vgl. LAG Düsseldorf, Beschluss v. 14.11.2005, Az.: 10 TaBV 46/05, NZA-RR 2006, 81, in dem das

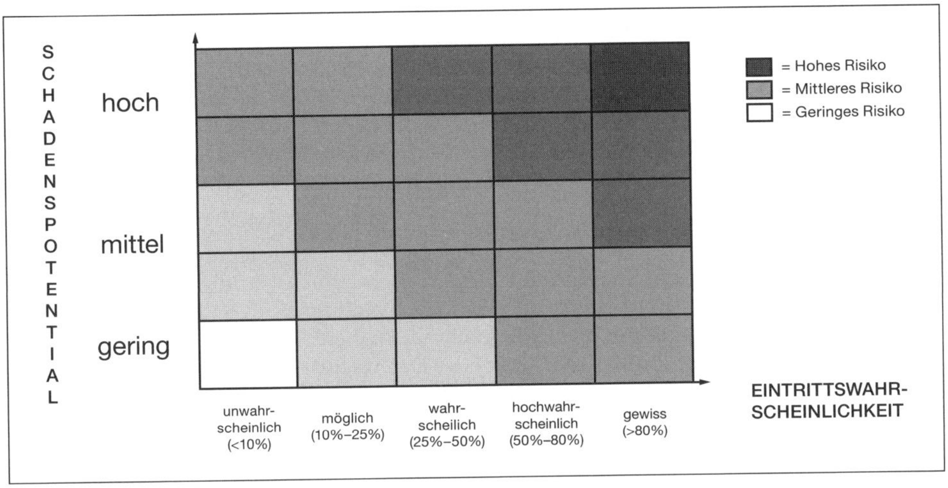

Quelle: BDEW-Info: Anwendungshilfe für die Praxis, 2013

Mit der Umsetzung des Compliance-Programms geht die Bestimmung notwendiger Verantwortlichkeiten einher, um das Funktionieren der Compliance-Vorgaben in der Praxis zu gewährleisten. Dazu kann die Position eines internen Compliance-Officers geschaffen werden, die in kleineren Unternehmen in Personalunion durch die Rechtsabteilung oder Innenrevision wahrgenommen oder auch an externe Stellen wie etwa eine Rechtsanwaltskanzlei ausgelagert werden kann[62]. 356

c) Inhalt eines Compliance-Programms

Um Compliance-Verstößen wirksam vorzubeugen wird im Rahmen des Aufbaus eines Compliance-Management-Systems ein umfassendes Werk an Regeln für alle Mitarbeiter und Führungskräfte erarbeitet, um diesen klare Verhaltensanweisungen an die Hand zu 357

Gericht davon ausgeht, dass dann, wenn die Arbeitgeberin anordnet, dass ihr jeglicher Verstoß gegen die Ethikrichtlinie entweder über den Vorgesetzten, über eine anonyme Telefonhotline oder über ein Ethikbüro mitgeteilt werden muss, dieses Verfahren der Mitbestimmung nach § 87 Abs. 1 Nr. 1 BetrVG unterliegt. Bestimme die Arbeitgeberin in der Ethikrichtlinie weiter, dass die Arbeitnehmer von Lieferanten keine Geschenke und Zuwendungen entgegennehmen dürfen, habe der Gesamtbetriebsrat ein Mitbestimmungsrecht nach § 87 Abs. 1 Nr. 1 BetrVG, das auch die Frage umfasst, ob auch die gebräuchlichen Gelegenheitsgeschenke wie z. B. Kugelschreiber, einfacher Kalender, Feuerzeuge etc. von diesem Verbot erfasst werden und wie sich der Arbeitnehmer insoweit verhalten soll. Verbietet die Arbeitgeberin in der Ethikrichtlinie jegliche Belästigung von Mitarbeitern, ohne dass sich dieses Gebot ausschließlich auf sexuelle Belästigung beschränkt, unterliegt dieses Verbot der Mitbestimmung des Gesamtbetriebsrats. Wird eine sexuelle Belästigung von einem Mitarbeiter nicht erkennbar abgelehnt, hat der Gesamtbetriebsrat jedenfalls bei den vorbeugenden Maßnahmen nach § 2 Abs 1 BeschSchG ein Mitbestimmungsrecht. Es besteht kein Mitbestimmungsrecht des Gesamtbetriebsrats bei der Anordnung der Arbeitgeberin, dass auf ihrem Betriebsgelände oder während der Arbeit ausnahmslos keine Gewalt ausgeübt oder angedroht wird. Regelt die Ethikrichtlinie, dass nur berechtigte Personen Einblick in die Personal- und Krankenakte nehmen dürfen, besteht mangels Regelungsspielraum kein Mitbestimmungsrecht des Gesamtbetriebsrats. Der Gesamtbetriebsrat kann nicht darüber mitentscheiden, wer Einblick nehmen darf. **Eine Ethikrichtlinie, die bestimmt, dass Mitarbeiter nicht mit jemandem ausgehen oder in eine Liebesbeziehung eingehen dürfen, der Einfluss auf die Arbeitsbedingungen nehmen kann oder deren Arbeitsbedingungen von der anderen Person beeinflusst werden können, verstößt gegen das Grundgesetz (Artikel 1 und 2 GG). Sie ist unwirksam.**

62 Vgl. *Heuking/von Coelln*, DÖV 2012, 827 829. Nach Auffassung von *Bürkle*, in: *Hauschka*, § 8 Rn. 60f. ist nur ein partielles Outsourcing der Compliance-Funktion sinnvoll, etwa bei Schulungsmaßnahmen, Information und Beratung sowie bei vorgetäuschten Auftritten von Behörden oder unternehmensinternen Ermittlungen. Eine Komplettauslagerung wird aus haftungsrechtlichen Gründen für nicht empfehlenswert gehalten, weil ansonsten den Geschäftsleiter die Compliance-Verantwortung direkt und umfassend treffen würde, so dass auf die sachkundige Beratungs- und Überwachungsinstanz im Unternehmen nicht zu verzichten sei.

geben. Die entwickelten Verhaltensanforderungen sind unmittelbar in die entsprechenden Geschäftsprozesse zu integrieren, um damit korrektes Verhalten zu unterstützen. Ein solcher Verhaltenskodex normiert konkrete Regeln und Vorschriften für einzelne Situationen und Sachverhalte im beruflichen Umfeld, insbesondere beispielsweise zu folgenden Themengebieten: Verhalten im geschäftlichen Umfeld, Umgang mit Zusammenarbeit mit Kunden, Lieferanten und sonstigen Geschäftspartnern, Zusammenarbeit mit Amtsträgern und öffentlich-rechtlichen Körperschaften, Gewährung und Annahme von Geschenken, Vergünstigungen und sonstigen Vorteilen, Spenden und Sponsoring, Schutz von Umwelt und Natur, Einhaltung der Unbundling-Vorgaben, Verhalten gegenüber Wettbewerbern, Verhalten bei Marktbeherrschung, Schutz des Unternehmensvermögens, Verhalten gegenüber Kollegen und Mitarbeitern wie Gleichbehandlung und Nichtdiskriminierung, Arbeits- und Gesundheitsschutz der Arbeitnehmer, Arbeitssicherheit, Umgang mit vertraulichen Informationen, Insiderinformationen, Datenschutz und Informationssicherheit, Umgang mit Medien, Risikomanagement, Krisenmanagement. Einige von diesen Themengebieten und diesbezügliche Regelungsmöglichkeit in einem Verhaltenskodex bzw. Code of Conduct sollen nachfolgend näher dargestellt werden.

358 **aa) Verhalten im geschäftlichen Umfeld. (1) Fairer Wettbewerb.** Insbesondere wird der Verhaltenskodex Regeln zum Verhalten im geschäftlichen Umfeld enthalten und das Befolgen von Gesetzen und Vorschriften als wesentliches Grundprinzip wirtschaftlich verantwortlichen Handelns definieren, auch wenn damit kurzfristige wirtschaftliche Nachteile oder Schwierigkeiten für das Unternehmen oder einzelne Personen verbunden sind[63]. Darüber hinaus gilt es anzuordnen, dass Geschäftsentscheidungen ausschließlich im besten Interesse des Unternehmens zu treffen sind, um Interessenkonflikte mit privaten Belangen oder anderweitigen wirtschaftlichen oder sonstigen Aktivitäten, auch von nahestehenden Personen schon im Ansatz zu vermeiden. Dennoch auftretende Interessenkonflikte sind in transparenter Weise offenzulegen. Um einen fairen Wettbewerb sicherzustellen, sind Korruption und Kartellverstöße in Form von Schmiergeldern oder Kartellabsprachen als Mittel, um einen Auftrag zu erlangen, auszuschließen. Es muss der Grundsatz gelten, lieber auf ein Geschäft oder auf das Erreichen interner Ziele zu verzichten, als gegen Gesetze zu verstoßen[64]. Dazu muss jeder Mitarbeiter in seinem Verantwortungsbereich aktiv an der Umsetzung des Compliance Programms mitwirken. Im Hinblick auf Geldwäscheprävention sind alle Mitarbeiter aufzufordern, ungewöhnliche finanzielle Transaktionen, insbesondere unter Einschluss von Barmitteln, die einen Geldwäscheverdacht begründen können, im Zweifel durch die zuständige Finanz-, Rechts- oder Compliance Abteilung prüfen zu lassen.

359 **(2) Auftragsvergabe.** Die Mitarbeiter müssen sich bei der Vergabe von Aufträgen und im Zusammenhang mit Vertriebsaktivitäten an dem Grundprinzip orientieren, dass die Beschaffung von Gütern und Dienstleistungen ausschließlich auf objektiven Kriterien, wie beispielsweise Preis, Qualität und Zuverlässigkeit des Geschäftspartners[65] beruhen darf. Leistungsbezogene geschäftliche Anreize (z. B. Rabatte, Provisionen) können im ge-

[63] Vgl. *ThyssenKrupp,* Code of Conduct, S. 3, Stand: Oktober 2013; *KUKA,* Handbuch zum Corporate Compliance-Programm des KUKA-Konzerns, A.I. und B.II.5., Stand: April 2013: *„Das Prinzip des fairen Wettbewerbs verbietet unter anderem: Falsche oder diffamierende Bemerkungen zu den Produkten, Leistungen, Aktivitäten oder Mitarbeitern von Kunden oder Wettbewerbern. Nachahmung von Produkten oder Leistungen eines Wettbewerbers, sofern hierfür rechtswidrig erlangte Kenntnisse oder rechtswidrig erlangtes Know-How genutzt werden. Gezielte Behinderung von Wettbewerbern."*

[64] Vgl. *ThyssenKrupp,* Code of Conduct, S. 3, Stand: Oktober 2013; Schulte-Schlagbaum Gruppe: Compliance-Richtlinie der Schulte-Schlagbaum Gruppe, B.2.e), Stand: April 2012: *„Insbesondere sind zu unterlassen: Abstimmungen im Zusammenhang mit Preisen und Preisparametern (z. B. Rabatte, Boni, Skonti etc.), Absprachen über einen Wettbewerbsverzicht oder über die Abgabe von Scheinangeboten, Vereinbarungen hinsichtlich der Aufteilung von Märkten, Festlegung von Liefer- oder Bezugsmengen, Austausch von geheimen Marktinformationen (z. B. Umsätze, Preise, Strategien und Kundendaten etc.)".*

[65] Für eine wirksame Korruptionsprävention und die damit verbundene Vermeidung von Reputationsrisiken gehört auch das sog. „Business Partner Screening", die systematische und risikoorientierte Analyse von

schäftsüblichen Umfang vereinbart werden und wären ausführlich zu dokumentieren[66]. Gesetzliche und unternehmensinterne Vorschriften zur Gestaltung von Vergabeverfahren, vor allem bei der Vergabe von öffentlichen Aufträgen, müssen eingehalten werden. So soll sichergestellt werden, dass die Mittel des Unternehmens möglichst wirtschaftlich eingesetzt werden und den interessierten Unternehmen in einem fairen Wettbewerb die Möglichkeit gegeben wird, Aufträge zu erhalten. Erfolgt die Vergabe eines Auftrags durch einen öffentlichen Auftraggeber oberhalb der EU-Schwellenwerte sind die §§ 97 ff. GWB i.V. mit der Vergabeverordnung (VgV) und den entsprechenden Vergabeordnungen, also der VOB/A (Abschnitt 2) bzw. VOL/A (Abschnitt 2) oder VOF sowie nationale haushaltsrechtliche Vorschriften und der Grundsatz der Wirtschaftlichkeit und Sparsamkeit sowie das Preisrecht zu beachten. Auch unterhalb der EU-Schwellenwerte ist der öffentliche Auftraggeber durch das Haushaltsrecht, Landesgesetze oder innerdienstliche Weisungen gebunden und in der Regel verpflichtet, öffentliche Aufträge nach den vergaberechtlichen Grundsätzen der Vergabe- und Vertragsordnungen (VOB und VOL) zu vergeben. Sämtliche vorgenannten Regeln zur Vergabe können Gegenstand einer Compliance-Richtlinie sein.

Bei Verletzung der vergaberechtlichen Verpflichtungen, drohen dem Auftraggeber bei 360
Auftragsvergaben oberhalb der Schwellenwerte Nachprüfungsverfahren (Primärrechtsschutz)[67], Schadensersatzklagen, dienst- und fachaufsichtliche Beschwerden oder ein Vertragsverletzungsverfahren der Europäischen Kommission[68]. Unterhalb der Schwellenwerte können benachteiligte Bieter im Wege der einstweiligen Verfügung gegen den Gleichbehandlungsgrundsatz verstoßende Vergaben vorgehen und Schadensersatz als Sekundärrechtschutz einklagen, während nach Auftragsvergabe ein Primärrechtsschutz unterhalb der Schwellenwerte nicht vorgesehen ist[69]. Außerdem bejaht die Rechtsprechung die Haftung eines Geschäftsführers gegenüber der Gesellschaft wegen einer Obliegenheitsverletzung aus § 43 Abs. 2 GmbHG, wenn er eine öffentliche VOB/A-Ausschreibung, deren Notwendigkeit sich aus den einer Subventionsbewilligung zu Grunde liegenden Nebenbestimmungen ergibt, unterlässt[70].

(3) Geschenke und Bewirtungen. Der Volksmund sagt, dass kleine Geschenke die 361
Freundschaft erhalten; das gilt für den privaten und den geschäftlichen Bereich gleichermaßen. In einem angemessenen Rahmen sind Geschenke daher oftmals üblich und akzeptiert. Spätestens dann aber, wenn das Geschenk in der mehr oder weniger offensichtlichen Erwartung einer Gegenleistung erbracht wird, ist Vorsicht geboten[71]. In vielen Verhaltensrichtlinien deutscher Unternehmen ist daher die Gewährung von Zuwendungen,

---

Geschäftspartnern, insbesondere im Bereich der Lieferantenauswahl und der Zusammenarbeit mit Vertriebspartnern hinsichtlich ihrer Integrität und Zuverlässigkeit.

66 Vgl. *KUKA*, Handbuch zum Corporate Compliance-Programm des KUKA-Konzerns, B.III.9., Stand: April 2013

67 Das Nachprüfungsverfahren (§§ 107 ff. GWB) ist ein eigenes Rechtschutzverfahren, das bei der Vergabe öffentlicher Aufträge oberhalb der Schwellenwerte anwendbar ist. Die erste Instanz bilden die Vergabekammern, die zweite Instanz die Vergabesenate bei den Oberlandesgerichten. Gegen die Entscheidungen des Oberlandesgerichtes ist keine weitere Instanz vorgesehen.

68 Vgl. *Orthmann/Gimnich*, a.a.O., S. 45.

69 Vgl. BVerfG, Beschluss v. 13.06.2006, 1 BvR 1160/03: *„Die in der Rechtsordnung dem übergangenen Konkurrenten eingeräumten Möglichkeiten des Rechtsschutzes gegen Entscheidungen über die Vergabe öffentlicher Aufträge mit Auftragssummen unterhalb der Schwellenwerte genügen den Anforderungen des Justizgewährungsanspruchs (Art. 20 Abs. 3 GG). Es verletzt nicht den Gleichheitssatz (Art. 3 Abs. 1 GG), dass der Gesetzgeber den Rechtsschutz gegen Vergabeentscheidungen unterhalb der Schwellenwerte anders gestaltet hat als den gegen Vergabeentscheidungen, die die* Schwellenwerte übersteigen." Allerdings kann ein Bieter auch bei Vergaben unterhalb der Schwellenwerte im Wege des Primärrechtschutzes aus §§ 241 Abs. 2, 311 Abs. 2 Nr. 1, 280 Abs. 1 BGB i.V. mit § 1004 Abs. 1 BGB analog die Unterlassung der Zuschlagserteilung begehren (vgl. OLG Saarbrücken, Urt. v. 13.6.2012 – 1 U 357/11-107).

70 Vgl. LG Münster, Urt. v. 18.5.2006, 12 O 484/05, wo der Geschäftsführer den aufgrund des wegen der fehlenden öffentlichen Ausschreibung ergangenen Widerrufs- und Rückforderungsbescheides entgangenen Zuschuss als Schadenersatz zu ersetzen hatte.

71 Vgl. *Haas*, BC 2010, 492: *„Die rechtlich bedeutsame Grenze ist grundsätzlich bereits dann überschritten, wenn*

d. h. von Geschenken an Dritte in Form von Geld, Sachgeschenken, Einladungen, Dienstleistungen oder sonstigen Vorteilen sowie die Erbringung von Sach- und Dienstleistungen, für welche kein angemessenes Entgelt erhoben wird, im Verhaltenskodex bzw. der Antikorruptionsrichtlinie geregelt. Geldgeschenke sollten unabhängig von einem Schwellenwert ohne Ausnahme untersagt werden[72]. Bewirtungen oder Einladungen müssen einem geschäftlichen Zweck dienen und in einem angemessenen Rahmen liegen. Die Gewährung von Geschenken zu Werbezwecken und im Rahmen von Kundenbindungsmaßnahmen sowie zu bestimmten Gelegenheiten (z. B. Geburtstagen, Jubiläen etc.) wird ausnahmsweise gestattet, wenn diese sozial adäquat sind, d. h. wenn weder die Grenze der Geschäftsüblichkeit noch die nach den Umständen des Einzelfalls zu beurteilende Angemessenheit überschritten wird[73]. Wann eine solche Angemessenheit vorliegt, ist im unternehmensspezifischen Verhaltenskodex zu definieren[74]. Dabei sollte berücksichtigt werden, ob der Beschenkte durch die Annahme des Geschenks in einen möglichen Interessenkonflikt gerät oder eine ungerechtfertigte persönliche Bereicherung erhält, ob die Einladung in gleicher Form erfolgt wäre, wenn der Gastgeber sie hätte privat finanzieren müssen und ob die Zuwendung allem Anschein nach in der Absicht gemacht wurde, einen unlauteren Einfluss auszuüben oder einen solchen Anschein zu erwecken[75]. In korruptionsgefährdeten Bereichen (z. B. Einkauf, Vergabe von Bau- u. Montageleistungen) werden die Führungskräfte darüber hinaus verpflichtet werden, geeignete Maßnahmen zur Vorgangskontrolle vorzunehmen, wie z. B. Wiedervorlagen, stichprobenweise Überprüfung von Ermessensentscheidungen und Auftragsvergaben.

362 **(4) Veranstaltungen.** Es besteht aktuell enorme Unsicherheit, in welchem Umfang Einladungen an Kunden oder Geschäftspartner zu Veranstaltungen mit allgemeinem gesellschaftlichem Bezug (z. B. Kulturevents, Sportveranstaltungen, insbesondere VIP-Logen von Fußball-Arenen) ausgesprochen oder straflos angenommen werden können. Die Unsicherheit beruht auf den offen gefassten und schwer greifbaren Bestimmungen

das Geschenk objektiv geeignet ist, das geschäftliche Urteilsvermögen und die professionelle Unabhängigkeit des Beschenkten zu beeinträchtigen.“

[72] Vgl. *Schäfer/Paetzel,* in: *Zenke/Schäfer/Brocke,* Compliance in Energieversorgungsunternehmen, S. 342.

[73] Vgl. *EnBW,* Regeln einhalten – Verantwortung übernehmen, Der Verhaltenskodex des EnBW-Konzerns, IV.1.c, Stand 2013.

[74] Die einkommensteuerliche Freigrenze des § 4 Abs. 5 Nr. 1 EStG für Geschenke von 35,00 € pro Person und Jahr kann dabei nur als grober Anhaltspunkt im Sinne einer Untergrenze dienen. Zur Beurteilung der Angemessenheit sind dabei losgelöst von der steuerlichen Einordnung sowohl der Anlass des Geschenks als auch die Stellung und der persönliche Lebensstandard des Beschenkten zu berücksichtigen. In Zweifelsfällen ist eine vorherige Abstimmung mit dem Compliance-Beauftragten vorzunehmen: vgl. Compliance-Richtlinie des E-Werks Mittelbaden, S. 7, Stand: Februar 2012: *„In Ausnahmefällen kann jedoch der disziplinarische Vorgesetzte die Annahme von Geschenken und gelegentlichen Einladungen bis zu einem Wert (Bagatellwert) von 35,00 € gestatten. … Analog gilt die Regelung selbstverständlich für die Vergabe von Geschenken an Lieferanten, Dienstleister und Geschäftspartner des E-Werks Mittelbaden. Auch hier ist die Obergrenze von 35,00 € zwingend einzuhalten. Ausnahme ist ein Beschluss des Aufsichtsrats, der dem Vorstand eine Bewirtungsobergrenze pro Person von 50,00 € im Rahmen des Dispositionsfonds eingeräumt hat. Die Bewirtungsausgaben des Vorstandes werden zweimal pro Jahr vom Prüfungsausschuss des Aufsichtsrats geprüft.“* Diese Grenze von 35,00 € wird heutzutage wohl allein in ländlichen Gegenden als Anhaltspunkt dienen können, während in Großstädten mit dieser Grenze eine angemessene Bewirtung eines Geschäftspartner schwierig zu sein scheint; Schulte-Schlagbaum Gruppe: Compliance-Richtlinie der Schulte-Schlagbaum Gruppe, B.2.a3), Stand: April 2012: *„Mitarbeiter dürfen keinesfalls Essenseinladungen einfordern. Als Gast von Geschäftspartnern dürfen die Mitarbeiter Einladungen zu Geschäftsessen nur annehmen, wenn die Einladung freiwillig und im Rahmen der gewöhnlichen geschäftlichen Zusammenarbeit erfolgt. Eine Einladung darf einen Wert von 50,00 € bzw. 75,00 CHF pro Person nicht übersteigen. Für Einladungen, bei denen abzusehen ist, dass der Wert von 50,00 € bzw. 75,00 CHF pro Person überschritten wird, ist vorher die Zustimmung des Vorgesetzten einzuholen. Eine Einladung, bei der der Wert von 50,00 € bzw. 75,00 CHF überschritten wurde, obwohl dies im Vorfeld nicht abzusehen war, ist dem Vorgesetzten unverzüglich anzuzeigen und von diesem auf eine nachträgliche Genehmigung hin zu überprüfen. In Zweifelsfällen hat der Vorgesetzte dann eine Genehmigung des Compliance Officers einzuholen. Die vorgenannten Grundsätze gelten gleichermaßen für Essenseinladungen, die der Mitarbeiter selbst gegenüber Geschäftspartnern ausspricht.“*

[75] Vgl. *Haas,* BC 2010, 492, 494.

der §§ 299, 331 ff. StGB[76]. Der BGH geht in der sog. EnBW-Entscheidung davon aus, dass Einladungen zu Freizeitveranstaltungen grundsätzlich geeignet seien, um die Eingeladenen sachfremd zu beeinflussen[77]. Aus dem Urteil des BGH wird deutlich, wie wichtig eine formalisierte und insbesondere transparente Vorgehensweise im Rahmen von Sponsoring und sonstigen Zuwendungen – wie Einladungen an Amtsträger – ist[78]. Die Compliance-Richtlinie könnte die Teilnahme an Veranstaltungen daher für solche Fälle erlauben, die geschäftsüblich sind, keinen unangemessen hohen Wert haben und auch dem sonstigen persönlichen Lebensstandard der Beteiligten entsprechen. In Zweifelsfällen wäre eine vorherige Abstimmung mit dem Compliance-Beauftragten vorzunehmen. Die Einladung von Amtsträgern[79] zu solchen Veranstaltungen sollte in jedem Fall mit dem Compliance-Beauftragten abgestimmt werden, der dann bei Bedarf eine Abstimmung mit dem Rechtsbereich herbeiführen kann.

bb) Verhalten gegenüber Kollegen und Mitarbeitern

Ein weiterer Themenkomplex kann das Verhalten gegenüber Kollegen und Mitarbeitern sein. Hierzu ist das Gleichbehandlungsgebot in den Mittelpunkt zu stellen, um beispielsweise eine Diskriminierung bei der Einstellung von Arbeitnehmern sowie bei der Beförderung oder Gewährung von Aus- und Weiterbildungsmaßnahmen aus Gründen des Geschlechts, des Alters, der Hautfarbe, Kultur, der ethnischen Herkunft, der sexuellen Identität, einer Behinderung, der Religionszugehörigkeit oder Weltanschauung zu vermeiden[80]. In diesem Zusammenhang kann das Compliance-Programm anweisen, Belästigungen von Mitarbeitern, sei es im direkten Umgang, im Schriftverkehr, elektro- 363

---

[76] Vgl. *Acker/Ehling*, BB 2012, 2517, 2518.

[77] Vgl. BGH, Urteil v. 14.10.2008 – 1 StR 260/08, NJW 2008, 3580: *„1. Die für eine Vorteilsgewährung nach § 333 Abs. 1 StGB erforderliche (angestrebte) Unrechtsvereinbarung setzt voraus, dass der Vorteilsgeber mit dem Ziel handelt, auf die künftige Dienstausübung des Amtsträgers Einfluss zu nehmen und/oder seine vergangene Dienstausübung zu honorieren, wobei eine solche dienstliche Tätigkeit nach seinen Vorstellungen nicht – noch nicht einmal in groben Umrissen – konkretisiert sein muss. 2. Ob in diesem Sinne eine Unrechtsvereinbarung vorliegt, ist Tatfrage und unterliegt der wertenden Beurteilung des Tatgerichts, die regelmäßig im Wege einer Gesamtschau aller in Betracht kommenden Indizien zu erfolgen hat. 3. In die Würdigung fließen als mögliche Indizien neben der Plausibilität einer anderen Zielsetzung namentlich ein: die Stellung des Amtsträgers und die Beziehung des Vorteilsgebers zu dessen dienstlichen Aufgaben (dienstliche Berührungspunkte), die Vorgehensweise bei dem Angebot, dem Versprechen oder dem Gewähren von Vorteilen (Heimlichkeit oder Transparenz) sowie die Art, der Wert und die Zahl solcher Vorteile.“*

[78] Vgl. *Greeve*, CCZ 2009, 76: *„Im Besonderen ist das (umfängliche) Transparenzgebot relevant, da zumindest ein erhebliches Indiz die Verheimlichung von Vorteilsgewährungen bzw. -annahme ist – zumal dann auch unter Umgehung bestehender Anzeige- und Genehmigungspflicht bzw. weitergehender dienstrechtlicher Vorschriften und Richtlinien. Zu bedenken ist ebenfalls, dass die Zustimmung bzw. Genehmigung der zuständigen genehmigungsbefugten Behörde – also des Dienstvorgesetzten oder des (öffentlichen) Arbeitgebers – rechtfertigende Wirkung hat (§ 331 Abs. 3, § 333 Abs. 3 StGB), sofern es sich um genehmigungsfähige Vorteile handelt.“*

[79] Vgl. *Acker/Ehling*, BB 2012, 2517, 2522; *Eser/Hecker*, in: *Schönke/Schröder*, StGB, § 11 Rn. 21; Amtsträger im Sinne der §§ 331 ff. StGB sind nicht nur klassische Beamte und Richter, sondern auch solche Personen, die gem. § 11 Abs. 1 Nr. 2c) StGB dazu bestellt sind, bei einer Behörde oder einer sonstigen Stelle oder in deren Auftrag Aufgaben der öffentlichen Verwaltung unbeschadet der zur Aufgabenerfüllung gewählten Organisationsform wahrzunehmen: Dazu zählt auch die schlicht-hoheitliche Verwaltung wie sie für den Bereich der Daseinsvorsorge typisch ist: z. B. öffentliche Verkehrsbetriebe, Wasser- und Strom- oder Wärmeversorgung (siehe dazu BGH, Urt. v. 14.11.2003, 2 StR 164/03 für den Geschäftsführer einer im städtischen Alleinbesitz befindlichen GmbH, deren wesentliche Tätigkeit die Wärmeversorgung der Einwohner ist, wenn die Stadt die Geschäftstätigkeit im öffentlichen Interesse steuert), kulturelle Einrichtungen oder nach der sehr weitreichenden Auffassung des OLG Düsseldorf, Urt. v. 09.10.2007, III-5 Ss 67/07-35/07 I sogar der kaufmännische Vorstand einer AG, die über eine Beteiligungsgesellschaft im Alleinbesitz einer Kommune steht und auf deren Gebiet den öffentlichen Personennahverkehr allein betreibt. § 11 Abs. 1 Nr. 4 Buchst. b) StGB erfasst mit der Variante Tätigkeit „für" eine Behörde oder sonstige Stelle außerdem solche Personen, die nicht in einem Beschäftigungs- sondern in einem Auftragsverhältnis zu der Behörde stehen. Erforderlich ist eine konkrete Beauftragung durch eine Behörde oder sonstige Stelle, die selbst Aufgaben der öffentlichen Verwaltung wahrnimmt. Typische Beispiele für diese Fallgruppe sind per Einzelauftrag für eine Behörde tätige Gutachter oder Sachverständige (vgl. *Radtke*, in: *Münchener Kommentar zum StGB*, § 11 Rn. 101; *Löw*, JA 2013, 88, 89).

[80] Vgl. *ThyssenKrupp*, Code of Conduct, S. 4, Stand: Oktober 2013; *EnBW*, Regeln einhalten – Verantwortung übernehmen, Der Verhaltenskodex des EnBW-Konzerns, IV.4.b, Stand 2013.

nisch oder verbal oder in sonstiger Weise zu unterlassen. Gleiches gilt für Mobbing oder vergleichbare Handlungen, die dazu führen können, Mitarbeiter innerhalb des Unternehmens sozial auszugrenzen oder in ihrer Leistung abzuwerten[81]. Ergänzend könnten die Mitarbeiter verpflichtet werden, die Überzeugung Anderer zu respektieren sowie die Privatsphäre eines jeden Mitarbeiters zu achten. Entscheidend ist es auch zu kodifizieren, die Mitarbeiter vor gesundheitlichen Gefahren im Zusammenhang mit der Durchführung ihrer Aufgaben zu bewahren, insbesondere bestehende Sicherheitsvorschriften einzuhalten, gesetzliche Regelwerke und Branchenstandards zu beachten sowie vorgeschriebene Vorsorgeuntersuchungen durchzuführen. Die Sicherheit und die Gesundheit der Mitarbeiter kann neben der Qualität der Erzeugnisse des Unternehmens und dessen wirtschaftlichen Erfolg als gleichrangiges Unternehmensziel definiert werden. Dieses Unternehmensziel kann auch auf die Mitarbeiter von Subunternehmen ausgedehnt und bei der Auswahl und Zusammenarbeit berücksichtigt werden.

364 Die Führungskräfte haben die Einhaltung gesetzlicher Arbeitszeitvorgaben zu überwachen, bei Bedarf Gegenmaßnahmen einzuleiten und Mitbestimmungs- und Beteiligungsrechte für die betrieblichen Interessenvertretungen zu beachten[82]. Dazu gehört eine vertrauensvolle und enge Zusammenarbeit mit den Arbeitnehmervertretern.

365 **cc) Gesellschaftliches Engagement. (1) Umwelt- und Klimaschutz.** Nachhaltiger Umwelt- und Klimaschutz können als Unternehmensziele in den Verhaltenskodex einfließen, so dass sich alle Mitarbeiter im Rahmen ihrer Tätigkeit für die Einhaltung der Gesetze und Vorschriften zum Umweltschutz sowie für die hierfür geltenden innerbetrieblichen Regelungen einsetzen und unternehmensspezifische Regelungen strikt eingehalten werden. Dazu muss für Verstöße gegen umweltrechtliche Vorgaben ein Meldesystem installiert werden; eine festgelegte Informationskette ist einzuhalten; die zuständige Führungskraft oder der Umweltkoordinator sind zu informieren.

366 **(2) Finanzielle Zuwendungen.** Weiteres Themenfeld für den Verhaltenskodex kann die Gewährung von finanziellen Zuwendungen, insbesondere Spenden und Sponsoring-Maßnahmen für politische Parteien und parteinahe oder parteiähnliche Organisationen sowie Amts- oder Mandatsträger oder Bewerber hierfür sein. Während vorgenannte Zuwendungen beispielsweise ausgeschlossen werden können, kann die Möglichkeit der Gewährung von angemessenen Spenden und anderen Formen des gesellschaftlichen Engagements für soziale, kulturelle und gesellschaftliche Zwecke eröffnet werden. Der Rahmen für Sponsoring-Maßnahmen um das Image des Unternehmens sowie seinen Bekanntheitsgrad zu fördern kann definiert werden. Beim Sponsoring als Austauschgeschäfte ist stets darauf zu achten, dass Leistung und Gegenleistung in einem angemessenen Verhältnis zueinander stehen[83].

367 **(3) Auftreten in der Öffentlichkeiten.** Jedem Mitarbeiter sollte bewusst sein, dass er auch im privaten Bereich als Teil und Repräsentant des Unternehmens wahrgenommen werden kann und daher durch sein Verhalten und Auftreten in der Öffentlichkeit, vor allem gegenüber Medien, das Ansehen und die Reputation des Unternehmens zu wahren hat. Daher sollte der Verhaltenskodex das Auftreten und die Kommunikation in der Öffentlichkeit regeln, beispielsweise dahingehend, dass offizielle Stellungnahmen, insbesondere gegenüber Medien, nur durch hierzu autorisierte Personen erfolgen und dass die Mitarbeiter in sozialen Medien, Internet-Foren oder Blogs deutlich zu machen haben, dass sie für sich und nicht für das Unternehmen sprechen. Ferner kann klargestellt wer-

---

81 Vgl. *STEAG,* Verhaltenskodex, Ziffer 13, Stand: März 2013.

82 Vgl. *EnBW,* Regeln einhalten – Verantwortung übernehmen, Der Verhaltenskodex des EnBW-Konzerns, IV.4.b, Stand 2013.

83 Vgl. *EnBW,* Regeln einhalten – Verantwortung übernehmen, Der Verhaltenskodex des EnBW-Konzerns, IV.1.d, Stand: 2013; *E-Werk Mittelbaden,* Compliance-Richtlinie des E-Werks Mittelbaden, S. 6, Stand: Februar 2012.

den, dass respektvolles und seriöses Auftreten erwartet wird, sofern der Unternehmensname genannt wird; Diskreditierungen des Unternehmens, die Kommunikation von vertraulichen Daten sowie jegliche Nennung der Namen von Mitarbeitern oder Geschäftspartnern werden danach untersagt ebenso wie der Gebrauch des Unternehmenslogos sowie die Verwendung von Kommunikationsmaterial zu privaten Zwecken.

dd) Datenschutz und Informationssicherheit. Der Schutz von personenbezogenen Daten insbesondere der Mitarbeiter, Kunden und Lieferanten hat für jedes Unternehmen besondere Bedeutung. Ohne eine Einwilligung des Betroffenen oder eine gesetzliche Zulässigkeit dürfen keine personenbezogenen Daten erhoben oder verarbeitet werden; personenbezogene Daten dürfen nur für vorher festgelegte, eindeutige und rechtmäßige Zwecke erhoben, verarbeitet und genutzt werden. Die vertrauensvolle und sichere Handhabung personenbezogener Daten und das Anstreben eines hohen Datenschutzniveaus kann daher Gegenstand des Verhaltenskodex und damit Grundlage für das Vertrauen von Mitarbeitern und Externen in das Unternehmen sein. 368

Ebenso gilt es, alle internen Angelegenheiten des Unternehmens, die nicht öffentlich bekanntgemacht worden sind, vertraulich zu behandeln und vor dem Zugriff und dem Einblick nicht beteiligter Kollegen und sonstiger Dritter in geeigneter Weise zu schützen[84]. Solche Angelegenheiten umfassen zum Beispiel Informationen bezüglich der Organisation des Unternehmens, Geschäfts-, Produktions-, Forschungs- und Entwicklungsvorgänge sowie Zahlen zur Geschäftsentwicklung. Die Verpflichtung zur Verschwiegenheit sollte auch auf den Zeitraum nach Beendigung des Arbeitsverhältnisses erstreckt werden. 369

ee) Schutz des Unternehmenseigentums. Den Mitarbeitern obliegt die Verantwortung, das Eigentum und die Ressourcen des Unternehmens sachgemäß und schonend zu verwenden und es vor Verlust, Diebstahl oder Missbrauch zu schützen, so dass Inhalt des Verhaltenskodex sein könnte, materielles und immaterielles Eigentum des Unternehmens ausschließlich für Unternehmenszwecke und nicht für persönliche Zwecke zu verwenden, sofern nicht ausdrücklich etwas Anderes erlaubt wurde (z. B. Betriebsvereinbarungen, Dienstvereinbarungen, Organisationsanweisungen)[85]. 370

d) Umsetzung durch Schaffung von Organisationsstrukturen

Zur Verankerung des Compliance-Programms sind im Unternehmen klare Strukturen zu schaffen oder vorhandene Strukturen zu modifizieren, um (rechtliche) Risiken erkennbar und beherrschbar zu machen[86]. Sowohl in der Aufbau- als auch der Ablauforganisation ist klar festzulegen, dass etwa gewährleistet wird, dass Informationen als Grundlage für Entscheidungen gewonnen, gesammelt, verteilt und ausgewertet werden können. Im Rahmen der Ablauforganisation ist darauf zu achten, dass Geschäftsentscheidungen transparent dokumentiert sind und dass Entscheidungsprozesse dezentralisiert sind, z. B. durch Aufteilung bestimmter Zuständigkeiten oder Zustimmungserfordernisse bei der Bewilligung bestimmter Ausgaben[87]. So kann es sich zur Begrenzung möglicher Risiken empfehlen, nicht zu viele Funktionen in der Hand eines Mitarbeiters zu vereinen (Segregation of Duties[88]) und durchweg das Vier-Augen Prinzip einzuführen, insbesondere in sensiblen, für Korruption anfälligen Bereichen (z. B. Materiallager, Beschaffung, Rechnungsbearbeitung)[89]. Außerdem sind Regeln für das Verhalten der Mitarbeiter in 371

[84] Vgl. *ThyssenKrupp,* Code of Conduct, S. 5, Stand: Oktober 2013; *STEAG,* Verhaltenskodex, Ziffer 7.2, Stand: März 2013.
[85] Vgl. *ThyssenKrupp,* Code of Conduct, S. 5, Stand: Oktober 2013; *STEAG,* Verhaltenskodex, Ziffer 14, Stand: März 2013.
[86] Vgl. *Theusinger/Jung,* in: *Römermann,* Münchener Anwaltshandbuch, GmbH-Recht, § 24 Rn. 43.
[87] Vgl. *Herb,* in: *Hauschka,* § 19 Rn. 24;
[88] Der Begriff „Segregation of Duties" beschreibt die im Risikomanagement und der Compliance erforderliche Funktionstrennung
[89] Vgl. *Heuking/von Coelln,* DÖV 2012, 827 829.

Form von verbindlichen internen Richtlinien bzw. Dienstanweisungen sowie Vertretungsregelungen/Unterschriftenregelungen zu verfassen, in denen genau geregelt wird, wer was wann im Unternehmen zu tun berechtigt ist und in denen klar definierte Dokumentationsanforderungen normiert werden. Daneben sind eindeutig bestimmte Berichtswege und klar definierte Eskalationsprozesse festzulegen; die Mitarbeiter sind in regelmäßigen Schulungen für Entwicklungen in Gesetzgebung und Rechtsprechung zu sensibilsieren. In Vertraulichkeitsbereichen sollte die Möglichkeit einer Stellenrotation[90] in Betracht gezogen werden, weil empirische Untersuchungen gezeigt haben, dass Korruptionstaten vor allem bei Unternehmensangehörigen mit langjähriger Unternehmenszugehörigkeit wegen der intimen und detaillierten Kenntnisse über Organisation und Prozesse der Unternehmensstruktur sowie den langjährigen Beziehungen zu den Geschäftspartnern auftreten[91].

372 Die Einhaltung der erlassenen Regeln ist zu überwachen und Verstöße sind konsequent zu sanktionieren. Es sind detaillierte Pläne zu erstellen, wie im Unternehmen Präventivmaßnahmen implementiert werden und wie diese unternehmensintern kommuniziert werden. Die ergriffenen Maßnahmen sind laufend zu überwachen und regelmäßig auf Effektivität und Angemessenheit zu überprüfen. Voraussetzung für eine erfolgreiche Umsetzung des Compliance-Management-Systems ist es, dass die Geschäftsleitung sowohl gegenüber den Führungskräften des Unternehmens als auch den Geschäftspartnern deutlich macht, dass die Nichteinhaltung der Compliance-Richtlinien nicht akzeptiert wird. Alle Vorgesetzten haben im Rahmen ihrer Vorbildfunktion dafür Sorge zu tragen und zu überwachen, dass sämtliche Mitarbeiter von den Inhalten der Compliance-Richtlinien sowohl Kenntnis haben als diese auch verinnerlicht haben. Sie sind erste Ansprechpartner bei Fragen zum Verständnis der Regelungen.

e) Präventionsmaßnahmen, insbesondere Schulung und Kommunikation

373 Oft resultieren Compliance-Verstöße aus bloßem Nichtwissen, etwa wenn die Schwelle von „eher erlaubtem“ zu „eher verbotenem“ bis hin zu definitiv unzulässigem Verhalten nicht klar ersichtlich ist. Daher sind die Mitarbeiter in einem nächsten Schritt zu schulen. Die bloße Überlassung schriftlicher Informationen allein im Umlaufverfahren ist unzureichend; vielmehr ist zu kontrollieren, ob die Mitarbeiter die Informationen verstanden haben und die gesetzten Vorschriften auf die alltäglichen Geschäftsvorfälle anwenden können. Um einen unternehmensweiten Verhaltenskodex zu etablieren, helfen regelmäßige Trainingsmaßnahmen für Mitarbeiter und erhöhen ihre Fähigkeit, grenzwertiges oder -überschreitendes Verhalten bei sich und anderen zu erkennen. Schulung und Kommunikation sind zwingend, damit die präventiven Maßnahmen von den Mitarbeitern des Unternehmens auch verinnerlicht und diese hinreichend sensibilisiert werden[92]. Dadurch sollte es für jeden Mitarbeiter ohne größere Schwierigkeiten ersichtlich sein, welches Verhalten von ihm in welcher Situation verlangt wird und welches Verhalten vom Unternehmen missbilligt wird. Die Compliance-Schulungen sollten zumindest für neue Mitarbeiter und Mitarbeiter in besonders korruptionsgefährdeten Bereichen wie Einkauf und Vertrieb verpflichtend sein und zwingend in regelmäßigen Abständen wiederholt werden. Hinsichtlich der Art des Trainings bieten sich vom klassischen Fortbildungsseminar bis hin zum E-Learning vielfältige Medien an.

f) Überwachung und Aufdeckung

374 Hauptzweck von Compliance aus funktionaler Sicht ist die Herstellung einer organisatorischen Situation, die darauf abzielt, Regel-/Rechtsverstöße möglichst zu vermeiden,

---

[90] Vgl. *Heuking/von Coelln,* DÖV 2012, 827 832: Bei größeren Gemeinden wird eine regelmäßige Rotation von Sachbearbeitern empfohlen.

[91] Vgl. *Schäfer/Paetzel,* in: *Zenke/Schäfer/Brocke,* S. 315.

[92] Vgl. *Schäfer/Paetzel,* in: *Zenke/Schäfer/Brocke,* S. 312; *Theusinger/Jung,* in: *Römermann,* Münchener Anwaltshandbuch, GmbH-Recht, § 24 Rn. 49.

mindestens aber die Auswirkungen solcher Verstöße mit angemessenen Mitteln so gering wie möglich zu halten[93]. Die von der Compliance-Organisation betriebenen Systeme werden kontinuierlich ausgewertet, um zum einen Entwicklungen frühzeitig erkennen zu können und zum anderen durch Plausibilitätsprüfungen und Stichproben die Funktionsfähigkeit und Anwendungsbreite im Unternehmen zu überwachen und entsprechend laufend zu verbessern. Neben der Information an die Mitarbeiter über die Unternehmensvorgaben ist es daher auch notwendig, ein fortlaufendes Überwachungssystem zur Kontrolle, ob diese Vorgaben eingehalten werden, zu installieren. Dazu sind zumindest stichprobenartige Kontrollen im Unternehmen durchzuführen.

aa) Compliance Audits. Die Überwachung kann durch sogenannte Compliance Au- 375
dits erfolgen. Welche Maßnahmen in diesem Rahmen konkret zu ergreifen sind, hängt zum einen von der Unternehmensgröße und Branche ab und zum anderen davon, ob bereits Erfahrungen mit Rechtsverstößen gegen Vorschriften zum Schutz vor Korruption gemacht wurden[94]. Vor diesem Hintergrund sind beispielsweise Fragen dahingehend aufzuwerfen, ob alle Mitarbeiter des Unternehmens zur Einhaltung der Gesetze und Unternehmensrichtlinien schriftlich und/oder arbeitsvertraglich verpflichtet wurden und ob es regelmäßige Schulungen für Mitarbeiter zu internen und externen Vorschriften gibt. Außerdem wäre zu prüfen, ob die Mitarbeiter dazu verpflichtet sind, Bestechungsversuche anzuzeigen und dabei die Anonymität der Mitarbeiter als Hinweisgeber gegeben ist. Ergänzend stellt sich die Frage, ob es einen standardisierten Prozess gibt, wie mit Korruptionsverdachtsfällen umgegangen wird. Insbesondere ist zu prüfen, ob es im Unternehmen einen offiziellen Ansprechpartner (z. B. Compliance Officer) zu Fragen und Maßnahmen betreffend die Einhaltung des gesetzlichen und unternehmensinternen Regelwerks gibt oder ob sonstige Stellen existieren, an die sich Mitarbeiter bei entdeckten oder vermuteten Regelverstößen ggf. anonym wenden können. Wichtig ist, ob regelmäßige interne Prüfungen zur Identifizierung von Korruptionsgefahren durchgeführt werden und ob im Unternehmen ein Risiko-Management-System besteht. Die Implementierung interner Kontrollsysteme, auf deren Grundlage regelmäßig alle Unternehmensbereiche untersucht werden, ist zu prüfen. Erkannte Korruptionsverdachtsfälle werden ausgewertet und bilden die Grundlage für Maßnahmen zur Minimierung künftiger Risiken.

bb) Hinweisgebersystem. Ein weiteres mögliches Mittel zur Aufdeckung von 376
Complianceverstößen kann die Einrichtung einer Meldestelle sein. Dadurch kann die Kommunikation im Unternehmen nicht nur von oben nach unten, sondern in beide Richtungen erfolgen. Eine Verpflichtung, eine unternehmensinterne Informationssammelstelle oder ein Hinweisgebersystems (sog. Whistleblower[95]-Hotline, Ombudsstelle oder ähnliche Reporting-Stelle) einzurichten besteht nicht[96]. Insbesondere vor dem Hintergrund der bestehenden arbeits[97]-, mitbestimmungs- und auch datenschutzrecht-

---

[93] Vgl. *Schäfer/Paetzel*, in: *Zenke/Schäfer/Brocke*, S. 310.

[94] Vgl. Salzmann, in: *Umnuß*, Corporate Compliance Checklisten, Kapitel 12 Rn. 58; *Transparency International*, Checkliste für „Self-Audits" zur Korruptionsprävention in Unternehmen, S. 9 ff.

[95] Unter „Whistleblower" ist ein Informant zu verstehen, der Missstände, wie z. B. illegales Handeln, Korruption, allgemeine Gefahren, von denen er an seinem Arbeitsplatz erfährt, an die Öffentlichkeit bringt.

[96] *Kort*, GmbHR 2013, 566, 570.

[97] Vgl. EGMR, Urt. v. 21.7.2011 – Beschwerdenr. 28274/08: Der EGMR hat entgegen den vorhergehenden Entscheidungen der deutschen Arbeitsgerichte die Kündigung einer Arbeitnehmerin eines öffentlichen Pflegeheims wegen einer Strafanzeige gegen den Arbeitgeber und wegen öffentlicher Bekanntmachung vermeintlicher Pflegemissstände für unwirksam erachtet: „*1. Die Anzeige eines Arbeitnehmers des öffentlichen Sektors zu illegalem Verhalten oder von Fehlverhalten im Unternehmen ist, unter bestimmten Voraussetzungen, schützenswert. 2. Arbeitnehmer schulden ihren Arbeitgebern Loyalität, Zurückhaltung und Verschwiegenheit. Art und Umfang der im Einzelfall geschuldeten Loyalität haben Auswirkungen auf die Abwägung der widerstreitenden Interessen des Arbeitnehmers und des Arbeitgebers. 3. Daher hat unter Berücksichtigung dieser Loyalitätspflicht eine Offenlegung zunächst gegenüber dem Vorgesetzten des Arbeitnehmers oder einer anderen zuständigen Stelle zu erfolgen. Nur,*

lichen[98] Unklarheiten und Unsicherheiten, ist vor der Einführung eines Whistleblowing-Systems eine genaue rechtliche Prüfung notwendig. Dem Betriebsrat steht zwar kein allgemeines Mitbestimmungsrecht zum Ob und zu der Art interner Ermittlungen zu. Allerdings können zu einzelnen Aspekten einer internen Ermittlungsaktion Mitbestimmungsrechte bestehen. In Betracht kommt ein Mitbestimmungsrecht des Betriebsrats nach § 87 Abs. 1 Nr. 1 BetrVG, wenn der Arbeitgeber die Nutzung des Whistleblowing-Systems verbindlich vorschreibt oder ggf. ein Mitbestimmungsrecht nach § 87 Abs. 1 Nr. 6 BetrVG, wenn die Telefondaten bzw. die IP-Nummer erfasst oder die Telefonate aufgezeichnet werden[99]. Entscheidend ist in jedem Fall, dass alle im Rahmen des Whistleblowing-Systems gesammelten Hinweise strikt vertraulich behandelt werden.

5. Compliance Beauftragter / Compliance-Officer

a) Aufgaben des Compliance-Officers

377 Abhängig von der Unternehmensgröße und der Branche, in der das Unternehmen tätig ist, wird die Geschäftsleitung einen Compliance-Beauftragten bzw. Compliance-Officer bestimmen, dessen Aufgabe die Verhinderung von Regelverstößen, insbesondere auch von Straftaten, ist, die aus dem Unternehmen heraus begangen werden und diesem

---

wenn dies offensichtlich nicht sinnvoll durchführbar ist, darf die Information als ultima ratio gegenüber der Öffentlichkeit offen gelegt werden."

[98] Vgl. *Mengel,* Compliance und Arbeitsrecht, Kap. 7 Rn. 40 ff.: Im Rahmen eines Whistleblowing-Systems werden personenbezogene Daten des Beschuldigten und ggf. auch des Hinweisgebers erhoben, übermittelt und gespeichert. Die Übermittlung liegt in der Meldung der angeblichen Verletzungshandlung an die zuständige Stelle. Diese Vorgänge bedürfen gemäß § 4 Abs. 1 BDSG einer Rechtfertigung, soweit nicht eine andere Vorschrift sie erlaubt. Solche anderen Vorschriften sind nur nationale Rechtsvorschriften. Ob eine Betriebsvereinbarung genügt, ist nicht eindeutig. Auch die notwendige Einwilligung de Arbeitnehmer muss gemäß § 4a Abs. 1 S. 1 BDSG freiwillig erfolgen, so dass Zweifel angebracht sind, wenn der Arbeitnehmer sich zur Abgabe gezwungen sieht, um sein Arbeitsverhältnis nicht zu gefährden. Außerdem ist eine Einwilligung widerruflich, so dass die Gestaltung eines effektiven Whistleblowing-Systems auf dieser Grundlage schwierig oder sogar unmöglich erscheint. Allerdings ist die Verarbeitung nach § 28 Abs. 1 Nr. 1 BDSG zulässig, wenn sie der Zweckbestimmung des Arbeitsverhältnisses dient, d. h. soweit der Arbeitgeber durch das Compliance-Programm vorhandene Regeln in Ausübung seines Direktionsrechts konkretisiert, ist die Meldung von Verhaltensverstößen gerechtfertigt. Geht der Zweck der Datennutzung bei Whistleblowing-Hotlines jedoch über die Vertragszwecke hinaus, so kommt eine Rechtfertigung nach § 28 Abs. 1 Nr. 2 BDSG in Betracht, wenn ein berechtigtes Interesse des Arbeitgebers vorliegt und schutzwürdige Interessen des Arbeitnehmers nicht überwiegen. Auf dieser Grundlage kann ein anonymes Whistleblowing-System datenschutzkonform gestaltet werden.

[99] Vgl. ausführlich *Dendorfer,* in: *Moll,* Münchener Anwaltshandbuch Arbeitsrecht, § 35 Rn. 149 ff: Zunächst normiert § 80 Abs. 2 BetrVG eine allgemeine Informationspflicht über Ermittlungsmaßnahmen. Dazu soll dem Betriebsrat im Falle interner Ermittlungen mitgeteilt werden, dass eine Befragung stattfinden wird, was Gegenstand der Befragung sein wird sowie wieviele Arbeitnehmer von der Befragung betroffen sein werden. Für die Frage eines Mitbestimmungsrechts nach § 87 Abs. 1 Nr. 1 BetrVG ist festzustellen, ob die Ermittlungsmaßnahme kollektiven Charakter aufweist, also zumindest mittelbar eine Vielzahl von Arbeitnehmern im Betrieb materiell betroffen ist und nicht nur einzelne Arbeitnehmer gezielt angesprochen und persönlich zur Auskunft aufgefordert werden. Auch der Einsatz interner Ermittler als solcher löst nicht per se ein Mitbestimmungsrecht nach § 87 Abs. 1 Nr. 1 BetrVG aus, weil ebenso wenig wie beim Einsatz von Privatdetektiven kein Verhalten der Arbeitnehmer geregelt wird. Nicht mitbestimmungspflichtig sind die Auswertung dienstlicher Unterlagen von Arbeitnehmern oder die Anweisung zur Herausgabe von dienstlichen Akten im Rahmen einer Untersuchung, weil hier nur das Arbeitsverhalten, nicht aber das Ordnungsverhalten betroffen ist. Dieses kann bei der Durchsuchung von (privaten) Dokumenten, insb. Emails, betroffen sein, so dass ein Mitbestimmungsrecht nach § 87 Abs. 1 Nr. 1 BetrVG bestehen kann. Schließlich kann sich bei dem Einsatz von Fragebögen ein Mitbestimmungsrecht nach § 94 Abs. 1 BetrVG hinsichtlich der Ausgestaltung der Befragung ergeben, wenn und soweit Informationen über persönliche Verhältnisse, Kenntnisse und Fertigkeiten kollektiv in gleicher Weise erhoben werden. Das Ob einer Befragung und deren Inhalt bleiben hingegen als unternehmerische Entscheidung des Arbeitgebers mitbestimmungsfrei. § 87 Abs. 1 Nr. 6 BetrVG kommt in Betracht, wenn für die Auswertung der Ermittlungsergebnisse eine Datenbank eingerichtet oder spezielle Software bzw. sonstige technische bzw. EDV-gestützte Helfer genutzt werden. Bei Beauftragung Externer mit der Prüfung und Auswertung der Unterlagen (z. B. Rechtsanwälte), greift ein Mitbestimmungsrecht des Betriebsrates selbst dann nicht, wenn diese wiederum technische Einrichtungen dafür verwenden.

erhebliche Nachteile durch Haftungsrisiken oder Ansehensverlust bringen können[100]. Er ist für die Implementierung, Dokumentation und Weiterentwicklung des von der Unternehmensleitung beschlossenen Compliance-Management-Systems zuständig[101].

Umfang und Inhalt der Rechte und Pflichten eines Compliance-Beauftragten sind gesetzlich nicht geregelt; auch andere allgemein akzeptierte Standards über das Berufsbild des Compliance-Beauftragten fehlen. Die Ausgestaltung seines Aufgabengebiets und seiner Befugnisse hängen entscheidend vom einzelnen Unternehmen und dessen regulatorischem Umfeld ab[102]. Es ist daher zu empfehlen, die Pflichten und Rechte des Compliance-Beauftragten im Hinblick auf die konkreten Aufgabenstellungen, Verantwortung und Kompetenzen schriftlich festzuhalten und dabei sowohl die Aufgabenbreite als auch die Aufgabentiefe zu definieren, z. B. in einer Stellen- oder Aufgabenbeschreibung, in einer Anlage zum Anstellungsvertrag oder in einem Pflichtenheft. Aber auch um arbeitsrechtliche Unsicherheiten für den Compliance-Beauftragten zu vermeiden, sollte dessen Verantwortungsbereich klar eingegrenzt werden. Der Compliance-Beauftragte sollte seine Aufgaben weisungsfrei, unabhängig und objektiv wahrnehmen können[103]. Er muss in der Lage sein, seine Aufgabe effektiv wahrzunehmen. Dies erfordert Unabhängigkeit im Sinne einer weitestgehenden Weisungsfreiheit[104]. Dazu sollte der Compliance-Beauftragte mit umfassenden Rechten ausgestattet werden und insbesondere alle erforderlichen Informationen zur gewissenhaften Ausübung seiner Tätigkeit erhalten und auch Untersuchungen bei möglichen Compliance-Verstößen veranlassen können[105]. Von daher sollte er in seiner Funktion als Compliance-Beauftragter grundsätzlich ein uneingeschränktes Auskunfts-, Einsichts- und Zutrittsrecht erhalten. Sämtliche Mitarbeiter sollten verpflichtet werden, ihn in seiner Tätigkeit in bestmöglicher Weise zu unterstützen und die notwendigen Auskünfte zu erteilen sowie Einsichtnahmen in Unterlagen oder Datenträgern zu gewähren bzw. auszuhändigen. Hinsichtlich der erhaltenen Informationen ist der Compliance-Beauftragte zur Verschwiegenheit verpflichtet. Er hat sicherzustellen, dass er seine Tätigkeiten vollständig, nachvollziehbar und in rechtlich belastbarer Weise dokumentiert und archiviert. 378

b) Strafrechtliche Verantwortung

Die Definition des Aufgabenbereichs des Compliance-Beauftragten ist schon aufgrund seiner Aufgabe, rechtswidrige Handlungen, die aus dem Unternehmen herausbegangen werden könnten, zu vermeiden und der damit verbundenen strafrechtlichen Garantenstellung, notwendig. Für Compliance-Beauftragte bestehen nämlich aufgrund ihrer Aufgabe, unternehmensbezogene Regelverstöße zu vermeiden, besondere Haftungsrisiken, insbesondere vor dem Hintergrund der BGH-Entscheidung aus dem Jahr 2009[106], in der die 379

---

100 Vgl. *Bürkle,* in: *Hauschka,* § 8 Rn. 24 ff.; BGH, Urteil vom 17.07.2009, Az. 5 StR 394/08, NStZ 2009, 657.

101 Vgl. *Unger,* in: *Umnuß,* Corporate Compliance Checklisten, Kapitel 5 Rn. 111.

102 Vgl. *Pisani,* Energiewirtschaftliche Tagesfragen 2013, 97.

103 Vgl. *VKU,* Compliance in kommunalen Unternehmen, S. 48.

104 Vgl. *Meier-Greve,* CCZ 2010, 216, 221: *„Der Vorstand handelt daher nur dann pflichtgemäß im Sinne des* § 91 Abs. 1 AktG, wenn er im Fall der Berufung eines Compliance Officers diesem Unabhängigkeit zubilligt. Ein Ermessen kommt ihm insoweit nicht zu."

105 Vgl. Baumert, Handlungssicherheit in der Compliance-Arbeit an Beispielen, CCZ 2013, 265, wonach nur eine auch mit Kompetenzen ausgestattete Compliance-Abteilung wirkungsvoll arbeiten kann: *„Wer jede Prüfungstätigkeit vorher genehmigen lassen und jede Kontrolle vorher anmelden muss, wird kaum erfolgversprechend arbeiten können. Wer bei der Aufklärung von Fehlverhalten wirkungsvoll arbeiten soll, muss idealerweise überraschend prüfen und mit klar definierten Kompetenzen ausgestattet sein. Wie genau die Unternehmensorganisation aufgebaut ist, steht im Gestaltungsspielraum des Unternehmens selbst."*

106 BGH, Urteil vom 17.07.2009, Az. 5 StR 394/08, NStZ 2009, 657: Der BGH kam in der Entscheidung zum Ergebnis, dass den Angeklagten als Leiter der Innenrevision einer Anstalt des öffentlichen Rechts eine Garantenpflicht dahingehend treffe, betrügerische Abrechnungsvorgänge in seinem Zuständigkeitsbereich zu unterbinden. Im dem zugrunde liegenden Sachverhalt mussten Grundstücksanleger infolge einer fehlerhafter Berechnung überhöhte Straßenreinigungsgebühren entrichten. Weil der Angeklagte in seiner Eigenschaft als Leiter der Innenrevision trotz Kenntnis aller Umstände nichts getan hatte, um dies zu verhindern,

Strafbarkeit des Leiters der Innenrevision einer Anstalt des öffentlichen Rechts bejaht wurde, weil er eine besondere Verpflichtung zur Abwehr des tatbestandlichen Erfolges habe, deren Inhalt und Umfang sich aus dem konkret übernommenen Pflichtenkreis ergebe. Die Position des Angeklagten sei zwar mit der eines Compliance-Officers nicht vergleichbar. Dass der BGH dennoch eine Garantenpflicht annahm, begründete er damit, dass der Angeklagte für eine Anstalt des öffentlichen Rechts tätig war und die von ihm nicht unterbundenen Tätigkeiten sich auf den hoheitlichen Bereich der Anstalt bezogen: *„Derartige Beauftragte wird regelmäßig strafrechtlich eine Garantenpflicht im Sinne des § 13 Abs. 1 StGB treffen, solche im Zusammenhang mit der Tätigkeit des Unternehmens stehende Straftaten von Unternehmensangehörigen zu verhindern. Dies ist die notwendige Kehrseite ihrer gegenüber der Unternehmensleitung übernommenen Pflicht, Rechtsverstöße und insbesondere Straftaten zu unterbinden."* Anders als bei einem auf Gewinnerzielung ausgerichteten privaten Unternehmen ist bei einer Anstalt des öffentlichen Rechts der Gesetzesvollzug das Kernstück der Tätigkeit. Die Unterscheidung zwischen Unternehmensinteressen und den Interessen außenstehender Dritter entfällt im hoheitlichen Bereich, so dass eine Einstandspflicht nach Auffassung des BGH auch im Hinblick auf Straftaten gegen Dritte bestand und der Angeklagte im Urteilssachverhalt verpflichtet war, die Straßenanlieger vor betrügerisch überhöhten Gebühren zu schützen. Bedeutsam an der Entscheidung ist, dass der BGH in Privatunternehmen eine solche Garantenstellung wohl nur für den Compliance-Officer bejahen will, während er den Kreis der Garantenpflichtigen in Anstalten öffentlichen Rechts wesentlich weiter zieht.

380 Konsequenz daraus muss also sein, dass der, der als Compliance-Beauftragter um die bevorstehende oder andauernde Begehung von unternehmensbezogenen Straftaten in oder aus dem Unternehmen heraus weiß, verpflichtet ist, im Rahmen des ihm Möglichen und Zumutbaren dagegen vorzugehen. Im vorstehenden, dem Urteil vom 17.9.2009 zugrunde liegenden Sachverhalt, hätte der Angeklagte zur Vermeidung eines strafrechtlich relevanten Verhaltens die ihm (positiv) bekannten Fehler in der Berechnung der Straßenreinigungsgebühr entweder gegenüber dem Vorstandsvorsitzenden oder Aufsichtsratsvorsitzenden beanstanden müssen, was ihm auch möglich gewesen wäre. Da er dies in pflichtwidriger Weise unterlassen hat, machte er sich wegen Unterlassens der gebotenen Maßnahmen zur Verhinderung der jeweiligen Straftat strafbar. Was möglich und zumutbar ist, richtet sich nach den individuellen Kompetenzen und Verhältnissen im Einzelfall[107].

Das Strafverfolgungsrisiko erstreckt sich auch auf Fahrlässigkeitstaten, etwa im Bereich des Arbeitsschutzes oder der Umweltdelikte, sowie auf aktives Tun. Der Compliance-Beauftragte muss aber nicht mehr zur Verhinderung einer Straftat tun, als es seine Kompetenzen im Innenverhältnis (Arbeitsvertrag) ermöglichen.[108]

381 Neben die strafrechtliche Verantwortlichkeit könnte eine bußgeldrechtliche Haftung nach § 130 Abs. 1 Satz 1 OWiG treten, wonach der Compliance-Officer als Aufsichtpflichtiger wegen Unterlassen der erforderlichen Aufsichtsmaßnahmen belangt werden kann, wenn Mitarbeiter des Unternehmens betriebsbezogene Straftaten oder Ordnungswidrigkeiten begehen und der Compliance-Officer als Beauftragter des Unternehmens

---

wurde er wegen Beihilfe durch Unterlassen verurteilt; das Gericht folgerte aus der Stellung des Angeklagten als Leiter der Innenrevision eine Garantenstellung. Zwar ergibt sich aus einem Arbeitsverhältnis üblicherweise keine Pflicht, aus dem eigenen Unternehmen kommende Straftaten gegenüber Dritten zu verhindern. Etwas anderes gelte nur für so genannte Compliance-Officers, deren Aufgabe im Unternehmen gerade in der Unterbindung derartiger Straftaten besteht.

[107] Vgl. BGH a.a.O.: *„Der Inhalt und der Umfang der Garantenpflicht bestimmen sich aus dem konkreten Pflichtenkreis, den der Verantwortliche übernommen hat. Dabei ist auf die besonderen Verhältnisse des Unternehmens und den Zweck seiner Beauftragung abzustellen. Entscheidend kommt es auf die Zielrichtung der Beauftragung an, ob sich die Pflichtenstellung des Beauftragten allein darin erschöpft, die unternehmensinternen Prozesse zu optimieren und gegen das Unternehmen gerichtete Pflichtverstöße aufzudecken und zukünftig zu verhindern, oder ob der Beauftragte weitergehende Pflichten dergestalt hat, dass er auch vom Unternehmen ausgehende Rechtsverstöße zu beanstanden und zu unterbinden hat. Unter diesen Gesichtspunkten ist gegebenenfalls die Beschreibung des Dienstpostens zu bewerten."*

[108] Vgl. *VKU*, Compliance in kommunalen Unternehmen, S. 49.

im Sinne von § 9 Abs. 2 Nr. 2 OWiG zu qualifizieren ist; dies wäre dann der Fall, wenn der Beauftrage im Rahmen seines Auftrags und mit eigenem Entscheidungsspielraum handelt[109]. Rechtsprechung, ob der Compliance-Officer davon erfasst wird, existiert, soweit ersichtlich, nicht.

c) Zivilrechtliche Haftung

Die strafrechtliche Qualifikation als Garant ist für die zivilrechtliche Haftung des Compliance-Beauftragten allenfalls mittelbar von Bedeutung. Es ist vielmehr zwischen der Innenhaftung gegenüber dem Unternehmen und einer Außenhaftung gegenüber Dritten zu differenzieren. 382

aa) Innenhaftung. Die Innenhaftung von Arbeitnehmern gegenüber dem Arbeitgeber legt ein Dreistufenmodell zugrunde, wonach der Arbeitnehmer grundsätzlich nicht bei leichtester Fahrlässigkeit, anteilig bei mittlerer Fahrlässigkeit und in der Regel voll bei grober Fahrlässigkeit und Vorsatz haftet. Für das Vorliegen von grober Fahrlässigkeit frägt die Rechtsprechung, ob der Schädiger die erforderliche Sorgfalt nach den gesamten Umständen in ungewöhnlich großem Maße verletzt und unbeachtet gelassen hat, was in gegebenem Falle jedem hätte einleuchten müssen. Leichteste Fahrlässigkeit soll vorliegen, wenn es sich um geringfügige und leicht entschuldbare Pflichtwidrigkeiten handelt, die jedem Arbeitnehmer unterlaufen können. Irgendwo zwischen grober und leichtester Fahrlässigkeit liegt der Grad der mittleren Fahrlässigkeit, bei dem der Haftungsanteil des Arbeitnehmers gegenüber dem Arbeitgeber unter Berücksichtigung aller Umstände zu bestimmen ist, u.a. die Versicherbarkeit des eingetretenen Schadens, die Stellung des Arbeitnehmers im Betrieb, die Höhe des Arbeitsentgeltes, in der möglicherweise eine Risikoprämie für den Arbeitnehmer enthalten sein kann, der Grad des Verschuldens des Arbeitnehmers sowie seine persönlichen Umstände wie die Dauer der Betriebszugehörigkeit, sein Lebensalter, seine Familienverhältnisse und sein Vorverhalten[110]. 383

Diese Grundsätze der privilegierenden Arbeitnehmerhaftung im Innenverhältnis sind auch auf den Anspruch des Arbeitgebers gegenüber dem unternehmensinternen, angestellten Compliance-Officer übertragbar[111], weil er arbeitnehmerähnlich in Bezug auf die Art und Ausführung seiner Tätigkeit regelmäßig in den örtlichen und zeitlichen Arbeitsablauf des Unternehmens integriert ist. Schon durch das Reporting wird der Compliance-Officer in die betriebliche Organisation eingebunden sein. Eine etwaige fachliche Weisungsungebundenheit des Compliance-Officers steht dem nicht entgegen, weil seine Tätigkeit aufgrund der mit der Komplexität der Compliance-Beauftragung einhergehende Verantwortung und die möglichen Folgen fehlerhafter Aufgabenerfüllung zumindest risikobehaftet und daher in der Regel auch gefahrgeneigt ist, so dass ihm in der Gesamtschau die Arbeitnehmereigenschaft nicht abzusprechen ist[112]. 384

bb) Außenhaftung. Eine vertragsrechtliche Eigenhaftung von Compliance-Beauftragten kommt typischerweise nicht in Betracht, weil deren Anstellungs- und Arbeitsverträge keine Schutzpflichten zugunsten der Geschädigten begründen[113]. Für die Außenhaftung des Compliance-Beauftragten gelten vielmehr die allgemeinen Bestimmungen des Deliktsrechts, insbesondere nach §§ 823 Abs. 1, 823 Abs. 2 BGB i.V. mit einem verletzten Straftatbestand als Schutzgesetz. Eine solche deliktische Eigenhaftung wird in 385

---

109 Vgl. dazu ausführlich *Grützner/Behr,* Die Haftung von Compliance Officer, Vorstand und Aufsichtsrat bei Rechtsverstößen von Mitarbeitern, DB 2013, 561, 563.

110 Vgl. BAG (Großer Senat), Beschluss vom 25. 9. 1957, GS 4 (5)/56, NJW 1957, 235, 237.

111 Vgl. *Dendorfer,* in: *Moll,* Münchener Anwaltshandbuch Arbeitsrecht, § 35 Rn. 299; *Giesen,* Die Haftung des Compliance-Officers gegenüber seinem Arbeitgeber – Haftungsprivilegierung bei innerbetrieblichem Schadensausgleich, CCZ 2009, 102, 104; *Lackhoff/Schulz,* Das Unternehmen als Gefahrenquelle? Compliance-Risiken für Unternehmensleiter und Mitarbeiter, CCZ 2010, 81, 87; *Pisani,* Energiewirtschaftliche Tagesfragen 2013, 97, 98.

112 Vgl. *Giesen,* a.a.O.

113 Vgl. *Rieble,* Zivilrechtliche Haftung der Compliance-Agenten, CCZ 2010, 1, 3.

der Praxis vor allem dann von Bedeutung sein, wenn der Unternehmensträger nicht zahlungsfähig ist[114]. Der Compliance-Beauftragte des Unternehmens haftet dann sowohl für eine vorsätzliche Tat – wie § 823 Abs. 2 BGB i.V.m. dem entsprechenden Vorsatzstraftatbestand (wie Betrug) – als auch für die bloß fahrlässige deliktische Schädigung[115], wenn er Rechtsgüter des Geschädigten unmittelbar durch aktives Tun selbst verletzt hat.

386 Soweit Betriebsangehörige die Rechtsgutverletzung herbeiführen, kann eine Haftung bei Bestehen einer drittbezogenen Garantenstellung begründet werden[116]. Problematisch für eine solche Haftung ist aber jeweils der Nachweis der Kausalität, d. h. das Unterlassen des Compliance-Beauftragten muss kausal für den konkreten Schadensfall gewesen sein, der bei rechtzeitigem Handeln verhindert worden wäre. Eine deliktische Haftung könnte danach also beispielsweise nur dann in Betracht kommen, wenn das Vorbehaltseigentum eines Lieferanten durch Einbau untergeht und der verlängerte Eigentumsvorbehalt am Abtretungsverbot mit dem Kunden scheitert, weil der Lieferant bei entsprechender Information durch den Compliance-Beauftragten auf das Geschäft verzichtet hätte[117].

d) Möglichkeiten der Haftungsbegrenzung für den Compliance-Officer

387 Trotz der Möglichkeit der Haftungsprivilegierung gibt es für den Compliance-Officer keine sichere Haftungsbegrenzung oder gar einen Haftungsausschluss. Daher könnte schon im eigenen Interesse entweder im Rahmen des rechtlich Möglichen bei der Gestaltung des Anstellungsvertrages oder im Rahmen der Ausübung des Direktionsrechts des Arbeitgebers bei der Bestellung zum Compliance-Officer der Pflichtenkreis des Compliance-Officers entsprechend konkretisiert werden[118]. Da der BGH mit seiner oben darge-

---

[114] Im der BGH-Entscheidung vom 17.09.2009 zugrunde liegenden Sachverhalt ist es eher schwer vorstellbar, dass sich die betrogenen Kunden nicht an die Stadtreinigung, sondern an den Leiter der Rechtsabteilung halten.

[115] Vgl. *Rieble*, a.a.O.

[116] Vgl. sog. Baustoff-Entscheidung des BGH, Urt. v. 05.12.1989, VI ZR 335/88, wo er ausgeführt hat, dass die von der Gesellschaft zum Schutze absoluter Rechtsgüter zu beachtenden Pflichten auch den Geschäftsleiter in einer Garantenstellung aus den ihm übertragenen organisatorischen Aufgaben treffen, und bei Verletzung dieser Pflichten seine deliktische Eigenhaftung auslösen, so dass ein bloßes Unterlassen nur dann eine Haftung begründen kann, wenn – vergleichbar mit der strafrechtlichen Garantenstellung – eine *eigene* Rechtspflicht zum Handeln bestand, die insbesondere aus den sog. Verkehrssicherungs- und Organisationspflichten folgen; vgl. *Lackhoff/Schulz*, CCZ 2010, 81, 85 wonach Rechtsprechung und Literatur in bestimmten Konstellationen annehmen, dass Mitgliedern von Leitungsorganen aufgrund ihrer Geschäftsführeraufgaben selbst Verkehrspflichten obliegen und folglich deren Verletzung zu einer *eigenen* Außenhaftung führen kann. Vor dem Hintergrund der genannten Baustoff-Entscheidung soll das Risiko einer persönlichen Außenhaftung für den Fall bestehen, dass es infolge unzureichender Compliance-Maßnahmen zu betriebsbezogenen Straftaten von Betriebsangehörigen oder zu anderen Verletzungen deliktisch geschützter Rechtsgüter Dritter im Zusammenhang mit der betrieblichen Tätigkeit kommt.

[117] Vgl. *Rieble*, a.a.O., wonach die Schutz- und Schadensabwendungspflicht in erster Linie die juristische Person trifft und eine Garantenstellung gegenüber dem Geschädigten mangels Vorliegen einer eigenen gefahrerhöhenden Handlung fehle, die nur bei einer eigenen Einwirkungsmöglichkeit auf Unternehmensmitarbeiter zu bejahen sei. Da auch Aufsichtspflichten grundsätzlich nur unternehmensintern bestehen und nicht drittgerichtet seien, führe auch das „vorsätzliche Wegschauen" nicht ohne einen zusätzlichen Grund zu einer Außendurchgriffshaftung. So auch *Pisani*, Energiewirtschaftliche Tagesfragen 2013, 97, 99.

[118] Vgl. *Dendorfer*, in: *Moll*, Münchener Anwaltshandbuch Arbeitsrecht, § 35 Rn. 299; *Illing/Umnuß*, Die arbeitsrechtliche Stellung des Compliance Managers, CCZ 2009, 1, 7: *„Die Kompetenzen des CCO sollten detailliert im Anstellungsvertrag beschrieben werden. Insbesondere sollte im Rahmen einer umfassenden Aufgabenbeschreibung z. B. festgelegt werden, ob er etwa routinemäßig Nachforschungen anstellen soll, bzw. Berichte anfordern kann, welche Maßnahmen er zur Aufklärung von Verstößen durchführen darf (z. B. Durchsuchung von Räumen, Internetprotokolle, Emails), ab welchem Schweregrad des Verstoßes die Geschäftsleitung einzuschalten ist, nach welchem Modus und in welchem zeitlichem Abstand Vorschläge zur Verbesserung des Compliance Managements gemacht werden sollen oder in wieweit er im Rahmen seiner Aufgabenwahrnehmung auf personelle und finanzielle Ressourcen zurückgreifen kann."*; Meier, NZA 2011, 779, 782: *„Der Arbeitsvertrag eines Compliance-Beauftragten sollte schriftlich erfolgen, eine nach Maßgabe der jeweiligen betriebliche Umstände konkretisierte genaue Arbeitsplatzbeschreibung enthalten, die nicht nur die Aufgaben (einschließlich Berichtswesens) sondern auch die hierarchische Einordnung, die Befugnisse und gegebenenfalls zu ergreifenden Maßnahmen (der Struktur nach) nennt. Die Weisungsfreiheit in fachlicher Sicht ist aufzuführen sowie deren Grenzen und die räumliche, personelle (auch externe) und auch finanzielle Ausstattung für z. B. passive wie aktive Schulungen. Schließlich sind die Bedingungen zur persönlichen Absicherung darzustellen, also etwa Versicherungen und Kündigungsschutzregelungen."*

stellten Entscheidung aber nunmehr selbst eine Aussage zum typischen Pflichtenkreis eines Compliance-Officers getroffen hat, ist es fraglich, ob hierdurch im Einzelfall tatsächlich eine Garantenstellung des Compliance-Officers verneint werden kann. Deswegen ist zu empfehlen, den Compliance-Officer in den Versicherungsschutz einer D&O-Versicherung ausdrücklich als versicherte Person einzubeziehen und dazu die D&O-Versicherungspolice wie folgt zu ergänzen[119]: „*Mitversichert sind auch sonstige Angestellte, ohne dass sie gleichzeitig leitende Angestellte sein müssen und auch nicht gleichzeitig im Zusammenhang mit einem Organmitglied in Anspruch genommen werden, soweit sie in ihrer Eigenschaft als benannter Compliance-Beauftragter eines versicherten Unternehmens oder in ihrer Eigenschaft als besondere vom Gesetzgeber oder durch Industriestandards vorgesehene Beauftragte zur Sicherstellung der Compliance, z. B. als Datenschutz-, Geldwäsche-, Arbeitsschutz- oder Sicherheitsbeauftragte, handeln.*" Bei der D&O-Versicherung als Haftpflichtversicherung geht es um die Abwehr unberechtigter und die Befriedigung begründeter Schadenersatzansprüche – in erster Linie somit um zivilrechtliche Fälle. Soweit es aber um die strafrechtliche Verantwortlichkeit des Compliance-Officers geht, gewährt die D&O-Versicherung regelmäßig nur in einem dem Schutzzweck noch entsprechenden Umfang Versicherungsschutz hinsichtlich des sich aus einer Garantenstellung des Compliance-Officers ergebenden Risikos. Da der Compliance-Officer aber gerade auch strafrechtlichen Risiken ausgesetzt ist und er aufgrund seiner Aufgabenstellung leichter als andere Führungskräfte von staatlichen Ermittlungsverfahren betroffen sein kann, bedarf er in diesen Fällen selbst eines Rechtsbeistandes zur Verteidigung[120]. Unbeachtlich der Übernahme der Kosten für eine Strafverteidigung aufgrund der arbeitsrechtlichen Fürsorgepflicht des Arbeitgebers ist es zu empfehlen, dass für den Compliance-Officer und seine Mitarbeiter bereits bei Übernahme der Funktion eine entsprechende Rechtsschutzversicherung abgeschlossen wird.

6. Non Compliance

Compliance im gesellschaftsrechtlichen Sinn wird als eine präventiv wirkende und das Risiko der Haftung des Unternehmens bzw. der Unternehmensleitung minimierende Unternehmensorganisation beschrieben[121]. Es ist daher die Frage nach den haftungsrechtlichen Konsequenzen für die Organe der Gesellschaft zu stellen, wenn und soweit den Compliance-Pflichten nicht oder nur unzureichend nachgekommen wird (Non Compliance). 388

a) Haftung der Geschäftsleitung

Die Geschäftsleitung ist dafür verantwortlich, dass sich das Unternehmen und seine Mitarbeiter rechtstreu verhalten, weil ihr andernfalls eine strafrechtliche oder bußgeldrechtliche Verfolgung oder eine zivilrechtliche Haftung droht. 389

aa) Strafrechtliche Verantwortung. Während die strafrechtliche Verantwortung im Falle eines aktiven rechtswidrigen Handelns, also beispielsweise bei einem rechtswidrigen Eingriff in das Eigentum eines Dritten unzweifelhaft ist, bestehen im Zusammenhang mit der Frage einer Strafbarkeit wegen Beihilfe durch Unterlassen, wenn der Geschäftsleiter Kenntnis von betriebsbezogenen Straftaten seiner Mitarbeiter erlangt und keine Vorkehrungen gegen deren zukünftige Begehung trifft, viele ungeklärte Fragen[122]. 390

Die strafrechtliche Verantwortung der Geschäftsleiter aufgrund der aus dem Betrieb des Unternehmens entspringenden Garantenstellung war in den letzten Jahren zunehmend Gegenstand von BGH-Entscheidungen. Zuletzt kam der BGH in seinem Urteil vom 20.10.2011 zu dem Ergebnis, dass sich aus der Stellung als Betriebsinhaber bzw. Vor- 391

---

119 Vgl. *Held,* CCZ 2009, 231, 232.
120 Vgl. *Moosmayer,* Compliance, 2. Aufl. 2012, S. 45.
121 Vgl. *Kiethe,* GmbHR 2007, 393
122 Vgl. *Grützner/Behr,* Die Haftung von Compliance Officer, Vorstand und Aufsichtsrat bei Rechtsverstößen von Mitarbeitern, DB 2013, 561, 564.

gesetzter eine Garantenpflicht zur Verhinderung von Straftaten nachgeordneter Mitarbeiter ergeben kann[123]. Diese Garantenpflicht erstreckt sich nur auf die Verhinderung betriebsbezogener Straftaten, also solche Straftaten, die einen inneren Zusammenhang mit der betrieblichen Tätigkeit des Täters oder der Art des Betriebes aufweisen, und umfasst nicht solche Taten, die der Mitarbeiter lediglich bei Gelegenheit seiner Tätigkeit im Betrieb begeht. Bei den lediglich bei Gelegenheit begangenen Exzesstaten nachgeordneter Mitarbeiter, so der BGH, scheide aber eine Strafbarkeit der Unternehmensleitung nicht von vornherein aus. Spätestens seit dieser Entscheidung muss Unternehmensverantwortlichen – und nicht nur auf der ersten Führungsebene – somit bewusst sein, dass ein „Wegschauen" bei internen Problemen ein eigenes Strafbarkeitsrisiko begründen kann[124]. Eine endgültige Klärung in der Rechtsprechung, ob sich ein Vorstandsmitglied, das Kenntnis von betriebsbezogenen Straftaten seiner Mitarbeiter zulasten Dritter erlangt und keine Vorkehrungen gegen deren zukünftige Begehung trifft, wegen Beihilfe durch Unterlassen strafbar macht steht aber noch aus[125].

392 Unabhängig von der Beantwortung der Frage nach der Garantenstellung trifft den Vorstand oder Geschäftsführer eine durch § 266 StGB sanktionierte Vermögensbetreuungspflicht gegenüber seiner Gesellschaft[126]. Für eine Untreue wäre daher genau zu untersuchen, ob ein Vermögensschaden vorliegt und der Vorstand diesen billigend in Kauf genommen hat. An beide Voraussetzungen sind strenge Maßstäbe zu setzen.[127]

393 **bb) Bußgeldrechtliche Haftung.** Wenn Mitarbeiter des Unternehmens betriebsbezogene Straftaten oder Ordnungswidrigkeiten begehen, diese Taten sich aber durch ordnungsgemäße Aufsicht und Kontrolle hätten verhindern oder wesentlich erschweren lassen, droht dem Vorstand oder Geschäftsführer nach §§ 130, 30 OWiG eine Geldbuße[128]. Die Geschäftsleitung muss ihre Aufsichts- und Kontrollpflichten so ausüben, dass die betriebsbezogenen Pflichten aus ex ante Sicht eingehalten werden können und dazu die durchführbaren und zumutbaren Organisationsmaßnahmen ergreifen. Zu den erforderlichen Aufsichtsmaßnahmen gehören nach § 130 Abs. 1 S. 2 OWiG auch die Bestellung, sorgfältige Auswahl und Überwachung von Aufsichtspersonen.[129]

---

[123] Vgl. BGH, Urt. v. 20.10.2011, 4 StR 71/11: Der Angeklagte war Vorarbeiter beim städtischen Bauhof. Seine Mitarbeiter misshandelten einen Kollegen in einer anderen Kolonne während der Arbeitszeit wiederholt körperlich in demütigender Weise in Anwesenheit des Angeklagten, der die Übergriffe nicht verhinderte. Das LG kam zwar zu keiner Strafbarkeit wegen Beihilfe zur gefährlichen Körperverletzung und zur Nötigung, weil eine Beihilfe durch aktives Tun in Form einer psychischen Unterstützung nicht festgestellt sei und eine durch Unterlassen begangene Beihilfe mangels einer sog. Garantenstellung ausscheide. Der BGH hielt in der Revision aber eine Strafbarkeit gemäß § 323c StGB für möglich, weil ein „Unglücksfall" im Sinne der Vorschrift auch eine Straftat Dritter sein könne. Die erforderliche Hilfe hätte der Angeklagte unterlassen, weil er als Vorgesetzter, gegebenenfalls unter Androhung arbeitsrechtlicher Maßnahmen, die Mitarbeiter dazu hätte bewegen können, die Misshandlungen zu unterlassen bzw. zu beenden. Den Betriebsinhaber treffen im Hinblick auf seine Mitarbeiter nicht nur aus seiner Fürsorgepflicht als Arbeitgeber erwachsene Schutzpflichten, sondern auch Überwachungspflichten zur Verhinderung von im Betrieb begangenen Straftaten. Insoweit trifft den Betriebsinhaber die jedermann obliegende allgemeine Hilfspflicht aus § 323c StGB, sofern er von solchen Vorgängen Kenntnis hat.

[124] Vgl. *Kindler,* GWR 2012, 48.

[125] Vgl. *Grützner/Behr,* DB 2013, 561, 565.

[126] Vgl. Baumert, Handlungssicherheit in der Compliance-Arbeit an Beispielen, CCZ 2013, 265.

[127] Vgl. grundlegend zur Untreue BGH, Urt. v. 21.12. 2005 – 3 StR 470/04 (Vodafone/Mannesmann). Der BGH hat hier klargestellt, dass für eine Untreue des Unternehmers eine „gravierende Pflichtverletzung" insoweit Voraussetzung ist, dass zwar nicht jede Verletzung einer Vermögensbetreuungspflicht eine taugliche Tathandlung der Untreue ist, jedoch nicht jede Verletzung einer – irgendwie – vermögensrelevanten Sorgfaltspflicht bereits die von § 266 StGB angesprochene Vermögensbetreuungspflicht verletzt.

[128] Vgl. Baumert, a.a.O., wonach im Siemens-Fall in verschiedener Weise gegen Verantwortliche des Unternehmens und gegen das Unternehmen selbst vorgegangen und unter anderem eine Geldbuße in Höhe von 395 Mio. € gegen das Unternehmen festgesetzt wurde, weil sich aus Einträgen in den Protokollen von Vorstandssitzungen ergab, dass ein bereits vorhandenes Compliance-System nicht ausreichend war, hiergegen aber nicht entschieden vorgegangen worden war, was als Pflichtversäumnis im Sinne der §§ 30, 130 OWiG gewertet wurde.

[129] Vgl. dazu oben Ziffer 3. a) und *Grützner/Behr,* DB 2013, 561, 565; nach Schäfer/Baumann, Compli-

394 **cc) Zivilrechtliche Haftung. (1) Innenverhältnis.** Den Vorstand bzw. den Geschäftsführer trifft im Innenverhältnis zur Gesellschaft die Pflicht, für die Einhaltung der gesetzlichen Bestimmungen und der unternehmensinternen Richtlinien zu sorgen (Legalitätspflicht). Für eine Haftung von Vorstand oder Geschäftsführer wegen Compliance-Verstößen von Mitarbeitern ist entscheidend, dass er selbst seine Pflichten verletzt hat (§ 93 Abs. 2 S. 1 AktG bzw. § 43 Abs. 2 GmbHG). Wenn die Geschäftsleitung von dem rechtswidrigen Handeln der Mitarbeiter keine Kenntnis hatte, wird ein Pflichtverstoß regelmäßig nur in Betracht kommen, wenn sich das rechtswidrige Verhalten – vergleichbar zu § 130 Abs. 1 S. 1 OWiG – durch ordnungsgemäße Aufsicht und Kontrolle hätte verhindern oder wesentlich erschweren lassen[130]. Dabei ist für die Frage nach der gebotenen Compliance zum einen eine ex ante-Perspektive zugrunde zu legen, d. h. eingetretene Normenverstöße sind auszublenden. Zum anderen ist das Organisationsermessen der Geschäftsleitung bei der Ausgestaltung der jeweiligen Compliance-Organisation zu berücksichtigen[131]. Wenn die Geschäftsleitung über begründete Verdachtsmomente in Kenntnis gesetzt wird, verlangen die Aufsichts- und Kontrollpflichten von ihr, Hinweisen auf Gesetzesverletzungen oder Pflichtverstößen von Mitarbeitern umfassend und unverzüglich nachzugehen und ggf. Ansprüche der Gesellschaft gegen die Täter geltend zu machen. Gleichzeitig muss die Geschäftsleitung präventiv tätig werden, um gleich gelagerte Pflichtverstöße in der Zukunft zu verhindern[132].

395 **(2) Außenverhältnis.** Da regelmäßig keine vertraglichen Beziehungen zwischen einem geschädigten Dritten und dem Vorstand bzw. Geschäftsführer bestehen, verbleibt allein eine deliktische Haftung für Vermögensschäden, die weitgehend der strafrechtlichen Verantwortlichkeit folgt[133]. Anders als der 5. Strafsenat des BGH in seiner Entscheidung vom 17.7.2009[134] kommt aber der 6. Zivilsenat in seiner Entscheidung vom 10.7.2012[135] zum Ergebnis, dass sich allein aus der Stellung als Geschäftsführer einer GmbH bzw. als Mitglied des Vorstands einer Aktiengesellschaft keine Garantenpflicht gegenüber außenstehenden Dritten dahingehend ergibt, eine Schädigung ihres Vermögens zu verhindern. Die Pflichten aus der Organstellung zur ordnungsgemäßen Führung der Geschäfte der Gesellschaft aus § 43 Abs. 1 GmbHG, § 93 Abs. 1 S. 1 AktG, zu denen auch die Pflicht gehört, für die Rechtmäßigkeit des Handelns der Gesellschaft Sorge zu tragen, bestehen dieser gegenüber und lassen bei ihrer Verletzung grundsätzlich nur Schadensersatzansprüche der Gesellschaft entstehen. Damit stellt der BGH zugunsten der Leitungsorgane klar, dass diese nicht allein aufgrund ihrer Stellung als Geschäftsführer oder Vorstände gegenüber Dritten haften, wenn aus dem eigenen Unternehmen entspringende Straftaten zu Schäden Dritter führen[136].

---

ance-Organisation und Sanktionen bei Verstößen, NJW 2011, 3601, 3604 kann der Einwand des rechtmäßigen Alternativverhaltens vom Vorstand nur erhoben werden, sofern es nicht um die Verletzung von Organisations-, Kompetenz- oder Verfahrensregeln (also insbesondere um die fehlende Zustimmung des Aufsichtsrats) geht, da diese gerade der Abstimmung und Herbeiführung von gemeinsamen Beschlüssen und Verfahrensweisen dienen und ansonsten der Schutzzweck und eine Sanktionierung über die Schadensersatzpflicht weitgehend leerlaufen würde, so dass bei allen übrigen Compliance-Verstößen mit an Sicherheit grenzender Wahrscheinlichkeit feststehen muss, dass der Schaden nicht eingetreten wäre, wenn das Unternehmen über eine vollwertige Compliance-Organisation verfügt hätte.

130 Vgl. Grützner/Behr, DB 2013, 561, 566.

131 Vgl. *Fleischer,* in: *Spindler/Stilz,* Aktiengesetz, § 91 Rn. 64.

132 Vgl. *Grützner/Behr,* DB 2013, 561, 566.

133 Vgl. dazu oben Ziffer 3. a) und *Grützner/Behr,* DB 2013, 561, 566.

134 Vgl. BGH, Urt. v. 17.9.2009, 5 StR 394/08.

135 Vgl. BGH, Urt. v. 10.7.2012, VI ZR 341/10 und *Zöllner/Noack,* in: *Baumbach/Hueck,* GmbHG, § 43 Rn. 77.

136 *Grützner/Behr,* DB 2013, 561, 564 halten diese Entscheidung im Hinblick auf die Tendenz der Strafsenate des BGH und die jahrzehntelange Rechtsprechung des VI. Zivilsenats selbst, welche er mit der sog. Baustoff-Entscheidung im Jahr 1989 begründete, für überraschend, weil er bislang – entgegen der Auffassung der Literatur – davon ausging, dass ein Vorstand kraft seiner organschaftlichen Stellung eine Garantenpflicht zum Schutz fremder, absolut geschützter Rechtsgüter innehabe.

396 Eine Außenhaftung kommt daher nur in begrenztem Umfang aufgrund besonderer Anspruchsgrundlagen in Betracht[137]. Es müssen besondere Umstände vorliegen, die eine Garantenpflicht begründen, die sich jedenfalls nicht schon aus der grundsätzlich bestehenden Legalitätspflicht ergibt. So kommt der BGH im sog. Baustoff-Urteil[138] zum umstrittenen[139] Ergebnis, dass die von der Gesellschaft zum Schutze absoluter Rechtsgüter zu beachtenden Pflichten auch ihren Geschäftsleiter in einer Garantenstellung aus den ihm übertragenen organisatorischen Aufgaben treffen und bei Verletzung eine deliktische Haftung auslösen. Eine Außenhaftung des Geschäftsführers wurde daher bejaht, weil dieser keine organisatorischen Maßnahmen zur Vermeidung einer Kollision zwischen dem verlängerten Eigentumsvorbehalt eines Lieferanten mit dem Abtretungsverbot des Auftraggebers der Gesellschaft getroffen hatte. Ähnlich hat der BGH[140] in einer weiteren ebenfalls umstrittenen[141] Entscheidung eine allgemeine Verhaltenspflicht des Geschäftsleiters mit der Folge einer deliktischen Organaußenhaftung aus (darlehens-)vertraglichen Interessenwahrungs-, Schutz- und Loyalitätspflichten der Gesellschaft gegenüber dem Dritten hergeleitet.

b) Haftung des Aufsichtsrats

397 Anders als die Geschäftsleitung kann der Aufsichtsrat mangels Leitungsfunktion nicht unmittelbar Einfluß auf die Compliance-Organisation nehmen oder Verdachtsmomente aufklären. Sein Handeln ist aber gefordert, wenn der Verdacht eines rechtswidrigen Handelns den Vorstand in Person trifft oder wenn der Vorstand trotz Kenntnis von hinreichenden Verdachtsmomenten nicht tätig wird.

398 **aa) Strafrechtliche Verantwortung.** Dem Aufsichtsrat als Kontrollorgan kann keine größere Verantwortung zukommen als der Geschäftsleitung, so dass auf ihn die Grundsätze der strafrechtlichen Geschäftsherrenhaftung regelmäßig keine Anwendung finden und der Aufsichtsrat gegenüber dem Vermögen Dritter kein Garant ist[142]. Dagegen besitzt der Aufsichtsrat im Verhältnis zum Unternehmen wegen und im Rahmen seiner Einwirkungsmöglichkeiten auf die Geschäftsleitung eine Garantenstellung. Der Aufsichtsrat ist zwar mangels umfassender Entscheidungs- und Beurteilungsgrundlagen kein Garant für die Ordnungsmäßigkeit des unternehmerischen Handelns der Geschäftsleitung; gleichwohl hat er insoweit eine Garantenstellung, die ihn verpflichtet, solche Handlungen der Geschäftsleitung, die die Rechts- und Vermögensgüter der Gesellschaft verletzen und die ihm im Rahmen seiner Überwachungstätigkeit bekannt werden zu verhindern[143]. Soweit er nicht einschreitet, um weiteres Fehlverhalten zu verhindern, droht dem Aufsichtsrat eine Strafbarkeit wegen Unterlassens.

399 **bb) Bußgeldrechtliche Haftung.** Während das Unternehmen nach § 30 Abs. 1 Nr. 5 OWiG für ein Fehlverhalten des Aufsichtsrats haftet, trifft den Aufsichtsrat selbst keine

137 Vgl. *Fleischer,* in *Münchner Kommentar zum GmbHG,* § 43 Rn. 340.

138 Vgl. BGH, Urt. v. 05.12.1989, VI ZR 335/88 und oben Ziffer 5.c) bb).

139 Vgl. *Fleischer,* in *Münchner Kommentar zum GmbHG,* § 43 Rn. 339, 348: Die Kritik richtet sich überwiegend dagegen, dass dadurch – gewollt oder ungewollt – der Grundsatz der Haftungskonzentration auf die Gesellschaft unterlaufe werde.

140 Vgl. BGH, Urt. v. 24.01.2006, XI ZR 384/03 (Kirch/Deutsche Bank und Breuer).

141 Vgl. *Fleischer,* in *Münchner Kommentar zum GmbHG,* § 43 Rn. 349, wonach die Kritiker dem BGH entgegenhalten, er missachte den Grundsatz der Relativität der Schuldverhältnisse und das daraus folgende Verbot des Vertrages zu Lasten Dritter, wenn er deliktische Pflichten des Geschäftsleiters aus den vertraglichen Pflichten der Gesellschaft herleite.

142 Vgl. *Grützner/Behr,* DB 2013, 561, 566; *Krause,* Strafrechtliche Haftung des Aufsichtsrates, NStZ 2011, 57, 60: *„Eine Garantenstellung kann sich nicht daraus ergeben, dass die Aufsichtsratsmitglieder – einem Compliance Officer vergleichbar – vertraglich eigens dazu bestellt wären, für die Verhinderung von Rechtsverstößen, insbesondere auch von Straftaten, zu sorgen, die aus dem Unternehmen heraus begangen werden und diesem erhebliche Nachteile bringen können. Denn es fehlt bei Aufsichtsräten sowohl an einer vertraglichen Pflichtenbegründung als auch an einem vergleichbaren besonderen, auf Straftaten-Prävention gerichteten Zweckbezug der von ihnen zu erbringenden Aufsichtstätigkeit. Die Aufgaben des Aufsichtsrates sind allgemeinerer Natur."*

143 Vgl. *Krause,* Strafrechtliche Haftung des Aufsichtsrates, NStZ 2011, 57, 60.

bußgeldrechtliche Haftung gem. § 130 Abs. 1 S. 1 OWiG[144], er ist kein vertretungsberechtigtes Organ im Sinne von § 9 Abs. 1 S. 1 Nr. 1 OWiG und er nimmt auch keine Leitungsaufgaben im Sinne von § 9 Abs. 2 Nr. 1 oder und 2 OWiG wahr[145].

cc) Zivilrechtliche Haftung. (1) Innenverhältnis. Nach § 116 S. 1 AktG i.V.m. § 93 Abs. 1 S. 1 AktG haben die Mitglieder des Aufsichtsrats analog zum Vorstand die Sorgfalt eines ordentlichen und gewissenhaften Geschäftsleiters anzuwenden, so dass der Maßstab für die anzuwendende Sorgfalt bei Vorstand und Aufsichtsrat identisch ist. Der Aufsichtsrat muss im Rahmen seines Ermessens das Handeln des Vorstands sorgfältig und sachgerecht prüfen, insbesondere daraufhin, ob ihm Verdachtsmomente für ein rechtswidriges Handeln vorliegen. Dabei ist aber zu berücksichtigen, dass dem Aufsichtsrat nur beschränkte Informationsbeschaffungsmöglichkeiten[146] und keine Weisungsrechte gegenüber den Mitarbeitern der Gesellschaft zustehen und ihm also eine rein überwachende Tätigkeit zukommt. Mit einem Mehr an gesetz- oder satzungsmäßigen unternehmerischen Mitentscheidungsrechten, insbesondere an Zustimmungsrechten nach § 111 Abs. 4 S. 2 AktG, steigen auch die an die Aufsichtsräte zu stellenden Anforderungen[147]. Die Sorgfaltsmaßstäbe des Aktienrechts gelten einheitlich sowohl für den zwingenden, mitbestimmten Aufsichtsrat wie auch für den fakultativen Aufsichtsrat[148], jedenfalls dann, wenn der Aufsichtsrat eine starke Stellung gegenüber der Geschäftsleitung hat und die Einsicht des Geschäftsführers in die Notwendigkeit, einen Insolvenzantrag zu stellen, zu vermuten ist[149]. Hat der Aufsichtsrat seine Überwachungsaufgabe pflichtwidrig vernachlässigt und entsteht dem Unternehmen hierdurch weiterer Schaden, kann er dem Unternehmen zum Ersatz des Schadens verpflichtet sein. 400

Die Satzung kann für den fakultativen Aufsichtsrat hiervon abweichen und den Sorgfaltsmaß herabsetzen, aber nicht unter grobe Fahrlässigkeit[150]. Die Vertreter kommunaler Anteilseigner im Aufsichtsrat haben gegen die Entsendungskörperschaft meist einen Freistellungsanspruch[151]. Daneben sind weitere Haftungserleichterungen wie eine Verkürzung der Verjährungsfristen von Schadensersatzansprüchen oder eine summenmäßige Begrenzung der Haftung denkbar. 401

(2) Außenverhältnis. Da durch § 116 AktG keine Außenhaftung gegenüber Dritten geschaffen wird[152], gelten für den Aufsichtsrat die Grundsätze der unmittelbaren Haftung des GmbH-Geschäftsführers gegenüber Dritten, sofern aus der Stellung als Aufsichtsratsmitglied keine Besonderheiten resultieren. Ein Haftungsrisiko kann daher mit Blick auf die sog. Baustoff-Entscheidung des BGH[153] dann bestehen, wenn absolut geschützte Rechtsgüter Dritter geschädigt werden[154]. 402

---

144 Vgl. *Grützner/Behr,* DB 2013, 561, 566.

145 Vgl. *Rogall,* in: *Karlsruhe Kommentar* zum OWiG, § 9 Rn. 43.

146 Vgl. aber BGH, Beschluss v. 06.11.2012 – II ZR 111/12 (Porsche/Piech), wonach es die Pflicht des Aufsichtsrats zur Überwachung gebietet, dass er sich über mögliche erhebliche Risiken selbst kundig macht und das Ausmaß dieser Risiken unabhängig vom Vorstand bewertet. Wenn das, was dem Aufsichtsrat an Informationen als Entscheidungsgrundlage zur Verfügung gestellt wird, nach seiner eigenen Einschätzung unvollständig, nicht plausibel genug oder, gar in seiner Tragweite nicht klar, so genügt der Aufsichtsrat diesen Anforderungen nicht, handelt pflichtwidrig und macht sich gegenüber der Gesellschaft gemäß §§ 116, 93 Abs. 2 S. 1 AktG dem Grunde nach schadenersatzpflichtig.

147 Vgl. Grützner/Behr, DB 2013, 561, 566; Krause, NStZ 2011, 57, 59.

148 Vgl. *Spindler,* in *Münchner Kommentar zum GmbHG,* § 52 Rn. 553.

149 Vgl. OLG Brandenburg, Urt. v. 17.02.2009, 6 U 1002/07, wonach die Mitglieder eines fakultativen GmbH-Aufsichtsrats nach § 52 Abs. 1 GmbHG, § 116 i.V.m. § 93 Abs. 2, 3 Nr. 6 AktG für Zahlungen der Geschäftsführung aus dem Gesellschaftsvermögen nach Eintritt der Insolvenzreife haften, wenn sie es trotz Kenntnis der Zahlungsunfähigkeit unterlassen haben, die Geschäftsführung darauf hinzuweisen, dass ein Insolvenzantrag gestellt werden muss.

150 Vgl. *Zöllner/Noack,* in: *Baumbach/Hueck,* GmbHG, § 52 Rn. 72.

151 Vgl. z. B. Art. 93 Abs. 3 S. 1 GO Bay.

152 Vgl. Spindler, in Münchner Kommentar zum GmbHG, § 52 Rn. 556, 623.

153 Siehe dazu schon oben unter Ziffer 5.c) bb).

154 Vgl. OLG Düsseldorf, Urt. v. 23.6.2008, 9 U 22/08, wonach die Haftung eines Aufsichtsratsmitglieds

7. Schlusswort und Ausblick

403 Compliance sollte nicht als Zunahme von Bürokratie im Geschäftsablauf verstanden werden, sondern als Reaktion auf wachsende Haftungsrisiken, insbesondere für die Unternehmensleitung und auf Zunahme der indirekten Schadensfolgen aufgrund der gestiegenen Aufmerksamkeit in der Öffentlichkeit und den Medien[155]. Die Implementierung eines Compliance-Management-Systems kann die Risiken reduzieren, die Effizienz steigern und das Risk-Management verbessern. Compliance ist jedoch nicht ausschließlich vor dem Hintergrund der Haftungsvermeidung und Risikoreduzierung zu betrachten, sondern schafft die Möglichkeit einer Steigerung der Wettbewerbsfähigkeit des Unternehmens und kann als eine wesentliche Säule einer wertorientierten Unternehmenssteuerung betrachtet werden. Daher sollte nicht die Angst vor einer aufoktroyierten Überregulierung des Innenlebens des Unternehmens überwiegen, sondern die Überzeugung, dass eine professionelle Compliance-Organisation dazu führt, dass das Recht weitgehend im Hintergrund bleibt und den Entscheidungsträgern eine volle Konzentration auf das operative Tagesgeschäft ermöglicht.

404 Zudem erwarten die Bürger insbesondere von öffentlichen Unternehmen mehr als von privaten Unternehmen die Einhaltung von Recht und Gesetz und ein in jeder Hinsicht vorbildliches Verhalten. Um dieser Erwartungshaltung gerecht zu werden, sollte die Schaffung eines Compliance-Management-Systems nicht nur als formales oder organisatorisches Thema oder Last begriffen werden, sondern als Chance im Falle einer effektiven Implementierung, das Unternehmen und seine Verantwortlichen vor weit reichenden zivil- und strafrechtlichen Haftungsfolgen zu schützen. Während die großen Energieversorgungsunternehmen bei der Umsetzung von Compliance-Management-Systemen schon große Anstrengungen unternommen haben, besteht insbesondere bei kleinen und mittleren Versorgungsunternehmen oder sonstigen kommunalen Unternehmen noch großer Nachholbedarf. Allerdings ist zu erwarten, dass aufgrund der verstärkten medialen Aufmerksamkeit ein entsprechender Handlungsdruck entsteht und die Verantwortlichen das Thema Compliance verstärkt in den Fokus des Interesses und der Aufmerksamkeit rücken werden.

---

zu bejahen ist, wenn er ein strafbares oder sittenwidriges Verhalten des Vorstands vorsätzlich veranlasst oder aktiv unterstützt. Objektiv liegt dabei eine Beihilfe schon vor, wenn das Aufsichtsratsmitglied das Amt in dem Bewusstsein übernimmt, keine echte Kontrolle durchführen zu wollen. In subjektiver Hinsicht reicht für den Beihilfevorsatz, wenn das Aufsichtsratsmitglied es für möglich hält, dass sein Tun zur Begehung einer Straftat genutzt wird, bewusstes Sichverschließen aus.

[155] Vgl. *PwC*, Compliance und Unternehmenskultur, S. 3, 11.

F. Beamten- und Arbeitsrecht

Übersicht

I. Beamte in kommunalen Unternehmen

Die **Rechtstellung der Beamten**, d.h. ihre Pflichten und Rechte, werden **ausschließlich durch den Gesetzgeber** geregelt. Im Gegensatz dazu kann ein Arbeitnehmer – auch im öffentlichen Dienst – seinen Arbeitsvertrag grundsätzlich, d.h. unter Berücksichtigung einer hier regelmäßig bestehenden Tarifgebundenheit, frei aushandeln. Diese Möglichkeit gibt es für den Beamten nicht, er muss akzeptieren, was der Gesetzgeber unter Beachtung der verfassungsrechtlich durch Art. 33 Abs. 5 GG abgesicherten hergebrachten Grundsätze des Berufsbeamtentums gesetzlich fixiert. Die wesentlichen Definitionsmerkmale des staatsrechtlichen, auf den Status (im Unterschied zum haftungsrechtlichen, auf die Funktionalität bzw. den Aufgabenbereich) abstellenden Beamtenbe- 1 griffes ergeben sich aus Art. 33 Abs. 4 GG, § 3 des Beamtenstatusgesetzes (BeamtStG). Beamter ist danach, wer zu einem Dienstherrn in einem öffentlich-rechtlichen Dienst- und Treueverhältnis steht.[1]

2 Mit dem **Gesetz zur Änderung des Grundgesetzes vom 28. August 2006**[2] wurden die Gesetzgebungskompetenzen im Bereich des Dienstrechts zwischen Bund und Ländern grundlegend neu geordnet. Die Rahmengesetzgebungskompetenz des Bundes für die Rechtsverhältnisse der im öffentlichen Dienst der Länder, Gemeinden und anderen Körperschaften des öffentlichen Rechtes stehenden Personen (Art. 75 Abs. 1 Satz 1 Nr. 1 GG a. F.) sowie die konkurrierende Gesetzgebungskompetenz des Bundes für die Besoldung und Versorgung der Angehörigen des öffentlichen Dienstes (Art. 74a GG a. F.) sind entfallen. Mit der Neuordnung der Gesetzgebungskompetenzen als ein Bestandteil der Föderalismusreform hat der Bund eine konkurrierende Gesetzgebungskompetenz für die Statusrechte und -pflichten der Beamten der Länder, Gemeinden und anderen Körperschaften des öffentlichen Rechtes sowie der Richter in den Ländern mit Ausnahme der Laufbahnen, Besoldung und Versorgung (Art. 74 Abs. 1 Nr. 27 GG) erhalten.

3 Von dieser neuen Kompetenz hat der Bund mit dem **Gesetz zur Regelung des Statusrechts der Beamtinnen und Beamten in den Ländern (Beamtenstatusgesetz – BeamtStG)**[3] Gebrauch gemacht. Dieses Gesetz regelt – in Fortführung wesentlicher Inhalte des Beamtenrechtsrahmengesetzes (BRRG) – bundeseinheitlich und unmittelbar die Statusrechte und -pflichten der Beamten in den Ländern und u.a. der Kommunen. Für diejenigen Bereiche, in denen eine Bundesgesetzgebungskompetenz entfallen ist, ordnet die Übergangsvorschrift des Art. 125a Abs. 1 Satz 1 GG die Fortgeltung des Bundesrechts an. Nach Art. 125a Abs. 1 Satz 2 GG kann dieses Recht jedoch jederzeit durch abweichendes Landesrecht ersetzt werden.

4 Nach § 3 Abs. 2 BeamtStG ist die **Begründung eines Beamtenverhältnisses** nur zulässig zur Wahrnehmung hoheitsrechtlicher Aufgaben oder zur Wahrnehmung solcher Aufgaben, die zur Sicherung des Staates oder des öffentlichen Lebens nicht ausschließlich Personen in einem privatrechtlichen Arbeitsverhältnis übertragen werden dürfen. Solange die **Kommunen** ihre wirtschaftlichen Bereiche überwiegend und vorrangig in der Form der **Eigen- oder Regiebetriebe**[4] (als öffentlich-rechtliche Organisationsformen ohne eigene Rechtspersönlichkeit; vgl. dazu *Schneider,* Teil D Rn. 26 ff., Rn. 75 ff. [konkret zu Personalangelegenheiten bei Eigentrieben]), organisieren und die dort Beschäftigten im Rahmen der Daseinsvorsorge bzw. im dienstlichen oder öffentlichen Interesse tätig sind, bestehen keine Bedenken gegen den Einsatz von Beamten.[5] Maßgeblich ist hier ausschließlich die (nach § 2 Nr. 1 BeamtStG bestehende) Dienstherrnfähigkeit der Kommune. Entsprechendes (mit Bezug auf § 3 Abs. 2 bei BeamtStG) gilt bei Kommunalunternehmen in der Form einer **Anstalt des öffentlichen Rechts** (als eigenständigem Rechtsträger), wenn diese die Dienstherrenfähigkeit nach § 2 Nr. 2 BeamtStG bzw. durch oder auf Grund eines Landesgesetzes verliehen bekommt hat, und die Anstalt (jedenfalls auch) hoheitliche Aufgaben wahrnimmt, für die Beamte eingesetzt sind (s. z. B. zum bayerischen Recht die Regelung in Art. 90 Abs. 4 GO zur Dienstherrnfähigkeit eines Kommunalunternehmens).[6]

---

[1] Dabei mit einbezogen sind Konstellationen der Beleihung mit Dienstherrnbefugnis kraft sondergesetzlicher Regelung (s. auch § 2 Nr. 2 BeamtStG bzw. weitere Spezialregelungen, wie etwa Art. 143b Abs. 3 S. 2 GG mit der Verleihung von Dienstherrnbefugnissen – ausnahmsweise – auch an Unternehmen in privater Rechtsform.)

[2] BGBl. I S. 2034.

[3] BGBl. I 2008, S. 1010.

[4] Zur Abgrenzung zwischen Eigen- und Regiebetrieb s. v.a. Teil D, Rn. 46: Ein Regiebetrieb verfügt über kein Sondervermögen, für die Personalwirtschaft gilt der allgemeine Stellenplan.

[5] S. zur Bedeutung und Reichweite des Funktionsvorbehalts des Art. 33 Abs. 4 GG etwa *Hense,* in: *Eppstein/Hillgruber,* Beck'scher Onlinekommentar GG, BeckOK GG Art. 33 Rn. 27 ff.

[6] S. aber auch *Schraml,* Teil D Rn. 178, wonach ein konkreter Einsatz der Beamten gerade im Rahmen der hoheitlichen Aufgabe(n) nicht zwingend sei.

5 Organisiert die Kommune ihr zugewiesene Aufgaben, etwa insbesondere den Nahverkehr und die Versorgung mit Wasser und Energie sowie die Entsorgung von Abfall und Abwasser, z. B. in einem Stadtwerk mit **privatrechtlicher Rechtsform (GmbH, AG)**, so ist der Einsatz von Beamten dort problematisch, da diese Betriebe nicht dienstherrnfähig sind (§ 2 BeamtStG). Eine in öffentlicher Hand befindliche, privatrechtlich organisierte Gesellschaft kann nach diesen Vorschriften keine Beamten beschäftigen. Auch ist weder eine Versetzung noch eine Abordnung eines in der Kommunalverwaltung tätigen Beamten zu einem privatrechtlich organisierten Unternehmen möglich bzw. ein „Übergang" kraft Gesetzes nach zivilrechtlichen Bestimmungen (z. B. § 613a BGB, § 324 UmwG). Eine gesetzliche Legaldefinition des Versetzungs- bzw. Abordnungsbegriffs fehlt zwar. Sowohl aus den bundes- als auch den jeweiligen landesrechtlichen Regelungen einerseits, aber auch der funktionellen Bedeutung der beiden Rechtsinstitute als verwaltungsorganisatorische Handlungsformen andererseits, folgt jedoch, dass – vorbehaltlich abweichender sondergesetzlicher Regelung – Voraussetzung für die Zulässigkeit einer Abordnung bzw. Versetzung ist, dass die neue Beschäftigungsstelle eine Einrichtung ist, die dienstherrnfähig ist.

6 Unter Aufrechterhaltung aller beamtenrechtlichen Bindungen und Beziehungen zu den Beamten konnte die **Kommune** (bereits) bisher **aufgrund vertraglicher Verpflichtung** ihrerseits Dienstleistungen für Private erbringen und damit – außerhalb des Rechtsinstituts der Abordnung – im Ergebnis eine Tätigkeit von Beamten für ihre Privatbetriebe veranlassen.[7] Dies war vor allem „Behelfsmechanismus" für einen möglichen flexiblen Personaleinsatz vor der gesetzlichen Regelung der Zuweisung.

7 Erst mit der im Jahr **1990 erfolgten Änderung des Beamtenrechtsrahmengesetzes** (BRRG)[8] und der **Einfügung des § 123a BRRG** wurde für Beamte die Zuweisung einer Tätigkeit bei einer Einrichtung ohne Dienstherrnfähigkeit ausdrücklich normiert und konkret gesetzlich ausgestaltet. Die Rechtsgrundlage dafür befindet sich mittlerweile in § 20 BeamtStG. Über § 20 Abs. 1 Nr. 1 BeamtStG kann dem Beamten mit seiner Zustimmung bei Vorliegen eines dienstlichen oder öffentlichen Interesses eine Tätigkeit bei einer öffentlichen (insbesondere auch supra- oder internationalen) Einrichtung ohne Dienstherrnfähigkeit übertragen werden. Nach § 20 Abs. 1 Nr. 2 BeamtStG ist die Zuweisung einer Tätigkeit auch bei einer anderen Einrichtung (v.a. einem privatrechtlich ausgestalteten Unternehmen) möglich, wenn öffentliche Interessen dies erfordern. Da auch die amtliche Gesetzesbegründung zu § 20 Abs. 1 Nr. 2 BeamtStG davon ausgeht, dass diese Norm eine Rechtsgrundlage für Zuweisungen von Beamten zu privatrechtlich organisierten Einrichtungen darstellt,[9] kann davon ausgegangen werden, dass der früher in der Literatur[10] geführte Disput über die Reichweite des § 123a BRRG entschieden ist.

8 Gleichsam „Testfall" für die Schaffung weitergehenden Zuweisungsrechts war die **Privatisierung von Bahn und Post**. Im Zuge der Bahnreform im Jahr 1993 wurde Artikel 143a GG verabschiedet, und, in Umsetzung dessen, im Gesetz zur Neuordnung des Eisenbahnwesens (Eisenbahnneuordnungsgesetz – ENeuOG) in Artikel 2, § 12 Abs. 2 (Deutsche Bahn Gründungsgesetz – DBGrG) bestimmt, dass Beamte gesetzlich unter Wahrung ihrer Rechtsstellung einer Aktiengesellschaft zugewiesen werden konnten.[11]

---

[7] S. dazu etwa auch BVerwGE 69, 303.

[8] BGBl. I, S. 967.

[9] BT-Drs. 16/4027, S. 27.

[10] Vgl. dazu *Summer,* in: *Weiss/Niedermaier/Summer/Zängl,* § 20 BeamtStG Rn. 1 (spricht von der Zuweisung als einer „abordnungsähnlichen Beurlaubung"), Rn. 4 sowie Art. 47 BayBG Rn. 6 m. w. N. a. d. Lit.; ferner *Battis,* § 29 BBG Rn. 2f. m. w. N. sowie *Kathke,* in: *Schütz/Maiwald,* § 20 BeamtStG Rn. 8, 12 m. Nachweisen auch zur Gegenansicht.

[11] Für die Deutsche Bundespost wurde über Art. 143b GG und das Gesetz zur Neuordnung des Postwesens und der Telekommunikation – Postneuordnungsgesetz – PTNeuOG (BGBl. I 1994, S. 2325) eine entsprechende Rechtsgrundlage geschaffen. S. dazu auch *Kathke,* in: *Schütz/Maiwald,* § 20 BeamtStG Rn. 19, wonach es sich in diesen Fällen aufgrund des Übergangs nahezu aller wesentlicher Befugnisse des Dienstherrn auf die aufnehmenden Unternehmen eigentlich nicht mehr um eine Zuweisung handele, sondern um eine Form der Beleihung.

Das Reformgesetz vom 24. Februar 1997[12] hat mit einem neuen Absatz 2 des § 123a BRRG eine allgemeine Rechtsgrundlage für eine zustimmungsfreie Zuweisung von Beamten u.a. für die Fälle der Umbildung einer Dienststelle oder von Teilen einer Dienststelle geschaffen. Mit Art. 2 des Gesetzes zur Modernisierung der Besoldungsstruktur vom 21. Juni 2002 wurde diese Regelung noch um den Tatbestand der öffentlich-rechtlich organisierte Einrichtung erweitert.[13] Der Regelung des § 123a Abs. 2 BRRG entspricht nun im Wesentlichen § 20 Abs. 2 BeamtStG.[14]

9 Nach § 20 Abs. 2 BeamtStG kann einem Kommunalbeamten im Falle einer Ausgründung oder Umwandlung eines Eigenbetriebes oder eines Kommunalunternehmens in eine Gesellschaft des privaten Rechts auch ohne seine Zustimmung eine seinem Amt entsprechende Tätigkeit unbefristet übertragen werden, wenn öffentliche Interessen dies erfordern. Fraglich ist, ob ein solches öffentliche Interesse bereits in fiskalischen Überlegungen bestehen kann, die eine Aufgabenverlagerung in die private Hand rechtfertigen.[15] Auf diesen Gesichtspunkt zur Begründung öffentlichen Interesses wird jedoch in der Regel gar nicht abgestellt werden müssen, da das öffentliche Interesse bereits hinreichend damit begründet werden kann, dass den Kommunen in der Regel anderweitige Dienstposten nicht zur Verfügung stehen, um eine amtsangemessene Beschäftigung des Beamten weiterhin zu ermöglichen und die Gesellschaft andererseits auf das Fachwissen des Beamten angewiesen sein wird, um die übernommenen Aufgaben ordnungsgemäß und im Sinn der Kommune erfüllen zu können.

10 Teilweise enthält **Landesrecht (noch) „Zuweisungsrecht" parallel zu § 20 BeamtStG** (vgl. z. B. Art. 90 Abs. 5 BayGO bzw. entsprechend Art. 78 Abs. 5 BayLkrO, Art. 76 Abs. 5 BayBezO [hier in der Variante der Zuweisung ohne Zustimmung noch auf die auch bisher in § 123a Abs. 2 BRRG enthaltene Begrifflichkeit des „dringenden" öffentlichen Interesse abstellend, die in § 20 Abs. 2 BeamtStG nicht mehr übernommen worden ist.]), soweit es um die Zuweisung von Personal von Eigen- bzw. Regiebetrieben zu Kommunalunternehmen in der Rechtsform einer Anstalt des öffentlichen Rechts geht.[16] In diesen Fällen käme auch eine Abordnung oder Versetzung dieser Beamten von der Kommune zu dem Kommunalunternehmen unter Beachtung der allgemeinen beamtenrechtlichen Bestimmungen in Betracht, wenn und weil die Kommunalunternehmen regelmäßig dienstherrnfähig sein werden. Anderes gilt für die **gemeinsame Einrichtung nach § 44 b SGB II**, die über keine Dienstherrnfähigkeit verfügt und daher grundsätzlich einen Anwendungsfall des § 20 Abs. 2 BeamtStG darstellt.[17]

---

[12] BGBl. I, S. 322. Zur Rechtshistorie s. auch *Kathke*, in: *Schütz/Maiwald*, § 20 BeamtStG Rn. 5 ff.

[13] BGBl. I, S. 2138. S. dazu auch BT-Drs. 14/6390, S. 17.

[14] Zur entsprechenden Regelung für Bundesbeamte s. § 29 BBG.

[15] Dies ablehnend *Summer*, in: *Weiss/Niedermaier/Summer/Zängl*, § 20 BeamtStG Rn. 5; in diese Richtung auch *Battis*, § 29 BBG Rn. 5. Vgl. zur alten Rechtslage (§ 123a Abs. 2 BRRG), die noch ein *„dringendes"* öffentliches Interesse forderte *Summer*, in: *Weiss/Niedermaier/Summer/Zängl*, § 20 BeamtStG, Rn. 1 sowie *Schuster/Lorenzen*, in: Handbuch Kommunale Unternehmen, 3. A. (2012), § 12 Rn. 223.

[16] S. demgegenüber *Kathke*, in: *Schütz/Maiwald*, § 20 BeamtStG Rn. 24, der darauf verweist, dass solche Regelungen – mit Ausnahme der Zuständigkeitsregelungen –, selbst als nur deklaratorische Wiederholung des § 20 BeamtStG, eine unzulässige Wiederholung von Bundes- in Landesrecht bei im vorliegenden Fall ausgeschöpfter Bundesgesetzgebungskompetenz und damit einen Verstoß gegen höherrangiges Bundesrecht darstellten. Unbedenklich seien demgegenüber Regelungen wie Art. 31 Abs. 5 und Art. 33 Abs. 2 des Bayer. Schulfinanzierungsgesetzes bzw. des Art. 35a Bayer. BezO, da hier jeweils nur die Erfüllung von Pflichten im Verhältnis des Freistaats Bayern zu privaten Schulträgern bzw. dem Bezirk geregelt würden und sich die konkrete Erfüllung dieser mittels Zuweisung ausschließlich nach § 20 BeamtStG bestimme (Rn. 25 f.). **A.A.** zur grundsätzlichen Frage der Zulässigkeit landesrechtlicher Regelungen (wohl) *Schuster/Lorenzen*, in: Handbuch Kommunale Unternehmen, 3. A. (2012), § 12 Rn. 218; *Summer*, in: *Weiss/Niedermaier/Summer/Zängl*, § 20 BeamtStG, Rn. 12; wohl auch BVerwG NVwZ-RR 2008, 268 (zu bayerischem Recht). Einen Widerspruch zu § 20 BeamtStG wird man hier jedenfalls dann verneinen können, wenn man die Regelung des Art. 90 Abs. 5 GO bzw. entsprechender Kommunalgesetze ausschließlich auf „Zuweisungen" an (dienstherrnfähige) Kommunalunternehmen (und damit im Ergebnis als Sonderformen einer ggf. „dauerhaften Abordnung" versteht – eine Konstellation, die nicht von § 20 BeamtStG erfasst ist, da es hier immer um aufnehmende Einrichtungen geht, die gerade keine Dienstherrnfähigkeit haben.)

[17] S. dazu *Reich*, § 20 BeamtStG Rn. 9, wonach § 44 b SGB II einen Anwendungsfall des § 20 Abs. 2

11 Neben dem Zuweisungsrecht (s. dazu im Einzelnen nachfolgend Rn. 12ff.) sind auch **andere Formen eines Tätigwerdens** von Beamten für privatrechtlich organisierte Einrichtungen im kommunalen Bereich denkbar. So ist ggf. ein Einsatz während einer **Beurlaubung des Beamten** möglich (s. dazu Rn. 36), oder der Beamte lässt sich entlassen (s. dazu Rn. 41). Die ausdrückliche gesetzliche Regelung in § 20 BeamtStG bzw. vorhergehend § 123a BRRG führt zu der Frage, ob bzw. inwieweit, d. h. vor allem verbunden mit welchen konkreten Rechtsfolgen bzw. Rechtswirkungen, es außerhalb des § 20 BeamtStG noch Formen einer (auf § 37 BRRG aF bzw. – nachf. – § 35 BeamtStG beruhenden) **allgemeinen Dienstüberlassung** (ohne Aufgabe des abstrakt- bzw. konkretfunktionellen Amtes möglich ist. Die grundsätzliche Möglichkeit einer Dienstleistungsergebniserbringung durch den Dienstherrn unter Einsatz von Beamten bei Aufrechterhaltung aller beamtenrechtlichen Bindungen und Beziehungen wird man als nicht ausdrücklich ausgeschlossene Gestaltungsform bejahen müssen[18] (s. dazu auch Fn. 44).

1. Zugewiesene Beamte

a) Grundsatz

12 Ist ein Beamter einem kommunalen Unternehmen gemäß § 20 BeamtStG (ganz oder teilweise) zugewiesen worden, so richten sich seine Pflichten und Rechte nach dem jeweiligen, bei seinem Dienstherrn anwendbaren Beamtenrecht. Das **Beamtenverhältnis bleibt seinem Inhalt nach unverändert** bestehen (s. auch § 20 Abs. 3 BeamtStG), d. h. das Amt im statusrechtlichen Sinne, Besoldung, Versorgung bzw. Fürsorgeleistungen werden (grds.; s. auch Rn. 22) nicht tangiert.[19] Der Beamte bleibt weiterhin Beamter des bisherigen Dienstherrn. Dies bedeutet andererseits auch, dass der als Bestandteil der hergebrachten Grds. des Berufsbeamtentums nach Art. 33 Abs. 5 GG geschützte Anspruch auf amtsangemessene Beschäftigung auch bei Zuweisung (fort-) gilt.[20]

13 Während § 20 Abs. 1 BeamtStG den Fall einer **vorübergehenden Zuweisung**[21] regelt, ist die Konstellation des § 20 Abs. 2 BeamtStG grundsätzlich auf Dauer (im Regelfall bis zum Eintritt des Beamten in den Ruhestand) angelegt.[22]

14 In Zusammenhang mit der Zuweisung kann **zwischen folgenden Rechtsverhältnissen** unterschieden werden:[23]

zwischen dem Beamten und der aufnehmenden Einrichtung: Ggf. Bestehen besonderer (arbeits-) vertraglicher Vereinbarungen (v.a. dann, wenn der Beamte mit der Zuweisung einverstanden ist), die sich ggf. – je nach aufnehmender Einrichtung –

---

darstelle, was v.a. auch aus der Regelung des § 44 g SGB II folgen dürfte (s. dazu auch BT Drs. 17/1555, S. 28). So auch OVG Magdeburg, BeckRS 2006, 22265 = LKV 2006, 425. Die in § 44 g SGB II bisher vorgesehene Befristung einer Zuweisung wurde durch das 8. Gesetz zur Änderung des zweiten Buches Sozialgesetzbuch – Ergänzung personalrechtlicher Bestimmungen vom 28. Juli 2014, BGBl. I, S. 1306 mW vom 1. Januar 2015 durch eine dauerhafte Rechtsgrundlage für Zuweisungen ersetzt (s. dazu auch BT-Drs. 18/1311).

18 So *Schuster/Lorenzen*, in: Handbuch Kommunale Unternehmen, 3. A. (2012), § 12 Rn. 228ff., beide Fragen bejahend, vor allem für Fälle der sog. materiellen Privatisierung (ohne organisationsrechtliche Umwandlung, wie in § 20 Abs. 2 BeamtStG vorausgesetzt); ebenso: *Summer*, in: *Weiss/Niedermaier/Summer/Zängl*, Art. 47 BayBG Rn. 6.

19 S. dazu auch *Battis*, § 29 BBG Rn. 1 (Zuweisung verändere wie eine Abordnung bzw. Versetzung das Amt im abstrakt-funktionalen Sinn).

20 BVerwG, NVwZ-RR 2008, 268; *Summer*, in: *Weiss/Niedermaier/Summer/Zängl*, § 20 BeamtStG, Rn. 11 m. w. N.

21 Nach *Reich*, § 20 BeamtStG Rn. 3 ist die Zuweisung in diesen Fällen zwingend zu befristen. Fehle es an einer Befristung, handele es sich um keine Zuweisung. Eine Heilungsmöglichkeit nach § 11 BeamtStG bestehe hier nicht. **A.A.:** *Kathke*, in: *Schütz/Maiwald*, § 20 BeamtStG Rn. 40 (Befristung in der Zuweisungsverfügung nicht zwingend, wenn aus anderen Gründen mit der Rückkehr gerechnet werden könne, z. B. bei absehbarem Wegfall der zu erfüllenden Aufgaben).

22 Dazu auch *Kathke*, in: *Schütz/Maiwald*, § 20 BeamtStG Rn. 50 m. w. N.; *Schuster/Lorenzen*, in: Handbuch Kommunale Unternehmen, 3. A. (2012), § 12 Rn. 224.

23 S. auch *Kathke*, in: *Schütz/Maiwald*, § 20 BeamtStG Rn. 14, 45ff.; *Schuster/Lorenzen*, in: Handbuch Kommunale Unternehmen, 3. A. (2012), § 12 Rn. 255f.

auch nach inter-, supranationalem Recht oder ausländischem Recht der aufnehmenden Einrichtung richten können.[24] Die Beendigung der Zuweisung führt nicht automatisch auch zu einer Beendigung einer zwischen dem Beamten und der aufnehmenden Einrichtung bestehenden Rechtsbeziehung (s. dazu aber auch Rn. 29 f.).
- **zwischen Dienstherrn und der aufnehmenden Einrichtung:** Ggf. – entsprechend wie zwischen Beamten und der Einrichtung – vertragliche Vereinbarungen, die dann auch „Grundlage" für eine Zuweisung sind (z. B. Regelung von Auskunftspflichten, von Tätigkeitszeiten bei der Einrichtung, Nebentätigkeitsgenehmigung etc.). Regelungen können insbesondere in den Fällen des § 20 Abs. 2 BeamtStG angezeigt sein, wenn der Beamte mit der Zuweisung nicht einverstanden ist. Es ist auch hier zu beachten, dass die Beendigung einer Zuweisung (je nach der konkreten Ausgestaltung der vertraglichen Vereinbarungen) nicht automatisch zu einer Beendigung einer zwischen Dienstherrn und aufnehmenden Einrichtung bestehenden Vereinbarung führt (s. dazu auch Rn. 29).[25]
- **zwischen Dienstherrn und Beamten:** Die Rechtsbeziehung bestimmt sich nach BeamtStG sowie – etwa hinsichtlich Zuständigkeitsregelungen – ergänzendem jeweiligem Landesbeamtenrecht.

b) Tatbestandsmäßige Voraussetzungen für eine Zuweisung

15 Voraussetzungen für eine Zuweisung sind Folgende:
- **„Zuweisungsfähige Beamte"** → grundsätzlich alle Beamte im Sinne des § 4 Beamt StG[26]
- **Aufnehmende Einrichtung** ohne Dienstherrneigenschaft (insoweit auch in Abgrenzung zu § 16 BeamtStG bzw. entsprechenden landesrechtlichen Bestimmungen [z. B. Art. 50 BayBG]) nach § 20 Abs. 1 bzw. Abs. 2, d. h. entweder öffentliche Einrichtung (§ 20 Abs. 1 Nr. 1), öffentlich-rechtliche Religionsgemeinschaften (§ 20 Abs. 1 Nr. 1), andere Einrichtungen (§ 20 Abs. 1 Nr. 2) bzw. öffentlich-rechtlich organisierte Einrichtung oder privatrechtlich organisierte Einrichtung der öffentlichen Hand (§ 20 Abs. 2). Insbesondere zu den „anderen Einrichtungen" gehören auch Wirtschaftsunternehmen in jeglicher Form des Privatrechts.[27] Für die Zuordnung einer privatrechtlich organisierten Einrichtung zur öffentlichen Hand im Sinne des § 20 Abs. 2 Var. 2 BeamtStG bedarf es eines beherrschenden Einflusses der Kommune (etwa über eine entsprechende Mehrheitsbeteiligung oder entsprechende Regelungen im Gesellschaftsvertrag).
- Je nach Fallkonstellation **öffentliches Interesse** (allgemein, auch gesamtstaatlich, z. B. in Form eines Interesses an einer Stärkung der deutschen Präsenz in internationalen etc. Einrichtungen) oder **dienstliches Interesse** (rgm. dienstherrnbezogen bzw. dienststellenbezogen zu sehen).[28]

---

[24] S. *Schuster/Lorenzen*, in: Handbuch Kommunale Unternehmen, 3. A. (2012), § 12 Rn. 220 m. w. N., wonach entsprechende Regelungen verhindern sollen, dass Weisungen der Gesellschafter und die Gehorsamspflicht des Beamten gegenüber dem Dienstherrn auseinander fallen.

[25] S. dazu auch Bayer. VGH, 10.4.2007 – VGHE 60, 98, der darauf verweist, dass in den Fällen des § 20 BeamtStG keine „beamtenrechtliche Zuweisungsbeziehung zwischen Einrichtung und Beamten" entstehen könne.

[26] Nach *Kathke*, in: *Schütz/Maiwald*, § 20 BeamtStG Rn. 27 gilt dies nicht für Beamte auf Widerruf im Vorbereitungsdienst, da hier die Ausbildung im Vordergrund stehe (mit Nachweisen auch zur Gegenansicht).

[27] *Kathke*, in: *Schütz/Maiwald*, § 20 BeamtStG Rn. 33; *Summer*, in: *Weiss/Niedermaier/Summer/Zängl*, § 20 BeamtStG Rn. 4.

[28] So BR-Drs. 780/06, S. 52 f., wonach (mit konkreten Bezug zu § 20 Abs. 1 Nr. 2 BeamtStG) der Begriff des „öffentlichen Interesses" eng auszulegen sei. Öffentliches Interesse sei jedoch etwa dann zu bejahen, wenn die Zuweisung dem Erfahrungsaustausch zwischen Privatwirtschaft und öffentlichen Dienst diene. S. im Einzelnen dazu auch *Kathke*, in: *Schütz/Maiwald*, § 20 BeamtStG Rn. 35 ff., hinsichtlich des „öffentlichen Interesses" auf ein gebotenes restriktives Verständnis verweisend, weswegen z. B. rein wirtschaftliche Interessen des aufnehmenden Unternehmens nicht ausreichend seien.

- **Erforderlichkeit**, d.h. Notwendigkeit der Zuweisung in den Fällen des § 20 Abs. 1 Nr. 2, Abs. 2 BeamtStG
- (Notwendigerweise vorausgehende) **Zustimmung:** nur in den Fällen des § 20 Abs. 1 BeamtStG erforderlich, es sei denn es liegt ein Sonderfall nach § 56 Abs. 1 BeamtStG vor. Für eine **Zuweisung ohne Zustimmung** müssen die besonderen Voraussetzungen des § 20 Abs. 2 BeamtStG vorliegen, d.h. die ganz oder teilweise stattfindende Umwandlung einer Dienststelle in eine aufnahmefähige Einrichtung. Umwandlung ist dabei weit zu verstehen, insbesondere nicht nur in dem rechtstechnischen Sinne des Umwandlungsgesetzes, was bereits mit Bezug auf die erste Variante (öffentlich-rechtlich organisierte Einrichtung) keinen Sinn machen würde.[29] Fehlt eine nach § 20 BeamtStG erforderliche Zustimmung, so ist die Zuweisung fehlerhaft, aber nicht nichtig.[30]
- **Amtsangemessene Tätigkeit** bei der aufnehmenden Einrichtung: Einem Beamten darf ohne sein Einverständnis – von eng begrenzten Ausnahmen wie Not- oder Katastrophenfällen abgesehen (s. z. B. § 56 BeamtStG) – grundsätzlich keine Tätigkeit zugeordnet werden, die gemessen an seinem statusrechtlichen Amt „unterwertig" ist (s. zu Ausnahmen etwa in Zusammenhang mit einer Abordnung § 14 Abs. 2 BeamtStG). Im Rahmen des Zuweisungsrechts nach § 20 BeamtStG ist die ohnehin generell nur in engen Grenzen zulässige Übertragung unterwertiger Tätigkeiten, die immer zeitlich begrenzt und erforderlich sein muss[31], nicht vorgesehen. Die Zuweisung einer höherwertigen Tätigkeit ist dagegen nicht ausgeschlossen.[32]

c) Rechtsnatur; Zuständigkeit und Verfahren

Die Zuweisung nach § 20 BeamtStG ist – wie die Abordnung oder Versetzung – ein (**anfechtbarer**) **Verwaltungsakt**[33]. Für eine hinreichende inhaltliche Bestimmtheit (vgl. auch § 37 VwVfG) ist es für die Zuweisung einer dem abstrakt funktionellen Amt entsprechenden Tätigkeit (z. B. bei einem Tochterunternehmen der Deutschen Telekom) ausreichend, dem Beamten den Tätigkeitskreis der Arbeitsposten abstrakt zuzuweisen, die bei dem Unternehmen eingerichtet und entsprechend dem statusrechtlichen Amt des Beamten bewertet sind, sofern dadurch eine hinreichende Bestimmbarkeit gewährleistet ist.[34] 16

Zur Zuständigkeit bzw. Verfahren bei Zuweisungen nach § 20 BeamtStG ist im Einzelnen Folgendes auszuführen: 17

- **Zuständigkeit**: Eine Zuständigkeitsregelung ist in § 20 BeamtStG nicht mehr aufgenommen worden, da insoweit keine Gesetzgebungskompetenz des Bundes mehr besteht (vgl. bisher § 123 a Abs. 1 S. 2 HS 2 BRRG; auf Bundesebene: § 29 Abs. 1 Satz 2 BBG). Die Zuständigkeit bestimmt sich nach ergänzenden Regelungen oder allgemeinen Grundsätzen auf Landesebene.
- **Verfahren:** (je nach landesspezifischer Ausgestaltung) Beteiligung von Personalrat, Gleichstellungsbeauftragte, Schwerbehindertenbeauftragte.[35]
- **Form und Inhalt:** rgm. schriftlich, da Ermessensentscheidung. Es kann bzw. wird regelmäßig in die Zuweisung auch eine (sog.) „Mantelweisung" aufgenommen werden, d.h. Ausführungen dazu, welchen Weisungen und Regelungen der aufnehmenden

---

29 Dazu *Schuster/Lorenzen*, in: Handbuch Kommunale Unternehmen, 3. A. (2012), § 12 Rn. 219 sowie FN 374.

30 *Summer,* in: *Weiss/Niedermaier/Summer/Zängl*, § 20 BeamtStG Rn. 6; *Reich*, § 20 BeamtStG Rn. 2; ebenso: *Kathke*, in: *Schütz/Maiwald*, § 20 BeamtStG Rn. 42.

31 BVerwGE 69, 208; BVerwGE 123, 107.

32 *Reich*, § 20 BeamtStG Rn. 12.

33 S. auch *Summer,* in: *Weiss/Niedermaier/Summer/Zängl*, § 20 BeamtStG Rn. 8, wonach auch die Möglichkeit eines öffentlich-rechtlichen Vertrags bestünde (s. dazu auch § 54 Satz 2 VwVfG bzw. entsprechende landesrechtlichen Regelungen).

34 OVG Hamburg, BeckRS 2011, 50463.

35 S. dazu auch *Reich*, § 20 BeamtStG Rn. 1 m. w. N.

Einrichtung der Beamte Folge zu leisten hat, bzw. allgemein zur Ausgestaltung der Dienstleistungspflicht gegenüber der aufnehmenden Einrichtung.[36]

d) Rechtsfolgen einer Zuweisung (im Einzelnen)

18 Mit einer Zuweisung an eine Einrichtung des Privatrechts wird der Beamte grundsätzlich bzw. in der Regel nicht zusätzlich zu deren Arbeitnehmer. Sein **Status als Beamter bleibt erhalten**, seine Rechtsstellung bleibt unberührt (vgl. § 20 Abs. 3 BeamtStG; s. auch Rn. 12).[37] Letzteres bedeutet nicht nur die Fortführung des Status (Beamtenverhältnis) als solchen, sondern auch die Fortgeltung der mit diesem Status verbundenen, und sich daraus ableitenden, umfassenden Rechtsstellung des Beamten.[38] Dies gilt insbesondere für die Fürsorgepflicht, die weiterhin vollumfänglich beim abgebenden Dienstherrn bleibt.[39] Andererseits bedeutet dies nicht, dass einzelne Pflichten oder Rechte bzw. deren inhaltliche Ausgestaltung nicht von der (einer) (Rechts-) Beziehung zwischen aufnehmender Einrichtung und dem Beamten bzw. faktisch der Tätigkeit bei der aufnehmenden Einrichtung überlagert sein können.[40] Entsprechendes gilt auch für die mit der Zuweisung verbundene Änderung der Funktion.[41]

19 **Dienstvorgesetzter** im Sinne der jeweils anzuwendenden Beamtengesetze (z. B. in Bayern Art. 3 Satz 1 BayBG) bleibt der bisherige Dienstherr bzw. die Stelle nach Maßgabe des Landesrechts, der allerdings nur noch die generelle Anweisung zur Wahrnehmung einer dienstlichen Tätigkeit bei der Einrichtung erteilt, der der Beamte zugewiesen worden ist (sog. „Mantelweisung“[42]). Im Übrigen besteht regelmäßig ein (fachliches)[43] Weisungsrecht iS des § 35 BeamtStG bei der aufnehmenden Einrichtung[44]. **Vorgesetzter**

---

[36] Bayer. VGH – 10.4.2007, VGHE 60, 98. S. dazu im Einzelnen auch *Kathke*, in: *Schütz/Maiwald*, § 20 BeamtStG Rn. 66 f., der klarstellend darauf verweist, dass – ohne sondergesetzliche Regelung – kein Gegenstand der „Mantelweisung“ bzw. der Zuweisung im Weiteren die Übertragung von Dienstherrnbefugnissen sein könne.

[37] Daher auch (regelmäßig) keine Nachversicherung nach §§ 8, 184 SGB VI auslösend.

[38] BVerfG NVwZ 2012, 627; BAG NJOZ 2013, 1954; Bayer. VGH DVBl. 2006, 1599.

[39] *Kathke*, in: *Schütz/Maiwald*, § 20 BeamtStG Rn. 4. So auch *Reich*, § 20 BeamtStG Rn. 15, wonach der abgebende Dienstherr aufgrund seiner Fürsorgepflicht bei der Zuweisung auf eine entsprechende Anwendung der Grundsätze der Fürsorgepflicht hinzuwirken habe.

[40] S. dazu *Kathke*, in: *Schütz/Maiwald*, § 20 BeamtStG Rn. 74 sowie Bayer. VGH DVBl. 2006, 1599 = BeckRS 2006, 25926 (*„Auch durch die „Mantelweisung“, die in der Zuweisungsverfügung vom 28. 2. 2000 ausgesprochen wurde, ist die Dienstherrnpflicht, den Kl. amtsgemäß zu verwenden, nicht vom Zweckverband auf das Kommunalunternehmen übergegangen. Mit dem Rechtsinstitut der Zuweisung werden nur begrenzte Befugnisse für die Erledigung laufender Aufgaben auf die Einrichtung übertragen, bei der dem Beamten eine Tätigkeit zugewiesen wird. Die reine Dienst l e i s t u n g s pflicht des Beamten gegenüber dieser Einrichtung - hier des Kl. gegenüber dem beklagten Kommunalunternehmen - beruht auf der Mantelweisung des Dienstherrn an den zugewiesenen Beamten, Weisungen des Kommunalunternehmens zu beachten .... Der Arm des Dienstherrn reicht jedoch bei der Zuweisung „in die Einrichtung ... hinein“. Es ist Sache des zuweisenden Dienstherrn, die Amtsgemäßheit der Verwendung zu prüfen .... Dies folgt nach Auffassung des Senats daraus, dass mit den Dienstherrnbefugnissen auch die Kerndienstherrnpflichten bei dem beigeladenen Zweckverband verblieben sind. ... Demgegenüber sind auf den Vorstand des beklagten Kommunalunternehmens nur Weisungsbefugnisse übergegangen, die sich auf die konkrete Tätigkeit des Kl. vor Ort beziehen.“*); OVG Greifswald, NordÖR 2012, 93 = BeckRS 2011, 52439.

[41] S. dazu VG Gelsenkirchen, BeckRS 2011, 45348.

[42] Näheres hierzu bei *Summer*, in: *Weiss/Niedermaier/Summer/Zängl*, § 20 BeamtStG Rn. 2.

[43] *Schuster/Lorenzen*, in: Handbuch Kommunale Unternehmen, 3. A. (2012), § 12 Rn. 236.

[44] *Reich*, § 20 BeamtStG Rn. 15; s. dazu auch BVerwG NVwZ 2009, 187 = BVerwGE 132, 40; Bayer. VGH, 10.4.2007 – VGHE 60, 98 („betriebliche und fachliche Direktions- und Weisungsbefugnisse, d. h. eine beschäftigungsbezogene Kontrolle über das Arbeitsergebnis“). Das BVerfG hat in einem Beschluss vom 21.6.2011 BVerfGK 18, 498 = BeckRS 2011, 52630 (zur Übertragung der Bewährungs- und Gerichtshilfe in Baden-Württemberg auf einen freien Träger als Beliehenen, verbunden mit der Möglichkeit der Überlassung der Arbeitsergebnisse von Landesbediensteten an den Träger aufgrund von Dienstleistungsergebnisüberlassungsverträgen und ausdrücklicher gesetzlicher Ermächtigung des freien Trägers in diesen Fällen, u.a. das fachliche Weisungsrecht und die Fachaufsicht [auch] auszuüben), die Vereinbarkeit eines „Auseinanderfallens“ des fachlichen Weisungsrechts und der Zuständigkeit für statusberührende Entscheidungen mit Art. 33 Abs. 5 GG vor dem Hintergrund der Rechtsinstitute der Abordnung bzw. der Zuweisung nicht verneint. Der VGH Baden-Württemberg, VBlBW 2013, 219 m. w. N., hat in Zusammenhang damit ausdrücklich die Zulässigkeit einer Dienstleistungsergebnisüberlassung aufgrund vertraglicher Regelung sowie gesetzlich vorgesehener Beleihung neben § 20 BeamtStG bejaht. Dies sei zulässigerweise Gegenstand der

des zugewiesenen Beamten bei der aufnehmenden Einrichtung (und damit – im vorhergehenden Sinne – Weisungsberechtigter) kann jeder dort tätige Geschäftsführer oder Arbeitnehmer sein, der aufgrund der internen Organisation ein Direktionsrecht bezüglich der von dem zugewiesenen Beamten wahrzunehmenden Aufgabe hat; es bedarf dazu keiner Ermächtigung durch den Dienstherrn des Beamten. Diese Beschäftigten sind zur Ausübung eines Weisungsrechts befugt, soweit die Dienstausübung des Beamten in der aufnehmenden Einrichtung dies erfordert.

Mit der Zuweisung werden die **bei der aufnehmenden Einrichtung wahrzunehmenden Aufgaben** grundsätzlich zu **Dienstpflichten**, die der Beamte gleichermaßen korrekt wie im Rahmen seiner bisherigen Tätigkeit zu erfüllen hat. Bei der Verrichtung seiner Aufgaben steht dem Beamten hinsichtlich seiner vermögensrechtlichen Haftung bei Nichterfüllung seiner Pflichten das sich aus dem Beamtenrecht ergebende Haftungsprivileg weiterhin zur Seite, d. h. er haftet seinem Dienstherrn im Rahmen des § 48 BeamtStG nur für Vorsatz und grobe Fahrlässigkeit, wenn er in Ausübung der ihm übertragenen Tätigkeit handelt. Für die aufnehmende Einrichtung empfiehlt es sich daher, mit dem Dienstherrn vor einer Zuweisung von Beamten nicht nur die übliche Vereinbarung zur Erstattung der Personalkosten zu treffen, sondern insbesondere auch die Fragen der Haftung und des internen Schadensausgleichs klar zu regeln. 20

Kommt der Beamte seinen Verpflichtungen nicht nach, drohen **disziplinarrechtliche Sanktionen**. Für die Einleitung eines Disziplinarverfahrens ist nicht die Geschäftsführung des kommunalen Unternehmens, sondern ausschließlich der Dienstvorgesetzte zuständig (vgl. etwa im bayerischen Recht die Regelung des Art. 19 Abs. 5 S. 1 BayDG). Fraglich ist, ob hier die Grundsätze eines außerdienstlichen Dienstvergehens (s. dazu auch § 47 Abs. 1 Satz 2 BeamtStG mit der insoweit gegenüber der Vorgängerregelung des § 45 BRRG aF relativierten Gewichtigkeit außerdienstlichen Verhaltens[45]) zur Anwendung gelangen[46] oder man vielmehr bei Verletzung der Dienstpflichten nach allgemeinen Grundsätzen von einem innerdienstlichen Dienstvergehen ausgeht. Es erscheint nicht wirklich nachvollziehbar, warum für Beamte hier nicht die allgemeinen Grundsätze gelten sollten, wenn und soweit es sich (inhaltlich) um (Dienst-) Pflichten handelt, auch wenn diese bei der aufnehmenden Einrichtung (ggf. im Rahmen des Privatrechts) zu erfüllen sind.[47] Anderes gilt gegebenenfalls, wenn etwa (auch) arbeitsrechtliche Beziehungen zwischen dem Beamten und der aufnehmenden Einrichtung bestehen, die inhaltlich über die zum Dienstherrn bestehende Pflichtenstellung hinausgehen.[48] Dahingehende Pflichtverletzungen aus dem Arbeitsverhältnis können ggf. (nur) ein außerdienstliches Dienstvergehen darstellen.[49] 21

Das **Einkommen** des Beamten wird durch seine Zuweisung zunächst nicht berührt, er erhält die ihm zustehenden Bezüge – einschließlich einer eventuellen Sonderzahlung, vermögenswirksamer Leistungen usw. – in unveränderter Höhe weiter. Das kommunale Unternehmen bzw. die aufnehmende Einrichtung kann dem ihm zugewiesenen Beamten neben den von der Kommune gewährten Bezügen eine weitere Vergütung zukommen lassen. Diese wird allerdings gemäß § 9a Abs. 2 BBesG in der am 31.8.2006 geltenden Fassung bzw. entsprechender landesrechtlicher Bestimmungen (vgl. z. B. Art. 10 Abs. 2 BayBesG) auf die Bezüge angerechnet, sofern nicht die Kommune als oberste Dienstbehörde von der Anrechnung ganz oder teilweise absieht. Soweit § 9a Abs. 2 Satz 2 BBesG 22

Gesetzgebungskompetenz des Landes. Art. 33 Abs. 5 GG bestimme hier inhaltlich hinreichend die dienstrechtlichen Grenzen und gewährleiste die Einheitlichkeit des öffentlichen Dienstes.

[45] BT-Drucks. 16/4027, S. 34; s. ferner *Reich*, § 47 BeamtStG Rn. 6.

[46] So jedenfalls *Battis*, § 29 BBG Rn. 8.

[47] Bayer. VGH 10.1.2007 – VGHE 60, 98 (Maßgeblichkeit der für innerdienstliche Dienstvergehen geltenden Grundsätze, im Unterschied zu beurlaubten Beamten). So auch *Kathke*, in: *Schütz/Maiwald*, § 20 BeamtStG Rn. 75; in diesem Sinne wohl auch *Reich*, § 47 BeamtStG Rn. 3.

[48] S. auch BVerwG, 7.6.2000 BVerwGE 111, 231 = NVwZ 2001, 810 (allerdings zu beurlaubten Beamten und der hier zu berücksichtigenden anderen Pflichtenstellung).

[49] So *Schuster/Lorenzen*, in: Handbuch Kommunale Unternehmen, 3. A. (2012), § 12 Rn. 242.

in der am 31.8.2006 geltenden Fassung noch Anwendung findet (vgl. Art. 125a GG), bedarf es für ein Absehen von der Anrechnung zusätzlich des Einvernehmens des für das Besoldungsrecht (des jeweiligen Landes) zuständigen Ministeriums.[50] Änderungen des Einkommens können sich auch aufgrund des Wegfalls einer funktionsgebundenen Zulage ergeben, wenn die nach Zuweisung ausgeübte Tätigkeit eine andere ist (vgl. dazu z. B. Art. 51 BayBesG sowie Nr. 51.3.2 der BayVwVBes).

23 Allein durch eventuell ergänzende Zahlungen einer aufnehmenden Einrichtung an den Beamten wird noch kein Arbeitsverhältnis begründet. Ob neben dem fortbestehenden Beamtenverhältnis **ein Arbeitsverhältnis** zu einem privaten Arbeitgeber begründet wird, ist eine Frage des Einzelfalles und insbesondere davon abhängig, wie die sonstigen rechtlichen Beziehungen zwischen der aufnehmenden Einrichtung und dem Beamten ausgestaltet sind.[51] Sollte ein privatrechtliches Arbeitsverhältnis bestehen, führt dies nicht zum Erlöschen des Beamtenverhältnisses kraft Gesetzes (s. dazu § 20 Abs. 3, § 22 Abs. 2 BeamtStG).

24 Soweit der Beamte bei seiner Tätigkeit die Voraussetzungen für die Gewährung von **Reise- und Umzugskosten** sowie für **Trennungsgeld** erfüllt, sind ihm diese Ansprüche nach dem jeweils für ihn anzuwendenden Landesrecht zu gewähren.

25 Der Anspruch auf **Erholungsurlaub** bleibt im bisherigen Umfang bestehen. Die aufnehmende Einrichtung hat den Beamten entsprechend freizustellen. Kommt eine Einigung hinsichtlich des Zeitpunktes der Einbringung zwischen ihr und dem Beamten nicht zustande, muss eine Entscheidung im Einvernehmen mit der aufnehmenden Einrichtung mit der Kommune herbeigeführt werden. Will der Beamte Urlaub einklagen, muss er die Klage gegen seinen Dienstherrn richten, dieser muss ggf. einen gerichtlich festgestellten Anspruch seines Beamten bei der aufnehmenden Einrichtung durchsetzen.

26 Der zugewiesene Beamte ist von **Beförderungen** nicht ausgeschlossen. Tätigkeitszeiten bei der aufnehmenden Einrichtungen zählen grundsätzlich als Dienstzeiten.[52] Auch für die **dienstliche Beurteilung** (als maßgebliche Auswahlgrundlage bei Beförderungen) bleibt (vorbehaltlich abweichender gesetzlicher Regelung[53]) grundsätzlich der Dienstherr bzw. die bei diesem als Beurteiler bestimmte Stelle zuständig. Von der aufnehmenden Einrichtung sind entsprechende Beurteilungsbeiträge anzufordern.[54] Soweit eine Beförderung in Betracht kommt, ist diese nach den bei der Kommune geltenden Grundsätzen (bei vorhandenen Planstellen) zu vollziehen. Der Beamte kann sich auch auf Beförderungsämter bei seiner Kommune oder bei sonstigen Dienstherren bewerben. Kommt er im Rahmen einer Auswahlentscheidung für einen entsprechenden Dienstposten zum Zuge, ist die Zuweisung aufzuheben und der neue Dienstposten zu übertragen.

27 Die **Arbeitszeit** des zugewiesenen Beamten richtet sich grundsätzlich nach der im jeweiligen Landesbeamtenrecht dazu enthaltenen Regelung. Es kommt nicht darauf an, ob eine betriebsübliche oder eine sich aus einem Tarifvertrag für die Arbeitnehmer ergebende Arbeitszeit allgemein in seinem Betrieb gilt. Gewisse die Arbeitszeit im Rahmen der landesbeamtenrechtlichen Regelungen konkretisierende Bestimmungen beim neuen „Arbeitgeber" sind jedoch nicht ausgeschlossen.[55]

---

[50] S. *Kathke*, in: *Schütz/Maiwald*, § 20 BeamtStG Rn. 78, der darauf verweist, dass das Zustimmungserfordernis trotz Art. 28 Abs. 2 GG auch bei kommunalen Beamten gelte.

[51] Vgl. dazu BAGE 98, 157 (162); zur Rechtstellung eines zugewiesenen DB-Beamten und zum Anspruch auf tarifliche Vergütung siehe BVerwG, ZTR 2004, 55 (56).

[52] *Kathke*, in: *Schütz/Maiwald*, § 20 BeamtStG Rn. 73.

[53] VGH Baden-Württemberg VBlBW 2013, 219 m. w. N. zur aktuellen Rechtsprechung, wonach es – bei entsprechender gesetzlicher Regelung – verfassungsrechtlich nicht zwingend geboten sei, dass der „Vorgesetzte" des Beamten selbst ein Bediensteter des Dienstherrn sein müsse. Danach müsse der Beurteiler nicht in einer beamten- oder arbeitsrechtlichen Beziehung zum Dienstherrn stehen.

[54] *Kathke*, in: *Schütz/Maiwald*, § 20 BeamtStG Rn. 72 unter Verweis auf die Kommentierung im Archiv Teil C Rn. 225 zu § 104 LBG NRW.

[55] S. dazu auch OVG Greifswald NordÖR 2012, 93 = BeckRS 2011, 52439 (*„Ob sich die Antragsgegnerin*

Nach einer Auffassung (v.a. in der Literatur[56]) sollen nach der Privatisierung von Bundesbahn und Bundespost die dort beschäftigten Beamten nunmehr auch **streiken** dürfen. Folgt man dieser Auffassung, so wäre wohl auch für die nach § 20 BeamtStG einem kommunalen Unternehmen zugewiesenen Beamten ein Streikrecht zu bejahen, da eine sachlich gebotene Unterscheidung dieser beiden Beamtengruppen nicht möglich ist. Von den Befürwortern eines Streikrechts wird dieses in erster Linie damit begründet, dass mit der dauerhaften Beschäftigung der Beamten bei nunmehr privatrechtlich geführten Unternehmen neue Verhältnisse geschaffen worden seien. Nachdem der Beamte neben seinen Bezügen auch noch Zahlungen von dem Unternehmen erhalten könne, müsse nach dieser Auffassung zumindest zur Verbesserung dieser Zahlungen ein Streikrecht anerkannt werden. 28

Die v. a. in der Literatur angeführten Argumente vermögen nicht zu überzeugen. **Ein Streikrecht für zugewiesene Beamte ist abzulehnen.** Nach der ständigen Rechtsprechung[57] untersagen die hergebrachten Grundsätze des Berufsbeamtentums den Streik oder ähnliche gemeinschaftliche Kampfmaßnahmen, mit denen der Dienstherr unter Druck gesetzt und zur Erfüllung der Forderungen nach Verbesserung der Arbeitsbedingungen veranlasst werden soll. Das Bundesverfassungsgericht hat in seiner Entscheidung zur Zulässigkeit des Einsatzes von Beamten als „Streikbrecher" bei der Bundespost dies zwar für unzulässig erklärt,[58] zugleich aber die Koalitionsfreiheit nach Art. 9 Abs. 3 GG ausdrücklich auf die Arbeitnehmer des öffentlichen Dienstes beschränkt. Da diesen die besonderen Rechte der Beamten nicht zustehen, bleiben sie darauf angewiesen, ihre Arbeitsbedingungen auf der Ebene von Tarifverträgen auszuhandeln. Soweit der Staat von der Möglichkeit Gebrauch macht, Arbeitskräfte auf privatrechtlicher Basis als Arbeitnehmer zu beschäftigen, unterliegt er dem Arbeitsrecht, dessen notwendiger Bestandteil eine kollektive Interessenwahrnehmung ist.[59] Im Umkehrschluss folgt daraus, dass für den Beamten, dessen Arbeitsbedingungen durch den Gesetzgeber bestimmt werden, kollektive Interessenwahrnehmung durch Streiks nicht geboten ist. In mehreren früheren Entscheidungen hat das Bundesverfassungsgericht es als hergebrachten und von der Verfassung garantierten Grundsatz des Berufsbeamtentums angesehen, dass die angemessene Alimentation in der Höhe und ihrer Ausgestaltung nicht „erstritten" und nicht „vereinbart" wird und dass innerhalb des Beamtenrechts die Zulassung eines Streiks ausgeschlossen ist.[60]

Angesichts dieser bis heute vom Bundesverfassungsgericht nicht revidierten Rechtsprechung ist kein Raum für ein Streikrecht zugewiesener Beamter.[61] Aus der rechtlichen Natur der ausgeübten Tätigkeit ist dieses nicht geboten, da auch eine Vielzahl der in Behörden beschäftigten Beamten nicht (nur) hoheitliche, sondern (auch) andere Aufgaben erfüllt, wie sie auch von einem zugewiesenen Beamten wahrgenommen werden. Da die bei einem Dienstherrn in einer Behörde tätigen Beamten unstreitig nicht streiken dürfen, ist nicht einsichtig, weshalb zugewiesene Beamte hier privilegiert und die anderen damit zugleich diskriminiert werden sollten. Schwerer wiegt indes, dass ein Streik von Beamten sich letztlich nicht gegen den „Arbeitgeber", sondern im Ergebnis gegen

---

bestimmte personalrechtliche Entscheidungen vorbehalten hat (etwa zur Arbeitszeit oder zum Erholungsurlaub), ist dagegen unerheblich. Dass der Antragsgegnerin gewisse personalrechtliche Befugnisse verbleiben, folgt ohnehin aus der bereits erwähnten Regelung des § 20 Abs. 3 BeamtStG. Ob dazu auch die Festlegung der Arbeitszeit oder des Urlaubs gehört, ist keine Frage der rechtlichen Einordnung der umstrittenen Personalmaßnahme.")

56 *Schulz*, ZTR 1995, 438 m. w. N. a. d. Lit., z. B. Battis, § 4 BBG Rn. 7 sowie § 29 BBG Rn. 8.

57 BGHZ 70, 277 (279) m. w. N. aus der ständigen Rechtsprechung des BVerfG.

58 BVerfG NJW 1993, 1379.

59 BVerfG NJW 1993, 1379 (1380).

60 BVerfG NJW 1977, 1869. S. aber auch BVerwG BVerwGE 111, 231 = NVwZ 2001, 810, wonach **beurlaubte** Beamte bei privatisierten Bahn- und Postunternehmen ein Streikrecht hätten (unter Verweis auf die Gesetzesbegründung zum DBGrG [BT-Drs. 12/4069, S. 82]. Der beurlaubte Beamte bei dem privatisierten Bahnunternehmen habe während der Beurlaubung dieselben Koalitionsrechte nach Art. 9 GG wie andere Arbeitnehmer.

61 So auch *Kathke*, in: *Schütz/Maiwald*, § 20 BeamtStG Rn. 73; *Summer*, in: *Weiss/Niedermaier/Summer/Zängl*, § 20 BeamtStG, Rn. 9. S. zur aktuellen Rechtsprechung etwa OVG Lüneburg NdsVBl. 2012, 266.

den Souverän, d. h. gegen den Gesetzgeber richten würde. Dieser ist es, der die beamtenrechtlichen „Arbeitsbedingungen“ durch Gesetz festlegt und der durch die Unmutskundgebung in Form eines Streiks zur Gesetzesänderung zugunsten der Beamten gezwungen werden soll. Streiken die öffentlichen Arbeitnehmer, so wird nicht der Gesetzgeber, sondern unmittelbar der Dienstherr als Arbeitgeber zur Änderung der Arbeitsbedingungen aufgefordert.

e) Beendigung einer Zuweisung

29 Die Zuweisung endet entweder mit dem in der Verfügung **genannten Zeitpunkt** bzw. nach **Erfüllen der Voraussetzungen**, aus denen sich der vorübergehende Charakter in den Fällen des § 20 Abs. 1 BeamtStG alternativ ergibt,[62] oder mit **Beendigung des Beamtenverhältnisses**. Ein Beamter ist auf eigenen (schriftlichen) Antrag jederzeit aus dem Beamtenverhältnis zu entlassen (§ 23 Abs. 1 Nr. 4 BeamtStG). Die Entlassung ist grundsätzlich zu dem beantragten Zeitpunkt auszusprechen und kann längstens drei Monate hinausgeschoben werden. Mit dem Zeitpunkt der Entlassung endet die Zuweisung, der Beamte kann daher kurzfristig seine Tätigkeit in dem Unternehmen einstellen. Dieses kann sich nicht auf die sich aus § 622 BGB ergebenden oder auf die im Unternehmen geltenden Tarifvertrag bestimmten Kündigungsfristen berufen.

30 Bei einer Zuweisung zu einer gemeinsamen Einrichtung nach § 44 b SGB II[63] aus, sieht § 44 g Abs. 5 Satz 1 Nr. 2 SGB II für die Beziehung zwischen Beamten und aufnehmender Einrichtung ein jederzeitiges „außerordentliches Kündigungsrecht“ für den zugewiesenen Beamten (bzw. Arbeitnehmer) vor, dem allerdings der Geschäftsführer der gemeinsamen Einrichtung aus zwingenden dienstlichen Gründen widersprechen kann.[64]

31 Da die Zuweisung Verwaltungsakt ist, gelten hinsichtlich einer anderweitigen „Beendigung“ der Zuweisung die allgemeinen Grundsätze der §§ 48 f. VwVfG bzw. der entsprechenden landesrechtlichen Regelungen.[65] So setzt insbesondere § 20 Abs. 2 BeamtStG voraus, dass es sich um eine Einrichtung der öffentlichen Hand handelt, d. h. es bedarf eines rechtlich fundierten bestimmenden Einflusses der öffentlichen Hand (nicht zwingend des bisherigen Dienstherrn oder überhaupt einer dienstherrnfähigen Organisation der öffentlichen Hand). Endet dieser, entfällt eine Voraussetzung für die Zuweisung. Der Beamte (so *Summer*) habe dann sogar einen Anspruch auf Aufhebung der Zuweisung, wenn er mit deren Fortdauer nicht (mehr) einverstanden sei.[66]

32 Für die Aufhebung bzw. Beendigung der Zuweisung bedarf es **weder der Zustimmung des Beamten noch der aufnehmenden Einrichtung**. *Kathke* verweist jedoch zu Recht darauf, dass eine Abstimmung mit der aufnehmenden Einrichtung regelmäßig aufgrund eventueller seitens des Dienstherrn oder des Beamten bestehender Vereinbarungen mit dieser angezeigt erscheine.[67]

f) Rechtsschutz

33 Widerspruch bzw. Klage gegen eine Zuweisung haben nach § 54 BeamtStG, § 80 Abs. 1 VwGO **aufschiebende Wirkung**. § 54 Abs. 4 BeamtStG findet keine (entsprechende) Anwendung.[68] Eine ergänzungsbedürftige Regelungslücke insoweit ist hier bereits auf-

---

[62] So *Kathke*, in: *Schütz/Maiwald*, § 20 BeamtStG Rn. 68.

[63] S. dazu auch OVG Greifswald, BeckRS 2011, 52439.

[64] S. dazu BR-Drucks. 226/10, S. 44.

[65] S. dazu demgegenüber wohl etwas weitergehender *Kathke*, in: *Schütz/Maiwald*, § 20 BeamtStG Rn. 69, wonach allgemein davon gesprochen wird, dass eine (vorzeitige) Aufhebung möglich sei, wenn ein entsprechendes dienstliches bzw. öffentliches Interesse besteht.

[66] So *Summer*, in: *Weiss/Niedermaier/Summer/Zängl*, § 20 BeamtStG Rn. 7 m. w. N.

[67] *Kathke*, in: *Schütz/Maiwald*, § 20 BeamtStG Rn. 69

[68] OVG Greifswald NordÖR 2012, 93 = BeckRS 2011, 52439 (u.a. darauf verweisend, dass die Rechtsposition des Beamten bei einer Zuweisung, etwa aufgrund des in § 20 Abs. 1 BeamtStG normierten Zustimmungserfordernisses eine stärkere sei als bei Abordnung und Versetzung); *Baßlsperger*, in: *Weiss/Niedermaier/Summer/Zängl*, § 54 BeamtStG Rn. 156; *von Roetteken/Rothländer*, § 54 BeamtStG Rn. 65; *Reich*, § 20 BeamtStG Rn. 6.

grund der Möglichkeit der Anordnung der sofortigen Vollziehung nach § 80 Abs. 2 Satz 1 Nr. 4 VwGO zu verneinen.

Hat der Beamte der **Zuweisung zugestimmt**, dürfte regelmäßig das **Rechtsschutzbedürfnis** bei Vorgehen gegen die Zuweisung **fehlen**.[69] Fraglich ist jedoch, ob anderes gilt, wenn sich der zugrunde liegende Sachverhalt geändert hat und, würden jetzt die Voraussetzungen für eine Zuweisung bewertet, eine andere Entscheidung angezeigt wäre. Maßgeblich ist hier der für die Bewertung im Rahmen des Rechtsschutzverfahrens anzusetzende Zeitpunkt. Die heute überwiegende Meinung und insbesondere die ständige Rechtsprechung des *BVerwG* gehen davon aus, dass das Prozessrecht einen allgemeinen Grundsatz über den maßgeblichen Zeitpunkt nicht kennt, er sich vielmehr nach dem jeweiligen materiellen Recht bestimmt (st. Rspr.).[70] Nur dann, wenn sich keine Anhaltspunkt aus dem materiellen Recht für den maßgeblichen Beurteilungszeitpunkt ergeben, ist der Zeitpunkt der letzten Behördenentscheidung oder – bei Verpflichtungssituationen – der Zeitpunkt der letzten mündlichen Verhandlung bzw. gerichtlichen Entscheidung maßgebend. Wendet sich der Beamte gegen die Zuweisung, der er zuvor zugestimmt hat, handelt es sich um eine Anfechtungssituation. Der gesetzlichen Regelung des § 20 BeamtStG können keine ausdrücklichen Vorgaben hinsichtlich des Bewertungszeitpunkts entnommen werden. Danach dürfte regelmäßig, abstellend auf den Zeitpunkt der Verfügung der Zuweisung bei Zustimmung des Beamten das Rechtschutzbedürfnis ausgeschlossen sein. Es ist dabei jedoch zu differenzieren zwischen § 20 Abs. 1 BeamtStG, mit der Konstellation einer vorübergehenden Zuweisung, für die die Zustimmung des Beamten erforderlich ist, und § 20 Abs. 2 BeamtStG, der eine regelmäßig dauerhafte Zuweisung regelt, wofür die Zustimmung des Beamten nicht erforderlich ist. Nach dieser systematischen Differenzierung dürfte es nicht ausgeschlossen sein, dass der Beamte in den Fällen des § 20 Abs. 1 BeamtStG trotz erteilter Zustimmung nach einer gewissen Zeit die weiterhin bestehende Notwendigkeit bzw. Erforderlichkeit einer Zuweisung überprüfen lässt. 34

Wird die Zuweisung durch den Beamten vor dem Verwaltungsgericht angegriffen, muss das Vorliegen der materiell-rechtlichen Voraussetzungen der Zuweisung von der Verwaltung gegenüber dem Gericht dargelegt werden.[71] Materiell-rechtlich wird dabei v.a. die Frage der Amtsangemessenheit des Einsatzes des Beamten eine besonders gewichtige Rolle spielen. Zuständig dafür bleibt die zuweisende Stelle als Dienstherr des Beamten.[72] 35

2. Beurlaubte Beamte

Das Beamtenrecht sieht ferner die **Möglichkeit einer Beurlaubung** aufgrund eines Antrags des Beamten vor. Sonderurlaub kann entweder mit Bezügen – dies ist in der Regel nur für einen Zeitraum von wenigen Monaten und bei Bestehen eines dienstlichen Interesses möglich – oder unter Wegfall der Bezüge gewährt werden. Umstritten ist, ob eine längerfristige Beurlaubung (mit dem Status des Beamten) vereinbar ist.[73] 36

---

[69] So *Kathke*, in: *Schütz/Maiwald*, § 20 BeamtStG Rn. 70; *Reich*, § 20 BeamtStG Rn. 2.

[70] BVerwG BVerwGE 82, 260; BVerwG BVerwGE 97, 79; BVerwG NVwZ-RR 1996, 20; BVerwG Buchholz 237.5 Nr. 1; BVerwG DÖD 2012, 104; BVerwG ZBR 2010, 45 = NVwZ-RR 2009, 893; BVerwG NVwZ 2012, 880. Im Ergebnis so auch *Baßlsperger*, in: *Weiss/Niedermaier/Summer/Zängl*, § 54 BeamtStG Rn. 71; *Eyermann/Schmidt*, § 113 VwGO Rn. 45, v.a. Rn. 47; *Kopp/Schenke*, § 113 VwGO Rn. 217 ff.; *Schenke*, Verwaltungsprozessrecht, Rn. 789 ff.

[71] Entgegen den Ausführungen von *Reich*, § 20 BeamtStG Rn. 3, 14, führt die Kombination unbestimmter Rechtsbegriffe und des Ermessens in § 20 BeamtStG nicht zu einer vollen gerichtlichen Überprüfung und zu einer Nichtanwendbarkeit des § 114 VwGO (s. dazu auch *Kopp/Ramsauer*, § 40 VwVfG Rn. 21 sowie *Kopp/Schenke*, § 114 VwGO Rn. 32, 33; *Schuster/Lorenzen*, in: Handbuch Kommunale Unternehmen, 3. A. [2012], § 12 Rn. 227).

[72] Bayer. VGH DVBl. 2006, 1599.

[73] Dazu *Schuster/Lorenzen*, in: Handbuch Kommunale Unternehmen, 3. A. (2012), § 12 Rn. 259. In diesem Zusammenhang wird auch auf Bayer. VGH 10.4.2007 – VGHE 60, 98, verwiesen, wonach es dem Lan-

37 Die **Gleichzeitigkeit von (ruhendem) Beamten- und (aktivem) Arbeitsverhältnis** ist nicht ausgeschlossen. Ein mit seinem Einverständnis von seinem Dienstherrn beurlaubter Beamter unterliegt gegenüber seinem Dienstherrn keinen Dienstleistungspflichten mehr. Ihm ist kein amtsgemäßer Aufgabenbereich mehr übertragen. Die Begründung eines Arbeitsverhältnisses neben dem fortbestehenden Beamtenverhältnis führt deshalb nicht zu einer Pflichtenkollision, sondern ist grundsätzlich möglich.[74]

38 Der beurlaubte Beamte kann mit dem kommunalen Unternehmen einen **Arbeitsvertrag oder einen Dienstvertrag** für den Fall seiner Bestellung als Organvertreter (Geschäftsführer, Vorstandsmitglied) abschließen. Bei einem Dienstvertrag oder einem außertariflichen Arbeitsvertrag gilt grundsätzlich Vertragsfreiheit. Wird dem beurlaubten Beamten eine Tätigkeit übertragen, die üblicherweise der Eingruppierung nach dem TVöD oder dem TV-L etc. unterliegt, so richten sich die Arbeitsbedingungen (im Rahmen der bestehenden Tarifgebundenheit) nach diesen Tarifverträgen. Abweichende Vereinbarungen sind in verbandsangehörigen Unternehmen nur zugunsten des Arbeitnehmers möglich.

39 Ist der Beamte **im dienstlichen Interesse** beurlaubt und wird er als Arbeitnehmer beschäftigt, so ist er von der **Versicherungspflicht** in der gesetzlichen Renten-, Arbeitslosen- und Krankenversicherung befreit, sofern der (bisherige) Dienstherr einen entsprechenden (besonderen) Gewährleistungsbescheid erlassen hat. Allerdings muss er für diesen Fall zur Erlangung eines solchen nachweisen, dass aufgrund des Vertrags vergleichbare Ansprüche für ihn gegeben sind. Ob die Beurlaubungszeit ruhegehaltsfähige Dienstzeit ist, bestimmt sich nach den jeweiligen versorgungsrechtlichen Regelungen dazu (z. B. § 6 Abs. 1 Satz 2 Nr. 5 BeamtVG i.V.m. Verwaltungsvorschriften, Art. 14 Abs. 1 S. 2 Nr. 4, Abs. 2 BayBeamtVG). In der Regel erklärt sich der Arbeitgeber bereit, einen eventuell erforderlichen Versorgungszuschlag zugunsten des Beamten an dessen Dienstherrn zu entrichten. Dieser gewährt dem Beamten im Falle des Eintritts in den Ruhestand eine Versorgung, wie sie diesem bei Verbleib im aktiven Dienst als Beamter zugestanden hätte. Dem stehen beim Unternehmen sowohl die ersparten Zahlungen des Arbeitgebers hinsichtlich seines Anteiles am Beitrag zur gesetzlichen Sozialversicherung als auch der ansonsten vom Arbeitnehmer zu entrichtende Anteil gegenüber.

40 Das Unternehmen kann dem beurlaubten Beamten in seiner Funktion als Arbeitnehmer eine **zusätzliche betriebliche Altersversorgung** gewähren (dann aber ggf. bei Beendigung der Beurlaubung und Erhalt von Ruhegehalt nach den jeweils maßgeblichen versorgungsrechtlichen Regelungen mit „Auswirkung" auf dieses, s. z. B. §§ 54 ff. BeamtVG, Art. 84 ff., 85 Abs. 1 Nr. 6, S. 5 BayBeamtVG, sofern nicht nach jeweiligem einschlägigen Recht überhaupt Voraussetzung für die Berücksichtigung als Dienstzeit, dass keine Zusatzversorgung gewährt wird). Soweit das Unternehmen im Falle seiner Mitgliedschaft in einer (kommunalen) Zusatzversorgungskasse seinen sonstigen Arbeitnehmern eine Zusatzversorgung gewährt, ist es jedoch nicht verpflichtet, den als Arbeitnehmer tätigen beurlaubten Beamten dort anzumelden.

3. Beamte als Arbeitnehmer nach Beendigung des Beamtenverhältnisses

41 Entscheidet sich der Beamte für eine Beendigung seines Beamtenverhältnisses, so endet dieses auf seinen Antrag hin (vgl. auch Rn. 29). Der Beamte wird entsprechend der Höhe seiner in der Vergangenheit gezahlten Bezüge – maximal bis zu der jeweils gültigen Beitragsbemessungsgrenze – regelmäßig (vgl. § 8 SGB VI) in der gesetzlichen Rentenversicherung nachversichert und erwirbt unter gleichzeitigem Verlust seines Anspruches auf Versorgung damit für die Zukunft einen Anspruch in der gesetzlichen Rentenversiche-

---

desgesetzgeber nicht möglich sei, eine beamtenrechtliche Beurlaubung zu regeln bzw. vorzunehmen, die – unter Ausschluss einzelner Aspekte, z. B. der Unfallfürsorge – alle wesentlichen Elemente einer Zuweisung beinhalte.

[74] BAGE 98, 157 (161) m. w. N. a. d. Rspr. und Lit.

rung. Eine **Nachversicherung** in einer Zusatzversorgungskasse des öffentlichen Dienstes kann er gegenüber seinem Dienstherrn dagegen nicht beanspruchen.

Bei der Aufnahme einer Tätigkeit als Arbeitnehmer unterliegt er der **gesetzlichen Rentenversicherungspflicht** und ist in der **Arbeitslosenversicherung** anzumelden. Von der gesetzlichen Krankenversicherung kann er nur – wie jeder andere Arbeitnehmer – bei Vorliegen der Befreiungstatbestände ausgenommen werden. 42

Wird ein ehemaliger Beamter als Arbeitnehmer eingestellt, sind grundsätzlich **keine Abweichungen oder Besonderheiten** zu beachten. Es ist wie bei Einstellungen von sonstigen Arbeitnehmern zu verfahren. 43

4. Anwendung von BetrVG/BPersVG

Grundsätzlich fallen die Kommunal- und Landesbeamten gleichermaßen unter das jeweils im Bundesland geltende **Personalvertretungsgesetz**. Diese Gesetze sind im Detail teilweise recht unterschiedlich, in der Grundstruktur sind sie jedoch dem Bundespersonalvertretungsgesetz (BPersVG) nachgebildet, das für die Beschäftigten des Bundes zur Anwendung gelangt. Der Geltungsbereich der Landesgesetze bestimmt sich nach § 95 Abs. 1 BPersVG und umfasst u. a. die Verwaltungen und Betriebe der Länder, der Gemeinden, Gemeindeverbände sowie sonstigen juristischen Personen, die der Aufsicht des Staates unterliegen (vgl. z. B. Art. 1 BayPVG). Ist ein Beamter daher in einem Kommunalunternehmen tätig, so gilt das Personalvertretungsgesetz des Landes für ihn, da in diesem Unternehmen eine Personalvertretung und kein Betriebsrat zu wählen ist. 44

Das **Personalvertretungsrecht** der Länder findet jedoch in einer **privatrechtlich organisierten Einrichtung keine Anwendung**. Dabei ist nicht maßgebend, ob sich dieses Unternehmen ausschließlich in öffentlicher Hand befindet. Es gilt hier bundesweit das Betriebsverfassungsgesetz (BetrVG). Dieses Gesetz findet nach seinem Wortlaut Anwendung auf Arbeitnehmer in Unternehmen. Beamte, die während einer Beurlaubung, nach dem Ausscheiden aus dem Beamtenverhältnis, im Ruhestand oder als Nebentätigkeit im Betrieb eines privatrechtlichen Unternehmens aufgrund eines Arbeitsvertrages tätig werden, sind ebenfalls vom Betriebsverfassungsgesetz erfasste Arbeitnehmer. 45

Umstritten war bzw. ist, ob bzw. inwieweit sonstige „überlassene" oder zugewiesene Beamte in einen privaten oder privatisierten Betrieb eingegliedert sind und als Arbeitnehmer im Sinne des Betriebsverfassungsgesetzes gelten. Während in der Literatur[75] der Arbeitnehmerstatus der in Betrieben der Privatwirtschaft eingegliederten Beamten ohne Arbeitsvertrag bereits bisher generell anerkannt war, hatte die höchstrichterliche Rechtsprechung diese zunächst gleichfalls vertretene Auffassung ausdrücklich aufgegeben.[76] 46

Dieser Streit dürfte nunmehr hinsichtlich des **„ob" einer Einbeziehung** zugewiesener Beamter in den Anwendungsbereich des BetrVG dem Grunde nach obsolet sein, nachdem mit Wirkung vom 4. August 2009 § 5 Abs. 1 S. 3 BetrVG (allgemein)[77] bestimmt, dass als Arbeitnehmer auch Beamte, Soldaten sowie Arbeitnehmer des öffentlichen Dienstes einschließlich der zu ihrer Berufsausbildung Beschäftigten gelten, die in 47

---

75 S. dazu etwa die Ausführungen bei *Fitting/Kaiser/Heither/Engels/Schaub,* Betriebsverfassungsrecht (21. Aufl.), § 5 Rn. 279 ff. m. w. N. aus der.Lit. In der aktuellen Fassung– *Fitting/Engels/Trebinger/Schmidt/Linsenmaier,* Betriebsverfassungsrecht (26. Aufl.), § 5 Rn. 317 – wird dementsprechend § 5 Abs. 1 Satz 3 BetrVG als Klarstellung gesehen.

76 BAG AP Nr. 8 zu § 8 BetrVG 1972, bestätigt durch BAGE 97, 226, siehe auch Bayer. VGH, Beschluss vom 16. 9.1999 – 17 P 98.2843, der ebenfalls feststellte, dass Beamte das aktive und passive Wahlrecht in einer privatrechtlichen Einrichtung nicht erwerben können. S. ferner BAG NZA 1998, 838.

77 S. zu speziellen Regelungen etwa in Zusammenhang mit der Privatisierung der Deutschen Bundespost und Regelung der Anwendung des BetrVG § 24 Abs. 2 PostPersRG sowie § 19 Abs. 1 des Gesetzes über die Gründung einer Deutsche Bahn Aktiengesellschaft (DBGrG). Zu weiteren Sonderregelungen s. auch *Fitting/Engels/Trebinger/Schmidt/Linsenmaier,* Betriebsverfassungsrecht (26. Aufl.), § 5 Rn. 320 f.

Betrieben privatrechtlich organisierter Unternehmen tätig sind (unabhängig von dem Abschluss eines Arbeitsvertrags).[78]

48 Davon getrennt zu sehen ist die **Frage des Umfangs bzw. der Auswirkung der Geltung des BetrVG**. *Schuster/Lorenzen* unterscheiden insoweit nach dem jeweiligen Bezugspunkt: Danach seien auf Zuweisungsbeamte im Sinne des § 20 Abs. 2 BeamtStG alle betriebsverfassungsrechtlichen Regelungen anzuwenden, die das fachliche Weisungsrecht der privatrechtlichen Einrichtung tangieren (z. B. in Zusammenhang mit Arbeits-, Pausenzeiten, Arbeitskleidung etc.). Bei beamtenrechtlichen bzw. personalrechtlichen Fragen des Gehalts, der Dauer des Urlaubs, Sonderzahlungen, Versorgungsleistungen oder der Beendigung, verdrängten hingehen die gesetzlichen Regelungen des Beamtenrechts die kollektivvertraglichen Regelungen auf Betriebsebene.[79] Entsprechendes gelte auch für die Anwendbarkeit von Betriebsnormen im Sinne des § 3 Abs. 2 TVG. Für die bei der bisherigen Dienststelle „verbleibenden" Belange bleibe der Personalrat zuständig, auch wenn ggf. nach BPersVG bzw. entsprechender landesrechtlicher Regelungen die Wählbarkeit bzw. das Wahlrecht des zugewiesenen Beamten erloschen sein sollte; dies berühre nicht die nach wie vor bestehende rechtliche Zugehörigkeit zur Dienststelle.[80] Auch das BAG verweist in diesem Sinne (hier allerdings Bezug nehmend auf die konkrete spezialgesetzliche Regelung des § 24 bzw. § 28 PostPersG) darauf, dass zwar grundsätzlich ein Mitbestimmungsrecht nach § 99 BetrVG bestünde, dieses jedoch dann ausgeschlossen sei, wenn im konkreten Fall ein Mitbestimmungsrecht nach BPersVG bestehe.[81] In einer weiteren Entscheidung vom 15. Dezember 2011 führt das BAG (bezogen auf Arbeitnehmer) aus, dass gestelltes Personal bei dem Schwellenwert des § 38 Abs. 1 BetrVG bzw. – allgemein – bei organisatorischen Bestimmungen des BetrVG zu berücksichtigen sei; dies entspreche der Regelungsintention des § 5 Abs. 1 S. 3 BetrVG.[82]

49 Nachdem das BAG zunächst die **Wahlberechtigung** und **Wählbarkeit** nach dem Betriebsverfassungsgesetz eines im öffentlich-rechtlichen Dienst- und Treueverhältnis zum Land verbleibenden Beamten ausgeschlossen hatte, der aufgrund eines Dienstleistungsüberlassungsvertrages die bisher bei einer Anstalt des öffentlichen Rechts wahrge-

---

[78] Art. 9 des Gesetzes zur Errichtung eines Bundesaufsichtsamtes für Flugsicherung und zur Änderung und Anpassung weiterer Vorschriften vom 29.7.2009, BGBl. I 2009, 2424. Zur Begründung dessen wird u.a. auf Folgendes verwiesen: *„Mit den Änderungen in § 5 des Betriebsverfassungsgesetzes wird dem Wunsch des Bundesrates vom 26. April 2006 im Rahmen des Gesetzgebungsverfahrens zum Bundesschuldenwesenmodernisierungsgesetz (Bundestagsdrucksache 16/1336) entsprochen, eine allgemeine Regelung in das Betriebsverfassungsgesetz aufzunehmen, nach der Beamte bei Zuweisung an privatrechtlich organisierte Einrichtungen generell für die Anwendung des Betriebsverfassungsgesetzes als deren Arbeitnehmer gelten und damit auch aktiv und passiv bei den Betriebsratswahlen wahlberechtigt sind."* (BT-Drucks. 16/11608, S. 21). S. dazu auch BAG NZA 2012, 519 m. w. N. (v.a. in Rn. 25: *„Mit der faktischen Eingliederung der Beamtinnen, Beamten, Angestellten, Arbeiterinnen und Arbeiter in die Finanzagentur seien diese ua. für den Bereich der betrieblichen Interessenvertretung den Arbeitnehmerinnen und Arbeitnehmern der Finanzagentur gleichzustellen (vgl. BT-Drucks. 16/1336 S. 17). Auch mit § 5 Abs. 1 Satz 3 BetrVG verfolgt der Gesetzgeber demzufolge ersichtlich das Ziel einer Einbeziehung der in der Vorschrift genannten Beschäftigten in den Bereich der betrieblichen Interessenvertretung und ihre Gleichstellung mit den Arbeitnehmern des Einsatzbetriebs. Für den besonderen Schutz dieser Beschäftigten hat er deren Eingliederung in den Betrieb – und nicht deren vertrags- oder statusrechtliche Bindung – als ausschlaggebend angesehen."*); s. ferner *Schuster/Lorenzen*, in: Handbuch Kommunale Unternehmen, 3. A. (2012), § 12 Rn. 244 (darauf verweisend, dass wohl eine allgemeine Dienstleistungsergebnisüberlassung, die nicht § 20 BeamtStG unterfalle, nicht zur Anwendung des § 5 Abs. 1 S. 3 BetrVG führe, da hiermit regelmäßig kein Weisungsrecht der aufnehmenden Stelle verbunden sei; diese habe nur Anspruch auf das Ergebnis einer [inhaltlich ausschließlich vom Dienstherrn des Beamten bestimmten] Dienstleistung), Rn. 254. Dies dürfte in der Praxis jedoch nicht immer trennscharf abgrenzbar sein (s. dazu bereits BVerwGE 69, 303 mit der Bejahung „vorläufiger" Weisungsrechte in dringenden Fällen).

[79] *Schuster/Lorenzen*, in: Handbuch Kommunale Unternehmen, 3. A. (2012), § 12 Rn. 245 f. S. auch BAG BAGE 138, 116 = BeckRS 2011, 74719 (darauf abstellend, bei wem die „Entscheidungsmacht" ist: § 5 Abs. 1 S. 3 BetrVG begründe kein Mitbestimmungsrecht des Betriebsrats, wo der Betriebsinhaber weder formell noch materiell etwas zu entscheiden habe.) sowie *Fitting/Engels/Trebinger/Schmidt/Linsenmaier*, Betriebsverfassungsrecht (26. Aufl.), § 5 Rn. 319.

[80] *Schuster/Lorenzen*, in: Handbuch Kommunale Unternehmen, 3. A. (2012), § 12 Rn. 250.

[81] BAG NJOZ 2013, 1954.

[82] BAG NZA 2012, 519 m. w. N.

nommenen Aufgaben nunmehr in einer umgewandelten Aktiengesellschaft versah, hat es mit Beschluss vom 25. Februar 1998 ergänzend festgestellt, dass dieser Beamte, mit Ausnahme der spezialgesetzlich ausdrücklich geregelten Fälle, kein wahlberechtigter Arbeitnehmer im Sinne des § 7 BetrVG sei. Dies gelte auch, wenn die Beamten in einem von einem privaten Rechtsträger allein oder gemeinsam mit einem öffentlichen Rechtsträger geführten Betrieb eingegliedert seien.[83] Das BAG hielt es für sachgerecht, durch eine entsprechende, erforderlichenfalls auch verfassungskonforme Auslegung der personalvertretungsrechtlichen Bestimmungen dafür Sorge zu tragen, dass Beamte, die in zulässiger oder möglicherweise auch unzulässiger Weise in einen von einem privaten Rechtsträger allein oder gemeinsam mit einem öffentlichen Rechtsträger geführten Betrieb entsandt werden, an der Wahl eines Personalrats teilnehmen können.[84] Danach soll die Abstellung, Entsendung oder Zuweisung eines im öffentlichen Dienst Beschäftigten zu einer privaten Gesellschaft, die nicht dem Geltungsbereich des Personalvertretungsrechts unterliegt, von den Auswirkungen her betrachtet werden und nach der Interessenlage mit einer Abordnung zu einer anderen Dienststelle vergleichbar sein. Das OVG Münster[85] hat dementsprechend bei einem beamteten Chefarzt nach Umwandlung des Kreiskrankenhauses in eine GmbH die Wahlberechtigung und Wählbarkeit bei den Personalratswahlen des Kreises nach sechs Monaten – vergleichbar einer Abordnung – entfallen lassen. Dies, so das BAG in seiner Entscheidung vom 15. Dezember 2011, sei vom Gesetzgeber durch die Regelung des § 5 Abs.1 S. 3 BetrVG „korrigiert" worden.[86] Im Ergebnis kann dies zur Folge haben, dass entweder vorübergehend oder dauerhaft ein „Doppelwahlrecht" bzw. eine „doppelte Wählbarkeit" sowohl nach BPersVG bzw. entsprechender landesrechtlicher Bestimmungen als auch nach BetrVG besteht (s. z. B. auch die Regelung des § 44 h Abs. 5 SGB II).[87] In § 13 Abs. 2 S. 4, 14 BPersVG ist jedoch der Verlust des Wahlrechts bei der abgebenden Dienststelle vorgesehen, wenn die Zuweisung länger als drei Monate dauert und feststeht, dass der Beamte nicht binnen weiterer sechs Monate an die bisherige Dienststelle zurückkehren wird.[88] Ganz oder teilweise entsprechende Regelungen finden sich auch in Landespersonalvertretungsgesetzen (s. z. B. § 9 Abs. 2 S. 3 des Hess. Personalvertretungsgesetzes [HPVG]). Demgegenüber sieht etwa das Bayerische Personalvertretungsgesetz (BayPVG) in Art. 13 Abs. 1 Satz 2 generell eine parallele Anwendbarkeit von BayPVG als auch BetrVG, und damit die Möglichkeit eines dauerhaften doppelten Wahlrechts bzw. einer dauerhaften doppelten Wählbarkeit vor.[89]

Unabhängig von Vorgehendem ist das Beteiligungsrecht des Personalrats der abgeben- 50
den Dienststelle bei Vornahme der Zuweisung z. B. nach § 76 Abs. 1 Nr. 5a BPersVG, Art. 75 Abs. 1 Satz 1 Nr. 14 BayPVG.[90]

---

[83] BAGE 97, 226 (230/231).

[84] BAGE 97, 226 (235).

[85] PersR 2000, 429.

[86] BAG NZA 2012, 519 m. w. N.

[87] S. dazu auch OVG NRW PersR 2011, 386.

[88] S. dazu *Schuster/Lorenzen,* in: Handbuch Kommunale Unternehmen, 3. A. (2012), § 12 Rn. 244. Teilweise bestehende Sonderregelungen können den Zustand der doppelten Wahlberechtigung auch dauerhaft begründen (s. z. B. die §§ 2, 3 Abs. 1, § 6 Abs. 1 des Kooperationsgesetzes der Bundeswehr vom 30. Juli 2004, BGBl. I S. 2027 [BwKoopG]). Kritisch zur Regelung des § 13 Abs. 3 S. 4 BPersVG als „nicht mehr zeitgemäß und aufzuheben" – *Fitting/Engels/Trebinger/Schmidt/Linsenmaier,* Betriebsverfassungsrecht (26. Aufl.), § 5 Rn. 319.

[89] *Ballerstedt/Schleicher/Faber,* Art. 13 BayPVG Rn. 13e f., Rn. 24a ff.

[90] Zu einer Übersicht der in den jeweiligen Bundesländern geltenden Regelungen s. *Kathke,* in: *Schütz/Maiwald,* § 20 BeamtStG Rn. 58 ff. S. ferner *Schuster/Lorenzen,* in: Handbuch Kommunale Unternehmen, 3. A. (2012), § 12 Rn. 151 ff. zu teilweise bestehenden Beteiligungsrechten des Personalrats bei Privatisierungen.

II. Arbeitnehmer in kommunalen Unternehmen

1. Geltung von Tarifverträgen

a) Allgemeines

1 Für die konkrete Ausgestaltung der Rechtsverhältnisse der Arbeitnehmer in kommunalen Betrieben ist weniger die konkrete Rechtsform des Unternehmens, sondern die Frage, ob der jeweilige Arbeitgeber **tarifgebunden** ist, von entscheidender Bedeutung. Fehlt eine Tarifbindung des Arbeitgebers können die arbeitsvertraglichen Rechte und Pflichten im Rahmen der gesetzlichen und verfassungsrechtlichen Grenzen frei vereinbaren (§ 105 GewO). Die ausgehandelten Regelungen unterliegen dabei einer richterlichen Inhaltskontrolle nach den Generalklauseln der §§ 138,242 und 315 BGB. Vorformulierte Arbeitsverträge unterliegen zudem der Kontrolle nach den §§ 305 ff. BGB. Bei einer fehlenden Tarifbindung kann durch einzelvertragliche Bezugnahme (dynamisch oder statisch) die Anwendung eines Tarifvertrages vereinbart werden.

Eine Tarifbindung des Arbeitgebers kann entweder durch Mitgliedschaft in einem tarifschließenden Arbeitgeberverband bewirkt werden oder dadurch, dass der Arbeitgeber selbst Tarifverträge vereinbart. Bei einer Mitgliedschaft in einem Arbeitgeberverband wäre allerdings noch der Status zu berücksichtigen. Die Satzungen zahlreicher Arbeitgeberverbände ermöglichen mittlerweile eine Mitgliedschaft ohne Tarifbindung (sog. Gast- oder OT-Mitglieder). Diese Mitglieder ohne Tarifbindung sind, ebenso wie sonstige nicht tarifgebundene Arbeitgeber, frei darin, ob und welchen Tarifvertrag sie auf die Arbeitsverhältnisse im Wege einer einzelvertraglichen Verweisung im Arbeitsvertrag anwenden wollen. Zulässig wäre auch, unter Beachtung der gesetzlichen Mindestbedingungen die einzelnen arbeitsvertraglichen Bedingungen individuell mit dem Beschäftigten auszuhandeln. Mehrheitlich sind die kommunalen Unternehmen jedoch Mitglied in einem kommunalen Arbeitgeberverband und unterliegen der Tarifbindung, weshalb sich die nachfolgenden Ausführungen auf die bundesweit geltenden tarifvertraglichen Vorschriften, den TVöD (VKA) und den TV-V beziehen.

2 Für die Anwendung der o. g. Tarifverträge ist jedoch eine Tarifbindung allein des Arbeitgebers nicht ausreichend. Vielmehr bedarf es auch einer **Tarifbindung des Arbeitnehmers**. Dieser muss Mitglied einer der Gewerkschaften sein, die bspw. den TVöD mit abgeschlossen haben. Nur dann liegt eine beiderseitige Tarifbindung i.S. von § 4 Abs. 1 TVG vor, die bedingt, dass die einschlägigen Tarifverträge kraft Gesetzes Anwendung finden. Bei einer **beiderseitigen Tarifbindung** kann der Arbeitnehmer nicht wirksam auf tarifvertragliche Rechte verzichten. Entsprechende Erklärungen oder Vereinbarungen sind unwirksam.

Der tarifgebundene Arbeitgeber hat regelmäßig keine Kenntnis von der Gewerkschaftszugehörigkeit des Beschäftigten. Diesbezügliche Fragen sind nach der Rechtsprechung des BAG unzulässig, d. h. der Beschäftigte muss sie nicht oder nicht wahrheitsgemäß beantworten. In den üblichen Formulararbeitsverträgen wird daher regelmäßig auf die jeweils einschlägigen Tarifverträge verwiesen und somit alle Beschäftigten so gestellt, als wären sie Mitglied der tarifschließenden Gewerkschaft (Gleichstellung). Eine solche **Gleichstellungsabrede** setzt voraus, dass der Arbeitgeber selbst tarifgebunden ist. Die Gleichstellungsabrede kann dazu führen, dass bei einem Wechsel der Tarifbindung des Arbeitgebers (z. B. durch Verbandswechsel oder im Wege eines Betriebsübergang nach § 613a BGB bei anderweitiger Tarifbindung des Erwerbers) das bisherige Tarifwerk durch die anderen einschlägigen Tarifverträge ersetzt wird. Ob eine Gleichstellungsabrede im Arbeitsvertrag enthalten ist, bedarf der **Auslegung**.

3 Bei Vertragsklauseln, die nach dem 31.12.2001, d. h. nach dem Inkrafttreten der Schuldrechtsreform vereinbart worden sind, gilt nach Auffassung des BAG eine **wortlautorientierte Auslegung**.[1] Danach liegt nur dann eine Gleichstellungsabrede vor, wenn

[1] BAG v. 14.12.2005 – 4 AZR 536/04 –, v. 18.4.2007 – 4 AZR 652/05, 6.7.2011 – 4 AZR 706/09 –.

sich aus dem Vertrag ausdrücklich ergibt, dass mit der dynamischen Verweisung auf ein Tarifwerk der Beschäftigte so gestellt werden soll, als wäre er tarifgebunden. Dies bedarf in den sog. „Neuverträgen" einer Klarstellung, da der Beschäftigte regelmäßig keine Kenntnis davon hat, ob der Arbeitgeber tarifgebunden ist. Ohne weitere Anhaltspunkte muss der Beschäftigte daher nicht davon ausgehen, dass er so gestellt werden soll, als wenn er Mitglied einer der Gewerkschaften wäre, die den maßgeblichen Tarifvertrag abgeschlossen hat. Daher muss der Arbeitgeber, will er eine Gleichstellungsabrede vereinbaren, im Formulararbeitsvertrag eindeutig auf seine Tarifbindung und die Absicht der Gleichstellung hinweisen. Fehlt es an einer Gleichstellungsabrede liegt lediglich eine, im Regelfall **dynamische, Verweisung** auf einen anzuwendenden Tarifvertrag vor, die von einer zukünftigen (anderweitigen) Tarifbindung des Arbeitgebers nicht berührt wird und auch weiterhin für das Arbeitsverhältnis einschlägig ist. Eine Ablösung des bisherigen Tarifvertrages kann dann nur über eine Änderung des Arbeitsvertrages oder die Herstellung der beiderseitigen Tarifbindung nach § 4 Abs. 1 TVG erreicht werden.

b) Reform des Tarifrechts im kommunalen Bereich

Mit der Einführung eines besonderen **Tarifvertrages für die Versorgungsbetriebe** 4 (TV-V) vom 5.10.2000 wurde ein erster wichtiger Schritt für eine grundlegende Reform des bisherigen Tarifrechts im Bereich der kommunalen Arbeitgeber getan. Für einen Dienstleistungsbereich wurde ein spezifischer eigenständiger Tarifvertrag geschaffen, der im Verhältnis zum BAT/BMT-G II anwenderfreundlicher gestaltet war und mit relativ wenigen Vorschriften auskam. Die bisherige Differenzierung in Angestellte und Arbeiter wurde ebenso aufgegeben, wie die Bindungen an das Beamtenrecht. Zudem wurde eine weitgehende Flexibilisierung der Arbeitszeit und die Einführung von leistungsbezogenen Entgeltbestandteilen geregelt. Die Herauslösung der Unternehmen aus dem Bereich des BAT/BMT-G II und die Überleitung der Beschäftigten in das Tarifrecht des TV –V erfolgte mittels betrieblicher Anwendungsvereinbarungen.

Die Ausrichtung auf einzelne Dienstleistungsbereiche und deren Besonderheiten ist ein 5 prägendes Element des ab 1.10.2005 geltenden **TVöD**. Dieser Tarifvertrag besteht aus einem **Allgemeinen Teil**, der für alle Dienstleistungsbereiche gilt, und mehreren **Besonderen Teilen** jeweils für einen Dienstleistungsbereich. Derzeit bestehen für die Bereiche Verwaltung, Sparkassen, Entsorgungsbetriebe, Flughäfen, Krankenhäuser sowie Pflege- und Betreuungseinrichtungen Besondere Teile. Der Allgemeine Teil des TVöD und der Besondere Teil bilden gemeinsam das maßgebliche Tarifrecht für den jeweiligen Dienstleistungsbereich. Die Tarifvertragsparteien haben sich am 09.01.2003 darauf verständigt, für die jeweiligen Dienstleistungsbereiche zur besseren Übersicht und Lesbarkeit durchgeschriebene Fassungen zu erstellen, so dass für jeden Dienstleistungsbereich ein einheitlicher Tarifvertrag besteht.

Im Unterschied zum TV-V erfolgte die **Überleitung in das neue Tarifrecht** nicht 6 im Wege von betrieblichen Anwendungsvereinbarungen, sondern mittels eines einheitlichen Tarifvertrages (TVÜ-VKA). Der TVÜ findet dabei nicht nur auf übergeleitete Arbeitsverhältnisse Anwendung, sondern gilt für eine Übergangszeit auch für Arbeitsverhältnisse, die erst nach dem 1.10.2005 begründet worden sind. Dies ist vor allem dem Umstand geschuldet, dass die Verhandlungen zum TVöD noch nicht in allen Punkten abgeschlossen werden konnten, insbesondere fehlt noch die Entgeltordnung zum TVöD, so dass diesbezüglich noch auf das bisherige Tarifrecht zurückgegriffen werden muss.

Mit der Einführung des TVöD wurden insbesondere folgende **Ziele** verfolgt: 7

- Ausrichtung auf die besonderen Bedürfnisse einzelner Dienstleistungsbereiche
- Loslösung von der Anbindung an das Beamtenrecht
- Einführung leistungsabhängiger Vergütungsfaktoren
- weitgehende Arbeitszeitflexibilisierung
- Förderung der Qualifizierung im Arbeitsverhältnis

Mit Einführung des TVöD bestehen für das Tarifgebiet Ost keine gesonderten Tarifverträge mehr, vielmehr gilt der TVöD für beide Tarifgebiete. Allerdings wird in einzelnen Regelungen nach wie vor differenziert zwischen Tarifgebiet West und Ost. Seit dem 1.1.2008 (Entgeltgruppen 1 bis 9) bzw. dem 1.1.2010 (Entgeltgruppen 10–15) bestehen hinsichtlich der Vergütung einheitliche Tabellen.

8 Im TVöD gibt keine besonderen Regelungen für den **Nahverkehr** mehr, sondern diese Unternehmen sind vom Geltungsbereich weitgehend ausgenommen (§ 1 Abs. 2 lit.e TVöD). Für diese Unternehmen gelten auf landesbezirklicher Ebene unterschiedliche Tarifverträge (TV-N). Auf diese wird nachfolgend nicht eingegangen, da es sich um keinen bundesweiten Tarifvertrag handelt. Eine weitere Besonderheit besteht im Krankenhausbereich. Aufgrund der Konkurrenzsituation der Gewerkschaften Verdi und Marburger Bund existiert für die **Ärzte** an Krankenhäusern neben dem TVöD noch der TV-Ärzte (VKA). Letzterer findet aufgrund der überwiegenden Tarifbindung der Ärzte fast ausschließlich Anwendung. Die Anwendung des TVöD auf die Arbeitsverhältnisse von Ärzten ist dagegen eher die Ausnahme.

2. Tarifvertrag für den öffentlichen Dienst (TVöD)

a) Allgemeiner Teil

9 **aa) Geltungsbereich.** Der **betriebliche Geltungsbereich** des TVöD (VKA) erstreckt sich zunächst auf alle Arbeitgeber, die Mitglied eines Kommunalen Arbeitgeberverbandes sind. Insoweit wird auf eine Tarifbindung des Arbeitgebers i.S. von § 3 Abs. 1 TVG abgestellt. Ausgenommen sind jedoch tarifgebundene Arbeitgeber für die andere Spartentarifverträge außerhalb des TVöD gelten (TV-V, TV-WW/NW, TV-N) oder die dem fachlichen Geltungsbereich des TV-V oder des TV-WW/NW zuzuordnen sind (§ 1 Abs. 2 lit. d und e). Darüber hinaus ist es nach Maßgabe von § 1 Abs. 3 möglich, Betriebe, die dem Geltungsbereich des TV-V oder des TV-WW/NW unterfallen, durch landesbezirklichen Tarifvertrag ganz oder teilweise in den Geltungsbereich des TVöD einzubeziehen. Auch Betriebsteile, die dem Geltungsbereich des TV-N entsprechen, können durch landesbezirklichen Tarifvertrag in den Geltungsbereich des TVöD oder des TV-V einbezogen werden.

Besteht eine solche Tarifbindung des Arbeitgebers nicht, sei aufgrund einer fehlenden Vollmitgliedschaft oder einer Mitgliedschaft ohne Tarifbindung kann die Anwendung des TVöD, ganz oder nur teilweise, nur durch eine vertragliche Inbezugnahme im Arbeitsvertrag erreicht werden.

10 Der **persönliche Geltungsbereich** des TVöD erstreckt sich auf alle Arbeitnehmer, die in einem Arbeitsverhältnis zu einem Arbeitgeber stehen, der dem betrieblichen Geltungsbereich des TVöD unterliegt. Nach § 1 Abs. 2 TVöD werden bestimmte Gruppen von Arbeitnehmern ausdrücklich vom Geltungsbereich ausgenommen. Die Tarifvertragsparteien können im Rahmen ihrer Koalitionsfreiheit selbständig festlegen, ob und welche Berufsgruppen tarifliche Regelungen vereinbart werden.[2] Es werden abschließend diejenigen Gruppen von Beschäftigten aufgeführt, die trotz einer Tarifbindung des Arbeitgebers nicht unter den Geltungsbereich des TVöD fallen. Unbeschadet des fehlenden persönlichen Geltungsbereichs besteht natürlich die Möglichkeit, in diesen Fällen durch einzelvertragliche Regelung den TVöD ganz oder teilweise anzuwenden.

11 Die Herausnahme aus dem Geltungsbereich betrifft einerseits Arbeitnehmer, die bereits unter den betrieblichen **Geltungsbereich eines anderen Tarifvertrages** fallen oder üblicherweise zugeordnet werden und andererseits Arbeitnehmer, die aufgrund ihrer **Stellung im Betrieb** oder der **Eigenart ihrer Tätigkeit** aus dem Geltungsbereich herausgenommen worden sind.

Beschäftigte, die bereits unter den **Geltungsbereich des TV-V, des TV-WW/NW, des TV-N, des Tarifvertrages für Waldarbeiter** oder des TV-Fleischuntersuchung fallen, findet der TVöD folgerichtig keine Anwendung (§ 1 Abs. 2 lit. d,e, f und g). Damit

---

[2] BAG v. 27.5.2004 – 6 AZR 129/03 –.

wird eine Tarifkonkurrenz vermieden, die entstehen könnte, wenn die Arbeitnehmer unter den Geltungsbereich mehrerer Flächentarifverträge fallen. Allerdings werden unter bestimmten Bedingungen auch Arbeitnehmer ausgenommen, die in rechtlich selbständigen Betrieben beschäftigte sind, wenn diese Betriebe lediglich unter den fachlichen Geltungsbereich eines Tarifvertrages fallen, ohne das diese Tarifverträge tatsächlich Anwendung finden. Dies betrifft Betriebe, die dem **fachlichen Geltungsbereich des TV-V oder des TV-WW/NW** zuzuordnen sind und regelmäßig mehr als 20 zum Betriebsrat wahlberechtigte Arbeitnehmer beschäftigen, die Tätigkeiten ausüben, die zum fachlichen Geltungsbereich eines der beiden Tarifverträge gehören (§ 1 Abs. 2 lit d TVöD). Gleiches gilt für Beschäftigte in rechtlich selbständigen **Nahverkehrsbetrieben**, die regelmäßig mehr als 50 zum Betriebs-oder Personalrat wahlberechtigte Arbeitnehmer beschäftigen. Mit dieser Herausnahme aus dem Geltungsbereich des TVöD soll die Anwendung der spezifischen Spartentarifverträge gefördert werden. Sofern die betreffenden Beschäftigten am 30.09.2005 unter den Geltungsbereich des BAT/BMT-G II gefallen sind, erfolgte keine Überleitung in TVöD, sondern es gilt weiterhin, sofern nicht zwischenzeitlich ein Wechsel in die o. g. Tarifverträge erfolgte, weiterhin der BAT/BMT-G II.

Ausgenommen vom Geltungsbereich sind **leitende Angestellte** im Sinne von § 5 Abs. 3 BetrVG, sofern ihre Arbeitsbedingungen abweichend vom TVöD einzelvertraglich geregelt werden. Fehlt es an einer abweichenden Gestaltung der Arbeitsbedingungen verbleiben sie im Geltungsbereich des TVöD. Für eine abweichende einzelvertragliche Regelung ist es unerheblich, ob alle oder nur bestimmte Arbeitsbedingungen abweichend vom TVöD vereinbart werden. Als leitender Angestellter im Sinne von § 5 Abs. 3 BetrVG gilt, wer zur selbständigen Einstellung und Entlassung befugt ist oder dem zur Vertretung des Arbeitgebers Generalvollmacht oder Prokura erteilt ist oder der regelmäßig Aufgaben wahrnimmt, die für den Bestand und die Entwicklung des Unternehmens/Betriebes von Bedeutung sind und er dabei die Entscheidungen im Wesentlichen weisungsfrei trifft. Auch **Chefärzte** und Beschäftigte, die eine regelmäßige Vergütung erhalten, die über das Tabellenentgelt der Entgeltgruppe 15 hinausgeht, sind vom Geltungsbereich ausgenommen. Gleiches gilt für **Auszubildende** und **Praktikanten**, da für diesen Personenkreis eigenständige tarifliche Regelungen bestehen (TVAöD, TV über die vorläufige Weitergeltung der Regelungen für die Praktikantinnen/Praktikanten v. 13.9.2005). 12

Beschäftigte, für die **Eingliederungszuschüsse nach den** §§ 217 SGB III ff. (zur Wiedereingliederung von Erwerbslosen in den ersten Arbeitsmarkt) gewährt werden oder die **Arbeiten nach den** §§ 260 SGB III (sog. Arbeitsbeschaffungsmaßnahmen) verrichten, sind ebenfalls vom Geltungsbereich ausgenommen. Da beiden o.g. Vorschriften des SGB III seit 01.04.2012 nicht mehr in Kraft sind, kommt der Regelung in § 1 Abs. 2 lit i und k TVöD keine praktische Bedeutung mehr zu.

Leiharbeitnehmer fallen, sofern bei der Personal-Service-Agentur ein eigener Tarifvertrag besteht, ebenfalls nicht unter den TVöD. Sind deren Rechtsverhältnisse jedoch nicht durch einen Tarifvertrag geregelt, findet der TVöD Anwendung. Hintergrund der Vorschrift ist die Bestimmung in § 9 Nr. 2 AÜG, wonach der Leiharbeitnehmer für die Zeit der Überlassung Anspruch auf die wesentlich gleichen Arbeitsbedingungen, wie vergleichbare Beschäftigte beim Entleiher haben („equal-pay")[3]. Durch einen Tarifvertrag bei der Personal-Service-Agentur können abweichende Regelungen getroffen werden. Einschlägige Tarifverträge haben sowohl die Gewerkschaften des DGB, als auch die Tarifgemeinschaft Christlicher Gewerkschaften Zeitarbeit und PSA (CGZP) abgeschlossen. Die Tariffähigkeit und -zuständigkeit der CGZP für den Bereich Arbeitnehmerüberlassung ist vom BAG verneint worden.[4]

Des Weiteren unterfallen die **geringfügig Beschäftigten** nach § 8 Abs.1 Nr. 2 SGB IV nicht dem Geltungsbereich des TVöD, also diejenigen, die nur kurzzeitig (längstens 2

[3] BAG v. 13.3.2013 – 5 AZR 146/12 –.
[4] BAG v. 14.12.2010 – 1 ABR 19/10 –; *Düwell/Dahl*, DB 2009, 1070.

Monate oder 50 Tage im Kalenderjahr) oder befristet mit einem Entgelt von nicht mehr als 450 Euro im Monat beschäftigt werden. Dagegen unterfallen geringfügig Beschäftigte nach § 8 Abs. 1 Nr. 1 SGB IV die dauerhaft beschäftigt werden, dem Geltungsbereich des TVöD.

13 **bb) Arbeitsvertrag, Probezeit, Nebenabrede.** Das Arbeitsverhältnis wird nach Maßgabe der §§ 145ff. BGB durch eine übereinstimmende Willenserklärung (Angebot und Annahme) begründet. Grundsätzlich können Arbeitgeber und Arbeitnehmer nach § 105 S. 1 GewO Abschluss, Inhalt und Form des Arbeitsvertrages frei vereinbaren, soweit nicht zwingende gesetzliche Vorschriften, Bestimmungen aus Tarifverträgen und Betriebsvereinbarungen dem entgegenstehen. Nach § 2 Abs. 1 TVöD ist der **Arbeitsvertrag** schriftlich abzuschließen. Allerdings hat diese Vorschrift nur deklaratorischen Charakter, so dass Arbeitsverhältnisse auch durch mündliche Abreden oder konkludentes Handeln begründet bzw. geändert werden können.[5] Aus Gründen der Rechtssicherheit ist jedoch die Schriftform zu empfehlen. Wirksamkeitsvoraussetzung ist die Schriftform jedoch bei befristeten Verträgen (§ 14 Abs.4 TZBfG). Allerdings bezieht sich das gesetzliche Schriftformgebot (§ 126 BGB) allein auf die Befristungsabrede, nicht jedoch auf die übrigen Vertragsbedingungen.[6]

14 Der Tarifvertrag enthält keine weitergehenden Vorgaben zur **inhaltlichen Gestaltung** der schriftlichen Arbeitsverträge. Unbeschadet dessen sollten im Arbeitsvertrag zumindest der Tag des Beginns des Arbeitsverhältnisses, der Umfang der Arbeitszeit, die Anwendung der maßgeblichen Tarifverträge vereinbart und die Entgeltgruppe angegeben werden. Weitergehende Regelungen zur auszuübenden Tätigkeit, zum Arbeitsort und zur Verteilung der Arbeitszeit können im Arbeitsvertrag vereinbart werden. Allerdings ist zu beachten, dass mit derartigen Abreden das Direktionsrecht des Arbeitgebers eingeschränkt werden kann. Nach § 106 GewO hat der Arbeitgeber das Recht, Inhalt, Ort und Zeit der Arbeitsleistung nach **billigem Ermessen** näher zu bestimmen, soweit diese Bedingungen nicht durch Gesetz, Tarifvertrag, Betriebsvereinbarung oder einzelvertragliche Abrede konkret bestimmt sind. Der TVöD lässt, insbesondere mit Blick auf die Arbeitszeitregelungen und den Möglichkeiten zur Übertragung anderweitiger Tätigkeiten, dem Arbeitgeber ein relativ weitgefasstes Direktionsrecht. Es ist aber grundsätzlich zulässig, im Arbeitsvertrag das Weisungsrecht des Arbeitgebers, bspw. durch die Vereinbarung eines bestimmten Arbeitsorts, einzuschränken.

15 Unabhängig davon, ob der Arbeitsvertrag schriftlich vereinbart wurde und wie er inhaltliche ausgestaltet wurde, sind die Vorgaben des **Nachweisgesetzes** zu beachten, das den Arbeitgeber verpflichtet, dem Arbeitnehmer bis spätestens einen Monat nach Beginn des Arbeitsverhältnisses eine Niederschrift über wesentliche Arbeitsbedingungen zu erteilen, die Angaben zu der vom Arbeitnehmer zu leistenden Tätigkeit, zur Zusammensetzung und Höhe des Entgelts, der Dauer des jährlichen Urlaubs usw. (§ 2 Abs. 1 bis 3 NachwG) enthalten muss. Hierzu gehört auch ein allgemeiner Hinweis auf die anzuwendenden Tarifverträge. Die Verpflichtung entfällt, soweit die geforderten Angaben in einem schriftlichen Arbeitsvertrag enthalten sind. Bei Änderungen der wesentlichen Vertragsbedingungen hat nach § 3 NachwG der Arbeitgeber spätestens einen Monat nach Beginn der Änderung diese dem Arbeitnehmer schriftlich mitzuteilen. Mit dem NachwG soll die Beweisführung auf Seiten der Arbeitnehmer erleichtert werden, wenn keine schriftlichen vertraglichen Abreden getroffen worden sind. Es soll der rechtsunkundige Arbeitnehmer geschützt werden. Die Niederschrift selbst ist kein Vertrag, sondern eine einseitige Erklärung des Arbeitgebers hinsichtlich wesentlicher Vertragsbedingungen. Sie bindet insoweit auch nur den Arbeitgeber. Der Arbeitnehmer kann sich unabhängig vom Inhalt der Niederschrift auf günstigere vertragliche Abreden berufen.[7]

[5] BAG v. 9.2.1972 – 4 AZR 149/71–.
[6] BAG v. 23.6.2004 – 7 AZR 636/06 –.
[7] Vgl. zur Beweislage: ErfK 5. Auflage/Preis Einf. NachwG Rn. 19f.

Wird vom Arbeitgeber pflichtwidrig keine Niederschrift erstellt, hat dies keine unmittelbaren rechtlichen Konsequenzen zur Folge, da das NachwG keine Sanktionen vorsieht. Der Beschäftigte kann allerdings die Anfertigung einer Niederschrift oder die Berichtigung einer fehlerhaften Niederschrift im Klagewege durchsetzen. Bei einer schuldhaften Nichterteilung des Nachweises kann aus zivilprozessrechtlicher Sicht eine Beweisvereitelung durch den Arbeitgeber angenommen werden, die zu einer Beweislasterleichterung für den Arbeitnehmer, bis hin zu einer faktischen Beweislastumkehr, führen kann.[8] Weist bspw. ein Arbeitgeber entgegen § 2 Abs. 1 S. 2 Nr. 10 NachwG nicht auf den einschlägigen Tarifvertrag hin und verabsäumt der Arbeitnehmer eine tarifliche Ausschlussfrist, so ist zu vermuten, dass der Arbeitnehmer, wenn er auf die Geltung des Tarifvertrages hingewiesen worden wäre, die Ausschlussfrist beachtet hätte. Für die Entkräftung dieser Vermutung ist der Arbeitgeber darlegungspflichtig.[9]

Grundsätzlich ist es möglich, dass zu demselben Arbeitgeber zeitgleich **mehrere Arbeitsverhältnisse** nebeneinander bestehen. Nach § 2 Abs. 2 TVöD ist dies nur dann zulässig, wenn zwischen den jeweils übertragenen Tätigkeiten kein unmittelbarer Sachzusammenhang besteht. Ein unmittelbarer Sachzusammenhang kann ohne weiteres auch bei unterschiedlichen Tätigkeiten gegeben sein (bspw. bei Sachbearbeitertätigkeit in unterschiedlichen Entgeltgruppen; nicht aber bei Sachbearbeitertätigkeit und Reinigungstätigkeit). Wird der Sachzusammenhang bejaht, ist von einem einheitlichen Arbeitsverhältnis auszugehen. 16

Nach § 2 Abs. 3 TVöD können im Arbeitsvertrag **Nebenabreden** vereinbart werden. In Abgrenzung zu den Hauptabreden des Arbeitsvertrages werden in Nebenabreden Rechte und Pflichten außerhalb der Hauptpflichten/Hauptrechte des Arbeitsvertrages (Arbeitsleistung und Arbeitsentgelt) geregelt. Gegenstand einer Nebenabrede können bspw. die private Nutzung eines Dienstwagens, die Gewährung von Verpflegungszuschüssen, von Fahrtkostenersatz oder ähnliche Leistungen sein.[10] Voraussetzung ist, dass diese Leistungen nicht als Gegenleistung für eine vom Beschäftigten erbrachte Arbeitsleistung gewährt werden. Keine Nebenabreden stellen hingegen Vereinbarungen zur Arbeitszeit, zur Übertragung bestimmter (zusätzlicher) Arbeitsaufgaben oder zur Gewährung einer übertariflichen Arbeitsvergütung dar.[11] Sofern der Inhalt der Vereinbarung nicht als Nebenabrede, sondern als Hauptabrede zu qualifizieren ist, berührt dies die Wirksamkeit der Abrede als solche nicht. Es entfällt lediglich das besondere Kündigungsrecht für Nebenabreden nach § 2 Abs. 3 S. 2 TVöD. Nebenabreden sind gemäß § 2 Abs. 3 S. 1TVöD schriftlich zu vereinbaren. Im Gegensatz zum Arbeitsvertrag ist **Schriftformgebot** konstitutiv und damit Wirksamkeitsvoraussetzung. Nebenabreden können nach Maßgabe von § 2 Abs. 3 S. 2 TVöD gesondert gekündigt werden, ohne das hiervon die sonstigen vertraglichen Bedingungen des Arbeitsvertrages berührt werden. Aus rechtlicher Sicht handelt es sich nicht um eine Teilkündigung, sondern um einen **Widerrufsvorbehalt**, dessen Ausübung im Rahmen des billigen Ermessens (§ 315 BGB) zulässig ist. Gerichtlicher Prüfungsmaßstab sind daher nicht die gesetzlichen Kündigungsschutzvorschriften, sondern das billige Ermessen.[12] Empfehlenswert ist die Vereinbarung einer besonderen Kündigungsfrist, bspw. von zwei Wochen zum Monatsschluss. Fehlt eine solche Vereinbarung zur Kündigungsfrist gelten die Fristen für die Kündigung des Arbeitsverhältnisses (§ 34 Abs. 1 TVöD). 17

Nach § 2 Abs. 4 TVöD gelten die ersten 6 Monate des Arbeitsverhältnisses als **Probezeit**. Die Tarifvertragsparteien gehen dabei von einem unbefristeten Arbeitsverhältnis aus, das nach Ablauf der Probezeit, sofern keine Kündigung erfolgte, fortgeführt wird. Grundsätzlich kann zur Erprobung auch ein befristetes Arbeitsverhältnis vereinbart wer- 18

8 Vgl. ErfK 5. Auflage/Preis Einf. NachwG Rn. 21f.
9 BAG v. 5.11.2002 – 5 AZR 676/02 –.
10 BAG v. 26.7.1972 – 4 AZR 365/71 –; v. 18.9.2002 – 1 AZR 477/01 –.
11 BAG v. 9.9.1981 – 4 AZN 213/81 –; v. 12.7.1983 – 3 AZR 129/81 –.
12 BAG v. 7.10. 1982- 2 AZR 455/82 –.

den, wobei der Zweck der Erprobung als sachlicher Grund nach § 14 Abs. 2 Nr. 5 TzBfG gilt. Einer ausdrücklichen Vereinbarung einer Probezeit im Arbeitsvertrag bedarf es regelmäßig nicht. Fehlt eine solche Abrede hat dies keine Auswirkungen auf die Kündigungsmöglichkeit und die Kündigungsfrist. Hat das Arbeitsverhältnis zum Zeitpunkt der Kündigung noch keine 6 Monate bestanden, ist damit die Wartezeit für den allgemeinen Kündigungsschutz noch nicht erfüllt (§ 1 Abs.1 KSchG; ebenso der Kündigungsschutz für schwerbehinderte Arbeitnehmer, § 90 Abs.1 Nr. 1 SGB IX) und zwar unabhängig davon, ob eine Probezeit vereinbart wurde. Maßgeblich ist der Zeitpunkt des Zugangs der Kündigung und nicht der Ablauf der Kündigungsfrist. Die Kündigungsfrist nach § 34 Abs.1 TVöD stellt gleichfalls nur auf die Dauer des Arbeitsverhältnisses ab. Eine nach § 2 Abs. 4 TVöD mögliche Verkürzung der Probezeit hat insoweit auf den Kündigungsschutz und die Kündigungsfristen keine Auswirkungen. Bei der Übernahme von Auszubildenden im unmittelbaren Anschluss an das Ausbildungsverhältnis entfällt nach § 2 Abs. 4 S. 2 TVöD die Probezeit. Nach der herrschenden Rechtsprechung ist die Zeit der Ausbildung bei demselben Arbeitgeber auf die Wartezeit nach § 1 Abs.1 KSchG anzurechnen.[13] Die Probezeit beginnt mit dem im Arbeitsvertrag vorgesehenen Tag der Einstellung, unabhängig davon, ob an diesem Tag tatsächlich die Arbeit aufgenommen wird. Die Fristberechung erfolgt nach den §§ 187 Abs.2, 188 Abs. 2 BGB. Zeiten ohne Arbeitsleistung (Urlaub, Krankheit, Freistellung) führen nicht zu einer automatischen Verlängerung der Probezeit.

19 **cc) allgemeine Arbeitsbedingungen.** In § 3 Abs. 1 TVöD ist die **Verschwiegenheitspflicht** des Beschäftigten geregelt, die auch über die Beendigung des Arbeitsverhältnis hinaus gilt. Der Schweigepflicht unterliegen einerseits Angelegenheiten, deren Geheimhaltung bereits durch die gesetzliche Vorschriften vorgesehen ist und anderseits Angelegenheiten, für die der Arbeitgeber ausdrücklich eine Schweigepflicht angeordnet hat. Diese Anordnung ist an keine Form gebunden. Den Beschäftigten ist es gemäß § 3 Abs. 2 TVöD ausdrücklich untersagt, von Dritten in Bezug auf ihre Tätigkeit **Belohnungen**, **Geschenke**, Provisionen oder sonstige Vergünstigungen unabhängig von deren Wert anzunehmen. Die Annahme einer der vorstehend genannten Leistungen kann ausnahmsweise erfolgen, wenn der Arbeitgeber hierzu seine Zustimmung gegeben hat. Sie dürfte insbesondere bei geringerwertigeren Sachen/Leistungen in Betracht kommen, wenn eine Beeinflussung der Tätigkeit des Beschäftigten ausgeschlossen erscheint. Die Zustimmung kann sowohl vorab, bspw. in einer allgemeinen Regelung, als auch nachträglich erteilt werden. Je nach den Umständen des Einzelfalls ist auch eine stillschweigende Zustimmung durch Duldung denbar. Der Beschäftigte ist verpflichtet, bereits das Anbieten von solchen Vergünstigungen dem Arbeitgeber unverzüglich anzuzeigen.

20 Die Beschäftigten können außerhalb ihres Arbeitsverhältnisses grundsätzlich **Nebentätigkeiten** nachgehen. Allerdings sind sie bei **entgeltlichen** Nebentätigkeiten verpflichtet, diese vor deren Aufnahme dem Arbeitgeber schriftlich anzuzeigen (§ 3 Abs. 3 TVöD). Nicht der **Anzeigepflicht** unterliegen Nebentätigkeiten, die ohne Entgelt oder üblicherweise ohne Entgelt ausgeübt werden (z. B. Ehrenämter). Nicht maßgeblich ist, ob die entgeltliche Nebentätigkeit im Rahmen eines Arbeitsverhältnisses, eines freien Dienstverhältnisses oder als Selbständiger ausgeübt wird. Die Anzeige muss dem Arbeitgeber vor der Aufnahme der Nebentätigkeit so rechtzeitig vorliegen, dass er ordnungsgemäß prüfen kann, ob die Tätigkeit zu untersagen oder mit Auflagen zu versehen ist. Der Beschäftigte erfüllt seine Anzeigepflicht nur dann, wenn er dem Arbeitgeber diejenigen Informationen mitteilt, die eine entsprechende Prüfung ermöglichen. Welche Informationen erforderlich sind, richtet sich nach den Umständen des Einzelfalls. Notwendig sind in jedem Fall, nähere Angaben zum Arbeitgeber (wenn vorhanden), zur Art der Tätigkeit und den hierfür notwendigen Zeitaufwand. Soweit es sich um Nebentätigkeiten im

[13] ErfK 5. Aufl./*Ascheid* § 1 KSchG Rn. 71.

öffentlichen Dienst (i.S. von § 34 Abs. 3 S. 3,4 TVöD) handelt, sind mit Blick auf mögliche Ablieferungspflichten auch Angaben zur Höhe des Entgelts zu machen. Die Anzeige hat schriftlich zu erfolgen.

Einer ausdrücklichen **Genehmigung** der Nebentätigkeit durch den Arbeitgeber bedarf es nicht. Vielmehr hat der Beschäftigte einen Rechtsanspruch (Art. 12 Abs.1 GG) auf die Ausübung einer Nebentätigkeit, dem der Arbeitgeber nur unter bestimmten Bedingungen entgegentreten kann. Dies ist insbesondere zulässig, wenn die Nebentätigkeit geeignet ist, die Erfüllung der arbeitsvertraglichen Pflichten oder berechtigte Interessen des Arbeitgebers zu beeinträchtigen. Dies betrifft bspw. die Schutzregelungen des Arbeitszeitgesetzes bezüglich der täglichen und wöchentlichen Höchstarbeitszeit, der Ruhezeiten usw.. Weiterhin ist eine Interessenbeeinträchtigung anzunehmen, wenn der Beschäftigte mit seiner Nebentätigkeit in Konkurrenz zum Arbeitgeber tritt oder die Nebentätigkeit geeignet ist, das Ansehen des Arbeitgebers zu schädigen.[14] Der Arbeitgeber kann die Ausübung der Nebentätigkeit mit **Auflagen** (befristet oder unbefristet) versehen oder sie im Ausnahmefall gänzlich untersagen. Wird die Nebentätigkeit bei demselben Arbeitgeber oder im öffentlichen Dienst ausgeübt, kann eine Verpflichtung zur Ablieferung eines Teils der Einkünfte zur Auflage gemacht werden, wobei der Tarifvertrag keine Regelungen zu Umfang und Verfahren der Ablieferung enthält. Daher wäre zu empfehlen, die für Beamte geltenden Ablieferungspflichten sinngemäß anzuwenden. 21

Nach § 3 Abs. 4 TVöD ist der Arbeitgeber berechtigt, den Arbeitnehmer **ärztlich untersuchen** zu lassen. Allerdings darf die Untersuchung nur aus sachgerechten Gründen angeordnet werden („begründete Veranlassung"), wenn bspw. Zweifel an der Arbeitsfähigkeit bzw. an einer Arbeitsunfähigkeit bestehen oder in Zusammenhang mit einer beabsichtigten Einstellung zur Feststellung der gesundheitlichen Tauglichkeit. An einer begründeten Veranlassung kann es fehlen, wenn kein Bezug zur geschuldeten arbeitsvertraglichen Leistung bzw. zu den Anforderungen des Arbeitsplatzes besteht.[15] Besteht eine begründete Veranlassung ist der Arbeitnehmer zur Mitwirkung verpflichtet, indem er sich der Untersuchung unterzieht, dem Arzt die notwendigen Auskünfte erteilt und die im Ergebnis der Untersuchung ausgestellte ärztliche Bescheinigung dem Arbeitgeber vorlegt. Der Arbeitgeber ist berechtigt, mit der Untersuchung den nach § 2 Abs. 1 ASiG bestellten Betriebsarzt oder einen anderen Arzt, auf den sich die Betriebsparteien geeinigt haben, zu beauftragen. Die Kosten der Untersuchung sind vom Arbeitgeber zu tragen. Dazu gehören nicht nur das ärztliche Honorar, sondern auch die möglichen Fahrtkosten des Beschäftigten. Da der Arbeitgeber die Untersuchung veranlasst hat, führt ein Versäumnis von Arbeitszeit nicht zu einer Entgeltminderung. 22

Gemäß § 3 Abs. 5 TVöD haben die Beschäftigen das Recht auf Einsichtnahme in ihre **Personalakte**. In die Personalakte sind alle den Beschäftigten betreffenden Unterlagen aufzunehmen, die mit dem Arbeitsverhältnis in Zusammenhang stehen. Die Unterlagen müssen vollständig und zutreffend sein. Der Inhalt der Personalakten ist vertraulich und vor dem unberechtigten Zugriff Dritter zu schützen. Das Einsichtsrecht des Beschäftigten ist an keine besonderen Voraussetzungen gebunden. Er muss hierzu kein besonderes Interesse oder sonstige Gründe geltend machen. Das Einsichtsrecht kann wiederholt bis zur Grenze des Missbrauchs ausgeübt werden. Der Beschäftigte kann mit der Ausübung des Einsichtsrechts einen Dritten (z. B. Rechtsanwalt) beauftragten. Hierzu bedarf es einer schriftlichen Bevollmächtigung, die dem Arbeitgeber vorzulegen ist. Das Recht zur Einsichtnahme kann auch noch nach der Beendigung des Arbeitsverhältnisses bestehen.[16] Grundsätzlich wird das Einsichtsrecht durch Inaugenscheinnahme erfüllt. Die Beschäftigten können jedoch auch Auszüge oder Kopien aus ihrer Personalakte erhalten. Ein diesbezüglicher Rechtsanspruch besteht aber nicht. Die Entscheidung hierüber hat der 23

[14] Vgl. *Breier/Dassau/Kiefer/Lang/Langenbrinck* § 3 TVöD Rn. 54ff.
[15] LAG Rh-Pf. v. 10.7.2007 – 3 Sa 186/07 –.
[16] BAG v. 16.11.2010 – 9 AZR 573/09 –.

Arbeitgeber im Rahmen des billigen Ermessens (§ 315 BGB) zu treffen. Dies Kosten für die Anfertigung von Auszügen oder Kopien hat, soweit keine anderweitige Regelung getroffen ist, der Beschäftigte zu tragen.

24 Mit dem ÄnderungsTV vom 31.03.2008 wurde eine **Haftungsbeschränkung** zugunsten der Beschäftigten in § 3 Abs. 6 TVöD aufgenommen. Grundsätzlich sind Arbeitnehmer verpflichtet, dem Arbeitgeber entstandene Schäden zu ersetzen, soweit sie diese im Rahmen des Arbeitsverhältnisses schuldhaft verursacht haben. Dabei ist Umfang der Arbeitnehmerhaftung wesentlich vom Grad des Verschuldens abhängig. Während außerhalb des Tarifvertrages die Arbeitnehmer bereits für Schäden in Haftung genommen werden können, die sie bei mittlerer (normaler) Fahrlässigkeit verursacht haben, haften nach § 3 Abs. 6 TVöD Beschäftigte nur für Schäden, die sie vorsätzlich oder grob fahrlässig verursacht haben. Dies stellt eine erhebliche Einschränkung der Arbeitnehmerhaftung dar, denn in der Praxis überwiegen die Fälle mit normaler Fahrlässigkeit. Während bei der normalen Fahrlässigkeit der Arbeitnehmer in Abhängigkeit von den Umständen des Einzelfalls regelmäßig nur einen Teil des Schadens zu ersetzen hat, trägt der Beschäftigte bei grober Fahrlässigkeit oder Vorsatz regelmäßig den gesamten Schaden. Bei grober Fahrlässigkeit kann ausnahmsweise auch eine Quotelung des Schadens in Betracht kommen, wenn bspw. die Schadenshöhe in einem deutlichen Missverhältnis zu dem Einkommen des Beschäftigten steht.

25 **dd) Versetzung, Abordnung, Zuweisung, Personalgestellung**. Das **Direktionsrecht** erlaubt dem Arbeitgeber nach § 106 GewO Inhalt, Ort und Zeit der Arbeitsleistung nach billigem Ermessen näher zu bestimmen, soweit diese Arbeitsbedingungen nicht den Arbeitsvertrag, Betriebsvereinbarung, Tarifvertrag oder gesetzliche Vorschriften festgelegt sind. Durch konkrete einzelvertragliche Regelungen zu Ort, Zeit und Art der Arbeitsleistung kann das diesbezügliche Direktionsrecht des Arbeitgebers weitgehend eingeschränkt werden. Allerdings führt die Angabe eines bestimmten Arbeitsorts in den Formularverträgen des öffentlichen Dienstes nicht zwingend dazu, eine einzelvertragliche Vereinbarung anzunehmen, die die Zuweisung des Beschäftigten an einen anderen Arbeitsort ausschließt. Vielmehr ist der gesamte Arbeitsvertrag bei Auslegung zu würdigen. Ist hierin eine Verweisung auf einen Tarifvertrag enthalten, der auch das Recht des Arbeitsgebers vorsieht, dem Beschäftigten einen anderen Arbeitsort zuzuweisen, führt die Angabe des Arbeitsorts im Arbeitsvertrag nicht zu einer entsprechenden Beschränkung des Direktionsrechts. Dies wäre nach Ansicht des BAG nur anzunehmen, wenn sich aus dem Vertrag ergibt, dass der Arbeitgeber ausdrücklich auf das im Tarifvertrag geregelte Recht verzichten wollte. Bloßer Zeitablauf für nicht zu einer Konkretisierung dahingehend, dass der Arbeitgeber auf die Ausübung seines Direktionsrechts verzichtet.[17] Diese Auslegung gilt zumindest für vertragliche Abreden, die vor dem 1.1.2002 abgeschlossen worden sind. Nach diesem Zeitpunkt unterliegen abgeschlossene Formulararbeitsverträge der AGB-Kontrolle (§§ 306 ff. BGB). Falls im Arbeitsvertrag ein Arbeitsort oder Aufgabe vereinbart wird und der Arbeitgeber sich trotzdem sein Direktionsrecht sichern will, bedarf neben dem Verweis auf den TV auch eines entsprechenden klarstellenden Hinweises, dass dem Arbeitnehmer auch andere Tätigkeiten/Arbeitsorte zugewiesen werden können, zumal die Umsetzung in § 4 TVöD nicht geregelt wird.

26 Fehlt eine ausdrückliche vertragliche Abrede bezüglich der zu **erbringenden Arbeitsleistung**, wird sie regelmäßig im Arbeitsvertrag mit der Angabe der maßgeblichen (tarifgerechten) Entgeltgruppe umschrieben. Danach können dem Beschäftigten dauerhaft nur Tätigkeiten zugewiesen, die mit dieser Entgeltgruppe bewerten sind. Die dauerhafte Übertragung von Tätigkeiten, die einer anderen Entgeltgruppe entsprechen, ist im Wege des Direktionsrechts nicht möglich, sondern bedarf eines Änderungsvertrags oder einer Änderungskündigung. Wird die zu erbringende Arbeitsleistung lediglich mit der Entgelt-

[17] BAG v. 21.1.2004 – 6 AZR 583/02 –.

gruppe rahmenmäßig beschrieben, ist der Arbeitgeber berechtigt, dem Arbeitnehmer einen anderen Arbeitsplatz bzw. eine andere Arbeitsaufgabe in derselben Dienststelle bzw. in demselben Betrieb im Wege einer **Umsetzung** zuzuweisen, sofern dadurch die Eingruppierung nicht berührt wird. Sein Direktionsrecht kann der Arbeitgeber nur in den Grenzen des billigen Ermessens (§ 315 BGB) ausüben. Es darf nicht willkürlich oder aus unsachlichen Gründen ausgeübt werden. Im Rahmen des billigen Ermessens sind sowohl die betrieblichen Interessen, als auch die berechtigten Interessen des Beschäftigten zu berücksichtigen. Die Umsetzung wird in § 4 TVöD nicht ausdrücklich aufgeführt, ergibt sich aber bereits aus § 106 GewO.

In § 4 TVöD wird die Ausübung des Direktionsrechts bei der **Versetzung**, der **Abordnung**, der **Zuweisung** und der **Personalgestellung** geregelt. Eine **Versetzung** liegt nach Begriffsbestimmung in der Protokollerklärung Nr. 2 zu § 4 Abs.1 TVöD vor, wenn dem Beschäftigten auf Dauer ein Arbeitsplatz in einem anderen Betrieb bzw. einer anderen Dienststelle desselben Arbeitgebers zugewiesen wird. Bei der Bestimmung des Begriffs „Dienststelle" ist auf die von der Rechtsprechung des BVerwG zum Personalvertretungsrecht entwickelte Definition zurück zu greifen. Unter einer Dienststelle ist danach eine organisatorisch verselbstständigte Verwaltungseinheit zu verstehen, der ein örtlich und sachlich bestimmtes Aufgabengebiet zugewiesen ist.[18] Diese Begriffsbestimmung wird vom BAG geteilt.[19] Als Betrieb wird eine organisatorische Einheit bezeichnet, innerhalb derer der Arbeitgeber allein oder mit Arbeitnehmern mit Hilfe von sachlichen und immateriellen Mitteln bestimmte arbeitstechnische Zwecke fortgesetzt verfolgt.[20] Eine Versetzung ist nur zulässig, wenn entsprechende dienstliche oder betriebliche **Gründe** vorliegen, die diese Maßnahme rechtfertigen. An die maßgebenden Gründe, die von den Arbeitsgerichten voll überprüft werden können, sind keine hohen Anforderungen zu stellen. In Betracht kommen sowohl organisatorische, als auch verhaltensbedingte oder personenbedingte (z. B. persönliche Eignung) Gründe. Bei der Entscheidung zur Versetzung, insbesondere wenn sie gegen den Willen des Beschäftigten erfolgt, sind die Interessen des betroffenen Beschäftigten angemessen zu berücksichtigen. Ist die Versetzung mit einem Wechsel des Arbeitsorts verbunden, ist der betroffene Beschäftigte vor der Durchführung der Maßnahme zu hören. Unter dem Arbeitsort ist dabei die politische Gemeinde zu verstehen, in der sich der Arbeitsplatz befindet. Mit dem Anhörungsrecht soll dem Beschäftigten die Gelegenheit gegeben werden, mögliche Einwendungen dem Arbeitgeber mitzuteilen, die dieser bei seiner Entscheidungsfindung im Rahmen der Interessenabwägung mit zu berücksichtigen hat. Dem Anhörungsrecht wird nicht Genüge getan, wenn dem Beschäftigten die beabsichtigte Versetzung lediglich kundgetan wird. Es müssen vielmehr die maßgeblichen Gründe mitgeteilt und dem Beschäftigten die Möglichkeit zur Stellungnahme eingeräumt werden. Ihm muss zumindest eine Erörterung des Sachverhalts angeboten werden. Unschädlich ist, wenn der Beschäftigte hiervon keinen Gebrauch macht. Die Anhörung ist bei einer Versetzung, die mit einem Ortswechsel verbunden ist, Wirksamkeitsvoraussetzung. 27

Die ebenfalls in § 4 Abs. 1 TVöD geregelte **Abordnung** unterscheidet sich von der Versetzung vor allem dadurch, dass sie nur vorübergehend erfolgt und auch eine Abordnung zu einem anderen Arbeitgeber möglich ist. Es bedarf ebenso wie bei der Versetzung zunächst eines dienstlichen bzw. betrieblichen Grundes. Der Tarifvertrag regelt weder eine Mindest- noch eine Höchstdauer für die Abordnung. Die Dauer der Abordnung muss nicht kalendermäßig bestimmt sein, sondern kann sich auch aus dem Zweck der Abordnung (z. B. zur Vertretung) ergeben. Die Verlängerung einer Abordnung ist ebenso möglich, wie eine Teilabordnung. Im Unterschied zur Versetzung kann eine Abordnung auch zu einem anderen Arbeitgeber erfolgen und zwar unter Fortsetzung des Arbeitsver- 28

[18] BVerwG v. 6.4.1984 – 6 P 39.83 –.
[19] BAG v. 21.6.1990 – 6 AZR 342/88 –.
[20] BAG v. 22.1.1998 – 8 AZR 243/95 –; v. 29.4.1999 – 2 AZR 352/98 –.

hältnisses mit dem abordnenden Arbeitgeber. Die tariflichen Vorschrift stellt vom Wortlaut her, im Unterschied zur Zuweisung (§ 4 Abs. 2 TVöD), keine Anforderungen an den anderen Arbeitgeber. Aus dem Vergleich mit der Regelung in Abs. 2 (Arbeitgeber außerhalb des Geltungsbereiches des TVöD) wird allerdings gefolgert, dass eine Abordnung nur zu einem Arbeitgeber zulässig ist, der unter den TVöD fällt.[21] Die Abordnung zu einem **anderen Arbeitgeber** setzt regelmäßig eine entsprechende Vereinbarung zwischen den beteiligten Arbeitgebern voraus. Einzelfallabhängig wäre zudem zu prüfen, ob es sich um eine erlaubnispflichtige Arbeitnehmerüberlassung i.S. von § 1 AÜG handelt.

29 Sofern die Abordnung voraussichtlich länger als 3 Monate andauert, besteht die Pflicht zur **Anhörung** des betroffenen Arbeitnehmers. Diese Pflicht besteht auch, wenn eine Abordnung zunächst voraussichtlich weniger als 3 Monate andauern sollte, sich aber im Laufe der Abordnung eine Verlängerung notwendig macht, so dass insgesamt die 3-Monatsgrenze überschritten wird. In diesem Fall ist die Anhörung nachzuholen, sobald erkennbar ist, dass die Dauer von 3 Monaten überschritten wird. Hinsichtlich der Durchführung der Anhörung und den Rechtsfolgen einer unterlassenen Anhörung wird auf die Ausführungen bei der Versetzung verwiesen.[22]

30 § 4 Abs. 2 TVöD sieht die **Zuweisung** von Arbeitnehmern zur vorübergehenden Beschäftigung bei einem Dritten im In- und Ausland unter Fortsetzung des bisherigen Arbeitsverhältnisses vor. Als Dritter kommt jeglicher Arbeitgeber, unabhängig von der Rechtsform, in Betracht, bei dem der Allgemeine Teil des TVöD nicht zur Anwendung kommt. Ebenso, wie die Abordnung, kann die Zuweisung nur vorübergehend erfolgen, wobei auch hier keine Höchst- oder Mindestfristen geregelt sind. Eine Zuweisung darf nur vorgenommen werden, wenn sie im betrieblichen oder öffentlichen Interesse erfolgt. Insofern sind hier vom Wortlaut die Anforderungen niedriger, als bei einer Versetzung oder Abordnung, bei denen das Vorliegen von dienstlichen oder betrieblichen Gründen gefordert wird.

31 Im Unterschied zur Abordnung oder Versetzung bedarf eine Zuweisung der **vorherigen Zustimmung** des Beschäftigten. Allerdings kann der Beschäftigte seine Zustimmung wirksam nur aus **wichtigen Gründen** verweigern. Was hierunter zu verstehen ist, ist im Tarifvertrag selbst nicht geregelt. Aus der Systematik ergibt sich jedoch, dass es sich hierbei um Gründe handeln muss, die die beabsichtigte Zuweisung für den Beschäftigten unzumutbar machen. Eine Zustimmungsverweigerung ohne Angabe von Gründen oder ohne wichtigen Grund ist unbeachtlich. Da der Tarifvertrag keine Regelungen zur Schriftform oder Äußerungsfristen enthält, empfiehlt es sich, dem betroffenen Arbeitnehmer Gelegenheit zu einer schriftlichen Stellungnahme innerhalb einer angemessenen Frist zu geben. Dem Beschäftigten sind dabei die maßgebenden Gründe und näheren Umstände der beabsichtigten Zuweisung mitzuteilen. Da bei der Zuweisung das Arbeitsverhältnis zu dem bisherigen Arbeitgeber unverändert bestehen bleibt, darf dem Beschäftigten bei dem anderen Arbeitgeber keine geringer zu vergütende Tätigkeit zugewiesen werden. Der Entgeltanspruch des Beschäftigten richtet sich grundsätzlich gegen den bisherigen Arbeitgeber. Sollte der zugewiesene Beschäftigte bei dem Dritten jedoch für seine Arbeitsleistung Bezüge erhalten, werden diese auf den Entgeltanspruch gegen seinen Arbeitgeber angerechnet. Auch bei der Zuweisung ist einzelfallbezogen zu prüfen, ob eine erlaubnispflichtige Arbeitnehmerüberlassung nach § 1 AÜG vorliegt.

32 Als weiteres Instrument sieht § 4 Abs. 3 TVöD die Möglichkeit einer **Personalgestellung** vor. Dabei wird die Personalgestellung als eine auf Dauer angelegte Beschäftigung bei einem Dritten unter Fortsetzung des bestehenden Arbeitsverhältnisses zu dem bisherigen Arbeitgeber verstanden. Voraussetzung hierfür ist, dass die **Aufgaben** mit denen der Beschäftigte bisher betraut war, an einen Dritten verlagert werden. Das Instrument der Personalgestellung ist insbesondere im Lichte der Rechtsprechung zur Problematik

---

21 *Breier/Dassau/Kiefer/Lang/Langenbrinck*, § 4 Rn. 18 TVöD.
22 Siehe Rn. 27.

des Betriebsübergangs nach § 613a BGB und der sog. Funktionsnachfolge zu sehen. Bei einer reinen Funktionsnachfolge bzw. Auftragsvergabe kommt es regelmäßig nicht zu einem Übergang der Arbeitsverhältnisse kraft Gesetzes (z. B. bei der Vergabe von Reinigungsaufträgen, Bewachungsaufträgen usw.). Das Instrument der Personalgestellung erlaubt es, dem Dritten, der Aufgaben übernommen hat, das notwendige Personal zur Verfügung zu stellen, ohne dass er selbst Arbeitgeber für diese Beschäftigten wird. Ansonsten notwendige Kündigungen infolge des Aufgabenwegfalls können damit ggf. vermieden werden. Die Personalgestellung kann aber auch in den Fällen des § 613a BGB Bedeutung erlangen, wenn Beschäftigte von ihrem Widerspruchsrecht Gebrauch machen und somit die Arbeitsverhältnisse beim Veräußerer verbleiben. Dies führt regelmäßig zu einem Personalüberhang beim Veräußerer. Mit der Personalgestellung kann erreicht werden, dass der Beschäftigte trotz des Widerspruch nach § 613a Abs. 6 BGB seine Arbeitsleistung bei dem Dritten (Erwerber) erbringt.

Voraussetzung für die Personalgestellung ist, dass die Aufgaben zu einem Dritten verla- 33
gert werden und daher die Beschäftigungsmöglichkeit für den Arbeitnehmer entfällt. Dem betroffenen Arbeitnehmer steht dabei weder ein **Anhörungsrecht** zu, noch muss er seine Zustimmung erklären. Vielmehr ist er verpflichtet, auf Verlangen des Arbeitgebers bei weiterbestehendem Arbeitsverhältnis seine arbeitsvertraglich geschuldete Arbeitsleistung bei dem Dritten zu erbringen. Notwendig hierfür ist allerdings ein entsprechender **Gestellungsvertrag** zwischen dem Arbeitgeber und dem Dritten, in dem die Einzelheiten der praktischen Durchführung (Ausübung des Direktionsrechts, Haftung, Entgeltregelung usw.) geregelt sind. Der Arbeitgeber hat aber nicht die Möglichkeit, einen solchen Gestellungsvertrag mit dem Dritten zu erzwingen. Der betroffene Beschäftigte hat keinen Rechtsanspruch, einen Arbeitsplatz im Wege der Personalgestellung bei einem Dritten zugewiesen zu bekommen.

Die Personalgestellung ist aufgrund der dauerhaften Überlassung der Beschäftigten mit Blick auf das AÜG nicht unproblematisch. Unabhängig von der Frage der Erlaubnispflicht, geht das AÜG lediglich von einer zeitweiligen Überlassung aus. Eine dauerhafte Überlassung, wie bei der Personalgestellung vorgesehen, wäre daher unzulässig.[23] Das LAG B-W geht davon aus, dass bei einer unzulässigen dauerhaften Arbeitnehmerüberlassung kein Arbeitsverhältnis mit dem Dritten zustande kommt, sondern lediglich die Gestellungsmaßnahme unwirksam ist.

Bei den o. g. Maßnahmen sind die Beteiligungsrechte des Betriebsrates gemäß § 99 BetrVG sowie die unterschiedlich ausgestalteten Beteiligungstatbestände nach den Personalvertretungsgesetzen der Länder zu beachten.

ee) Qualifizierung. Mit den Regelungen in § 5 TVöD bekennen sich die Tarifvert- 34
ragsparteien zur Notwendigkeit einer ständigen Qualifizierung im Rahmen des Arbeitsverhältnisses. Allerdings wird darauf verzichtet, den Beschäftigten einen **individuellen Rechtsanspruch** auf Qualifizierung einzuräumen (§ 5 Abs. 2 Satz 1 TVöD). Vielmehr wird den Betriebsparteien ein Angebot zur Organisation und Durchführung von Qualifizierungsmaßnahmen unterbreitet, dessen Ausgestaltung durch **freiwillige Betriebs- bzw. Dienstvereinbarungen** erfolgen soll. Dabei ist es in das Ermessen der Betriebsparteien gestellt, ob solche Vereinbarungen getroffen werden und wie diese ausgestaltet werden (§ 5 Abs. 2 Satz 2 TVöD). Für den Bereich des Personalvertretungsrechts gilt dies nur, soweit der Abschluss von freiwilligen Dienstvereinbarungen zulässig ist. Weitergehende Mitbestimmungsrechte des Betriebs- oder Personalrats bleiben unberührt (im Bereich des BetrVG: § 97 Abs. 2 S. 1 – Mitbestimmungsrecht bei der betrieblichen Berufsbildung, § 98 Abs. 1 und 6 – Mitbestimmungsrecht bei der Durchführung von Maßnahmen der betrieblichen Berufsbildung und sonstiger Bildungsmaßnahmen). Im Bereich des Personalvertretungsrechtes kommen je nach Ausgestaltung der landesrecht-

[23] LAG B-W v. 17.4.2013 – 4 TaBV 7/12 –.

lichen Regelungen, insbesondere Mitbestimmungsrechte bei der Auswahl der Teilnehmer an Fortbildungsveranstaltungen (vgl. § 75 Abs. 3 Nr. 7 BPersVG) oder bei allgemeinen Fragen der Fortbildung in Betracht.

35 **Qualifizierungsmaßnahmen** im Sinne der tariflichen Regelung sind nicht nur Bildungsmaßnahmen mit dem Ziel des Erwerbs einer zusätzlichen Qualifikation (Fort- und Weiterbildung), sondern auch Qualifizierungen zur Arbeitsplatzsicherung (Qualifizierung für eine andere Tätigkeit, Umschulung), zur Fortentwicklung der fachlichen, methodischen und sozialen Kompetenzen für die übertragenen Tätigkeiten (Erhaltungsqualifizierung) und zur Einarbeitung im Anschluss an eine längere Abwesenheit (Wiedereinstiegsqualifizierung). Gemäß § 5 Abs. 8 TvöD soll bei Qualifizierungsmaßnahmen auf die zeitliche Lage und Dauer der Arbeitszeit der Beschäftigten Rücksicht genommen werden. Die zeitliche Lage der Qualifizierungsmaßnahmen soll eine gleichberechtigte Teilnahme aller Arbeitnehmer unabhängig von der individuellen Arbeitszeit ermöglichen. Dem Beschäftigten ist eine entsprechende Teilnahmebestätigung auszuhändigen und seine Teilnahme ist vom Arbeitgeber zu dokumentieren. Die **Dokumentation** soll als Nachweis für die Teilnahme an Qualifizierungsveranstaltungen dienen und zwar nicht nur für den Beschäftigten, sondern auch für den Arbeitgeber, der die Qualifizierung als Teil der Personalentwicklung nutzen soll. Der Beschäftigte hat einen Rechtsanspruch auf die Dokumentation seiner Teilnahme an der Qualifizierungsmaßnahme. Eine Verletzung der Dokumentationspflicht bleibt in Ermangelung einer entsprechenden Regelung allerdings sanktionslos. Der Arbeitgeber kann nur verpflichtet werden, die Dokumentation vorzunehmen und die Teilnahme dem Beschäftigten schriftlich zu bestätigen.

36 Nach § 5 Abs. 4 Satz 1 TVöD haben die Beschäftigten einen Anspruch auf ein **regelmäßiges Gespräch** mit ihrer jeweiligen Führungskraft zur Feststellung des Qualifizierungsbedarfs. Der Anspruch besteht auch bei längerer Abwesenheit des Beschäftigten (z. B. aufgrund von Krankheit), da die Einarbeitung nach längerer Abwesenheit als Wiedereinstiegsqualifizierung verstanden wird (Abs. 3 lit. d). Das Gespräch kann von jedem Vorgesetzten geführt werden, soweit er für den Beschäftigten zuständig ist („jeweilige" Führungskraft). Die Gespräche können sowohl als Einzelgespräch, aber auch als Gruppengespräch mit mehreren Beschäftigten geführt werden (Abs. 4 S. 2). Dies liegt im Ermessen des Arbeitgebers. Die tarifliche Vorschrift sieht keinen konkreten Turnus zur Durchführung der Gespräche vor. Vielmehr bleibt es den Betriebsparteien überlassen, die Häufigkeit dieser Gespräche näher zu bestimmen. Fehlt eine solche Regelung kann der Beschäftigte verlangen, dass das Gespräch jährlich geführt wird. Der Beschäftigten kann aber weder die Bestimmung eines konkreten Termins, noch eine bestimmte Führungskraft als Gesprächspartner beanspruchen. Verlangt wird nicht, dass während oder im Ergebnis des Gesprächs verbindliche Entscheidungen, Festlegungen oder Zusagen hinsichtlich der Teilnahme an bestimmten Qualifizierungsmaßnahmen getroffen werden. Es geht vielmehr vorrangig um die unverbindliche, ergebnisoffene Klärung eines möglichen Qualifizierungsbedarfs. Eine schriftliche Dokumentation des Gesprächsverlaufes oder der Ergebnisse wird nicht verlangt. Allerdings ist eine entsprechende Protokollierung der Ergebnisse anzuraten.

37 Nach § 5 Abs. 5 S. 1 ist der Arbeitgeber verpflichtet, die **Kosten** einer von ihm **veranlassten Qualifizierungsmaßnahme** zu tragen, d. h. wenn der Arbeitgeber den Beschäftigten verpflichtet, an einer vom Arbeitgeber ausgewählten Qualifizierungsmaßnahme teilzunehmen. Zu den maßgeblichen Kosten gehören neben den unmittelbaren Kosten für die Qualifizierungsmaßnahme (Teilnahmegebühren usw.), die Aufwendungen für notwendige Lern- und Arbeitsmittel (Literatur usw.) und die notwendigen Reisekosten, einschließlich der Kosten für Unterbringung und Verpflegung. Soweit die Kosten für die Qualifizierungsmaßnahme von dritter Seite übernommen werden, ist der Arbeitgeber von seiner Kostentragungspflicht befreit. Keine Kostentragungspflicht besteht, wenn der Arbeitnehmer selbst aus eigenem Interesse bzw. Antrieb an einer Qualifizierungsmaßnahme teilnimmt, ohne dass der Arbeitgeber dies verlangt oder angewiesen hat.

Abweichend von der in § 5 Abs. 5 S. 1 TVöD geregelten Kostentragungspflicht des Arbeitgebers können im Wege einer individualrechtlichen **Qualifizierungsvereinbarung** mit dem Arbeitnehmer ein vom Beschäftigten aufzubringender **Eigenanteil** und eine **Rückzahlungsverpflichtung** geregelt werden (Abs. 5 S. 2). Der Eigenbeitrag des Beschäftigten kann in Form einer Beteiligung an den finanziellen Kosten der Qualifizierung und/oder in Arbeitszeit (z. B. Einsatz von Zeitguthaben für die Teilnahme) erfolgen (Abs. 5 S. 4). Zum Umfang der möglichen Eigenbeteiligung haben die Tarifvertragsparteien keine Vorgaben gemacht. Hierbei ist der Grundsatz der Verhältnismäßigkeit zu wahren. Angesichts der Formulierung „Eigenbeitrag" und der grundsätzlichen Kostentragungspflicht des Arbeitgebers dürften Regelungen, die den Beschäftigten zu einer Übernahme der Gesamtkosten verpflichten, unwirksam sein. Um beim Abschluss von Qualifizierungsvereinbarungen die Benachteiligung einzelner Beschäftigter auszuschließen, sollen die Betriebsparteien die Grundsätze der Eigenbeteiligung der Beschäftigten, unter Berücksichtigung des betrieblichen und individuellen Nutzens regeln. Allerdings ist eine solche betriebliche Regelung ist keine Wirksamkeitsvoraussetzung für eine individualrechtliche Qualifizierungsvereinbarung und kann die notwendige individualrechtliche Abrede nicht ersetzen. 38

In Qualifizierungsvereinbarungen können neben einem möglichen Eigenbeitrag auch **Rückzahlungspflichten** des Beschäftigten aufgenommen werden. Da die tarifliche Regelung keine inhaltlichen Vorgaben enthält, unterliegen die individualrechtlich vereinbarten Klauseln in vollem Umfang der gerichtlichen Inhaltskontrolle.[24] Ob und in welchem Umfang eine Rückzahlungsverpflichtung zulässig ist, bestimmt sich einzelfallabhängig im Rahmen einer Interessenabwägung. Regelmäßig sind Rückzahlungsklauseln nur wirksam, wenn der Beschäftigte die erworbenen Kenntnisse und Fähigkeiten auch **außerhalb seines Arbeitsverhältnisses** oder zum **beruflichen Aufstieg** nutzen kann.[25] Hat die Qualifizierungsmaßnahme ausschließlich betrieblichen Nutzen, sind Rückzahlungsklauseln unzulässig.[26] Die Dauer der **Bindungsfrist** ist maßgeblich von der Dauer der Qualifizierungsmaßnahme abhängig. Beide müssen in einem angemessenen Verhältnis zueinander stehen. Nach der Rechtsprechung gelten dabei folgende Anhaltspunkte: 39

- Lehrgangsdauer bis zu einem Monat (ohne Verpflichtung zur Arbeitsleistung): höchstens 6-monatige Bindungsdauer[27]
- Lehrgangsdauer von 3 bis 4 Monaten: zweijährige Bindung[28]
- Lehrgangsdauer von 6 bis 12 Monaten (ohne Verpflichtung zur Arbeitsleistung): dreijährige Bindung[29]

Die o. g. Rechtsprechung bezieht sich lediglich auf den Regelfall. In Abhängigkeit von den Umständen des Einzelfalls (u.a. Höhe des arbeitgeberseitigen Aufwandes) kommen längere oder kürzere Bindungsfristen in Betracht. Unzulässig lange Bindungsfristen in Formularverträgen werden nicht angepasst, sondern entfallen ersatzlos (§ 306 Abs. 2 BGB). Die Höhe des zurückzahlbaren Betrages ist der Vereinbarung anzugeben. Der Betrag muss sich zeitanteilig zum Bestand des Arbeitsverhältnisses während der Bindungsdauer vermindern. Regelmäßig wird eine monatliche Staffelung vereinbart.

Als Auslöser für die Rückzahlungspflicht kommen nur Ereignisse in Betracht, die in der **Sphäre des Beschäftigten** liegen. Hierzu gehören arbeitnehmerseitige Kündigun- 40

[24] Vgl. zur eingeschränkten Inhaltskontrolle bei tarifvertraglichen Rückzahlungsklauseln: ErfK 5. Aufl./*Preis* BGB § 611 Rn. 560.

[25] BAG v. 30.11.1994, AP BGB § 611 Ausbildungsbeihilfe Nr. 20; v. 21.11.2001, AP BGB § 611 Ausbildungsbeihilfe Nr. 31.

[26] BAG v. 16.3.1994, AP BGB § 611 Ausbildungsbeihilfe Nr. 18; v. 30.11.1994, AP BGB § 611 Ausbildungsbeihilfe Nr. 20.

[27] BAG v. 5.12.2002 – 6 AZR 539/01 –.

[28] BAG v. 6.9.1995, AP BGB § 611 Ausbildungsbeihilfe Nr. 23.

[29] BAG v. 23.4.1986, AP BGB § 611 Ausbildungsbeihilfe Nr. 10; v. 15.12.1993, AP BGB § 611 Ausbildungsbeihilfe Nr. 17).

gen, sowie Kündigungen, die vom Arbeitgeber aus verhaltensbedingten Gründen ausgesprochen werden. Aufhebungsverträge können gleichfalls die Rückzahlungspflicht auslösen, wenn sie auf Wunsch des Arbeitnehmers zustande kommen.[30] Ein vorzeitiger Abbruch der Maßnahme durch den Arbeitnehmer oder das Nichtbestehen einer vorgesehenen Prüfung kann gleichfalls eine Rückzahlungspflicht auslösen, soweit dies auf ein schuldhaftes Verhalten des Beschäftigten zurückzuführen ist. Liegen jedoch der Kündigungsgrund bzw. die Gründe für die vorzeitige Beendigung des Arbeitsverhältnisses in der Sphäre des Arbeitgebers besteht kein Rückzahlungsanspruch.[31]

41 **ff) Gestaltung der Arbeitszeit**. Die Regelungen zur Arbeitszeit nehmen im TVöD relativ breiten Raum ein (§§ 6 bis 11 TVöD). Dabei werden die vom ArbZG eröffneten Regelungsspielräume weitgehend genutzt und ein hohes Maß an Arbeitszeitflexibilisierung ermöglicht. Die **regelmäßige Arbeitszeit** beträgt, ohne die Pausen, gemäß § 6 Abs.1 TVöD für Beschäftigte im Tarifgebiet West durchschnittlich 39 Stunden wöchentlich und für Beschäftigte im Tarifgebiet Ost durchschnittlich 40 Stunden wöchentlich. Für die Ermittlung des Durchschnittes der wöchentlichen regelmäßigen Arbeitszeit ist nach § 6 Abs. 2 S. 1 ein Zeitraum von **bis zu einem Jahr** zugrunde zu legen. Maßgeblich ist daher nicht das jeweilige Kalenderjahr. Sofern ständige Wechselschicht oder Schichtarbeit in Sinne von § 7 Abs. 1 und 2 TVöD geleistet wird, kann für die Durchschnittsermittlung sogar ein noch längerer Zeitraum zugrunde gelegt werden. Die regelmäßige Arbeitszeit wird im Regelfall auf **fünf Tage pro Woche** verteilt. Aus betrieblichen oder dienstlichen Gründen kann die Arbeitszeit auch auf 6 Tage verteilt werden. Die regelmäßige Arbeitszeit stellt keine Höchstgrenze für den zeitlichen Umfang der vom Beschäftigten zu erbringenden Arbeitsleistung dar, sondern kennzeichnet den Gegenwert für das monatliche Entgelt. Die Beschäftigten sind daher unter bestimmten Umständen verpflichtet, auch außerhalb der regelmäßigen Arbeitszeit zusätzliche Arbeitsleistungen, in Form von Rufbereitschaft, Bereitschaftsdienst oder Überstunden zu erbringen.

42 Der TVöD enthält keine Regelungen zu **Beginn und Ende der täglichen Arbeitszeit**. Soweit nichts anderes bestimmt ist, beginnt und endet die Arbeitszeit mit der Aufnahme bzw. der Beendigung der vertraglich geschuldeten Arbeitsleistung. Der Zeitaufwand für die Fahrt von der Wohnung zum Betrieb, sowie für das Umkleiden und Waschen usw. stellt regelmäßig keine Arbeitszeit dar.[32] Betrieblich können hierzu andere Regelungen getroffen werden. **Umkleidezeiten** und durch das Umkleiden veranlasste innerbetriebliche Wegezeiten stellen jedoch vergütungsrechtliche Arbeitszeit dar, wenn der Arbeitgeber das Tragen einer bestimmten Kleidung vorschreibt und das Umkleiden im Betrieb erfolgen muss bzw. dem Arbeitnehmer der Weg von zu Hause zum Betrieb in der Arbeitsbekleidung nicht zugemutet werden kann.[33] Eine tarifliche Vorgabe hinsichtlich des Umfangs der **täglichen Arbeitszeit** fehlt. Es gelten die Grenzen des § 3 ArbZG zur täglichen Höchstarbeitszeit von werktäglich 8 Stunden, die auf bis zu 10 Stunden verlängert werden darf, wenn innerhalb von 6 Kalendermonaten oder 24 Wochen der Durchschnitt von 8 Stunden werktäglich nicht überschritten wird. § 6 Abs. 4 TVöD ermöglicht, von der Öffnungsklausel in § 7 Abs. 1 Nr. 1 ArbZG Gebrauch zu machen und die Arbeitszeit auf **über 10 Stunden** werktäglich zur verlängern, wenn in die Arbeitszeit regelmäßig und in erheblichen Umfang Arbeitsbereitschaft oder Bereitschaftsdienst fällt. Aus den gesetzlichen Vorschriften ergibt sich somit eine wöchentliche Höchstarbeitszeit von 48 Stunden bzw. 60 Stunden, die bei der Umsetzung der tariflichen Arbeitszeitregelungen zu beachten ist. Bei dringenden betrieblichen Gründen besteht die Möglichkeit,

---

30 BAG v. 5.7.2000, AP BGB § 611 Ausbildungsbeihilfe Nr. 29.

31 BAG v. 6.5.1998, AP BGB § 611 Ausbildungsbeihilfe Nr. 28.

32 BAG v. 3.9.1997 – 5 AZR 428/96–, NZA 1998, 540; v. 11.10.2000 – 5 AZR 122/99 –, NZA 2001, 458.

33 BAG v. 19.9.2012 – 5 AZR 678/11 –.

im Wege einer Dienst-/Betriebsvereinbarung die weitgehenden Öffnungsklauseln in § 7 Abs. 1 und 2 ArbZG zu nutzen (§ 6 Abs. 4).

Bei Abschluss des Arbeitsvertrages können die Vertragsparteien den Umfang der zur leistenden Arbeitszeit bis zur regelmäßigen Vollarbeitszeit nach § 6 Abs.1 S. 1 TVöD frei vereinbaren. 43

Die von Begründung von Arbeitsverhältnissen in **Teilzeit** ist ohne weiteres zulässig. Verschiedene gesetzliche Regelungen räumen dem Arbeitnehmer unter bestimmten Voraussetzungen einen Anspruch auf dauerhafte oder zeitliche befristete Reduzierung der regelmäßigen Arbeitszeit ein. Nach § 8 Abs.1 TzBfG hat jeder Arbeitnehmer, dessen Arbeitsverhältnis länger als 6 Monate bestanden hat, einen Anspruch auf dauerhafte Verringerung seiner Arbeitszeit, ohne dass es besonderer Gründe bedarf. Schwerbehinderte Menschen haben nach § 81 Abs.5 SGB IX ebenfalls einen Anspruch auf Reduzierung ihrer Arbeitszeit, sofern dies wegen ihrer Behinderung notwendig ist. Weitere gesetzliche Ansprüche sind u.a. in § 3 PflZG und § 15 Abs. 5 BEEG geregelt.

Neben diesen gesetzlichen Ansprüchen auf Reduzierung der Arbeitszeit sieht § 11 44
TVöD unter bestimmten Voraussetzungen einen **Anspruch auf eine befristete Reduzierung der Arbeitszeit** vor. Zwar ist dem Wortlaut nach lediglich von „soll ... vereinbart werden" die Rede, dies ist jedoch nach allgemeiner Auffassung als weitgehender Anspruch zu verstehen. Der Beschäftigte hat bei Vorliegen der tariflichen Voraussetzungen einen Rechtsanspruch auf Abschluss einer Vereinbarung zur befristeten Reduzierung der Arbeitszeit. Er muss entweder mindestens ein **Kind** unter 18 Jahren oder einen nach ärztlichem Gutachten pflegebedürftigen sonstigen **Angehörigen** tatsächlich betreuen oder pflegen. Im Tarifvertrag wird weder der Status des Kindes näher bestimmt, noch angegeben, wer als „sonstiger Angehöriger" gilt. Es wird empfohlen, auf die berücksichtigungsfähigen Kinder i. S. des EStG und auf die Angehörigen i.S. von § 20 Abs. 5 VwVerfG abzustellen.[34] Die Pflege- und Betreuungsbedürftigkeit ist vom Arbeitnehmer entsprechend nachzuweisen. Sind diese Voraussetzungen erfüllt, kann der Arbeitgeber den Antrag auf Teilzeitbeschäftigung nur ablehnen, wenn dem Begehren ausnahmsweise dringende dienstliche oder betriebliche Belange entgegenstehen. Der Teilzeitanspruch ist grundsätzlich auf maximal fünf Jahre begrenzt. Eine Verlängerung auf Antrag ist jedoch möglich, allerdings besteht kein Anspruch auf eine solche Verlängerung. Die Entscheidung darüber ist in das billige Ermessen des Arbeitgebers gestellt.

Außerhalb des Rechtsanspruchs nach § 11 Abs. 1 TVöD können Beschäftigte jederzeit, 45
auch ohne Vorliegen besonderer Gründe ihren **Teilzeitwunsch** an den Arbeitgeber herantragen (§ 11 Abs. 2 TVöD). Sie können vom Arbeitgeber eine Erörterung ihrer Teilzeitwünsche verlangen. Ein genereller Anspruch auf Genehmigung des Teilzeitwunsches besteht aber nicht, soweit nicht weitere gesetzliche Anspruchsgrundlagen hinzutreten. Nach § 11 Abs. 3 TVöD besteht die Verpflichtung, teilzeitbeschäftigte Arbeitnehmer, die ursprünglich in Vollzeit tätig waren, auf ihren Wunsch hin bei der Besetzung eines Vollzeitarbeitsplatzes bevorzugt zu berücksichtigen.

Im Rahmen seines Direktionsrechts ist der Arbeitgeber berechtigt, die Zeit der 46
Arbeitsleistung, also die Lage und die Dauer der Arbeitszeit zu bestimmen. Die Beschäftigten sind nach § 6 Abs. 5 TVöD bei betrieblicher Notwendigkeit zur Ableistung von **Sonntags-, Feiertags-, Nacht-, Wechselschicht-, Schichtarbeit** sowie von **Bereitschaftsdienst, Rufbereitschaft, Überstunden** und **Mehrarbeit** verpflichtet. Teilzeitbeschäftigte sind zur Ableistung von Bereitschaftsdienst, Rufbereitschaft, Überstunden und Mehrarbeit nur verpflichtet, wenn dies ausdrücklich im Arbeitsvertrag vereinbart ist oder die Anordnung mit ihrer Zustimmung erfolgt. Aus Gründen der Rechtssicherheit ist eine ausdrückliche arbeitsvertragliche Regelung, wonach der Teilzeitbeschäftigte zur Erbringung dieser Leistungen verpflichtet ist, unbedingt zu empfehlen. Fehlt eine solche ausdrückliche arbeitsvertragliche Regelung, bedarf es der Zustimmung des Teilzeitbe-

[34] *Breier/Dassau/Kiefer/Lang/Langenbrinck*, § 11 TVÖD Rn. 22f.

schäftigten im Einzelfall. Da für die Zustimmung keine besondere Form geregelt ist, kann sie sowohl ausdrücklich, als auch konkludent durch das Ableisten der angeordneten Dienste erteilt werden.

47 § 7 TVöD enthält bezüglich der o. g. Sonderformen der Arbeit die einschlägigen Begriffsbestimmungen. Die Ableistung dieser Sonderformen begründet regelmäßig einen Anspruch der Beschäftigten auf Gewährung entsprechender Zuschläge (§ 8 TVöD). **Wechselschichtarbeit** liegt nach § 7 Abs. 1 TVöD vor, wenn die Arbeit nach einem Schichtplan, der einen regelmäßigen Wechsel der täglichen Arbeitszeit in Wechselschichten vorsieht, bei denen der Beschäftigte durchschnittlich längstens nach Ablauf eines Monats erneut zur Nachtschicht herangezogen wird. Dabei sind Wechselschichten wechselnde Arbeitsschichten, in denen ununterbrochen bei Tag und Nacht, werktags, sonntags und feiertags gearbeitet wird. Soweit die ununterbrochene Arbeitsleistung gefordert wird, ist nicht auf den einzelnen Beschäftigten oder auf den Betrieb in seiner Gesamtheit, sondern auf die Organisationseinheit abzustellen, in der der Beschäftigte tätig ist und für die eigener Schichtplan besteht (z. B. chirurgische Ambulanz eines Krankenhauses).[35] Jede Unterbrechung der täglichen Arbeit, selbst wenn sie nur kurzzeitig ist, steht der Annahme von Wechselschichtarbeit entgegen. Eine solche schädliche Unterbrechung liegt auch vor, wenn in der Organisationseinheit für einen bestimmten Zeitraum lediglich Bereitschaftsdienst i.S. von § 7 Abs. 3 TVöD geleistet wird. Während des Bereitschaftsdienstes wird nur während eines Teils der Zeit Arbeit geleistet, wobei die Zeit ohne Arbeitsleistung überwiegt. Allein das der Bereitschaftsdienst im schutzrechtlichen Sinne als Arbeitszeit gewertet wird, steht dem nicht entgegen. Abzustellen ist auf die tariflichen Begriffsbestimmungen. Danach wird Bereitschaftsdienst außerhalb der regelmäßigen Arbeitszeit geleistet, wobei die Zeit ohne Arbeitsleistung überwiegt.[36] Anders dagegen, wenn die wechselnden Arbeitsschichten durch Bereitschaftszeiten i.S. des Anhangs zu § 9 TVöD unterbrochen werden. Diese Bereitschaftszeiten sind im Unterschied zum Bereitschaftsdienst, Bestandteil der regelmäßigen Arbeitszeit, wenn auch mit verminderter Arbeitsleistung.[37]

48 Die Wechselschichtarbeit verlangt nicht, dass der Beschäftigte tatsächlich in allen Schichten oder an allen Wochentagen eingesetzt wird. Notwendig ist sein Einsatz nach einem Schichtplan in **mindestens zwei Schichten** (Nachtschicht und eine weitere Schicht), wobei er nach Ablauf eines Monats mindestens einmal erneut zur Nachtschicht herangezogen werden muss. Als Nachschicht gilt gemäß § 7 Abs. 1 S. 3 TVöD eine Arbeitsschicht die mindestens zwei Stunden Nachtarbeit, d. h. Arbeit in der Zeit zwischen 21.00 und 06.00 Uhr, umfasst.

49 Hinsichtlich der **Zulage** ist zwischen ständiger und nicht ständiger Wechselschichtarbeit zu differenzieren. Eine nähere Begriffsbestimmung ist im Tarifvertrag nicht enthalten. Ausgehend vom Wortsinn liegt „ständige" Wechelschichtarbeit nur vor, wenn sie andauernd, fortwährend ausgeübt wird. Daher wird die Zulage als fester Monatsbetrag gewährt. Teilzeitbeschäftigte erhalten die Zulage nur anteilig, im Verhältnis zu ihrer Arbeitszeit.[38] Wird die Wechelschichtarbeit nicht ständig geleistet, wird ein Zuschlag pro Stunde gewährt. Bei der Ableistung von Wechselschichtarbeit besteht nach Maßgabe von § 27 TVöD ein Anspruch auf Gewährung von **Zusatzurlaub**.

50 Im Unterschied zur Wechselschichtarbeit verlangt **Schichtarbeit** i.S. von § 7 Abs. 2 TVöD nicht, dass die Arbeit in Schichten ununterbrochen geleistet wird. Schichtarbeit nach der tariflichen Vorschrift liegt vor, wenn die Arbeit nach einem Schichtplan erfolgt, der einen regelmäßigen Wechsel des Beginns der täglichen Arbeitszeit um mindestens zwei Stunden und zwar längstens innerhalb eines Monats vorsieht. Ausreichend ist daher, wenn der Beschäftigte einmal im Monat mit der Schicht wechselt. Dabei muss allerdings

---

[35] BAG v. 24.9.2008 – 10 AZR 770/07 –.
[36] BAG v. 24.9.2008 – 10 AZR 770/07 –.
[37] BAG v. 24.9.2008 – 10 AZR 669/07 –.
[38] BAG v. 24.9.2008 – 10 AZR 634/07 –.

zwischen dem Beginn der ersten Schicht und dem Ende der letzten Schicht eine Zeitspanne von mindestens 13 Stunden liegen. Unschädlich ist, wenn sich die Schichten zeitlich überlappen oder zwischen den Schichten längere Arbeitsunterbrechungen liegen, da ein durchlaufender Schichtbetrieb nicht gefordert wird.[39] Leistet der Beschäftigte ständige Schichtarbeit erhält er gemäß § 8 Abs. 5 TVöD eine monatliche **Zulage** und bei nicht ständiger Schichtarbeit eine Zulage pro Stunde. Bei ständiger Schichtarbeit besteht ein Anspruch auf Gewährung von **Zusatzurlaub** nach Maßgabe von § 27 Abs. 1 TVöD. Bei nicht ständiger Schichtarbeit kann aufgrund einer betrieblichen Regelung (Dienst- oder Betriebsvereinbarung) ein Anspruch auf Zusatzurlaub geschaffen werden (§ 27 Abs. 3 TVöD).

§ 7 Abs. 4 TVöD regelt die Anordnung von **Rufbereitschaft**. Rufbereitschaft liegt 51
vor, wenn der Beschäftigte sich auf Anordnung des Arbeitgebers außerhalb der regelmäßigen Arbeitszeit an einer dem Arbeitgeber anzuzeigenden Stelle aufhält, um auf Abruf hin die Arbeit aufzunehmen. Sie darf nur angeordnet werden, wenn erfahrungsgemäß Arbeit nur im Ausnahmefall anfällt. Dabei ist der vom Arbeitnehmer zu bestimmende Aufenthaltsort so zu wählen, dass innerhalb einer angemessenen Frist die Arbeit aufgenommen werden kann. Problematisch ist, wenn seitens des Arbeitgebers einer Frist vorgegeben wird, innerhalb derer der Beschäftigte zur Arbeitsaufnahme erscheinen muss. Insbesondere bei einer kurzen Frist, besteht die Gefahr, dass das Wahlrecht des Beschäftigten bezüglich seines Aufenthaltsortes so stark eingeschränkt wird, dass keine Rufbereitschaft mehr besteht, sondern der höher vergütete Bereitschaftsdienst vorliegt.[40] Zeiten der Rufbereitschaft gelten nicht als Arbeitszeit im schutzrechtlichen Sinne, da das Maß der Inanspruchnahme des Arbeitnehmers, der seinen Aufenthaltsort weitgehend selbst bestimmen kann, geringer ist als beim Bereitschaftsdienst. Erfolgt jedoch eine Inanspruchnahme gilt dieser Zeitraum als Vollarbeitszeit.

Klarstellend wurde geregelt, dass Rufbereitschaft nicht dadurch ausgeschlossen wird, 52
dass der Beschäftigte vom Arbeitgeber mit einem **Mobiltelefon** oder einem vergleichbaren technischen Hilfsmittel ausgestattet ist, da auch in diesen Fällen der Beschäftigte in der Bestimmung seines Aufenthaltsortes beschränkt ist. So muss er sich immer im Empfangsbereich befinden und darf sich nicht an Orten aufhalten, an denen die Benutzung von Mobiltelefonen untersagt ist.[41] Rufbereitschaft liegt bereits dann vor, wenn die zu erbringende Arbeit nur darin besteht, telefonisch Weisungen oder ähnliches durchzugeben. Rufbereitschaft kann in Abhängigkeit von den Notwendigkeiten sowohl **stundenweise**, als auch für einen oder **mehrere Tage** (z. B. von Freitag nach Dienstschluss bis zum Dienstbeginn am darauffolgenden Montag) angeordnet werden. Dauert die Rufbereitschaft mindestens 12 Stunden oder länger an, ist eine tägliche Pauschale gemäß § 8 Abs. 3 S. 1 und 2 TVöD zu gewähren. Bei weniger als 12 Stunden beträgt die Zulage 12,5 v.H. des tariflichen Stundenentgelts (§ 8 Abs. 3 S. 7 bis 9 TVöD).

Für die **Arbeitsleistung während der Rufbereitschaft** außerhalb des Aufenthalts- 53
orts wird die Zeit der tatsächlichen Inanspruchnahme und die erforderliche Wegezeit auf die volle Stunde aufgerundet. Dies erfolgt für jede einzelne Inanspruchnahme während der Rufbereitschaft. Die auf diese Weise ermittelte (fiktive) Arbeitszeit wird mit dem Entgelt für Überstunden vergütet (§ 8 Abs. 1 TVöD). Ob es sich hierbei um Überstunden im Sinne von § 7 Abs. 7 TVöD handelt, ist nicht maßgeblich. Zudem werden die etwaigen Zeitzuschlägen nach § 8 Abs. 1 TVöD gewährt. Hierbei gilt jedoch die Besonderheit, dass für diese Zuschläge jeweils die einschlägigen Voraussetzungen erfüllt sein müssen. Sie werden nur für tatsächliche Arbeitsleistung gewährt. Dies bedeutet, dass weder die erforderlichen Wegezeiten noch die aufgerundete Arbeitszeit, sondern nur die tatsächliche Arbeitszeit für die Berechnung der Zeitzuschläge nach § 8 Abs. 1 heranzuziehen ist.[42]

39 BAG v. 2.10.1996 – 10 AZR 232/96 –.
40 BAG v. 19.1.1991 – 6 AZR 592/89 –.
41 BAG v. 9.6.2000 – 6 AZR 900/98 –.
42 BAG v. 24.9.2008 – 6 AZR 259/08 –.

Wird die Arbeitsleistung während der Rufbereitschaft am Aufenthaltsort selbst erbracht (z. B. durch die Weitergabe von Anweisungen per Telefon), wird die Zeitdauer aller Inanspruchnahmen zusammengefasst, auf die volle Stunde aufgerundet und mit dem Entgelt für Überstunden sowie mit etwaigen Zeitzuschlägen bezahlt.

54 Im Unterschied zur Rufbereitschaft liegt **Bereitschaftsdienst** nach § 7 Abs. 3 TVöD vor, wenn sich die Beschäftigten auf Anordnung des Arbeitgebers außerhalb der regelmäßigen Arbeitszeit an einer vom Arbeitgeber bestimmten Stelle aufhalten müssen, um im Bedarfsfall die Arbeit aufzunehmen. Die Anordnung trifft der Arbeitgeber im Wege seines Direktionsrechts im Rahmen des billigen Ermessens (§ 315 BGB), wenn mit dem Anfall von Arbeitsleistung erfahrungsgemäß zu rechnen ist, wobei die Zeiten der Nichtinanspruchnahme überwiegen. Die Dauer des Bereitschaftsdienstes gilt, unabhängig vom zeitlichen Umfang der tatsächlichen Arbeitsleistung, als Arbeitszeit im arbeitszeitschutzrechtlichen Sinn.[43] Dies bedeutet, dass die tägliche Höchstarbeitszeit 10 Stunden (§ 3 ArbZG), die Ruhezeit von 11 Stunden (§ 5 ArbZG) und die wöchentliche Höchstarbeitszeit von 48 Stunden (Ausnahme: schriftliche Einwilligung des Beschäftigten nach § 7 Abs. 7 ArbZG) bei Anordnung von Bereitschaftsdienst zu beachten sind. Der vom Arbeitgeber bestimmte Aufenthaltsort ist regelmäßig der Arbeitsplatz bzw. der Betrieb, kann aber auch eine Stelle außerhalb des Betriebes sein. Das Entgelt für Bereitschaftsdienst ist landesbezirklich zu regeln. Sofern eine landesbezirkliche Regelung fehlt, gelten die für den Betrieb am 30.09.2005 geltenden tariflichen Vorschriften weiter.

55 Als weitere Sonderform der Arbeit sind **Bereitschaftszeiten** im TVöD geregelt. Hierunter sind gemäß § 9 Abs. 1 TVöD Zeiten zu verstehen, in denen sich der Beschäftigte am Arbeitsplatz oder einer vom Arbeitgeber bestimmten Stelle aufhalten muss, um im Bedarfsfall selbständig, ggf. auch auf Anforderung hin, die Arbeit aufzunehmen, wobei die Zeiten ohne Arbeitsleistung überwiegen. Die Feststellung, ob und in welchem Umfang Zeiten ohne Arbeitsleistung anfallen, dürfte in der Praxis häufig mit Schwierigkeiten verbunden sein. Im Streitfall bedarf es entsprechender Nachweise, bspw. anhand von Tätigkeitsauszeichnungen, Protokollen usw.. Bereitschaftszeiten unterscheiden sich von der vollen Arbeitstätigkeit, die vom Beschäftigten eine ständige Aufmerksamkeit und Arbeitsleistung verlangt, durch ein geringeres **Maß an Beanspruchung**. Zeiten einer geringeren Beanspruchung („wache Achtsamkeit im Zustand der Entspannung“) wechseln sich mit Zeiten der vollen Arbeitsleistung ab. In Abgrenzung zum Bereitschaftsdienst ist der Beschäftigte regelmäßig gehalten, selbstständig die Arbeit aufzunehmen. Die Bereitschaftszeiten liegen nicht außerhalb der regelmäßigen Arbeitszeit, sondern sind Bestandteil der regelmäßigen Arbeitszeit.[44] Sie werden daher innerhalb der täglichen Arbeitszeit nicht gesondert ausgewiesen und sind mit dem tariflichen Entgelt abgegolten.

56 Dies ist allerdings nur für Beschäftigte relevant, wenn in deren Tätigkeit regelmäßig und in **nicht unerheblichem Umfang** solche Bereitschaftszeiten anfallen. Diese Zeiten müssen mindestens 25% der Gesamttätigkeit ausmachen.[45] Sofern Wechselschicht oder Schichtarbeit geleistet wird, findet die Regelung des § 9 TVöD, mit der Ausnahme der im Anhang zu § 9 TVöD geregelten Fälle (Hausmeister, Rettungsdienste, Leitstellen), keine Anwendung. Die Bereitschaftszeiten gelten aus arbeitsschutzrechtlicher Sicht als Arbeitszeit, weshalb die Summe aus Vollarbeit und Bereitschaftszeiten durchschnittlich 48 Stunden wöchentlich nicht überschreiten darf. Da in den Bereitschaftszeiten überwiegend keine Arbeit geleistet wird, werden diese Zeiten nur **zur Hälfte** als tarifliche Arbeitszeit gewertet und der Vollarbeitszeit zugerechnet. Dabei darf diese Summe die regelmäßige Arbeitszeit im Sinne von § 6 Abs. 1 TVöD (39 bzw. 40 Wochenstunden) nicht übersteigen (Faktorisierung).

---

[43] EuGH v.3.10.2000 – C 303/98 – SIMAP; BAG v. 18.2.2003 – 1 ABR 2/02 –.

[44] BAG v. 24.9.2008 – 10 AZR 669/07 –.

[45] *Breier/Dassau/Kiefer/Lang/Langenbrinck*, TVöD § 9 Rn. 7f.

Es bedarf gegenüber dem Beschäftigten **keiner ausdrücklichen Anordnung** des Arbeitgebers, dass Bereitschaftszeiten geleistet werden. Dies ergibt sich vielmehr aus der Natur der jeweiligen Tätigkeit. Allerdings bedarf die Anwendung des § 9 Abs. 1 TVöD, mit Ausnahme der im Anhang zu § 9 aufgeführten Fälle, im Geltungsbereich des Personalvertretungsrechts einer einvernehmlichen Dienstvereinbarung, d. h., ohne das eine Entscheidung der Einigungsstelle herbeigeführt wird. Sollte keine einvernehmliche Dienstvereinbarung zustande kommen, kann eine landesbezirkliche tarifliche Regelung getroffen werden. Soweit das BetrVG einschlägig ist, besteht nach § 87 Abs. 1 Nr. 2 BetrVG ein Beteiligungsrecht. 57

Als weitere Sonderform der Arbeit ist in § 7 Abs. 6 TVöD die **Mehrarbeit** aufgeführt, die von nur von Teilzeitbeschäftigten geleistet werden kann. Damit werden Arbeitsstunden bezeichnet, die der Teilzeitbeschäftigte über die vereinbarte regelmäßige Arbeitszeit hinaus bis zur regelmäßigen Arbeitszeit eines Vollzeitbeschäftigten leistet. Überstunden im Sinne von § 7 Abs. 7 TVöD können daher bei Teilzeitbeschäftigten erst dann anfallen, wenn Arbeit über die regelmäßige Arbeitszeit eines Vollzeitbeschäftigten hinaus geleistet wird. Für anfallende Mehrarbeit wird entweder entsprechende Freizeit gewährt oder sie nach Maßgabe von § 8 Abs. 2 TVöD mit dem tariflichen Entgelt vergütet. Ein gesonderter Zuschlag wird für Mehrarbeit nicht gewährt. 58

Die Beschäftigten sind nach § 7 Abs. 7 TVöD verpflichtet, auf Anordnung des Arbeitgebers **Überstunden** zu leisten. Für entstandene Überstunden ist nach § 8 Abs. 1 lit a TVöD ein **Zuschlag** in Höhe von 30 bzw. 15 v.H. je Stunde zu gewähren. Die geleistete Arbeitszeit ist zudem mit dem tariflichen Entgelt zu vergüten oder ein bezahlter Freizeitausgleich zu gewähren. Im Unterschied zur Mehrarbeit sind Überstunden auf Anordnung des Arbeitgebers geleistete Arbeitsstunden, die über die im Rahmen der regelmäßigen Arbeitszeit von Vollzeitbeschäftigten für die Woche dienstplanmäßig bzw. betriebsüblich festgesetzten Arbeitsstunden hinausgehen und nicht bis zum Ende der folgenden Kalenderwoche durch Freizeit ausgeglichen werden. Die Anordnung seitens des Arbeitgebers kann dabei ausdrücklich (schriftlich oder mündlich) oder konkludent erfolgen. Eine konkludente Anordnung ist bereits anzunehmen, wenn der Arbeitgeber die Überstunden kennt und duldet.[46] Ohne eine solche Anordnung des Arbeitgebers können keine Überstunden entstehen. Besteht bspw. ein **Gleitzeitmodell** bei dem der Beschäftigte innerhalb der Gleitspanne selbst den zeitlichen Umfang seiner Arbeitsleistung bestimmen kann, können innerhalb der Gleitzeitspanne regelmäßig keine Überstunden anfallen. Eine weitere Voraussetzung für das Entstehen von Überstunden ist, dass die zu leistende Arbeitszeit über den Rahmen der für die Woche dienstplanmäßig oder betriebsüblich festgesetzten Arbeitsstunden (z. B. im Schichtplan) hinausgehen muss. Aufgrund der Durchschnittsberechnung der regelmäßigen Arbeitszeit ist es nicht erforderlich, dass sich die Arbeitszeit der Beschäftigten gleichmäßig auf die einzelnen Wochen verteilt. So ist es ohne weiteres zulässig, in einer Kalenderwoche bis zu 48 Stunden Arbeit dienstplanmäßig festzulegen, wenn in den übrigen Wochen des für die Durchschnittsberechnung herangezogenen Zeitraumes entsprechend weniger Arbeitsleistung vorgesehen ist. Werden in einem Dienstplan oder betriebsüblich zu bestimmten Zeiten bspw. eine Arbeitsleistung von 43 Stunden pro Woche vorgesehen, führt dies nur dann zur Entstehung von Überstunden, wenn auf Anordnung des Arbeitgebers über die planmäßig vorgesehenen 43 Stunden hinaus weitere Arbeitsstunden geleistet werden und in der folgenden Kalenderwoche kein entsprechender Freizeitausgleich gewährt wird. 59

Besonderheiten gelten, wenn Wechselschicht- oder Schichtarbeit geleistet wird bzw. ein Arbeitszeitkorridor nach § 6 Abs. 6 TVöD festgelegt oder eine Rahmenzeit nach § 6 Abs. 7 TVöD vereinbart ist. Wird die Arbeit im Rahmen von Wechselschicht- oder Schichtarbeit geleistet, kommen Überstunden im Tarifsinne nur in Betracht, wenn auf Anordnung des Arbeitgebers über die im Schichtplan festgelegten täglichen Arbeitsstun- 60

[46] BAG v. 15.10.1992 – 6 AZR 349/91–.

den hinaus Arbeit geleistet wird, die in einem **Schichtplanturnus** nicht ausgeglichen wird. Insofern gilt hier unter Umständen ein längerer Zeitraum für die Gewährung eines entsprechenden Freizeitausgleichs. Nach Auffassung des BAG kommt es bei Wechselschicht- und Schichtarbeit bereits dann zu Überstunden, wenn innerhalb des Schichtturnus planmäßig mehr Arbeitsstunden geleistet worden sind, als ein Vollzeitbeschäftigter im gleichen Zeitraum schuldet.[47] Ist ein **Arbeitszeitkorridor** nach § 6 Abs. 6 TVöD vereinbart worden, können Überstunden nur bei der Ableistung von Arbeitszeit außerhalb des Arbeitszeitkorridors anfallen. Ähnliches gilt, wenn gemäß § 6 Abs. 7 TVöD eine **Rahmenzeit** eingeführt worden ist. In diesem Falle können Überstunden nur bei der Leistung von Arbeitszeit außerhalb der Rahmenzeit entstehen. Dies gilt jedoch in beiden Fällen nicht, wenn die Leistung der zusätzlichen Arbeitsstunden außerhalb des Arbeitszeitkorridors bzw. außerhalb der vereinbarten täglichen Rahmenzeit dienstplanmäßig festgesetzt ist oder bis zum Ende der folgenden Kalenderwoche Freizeitausgleich gewährt wird.

61 Im Interesse einer weitergehenden Arbeitszeitflexibilisierung können gemäß § 6 Abs. 6 und 7 TVöD ein **wöchentlicher Arbeitszeitkorridor** oder eine **tägliche Rahmenzeit** eingeführt werden. Beide Arbeitszeitinstrumente sind für Bereiche von Bedeutung, bei denen der Umfang der zu leistenden Arbeit nicht im Voraus bereits feststeht, sondern situationsbedingt Schwankungen unterworfen ist. Der Arbeitszeitkorridor ist dabei auf den Umfang der wöchentlich zu leistenden Arbeit bezogen und die Rahmenzeit auf die Dauer der täglichen Arbeitszeit. Der wöchentliche Arbeitszeitkorridor kann bis zu 45 Stunden betragen. Innerhalb dieses Korridors entstehen keine Überstunden, sondern erst wenn über die Grenze von 45 Stunden hinaus Arbeitsleistungen erbracht werden und die übrigen Voraussetzungen nach § 7 Abs. 7 TVöD erfüllt sind.[48] Bei dem zweiten Arbeitszeitmodell, der täglichen Rahmenzeit, kann innerhalb der Zeitspanne von 6.00 bis 20.00 Uhr eine tägliche Rahmenzeit von bis zu 12 Stunden vereinbart werden. Während der Rahmenzeit können keine Überstunden entstehen, sondern nur wenn Arbeitsleistungen außerhalb des täglichen Rahmens erbracht werden, können bei Vorliegen der übrigen Voraussetzungen nach § 7 Abs. 7 TVöD Überstunden entstehen.

62 Bei beiden Arbeitszeitmodellen sind jedoch die Höchstgrenzen bei der täglichen Arbeitszeit (10 Stunden, § 3 ArbZG) und bei der wöchentlichen Arbeitszeit (48 Stunden) zu beachten. Leistet der Beschäftigte mehr oder weniger als 39 bzw. 40 Stunden in der Woche, so ist innerhalb eines Jahres ein entsprechender Ausgleich herbeizuführen (§ 6 Abs.2 S. 1 TVöD). Zudem ist der Arbeitgeber verpflichtet, für die betroffenen Beschäftigten ein **Arbeitszeitkonto** nach Maßgabe von § 10 TVöD einzurichten. Gemäß § 6 Abs.8 TVöD können Arbeitszeitkorridor und Rahmenzeit nur **alternativ** eingeführt werden. Eine Kombination der beiden Modelle ist unzulässig. Möglich ist jedoch, dass beide Modelle innerhalb eines Betriebes für unterschiedliche Bereiche oder zeitlich aufeinanderfolgend zur Anwendung kommen. Für Bereiche, in denen Schicht- oder Wechselschichtarbeit geleistet wird, ist die Einführung eines Arbeitszeitkorridors bzw. der Rahmenzeit generell unzulässig. Angesichts der tariflichen Vorgabe bedarf die Einführung dieser Arbeitszeitmodelle einer Dienst- oder Betriebsvereinbarung. Kommt im Bereich des Personalvertretungsrechts die Dienstvereinbarung nicht einvernehmlich zustande und hat der Arbeitgeber ein Letztentscheidungsrecht, bedarf es eines landesbezirklichen Tarifvertrages (§ 6 Abs. 9 TVöD).

63 Angesichts der weitgehenden Arbeitszeitflexibilisierung gewinnen sog. **Arbeitszeitkonten** zunehmend an Bedeutung. Sie erlauben den Beschäftigten, Zeitguthaben für Freistellungen anzusammeln und damit ein höheres Maß an Zeitsouveränität zu erlangen. Hierzu haben die Tarifvertragsparteien in § 10 TVöD eine entsprechende Regelung geschaffen, die die Einrichtung von Arbeitszeitkonten zur Flexibilisierung der Arbeits-

[47] BAG v. 25.4.2013 – 6 AZR 800/11 –.
[48] Siehe Rn. 59.

zeit vorsieht. Zudem können nach § 10 Abs. 6 TVöD auch Langzeitkonten eingerichtet werden.

Gemäß § 10 Abs.1 TVöD können **Arbeitszeitkonten** für den ganzen Betrieb oder für einzelne Teile eingeführt werden. Eine generelle Verpflichtung hierzu besteht aber nicht. Lediglich wenn ein wöchentlicher Arbeitszeitkorridor oder die tägliche Rahmenzeit (§ 6 Abs. 6,7 TVöD) eingeführt werden sollen, bedarf es zwingend für den betroffenen Personenkreis eines Arbeitszeitkontos. Das Arbeitszeitkonto nach § 10 TVöD darf dabei nicht mit einem bloßen Soll-Ist Vergleich im Sinne eines Arbeitszeitnachweises verwechselt werden. Vielmehr können gemäß § 10 Abs. 3 TVöD auf das Arbeitszeitkonto folgende **Zeiten gebucht** werden: 64

- die nach der Durchschnittsberechnung der regelmäßigen Arbeitszeit in dem festgelegten Ausgleichszeitraum (§ 6 Abs. 2 TVöD) verbliebenen Zeitguthaben oder Zeitschulden
- Überstunden, die nicht durch Freizeit ausgeglichen wurden (§ 8 Abs.1 S. 5 TVöD)
- nicht durch Freizeit ausgeglichene Mehrarbeit (§ 8 Abs.2 TVöD)
- auf Wunsch des Beschäftigten umgewandelte Zeitzuschläge für Sonderformen der Arbeit (§ 8 Abs. 1 S. 4 TVöD)

Durch eine Betriebs- oder Dienstvereinbarung können **weitere Kontingente** zur Buchung freigegeben werden. Beispielhaft werden die Entgelte für Rufbereitschaft und Bereitschaftsdienst aufgeführt. Den Arbeitnehmern verbleibt grundsätzlich das **Wahlrecht**, welche der möglichen Zeiten bzw. der umgewandelten Zuschläge und Entgelte auf ihr Arbeitszeitkonto gebucht werden sollen. Allerdings wird dieses Entscheidungsrecht nicht von Fall zu Fall ausgeübt, sondern der Beschäftigte muss im Voraus für einen durch die betriebliche Vereinbarung bestimmten Zeitraum festlegen, welche zulässigen Kontingente gebucht werden sollen.

Die Einführung von Arbeitszeitkonten bedarf einer **Vereinbarung der Betriebsparteien**. Der Tarifvertrag enthält dabei hinsichtlich des Mindestinhalts zwingende Vorgaben. So darf innerhalb eines zu bestimmenden Zeitraums die Zeitschuld höchstens 40 Stunden und das Zeitguthaben ein Vielfaches von 40 Stunden betragen. Zu regeln sind die Fristen für den Ausgleich von Zeitguthaben und Zeitschulden, die mögliche Berechtigung des Arbeitgebers auch ohne Zustimmung des Beschäftigten Abbuchungen vorzunehmen (z. B. für Brückentage) und die Folgen, wenn der Arbeitgeber einen bereits genehmigten Freizeitausgleich kurzfristig widerruft (§ 10 Abs. 5 TVöD). 65

Ein **Langzeitkonto** i.S. von § 10 Abs. 6 TVöD wird hingegen aufgrund vertraglichen Abrede zwischen Arbeitgeber und Arbeitnehmer eingerichtet. Ein Langzeitkonto ist auf einen längerfristigen Zeitausgleich gerichtet und soll dem Arbeitnehmer die Inanspruchnahme einer längeren Freistellung (z. B. Sabbatjahr) ermöglichen. Ein Rechtsanspruch auf Einrichtung eines Langzeitkontos besteht nicht. Der Personal-/Betriebsrat ist bei der Einrichtung des Kontos zu beteiligen, wobei die Form der Beteiligung von den Tarifvertragsparteien nicht vorgegeben ist. Soweit keine andere gesetzliche Regelung besteht, dürfte eine Unterrichtung ausreichend sein. Ist der Arbeitgeber insolvenzfähig, sind zum Schutz der Zeitguthaben Regelungen zur Insolvenzsicherung zu treffen. Zudem sind die Vorgaben des § 7b SGB IV ff. und die sich daraus ergebenden Rechtsfolgen („Flexi I und II“) zu beachten. 66

gg) Eingruppierung, Stufenzuordnung. Derzeit fehlt noch eine allgemeine **Entgeltordnung** zum TVöD. Es bestehen lediglich Regelungen für bestimmte Beschäftigtengruppen (Ärzte, Sozial- und Erziehungsdienst) und für die Entgeltgruppe 1. Bis zu deren Inkrafttreten einer allgemeinen Entgeltordnung gelten gemäß § 17 Abs. 1 TVÜ-VKA die §§ 22, 23, 25 BAT und die Anlage 3, die §§ 22, 23 BAT-O/BAT-Ostdeutsche Sparkassen einschl. der Vergütungsordnung sowie die landesbezirklichen Lohngruppenverzeichnisse zu § 20 BMT-G II und das Lohngruppenverzeichnis zu § 20 Abs. 1 BMT-G-O vorläufig weiter. Aufgrund der Verweisung auf die Eingruppierungsvorschriften 67 des bisherigen Tarifrechts gelten auch weiterhin die Grundsätze der **Tarifautomatik**. Gemäß § 22 Abs. 2 BAT ist der Angestellte in der Vergütungsgruppe eingruppiert, deren Tätigkeitsmerkmalen die gesamte von ihm nicht nur vorübergehend ausgeübte Tätigkeit entspricht. Die maßgebende Entgeltgruppe ist im Arbeitsvertrag anzugeben. Die Eingruppierung ist ein Akt der Rechtsanwendung bei dem die konkrete Tätigkeit unter die einschlägigen Tätigkeitsmerkmale der tariflichen Vergütungsordnung bzw. des Lohngruppenverzeichnisses subsumiert wird. Die Eingruppierung und deren Änderung ist sowohl gemäß § 99 Abs.1 BetrVG, als auch nach den Vorschriften der Personalvertretungsgesetze der Länder beteiligungspflichtig. Das entsprechende Beteiligungsrecht beschränkt sich auf die Prüfung der Rechtmäßigkeit der entsprechenden Eingruppierung.

68 Ist eine Eingruppierung tariflich nicht zutreffend, kann sie im Wege einer **korrigierenden Höher- oder Rückgruppierung** entsprechend geändert werden. Einer Vertragsänderung, etwa durch Änderungsvertrag oder Änderungskündigung, bedarf es nicht, da die maßgebende tarifliche Entgeltgruppe nicht Bestandteil des Arbeitsvertrages ist. Im Falle einer korrigierenden Rückgruppierung ist es im Rahmen der Verteilung der Darlegungslast zunächst Sache des Arbeitgebers die objektive Fehlerhaftigkeit darzutun. Die Fehlerhaftigkeit ist bspw. gegeben, wenn auch nur eine der tariflichen Voraussetzungen für die bisherige Entgeltgruppe nicht gegeben ist.[49] Sodann obliegt es dem Beschäftigten darzulegen, inwieweit er mit seiner Tätigkeit die Tarifmerkmale der begehrten Entgeltgruppe erfüllt. Zu berücksichtigen ist, dass der Beschäftigte grundsätzlich darauf vertrauen kann, dass der Arbeitgeber die ursprüngliche Eingruppierung ordnungsgemäß vorgenommen hat, weshalb der Arbeitgeber zunächst die Fehlerhaftigkeit der bisherigen Eingruppierung darzutun hat. Davon zu unterscheiden sind die Fälle, bei denen es dem Arbeitgeber nach Treu und Glauben gemäß § 242 BGB verwehrt sein kann, sich auf eine fehlerhafte Eingruppierung zu berufen. Dieser Vertrauenstatbestand kann bspw. durch zusätzliche, vom Arbeitnehmer vorzutragende, Umstände begründet werden.[50]

69 Aufgrund der vorläufigen **Weitergeltung der bisherigen Vergütungsordnung** bzw. des Lohngruppenverzeichnisses erfolgt bei allen Eingruppierungsvorgängen eine Zuordnung zu den bisherigen Vergütungs- oder Lohngruppen zuzuordnen und eine anschließende Umrechnung in die maßgebende Entgeltgruppe gemäß der Anlage 3 zum TVÜ-VKA bzw. nach den KR-Anwendungstabellen (Anlagen 4 bis 7 TVÜ-VKA). Bei einer korrigierenden Eingruppierung kann ggf. eine Nachzeichnung der Überleitung nach Maßgabe der Anlage 1 erforderlich sein.

70 Von diesen Grundsätzen gelten jedoch einige **Ausnahmen**. Eine Eingruppierung in die **Vergütungsgruppe I** der Vergütungsordnung zum BAT kommt nicht mehr in Betracht, da hierfür in der Anlage 3 keine entsprechende Entgeltgruppe mehr vorgesehen ist und Personen mit einer Eingruppierung oberhalb der der EG15 nicht mehr unter den Geltungsbereich des TVöD fallen (§ 1 Abs. 2 lit b). In diesem Fall erfolgt die Vergütungsregelung außertariflich. Zudem gelten diese Regelungen nicht für **Ärzte,** die unter die Besonderen Teile Pflege- und Betreuungseinrichtungen, sowie Krankenhäuser fallen, da dort bereits eigenständige Eingruppierungsmerkmale anschließend geregelt sind (§ 51 BT-B, § 51 BT-K). Als weitere Ausnahme ist zu beachten, dass bereits die Tarifmerkmale für die **Entgeltgruppe 1** in der Anlage 3 zum TVÜ-VKA geregelt sind. Allerdings können hiernach nur seit dem 1.10.2005 für neu eingestellte Beschäftigte eingruppiert werden.

71 Weiterhin ist hinsichtlich der Anwendung der bisherigen Vergütungsordnungen und Lohngruppenverzeichnisse zu beachten, dass die dort geregelten **Bewährungs-, Fallgruppen- und Tätigkeitsaufstiege** ab dem 1.10.2005 keine Anwendung mehr finden (§ 17 Abs. 5 S. 1 TVÜ-VKA). Dies gilt grundsätzlich auch für **Vergütungsgruppenzulagen**, es sei denn die Vergütungsgruppenzulage würde bereits unmittelbar mit der Über-

[49] BAG v. 16.2.2000 – 4 AZR 62/99–.
[50] BAG v. 11.5.2005 – 4 AZR 332/04 –.

tragung der Tätigkeit zustehen. Für Beschäftigte, die ab dem 1.10.2005 aus dem bisherigen Tarifrecht übergeleitet worden sind, gelten bezüglich der Bewährungsfallgruppen und Tätigkeitsaufstiege sowie der Gewährung von Vergütungsgruppenzulagen umfangreiche Besitzstand- und Vertrauensschutzregelungen, so dass diese auch noch nach der Überleitung entsprechende Aufstiege vollziehen können (vgl. §§ 8 und 9 TVÜ-VKA). Bis zum Inkrafttreten der neuen Entgeltordnung können Beschäftigte, soweit ihnen ab dem 1.10.2005 eine anspruchsbegründende Tätigkeit übertragen wird, für die entfallenen **Techniker-, Meister-** und **Programmiererzulagen** eine persönliche Zulage erhalten, die sich betragsmäßig an den entfallenen Zulagen bemisst, soweit sie die Anspruchsvoraussetzungen nach dem bisherigen Tarifrecht erfüllen. Gleichfalls gelten die Vorschriften für die Gewährung von Zulagen für Vorarbeiter, Vorhandwerker und Fachvorarbeiter sowie vergleichbarerer Beschäftigte weiter fort.

Sollten nach Inkrafttreten der neuen Entgeltordnung Anpassungen der bestehenden 72
Eingruppierungen erforderlich sein, werden diese gemäß § 17 Abs. 4 TVÜ-VKA nur mit Wirkung für die Zukunft, aber nicht rückwirkend erfolgen. Sollten dabei Rückgruppierungen notwendig sein, sehen die tarifvertraglichen Regelungen die Gewährung einer nicht dynamischen Besitzstandszulage vor, die sich bei jedem Stufenaufstieg vermindern soll.

Während sich die Bestimmung der zutreffenden Entgeltgruppe noch weitgehend nach 73
bisherigem Tarifrecht richtet, sind die Problematik der **Stufenzuordnung**, der **Stufenlaufzeit**, sowie das Verfahren bei **Höher- und Herabgruppierung** bereits abschließend geregelt. Alle Entgeltgruppen, mit Ausnahme der Entgeltgruppe 1, sind in 6 Stufen eggliedert (§ 16 Abs.1 TVöD). Die Stufen 1 und 2 sind als Grundstufen und die Stufen 3 bis 6 als Entwicklungsstufen ausgewiesen. Neueingestellte Beschäftigten werden in Abhängigkeit von ihrer **Berufserfahrung** den Stufen 1 bis 3 zugeordnet. Die Zuordnung zur Stufe 1 erfolgt, sofern der Beschäftigte über keine einschlägige Berufserfahrung von mindestens einem Jahr verfügt, ansonsten gelangt er in die Stufe 2. Bei einer Einstellung nach dem 31.12.2008 erfolgt bei einer einschlägigen Berufserfahrung von mindestens 3 Jahren regelmäßig eine Zuordnung zur Stufe 3. Es kommt insoweit, im Unterschied zum bisherigen Recht, nicht mehr auf das Lebensalter oder die Beschäftigungszeit an. Maßgeblich ist vielmehr allein der zeitliche Umfang der einschlägigen Berufserfahrung. Darüber hinaus wird dem Arbeitgeber die Möglichkeit eingeräumt, zur Deckung eines bestehenden Personalbedarfs auch andere Zeiten einer beruflichen Tätigkeit bei der Stufenzuordnung zugunsten des Beschäftigten zu berücksichtigen, wenn diese Tätigkeit zumindest **förderlich** ist. Ein Rechtsanspruch seitens des Beschäftigten auf die Berücksichtigung von „förderlichen Zeiten" besteht jedoch nicht.

Wenn Beschäftigte zwischen **Arbeitgebern wechseln**, die den TVöD anwenden, ver- 74
lieren sie ihre bisherige Stufenzuordnung und sind als Neueinstellung in Abhängigkeit von ihrer einschlägigen Berufserfahrungen den Stufen 1 bis 3 zuzuordnen. Allerdings können gemäß § 16 Abs. 2a TVöD bei einem vorangegangenen Arbeitgeber erworbene Stufen bei der Stufenzuordnung ganz oder teilweise berücksichtigt werden. Ob und inwieweit eine solche Berücksichtigung erfolgt, ist allein in das Ermessen des Arbeitgebers gestellt. Der Beschäftigte hat keinen Rechtsanspruch darauf, dass seine bei einem anderen Arbeitgeber erworbene Stufe mitberücksichtigt wird.

Der weitere **Aufstieg in den Stufen** erfolgt nach Maßgabe von § 16 Abs. 3 TVöD 75
zeitabhängig. Die Stufe 2 wird nach einer Verweildauer von einem Jahr in der Stufe 1 erreicht, die Stufe 3 nach einer Verweildauer von 2 Jahren in der Stufe 2, die Stufe 4 nach 3 Jahren in der Stufe 3, die Stufe 5 nach 4 Jahren in der Stufe 4 und die Stufe 6 nach 5 Jahren in der Stufe 5. Maßgebend ist dabei immer die Zeit der **ununterbrochenen Tätigkeit**. Unterbrechungen sind grundsätzlich schädlich. Allerdings enthält § 17 Abs. 3 Satz 1 TVöD eine abschließende Aufzählung von Unterbrechungen, die den Zeiten einer ununterbrochenen Tätigkeit gleichgestellt sind. Diese haben insoweit keinen Einfluss auf die Stufenlaufzeit. So gilt bspw. nach lit b) eine Arbeitsunfähigkeit von bis zu 39 Wochen als

ununterbrochene Tätigkeit. Dauert jedoch die Arbeitsunfähigkeit länger als 39 Wochen an, tritt ab der 39. Woche eine schädliche Unterbrechung ein. Nach Beendigung der Arbeitsunfähigkeit beginnt dann die Stufenlaufzeit von Anfang an erneut zu laufen. Darüber hinaus enthält sind in Abs. 3 S. 2 Unterbrechungen geregelt, die zwar unschädlich sind, aber nicht auf die Stufenlaufzeit angerechnet werden. Dies betrifft Zeiten der Unterbrechung mit einer Dauer von bis zu jeweils 3 Jahren, die nicht in Satz 1erfasst sind, sowie Unterbrechungen aufgrund von Elternzeit mit einer Zeitdauer von jeweils bis zu 5 Jahren. Unschädlich bedeutet, dass nach Beendigung der Unterbrechung die Stufenlaufzeit nicht erneut von vorn beginnt. Allerdings wird die Zeit der Unterbrechung bei der Stufenlaufzeit nicht mitberücksichtigt. Unterbrechungen von mehr als 3 Jahren oder Elternzeit von mehr als 5 Jahren sind nach Abs. 3 S. 3 **schädliche Unterbrechungen**, die eine Stufenminderung zur Folge haben. Nach der Rückkehr wird der Beschäftigte, der nächst niedrigen Stufe zugeordnet. Allerdings darf diese vorangegangene Stufe nicht niedriger sein, als bei einer Neueinstellung. In diesem Falle beginnt die Stufenlaufzeit in der niedrigeren Stufe mit dem Tag der jeweiligen Arbeitsaufnahme.

76 Nach § 17 Abs. 2 TVöD kann die Stufenlaufzeit bei den Stufen 4 bis 6 **leistungsabhängig** gestaltet werden. Liegt die Leistung des Beschäftigten erheblich über dem Durchschnitt, kann eine Kürzung der Stufenlaufzeit vorgenommen werden und der Arbeitnehmer gelangt vorzeitig in die nächsthöhere Stufe. Andererseits kann bei Leistungen, die nachweislich erheblich unter dem Durchschnitt liegen, die erforderliche Stufenlaufzeit angemessen verlängert werden. Für diese Verlängerung der Stufenlaufzeit trägt der Arbeitgeber in einem Rechtsstreit die entsprechende Darlegungs- und Beweislast. Es wären dann Tatsachen vorzutragen, die den Schluss zulassen, dass die Leistung des betreffenden Beschäftigten erheblich, also deutlich wahrnehmbar, unter dem Durchschnitt liegt. Dabei muss die festgesetzte Verlängerung der Stufenlaufzeit in einem angemessenen Verhältnis zur Minderleistung des Beschäftigten stehen. Ist eine Verlängerung der Stufenlaufzeit vom Arbeitgeber festgesetzt worden, ist er verpflichtet, jährlich zu prüfen, ob die Voraussetzungen für die festgesetzte Verlängerung noch gegeben sind (§ 17 Abs. 2 S. 3 TVöD).

77 Bei **Herabgruppierungen** bleibt die einmal erreichte Stufe bestehen. Der Beschäftigte ist in der niedrigen Entgeltgruppe seiner bisher innegehabten Stufe zuzuordnen (§ 17 Abs. 4 S. 6 TVöD). Mit dem Zeitpunkt der Herabgruppierung beginnt erneut die Laufzeit in der maßgeblichen Stufe, da für die Stufenlaufzeit immer nur die ununterbrochene Tätigkeit innerhalb derselben Entgeltgruppe zu berücksichtigen ist. Dagegen kommt es bei einer **Höhergruppierung** nach § 17 Abs. 4 TVöD regelmäßig zu einer Änderung der maßgeblichen Stufe. Der Beschäftigte wird in der höheren Entgeltgruppe derjenigen Stufe zugeordnet, in der er mindestens sein bisheriges Tabellenentgelt erhält, jedoch mindestens der Stufe 2. Die Höhergruppierung ist insoweit häufig mit einer niedrigen Stufe verbunden. Erfolgt eine Höhergruppierung über mehrere Entgeltgruppen, so ist schrittweise die Höhergruppierung für jede dazwischenliegende Entgeltgruppe vorzunehmen. Mit dem Zeitpunkt der Höhergruppierung beginnt in der neuen Stufe jeweils die Stufenlaufzeit neu zu laufen. Damit der Beschäftigte im Zuge einer Höhergruppierung spürbar mehr Entgelt erhält, gelten bei der Höhergruppierung **Garantiebeträge** (§ 17 Abs. 4 S. 2 TVöD). Ist der Höhergruppierungsgewinn geringer, erhält der Beschäftigte anstelle des Tabellenentgelts in der höheren Entgeltgruppe das Tabellenentgelt vor der Höhergruppierung und den maßgeblichen Garantiebetrag.

78 Im Rahmen seines Direktionsrechts ist der Arbeitgeber nach § 14 TVöD berechtigt, dem Beschäftigten **vorübergehend höherwertigere Tätigkeiten** zu übertragen, die den Tätigkeitsmerkmalen einer höheren als der derzeitigen Entgeltgruppe entsprechen. Die Übertragung hat im Rahmen des billigen Ermessens zu erfolgen. Eine Höchstdauer für die Übertragung höherwertiger Tätigkeiten ist nicht geregelt. Maßgeblich sind die Gründe, die zur Übertragung geführt haben, aus denen sich der lediglich vorübergehende Charakter ergeben muss. In Betracht kommen bspw. Vertretungstätigkeiten, Übertragungen zur Erprobung oder der befristete Anfall von höherwertigen Arbeitsaufgaben. Übt der Beschäftigte diese höherwertigere Tätigkeit mindestens einen Monat lang aus, erhält rückwirkend ab dem Zeitpunkt der Übertragung eine **persönliche Zulage** (§ 14 Abs. 1 TVöD). Ist der Beschäftigte in die EG 9 bis 14 eingruppiert, bemisst sich die Zulage aus dem Unterschiedsbetrag zwischen seinem Tabellenentgelt und dem Tabellenentgelt, dass er erhalten hätte, wenn ihm die Tätigkeit dauerhaft übertragen und eine Höhergruppierung nach § 17 Abs. 4 Satz 1 und 2 TVöD erfolgt wäre. In den EG 1 bis 8 beträgt die Zulage 4,5 v.H. des individuellen Tabellenentgelts des Beschäftigten. Nach § 14 Abs. 2 TVöD kann durch landesbezirklichen Tarifvertrag ein Katalog von Fällen geregelt werden, bei denen die Gewährung der Zulage bereits dann einsetzt, wenn die vorübergehend übertragene Tätigkeit mindestens drei Arbeitstage angedauert hat.

hh) Leistungsentgelt. Ein wichtiges Ziel bei der Reformierung des Tarifrechtes des 79
öffentlichen Dienstes war eine stärke Leistungsorientierung. Der TVöD enthält verschiedene leistungsabhängige Regelungen. Dazu gehören neben dem Leistungsentgelt nach § 18 TVöD auch die leistungsabhängigen Stufenaufstiege (§ 17 Abs. 2 TVöD)[51] und die Übertragung von Führungsfunktionen auf Probe bzw. auf Zeit (§§ 31, 32 TVöD).[52] Das **Leistungsentgelt** nach § 18 TVöD wird zusätzlich zum Tabellenentgelt gewährt. Eine Minderung des Tabellenentgelts aufgrund nicht erbrachter Leistungen ist somit ausgeschlossen. Das derzeit jährlich zur Verteilung anstehende **finanzielle Volumen** (Leistungstopf) beträgt 2% (ab 1.1.2013) der ständigen Monatsentgelte des Vorjahres aller unter den Geltungsbereich des TVöD fallenden Beschäftigten des jeweiligen Arbeitgebers. Als ständige Monatsentgelte sind dabei das Tabellenentgelt (ohne die Sozialversicherungsbeiträge des Arbeitgebers und dessen Kosten für die betriebliche Altersvorsorge), die in Monatsbeträgen festgelegten Zulagen einschl. der Besitzstandszulage aus der Überleitung sowie das Entgelt im Krankheitsfall und bei Urlaub mit zu berücksichtigen. Auch die Aufstockungsleistungen für Beschäftigte in Altersteilzeit sind ständige Monatsentgelte und somit der Ermittlung des Leistungsbudgets mit zu berücksichtigen. Unberücksichtigt bleiben hingegen gemäß der Protokollerklärung zu § 18 Abs. 3 S. 1 insbesondere Abfindungen, Aufwandsentschädigungen, Einmalzahlungen, Jahressonderzahlungen, Leistungsentgelt, Strukturausgleiche u.a. Zahlungen. Die Aufzählung in der Protokollerklärung ist nicht abschließend. Es besteht die Möglichkeit durch eine betriebliche Regelung auch unständige Entgeltbestandteile, wie etwa Zulagen für Überstunden, Nachtarbeit, Sonntagsarbeit usw. mit zu berücksichtigen und damit den zur Verteilung anstehenden Leistungstopf zu vergrößern. Bei den rechnerisch zu berücksichtigenden Entgelten des Vorjahres ist das **Zuflussprinzip** zu beachten. Die Entgelte sind nur insoweit zu berücksichtigen, wie sie im Vorjahr den Beschäftigten tatsächlich gezahlt worden sind. Sind derartige berücksichtigungsfähige Entgeltbestandteile zwar im Vorjahr fällig gewesen, aber erst im laufenden Kalenderjahr ausgezahlt worden, sind sie bei der Bildung des Leistungstopfes für das laufende Kalenderjahr nicht mit zu berücksichtigen, sondern erst für das Folgejahr. Die Tarifvertragsparteien beabsichtigen, zukünftig den Umfang des Leistungsbudgets auf 8% anzuheben. Das rechnerisch ermittelte Gesamtvolumen ist für die jährliche Gewährung des Leistungsentgeltes zu verwenden.

§ 18 Abs. 4 TVöD sieht 3 Formen des zu gewährenden Leistungsentgelts vor. Zum 80
einen die **Leistungsprämie** und die **Leistungszulage**, die sich beide aus dem o. g. Startvolumen finanzieren und zum anderen die **Erfolgsprämie**, die in Abhängigkeit von einem bestimmten wirtschaftlichen Erfolg zusätzlich gewährt werden kann und nicht aus dem Startvolumen finanziert wird, sondern über den zusätzlichen wirtschaftlichen Erfolg. Die **Leistungsprämie** ist eine Einmalzahlung, die regelmäßig auf der Basis einer Zielvereinbarung dem einzelnen Beschäftigten oder einer Gruppe von Beschäftigten gewährt werden soll. Demgegenüber stellt die **Leistungszulage** eine zeitlich befristete,

[51] Siehe Rn. 76.
[52] Siehe Rn. 119ff.

widerrufliche, monatlich wiederkehrende Zahlung, regelmäßig auf der Grundlage einer systematischen Leistungsbewertung, dar (§ 18 Abs. 4 TVöD).

81 **Zielvereinbarung** und **systematische Leistungsbewertung** sind die beiden von den Tarifvertragsparteien vorgesehenen Methoden der Leistungsbewertung. Eine Zielvereinbarung ist eine freiwillige Vereinbarung zwischen der Führungskraft und dem einzelnen Beschäftigten bzw. einer Gruppe von Beschäftigten über objektivierbare Leistungsziele und die Bedingungen ihrer Erfüllung. Bei der systematischen Leistungsbewertung wird die erbrachte Leistung über einen bestimmten Zeitraum hinweg nach möglichst messbaren oder objektivierbaren Kriterien bewertet (§ 18 Abs. 5 TVöD). Dabei ist eine Kombination von Zielvereinbarung und systematischer Leistungsbewertung zulässig. Die konkrete Ausgestaltung des jeweiligen Systems obliegt allein den Betriebsparteien, die hierzu eine Betriebsvereinbarung oder eine einvernehmliche Dienstvereinbarung abzuschließen haben. Kommt eine Vereinbarung nicht zustande, ist der gebildete Leistungstopf nach Maßgabe der Protokollerklärung zu § 18 Abs. 4 TVöD auszuschütten. Danach erhalten die Beschäftigten mit dem Entgeltanspruch für den Monat Dezember 6 v.H. ihres für den Monat September zustehenden Tabellenentgelts. Der nicht ausgeschüttete Restbetrag erhöht das Gesamtvolumen für das Leistungsentgelt des Folgejahres. Dadurch wird der Druck auf die Betriebsparteien erhöht, eine einvernehmliche Regelung zur Gewährung des Leistungsentgelts zu treffen.[53] Besteht kein Betriebs- oder Personalrat kann gemäß der Protokollerklärung zu § 18 Abs. 6 ausnahmsweise ein solches System mit der nach Abs. 7 zu bildenden betrieblichen Kommission vereinbart werden.[54]

82 Unbeschadet dessen soll die **betriebliche Kommission** bei der Entwicklung und dem Controlling des Systems zur leistungsabhängigen Vergütung mitwirken und den Betriebsparteien entsprechende Vorschläge zur Verbesserung und Optimierung unterbreiten. Daneben fungiert die Kommission als Beschwerdestelle für die Beschäftigten und unterbreitet dem Arbeitgeber entsprechende Entscheidungsvorschläge. Allerdings liegt das Entscheidungsrecht allein beim Arbeitgeber, der nicht an die Vorschläge der Kommission gebunden ist. Folgt der Arbeitgeber dem Vorschlag der Kommission nicht, muss er dies der Kommission gegenüber begründen.

83 Die Kommission hat, soweit ein Betriebs- oder Personalrat besteht, keine eigenen Entscheidungskompetenzen. Sie wird **paritätisch** von Vertretern des Arbeitgebers und die Betriebs-/Personalrats besetzt. Die Mitglieder müssen aus dem jeweiligen Betrieb stammen. Deren Anzahl ist nicht geregelt, vielmehr obliegt es den Parteien, sich hierauf zu verständigen. Es wird empfohlen, nicht mehr als 3 bis 4 Beisitzer von jeder Seite zu benennen. Die Kommission kann sich eine Geschäftsordnung geben.

84 **ii) Erschwerniszuschläge, Jahressonderzahlung, besondere Zahlungen.** Die Beschäftigten haben nach Maßgabe von § 19 TVöD Anspruch auf **Erschwerniszuschläge**, sofern die Arbeit durch außergewöhnliche Erschwernisse gekennzeichnet ist, die nicht bereits mit der Eingruppierung abgegolten sind. Wird den Erschwernissen durch geeignete Vorkehrungen Rechnung getragen, entfällt der Anspruch auf die Erschwerniszuschläge. In §19 Abs. 2 TVöD sind abstrakte Erschwernisse aufgeführt. Die Zuschläge sollen regelmäßig 5 bis 15 v.H. des Stundenentgelts für die EG 2 Stufe 2 betragen. Diesbezüglich handelt es sich um Vorgaben für landesbezirkliche Regelungen, in denen konkret die zuschlagspflichtigen Arbeiten und die Höhe der Zuschläge zu vereinbaren sind. Bis dahin gelten nach § 23 Abs.1 Satz 1 TVÜ-VKA die bisherigen tariflichen Regelungen weiter (bezirkliche Regelungen zur Erschwerniszuschlägen gemäß § 23 Abs. 3 BMT-G II; TV zu § 23 Abs. 3 BMT-G-O; TV Zulagen gemäß § 33 Abs. 1 lit. c BAT/BAT-O). Dabei sind jedoch die Grenzen und Bemessungsgrundlagen des § 19 Abs. 4 TVöD zu beachten.

85 Beschäftigte, die am 1.Dezember eines Jahres im Arbeitsverhältnis stehen, haben nach Maßgabe von § 20 TVöD Anspruch auf eine **Jahressonderzahlung**. Sofern bis zum

---

[53] BAG v. 16.5.2012 – 10 AZR 202/11 –.

[54] *Breier/Dassau/Kiefer/Lang/Langenbrinck*, § 18 TVöD Anhang 1 Rdschr. VKA v. 22.5.2006 Nr. 18.8.

31. März 2005 Altersteilzeit vereinbart wurde, haben die betreffenden Beschäftigten ausnahmsweise auch dann Anspruch auf die Jahressonderzahlung, wenn ihr Arbeitsverhältnis wegen Rentenbezugs vor dem 1. Dezember endet (§ 20 Abs. 6 TVöD). Der Anspruch verkürzt sich um ein Zwölftel für jeden Kalendermonat, für den kein Anspruch auf Entgelt oder Entgeltfortzahlung nach § 21 TVöD bestand. In § 21 Abs. 4 S. 2 TVöD sind abschließend die Fälle aufgeführt, in denen eine Verminderung unterbleibt.

Die Sonderzahlung beträgt im Tarifgebiet West in den EG 1 bis 8 90 v.H., den EG 9 bis 86
12 80 v.H. und in den EG 13 bis15 60 v.H. des in den Monaten Juli, August und September **durchschnittlich gezahlten monatlichen Entgelts**. Für das Tarifgebiet Ost beträgt der Bemessungssatz derzeit 75 v.H. der Sätze des Tarifgebiets West (also 67,5 v.H., 60 v.H. und 45 v.H.). Hinsichtlich der maßgeblichen Entgeltgruppe ist auf den 1.September abzustellen. Bei der Ermittlung des durchschnittlichen Entgelts werden die Entgelte für Überstunden und Mehrarbeit (soweit diese nicht im Dienstplan vorgesehen waren), Leistungszulagen, Leistungs- und Erfolgsprämien nicht mit berücksichtigt. Alle anderen Bestandteile des monatlichen Entgelts, unabhängig davon, ob es sich um in Monatsbeträgen oder nicht in Monatsbeträgen festgelegte Entgeltbestandteile handelt, werden hingegen in die Durchschnittsberechnung mit einbezogen.

Wurde im **Bemessungszeitraum** nicht für alle Kalendertage Entgelt gezahlt, wird 87
das gezahlte Entgelt der drei Monate addiert, durch die Zahl der Kalendertage mit Entgelt geteilt und mit 30,67 multipliziert. Bestand innerhalb des Bemessungszeitraums für weniger als 30 Tage Anspruch auf Entgelt, ist als Bemessungszeitraum der letzte Kalendermonat heranzuziehen, in dem für alle Kalendertag Anspruch auf Entgelt bestand. Beginnt das Arbeitsverhältnis erst nach dem Bemessungszeitraum, ist der erste volle Kalendermonat des Arbeitsverhältnisses maßgeblich. Die Sonderzahlung ist mit dem Tabellenentgelt für den Monat November fällig.

Nach Maßgabe von § 23 Abs. 1 TVöD besteht ein Anspruch auf Gewährung von **ver-** 88
mögenswirksamen Leistungen in Höhe von 6,65 € für jeden vollen Kalendermonat. Teilzeitbeschäftigte können die vermögenswirksame Leistung lediglich anteilig beanspruchen (§ 24 Abs. 2 TVöD).

Voraussetzung ist, dass der Beschäftigte eine Anlageform nach dem Vermögensbildungsgesetz in der jeweiligen Fassung (derzeit: Fünftes Vermögensbildungsgesetz) gewählt hat. Zudem muss das Arbeitsverhältnis voraussichtlich länger als 6 Monate bestehen. Notwendig ist eine schriftliche Mitteilung des Beschäftigten über die konkrete Anlageform. Der Anspruch entsteht frühestens für den Kalendermonat, in dem die Mitteilung dem Arbeitgeber zugeht und kann rückwirkend für die beiden vorangegangenen Monate desselben Kalenderjahres gewährt werden. Die vermögenswirksame Leistung wird nur für diejenigen Kalendermonate gezahlt, in denen dem Beschäftigten Tabellenentgelt, Entgeltfortzahlung oder Krankengeldzuschuss zusteht. Da hierbei nicht auf den vollen Kalendermonat abgestellt wird, ist es ausreichend, wenn zumindest für einen Teil des Monats eine der vorstehend genannten Leistungen gezahlt wird. Die vermögenswirksame Leistung kann auch im Rahmen der Entgeltumwandlung nach Maßgabe des Tarifvertrages zur Entgeltumwandlung für die betriebliche Altersversorgung genutzt werden.

Weiterhin können Beschäftigte bei Vollendung einer Beschäftigungszeit nach § 34 89
Abs. 3 TVöD von 25 Jahren ein **Jubiläumsgeld** in Höhe von 350 €, bei einer Vollendung einer Beschäftigungszeit von 40 Jahren in Höhe von 500 €, erhalten. Hierbei ist auf den erweiterten Begriff der Beschäftigungszeit abzustellen, der nicht nur Zeiten bei demselben Arbeitgeber, sondern auch Zeiten bei einem anderen öffentlich-rechtlichen Arbeitgeber bzw. einem Arbeitgeber, der vom Geltungsbereich des TVöD erfasst wird, mit einschließt. Teilzeitbeschäftigte erhalten das Jubiläumsgeld, unabhängig von ihrer individuellen Arbeitszeit, in voller Höhe.

Nach Maßgabe von § 23 Abs. 3 TVöD besteht ein Anspruch auf **Sterbegeld**, wenn ein 90
Beschäftigter, dessen Arbeitsverhältnis zum Todeszeitpunkt nicht geruht hat, verstirbt.

Anspruch auf das Sterbegeld haben der hinterbliebene Ehepartner bzw. ein Lebenspartner im Sinne des Lebenspartnerschaftsgesetzes oder die Kinder des Verstorbenen. Abs. 3 S. 1 enthält eine abschließende Aufzählung der Berechtigten. Bei dem Ehepartner bzw. dem Lebenspartner ist auf eine zum Zeitpunkt des Todes tatsächlich noch bestehende Ehe bzw. Lebenspartnerschaft abzustellen. Mit den Kindern sind die leiblichen Abkömmlinge des Verstorbenen bzw. seine Adoptivkinder gemeint. Die Zahlung des Sterbegeldes an einen von mehreren Berechtigten bringt den Anspruch der übrigen Berechtigten gegenüber dem Arbeitgeber zum Erlöschen, unabhängig von möglichen Erbregelungen. Der Arbeitgeber erfüllt den Anspruch auch durch die Zahlung des Sterbegeldes auf das Gehaltkonto des Verstorbenen. Als maßgebliches Sterbegeld wird für die restlichen Tage des Sterbemonats und für zwei weitere Monate das Tabellenentgelt des Verstorbenen gezahlt. Abzustellen ist dabei ausschließlich auf das Tabellenentgelt und nicht auf die übrigen Entgeltbestandteile. Das Sterbegeld ist in einer Summe auszuzahlen.

91 **jj) Entgeltfortzahlung, Arbeitsunfähigkeit.** § 21 TVöD regelt die **Bemessungsgrundlage** für die Entgeltfortzahlung für die Arbeitsbefreiung am 24. und 31. Dezember (§ 6 Abs. 3 S. 1), für den Fall der Erkrankung (§ 22), für den Zeitraum der Inanspruchnahme von Urlaub (§§ 26, 27) sowie für sonstige Arbeitsbefreiungen mit Lohnfortzahlungsanspruch (§ 29). Danach werden das Tabellenentgelt und die in Monatsbeträgen festgelegten Entgeltbestandteile weitergezahlt. Zu den in Monatsbeträgen festgelegten Entgeltbestandteilen gehören u.a. die persönliche Zulage nach § 14 TVöD, Strukturausgleiche (§ 12 TVÜ-VKA), Besitzstandszulagen nach §§ 9,10,11 TVÜ-VKA u.a.. Auch die vermögenswirksame Leistung ist fortzuzahlen (§ 23 Abs. 1 S. 4 TVöD).

92 Weiterhin sind auch die **nicht in Monatsbeträgen** festgelegten Entgeltbestandteile bei der Entgeltfortzahlung mit zu berücksichtigen. Dies betrifft insbesondere die Zuschläge für Sonderformen der Arbeit (§ 8) und die Erschwerniszuschläge (§ 19). Für diese wird der Tagesdurchschnitt auf der Grundlage der letzten drei vollen Kalendermonate vor dem Eintritt der Entgeltfortzahlung ermittelt. Hat das Arbeitsverhältnis weniger als drei Kalendermonate bestanden, sind die vollen Kalendermonate an denen es bestanden hat, heran zu ziehen. Tritt während des für die Durchschnittsberechnung maßgeblichen Zeitraumes eine Änderung der individuellen Arbeitszeit ein, sind die nach der Arbeitszeitänderung liegenden vollen Kalendermonate für die Durchschnittsberechnung zugrunde zu legen. Unberücksichtigt für die Entgeltfortzahlung bleiben aufgrund der Aufzählung in § 21 Satz 3 TVöD gewährte Leistungsentgelte, die Jahressonderzahlung, die besonderen Zahlungen nach § 23 Abs. 2 (Jubiläumsgeld) und 3 (Sterbegeld) TVöD, sowie das zusätzlich für Überstunden und Mehrarbeit gezahlte Entgelt, sofern die Überstunden und die Mehrarbeit nicht im Dienstplan vorgesehen sind. Leistet ein Teilzeitbeschäftigter über einen längeren Zeitraum dienstplanmäßig Mehrarbeit, ist die dafür gezahlte Vergütung bei der Entgeltfortzahlung mit zu berücksichtigen. Für die Ermittlung des Tagesdurchschnitts ist bei einer Fünf-Tage Arbeitswoche die Summe der nicht in Monatsbeträgen festgelegten Entgeltbestandteile durch 65 zu dividieren.

93 Arbeitnehmer sind nach § 5 Abs. 1 EFZG verpflichtet, dem Arbeitgeber unverzüglich eine bestehende **Arbeitsunfähigkeit** und deren voraussichtliche Dauer anzuzeigen. Dauert die Arbeitsunfähigkeit länger als drei Kalendertage haben sie eine entsprechende ärztliche Bescheinigung spätestens am darauffolgenden Arbeitstag vorzulegen. Bei einer unverschuldeten krankheitsbedingten Arbeitsunfähigkeit kann der Arbeitnehmer gemäß § 3 S. 1 EFZG eine Entgeltfortzahlung für eine Dauer von bis zu 6 Wochen Dauer beanspruchen. Der gesetzliche Entgeltfortzahlungsanspruch, der nicht abdingbar ist, wird in § 22 Abs.1 S. 1 TVöD wiedergegeben. Im Unterschied zu § 3 Abs. 3 EFZG setzt der tarifliche Anspruch nicht die Erfüllung einer Wartezeit voraus. Kein Fortzahlungsanspruch besteht, wenn der Beschäftigte die Arbeitsunfähigkeit grob fahrlässig oder vorsätzlich herbeigeführt hat. Allerdings dürfte dies nur in Ausnahmefällen in Betracht kommen. Bei Sportunfällen wäre dies bspw. bei der Ausübung von besonders gefährlichen Sportar-

ten anzunehmen, d. h. wenn das Verletzungsrisiko so hoch ist, dass auch ein gut ausgebildeter Sportler bei Beachtung aller Regeln dieses Risiko nicht vermeiden kann.[55] Allerdings hat das BAG in seiner Rechtsprechung bisher noch keine Sportart als besonders gefährlich bewertet.[56]

Der Entgeltfortzahlungsanspruch setzt zudem voraus, dass die Arbeitsunfähigkeit die **alleinige Ursache** für die Arbeitsverhinderung ist.[57] Ist die Pflicht zur Erbringung der Arbeitsleistung bereits aus anderen Gründen suspendiert (z. B. Sonderurlaub, Elternzeit) besteht keine Anspruch auf Entgeltfortzahlung. Dies gilt auch bei Beendigung des Arbeitsverhältnisses. Mit dessen Ende endet regelmäßig der Anspruch auf Entgeltfortzahlung (§ 8 EFZG, § 22 Abs. 4 TVöD) Für eine Erkrankung während des Urlaubs wurde in Gestalt von § 9 BUrlG eine abweichende Sonderregelung getroffen, wonach Tage der nachgewiesenen Arbeitsunfähigkeit nicht auf den Urlaub anzurechnen sind. 94

Der Beschäftigte hat bei einer Arbeitsunfähigkeit in Folge Krankheit Anspruch auf Entgeltfortzahlung nach § 21 TVöD bis zu einer Dauer von 6 Wochen. Bei einer **erneuten Arbeitsunfähigkeit** in Folge derselben Krankheit gelten die gesetzlichen Regelungen des EFZG. Tritt während einer Erkrankung mit Entgeltfortzahlung eine weitere Erkrankung hinzu, kann der Beschäftigte nach dem Grundsatz der Einheit des Verhinderungsfalles die 6-Wochen-Frist nur einmal in Anspruch nehmen. Etwas anderes gilt jedoch, wenn es sich um mehrfache unterschiedliche Erkrankungen handelt, zwischen denen der Beschäftigte kurzzeitig arbeitsfähig gewesen ist. In diesem Fall entsteht mit jeder neuen Erkrankung erneut ein Anspruch auf Entgeltfortzahlung für die Zeitdauer von bis zu 6 Wochen. Von einer Wiederholungs- bzw. **Fortsetzungserkrankung** ist auszugehen, wenn einer erneute Arbeitsunfähigkeit auf denselben, nicht behobenen Grundleiden beruht, auf dessen Grundlage bereits zuvor Zeiten der Arbeitsunfähigkeit entstanden sind. Bei einer solchen Wiederholungserkrankung besteht der Anspruch auf 6 Wochen Entgeltfortzahlung grundsätzlich nur einmal. Allerdings bestehen hiervon gemäß § 3 Abs. 1 S. 2 EFZG zwei Ausnahmen. Der Entgeltfortzahlungsanspruch beginnt von neuem, wenn nach dem Ende der letzten Arbeitsunfähigkeit ein Zeitraum von mindestens 6 Monaten bis zur erneuten Arbeitsunfähigkeit aufgrund des gleichen Grundleidens vergangen ist oder seit Beginn der ersten Arbeitsunfähigkeit in Folge derselben Krankheit einer Frist von 12 Monaten abgelaufen ist. Dann entsteht auch bei einer Wiederholungserkrankung erneut ein Anspruch auf 6 Wochen Entgeltfortzahlung. 95

Nach Ablauf des auf 6 Wochen begrenzten Entgeltfortzahlungsanspruchs hat der Beschäftigte bei einer weiterhin andauernden Arbeitsunfähigkeit Anspruch auf einen **Krankengeldzuschuss** nach Maßgabe von § 22 TVöD. Der Krankengeldzuschuss wird gemäß Abs. 3 bei einer Beschäftigungszeit im Sinne vom § 34 Abs. 3 TVöD von mehr als einem Jahr, längstens bis zum Ende der 13. Woche, und bei einer Beschäftigungszeit von mehr als 3 Jahren längstens bis zum Ende der 39. Woche, seit dem Beginn der Arbeitsunfähigkeit in Folge derselben Krankheit gezahlt. Die 6 Wochen Entgeltfortzahlung werden mit eingerechnet. 96

Soweit der Beschäftigte Krankengeld oder eine entsprechende gesetzliche Leistung erhält wird der Krankengeldzuschuss in **Höhe des Unterschiedsbetrages** zwischen den tatsächlichen Barleistungen des Sozialleistungsträgers und dem Nettoentgelt des Beschäftigten gewährt. Bei dem Nettoentgelt handelt es sich um das Entgelt im Sinne der Entgeltfortzahlung nach § 21 TVöD vermindert um die gesetzlichen Abzüge und ohne Berücksichtigung der vermögenswirksamen Leistungen. Die tatsächlichen Barleistungen des Sozialleistungsträgers ist das von den gesetzlichen Leistungsträgern erbrachte Bruttokrankengeld, also einschließlich der Beitragsanteile zur Sozialversicherung, und nicht der Auszahlungsbetrag des Krankengeldes an den Beschäftigten. Beschäftigte, die nicht der 97

---

[55] BAG v. 7.10.1981 AP LohnFG § 1 Nr. 45.
[56] Vgl. ERfK/*Dörner*, 5. Aufl., EFZG § 3 Rn. 51.
[57] BAG v. 22.8.2001 AP EntgeltFG § 3 Nr. 11.

gesetzlichen Krankenversicherung unterliegen und bei einer privaten Krankenversicherung versichert sind, ist bei der Berechnung des Krankengeldzuschusses fiktiv der Krankengeldhöchstsatz der bei der Pflichtversicherung in der gesetzlichen Krankenversicherung bestünde, zugrunde zu legen.

98 **kk) Urlaub.** Der Abschnitt IV enthält Regelungen bezüglich der Gewährung von Erholungsurlaub, Zusatzurlaub, Sonderurlaub und von sonstigen Arbeitsbefreiungen. Nach § 26 Abs. 1 TVöD beträgt der **Erholungsurlaub** 30 Arbeitstage. Die ursprüngliche altersabhängige Staffelung wurde aufgrund der Entscheidung des BAG vom 20.3.2012 zur Altersdiskriminierung aufgegeben und durch eine Regelung ersetzt, die einen Anspruch von 29 Urlaubstagen, ab dem vollendeten 55. Lebensjahr von 30 Tagen, vorsah.[58] In der Tarifrunde 2014 erfolgte eine erneute Änderung. Für Beschäftigte, deren Arbeitsverhältnis über den 29.2.2012 hinaus weiterbesteht und die vor dem 1.1.1973 geboren sind, haben aus Besitzstandsgründen weiterhin Anspruch auf 30 Urlaubstage (§ 38a TVöD). Bei der Anzahl der Urlaubstage wird eine Verteilung der wöchentlichen Arbeitszeit auf 5 Tage in der Kalenderwoche zugrunde gelegt. Bei einer anderen Verteilung der wöchentlichen Arbeitszeit ist erhöht oder vermindert sich der Urlaubsanspruch entsprechend. Der tarifvertragliche Urlaubsanspruch geht somit über den gesetzlichen Urlaubsanspruch hinaus, der gemäß § 3 BUrlG 24 Werktage unter Zugrundelegung von 6 Arbeitstagen pro Woche vorsieht. Der Urlaubsanspruch ist allein an den Bestand eines Arbeitsverhältnisses gebunden, unabhängig davon, ob der Beschäftigte tatsächlich Arbeit leistet. Das BAG hat mit der Entscheidung vom 24.3.2009 zur Auslegung der Übertragungsfristen nach § 7 Abs. 3 BUrlG bei langanhaltender Arbeitsunfähigkeit eine grundsätzliche Wende seiner Rechtsprechung eingeleitet.[59] Kann der Arbeitnehmer aufgrund einer fortbestehenden Arbeitsunfähigkeit seinen gesetzlichen Urlaubsanspruch nicht realisieren, tritt ein Verfall dieser Urlaubsansprüche erst mit Ablauf von 15 Monaten des Urlaubsjahres ein. § 7 Abs. 3 S. 3 BUrlG dahingehend unionrechtskonform auszulegen.[60] Ruht das Arbeitsverhältnis wegen des Bezugs einer befristeten Erwerbsunfähigkeitsrente (§ 33 Abs. 2 S. 6 TVöD) entstehen auch während des Ruhens Ansprüche auf den gesetzlichen Mindesturlaub.[61] Es ist zwischen dem gesetzlichen Mindesturlaub und dem tariflichen Mehrurlaub zu differenzieren und zu prüfen, ob der jeweilige Tarifvertrag eine eigenständige Urlaubsregelung enthält. Für den TVöD hat das BAG mit Blick auf die tariflichen Bestimmungen zur Übertragung von Urlaub eine eigenständige Urlaubsregelung bejaht.[62]

99 **Ruht das Arbeitsverhältnis** verringert sich die Dauer des Urlaubsanspruches, einschließlich eines etwaigen Zusatzurlaubs nach § 27 TVöD, für jeden vollen Kalendermonat des Ruhens um ein Zwölftel (§ 26 Abs. 2 lit c TVöD). Dies gilt nur für tariflichen Mehrurlaub, da die Tarifvertragsparteien nicht den gesetzlichen Mindesturlaub verkürzen dürfen. Hierzu bedarf es entsprechender gesetzlicher Vorgaben (z. B. § 17 Abs. 1 BEEG). Darüber hinaus kommt eine **Kürzung** des Urlaubsanspruches in Betracht, wenn das Arbeitsverhältnis im Laufe eines Kalenderjahres beginnt oder endet. In diesem Fall steht dem Beschäftigten als Urlaubsanspruch für jeden vollen Monat des Arbeitsverhältnisses ein Zwölftel des tariflichen Urlaubsanspruches zu. Dabei sind jedoch die Vorgaben des § 5 BUrlG zu beachten, der nicht zu Ungunsten der Beschäftigten abgedungen werden kann. Die dortige gesetzliche Regelung sieht in nur drei Fällen die Möglichkeit solchen Kürzung des Urlaubsanspruches vor. Erstens, für Zeiten eines Kalenderjahres, für die der Arbeitnehmer wegen Nichterfüllung der Wartezeit in diesem Kalenderjahr keinen vollen Urlaubsanspruch erwirbt. Zweitens, wenn der Arbeitnehmer vor erfüllter Wartezeit aus dem Arbeitsverhältnis ausscheidet und drittens, wenn der Beschäftigte nach erfüllter Wartezeit in der 1.Hälfte

---

[58] BAG v. 20.3.2012 – 9 AZR 529/10 –.
[59] BAG v. 24.3.2009 – 9 AZR 983/07 –.
[60] BAG v. 7.8.2012 – 9 AZR 353/10 –.
[61] BAG v. 7.8.2012 – 9 AZR 353/10-.
[62] BAG v. 22.5.2012 – 9 AZR 575/10 –.

des Kalenderjahres ausscheidet. Damit ist bspw. eine Kürzung des gesetzlichen Urlaubsanspruchs nicht zulässig, wenn der Beschäftigte nach erfüllter Wartezeit in der zweiten Hälfte des Kalenderjahres aus dem Arbeitsverhältnis ausscheidet. Das Kürzungsverbot bezieht sich aber nur auf den gesetzlichen, nicht aber auf den weitergehenden tariflichen Urlaubsanspruch. In diesem Fall ist eine Vergleichsberechnung anzustellen, die sichert, dass dem Beschäftigten der gesetzliche Mindesturlaubsanspruch verbleibt.[63]

Der volle Urlaubsanspruch entsteht nach erfüllter Wartefrist mit Beginn des Kalender- 100
jahres und muss grundsätzlich im **laufenden Kalenderjahr** realisiert werden. Während § 7 Abs. 3 BUrlG eine Übertragung des Urlaubs in das nächste Kalenderjahr nur in relativ engen Grenzen ermöglicht und vorschreibt, dass bei einer Übertragung der Urlaub in den ersten 3 Monaten des folgendes Kalenderjahres gewährt und genommen werden muss (Ausnahme: langanhaltende Arbeitsunfähigkeit, ruhendes Arbeitsverhältnis bei befristeter Erwerbsunfähigkeitsrente: siehe Rn. 98), ist die tariflichen Regelung weiter gefasst (§ 26 Abs. 2 lit. a TVöD). Allerdings gilt auch nach dem TVöD, dass Urlaub grundsätzlich im jeweiligen Kalenderjahr zu nehmen ist und nur ausnahmsweise eine Übertragung in Betracht kommt, nämlich wenn dringende betriebliche oder in der Person des Arbeitnehmers liegende Gründe dies rechtfertigen (§ 7 Abs. 3 Satz 2 BUrlG). Der übertragene Urlaub muss in den ersten 3 Monaten des folgenden Kalenderjahres **angetreten** werden, d. h. der erste Urlaubstag muss spätestens der 31. März sein. Eine noch zeitlich weitergehende Übertragung ist gleichfalls an das Vorliegen bestimmter Gründe gebunden. Danach kann der übertragene Urlaub auch noch nach dem 31. März bis zum 31. Mai angetreten werden, wenn innerhalb der ersten 3 Monate des Kalenderjahres der Urlaub aufgrund einer Arbeitsunfähigkeit oder aus betrieblichen bzw. dienstlichen Gründen nicht angetreten werden konnte. Der Hinderungsgrund muss dabei in den ersten drei Monaten des folgenden Kalenderjahres vorgelegen haben. Wurde der Erholungsurlaub nicht bis zum 31. Mai des Folgejahres angetreten, geht er als Naturalanspruch unter. Die Übertragung in das Folgejahr vollzieht sich dabei kraft der gesetzlichen und tarifvertraglichen Regelungen, soweit die in § 7 Abs. 3 BUrlG und § 26 Abs. 2 Buchst. a TVöD geregelten Voraussetzungen vorliegen. Einer besonderen Erklärung des Arbeitgebers oder des Beschäftigten bedarf es nicht.[64]

Endet das Arbeitsverhältnis, ohne das der Urlaubsanspruch vollständig realisiert 101
wurde, wandelt sich der noch offene Urlaubsanspruch in einen **Abgeltungsanspruch** um (§ 7 Abs. 4 BUrlG). Da das BAG seine Surrogatstheorie aufgegeben hat, ist nicht mehr zu prüfen, ob bei einem fiktiven Weiterbestand des Arbeitsverhältnisses der Urlaubsanspruch hätte realisiert werden können. Voraussetzung ist lediglich, dass bei Beendigung des Arbeitsverhältnisses noch offene Urlaubsansprüche bestehen. Endet das Arbeitsverhältnis durch Tod des Arbeitnehmers erlischt der Urlaubsanspruch, so dass kein Abgeltungsanspruch entsteht.[65] Der Abgeltungsanspruch ist ein reiner Geldanspruch, der der tariflichen Ausschlussfrist unterfällt.[66]

Die **Inanspruchnahme** von Urlaub bedarf grundsätzlich einer Freistellungserklärung 102
(Genehmigung) durch den Arbeitgeber. Der Arbeitnehmer ist nicht zur Selbstbefreiung befugt. Die Aufstellung eines verbindlichen Urlaubsplanes, in dem die Lage und die Dauer des gesamten Urlaubes oder großer Teile des Urlaubes bereits verbindlich zu Beginn des Kalenderjahres festgelegt werden, ist zulässig. Die Aufstellung eines derartigen Urlaubsplanes unterfällt, regelmäßig der Beteiligung des Personalrats bzw. des Betriebsrates nach § 87 Abs. 1 Nr. 5 BetrVG. Bei der Lage und Dauer des Urlaubes sind die **Wünsche des Arbeitnehmers** angemessen zu berücksichtigen. Der Arbeitgeber hat dem Beschäftigten auf dessen Antrag hin Urlaub zu gewähren, es sei denn, dem stehen dringende betriebliche Belange oder Urlaubswünsche anderer Arbeitnehmer, die unter sozia-

---

63 *Breier/Dassau/Kiefer/Lang/Langenbrinck*, § 26 TVöD Rn. 50f.
64 BAG v. 9.8.1994 – 9 AZR 384/92 –.
65 BAG v. 20.9.2011 – 9 AZR 416/10 –; a. A.: EuGH v. 12.6.2014 – C-118/13 –.
66 BAG v. 21.2.2012 – 9 AZR 486/10 –.

len Gesichtspunkten den Vorrang verdienen, entgegen (§ 7 Abs. 1 BUrlG).[67] Gemäß der Protokollerklärung zu § 26 Abs. 1 Satz 6 TVöD soll bei der Gewährung des Urlaubes zumindest ein Urlaubsteil mit einer Dauer von 2 Wochen angestrebt werden. Dies ist jedoch nicht zwingend. Aus Sinn und Zweck des Erholungsurlaubes ergibt sich jedoch, dass er in größeren zusammenhängenden Teilen zu nehmen ist, um den gewünschten Erholungseffekt sicher zu stellen. Hat der Arbeitgeber dem Beschäftigten die Gewährung des Urlaubes zu einem bestimmten Zeitpunkt genehmigt, kann ein einseitiger Widerruf des genehmigten Urlaubes weder durch den Arbeitnehmer noch durch den Arbeitgeber erfolgen. Der Arbeitgeber hat für den genehmigten Zeitraum auf sein Direktionsrecht hinsichtlich der Erbringung der Arbeitsleistung verzichtet. Dies gilt selbst dann, wenn aufgrund nicht vorhersehbarer Entwicklungen Umstände eingetreten sind, die nunmehr eine Versagung des Urlaubswunsches des Beschäftigten rechtfertigen würden. Nur im gegenseitigen Einvernehmen die zeitliche Lage eines genehmigten Urlaubs verändert werden. Verweigert der Arbeitgeber beantragten Urlaub, ohne dass ihm hierfür rechtfertigende Gründe zur Seite stehen, kann der Arbeitnehmer im Wege einer einstweiligen Verfügung die Gewährung der Freistellung zu einem bestimmten Zeitpunkt verlangen. Ist es dem Beschäftigten aufgrund der Ablehnung des Arbeitgebers weder im Urlaubsjahr, noch im Übertragungszeitraum möglich, seinen Urlaubsanspruch zu realisieren, erlischt der Urlaubsanspruch in natura, aber dem Beschäftigten steht ein Freistellungsanspruch als Schadensersatz wegen Schuldnerverzugs zu.[68]

103 Ist der Beschäftigte bereits aus anderen Gründen von der Pflicht zur Erbringung der Arbeitsleistung befreit, kann ihm kein Urlaub gewährt werden, da der Arbeitgeber den Beschäftigten mit der Gewährung des Urlaubs von der Arbeitsleistung befreit. Insofern ist maßgebend, welche **Arbeitsbefreiung** zuerst erfolgte. Andere, nach der Freistellungserklärung auftretende Tatbestände, die eine Arbeitsbefreiung begründen können (z. B. nach § 29 TVöD), sind dann nicht mehr relevant. Lediglich für eine **Arbeitsunfähigkeit**, die während des Urlaubs auftritt, wurde in § 9 BUrlG eine abweichende Regelung getroffen. Erkrankt der Arbeitnehmer während des Urlaubs, werden die Tage der Arbeitsunfähigkeit nicht auf den Urlaubsanspruch angerechnet. Für diese Tage erfolgt kein Verbrauch des Urlaubsanspruches. Voraussetzung ist jedoch, dass der Arbeitnehmer seine Arbeitsunfähigkeit durch ein ärztliches Zeugnis nachweist. Eine bloße Anzeige der Arbeitsunfähigkeit im Sinne von § 5 Abs. 1 Satz 1 EFZG ist nicht ausreichend. Ist der Arbeitnehmer während des Urlaubes vorübergehend erkrankt, führt nicht automatisch zu einer Veränderung der zeitlichen Lage des Urlaubs, d. h. er verlängert sich nicht um die Tage der Arbeitsunfähigkeit. Vielmehr erfolgt während der Dauer der Arbeitsunfähigkeit kein Verbrauch von Urlaub.

104 Zusätzlich zu dem in § 26 TVöD geregelten Erholungsurlaub können Beschäftigte, die ständig Wechselschicht oder Schichtarbeit leisten, für je 2 zusammenhänge Monate Wechselschichtarbeit (bei Schichtarbeit für je 4 zusammenhängende Monate) einen Arbeitstag **Zusatzurlaub** erhalten (§ 27 TVöD). Dabei ist der Anspruch auf Zusatzurlaub auf maximal 6 Arbeitstage im Kalenderjahr beschränkt. Der Erholungsurlaub und der Zusatzurlaub dürfen im Kalenderjahr zusammen 35 Arbeitstage nicht überschreiten. Bei Beschäftigten, die das 50. Lebensjahr vollendet haben, gilt eine Höchstgrenze von 36 Arbeitstagen. Wird keine ständige Wechselschicht bzw. keine ständige Schichtarbeit geleistet, kann bei entsprechender Belastung die Gewährung zusätzlicher Urlaubstage durch Betriebs- oder Dienstvereinbarung geregelt werden. Der Zusatzurlaub ist Bestandteil des tariflichen Mehrurlaubs. Schwerbehinderte Menschen haben Anspruch auf **Sonderurlaub nach** § 125 SGB IX in einem Umfang von 5 Arbeitstagen im Jahr. Dieser Sonderurlaub teilt grundsätzlich das Schicksal des gesetzlichen Mindesturlaubes. Eine anteilige Kürzung kann nach Maßgabe von § 5 BUrlG erfolgen.

---

[67] BAG v. 22.9.1992 – 9 AZR 483/91 –.
[68] BAG v. 6.9.2005 – 9 AZR 492/04 –.

Während des Urlaubs hat der Beschäftigte Anspruch auf **Fortzahlung des Entgelts**. 105
Die entsprechende Bemessungsgrundlage ist in § 21 TVöD geregelt. Danach werden sowohl das Tabellenentgelt, als auch die in Monatsbeträgen festgelegten Entgeltbestandteile und der Durchschnittswert der nicht in Monatsbeträgen festgelegten Entgeltbestandteile weiter gezahlt.[69]

Nach § 28 TVöD können Beschäftigte bei Vorliegen eines wichtigen Grundes unter 106
Verzicht auf die Fortzahlung des Entgelts **Sonderurlaub** erhalten. Den Beschäftigten wird kein Rechtsanspruch auf die Gewährung des Sonderurlaubs eingeräumt. Die Entscheidung hierüber hat der Arbeitgeber im Rahmen seines Ermessens zu treffen, wobei er die vom Beschäftigten vorgebrachten wichtigen Gründe mit zu berücksichtigen hat. Liegen objektiv auf Seiten des Beschäftigten „wichtige Gründe" vor, ist das Ermessen des Arbeitgebers entsprechend eingeengt. Unabhängig von tariflichen Voraussetzungen kann dem Arbeitnehmer jederzeit Sonderurlaub gewährt werden, ohne dass ein wichtiger Grund vorliegt. Aus Gründen der Rechtssicherheit empfiehlt es sich, die Dauer des Sonderurlaubes schriftlich zu vereinbaren. Grundsätzlich hat der Beschäftigte während des Sonderurlaubs keinen Anspruch auf Fortzahlung des Entgeltes.

ll) Ansprüche auf Arbeitsbefreiung. In § 29 TVöD werden mögliche Anlässe einer 107
zeitlich befristeten Arbeitsbefreiung unter Fortzahlung des Entgelts geregelt. Absatz 1 enthält eine abschließende Aufzählung der Freistellungsansprüche nach § 616 BGB. Bei den Tatbeständen unter Buchstaben a bis f ist der Arbeitnehmer verpflichtet, den entsprechenden Anlass zu belegen bzw. entsprechende Nachweise vorzulegen. Die Arbeitsbefreiung muss in unmittelbaren zeitlichen Zusammenhang mit dem jeweiligen Anlass stehen bzw. erfolgen.[70]

In den Fällen einer Arbeitsbefreiung wegen einer **schweren Erkrankung** des Kindes 108
oder eines Angehörigen, der im selben Haushalt lebt, (Abs. 1 lit. e) erfolgt die Freistellung nur, soweit eine andere Person zur Pflege oder Betreuung nicht zur Verfügung steht. Bei einer Erkrankung des Kindes, dass das 12. Lebensjahr noch nicht vollendet hat bzw. bei der schweren Erkrankung eines Angehörigen der in demselben Haushalt lebt, ist eine ärztliche Bescheinigung erforderlich, die die Notwendigkeit der Anwesenheit des Beschäftigten zur vorläufigen Pflege ausdrücklich bescheinigt. Nach Abs. 1 lit. f besteht ein Anspruch auf Arbeitsbefreiung auch zur **ärztlichen Behandlung** des Beschäftigten, allerdings unter der Voraussetzung, dass diese ärztliche Behandlung während der Arbeitszeit erfolgen muss. Grundsätzlich sind Arzttermine so zu wählen, dass sie außerhalb der Arbeitszeit liegen. Die Behandlung während der Arbeitszeit muss unumgänglich sein. Der Beschäftigte hat dabei die Möglichkeiten der Arbeitszeitverlagerung auszunutzen. Die Notwendigkeit der ärztlichen Behandlung während der Arbeitszeit ist von ihm nachzuweisen. Die tarifvertragliche Regelung verlangt, dass die gesamte erforderliche Abwesenheitszeit einschließlich der erforderlichen Wegezeit nachzuweisen ist. Dazu gehört es nicht nur, den Beginn, sondern auch die Dauer der Behandlung zu belegen.

Nach § 29 Abs. 2 TVöD besteht ein Anspruch auf Arbeitsbefreiung bei **Erfüllung all-** 109
gemeiner staatsbürgerlicher Pflichten nach deutschem Recht, soweit eine entsprechende Arbeitsbefreiung gesetzlich ausdrücklich vorgesehen ist. Es gilt der Grundsatz, dass die Ausübung der staatsbürgerlichen Pflichten nach Möglichkeit außerhalb der Arbeitszeit zu erfolgen hat. Ein Anspruch auf Fortzahlung des Entgelts besteht nur dann, soweit der Beschäftigte nicht anderweitige Ansprüche auf Ersatz des Entgeltes geltend machen kann. Als staatsbürgerliche Pflichten kommen die Ausübung des Wahlrechts bei Europa-, Bundestags-, Landtags- und Kommunalwahlen, die Tätigkeit als ehrenamtlicher Richter, die Heranziehung zum Brand- und Katastrophenschutz u.a. in Betracht.

Nach Absatz 4 besteht ein Anspruch auf Arbeitsbefreiung von bis zu 8 Werktagen im 110
Jahr unter Fortzahlung des Entgeltes zur Teilnahme an der Ausübung der dort aufgeführ-

---

[69] Siehe Rn. 91f.
[70] BAG v. 27.4.1983 – 5 AZR 506/80 –.

ten **Wahlfunktionen in der Gewerkschaft**. Zur Teilnahme an Tarifverhandlungen ist Gewerkschaftsmitgliedern auf Anforderung der vertragsschließenden Gewerkschaft Arbeitsbefreiung unter Fortzahlung des Entgelts ohne zeitliche Höchstgrenze zu erteilen. Gleichfalls ohne zeitliche Begrenzung kann zur Teilnahme an Sitzungen von Prüfungs- und Berufsbildungsausschüssen die für die Tätigkeit in Organen der Sozialversicherungsträger Arbeitsbefreiung unter Fortzahlung des Entgeltes gewährt werden, sofern der Freistellung nicht dringende dienstliche oder betriebliche Interessen entgegenstehen. Unbeschadet dessen, ist der Arbeitgeber auch in anderen Fällen grundsätzlich berechtigt, unter Fortzahlung des Entgeltes Arbeitsbefreiung von bis zu 3 Arbeitstagen nach § 29 Abs. 3 TVöD zu gewähren.

111 **mm) befristete Arbeitsverträge.** Der TVöD enthält in Abschnitt V in den §§ 30 bis 32 Regelungen zu befristeten Arbeitsverträgen. Während in den §§ 31 und 32 **besondere Gründe** für ein befristetes Arbeitsverhältnis geregelt sind, enthält § 30 vor allem Beschränkungen für den Abschluss befristeter Arbeitsverträge. Grundsätzlich sind gemäß § 30 Abs. 1 TVöD befristete Arbeitsverträge nach Maßgabe des TzBfG und anderer gesetzlicher Vorschriften zulässig. Die nachfolgenden Absätze 2 bis 5 gelten ausschließlich für das Tarifgebiet West und resultieren aus der ehemaligen SR 2y zum BAT, die im Tarifgebiet Ost keine Anwendung fand.

112 Nach § 14 Abs. 2 TzBfG sind kalendermäßige Befristungen **ohne sachlichen Grund** mit einer Zeitdauer von bis zu 2 Jahren zulässig, sofern vorher zwischen den Parteien des Arbeitsvertrages in den letzten drei Jahren kein Arbeitsverhältnis bestanden hat.[71] Innerhalb der Höchstdauer von bis zu 2 Jahren kann das bestehende Arbeitsverhältnis bis zu 3-mal verlängert werden. Eine solche Verlängerung liegt nur vor, wenn der Vertrag zur Verlängerung noch während der Laufzeit der ursprünglichen Befristung schriftlich zwischen den Parteien vereinbart wird. Gegenstand des Verlängerungsvertrages darf dabei ausschließlich nur das geänderte Enddatum sein. Werden zugleich weitere Bedingungen des Arbeitsverhältnisses geändert, und sei es zu Gunsten des Beschäftigten, liegt kein Verlängerungsvertrag im Sinne von § 14 Abs. 2 Satz 1 TzBfG vor. Eine Ausnahme gilt nur dann, wenn der Arbeitgeber aufgrund tarifvertraglicher oder gesetzlicher Regelungen gezwungen ist, zu diesem Zeitpunkt eine Änderung der Arbeitsbedingungen vorzunehmen.[72]

113 Erleichterte Möglichkeiten zum Abschluss von kalendermäßig befristeten Verträgen ohne sachlichen Grund bestehen nach § 14 Abs. 2a TzBfG für **neu gegründete Unternehmen**, die in den ersten 4 Jahren nach ihrer Gründung kalendermäßig befristete Arbeitsverträge ohne Vorliegen eines sachlichen Grundes mit einer Dauer von bis zu 4 Jahren abschließen können. Innerhalb dieser Gesamtdauer eine mehrfache Verlängerung zulässig. Mit **älteren Arbeitnehmern**, die bereits das 52.Lebensjahr vollendet haben und die vor Beginn des befristeten Arbeitsverhältnisses mindestens vier Monate beschäftigungslos i.S. von § 119 Abs.1 Nr.1 SGB III waren, kann gemäß § 14 Abs. 3 TzBfG eine Befristung ohne sachlichen Grund mit einer Gesamtdauer von 5 Jahren vereinbart werden. Innerhalb dieser Gesamtdauer kann das Arbeitsverhältnis beliebig oft verlängert werden.

114 Grundsätzlich ist zu beachten, dass befristete Verträge ohne sachlichen Grund nur als **kalendermäßige Befristung** zulässig sind. Zweckbefristungen (z. B. zur Krankheitsvertretung) bedürfen hingegen immer eines sachlichen Grundes im Sinne von § 14 Abs. 1 TzBfG. Alle Befristungen, die nicht die Voraussetzungen nach § 14 Abs. 2, 2a und 3 TzBfG erfüllen, bedürfen eines sachlichen Grundes. § 14 Abs. 1 TzBfG enthält eine nicht abschließende Aufzählung relevanten sachlichen Gründen. Eine zeitliche Begrenzung für Befristungen mit **sachlichem Grund** besteht nicht. Die Dauer der Befristung steht in engen Zusammenhang mit dem jeweiligen sachlichen Grund. Der Abschluss mehrerer aufeinander folgender befristeter Arbeitsverträge mit sachlichem Grund ist ohne weiteres

[71] BAG v. 6.4.2011 – 7 AZR 716/09 –.
[72] BAG v. 23.8.2006 – 7 AZR 12/06 –.

zulässig, soweit nicht im Einzelfall ein konstitutioneller Missbrauch anzunehmen ist. Die Aneinanderreihung von für sich betrachteten zulässigen Sachgrundbefristungen kann nach Ansicht des BAG ein Indiz für einen Missbrauch der rechtlichen Gestaltungsmöglichkeiten darstellen. Maßgeblich sind hierfür insbesondere die Anzahl und die Zeitdauer der befristeten Verträge, bspw. bei einer Gesamtdauer von mehr als 10 Jahren, verbunden mit einer vergleichsweisen hohen Anzahl an Verträgen.[73] Eine Rechtspflicht zur Angabe des Befristungsgrundes im Arbeitsvertrag besteht nicht. Gleiches gilt bezüglich der Rechtsgrundlage für die Befristung (mit oder ohne sachlichen Grund).[74] Nach § 14 Abs. 4 TzBfG muss die Befristungsabrede schriftlich vereinbart werden. Die Schriftform ist Wirksamkeitsvoraussetzung für eine Befristung und zwar muss die schriftliche Vereinbarung vor Inkraftsetzung des Arbeitsverhältnisses vorliegen.[75] Ein Verstoß gegen das Schriftformgebot führt lediglich zur Unwirksamkeit der Befristung und lässt die übrigen Vertragsbedingungen unberührt.

Die o. g. gesetzlichen Regelungen gelten jedoch im Tarifgebiet West nur nach Maß- 115
gabe der **Einschränkungen des** § 30 Abs. 2 bis 5 TVöD. Nach Abs. 2 sind kalendermäßig befristete Arbeitsverträge **mit sachlichem Grund** nur zulässig, wenn die Dauer des einzelnen Vertrages 5 Jahre nicht übersteigt. Diese Einschränkung gilt allerdings nur für kalendermäßig befristete Arbeitsverträge, nicht jedoch für Zweckbefristungen oder auflösende Bedingungen. Zudem besteht die Verpflichtung, Beschäftigte mit kalendermäßig befristeten Arbeitsverträgen mit sachlichem Grund bei der Besetzung von freien Dauerarbeitsplätzen bevorzugt zu berücksichtigen, sofern sie die sachlichen und persönlichen Voraussetzungen für den jeweils infrage kommenden Arbeitsplatz erfüllen.

Nach § 30 Abs. 3 TVöD muss die Vertragsdauer eines befristeten Arbeitsvertrages **ohne** 116
sachlichen Grund mindestens 6 Monate betragen. Soll eine Befristung von weniger als 6 Monaten vereinbart werden, bedarf es eines sachlichen Grundes i.S.v. § 14 Abs. 1 TzBfG. Zudem soll die Vertragsdauer, sofern kein sachlicher Grund für die Befristung vorliegt, in der Regel 12 Monate nicht unterschreiten. Im Unterschied zur zwingenden Mindestdauer von 6 Monaten ist dies nur als Sollvorschrift ausgestaltet. Eine kürzere Vertragsdauer als 12 Monate ist danach zulässig, wenn dies durch besondere Umstände gerechtfertigt ist. Zudem ist bei befristeten Arbeitsverträgen ohne sachlichen Grund der Arbeitgeber verpflichtet, vor Ablauf des Arbeitsvertrages Möglichkeiten einer unbefristeten oder befristeten Weiterbeschäftigung zu prüfen. Hierbei kann es sich auch um eine Weiterbeschäftigung zu geänderten Bedingungen handeln. Ein Verstoß gegen Prüfpflicht berührt die Wirksamkeit der Befristungsabrede jedoch nicht.

Als weitere Besonderheit ist zu beachten, dass gem. der tarifvertraglichen Vorschrift 117
des Abs. 4 bei befristeten Verträgen ohne sachlichen Grund lediglich die ersten 6 Wochen und bei befristeten Arbeitsverträgen mit sachlichen Grund die ersten 6 Monate als **Probezeit** gelten, innerhalb derer der Arbeitsvertrag mit einer Frist von 2 Wochen zum Monatsschluss gekündigt werden kann. Nach Ablauf der Probezeit ist die **Kündigung** eines befristeten Arbeitsvertrages tariflich nur zulässig, wenn die Vertragsdauer mindestens 12 Monate beträgt. Bei einer kürzeren Vertragslaufzeit, unabhängig davon ob mit oder ohne sachlichen Grund, ist das Recht zur ordentlichen Kündigung ausgeschlossen. Abweichend von § 34 Abs. 1 TVöD sind in § 30 Abs. 5 **besondere Kündigungsfristen** für eine zulässige ordentliche Kündigung eines befristeten Vertrages geregelt. Die Kündigungsfristen außerhalb der Probezeit betragen mindestens 4 Wochen zum Schluss eines Kalendermonats bis zu 4 Monaten zum Schluss eines Kalendervierteljahres.

Die Einschränkungen in den Absätzen 2 bis 5 gelten ausdrücklich nur für das Tarifge- 118
biet West, nicht jedoch für Beschäftigte, auf die die Regelungen des **Tarifgebietes Ost** Anwendung finden. Für diese Beschäftigten können die gesetzlichen Möglichkeiten zum

---

73 BAG v. 18.7.2012 – 7 AZR 783/10 –, (hier: 13 Verträge mit einer Zeitdauer von mehr als 11 Jahren).

74 BAG v. 23.6.2004 – 7 AZR 636/03 –.

75 BAG v. 1.12.2004 – 7 AZR 198/04 –.

Abschluss von befristeten Verträgen mit und ohne sachlichen Grund im Sinne von § 14 TzBfG voll ausgeschöpft werden. Dabei ist allerdings zu beachten, dass gem. § 15 Abs. 3 TzBfG das Recht zur ordentlichen Kündigung nur besteht, wenn es einzelvertraglich oder in einem anwendbaren Tarifvertrag vereinbart ist. Für das Tarifgebiet West enthalten die Abs. 4 und 5 entsprechend eingeschränkte Kündigungsmöglichkeiten. Für das Tarifgebiet Ost ist jedoch im Tarifvertrag keine Regelung bezüglich der Kündbarkeit getroffen worden, so dass es im Bedarfsfall erforderlich ist, im befristeten Arbeitsvertrag das Recht zur ordentlichen Kündigung zu vereinbaren.

119 In den §§ 31 und 32 TVöD sind die Übertragung von Führungsfunktionen auf Probe bzw. auf Zeit als Gründe für eine mögliche Befristung benannt worden. Nach § 31 Abs. 1 kann bei externen Bewerbern für die Übertragung einer **Führungsposition auf Probe** ein befristetes Arbeitsverhältnis mit einer Gesamtdauer von bis zu 2 Jahren vereinbart werden, wobei innerhalb dieser Höchstfrist eine zweimalige Verlängerung des Arbeitsvertrages zulässig ist. Als Führungspositionen gelten gem. § 31 Abs. 2 Stellen, die mit der Entgeltgruppe 10 oder höher bewertet sind und bei denen der Stelleninhaber mit einer Weisungsbefugnis gegenüber unterstellten Mitarbeitern ausgestattet ist. Nicht vorgegeben ist die Anzahl der Mitarbeiter gegenüber denen eine Weisungsbefugnis bestehen muss. Aus Sicht des TzBfG kann dies, soweit die Voraussetzungen nach § 14 Abs. 2, 2a oder 3 TzBfG vorliegen, als sachgrundlose Befristung gestaltet werden. Gegen einen Sachgrund „Führung auf Probe" bestehen erhebliche rechtliche Bedenken, da die Tarifvertragsparteien zusätzlichen Sachgründe i.S.v. § 14 Abs. 1 TzBfG schaffen können, sondern sich in dem von Gesetzgeber und Rechtsprechung gesetzten Rahmen bewegen müssen. Zwar sieht § 14 Abs. 1 Nr. 5 TzBfG die Erprobung als Sachgrund an, aber die Rechtsprechung geht hierbei von einer regelmäßigen Höchstfrist von 6 Monaten aus.[76] Sofern an den Arbeitsplatz besondere Anforderungen gestellt werden, kann im Einzelfall auch eine längere Probezeit vereinbart werden (bis zu einem Jahr).[77] Ob vor diesem Hintergrund eine Befristung von 2 Jahren noch dem eigentlichen Zweck der Erprobung hinreichend Rechnung trägt, ist zweifelhaft.

120 Soweit es sich um **interne Bewerber** handelt, kann dem Beschäftigten die Führungsposition zur Erprobung gem. § 31 Abs. 3 auch im Wege des Direktionsrechts im Sinne der vorübergehenden Übertragung einer höherwertigen Tätigkeit übertragen werden (§ 14 TVöD). In diesem Fall ist eine Zulage in Höhe des Unterschiedsbetrages zwischen der bisherigen Entgeltgruppe und der Entgeltgruppe, die sich ergeben hätte, wenn die Führungsfunktion Auf Dauer übertragen worden wäre, zu gewähren.

121 Ziel der Übertragung einer Führungsfunktion auf Probe ist dauerhafte Übertragung der Funktion, soweit sich der Bewerber bewährt hat. Im Unterschied dazu werden **Führungspositionen auf Zeit** nach Maßgabe von § 32 TVöD von vornherein nur befristet übertragen. Eine dauerhafte Beschäftigung auf der Stelle ist nicht beabsichtigt. Dies kann sowohl im Wege eines befristeten Arbeitsverhältnisses (externe Bewerber) als auch bei einem bestehenden Arbeitsverhältnis als vorübergehende Übertragung der Führungsfunktion erfolgen. Voraussetzung ist wiederum, dass die Führungsfunktion mindestens mit der Entgeltgruppe 10 oder höher bewertet ist und die Stelle mit entsprechenden Weisungsbefugnissen gegenüber unterstellten Beschäftigten ausgestattet ist. Die Übertragung der Führungsposition auf Zeit kann für eine Dauer von bis zu 4 Jahren erfolgen. Dabei sind auch entsprechende Verlängerungen möglich. In den Entgeltgruppen 10 bis 12 kann eine höchstens zweimalige Verlängerung bis zu einer Gesamtdauer von 8 Jahren erfolgen und ab der Entgeltgruppe 13 sogar eine höchstens dreimalige Verlängerung mit einer Gesamtdauer von bis zu 12 Jahren.

122 Die von den Tarifvertragsparteien vorgesehene **zulässige Dauer** des befristeten Arbeitsverhältnisses von bis zu 4 Jahren, mit Verlängerung sogar bis zu 8 bzw. 12 Jahren,

[76] BAG v. 2.6.2010 – 7 AZR 85/09 –.
[77] BAG v. 12.9.1996, AP BGB § 611 Musiker Nr. 27.

dürfte unzulässig sein. Eine solche Befristungsdauer bedarf, sofern nicht ausnahmsweise die Voraussetzungen das § 14 Abs. 2a und 3 TzBfG vorliegen, eines sachlichen Grundes. Die Tarifvertragsparteien selbst können keine eigenständigen sachlichen Gründe für eine Befristung im Sinne von § 14 Abs. 1 TzBfG regeln.[78]

Wird die Führungsfunktion auf Zeit nach § 32 Abs. 3 TzBfG bei einem bereits beste- 123
henden Arbeitsverhältnis vorübergehend übertragen, hat der Beschäftigte für die Dauer der Übertragung Anspruch auf eine **Zulage**, und zwar in Höhe des Unterschiedsbetrages zwischen dem Tabellenentgelt der bisherigen Entgeltgruppe und dem Tabellenentgelt, das sich bei einer Höhergruppierung in Folge einer dauerhaften Übertragung der Tätigkeit ergeben würde. Zudem erhält er noch einen weiteren Zuschlag in Höhe von 75% des Unterschiedsbetrages zwischen den Tabellenentgelten der Entgeltgruppe der übertragenen Tätigkeit und der nächsthöheren Entgeltgruppe. Da die Übertragung einer Führungsfunktion auf Zeit nicht zur Erprobung erfolgt, endet ein befristetes Arbeitsverhältnis mit Ablauf der vereinbarten Zeit. Ist einem Beschäftigten diese Führungsfunktion auf Zeit im Wege des Direktionsrechts übertragen worden, erhält er nach Fristablauf ein Tabellenentgelt gemäß seiner bisherigen Eingruppierung. Der bisher gewährte Zuschlag entfällt ersatzlos.

nn) Beendigung von Arbeitsverhältnissen. Der TVöD enthält in § 33 Regelungen 124
zur Beendigung von Arbeitsverhältnissen **ohne Kündigung**. Dies betrifft der Beendigung durch Aufhebungsvertrag und wegen des Erreichens der Altersgrenze zum Bezug der Regelaltersrente sowie bei Bezug einer Erwerbsminderungsrente.

Ein Arbeitsverhältnis kann jederzeit im gegenseitigen Einvernehmen durch einen **Auflösungsvertrag** beendet werden. Zwar ist diese Form der Beendigung des Arbeitsverhältnisses ausdrücklich in § 33 Abs. 1 Buchst. b TVöD geregelt, allerdings bedarf es aber hierzu keiner tariflichen Ermächtigung, da dies Bestandteil der Privatautonomie im Arbeitsvertragsrecht ist (Art. 2 Abs. 1 GG). Ein Auflösungsvertrag kann zwischen den Arbeitsvertragsparteien jederzeit geschlossen werden, selbst wenn das Arbeitsverhältnis aufgrund gesetzlicher Verbote nicht oder nicht ohne weiteres gekündigt werden kann. Ein Aufhebungsvertrag bedarf zu seiner Wirksamkeit der Schriftform nach § 623 BGB. Wird die Schriftform nicht gewahrt, ist der Auflösungsvertrag nichtig (§ 125 BGB). Im Auflösungsvertrag ist zumindest der Zeitpunkt zu vereinbaren, zu dem das Arbeitsverhältnis sein Ende finden soll. Häufiger Bestandteil sind Regelungen zur Gewährung von Urlaub bzw. zur Urlaubsabgeltung, zur Freistellung, zur Zahlung von Abfindungen, zur Erteilung eines Zeugnisses usw..

Bei Abschluss eines Auflösungsvertrages ist der Arbeitgeber nach § 2 Abs. 2 Satz 2 Nr. 3 125
SGB III verpflichtet, den Arbeitnehmer über dessen Pflicht zu informieren, sich unverzüglich bei der Agentur für Arbeit arbeitssuchend zu melden. Allerdings hat ein Verstoß gegen diese **Informationspflicht** keine Folgen. Insbesondere ist der Arbeitgeber dem Arbeitnehmer aus diesem Grunde nicht zum Ersatz eines möglichen Schadens verpflichtet.[79] Unbeschadet der Informationspflicht nach SGB III ist der Arbeitgeber bei Abschluss eines Auflösungsvertrages grundsätzlich nicht verpflichtet, den Arbeitnehmer unaufgefordert über die möglichen Folgen einer einvernehmlichen Beendigung des Arbeitsverhältnisses aufzuklären. Vielmehr ist der Beschäftigte gehalten, sich über die möglichen Konsequenzen eines Auflösungsvertrages selbst zu informieren. Dies gilt auch dann, wenn der Aufhebungsvertrag mit negativen Folgen für eine betriebliche Altersversorgung verbunden ist.[80] Nur in Ausnahmefällen können im Ergebnis einer umfassenden Interessenabwägung nach Treu und Glauben Auskunftspflichten bestehen. Bspw. wenn die Unkenntnis des Arbeitnehmers offensichtlich ist und der Arbeitgeber die Auskünfte selbst unschwer erteilen kann oder wenn der Arbeitnehmer aufgrund besonderer

[78] LAG v. Bln.-Bbrg. v. 23.8.2011 – 11 Sa 1047/11 –.
[79] BAG v. 29.9.2005 – 8 AZR 571/04 –.
[80] BAG v. 3.7.1990 – 3 AZR 382/89 –.

Umstände darauf vertrauen darf, dass der Arbeitgeber ihn vor nachteiligen Folgen des Aufhebungsvertrags bewahren wird. Auch in diesen Fällen muss der Arbeitgeber die Auskünfte nicht selbst erteilen, sondern er kann den Beschäftigten an die zuständigen Stellen (Zusatzversorgungskasse, Agentur für Arbeit usw.) verweisen. Erteilt der Arbeitgeber jedoch selbst Auskünfte, unabhängig davon, ob er hierzu verpflichtet war, müssen diese zutreffend sein, anderenfalls können dem Beschäftigten Schadensersatzsprüche entstehen. Dem Beschäftigten muss bei Abschluss eines Aufhebungsvertrages auch keine **Überlegungsfrist** eingeräumt werden. Letztlich ist es der autonomen Entscheidungsmacht des Beschäftigten selbst überlassen, ob er dem Auflösungsvertrag zustimmt.

126 Der Auflösungsvertrag stellt in der Praxis im Verhältnis zur Kündigung eine weitgehend rechtsichere Möglichkeit zur Beendigung von Arbeitsverhältnissen dar. Dem Arbeitnehmer verbleibt als Rechtsmittel regelmäßig nur die **Anfechtung** oder die Feststellung der Nichtigkeit. In der Praxis kommt insbesondere dem Anfechtungsrecht Bedeutung zu. Dabei geht es weniger um die Anfechtung wegen Irrtums (§ 119 BGB) oder wegen arglistiger Täuschung, sondern vorrangig um die Anfechtung wegen **widerrechtlicher Drohung** (§ 123 Abs. 1 BGB), da häufig anstelle einer (angedrohten) Kündigung ein Auflösungsvertrag abgeschlossen wird. Eine Drohung liegt nur vor, wenn dem Vertragspartner ein zukünftiges Übel angekündigt wird, um ihm zum Abschluss des Auflösungsvertrags zu veranlassen. Um jedoch eine Anfechtung zu begründen, muss diese Drohung widerrechtlich sein. Die Umsetzung dieser Drohung muss aus rechtlicher Sicht unzulässig sein. Grundsätzlich stellt die in Aussichtstellung einer Kündigung eine Drohung dar, die jedoch für sich genommen noch nicht widerrechtlich ist. Widerrechtlich ist die Androhung einer Kündigung nur dann, wenn ein verständiger Arbeitgeber in dieser Situation eine Kündigung nicht ernsthaft in Erwägung ziehen durfte. Ob die angedrohte Kündigung, wenn sie dann erfolgt wäre, sich in einem Kündigungsschutzprozess als bestandskräftig erweisen würde, ist nicht maßgeblich.[81] Die Androhung einer außerordentlichen Kündigung ist daher widerrechtlich, wenn bspw. die Frist des § 626 BGB zum Zeitpunkt der Androhung bereits überschritten war oder es offensichtlich an einem wichtigen Grund für die außerordentliche Kündigung gefehlt hat. Auch bestehende gesetzliche oder tarifvertragliche Kündigungsverbote führen regelmäßig dazu, dass eine trotz der Verbote angedrohte Kündigung eine widerrechtliche Drohung im Sinne von § 123 Abs. 1 BGB darstellt. Die Anfechtung wegen widerrechtlicher Drohung oder arglistiger Täuschung muss innerhalb eines Jahres erfolgen (§ 124 BGB). In einem Rechtsstreit trägt grundsätzlich der Anfechtende Darlegungslast dafür, dass die Voraussetzungen für eine Anfechtung vorgelegen haben. Es ist somit Sache des Beschäftigten nachzuweisen, dass er zum Abschluss des Aufhebungsvertrages durch widerrechtliche Drohungen seitens des Arbeitgebers veranlasst worden ist. Ein **Widerruf des Auflösungsvertrages** im Sinne von §§ 312, 355 BGB kommt nicht in Betracht, soweit der Aufhebungsvertrag im Betrieb und nicht an einem atypischen Ort (Wohnung des Beschäftigten, Gaststätte usw.) abgeschlossen worden ist.[82]

127 Gemäß § 33 Abs. 1 lit. a TVöD endet das Arbeitsverhältnis mit Ablauf des Monats, in dem der Beschäftigte das gesetzlich festgelegte Alter zum Erreichen der **Regelaltersrente** vollendet hat. Die in den Vorgängerregelungen enthaltene Altersgrenze, die auf die Vollendung des 65. Lebensjahres abstellte, ist aufgrund der durch das Rentenversicherungsaltersgrenzenanpassungsgesetz vom 20.04.2007 vorgesehenen stufenweise Anhebung der Regelaltersgrenze von 65 Jahren auf 67 Jahre geändert geworden. Eine tarifliche Regelung, die die Beendigung des Arbeitsverhältnisses mit dem Erreichen der Regelaltersgrenze vorsieht, ist grundsätzlich zulässig.[83] Das Erreichen der maßgeblichen Altersgrenze führt zur automatischen Beendigung des Arbeitsverhältnisses, ohne dass es einer

---

[81] BAG v. 12.8.1999 – 2 AZR 832/99 –.
[82] BAG v. 27.11.2003 – AZR 135/03 –.
[83] BAG v. 21.4.1977 – 2 AZR 125/76 –.

Kündigung bedarf. Es kommt nicht darauf an, ob der Beschäftigte einen Rentenantrag gestellt hat oder ob er einen Anspruch auf den Bezug einer Altersrente hat. Die Möglichkeit eines vorzeitigen Bezugs der Altersrente führt jedoch nicht zu einer automatischen Beendigung des Arbeitsverhältnisses nach § 33 Abs. 1 TVöD. Der Arbeitgeber ist nicht verpflichtet, den Beschäftigten nach § 21 i.V.m. § 15 Abs. 2 TzBfG auf die bevorstehende Beendigung des Arbeitsverhältnisses hinzuweisen. Nach der Rechtsprechung des BAG handelt es sich bei einer solchen Altersgrenzenregelung nicht um eine auflösende Bedingung, sondern um eine kalendermäßig bestimmbare Befristung des Arbeitsverhältnisses, so dass eine dementsprechende Erklärung des Arbeitgebers nicht erforderlich ist.[84]

Nach Maßgabe von § 33 Abs. 5 TVöD besteht die Möglichkeit, einen Arbeitnehmer, 128 dessen Arbeitsverhältnis aufgrund des Erreichens der Altersgrenze geendet hat, nach der Beendigung **weiter zu beschäftigen**. Hierzu ist ein neuer schriftlicher Arbeitsvertrag abzuschließen. Mit dem ausdrücklichen Hinweis auf den Abschluss eines neuen Arbeitsvertrages wird klargestellt, dass das Arbeitsverhältnis ab diesem Zeitpunkt auf eine neue Grundlage gestellt wird. Die Weiterbeschäftigung kann daher zu geänderten Bedingungen (andere Arbeitszeit, Tätigkeit, Eingruppierung usw.) erfolgen. Unter Beachtung der allgemeinen tariflichen und gesetzlichen Vorgaben ist auch der Abschluss befristeter Verträge möglich. Da allerdings diese Beschäftigten auch nach Erreichen der Regelaltersgrenze nicht vom Geltungsbereich des TVöD ausgenommen sind, finden die tarifvertraglichen Vorschriften uneingeschränkt Anwendung. Eine Modifizierung wurde jedoch dahingehend vorgenommen, dass in diesen Fällen nicht die Kündigungsfristen und die Schutzvorschriften des § 34 Abs. 1 und 2 TVöD gelten. Vielmehr kann das Arbeitsverhältnis jederzeit mit einer Frist von 4 Wochen zum Monatsende unter Beachtung der sonstigen kündigungsschutzrechtlichen Vorschriften gekündigt werden, soweit im Arbeitsvertrag diesbezüglich keine anderen Vereinbarungen getroffen worden sind (§ 33 Abs. 5 S. 2 TVöD).

Zudem endet das Arbeitsverhältnis gemäß § 33 Abs. 2 TVöD, wenn der Beschäftigte 129 eine **Rente wegen voller oder teilweiser Erwerbsminderung** erhält und zwar mit Ablauf des Monats, in dem der Bescheid des Rentenversicherungsträgers dem Arbeitnehmer zugestellt wird. Wird in dem Bescheid ein zukünftiger Rentenbeginn benannt, endet das Arbeitsverhältnis erst mit Ablauf des dem Rentenbeginn vorangehenden Tages. Da der Rentenbescheid nicht dem Arbeitgeber, sondern dem jeweiligen Beschäftigten zugestellt wird, und der Arbeitgeber insoweit keine Kenntnis vom Rentenbezug hat, ist der Beschäftigte gemäß § 33 Abs. 2 Satz 2 verpflichtet, den Arbeitgeber unverzüglich von der Zustellung des Rentenbescheides zu unterrichten.

Nach der Rechtsprechung des BAG handelt es sich hierbei um eine **auflösende** 130 **Bedingung** im Sinne von § 158 Abs. 2 BGB, deren Eintritt ungewiss ist.[85] Nach § 21 TzBfG gelten für eine auflösende Bedingung die Vorschriften über eine Zweckbefristung, so dass der Arbeitgeber verpflichtet ist, gemäß § 15 Abs. 2 TzBfG dem Arbeitnehmer mitzuteilen, dass sein Arbeitsverhältnis aufgrund der Gewährung einer Renten wegen voller oder teilweiser Erwerbsminderung sein Ende findet. Das Arbeitsverhältnis endet erst nach Ablauf der Zweiwochenfrist, frühestens jedoch zudem tariflich vorgesehen Zeitpunkt. Handelt es sich um einen **schwerbehinderten Menschen** ist vor der Beendigung noch die nach § 92 SGB IX erforderliche Zustimmung des Integrationsamtes einholen. Das Arbeitsverhältnis endet dann erst mit Ablauf des Tages, an dem der Zustimmungsbescheid des Integrationsamtes zugestellt worden ist. Maßgeblich ist dabei die Zustellung an den Arbeitgeber.

Wird eine Rente wegen Erwerbsminderung nur **auf Zeit** gewährt, führt dies nicht 131 zu einer Beendigung des Arbeitsverhältnisses, vielmehr **ruht das Arbeitsverhältnis** für den Zeitraum der Rentengewährung(§ 33 Abs. 2 S. 5f. TVöD). Maßgeblich für den

[84] BAG v. 27.11.2002 – 7 AZR 414/01 –.
[85] BAG v. 15.3.2006 – 7 AZR 332/05 –.

Beginn des Ruhens ist bei einem rückwirkenden Rentenbeginn der erste Tag des Monats, der auf den Monat der Zustellung des Rentenbescheids beim Beschäftigten folgt. Wird die Rente jedoch erst nach Zustellung des Rentenbescheides gewährt, so ruht das Arbeitsverhältnis mit Ablauf des dem Rentenbeginn vorangehenden Tages. Für den Eintritt des Ruhens bedarf es keiner gesonderten Mitteilung des Arbeitgebers, es tritt vielmehr kraft Tarifvertrages ein. Bei schwerbehinderten Menschen bedarf es keiner Zustimmung des Integrationsamtes. Mit dem Ruhen des Arbeitsverhältnisses entfallen die Hauptpflichten aus dem Arbeitsverhältnis. Das Ruhen hat dabei Auswirkungen auf die Stufenlaufzeit, da dieser Zeitraum gemäß § 17 Abs. 3 S. 2 TVöD nicht auf die Stufenlaufzeit angerechnet wird. Soweit der Ruhenszeitraum mehr als 3 Jahre beträgt, ist die Zuordnung zu einer niedrigeren Stufe möglich. Zudem führt das Ruhen zu einer Verkürzung des Urlaubsanspruches nach § 26 Abs. 2 lit. c TVöD.

132 Besonderheiten bestehen, wenn dem Beschäftigten lediglich eine Rente wegen **teilweiser Erwerbsminderung** zuerkannt wird. In diesem Fall endet bzw. ruht das Arbeitsverhältnis nicht, wenn der Beschäftigte innerhalb von 2 Wochen nach Zugang des Rentenbescheides seine Weiterbeschäftigung beim Arbeitgeber schriftlich beantragt hat und er nach seinem noch vorhandenen Leistungsvermögen auf seinem bisherigen oder einem anderen geeigneten und freien Arbeitsplatz weiterbeschäftigt werden kann (§ 33 Abs. 3 TVöD). Stellt der Beschäftigte innerhalb dieser Ausschlussfrist keinen Antrag auf Weiterbeschäftigung, endet bzw. ruht sein Arbeitsverhältnis auch dann, wenn objektiv Weiterbeschäftigungsmöglichkeiten bestehen. Gleiches gilt, wenn der Beschäftigte nicht die vorgesehene Schriftform beachtet. Verlangt wird hingegen nicht, dass der Arbeitnehmer in seinem Antrag einen konkreten Arbeitsplatz benennt. Ausreichend ist, wenn er seinem Wunsch auf Weiterbeschäftigung, gleich auf welchem Arbeitsplatz, hinreichend schriftlich Ausdruck verleiht. Der Arbeitgeber ist bei Vorliegen eines solchen Antrags verpflichtet, anhand des vom Rentenversicherungsträger festgestellten Leistungsvermögens Weiterbeschäftigungsmöglichkeiten zu prüfen. Nicht verlangt wird eine Weiterbeschäftigung zu unveränderten Arbeitsbedingungen. So kann bspw. auch eine Weiterbeschäftigung auf dem bisherigen Arbeitsplatz mit verminderter Stundenzahl in Betracht kommen. Eine Beschäftigung auf anderen Arbeitsplätzen kommt nur in Betracht, wenn diese frei sind und der Arbeitnehmer, nach seinen fachlichen Kenntnissen und Fähigkeiten, sowie nach seinen gesundheitlichen Einschränkungen, hierfür geeignet ist. Im Streitfall muss der Arbeitnehmer anhand seines Leistungsvermögens dartun, auf welchen Arbeitsplätzen bzw. mit welchen Tätigkeiten er noch beschäftigt werden kann. Bestehen geeignete Weiterbeschäftigungsmöglichkeiten, so kann dem Anspruch des Arbeitnehmers nur ausnahmsweise entgegengetreten werden, wenn dringende dienstliche bzw. betriebliche Gründe vorliegen.

133 Da die Beendigung bzw. das Ruhen des Arbeitsverhältnisses wegen einer Rente wegen Erwerbsminderung nur erfolgt, wenn ein Rentenbescheid vorliegt, der Arbeitnehmer aber rechtlich nicht verpflichtet werden kann überhaupt einen entsprechenden Rentenantrag zu stellen, sieht § 33 Abs. 4 TVöD die Möglichkeit vor, das ein vom Arbeitgeber in Auftrag gegebenes **Gutachten des Amtsarztes** oder eines nach § 3 Abs. 4 S. 2 TVöD bestimmten Arztes, in dem die volle oder teilweise Erwerbsminderung des Beschäftigten festgestellt wird, den Rentenbescheid ersetzt. Die Einholung eines ärztlichen Gutachtens anstelle des Rentenbescheides kommt nur in Betracht, wenn der Beschäftigte schuldhaft die Stellung eines Rentenantrages verabsäumt oder die Bearbeitung eines solchen Rentenantrages verzögert hat, er Altersrente nach §§ 236 oder 236a SGB VI bezieht oder nicht in der gesetzlichen Rentenversicherung versichert ist. Das Arbeitsverhältnis endet dann mit Ablauf des Monats, in dem dem Beschäftigten das Gutachten bekannt gegeben worden ist. Auch hier ist die Erklärungsfrist des § 15 Abs.2 TzBfG zu beachten.

134 Regelungen zur Beendigung des Arbeitsverhältnisses durch **Kündigung** sind in § 34 Abs. 1 und 2 TVöD enthalten, und zwar zu den Kündigungsfristen (Abs. 1) und zur Einschränkung des Kündigungsrechts (Abs. 2). Die gesetzlichen **Kündigungsfristen** sind in

§ 622 Abs. 1 bis 3 BGB geregelt. Nach § 622 Abs. 4 BGB können die Tarifvertragsparteien hiervon abweichende Kündigungsfristen vereinbaren. Gemäß § 34 Abs. 1 TVöD ist die Kündigungsfrist abhängig von der Beschäftigungszeit und reicht von 2 Wochen zum Monatsschluss bis hin zu 6 Monaten zum Schluss eines Kalendervierteljahres bei einer Beschäftigungszeit von mindestens 12 Jahren. Dabei ist zu beachten, dass es sich nicht nur um Fristen, sondern auch um den Beendigungszeitpunkt handelt. Das Arbeitsverhältnis kann daher bei einer Beschäftigungszeit von mehr als einem Jahr immer nur zum Schluss eines Kalendervierteljahres enden. Wird bspw. eine verhaltensbedingte Kündigung einem Beschäftigten mit einer Beschäftigungszeit von 13 Jahren am 02.01. eines Kalenderjahres ausgesprochen, endet das Arbeitsverhältnis erst mit Ablauf des 30.09. (zum Schluss eines Kalendervierteljahres). Die tariflich geregelten Kündigungsfristen gelten grundsätzlich für beide Parteien des Arbeitsvertrages. Auch bei einer Eigenkündigung hat der Beschäftigte die tariflichen Kündigungsfristen zu beachten. Eine Nichtbeachtung der maßgeblichen Kündigungsfrist führt nicht zu einer Unwirksamkeit der Kündigung, sondern im Streitfall wird das Arbeitsverhältnis bis zu dem maßgeblichen Beendigungszeitpunkt verlängert.

Bei der Ermittlung der zutreffenden Kündigungsfrist ist auf die **Beschäftigungszeit** 135
im Sinne von § 34 Abs. 3 S. 1 und 2 TVöD abzustellen. Die Regelung in Abs. 3 enthält unterschiedliche Vorgaben für die Ermittlung der maßgeblichen Beschäftigungszeit. Die erweiterten Beschäftigungszeiten nach Satz 3 und 4 sind für die Bestimmung der Kündigungsfrist nicht relevant. Vielmehr gilt als maßgebliche Beschäftigungszeit die bei demselben Arbeitgeber im Arbeitsverhältnis zurückgelegte Zeit, auch wenn sie unterbrochen war. Es ist also auf die Arbeitgeberidentität abzustellen. Unschädlich sind dabei Arbeitgeberwechsel im Rahmen einer Gesamtrechtsnachfolge oder eines Betriebsüberganges nach § 613a BGB. Es sind nur Zeiten zu berücksichtigen, die in einem Arbeitsverhältnis, einschließlich in einem Ausbildungsverhältnis, zurückgelegt worden sind. Nicht berücksichtigt werden Zeiten in einem Beamtenverhältnis oder einem Praktikantenverhältnis. Rechtliche Unterbrechungen des Arbeitsverhältnisses, gleich aus welchen Gründen, sind unschädlich. Allerdings wird der Zeitraum der Unterbrechung nicht mit berücksichtigt. Die Zeiten von Sonderurlaub nach § 28 TVöD werden nicht als Beschäftigungszeit berücksichtigt, es sei denn der Arbeitgeber hat vor Antritt des Sonderurlaubs schriftlich ein dienstliches oder betriebliches Interesse anerkannt. Insofern kann die tarifliche Beschäftigungszeit kürzer sein, als die Zeit der Betriebszugehörigkeit im Sinne von § 1 KSchG. Für übergeleitete Beschäftigte ist zudem die Vorschrift des § 14 TVÜ-VKA zu beachten. Bei der Bestimmung der maßgeblichen Kündigungsfrist kommt es auf die Dauer Beschäftigungszeit zum Zeitpunkt des Ausspruchs der Kündigung an. Nicht maßgeblich ist hingegen die Dauer der Beschäftigungszeit zum Zeitpunkt der Beendigung des Arbeitsverhältnisses.

Nach § 34 Abs. 2 TVöD können Beschäftigte, für die Regelungen des Tarifgebietes 136
West Anwendung finden, bei Erfüllung bestimmter Voraussetzungen nicht mehr ordentlich gekündigt werden. Der Eintritt der **Unkündbarkeit** ist an zwei Voraussetzungen geknüpft, die spätestens an dem Tag, an dem die Kündigungserklärung zugeht, erfüllt sein müssen. Zum einen muss das 40. Lebensjahr vollendet sein und zum anderen muss die Beschäftigungszeit nach § 34 Abs. 3 S. 1 und 2 TVöD mehr als 15 Jahre betragen. Hier ist wie bei Kündigungsfrist auf den enger gefassten Begriff der Beschäftigungszeit zurückzugreifen. Sind beide Voraussetzungen erfüllt, kann dem Beschäftigten zulässig weder eine ordentliche Beendigungskündigung noch eine ordentliche Änderungskündigung ausgesprochen werden. In Betracht kommt dann nur noch eine außerordentliche Kündigung. Aus Gründen des Besitzstandschutzes bleiben übergeleitete Beschäftigte, die bereits aufgrund der bis zum 30.09.2005 geltenden tariflichen Regelung unkündbar waren, auch weiterhin tariflich unkündbar. Erfolgt trotzdem eine ordentliche Kündigung, muss der Arbeitnehmer, wenn er sich auf das tarifvertragliche Kündigungsverbot berufen will, innerhalb der 3-Wochenfrist nach § 4 Satz 1 KSchG Klage erheben. Gegen

diese Differenzierung zwischen den Tarifgebieten West und Ost hinsichtlich der Unkündbarkeit sind verschiedentlich rechtliche Bedenken erhoben worden. Allerdings ist diese unterschiedliche Regelung derzeit noch aufgrund der unterschiedlichen wirtschaftlichen Bedingungen gerechtfertigt.

137 **oo) Zeugnis.** Bereits nach § 109 GewO haben Arbeitnehmer bei der Beendigung ihres Arbeitsverhältnisses Anspruch auf ein schriftliches Zeugnis, welches mindestens Angaben zu Art und Dauer der Tätigkeit enthalten muss. Zudem kann der Beschäftigte Angaben zu Leistung und Verhalten im Arbeitsverhältnis verlangen (qualifiziertes Zeugnis). An diese gesetzliche Vorschrift knüpft § 35 TVöD an. Danach besteht bei Vorliegen bestimmter Voraussetzungen Anspruch auf Erteilung eines Endzeugnisses, eines Zwischenzeugnisse oder eines vorläufigen Zeugnisses. Ein **Endzeugnis** kann der Arbeitnehmer nur bei Beendigung des Arbeitsverhältnisses verlangen (§ 35 Abs.1 TVöD). Der Anspruch beschränkt sich dabei nicht auf die Erteilung eines einfachen Zeugnisses (Angaben über Art und Dauer der Tätigkeit), sondern dem Arbeitnehmer ist ein qualifiziertes Zeugnis (Angaben zu Verhalten, Führung und Leistung) zu erteilen. In dem Zeugnis müssen die Tätigkeit, die Position und der berufliche Werdegang hinreichend genau beschrieben werden. Die ausgeübten Tätigkeiten sind chronologisch unter Angabe des jeweiligen Zeitraumes aufzuführen. Ausfallzeiten infolge Krankheit usw. sind im Arbeitszeugnis nicht anzugeben. Bei länger andauernden Unterbrechungen, bspw. infolge von Elternzeit, kann jedoch eine Erwähnung in Betracht kommen. Weiterhin muss das Zeugnis eine Leistungs- und Verhaltensbeurteilung beinhalteten. Dabei ist auf die für die jeweils ausgeübte Position wichtigen Fähigkeiten und Eigenschaften Bezug zu nehmen. Zu beurteilen sind bspw. die Kenntnisse und deren Anwendung, der Arbeitserfolg in qualitativer und quantitativer Sicht, die Einsatz- und Leistungsbereitschaft, die Arbeitsweise, das Urteilsvermögen, die Eigeninitiative, die Belastbarkeit usw.. Bei der Verhaltensbeurteilung ist das Verhalten des Arbeitnehmers während der gesamten Dauer des Arbeitsverhältnisses zu berücksichtigen und zwar gegenüber Vorgesetzten und anderen Mitarbeitern, als auch gegenüber Dritten (Kunden, Bürger). Regelmäßig enthält ein Arbeitszeugnis eine zusammenfassende Bewertung (Schlussnote). Dabei ist zu beachten, dass die Schlussnote und die vorangegangenen Beurteilungen nicht in Widerspruch zu einander stehen dürfen. Keinen Anspruch hat der Arbeitnehmer darauf, dass der Arbeitgeber im Zeugnis noch die besten Wünsche für die weitere Zukunft aufnimmt. Hierbei handelt es sich um eine bloße Höflichkeitsfloskel die nicht Leistung und Verhalten des Arbeitnehmers bewertet.[86] Grund und Art des Ausscheidens dürfen nach überwiegender Ansicht nicht gegen den Willen des Arbeitnehmers aus dem Zeugnis ersichtlich sein, insbesondere wenn sich die Vertragsparteien im Streit getrennt haben.[87]

138 Das Zeugnis ist nach Maßgabe von § 109 Abs. 2 S. 1 GewO klar und verständlich zu formulieren. Dem gegenüber hat sich jedoch in der Praxis mittlerweile eine relativ eigenständige Zeugnissprache entwickelt, bei der sich durch beredetes Schweigen und versteckte Formulierungen an sich umgangssprachlich positive Formulierungen ins Gegenteil verkehren können. Das Zeugnis muss grundsätzlich der Wahrheit entsprechen und soll zugleich so wohlwollend gestaltet sein, dass es das weitere berufliche Fortkommen des Beschäftigten nicht unnötig erschwert. Es ist daher zutreffend von einem Spannungsverhältnis von Wohlwollen und Wahrheit die Rede. Das Zeugnis ist schriftlich und in deutscher Sprache abzufassen. Der Aussteller muss es eigenhändig unterschreiben.[88] Für die Erstellung des Zeugnisses ist ein üblicher Firmenbogen zu verwenden. Die ausstellende Person muss erkennbar sein und das Zeugnis muss datiert werden und zwar regelmäßig mit dem **Ausstellungsdatum**. Bei nachträglich korrigierten Zeugnissen ist das Datum des ursprünglichen Zeugnisses anzugeben. Das

[86] BAG v. – 9 AZR 44/00–.
[87] ErfK 5.Aufl./*Müller-Glöge*, § 109 GewO Rn. 56ff.
[88] BAG v. 26.6.2001, AP BGB § 630 Nr. 27.

Arbeitszeugnis ist vom Arbeitnehmer abzuholen (Holschuld). Der Arbeitgeber ist nicht verpflichtet, das Zeugnis auf dem Postweg oder durch Boten dem Arbeitnehmer zu übersenden.

Der Beschäftigte kann während des Arbeitsverhältnisses ein **Zwischenzeugnis** verlangen. Nach § 35 Abs. 3 TVöD ist hierfür ein triftiger Grund erforderlich. Ein solcher liegt bereits vor, wenn das Arbeitsverhältnis eine Veränderung erfährt. Der entsprechende Grund ist vom Arbeitnehmer darzulegen. Als Gründe kommen bspw. die Bewerbung auf eine andere Stelle bzw. ein beabsichtigter Wechsel des Arbeitgebers, ein bevorstehender Betriebsübergang nach § 613a BGB, eine bevorstehende Versetzung, Abordnung oder Umsetzung, der Wechsel des Vorgesetzten usw. in Betracht.[89] Auch eine möglicherweise bevorstehende Beendigung des Arbeitsverhältnisses begründet einen Anspruch auf Erteilung eines Zwischenzeugnisses. Hinsichtlich Form und Inhalt des Zwischenzeugnisses gelten die gleichen Vorgaben, wie für die Gestaltung eines Endzeugnisses. 139

Steht die Beendigung des Arbeitsverhältnisses, gleich aus welchen Gründen (Kündigung, Auflösungsvertrag) bevor, kann der Arbeitnehmer nach § 35 Abs. 3 TVöD ein **vorläufiges Zeugnis** verlangen. Dieses bezieht sich aber nur auf Art und Dauer der Tätigkeit und beinhaltet keine Leistungs- und Verhaltensbewertung (einfaches Zeugnis). Ansonsten gelten aus inhaltlicher und formeller Sicht die gleichen Anforderungen bei der Erstellung eines Endzeugnisses. 140

Nach § 35 Abs. 4 TVöD hat die Ausstellung der o. g. Zeugnisse **unverzüglich** zu erfolgen. Das Endzeugnis ist unmittelbar bei Beendigung des Arbeitsverhältnisses fällig, auch ohne dass der Arbeitnehmer seinen Anspruch ausdrücklich geltend macht. Das Zwischenzeugnis und das vorläufige Zeugnis sind aber nur auf Verlangen des Arbeitnehmers zu erstellen. Es bedarf insoweit einer ausdrücklichen Geltendmachung. Der Anspruch auf Erteilung eines Zeugnisses ist ein Anspruch aus dem Arbeitsverhältnis und unterliegt daher der tarifvertraglichen Ausschlussfrist des § 37 TVöD. 141

pp) Ausschlussfrist. Nach § 37 Abs. 1 TVöD verfallen sämtliche Ansprüche aus dem Arbeitsverhältnis, wenn sie nicht innerhalb einer **Ausschlussfrist von 6 Monaten** nach Fälligkeit vom Beschäftigten oder vom Arbeitgeber schriftlich geltend gemacht werden. Erfasst werden hiervon sämtliche Ansprüche aus dem Arbeitsverhältnis, ganz gleich ob sie auf tarifvertraglicher, einzelvertraglicher oder gesetzlicher Grundlage beruhen. Gleiches gilt für Ansprüche aus Betriebs- oder Dienstvereinbarungen. Ausgenommen sind aufgrund der ausdrücklichen tarifvertraglichen Regelung in § 37 Abs. 2 TVöD Ansprüche aus einem Sozialplan. Auch Ansprüche auf Entfernung einer Abmahnung aus der Personalakte[90], Ansprüche auf eine Zusatzversorgung[91], auf vertragsgemäße Beschäftigung[92] und Ansprüche auf Sterbegeld[93] unterfallen nicht der tariflichen Ausschlussfrist. Dies gilt auch bei gesetzlichen Ansprüchen, sofern sich aus deren Rechtsgrundlage eine eigenständige Ausschlussfrist ergibt (bspw. § 15 Abs. 4 AGG). 142

Nach der tariflichen Vorschrift hat die Geltendmachung **schriftlich** zu erfolgen. Nach Ansicht des BAG ist die Schriftform auch dann erfüllt, wenn die Geltendmachung mittels eines Faxschreibens erfolgt.[94] Anhand des Schreibens muss erkennbar werden, welcher Anspruch erhoben werden soll. Die bloße Bitte um Prüfung eines Sachverhaltes ist regelmäßig keine fristwahrende Geltendmachung eines Anspruchs. Geht es um die Geltendmachung von Zahlungsansprüchen, muss die Forderung mindestens annähernd der Höhe nach beziffert werden.[95] Ist jedoch lediglich der Anspruchsgrund strittig, etwa die maßgebende Entgeltgruppe, ist eine Bezifferung der Forderung nicht zwingend erfor- 143

---

89 ErfK 5. Aufl./*Müller-Glöge*, § 109 GewO Rn. 102.
90 BAG v. 14.12.1994 – 5 AZR 137/04 –.
91 BAG v. 12.1.1974 – 3AZR 114/73 –.
92 BAG v. 15.5.1991 – 5 AZR 271/90 –.
93 BAG v. 4.4.2001 – 4 AZR 242/00 –.
94 BAG v. 11.10.2000 – 5 AZR 313/99 –.
95 BAG v. 8.1.1970 -5 AZR 124/69 –.

derlich.[96] Die schriftliche Geltendmachung muss dem Schuldner innerhalb der 6-Monatsfrist zugehen. Für den Zugang ist der Gläubiger darlegungs- und beweisbelastet. Handelt es sich um wiederkehrende Leistungen, reicht für denselben Sachverhalt eine einmalige Geltendmachung auch für die später fällig werdenden Leistungen aus.

b) Besonderer Teil – Verwaltung (BT-V)

144 Der besondere Teil – Verwaltung – gilt für alle Beschäftigten, die unter den Geltungsbereich des § 1 TVöD fallen, soweit sie nicht von anderen besonderen Teilen des TVöD erfasst werden. Dem Teil Verwaltung kommt daher eine **Auffangfunktion** zu. Insofern fallen kommunale Unternehmen, die zum Geltungsbereich des TVöD gehören, aber nicht einem der anderen besonderen Teile zugeordnet werden können, unter den Anwendungsbereich des besonderen Teils Verwaltung. Dieser Teil ist vor allem durch zahlreiche Sonderregelungen für bestimmte Beschäftigtengruppen gekennzeichnet (z. B. feuerwehrtechnischer Dienst, Beschäftigte in Forschungseinrichtungen mit kerntechnischen Forschungsanlagen usw.), die für kommunale Unternehmen nicht relevant sind. Nachfolgend werden die wichtigsten Ergänzungen zum allgemeinen Teil des TVöD kurz dargestellt.

145 In Ergänzung zu den allgemeinen Arbeitsbedingungen in § 3 TVöD sind nach § 41 S. 2 BT-V die Beschäftigten verpflichtet, sich durch ihr gesamtes Verhalten zur freiheitlich demokratischen Grundordnung im Sinne des Grundgesetzes zu bekennen. Diese **politische Treuepflicht** gilt aber nur, wenn bei dem Arbeitgeber hoheitliche Tätigkeiten erbracht werden. Abzustellen ist auf den Arbeitgeber, nicht jedoch auf die Aufgaben des Beschäftigten. Ausreichend ist, wenn nur teilweise hoheitliche Aufgaben zum Aufgabenbereich des Arbeitgebers gehören. Die Verpflichtung des Beschäftigten, sich zur freiheitlich demokratischen Grundordnung zu bekennen, bezieht sich dabei nicht nur auf das innerdienstliche, sondern auch auf das außerdienstliche Verhalten. So kann bspw. die Mitgliedschaft in einer verfassungsfeindlichen Partei oder Organisation Zweifel an der Verfassungstreue eines Beschäftigten begründen. Im Rahmen des Einstellungsverfahrens ist der Arbeitgeber, sofern er hoheitliche Tätigkeit ausübt, berechtigt, nach einer solchen Mitgliedschaft zu fragen. Bei einem bereits bestehenden Arbeitsverhältnis kann unter Umständen eine personenbedingte Kündigung in Betracht kommen, wenn dem Beschäftigten die für die Erfüllung der Aufgaben notwendige persönliche Eignung fehlt.

146 Der BT-V enthält einige abweichende und ergänzende Regelungen zur **Arbeitszeit**. In Ausnahmefällen besteht gemäß § 42 BT-V die Möglichkeit, die regelmäßige Arbeitszeit auf bis zu **60 Stunden** in einem Zeitraum von bis zu 7 Tagen zu verlängern, sofern durch Verkürzung der regelmäßigen wöchentlichen Arbeitszeit innerhalb des Ausgleichszeitraumes nach § 6 Abs. 2 S. 1 TVöD (ein Jahr) ein entsprechender Zeitausgleich herbeigeführt wird. Die Regelung knüpft an § 3 S. 2 ArbZG an, wonach die Arbeitszeit auf bis zu 10 Stunden täglich verlängert werden kann, wenn innerhalb von 6 Kalendermonaten bzw. von 24 Wochen der Durchschnitt von 8 Stunden werktäglich nicht überschritten wird. Aufgrund der Öffnungsklausel in § 7 Abs. 1 Nr. 1 lit. b ArbZG können die Tarifvertragsparteien einen anderen Ausgleichszeitraum festlegen. Hiervon haben sie mit dem Verweis auf den Ausgleichszeitraum nach § 6 Abs. 2 S.1 TVöD Gebrauch gemacht. Die Verlängerung der wöchentlichen Arbeitszeit liegt dabei im Direktionsrecht des Arbeitgebers, setzt aber voraus, dass die Verlängerung aufgrund spezieller Aufgaben oder saisonbedingt notwendig ist.

147 Eine weitere abweichende Regelung besteht bezüglich der **Überstunden**. Es gilt gemäß § 43 Abs.1 BT-V der Grundsatz, dass nach § 7 Abs. 7 und 8 TVöD entstandene Überstunden grundsätzlich durch Freizeit auszugleichen sind. Der Freizeitausgleich ist dabei spätestens bis zum Ende des 3. Kalendermonats, nach Möglichkeit aber schon bis zum Ende des Kalendermonats zu gewähren. Auch bei einem Freizeitausgleich bleibt der Anspruch auf den Zeitzuschlag für Überstunden nach § 8 Abs. 1 TVöD bestehen. Kann

[96] BAG v. 7.9.1982 -3 AZR 1252/79 –.

der Freizeitausgleich nicht gewährt werden, erhält der Beschäftigte für jede Stunde den maßgeblichen Anteil des Tabellenentgelts seiner jeweiligen Entgeltgruppe und Stufe, höchstens jedoch das Entgelt nach der Stufe 4. Sofern ein Arbeitszeitkonto besteht und der Beschäftigte eine Faktorisierung nach § 8 Abs. 1 TVöD geltend gemacht hat, kann statt der Vergütung eine entsprechende Faktorisierung zu Gunsten des Arbeitszeitkontos erfolgen.

Eine besondere Arbeitszeitregelung gilt bei der Durchführung von **Dienstreisen.** 148
Gemäß § 44 Abs. 2 S 1 BT-V gilt die Reisezeit zum Aufsuchen eines auswärtigen Geschäftsortes grundsätzlich nicht als Arbeitszeit. Nur die Zeit der dienstlichen Inanspruchnahme am auswärtigen Geschäftsort ist als Arbeitszeit zu werten. Allerdings wird gemäß Satz 2 für jeden Tag der Dienstreise, einschl. der Reisetage, mindestens die auf den jeweiligen Tag entfallende regelmäßige durchschnittliche oder dienstplanmäßige Arbeitszeit berücksichtigt, wenn diese allein aufgrund der Nichtberücksichtigung der Reisezeit als Arbeitszeit nicht erreicht würde. Insofern wird die Reisezeit, die innerhalb der regelmäßigen oder durchschnittlichen Arbeitszeit liegt, zumindest fiktiv als Arbeitszeit angerechnet. Für nicht anrechenbare **Reisezeiten**, soweit sie 15 Stunden im Kalendermonat betragen, sind auf ausdrücklichen Antrag des Beschäftigten hin, 25% dieser, die Grenze von 15 Stunden überschreitenden Zeit, entweder als Freizeitausgleich zu gewähren oder bei gleitender Arbeitszeit als Arbeitszeit anzurechnen (§ 44 Abs. 2 S 3 BT-V). Diese Regelungen gelten ebenfalls für Teilzeitbeschäftigte, auch für diese Beschäftigten ist die Grenze von 15 Stunden im Monat maßgeblich.

Nach § 44 Abs. 3 BT-V ist es möglich, dass die Arbeitgeber bei der Anrechnung von 149
Zeiten von Dienstreisen nach **eigenen Grundsätzen** und zwar abweichend von der Regelung des § 44 Abs. 2 BT-V verfahren. Es wird nicht verlangt, dass hierüber eine Vereinbarung zwischen den Betriebsparteien besteht. Ausreichend ist eine gefestigte tatsächliche Handhabung. Es handelt es sich um eine Öffnungsklausel, die auch Regelungen zu Lasten der Beschäftigten zulässt. Hinsichtlich der **Erstattung von Reise- und Umzugskosten sowie Trennungsgeld** verweist § 44 Abs. 1 BT-V auf die für die Beamten jeweils geltenden Bestimmungen, die entsprechend anzuwenden sind. Auch hierfür gilt die vorstehend genannte Öffnungsklausel in Absatz 3, die eine abweichende Regelung ermöglicht. Zu berücksichtigen ist aber, dass sich aus § 630 BGB ein gesetzlicher Erstattungsanspruch der Arbeitnehmer ergibt.

c) Besonderer Teil – Flughäfen (BT-F)

Unter diesen besonderen Teil fallen die Beschäftigten von Verkehrsflughäfen, unabhän- 150
gig von deren Rechtsform, soweit der Arbeitgeber unter den Geltungsbereich des TVöD fällt. Die besonderen Regelungen beschränken sich auf **Öffnungsklauseln** zum Abschluss von landesbezirklichen Tarifverträgen sowie auf **Arbeitszeitregelungen** für Beschäftigte im Rampendienst. Gemäß § 41 BT-F kann durch landesbezirklichen Tarifvertrag geregelt werden, dass entgegen der Regelung in § 6 Abs. 1 S. 2 TVöD die gesetzlichen Pausen bei Wechselschichtarbeit nicht mit in die Arbeitszeit einzurechnen sind und das Wechselschichtarbeit im Sinne von § 7 S. 1 TVöD erst dann vorliegt, wenn der Beschäftigte längstens nach Ablauf eines Monats erneut zu mindestens 2 (statt einer) Nachtschichten herangezogen wird.

Das Entgelt für das auf den Verkehrsflughäfen beschäftigte **Feuerwehr- und Sani-** 151
tätspersonal soll landesbezirklich oder betrieblich geregelt werden (§ 43 BT-F). Beschäftigte im Feuerwehr- und Sanitätspersonal, die aus der zusammenhängenden Ruhezeit zur Arbeit gerufen werden, erhalten eine zusätzliche Vergütung, die landesbezirklich oder betrieblich zu vereinbaren ist. In § 42 BT-F sind Sonderregelungen für die Beschäftigten im **Rampendienst** aufgenommen worden. Hierunter sind Tätigkeiten bei dem Beladen und Entladen der Flugzeuge zu verstehen. Nach Abs. 1 steht Beschäftigten im Rampendienst für je 6 Arbeitstage ein freier Tag zu. Der freie Tag soll dabei so gelegt werden, dass im Jahresdurchschnitt jeder 3. freie Tag auf einen Sonntag fällt. Dabei gilt als arbeitsfreier

Tag nicht ein Kalendertag von 24 Stunden, sondern eine zusammenhängende arbeitsfreie Zeit von 36 Stunden. Wenn die Betriebsverhältnisse es erfordern, kann diese arbeitsfreie Zeit im Ausnahmefall auch auf 32 Stunden verringert werden. Werden zwei zusammenhängende freie Tage gewährt, beträgt die arbeitsfreie Zeit nicht 72 Stunden, sondern 60 Stunden, die gleichfalls in Ausnahmefällen auf 56 Stunden verringert werden kann. Für weitere freie Tage erhöhen sich die Zeiten um jeweils 24 Stunden für einen Tag. Alle Zeitzuschläge nach § 8 Abs. 1 TVöD, also für Überstunden, Nacht-, Sonntags- und Feiertagsarbeit, für die Arbeit am 24. und 31.12. und für die Arbeit an Samstagen von 13.00 bis 21.00 Uhr, soweit diese nicht im Rahmen von Wechselschicht und Schichtarbeit anfällt, wird ein pauschaler Zuschlag in Höhe von 12 v.H. des auf ein Stunde entfallenden Anteils des monatlichen Entgeltes der Stufe 3 der jeweiligen Entgeltgruppe gewährt.

d) Besonderer Teil – Sparkassen (BT-S)

152 Dieser besondere Teil gilt für die Beschäftigten des Dienstleistungsbereiches Sparkassen. Er wird durch seine abweichenden Regelungen zum **Leistungsentgelt** gekennzeichnet. Anstelle des § 18 TVöD gelten hierzu die Bestimmungen der §§ 41 bis 44 TVöD BT-S, die die Gewährung einer jährlichen **Sparkassensonderzahlung** (SSZ) vorsehen. Dafür haben die Beschäftigten keinen Anspruch auf die Jahressonderzahlung nach § 20 TVöD-AT (§ 44 Abs.7 BT-S). Die SSZ besteht aus einem garantierten und einem variablen Anteil. Der **garantierte Anteil** beträgt ein Monatstabellenentgelt und steht leistungsunabhängig jedem Beschäftigten zu. Maßgeblich ist das Monatstabellenentgelt, das dem Beschäftigten für den Monat Oktober zugestanden hat. Der zusätzliche variable Anteil steht nur den bankspezifischen Beschäftigten zu, also diejenigen, deren Tätigkeit vor dem 1. Januar 2005 der Rentenversicherung der Angestellten unterlegen hätte. Diejenigen Beschäftigten, die nach früherem Recht Arbeitertätigkeiten verrichtet haben, haben keinen Anspruch auf den variablen Anteil der SSZ. Allerdings eröffnet der BT-S die Möglichkeit, auch für diese Beschäftigten auf betrieblicher Ebene zusätzliche leistungsbezogene Entgeltelemente einzuführen.

153 Der **variable Anteil** der Sparkassensonderzahlung besteht aus einem individuell- leistungsbezogenen Teil nach § 44 Abs. 3 BT-S sowie einem unternehmenserfolgsbezogenen Teil nach § 44 Abs. 4 BT-S. Für den **individuell-leistungsbezogenen Teil** wird für jeden Beschäftigten ab 2013 ein Budget in Höhe von 64% des Monatstabellenentgelts eingestellt. Die Ausschüttung dieses Budgets an den Beschäftigten erfolgt über Leistungszulagen oder Prämien auf der Grundlage von systematischen Leistungsbewertungen oder der Zielvereinbarung im Sinne der §§ 42, 43 BT-S. Dabei ist die vollständige Ausschüttung des Gesamtbudgets bezogen auf alle bankspezifischen Beschäftigen sicherzustellen. Sollte keine einvernehmliche Dienstvereinbarung nach § 42 BT-S bestehen, gilt ein allgemeines Ausschüttungsprinzip in Höhe von 25% des Monatstabellenlohns.

154 Der **unternehmenserfolgsbezogene Anteil** bestimmt sich nach der Erreichung der Geschäftsziele der Sparkasse. Dabei ist der Arbeitgeber verpflichtet, entsprechende Geschäftsziele vor Beginn des Kalenderjahres festzulegen. Der Katalog der zu erreichenden Ziele und Kriterien für die Zielerreichung sind in einer einvernehmlichen Dienstvereinbarung zu regeln. Hierzu ist für jeden bankspezifischen Beschäftigten jährlich einen Betrag in Höhe eines halben Monatsentgeltes als Budget einzuplanen. Werden die gestellten Unternehmensziele erreicht, ist jedem Beschäftigten das halbe Monatstabellenentgelt auszuzahlen. Werden die Ziele nicht oder nur teilweise erreicht, erfolgt nach Maßgabe der Dienstvereinbarung nur eine anteilige Ausschüttung des zurückgestellten Budgets. Werden die Ziele übererfüllt, kann nach Maßgabe der Dienstvereinbarung eine höhere Ausschüttung gewährt werden. Kommt eine Dienstvereinbarung nicht zustande, sind 25% des Monatstabellenlohns auszuschütten.

155 Ebenso wie bei § 18 TVöD-AT bedarf es einer **einvernehmlichen Dienstvereinbarung** um den variablen Teil der SSZ gewähren zu können. Dies setzt voraus, dass die Dienstvereinbarung ohne Einschaltung der Einigungsstelle zustande kommt. Die Dienst-

vereinbarung ist befristet unter Ausschluss der Nachwirkung zu vereinbaren (§ 41 Abs. 1 S. 1). Kommt keine einvernehmliche Dienstvereinbarung zustande, gilt das Ausschüttungsprinzip, d.h. es werden für den individuell leistungsbezogenen und den unternehmenserfolgsbezogenen Anteil der SSZ jeweils 25% des Monatstabellenentgelts ausgeschüttet. Die Feststellung der individuellen Leistung soll über den Abschluss von Zielvereinbarungen und/oder die systematische Leistungsbewertung erfolgen. Grobe Vorgaben für die Ausgestaltung von Zielvereinbarungen bzw. der systematischen Leistungsbewertung sind in den §§ 42, 43 BT-S geregelt. Die konkreten Regelungen bleiben der einvernehmlichen Dienstvereinbarung überlassen.

Bei **Zielvereinbarungen** wird angestrebt, dass nach Möglichkeit mehrere Ziele vereinbart werden. Eine unterschiedliche Gewichtung der einzelnen Ziele ist zulässig und es können Zielerreichungsstufen festgelegt werden. Die Zielerreichung wird auf der Grundlage eines Soll-/Ist-Vergleiches festgestellt und ist dem Beschäftigten, sofern er es wünscht, zu erläutern. Dem Beschäftigten muss die Erfüllung der vereinbarten Ziele dabei innerhalb seiner vertraglichen Arbeitszeit möglich sein. Die Nichterreichung der Ziele darf für sich genommen nicht zu arbeitsrechtlichen Maßnahmen führen (§ 42 BT-S). Auf der Grundlage von Zielvereinbarungen sollen die Leistungsprämien gewährt werden. 156

Hinsichtlich der **systematischen Leistungsbewertung,** die als Grundlage für Leistungszulagen dienen soll, werden in § 43 BT-S beispielhaft einzelne Kriterien vorgegeben, die in einer Dienstvereinbarung, einschließlich ihrer Gewichtung, konkret zu regeln sind. Die Leistungsbewertung ist der tariflichen Regelung zufolge von der zuständigen Führungskraft vorzunehmen und mit dem betroffenen Beschäftigten zu besprechen. Die Führungskraft ist dabei verpflichtet, die Leistungsbewertung zu begründen. Eine Kombination von Zielvereinbarungen und systematische Leistungsbewertung ist nicht ausgeschlossen. 157

Ähnlich wie die betriebliche Kommission nach § 18 TVöD-AT ist nach § 41 Abs. 2, 3 BT-S ein **gemeinsamer Ausschuss** zu bilden, der die Aufgabe hat, bei der Entwicklung, Einführung und dem Controlling der betrieblichen Systeme der leistungsabhängigen Vergütung mitzuwirken. Der Ausschuss ist auch für die Beratung von schriftlich begründeten Beschwerden der Beschäftigten zuständig, die sich auf die Mängel des Systems oder seiner Anwendung beziehen. Hinsichtlich der Beschwerden obliegt dem gemeinsamen Ausschuss allerdings kein Entscheidungsrecht. Er ist lediglich berechtigt, entsprechende Vorschläge dem Arbeitgeber zu unterbreiten. Das Entscheidungsrecht hinsichtlich der Beschwerden liegt allein beim Arbeitgeber. Der gemeinsame Ausschuss ist gemäß § 41 Abs. 2 BT-S paritätisch zu besetzen, wobei die Mitglieder je zur Hälfte vom Arbeitgeber und vom Personalrat aus dem jeweiligen Betrieb benannt werden. Die Entscheidung, wie viele Mitglieder insgesamt dem gemeinsamen Ausschuss angehören sollen, obliegt allein den Betriebsparteien. Die Bildung eines gemeinsamen Ausschuss ist keine zwingende Voraussetzung für die Gewährung des variablen Teils der SSZ. 158

Nach § 45 BT-S können mit Beschäftigten, die in die **EG 15** eingruppiert sind, auf einzelvertraglicher Grundlage vom Tarifrecht abweichende Regelungen zum Entgelt und der Arbeitszeit getroffen werden. Diese Beschäftigten können somit in Teilbereichen von der Geltung des TVöD ausgenommen werden. Die in § 3 Abs.1 TVöD geregelte Verschwiegenheitspflicht, ist dahingehend ergänzt worden, dass die Beschäftigten auch ohne ausdrückliche Anweisung des Arbeitgebers, das **Bankgeheimnis** zu wahren haben (§ 46 BT-S). Zudem beträgt die **vermögenswirksame Leistung** gemäß § 49 BT-S für Vollbeschäftigte für jeden vollen Kalendermonat 40 €. Ansonsten gelten die Voraussetzungen des § 23 Abs. 1 TVöD-AT. 159

e) Besonderer Teil – Krankenhäuser (BT-K)

Der **Geltungsbereich** des besonderen Teils –Krankenhäuser- erfasst gemäß § 40 BT-K Beschäftigte in Krankenhäusern, in medizinischen Instituten von Krankenhäusern und 160 in sonstigen Einrichtungen, in denen die betreuten Personen in ärztlicher Behandlung stehen, wenn die Behandlung durch in der Einrichtung selbst beschäftige Ärzte erfolgt. Es ist dabei nicht erforderlich, dass die o. g. Einrichtungen rechtlich selbständig sind. Auch Krankenhäuser, die bspw. als Eigenbetrieb eines Landkreises geführt werden, fallen unter den BT-K, sofern der Landkreis Mitglied eines Mitgliedsverbandes der VKA ist. Dabei ist es unerheblich, dass für die Kreisverwaltung der BT-V Anwendung findet. Besonderheiten bestehen, wenn ein Krankenhaus über eine Altenpflegeeinrichtung verfügt und zusammen mit dieser Pflegeeinrichtung einen einheitlichen Betrieb bildet. Dann gilt für die Altenpflegeeinrichtung nicht der BT-K, sondern der BT-B (Pflegeeinrichtungen), wobei es allerdings zulässig ist, durch landesbezirkliche Anwendungsvereinbarungen diese Altenpflegeeinrichtung in den Geltungsbereich des BT-K einzubeziehen.

161 Ergänzend zu § 3 TVöD-AT sind in § 42 BT-K weitergehende **allgemeine Pflichten für Ärzte** aufgenommen worden. Danach gehört es zu deren Arbeitspflichten ärztliche Bescheinigungen auszustellen, am Rettungsdienst in Notarztwagen und Hubschraubern teilzunehmen sowie auf Wunsch des Arbeitgebers Gutachten, gutachterlichen Äußerungen und wissenschaftlichen Ausarbeitungen zu erstellen. Darüber hinaus kann der Arbeitgeber die Ärzte verpflichten, im Rahmen einer Nebentätigkeit Unterricht zu erteilen sowie Gutachten und wissenschaftliche Ausarbeitungen, die von Dritten angefordert und vergütet werden, anzufertigen. Zudem können sie vom Arbeitgeber verpflichtet werden, Arbeitsleistungen für leitende Ärzte oder für Belegärzte zu erbringen.

162 Zusätzlich zur Qualifizierungsregelung des § 5 TVöD-AT enthält § 43 BT-K weitergehende Regelungen zur **Qualifizierung der Ärzte**. Danach ist der Arbeitgeber verpflichtet, für Ärzte, die sich in einer Weiterbildung im Sinne des Gesetzes über befristete Arbeitsverträge mit Ärzten in der Weiterbildung befinden, einen Weiterbildungsplan aufzustellen, der die zu vermittelnden Ziele und Inhalte der Weiterbildungsabschnitte sachlich und zeitlich gegliedert festlegt. Der Arbeitgeber hat dafür Sorge zu tragen, dass diese Weiterbildung so organisiert wird, dass der Beschäftigte die festgelegten Ziele erreichen kann. Können diese Weiterbildungsziele aus Gründen, die der Arbeitgeber zu vertreten hat, innerhalb der vereinbarten Dauer des Arbeitsverhältnisses nicht erreicht werden, ist der Arbeitgeber verpflichtet, den Arbeitsvertrag entsprechend zu verlängern. Die darüber hinaus geltenden Regelungen des Gesetzes über befristete Arbeitsverträge mit Ärzten in Weiterbildung bleiben unberührt. Zudem ist nach § 43 Abs. 4 BT-K Ärzten zur Teilnahme an Kongressen, Fachtagungen u.ä. eine **Arbeitsbefreiung von bis zu 3 Arbeitstagen** im Kalenderjahr unter Fortzahlung des Entgelts zu gewähren. Eine Anrechnung der erteilten Arbeitsbefreiung auf einen möglichen Anspruch nach den Weiterbildungsgesetzen der Länder ist zulässig. Der Anspruch auf Arbeitsbefreiung verlängert sich auf bis zu 5 Tage, wenn eine Kostenerstattung durch Dritte erfolgt.

163 Breiten Raum im BT-K nehmen naturgemäß **Sonderregelungen zur Arbeitszeit** ein. Nach § 44 Abs. 2 BT-K beträgt die **regelmäßige Arbeitszeit** ausschließlich der Pausen für **Ärzte** einheitlich für beide Tarifgebiete durchschnittlich 40 Stunden wöchentlich. Die Arbeitszeiten sind durch elektronische Zeiterfassung oder auf andere Art und Weise zu dokumentieren (§ 44 Abs. 3 BT-K). Nach § 49 BT-K bestehen für alle Beschäftigten, die unter den BT-K fallen, Sonderregelungen für die **Arbeit an Sonn- und Feiertagen**. Wird Arbeit an einem gesetzlichen Feiertag geleistet, der auf einen Werktag fällt, hat ein entsprechender Freizeitausgleich durch Gewährung einer Freistellung an einem anderen Werktag bis zum Ende des 3. Kalendermonats zu erfolgen. Kann der Freizeitausgleich nicht gewährt werden, erhält der Beschäftigte eine zusätzliche Vergütung für jede am Feiertag geleistete Stunde in Höhe von 100% des auf eine Stunde entfallenden Anteils des monatlichen Entgelts seiner individuellen Entgeltgruppe und Entgeltstufe. Darüber hinaus hat er Anspruch auf Bezahlung der Arbeit an dem Feiertag sowie auf die entsprechenden Zuschläge. Eine entsprechende Buchung auf das Arbeitszeitkonto anstelle des Freizeitausgleiches ist zulässig. Wird der Beschäftigte regelmäßig nach einem Dienstplan eingesetzt, der Wechselschichtdienst oder Schichtdienst an 7 Tagen der Woche vor-

sieht, verringert sich die regelmäßige Wochenarbeitszeit um ein Fünftel der arbeitsvertraglich vereinbarten durchschnittlichen Wochenarbeitszeit, wenn sie an einem gesetzlichen Feiertag, der auf einen Werktag fällt, Arbeitsleistung zu erbringen haben oder nicht wegen des Feiertages, sondern dienstplanmäßig nicht zur Arbeitszeit eingeteilt sind.

Weitgehende Sonderregelungen gelten hinsichtlich des Umfangs und der Vergütung des **Bereitschaftsdienstes**. Nach § 45 Abs. 2 BT-K kann die tägliche Höchstarbeitszeit, sofern eine entsprechende Dienst- oder Betriebsvereinbarung vorliegt, gemäß der Öffnungsklausel in § 7 Abs. 1 Nr. 1 und 4 ArbZG auf maximal 13 bzw. 16 Stunden verlängert werden, wenn mindestens die 8 Stunden überschreitende Zeit im Rahmen von Bereitschaftsdiensten geleistet wird. Bei Bereitschaftsdiensten der Stufe I kann die tägliche Arbeitszeit auf bis zu maximal 16 Stunden täglich und bei den Bereitschaftsdiensten der Stufen I und III bis auf maximal 13 Stunden täglich verlängert werden. Zudem kann nach § 45 Abs. 3 S. 3 und 4 BT-K die tägliche Arbeitszeit auf bis zu 24 Stunden verlängert werden, wenn die dort geregelten Voraussetzungen erfüllt sind. Die Arbeitszeitverlängerungen nach § 45 Abs. 2 und 3 BT-K erlauben zwar die Verlängerung der täglichen Höchstarbeitszeit, lassen jedoch die Höchstgrenze von durchschnittlich 48 Stunden im Durchschnitt von 12 Kalendermonaten unberührt. Insofern ist für die Verlängerung der täglichen Höchstarbeitszeit in diesen Fällen ein Zeitausgleich herbeizuführen. 164

Darüber hinaus ermöglicht § 45 Abs. 4 BT-K die tägliche Arbeitszeit auch **ohne Zeitausgleich** zu verlängern, wenn zum einen die Voraussetzungen für die Verlängerung der täglichen Arbeitszeit auf bis zu 24 Stunden nach § 45 Abs. 3 Satz 1 und 2 BT-K erfüllt sind und der Beschäftigte seine **schriftliche Einwilligung** gegeben hat (opt-out-Modell). Eine schriftlich erteilte Einwilligung kann der Arbeitnehmer gemäß § 7 Abs. 7 Satz 2 ArbZG mit einer Frist von 6 Monaten schriftlich widerrufen. Liegt die Einwilligung vor, kann die tägliche Arbeitszeit ohne Zeitausgleich verlängert werden, wobei bei Bereitschaftsdiensten der Stufe I die wöchentliche Arbeitszeit bis maximal durchschnittlich 58 Stunden und bei Bereitschaftsdiensten der Stufe II und III bis zu maximal durchschnittlich 54 Stunden wöchentlich betragen darf. 165

Die Zuordnung zu den einzelnen **Stufen des Bereitschaftsdienstes** erfolgt nach Maßgabe von § 46 Abs. 1 und 2 BT-K. Ausschlaggebend ist dabei die erfahrungsgemäß während eines Bereitschaftsdienstes durchschnittlich anfallende Arbeitsleistung. Beträgt die Arbeitsleistung innerhalb des Bereitschaftsdienstes erfahrungsgemäß bis zu 25%, erfolgt die Zuweisung zur Stufe I, bei mehr als 25 bis zu 40% zur Stufe II und bei mehr als 40 bis zu 49% zur Stufe III. Die Zuweisung erfolgt durch die Betriebsparteien. Bei Ärzten ist gemäß § 46 Abs. 2 S. 2 BT- K die jeweilige Stufe als Nebenabrede zum Arbeitsvertrag schriftlich zu vereinbaren. Die Zuweisung zu einer bestimmten Stufe ist nicht für den für den Umfang einer Arbeitszeitverlängerung, sondern auch für die Bezahlung der geleisteten Bereitschaftsdienste maßgeblich. Unabhängig von der tatsächlich geleisteten Arbeitszeit, wird die Zeit des Bereitschaftsdienstes der Stufe I zu 60%, der Stufe II zu 75% und der Stufe 3 zu 90% als Arbeitszeit bewertet (§ 46 Abs.1 BT-K). Das entsprechende Entgelt für ist in der Anlage C für die einzelnen Entgeltgruppen gesondert ausgewiesen. Nach Maßgabe von § 10 Abs. 3 S. 2 TVöD können die Bereitschaftsdienstentgelte auch auf bestehendes Arbeitszeitkonto gebucht werden. Dabei regelt § 46 Abs. 8 BT-K wieviel Arbeitszeit für jede geleistete Stunde Bereitschaftsdienst auf das Arbeitszeitkonto gebucht werden kann. 166

Für Ärzte besteht nach § 46 Abs. 6 BT-K die Möglichkeit, anstelle der Auszahlung des Entgelts für die gewertete Arbeitszeit bis zum Ende des 3. Kalendermonats einen entsprechenden **Freizeitausgleich** zu erhalten. Dabei bemisst sich der Freizeitausgleich nach der entsprechenden Stufe des Bereitschaftsdienstes. Das Entgelt für den Bereitschaftsdienst wird daher für Ärzte erst nach Ablauf der 3 Monate am Zahltag des folgenden Kalendermonats fällig, sofern der Freizeitausgleich nicht gewährt worden ist. 167

Abweichend von der Definition der **Wechselschichten** in § 6 Abs. 1 Satz 2 TVöD-AT werden nach § 48 Abs. 1 BT-K die gesetzlichen Pausen bei Wechselschichtarbeit nicht mit 168 in die Arbeitszeit eingerechnet. Zudem wird für Wechselschichtarbeit verlangt, dass der Beschäftigte nach Ablauf eines Monats erneut zu mindestens 2 Nachtschichten herangezogen werden muss.

169 In dem §§ 51 und 52 BT-K ist abschließend die **Eingruppierung der Ärzte** geregelt. In die Entgeltgruppe I sind Ärzte mit entsprechender Tätigkeit und in die Entgeltgruppe II Fachärzte mit entsprechender Tätigkeit eingruppiert. Die jeweilige Stufenzuordnung erfolgt in Abhängigkeit von der Dauer der ärztlichen bzw. fachärztlichen Berufserfahrung. Für die Ausübung von leitenden Funktionen (medizinische Verantwortung für einen selbstständigen Funktionsbereich) wird nach Maßgabe des § 51 Abs. 3 und 4 BT-K eine entsprechende Funktionszulage gewährt. Das maßgebliche Tabellenentgelt der Ärzte ergibt sich aus den Tabellen nach der Anlage C. Für nichtärztlichen Beschäftigten ergibt sich dass Tabellenentgelt aus den Anlagen A und E. Alle Beschäftigten, die in die Entgeltgruppe 5 bis 15 eingruppiert sind, erhalten zusätzlich zum Tabellenentgelt eine nichtdynamische Zulage in Höhe von 25,00 Euro. Beschäftigte, denen die Leitung einer Station übertragen worden ist, erhalten für die Dauer der Ausübung dieser Funktion eine Zulage in Höhe von 30,00 Euro (§ 52 Abs. 3 BTK).

170 Beschäftigte, die in die Entgeltgruppen 1 bis 4 eingruppiert sind, erhalten jeweils mit dem Tabellenentgelt für den Monat Juli jährlich eine **Einmalzahlung** in Höhe von 8,4 v.H. der Stufe 2 ihrer jeweiligen Entgeltgruppe im Monat Juli. Eine weitere Sonderregelung besteht hinsichtlich der **Jahressonderzahlung**. Abweichend von § 20 TVöD-AT erhalten Beschäftigte im Geltungsbereich des BTK die Jahressonderzahlung auch dann, wenn ihr Arbeitsverhältnis bereits vor dem 01.12. des jeweiligen Kalenderjahres endet. Ärzte haben gemäß § 54 Abs. 2 BT-K keinen Anspruch auf eine Jahressonderzahlung, da die Jahressonderzahlung bei den Ärzten anteilig in deren Tabellenentgelt mit eingeflossen ist.

171 Zusätzlich zu den Möglichkeiten der Erlangung von **Zusatzurlaub** nach § 27 TVöD-AT besteht für die Beschäftigten, die unter den Geltungsbereich des BT-K fallen, die Möglichkeit, nach § 55 Abs. 1 BT-K Zusatzurlaub in Abhängigkeit von den geleisteten Nachtarbeitsstunden im Kalenderjahr zu erlangen und zwar wird für jeweils 150 geleistete Nachtarbeitsstunden ein Tag Zusatzurlaub gewährt, maximal jedoch 4 Arbeitstage. Nachtarbeit, die in Zeiträumen geleistet wird, für die bereits Zusatzurlaub für Wechselschicht und Schichtarbeit beansprucht wurde, bleibt jedoch unberücksichtigt. Erholungsurlaub und der Zusatzurlaub dürfen zusammen im Kalenderjahr nicht 35 Tage, bei Zusatzurlaub wegen Wechselschichtarbeit 36 Tage, nicht überschreiten. Der Zusatzurlaub für abgeleistete Nachtarbeitsstunden entsteht bereits im laufenden Kalenderjahr, sofern in dem entsprechenden Umfange Nachtarbeitsstunden geleistet worden sind.

f) Besonderer Teil- Pflege- und Betreuungseinrichtungen (BT-B)

172 Die Regelungen des BT-B weisen zahlreiche Parallelen zum BT-K auf. Im Mittelpunkt stehen **Arbeitszeitfragen**, wie etwa die Verlängerung der täglichen Höchstarbeitszeit, Regelungen zu Bereitschaftsdienst und Rufbereitschaft sowie zur Arbeit an Sonn- und Feiertagen. Ebenso wie im BT-K wird auch im BT-B die **Eingruppierung der Ärzte** abschließend geregelt. Bezüglich der Ärzte werden die im TVöD aufgeführten allgemeinen Arbeitsbedingungen sowie die Vorschriften zur Qualifizierung ergänzt.

173 Unter dem **betrieblichen Geltungsbereich** des BT-B fallen nur Einrichtungen, deren Träger Mitglied eines Mitgliedsverbandes der VKA ist. In § 40 Abs. 1 BT-B wird abschließend aufgezählt, welche Einrichtungen hiervon erfasst werden. Dies betrifft insbesondere Heil-, Pflege- und Entbindungseinrichtungen sowie sonstige Einrichtungen und Heime, in denen Personen betreut werden, unabhängig davon, ob diese betreuten Personen in ärztlicher Behandlung stehen oder nicht, soweit sie nicht vom Geltungsbereich des BT-K erfasst werden. Hinsichtlich des **persönlichen Geltungsbereichs** wird mit § 41 BT-B wird die Vorschrift des § 1 Abs. 2 lit. b TVöD-AT dahingehend ergänzt, dass Ärzte, die bestimmte Leitungsfunktionen wahrnehmen bzw. als ständige Vertreter leiten-

der Ärzte bestellt sind, auch dann unter den TVöD fallen, wenn sie ein Entgelt oberhalb der Entgeltgruppe 15 erhalten. Dabei ist es zulässig, durch abweichende einzelvertragliche Regelung die betroffenen Beschäftigten aus dem persönlichen Geltungsbereich des TVöD herauszunehmen.

Wie im Bereich des BT-K wird der § 3 TVöD-AT durch weitere **allgemeine Pflichten** der Ärzte nach § 42 BT-B ergänzt. Danach gehört es zu den Arbeitspflichten der Ärzte, ärztliche Bescheinigungen auszustellen und am Rettungsdienst in Notarztwagen und Hubschraubern teilzunehmen (gegen Zahlung eines Einsatzzuschlags). Darüber hinaus können sie vom Arbeitgeber verpflichtet werden, Arbeitsleistungen für leitende Ärzte zu erbringen. Nach § 42 Abs. 3 BT-B gehört die Erstellung von Gutachten, gutachterlichen Äußerungen und wissenschaftlichen Ausarbeitungen zu den nicht gesondert zu vergütenden Pflichten aus der Haupttätigkeit der Ärzte, sofern diese Gutachten und Ausarbeitungen vom Arbeitgeber selbst, nicht aber von Dritten angefordert werden. Nach § 43 BT-B kann der Arbeitgeber von den Ärzten verlangen, dass sie im Rahmen einer Nebentätigkeit Unterricht erteilen. Die Unterrichtserteilung erfolgt außerhalb der regelmäßigen wöchentlichen Arbeitszeit und ist vom Arbeitgeber entsprechend zu vergüten. 174

Die allgemeinen Regelungen zur **Qualifizierung** in § 5 TVöD werden durch § 44 BT-B ergänzt. Dabei gelten in § 44 Abs. 1 bis 3 BT-B für **Ärzte**, die sich nach dem Gesetz über befristete Arbeitsverträge mit Ärzten in der Weiterbildung in einem befristeten Arbeitsverhältnis zur Facharztausbildung, zum Erwerb einer Anerkennung für einen Schwerpunkt, eines Fachkundenachweises oder einer fakultativen Weiterbildung befinden. Danach ist der Arbeitgeber verpflichtet, einen Weiterbildungsplan aufzustellen, der die zu vermittelnden Ziele und die Inhalte der Weiterbildungsabschnitte sachlich und zeitlich gegliedert festlegt. Des Weiteren ist gemäß § 44 Abs. 2 BT-B die Weiterbildung vom Arbeitgeber so zu organisieren, dass der Arzt die in dem Weiterbildungsplan festgelegten Weiterbildungsziele in der vorgesehenen Zeit erreichen kann. Können die gesetzten Weiterbildungsziele aus Gründen, die der Arbeitgeber zu vertreten hat, nicht in der vereinbarten Dauer erreicht werden, verlangt § 44 Abs. 3 BT-B eine entsprechende Verlängerung des befristeten Arbeitsvertrages. 175

Für die Beschäftigten **im Erziehungsdienst** im Tarifgebiet West werden nach § 44 Abs. 4 BT-B in jedem Kalenderjahr 19,5 Stunden für die Vorbereitung und Qualifizierung verwendet. Teilzeitbeschäftigte erhalten diese Zeit anteilig im Verhältnis zu ihrer individuell vereinbarten Arbeitszeit. Dies bedeutet, dass die Beschäftigten während dieser Zeit keine erzieherischen oder betreuerischen Tätigkeiten ausüben. Nicht verlangt wird, dass dieser Zeitumfang allein für die Qualifizierung genutzt wird. Zulässig ist, diesen Zeitumfang ganz oder teilweise für die Vorbereitung auf die unmittelbare erzieherische oder betreuerische Arbeit zu verwenden. 176

Nach § 45 Abs. 2 BT-B kann die **tägliche Arbeitszeit** über 8 Stunden hinaus verlängert werden, wenn zumindest die die 8 Stunden übersteigende Zeit im Rahmen von **Bereitschaftsdiensten** geleistet wird. Danach ist mit entsprechendem Ausgleich bei Bereitschaftsdiensten der Stufe A und B eine Verlängerung bis zu insgesamt maximal 16 Stunden täglich und bei den Bereitschaftsdiensten der Stufe C und D bis zu maximal 13 Stunden täglich zulässig. Zudem ist nach Maßgabe von Abs. 3 eine Verlängerung der täglichen Arbeitszeit, ausschließlich der Pausen, auf maximal 24 Stunden zulässig, wenn in die Arbeitszeit regelmäßig in erheblichem Umfange Bereitschaftsdienst fällt und die in Abs. 3 Satz 1 und 2 geregelten Voraussetzungen erfüllt sind. Nach Abs. 4 ist auch eine Verlängerung der täglichen Arbeitszeit **ohne Ausgleich** zulässig, soweit die Vorrausetzungen des Abs. 3 Satz 1 und 2 erfüllt sind. In diesen Fällen ist bei den Bereitschaftsdiensten der Stufe A und B eine wöchentliche Arbeitszeit von bis zu maximal durchschnittlich 58 Stunden und bei den Stufen C und D von bis zu maximal 54 Stunden zulässig. Hierbei handelt es sich um eine auf § 7 Abs. 2 ArbZG gestützte Arbeitszeitverlängerung, die zusätzlich der schriftlichen Einwilligung des Arbeitnehmers bedarf (opt-out-Modell). 177

Die schriftliche Einwilligung muss vor der Erbringung der entsprechenden Dienstleistung vorliegen und kann vom Arbeitnehmer gemäß § 7 Abs. 7 S. 2 ArbZG mit einer Frist von 6 Monaten schriftlich widerrufen werden.

178 Die Zuordnung zu den einzelnen **Stufen des Bereitschaftsdienstes** erfolgt gemäß § 46 Abs.1 lit. a BT-B anhand der während des Bereitschaftsdienstes erfahrungsgemäß durchschnittlich anfallenden Arbeitsleistung. Eine Zuordnung für Stufe A erfolgt, wenn die Arbeitsleistung durchschnittlich bis zu 10% beträgt. Bei der Stufe B beträgt die Arbeitsleistung mehr als 10 bis zu 25%, bei der Stufe C mehr als 25 bis zu 40% und bei der Stufe D mehr als 40 bis zu 49%. Die Zuordnung zu den Stufen des Bereitschaftsdienstes erfolgt durch die Betriebsparteien. Unabhängig von der tatsächlichen Arbeitsleistung während des Bereitschaftsdienstes werden zum Zwecke der **Entgeltberechnung** festgelegte Anteile des Bereitschaftsdienstes als Arbeitszeit gewertet. Nach § 46 Abs. 1 lit. a BT-B werden bei der Stufe A 15%, bei der Stufe B 25%, bei der Stufe C 40% und bei der Stufe D 55% der abgeleisteten Bereitschaftsdienststunden als Arbeitszeit berücksichtigt. Zusätzlich wird gemäß § 46 Abs.1 lit.b BT-B noch auf die Anzahl der Bereitschaftsdienste im Kalendermonat abgestellt. Bei der Ableistung von bis zu 8 Bereitschaftsdiensten im Kalendermonat werden zusätzliche weitere 25% als Arbeitszeit gewertet. Bei 9 bis 12 Bereitschaftsdiensten 35% und ab dem 13. Bereitschaftsdienst werden zusätzlich 45% als Arbeitszeit bewertet. Dies bedeutet, dass bspw. ein Pfleger, der der Bereitschaftsdienststufe B zugeordnet ist und 6 Bereitschaftsdienste im Kalendermonat abgeleistet hat, 50% der Bereitschaftsdienststunden als Arbeitszeit bewertet und vergütet werden (25% nach lit. a und 25% nach lit. b). Für Beschäftigte, mit Ausnahme der Ärzte, die in Einrichtungen und Heimen im Sinne von § 40 Abs. 1 lit d BT-B tätig sind, gelten hinsichtlich des Bereitschaftsdienstes Sonderregelungen. Bei den Arbeitszeitverlängerungen aufgrund von Bereitschaftsdienstes sind für diese Beschäftigten die Grenzen der Stufen A und B einzuhalten. Bei der Entgeltberechnung wird die Zeit des Bereitschaftsdienstes einschließlich der geleisteten Arbeit pauschal mit 25% als Arbeitszeit bewertet. Ab dem 9. Bereitschaftsdienst je Kalendermonat erfolgt eine zusätzliche Bewertung mit 15% als Arbeitszeit.

179 Für die Zeit des Bereitschaftsdienstes und der Rufbereitschaft werden **Zeitzuschläge** nach § 8 TVöD nicht gewährt. Das Bereitschaftsdienstentgelt kann nach § 10 Abs. 3 TVöD-AT faktorisiert werden und im Verhältnis 1 zu 1 mit Freizeit abgegolten werden. Abweichend von § 6 Abs. 1 S. 2 TVöD-AT werden bei der Leistung von **Wechselschichtarbeit** die gesetzlichen Pausen nicht mit in die Arbeitszeit eingerechnet. Des Weiteren liegt Wechselschichtarbeit nur dann vor, wenn neben dem regelmäßigen Wechsel der täglichen Arbeitszeit in Wechselschichten der Beschäftigte längstens nach Ablauf des Monats erneut zumindest 2 (statt 1) Nachtschichten herangezogen wird.

180 In § 51 BT-B ist die **Eingruppierung von Ärzten** mit entsprechender Stufenzuordnung sowie die Gewährung von Funktionszulagen für Ärzte geregelt. Danach werden Ärzte in Abhängigkeit von ihrer Berufserfahrung in die EG 14 Stufe 1 oder Stufe 2 eingruppiert. Fachärzte hingegen je nach Dauer der ausgeübten Facharzttätigkeit entweder in die EG 14 oder die EG 15. In den Absätzen 2 bis 4 ist die Gewährung von dynamischen **Funktionszulagen** geregelt, die von der Ausübung einer bestimmten Vertretungsfunktion bzw. einer Führungsfunktion abhängig sind. Mit dem Wegfall der jeweiligen Funktion entfällt der Anspruch auf die Funktionszulage.

181 In den §§ 52 und 53 BT-B sind ergänzende Regelungen zum **Urlaub** aufgeführt. Nach § 52 BT-B haben Beschäftigte in Heimschulen und Internaten ihren Urlaub in der Regel während der Schulferien zu nehmen. Zudem wird in § 53 BT-B ein Anspruch auf Zusatzurlaub in Abhängigkeit von den im Kalenderjahr abgeleisteten Nachtarbeitsstunden geregelt. Für je 150 geleistete Nachtarbeitsstunden wird ein Arbeitstag Zusatzurlaub, maximal jedoch 4 Arbeitstage gewährt. Bei Teilzeitbeschäftigten ist die Anzahl der erforderlichen Nachtarbeitsstunden im Verhältnis zu ihrer individuell vereinbarten Arbeitszeit zu kürzen.

Nachtarbeitsstunden, die in Zeiträumen geleistet werden, für die Zusatzurlaub aufgrund von Wechselschicht- oder Schichtarbeit erlangt wird (§ 27 Abs. 1 TVöD-AT), bleiben unberücksichtigt. Weiterhin bestehen bleibt die in § 27 Abs. 4 TVöD-AT aufgenommene Regelung, wonach die Gesamtsumme aus Erholungs- und Zusatzurlaub im Kalenderjahr nicht 35 bzw. 36 Tage überschreiten darf.

Nach § 54 BT-B sind **Reise- und ggf. Umzugskosten** nach denen beim Arbeitgeber geltenden Grundsätzen zu erstatten. Sofern der Arbeitgeber dem öffentlichen Haushaltsrecht unterliegt, finden die für die Beamten geltenden Vorschriften Anwendung, es sei denn, der Arbeitgeber hat für seine Arbeitnehmer zur Erstattung der Reise- und Umzugskosten eigene Regelungen geschaffen. In diesem Fall haben die betrieblichen Regelungen Vorrang. 182

g) Besonderer Teil – Entsorgung (BT-E)

Unter den fachlichen Geltungsbereich des BT-E fallen nur Betriebe, die vom Geltungsbereich des TVöD (§ 1) erfasst werden. Zudem muss es sich um einen **Entsorgungsbetrieb** handeln. Dieser Begriff wird in der tariflichen Regelung nicht näher bestimmt. Nach allgemeinem Verständnis ist unter „Entsorgung" die Erfassung, der Abtransport und die geordnete Beseitigung (durch Aufbereitung, Behandlung und/oder Deponierung) von Abfallstoffen aller Art (einschließlich Abwasser und Abgase) zu verstehen. Gleichfalls gehört hierzu die Abfallverwertung (Recycling). Sofern der Betriebszweck in der Erbringung der o g Entsorgungsaufgaben besteht, handelt es sich um einen Entsorgungsbetrieb i.S. von § 40 Abs.1 BT-E. Abgrenzungsschwierigkeiten können bei **Mischbetrieben** auftreten, wenn ein Betrieb zugleich Versorgungs- und Entsorgungsleistungen erbringt (z B Trink- und Abwasserzweckverbände). Im Unterschied zum TV-V wird vorliegend weder eine bestimmte Mindestanzahl an Beschäftigten, noch der Einsatz eines bestimmten Prozentsatzes der Beschäftigten für die Erbringung der Entsorgungsaufgaben verlangt. Da die Tarifvertragsparteien Abgrenzungskriterien geregelt haben und auch keine Anhaltspunkte ersichtlich sind, dass man vom Grundsatz der Tarifeinheit im Betrieb abweichen wollte, ist bei Betrieben, die neben Entsorgungsleistungen auch noch andere Leistungen erbringen (z. B. Versorgung mit Trinkwasser), darauf abzustellen, mit welchen Tätigkeiten die Arbeitnehmer des betreffenden Betriebes überwiegend beschäftigt werden (in Anknüpfung an die Rechtsprechung des BAG zur Tarifgeltung in Mischbetrieben).[97] Überwiegt aus arbeitszeitlicher Sicht nicht der Anteil der Entsorgungsaufgaben, sondern der sonstigen Aufgaben, findet nicht der BT-E, sondern der BT-V Anwendung, dem insoweit gemäß § 40 Abs 1 S 1 BT-V eine Auffangfunktion zukommt. Der Geltungsbereich erstreckt sich auf alle Entsorgungsbetriebe unabhängig von ihrer Größe und ihrer Rechtsform. Erfasst werden somit sowohl Betriebe in privater Rechtsform (GmbH, AG usw.), als auch öffentlich-rechtliche Körperschaften (Zweckverbände). Da eine rechtliche Selbständigkeit nicht verlangt wird, sind auch Eigenbetriebe, die ausschließlich oder überwiegend Entsorgungsaufgaben erfüllen, dem Geltungsbereich des BT-E zuzuordnen. 183

Der BT-E enthält nur relativ **wenige Sonderbestimmungen**. Diese betreffen insbesondere eine ausdrückliche Öffnungsregelung zu § 14 TzBfG (§ 42 BT-E) und Regelungen zum betrieblichen Gesundheits- und Arbeitsschutz (§ 43 BT-E). In Abweichung zu § 6 Abs. 7 TVöD-AT wird der Zeitraum für Rahmenzeit auf die Zeitspanne von 6 bis 22 Uhr (statt von 6 bis 20 Uhr) verlängert (§ 41 BT-E). Die Regelung in § 45 BT-E zur Qualifizierung hat keinen eigenständigen Regelungsgehalt, sondern ist wortgleich mit § 5 TVöD-AT. 184

Nach § 14 Abs. 2 S 3 TzBfG kann durch Tarifvertrag sowohl die Anzahl der Verlängerungen als auch gleichzeitig die Höchstdauer von **Befristungen ohne sachlichen Grund** abweichend geregelt werden.[98] Diese Tariföffnungsklausel gilt nicht nur bei einer 185

---

[97] BAG v. 25.2.1987, AP TVG TV-Bau § 1 Nr. 81; v. 17.1.1996, AP TVG TV-Bäcker § 1 Nr.1 .
[98] ErfK 5. Aufl./*Müller-Glöge* § 14 TzBfG Rn. 128; KR/*Lipke*, TzBfG Rn. 309.

beiderseitigen Tarifbindung (§ 4 Abs. 1 S. 1 TVG), sondern auch, wenn nur eine oder keine der Arbeitsvertragsparteien tarifgebunden ist, aber das Arbeitverhältnis unter den Geltungsbereich des Tarifvertrages fällt und durch einzelvertragliche Abrede die Anwendung der tarifvertraglichen Bestimmungen vereinbart worden ist. Nach § 42 Abs. 1 BT-E darf ein kalendermäßig befristeter Arbeitsvertrag ohne sachlichen Grund bis zu einer Gesamtdauer von 4 Jahren vereinbart werden. Während dieser Gesamtdauer ist höchstens eine 3-malige Verlängerung des befristeten Arbeitsvertrages möglich. Somit verbleibt es hinsichtlich der Anzahl der zulässigen Verlängerungen bei der gesetzlichen Regelung. Um den Missbrauch der Verlängerung der sachgrundlosen Befristung auf bis zu 4 Jahre nach Möglichkeit zu begrenzen, haben die Tarifvertragsparteien in den Absätzen 2 bis 5 zusätzliche Wirksamkeitsvoraussetzungen geregelt. Danach bedarf die sachgrundlose Befristung nach Abs. 1, soweit die Befristungsdauer 2 Jahre übersteigt, der vorherigen Zustimmung des Personal- bzw. Betriebsrats (Abs. 2). Zudem dürfen nicht mehr 40% aller beim Arbeitgeber begründeten Arbeitsverhältnisse als Befristungen ohne sachlichen Grund ausgestaltet sein (Abs. 3). Die Beschäftigung von Leiharbeitern ist unzulässig, soweit von der Möglichkeit nach Abs.1 Gebrauch gemacht wird (Abs. 4). Für Arbeitnehmer, die nach Maßgabe von Abs. 1 sachgrundlos länger als zwei Jahre beschäftigt worden sind, besteht eine Verpflichtung zur Übernahme in ein unbefristetes Arbeitsverhältnis (Abs. 5). Die Realisierung des Übernahmeanspruchs kommt nur in Betracht, wenn ein Arbeitsplatz in dem betreffenden Funktionsbereich tatsächlich frei ist. Verfügen bei gleicher Eignung und Befähigung mehr Beschäftigte über einen Übernahmeanspruch als Arbeitsplätze zu besetzen sind, hat der Arbeitgeber eine Auswahlentscheidung im Rahmen des billigen Ermessens zu treffen. Sofern befristete Verträge ohne sachlichen Grund mit einer Laufzeit von mehr als zwei Jahren nach Abs.1 vereinbart werden, sind Auszubildende beim Abschluss von Verträgen nach Absatz 1 vorrangig zu berücksichtigen (Abs. 6).

186 Angesichts der Bedeutung die dem **betrieblichen Gesundheits- und Arbeitsschutz** in der Abfall- und Entsorgungswirtschaft zukommt, wurden in § 43 BT-E hierzu besondere Regelungen getroffen, die allerdings über die einschlägigen gesetzlichen Regelungen nicht hinausgeht. Die Absätze 1 und 2 haben programmatischen Charakter und geben die allgemeinen Grundsätze des Arbeits- und Gesundheitsschutzes wieder, wie sie z. B. in § 4 ArbSchG zu finden sind. Es wird die gemeinsame Verantwortung von Arbeitgeber und Beschäftigten bei der Einhaltung der einschlägigen Sicherheitsvorschriften betont. Der Arbeitgeber ist verpflichtet, die Beschäftigten regelmäßig und bei besonderen Anlässen zu unterrichten (Abs. 3 Nr. 1) und der Beschäftigte wiederum ist gehalten, den Unterweisungen Folge zu leisten (Abs. 4 S. 1) und muss bei nicht ausreichender Unterrichtung dies einem betrieblich Verantwortlichen mitteilen (Abs. 5). Auf Beschäftigte, die der deutschen Sprache nicht hinreichend mächtig sind, ist entsprechend Rücksicht zu nehmen, in dem die Belehrung in einer ihnen verständlichen Sprache oder schriftlich in der Landessprache erfolgt.

187 Zu den Pflichten des Arbeitgebers gehört es weiterhin, die Schutzausrüstungen und Arbeitsmittel in einem betriebssicheren Zustand zur Verfügung zu stellen (Abs. 3 Nr. 2) und für die Bereitstellung und Pflege der Schutzbekleidung zu sorgen (Abs. 3 Nr. 3). Die einschlägigen Unfallverhütungsvorschriften müssen den Beschäftigten auch in Betriebsstätten und festen Baustellen zugänglich sein (Abs. 6). Der Beschäftigten wiederum ist verpflichtet, die Schutzausrüstungen und notwendigen sicherheitstechnischen Vorrichtungen zu verwenden und sich von deren ordnungsgemäßen Zustand zu überzeugen (Abs. 4), sowie eine nicht ausreichende arbeitsschutzrechtliche Unterweisung vor Aufnahme der Arbeitsaufgabe zu melden (Abs. 5). Einzelheiten zur Durchführung der tariflichen Vorschrift können im Rahmen von (freiwilligen) Betriebs- oder Dienstvereinbarungen geregelt werden.

188 Zusätzlich zu dem in § 18 TVöD geregelten Leistungsentgelt ermöglicht § 44 BT-E die Gewährung einer **Erfolgsbeteiligung** und zwar in Abhängigkeit von einem bestimmten wirtschaftlichen Erfolg. Diese wird zusätzlich zu dem in § 18 Abs. 3 TVöD vorgesehenen Startvolumen gezahlt. Ob und für welchen Zeitraum eine solche Erfolgsbeteiligung eingeführt wird, ist zunächst allein die Entscheidung des Arbeitgebers. Ebenso wie die Festlegung der zur Verteilung anstehenden Gesamtsumme. Die Kriterien und das Verfahren für die Ausschüttung der Erfolgsbeteiligung sind betrieblich zu vereinbaren. Ohne eine solche Vereinbarung mit der Arbeitnehmervertretung kann die Erfolgsbeteiligung nicht eingeführt werden. Fehlt eine Arbeitnehmervertretung kann die Erfolgsbeteiligung ggf. als außertarifliche Leistung gewährt werden.

Nach § 46 BT-E sind **Reise- und ggf. Umzugskosten** nach denen beim Arbeitgeber 189
geltenden Grundsätzen zu erstatten. Sofern der Arbeitgeber dem öffentlichen Haushaltsrecht unterliegt, finden die für die Beamten geltenden Vorschriften Anwendung, es sei denn, der Arbeitgeber hat für seine Arbeitnehmer zur Erstattung der Reise- und Umzugskosten eigene Regelungen geschaffen. In diesem Fall haben die betrieblichen Regelungen Vorrang.

3. Tarifvertrag Versorgungsbetriebe (TV-V)

Der Tarifvertrag Versorgungsbetriebe vom 5.10.2000 war der erste bundesweite Tarif- 190
vertrag, mit dem ein bestimmter Dienstleistungsbereich aus dem BAT/BMT-G II herausgelöst worden ist. Vom TV-V werden nur **rechtlich selbstständige Versorgungsbetriebe** erfasst, die dem BetrVG unterliegen und in der Regel mehr als 20 wahlberechtigte Arbeitnehmer beschäftigen. Vom betrieblichen Geltungsbereich ausgeschlossen sind daher Zweckverbände, Eigenbetriebe usw., selbst wenn diese Versorgungsaufgaben wahrnehmen. Als Versorgungsbetriebe im Sinne des Tarifvertrages gelten dabei nur solche Unternehmen, bei denen im Bereich der Energie- und/oder Wasserversorgung mindestens 90% des Gesamtpersonalbestandes eingesetzt sind. Trotz dieser Regelung kann die Abgrenzung im Einzelfall schwierig sein, weil häufig, Wasserversorgung und Abwasserentsorgung in einem Betrieb zusammengefasst sind. In diesem Fall entscheidet der Einsatz des Personals, ob der Betrieb unter den Geltungsbereich des TV-V oder des TVöD fällt. Allerdings können durch landesbezirklichen Tarifvertrag auch Betriebe in den Geltungsbereich des TV-V einbezogen werden, die die o. g. Voraussetzungen nicht erfüllen. Ebenso können Betriebe in den Geltungsbereich einbezogen werden.

Auch im Bereich des TV-V sind bestimmte Arbeitnehmergruppen vom **persönlichen** 191
Geltungsbereich ausgenommen. Dies betrifft die leitenden Angestellten im Sinne von § 5 Abs. 3 BetrVG; Arbeitnehmer die ein Entgelt erhalten, das über die höchste Entgeltgruppe des TV-V hinausgeht; Arbeitnehmer, die Arbeiten nach § 260 SGB III verrichten oder für die Eingliederungszuschusse nach den §§ 217ff. SGB III gewährt werden, sowie geringfügig Beschäftigte im Sinne von § 8 Abs. 1 SGB IV (§ 1 Abs. 3 TV-V). Damit unterfallen im Unterschied zum TVöD nicht nur die kurzzeitig Beschäftigten im Sinne von § 8 Abs. 1 Nr. 2 SGB IV, sondern auch die geringfügig Beschäftigten nach Nr. 1 nicht dem Geltungsbereich des Tarifvertrages. Die Herausnahme von Beschäftigten die Arbeiten nach § 260 SGB III verrichten oder für die Eingliederungszuschüsse nach den §§ 217ff. SGB III gewährt werden, hat aufgrund der Streichung der entsprechenden Regelungen im SGB III keine praktische Bedeutung mehr.

Ebenso wie § 2 TVöD verlangt § 2 Abs.1 TV-V, dass der Arbeitsvertrag schriftlich abge- 192
schlossen wird, wobei die Schriftform keine konstitutive Wirkung hat.

Gleichfalls können schriftliche **Nebenabreden** getroffen werden, die, soweit vereinbart, mit einer Frist von 2 Wochen zum Monatsende gekündigt werden können.[99] Gemäß § 2 Abs. 2 TV-V gelten die ersten 3 Monate der Beschäftigung als **Probezeit**. Jedoch kann eine längere Probezeit von bis zu 6 Monaten vereinbart werden.[100] Nach § 3 Abs. 2 TV-V sind die Beschäftigten verpflichtet, entgeltliche **Nebentätigkeiten** dem

---

[99] Siehe Rn. 17.
[100] Siehe Rn. 18.

Arbeitgeber schriftlich anzuzeigen. Dieser kann, soweit entsprechende Gründe vorliegen, die Ausübung der Nebentätigkeit ganz untersagen oder mit Auflagen versehen. Die Regelung im TVöD ist nahezu gleich gestaltet, so dass hinsichtlich der Anzeige und Untersagung von Nebentätigkeiten auf die Ausführungen zum TVöD verwiesen werden kann.[101] Der Arbeitgeber bei entsprechender Veranlassung berechtigt, den Arbeitnehmer gemäß § 3 Abs. 3 TV-V durch einen Vertrauensarzt untersuchen zu lassen, ob er zu Leistung der arbeitsvertraglich geschuldeten Tätigkeit in der Lage ist. Die Kosten der Untersuchung sind, wie bei der analogen Regelung im TVöD (§ 3 Abs. 4), vom Arbeitgeber zu tragen.[102]

193 Als maßgebliche **Betriebszugehörigkeit** im Sinne des TV-V gilt die bei demselben Arbeitgeber in einem Arbeitsverhältnis zurückgelegte Zeit (§ 4 TV-V). Nicht verlangt wird ein ununterbrochenes Arbeitsverhältnis, so dass bei Unterbrechungen die Zeiten vor der Unterbrechung mit zu berücksichtigen sind, nicht jedoch die Zeit der Unterbrechung. Abzustellen ist auf die Arbeitgeberidentität. Zeiten, die bei einem anderen Arbeitgeber zurückgelegt worden sind, können daher nicht mit berücksichtigt werden, es sei denn der Arbeitgeberwechsel erfolgte im Rahmen eines Betriebsübergangs nach § 613a BGB oder einer Gesamtrechtsnachfolge. Die Dauer der Betriebszugehörigkeit ist für die Gewährung des Jubiläumsgeldes nach § 17 Abs. 1 TV-V sowie für die Kündigungsfrist nach § 19 Abs. 5 TV-V von Bedeutung.

194 Die **Eingruppierung** richtet sich gemäß § 5 Abs. 1 TV-V nach der überwiegend vom Arbeitnehmer regelmäßig auszuübenden Tätigkeit. In der Anlage 1 sind die für die 15 Entgeltgruppen maßgeblichen Tarifmerkmale geregelt. Dabei handelt es sich um abstrakte Oberbegriffe, die bis einschl. der Entgeltgruppe 11 mit beispielhaften Tätigkeiten näher bestimmt sind. Abweichend davon gilt für die Entgeltgruppe 1 ein Ausschließlichkeitskatalog, während dessen die Entgeltgruppe 12 bis 15 lediglich die abstrakten Oberbegriffe ohne Beispiele enthalten.

195 Die Entgeltgruppen 2 bis 15 sind in 6 **Stufen** aufgeteilt. Bei einer Einstellung wird der Arbeitnehmer in seiner Entgeltgruppe in die Stufe 1 eingereiht und erhält die jeweils nächste Stufe seiner Entgeltgruppe unter Berücksichtigung seiner Betriebszugehörigkeit. Er erreicht die Stufe 2 nach 2 Jahren in der Stufe 1, die Stufe 3 nach 2 Jahren in der Stufe 3, die Stufe 4 nach 3 Jahren in der Stufe 3, die Stufe 5 nach 4 Jahren in der Stufe 4 und die Stufe 6 nach 4 Jahren in der Stufe 5 (§ 5 Abs.2 TV-V). Da sich die Stufenlaufzeit nach der Betriebszugehörigkeit richtet, führen Höher- oder Rückgruppierung nicht zu einer Änderung der innegehabten Stufe. Ähnlich wie im TVöD kann jedoch die Stufenlaufzeit leistungsabhängig verkürzt oder einmal um bis zur Hälfte verlängert werden. Voraussetzung ist, dass die Leistungen erheblich über bzw. unter dem Durchschnitt liegen.[103]

196 Zulässig ist es, dem Beschäftigten vorübergehend eine **höherwertige Tätigkeit** zu übertragen. Sofern der Beschäftigte die Tätigkeit mindestens einen Monat lang ausgeübt hat, erhält er eine Zulage für die gesamte Dauer der Übertragung. Die Zulage bemisst sich dabei nach dem Unterschiedsbetrag zwischen dem Entgelt, das der Arbeitnehmer erhalten würde, wenn er in die nächsthöhere Entgeltgruppe eingruppiert wäre und der Entgeltgruppe, in die er derzeit eingruppiert ist (§ 5 Abs. 3 TV-V).

197 Ähnlich wie nach § 18 TVöD können nach § 6 Abs. 5, 6 TV-V **Leistungszulagen** und **Leistungsprämien** gewährt werden. Die Kriterien für die Gewährung dieser Leistungen und das Verfahren sind betrieblich zu vereinbaren. Gleichfalls ist eine betriebliche Kommission zu bilden, die paritätisch zu besetzen ist. Sie hat die Aufgabe, an der Entwicklung und dem Controlling des Systems der Leistungsbezahlung mitzuwirken, schriftliche Beschwerden der Beschäftigten zu bearbeiten und dem Arbeitgeber entsprechende Vorschläge zu unterbreiten. Eine tatsächliche Entscheidungskompetenz hat die betriebliche

---

101 Siehe Rn. 20f.
102 Siehe Rn. 22.
103 Siehe Rn. 76.

Kommission jedoch nicht. Es bleibt auch bei der Behandlung von Beschwerden bei der Entscheidungskompetenz des Arbeitgebers. Auch ohne dass eine betriebliche Kommission besteht, können Leistungsprämien und –zulagen gezahlt werden.[104] Im Unterschied zu § 18 TVöD sind jedoch keine weitergehenden Vorgaben zu Inhalt und Ausgestaltung des betrieblichen Systems geregelt. Insbesondere wird nicht die zur Ausschüttung bereitzustellende Summe vorgegeben. Die Entscheidung darüber liegt allein beim Arbeitgeber. Es besteht auch keine Pflicht, die o. g. Prämien und Zulagen zu gewähren. Der TV-V eröffnet lediglich die Möglichkeit dazu.

Analog zu § 21 TVöD gilt als **Bemessungsgrundlage für die Entgeltfortzahlung** 198 der Durchschnitt der tariflichen Entgelte, die in den letzten 3 dem maßgeblichen Ereignis für die Fortzahlung vorhergehenden vollen Kalendermonaten gezahlt worden sind, heranzuziehen (§ 6 Abs. 3 TV-V). Nicht zu berücksichtigen sind das zusätzlich für Überstunden gezahlte Arbeitsentgelt, die Leistungszulagen, die Leistungsprämien, die Sonderzahlung nach § 16 TV-V sowie die besonderen Zahlungen nach § 17 Abs. 1 TV-V.

Die Vorschriften im TV-V zur Arbeitszeit entsprechen weitgehend denen im TVöD. 199 Nach § 8 Abs. 1 TV-V beträgt die **regelmäßige Arbeitszeit** ausschließlich der Pausen für Arbeitnehmer im Tarifgebiet West durchschnittlich 39 Stunden wöchentlich (Tarifgebiet Ost: 40 Wochenstunden). Für die Berechnung des Durchschnittes ist ein Zeitraum von bis zu einem Jahr zugrunde zu legen, der bei Arbeitnehmern, die ständig Wechselschicht oder Schichtarbeit leisten, auch noch länger sein kann. Gemäß § 8 Abs. 6 TV-V kann durch Betriebs- oder Dienstvereinbarung ein wöchentlicher **Arbeitszeitkorridor** von bis zu 45 Stunden eingerichtet werden oder in der von 6.00 bis 20.00 Uhr eine tägliche **Rahmenzeit** von bis zu 12 Stunden eingeführt werden.[105]

Die in § 9 TV-V enthaltenen Begriffsbestimmungen zu den **Sonderformen der** 200 **Arbeit** sind weitgehend wortgleich mit der entsprechenden Regelung in § 7 TVöD, so dass auf die dortigen Ausführungen verwiesen werden kann.[106] Abweichungen gibt es lediglich bei der Definition von Überstunden. In beiden Tarifverträgen wird davon ausgegangen, dass Überstunden nur die auf Anordnung des Arbeitgebers geleisteten Arbeitsstunden sind, die über die im Rahmen der regelmäßigen Arbeitszeit eines Vollbeschäftigten für die Woche dienstplanmäßig oder betriebsüblich festgesetzten Arbeitsstunden hinausgehen. Dagegen fehlt im TV-V die im TVöD geregelte weitere Voraussetzung, des Ausgleichs bis zum Ende der folgenden Kalenderwoche. Nach dem TV-V entstehen auch dann Überstunden, wenn in der darauffolgenden Kalenderwoche ein entsprechender Ausgleich erfolgt. Für die Ableistung von Sonderformen der Arbeit sind gemäß § 10 Abs. 1 TV-V entsprechende Zuschläge je geleistete Stunde zu zahlen. Dabei können diese Zeitzuschläge auf Wunsch des Arbeitnehmers auf ein bestehendes Arbeitszeitkonto gebucht werden. Für die **Rufbereitschaft** wird gemäß § 10 Abs. 3 TV-V eine tägliche Pauschale gezahlt, die für die Tage Montag bis Freitag das Zweifache, für Samstag, Sonntag und Feiertage das Vierfache des jeweiligen tariflichen Stundenentgeltes vorsieht. Eine Stundenpauschale bei Rufbereitschaften, die weniger als 12 Sunden andauern, ist nicht vorgesehen. Wird Arbeitsleistung innerhalb der Rufbereitschaft erbracht, wird jede angefangene Stunde Arbeitszeit einschl. der hierfür erforderlichen Wegezeiten auf eine volle Stunde gerundet und mit dem Entgelt für Überstunden sowie der maßgeblichen Zeitzuschläge nach § 10 Abs. 1 TV-V vergütet. Arbeitnehmer, die ständig **Wechselschicht** oder Schichtarbeit leisten, erhalten nach Maßgabe von § 10 Abs. 5, 6 TV-V eine monatliche Zulage. Sofern nicht ständig Schichtarbeit oder Wechselschichtarbeit geleistet wird, wird für jede geleistete Arbeitsstunde ein Zuschlag gezahlt. Arbeitnehmer, die eine ständig versorgungs- bzw. entsorgungstypische Wechselschicht oder Schichtarbeit leisten, erhalten nach Maßgabe von § 10 Abs. 7, 8 TV-V eine erhöhte monatliche Zulage. Dies gilt ana-

[104] Siehe Rn. 79ff.
[105] Siehe Rn. 61f.
[106] Siehe Rn. 47ff.

log auch für Arbeitnehmer, die nicht ständig versorgungs- bzw. entsorgungstypische Wechselschicht bzw. Schichtarbeit leisten. Was unter vorsorgungs- bzw. entsorgungstypischer Wechselschicht oder Schichtarbeit zu verstehen ist, ist beispielhaft in § 10 Abs. 9 TV-V aufgeführt.

201 Nach § 11 TV-V kann ein **Arbeitszeitkonto** durch Betriebs- oder Dienstvereinbarung eingeführt werden. Ein solches Konto ist zwingend einzurichten, wenn ein Arbeitszeitkorridor oder eine Rahmenzeit vereinbart ist. Die Regelung ist weitgehend inhaltsgleich mit § 10 TVöD, so dass auf die dortigen Ausführungen verwiesen werden kann.[107] Gleichfalls ist gemäß § 11 Abs. 5 TV-V die Einrichtungen eines Langzeitkontos möglich. Dies ist mit dem jeweiligen Arbeitnehmer zu vereinbaren und eine Regelung zur Insolvenzsicherung zu treffen.

202 Wie gemäß § 11 TVöD haben vollbeschäftigte Arbeitnehmer im Geltungsbereich des TV-V nach § 7 Anspruch auf Reduzierung ihrer regelmäßigen Arbeitszeit, wenn sie ein Kind unter 18 Jahren oder einen pflegebedürftigen sonstigen Angehörigen tatsächlich zu betreuen oder zu pflegen haben und dem **Teilzeitwunsch** nicht dringende betriebliche Belange entgegenstehen. Diese Teilzeitbeschäftigung auf Antrag ist dabei grundsätzlich befristet und zwar auf bis zu 5 Jahre, wobei eine Verlängerung zulässig ist.[108]

203 Gemäß § 12 TV-V sind **Erschwerniszuschläge** für Arbeiten zu zahlen, die mit außergewöhnlichen Erschwernissen verbunden sind. Die Regelung folgt nahezu wortgleich dem § 19 TVöD. Auch der TV-V enthält keine abschließende Regelung, welche konkreten Tätigkeiten zuschlagspflichtig sind und welcher konkrete Zuschlag zu gewähren ist.

Vielmehr ist dies landesbezirklich zu vereinbaren. Die Zuschläge betragen dabei mindestens 5%, maximal 15%, des Stundenentgeltes der Stufe 1 der EG 2.

204 Die Regelungen zur **Entgeltfortzahlung** in § 13 TV-V enthalten gegenüber § 22 TVöD keine wesentlichen Abweichungen.[109] Danach haben Arbeitnehmer bei unverschuldeter Arbeitsunfähigkeit für die Dauer von bis zu 6 Wochen Anspruch auf Entgeltfortzahlung. Die tarifliche Regelung wiederholt insoweit den gesetzlichen Fortzahlungsanspruch. Bei Wiederholungserkrankungen gelten die gesetzlichen Bestimmungen hinsichtlich der Lohnfortzahlung. Hat das Arbeitsverhältnis bei Beginn der Arbeitsunfähigkeit bereits 6 Monate bestanden, haben die Beschäftigten nach Ablauf des Entgeltfortzahlungszeitraumes Anspruch auf die Gewährung eines Krankengeldzuschusses. Der **Krankengeldzuschuss** wird längstens bis zum Ende der 39. Woche seit Beginn der Arbeitsunfähigkeit wegen derselben Erkrankung gezahlt. Die Zuschussgewährung ist dabei an die Gewährung von Krankengeld durch die Krankenkasse gebunden. Zahlt die Krankenkasse wegen des Verschuldens des Arbeitnehmers kein oder nur ein anteiliges Krankengeld, so entfällt oder vermindert sich der Anspruch auf den Krankengeldzuschuss entsprechend. Unterliegt der Beschäftigte nicht der Versicherungspflicht in der gesetzlichen Krankenversicherung, ist für die Zuschussberechnung der Krankengeldhöchstsatz der gesetzlichen Krankenversicherung zugrunde zulegen. Der Krankengeldzuschuss bemisst sich dabei aus dem Unterschiedsbetrag zwischen dem festgesetzten Nettokrankengeld und dem Nettoarbeitsentgelt des Beschäftigten. Sowohl die Entgeltfortzahlung im Krankheitsfall, als auch der Krankengeldzuschuss werden nicht über das Ende des Arbeitsverhältnisses hinaus gezahlt.

205 Der **Urlaubsanspruch** im Bereich des TV-V beträgt einheitlich 30 Arbeitstage, wobei eine Verteilung der wöchentlichen Arbeitszeit auf 5 Tage in der Kalenderwoche unterstellt wird (§ 14 Abs.3). Bei einer abweichenden Verteilung ist der Urlaubsanspruch entsprechend umzurechnen. Beschäftigte die Schichtarbeit leisten, erhalten einen Zusatzurlaub und zwar für je 4 zusammenhängende Monate Schichtarbeit einen Urlaubstag. Bei Wechselschicht erhält der Arbeitnehmer für je 2 zusammenhängende Monate einen

[107] Siehe Rn. 63ff.
[108] Siehe Rn. 43ff.
[109] Siehe Rn. 91ff.

zusätzlichen Urlaubstag. Darüber hinaus besteht die Möglichkeit, dass Beschäftigte die Schichtarbeit oder Wechselschichtarbeit leisten, aber nicht die Voraussetzungen für den Zusatzurlaub erfüllen, durch eine betriebliche Regelung entsprechenden Zusatzurlaub einzuräumen.

Beginnt oder endet das Arbeitsverhältnis im Laufe des Kalenderjahres, kommt eine Zwölftelung des Urlaubsanspruches in Betracht. Dabei sind allerdings die Einschränkungen des § 5 BUrlG zu beachten.[110] Eine Übertragung des Urlaubs auf das folgende Kalenderjahr ist nur zulässig, wenn dringende betriebliche oder in der Person des Arbeitnehmers liegende Gründe gegeben sind. In diesem Fall muss der Urlaub bis zum 31.03. des Folgejahres angetreten werden. Kann er innerhalb dieses Übertragungszeitraumes aufgrund von Arbeitsunfähigkeit nicht angetreten werden, ist er bis zum 31.05. anzutreten.[111]

Weiterhin hinaus können Beschäftigte nach § 15 Abs. 1 TV-V ebenso wie im Geltungs- 206
bereich des TVöD bei Vorliegen eines wichtigen Grundes **Sonderurlaub** unter Verzicht auf Fortzahlung des Entgeltes erhalten.[112] Im Unterschied zum TVöD enthält der TV-V auf keine Aufzählung von Tatbeständen im Sinne des § 616 BGB, die dem Arbeitnehmer einen Anspruch auf Arbeitsbefreiung unter Fortzahlung des Arbeitsentgeltes einräumen. Vielmehr wird den Betriebsparteien ermöglicht, durch eine Betriebs- oder Dienstvereinbarung die in Betracht kommenden Fallgestaltungen abschließend zu regeln. Nach § 15 Abs. 3 TV-V haben Beschäftigte, die Wahlfunktionen in Gewerkschaftsgremien ausüben, zu Teilnahme an Tagungen Anspruch auf Arbeitsbefreiung für bis zu 6 Werktage im Jahr unter Fortzahlung des Arbeitsentgelts. Auch zur Teilnahme an Tarifverhandlungen, soweit eine Anforderung einer der vertragsschließenden Gewerkschaften vorliegt, besteht ein Anspruch auf Arbeitsbefreiung unter Fortzahlung des Arbeitsentgeltes. Für diesen Anspruch ist keine zeitliche Begrenzung geregelt. Zudem kann dem Beschäftigten nach § 15 Abs. 4 TV-V zur Teilnahme an Sitzungen von Prüfungs- und Bildungsausschüssen sowie für eine Tätigkeit in den Organen von Sozialversicherungsträgern eine Arbeitsbefreiung unter Fortzahlung des Arbeitsentgeltes gewährt werden.

Nach § 16 TV-V haben die Arbeitnehmer, die am 01.12. im Arbeitsverhältnis stehen, 207
einen Anspruch auf eine **jährliche Sonderzahlung**. Der Anspruch verringert sich um eine Zwölftel für jeden Kalendermonat, in dem der Arbeitnehmer keinen Anspruch auf Entgelt oder Entgeltfortzahlung hat. Über die Höhe der Sonderzahlung entscheidet der Arbeitgeber jährlich neu. Allerdings beträgt die Sonderzahlung mindestens 100% des dem Arbeitnehmer im Oktober des Kalenderjahres zustehenden Arbeitsentgelts. Die Entscheidung des Arbeitgebers über die konkrete Höhe ist grundsätzlich mitbestimmungsfrei. Zudem kann durch eine betriebliche Regelung statt des Monats Oktober auch anderer Bemessungszeitraum vereinbart werden. Die Sonderzahlung ist mit dem für November zustehenden Entgelt auszuzahlen.

Nach § 17 Abs. 1 TV-V kann dem Beschäftigten bei langer Betriebszugehörigkeit ein 208
Jubiläumsgeld gewährt werden. Ob, wann und in welcher Höhe ein solches Jubiläumsgeld gewährt wird, ist in einer Betriebs- oder Dienstvereinbarung zu regeln. Die Beschäftigten haben nach § 17 Abs. 2 TV-V einen Anspruch auf Gewährung einer **vermögenswirksamen Leistung** in Höhe von mindestens 6,65 Euro im Monat. Der Betrag erhöht sich auf 26,00 Euro im Monat, wenn der Beschäftigte bei einem Arbeitgeber im Sinne des § 1 Abs. 1 TV-V beschäftigt ist und die vermögenswirksame Leistung nach Maßgabe des Tarifvertrages Entgeltumwandlung im Rahmen der Entgeltumwandlung verwendet wird. Auch Arbeitgeber im Sinne von § 1 Abs. 2 TV-V **können** entsprechend verfahren. Betroffen sind Betriebe, die nicht originär unter den betrieblichen Geltungsbereich des TV-V fallen, sondern erst durch landesbezirklichen Tarifvertrag ganz

110 Siehe Rn. 99.
111 Siehe Rn. 100.
112 Siehe Rn. 106.

oder teilweise in den Geltungsbereich einbezogen worden sind. In diesen Fällen hat der Arbeitnehmer keinen Rechtsanspruch auf die Erhöhung der vermögenswirksamen Leistung auf 26,00 Euro je Monat. Hat der Arbeitnehmer jedoch seine vermögenswirksame Leistung außerhalb der betrieblichen Altersvorsorge im Sinne von § 4 S. 2 lit. c TV-EUmw angelegt, kann er seinen Betrag nicht auf 26,00 Euro im Monat erhöhen. Verlangt wird, dass der Gesamtbetrag von 26,00 Euro zur Entgeltumwandlung verwendet wird. Aus Gründen des Besitzstandsschutzes besteht jedoch bei Anlageformen nach Maßgabe des Vermögensbildungsgesetzes, die bereits am 31.12.2008 bestanden haben und für die der Arbeitnehmer bisher die vermögenswirksame Leistung in Höhe von 6,65 Euro erhalten hat, die aber nicht der Altersvorsorge i.S. von § 4 S.2 lit. c TV-EUmw dient, die Möglichkeit, einen weiteren Betrag in Höhe von 19,35 Euro im Rahmen der Entgeltumwandlung zu verwenden. Ein Anspruch auf die vermögenswirksame Leistung setzt eine entsprechende Mitteilung des Arbeitnehmers an den Arbeitgeber voraus, wonach er eine Anlageform nach dem Vermögensbildungsgesetz ausgewählt hat. Der Anspruch entsteht, frühestens für den Kalendermonat, in dem die Mitteilung dem Arbeitgeber zugeht. Die Zulage kann rückwirkend für die beiden vorangegangenen Monate desselben Kalenderjahres gewährt werden.

209 Nach Maßgabe von § 17 Abs. 3 TV-V kann im Falle des Todes des Arbeitnehmers ein **Sterbegeld** gezahlt werden. Eine Verpflichtung hierzu besteht nicht. Vielmehr ist dies allein der Entscheidung des Arbeitgebers überlassen. Ggf. kann hierzu eine Dienst- oder Betriebsvereinbarung abgeschlossen werden, die Voraussetzungen und Höhe des möglichen Sterbegeldes regelt.

210 Gemäß § 19 Abs. 1 TV-V endet das Arbeitsverhältnis mit Ablauf des Monats, in dem der Arbeitnehmer das gesetzlich festgelegte Alter zum Erreichen einer abschlagsfreien Regelaltersrente vollendet hat. Eine solche tarifliche Altersgrenzenregelung ist zulässig. Zudem endet das Arbeitsverhältnis, wenn mit Bescheid des Rentenversicherungsträgers festgestellt wird, dass der Arbeitnehmer voll **erwerbsgemindert** ist. Beginnt die Rente erst nach der Zustellung des Rentenbescheides, endet das Arbeitsverhältnis frühestens mit Ablauf des dem Rentenbeginn vorangehenden Tages. Da es sich hierbei um eine auflösende Bedingung nach § 21 TzBfG handelt, ist der Arbeitgeber verpflichtet, nach Vorlage des Rentenbescheides den Arbeitnehmer über die Beendigung des Arbeitsverhältnisses mit einer Auslauffrist von mindestens 2 Wochen zu unterrichten. Falls dem Arbeitnehmer lediglich eine Rente wegen teilweiser Erwerbsminderung zuerkannt wird, ist der Arbeitgeber verpflichtet, Beschäftigungsmöglichkeiten zu prüfen. Fehlt es an solchen Beschäftigungsmöglichkeiten endet das Arbeitsverhältnis ebenfalls mit Ablauf des Monats, in dem der Rentenbescheid zugestellt worden ist bzw. mit Ablauf des dem Rentenbeginn vorangehenden Tages. Sofern der Arbeitnehmer schwerbehindert ist, muss zuvor nach § 92 SGB IX die Zustimmung des Integrationsamtes eingeholt werden. Wird die Rente wegen voller oder teilweiser Erwerbsminderung nur auf Zeit gewährt, endet das Arbeitsverhältnis nicht, sondern es ruht für den Zeitraum in dem die Rente gewährt wird.

211 In § 19 Abs. 4 TV-V ist eine **Kündigungsmöglichkeit für befristete Arbeitsverhältnisse** tarifvertraglich verankert worden. Allerdings erstreckt sich dieses Kündigungsrecht lediglich auf die Dauer der Probezeit nach § 2 Abs. 2 TV-V. Soll das befristete Arbeitsverhältnis auch außerhalb der Probezeit ordentlich gekündigt werden können, bedarf es einer entsprechenden Vereinbarung im befristeten Arbeitsvertrag. In § 19 Abs. 5 TV-V sind die maßgeblichen **Kündigungsfristen** geregelt. Diese betragen in Abhängigkeit von der Betriebszugehörigkeit von 2 Wochen zum Monatsschluss bis zu 7 Monate zum Schluss eines Kalendervierteljahres. Dabei ist nicht nur die Kündigungsfrist, sondern auch der maßgebliche Beendigungszeitpunkt (zum Monatsschluss oder bzw. zum Schluss eines Kalendervierteljahres) geregelt.

212 Ebenso wie im TVöD beläuft sich die in § 20 TV-V geregelte **Ausschlussfrist** auf 6 Monate. Ansprüche aus dem Arbeitsverhältnis, gleich welcher Art, verfallen, wenn sie nicht innerhalb dieser 6 Monatsfrist nach ihrer Fälligkeit schriftlich gegenüber dem Vertragspartner geltend gemacht werden.[113] Dabei reicht für denselben Sachverhalt eine einmalige Geltendmachung aus. Des Weiteren enthält der TV-V umfangreiche **Überleitungsregelungen** hinsichtlich des Wechsels aus dem Geltungsbereich des BAT/BAT-O bzw. BMT-G II/BMT-G-O (§ 22 TV-V). Dies betrifft sowohl die Zuordnung zu den einzelnen Entgeltgruppen, als auch die Gewährung von Besitzstandszulagen, bspw. von kinderbezogenen Entgeltbestandteilen. Neben dem TV-V finden der Tarifvertrag über den Rationalisierungsschutz für Angestellte vom 9.1.1987 für Arbeitnehmer im Tarifgebiet West sowie für die Beschäftigten, die vom Geltungsbereich des Tarifvertrages betreffend der Überleitung der Arbeiter und Angestellten der Ostdeutschen Wasserversorgungs- und Abwasserbehandlungsbetriebe in das kommunale Tarifrecht vom 4.12. 1991 erfasst waren, Anwendung. Weiterhin gelten der Tarifvertrag zur sozialen Absicherung (der zum 31.12.2009 außer Kraft trat), die Tarifverträge zur Zusatzversorgung und Entgeltumwandlung (ATV-K, TVEUmw) sowie der Tarifvertrag zur Regelung der Altersteilzeit.

4. Tarifvertrag für Ärztinnen und Ärzte an kommunalen Krankenhäusern (TV-Ärzte/VKA)

Mit diesem Tarifvertrag vom 17.08.2006 wurde im Bereich der kommunalen Kranken- 213
häuser für eine Gruppe von Beschäftigten der Grundsatz der **Tarifeinheit im Betrieb** aufgegeben. Für die Ärzte an kommunalen Krankenhäusern besteht de facto ein Wahlrecht zwischen dem TVöD-K und dem TV-Ärzte. Diese Entwicklung ist wesentlich der Konkurrenz zwischen den Gewerkschaften ver.di (TVöD-K) und Marburger Bund (TV-Ärzte) und der Personalsituation an vielen Krankenhäusern geschuldet. Der mit dem Marburger Bund vereinbarte TV-Ärzte weist zwar zahlreiche Parallelen zum TVöD-K auf, ist aber insgesamt für die Ärzte günstiger, so dass in der Praxis fast ausschließlich dieser Tarifvertrag Anwendung findet. Dadurch wird natürlich ein „Tarifvertrags- und Gewerkschaftshopping" gefördert, bei dem sich die Beschäftigten jeweils kurzzeitig an die für sie günstigste Gewerkschaft und den entsprechenden Tarifvertrag binden.

Der TV-Ärzte gilt gemäß § 1 für angestellte **Ärzte** und **Zahnärzte**, die an Kranken- 214
häusern oder sonstigen Einrichtungen beschäftigt sind, in denen betreute Personen unter ärztlicher Betreuung stehen. Das Arbeitsverhältnis muss dabei mit einem Arbeitgeber bestehen, der Mitglied eines Mitgliedsverbandes der VKA ist. Wie auch beim TVöD sind Chefärzte vom Geltungsbereich ausgenommen, sofern ihre Arbeitsbedingungen einzelvertraglich vereinbart worden sind.

Die Regelungen in den §§ 2, 3 TV-Ärzte zum Arbeitsvertrag, zu den Nebenabreden, 215
zur Probezeit und den **allgemeinen Arbeitsbedingungen** stimmen nahezu wortgleich mit den Bestimmungen in den §§ 2, 3 und 3.1 TVöD-K überein.[114] Gleiches für die Möglichkeiten zur Versetzung, Abordnung, Zuweisung und Personalgestellung[115] in § 5 TV-Ärzte und zur Qualifizierung (§ 6 TV-Ärzte)[116], die den Regelungen in den §§ 4 und 5 TVöD-K entsprechen.

Wie für den Bereich des TVöD-K beträgt gemäß § 7 TV-Ärzte die **regelmäßige** 216
Arbeitszeit durchschnittlich 40 Stunden wöchentlich, wobei für die Berechnung des Durchschnittes ein Zeitraum von ein Jahr abzustellen ist. Sofern ständig Wechselschicht und Schichtarbeit geleistet wird, kann auch ein längerer Zeitraum für die Durchschnittsberechnung zugrunde gelegt werden (§ 7 Abs. 2 TV-Ärzte). Nach § 7 Abs. 3 TV-Ärzte besteht ein Anspruch auf Freistellung unter Fortzahlung des Entgeltes am 24. und 31.Dezember. Sofern diese Freistellung aus dienstlichen Gründen nicht gewährt werden kann, ist ein entsprechender Freizeitausgleich innerhalb von 3 Monaten zu gewähren.

113 Siehe Rn. 142f.
114 Siehe Rn. 13ff., besondere ärztliche Pflichten siehe Rn. 161.
115 Siehe Rn. 25ff.
116 Siehe Rn. 162.

Haben Ärzte an diesen beiden Tagen dienstplanmäßig frei und fallen diese Tage auf einen Werktag, vermindert sich die regelmäßige Arbeitszeit um die entsprechenden ausgefallenen Stunden. Nach § 7 Abs. 4 TV-Ärzte (wortgleich § 6 Abs. 4 TVöD-AT) kann aus dringenden betrieblichen Gründen auf der Grundlage einer Betriebs- oder Dienstvereinbarung im Rahmen des § 7 Abs. 1, 2 und des § 12 ArbZG von den Vorschriften des ArbZG abzuweichen werden. Dies betrifft u.a. die Verlängerung der täglichen Arbeitszeit auf über 10 Stunden, die Festlegung, anderer Ausgleichzeiträume, abweichende Regelungen zur Gesamtdauer der Ruhepausen und die Verkürzung der Ruhezeit. Ebenso wie nach § 44 Abs. 4 BT-K kann die tägliche Arbeitszeit im **Schichtdienst** auf bis zu 12 Stunden ausschließlich der Pausen ausgedehnt werden. Wobei eine Kombination von 12-Stunden-Schichten mit dem Bereitschaftsdienst nicht zulässig ist. Die Höchstzahl der 12-Stunden-Schichten ist dabei auf 8 Schichten innerhalb von 2 Kalenderwochen begrenzt.

Des Weiteren kann gemäß § 7 Abs. 7 TV-Ärzte ein **wöchentlicher Arbeitszeitkorridor** von bis zu 45 Stunden eingerichtet werden. Auch die Einrichtung einer **täglichen Rahmenzeit** von bis zu 12 Stunden in der Zeitspanne von 6.00 bis 20.00 Uhr ist, wie im Bereich des TVöD, zulässig.[117] Eine Besonderheit besteht allerdings darin, dass nach § 7 Abs. 9 TV-Ärzte bei Abschluss entsprechender Dienst- bzw. Betriebsvereinbarungen der jeweilige Kommunale Arbeitgeberverband und der Landesverband des Marburger Bundes hiervon unverzüglich zu informieren sind und diese Verbände die Möglichkeit haben, innerhalb von 4 Wochen dem Inkrafttreten dieser Dienst- und Betriebsvereinbarungen zu widersprechen, und zwar ausschließlich in Bezug auf Ärzte, die unter den Geltungsbereich des TV-Ärzte fallen. Für diese Ärzte wird dann die Wirksamkeit der betrieblichen Vereinbarung ausgesetzt und es sind innerhalb von 4 Wochen Tarifverhandlungen zwischen den Tarifverbänden aufzunehmen. Hierdurch kann eine arbeitzeitrechtliche Spaltung der Belegschaft herbeigeführt werden, wenn die betreffenden Ärzte aus dem Geltungsbereich der betrieblichen Vereinbarung herausgenommen werden und für sie eine separate tarifliche Vereinbarung herbeigeführt wird.

217 Die Regelungen zur Arbeit an Sonn- und Feiertagen (§ 8 TV-Ärzte), sowie die Begriffsbestimmungen für die **Sonderformen der Arbeit**, wie etwa Wechselschichtarbeit, Schichtarbeit, Nachtarbeit, Mehrarbeit, Überstunden, Bereitschaftsdienst und Rufbereitschaft entsprechen den tariflichen Bestimmungen im TVöD-K. Nach Maßgabe von § 10 TV-Ärzte kann die tägliche Arbeitszeit mit und ohne Zeitausgleich verlängert werden, wenn regelmäßig und in erheblichem Umfang Bereitschaftsdienst geleistet wird. Nach § 10 Abs. 2 und 3 TV-Ärzte kann die tägliche Höchstarbeitszeit, sofern eine entsprechende Dienst- oder Betriebsvereinbarung vorliegt, gemäß der Öffnungsklausel in § 7 Abs. 1 Nr. 1 und 4 ArbZG auf maximal 18 bzw. 24 Stunden verlängert werden, wenn mindestens die 8 Stunden überschreitende Zeit im Rahmen von **Bereitschaftsdiensten** geleistet wird. Bei Bereitschaftsdiensten der Stufe I und II kann die tägliche Arbeitszeit auf bis zu maximal 24 Stunden täglich und bei den Bereitschaftsdiensten der Stufe III bis auf maximal 18 Stunden täglich verlängert werden. Wird an Wochenenden und Feiertagen ausschließlich Bereitschaftsdienst geleistet, darf die tägliche Arbeitszeit bis zu 24 Stunden betragen, wenn dadurch für den einzelnen Arzt mehr Wochenenden und Feiertage frei sind. Die Arbeitszeitverlängerungen nach § 10 Abs. 2, 3 und 4 TV-Ärzte erlauben zwar die Verlängerung der täglichen Höchstarbeitszeit lassen aber die Höchstgrenze von durchschnittlich 48 Stunden wöchentlich unberührt. Insofern ist für die Verlängerung der täglichen Höchstarbeitszeit ein Zeitausgleich herbeizuführen.

218 Darüber hinaus ermöglicht § 10 Abs. 5 TV-Ärzte die tägliche Arbeitszeit auch **ohne Zeitausgleich** innerhalb der Grenzwerte von Abs. 2 und 3 zu verlängern, wenn der Beschäftigte seine **schriftliche Einwilligung** gegeben hat (opt-out-Modell). Eine schriftlich erteilte Einwilligung kann der Arbeitnehmer gemäß § 7 Abs. 7 Satz 2 ArbZG mit einer Frist von 6 Monaten schriftlich widerrufen. Liegt die Einwilligung vor, kann

[117] Siehe Rn. 61f.

die tägliche Arbeitszeit ohne Zeitausgleich verlängert werden, wobei die wöchentliche Arbeitszeit maximal durchschnittlich 58 Stunden betragen darf. Durch einen TV kann diese Grenze auf 66 Stunden angehoben werden.

Die Zuweisung zu den einzelnen **Stufen des Bereitschaftsdienstes** erfolgt anhand 219
der erfahrungsgemäß durchschnittlich anfallenden Arbeitsleistung (§ 12 Abs.1 TV-Ärzte). Wobei die jeweilige Stufe als Nebenabrede zum Arbeitsvertrag zu vereinbaren ist. Die Zuordnung zur Stufe I erfolgt, wenn erfahrungsgemäß mit einem Zeitumfang von bis zu 25% Arbeitsleistungen innerhalb des Bereitschaftsdienstes anfallen. Die Zuordnung zur Stufe II erfolgt bei einem Zeitanteil der Arbeitsleistungen von mehr als 25 bis 40% und die Zuordnung zur Stufe III, wenn der Anteil der Arbeitsleistungen mehr als 40 bis zu 49% beträgt (§ 12 Abs. 1 TV-Ärzte). Zur Entgeltberechnung werden je nach Stufe zwischen 60 und 90% der Zeiten des Bereitschaftsdienstes als Arbeitszeit bewertet und nach der jeweiligen Entgeltgruppe mit einem festen Stundensatz nach § 12 Abs. 2 TV-Ärzte vergütet. Darüber hinaus erhalten die Ärzte zusätzlich zu dem Entgelt für den Bereitschaftsdienst für jede als Arbeitszeit gewertete Stunde, die an einem Feiertag geleistet worden ist, einen Zeitzuschlag in Höhe von 25% des Stundenentgelts nach § 12 Abs. 2 TV-Ärzte (Abs. 4). Nach § 12 Abs. 6 TV-Ärzte ist es zulässig, die nach Absatz 1 errechnete Arbeitszeit einschließlich des Zeitzuschlages für Feiertagsarbeit durch entsprechende Freizeit bis zum Ende des 3. Kalendermonats abzugelten.

Zum **Ausgleich für Sonderformen der Arbeit** werden gemäß § 11 Abs. 1 TV-Ärzte 220
entsprechende Zeitzuschläge gewährt. Die werden hinsichtlich der Überstunden, der Sonntagsarbeit, der Feiertagsarbeit und für die Arbeit am 24. und 31.12. jeweils ab 6.00 Uhr mit dem gleichen v.H.-Satz vergütet wie im Bereich des TVöD. Maßgeblich ist das Tabellenentgelt der Stufe der jeweiligen Entgeltgruppe. Eine Sonderregelung besteht für Ärzte, die in die Entgeltgruppen III und IV (Oberarzt, leitender Oberarzt) eingruppiert sind. Für deren Zuschläge ist die jeweils höchste tarifliche Stufe maßgebend. Die Zeitzuschläge für Nachtarbeit und für die Arbeit an Samstagen von 13.00 bis 21.00 Uhr werden im Unterschied zum TVöD als feste Beträge gewährt. Hinsichtlich der Rufbereitschaft wird eine tägliche Pauschale gewährt, die für die Tage Montag bis Freitag das Zweifache, für Samstag, Sonntag und die Feiertage das Vierfache des auf eine Stunde entfallenden Anteils des maßgeblichen Tabellenentgelts betragen. Beträgt die Rufbereitschaft weniger als 12 Stunden, wird für jede angefangene Stunde der Rufbereitschaft 12,5 v.H. des auf eine Stunde entfallenden Anteils des Tabellenentgeltes gewährt. Die Regelung erfolgt insoweit der tariflichen Vorschrift des § 8 Abs. 3 TVöD-K. Die Zulage für Wechselschicht und Schichtarbeit in § 12 Abs. 4 und 5 entspricht gleichfalls den Regelungen im TVöD.[118]

Nach § 13 TV-Ärzte haben die Beschäftigten einen Anspruch auf Reduzierung der 221
vertraglich vereinbarten Arbeitszeit zur Betreuung eines Kindes unter 18 Jahren oder eines pflegebedürftigen sonstigen Angehörigen, sofern dem Anspruch nicht dringende betriebliche oder dienstliche Belange entgegenstehen. Die **Teilzeit** ist dabei auf bis zu 5 Jahre befristet, kann aber verlängert werden, sofern ein entsprechender Antrag gestellt wird.[119]

Die **Eingruppierung** der Ärzte wird in den §§ 15 und 16 abschließend geregelt. 222
Danach sind die Ärzte je nach Ausbildung und entsprechender Tätigkeit in eine der 4 Entgeltgruppen einzugruppieren. Im Unterschied zum TVöD-K, nach dem für die Ausübung von Führungsfunktionen (leitender Oberarzt) eine entsprechende Funktionszulage gewährt wird, ist dies nach dem TV-Ärzte Bestandteil der Eingruppierung. Danach werden Oberärzte in die EG III und leitende Oberärzte in die EG IV eingruppiert. Die Entgeltgruppen I und II sind dabei jeweils in insgesamt 5 Stufen aufgeteilt. Der Aufstieg in die nächsthöhere Stufe erfolgt in Abhängigkeit von der Dauer der Tätigkeit innerhalb derselben Entgeltgruppe bei dem jeweiligen Arbeitgeber (§ 19 Abs.1). Die Entgeltgruppe

118 Siehe Rn. 49f.
119 Siehe Rn. 43ff.

III weist dem gegenüber nur noch 2 Stufen und die Entgeltgruppe IV nur noch eine Stufe aus. Bei der Zuordnung zu den Stufen in den EG I und II können nach Maßgabe von § 19 Abs. 2 TV-Ärzte auch Vorbeschäftigungen entsprechend mit berücksichtigt werden. Zur Deckung des Personalbedarfs kann Ärzten ein um ein bis zwei Stufen höheres Entgelt vorweg gewährt werden. Ist bereits die Endstufe erreicht, können aus den gleichen Gründen bis zu 20% der Stufe 2 der jeweiligen Entgeltgruppe als Zuschlag gezahlt werden (§ 20 Abs. 5). Nach § 20 Abs.2 kann in den Stufen 2 bis 5 die Stufenlaufzeit leistungsabhängig gestaltet werden. Liegen die Leistungen erheblich über dem Durchschnitt kann die Laufzeit verkürzt werden. Bei Leistungen, die erheblich unter dem Durchschnitt liegen, kann hingegen die Laufzeit verlängert werden. Dabei hat der Arbeitgeber jährlich zu prüfen, ob die Verlängerung noch angemessen ist.

223 Die Vorschriften des TV-Ärzte zur Bemessungsgrundlage für die Entgeltfortzahlung (§ 22), die Entgeltfortzahlung im Krankheitsfall (§ 23), zur Gewährung der vermögenswirksamen Leistung, des Jubiläums- und Sterbegeldes und zur Erstattung von Reisekosten (§ 24) sind nahezu identisch mit den Regelungen des TVöD. Dies gilt auch hinsichtlich der Vorschriften zur betrieblichen Altersversorgung (§ 26), zum Erholungsurlaub (§ 27), zum Zusatzurlaub (§ 28), zum Sonderurlaub (§ 29), zur Arbeitsbefreiung (§ 30), zu befristeten Arbeitsverträgen (§ 31), zur Führung auf Probe (§ 32), zur Führung auf Zeit (§ 33), zur Beendigung des Arbeitsverhältnisses ohne Kündigung (§ 34), zur Kündigung (§ 35), zum Zeugnis (§ 36) und zur Ausschlussfrist (§ 36). Diesbezüglich wird auf die Ausführungen zum TVöD Bezug genommen.

G. Steuerrecht

Übersicht

I. Grundsystematik der Steuerpflicht der öffentlichen Hand

1. Einleitung

1 Zur Bestimmung der steuerlichen Pflichten der öffentlichen Hand sind drei verschiedene **Betätigungsfelder** voneinander abzugrenzen, die unterschiedliche steuerliche Konsequenzen nach sich ziehen. Zu unterscheiden sind

- Betriebe gewerblicher Art (im Weiteren „BgA“),
- hoheitliche Tätigkeiten sowie die
- Vermögensverwaltung.

2 Jede Tätigkeit, die eine Kommune ausübt, lässt sich einem dieser drei Bereiche zuordnen. Allerdings ist diese Zuordnung nicht überschneidungsfrei möglich. Sowohl die **Abgrenzung** zwischen BgA und hoheitlicher Tätigkeit als auch die zwischen BgA und Vermögensverwaltung kann im Grenzbereich äußerst schwierig sein. Häufig kann erst aufgrund der genauen Ausgestaltung der Tätigkeit im Einzelfall entschieden werden, welchem dieser drei Bereiche die Betätigung zuzuordnen ist.

3 Die **Zuordnung** zu einem dieser drei Bereiche hat jedoch eine entscheidende Auswirkung auf die **steuerlichen Pflichten**, die sich für eine Kommune aus einer bestimmten Tätigkeit ergeben. Während hoheitliche Tätigkeiten gänzlich nicht steuerbar sind, unterliegen Tätigkeiten der Vermögensverwaltung nur dann der Steuerpflicht, wenn ein Steuerabzug von den Erträgen aus dieser Tätigkeit vorgenommen wird. Demgegenüber werden Tätigkeiten, die als BgA zu qualifizieren sind, grundsätzlich besteuert.

4 Neben der Selbsterfüllung von Aufgaben, zum Beispiel in der Organisationsform eines Eigenbetriebes, nutzen juristische Personen des öffentlichen Rechts in den letzten Jahren verstärkt die Möglichkeit, bestimmte Tätigkeiten in **privatrechtliche Rechtsformen** auszulagern, um die Vorteile dieser Rechtsformen in Anspruch zu nehmen.[1] Die öffentliche Hand tritt in diesen Fällen als Gesellschafter oder Gewährträger auf.

5 Auch die **Tätigkeit als Gesellschafter** lässt sich in das oben dargestellte Schema einordnen, wobei entscheidend ist, ob eine Beteiligung an einer Kapital- oder an einer Personengesellschaft gehalten wird. Auch durch diese Gesellschafterstellung können sich für die öffentliche Hand beziehungsweise für die Gebietskörperschaft selbst (und nicht nur

[1] Siehe Rn. 193.

für die Gesellschaft) wiederum steuerliche Pflichten ergeben, wenn das Halten der Beteiligung bei der juristischen Person öffentlichen Rechts als BgA einzustufen ist.[2] So führt die Privatisierung einer Tätigkeit nicht automatisch dazu, dass die juristische Person des öffentlichen Rechts von allen steuerlichen Pflichten in diesem Zusammenhang befreit ist. Auch wenn die Aufgabe selbst auf eine private Rechtsform übertragen wurde und die Besteuerung der Tätigkeit somit grundsätzlich auf diese private Rechtsform verlagert wird, verbleiben – abhängig von der gewählten Rechtsform – bestimmte steuerliche Pflichten bei der Kommune.

Neben der Besteuerung der Tätigkeit an sich, die durch die öffentliche Hand selbst 6
oder durch eine private Rechtsform ausgeführt werden kann, ergeben sich auch steuerliche Konsequenzen für die Überführung einer ehemals durch die öffentliche Hand selbst ausgeführten Tätigkeit in eine private Rechtsform im Wege einer **Umwandlung bzw. Ausgliederung**.[3]

2. Hoheitliche Tätigkeit

Soweit die öffentliche Hand die ausschließlich ihr übertragenen, hoheitlichen Aufga- 7
ben erfüllt, unterliegt sie **nicht** der Besteuerung, da grundsätzlich keine unbeschränkte Steuerpflicht für juristische Personen des öffentlichen Rechts besteht.

Hoheitliche Tätigkeiten sind steuerlich nicht relevant. Ertragsteuerlich hat dies zur 8
Folge, dass **Gewinne nicht versteuert** werden müssen. Dieser Vorteil dürfte nicht unbedingt ausschlaggebend sein, da im hoheitlichen Bereich ohnehin in der Regel keine wesentlichen Gewinne, sondern eher Verluste erzielt werden. Gravierender wirkt sich die Steuerfreiheit im Bereich der Umsatzsteuer aus, allerdings in den meisten Fällen nicht zum Vorteil der juristischen Person öffentlichen Rechts. Im hoheitlichen Bereich erbrachte Leistungen sind mangels Unternehmereigenschaft **nicht umsatzsteuerpflichtig**. Damit entfällt zwar die Pflicht, getätigte Lieferungen und sonstige Leistungen der Umsatzsteuer zu unterwerfen. Gleichzeitig entfällt jedoch auch die Möglichkeit des Vorsteuerabzugs aus empfangenen Leistungen. Dies hat zur Folge, dass Investitionen, die der hoheitliche Bereich durchführen muss, „teurer" sind als Investitionen in privatwirtschaftlichen Unternehmen, da die Kosten immer „brutto" – also einschließlich Umsatzsteuer – anfallen.

Nach § 4 Abs. 5 S. 1 KStG sind Hoheitsbetriebe solche Betriebe, die überwiegend der 9
Ausübung öffentlicher Gewalt dienen. Die **Ausübung öffentlicher Gewalt** ist eine Tätigkeit, die der öffentlich-rechtlichen Körperschaft eigentümlich und vorbehalten ist.[4] Es reicht hierfür nicht aus, dass die Zuweisung der Aufgabe an eine Körperschaft des öffentlichen Rechts in einem Gesetz oder einer Satzung geregelt ist, auch wenn diese Zuweisung im Interesse des Gemeinwohls erfolgte.[5] So sind insbesondere Zwangs- und Monopolrechte für sich allein kein hinreichendes Kriterium für die Annahme eines Hoheitsbetriebes.[6]

Eigentümlich ist eine Tätigkeit für die Körperschaft öffentlichen Rechts dann, wenn 10
sie ihr im Rahmen eines Gesetzes, einer Verordnung oder einer Satzung **zugewiesen** ist und die Körperschaft insoweit nicht im potentiellen Wettbewerb mit Privatanbietern steht.

Vorbehalten ist eine Aufgabe, die Kraft Gesetz, Verordnung oder Satzung **ausschließliche** Aufgabe der betreffenden Körperschaft des öffentlichen Rechts ist.[7] 11

---

2 Zur Abgrenzung der Einstufung einer Beteiligung als BgA oder Vermögensverwaltung siehe Rn. 64.

3 Zur Umwandlung kommunaler Betriebe in private oder öffentlich-rechtliche Rechtsformen siehe Rn. 229 ff.

4 Z.B. BFH vom 8.1.1998, V R 32/97, BStBl. II 1998, S. 410 (411), zuerst BFH vom 22.9.1976, BStBl. II 1976, S. 793.

5 Vgl. *Krämer* in *Dötsch/Jost/Pung/Witt*, Kommentar zum KStG (2006), § 4 KStG, Rn. 120.

6 § 4 Abs. 5 S. 2 KStG.

7 *Strahl*, FR 2002, S. 916 (916).

12 Kennzeichnend für die Ausübung öffentlicher Gewalt ist die **Erfüllung von** aus der Staatsgewalt abgeleiteten **öffentlich-rechtlichen Aufgaben**, die nicht in der gleichen Weise von Privatunternehmen ausgeübt werden. Dies ist insbesondere dann der Fall, wenn die juristische Person des öffentlichen Rechts eine ihr gesetzlich zugewiesene Aufgabe erfüllt, die nicht von einem privatrechtlich tätigen Unternehmen erfüllt werden kann.[8]

13 Eine hoheitliche Tätigkeit liegt hingegen nicht vor, wenn sich die Körperschaft durch die Erfüllung einer Aufgabe in den allgemeinen wirtschaftlichen Verkehr einschaltet und eine Tätigkeit ausübt, die sich nach ihrem Inhalt von der eines privaten gewerblichen Unternehmens nicht wesentlich unterscheidet.

14 Die Abgrenzung zwischen dem hoheitlichen und dem nicht hoheitlichen Bereich einer juristischen Person öffentlichen Rechts hat der Rechtsprechung immer besondere Schwierigkeiten bereitet. Die Rechtsprechung des RFH versuchte, die Abgrenzung vom **Gegenstand der Betätigung** her vorzunehmen. Es sollten nur solche Tätigkeiten als hoheitlich gelten, die der öffentlichen Hand in ihrer Eigenschaft als Träger der öffentlichen Gewalt eigentümlich und vorbehalten sind.[9] Diese Art der Abgrenzung wurde jedoch bereits kritisiert mit dem Argument, sie führe zu Zufallsergebnissen, wenn nicht gar zu Willkür. Es wurde darauf hingewiesen, dass die Abgrenzung stattdessen von der **Art der Betätigung** ausgehen müsse.[10]

15 Nach der **Rechtsprechung des EuGH** spielen – im Gegensatz zum deutschen Recht – die Merkmale „eigentümlich" und „vorbehalten" zur Abgrenzung des Hoheitsbetriebes vom wirtschaftlichen Bereich keine Rolle. Nach dem EuGH[11] liegt eine hoheitliche Tätigkeit nämlich dann vor, wenn sie von „Einrichtungen des öffentlichen Rechts im Rahmen einer öffentlich-rechtlichen Sonderregelung" ausgeübt wird. Liegt dagegen eine privat-rechtliche[12] Regelung vor, die zur Erzielung von Einkünften führt, so handelt es sich hierbei nicht um eine hoheitliche Tätigkeit.

16 Aus derzeitiger Sicht sind Hoheitsbetriebe, die in Ausübung öffentlicher Gewalt handeln, insbesondere die in Art. 87 GG aufgeführten **bundeseigenen Verwaltungen** mit eigenem Verwaltungsunterbau, der auswärtige Dienst, die Bundesfinanzverwaltung sowie gemäß Art. 89 GG die Verwaltung der Bundeswasserstraßen und der Schifffahrt.[13]

17 In die Beurteilung, ob eine Tätigkeit Ausübung öffentlicher Gewalt ist, ist einzubeziehen, dass diese dem Wandel der rechtlichen Verhältnisse unterliegen kann. So wird eine juristische Person des öffentlichen Rechts nicht mehr hoheitlich, sondern im Rahmen eines BgA tätig, wenn ihr eine Aufgabe – z. B. durch Änderung der Rechtslage – nicht mehr vorbehalten ist und sie diese im **Wettbewerb mit privaten Unternehmen** ausführt.[14]

18 Eine Körperschaft des öffentlichen Rechts kann selbst dann unternehmerisch tätig werden, wenn konkurrierende Privatunternehmer nicht vorhanden sind. Entscheidend ist, ob die juristische Person des öffentlichen Rechts eine Tätigkeit ausführt, die auch von einem privaten Unternehmen ausgeführt werden könnte.[15] Die Ausübung einer Tätigkeit im Rahmen der sog. Amtshilfe ist nicht ausreichend, um diese Tätigkeit als hoheitlich einzustufen.

19 Typische hoheitliche Tätigkeiten sind u.a.

---

[8] Vgl. *Krämer* in *Dötsch/Jost/Pung/Witt*, Kommentar zum KStG (2006), § 4 KStG, Rn. 123.

[9] Gutachten des RFH vom 9.7.1937, RStBl. S. 1306 und Urt. v. 16.11.1937, RStBl. 1938 S. 15. Diese Abgrenzung der hoheitlichen Tätigkeit hat bis heute bestand (siehe Rn. 9ff.).

[10] Vgl. *Paulick*, StuW 1952, Sp. 679. Im Gegensatz zum Gegenstand der Betätigung soll hier demnach entscheidend sein, **welche** Tätigkeit ausgeführt wird und nicht **warum** eine Tätigkeit (weil sie der öffentlichen Hand eigentümlich und vorbehalten ist) ausgeführt wird.

[11] EuGH vom 14.12.2000, Rs. C-446/98, DStRE 2001, S. 260/261.

[12] D.h. ein Vertrag, wie er zwischen zwei beliebigen Vertragsparteien abgeschlossen werden könnte.

[13] Vgl. *Herrmann/Heuer/Raupach*, EStG und KStG-Kommentar, § 4 KStG, Rn. 62.

[14] Vgl. *Krämer* in *Dötsch/Jost/Pung/Witt*, Kommentar zum KStG (2006), § 4 KStG, Rn. 126.

[15] BFH vom 30.6.1988, BStBl. II 1988, S. 910 und BFH vom 10.12.1992, BStBl. II 1993, S. 380.

- Abfallentsorgung (ausgenommen Abfallverwertung und – beratung)
- Abwasserbeseitigung
- Bauleitplanung und Erschließung
- Friedhöfe
- Schlachthöfe
- Schulen
- Straßenreinigung

Da sich die Begriffe „Hoheitsbetrieb“ und „Betrieb gewerblicher Art“ **nicht trennscharf** voneinander abgrenzen lassen und der Begriff „hoheitlich“ selbst nicht genauer gesetzlich definiert ist, ist in Zweifelsfällen anhand der gesetzlichen Definition des BgA zu entscheiden, ob ein solcher vorliegt. 20

3. Betriebe gewerblicher Art

a) Allgemeine Aussagen zum Begriff Betrieb gewerblicher Art

Bei einem BgA handelt es sich nicht um eine Organisationsform eines Unternehmens, sondern lediglich um eine **steuerliche Fiktion**. Ein BgA kann deshalb nicht gegründet werden. Er liegt automatisch vor, wenn bestimmte Merkmale erfüllt sind. 21

Mit der Steuerpflicht für BgA von juristischen Personen des öffentlichen Rechts wird erreicht, dass eine Körperschaft öffentlichen Rechts, soweit sie sich privatwirtschaftlich betätigt, auch steuerlich den privatwirtschaftlichen Unternehmen gleichgestellt wird. Anderenfalls würde ein nicht zu rechtfertigender Vorsprung vor den privatwirtschaftlichen Betrieben gewährt, was dem Gedanken der **gleichmäßigen Besteuerung** widersprechen und zu einer Wettbewerbsverzerrung führen würde.[16] 22

Ob eine Tätigkeit einer juristischen Person öffentlichen Rechts als BgA einzustufen ist und damit grundsätzlich der Besteuerung unterliegt, ergibt sich aus dem **KStG**. Der Begriff des BgA ist in § 4 Abs. 1 KStG wie folgt definiert: BgA von juristischen Personen des öffentlichen Rechts sind – soweit es sich nicht um Hoheitsbetriebe handelt – „alle Einrichtungen, die einer nachhaltigen wirtschaftlichen Tätigkeit zur Erzielung von Einnahmen außerhalb der Land- und Forstwirtschaft dienen und die sich innerhalb der Gesamtbetätigung der juristischen Person wirtschaftlich herausheben. Die Absicht, Gewinn zu erzielen und die Beteiligung am allgemeinen wirtschaftlichen Verkehr sind nicht erforderlich“. 23

Das **Gesetz** gibt somit eine klare **Definition** des BgA anhand bestimmter Merkmale vor. Allerdings liegt insoweit kein BgA vor, als die Merkmale auf einen Hoheitsbetrieb der juristischen Person öffentlichen Rechts zutreffen. 24

Obwohl die Definition im KStG angesiedelt ist und somit zunächst auch nur für die Körperschaftsteuer Anwendung findet, gilt sie auch für den Bereich der **Umsatzsteuer**. Mit der Einführung der Mehrwertsteuer hat der Gesetzgeber auch für das Gebiet der Umsatzsteuer auf den Begriff „BgA“ zurückgegriffen, um den der Umsatzsteuer unterliegenden unternehmerischen Bereich der Körperschaften des öffentlichen Rechts abzugrenzen. Da das Umsatzsteuergesetz auf die Definition im KStG Bezug nimmt, ergibt sich, dass der Begriff im UStG den gleichen Inhalt hat. Aus diesem Grund muss die Frage, ob und inwieweit eine Tätigkeit einer juristischen Person öffentlichen Rechts einen BgA darstellt, für beide Steuerarten grundsätzlich einheitlich entschieden werden.[17] 25

In einem ersten Überblick lassen sich die Folgen der Steuerpflicht wie folgt darstellen: 26

- **Ertragsteuerlich** ergibt sich, dass Gewinne zu versteuern sind. Andererseits werden auch Verluste festgestellt, die mit in Vorjahren oder in Folgejahren erzielten Gewinnen

---

16 Vgl. *Herrmann/Heuer/Raupach*, Kommentar zum EStG und KStG, § 4 KStG, Rn. 7.

17 Siehe hierzu jedoch Rn. 146 ff. zu Abgrenzungsproblemen und Auslegungsfragen zur Umsatzsteuerpflicht der öffentlichen Hand.

verrechnet werden können. Unter bestimmten Voraussetzungen können auch Gewinne und Verluste verschiedener BgA steuerlich ausgeglichen werden.

- **Umsatzsteuerlich** ergibt sich die Folge, dass ein BgA wie „ein normales Unternehmen" behandelt wird. Die vom BgA ausgeführten Leistungen sind der Umsatzsteuer zu unterwerfen, im Gegenzug kann die Vorsteuer aus Eingangsleistungen in Abzug gebracht werden.

b) Definition des Begriffes „Betrieb gewerblicher Art"

27 BgA von (aa) juristischen Personen des öffentlichen Rechts i.S.d. § 1 Abs. 1 Nr. 6 KStG sind alle (bb) Einrichtungen, die einer (cc) nachhaltigen wirtschaftlichen Tätigkeit zur (dd) Erzielung von Einnahmen außerhalb der Land- und Forstwirtschaft dienen und die sich innerhalb der Gesamtbetätigung der juristischen Person des öffentlichen Rechts (ee) wirtschaftlich herausheben. Die Absicht, Gewinn zu erzielen und die Beteiligung am allgemeinen wirtschaftlichen Verkehr sind nicht erforderlich.

28 Ob ein BgA vorliegt, muss demnach für den Einzelfall geprüft werden.[18] Hierbei ist zu untersuchen, ob jedes der in § 4 Abs. 1 KStG genannten **Merkmale erfüllt** ist. Im Einzelnen:

29 **aa) Juristische Person des öffentlichen Rechts.** Als juristische Personen des öffentlichen Rechts gelten alle Gebilde, die aufgrund des **öffentlichen Rechts** mit eigener **Rechtspersönlichkeit** ausgestattet sind. Diese Eigenschaft kann entweder durch den Bund oder ein Land verliehen werden. Im Zweifelsfall ist nach allgemeinen Rechtsgrundsätzen zu entscheiden und zu klären, ob das Subjekt nach Verfassung oder Satzung und tatsächlicher Geschäftsführung in den staatlichen Organismus eingegliedert ist und öffentliche Aufgaben erfüllt.[19] Juristische Personen des öffentlichen Rechts sind beispielsweise Körperschaften wie Bund, Länder, Gemeinden, Gemeindeverbände und Zweckverbände, Innungen und Handwerkskammern, Industrie- und Handelskammern, Rechtsanwaltskammern, Steuerberaterkammern, Ärztekammern, öffentlich-rechtliche Religionsgemeinschaften, Universitäten, Studentenwerke, Landeszentralbanken, die Träger der Sozialversicherung sowie Anstalten des öffentlichen Rechts wie z. B. öffentlich-rechtliche Sparkassen und Giroverbände, aber auch Kommunalunternehmen.[20, 21]

30 **bb) Einrichtung.** Eine Einrichtung setzt eine **selbständige wirtschaftliche Tätigkeit** voraus. Dabei wird nicht verlangt, dass die Tätigkeit im Vergleich zu den sonstigen Betätigungen der juristischen Person des öffentlichen Rechts in einer verselbständigten Abteilung ausgeübt wird, sie kann auch innerhalb des allgemeinen Betriebs mit erledigt werden.[22]

31 Die Rechtsprechung verlangt dabei das Vorliegen einer **„funktionellen Einheit"**. Entscheidend ist somit, ob sich die wirtschaftliche Tätigkeit von der übrigen Betätigung der juristischen Person des öffentlichen Rechts funktionell abhebt, indem sie eine andere Funktion oder einen anderen Zweck erfüllt.[23] Die Finanzverwaltung spricht dagegen von einer **„wirtschaftlich selbständigen Einheit"**, wobei sie dieses Merkmal wohl genauso auslegt wie die Rechtsprechung den Begriff „funktionelle Einheit".

32 Wirtschaftliche Selbständigkeit ist immer dann anzunehmen, wenn sich die wirtschaftliche Tätigkeit von der übrigen Betätigung der juristischen Person des öffentlichen Rechts abgrenzen lässt. Dabei spielen organisatorische Merkmale, wie z. B. eine besondere Leitung, eine eigene Buchführung oder ein geschlossener Geschäftskreis eine Rolle.

---

[18] Zur Prüfung mit vielen Praxisbeispielen siehe z. B. Erlass des Thüringer Finanzministeriums vom 26.10.1992, bek. OFD Erfurt S 2706 A – 06 – St 312 (B) vom 10.11.1992

[19] BFH vom 1.3.1951, BStBl. III 1951, S. 120.

[20] Vgl. z. B. *Streck*, KStG-Kommentar, § 4 Anm. 3.

[21] Vgl. Rn. 39 u. Fn. 44.

[22] R 6 Abs. 2 S. 1 KStR.

[23] Vgl. *Siegel*, Der Begriff des „Betriebs gewerblicher Art" im Körperschaftsteuer- und Umsatzsteuerrecht, S. 60.

Das wohl entscheidendste Kriterium ist jedoch der Umsatz und damit der Umfang der wirtschaftlichen Tätigkeiten. Übersteigt der **Jahresumsatz** im Sinne des § 1 Abs. 1 Nr. 1 UStG den Betrag von 130.000 EURO pro Jahr, ist dies ein wichtiges Merkmal für die Selbständigkeit der ausgeübten Tätigkeit.[24] Berücksichtigt werden hierbei nur Umsätze, die gegen Entgelt an Dritte erbracht werden.[25],[26]

cc) Nachhaltige Tätigkeit. Eine weitere Voraussetzung für das Vorliegen eines BgA ist 33 die Nachhaltigkeit der wirtschaftlichen Betätigung. Hierfür muss die Tätigkeit während eines bestimmten Zeitraumes mit der **Absicht der Wiederholung** ausgeübt werden. Kriterien wie z. B. planmäßiges Handeln, mehrjährige Tätigkeit, Intensität des Tätigwerdens oder das Auftreten wie ein Händler sprechen für Nachhaltigkeit. Besteht von vornherein eine Wiederholungsabsicht, genügt bereits ein einmaliges Tätigwerden. Wird durch eine einmalige Handlung ein Dauerzustand geschaffen, infolgedessen für längere Zeit Vergütungen anfallen, ist hingegen keine Nachhaltigkeit gegeben[27], denn das Merkmal „nachhaltig" bezieht sich auf die Tätigkeit und nicht auf die erzielten Einkünfte.[28], [29]

dd) Einnahmeerzielungsabsicht. Für das Vorliegen eines BgA ist außerdem Voraus- 34 setzung, dass die Tätigkeit mit der Absicht, **Einnahmen** zu erzielen, ausgeübt wird. Diese Absicht muss jedoch nicht der Hauptzweck der wirtschaftlichen Betätigung sein. Es spielt auch keine Rolle, ob diese Einnahmen in privat-rechtlicher oder öffentlich-rechtlicher Form, d. h. als Gebühren oder Beiträge, erhoben werden.[30] Eine Gewinnerzielungsabsicht ist nicht notwendig, so dass ein BgA bereits vorliegt, wenn die Leistungen tatsächlich oder aufgrund einer Gemeindesatzung zum Selbstkostenpreis erbracht werden.[31]

Die Einnahmeerzielungsabsicht i. S. d. § 4 Abs. 1 KStG umfasst nach dem Einnahmebegriff des § 8 Abs. 1 EStG nicht nur die Erzielung von Geldzuflüssen, sondern auch alle geldwerten Vorteile, die im Verlauf der wirtschaftlichen Aktivitäten der juristischen Person des öffentlichen Rechts entstehen. Zu den Einnahmen rechnen auch Gebühren, welche die öffentliche Hand im Rahmen einer privatunternehmerischen Tätigkeit erhebt, wie z. B. Gebühren für die Vermessungsleistungen der Vermessungsämter außerhalb der hoheitlichen Aufgaben.[32]

ee) Wirtschaftliches Herausheben. Gemäß der Finanzverwaltung und Rechtspre- 35 chung muss es sich bei einer wirtschaftlichen Heraushebung um eine **Tätigkeit von ei-**

---

[24] R 6 Abs. 4 S. 2 KStR. Auch bei einem geringeren Umsatz kann jedoch eine selbständige Einrichtung vorliegen, wenn die Tätigkeit wirtschaftlich bedeutsam ist; vgl. *Beinert* in *Hoppe/Uechtritz* (Hrsg.), Handbuch kommunale Unternehmen, § 11 Steuerrecht, Rn. 11.

[25] OFD Hannover vom 6.9.2002, DStZ 2002, S. 799.

[26] Im Schrifttum wird zutreffend angemerkt, dass das Merkmal „Einrichtung" die notwendige Trennschärfe vermissen lässt. Die Finanzverwaltung stellt für die Feststellung der „Einrichtung", also der selbständigen wirtschaftlichen Tätigkeiten, hilfsweise auf das Überschreiten einer Umsatzgrenze ab. Kann jedoch ein Umsatz für eine wirtschaftliche Tätigkeit festgestellt werden, so ist hierfür bereits Voraussetzung, dass diese Tätigkeit abgegrenzt werden kann. Und kann eine Tätigkeit als selbständig abgegrenzt werden, so handelt es sich um eine Einrichtung. Die Umsatzgrenze wäre demnach nicht mehr notwendig; vgl. auch *Gastl*, DStZ 2003, S. 99 (100). Deshalb kann nur vermutet werden, dass neben der wirtschaftlichen Selbständigkeit einer Tätigkeit auch ein gewisser Umfang der Tätigkeit gefordert wird, dass aus Sicht der Finanzverwaltung eine Einrichtung vorliegt.

[27] BFH vom 14.11.1963, BStBl. III 1964, S. 139.

[28] *Kußmaul/Blasius*, INF 2003, S. 21 (22).

[29] Für die Beurteilung gelten die gleichen Kriterien wie bei der Nachhaltigkeit, die zum Vorliegen eines Gewerbebetriebes i.S.d. § 15 EStG erforderlich sind; siehe deshalb H 15.2 EStR; vgl. *Krämer* in *Dötsch/Jost/Pung/Witt*, Kommentar zum KStG (2006), § 4 KStG, Rn. 31.

[30] *Kußmaul*, StB 2001, S. 17 (18).

[31] Die Annahme von Liebhaberei bei dauerdefizitären BgA ist seit der Änderung des § 8 Abs. 1 KStG durch das Jahressteuergesetz 2009 gesetzlich ausgeschlossen, während sich dies zuvor nur aus der Auslegung des Gesetzes ergab. Es wurde der neue § 8 Abs. 1 Nr. 2 KStG eingefügt: „Bei Betrieben gewerblicher Art im Sinne des § 4 sind die Absicht, Gewinn zu erzielen, und die Beteiligung am allgemeinen wirtschaftlichen Verkehr nicht erforderlich."

[32] Vgl. *Krämer* in *Dötsch/Jost/Pung/Witt*, Kommentar zum KStG (2006), § 4 KStG, Rn. 36.

nigem wirtschaftlichen Gewicht handeln.[33] Dies setzt voraus, dass die Tätigkeit Wettbewerbsrelevanz hat.[34] Die Rechtsprechung geht von einer Tätigkeit von einigem Gewicht aus, wenn der durchschnittliche Jahresgewinn etwa 1.000 EURO[35] beträgt.[36] Die Verwaltung geht aus Vereinfachungsgründen von einer Umsatzgrenze aus, da die Ermittlung des Gewinns, der unter der Berücksichtigung der in der Privatwirtschaft üblichen Gewinnaufschläge erzielbar wäre, kaum möglich ist. Übersteigt der **Jahresumsatz** i.S.d. § 1 Abs. 1 Nr. 1 UStG nachhaltig 30.678 EURO, wird davon ausgegangen, dass die Tätigkeit von einigem Gewicht ist.[37] Bei einem darunter liegenden Jahresumsatz ist ein BgA nur anzunehmen, wenn die Tätigkeit im Wettbewerb zu anderen Unternehmen erfolgt, also von der juristischen Person des öffentlichen Rechts besondere Gründe hierfür vorgetragen werden.[38] Der BFH hat jedoch klargestellt, dass es keine absoluten Gewichtigkeitsgrenzen gibt, sondern auch bei einem Jahresumsatz von unter 6.000 EURO[39] ein BgA angenommen werden kann, wenn neben der bestehenden Wettbewerbssituation eindeutig eine selbständige wirtschaftliche Tätigkeit vorliegt.[40]

c) Erscheinungsformen von Betrieben gewerblicher Art

36 **aa) Betriebe gewerblicher Art ohne eigene Rechtspersönlichkeit, aber als gesonderte Organisationsform.** In der Regel wird ein BgA bewusst durch eine Kommune betrieben und ist auch entsprechend organisiert. So wird dem BgA beispielsweise bestimmtes (Betriebs-) Vermögen zugeordnet und der Gewinn des BgA gesondert ermittelt. Dies ist insbesondere für BgA der Fall, für die ohnehin aufgrund gesetzlicher Vorschriften Buchführungspflicht besteht. Um solche „typische" BgA handelt es sich beispielsweise bei Versorgungsbetrieben (Wasser-, Stromversorgung), Parkhäusern und Tiefgaragen sowie Schwimmbädern. Die jeweilige Tätigkeit wird häufig in den Organisationsformen des **Regie- oder des Eigenbetriebs** ausgeübt.[41]

37 **Eigenbetriebe** stellen eine besondere kommunalrechtliche Form von Unternehmen dar, die zwar eine eigenständige Organisationsform mit wirtschaftlicher Selbständigkeit darstellen, jedoch keine eigene Rechtsfähigkeit besitzen. Steuerlich gesehen handelt es sich lediglich – soweit keine hoheitlichen Tätigkeiten ausgeführt werden – um einen oder mehrere BgA. Die Gewinnermittlung eines Eigenbetriebs erfolgt nach den Vorschriften der Eigenbetriebsverordnungen der jeweiligen Länder. Diese schreiben i.d.R. eine kaufmännische doppelte Buchführung sowie die Aufstellung eines Jahresabschlusses nach den Vorschriften des HGB für große Kapitalgesellschaften vor.[42] Abgesehen von den speziellen Vorschriften über die Gewinnermittlung bei Eigenbetrieben erfolgt die Besteuerung wie bei jedem anderen BgA. Für **Regiebetriebe** (komplett im Haushalt der jeweiligen Gemeinde integriert, auch keine wirtschaftliche Selbständigkeit) bestehen keine eigenständigen Gewinnermittlungsvorschriften. Hier ergibt sich die Gewinnermittlungsverpflichtung rein aus den steuerlichen Vorschriften.

38 **bb) Betriebe gewerblicher Art mit eigener Rechtspersönlichkeit.** Ein BgA mit eigener Rechtspersönlichkeit liegt vor, wenn er alle Merkmale einer juristischen Person des öffentlichen Rechts erfüllt. Er muss insbesondere in vollem Umfang rechtsfähig sein.

---

[33] H 6 KStR, BFH vom 26.02.1957, BStBl. III 1957, S. 146.

[34] BFH vom 25.10.1989, BStBl. II 1990, S. 868. Das Merkmal „wirtschaftliches Herausheben" weist insoweit Überschneidungen zum Begriff der Einrichtung auf; vgl. *Seer,* DStR 1992, S. 1751 (1754).

[35] Im Urteil selbst wird eine Grenze von 2000 DM genannt, die in einen Eurobetrag umgerechnet und gerundet wurde.

[36] BFH-Urteil vom 24.10.1961, BStBl. III 1961, S. 552.

[37] R 6 Abs. 5 S. 1 KStR.

[38] R 6 Abs. 5 S. 4 u. 5 KStR.

[39] Im Urteil selbst wird eine Grenze von 12.000 DM genannt, die in einen Eurobetrag umgerechnet und gerundet wurde.

[40] BFH vom 25.10.1989, BStBl. II 1990, S. 868.

[41] Zu den Rechtsgrundlagen siehe Kap. D I., zur Buchführungspflicht und zum Rechnungs-, Berichts- und Prüfungswesen Kap. E I.

[42] Z.B. §§ 18 und 20 EBV By.

Teilrechtsfähigkeit reicht nicht aus.[43] Typische BgA mit eigener Rechtspersönlichkeit sind Zweckverbände oder nach Kommunalrecht errichtete Kommunalunternehmen (Anstalten des öffentlichen Rechts)[44], wenn diese nur *einen* BgA beinhalten.

Obwohl das **Kommunalunternehmen** aufgrund öffentlichen Rechts eine eigene Rechtsperson darstellt, ist es – ebenso wie der Eigenbetrieb – kraft seiner Rechtsform zunächst nicht steuerpflichtig. Es wird – ähnlich dem Eigenbetrieb – in der Praxis häufig zur Ausübung hoheitlicher Tätigkeiten eingesetzt. Führt es jedoch wirtschaftliche Tätigkeiten durch, so handelt es sich hierbei um einen/mehrere BgA. Wird durch das Kommunalunternehmen nur eine wirtschaftliche Tätigkeit ausgeführt, so spricht man beim Kommunalunternehmen von einem BgA mit eigener Rechtspersönlichkeit, da der BgA in die Rechtsform des Kommunalunternehmens gekleidet wurde. Ebenso ist es jedoch möglich, dass in einem Kommunalunternehmen mehrere BgA vereint sind oder ein BgA neben einem Hoheitsbetrieb geführt wird. Aus steuerlicher Sicht wird man jedoch auch im Falle eines Kommunalunternehmens, das lediglich einen BgA neben einer oder mehreren hoheitlichen Sparten betreibt, von einem BgA mit eigener Rechtspersönlichkeit sprechen können. 39

Ebenso wie Kommunalunternehmen stellen auch **Zweckverbände** – sofern sie steuerlich gesehen im Rahmen eines BgA tätig werden – BgA mit eigener Rechtspersönlichkeit dar. 40

Die Besteuerung von BgA mit eigener Rechtspersönlichkeit erfolgt nach den allgemeinen Grundsätzen der Besteuerung für BgA.[45] Die gewählte Rechtsform hat lediglich dann eine Auswirkung, wenn das Steuergesetz zwischen BgA mit und ohne eigene Rechtspersönlichkeit unterscheidet (§ 20 Abs. 1 Nr. 10 EStG). 41

cc) Betriebe gewerblicher Art ohne gesonderte Organisationsform. Es ist jedoch auch möglich, dass eine Kommune einen BgA unterhält, ohne sich dessen bewusst zu sein. Dies ist vor allem dann der Fall, wenn keine besonderen Wirtschaftsgüter angeschafft wurden, die dem Bereich zuzuordnen sind. 42

Beispielsweise stellt die Vermarktung einer (gemeindeeigenen) Hauswand zu Werbezwecken ebenso wie Stadion-, Banden- oder Trikotwerbung einen BgA dar. Auch die Veranstaltung von Märkten durch eine Gemeinde führt zur Begründung eines BgA. Das gleiche kann für Kindergärten[46], Kinderhorte und Kantinen einer Gemeinde gelten. 43

Die genannten Beispiele stellen jedoch nur dem Grunde nach einen BgA dar. Die bereits erwähnten Umsatzgrenzen müssen überschritten sein, um tatsächlich einen BgA zu begründen. 44

4. Vermögensverwaltung

Es liegt weder eine hoheitliche Betätigung noch ein BgA vor, wenn eine juristische Person des öffentlichen Rechts Erträge erzielt, indem sie **Vermögensverwaltung** betreibt. Sie liegt immer dann vor, wenn bei einer natürlichen Person Einkünfte aus Kapitalvermögen oder aus Vermietung und Verpachtung erzielt würden.[47] Zwar ist nirgends ausdrücklich gesetzlich geregelt, dass die Vermögensverwaltung nicht zu den BgA rechnet.[48] Es ergibt sich jedoch aus dem Vergleich von Körperschaften des öffentlichen 45

---

[43] BMF-Schreiben vom 11.9.2002, BStBl. I 2002, S. 935, Rn. 5 u. 6.

[44] Während in einigen deutschen Bundesländern die Bezeichnung „Kommunalunternehmen" gewählt wurde, wird in anderen von der „Anstalt öffentlichen Rechts" gesprochen. Die Begriffe sind jedoch Synonyme.

[45] Siehe hierzu Rn. 74 ff. Steuerliche Pflichten für juristische Personen öffentlichen Rechts bei Vorliegen von BgA.

[46] BFH vom 12.7.2012, BStBl. II 2012, S. 837, für allgemein anwendbar erklärt durch BMF am 1.11. 2012; außerdem FG Hamburg vom 5.2.2013, EFG 2013, S. 956.

[47] Vgl. *Streck*, KStG-Kommentar, § 4 KStG, Rn. 12.

[48] Im Gegensatz zu den hoheitlichen Tätigkeiten, die ausdrücklich nicht als BgA in Frage kommen; § 4 Abs. 5 S. 1 KStG.

Rechts mit gemeinnützigen Körperschaften, welche nach § 14 AO nur dann im Rahmen ihrer wirtschaftlichen Geschäftsbetriebe tätig sind, wenn diese Tätigkeit über den Rahmen der Vermögensverwaltung hinausgeht. Da der wirtschaftliche Geschäftsbetrieb von gemeinnützigen Körperschaften als Pendant zu den BgA von Körperschaften des öffentlichen Rechts gilt, ist allgemein anerkannt[49], dass durch Vermögensverwaltung kein BgA begründet wird.[50] Typische Beispiele für Vermögensverwaltung bei juristischen Personen des öffentlichen Rechts sind Raum-, Haus-, Grund- oder Bodenvermietungen und die Verwaltung von Wertpapieren oder Beteiligungen.[51]

46 Im Bereich der **Ertragsteuern** unterliegt die juristische Person des öffentlichen Rechts im Rahmen der Vermögensverwaltung grundsätzlich nicht der Besteuerung. Erzielte Erträge (z. B. aus der Vermietung von Räumen) sind somit steuerfrei. Eine Ausnahme besteht allerdings für solche Einkünfte, von denen ein **Steuerabzug** vorzunehmen ist (§ 2 Nr. 2 KStG). Mit diesen Einkünften unterliegt die juristische Person des öffentlichen Rechts der **beschränkten Körperschaftsteuerpflicht**. Die Körperschaftsteuer für Einkünfte, die dem Steuerabzug unterliegen, ist durch den Steuerabzug abgegolten (§ 32 Abs. 1 Nr. 2 KStG). In der Praxis besteht somit eine Steuerpflicht insbesondere für **Kapitalerträge** i.S.d. § 20 Abs. 1 Nr. 1 EStG (Gewinnausschüttungen), denn von diesen ist gemäß § 43 Abs. 1 Nr. 1 EStG die Steuer durch Abzug vom Kapitalertrag (Kapitalertragsteuer) zu erheben.

47 Für den Bereich der **Umsatzsteuer** kann diese Aussage zur fehlenden Steuerpflicht nicht (mehr) getroffen werden. Ursprünglich wurde die Auffassung vertreten, dass die Umsatzbesteuerung von jPöR nur im Rahmen von BgA möglich sei[52], was durch den Verweis auf § 4 Abs. 4 KStG und § 14 AO begündet wurde. Diese Ansicht wird jedoch vom BFH nicht mehr anerkannt.[53] Er stellt klar, dass dem Begriff der Vermögensverwaltung für Zwecke der Umsatzsteuer keine Bedeutung zukommt. Für den BFH ist nunmehr entscheidend, ob die öffentliche Hand in den Handlungsformen des Zivilrechts oder des öffentlichen Rechts tätig ist.[54]

5. Abgrenzungsfragen zwischen den einzelnen Bereichen

48 Da die Einordnung einer Tätigkeit als BgA, hoheitliche Tätigkeit oder Vermögensverwaltung deren steuerliches Schicksal bestimmt, ist sie von besonders großer Bedeutung. Allerdings geben Gesetz und Verwaltungsanweisungen nur ungefähre Anhaltspunkte, die eine Zuordnung ermöglichen sollen.[55] Häufig wird erst durch die Rechtsprechung im Einzelfall bestimmt, welchem Bereich eine Tätigkeit im konkreten Sachverhalt angehört.

a) Abgrenzung zwischen Betrieb gewerblicher Art und hoheitlicher Tätigkeit

49 In folgenden Grenzfällen entschied die Rechtsprechung über das Vorliegen einer hoheitlichen Tätigkeit und kam zu folgenden Ergebnissen:

50 • Die **Abfallentsorgung** ist eine hoheitliche Aufgabe. Sie umfasst neben der entgeltlichen Abgabe der Abfälle auch das Gewinnen von Stoffen und Energie. Zu der Annahme eines BgA kommt es allerdings, wenn die veräußerten Stoffe oder die veräußerte Energie nicht überwiegend aus Abfällen gewonnen werden und damit eine wirtschaftliche Tätigkeit vorliegt. Bei der Abgrenzung ist vom Brennwert der eingesetzten Abfälle und sonstigen Brennstoffe auszugehen.[56] Bei der Frage, ob die Sammlung, Sortie-

---

[49] Vgl. z. B. *Seer/Wolsztynski*, Steuerrechtliche Gemeinnützigkeit, 2002, S. 58f.
[50] Vgl. *Strahl*, FR 2002, S. 916 (917).
[51] Zu den Abgrenzungsproblemen zum BgA siehe Rn. 64 ff.
[52] Z.B. BFH-Urteil vom 11.06.1997, BStBl. II 1999, S. 418; R 23 Abs. 4 S. 2 UStR 2008.
[53] BFH-Urteil vom 15.04.2010, BFH/NV 2010, S. 1574.
[54] *Becht* in: Lexikon des Steuerrechts, Stichwort „Betrieb gewerblicher Art", 6. Aufl., Z. 1.2.7 Umsatzsteuer.
[55] Siehe „Kriterien zur Abgrenzung hoheitlicher von wirtschaftlicher Tätigkeit bei jPöR"; BMF-Schreiben (koord. Ländererlass) vom 11.12.2009.
[56] R 10 Abs. 6 S. 1-4 KStR .

rung oder Verwertung gebrauchter Verkaufsverpackungen der hoheitlichen oder der wirtschaftlichen Tätigkeit der öffentlichen Hand zuzuordnen ist, vertritt die Verwaltung die Auffassung, dass die Verantwortung für Systeme nach § 6 Abs. 3 VerpackVO auf die Privatwirtschaft übergegangen ist, weil die VerpackVO durchgehend die Verantwortlichkeit von Herstellern und Betreibern für die Rücknahme und Wiederverwertung fordert. Damit stellt die **Sammlung, Sortierung oder Verwertung** gebrauchter Verkaufsverpackungen keine hoheitliche Tätigkeit dar.[57] Auch die **Abfallberatung** stellt keine hoheitliche Tätigkeit dar, denn sie ist keine den öffentlich-rechtlichen Entsorgungsträgern durch Gesetz zugewiesene Aufgabe.[58]

- Die **Abwasserbeseitigung** gehört zu den grundlegenden hoheitlichen Versorgungspflichten der Gemeinde, da eine geregelte Abwasserentsorgung Grundvoraussetzung für die Volksgesundheit ist.[59] 51
- Der Betrieb eines **Blockheizkraftwerkes** und der Verkauf des erzeugten Stromes bzw. der Wärme kann einen BgA darstellen. Allerdings liegt bei klärgas- oder abwasserbefeuerten BHKW von Abwasser- oder Abfallbeseitigungsanlagen nur dann eine wirtschaftliche Tätigkeit im Rahmen eines BgA vor, wenn die veräußerte Elektrizität oder Wärme überwiegend aus Deponiegas von Abfällen gewonnen wird, zu deren Annahme die beseitigungspflichtige Körperschaft nach § 15 Kreislaufwirtschafts- und Abfallgesetz nicht verpflichtet ist (z. B. Gewerbemüll, Sondermüll). Verwenden BHKW bei der hoheitlichen Abwasserbeseitigung (§ 18a Wasserhaushaltgesetz) anfallendes Klärgas zur Strom- und Wärmeerzeugung, ist ein BgA erst dann gegeben, wenn der Brennwert zugekaufter Brennstoffe höher ist als der Brennwert der Faulgase.[60] 52
- Die Ausübung von **Amtshilfe** für eine andere jPöR ist dann eine hoheitliche Tätigkeit, wenn auch die Tätigkeit bei der anderen jPöR bei eigener Durchführung als hoheitlich einzustufen wäre. Dagegen verliert eine ihrem Inhalt nach wirtschaftliche Tätigkeit diese Eigenschaft nicht dadurch, dass sie im Wege der Amtshilfe für den wirtschaftlichen Bereich eines anderen Hoheitsträgers erfolgt.[61] 53
- Die **Friedhofsverwaltung** ist eine hoheitliche Tätigkeit, soweit Aufgaben des Bestattungsbetriebes wahrgenommen werden. Auch die allgemein als ein unverzichtbarer Bestandteil einer würdigen Bestattung angesehen Leistungen wie z. B. Läuten der Glocken, übliche Ausschmückung des ausgehobenen Grabes und die musikalische Umrahmung der Trauerfeier zählen zum Hoheitsbetrieb.[62] Dagegen sind **Blumenverkäufe** und **Grabpflegeleistungen** wirtschaftliche, vom Hoheitsbetrieb abgrenzbare Tätigkeiten.[63] 54
- **Grundstücksverkäufe** von Gemeinden führen nicht zur Annahme eines BgA.[64] Soweit die Gemeinden im Rahmen der von ihnen durchzuführenden Siedlungspolitik Grundstücke verkaufen, nehmen sie hoheitliche Aufgaben war und unterliegen deshalb nicht der Besteuerung. Gleiches gilt für Grundstückserwerbe der Gemeinden und die Festsetzung von Ausgleichsbeiträgen.[65] 55
- **Hochschulen** werden aufgrund ihrer **Forschungstätigkeit** dann dem hoheitlichen Bereich zugeordnet, wenn die Forschung wegen ihrer Besonderheit und Einmaligkeit 56

---

57 Vgl. *Krämer* in *Dötsch/Jost/Pung/Witt*, Kommentar zum KStG (2006), § 4 KStG, Rn. 142.

58 BFH vom 03.04.2012; BFH/NV 2012, S. 1334.

59 Lippross Basiskommentar zu § 4 KStG, Rz. 105 Abführung von Abwässern, 58. Ergänzungslieferung.

60 OFD Karlsruhe vom 25.09.2012, UStK § 2 Abs. 1 UStG Karte 6; BMF-Schreiben vom 11.12.2009, BStBl. I 2009, S. 1597.

61 Vgl. H 9 „Beistandsleistung" KStR.

62 H 10 KStR.

63 BFH vom 14.4.1983, BStBl. II 1983, S. 491.

64 Dies gilt zumindest dann, wenn die Grundstücke nicht dem Betriebsvermögen eines BgA zuzurechnen sind; vgl. auch Rz. 94 zu § 4 KStG-Kommentar, Lippross, 58. Ergänzungslieferung.

65 Lediglich in einem Fall zur Umsatzsteuer hat das FG Baden-Württemberg, Urteil vom 7.2.1992, EFG 1992, S. 422, entschieden, dass eine Gemeinde, die allerdings innerhalb von 9 Jahren 207 Objekte verkauft hat, unternehmerisch tätig sei.

als wissenschaftlich anzusehen und damit der Hochschule eigentümlich und vorbehalten ist. **Routinemäßige Untersuchungen**, Beratungen und Begutachtungen werden hingegen nicht als hoheitlich anerkannt, weil sie auch von privaten Instituten durchgeführt werden können.[66] Die Zuordnung zum Hoheitsbetrieb oder BgA erfolgt über die Einnahmen. Handelt es sich dabei um echte Zuschüsse oder Spenden für Forschungstätigkeit, geht man von Einnahmen des hoheitlichen Bereichs der Hochschule aus. Einnahmen aus einer wirtschaftlichen Tätigkeit liegen vor, wenn sich ein Dritter durch die Zahlungen im Rahmen einer **Auftragsforschung** Exklusivrechte in irgendeiner Form für die Verwertung des Forschungsergebnisses einräumen lässt.[67]

57 • **Hochschulkliniken** sind als BgA zu behandeln. Die Tätigkeit der Hochschulkliniken lässt sich nicht klar dem hoheitlichen (Forschung und Lehre) oder dem wirtschaftlichen Bereich (Krankenhaus) zuordnen, weil die Patientenversorgung mit Forschung und Lehre untrennbar verbunden ist. Es wird jedoch von einer wirtschaftlichen Tätigkeit ausgegangen, da überwiegend der Zweck der Patientenversorgung verfolgt wird. Da Universitätskliniken unselbständige Einrichtungen der Universität sind, und diese als rechtsfähige Körperschaft des öffentlichen Rechts im Rechtsverkehr mit Dritten im eigenen Namen handelt, kann man davon ausgehen, dass Hochschulkliniken BgA der Universität sind. [68] Allerdings dürfte es sich in der Regel um gemeinnützige BgA handeln.[69]

58 • Der Betrieb von **Parkuhren und Parkscheinautomaten** ist als Ausübung öffentlicher Gewalt anzusehen, soweit er im Rahmen der Straßenverkehrsordnung ausgeübt wird und für das Parken Gebühren aufgrund einer öffentlich-rechtlichen Gebührenordnung anfallen.[70] Dagegen stellt die Unterhaltung von bewachten gebührenpflichtigen **Parkplätzen** und von **Parkhäusern** sowie von **Tiefgaragen** eine wirtschaftliche Tätigkeit dar[71]; es handelt sich insoweit um Verkehrsbetriebe i.S.d. § 4 Abs. 3 KStG.[72] Dies gilt auch dann, wenn sich die juristische Person des öffentlichen Rechts auf Grund einer Benutzungssatzung einer Handlungsform des öffentlichen Rechts bedient.[73]

59 • Die öffentliche Nutzung eines gemeindlichen **Schwimmbads** für den Badebetrieb stellt eine wirtschaftliche Tätigkeit dar. Sofern die entsprechenden Größenkriterien erfüllt sind, liegt ein BgA vor. Dies gilt auch dann, wenn die nicht-öffentliche Nutzung (Schulschwimmen) überwiegt.[74]

60 • Die Überlassung von **Standplätzen** bei Wochen- und Krammärkten sowie die Unterhaltung von Zelt- oder **Campingplätzen** stellen wirtschaftliche Tätigkeiten dar.[75]

61 • Die **Straßenreinigung** stellt eine hoheitliche Tätigkeit dar.[76]

62 • Die Tätigkeit des **Vermessungs- und Katasteramtes** ist als Hoheitsbetrieb einzustufen. Hierfür ist unerheblich, dass dessen öffentlich-rechtliche Aufgaben auch von öffentlich bestellten Vermessungsingenieuren erfüllt werden dürfen.[77]

---

[66] Vgl. *Krämer* in *Dötsch/Jost/Pung/Witt*, KSt-Kommentar (2006), § 4 KStG, Rn. 142 (Forschungstätigkeit).

[67] OFD Münster vom 16.5.1990, DB 1990, S. 1212.

[68] Vgl. *Krämer* in *Dötsch/Jost/Pung/Witt*, Kommentar zum KStG (2006), § 4 KStG, Rn. 142.

[69] Zur Gemeinnützigkeit siehe Rn. 269 ff.

[70] BFH vom 27.2.2003, BFH/NV 2003, S. 1018.

[71] H 10 KStR.

[72] BFH vom 8.11.1989, BStBl. II 1990, S. 242.

[73] BFH vom 10.12.1992, BStBl. II 1993, S. 380.

[74] R 10 Abs. 5 KStR.

[75] H 10 KStR (Campingplatz) sowie BFH vom 20.5.1960, BStBl. III 1960, S. 368.

[76] Lippross Basiskommentar zu § 4 KStG, Rz. 105 Straßenreinigung, 58. Ergänzungslieferung.

[77] BFH vom 25.01.2005, BStBl. II 2005, S. 501; vorher FG Düsseldorf vom 5.6.2003, EFG 2003, S. 1333.

- Die **Wasserbeschaffung** erfolgt hoheitlich, die **Wasserversorgung** hingegen stellt eine wirtschaftliche Tätigkeit dar.[78, 79] Wenn eine juristische Person des öffentlichen Rechts für ihren Wasserversorgungsbetrieb die Wasserbeschaffung selbst betreibt, liegt eine einheitliche, untrennbare wirtschaftliche Tätigkeit vor.[80] 63

b) Abgrenzung zwischen Betrieb gewerblicher Art und Vermögensverwaltung

Legt man die Verwaltungsmeinung zur Abgrenzung zwischen Gewerbebetrieb und Vermögensverwaltung zugrunde und wendet diese auf die Abgrenzung zwischen BgA und Vermögensverwaltung an[81], so liegt Vermögensverwaltung dann vor, wenn sich die Betätigung noch als **Nutzung von Vermögen** i. S. einer Fruchtziehung aus zu erhaltenden Substanzwerten darstellt und die Ausnutzung substantieller Vermögenswerte durch Umschichtung nicht entscheidend in den Vordergrund tritt. Die bloße Verwaltung eigenen Vermögens ist regelmäßig keine gewerbliche Tätigkeit. Ein Gewerbebetrieb[82] liegt jedoch vor, wenn eine selbständige nachhaltige Betätigung mit Gewinnabsicht unternommen wird, die sich als Beteiligung am allgemeinen wirtschaftlichen Verkehr darstellt und über den Rahmen der Vermögensverwaltung hinausgeht.[83] 64

Folgende **Grenzfälle** sind für juristische Personen des öffentlichen Rechts von besonderer Bedeutung: 65

Der Besitz und die Verwaltung von **Anteilen an einer Kapitalgesellschaft** stellen grundsätzlich Vermögensverwaltung dar – selbst dann, wenn eine beherrschende oder gar 100%ige Beteiligung vorliegt.[84] Es existieren jedoch zwei Ausnahmefälle, in denen das Halten einer Beteiligung an einer Kapitalgesellschaft als BgA angesehen wird. Zum einen dann, wenn tatsächlich ein Einfluss auf die Geschäftsführung über die Beteiligung ausgeübt und damit eine wirtschaftliche Tätigkeit entfaltet wird. [85] Dies ist insbesondere dann der Fall, wenn der Geschäftsführer der Tochterkapitalgesellschaft gleichzeitig eine leitende Funktion in der Organisation des Gesellschafters der Kapitalgesellschaft (hier: Kommune) ausübt, es sich also beispielsweise um den Bürgermeister handelt.[86] Zum anderen liegt dann ein BgA vor, wenn nicht das Halten der Beteiligung im Vordergrund steht, sondern Kauf und Verkauf von Beteiligungen den Rahmen der Vermögensverwaltung sprengen.[87] 66

Im Gegensatz zur Beteiligung an einer Kapitalgesellschaft stellt die **Beteiligung** der juristischen Person des öffentlichen Rechts an einer gewerblichen **Personengesellschaft**[88] dagegen grundsätzlich einen BgA dar, wenn die juristische Person des öffentlichen Rechts als Mitunternehmer[89] anzusehen ist.[90] Dies gilt auch für den Fall, dass die Tätigkeit der Personengesellschaft als hoheitlich zu beurteilen wäre, wenn sie von der 67

---

78 H 10 KStR (Wasserbeschaffung) und BFH vom 15.3.1972, BStBl. II 1972, S. 500 sowie BFH vom 28.1.1988, BStBl. II 1988, S. 473; FG des Landes Brandenburg vom 15.4.2002, EFG 2002, S. 1124.

79 Vgl. auch OFD Cottbus vom 8.12.1998.

80 BFH vom 30.11.1989, BStBl. II 1990, S. 452.

81 Von der Anwendbarkeit dieser Grundsätze geht auch *Krämer* in *Dötsch/Jost/Pung/Witt*, Kommentar zum KStG (2006), § 4 KStG, Rn. 43, aus.

82 im konkreten Anwendungsfall ein BgA.

83 R 15.7 Abs. 1 S. 1-3 EStR.

84 RFH vom 29.3.1938, RStBl. 1938, S 471.

85 Vgl. *Streck*, KStG-Kommentar, § 5 Anm. 14 und § 4 Anm. 12.

86 Vgl. auch *Augsten* in *Fabry/Augsten* (Hrsg.), Handbuch Unternehmen der öffentlichen Hand (2. Aufl.), Teil 5, Rn. 156f. Die beschriebene Personalunion kann auch nicht dadurch umgangen werden, dass zwar eine andere Person als Geschäftsführer der Tochtergesellschaft eingesetzt wird, diese jedoch keine freie Entscheidungsbefugnis – unabhängig vom Organ der juristischen Person öffentlichen Rechts – hat.

87 Siehe Fn. 65.

88 Z. B. Kommanditgesellschaft (KG), offene Handelsgesellschaft (oHG), Gesellschaft bürgerlichen Rechts (GbR), atypisch stille Gesellschaft.

89 Eine Mitunternehmerschaft an einer Personengesellschaft liegt vor, wenn eine juristische Person öffentlichen Rechts Mitunternehmerinitiative und – risiko trägt, BFH vom 25.6.1984, BStBl. II 1984, S.751.

90 BFH vom 9.5.1984, BStBl. II 1984, S. 726.

juristischen Person des öffentlichen Rechts selbst ausgeführt würde.[91] Eine Ausnahme besteht lediglich dann, wenn die Personengesellschaft ausschließlich vermögensverwaltend tätig wird.[92] Dann stellt auch die Beteiligung an dieser Gesellschaft aus Sicht der juristischen Person öffentlichen Rechts eine vermögensverwaltende Tätigkeit dar.[93] Der Umfang der Beteiligung spielt keine Rolle, da die „wirtschaftliche Heraushebung", die notwendiges Merkmal für das Vorhandensein eines BgA ist[94], bereits durch die Beteiligungsform erfüllt ist.[95]

68 Generell stellt die **Vermietung und Verpachtung von Gebäuden** Vermögensverwaltung dar.[96] So wurde beispielsweise entschieden, dass die Vermietung von drei Läden und Wohnungen an private Unternehmer zur Vermögensverwaltung zählt.[97] Wird jedoch neben einem Grundstück oder Gebäude auch Inventar mit vermietet, kann auch ein BgA vorliegen, da es sich insoweit um die **Verpachtung eines BgA** handeln kann. Diese gilt prinzipiell selbst als BgA (§ 4 Abs. 4 KStG). Damit ist jede entgeltliche Überlassung von Einrichtungen, Anlagen oder Rechten, die beim Verpächter einen BgA darstellen würden, gemeint.[98] Beispielsweise stellt die **Verpachtung einer Gaststätte** einen BgA dar.[99] Wird für die Führung eines Betriebes größeres Inventar erforderlich, so ist die Verpachtung eines solchen Betriebes erst dann ein BgA, wenn der Verpächter das Inventar beschafft und dem Pächter zur Nutzung überlässt.[100] Auch die Verpachtung eines BgA muss von einigem Gewicht sein, dass tatsächlich ein BgA vorliegt.[101] Die Frage, ob sich die Verpachtungstätigkeit aus der Gesamtbetätigung der juristischen Person des öffentlichen Rechts heraushebt, ist nicht nach den Verhältnissen der verpachtenden Körperschaft, sondern nach den Verhältnissen des Pächters zu beurteilen.[102] Folglich ist ein BgA grundsätzlich anzunehmen, wenn die jährlichen Umsätze des Pächters 35.000 EURO nachhaltig übersteigen.[103]

69 Die **Verpachtung einzelner Wirtschaftsgüter** führt nur dann zur Annahme eines BgA, wenn es sich um eine **Betriebsaufspaltung** handelt.[104] Die zur Betriebsaufspaltung aufgestellten Grundsätze sind auch bei juristischen Personen des öffentlichen Rechts anzuwenden[105], sie gelten demnach auch bei der Verpachtung von wesentlichen Betriebsgrundlagen an ihre Eigengesellschaft(en).

70 Für geplante Investitionsmaßnahmen ist der Vorsteuerabzug eröffnet, wenn diese Tätigkeit als BgA einzustufen ist. Deshalb sind viele Kommunen bemüht, bestimmte Tätigkeiten im Grenzbereich zwischen BgA und Vermögensverwaltung als BgA zu qualifizieren. In folgenden **Grenzfällen der Vermietungstätigkeit** äußerte sich die Finanzverwaltung hinsichtlich des Vorliegens eines BgA:

71 • Beim Betrieb von **Sportstätten** durch juristische Personen des öffentlichen Rechts sprechen häufig kurzfristig wechselnde Nutzer und zusätzliche Leistungen wie die Überlassung von Bühnen, Tribünen sowie deren Auf- und Abbau und Reinigungsarbeiten für das Vorliegen eines BgA. Allerdings müssen alle Merkmale, wie Vorliegen

---

91 OFD Frankfurt vom 4.2.2002, S 2706 A – 83 – St II 13, DB 2002, S. 764.
92 Vgl. *Augsten* in *Fabry/Augsten* (Hrsg.), Handbuch Unternehmen der öffentlichen Hand (2. Aufl.), Teil 5, Rn. 171.
93 Wiederum in Analogie zur Rechtsprechung zu den wirtschaftlichen Geschäftsbetrieben von gemeinnützigen Körperschaften; vgl. hierzu I4; *Buchna*, Gemeinnützigkeit im Steuerecht, S. 213.
94 Zu den Merkmalen eines BgA vgl. Rn. 29 ff.
95 Vgl. *Streck*, KStG-Komm. § 4 Anm. 13.
96 Siehe Rn. 45 f.
97 FG München vom 20.3.2003, EFG 2003, S. 1054.
98 Vgl. *Krämer* in *Dötsch/Jost/Pung/Witt*, Kommentar zum KStG (2006), § 4 KStG, Rn. 56.
99 FG München vom 20.3.2003, EFG 2003, S. 1054.
100 H 8 KStR (Inventar), BFH vom 6.10.1976, BStBl. II 1977, S. 94.
101 Siehe Rn. 35.
102 BFH vom 25.10.1989, BStBl. II 1990, S. 868.
103 Zu den Voraussetzungen für das Vorliegen eines BgA, insbesondere der wirtschaftlichen Heraushebung, siehe Rn. 30ff.
104 Zum Begriff „Betriebsaufspaltung" siehe Rn. 93, insb. Fn. 132 f.
105 BFH-Urteil vom 14.03.1984, BStBL. II 1984, S. 496.

einer Einrichtung und wirtschaftliche Bedeutsamkeit, erfüllt sein. Hierbei ist besonders zu beachten, dass die Überlassung an Schulen und sonstige Einrichtungen zum Beispiel für kulturelle Zwecke nicht zu den Umsätzen im Sinne des § 1 Abs. 1 Nr. 1 UStG zählt, sondern eine Nutzung für außerunternehmerische Zwecke gemäß § 3 Abs. 9a UStG darstellt.[106]

- Die **Überlassung von Räumen einer Hochschule** stellt einen BgA dar, wenn Hochschulen einzelne Gebäude oder Campusteile stunden- oder tageweise an ständig wechselnde Personen vermieten.[107] Laut Verwaltungsmeinung[108] wird jedoch unter Umständen nach Rücksprache mit dem Finanzamt von einer ertragsteuerlichen Erfassung abgesehen, wenn sich auf Dauer nur ein Verlust ergibt. Die Unternehmereigenschaft im umsatzsteuerlichen Sinn bleibt jedoch auch in diesen Fällen bestehen. Die umsatzsteuerliche Würdigung der Vermietung ist nach den Umständen des Einzelfalls zu entscheiden. Handelt es sich beispielsweise beim überlassenen Inventar nur um einfache Bestuhlung, liegt eine einheitliche Vermietungsleistung vor, die nach § 4 Nr. 12a UStG steuerfrei ist.[109] Ist die Überlassung von Inventar neben der Raumüberlassung nicht mehr von untergeordneter Bedeutung, kann ein gemischter Vertrag[110] vorliegen. Das Entgelt ist dann auf die steuerfreie Grundstücksvermietung und die steuerpflichtige Leistung anderer Art (gegebenenfalls durch Schätzung) aufzuteilen. 72
- Die Überlassung von landeseigenen **Wasserflächen**, **Landflächen** und die Nutzungsüberlassung von **Sportboothäfen** stellt grundsätzlich Vermögensverwaltung dar. Ausnahmsweise kann auch ein BgA begründet werden.[111] 73

II. Besteuerung nicht privatisierter kommunaler Unternehmen – Besteuerung von Betrieben gewerblicher Art

1. Steuerliche Pflichten für juristische Personen des öffentlichen Rechts bei Vorliegen von Betrieben gewerblicher Art

a) Körperschaftsteuer

aa) Steuerpflicht und Steuersubjekt. Nach § 1 Abs. 1 Nr. 6 i.V.m. § 4 KStG unterliegen BgA von juristischen Personen des öffentlichen Rechts der unbeschränkten **Körperschaftsteuerpflicht**, wenn sie ihre Geschäftsleitung oder ihren Sitz im Inland haben. 74

In § 10 AO wird die **Geschäftsleitung** als der „Mittelpunkt der geschäftlichen Oberleitung" definiert, womit der Ort gemeint ist, von dem aus ein Unternehmen tatsächlich geleitet wird. Dabei kommt es nicht darauf an, wo der Geschäftsverkehr letztlich stattfindet, sondern wo die erforderlichen Entscheidungen von einigem Gewicht für den Geschäftsbetrieb getroffen werden. Der **Sitz** einer Körperschaft, Personenvereinigung oder Vermögensmasse ist nach § 11 AO an dem Ort, der durch Gesetz, Gesellschaftsvertrag, Satzung, Stiftungsgeschäft oder dergleichen bestimmt ist. 75

Da es bei BgA keine gesetzlich vorgeschriebene Sitzfestlegung gibt und es auch in der Praxis oft an einer Sitzfestschreibung in der Satzung[112] fehlt, richtet sich die Eigenschaft als Körperschaftsteuersubjekt nach dem Ort der Geschäftsleitung. Dieser befindet sich bei deutschen Gebietskörperschaften (Städten, Gemeinden) zwangsläufig im Inland, weshalb für BgA grundsätzlich die unbeschränkte Körperschaftsteuerpflicht (aufgrund der Geschäftsleitung im Inland) gegeben ist. 76

---

[106] OFD Münster vom 2.3.2007 Kurzinfo KSt Nr. 002/2007, DB S. 604.
[107] LfSt Bayern vom 13.2.2008, S 7100- 60 St 34 M.
[108] LfSt Bayern vom 13.2.2008, a.a.O.
[109] 4.12.1 ff. UStAE.
[110] Siehe 4.12.5 UStAE.
[111] OFD Hannover vom 1.2.2007, S 2706-247-StO 241.
[112] In Frage kommt hier nur die Satzung der entsprechenden Organisationsform (z. B. des Regie- oder Eigenbetriebes).

77 Die **Steuerpflicht** beginnt bei Körperschaften mit der Erlangung der Rechtsfähigkeit. Bis auf wenige Ausnahmen (BgA mit eigener Rechtspersönlichkeit[113], z. B. Kommunalunternehmen) besitzen BgA jedoch keine eigene Rechtspersönlichkeit und sind daher nicht rechtsfähig. Die Steuerpflicht für BgA beginnt daher **automatisch**, sobald die in § 4 KStG genannten Voraussetzungen bei juristischen Personen des öffentlichen Rechts vorliegen. Auch wenn es sich um BgA mit eigener Rechtspersönlichkeit handelt, beginnt die Steuerpflicht mit Erfüllung der Voraussetzungen des § 4 KStG, da die Steuergesetze keine abweichende Regelung für BgA mit eigener Rechtspersönlichkeit enthalten.

78 Das **Steuersubjekt** ist nicht der BgA, sondern die **juristische Person des öffentlichen Rechts** selbst.[114] Hat die juristische Person des öffentlichen Rechts mehrere BgA, ist sie wegen jedes einzelnen oder mehrerer zusammengefasster Betriebe Subjekt der Körperschaftsteuer.[115]

79 **bb) Bemessungsgrundlage und Steuersatz. (1) Allgemeines zur Einkommensermittlung und Buchführungspflicht.** Die Körperschaftsteuer bemisst sich nach dem zu versteuernden **Einkommen** (§ 7 Abs. 1 KStG). Die Ermittlung des zu versteuernden Einkommens erfolgt nach den Vorschriften des Körperschaftsteuergesetzes (§ 8 Abs. 1 KStG) und des Einkommensteuergesetzes (siehe Abschnitt 27 Abs. 1 KStR).

80 Ist ein BgA aufgrund außersteuerlicher Vorschriften (§ 140 AO) oder aufgrund originär steuerlicher Bestimmungen (§ 141 AO) zur Buchführung verpflichtet oder führt er freiwillig Bücher und erstellt Jahresabschlüsse, sind seine Einkünfte ausschließlich als **Einkünfte aus Gewerbebetrieb** i. S. d. § 15 EStG zu behandeln (§ 8 Abs. 2 KStG) und im Rahmen eines Betriebsvermögensvergleichs nach § 4 Abs. 1, § 5 EStG zu ermitteln. In selten vorkommenden Ausnahmefällen müsste es somit theoretisch möglich sein, dass ein BgA, wenn dieser nicht zur Buchführung verpflichtet ist und auch nicht freiwillig Bücher führt, neben Einkünften aus Gewerbebetrieb auch andere Einkunftsarten (z. B. Einkünfte aus Vermietung und Verpachtung und aus Kapitalvermögen) erzielt. Rechtsprechung[116] und Verwaltung[117] sind jedoch der einhelligen Ansicht, dass ein BgA ausschließlich Einkünfte aus Gewerbebetrieb erzielt. Damit haben BgA körperschaftsteuerlich auch dann Einkünfte aus Gewerbebetrieb, wenn sie wegen langjährig fehlender Gewinnerzielungsabsicht nicht der Gewerbesteuer unterliegen.[118] Auch Einkünfte aus der Verpachtung eines BgA sind körperschaftsteuerlich stets als Einkünfte aus Gewerbebetrieb zu behandeln.[119]

81 Eine **Buchführungspflicht** i. S. d. § 140 AO kann sich für einen BgA von juristischen Personen des öffentlichen Rechts durch Bestimmungen der landesspezifischen Eigenbetriebsgesetze bzw. -verordnungen und bei kaufmännischen Betrieben auch durch eine unmittelbare Anwendung der handelsrechtlichen Rechnungslegungsvorschriften (§§ 238ff. HGB) ergeben.

82 • Wird ein BgA ohne eigene Rechtspersönlichkeit als **Eigenbetrieb** i. S. d. der Eigenbetriebsgesetze bzw. –verordnungen geführt, schreiben die landesspezifischen Bestimmungen i.d.R. eine kaufmännische doppelte Buchführung und die Aufstellung eines Jahresabschlusses, für welchen die für große Kapitalgesellschaften geltenden handelsrechtlichen Rechnungslegungsvorschriften (§§ 238ff. i.V.m. §§ 264ff. HGB) anzuwenden sind, vor.

83 • Wird der BgA ohne eigene Rechtspersönlichkeit nicht als Eigenbetrieb, sondern als sonstige Einrichtung (**Regiebetrieb**) geführt und erfüllt er die Voraussetzungen eines kaufmännischen Betriebes i. S. d. §§ 1ff. HGB, ergibt sich die handelsrechtliche Buch-

113 Vgl. hierzu Rn. 38ff.
114 BFH vom 13.03.1974, BStBl. II 1974, S. 391.
115 BFH vom 30.11.1989, BStBl II 1990, S. 242.
116 Z.B. BFH vom 30.11.1989, BStBl. II 1990, S. 242.
117 H 33 KStR (Einkunftsart).
118 BFH vom 28.10.1970, BStBl. II 1971, S. 247; siehe Rn. 157ff.
119 BFH vom 1.08.1979, BStBl. II 1979, S. 716.

führungspflicht unmittelbar aus den Bestimmungen der §§ 238ff. HGB. § 263 HGB räumt bei Unternehmen ohne eigene Rechtspersönlichkeit einer Gemeinde, eines Gemeindeverbandes oder eines Zweckverbandes allerdings den Vorrang landesrechtlicher Bestimmungen ein, wenn diese von den Vorschriften des HGB abweichen. Reicht nach entsprechenden abweichenden landesrechtlichen Bestimmungen eine Buchführung im Rahmen des Haushaltes aus, kommt es zu einer Erleichterung für kommunale Einrichtungen.

- Auch BgA mit eigener Rechtspersönlichkeit (z. B. **Kommunalunternehmen**) unterliegen der handelsrechtlichen Buchführungs- und Bilanzierungspflicht i. S. d. §§ 238ff. HGB, sofern sie ein kaufmännisches Handelsgewerbe gemäß § 1 Abs. 2, § 2 HGB betreiben. Die Buchführungspflicht kann sich jedoch auch schon explizit aus den Vorschriften zur Rechtspersönlichkeit (z. B. Kommunalunternehmensverordnung) ergeben. 84

Ergibt sich eine steuerliche Buchführungspflicht nicht aus anderen als den Steuergesetzen (§ 140 AO), sind die gewerblichen Einkünfte des BgA trotzdem im Rahmen einer Buchführung zu ermitteln, wenn der BgA bestimmte **Größenmerkmale** überschreitet (§ 141 AO)[120]. Dies ist der Fall, wenn Umsätze von mehr als 500.000 EURO im Kalenderjahr oder ein Gewinn von mehr als 50.000 EURO im Wirtschaftsjahr erzielt werden. 85

Juristische Personen des öffentlichen Rechts, die mit ihrem BgA weder nach § 140 AO noch nach § 141 AO zur Buchführung verpflichtet sind und auch nicht freiwillig entsprechende Bücher führen, können ihren gewerblichen Gewinn vereinfacht durch eine Gegenüberstellung der Betriebseinnahmen und der Betriebsausgaben (§ 4 Abs. 3 EStG: **Einnahme-Überschuss-Rechnung**) ermitteln. 86

Ergibt die Einkommensermittlung, dass der BgA einen Verlust erwirtschaftet, so kann dieser nach § 10d EStG im Wege des **Verlustvor- und -rücktrages**[121] berücksichtigt werden.[122] Ein Verlustausgleich innerhalb derselben Periode zwischen verschiedenen Einkunftsarten[123] scheidet aus, da ausschließlich Einkünfte aus Gewerbebetrieb erzielt werden. 87

Für BgA von Körperschaften des öffentlichen Rechts wird ein **Freibetrag** i.H.v. **5.000 EURO** gewährt (§ 24 Abs. 1 KStG). Dieser Betrag i.H.v. 5.000 EURO ist somit vom zu versteuernden Einkommen abzuziehen, höchstens jedoch in Höhe des zuvor ermittelten Einkommens, so dass sich aufgrund der Berücksichtigung des Freibetrages kein negatives Einkommen ergeben kann. 88

Da die juristische Person des öffentlichen Rechts wegen jedes einzelnen BgA als Subjekt der Körperschaftsteuer angesehen wird[124] und folglich eine getrennte Einkommensermittlung erfolgt, wird auch der Freibetrag mehrmals gewährt. Bei der Zusammenfassung mehrerer BgA zu einem BgA steht diesem der Freibetrag nur einmal zu. Die Zusammenfassung der Betriebe mit dem Ziel des Verlustausgleichs kann sich somit auch als ungünstig erweisen und sollte deshalb im Einzelfall geprüft werden.[125] 89

Der **Körperschaftsteuersatz** für das Einkommen von BgA beträgt gemäß § 23 Abs. 1 KStG **15%**. Dabei handelt es sich um einen Definitivsteuersatz, der unabhängig davon anfällt, ob die Gewinne an die Trägerkörperschaft weitergeleitet werden oder nicht. Zusätzlich fällt im Regelfall noch Kapitalertragsteuer in Höhe von 10% an.[126] 90

(2) Betriebsvermögen und Eigenkapital des BgA. Da das Vermögen eines BgA rechtlich nicht von dem des Trägers abgegrenzt ist[127], kann der Gewinn des BgA durch 91

[120] Diese Vorschrift hat gegenüber § 140 AO nur subsidiäre Bedeutung.
[121] Im Rahmen der Gewerbesteuer beschränkt auf Verlustvortrag.
[122] Dieser Ausgleich wird auch als interperiodischer oder vertikaler Verlustausgleich bezeichnet.
[123] Dieser Ausgleich wird auch als innerperiodischer oder horizontaler Verlustausgleich bezeichnet.
[124] BFH vom 8.11.1989, BStBl. II 1990, S. 242.
[125] Zur steuerlichen Zusammenfassung von BgA siehe Rn. 173ff. Der steuerliche Querverbund.
[126] Ausführlich hierzu (auch Ausnahmen davon) siehe Rn. 112 .ff. Kapitalertragsteuer.
[127] Denn der BgA wird für die Zwecke der Einkommensermittlung nur *fiktiv* verselbständigt.

die **Zuordnung** oder Nichtzuordnung **von Vermögensgegenständen** zum BgA beeinflusst werden. Es hat ebenso erhebliche Auswirkungen auf den Gewinn des Betriebes, ob dieser mit Fremdkapital des Trägers (Darlehen) oder mit Eigenkapital finanziert wird. Art und Umfang des dem Betrieb gewidmeten Vermögens haben insbesondere deshalb erhebliche steuerliche Bedeutung, weil Erlöse aus Darlehens-, Miet- und Pachtzinsen bei der Trägerkörperschaft in der Regel in den Bereich der Vermögensverwaltung fallen. Aus diesem Grund erfolgt keine steuerliche Belastung der Erträge (Zinsen)[128], weder mit Körperschaft- noch mit Gewerbesteuer.[129]

92 Eine juristische Person des öffentlichen Rechts hat grundsätzlich ein Wahlrecht, ob sie Wirtschaftsgüter, die ein BgA benötigt, diesem als eigenes Vermögen zuordnet oder ob sie diese Wirtschaftsgüter an ihn vermietet oder verpachtet. Auch nach bilanzsteuerlichen Grundsätzen notwendiges **Betriebsvermögen** kann somit durch den BgA lediglich gemietet oder gepachtet werden.[130]

93 Eine Ausnahme besteht lediglich für Wirtschaftsgüter, die eine **wesentliche Betriebsgrundlage** des BgA darstellen. Miet- und Pachtverträge zwischen der jPöR und ihrem BgA werden dann nicht der Besteuerung zu Grunde gelegt, mit der Folge, dass die Miet- und Pachtzahlungen als verdeckte Gewinnausschüttung behandelt werden. Wie bei Kapitalgesellschaften[131] greifen auch bei BgA für wesentliche Betriebsgrundlagen die Regeln über die **Betriebsaufspaltung**,[132] die jedoch im Fall von gemeinnützigen Einrichtungen nicht oder nur eingeschränkt anzuwenden sind.[133] Danach sind wesentliche Betriebsgrundlagen als Vermögen des BgA einzustufen mit der Folge, dass Miet- und Pachtzinsen insoweit nicht als Betriebsausgaben des BgA anerkannt werden[134]. Der Begriff der **„wesentlichen Betriebsgrundlage"** ist folgendermaßen definiert: Es handelt sich hierbei um Wirtschaftsgüter vor allem des Anlagevermögens, die zur Erreichung des Betriebszwecks erforderlich sind und ein besonderes wirtschaftliches Gewicht für die Führung des BgA haben.[135] Dies ist der Fall, wenn sie für den Betrieb wirtschaftlich von Gewicht, wenn sie für den Betrieb notwendig und auf die besonderen Bedürfnisse des Betriebes zugeschnitten sind.

94 So wurden beispielsweise die von einem BgA an die Gemeinde gezahlten **Entgelte für die Nutzung öffentlicher Flächen** nicht als Betriebsausgaben anerkannt, da die

---

[128] Zur Vermögensverwaltung siehe Rn. 45 f.

[129] Vgl. *Frotscher/Maas*, KStG-Kommentar, § 4 KStG, Rn. 15.

[130] BFH vom 14.3.1984, BStBl. II 1984, S. 496.

[131] Ausgangspunkt dieser Rechtsprechung und Verwaltungsmeinung ist die steuerliche Gleichbehandlung des BgA mit einer in gleicher Weise tätigen Kapitalgesellschaft. Auch diese kann notwendiges Betriebsvermögen lediglich mieten oder pachten und dadurch die Steuerverhaftung stiller Reserven vermeiden oder die Gewerbesteuer mindern, denn Miet- und Pachtzahlungen stellen grds. Betriebsausgaben dar und mindern so den steuerpflichtigen Gewerbeertrag.

[132] Vgl. Erlass des Finanzministeriums Niedersachsen vom 22.1.2003, DStZ 2003, S. 320 mit weiteren Hinweisen zur Rechtsprechung zur Betriebsaufspaltung. Eine **Betriebsaufspaltung** liegt gem. H 15.7 (4) EStR (Allgemeines) vor, wenn ein Unternehmen (Besitzunternehmen) eine wesentliche Betriebsgrundlage an eine gewerblich tätige Personen- oder Kapitalgesellschaft (Betriebsunternehmen) zur Nutzung überlässt (sachliche Verflechtung) und eine Person oder mehrere Personen zusammen sowohl das Besitzunternehmen als auch das Betriebsunternehmen in dem Sinne beherrschen, dass sie in der Lage sind, in beiden Unternehmen einen einheitlichen geschäftlichen Betätigungswillen durchzusetzen (personelle Verflechtung). Liegen die Voraussetzungen einer personellen und sachlichen Verflechtung vor, ist die Vermietung oder Verpachtung keine Vermögensverwaltung mehr, sondern eine gewerbliche Vermietung oder Verpachtung. Das Besitzunternehmen ist Gewerbebetrieb.

[133] Insbesondere im Fall bei Umwandlung gemeinnütziger Einrichtungen sind die Grundsätze der Betriebsaufspaltung nicht anzuwenden; genauer hierzu Verfügung OFD Koblenz vom 17.11.1998, KStK § 5 KStG Karte H 66, Verfügung der OFD Hannover vom 23.7.1998, KStK § 5 KStG Karte H 14.2, Erlass des Hessischen Finanzministeriums vom 13.10.1998, KStK § 5 KStG Karte H 21.

[134] Verfügung der OFD Frankfurt am Main vom 22.7.2003, DStR 2003, S. 2116 und BFH vom 24.4.2002, DB 2002, S. 1680.

[135] H 16 (8) EStR, BFH vom 26.1.1989, BStBl. II 1989, S. 455 und vom 24.8.1989, BStBl. II 1989, S. 1014.

angepachteten Verkehrsflächen als wesentliche Betriebsgrundlage des BgA anzusehen waren.[136]

Da der Träger den Umfang des Vermögens des BgA bestimmen kann, ist auch die Bildung von **gewillkürtem Betriebsvermögen**[137] zulässig.[138] Die Zuordnung eines Wirtschaftsgutes zum gewillkürten Betriebsvermögen muss unmissverständlich kundgemacht werden, so dass ein sachverständiger Dritter ohne weitere Erklärung des Steuerpflichtigen die Zugehörigkeit zum Betriebsvermögen erkennen kann.[139] Die Einlage von Wirtschaftsgütern als gewillkürtes Betriebsvermögen ist jedoch dann nicht zulässig, wenn erkennbar ist, dass die betreffenden Wirtschaftsgüter dem Betrieb keinen Nutzen, sondern Verluste bringen werden.[140] Aufgrund des fehlenden Interessengegensatzes zwischen BgA und Trägerkörperschaft ist allerdings immer eine verdeckte Gewinnausschüttung[141] zu prüfen. Eine solche kann dann angenommen werden, wenn der Trägerkörperschaft ein Vorteil zugewendet wird, der seine Ursache im einheitlichen Betätigungswillen von BgA und Trägerkörperschaft hat. 95

Die Einlage von Wirtschaftsgütern ist insbesondere dann von **Bedeutung**, wenn Aufwendungen im Zusammenhang mit diesem Wirtschaftsgut als **Betriebsausgaben** steuermindernd geltend gemacht werden sollen.[142] Wird ein Wirtschaftsgut nicht als (gewillkürtes) Betriebsvermögen anerkannt, so liegt hinsichtlich der geltend gemachten Aufwendungen eine verdeckte Gewinnausschüttung vor.[143] Allerdings ist eine Zuordnung zum Betriebsvermögen nur bei solchen Wirtschaftsgütern möglich, die **nicht ausschließlich** der **hoheitlichen Tätigkeit** der Trägerkörperschaft dienen.[144] So versagte der BFH die Zuordnung öffentlicher Toilettenanlagen zum BgA „Marktbetrieb" einer Stadt.[145] 96

Einlagen von Wirtschaftsgütern in einen BgA sind laut Rechtsprechung mit dem Teilwert anzusetzen.[146] **Entnahmen** sind nach § 6 Abs. 1 Nr. 4 S. 1 EStG ebenfalls mit dem **Teilwert** zu bewerten. Sie liegen beispielsweise vor, wenn ein BgA veräußert worden ist, aber einzelne Gegenstände, die keinen BgA darstellen, zurückbehalten werden und in das allgemeine Verwaltungsvermögen fallen.[147] Auch die Überführung von Wirtschaftsgütern von einem BgA der juristischen Person des öffentlichen Rechts in einen anderen BgA derselben Trägerin ist mit dem Teilwert[148] anzusetzen, was zur 97

---

[136] FG Düsseldorf vom 17.2.1998, EFG 1998, S. 1028, bestätigt durch BFH vom 17.5.2000, BStBl. I 2001, S. 558.

[137] Gewillkürtes Betriebsvermögen kann gebildet werden, wenn bestimmte Wirtschaftsgüter für den Betrieb des BgA zwar nicht notwendig, aber objektiv betriebsdienlich sind. Es muss dargelegt werden können, welche Beziehung das Wirtschaftgut zum Betrieb hat und welche vernünftigen wirtschaftlichen Überlegungen dazu geführt haben, es als Betriebsvermögen zu behandeln.; H 4.2 (1) EStR (Gewillkürtes Betriebsvermögen).

[138] Z.B. *Streck*, KSt-Kommentar, § 4, Rn. 31 und *Theis*, DB 1981, S. 1256, BMF vom 05.12.1998, DB 1998, S. 2602, FG Nürnberg, 04.04.2006, EFG 2007, S. 432; a.A. *Piltz*, FR 1980, S. 35; bisher offen gelassen: BFH, z. B. 27.06.2001, BStBl. II 2001, S. 773.

[139] BFH vom 22.9.1993, BStBl. II 1994, S. 172.

[140] H 4.2 (1) EStR (Gewillkürtes Betriebsvermögen, vierter Anstrich), BFH vom 19.2.1997, BStBl. II 1997, S. 399.

[141] Vgl. ausführlicher hierzu Rn. 105 ff.

[142] So kann ein Blockheizkraftwerk zum gewillkürtem Betriebsvermögen eines BgA gehören und in Folge dessen sind auch Aufwendungen im Zusammenhang mit diesem BHKW (z. B. Planungskosten und Absetzung für Abnutzung) dem BgA zuzurechnen; FG Schleswig-Holstein, 5.7.2000, EFG 2000, S. 1144.

[143] Vgl. Rn. 105 f.

[144] Ausführlich hierzu FG Nürnberg, DStZ 2007, S. 261.

[145] BFH vom 07.11.2007, BStBl. II 2009, S. 248. Anderer Ansicht zuvor FG Düsseldorf, 22.06.2006, EFG 2006, S. 1785.

[146] BFH vom 1.7.1987, FR 1987, S. 588. Danach ergibt sich die Bewertung zum Teilwert aus der entsprechend anzuwendenden Vorschrift des § 6 Abs. 1 Nr. 5 EStG.

[147] BFH vom 22.7.1964, BStBl. II 1964, S. 559, vgl. *Krämer* in *Dötsch/Jost/Pung/Witt*, KSt-Kommentar (2006), § 4 KStG, Rn. 196.

[148] Vgl. Erlass Finanzministerium Hessen vom 17.4.1997, S 2706 A 27/1 II B 3a, Erlass Finanzministerium Baden-Württemberg vom 12.5.1997, 3 S 0206/82, Erlass Finanzministerium Sachsen-Anhalt vom 3.9.1997, 43 S 2706 89, DB 1997, S. 2355, Verfügung der OFD Koblenz vom 31.1.2000, S 2706 A St 34 2, BB 2000, S. 1293.

zwingenden Aufdeckung der in den Wirtschaftsgütern enthaltenen stillen Reserven führt.[149]

98 Der Träger eines BgA kann nicht nur dessen Ausstattung mit Vermögen, sondern auch dessen Ausstattung mit Kapital bestimmen. Es steht der Trägerkörperschaft grundsätzlich frei, über das Ausmaß der **Finanzierung mit Eigen- oder Fremdkapital** zu entscheiden. Während Eigenkapital dem BgA dauerhaft und unentgeltlich zur Verfügung gestellt wird, stellt Fremdkapital eine Überlassung gegen Entgelt dar. Die gezahlten Darlehenszinsen stellen Betriebsausgaben dar und mindern somit den Gewinn und die Höhe der zu zahlenden Steuern.

99 Aus diesem Grund werden **Fremdkapitalzinsen** nur dann als **Betriebsausgaben** des BgA anerkannt, wenn dem Betrieb in angemessener Höhe Eigenkapital zur Verfügung gestellt wurde. Soweit das zur Verfügung gestellte Eigenkapital diese Angemessenheitsgrenze unterschreitet, sind gewährte Darlehen als Eigenkapital zu behandeln mit der Folge, dass die angefallenen Zinsen als verdeckte Gewinnausschüttungen anzusehen sind.[150]

100 Nach Ansicht der Finanzverwaltung ist ein BgA dann mit **angemessenem Eigenkapital** ausgestattet, wenn dieses mindestens 30% des Aktivvermögens beträgt. Von der juristischen Person des öffentlichen Rechts gewährte unverzinsliche Darlehen sind dabei als Eigenkapital zu behandeln.[151] Wird die Grenze von 30% unterschritten, liegen insoweit verdeckte Gewinnausschüttungen in Höhe der gezahlten Darlehenszinsen vor.

101 Die Rechtsprechung[152] entschied jedoch, dass sich eine angemessene Eigenkapitalquote grundsätzlich im jeweiligen Einzelfall nach der Kapitalstruktur gleichartiger Unternehmen der Privatwirtschaft im maßgebenden Zeitraum bestimmt. Die Verwaltungsregelung (30% Eigenkapital) hat keine Rechtsnormqualität und ist somit nicht verbindlich. Im Urteilsfall wurde eine Eigenkapitalausstattung in Höhe von 26% als angemessen angesehen.

102 Für die **Praxis** bedeutet dies: BgA, deren Eigenkapitalquote 30% (oder sogar mehr) beträgt, sollten überprüfen, wie sich vergleichbare Unternehmen der Privatwirtschaft finanzieren. Wenn diese im Durchschnitt mit weniger Eigenkapital ausgestattet sind, so wäre es sinnvoll, das Eigenkapital des BgA zu senken und durch ein (verzinsliches) Darlehen der Trägerkörperschaft zu ersetzen. Somit kann der BgA die Zinsen als Betriebsausgaben geltend machen und die zu zahlende (Körperschaft-)Steuer verringern, während die durch die Trägerkörperschaft vereinnahmten Zinsen steuerfrei bleiben, da sie in der Regel die Vermögensverwaltung betreffen.[153]

103 Mit Wirkung zum 1.1.2004 führte der Gesetzgeber in § 8a KStG zusätzlich eine für alle Körperschaften geltende Regelung ein. Diese führt bei Überlassung von Darlehensmitteln von einer Kommune an einen ihr zuzurechnenden BgA oder an eine Kapitalgesellschaft, deren Gesellschafterin sie ist, unter bestimmten Voraussetzungen zur Hinzurechnung der für die Überlassung der Darlehensmittel geschuldeten Vergütung (i.d.R.

---

149 Vor dem Hintergrund der Gleichstellung von BgA mit Kapitalgesellschaften ist diese zwingende Aufdeckung der stillen Reserven nachvollziehbar. Allerdings wird in der Literatur zutreffend angemerkt, dass, sofern man von einer Gleichstellung von BgA und ihrer Träger mit Kapitalgesellschaftern und deren Gesellschaftern ausgeht, die Übertragung von Wirtschaftsgütern mit dem gemeinen Wert und nicht dem Teilwert zu bewerten sei, da die Übertragung von Wirtschaftsgütern zwischen sog. Schwestergesellschaften (Kapitalgesellschaften, an denen die selben Gesellschafter beteiligt sind) zu verdeckten Gewinnausschüttungen und verdeckten Einlagen führen, und diese werden mit dem gemeinen Wert und nicht mit dem Teilwert angesetzt; vgl. *Gastl*, DStZ 2003, S: 99 (103). Für die Praxis kann aber ohnehin von der Faustregel ausgegangen werden, dass gemeiner Wert und Teilwert i.d.R. identisch sind. Zu verdeckten Gewinnausschüttungen und verdeckten Einlagen siehe Rn. 106 ff.

150 R 33 Abs. 2 S. 8 KStR , Zur verdeckten Gewinnausschüttung siehe Rn. 105 f.

151 R 33 Abs. 2 S. 2-6 KStR.

152 BFH vom 9.7.2003, DStR 2003, 1874.

153 Allerdings birgt das BFH-Urteil bei konsequenter Auslegung auch die Gefahr in sich, dass wohl auch höhere Eigenkapitalquoten als die bisher von der Verwaltung verwendeten 30% gefordert werden können, soweit konkurrierende private Unternehmen mit entsprechendem Eigenkapital ausgestattet sind.

Zinszahlungen) zu dem steuerlichen Ergebnis des BgA bzw. der Kapitalgesellschaft. Voraussetzung war u. a., dass die für die Überlassung des Kapitals an den BgA oder die Kapitalgesellschaft vereinbarte Vergütung die Freigrenze von EUR 250.000,00 pro Jahr übersteigt und fremde Dritte, insbesondere Kreditinstitute, das Darlehen nicht zu gleichen Konditionen überlassen hätten.

Seit dem 1.1.2008 ist der Zinsabzug in § 8a KStG neu geregelt. Durch Einführung die- **104**
ser **„Zinsschranke"** sind Zinsaufwendungen (§ 8a KStG i.V. § 4 h EStG) nur in der Höhe des Zinsertrags in vollem Umfang abziehbar, darüber hinaus dürfen Zinsen nur in Höhe von 30% des EBITDA[154] abgezogen werden, wobei jedem Unternehmen eine Freigrenze von 1 Mio. EURO zugestanden wird. Ein Zinsabzug darf unabhängig von den oben genannten Vorschriften vorgenommen werden, wenn die Eigenkapitalquote des Betriebs nicht mehr als 1% schlechter ist als die des Mutterkonzerns oder der Betrieb nicht zu einem Konzern gehört. Die Konzernzugehörigkeit von BgA zu ihren Körperschaften des öffentlichen Rechts ist zu verneinen, soweit die Beteiligung nicht in einem BgA gehalten wird.[155] Der Zinsabzug ist für BgA, die keinem Konzern angehören, demnach nach den Vorschriften des § 8a KStG unbegrenzt möglich. Ungeachtet dessen gelten jedoch die Vorschriften zur Eigenkapitalausstattung[156] von BgA, die sich aus den Gewinnermittlungsvorschriften des § 8 KStG ergeben.[157]

(3) Verdeckte Gewinnausschüttungen bei Leistungsbeziehungen zwischen **105**
Betrieben gewerblicher Art und ihrer Trägerkörperschaft. BgA gelten für die Einkommensermittlung im Verhältnis zu der jeweiligen Gebietskörperschaft als verselbständigt[158], obwohl sie zivil- und verwaltungsrechtlich gesehen eine Einheit mit ihrer Trägerkörperschaft darstellen. Diese steuerliche Verselbständigung der BgA beruht auf einer Fiktion, die notwendigerweise auch die steuerliche **Anerkennung von Verträgen** zwischen BgA und der Trägerkörperschaft einschließt.[159] Aufgrund der fiktiven Selbständigkeit nehmen BgA eine ähnliche Stellung zu ihrer Trägerkörperschaft wie Kapitalgesellschaften zu ihren Gesellschaftern ein.[160] Vereinbarungen zwischen BgA und Trägerkörperschaft müssen daher stets schriftlich gefasst und klar und eindeutig sein. Sie können nur für die Zukunft, nicht aber mit Rückwirkung für die Vergangenheit getroffen werden.[161] Sie müssen dem sogenannten "Fremdvergleich" standhalten, das heißt, dass die vereinbarten Konditionen so festgelegt sein müssen, wie sie auch unter fremden Dritten vereinbart worden wären. Wie bei Kapitalgesellschaften ist deshalb im Einzelfall zu prüfen, ob verdeckte Gewinnausschüttungen oder verdeckte Einlagen vorliegen.

Verdeckte Gewinnausschüttungen (vGA) sind Vermögensminderungen oder ver- **106**
hinderte Vermögensmehrungen des BgA, die durch das Verhältnis zur Trägerkörperschaft

---

[154] **E**arnings **B**evor **I**nterest, **T**axes, **D**epreciation and **A**mortization; entspricht dem Ertrag vor Finanzergebnis, außerordentlichem Ergebnis, Steuern und Abschreibungen.

[155] vgl. BMF vom 4.7.2008, DStR S. 1427-1435, S. 1435, Rz. 91.

[156] Vgl. Rn. 98 ff.

[157] § 8 KStG i.V.m. R/H 33 KStR.

[158] R 33 Abs. 1 S. 1 KStR.

[159] Vgl. *Hermann/Heuer/Raupach*, EStG- und KStG-Kommentar, § 4 KStG, Anm. 85, R 33 Abs. 1 S. 2 KStR.

[160] BFH vom 1.9.1982, BStBl. II 1983, S. 147 und vom 31.7.1990, BStBl. II 1991, S. 315. Allerdings vertreten Finanzverwaltung und Rechtsprechung die Ansicht, dass das Verhältnis zwischen BgA und seiner Trägerkörperschaft eine Zwischenstellung zwischen dem Verhältnis von Kapitalgesellschaft und ihrem Anteilseigner und der Beziehung eines Einzelunternehmers zu seinem Unternehmen einnimmt, wobei eine größere Nähe zum Verhältnis zwischen einer Kapitalgesellschaft und deren Anteilseigner besteht (Erlass Finanzministerium Hessen vom 17.4.1997, S 2706 A 27/1 II B 3a, KStK § 4 KStG, Karte A 20. Insbesondere aufgrund der Möglichkeit der Bildung von gewillkürtem Betriebsvermögen und der Frage der Beurteilung einer Änderung der Vermögenszuordnung (ehemals BgA, jetzt anderer BgA oder hoheitlicher Bereich) als Entnahme oder verdeckte Gewinnausschüttung wird das Verhältnis zumindest zum Teil wie das zwischen Einzelunternehmer zu seinem Unternehmen gesehen; BFH vom 24.4.2002, I R 20/01, DB 2002, S. 1693; vgl. auch *Gastl*, Die Besteuerung juristischer Personen öffentlichen Rechts, DStZ 2003, S. 99 (103).

[161] BFH vom 12.7.1967, BStBl. 1967, S.679.

veranlasst sind und sich auf das Einkommen des BgA auswirken.[162] Gemäß § 8 Abs. 3 S. 2 KStG mindern sie das Einkommen nicht. Ausgaben, die ein BgA getätigt hat, werden somit nicht als Betriebsausgaben anerkannt und wirken sich nicht steuermindernd aus.

107 Verdeckte Gewinnausschüttungen können bei allen Rechtsbeziehungen zwischen BgA und Trägerkörperschaft eine Rolle spielen.[163] Beispielsweise haben **Leistungsverrechnungen** zwischen einem BgA und dem Hoheitsbereich der Trägerkörperschaft zu einem im Geschäftsverkehr üblichen Entgelt zu erfolgen, da sonst eine verdeckte Gewinnausschüttung vorliegt. Neben dem vollen Ausgleich der Kosten ist deshalb ein angemessener Gewinnaufschlag erforderlich.[164] So liegt eine verdeckte Gewinnausschüttung vor, wenn Bedienstete eines BgA Wassermesseinrichtungen ablesen und die Ableseergebnisse (Hebedaten) der Trägerkörperschaft zu deren hoheitlichen Zwecken (Abwassergebührenerhebung) zur Verfügung stellen, ohne hierfür ein im Geschäftsverkehr übliches Entgelt zu verlangen.[165]

108 **Konzessionsabgaben** stellen für BgA grundsätzlich Betriebsausgaben dar, die im Bereich der Trägerkörperschaft dem vermögensverwaltenden Bereich zuzuordnen sind. Allerdings führen unrichtige, überhöhte oder grundlegend nicht gerechtfertigte Konzessionsabgaben zu einer verdeckten Gewinnausschüttung.[166] Im Zeitpunkt der Erhebung der Abgabe müssen entsprechende Satzungen und Verträge vorliegen.

109 In der Vergangenheit bestand Uneinigkeit darüber, ob bei dauerdefizitären BgA grundsätzlich vGA an die Trägerkörperschaft vorlägen[167]. Durch die Einführung von § 8 Abs. 7 KStG[168] wird jedoch nun gesetzlich geregelt, dass bei BgA keine verdeckten Gewinnausschüttungen vorliegen, nur weil sie dauerdefizitär sind.[169] Bei Kapitalgesellschaften liegt ebenfalls keine vGA vor, wenn die Mehrheit der Stimmrechte an der Kapitalgesellschaft in öffentlicher Hand liegt und nachweißlich ausschließlich diese Gesellschafter zum Verlustausgleich verpflichtet sind.[170]

110 Allgemein lässt sich in Bezug auf durch die Finanzverwaltung für BgA **anerkannte Betriebsausgaben** Folgendes sagen: Wegen der zivil- und verwaltungsrechtlichen Einheit zwischen BgA und Träger sind Aufwendungen der Trägerkörperschaft, die dieser aus der Unterhaltung des BgA erwachsen, auch ohne besondere Regelung zwischen BgA und Trägerkörperschaft als Betriebsausgaben des BgA zu berücksichtigen.[171] Vereinbarungen in Form von vertraglichen Schuldverhältnissen sind zwischen dem Träger und dessen BgA insoweit nicht erforderlich beziehungsweise zivilrechtlich auch gar nicht möglich.[172] Grundvoraussetzung für den Betriebsausgabenabzug ist jedoch die Veranlassung der Aufwendungen durch die wirtschaftliche Betätigung. Kann diese nicht hinreichend dargelegt werden, so stellen auch Zahlungen an einen Dritten keine Betriebsausgaben des BgA dar, da sie dem Hoheitsbereich zugerechnet werden.[173] Haben Kosten ihren Anlass sowohl im

---

[162] R 36 Abs. 1 KStR.

[163] Zu vGA bei Miet- und Pachtverträgen im Zusammenhang mit der Überlassung von betriebsnotwendigem Vermögen und zu vGA im Zusammenhang mit Darlehensverträgen zur Ausstattung des BgA mit Fremdkapital siehe Rn. 93.

[164] BFH vom 27.6.2001, BStBl. II 2001, S: 773 und BFH vom 10.7.1996, BStBl. II 1997, S. 230.

[165] BFH vom 10.7.1996, DStR 1997, S. 153.

[166] BMF vom 9.2.1998, BStBl. I 1998, S. 209f, OFD Münster, Steuerinfos für Städte und Gemeinden, Sept. 2002.

[167] Z.B. BFH-Urteil vom 22.08.2007, BStBl II 2007, S. 961 und BMF-Schreiben vom 07.12.2007, IV B 7 – S 2706/07/0011 BStBl. I 2007, S. 905.

[168] In der Fassung des Jahressteuergesetz 2009.

[169] § 8 Abs. 7 Nr. 1 KStG.

[170] § 8 Abs. 7 Nr. 2 KStG.

[171] R 33 Abs. 3 S. 1 KStR.

[172] Vgl. *Krämer* in *Dötsch/Jost/Pung/Witt*, KSt-Kommentar (2006), § 4 KStG, Rn. 143.

[173] FG Rheinland-Pfalz vom 4.2.2000, 3-K-2136/97.

hoheitlichen Bereich als auch in der wirtschaftlichen Tätigkeit, so ist deren Anerkennung als Betriebsausgaben strittig.[174]

111 Im Unterschied zu verdeckten Gewinnausschüttungen werden **verdeckte Einlagen** nicht im Gesetz erwähnt. Sie liegen vor, wenn eine juristische Person des öffentlichen Rechts einem BgA einen einlagefähigen Vermögensvorteil zuwendet und diese Zuwendung durch das Verhältnis zwischen der Trägerin und ihrem BgA veranlasst ist.[175] Dies ist dann der Fall, wenn ein fremder Dritter bei Anwendung der Sorgfalt eines ordentlichen Kaufmanns dem BgA den Vermögensvorteil nicht eingeräumt hätte.[176] Gegenstand einer verdeckten Einlage kann neben der Einlage eines Wirtschaftsguts beispielsweise auch der Erlass einer Forderung gegen den BgA (z. B. in Form eines Eigenbetriebes), aber nicht die Einräumung eines Nutzungsrechtes sein.[177] Während sich auf der Seite der Trägerkörperschaft keine steuerlichen Folgen aus einer verdeckten Einlage ergeben[178], stellt die Vermögensmehrung innerhalb des BgAs keine Betriebseinnahme dar und ist daher gewinnneutral. Zwar ergibt sich in der Handelsbilanz eine Vermögensmehrung (Zugang Aktivseite oder Verminderung Passivseite), das steuerliche Einkommen des BgA bleibt jedoch unverändert. Aus diesem Grund ist eine verdeckte Einlage beispielsweise nicht geeignet, um einem dauerdefizitären BgA zu einer Gewinnrealisierung durch Vermögenszuführung zu verhelfen, um damit eventuell das Vorliegen eines Gewerbebetriebes herbeizuführen.[179]

b) Kapitalertragsteuer

112 Neben der steuerlichen **Ebene** des BgA selbst (entspricht der Gesellschaftsebene bei Kapital- oder Personengesellschaften) spielt auch die Ebene der dahinter stehenden juristischen Personen des öffentlichen Rechts (entspricht der Gesellschafterebene) eine Rolle.

113 Vor dem Inkrafttreten des StSenkG im Jahr 2001[180] erfolgte eine Besteuerung ausschließlich auf Ebene des BgA. Die versteuerten Gewinne konnten ohne weitere Abzüge an die juristische Person weitergeleitet bzw. durch diese entnommen werden. Dieser Vorgang war steuerlich irrelevant und wurde nicht als Ausschüttung qualifiziert.

114 Das StSenkG und das UntStFG[181] brachten jedoch eine wesentliche Änderung mit sich: Mit § 20 Abs. 1 Nr. 10 a und b EStG wurden neue Einkommenstatbestände in das EStG aufgenommen, die dazu führen, dass durch einen BgA an die **Trägerkörperschaft weitergeleitete** (§ 20 Abs. 1 Nr. 10 a EStG) oder aber lediglich erzielte (und nicht weitergeleitete) **Gewinne** (§ 20 Abs. 1 Nr. 10 b EStG)[182] wie eine Ausschüttung behandelt werden und damit für die juristische Person des öffentlichen Rechts **Einkünfte aus Kapitalvermögen** darstellen.

---

174 Der BFH hat zur Zuordnung der Kosten von wirtschaftlichen Geschäftsbetrieben bei gemeinnützigen Körperschaften die sog. **„Gewichtungstheorie"** entwickelt (BFH vom 27.3.1991, BStBl. I 1992, S. 103). Hierin wird auf die „überwiegende Verursachung" im ideellen oder wirtschaftlichen Bereich abgestellt. In der Literatur wird eine Übertragbarkeit auf BgA jedoch abgelehnt. Strahl, Gewinnermittlung bei BgA, NWB 2009, S. 2732. Nach seiner Ansicht müssten aus Gründen der Wettbewerbsneutralität „auch gemischt verursachte Kosten aufgeteilt werden können".

175 Analog zu R 40 Abs. 1 KStR.

176 Z.B. BFH vom 16.4.1991, BStBl. II 1992, S. 234

177 *Weber-Grellet*, Die verdeckte Einlage, DB 1998, S. 1532 (1535).

178 Denn auf Seiten der Trägerkörperschaft ist nur der steuerlich irrelevante hoheitliche Bereich betroffen.

179 Zum BgA als Gewerbebetrieb siehe Rn. 157, zur Anwendung siehe beispielsweise Rn. 253, Organschaft.

180 Steuersenkungsgesetz vom 23.10.2000, BStBl. I 2000 S. 1428.

181 Unternehmensteuerfortentwicklungsgesetz vom 20.12.2001, BStBl. I 2002 S. 35.

182 Zur Abgrenzung der beiden Alternativen siehe Rn. 119 ff.

115 Die Steuererhebung auf die Einkünfte aus Kapitalvermögen erfolgt in Form der **Einbehaltung von Kapitalertragsteuer**. Bis zum 31.12.2008 betrug dieser Abzug im Ergebnis 10%[183], seit 1.1.2009 **15%**[184]. Aufgrund dieses Steuerabzugs ergibt sich eine beschränkte Körperschaftsteuerpflicht der juristischen Person des öffentlichen Rechts, da diese mit den Einkünften, von denen ein Steuerabzug vorzunehmen ist, beschränkt steuerpflichtig ist (§ 2 Nr. 2 KStG).

116 Damit wird die **wirtschaftliche Betätigung** einer juristischen Person des öffentlichen Rechts unabhängig davon, ob sie in der **Form** eines BgA oder einer Kapitalgesellschaft ausgeübt wird, im Ergebnis der gleichen Steuerbelastung unterworfen.[185]

117 Die Körperschaftsteuer für diese – dem Kapitalertragsteuerabzug unterliegenden – Einkünfte ist durch den Steuerabzug abgegolten (§ 32 Abs. 1 Nr. 2 KStG), es ergibt sich ebenfalls keine gesonderte Einkommensteuerpflicht[186]. Die einbehaltene KapESt ist somit nicht anrechenbar und kann auch nicht nach § 44c Abs. 2 Nr. 2 EStG zur Hälfte erstattet werden. Die juristische Person des öffentlichen Rechts gibt demzufolge auch keine Steuererklärung ab, in der die Einkünfte aus Kapitalvermögen anzugeben sind.

118 Durch das Unternehmensteuerreformgesetz 2008[187] wurden sogenannte Steuersparmodelle bezüglich der Kapitalertragsteuer, die auch von Gemeinden genutzt wurden, ausgeschlossen. Durch die Veräußerung von Dividendenansprüchen und Wertpapierleihe konnte bis dahin der Abzug von Kapitalertragsteuer und somit die beschränkte Körperschaftsteuerpflicht für juristische Personen des öffentlichen Rechts umgangen werden.[188]

119 Das Gesetz unterscheidet hinsichtlich der Rechtsfolgen beim Kapitalertragsteuerabzug zwischen BgA mit und ohne eigene Rechtspersönlichkeit.

120 **aa) Betrieb gewerblicher Art mit eigener Rechtspersönlichkeit.** Nach § 20 Abs. 1 Nr. 10a EStG stellen **Leistungen** eines nicht von der KSt befreiten BgA **mit eigener Rechtspersönlichkeit**[189], die zu mit Gewinnausschüttungen wirtschaftlich vergleichbaren Einnahmen führen, Einkünfte aus Kapitalvermögen dar.

121 Der im BgA mit eigener Rechtspersönlichkeit erwirtschaftete **Gewinn** muss daher an den Gewährträger **weitergeleitet**, also „ausgeschüttet" werden, wenn dieser Steuer-

[183] § 43 Abs. 1 S. 1 Nrn. 7b u. 7c EStG i.V.m. § 43a Abs. 1 Nrn. 5 u. 6 EStG in der damaligen Gesetzesfassung.

[184] § 43a Abs. 1 Nr. 2 EStG i.V.m. § 43 Abs. 1 S. 1 Nr. 7b u. c EStG.

[185] BMF-Schreiben vom 11.9.2002, BStBl. I 2002, S. 935, Rn. 3; Rn. 22.

[186] Klargestellt durch § 50 Abs. 1 S. 1 EStG.

[187] Unternehmensteuerreformgesetz 2008 vom 14.08.2007, BGBl. I 2007, S. 1912.

[188] Die Veräußerung von Dividendenansprüchen wurde von den Gemeinden beispielsweise folgendermaßen genutzt: Die Gemeinde hält ihren Aktienbesitz im vermögensverwaltenden Bereich. Die Ausschüttung unterliegt dem Kapitalertragsteuerabzug, womit die Gemeinde beschränkt steuerpflichtig nach § 2 Nr. 2 KStG wird. Wenn die Gemeinde die entstandenen Dividendenansprüche allerdings an eine Bank veräußerte, unterlag dieses Geschäft nicht dem Kapitalertragsteuerabzug und somit nicht der Körperschaftsteuer. Den Banken entstanden durch dieses Geschäft kein Nachteil, da sie zwar Betriebsausgaben hatten, jedoch Dividendeneinnahmen in gleicher Höhe. Einnahmen nach § 20 Abs. 2 Nr. 2 a) EStG aus der Veräußerung von Dividendenscheinen und sonstigen Ansprüchen durch den Inhaber des Stammrechts zählen zu den Einkünften aus Kapitalvermögen, wenn die dazugehörigen Aktien oder sonstigen Anteile nicht mitveräußert werden. Durch das Unternehmensteuerreformgesetz 2008 unterliegen diese Kapitaleinkünfte nach § 43 Abs. 1 Nr. 1 EStG dem Kapitalertragsteuerabzug. In ähnlicher Weise wie bei der Veräußerung von Dividendenansprüchen wurde der Kapitalertragsteuerabzug durch Wertpapierleihe umgangen. Eine Gemeinde hat beispielsweise ihre Beteiligung an einer Aktiengesellschaft an eine Bank verliehen. Die Leihgebühr galt als im vermögensverwaltenden Bereich eingenommen und unterlag somit nicht der Besteuerung. Ein Kapitalertragsteuerabzug auf die Leihgebühr wurde nicht vorgenommen und mangels wirtschaftlichen Eigentums auch nicht auf die Dividendenerträge. Diese wurden von der Bank vereinnahmt und versteuert. Der Bank entstanden jedoch abziehbare Betriebsausgaben in Höhe der Leihgebühr. Im Rahmen des Unternehmensteuerreformgesetz 2008 wurde dieses Steuersparmodell jedoch unterbunden, da die beschränkte Steuerpflicht nach § 2 Nr. 2 KStG neben den in § 43 Abs. 3 EStG genannten Kapitalerträgen auch für Leihgebühr und Kompensationszahlungen entsteht; vgl. *Leippe*, ZKF 2007, S. 84.

[189] Zum Vorliegen eines BgA mit eigener Rechtspersönlichkeit vgl. Rn. 38.

tatbestand greifen soll.[190] Auch verdeckte Gewinnausschüttungen und Gewinnübertragungen aus steuerfreien Einnahmen (z. B. Gewinnausschüttungen von Kapitalgesellschaften, die nach § 8 b Abs. 1 KStG zu 95% steuerfrei bleiben) unterliegen der Besteuerung.[191] Nicht besteuert wird dagegen die Rückgewähr von Einlagen aus dem steuerlichen Einlagekonto i.S.d. § 27 KStG.[192]

Außer für BgA mit eigener Rechtspersönlichkeit findet § 20 Abs. 1 Nr. 10 a EStG auch 122
dann Anwendung, wenn eine juristische Person aus ihrem BgA ohne eigene Rechtspersönlichkeit[193] Leistungen an eine andere juristische Person des öffentlichen Rechts (insbesondere deren BgA) erbringt.

Die **KapESt** entsteht im **Zeitpunkt** des Zuflusses der Erträge bei der Trägerkörper- 123
schaft des BgA (§ 44 Abs. 1 S. 1 EStG).[194] Der BgA muss den Steuerabzug für die Trägerkörperschaft vornehmen (§ 44 Abs. 1 S. 3 EStG).[195]

Bisher wurde nur auf den wohl häufigsten Fall der „Gewinnausschüttung" an die 124
eigene Trägerkörperschaft hingewiesen. Die Vorschrift greift jedoch auch, wenn der Empfänger der Leistungen unbeschränkt körperschaftsteuerpflichtig ist und die ausschüttungsgleichen Leistungen in einem inländischen gewerblichen Betrieb anfallen. Das heißt: Die KapESt ist auch abzuführen, wenn ein BgA an einen anderen BgA „ausschüttet". Allerdings kann die einbehaltene KapESt hier in vollem Umfang im Rahmen der Veranlagung zur KSt angerechnet werden (§ 36 Abs. 2 S. 2 Nr. 2 EStG i.V.m. § 31 KStG), so dass keine endgültige, sondern nur eine vorübergehende Belastung mit KapESt erfolgt.

bb) Betrieb gewerblicher Art ohne eigene Rechtspersönlichkeit. Gemäß § 20 125
Abs. 1 Nr. 10 b) EStG zählen auch nicht den Rücklagen zugeführte **Gewinne** und verdeckte Gewinnausschüttungen eines BgA **ohne eigene Rechtspersönlichkeit** zu den Einkünften aus Kapitalvermögen, wenn dieser seinen Gewinn durch Betriebsvermögensvergleich ermittelt, Umsätze von mehr als 500.000 EURO im Kalenderjahr oder einen Gewinn von mehr als 50.000 EURO im Wirtschaftsjahr[196] erzielt. Außerdem werden Gewinne aus der Veräußerung von Anteilen i.S.d. § 22 Abs. 4 UmwStG[197] der Besteuerung unterworfen.[198]

Sollte für einen BgA eine Verpflichtung zum Betriebsvermögensvergleich bestehen 126
und wird diese nicht beachtet, so ist der Gewinn nach den Grundsätzen des Betriebsvermögensvergleichs zu schätzen (§ 162 AO).

„Gewinn" in diesem Sinne ist derjenige Gewinn des BgA, den die juristische Person 127
des öffentlichen Rechts für Zwecke außerhalb des Unternehmens verwenden kann. Dies entspricht nach handelsrechtlicher Betrachtung dem Jahresüberschuss (§ 275 HGB). Sollte nur eine Steuerbilanz aufgestellt werden, gilt als Gewinn der Unterschiedsbetrag nach § 4 Abs. 1 Nr. 1 EStG. Der ermittelte Gewinn ist weder um abziehbare Aufwendungen (§ 4 Abs. 5 EStG) noch um bei der Einkommensermittlung außer Ansatz bleibende Beträge

190 Nicht erfasst werden Leistungen des BgA, soweit es sich um die Rückgewähr von Einlagen handelt. Um eine Trennung von Gewinnanteilen zu ermöglichen, müssen BgA mit eigener Rechtspersönlichkeit ein steuerliches Einlagenkonto i.S.d. § 27 KStG führen, BMF-Schreiben vom 11.9.2002, Rn. 13.

191 BMF-Schreiben vom 11.9.2002, BStBl. I 2002, S. 935, Rn. 8.

192 § 20 Abs. 1 Nr. 1 S. 3 EStG; vgl. BMF vom 11.9.2002, BStBl. I 2002, S. 935, Rn. 8.

193 Z. B. ein Zweckverband, der neben dem BgA Wasserversorgung auch noch den Hoheitsbetrieb Entsorgung betreibt.

194 Zum genauen Zeitpunkt der erstmaligen Anwendung der Vorschriften siehe z. B. OFD Magdeburg vom 22.01.2008, S 2706a – 6 – St 214 V.

195 Im Ergebnis muss die juristische Person öffentlichen Rechts die Steuer demnach für sich selbst einbehalten, da der BgA nicht rechtsfähig und nur ein steuerliches Konstrukt ist.

196 Bei den Größen handelt es sich um die Grenzen, die nach § 141 AO zur Buchführungspflicht führen, auch wenn sich keine solche nach anderen Gesetzen ergeben sollte (§ 140 AO).

197 Ehemals wurden diese Anteile als „einbringungsgeborene Anteile" bezeichnet, wobei diese Bezeichnung (ursprünglich § 21Abs. 1 S. 1 UmwStG a.F.) jetzt nicht mehr im Gesetz zu finden ist.

198 Zum Begriff und zur Entstehung von „einbringungsgeborenen Anteilen" (vgl. Fn. 215).

(z. B. Gewinnausschüttungen oder Anteilsveräußerungen nach § 8 b KStG) zu erhöhen. Er ist jedoch um die Beträge für den Ausgleich von Verlusten aus früheren Wirtschaftsjahren zu kürzen.[199]

128 Der Gewinn unterliegt nicht der Besteuerung, soweit er den **Rücklagen** des BgA zugeführt wird. Als Rücklagenzuführung gilt dabei jedes Stehen lassen von Gewinnen als Eigenkapital für Zwecke des BgA, unabhängig davon, unter welcher Position des Eigenkapitals dies erfolgt. [200]

129 Die frühere Regelung der Anknüpfung der Zulässigkeit einer Rücklage an das Haushaltrecht findet keine Anwendung mehr. Die Rücklagenbildung ist dann **steuerlich zulässig** und führt nicht zur Anwendung der Vorschriften des § 20 Nr. 10 EStG, wenn die Bildung der Rücklage an **konkrete Vorhaben** wie die Anschaffung eines Anlageguts gebunden ist. Rücklagen sind jedoch nicht zulässig, wenn sie allein aus Gründen des Erhalts der allgemeinen Leistungsfähigkeit getätigt werden.[201]

130 Die **Auflösung von Rücklagen** für Zwecke außerhalb des BgA gilt als Gewinn im o. g. Sinne. Sie liegt vor, wenn die Rücklagen für den hoheitlichen Bereich der Trägerkörperschaft eingesetzt werden, aber auch dann, wenn sie einem anderen BgA derselben Trägerkörperschaft oder einer Eigengesellschaft zugeführt werden.[202] Ebenso können zwischen verschiedenen BgA derselben Trägerkörperschaft auch verdeckte Gewinnausschüttungen vorliegen (nicht nur in der direkten Beziehung zwischen BgA und Trägerkörperschaft), die auf die gleiche Weise besteuert werden[203].

131 Die **Kapitalertragsteuer** auf Gewinne und verdeckte Gewinnausschüttungen **entsteht** im Zeitpunkt der Bilanzfeststellung.[204] Bei der Auflösung von Rücklagen entsteht die Steuer am Tage nach der Beschlussfassung über die Verwendung und auf Gewinne aus der Veräußerung von Anteilen, die durch Einbringung entstanden sind am Tage nach der (u. U. fiktiven[205]) Veräußerung.[206]

132 Für den Vergleich zwischen BgA mit und ohne Rechtspersönlichkeit bleibt also festzuhalten: Liegen „kleine" BgA (mit Gewinnen < 30.000 EURO und Umsätzen < 350.000 EURO) vor, die somit nicht nach § 141 AO buchführungspflichtig sind, findet auch § 20 Abs. 1 Nr. 10 b EStG keine Anwendung. „Ausschüttungen" solcher BgA an ihre Trägerkörperschaft können somit auch in Zukunft ohne Steuerbelastung erfolgen, wenn es sich nicht um BgA mit eigener Rechtspersönlichkeit (Zweckverband, Kommunalunternehmen) handelt.[207]

133 An dieser Stelle sei nochmals darauf hingewiesen[208], dass die Belastung mit Kapitalertragsteuer nur die Ebene der juristischen Person des öffentlichen Rechts betrifft. Die Besteuerung des BgA läuft daneben parallel.[209]

c) Umsatzsteuer

134 **aa) Allgemeines zur Umsatzsteuerpflicht.** Juristische Personen des öffentlichen Rechts sind nach § 2 Abs. 3 UStG im Rahmen ihrer BgA gewerblich tätig und damit

---

[199] BMF-Schreiben vom 11.9.2002, Rn. 22.

[200] BMF-Schreiben vom 11.9.2002, Rn. 23.

[201] BMF vom 8.8.2005, IV B 7 – S 2706a – 4/05, BStBl. I 2005, S. 831.

[202] Gedankliche Schritte: 1. Zuführung in den hoheitlichen Bereich der Trägerkörperschaft (vGA), 2. Einlage.

[203] Die für verdeckte Gewinnausschüttungen und Einlagen entwickelten Grundsätze gelten entsprechend.

[204] § 44 Abs. 6 S. 2 EStG i.V.m. BMF-Schreiben vom 11.9.2002, Rn. 32.

[205] Neben der Veräußerung selbst lösen auch die in § 22 Abs. 1 S. 6 UmwStG aufgeführten Ereignisse die Rechtsfolgen einer Veräußerung innerhalb von 7 Jahren nach dem Einbringungsvorgang aus, z. B. Übertragung der Anteile auf eine Kapitalgesellschaft.

[206] Vgl. Rn. 210 ff.

[207] Zur Weiterleitung von Beteiligungserträgen (aus Kapitalgesellschaften) von BgA an ihre Träger siehe Rn. 200.

[208] Vgl. Rn. 112 ff.

[209] Vgl. vor allem Rn. 74 ff. zur Körperschaftsteuer

Unternehmer im Sinne des Umsatzsteuergesetzes. Von BgA ausgeführte Lieferungen und Leistungen unterliegen somit grundsätzlich der Umsatzsteuer (§ 1 Abs. 1 UStG).

Die Gesamtheit aller BgA bildet **das Unternehmen** der juristischen Person des öffentlichen Rechts.[210] Die körperschaftsteuerliche Problematik der Zusammenfassung von BgA[211] spielt somit umsatzsteuerlich keine Rolle. 135

Bemessungsgrundlage der Umsatzsteuer für Lieferungen oder Leistungen eines BgA ist das Entgelt. **Entgelt** ist alles, was der Leistungsempfänger aufwendet, um die Leistung zu erhalten, jedoch abzüglich der Umsatzsteuer (Gegenleistung). 136

Das Umsatzsteuergesetz sieht im Regelfall die Besteuerung nach vereinbarten Entgelten vor (sog. **Soll-Besteuerung**, § 16 Abs. 1 S. 1 UStG). Die Bemessungsgrundlage richtet sich hierbei nach dem Entgelt in der Höhe, die zwischen „dem BgA" und dem Leistungsempfänger im Zeitpunkt der Ausführung des Umsatzes vereinbart wurde. 137

Für bestimmte Ausnahmefälle räumt das Gesetz die Möglichkeit ein, auf Antrag die Umsatzsteuer nach dem vereinnahmten Entgelt (sog. **Ist-Besteuerung**, § 20 UStG) zu berechnen. Hierbei richtet sich die Bemessungsgrundlage nach dem tatsächlich gezahlten Entgelt. Dies gilt jedoch nur für BgA, deren Gesamtumsatz im vorangegangenen Kalenderjahr nicht mehr als 500.000 EURO betragen hat oder für solche, die aufgrund von Billigkeitsmaßnahmen (§ 148 AO) von der Verpflichtung, Bücher zu führen oder regelmäßig Abschlüsse zu machen, befreit sind. 138

Für BgA zwar von untergeordneter Bedeutung, aber nicht völlig zu vernachlässigen, sind die Regelungen zur Besteuerung von **unentgeltlichen Wertabgaben**. Hierunter fällt z. B. die **Entnahme** eines dem BgA zugeordneten Gegenstandes durch die juristische Person des öffentlichen Rechts für Zwecke außerhalb des BgA oder auch nur die **Verwendung** eines Gegenstandes für Zwecke außerhalb des BgA. Da das Entgelt i.H.v. „Null" in diesen Fällen als Bemessungsgrundlage für die Umsatzsteuer ausscheidet, bemisst sich diese nach dem Einkaufspreis abzüglich AfA (Gegenstandsentnahme; § 10 Abs. 4 Nr. 1 UStG i.V.m. § 3 Abs. 1b S. 1 Nr. 1 UStG) oder nach den entstandenen Kosten (Leistungsentnahme; § 10 Abs. 4 Nr. 2 UStG i.V.m. § 3 Abs. 9a S. 1 Nr. 1 UStG). 139

Der **Steuersatz** beträgt gemäß § 12 Abs. 1 UStG grundsätzlich 19%. Für bestimmte Umsätze ist dieser Satz auf 7% ermäßigt. Für BgA ist hier besonders die Steuerermäßigung für die Lieferung von Wasser von Bedeutung.[212] 140

Da eine juristische Person des öffentlichen Rechts mit ihren BgA Unternehmer ist, steht ihr der **Vorsteuerabzug** aus empfangenen Lieferungen und Leistungen zu. Die an andere Unternehmer für deren Lieferungen und Leistungen gezahlte Umsatzsteuer kann somit von der eigenen, an das Finanzamt zu entrichtenden Umsatzsteuer abgezogen werden. **Voraussetzung** für den Vorsteuerabzug ist, dass der BgA eine Rechnung erhält, in der die Umsatzsteuer neben dem Nettoentgelt gesondert ausgewiesen ist. Der Vorsteuerabzug ist möglich, sobald die Leistung ausgeführt wurde und die Rechnung vorliegt. Es kommt nicht auf die Zahlung des Umsatzsteuerbetrags an den leistenden Unternehmer an (Soll-Prinzip). 141

Weichen die Zeitpunkte, in denen Lieferungen oder sonstige Leistungen an den Unternehmer erfolgen und in denen dafür die Rechnungen erteilt werden, voneinander ab, ist der Vorsteuerabzug erst dann möglich, wenn sowohl die Lieferung oder sonstige Leistung erfolgt ist als auch die Rechnung mit gesondertem Steuerausweis erteilt ist. Eine Ausnahme bilden gesondert ausgewiesene Umsatzsteuerbeträge bei Anzahlungen, für die gemäß § 15 Abs. 1 Nr. 1 Satz 2 UStG das Vorliegen der (Anzahlungs-) Rechnung und die Leistung der Zahlung genügt. 142

Auch für BgA bzw. öffentliche Unternehmen ist das sog. **Reverse-Charge-Verfahren** zu beachten. Hierbei geht die Verpflichtung zur Entrichtung der Umsatzsteuer auf 143

[210] 2.11 Abs. 2 S. 1 UStAE.
[211] siehe Rn. 188.
[212] Anlage zum UStG i.V.m. § 13 Abs. 2 S. 1 Nr. 1 UStG.

den Leistungsempfänger über, im Gegenzug kann der Vorsteuerabzug geltend gemacht werden. Dies ist insbesondere für (Energie-)Versorgungsbetriebe von Bedeutung.[213]

144 Ein Vorsteuerabzug ist nicht möglich, wenn der BgA erhaltene Leistungen für die Ausführung steuerfreier Umsätze verwendet (voller **Ausschluss vom Vorsteuerabzug**; § 15 Abs. 2 S. 1 Nr. 1 UStG). Er scheidet ebenfalls aus, wenn die Vorsteuerbeträge auf bestimmte nach dem Einkommensteuergesetz nicht abzugsfähige Aufwendungen entfallen (§ 15 Abs. 1a Nr. 1 UStG; teilweiser Ausschluss vom Vorsteuerabzug). Hier ist dann nicht entscheidend, ob sie der BgA zur Ausführung steuerfreier oder steuerpflichtiger Umsätze verwendet.

145 Wie für andere Unternehmer gelten auch für juristische Personen des öffentlichen Rechts im Rahmen ihrer BgA die im Umsatzsteuergesetz allgemein geltenden Steuerbefreiungen.

146 **bb) Abgrenzungsprobleme und Auslegungsfragen zur Umsatzsteuerpflicht der öffentlichen Hand.** Durch die teilweise Umsatzsteuerpflicht der öffentlichen Hand soll erreicht werden, dass es nicht zu **Wettbewerbsverzerrungen** kommt, weil Leistungen der öffentlichen Hand nicht mit Umsatzsteuer belastet (und damit günstiger) sind.

147 Das **deutsche Umsatzsteuergesetz** geht derzeit noch von einer Steuerpflicht der juristischen Personen des öffentlichen Rechts ausschließlich im Rahmen ihrer BgA aus und verweist dabei auf die Verwendung des Begriffes des BgA im Sinne des Körperschaftsteuergesetzes.[214] In Zweifelsfällen muss jedoch auch die **6. EG-Richtlinie**[215] zur Auslegung herangezogen werden. Sollte sich nach beiden Vorschriften eine abweichende Auslegung ergeben, so hat die Anwendung der 6. EG-Richtlinie Vorrang vor dem deutschen Recht.[216] Eine abweichende Beurteilung kann sich für die Steuerpflicht der öffentlichen Hand ergeben, weil das deutsche Umsatzsteuerrecht (über die Definition des Begriffes BgA im KStG) auf Inhalt und Qualität der Tätigkeiten, das europäische Recht aber auf die Ausübungsmodalitäten, also die Form der Rechtsvorschriften, nach denen die Tätigkeiten ausgeübt werden, abstellt. Nach europäischem Recht besteht Steuerpflicht für juristische Personen des öffentlichen Rechts nur dann **nicht**, wenn die Ausübung der Tätigkeit durch eine öffentliche Einrichtung im Rahmen der öffentlichen Gewalt erfolgt (Art. 4 Abs. 5 Unterabs. 1 der 6. EG-Richtlinie).

148 Wie im deutschen gilt auch im europäischen Recht das **Wettbewerbskriterium als Auslegungsmaßstab**. Bei Eintreten größerer Wettbewerbsverzerrungen besteht danach Umsatzsteuerpflicht (Art. 4 Abs. 4 Unterabs. 2 der 6. EG-Richtlinie). Nach europäischem Recht liegt eine wettbewerbsrelevante Tätigkeit immer dann vor, wenn private Rechtsträger mit derselben Tätigkeit zur öffentlichen Hand in Wettbewerb treten können. Dies ist nicht der Fall, wenn die juristische Person des öffentlichen Rechts ausschließlich selbst tätig werden kann, weil es hierfür eine öffentlich-rechtliche Regelung gibt.[217] Der Wettbewerbsnachteil für private Anbieter hat seine Ursache dann nicht im Steuerrecht, sondern in anderen Gesetzen.

149 **cc) Anwendungsfälle und Entscheidungen. (1) Leistungsbeziehungen zwischen einem Betrieb gewerblicher Art und dem hoheitlichen Bereich seiner Trägerkörperschaft.** Insbesondere beim Einsatz von Personal ist es von Bedeutung, ob die **Überlassung von Personal** der juristischen Person des öffentlichen Rechts im Rahmen eines BgA erfolgt und somit mit Umsatzsteuer zu belasten ist. Diese Frage bleibt im Ergebnis unwichtig, soweit die Überlassung an einen wirtschaftlichen Be-

---

[213] § 13 b) Abs. 2 Nr. 5 b) UStG; neu gefasst/ eingefügt durch Gesetz vom 26.6.2013.

[214] Siehe Rn. 25.

[215] Zur Harmonisierung der Umsatzsteuer im europäischen Binnenmarkt wurde vom Rat der Europäischen Wirtschaftsgemeinschaft die 6. EG-Richtlinie erlassen, die für jeden Mitgliedsstaat verbindlich ist.

[216] Vgl. *Thieme*, UR 2003, S. 369 (371).

[217] Vgl. *Küffner*, DStR 2003, S. 1606 (1608).

reich[218] erfolgt, da hier zwar eine Umsatzbesteuerung eintritt, der empfangende Unternehmer diese jedoch als Vorsteuer geltend machen kann und somit zurückerstattet bekommt. Sie ist jedoch von entscheidender Bedeutung, wenn Personal für hoheitliche Tätigkeiten überlassen werden soll.

Die Finanzverwaltung[219] geht in folgen Fällen von **nicht steuerbaren Personalüberlassungen** aus: 150

- Eine juristische Person des öffentlichen Rechts setzt Bedienstete ihres Hoheitsbereichs in eigenen BgA ein (Innenleistung).
- Eine juristische Person des öffentlichen Rechts stellt Bedienstete ihres Hoheitsbereichs an den Hoheitsbereich einer anderen juristischen Person des öffentlichen Rechts ab (Amtshilfe)
- Eine juristische Person des öffentlichen Rechts stellt Bedienstete aus einem BgA an den eigenen Hoheitsbereich ab.[220]

In folgenden Fällen wird durch die **Personalüberlassung ein BgA** begründet: 151

- Eine juristische Person des öffentlichen Rechts stellt Bedienstete ihres Hoheitsbereichs an BgA anderer juristischer Personen des öffentlichen Rechts[221] oder an privatrechtliche Unternehmer ab.[222] Gleiches gilt für die Abstellung an an einen gemeinnützig anerkannten Verein, der nicht unternehmerisch tätig ist.[223]
- Eine juristische Person des öffentlichen Rechts stellt Bedienstete eines ihrer BgA an den Hoheitsbereich einer anderen juristischen Person des öffentlichen Rechts ab.[224]
- Eine juristische Person des öffentlichen Rechts stellt Bedienstete eines ihrer BgA an BgA anderer juristischer Person des öffentlichen Rechts oder an privatrechtliche Unternehmen ab.

Trotz Begründung eines BgA und damit grundsätzlicher Steuerbarkeit kann die Perso- 152
nalgestellung jedoch unter Umständen steuerfrei bleiben, z. B. wenn es sich um die Gestellung von Pflegepersonal eines Krankenhauses an andere Krankenhäuser oder an Pflegeeinrichtungen ambulanter Art[225] handelt. Es liegt dann ein eng mit dem Betrieb eines Krankenhauses verbundener Umsatz vor, der nach § 4 Nr. 14 b) UStG steuerbefreit ist.

Eine **Beistellung von Personal** liegt immer dann vor, wenn der Auftraggeber dem 153
Auftragnehmer zur Erfüllung des Auftrags Personal zur Verfügung stellt, um die gewollte Leistung näher zu bestimmen und die Ausführung durch fachkundiges Personal zu ermöglichen. Die Personalbeistellung ist grundsätzlich **kein** Bestandteil des **Leistungsaustausches** und somit nicht steuerbar, wenn sie nicht im Austausch für die gewollte Leistung erfolgt.[226] Eine Beistellung von Personal liegt nach Ansicht der Finanzverwaltung nur dann vor, wenn folgende Voraussetzungen erfüllt sind[227]: Das

---

[218] In Frage kommen hier BgA der gleichen oder einer anderen Trägerkörperschaft oder privatwirtschaftliche Unternehmer.

[219] UStAE 2.11, Abs. 15; Bsp. 1, 2 u. 8.

[220] Zumindest dann, wenn eine eindeutige und leicht nachvollziehbare Trennung zwischen dem unternehmerischen Bereich (BgA) und dem Hoheitsbereich vorgenommen wird, ist die Personalüberlassung nicht als Wertabgabe i.S.d. § 3 Abs. 9a S. 1 Nr. 2 UStG zu sehen und damit nicht steuerbar; UStAE 2.11, Abs. 15, Bsp. 8.

[221] UStAE 2.11 Abs. 15, Bsp. 3.

[222] UStAE 2.11 Abs. 15, Bsp. 4. Eine Ausnahme besteht jedoch, wenn die Personalgestellung aufgrund organisatorischer Änderungen bedingt ist und weitere Voraussetzungen erfüllt sind. Dann wird durch die Personalgestellung kein BgA begründet vgl. Verfügung der OFD Hannover vom 22.8.2002, KStK § 4 KStG Karte B 9 und ähnlich (bisher als Eigenbetrieb geführtes Krankenhaus wird in eine GmbH überführt und die unkündbar im öffentlichen Dienst beschäftigten Ärzte bleiben weiterhin im Krankenhaus tätig, das die Kosten übernimmt); Verfügung der OFD Münster vom 12.3.1987, S-7106-19- St 14–32.

[223] UStAE 2.11 Abs. 15, Bsp. 5.

[224] Es liegt jedoch dann kein BgA vor, wenn die Personalkostenerstattung dem Hoheitsbereich der das Personal zur Verfügung stellenden juristischen Person öffentlichen Rechts zufließt, UStAE 2.11 Abs. 15, Bsp. 6.

[225] Koordinierter Ländererlass des BMF vom 1.12.1995, IV C 4 – S – 7172 – 55/95.

[226] BFH vom 15.04.2010, BStBl. II 2010, S. 879.

[227] 1.1 Abs. 6 u. 7 UStAE.

Personal darf durch vertragliche Regelung und tatsächliche Ausführung nur im Rahmen des Auftrags für den Auftraggeber tätig werden. Außerdem müssen Entlohnung und Weisungsrecht weiterhin beim Auftraggeber liegen, wobei das Weisungsrecht nur insoweit ausgeschlossen werden darf, als es für die Erbringung des Auftrags erforderlich ist.[228]

154 **(2) Vorsteuerabzug bei juristischen Personen öffentlichen Rechts.** Wie bereits dargestellt[229], kann die Vorsteuer aus der Anschaffung für im Rahmen von BgA genutzten Gegenständen (oder Gebäuden) grundsätzlich in Abzug gebracht und damit erstattet werden, während die Anschaffung hoheitlich genutzter Gegenstände nicht zum Vorsteuerabzug berechtigt.

Finanzverwaltung und Rechtssprechung nutzen hierfür seit einiger Zeit die Begriffe „umsatzsteuerrechtlich relevante Betätigung“ und „nichtunternehmerische Tätigkeit“.[230]

155 **Abziehbar** sind **Vorsteuerbeträge** für Umsätze, die für den **unternehmerischen Bereich** der jPöR ausgeführt werden und in diesem Bereich nicht zur Ausführung von steuerfreien Umsätzen dienen. Werden dem Unternehmensbereich diendende Gegenstände später für den nichtunternehmerischen Bereich entnommen oder verwendet, liegt eine unentgeltliche Wertabgabe vor. Der **Vorsteuerabzug entfällt**, wenn sich der Umsatz auf den **nichtunternehmerischen Bereich** bezieht.[231] Wird der Umsatz sowohl für den unternehmerischen als auch für den nichtunternehmerischen Bereich der jPöR ausgeführt (teilunternehmerische Verwendung), besteht eine Berechtigung zum Vorsteuerabzug nur im Umfang der beabsichtigten Verwendung für die unternehmerische Tätigkeit.[232]

156 Durch die Änderung der Rechtsprechung im Jahr 2011 und die darauf folgende Änderung der Verwaltungsauffassung ist der bis dahin mögliche vollständige Vorsteuerabzug trotz überwiegend hoheitlicher Nutzung (Stichwort: „Seeling-Urteil“ aus dem Jahr 2003[233]) nicht mehr möglich.[234]

d) Gewerbesteuer

157 BgA (im Sinne des Körperschaftsteuergesetzes) unterliegen, wenn sie neben der Einnahmeerzielungsabsicht auch noch Gewinnerzielungsabsicht haben und sich am allgemeinen wirtschaftlichen Verkehr beteiligen, der Gewerbesteuer. Sie erfüllen dann die Voraussetzungen für das **Vorliegen eines Gewerbebetriebes** i.S.d. § 15 Abs. 2 EStG, der nach § 2 Abs. 1 S. 1 GewStG der Gewerbesteuer unterliegt.

158 Die **Verpachtung eines BgA** stellt keinen eigenständigen Gewerbebetrieb dar und unterliegt deshalb nicht der Gewerbesteuerpflicht.[235]

159 Eine **Beteiligung am allgemeinen wirtschaftlichen Verkehr** liegt vor, wenn der BgA mit seiner Tätigkeit nach außen in Erscheinung tritt und sich mit ihr an die Allge-

---

[228] Auch die Rechtsprechung hat diese Grundsätze der Finanzverwaltung angewendet, z. B. bei der Beurteilung eines Sachverhalts, bei dem eine Stadt einer von ihr gegründeten Abwasserentsorgungs-GmbH Personal überließ; FG Niedersachsen vom 20.7.2006, 16 K 574/04, EFG 2007, S. 146, bestätigt durch BFH vom 6.12.2007 (veröffentlicht am 6.2.2008), V R 42/06, BFH/NV 2008, S. 518.

[229] Vgl. Rn. 141.

[230] BFH vom 3.7.2008, BStBl. II 2009, S. 213; 15.19 Abs. 1 S. 1 UStAE.

[231] 15.19 Abs. 1–3. UStAE.

[232] BFH vom 3.3.2011, BStBl. II 2012, S. 74 und Abschnitt 15.19 Abs. 3 S. 1 UStAE.

[233] BFH vom 24.7.2003, BB 2003, S. 2276; aufbauend auf EuGH vom 8.5.2003, DStR 2003, S. 873.

[234] Aufgrund des BFH-Urteils („Seeling-Urteil“), FN 233, a.a.O, ergab sich für Kommunen die Möglichkeit eines vollen **Vorsteuerabzugs trotz überwiegend hoheitlicher Nutzung**, wodurch die Investitionskosten gemindert werden konnten. Mit dem Urteil folgte der BFH der Auffassung des EuGH (Fn. 233, a.a.O.) und somit der richtlinienkonformen Auslegung der 6. EG-Richtlinie im Hinblick auf die umsatzsteuerliche Beurteilung bestimmter Sachverhalte im Zusammenhang mit dem Vorsteuerabzug sogenannter „gemischt genutzter“ Grundstücke. Auch die Verwaltung schloss sich dieser Auffassung an (A 212 Abs. 3 Nr. 2 UStR 2005).

[235] R 2.2 GewStR. Im Gegensatz hierzu stellt die Verpachtung eines BgA im Körperschaftsteuerrecht jedoch einen eigenständigen BgA dar (§ 4 Abs. 4 KStG).

meinheit wendet.[236] Sie fehlt beispielsweise bei Kantinen, die nur für die Angehörigen eines Betriebes eingerichtet und zugänglich sind.[237]

Gewinnerzielungsabsicht wird zunächst grundsätzlich bei jedem BgA unterstellt. 160 Selbst wenn ein BgA ständig mit Verlusten arbeitet (sogenannter „dauerdefizitärer" BgA), ist die fehlende Gewinnerzielungsabsicht im Einzelfall unter Abwägung aller Umstände zu prüfen.[238] Nach der Rechtsprechung liegt Gewinnerzielungsabsicht selbst dann vor, wenn in einen ehemals dauerdefizitären BgA eine gewinnbringende Beteiligung an einer Kapitalgesellschaft eingelegt wird und im Zeitpunkt der Einlage abzusehen ist, dass die künftigen Erträge der eingelegten Anteile die Verluste übersteigen (sog. **Totalgewinn**)[239] Nach Ansicht der Finanzverwaltung erfüllt ein dauerdefizitärer BgA jedoch nicht die Voraussetzungen eines Gewerbebetriebes gemäß § 2 Abs. 1 S. 2 GewStG [240] und kann deshalb nicht "gewerbesteuerlicher Organträger" einer gewinnbringenden Tochterkapitalgesellschaft sein.

Während ein Verlustvortrag im Falle eines entstandenen Jahresfehlbetrages im Rahmen 161 der Körperschaftsteuerveranlagung vom Finanzamt demnach immer festzustellen ist, kann es in der Praxis vorkommen, dass die Feststellung eines **gewerbesteuerlichen Verlustvortrages** unterbleibt, wenn fehlende Gewinnerzielungsabsicht unterstellt wird. Dies ist vor allem dann von Bedeutung, wenn es sich bei dem BgA nur vorübergehend um einen Verlustbetrieb handelt, der anschließend wieder Gewinne erwirtschaftet. Hier sollte – da sonst entsprechendes Steuerminderungspotential verschenkt wird – für alle Veranlagungszeiträume, für die die Festsetzungsfrist noch nicht abgelaufen ist, die (nachträgliche) Veranlagung beantragt werden.

Arbeitet ein BgA tatsächlich **ohne Gewinnerzielungsabsicht**, so sollte dies in der 162 Satzung, im Betriebsstatut, durch einen Gemeinderatsbeschluss oder auf ähnliche Weise **dokumentiert** werden.[241] Der Träger sollte sich nicht darauf verlassen, dass ohnehin keine Erträge erwirtschaftet werden, denn wegen der gewerbesteuerlichen Hinzurechnungen (§ 8 GewStG) kann aus einem körperschaftsteuerlichen Verlust leicht ein gewerbesteuerpflichtiger Gewinn werden.[242]

Besteuerungsgrundlage für die Gewerbesteuer ist der **Gewerbeertrag** (§ 6 163 GewStG). Dieser ist der nach den Vorschriften des Einkommensteuergesetzes und des Körperschaftsteuergesetzes ermittelte Gewinn eines BgA, modifiziert durch gewerbesteuerliche Hinzu- und Abrechnungen (§§ 7-9 GewStG). Für BgA spielen insbesondere die Hinzurechnung von Dauerschuldzinsen, die Hinzurechnung der hälftigen Miet- und Pachtzinsen für Anlagevermögen sowie die Kürzung um 1,2% des Einheitswertes des Grundbesitzes eine Rolle. Auf den ermittelten Gewerbeertrag ist die **Gewerbesteuermesszahl** anzuwenden, die für Betriebe gewerblicher Art **3,5%** beträgt (§ 11 Abs. 2 Nr. 2 GewStG).

Für Unternehmen von juristischen Personen des öffentlichen Rechts wird ein **Freibetrag** von **5.000 EURO** gewährt (§ 11 Abs. 1 S. 3 Nr. 2 GewStG). Da das Gesetz hierbei 164 nicht nach Rechtsformen unterscheidet, *müssten* nach dem Gesetzeswortlaut hiermit zum einen BgA, zum anderen aber auch alle anderen Unternehmen von juristischen Personen des öffentlichen Rechts, z. B. GmbHs, erfasst sein. Allerdings wird durch die Rechtsprechung[243], aber auch in der Literatur die Ansicht vertreten, dass den Kapitalgesellschaften,

---

236 H 15.4 EStH (Allgemeines).
237 H 2.1 (6) GewStR.
238 BFH vom 22.8.1984, BStBl. II 1985, S. 61.
239 BFH vom 25.7.2002, BFH/NV 2002, S. 1341 und FG Düsseldorf vom 10.7.2003, 10-K-2561/00, EFG 2003, S. 1408. Zur genaueren Erläuterung des Begriffes „Totalgewinn" vgl. H 15.3 EStR (Totalgewinn).
240 Vgl. BMF-Schreiben zur Organschaft; BMF vom 26.08.2003, BStBl. I 2003, S. 437, Nr. 5.
241 Vgl. *Himmelmann/Gloria*, KStZ 2000, S. 121 (125).
242 Vgl. *Beinert* in *Hoppe/Uechtritz*, Handbuch Kommunale Unternehmen, S. 321.
243 FG Münster vom 2.7.1997, EFG 1997, S. 1452.

deren Anteilseigner Körperschaften des öffentlichen Rechts sind, der Freibetrag nicht zusteht.[244]

e) Weitere Steuerarten

165 **aa) Grunderwerbsteuer.** Soweit Grundstücke von juristischen Personen erworben werden, unterliegt diese Übertragung grundsätzlich der **Grunderwerbsteuer** (§ 1 GrEStG).[245] Es erfolgt jedoch keine Besteuerung, wenn das Grundstück aus Anlass des **Übergangs einer öffentlich-rechtlichen Aufgabe** übertragen wurde oder aus Anlass von **Grenzänderungen** von der einen auf die andere juristische Person des öffentlichen Rechts überging und es nicht überwiegend einem BgA dient (§ 4 Abs. 1 GrEStG).

166 Somit lässt sich festhalten: Der Erwerb eines Grundstückes durch einen BgA unterliegt immer der Grunderwerbsteuer. Der Erwerb für den hoheitlichen Bereich wird nur dann nicht besteuert, wenn er mit einer öffentlich-rechtlichen Aufgabenübertragung oder einer Grenzänderung einhergeht.[246]

167 Der Steuersatz beträgt 3,5% der Gegenleistung (§ 11 Abs. 1 i.V.m. § 8 Abs. 1 GrEStG), wobei als solche i.d.R. der Kaufpreis gilt (§ 9 Abs. 1 Nr. 1 GrEStG). Bei Grundstücksübergängen im Rahmen von Umwandlungen wird die Steuer nach den Bedarfswerten i.S.d. § 138 ff. BewG festgesetzt.[247]

168 **bb) Grundsteuer.** Juristische Personen des öffentlichen Rechts sind von der **Grundsteuer** auf den Einheitswert des inländischen Grundbesitzes **befreit**, soweit ihr Grundbesitz für

- einen öffentlichen Dienst oder Gebrauch (§ 3 Abs. 1 Nr. 1 GrStG) oder
- gemeinnützige oder mildtätige Zwecke (§ 3 Abs. 1 Nr. 3 a) GrStG)

benutzt wird.

169 Als **öffentlicher Dienst oder Gebrauch** gilt dabei die hoheitliche Tätigkeit (§ 3 Abs. 2 GrStG), nicht aber die Tätigkeit von BgA (§ 3 Abs. 3 GrStG).

170 Damit gilt: Grundstücke des **hoheitlichen** Bereiches unterliegen nicht der Grundsteuer. Grundstücke von **BgA** unterliegen der Grundsteuer, außer es handelt sich um gemeinnützige BgA, z. B. Krankenhäuser.[248]

171 **cc) Schenkungsteuer.** Der **Schenkungsteuer** unterliegen „Schenkungen unter Lebenden" (§ 1 Abs. 1 Nr. 2 ErbStG). Auch juristische Personen des öffentlichen Rechts können eine Schenkung „unter Lebenden" abschließen[249] und somit Beschenkte sein (§ 2 Abs. 1 Nr. 2 ErbStG). Eine Schenkung im Sinne des Gesetzes ist eine **freigiebige Zuwendung**, durch die der Bedachte auf Kosten des Zuwendenden bereichert wird (§ 7 Abs. 1 Nr. 1 ErbStG).

172 Auch wenn juristische Personen des öffentlichen Rechts somit zwar grundsätzlich Steuerpflichtige im Rahmen der Schenkungsteuer sein können, entfällt eine Steuer meist aufgrund der **Befreiungsvorschrift** des § 13 Abs. 1 Nr. 15 ErbStG. Danach bleiben Anfälle an den Bund, ein Land oder eine inländische Gemeinde (Gemeindeverband) sowie solche Anfälle, die ausschließlich Zwecken des Bundes, des Landes oder einer inländischen Gemeinde (Gemeindeverband) dienen, steuerfrei.

---

244 § 11 GewStG-Komm., Lippross, Rz. 9.

245 Es unterliegen die Rechtsvorgänge der Grunderwerbsteuer, die auch sonst besteuert werden, insoweit gelten keine Sonderregelungen für juristische Personen öffentlichen Rechts. Daneben sind auch die allgemeinen Ausnahmen von der Besteuerung zu beachten (§ 3 GrEStG), wobei von besonderem Interesse auch bei der öffentlichen Hand die „Bagatellgrenze" (keine Besteuerung für Grundstücke mit einem Wert bis zu 2.500 EURO) des § 3 Nr. 1 GrEStG sein dürfte.

246 Zudem darf das Grundstück nicht an einen BgA überlassen werden, der es zu mehr als der Hälfte (im Vergleich zur hoheitlichen Nutzung) nutzt.

247 Vgl. Rn. 242.

248 Vgl. Rn. 269.

249 Vgl. ErbStG-Kommentar *Meincke*, Anm. 10 zu § 1.

2. Der steuerliche Querverbund – Die Möglichkeit der Zusammenfassung von Betrieben gewerblicher Art

Steuersubjekt im Rahmen der Körperschaftsteuer ist die juristische Person des öffentlichen Rechts mit jedem einzelnen BgA.[250] Aus diesem Grund ist ein **Zusammenrechnen** der Ergebnisse der verschiedenen BgA eines Trägers im Rahmen der Einkommensermittlung nicht möglich. Damit ist auch ein **Verlustausgleich** zwischen den verschiedenen BgA grundsätzlich ausgeschlossen.[251] 173

Bei Erfüllung bestimmter Voraussetzungen können jedoch mehrere an sich selbständige BgA zu einem einheitlichen BgA zusammengefasst werden, so dass nur ein Einkommen ermittelt wird. Auf diesem Wege ist es möglich, Gewinne des einen BgA mit Verlusten eines anderen BgA zu verrechnen (sog. **steuerlicher Querverbund**), bevor es zur Versteuerung des Gesamtergebnisses kommt. Durch diese Verrechnung lässt sich demnach eine Minderung der Steuerbelastung erreichen. Verluste, die vor der Zusammenfassung von BgA entstanden sind, können jedoch nur mit Gewinnen jetzt zusammengefasster BgA verrechnet werden, wenn die Gewinne aus der gleichen Tätigkeit stammen, aus der auch die Verluste herrühren.[252] 174

a) Grundsätzliche Vorgaben zur Zusammenfassung von Betrieben gewerblicher Art[253]

Eine **Zusammenfassung** von BgA mit Hoheitsbetrieben ist steuerlich untersagt.[254] 175

Die Zusammenfassung mehrerer **gleichartiger BgA** ist zulässig.[255] Ebenso wird die Zusammenfassung von Versorgungs-, Verkehrs-, Hafen- und Flughafenbetrieben anerkannt.[256] 176

Darüber hinaus können BgA nur zusammengefasst werden, wenn zwischen diesen Betrieben nach dem Gesamtbild der tatsächlichen Verhältnisse objektiv eine enge **wechselseitige technisch-wirtschaftliche Verflechtung** von einigem Gewicht besteht.[257] Das Merkmal „von einigem Gewicht" ist nicht genauer definiert.[258] Die Verflechtung muss gegenseitig sein, das heißt, die Betriebe müssen gegenseitig aufeinander angewiesen sein.[259] 177

In der Vergangenheit wurde oft versucht, eine solche Verflechtung nachzuweisen. Insbesondere ist nach einem BFH-Urteil[260] ein Blockheizkraftwerk dem Grunde nach geeignet, eine enge wechselseitige technisch-wirtschaftliche Verflechtung des Bereiches Stromversorgung mit anderen BgA (z. B. Schwimmbad) herzustellen.[261] Die Finanzverwaltung steht solchen Gestaltungen im Einzelfall jedoch skeptisch gegenüber. 178

---

250 BFH vom 8.11.1989, BStBl. II S. 242.

251 Vgl. *Krämer* in *Dötsch/Jost/Pung/Witt*, KSt-Kommentar (2006), § 4 KStG, Rn. 78.

252 BFH vom 4.12.1991, BStBl. II 1992, S. 432, FG Münster vom 30.6.2003 (rkr.), EFG 2003, S. 1648.

253 Als Übersicht vgl. z. B. Verfügung OFD Frankfurt am Main vom 16.9.1991, KStK § 4 KStG Karte A 12.

254 § 4 Abs. 6 S. 2 KStG (Absatz eingefügt durch Jahressteuergesetz 2009); zuvor BFH vom 10.7.1962, BStBl. III 1962, S. 448 bzw. H 7 KStR.

255 § 4 Abs. 6 S. 1 Nr. 1 KStG, R 7 Abs. 1 S. 1 KStR, zuvor schon BFH vom 4.9.2002, BFH/NV 2003, S. 511 und Hessisches FG vom 6.11.2000, EFG 2001, S. 591.

256 § 4 Abs. 6 S. 1 Nr. 3 KStG, H 7 KStR.

257 § 4 Abs. 6 S. 1 Nr. 2 KStG, zuvor schon BFH vom 16.1.1967, BstBl. III 1967, S. 240; H 7 KStR (nicht gleichartige BgA).

258 Lt. Kommentierung zu § 4 KStG ist darunter eine „erkennbare Relevanz für die jeweils andere Tätigkeit" zu verstehen; Stuhldreier in Lippross; Basiskommentar zu § 4 KStG, Rz. 111.

259 BFH vom 8.2.1966, BStBl. III 1966, S. 287.

260 BFH-Urteil vom 4.12.1991, BStBl. II 1992, S. 432.

261 Im Regierungsentwurf zum Jahressteuergesetz 2009 war vorgesehen, den „Katalog der Versorgungsbetriebe" des § 4 Abs. 3 KStG um „öffentliche Badebetriebe" zu erweitern. Damit wäre eine Zusammenfassung von Versorgungs- und Bäderbetrieben immer – auch ohne wirtschaftlich-technische Verflechtung – möglich gewesen. Im endgültig verabschiedeten Jahressteuergesetz 2009 wurde diese beabsichtigte Neuregelung jedoch nicht übernommen.

179 Mehrere **verpachtete BgA** können nur zusammengefasst werden, wenn sie gleichartig sind. Eine enge wechselseitige technisch-wirtschaftliche Verflechtung von einigem Gewicht reicht hier für eine Zusammenfassung nicht aus. Ebenso verhält es sich bei der Zusammenfassung eines BgA mit einem Verpachtungsbetrieb gewerblicher Art.[262]

180 Die Zusammenfassung von BgA mit Einrichtungen, die zwar dem Grunde nach einen BgA darstellen, aber die erforderlichen Größenmerkmale hierfür nicht erfüllen, ist nur zulässig, wenn die entsprechenden BgA zusammengefasst werden dürften.[263]

b) Aussagen zum Gestaltungsmissbrauch

181 Da BgA keine Rechtsform verkörpern, sondern es sich hierbei nur um ein steuerliches Konstrukt handelt, hat die Finanzverwaltung konkrete Vorgaben und Grundsätze aufgestellt, unter welchen Voraussetzungen eine Zusammenfassung von BgA möglich ist und wann nicht.[264] Anders gestaltet sich jedoch die Situation, wenn Aufgabenbereiche oder Tätigkeiten, die einen BgA darstellten, auf eine privatrechtliche Gesellschaft übertragen und in dieser zusammengefasst werden sollen. In rechtlicher Hinsicht kann diese Zusammenfassung nicht untersagt werden, da grundsätzlich für alle unternehmerischen Tätigkeiten die Möglichkeit einer freien Rechtsformwahl besteht. Für steuerliche Zwecke gilt aus Sicht der Finanzverwaltung Folgendes:

182 Die **Zusammenfassung** von BgA **in Kapitalgesellschaften** ist grundsätzlich anzuerkennen.[265] Dies gilt für alle BgA unabhängig davon, ob eine Gleichartigkeit gegeben ist, eine enge wechselseitig technisch-wirtschaftliche Verflechtung vorliegt oder ob es sich um völlig verschiedenartige Betriebe handelt. Eine Zusammenfassung mehrerer Gewinnbetriebe wird daher immer anerkannt. Bei der Zusammenfassung von "Gewinn- mit Verlustbetrieben", das heißt, dass auch dauerdefizitäre Sparten oder Geschäftsbereiche von einer Kapitalgesellschaft betrieben werden, stellt sich jedoch die Frage des Missbrauchs rechtlicher Gestaltungsmöglichkeiten gemäß § 42 AO[266].

183 Die **Rechtsprechung** entschied jedoch[267], dass eine Zusammenfassung von BgA in Kapitalgesellschaften der öffentlichen Hand grundsätzlich anzuerkennen ist und kein Gestaltungsmissbrauch i.S.v. § 42 AO vorliegt. Soweit die Voraussetzungen für den steuerlichen Querverbund jedoch nicht vorliegen, ist von einer verdeckten Gewinnausschüttung auszugehen.[268]

184 Die **Finanzverwaltung** sah[269] einen Ausgleich von Verlusten mit Gewinnen nur dann als nicht rechtsmissbräuchlich an, wenn auch eine Zusammenfassung der BgA (außerhalb einer Kapitalgesellschaft) wegen Gleichartigkeit oder enger wechselseitig technisch-wirtschaftlicher Verflechtung möglich gewesen wäre.[270] Somit unterstellte die Finanzverwaltung immer einen Gestaltungsmissbrauch, wenn Gewinn- und Verlustbetriebe in eine GmbH eingebracht wurden, die als BgA nicht hätten zusammengefasst werden dürfen. In Reaktion auf das oben zitierte BFH-Urteil änderte jedoch auch die Finanzverwaltung ihre Ansicht und entschied[271], dass ab dem Veranlagungszeitraum 2004 bei der Zusam-

---

[262] H 7 KStR (Verpachtungsbetriebe).

[263] R 7 Abs. 1 S. 2 KStR.

[264] Siehe R 7 Abs. 1 u. 2 KStR.

[265] Zur Umwandlung von BgA in Kapitalgesellschaften im Wege der Ausgliederung/Einbringung in eine GmbH gegen Gewährung von Gesellschaftsrechten vgl. Rn. 229 ff.

[266] Ein Missbrauch rechtlicher Gestaltungsmöglichkeiten liegt immer dann vor, wenn „eine unangemessene rechtliche Gestaltung gewählt wird, die beim Steuerpflichtigen oder einem Dritten im Vergleich zu einer angemessenen Gestaltung zu einem gesetzlich nicht vorgesehenen Steuervorteil führt; § 42 Abs. 2 S. 1 AO.

[267] BFH-Urteil vom 22.08.2007, BStBl. II 2007, S. 961.

[268] Als Begründung führte der BFH, a.a.O., aus, dass ein ordentlicher Geschäftsführer keine Geschäfte ausführen würde, die dauerhaft Verluste nach sich ziehen.

[269] In Reaktion auf das oben aufgeführte BFH-Urteil vom 22.08.2007; a.a.O. , änderte auch die Finanzverwaltung seine Ansicht und passte sich der Rechtsprechung an; siehe Fn. 271.

[270] A 5 Abs. 11 S. 3 KStR a.F.

[271] BMF-Schreiben vom 07.12.2007, BStBl. I 2007, S. 905.

menfassung von BgA in Kapitalgesellschaften, die nicht als BgA hätten zusammengefasst werden dürfen, kein Gestaltungsmissbrauch i.S.d. § 42 AO vorliegt. Nach den Umständen des Einzelfalls könne jedoch eine verdeckte Gewinnausschüttung vorliegen.

Die gleichen Grundsätze sollen bei der **Zusammenfassung** der Ergebnisse **durch sonstige Gestaltungen**, z. B. in Form der Organschaft, angewendet werden.[272] 185

Die Bundesregierung hat das Urteil des BFH vom 22.8.2007 zum Anlass genommen, den steuerlichen Querverbund gesetzlich zu regeln. Versorgungs- und Verkehrsbetriebe sowie Hafenbetriebe werden zukünftig von Gesetzes wegen als BgA angesehen (§ 4 Abs. 3 KStG). In Absatz 6 des § 4 KStG wird ergänzt, dass gleichartige Betriebe, Betriebe, zwischen denen nach dem Gesamtbild der tatsächlichen Verhältnisse objektiv eine enge wechselseitige technisch-wirtschaftliche Verflechtung von einigem Gewicht besteht, oder diejenigen aus Absatz 3 zusammengefasst werden können.[273] 186

Keine konkreten Vorgaben der Finanzverwaltung und keine einschlägige Rechtsprechung existieren für die **Zusammenfassung von BgA in einer Personengesellschaft**. Man kann jedoch davon ausgehen, dass die Anweisungen zu Kapitalgesellschaften analog anzuwenden sind und eine steuerliche Zusammenfassung im Ergebnis demnach auch nur in Frage kommt, wenn eine Zusammenfassung der BgA möglich gewesen wäre.[274] 187

c) Die Rolle des steuerlichen Querverbundes bei verschiedenen Steuerarten

Umsatzsteuerlich spielt der steuerliche Querverbund bzw. die Möglichkeit der Zusammenfassung von BgA keine Rolle, da Unternehmer i.S.d. Umsatzsteuergesetzes nicht der BgA, sondern die juristische Person des öffentlichen Rechts ist. Umsätze zwischen verschiedenen BgA eines Trägers sind damit ohnehin wie Innenumsätze eines Unternehmens zu behandeln, so dass eine weitere steuerliche Zusammenfassung nicht in Betracht kommt. 188

Ein Problem ergibt sich bei der Unterscheidung zwischen körperschaftsteuerlicher und gewerbesteuerlicher Einordnung des steuerlichen Querverbundes, weil das Körperschaftsteuergesetz auf die Einnahmeerzielungsabsicht, das Gewerbesteuergesetz hingegen auf die Gewinnerzielungsabsicht abstellt. 189

Im **körperschaftsteuerlichen** Sinne ist die Zusammenfassung eines dauerhaft defizitären Verkehrsbetriebes mit einem gewinnträchtigen Versorgungsbetrieb anzuerkennen.[275] 190

Im **gewerbesteuerlichen** Sinne argumentieren die obersten Finanzbehörden zunächst[276], dass bei verlustträchtigen (Verkehrs-)Unternehmen grundsätzlich die Gewinnerzielungsabsicht fehle. Damit unterlägen diese auch nicht der Gewerbesteuer. Dies hätte zur Folge, dass die (nicht steuerpflichtigen) Verluste solcher Unternehmen nicht mit steuerpflichtigen Gewinnen von Versorgungsbetrieben verrechnet werden könnten. Damit unterlägen die Erträge des Versorgungsbetriebs der Gewerbesteuer und die Verluste des Verkehrsbetriebs blieben gewerbesteuerlich irrelevant, was zu einer höheren gewerbesteuerlichen Belastung führte. 191

Die Finanzverwaltung stellt jedoch klar[277], dass letztendlich maßgebend sei, ob das nach den Grundsätzen des Körperschaftsteuergesetzes zusammengefasste Unternehmen 192

---

272 Jetzt BMF-Schreiben vom 7.12.2007, a.a.O.; zuvor BMF vom 26.8.2003, BStBl. I 2003, S. 437.

273 Die ursprünglich geplante gesetzliche Verankerung der Möglichkeit der Zusammenfassung von Bäderbetrieben mit Versorgungsbetrieben (§ 4 Abs. 6 Nr. 3 i.V.m. Abs. 3 KStG in der Fassung des Regierungsentwurfes für ein Jahressteuergesetz 2009) wurde im endgültigen Jahressteuergesetz 2009 doch nicht umgesetzt. Somit bleibt das „streitanfälligste Merkmal", das Vorhandensein einer wechselseitigen engen technisch-wirtschaftlichen Verflechtung, erhalten und wird auch nicht für den in der Praxis häufigsten Fall der Bäderbetriebe geklärt; vgl. Begründung zum Regierungsentwurf für das Jahressteuergewetz 2009, B. Besonderer Teil, zu Nummer 2 (§ 4 KStG) zu Buchstabe b.

274 R 7 Abs. 2 S. 4 KStR.

275 H 7 KStR und § 4 Abs. 6 KStG i.d. Fassung des Jahressteuergesetzes 2009.

276 BMF-Schreiben vom 12.11.2009, Anwendungsfragen … zur Besteuerung von BgA, Rz. 95, BStBl. I 2009, S. 1303.

277 § 2 Abs. 1 S. 1 GewStDV.

mit Gewinnerzielungsabsicht betrieben wird.[278] Ist dies der Fall, so sei auch eine Zusammenfassung im Rahmen der Gewerbesteuerveranlagung möglich.

III. Privatisierung kommunaler Unternehmen

1. „Das Ziel": Kommunale Unternehmen in den Rechtsformen des privaten Rechts

a) Kommunale Unternehmen in der Rechtsform der Kapitalgesellschaft

193 Während die steuerlichen Folgen der Qualifizierung als BgA „automatisch" eintreten, wenn die gesetzlichen Voraussetzungen erfüllt sind, muss eine Kapitalgesellschaft durch Gesellschaftsvertrag errichtet und ins Handelsregister eingetragen werden. Unabhängig von der Tätigkeit, die diese Kapitalgesellschaft ausübt, erfolgt anschließend deren steuerliche Behandlung. Kommunen haben somit die Möglichkeit, ihre Tätigkeiten grundsätzlich in der privaten Rechtsform einer Kapitalgesellschaft (i.d.R. GmbH) auszuüben. Es können damit nicht nur Tätigkeiten, die ohnehin einen BgA darstellen würden, auf Kapitalgesellschaften übertragen werden. Auch die Ausführung hoheitlicher Tätigkeiten (z.B. Abwasserbeseitigung) kann auf eine GmbH übertragen werden[279], wenn für die Rechtsformwahl ein wirtschaftlicher Grund (der nicht ausschließlich in einer Steuerersparnis besteht) vorliegt. Sollte kein wirtschaftlicher Grund gegeben sein, kann die Übertragung der Tätigkeit auf eine GmbH einen Gestaltungsmissbrauch nach § 42 AO darstellen.[280]

194 **aa) Besteuerung der Gesellschaft.** Eine Kapitalgesellschaft stellt ein selbständiges **Rechtssubjekt** dar, das der Besteuerung unterliegt.

195 Bemessungsgrundlage für die **Körperschaftsteuer** ist das zu versteuernde Einkommen (§ 7 KStG). Dieses ist grundsätzlich durch Betriebsvermögensvergleich zu ermitteln, da Kapitalgesellschaften als Handelsgesellschaften nach dem HGB grundsätzlich zur Buchführung verpflichtet sind. Aus diesem Grund erzielen Kapitalgesellschaften ausschließlich Einkünfte aus Gewerbebetrieb (§ 8 Abs. 2 KStG).

196 Der Steuersatz beträgt gemäß § 23 Abs. 1 KStG 15%. Hinsichtlich des Steuersatzes ergeben sich somit keine Unterschiede zur Besteuerung von BgA. Hinsichtlich der Gewinnermittlung können sich (insbesondere bei kleinen Kapitalgesellschaften) Unterschiede ergeben, da BgA ihren Gewinn bei Unterschreitung bestimmter Größenmerkmale auch durch Einnahmeüberschussrechnung ermitteln können.[281]

197 Auch für die Einkünfte einer Kapitalgesellschaft gelten die sachlichen Steuerbefreiungen, insbesondere für Gesellschaften, die gemeinnützigen, mildtätigen oder kirchlichen Zwecken dienen (§ 5 Abs. 1 Nr. 9 KStG). Der für BgA gewährte Freibetrag kommt jedoch für Kapitalgesellschaften nicht in Betracht. Ebenso wie bei BgA besteht bei erzielten Verlusten die Möglichkeit des **Verlustvortrags oder -rücktrags** nach § 10d EStG im Rahmen der Körperschaftsteuer bzw. nur des **Verlustvortrages** im Rahmen der Gewerbesteuer[282].

198 Die Einkünfte von Kapitalgesellschaften unterliegen auch grundsätzlich der **Gewerbesteuer**. Die Übertragung von Grundstücken auf eine Kapitalgesellschaft unterliegt der **Grunderwerbsteuer** (§ 1 Abs. 1 GrEStG).[283]

---

[278] BMF-Schreiben vom 12.11.2009, a.a.O.; Rz. 98.

[279] Allerdings können kommunalrechtliche Vorschriften eine solche – aus steuerlicher Sicht zulässige – Übertragung – untersagen; siehe z.B. Art. 87 GO By zur Allgemeinen Zulässigkeit von Unternehmen und Beteiligungen und Art. 92 GO By speziell zu Unternehmen in Privatrechtsformen.

[280] Zum Gestaltungsmissbrauch vergleiche Rn. 181 ff.

[281] Siehe Rn. 80 ff., insb. 85.

[282] Dabei wird die Verlustverrechnung beschränkt, soweit der maßgebende Gewerbeertrag 1 Mio. EURO übersteigt; Einzelheiten hierzu siehe § 10a GewStG.

[283] Zur Frage, ob die Übertragung von Grundstücken per Vermögenszuordnungsbescheid auf eine Kapitalgesellschaft steuerfrei erfolgt, wenn sich sämtliche Anteile an der Gesellschaft in der Hand von juristischen Personen öffentlichen Rechts befinden siehe FG Berlin vom 3.4.2003, EFG 2003, S. 1115.

199 **bb) Besteuerung des Gesellschafters (Kommune).** Ähnlich wie Privatpersonen Beteiligungen an Kapitalgesellschaften im Privatvermögen oder im Betriebsvermögen halten können, haben auch Kommunen in gewisser Weise ein Wahlrecht[284], Beteiligungen im Rahmen der Vermögensverwaltung oder als Betriebsvermögen im Rahmen ihrer BgA zu halten. Während dieser Unterscheidung bis zur Einführung des StSenkG[285] erhebliche Bedeutung zukam, da die steuerlichen Folgen deutlich voneinander abwichen, werden nach jetzigem Recht weitestgehend gleiche steuerliche Konsequenzen erreicht. Dies betrifft sowohl die Besteuerung der Gewinnausschüttungen als auch die Besteuerung der Veräußerung der Anteile. Aus diesem Grund könnte es möglich sein, dass in Zukunft der Abgrenzung der Vermögensverwaltung vom BgA im Bereich „Beteiligungen an Gesellschaften" nicht mehr die in der Vergangenheit gewidmete Aufmerksamkeit entgegengebracht wird.

200 **(1) Besteuerung der laufenden Erträge (Gewinnausschüttungen).** Seit Inkrafttreten des StSenkG ergibt sich **in der Regel** die **gleiche Steuerbelastung** der laufenden Erträge aus der Beteiligung an einer Kapitalgesellschaft (Gewinnausschüttung) unabhängig davon, ob eine Beteiligung im Rahmen der Vermögensverwaltung, als BgA[286] oder als Betriebsvermögen in einem BgA gehalten wird.

201 Hält eine juristische Person des öffentlichen Rechts eine Beteiligung an einer Kapitalgesellschaft und hat sie weder Einfluss auf deren Geschäftsführung[287] noch eine Gestaltung dahingehend vorgenommen, dass sie die Beteiligung bewusst in einen BgA eingelegt hat, so liegt **Vermögensverwaltung** vor.

202 Die juristische Person des öffentlichen Rechts wird mit den Einnahmen (aus der Ausschüttung der Kapitalgesellschaft) i. S. d. § 20 Abs. 1. Nr. 1 EstG als **beschränkt steuerpflichtig** nach § 2 Nr. 2 KStG behandelt mit der Folge, dass die Körperschaftsteuer mit der **Kapitalertragsteuer** auf die Dividende abgegolten ist (§ 32 Abs. 1 Nr. 2 KStG). Aus der Steuerbelastung durch Kapitalertragsteuer, die an sich nur eine besondere Erhebungsform der Einkommensteuer und Körperschaftsteuer ist, wird somit eine endgültige Körperschaftsteuerbelastung für die empfangende Kommune.

203 Allerdings wird nach § 44a Abs. 4 S. 1 Nr. 2 und S. 3 EStG der **Steuerabzug** bei inländischen juristischen Personen öffentlichen Rechts bei bestimmten Kapitalerträgen[288] **nicht vorgenommen**, wenn der Gläubiger (jPöR) dem Schuldner der Kapitalerträge durch eine Bescheinigung nachweist, dass er nach dem zu § 44a EStG begünstigtem Personenkreis gehört; sog. **Nichtveranlagungsbescheinigung** 2.[289]

204 Bis zum 31.12.2003 betrug die **Kapitalertragsteuer** nach § 43 a Abs. 1 Nr. 1 i.V.m. § 43 Abs. 1 Nr. 1 Buchst. a EStG **20%** des vollen Kapitalertrags, wenn der Gläubiger die Kapitalertragsteuer trägt. Allerdings erstattete das Bundesamt für Finanzen auf Antrag die Hälfte der von den Gewinnausschüttungen einbehaltenen und abgeführten Kapitalertragsteuer (§ 44 c Abs. 2 S. 1 Nr. 2 EStG). Schüttete also eine Kapitalgesellschaft Gewinne an ihre Anteilseigner (Kommunen) aus, so fiel zunächst Kapitalertragsteuer i.H.v. 20% an. Da auf Antrag die Hälfte der Kapitalertragsteuer sowie des Solidaritätszuschlages erstattet wurde, betrug die **endgültige Belastung** mit Kapitalertragsteuer somit **10%** der ausgeschütteten Bardividende (ohne SolZ und GewSt).

205 Mit dem Ziel, die Verwaltung im Einzelantragsverfahren zu entlasten, wurden die gesetzlichen Regelungen für die Abstandnahme vom Kapitalertragsteuerabzug nach § 44a

284 Zur Einordnung einer Beteiligung an einer Kapitalgesellschaft als Vermögensverwaltung oder BgA vgl. Rn. 64.

285 Steuersenkungsgesetz vom 23.10.2000, BStBl. I 2000, S. 1248 mit der Umstellung vom körperschaftsteuerlichen Anrechnungsverfahren auf das Halbeinkünfteverfahren.

286 Bei entsprechender Einflussnahme auf die Geschäftsführung der Kapitalgesellschaft; vgl. Rn. 66.

287 Zur Abgrenzung der Vermögensverwaltung vom BgA in diesem Fall siehe Rn. 66.

288 Kapitalerträge i.S.d. § 43 Abs. 1 S. 1 Nr. 4,6,7 und 8-12 sowie S. 2 EStG.

289 Vgl. Schütte, Nina in: Schneider, Josef u.a., Finanz und Steuern Band 16, Lexikon des Steuerrechts, 6. Aufl., Körperschaften des öffentlichen Rechts, 1.3.3.

EStG erweitert.[290] Seit dem 1.1.2004 erfolgt deshalb nicht mehr der volle Kapitalertragsteuerabzug mit anschließender hälftiger Erstattung, sondern es wird von Anfang an für Kapitalerträge i.S.d. § 20 Abs. 1 Nr. 1 u. 2 EStG, soweit es sich um Erträge aus GmbH-Anteilen handelt, nur der halbe Kapitalertragsteuerabzug (damit 10%) vorgenommen. Im Ergebnis blieb es damit bei einer Belastung mit Kapitalertragsteuer i.H.v. 10%.

206 Durch das Jahressteuergesetz 2009 wurden sowohl § 43a EStG als auch § 44a EStG geändert. Der Steuersatz in § 43a Abs. 1 S. 1 Nr. 1 EStG wurde auf 25% erhöht. Darüber hinaus wurde der Abzugssatz des § 44a Abs. 8 S. 1 EStG auf 3/5 angehoben. Damit ergibt sich für Kapitalerträge, die einer juristischen Person des öffentlichen Rechts nach dem 1. Januar 2009 zufließen, eine Belastung mit **Kapitalertragsteuer** in Höhe von **15%**.

207 Die Steuer entsteht in dem Zeitpunkt, in dem die Kapitalerträge der Kommune zufließen (§ 44 Abs. 1 S. 2 u. Abs. 2 EStG). Sie ist von der ausschüttenden Kapitalgesellschaft einzubehalten und innerhalb eines Kalendermonats jeweils bis zum 10. des folgenden Monats an das Finanzamt abzuführen (§ 44 Abs. 1 S. 3 EStG).

208 Ist die Beteiligung an einer Kapitalgesellschaft in einen **BgA eingelegt** worden, so stellen die erhaltenen Gewinnausschüttungen Beteiligungserträge dar, die bei der Ermittlung des Einkommens des BgA zu 95% außer Ansatz bleiben und damit zu diesem Teil steuerfrei sind (§ 8 b Abs. 1 KStG[291] i.V.m. § 20 Abs. 1 Nr. 1 EStG). Im Zusammenhang mit der Beteiligung entstandene Aufwendungen (z. B. Fremdkapitalzinsen zur Finanzierung der Beteiligung) sind im Gegenzug insoweit vom Abzug ausgeschlossen (§ 3 c Abs. 1 EStG). Die bei der Ausschüttung einbehaltene und abgeführte Kapitalertragsteuer und der Solidaritätszuschlag werden im Rahmen der Körperschaftsteuerveranlagung angerechnet. Will der BgA die erhaltenen Gewinnausschüttungen jedoch an den Hoheitsbereich seiner Trägerkörperschaft weiterleiten, so fällt (erneut) Kapitalertragsteuer auf diese Weiterleitung an gemäß § 20 Abs. 1 Nr. 10b EStG i.H.v. 15% an.[292] Somit beträgt auch hier die Belastung mit KapESt im Ergebnis 15%.

209 Es ist zu beachten, dass Gewinne des BgA, die dieser durch die Beteiligungserträge unter Umständen erzielt[293], selbst wenn es sich zuvor um einen Verlust-BgA gehandelt haben sollte, als fiktive „Ausschüttung" an die Trägerkörperschaft gelten. Somit fällt auf den Gewinn des BgA (nicht auf die Ausschüttung der Kapitalgesellschaft[294]) Kapitalertragsteuer i.H.v. 15% an.[295]

210 **(2) Besteuerung von Anteilsveräußerungen.** Neben der Besteuerung der laufenden Gewinnausschüttungen ist bei der Veräußerung der Anteile der einmalige Veräußerungsgewinn zu besteuern. Dieser spiegelt die Wertsteigerungen der Anteile seit der Anschaffung wider.

211 Die Veräußerung einer Beteiligung, die in einem **BgA** gehalten wird, wird grundsätzlich im Rahmen der Gewinnermittlung erfasst und ist damit steuerverhaftet. Allerdings werden Gewinne aus der Veräußerung von Beteiligungen an Kapitalgesellschaften zu 95% **steuerfrei** gestellt (§ 8b Abs. 2 S. 1 KStG). Sollten jedoch in der Vergangenheit Teilwertabschreibungen auf die betreffenden Anteile steuerwirksam geltend gemacht und nicht durch einkommenserhöhende Zuschreibungen ausgeglichen worden sein, besteht insoweit eine Steuerpflicht (§ 8b Abs. 2 S. 2 KStG).

---

[290] NWB Nr. 6 vom 2.2.2004, Fach 3, S. 12737.

[291] Bis zum 31.12.2003 waren die gesamten Beteiligungserträge steuerfrei. Mit Wirkung zum 1.1.2004 wurde § 8b Abs. 1 KStG dahingehend geändert, dass nur noch 95% dieser Erträge von der Steuer befreit sind.

[292] Siehe hierzu ausführlich Rn. 112 ff.

[293] Dies kann (nur) dann der Fall sein, wenn der BgA einen handelsrechtlichen Jahresabschluss aufstellt, da bei rein steuerlicher Betrachtung die Beteiligungserträge keinen Gewinn darstellen, sondern bereits bei der Ermittlung des Gewinnes außer Ansatz bleiben (§ 8b KStG).

[294] Denn die im Rahmen der Ausschüttung abgeführte KapESt wird in der KSt-Veranlagung des BgA angerechnet und erstattet.

[295] Vgl. zur KapESt auf den Gewinn eines BgA ohne eigene Rechtspersönlichkeit Rn. 125 ff.

Eine **Ausnahme** von der Steuerfreiheit von Anteilsveräußerungen besteht jedoch für die Veräußerung von **Anteilen**, die im Rahmen einer **Einbringung in eine Kapitalgesellschaft** entstanden sind.[296] Diese wird grundsätzlich besteuert, wenn sie innerhalb von 7 Jahren nach Einbringung erfolgt. 212

Veräußert eine Kommune Anteile, die sie im Rahmen einer **Vermögensverwaltung** gehalten hat, so ist diese Veräußerung grundsätzlich steuerfrei, da Kommunen im Rahmen der Vermögensverwaltung zunächst keiner Steuerpflicht unterliegen.[297] Auch hier gilt jedoch – wie bei der Veräußerung derartiger Anteile durch einen BgA – eine Ausnahme für die Veräußerung einbringungsgeborener Anteile. 213

Ursprünglich war die Besteuerung solcher Anteilsveräußerungen im KStG bzw. EStG geregelt.[298] Die ansonsten steuerfreie Veräußerung von Anteilen an Kapitalgesellschaften wurde steuerpflichtig, wenn einbringungsgeborene Anteile innerhalb von 7 Jahren nach Einbringung veräußert wurden. Durch das SEStEG[299] vom 7.12.2006 wurden diese Vorschriften jedoch abgelöst durch das **Konzept der nachträglichen Besteuerung des zugrunde liegenden Einbringungsvorgangs**, wenn die Anteile innerhalb von 7 Jahren nach der Einbringung veräußert werden. Dieses ist in § 22 UmwStG geregelt. Somit wurde zwar der rechtssystematische Aufbau der Besteuerung derartiger Veräußerungen grundlegend geändert, im Ergebnis werden jedoch grundsätzlich die gleichen Rechtsfolgen erzielt.[300] 214

Kommunen erhalten **„einbringungsgeborene Anteile"** i. S. d. UmwStG, wenn ein BgA in eine Kapitalgesellschaft "umgewandelt wird", das heißt, dass sämtliche dem BgA zuzuordnenden Aktiva und Passiva in eine GmbH eingelegt werden, und die Wirtschaftsgüter in der Eröffnungsbilanz der Kapitalgesellschaft mit ihrem Buchwert (oder einem anderen Wert unter dem Teilwert) angesetzt werden. Bei der Umwandlung zu Buchwerten erfolgt keine Aufdeckung der **stillen Reserven**[301] und damit keine Besteuerung. Aus diesem Grund werden die stillen Reserven bei der Veräußerung der Anteile grundsätzlich voll besteuert. 215

Die Veräußerung von einbringungsgeborenen Anteilen innerhalb eines Zeitraums von 7 Jahren nach Einbringung führt rückwirkend im Wirtschaftsjahr der Einbringung zu einer Zerlegung in einen „Veräußerungsgewinn I" i.S.d. § 16 EStG (§ 22 Abs. 1 UmwStG)[302] und einen Veräußerungsgewinn, der dem § 8b KStG unterliegt. Die Veräußerung der erhaltenen Anteile gilt insoweit als rückwirkendes Ereignis i.S.v. § 175 Abs. 1 S. 1 Nr. 2 AO, eine rückwirkende Verzinsung ist hiermit jedoch gemaß § 233 Abs. 2a AO nicht verbunden. Die rückwirkende Ermittlung der stillen Reserven könnte in der Praxis u.U. problematisch sein. Zur Vermeidung von Streitigkeiten mit der Finanzverwaltung empfiehlt sich, die Wertverhältnisse im Einbringungszeitpunkt bereits ausreichend zu dokumentieren.[303] 216

Die Veräußerung von einbringungsgeborenen Anteilen zieht eine entsprechende Steuerpflicht dann nach sich, wenn ein Eigenbetrieb oder Regiebetrieb unter Buchwertfortführung in eine Kapitalgesellschaft (z. B. GmbH) umgewandelt worden ist, und 217

---

296 Ehemals „einbringungsgeborene Anteile"; vgl. Rn. 215ff. Im Rahmen dieser Darstellung verwenden die Autoren weiterhin die Bezeichnung „einbringungsgeborene Anteile", um zu verdeutlichen, dass es sich um Anteile handelt, die die Kommune im Rahmen einer Einbringung erhalten hat.

297 Vgl. Rn. 45 ff.

298 § 8 Abs. 4 S. 1 Nr. 1KStG bzw. § 3 Nr. 40 S. 3 und 4 EStG.

299 Gesetz über steuerliche Begleitmaßnahmen zur Einführung der Europäischen Gesellschaft und zur Änderung weiterer steuerrechtlicher Vorschriften (SEStEG) vom 7.12.2006; BGBl. I, S. 2782/2791.

300 Lediglich Steuerumgehungen, die von der ehemaligen Regelung nicht erfasst wurden, unterliegen jetzt auch der Besteuerung.

301 Unter **„Stillen Reserven"** versteht man die Differenz zwischen dem „wahren Wert" eines Wirtschaftsgutes und dem Buchwert dieses Wirtschaftsgutes, der in der Bilanz angesetzt ist.

302 Für den Bereich der Vermögensverwaltung regelt § 22 Abs. 4 Nr. 1 UmwStG, dass der Gewinn aus der Veräußerung der Anteile als „in einem BgA der Körperschaft entstanden" gilt (sog. **Fingierter BgA**), womit das KStG Anwendung findet.

303 Vgl. *Ritzer/Rogall/Stangl*, WPg 2006 S. 1210, 1216.

anschließend die Veräußerung eines Anteils oder der gesamten Beteiligung an der GmbH erfolgt. In diesen Fällen ist stets zu prüfen, ob nicht ein Behalten der Beteiligung bis zum Ablauf der Siebenjahresfrist aus steuerlicher Sicht sinnvoll ist.

b) Kommunale Unternehmen in der Rechtsform der Personengesellschaft

218 Neben der Möglichkeit, Tätigkeiten auf eine Kapitalgesellschaft auszulagern, kommt auch die Gründung einer Personengesellschaft in Frage. Insbesondere wenn Grundvermögen (mit) übertragen werden soll, ist dieser Rechtsform besondere Beachtung zu schenken.[304] Aus Gründen der Haftungsbegrenzung kommen für Körperschaften des öffentlichen Rechts nur GmbH & Co.KG oder AG & Co.KG in Betracht.

219 **aa) Besteuerung der Gesellschaft.** Personengesellschaften stellen für die Einkommensbesteuerung **kein selbständiges Körperschaftsteuersubjekt** dar. Die Einkommensermittlung erfolgt bei Personengesellschaften zweistufig: Zuerst wird ausgehend von der Handelsbilanz der Gewinn (bzw. Verlust) der Gesellschaft ermittelt. Da Handelsgesellschaften (OHG, KG) nach § 140 AO buchführungspflichtig sind, erfolgt die Gewinnermittlung durch Betriebsvermögensvergleich (§ 4 Abs. 1 S. 1 EStG). Der auf diese Weise ermittelte Gewinn wird einheitlich und gesondert festgestellt (§ 179f. AO). Auf der zweiten Stufe erhält jeder Mitunternehmer entsprechend seinem Mitunternehmeranteil an der Personengesellschaft den auf ihn entfallenden Gewinn zugerechnet. Dieser ist dann vom Gesellschafter selbst (als Einkünfte aus Gewerbebetrieb i.S.d. § 15 EStG) zu versteuern. Eine Besteuerung auf Ebene der Gesellschaft (mit Körperschaftsteuer) findet demnach nicht statt.[305] Zu beachten ist, dass Einnahmen der Mitunternehmer aus Leistungsbeziehungen zwischen der Personengesellschaft und deren Mitunternehmern zu Sonderbetriebseinnahmen[306] i.S.d. § 15 Abs. 1 Nr. 2 EStG führen.

220 Lediglich im Rahmen der **Gewerbesteuer** sind Personengesellschaften selbständiges **Steuersubjekt.**[307] Der ermittelte Gewinn ist um die Hinzurechnungen und Kürzungen im Rahmen der gewerbesteuerlichen Gewinnermittlung zu modifizieren (§§ 7–9 GewStG). Des Weiteren steht der Personengesellschaft ein Freibetrag i.H.v. 24.500 EURO zu (§ 11 Abs. 1 S. 3 Nr. 1 GewStG). Die auf den Gewerbeertrag anzuwendende Steuermeßzahl beträgt wie im Falle von BgA 3,5% (§ 11 Abs. 2 GewStG).

221 Eine Personengesellschaft ist – sofern sie eine selbständige Tätigkeit nachhaltig und gegen Entgelt ausübt – **Unternehmer i. S. d. Umsatzsteuergesetzes** und unterliegt damit der Umsatzsteuer.[308]

222 **bb) Besteuerung des Mitunternehmers.** Ähnlich wie bei Kapitalgesellschaften führen sowohl die jährlich gesondert und einheitlich festgestellten Gewinne als auch die Veräußerung von Mitunternehmeranteilen zu steuerlichen Folgen. Zu beachten ist, dass das Halten der Beteiligung an einer Personengesellschaft für die juristische Person des öffentlichen Rechts einen BgA darstellt.[309]

223 **(1) Besteuerung der laufenden Erträge.** Grundsätzlich hat jeder Gesellschafter den ihm zugerechneten Gewinnanteil mit seinem persönlichen Steuersatz zu besteuern. Da die Beteiligung an einer Personengesellschaft bei der juristischen Person des öffentlichen

---

[304] Vgl. Rn. 262 ff. zur Darstellung der steuerlichen Vorzüge einer GmbH & Co.KG

[305] Allerdings gilt bei Kommunen die Beteiligung an einer Mitunternehmerschaft wieder als BgA, der der Körperschaftsteuer unterliegt. Somit bleibt der anteilig zugeordnete Gewinn aus einer Mitunternehmerschaft nicht unversteuert, sondern wird als Gewinn eines BgA erfasst.

[306] Entsprechend liegen bei der Personengesellschaft Sonderbetriebsausgaben vor.

[307] Im Gegensatz zur Kapitalgesellschaft, die unabhängig von der tatsächlich ausgeübten Tätigkeit gewerbesteuerpflichtig ist, tritt bei Personengesellschaften eine solche nur dann ein, wenn eine gewerbliche Tätigkeit vorliegt; § 2 Abs. 1 S. 1 u. 2 GewStG; R 2.1Abs. 2 GewStR.

[308] § 2 Abs. 1 UStG; 2.1 Abs. 1 u. 2 S. 1UStAE.

[309] Vgl. Rn. 67. Nur im Ausnahmefall – wenn die Personengesellschaft lediglich eine vermögensverwaltende Tätigkeit ausführt – kann die Beteiligung Vermögensverwaltung darstellen. Im Gegensatz hierzu stellt das Halten der Beteiligung an einer Kapitalgesellschaft in der Regel Vermögensverwaltung dar.

Rechts zur Begründung eines BgA führt, stellen die zugerechneten Gewinne demnach Einkünfte des BgA dar und unterliegen der Körperschaftsteuerpflicht.[310] Bei der Einkommensermittlung der Personengesellschaft dürfen jedoch die Beziehungen zwischen Gesellschaft und Mitunternehmer (Kommune) nicht vernachlässigt werden, z. B. bei der Erfassung von Sonderbetriebseinnahmen.

(2) Besteuerung der Veräußerung von Mitunternehmeranteilen. Grundsätzlich führt die Veräußerung eines Mitunternehmeranteils zur Aufdeckung der darin enthaltenen stillen Reserven (§ 16 Abs. 1 S. 1 Nr. 2 EStG). Veräußerungsgewinn ist dabei der Betrag, um den der Veräußerungspreis den Wert des Betriebsvermögens übersteigt (§ 16 Abs. 2 EStG). 224

Da durch das Halten eines Mitunternehmeranteils durch eine juristische Person ein BgA begründet wird, löst auch die Veräußerung des Mitunternehmeranteils[311] die Steuerpflicht aus, da sie im Rahmen eines BgA erfolgt. Andernfalls würde sie im Rahmen der Vermögensverwaltung erfolgen und wäre damit steuerfrei. Dieses Ergebnis wäre allerdings nicht folgerichtig, da somit die stillen Reserven unversteuert aufgedeckt werden könnten.[312] 225

c) Kommunale Unternehmen in der Rechtsform des Kommunalunternehmens

Neben der Umwandlung bzw. Ausgliederung von kommunalen Betrieben in Kapital- oder Personengesellschaften kommt auch die Überführung von Bereichen in ein **Kommunalunternehmen** in Frage. Das Kommunalunternehmen stellt eine selbständige, öffentlich-rechtliche Rechtsform dar, weshalb der Rechtformwechsel[313] erhebliche Auswirkungen für das kommunale Unternehmen in rechtlicher und organisatorischer Hinsicht hat. Die Umwandlung eines kommunalen Betriebes in ein Kommunalunternehmen erfolgt im Wege der Gesamtrechtsnachfolge nach Landesrecht.[314] 226

Unter steuerlichen Gesichtspunkten erfolgt jedoch keine Änderung. Auch das Kommunalunternehmen unterliegt nur im Rahmen seiner BgA der Besteuerung.[315] Allerdings erfolgt eine Änderung der Trägerkörperschaft des BgA, da nicht mehr die Kommune die juristische Person des öffentlichen Rechts darstellt, die im Rahmen ihrer BgA der Besteuerung unterliegt, sondern das Kommunalunternehmen selbst stellt die juristische Person des öffentlichen Rechts dar und ist somit Steuersubjekt. 227

Es können sich jedoch steuerliche Folgen aus der Umwandlung selbst ergeben, beispielsweise wenn Grundvermögen auf das Kommunalunternehmen übertragen wird (Grunderwerbsteuer)[316]. In körperschaftsteuerlicher Hinsicht wird, obwohl dies nicht ausdrücklich gesetzlich geregelt ist, von einer analogen Anwendbarkeit der Rechtsfolgen für Kapitalgesellschaften ausgegangen[317], weshalb die im Folgenden beschriebenen Rechtsfolgen Anwendung finden. 228

---

310 Siehe hierzu ausführlich Rn. 74 ff.

311 Genau genommen führt die Veräußerung des Mitunternehmeranteils automatisch zum Wegfall des BgA, da ja das Halten der Beteiligung den BgA begründet. Man kann aber wohl davon ausgehen, dass die Veräußerung des Mitunternehmeranteils selbst zur Begründung eines neuen BgA führt oder als „letzte Aktion" des BgA „Halten der Beteiligung" gilt, so dass sie der Besteuerung unterliegt.

312 Zum gleichen Ergebnis der Steuerpflicht der Veräußerung eines Mitunternehmeranteils kommt, allerdings ohne Begründung, auch *Augsten* in *Fabry/Augsten* (Hrsg.), Handbuch Unternehmen der öffentlichen Hand (2. Aufl.), Teil 5, Rn. 176.

313 Obwohl das kommunale Unternehmen in eine neue Rechtsform gekleidet wird und somit im sprachlichen Sinn ein Rechtsformwechsel vorliegt, ist ein solcher nach der Definition des Umwandlungsgesetzes nicht gegeben, da ein Formwechsel nur für bestimmte privatrechtliche Rechtsformen in Frage kommt; vgl. Umwandlungssteuererlass, BMF vom 25.3.1998, geändert am 21.8.2001, Beck'sche Steuererlasse 130 Rn. 00.06.

314 Z.B. Art. 89 Abs. 1 S. 1 GO By.

315 Vgl. hierzu ausführlicher Rn. 39 f. u. 74 ff.

316 Siehe Rn. 242 ff.

317 Analoge Anwendung von § 6 Abs. 3 EStG.

2. „Der Weg“: Umwandlungen

a) Allgemeines

229 Aus rechtstechnischer Sicht vollzieht sich die Umgestaltung von Betrieben juristischer Personen des öffentlichen Rechts im Wesentlichen in drei Schritten, die teilweise zeitlich parallel nebeneinander her zu vollziehen sind. In aller Regel ist die Frage nach der **Bewertung** des Betriebes zu stellen, da hiervon insbesondere die „Einbringungswerte“ bzw. „Umwandlungswerte“ oder „Abspaltungswerte“ im Rahmen des Rechtsformwechsels abhängen. Parallel sollte in jedem Fall mit den zuständigen Rechtsaufsichtsbehörden die **öffentlich-rechtliche Durchführbarkeit** der Umorganisation abgeklärt und abgesichert werden. Schließlich erfolgt die rechtstechnische **Umsetzung** der Einbringung bzw. Umwandlung des Betriebes bis hin zur Eintragung des nun in privat-rechtlicher (z. B. GmbH) oder öffentlich-rechtlicher Rechtsform (Kommunalunternehmen) geführten Unternehmens in das Handelsregister.

230 Die Frage nach der Bewertung des Betriebes ist – von Spezialfällen abgesehen – regelmäßig in zwei Richtungen hin zu beantworten. Zum einen müssen die **handelsrechtlichen und steuerbilanziellen Werte** festgestellt werden, die in der Einbringungsbilanz bzw. in der Umwandlungsbilanz festgehalten werden sollen.[318] Eine solche Bilanz ist auf den Stichtag der Einbringung bzw. Umwandlung aufzustellen. Dies gilt in jedem Fall auch dann, wenn die bisherige juristische Person des öffentlichen Rechts, die den Betrieb als öffentlich-rechtlichen Betrieb bereits führte, gleichzeitig alleinige Gesellschafterin bzw. Anteilseignerin des neuen privatrechtlichen Unternehmens ist. Zum zweiten ergeben sich selbstverständlich Bewertungsprobleme insbesondere dann, wenn mehrere Betriebe des öffentlichen Rechts, die bisher von unterschiedlichen juristischen Personen des öffentlichen Rechts geführt wurden, in eine gemeinsame Unternehmung des Zivilrechts eingebracht bzw. verschmolzen werden sollen und hierbei die **Anteilsverhältnisse** zwischen den einzelnen Gesellschaftern bzw. Anteilseignern festzulegen sind.

b) Wertansätze aus handels- und steuerbilanzieller Sicht

231 Ob eine Umwandlung steuerliche Belastungen für den Umwandelnden (Kommune) oder die neu gegründete Gesellschaft auslöst, hängt zum Großteil von der Bewertung des in die neue Rechtsform eingebrachten Vermögens ab. Zum einen ergibt sich hieraus, ob der Einbringende (Kommune) in den eingebrachten Wirtschaftsgütern enthaltene **stille Reserven**[319] zu versteuern hat. Zum anderen entscheidet der Wertansatz in der neuen Gesellschaft auch über die **künftigen steuerlichen Belastungen**, die beispielsweise von der Höhe der Abschreibungen abhängen, die sich wiederum aus der Bewertung des übertragenen Anlagevermögens ergeben.

232 Im Folgenden gehen wir für die Beschreibung der steuerlichen Folgen einer Umwandlung in eine Kapital- oder Personengesellschaft oder ein Kommunalunternehmen davon aus, dass ein **vollständiger Betrieb, Teilbetrieb**[320] **oder Mitunternehmeranteil** in die neue Rechtsform überführt wird. Sollte nicht ein gesamter Betrieb, sondern lediglich einzelne Wirtschaftsgüter übertragen werden, so liegt keine Umwandlung, sondern nur eine Entnahme und gleichzeitig erfolgende Einlage von Wirtschaftsgütern in die Gesellschaft im Tausch gegen Gesellschaftsrechte vor.[321]

---

[318] Siehe hierzu nachfolgend Rn. 231 ff.

[319] Zum Begriff „stille Reserven“ vgl. Fn. 301.

[320] Die Einbringung eines Betriebes oder Teilbetriebes in diesem Sinne (gemäß § 20 UmwStG) setzt voraus, dass alle **wesentlichen Betriebsgrundlagen** mit eingebracht werden. Es genügt nicht, der Kapitalgesellschaft diese Wirtschaftsgüter nur zur Nutzung zu überlassen, genauer hierzu Umwandlungssteuererlass, 130 Beck'sche Steuererlasse, 20.01ff.

[321] Vgl. Rn. 97 zur Entnahme und Einlage von Wirtschaftsgütern aus einem bzw. in einen BgA (also auch in ein Kommunalunternehmen). Einlagen in Personen- oder Kapitalgesellschaften sind gemäß § 6 Abs. 1 Nr. 5 EStG grundsätzlich mit dem Teilwert anzusetzen.

233 Eine Kapital- oder Personengesellschaft hat das **Wahlrecht**, das im Rahmen der Umwandlung eingebrachte Betriebsvermögen mit dem **Buchwert** oder einem höheren Wert (dem **gemeinen Wert** oder einem **Zwischenwert**) anzusetzen (§ 20 Abs. 2 S. 1 u. 2 UmwStG bzw. § 3 Abs. 1 und 2 UmwStG). Erfolgt der Ansatz mit einem Wert über dem Buchwert, so werden die in den einzelnen Wirtschaftsgütern enthaltenen stillen Reserven (teilweise) aufgedeckt. Dies führt beim Einbringenden (Kommune) zu einem Veräußerungsgewinn, der grundsätzlich der Steuerpflicht unterliegt. Die nicht aufgedeckten stillen Reserven werden rückwirkend besteuert, wenn innerhalb von 7 Jahren eine Veräußerung der Anteile erfolgt.[322]

234 Bei einer Umwandlung bzw. Einbringung gegen Gewährung von Gesellschafterrechten liegt somit im steuerlichen Sinne ein **Tausch** vor. Die juristische Person des öffentlichen Rechts „tauscht ihren Gesamtbetrieb (z. B. Regiebetrieb) gegen Gesellschafterrechte an der Unternehmung in privatrechtlicher Form ein". Hierbei gilt der Wert der in das privatrechtliche Unternehmen eingelegten oder „abgespaltenen" Vermögensgegenstände als „Wert der hingegebenen Vermögensgegenstände" und damit gleichzeitig als Anschaffungskosten auf die Beteiligung an der Gesellschaft. Der Wert der als Gegenleistung empfangenen Gesellschafterrechte gilt als „Veräußerungserlös". Die Differenz zwischen beiden Positionen führt zu einem Veräußerungsgewinn bzw. Veräußerungsverlust, unabhängig davon, ob dieser der Besteuerung unterliegt oder nicht. Das heißt, dass im Falle der Buchwertfortführung weder ein Veräußerungsgewinn noch ein Veräußerungsverlust entsteht, die Einbringung bzw. Ausgliederung demnach ertragsteuerneutral vor sich geht. Wählt man hingegen als Einbringungswerte die Verkehrswerte (steuerlich: gemeiner Wert) der hingegebenen Vermögensgegenstände, so entsteht ein Veräußerungsgewinn, soweit diese Verkehrswerte über den steuerlichen Buchwerten liegen.[323]

235 Bewertungsfragen erübrigen sich regelmäßig dann, wenn die Buchwerte der Schlussbilanz des Betriebes des öffentlichen Rechts fortgeführt werden sollen. Wird z. B. ein Eigenbetrieb einer Kommune in eine GmbH eingebracht und soll **Umwandlungsstichtag** der 1. Januar eines Kalenderjahres, 00:00 Uhr, sein[324], so ist auf den 31. Dezember des vorangegangenen Kalenderjahres nach handelsrechtlichen Regeln unter Fortführung der im Jahresabschluss des Eigenbetriebes des Vorjahres bilanzierten Werte ein Jahresabschluss aufzustellen. Aus diesem Jahresabschluss ergeben sich die fortgeführten handelsrechtlichen Schlussbilanzwerte, die im Rahmen der so genannten „Buchwertfortführung" gleichzeitig die Werte der **Eröffnungsbilanz** zum 1. Januar des folgenden Kalenderjahres darstellen. Nach den steuerlichen Regeln ist außerdem gegebenenfalls eine abweichende Steuerbilanz auf den Umwandlungsstichtag aufzustellen.

236 Die **Schlussbilanz** zum 31. Dezember des vorangegangenen Kalenderjahres ist in diesem Fall gleichzeitig die **Umwandlungsbilanz**, aufgrund derer die Umwandlung erfolgt und zur Eintragung in das Handelsregister gelangt. Gleiches gilt für eine Einbringung eines solchen Betriebes der öffentlichen Hand in eine bereits bestehende AG, GmbH oder GmbH & Co. KG im Wege der so genannten Sachkapitalerhöhung.

237 Sollen höhere als die fortgeführten handelsbilanziellen Buchwerte zum Ansatz kommen, so werden dies in aller Regel die Verkehrswerte (steuerlich: gemeine Werte) sein. Möglich ist auch der Ansatz von Zwischenwerten, die zwischen den Buchwerten und den tatsächlichen Verkehrswerten liegen. Allerdings sind die Wertansätze nicht von entscheidender Bedeutung, wenn alleinige Gesellschafterin bzw. Anteilseignerin des neuen privatrechtlichen Unternehmens wiederum die juristische Person des öffentlichen Rechts

322 Siehe ausführlich Rn. 216 ff.

323 Dieser Veräußerungsgewinn kann dennoch steuerbefreit sein, wenn z. B. die Ausgliederung eines gemeinnützigen Betriebes (z. B. städtisches Krankenhaus in der Form eines Regiebetriebes) in eine gemeinnützige GmbH erfolgt.

324 Der Umwandlungsstichtag darf bis zu 8 Monate vor der Anmeldung der Umwandlung zur Eintragung ins Handelsregister liegen (§ 20 Abs. 8 UmwStG). Soll die Bilanz zum 31. 12. des Vorjahres Grundlage für die Bewertung sein, so muss die Umwandlung demnach spätestens bis zum 31.8. des laufenden Jahres beim Handelsregister angemeldet sein.

ist, die schon bisher den Betrieb führte. Hier haben die Wertansätze zwar Einfluss auf die Höhe des Veräußerungsgewinns und der Anschaffungskosten bzw. der künftigen Abschreibungen der neuen Gesellschaft, sie wirken sich aber nicht unmittelbar auf Anteilsverhältnisse oder den Kaufpreis aus.

238 Bringen mehrere juristische Personen des öffentlichen Rechts unterschiedliche Betriebe in eine gemeinsame Gesellschaft des Zivilrechts ein oder beteiligt sich ein privater Dritter im Wege einer Sacheinlage an der neuen Gesellschaft, so sind diese Betriebe anhand von objektiven Kriterien zu bewerten. Die Bewertung hat hier direkten Einfluss auf die Bestimmung der Anteilsverhältnisse in der neuen Gesellschaft und auf einen eventuellen Veräußerungspreis der Anteile. Die Heranziehung von handels- oder steuerbilanziellen Werten reicht deshalb hier im Regelfall nicht aus. In der Praxis kommen die **Substanz-**[325] und die **Ertragswertmethode** zum Einsatz, wobei der Ertragswertmethode[326] unter betriebswirtschaftlichen Gesichtspunkten wohl der Vorrang einzuräumen ist.

c) Verkehrssteuern bei Umwandlungen

239 **aa) Umsatzsteuer.** Soweit im steuerlichen Sinne ein gesamter BgA in eine Personenhandelsgesellschaft oder in eine Kapitalgesellschaft (gegen Gewährung von Gesellschafterrechten) eingebracht wird, ist dies in aller Regel als eine **„Geschäftsveräußerung im Ganzen“**[327] im umsatzsteuerlichen Sinne zu behandeln. Hierbei dürfen jedoch keine wesentlichen Betriebsgrundlagen zurückbehalten werden. Liegt eine Geschäftsveräußerung im Ganzen vor, so ist der Einbringungs- bzw. Umwandlungsvorgang **nicht umsatzsteuerbar** ist (§ 1 Abs. 1a S. 1 UStG).

240 Sollte im umsatzsteuerlichen Sinne keine „Geschäftsveräußerung im Ganzen“ vorliegen, weil wesentliche Betriebsgrundlagen zurückbehalten worden sind, ergibt sich folgendes **Problem**: Vorsteuerbeträge, die aufgrund der Anschaffung oder Herstellung von umsatzsteuerpflichtig genutzten Gegenständen geltend gemacht wurden, sind zu korrigieren, wenn diese nicht mindestens 10 Jahre (im Falle von Gebäuden) bzw. 5 Jahre (im Falle von beweglichen Vermögensgegenständen) nach der Geltendmachung dieser Vorsteuerbeträge zu umsatzsteuerpflichtigen Leistungen genutzt werden (§ 15a Abs. 1 UStG). Ändert sich während dieses Zeitraumes die tatsächliche Nutzung des Gebäudes bzw. des beweglichen Vermögensgegenstandes von einer umsatzsteuerpflichtigen Nutzung hin zu einer umsatzsteuerfreien Nutzung, so ist für jedes Jahr, für das die Voraussetzung einer umsatzsteuerpflichtigen Nutzung nicht gegeben ist und das innerhalb des 10-jährigen bzw. 5-jährigen Berichtigungszeitraumes liegt, ein Zehntel (bei Gebäuden) bzw. ein Fünftel (bei beweglichen Vermögensgegenständen) des ursprünglich geltend gemachten Vorsteuerbetrages zu korrigieren und an die Finanzverwaltung zurückzuzahlen (§ 15a Abs. 2 UStG). Bei Zurückbehaltung von wesentlichen Betriebsgrundlagen im Rahmen einer Umwandlung handelt es sich regelmäßig um eine solche **„schädliche“ Nutzungsänderung**, da ein ursprünglich einem BgA und damit dem Unternehmen zugeordneter

---

[325] Bei der **Substanzwertmethode** wird der Wert eines Unternehmens nach dessen „Substanz“, also den im Betrieb vorhandenen Vermögenswerten bestimmt. Hierzu werden zum einen die Buchwerte der einzelnen Wirtschaftsgüter, zum anderen aber auch die in diesen Wirtschaftsgütern enthaltenen „stillen Reserven“ (vgl. Fn. 301) herangezogen. Der Substanzwert umfasst aber regelmäßig nur einen Teil des Reproduktionswertes eines Unternehmens, da lediglich die Aufwendungen für bilanzierte oder bilanzierungsfähige Vermögensgegenstände berücksichtigt werden. Nicht berücksichtigt werden die für eine vollständige Reproduktion notwendigen Aufwendungen für Faktoren wie Kundenbeziehungen, Bekanntheitsgrad des Unternehmens, Anerkennung und Vertrauen bei Kunden sowie in der Öffentlichkeit.

[326] Die **Ertragswertmethode** geht von dem Grundgedanken aus, dass ein Betrieb, der in eine Gesellschaft eingebracht werden soll, nur insoweit einen eigenständigen Wert verkörpert, als er in Zukunft Gewinne abwirft. Der Ertragswert ist der Barwert aller dem Unternehmen zukünftig entziehbaren Einahmen- oder Ertragsüberschüsse. Dabei wird unterstellt, dass das Unternehmen bzw. der Betrieb ewig fortbesteht („Going Concern“). Die Ergebnisse der Ertragswertmethode hängen insbesondere von der Planungsrechnung der künftigen Erträge und vom angewandten Diskontierungszinssatz ab.

[327] Eine solche liegt gemäß § 1 Abs. 1a S. 2 UStG vor, wenn ein Unternehmen oder ein in der Gliederung eines Unternehmens gesondert geführter Betrieb im ganzen entgeltlich oder unentgeltlich übereignet oder in eine Gesellschaft eingebracht wird.

Gegenstand in den hoheitlichen und damit nicht unternehmerischen Bereich überführt wird. Liegt jedoch eine Geschäftsveräußerung im Ganzen vor, so tritt der erwerbende Unternehmer an die Stelle des Veräußerers (§ 1 Abs. 1a S. 3 UStG) mit der Folge, dass die unternehmerische (Weiter-) Nutzung gesichert ist.[328]

241 Bei BgA, die vor der Überführung z. B. in eine Kapitalgesellschaft ausschließlich **umsatzsteuerfreie Umsätze** tätigten, beispielsweise Krankenhäuser, löst die Übertragung der vorhandenen Wirtschaftsgüter unter Umständen **erstmals Umsatzsteuer** aus, wenn nicht alle wesentlichen Betriebsgrundlagen übertragen werden.

242 **bb) Grunderwerbsteuer.** Die Einbringung von Grund und Boden und/oder Gebäuden **in eine Kapitalgesellschaft** löst immer **Grunderwerbsteuer** aus (§ 1 Abs. 1 GrEStG). Die GrESt bemisst sich bei Umwandlungen nach den Bedarfswerten (§ 8 Abs. 2 Nr. 2 GrEStG i.V.m. §§ 138ff. BewG). Für bebaute Grundstücke ist das 12,5-fache der Jahresmiete anzusetzen, wobei eine Wertminderung wegen Alters erfolgt. Lässt sich eine Jahresmiete nicht ermitteln, so sind der Wert des Grund und Bodens und der Wert des Gebäudes getrennt zu ermitteln. Als Wert des Gebäudes gelten dann die Buchwerte.

243 Wird **Immobilienvermögen** hingegen **in eine Personenhandelsgesellschaft**, wie eine GmbH & Co. KG, eingelegt, und ist die einbringende juristische Person des öffentlichen Rechts alleinige Kommanditistin dieser Personenhandelsgesellschaft[329], so löst dies keine Grunderwerbsteuer aus (§ 5 Abs. 2 GrEStG).

244 Für den Anfall von Grunderwerbsteuer ist es somit erheblich, ob eine Kapital- oder Personengesellschaft im Wege einer Umwandlung entstanden ist. Unerheblich ist insoweit, ob alle wesentlichen Betriebsgrundlagen auf die Gesellschaft übertragen wurden. **Besteuert** wird die **Übertragung des Grundstücks** auf eine Kapitalgesellschaft, in welchem Kontext diese erfolgte, ist irrelevant. Eine im Zusammenhang mit Umwandlungen relevante Steuerbefreiung ergibt sich aus Sicht der öffentlichen Hand nur dann, wenn ein Grundstück von der juristischen Person des öffentlichen Rechts auf eine Gesamthand (z. B. GmbH & Co.KG) übergeht (§ 5 Abs. 2 GrEStG).

245 Daraus folgt, dass insbesondere bei gemeinnützigen BgA, die z. B. in eine gemeinnützige GmbH umgewandelt werden sollen, Grunderwerbsteuer nicht vermieden werden kann[330], es sei denn, die **Immobilien** werden von der einbringenden juristischen Person des öffentlichen Rechts **zurückbehalten** und später an die gemeinnützige GmbH vermietet.[331] In diesem Falle könnte sich jedoch die Frage stellen, ob überhaupt noch ein gesamter Betrieb in die Kapitalgesellschaft eingelegt wird, oder ob nicht wegen Zurückbehaltung von wesentlichen Betriebsgrundlagen die entsprechenden Vorschriften des Umwandlungssteuergesetzes gar nicht anwendbar sind. Dies spielt ertragsteuerlich jedoch dann keine Rolle, wenn aufgrund der Gemeinnützigkeit des BgA, aus dem heraus bestimmte Vermögensgegenstände in die Kapitalgesellschaft eingelegt werden, bei dieser Einbringung ohnehin kein steuerpflichtiger Veräußerungsgewinn entsteht.[332]

---

328 Auch bei Vorliegen einer Geschäftsveräußerung im Ganzen und damit der Übertragung aller wesentlichen Betriebsgrundlagen kann es möglich sein, dass andere, „nicht wesentliche" Wirtschaftsgüter zurückbehalten werden und für diese eine Vorsteuerkorrektur gemäß § 15a UStG zu erfolgen hat. Allerdings kann eine solche Korrektur wohl nur von geringem Umfang sein, da „teure" Wirtschaftsgüter in der Regel wesentliche Betriebsgrundlagen darstellen und mit übertragen worden sind.

329 Zudem darf die Komplementärkapitalgesellschaft nicht am Vermögen der Kommanditgesellschaft beteiligt sein; vgl. Rn. 266 ff. zur GmbH&Co.KG.

330 Bei Mitübertragung der Grundstücke und anschließender gemeinnütziger Nutzung lässt die Finanzverwaltung jedoch fördermittelfinanzierte Gebäudeteile außer Ansatz; vgl. z. B. Lippross, Komm. zu § 147 BewG, Rn. 24.

331 Auch bei sogenannten „ppp"-Modellen (Die Abkürzung ppp steht für **„Public-Private-Partnership"** - Es handelt sich hierbei um einen Sammelbegriff für die Zusammenarbeit der öffentlichen Hand mit privaten Unternehmen) kann unter bestimmten Voraussetzungen die Belastung mit Grunderwerbsteuer und Grundsteuer verhindert oder reduziert werden; vgl. sehr ausführlich hierzu Keyser, Public Private Partnership und Steuern – Die Sicht der öffentlichen Hand (2013).

332 Zur Steuerpflicht gemeinnütziger Einrichtungen siehe Rn. 269 ff.

3. Gestaltungen im Rahmen der Privatisierung unter steuerlichen Gesichtspunkten

a) Steuerliche Zielsetzungen im Rahmen der Privatisierung

246 Neben rein organisatorischen und wirtschaftlichen Gründen spielen sicher bei einer Reihe von Umwandlungen kommunaler Betriebe in private Rechtsformen auch steuerliche Aspekte eine nicht ganz untergeordnete Rolle. Die steuerliche Betrachtung von Umwandlungen kann daher unter zwei Gesichtspunkten vorgenommen werden:

- Unter der Prämisse, dass ein Tätigkeitsbereich (mit allen Vermögensgegenständen) aus organisatorischen Gründen definitiv in eine Gesellschaft mit privater Rechtsform ausgegliedert werden soll, ist eine steuerlich geeignete Gestaltung zu finden.
- Zur steuerlichen Optimierung sind gezielt rechtlich mögliche Gestaltungen zu finden, die das gewünschte steuerliche Ergebnis hervorbringen.

247 Steht das Finden von zulässigen Gestaltungen mit dem Ziel einer Steuerminderung im Vordergrund, so lassen sich die Ziele im Bereich der einzelnen Steuerarten wie folgt kurz darstellen:

248 Aus **ertragsteuerlicher Sicht** geht es grundsätzlich um das Ziel, eine Ergebnisverrechnung von Verlust- mit Gewinnsparten zu erreichen, um so die **Körperschaftsteuergesamtbelastung** auf das ermittelte steuerliche Einkommen zu mindern. Das gleiche Ziel wird für die **Gewerbesteuer** verfolgt. Da jedoch Unterschiede in der Ermittlung des körperschaftsteuerlichen und des gewerbesteuerlichen Einkommens bestehen, müssen auch für vorteilhafte Gestaltungen unterschiedliche Aspekte betrachtet und Konsequenzen gezogen werden. Neben der *Erreichung* der Ergebnisverrechnung spielt auch die *Erhaltung* des steuerlichen Querverbundes für den Fall eine Rolle, dass ein fremder Dritter an einer Tochtergesellschaft beteiligt werden soll.

249 Im Bereich der **Umsatzsteuer** werden vordergründig zwei Ziele verfolgt: Zum einen sollen nicht steuerbare hoheitliche Tätigkeiten (z. B. Abwasserentsorgung) in einen „steuerpflichtigen Bereich“ überführt werden, so dass die **Möglichkeit des Vorsteuerabzugs** aus Investitionen und anderen Anschaffungen gegeben ist. Somit verringern sich die Baukosten, da diese nur „netto“ (im umsatzsteuerlichen Sinne) anfallen. Zum anderen soll versucht werden, **Leistungen**, die für eine juristische Person des öffentlichen Rechts bezogen werden (insbesondere menschliche Arbeitsleistungen), so in das Unternehmen der juristischen Person des öffentlichen Rechts zu integrieren, dass gar nicht erst eine Belastung von an sich umsatzsteuerpflichtigen Leistungen bzw. Tätigkeiten erfolgt, da Umsätze innerhalb derselben juristischen Person des öffentlichen Rechts als Innenumsätze unversteuert bleiben.

250 Im Hinblick auf die **Kapitalertragsteuer** gilt es, diese so gering wie möglich zu halten, indem Einnahmen, die im wirtschaftlichen Bereich einer juristischen Person des öffentlichen Rechts anfallen und für deren hoheitlichen Bereich bestimmt sind bzw. benötigt werden, ohne Belastung mit Kapitalertragsteuer an den hoheitlichen Bereich weitergeleitet werden können. Gestaltungsspielraum könnte sich hier insbesondere durch die Nichtbelastung der Gewinne von BgA ergeben, die bestimmte Größenmerkmale unterschreiten.[333]

251 Anders als bei den bisher genannten Steuerarten bietet sich im Bereich der **Grunderwerbsteuer** kein eigenständiges Motiv zur Steuerersparnis, da diese nur anfallen kann, wenn Grundvermögen übertragen wird, gleiches gilt für den Bereich der **Schenkungsteuer**. Deshalb kann das steuerliche Ziel in diesen Bereichen nur lauten, eine Steuerbelastung durch Wahl einer geeigneten Gestaltung zu vermeiden.

252 Jede rechtlich mögliche Gestaltung ist dabei unter dem Blickwinkel eines eventuellen Gestaltungsmissbrauchs nach § 42 AO zu betrachten.[334] Sollte die Finanzverwaltung oder

---

[333] Ausführlich hierzu Rn. 112 ff., insb. 132.

[334] Siehe Rn. 181 ff., insb. 187.

die Finanzrechtsprechung einen solchen annehmen, so treten die steuerlichen Folgen so ein, als ob die Gestaltung nicht vorhanden wäre.

b) Organschaft

Die steuerliche **Organschaft** dient der **Verlagerung von Einkünften** zwischen verschiedenen Beteiligungsunternehmen. Sie spielt daher in erster Linie aus ertragsteuerlicher Sicht, aber auch aus umsatzsteuerlicher Sicht eine Rolle. Bei Vorliegen der Voraussetzungen für eine Organschaft werden die Einkünfte des Tochterunternehmens dem Mutterunternehmen zugerechnet und von diesem versteuert. Auf diese Weise kann ein **Verlustausgleich beim Mutterunternehmen** erreicht werden, ohne dass zuvor die Gewinne des Tochterunternehmens versteuert werden. Ebenso denkbar ist der umgekehrte Fall, dass Gewinne des Mutterunternehmens durch die Übernahme von Verlusten des Tochterunternehmens ausgeglichen werden. 253

Da für Organschaften bei juristischen Personen des öffentlichen Rechts die gleichen „Missbrauchskriterien" bzw. Hinzurechnungsvorschriften (Stichwort: vGA) wie für die Zusammenfassung von BgA gelten[335], ist sie nicht geeignet, einen **steuerlichen Querverbund** herzustellen. Sie eignet sich jedoch als Variante zur Aufrechterhaltung des Querverbundes, wenn ein **fremder Dritter** an der Organgesellschaft – also der Tochtergesellschaft der juristischen Person öffentlichen Rechts – beteiligt werden soll.[336] 254

Das Vorliegen einer Organschaft ist im Rahmen der Körperschaftsteuer, der Gewerbesteuer und der Umsatzsteuer getrennt zu beurteilen. Während es im Bereich Körperschaftsteuer und Gewerbesteuer tatsächlich zu **Steuerentlastungen** führen kann, führt das Vorliegen einer Umsatzsteuerorganschaft im "Normalfall" lediglich zur **Vereinfachung** in Bezug auf die Ermittlung von Umsätzen sowie hinsichtlich der Abgabe von Umsatzsteuervoranmeldungen und Umsatzsteuererklärungen. Die Beziehungen innerhalb des Organkreises unterliegen nicht der Besteuerung (§ 2 Abs. 2 Nr. 2 S. 3 UStG), was jedoch in der Regel keine Ergebnisauswirkung, sondern lediglich eine abweichende Behandlung der Innenumsätze (ohne Umsatzsteuer) von den Außenumsätzen (mit Umsatzsteuer) zur Folge hat. 255

Die umsatzsteuerliche Organschaft führt jedoch zu einer **Steuerentlastung**, wenn die Muttergesellschaft keine umsatzsteuerpflichtigen Leistungen erbringt. **Beispiel**: Hat ein Krankenhausbetrieb den Reinigungsdienst bereits in der Vergangenheit fremd vergeben, so fällt auf die von dem Reinigungsunternehmen zu erbringenden Leistungen Umsatzsteuer an, die der Krankenhausbetrieb nicht als Vorsteuer gegenüber dem Fiskus geltend machen kann. Gründen nun das Krankenhaus bzw. dessen Träger und das Reinigungsunternehmen eine gemeinsame Tochtergesellschaft, die als Organgesellschaft des Krankenhausbetriebes gilt[337], so sind die von dieser gemeinsamen Tochterunternehmung an den Krankenhausbetrieb zu erbringenden Leistungen nicht umsatzsteuerbar. 256

Für das Vorliegen der **körperschaftsteuerlichen und gewerbesteuerlichen[338] Organschaft** müssen zwei **Voraussetzungen** erfüllt sein: Gemäß § 14 Abs. 1 KStG muss zum einen die **finanzielle Eingliederung** vorliegen, das heißt, der Organträger muss vom Beginn des Wirtschaftsjahres an ununterbrochen mit der Mehrheit der Stimmrechte an der Organgesellschaft beteiligt sein. Zum anderen muss ein **Ergebnisabführungsvertrag** gemäß § 291 Abs. 1 AktG bestehen, in dem sich die Organgesellschaft verpflichtet, ihren gesamten Gewinn an den Organträger abzuführen. In diesem Vertrag muss auch geregelt sein, dass im Verlustfall der Organträger verpflichtet ist, den Verlust der Organ- 257

335 Vgl. Rn. 175 ff.

336 Vgl. auch *Beinert* in *Hoppe/Uechtritz*, Handbuch Kommunale Unternehmen, § 11 Steuerrecht, Rn. 108.

337 Zu den Voraussetzungen für das Vorliegen einer Umsatzsteuerorganschaft bzw. einer Organgesellschaft siehe Rn. 261 bzw. 258.

338 Gem. § 2 Abs. 2 Nr. 1 u. 2 GewStG i.d.F. des UntStRefG sind die Voraussetzungen der gewerbesteuerlichen Organschaft vollständig an die Voraussetzungen der körperschaftsteuerlichen Organschaft angepasst; Rz. 11 des BMF-Schreibens vom 26.08.2003, BStBl. I 2003, S. 437.

gesellschaft auszugleichen. Der Ergebnisabführungsvertrag muss auf mindestens 5 Jahre geschlossen sein und auch tatsächlich durchgeführt werden, um auch steuerlich anerkannt zu werden (§ 14 Abs. 1 Nr. 3 KStG).

258 Bei der **Organgesellschaft** (Tochtergesellschaft) muss es sich grundsätzlich um eine Kapitalgesellschaft handeln (§ 17 KStG i.V.m. § 14 Abs. 1 S. 1 KStG). Ein BgA kommt daher als Organgesellschaft nicht in Frage. Dies wird unter anderem auch damit begründet, dass der BgA rechtlich Bestandteil der Körperschaft öffentlichen Rechts ist und somit deren Willen unterliegt und er sich nicht dem Willen eines anderen, nämlich des Organträgers, unterordnen kann.[339]

259 **Organträger** einer Organschaft kann nur ein einziges **gewerbliches Unternehmen** sein.[340] Probleme können deshalb auftreten, wenn eine Organschaft zwischen einer gewinnbringenden Tochtergesellschaft und deren defizitärer Muttergesellschaft begründet werden soll. Während die Tätigkeit einer **Kapitalgesellschaft** stets und in vollem Umfang als Gewerbebetrieb gilt, und somit auch dauerdefizitäre Kapitalgesellschaften grundsätzlich als Organträger in Betracht kommen, erfüllt ein **dauerdefizitärer BgA** aufgrund fehlender Gewinnerzielungsabsicht nach Ansicht der Finanzverwaltung nicht die allgemeinen Voraussetzungen für einen Gewerbebetriebs i.S.d. § 2 Abs. 1 S. 2 GewStG.[341] Damit scheiden beispielsweise auch Kommunalunternehmen als Organträger aus, wenn sie mit ihren BgA dauerhaft Verluste erwirtschaften.[342] Daneben ist jedoch auch bei nicht dauerdefizitären BgA aus kommunalrechtlicher Sicht[343] zu prüfen, ob es zulässig ist, einen Ergebnisabführungsvertrag mit einer Tochtergesellschaft zu schließen. Denn ein solcher fordert auch eine unbeschränkte Verlustübernahme, und eine unbegrenzte Verlustübernahme im Rahmen von Beteiligungen an privatwirtschaftlichen Gesellschaften ist für Kommunen nicht zulässig.[344] **Personengesellschaften** kommen nur dann als Organträger in Frage, wenn sie eine originär gewerbliche Tätigkeit i.S.d. § 15 Abs. 1 Nr. 1 EStG ausüben. Gewerblich geprägte Personengesellschaften, d.h. also solche Personengesellschaften, an denen alleine Kapitalgesellschaften als persönlich haftende Gesellschafter beteiligt sind, erfüllen diese Voraussetzungen nicht, wenn ihre Tätigkeit sich beispielsweise auf Vermögensverwaltung beschränkt.[345]

---

[339] Vgl. *Augsten* in *Fabry/Augsten* (Hrsg.), Handbuch Unternehmen der öffentlichen Hand, Rn. 89

[340] Die bis zum Veranlagungszeitraum 2002 anerkannte **Mehrmütterorganschaft** – im Hinblick auf die Ergebnisverteilung „fairste" Form der Organschaft – kommt damit nicht mehr in Frage; allerdings kann eine (eigens hierfür errichtete) gewerblich tätige Personengesellschaft Organträger sein; § 14 Abs. 1 Nr. 2 KStG. Die sog. Mehrmütterorganschaft wurde mit dem Steuervergünstigungsabbaugesetz (StVergAbG vom 16.05.2003, BGBl. I 2003, S. 660 ff.) abgeschafft. Bei der Mehrmütterorganschaft war der Organträger eine eigens zum Zwecke der einheitlichen Willensbildung gegenüber der Organgesellschaft gegründete Gesellschaft bürgerlichen Rechts (GbR). In dieser GbR waren die an der Organgesellschaft Beteiligten vereint. (i.d.R. GmbHs oder AGs, aber auch Kommunen). Im Gegensatz zur einfachen Organschaft, bei der der komplette Gewinn der Organgesellschaft an eine Gesellschaft (den Organträger) abgeführt wird, erfolgte hier im Ergebnis eine Aufteilung und Abführung des Gewinns entsprechend der Beteiligungsquote der Gesellschafter der Organgesellschaft, da die GbR – außer im Rahmen der Gewerbesteuer (vgl. Beinert in Hoppe/ Uechtritz, Handbuch kommunale Unternehmen, § 11 Steuerrecht, Rn. 110) – kein selbständiges Steuersubjekt ist. (zur Besteuerung der GbR als Personengesellschaft siehe Rn. 218 ff.)

[341] BMF vom 26.08.2003, BStBl. I 2003, S. 437 Tz. 4–5.

[342] In der Literatur wird jedoch die Meinung vertreten, dass in dem Fall, in dem eine ertragstarke Beteiligung in einen BgA eingelegt ist und die Gewinne aus der Beteiligung – zumindest unter Einbeziehung des Veräußerungsgewinnes – die Verluste übersteigen (sog. Totalgewinn), unter Umständen doch ein gewerbliches Unternehmen und damit eine mögliche Organträgerschaft anzunehmen sei; vgl. Schiffers, GmbHR 2001, S. 315 (319).sowie die Ausführungen zum steuerlichen Querverbund im gewerbesteuerlichen Sinn, Rn. 191 f.

[343] Z. B. § 92 Abs. 1 Nr. 3 GO BY, § 108 GO NRW.

[344] Allerdings ist es fraglich, inwieweit das theoretische Risiko einer unbeschränkten Verlustübernahme ausreicht, um nach der GO ein Verbot einer Organschaft zu begründen, wenn praktisch ein Ergebnisabführungsvertrag mit einem Gewinne erwirtschaftenden Unternehmen geschlossen wird.

[345] Eine GmbH & Co. KG, bei der die GmbH neben der Komplementärshaftung auch die Geschäftsführung innerhalb der KG übernimmt, kann beispielsweise eine solche gewerblich geprägte Personengesellschaft darstellen; siehe auch R 15.8 (6) EStR.

Ist neben dem Organträger ein **Dritter** an der Organgesellschaft beteiligt, so ist für diesen Minderheitsgesellschafter eine **Garantiedividende** (oder Ausgleichszahlung) zu vereinbaren. Diese ist unabhängig von der Höhe des Gewinns der Organgesellschaft an den Minderheitsgesellschafter abzuführen. Sie muss – im Gegensatz zum an den Organträger abgeführten Gewinn – von der Organgesellschaft selbst versteuert werden (§ 16 KStG). Aus Sicht der Minderheitsgesellschafter ist bei Organschaftsverhältnissen die Vereinbarung einer festen Ausgleichszahlung unvermeidbar, da der Organträger die Geschäftspolitik und damit auch die Jahresabschlusserstellung der Organgesellschaft beeinflussen kann. Im Wege dieser Einflussnahme hat er auch die Möglichkeit, den Gewinn der Organgesellschaft zu steuern und gegebenenfalls so niedrig auszuweisen, dass Minderheitsgesellschafter keine Dividende bekommen würden. Dies wird durch Vereinbarung einer Garantiedividende vermieden. Bis zum Veranlagungszeitraum 2002 konnte das hieraus entstehende Risiko, die Garantiedividende auch im „echten Verlustfall" zahlen zu müssen, durch Begründung einer **Mehrmütterorganschaft** ausgeschlossen werden.[346] 260

Für eine **umsatzsteuerliche Organschaft** müssen die Merkmale der finanziellen, wirtschaftlichen und organisatorischen Eingliederung erfüllt sein (§ 2 Abs. 2 Nr. 2 UStG). **Finanzielle Eingliederung** liegt vor, wenn der Organträger die Anteilsmehrheit an der Organgesellschaft besitzt und diese es dem OT ermöglicht, durch Mehrheitsbeschlüsse seinen Willen in der OG durchzusetzen.[347] **Wirtschaftliche Eingliederung** ist gegeben, wenn die Organgesellschaft im Rahmen des Gesamtunternehmens, und zwar in engem wirtschaftlichem Zusammenhang mit diesem, tätig ist.[348] **Organisatorische Eingliederung** setzt voraus, dass die mit der finanziellen Eingliederung verbundene Möglichekeit der Beherrschung der Tochtergesellschaft durch die Muttergesellschaft in der laufenden Geschäftsführung tatsächlich wahrgenommen wird. (z. B. vollständige Personalunion der Geschäftsführung).[349] 261

c) GmbH & Co.KG

Die GmbH & Co.KG oder AG & Co.KG als Rechtsform eines privatisierten Unternehmens der öffentlichen Hand spielt besonders dann eine Rolle, wenn viel Grundvermögen auf die neue Gesellschaft übertragen werden soll. Nur bei dieser Rechtsform ist es möglich, den Anfall von **Grunderwerbsteuer** zu **vermeiden**, ohne dabei auf die aus Sicht der öffentlichen Hand wichtige Haftungsbeschränkung zu verzichten. Daneben kann die GmbH & Co.KG dann von großem Interesse sein, wenn ein fremder Dritter an der privatisierten Gesellschaft beteiligt werden und die Gewinnverteilung entsprechend der Höhe der Beteiligungen erfolgen soll.[350] 262

Die GmbH & Co.KG lasst sich wie folgt charakterisieren: Es handelt sich um eine **Mischform** zwischen einer Personengesellschaft (Kommanditgesellschaft) und einer Kapitalgesellschaft. Die GmbH & Co. KG gilt jedoch sowohl gesellschaftsrechtlich als auch steuerrechtlich als **Personenhandelsgesellschaft**, nicht als Kapitalgesellschaft.[351] 263

---

346 Zur Erläuterung der Mehrmütterorganschaft siehe FN 339.

347 2.8 Abs. 5 UStAE.

348 2.8 Abs. 6 f. UStAE.

349 2.8 Abs. 7 ff. UStAE; siehe ausführlich hierzu BMF-Schreiben vom 07.03.2013, BStBl. I 2013, S. 333. Durch das BMF-Schreiben wurden die Anforderungen für das Vorliegen der organisatorischen Eingliederung verschärft. Das Schreiben berücksichtigt die in der letzten Zeit ergangenen BFH-Entscheidungen, z. B. BFH-Urteile vom 05.12.2007, BStBl. II 2008, S. 451, vom 03.04.2008, BStBl. II 2008, S. 905, vom 28.10.2010, BStBl. II 2011, S. 391 und vom 07.07.2011, BStBl. II 2013, S. 218. Es muss *sichergestellt* sein, dass in der Tochtergesellschaft eine vom Willen des Organträgers abweichende Willensbildung nicht stattfindet; z. B. Personenidentität in den Leitungsgremien *beider* Gesellschaften, Stimmenmehrheit der personenidentischen Geschäftsführer, wenn Entscheidungen in der Tochtergesellschaft durch Mehrheitsbeschlüsse erfolgen, leitende Mitarbeiter des OT sind Geschäftsführer der OG.

350 Im Gegensatz hierzu ist beispielsweise bei der Organschaft der gesamte Gewinn der Tochtergesellschaft an die Mutter abzuführen, während der Minderheitsgesellschafter eine Garantiedividende oder Ausgleichszahlung erhält; siehe ausführlicher Rn. 260.

351 Zur grundsätzlichen steuerlichen Behandlung siehe deshalb Rn. 218 ff.

264 Regelmäßig wird eine GmbH & Co. KG als Organisationsform von Betrieben der öffentlichen Hand wie folgt konstruiert: Der Anteilseigner (die **Kommune**, oder generell die juristische Person des öffentlichen Rechts) hält sämtliche oder jedenfalls die **Mehrheit der Kommanditanteile** der Gesellschaft. Die Haftung der Kommanditistin ist dabei auf die Höhe der im Handelsregister eingetragenen Hafteinlage begrenzt. Die Haftung innerhalb der GmbH & Co. KG übernimmt die als so genannte **Komplementärin** fungierende GmbH (im Falle einer AG & Co.KG ist dies eine Aktiengesellschaft), die gleichzeitig die Geschäftsführung der GmbH & Co. KG innehat. Wichtig ist, dass diese GmbH regelmäßig nicht am Vermögen und auch nicht an den Ergebnissen der Kommanditgesellschaft beteiligt ist, folglich auch keine Einlage in die Kommanditgesellschaft erbringt.[352] Diese Kapitalgesellschaft hat genau zwei Gegenstände als Gesellschaftszweck: zum einen die Übernahme der persönlichen Haftung für die Kommanditgesellschaft und zum anderen die Vertretung der Gesellschaft nach außen sowie Übernahme der Geschäftsführung im Innenverhältnis. Sie wird regelmäßig mit dem Mindestkapital als Stammkapital (EUR 25.000,00) gegründet. Die Geschäftsanteile an dieser GmbH wiederum hält die juristische Person des öffentlichen Rechts bzw. dieselben Anteilseigner, die auch die Kommanditanteile an der Kommanditgesellschaft halten.

265 **aa) Grunderwerbsteuerbefreite Übertragungen von Grundvermögen.** Übertragungen von Grundvermögen auf eine Gesamthand[353] lösen insoweit keine Grunderwerbsteuer aus, als der „Überträger" der Grundstücke am Vermögen der Gesamthand beteiligt ist (§ 5 Abs. 2 GrEStG). Ist die juristische Person des öffentlichen Rechts wie im oben dargestellten Beispiel demnach einziger Kommanditist der KG, so fällt keine Grunderwerbsteuer auf Grundstücksübertragungen an. Ist dagegen ein fremder Dritter als Kommanditist beteiligt, so fällt Grunderwerbsteuer in der Höhe an, in der der Dritte beteiligt ist.

266 **bb) Vorzüge der GmbH & Co.KG unter ertragsteuerlichen Gesichtspunkten.** Die GmbH & Co.KG wird wie jede andere Mitunternehmerschaft besteuert. Entsprechend ihrer Beteiligung wird den Kommanditisten[354] das einheitlich und gesondert festgestellte Ergebnis der Gesellschaft zugerechnet und von diesen mit dem persönlichen Steuersatz versteuert. Für die juristische Person des öffentlichen Rechts gilt die Kommanditbeteiligung an der KG als BgA mit der Folge, dass zugerechnete Gewinne als Gewinne aus einem BgA zu versteuern sind.[355] Unter den erforderlichen Voraussetzungen ist auch eine Ergebnisverrechnung mit anderen BgA der juristischen Person des öffentlichen Rechts möglich.[356] Die GmbH & Co.KG kann somit – zumindest unter dem Gesichtspunkt der Ergebniszurechnung – in gewisser Weise die Funktion der nicht mehr zulässigen Mehrmütterorganschaft[357] übernehmen, da auch bei dieser Gestaltung das Ergebnis anteilig den Gesellschaftern zugerechnet wurde. In vielen Praxisfällen dürfte somit die GmbH & Co.KG für Kommunen die einzig gangbare Möglichkeit für die Beteiligung eines Dritten sein, die auch eine gewisse steuerliche Ergebnisverrechnung zulässt. Die (einfache) Organschaft scheitert in manchen Fällen am zu hohen Risiko, das die Kommune bei Zusage einer Garantiedividende an einen Minderheitsgesellschafter eingehen müsste.[358]

---

352 Man spricht auch von einer Beteiligung von 0%.

353 Neben der GmbH & Co.KG kämen demzufolge auch alle anderen Personengesellschaften als Rechtsform in Frage, wenn der Anfall von Grunderwerbsteuer auf die Übertragung des Grundvermögens vermieden werden soll. Unter Haftungsgesichtspunkten stellt jedoch die GmbH & Co.KG die einzige hierfür in Frage kommende Rechtsform dar, da die juristische Person öffentlichen Rechts in allen anderen Fällen einer unbegrenzten Haftung ausgesetzt wäre.

354 Bzw. der juristischen Person öffentlichen Rechts als alleiniger Kommanditistin, wenn keine weiteren Kommanditisten vorhanden sind.

355 Siehe hierzu ausführlich Rn. 222 ff.

356 Vgl. Voraussetzungen für den steuerlichen Querverbund Rn. 173 ff.

357 Vgl. Fn. 339.

358 Vgl. Rn. 260.

267 Unter steuerlichen Gesichtspunkten stellt die Rechtsform der GmbH & Co.KG auch für defizitäre Betriebe eine geeignete Rechtsform dar. Während Verluste in Kapitalgesellschaften „eingeschlossen"[359] sind, werden sie bei der GmbH & Co.KG ihren Gesellschaftern anteilig zugerechnet und sind bei diesen unter gewissen Beschränkungen steuerlich berücksichtigungsfähig. Deshalb dürfte die Rechtsform der GmbH & Co.KG insbesondere für Mitgesellschafter aus dem Bereich der Privatwirtschaft interessant sein, wenn diese in anderen Bereichen Gewinne erzielen. Im Rahmen der einheitlichen und gesonderten Gewinnfeststellung der KG wird neben dem auf die Mitunternehmer zu verteilenden Gewinn oder Verlust der KG auch die Höhe der Kapitalkonten der einzelnen Mitunternehmer festgestellt. Diese Kapitalkonten setzen sich zusammen aus denen als Eigenkapital zu beurteilenden Gesellschafterkonten (Hafteinlagen und Pflichteinlagen). Darlehenskonten zählen hierzu nicht, im Einzelfall kann die Abgrenzung schwierig sein. Ergibt sich aus der einheitlichen und gesonderten Gewinnfeststellung der Mitunternehmerschaft (GmbH und Co. KG) ein Verlust, so kann jeder der beteiligten Kommanditisten den auf ihn entfallenden Verlustanteil bis zur Höhe seines Kapitalkontos mit anderen positiven Einkünften ausgleichen (§ 15a EStG).

268 Bei ausschließlich ertragsteuerlicher Betrachtung ist es grundsätzlich denkbar, dass eine Kommune unter dem Dach einer GmbH & Co. KG, die daneben auch noch originär gewerblich tätig ist, ihre sämtlichen Beteiligungen ebenfalls jeweils in der Rechtsform der GmbH & Co. KG hält. Auf Ebene der „Mutter-GmbH & Co. KG" könnten dann, vorausgesetzt die jeweiligen Kapitalkonten sind hoch genug, Gewinne und Verluste der einzelnen Beteiligungen ausgeglichen werden. Allerdings muss diese Art der GmbH & Co. KG neben dem „bloßen Halten von Beteiligungen" **eine eigene gewerbliche Tätigkeit entfalten,**[360] worunter unter Umständen auch die Erbringung von Dienstleistungen fallen könnte.[361] Vor Durchführung solcher Gestaltungen sollten verbindliche Zusagen der Finanzverwaltung eingeholt werden.

IV. Gemeinnützigkeit als steuerliche Besonderheit bei kommunalen Unternehmen aller Rechtsformen

269 Häufig führen Kommunen gemeinnützige Unternehmen. Hierbei handelt es sich meist um Krankenhäuser, aber auch andere gemeinnützige Betätigungen, z. B. das Betreiben eines Kindergartens oder eines Kinderhorts, kommen in Betracht.

270 Bei **gemeinnützigen Zwecken** ist nach § 52 Abs. 1 AO die Tätigkeit darauf gerichtet, die Allgemeinheit auf materiellem, geistigem oder sittlichem Gebiet selbstlos zu fördern. Dies ist nicht der Fall, wenn der Personenkreis, dem die Förderung zukommt, fest abgeschlossen (z. B. Zugehörigkeit zu einer Familie oder zu einer Belegschaft eines Unternehmens) oder infolge seiner Abgrenzung (nach räumlichen oder beruflichen Merkmalen) dauerhaft klein ist.

271 Es existieren eine Reihe von steuerlichen Vergünstigungen für gemeinnützige Institutionen, die unabhängig von der jeweiligen Rechtsform gewährt werden. Es ist somit für die Besteuerung vorerst irrelevant, ob z. B. das Krankenhaus in Form eines Eigen- oder Regiebetriebes oder eines Kommunalunternehmens und damit aus steuerlicher Sicht als BgA geführt wird oder ob beispielsweise eine gemeinnützige GmbH vorliegt.

272 Ob Gemeinnützigkeit gegeben ist, bestimmt sich nach den Vorschriften der Abgabenordnung (§§ 51 – 68 AO). Die Gemeinnützigkeit muss jedoch in der Satzung der jeweili-

[359] Da die Kapitalgesellschaft ein eigenständiges Steuersubjekt ist und als solches besteuert wird, sind Verluste, die eine Kapitalgesellschaft erzielt, in ihr „eingeschlossen". Sie können nicht „ausgeschüttet" oder in einer anderen Weise ihren Gesellschaftern zugerechnet werden. Lediglich der Verlustrück (KSt)- oder -vortrag (KSt, GewSt) kommt in Betracht.

[360] § 14 Abs. 1 Nr. 2, Satz 2 KStG

[361] Die Finanzverwaltung nimmt nicht eindeutig Stellung, vgl. BMF vom 26.08.2003, IV A 2 – S 2770-18/03, Rn. 3 u. 27.

gen Körperschaft, die bestimmten vorgegebenen Anforderungen zu entsprechen hat, festgeschrieben sein (§ 59 f. AO). Die Einhaltung der satzungsmäßigen Voraussetzungen der §§ 51,59, 60 und 61 AO wird gesondert festgestellt („Feststellung der Satzungsmäßigkeit").[362]

273 Gemeinnützige Körperschaften sind nach § 5 Abs. 1 Nr. 9 KStG von der **Körperschaftsteuer befreit**, es sei denn, sie unterhalten einen wirtschaftlichen Geschäftsbetrieb (§ 14 AO), der die Steuerbefreiung insoweit ausschließt. Stellt der wirtschaftliche Geschäftsbetrieb jedoch einen Zweckbetrieb dar (§ 65 AO), der ausschließlich der Erfüllung gemeinnütziger Zwecke dient und hierfür erforderlich ist, ist die Steuerbefreiung wiederum gegeben. Beteiligungen gemeinnütziger Körperschaften an Mitunternehmerschaften (z. B. GmbH & Co. KG) sind in aller Regel als wirtschaftliche Geschäftsbetriebe anzusehen.

274 Dies bedeutet: Sofern eine Körperschaft ausschließlich die in der Satzung festgeschriebenen gemeinnützigen Zwecke verfolgt und damit im Rahmen ihres **ideellen Bereichs** tätig wird, greift die Steuerbefeiung uneingeschränkt.

275 Soweit sie sich jedoch am allgemeinen Wirtschaftsleben beteiligt und insoweit in Konkurrenz zu steuerpflichtigen Unternehmen tritt, handelt sie im Rahmen von **wirtschaftlichen Geschäftsbetrieben**, für die die Steuerbefreiung nicht gilt. Ein wirtschaftlicher Geschäftsbetrieb ist gemäß § 14 S. 1 AO eine selbständige, nachhaltige und über den Rahmen der Vermögensverwaltung hinausgehende Tätigkeit, durch die Einnahmen oder andere wirtschaftliche Vorteile erzielt werden.[363], [364] Beispiele für wirtschaftliche Geschäftsbetriebe gemeinnütziger Körperschaften sind Beteiligungen an Personengesellschaften[365] oder aktive Werbeaktivitäten[366], auch im Falle des sog. Sponsoring[367].

276 Eine Ausnahme von der Besteuerung wirtschaftlicher Geschäftsbetriebe besteht jedoch wiederum, wenn der Art nach zwar ein wirtschaftlicher Geschäftsbetrieb vorliegt, dieser jedoch dazu dient, die steuerbegünstigten satzungsmäßigen Zwecke zu verwirklichen und diese Zwecke nur mit dessen Hilfe erreicht werden können (§ 65 AO). Dann handelt es sich um einen **Zweckbetrieb**, der wiederum steuerbefreit ist.[368] Bei einer Reihe von Zweckbetrieben ist gesetzlich geregelt, dass es sich um solche handelt, wenn zusätzlich bestimmte Kriterien erfüllt sind, z. B. Krankenhäuser (§ 67 AO) [369], sportliche Veranstaltungen eines Sportvereins (§ 67a AO), Alten-, Altenwohn- und Pflegeheime oder Kindergärten (§ 68 Nr. 1 a) u. b) AO). Daneben kann bei Vorliegen der allgemeinen Voraussetzungen des § 65 AO ein Zweckbetrieb vorliegen, dies ist jedoch jeweils im Einzelfall zu prüfen.

277 Finanzielle Mittel aus dem ideellen Bereich einer gemeinnützigen Körperschaft dürfen niemals für wirtschaftliche Geschäftsbetriebe eingesetzt werden (**Mittelbindung**, § 55 Abs. 1 Nr. 1 AO), sonst ist die Anerkennung der Gemeinnützigkeit der Körperschaft gefährdet. Sie dürfen deshalb nur für satzungsmäßige Zwecke verwendet werden, wobei diese Verwendung spätestens in den auf den Zufluss folgenden zwei Kalenderjahren zu

---

[362] § 60a AO; eingefügt m.W.v. 29.03.2013 durch Gesetz vom 21.03.2013, BGBl. I 2013, S. 556.

[363] Damit ist der wirtschaftliche Geschäftsbetrieb gemeinnütziger Körperschaften ähnlich definiert wie der BgA von juristischen Personen des öffentlichen Rechts; vgl. Rn. 27 ff. Zur Vermögensverwaltung siehe Rn. 45; grundsätzlich zu Fragen der Gemeinnützigkeit vgl. Anwendungserlass zur Abgabenordnung AEAO zu § 51 ff., (Änderungen des AEAO veröffentlicht durch BMF vom 10.9.2002 BStBl I 2002, 867 ff.)

[364] Ausführlich zu wirtschaftlichen Geschäftsbetrieben von gemeinnützigen Körperschaften vgl. *Troll/Wallenhorst/Halaczinsky*, Die Besteuerung gemeinnütziger Vereine und Stiftungen, S. 143ff.

[365] BFH vom 27.8.1988, BStBl. II 1989, S. 134.

[366] BMF vom 29.5.1979, StEK AO § 65 Nr. 3.

[367] OFD Karlsruhe vom 15.1.2013, BMF vom 13.11.2012, BStBl. I 2012, S. 1169.

[368] Ein solcher darf mit gleichen oder ähnlichen Unternehmen nur insoweit in Wettbewerb treten, wie es zur Vermeidung der steuerbegünstigten Zwecke unvermeidbar ist; vgl. z. B. BFH vom 13.3.1991, BStBl. II 1992, S. 101.

[369] Die Einordnung der Krankenhäuser als Zweckbetrieb hat in den Fällen Bedeutung, in denen Gemeinnützigkeit selbst („im engeren Sinne") für eine Steuerbefreiung nicht erforderlich ist, z. B. § 4 Nr. 14 UStG, § 3 Nr. 20 GewStG, § 7 f EStG, § 116 BewG a.F., § 4 Nr. 6 GrStG.

erfolgen hat (§ 55 Abs. 1 Nr. 5 S. 1 und 3 AO)[370]. Das Gesetz spricht hier von **„zeitnaher“ Mittelverwendung**.[371]

Im Rahmen der **Umsatzsteuer** existiert keine allgemeine Steuerbegünstigung für gemeinnützige Körperschaften. Hier sind lediglich bestimmte Tätigkeiten steuerbefreit.[372] 278

Im Bereich der **Gewerbesteuer** (§ 3 Nr. 6 GewStG), der **Grundsteuer** (§ 3 Abs. 1 279
Nr. 3a u. 3b GrStG)[373] und der **Schenkungsteuer** (§ 13 Abs. 1 Nr. 16 ErbStG) existieren jedoch wiederum vollständige Steuerbefreiungen für gemeinnützige Körperschaften, soweit sie nicht im Rahmen wirtschaftlicher Geschäftsbetriebe handeln.[374]

V. Grundlegende Aussagen und Ausblick

Die Besteuerung von juristischen Personen des öffentlichen Rechts soll nach dem 280
Grundgedanken der Wahrung der Wettbewerbsneutralität erfolgen. Deshalb wurde das derzeit gültige System geschaffen, das juristische Personen des öffentlichen Rechts nur dann der Besteuerung unterwirft, wenn sie sich wirtschaftlich betätigen und in Konkurrenz zu privatwirtschaftlichen Unternehmen treten. Eine Besteuerung von juristischen Personen des öffentlichen Rechts erfolgt nur im Rahmen ihrer BgA. Dies gilt für Kommunen oder andere Gebietskörperschaften ebenso für Kommunalunternehmen.

Allerdings haben die **umsatzsteuerliche Behandlung** von öffentlichen Einrichtun- 281
gen und die Steuerbefreiungen für dem Gemeinwohl dienende Tätigkeiten im Laufe der Jahre immer wieder Bedenken und Kritik hervorgerufen. Aus diesem Grund befasst sich jetzt die Europäische Kommission mit diesem Thema mit der Zielsetzung, die bestehenden Mehrwertsteuerrechtsvorschriften zu öffentlichen Einrichtungen und Steuerbefreiungen für dem Gemeinwohl dienende Tätigkeiten zu überprüfen und ggf. zu ändern.

Die Europäische Kommission stellt den Hintergrund der nun durchgeführten Über- 282
prüfung sehr treffend wie folgt dar:[375]

„Während im Allgemeinen fast alle Arten wirtschaftlicher Tätigkeiten in den Anwendungsbereich der Mehrwertsteuer fallen und grundsätzlich besteuert werden, gelten bestimmte von öffentlichen Einrichtungen erbrachte Leistungen und Dienstleistungen als nicht steuerbar für Mehrwertsteuerzwecke, auch wenn es sich dabei um eine wirtschaftliche Tätigkeit gemäß den allgemeinen Grundsätzen des MWSt-Rechts handelt. Einige andere dem Gemeinwohl dienende Tätigkeiten sind von der Mehrwertsteuer befreit. Diese Vorschriften stammen aus den 1970er-Jahren, als viele dieser Leistungen nur von öffentlichen Einrichtungen erbracht wurden. Es stellt sich die Frage, ob diese Vorschriften immer noch angemessen sind. Die zunehmende Privatisierung und die Öffnung (oder Deregulierung) von Tätigkeiten, die ausschließlich dem öffentlichen Sektor vorbehalten waren, haben zu Verzerrungen des Wettbewerbs zwischen öffentlichen und privaten Akteuren geführt, die ähnliche Tätigkeiten ausüben. Überdies waren öffentlich-private Partnerschaften, wie sie heute bei einer Reihe von Tätigkeiten (z. B. Infrastrukturprojekte) immer häufiger zum Einsatz kommen, zum Zeitpunkt der Abfassung der Rechtsvorschriften nicht voraus zu sehen.“

Auch innerhalb Deutschlands gibt es mittlerweile konkrete Überlegungen zur Neuregelung der Umsatzbesteuerung der öffentlichen Hand (§ 2b UStG), die derzeit u. a. auch durch die Spitzenverbände der gewerblichen Wirtschaft kontrovers diskutiert werden.

---

370 Die Frist für die zeitnahe Mittelverwendung wurde durch das „Ehrenamtsstärkungsgesetz“ vom 21.03.2013, BGBl. I 2013, S. 556 von einem auf 2 Jahre erhöht.

371 § 55 Abs. 1 Nr. 5 S. 1 AO.

372 Z.B: Umsätze, die mit dem Betrieb eines Krankenhauses eng verbunden sind, § 4 Nr. 14 b) UStG.

373 Daneben existieren – wie im Bereich der Umsatzsteuer – Befreiungen z. B. für Krankenhäuser auch dann, wenn keine Gemeinnützigkeit vorliegt, § 4 Nr. 6 GrStG, dazu BFH vom 26.2.2003, GmbHR 2003, 667.

374 Ausführlich zur Steuerpflicht gemeinnütziger Körperschaften siehe *Buchna*, Gemeinnützigkeit im Steuerrecht, S. 376ff. und *Troll/Wallenhorst/Halaczinsky*, Die Besteuerung gemeinnütziger Vereine und Stiftungen, S. 259ff.

375 Konsultationspapier der europ. Kommission zur Überprüfung bestehender MwSt-Rechtsvorschriften zu öffentlichen Einrichtungen und dem Gemeinwohl dienende Tätigkeiten, 2013, TAXUD/C1, Tz. 2

283 Auch im Bereich der **Ertragsteuern** ist ein Ende der Diskussion über eine „gerechte Besteuerung der öffentlichen Hand" nicht erreicht. Die vor einiger Zeit kontrovers diskutierte Möglichkeit der Zusammenfassung von gewinnbringenden und defizitären BgA[376] führte zwar zu einer Gesetzesänderung und damit einer entsprechenden Neuregelung.[377] Doch „ein Ende" der Fokussierung auf dieses Thema in der steuerlichen Literatur ist damit keinesfalls in Sicht.[378] Gerade aufgrund der politischen Brisanz dieser Thematik ist das Finden einer „gerechten Lösung" hier besonders schwierig.[379]

284 Die öffentliche Hand darf durch die Besteuerung weder besser noch schlechter gestellt werden als privatwirtschaftliche Unternehmen. Eine Wettbewerbsverzerrung zugunsten der öffentlichen Hand könnte unter Umständen vermieden werden, wenn es bei der Besteuerung von BgA der öffentlichen Hand zu einer vollständig analogen Vorgehensweise im Vergleich zur steuerlichen Behandlung von wirtschaftlichen Geschäftsbetrieben von gemeinnützigen Körperschaften des Privatrechts käme.[380] Hier wird durch das Gemeinnützigkeitsrecht eine Subventionierung verlustträchtiger wirtschaftlicher Tätigkeiten aus Mitteln des steuerbefreiten ideellen Bereichs untersagt. Ein ähnlicher Ansatz könnte auch für juristische Personen öffentlichen Rechts dahingehend erfolgen, dass die Finanzierung wirtschaftlicher Tätigkeiten mit finanziellen Mitteln aus den steuerlich nicht zu erfassenden Bereichen nicht oder nur in sehr engen Grenzen als zulässig erachtet wird. Allerdings stellt sich bei diesem Ansatz wiederum die Frage, wie derzeit als BgA eingestufte Tätigkeiten der öffentlichen Hand finanziert werden sollen, wenn diese defizitär betrieben werden, aber durchgeführt werden müssen, wie z. B. die Wasserversorgung mancher Gemeinden.

285 Somit lässt sich feststellen: Zwar ist das derzeitige System der Besteuerung der öffentlichen Hand nicht widerspruchsfrei und sicherlich in vielen Punkten überdenkenswert. In vielen Fällen werden jedoch praktisch vernünftige Lösungen durch Vorgaben der Finanzverwaltung herbeigeführt. Allerdings ergeben sich aufgrund der besonderen Stellung der öffentlichen Hand eine Reihe von Schwierigkeiten, die es zu berücksichtigen gilt. Damit wird für die Zukunft noch ein weiter Weg zurückzulegen sein, um eine „einfache, aber gerechte Besteuerung" zu erreichen.

---

[376] Vgl. Rn. 173 ff.

[377] Vgl. Rn. 186.

[378] Z.B. Verfügung der OFD Rheinland vom 21.8.2008, in der eine Reihe von Einzelfragen geklärt wurden, die aufgrund des BMF-Schreibens und der BFH-Rechtsprechung offen blieben.

[379] Vgl. Kurzbeitrag des Verlages Deutsche Steuerberater vom 17.1.2008 zur BFH-Entscheidung vom 22.8.2007, Nr. 7.

[380] Vgl. *Gastl*, DStZ 2003, S. 99 (106).

H. Vergabe- und Beihilferecht

Übersicht

Literatur: *Arhold*, in: *Montag/Säcker*, Münchener Kommentar zum Europäischen und Deutschen Wettbewerbsrecht (Kartellrecht), Bd. 3 Beihilfen- und Vergaberecht, 2011; *Büsching/Homann/Wiese*, Das Europäische Beihilferecht, 4. aktualisierte Fassung, 2012; *Dreher*, in: *Dreher/Stockmann*, Kartellvergaberecht, 4. Aufl., 2008; *Eschenbruch*, in: *Kulartz/Kus/Portz*, Kommentar zum GWB-Vergaberecht, 2. Aufl., 2009; *Frenz*, Handbuch Europarecht, Bd. 3., Beihilfe- und Vergaberecht, 2007; *Ganske*, in: *Reidt/Stickler/Glahs*, Vergaberecht, 3. Aufl., 2011; *Heidenhain*, in: *Heidenhain*, Handbuch des Europäischen Beihilfenrechts, 2003; *Heuvels*, in: *Heuvels/Höß/Kuß/Wagner*, Vergaberecht, 2013; *Khan*, in: *Geiger/Khan/Kotzur*, EUV/AEUV, 5. Aufl., 2010; *Kullack*, in: *Heierman/Riedl/Rusam*, Handkommentar zur VOB, 13. Aufl., 2012; *Pünder*, in: *Pünder/Schellenberg*, Vergaberecht, 2011; *Schwab*, in: *Heuvels/Höß/Kuß/Wagner*, Vergaberecht, 2013; *Werner*, in: *Byok/Jaeger*, Kommentar zum Vergaberecht, 3. Aufl., 2011; *Wollenschläger*, in: *Birnstiel/Bungenberg/Heinrich*, Europäisches Beihilfenrecht, 2013; *Wurzel/Probst* in: *Ossola-Haring*, Die GmbH mit kommunaler Beteiligung und die gemeinnützige GmbH, 3. Aufl., 2009; *Ziekow*, in: *Ziekow/Völlink*, Vergaberecht, 2011.

I. Vergaberecht

1 Das Vergaberecht bezeichnet **begrifflich** alle Regeln und Vorschriften, nach denen die öffentliche Hand, insbesondere die staatlichen und kommunalen Gebietskörperschaften, öffentliche Einrichtungen sowie in bestimmten (Sektoren-)Bereichen tätige Auftraggeber des privaten Rechts, Güter und Leistungen am Markt beschaffen müssen. Es schreibt den öffentlichen Auftraggebern nur vor, *wie* sie ihren Bedarf decken, nicht *ob* und *was* sie am freien Markt einkaufen müssen.

2 Regeln für die Vergabe öffentlicher Aufträge sind wegen ihrer großen ökonomischen **Bedeutung** für eine Volkswirtschaft notwendig. So entfallen auf das öffentliche Auftragswesen in der Europäischen Union (EU) ca. 16% des Bruttoinlandsproduktes (BIP).[1] Alleine in der Bundesrepublik Deutschland werden jährlich Bau-, Dienst- und Lieferleistungen mit einem öffentlichen Auftragsvolumen von rd. 260 Mrd. EUR vergeben.[2]

[1] Europäische Kommission, KOM(2008) 400 endg. v. 16.7.2008.
[2] *Schwab*, Einl. Rn. 1.

Hiervon profitieren vor allem mittelständische Auftragnehmer: Ca. 55% der öffentlichen Aufträge akquirieren Unternehmen mit weniger als 200 Beschäftigten und nur ca. 8% gehen an Unternehmen mit mehr als 500 Beschäftigten.[3] Das Vergaberecht sichert nicht nur der privaten Wirtschaft ein faires Wettbewerbsverfahren, sondern gewährleistet der öffentlichen Hand ein ökonomisches und korruptionspräventives Beschaffungssystem. Ein rechtssicheres öffentliches Auftragswesen nutzt somit öffentlichen Auftraggebern und gewerblichen Auftragnehmern gleichermaßen.

1. Rechtsgrundlagen

Bis zum Jahr 1993/1994 war die Vergabe öffentlicher Aufträge nach den Bestimmungen des jeweiligen **Haushaltsrechts** des Bundes, der Länder bzw. der Kommunen durchzuführen.[4] Die unterschiedlichen Haushaltsordnungen sahen im Wesentlichen vor, Leistungen grundsätzlich im Wege der öffentlichen Ausschreibung zu beschaffen und dabei nach Maßgabe einheitlicher Richtlinien zu verfahren. Von Bedeutung waren vor allem die sog. Vergabe- und Vertragsordnung für Bauleistungen, Teil A (VOB/A) und die Vergabe- und Vertragsordnung für Leistungen, Teil A (VOL/A). Diese rein haushaltsrechtlichen Regelungen des öffentlichen Auftragswesens hatten sich aus Sicht der Auftragnehmer vor allem wegen des praktisch nicht vorhandenen oder nicht effektiven Rechtsschutzes als nachteilhaft erwiesen. So war die primäre Überprüfung von Vergabeverfahren und Vergabeentscheidungen mangels eigenständiger subjektiver Bieterrechte nicht möglich. 3

Im Zuge der Umsetzung der **europäischen Vergaberichtlinien** in das Haushaltsgrundsätzegesetz (HGrG) im Jahr 1994 hat der deutsche Gesetzgeber versucht, ein den europäischen Vorgaben entsprechendes Vergaberechtsschutzsystem einzuführen (sog. haushaltsrechtliche Lösung). Verfahrensverletzungen von VOB/A, VOL/A und der Vergabeordnung für freiberufliche Leistungen (VOF) konnten damals lediglich in einem zweistufigen Verwaltungsverfahren überprüft werden. Ein primär wirkender Rechtsschutz bestand nicht, da den Teilnehmern an Vergabewettbewerben auch nach der haushaltsrechtlichen Lösung kein rechtlich einklagbarer Anspruch auf Einhaltung der Vergabevorschriften zur Seite stand. 4

Erst nachdem der Europäische Gerichtshof (EuGH) im Jahr 1995 festgestellt hatte,[5] dass die von der Bundesrepublik Deutschland gewählte haushaltsrechtliche Lösung nicht mit europäischem Recht vereinbar ist, wurde mit Verabschiedung und Inkrafttreten des sog. **Vergaberechtsänderungsgesetzes** (VgRÄG)[6] zum 1.1.1999 das Vergaberecht mit einem effektiven Primärrechtsschutzsystem optimiert und in das Wettbewerbsrecht (§§ 102ff. GWB)[7] eingefügt. 5

Im Jahr 2001 wurde das Vergaberecht durch die – zwischenzeitlich mehrfach geänderte – Vergabeverordnung (VgV)[8] ergänzt und im Jahr 2005 durch das sog. ÖPP-Beschleunigungsgesetz[9] selbst geändert. Im Jahr 2009 wurde das Vergaberecht erneut **novelliert**[10], welches am 24.4.2009 in Kraft trat.[11] Die Änderungen im GWB sahen in erster Linie Klarstellungen zum Anwendungsbereich sowie die Einführung einer Sanktionierung der bislang praktisch folgenlosen, aber rechtswidrigen sog. De-Facto-Vergaben vor. Der 6

---

[3] *Dreher*, Vor §§ 97ff. Rn. 62.

[4] Z. B.: § 55 BHO, § 31 BayKommHV-Kameralistik bzw. § 30 BayKommHV-Doppik.

[5] EuGH, Urt. v. 11.8.1995 – Rs. C-433/93 (Kommission/Deutschland) = NVwZ 1995, 367ff.

[6] Gesetz zur Änderung der Rechtsgrundlagen für die Vergabe öffentlicher Aufträge (Vergaberechtsänderungsgesetz – VgRÄG) v. 26.8.1998, BGBl I 1998, S. 2512.

[7] Gesetz gegen Wettbewerbsbeschränkungen (GWB) v. 15.7.2005, BGBl I 2005, S. 2114.

[8] Verordnung über die Vergabe öffentlicher Aufträge (Vergabeverordnung – VgV) v. 11.2.2003, BGBl I 2003, S. 169.

[9] Gesetz zur Beschleunigung der Umsetzung von Öffentlich-Privaten-Partnerschaften und zur Verbesserung gesetzlicher Rahmenbedingungen für Öffentlich-Private-Partnerschaften v. 1.9.2005, BGBl I 2005, S. 2676.

[10] Entwurf eines Gesetzes zur Modernisierung des Vergaberechts v. 13.8.2008, BT-Drs. 16/10117.

[11] BGBl. I 2009, S. 790.

Rechtsschutz sollte gestrafft werden und einige Vorschriften, die sich bislang in der VgV befanden (z. B. Zuständigkeit der Vergabekammern, Statistikpflichten) wurden in das GWB integriert.

7 Auf Grund der haushaltsrechtlichen Tradition des deutschen Vergaberechts und der in den letzten Jahrzehnten stark zunehmenden Bedeutung der europäischen Rechtssetzung, besteht heute ein vielfältiger und umfangreicher Rechtskatalog, der das öffentliche Auftragswesen auszeichnet. Dieser Umstand führt zu einer **Zweiteilung** des Vergaberechts. Sie bezieht sich auf die Unterscheidung zwischen europaweiten und deutschlandweiten Auftragsvergaben, für die verschiedene Rechtsnormen zu beachten sind. Welche Rechtsvorschriften angewandt werden müssen, beurteilt sich danach, ob ein Beschaffungsvorhaben ober- oder unterhalb bestimmter von der Europäischen Kommission festgesetzter Schwellenwerte liegt. Die Schwellenwerte werden alle zwei Jahre von der Europäischen Kommission überprüft und ggf. neu festgesetzt.

a) Europarecht

8 Die primären Grundlagen für das europäische Vergaberecht sind im Vertrag über die Arbeitsweise der Europäischen Union (AEUV)[12] festgelegt. Zu beachten sind vor allem die Gewährleistung des freien Waren-, Dienstleistungs-, Niederlassungs- und Kapitalverkehrs sowie die Grundsätze der Nichtdiskriminierung und Transparenz. Auf diesen Grundlagen verfolgt die Europäische Union mit Hilfe eines (sekundären) **Richtlinienprogramms** die Schaffung eines Binnenmarktes für das öffentliche Auftragswesen. Nach zahlreichen Rechtsänderungen in den vergangenen Jahren sind aktuell im Wesentlichen folgende Vergaberichtlinien zu beachten:

9 • Richtlinie 89/665/EWG des Rates vom 21.12.1989 zur Koordinierung der Rechts- und Verwaltungsvorschriften für die Anwendung der Nachprüfungsverfahren im Rahmen der Vergabe öffentlicher Liefer- und Bauaufträge **(Rechtsmittelrichtlinie)**[13]; Richtlinie 2007/66/EG des Europäischen Parlaments und des Rates vom 11.12.2007 zur Änderung der Richtlinien 89/665/EWG und 92/13/EWG des Rates im Hinblick auf die Verbesserung der Wirksamkeit der Nachprüfungsverfahren bezüglich der Vergabe öffentlicher Aufträge;[14]

10 • Richtlinie 92/13/EWG des Rates vom 25.2.1992 zur Koordinierung der Rechts- und Verwaltungsvorschriften für die Anwendung der Gemeinschaftsvorschriften über die Auftragsvergabe durch Auftraggeber im Bereich der Wasser-, Energie und Verkehrsversorgung sowie im Telekommunikationssektor **(Rechtsmittelrichtlinie Sektoren)**[15]; Richtlinie 2007/66/EG des Europäischen Parlaments und des Rates vom 11.12.2007 zur Änderung der Richtlinien 89/665/EWG und 92/13/EWG des Rates im Hinblick auf die Verbesserung der Wirksamkeit der Nachprüfungsverfahren bezüglich der Vergabe öffentlicher Aufträge;[16]

11 • Richtlinie 2004/17/EG vom 31.3.2004 zur Koordinierung der Zuschlagserteilung durch Auftraggeber im Bereich der Wasser-, Energie- und Verkehrsversorgung sowie der Postdienste **(Sektorenkoordinierungsrichtlinie)**;[17]

12 • Richtlinie 2004/18/EG des Europäischen Parlaments und des Rates vom 31.3.2004 über die Koordinierung der Verfahren zur Vergabe öffentlicher Bauaufträge, Lieferaufträge und Dienstleistungsaufträge **(Vergabekoordinierungsrichtlinie)**;[18]

13 • Richtlinie 2009/81/EG des Europäischen Parlaments und des Rates vom 13.7.2009 über die Koordinierung der Verfahren zur Vergabe bestimmter Bau-, Liefer- und Dienstleis-

---

[12] Vertrag über die Arbeitsweise der Europäischen Union (AEUV) v. 25.3.1957, i.d.F. des am 1.12.2009 in Kraft getretenen Vertrages von Lissabon, ABlEG Nr. C 115 v. 9.5.2008, S. 47.
[13] ABlEG 1989 Nr. L 395, S. 33.
[14] ABlEU 2007 Nr. L 335, S. 31.
[15] ABlEG 1992 Nr. L 76, S. 14.
[16] ABlEU 2007 Nr. L 335, S. 31.
[17] ABlEU 2004 Nr. L 134, S. 1.
[18] ABlEU 2004 Nr. L 134, S. 114.

tungsaufträge in den Bereichen Verteidigung und Sicherheit und zur Änderung der Richtlinien 2004/17/EG und 2004/18/EG **(Verteidigungskoordinierungsrichtlinie)**.[19]

Die Richlinien 2004/17/EG und 2004/18/EG werden zum 18.4.2016 durch die Richtlinien 2014/25/EU und 2014/24/EU ersetzt. Bis dahin muss auch die neue Konzessionsvergaberichtlinie 2014/23/EU von den Mitgliedstaaten umgesetzt werden.

b) Bundesrecht

Das Vergaberecht des Bundes ist durch das sog. **Kaskadensystem** gekennzeichnet. 14
Darunter ist eine dreigestufte Ordnung bestehend aus Gesetz, Verordnung und (Vertrags-) Vergabeordnung zu verstehen. Diese drei Regelungsebenen mit unterschiedlichem Rechtsnormcharakter (formelles Gesetz, Rechtsverordnung und Verwaltungsvorschrift) sind durch zahlreiche Verweisungsbestimmungen miteinander verknüpft.

An hierarchisch oberster Stelle der bundesrechtlichen Vergabevorschriften steht der 15
vierte Teil des GWB (§§ 97 bis 129b GWB). Dort finden sich z. B. Regelungen zu allgemeinen Grundsätzen des Vergabeverfahrens (§ 97 GWB), zum öffentlichen Auftrags- und Auftraggeberbegriff (§ 98f. GWB), zum Anwendungsbereich (§ 100 GWB), zur Art des Verfahrens (§ 101 GWB), zu den Nachprüfungsbehörden (§§ 102ff. GWB), zum erstinstanzlichen Verfahren vor der Vergabekammer (§§ 107ff. GWB), zum zweitinstanzlichen sofortigen Beschwerdeverfahren (§§ 116ff. GWB) und zu sonstigen Regelungen (§§ 125ff. GWB), wie etwa den Schadensersatz bei rechtsmissbräuchlicher Beschreitung des Rechtsweges.

Unterhalb der vergaberechtlichen Gesetzesebene ist die **VgV** zu beachten. Sie trifft ins- 16
besondere nähere Bestimmungen über die europäischen Schwellenwerte, über die Schätzung des Auftragswertes sowie die anzuwendenden Vergabe- und Vertragsordnungen (VOB/A, VOL/A und VOF). Wegen des geltenden Kaskadensystems im deutschen Vergaberecht liegt der Schwerpunkt der Regelungen des Vergabeverfahrens jedoch nicht in der VgV, sondern in den von ihr in Bezug genommenen Vergabe- und Vertragsordnungen (vgl. §§ 4 bis 7 VgV).

So treffen die **VOB/A**[20] und **VOL/A**[21] in ihren jeweiligen A-Teil allgemeine Bestim- 17
mungen für das Vergabeverfahren von Bau-, Dienst- oder Lieferleistungen. Im Anwendungsbereich der VOB sind zusätzlich die Teile B und C zu finden, die sich auf den vertragsrechtlichen Inhalt und auf technische Vorgaben erstrecken. Die **VOF**[22] enthält dagegen ausschließlich verfahrensrechtliche Bestimmungen, d.h. keine materiellrechtlichen und technischen Regelungen.

c) Landesrecht

Zahlreiche Bundesländer verfügen über **eigene** Vergabegesetze bzw. über sonstige 18
Landesgesetze (z. B. Mittelstandsförderungsgesetze) mit für das öffentliche Auftragswesen bedeutsamen Vorschriften. Nachfolgend sind die wichtigsten Landesgesetze mit vergaberechtlich wichtigen Normen aufgelistet:

- **Baden-Württemberg:** Tariftreue- und Mindestlohngesetz für öffentliche Aufträge 19
in Baden-Württemberg (Landestariftreue- und Mindestlohngesetz – LTMG) vom 16.4.2013;[23] Gesetz zur Mittelstandsförderung vom 19.12.2000;[24]
- **Bayern:** Gesetz über die Förderung der kleinen und mittleren Unternehmen sowie der Freien Berufe (Mittelstandsförderungsgesetz – MfG) vom 20.12.2007;[25]

---

19 ABlEU 2009 Nr. L 216, S. 76.

20 Vergabe- und Vertragsordnung für Bauleistungen (VOB) Teil A v. 31.7.2009, BAnz Nr. 155 a.

21 Vergabe- und Vertragsordnung für Leistungen Teil A (VOL/A) v. 20.11.2009, BAnz Nr. 196 a, ber. 2010 S. 755.

22 Vergabeordnung für freiberufliche Leistungen (VOF) v. 18.11.2009, BAnz Nr. 185 a.

23 GBl BW 2013, S. 50.

24 GBl BW 2000, S. 745.

25 BayGVBl 2007, S. 926.

- **Berlin:** Berliner Ausschreibungs- und Vergabegesetz (BerlAVG) vom 8.7.2010;[26]
- **Brandenburg:** Gesetz zur Förderung des Mittelstandes im Land Brandenburg (Brandenburgisches Mittelstandsförderungsgesetz – BbgMFG) vom 8.5.1992;[27]
- **Bremen:** Bremisches Gesetz zur Sicherung von Tariftreue, Sozialstandards und Wettbewerb bei öffentlicher Aufragsvergabe (Tariftreue- und Vergabegesetz);[28] Bremisches Gesetz zur Förderung von kleinsten, kleinen und mittleren Unternehmen (Mittelstandsförderungsgesetz) vom 28.3.2006;[29]
- **Hamburg:** Hamburgischen Vergabegesetzes vom 13.2.2006;[30]
- **Hessen:** Gesetz zur Förderung der mittelständischen Wirtschaft und zur Vergabe öffentlicher Aufträge vom 25.3.2013;[31]
- **Mecklenburg-Vorpommern:** Gesetz über die Vergabe öffentlicher Aufträge in Mecklenburg-Vorpommern (Vergabegesetz Mecklenburg-Vorpommern – VgG M-V) vom 7.7.2011;[32]
- **Niedersachsen:** Niedersächsisches Gesetz zur Sicherung von Tariftreue und Wettbewerb bei der Vergabe öffentlicher Aufträge (Niedersächsisches Tariftreue- und Vergabegesetz – NTVergG);[33]
- **Nordrhein-Westfalen:** Gesetz über die Sicherung von Tariftreue und Sozialstandards sowie fairen Wettbewerb bei der Vergabe öffentlicher Aufträge (Tariftreue- und Vergabegesetz Nordrhein-Westfalen – TVgG-NRW) vom 10.1.2012;[34] Gesetz zur Förderung und Stärkung des Mittelstandes vom 28.7.2003 (Mittelstandsgesetz);[35]
- **Rheinland-Pfalz:** Landesgesetz zur Gewährleistung von Tariftreue und Mindestentgelt bei öffentlichen Auftragsvergaben (Landestariftreuegesetz – LTTG) vom 1.12.2010;[36] Mittelstandsförderungsgesetz vom 9.3.2011;[37]
- **Saarland:** Gesetz Nr. 1798 über die Sicherung von Sozialstandards, Tariftreue und Mindestlöhnen bei der Vergabe öffentlicher Aufträge im Saarland (Saarländisches Tariftreuegesetz – STTG) vom 6.2.2013;[38] Gesetz Nr. 1052 zur Förderung der kleinen und mittleren Unternehmen sowie der freien Berufe in der Wirtschaft (Mittelstandsförderungsgestz – MFG) vom 21.7.1976;[39]
- **Sachsen:** Sächsisches Vergabegesetz (SächsVergabeG) vom 14.2.2013;[40]
- **Sachsen-Anhalt:** Gesetz über die Vergabe öffentlicher Aufträge in Sachsen-Anhalt (Landesvergabegesetz – LVG LSA) vom 19.11.2012;[41] Mittelstandsförderungsgesetz (MFG) vom 27.6.2001;[42]
- **Schleswig-Holstein:** Gesetz über die Sicherung von Tariftreue und Sozialstandards sowie fairen Wettbewerb bei der Vergabe öffentlicher Aufträge (Tariftreue- und Vergabegesetz Schleswig-Holstein – TTG);[43] Gesetz zur Förderung des Mittelstandes (Mittelstandsförderungsgesetz – MFG) vom 19.7.2011;[44]

---

[26] GVBl Bln 2010, S. 399.
[27] BbgGVBl 1992 I, S. 166.
[28] GVBl Bm 2009, S. 476.
[29] GVBl Bm 2006, S. 151.
[30] HmbGVBl 2006, S. 57.
[31] GVBl Hs 2013, S. 119.
[32] GVOBl MV 2011, S. 411.
[33] NdsGVBl 2013, S. 259.
[34] GVBl NRW 2012, S. 17.
[35] GVBl NRW 2003, S. 419.
[36] RPGVBl 2010, S. 426.
[37] RPGVBl 2011, S. 66.
[38] GVBl Saar 2013, S. 84.
[39] SaarABl 1976, S. 841.
[40] SächsGVBl 2013, S. 109.
[41] GVBlLA 2012, S. 536.
[42] GVBlLA 2001, S. 230.
[43] GVOBl SH 2013, S. 239.
[44] GVOBl SH 2011, S. 244.

- **Thüringen:** Thüringer Gesetz über die Vergabe öffentlicher Aufträge (Thüringer Vergabegesetz – ThürVgG) vom 18.4.2011;[45] Thüringer Gesetz zur Förderung und Stärkung kleiner und mittlerer Unternehmen und der Freien Berufe (Thüringer Mittelstandsförderungsgesetz) vom 18.4.2011.[46]

Auf Landesebene sind zusätzlich die von den Bundesländern zahlreich erlassenen **untergesetzlichen** Verordnungen,[47] Richtlinien, Erlasse, Rundschreiben und sonstigen Verwaltungsvorschriften (z. B. Umwelt-, Mittelstands-, Bevorzugten- oder Korruptionsrichtlinien) zu beachten, die im Einzelfall für die Vergabe öffentlicher Aufträge Bedeutung erlangen können. 20

2. Sachlicher Anwendungsbereich („Was")

Der sachliche Anwendungsbereich bezeichnet, (a) welche Leistungsarten und (b) in welchem Umfang solche Leistungen unter Beachtung des Vergaberechts zu beschaffen sind. Allen öffentlichen Aufträgen ist gemein, dass es sich um **entgeltliche** Verträge zwischen öffentlichen Auftraggebern und Unternehmen handeln muss (§ 99 Abs. 1 GWB). Der Begriff der Entgeltlichkeit ist weit auszulegen. Die Gegenleistung des öffentlichen Auftraggebers muss nicht notwendig in Geld bestehen; erfasst wird vielmehr jede Art von Vergütung, die einen Geldwert haben kann.[48] Daher fällt jede Art von zweiseitig verpflichtendem Vertrag darunter, so z. B. auch ein echter Erschließungsvertrag nach dem BauGB.[49] Im Rahmen einer interkommunalen Zusammenarbeit kann das Entgelt u.a. in der Freistellung von finanziellen Rücklageverpflichtungen, in Kostenerstattungsregelungen und schließlich in der Befugnis zur Gebührenerhebung liegen.[50] Ein Vertrag ist auch dann als entgeltlich einzuordnen, wenn sich die vorgesehene Vergütung auf den Ersatz der Kosten beschränkt, die durch die Erbringung der vereinbarten (Dienst-)Leistung entstehen.[51] 21

a) Liefer-, Bau- und Dienstleistungsaufträge

Ein **Lieferauftrag** ist auf die Beschaffung von Waren gerichtet (§ 99 Abs. 2 GWB). Zu diesem Zweck können insbesondere Kauf-, Ratenkauf-, Leasing-, Miet- oder Pachtverträge geschlossen werden. Maßgebliches Kriterium zur Beurteilung einer Lieferleistung ist nicht die Vertragsart, sondern allein die Verschaffung der Verfügungsgewalt, gleich ob durch Erwerb oder Gebrauchsüberlassung.[52] Ein Auftrag, der nicht über den reinen Austausch einer Ware gegen Vergütung hinausgeht, der bspw. die bloße Lieferung von Baustoffen oder Bauteilen ohne individuelle, auf das Bauvorhaben bezogene Be- oder Verarbeitung zum Gegenstand hat, zählt nicht zu den Bau-, sondern zu den Lieferaufträgen.[53] Eine Lieferleistung liegt z. B. auch bei der Beschaffung von Elektrizität oder Gas vor. 22

Bauaufträge sind Leistungen, die ein Bauvorhaben (1. Alt.), ein Bauwerk (2. Alt.) oder eine Bauleistung (3. Alt.) zum Gegenstand haben (§ 99 Abs. 3 GWB) und eine werk- 23

---

45 ThGVBl 2011, S. 69.

46 ThGVBl 2011, S. 74.

47 Z.B.: Verordnung zur Regelung von Verfahrensanforderungen in den Bereichen umweltfreundliche und energieeffiziente Beschaffung, Berücksichtigung sozialer Kriterien und Frauenförderung sowie Förderung der Vereinbarkeit von Beruf und Familie bei der Anwendung des Tariftreue- und Vergabegesetzes Nordrhein-Westfalen (Verordnung Tariftreue- und Vergabegesetz Nordrhein-Westfalen – RVO TVgG-NRW) vom 7.5.2013.

48 BGH, Beschl. v. 1.12.2008 – X ZB 31/08.

49 VK Baden-Württemberg, Beschl. v. 20.6.2002 – 1 VK 27/02 = ZfBR 2003, 81f.; anders wohl: *Ganske*, § 99 GWB Rn. 170.

50 OLG Naumburg, Beschl. v. 3.11.2005 – 1 Verg 9/05 = NZBau 2006, 58ff.

51 EuGH, Urt. v. 13.6.2013 – Rs. C-386/11 (Piepenbrock).

52 VK Südbayern, Beschl. v. 8.10.2001 – 28-08/01.

53 OLG München, Beschl. v. 28.9.2005 – Verg 19/05 = VergabeR 2006, 238ff.

vertragliche Leistung beinhalten.[54] In praktischen Zweifelsfällen kann das sog. „Verzeichnis der Berufstätigkeiten im Baugewerbe entsprechend dem allgemeinen Verzeichnis der wirtschaftlichen Tätigkeiten in der Europäischen Gemeinschaft (NACE)" Hilfe bieten, das als Anhang I zur Vergabekoordinierungsrichtlinie 2004/18/EG zählt. Für europaweite Vergabeverfahren ist die Definition des Bauauftrages in § 1 VOB/A grundsätzlich nicht maßgeblich. Darauf kann jedoch zurückgegriffen werden, wenn kein Widerspruch zu dem durch das Gemeinschaftsrecht geprägten § 99 Abs. 3 GWB festzustellen ist. Im Zusammenhang mit Grundstücksgeschäften der öffentlichen Hand liegt ein Bauauftrag nur dann vor, wenn das Bauvorhaben bzw. Bauwerk auch „für" den öffentlichen Auftraggeber errichtet wird bzw. die Bauleistung ihm „unmittelbar wirtschaftlich zugute kommt". Dadurch unterfallen kommunale Grundstücksverkäufe, die auch einer städtebaulichen Entwicklung dienen, nicht dem Vergaberecht.

24 **Baukonzessionen**[55] zählen ebenfalls zu den vergaberechtspflichtigen öffentlichen Aufträgen (vgl. § 99 Abs. 6 GWB). Eine Baukonzession unterscheidet sich von einem Bauauftrag nur insoweit, als die Gegenleistung für die Bauarbeiten statt in einem Entgelt in dem Recht auf Nutzung der baulichen Anlage, ggf. zuzüglich der Zahlung eines Preises, besteht. Eine Baukonzession ist dadurch gekennzeichnet, dass sie die Übertragung eines Rechts zur Verwertung einer bestimmten Leistung umfasst und dass der Konzessionär bzw. Konzessionsnehmer das wirtschaftliche Nutzungsrisiko ganz oder zum überwiegenden Teil trägt.[56] Bei der Vergabe von Baukonzessionen oberhalb der EU-Schwellenwerte sind allerdings nicht alle Paragraphen der VOB/A-EG, sondern nur die Regelungen nach § 22 Abs. 2 Nr. 2 bis 4 VOB/A-EG zu beachten. Ergänzend hierzu sind die Bestimmungen der §§ 1 bis 21 des Abschnitts 1 der VOB/A anzuwenden.

25 Als **Dienstleistungsauftrag** i.S.d. § 99 Abs. 4 GWB gelten alle Verträge über Leistungen, die nicht als Liefer- oder Bauauftrag zu qualifizieren und nicht vom Anwendungsbereich des Vergaberechts ausgenommen sind.[57] Für diesen Auffangtatbestand ist nicht etwa die zivilrechtliche Einordnung als Dienstvertrag i.S.d. § 611 BGB entscheidend, sondern allein die negative Abgrenzung.[58] Dem Grunde nach sollen alle Einkäufe der öffentlichen Hand dem europäischen Binnenmarkt zur Verfügung stehen.[59] Eine Dienstleistung liegt bspw. vor, wenn Baggermaterial zur Entsorgung angenommen wird[60] oder im Falle der Gebäudereinigung.[61]

26 **aa) Gemischte Aufträge.** Werden verschiedene Arten von Leistungen (z. B. Bau- und Lieferleistungen beim Energiesparcontracting oder Bau- und Dienstleistungen beim Facility-Management) in einem Vergabeverfahren ausgeschrieben, so liegt ein gemischter Vertrag vor. Ein öffentlicher Auftrag, der sowohl den Einkauf von Waren als auch die Beschaffung von Dienstleistungen zum Gegenstand hat, gilt als Dienstleistungsauftrag, wenn der Wert der Dienstleistungen den Wert der Waren übersteigt (vgl. § 99 Abs. 10 S. 1 GWB). Ein öffentlicher Auftrag, der neben Dienstleistungen auch Bauleistungen umfasst, die im Verhältnis zum Hauptgegenstand Nebenarbeiten sind, gilt ebenfalls als Dienstleistungsauftrag (vgl. § 99 Abs. 10 S. 2 GWB). Für die Auftragsvergabe im Sektorenbereich ist darüber hinaus § 99 Abs. 12 GWB zu beachten.

27 Bei gemischten Aufträgen können die einzelnen Wertanteile der unterschiedlichen Leistungen für die rechtliche Einordnung des Gesamtauftrages in der Regel nur einen Anhaltspunkt bieten, es sei denn, sie weisen durch ihren objektiv deutlich überwiegen-

---

[54] BayObLG, Beschl. v. 28.8.2002 – Verg 20/02 = VergabeR 2003, 76f.; a.A.: OLG Dresden, Beschl. v. 2.11.2004 – WVerg 11/04 = VergabeR 2005, 258ff.
[55] Vgl. die Legaldefinitionen in § 98 Nr. 6 GWB.
[56] OLG Karlsruhe, Beschl. v. 13.6.2008 – 15 Verg 3/08 = NZBau 2008, 537ff.
[57] Brandenburgisches OLG, Beschl. v. 15.5.2007 – Verg W 2/07 = VergabeR 2008, 242ff.
[58] OLG Naumburg, Beschl. v. 26.7.2012 – 2 Verg 2/12.
[59] BayObLG, Beschl. v. 11.12.2001 – Verg 15/01 = NZBau 2002, 233ff.
[60] OLG Düsseldorf, Beschl. v. 21.1.2002 – Verg 45/01 = VergabeR 2002, 282ff.
[61] VK Düsseldorf, Beschl. v. 17.1.2001 – VK-29 (30)/2000 – L.

den Anteil den Bauleistungen oder den Liefer- bzw. Dienstleistungen eindeutig den Auftragsschwerpunkt zu. Ist letzteres nicht der Fall, so kommt es auf die den jeweiligen **Einzelfall** kennzeichnenden rechtlichen und wirtschaftlichen Umstände an, vor allem auf die Verteilung der mit der Auftragsdurchführung verbundenen Risiken.[62]

Im Übrigen richtet sich die vergaberechtliche Einordnung nach dem **Schwerpunkt** bzw. Hauptgegenstand der Leistungen.[63] Nach ständiger Rechtsprechung des EuGH ist bei einem gemischten Vertrag, dessen einzelne Teile der Ausschreibung zufolge untrennbar miteinander verbunden sind und somit ein unteilbares Ganzes bilden, das betreffende Vorhaben im Hinblick auf seine rechtliche Einordnung in seiner Gesamtheit und einheitlich zu prüfen sowie auf der Grundlage der Vorschriften zu untersuchen, die den Teil regeln, der den Hauptgegenstand oder vorherrschenden Bestandteil des Vertrags bildet.[64] Der Schwerpunkt wird einerseits danach bestimmt, welche Leistungen und Risiken das Vertragsverhältnis insgesamt hauptsächlich prägen. Andererseits ist zu berücksichtigen, wie sich das Investitionsvolumen auf die einzelnen Leistungsbereiche wertmäßig verteilt.[65] So ist bspw. von der Rechtsprechung die Lieferung und Montage von maschinentechnischen Teilen für die Nachrüstung einer Müllverbrennungsanlage mit einer Rauchgasreinigungsanlage und einem Notstromaggregat als Bauleistung, nicht als Lieferleistung eingeordnet worden.[66] 28

bb) Änderung und Nichtkündigung von Verträgen. Es ist grundsätzlich anerkannt, dass sowohl das nationale als auch das europäische Vergaberecht lang dauernde Vertragsverhältnisse nicht verbieten. So würde die Verpflichtung zur Ausschreibung unbefristeter Verträge, die vor Erlass der europäischen Vergaberichtlinien geschlossen wurden, den Gedanken der Rechtssicherheit verletzen. Vor diesem Hintergrund ist verständlich, dass die unterlassene Nichtkündigung eines vertraglichen Verhältnisses oder das Gebrauchen einer (Verlängerungs-)Option einen vergaberechtlich irrelevanten Vorgang kennzeichnet.[67] Es kommt in diesen Fällen zu keinem neuen Vertragsabschluss, sondern der einst wirksam zu Stande gekommene Vertrag wird lediglich fortgesetzt. 29

Anders ist die Rechtslage zu beurteilen, wenn die Änderung in der Sache einer Neuvergabe von Leistungen gleichkommt bzw. **wesentliche** Vertragselemente neu geregelt werden.[68] Wann dies konkret der Fall ist, beurteilt sich nach den gesamten Umständen im Einzelfall. Die Änderung eines öffentlichen Auftrages während seiner Laufzeit kann als wesentlich beurteilt werden, wenn Bedingungen eingeführt werden, welche die Zulassung anderer als der ursprünglich zugelassenen Bieter oder die Annahme eines anderen als des ursprünglich angenommenen Angebots erlaubt hätten, wenn sie Gegenstand des ursprünglichen Vergabeverfahrens gewesen wären. Desgleichen kann eine Änderung des ursprünglichen Auftrags als wesentlich angesehen werden, wenn sie den Auftrag in großem Umfang auf ursprünglich nicht vorgesehene Dienstleistungen erweitert. Eine Änderung kann auch dann als wesentlich eingeordnet werden, wenn sie das wirtschaftliche Gleichgewicht des Vertrags in einer im ursprünglichen Auftrag nicht vorgesehenen Weise zugunsten des Auftragnehmers ändert.[69] 30

Änderungen der einen Vertrag **prägenden** Inhalte, wie z. B. Preis und Leistungsumfang, werden also oftmals dazu führen, dass die Änderungen einem Neuabschluss eines Vertrages gleichzustellen und damit auszuschreiben sind. So ist auch die Ersetzung des 31

---

62 OLG Düsseldorf, Beschl. v. 23.5.2007 – Verg 50/06 = VergabeR 2007, 200ff.

63 OLG Naumburg, Beschl. v. 30.5.2002 – 1 Verg 14/01 = ZfBR 2002, 710ff.; a.A.: Brandenburgisches OLG, Beschl. v. 3.8.1999 – 6 Verg 1/99 = NZBau 2000, 39ff.

64 OLG Karlsruhe, Beschl. v. 6.2.2013 – 15 Verg 11/12.

65 VK Bremen, Beschl. v. 3.11.2000 – VK 3/00.

66 VÜA Nordrhein-Westfalen, Beschl. v. 18.3.1996 – 415-84-43-1/95 001k.

67 OLG Düsseldorf, Beschl. v. 22.2.2012 – VII-Verg 87/11; OLG Celle, Beschl. v. 4.5.2001 – 13 Verg 5/00 = NZBau 2002, 53ff.

68 OLG Düsseldorf, Beschl. v. 8.5.2002 – VII-Verg 8 -15/01.

69 EuGH, Urt. v. 19.6.2008 – Rs. C-454/06 (Pressetext Nachrichtenagentur) = NZBau 2008, 518ff.

Vertragspartners, dem der öffentliche Auftraggeber den Auftrag ursprünglich erteilt hatte, durch einen neuen als Änderung einer wesentlichen Vertragsbestimmung des betreffenden öffentlichen Dienstleistungsauftrags anzusehen, wenn sie nicht in den Bedingungen des ursprünglichen Auftrags, bspw. im Rahmen einer Unterbeauftragung, vorgesehen war.[70] Die Reduzierung eines Auftragspreises ist dagegen nicht als wesentliche Änderung einzuordnen, weil sie zu keiner Verschiebung des wirtschaftlichen Gleichgewichts zugunsten des Auftragnehmers führt.[71]

32 Sieht ein Vertrag zwischen öffentlichem Auftraggeber und Auftragnehmer hingegen die Ersetzung eines **Preisindexes** durch einen späteren Index vor, wendet der Nachtrag über die Anwendung des späteren Indexes lediglich die Bestimmungen des Vertrags über die Anpassung der Wertsicherungsklausel an. Unter diesen Bedingungen ist festzustellen, dass die Bezugnahme auf einen neuen Preisindex keine Änderung wesentlicher Bedingungen des ursprünglichen Auftrags und damit keine neue Auftragsvergabe darstellt.[72]

33 **cc) Nicht vergabepflichtige Aufträge.** Keiner Ausschreibung im europavergaberechtlichen Sinne bedarf der Abschluss von Arbeitsverträgen (vgl. § 100 Abs. 3 GWB). Von Bedeutung ist insoweit die genaue Abgrenzung von Arbeitsverhältnissen zu Dienstleistungsverträgen. Arbeitnehmer ist, wer Dienstleistungen in persönlicher Abhängigkeit verrichtet, hierbei in Bezug auf Zeit, Ort und Art der zu verrichtenden Arbeit dem Weisungsrecht des Arbeitgebers unterliegt und in eine fremde Herrschafts- und betriebliche Risikosphäre, d. h. in die des Arbeitgebers, eingegliedert ist.[73]

34 Weitere **Ausnahmen** von der Anwendung europavergaberechtlicher Vorschriften, die für kommunale Unternehmen von besonderem Interesse sein können, sind:

35 • **§ 100 Abs. 4 Nr. 2 GWB**: Forschungs- und Entwicklungsaufträge sind grundsätzlich dem europäischen Vergaberecht entzogen, es sei denn, die Ergebnisse werden ausschließlich Eigentum des öffentlichen Auftraggebers für seinen Gebrauch bei der Ausübung seiner eigenen Tätigkeit und die Dienstleistung wird vollständig durch die Vergabestelle vergütet. Erfasst wird sowohl die Grundlagenforschung als auch die angewandte Forschung. Bloße reflexartige Begünstigungen der Allgemeinheit nehmen dem jeweiligen Forschungsergebnis nicht die alleinige Zuordnung zur Eigentumssphäre des öffentlichen Auftraggebers und die Bestimmung zur Nutzung durch dessen eigene Behörden.[74]

36 • **§ 100 Abs. 5 GWB**: Erwerb, Miete oder Pacht von Grundstücken und grundstücksgleichen Rechten. Auch für reine Grundstücksveräußerungen besteht mangels Annahme eines entgeltlichen Beschaffungsaktes keine Ausschreibungspflicht nach dem Vergaberecht, weil davon ausgegangen wird, dass bereits begrifflich kein Beschaffungsakt vorliegt. Die öffentliche Hand beschafft mit der Veräußerung gerade keine Leistung, sondern stößt vielmehr einen Vermögenswert ab.[75] Auch ein kombinierter Erbbaurechts- und Mietvertrag unterfällt grundsätzlich nicht dem Vergaberechtsregime. Solche rein der Vermögensverwaltung dienenden Verträge haben keinen Beschaffungscharakter. Vielmehr tritt die öffentliche Hand ihrerseits als Anbieter auf dem Markt auf. Zudem sind Miet-, Pacht- oder Erbpachtverträge auf das jeweilige Grundstück zugeschnitten, so dass eine EU-weite Ausschreibung grundsätzlich keinen Sinn macht.[76]

37 • **§ 100b Abs. 2 Nr. 1 GWB**: Aufträge über finanzielle Dienstleistungen im Zusammenhang mit der Ausgabe, dem Verkauf, den Ankauf oder die Übertragung von Wertpapieren oder anderen Finanzinstrumenten, insbesondere Geschäfte, die der Geld- oder Ka-

---

[70] EuGH, Urt. v. 19.6.2008 – Rs. C-454/06 (Pressetext Nachrichtenagentur) = NZBau 2008, 518ff.
[71] *Heuvels*, § 99 GWB Rn. 143.
[72] EuGH, Urt. v. 19.6.2008 – Rs. C-454/06 (Pressetext Nachrichtenagentur) = NZBau 2008, 518ff.
[73] OLG Naumburg, Beschl. v. 26.7.2012 – 2 Verg 2/12; OLG Düsseldorf, Beschl. v. 8.5.2002 – Verg 8-15/01.
[74] BayObLG, Beschl. v. 27.2.2003 – Verg 25/02 = NZBau 2003, 634ff.
[75] BGH, Urt. v. 22.2.2008 – V ZR 56/07 = VergabeR 2008, 649ff.
[76] VK Nordbayern, Beschl. v. 27.3.2008 – 21.VK-3194 – 48/07.

pitalbeschaffung öffentlicher Auftraggeber dienen. Daneben sind auch finanzielle Dienstleistungen nicht vergaberechtspflichtig, bei denen ein besonderes kapitalmarktbezogenes Vertrauensverhältnis erforderlich ist, das die Anwendung des Vergaberechts unmöglich, zumindest aber für unangemessen erscheinen lässt. Dies können Transaktionsgeschäfte mit Finanzinstrumenten sein, aber auch solche vorbereitenden und begleitenden Dienstleistungen, die mit dem Finanzierungsgeschäft in einem solchen Zusammenhang stehen, dass sie die Durchführung des Geschäfts selbst beeinflussen können, wie z.B. der Arrangeurvertrag über einen US-Cross-Border-Leasing-Vertrag.[77]

- **§ 100b Abs. 2 Nr. 2 GWB**: Aufträge bei Tätigkeiten auf dem Gebiet der Trinkwasserversorgung, welche die Beschaffung von Wasser zum Gegenstand haben. 38
- **§ 100b Abs. 2 Nr. 3 GWB**: Aufträge bei Tätigkeiten auf dem Gebiet der Energieversorgung, welche die Beschaffung von Energie oder von Brennstoffen zur Energieerzeugung zum Gegenstand haben. 39
- **§ 100b Abs. 3 GWB**: Aufträge von Sektorenauftraggebern an Auftragnehmer, die selbst ein von der Norm näher bestimmter öffentlicher Auftraggeber sind und ein auf Gesetz oder Verordnung beruhendes ausschließliches Recht zur Erbringung der Leistung haben,[78] d.h. im Falle eines Monopols.[79] Dazu zählen z.B. Wasserrechte, Wegerechte, Benutzungsrechte von Grundstücken und sonstige Ausschließlichkeitsrechte, die kraft Gesetzes oder Verordnung bestehen, nicht aber bspw. aufgrund Satzungsrechtes oder öffentlich-rechtlichen Vertrages begründet werden. Dies gilt entsprechend auch für ordnungsbehördliche Verordnungen.[80] 40

Mangels einer auf Beschaffung gerichteten Tätigkeit liegt auch bei der Vergabe von sog. 41 **Dienstleistungskonzessionen** kein vergabepflichtiges öffentliches Auftragsverhältnis vor. Anders als bei Baukonzessionen finden Dienstleistungskonzessionen (bislang) keine allgemeine[81] gesetzliche Stütze.[82] Ob Verträge als Dienstleistungskonzessionen einzustufen sind oder nicht, ist daher ausschließlich anhand des europäischen Gemeinschaftsrechts zu beurteilen.[83] Konzessionen sind Vertragskonstellationen, bei denen die Gegenleistung für die Erbringung des Auftrags nicht in einem vorher festgelegten Preis, sondern in dem Recht besteht, die zu erbringende eigene Leistung zu nutzen oder entgeltlich zu verwerten, oder in diesem Recht und einer zusätzlichen Bezahlung.[84] Kennzeichen einer Konzession ist, dass sie die Übertragung eines Rechts zur Verwertung einer bestimmten Leistung umfasst und dass der Konzessionär – ganz oder zum überwiegenden Teil – das wirtschaftliche Nutzungsrisiko trägt.[85] Kann eine sichere Aussage über die Risikoverteilung zwischen Auftraggeber und Auftragnehmer zum Zeitpunkt der Ausschreibung nicht getroffen werden, und besteht deshalb die Möglichkeit, dass das wirtschaftliche Risiko in nennenswertem Umfang beim Auftraggeber verbleibt, ist im Interesse eines fairen und transparenten Wettbewerbs von einem Dienstleistungsauftrag und nicht von einer Dienstleistungskonzession auszugehen.[86]

Auch wenn das Vergaberecht auf Dienstleistungskonzessionen keine Anwendung findet, fordert die europäische Rechtsprechung für den Abschluss von Dienstleistungskon- 42

---

77 VK Baden-Württemberg, Beschl. v. 30.11.2001 – 1 VK 40/01.

78 OLG Düsseldorf, Beschl. v. 9.4.2003 – Verg 66/02.

79 *Dreher*, § 100 Rn. 46.

80 *Dreher*, § 100 Rn. 47.

81 Für Dienstleistungskonzessionen zur Vergabe von Personenbeförderungsleistungen im Anwendungsbereich der europäischen Verordnung (EG) Nr. 1370/2007 gelten Sonderregeln, vgl. Art. 5 Abs. 1 S. 2 Verordnung (EG) Nr. 1370/2007.

82 BGH, Beschl. v. 8.2.2011 – X ZB 4/10.

83 OLG Karlsruhe, Beschl. v. 6.2.2013 – 15 Verg 11/12.

84 Thüringer OLG, Beschl. v. 8.5.2008 – 9 Verg 2/08 = VergabeR 2008, 653ff.

85 KG Berlin, Beschl. v. 16.9.2013 – Verg 4/13; EuGH, Urt. v. 18.7.2007 – Rs. C-382/05 (Italienische Republik) = EWS 2007, 429ff.

86 OLG München, Beschl. v. 21.5.2008 – Verg 5/08 = IR 2008, 212f.

zessionsverträgen die Beachtung der **allgemeinen Grundsätze** des AEUV, insbesondere des Transparenzgebotes und Diskriminierungsverbotes.[87] Beispiele für typische Konzessionen aus dem Dienstleistungsbereich sind etwa die Konzession zur Durchführung eines Wochenmarktes,[88] zur Aufstellung von Großflächenwerbeanlagen,[89] der Betrieb einer Fahrradstation mit Servicedienstleistungen,[90] das Recht zur Vermittlung von Abschleppdienstleistungen[91], die Bewirtschaftung einer städtischen Leichenhalle[92] und das Recht zur Errichtung von Kabelnetzen.[93]

43 Das Vergaberecht findet ferner keine Anwendung, wenn der öffentliche Auftraggeber lediglich **Vermögen veräußert**,[94] also nicht als Nachfrager, sondern als Anbieter von Waren und Leistungen auftritt (z. B. Verkauf von Betriebseinrichtungen oder -grundstücken). Gleiches gilt für die bloße Veräußerung von Gesellschaftsanteilen.[95] Durch den Anteilsverkauf werden dem Erwerber einerseits lediglich zukünftige Gewinnchancen ermöglicht, andererseits stellt der Eintritt in die Gesellschaft noch keine Leistung dar, die für den öffentlichen Auftraggeber erbracht wird. Etwas anderes kann jedoch dann gelten, wenn die Anteilsveräußerung mit einer Auftragsvergabe tatsächlich kombiniert wird. Dies ist bspw. dann der Fall, wenn eine indirekte Beteiligung eines neu eintretenden Gesellschafters an einem öffentlichen Auftrag besteht, welcher einer Tochtergesellschaft des öffentlichen Auftraggebers zu einem früheren Zeitpunkt langfristig erteilt worden war.[96]

44 Vergaberecht ist auch nicht bei der Übertragung von hoheitlichen Befugnissen auf Private durch **Verwaltungsakt** zu beachten.

b) EU-Schwellenwerte

45 Die für öffentliche Aufträge geltenden EU-Schwellenwerte teilen das Vergaberecht in einen nationalen und einen europäischen Teil (sog. **Zweiteilung** des Vergaberechts).

46 **aa) Bedeutung.** Nach § 100 Abs. 1 GWB werden nur solche öffentliche Aufträge vom europäischen Vergaberecht erfasst, deren Auftragsumfang die in Art. 7 Richtlinie 2004/18/EG regelmäßig angepassten Schwellenwerte übersteigen (vgl. die dynamische Verweisung[97] in § 2 VgV). Ist dies der Fall, so kommen neben dem GWB und der VgV u.a. die VOB/A-EG sowie VOL/A-EG und die Vorschriften der VOF zur Anwendung. Bedeutsam ist die Zweiteilung des Vergaberechts vor allem deshalb, weil nur das europäische Vergaberecht einen besonderen primären Vergaberechtsschutz kennt, das sog. Nachprüfungsverfahren (§§ 102ff. GWB). Werden die EU-Schwellenwerte dagegen unterschritten, gelten vorrangig die haushaltsrechtlichen Bestimmungen über die Vergabe öffentlicher Aufträge. Ein dem Nachprüfungsverfahren vergleichbarer Rechtsschutz ist dem Haushaltsrecht fremd.

47 **bb) Höhe.** Die EU-Schwellenwerte (geschätzter Auftragswert ohne Umsatzsteuer, § 2 Abs. 1 S. 1 VgV) für europaweite Vergabeverfahren sind abhängig von der Art des zu vergebenden Auftrags (Liefer-, Bau- oder Dienstleistungsauftrag) und teilweise von der Person des Auftraggebers (oberste Bundesbehörden usw.).

---

87 EuGH, Urt. v. 7.12.2000 – Rs. C-324/98 (Teleaustria) = EuZW 2001, 90ff.
88 OLG Naumburg, Beschl. v. 4.12.2001 – 1 Verg 10/01 = ZfBR 2002, 303ff.
89 VK Südbayern, Beschl. v. 28.12.2001 – 47-11/01.
90 VK Hamburg, Beschl. v. 2.4.2003 – VgK FB 2/03.
91 VK Südbayern, Beschl. v. 18.6.2007 – Z3-3-3194-1-22-05/07.
92 VG Münster, Beschl. v. 9.3.2007 – 1 L 64/07 = NWVBl. 2007, 319ff.
93 OLG München, Beschl. v. 25.3.2011 – Verg 4/11.
94 *Kullack*, § 99 GWB Rn. 11.
95 Brandenburgisches OLG, Beschl. v. 3.8.2001 – Verg 3/01 = VergabeR 2002, 45ff.
96 Brandenburgisches OLG, Beschl. v. 3.8.2001 – Verg 3/01 = VergabeR 2002, 45ff.
97 Für die Vergabe von Aufträgen im Bereich des Verkehrs, der Trinkwasserversorgung und der Energieversorgung ist eine entsprechende dynamische Verweisung in § 1 Abs. 2 SektVO enthalten.

Für **Bauleistungen** gilt – unabhängig von der Art der öffentlichen Auftraggebereigenschaft – derzeit ein Schwellenwert von 5,186 Mio. EUR. Bei der losweisen Vergabe von Bauaufträgen kommt es darauf an, dass der geschätzte gesamte Auftragswert sämtlicher Lose den Schwellenwert von 5,186 Mio. EUR erreicht bzw. überschreitet. Eine europaweite Ausschreibungspflicht besteht ausnahmsweise nicht für einzelne Lose, deren geschätzter Auftragswert jeweils weniger als 1 Mio. EUR beträgt und mindestens 80% des geschätzten Gesamtwertes aller Lose europaweit vergeben wird (§ 3 Abs. 7 S. 5 VgV). 48

Bei **Liefer- und Dienstleistungsaufträgen** liegt der Schwellenwert aktuell bei 207.000 EUR. Bei der losweisen Vergabe von Liefer- und Dienstleistungsaufträgen besteht eine Pflicht zur Anwendung des europäischen Vergaberechts nur bei Losen mit einem geschätzten Auftragswert von mindestens 80.000 EUR. Eine Ausnahme von der Ausschreibungsverpflichtung besteht dann, wenn der geschätzte Auftragswert einzelner Lose jeweils weniger als 80.000 EUR beträgt und mindestens 80% des gesamten Auftragsvolumens unter Beachtung des europäischen Vergaberechts vergeben wird (§ 3 Abs. 7 S. 5 VgV). 49

Eine **Sonderregelung** besteht für Liefer- und Dienstleistungsaufträge in den Sektorenbereichen Trinkwasser, Energieversorgung oder Verkehr. Dort liegt der zu beachtende Schwellenwert derzeit bei 414.000 EUR. Ein weiterer Sonderfall besteht für oberste und obere Bundesbehörden bzw. vergleichbare Bundeseinrichtungen. Vergeben die vorgenannten Stellen Liefer- oder Dienstleistungsaufträge im Wert von mindestens 134.000 EUR, so ist ein europaweites Vergabeverfahren durchzuführen. 50

cc) Berechnung. Die vorgenannten EU-Schwellenwerte sind auf der Grundlage einer Schätzung des Auftragswertes zu ermitteln (§ 3 Abs. 1 VgV). Die Schätzung hat dabei nach objektiven Kriterien zu erfolgen.[98] Die Vergabestelle hat eine wirklichkeitsgetreue, seriöse und nachvollziehbare Prognose zu treffen.[99] Zur ordnungsgemäßen Schätzung gehört auch die ordentliche Ermittlung der Schätzungsgrundlage.[100] Ein pflichtgemäß geschätzter Auftragswert ist jener Wert, den ein umsichtiger und sachkundiger öffentlicher Auftraggeber nach sorgfältiger Prüfung des relevanten Marktsegmentes und im Einklang mit den Erfordernissen betriebswirtschaftlicher Finanzplanung bei der Anschaffung der vergabegegenständlichen Sachen veranschlagen würde.[101] Maßgebend ist grundsätzlich der Verkehrs- oder Marktwert, zu dem eine bestimmte Leistung zum maßgebenden Zeitpunkt bezogen werden kann.[102] Der öffentliche Auftraggeber muss sich bei der Schätzung nicht an den höchsten Marktpreisen orientieren, sondern an Mittelpreisen, u.U. kann er sich sogar rechtsfehlerfrei an besonders günstigen Angeboten orientieren, wenn eine solche Angebotsstruktur sicher erwartet werden darf.[103] Dabei sind alle Optionen oder etwaige Vertragsverlängerungen zu berücksichtigen (§ 3 Abs. 1 S. 2 VgV). Maßgeblicher Zeitpunkt für die Schätzung des Auftragswertes ist der Tag der Absendung der Vergabebekanntmachung oder die sonstige Einleitung des Vergabeverfahrens (§ 3 Abs. 9 VgV). Wurde der Auftragswert bereits zu einem sehr frühen Zeitpunkt geschätzt, ist eine aktuelle Kostenschätzung zum Zeitpunkt der Einleitung des Vergabeverfahrens nochmals notwendig, wenn es sich um einen Grenzfall handelt, also Zweifel bestehen, ob der Schwellenwert über- oder unterschritten wird.[104] Nur wenn dies nicht der Fall ist, erübrigt sich eine erneute Schätzung des Auftragswertes. 51

---

[98] OLG Düsseldorf, Beschl. v. 8.5.2002 – Verg 5/02 = VergabeR 2002, 665ff.

[99] VK Bund, Beschl. v. 12.5.2003 – VK 2-20/03.

[100] OLG Dresden, Beschl. v. 24.7.2012 – Verg 002/12.

[101] Brandenburgisches OLG, Beschl. v. 29.1.2013 – Verg W 8/12; OLG Naumburg, Beschl. v. 16.10.2007 – 1 Verg 6/07 = ZfBR 2008, 83ff.

[102] OLG Celle, Beschl. v. 5.2.2004 – 13 Verg 26/03.

[103] VK Düsseldorf, Beschl. v. 10.4.2008 – VK-05/2008-B.

[104] VK Baden-Württemberg, Beschl. v. 9.10.2001 – 1 VK 27/01.

52 Verboten sind **Manipulationen** bei der Schätzung oder Aufteilung des Auftragswertes, um den öffentlichen Auftrag der Anwendung des Vergaberechts zu entziehen (§ 3 Abs. 2 VgV). Vergabestellen ist es zwar nicht untersagt, Beschaffungen unterhalb der EU-Schwellenwerte durchzuführen. Es ist auch grundsätzlich nicht zu beanstanden, wenn die öffentlichen Auftraggeber den Nebengedanken hegen, eine finanziell aufwändige Ausschreibung zu vermeiden.[105] Ihnen ist es aber verwehrt, ein objektiv dem Vergaberecht unterfallenden öffentlichen Auftrag so gezielt und planmäßig zu beeinflussen, dass der Auftragswert die Schwellenwerte unterschreitet. Bei der Schätzung des Auftragswertes zu einem Bauprojekt bspw., das in mehrere Bauabschnitte aufgeteilt ist, wird der Gesamtauftragswert aller Bauabschnitte der Schätzung zu Grunde gelegt und nicht etwa nur einzelne Bauabschnitte. Auch die Befristung eines Auftrages ist noch kein Indiz dafür, dass ein Beschaffungsvorhaben durch Aufteilung des Auftrages dem Vergaberecht entzogen wird; nur der regelmäßige Abschluss befristeter Verträge mit unüblich kurzen Vertragslaufzeiten könnte auf eine Umgehung des europäischen Vergaberechts hindeuten.[106]

53 Hat sich der öffentliche Aufraggeber **verschätzt**, indem er bspw. einen Auftragswert unterhalb des maßgeblichen EU-Schwellenwertes geschätzt hat, aber der Ausschreibungswettbewerb überwiegend Angebote ergibt, die deutlich über dem EU-Schwellenwert liegen, so besteht damit alleine noch keine missbräuchlich niedrige Schätzung. Etwas anderes gilt nur dann, wenn der öffentliche Auftraggeber bewusst den Auftragswert unterhalb der Grenze des EU-Schwellenwertes veranschlagt, um eine europaweite Ausschreibung zu vermeiden.[107] Hat der öffentliche Auftraggeber hingegen eine Schätzung oberhalt des europäischen Schwellenwertes unter Berücksichtigung der bekannten Marktgegebenheiten in seriöser, nachvollziehbarer Weise vorgenommen, so hat die Tatsache, dass einige der eingegangenen Angebote den EU-Schwellenwert nicht erreichen, auf die Wahl des europaweiten Vergabeverfahrens keinen Einfluss und beseitigt nicht die Zulässigkeit der Anrufung der Vergabekammer.[108] Fehlt eine Schätzung des Auftragswertes durch den öffentlichen Auftraggeber vollständig, so ist die angerufene Vergabekammer zur eigenständigen Wertermittlung nicht nur berechtigt, sondern verpflichtet. Hierbei kann das Kostenvolumen des preisgünstigsten Bieters zu Grunde gelegt werden.[109]

54 Bei Aufträgen über **Liefer- oder Dienstleistungen**, für die kein Gesamtpreis angegeben wird, ist Berechnungsgrundlage für den geschätzten Auftragswert bei zeitlich begrenzten Aufträgen mit einer Laufzeit von bis zu 48 Monaten der Gesamtwert für die Laufzeit dieser Aufträge (§ 3 Abs. 4 Nr. 1 VgV) und bei Aufträgen mit unbestimmter Laufzeit oder mit einer Laufzeit von mehr als 48 Monaten der 48-fache Monatswert (§ 3 Abs. 4 Nr. 2 VgV).

55 Besonderheiten bestehen bei der Schätzung des Auftragswertes für **Bauleistungen**. Hierbei ist auch der geschätzte Wert der Lieferungen zu berücksichtigen, die für die Ausführung der Bauleistungen erforderlich sind (z. B. Baustellenausstattungen) und vom öffentlichen Auftraggeber zur Verfügung gestellt werden (§ 3 Abs. 5 VgV). Dazu zählt bspw. der Wert der Bauleitung, wenn diese vom öffentlichen Auftraggeber selbst übernommen wird. In diesem Fall stellt die Übernahme der Bauleitung einen werthaltigen Bestandteil der Bauleistung dar, die auf den Gesamtauftragswert anzurechnen ist.[110] Unberücksichtigt bleiben z. B. die Baunebenkosten,[111] der Grundstückswert[112] und die

[105] OLG Frankfurt, Beschl. v. 7.9.2004 – 11 Verg 11/04 = NZBau 2004, 692ff.
[106] VK Münster, Beschl. v. 17.1.2002 – VK 23/01.
[107] OLG München, Beschl. v. 31.10.2012 – Verg 19/12.
[108] KG Berlin, Beschl. v. 24.10.2013 – Verg 11/13.
[109] OLG Celle, Beschl. v. 12.7.2007 – 13 Verg 6/07 = VergabeR 2007, 808ff.
[110] VK Düsseldorf, Beschl. v. 11.9.2001 – VK 19/2001-L.
[111] OLG Celle, Beschl. v. 14.11.2002 – 13 Verg 8/02 = IBR 2003, 37 (Ls.); OLG Stuttgart, Beschl. v. 12.8.2002 – 2 Verg 9/02 = NZBau 2003, 340ff.
[112] VK Baden-Württemberg, Beschl. v. 6.3.2013 – 1 VK 02/13; Brandenburgisches OLG, Beschl. v. 20.8.2002 – Verg W 4/02 = IBR 2002, 677 (Ls.).

Planungsleistungen von Architekten, Ingenieuren und Statikern,[113] es sei denn, dass der öffentliche Auftraggeber sowohl die Leistung als auch die Planung ausschreibt, weil sich der Auftrag bzw. der abzuschließende Vertrag dann auf beide Leistungsteile bezieht.[114]

Der Wert einer **Rahmenvereinbarung** oder eines dynamischen elektronischen Verfahrens wird auf der Grundlage des geschätzten Gesamtwertes aller Einzelaufträge berechnet, die während deren Laufzeit geplant sind (§ 3 Abs. 6 VgV). Rahmenvereinbarungen sind Aufträge, die ein oder mehrere Auftraggeber an ein oder mehrere Unternehmen vergeben können, um die Bedingungen für Einzelaufträge, die während eines bestimmten Zeitraumes vergeben werden sollen, festzulegen, insbesondere über den in Aussicht genommenen Preis (vgl. etwa § 4 Abs. 1 S. 1 VOL/A-EG). Schließen mehrere öffentliche Auftraggeber eine Rahmenvereinbarung zur gemeinsamen Beschaffung ab, ist auch für die Bemessung des Auftragswertes auf diesen (gebündelten) Bedarf abzustellen und jedem einzelnen der öffentlichen Auftraggeber gegenüber der volle Auftragswert des in Aussicht genommenen Rahmenvertrages in Ansatz zu bringen.[115] 56

3. Persönlicher Anwendungsbereich („Wer")

Das durch die EU-Schwellenwerte zweigeteilte Vergaberecht kennt unterschiedliche persönliche Anwendungsbereiche. Anknüpfungspunkt für die weitere Unterscheidung ist die **Eigenschaft** als öffentlicher Auftraggeber. 57

a) Öffentliche Auftraggeber unterhalb der EU-Schwellenwerte

Bei Auftragsvergaben unterhalb der jeweils geltenden EU-Schwellenwerte gilt vorrangig das staatliche bzw. kommunale Haushaltsrecht. Zu seinem Adressatenkreis zählen in erster Linie die typischen, d. h. **institutionell** geprägten öffentlichen Auftraggeber, wie etwa kommunale Gebietskörperschaften (Gemeinden, Kreise, Bezirke) und die sonstigen Einrichtungen, Körperschaften, Anstalten und Stiftungen des öffentlichen Rechts. 58

aa) Regie- und Eigenbetriebe. Gemeindliche Regie- und Eigenbetriebe sind rechtlich unselbständig und daher Teil der Kommunalverwaltung, mithin der jeweiligen kommunalen Gebietskörperschaft. Sie haben deshalb das jeweils geltende kommunale Haushaltsrecht zu beachten und sind grundsätzlich als typische öffentliche Auftraggeber gehalten, ihre Beschaffungen deutschlandweit auszuschreiben. Mangels eigenständiger Rechtspersönlichkeit ist jedoch nicht der kommunale Regie- oder Eigenbetrieb als öffentlicher Auftraggeber anzusehen, sondern die jeweilige Trägergemeinde. 59

Ob Regie- und Eigenbetriebe Bau-, Liefer- und Dienstleistungen zwingend nach den Bestimmungen der VOB/A, VOL/A oder ggf. VOF vergeben müssen oder bspw. ihre Anwendung lediglich vom Landesgesetzgeber empfohlen wird, regeln grundsätzlich die einschlägigen (vornehmlich haushaltsrechtlichen) Landesvorschriften. So sehen die meisten **kommunalen Haushaltsverordnungen** vor, dass bei der Vergabe von Aufträgen bestimmte Vergaberichtlinien oder Vergabegrundsätze anzuwenden sind, die das jeweils zuständige Landesministerium bekannt gibt. Dadurch soll im Interesse der Gemeinden und Städte gewährleistet sein, dass das wirtschaftlich günstigste Marktangebot erzielt werden kann und zugleich ein geordneter, transparenter Wettbewerb der Korruption vorbeugt. 60

Die folgende Darstellung erläutert **beispielhaft** die wesentlichen für Regie- und Eigenbetriebe geltenden Vergabegrundsätze anhand der Rechtslage in zwei Bundesländern: 61

In **Bayern** ist die VOB/A als Vergabegrundsatz nach § 31 Abs. 2 KommHV-Kameralistik bzw. § 30 Abs. 2 KommHV-Doppik zwingend von den Gemeinden und damit auch von ihren Regiebetrieben anzuwenden. Für bayerische Eigenbetriebe findet § 31 Abs. 2 62

[113] VK Düsseldorf, Beschl. v. 11.9.2001 – VK 19/2001-L.
[114] OLG München, Beschl. v. 31.10.2012 – Verg 19/12.
[115] OLG Düsseldorf, Beschl. v. 26.7.2002 – Verg 28/02 = VergabeR 2003, 87ff.

KommHV-Kameralistik bzw. § 30 Abs. 2 KommHV-Doppik über § 9 EBV entsprechende Anwendung. Die VOL/A und VOF sind für kommunale Auftraggeber unterhalb der Schwellenwerte dagegen bislang nicht verbindlich eingeführt,[116] sodass auch die rechtlich unselbständigen Regie- und Eigenbetriebe nicht zur Beachtung von VOL/A und VOF verpflichtet sind. Die Anwendung der VOL/A ist den bayerischen Regie- und Eigenbetrieben aus Gründen der Rechtssicherheit jedoch empfohlen.

63 In **Nordrhein-Westfalen** „soll" die VOB/A als haushaltsrechtlicher Vergabegrundsatz gemäß § 25 Abs. 2 GemHVO unterhalb der Schwellenwerte Beachtung finden. Die VOL/A wird nur zur Anwendung empfohlen, während die VOF nur oberhalb der Schwellenwerte zu berücksichtigen ist. Die vorstehenden Vergabegrundsätze gelten grundsätzlich nur für die gemeindlichen Regiebetriebe und eigenbetriebsähnlichen Einrichtungen i.S.d. § 107 Abs. 2 GO NRW, nicht hingegen für kommunale Eigenbetriebe.[117]

64 **bb) Kommunalunternehmen.** Die Vergabepflichtigkeit von Kommunalunternehmen in der Rechtsform der Anstalt des öffentlichen Rechts ist in den Bundesländern unterschiedlich geregelt:

65 In **Bayern** haben Kommunalunternehmen mangels einer normativen Regelung unterhalb der EU-Schwellenwerte grundsätzlich keine Vergabevorschriften zu beachten. Eine vergleichbare Bestimmung wie dies § 9 EBV für bayerische Eigenbetriebe vorschreibt, ist in Bayern bislang nicht erlassen worden.

66 Die **nordrhein-westfälische** Rechtslage stellt sich hingegen anders dar. Dort gelten über die Verweisungsvorschrift in § 8 KUV die verbindlichen Vergabegrundsätze nach § 25 GemHVO insoweit, als für die Vergabe von Aufträgen über die Lieferung und Leistung sowie von Aufträgen zur Durchführung von Baumaßnahmen die Auftragsvergabe der Erfüllung von durch Satzung übertragenen hoheitlichen Aufgaben aus den in § 107 Abs. 2 der GO NRW angeführten Bereichen dient. Nimmt das Kommunalunternehmen keine hoheitlichen Aufgaben wahr, so kommt eine verbindliche Anwendung des Vergaberechts nicht in Betracht.

67 **cc) GmbH und AG.** Als privatrechtlich verfasste juristische Personen sind gemeindliche Eigengesellschaften in Form der GmbH oder AG grundsätzlich nicht an das kommunale Haushaltsrecht gebunden. Damit gelten für sie auch nicht die auf Grund der jeweiligen Gemeinde- oder Kommunalhaushaltsverordnungen bekannt gemachten Vergaberichtlinien.

68 Vergaberechtliche Bestimmungen müssen privatrechtliche Eigengesellschaften oder gemischtwirtschaftliche Unternehmen nur dann beachten, wenn sie zu ihrer Anwendung **in besonderer Weise** verpflichtet werden. Dies kann etwa bei der Zuwendung von öffentlichen Fördermitteln durch Verwaltungsakt oder öffentlich-rechtlichen Vertrag erfolgen. Auch (landes-)gesetzliche Vorschriften können dazu führen, dass die Regelungen der VOB/A, VOL/A oder der VOF von kommunalen Eigen- oder Mehrheitsgesellschaften beachtet werden müssen.

69 So regelt z. B. in **Sachsen** § 2 Abs. 3 SächsVergabeG, dass kommunale Auftraggeber in Ausübung ihrer Gesellschafterrechte in Unternehmen, an denen sie beteiligt sind, darauf hinwirken, dass die VOB/A und VOL/A beachtet werden.

70 In **Nordrhein-Westfalen** bspw. gelten dagegen die kommunalen Vergabegrundsätze des Landes explizit nicht für kommunal beherrschte Unternehmen und Einrichtungen in einer Rechtsform des privaten Rechts.[118]

---

[116] Vgl. Ziff. 3 der Bekanntmachung des Bayerischen Staatsministeriums des Innern v. 14.10.2005 – I B 3 – 1512.4-138, zul. geänd. durch Bekanntmachung v. 12.12.2012, StAnz Nr. 51/52.

[117] Vgl. Ziff. 1 des RdErl des Ministeriums für Inneres und Kommunales v. 6.12.2012 – 34-48.07.01/01-169/12.

[118] Vgl. Ziff. 1.2 des RdErl des Ministeriums für Inneres und Kommunales v. 6.12.2012 – 34-48.07.01/01-169/12.

b) Öffentliche Auftraggeber oberhalb der EU-Schwellenwerte

Im Gegensatz zum institutionellen Auftraggeberbegriff bei Beschaffungen unterhalb der EU-Schwellenwerte, wird der öffentliche Auftraggeber oberhalb derselben **funktional** bestimmt. Ausschlaggebend ist nicht die Rechtsform, sondern die öffentliche Aufgabenwahrnehmung. Daher unterliegen nicht nur die typischen „klassischen" öffentlichen Auftraggeber, wie Bund, Länder und Kommunen, sondern alle Einrichtungen, die Aufgaben im öffentlichen Interesse wahrnehmen, dem europäischen Vergaberecht. Neben den juristischen Personen des öffentlichen Rechts (z. B. Körperschaften und Anstalten) können daher auch privatrechtlich organisierte juristische Personen (bspw. GmbH, AG) unter bestimmten Voraussetzungen als öffentliche Auftraggeber eingeordnet werden, sofern sie staatliche Funktionen erfüllen. 71

Eine materiell-rechtliche Zurechnung einer Auftragsvergabe zu Gunsten des eigentlichen öffentlichen Auftraggebers kann sich auch durch eine **mittelbare Stellvertretung** des öffentlichen Auftraggebers ergeben. Eine mittelbare Stellvertretung liegt vor, wenn jemand ein Rechtsgeschäft im eigenen Namen, aber im Interesse und für Rechnung eines anderen, d. h. des Geschäftsherrn vornimmt.[119] Beschafft z. B. ein privater Dritter ein Forschungsgerät im Interesse eines öffentlichen Auftraggebers und erhält er die Selbstkosten vom öffentlichen Auftraggeber ersetzt, so ist das Vergaberecht anzuwenden.[120] 72

aa) Staatliche Institutionen, § 98 Nr. 1 GWB. Öffentliche Auftraggeber gemäß § 98 Nr. 1 GWB sind die Gebietskörperschaften, also insbesondere der Bund, die Bundesländer, Bezirke, Landkreise, Städte und Gemeinden sowie ihre rechtlich unselbständigen Untergliederungen, wie z. B. regiebetriebliche Einrichtungen. Zum Anwendungsbereich des § 98 Nr. 1 GWB zählen ausdrücklich auch die Sondervermögen der Gebietskörperschaften, vor allem die kommunalen Eigenbetriebe,[121] aber auch die nicht rechtsfähigen kommunalen Stiftungen des öffentlichen Rechts.[122] Die Kirchen zählen nicht zu den Gebietskörperschaften und sind auch nicht in den staatlichen Rechtskreis ein- oder untergeordnet.[123] 73

bb) Öffentliche Einrichtungen, § 98 Nr. 2 GWB. § 98 Nr. 2 GWB drückt das funktionale Verständnis des öffentlichen Auftraggeberbegriffes im europäischen Sinne besonders aus. Denn neben den juristischen Personen des öffentlichen Rechts unterstellt die Vorschrift auch diejenigen juristischen Personen des Privatrechts dem europäischen Vergaberegime, die (1) über eine eigene Rechtspersönlichkeit verfügen und (2) zu dem Zweck gegründet wurden, (3) im Allgemeininteresse liegende Aufgaben in (4) nichtgewerblicher Art zu erfüllen, und (5) zugleich von einem öffentlichen Auftraggeber finanziert werden oder seiner Leitung bzw. Aufsicht unterliegen. 74

Kommunale Anstalten bzw. **Kommunalunternehmen** in der Rechtsform der Anstalt des öffentlichen Rechts sind als Auftraggeber i.S.d. § 98 Nr. 2 GWB zu qualifizieren, weil sie nach den jeweiligen gemeinderechtlichen Gründungsbestimmungen regelmäßig nur Aufgaben wahrnehmen können, die im allgemeinen öffentlichen Interesse liegen, und die sie grundsätzlich nichtgewerblich durchführen. Zudem werden sie von der öffentlichen Hand beherrscht und finanziert. 75

(1) Eigene Rechtspersönlichkeit. § 98 Nr. 2 GWB will vor allem die juristischen Personen in privatrechtlicher Rechtsform erfassen. Für den kommunalen Bereich sind in erster Linie die Kapitalgesellschaften, d. h. die GmbH und AG, von Bedeutung. Dazu zählen auch die Vorgesellschaften der juristischen Personen (sog. Vor-GmbH oder Vor- 76

---

119 VK Bund, Beschl. v. 23.3.2011 – VK 1-12/11; VK Brandenburg, Beschl. v. 18.6.2007 – 1 VK 20/07.
120 VK Bund, Beschl. v. 8.6.2006 – VK 2-114/05 = ZfBR 2007, 194ff.
121 OLG Celle, Beschl. v. 25.8.2011 – 13 Verg 5/11.
122 *Dreher*, § 98 Rn. 16.
123 OLG Celle, Beschl. v. 25.8.2011 – 13 Verg 5/11.

AG), die ebenfalls dem Vergaberecht unterfallen.[124] Über den bloßen Wortlaut hinaus sind auch Personenhandelsgesellschaften (OHG, KG, GmbH & Co. KG usw.) in den Anwendungsbereich von § 98 Nr. 2 GWB einzubeziehen.[125] Diese sind zwar keine juristischen Personen, besitzen aber Teilrechtsfähigkeit und können wie jene öffentliche Aufgaben im funktionalen Sinne erfüllen.

77 **(2) Gründungszweck.** Der Gründungszweck der Einrichtung muss darauf gerichtet sein, im Allgemeininteresse liegende Aufgaben nichtgewerblicher Art auszuführen. Der Zweck lässt sich zumeist aus dem Gesellschaftsvertrag, der Satzung oder dem sonstigen Errichtungsakt ableiten. In diesem Zusammenhang hat der EuGH[126] entschieden, dass es gleichgültig ist, ob eine Einrichtung bereits zu dem besonderen Zweck gegründet wurde, Aufgaben nichtgewerblicher Art im Allgemeininteresse zu erfüllen. Selbst wenn diese Einrichtung erst zu einem späteren Zeitpunkt solche Aufgaben übernommen hat und diese seitdem tatsächlich wahrnimmt, liegt der besondere Gründungszweck vor, soweit die Übernahme dieser öffentlichen Aufgaben objektiv festgestellt werden kann.

78 **(3) Aufgaben im Allgemeininteresse.** Im Allgemeininteresse liegende Aufgaben sind solche, die hoheitliche Befugnisse, die Wahrnehmung der Belange des Staates und damit letztlich Aufgaben betreffen, die der Staat selbst erfüllt, oder bei denen er einen entscheidenden Einfluss behalten möchte.[127] Da der EuGH[128] einen möglichst weiten Anwendungsbereich der europäischen Vergaberichtlinien für notwendig erachtet, soll mit diesem Merkmal eine Flucht aus der Staatlichkeit verhindert werden. Denn in privater Rechtsform geführte Staatsbetriebe entreißen den mit ihnen konkurrierenden Privatunternehmen durchaus erhebliche Marktanteile und führen so eine Verzerrung des Wettbewerbs herbei, gegen die sich der private Unternehmer nicht oder nur schwer wehren kann.[129]

79 **Beispiele** für im Allgemeininteresse liegende Aufgaben sind etwa die Bereitstellung von sozialem Wohnraum,[130] der Betrieb von Kliniken,[131] die Abfallentsorgung,[132] das Betreiben und Bereitstellen eines Stromnetzes in einer Großstadt,[133] der Betrieb des öffentlichen Personennahverkehrs[134] bzw. eines U-Bahn-Netzes,[135] die Wirtschaftsförderung,[136] das Leichen- und Bestattungswesen[137], der Betrieb öffentlicher Bäder[138] oder die Planung einer Landesgartenschau.[139]

80 **(4) Nichtgewerblichkeit.** Die Frage der Nichtgewerblichkeit der unternehmerischen Aufgaben muss unter Berücksichtigung aller erheblichen rechtlichen und tatsächlichen Umstände im Einzelfall beantwortet werden. Dazu gehören z. B. die Umstände, die zur Gründung der betroffenen Einrichtung geführt haben und die Voraussetzungen, unter

---

124 *Pünder*, § 98 GWB Rn. 21.

125 OLG Celle, Beschl. v. 14.9.2006 – 13 Verg 3/06 = NordÖR 2006, 405ff.

126 EuGH, Urt. v. 12.12.2002 – Rs. C-470/99 (Universale Bau AG) = NZBau 2003, 162ff.

127 OLG Düsseldorf, Beschl. v. 19.6.2013 – VII-Verg 55/12; OLG München, Beschl. v. 7.6.2005 – Verg 4/05 = ZfBR 2005, 597ff.

128 EuGH, Urt. v. 27.2.2003 – Rs. C-373/00 (Santex) = NZBau 2003, 284ff.

129 VK Münster, Beschl. v. 24.6.2002 – VK 03/02 = ZfBR 2002, 724ff. (m. Anm. *Schröder*).

130 Brandenburgisches OLG, Beschl. v. 3.8.2001 – Verg 3/01 = VergabeR 2002, 45ff.

131 VK Niedersachsen, Beschl. v. 3.9.2012 – VgK-29/2012; OLG München, Beschl. v. 11.6.2007 – Verg 6/07 = VergabeR 2007, 684ff.

132 VK Düsseldorf, Beschl. v. 30.9.2002 – VK-26/2002.

133 OLG München, Beschl. v. 20.4.2005 – Verg 8/05 = VergabeR 2005, 802ff.

134 OLG Düsseldorf, Beschl. v. 4.5.2009 – VII-Verg 68/08; VK Brandenburg, Beschl. v. 28.1.2003 – VK 71/02.

135 BayObLG, Beschl. v. 5.11.2002 – Verg 22/02 = NZBau 2003, 342ff.

136 VK Südbayern, Beschl. v. 5.9.2002 – 35-07/02.

137 EuGH, Urt. v. 27.2.2003 – Rs. C-373/00 (Santex) = NZBau 2003, 284ff.

138 VK Nordbayern, Beschl. v. 15.2.2002 – 320.VK-3194-02/02.

139 OLG Düsseldorf, Beschl. v. 4.2.2009 – VII-Verg 65/08.

denen sie ihre Tätigkeiten ausübt. Die fehlende Gewinnerzielungsabsicht ist dabei ein wichtiges, aber nicht das entscheidende Kriterium. Selbst wenn eine Einrichtung keine Gewinnerzielungsabsicht verfolgt, ihre Geschäftsführung sich aber an Leistungs-, Effizienz- und Wirtschaftlichkeitskriterien ausrichtet und sie gleichzeitig in einem wettbewerblich geprägten Umfeld tätig wird, so erfüllt die Einrichtung ihre Aufgaben in gewerblicher Art und Weise.[140]

Nichtgewerblich sind demzufolge solche Einrichtungen bzw. Unternehmen, die in Geschäftsfeldern tätig sind, die keinen Marktkräften ausgesetzt sind und bei denen eine Staatsgebundenheit in der Gestalt von Beherrschungs-, Kontroll- und finanziellen **Ausgleichsmechanismen** vorliegt. Die Gewerblichkeit kann demgemäß bejaht werden, wenn das Unternehmen bei seiner gesamten Geschäftstätigkeit im Wettbewerb steht und dem Insolvenzrisiko ausgesetzt ist oder nicht mit einem Wertausgleich durch den öffentlichen Anteilseigner rechnen kann.[141] 81

Für die Beurteilung der Nichtgewerblichkeit sind folgende **Merkmale** maßgeblich: (1.) die Intensität des Wettbewerbs, dem sich ein Unternehmen zu stellen hat, (2.) die Gewinnerzielungsabsicht, (3.) die Übernahme der mit der Tätigkeit verbundenen Risiken und (4.) die etwaige Finanzierung der Tätigkeit aus öffentlichen Mitteln.[142] 82

Beispiele für die Nichtgewerblichkeit sind bspw. die Krankenhausversorgung[143] oder der öffentliche Personennahverkehr (ÖPNV).[144] 83

(5) Finanzierung oder Aufsicht. Öffentliche Einrichtungen müssen von Auftraggebern i.S.d. § 98 Nr. 1 oder Nr. 3 GWB einzeln oder gemeinsam durch Beteiligung oder auf sonstige Weise überwiegend finanziert oder über ihre Leitung die Aufsicht ausüben oder mehr als die Hälfte der Mitglieder eines ihrer zur Geschäftsführung oder zur Aufsicht berufenen Organe bestimmt haben. Der Begriff der Finanzierung durch den Staat ist funktionell zu verstehen.[145] 84

Eine überwiegende Finanzierung liegt bereits dann vor, wenn eine passive Inhaberschaft der **Kapitalmehrheit** besteht.[146] Aber auch andere Finanzierungsbeiträge (Bargeld, Sacheinlagen usw.), welche die öffentliche Einrichtung von Dritten erhält, sind zu berücksichtigen, sofern eine Finanzierung von mehr als 50% erfolgt.[147] Maßgeblich ist die Zurverfügungstellung von finanziellen Mitteln und nicht die Finanzierungsart. Bei der Beurteilung und Feststellung der überwiegenden Finanzierung ist auf die juristische Person insgesamt abzustellen, nicht auf das einzelne von ihr wahrgenommene Aufgabengebiet.[148] Im Gegensatz zu § 98 Nr. 5 GWB stellt der Wortlaut des § 98 Nr. 2 GWB auf den Rechtsträger ab und nicht auf die Aufgabenbereiche.[149] 85

Neben der hauptsächlichen Finanzierung kann eine Beherrschung auch dann vorliegen, wenn die aufsichtliche Einflussnahme des öffentlichen Auftraggebers so ausgestaltet ist, dass er die Entscheidungen der öffentlichen Einrichtung in Bezug auf öffentliche Aufträge **beeinflussen** kann.[150] Dies ist dann der Fall, wenn die öffentliche Hand nicht nur die Jahresabschlüsse der betreffenden Einrichtung kontrolliert, sondern auch ihre laufende Verwaltung im Hinblick auf ihre ziffernmäßige Richtigkeit, Ordnungsmäßigkeit, Sparsamkeit, Wirtschaftlichkeit und Zweckmäßigkeit überprüft, und darüber hinaus berechtigt ist, die Betriebsräume und Anlagen der öffentlichen Einrichtung zu besichti- 86

140 EuGH, Urt. v. 10.5.2001 – Rs. C-223/99 u. Rs. C-260/99 (Agora) = NZBau 2001, 403ff.
141 OLG Hamburg, Beschl. v. 25.1.2007 – 1 Verg 5/06 = NZBau 2007, 801ff.
142 OLG Rostock, Beschl. v. 15.6.2005 – 17 Verg 3/05 = NZBau 2006, 593ff.
143 Saarländisches OLG, Beschl. v. 20.9.2006 – 1 Verg 3/06 = VergabeR 2007, 110ff.
144 VK Düsseldorf, Beschl. v. 2.3.2007 – VK-05/2007-L.
145 EuGH, Urt. v. 12.9.2013 – Rs. C-526/11 (Ärztekammer Westfalen-Lippe).
146 VK Baden-Württemberg, Beschl. v. 9.10.2001 – 1 VK 27/01.
147 *Dreher,* § 98 Rn. 94.
148 OLG Naumburg, Beschl. v. 17.3.2005 – 1 Verg 3/05 = VergabeR 2005, 635ff.
149 VK Mecklenburg-Vorpommern, Beschl. v. 8.5.2007 – 3 VK 4/07.
150 EuGH, Urt. v. 1.2.2001 – Rs. C-237/99 (Französische Republik) = VergabeR 2001, 118ff.

gen und über das Ergebnis dieser Prüfung zu berichten.[151] Ein solcher Einfluss verlangt also regelmäßig nicht nur eine nachträgliche Kontrolle der Tätigkeit der Einrichtung, sondern eine Einflussmöglichkeit auf die laufende Geschäftsführung.[152]

87 Gemessen an den vorstehenden Grundsätzen ist daher die bloße **Rechtsaufsich**t nicht als Aufsicht i.S.d. § 98 Nr. 2 GWB zu werten, weil sie – im Gegensatz zur Fachaufsicht – nicht in die unternehmerischen Entscheidungen der öffentlichen Einrichtung eingreifen kann und somit nicht die Unternehmenspolitik beherrscht.[153] In zivilrechtlicher Hinsicht kann eine Aufsicht z. B. auch durch einen Gesellschaftsvertrag begründet werden.[154]

88 **cc) Verbände,** § 98 Nr. 3 GWB. Die Vorschrift erfasst in der Praxis hauptsächlich kommunale Zweckverbände. Der Begriff der Verbände umfasst darüber hinaus aber Zusammenschlüsse aller Art, ungeachtet der jeweiligen Rechtsform.[155]

89 **dd) Sektorenauftraggeber, § 98 Nr. 4 GWB.** Die Vorschrift unterstellt begrifflich natürliche oder juristische Personen des privaten Rechts dem europäischen Vergaberecht, die auf dem Gebiet der Trinkwasser- oder Energieversorgung oder des Verkehrs tätig sind, wenn diese Tätigkeiten auf der Grundlage von besonderen oder ausschließlichen Rechte ausgeübt werden, die von einer zuständigen Behörde gewährt wurden, oder wenn Auftraggeber nach § 98 Nr. 1 bis Nr. 3 GWB auf diese Personen einzeln oder gemeinsam einen beherrschenden Einfluss ausüben können.[156] Unter die Vorschrift fallen nur Unternehmen, welche die Sektorentätigkeit als solche erbringen, nicht die bloße Organisation solcher Dienstleistungen.[157]

90 Die Merkmale der Tätigkeiten in den o.g. Sektorenbereichen sind in einer Anlage zu § 98 Nr. 4 GWB näher **definiert**:

91 **(1) Trinkwasserversorgung.** Unter der Trinkwasserversorgung werden die Bereitstellung und das Betreiben fester Netze zur Versorgung der Allgemeinheit im Zusammenhang mit der Gewinnung, dem Transport oder der Verteilung von Trinkwasser sowie die Versorgung dieser Netze mit Trinkwasser verstanden. Davon umfasst ist auch die damit zusammenhängende Ableitung und Klärung von Abwässern.

92 Eine Sektorentätigkeit im Bereich Trinkwasser liegt aber **nicht** mehr vor, sofern die Gewinnung von Trinkwasser für die Ausübung einer anderen Tätigkeit als der Trinkwasser- oder Energieversorgung oder des Verkehrs erforderlich ist, die Lieferung an das öffentliche Netz nur vom Eigenverbrauch des Sektorenauftraggebers abhängt und unter Zugrundelegung des Mittels der letzten drei Jahre einschließlich des laufenden Jahres nicht mehr als 30% der gesamten Trinkwasserversorgung des Sektorenauftraggebers ausmacht. In diesem Zusammenhang ist auch von Interesse, dass die Eigenbeschaffung von Wasser durch einen Trinkwasserversorger nicht dem Vergaberecht unterfällt (vgl. § 100b Abs. 2 Nr. 2 GWB).

93 **(2) Elektrizitäts- und Gasversorgung.** Die Elektrizitäts- und Gasversorgung umfasst das Bereitstellen und Betreiben fester Netze zur Versorgung der Allgemeinheit im Zusammenhang mit der Erzeugung, dem Transport oder der Verteilung von Strom oder der Gewinnung von Gas sowie die Versorgung dieser Netze mit Strom oder Gas.

94 **Keine** Tätigkeit im Sektor Elektrizitäts- und Gasversorgung liegt vor, sofern die Erzeugung von Strom oder Gas für die Ausübung einer anderen Tätigkeit als der Trinkwasser- oder Energieversorgung oder des Verkehrs erforderlich ist, die Lieferung von

---

151 EuGH, Urt. v. 27.2.2003 – Rs. C-373/00 (Santex) = NZBau 2003, 284ff.
152 OLG Naumburg, Beschl. v. 17.3.2005 – 1 Verg 3/05 = VergabeR 2005, 635ff.
153 EuGH, Urt. v. 12.9.2013 – Rs. C-526/11 (Ärztekammer Westfalen-Lippe); BayObLG, Beschl. v. 10.9.2002 – Verg 23/02 = NZBau 2003, 348f.; a.A.: OLG Düsseldorf, Beschl. v. 19.12.2007 – Verg 51/07 = NZBau 2008, 194ff.
154 VK Bund, Beschl. v. 3.5.2007 – VK 3-31/07.
155 OLG Düsseldorf, Beschl. v. 18.10.2006 – VII-Verg 30/06.
156 Vgl. zum Ganzen: Schröder, NZBau 2012, 541ff.
157 OLG Düsseldorf, Beschl. v. 7.11.2012 – VII-Verg 11/12.

Strom oder Gas an das öffentliche Netz nur vom Eigenverbrauch abhängt, bei der Lieferung von Gas auch nur darauf abzielt, diese Erzeugung wirtschaftlich zu nutzen, wenn unter Zugrundelegung des Mittels der letzten drei Jahre einschließlich des laufenden Jahres bei der Lieferung von Strom nicht mehr als 30% der gesamten Energieerzeugung des Sektorenauftraggebers und bei der Lieferung von Gas nicht mehr als 20% des Umatzes des Sektorenauftraggebers ausmacht. Vergaberecht ist auch dann nicht anzuwenden, wenn ein auf dem Energiesektor tätiges Unternehmen die Beschaffung von Energie oder von Brennstoffen zur Energieerzeugung beabsichtigt (vgl. § 100b Abs. 2 Nr. 3 GWB).

(3) Wärmeversorgung. Unter Wärmeversorgung ist das Bereitstellen und Betreiben fester Netze zur Versorgung der Allgemeinheit im Zusammenhang mit der Erzeugung, dem Transport oder der Verteilung von Wärme sowie die Versorgung dieser Netze mit Wärme zu subsumieren. Eine Sektorentätigkeit im Bereich Wärmeversorgung liegt nicht vor, sofern die Erzeugung von Wärme durch Sektorenauftraggeber sich zwangsläufig aus der Ausübung einer anderen Tätigkeit als auf dem Gebiet der Trinkwasser- oder Energieversorgung oder des Verkehrs ergibt, die Lieferung an das öffentliche Netz nur darauf abzielt, diese Erzeugung wirtschaftlich zu nutzen und unter Zugrundelegung des Mittels der letzten drei Jahre einschließlich des laufenden Jahres nicht mehr als 20% des Umsatzes des Sektorenauftraggebers ausmacht. 95

(4) Verkehr. Zum Verkehrssektor zählt die Bereitstellung und der Betrieb von Flughäfen zum Zwecke der Versorgung von Beförderungsunternehmen im Luftverkehr durch Flughafenunternehmen, die Bereitstellung und der Betrieb von Häfen oder anderen Verkehrseinrichtungen zum Zwecke der Versorgung von Beförderungsunternehmen im See- oder Binnenschiffsverkehr und das Erbringen von Verkehrsleistungen, die Bereitstellung oder das Betreiben von Infrastruktureinrichtungen zur Versorgung der Allgemeinheit im Eisenbahn-, Straßenbahn- oder sonstigen Schienenverkehr, mit Seilbahnen sowie mit automatischen Systemen, im öffentlichen Personenverkehr im Sinne des PBefG auch mit Kraftomnibussen und Oberleitungsbussen. 96

Ein **Betrieb von Netzen** liegt z. B. nicht vor, wenn ein Unternehmen für die Durchführung des öffentlichen Personennahverkehrs nach dem PBefG über keine eigenen Omnibusse verfügt, sondern die Bedienung der für das Unternehmen konzessionierten Linien insgesamt durch den Abschluss von Betriebsführungsverträgen mit Omnibusunternehmen organisiert, die insoweit als Nachunternehmer tätig werden.[158] 97

(5) Gewährung besonderer oder ausschließlicher Rechte. Nach § 98 Nr. 4, 1. Halbs., 1. Alt. GWB müssen Sektorenunternehmen eine der o.g. Tätigkeiten ausüben. Die besonderen oder ausschließlichen Rechte sind in § 98 Nr. 4, 2. Halbs. GWB legaldefiniert. Dabei handelt es sich um Rechte, die dazu führen, dass die Ausübung dieser Tätigkeiten einem oder mehreren Unternehmen vorbehalten wird und dass die Möglichkeit anderer Unternehmen, diese Tätigkeiten auszuüben, erheblich beeinträchtigt wird. 98

Kein besonderes oder ausschließliches Recht liegt bspw. vor, wenn ein Auftraggeber zum Bau eines Netzes oder der Einrichtung von Flughafen- bzw. Hafenanlagen Vorteile aus Enteignungsverfahren oder Nutzungsrechten ziehen kann oder Netzeinrichtungen auf, unter oder über dem öffentlichen Wegenetz anbringen darf. Auch die Tatsache, dass ein Auftraggeber ein Netz mit Trinkwasser, Elektrizität, Gas oder Wärme versorgt, das seinerseits von einem Auftraggeber betrieben wird, der von einer zuständigen Behörde gewährte besondere oder ausschließliche Rechte genießt, stellt für sich betrachtet noch kein besonderes oder ausschließliches Recht dar. Werden einer begrenzten Anzahl von Unternehmen in beliebiger Form, auch über Konzessionen, Rechte auf der Grundlage objektiver, verhaltnismäßiger und nicht diskriminierender Kriterien eingeräumt, die allen interessierten Kreisen, die sie erfüllen, die Möglichkeit zur Inanspruchnahme sol- 99

[158] VK Lüneburg, Beschl. v. 15.11.1999 – 203-VgK-12/99.

cher Rechte bietet, so dürfen diese ebenso wenig als besondere oder ausschließliche Rechte betrachtet werden.[159]

100 **(6) Beherrschender Einfluss.** Unternehmen, die nach § 98 Nr. 4, 1. Halbs., 2. Alt. GWB einem beherrschenden Einfluss durch öffentliche Auftraggeber i.S. § 98 Nr. 1 bis Nr. 3 GWB unterliegen, unterfallen als Sektorenauftraggeber ebenfalls dem europäischen Vergaberecht. Eine Beherrschung wird vermutet, wenn die öffentliche Hand unmittelbar oder mittelbar die Mehrheit des gezeichneten Kapitals besitzt, über die Mehrheit der mit den Anteilen des Unternehmens verbundenen Stimmrechte verfügt oder mehr als die Hälfte der Mitglieder des Verwaltungs-, Leitungs- oder Aufsichtsorgans des Unternehmens stellen kann.

101 Gegenüber der früheren Rechtslage ist in diesem Zusammenhang das **Rangverhältnis** von § 98 Nr. 2 GWB zu § 98 Nr. 4 GWB nicht mehr von großer Bedeutung. Zwar sind Sektorenauftraggeber i.S.d. § 98 Nr. 4 GWB z.B. bei der Wahl der Verfahrensart frei und können das Verhandlungsverfahren anstatt das offene Verfahren wählen; ein solches Wahlprivileg steht öffentlichen Einrichtungen gemäß § 98 Nr. 2 GWB nicht zu, da diese grundsätzlich im offenen Verfahren vergeben müssen. Etwas anderes gilt für sie aber dann, wenn sie auf dem Gebiet der Trinkwasser- oder Energieversorgung oder des Verkehrs tätig sind (vgl. § 101 Abs. 7 S. 2 GWB). Durch die „Gleichstellung" von Sektorenauftraggebern und öffentlichen Einrichtungen dürften praktisch bedeutsame Konkurrenzverhältnisse nur noch selten vorkommen. Treten beide Vorschriften dennoch einmal in Konkurrenz, weil ein Auftraggeber beide tatbestandlichen Voraussetzungen erfüllt, so geht nach der Rechtsprechung § 98 Nr. 2 GWB als die speziellere Norm vor.[160] Nach anderer Auffassung, die sich insbesondere auf Erwägungsgrund 20 der Vergabekoordinierungsrichtlinie 2004/18/EG und Erwägungsgrund 10 sowie Art. 2 Abs. 2 der Sektorenkoordinierungsrichtlinie 2004/17/EG stützt, zeige bereits der Wortlaut der Richtlinien, dass von einem Vorrang der Sektorenrichtlinie auszugehen sei und Unternehmen, welche die Voraussetzungen des § 98 Nr. 1, 2 oder 3 GWB erfüllten, allerdings in den Sektoren tätig seien, ausschließlich nach der Sektorenrichtlinie zu beurteilen seien. Deshalb würde „manches dafür" sprechen, § 98 Nr. 4 GWB den Vorrang gegenüber § 98 Nr. 2 GWB einzuräumen.[161]

102 **ee) Subventionierte Auftraggeber, § 98 Nr. 5 GWB.** Gemäß § 98 Nr. 5 GWB unterliegen natürliche oder juristische Personen des Privatrechts sowie öffentlichen Rechts dem Vergaberecht, wenn sie mit der Errichtung, Modernisierung, Sanierung oder Rekonstruktion[162] bestimmter Baumaßnahmen, d.h. mit Tiefbaumaßnahmen für die Errichtung von Krankenhäusern, Sport-, Erholungs- oder Freizeiteinrichtungen, Schul-, Hochschul- oder Verwaltungsgebäuden oder für damit in Verbindung stehende Dienstleistungen und Auslobungsverfahren betraut sind und zugleich öffentliche Finanzmittel von mehr als 50% der Projektkosten erhalten. Der in § 98 Nr. 5 GWB enthaltene Katalog von Bauvorhaben ist abschließend und nicht lediglich aufzählender Natur. Sinn und Zweck der Vorschrift ist es zu verhindern, dass sich der Staat seinen vergaberechtlichen Verpflichtungen durch Zwischenschaltung von durch ihn subventionierten Auftraggebern entzieht.[163]

103 Der Begriff der Finanzierung umfasst jede Art der Überlassung von Geldmitteln mit unmittelbarem **Subventionscharakter**. Unter den Begriff der Finanzierung fallen daher nur solche Tatbestände, bei denen die Zuwendungsempfänger direkt subventioniert werden, also von marktüblichen Bedingungen einer Finanzierung abgewichen wird. Dies kann im Einzelfall auch durch Bürgschaften, verringerte Zinssätze, verlorene Zuschüsse

---

[159] Richtlinie 2004/17/EG v. 31.3.2004, Erw.grd. 25.
[160] OLG München, Beschl. v. 20.4.2005 – Verg 8/05 = OLGR München 2005, 673ff.
[161] OLG Düsseldorf, Beschl. v. 25.1.2005 – Verg 93/04 = NZBau 2005, 484f.
[162] Thüringer OLG, Beschl. v. 30.5.2002 – 6 Verg 3/02 = VergabeR 2002, 488ff.
[163] OLG München, Beschl. v. 10.11.2010 – Verg 19/10.

u.ä. erfolgen.[164] Nach dem Zweck der Regelung macht es keinen Unterschied, ob ein Auftraggeber nach den Vorschriften der § 98 Nr. 1 bis Nr. 3 GWB selbst Unternehmen beauftragt oder ob er die Mittel zur Finanzierung an Dritte weiter gibt, welche die Auftragsvergabe vornehmen.[165] Es ist auch möglich, dass eine juristische Person für einige Bauvorhaben öffentlicher Auftraggeber ist und für andere nicht.[166]

ff) Baukonzessionäre, § 98 Nr. 6 GWB. Als öffentliche Auftraggeber gelten natürli- 104
che oder juristische Personen des privaten Rechts, die mit Stellen, die unter § 98 Nr. 1 bis 3 GWB fallen, einen Vertrag über eine Baukonzession i.S.d. § 99 Abs. 6 GWB abgeschlossen haben, hinsichtlich der Aufträge an Dritte. § 98 Nr. 6 GWB betrifft daher alle Aufträge, welche der Baukonzessionär seinerseits zur Erfüllung seiner Verpflichtungen aus dem Konzessionsvertrag erbringt, wenn er diejenigen Leistungen, die Gegenstand der Baukonzession sind, nicht selbst durchführt.[167]

gg) Einzelfälle. Die Einordnung kommunaler Unternehmen unter den zutreffenden 105
öffentlichen Auftraggebertypus nach § 98 GWB kann im Einzelfall problematisch sein. Das ist insbesondere dann der Fall, wenn die Gesellschaft gleichzeitig die Voraussetzungen unterschiedlicher öffentlicher Auftraggeberbegriffe zu erfüllen scheint oder die zahlreichen unbestimmten Rechtsbegriffe, wie etwa „im Allgemeininteresse" oder „Nichtgewerblichkeit", mehrere Auslegungsmöglichkeiten zulassen. Obwohl eine pauschale vergaberechtliche Eingruppierung nicht möglich ist, sollen im Folgenden typische kommunale Unternehmen dargestellt und vergaberechtlich charakterisiert werden.

(1) Stadt- oder Gemeindewerke. Privatrechtlich organisierte Stadt- oder Gemein- 106
dewerke widmen sich traditionell überwiegend Aufgaben der Daseinsvorsorge. Dazu zählen u.a. die Versorgung mit Wasser, Elektrizität, Gas und Wärme, die Entsorgung von Abwässern und Abfällen und die Durchführung des ÖPNV usw. Die unternehmerische Tätigkeit zielt dabei in erster Linie auf die Erfüllung des kommunalrechtlich geforderten öffentlichen Zwecks ab und nicht auf die Erzielung von Gewinnen. Solche kommunalen Ver- und Entsorgungsunternehmen werden daher grundsätzlich im öffentlichen bzw. allgemeinen Interesse tätig. Sie werden regelmäßig auch nichtgewerblich i.S.d. Vergaberechts wirtschaften, da sie bei der Aufgabenerfüllung nicht dem Wettbewerb am Markt ausgesetzt sind.[168]

Eine von marktmäßigen Mechanismen abweichende Aufgabenerfüllung hat die ober- 107
gerichtliche Rechtsprechung z. B. für eine Stadtwerke-GmbH angenommen, deren Unternehmensgegenstand in der Versorgung der Bevölkerung mit Strom, Gas, Wasser und Wärme, dem Betrieb von öffentlichen Verkehrsmitteln und Bädern sowie der Telekommunikation bestand.[169] Die Erfüllung eines solchen Aufgabenkatalogs durch ein Stadtwerk ist nicht durch die Gewinnerzielung motiviert, sondern vorrangig durch die öffentliche Ziel- und Zwecksetzung, die Bevölkerung mit Leistungen der Daseinsvorsorge zu versorgen. Damit dürfte klargestellt sein, dass Stadt- und Gemeindewerke, auch wenn sie Sektorentätigkeiten ausüben, i.d.R. als öffentliche Einrichtungen nach § 98 Nr. 2 GWB eingeordnet werden müssen.

Mit der Einordnung von Stadt- und Gemeindewerken als öffentliche Einrichtungen 108
gemäß § 98 Nr. 2 GWB ist allerdings noch nicht bestimmt, nach welchen **Verfahrensregeln** (VOB/A-EG, VOL/A-EG, SektVO) öffentliche Aufträge zu beschaffen sind. Vergeben Stadt- und Gemeindewerke i.S.d. § 98 Nr. 2 GWB Aufträge, die im Zusammenhang mit Tätigkeiten auf dem Gebiet der Trinkwasser- oder Energieversorgung oder des Ver-

---

[164] OLG Celle, Beschl. v. 9.7.2013 – 13 Verg 7/13; BayObLG, Beschl. v. 29.10.2004 – Verg 22/04 = NZBau 2005, 234ff.
[165] VK Düsseldorf, Beschl. v. 12.8.2003 – VK-22/2003-B.
[166] OLG München, Beschl. v. 10.11.2010 – Verg 19/10.
[167] OLG München, Beschl. v. 13.6.2013 – Verg 1/13.
[168] *Dreher*, § 98 Rn. 145.
[169] BayObLG, Beschl. v. 5.11.2002 – Verg 22/02 = NZBau 2003, 342ff.

kehrs stehen, so gilt allein die SektVO für die Vergabe von Bau-, Dienst- und Lieferleistungen (§ 1 Abs. 1 SektVO). Die VOB/A-EG und VOL/A-EG sind im Anwendungsbereich der SektVO nicht zu beachten. Beschaffen Stadt- und Gemeindewerke hingegen außerhalb der o.g. Sektorentätigkeiten, so sind die VOB/A-EG und VOL/A-EG anzuwenden.

109 **(2) Wohnungsbauunternehmen.** Städtische oder gemeindliche Wohnungsbaugesellschaften in privater Rechtsform, die im Rahmen des sozialen Wohnungsbaus tätig sind und von der öffentlichen Hand beherrscht werden, sind regelmäßig als öffentliche Einrichtung gemäß § 98 Nr. 2 GWB einzuordnen.[170] Hier steht die im Allgemeininteresse liegende sozialverträgliche Leistung im Vordergrund, preiswerten Wohnraum zur Verfügung zu stellen. Diese Aufgabe kann der gewerbliche Immobilienmarkt nicht erfüllen. Die öffentliche Hand wahrt in der Praxis ihren Einfluss auf derartige Wohnungsbauunternehmen, um sozialpolitisch nicht gewollten Zuständen entgegenwirken zu können, ohne dabei auf Gewinnmaximierungserwartungen Rücksicht nehmen zu müssen. Etwas anderes gilt dann, wenn das Wohnungsbauunternehmen entsprechend dem Gesellschaftszweck seiner Satzung praktisch keinerlei originär staatliche oder im allgemeinen Interesse liegende Aufgaben übernimmt, auch nicht eine Funktion des sozialen Wohnungsbaus, und ist zudem nicht ersichtlich, dass es sich von anderen als rein wirtschaftlichen Überlegungen leiten lässt, ist die Eigenschaft als öffentlicher Auftraggeber zu verneinen.[171]

110 **(3) Messegesellschaften.** Eine Einzelfallentscheidung ist für die Frage erforderlich, ob öffentlich beherrschte Messegesellschaften dem funktionalen Auftraggeberbegriff nach § 98 GWB unterfallen. Der EuGH hat dies im Falle einer italienischen Messegesellschaft verneint.[172] Die europäischen Richter haben zwar ein Allgemeininteresse festgestellt, weil Messen einen Ort zur Förderung des Warenabsatzes verkörpern und dem Informationsbedürfnis der Verbraucher dienen. Die Abhaltung von Messen erfolgte dort in einem wettbewerblich geprägten Umfeld und damit gewerblich. Dies gilt jedenfalls dann, wenn die Messegesellschaft selbst das wirtschaftliche Risiko ihrer Tätigkeit trägt und insbesondere nach Leistungs-, Effizienz- und Wirtschaftlichkeitskriterien arbeitet. Hingegen hat die deutsche Vergaberechtsprechung entschieden, dass eine zu 100% von einer Kommune (über eine Holdinggesellschaft) getragene Messegesellschaft jedenfalls dann öffentlicher Auftraggeber i.S.d. § 98 Nr. 2 GWB ist, wenn sie das wirtschaftliche Risiko ihrer Tätigkeit wegen einer Gewinnabführungs- und Verlustausgleichsvereinbarung nicht selbst trägt.[173]

111 **(4) Wirtschaftsförderungs- und Wirtschaftsentwicklungsgesellschaften.** Privatrechtliche Unternehmen der öffentlichen Hand zur Wirtschaftsförderung sind bereits im Anhang zur Vergabekoordinierungsrichtlinie 2004/18/EG aufgeführt. In diesem Anhang sind alle Einrichtungen aufgelistet, die bei Erlass der Vergabekoordinierungsrichtlinie 2004/18/EG von den Mitgliedstaaten als öffentliche Einrichtungen eingestuft wurden. Wirtschaftsförderungs- und Wirtschaftsentwicklungsunternehmen nehmen grundsätzlich Aufgaben im Allgemeininteresse in nichtgewerblicher Form i.S.d. § 98 Nr. 2 GWB wahr. Denn für die Aufgabe der Wirtschaftsförderung und Wirtschaftsentwicklung besteht (bislang) kein voll entwickelter Wettbewerb. So bestehen z. B. für die Erschließung und Vermarktung von Technologieparks neben den reinen Erwerbsunternehmen in nicht unerheblichem Umfang sog. Non-Profit-Parks,[174] deren Existenz gegen einen intensiven Wettbewerb und gegen die Marktausgesetztheit spricht.

---

[170] KG Berlin, Beschl. v 6.2.2003 – 2 Verg 1/03 = NZBau 2003, 346ff.

[171] OLG Karlsruhe, Beschl. v. 17.4.2008 – 8 U 228/06; a.A.: *Werner*, § 98 Rn. 135.

[172] EuGH, Urt. v. 10.5.2001 – Rs. C-223/99 u. Rs. C-260/99 (Agora) = NZBau 2001, 403ff.; vgl. dazu auch: *Schröder*, DÖV 2002, 335ff.

[173] OLG Hamburg, Beschl. v. 25.1.2007 – 1 Verg 5/06 = NZBau 2007, 801ff.; ähnlich: KG Berlin, Beschl. v. 27.7.2006 – 2 Verg 5/06 = NZBau 2006, 725ff.

[174] VK Baden-Württemberg, Beschl. v. 6.6.2001 – 1 VK 6/01.

(5) Planungsgesellschaften. Die hauptsächlich im Bereich der Städte und Gemeinden privatisierten Planungsabteilungen der Bauämter sind ebenfalls grundsätzlich als öffentliche Einrichtungen i.S.d. § 98 Nr. 2 GWB einzugruppieren. Denn die privatisierten Planungsgesellschaften nehmen Annexfunktionen wahr, welche die Verwaltungsaufgaben des übrigen kommunalen Verwaltungsapparats entlasten und unterstützen. Etwas anderes gilt nur dann, wenn sich die neugebildeten Einheiten unter allein marktwirtschaftlichen Gesichtspunkten wie private Planungsunternehmen in einem entwickelten Wettbewerb bewegen.[175] 112

4. Vergabeverfahren („Wie")

Das europäische Vergaberecht kennt grundsätzlich **vier** unterschiedliche Verfahrensarten (§ 101 Abs. 1 GWB), deren Einzelheiten in den §§ 3 VOB/A-EG bzw. VOL/A-EG, § 5 VOF sowie § 6 SektVO näher geregelt sind. Dabei handelt es sich um das offene Verfahren, das nicht offene Verfahren, das Verhandlungsverfahren und den wettbewerblichen Dialog. Letzterer ist im Anwendungsbereich der SektVO nicht anwendbar (§ 101 Abs. 7 S. 2 GWB). Damit korrespondieren – mit Ausnahme des wettbewerblichen Dialoges – bei deutschlandweiten Vergaben die öffentliche Ausschreibung, die beschränkte Ausschreibung und die freihändige Vergabe. Die elektronische Auktion (§ 101 Abs. 6 S. 1 GWB) und das dynamische elektronische Verfahren stellen keine eigenständigen Vergabeverfahren dar, sondern können – soweit zulässig – Teil der vier Verfahrensarten sein. 113

a) Verfahrensarten

Zwischen dem offenen Verfahren (entspricht weitgehend der öffentlichen Ausschreibung), dem nicht offenen Verfahren (entspricht weitgehend der beschränkten Ausschreibung) und dem Verhandlungsverfahren (entspricht weitgehend der freihändigen Vergabe) besteht ein striktes **Stufenverhältnis**. Das offene Verfahren bzw. die öffentliche Ausschreibung hat bei der Beschaffung von Bau-, Dienst- und Lieferleistungen Vorrang vor den übrigen Verfahrensarten (§ 101 Abs. 7 S. 1 GWB, § 3 Abs. 2 VOB/A bzw. VOB/A-EG und § 3 Abs. 1 S. 1 VOL/A-EG bzw. § 3 Abs. 2 VOL/A). Dem Verhandlungsverfahren bzw. der freihändigen Vergabe wiederum geht das nicht offene Verfahren bzw. die beschränkte Ausschreibung vor. Diese strenge Rangfolge der Vergabeverfahren führt dazu, dass diejenigen Tatbestände, die eine Abweichung von den offenen bzw. öffentlichen Verfahren rechtfertigen können, eng auszulegen sind. Wählt ein öffentlicher Auftraggeber objektiv die falsche, d. h. eine den Wettbewerb einschränkende Verfahrensart, liegt darin regelmäßig ein Vergabefehler. Ein Bieter kann sich auf einen solchen Vergabeverstoß berufen, um ein Nachprüfungsverfahren vor der zuständigen Vergabekammer einzuleiten. Er muss dazu aber darlegen, dass und in welchem Umfang er ein anderes, chancenreicheres Angebot abgegeben hätte, als er dies z. B. im Rahmen des tatsächlich durchgeführten Verhandlungsverfahrens getan hat.[176] 114

Eine **Ausnahme** von der strikten Rangfolge der Vergabeverfahrensarten besteht für die Vergabe von freiberuflichen Leistungen und für Auftraggeber in den Sektorenbereichen. Aufträge über freiberufliche Leistungen sind im Verhandlungsverfahren mit vorheriger Vergabebekanntmachung zu vergeben (§ 3 Abs. 1 VOF). Öffentlichen Auftraggebern, die auf dem Gebiet der Trinkwasser- oder Energieversorgung oder des Verkehrs tätig sind, steht das offene Verfahren, das nicht offene Verfahren und das Verhandlungsverfahren nach ihrer freien Wahl zur Verfügung (§ 101 Abs. 7 S. 2 GWB, § 6 Abs. 1 SektVO). 115

Der **wettbewerbliche Dialog** stellt ein eigenständiges Verfahren dar und genießt keine Vorrangstellung. Es handelt sich insbesondere um kein „Vorverfahren zur Bestim- 116

---

[175] *Eschenbruch*, § 98 Rn. 246.
[176] OLG Düsseldorf, Beschl. v. 26.7.2002 – Verg 22/02 = VergabeR 2002, 607ff.

mung des Auftragsgegenstandes".[177] Der wettbewerbliche Dialog dient ebenso wie die klassischen Verfahrensarten dazu, einen öffentlichen Auftrag im Rahmen eines formalisierten Procederes zu vergeben.[178]

117 **aa) Offenes Verfahren bzw. öffentliche Ausschreibung.** Im offenen Verfahren wird eine unbeschränkte Anzahl von Unternehmen öffentlich zur Abgabe von Angeboten aufgefordert (§ 101 Abs. 2 GWB). Inhaltlich entsprechend werden bei der öffentlichen Ausschreibung Bau-, Dienst- und Lieferleistungen nach öffentlicher Aufforderung einer unbeschränkten Zahl von Unternehmern zur Einreichung von Angeboten vergeben (§ 3 Abs. 1 S. 1 VOB/A bzw. VOL/A). Der stark formalisierte Verfahrensablauf offener bzw. öffentlicher Ausschreibungen wird z. B. dadurch gekennzeichnet, dass eine Auftragsbekanntmachung zu veröffentlichen ist, eine unbeschränkte Teilnahmemöglichkeit für Interessenten besteht, bestimmte Mindestfristen von den Bietern zu beachten sind, die Leistungsbeschreibung eindeutig und erschöpfend sein muss, die eingegangenen Angebote von der Vergabestelle bis zur Submission geheim zu halten sind und das Verbot der Nachverhandlung von Angeboten strikt einzuhalten ist.[179]

118 **bb) Nicht offenes Verfahren bzw. beschränkte Ausschreibung.** Bei nicht offenen Verfahren wird öffentlich zur Teilnahme und aus dem Bewerberkreis sodann eine beschränkte Anzahl von Unternehmen zur Angebotsabgabe aufgefordert (§ 101 Abs. 3 GWB). Die beschränkte Ausschreibung sieht vor, dass Bau-, Dienst- und Lieferleistungen nach Aufforderung einer beschränkten Zahl von Unternehmen zur Einreichung von Angeboten vergeben werden (§ 3 Abs. 1 S. 2 VOB/A bzw. VOL/A). Zulässig ist das nicht offene Verfahren bzw. die beschränkte Ausschreibung nur dann, wenn die hierfür jeweils in den Vergabe- und Vertragsordnungen definierten Voraussetzungen vorliegen (vgl. § 3 Abs. 3 VOB/A-EG bzw. § 3 Abs. 3, Abs. 4 VOB/A sowie § 3 Abs. 2 VOL/A-EG bzw. § 3 Abs. 3, Abs. 4 VOL/A).

119 Charakteristisch für das nicht offene Verfahren ist die öffentliche **Aufforderung zur Wettbewerbsteilnahme** um einen öffentlichen Auftrag. Bei der beschränkten Ausschreibung erfolgt ein öffentlicher Teilnahmewettbewerb, wenn die jeweiligen Voraussetzungen hierfür erfüllt sind (vgl. § 3 Abs. 4 VOB/A bzw. § 3 Abs. 3 VOL/A). Ein Teilnahmewettbewerb dient der Ermittlung geeigneter (fachkundiger, leistungsfähiger und zuverlässiger sowie gesetzestreuer) Bewerber. Denn bei der beschränkten Ausschreibung ist vor der Aufforderung zur Angebotsabgabe die Eignung der Bewerber zu prüfen (§ 6 Nr. 6 S. 1 VOB/A). Anders als beim offenen Verfahren bzw. bei der öffentlichen Ausschreibung ist die beschränkte Auswahl von Wettbewerbsteilnehmern wesensprägend. Bei der Vergabe von Bau-, Liefer- und Dienstleistungen sollen bei der beschränkten Ausschreibung mindestens drei Bewerber (§ 6 Abs. 2 Nr. 2 VOB/A bzw. § 3 Abs. 1 S. 4 VOL/A), beim nicht offenen Verfahren hingegen mindestens fünf geeignete Bewerber zur Angebotsabgabe aufgefordert werden (§ 6 Abs. 2 Nr. 2 S. 1 VOB/A-EG und § 3 Abs. 5 S. 3 VOL/A-EG).

119 **cc) Verhandlungsverfahren bzw. freihändige Vergabe.** Verhandlungsverfahren sind Verfahren, bei denen sich der Auftraggeber mit oder ohne vorherige öffentliche Aufforderung zur Teilnahme an ausgewählte Unternehmen wendet, um mit einem oder mehreren über die Auftragsbedingungen zu verhandeln (§ 101 Abs. 5 GWB). Freihändig werden Bau-, Liefer- und Dienstleistungen beschafft, bei denen Leistungen ohne förmliches Verfahren vergeben werden (§ 3 Abs. 1 S. 3 VOB/A bzw. VOL/A), insbesondere ohne Vergabebekanntmachung. Wie beim nicht offenen Verfahren dient auch beim Verhandlungsverfahren die Vorschaltung eines Teilnahmewettbewerbs der Eignungsfeststellung der Bewerber.

---

[177] So aber: *Pünder/Franzius*, ZfBR 2006, 20.
[178] *Schröder*, NZBau 2007, 216.
[179] VK Südbayern, Beschl. v. 17.7.2001 – 23-06/01; *Pietzcker*, ZHR 162 (1998), 452.

121 Das Verhandlungsverfahren und die freihändige Vergabe unterliegen grundsätzlich keinen strengen formalen Anforderungen. Daher können bspw. die Angebotsinhalte und der Angebotspreis zwischen dem öffentlichen Auftraggeber und den möglichen Auftragnehmern **verhandelt** werden. Verhandeln heißt in diesem Zusammenhang, dass öffentlicher Auftraggeber und potentielle Auftragnehmer den Auftragsinhalt und die Auftragsbedingungen solange besprechen, bis klar ist, wie die Leistung ganz konkret beschaffen sein soll, zu welchen Konditionen der Auftragnehmer diese liefert und grundsätzlich insbesondere auch, zu welchem Preis geliefert wird.[180] In der Beschaffungspraxis wird bei Verhandlungsverfahren häufig mehrmals mit den Bietern verhandelt, wobei nach dem Ende einer Verhandlungsrunde einzelne Unternehmen ausgeschieden werden können.[181] Hierbei ist zu beachten, dass in der Schlussphase noch so viele Angebote vorliegen müssen, dass ein echter Wettbewerb gewährleistet ist (§ 3 Abs. 6 Nr. 2 S. 3 VOB/A-EG bzw. § 3 Abs. 6 S. 3 VOL/A-EG). Auch sind beim Verhandlungsverfahren die wesentlichen Grundsätze des Vergaberechts, wie etwa das Wettbewerbsprinzip, der Transparenzgrundsatz und das Verbot der Nichtdiskriminierung zu berücksichtigen.[182] Die Vergabestelle ist daher z. B. verpflichtet, grundsätzlich mit mehreren Bietern zu verhandeln und alle gleich zu behandeln (insbes. im Hinblick auf die Zurverfügungstellung von Informationen, die Fristsetzungen usw.).[183] Leistungsbeschreibungen sind auch im Rahmen von Verhandlungsverfahren eindeutig und erschöpfend zu erstellen.[184] Hat der öffentliche Auftraggeber Mindestbedingungen für das Vergabeverfahren festgelegt, so darf er auf die Erfüllung der Mindestbedingungen nicht zu Gunsten eines Bieters verzichten.[185] Die Vergabestelle soll auch bestimmen, in welchem zeitlichen Rahmen die Verhandlungen mit den Bietern geführt werden und zu welchem Zeitpunkt eine abschließende vergleichende Bewertung der bis dahin abschließend vorzulegenden Angebote erfolgt.[186]

122 **dd) Wettbewerblicher Dialog.** Der nur bei europaweiten Vergaben anwendbare wettbewerbliche Dialog ist ein Verfahren zur Vergabe besonders komplexer Aufträge durch staatliche Auftraggeber – nicht Sektorenauftraggeber – bei dem eine Aufforderung zur Teilnahme und anschließend Verhandlungen mit ausgewählten Unternehmen über alle Einzelheiten des Auftrages erfolgen (§ 101 Abs. 4 GWB). Der wettbewerbliche Dialog ist zulässig, wenn der Auftraggeber objektiv nicht in der Lage ist, die technischen Mittel anzugeben, mit denen seine Bedürfnisse und Ziele erfüllt werden können oder die rechtlichen oder finanziellen Bedingungen des Vorhabens anzugeben (§ 3 Abs. 7 Nr. 1 VOB/A-EG bzw. § 3 Abs. 7 S. 1 VOL/A-EG). Eine subjektive Unmöglichkeit aufgrund von Unzulänglichkeiten des Auftraggebers oder fehlenden Willens ist somit keine ausreichende Voraussetzung. Da die Zahl der im Dialog zu erörternden Lösungen nach § 3 Abs. 7 Nr. 5 S. 2 VOB/A-EG bzw. § 3 Abs. 7 S. 2 lit. c VOL/A-EG anhand der bekannt gemachten Zuschlagskriterien stufenweise verringert werden kann, erfordern es die Anforderungen an ein transparentes und gleiches Verfahren einerseits und die notwendige Bestimmungsfreiheit des Auftraggebers andererseits, dass die Zuschlagskriterien so hinreichend sorgfältig erarbeitet werden, um die Zielerreichung aller angebotenen Lösungen in den unterschiedlichen Stadien des wettbewerblichen Dialogs abbilden zu können. Dies mag zwar aufwendig erscheinen, allerdings dürfte bei den für den wettbewerblichen Dialog vorgesehenen innovativen (Groß-)Projekten eine genaue, wenn auch abstrakte Zieldefinition für den Auftraggeber ohnehin unerlässlich sein, wenn er nicht zum Spielball seiner Dialogpartner werden will.[187]

180 OLG Düsseldorf, Beschl. v. 3.8.2011 – VII-Verg 16/11.
181 OLG Celle, Beschl. v. 16.1.2002 – 13 Verg 1/02 = VergabeR 2002, 299ff.
182 BayObLG, Beschl. v. 5.11.2002 – Verg 22/02 = NZBau 2003, 342ff.
183 OLG Celle, Beschl. v. 16.1.2002 – 13 Verg 1/02 = VergabeR 2002, 299ff.
184 OLG Düsseldorf, Beschl. v. 2.8.2002 – Verg 25/02 = IBR 2003, 216 (Ls.).
185 VK Bund, Beschl. v. 10.12.2002 – VK 1-93/02.
186 VK Detmold, Beschl. v. 27.2.2003 – VK.11-48/02.
187 VK Düsseldorf, Beschl. v. 11.8.2006 – VK-30/2006-L.

123 **ee) Präqualifikation.** Die Präqualifikation ist ein vorgeschaltetes Eignungsprüfungsverfahren (vgl. § 97 Abs. 4a GWB). Es bezeichnet kein eigenständiges Vergabeverfahren, sondern ermöglicht nur die vorgezogene Prüfung von Fachkunde, Leistungsfähigkeit, Zuverlässigkeit und Gesetzestreue interessierter Unternehmen. So kann der Nachweis der Eignung bei der Vergabe von Bauaufträgen mit der vom öffentlichen Auftraggeber direkt abrufbaren Eintragung in die allgemein zugängliche Liste des Vereins für die Präqualifikation von Bauunternehmen e.V. (Präqualifikationsverzeichnis) erfolgen (vgl. § 6 Abs. 3 Nr. 2 S. 1 VOB/A-EG bzw. § 6 Abs. 3 Nr. 2 VOB/A). Sektorenauftraggeber können zur Eignungsfeststellung ein eigenes Prüfungssystem für Unternehmen einrichten und verwalten (§ 24 Abs. 1 SektVO). Unternehmen, die ein solches Präqualifikationssystem erfolgreich durchlaufen haben, werden somit in einem individuell erstellten Präqualifikationsverzeichnis durch den Sektorenauftraggeber gelistet.

b) Vergabegrundsätze

124 In § 97 GWB sind die allgemeinen Grundsätze für europaweite Vergabeverfahren geregelt. Die dort genannten vergaberechtlichen Ge- und Verbote sind in ähnlicher Weise in der VOB/A und VOL/A geregelt. Die nachfolgenden Vergabegrundsätze können daher sowohl oberhalb als auch unterhalb der Schwellenwerte Anwendung finden.

125 **aa) Wettbewerbsprinzip.** Öffentliche Aufträge sind regelmäßig im Wettbewerb zu beschaffen (§ 97 Abs. 1 GWB, § 2 Abs. 1 Nr. 2 VOB/A und § 2 Abs. 1 S. 1 VOL/A). Der Wettbewerbsgrundsatz bezweckt nicht nur die Interessen der Vergabestelle zu schützen, sondern auch die der Wettbewerbsteilnehmer.[188] Dies erlegt den öffentlichen Auftraggebern die Verpflichtung auf, die Auftragsvergabe nach Möglichkeit wettbewerbsintensiv auszugestalten.[189] Unter einer wettbewerblichen Beschaffung ist dabei ein Verfahrensarrangement zu verstehen, das allen interessierten Unternehmen Zugang zu dem Beschaffungsvorgang in Form der Bereitstellung der erforderlichen Informationen, der Eröffnung der Möglichkeit zur Abgabe eines Angebotes und dem Vergleich dieser Angebote in einem fairen Verfahren eröffnet.[190] Das Wettbewerbsprinzip kommt z. B. im Verbot zum Ausdruck, bedingte Preisnachlässe zu werten, wenn die Erfüllung der Bedingung vom Bieter selbst abhängt,[191] oder auch in der Verpflichtung des öffentlichen Auftraggebers, Leistungen nur dann auszuschreiben, wenn die erforderliche konzeptionelle Vergabereife vorliegt.[192]

126 **bb) Transparenzgrundsatz.** Die Beschaffungstätigkeit der öffentlichen Hand muss transparent, also in klarer und nachvollziehbarer Weise erfolgen (§ 97 Abs. 1 GWB). Diesem seit jeher tragendem Prinzip des Vergaberechts wird bei Beachtung und Anwendung der europäischen und deutschen Beschaffungsregeln Rechnung getragen. Transparent sind Vergabeverfahren bspw. dann, wenn der öffentliche Auftraggeber seinen Dokumentationspflichten im Vergabeverfahren nachkommt (§ 20 VOB/A-EG bzw. VOB/A, § 24 VOL/A-EG, § 20 VOL/A und § 12 VOF). Weitere Beispielsfälle zum Transparenzgebot sind u.a. die Pflicht des öffentlichen Auftraggebers, die Gewichtung der Zuschlagskriterien anzugeben, wenn eine Gewichtung vorgenommen wurde,[193] die Bindung der Vergabestelle an die von ihr bekannt gemachten Zuschlagskriterien,[194] die Verpflichtung des öffentlichen Auftraggebers zur Durchführung eigener Wertungsüberlegungen[195] oder die Pflicht der Vergabestelle, die einzelnen Stufen der Angebotswertung strikt zu trennen.[196]

188 OLG Düsseldorf, Beschl. v. 17.6.2002 – Verg 18/02 = VergabeR 2002, 607ff.
189 BGH, Urt. v. 5.6.2012 – X ZR 161/11.
190 *Ziekow*, § 97 GWB Rn. 4.
191 VK Nordbayern, Beschl. v. 25.4.2001 – 320.VK-3194-02/02.
192 OLG Naumburg, Beschl. v. 16.9.2002 – 1 Verg 02/02 = NZBau 2003, 628ff.
193 EuGH, Urt. v. 12.12.2002 – Rs. C-470/99 (Universale Bau AG) = NZBau 2003, 342ff.
194 BGH, Urt. v. 17.2.1999 – X ZR 101/97 = NJW 2000, 137ff.
195 OLG Dresden, Beschl. v. 6.6.2002 – WVerg 4/02 = WuW/E Verg 711ff.
196 BGH, Urt. v. 15.4.2008 – X ZB 129/06.

cc) Gleichbehandlungsgebot. Das Gleichbehandlungsgebot oder Diskriminierungsverbot ist in § 97 Abs. 2 GWB und § 2 Abs. 2 VOB/A, § 2 Abs. 1 S. 2 VOL/A bzw. VOF verankert. Nach ständiger Rechtsprechung erfordert dieser Grundsatz, dass vergleichbare Sachverhalte nicht unterschiedlich und unterschiedliche Sachverhalte nicht gleich behandelt werden, es sei denn, dass eine solche Behandlung objektiv gerechtfertigt ist.[197] Es besagt, dass alle Wettbewerbsteilnehmer aus dem In- und Ausland unterschiedslos zu behandeln sind. Kein Bewerber oder Bieter darf aus sachlich nicht gerechtfertigten Erwägungen während eines Vergabeverfahrens benachteiligt werden. Das Nichtdiskriminierungsgebot bezweckt, dass die Vergabeentscheidung auf der Grundlage eines funktionierenden Wettbewerbs willkürfrei und sachlich ergeht.[198] Das Gleichbehandlungsgebot begründet allerdings keinen Anspruch, etwa bereits vorhandene Wettbewerbsnachteile oder -vorteile möglicher Auftragnehmer durch eine entsprechende Erstellung der Vergabeunterlagen zu egalisieren.[199] Ein Verstoß gegen das Gleichbehandlungsgebot ist z. B. anzunehmen, wenn unzulässigerweise Nachverhandlungen geführt werden,[200] die übrigen Bieter über wettbewerbsrelevante Fragen und Antworten nicht informiert werden,[201] bestimmte Erzeugnisse oder Verfahren gefordert werden, ohne den Zusatz „oder gleichwertig"[202] zu verwenden, oder wenn Angebote von Bietergemeinschaften ausgeschlossen werden.[203] 127

dd) Berücksichtigung des Mittelstandes. Nach § 97 Abs. 3 GWB sind mittelständische Interessen bei der Vergabe öffentlicher Aufträge vornehmlich zu berücksichtigen, indem die Leistungen in der Menge aufgeteilt (Teillose) und getrennt nach Art oder Fachgebiet (Fachlose) zu vergeben sind. Der Grundsatz der Losaufteilung ist auch bei Unterschwellenvergaben zu beachten (§ 5 Abs. 2 VOB/A, § 2 Abs. 2 VOL/A). Zu beachten ist, dass § 97 Abs. 3 GWB nicht allein mittelständische Unternehmen schützt, sondern auch Großunternehmen die Verpflichtung des öffentlichen Auftraggebers zur Losaufteilung beanspruchen können.[204] Eine gemeinsame Vergabe von mehreren Teil- oder Fachlosen ist nur ausnahmsweise möglich. Nur wenn wirtschaftliche oder technische Gründe dies erfordern, kommt eine gemeinsame Vergabe in Betracht. 128

ee) Eignungsprinzip. Öffentliche Aufträge dürfen nur an fachkundige, leistungsfähige und zuverlässige bzw. gesetzestreue Unternehmer vergeben werden (§ 97 Abs. 4 S. 1 GWB, § 2 Abs. 1 Nr. 1 VOB/A, § 2 Abs. 1 S. 1 VOL/A). Die Eignungskriterien der Fachkunde, Leistungsfähigkeit und Zuverlässigkeit bzw. Gesetzestreue bestimmen grundsätzlich, welche Anforderungen potentielle Auftragnehmer erfüllen müssen, um an Vergabeverfahren teilnehmen zu können. Die Eignung ist dabei regelmäßig im Rahmen der Angebotswertung gesondert festzustellen und darf bei der Auswahl des wirtschaftlichsten Angebots nicht nochmals berücksichtigt werden. Denn ein „Mehr an Eignung" ist kein vergaberechtlich zulässiges Zuschlagskriterium.[205] Hat ein öffentlicher Auftraggeber die Eignung eines Unternehmens bejaht, ist er grundsätzlich hieran gebunden. Etwas anderes kann dann gelten, wenn dem öffentlichen Auftraggeber nachträglich Umstände bekannt werden, welche die ursprünglich festgestellte Eignung in Zweifel ziehen.[206] Dann ist die Vergabestelle verpflichtet erneut die Eignung zu prüfen. 129

[197] EuGH, Urt. v. 10.10.2013 – Rs. C-336/12 (Manova).
[198] Saarländisches OLG, Beschl. v. 29.5.2002 – 5 Verg 1/01 = VergabeR 2002, 493ff.
[199] BayObLG, Beschl. v. 5.11.2002 – Verg 22/02 = NZBau 2003, 342ff.
[200] Saarländisches OLG, Beschl. v. 29.5.2002 – 5 Verg 1/01 = VergabeR 2002, 493ff.
[201] VK Bund, Beschl. v. 11.9.2002 – VK 2-42/02.
[202] VK Köln, Beschl. v. 3.7.2002 – VK VOL 4/2002.
[203] VK Brandenburg, Beschl. v. 1.2.2002 – 2 VK 119/01.
[204] VK Bund, Beschl. v. 21.9.2001 – VK 1-33/01 = VergabeR 2002, 72ff.; wohl ablehnend: VK Hessen, Beschl. v. 27.2.2003 – 69d VK-70/2002.
[205] BGH, Urt. v. 16.10.2001 – X ZR 100/99 = VergabeR 2002, 42ff.
[206] OLG Düsseldorf, Beschl. v. 18.7.2001 – Verg 16/01 = VergabeR 2001, 419ff.

130 • **Fachkunde:** Fachkundig sind die Wettbewerbsteilnehmer, die über die besonderen auftragsgegenständlichen Sach- und Fachkenntnisse verfügen. Bsp.: Ein Bieter, der nicht in der Handwerksrolle eingetragen ist, hat nicht die speziellen Kenntnisse ausgeschriebene Handwerksleistungen zu erbringen.[207]

131 • **Leistungsfähigkeit:** Leistungsfähig sind Bewerber und Bieter, die technisch, kaufmännisch, personell und finanziell in der Lage sind, den öffentlichen Auftrag sach- und fachgerecht auszuführen. Bsp.: Ein sehr schwacher Bonitätsindex bei Wirtschaftsauskunfteien lässt grundsätzlich nicht darauf schließen, dass der Vertrag nicht erfüllt und der Auftrag nicht einwandfrei ausgeführt wird.[208]

132 • **Zuverlässigkeit bzw. Gesetzestreue:** Zuverlässig sind Unternehmen, die eine ordnungsgemäße Auftragsdurchführung unter Beachtung der einschlägigen Rechtsvorschriften erwarten lassen. Bsp.: Rechnerische Fehler sind nur dann ein Indiz für mangelhafte Zuverlässigkeit, wenn sie absichtlich von einem Bieter in ein Vergabeverfahren eingeführt werden.[209]

133 An die Kriterien der Fachkunde, Leistungsfähigkeit und Zuverlässigkeit bzw. Gesetzestreue können öffentliche Auftraggeber **Mindestanforderungen** stellen, die in der Bekanntmachung zu nennen sind. Trifft die Vergabestelle solche Mindestanforderungen an die Eignung, so ist sie hieran bei der Prüfung der Eignung gebunden und kann nicht willkürlich davon abweichen.

134 Andere oder weitergehende Anforderungen dürfen an Auftragnehmer nur gestellt werden, wenn dies durch Bundes- oder Landesgesetz vorgesehen ist (§ 97 Abs. 4 S. 3 GWB). Ein solches **„vergabefremdes Kriterium"** ist z. B. die Forderung eines Tarif- oder Mindestlohnes. Mit dem Urteil vom 3.4.2008 hat der EuGH entschieden, dass eine Gesetzesnorm, die selbst keinen Mindestlohnsatz festlegt, nicht als Rechtsvorschrift im Sinne von Art. 3 Abs. 1 Unterabs. 1 erster Gedankenstrich der Richtlinie 96/71 (Entsenderichtlinie), mit der ein Mindestlohnsatz wie der in Buchst. c dieses Unterabsatzes vorgesehene festgelegt worden ist, angesehen werden kann.[210] Mit dem Tariftreue- und Vergabegesetz Nordrhein-Westfalen (TVgG-NRW)[211] hat z. B. der nordrhein-westfälische Landesgesetzgeber von seiner nach § 97 Abs. 4 S. 3 GWB eingeräumten Möglichkeit Gebrauch gemacht, andere oder weitergehende Anforderungen an Auftragnehmer im Rahmen der Vergabe öffentlicher Aufträge zu stellen.

135 **ff) Wirtschaftlichkeitsgrundsatz.** Vergabeverfahren verfolgen das Ziel, das bestmögliche Preis-Leistungs-Verhältnis zu ermitteln. Dementsprechend ist in § 97 Abs. 5 GWB bestimmt, dass der Zuschlag auf das wirtschaftlichste Angebot zu erteilen ist. Neben dem Preis sind daher grundsätzlich andere auftragsbezogene Wirtschaftlichkeitskriterien bei der Angebotswertung zu berücksichtigen, wie etwa die Ausführungsfrist, Betriebs- und Folgekosten, Gestaltung, Rentabilität, der technische Wert u.ä. (vgl. § 16 Abs. 7 VOB/A-EG bzw. § 16 Abs. 6 Nr. 3 VOB/A, § 16 Abs. 8 VOL/A-EG bzw. § 19 Abs. 9 VOL/A). Zur Ermittlung des wirtschaftlichsten Angebotes kann u.U. auch eine elektronische Auktion zum Einsatz kommen (§ 101 Abs. 6 S. 1 GWB).

136 **(1) Zuschlagskriterien.** Zuschlagskriterien müssen durch den Auftragsgegenstand gerechtfertigt sein, d. h. auftrags-/leistungsbezogen wirken. Der Preis ist ein bedeutendes, nicht aber das allein entscheidende Zuschlagskriterium. Umstritten ist bspw., ob der Angebotspreis bei der Auswahl des wirtschaftlichsten Angebots mit einer bestimmten Mindestquote als Zuschlagskriterium zu gewichten ist. Das OLG Dresden vertritt dazu die Auffassung, dass bei der Gewichtung mehrerer Zuschlagskriterien für den Preis eine

---

[207] BayObLG, Beschl. v. 24.1.2003 – Verg 30/02 = GewArch 2003, 167ff.
[208] VK Bund, Beschl. v. 27.9.2002 – VK 1-63/02.
[209] BGH, Urt. v. 6.2.2002 – X ZR 185/99 = VergabeR 2002, 369ff.
[210] EuGH, Urt. v. 3.4.2008 – Rs. C-346/06 (Rüffert) = NZA 2008, 537ff.
[211] GVBlNRW v. 26.1.2012; vgl. zur Frauen- und Familienförderung bei der Vergabe öffentlicher Aufträge in Nordrhein-Westfalen: *Schröder*, NWVBl. 2013, 48ff.

Größenordnung von 30% nicht unterschritten werden sollte.[212] Demgegenüber vertritt das OLG Düsseldorf zu Recht die Ansicht, dass das Vergaberecht keine Mindestquote von 30% vorschreibt.[213] Der Angebotspreis ist zwar ein wichtiges Wirtschaftlichkeitskriterium, aber nicht das einzige Kriterium zur Feststellung des besten Preis-Leistungs-Verhältnisses. Es obliegt der Vergabestelle im konkreten Einzelfall ihren Beurteilungs- und Ermessensspielraum ordnungsgemäß dahin auszuüben, Preis und Leistung in ein nachvollziehbares Verhältnis zueinander zu setzen. Die Festlegung von Mindestquoten würde den Beurteilungs- und Ermessensspielraum des öffentlichen Auftraggebers unabhängig vom jeweils zu beurteilenden Sachverhalt willkürlich einengen.

Umwelteigenschaften können im Rahmen der Ermittlung des wirtschaftlichsten Angebotes berücksichtigt werden und sind nicht als unzulässige vergabefremde Aspekte einzustufen, wenn diese ökologischen Kriterien 137

- mit dem Gegenstand des öffentlichen Auftrags zusammenhängen,
- dem öffentlichen Auftraggeber keine uneingeschränkte Entscheidungsfreiheit einräumen,
- im Leistungsverzeichnis oder in der Vergabebekanntmachung ausdrücklich genannt sind und
- alle wesentlichen Grundsätze des Gemeinschaftsrechts, insbesondere das Diskriminierungsverbot, beachten.[214]

So ist z. B. die Verwendung des Zuschlagskriteriums „**Umweltgerechtigkeit**" bei der Vergabe von Entsorgungsdienstleistungen nicht zu beanstanden.[215] Der Begriff „Umweltgerechtigkeit" ist insoweit auch hinreichend bestimmt. Mit diesem Kriterium wird nicht nur die Prüfung umfasst, ob ein Bieter eine Leistung angeboten hat, die im Einklang mit den einschlägigen umweltrechtlichen Vorschriften steht. Vielmehr ist darunter auch zu verstehen, inwieweit die jeweils angebotene Leistungsausführung die Umwelt schont. 138

Mit den von der Rechtsprechung anerkannten umweltschutzbezogenen Kriterien sind in den Grundzügen auch **soziale Belange** vergleichbar. Hierzu hat die Europäische Kommission in einer sog. Interpretierenden Mitteilung vom 15.10.2001 dargestellt, in welchem Umfang soziale Merkmale bei der Vergabe von öffentlichen Aufträgen Berücksichtigung finden können.[216] 139

(2) Angebotswertung. Die Angebotswertung (§ 16 VOB/A-EG bzw. VOB/A, § 19 VOL/A-EG bzw. § 16 VOL/A) zählt zu den wichtigsten Phasen eines Vergabeverfahrens. Die Praxis und Rechtsprechung zeigen, dass gerade bei der Auswahl des wirtschaftlichsten Angebotes zahlreiche Vergabeverstöße festzustellen sind. Oftmals erteilen die Vergabestellen nicht dem wirtschaftlichsten Angebot den Zuschlag, sondern dem billigsten. Sowohl bei Vergaben oberhalb der EU-Schwellenwerte als auch auch darunter ist dem besten angebotenen Preis-Leistungs-Verhältnis der Vorzug einzuräumen. Das preislich günstigste Angebot ist i. d. R. nicht entscheidend. 140

Die Ermittlung des wirtschaftlichsten Angebotes erfolgt in vier **Wertungsstufen**: (1.) Prüfung von Ausschlussgründen, (2.) Eignungsprüfung, (3.) Prüfung der Preisangemessenheit, und (4.) Auswahl des wirtschaftlichsten Angebotes. 141

Prüfung von Ausschlussgründen (1. Stufe). Im ersten Wertungsschritt prüft die Vergabestelle, ob zwingende oder fakultative Ausschlussgründe vorliegen (§ 16 Abs. 1 VOB/A-EG bzw. VOB/A, § 19 Abs. 3 u. 4 VOL/A-EG bzw. § 16 Abs. 3 u. 4 VOL/A). Eine Pflicht zum Ausschluss besteht z. B. nach § 19 Abs. 3 VOL/A-EG bei 142

- Angeboten, die nicht unterschrieben bzw. elektronisch signiert sind,

---

212 OLG Dresden, Beschl. v. 5.1.2001 – WVerg 11/00 u. WVerg 12/00 = VergabeR 2001, 41ff.
213 OLG Düsseldorf, Beschl. v. 29.12.2001 – Verg 22/01 = VergabeR 2002, 267ff.
214 EuGH, Urt. v. 17.9.2002 – Rs. C-513/99 (Concordia Bus) = NZBau 2002, 618ff.
215 OLG Düsseldorf, Beschl. v. 30.4.2003 – Verg 64/02 = NZBau 2003, 400ff.
216 KOM(2001) 566 endgültig.

- Angeboten, in denen Änderungen des Bieters an seinen Eintragungen nicht zweifelsfrei sind,
- Angeboten, die nicht form- oder fristgerecht eingegangen sind, es sei denn, der Bieter hat dies nicht zu vertreten,
- Angeboten von Bietern, die in Bezug auf die Vergabe eine unzulässige, wettbewerbsbeschränkende Abrede getroffen haben,
- nicht zugelassenen Nebenangeboten sowie Nebenangeboten, die die verlangten Mindestanforderungen nicht erfüllen.

Fakultative Ausschlussgründe bestehen z. B. gemäß § 19 Abs. 4 VOL/A-EG i.V.m. § 6 Abs. 6 VOL/A-EG bei

- Bietern über deren Vermögen das Insolvenzverfahren oder ein vergleichbares gesetzliches Verfahren eröffnet oder die Eröffnung beantragt oder dieser Antrag mangels Masse abgelehnt worden ist,
- Bietern, die sich in Liquidation befinden,
- Bietern, die nachweislich eine schwere Verfehlung begangen haben, die ihre Zuverlässigkeit als Bewerber in Frage stellt,
- Bietern, die ihre Verpflichtung zur Zahlung von Steuern und Abgaben sowie der Beiträge zur gesetzlichen Sozialversicherung nicht ordnungsgemäß erfüllt haben,
- Bietern, die im Vergabeverfahren vorsätzlich unzutreffende Erklärungen in Bezug auf ihre Eignung abgegeben haben.

143 **Eignungsprüfung** (2. Stufe). Beim offenen Verfahren bzw. bei der öffentlichen Ausschreibung erfolgt die Prüfung der Eignung im Rahmen der zweiten Angebotswertungsstufe. Anders beim nicht offenen Verfahren bzw. bei der beschränkten Ausschreibung sowie beim Verhandlungsverfahren bzw. bei der freihändigen Vergabe: Dort ist die Fachkunde, Leistungsfähigkeit, Zuverlässigkeit bzw. Gesetzestreue bereits vor der Aufforderung zur Angebotsabgabe zu prüfen. Bei diesen Vergabeverfahren wird die Eignungsprüfung „vorgezogen", sodass nur geeignete Unternehmen zur Angebotsabgabe bzw. zu Verhandlungen aufgefordert werden.

144 **Prüfung der Preisangemessenheit** (3. Stufe). Im dritten Wertungsschritt prüft der öffentliche Auftraggeber, ob die Angebote angemessen bepreist sind. Zweifel der Vergabestelle an ungewöhnlich niedrigen oder hohen Preisen sind durch Überprüfung der Einzelangaben des Angebotes auszuräumen oder zu bestätigen. Im Bereich der VOL bspw. orientieren sich Rechtsprechung und Schrifttum je nach Branche und je nach individueller Bewegung der Preise auf dem Markt mehrheitlich an einer Aufgreifschwelle von etwa 20%, ab welcher der öffentliche Auftraggeber verpflichtet ist, eine Prüfung der Auskömmlichkeit im Interesse der Konkurrenten vorzunehmen.[217] Stellt der öffentliche Auftraggeber unangemessen hohe oder niedrige Preise fest, so darf er hierauf den Zuschlag nicht erteilen.

145 **Auswahl des wirtschaftlichsten Angebotes** (4. Stufe). Auf der letzten und vierten Wertungsstufe ermittelt die Vergabestelle unter den verbliebenen Angeboten anhand der auftragsbezogenen Zuschlagskriterien das wirtschaftlichste. Die Auswahlentscheidung erfolgt durch einen wertenden Angebotsvergleich, wobei dem öffentlichen Auftraggeber ein Beurteilungsspielraum zusteht. Das beste angebotene Preis-Leistungs-Verhältnis kann z. B. mit Hilfe einer Punktematrix ermittelt werden, bei der die Zuschlagskriterien mit bestimmten Punktefaktoren versehen werden. Sind die angebotenen Leistungen nach Art und Umfang gleich, so ist der Zuschlag auf das Angebot mit dem niedrigsten Preis zu erteilen.

146 **gg) Nachverhandlungsverbot**. Im Rahmen offener und nicht offener Vergabeverfahren (bzw. bei der öffentlichen und beschränkten Ausschreibung) sind nach Öffnung der Angebote Verhandlungen generell verboten (§ 15 Abs. 3 VOB/A-EG bzw. VOB/A, § 18 S. 2 VOL/A-EG bzw. § 15 S. 2 VOL/A). Verhandlungen, besonders über die Ände-

[217] VK Lüneburg, Beschl. v. 14.12.2012 – VgK-48/2012.

rung der Angebote oder Preise sind daher unstatthaft, außer wenn sie bei Nebenangeboten oder Angeboten aufgrund eines Leistungsprogramms nötig sind, um unumgängliche technische Änderungen geringen Umfangs und daraus sich ergebende Änderungen der Preise zu vereinbaren (vgl. § 15 Abs. 3 VOB/A-EG bzw. VOB/A) Dieses Verbot gilt nicht für die Vergabe freiberuflicher Leistungen, da die VOF nur das Verhandlungsverfahren kennt.

5. Grundzüge des Vergaberechtsschutzes

Die Zweiteilung des Vergaberechts begründet **unterschiedliche** Rechtsschutzmög- 147
lichkeiten gegen Vergabeverstöße des öffentlichen Auftraggebers.

a) Unterhalb der EU-Schwellenwerte

Bei Auftragsvergaben unterhalb der europäischen Schwellenwerte besteht kein förmli- 148
ches, **spezielles Vergabenachprüfungsverfahren** mit dessen Hilfe benachteiligte Bieter oder Bewerber ihr primäres Interesse an der Auftragserteilung gerichtlich überprüfen und durchsetzen können (arg. ex § 104 Abs. 2 GWB). Das in den §§ 102ff. GWB normierte Rechtsschutzsystem gilt für öffentliche Aufträge oberhalb der EU-Schwellenwerte und kann nicht entsprechend auf Beschaffungen unterhalb der europäischen Schwellenwerte Anwendung finden. Die Beschränkung des primären Vergaberechtsschutzes auf europaweite Auftragsvergaben verstößt nicht gegen das Grundgesetz.[218]

Mangels eines eigenständigen Nachprüfungsverfahrens kommt dem **vorläufigen** 149
Rechtsschutz vor den Zivilgerichten in der Vergabepraxis eine beachtliche Bedeutung zu. Die Rechtsprechung ist insoweit weder einheitlich noch übersichtlich. Nach einer Auffassung gibt es auch bei Aufträgen unterhalb der Schwellenwerte keine einstweiligen Verfügungsverfahren vor der ordentlichen Gerichtsbarkeit nach der ZPO.[219] Nach einer anderen, zutreffenden Rechtsmeinung hat ein Kläger oder Antragsteller im einstweiligen Rechtsschutz regelmäßig den Anspruch darauf, dass sich die Gerichte der ordentlichen Gerichtsbarkeit mit seinem Anliegen befassen und es sachlich bescheiden.[220]

Fraglich sind die Rechtsschutzmöglichkeiten vor der **Verwaltungsgerichtsbarkeit**. 150
So nimmt bspw. das OVG Nordrhein-Westfalen an, dass ein Ausschluss des Verwaltungsrechtsweges für Vergaben unterhalb der Schwellenwerte wegen der §§ 97ff. GWB nicht angenommen werden könne.[221] Ähnlich haben auch die Oberverwaltungsgerichte in Sachsen und Rheinland-Pfalz entschieden.[222]

Bieter und Bewerber können bei inländischen Vergabeverfahren vor allem im Wege des 151
sog. sekundären Rechtsschutzes allgemeine zivilrechtliche, kartell- oder wettbewerbsrechtliche Schadensersatz- oder Unterlassungsansprüche gerichtlich durchzusetzen. Der öffentliche Auftrag selbst kann damit nicht (primär) erlangt werden. **Sekundäransprüche** auf Unterlassung oder Schadensersatz können hauptsächlich vor der ordentlichen Gerichtsbarkeit geltend gemacht werden. Als Rechtsgrundlagen kommen vorrangig Ansprüche auf Ersatz des Schadens wegen Verletzung eines vorvertraglichen Schuldverhältnisses (§§ 241 Abs. 2, 280 Abs. 1, 311 Abs. 2 BGB) oder auf § 20 Abs. 1 und Abs. 2 GWB gestützte Unterlassungsansprüche wegen Missbrauch einer marktbeherrschenden Stellung in Betracht.

Öffentliche Auftraggeber haben schließlich bei der Vergabe von Bauleistungen gemäß 152
§ 21 VOB/A die **Nachprüfstellen** (Aufsichtsbehörden) anzugeben, an die sich die Teilnehmer eines Vergabewettbewerbs zur Nachprüfung behaupteter Verstöße gegen Vergabe-

---

218 BVerfG, Urt. v. 13.6.2006 – 1 BvR 1160/03 = NJW 2006, 3701ff.

219 LG Oldenburg, Urt. v. 16.5.2002 – 5 O 1319/02 = ZfBR 2003, 181f.

220 Brandenburgisches OLG, Beschl. v. 29.5.2008 – 12 U 235/07 = IBR 2008, 529; LG Landshut, Urt. v. 11.12.2007 – 73 O 2576/07 = VergabeR 2008, 298ff.

221 OVG Nordrhein-Westfalen, Beschl. v. 12.1.2007 – 15 E 1/07 = NWVBl. 2007, 190ff.

222 OVG Sachsen, Beschl. v. 13.4.2006 – 2 E 270/05 = NZBau 2006, 393f.; OVG Rheinland-Pfalz, Beschl. v. 14.9.2006 – 2 B 11024/06 = DÖV 2007, 39f.

vorschriften wenden können. Ob und in welcher Weise diese Nachprüfstellen (i.d.R. als sog. VOB-Stellen bezeichnet) in das Vergabeverfahren eingreifen, obliegt ihrem pflichtgemäßen Ermessen. Ein Rechtsanspruch auf ein aufsichtliches Einschreiten besteht grundsätzlich nicht, weil es sich dabei nur um ein internes Verwaltungsprüfverfahren handelt. Obwohl für die Vergabe von Lieferungen und Dienstleistungen eine § 21 VOB/A vergleichbare Regelung in der VOL/A fehlt, sind Wettbewerbsteilnehmer dadurch aber generell nicht gehindert, die zuständigen Aufsichtsbehörden einzuschalten. Die zuständige Aufsichtsbehörde kann auch ohne besondere Bestimmung in der VOL/A angerufen und ggf. tätig werden.

b) Oberhalb der EU-Schwellenwerte

153 Für europaweit zu vergebende öffentliche Aufträge konstituieren die Vorschriften der §§ 102ff. GWB ein eigenständiges förmliches **Primärrechtsschutzsystem** zur Nachprüfung von Vergabeverfahren. In diesem vergaberechtlichen Nachprüfungsverfahren können Bieter bzw. Bewerber ihre subjektiven Rechte auf Einhaltung der Bestimmungen über das Vergabeverfahren i.S.d. § 97 Abs. 7 GWB durchsetzen. Die Vergabekammern stellen hierbei im Wege eines zweistufigen Rechtsschutzverfahrens die primäre Kontrollinstanz auf der Verwaltungsebene dar.[223]

154 In **erster Instanz** kann der Bieter bzw. Bewerber die jeweils zuständige Vergabekammer des Bundes und der Länder um Rechtsschutz ersuchen. Dazu ist ein schriftlicher Antrag auf Nachprüfung bei der zuständigen Vergabekammer einzureichen. Der Antrag kann nur vor der Erteilung des Zuschlags gestellt werden, weil ein wirksam erteilter Zuschlag von der Vergabekammer nicht mehr aufgehoben werden kann (§ 114 Abs. 2 S. 1 GWB). Antragsbefugt sind nur solche potentiellen Auftragnehmer, die ein Interesse am Auftrag haben und eine Verletzung von Rechten i.S.d. § 97 Abs. 7 GWB reklamieren sowie darlegen, dass ihnen durch den Vergabeverstoß ein Schaden entstanden ist oder droht (§ 107 Abs. 2 GWB). Der Nachprüfungsantrag ist u.a. unzulässig, soweit der Antragsteller den gerügten Vergabeverstoß im Vergabeverfahren erkannt und gegenüber dem öffentlichen Auftraggeber nicht unverzüglich gerügt hat (§ 107 Abs. 3 S. 1 Nr. 1 GWB). Dem steht es gleich, wenn der Vergabefehler bereits auf Grund der Bekanntmachung erkennbar ist und nicht spätestens bis zum Ablauf der Angebots- oder Bewerbungsfrist gerügt wurde (§ 107 Abs. 3 S. 1 Nr. 2 GWB). Ferner sind die Präklusionstatbestände nach § 107 Abs. 3 S. 1 Nr. 3 und Nr. 4 GWB zu beachten. Ist der Nachprüfungsantrag nicht offensichtlich unzulässig oder unbegründet, so übermittelt die Vergabekammer dem öffentlichen Auftraggeber den Nachprüfungsantrag und fordert bei ihm die Akten an, die das Vergabeverfahren dokumentieren (§ 110 Abs. 2 S. 3 GWB). Die Vergabestelle ist dann bis zur Entscheidung der Vergabekammer und bis zum Ablauf der für die Einlegung der sofortigen Beschwerde beim Beschwerdegericht geltenden Frist gehindert, den Zuschlag zu erteilen (§ 115 Abs. 1 GWB). Die Entscheidung der Vergabekammer ergeht in der Regel binnen einer Frist von fünf Wochen durch Verwaltungsakt (§ 113 Abs. 1 S. 1 GWB).

155 Gegen das o.g. **Zuschlagsverbot** kann sich die Vergabestelle wehren. Dazu muss sie bei der Vergabekammer beantragen, dass ihr die Zuschlagserteilung gestattet wird (§ 115 Abs. 2 GWB). Dem Antrag wird stattgegeben, wenn unter Berücksichtigung aller möglicherweise geschädigten Interessen sowie des Interesses der Allgemeinheit an einem raschen Abschluss des Vergabeverfahrens die nachteiligen Folgen einer Verzögerung der Vergabe bis zum Abschluss der Nachprüfung die damit verbundenen Vorteile überwiegen.

156 Die **Kosten** des Nachprüfungsverfahrens vor der Vergabekammer belaufen sich auf mindestens 2.500 EUR und können im Einzelfall, wenn der Aufwand oder die wirtschaftliche Bedeutung außergewöhnlich hoch sind, bis zu einem Betrag von maximal

[223] OLG München, Beschl. v. 11.6.2008 – Verg 6/08.

100.000 EUR erhöht werden (§ 128 Abs. 2 GWB). Die Kosten, die den Verfahrensbeteiligten für die Rechtsverfolgung entstehen, z. B. Anwaltskosten, sind in den Kosten der Vergabekammer nicht enthalten. Soweit ein Beteiligter im Nachprüfungsverfahren unterliegt, hat er die zur zweckentsprechenden Rechtsverfolgung oder Rechtsverteidigung notwendigen Aufwendungen des Antragsgegners zu tragen (§ 128 Abs. 4 S. 1 GWB).

Gegen die Entscheidung der Vergabekammer ist in der **zweiten Instanz** die sofortige Beschwerde zum jeweils zuständigen Vergabesenat des Oberlandesgerichts möglich (§§ 116ff. GWB). Die sofortige Beschwerde ist binnen einer Frist von zwei Wochen schriftlich und begründet beim Oberlandesgericht einzureichen. Da die sofortige Beschwerde aufschiebende Wirkung gegenüber der Entscheidung der Vergabekammer entfaltet, darf die Vergabestelle den Zuschlag nicht erteilen. Allerdings entfällt die aufschiebende Wirkung zwei Wochen nach Ablauf der Beschwerdefrist (§ 118 Abs. 1 S. 2 GWB), wobei im Falle der erstinstanzlichen Ablehnung des Nachprüfungsantrages das Beschwerdegericht auf Antrag des Beschwerdeführeres die aufschiebende Wirkung bis zur Entscheidung über die Beschwerde verlängern kann (§ 118 Abs. 1 S. 3 GWB). Wie in der ersten Instanz kann der öffentliche Auftraggeber auch in der zweiten Instanz die Gestattung der Zuschlagserteilung auf Antrag erwirken (§ 121 GWB). 157

Sekundärrechtsschutz besteht nach der Zuschlagserteilung bzw. mit Ende des Vergabeverfahrens. Hat sich das Nachprüfungsverfahren durch Erteilung des Zuschlages, durch Aufhebung oder durch Einstellung des Vergabeverfahrens oder in sonstiger Weise erledigt, stellt die Vergabekammer auf Antrag eines Beteiligten fest, ob eine Rechtsverletzung vorgelegen hat (§ 114 Abs. 2 S. 2 GWB). Hat der öffentliche Auftraggeber gegen eine den Schutz von Unternehmen bezweckende Vorschrift verstoßen und hätte das Unternehmen ohne diesen Verstoß bei der Angebotswertung eine echte Chance gehabt, den Zuschlag zu erhalten, die aber durch den Rechtsverstoß beeinträchtigt wurde, so kann das Unternehmen Schadensersatz für die Kosten der Vorbereitung des Angebotes oder der Teilnahme an dem Vergabeverfahren verlangen (§ 126 S. 1 GWB). Der in seinen Rechten verletzte Wettbewerbsteilnehmer kann auch weiterreichende Ansprüche auf Schadensersatz geltend machen (§ 126 S. 2 GWB i.V.m. §§ 241 Abs. 2, 280 Abs. 1, 311 Abs. 2 BGB usw.). 158

6. Praxisprobleme

Nachfolgend werden für kommunale Unternehmen vergaberechtlich wichtige und praktisch bedeutsame Themengebiete behandelt. 159

a) Vergaberechtsfreie Inhouse-Geschäfte

Die (Teil-) **Privatisierung** von öffentlichen Aufgaben und Leistungen erfolgt regelmäßig vor dem Hintergrund, die betriebswirtschaftliche Existenz solcher privatisierter kommunaler Unternehmen durch die Erteilung öffentlicher Aufträge der Gesellschafterkommune abzusichern. Problematisch ist in diesem Zusammenhang, ob im Verhältnis der Kommune (als öffentlichen Auftraggeber) zum Unternehmen (als Auftragnehmer) Vergaberecht Anwendung finden muss oder nicht. In letzterem Fall spricht man von einem ausschreibungsfreien sog. Inhouse-Geschäft. Hierbei ist insbesondere die Rechtsprechung des EuGH zu beachten. 160

Der EuGH hat erstmals in seinem sog. **Teckal-Urteil** aus dem Jahr 1999 entschieden, dass Vergaberecht anwendbar ist, wenn eine Gebietskörperschaft als öffentlicher Auftraggeber beabsichtigt, mit einer Einrichtung, die sich formal von ihr unterscheidet und die ihr gegenüber eigene Entscheidungsgewalt besitzt, einen schriftlichen entgeltlichen Vertrag über die Lieferung von Waren zu schließen, wobei es unerheblich ist, ob diese Einrichtung selbst ein öffentlicher Auftraggeber ist. Die grundlegende Ausschreibungspflicht besteht nur dann nicht, wenn die Gebietskörperschaft über die fragliche juristische Person eine Kontrolle ausübt wie über ihre eigenen Dienststellen („Kontrollkriterium“) und 161 diese Person zugleich ihre Tätigkeit im Wesentlichen für die Gebietskörperschaft oder die Gebietskörperschaften verrichtet, die ihre Anteile inne haben („Wesentlichkeitskriterium“).[224] Auch der BGH hat die vom EuGH aufgestellten Voraussetzungen einer ausschreibungsfreien Inhouse-Vergabe anerkannt.[225] Für das Vorliegen eines Inhouse-Geschäftes sind demnach die Kriterien „Kontrolle wie über eine eigene Dienststelle“ und „Tätigkeit im Wesentlichen für den öffentlichen Anteilseigner“ kennzeichnend.

162 **aa) Kontrolle wie über eine eigene Dienststelle.** Der kommunale Gesellschafter und zugleich öffentliche Auftraggeber muss über das betroffene Unternehmen keine identische, aber zumindest eine vergleichbare Kontrolle ausüben können. Es kommt auf eine umfassende Einfluss- und Steuerungsmöglichkeit an, die einer eigenständigen unternehmerischen Entscheidungsgewalt entgegensteht.[226] Die auch nur minderheitliche Beteiligung eines privaten Unternehmens am Gesellschaftskapital schließt es auf jeden Fall aus, dass der öffentliche Auftraggeber über das beauftragte Unternehmen eine ähnliche Kontrolle ausübt wie über seine eigenen Dienststellen.[227] Die vergaberechtsfreie Beauftragung sog. gemischtwirtschaftlicher Unternehmen ist somit nicht möglich. Nicht um eine gemischtwirtschaftliche Gesellschaft[228] handelt es sich in dem Fall, dass mehrere öffentliche Auftraggeber insgesamt die Anteile an der Gesellschaft halten, wenn auch in unterschiedlicher Höhe.[229] Die erforderliche Kontrolle kann in diesem Fall durch die öffentlichen Anteilseigner gemeinsam ausgeübt werden,[230] soweit jeder dieser Anteilseigner nicht nur am Kapital, sondern auch an den Leitungsorganen beteiligt ist.[231] Verfügt einer der Anteilseiger nicht über die geringste Möglichkeit einer Beteiligung an der Kontrolle über das betroffene Unternehmen, d. h. ist rein formal an dem Unternehmen beteiligt, so scheidet eine Kontrollmöglichkeit aus.[232]

163 Eine Kontrolle wie über eine eigene Dienststelle wird oftmals anzunehmen sein, wenn das kommunale Unternehmen in der Rechtsform der GmbH geführt wird und die Kommune **100%** der Gesellschaftsanteile hält. In diesem Fall bestehen von Gesetzes wegen umfangreiche Einwirkungsmöglichkeiten der Kommune in und auf die Gesellschaftsorgane (Gesellschafterversammlung, Geschäftsführung und ggf. Aufsichtsrat). Wird dagegen die Rechtsform der AG zur Aufgabenerfüllung gewählt, so bestehen regelmäßig keine entsprechenden Kontrollmöglichkeiten der Kommune, selbst wenn diese Alleinaktionär ist. Dies wird bereits dadurch deutlich, dass der Vorstand – im Gegensatz zur Geschäftsführung einer GmbH – die AG unter eigener Verantwortung leitet und vertritt.[233]

164 **bb) Tätigkeit im Wesentlichen für den öffentlichen Auftraggeber.** Vergaberechtliche Probleme bereitet auch die genaue Einordnung des zweiten Inhouse-Merkmals „Tätigkeit im Wesentlichen für den öffentlichen Auftraggeber“.

165 Auftragnehmer, die einen unwesentlichen Teil ihrer wirtschaftlichen Tätigkeit mit Dritten erwirtschaften, verfügen über keine wirtschaftliche Handlungs- und Entscheidungsfreiheit gegenüber ihrem/n öffentlichen Auftraggeber/n. Nach der Rechtsprechung des EuGH muss jede andere Tätigkeit rein nebensächlich sein. Um zu beurteilen, ob dies der Fall ist, muss der zuständige Richter alle – qualitativen wie quantitativen –

---

[224] EuGH, Urt. v. 13.6.2013 – Rs. C-386/11 (Piepenbrock) u. Urt. v. 18.11.1999 – Rs. C-107/98 (Teckal) = NZBau 2000, 90f.
[225] BGH, Urt. v. 12.6.2001 – X ZB 10/01 = NZBau 2001, 517ff.
[226] BayObLG, Beschl. v. 22.1.2002 – Verg 18/01 = VergabeR 2002, 244ff.
[227] EuGH, Urt. v. 11.1.2005 – Rs. C-26/03 (Stadt Halle) = NVwZ 2005, 187ff.
[228] Vgl. dazu: *Wurzel/Probst*, S. 326f.
[229] EuGH, Urt. v. 19.4.2007 – Rs. C-295/05 (Tragsa) = NZBau 2007, 381ff. ; vgl. dazu auch: *Probst/Wurzel*, Der Landkreis 2007, 400ff.
[230] EuGH, Urt. v. 13.11.2008 – Rs. C-324/07 (Coditel).
[231] EuGH, Urt. v. 29.11.2012 – Rs. C-182/11 u. C-183/11 (Econord).
[232] EuGH, Urt. v. 29.11.2012 – Rs. C-182/11 u. C-183/11 (Econord).
[233] BGH, Urt. v. 3.7.2008 – I ZR 145/05 = WRP 2008, 1182ff.

Umstände des Einzelfalls berücksichtigen.[234] Verrichtet demnach das für den Auftrag vorgesehene Unternehmen insgesamt **90%** seiner Tätigkeiten für den oder die öffentlichen Auftraggeber, so ist das Unternehmen im Wesentlichen für die Körperschaften und öffentlichen Einrichtungen tätig, die ihre Anteile innehaben.[235] Der EuGH erblickt die den Einzelfall kennzeichnenden Umstände in den vom Auftragnehmer erwirtschafteten Umsatzerlösen. Hierbei ist der Umsatz ausschlaggebend, den der Auftragnehmer aufgrund der Vergabeentscheidungen des/r kontrollierenden öffentlichen Auftraggeber/s erzielt. Dazu zählen die mit der Vergabestelle selbst erzielten Umsatzerlöse sowie die mit Dritten als Nutzern erzielten Umsätze. Wichtig ist, dass die Umsätze stets auf die vom öffentlichen Auftraggeber mit dem Auftragnehmer eingegangenen Rechtsbeziehungen zurückzuführen sind. Nicht entscheidend ist hingegen, wer das auftragnehmende Unternehmen vergütet oder in welchem Gebiet die beauftragten Leistungen erbracht werden.[236]

b) Vergabe von Dienstleistungskonzessionen

Dienstleistungskonzessionen bezeichnen Verträge, die von einem öffentlichen Dienstleistungsauftrag (i.S.d. § 99 Abs. 4 GWB) nur insoweit abweichen, als die Gegenleistung für die Erbringung der Dienstleistungen ausschließlich in dem Recht zur Nutzung der Dienstleistung oder in diesem Recht zuzüglich der Zahlung eines Preises besteht. Dienstleistungskonzessionen unterfallen deshalb **nicht** dem Recht der öffentlichen Auftragsvergabe.[237] 166

Gleichwohl verlangt der EuGH für den Abschluss von Dienstleistungskonzessionsverträgen, dass die **Grundregeln** des AEUV im Allgemeinen und das Verbot der Diskriminierung aus Gründen der Staatsangehörigkeit im Besonderen zu beachten sind und dass die Nachprüfung ermöglicht wird, ob die „Vergabeverfahren“ unparteiisch durchgeführt wurden.[238] 167

Nach dem EuGH schließen der Grundsatz der Gleichbehandlung und das Verbot der Diskriminierung aus Gründen der Staatsangehörigkeit insbesondere eine Verpflichtung zur **Transparenz** (d. h. der Veröffentlichung der Konzessionsvergabe) ein, damit die konzessionserteilende öffentliche Stelle feststellen kann, ob sie beachtet worden sind. Diese dem Konzessionsgeber obliegende Transparenzpflicht besteht darin, dass zu Gunsten der potentiellen Bieter ein angemessener Grad von Öffentlichkeit sicherzustellen ist, der die Dienstleistungskonzession dem Wettbewerb öffnet und die Nachprüfung ermöglicht, ob die Vergabeverfahren unparteiisch durchgeführt worden sind. Daher entspricht das völlige Fehlen einer Ausschreibung im Falle der Vergabe einer öffentlichen Dienstleistungskonzession weder den Anforderungen der Art. 49 AEUV und Art. 56 AEUV noch den Grundsätzen der Gleichbehandlung, der Nichtdiskriminierung und der Transparenz. Aus Art. 106 Abs. 1 AEUV folgt zudem, dass die Mitgliedstaaten keine nationalen Rechtsvorschriften fortgelten lassen dürfen, welche die Vergabe öffentlicher Dienstleistungskonzessionen ohne Ausschreibung ermöglichen, da eine solche Vergabe gegen die Art. 49 AEUV oder Art. 56 AEUV oder gegen die Grundsätze der Gleichbehandlung, der Nichtdiskriminierung und der Transparenz verstoßen würde.[239] 168

Ob für die rechtliche Überprüfung der Vergabe einer Dienstleistungskonzession der **Rechtsweg** zu den Zivilgerichten[240] oder den Verwaltungsgerichten[241] eröffnet ist, ist in 169

---

234 EuGH, Urt. v. 11.5.2006 – Rs. C-340/04 (Carbotermo) = NZBau 2006, 452ff.

235 EuGH, Urt. v. 19.4.2007 – Rs. C-295/05 (Tragsa) = NZBau 2007, 381ff.; vgl. dazu auch: *Probst/Wurzel*, ELR 2007, 257ff.

236 EuGH, Urt. v. 11.5.2006 – Rs. C-340/04 (Carbotermo) = NZBau 2006, 452 (456).

237 EuGH, Urt. v. 18.7.2007 – Rs. C-382/05 (Italienische Republik) = EWS 2007, 429ff.

238 EuGH, Urt. v. 14.11.2013 – Rs. C-221/12 (Belgacom) u. Urt. v. 6.4.2006 – Rs. C-410/04 (ANAV) = NZBau 2006, 326ff.

239 VG Münster, Beschl. v. 9.3.2007 -1 L 64/07 = NWVBl. 2007, 319ff.

240 So: BayObLG, Beschl. v. 11.12.2001 – Verg 15/01 = NZBau 2002, 233ff.

241 So hingegen: OVG Nordrhein-Westfalen, Beschl. v. 4.5.2006 – 15 E 453/06 = NZBau 2006, 533f.

der Judikatur umstritten. Ein besonderer Rechtsweg besteht für die Vergabe einer Dienstleistungskonzession nach Art. 5 Abs. 2 bis 5 Verordnung (EG) Nr. 1370/2007 für den Verkehr mit Straßenbahnen, Obussen oder Kraftfahrzeugen. Danach ist das Nachprüfungsverfahren gem. §§ 102ff. GWB eröffnet (vgl. § 8a Abs. 7 S. 1 PBefG).

c) Erfüllung kommunaler Aufgaben mit Privaten

170 Kommunale Aufgaben werden heute zunehmend durch nichtkommunale Stellen, vor allem durch oder unter Heranziehung privater Dritter erledigt. Dabei steht weniger die vollständige Aufgabenübertragung auf einen Dritten (sog. Aufgabenprivatisierung) im Vordergrund, sondern die Übertragung der Aufgabendurchführung auf private Dritte (sog. **Durchführungsprivatisierung**). So kann etwa der Betrieb einer kommunalen Kläranlage oder Abfallentsorgungsanlage einem Privaten obliegen, die Aufgabe jedoch bei der entsorgungspflichtigen Gebietskörperschaft verbleiben. In der Kommunalpraxis sind Betreiber- und Betriebsführungsmodelle typisch.[242] Sie sollen im Folgenden näher auf ihre vergaberechtliche Relevanz dargestellt werden.

171 **aa) Betreibermodell**. Unter einem Betreibermodell ist die kommunale Aufgabendurchführung durch einen privatrechtlichen Dritten („Betreiber") mittels Finanzierung, Planung, Bau und Betrieb eines aufgabennotwendigen Vorhabens (z. B. Müllverbrennungsanlage) zu verstehen. Auf den Betreiber wird nicht die Aufgabe selbst, sondern allein ihre Durchführung übertragen. Rechtliche Beziehungen (Betreibervertrag, Erbbaurechtsvertrag usw.) bestehen grundsätzlich nur zwischen dem Betreiber und der Kommune, nicht aber zwischen dem Betreiber und Bürger. Da der Dritte die in seinem privaten Eigentum stehende Anlage eigenverantwortlich betreibt, setzt er hierzu zumeist auch eigenes Personal ein.

172 Betreiberverträge sind grundsätzlich im Wettbewerb zu vergeben. Die Durchführung einer öffentlichen Ausschreibung bzw. eines offenen Verfahrens wird in vielen Fällen aber nicht sachgerecht sein. Planung, Finanzierung und Betrieb lassen sich oftmals nicht im vorhinein detailliert und erschöpfend im Rahmen einer Leistungsbeschreibung bestimmen, sondern können erst im Wege der Verhandlung mit den in Frage kommenden Bietern gemeinsam festgelegt werden. Daher wird das **Verhandlungsverfahren** bzw. die freihändige Vergabe oftmals als richtige Verfahrensart in Betracht kommen.[243]

173 **bb) Betriebsführungsmodell.** Im Gegensatz zum Betreibermodell wird dem privaten Dritten bei diesem Modell nur die kaufmännische und/oder technische Betriebsführung einer in kommunalem Eigentum stehenden Anlage übertragen. Betreiber bleibt weiterhin die Kommune, während der private Dritte für seine Tätigkeit ein Betriebsführungsentgelt erhält.

174 Betriebsführungsverträge sind überwiegend als Dienstleistungsaufträge i.S.d. VOL ausgestaltet. Sind die jeweiligen Leistungsanforderungen eindeutig und erschöpfend beschreibbar, so erfolgt die Vergabe im **offenen Verfahren** bzw. als öffentliche Ausschreibung. Die Wahl des Verhandlungsverfahrens mit öffentlichem Teilnahmewettbewerb kann im Einzelfall gerechtfertigt sein, darf jedoch nicht allein aus dem Grunde erfolgen, Mängel in der Vorbereitung des Vergabeverfahrens zu kaschieren.[244] Da der Betriebsführer – im Gegensatz zum Betreibermodell – kein Eigentum an der betroffenen Anlage erwirbt, ist ein Wechsel des Betriebsführers durch einen erneuten Ausschreibungswettbewerb möglich. Einer dem Wettbewerb entzogenen Alleinstellung des Betriebsführers und einer langjährigen Abhängigkeit der Kommune kann dadurch begegnet werden.

---

[242] Vgl. zu weiteren Modellen der Zusammenarbeit mit Privaten: *Wurzel/Probst*, S. 309ff.
[243] *Wurzel/Probst*, S. 323f.
[244] OLG Naumburg, Beschl. v. 26.8.2002 – 1 Verg 02/02 = NZBau 2003, 628ff.

d) Kommunale Unternehmen als Wettbewerber

175 Die wirtschaftliche Betätigung kommunaler Unternehmen erstreckt sich in den vergangenen Jahren zunehmend auf Bereiche, in denen bislang hauptsächlich die Privatwirtschaft tätig war. Dazu gehören nicht zuletzt die öffentlichen Beschaffungsmärkte selbst. So konkurrieren städtische und gemeindliche Unternehmen heute mit Privaten um öffentliche Aufträge von Bund, Ländern und anderen Kommunen. Vergaberechtlich ist von Interesse, ob kommunale Unternehmen als Bewerber bzw. Bieter an der Ausschreibung öffentlicher Aufträge teilnehmen können. Hierbei steht ein Marktzutrittsverbot bei unzulässiger **wirtschaftlicher Betätigung** im Fokus. Öffentliche Auftraggeber verletzen das Wettbewerbsprinzip i.S.d. § 97 Abs. 1 GWB,[245] wenn sie kommunale Unternehmen als Bieter oder Bewerber zu einem Vergabeverfahren zulassen, obwohl die kommunalen Unternehmen die ausgeschriebene Leistung nur unter Verstoß gegen die gesetzlichen Bestimmungen des Kommunalwirtschaftsrechts erbringen können.[246] Dies stellt eine Wettbewerbsverfälschung und Störung des Bieterwettbewerbs dar, die vom öffentlichen Auftraggeber grundsätzlich zu unterbinden ist. Hierzu ist der öffentliche Auftraggeber – neben § 97 Abs. 1 GWB – auch nach den Vergabe- und Vertragsordnungen verpflichtet, weil er „wettbewerbsbeschränkende und unlautere Verhaltensweisen" (z. B. § 2 Abs. 1 Nr. 2 S. 2 VOB/A-EG) bekämpfen muss.

176 Das OLG Düsseldorf hat bspw. festgestellt, dass die Interessen privatwirtschaftlicher Unternehmen, die durch eine gegen **§ 107 GO NRW** verstoßende Ausdehnung kommunaler Wirtschaftstätigkeit beeinträchtigt werden, in den Schutzbereich dieser Vorschrift unmittelbar einbezogen sind. § 107 GO NRW zählt auch unmittelbar zu den drittschützenden Vorschriften, die der öffentliche Auftraggeber im Vergabeverfahren i.S.d. § 97 Abs. 7 GWB einzuhalten hat.[247] Denn bei der gesamten Regelung des § 107 GO NRW geht es, was den Zweck der wirtschaftlichen und der sog. nicht wirtschaftlichen Betätigung der jeweiligen Gemeinde anbelangt, um die „Erfüllung ihrer Aufgaben". Das ist in den Normtext des § 107 Abs. 1 GO NRW ausdrücklich aufgenommen worden und versteht sich in Anbetracht der Art der in § 107 Abs. 2 GO NRW aufgezählten „nicht wirtschaftlichen" Betätigungen für diese von selbst.[248] Für einen möglichen Verstoß gegen § 107 GO NRW durch Beteiligung an einem Wettbewerbsverfahren kann das Handeln der Kommune durch eine Beteiligungsgesellschaft ausreichend sein, wenn dies bei funktionaler Betrachtung als wirtschaftliche Betätigung beim Betrieb des Unternehmens als Hersteller, Anbieter oder Verteiler von Waren und/oder Dienstleistungen erscheint.[249] Ist die Betätigung einem öffentlichen Zweck hingegen in der Weise förderlich, als dafür ein anerkennenswertes Bedürfnis nicht zu verneinen ist, ist eine Fehleinschätzung, die ein korrigierendes Eingreifen der Nachprüfungsinstanzen gebietet, in der Regel auszuschließen.[250]

e) Kommunale Einkaufsgemeinschaften

177 Die öffentliche Hand beschafft diejenigen Güter und Leistungen, die das beste Preis-Leistungsverhältnis bieten. **Einsparungs- und Rationalisierungseffekte**, die zu der wirtschaftlichsten Beschaffung führen, können oftmals dann erzielt werden, wenn die Nachfragemacht von Kommunen und öffentlichen Unternehmen hoch ist. Bei den

245 OLG Düsseldorf, Beschl. v. 13.8.2008 – VII-Verg 42/07; anders wohl das OVG Nordrhein-Westfalen, Beschl. v. 1.4.2008 – 15 B 122/08 = DVBl 2008, 919ff., das für Auslegungsfragen im Zusammenhang mit der wirtschaftlichen Betätigung von Kommunen primär allein die Verwaltungsgerichte für zuständig erachtet.

246 OLG Düsseldorf, Beschl. v. 17.6.2002 – Verg 18/02 = NZBau 2002, 626ff.

247 OLG Düsseldorf, Beschl. v. 17.6.2002 – Verg 18/02 = NZBau 2002, 626ff. u. Beschl. v. 9.4.2003 – Verg 43/02.

248 OLG Düsseldorf, Beschl. v. 29.3.2006 – Verg 77/05 = VergabeR 2006, 509ff.

249 VK Düsseldorf, Beschl. v. 24.8.2007 – VK-24/2007-L.

250 OLG Düsseldorf, Beschl. v. 7.8.2013 – VII-Verg 14/13.

öffentlichen Beschaffungsmärkten ist dies regelmäßig aber nicht der Fall. Daher tendieren Städte, Gemeinden und öffentliche Unternehmen dazu, ihren einzelnen Beschaffungsbedarf (insbes. Feuerwehrfahrzeuge, Elektrizität) mit dem anderer öffentlicher Auftraggeber zu bündeln, um dadurch am Markt bessere Angebotspreise, Konditionen u.ä. erzielen zu können.

178 Gemeinden oder kommunale Unternehmen, die öffentliche Aufträge gemeinsam vergeben, finden sich in der Praxis **strukturell** entweder zu einem losen Einkaufsverbund zusammen oder gründen eine eigene Einkaufsgesellschaft. Unterschiede ergeben sich vor allem in der Regelung der Vertretung nach außen. Während bei einem losen Einkaufsverbund ein Verbundmitglied die Einkaufskoordination übernimmt und im fremden Namen und auf fremde Rechnung die öffentlichen Aufträge vergibt, tritt eine gemeinsame Einkaufsgesellschaft im eigenen Namen und auf eigene Rechnung auf.

179 Einkaufsgemeinschaften können **organisatorisch** in privatrechtlicher (z.B. GbR, GmbH, Genossenschaft) oder in öffentlich-rechtlicher Form organisiert sein. Verfassungs- oder haushaltsrechtliche Bestimmungen stehen kommunalen Einkaufsgemeinschaften grundsätzlich nicht entgegen. Das grundgesetzlich geschützte Prinzip der kommunalen Selbstverwaltung (Art. 28 Abs. 2 GG) und der haushaltsrechtliche Grundsatz der Sparsamkeit und Wirtschaftlichkeit (z.B. Art. 61 Abs. 2 BayGO) sind der gemeinsamen Beschaffungstätigkeit eher förderlich als hinderlich. Bei der Initiierung von kommunalen Einkaufsgemeinschaften sind gleichwohl die jeweiligen gemeinderechtlichen Voraussetzungen über die interkommunale Zusammenarbeit (z.B. BayKommZG) und der Zulässigkeit kommunaler Unternehmen bzw. der wirtschaftlichen Betätigung zu beachten (z.B. Art. 86ff. BayGO).

180 Grundsätzlich soll das **Vergaberecht** der gemeinsamen und gebündelten Ausschreibung öffentlicher Auftraggeber nicht entgegenstehen,[251] wenn dabei die tragenden Grundsätze des öffentlichen Auftragswesens beachtet werden. Die Bündelung der Bedarfe mehrerer öffentlicher Auftraggeber in einem oder mehreren (losweise aufgeteilten) Vergabeverfahren, das bzw. die von einer gemeinsamen Stelle geführt wird bzw. werden, ist nach der Vergaberechtsprechung unbedenklich.[252] Die Zusammenfassung der Bedarfe der einzelnen öffentlichen Auftraggeber zu einem Vergabeverfahren führt dazu, dass die gemeinsame Einrichtung als Vergabestelle die für Konzeption und Abwicklung des Vergabeverfahrens erforderlichen Entscheidungen selbst treffen darf.[253]

181 Vergaberechtliche Zweifel an der Zulässigkeit kommunaler Einkaufsgemeinschaften kann jedoch Art. 11 Abs. 1 Richtlinie 2004/18/EG begründen. Er räumt den Unionstaaten lediglich die Möglichkeit ein, „dass die öffentlichen Auftraggeber Bauleistungen, Waren und/oder Dienstleistungen durch zentrale Beschaffungsstellen erwerben dürfen". Eine **zentrale Beschaffungsstelle** wiederum ist ein öffentlicher Auftraggeber, der z.B. für öffentliche Auftraggeber bestimmte Waren und/oder Dienstleistungen erwirbt (vgl. Art. 1 Abs. 10, 1. Spstr. Richtlinie 2004/18/EG). Von der in Art. 11 Abs. 1 Richtlinie 2004/18/EG bestehenden Umsetzungsmöglichkeit hat die Bundesrepublik Deutschland allerdings keinen ausdrücklichen Gebrauch gemacht. Eine explizite Vorschrift im nationalen Vergaberecht für zentrale Beschaffungsstellen fehlt. Da kommunale Einkaufsgemeinschaften regelmäßig als öffentliche Auftraggeber gelten dürften, müssten sie auch die Anforderungen einer zentralen Beschaffungsstelle erfüllen. Gemessen am Richtlinienwortlaut und der insoweit festzustellenden mangelnden Umsetzung in der Bundesrepublik Deutschland, ist die vergaberechtliche Zulässigkeit einer zentralen und rechtlich selbständig organisierten Bedarfsbündelung deshalb fragwürdig.

---

[251] *Kämper/Heßhaus*, NZBau 2003, 305ff.; anders: *Bunte*, BB 2001, 2123.

[252] Schleswig-Holsteinisches OLG, Beschl. v. 25.1.2013 – 1 Verg 8/12, 1 Verg 6/12; Beschl. v. 20.11.2012 – 1 Verg 7/12 und v. 30.10.2012 – 1 Verg 5/12.

[253] Schleswig-Holsteinisches OLG, Beschl. v. 25.1.2013 – 1 Verg 8/12, 1 Verg 6/12; Beschl. v. 20.11.2012 – 1 Verg 7/12 und v. 30.10.2012 – 1 Verg 5/12.

f) Vergabeverstöße und Kommunalabgabenrecht

Die Kommunalabgabengesetze der Länder verweisen bei der Bemessung der Gebührenobergrenze generell auf die nach betriebswirtschaftlichen Grundsätzen **ansatzfähigen Kosten**. Die Höhe von ansatzfähigen Fremdleistungsentgelten (z. B. für die Betriebsführung der Abwasserentsorgung) ist durch den Grundsatz der Erforderlichkeit begrenzt. In diesem Zusammenhang gewährleistet das Vergaberecht, dass ein öffentlicher Auftrag nicht zu einem überhöhten Entgelt vergeben wird, da der Ausschreibungswettbewerb zu Marktpreisen führt, die von den Gebührenpflichtigen akzeptiert werden können. 182

Umstritten ist in der Rechtsprechung, ob die Verletzung von vergaberechtlichen Vorschriften, insbesondere das Fehlen einer Ausschreibung, gebührenrechtliche Folgen hat. Im Kern geht es also um die Frage, ob Gebührenbescheide und -satzungen rechtswirksam sind, wenn eine Ausschreibung unterblieben oder fehlerhaft ist. 183

Das **OVG Niedersachsen** meint, dass eine Gebührenkalkulation nicht automatisch durch eine unterlassene Ausschreibung rechtswidrig wird. Soweit die Gebührenkalkulation einer Überprüfung auf Grund der Vorschriften des öffentlichen Preisprüfungsrechts (Verordnung PR 30/53 über die Preise bei öffentlichen Aufträgen) standhält, ist der Erforderlichkeitsgrundsatz nicht berührt. Stimmen die Vertragskonditionen des Auftragnehmers dagegen nicht mit dem öffentlichen Preisrecht überein, so sind die Gebührenkalkulation und der darauf fußende Gebührenbescheid rechtswidrig.[254] 184

Eine ähnliche Auffassung vertritt auch das **OVG Nordrhein-Westfalen**. Danach führt ein Verstoß gegen Ausschreibungspflichten zu keiner Nichtigkeit des geschlossenen Vertrages.[255] Auch stellt die Vergaberechtswidrigkeit alleine die Erforderlichkeit von Aufwand nicht in Frage, vielmehr ist dies nur dann der Fall, wenn die Vergaberechtswidrigkeit zu einem erhöhten Aufwand geführt hat, etwa wenn statt des wirtschaftlichsten Angebotes ein Angebot zu unangemessenem Preis zum Zuge kommt.[256] 185

Das **OVG Rheinland-Pfalz** ist dagegen der Ansicht, dass eine Gebührenfestsetzung, die unter Missachtung der Ausschreibungspflicht vorgenommen wurde, unwirksam ist.[257] Denn nur eine Ausschreibung, also die Ausnutzung des Wettbewerbs zwischen mehreren konkurrierenden Unternehmen, bezweckt und gewährleistet i.d.R. einen im Vergleich zur freihändigen Vergabe niedrigeren Kostenaufwand. Die Beachtung der Pflicht zur Durchführung einer Ausschreibung vor der Vergabe von Aufträgen an Dritte ist daher aus gebührenrechtlicher Sicht grundsätzlich unerlässlich.[258] Etwas anderes könnte nur bei Dringlichkeit der Vergabeentscheidung gelten. In diesem Fall braucht keine Ausschreibung durchgeführt werden, wenn die Gebühren nach dem Grundsatz der Erforderlichkeit gerechtfertigt sind.[259] Ein Verstoß gegen die Ausschreibungspflicht führt also nicht ohne Weiteres zur Unwirksamkeit einer Gebührenfestsetzung. Die Angemessenheit der Kosten ist im Hinblick auf den der Kommune zustehenden Ermessensspielraum nur dann zu verneinen, wenn sich der Einrichtungsträger bei der Vergabe der Aufträge oder bei der Durchführung der Maßnahme offensichtlich nicht an das Gebot der Wirtschaftlichkeit gehalten hat und dadurch augenfällig Mehrkosten entstanden sind, d. h. wenn die Kosten in für den Abgabengläubiger erkennbaren Weise eine grob unangemessene Höhe erreichen.[260] 186

Eine Gebührensatzung ist – so das **OVG Schleswig-Holstein** – nichtig, wenn die Ausschreibung einer Drittbeauftragung mit bestimmten Leistungen unterblieben ist. Das Gericht stützt seine Argumentation auf vermutete Mehraufwendungen auf Grund der 187

---

254 OVG Niedersachsen, Urt. v. 24.6.1998 – 9 L 2504/96 = AbfallPrax 1999, 32ff.
255 OVG Nordrhein-Westfalen, Urt. v. 15.12.1994 – 9 A 2251/93 = NWVBl. 1995, 173ff.
256 OVG Nordrhein-Westfalen, Urt. v. 19.2.2008 – 15 A 2568/05 = ZKF 2008, 166f.
257 OVG Rheinland-Pfalz, Urt. v. 1.12.1994 – 12 A 11892/92 = NVwZ-RR 1996, 230ff.
258 OVG Rheinland-Pfalz, Urt. v. 17.6.2004 – 12 C 10660/04.OVG.
259 OVG Rheinland-Pfalz, Urt. v. 4.2.1999 – 12 C 13291/96 = NVwZ-RR 1999, 673f.
260 OVG Rheinland-Pfalz, Urt. v. 17.6.2004 – 12 C 10660/04.OVG.

fehlenden Ausschreibung. Dies gilt auch dann, wenn sich nicht aufklären lässt, ob die vergebene Leistung nach Durchführung eines Ausschreibungswettbewerbs tatsächlich kostengünstiger wäre.[261]

188 Das VG Saarlouis meint, dass das Vergaberecht nicht nur dem Schutz der Bieter, sondern auch dem Interesse des Gebührenzahlers an der Einhaltung des allgemeinen abgabenrechtlichen Gebots der sparsamen und wirtschaftlichen Haushaltsführung dient.[262] Das **OVG Mecklenburg-Vorpommern** ist der Ansicht, dass ein Verstoß gegen das Vergaberecht für die Frage der Gebührenfähigkeit eines Fremdleistungsentgeltes nicht zwingend bedeute, dass die Kalkulation fehlerhaft sei.[263] Ähnlich urteilt das VG Augsburg, wonach eine Verletzung vergaberechtlicher Vorschriften nicht automatisch zur Rechtswidrigkeit einer Beitragserhebung führe.[264]

189 Die divergierende Rechtsprechung verdeutlicht, dass eine den vergaberechtlichen Vorschriften entsprechende Beschaffung von gebührenrelevanten Drittleistungen zu keinen unwirksamen Abgabensatzungen und -bescheiden führt. Dagegen ist das **Risiko** der Nichtigkeit bzw. Rechtswidrigkeit von Satzungen oder Bescheiden bei nicht erfolgter Durchführung eines Vergabeverfahrens als außerordentlich hoch zu bezeichnen.

g) Vergabefehler und Fördermittel

190 Bei der Zuwendung von öffentlichen Fördermitteln werden regelmäßig die Vorschriften der VOB/A, oftmals auch der VOL/A, zum Gegenstand von Nebenbestimmungen des Bewilligungsbescheides gemacht. Die Pflicht zur Beachtung der Bestimmungen der VOB/A oder VOL/A wird den Zuwendungsempfängern vom Fördermittelgeber dabei nicht nur im Interesse einer sparsamen und effizienten Verwendung öffentlicher Mittel aufgetragen, sondern auch im wirtschaftspolitischen Interesse des chancengleichen Zugangs zu öffentlichen Aufträgen. Daher können Verstöße gegen auferlegte Vergabevorschriften den **Widerruf** eines Fördermittelbescheids ganz oder zum Teil rechtfertigen. Der Zuwendungsempfänger ist dann verpflichtet, erhaltene Fördermittel vollständig oder teilweise zurückzuerstatten.

191 Förderschädliche Vergabeverstöße werden in der Praxis im Rahmen der Prüfung der Verwendungsnachweise entweder durch die selbst prüfende Bewilligungsbehörde oder einer ihr nachgeordneten Behörde (oftmals die VOB-Stellen) aufgedeckt. Dabei muss aber nicht jede Verletzung von Vergabefehlern zu einem Widerruf des Zuwendungsbescheids führen. In Bayern führen bspw. grundsätzlich nur **schwere Vergabefehler** zum Widerruf eines Zuwendungsbescheids und zur entsprechenden Kürzung der Fördermittel.

192 So wird in **Bayern**[265] den Zuwendungsempfängern regelmäßig im Fördermittelbescheid mit den Allgemeinen Nebenbestimmungen (ANBest-I/P/K) u.a. auch die Beachtung des 1. Abschnitts der VOB/A bei der Vergabe von Aufträgen zur Erfüllung des Zuwendungszwecks zur Auflage gemacht. Verletzt der Fördermittelempfänger die VOB/A-Auflage, so kann der Zuwendungsgeber nach Art. 49 Abs. 2a Nr. 2 BayVwVfG den Fördermittelbescheid ganz oder teilweise widerrufen und die Zuwendung insoweit zurückfordern.

193 Grundsätzlich gilt in Bayern, dass bei **allen** VOB/A-Verstößen die feststellbaren vermeidbaren Mehrausgaben wegen der Nichtbeachtung oder fehlerhafter Anwendung der Vergabegrundsätze durch Widerruf des Fördermittelbescheids in entsprechender Höhe aus der Förderung auszuklammern sind. Denn insoweit handelt es sich wegen des unwirtschaftlichen Verhaltens des Zuwendungsempfängers um nicht förderfähige Ausgaben.

---

[261] OVG Schleswig-Holstein, Urt. v. 24.6.1998 – 2 L 113/97 = AbfallPrax 1999, 28ff.
[262] VG Saarlouis, Urt. v. 12.3.2008 – 11 K 246/05.
[263] OVG Mecklenburg-Vorpommern, Urt. v. 12.10.2011 – 4 K 31/06.
[264] VG Augsburg, Urt. v. 13.6.2013 – 2 K 12.1237.
[265] Vgl. dazu: Bayerisches Staatsministerium der Finanzen, Bekanntmachung v. 23.11.2006 über Richtlinien zur Rückforderung von Zuwendungen bei schweren Vergabeverstößen – 11-H 1360-001-44571/06.

Liegt ein **schwerer** VOB/A-Verstoß in Bayern vor, so ist generell ein Widerruf des Zuwendungsbescheids und die Neufestsetzung bzw. Kürzung der Förderung vorzunehmen. Dabei sind die Kosten für die jeweilige mit dem Verstoß belastete Auftragseinheit (bspw. Fachlos) von der Förderung auszuschließen. Würde der Ausschluss der jeweiligen Auftragseinheit jedoch zu einem völligen oder sehr weitgehenden Förderausschluss für die Gesamtmaßnahme und damit zu einer erheblichen Härte für den Fördermittelempfänger führen, kann der Kürzungsbetrag grundsätzlich auf 20% bis 25% der gesamten Fördersumme beschränkt werden. Ausnahmsweise ist auch eine Über- oder Unterschreitung des vorgenannten Rahmens denkbar. 194

Schwere Vergabeverstöße liegen nach Meinung des Bayerischen Finanzministeriums vor allem in **fünf Fällen** vor: (1.) Freihändige Vergaben ohne die dafür notwendigen vergaberechtlichen Voraussetzungen, (2.) Ungerechtfertigte Einschränkung des Wettbewerbs, z. B. durch lokale Begrenzung des Bieterkreises, sowie vorsätzliches und fahrlässiges Unterlassen einer vergaberechtlich notwendigen europaweiten Bekanntmachung, (3.) Übergehen oder Ausscheiden des wirtschaftlichsten Angebots durch grob vergaberechtswidrige Wertung, (4.) Vorsätzlicher Verstoß gegen die allgemeinen Vergabegrundsätze und (5.) Vergabe an einen Generalübernehmer, sofern dies nicht zugelassen ist. 195

h) Elektronische Vergabe

Vergabestellen können Waren, Bau- und Dienstleistungen unter Nutzung der zulässigen elektronischen Möglichkeiten[266] europaweit oder national beschaffen. Die Vorteile der ausschreibenden Stelle liegen vor allem in der Vereinfachung, Kostenreduktion und Beschleunigung des Vergabeprozesses sowie der Erweiterung des Kreises der Wettbewerber. Ausdrücklich geregelt sind z. B. die rechtlichen Voraussetzungen für die elektronische **Angebotsabgabe** (§ 13 Abs. 1 VOB/A-EG bzw. VOB/A, § 13 Abs. 1 u. 2 VOL/A bzw. § 16 Abs. 1 u. 2 VOL/A-EG). Angebote dürfen nur dann digital abgegeben werden, wenn der öffentliche Auftraggeber dies zulässt. Ein Anspruch auf elektronische Angebotsabgabe steht den Bietern nicht zu. Elektronisch übermittelte Angebote sind nach Wahl des öffentlichen Auftraggebers mit einer fortgeschrittenen elektronischen Signatur nach dem Signaturgesetz und den Anforderungen der Vergabestelle oder mit einer qualifizierten elektronischen Signatur nach dem Signaturgesetz zu versehen. Auch hat die Vergabestelle dafür Sorge zu tragen, dass die Integrität der Daten und die Vertraulichkeit der Angebote bei elektronisch übermittelten Angeboten durch entsprechende technische Lösungen nach den Anforderungen des öffentlichen Auftraggebers und durch Verschlüsselung sicher zu stellen ist. Insbesondere muss die Verschlüsselung bis zum Ablauf der Frist zur Einreichung der Angebote bzw. bis zur Öffnung des ersten Angebotes aufrecht erhalten bleiben. 196

Die elektronische Angebotsabgabe setzt also einerseits voraus, dass die Vergabestellen überhaupt die **technischen** und **organisatorischen Bedingungen** dafür geschaffen haben, dass bei einer elektronischen Beschaffung die geltenden Vergabebestimmungen eingehalten werden können. Nur wenn dies gewährleistet ist, können die öffentlichen Auftraggeber von dieser rechtlichen Gestaltungsmöglichkeit Gebrauch machen. 197

Andererseits ist die erforderliche **Geheimhaltung** der Identität der Bieter und der Inhalte ihrer Angebote nur durch die Einbeziehung einer qualifizierten oder fortgeschrittenen Signatur und der Verschlüsselung der Nachrichten gewahrt. So lässt z. B. die qualifizierte Signatur (§ 2 Nr. 3 SigG), welche die eigenhändige Unterschrift ersetzt, die eindeutige Authentifizierung zu und ermöglicht die Erkennbarkeit nachträglicher Veränderungen; sie kann nur vom Inhaber der dazugehörigen Signaturerstellungseinheit gefertigt werden. 198

---

266 Vgl. dazu: *Malmendier*, VergabeR 2001, 178ff.; *Mosbacher*, DÖV 2001, 573ff.; *Höfler*, NZBau 2000, 449ff.

199 In der Vergabepraxis spielt die durchgehende elektronische Beschaffung noch immer eine **untergeordnete Rolle**. So ist der Einsatz moderner Informationstechnologien zum Großteil noch auf die Vorbereitung, die Veröffentlichung bzw. Bekanntmachung eines Beschaffungsvorhabens und den Versand der Vergabeunterlagen beschränkt, während die Durchführung des eigentlichen Vergabeprozesses (Angebotsabgabe, Zuschlagserteilung usw.) erst in einzelnen Initiativen, hauptsächlich auf Bundes- und Landesebene umgesetzt wird.

200 Zur Unterstützung und Ausweitung der elektronischen Vergabe hat der Gesetzgeber im Rahmen der Vergaberechtsnovelle den öffentlichen Auftraggebern den Einkauf auch mittels elektronischer Auktionen bzw. dynamischer Beschaffungsverfahren ermöglicht. **Dynamische Beschaffungssysteme** (i.S.d. § 101 Abs. 6 S. 2 GWB) sind vollelektronische Verfahren für Beschaffungen von marktüblichen Leistungen, bei denen die allgemein auf dem Markt verfügbaren Merkmale den Anforderungen des Auftraggebers genügen. Sie sind zeitlich befristet und stehen während der gesamten Verfahrensdauer jedem Wirtschaftsteilnehmer offen, der die Eignungskriterien erfüllt und ein erstes Angebot unterbreitet hat, das mit den Vergabeunterlagen in Einklang steht.[267] Dynamische Beschaffungssysteme stellen keine eigenständige Verfahrensart dar, sondern sind grundsätzlich im Rahmen eines offenen Verfahrens abzuwickeln.

201 Unter **elektronischen Auktionen**[268] (i.S.d. § 101 Abs. 6 S. 1 GWB) sind sich wiederholende Verfahren zu verstehen, mit der Möglichkeit, nach einer ersten vollständigen Bewertung der Angebote fortlaufend neue, nach unten korrigierter Preise und/oder neue, auf bestimmte Komponenten der Angebote abstellende Werte vorzulegen, und das eine automatische Klassifizierung dieser Angebote ermöglicht. Bestimmte Bau- und Dienstleistungsaufträge, bei denen eine geistige Leistung zu erbringen ist, können daher nicht Gegenstand von elektronischen Auktionen sein.

II. Europäisches Beihilferecht

202 Das europäische Beihilferecht[269] ist vornehmlich durch die Vorschriften über staatliche Beihilfen in den Art. 107 bis 109 AEUV gekennzeichnet. Hierbei handelt es sich um **europäische** Regelungen, die sich gegen die von den Mitgliedstaaten ausgehenden Eingriffe in den Wettbewerb richten.[270] Von den Vorschriften sind grundsätzlich auch öffentliche Unternehmen und Unternehmen betroffen, denen besondere oder ausschließliche Rechte gewährt wurden (Art. 106 Abs. 1 AEUV). Nach Art. 106 Abs. 2 AEUV gilt dies ausnahmsweise nicht für Unternehmen, die mit Dienstleistungen von allgemeinem wirtschaftlichen Interesse betraut sind, soweit die Anwendung des Beihilferechts die Erfüllung der ihnen übertragenen besonderen Aufgaben rechtlich oder tatsächlich verhindert.

203 Mit dem am 29.11.2005 veröffentlichten sog. Monti-Paket[271] der Europäischen Kommission wurden erstmals Regelungen geschaffen, die als Reaktion auf die Rechtsprechung des

---

[267] *Frenz,* Rn. 3033.

[268] Vgl. dazu *Schröder,* NZBau 2010, 411ff.

[269] Allgemein zu Grundfragen des europäischen Beihilferechts: *Koenig,* NJW 2000, 1065ff.

[270] *Heidenhain,* § 1 Rn. 1.

[271] Entscheidung der Kommission v. 28.11.2005 über die Anwendung von Artikel 86 Absatz 2 EG-Vertrag auf staatliche Beihilfen, die bestimmten mit der Erbringung von Dienstleistungen von allgemeinem wirtschaftlichen Interesse betrauten Unternehmen als Ausgleich gewährt werden, ABlEU L 312/67 v. 29.11.2005 („Freistellungsentscheidung"); Gemeinschaftsrahmen für staatliche Beihilfen, die als Ausgleich für die Erbringung öffentlicher Dienstleistungen gewährt werden, ABlEU C297/4 v. 29.11.2005 („Gemeinschaftsrahmen"); Richtlinie 2005/81/EG der Kommission vom 28.11.2005 zur Änderung der Richtlinie 80/723/EWG über die Transparenz der finanziellen Beziehungen zwischen den Mitgliedstaaten und den öffentlichen Unternehmen sowie über die finanzielle Transparenz innerhalb bestimmter Unternehmen, ABlEU L 312/47 v. 29.11.2005 („Transparenzrichtlinie").

EuGH[272] zur Anwendbarkeit des Beihilferechts auf Unternehmen gelten durften, die mit Dienstleistungen von allgemeinem wirtschaftlichem Interesse (DAWI) betraut sind. Das Monti-Paket wurde mit Wirkung zum 31.12.2012 durch das sog. **Almunia-Paket** ersetzt. Dieses Reformpaket besteht aus vier Teilen: die sog. DAWI-Mitteilung[273] beinhaltet Begriffsdefinitionen und allgemeine Erläuterungen, der sog. DAWI-Freistellungsbeschluss[274] erläutert unter welchen Bedingungen eine Beihilfe von der Anmeldung bei der EU-Kommission (Notifizierung) freigestellt ist, der sog. DAWI-Rahmen[275] enthält Regelungen für Beihilfen, die nicht freigestellt sind, und die sog. DAWI-De-Minimis-Verordnung[276] bestimmt, welche Ausgleichsleistungen für Dienstleistungen von allgemeinem wirtschaftlichen Interesse beihilferechtskonform gewährt werden können. Das europäische Beihilferecht ist somit von großer Bedeutung für die Rechtmäßigkeit von Ausgleichszahlungen, die Städte und Gemeinden ihren Einrichtungen und Unternehmen sowie Dritten für die Erbringung von Aufgaben der Daseinsvorsorge (z. B. ÖPNV) leisten.

Die Kenntnis der europäischen Beihilfevorschriften zählt zu den **Pflichten** eines 204
ordentlichen Kaufmannes mit der Folge, dass z. B. der Geschäftsführer einer Stadtwerke-GmbH persönlich nach § 43 Abs. 2 GmbHG zur Haftung herangezogen werden kann.[277] Zudem kann eine Nichtbeachtung der Notifizierungspflichten zum Verlust eines etwaigen Vertrauensschutzes des Beihilfenempfängers führen.[278]

1. Beihilfe gemäß Art. 107 Abs. 1 AEUV

Staatliche Beihilfen „gleich welcher Art" sind nach Art. 107 Abs. 1 AEUV mit dem 205
gemeinsamen europäischen Markt unvereinbar, wenn sie durch die Begünstigung bestimmter Unternehmen oder Unternehmensgruppen den Wettbewerb verfälschen oder zu verfälschen drohen und den innergemeinschaftlichen Handel beeinträchtigen. Fehlen die nachfolgenden **Voraussetzungen** (Buchstaben a bis e), so liegt keine Beihilfe i.S.d. Art. 107 Abs. 1 AEUV vor, die bei der Europäischen Kommission notifiziert, d. h. angemeldet werden muss (Art. 108 Abs. 3 AEUV). Wird eine notifizierungspflichtige Beihilfe hingegen nicht angemeldet, so ist sie formal rechtswidrig und darf nicht gewährt werden (Art. 108 Abs. 3 S. 3 AEUV).[279] Die Europäische Kommission kann ihre Aussetzung oder die einstweilige Rückforderung[280] anordnen.[281] Da Art. 108 Abs. 3 AEUV darüber

---

272 EuGH, Urt. v. 24.7.2003 – Rs. C-280/00 (Altmark-Trans) = NJW 2003, 2515ff.

273 Mitteilung der Kommission über die Anwendung der Beihilfevorschriften der Europäischen Union auf Ausgleichsleistungen für die Erbringung von Dienstleistungen von allgemeinem wirtschaftlichem Interesse, ABlEU C 8/4 v. 11.1.2012 („DAWI-Mitteilung").

274 Beschluss der Kommission vom 20. Dezember 2011 über die Anwendung von Artikel 106 Absatz 2 des Vertrags über die Arbeitsweise der Europäischen Union auf staatliche Beihilfen in Form von Ausgleichsleistungen zugunsten bestimmter Unternehmen, die mit der Erbringung von Dienstleistungen von allgemeinem wirtschaftlichem Interesse betraut sind, ABlEU L 7/3 v. 11.1.2012 („DAWI-Freistellungsbeschluss").

275 Mitteilung der Kommission zum Rahmen der Europäischen Union für staatliche Beihilfen in Form von Ausgleichsleistungen für die Erbringung öffentlicher Dienstleistungen (2011), ABlEU C 8/15 v. 11.1.2012 („DAWI-Rahmen").

276 Verordnung (EU) Nr. 360/2012 der Kommission vom 25. April 2012 über die Anwendung der Artikel 107 und 108 des Vertrags über die Arbeitsweise der Europäischen Union auf *De-minimis*-Beihilfen an Unternehmen, die Dienstleistungen von allgemeinem wirtschaftlichem Interesse erbringen, ABlEU L 114/8 v. 26.4.2012 („DAWI-De-Minimis-Verordnung").

277 LG Münster, Urt. v. 18.5.2006 – 12 O 484/05, Rn. 13f. = NZBau 2006, 523ff.

278 EuGH, Urt. v. 20.3.1997 – Rs. C-24/95 (Alcan Deutschland GmbH), Rn. 39ff. = EuZW 1997, 276ff.

279 Somit ist bereits der Erlass eines Anspruch begründenden Verwaltungsaktes, einer subjektive Rechte gewährenden Rechtsnorm, einer verwaltungsrechtlichen Zusage und die Begründung vertraglicher Verpflichtungen nicht erlaubt.

280 Zur Rückforderung einer gemeinschaftsrechtswidrigen Beihilfe im Wege der Verwaltungsvollstreckung: OVG Berlin-Brandenburg, Beschl. v. 7.11.2005 – 8 S 93.05 = NVwZ 2006, 104ff.

281 Vgl. Art. 11 u. 14 der Verordnung (EG) Nr. 659/1999 des Rates v. 22.3.1999 über besondere Vorschriften für die Anwendung von Artikel 93 des EG-Vertrages, ABlEU L 83/1 v. 27.3.1999.

hinaus ein Verbotsgesetz i.S.d. § 134 BGB darstellt, ist ein privatrechtlicher Vertrag nichtig, durch den eine nicht notifizierte Beihilfe gewährt wurde.[282] Die Nichtigkeit kann auch von einem Wettbewerber des zu Unrecht Begünstigten im Wege der Nichtigkeitsfeststellungsklage gerichtlich geltend gemacht werden.

a) Unternehmen als Beihilfeempfänger

206 Das Beihilfeverbot nach Art. 107 Abs. 1 AEUV erfasst die Begünstigung von Unternehmen. Der Begriff des Unternehmens bezeichnet jede eine **wirtschaftliche** Tätigkeit ausübende Einheit, unabhängig von ihrer Rechtsform und der Art ihrer Finanzierung.[283] Zu den Unternehmen können daher juristisch selbständige Gesellschaften in der Rechtsform der GmbH (z. B. Stadtwerke-GmbH) und AG (bspw. Versorgungs-AG) genauso gerechnet werden wie der rechtlich unselbständige Eigenbetrieb (z. B. Stadtentwässerungsbetrieb) oder der Regiebetrieb (bspw. Bauhof).

207 Vom europäischen Beihilferecht nicht erfasst werden dagegen z. B. Einrichtungen, die öffentliche Befugnisse ausüben (z. B. Justiz, Militär, Polizei).[284] Beihilferechtliche Vorschriften sind auch dann nicht von Bedeutung, wenn das kommunale Unternehmen ausschließlich und allein den **eigenen Bedarf** der Kommune abdeckt. In einem solchen Falle fehlt es an der beihilferechtlich notwendigen marktbezogenen Tätigkeit des Unternehmens.

b) Transfer staatlicher Mittel

208 Staatliche oder aus staatlichen Mitteln gewährte Beihilfen i.S.d. Art. 107 Abs. 1 AEUV erfassen auch Zuwendungen der Kommunen oder aus **kommunalen Mitteln**. Die Beihilfe muss daher nicht vom Staat selbst gewährt werden. Der „Staat" ist insoweit im weitesten Sinne als öffentliche Hand zu interpretieren, weshalb auch solche Zuwendungen erfasst werden, die durch ein städtisches bzw. gemeindliches Unternehmen gewährt werden, soweit die Kommune über das betroffene Unternehmen über einen beherrschenden Einfluss verfügt. Letzerer dürfte zu vermuten sein, wenn die Kommune unmittelbar oder mittelbar entweder (1.) die Mehrheit des gezeichneten Kapitals des Unternehmens besitzt oder (2.) über die Mehrheit der mit den Anteilen des Unternehmens verbundenen Stimmrechte verfügt oder (3.) mehr als die Hälfte der Mitglieder der Verwaltungs-, Leitungs- oder Aufsichtsorgane des Unternehmens bestellen kann.

c) Selektive Zuwendung

209 Die öffentliche Zuwendung muss selektiven Charakter haben. Sie muss sich nachteilig auf das Gleichgewicht zwischen bestimmten Unternehmen und deren Konkurrenten auswirken.[285] Die Zuwendung darf nur einem **bestimmten** einzelnen Unternehmen oder bestimmten Unternehmensbereichen zu Gute kommen. Entscheidend ist, ob das bevorzugte Unternehmen bzw. die bevorzugten Unternehmensbereiche im Verhältnis zur Gesamtheit aller Unternehmen eine bessere Stellung erlangt bzw. erlangen. Dies wird dann der Fall sein, wenn die zuwendende Stelle über einen gewissen Entscheidungsspielraum verfügt. Zuwendungen bspw., die allen Unternehmen bzw. Unternehmensbereichen eine allgemeine und gleichberechtigte Nutzung ermöglichen, stellen keine Beihilfe i.S.d. Art. 107 Abs. 1 AEUV dar,[286] weil sie sich unterschiedslos auf alle Unternehmen in allen Wirtschaftsbereichen in einem Mitgliedstaat erstrecken.

---

[282] BGH, Beschl. v. 13.9.2012 – III ZB 3/12, Rn. 19; BGH, Urt. v. 20.1.2004 – XI ZR 53/03 = NVwZ 2004, 636ff.

[283] *Heidenhain*, § 4 Rn. 50; *Hertwig*, VergabeR 2008, 589 (593).

[284] Mitteilung der Kommission über die Anwendung der Beihilfevorschriften der Europäischen Union auf Ausgleichsleistungen für die Erbringung von Dienstleistungen von allgemeinem wirtschaftlichem Interesse, ABlEU C 8/4 v. 11.1.2012 („DAWI-Mitteilung"), Rn. 16.

[285] Europäische Kommission, Vademekum der Gemeinschaftsvorschriften über staatliche Beihilfen, Stand: 15.2.2007, S. 3.

[286] *Khan*, Art. 107 AEUV Rn. 14.

d) Wirtschaftliche Begünstigung

Im Mittelpunkt des Beihilfebegriffs steht die wirtschaftliche Begünstigung, die nicht zwingend in der Zuwendung von Geldmitteln bestehen muss, sondern auch in der Gewährung eines **geldwerten Vorteils** zum Ausdruck kommen kann. Geldwerte Vorteile können daher – unabhängig von der jeweiligen vertraglichen oder gesetzlichen Grundlage – in verschiedenen Ausprägungen in der Praxis auftreten. So kann bspw. die Veräußerung von gemeindeeigenen Grundstücken unterhalb ihres Verkehrs-/Marktwertes ebenso einen geldwerten Vorteil darstellen wie die Übernahme kommunaler Bürgschaften oder der Abschluss von Verlustübernahmeverträgen bzw. das Bestehen eigenkapitalbezogener Nachschusspflichten zu Lasten der Kommune. In der kommunalen Praxis kann ferner der einem Unternehmen zu Vorzugskonditionen gewährte entgeltfreie Zugang zu Infrastrukturen von Bedeutung sein. 210

Doch nicht jede durch Städte und Gemeinden gewährte wirtschaftliche Begünstigung stellt eine Beihilfe i.S.d. Art. 107 Abs. 1 AEUV dar. Als ein Korrektiv dient hierfür die **Marktüblichkeit** der unternehmerischen Gegenleistung. Begünstigungen, die Kommunen ihren Unternehmen oder Dritten gewähren, stellen dann keine Beihilfe dar, wenn ein marktwirtschaftlich handelnder privater Kapitalgeber die Leistung unter Rentabilitätsgesichtspunkten in der gleichen Art und Weise erbracht hätte[287] (sog. Private-Investor-Test[288]). Insbesondere zur Überprüfung der Marktüblichkeit von Vertragsbedingungen genügt seitens der Kommune in der Regel die hypothetische Frage, ob sie den jeweiligen Vertrag (z. B. Grundstücksverkauf[289]) zu den gleichen Konditionen auch mit einem beliebigen privaten Dritten abgeschlossen hätte.[290] 211

Als weiteres Korrektiv können die vom EuGH[291] entwickelten sog. **Altmark-Trans-Kriterien**[292] herangezogen werden. Keine wirtschaftliche Begünstigung und damit keine Beihilfe besteht, wenn die nachfolgenden vier Voraussetzungen erfüllt sind: 212

(1) Das begünstigte Unternehmen muss mit der Erfüllung klar definierter gemeinwirtschaftlicher Verpflichtungen betraut sein.
(2) Die Ausgleichsparameter sind zuvor objektiv und transparent festzulegen.
(3) Der Ausgleich darf nur die Kosten umfassen, die zur Erfüllung der gemeinwirtschaftlichen Verpflichtungen unter Berücksichtigung der dabei erzielten Einnahmen und eines angemessenen Gewinns aus der Erfüllung dieser Verpflichtung ganz oder teilweise notwendig sind.
(4) Die Höhe des erforderlichen Ausgleichs ist auf der Grundlage einer Analyse der Kosten zu bestimmen, die ein durchschnittliches, gut geführtes und angemessen mit Produktionsmitteln ausgestattetes Unternehmen hätte, es sei denn, dass das begünstigte Unternehmen im Rahmen eines öffentlichen Ausschreibungswettbewerbs ausgewählt wurde.

Nach dem Altmark-Trans-Urteil des EuGH muss folglich **entweder** eine öffentliche Ausschreibung erfolgen, um das Unternehmen zu identifizieren, das die gemeinwirtschaftlichen Leistungen am wirtschaftlichsten erbringt, **oder** aber die Höhe des erforderlichen Ausgleichs muss auf der Basis einer hypothetischen Vergleichsberechnung der Kosten eines durchschnittlich gut geführten Unternehmens erfolgen. In diesen beiden Fällen liegt keine Beihilfe i.S.d. Art. 107 Abs. 1 AEUV vor. 213

---

287 *Khan*, Art. 107 AEUV Rn. 9.

288 Vgl. dazu auch: *Köster/Molle*, EuZW 2007, 534ff.

289 Zur Veräußerung kommunaler Grundstücke, vgl. Europäische Kommission, Entscheidung Nr. 92/165/EWG v. 14.4.1992, ABlEG L 263/15 v. 9.9.1992; vgl. auch *Wollenschläger*, Kap. 1 Rn. 477ff.

290 Leitfaden „EG-Beihilfenrechtskonforme Finanzierung von kommunalen Leistungen der Daseinsvorsorge" des Ministeriums für Wirtschaft, Mittelstand und Energie des Landes Nordrhein-Westfalen, Stand: 5/2008, S. 17.

291 EuGH, Urt. v. 24.7.2003 – Rs. C-280/00 (Altmark-Trans) = NJW 2003, 2515ff.

292 Vgl. dazu auch: *Arhold*, Art. 107 AEUV Rn. 222ff.

e) Wettbewerbsverfälschung oder Handelsbeeinträchtigung

214 Ein Beihilfetatbestand gemäß des AEUV erfordert eine tatsächliche oder drohende Verfälschung des **unionsweiten** Wettbewerbs bzw. Beeinträchtigung des innergemeinschaftlichen Handels. Wann eine solche unionsweite Wettbewerbsverfälschung bzw. Handelsbeeinträchtigung vorliegt, ist positiv schwer zu bestimmen. Die subjektive Sichtweise des Beihilfeempfängers jedenfalls ist nicht maßgeblich. Auch ist kein Nachweis einer tatsächlichen Auswirkung erforderlich, sondern allein die Eignung zur Handelsbeeinträchtigung oder Wettbewerbsverfälschung.[293] Entscheidend sind die Auswirkungen auf einen potentiellen, europäischen Wettbewerber.

215 Der europaweite Wettbewerb ist jedenfalls dann nicht berührt, wenn es einen solchen gar nicht gibt. Wirtschaftliche Begünstigungen an Unternehmen, die in keinem Wettbewerb im oder um den Markt stehen (sog. **Monopolunternehmen**), unterfallen grundsätzlich dem Beihilfetatbestand nach Art. 107 Abs. 1 AEUV. Zwar sind in der kommunalen Praxis monopolähnliche oder monopoloide Tätigkeitsstrukturen (z. B. Trinkwasserversorgung, Abwasserbeseitigung) durchaus anzutreffen, doch dürfte wegen des kommunalabgabenrechtlich vorgeschriebenen Kostendeckungsgrundsatzes in der Regel kein Anlass für die Zuwendung beihilferechtlich bedeutsamer Ausgleichszahlungen bestehen.[294]

216 Keine Handelsbeeinträchtigung bzw. Wettbewerbsverfälschung besteht bei Zuwendungen mit ausschließlich **lokal** begrenzter Auswirkung. Hieran ist jedoch ein strenger Maßstab anzulegen. Maßgeblich sind die möglichen Auswirkungen sowohl auf der Angebotsseite als auch auf der Nachfrageseite. Bieten demzufolge z. B. kommunale Unternehmen ihre Leistungen nicht nur in ihrem lokalen Einzugsgebiet, sondern überregional oder gar grenzüberschreitend an, so genügt die bloße Eignung der Zuwendung zur Handelsbeeinträchtigung bzw. Wettbewerbsverfälschung, um eine nur lokal beschränkte Auswirkung auszuschließen. Keine Beihilfe hat die Europäische Kommission[295] bspw. im Fall des Freizeitbades Dorsten angenommen, weil das Einzugsgebiet des dortigen kommunalen Freizeitbades lediglich 50 Kilometer betragen hat und dadurch eine Beeinträchtigung des innergemeinschaftlichen Handels ausgeschlossen werden konnte.

217 Eine Verfälschung des Wettbewerbs bzw. Handelsbeeinträchtigung liegt auch dann nicht vor, wenn der finanzielle Vorteil für das Unternehmen nur geringfügig ist. So unterfallen Beihilfen im Rahmen der sog. **DAWI-De-Minimis-Verordnung**[296] nicht dem Beihilfetatbestand des Art. 107 Abs. 1 AEUV. Die DAWI-De-Minimis-Verordnung nimmt an, dass Beihilfen für DAWI bis zu einer Höhe von 500.000 Euro in drei Steuerjahren den Handel zwischen den Mitgliedstaaten nicht beeinträchtigen und den Wettbewerb nicht verfälschen. Der DAWI-Schwellenwert von bis zu 500.000 Euro steht aber nur in der Höhe zur Verfügung, in der er nicht bereits durch die Gewährung anderer (nicht DAWI-)De-Minimis-Beihilfen in Anspruch genommen wurde.[297] De-Minimis-Beihilfen dürfen auch nicht mit Beihilfen für dieselben förderfähigen Ausgaben kumuliert werden, wenn die zulässige Förderobergrenze überschritten würde.

218 Eine hohe praktische Bedeutung in der kommunalen Praxis genießen **Kommunalbürgschaften**, die auf der Grundlage einer Garantieregelung gewährt werden. Sie stellen ein wichtiges Finanzierungsinstrument für kommunale Regie- und Eigenbetriebe sowie

---

[293] EuGH, Urt. v. 8.5.2013 – Rs. C-197/11 u. C-203/11 (Libert u.a.), Rn. 76.

[294] Leitfaden „EG-Beihilfenrechtskonforme Finanzierung von kommunalen Leistungen der Daseinsvorsorge" des Ministeriums für Wirtschaft, Mittelstand und Energie des Landes Nordrhein-Westfalen, Stand: 5/2008, S. 22.

[295] Vgl. Europäische Kommission, Entscheidung N 258/2000 v. 21.12.2000, ABlEU C 172/16 vom 16.6. 2001; Schreiben der Kommission v. 12.1.2001, SG (2001) D/285046.

[296] Verordnung (EU) Nr. 360/2012 der Kommission vom 25. April 2012 über die Anwendung der Artikel 107 und 108 des Vertrags über die Arbeitsweise der Europäischen Union auf De-minimis-Beihilfen an Unternehmen, die Dienstleistungen von allgemeinem wirtschaftlichem Interesse erbringen, ABlEU L 114/8 v. 26.4.2012 („DAWI-De-minimis-Verordnung").

[297] *Büsching/Homann/Wiese*, S. 86.

kommunale Unternehmen dar. Bürgschaften können Beihilfen sein, wenn sie städtischen oder gemeindlichen Unternehmen ermöglichen, Darlehen aufzunehmen, die sie ohne die kommunale Bürgschaft nicht oder nicht zu den Konditionen erhalten hätten. Wegen der Insolvenzunfähigkeit von Städten und Gemeinden führen Kommunalbürgschaften in der Regel zu günstigeren Darlehenskonditionen. Für Kommunalbürgschaften gilt nach der DAWI-De-Minimis-Verordnung eine zulässige Höchstgrenze von 3,75 Mio. EUR pro Unternehmen. Die Bürgschaft darf hierbei höchstens 80% des Darlehens abdecken. Auch darf die Bürgschaft nur für einen Kredit abgegeben werden, dessen Kreditnehmer sich in keinen finanziellen Schwierigkeiten befindet.

2. DAWI-Freistellungsbeschluss

Liegt eine Beihilfe nach Art. 107 Abs. 1 AEUV tatbestandlich vor, so besteht **keine Notifizierungspflicht** des Zuwendungsgebers, wenn der sog. DAWI-Freistellungsbeschluss[298] der Europäischen Kommission Anwendung finden kann. In diesem Fall gilt die Zuwendung als mit dem Gemeinsamen Markt vereinbar und muss nicht nach Art. 108 Abs. 3 AEUV notifiziert werden. Für den Bereich des Öffentlichen Personennahverkehrs (ÖPNV) gilt die Freistellungsverordnung im Übrigen nicht[299], weil die dort bestehenden sektorspezifischen Verordnungen vorrangig sind. 219

Der DAWI-Freistellungsbeschluss gilt für Beihilfen, die den Ausgleich für die Erbringung von Dienstleistungen von allgemeinem wirtschaftlichem Interesse bezwecken. Eine unionsrechtliche Definition von **DAWI** fehlt, sodass Städte und Gemeinden über einen beachtlichen Ermessensspielraum verfügen, was als DAWI einzuordnen ist und was nicht. Im Ergebnis muss es sich um eine Dienstleistung handeln, die mangels Rentabilität oder wirtschaftlicher Attraktivität nicht vom Markt erbracht werden kann.[300] Als ein Beispiel führt die Europäische Kommission den Breitbandsektor an und unterscheidet zwischen Gebieten, in den bereits wettbewerbsfähige Breitbanddienste mit einer angemessenen Flächen vorhanden sind (marktmäßige Dienstleistung) und solchen Gebieten, in denen private Investoren nicht in der Lage sind, eine angemessene Breitbandversorgung anzubieten (DAWI).[301] Als DAWI haben der EuGH und die Europäische Kommission z. B. folgende Tätigkeiten eingeordnet: Wasserversorgung, Abwasserbeseitigung, Energiegrundversorgung, Abfallentsorgung, Aufgaben des Umweltschutzes und sozialer Wohnungsbau.[302] 220

Der DAWI-Freistellungsbeschluss findet nur auf DAWI Anwendung, für deren Erbringung **Ausgleichsleistungen** von bis zu 15 Mio. Euro/Jahr je Maßnahme geleistet werden. Schwankt die Höhe der Ausgleichsleistung während des Betrauungszeitraumes, so ist der jährliche Betrag als Durchschnitt der Jahresbeträge der für den Betrauungszeitraum vorgesehenen Ausgleichsleistungen zu berechnen. Die vorstehende Betragsgrenze gilt aber bspw. nicht für Krankenhäuser, die medizinische Versorgung leisten, für Sozial- 221

---

298 Beschluss der Kommission vom 20. Dezember 2011 über die Anwendung von Artikel 106 Absatz 2 des Vertrags über die Arbeitsweise der Europäischen Union auf staatliche Beihilfen in Form von Ausgleichsleistungen zugunsten bestimmter Unternehmen, die mit der Erbringung von Dienstleistungen von allgemeinem wirtschaftlichem Interesse betraut sind, ABlEU L 7/3 v. 11.1.2012 („DAWI-Freistellungsbeschluss").

299 Erw.grd. 23 und Art. 2 Abs. 5 Beschluss der Kommission vom 20. Dezember 2011 über die Anwendung von Artikel 106 Absatz 2 des Vertrags über die Arbeitsweise der Europäischen Union auf staatliche Beihilfen in Form von Ausgleichsleistungen zugunsten bestimmter Unternehmen, die mit der Erbringung von Dienstleistungen von allgemeinem wirtschaftlichem Interesse betraut sind, ABlEU L 7/3 v. 11.1.2012 („DAWI-Freistellungsbeschluss").

300 *Büsching/Homann/Wiese*, S. 74.

301 Mitteilung der Kommission über die Anwendung der Beihilfevorschriften der Europäischen Union auf Ausgleichsleistungen für die Erbringung von Dienstleistungen von allgemeinem wirtschaftlichem Interesse, ABlEU C 8/4 v. 11.1.2012 („DAWI-Mitteilung"), Rn. 49.

302 Leitfaden „EG-Beihilfenrechtskonforme Finanzierung von kommunalen Leistungen der Daseinsvorsorge" des Ministeriums für Wirtschaft, Mittelstand und Energie des Landes Nordrhein-Westfalen, Stand: 5/2008, S. 28f.

dienstleistungen, wie etwa Lanzeitpflege und Kinderbetreuung, und für Flughäfen mit höchstens 200.000 Passagieren. In diesen DAWI-Kategorien gilt der DAWI-Freistellungsbeschluss ohne die o.g. Betragsgrenze.

222 Die Erbringung von DAWI wird dem Unternehmen im Wege eines oder mehrerer sog. **Betrauungsakte** übertragen. Einen standardmäßigen Betrauungsakt gibt es nicht. Es kommt stets auf den jeweiligen Zuwendungsgeber und auf die jeweilige Tätigkeit des Zuwendungsempfängers an. Aus Dokumentations- und Beweiszwecken bedarf der Betrauungsakt der Schriftform. Dies können bspw. Verwaltungsakte, öffentlich-rechtliche Verträge (bspw. Zuwendungsvertrag) oder privatrechtliche Verträge (z.B. Gesellschaftsvertrag kombiniert mit einem Beschluss des zuständigen kommunalen Beschlussgremiums) sein. Denkbar ist auch eine Betrauung durch einen internen kommunalen Organisationsakt (z.B. Betriebssatzung kombiniert mit einem Beschluss des zuständigen Kommunalgremiums), der sich bei Regie- oder Eigenbetrieben anbieten könnte.

223 **Inhaltlich** muss der Betrauungsakt mindestens die nachfolgenden Angaben enthalten:

(1) Gegenstand und Dauer der gemeinwirtschaftlichen Verpflichtungen,
(2) das Unternehmen und ggf. das betreffende Gebiet;
(3) Art etwaiger dem Unternehmen duch die Bewilligungsbehörde gewährter ausschließlicher oder besonderer Rechte,
(4) Beschreibung des Ausgleichsmechanismus und Parameter für die Berechnung, Überwachung und Änderung der Ausgleichsleistungen,
(5) Maßnahmen zur Vermeidung und Rückforderung von Überkompensationszahlungen und
(6) einen Verweis auf den DAWI-Freistellungsbeschluss.

224 Zur Freistellung von der Notifizierungspflicht müssen die vorgenannten Erfordernisse bereits zu einem Zeitpunkt in einem Betrauungsakt festgelegt worden sein, **bevor** die DAWI erbracht wird. Ein im Nachhinein erfolgender Ausgleich von Verlusten zum Ende eines Geschäftsjahres ist damit grundsätzlich nicht vereinbar.

225 Die **Höhe** der Ausgleichsleistung darf unter Berücksichtigung eines angemessenen Gewinns nicht über das hinausgehen, was erforderlich ist, um die durch die Erfüllung der gemeinwirtschaftlichen Verpflichtungen verursachten Nettokosten abzudecken. Die Nettokosten ergeben sich aus den Kosten der DAWI-Leistung abzüglich der Einnahmen, die mit der DAWI erzielt wurden.[303] Bei Ausgleichsleistungen von mehr als 15 Mio. Euro, die einem Unternehmen gewährt werden, das außerhalb von DAWI noch andere Tätigkeiten ausübt, muss der betreffende Unionstaat im Internet oder in sonstiger geeigneter Weise den Betrauungsakt oder eine Zusammenfassung sowie den jährlichen Beihilfebetrag veröffentlichen.

226 Ferner muss regelmäßig kontrolliert werden, dass die Höhe der Ausgleichszahlungen nicht über das erforderliche Maß hinausgeht und es müssen Vorkehrungen dafür getroffen werden, dass überhöhte Ausgleichszahlungen zurückgezahlt werden. Hat ein Unternehmen einen höheren Ausgleich erhalten als vorgesehen, so ist es zur Rückzahlung der **Überkompensation** aufzufordern. Übersteigt die Überkompenation den durchschnittlichen jährlichen Ausgleich nicht um mehr als 10%, so kann sie auf den nächsten Zeitraum übertragen und von dem für diesen Zeitraum zu zahlenden Ausgleich abgezogen werden.

227 Schließlich sollte im Betrauungsakt fixiert werden, dass die Unterlagen, aus denen sich feststellen lässt, ob die beihilferechtlichen Vorgaben beachtet wurden, für mindestens zehn Jahre ab dem Ende des Betrauungszeitraumes **aufbewahrt** werden.[304] Hierzu dürften insbesondere Jahresrechnungen oder Jahresabschlüsse der Kommune, Jahresabschlüsse und Lageberichte des Unternehmens, die zu Grunde liegenden Gremiumsbeschlüsse auf

[303] *Büsching/Homann/Wiese*, S. 82.
[304] *Büsching/Homann/Wiese*, S. 83.

kommunaler Seite und Unternehmensseite sowie die entsprechenden Buchungsbelege zählen.

Werden **nicht** alle Verpflichtungen des DAWI-Freistellungsbeschlusses beachtet, so sind die Ausgleichsleistungen nicht freigestellt, können aber notifiziert werden. Die Notifizierung bedeutet nicht, dass die kommunalen Ausgleichszahlungen per se mit dem AEUV unvereinbar sind. Wegen der regelmäßig beachtlichen Höhe einer Beihilfe und des höheren Risikos von Wettbewerbsverzerrungen müssen diese jedoch von der Europäischen Kommission überprüft werden, um sicher zu stellen, dass tatsächlich alle Bedingungen für die Vereinbarkeit mit dem europäischen Beihilferecht erfüllt sind. Maßstab hierfür ist der nachfolgend beschriebene DAWI-Rahmen. 228

3. DAWI-Rahmen

Wenn der Anwendungsbereich des DAWI-Freistellungsbeschlusses nicht eröffnet ist, muss die zu gewährende Beihilfe bei der Europäischen Kommission **notifiziert** werden, um die Rechtskonformität sicher zu stellen. Maßstab für die Entscheidung der Europäischen Kommission ist der DAWI-Rahmen.[305] Dieser enthält den Prüfungsmaßstab der Europäischen Kommission, anhand dessen die Ausgleichsleistungen als mit dem europäischen Binnenmarkt vereinbar angesehen und genehmigt werden. Die Voraussetzungen sind mit den Erfordernissen des DAWI-Freistellungsbeschlusses weitgehend vergleichbar. 229

4. Anforderungen an die kommunale Praxis

Das europäische Beihilferecht macht es erforderlich, dass Städte und Gemeinden alle Rechtsbeziehungen zu tatsächlichen oder möglichen Empfängern von öffentlichen Ausgleichszahlungen **überprüfen** und diese ggf. rechtlich anpassen, um beihilferechtliche Risiken zu vermeiden bzw. minimieren. Soweit eine Beihilfe (vgl. oben Ziffer II.1) nicht zweifelsfrei ausgeschlossen werden kann, stehen die Merkmale des DAWI-Freistellungsbeschlusses (vgl. oben Ziffer II.2) im Mittelpunkt der kommunalen Beihilfepraxis. 230

Kommunen sollten daher bei den von ihnen finanziell begünstigten Unternehmen und Einrichtungen im Rahmen eines beihilferechtlichen **Fragenkataloges** vor allem folgende Indikatoren würdigen, um die Notwendigkeit einer konkreten, einzelfallbezogenen Beihilfeprüfung besser einschätzen zu können. 231

(1) Welche Unternehmen erhalten kommunale Ausgleichsleistungen? (z. B. Name, Anschrift, Unternehmensleitung, Eigentümer/Gesellschafter/Anteilseigner).

(2) Welche Arten von Tätigkeiten erbringen die begünstigten Unternehmen? (z. B. Aufgaben der Daseinsvorsorge, wettbewerblich-kommerzielle Tätigkeiten, lokaler/regionaler/überregionaler Wirkungsbereich).

(3) Welche finanziellen Zuwendungen erhalten die Unternehmen? (z. B. Bürgschaften, Darlehen, Gebührenbefreiung/-reduzierung, Zurverfügungstellung von Immobilien zu marktunüblichen Konditionen).

(4) Liegt ein Betrauungsakt vor? (z. B. Zuwendungsbescheid, Satzung, Gesellschaftsvertrag, sonstiger Vertrag).

(5) Werden die Kosten aufgaben-/tätigkeitsbezogen erstattet? (getrennte Buchführung, Quersubventionierung, Rendite, Zuordnung der Erträge, Gemeinkostenverteilung, Kostenzuordnung usw.).

---

305 Mitteilung der Kommission zum Rahmen der Europäischen Union für staatliche Beihilfen in Form von Ausgleichsleistungen für die Erbringung öffentlicher Dienstleistungen (2011), ABlEU C 8/15 v. 11.1.2012 („DAWI-Rahmen").

III. Zusammenfassung und Ausblick

232 Das Vergabe- und Beihilferecht kennzeichnet **heute** einen für die Geschäftstätigkeit im Allgemeinen und für den kommunalen Einkauf im Besonderen praktisch wichtigen Bereich. In beiden Rechtskreisen sind die Kenntnis der jeweiligen Rahmenbedingungen und der „Fallstricke" des Vergabe- und Beihilferechts für eine gerichtsfeste Auftragsvergabe, eine erfolgreiche Wettbewerbsteilnahme und eine rechtskonforme Gewährung von Ausgleichszahlungen von hoher Bedeutung. Hinzu kommt, dass bspw. der Anwendungsbereich des Vergaberechts von der Rechtsprechung zunehmend auf Sektoren (z. B. kommunale Immobilienbedarfsgeschäfte, Rabattverträge der Krankenkassen) erstreckt wird, die von der Fachöffentlichkeit bislang als vergaberechtlich nicht virulent bezeichnet wurden.

233 Zwar werden sowohl auf europäischer und nationaler Ebene unterschiedlichste Maßnahmen und Initiativen ergriffen, das Vergabe- und Beihilferecht für die **Zukunft** anwendungsfreundlicher und einfacher zu gestalten. Dennoch sollten die Erwartungen, die mit einem Bürokratie- und Normabbau verbunden werden, nicht allzu hoch gesteckt werden. Denn die bisherige Entwicklung zeigt, dass bspw. im Bereich der Erfüllung daseinsvorsorglicher Aufgaben sowohl das Vergaberecht als auch das Beihilferecht zunehmend an Gewicht gewinnen. Die von der Legislative und der Judikative ausgehenden Impulse werden deshalb zukünftig zu einer dynamischen Fortentwicklung im öffentlichen Auftragswesen und Beihilferecht beitragen. Kommunale Unternehmen müssen sich diesen Herausforderungen stellen und daraus ergebende Risiken sachgerecht bewerten können, um die richtigen Weichen für eine erfolgreiche und bestandssichernde Unternehmensentwicklung rechtzeitig zu stellen.

I. Kartell- und Wettbewerbsrecht

Übersicht

Literatur: Kartellrecht: *Bechtold,* GWB, 7 Aufl. 20 2013; *Bechtold/Bosch/Brinker/Hirsbrunner,* EG-Kartellrecht, 2. Aufl. 20 2009; *Bechtold/Denzel,* Weiterverkaufs- und Verwendungsbeschränkungen in Vertikalverträgen, WuW 2008, S. 1272; *Becker/Hossenfelder,* Einführung in das neue Kartellrecht, 2006; *Engel,* Verhandelter Netzzugang, 2002; *Calliess/Ruffert,* EUV/AEUV, 4. Aufl. 2011; *Grabitz/Hilf/Nettesheim,* Das Recht der Europäischen Union, 50. EGL. 2013; *Immenga/Mestmäcker,* Wettbewerbsrecht, 4. Auflage 2007, GWB, EG/Teil 1 und 2; *Langen/Bunte,* Kommentar zum deutschen und europäischen Kartellrecht, 11. Auflage 20 2010, Band 1 Deutsches Kartellrecht, Band 2 Europäisches Kartellrecht; *Loewenheim/Meessen/Riesenkampff* (L/M/R), Kartellrecht, Europäisches und deutsches Recht, 2. Auflage, 2009; *Mäger,* Europarecht, 2010; *Pischel,* Preisfestsetzung nach Art. 81 EG und Novellierung des GWB, EuZW 2006, S. 459; *Scheffler,* Unternehmensbegriff nach EG- Kartellrecht, EuZW 2006, S. 601; *Staebe/Denzel,* Die neue Europäische Fusionskontrollverordnung (VO 139/2004), EWS 2004, S. 194; *Weck/Schmidt,* Kartellrechtliche Effizienzkontrolle kommunaler Gebühren nach der 8. GWB-Novelle – ein Schlag ins Wasser?, NZKart 2013, S. 343; *Wiedemann,* Handbuch des Kartellrechts, 2. Aufl. 2008; *Wolf,* Unternehmensbegriff, Zuständigkeit der Kartellämter und Rechtsweg bei öffentlich-rechtlichen Leistungsbeziehungen, BB 2011, S. 648 – **Wettbewerbsrecht:** *Berneke,* Die einstweilige Verfügung in Wettbewerbssachen, 2. Aufl. 2003; *Dallmann,* Englische Klauseln nach der 7. GWB-Novelle, WRP 2006, S. 347; *Eiding/Hoffmann- Hoeppel,* Verwaltungsrecht, 1. Aufl. 2013; *Gloy/Loschelder/Erdmann,* Wettbewerbsrecht, 4. Aufl. 2010; *Graf Lambsdorff,* Handbuch des Wettbewerbsverfahrensrechts, 2000; *Götting/Nordemann,* UWG, 2. Aufl. 2013; *Jungheim,* Probleme der UWG-Novelle zur Umsetzung der Richtlinie über unlautere Geschäftspraktiken, VuR 2009, S. 250; *Köhler/Bornkamm,* Gesetz gegen den unlauteren Wettbewerb UWG, 31. Aufl. 2013; *Harte/Bavendamm/Henning-Bodewig,* UWG, 3. Aufl. 2013; *Hoeren,* Das neue UWG – der Regierungsentwurf im Überblick, BB 2008, S. 1182; *Köhler,* Das neue UWG, NJW 2004, S. 2121; *ders.,* Vom deutschen zum europäischen Lauterkeitsrecht – Folgen der Richtlinie über unlautere Geschäftspraktiken für die Praxis,

NJW 2008, S. 3032; *ders.*, Die Umsetzung der Richtlinie über unlautere Geschäftspraktiken in Deutschland- eine kritische Analyse, GRUR 2012, S. 1073; *ders.*, Rechtsprechungsbericht zum Recht des unlauteren Wettbewerbs IX, GRUR-RR 2008, S. 145; *Kuntz,* Die wichtigsten aktuellen Änderungen des UWG im Überblick, JurPC Web-Dok. 8/2009; *Lehmler,* Das Recht des unlauteren Wettbewerbsrechts, 2002; *Teplitzky,* Wettbewerbsrechtliche Ansprüche und Verfahren, 10. Aufl., 20 2012; *Lettl,* BB-Rechtsprechungsreport zum Wettbewerbsrecht 2012/2013, BB 2013, S. 2563; *Peifer,* Die Zukunft der irreführenden Geschäftspraktiken, WRP 2008, S. 556; *Piper/Ohly/Sosnitza,* Gesetz gegen den unlauteren Wettbewerb, Kommentar, 5 . Aufl. 20 2010; *Schink,* Wirtschaftliche Betätigung kommunaler Unternehmen, NVwZ 2002, S. 129; *Timm-Wagner,* Die Umsetzung der Richtlinie über unlautere Geschäftspraktiken in Deutschland, GRUR 2013, S. 245.

Das Wettbewerbsrecht dient der Erhaltung der wirtschaftlichen Handlungs- und Entscheidungsfreiheit des Einzelnen. Der Schutz des Wettbewerbs wird im deutschen Recht auf zwei Wegen, die mit dem Oberbegriff „Wettbewerbsrecht“ zusammengefasst werden, gewährleistet. Zum einen sollen im Bereich des Kartellrechts mit Hilfe des **Gesetzes gegen Wettbewerbsbeschränkungen** (GWB) wettbewerbsbeschränkende Verhaltensweisen verhindert werden, um den Wettbewerb als Institution zu schützen. Verboten sind deshalb z. B. wettbewerbsbeschränkende Vereinbarungen (vgl. § 1 GWB),[1] aber auch der Missbrauch einer marktbeherrschenden Stellung (vgl. § 19 GWB).[2] Auf der anderen Seite bezweckt das **Gesetz gegen den unlauteren Wettbewerb** (UWG), dass die aufgrund des Wettbewerbs gewährleistete wirtschaftliche Freiheit nicht zum Schaden der Konkurrenten, der Verbraucher oder der Allgemeinheit missbraucht wird. Nicht zulässig sind mithin z. B. irreführende Angaben oder sonstige unlautere Verhaltensweisen (vgl. die Generalklausel des § 3 UWG).[3] 1

I. Kartellrecht

1. Rechtsgrundlagen

Die Vorschriften des deutschen Kartellrechts finden sich im Gesetz gegen Wettbewerbsbeschränkzungen (**GWB**). Die Vorschriften sind durch die 8. GWB-Novelle, die am 30. Juni 2013 in Kraft getreten ist, wesentlich reformiert worden.[4] Kernpunkt der 8. GWB-Novelle ist die Anpassung der nationalen Fusionskontrollvorschriften, der allgemeinen Missbrauchsaufsicht sowie der kartellrechtlichen Verfahrens- und Ordnungswidrigkeitenvorschriften an das europäische Kartellrecht. Anlass für die 8. GWB-Novelle waren unter anderem das Auslaufen befristeter Vorschriften im GWB, sowie ein erheblicher Regelungsbedarf, der aus behördlicher Praxis resultierte.[5] Im Einzelnen sieht die 8. Novelle des GWB folgende Änderungen vor: 2

(a) In fusionskontrollrechtlicher Hinsicht steht die Angleichung an das europäische Untersagungskriterium, den SIEC-Test („significant impediment to effective competition“) im Vordergrund. Demnach ist maßgeblich, ob ein Zusammenschluss eine erhebliche Beeinträchtigung bzw. Behinderung wirksamen Wettbewerbs hervorruft. Das Kriterium der Begründung oder Verstärkung einer marktbeherrschenden Stellung ist weiterhin als Regelbeispiel in § 36 Abs. 1 GWB enthalten. Nach europäischem Recht ist bei öffentlichen Übernahmen der Vollzug von Zusammenschlüssen schon vor der Freigabe nach Art. 7 Abs. 2 FKVO erlaubt, eine entsprechende Ausnahme zum Vollzugsverbot wurde in § 41 Abs. 1 lit. a GWB aufgenommen. Die Einzelmarktbeherrschungsschwelle,

---

[1] Siehe Rn. 20.
[2] Siehe Rn. 77.
[3] Siehe Rn. 149.
[4] Achtes Gesetz zur Änderung des Gesetzes gegen Wettbewerbsbeschränkungen v. 30.06.2013, BGBl. 2013 Teil I Nr. 32, S. 1738.
[5] Monopolkommission, Sondergutachten 63, Die 8. GWB-Novelle aus wettbewerbspolitischer Sicht, 2012.

d. h. die Schwelle, ab deren Überschreitung ein Unternehmen qua gesetzlicher Vermutung als marktbeherrschend gilt, ist gem. § 18 Abs. 4 GWB auf 40 % erhöht worden, da die bisherige Marktanteilshöhe von einem Drittel nicht mehr der wirtschaftlichen Realität entsprochen hat. Die Bagatellmarktklausel ist in § 36 Abs. 1 Nr. 2 GWB als Ausschlusskriterium im Rahmen der materiellen Prüfung anstatt bereits in der formellen Prüfung der Anmeldepflicht als solcher zu berücksichtigen.

(b) Hinsichtlich der deutschen Missbrauchsaufsicht werden im Gegensatz zum europäischen Kartellrecht neben marktbeherrschenden auch weiterhin marktstarke Unternehmen erfasst. Die 8. Novelle des GWB brachte eine Neuordnung und Vereinfachung der Systematik der §§ 18 ff. GWB. § 18 GWB enthält die bisher in § 19 Abs. 2 GWB a.F. vorgesehene Definition, unter welchen Bedingungen ein oder mehrere Unternehmen marktbeherrschend sind und die bisher in § 19 Abs. 3 GWB a.F. enthaltenen Vermutungstatbestände. § 19 GWB erfasst die klassischen Marktbeherrschungstatbestände, § 20 GWB regelt den Missbrauch relativer oder überlegener Marktmacht.

(c) Die Vorschriften zur Freistellung der Wasserwirtschaft von der Geltung des allgemeinen Kartellrechts, (vgl. § 103 GWB a.F. 1990) sind seit der 6. GWB-Novelle in einer Übergangsvorschrift verankert. Gem. § 31 GWB bleibt die Wasserversorgung als Ausnahmebereich von der Geltung des allgemeinen Kartellrechts bestehen, unterliegt weiterhin aber der verschärften Missbrauchsaufsicht.

(d) Aus **kommunaler Sicht** bedeutsam sind schließlich die Änderungen in § 130 Abs. 1 S. 2 GWB: Danach findet das Verbot des Missbrauchs einer marktbeherrschenden Stellung auf **öffentlich-rechtliche Gebühren und Beiträge** als Ausgleich für die Erbringung hoheitlicher Leistungen **keine** Anwendung. Hingegen unterliegt die Preishöhe in privatrechtlichen Leistungsbeziehungen der kartellrechtlichen Missbrauchskontrolle. Hierauf wird zurückzukommen sein.[6]

(e) Eine Anpassung ist auch bei den Verfahrensregelungen und Ermittlungsbefugnissen der Kartellbehörde mit dem Ziel einer effektiveren Durchsetzung des Wettbewerbs erfolgt. Das Bußgeld- und Ordnungswidrigkeitenrecht hat ebenfalls Änderungen erfahren, um eine Beschleunigung und effektivere Gestaltung des Verfahrens zu erreichen.

3 Das europäische Recht entfaltet aber nicht nur auf mittelbar, über das weitestgehend angeglichene deutsche Recht, Geltung, vielmehr kommt einzelnen Vorschriften unmittelbare Wirkung zu. Sofern ihr Anwendungsbereich eröffnet ist, kommen z. B. das Kartellverbot des **Art. 101 AEUV (ex-Art. 81 EGV)** und die Missbrauchsaufsicht des **Art. 102 AEUV (ex-Art. 82 EGV)** unmittelbar zur Anwendung. Grundsätzlich gilt, dass das GWB Anwendung auf Wettbewerbsbeschränkungen findet, die sich im Inland auswirken, Art. 101 und 102 AEUV hingegen auf solche, die den Handel zwischen den Mitgliedstaaten beeinträchtigen können. Dabei kann es zu Überschneidungen kommen. In diesem Fall gilt, dass die deutschen und europäischen Vorschriften grundsätzlich parallel anwendbar sind, im Konfliktfall hat jedoch das europäische **Gemeinschaftsrecht Vorrang**. Das heißt, verbietet das europäische Gemeinschaftsrecht eine Verhaltensweise, kann diese nicht durch das deutsche Recht erlaubt sein. In § 22 GWB ist der Vorrang des europäischen Rechts ausdrücklich normiert.

2. Anwendungsbereich

4 Für **kommunale Unternehmen** von Bedeutung ist, dass das GWB für **alle Unternehmen** bzw. jede unternehmerische Tätigkeit Anwendung findet. Der Unternehmensbegriff wird sehr weit gefasst. Unternehmen im Sinne des GWB ist jede natürliche oder juristische Person, die am wirtschaftlichen Verkehr (nicht nur rein privat) teilnimmt, also Waren oder Dienstleistungen nachfragt oder anbietet.[7] Es gilt der **funktionale Unternehmensbegriff**: Die Rechtsform, in der die geschäftliche Tätigkeit ausgeübt

[6] Siehe unten Rn. 104.
[7] BGH NJW 2012, 1150 (1151), NJW 2000, 866 (867).

wird, ist irrelevant, weil der funktionale Unternehmensbegriff gerade nicht an das Unternehmen als Institution anknüpft, sondern allein an das Handeln im wirtschaftlichen Verkehr.[8]

§ 130 Abs. 1 S. 1 GWB erklärt ausdrücklich, dass das GWB auch Anwendung auf Unternehmen findet, die **ganz oder teilweise im Eigentum der öffentlichen Hand** stehen oder die von ihr verwaltet bzw. betrieben werden oder an denen die öffentliche Hand ganz oder teilweise beteiligt ist. Dabei wird auf die Rechtsnatur der jeweiligen Leistungsbeziehungen abgestellt: Allein bei privatrechtlicher Gestaltung der Leistungsbeziehung findet das GWB auf die Wettbewerbsbeziehungen der öffentlichen Hand zu ihren Konkurrenten Anwendung, nicht hingegen bei einer Leistungserbringung in öffentlich-rechtlicher Form.[9] Von privatrechtlicher Leistungserbringung ist auszugehen, wenn die öffentliche Hand und ihre Unternehmen auf dem jeweils relevanten Markt Leistungen neben anderen anbieten oder nachfragen, so dass schützenswerte Wettbewerbsbeziehungen entstehen. Die Beschaffungstätigkeit der öffentlichen Hand wurde bisher von der nationalen Rechtsprechung als unternehmerisch qualifiziert.[10] Das GWB bleibt stets unabhängig von der Rechtsform und dem verfolgten Zweck anwendbar in den Fällen, in denen die öffentliche Hand zur Erfüllung ihrer öffentlichen Aufgaben zu privatrechtlichen Mitteln greift.[11] Hinzuweisen ist darauf, dass eine Leistung, die im Verhältnis zu den Abnehmern als hoheitlich zu werten ist, im Verhältnis zu den Konkurrenten als privatrechtlich beurteilt werden kann.[12] Der Europäische Gerichtshof ordnet die Beschaffungstätigkeit der öffentlichen Hand hingegen im Allgemeinen nicht dem Anwendungsbereich des Art. 101 AEUV zu, wenn die Beschaffung dazu dient, ihr spezifisch hoheitliche, nicht wirtschaftliche Tätigkeiten zu ermöglichen.[13] Der nicht wirtschaftliche Charakter der späteren Verwendung des erworbenen Erzeugnisses bestimmt demnach nach Auffassung des Europäischen Gerichtshofs den Charakter der Einkaufstätigkeit als nicht unternehmerische Tätigkeit.[14] Die Unternehmereigenschaft der öffentlichen Hand lebt auf, wenn die öffentliche Hand den ihm durch das öffentliche Recht zugewiesenen Aufgabenbereich verlässt und eine in den Wettbewerb eingreifende Maßnahme vornimmt.[15] Dem Europäischen Gerichtshof zufolge kann eine Einstufung als unternehmerische Tätigkeit der Beschaffungstätigkeit der öffentlichen Hand nicht von der Einordnung des Rahmens durch die nationalen Rechtsordnungen, in dem die Tätigkeit durchgeführt wird, abhängen.[16] Der Bundesgerichtshof hat bisher offen gelassen, ob er seine gefestigte Rechtsprechung zu dem Unternehmensbegriff aufgibt.[17] Gegen die Verbindlichkeit des europäischen Unternehmensbegriffs könnte eingewendet werden, dass der Vorrang des Gemeinschaftsrechts einer weiteren abweichenden Verwendung des Unternehmensbegriffs nicht entgegenhalten werden kann, soweit im Einzelfall eine Eignung zur Beeinträchtigung des Gemeinschaftsrechts nicht vorliegt.[18] Ferner könnte eine Schutzlücke entstehen, wenn die öffentliche Beschaffungstätigkeit vollständig der kar- 5

[8] Nordemann, in: L/M/R, § 1 Rn. 20.

[9] BGH GS, NJW 1986, 2359 (2360); NJW 1990, 1531; BGH NJW 2012, 1150 (1151); Emmerich, in: Immenga/Mestmäcker, GWB, § 130 Rn. 14.

[10] BGH, Urteil vom 26.10.1961, WuW/E BGH 442 (445) „Gummistrümpfe", Urteil vom 12.11.2002, WuW/E DE-R 1087 (1089); BKartA TB 2001/2002, S. 130, TB 2003/2004, S. 90 f; BGH WuW/E 2919 (2921) „Orthopädisches Schuhwerk"; OLG Düsseldorf WuW/E 5007 (5012) „Apothekenverrechnungsstelle in den neuen Bundesländern".

[11] BGH WuW/E DE-R 289 (293) „Lottospielgemeinschaft".

[12] BGH, WM 1999, 2371 (2374), NJW 1990, 2815; Wolf, BB 2011 648 (651); Emmerich, in: Immenga/Mestmäcker, GWB, § 130 Rn. 14.

[13] Vgl. EuGH, EuZW 2006 600 (602) „FENIN/Kommission", EuZW 2004 241 (244) „Krankenkassen".

[14] Bechtold, GWB, § 1 Rn. 13.

[15] BGH WuW/E 2688 (2694) „Warenproben in Apotheken"; OLG Düsseldorf WuW/EDE-R 2436 (2439) „Lotto Rheinland-Pfalz II".

[16] EuGH EuR 2002 263 (269).

[17] Zimmer, in: Immenga/Mestmäcker: GWB, § 1 Rn. 31; Scheffler, EuZW 2006 601 (602).

[18] Zimmer, in: Immenga/Mestmäcker: GWB, § 1 Rn. 31.

tellrechtlichen Kontrolle entzogen wird.[19] Ob eine Angleichung der weiteren Rechtspraxis durch die nationalen Gerichte an die europäische Rechtsprechung erfolgen wird, bleibt abzuwarten. Der Bundesgerichtshof hat diese Frage in seiner Entscheidung aus dem Jahre 2012 ausdrücklich offengelassen.[20]

6 Generell ausgenommen vom Anwendungsbereich (s. o.) sind Leistungen, die aufgrund **hoheitlicher Bestimmungen** gefordert oder gewährt werden (z. B. ein angeordneter Anschluss- und Benutzungszwang). Wird dem Staat bzw. den Kommunen eine öffentliche Aufgabe übertragen, die nur unter Verstoß gegen das GWB erfüllt werden kann, so scheidet dessen Anwendung ebenfalls aus.[21]

7 Das GWB findet daher, unter der Voraussetzung, dass keine öffentlich-rechtlichen Sonderregelungen eingreifen und der Staat bzw. seine Gliederungen mit wirtschaftlichen Handlungen im Wettbewerb mit anderen Unternehmen tätig wird, unabhängig von der Rechtsform und von den verfolgten Zwecken eines kommunalen Unternehmens,[22] Anwendung. Deshalb ist das GWB sowohl auf rechtlich selbständige kommunale Unternehmen (oHG, GmbH, AG oder AöR)[23] als auch auf rechtlich unselbständige wie Eigen- oder Regiebetriebe[24] anzuwenden. Auf die **Rechtsform** kommt es dabei ebenso wenig an wie auf eine **Gewinnerzielungsabsicht**,[25] so dass das GWB auch auf gemeinnützige kommunale Unternehmen Anwendung findet.

8 Da der Unternehmensbegriff im GWB sehr weit verstanden wird, beschränkt sich der Anwendungsbereich nicht allein auf die öffentlichen Unternehmen, sondern auch auf den Staat und seine Gliederungen einschließlich der **Kommunen**, wenn sie sich durch das Angebot (z. B. Vertrieb von Nummernschildern über die Kraftfahrzeugzulassungsstelle[26]) oder die Nachfrage (z. B. Kauf von Löschfahrzeugen[27]) von wirtschaftlichen Leistungen am wirtschaftlichen Verkehr in Wettbewerb mit anderen Nachfragern und Anbietern beteiligen.[28] Hier sind aber die Unterschiede zum europäischen Kartellrecht zu beachten (vgl. oben Rn. 5). Die §§ 97 – 129b GWB enthalten spezielle Schutzvorschriften, die bei der **Vergabe öffentlicher Aufträge** anzuwenden sind.[29] Durch sie wird die Anwendbarkeit der allgemein kartellrechtlichen Regeln auf die Nachfragetätigkeit der öffentlichen Auftraggeber nicht ausgeschlossen. Ausnahmen gelten außerdem dort, wo sie im GWB oder anderen Sondervorschriften ausdrücklich vorgesehen sind.

9 § 28 GWB enthält eine Sonderregelung für die Landwirtschaft. Sie wird aus dem Anwendungsbereich des § 1 GWB ausgenommen, jedoch werden horizontale Preisbindungen und freigestellte Verträge, die den Wettbewerb ausschließen, weiterhin erfasst. § 28 Abs. 3 GWB verweist auf den Anhang I des AEUV für die Definition der landwirtschaftlichen Erzeugnisse.

10 Im Bereich der **Energiewirtschaft** (Strom und Gas) enthält § 29 GWB eine besondere Verbotsvorschrift für den Missbrauch einer marktbeherrschenden Stellung durch über-

[19] a. A. OLG München, Urt. V. 11.11.2010, Az. U (K) 2872/10, BeckRS 2012, 17077, Rn. 3 f.

[20] BGH, Urt. v. 5.6.2012, Az. X ZR 161/11, NZBau, 2012, 652 (653), im Nachgang zu OLG München, siehe vorige Fn.

[21] Nordemann, in L/M/R, § 1 Rn. 35.

[22] BGH, NJW 1975, 1223 (1224); NJW 1976, 194 (195); NJW 1989, 3010 (3011); BGH v. 25. 6. 1964, WuW/E BGH 675, 678 „Uhrenoptiker"; v. 23. 10. 1979, WuW/E BGH 1661, 1662 „Berliner Musikschulen".

[23] Vgl. dazu oben, Kapitel D. II Rn. 18 ff.

[24] OLG Hamburg, WRP 1984, 88 (91); Bechtold, GWB, § 130 Rn. 5.

[25] Vgl. die Begründung des Gesetzes BGBl. 1955, S. 31 ff.; KG 14.12.1977 WuW/E OLG 1967 (1970) „WAZ"; KG 26.6.1991 WuW/E OLG 4811 (4823) „Radio NRW".

[26] BGH, NJW 2000, 809 ff.

[27] OLG Koblenz v. 5. 11. 1998, WuW/E Verg 184, 187 „Feuerlöschgeräte"; OLG Celle v. 13. 5. 1998, WuW/E Verg 188, 189 „Feuerwehrbedarfsartikel"; BGH GRUR 2003, 633 (634) Ausrüstungsgegenstände für Feuerlöscher.

[28] KG v. 20. 5. 1998, WUW/E Verg 111, 114 „Tariftreueerklärung"; OLG Düsseldorf v. 12. 2. 1980, WuW/E OLG 2274, 2275 „Errichtung von Fernmeldetürmen I"; BKartA, Tätigkeitsbericht 1971, S. 23; Emmerich, in: Immenga/Mestmäcker, GWB, § 130 Rn. 34; a. A.: Kunert, Staatliche Bedarfsdeckungsgeschäfte und öffentliches Recht, 1997; Pietzker, AöR 107 (1982) 61; ders., NVwZ 1983, 121.

[29] Vgl. Kap. H. Rn. 21 ff.

höhte Entgelte. Daneben ist das Energiewirtschaftsgesetz **(EnWG)** zu beachten, das eine möglichst sichere, preisgünstige und umweltverträgliche Versorgung mit Elektrizität und Gas bezweckt.[30] EnWG und GWB sind **nebeneinander anwendbar.** Die Zusammenarbeit der Bundesnetzagentur und des Bundeskartellamts sind in § 58 EnWG normiert.

§ 30 GWB stellt vertikale Preisbindungen für alle Handelsstufen von Herstellern von Zeitschriften und Zeitungen von § 1 GWB frei, zusätzlich erfasst § 30 Abs. 3 GWB Branchenvereinbarungen für den Vertrieb von Zeitungen und Zeitschriften über den Groß- und stationären Einzelhandel durch Presseverlage und Vereinigungen von Presse-Grossisten. Die Privilegierung des Buchhandels wird durch das Buchpreisbindungsgesetz[31] sichergestellt. § 30 Abs. 3 GWB enthält spezielle Regelungen zur Missbrauchsaufsicht über zugelassene Preisbindungen für Zeitungen und Zeitschriften. **10a**

Die Wasserwirtschaft wird in den §§ 31 ff. GWB erfasst, § 31 GWB enthält spezielle Regelungen zu der Freistellung und Missbrauchsaufsicht der Wasserwirtschaft. § 31 a, b GWB regeln die verfahrensrechtlichen Vorschriften. § 31 a GWB normiert eine Anmeldepflicht für bestimmte Verträge in der Wasserwirtschaft, § 31 b GWB bestätigt, dass für die betreffenden Verträge eine Auskunftspflicht der Unternehmen besteht, während § 31 b Abs. 3 die Befugnisse der nationalen Aufsichtsbehörden im Falle eines Missbrauchs regelt. Die durch die 8. GWB Novelle eingefügten §§ 31 ff. GWB geben den Inhalt des § 131 Abs. 6 iVm §§ 103, 103 a, 105 GWB a.F. wieder. **10b**

Für die **Verkehrswirtschaft** findet sich nach Wegfall des § 99 a. F. GWB nur noch die Freistellung der Verkehrsverbünde (vgl. § 8 Abs. 3b PBefG, § 12 AEG) als Ausnahmeregelung. Damit soll die Kooperation von Verkehrsunternehmen zwecks Bildung zusammenhängender Liniennetze gefördert werden. **11**

(bleibt frei) **12**

Auch das **EG-Kartellrecht** ist grundsätzlich auf **alle Wirtschaftszweige** anwendbar. Für die Landwirtschaft finden sich aber sowohl im Primär- als auch im Sekundärrecht Ausnahmeregelungen.[32] Für die Sektoren Kredit- und Versicherungswirtschaft und die Verkehrswirtschaft gelten ebenfalls zahlreiche Sondervorschriften. **13**

3. Relevanter Markt

Um festzustellen, ob im Einzelfall eine Wettbewerbsbeschränkung vorliegt, muss der **relevante Markt** ermittelt werden. Hierfür ist eine Abgrenzung in sachlicher, räumlicher und zeitlicher Hinsicht erforderlich. **14**

Für die Ermittlung des **sachlich** relevanten Marktes wird auf die Marktgegenseite abgestellt. Nach dem sogenannten **Bedarfsmarktkonzept** werden diejenigen Produkte oder Dienstleistungen einem sachlich relevanten Markt zugerechnet, die der Abnehmer nach Eigenschaft, Verwendungszweck und Preislage zur Deckung **eines bestimmten Bedarfs** als austauschbar (substituierbar) ansieht.[33] Die Gleichartigkeit der Produktmerkmale und des Verwendungszwecks allein genügt aber u. U. nicht, um festzustellen, ob zwei Produkte Nachfragesubstitute darstellen. In der Praxis werden deshalb weitere Aspekte wie Preise, die Standorte von Kunden und Wettbewerbern, die sog. „Kreuz-Preis-Elastizität“ (mit der die Flexibilität der Abnehmer bei Preiserhöhungen bewertet wird), allgemeine Verbraucherpräferenzen und die Struktur von Angebot und Nachfrage berücksichtigt.[34] **15**

---

30 Vgl. Engel, II, S. 11 ff.

31 BGBl. I, S. 1530.

32 Art. 42 AEUV und VO 26/62, ABl. 1962, 993.

33 So schon KG, WuW/E DE-R 1995 „Handpreisauszeichner“, aber auch BGH, WuW/E BGH 2433 „Gruner + Jahr-Zeit“; vgl. auch die Bekanntmachung der Kommission über die Definition des relevanten Marktes v. 9. 12. 1997, ABl. 1997, C 372/5.

34 Siehe zum Europäischen Recht etwa Fuchs/Möschel, in: Immenga/Mestmäcker, EU, Art. 102 AEUV Rn. 49 ff.

Unterschiedliche Energieträger beispielsweise, die zur Heizung von Räumen verwendet werden, sind unterschiedlichen Märkten zuzuordnen, da die Heizsysteme nicht unbedingt vergleichbar sind und die Umstellung auf ein anderes Heizsystem mit erheblichen Kosten verbunden ist.[35] Ist die Art der Herstellung der Ware/Dienstleistung wie beispielsweise bei Strom (aus Steinkohle, Öl, Erdgas, Atomenergie etc.) unerheblich, da sie sich auf die Verwendung nicht auswirkt, ist von einem sachlich einheitlichen Markt auszugehen.[36] Die Kommission unterscheidet im Bereich der Energieversorgung zwischen dem Markt für Stromgroßhandel (Import oder Erzeugung) sowie für Stromübertragung.[37] Hinsichtlich des Verkaufs an Endverbraucher werden separate Märkte für die Belieferung von Haushaltskunden, von industriellen und gewerblichen Kleinkunden und von industriellen bzw. gewerblichen Großkunden angenommen.[38]

16 Gilt es umgekehrt, den sachlichen Markt für die Feststellung einer **Nachfragemacht** zu ermitteln, so ist aus Sicht der Marktgegenseite, also den Anbietern, unter Anwendung des Bedarfsmarktkonzepts danach zu fragen, inwieweit ein Anbieter seine Produktion umstellen kann, um so einem Nachfrager oder einer Nachfragergruppe auszuweichen („Angebotsumstellungskonzept").[39] Zu prüfen ist ebenfalls, inwieweit auf andere Nachfrager ausgewichen werden kann. Das fällt üblicherweise in Fällen gesetzlich begründeter Monopole sowie bei der Nachfrage bestimmter Leistungen durch die öffentliche Hand schwer.

17 Die Abgrenzung des **räumlich relevanten Marktes** erfolgt für die Angebotsseite ebenfalls aus Sicht der Abnehmer und nach den räumlich gegebenen Austauschmöglichkeiten. Ausgangspunkt der räumlichen Marktabgrenzung ist das Gebiet, in dem das Produkt oder die Dienstleistung vertrieben wird, in dem die Wettbewerbsbedingungen hinreichend homogen sind und das sich von benachbarten Gebieten durch spürbar unterschiedliche Wettbewerbsbedingungen unterscheidet. Unerheblich ist demgegenüber, wo es hergestellt worden ist, wer es wo erfunden hat oder wo es benutzt wird.[40] In der Regel bildet das gesamte Gebiet der Bundesrepublik Deutschland den räumlich relevanten Markt. Der räumlich relevante Markt entspricht aber nicht dem Geltungsbereich des Gesetzes. Das GWB findet Anwendung auf alle Wettbewerbsbeschränkungen, die sich im Inland auswirken, auch wenn sie nicht im Inland veranlasst werden, § 130 Abs. 2 GWB. Die Vorschrift des § 18 Abs. 2 GWB stellt demgegenüber klar, dass der räumlich relevante Markt größer sein kann, als der Geltungsbereich des GWB.[41] Diese Differenzierung entspricht auch der Kommissionspraxis: Der Geltungsbereich des europäischen Kartellrechts richtet sich nach den Mitgliedsstaaten; der räumlich relevante Markt kann aber durchaus ein Weltmarkt sein.[42] Aus der Eigenschaft von Produkten (Kurzlebigkeit, Haltbarkeit, Transportdauer und -kosten etc.)[43] können sich auch kleinere Gebiete als die räumlich relevanten Märkte ergeben. Beispielsweise wird in der **Stromversorgung** bei der Belieferung von Kleinkunden auf die örtlichen Leistungsnetze der Stromversorger als

---

[35] Vgl. BKartA, WuW/E BKartA 1647 ff. „Erdgas Schwaben".

[36] KG v. 15. 3. 1979, WuW/E OLG 2113, 2116 „Steinkohlestromerzeuger"; Substitutionswettbewerb zwischen leitungsgebundenen Energiearten nur auf Letztversorgungsstufe BKartA v. 12. 3. 1999, WuW/E DE-V 91, 93 „LEW"; v. 26. 1. 2001, DE-V 395, 397 „Schwäbisch Gmünd" vgl. Bundeskartellamt, Abschlussbericht Sektoruntersuchung Fernwärme, 2012, Rn. 174 ff.

[37] Europäische Kommission 14.4.2010, COMP/39.351 – Swedish Interconnectors.

[38] Europäische Kommission 17.3.2010, COMP/39.386 – Langfristige Stromlieferverträge in Frankreich.

[39] So: BGH, WuW/E BGH 2483 „Sonderungsverfahren", GRUR 2009 514 (514); KG v. 5. 11. 1986 WuW/E OLG 3917, 3927 „Coop/Wandmarker"; so auch Möschel in: Immenga/Mestmäcker, GWB, § 19 Rn. 30.

[40] Jung, in Grabitz/Hilf/Nettesheim, Art. 102 AEUV, Rn. 49.

[41] So auch nach der 8. GWB Novelle: BGH, WuW/E DE-R 1355 „Staubsaugerbeutelmarkt".

[42] Fuchs/Möschel, in: Immenga/Mestmäcker, EU, Art. 102 AEUV Rn. 65 mit Bsp. aus der Kommissionspraxis; vgl. auch die Bekanntmachung der Kommission über die Definition des relevanten Marktes, ABl. 1997 C 372/5.

[43] BGH, WuW/E BGH 2575 „Kampffmeyer-Plange"; BkartA, WuW/E DE-V 465 „Readymix", Wiedemann, § 23 Rn. 11.

räumlich relevantem Markt abgestellt,[44] während für die Belieferung von Großkunden und Weiterverteilern das Bundesgebiet als räumlich relevanter Markt angesehen wird.[45] In der Gasversorgung hingegen werden die Märkte räumlich generell nach dem Netzgebiet der Versorger abgegrenzt.[46] Im Verkehrsbereich wird zum Teil auf einzelne Strecken abgestellt. Jedenfalls der öffentliche Personennahverkehr findet in der Regel in einem eng einzugrenzenden Markt statt.

Aus der Abgrenzung des **zeitlich relevanten Marktes** ergibt sich der Zeitraum, für den die Wettbewerbsverhältnisse zu untersuchen sind. Es kann ausnahmsweise notwendig sein, auf einen bestimmten Zeitpunkt bei der Prüfung der Wettbewerbsbeschränkung abzustellen, wenn ein Unternehmen aufgrund bestimmter zeitlicher Ereignisse eine vorübergehende Machtposition innehat. Dies kann zum Beispiel bei der Vergabe von Standplätzen für bestimmte Sportereignisse, Messen oder Volksfeste etc. der Fall sein.[47] 18

4. Wettbewerbsbeschränkungen

Der deutsche Gesetzgeber hat sich – bestätigt durch die 8. GWB Novelle – in materieller sowie verfahrensrechtlicher Hinsicht für eine sehr weitgehende Anpassung an das europäische Kartellrecht entschieden. § 1 GWB entspricht bis auf die Zwischenstaatlichkeitsklausel in seinem Regelungsgehalt demjenigen des Art. 101 Abs. 1 AEUV und erfasst damit horizontale wie vertikale Wettbewerbsbeschränkungen. 19

Trotz einheitlicher Regelung in § 1 GWB ist aber eine Differenzierung zwischen **horizontalen** wettbewerbsbeschränkenden Vereinbarungen, die zwischen Unternehmen der gleichen Wirtschaftsstufe bestehen und **vertikalen** Wettbewerbsbeschränkungen zwischen Unternehmen in aufeinander folgenden Wettbewerbsstufen, die daher zumeist in einem Käufer-Verkäufer-Verhältnis stehen, sinnvoll . Von den horizontalen oder vertikalen Vereinbarungen zu unterscheiden sind des Weiteren einseitige, verhaltensbedingte Wettbewerbsbeschränkungen, die als **missbräuchliche oder diskriminierende Verhaltensweisen** gewertet und von §§ 18–21 GWB und Art. 102 AEUV EGV erfasst werden können.

Schließlich kann der auch Zusammenschluss mehrerer Unternehmen wettbewerbsbeschränkende Wirkung entfalten. **Unternehmenszusammenschlüsse** können daher der Zusammenschlusskontrolle nach §§ 35 43 GWB und/oder der Fusionskontrollverordnung (FKVO)[48] unterliegen.

5. Horizontale wettbewerbsbeschränkende Vereinbarungen

Die für (horizontale) wettbewerbsbeschränkende Verhaltensweisen zentrale Norm des § 1 GWB enthält ein Verbot von 20

- **Vereinbarungen** zwischen Unternehmen,
- **Beschlüssen** von Unternehmensvereinigungen und
- aufeinander abgestimmten **Verhaltensweisen**,

die eine Verhinderung, Einschränkung oder Verfälschung des Wettbewerbs bezwecken oder bewirken. § 1 GWB ist eine Generalklausel, die einen **Verbotstatbestand** enthält.

[44] BKartA v. 17. 1. 2001, WuW/E DE-V 511, 514 E.ON/Ruhrgas; weitere Nachweise bei: Bechtold, Kartellgesetz, § 19 Rn. 15.

[45] BKartA v. 17. 1. 2001, WuW/E DE-V 511, 514 f. E.ON/Ruhrgas.

[46] BKartA v. 17. 1. 2001, WuW/E DE-V 511, 514 E.ON/Ruhrgas; vgl. auch Bechtold, GWB, § 18 Rn. 18.

[47] BGH, NJW 1969, 1716 „Sportartikelmesse"; NJW 1987, 3007 „Inter Mailand".

[48] VO 139/2004, ABl. 2004 L 24/1, die am 1. 5. 2004 in Kraft getreten ist und die bisher geltende VO 4046/89, ABl. 1990 L 257/13 ff. ablöst.

a) Vereinbarungen zwischen miteinander im Wettbewerb stehenden Unternehmen

21 Welche Voraussetzungen Unternehmen erfüllen müssen, um als Adressat des § 1 GWB in Betracht zu kommen, wurde bereits oben erläutert.[49] Die beteiligten Unternehmen müssen für die Annahme eines Horizontalverhältnisses miteinander im **Wettbewerb** stehen. Das Horizontalverhältnis ist in Abgrenzung zum Vertikalverhältnis dadurch definiert, dass die Unternehmen auf derselben Marktstufe bzw. auf derselben Produktions- oder Vertriebsstufe stehen. Das bedeutet aber nicht automatisch, dass Sie Wettbewerber sind.[50] Dies ist vielmehr gesondert zu prüfen. Eine horizontale Wettbewerbsbeschränkung ist nur möglich, wenn die Unternehmen auf demselben sachlich relevanten Markt tätig sind **(aktuell)** oder dies kaufmännisch sinnvoll sein könnte **(potenziell)**.

21a Im europäischen Kartellrecht wird die Frage **konzerninterner Wettbewerbsbeschränkungen** als ein Problem des Unternehmensbegriffs betrachtet. Der Konzern wird als wirtschaftliche Einheit, mithin als ein Unternehmen betrachtet, was nicht verhindert, dass einzelne Konzernunternehmen gegenüber Dritten als selbständiges Unternehmen und Wettbewerber angesehen werden können. Im nationalen Kartellrecht geht man hingegen davon aus, dass eine wirtschaftliche Unselbständigkeit aufgrund einer Weisungsgebundenheit im Konzern für den Unternehmensbegriff ohne Bedeutung ist.[51] Nach beiden Auffassungen sind Maßnahmen zwischen herrschenden und beherrschten Gesellschaften kartellrechtlich irrelevant. Wenn und soweit ein Konzernunternehmen sein Marktverhalten nicht autonom bestimmen kann, sondern den Weisungen der herrschenden Gesellschaft unterliegt, scheidet ein Verstoß gegen § 1 GWB aus.[52]

22 Die Vereinbarung muss nach der Zielsetzung der Parteien dazu dienen, zwischen ihnen bestehenden oder potenziellen Wettbewerb zu beschränken.[53] Als Vereinbarung zu werten ist **jede Willensübereinstimmung** zwischen Unternehmen über ihr gemeinsames Auftreten am Markt. Besondere Anforderungen an das Zustandekommen werden dabei nicht gestellt. Das heißt, Vereinbarungen können sowohl formlos als auch stillschweigend zustande kommen. Vereinbarungen können in Form zivilrechtlicher Verträge, aber auch als sog. „gentlemen's agreements", die keine rechtliche, aber eine moralische, wirtschaftliche oder gesellschaftliche Bindung vorsehen, zustande kommen.

b) Beschlüsse von Unternehmensvereinigungen

23 Der Begriff der Unternehmensvereinigung wird weit verstanden, so dass darunter jeder privatrechtliche oder öffentlich-rechtliche Zusammenschluss mehrerer Unternehmen fällt, dessen Zweck unter anderem darin besteht, die Interessen seiner Mitglieder wahrzunehmen. Erfasst werden mithin Gesellschaften, Vereine etc., in deren Gremien Beschlüsse gefasst werden.[54] Damit wird klargestellt, dass auch sog. **gleichgerichtete einseitige Willensäußerungen**, denen kein vertraglicher Charakter zukommt, von dem Verbot des § 1 GWB erfasst werden können. Als Beispielsfall kann auf den Beschluss einer Wirtschaftsvereinigung verwiesen werden, wenn dieser Preisveränderungen der Mitgliedsunternehmen zum Gegenstand hat. Hingegen unterfallen Beschlüsse von Wirtschaftsvereinigungen, die lediglich interne Maßnahmen – wie die Erhöhung von Mitgliedsbeiträgen – betreffen, nicht dem Verbot des § 1 GWB.

---

[49] Vgl. oben Rn. 4 ff.
[50] Bechtold, GWB, § 1 Rn. 46.
[51] Langen/Bunte/Bunte, GWB, § 1 Rn. 21 mwN; EuGH, Rs. C-73/95 P Slg 1996 I-5482 Rn. 6 „Viho".
[52] Bechtold, GWB, § 1 Rn. 29; Langen/Bunte/Bunte, GWB, § 1 Rn. 21; Mäger, § 16 Rn. 190.
[53] BGH v. 13. 1. 1998 WuW/E DE-R 115 „Carpartner"; v. 27. 5. 1986, WuW/E BGH 2285, 2287 „Spielkarten".
[54] Bechtold, GWB, § 1 Rn. 20.

c) aufeinander abgestimmte Verhaltensweisen

24 Um das Verbot horizontaler Wettbewerbsbeschränkungen lückenlos auszugestalten, wurde das Verbot letztlich noch auf abgestimmte Verhaltensweisen erstreckt. Hierunter fällt jede sonstige Form der **willentlichen Koordinierung** des Verhaltens von mindestens zwei selbständigen Unternehmen am Markt. Kennzeichnend ist, dass die Beteiligten von Anfang an auf eine rechtliche oder faktische Verbindlichkeit ihrer Abstimmung verzichten.[55] Ein Beispiel hierfür ist die vorherige gegenseitige Information der Unternehmen über ihr zukünftiges Verhalten am Markt oder der Austausch von Informationen (über Kunden, Preise, Absatzmengen etc.), der später zu einem beabsichtigten Parallelverhalten führt. Selbstverständlich steht es Unternehmen grundsätzlich frei, ihr Marktverhalten dem der Konkurrenten anzupassen. Ein sog. gleichförmiges Verhalten wird von § 1 GWB daher nicht erfasst. Sobald aber eine irgendwie geartete Kontaktaufnahme mit dem Ziel oder der Wirkung, die anderen Unternehmen über das geplante eigene Verhalten zu informieren oder das Verhalten anderer Unternehmen zu informieren, stattfindet, greift das Verbot des § 1 GWB ein.

d) wettbewerbsbeschränkend

25 Die aufgeführten Verhaltensweisen sind nach § 1 GWB nur dann verboten, wenn sie eine Wettbewerbsbeschränkung bezwecken oder bewirken. Da § 1 GWB das Verbot als einheitliche Rechtsfolge vorsieht, kommt es auf die graduelle Differenzierung einer Verhinderung, Einschränkung oder Verfälschung des Wettbewerbs nicht an. Erforderlich ist eine Beeinträchtigung der **wettbewerblichen Handlungsfreiheit** als Anbieter oder Nachfrager. Betroffen sein müssen wettbewerbsrelevante Handlungen. Das sind beispielsweise solche, die sich auf Preise, Umsätze[56] oder Ausschreibungen bis hin zur unterlassenen Teilnahme am Wettbewerb[57] beziehen.

26 Die Wettbewerbsbeschränkung muss darüber hinaus bezweckt oder bewirkt sein. Um festzustellen, ob eine Beschränkung des Wettbewerbs **bezweckt** war, kann auf die subjektiven Vorstellungen der Parteien[58] oder auf den Zweck aus objektiver Sicht[59] abgestellt werden. Alternativ ist es ausreichend, dass eine Wettbewerbsbeschränkung **bewirkt** wird; hierfür kann auf die (zu erwartenden) objektiven Auswirkungen abgestellt werden.

27 Als Korrektiv für den sich daraus ergebenden sehr weiten Anwendungsbereich des § 1 GWB wird eine **spürbare Außenwirkung** der Wettbewerbsbeschränkung für die Marktgegenseite gefordert. Die wirtschaftlichen Betätigungsmöglichkeiten und die zur Verfügung stehenden Alternativen der Marktteilnehmer müssen merklich beeinträchtigt sein. Die Spürbarkeit ist im Einzelfall anhand konkreter Tatsachen zu ermitteln. Von Bedeutung ist hierbei auch der Marktanteil der Beteiligten auf dem relevanten Markt. Allerdings kann ein geringer Marktanteil von z. B. 5% bei schwereren Wettbewerbsverstößen wie Preis-, Quoten- und Gebietsabsprachen bereits ausreichen.[60] Die spürbare Außenwirkung ist ein ungeschriebenes Tatbestandsmerkmal,[61] mit dessen Hilfe sog. **Bagatellfälle** aus dem Anwendungsbereich des § 1 GWB ausgeschieden werden sollen. Das BKartA hat hierzu eine Bagatellbekanntmachung erlassen, in der Kriterien aufgestellt werden, in welchen Fällen bei Kooperationsabreden keine spürbare Außenwirkung anzunehmen ist.[62]

---

55 KG v. 7. 11. 1980, WuW/E OLG 2369 ff. „Gemeinsame Zementverkaufsstelle"; mit weiteren Beispielen aus der Rspr., Nordemann, in: L/M/R, § 1 Rn. 57.

56 BKartA, NJWE-WettbR 1997, 19 f. „Starkstromkabel".

57 Z. B. negatives Bietabkommen: OLG Frankfurt v. 26. 1. 1989, WuW/E 4475, 4476.

58 So: Bechtold, GWB, § 1 Rn. 36.

59 BKartA v. 25. 8. 1999, WuW/E DE-V 209 ff. „Stellenmarkt II".

60 Vgl. Bekanntmachung BKartA Nr. 18/2007 v. 13. 3. 2007, siehe unter www.bundeskartellamt.de.

61 BGH, GRUR 1998, 739, 743 „Car Partner"; BKartA v. 25. 8. 1999, WuW/E DE-V 209, 213 „Stellenmarkt II".

62 Bekanntmachung BKartA Nr. 18/2007v. 13. 3. 2007, siehe unter www.bundeskartellamt.de.

e) Fallgruppen

28 **aa) Preisabsprachen.** Der klassische Fall einer gegen das Kartellverbot verstoßenden Vereinbarung ist die Bindung von Preisen bei Waren und Dienstleistungen. In Betracht kommen neben Vereinbarungen über Höchst-, Fest- oder Mindestpreise weitere vielfältige Formen der Preisabsprachen:[63] So werden bei Gebietsschutzvereinbarungen[64] beispielsweise Ausgleichszahlungen vereinbart, die einen Ersatz für den entgangenen Gewinn darstellen sollen.[65]

29 **bb) Submissionsabsprachen.** Die Beteiligten verpflichten sich, bei Ausschreibungen entweder auf die Abgabe eines Gebots zu verzichten oder ein überhöhtes Gebot abzugeben. Auf diese Weise soll sichergestellt werden, dass ein bestimmter Wettbewerber den Zuschlag erhält und die an dem Kartell Beteiligten in den Genuss kommen, in einem späteren Ausschreibeverfahren den Zuschlag zu erhalten.[66] Submissionskartelle werden durch § 298 StGB unter Strafandrohung gestellt.

30 **cc) Gebietsschutzvereinbarungen.** Unzulässig sind auch Vereinbarungen, die einen Markt sachlich und/oder räumlich aufteilen und gleichzeitig festlegen, dass jeweils einer der an der Absprache Beteiligten in einem abgegrenzten Teilbereich ausschließlich tätig werden darf.[67] Als Beispiel sind die früheren **Demarkationsverträge** zu nennen, mit deren Hilfe die Energieversorgungsunternehmen ihre Versorgungsgebiete voneinander abgegrenzt haben. Dasselbe gilt für die früheren **Konzessionsverträge** der Gemeinden, in denen diese Versorgungsunternehmen ein ausschließliches Nutzungsrecht bzgl. der kommunalen Grundstücksflächen/Wege für die Verlegung der Versorgungsleitungen einräumten. Sowohl Demarkations- als auch überwiegend Konzessionsverträge waren bis zum Erlass des EnWG vom Kartellverbot nach §§ 103, 103a a. F. GWB freigestellt und daher zulässig. Durch den Wegfall der Bereichsausnahmen können sie heute ggf. dem Kartellverbot unterfallen. Ein Verstoß gegen § 1 GWB kommt allenfalls dann in Betracht, wenn die Kommunen selbst zur Übernahme der Energieversorgung in der Lage und daher potenzielle Wettbewerber wären.[68]

31 **dd) Einkaufskooperationen.** Derartige Kooperationen dienen dazu, die Güternachfrage der Beteiligten zu bündeln, um durch den **gemeinsamen Einkauf** möglichst **günstige Konditionen** zu erreichen. Ein Verstoß gegen § 1 GWB wird angenommen, wenn sich die Mitglieder der Kooperation einem Bezugszwang unterwerfen.[69] Für die Annahme eines unzulässigen Kartells soll es bereits ausreichend sein, wenn die Mitglieder einem faktischen Bezugszwang unterliegen. Dieser wird angenommen, wenn die angebotenen günstigen Lieferbedingungen abhängig sind von der Abnahme einer Mindestmenge und daher nur wahrgenommen werden können, wenn einzelne Kooperationsmitglieder von einer anderweitigen Beschaffung absehen.

32 Allerdings kommt es in jedem Einzelfall auf die konkreten Umstände an. Hat beispielsweise die Einkaufskooperationen eine große Anzahl von Mitgliedern, so kann auch

---

[63] Vgl. auch den Überblick bei Zimmer, in: Immenga/Mestmäcker, § 1 Rn. 237 ff. m. w. N.

[64] Vgl. dazu unten Rn. 30.

[65] OLG Düsseldorf v. 30. 7. 1981, WuW/E OLG 2715, 2717 „Subterra Methode".

[66] BGH v. 15. 2. 1962, WuW/E BGH 495, 498 „Ausschreibung von Putzarbeiten II"; KG v. 29. 4. 1975, WuW/E OLG 1627, 1630 f. „Mülltonnen".

[67] Vgl. zu langfristigen Gaslieferverträgen: BGH v. 18. 2. 2003, WuW/E DE-R 1119 „Verbundnetz II"; OLG Düsseldorf, RdE 2002, S. 44; OLG Stuttgart RdE 2002, 182; KG, RdE 2002, 101 und zu langfristigen Stromlieferverträgen: OLG Dresden, RdE 2002, 144; LG FaM v. 26. 7. 2001, WuW/E DE-R 959; LG Mannheim, RdE 1999, 158.

[68] Vgl. dazu Bechtold NJW 1998, 2769 (2773).

[69] BGH v. 13. 12. 1983, WuW/E BGH 2049, 2050 „Holzschutzmittel"; Zimmer, in Immenga/Mestmäcker, GWB, § 1 Rn. 144 ff.

kein faktischer Bezugszwang angenommen werden.[70] Anderes gilt auch, wenn durch die Kooperation eine Teilnahme am Leistungsaustausch erst möglich wird.[71]

ee) Verkaufsgemeinschaften. Mit den Einkaufskooperationen vergleichbar ist die Errichtung einer gemeinsamen Vertriebsstelle, sog. Verkaufsagenturen oder -gemeinschaften. Bei einer Beurteilung anhand des § 1 GWB ist nicht allein darauf abzustellen, ob für die Beteiligten eine Andienungspflicht besteht,[72] entscheidend ist vielmehr, ob sich aus dem Gesamtzusammenhang aller Vertragsbestimmungen unter Berücksichtigung der besonderen Umstände des jeweiligen Einzelfalls ergibt, dass sich die an der Verkaufskooperation beteiligten Unternehmen in ihrem Wettbewerbsverhalten, insbesondere beim Absatz, der Konditionen- und Preisgestaltung beschränken.[73] Unzulässig ist daher beispielsweise wenn alle Beteiligten ihre Ware zu denselben Preisen an die Verkaufsstelle abgeben u. Ä.[74] 33

ff) weitere Absprachen. Mengen-/Kapazitätsbeschränkungen,[75] Absprachen über Geschäfts- und Arbeitszeitbedingungen[76] etc. 34

6. Vertikale Wettbewerbsbeschränkungen

Der Schutz der wettbewerblichen Handlungsfreiheit im Sinne des § 1 GWB umfasst auch die Gewährleistung von Wettbewerb im Vertikalverhältnis, also zwischen unterschiedlichen Wirtschaftsstufen, z. B. Hersteller und Händler. Vertikalvereinbarungen sind nach Art. 1 Abs. 1 lit. a VO 330/2010[77] (dies ist die sogenannte Vertikal-Gruppenfreistellungsverordnung) iVm § 2 Abs. 2 GWB Vereinbarungen zwischen zwei Unternehmen, von denen jedes zwecks Durchführung der Vereinbarung auf einer unterschiedlichen Produktions- oder Vertriebsstufe tätig ist, und welche die Bedingungen betreffen, zu denen die Parteien bestimmte Waren oder Dienstleistungen beziehen, verkaufen oder weiterverkaufen können. Die Definition der europäischen Kommission stellt ausschließlich auf die Tätigkeit auf verschiedenen Produktions- und Vertriebsstufen ab. Ob die an der Vereinbarung Beteiligten miteinander (auch) im Wettbewerb stehen – wie es § 1 a.F. und § 16 a.F. GWB noch forderten – ist für die Einstufung als vertikale Vereinbarung unerheblich, erlangt aber bei der wettbewerblichen Bewertung an Bedeutung. Art. 2 Abs. 4 VO 330/2010 iVm § 2 Abs. 2 GWB setzt strengere Maßstäbe an Vertikalvereinbarungen zwischen Wettbewerbern als an Vereinbarungen zwischen Nichtwettbewerbern.[78] 35

Gleichwohl sind die vertikalen Vereinbarungen im Vergleich zu horizontalen Vereinbarungen gesondert zu betrachten. Vertriebssysteme, die vertikale Beschränkungen enthalten, konnen gerade hierdurch die Effizienz des Vertriebs zum Wohle des Wettbewerbs fördern, da sie zu einer besseren Koordination zwischen den beteiligten Unternehmen führen.[79] Dies hat zu einer bisweilen großzügigeren kartellrechtlichen Praxis bei der Beurteilung von Vertikalvereinbarungen geführt.[80] 36

Vertikale Vereinbarungen können den Wettbewerb gleichwohl in vielerlei Hinsicht beschränken. Bezugsbindungen an einen Lieferanten führen zu einer Beschränkung des Wettbewerbs zwischen Herstellern konkurrierender Produkte und damit zu einer Schwächung des sog. Interbrand-Wettbewerb (Markenwettbewerb), während andere typische

---

70 KG v. 16. 6. 1982, WuW/E OLG 2745, 2750 ff. „HFGE".
71 KG v. 26. 2. 1986, WuW/E OLG 3737, 3741 ff. „Selex-Tania".
72 BGH v. 19.6.1975, WuW/E BGH 1367, 1373 „Zementverkaufsstelle Niedersachsen" II; KG v. 27.1.1981, WuW/E OLG 2429 „Zementverkaufsstelle II"; Zimmer, in Immenga/Mestmäcker, GWB, § 1 Rn. 275 ff.
73 BGH v. 1. 12. 1981, WuW/E 1871, 1874 „Transportbeton-Vertrieb".
74 Vgl. BGH v. 1. 12. 1981, WuW/E 1901, 1903 „Transportbeton-Vertrieb II".
75 BKartA v. 6. 1. 1969, WuW/E BKartA 1244, 1246 „Kalksandstein".
76 BKartA v. 31. 1. 1961, WuW/E BKartA 339 „Sonnabendarbeitszeit".
77 ABL 2010 Nr. L 102/1.
78 Vgl. Bunte, in Langen/Bunte; Dt. Kartellrecht, § 1 Rn. 208.
79 6. Erwägungsgrund zur VO 330/2010.
80 Bechtold, GWB, § 1 Rn. 63.

Vertikalverträge zu einer Beschränkung des Wettbewerbs zwischen verschiedenen Anbietern eines Produktes eines bestimmten Herstellers führen und damit den sog. Intrabrand-Wettbewerb (markeninterner Wettbewerb) beeinträchtigen können. Mit Angleichung des deutschen Kartellrechts an das europäische Kartellrecht ist neben dem interbrand-Wettbewerb auch der intrabrand- Wettbewerb als schutzbedürftig anzusehen.

37 Die Regelungen bis zur 7. GWB-Novelle unterschieden zwischen „Erstverträgen“ und „Zweitverträgen“. Der Erstvertrag entspricht der Vereinbarung (bzw. dem abgestimmten Verhalten) im Sinne von § 1 GWB in der heutigen Fassung. Typischerweise handelt es sich um Kaufverträge (aber auch Miet- oder Werkverträge), etwa zwischen Hersteller und Händler. Der Zweitvertrag ist ein Vertrag, den das durch den Erstvertrag gebundene Unternehmen mit einem Dritten abschließt. Das kann ein Vertrag des Händlers mit dem Endverbraucher sein, jedoch auch mit anderen Unternehmen. Diese Systematik und die früheren gesetzlichen Regelungen aufnehmend kann auch heute noch zwischen Inhaltsbindungen und Abschlussbindungen unterschieden werden.

a) Inhaltsbindungen

38 Inhaltsbindungen sind dadurch gekennzeichnet, dass im Erstvertrag Bestimmungen über den Inhalt des Zweitvertrages festgelegt werden. Durch die vertragliche Bindung wird die Gestaltungsfreiheit des Unternehmens, insbesondere hinsichtlich der Preise oder Geschäftsbedingungen, unter deren Zugrundelegung das Unternehmen mit Dritten Verträgen abschließt, beschränkt. Zweck des Verbots ist es deshalb, die Freiheit der Unternehmen in der Gestaltung ihrer Zweitverträge zu schützen.[81] Erfasst werden rechtliche und tatsächliche Beschränkungen. Um eine tatsächliche Beschränkung handelt es sich, wenn die Nichtbeachtung des Vereinbarten zwar nicht vertraglich verboten ist, aber nach den Regeln des Erstvertrages zu wirtschaftlichen Nachteilen bei dem betroffenen Unternehmen führen wird. Eine solche Erstvereinbarung liegt beispielsweise vor, wenn eine Gemeinde bei der Verpachtung einer Stadthalle **Preisbindungs-Vorgaben** für deren Verwendung macht.[82] Gleiches gilt, wenn der Hersteller dem Händler im Erstvertrag **die Preise für den Weiterverkauf** vorschreiben will, aber auch wenn er vorschreiben will, zu welchen Preisen er den Kundendienst machen soll.[83]

39 Die Freiheit der Preisgestaltung wird z. B. bei Vorgabe von Endpreisen oder von preisbildenden Faktoren, bei der Festlegung von Höchst- und/oder Mindestpreisen, von Gewinnspannen oder von Kalkulationsschemata etc., die für den Zweitvertrag gelten sollen, eingeschränkt. **Preisbindungsvereinbarungen** wurden auch in Verträgen von Gemeinden mit Pächtern einer Stadthalle oder mit Festwirten erkannt.[84] Dasselbe gilt, wenn kommunale Unternehmen ihre Vertragspartner zur Tariftreue verpflichten, sog. Tariftreueerklärung. Der Begriff der Geschäftsbedingungen[85] wird sehr weit verstanden.

40 Nach § 14 GWB a. F. waren Preis- und Konditionenbindungen gleichermaßen verboten. Es zeichnet sich hingegen eine kartellrechtliche Praxis der Kommission ab, Konditionenbindungen großzügiger zu betrachten. Bei Preisbindungen ist eine gewisse Erheblichkeit erforderlich, soll ihnen eine wettbewerbsbeschränkende Wirkung zukommen.[86] Unklar erscheint derzeit noch die Zulässigkeit von Höchstpreisbindungen, die von einem Teil der Literatur unter Hinweis auf europarechtliche Freistellungen als unschädlich angesehen werden.[87]

---

[81] BGH v. 6. 10. 1992, WuW/E BGH 2819 ff. „Zinssubvention“ noch zu § 14 GWB.

[82] LKartB Hessen v. 23. 8. 1962, WuW/E LKartB 83, 84 „Stadthalle“.

[83] Pischel, EuZW 2005, 459; Bechtold, GWB, § 1 Rn. 65.

[84] LKartB Hessen v. 23. 8. 1962, WuW/E LKartB 83, 84 „Stadthalle“; vgl. auch OLG Stuttgart v. 14. 1. 1975, WuW/E OLG 1557 ff. „Arzneilieferungsvertrag“; BKartA, Tätigkeitsbericht 1972, S. 91.

[85] Darunter fällt bspw. auch die Verpflichtung des Vertragspartners zur Tariftreue, vgl.: BGH v. 18. 1. 2000, ZIP 2000, 426 ff. „Tariftreueerklärung“.

[86] BGH v. 8. 4. 2003, NJW 2003, 2682 „Riegel extra“.

[87] Bechtold, GWB, § 1 Rn. 67.

b) Abschlussbindungen

Das Verbot des § 1 GWB umfasst auch Beschränkungen, die sich auf das „Ob" des Vertragsschlusses beziehen. Regulatorisches Ziel, geleitet von dem Markterschließungsgedanken, ist es, durch die Vermeidung von Marktzutrittsschranken die Märkte offen zu halten.[88] Folgende Abschlussbindungen lassen sich typischerweise unterscheiden: 41

- **Verwendungsbindungen** liegen vor, wenn eine Vereinbarung einen Vertragsbeteiligten in der Freiheit der Verwendung der gelieferten Waren, anderer Waren oder gewerblicher Leistungen beschränkt.[89] Den Verwendungsbeschränkungen kommt in der Praxis nur eine geringe Bedeutung zu.[90] Beispiel hierfür ist das an einen gewerblichen Mieter gerichtete Verbot des Vermieters, bestimmte Arten von Automaten aufzustellen. Erfasst wird hiervon auch ein Pachtvertrag, bei dem eine Kommune eine Hafeneinrichtung mit einem ausschließlichen Umschlagsrecht einem Pächter überlässt, der jedoch gleichzeitig die Verpflichtung des Pächters enthält, bei allen Aufträgen in erster Linie die Bürger der Gemeinde zu berücksichtigen.[91] Ebenso ist an das Verbot eines Herstellers zu denken, der seine Maschine mit der Beschränkung verkauft, auf ihr ausschließlich bestimmte Produkte herzustellen. 42
- Um **Ausschließlichkeitsbindungen** handelt es sich bei Vereinbarungen, die einen Vertragsbeteiligten darin beschränken, andere Waren oder gewerbliche Leistungen von Dritten zu beziehen oder Waren an Dritte abzugeben. Hierunter fällt beispielsweise die Verpflichtung des Pächters einer kommunalen Stadthalle, den Wein nur von der verpachtenden Gemeinde zu beziehen.[92] Derartige Ausschließlichkeitsbindungen können auch faktisch entstehen, wenn der Lieferant mit der Lieferung den Gesamtbedarf des Käufers deckt. Liegt dieser Gesamtbedarfsdeckung ein einziger Liefervertrag zugrunde, ist er grundsätzlich als wettbewerbsrechtlich neutral einzuordnen. Etwas anderes gilt dann, wenn der Käufer über längere Zeit rechtlich und tatsächlich gehindert ist, weitere Verträge mit Dritten abzuschließen. **Alleinbezugsverträge** mit einer Laufzeit bis zu zwei Jahren sind in der Regel als unbedenklich einzuordnen, allerdings abhängig von der hieraus resultierenden Behinderung Dritter und der Art der Waren oder Dienstleistungen.[93] Dabei ist ebenso der Grad der Bedarfsdeckung zu berücksichtigen, also etwa eine Bedarfsdeckung zu 100%, die kritischer zu sehen ist, als eine Bedarfsdeckung von nur 70% oder 80%, weil bei dieser das gebundene Unternehmen noch Verträge mit Dritten abschließt. Im Bereich der Energielieferverträge zwischen Unternehmen verschiedener Verteilerstufen sieht das Bundeskartellamt längere Laufzeiten verbunden mit einem hohen Grad der Bedarfsdeckung zunehmend kritischer (80% und Laufzeit 2 Jahre/50 % und Laufzeit 4 Jahre).[94] 43
- **Vertriebsbindungen** sind Vereinbarungen, die einen Vertragsbeteiligten darin beschränken, die gelieferte Ware an einen Dritten abzugeben. Das absolute Verbot der Weitergabe von Waren ist der Ausnahmefall. In der Regel geht es um Beschränkungen der Weitergabe/der Weiterveräußerung. Hierunter fällt etwa das Verbot gegenüber Großhändlern, unmittelbar an Endverbraucher zu liefern (Sprunglieferungsverbot), das Verbot, Unternehmen derselben Wirtschaftsstufe zu beliefern (Querlieferungsverbot) und das Verbot, Nicht-Fachhändler zu beliefern. Gegenstand der Vertriebsbindung kann aber auch das Gebot sein, bestimmte Erstverkaufstage oder andere Bedingungen einzuhalten.[95] In jüngerer Zeit haben insbesondere die Versuche von Markenherstel- 44

---

88 BGH v. 18. 5. 1993, WuW/E BGH 2869 „Pauschalreisen-Vermittlung II"; BGH v. 14. 3. 1990, WuW/E BGH 2627 „Sportübertragungen".
89 Bechtold/Denzel, WuW 2008, 1272 (1273ff.).
90 Vgl. aber: KG v. 28. 11. 1979, WuW/E OLG 2247 ff. „Parallellieferteile".
91 KG, WuW/E OLG 245 „Hafeneinrichtung".
92 LKartB Hessen, WuW/E LKartA 83.
93 LG Frankfurt/Main, v. 26 7. 2001, WuW/E DE-R 959; Bechtold, GWB, § 1 Rn. 73.
94 BkartA v. 13. 1. 2006, WuW/E DE-V 1147 „E.ON/Ruhrgas"; Bechtold, GWB, § 1 Rn. 74.
95 Bechtold, GWB, § 1 Rn. 76.

lern, ihren Händlern den Vertrieb über das Internet oder bestimmte Internetplattformen zu untersagen, die Gerichte beschäftigt.[96] Solche Beschränkungen sind nur in engen Grenzen möglich und bedürfen daher stets genauer Prüfung aller Umstände des Einzelfalls.

45 • Bei **Kopplungsgeschäften** handelt es sich letztlich um die Verpflichtung, neben der eigentlichen Ware auch sachlich oder handelsüblich nicht zugehörige Waren oder gewerbliche Leistungen abzunehmen. Ist an einem Kopplungsgeschäft ein marktbeherrschendes Unternehmen beteiligt, so ist §§ 18, 19 GWB zu beachten. Ein unzulässiges Kopplungsgeschäft liegt beispielsweise vor, wenn ein marktbeherrschendes Unternehmen die Einräumung von Rabatten bei besonders gefragten Produkten davon abhängig macht, dass gleichzeitig andere – weniger begehrte – Produkte bestellt werden.

7. Freistellung vom Verbot nach § 1 GWB

46 Da Kartelle bzw. wettbewerbsbeschränkende Vereinbarungen unter Umständen aufgrund einer Gesamtwürdigung wettbewerbspolitisch unbedenklich sein oder gar erwünschte Wirkungen haben können, enthält § 2 Abs. 1 GWB eine dem Art. **101 Abs. 3** AEUV nachempfundene Legalausnahme.

47 **Dabei gilt das Prinzip der „Selbstveranlagung"**. Das Unternehmen muss selbst beurteilen, ob die Voraussetzungen des § 2 Abs. 1 GWB gegeben sind und damit eine Freistellung vom Verbot nach § 1 GWB vorliegt.[97]

a) Freistellung nach § 2 Abs. 1 GWB

48 Voraussetzung für die Freistellung nach § 2 Abs. 1 GWB ist:

- Die Beteiligung der Verbraucher am entstehenden Gewinn und
- die Verbesserung der Warenerzeugung oder -verteilung oder die Förderung des technischen oder wirtschaftlichen Fortschritts, ohne dass
- den beteiligten Unternehmen Beschränkungen auferlegt sind, die für die Verwirklichung der Ziele nicht unerlässlich sind oder
- Möglichkeiten eröffnet werden, für einen wesentlichen Teil der betroffenen Waren/Dienstleistungen den Wettbewerb auf dem relevanten Markt auszuschalten.

49 Erste Voraussetzung sind mithin Effizienzvorteile durch die Förderung des technischen Fortschritts oder die Warenerzeugung bzw. –verteilung. Sie müssen wirtschaftlicher Art sein.[98] Sie können in allen unternehmerischen Funktionen eintreten. Klassische Effizienzgewinne sind Kosteneinsparungen und Qualitätsverbesserungen. Dabei müssen die Vorteile objektiv vorliegen. Die Vorteile, die sich aus der Absprache ergeben, müssen die sich hieraus ergebenden Nachteile überwiegen.[99] Typischerweise entstehen Effizienzvorteile im Horizontalbereich durch die Arbeitsteilung bei Forschungs- und Entwicklungsvereinbarungen. Auch Rationalisierungs- oder Spezialisierungsvereinbarungen können zu Effizienzvorteilen führen. Im Vertikalbereich können Vertriebsvereinbarungen dadurch den Absatz besonders fördern, dass er auf wenige Händler konzentriert wird. Wettbewerbsverbote und Alleinbezugsverträge können durch ihre quantitative und qualitative Selektion Effizienzvorteile generieren, so dass derartige Vereinbarungen in der Praxis innerhalb gewisser Grenzen als zulässig anzusehen sind.[100]

50 An diesen Effizienzvorteilen müssen die Verbraucher angemessen beteiligt werden. Unter „Verbraucher" sind in diesem Falle alle Unternehmen und Personen der Marktge-

---

[96] Vgl. etwa KG, Urt. v. 19. 9. 2013, Az. 2 U 8/09 Kart., EuZW 2013, 873; LG Kiel, Urt. v. 8.11.2013, Az. 14 O 44/13 Kart., WUW 2014, 95.

[97] Nach § 32 c GWB besteht aber die Möglichkeit, das Bundeskartellamt um eine Mitteilung zu bitten, dass die Voraussetzungen des § 1 GWB nicht gegeben sind. Eine solche Mitteilung liegt aber im Ermessen der Behörde, ein Anspruch besteht nicht, siehe Bechtold, GWB, § 32c Rn. 3.

[98] Nordemann, in: L/M/R, § 2 Rn. 19.

[99] Bechtold, GWB, § 2 Rn. 12.

[100] Bechtold, GWB, § 2 Rn. 15.

genseite (also Kunden) zu verstehen.[101] Die an die Marktgegenseite weiterzugebenden Vorteile müssen die durch die Wettbewerbsbeschränkung zu erwartenden Nachteile zumindest ausgleichen.[102]

Zudem muss die Wettbewerbsbeschränkung zur Erreichung des Ziels unerlässlich sein. 51
Bestimmte Klauseln, wie etwa Preisbindungen, werden dabei von vornherein als nie unerlässlich angesehen.

Schließlich darf der Wettbewerb nicht ausgeschaltet werden. Dies ist insbesondere bei 52
marktbeherrschenden Unternehmen von Bedeutung. Das Vorliegen oder die Begründung einer marktbeherrschenden Stellung führt jedoch nicht automatisch zur Ausschaltung des Wettbewerbs; erst der Missbrauch dieser Stellung kann dazu führen.[103]

b) Gruppenfreistellungsverordnungen

Über die dynamische Verweisung in § 2 Abs. 2 GWB finden die europäischen Grup- 53
penfreistellungsverordnungen unmittelbare Anwendung. Durch die Gruppenfreistellungsverordnungen werden bestimmte Verträge unter den dort genannten näheren Voraussetzungen pauschal vom Verbot des Art. 101 Abs. 1 AEUV und über § 2 Abs. 2 GWB auch vom Verbot des § 1 GWB freigestellt. In den Gruppenfreistellungsverordnungen ist zugleich geregelt, welche Vertragsklauseln einer Freistellung entgegenstehen. Neben den Gruppenfreistellungsverordnungen für bestimmte Branchen, etwa KFZ, Luftverkehr und Reedereien, gibt es solche im Bereich der Forschung und Entwicklung und des Technologietransfers. Praktisch höchst relevant ist die bereits genannte Gruppenfreistellungsverordnung für Vertikalvereinbarungen.[104]

c) Mittelstandskartell nach § 3 GWB

Das sog. **Mittelstandskartell** umfasst Beschlüsse und Vereinbarungen, die die Ratio- 54
nalisierung wirtschaftlicher Vorgänge durch eine andere Art der zwischenbetrieblichen Zusammenarbeit als durch Spezialisierung zum Gegenstand haben, den Wettbewerb auf dem Markt nicht wesentlich beeinträchtigen und dazu dienen, die Wettbewerbsfähigkeit **kleiner und mittlerer Betriebe** zu verbessern. Der Gesetzgeber geht davon aus, dass die Voraussetzungen des § 2 GWB erfüllt sind, wenn diejenigen des § 3 Abs. 1 GWB erfüllt sind. Da das europäische Recht eine solche Freistellung nicht kennt, greift die Freistellung nach § 3 Abs. 1 nur bei Mittelstandskartellen ein, die nicht in den Anwendungsbereich des Art. 101 Abs. 1 AEUV fallen (die Zwischenstaatlichkeitsklausel darf nicht erfüllt sein).

8. Rechtsfolgen eines Verstoßes gegen das Verbot des § 1 GWB

Aus einem Verstoß gegen § 1 GWB ergeben sich sowohl zivilrechtliche, verwaltungs- 55
rechtliche als auch bußgeldrechtliche Rechtsfolgen.

a) Zivilrechtliche Folgen

Da § 1 GWB als Verbotstatbestand ausgestaltet ist, sind die zivilrechtlichen Vereinba- 56
rungen u. Ä. die gegen § 1 GWB verstoßen, nach § 134 BGB nichtig. Das heißt, sie gelten als von Anfang (ex tunc) als unwirksam. Verstößt nur ein Teil der Vereinbarung gegen § 1 GWB, bestimmt sich die Wirksamkeit des restlichen Vertrages gemäß § 139 BGB danach, ob die Parteien die Vereinbarung auch ohne den nichtigen Teil geschlossen hätten. Auch eine sog. salvatorische Vertragsklausel, mit deren Hilfe die Parteien der Gesamtnichtigkeit des gesamten Vertrages für den Fall der Nichtigkeit nur eines Teils vorbeugen können,

---

[101] Nordemann, in: L/M/R, § 2 Rn. 32.
[102] Bechtold, GWB, § 2 Rn. 16; Nordemann, in: L/M/R, § 2 Rn. 34.
[103] Bechtold, GWB, § 2 Rn. 24.
[104] Eine Liste der Verordnungen findet sich etwa bei Bechtold, GWB, § 2 Rn. 30 ; Immenga/Mestmäcker, EG/Teil 1 und 2- Kap. IV – Gruppenfreistellungsverordnungen

schützt nicht vor der Nichtigkeit der gesamten Vereinbarung, wenn dies der Sinn der anordnenden Norm gerade fordert.[105]

57 Folgeverträge in Ausführung des unwirksamen Kartellvertrages sind grundsätzlich wirksam.[106]

58 Dritte können gegen die an dem Kartell Beteiligten nach § 33 GWB einen **Beseitigungs-, Unterlassungs- und Schadensersatzanspruch** haben. Ein drittschützender Charakter der Norm ist nicht erforderlich. Entscheidend ist ein Verstoß gegen Normen des GWB, gegen Art. 101 oder 102 AEUV oder aber gegen eine Verfügung der Kartellbehörde. Hiervon ausgenommen sind lediglich Gesetzesverstöße, die, wie etwa § 30 Abs. 3 GWB, ausdrücklich nur ein Eigreifen der Kartellbehörde vorsehen.

b) Befugnisse der Kartellbehörden

59 Die Kartellbehörde ist berechtigt, den Abschluss einer gegen § 1 GWB verstoßenden Vereinbarung nach § 32 GWB zu **untersagen** bzw. die Unternehmen zur Abstellung der Zuwiderhandlung zu verpflichten. Ist den Parteien ein Verschulden nachzuweisen, so kann darüber hinaus nach § 81 Abs. 4 GWB ein **Bußgeld** von bis zu 1.000.000 Euro (bei natürlichen Personen) oder 10% des letzten Jahresumsatzes (bei Unternehmen) verhängt werden, wobei diese Höchstgrenze nicht als Kappungsgrenze sondern als Bußgeldobergrenze gilt, mithin den Bußgeldrahmen definiert[107] Das Bundeskartellamt hat Richtlinien für die Festsetzung von Bußgeldern erlassen,[108] die auch eine Bonusregelung vorsehen, sofern eine Mitwirkung bei der Ermittlung erfolgt. Das Bußgeldverfahren kann als Ordnungswidrigkeitsverfahren gegen das Unternehmen (§ 30 OWiG) oder die Aufsichtspflichtigen des Unternehmens (§ 130 OWiG) geführt werden. Die Verjährungsfrist beträgt 5 Jahre (§ 81 Abs. 8 GWB).

9. Das europäische Kartellverbot

60 Der für horizontale Wettbewerbsbeschränkungen relevante **Art. 101 Abs. 1 AEUV** besagt, dass Vereinbarungen zwischen Unternehmen, Beschlüsse von Unternehmensvereinigungen und aufeinander abgestimmte Verhaltensweisen, welche den Handel zwischen den Mitgliedstaaten zu beeinträchtigen geeignet sind und eine Verhinderung, Einschränkung oder Verfälschung des Wettbewerbs innerhalb des Gemeinsamen Marktes bezwecken oder bewirken, mit dem Gemeinsamen Markt nicht vereinbar und **verboten** sind. Das deutsche und das europäische Kartellrecht weisen dieselbe Struktur mit vergleichbaren Begrifflichkeiten auf. Allerdings ist an dieser Stelle nochmals auf den unterschiedlichen Unternehmensbegriff aufmerksam zu machen.[109]

61 Anders als im deutschen Recht ist für die Anwendung des europäischen Kartellverbots jedoch eine wettbewerbsbeschränkende Wirkung im **zwischenstaatlichen Handel** erforderlich. Diese sog. Zwischenstaatlichkeitsklausel ist bereits erfüllt, wenn die betreffende Maßnahme aufgrund der gesamten Umstände geeignet ist, mittelbar oder unmittelbar den Handel zwischen den Mitgliedstaaten in einer Weise zu beeinträchtigen, die für die Verwirklichung der Ziele eines einheitlichen zwischenstaatlichen Marktes nachteilig sein kann, indem sie zur Errichtung von Handelsschranken im Gemeinsamen Markt beiträgt und die vom EG-Vertrag gewollte Durchdringung der Märkte erschwert.[110] Die Klausel wird denkbar weit ausgelegt.[111] Die auf EU-Ebene zuständige

---

[105] BGH v. 24. 9. 2002, NJW 2003, 347 „Tennishallenpacht"; Bechtold, GWB, § 1 Rn. 91.

[106] OLG Frankfurt v. 30. 7. 1996, NJWE-WettbR 1996, 259 – „Der grüne Punkt"; BGH WuW/E 152 (153) – Spediteur-Bedingungen.

[107] BGH, Urt. v. 26.2.2013, NJW 2013, 1972 (1974) „Grauzementkartell".

[108] Bundeskartellamt, Leitlinien für die Bußgeldzumessung in Kartellordnungswidrigkeitenverfahren vom 25.6.2013, abrufbar über die Internetseite des Bundeskartellamts. .

[109] Vgl. oben Rn. 5.

[110] EuGH, EuZW 1993, 377 (379 ff.) „Zellstoff"; EuZW 1998, 404 (406) „Javico"; EuZW 1999, 212 (214 ff.) „Bagnasco".

[111] Bechtold, EG-Kartellrecht, Art. 82 Rn. 102ff.; Zimmer in: Immenga/Mestmäcker, Bd. 1, EU/Teil 1,

Kommission hat Leitlinien zur Anwendbarkeit des Art. 101 AEUV auf Vereinbarungen über horizontale Zusammenarbeit herausgegeben.[112]

62 Wie im deutschen Kartellverbot muss auch auf europäischer Ebene die **Spürbarkeit** der Wettbewerbsbeschränkung als ungeschriebenes Tatbestandsmerkmal vorliegen. Auch hier hat die Kommission in ihrer sog. de-minimis-Bekanntmachung quantitative Grenzen festgelegt.[113]

63 Nach Art. 101 Abs. 3 AEUV kann eine **Freistellung** vom europäischen Kartellverbot erfolgen. Die Kriterien entsprechen denjenigen des § 2 Abs. 1 GWB. Auch hier gilt das Prinzip der Selbstveranlagung. Daneben greifen die ebenfalls bereits angesprochenen Gruppenfreistellungsverordnungen.

64 Verstößt eine Vereinbarung gegen Art. 101 Abs. 1 AEUV EGV, können neben der Kommission bzw. dem EuGH auch die nationale Behörde und nationalen Gerichte die daraus resultierende **Unwirksamkeit** der Vereinbarung feststellen. Die Kommission und die Behörden der Mitgliedstaaten können außerdem nach Art. 7 VO 1/2003 eine Untersagungsverfügung erlassen. Die Kommission kann schließlich nach Art. 23 VO 1/2003 ein Bußgeld[114] verhängen, wobei ebenfalls Bonusregelungen zur Anwendung kommen können. § 81 Abs. 1 GWB sieht ebenfalls ein Bußgeld bei Verletzung der europäischen Vorschriften vor.

65-76 *(bleiben frei)*

10. Missbrauchsaufsicht

77 Die Vorschriften des GWB sanktionieren nicht nur wettbewerbsbeschränkende Vereinbarungen zwischen Unternehmen, sondern auch **missbräuchliches einseitiges Verhalten** eines Unternehmens. Voraussetzung hierfür ist eine marktbeherrschende Stellung des Unternehmens, die außerdem auch für die Zusammenschlusskontrolle von Bedeutung ist.[115] Die Missbrauchsaufsicht findet sich in den folgenden Vorschriften des GWB:

- Missbrauchs-, Behinderungs- und Diskriminierungsverbot, §§ 18, 19, 20 GWB
- Boykottverbot, § 21 GWB

a) Marktbeherrschende Stellung

78 Die Missbrauchstatbestände der §§ 18 ff. GWB, die vor der 8. GWB-Novelle noch in § 19 Abs. 2 und 3 GWB normiert waren, setzen voraus, dass sie unter Ausnutzung einer marktbeherrschenden Stellung begangen werden. Wann eine Marktbeherrschung anzunehmen ist, kann § 18 GWB entnommen werden.

- 79 Nach § 18 Abs. 1 Nr. 1 GWB ist ein Unternehmen marktbeherrschend, wenn es als Anbieter oder Nachfrager einer bestimmten Art von Waren oder Dienstleistungen ohne Wettbewerber ist (Monopol).
- 80 § 18 Abs. 1 Nr. 2 GWB bestimmt ergänzend, dass ein Unternehmen als Quasi-Monopolist auch dann marktbeherrschend ist, wenn es keinem wesentlichen Wettbewerb ausgesetzt ist. Für die Beurteilung, ob wesentlicher Wettbewerb besteht, ist eine Gesamtbetrachtung anzustellen.
- 81 § 18 Abs. 1 Nr. 3 GWB bestimmt, dass auch Unternehmen mit einer **überragenden Marktstellung** marktbeherrschend sind. Für die Überprüfung, ob eine überragende Marktstellung vorliegt, werden in § 18 Abs. 3 GWB beispielhaft die Höhe des Markt-

---

Art. 101 Abs. 1 AEUV Rn. 196; Abs. 1 Rn. 262 ff; vgl. Europ. Komm. Leitlinien zum Merkmal der Beeinträchtigung des zwischenstaatlichen Handels, ABL. 2004 EU Nr. C 101/81.

[112] ABL. 2011 EU Nr. C 11/01.

[113] Bekanntmachung der Kommission über Vereinbarungen von geringer Bedeutung, die den Wettbewerb gemäß Art. 81 Abs. 1 EGV nicht spürbar beschränken (de minimis), ABl. 2001 C 368/13 (die Bekanntmachung wird zurzeit überarbeitet, mit der neuen Bekanntmachung ist 2014 zu rechnen).

[114] Europ. Komm. Leitlinien für das Verfahren zur Festsetzung von Geldbußen gem. Art. 23 Abs. 2 lit. a) der Verordnung (EG) Nr. 1/2003, ABL 2003 Nr. L 1/1.

[115] Vgl. unten Rn. 115 ff.

anteils, die Finanzkraft, der Zugang zu den Beschaffungs- und Absatzmärkten, Verflechtungen mit anderen Unternehmen, der Marktzutritt anderer Unternehmen, der tatsächliche oder potenzielle Wettbewerb durch Unternehmen, die innerhalb oder außerhalb des Geltungsbereichs des GWB ansässig sind, die Fähigkeit, sein Angebot oder seine Nachfrage auf andere Waren oder gewerbliche Leistungen umzustellen, sowie die Möglichkeit der Marktgegenseite, auf andere Unternehmen auszuweichen genannt. Es können jedoch auch weitere Faktoren Berücksichtigung finden.

82 • Möglich ist auch, dass zwei oder mehrere Unternehmen gemeinsam eine marktbeherrschende Stellung haben. Nach § 18 Abs. 5 GWB ist ein solches **Oligopol** anzunehmen, wenn entweder im Innenverhältnis der Unternehmen kein wesentlicher Wettbewerb besteht oder im Außenverhältnis diese Gruppe von Unternehmen keinem oder keinem wesentlichen Wettbewerb ausgesetzt ist oder gegenüber den anderen Wettbewerbern eine überragende Marktstellung innehat.

83 Bei der Prüfung, ob im Einzelfall eine marktbeherrschende Stellung vorliegt, kann auf die in § 18 Abs. 4 GWBenthaltene **Vermutung** zurückgegriffen werden, wonach ein Unternehmen bei einem Marktanteil von mindestens 40 % als markbeherrschend gilt. Die bisherige Marktanteilsschwelle von einem Drittel gem. § 19 Abs. 3 GWB a.F. wurde durch die 8. GWB-Novelle aufgegeben. Für Oligopole gilt die Vermutung des § 18 Abs. 6 GWB, demzufolge gilt eine Gesamtheit von Unternehmen als marktbeherrschend, wenn sie aus drei oder weniger Unternehmen besteht, die zusammen einen Marktanteil von 50 % erreichen, oder aus fünf oder weniger Unternehmen besteht, die zusammen einen Marktanteil von zwei Dritteln erreichen. Für **Kommunen und kommunale Unternehmen** kommt oftmals eine marktbeherrschende Stellung aufgrund ihrer **Nachfragemacht** in Frage. Aufgrund ihrer oftmals ausschließlichen Angebots- oder Nachfragestellung ist bei Kommunen/kommunalen Unternehmen in der Vergangenheit in zahlreichen Fällen Marktbeherrschung angenommen worden.[116]

b) Missbrauchsverbot (§ 19 GWB)

84 Die Missbrauchstatbestände sind nach der 8. GWB-Novelle in § 19 GWB geregelt, vorher waren sie in § 19 Abs. 4 GWB a.F. enthalten. Erhalten bleibt das generelle Verbot des Missbrauchs einer markbeherrschenden Stellung in § 19 Abs. 1 GWB. Eine Änderung des materiellen Gehalts der Vorschriften durch die 8. GWB-Novelle erfolgte nicht, so dass die bisherige Rechtsprechungspraxis anwendbar bleibt.[117]

85 **aa) Missbrauchstatbestände.** Die Generalklausel des § 19 Abs. 1 GWB erfasst den Fall, dass ein Normadressat allein oder mit anderen marktbeherrschend ist. Für die Marktabgrenzung und Marktbeherrschung ist § 18 GWB heranzuziehen. § 19 Abs. 2 GWB enthält eine **beispielhafte Aufzählung** von Missbrauchsfällen, die allerdings nicht abschließend ist, wobei Missbräuche sowohl von Anbietern als auch Nachfragern erfasst werden

86 **(1) Behinderungsmissbrauch und Diskriminierungsverbot**. § 19 Abs. 2 Nr. 1 GWB umfasst zwei verschiedene Missbrauchsformen, § 19 Abs. 2 Nr. 1 GWB verbietet den sog. Behinderungsmissbrauch und die sachlich nicht gerechtfertigte andersartige Behandlung (Diskriminierung). Die Regelung des § 19 Abs. 4 Nr. 1 GWB a.F. und § 20 Abs. 1 GWB a.F. ist mit der 8. GWB- Novelle in § 19 Abs. 2 Nr. 1 GWB zusammengeführt worden. Eine missbräuchliche Behinderung wird angenommen, wenn ein marktbeherrschendes Unternehmen als Anbieter oder Nachfrager einer bestimmten Art von Waren oder Leistungen die Wettbewerbsmöglichkeiten anderer Unternehmen in einer für den

[116] BGH, NJW 1998, 3778 ff. „Schilderpräger im Landratsamt"; KG v. 6. 11. 1996, WuW/E OLG 5787, 5792 ff. „Kfz-Zulassungsstelle"; OLG Karlsruhe v. 27. 1. 1988, WuW/E OLG 4260, 4262 „Blumenverkauf"; OLG München, GRUR 1996, 993 ff. „Gastgeberverzeichnis".

[117] Vgl. dazu die Gesetzesbegründung, BT- Drucksache 17/9852.

Wettbewerb auf dem Markt erheblichen Weise unbillig bzw. ohne sachlich gerechtfertigten Grund beeinträchtigt.[118]

Hervorzuheben ist hier die Fallgruppe **Missbrauch der Nachfragemacht**. In bestimmten Bereichen wurden seitens des Bundeskartellamtes in der Vergangenheit immer wieder Verfahren wegen des vermuteten Missbrauchs der Nachfragemacht durchgeführt. 2011 erfolgte eine Sektoruntersuchung des Bundeskartellamtes hinsichtlich der „Nachfragemacht des Handels", welche insbesondere den Lebensmittelhandel betraf.[119] Das Problem des Missbrauchs der Nachfragemacht ist u.a. auch ein solches der öffentlichen Hand, die auf vielen Märkten alleiniger Nachfrager von Waren und Dienstleistungen ist.[120] Der öffentlichen Hand als Auftraggeber kann die Verpflichtung obliegen, eine Ausschreibung nach den Grundsätzen des öffentlichen Vergaberechts durchzuführen. Auch wenn im Einzelfall das Vergaberecht nicht anwendbar ist, muss die Auftragsvergabe durch einen Marktbeherrscher an sachlichen und transparenten Kriterien gemessen werden.[121] In der Vergangenheit wurde als Verstoß zum Beispiel die Anwendung die Anbieter einseitig belastender Geschäftsbedingungen- und Vergabebedingungen, u.a. die Berücksichtigung vergabefremder Kriterien – etwa eine Bevorzugung von Betrieben, die Lehrlinge ausbilden –, als Missbrauch der Nachfragemacht gewertet. 87

Das **Diskriminierungsverbot** erfasst die sachlich ungerechtfertigte andersartige Behandlung von gleichartigen Unternehmen. § 19 Abs. 2 Nr. 1 GWB erfasst dabei lediglich Diskriminierungen von Unternehmen, jedoch nicht zusätzlich das Verhältnis zu privaten Endverbrauchern, die aber unter die Generalklausel fallen können.[122] Das Diskriminierungsverbot erlangt Bedeutung im Rahmen von Lieferpflichten bzw. Lieferverweigerungen, wobei ein Unternehmen von einem marktbeherrschenden Unternehmen verlangen kann, beliefert zu werden, wenn von ihm gleichartige Unternehmen ebenfalls beliefert werden,[123] es sei denn, die Lieferverweigerung ist sachlich gerechtfertigt. 87a

(2) Ausbeutungsmissbrauch. Nach § 19 Abs. 2 Nr. 2 GWB ist es missbräuchlich, wenn ein marktbeherrschendes Unternehmen Entgelte oder sonstige Geschäftsbedingungen[124] fordert, die von denjenigen erheblich abweichen, die sich bei wirksamen Wettbewerb mit hoher Wahrscheinlichkeit ergeben würden.[125] Dazu gehört der Fall, wenn nachträglich eine Skontoeinräumung oder sonstige Sonderrabatte und -boni oder die Gewährung unentgeltlicher Dienstleistungen verlangt wird. 88

Bei der Preiskontrolle wird vom Bundeskartellamt in der Praxis neben dem in § 19 Abs. 2 GWB vorgesehenen Vergleichsmarktkonzept eine konkrete Kostenkontrolle[126] durchgeführt.[127] Das bedeutet, dass zur Ermittlung des Wettbewerbspreises auf die Verhaltensweisen von Unternehmen auf vergleichbaren Märkten mit wirksamem Wettbewerb abgestellt wird. Aufgrund des fehlenden Wettbewerbs auf dem relevanten Markt bereitet es nämlich in der Regel Schwierigkeiten, auf einen Vergleichsmarkt abzustellen. Herangezogen wird stattdessen meist ein inländischer Teilmarkt oder ein vergleichbarer 89

---

118 Vgl. zu den langfristigen Gaslieferungsverträgen: OLG Düsseldorf v. 7. 11. 2001, WuW/E DE-R 854; Bechtold, GWB § 19 Rn. 9ff.

119 BKartA, Tätigkeitsbericht 2011/2012, Bundestagsdrucksache 17/13675, S. 11ff.

120 BKartA, Tätigkeitsberichte 1991/92, 34; 1989/90, 27ff.; 1985/86, 22f. BGH NZA 2000, 327 (329), NJW-RR 2005, 1562 (1564f.).

121 OLG Düsseldorf WuW/E 2274 (2280), vgl. Bechtold, GWB, § 19 Rn. 52.

122 Bechtold, GWB, § 19 Rn. 35.

123 Bechtold, GWB, § 19, Rn. 45.

124 Vgl. BGH WuW/E 1445 (1454) „Valium"; KG Wuw/E 2617 (2618f.).

125 Vgl. zu der Angemessenheit von Netznutzungsentgelten im Bereich der leitungsgebundenen Energie: BKartA, Tätigkeitsbericht 2001/02, S. 29.

126 Dazu: Engelsing, ZNER 2003, 111ff.

127 BKartA v. 17. 2. 2003, B 11 – 40100 – T – 20/02 „RWE Net"; BKartA v. 17. 4. 2003, B 11 – 40100 – T – 38/01 „Stadtwerke Mainz"; BKartA v. 14. 2. 2003, WuW/E DE-V 722 „TEAG"; BKartA v. 15. 1. 2002, Az. B 11-41/01 und v. 16. 1. 2002, Az. B 11-15/01; dazu auch: OLG Düsseldorf v. 30. 4. 2003, WuW/E DE-R 1094 „TEAG" und v. 22. 4. 2002, WuW/E DE-R 914.

Markt im Ausland etc. Kartellbehördliche Preiskontrollen werden derzeit insbesondere in der Energiewirtschaft durchgeführt.[128]

90 **(3) Preis- und Konditionenspaltung**. Missbräuchlich ist es nach § 19 Abs. 2 Nr. 3 GWB außerdem, wenn ein marktbeherrschendes Unternehmen unterschiedliche Preise oder Konditionen gegenüber gleichartigen Abnehmern auf vergleichbaren Märkten verlangt, welche in sich widersprüchlich, willkürlich oder nicht sachlich gerechtfertigt sind.[129] Eine Preisspaltung ist beispielsweise anzunehmen, wenn dasselbe Produkt innerstädtisch zu einem anderen Preis als außerhalb der Stadt angeboten wird und dies nicht durch einen sachlichen Grund – wie z. B. unterschiedliche Wettbewerbsverhältnisse – begründet werden kann oder auch bei Rabattstaffeln. Eine sachliche Rechtfertigung kann zum Beispiel die Vermeidung von Verlusten auf dem beherrschten Markt sein, was von dem Unternehmen konkret nachgewiesen werden muss. Andernfalls wird nach § 19 Abs. 2 Nr. 3 GWB angenommen, dass es sich um eine missbräuchliche Verhaltensweise unter Ausnutzung der marktbeherrschenden Stellung handelt.

91 **(4) Verweigerung des Zugangs zu wesentlichen Einrichtungen**. Dieser Missbrauchstatbestand (§ 19 Abs. 2 Nr. 4 GWB) richtet sich an die Inhaber von Netzen und anderer Infrastruktureinrichtungen. Der angesprochene Adressatenkreis wird verpflichtet, anderen Unternehmen gegen ein angemessenes Entgelt Zugang zu ihren Netzen oder anderen Infrastruktureinrichtungen zu verschaffen. Eine Zugangsverweigerung stellt den Missbrauch einer marktbeherrschenden Stellung dar, wenn es dem anderen Unternehmen dadurch unmöglich ist, auf dem vor- oder nachgelagerten Markt als Wettbewerber des marktbeherrschenden Unternehmens tätig zu werden. Ein verweigerter Zugang kann allenfalls dadurch gerechtfertigt werden, dass die Mitnutzung aus betriebsbedingten oder anderen Gründen nicht möglich oder zumutbar ist. Zu den Netzen zählen die Strom- und Gasversorgungsnetze, während zu sonstigen Infrastruktureinrichtungen beispielsweise Friedhöfe,[130] Hafeneinrichtungen,[131] aber auch Bahnhöfe u. Ä. zu rechnen sind. Der Inhaber eines lokalen Stromversorgungsnetzes hat aufgrund § 19 Abs. 2 Nr. 4 GWB die Verpflichtung, anderen Energielieferanten die Durchleitung von Strom durch sein Netz gegen Zahlung eines angemessenen Netznutzungsentgelts zu ermöglichen, damit dieser auf dem nachgelagerten Markt, Stromhandel/-lieferung, tätig werden kann.

91a **(5) Missbrauch durch Aufforderung oder Veranlassung zur Gewährung von Vorteilen**. Nach dem durch die 8. GWB-Novelle eingefügten § 19 Abs. 2 Nr. 5 GWB handelt missbräuchlich, wer seine Marktstellung dazu ausnutzt, andere Unternehmen dazu aufzufordern oder zu veranlassen, ihm ohne sachlich rechtfertigenden Grund Vorteile zu gewähren. § 19 Abs. 2 Nr. 5 GWB erfasst auch die Ausnutzung einer Marktstellung auf Nachfragemärkten. Der Tatbestand verlangt, dass der begünstigte Nachfrager auf den Lieferanten dahingehend einwirkt, dass dieser anderen Nachfragern einen entsprechenden Vorteil vorenthält.[132]

91b Durch die 8. GWB-Novelle wurde der § 19 GWB um einen Abs. 3 erweitert. Dieser dehnt den Anwendungsbereich des Diskriminierungs- und Behinderungsverbots und Missbrauchstatbestands der Verweigerung des Zugangs zu wesentlichen Einrichtungen aus auf Vereinigungen von miteinander im Wettbewerb stehenden Unternehmen, also für horizontale Kartelle, die nach §§ 2, 3 und 28 Abs. 1 GWB freigestellt werden. Verbände

---

[128] BGH v. 26. 9. 1995, WuW/E BGH 3009 „Stadtgaspreis Potsdam"; BKartA, Tätigkeitsberichte 1997/98, 21; 1999/2000, 36 ff., 130 ff.; vgl. BKartA, Monopolkommission, Sondergutachten: Preiskontrollen in Energiewirtschaft und Handel, 2007.

[129] Vgl. zur Preisspaltung BGH WuW/E DE-R 375 376f.- Flugpreisspaltung.

[130] Vgl. dazu bereits: LKartA Bayern, WuW 1979, 658 ff.

[131] BKartA v. 21. 12. 1999, WuW/E DE-V 253, 255 „Puttgarden"; vgl. auch: BGH v. 15. 11. 1994, WuW/E BGH 2953 „Gasdurchleitung"; OLG Düsseldorf v. 25. 4. 2000, WuW/E DE-R 472; BKartA v. 30. 8. 1999, WuW/E DE-V 149 „Berliner Stromdurchleitung".

[132] KG WuW/E DE-R 367 (368), Bechtold, GWB, § 19 Rn. 87.

der Verleger und Presse-Grossisten, die nach § 30 Abs. 2a GWB an den dort geregelten Branchenvereinbarungen beteiligt sind und die Unternehmen der Wasserwirtschaft, die die Freistellung nach § 31 Abs. 1 Nr. 1, 2 und 4 GWB in Anspruch nehmen, werden in den Anwendungsbereich des § 19 Abs. 3 GWB einbezogen. § 19 Abs.3 S. 2 GWB bezieht Preisbinder in den Geltungsbereich des § 19 Abs. 2 Nr. 1. § 19 Abs. 3 S. 2 GWB erlangt Bedeutung bei vertikalen Preisbindungen von Zeitungen und Zeitschriften (§ 30 GWB), bei landwirtschaftlichen Erzeugnissen (§ 28 Abs. 2 GWB) und bei Höchstpreisbindungen von Wasserversorgungsunternehmen (§ 31 Abs. 1 Nr. 3 GWB).

bb) Rechtsfolgen. Soweit Vereinbarungen gegen das Missbrauchsverbot des § 19 GWB verstoßen, sind sie zivilrechtlich gemäß § 134 BGB nichtig.[133] Durch den Verstoß gegen das Missbrauchsverbot Geschädigte haben einen Anspruch auf Beseitigung, Unterlassung und Schadensersatz nach § 33 GWB. 92

Das Bundeskartellamt kann ein missbräuchliches Verhalten nach § 32 GWB untersagen. Wer gegen das Verbot des § 19 GWB verstößt, macht sich außerdem gemäß § 81 Abs. 2 Nr. 1 GWB bußgeldpflichtig. 93

c) Ausdehnung auf Unternehmen mit „relativer Marktmacht"

§ 19 Abs. 1 und Abs. 2 Nr. 1 GWB in Verbindung mit § 20 Abs. 1 GWB erfasst auch diskriminierende und behindernde Verhaltensweisen solcher Unternehmen, die zwar noch nicht die Schwelle zur Marktbeherrschung erreicht haben, allerdings über „relative Marktmacht" verfügen. 94

aa) Adressatenkreis. Gemäß § 19 Abs. 1, Abs. 2 Nr. 1 in Verbindung mit § 20 Abs. 1 GWB richtet sich das Verbot missbräuchlichen Verhaltens, insbesondere durch Diskriminierung oder unbillige Behinderung, auch an Unternehmen mit „relativer Marktmacht". Zur Begründung wird darauf verwiesen, dass Störungen des freien Wettbewerbs nicht allein von marktbeherrschenden Unternehmen drohen, sondern die Stellung eines Unternehmens auch unterhalb der Schwelle einer Marktbeherrschung so stark sein kann, dass von ihm Störungen des Marktgeschehens ausgehen. 95

Marktstarke Unternehmen. § 20 Abs. 1 GWB erfasst dabei Unternehmen und Vereinigungen von Unternehmen, von denen kleine oder mittlere Unternehmen als Anbieter oder Nachfrager von Waren oder gewerblichen Leistungen **abhängig** sind. Nach der gesetzlichen Definition ist dann von einer „relativen Marktmacht" auszugehen.[134] Für die Feststellung der Abhängigkeit muss geprüft werden, ob für das betroffene (also abhängige) Unternehmen eine ausreichende und zumutbare Möglichkeit besteht, auf andere Unternehmen auszuweichen.[135] Man unterscheidet dabei typischerweise die sortimentsbedingte-, mangel-, unternehmens- und nachfragebedingte Abhängigkeit. Es gilt zudem die Vermutung des § 20 Abs. 1 S. 2 GWB. 96

(bleibt frei) 97-98

bb) unbillige Behinderung/Diskriminierung. Für Unternehmen, die unter den Tatbestand des § 20 Abs. 1 GWB fallen, gilt das Behinderungs- und Diskriminierungsverbot des § 19 Abs. 2 Nr. 1 GWB in gleichem Umfang wie für marktbeherrschende Unternehmen. § 20 GWB verbietet den vorgenannten Adressaten, andere Unternehmen in einem Geschäftsverkehr, der gleichartigen Unternehmen üblicherweise zugänglich ist, unmittelbar oder mittelbar unbillig zu behindern oder sie im Vergleich zu gleichartigen Unternehmen unterschiedlich zu behandeln. 99

(bleibt frei) 100-101

Eine Diskriminierung bzw. Behinderung wurde beispielsweise bei der Vergabe von Aufträgen durch die öffentliche Hand unter Voraussetzung der Einhaltung geltender 102

---

[133] OLG Düsseldorf NJW 2009 1087 (1088).
[134] Markert, in: Immenga/Mestmäcker, § 20 Rn. 39.
[135] BGH v. 13. 11. 1990, WuW/E BGH 2683 „Zuckerrübenanlieferungsrecht".

Lohntarife angenommen (sog. Tariftreueeklärung). In diesem Fall werden tarifungebundene Unternehmen diskriminiert und behindert.[136] Ebenso hat die Vermietung von Räumlichkeiten in einer Kfz-Zulassungsstelle an gewerbliche Schilderpräger diskriminierungsfrei zu erfolgen.[137] Umgekehrt kann eine Nichtbelieferung gerechtfertigt sein, wenn dies aus Gründen, die in der Person oder dem Verhalten des betroffenen Unternehmens liegen, begründet ist.[138]

103 Aus einer Nachfragemacht durch die Vergabe öffentlicher Aufträge[139] kann für die öffentliche Hand die grundsätzliche Pflicht zur Ausschreibung der von ihr benötigten Waren und Leistungen resultieren. Auf diese Weise soll eine diskriminierungsfreie Vergabe sichergestellt werden. Die freihändige Vergabe von Aufträgen sowie eine nur beschränkte Ausschreibung wird dabei im Einzelfall als Verstoß gegen das Diskriminierungsverbot gewertet.[140]

103a Nach § 20 Abs. 2 GWB gilt der Tatbestand des Missbrauchs durch Aufforderung oder Veranlassung zur Gewährung von Vorteilen nach § 19 Abs. 2 Nr. 5 GWB auch für marktstarke Unternehmen. Die Marktstärke ergibt sich aus der Abhängigkeit der Unternehmen der Marktgegenseite, wobei keine Begrenzung auf kleine und mittlere Unternehmen vorgenommen wird.[141]

103b Die Absätze 3 und 4 des § 20 GWB sind in der verabschiedeten Fassung durch die 8. GWB-Novelle befristet bis 31.12.2017. § 20 Abs. 3 und Abs. 4 enthalten noch zwei weitere Tatbestände des Diskriminierung- und Behinderungsverbots. § 20 Abs. 3 verbietet Unternehmen mit gegenüber kleinen und mittleren Wettbewerbern überlegener Marktmacht ihre Marktmacht dahingehend auszunutzen, solche Wettbewerber unmittelbar oder mittelbar ohne sachliche Rechtfertigung zu behindern. § 20 Abs. 3 GWB benennt als Beispiel das **Angebot unter Einstandspreis** (§ 20 Abs. 3 S. 2 Nr. 2 GWB) Der systematische Verkauf unter Einstandspreis durch Großbetriebe des Handels soll unterbunden werden.[142] § 20 Abs. 3 S. 2 Nr. 1, S. 3 und S. 4 GWB verbieten das **Angebot von Lebensmitteln unter Einstandspreis.** § 20 Abs. 3 S. 3 nimmt eine sachliche Rechtfertigung bei drohendem Verderb oder sonstiger Unverkäuflichkeit der Lebensmittel an, S. 4 wirkt tatbestandsauschließend für den Fall, das Lebensmittel an gemeinnützige Einrichtungen zur Verwendung im Rahmen ihrere Aufgaben aufgegeben werden. § 20 Abs.3 S. 2 Nr. 3 GWB erfasst den Fall der **Preis-Kosten-Schere**, bei der ein Unternehmen von kleinen und mittleren Unternehmen, mit denen er auf dem nachgelagerten Markt beim Vertrieb von Waren oder gewerblichen Leistungen im Wettbewerb steht, für deren Belieferung einen höheren Preis fordert, als es selbst auf diesem Markt anbietet.

103c § 20 Abs. 5 GWB ist durch die 8. GWB- Novelle ebenfalls befristet bis zum 31.12. 2017. § 20 Abs. 5 GWB enthält ein unmittelbar geltendes Verbot der Ablehnung der Aufnahme in Wirtschafts-, Berufsvereinigungen und Gütezeichengemeinschaften. Ein Aufnahmezwang wird angenommen, wenn die Ablehnung der Annahme eine sachlich nicht gerechtfertigte ungleiche Behandlung darstellt.

d) Ausnahme: Öffentlich-rechtliche Gebühren und Beiträge

104 **Öffentlich rechtliche Gebühren und Beiträge.** Im Rahmen der 8. GWB- Novelle wurden durch § 130 Abs. 1 S. 2 GWB die öffentlich rechtlichen Gebühren und Beiträge

---

[136] BGH, WuW/E Verg 297 „Tariftreueerklärung".

[137] BGH, WuW/E v. 14. 7. 1998 DE-R 201, 204f. „Schilderpräger im Landratsamt"; OLG Rostock, WRP 1996, 463; OLG Karlsruhe v. 13. 12. 1995, WuW/E OLG 5615 ff. „Schilderprägebetriebe".

[138] BGH v. 25. 10. 1988, WuW/E BGH 2535 „Lüsterbehangsteine".

[139] Vgl. dazu oben umfassend Kap. H. Rn. 2 ff. [Querverweis – bitte prüfen]

[140] Grundsätzlich dazu: BGH, NJW 1988, 772 „Krankentransporte"; OLG Frankfurt v. 26. 7. 1988, WuW/E OLG 4354, 4355 „Betankungsvorteile"; OLG Celle v. 3. 7. 1987, WuW/E OLG 4130, 4132 „Rettungsdienst Emden"; OLG Düsseldorf v. 12. 2. 1980, WuW/E OLG 2274, 2277 „Errichtung von Fernmeldetürmen"; LG Hannover, EuZW 1997, 638, 639; BKartA, Tätigkeitsbericht 1995/96, S. 28 f.

[141] Bechtold, GWB, § 20 Rn. 24.

[142] Vgl. BGH NJW 1995 2293 (2295).

aus dem Anwendungsbereich der §§ 19, 20 und 31b Abs. 5 GWB herausgenommen. Auf eine solche Regelung hatten insbesondere die kommunalen Spitzenverbände hingewirkt, nachdem das Bundeskartellamt und auch einige Gerichte die Auffassung vertreten haben, auch Gebühren unterfielen der kartellrechtlichen Missbrauchskontrolle, jedenfalls soweit die erbrachte Leistung eine „unternehmerische" ist, die auch von Privaten erbracht werden könnte. Der Bundesgerichtshof hat diesbezüglich geurteilt, dass auch öffentlich-rechtliche Wasserversorger „Unternehmen" im kartellrechtlichen Sinne sind und daher der Kartellbehörde gegenüber Auskünfte erteilen müssen.[143] Ob die seitens eines solchen Unternehmens erhobenen Gebühren der Missbrauchsaufsicht unterfallen, blieb allerdings höchstrichterlich offen.[144]

Nach der 8. GWB-Novelle gilt nun:

Für den Fall, dass juristische Personen des öffentlichen Rechts verwaltungsrechtlich, insbesondere kommunalrechtlich, die **Wahlfreiheit** haben, ihr Entgelt für gewährte Leistungen privatrechtlich als Preis bzw. öffentlich-rechtlich als Gebühr oder Beitrag geltend zu machen, steht es ihnen frei, **zur Vermeidung der kartellrechtlichen Missbrauchsaufsicht** Gebühren und/oder Beiträge zu erheben.[145] Die erhobenen Gebühren/Beiträge werden nur an den besonderen Anforderungen des öffentlichen Abgaberechts gemessen und unterliegen der Kommunalaufsicht. Die öffentlich-rechtliche Kostenkontrolle knüpft an das Kostendeckungsgebot und an das Äquivalenzprinzip an. Das öffentliche Abgaberecht mangelt aber an einer Lösung des Problems der ineffizient überhöhten Kosten,[146] da nach nationaler Rechtsprechung lediglich sachlich schlechthin unvertretbare Aufwendungen bei der Gebührenkalkulation nicht ansatzfähig sind.[147] Eine Effizienzkontrolle ist daher im Rahmen der kommunalen Gebührenaufsicht nicht möglich. Dabei unter Umständen auftretende Schutzlücken für den Verbraucher, dem es letztlich egal sein dürfte, ob er aufgrund fehlender Effizienz überhöhte „Gebühren" oder „Preise" bezahlen muss, hat der Gesetzgeber damit in Kauf genommen.

(a) **Gebühren** sind Geldleistungen, die als Gegenleistung für eine besondere Inanspruchnahme der Verwaltung von denjenigen erhoben werden, auf deren Veranlassung oder in deren Interesse die Inanspruchnahme erfolgt.[148]

(b) **Beiträge** sind Geldleistungen, die zur vollen oder teilweisen Deckung des Aufwandes einer öffentlichen Einrichtung oder Anlage von denjenigen erhoben werden, denen die Herstellung, Anschaffung oder der Bestand der Einrichtung oder Anlage besondere Vorteile gewährt.[149]

(c) Der Unterschied zwischen Gebühren und Beiträgen liegt darin, dass bei letzterem kein unmittelbarer Zusammenhang zwischen Leistung und Gegenleistung erforderlich ist.

§ 130 Abs. 1 S. 2 GWB bestätigt den Gedanken, dass die Verwaltung, wenn sie in öffentlich-rechtlicher Rechtsform und somit nicht wettbewerblich relevant handelt, nicht dem Kartellrecht unterliegt. § 130 Abs. 1 S. 2 GWB erfasst dabei insbesondere die sog. Benutzungsgebühr, so dass der Tatbestand Bedeutung erlangt in den Bereichen der **Abfall- und Abwasserbeseitigung**, für **Marktstände**, **Musikschulunterricht**, für den **öffentlichen Personennahverkehr**, für die **Nutzung kommunaler Schwimmbäder** und die **Trinkwasserversorgung**.[150] Gerade an dem Beispiel der Trinkwasserversorgung

143 BGH, Beschluss v. 18.11.2011, KVR 9/11 „Niederbarnimer Wasserverband".

144 Dagegen aus der Instanzgerichtsbarkeit etwa OLG Frankfurt, Beschluss v. 20.09.2011, Az. 11 W 24/11 Kart. „Stadtwerke Wetzlar".

145 Vgl. zur Wahlfreiheit die gemeinsame Erklärung der kommunalen Spitzenverbände und des Verbands Kommunaler Unternehmen vom 06.06.2013 „Vermittlungsausschuss bestätigt kommunales Gebührenmodell, http://www.staedtetag.de/presse/mitteilungen/066089/index.html.

146 Weck/Schmidt NZKart 2013 343 (347).

147 BVerfG, Urt. v. 19.3.2003, Az. 2 BvL 9/98, BeckRS 2003 30312220.

148 Bechtold, GWB, § 130 Rn. 12.

149 Bechtold, GWB, § 130 Rn. 12.

150 Weck/Schmidt, NZKart 2013 343 (344).

zeigt sich eine Tendenz der Kommunen, eine **„Flucht ins Gebührenrecht"** vorzunehmen. Seit einigen Jahren zeichnet sich insoweit eine Neigung zur sog. „Rekommunalisierung" der Wasserversorger ab.[151] § 31b Abs. 3 GWB erlaubt als Sonderregel hinsichtlich der Kontrolle von Trinkwasserentgelten, gegen bestimmte Verhaltensweisen vorzugehen. Dabei wird zumindest in der Literatur vertreten, dass die „Sperre" des § 130 Abs. 1 S. 2 GWB hinsichtlich der Gebührenkontrolle nicht auch einer Kontrolle nach § 31 b. Abs. 3 GWB entgegensteht, da § 130 Abs. 1 S. 2 GWB sich dem Wortlaut nach lediglich auf § 31 b Abs. 5 GWB beziehe. Folglich sei lediglich die „entsprechende", nicht aber die „originäre" Anwendung des § 31 b Abs. 3 GWB ausgeschlossen. Es handele sich bei § 31b Abs. 3 und Abs. 5 GWB um unterschiedliche Missbrauchsvorschriften, welche einerseits auf die Marktmacht und andererseits auf Kartellvereinbarungen abstellten.[152] Ob die Rechtsprechung dieser Ansicht angesichts des gesetzgeberischen Willens, öffentlich-rechtliche Gebühren aus dem Anwendungsbereich der Missbrauchskontrolle herauszunehmen, folgen wird, bleibt freilich abzuwarten.

104a Eine Anwendung des EU-Kartellrechts scheidet nicht automatisch aus, falls die Erhebung von Gebühren und Beiträgen als privatrechtlich qualifiziert wird, sie erlangt jedoch erst dann Bedeutung, wenn der Sachverhalt eine gemeinschaftliche Beeinträchtigung, folglich einen Bezug zum zwischenstaatlichen Handel, beinhaltet.[153]

e) Rechtsfolgen

105 Zivilrechtlich haben geschädigte Dritte einen Anspruch auf Unterlassung, Beseitigung und Schadensersatz nach § 33 GWB. Im Falle einer unzulässigen Lieferverweigerung oder des verweigerten Zugangs zu einer wesentlichen Einrichtung hat das begehrende Unternehmen einen Anspruch auf Abschluss eines Vertrages zu angemessenen Konditionen, sog. Kontrahierungszwang.[154]

106 Das Bundeskartellamt kann das beanstandete Verhalten untersagen, § 32 GWB. Nur im Falle eines vorsätzlichen Verstoßes gegen § 20 GWB kann die Kartellbehörde ein Bußgeld nach § 81 Abs. 4 GWB verhängen.

f) Boykottverbot

107 Schließlich enthält § 21 Abs. 1 GWB noch das sog. Boykottverbot, das die an Unternehmen und Unternehmensvereinigungen gerichtete Aufforderung zu Liefer- und Bezugssperren in der Absicht unbilliger Behinderung bestimmter Unternehmen verbietet. Ein Wettbewerbsverhältnis ist nicht erforderlich. Ein bloßes Auffordern ist bereits ausreichend. Die Durchführung der Liefer- bzw. Bezugssperre ist nicht notwendig. Eine Liefer- und Bezugssperre kann sich nicht nur auf Waren, sondern auch auf Dienstleistungen beziehen.[155] So kann auch in der Verweigerung einer Vermietung von Ausstellungseinrichtungen ein Verstoß gegen das Boykottverbot erkannt werden. Verboten ist auch das Veranlassen zu einem unerlaubten Verhalten (Einsatz von Druck- und Lockmitteln) nach § 21 Abs. 2 GWB. § 21 Abs. 2 GWB wurde durch die 8. GWB-Novelle hinsichtlich der Unzulässigkeitsgründe durch die Nr. 1–3 neu gegliedert. Das Verhalten muss kartellrechtlich entweder nach dem GWB, nach Art. 101 oder Art. 102 AEUV unzulässig sein. Nr. 3 erfasst noch den Fall von Abstellungsverfügungen auf Grundlage des § 32 GWB oder Art. 7 VO 1/2003 des Bundeskartellamtes oder der Europäischen Kommission. § 21 Abs. 3 GWB regelt den Tatbestand der Zwangsausübung, wenn dadurch ein Verhalten erreicht werden soll, was zwar wettbewerbsbeschränkend, aber legal ist. Eine solche Einflussnahme auf die Willensbildung wird jedoch in den meisten Fällen schwer nachweisbar sein, da sie konkludent bzw. stillschweigend erfolgt. § 21 Abs. 3 GWB erfasst nach Nr. 1

---

151 Weck/Schmidt, NZKart 2013 343 (345).
152 Weck/Schmidt, NZKart 2013, 343 (346).
153 Bechtold, GWB, § 130 Rn. 13, siehe auch Weck/Schmidt, NZKart 2013, 343 (348).
154 BGH v. 6. 10. 1992, WuW/E BGH 2805 „Stromeinspeisung".
155 BGH WuW/E 3006 (3308) „Handelsvertretersperre".

die Ausübung von Druck, einem Kartell i.S.v. § 1 GWB beizutreten, wenn dieses nach §§ 2, 3 oder 28 Abs. 1 GWB freigestellt ist. Nr. 2 verbietet, auf Unternehmen Zwang auszuüben, damit sie sich mit anderen Unternehmen i.S.v. § 37 GWB zusammenschließen. Nr. 3 verbietet zum Beispiel Maßnahmen gegen Wettbewerber, um gleichförmiges Preisverhalten zu erreichen.[156] Letztlich enthält § 21 Abs. 4 GWB noch das Verbot, einem anderen einen wirtschaftlichen Nachteil zuzufügen, weil dieser ein Einschreiten der Behörde beantragt oder angeregt hat. Die Vorschrift des § 21 GWB enthält unmittelbar wirkende Verbote, so dass bei einem Verstoß ein Bußgeldverfahren nach § 81 Abs. 2 Nr. 1 GWB in Betracht kommt.

g) Europäisches Recht

Auf europäischer Ebene ist das **Missbrauchsverbot in Art. 102 AEUV** enthalten. Die Vorschrift verbietet die missbräuchliche Ausnutzung einer beherrschenden Stellung auf dem Gemeinsamen Markt oder auf einem wesentlichen Teil desselben durch ein oder mehrere Unternehmen, soweit dies dazu führen kann, den Handel zwischen den Mitgliedstaaten zu beeinträchtigen. 108

Anders als im deutschen Recht[157] ist auf europäischer Ebene der Begriff der **Marktbeherrschung** gesetzlich nicht ausdrücklich definiert. Die Rechtsprechung nimmt eine marktbeherrschende Stellung an, wenn ein Unternehmen eine wirtschaftliche Machtstellung besitzt, die dieses in die Lage versetzt, die Aufrechterhaltung eines wirksamen Wettbewerbs auf dem relevanten Markt zu verhindern, indem sie ihm die Möglichkeit verschafft, sich seinen Wettbewerbern, seinen Abnehmern und letztlich den Verbrauchern gegenüber in einem nennenswerten Umfang unabhängig zu verhalten.[158] Faktoren bei der Ermittlung evtl. Marktbeherrschung sind die Marktstellung der beteiligten Unternehmen und ihre Finanzkraft, ihr Zugang zu den Absatz- und Beschaffungsmärkten etc. 109

Art. 102 AEUV verbietet die **missbräuchliche Ausnutzung** einer marktbeherrschenden Stellung. Ein missbräuchliches Verhalten ist anzunehmen, wenn die Verhaltensweise eines Unternehmens die Strukturen eines Marktes beeinflussen kann, auf dem der Wettbewerb gerade wegen der Anwesenheit des marktbeherrschenden Unternehmens bereits geschwächt ist, und die die Aufrechterhaltung des auf dem Markt noch bestehenden Wettbewerbs oder dessen Entwicklung durch die Verwendung von Mitteln behindern, welche von den Mitteln normalen Produkt- oder Dienstleistungswettbewerbs abweichen.[159] Beispielhaft werden in der Vorschrift vier Fälle des Missbrauchs genannt: 110

- Die Erzwingung von unangemessenen Einkaufs- und Verkaufspreisen oder sonstigen Geschäftsbedingungen; 111
- Einschränkung der Erzeugung, des Absatzes oder der technischen Entwicklung zum Schaden der Verbraucher;
- Anwendung unterschiedlicher Bedingungen bei gleichwertigen Leistungen gegenüber Handelspartnern, wodurch diese im Wettbewerb benachteiligt werden;
- Kopplungsgeschäfte.

Ebenfalls als missbräuchliche Verhaltensweise wird die Verweigerung des Zugangs zu wesentlichen Einrichtungen, die sich in der Hand eines Monopolisten befinden, gewertet.[160] Bejaht wird in diesem Fall ein Missbrauch, wenn es dem Zugangbegehrenden durch den verweigerten Zugang unmöglich gemacht wird, sich auf einem vor- oder nachgelagerten Markt zu betätigen. 112

---

[156] Vgl. Bechtold, GWB, § 21 Rn. 19.
[157] Vgl. oben Rn. 77 und 95.
[158] EuGH, Slg. 1979, S. 461, 519 ff. „Hoffmann-la-Roche", EuZW 2012, 741 (741 ff.); Bechtold, EG-Kartellrecht, Art. 82 Rn. 18.
[159] EuGH, Slg. 1991, S. 3359, 3455 „Akzo"; EuGH, Slg. 1980, S. 3775, 3794 „L'Oreal"; Calliess/Ruffert, EUV/AEUV, Art. 102 AEUV Rn. 28.
[160] Vgl. dazu Markert, WuW 1995, 560 ff.

113 Auch hinsichtlich des Missbrauchsverbots muss die **Zwischenstaatlichkeitsklausel;**[161] erfüllt sein.

114 Als zivilrechtliche Rechtsfolge ist die **Unwirksamkeit** evtl. Vereinbarungen festzuhalten (§ 134 BGB). Die Kommission kann bei einem Verstoß gegen Art. 102 AEUV außerdem nach der VO 1/2003 ein **Bußgeld** verhängen. Daneben kann sie Maßnahmen zur **Abstellung des Missbrauchs** ergreifen. Die Verletzung von Art. 102 AEUV ist zudem nach § 81 Abs. 4 GWB bußgeldbewehrt.

11. Zusammenschlusskontrolle

115 Der Zusammenschluss mehrerer Unternehmen kann ebenfalls wettbewerbsbeschränkende Wirkung haben und den Wettbewerb gefährden, da durch Zusammenschlüsse die bestehende Marktstruktur verändert wird.[162] Sowohl das europäische als auch das deutsche Recht sehen daher für Zusammenschlüsse mit einer gewissen Bedeutung eine **präventive Kontrolle** vor.

a) Anwendungsbereich

116 Die Zusammenschlusskontrolle findet auf öffentliche Unternehmen ebenso Anwendung wie auf Unternehmen, die sich ausschließlich in privater Hand befinden.[163] Allerdings unterfällt der Zusammenschluss gem. § 35 Abs. 2 S. 2 GWB von Gebietskörperschaften nicht der Zusammenschlusskontrolle der §§ 35 ff. GWB, insoweit hat das speziellere öffentliche Organisationsrecht Vorrang vor dem GWB.[164]

117 Im deutschen Kartellrecht wird nicht jeder Zusammenschluss einer vorherigen Kontrolle unterzogen. Grundsätzlich finden die Vorschriften über die Zusammenschlusskontrolle (= Fusionskontrolle) nach § 35 Abs. 1 GWB nur Anwendung, wenn

- die beteiligten Unternehmen insgesamt **weltweit Umsatzerlöse** von mehr als 500 Mio. Euro (Nr. 1) und
- mindestens ein beteiligtes Unternehmen **im Inland Umsatzerlöse** von mehr als 25 Mio. Euro (erste Inlandsumsatzschwelle) und **ein anderes** beteiligtes Unternehmen Umsatzerlöse von mehr als 5 Millionen Euro (zweite Inlandsumsatzschwelle) (Nr. 2)

im letzten Geschäftsjahr vor dem Zusammenschluss erzielt haben.

118 Die Umsatzerlöse werden nach § 277 HGB ermittelt. Außerdem enthält § 38 GWB **Berechnungsregeln** zur Ermittlung der relevanten Umsätze, wobei für einzelne Branchen Sonderregelungen gelten.[165] Beim Handel mit Waren (Abs. 2) werden beispielsweise nur drei Viertel der Umsatzerlöse in Ansatz gebracht.[166] Mit der 8. GWB- Novelle werden bei Presseerzeugnissen nicht mehr das Zwanzigfachen des Umsatzerlöses in Ansatz gebracht, sondern lediglich das Achtfache (Abs. 3). Maßgebend ist also, ob das Achtfache des Umsatzes die Schwellenwerte erreicht. Gegenüber der früheren Rechtslage führt dies im Pressebereich zu einer erheblichen Ausweitung der „kontrollfreien" Zusammenschlüsse. Mit Hilfe der in § 36 GWB enthaltenen Verbundklausel kann die **maßgebliche Unternehmenseinheit** ermittelt werden. Abhängige oder herrschende Unternehmen i.S.d. § 17 AktG sowie Konzernunternehmen i.S.d. § 18 AktG[167] sind als einheitliche Unternehmen anzusehen (Abs. 2). Nach der sog. Mehrmütterklausel des § 36 Abs. 2 S. 2

---

[161] Siehe oben Rn. 61.

[162] BGH v. 2. 12. 1980, WuW/E BGH 1749, 1750 f. „Klöckner-Becorit".

[163] KG v. 16. 6. 1981, WuW/E OLG 2507, 2508 „Veba/Stadtwerke Wolfsburg"; vgl. im Übrigen zum Unternehmensbegriff oben Rn. 4 ff.

[164] Bechtold, GWB, § 35 Rn. 44 ff.. § 130 Rn. 11; Emmerich in: Immenga/Mestmäcker, § 130 Rn. 104.

[165] Vgl. Abs. 3 und Abs. 4, die Sonderbestimmungen für Presse, Rundfunk, Banken, Kredit- und Finanzinstituten sowie Versicherungen enthält.

[166] Dies gilt allerdings nicht für Energieversorgungsunternehmen, vgl. KG v. 18. 2. 1985, WuW/E OLG 3469, 3470 Thüringer Gas/Westerland", es sei denn, es handelt sich um fremdbezogenen Strom: Langen/Bunte/Ruppelt, GWB, § 38 Rn. 8.

[167] Vgl. dazu oben Kapitel D. IV, Rn. 1 ff.

GWB wird außerdem berücksichtigt, dass ein Unternehmen von mehreren Unternehmen abhängig sein kann.

119 Eine Zusammenschlusskontrolle kommt nicht in Betracht, sofern die sog. de-minimis-Klausel des § 35 Abs. 2 GWB oder die Bagatellmarktklausel des § 36 Abs. 1 Nr. 2 GWB erfüllt sind:

- 120 **De-minimis-Klausel:** Keine Kontrolle findet statt, wenn sich ein Unternehmen, das nicht i.S.d. § 36 Abs. 2 GWB abhängig ist und im letzten Geschäftsjahr weltweit Umsatzerlöse von weniger als 10 Mio. Euro hat, mit einem anderen Unternehmen zusammenschließt.[168]
- 121 **Bagatellmarktklausel:** Eine Kontrolle ist außerdem entbehrlich, wenn ein Markt betroffen ist, auf dem seit mindestens fünf Jahren Waren oder gewerbliche Leistungen angeboten werden und auf dem im letzten Kalenderjahr weniger als 15 Mio. Euro umgesetzt wurden.[169] Voraussetzung ist, dass von dem Zusammenschluss nur ein Bagatellmarkt und nicht mehrere sachlich eng miteinander verbundene Einzelmärkte betroffen sind. Seit der 8. GWB- Novelle ist die Prüfung, ob ein Bagatellmarkt vorliegt, in dem materiellen Teil der Zusammenschlusskontrolle vorzunehmen, anstatt wie bisher in dem formellen Teil.[170] Dies führt dazu, dass im Gegensatz zur früheren Rechtslage der entsprechende Zusammenschluss der **Anmeldepflicht** unterfällt.

b) Zusammenschlusstatbestände

122 Die Definition des Zusammenschlussbegriffs findet sich in § 37 GWB. Die Aufzählung der Zusammenschlusstatbestände ist abschließend. Für die Anwendung der §§ 35 ff. GWB muss einer der aufgeführten Tatbestände vorliegen, im Einzelfall können auch mehrere Tatbestände erfüllt sein.[171]

- 123 **Vermögenserwerb:** Nach § 37 Abs. 1 Nr. 1 GWB gilt als Zusammenschluss der Erwerb des Vermögens eines Unternehmens ganz oder zum wesentlichen Teil.[172]
- 124 **Kontrollerwerb:** Der Erwerb der unmittelbaren oder mittelbaren Kontrolle durch ein oder mehrere Unternehmen über die Gesamtheit oder Teile eines oder mehrerer anderer Unternehmen gilt als Zusammenschluss gemäß § 37 Abs. 1 Nr. 2 GWB. Eine Kontrolle liegt vor, wenn auf die Tätigkeit eines anderen Unternehmens bestimmender Einfluss ausgeübt wird, der Erwerber also beispielsweise Eigentums- oder Nutzungsrechte an der Gesamtheit/Teilen des Vermögen (Nr. 1) oder Einfluss auf die Besetzung der Geschäftsführerorgane bzw. strategische Entscheidungen hat (Nr. 2).[173]
- 125 **Anteilserwerb:** § 37 Abs. 1 Nr. 3 GWB qualifiziert außerdem den Erwerb von Anteilen an einem anderen Unternehmen als Zusammenschluss, sofern die Anteile allein oder zusammen mit sonstigen, dem Unternehmen bereits gehörenden Anteilen entweder 50% oder 25% des Kapitals oder der Stimmrechte des anderen Unternehmens ausmachen.
- 126 Durch Nr. 3 S. 3 werden auch sog. **Gemeinschaftsunternehmen (GU)** erfasst. Danach wird ein Zusammenschluss auch angenommen, wenn mehrere Unternehmen gleichzeitig oder nacheinander Anteile in Höhe von 25% oder 50% an einem anderen Unternehmen erwerben. Abzustellen ist auf den Markt, auf dem das andere Unternehmen, von dem die Anteile erworben werden, tätig ist. Ein GU kann gleichfalls den

---

168 KG v. 16. 6. 1981, WuW/E OLG 2507 „Veba/Stadtwerke Wolfsburg".
169 BGH, GRUR Int 2008, 255 (255).
170 Vgl. dazu Begründung BT-Drucksache 17/9852 S. 20.
171 BGH v. 15. 7. 1997, WuW/E DE-R 24, 27 ff. „Stromversorgung Aggertal".
172 Bspe. für einen Vermögenserwerb zu einem wesentlichen Teil: BGH v. 23. 10. 1979, WuW/E BGH 1655 „Zementmahlanlage II"; BGH v. 20. 11. 1975, WuW/E BGH 1377, 1378 „Zementmahlanlage I", NJOZ 2012, 1152 (1154).
173 Vgl. Merkblatt des BKartA zur deutschen Fusionskontrolle (Stand. Juli 2005 2000) derzeit in Überarbeitung, V. 4.

Kontrollerwerbstatbestand (Nr. 2) erfüllen.[174] Außerdem kann ein GU gleichzeitig der Kontrolle anhand § 1 GWB, der sog. Doppelkontrolle, unterliegen.[175]

127 • § 37 Abs. 1 Nr. 4 GWB bestimmt außerdem, dass auch die **Herbeiführung sonstiger Verbindungen mit wettbewerblich erheblichem Einfluss** einen Zusammenschlusstatbestand darstellt. Hiervon erfasst werden sollen Minderheitsbeteiligungen von Wettbewerbern, die unter 25% liegen. Der wettbewerblich erhebliche Einfluss kann sich beispielsweise auf die künftige Gestaltung der Anteilseignerstruktur, der Absatzpolitik etc. beziehen.[176]

128 Letztlich wird durch § 37 Abs. 2 GWB klargestellt, dass tatbestandsmäßig ein Zusammenschluss auch vorliegt, wenn Unternehmen bereits zuvor i.S.d. § 37 Abs. 1 GWB zusammengeschlossen waren und ihre bestehende Unternehmensverbindung beispielsweise durch eine Anteilserhöhung wesentlich verstärkt wird. Ist dies hingegen nicht der Fall, scheidet ein Zusammenschluss aus, was eine Einschränkung der Fusionskontrolle beinhaltet. Hintergrund ist der Rechtsgedanke, dass konzerninterne Umstrukturierungen fusionskontrollfrei sein sollen.[177] Konzerninterne Umstrukturierungsmaßnahmen, wie z. B. die Gründung einer 100%-Tochtergesellschaft, werden daher von Abs. 2 nicht erfasst.[178]

c) marktbeherrschende Stellung

129 Ein Zusammenschluss ist danach zu beurteilen, ob er den wirksamen Wettbewerb erheblich behindern bzw. beschränken würde (SIEC-Test: significant impediment to effective competition). Durch die 8. GWB-Novelle ist eine Angleichung der deutschen an die europäische Fusionskontrolle erfolgt, der SIEC-Test ist für die Beurteilung von Zusammenschlüssen auf europäischer Ebene bereits seit 2004 Standard.[179] Die Begründung oder Verstärkung einer marktbeherrschenden Stellung (hierauf stellte dass deutsche Recht bisher ab), bleibt als Regelbeispiel erhalten, so dass sich keine wesentlichen Änderungen in der Praxis ergeben werden. Der relevante Markt wird anhand der oben dargestellten Kriterien ermittelt. Wann eine marktbeherrschende Stellung vorliegt, ergibt sich – wie bei der Missbrauchsaufsicht[180] – aus § 18 GWB. Allerdings ändert sich die zeitliche Beurteilung insofern, als bei der Missbrauchsaufsicht auf die Vergangenheit abgestellt wird, während bei der Fusionskontrolle eine Prognose für die Zukunft gestellt werden muss.[181] Das Bundeskartellamt hat Auslegungsgrundsätze zur Prüfung der Marktbeherrschung veröffentlicht.[182] Die erhebliche Behinderung bzw. Beschränkung wirksamen Wettbewerbs muss auf den Zusammenschluss zurückzuführen sein. Von der Untersagung des Zusammenschlusses kann allerdings abgesehen werden, wenn den Unternehmen der Nachweis gelingt, dass den eintretenden Nachteilen der Marktbeherrschung Verbesserungen der Wettbewerbsbedingungen gegenüberstehen und überwiegen (vgl. § 36 Abs. 1 Nr. 1 GWB).[183] Daneben kann bei dem bevorstehenden finanziellen Zusammenbruch eines Unternehmens ausnahmsweise eine sog. Sanierungsfusion in Betracht kommen.[184]

---

[174] Vgl. Rn. 126.

[175] BGH v. 1. 10. 1985, WuW/E BGH 2196 „Mischwerke".

[176] Vgl. dazu: die Begründung, BT-Drs. 11/4610, S. 20.

[177] Vgl. Bechtold, GWB, § 37 Rn. 46f. Mestmäcker/Veelken in: Immenga/Mestmäcker, GWB, § 37 Rn. 113ff..

[178] BGH v. 15. 7. 1997, WuW/E DE-R 24, 29 „Stromversorgung Aggertal".

[179] Vgl. Monopolkommmission, Sondergutachten 63, S.9.

[180] Vgl. oben Rn. 78.

[181] BGH v. 15. 7. 1997, WuW/E DE-R 24, 29 „Stromversorgung Aggertal"; Schnelle, GRUR-Prax, 2012 542 (542).

[182] BKartA, Leitfaden zur Marktbeherrschung in der Fusionskontrolle (Stand: März 2012)„ www.bundeskartellamt.de.

[183] Vgl. dazu: BGH v. 12. 12. 1978, WuW/E BGH 1533, 1539ff. „Erdgas Schwaben"; KG v. 18. 2. 1985, WuW/E OLG 3469 „Thüringer Gas/Westerland".

[184] BGH v. 2. 12. 1978, WuW/E BGH 1533, 1539 „Erdgas Schwaben".

d) Verfahren

Liegt einer der Zusammenschlusstatbestände vor, sind die beteiligten Unternehmen zur **Anmeldung** beim Bundeskartellamt verpflichtet, bevor der Zusammenschluss vollzogen wird. Die Anmeldung muss Angaben zur Art des Zusammenschlusses, zu den beteiligten Unternehmen und der Art ihrer Beteiligung enthalten. Im Übrigen müssen die in § 39 Abs. 3 S. 2 Nr. 1 bis Nr. 6 GWB aufgeführten Angaben enthalten sein.[185] 130

Vorprüfverfahren: Das Bundeskartellamt prüft innerhalb eines Monats ab Eingang der Anmeldung, ob eine eingehende Prüfung erforderlich ist. Hält es eine eingehende Prüfung für nicht erforderlich, so macht es den Beteiligten über die Nichterforderlichkeit des Hauptprüfverfahrens Mitteilung. Der Zusammenschluss ist damit **formlos freigegeben**. Hält das Bundeskartellamt eine eingehende Prüfung für erforderlich, so macht es den beteiligten Unternehmen innerhalb eines Monats ab Anmeldungseingang Mitteilung (sog. Monatsbrief, § 40 Abs. 1 S. 1 GWB).[186] 131

Hauptprüfverfahren: Das Hauptprüfverfahren, das dem Bundeskartellamt eine eingehende Prüfung ermöglichen soll, muss spätestens vier Monate nach Eingang der vollständigen Anmeldung abgeschlossen sein. Am Ende des Hauptprüfverfahrens kann eine Freigabeentscheidung (§ 40 Abs. 2 S. 1, Alt. 2 GWB) stehen, die ggf. auch mit Auflagen und Bedingungen[187] verbunden werden kann (§ 40 Abs. 3 S. 1 GWB). Ergeht keine Verfügung des Bundeskartellamtes, so gilt der Zusammenschluss nach Ablauf von vier Monaten als freigegeben (§ 40 Abs. 2 S. 2 GWB). Umgekehrt kann der Zusammenschluss nicht vollzogen werden, wenn das Bundeskartellamt innerhalb der Vier-Monats-Frist eine Untersagungsverfügung erlässt. Die Frist kann – beispielsweise durch die Zustimmung der Beteiligten – verlängert werden (vgl. § 40 Abs. 2 S. 3 GWB). 132

Bei einer Untersagungsentscheidung des Bundeskartellamtes haben die Unternehmen die Möglichkeit innerhalb eines Monats ab Zugang der Entscheidung beim Bundeswirtschaftsminister eine Erlaubnis für den Zusammenschluss zu beantragen (sog. **Ministererlaubnis**), sofern im konkreten Einzelfall die Wettbewerbsbeschränkung von gesamtwirtschaftlichen Vorteilen aufgewogen wird oder der Zusammenschluss durch ein überragendes Interesse der Allgemeinheit gerechtfertigt ist (§ 42 GWB). 133

e) Rechtsfolgen

Ein anmeldepflichtiger Zusammenschluss darf nach § 41 Abs. 1 GWB vor der Freigabe durch das Bundeskartellamt nicht vollzogen werden (Vollzugsverbot). Die Verträge, die den Zusammenschluss betreffen, sind daher bis zur Freigabe **schwebend unwirksam** und werden mit der Freigabe rückwirkend wirksam. Ggf. kann das Bundeskartellamt von diesem Vollzugsverbot befreien, § 41 Abs. 2 GWB. 134

Die vorsätzliche oder fahrlässige Nichtbeachtung des Vollzugsverbots ist nach § 81 Abs. 2 Nr. 1 iVm Abs. 4 GWB bußgeldpflichtig. Ein **Bußgeld** kann auch verhängt werden, wenn ein Zusammenschluss vorsätzlich oder fahrlässig nicht, nicht richtig, nicht vollständig oder nicht rechtzeitig anmeldet oder wenn in der Anmeldung unvollständige oder unrichtige Angaben (§ 81 Abs. 2 Nr. 3, 4 GWB) gemacht werden. 135

f) Rechtsmittel

Die im Hauptprüfverfahren ergangene **Freigabeentscheidung** stellen verwaltungsrechtliche Verfügungen dar und können (auch) von Dritten angefochten werden, sofern sie als Dritte auf Antrag zum Verfahren beigeladen wurden (§ 63 Abs. 2, § 54 Abs. 2 Nr. 3 136

---

185 Vgl. auch Merkblatt des BKartA zur deutschen Fusionskontrolle (Stand: Juli 2005), abzurufen auf der Homepage des Bundeskartellamtes, www.bundeskartellamt.de.

186 BKartA, Merkblatt zur deutschen Fusionskontrolle, S. 3 ff.

187 Z. B. die Verpflichtung zur Veräußerung von Unternehmensteilen BKartA v. 3.7.2000, WuW/E DE-V 301, 308 „RWE/VEW", zur Marktöffnung: BKartA, WuW 2000, 45 „VEW/Westfälische Ferngas". Allgemein zu Bedingungen und Auflagen siehe BKartA, Tätigkeitsbericht 2011/2012, BT-Drucksache 17/13876, S. 93 .

GWB). Gegen eine **Untersagungsentscheidung** können die am Zusammenschluss beteiligten Unternehmen Beschwerde beim OLG Düsseldorf einlegen (§§ 54, 63 GWB).

g) Europäisches Recht

137 Die europäischen Vorschriften zur Zusammenschlusskontrolle finden sich in der Verordnung Nr. 139/2004[188] über die Kontrolle von Unternehmenszusammenschlüssen **(FKVO)**. Diese Verordnung ist am 1. 5. 2004 in Kraft getreten und hat die bisher geltende VO 4064/89[189] abgelöst.

138 **aa) Anwendungsbereich.** Zu beachten ist, dass die **deutsche Zusammenschlusskontrolle nicht zur Anwendung kommt**, wenn die Anwendungsvoraussetzungen der europäischen Fusionskontrolle vorliegen.[190] Entscheidet die Kommission, dass die Anwendungsvoraussetzungen der europäischen Fusionskontrolle für einen Zusammenschluss nicht vorliegen, lebt die Zuständigkeit der nationalen Behörden wieder auf und es kann eine Prüfung nach nationalem Recht erfolgen. Um zukünftige Mehrfachanmeldungen zu vermeiden, sieht die FKVO nunmehr in Art. 9 veränderte Regeln der Verweisung an die Mitgliedstaaten vor. Auf Antrag der am Zusammenschluss Beteiligten kann ebenfalls eine Verweisung der Kommission an die Mitgliedstaaten und umgekehrt erfolgen (vgl. Art. 4 Abs. 3–5 FKVO).

139 Die FKVO findet auf Zusammenschlüsse mit **gemeinschaftsweiter Bedeutung** Anwendung.[191] Die gemeinschaftsweite Bedeutung ist zu bejahen, wenn

- die am Zusammenschluss beteiligten Unternehmen einen **weltweiten Gesamtumsatz** von mehr als fünf Milliarden Euro haben und (Art. 1 Abs. 2 a FKVO)
- mindestens zwei beteiligte Unternehmen einen **gemeinschaftsweiten Gesamtumsatz** von jeweils mehr als 250 Mio. Euro haben. (Art. 1 Abs. 2 b FKVO)

Dies gilt nicht, wenn die am Zusammenschluss beteiligten Unternehmen nicht jeweils mehr als zwei Drittel ihres gemeinschaftsweiten Gesamtumsatzes in demselben Mitgliedstaat erzielen.

140 Die FKVO[192] findet unabhängig von der Erreichung der dargestellten Schwellenwerte in folgenden Fällen Anwendung:

- wenn der **weltweite Gesamtumsatz** aller beteiligten Unternehmen zusammen mehr als 2,5 Milliarden Euro beträgt (Art. 1 Abs. 3 a FKVO);
- wenn der Gesamtumsatz aller beteiligten Unternehmen in **mindestens drei Mitgliedstaaten** jeweils 100 Mio. Euro übersteigt (Art. 1 Abs. 3 b FKVO);
- wenn in jedem von mindestens drei von Art. 1 Abs. 3 b FKVO erfassten Mitgliedstaaten der Gesamtumsatz von mindestens zwei beteiligten Unternehmen jeweils mehr als 25 Mio. Euro beträgt (Art. 1 Abs. 3 c FKVO);
- wenn der gemeinschaftsweite Gesamtumsatz von mindestens zwei beteiligten Unternehmen jeweils 100 Mio. Euro übersteigt (Art. 1 Abs. 3 d FKVO).

141 Auch hier wird die Anwendung der europäischen Fusionskontrolle für den Fall ausgeschlossen, dass die am Zusammenschluss beteiligten Unternehmen nicht jeweils **mehr als zwei Drittel** ihres gemeinschaftsweiten Gesamtumsatzes in demselben Mitgliedstaat erzielen.[193]

---

[188] Verordnung (EG) Nr. 139/2004 des Rates vom 20. Januar über die Kontrolle von Unternehmenszusammenschlüssen („EG-Fusionskontrollverordnung“), ABl. 2004 24/1.

[189] ABl. 1998 L395/1, berichtigt durch ABl. 1990 L 257/14; zuletzt geändert durch VO Nr. 1310/97, des Rates v. 30. 6. 1997 des Rates v. 30. 6. 1997, ABl. 1997 L180-1, berichtigt in ABl. 1998 L 3/16 und 40/17; zur Ergänzung der FKVO wurde die VO Nr. 447/98 v. 1. 3. 1998 über die Anmeldung, über die Fristen sowie über die Anhörung ergänzt, ABl. 1998 L 61/1, zurzeit Konsultation zur Überarbeitung der FKVO.

[190] Sog. „One-Stop-Shop“-Prinzip, vgl. Art 21 Abs. 3 FKVO und § 35 Abs. 3 GWB; vgl. Langen/Bunte/Baron, Europ. Kartellrecht, Art. 21 FKVO Rn. 3f.

[191] Der Anwendungsbereich erfährt durch die novellierte FKVO keine Veränderungen, vgl. Art. 1 FKVO.

[192] Auch hier ergeben sich keine Veränderungen zur VO 4064/89.

[193] Vgl. oben Rn. 139.

Art. 5 FKVO und der Mitteilung der Kommission über die **Berechnung des Umsatzes** ist zu entnehmen, wie der relevante Umsatz zu ermitteln ist.[194] 142

bb) Zusammenschlusstatbestände. Die Zusammenschlusstatbestände[195] sind anders als im deutschen Recht als Generalklauseln formuliert:[196] 143

- Eine sog. **Fusion** liegt nach Art. 3 Abs. 1 a FKVO vor, wenn zwei oder mehr bisher voneinander unabhängige Unternehmen fusionieren. 144
- Ein sog. **Kontrollerwerb** ist gemäß Art. 3 Abs. 1 b FKVO anzunehmen, wenn ein oder mehrere Personen bzw. Unternehmen die Kontrolle über die Gesamtheit oder über Teile eines oder mehrerer anderer Unternehmen erwerben. 145
- Gleichzeitig stellt Art. 3 Abs. 2 FKVO klar, dass die Gründung eines Gemeinschaftsunternehmens als Kontrollerwerb und damit als Zusammenschlusstatbestand i.S.d. Art. 3 Abs. 1 b FKVO zu werten ist, wenn das Gemeinschaftsunternehmen auf Dauer alle Funktionen einer selbständigen wirtschaftlichen Einheit erfüllt, sog. **Vollfunktionsgemeinschaftsunternehmen**.[197] 146

cc) marktbeherrschende Stellung. Liegt einer der Zusammenschlusstatbestände[198] vor und wird durch die Fusion eine **beherrschende Stellung** auf dem relevanten Markt[199] begründet oder verstärkt, so ist diese zu untersagen, wenn durch die beherrschende Stellung wirksamer Wettbewerb im Gemeinsamen Markt oder in einem wesentlichen Teil desselben insbesondere durch die Begründung oder Verstärkung einer marktbeherrschenden Stellung erheblich behindert wird (Art. 2 Abs. 3 FKVO). Wann eine marktbeherrschende Stellung im europäischen Recht anzunehmen ist, bestimmt sich nach den oben bei der Missbrauchsaufsicht dargelegten Grundsätzen.[200] Zu beachten sind außerdem die Leitlinien der Kommission zur Bewertung horizontaler Zusammenschlüsse.[201] 147

dd) Verfahren. Das europäische und das deutsche Fusionskontrollverfahren sind sehr ähnlich ausgestaltet, insbesondere erfolgte durch die 8. GWB- Novelle eine weitere Angleichung des deutschen Fusionskontrollverfahrens an die europäische Ebene. Auch im europäischen Recht ist eine **Anmeldung** der Fusion – unter Verwendung eines Formblattes – nach Vertragsschluss notwendig. Die Anmeldung wird veröffentlicht. Ebenso wie im deutschen Recht existieren ein **Vorprüf- und ein Hauptprüfverfahren**. Anders als im deutschen Recht endet im europäischen Recht das Verfahren aber in jedem Fall mit einer förmlichen Entscheidung (vgl. Art. 8 FKVO), im Übrigen weisen die Verfahren aber eine starke Ähnlichkeit auf, so dass für die Grundzüge auf die Darstellung zum deutschen Verfahren[202] und wegen der Einzelheiten auf die Vorschriften der FKVO verwiesen wird (Art. 4, 6–15 der FKVO). Nach der novellierten FKVO (VO 139/04) ergeben sich zunächst keine wesentlichen Änderungen. Durch die neue Verordnung wurden die Befugnisse der Kommission für den Fall, dass ein Zusammenschluss ohne Freigabeentscheidung 148

---

194 Vgl. Berichtigung der Konsolidierten Mitteilung der Kommission zu Zuständigkeitsfragen ABl. 2009 C 43/09, S. 35 ff.

195 Auch hier ergeben sich keine inhaltlichen Änderungen für die Zusammenschlusstatbestände nach Art. 3 der VO 4064/89.

196 Vgl. Berichtigung der Konsolidierten Mitteilung der Kommission zu Zuständigkeitsfragen ABl. 2009 C 43/09, S. 4 ff..

197 Vgl. Berichtigung der Konsolidierten Mitteilung der Kommission zu Zuständigkeitsfragen ABl. 2009 C 43/09, S. 32 ff.

198 Im Vergleich zur VO 4064/89 hat die in Art. 2 der VO 139/04 enthaltene Beurteilung von Zusammenschlüssen lediglich geringfügige Modifikationen erfahren: In den Absätzen 2 und 3 wird die Begründung und Verstärkung einer beherrschenden Stellung lediglich als Beispielsfall für die erforderliche erhebliche Behinderung des wirksamen Wettbewerbs im Gemeinsamen Markt genannt.

199 Die Kommission legt hier das Bedarfsmarktkonzept zugrunde.

200 Vgl. oben Rn. 109.

201 ABl. 2004 C 31/5.

202 Vgl. oben Rn. 130; vgl. auch die Durchführungsverordnung VO 802/2004, ABl. 2004 L 33/1 mit dem entsprechenden Formblatt.

bereits vollzogen wurde oder Verpflichtungen seitens der Unternehmen nicht eingehalten werden, erweitert.[203] Die in den einzelnen Prüfphasen laufenden Fristen werden flexibilisiert.[204]

II. Wettbewerbsrecht

1. Einleitung

a) Ziele und Schutzzweck

149 Das Gesetz gegen den unlauteren Wettbewerb (UWG)[205] dient dem Schutz der **Lauterkeit des Wettbewerbs**. Während das Kartellrecht die Institution des Wettbewerbs an sich schützt, knüpft das Lauterkeitsrecht an die einzelne Handlung im Wettbewerb an und schützt die **Funktionsfähigkeit des Wettbewerbs**, indem es unlautere Verhaltensweisen für unzulässig erklärt.[206] Solche als unfair zu qualifizierenden Verhaltensweisen gefährden nämlich mittelfristig das Vorhandensein eines funktionsfähigen Wettbewerbs. § 1 UWG normiert daher den Gesetzeszweck wie folgt:

> *„Dieses Gesetz dient dem Schutz der Mitbewerber, der Verbraucherinnen und Verbraucher sowie der sonstigen Marktteilnehmer vor unlauteren geschäftlichen Handlungen. [2]Es schützt zugleich das Interesse der Allgemeinheit an einem unverfälschten Wettbewerb."*

Die Tatbestände des UWG können parallel zu denjenigen des GWB verwirklicht werden.

b) Historie

150 Das UWG in seiner aktuellen Fassung beruht auf einem umfassenden Novellierungsprozess während der letzten Jahre, an dessen Ende das frühere UWG,[207] das beinahe ein Jahrhundert gegolten hat, durch wesentliche Neuregelungen im Jahr 2004 und zuletzt im Jahr 2010 abgelöst wurde.

Das alte UWG aus dem Jahre 1909, das bis in das Jahr 2004 Bestand hatte, enthielt als zentrale Verbotsnorm eine weit gefasste Generalklausel, wonach sittenwidrige Handlungen verboten waren. Diese Generalklausel wurde durch eine umfangreiche Rechtsprechungskasuistik konkretisiert, in der sich bereits eine Vielzahl einzelner Unlauterkeitsfallgruppen herausgebildet hatte.

Um das alte UWG transparenter zu gestalten und zu modernisieren, wurde das Gesetz erstmals im Jahr 2004- damit vor Erlass der Richtlinie 2005/29/EG[208] über unlautere Geschäftspraktiken im Jahre 2005- umfassend reformiert und neu gefasst.[209] Große Teile der späteren Richtlinie 2005/29/EG wurden bereits durch die Reform des UWG im Jahre 2004 umgesetzt. Dabei wurden die von der Rechtsprechung entwickelten Zielsetzungen, Rechtsinstitute und Fallgruppen kodifiziert und in den Gesetzestext aufgenommen.[210] Zusätzlich sollte die Neufassung den Liberalisierungstendenzen auf europäischer Ebene Rechnung tragen und den Verbraucherschutz stärken.

---

[203] Vgl. Art. 8 FKVO.

[204] Vgl. dazu Art. 10 FKVO.

[205] Gesetz gegen den unlauteren Wettbewerb vom 3. März.2010 (BGBl. I S. 254), zuletzt geändert durch Artikel 6 des Gesetzes gegen unseriöse Geschäftspraktiken vom 1.10.2013 (BGBl. I S 3714)

[206] Vgl. dazu auch oben die Abgrenzung: Wettbewerbs- und Kartellrecht, Rn. 1.

[207] Gesetz gegen den unlauteren Wettbewerb vom 7. Juni 1909 RGBl. S. 499 zuletzt geändert durch das Gesetz zur Änderung des Rechts der Vertretung durch Rechtsanwälte vor den Oberlandesgerichten vom 23. 7. 2002, BGBl. I S. 2850.

[208] Richtlinie 2005/29/EG über unlautere Geschäftspraktiken im binnenmarktinternen Geschäftsverkehr (UGP- Richtlinie, ABl. L 149/22.

[209] Vgl. zu derReform 2004 Köhler, NJW 2004, 2121.

[210] Vgl. zu dieser Reform Timm-Wagner, GRUR 2013, 245 (245 ff.); Köhler GRUR 2012, 1073 (1073ff). Hoeren, BB 2008, 1182ff.; Köhler, NJW 2008, 3032ff.; Kuntz, JurPC Web-Dok. 8/2009; Peifer, WRP 2008, 556ff.

Die UWG- Novelle 2008[211] gleicht mit der Umsetzung der Richtlinie 2005/29/EG die deutsche Wettbewerbspraxis der europäischen Ebene an, da die Richtlinie 2005/29/ EG eine vollständige Rechtsangleichung (Vollharmonisierung) und nicht wie bisher eine Mindestharmonisierung vorsieht.[212] Zweck der Richtlinie liegt nach ihrem Art. 1 darin, durch Angleichung der Rechts- und Verwaltungsvorschriften der Mitgliedstaaten über unlauteres Verhalten von Marktteilnehmern, welches die wirtschaftlichen Interessen der Verbraucher beeinträchtigt, zu einem reibungslosen Funktionieren des Binnenmarktes und zum Erreichen eines hohen Verbraucherschutzniveaus beizutragen.[213]

Der Anwendungsbereich des UWG ist jedoch weiter als der der Richtlinie 2005/29/ EG, das Gesetz schützt zwar auch den Verbraucher, aber auch Mitbewerber und sonstige Marktteilnehmer (§ 1 S. 1 UWG), als auch das Interesse der Allgemeinheit an einem unverfälschten Wettbewerb (§ 1 S. 2 UWG).[214] Der Anwendungsbereich wird durch das Merkmal der **geschäftlichen Handlung** begrenzt, er ersetzt den früheren Begriff der Wettbewerbshandlung. Nach § 2 Abs. 1 UWG ist geschäftliche Handlung jedes Verhalten einer Person zugunsten des eigenen oder eines fremden Unternehmens, bei oder nach einem Geschäftsabschluss, das mit der Förderung des Absatzes oder des Bezugs von Waren oder Dienstleistungen oder mit dem Abschluss oder der Durchführung eines Vertrags über Waren oder Dienstleistungen objektiv zusammenhängt.

§ 3 Abs. 1 UWG enthält eine Neufassung der Generalklausel unter Verzicht auf das Merkmal der Beeinträchtigung des Wettbewerbs. Anknüpfungspunkt sind nunmehr die Interessen von Mitbewerbern, Verbrauchern oder sonstigen Marktteilnehmern. Das bisherige Merkmal der nicht nur unerheblichen Beeinträchtigung wird in Angleichung zu Art. 2 lit. e der Richtlinie 2005/29/EG durch das Tatbestandsmerkmal der Spürbarkeit ersetzt. § 3 Abs. 2 S. 2 UWG stellt hinsichtlich der geschäftlichen Handlung, die sich an eine bestimmte Verbrauchergruppe richtet, auf das vom EuGH entwickelte und vom BGH in ständiger Rechtsprechung verwendete Verbraucherleitbild des informierten, verständigen und angemessen aufmerksamen Durchschnittsverbrauchers ab.[215] § 3 Abs. 3 UWG verweist auf einen Anhang mit einer Liste (schwarze Liste) geschäftlicher Handlungen gegenüber Verbraucher, die per se unzulässig sind (Verbot ohne Wertungsvorbehalt), die 30 irreführende bzw. aggressive Geschäftspraktiken enthält. Unlautere Geschäftshandlungen, wie sie exemplarisch in § 4 UWG aufgezählt sind, sind nur unter den Voraussetzungen des § 3 Abs. 1 UWG verboten.

Der Tatbestand des § 5a Abs. 2 UWG der Irreführung durch Unterlassen wurde eingefügt, der ein Vorenthalten von Informationen, die die Entscheidungsfähigkeit von Verbrauchern beeinflussen, als unzulässig anerkennt.

Die in § 7 UWG enthaltenen Regelungen über die Unzulässigkeit unzumutbarer Leistungen gewährleisten den Schutz der Privatsphäre.

Infolge der europaweiten vollständigen Harmonisierung wird „letzte Instanz" für die Auslegung auch des deutschen UWG künftig zunehmend der Europäische Gerichtshof (EuGH) in Luxemburg sein. Gleichwohl kann bei der Auslegung des neuen UWG zumindest im Rahmen der gebotenen richtlinienkonformen Auslegung und soweit mit der Richtlinie vereinbar auf den Erfahrungsschatz der früheren Rechtsprechung zum

---

211 Vgl. zu dieser Reform Timm-Wagner, GRUR 2013, 245 (245 ff.); Köhler GRUR 2012, 1073 (1073ff). Hoeren, BB 2008, 1182ff.; Köhler, NJW 2008, 3032ff.; Kuntz, JurPC Web-Dok. 8/2009; Peifer, WRP 2008, 556ff.

212 Vgl. Erwägungsgrund 6 der Richtlinie 2005/29/EG über unlautere Geschäftspraktiken im binnenmarktinternen Geschäftsverkehr (UGP- Richtlinie, ABl. L 149/22).

213 Vgl. Begründung Regierungsentwurf, BT- Drucksache 16/10145, S. 10.

214 Vgl. dazu auch Erwägungsgrund 8 der Richtlinie 2005/29/EG über unlautere Geschäftspraktiken im binnenmarktinternen Geschäftsverkehr (UGP- Richtlinie, ABl. L 149/22).

215 Vgl. Begründung zu Regierungsentwurf, BT- Drucksache 16/10145, S. 22.

UWG zurückgegriffen werden, da die Wertungen der Richtlinie überwiegend mit denen des bisherigen UWG übereinstimmen.[216]

c) Anwendbarkeit auf kommunales Handeln

151 Sofern Kommunen sich erwerbswirtschaftlich betätigen, indem sie eigene Unternehmen betreiben oder sich an solchen beteiligen, ist ihr Handeln ebenso an den Vorschriften des UWG zu messen wie das der privaten Konkurrenten. Es gilt insoweit der **Grundsatz der Gleichbehandlung der öffentlichen Hand**.[217] Der Anwendbarkeit des UWG steht auch nicht entgegen, dass die meisten Gemeindeordnungen für die wirtschaftliche Betätigung von Kommunen einen öffentlichen Zweck fordern. An den Vorschriften des UWG wird nämlich nicht das **Ob**, sondern das **Wie** der Beteiligung der öffentlichen Hand am wirtschaftlichen Wettbewerb gemessen.[218]

Voraussetzung für die Anwendbarkeit des UWG ist, dass es sich um **privatrechtliche Rechtsbeziehungen** und nicht um öffentlich-rechtlich geregelte Beziehungen des Staates zu seinen Konkurrenten handelt.[219] Für diese Abgrenzung kommt es in aller Regel nicht auf die Rechtsnatur der jeweiligen Leistungsbeziehung an. Vielmehr wird bei der Beurteilung in verstärktem Maße auf wettbewerbsrechtliche Kriterien abgestellt, so dass es beispielsweise für die Anwendung des UWG bereits ausreicht, dass eine Leistung von der öffentlichen Hand auf einem Markt neben privaten Konkurrenten angeboten wird, selbst wenn diese von der öffentlichen Hand in öffentlich-rechtlicher Form wahrgenommen wird.[220]

2. Definitionen, § 2 UWG

152 In § 2 UWG finden sich die Definitionen der wichtigsten Begriffe des UWG:

„(1) Im Sinne dieses Gesetzes bedeutet

1. *„**„geschäftliche Handlung“** jedes Verhalten einer Person zugunsten des eigenen oder eines fremden Unternehmens vor, bei oder nach einem Geschäftsabschluss, das mit der Förderung des Absatzes oder des Bezugs von Waren oder Dienstleistungen oder mit dem Abschluss oder der Durchführung eines Vertrags über Waren oder Dienstleistungen objektiv zusammenhängt; als Waren gelten auch Grundstücke, als Dienstleistungen auch Rechte und Verpflichtungen;*
2. *„**Marktteilnehmer**“ neben Mitbewerbern und Verbrauchern alle Personen, die als Anbieter oder Nachfrager von Waren oder Dienstleistungen tätig sind;*
3. *„**Mitbewerber**“ jeder Unternehmer, der mit einem oder mehreren Unternehmern als Anbieter oder Nachfrager von Waren oder Dienstleistungen in einem konkreten Wettbewerbsverhältnis steht;*
4. *„**Nachricht**“ jede Information, die zwischen einer endlichen Zahl von Beteiligten über einen öffentlich zugänglichen elektronischen Kommunikationsdienst ausgetauscht oder weitergeleitet wird; dies schließt nicht Informationen ein, die als Teil eines Rundfunkdienstes über ein elektronisches Kommunikationsnetz an die Öffentlichkeit weitergeleitet werden, soweit die Informationen nicht mit dem identifizierbaren Teilnehmer oder Nutzer, der sie erhält, in Verbindung gebracht werden können;*
5. *„**Verhaltenskodex**“ Vereinbarungen oder Vorschriften über das Verhalten von Unternehmern, zu welchem diese sich in Bezug auf Wirtschaftszweige oder einzelne geschäftliche Handlungen verpflichtet haben, ohne dass sich solche Verpflichtungen aus Gesetzes- oder Verwaltungsvorschriften ergeben;*

---

[216] Köhler, NJW 2008, 3032 (3033); aktuelle Rechtsprechungsübersicht zum UWG bei Lettl, BB-Rechtsprechungsreport zum Wettbewerbsrecht 2012/2013, BB 2013 S. 2563 ff.
[217] Vgl. dazu Köhler, in: Köhler/Bornkamm, UWG § 2 Rn. 19, § 4 Rn. 13.31 ff.
[218] BGH GRUR 1974, 733 (734) „KFZ-Schilderverkauf“, .
[219] Köhler, in: /Köhler/Bornkamm, UWG § 4 Rn. 13.9 ff.
[220] BGH GS NJW 1986, 2359 „orthopädische Hilfs- und Heilmittel“; BGH NJW 1993, 1659 „Vermessungsämter“.

6. *„**Unternehmer**" jede natürliche oder juristische Person, die geschäftliche Handlungen im Rahmen ihrer gewerblichen, handwerklichen oder beruflichen Tätigkeit vornimmt, und jede Person, die im Namen oder Auftrag einer solchen Person handelt;*
7. *„**fachliche Sorgfalt**" der Standard an Fachkenntnissen und Sorgfalt, von dem billigerweise angenommen werden kann, dass ein Unternehmer ihn in seinem Tätigkeitsbereich gegenüber Verbrauchern nach Treu und Glauben unter Berücksichtigung der Marktgepflogenheiten einhält.*

(2) Für den Verbraucherbegriff gilt § 13 des Bürgerlichen Gesetzbuchs entsprechend."

Hervorzuheben ist zunächst die Definition der **geschäftlichen Handlung** in § 2 Abs. 1 Nr. 1 UWG.[221] Dieser für den Anwendungsbereich des UWG zentrale Begriff ersetzt den bisherigen Begriff der „Wettbewerbshandlung" und erstreckt sich im Gegensatz dazu auch auf nachvertragliches Verhalten des Unternehmers, beispielsweise im Rahmen der Gewährleistungsabwicklung.[222] In Umsetzung der Richtlinie muss die geschäftliche Handlung nun nicht mehr notwendigerweise auf das Ziel gerichtet sein, den Produktabsatz oder -bezug zu fördern.

Auch subjektiv ergeben sich daraus wichtige Änderungen. Statt einer Wettbewerbsabsicht genügt fortan ein **objektiver Bezug** der geschäftlichen Handlung mit der Absatz- oder Bezugsförderung oder der Durchführung eines hierauf gerichteten Vertrages.

Neu ist auch die eigenständige Definition des **Unternehmer**-Begriffs. Wurde im alten UWG noch auf § 14 BGB verwiesen, so erfasst die neue Definition neben gewerblichen auch handwerkliche und unselbständige berufliche Tätigkeiten und ist damit weiter gefasst, als der Unternehmerbegriff des § 14 BGB. Für den Verbraucherbegriff bleibt es hingegen gemäß § 2 Abs. 2 UWG bei dem Verweis auf die entsprechende Definition in § 13 BGB.

3. Die Generalklausel des § 3 UWG

Zentralnorm des UWG ist – wie auch bisher – die Generalklausel des § 3 UWG, das 153
Verbot unlauterer geschäftlicher Handlungen:

„(1) Unlautere geschäftliche Handlungen sind unzulässig, wenn sie geeignet sind, die Interessen von Mitbewerbern, Verbrauchern oder sonstigen Marktteilnehmern spürbar zu beeinträchtigen.

(2) [1]Geschäftliche Handlungen gegenüber Verbrauchern sind jedenfalls dann unzulässig, wenn sie nicht der für den Unternehmer geltenden fachlichen Sorgfalt entsprechen und dazu geeignet sind, die Fähigkeit des Verbrauchers, sich auf Grund von Informationen zu entscheiden, spürbar zu beeinträchtigen und ihn damit zu einer geschäftlichen Entscheidung zu veranlassen, die er andernfalls nicht getroffen hätte. [2]Dabei ist auf den durchschnittlichen Verbraucher oder, wenn sich die geschäftliche Handlung an eine bestimmte Gruppe von Verbrauchern wendet, auf ein durchschnittliches Mitglied dieser Gruppe abzustellen. [3]Auf die Sicht eines durchschnittlichen Mitglieds einer auf Grund von geistigen oder körperlichen Gebrechen, Alter oder Leichtgläubigkeit besonders schutzbedürftigen und eindeutig identifizierbaren Gruppe von Verbrauchern ist abzustellen, wenn für den Unternehmer vorhersehbar ist, dass seine geschäftliche Handlung nur diese Gruppe betrifft.

(3) Die im Anhang dieses Gesetzes aufgeführten geschäftlichen Handlungen gegenüber Verbrauchern sind stets unzulässig."

Während die Generalklausel gemäß § 3 Abs. 1 UWG nicht nur im Verhältnis zwischen Unternehmer und Verbraucher (sog. „B2C-Bereich"), sondern auch im Verhältnis zwischen Unternehmern (sog. „B2B- Bereich") untereinander gilt, setzen die Abs. 2 und 3 die Richtlinie über unlautere Geschäftspraktiken um und gelten daher entsprechend des Anwendungsbereichs der Richtlinie ausdrücklich nur für das Verhältnis B2C.

---

[221] In der Richtlinie heißt es „Geschäftspraktiken"; der Bundesgesetzgeber hat sich gleichwohl für den Begriff „geschäftliche Handlung„ entschieden, ohne inhaltlich von der Richtlinie abweichen zu wollen; vgl. Begründung Regierungsentwurf, BT- Drucksache 16/10145, S. 20.

[222] Vgl. Köhler, in: Köhler/Bornkamm, UWG § 2 Rn. 31 ff. mit weiteren Beispielen.

154 Voraussetzung für die Unzulässigkeit einer geschäftlichen Handlung im Sinne der Generalklausel des § 3 Abs. 1 UWG ist neben der Unlauterkeit der geschäftlichen Handlung stets die **Spürbarkeit der Interessenbeeinträchtigung**. Das Merkmal der Spürbarkeit der Interessenbeeinträchtigung löst das früher verwendete Tatbestandsmerkmal der „nicht nur unerheblichen Beeinträchtigung des Wettbewerbs" ab (sog. **Bagatellklausel**). Mit der Neufassung sind jedoch keine wesentlichen Änderungen inhaltlicher Art verbunden.[223] Die Beurteilung bleibt also auch unter dem aktuellen UWG dem Einzelfall unter Berücksichtigung der konkreten Umstände vorbehalten. In die Wertung sind neben der Art und Schwere des Verstoßes die zu erwartenden Auswirkungen auf die Marktteilnehmer mit einzubeziehen.

Schließlich ist auf § 3 Abs. 2 S. 2 UWG hinzuweisen: Erstmals findet sich eine ausdrückliche Festschreibung des relevanten Maßstabs: Abzustellen ist grundsätzlich auf den **Durchschnittsverbraucher**. Dieser Maßstab war durch die Vorgaben des Europäischen Gerichtshofs freilich auch für das UWG alter Fassung maßgebend.

4. Die „schwarze Liste" unzulässiger geschäftlicher Handlungen

155 § 3 Abs. 3 UWG verweist auf die als Anhang zu dieser Vorschrift normierte „schwarze Liste" von stets unzulässigen geschäftlichen Handlungen. Diese sind im Verhältnis zu Verbrauchern immer, also per se, unzulässig, ohne die weiteren Voraussetzungen der Generalklausel erfüllen zu müssen. So muss für die Tatbestände der schwarzen Liste insbesondere die „Spürbarkeit" der Beeinträchtigung nicht gesondert nachgewiesen werden. Entsprechend der Struktur der Richtlinie sind s.g. **irreführende** und **aggressive Praktiken** zu unterscheiden. Auf eine solche ausdrückliche Unterscheidung wurde bei der Umsetzung der Richtlinie ins deutsche Recht jedoch verzichtet.[224]

Die wichtigsten per se unzulässigen geschäftlichen Handlungen sind:

„2. die Verwendung von Gütezeichen, Qualitätskennzeichen oder Ähnlichem ohne die erforderliche Genehmigung;

(...)

5. Waren- oder Dienstleistungsangebote im Sinne des § 5a Abs. 3 zu einem bestimmten Preis, wenn der Unternehmer nicht darüber aufklärt, dass er hinreichende Gründe für die Annahme hat, er werde nicht in der Lage sein, diese oder gleichartige Waren oder Dienstleistungen für einen angemessenen Zeitraum in angemessener Menge zum genannten Preis bereitzustellen oder bereitstellen zu lassen (Lockangebote). Ist die Bevorratung kürzer als zwei Tage, obliegt es dem Unternehmer, die Angemessenheit nachzuweisen;

(...)

9. die unwahre Angabe oder das Erwecken des unzutreffenden Eindrucks, eine Ware oder Dienstleistung sei verkehrsfähig;

(...)

13. Werbung für eine Ware oder Dienstleistung, die der Ware oder Dienstleistung eines Mitbewerbers ähnlich ist, wenn dies in der Absicht geschieht, über die betriebliche Herkunft der beworbenen Ware oder Dienstleistung zu täuschen;

14. die Einführung, der Betrieb oder die Förderung eines Systems zur Verkaufsförderung, das den Eindruck vermittelt, allein oder hauptsächlich durch die Einführung weiterer Teilnehmer in das System könne eine Vergütung erlangt werden (Schneeball- oder Pyramidensystem);

(...)

17. die unwahre Angabe oder das Erwecken des unzutreffenden Eindrucks, der Verbraucher habe bereits einen Preis gewonnen oder werde ihn gewinnen oder werde durch eine bestimmte Hand-

---

[223] Vgl. zur richtlinienkonformen Auslegung der „alten" Generalklausel Köhler, in: /Köhler/Bornkamm, UWG § 3 Rn. 21.

[224] Die irreführenden Praktiken finden sich in den Nummern 1-24 des Anhangs, die aggressiven Praktiken wurden in den Nummern 25-30 umgesetzt. Nr. 26 des Anhangs I der Richtlinie schließlich findet sich in § 7 Abs. 1 Nr. 1 UWG wieder.

lung einen Preis gewinnen oder einen sonstigen Vorteil erlangen, wenn es einen solchen Preis oder Vorteil tatsächlich nicht gibt, oder wenn jedenfalls die Möglichkeit, einen Preis oder sonstigen Vorteil zu erlangen, von der Zahlung eines Geldbetrags oder der Übernahme von Kosten abhängig gemacht wird;

(...)

22. die Übermittlung von Werbematerial unter Beifügung einer Zahlungsaufforderung, wenn damit der unzutreffende Eindruck vermittelt wird, die beworbene Ware oder Dienstleistung sei bereits bestellt;

23. die unwahre Angabe oder das Erwecken des unzutreffenden Eindrucks, der Unternehmer sei Verbraucher oder nicht für Zwecke seines Geschäfts, Handels, Gewerbes oder Berufs tätig;

(...)

28. die in eine Werbung einbezogene unmittelbare Aufforderung an Kinder, selbst die beworbene Ware zu erwerben oder die beworbene Dienstleistung in Anspruch zu nehmen oder ihre Eltern oder andere Erwachsene dazu zu veranlassen;

(...)"

5. Weitere Unlauterkeitstatbestände: Der Katalog des § 4 UWG

Eine geschäftliche Handlung ist zudem stets dann unlauter, wenn die Merkmale eines der in § 4 UWG enthaltenen Beispielstatbestände erfüllt sind – und zwar unabhängig davon, ob bereits eine Interessenbeeinträchtigung eingetreten ist oder nicht. 156

§ 4 UWG lautet:

„Unlauter handelt insbesondere, wer

1. geschäftliche Handlungen vornimmt, die geeignet sind, die Entscheidungsfreiheit der Verbraucher oder sonstiger Marktteilnehmer durch Ausübung von Druck, in menschenverachtender Weise oder durch sonstigen unangemessenen unsachlichen Einfluss zu beeinträchtigen;

2. geschäftliche Handlungen vornimmt, die geeignet sind, geistige oder körperliche Gebrechen, das Alter, die geschäftliche Unerfahrenheit, die Leichtgläubigkeit, die Angst oder die Zwangslage von Verbrauchern auszunutzen;

3. den Werbecharakter von geschäftlichen Handlungen verschleiert;

4. bei Verkaufsförderungsmaßnahmen wie Preisnachlässen, Zugaben oder Geschenken die Bedingungen für ihre Inanspruchnahme nicht klar und eindeutig angibt;

5. bei Preisausschreiben oder Gewinnspielen mit Werbecharakter die Teilnahmebedingungen nicht klar und eindeutig angibt;

6. die Teilnahme von Verbrauchern an einem Preisausschreiben oder Gewinnspiel von dem Erwerb einer Ware oder der Inanspruchnahme einer Dienstleistung abhängig macht, es sei denn, das Preisausschreiben oder Gewinnspiel ist naturgemäß mit der Ware oder der Dienstleistung verbunden;

7. die Kennzeichen, Waren, Dienstleistungen, Tätigkeiten oder persönlichen oder geschäftlichen Verhältnisse eines Mitbewerbers herabsetzt oder verunglimpft;

8. über die Waren, Dienstleistungen oder das Unternehmen eines Mitbewerbers oder über den Unternehmer oder ein Mitglied der Unternehmensleitung Tatsachen behauptet oder verbreitet, die geeignet sind, den Betrieb des Unternehmens oder den Kredit des Unternehmers zu schädigen, sofern die Tatsachen nicht erweislich wahr sind; handelt es sich um vertrauliche Mitteilungen und hat der Mitteilende oder der Empfänger der Mitteilung an ihr ein berechtigtes Interesse, so ist die Handlung nur dann unlauter, wenn die Tatsachen der Wahrheit zuwider behauptet oder verbreitet wurden;

9. Waren oder Dienstleistungen anbietet, die eine Nachahmung der Waren oder Dienstleistungen eines Mitbewerbers sind, wenn er

a) eine vermeidbare Täuschung der Abnehmer über die betriebliche Herkunft herbeiführt,

b) die Wertschätzung der nachgeahmten Ware oder Dienstleistung unangemessen ausnutzt oder beeinträchtigt oder

c) die für die Nachahmung erforderlichen Kenntnisse oder Unterlagen unredlich erlangt hat;
10. Mitbewerber gezielt behindert;
11. einer gesetzlichen Vorschrift zuwiderhandelt, die auch dazu bestimmt ist, im Interesse der Marktteilnehmer das Marktverhalten zu regeln."

Da sich § 4 UWG auf die Feststellung der Unlauterkeit einer geschäftlichen Handlung beschränkt, ist es – anders als beim Vorliegen eines per se unzulässigen Tatbestandes der „schwarzen Liste" gemäß Anhang zu § 3 UWG – erforderlich, dass daneben immer auch die Voraussetzungen des § 3 UWG erfüllt sind,[225] um einen Verstoß annehmen zu können. Allerdings ist eine gesonderte Prüfung nur in Ausnahmefällen geboten, da die Beispielstatbestände so gefasst sind, dass die Spürbarkeit der Interessenbeeinträchtigung **in der Regel** tatbestandsimmanent ist.[226]

Im Folgenden werden die für die wirtschaftliche Betätigung kommunaler Unternehmen bedeutsamsten einzelnen Beispielstatbestände des § 4 UWG näher erläutert:

a) Beeinträchtigung der Entscheidungsfreiheit, § 4 Nr. 1 UWG

157 Gemäß § 4 Nr. 1 UWG liegt eine unlautere geschäftliche Handlung immer dann vor, wenn die Entscheidungsfreiheit der Verbraucher oder sonstigen Marktteilnehmer in unlauterer Weise beeinträchtigt wird. Dabei ist darauf abzustellen, ob eine **unangemessene unsachliche Einflussnahme** vorliegt.

§ 4 Nr. 1 UWG erfasst insofern auch die Tatbestände der in der Vergangenheit von der Rechtsprechung entwickelten Fallgruppe „Kundenfang/unlautere Kundenwerbung", unter der Wettbewerbsmethoden, die die Entscheidungsfreiheit des Umworbenen beeinträchtigen, zusammengefasst wurden. Es handelt sich dabei um Verhaltensweisen, die darauf gerichtet sind, die Entschließung des Kunden nicht mit Mitteln des Leistungswettbewerbs, sondern auf **sachfremde** Art und Weise zu beeinflussen. In der folgenden Darstellung wird zur Systematisierung der betroffenen Konstellationen – soweit möglich – auf die bisher entwickelten Fallgruppen zurückgegriffen:

158 **aa) Ausnutzen von Vertrauen/Vertrauensmissbrauch.** Für öffentliche Unternehmen kann insbesondere die Fallgruppe des **Ausnutzens von Vertrauen/Vertrauensmissbrauchs** von Bedeutung sein.[227] Es ist nämlich davon auszugehen, dass der Bürger Äußerungen der öffentlichen Hand (wie z. B. Auskünfte, Empfehlungen, Werbe- oder Verkaufsmaßnahmen) besonderes Vertrauen entgegenbringt.[228] Da dieses Vertrauen als schutzwürdig eingestuft wird, ist die öffentliche Hand zu **neutraler und objektiver** Amtsführung verpflichtet. Ein Missbrauch dieses Vertrauens zur Förderung eigenen oder fremden Wettbewerbs ist daher wettbewerbswidrig.[229]

So handelt beispielsweise ein kommunales Energieversorgungsunternehmen wettbewerbswidrig, wenn es auf Nachfrage unrichtige Auskünfte über Notdienste erteilt.[230] Auskünfte sind unparteiisch, objektiv und sachgerecht zu erteilen.[231] Dasselbe gilt für die räumliche Verbindung eines stadteigenen Reisebüros mit dem städtischen Passamt, wenn die Besucher durch die Art der Unterbringung veranlasst werden, ihre Fahrkarten bei dem kommunalen Reisebüro zu erwerben. Ebenso verhält es sich bei einer Unterbringung einer kommunalen Schilderpräge-Stelle in unmittelbarer räumlicher Verbindung mit der städtischen Kfz-Zulassungsstelle. Hierin kann zudem ein Verstoß gegen § 20 GWB liegen.[232]

---

[225] Vgl. oben Rn. 153f.
[226] Jungheim, VuR 2009, 250 (255).
[227] Köhler, in: Köhler/Bornkamm, UWG § 4 Rn. 13.30ff.; Lehmler, B I 2 d bb.
[228] BGH NJW 2009, 3365 (3367).
[229] BGH WRP 1999, 176 (180) „Verwaltungsstellenleiter".
[230] BGH GRUR 1994, 516 (517) „Auskunft über Notdienste".
[231] BGH 19, 299 (303)-Bad Ems.
[232] Siehe dazu oben Rn. 102.

Ob eine Empfehlung vorliegt, beurteilt sich nach dem Empfängerhorizont bzw. dem Eindruck des Verkehrs. In der Versendung von Elternbriefen durch die Stadt, in der Werbeinformationen einer Sparkasse beigefügt werden, ist z.B. nicht als amtliche Empfehlung zu sehen.[233] Die Empfehlung muss ebenfalls neutral, objektiv und sachgerecht sein, um eine unlautere Empfehlung handelt es sich, wenn das Vertrauen in die Neutralität der Amtsführung ausgenutzt wird.[234]

Bei kritischen Äußerungen ist bei einer pauschalen Herabsetzung von Wettbewerbern von Unlauterkeit auszugehen.

bb) Missbrauch von Autorität/ Hoheitsbefugnissen. Des Weiteren ist für öffentliche Unternehmen auch die Fallgruppe des sog. **Autoritätsmissbrauchs** maßgeblich, die Fälle umfasst, in denen seitens der öffentlichen Hand sachwidrig Druck auf eine Kundenentscheidung ausgeübt wird.[235] Unerheblich ist, worin der Druck besteht oder wie er ausgeübt wird. Ausreichend soll sein, wenn beim „Kunden" der Eindruck entsteht, dass seine Kaufentscheidung Einfluss auf das Verhalten der öffentlichen Hand haben könnte. 159

Kein Autoritätsmissbrauch wurde hingegen bei der Kopplung eines Grundstücksverkaufs mit einem privatrechtlichen Anschluss- und Benutzungszwang angenommen, da sachliche Gründe wie der Klima- und Umweltschutz geeignet seien, die rechtliche Verbindung dieser beiden Geschäfte zu rechtfertigen.[236]

Als unlauter und daher wettbewerbswidrig einzustufen ist zudem der eng mit dem Autoritätsmissbrauch verbundene **Missbrauch von Hoheitsbefugnissen**.[237] Diese Fallgruppe betrifft den sachwidrigen Einsatz von Hoheitsbefugnissen zur Förderung des eigenen oder fremden Wettbewerbs, wie beispielsweise in Form der Gebührenermäßigung oder Genehmigungserteilung im Falle einer Kaufentscheidung. So darf eine Gemeinde eine Kostenbeteiligung an bestimmten Neuerwerbungen nicht davon abhängig machen, dass etwaige betroffene Waren bei einem bestimmten Unternehmen gekauft werden.[238]

cc) Verquickung öffentlicher und privater Interessen. Eine **Verquickung öffentlicher und privater Interessen** kann unter bestimmten Umständen ebenfalls eine unlautere geschäftliche Handlung darstellen. So ist es stets wettbewerbswidrig, wenn die öffentliche Hand amtliche oder amtlich erlangte Informationen, die den privaten Wettbewerbern nicht oder nicht im selben Maße zugänglich sind, dazu nutzt, eigenen oder fremden Wettbewerb zu fördern. Eine Verquickung der amtlichen und privaten Tätigkeit, insbesondere wenn bei dem Publikum der Eindruck entsteht, dass die erwerbswirtschaftliche Tätigkeit noch Bestandteil der hoheitlichen Aufgabenerfüllung sei, ist nicht zulässig.[239] 160

Die Frage nach der Verquickung öffentlicher und privater Interessen stellt sich in der Praxis zumeist im Zusammenhang mit der **Randnutzung öffentlicher Einrichtungen**, die nicht per se wettbewerbswidrig ist.[240] So ist es durchaus zulässig, dass sich ein kommunal betriebener Schilderverkauf in der Kfz-Zulassungsstelle befindet. Allerdings ist darauf zu achten, dass keine unzulässige Verquickung (fehlende räumliche Trennung)

---

233 BGH GRUR 2002 550 (551ff.)- Elternbriefe.

234 Köhler, in Köhler/Bornkamm, § 4 Rn. 13.38f.

235 Vgl. dazu BGH GRUR 1973, 530 (531) „Crailsheimer Stadtblatt"; dort wurde ein Wettbewerbsverstoß aber verneint.

236 BGH GRUR 2003, 77 „Fernwärme für Börnsen".

237 BGH WRP 1998, 857 (859) „1000,– DM Umweltbonus"; WRP 1999, 650 (654) „Holsteiner Pferd", GRUR 2003 77 (78) „Fernwärme für Börnsen", GRUR 2003, 167 (169) „Kommunaler Schilderprägebetrieb".

238 OLG Stuttgart, WRP 1980, 101 „Beteiligung an Schulbüchern".

239 Verneinend BGH GRUR 2009 606 (607) „Buchgeschenk vom Standesamt".

240 Vgl hierzu auch Köhler, in Köhler/Bornkamm, UWG § 4 Rn. 13.47.

erfolgt,[241] die Standortvorteile nicht von Preisvergleichen mit privaten Anbietern abhalten (Hinweis auf private Bezugsmöglichkeiten)[242] und gewährleistet ist, dass nicht eine Überlassung der Schilderprägung an Private (z. B. durch Ausschreibung oder Verpachtung der betreffenden Räume) ausreichend ist, um die Bürgerbelange zu wahren.[243] Eine entsprechende Wettbewerbsverletzung wurde z. B. auch bei der Inaussichtstellung von Gebührenermäßigungen durch einen Gemeindefriedhof für den Fall des Bezugs des Sarges von einem kommunalen Bestattungsunternehmen bejaht.[244]

b) Behinderung, § 4 Nr. 10 UWG

161 Gemäß § 4 Nr. 10 UWG liegt eine unlautere geschäftliche Handlung dann vor, wenn ein Unternehmer seine Mitbewerber **gezielt behindert**.

Das Merkmal des gezielten Handelns erfordert nicht notwendig auch das Vorhandensein einer subjektiven Behinderungsabsicht. Sofern das Verhalten von einer solchen Absicht getragen wird, ist allerdings die vorausgesetzte Zielgerichtetheit stets zu bejahen. Eine Behinderung von Wettbewerbern als bloße – nicht seltene – Folge leistungsorientierten Wettbewerbs reicht demgegenüber nicht aus.

162 Eine lauterkeitsrechtlich relevante Behinderung liegt vielmehr immer dann vor, wenn die **wettbewerblichen Entfaltungsmöglichkeiten** eines Mitbewerbers (z. B. bezüglich Absatz, Bezug, Werbung Produktion, Finanzierung, Personal etc.) beeinträchtigt werden. Dies ist stets der Fall, wenn die beeinträchtigende Maßnahme sich zwar als Entfaltung eigenen Wettbewerbs darstellt, aber das Eigeninteresse des Handelnden weniger schutzwürdig ist als die Interessen der übrigen Beteiligten und der Allgemeinheit. Zur Konkretisierung sind auch hier in der Vergangenheit von der Rechtsprechung Untergruppen entwickelt worden, die im Rahmen des neuen UWG herangezogen werden können:

163 **aa) Preisunterbietung.** Grundsätzlich ist der **Unternehmer in der Gestaltung seiner Preise frei**, so dass auch der Verkauf von Waren zum Selbstkostenpreis oder unter Einstandspreis zulässig ist. Treten jedoch weitere besondere Umstände hinzu, kann dies im Einzelfall unlauterkeitsbegründende Wirkung haben. Dies ist u.a. dann anzunehmen, wenn der Verkauf von Waren unter dem Selbstkostenpreis geeignet ist und zu dem Zweck erfolgt, einzelne Mitbewerber zu verdrängen.

Auch im Falle des Wettbewerbs der öffentlichen Hand, ist die Preisunterbietung stets nach § 4 Nr. 10 UWG unlauter, sofern sie auf die Verdrängung eines Mitbewerbers abzielt, zu dessen Verdrängung tatsächlich geeignet und der Preis nicht kostendeckend ist.[245] Darüber hinaus kann eine Preisunterbietung privater Konkurrenten durch die öffentliche Hand unter dem Gesichtspunkt der **Zweckentfremdung öffentlicher Mittel** unlauter sein, wenn sie aus Mitteln finanziert wird, die der öffentlichen Hand zur Erfüllung eines anderen öffentlichen Zwecks zufließen, und die Kosten der Preisunterbietung dadurch auf Beitrags- und Steuerzahler abgewälzt werden.[246] Insoweit ist jedoch nicht bereits jede geringfügige Abweichung von den gebotenen Preisen unlauter.[247] Ein Verstoß wurde aber z. B. in einem Fall bejaht, in dem ein aus öffentlichen Mitteln finanziertes „Haus der Jugend" entgegen den Bestimmungen der Satzung auch Erwachsene aufnahm und so die üblichen Hotelpreise der Konkurrenten unterbot.[248]

---

[241] Vgl. BGH GRUR 1974, 739 „Schilderverkauf"; BGH GRUR 87, 116 (117 f.) „Kommunaler Bestattungswirtschaftsbetrieb I"; GRUR 2005 960 (962)- Friedhofsruhe; Hauck GRUR 2008 665 (667 f.).

[242] BGH GRUR 56, 227 (228) „Reisebüro".

[243] BGH GRUR 2003, 667 „Kommunaler Schilderprägebetrieb".

[244] RG JW 33, 2134 „Kommunales Bestattungsunternehmen".

[245] Köhler, in: Köhler/Bornkamm, UWG, § 4 Rn. 13.34.

[246] RG 138, 174 (178); OLG Schleswig-Holstein, WRP 1995, 971 „gewerbliche Zimmervermittlung"; BGH GRUR 1982, 433 (436) „Kinderbeiträge"; GRUR 1987, 116 (118) „Kommunale Bestattungswirtschaftsbetrieb I"; WRP 1993, 106 (108) „EWG-Baumusterprüfung"; GRUR 2003 164 (166) „Altautoverwertung". Vgl. dazu auch Köhler, in: Köhler/Bornkamm, UWG § 4 Rn. 13.33.

[247] BGH GRUR 1982, 433, 436 – „Kinderbeiträge".

[248] RGZ 138, 174 (178) „Haus der Jugend".

Ist die Preisunterbietung hingegen zur Erbringung eines öffentlichen Zwecks erforderlich (wie z. B. im Falle von Sozialtarifen) oder die öffentliche Hand zur Erbringung der Leistung verpflichtet und in der Preisgestaltung nicht frei, so liegt bereits keine geschäftliche Handlung vor, so dass der Anwendungsbereich des UWG gar nicht erst eröffnet ist.[249]

bb) Absatzbehinderung. Im Zusammenhang mit der Absatzbehinderung wird allgemein zwischen den Fallgruppen der **produkt-, vertriebs- und kundenbezogenen** Behinderung unterschieden. 164

Die **produktbezogene Absatzbehinderung** setzt ein unmittelbares (z. B. Beschädigen, Zerstören) oder mittelbares Einwirken auf die Konkurrenzware voraus.[250] Ein mittelbares Einwirken ist anzunehmen, wenn Waren vertrieben werden, die es ermöglichen, unter Überwindung von Sperren und Ähnlichem kostenlos in den Genuss entgeltlich angebotener Leistungen zu kommen.[251] In Frage kommt eine produktbezogene Absatzbehinderung unter besonderen Umständen auch bei einem Aufkauf von Konkurrenzware, der Inzahlungnahme gebrauchter Waren, dem Eintritt in Kundenbestellungen etc.[252]

Eine **vertriebsbezogene Absatzbehinderung** setzt die Errichtung von Vertriebshindernissen voraus, die bei Fehlen eines sachlichen Rechtfertigungsgrundes stets wettbewerbswidrig sind.[253] Beispiele für Vertriebsbehinderungen sind etwa Ausschließlichkeitsbindungen. Diese waren früher an § 16 Nr. 2 GWB a.F. zu messen. Nach der siebten GWB-Novelle unterfallen sie nunmehr direkt § 1 GWB.[254] Eine gezielte Behinderung kann im Einzelfall auch durch den Erwerb von Sperrzeichen, wie z. B. Marken oder Internet-Domains, erfolgen, sofern der Anmelder in Kenntnis des schutzwürdigen Besitzstandes des Vorbenutzers ohne ausreichenden sachlichen Grund für gleiche oder ähnlichen Waren eine identische oder verwechslungsfähige Bezeichnung als Marke anmeldet oder als Domain registrieren lässt mit dem Ziel, den Gebrauch für den Vorbenutzer zu sperren.[255] In derartigen Fällen können dem Vorbenutzer neben lauterkeitsrechtlichen Ansprüchen auch Ansprüche nach dem MarkenG zustehen. 165

Bei der **kundenbezogenen Absatzbehinderung** ist zu beachten, dass es grundsätzlich kein Recht auf Schutz und Erhalt eines Kundenstamms gibt.[256] Eine unlautere Kundenbehinderung ist daher erst dann anzunehmen, wenn (potenzielle) Kunden des Mitbewerbers durch unangemessene unsachliche Einwirkung am möglichen Erwerb dessen Waren gehindert werden sollen. Das ist der Fall bei Einsatz von Drohung oder Gewalt (vgl. dann auch § 4 Nr. 1 UWG), aber auch die Einwirkung mit Hilfe von Werbung kann im Einzelfall bereits ausreichen. Das Abfangen von Kunden eines Wettbewerbers durch gezieltes Ansprechen sowie die Verteilung von Handzetteln in unmittelbarer Nähe des Geschäftslokals im Einzelfall reicht allerdings für die Unlauterkeit nicht aus.[257] Für das Vorliegen der Wettbewerbswidrigkeit des Ausspannens von Kunden bedarf es stets des Hinzutretens besonderer, den Wettbewerb verfälschender und daher zu missbilligender Umstände. Vor diesem Hintergrund werden Kunden ausspannende Werbemaßnahmen nach bisheriger Rechtsprechung erst dann als wettbewerbswidrig beurteilt, wenn der Werbende sich mit ihrer Hilfe gleichsam **zwischen** den – noch nicht konkret zum Kauf 166

---

249 Köhler, in: Köhler/Bornkamm, UWG, § 4 Rn. 13.32; OLG Frankfurt, GRUR Int 1985, 762 (763).
250 Martin/Wirtz, in Götting/Nordemann, UWG, § 4 Rn. 10.66 ff.
251 Für das Anbieten gefälschter Telefonkarten: OLG Frankfurt NJW 1996, 264.
252 Siehe dazu im Einzelnen: Piper/Ohly, UWG, § 4 Rn. 10/59 – 10/62.
253 Martin/Wirtz, in Götting/Nordemann, UWG, § 4 Rn. 1069.
254 Vgl. oben Rn. 65; zur Beurteilung von Ausschließlichkeitsbindungen nach der aktuellen Fassung des GWB auch Dallmann, WRP 2006, 347ff.
255 BGH GRUR 1980, 110 (111) „Torch", GRUR 2008 621 (624) „Akademiks", GRUR 2005 581 (582) „The Color of Elegance".
256 BGH GRUR 2005 603 (604) „Kündigungshilfe"; GRUR 2004 704 (705) „Verabschiedungsschreiben".
257 BGH GRUR 1986 547 (548); Omsels, in: Harte Bavendamm/Henning-Bodewig, UWG, § 4 Nr. 10 Rn. 69 mit weiteren Nachweisen.

entschlossenen – **Interessenten und das in seinem Blickfeld liegende Geschäftslokals der Konkurrenz schieben** will, um diesen z. B. zu **hindern**, das Geschäftslokal der Konkurrenz wahrzunehmen und es bei einem ruhigen Überblick in den Kreis der Erwägungen einzubeziehen.[258] Ebenso unlauter ist das Abwerben von Kunden durch irreführende oder unsachliche Angaben über den Mitbewerber.[259]

cc) weitere von § 4 Nr. 10 UWG erfasste Fallgruppen:

167 • **Boykott:** Boykott ist der Aufruf zur Nichtbelieferung oder zur Nichtabnahme der Produkte eines Dritten.[260] Der Aufruf muss stets geeignet sein, den Willen des Adressaten in Richtung des begehrten Verhaltens zu beeinflussen. Eine einfache Anregung ist daher unschädlich.

168 • **Diskriminierung:** Diese Untergruppe erfasst die sachlich nicht gerechtfertigte unterschiedliche Behandlung von Anbietern im geschäftlichen Verkehr. Ebenso wie im Kartellrecht gibt es auch im Lauterkeitsrecht **kein allgemeines Diskriminierungsverbot**. Es gilt der Grundsatz der Vertragsfreiheit, der jedoch bei Normverstößen eine Einschränkung erfährt. So sieht beispielsweise § 6 EnWG für Energieversorgungsunternehmen einen Kontrahierungszwang vor, § 1 GWB verbietet diskriminierende Verhaltensweisen marktstarker Unternehmen[261] etc. Diese Sachverhalte können auch der Fallgruppe „Rechtsbruch" des § 4 Nr. 11 UWG zugeordnet werden.[262]

169 • **Betriebsstörung:** Wettbewerbswidrig ist auch die vorsätzliche Beeinträchtigung betrieblicher Abläufe im Unternehmen des Mitbewerbers in Form von physischem Einwirken, Abwerben von Mitarbeitern unter Anwendung anstößiger Methoden, Betriebsspionage etc.[263]

c) Rechtsbruch, § 4 Nr. 11 UWG

170 In § 4 Nr. 11 UWG ist die in der Rechtsprechung entwickelte Fallgruppe „Vorsprung durch Rechtsbruch" normiert worden. Danach liegt eine unlautere geschäftliche Handlung dann vor, wenn ein Wettbewerber sich durch Ausnutzung eines **Verstoßes gegen eine gesetzliche Vorschrift, die auch dazu bestimmt ist, das Marktverhalten im Interesse der Marktteilnehmer zu regeln,** einen geschäftlichen Vorteil verschafft. Angesichts der Schutzzweckbestimmung des § 1 UWG wird jedoch nicht generell jede Wettbewerbshandlung, die auf einem Gesetzesverstoß beruht, von § 4 Nr. 11 UWG erfasst. Aufgenommen wurde vielmehr eine Beschränkung, nach der der verletzten Norm zumindest eine sekundäre Schutzfunktion zu Gunsten des Wettbewerbs zukommen muss. Es sollen daher nur solche Normen erfasst werden, die **zumindest auch** Marktbezug aufweisen.[264]

171 Ein Marktbezug ist beispielsweise nicht bei Produktions-, Bau-, Arbeitnehmerschutz- und Datenschutzvorschriften gegeben. Hingegen kommen als relevante **Marktverhaltensregeln** solche in Betracht, die sich auf das berufliche Verhalten, das angebotene Produkt oder dessen Absatz beziehen, also beispielsweise die Preisangabenverordnung, das Ladenschlussgesetz etc.[265]

---

[258] KG Berlin, Urteil v. 9.9.2008, Az.: 5 U 163/07; OLG München, Beschluss v. 22.6.2005, Az.: 6 U 4627/04; BGH GRUR 1960, 431, 433 – Kraftfahrzeugnummernschilder; BGH GRUR 2001, 1061 (1063).

[259] BGH GRUR 1988, 545 (546) „Ansprechpartner".

[260] Ohly, in Piper/Ohly/Sosnitza, UWG, § 4 Rn. 10.86 ff.

[261] Vgl. dazu oben Rn. 68.

[262] Vgl. unten Rn. 170 ff.

[263] Zum Abwerben von Mitarbeitern: BGH GRUR 1966, 263 (265) „Bau Chemie"; GRUR 1984, 129 (130) „shop-in-the-shop", zur Betriebsspionage: BGH GRUR 2009, 1075 (1076)-mit weiteren Nachweisen; Martin/Wirtz in Götting/Nordemann, UWG § 4 Rn. 10.13 ff..

[264] BGH GRUR 2002, 825 „Elektroarbeiten"; vgl. auch Köhler, in Köhler/Bornkamm, UWG § 4 Rn. 11.33.

[265] Köhler, NJW 2004, 2121 (2124); vgl. auch die Übersicht bei Köhler, in: Köhler/Bornkamm, UWG § 4 Rn. 13.51 ff.

Eine auf die Lauterkeit des Wettbewerbs bezogene Schutzfunktion soll weiter beispielsweise bei Vorschriften zu bejahen sein, die als Voraussetzung für die Ausübung bestimmter Tätigkeiten den Nachweis besonderer fachlicher Fähigkeiten erfordern und damit die Sicherstellung einer bestimmten Qualität oder Sicherheit der angebotenen Ware bezwecken. 172

In diesem Zusammenhang stellt sich auch die Frage, ob die **kommunalrechtlichen Regelungen zur wirtschaftlichen Betätigung** in den Anwendungsbereich des § 4 Nr. 11 UWG fallen. So enthalten nämlich z. B. sämtliche **Gemeindeordnungen** Vorschriften zu den Zulässigkeitsvoraussetzungen einer wirtschaftlichen Betätigung von Kommunen.[266] Lange Zeit war umstritten, ob diese Vorschriften dazu dienen, Wettbewerber der Kommunen vor deren erwerbswirtschaftlicher Tätigkeit oder die Kommunen durch einschränkende Voraussetzungen (z. B. den öffentlichen Zweck der wirtschaftlichen[267] Betätigung) vor einem unbedachten erwerbswirtschaftlichen Tätigwerden und damit vor potentieller Verschuldung zu schützen.[268] 173

Im Jahr 2002 wurde diese Frage höchstrichterlich entschieden: Bezüglich der von einem kommunalen Stadtwerk durchgeführten Elektroarbeiten entschied der Bundesgerichtshof, dass sich die Beurteilung nach dem UWG nur auf die **Art und Weise** der Beteiligung der öffentlichen Hand am Wettbewerb bezieht und nicht auf die Frage, **ob** die öffentliche Hand in dem jeweiligen Fall erwerbswirtschaftlich tätig werden darf.[269] Die Verletzung gemeinderechtlicher Normen **über den Marktzutritt** von Kommunen bzw. ihrer Unternehmen ist **daher wettbewerbsrechtlich irrelevant** mit der Folge, dass private Wettbewerber dagegen keine Ansprüche auf der Grundlage des UWG geltend machen können.[270]

An diese Rechtsprechung knüpft die Regelung des § 4 Nr. 11 UWG an.

Dabei ist für kommunale Unternehmen noch Folgendes zu beachten: Vorschriften mit ausschließlich innerbehördlicher Bindung **ohne Außenwirkung** haben keine wettbewerbsrechtliche Relevanz. Dasselbe gilt für **haushaltsrechtliche Vorschriften**. Sie bewirken lediglich eine Bindung der öffentlichen Hand nach innen und dienen daher nicht dem Schutz von Wettbewerbern. Ihre Verletzung kann daher keinen Wettbewerbsverstoß begründen. Ebenso verhält es sich bei den öffentlich-rechtlichen **Zuständigkeitsregelungen**. Für die öffentliche Hand besteht im Übrigen eine **Grundrechtsbindung**. Sie darf daher die Grundrechte Privater (z. B. aus Art. 12, 14, 5, 2 GG) nicht verletzen. Private Konkurrenten können allerdings keine Grundrechtsverletzung mit der Begründung geltend machen, dass für die erwerbswirtschaftliche Betätigung einer Kommune keine ausdrückliche Ermächtigung vorhanden sei. 174

6. Irreführende geschäftliche Handlungen, §§ 5 und 5a UWG

Die UWG-Reform 2008 hat zudem zu wesentlichen Änderungen im Bereich der Vorschriften zur Irreführung geführt. Lautete die Überschrift des alten § 5 UWG noch „Irreführende Werbung", so vollzieht das heutige UWG den Wechsel von der Wettbewerbshandlung zur geschäftlichen Handlung nach und überschreibt die Norm wie folgt: 175

266 Vgl. dazu Kap. C. Rn. 99 ff.

267 Vgl. hierzu OLG Düsseldorf Urt. v. 28. 10. 1998, Az. 2 U 7/99; dort wurde das Recycling von Altautos als Teil der Abfallentsorgung nicht als wirtschaftliche Betätigung der Gemeinde gewertet.

268 Vgl. BGH GRUR 2003, 167 „Kommunaler Schilderprägebetrieb".

269 BGH GRUR 2002, 825 (826) „Elektroarbeiten"; vgl. auch die nachfolgenden Entscheidungen: BGH GRUR 2004, 255 (258) „Strom und Telefon I" und BGH GRUR 2004, 259 (262) „Strom und Telefon II"; Schröder in Eiding/Hoffmann- Hoeppel, Verwaltungsrecht, § 37 Rn. 2 f.

270 So Köhler, in Köhler/Bornkamm, UWG § 4 Rn. 13.56; Schink, NVwZ 2002 129 (138).

176 § 5 UWG Irreführende geschäftliche Handlungen:

„(1) [1]Unlauter handelt, wer eine irreführende geschäftliche Handlung vornimmt. [2]Eine geschäftliche Handlung ist irreführend, wenn sie unwahre Angaben enthält oder sonstige zur Täuschung geeignete Angaben über folgende Umstände enthält:

1. *die wesentlichen Merkmale der Ware oder Dienstleistung wie Verfügbarkeit, Art, Ausführung, Vorteile, Risiken, Zusammensetzung, Zubehör, Verfahren oder Zeitpunkt der Herstellung, Lieferung oder Erbringung, Zwecktauglichkeit, Verwendungsmöglichkeit, Menge, Beschaffenheit, Kundendienst und Beschwerdeverfahren, geographische oder betriebliche Herkunft, von der Verwendung zu erwartende Ergebnisse oder die Ergebnisse oder wesentlichen Bestandteile von Tests der Waren oder Dienstleistungen;*
2. *den Anlass des Verkaufs wie das Vorhandensein eines besonderen Preisvorteils, den Preis oder die Art und Weise, in der er berechnet wird, oder die Bedingungen, unter denen die Ware geliefert oder die Dienstleistung erbracht wird;*
3. *die Person, Eigenschaften oder Rechte des Unternehmers wie Identität, Vermögen einschließlich der Rechte des geistigen Eigentums, den Umfang von Verpflichtungen, Befähigung, Status, Zulassung, Mitgliedschaften oder Beziehungen, Auszeichnungen oder Ehrungen, Beweggründe für die geschäftliche Handlung oder die Art des Vertriebs;*
4. *Aussagen oder Symbole, die im Zusammenhang mit direktem oder indirektem Sponsoring stehen oder sich auf eine Zulassung des Unternehmers oder der Waren oder Dienstleistungen beziehen;*
5. *die Notwendigkeit einer Leistung, eines Ersatzteils, eines Austauschs oder einer Reparatur;*
6. *die Einhaltung eines Verhaltenskodexes, auf den sich der Unternehmer verbindlich verpflichtet hat, wenn er auf diese Bindung hinweist, oder*
7. *Rechte des Verbrauchers, insbesondere solche auf Grund von Garantieversprechen oder Gewährleistungsrechte bei Leistungsstörungen.*

(2) Eine geschäftliche Handlung ist auch irreführend, wenn sie im Zusammenhang mit der Vermarktung von Waren oder Dienstleistungen einschließlich vergleichender Werbung eine Verwechslungsgefahr mit einer anderen Ware oder Dienstleistung oder mit der Marke oder einem anderen Kennzeichen eines Mitbewerbers hervorruft.

(3) Angaben im Sinne von Absatz 1 Satz 2 sind auch Angaben im Rahmen vergleichender Werbung sowie bildliche Darstellungen und sonstige Veranstaltungen, die darauf zielen und geeignet sind, solche Angaben zu ersetzen.

(4) [1]Es wird vermutet, dass es irreführend ist, mit der Herabsetzung eines Preises zu werben, sofern der Preis nur für eine unangemessen kurze Zeit gefordert worden ist. [2]Ist streitig, ob und in welchem Zeitraum der Preis gefordert worden ist, so trifft die Beweislast denjenigen, der mit der Preisherabsetzung geworben hat."

a) Irreführung

177 Kern des § 5 UWG ist der Begriff der **Irreführung**, der durch § 5 Abs. 1 Nr. 1–7, Abs. 2–4 UWG konkretisiert und ausgefüllt wird. Dabei kann neben einer objektiv unwahren Behauptung – ausgehend von dem maßgeblichen Verständnis des durchschnittlich informierten und verständigen Verbrauchers,[271] dessen Grad an Aufmerksamkeit abhängig ist von der jeweiligen Situation und der Bedeutung der beworbenen Sache – auch eine objektive wahre Angabe irreführend sein, wenn sie missverständlich wirkt.[272] Umgekehrt kann auch eine objektiv unwahre Angabe im Einzelfall als nicht irreführend und damit unbedenklich einzustufen sein, wenn die Unrichtigkeit von den Betroffenen ohne weiteres erkannt wird (z. B. bei offensichtlicher Spaßwerbung).

---

[271] Dieser Maßstab ist jetzt in § 3 Abs. 2 S. 2 UWG ausdrücklich festgeschrieben; vgl. zum alten Recht BGH WRP 2000, 517 (520) „Orient-Teppichmuster"; WRP 2000, 1129 (1130) „Tageszulassung II"; vgl. auch EuGH WRP 1998, 848 (851) „Gut Springenheide"; WRP 2000, 489 (491) „Darbo".

[272] Bornkamm, in Köhler/Bornkamm, UWG, § 5 Rn. 2.65 f., vgl. auch Richtlinie über irreführende und vergleichende Werbung 2006/114/EG und Richtlinie 2005/29/EG.

Es ist daher für die Frage nach dem Vorliegen einer irreführenden Werbung im Sinne von § 5 UWG stets auf den konkreten Einzelfall abzustellen. Dogmatisch führt das Vorliegen einer Irreführung nur zur Unlauterkeit der geschäftlichen Handlung. Um zur Unzulässigkeit zu gelangen, muss darüber hinaus die **Spürbarkeitsschwelle** des § 3 Abs. 2 UWG überschritten werden.

b) Fallgruppen

aa) Alleinstellungs- und Spitzengruppenwerbung. Bei der **Alleinstellungswerbung** behauptet der Werbende eine zu seinen Gunsten bestehende, wie auch immer geartete Vorzugsstellung gegenüber anderen Wettbewerbern (z. B.: „das beste", „älteste", „größte" etc.).[273] Um eine sog. **Spitzengruppenwerbung** handelt es sich, wenn mit der Zugehörigkeit zu einer bestimmten (Spitzen-)Gruppe (z. B.: „eines der größten", „eines der ältesten" usw.)[274] geworben wird. Zulässig ist eine solche Werbung nur, wenn sie wahr ist, also der Werbende z. B. tatsächlich den behaupteten deutlichen, nicht nur vorübergehenden Vorsprung gegenüber seinen Mitbewerbern besitzt.[275] 178

bb) Lockvogelwerbung. Hierunter versteht man Angebote, mit denen der Kunde zum Kauf angelockt werden soll. Unzulässig ist zum Beispiel das Angebot von Waren, die überhaupt nicht oder nicht in ausreichender Menge vorhanden sind.[276] Diese Fallgruppe ist zudem als per se-Verbot ohne Wertungsmöglichkeit in Nr. 5 der Liste der Klauselverbote des Anhangs zu § 3 Abs. 3 UWG als grundsätzlich unzulässige Handlung erfasst.[277] Nach dieser Vorschrift muss von der angebotenen Ware mindestens ein Zwei-Tages-Vorrat vorhanden sein, anderenfalls wird vermutet, dass der Vorrat nicht angemessen war. Folgerichtig konnte § 5 Abs. 5 UWG a.F. gestrichen werden. Nach der in S. 2 der Nr. 5 des Anhangs enthaltenen Beweislastregel kann die Vermutungswirkung jedoch durch den Nachweis einer unerwartet hohen Nachfrage, unvorhergesehener Lieferschwierigkeiten und ähnlicher von dem anbietenden Unternehmen nicht zu vertretender Umstände entkräftet werden. 179

cc) Blickfangwerbung.[278] Werden Teile einer Werbung mit einzelnen Reizwörtern wie „gratis" etc. blickfangartig herausgestellt, so dürfen diese Angaben – auch für sich genommen – nicht irreführend sein. Dies ist aber beispielsweise der Fall, wenn erst im „Kleingedruckten" auf die genauen Konditionen hingewiesen wird.[279] Ein deutlicher Hinweis auf die wahre Bedeutung der Werbeaussage mit Hilfe eines Sternchens (*), der jedoch strengen Anforderungen an Transparenz und Erkennbarkeit unterliegt, kann im Einzelfall allerdings die Irreführung verhindern.[280] Voraussetzung ist, dass der Sternchenhinweis am Blickfang teilhat, so dass der Betrachter die Einschränkung der herausgestellten Werbeaussage unmittelbar wahrnimmt. 180

dd) Preisgegenüberstellungen. Diese Fallgruppe betrifft die Fälle, bei denen der Wettbewerber seinen aktuellen Preis unter Zufügung eines anderen Preises präsentiert. Meist wird dabei ein Vergleich mit der unverbindlichen Preisempfehlung des Herstellers oder eigenen früher verlangten Preisen hergestellt, der grundsätzlich zulässig ist. Eine Irreführung liegt jedoch regelmäßig dann vor, wenn z. B. nicht klargestellt wird, dass es sich bei der Preisempfehlung des Herstellers um eine unverbindliche Empfehlung handelt 181

---

273 BGH GRUR 1969, 415 (417) „Kaffeerösterei"; Helm, in Gloy/Loschelder/Erdmann, Wettbewerbsrecht, § 59 Rn. 215 ff.

274 OLG Koblenz GRUR 1985, 300 (301) „Spitzengruppenwerbung"; OLG Zweibrücken NJW-RR 2002 1066 (1067); OLG Karlsruhe WRP 2012 1131 (1133).

275 BGH GRUR 1991, 850 (851) „Spielzeug-Autorennbahn".

276 BGH WRP 2000, 1131 (1133) „Lieferstörung"; GRUR 1996, 800 (801) „EDV-Geräte".

277 Siehe oben, Rn. 155.

278 Siehe dazu BGH NJW-RR 1991 751 (751).

279 BGH GRUR 1990, 282 (285) „Wettbewerbsverein".

280 OLG Stuttgart, WRP 1984, 170 (171) „Sternchenwerbung"; OLG- Brandenburg GRUR- RR 2012, 165 (166).

oder der angegebene eigene frühere Preis tatsächlich nie oder nicht über eine ausreichende Zeit (Mondpreiswerbung) verlangt wurde (vgl. § 5 Abs. 4 UWG).[281]

c) Irreführung durch Unterlassen, § 5a UWG

182 Erstmals ist durch die Umsetzung der Richtlinie über unlautere Geschäftspraktiken mit § 5a UWG auch eine ausführliche Regelung der Irreführung durch Unterlassen ins UWG aufgenommen worden.

§ 5a UWG lautet:

„(1) Bei der Beurteilung, ob das Verschweigen einer Tatsache irreführend ist, sind insbesondere deren Bedeutung für die geschäftliche Entscheidung nach der Verkehrsauffassung sowie die Eignung des Verschweigens zur Beeinflussung der Entscheidung zu berücksichtigen.

(2) Unlauter handelt, wer die Entscheidungsfähigkeit von Verbrauchern im Sinne des § 3 Abs. 2 dadurch beeinflusst, dass er eine Information vorenthält, die im konkreten Fall unter Berücksichtigung aller Umstände einschließlich der Beschränkungen des Kommunikationsmittels wesentlich ist.

(3) Werden Waren oder Dienstleistungen unter Hinweis auf deren Merkmale und Preis in einer dem verwendeten Kommunikationsmittel angemessenen Weise so angeboten, dass ein durchschnittlicher Verbraucher das Geschäft abschließen kann, gelten folgende Informationen als wesentlich im Sinne des Absatzes 2, sofern sie sich nicht unmittelbar aus den Umständen ergeben:

1. *alle wesentlichen Merkmale der Ware oder Dienstleistung in dem dieser und dem verwendeten Kommunikationsmittel angemessenen Umfang;*
2. *die Identität und Anschrift des Unternehmers, gegebenenfalls die Identität und Anschrift des Unternehmers, für den er handelt;*
3. *der Endpreis oder in Fällen, in denen ein solcher Preis auf Grund der Beschaffenheit der Ware oder Dienstleistung nicht im Voraus berechnet werden kann, die Art der Preisberechnung sowie gegebenenfalls alle zusätzlichen Fracht-, Liefer- und Zustellkosten oder in Fällen, in denen diese Kosten nicht im Voraus berechnet werden können, die Tatsache, dass solche zusätzlichen Kosten anfallen können;*
4. *Zahlungs-, Liefer- und Leistungsbedingungen sowie Verfahren zum Umgang mit Beschwerden, soweit sie von Erfordernissen der fachlichen Sorgfalt abweichen, und*
5. *das Bestehen eines Rechts zum Rücktritt oder Widerruf.*

(4) Als wesentlich im Sinne des Absatzes 2 gelten auch Informationen, die dem Verbraucher auf Grund gemeinschaftsrechtlicher Verordnungen oder nach Rechtsvorschriften zur Umsetzung gemeinschaftsrechtlicher Richtlinien für kommerzielle Kommunikation einschließlich Werbung und Marketing nicht vorenthalten werden dürfen.“

Die Vorschrift löst § 5 Abs. 2 UWG a.F. ab und setzt Art. 7 der Richtlinie über unlautere Geschäftspraktiken in das deutsche Recht um. Wie § 5 UWG erfasst auch § 5a UWG nicht mehr nur die Werbung, sondern das Verschweigen aller Tatsachen, die für die geschäftliche Entscheidung von Bedeutung sein können. Insbesondere werden damit auch **nachvertragliche geschäftliche Handlungen** in den Anwendungsbereich der Vorschrift einbezogen. Während § 5a Abs. 1 UWG für alle Marktteilnehmer gilt, finden Abs. II–IV der Vorschrift ausschließlich Anwendung auf Waren- und Dienstleistungsangebote im Verhältnis zwischen Unternehmern und Verbrauchern.

Obgleich es auch nach der Umsetzung der Richtlinie kein allgemeines Transparenzgebot im UWG geben wird, könnte § 5a UWG ein Einfallstor bieten, um weitgehende **Informationspflichten** für die Unternehmen zu begründen, denn die in § 5a Abs. 3 UWG enthaltene Aufzählung wesentlicher Informationen, deren Unterlassung irreführend ist, soll lediglich beispielhaften Charakter haben und einer Ausdehnung durch die

---

[281] BGH GRUR 1980, 108 (109) „unter empfohlenem Preis“; WRP 2000 386 (388) „Preisknaller“; BGH GRUR 2011, 1151 (1152).

Rechtsprechung nicht im Wege stehen.[282] Der Anwendungsbereich im Einzelnen wird sich daher erst durch die dazu in Zukunft ergehende Rechtsprechung bestimmen lassen.

7. Vergleichende Werbung, § 6 UWG

Die vergleichende Werbung ohne erkennbare Bezugnahme auf Dritte wird nicht von 183 § 6 UWG erfasst, allerdings kann sich die Unlauterkeit aus einem Verstoß gegen die Generalklausel des § 3 UWG, je nach Lage des Falles in Verbindung mit §§ 5, 5a UWG oder einem der Beispielstatbestände des § 4 UWG ergeben.

Allgemein gehaltene Vergleiche sind grundsätzlich zulässig, da sie die Markttransparenz und Kundeninformation verbessern können.[283] Neben dem Preis kann sich der Vergleich auf Leistungen oder Warenarten beziehen. Zulässig ist so zum Beispiel die Aufforderung, die eigene und die Konkurrenzware zu vergleichen und zu erproben. Der Vergleich muss wahrheitsgemäß und sachlich erfolgen. Unlauter und daher gemäß §§ 3 Abs. 1, 5 Abs. 1 UWG unzulässig ist hingegen die vergleichende Werbung, wenn bei einem durchschnittlich informierten, aufmerksamen und verständigen Durchschnittsverbraucher ein unrichtiger oder irreführender Gesamteindruck entsteht.[284] Daneben kommt ein Verstoß auch in Betracht, wenn wesentliche Umstände verschwiegen[285] – vgl. § 5a Abs. 1 UWG – oder konkurrierende Angebote pauschal abgewertet werden.[286] Als unzulässiger Werbevergleich wurde vor diesem Hintergrund der folgende Slogan betrachtet: „*Wir sind keine anonyme AG. Unsere Geschäftspolitik ist stabil und wird vom Inhaber persönlich bestimmt und nicht durch Aktionäre oder sonstige Gesellschafter*". Dieser Hinweis enthält zwar keine Bezugnahme auf bestimmte Mitbewerber, aber eine unnötige Kritik und pauschale Abwertung der Konkurrenten, deren Gesellschaftsform eine AG ist.

Vergleichende Werbung unter Bezugnahme auf Dritte hingegen ist hinsichtlich 184 ihrer wettbewerbsrechtlichen Zulässigkeit an § 6 UWG[287] zu messen:

„*(1) Vergleichende Werbung ist jede Werbung, die unmittelbar oder mittelbar einen Mitbewerber oder die von einem Mitbewerber angebotenen Waren oder Dienstleistungen erkennbar macht.*

(2) Unlauter handelt, wer vergleichend wirbt, wenn der Vergleich

1. *sich nicht auf Waren oder Dienstleistungen für den gleichen Bedarf oder dieselbe Zweckbestimmung bezieht,*
2. *nicht objektiv auf eine oder mehrere wesentliche, relevante, nachprüfbare und typische Eigenschaften oder den Preis dieser Waren oder Dienstleistungen bezogen ist,*
3. *im geschäftlichen Verkehr zu einer Gefahr von Verwechslungen zwischen dem Werbenden und einem Mitbewerber oder zwischen den von diesen angebotenen Waren oder Dienstleistungen oder den von ihnen verwendeten Kennzeichen führt,*
4. *den Ruf des von einem Mitbewerber verwendeten Kennzeichens in unlauterer Weise ausnutzt oder beeinträchtigt,*
5. *die Waren, Dienstleistungen, Tätigkeiten oder persönlichen oder geschäftlichen Verhältnisse eines Mitbewerbers herabsetzt oder verunglimpft oder*
6. *eine Ware oder Dienstleistung als Imitation oder Nachahmung einer unter einem geschützten Kennzeichen vertriebenen Ware oder Dienstleistung darstellt.*"

---

282 Vgl. Begründung Regierungsentwurf, BT- Drucksache 16/10145, S. 50; a.A. Hoeren, BB 2008, 1182 (1186), der von einer abschließenden Regelung in der Richtlinie ausgeht.

283 BGH GRUR 1967, 30 (33) „Rum-Verschnitt"; GRUR 1986, 548 (549) „Dachsteinwerbung".

284 EuGH WRP 2000, 289 (292) „Lifting Creme"; BGH GRUR 2000, 619 (621) „Orient-Teppichmuster"; WRP 2001, 688 (690) „Eröffnungswerbung".

285 BGH GRUR 1967, 596 (599) „Kuppelmuffenverbindung"; GRUR 1986, 548 (549) „Dachsteinwerbung".

286 BGH GRUR 1981, 823 (826) „Ecclesia-Versicherungsdienst"; GRUR 1985, 982 (983) „Großer Werbeaufwand"; WRP 2001, 688 (689) „Eröffnungswerbung".

287 § 6 UWG ist im Lichte der zugrundeliegenden Richtlinie 2006/114/EG über irreführende und vergleichende Werbung auszulegen; vgl. Köhler, in Köhler/Bornkamm, UWG § 6 Rn. 9ff. Diese Richtlinie löste ohne inhaltliche Änderungen die früheren Richtlinien 84/450/EWG und 97/55/EG ab.

§ 6 UWG normiert den Grundsatz der Zulässigkeit vergleichender Werbung, indem Abs. II der Vorschrift Voraussetzungen festlegt, unter denen vergleichende Werbung ausnahmsweise als unlauter anzusehen ist.

§ 6 Abs. 2 UWG ist für den jeweiligen Spezialfall der vergleichenden Werbung **abschließend**, d.h. aus § 3 UWG dürfen weder strengere noch mildere Maßstäbe hergeleitet werden.[288]

So müssen die miteinander verglichenen Produkte z.B. stets auch vergleichbar, d.h. substituierbar[289], sein (§ 6 Abs. 2 Nr. 1 UWG). Auch muss der Vergleich dem Sachlichkeitsgebot entsprechen, also einen objektiv nachprüfbaren Inhalt[290] haben (§ 6 Abs. 2 Nr. 2 UWG) usw.[291] Ein unlauterer Vergleich liegt hingegen dann vor, wenn unter Hinweis auf den niedrigen Preis des Konkurrenten beim Publikum der unrichtige Eindruck erweckt wird, es handele sich bei diesen Produkte um solche minderer Qualität.

8. Unzumutbare Belästigungen, § 7 UWG

185 Durch § 7 UWG werden solche geschäftlichen Handlungen – insbesondere Werbung – als unzulässig eingestuft, die einen Marktteilnehmer **in unzumutbarer Weise belästigen**. Dabei geht es um **die Art und Weise der Werbung** und nicht um deren Inhalt, der bereits Gegenstand der §§ 4–6 UWG ist.[292] Durch die Novellierung des UWG im Jahr 2004 wurde diese Fallgruppe erstmals als eigenständiger Tatbestand in das UWG aufgenommen. Im Zuge der Umsetzung der Richtlinie wurde der Verweis auf die Unlauterkeit im Sinne des § 3 UWG ersetzt durch die Formulierung „ist unzulässig". Hiermit wird klargestellt, dass eine unzumutbare geschäftliche Handlung **immer spürbar** im Sinn des § 3 Abs. 1 UWG ist. Allerdings enthält § 7 Abs. 1 UWG mit dem Merkmal der Unzumutbarkeit eine eigene Bagatellklausel. Die Belästigungstatbestände werden im Rahmen der – jedoch nicht abschließenden – Aufzählung des § 7 Abs. 2 UWG näher konkretisiert.

§ 7 UWG lautet:

„(1) [1]Eine geschäftliche Handlung, durch die ein Marktteilnehmer in unzumutbarer Weise belästigt wird, ist unzulässig. [2]Dies gilt insbesondere für Werbung, obwohl erkennbar ist, dass der angesprochene Marktteilnehmer diese Werbung nicht wünscht.

(2) Eine unzumutbare Belästigung ist stets anzunehmen

1. *bei Werbung unter Verwendung eines in den Nummern 2 und 3 nicht aufgeführten, für den Fernabsatz geeigneten Mittels der kommerziellen Kommunikation, durch die ein Verbraucher hartnäckig angesprochen wird, obwohl er dies erkennbar nicht wünscht;*
2. *bei Werbung mit einem Telefonanruf gegenüber einem Verbraucher ohne dessen Einwilligung oder gegenüber einem sonstigen Marktteilnehmer ohne dessen zumindest mutmaßliche Einwilligung;*
3. *bei Werbung unter Verwendung einer automatischen Anrufmaschine, eines Faxgerätes oder elektronischer Post, ohne dass eine vorherige ausdrückliche Einwilligung des Adressaten vorliegt, oder*
4. *bei Werbung mit einer Nachricht, bei der die Identität des Absenders, in dessen Auftrag die Nachricht übermittelt wird, verschleiert oder verheimlicht wird oder bei der keine gültige Adresse vorhanden ist, an die der Empfänger eine Aufforderung zur Einstellung solcher Nachrichten richten kann, ohne dass hierfür andere als die Übermittlungskosten nach den Basistarifen entstehen.*

(3) Abweichend von Absatz 2 Nr. 3 ist eine unzumutbare Belästigung bei einer Werbung unter Verwendung elektronischer Post nicht anzunehmen, wenn

---

288 Köhler, in: Köhler/Bornkamm, UWG § 6 Rn. 13ff; OLG Saarbrücken GRUR-RR 2008 312 (314).

289 So: BGH WRP 1999, 414 (416) „Vergleichen Sie"; OLG Hamburg GRUR 2000, 243 (245) „Lottoschein"; Ohly, in Piper/Ohly/Sosnitza, UWG, § 6 Rn. 26 a..

290 BGH WRP 1998, 1065 (1067) „Preisvergleichsliste II"; Sack, in Harte-Bavendamm/Henning-Bodewig, UWG, § 6 Rn. 161ff.

291 Vgl. die eingehende Darstellung bei Lehmler B I 3ff.

292 Dazu oben Rn. 156–184.

1. *ein Unternehmer im Zusammenhang mit dem Verkauf einer Ware oder Dienstleistung von dem Kunden dessen elektronische Postadresse erhalten hat,*
2. *der Unternehmer die Adresse zur Direktwerbung für eigene ähnliche Waren oder Dienstleistungen verwendet,*
3. *der Kunde der Verwendung nicht widersprochen hat und*
4. *der Kunde bei Erhebung der Adresse und bei jeder Verwendung klar und deutlich darauf hingewiesen wird, dass er der Verwendung jederzeit widersprechen kann, ohne dass hierfür andere als die Übermittlungskosten nach den Basistarifen entstehen."*

9. Rechtsfolgen von Verstößen

a) zivilrechtliche Folgen

aa) Unterlassungs- und Beseitigungsanspruch. Liegt ein Verstoß gegen einen der Tatbestände der §§ 3–7 UWG vor, kommt zunächst stets ein **Beseitigungsanspruch**, im Fall des Vorliegens einer Wiederholungsgefahr ein **Unterlassungsanspruch**, gegen den Handelnden gemäß § 8 Abs.1I UWG in Betracht: 186

„(1) [1]Wer eine nach § 3 oder § 7 unzulässige geschäftliche Handlung vornimmt, kann auf Beseitigung und bei Wiederholungsgefahr auf Unterlassung in Anspruch genommen werden. [2]Der Anspruch auf Unterlassung besteht bereits dann, wenn eine derartige Zuwiderhandlung gegen § 3 oder § 7 droht."

Der Unterlassungs- und der Beseitigungsanspruch sind **verschuldensunabhängig**, d.h. es ist nicht erforderlich, dass der Schädiger vorsätzlich oder fahrlässig gehandelt hat. Während der Beseitigungsanspruch auf die Beseitigung eines in der Vergangenheit geschaffenen Störungszustandes gerichtet ist, besteht der Unterlassungsanspruch regelmäßig nur dann, wenn eine sog. **Wiederholungsgefahr** gegeben ist.

Diese liegt immer vor, wenn eine in der Vergangenheit begangene Rechtsgutverletzung die Besorgnis begründet, dass der Betreffende auch zukünftig dieselbe Verletzungshandlung erneut begeht.[293] Im Wettbewerbsrecht wird die Wiederholungsgefahr stets **vermutet**, wenn bereits ein Wettbewerbsverstoß begangen wurde.[294] Es ist Aufgabe des Schädigers, , diese Vermutung zu widerlegen. 187

Welcher Personenkreis zur Geltendmachung eines Unterlassungs- oder Beseitigungsanspruchs berechtigt ist, bestimmt sich nach § 8 Abs. 3 UWG: 188

„(3) Die Ansprüche aus Absatz 1 stehen zu:
1. *jedem Mitbewerber;*
2. *rechtsfähigen Verbänden zur Förderung gewerblicher oder selbständiger beruflicher Interessen, soweit ihnen eine erhebliche Zahl von Unternehmern angehört, die Waren oder Dienstleistungen gleicher oder verwandter Art auf demselben Markt vertreiben, soweit sie insbesondere nach ihrer personellen, sachlichen und finanziellen Ausstattung imstande sind, ihre satzungsmäßigen Aufgaben der Verfolgung gewerblicher oder selbständiger beruflicher Interessen tatsächlich wahrzunehmen und soweit die Zuwiderhandlung die Interessen ihrer Mitglieder berührt;*
3. *qualifizierten Einrichtungen, die nachweisen, dass sie in die Liste qualifizierter Einrichtungen nach § 4 des Unterlassungsklagengesetzes oder in dem Verzeichnis der Kommission der Europäischen Gemeinschaften nach Artikel 4 der Richtlinie 98/27/EG des Europäischen Parlaments und des Rates vom 19. Mai 1998 über Unterlassungsklagen zum Schutz der Verbraucherinteressen (ABl. EG Nr. L 166 S. 51) eingetragen sind;*
4. *den Industrie- und Handelskammern oder den Handwerkskammern."*

---

[293] Vgl. BGH GRUR 1996, 781 (783) – Verbrauchsmaterialien.
[294] BGH GRUR 01 453 (455) „TCM-Zentrum"; GRUR 02, 717 (719) „Vertretung der Anwalts-GmbH".

189 **bb) Schadensersatzanspruch.** Sofern durch eine **vorsätzlich oder fahrlässig** begangene und gem. § 3 oder § 7 UWG unlautere geschäftliche Handlung **ein Schaden** verursacht wird, ist dieser gemäß § 9 UWG durch den Handelnden zu ersetzen. Im Gegensatz zum Unterlassungsanspruch bedarf es also für die Geltendmachung von Schadenersatzansprüchen stets eines **Verschuldens** des Handelnden. Auch kann der Schadensersatzanspruch nur durch Mitbewerber geltend gemacht werden, § 9 S. 1 UWG. Im Verhältnis zum Unterlassungsanspruch ist der Schadensersatzanspruch praktisch weniger relevant, da der Nachweis eines Verschuldens oftmals nicht einfach zu führen ist. Zudem bereitet auch die Berechnung der konkreten Schadenshöhe häufig enorme praktische Schwierigkeiten.

190 Mit dem Schadensersatzanspruch geht regelmäßig ein **Auskunftsanspruch,** u.U. sogar ein **Rechnungslegungsanspruch** des Mitbewerbers einher. Da nämlich der Geschädigte regelmäßig keine Informationen darüber hat, in welchem Umfang und über welchen Zeitraum der Verletzte von seiner unlauteren Verhaltensweise profitiert hat, kann er naturgemäß seinen eigenen Schaden nur schwer einschätzen. So weiß üblicherweise nur der Schädiger, wie häufig und in welchen Medien eine unzulässige Werbung geschaltet wurde. Aus diesem Grunde ist der Schädiger, wenn seine Pflicht zum Schadensersatz feststeht, gewohnheitsrechtlich verpflichtet, Auskunft zu erteilen über beispielsweise die Dauer und den Umfang der unlauteren geschäftlichen Handlung. Welche Informationen im Einzelnen zu erteilen sind und ob die Preisgabe dieser Informationen dem Schädiger zugemutet werden kann, ist durch eine **Interessenabwägung** zu ermitteln. Hierbei sind die konkreten Umstände des Einzelfalls maßgebend.

Die Höhe des Schadens berechnet sich nach den allgemeinen zivilrechtlichen Regeln der §§ 249ff. BGB, d.h. grundsätzlich ist der Geschädigte so zu stellen, wie er ohne die schädigende Handlung stehen würde.[295]

191 **cc) Gewinnabschöpfungsanspruch.** Im Falle einer nicht nur fahrlässigen, sondern **vorsätzlichen,** nach §§ 3 und 7 UWG unlauteren, geschäftlichen Handlung, die auf eine Gewinnerzielung zu Lasten einer **Vielzahl von Abnehmern** gerichtet ist, kann von den gem. § 8 Abs. 3 Nr. 2–4 UWG zur Geltendmachung eines Unterlassungsanspruchs Berechtigten gem. § 10 UWG die Herausgabe dieses Gewinns **an den Bundeshaushalt** verlangt werden. Im Gegensatz zum Schadensersatzanspruch dient der Gewinnabschöpfungsanspruch also nicht dem individuellen Schadensausgleich zwischen Schädiger und Geschädigten Vielmehr soll mittels dieses Anspruchs der durch die wettbewerbswidrige Handlung erzielte Gewinn – sofern diesem ein unmittelbarer Vermögensnachteil beim Abnehmer gegenübersteht – abgeschöpft werden. Relevant ist dieser Anspruch insbesondere für die Fälle der sog. **Streuschäden**, bei denen dem wettbewerbswidrigen Verhalten auf der einen Seite eine Vielzahl von, allerdings jeweils nur in geringem Ausmaß betroffener, Geschädigter gegenüber stehen, von denen jeder Einzelne aufgrund seines nur geringen individuellen Schadens keine rechtlichen Schritte einleiten würde. In der Praxis spielt der Gewinnabschöpfungsanspruch jedoch bislang keine große Rolle.

b) strafrechtliche Folgen

192 Gem. § 16 UWG sind bestimmte Formen der irreführenden (Abs. 1) sowie der progressiven (Abs. 2) Werbung strafrechtlich sanktioniert. Im Falle eines nachgewiesenen Verstoßes kann eine Geldstrafe oder eine Haftstrafe von bis zu zwei Jahren verhängt werden.

10. Prozessuales Vorgehen/Rechtschutz

a) Abmahnung

193 Vor der gerichtlichen Geltendmachung eines Unterlassungsanspruchs soll in der Regel eine **Abmahnung** des Handelnden erfolgen. Die in der Vergangenheit von der Rechtsprechung entwickelten Grundsätze zur Abmahnung sind in § 12 Abs. 1 UWG enthalten::

[295] Vgl. zu den Voraussetzungen und den Möglichkeiten der Berechnung: Teplitzky, C, S. 383ff.

„(1) [1]Die zur Geltendmachung eines Unterlassungsanspruchs Berechtigten sollen den Schuldner vor der Einleitung eines gerichtlichen Verfahrens abmahnen und ihm Gelegenheit geben, den Streit durch Abgabe einer mit einer angemessenen Vertragsstrafe bewehrten Unterlassungsverpflichtung beizulegen. [2]Soweit die Abmahnung berechtigt ist, kann der Ersatz der erforderlichen Aufwendungen verlangt werden."

Die Abmahnung ist die Aufforderung an den Schädiger, das beanstandete wettbewerbswidrige Verhalten **unverzüglich aufzugeben** und **in der Zukunft zu unterlassen**. Sie enthält daher regelmäßig eine Darstellung der beanstandeten Verletzung, deren rechtliche Bewertung, die Bezeichnung der geltend gemachten Ansprüche, eine Aufforderung zur Abgabe einer Unterlassungserklärung mit Vertragsstrafeverpflichtung binnen angemessener Frist und die Androhung gerichtlicher Geltendmachung. Dabei ist darauf zu achten, die gerügte Verletzungshandlung **richtig und vollständig** wiederzugeben, denn die Abmahnung soll dem in Anspruch Genommenen die Möglichkeit geben, den Vorwurf und sein Risiko im Fall der Fortsetzung des Verhaltens selbständig zu prüfen. Fehlt es an der Bestimmtheit der Abmahnung, so droht in einem späteren Prozess trotz der Abmahnung das Risiko, die Prozesskosten tragen zu müssen, wenn der Betreffende im Prozess den Verstoß von Anfang an einräumt und sich unterwirft, vgl. § 93 ZPO.

Eine Vermeidung des Kostenrisikos setzt weiter voraus, dass die Aufforderung zur Unterlassung **ernsthaft und endgültig** ist.

Vor Aussendung einer Abmahnung ist genau zu prüfen, ob der gerügte Verstoß tatsächlich vorliegt, da eine unberechtigte Abmahnung des vermeintlichen Schädigers wiederum Schadensersatzansprüche gegen den Abmahnenden auslösen kann. Erforderlich ist daher stets eine sorgfältige Prüfung der eigenen Rechtsposition. 194

Die Kosten einer **berechtigten Abmahnung** trägt gemäß § 12 Abs. 1 S. 2 UWG sowie nach den Grundsätzen der Geschäftsführung ohne Auftrag der Abgemahnte. Zu den erforderlichen Aufwendungen im Sinn dieser Vorschrift gehören insbesondere etwaige **Rechtsanwaltskosten**, die entstanden sind, weil sich der Verletzte zur Erstellung der Abmahnung der Hilfe eines Rechtsanwalts bedient hat.

b) Unterlassungsverpflichtungserklärung

Die Abmahnung dient insbesondere dazu, eine außergerichtliche Klärung der Angelegenheit herbeizuführen. Ist nämlich eine Wettbewerbsrechtsverletzung im Sinne der §§ 3 ff. UWG bereits eingetreten, kann die dadurch begründete **Wiederholungsgefahr** (die Gefahr der Wiederholung einer gleichartigen Verletzungshandlung, s. o.) nur durch Abgabe einer **ernsthaften**, **unwiderruflichen** und hinreichend **strafbewehrten Unterlassungsverpflichtungserklärung** ausgeräumt werden. Hierfür reicht es insbesondere **nicht** aus, lediglich das verletzende Verhalten einzustellen, vgl. § 12 Abs. 1 S. 1 UWG. 195

In der Praxis ist es üblich, der Abmahnung eine vorformulierte Erklärung beizulegen, die der Adressat der Abmahnung nur noch zu unterzeichnen und zurückzusenden hat. In dieser Erklärung muss der Gegenstand der Unterlassungspflicht **klar und eindeutig** festgelegt werden. Bestehen Zweifel an der Auslegung, so kann dies unter Umständen zur Unwirksamkeit der Erklärung führen.[296]

c) einstweilige Verfügung/Klageverfahren

Erfolgt ausnahmsweise keine Abmahnung oder ist der Abgemahnte nicht bereit, die Unterwerfungserklärung abzugeben, so kann der Anspruchsberechtigte **gerichtliche Hilfe** in Anspruch nehmen. 196

Es kommt insofern die Einleitung eines Klageverfahrens sowie in dringlichen Fällen – im Wettbewerbsrecht üblich – die Beantragung einer **einstweiligen Verfügung** (§§ 936, 916ff. ZPO) in Betracht.[297] § 12 Abs. 2 UWG stellt klar, dass der Erlass einstwei-

---

[296] Bornkamm, in Köhler/ Bornkamm, UWG, § 12, Rn. 1.15.
[297] Vgl. im Einzelnen Berneke, Rn. 109ff.

liger Verfügungen auch ohne die Darlegung und Glaubhaftmachung der in den §§ 935 und 940 ZPO genannten Voraussetzungen der Dringlichkeit erfolgen kann. Die Eilbedürftigkeit wird in Wettbewerbssachen nämlich vermutet:

> *„(2) Zur Sicherung der in diesem Gesetz bezeichneten Ansprüche auf Unterlassung können einstweilige Verfügungen auch ohne die Darlegung und Glaubhaftmachung der in den §§ 935 und 940 der Zivilprozessordnung bezeichneten Voraussetzungen erlassen werden."*

197 Der Abgemahnte kann – sofern er einen entsprechenden Antrag des Verletzten befürchtet – vorsorglich **eine Schutzschrift** bei den in Frage kommenden Gerichten hinterlegen. Die Schutzschrift dient als **vorbeugendes Verteidigungsmittel** dazu, die Zurückweisung des erwarteten einstweiligen Verfügungsantrags bzw. die Anberaumung einer mündlichen Verhandlung zu beantragen. Die Schutzschrift hat sich als Instrument in der Praxis entwickelt, sie ist gesetzlich nicht geregelt. In der Schutzschrift stellt der potentiell in Anspruch genommene Schädiger den Sachverhalt aus seiner Sicht dar und führt insbesondere aus, warum er der Auffassung ist, dadurch keine Rechte des mutmaßlichen Antragstellers zu verletzen.

d) Rechtsweg

198 Wird ein Anspruch gegenüber **kommunalen Unternehmen** geltend gemacht, so richtet sich die **Zulässigkeit des Rechtswegs** nach dem geltend gemachten Anspruch: Wird gegen das „Ob" der erwerbswirtschaftlichen kommunalen Betätigung vorgegangen, ist nach überwiegender Ansicht der Verwaltungsrechtsweg gegeben.[298] Wird allerdings gegen die Art und Weise („Wie") der erwerbswirtschaftlichen Betätigung vorgegangen, ist der Zivilrechtsweg zu den ordentlichen Gerichten einzuschlagen.[299]

---

298 Vgl. dazu Köhler, in Köhler/Bornkamm, § 4 Rn. 11.47 , 13.56.
299 Graf Lambsdorff, 2. Kap. IV, Rn. 153 ff.

J. Ausgewählte Betätigungsfelder kommunaler Unternehmen

Übersicht

I. Recht und Praxis im Bereich „Öffentlicher Personennahverkehr"

1. Einführung: Die Rahmenbedingungen

1 In den vorangehenden Kapiteln sind die für kommunale Unternehmen wichtigen Rechtsfragen systematisch dargestellt. Aufbauend darauf wird in diesem Kapitel die Anwendung auf den Öffentlichen Personennahverkehr (ÖPNV) behandelt. Um zu verstehen, wie die Verwaltung in der Praxis den ÖPNV organisiert, ist zunächst eine Zusammenstellung der rechtlichen Fragen und Möglichkeiten erforderlich, die sich speziell für die kommunalen Aktivitäten im Bereich des Öffentlichen Personennahverkehrs ergeben, und zwar unter Betrachtung der europarechtlichen, der verfassungsrechtlichen und der einfachgesetzlichen Vorgaben. Daran schließen sich konkrete Handlungsempfehlungen und Praxisbeispiele an.

2 Unter dem **Öffentlichen Personennahverkehr** versteht man die allgemein zugängliche Beförderung von Personen mit Verkehrsmitteln im Linienverkehr, die überwiegend dazu bestimmt sind, die Verkehrsnachfrage im Stadt-, Vorort oder Regionalverkehr zu befriedigen. Dies ist im Zweifel der Fall, wenn in der Mehrzahl der Beförderungsfälle eines Verkehrsmittels die gesamte Reiseweite 50 Kilometer oder die gesamte Reisezeit eine Stunde nicht übersteigt.[1] Maßgeblich sind damit die **Zweckbestimmung** des einzelnen Verkehrsmittels und im Zweifelsfall die Gesamtstrecke oder die Gesamtfahrzeit der Mehrzahl der Fahrgäste.

[1] So die Legaldefinition in § 8 Abs. 1 Personenbeförderungsgesetz (PBefG) und fast wortgleich in § 2 Regionalisierungsgesetz (RegG), daran orientieren sich die Legaldefinitionen in den ÖPNV-Gesetzen der Länder.

Der ÖPNV gliedert sich in den **Schienenpersonennahverkehr** (nachfolgend SPNV), also den ÖPNV auf der Eisenbahn einerseits, und den **allgemeinen ÖPNV** mit Bussen, Straßenbahnen, U-Bahnen oder sonstigen Bahnen andererseits. Oft bezeichnet man auch den allgemeinen ÖPNV kurz als „ÖPNV". Auch das Personenbeförderungsgesetz (nachfolgend PBefG) gilt nur für den Personenverkehr mit Straßenbahnen, Obussen und Kraftfahrzeugen einschließlich der U-Bahnen,[2] nicht jedoch für die Berg- und Seilbahnen und nicht für den Schienenpersonennahverkehr auf der Eisenbahn. Sofern also nachfolgend nichts anderes gesagt ist, wird unter dem ÖPNV nur der allgemeine ÖPNV verstanden, nicht jedoch der Schienenpersonennahverkehr. 3

Die **Bedeutung des ÖPNV** in Deutschland ist hoch. Im Jahr 2013 wurden laut Statistischem Bundesamt 10,99 Mrd. Fahrgäste befördert (+ 0,8 %). Nach den Beförderungsfällen ist der Bus Spitzenreiter (5,37 Mrd. Beförderungsfälle), gefolgt von der Straßen- und U-Bahn (3,8 Mrd. Beförderungsfälle) und dem SPNV (2,49 Mrd. Beförderungsfälle). Wegen der größeren durchschnittlichen Reiseweite hat bei der Beförderungsleistung allerdings der SPNV die Nase vorn (51,7 Mrd. Personenkilometer – Pkm), gefolgt vom Bus (35,7 Mrd. Pkm) und der Straßen- und U-Bahn (16,7 Mrd. Pkm). Das Gesamtwachstum der Beförderungsfälle (+ 0,8 %) verteilt sich ungleich auf die Eisenbahn (+ 1,2 %), auf die Straßen- und U-Bahn (+ 1,0 %) und den Bus (+ 0,5 %).[3] Diese Unterschiedlichkeit zeigt die demographische Entwicklung: In den Ballungsräumen, wo Eisenbahnen, U- und Straßenbahnen den Verkehr dominieren, nimmt die Bevölkerung zu und es gibt einen Trend zum ÖPNV. Auf dem Land hat der Bus mit stagnierenden Bevölkerungszahlen zu kämpfen. Weltweit gibt es recht unterschiedliche Entwicklungsperspektiven, positiv natürlich in den Ländern mit starkem Bevölkerungswachstum.[4] Nicht nur wegen der tatsächlichen Bedeutung lohnt sich die Untersuchung und ggf. Optimierung der vorhandenen Strukturen, sondern auch weil die öffentliche Hand den ÖPNV mit Steuermitteln kofinanziert. 4

Aktuell ist die Frage der Organisation des ÖPNV seit Anfang der 90er Jahre des 20. Jahrhunderts. In der zuvor historisch gewachsenen Struktur wurde der SPNV in den alten Bundesländern fast vollständig von der Bundesbahn erbracht.[5] Der ÖPNV in der Fläche war geprägt durch die Bahnbusse, die Postbusse und zahlreiche Mittelständler sowie durch die Stadtbusse in den mittleren Städten, wozu in den größeren Städten noch die Straßen- und U-Bahnen kamen. Das **damalige System** führte an verschiedenen Stellen zur **Unzufriedenheit**: Der Bund litt unter dem hohen und steigenden Defizit der Bundesbahn, er musste irgendwie mit der unwirtschaftlichen Reichsbahn umgehen und wollte aber aus verkehrs- und umweltpolitischen Gründen das Verkehrsangebot verbessern. Die Europäische Union verfolgte ihre Politik der **Liberalisierung**, des **Wettbewerbs** und der **Transparenz**. Die EU änderte durch die Verordnung (EWG) 1893/91[6] die Verordnung (EWG) 1191/69[7] mit dem Ziel der Neustrukturierung des gesamten ÖPNV: Der Verkehr sollte nunmehr von **Verkehrsunternehmen** produziert werden, die sich unternehmerisch verhalten. Dem wurde die **öffentliche Hand** gegenübergestellt, die zwar Mehrverkehre oder Verkehre zu günstigeren Tarifen erreichen konnte, als es sich aus dem freien Spiel der marktwirtschaftlichen Kräfte ergäbe. Aber dafür hat die öffentliche Hand zu den geringsten Kosten für die Allgemeinheit einen Ausgleich zu zahlen, der die Kosten dieser Wünsche transparent macht. Diese Struktur wurde nicht nur für die Eisen- 5

---

2 Legaldefinitionen in 4 Absätze 2 bis 5 PBefG.

3 Alle Zahlen vom Statistischen Bundesamt, Pressemitteilung 38/14 vom 05.02.2014, wegen der Umsteiger sind die addierten Zahlen der Verkehrsmittel größer als die Gesamtsummen.

4 *Anders* und *Drewitz*, Entwicklungsperspektiven für den Personenverkehr bis 2025, Der Nahverkehr 2010, 52 – 55.

5 Aktuell zur Historie: *Heise*, Die Deutsche Bahn AG zwischen Wirtschaftlichkeit und Gemeinwohlverantwortung, Diss. 2013.

6 VO 1893/91 vom 20.6.1991, ABl. EG Nr. L 169, S. 1.

7 VO 1191/69 vom 26.6.1969, ABl. EG Nr.L 156, S. 1.

bahn sondern für den gesamten ÖPNV eingeführt.[8] Die Umsetzung und die Folgen dieses Kurswechsels beschäftigen die Akteure im ÖPNV bis heute. Und die **Nachfolgeverordnung VO (EG) 1370/07**[9] wird es auch künftig tun.

2. Europarechtliche Vorgaben für die Organisation des ÖPNV

a) Vorgaben aus dem Primärrecht

6 Die (rechtliche) Entwicklung im Bereich des ÖPNV war wenigstens seit den 1980er Jahren maßgeblich beeinflusst durch die Vorgaben der Europäischen Union. Aus dem Primärrecht der Europäischen Union ergeben sich mannigfache Anforderungen für die Ausgestaltung des ÖPNV. Zunächst gelten die **Grundfreiheiten**, wie die Freizügigkeit und die Dienstleistungsfreiheit. Und es gilt das **Wettbewerbsrecht** mit den **beihilfe- und vergaberechtlichen** Vorgaben.

7 Durch Art. 4 Abs. 2 g) AEUV[10] ist eine mit den Mitgliedsstaaten geteilte Zuständigkeit auf dem Gebiet des „**Verkehrs**" eröffnet. Auf dem Gebiet des Verkehrs werden die Ziele der Verträge im Rahmen einer gemeinsamen Verkehrspolitik verfolgt.[11] Auch für Verkehrsunternehmen gelten die Wettbewerbsregeln.[12] Der Verkehrstitel (Titel VI AEUV) gilt für Beförderungen im Eisenbahn-, Straßen- und Binnenschiffsverkehr.[13] Im Hinblick auf Wünsche und Aktivitäten von Kommunen ist Art. 93 AEUV zentral, der ausnahmsweise solche Beihilfen[14] als mit den Verträgen vereinbar ansieht, die den Erfordernissen der Koordinierung des Verkehrs oder der Abgeltung bestimmter, mit dem Begriff des öffentlichen Dienstes zusammenhängender Leistungen entsprechen.

b) Sekundärrechtliche Vorgaben nach altem Recht (VO (EWG) 1191/69)

8 Während die EU den Bereich der Eisenbahnen in den vergangenen Jahren recht aktiv geregelt hat, ist die Anzahl der Bestimmungen für den ÖPNV überschaubar geblieben. Zentral war die **VO (EWG) 1191/69**[15] in der Fassung der VO (EWG) 1893/91.[16] Diese Verordnung hat von 1992 bis 2009 die Entwicklung des ÖPNV in den Mitgliedsstaaten geprägt und war für die Kommunalwirtschaft von hoher Bedeutung. Ungeachtet des Inkrafttretens der Nachfolgeverordnung (EWG) 1370/07 zum 3.12.2009 dürfte die VO (EWG) 1191/69 auch weiterhin von Bedeutung sein. Denn sie ist Grundlage der Nachfolgeverordnung VO (EG) 1370/07, und daher zu ihrem Verständnis wichtig. Und sie gilt im Hinblick auf Art. 8 Abs. 2 und 3, Art. 10 Abs. 1 VO (EG) 1370/07 auch übergangsweise weiter.[17]

9 Der **Anwendungsbereich** umfasste ursprünglich nur die Staatseisenbahnen. Seit der Änderungsvorordnung VO (EWG) 1893/91, die seit dem 01.07.1992 in Kraft war, galt die ÖPNV-Verordnung laut Art. 1 Abs. 1 Unterabsatz. 1 VO (EWG) 1191/69 für alle Verkehrsunternehmen, die Verkehrsdienste im Eisenbahn-, im Straßen- und im Binnenschiffsverkehr anbieten. Die Verordnung galt also über den ÖPNV hinaus z. B. auch für den gesamten Schienenverkehr. Von der Möglichkeit, gemäß Art. 1 Abs. 1 Unterabsatz 2 die

---

[8] *Tödtmann* und *Schauer*, Die Zukunft des ÖPNV aus juristischer Perspektive, Der Nahverkehr 2007, 25-30, 26.

[9] VO 1370/07 vom 23.10.2007, ABl. EG Nr. L. 315 S. 1.

[10] Vertrag über die Arbeitsweise der Europäischen Union (AEUV), Fassung aufgrund des am 1.12.2009 in Kraft getretenen Vertrages von Lissabon, (Konsolidierte Fassung bekanntgemacht im ABl. EG Nr. C 115 vom 9.5.2008, S. 47, Vorgänger war bis zum 30.11.2009 der „Vertrag zur Gründung der Europäischen Gemeinschaft" (EGV).

[11] Art. 90 AEUV (ex-Art. 70 EGV).

[12] Art. 106 Abs. 2 AEUV (ex-Art. 86 EGV).

[13] Art. 100 AEUV (ex-Art. 80 EGV).

[14] Das grundsätzliche Beihilfeverbot ist in Art. 107 AEUV (ex-Art. 87 EGV) geregelt.

[15] VO 1191/69 vom 26.06.1969, ABl. EG Nr. L 156, S. 1.

[16] VO 1893/91 vom 20.6.1991, ABl. EG Nr. L 169, S. 1.

[17] *Oertel* und *Vanussi*, Direktvergabe vor oder nach Inkrafttreten der neuen Verordnung? Der Nahverkehr 11/2008, 45-47, 46.

im Nahverkehr tätigen Unternehmen vom Anwendungsbereich der Verordnung auszunehmen, hat die Bundesrepublik Deutschland bis zum 31.12.1995 Gebrauch gemacht.[18] Allerdings war § 8 Abs. 4 Satz 3 PBefG nach der Rechtsprechung des BVerwG[19] eine wirksame Teilbereichsausnahme.

Die VO (EWG) 1191/69 brachte ab 1992 einen neuen Ordnungsrahmen, wonach das Verkehrsangebot von **Unternehmen** erbracht wurde, die in ihrer Angebots- und Tarifgestaltung frei sind und daher rein wettbewerblich handeln. Dem gegenüber standen die **zuständigen Behörden** der Mitgliedstaaten, die den Wunsch nach einem besseren oder für den Kunden preiswerteren Verkehrsangebot haben. Um dies zu erreichen, konnten sie die Verkehrsunternehmen mit einer **„Verpflichtung des öffentlichen Dienstes"** belegen. In Art. 2 VO (EWG) 1191/69 wurden drei Arten dieser Verpflichtungen unterschieden: 10

- Bei der **Betriebspflicht** erbringt der Verkehrsunternehmer überhaupt eine Verkehrsleistung, er erbringt sie häufiger (in dichterem Takt) oder zu höherer Qualität (z. B. Pünktlichkeit, Fahrgastinformation) als er dies von sich aus machen würde (z. B. § 21 PBefG).
- Bei der **Beförderungspflicht** befördert der Verkehrsunternehmer Fahrgäste oder Güter überhaupt (z. B. Beförderungspflicht im Sinne des § 22 PBefG) oder er befördert sie zu bestimmten Entgelten oder Bedingungen, auf die er sich sonst nicht einließe.
- Die **Tarifpflicht** ist die Verpflichtung zur Anwendung behördlich festgesetzter oder genehmigter, sich nicht aus einer kaufmännischen Kalkulation ergebenden Tarife (z. B. § 45a PBefG).

Nach der **zentralen Vorschrift** des Art. 1 Abs. 3 VO (EWG) 1191/69 hatten die Mitgliedstaaten alle bestehenden Verpflichtungen des öffentlichen Dienstes aufzuheben. Von der generellen **Pflicht zur Aufhebung der Verpflichtungen des öffentlichen Dienstes** und damit der Abkehr von der politischen Einflussnahme gab es für die zuständigen Behörden der Mitgliedstaaten zwei Ausnahmen nach Art. 1 Abs. 4 und 5 VO (EWG) 1191/69: 11

- Im gesamten Anwendungsbereich der Verordnung konnten die zuständigen Behörden der Mitgliedstaaten insbesondere aus sozialen, umweltpolitischen oder landesplanerischen Gründen **Verträge mit den Verkehrsunternehmen** abschließen,[20] damit diese eine bessere Verkehrsbedienung oder günstigere Tarife für bestimmte Gruppen von Fahrgästen anbieten. Der Vertrag musste bestimmten Vorgaben genügen, insbesondere einen finanziellen Ausgleich vorsehen (Art. 14 VO (EWG) 1191/69).
- Nur im Personennahverkehr hatten die zuständigen Behörden der Mitgliedstaaten zusätzlich die Möglichkeit der **Auferlegung**, d. h. sie konnten durch einseitige Anordnung bestehende Verpflichtungen des öffentlichen Dienstes beibehalten oder neue oder geänderte Verpflichtungen des öffentlichen Dienstes auferlegen. Auch in diesem Fall hatte die auferlegende Behörde einen finanziellen Ausgleich zu gewähren.

Unabhängig davon, welches der beiden Instrumente die Behörde wählte, musste es jeweils ihr Ziel sein, ein **ausreichendes Verkehrsangebot** zu den **geringsten Kosten für die Allgemeinheit** zu erhalten (Art. 3 VO (EWG) 1191/69). Die Art. 3 bis 13 VO (EWG) 1191/69 enthalten die Vorschriften zur Berechnung des Ausgleichs. Vorrangig war allerdings ein Marktpreis als Ergebnis eines durchgeführten Wettbewerbs.[21] Es bestand also keine Pflicht zur Ausschreibung nach der VO (EWG) 1191/69,[22] aber es empfahl sich durchaus, um die riskante Berechnung der Ausgleichszahlung zu vermeiden. 12

---

18 Zu den Einzelheiten: *Muthesius*, Taschenbuch der ÖPNV-Gesetze der Länder, Hestra-Verlag, Darmstadt 1996, S. 9 f.

19 Siehe zur Rechtsprechung und zur Teilbereichsausnahme bei Rn. 18.

20 Eine Checkliste und einen Mustervertrag enthält: *Krämer*, Handbuch Personenbeförderungsrecht, Verkehrs-Verlag Fischer, Düsseldorf, 8. Auflage 2007, Erläuterung VO (EWG) 1191/69 Nr. 4 und Anhang Ziffer 6.1.

21 *Krämer*, Erläuterung VO (EWG) 1191/69 Nr. 8.

22 *Winnes*, Legenden und Irrtümer, Der Nahverkehr 7-8/2008, 25-28, 25.

13 Im Fall des Vertrages war für die **Auswahl des Verkehrsunternehmens** nach überwiegender Meinung das allgemeine Vergaberecht mit der Sektorenrichtlinie (SKR)[23] anzuwenden.[24] Nach der Rechtsprechung des Europäischen Gerichtshofes (EuGH) war jedoch bei einer Inhouse-Vergabe eine Ausschreibung nicht notwendig, weil – wirtschaftlich gesehen – kein Vertrag mit einem Dritten abgeschlossen wurde.[25] Eine solche Inhouse-Vergabe liegt vor, wenn der Auftraggeber über den Auftragnehmer die Kontrolle wie über eine eigene Dienststelle ausübt, und wenn der Auftragnehmer im Wesentlichen nur für den Auftraggeber tätig ist.[26] Daneben ist aber eine Ausschreibung nicht nach der Sektorenrichtlinie erforderlich, wenn Gegenstand eine **Dienstleistungskonzession** ist, d.h. wenn keine Beschaffung vorliegt, weil der Unternehmer die Erlaubnis und das Recht bekommt, etwas zu tun, wofür er das wirtschaftliche Risiko übernimmt.[27] Dies ist der Fall, wenn die behördliche Leistung nicht nur in einem (festen) Entgelt sondern (hauptsächlich) in einer Nutzungsmöglichkeit besteht, die eröffnet wird, und der Unternehmer die Verantwortung übernimmt.[28] Für den Fall der **Auferlegung** kann in der Regel kein Vergabeverfahren durchgeführt werden, weil es sich um einen „Negativwettbewerb" handelt. Beispielsweise bei einer Tarifpflicht kommt praktisch nur das Verkehrsunternehmen als Adressat in Betracht, das die Verkehrsleistung schon erbringt.

14 Die Auferlegung einer Verkehrsleistung ist nach deutschem Verwaltungsrecht – da einseitig verfügt und mit Bindungswirkung ausgestattet – zweifellos ein **Verwaltungsakt** im Sinne von § 35 VwVfG. Dann liegt es nahe, die Verträge zwischen der zuständigen Behörde und den Verkehrsunternehmen als **öffentlich-rechtliche Verträge** i.S.v. § 54 VwVfG zu qualifizieren.[29] Der Abschluss eines Vertrages ist der geringere (bzw. gar kein) Eingriff in die Berufs- und die allgemeine Handlungsfreiheit (Art. 12, 2 Abs. 1 GG) im Vergleich zu der einseitig hoheitlichen Auferlegung. Ersterer ist daher nach dem Verhältnismäßigkeitsgrundsatz (Art. 20 Abs. 3 GG) vorzuziehen.

15 Von ihrem Regelungsgegenstand her war die ÖPNV-Verordnung nicht nur dem Ordnungs- sondern auch dem **Beihilferecht** zuzuordnen. Denn wenn sie regelt, welcher finanzielle Ausgleich den Verkehrsunternehmen für die Verpflichtungen des öffentlichen Dienstes zu gewähren ist, dann muss eine Zahlung in dieser Höhe auch (europarechtlich) zulässig sein. Dies ist deshalb wichtig, weil für den ÖPNV die so genannte Freistellungsentscheidung der Europäischen Kommission wegen vorrangiger sektorspezifischer Regelungen nicht gilt.[30] Eine darüber hinausgehende Zahlung ist allerdings wieder beihilferechtlich kritisch. So ergab sich, dass der sich nach der ÖPNV-Verordnung errechnende finanzielle Ausgleich sowohl die Unter- als auch die Obergrenze des Zulässigen war. Das Verfahren zur Auswahl des Unternehmers wurde jedoch nicht geregelt.

16 Hält man sich die zentralen Vorschriften der ÖPNV-Verordnung vor Augen so wird die mit diesem alten Recht verfolgte **Zielsetzung** der Europäischen Union recht deutlich: Die wirtschaftliche Eigenständigkeit und Unabhängigkeit der Verkehrsunternehmen sollte gestärkt werden.[31] Dies betont den **gewerberechtlichen** Flügel des Verkehrsrechts. Den Unternehmen wurde die Behörde gegenübergestellt, für die eine politische bzw.

---

[23] RL 2004/17/EG vom 31.03.2004, ABlEU 2004 Nr. L 134, S. 1.

[24] *Partsch*, und *Wellens*, Vergaberegeln im ÖPNV, Der Nahverkehr 3/2008, 58-62, 58; veraltet insofern *Knauff*, S. 378-381 mit einer Darstellung des früheren Meinungsstandes.

[25] *Partsch*, und *Wellens*, S. 59; zur Inhouse-Vergabe allgemein: *Schröder*, Vergabe- und Beihilferecht, bei Fn. 211.

[26] Zur Entwicklung der Rechtssprechung und den verschiedenen Konstellationen (z. B. Problem des Mischverbundes): *Partsch*, und *Wellens*, S. 59.

[27] Siehe Kapitel H Rn. 41.

[28] Mittelung der Kommission zu Auslegungsfragen im Bereich Konzessionen im Gemeinschaftsrecht, ABl. C 121 / 4 vom 29.04.2000.

[29] *Krämer*, Erläuterung VO (EWG) 1191/69 Nr. 4 verweist allerdings auf § 58 VwVfG.

[30] Siehe Kapitel H Rn. 219.

[31] *Muthesius*, S. 10.

behördliche Einflussnahme auf die Verkehrsunternehmen zwar erschwert, jedoch nicht unmöglich gemacht wurde. Die Erbringung der Verkehrsleistung erfolgt damit nicht mehr frei von jeglicher **behördlichen Planung und Steuerung**. Vielmehr wird die öffentliche Hand als zweite, starke Säule neben die Verkehrsunternehmen gestellt. Es ging um die Zulässigkeit öffentlicher Pflichten und die dafür notwendigen Ausgleichsleistungen.[32] Damit sollte transparent werden, wie viel die mannigfach an die Verkehrsunternehmen herangetragenen Wünsche kosten.

c) Die Altmark-Trans-Rechtsprechung des EuGH als Wegbereiter des neuen Rechts

Hält man sich die eben dargestellten europarechtlichen Anforderungen vor Augen, so überrascht nicht, dass die vielfach geübte Praxis der Finanzierung von Stadtbusverkehren aus dem Querverbund mit Überschüssen aus dem Versorgungsbereich den Gerichten zur Überprüfung vorgelegt wurde. Der EuGH hat in dem vielbeachteten Vorabentscheidungsverfahren **Altmark Trans**[33] diese Praxis an der ÖPNV-Verordnung und dem europäischen Beihilferecht gemessen: 17

Die Abgrenzung zwischen Verkehren ohne und mit Verpflichtungen des öffentlichen Dienstes im Sinne der VO (EWG) 1191/69 lief nicht ganz synchron mit der Abgrenzung zwischen den eigen- und gemeinwirtschaftlichen Verkehren. Denn auch in der bis Ende 2012 geltenden Fassung des § 8 Abs. 4 S. 2 PBefG änderten bestimmte gesetzliche Ausgleichs- und Erstattungsregeln an der Eigenwirtschaftlichkeit nichts. Nach § 8 Abs. 4 Satz 3 PBefG[34] galt die VO (EWG) 1191/69 nur für solche Verkehre, die nicht eigenwirtschaftlich im Sinne von § 8 Abs. 4 Sätze 1 und 2 PBefG stattfinden. Unternehmer, die nur **gesetzliche** Ausgleichs- und Erstattungsleistungen erhalten,[35] sind also damit von der VO (EWG) 1191/69 ausgenommen. Diese vom EuGH in der Sache Altmark Trans gesehene **Teilbereichsausnahme**[36] im Sinne von Art. 1 Abs. 1 Unterabsatz 2 VO (EWG) 1191/69 hat das BVerwG[37] bestätigt.[38] Folglich waren Finanzierungsbeiträge für andere als eigenwirtschaftliche Verkehre im Sinne von § 8 Abs. 4 Satz 2 PBefG aus beihilferechtlicher Sicht nur am Primärrecht zu messen, während ansonsten die ÖPNV-Verordnung selbst den Maßstab für die Höhe der Finanzbeiträge bildet.[39] 18

Der EuGH hat in der Sache Altmark Trans weiterhin über den Prüfungsmaßstab des Primärrechts entschieden, d. h. unter welchen vier Voraussetzungen **Ausgleichsleistungen keine staatliche Beihilfe** im Sinne des Primärrechts (Art. 87 EGV) darstellen:[40] Der Empfänger der Leistung musste mit einer klar definierten gemeinwirtschaftlichen Verpflichtung **betraut** sein, die Parameter zur Berechnung der Ausgleichszahlung mussten vorher transparent festgelegt sein, der Ausgleich durfte nur die gemeinwirtschaftlichen Pflichten abgelten und schließlich durfte der Ausgleich nur in der Höhe gewährt werden, in der er bei einem durchschnittlichen, gut geführten Unternehmen angefallen wäre. Unter diesen Voraussetzungen war eine Zahlung nur der Ausgleich einer gemeinwirtschaftlichen Verpflichtung, damit kein wirtschaftlicher Vorteil und folglich keine 19

---

32 *Winnes*, S. 26.

33 EuGH Urteil vom 24.07.2003, Rs. C 280/00, NJW 2003, 2515 ff.

34 Gemeint ist in diesem Abschnitt immer die bis 31.12.2012 geltende Fassung des PBefG.

35 Das Ausschließlichkeitskriterium durfte, z. B. bei Unternehmen mit anderen Tätigkeitsbereichen nicht zu eng gesehen werden, weil die Teilbereichsausnahme sonst praktisch leer gelaufen wäre, ebenso: *Lenz*, Eigenwirtschaftliche Genehmigung bei verkehrsfremden Tätigkeiten, Der Nahverkehr 11/2008, 28-31, 30; andere Ansicht VG Gießen, Urteil vom 19.10.2006, 6 E 1240/07.

36 Siehe zum Anwendungsbereich bei Rn. 9.

37 BVerwG Urteil vom 19.10.2006, Az. 3 C 33/05, BVerwGE 127, 42-55, DVBl 2007, 307-312, NZBau 2007, 191-195, NJW 2007, 1224 (nur Leitsätze).

38 Ausführlich und weiterführend zur Entscheidung des BVerwG: *Saxinger* und *Fischer*, Busliniengenehmigungen im öffentlichen Personennahverkehr, VersorgW 2007, 77-80.

39 *Tödtmann* und *Schauer*, S. 27.

40 Vgl. dazu Kapitel H Rn. 212 f.; *Partsch* und *Wellens*, S. 60; *Linke*, Die Gewährleistung des Daseinsvorsorgeauftrags im öffentlichen Personennahverkehr, Nomos, Diss. 2009/2013, S. 109 ff.

Beihilfe.[41] Liegt keine allen vier Altmark-Trans-Kriterien entsprechende **Betrauung**[42] vor, so besteht die Gefahr, dass die Ausgleichszahlung zurück zu gewähren ist. Für mehrere Jahre hat der EuGH mit dieser Entscheidung die Maßstäbe des Handelns vorgegeben[43] und letztlich auch die Nachfolge-VO determiniert.

d) Das neue europäische Sekundärrecht – die Verordnung (EWG) 1370/2007

20 **aa) Inkrafttreten der neuen ÖPNV-Verordnung.** Im Amtsblatt L 315/1 der Europäischen Union vom 03.12.2007 wurde nach langer Diskussion[44] die **Verordnung** (EG) des Europäischen Parlaments und des Rates vom 23.10.2007 **über öffentliche Personenverkehrsdienste auf Schiene und Straße** und zur Aufhebung der Verordnungen (EWG) Nr. 1191/69 und (EWG) Nr. 1107/70[45] des Rates **verkündet**. Mit ihrem Inkrafttreten am 03.12.2009 (Art. 12[46]) gilt die neue ÖPNV-Verordnung allgemein, unmittelbar, verbindlich und vorrangig.[47] Zugleich treten gemäß Art. 10 die VO (EWG) 1191/69 und die VO (EWG) 1107/70 außer Kraft.

21 Abgesehen von der zweijährigen **Inkrafttretensfrist** enthält die Nachfolge-VO auch eine umfangreiche **Übergangsregelung** in Art. 8 für Altverträge, d. h. diese können 10 Jahre gültig bleiben, unter Umständen sogar für ihre vorgesehene Laufzeit, jedoch nicht länger als 30 Jahre. Solange und soweit nach dieser Übergangsregelung noch nicht die Nachfolge-VO gilt, ist zu vermuten, dass noch das alte Recht einschließlich der in der Rechtssache Altmark-Trans entwickelten Grundsätze, Anwendung findet, auch wenn es formal außer Kraft getreten ist.

22 **bb) Der Anwendungs- und Regelungsbereich.** Die Nachfolgeverordnung ist auf den **Personenverkehr auf Schiene und Straße** anwendbar, ausgenommen touristische und historische Verkehre.[48] Die Ergänzung „öffentlicher" Personenverkehr ist in Art. 1 Abs. 1, in Art. 2 a) und im Erwägungsgrund Nr. 5 genannt. Auch der eingangs der VO (EG) 1370/07 als Befugnisnorm genannte Art. 71 EGV[49] dürfte – besonders im Hinblick auf das Subsidiaritätsprinzip in Art. 5 Abs. 3 AEUV – nur eine Regelung des öffentlichen Verkehrs zulassen. Der **öffentliche Personenverkehr** ist in Art. 2 a) definiert als Personenbeförderungsleistungen von allgemeinem wirtschaftlichem Interesse, die für die Allgemeinheit diskriminierungsfrei und fortlaufend erbracht werden. Dies dürfte keine Einschränkung des Anwendungsbereichs sein nach dem Motto: „Einmal nicht diskriminierungsfrei angeboten, schon ist man von der Verordnung befreit". Eher greift Art. 2 a) auf die Bestimmungen des nationalen Rechts oder die allgemeinen Geschäftsbedingungen des Verkehrsunternehmers zurück, d. h. maßgeblich ist die Frage, wie die Verkehrsleistung angeboten werden muss. Die Nachfolge-VO gilt damit für den gesamten ÖPNV nach obigem Verständnis.[50]

23 Die Nachfolge-VO regelt aber nicht jede Frage, die im Zusammenhang mit der Erbringung einer öffentlichen Personenverkehrsleistung steht. Vielmehr liegt ihr **Zweck**

---

[41] Die Entscheidung, dass es sich schon begrifflich um gar keine Beihilfe handelt wurde vom EuGH nochmals bestätigt in der Sache Laboratoires Boiron SA, Urteil vom 07.09.2006, Az. C-526/04.

[42] Zum Betrauungsakt allgemein: *Schröder*, in *Wurzel/Schraml/Becker*, Rechtspraxis KommUntern, 2. Auflage, Kap H Vergabe- und Beihilferecht, Rn. 247.

[43] Der Verkehrsverbund Rhein-Ruhr hat sich 2006 dementsprechend neu aufgestellt, so *Husmann, Bayer, Jäger, Hafenrichter* und *Zuck*, EU-konform: Finanzierungssystem des Verkehrsverbundes Rhein-Ruhr, Der Nahverkehr 2011, 26 – 29.

[44] Zur Entstehungsgeschichte: *Saxinger* und *Fischer*, Die Verordnung (EG) 1370/2007, in Verkehr und Technik 2008/2, 75-81, 75; allgemein auch *Linke*, Die Gewährleistung des Daseinsvorsorgeauftrags im öffentlichen Personennahverkehr, Nomos, Diss. 2009/2013, S. 109 ff.

[45] Verordnung (EWG) Nr. 1107/70 des Rates vom 04.06.1970 über Beihilfen im Eisenbahn-, Straßen- und Binnenschiffsverkehr, Abl. EG Nr. L 130 vom 15.06.1970, S. 1, geändert durch die VO (EWG) Nr. 543/97 des Rates Abl. EG Nr. L 84 vom 17.03.1997 S. 6.

[46] In diesem Abschnitt sind alle Artikel ohne weitere Angabe solche der VO (EG) 1370/07.

[47] Art. 288 Abs. 2 AEUV (ex-Art. 249 EGV).

[48] Art. 1 Abs. 2 VO (EG) 1370/07.

[49] Jetzt Art. 91 AEUV.

[50] Siehe dazu oben bei Rn. 2.

darin, festzulegen, wie die zuständigen Behörden innerhalb des Anwendungsbereichs tätig werden können, damit die **Verkehrsleistungen zahlreicher, sicherer, hochwertiger oder preisgünstiger** sind, als es das freie Spiel des Marktes ermöglicht hätte. Den Erwägungsgründen ist als Ziel zu entnehmen, dass den zuständigen Behörden der Mitgliedstaaten die Möglichkeit eröffnet wird, Verkehrsleistungen sicherzustellen, die zwar im allgemeinen Interesse erforderlich sind, aber rein kommerziell nicht betrieben werden könnten.[51] Es werden die Bedingungen und Verfahren festgelegt, unter denen die zuständigen Behörden den Verkehrsunternehmern gemeinwirtschaftliche Verpflichtungen auferlegen können bzw. mit ihnen solche vereinbaren können und welche Ausgleichsleistung dafür gewährt werden darf,[52] d.h. es geht um Art und Umfang behördlicher Vorgaben an den ÖPNV.[53] Der Anwendungsbereich ist eröffnet, wenn es um das **Verhältnis zwischen Behörde (Aufgabenträger) und Verkehrsunternehmer** geht, nicht jedoch im Verhältnis zwischen dem Aufgabenträger und einer Aufgabenträgergesellschaft, die nicht Verkehrsunternehmer ist, sondern den Zweck hat, den Aufgabenträger bei der Erfüllung seiner Aufgabe zu unterstützen.[54] Insofern schließt die VO (EG) 1370/07 an die Vorgängerverordnung (EWG) 1191/69 an und übernimmt den Ordnungsrahmen, nämlich den Dualismus zwischen Unternehmer und Aufgabenträger.

Der **Regelungsbereich** der Nachfolge-VO betrifft den Angebots- und den Tarifbereich. Im Einzelnen werden der Behörde dazu Möglichkeiten eröffnet, das **Angebot zu verdichten** (z.B. Taktverdichtung in der Hauptverkehrszeit, Taktausweitung in der Schwachlastzeit abends oder am Sonntag), das **Angebot sicherer** zu machen (z.B. Mitgliedstaat schreibt Feuerlöscher vor oder stellt Anforderungen an Haltestangen oder Halteschlaufen), das **Angebot hochwertiger** zu machen (z.B. Behörde wünscht Fahrgastinformation in Echtzeit, Mitgliedstaat schreibt barrierefreie Haltestellen vor[55]) und das **Angebot preisgünstiger** zu machen (z.B. Mitgliedstaat schreibt günstige Tarife für Senioren oder Schüler vor,[56] Behörde wünscht die Anwendung eines Verbundtarifes). Die Verpflichtung eines Betreibers, seine Mitarbeiter so zu behandeln, als wäre ein Betriebsübergang vom Vorgängerunternehmer auf ihn erfolgt,[57] d.h. die sozialen Standards wie bei § 613 a BGB fortzuschreiben, ist in diese vier Fallgruppen schwer einzuordnen. 24

Die Nachfolge-VO enthält die Möglichkeit, gemeinwirtschaftliche Verpflichtungen zu vereinbaren oder aufzuerlegen. Auch wenn die grundsätzliche Vorgabe, die gemeinwirtschaftlichen Verpflichtungen aufzuheben, anders als noch in Art. 1 Abs. 3 VO (EWG) 1191/69 nicht mehr in der Nachfolgeverordnung enthalten ist,[58] so geht diese doch – zumindest regelungssystematisch – davon aus, dass die **gemeinwirtschaftliche Verpflichtung** die **Ausnahme** ist. 25

Der Regelungsbereich der VO (EG) 1370/07 ist nicht eröffnet, wenn keine **gemeinwirtschaftlichen Verpflichtungen**[59] gemacht werden und keinerlei **Ausgleichsleistung**[60] an die Verkehrsunternehmer gezahlt und keine **ausschließlichen Rechte**[61] gewährt werden. Aufgabenträger, die mit dem ohnehin vorhandenen Angebot zufrieden sind und für den ÖPNV keinerlei Mittel gewähren, sind von der Nachfolge-VO nicht berührt. Weder verpflichtet die Nachfolge-VO nationale Behörden, gemeinwirtschaftliche Vorgaben machen, noch gibt sie einen Anspruch darauf, dass überhaupt Finanzmit- 26

---

[51] Erwägungsgrund Nr. 5 VO (EG) 1370/07.
[52] Art. 1 Abs. 1 Unterabsatz 1 und 2.
[53] *Winnes*, S. 26.
[54] Genauer zu den hier einschlägigen Fallgestaltungen bei Rn. (Fn. 189).
[55] Ein weiteres Beispiel ist die „Festlegung von Qualitätsstandards“ in Art. 4 Abs. 6.
[56] Ein weiteres Beispiel ist die „Festsetzung von Höchsttarifen“ in Art. 3 Abs. 2 und 3.
[57] Art. 4 Abs. 5.
[58] *Winnes*, S. 26.
[59] Art. 2 c).
[60] Art. 2 g).
[61] Art. 2 f).

tel bereitgestellt werden.[62] Alle Aufgabenträger jedoch, die auch nach dem 3.12.2009 (erstmals) auf den ÖPNV Einfluss nehmen oder den ÖPNV finanzieren wollen, müssen sich mit der Frage auseinandergesetzt haben, wie dies rechtssicher geschehen soll, denn anders als Art. 1 Abs. 1 Unterabsatz 2 VO (EWG) 1191/69 enthält das neue Recht keine Teilbereichsausnahme[63] mehr.

27 Als selbstverständlich wird vorausgesetzt, dass (finanzielle) Leistungen der öffentlichen Hand an die Privatwirtschaft immer im Verdacht stehen, eine nach Art. 107 AEUV verbotene **Beihilfe** zu sein. Gemäß Art. 9 sind Ausgleichsleistungen aber mit dem Europarecht vereinbar, wenn sie entsprechend der Nachfolge-VO gewährt werden. Nach Art. 9 Abs. 1 S. 2 entfällt auch die Pflicht zur vorherigen Notifizierung nach Art. 108 Abs. 3 AEUV. Die Betrachtung kann nur gesondert für jede gewährte Finanzierung geschehen. Es ist daher sinnvoll, die Anzahl der Finanzinstrumente und –quellen möglichst gering zu halten. In dieser **beihilferechtlichen Befreiung** liegt die zentrale Rechtsfolge und Wohltat der VO (EG) 1370/07: Wer als Behörde im Rahmen der Nachfolge-VO zahlt bzw. als Verkehrsunternehmer in diesem Rahmen Zahlungen empfängt ist nicht zur Rückforderung bzw. Rückzahlung verpflichtet.

28 **cc) Dienstleistungsauftrag und allgemeine Vorschriften als Regelungsinstrumente.** Auch die Nachfolge-VO basiert darauf, dass es zwei getrennte Parteien mit unterschiedlichen Funktionen gibt, nämlich die **zuständige Behörde** im Sinne von Art. 2 b) und c) und den **Betreiber eines öffentlichen Dienstes** im Sinne von Art. 2 d), d. h. also einerseits z. B. den Aufgabenträger nach deutschem Recht, der sich im Allgemeininteresse, also im Sinne der Daseinsvorsorge, um eine ausreichende Verkehrsbedienung sorgt, und andererseits den Verkehrsunternehmer, der kommerziell handelnd die Verkehrsleistung im Wettbewerb anbietet.[64] Alle Kommunen mit eigenen Verkehrsunternehmen, bei denen auch eine Aufgabenträgerfunktion angesiedelt ist, sind gehalten, ihre Struktur zu überprüfen. Allerdings ergibt sich aus Art. 2 d), dass aus Sicht der Nachfolge-VO auch die öffentliche Hand eine Verkehrsleistung erbringen kann. Dann wird der Dienstleistungsauftrag „mit sich selbst" abgeschlossen, d. h. die zuständige **Behörde erbringt die Dienstleistung selbst** nach Art. 2 i) zweiter Anstrich. Die Nachfolge-VO setzt nicht die Unterscheidung zwischen Aufgabenträger und Genehmigungsbehörde voraus, die in Deutschland die Genehmigung nach §§ 9 bis 15 PBefG erteilt, woraus sich bei der Anwendung und der Angleichung des deutschen Rechts verschiedene Fragen ergeben.

29 Damit die Mitgliedstaaten und deren zuständige Behörden, die irgendwie im Bereich des ÖPNV aktiv sein wollen, Verbesserungen erreichen können, eröffnet die Nachfolge-VO in materieller Hinsicht die Möglichkeit, **ausschließliche Rechte** oder einen **finanziellen Ausgleich** zu gewähren sowie **allgemeine Vorschriften** zu erlassen.[65] In formeller Hinsicht stellt die Nachfolge-VO der Behörde folgende zwei **Instrumente** zur Verfügung:

- Der **Dienstleistungsauftrag** ist nach Art. 2 i) jede rechtsverbindliche, individuelle Regelung zwischen der Behörde und einem Verkehrsunternehmer über gemeinwirtschaftliche Verpflichtungen, d. h. zulässiger **Inhalt** eines Dienstleistungsauftrages ist das gesamte Spektrum gemeinwirtschaftlicher Verpflichtungen.[66] Wenn individuell ausschließliche Rechte oder eine Ausgleichszahlung gewährt werden, so kann dies nur in der Form eines Dienstleistungsauftrages erfolgen.[67] Je nach nationalem Recht kann

---

[62] *Ipsen*, Die EU-Verordnung 1370/07 und das Personenbeförderungsgesetz, Der Nahverkehr 6/2008, 20-22, 20.

[63] Siehe zur Teilbereichsausnahme bei Rn. 18.

[64] Erwägungsgrund Nr. 5 Sätze 1 bis 2.

[65] Erwägungsgrund Nr. 5 Satz 3.

[66] Art. 3 Abs. 1.

[67] *Wittig* und *Schimanek*, Sanfte Anpassung oder drastischer Paradigmenwechsel? Der Nahverkehr 3/2008, 22-25, 22.

diese individuelle Regelung auch einseitig hoheitlich sein, also nicht nur per Vertrag, sondern auch durch einen Verwaltungsakt erfolgen. Nicht nur Verträge zwischen Aufgabenträgern und Verbünden oder Verkehrsunternehmen fallen darunter, sondern auch eine Satzung, sofern die Regelung nur für den Einzelfall gilt. Nähere Regelungen zum Dienstleistungsauftrag werden in den Art. 3 – 6 getroffen, insbesondere zur Auswahl des Verkehrsunternehmers und zur Höhe der Ausgleichszahlung.

- Mit einer **allgemeinen Vorschrift** regelt die Behörde laut Art. 2 l) gleichermaßen für eine Vielzahl von Fällen eine gemeinwirtschaftliche Verpflichtung. Gemeint sind also Gesetze, Verordnungen und Satzungen,[68] die Bund, Länder und Aufgabenträger für die Verkehrsunternehmer erlassen. Auch ein verbindlich wirkender Nahverkehrsplan kann darunter fallen. Zulässiger **Inhalt** einer allgemeinen Vorschrift ist nach Art. 3 Abs. 2 nur die **Festsetzung von Höchsttarifen**[69] für alle Fahrgäste (z. B. Verpflichtung zur Anerkennung oder Anwendung eines Verbundtarifes) oder für bestimmte Gruppen von Fahrgästen (z. B. Schwerbehindertenfreifahrt). In Art. 3 Abs. 3 ist den Mitgliedstaaten durch eine Notifizierung[70] die Möglichkeit eröffnet, allgemeine Vorschriften, die Höchsttarife betreffen, aus dem Anwendungsbereich der Nachfolge-VO auszunehmen. Nähere Regelungen zur allgemeinen Vorschrift werden in den Art. 3 Abs. 2, Art. 4 und 6 getroffen, denn Art. 5 gilt nur für den Dienstleistungsauftrag.

dd) Das Zustandekommen von Dienstleistungsauftrag und allgemeiner Vorschrift – insbesondere die Auswahl des Betreibers. Für das **Zustandekommen einer allgemeinen Vorschrift** enthält die Nachfolge-VO keine Regelung. Eine Art. 5 entsprechende Vorschrift kann es für die allgemeine Vorschrift nicht geben, weil sie sich an einen unbestimmten Adressatenkreis wendet. So bleibt es für das Zustandekommen von allgemeinen Vorschriften beim nationalen Recht. 30

Während es bei der VO (EWG) 1191/69 noch nicht Regelungsgegenstand war, regelt nun die Nachfolge-VO das **Zustandekommen öffentlicher Dienstleistungsaufträge** selbst,[71] denn nach Art. 5 Abs. 1 S. 1 werden öffentliche Dienstleistungsaufträge (ausschließlich) nach den Vorgaben dieser Verordnung vergeben. Die in der Verordnung enthaltenen Vorschriften beanspruchen damit Vorrang vor allen anderen Bestimmungen des Vergaberechts, und regeln die Vergabe abschließend.[72] 31

Art. 5 Abs. 1 zieht aber nicht nur die Regelung der Betreiberauswahl an sich, sondern enthält auch einen Verweis bzw. eine **Weichenstellung**. Für Dienstleistungsaufträge im Sinne der Richtlinien 2004/17/EG und 2004/18/EG gilt das darin geregelte Vergaberecht, wenn es sich nicht um **Dienstleistungskonzessionen** handelt. Es trägt also nicht der Verkehrsunternehmer, sondern die Behörde das wirtschaftliche Risiko, insbesondere das Erlösrisiko. Für solche, oft als „Bruttoverträge" bezeichnete Vereinbarungen verweist Art. 5 Abs. 1 S. 2 auf die beiden Vergaberichtlinien und erklärt das darin enthaltene Vergaberecht für zwingend anwendbar. Nach dem Wortlaut gilt das nationale Vergaberecht damit nicht mehr.[73] 32

Anders jedoch ist es, wenn es sich bei dem zu vergebenden Dienstleistungsauftrag um eine **Dienstleistungskonzession** im Sinne der Richtlinien 2004/17/EG und 2004/18/EG handelt, d. h. der Verkehrsunternehmer trägt in einem wesentlichen Maß das wirt- 33

---

68 *Winnes*, Die Allgemeine Vorschrift als Steuerungs- und Finanzierungsinstrument im ÖPNV, KommunalPraxis spezial 2013, 96 – 101.

69 *Karl* und *Schaaffkamp*, Handlungsoptionen der Aufgabenträger nach der PBefG-Novellierung, Verkehr und Technik 2014, 65 – 70, 68.

70 Die Art. 73 und 86 – 88 EGV sind dann anwendbar, so auch: *Winnes*, S. 26.

71 *Winnes*, S. 26, zu dem Thema umfassend: *von Wietersheim* (Hrsg.), Vergaben im ÖPNV, Bundesanzeiger Verlag, Forum Vergabe Band 45, 2013.

72 Von einem „Sondervergaberecht" spricht *Diemon-Wies*, Vergaberecht trifft ÖPNV, Verkehr und Technik 2013, 469 – 471.

73 Unklar: *Wittig* und *Schimanek*, S. 22; anders *Saxinger* und *Fischer*, in Verkehr und Technik 2008/2, 75-81, 80.

schaftliche Risiko, bzw. die Höhe seiner Gesamtvergütung ist zum Zeitpunkt des Vertragsschlusses noch ungewiss.[74] Für solche, oft als **„Nettoverträge"** bezeichnete Vereinbarungen gelten gemäß Art. 5 Abs. 1 S. 2 nicht die Verfahren dieser Richtlinien, sondern die Vergabeverfahren des Art. 5 Abs. 2 – 6. Die Nachfolge-VO dehnt damit den Regelungsbereich über den des Vergaberechts aus, d. h. auch wenn nur ein Euro fließt, muss die Auswahl des Empfängers nach Art. 5 erfolgen.

34 Im letztgenannten Fall eröffnet die Nachfolge-VO der zuständigen örtlichen Behörde folgende Möglichkeiten zur Auswahl des Betreibers, wobei hier die Rechtsprechung des EuGH zur Dienstleistungskonzession[75] und zur Inhouse-Vergabe[76] nachgezeichnet wird:

- Die Behörde kann nach Art. 5 Abs. 2 S. 1 Alt. 1 ohne weitere Voraussetzungen die **Verkehrsleistung selbst erbringen**. Übertragen auf das Kommunalrecht betrifft das „selbst erbringen" die Fälle des Regiebetriebs oder des Eigenbetriebs. Gleiches dürfte anzunehmen sein, wenn es der Kommune gelingt, die Aufgabenträgereigenschaft z. B. auf einen Zweckverband komplett zu übertragen und der Zweckverband die Verkehrsleistung selbst erbringt. Dies gilt ausdrücklich auch für den Aufgabenträgerverbund, wie er in Art. 2 m) mit den Merkmalen „ein Informationsdienst, ein Fahrausweis und ein Fahrplan" definiert ist. Auch bei der Gründung eines Aufgabenträgerverbundes schließen die Aufgabenträger gemäß Art. 2 i) „mit sich selbst" einen Dienstleistungsauftrag. Obwohl und weil es sich nicht um einen Vertrag im eigentlichen Sinne handelt, darf nicht übersehen werden, die Entscheidung im Kreistag oder Stadtrat zu treffen und zu dokumentieren. Weiter ist nichts zu beachten, d. h. für den Aufgabenträger ist damit das Thema VO (EG) 1379/07 erledigt. Denn der interne Betreiber, der mit dem Aufgabenträger identisch ist, erhält keine Ausgleichsleistung im Sinne von Art. 6, so dass eine Prüfung der Vorschriften des Anhangs nicht möglich ist.
- Der Aufgabenträger kann stattdessen nach Art. 5 Abs. 2 S. 1 Alt. 2 auch einen **öffentlichen Dienstleistungsauftrag direkt** an eine von ihm rechtlich getrennte Einheit vergeben, sofern die weiteren Voraussetzungen der Art. 5 Abs. 2 S. 2 Buchstaben a) bis e) eingehalten sind. Wenn also eine **Kontrolle wie über eine eigene Dienststelle** besteht und der interne Betreiber im Sinne von Art. 2 j) **nur auf eigenem Territorium** Verkehre betreibt, sowie sich nicht anderorts an Vergabeverfahren beteiligt (Reziprozität), dann kann der Aufgabenträger (oder der Aufgabenträgerverbund) ohne Verfahrensanforderungen direkt vergeben. Auf diese Vorschrift kann sich die Betrauung vieler Kommunalunternehmen und Stadtwerke stützen, gleich in welcher Gesellschaftsform sie organisiert sind.[77] Die Nachfolge-VO ist gegenüber den vom EuGH entwickelten Voraussetzungen etwas weniger streng, führt aber zwei zusätzliche Merkmale ein,[78] nämlich die **Reziprozität** und die **Beschränkung der Untervergabe**, indem verlangt wird, dass der interne Betreiber den überwiegenden Teil des Verkehrs selbst fährt.[79]
- Der Aufgabenträger hat nach Art. 5 Absätze 4 bis 6 noch drei weitere Möglichkeiten der **Direktvergabe** ohne jegliche Verfahrensanforderungen: bei **Kleinaufträgen**, beim **Eisenbahnverkehr**[80] und bei **Notmaßnahmen**. Im ersten Fall gilt eine Wertgrenze von erwarteten 1 Mio. EUR oder alternativ eine Leistungsgrenze von 300.000 Wagenkilometern (Jahreswerte). Die beiden Werte verdoppeln sich nochmals, wenn an kleine oder mittlere Unternehmen mit bis zu 23 Fahrzeugen vergeben wird. Abzustel-

---

[74] *Winnes*, Öffentliche Auftragsvergabe im ÖPNV, VergabeR 2009, 712 – 719, 713 ff., *Saxinger* und *Fischer*, S. 81.

[75] Siehe dazu bei Rn. 13.

[76] Siehe dazu bei Rn. 13.

[77] Weiterführend *Wittig* und *Donhauser*, Möglichkeiten der Direktvergabe von Personenverkehrsdiensten an interne Betreiber im Spannungsfeld mit dem Vorrang kommerzieller Verkehre, KommunalPraxis sepzial 2013, 76 – 83.

[78] *Saxinger* und *Fischer*, S. 77.

[79] Art.5 Abs. 2 S. 2 c) und e).

[80] Zu dem seltenen Fall der Inhouse-Vergabe von SPNV-Leistungen: Stickler und Feske, VergabeR 2010 1 – 10.

len ist nach Art. 2 k) auf den Gesamtwert der Einnahmen, also auch auf die Fahrgeldeinnahmen oder die staatliche Ausgleichsleistungen, nicht jedoch die Mehrwertsteuer. Erwägungsgrund 23 verbietet die Stückelung, die mit dem Ziel der Grenzwertunterschreitung erfolgt.

Für die beiden Möglichkeiten der Direktvergabe an interne Betreiber sowie für die Kleinaufträge und bei der Eisenbahn gilt die Einschränkung, dass die Direktvergabe nur möglich ist, wenn sie nicht nach nationalem Recht untersagt ist. In Deutschland besteht ein solches **ausdrückliches Verbot** nicht, so dass diese Optionen eröffnet sind. 35

- Sind die Möglichkeiten der Direktvergabe ohne Ausschreibung nicht einschlägig oder gewünscht, so steht in Art. 5 Abs. 3 ein vereinfachtes **wettbewerbliches Vergabeverfahren** offen.[81] Die Anforderungen an das Verfahren sind gering:[82] Es muß für alle Betreiber offen sein, es muß fair sein und den Grundsätzen der Transparenz und Nichtdiskriminierung genügen. Die Behörde kann ein zweistufiges Verfahren wählen und die vorausgewählten Angebote verhandeln. Mit diesen wenigen Vorgaben hat die Behörde viele Freiheiten. Der Drang, unbedingt eine Direktvergabe zu erreichen, relativiert sich angesichts dessen.

Nach Art. 5 Abs. 7 sind die Mitgliedstaaten verpflichtet, für alle Vergaben, die nur nach dieser Nachfolge-VO erfolgen, einen effektiven **Rechtsschutz** zu eröffnen. Sofern die Vergabe nach den beiden Vergaberichtlinien 2004/17/EG und 2004/18/EG erfolgt, ergibt sich eine solche Verpflichtung der Mitgliedstaaten nicht gemäß Art. 5 Abs. 7. 36

ee) Inhalte von Dienstleistungsauftrag und allgemeiner Vorschrift. Neben der Frage der Auswahl des Betreibers beim Dienstleistungsauftrag stellt sich – auch für die allgemeine Vorschrift – die Frage nach den inhaltlichen Vorgaben bzw. Möglichkeiten. Hinsichtlich des Inhalts ist die Behörde zunächst einmal frei. Im Hinblick auf Art. 2 l) ist naheliegend, dass eine allgemeine Vorschrift diskriminierungsfrei sein muss. 37

Nach Art. 3 Abs. 1 kann ein **ausschließliches Recht** nur im Rahmen eines Dienstleistungsauftrages gewährt werden, aber nicht im Rahmen einer allgemeinen Vorschrift. Die Gewährung ausschließlicher Rechte im Sinne von Art. 2 f) ermöglicht es, bestimmte Verkehrsleistungen zu erbringen, und dabei andere Betreiber auszuschließen.[83] 38

Als möglicher Inhalt eines Dienstleistungsauftrages ist als Notmaßnahme auch die **Auferlegung** in Art. 5 Abs. 5 vorgesehen. Wenn die Verkehrsbedienung unterbrochen oder dies unmittelbar absehbar ist, kann die Behörde einen bestehenden Dienstleistungsauftrag ausweiten oder einen neuen Betreiber suchen und ihn per Auflage zu einer bestimmten Verkehrsleistung verpflichten. Schon aus der Regelungssystematik ergibt sich, dass auch die Auferlegung ein Fall des Dienstleistungsauftrages ist, weil Art. 5 nur für Dienstleistungsaufträge und nicht für allgemeine Vorschriften gilt. Die Auferlegung ist damit ein Beispiel für einen Dienstleistungsauftrag per einseitigem „rechtsverbindlichem Akt" in Art. 2 i). 39

Sowohl für den Dienstleistungsauftrag als auch für die allgemeine Vorschrift sind in Art. 4 zahlreiche **inhaltliche Vorgaben** gemacht: 40

Die **Laufzeit der Regelung** ist auf 15 Jahre begrenzt, wenn eine Eisenbahn dabei ist, sonst auf 10 Jahre. Sie kann um bis zu 50 % verlängert werden, wenn der Verkehrsunternehmer erheblich investiert hat und die so erworbenen Güter anderweitig kaum verwendbar sind, oder wenn der Verkehr in Gebieten mit äußerster geographischer Randlage zu erbringen ist. Die Laufzeit einer Auerlegung als Notmaßnahme ist auf zwei Jahre begrenzt. 41

---

[81] Weiterführend Saxinger, Das neue wettbewerbliche Vergabeverfahren, KommunalPraxis spezial 2013, S. 71–75.

[82] *Winnes*, Öffentliche Auftragsvergabe im ÖPNV, VergabeR 2009, 712 – 719, 717.

[83] Vertiefend: *Sitsen*, Der Begriff des ausschließlichen Rechts und seine Bedeutung für den ÖPNV, InfrastrukturRecht 2011, 76 – 81.

42 Möglicher weiterer Inhalt eines Dienstleistungsauftrags ist nach Art. 4 Abs. 5 die Verpflichtung des Bewerbers, die bisherigen **sozialen Standards der Mitarbeiter** so einzuhalten, als wäre ein Betriebsübergang im Sinne von § 613a BGB erfolgt. Möglich ist nach Art. 4 Abs. 6 auch die Festlegung bestimmter **Qualitätsstandards**, wofür in Erwägungsgrund Nr. 17 als Beispiele Vorgaben im sozialen oder im Umweltbereich genannt werden. Und schließlich ist nach Art. 4 Abs. 7 anzugeben, ob und inwieweit eine Vergabe von **Unteraufträgen** zugelassen wird. In Art. 4 Abs. 7 ist die Möglichkeit beschränkt,[84] den Dienstleistungsauftrag komplett unterzuvergeben.

43 Sowohl für den Dienstleistungsauftrag als auch für die allgemeine Vorschrift gilt es laut Art. 4 Abs. 1 a) in Anlehnung an die Altmark-Trans-Kriterien des EuGH,[85] die **gemeinwirtschaftliche Verpflichtung** als solche und den **geographischen Geltungsbereich** klar zu definieren. Die **Parameter zur Berechnung** der nach Art. 6 zu gewährenden Ausgleichsleistung müssen laut Art. 4 Abs. 1 b) zuvor transparent aufgestellt sein, und die Aufteilung von Kosten und Einnahmen ist klar zu regeln. Nach diesen Regeln darf es zu keiner Überkompensation kommen. Dabei ist die Summe der finanziellen Nettoauswirkungen unter Berücksichtigung eines angemessenen Gewinns zu ermitteln. Diesem bloßen **Übermaßverbot** muss laut Art. 4 Abs. 1 b) Satz 1 am Ende, 6 Abs. 1 Satz 1 jede Ausgleichsleistung genügen.

44 Für die Fälle der **Direktvergabe** nach Art. 5 Absätze 2, 4, 5 oder 6 oder der **allgemeinen Vorschrift**[86] wird diese recht allgemeine und kursorische Vorgabe durch Art. 6 Abs. 1 Satz 2 ergänzt, indem zusätzlich auf den **Anhang** verwiesen wird. Es gibt damit also zwei Fälle für den Dienstleistungsauftrag: Wurde vom Aufgabenträger ein Vergabeverfahren nach Art. 5 Abs. 1 oder Abs. 3 durchgeführt, erfolgt nur eine (überschlägige) Prüfung der Ausgleichsleistung am Übermaßverbot. In den anderen Fällen, wenn also direkt vergeben wurde, gelten die Regeln zum finanziellen Nettoeffekt in Art. 4 Abs. 1 b) Satz 2, die aber durch den detaillierter regelnden Anhang überlagert sind.

45 Für den praktisch wichtigen Fall der Direktvergabe an den internen Betreiber gelten gemäß Art. 4 Abs. 1 die ersten drei **Kriterien der Altmark-Trans-Entscheidung** des EuGH, wobei allerdings das dritte Kriterium aufgeweicht wurde.[87] Das vierte Kriterium, nämlich der Vergleich mit einem fiktiven, durchschnittlich gut geführten Unternehmen wird aber im **Anhang** der VO (EG) 1370/07 durch eine andere Regelung ersetzt. Nach dessen Ziffer 2 ist eine konkrete Kostenbetrachtung anzustellen, die nach Ziffer 7 mit einem Anreizmodell zu versehen ist. Die gesamte Vorschriftenkette zielt darauf ab, eine Überkompensation zu vermeiden. Weder gibt die VO (EG) 1370/07 einen Anspruch auf eine Ausgleichszahlung, noch wird ein unzureichender Anspruch aufgefüllt.[88] Lediglich nach Ziffer 3 des Anhangs wird betrachtet, ob eine Zahlung übermäßig oder unzureichend ist. Ansonsten ergibt sich aber aus dem Beihilferecht, dass es nur darum geht, übermäßige Zahlungen auszuschließen. Dann allerdings ist die Zahlung nach Art. 9 mit dem Europarecht vereinbar.

46 Wichtig für Verkehrsunternehmer ist noch die Verpflichtung, zur **Vermeidung von Quersubventionen** die Buchführung nach Aktivitäten mit und ohne Ausgleichszahlungen zu trennen.[89] Diese Vorschrift schließt den **Querverbund** nicht aus,[90] zielt aber auf eine hohe Transparenz. Dieser kann vielmehr weiterhin möglich sein, wenn nur die Höhe der durch ihn zufließenden Mittel begrenzt ist.

---

[84] Als „Selbsterbringungsgebot" bezeichnet von Barth in: Neuorganisation kommunalen Nahverkehrs nach der EU-VO 1370? in Der Nahverkehr 2010, 24 – 26.

[85] Siehe oben bei Rn. 19.

[86] Zutreffend *Ipsen*, Die EU-Verordnung 1370/07 und das Personenbeförderungsgesetz, Der Nahverkehr 6/2008, 20-22, 20 unter Verweis auf Art. 6 Abs. 1 Satz 2.

[87] Anders *Ipsen*, S. 20, der die VO (EG) 1370/07 und die Altmark-Trans-Kriterien hier gleichsetzt.

[88] Anders noch die VO (EWG) 1191/69.

[89] Anhang Nr. 5.

[90] Linke, Abschied von der Quersubventionierungspraxis im ÖPNV?, Verkehr und Technik 2010, 429 – 432.

e) Weitere Pflichten für die Behörden

Die VO (EG) 1370/07 sieht umfangreiche **Veröffentlichungen** vor, wobei die Frage der Sanktionen bei der Verletzung der Pflichten nicht geregelt ist. 47

Jede zuständige Behörde ist nach Art. 7 Abs. 1 zur Erstellung eines öffentlich zugänglichen, **jährlichen Gesamtberichts** über die gemeinwirtschaftlichen Pflichten, die ausgewählten Betreiber, die gewährten Ausgleichszahlungen und die ausschließlichen Rechte verpflichtet.[91] Die inhaltlichen Anforderungen sind in Art. 7 Abs. 1 Satz 2 genannt. Eine weitergehende Detaillierung schreibt die Nachfolge-VO nicht vor, insbesondere ist bei den Ausgleichszahlungen nicht vorgeschrieben, dass die Summe für jeden Betreiber oder für jede Linie getrennt genannt wird. 48

Außerdem besteht nach Art. 7 Abs. 2 für jede Behörde – außer bei einer Notmaßnahme – die **Pflicht zur Ankündigung** im Amtsblatt der Europäischen Union ein Jahr vor Einleitung eines wettbewerblichen Vergabeverfahrens im Sinne von Art. 5 Abs. 3 oder einer Direktvergabe[92] im Sinne von Art. 5 Absätze 2, 4 und 6. Bei Bagatellaufträgen von unter 50.000 Wagenkilometern pro Jahr kann darauf verzichtet werden. Bei jeder Direktvergabe hat die Behörde die Gründe für die Entscheidung für die Direktvergabe jeder interessierten Person mitzuteilen.[93] Noch weitergehende Informationspflichten gelten bei **Direktvergaben an Eisenbahnen**. Wird eine Eisenbahn direkt beauftragt, so sind unaufgefordert bestimmte Informationen öffentlich zugänglich zu machen.[94] Diese Informationspflichten stehen im Zusammenhang mit dem nach Art. 5 Abs. 7 vorgesehenen effektiven Rechtsschutz, d. h. der enttäuschte Bewerber kann sich – je nach zeitlichem Ablauf – zuerst informieren und dann über die Einlegung des Rechtsmittels entscheiden. 49

f) Resümee

Die VO (EG) 1370/07 regelt in Anlehnung an die VO (EWG) 1191/69 das **Verhältnis zwischen den Behörden und den Verkehrsunternehmen** neu. Die Regelung ist klarer und umfassender geworden. Sie eröffnet aber in einigen Punkten mehr Spielräume. Erfreulich sind die Möglichkeiten der Direktvergabe und das einfache wettbewerbliche Vergabeverfahren. So belohnt die VO (EG) 1370/07 in den Fällen, wo der Unternehmer des überwiegende Risiko übernimmt. Die deutsche Handschrift scheint mancherorts durch, wenn z. B. auf den Verwaltungsakt Bezug genommen wird. Als bedauerlich mag man es empfinden, wenn die Vorschrift sich auf das Beihilferecht reduziert und nur mehr einen übermäßigen Ausgleich verbiete, aber kein Mindestentgelt gewährt. 50

Die **Anforderungen** an die einzuhaltenden Verfahren und die bereitzustellenden Informationen sind nicht zu unterschätzen. So bringt die Neuregelung wie so oft ein Mehr an Bürokratie. Die Aufgabenträger müssen sich organisatorisch und personell auf diese Herausforderung einstellen. Bei vielen Aufgabenträgern mag sich der Wunsch nach der scheinbar einfacheren Direktvergabe einstellen. Aber die hohen Anforderungen an die Berechnung der Ausgleichsleistung sind eine Hürde. So können die Aufgabenträger unter Umständen zwischen zwei Übeln wählen, nämlich der einmal schwierigen Ausschreibung und der dauerhaft anspruchsvollen Direktvergabe. 51

Die Nachfolge-VO ist weder der Grund für das Entstehen eines „Behörden-ÖPNV" noch schlägt sie sich auf die Seite der Verkehrsunternehmer. Vielmehr klärt sie die Rollen der beiden Seiten und ihr Verhältnis zueinander. Allerdings trennt sie weiterhin die Behörde, die aus allgemeinem, z. B. wirtschaftlichem oder verkehrlichem Interesse Vorgaben an den Personenverkehr machen möchte, von den Verkehrsunternehmen, die kom- 52

[91] Art. 7 Abs. 1.
[92] Erwägungsgrund 30.
[93] Art. 7 Abs. 4.
[94] Art. 7 Abs. 3.

merziell handeln. Die **Trennung** der **politischen von der unternehmerischen Aufgabe** ist eine der Vorgaben für die Kommunen.

g) Die Vorgaben der ÖPNV-Verordnung für das deutsche Recht

53 Letztlich setzt auch die Nachfolge-VO das Prinzip „Wer anschafft, zahlt" durch. Die Europäische Union spielt den Ball an die Mitgliedstaaten weiter: Voraussetzung einer jeden Einflussnahme auf die Verkehrsleistung in den Mitgliedstaaten ist, dass zuständige Behörden installiert sind. Die Europäische Union macht es zur **Sache der Mitgliedstaaten**, zunächst den ÖPNV als öffentliche Aufgabe zu definieren,[95] dann Behörden einzurichten, die einen verkehrs- oder sozialpolitischen Auftrag und die entsprechende Zuständigkeit haben, sowie über die notwendigen Personal- und Sachmittel und die notwendigen Rechtsinstrumente verfügen. Daher wird im Folgenden dargestellt, wie die verfassungs- und verwaltungsrechtliche **Ausgangslage in Deutschland** war, wie diese europarechtlichen Vorgaben umgesetzt wurden und welche Auswirkungen dies auf die wirtschaftliche Tätigkeit der Kommunen im Bereich des ÖPNV hat.

54 Die VO (EG) 1370/07 hat an zahlreichen Stellen im PBefG und in den Landes-ÖPNV-Gesetzen einen **Anpassungsbedarf** ausgelöst.[96] Beispielsweise war der nach Art. 5 Abs. 7 vorgesehene Rechtsschutz zu installieren,[97] oder überall, wo auf die VO (EWG) 1191/69 Bezug genommen war, muss nun die VO (EG) 1370/07 erscheinen.[98] Die Kompetenzen der zuständigen Behörde können auf den Aufgabenträger und die Genehmigungsbehörde aufgeteilt bleiben.[99] Der Anpassungsbedarf soll hier nicht heruntergespielt werden, aber man kann auch mit geringfügigen[100] oder sogar nur redaktionellen Änderungen leben. Eine deutliche Rechtsunsicherheit besteht,[101] solange keine Anpassungen erfolgt waren, oder soweit sie noch nicht erfolgt sind. Für die Übergangszeit[102] bis zum Inkrafttreten des neuen PBefG galt jedenfalls schon die nachfolge-VO, aber noch mit dem alten PBefG.

3. Die verfassungsrechtlichen Rahmenbedingungen für den ÖPNV

55 Ausgangspunkt einer jeden Diskussion der Betätigung von Kommunen in Deutschland ist das **Grundgesetz** und hier namentlich **Art. 30**, wonach die Ausübung der staatlichen Gewalt in Legislative, Exekutive und Judikative eine Sache der Länder ist, sofern das Grundgesetz nicht anderes bestimmt oder auf seiner Grundlage eine andere Bestimmung getroffen ist. Verfassungsrechtlich betrachtet gehören die Kommunen (Gemeinden und Landkreise) zu den Ländern. Die praktische Bedeutung der Zuständigkeitsvorschriften wird im Lichte des Art. 104 a Abs. 1 GG deutlich, wonach die **Ausgabenverantwortung** immer der **Kompetenzzuweisung** folgt. Die Ausgabenverantwortung bedeutet dabei sowohl Finanzierungsbefugnis als auch Finanzierungspflicht,[103] und zwar für die Kosten der Verwaltung, der Gesetzgebung und der Rechtsprechung. Bedeutsam ist dieser **„Konnexitätsprinzip"** genannte Grundsatz[104] – was das Kostenvolumen anbelangt – vor allem bei der Verwaltung, wenngleich er auch für die Parlaments- und Justizzuständigkeit gilt.[105]

---

[95] Zur Umsetzung im Regionalisierungsgesetz siehe unten bei Rn. 71.

[96] *Ipsen*, S. 21-22.

[97] *Saxinger* und *Fischer*, in Verkehr und Technik 2008/2, 75-81, 81.

[98] Nach einer Lösung suchend: *Wittig* und *Schimanek*, S. 23.

[99] *Ipsen*, S. 22.

[100] *Ipsen*, S. 22.

[101] *Lenz*, Der Nahverkehr 1-2/2009, 13-15.

[102] Zu dem Zusammenspiel der Nachfolge-VO mit dem alten PBefG: *Fiedler*, Der Genehmigungswettbewerb unter dem Regime der VO 1370/2007, Verkehr und Technik 2011, 107 – 111; *Saxinger* und *Niemann*, Linienverkehrsgenehmigungen nach neuem EU-Recht, Der Nahverkehr 2010, 24 – 26.

[103] *Jarass-Pieroth*, Kommentar zum Grundgesetz, Beck Verlag München, 11. Auflage 2011, Art. 104a GG, Rn. 3.

[104] *Jarass-Pieroth*, Art. 104a GG, Rn. 3.

[105] *Jarass-Pieroth*, Art. 104a GG, Rn. 2.

Im Rahmen der **grundgesetzlichen** Aufgabenzuweisungsnormen findet sich keine Bestimmung, die dem Bund eine **Exekutivkompetenz für den ÖPNV** gibt. Insbesondere ist für den ÖPNV keine bundeseigene Verwaltung eröffnet, wie es nach Art. 87 GG in der bis 31.12.1994 geltenden Fassung für den Eisenbahnbereich der Fall war. Art. 87e Abs. 1 GG normiert die bundeseigene Verwaltung lediglich für die Aufsicht über die Eisenbahnen des Bundes. Art. 87e Abs. 4 GG definiert zwar die Aufgabe des Bundes[106] für die Eisenbahninfrastruktur und das Verkehrsangebot der Eisenbahnen,[107] nimmt jedoch den SPNV hiervon ausdrücklich aus. 56

Der Bund hat sich auch nicht per einfachem Bundesgesetz gemäß Art. 87 Abs. 3 GG eine **Verwaltungskompetenz** eröffnet. Voraussetzung hierfür ist eine **Gesetzgebungskompetenz des Bundes** im Sinne des Art. 71 GG.[108] Eine **ausschließliche Gesetzgebungskompetenz** des Bundes gibt es nur für die bundeseigenen Eisenbahnen aus Art. 73 Abs. 1 Nr. 6a GG. Für Schienenbahnen, die nicht Eisenbahnen des Bundes sind, ausgenommen die Bergbahnen, gibt Art. 74 Nr. 23 GG dem Bund eine **konkurrierende Gesetzgebungskompetenz**. Für den ÖPNV kann auch noch Art. 74 Nr. 22 GG herangezogen werden, der die konkurrierende Gesetzgebungskompetenz für den Straßenverkehr eröffnet.[109] Ansonsten verbleibt nur der Rückgriff auf das Gewerberecht nach Art. 74 Nr. 11 GG. 57

Der Bund hat seine Gesetzgebungskompetenzen im Wesentlichen nur dazu genutzt, das Personenbeförderungsgesetz (PBefG) und das Regionalisierungsgesetz (RegG) zu erlassen und auf dieser Grundlage einige Verordnungen; eine **Verwaltungskompetenz** hat er sich nicht eröffnet. Sie liegt für den ÖPNV nach Art. 30, 81 GG vollständig **bei den Ländern**, die damit – im Verhältnis zum Bund – auch alleine die Ausgabenverantwortung im Sinne des Art. 104a Abs. 1 GG trifft. Die **Ausgestaltung, Organisation und Abwicklung des ÖPNV** ist damit im Wesentlichen die **Sache der Länder**. 58

Unabhängig davon ergeben sich aber aus dem Verfassungsrecht des Bundes **Vorgaben für die Länder** und Kommunen: 59

- Das **Sozialstaatsprinzip** (Art. 20 Abs. 1 GG) verpflichtet jede staatliche Gewalt in Deutschland, an der Herstellung gleichwertiger Lebensverhältnisse mitzuwirken. Der ÖPNV ist im Rahmen der Daseinsvorsorge als Teil des Sozialstaatsprinzips zu verstehen,[110] wodurch die Teilhabe am sozialen und kulturellen Leben erst möglich ist.
- Aus dem **Rechtsstaatsprinzip** (Art. 20 Abs. 3 GG) in der Ausprägung der Wesentlichkeitstheorie ergibt sich das Erfordernis, dass alle wesentlichen Entscheidungen der Gesetzgeber in Bund oder Land selbst trifft.
- Das **Demokratieprinzip** (Art. 20 Abs. 1 und 2 GG) verlangt eine durchgehende Legitimationskette bei der Erfüllung öffentlicher Aufgaben, d. h. auch wenn die Erfüllung einer Aufgabe privatisiert wird, muss sich die öffentliche Hand den Durchgriff zur Sicherung der Aufgabenerfüllung vorbehalten, weil eine Gewährleistungsverantwortung immer bleibt.[111]
- Die **Selbstverwaltungsgarantie** (Art. 28 Abs. 2 Satz 1 GG) gibt den Gemeinden das Recht, alle Angelegenheiten der örtlichen Gemeinschaft im Rahmen der Gesetze selbst zu regeln. Dazu gehört auch der öffentliche Verkehr im jeweiligen Gebiet. Nicht bei je-

---

[106] Vom „Gewährleistungsauftrag" des Bundes spricht *Heise*, Die Deutsche Bahn AG zwischen Wirtschaftlichkeit und Gemeinwohlverantwortung, Diss. 2013, S 234.

[107] *Arnold*, Das Sicherstellungsgebot des Art. 87 e IV GG im Bereich des Schienenpersonenfernverkehrs, in: Recht – Wirtschaft – Kultur, Herausforderungen an Staat und Gesellschaft im Zeitalter der Globalisierung, Festschrift für Hablitzel, hrsg. von *Wollenschläger*, *Kreßel* und *Egger*, Berlin 2005, S. 33-54; zu den Gewährleistungspflichten und zum Gewährleistungsstaat: *Knauff*, Die Gewährleistung des Daseinsvorsorgeauftrags im öffentlichen Personennahverkehr, Nomos, Diss. 2009/2010, S. 91 ff.

[108] *Jarass-Pieroth*, Art. 83 GG, Rn. 1 m. w. N.

[109] *Fielitz* und *Grätz*, Personenbeförderungsgesetz, Luchterhand Verlag, Stand 67. Aktualisierung bis Dez. 2013, § 1 PBefG Rdnr. 1.

[110] *Knauff*, S. 194 f.

[111] *Ziekow*, Öffentliches Wirtschaftsrecht, Beck Verlag, 2007, S. 134 – 136.

der örtlichen Aufgabe ist die Zuständigkeit eröffnet, weil das Erfordernis des legitimen Aufgabenzugriffs gilt, und weil der Aufgabenzugriff gegen ausdrückliche gesetzliche Wertungen nicht zulässig ist.[112] Für die Gemeindeverbände, wozu auch die Landkreise gehören,[113] gilt das Recht nach Art. 28 Abs. 2 Satz 2 GG nur im Rahmen des gesetzlich zugewiesenen Aufgabenbereichs. Außerdem ist das Rechtsinstitut der Gemeindeverbände – anders als das der Gemeinden – nicht garantiert.[114]

60 Die **Länderverfassungen** entsprechen in den eben genannten Grundaussagen im Hinblick auf die Homogenitätsklausel (Art. 28 Abs. 1 GG) dem Grundgesetz. Art. 83 Abs. 1 Bayerische Verfassung stärkt sogar noch die Stellung der Gemeinden, indem sie den **örtlichen Verkehr** zum **eigenen Wirkungskreis** der Gemeinden rechnet. Wichtiger noch ist die fiskalische Aussage in Art. 83 Abs. 3 Bayerische Verfassung: Überträgt der Staat den Gemeinden eine Aufgabe, macht er eine Aufgabe des eigenen Wirkungskreises zu einer Pflichtaufgabe oder stellt er besondere Anforderungen an die Erfüllung von Aufgaben, so hat er zugleich über die Deckung der dadurch verursachten Kosten zu entscheiden. Bei Mehrbelastungen hat der Staat einen finanziellen Ausgleich zu schaffen. Mit diesem Prinzip („Wer anschafft, zahlt") wird die grundsätzliche Verantwortung des Staates für eine Mindestausstattung der Kommunen ergänzt.[115]

4. Die ÖPNV-Gesetze – Der ÖPNV als Aufgabe der Kommunen

61 Nach der bisherigen Diskussion des für den ÖPNV relevanten Europa- und Verfassungsrechts richtet sich der Blick nun auf die **einfachgesetzlichen Vorgaben**. Neben dem Regionalisierungsgesetz (RegG) und dem Personenbeförderungsgesetz (PBefG) sind hier die Kommunal- und die ÖPNV-Gesetze der Länder[116] zentral. Soweit es um Landesrecht geht, erfolgt die Darstellung beispielhaft anhand der recht ausführlich geregelten Rechtslage in Bayern,[117] wobei auf wichtige Abweichungen in anderen Ländern eingegangen wird.

a) Der ÖPNV als Selbstverwaltungsangelegenheit der Gemeinde

62 Regelungen gibt es in den Kommunalgesetzen schon weit vor der oben angesprochenen Neuordnung des ÖPNV, die insbesondere durch die Novellierung der VO (EWG) 1191/69 durch die VO (EWG) 1893/91 zum 1.7.1992 erfolgt ist. Ein Beispiel hierfür ist neben dem bereits genannten Art. 83 Abs. 1 Bayerische Verfassung der gleichgerichtete Art. 57 Abs. 1 Bayerische Gemeindeordnung (Bay GO). Danach sollen die **Gemeinden** die **öffentlichen Einrichtungen** schaffen und erhalten, die nach den örtlichen Verhältnissen für das wirtschaftliche, soziale und kulturelle Wohl und die Förderung des Gemeinschaftslebens ihrer Einwohner erforderlich sind.

63 **Umfang und Inhalt der Aufgabe** sind schwer abzugrenzen. Der öffentliche Verkehr in Art. 57 Abs. 1 Bay GO wird zwar in der älteren Kommentarliteratur eher mit dem Bau und Unterhalt von Gemeindestraßen in Verbindung gebracht,[118] aber eine solche straßenbezogene Auslegung findet im Wortlaut keinen Anhalt. Vielmehr wird dem ÖPNV schon weit vor und unabhängig von der Regionalisierung, eine zentrale Bedeutung im wirt-

---

[112] *Knauff*, S. 201.

[113] *Jarass-Pieroth*, Art. 28 GG, Rn. 29, ähnlich BVerfGE 103, 332, 359 f.

[114] *Jarass-Pieroth*, Art. 28 GG, Rn. 31.

[115] *Nawiasky*, *Leusser*, *Schweiger* und *Zacher*, Die Verfassung des Freistaates Bayern, Kommentar, Beck Verlag, München, Stand der EL 13vom Juli 2005, Art. 83 BV, Rn. 8; grundlegend auch: *Henneke*, Die Kommunen in der Finanzverfassung des Bundes und der Länder, Kommunal- und Schul-Verlag, 4. Auflage 2008.

[116] Siehe dazu bei Rn. 80.

[117] *Knauff*, S. 446, Fn. 525: das bayerische ÖPNV-Gesetz wurde als erstes erlassen und war daher Vorbild für die anderen Länder.

[118] *Hölzl*, *Hien* und *Huber*, Gemeindeordnung mit Verwaltungsgerichtsordnung, Landkreisordnung und Bezirksordnung für den Freistaat Bayern, Kommentar, Verlagsgruppe Jehle Rehm, München und Berlin 2002, Art. 57 GO, Rn. 7, Stand März 1992.

schaftlichen, sozialen und kulturellen Leben einer Gemeinde beigemessen, und zwar unabhängig von deren Größe. Die Reichweite der Zuständigkeit kann aus der **Zielsetzung** gefolgert werden. Nach Art. 57 Abs. 1 Bay GO geht es darum, was für das wirtschaftliche, soziale und kulturelle Wohl der Gemeindeeinwohner und die Förderung ihres Gemeinschaftslebens erforderlich ist. Der öffentliche Verkehr diente also beispielsweise dazu, Arbeitnehmer zu den Arbeitsplätzen zu bringen, auch für weniger wohlhabende Bevölkerungsschichten die Mobilität zu ermöglichen oder die Teilnahme am Sporttraining oder einer Theaterveranstaltung zu erlauben. Zu den Einrichtungen des öffentlichen Verkehrs zählen jedenfalls auch die **örtlichen Verkehrsunternehmen**.[119] Auch die **Planung** des oder eines öffentlichen Verkehrs wird genannt.[120] Über die Wahl des Verkehrsmittels ist keine Aussage getroffen. Insgesamt wird man im Hinblick auf Art. 28 Abs. 2 GG von einem sachlich weiten Begriff des örtlichen Verkehrs ausgehen können.

Damit wird deutlich, dass sich der ÖPNV in Art. 57 Abs. 1 Bay GO um die örtliche Gemeinschaft dreht, d. h. es geht um den Verkehr der Gemeinde und im Hinblick auf das Territorialitätsprinzip[121] grundsätzlich nicht um den Verkehr anderer Gemeinden, z. B. zwischen Gemeindeteilen einer Nachbargemeinde. Dies ergibt sich auch daraus, dass Art. 57 Abs. 1 Bay GO ausdrücklich von einer Aufgabe des **eigenen Wirkungskreises** spricht, der in Art. 7 Abs. 1 Bay GO als **Angelegenheit der örtlichen Gemeinschaft** definiert wird. Es geht also um die Selbstverwaltung der Gemeinde[122] schwerpunktmäßig innerhalb ihrer Grenzen. 64

Es besteht aber daraus **keine Verpflichtung**[123] der Gemeinde zum Tätigwerden. Denn nach Art. 57 Abs. 1 Satz 1 Bay GO **sollen** die Gemeinden lediglich tätig werden, die Norm gilt nur in den Grenzen der jeweiligen Leistungsfähigkeit und nach Satz 2 bestimmt sich die Verpflichtung zur Erfüllung der Aufgaben nach den besonderen gesetzlichen Vorschriften. Auch aus der Selbstverwaltungsgarantie ergibt sich keine umfassende Verpflichtung zur Daseinsvorsorge.[124] Wenn keine konkrete Verpflichtung besteht, dann ist erst recht nicht geregelt, in welcher **Art und Weise** die Gemeinde überhaupt tätig wird, ob sie eine kommunale öffentliche Einrichtung aufbaut, sich des kommunalen Wirtschaftsrechts bedient oder ob sie die Aufgabe im Rahmen der kommunalen Zusammenarbeit erledigt. Auch eine bewusste Entscheidung, nichts zu tun, wird kaum zu beanstanden sein. 65

Wenn hier eine **Freiheit der Gemeinde** besteht, dann hat sie keine Pflicht zum Tätigwerden, und erst recht gibt es **keinen Anspruch** gegen die Gemeinde auf ein (bestimmtes) Tätigwerden. Damit liegt keiner der in Art. 83 Abs. 3 Bayerische Verfassung[125] genannten Fälle vor, weshalb sich kein Anspruch der Gemeinde gegen den Freistaat Bayern auf **Finanzausstattung** alleine und unmittelbar aus dieser Vorschrift ergibt. 66

Die Einordnung der Aufgabe in den **eigenen Wirkungskreis** bedeutet nach Art. 109 Bay GO und nach Art. 83 Abs. 4 Bayerische Verfassung, dass die Gemeinde gemäß Art. 7 Abs. 2 Bay GO nach eigenem, freien Ermessen handelt und die staatliche Aufsicht auf die Rechtmäßigkeit beschränkt ist (nur Rechtsaufsicht) und eine Aufsicht über die Zweckmäßigkeit nicht stattfindet (keine Fachaufsicht). 67

---

119 *Masson* und *Samper*, Bayerische Kommunalgesetze, Richard Boorberg Verlag, München, 4. Auflage 2000, Art. 57, Rn. 12, 60. Ersatzlieferung, März 1994.

120 *Prandl, Zimmermann* und *Büchner*, Kommunalrecht in Bayern, Carl-Link-Kommentare, Art. 57 GO, Rn. 11, Stand Februar 2007.

121 Zum Örtlichkeitsprinzip z. B. *Geis*, Kommunalrecht, Beck Verlag, München, 1. Auflage 2008, § 12 Rn. 83; *Jarass*, Aktivitäten kommunaler Unternehmen außerhalb des Gemeindegebiets, insbesondere im öffentlichen Personennahverkehr, DVBl 2006, 1–11, 4; oder *Knemeyer*, Bayerisches Kommunalrecht, Boorberg Verlag, München, 12. Auflage 2007, Rn. 337: Interessen der anderen Gemeinde dürfen nicht verletzt sein.

122 *Prandl, Zimmermann* und *Büchner*, Art. 57 GO, Rn. 11, Stand Februar 2007.

123 *Hölzl, Hien* und *Huber*, Art. 57 GO, Rn. 7, Stand März 1992.

124 *Knauff*, S. 205.

125 Siehe dazu oben bei Rn. 60.

Diese Freiheit der Gemeinden eröffnet auch organisatorisch alle Möglichkeiten. Sie können die Zuständigkeit innerhalb der eigenen Verwaltung – auch als Regiebetrieb – wahrnehmen oder sich **gemeindlicher Unternehmen** bedienen. Vorgesehen sind in Art. 86 Bay GO die Rechtsformen des Eigenbetriebs, des selbständigen Kommunalunternehmens oder die Rechtsformen des Privatrechts. Für die Errichtung eines solchen gemeindlichen Unternehmens gibt es jedoch eine übliche **Schrankentrias**,[126] die in Bayern in Art. 87 Bay GO sogar in vier Voraussetzungen ausgebaut ist: Es muss für die Tätigkeit eine öffentliche Aufgabe bestehen, die Unternehmensgröße muss angemessen sein im Verhältnis zur Aufgabe und zur Gemeinde, die Aufgabe muss für eine Auslagerung geeignet sein und nicht ebenso gut durch einen (privaten) Dritten erfüllt werden können

68 Gerade bei der letztgenannten Schranke wird jedoch die hohe Wertigkeit des – auch verfassungsrechtlich garantierten – Selbstverwaltungsrechts[127] der Gemeinde deutlich: Die Gemeinde ist, wenn sie ein eigenes örtliches Verkehrsunternehmen errichtet, an diese Einschränkung nicht gebunden, weil gemeindliche Versorgungs- und Verkehrsunternehmen keine wirtschaftlichen Unternehmen im Sinne des Gesetzesvorbehalt sind.[128] Sie kann also aus kommunalrechtlicher Sicht ein **kommunales Verkehrsunternehmen** einrichten – und damit Besteller und gleichzeitig Ersteller sein,[129] obwohl in der Regel die Verkehrsleistung auch von einem privaten Verkehrsunternehmer erbracht werden könnte. Damit schließt das alte Kommunalrecht nahtlos an das neue Europarecht an, wo in Art. 5 Abs. 2 VO (EG) 1370/07 die Direktvergabe an kommunale Töchter erlaubt wird.

b) Der ÖPNV als Aufgabe der Daseinsvorsorge

69 In Umsetzung der europarechtlichen Vorgaben und zur Lösung der eigenen Probleme hat der Bund mit den Eisenbahnneuordnungsgesetzen vom 20.12. und 27.12.1993 nicht nur das Grundgesetz und das PBefG geändert sondern auch das Regionalisierungsgesetz (RegG)[130] erlassen.[131] Diese **Neuordnung** wirkt **zum 1.1.1996**,[132] der so zum maßgebliche Datum der Neuordnung des ÖPNV (und des SPNV) wird, denn zu diesem Zeitpunkt hat der Bund mit einem umfassenden Gesetzespaket die oben angesprochenen europarechtlichen Vorgaben umzusetzen versucht.

70 Kernstück für den ÖPNV ist das **Regionalisierungsgesetz** (RegG), das in zwei Teile zerfällt: Im **ersten Teil** (§§ 1 bis 4 RegG) wird der ÖPNV definiert, er wird zur Aufgabe der Daseinsvorsorge gemacht, den Ländern wird vorgeschlagen, den ÖPNV zentral zu organisieren, und schließlich wird klargestellt, dass für den Vollzug der VO (EG) 1370/07 die Länder bzw. die von diesen bestimmten Stellen zuständig sind.

71 Zentral ist in diesem ersten Teil § 1 Abs. 1 RegG, der den ÖPNV zur **Aufgabe der Daseinsvorsorge** macht. Bei der Daseinsvorsorge handelt es sich um die Bereitstellung wichtiger Leistungen für die Bevölkerung durch die öffentliche Hand,[133] wobei die öffentliche Hand sich auch Dritter bedienen kann. Damit ist klar auf das Sozialstaatsprinzip[134] Bezug genommen, es wird die hohe Bedeutung des ÖPNV für die Grundversor-

---

[126] *Neutz*, in *Wurzel/Schraml/Becker*, Rechtspraxis KommUntern, 2. Auflage, Kap C Kommunalrecht, Rn. 99 ff.

[127] Siehe dazu oben bei Rn. 59.

[128] Urteil des Bayerischen Verfassungsgerichtshofes vom 23.12.1957, VerfGHE 10 II 113 – 125; darauf beruft sich auch *Hölzl, Hien* und *Huber*, Art. 57 GO, Rn. 7, Stand März 1992.

[129] *Knauff*, S. 451 Fn. 565 m. w. N.

[130] Verkündet als Artikel 4 des Eisenbahnneuordnungsgesetzes vom 27.12.1993, BGBl. I S. 2378 ff, zuletzt geändert durch Gesetz vom 14.12.2012, BGBl. I S. 2598.

[131] Zur Diskussion vor der Regionalisierung: *Grafberger*, Der Öffentliche Personennahverkehr – Aufgabe, Organisation und verkehrsgewerberechtlicher Rahmen, Diss. Erlangen-Nürnberg 1992, S. 13-90.

[132] Zur Reform von 1996; *Knauff*, S. 350 ff.

[133] Zum ähnlichen Art. 2 Abs. 1 Bay ÖPNVG: *Gabler*, Öffentlicher Nahverkehr in Bayern, Diss. Univ. Regensburg 1999, Peter Lang Verlag, Frankurt am Main 2000, S. 109, *Scheder*, Gesetz über den öffentlichen Personennahverkehr in Bayern, Gemeinde- und Schulverlag Bavaria, München 1997, Art. 2 Bay ÖPNVG, Nr. 1: beide sprechen etwas überzogen sogar von lebenswichtigen Leistungen.

[134] Siehe dazu oben bei Rn. 59.

gung der Bevölkerung festgeschrieben und es ist gesetzlich klargestellt, dass es sich beim ÖPNV um eine **öffentliche Aufgabe**[135] handelt. Das RegG hat damit die Vorgaben der VO (EWG) 1191/69 bzw. jetzt der VO (EG) 1370/07 nachvollzogen. In der Systematik des deutschen öffentlichen Rechts hebt das RegG den ÖPNV zur gewährleistungsstaatlich geprägten,[136] öffentlichen Aufgabe empor, während er vorher – abgesehen vom Schienenverkehr – nur rudimentär im Sozialstaatsprinzip und im Kommunalrecht zu finden war.

Mangels anderweitiger Festlegung ergibt sich schon aus Art. 30 und 83 GG die Verwal- 72
tungszuständigkeit der Länder für die öffentliche Aufgabe ÖPNV, d. h. die Ausführung und Umsetzung dieses Begriffs „Daseinsvorsorge" und die Finanzierung dessen ist eine Sache der Länder, die so die (teils neue entstandene) **Aufgaben- und Ausgabenverantwortung**[137] für den gesamten ÖPNV übernommen haben. Nur der SPNV war nach dem bisherigen Art. 87 GG als Teil der bundeseigenen Verwaltung eine Aufgabe des Bundes. Nun aber übernehmen die Länder eine **qualifizierte Aufgabe**, indem sie sich auf die Festlegung einlassen, es handle sich jetzt um eine Aufgabe der Daseinsvorsorge. Die notwendigen Gesetze dazu können die Länder nach Art. 30, 70 GG und § 1 Abs. 2 RegG erlassen.

Im **zweiten Teil** wird in § 5 RegG festgelegt**, welche zusätzlichen Finanzmittel** 73
den Ländern im Gegenzug zur Übernahme der Verwaltungsaufgabe aus welchem Steueraufkommen zustehen. Weiterhin wird die Verteilung auf die einzelnen Länder und die Neuregelung der Verteilung in einer Revisionsklausel festgelegt. Diese, den Ländern im Grundsatz schon nach Art. 106 a GG zustehenden Mittel sind zwar eine Gegenleistung für die Übernahme der Aufgabe „gesamter ÖPNV", sollen jedoch nach § 6 Abs. 1 RegG von den Ländern[138] **insbesondere für den SPNV** verwendet werden.

c) Die Einführung des Aufgabenträgers

Neben dem Erlass des RegG war der grundsätzlich neu gefaßte[139] § 8 PBefG[140] die 74
zweite herausragende bundesgesetzliche Vorgabe für die Neuausrichtung des ÖPNV. In § 8 Abs. 3 PBefG wurde damals der Begriff des **Aufgabenträgers des ÖPNV** eingeführt, jedoch nicht legaldefiniert. Die Norm richtete sich hauptsächlich an die Genehmigungsbehörde und machte es ihr zur Aufgabe, sich um eine ausreichende Bedienung mit Verkehrsleistungen zu sorgen, um eine wirtschaftliche Verkehrsgestaltung und um eine Integration der Nahverkehrsbedienung. Lediglich § 3 RegG war zu entnehmen, dass es beim aufgabenträger um drei Funktionen geht, nämlich die Planung, die Organisation und die Finanzierung des ÖPNV. Damit waren neben die Genehmigungsbehörden als weitere Kümmerer die Aufgabenträger gestellt, ohne dass die Abgrenzung der Aufgaben klar war. Jedenfalls knüpfte der Bundesgesetzgeber mit der Einführung des Aufgabenträgers an die **zuständige Behörde** im Sinne von Art. 1 Abs. 3 und 5 VO (EWG) 1191/69 an.

Die Novellierung zum 1.1.2013[141] verschiebt die Charakteristik des Personenbeförde- 75
rungsgesetzes weg vom Gewerberecht[142] und hin zum Gewährleistungsrecht, schon

---

135 Dazu: *Homeister*, Öffentliche Aufgabe, Organisationsform und Rechtsbindungen, Diss Berlin, Eigenverlag, 2005, S. 15.

136 *Knauff*, S. 391 – 394.

137 Siehe zum Konnexitätsprinzip oben bei Fn. 55.

138 Zu den Finanzströmen innerhalb eines Landes, insbesondere zur Bündelung der Finanzen beim Aufgabenträger: *Hickmann, Berschin, Schaaffkamp, Karwiese* und *Schulze*, Bundesland Brandenburg setzt die Reform der ÖPNV-Finanzierung fort, Der Nahverkehr 2008, 36 – 41.

139 § 8 PBefG ab 1996 geändert durch Artikel 6 Abs. 116 des Eisenbahnneuordnungsgesetzes vom 27.12.1993, BGBl. I S. 2378 ff.

140 Personenbeförderungsgesetz in der Fassung der Bekanntmachung vom 8. August 1990 (BGBl. I S. 1690), zuletzt geändert durch Artikel 2 Absatz 147 des Gesetzes vom 7. August 2013 (BGBl. I S. 3154).

141 Gesetz zur Änderung personenbeförderungsrechtlicher Vorschriften vom 14.12.2012, BGBl. I S. 2598.

142 *Karl* und *Schaaffkamp*, Handlungsoptionen der Aufgabenträger nach der PBefG-Novellierung, Verkehr und Technik 2014, 65 – 70, 66.

indem es eine klarere Rollenverteilung und eine Rollenverschiebung bringt. Nach § 8 Abs. 3 PBefG ist es Sache der Aufgabenträger, für die Sicherstellung einer ausreichenden Bedienung der Bevölkerung mit Verkehrsleistungen im ÖPNV zu sorgen. Der **Aufgabenträger** hat dazu in drei Bereichen Vorgaben zu machen: er definiert die **Anforderungen an Umfang und Qualität des Verkehrsangebotes**, dessen **Umweltqualität** sowie die Vorgaben für die **verkehrsmittelübergreifende Integration** der Verkehrsleistungen. Das Instrument, das ihm der Gesetzgeber für den Regelfall zur Hand gibt, ist der Nahverkehrsplan. Die **Genehmigungsbehörde** hat nach § 8 Abs. 3a PBefG unter Beachtung der Wirtschaftlichkeit eine **Mitwirkungspflicht** an der Erfüllung der dem Aufgabenträger obliegenden Aufgaben. Sie hat hierbei einen ordnungsgemäß zustande gekommenen Nahverkehrsplan zu berücksichtigen, wenn er vorhandene Verkehrsstrukturen beachtet. Damit ist die Genehmigungsbehörde zwar erhalten, aber nun in einer unterstützenden Funktion. Sie kann sich mehr auf ihre aufsichtlichen Befugnisse konzentrieren, während die Aufgabenträger das Verkehrsangebot im Auge haben. Die Kompetenzen haben sich damit seit 2013 zu Gunsten der Aufgabenträger verschoben[143] und sind klarer abgegrenzt.

76 Grundsätzlich ist ein Aufgabenträger ein Träger öffentlicher Gewalt, dem über eine normale Zuständigkeit hinaus eine **Aufgabe zur Erledigung besonderes zugewiesen** wird. Er hat einen bestimmten, komplexen Lebensbereich selbständig zu beobachten und eigenverantwortlich nach seinem **planerischen Ermessen** regulierend einzugreifen. Denn die Planung ist in dem Sinn der Kern einer jeden Aufgabenerfüllung, dass der Planende eine Bestandsaufnahme und eine Zielbestimmung macht, sodann einen Soll-Ist-Vergleich und daraus die erforderlichen Schritte ableitet. Auch wenn dann nach außen nichts veranlasst ist, die vorausgehenden planerischen Schritte sind unerlässlich.

77 Der Aufgabenträger ist nicht Interessenvertreter der Bevölkerung.[144] Der **Aufgabenträger stellt die Leistung im Ergebnis sicher**, muss sie aber nicht selbst erbringen. Der Aufgabenträger hat wie auch immer für das Endergebnis zu sorgen. Dies umfasst die Planung von Angebot, Qualität und Tarif und dann die Umsetzung der Planung durch eigenes Erbringen der Leistung oder die Vereinbarung mit einem Dritten und dessen Finanzierung, damit dieser die Leistung erbringt. Die Aufgabenverantwortung ist damit Letztverantwortung, zu unterscheiden von der Aufgabenwahrnehmung.[145] Die Aufgabenträgerschaft ist also mehr als eine bloße politische Verantwortung. Der Aufgabenträger handelt nie gewinnorientiert, da er immer Teil der öffentlichen Hand ist. Für eine Kommune, auch für ein kommunales Unternehmen hat zwingend die Aufgabenerfüllung Vorrang vor dem Ertragsstreben.[146] Auch bei privatrechtlicher Organisation auf der Leistungsseite wird nicht mit Gewinnerzielungsabsicht im Sinne des Gewerberechtes gehandelt.[147]

78 Bei einer Aufgabenträgerschaft besteht mangels anderweitiger Regelung im Einzelfall **kein Anspruch auf eine Aufgabenerledigung**, weder des Bürgers noch einer staatlichen Behörde. Die Aufgabenträgerschaft umfasst dabei grundsätzlich alle **Phasen der Aufgabenerfüllung**, nämlich die Konzeptionierung, die Planung, die Organisation, die Ausführung bzw. Überwachung, die (Qualitäts-) Kontrolle, das Berichtswesen und die Finanzierung. Selbst wenn sich ein Aufgabenträger bereits in der Konzeptionierungs- oder Planungsphase dafür entscheidet, dass (derzeit) kein Handlungsbedarf besteht, so wird dies im Hinblick auf sein Planungsermessen kaum je zu beanstanden sein. Am Beispiel des ÖPNV bedeutet dies, der Aufgabenträger ist aufgefordert, den ÖPNV innerhalb

143 *Fromm, Sellmann, Zuck*, Kommentar Personenbeförderungsrecht, Beck Verlag 2013, § 8 PBefG Rn. 4.
144 *Knauff*, S. 399 f.
145 *Ziekow*, S. 130.
146 Vgl. Kapitel C, Rn. 66 ff.
147 *Tettinger* und *Wank*, Gewerbeordnung, Kommentar, Beck Verlag, 7. Auflage 2004, § 1 Rn. 23, siehe auch bei Rn. 104.

seiner Grenzen umfassend zu gestalten und im Ergebnis zu gewährleisten, unabhängig davon, ob er selbst der Inhaber eines Verkehrsunternehmens ist.[148]

In § 8 Abs. 3 PBefG ist dem Aufgabenträger das **Instrument des Nahverkehrsplans** an die Hand gegeben. Der Nahverkehrsplan trifft per definitionem Aussagen über zeitliche Vorgaben sowie erforderliche Maßnahmen und bildet den Rahmen für die Entwicklung des ÖPNV.[149] Im Übrigen regeln die Länder die Aufstellung des Nahverkehrsplans. Ob es eine Pflicht zur Aufstellung gibt, war für die bis Ende 2012 geltende Fassung des PBefG umstritten.[150] Seit 2013 besagt das PBefG insofern zweierlei: der Aufgabenträger definiert seine Anforderungen, und er macht dies in der Regeln in einem Nahverkehrsplan. Dies ist wohl so zu verstehen, dass es eine Pflicht gibt, die Anforderungen zu definieren, aber bei der Wahl des Mittels gibt es nur eine Soll-Vorgabe, von der abgewichen werden kann. Allerdings gibt es für einen Nahverkehrsplan einen Mindestinhalt, nämlich die Befassung mit dem Ziel der Barrierefreiheit. Wenn ein Nahverkehrsplan beschlossen ist, dann ist er unter bestimmten Voraussetzungen zwingend von der Genehmigungsbehörde zu berücksichtigen. 79

d) Die Bestimmung des Aufgabenträgers

Nach den Gesetzen zur Neustrukturierung des ÖPNV zum 1.1.1996 ist Regelungsbedarf für die Länder entstanden, z. B. ist es nach § 8 Abs. 3 Satz 1 PBefG Sache der Länder, die Aufgabenträger zu bestimmen. Im Anschluss an den 1.1.1996 haben auch die Länder Gesetze zur Regelung des ÖPNV erlassen, die sogenannten **Landes-ÖPNV-Gesetze**.[151] Im Rahmen der europa- und bundesrechtlichen Vorgaben enthalten die Landes-ÖPNV-Gesetze allgemeine Bestimmungen zur Definition des ÖPNV und zu allgemeinen Bedienungsstandards, zum Nahverkehrsplan, sowie die Bestimmung eines Aufgabenträgers, seiner Rechte und Pflichten und Regelungen zur Finanzierung des ÖPNV. 80

In den Landes-ÖPNV-Gesetzen nehmen die Länder ausdrücklich oder stillschweigend auf das Regionalisierungsgesetz und die darin enthaltene Einführung eines Aufgabenträgers Bezug. Für den Aufgabenträger gilt also zunächst das oben Gesagte.[152] Die meisten Länder haben als **Aufgabenträger für den allgemeinen ÖPNV** die **Landkreise und kreisfreien Städte**[153] bestimmt. Teils sind aber auch die „mittleren und großen kreisangehörigen Städte benannt, die ein eigenes Verkehrsunternehmen betreiben oder daran wesentlich beteiligt sind",[154] oder es sind „auch alle Gemeinden mit mehr als 50.000 Einwohnern".[155] In den Stadtstaaten ist dies naturgemäß abweichend, z. B. sind es in der Freien und Hansestadt Bremen die beiden Stadtgemeinden Bremen und Bremerhaven[156] und in Berlin das Land Berlin selbst.[157] Nur die Freie und Hansestadt Hamburg hat kein ÖPNV-Gesetz erlassen, sondern trifft die notwendigen Regelungen durch interne Vorschriften. 81

---

148 *Krämer*, Erläuterung PBefG Nr. 13.

149 § 8 Abs. 3 Sätze 5 und 8 PBefG.

150 *Knauff*, S. 407: keine bundesrechtliche Pflicht zur Aufstellung; andere Ansicht: *Krämer*, Erläuterung PBefG Nr 13: Aus § 8 Abs. 3 PBefG soll sich eine Pflicht zur Aufstellung eines Nahverkehrsplans ergeben.

151 Es gibt verschiedene Sammlungen: *Muthesius*, Taschenbuch der ÖPNV-Gesetze der Länder, Hestra-Verlag, Darmstadt 1996, oder: *VDV Mitteilungen*, derzeit ist die Nr. 9028 die aktuellste mit Austauschseiten auf dem Stand des Jahres 2004, zwischenzeitlich haben allerdings die Länder Hessen und NRW ihre Landes-ÖPNVGs schon wieder novelliert (Gesetz über den öffentlichen Personennahverkehr in Hessen vom 01.12.2005, GVBl Hessen Teil I, 786-791); *Lammich* und *Ostrowski*, Personenbeförderungsrecht, Textsammlung, Luchterhand 1996 mit einer Aufstellung der Gesetze in den einzelnen Ländern.

152 Zum Aufgabenträger allgemein bei Rn. 77.

153 Z.B. Art. 8 Abs. 1 S. 1 Bay ÖPNVG, § 3 Abs. 3 Satz 1 ÖPNV-Gesetz Brandenburg.

154 § 3 Abs. 1 S. 1 ÖPNVG NRW.

155 § 5 Abs. 1 S. 1 Hessisches ÖPNVG.

156 § 6 Abs. 1 Satz 1 BremÖPNVG.

157 § 3 Abs. 1 Satz 1 ÖPNV-Gesetz Berlin.

82 Die Anzahl der Fälle, in denen die Landkreise und kreisfreien Städte auch zum **Aufgabenträger für den SPNV** bestimmt wurden, hat abgenommen. Die anfängliche Neigung der Länder, auch beim SPNV zu einer so kleinteiligen Regelung wie beim ÖPNV zu kommen, hat sich nach den zwischenzeitlich gemachten Erfahrungen gelegt. Im Ergebnis sind nun entweder die Länder selbst Aufgabenträger für den SPNV,[158] teils auch mit der Möglichkeit der Delegation auf einzelne Landkreise, kreisfreie Städte oder deren Zusammenschlüsse.[159] Oder es werden zwar die Landkreise und kreisfreien Städte für zuständig erklärt, jedoch wird auch gleich deren Zusammenarbeit z. B. durch die Gründung von Zweckverbänden geregelt, an welche die Aufgabe „durchgeleitet" wird.[160]

e) Die Vorgaben der Landes-ÖPNV-Gesetze für den Umfang der Aufgabe

83 Der ÖPNV gehört bei den Landkreisen und kreisfreien Städten zum **eigenen Wirkungskreis**,[161] d. h. es ist eine Aufgabe der **Selbstverwaltung**. Im Umkehrschluss ist der ÖPNV also keine staatliche Aufgabe, die den Landkreisen und kreisfreien Städten übertragen wurde. Dies hat einerseits den Vorteil, dass die Kommune weisungsfrei nach eigenem, freiem Ermessen handelt und nur an die gesetzlichen Vorgaben gebunden ist. Folglich ist die staatliche Aufsicht auf die Rechtmäßigkeit beschränkt (nur Rechtsaufsicht) und eine Aufsicht über die Zweckmäßigkeit findet nicht statt (keine Fachaufsicht).[162] Andererseits ergibt sich unmittelbar aus dem Landkreisrecht[163] keine staatliche Verpflichtung zur Bereitstellung der notwendigen Mittel. Allerdings bleibt es beim grundsätzlichen Anspruch auf aufgabenangemessene Finanzausstattung gegen das Land.[164] Im eigenen Wirkungskreis besteht in vielen Ländern eine Satzungsautonomie, in Bayern beispielsweise kann eine Gemeinde bzw. ein Landkreis im eigenen Wirkungskreis nach Art. 23 Satz 1 Bay GO bzw. nach Art. 17 Satz 1 Bay LKrO eine Satzung als allgemeine Vorschrift im Sinne von Art. 3 Abs. 2 VO (EG) 1370/07 in Verbindung mit § 8a Abs. 1 Satz 2 PBefG erlassen.[165]

84 Innerhalb des eigenen Wirkungskreises gehört der ÖPNV nicht zu den Pflichtaufgaben sondern den **freiwilligen Aufgaben**,[166] die in den Grenzen der eigenen Leistungsfähigkeit durchzuführen ist.[167] Lediglich in Hessen ist der ÖPNV zur Pflichtaufgabe geworden, wobei die Aufgabenträger allerdings ihre Aufgaben gemeinsam in Verkehrsverbünden erfüllen.[168]

85 Sind nun im Zuge der Regionalisierung die Landkreise und kreisfreien Städte zum Aufgabenträger für den ÖPNV bestimmt, so waren andererseits zahlreiche **Gemeinden** schon vorher aufgrund des Kommunalrechts[169] zuständig und tätig. Im Hinblick auf Art. 28 Abs. 2 GG stellt sich daher die Frage nach der **vertikalen Aufgabenkonkurrenz**: Für die Frage, wer darf bzw. muss was tun oder lassen, gibt es unterschiedliche Lösungsansätze: Zahlreiche Länder haben den Gemeinden eine Möglichkeit eingeräumt, sich die Aufgabe in der einen oder anderen Weise vom Aufgabenträger übertragen zu las-

---

158 Art. 15 Abs. 1 Satz 1 Bay ÖPNVG.

159 § 4 Abs. 1 Nr. 1 und Abs. 2 Niedersächsisches NVG.

160 § 6 Abs. 2 und 3 NVG Rheinland-Pfalz oder § 3 Abs. 1 i.V.m. §§ 4 bis 6 ÖPNVG NRW.

161 Art. 8 Abs. 1 Satz 1 Bay ÖPNVG i.V.m. Art. 9 Abs. 1 S. 2 Bay GO, § 4 Abs. 6 Niedersächsisches Nahverkehrsgesetz.

162 Art. 5 Abs. 2 i.V.m. Art. 95 Abs. 1 und 2 Bay LKrO.

163 Z.B. Art. 6 Abs. 4 Bay LKrO.

164 Siehe Kapitel C, Rn. 117 ff.; grundlegend auch: *Henneke*, Die Kommunen in der Finanzverfassung des Bundes und der Länder, Kommunal- und Schul-Verlag, 4. Auflage 2008.

165 Allgemein zur Rechtsgrundlage einer allgemeinen Vorschrift: *Schieferdecker*, Gewerbearchiv 2014, 6–11.

166 *Meichsner*, in Organisationsformen im ÖPNV, Kurs VII/1986 der DVWG, abgedruckt in Schriftenreihe der DVWG, Reihe B: Seminar, Band B 98, S. 18 ff.

167 Art. 8 Abs. 1 S. 1 Bay ÖPNVG, § 5 Abs. 1 S. 2 LNVG Rheinland Pfalz.

168 §§ 5 Abs. 2 und 6 Abs. 2 Hessisches ÖPNVG.

169 Zur Zuständigkeit der Gemeinden nach den Gemeindeordnungen bei Rn. 62.

sen.[170] Manche hingegen haben die Konkurrenz dergestalt geregelt, dass die Aufgaben ohne weiteres nebeneinander bestehen,[171] bzw. dass der Nahverkehrsplan den Rahmen für die Tätigkeit kreisangehöriger Gemeinden vorgibt.[172] Soweit ersichtlich hat kein Land den Gemeinden die Zuständigkeit ausdrücklich genommen.

Soweit gesetzlich nicht anders geregelt hilft zur Lösung der Konkurrenz ein Blick auf 86
das Herkommen und die Natur der Zuständigkeit: Die Gemeinde hat eine aus der Allzuständigkeit für die örtlichen Angelegenheiten stammende Zuständigkeit auch für den **örtlichen** Personennahverkehr. Denn die Länder hätten trotz der Selbstverwaltungsgarantie in Art. 28 Abs. 2 GG die Möglichkeit gehabt, diese neue Aufgabe den neuen Aufgabenträgern exklusiv zuzusprechen, was sie aber nicht getan haben. Die Aufgabe, die den Aufgabenträgern in den Landesnahverkehrsgesetzen zugesprochen wurde, ist eine der **überörtlichen Gemeinschaft**. Mit anderen Worten handelt es sich um Aufgaben, die über die Zuständigkeit und das Leistungsvermögen der kreisangehörigen Gemeinden hinausgehen.[173] Schon diese kommunalrechtliche Betrachtung zeigt, dass die Aufgabenträgerschaft der Landkreise und die Zuständigkeit der zu ihnen gehörenden kreisangehörigen Gemeinden nicht kollidiert, sondern sich ergänzt.[174] Die Landkreise planen, organisieren und finanzieren den überörtlichen ÖPNV,[175] die kreisangehörigen Gemeinden den ortsbezogenen insbesondere den innerörtlichen ÖPNV. Nur wenn kreisangehörige Gemeinden einen Verkehr finanzieren, der über das vom Landkreis als ausreichend im Sinne von § 1 Abs. 1 RegG angesehene hinausgeht,[176] muss auf die grundgesetzlich garantierte Selbstverwaltungsgarantie zurückgegriffen werden.

Eine Frage der **horizontalen Aufgabenkonkurrenz** stellt sich angesichts des Territo- 87
rialitätsprinzips.[177] Dieses geht davon aus, dass die Zuständigkeit an den räumlichen Grenzen der Aufgabenträger endet, die Verkehrsbedürfnisse überschreiten diese aber. Für Verkehre, welche die Landkreisgrenzen oder die Grenzen einer kreisfreien Stadt überschreiten, gibt es zahlreiche Regelungen zur **Zusammenarbeit der Aufgabenträger**: Die Aufgabenträger sind generell zur Zusammenarbeit verpflichtet,[178] haben ihre Planungen abzustimmen,[179] können einen regionalen Nahverkehrsraum bilden und dafür einen gemeinsamen Nahverkehrsplan aufstellen,[180] oder die Aufgabenträger sind ohnehin per Gesetz in Verkehrsverbünden zusammengeschlossen, die sogar Ländergrenzen überschreiten können.[181] Daneben gibt es die klassischen Formen der privatrechtlichen oder der kommunalen Zusammenarbeit, wie z. B. den Zweckverband, der vereinzelt auch gleich im Landesnahverkehrsgesetz festgeschrieben ist.[182] In der Praxis geschieht die effektivste Zusammenarbeit in Verkehrsverbünden oder sonstigen Aufgabenträgerorganisationen.

Trotz aller freiwilligen oder unfreiwilligen Zusammenarbeit und Abstimmung bleibt 88
die Frage, wer letztlich die Verkehre verantwortet, die den Zuständigkeitsbereich mehrerer Aufgabenträger berühren, und das Defizit hieraus übernimmt. Unter mehreren möglichen Anknüpfungsmöglichkeiten erscheint letztlich nur das **Wohnsitzprinzip**

---

170 Übertragung einzelner Aufgaben nach Art. 9 Bay ÖPNVG, § 4 ÖPNVG LA, Übertragung der Aufgabenträgerschaft in § 4 Abs. 3 Niedersächsisches NVG, § 2 Abs. 3 ÖPNVG Schleswig-Holstein.

171 § 4 Abs. 4 Niedersächsisches NVG, § 6 I 2 ÖPNVG Baden-Württemberg.

172 § 5 Abs. 3 Hessisches ÖPNVG.

173 So Art. 4 Abs. 1 und 5 Abs. 1 BayLKrO.

174 Anders *Scheder*, Art. 9 Bay ÖPNVG, Nr. 1, der – allerdings im Hinblick auf Art. 83 Bayerische Verfassung (siehe dazu Rn. 60 ff.) – davon ausgeht, dass es unumgänglich (and damit implizit notwendig) gewesen sei, den Gemeinden einen Anspruch auf Übertragung der Aufgabe zuzubilligen.

175 Dazu Art. 9 Abs. 1, 19 Abs. 1 S. 2 Bay ÖPNVG.

176 Möglich nach Art. 19 Abs. 1 S. 3 BayLKrO.

177 Zum Territorialitätsprinzip siehe Kapitel C, Rn. 165, 170 und die Tabelle bei Rn. 51; *Hösch*, Gewerbearchiv 2001, 223-231; siehe auch bei Rn. 64.

178 § 4 Abs. 5 ÖPNVG M-V, Art 7 Bay ÖPNVG, § 3 Abs. 2 ÖPNVG LA.

179 § 5 Abs. 1 Niedersächsisches NVG, Art. 12 Abs. 4 ÖPNVG Baden-Württemberg.

180 Art. 6, 13 BayÖPNVG.

181 § 6 Abs. 2 Hessisches ÖPNVG.

182 § 5 ÖPNVG NRW.

überzeugend: Jeder Aufgabenträger hat die ausreichende Verkehrsbedürfnisse seiner Einwohner zu gewährleisten. Denn im Widerstreit zwischen einem rein territorialen und einem einwohnerbezogenen Ansatz muss es um die Bedürfnisse der Bürger gehen. Jeder Landkreis kann daher auch Verkehre planen und verantworten, die in den benachbarten Landkreis oder die angrenzende kreisfreie Stadt hineinreichen.[183] Die benachbarte Gebietskörperschaft ist eigentlich in keinem Recht verletzt,[184] weil dies allenfalls dazu führen kann, dass sich auf ihrem Gebiet das Angebot verbessert.

89 Die Aufgabenträger müssen nicht selbst bzw. nicht alleine tätig werden, um die ausreichende Verkehrsbedienung zu planen und sicherzustellen. Vielmehr enthalten zahlreiche Nahverkehrsgesetze ausdrücklich eine Kann-,[185] Soll-[186] oder eine zwingende[187] Vorgabe hinsichtlich der **Einschaltung Dritter**, wie der privaten Planungsbüros oder der privaten Verkehrsunternehmer. Es gibt aber auch die Vorgabe, die Aufgabenträger sollten bestimmte Funktionen, die den Verkehrsunternehmen obliegen, **selbst erfüllen**, wie die Information der Öffentlichkeit durch Fahr- und Linienpläne.[188] Einzelne Länder sehen zwingend Aufgabenträgerorganisationen[189] vor oder einen Beirat,[190] der den Aufgabenträger unterstützt. Andererseits enthalten viele Kommunalgesetze Schranken für die operative Tätigkeit der Landkreise, jedenfalls wenn diese außerhalb der eigenen Verwaltung durchgeführt wird.[191] Bei den kreisfreien Städten ist die Rechtsprechung im Hinblick auf die hohe Wertigkeit des Selbstverwaltungsrechts großzügiger.[192] In Bayern sind die strengen Schranken des Art. 75 Abs. 1 Bay LKrO durch Art. 11 Bay ÖPNVG wieder aufgehoben,[193] und somit alle grundsätzlich möglichen Rechtsformen eröffnet. Die Rechtslage ist zwischen den einzelnen Ländern folglich uneinheitlich. Für jedes Land ist eigens zu prüfen, ob und inwieweit die Aufgabenträger im Zusammenspiel von Landes-ÖPNVG und Kommunalrecht den Verkehr selbst erbringen können, dürfen oder müssen.

f) Die Vorgaben in den Landes-ÖPNV-Gesetzen zur Aufgabenerfüllung

90 Die **Aufgabe des Aufgabenträgers** ergibt sich zunächst aus § 8 Abs. 3 PBefG und §§ 1 und 3 RegG, d. h. er hat im Rahmen der Daseinsvorsorge eine ausreichende Verkehrsbedienung sicherzustellen und dabei den ÖPNV zu planen, zu organisieren und zu finanzieren. Die Landes-ÖPNV-Gesetze konkretisieren diesen allgemeinen Auftrag, indem sie Ziele vorgeben,[194] indem abstrakt Bedienungsstandards,[195] Leitlinien[196] oder Leistungsmerkmale[197] festgelegt werden, oder indem die Aufgabenträger zur Erfüllung konkreter Aufgaben verpflichtet werden.[198]

91 Hinsichtlich der **Instrumente**, um dieser Aufgabe gerecht zu werden, hat praktisch jedes Landes-ÖPNV-Gesetz vorgesehen, dass die Aufgabenträger **zuständige Behörde** im Sinne von Art. 1 Abs. 3 und 5 VO (EWG) 1191/69 sind, d. h. sie konnten Verträge mit

---

[183] Ähnlich der Begriff der „abgehenden Linien" in Art. 5 Abs. 2 Buchstabe b) VO (EG) 1370/07.
[184] *Jarass*, Aktivitäten kommunaler Unternehmen außerhalb des Gemeindegebiets, insbesondere im öffentlichen Personennahverkehr, DVBl 2006, 1 – 11.
[185] § 3 Abs. 4 Thür ÖPNVG, § 2 Abs. 6 ÖPNVG Schl-H für die Planung und Organisation.
[186] Art. 8 Abs. 1 S. 3 Bay ÖPNVG, § 4 Abs. 1 S. 2 NVG Rheinland-Pfalz.
[187] § 8 Abs. 1 und 3 Hessisches ÖPNVG, § 4 Abs. 3 ÖPNVG M-V, § 2 Abs. 7 ÖPNVG Schl-H für die Durchführung.
[188] § 5 Abs. 3 ÖPNVG LA.
[189] § 6 Abs. 1 i.V.m. § 2 Abs. 4 Hessisches ÖPNVG.
[190] § 14 ÖPNVG LA.
[191] Siehe Kapitel C, Rn. 51 ff., 165 ff.
[192] Zur Schrankentrias bei Gemeinden siehe bei Rn. 67.
[193] Unklar *Scheder*, Art. 11 Bay ÖPNVG, der von einer „im wesentlichen deklaratorischen Bedeutung" spricht, was aber nicht dazu führen darf, dass die Vorschrift leer läuft.
[194] Art. 2 Bay ÖPNVG, § 2 Niedersächsisches NVG, § 1 Abs. 2 ÖPNVG LA.
[195] Art. 5 Bay ÖPNVG.
[196] § 4 ÖPNVG Baden-Württemberg, § 3 NVG Rheinland-Pfalz.
[197] §4 Abs. 2 und 5 Hessisches ÖPNVG.
[198] § 7 Hessisches ÖPNVG.

den Verkehrsunternehmen abschließen oder diesen eine Verpflichtung des öffentlichen Dienstes auferlegen. Die Länder sind also der Organisationsempfehlung des § 3 RegG und vor allem § 8 Abs. 4 Satz 4 Halbsatz 2 PBefG alter Fassung gefolgt, haben die **Funktionen gebündelt** und den Aufgabenträger zum **Besteller und Finanzier gemeinwirtschaftlicher Leistungen** gemacht.[199] Ähnlich geht jetzt § 8a Abs. 1 Satz 3 PBefG davon aus, dass die zuständige Behörde im Sinne der VO (EG) 1370/07 grundsätzlich mit dem Aufgabenträger identisch sein soll. Insofern ist notwendige Anpassung an das neue Europa- und Bundesrecht noch nicht in allen Ländern erfolgt. Für die Planung des ÖPNV enthalten die Landes-ÖPNV-Gesetze weitere Bestimmungen[200] zum **Nahverkehrsplan**, der den Aufgabenträgern jetzt in § 8 Abs. 3 Satz 2 PBefG[201] an die Hand gegeben ist. Teils gibt es noch ergänzende Pläne, z. B. den Investitionsplan,[202] oder den langfristig angelegten Nahverkehrsentwicklungsplan.[203] Je nach Land stehen den Aufgabenträgern also unterschiedlich ausgebildete Instrumente zur Verfügung.

Angesichts der eben dargestellten vielfältigen Pflichten, die den Aufgabenträgern auf- 92
erlegt werden, stellt sich – je nach Land in unterschiedlicher Intensität – die Frage, ob es sich beim ÖPNV wirklich noch um eine **freiwillige Aufgabe** handelt oder ob der hessische Weg nicht doch der konsequentere war, den ÖPNV zur **Pflichtaufgabe** zu machen. Die Folgen wären nicht gravierend, denn auch eine Pflichtaufgabe verpflichtet weder zu einem konkreten Tun noch gibt sie jemandem einen konkreten Anspruch. Ein besonders prägnantes Beispiel für den Zwiespalt ist das bayerische Recht. Während das Bayerische ÖPNVG den Aufgabenträgern zahlreiche Vorgaben macht, wurde im Zuge des Bürokratieabbaus die Pflicht zur Aufstellung eines Nahverkehrsplans in eine bloße Kann-Vorschrift umgewandelt.[204] Nachdem die Planung aber der Kern der Aufgabenerfüllung ist, kann diese Gesetzesänderung nur in formeller Hinsicht eine Erleichterung bringen; die Planung als solche im Sinne der grundsätzlichen Auseinandersetzung mit ihrer Aufgabe ist den Aufgabenträgern damit nicht erlassen.

g) Die Abgrenzung zur Aufgabe der Schülerbeförderung

In den Ländern gibt es eigene Vorschriften,[205] wonach die **Aufgabe der Schülerbe-** 93
förderung den Gemeinden bzw. den Landkreisen oder kreisfreien Städten zugewiesen ist. In diesen Bestimmungen wird die Schülerbeförderung als eigenständige Pflichtaufgabe zugewiesen (Art. 1 Abs. 1 und 2 SchKfrG), es wird ein Vorrang der Verwendung des allgemeinen ÖPNV (und damit ein Nachrang von Schulbussen) festgelegt (Art. 1 Abs. 2 SchKfrG) und es werden Entfernungsgrenzen eingeführt, ab denen die Beförderung mit öffentlichen oder privaten Verkehrsmitteln als notwendig angesehen wird (3 km in eine Richtung gemäß Art. 2 Abs. 1 SchKfrG).

Die Aufgabenträgerschaft für den allgemeinen ÖPNV umfasst nicht die Beförderung 94
der Schüler, was beispielsweise in Art. 8 Abs. 3 Bay ÖPNVG klargestellt ist. Vielmehr stehen die Aufgaben **nebeneinander** und können sich ergänzen. Auch wenn die Schüler mit Linienbussen befördert werden, für die der Landkreis als Aufgabenträger für den allgemeinen ÖPNV gerade steht, so geht diese Aufgabe nur dahin, dass der Bus überhaupt oder zu einem bestimmten Tarif fährt. Als Aufgabenträger für den Schulweg kauft derselbe Landkreis dann eine Fahrkarte für die Schüler, was zu einem **eigenen**, unabhängig zu beurteilenden **Finanzierungsstrom** führt.

---

199 Krämer, Erläuterung PBefG Nr 13.

200 Z.B. förmliches Aufstellungsverfahren in Sachsen-Anhalt nach § 7 ÖPNVG LA.

201 Allgemein dazu oben bei Fn. 150.

202 Art. 14 Bay ÖPNVG, § 14 Abs. 2 Nr. 7 Hessisches ÖPNVG (Investitionsprogramm).

203 Art. 11 Abs. 5 ÖPNVG Baden-Württemberg.

204 Art. 13 Abs. 1 Bay ÖPNVG.

205 Z.B. in Bayern das Gesetz über die Kostenfreiheit des Schulwegs (SchKfrG) in der Fassung der Bekanntmachung vom 31.5.2000, zuletzt geändert durch das Gesetz zur Änderung des Bayerischen Gesetzes über das Erziehungs- und Unterrichtswesen und weiterer Gesetze vom 24.3.2003 (GVBl. S. 262) und Gesetz vom 26.7.2005 (GVBl. S. 271).

5. Die Vorgaben des neuen PBefG und Handlungsoptionen für die Kommunen

95 In diesem rechtlichen Umfeld nur waren nicht nur die Landes- sondern vor allem auch der Bundesgesetzgeber aufgerufen, ihre Normen an die neue VO (EG) 1370/07 anzupassen. Das Bundesverkehrsministerium hatte mit Datum vom 27.08.2008 einen Referentenentwurf zur Novellierung des PBefG vorgelegt, zu dem so zahlreiche und konträre Stellungnahmen vorliegen, dass der Bund davon Abstand nahm, vor der Bundestagswahl am 27.09.2009 einen Regierungsentwurf vorzulegen. Die zweijährige Inkrafttretensfrist verstrich insofern ungenutzt, so dass die VO (EG) 1379/97 nach ihrem Art. 12 am 03.12.2009 in Kraft trat ohne die notwendigen Anpassungen des PBefG. Die Rechtsunsicherheit war erheblich, weshalb sich einige Länder veranlasst sahen, die Zwischenzeit mit Anwendungserlassen[206] zu überbrücken, um den Genehmigungsbehörden und den Aufgabenträgern Vollzugshinweise an die Hand zu geben.

96 Nach der Sommerpause 2012 legte die Bundesregierung einen Kompromißvorschlag auf den Tisch, der dann zügig alle Gremien durchlief, so dass am unter dem 14.12.2012 das Gesetz zur Änderung personenbeförderungsrechtlicher Vorschriften veröffentlicht wurde.[207] Die **wichtigsten Änderungen** sind neben den redaktionellen Anpassungen an das neue Europarecht:

- **Neuregelung der Aufgaben** von Aufgabenträger und Genehmigungsbehörde (§ 8 Absätze 3 und 3a PefG): klarere Abgrenzung und Kompetenzverschiebung in Richtung Aufgabenträger[208]
- Es bleibt zwar beim Vorrang der eigenwirtschaftlichen Verkehre (§ 8 Abs. 4 Satz 1 PBefG), aber die **Abgrenzung zwischen eigen- und gemeinwirtschaftlichen Verkehren** wird modifiziert. Eigenwirtschaftlich sind nur mehr Verkehre, die sich aus Tarifeinnahmen, sonstigen Unternehmenserlösen (z. B. für Werbeflächen) und Zahlungen aufgrund allgemeiner Vorschriften finanzieren. Wenn aber ein ausschließliches Recht gewährt oder ein Dienstleistungsauftrag geschlossen ist, dann ist der Verkehr gemeinwirtschaftlich (§ 8 Abs. 4 Satz 2 PBefG).[209] Dies wirkt sich aus auf die Unterscheidung zwischen den eigenwirtschaftlichen und damit **unternehmensinitiierten** (§ 12 Abs. 5 PBefG) und den gemeinwirtschaftlichen, weil **behördeninitiierten** (§ 12 Abs. 6 PBefG) **Genehmigungsverfahren.**[210] Dementsprechend gibt es neue Prüfroutinen bei der Genehmigungserteilung in § 13 Absätze 2a – 2c PBefG.
- Einführung der **Vorabbekanntmachung** im Sinne von Art. 7 Abs. 2 VO (EG) 1370/07 in § 8a Abs. 2 PBefG: zur Vorbereitung eines Dienstleistungsauftrags veröffentlicht die Behörde ihre Anforderungen hinsichtlich Fahrplan, Tarif und Standards. Werden die Anforderungen der Vorabbekanntmachung nicht erfüllt, so ist nach § 13 Abs. 2a Satz 2 PBefG die Genehmigung zu versagen.
- Einführung des **ausschließlichen Rechts** im Sinne von Art. 2 Buchstabe f) und Art. 3 Abs. 1 VO (EG) 1370/07 in § 8a Abs. 8 PBefG. Die Regelung ist dürftig: Wenn einem Unternehmer ein ausschließliches Recht verliehen wurde, dann erbringt er seine Verkehrsleistung unter Ausschluss anderer Betreiber. Unerhebliche Beeinträchtigungen der geschützten Verkehre sind aber nicht ausgeschlossen. Verletzt ein beantragter Verkehr ein ausschließliches Recht, so ist die Genehmigung nach § 13 Abs. 2 Nr. 2 PBefG zu versagen.

---

206 Leitlinien zur Anwendung der Verordnung (EG) 1370/2007 über öffentliche Personenverkehrsdienste auf Schiene und Straße, Bekanntmachung des Bayerischen Staatsministeriums für Wirtschaft, Infrastruktur, Verkehr und Technologie vom 14.08.2009 (Az.: VII/2-7410/160/1).

207 Gesetz vom 14.12.2012, BGBl. I S. 2598.

208 Siehe dazu oben bei Rn. 74 ff.

209 *Karl* und *Schaaffkamp*, Handlungsoptionen der Aufgabenträger nach der PBefG-Novellierung, Verkehr und Technik 2014, 65 – 70, 67.

210 Lenz, Neue PBefG-Genehmigung bei bestehender Betrauungsregelung, Der Nahverkehr 2013, 28–31.

- Ergänzende Regelungen zum **wettbewerblichen Vergabeverfahren** nach Art. 5 Abs. 3 VO (EG) 1370/07 in § 8b PBefG: Obwohl nach Art. 5 Abs. 1 Satz 1 VO (EG) 1370/07 Nachfolge-VO die Vergabe öffentlicher Dienstleistungsaufträge selbst abschließend regelt, sah sich der Bundesgesetzgeber veranlasst, hier noch ergänzende Regelungen zu erlassen.
- Einführung der **allgemeinen Vorschrift** und des **öffentlichen Dienstleistungsauftrags** in § 8a Abs. 1 Satz 2 PBefG, letzterer bestimmt die Laufzeit der Genehmigung (§§ 16 Abs. 2 Satz 4 und 25 Abs. 1 Nr. 3 PBefG) und macht die Genehmigung der Tarife, der Beförderungsbedingungen und des Fahrplans entbehrlich (§§ 39 Abs. 1 Satz 3 und Abs. 6 Satz 3, 40 Abs. 2 Satz 7 PBefG).
- Einführung der **verbindlichen Zusicherung** beim Genehmigungsantrag (§ 12 Abs. 1a PBefG): Die verbindliche Zusicherung wird bei der Erteilung der Genehmigung geprüft (§ 13 Abs. 2a Satz 3 PBefG) und sie festigt die Betriebspflicht (§ 21 Absätze 1 und 4 PBefG).
- Neuregelung der **Genehmigungsdauer** entsprechend Art 4 Abs. 3 VO (EG) 1370/07 in § 16 PBefG.
- Betonung der **Barrierefreiheit** (§ 8 Abs. 3 PBefG): Zielvorgabe ist eine vollständige Barrierefreiheit bis zum 1.1.2022.
- Erleichterungen für den **Personenfernverkehr** (§ 45 Abs. 2 PBefG)[211] und **Bedarfsverkehre** (§ 2 Abs. 6 PBefG).

Mit der **allgemeinen Vorschrift** setzt sich der Gesetzgeber nicht näher auseinander. 97
Aber er hat mit der Novellierung des PBefG einige **Grundsatzentscheidungen** getroffen. Die Aufgabenträger werden gestärkt, aber die Genehmigungsbehörden bleiben bestehen. Die Länder könnten allerdings beide Funktionen zusammenfallen lassen, indem sie dem Aufgabenträger auch die Funktion der Genehmigungsbehörde geben. Dieser Dualismus bei den Behörden setzt sich auch fort bei den Instrumenten: Neben die Genehmigung tritt – jedenfalls bei gemeinwirtschaftlichen Verkehren – die allgemeine Vorschrift bzw. der öffentliche Dienstleistungsauftrag. Letztlich hängt die Genehmigung am Dienstleistungsauftrag, d. h. zunächst entscheidet der Aufgabenträger, wem er den Dienstleistungsauftrag gibt. Dann bekommt der bereits ausgewählte Unternehmer die Genehmigung dazu.[212] Dies führt zu komplexen und vor allem langwierigen Verfahren. Bürokratie und Rechtsunsicherheit nehmen zu, ein mittelständisches Unternehmen tut sich schwer im komplizierten Geflecht der Vorschriften. Die Genehmigungsbehörde hat bei der Erteilung der Genehmigung einen höheren Informations- und Prüfaufwand.

Der Gesetzgeber hat sich entscheiden, nicht die Genehmigung als ausschließliches Recht 98
auszugestalten, sondern das **ausschließliche Recht** wurden neu eingeführt (§ 8a Abs. 8 PBefG) und neben die Genehmigung gestellt. Die Frage, ob die Erteilung der Genehmigung nach den §§ 9 bis 15 PBefG ein solches ausschließliches Recht gewährt, gehörte bis zur PBefG-Novelle 2013 zu den strittigsten Fragen.[213] Nachdem in § 2 PBefG die Erbringung einer Verkehrsleistung an das Vorliegen einer Genehmigung geknüpft wird, in § 13 Abs. 2 Nr. 3, Absätze 2b und 3 PBefG der vorhandene Unternehmer materiellrechtlich und in § 14 PBefG verfahrensrechtlich geschützt wird, und nachdem ungenehmigte Verkehre sogar nach § 61 PBefG als Ordnungswidrigkeit geahndet werden, sollte die Erteilung einer Genehmigung nach § 11 Abs. 1 PBefG europarechtlich betrachtet zugleich die Verleihung eines ausschließlichen Rechts im Sinne der Nachfolge-VO sein,[214] und damit zugleich der

211 Dazu vertiefend *Maier*, Die Liberalisierung des Fernbuslinienverkehrs, DÖV 2013, 180 – 186, Saxinger, Der neue Rechtsrahmen für Busfernverkehre, GewerbeArchiv 2013, 346 – 351.

212 Es gibt aber auch den umgekehrten Fall, dazu Lenz, Der Nahverkehr 2013, 28 – 31.

213 *Niemann*, Was bringt die PBefG-Novelle – Warum der Streit um kommerzielle Verkehre? in Verkehr im Wandel, hrsg. von Rödl & Partner, Nürnberg, 3/2008, 6-8.

214 *Winnes*, S. 27, *Saxinger* und *Fischer*, in Verkehr und Technik 2008/2, 75-81, 80; *Wittig* und *Schimanek*, S. 22 f; *Schwarz, Mietzsch, Vanussi* und *Winnes*, Novellierungsentwurf für ein Personenbeförderungsgesetz, Nahverkehr – praxis 9-2008, 50-53, 50; *Sitsen* (InfrastrukturRecht 2011, 76 – 81) empfahl, die Genehmi-

Abschluss eines Dienstleistungsauftrages[215] im Sinne von Art. 3 Abs. 1. Auf Druck von Verbänden hat der Bundesgesetzgeber aber anders entschieden. Seit der PBefG-Novelle 2013 ist klargestellt, dass ein ausschließliches Recht nicht von der Genehmigungsbehörde sondern vom Aufgabenträger in einem Dienstleistungsauftrag nach § 8a Abs. 1 PBefG verliehen wird und dann nach 13 Abs. 2 Nr. 2 PBefG zu beachten ist.

6. Die Vorgaben für die Aufgabenträger aus weiteren Rechtsgebieten

99 Abgesehen von den Vorgaben des PBefG und der Landes-ÖPNV-Gesetze gibt es an verschiedenen Stellen **Vorgaben im nationalen Recht** für die Organisation des ÖPNV, wovon die wichtigsten die in der gebotenen Kürze dargestellt werden.

100 Teil des **allgemeinen Verwaltungsrechts** ist das **Verwaltungsorganisationsrecht**. Das allgemeine Verwaltungsrecht ist im Verwaltungsverfahrengesetz (VwVfG des Bundes und er Länder) teilweise kodifiziert. Das **Wirtschaftsverwaltungsrecht** enthält Vorgaben für die Betätigung der Behörden an der Schnittstelle zur Wirtschaft. Da die Aufgabenträgerschaft im Regionalisierungsgesetz und den Landes-ÖPNV-Gesetzen normiert ist, kann der Aufgabenträger die Aufgabe nicht mehr ablegen, d. h. es kommt **keine materielle Privatisierung** in Betracht. Jedoch kann der Aufgabenträger **formell privatisieren**, d. h. die Erfüllung der Aufgabe auf eine vollständig vom Aufgabenträger getragene Person des privaten Rechts übertragen. Der Aufgabenträger hat auch die Freiheit, eine **funktionale Privatisierung** durchzuführen, d. h. an der Person des privaten Rechts, auf welche die Erfüllung der Aufgabe übertragen wird, ist zumindest ein partiell vom Aufgabenträger unabhängiger Dritter beteiligt.[216] Diese Arten der Privatisierung betreffen jedoch nur die Erfüllung der Aufgabe, die Aufgabe selbst ist und bleibt gesetzlich dem Aufgabenträger zugewiesen. Daher verbleibt bei diesem stets zumindest die **Gewährleistungsverantwortung**[217], d. h. seine (politische) Verantwortung.

101 Beispielsweise bei der funktionalen Privatisierung arbeitet der Aufgabenträger mit einem Privaten zusammen. Für eine solche, insbesondere projektbezogene Zusammenarbeit hat sich der Begriff der **Public Private Partnership** (PPP) oder auch der **öffentlich-privaten Partnerschaft** (ÖPP) etabliert.[218] Man erwartet sich davon eine wirtschaftlichere Erfüllung von Aufgaben und damit letztlich eine Entlastung der öffentlichen Haushalte. Bei der Zusammenarbeit ist das **Verbot wettbewerbsbeschränkender Vereinbarungen** zu beachten, wobei Verkehrsverbünde in § 8 Abs. 3b PBefG privilegiert sind.[219]

102 Kernelement des Haushaltrechts ist das **Gebot der sparsamen und wirtschaftlichen Verwendung von Haushaltsmitteln**.[220] Das **Vergaberecht** wendet sich zunächst an alle dem Haushaltsrecht unterworfenen Behörden. Für privatrechtlich verfasste juristische Personen gilt das Haushaltsrecht nur kraft besonderer Verpflichtung, z. B. durch einen Förderbescheid. Den Sektorenauftraggeber (§ 98 Nr. 4 GWB) gibt es auch im Verkehrsbereich, wobei ein „Betreiben von Netzen" allerdings nicht vorliegt, wenn ein Unternehmen keine eigenen Busse unterhält,[221] z. B. bei reinen Aufgabenträgerorganisationen.

---

gung mit der Verleihung eines ausschließlichen Rechts zu verknüpfen; a.A. *Batzill*, Legenden und Tatsachen – Was bringt die neue EU-Verordnung?, in Der Nahverkehr 12/2007, 25-28, 26, *Ipsen*, S. 21.

[215] *Saxinger* und *Fischer*, S. 80; auch *Winnes*, S. 26-27 kommt zum selben Ergebnis, indem er die Erteilung einer Liniengenehmigung als Verpflichtung sieht, nämlich im Hinblick auf die damit verbundene Betriebs-, Beförderungs- und Tarifpflicht.

[216] Nach *Ziekow*, S. 131 ff.

[217] Siehe oben bei „Demokratieprinzip", Rn. 59.

[218] *Ziekow*, S. 132.

[219] Fromm, Sellmann, Zuck, § 8 PBefG Rn. 8; *Bechtold* und *Bosch*, Kartellgesetz – Gesetz gegen Wettbewerbsbeschränkungen, Kommentar, Beck Verlag, 7. Auflage 2013, vor § 28, Rn. 12-14, zur parallelen Regelung im Eisenbahnrecht: *Gerstner*, in: *Hermes* und *Sellner* (Hrsg.), Beck'scher AEG-Kommentar, Beck Verlag, 2006, § 12 Rn. 96 ff.

[220] *Ziekow*, S. 136.

[221] Siehe Kapitel H, Rn. 97.

Der steuerliche **Querverbund** ist zwar, nachdem er durch das BFH-Urteil vom 22.8.2007 in Frage gestellt war, im Jahressteuergesetz 2009 enthalten. Nachdem der Querverbund nicht durch die VO (EG) 1370/07 ausgeschlossen ist,[222] wurden im Wesentlichen die §§ 4, 8, 8 c und 15 Körperschaftsteuergesetz (KStG) geändert und in § 34 KStG ist eine Übergangsregelung vorgesehen. Wie bisher dürfen danach Betriebe gewerblicher Art zusammengefasst werden, wenn sie gleichartig oder technisch-wirtschaftlich verflochten sind. Und dauerdefizitäre Tätigkeiten begründen keine verdeckte Gewinnausschüttung, wenn der Dauerverlust dadurch entsteht, dass die Gemeinde aus Gründen der Daseinsvorsorge auf kostendeckende Entgelte verzichtet.[223] Bei Kapitalgesellschaften, die Dauerverlustgeschäfte ausüben, ist unter bestimmten Voraussetzungen die Verlustverrechnungsbeschränkung durch Einführung einer Spartenbetrachtung geregelt. Nicht aus steuerrechtlichen Überlegungen sondern aus Überlegungen zur Höhe der Entgelte könnte aber die Bundesnetzagentur das System in Frage stellen. Nach Auffassung der Bundesnetzagentur dürfen monopolartige Netze (Energie- und Wasserversorgung) nicht planmäßig dazu genutzt werden, Gewinne zu erzielen, die dann dauerhaft wiederkehrend in defizitäre (Verkehrs- und Bade-) Betriebe fließen. Damit sei in Monopolbereichen das Entgelt teils zu hoch, teils zu niedrig. Hinsichtlich des **Umsatzsteuerrechts** sollen nun Planungs- und Organisationsleistungen kommunaler Tochtergesellschaften steuerbare Leistungen sein, soweit sie die Arbeit der Behörde entlasten und die Leistungen nicht unmittelbar Dritten zugute kommen.[224] 103

Nach **gewerberechtlicher Betrachtungsweise** handelt gewerblich, wer nach Gewinn strebt. Dies soll allerdings bei einer Tätigkeit im Rahmen der Leistungsverwaltung unabhängig von der Organisationsform (auch GmbH, AG, ...) nicht der Fall sein.[225] Anders ist es aber, wenn ein privater Verkehrsunternehmer fährt oder ein Privater an einem kommunalen Verkehrsunternehmen beteilig ist. 104

Als Zwischenergebnis ist festzuhalten: Die rechtlichen Vorgaben für die Gestaltung und Ausformung des ÖPNV sind damit für die aktuelle Rechtslage beschrieben. Auf dieser Basis werden nachfolgend konkrete Handlungsoptionen für Aufgabenträger dargestellt und es wird beispielhaft gezeigt, wie verschiedene Aufgabenträger die sich ihnen eröffnenden Möglichkeiten nutzen. 105

7. Handlungsoptionen für Aufgabenträger und Praxisbeispiele zur ÖPNV-Organisation

a) Handlungsoptionen hinsichtlich Organisationsform und Finanzierung

Den Aufgabenträgern stehen im Bereich des öffentlichen Rechts die sich aus dem Kommunalrecht ergebenden **Organisationsformen** zur Verfügung, d. h. der Regiebetrieb, der Eigenbetrieb, die Anstalt des öffentlichen Rechts bzw. das Kommunalunternehmen, der Zweckverband und die sonstigen Formen kommunaler Zusammenarbeit. Als Personen des Privatrechts kommen die Gesellschaftsformen in Betracht, die das Gesellschaftsrecht anbietet. 106

Die Art der **Finanzierung**, d. h. des Defizitausgleichs hängt von der Organisationsform ab. Die interne Zuweisung gibt es nur beim Regie- und beim Eigenbetrieb. Die Zuwendung von Finanzmitteln bietet sich bei allen anderen Organisationsformen an, während die gesellschaftsrechtliche Finanzierung (Einlage, Gesellschafterdarlehen) nur für den Gesellschafter in Betracht kommt. Auf vertraglicher Grundlage können immer Finanzmittel gewährt werden, den Regiebetrieb ausgenommen. Besonders im letzten 107

[222] *Linke*, Abschied von der Quersubventionierungspraxis im ÖPNV? Verkehr und Technik 2010, 429–432.
[223] Auswertung des Deutschen Städte- und Gemeindebundes e.V., Berlin, auf dessen Homepage, vom Februar 2009.
[224] Finanzgericht Schleswig Holstein, 4 K 51/10, Urteil vom 29.08.2011, BetriebsBerater 2012, 153.
[225] *Tettinger* und *Wank*, § 1 Rn. 23.

Fall ist aber zu prüfen, ob ein Leistungsaustausch vorliegt, der eine Umsatzsteuerpflicht auslöst.

108 Das neue PBefG und die bisher dargestellte Basis betrachtend ergeben sich für den Aufgabenträger folgende **Handlungsoptionen**:

109 Sofern der Aufgabenträger nicht zum Tätigwerden verpflichtet ist, kann er sich nach der Analyse des vorhandenen eigenwirtschaftlichen Verkehrs für das „**Nichtstun**" im Sinne der VO (EG) 1370/07 entscheiden. Dies schießt nicht aus, dass er einen Nahverkehrsplan erlässt, in dem er seine Vorstellungen dokumentiert. Der Erlass eines Nahverkehrsplans ist sogar zu empfehlen, um sich mit der Forderung nach vollständiger Barrierefreiheit auseinanderzusetzen. Wer sich nicht in der Lage sieht, das bis zum Jahr 2022 umzusetzen, kann das im Nahverkehrsplan konkret benennen und ist damit nach § 8 Abs. 3 Satz 4 PBefG von der Verpflichtung frei. Nichtstun heißt aber, keinerlei Einfluss zu nehmen auf den ÖPNV und vor allem, keine Finanzmittel bereitzustellen, ausgenommen für die Schülerbeförderung.

110 Allerdings kann die Genehmigungsbehörde eine Genehmigung nach § 13 Abs. 2a Satz 1 PBefG versagen, wenn die Anforderungen eines Nahverkehrsplans nicht erfüllt werden. Dann gerät der Aufgabenträger in Zugzwang, ob er damit einverstanden ist, dass der Verkehrsunternehmer weniger fahren will, oder ob er in die (Ko-) Finanzierung des ÖPNV einsteigt.

111 Wenn der Aufgabenträger sich für das **Tätigwerden** entschieden hat, dann wird aus dem unternehmensgeprägten ein behördenbestimmter ÖPNV. Dem Aufgabenträger stehen grundsätzlich zwei Instrument zur **Auswahl**, nämlich der **Dienstleistungsauftrag** oder die **allgemeine Vorschrift**. Die allgemeine Vorschrift macht den Verkehr nicht gemeinwirtschaftlich (§ 8 Abs. 4 Satz 2 PBefG). Ob sich wegen des Vorrangs eigenwirtschaftlicher Verkehre in § 8 Abs. 4 Satz 1 PBefG das Auswahlermessen des Aufgabenträgers dahin reduziert, er habe sich für die allgemeine Vorschrift zu entscheiden,[226] ist zu bezweifeln.

112 Für die Auswahl des Instruments sind noch zwei Gesichtspunkte wichtig: Die allgemeine Vorschrift ermöglicht nur die Festlegung von Höchsttarifen, der Dienstleistungsauftrag hingegen gestattet alle Arten der gemeinwirtschaftlichen Verpflichtung. Und beim Dienstleistungsauftrag besteht die Verpflichtung zur Vorabbekanntmachung. Ein Jahr vorher sind die Anforderungen an den Fahrplan, den Tarif und die Standards zu veröffentlichen.[227]

113 Der **Umfang des Eingreifens** ist Sache des Aufgabenträgers. Es ist seine Entscheidung, wie umfangreich und detailliert seine Vorgaben sind, z. B. ob er die Integration in einen Verkehrsverbund vorgibt. Eine andere Frage ist die der **Vergütung**. Die Obergrenze ergibt sich aus Art. 4 Abs.1 b) VO (EG) 1370/07. Aber es ist wiederum Sache des Aufgabenträgers festzulegen, wie sich das Entgelt bestimmt. Inwieweit die **Chancen und Risiken** beim Aufgabenträger oder beim Verkehrsunternehmer liegen, ist nicht nur dafür entscheidend, welches Vergabeverfahren ihm offen steht, sondern es geht auch um die Wirtschaftlichkeit. Um über die Jahre zu einem wirtschaftlichen Vertrag zu kommen, muss der Dienstleistungsauftrag jedes Risiko dem zuweisen, der es am besten beherrschen und tragen kann. Das Ergebnis dieser Überlegungen ist dann der zu vergebende Brutto-, Netto- oder Mischvertrag.

114 Um das zu vergebende Paket attraktiv zu machen, ist auf die richtige Größe zu achten. Dafür ist die Möglichkeit der Bildung von **Linienbündeln**[228] eröffnet, ebenso die Verleihung **ausschließlicher Rechte**. Eine Sonderform ist die **Betrauung** eines kommunalen Unternehmens, wofür die Direktvergabe nach Art. 5 Abs. 2 VO (EG) 1370/07 oft als das Mittel der Wahl gesehen wird. Auch wer kein eigenes Kommunalunternehmen hat,

---

[226] Ablehnend mit einer Darstellung der Argumente: *Karl* und *Schaaffkamp*, Handlungsoptionen der Aufgabenträger nach der PBefG-Novellierung, Verkehr und Technik 2014, 65 – 70, 70.

[227] Art. 7 Abs. 2 VO (EG) 1370/07 i.V.m. § 8a Abs. 2 Satz 3 PBefG.

[228] §§ 8a Abs. 2 Satz 3, 13 Abs. 2 Nr. 3 d) PBefG.

kann sich über die Bildung einer **Gruppe** von Behörden die Möglichkeit der Direktvergabe eröffnen.

b) Generelle Analyse kommunaler Aktivitäten

In der Praxis nehmen die Aufgabenträger für den ÖPNV in Deutschland ihre Rolle 115
und Funktion mit unterschiedlichem Anspruch, auf unterschiedliche Weise, in unterschiedlichem Umfang und in vielfältigen Organisationsformen wahr. Noch vor wenigen Jahren nahmen knapp drei Viertel der Aufgabenträger ihre Aufgabe innerhalb der eigenen Verwaltung wahr,[229] immerhin 10 % der Aufgabenträger bedienen sich eines Zweckverbandes. Die Anzahl der Aufgabenträger, die ein eigenes Verkehrsunternehmen besitzen oder daran wesentlich beteiligt sind, war etwa gleich groß der Anzahl, die keines besitzen und keine Beteiligung halten. Für rund 80 % der Aufgabenträger gilt, dass auf ihrem Gebiet ein Verkehrsverbund besteht. Ein buntes Bild ergibt sich, wenn man betrachtet, wie die Aufgaben auf den Aufgabenträger, die Verkehrsverbünde und die Zweckverbände verteilt sind. Über 60 % der Aufgabenträger hatten intern höchstens zwei Planstellen für den ÖPNV besetzt. Nur 44 % der Aufgabenträger gaben an, in den kommenden fünf Jahren das bisherige ÖPNV-Angebot finanzieren zu können. Keine Erfahrungen mit Ausschreibungen hatten über 80 % der Aufgabenträger, und immerhin 54 % konnten keine Angabe machen, ob sie demnächst Ausschreibungen beabsichtigen. Insgesamt drängte sich der Eindruck auf, dass die Aufgabenträger in organisatorischer, strategischer und personeller Hinsicht ihre Anstrengungen verstärken müssen bzw. sich über ihre Rolle und Aufgabe klarer werden müssen.[230] Zwischenzeitlich sind die Aufgabenträger aktiver geworden. Viele, aber bei weitem nicht alle haben sich professionell aufgestellt oder sich beraten lassen. Denn ohne professionelles Management besteht die Gefahr, dass der ÖPNV – gerade im ländlichen Raum und gerade angesichts der demographischen Entwicklung – auf den Schülerverkehr reduziert wird. Mangels Know-how besteht für diese Aufgabenträger die Gefahr, wenig Leistung für viel Geld einzukaufen.

Die Anzahl der für den allgemeinen ÖPNV engagierten Aufgabenträger scheint zuzu- 116
nehmen. Dabei gibt es in der Praxis höchst **unterschiedliche Organisations- und Finanzierungsformen**, wovon nachfolgend einige dargestellt werden. Dabei handelt es sich um eine Momentaufnahme, d.h. die Strukturen sind im Fluss, derzeit mehr denn je. Zahlreiche Aufgabenträger setzen in unterschiedlicher Form auf einen Verkehrsverbund.[231]

c) Einzelbeispiele

Im Landkreis Kelheim (Bezirk Niederbayern) besteht eine **Verkehrsgemeinschaft** der 117
Verkehrsunternehmer, nämlich die Verkehrsgemeinschaft im Landkreis Kelheim (VLK). Diese läuft als BGB-Gesellschaft unter der Federführung der Regionalbus Ostbayern GmbH (RBO), die zugleich Sprecher der Verkehrunternehmer gegenüber dem Landkreis ist. Vom Landkreis gewünschte Verbesserungen werden von diesem mit der RBO verhandelt und dann auf vertraglicher Grundlage vergütet.

Der Landkreis Amberg-Sulzbach und die kreisfreie Stadt Amberg (beide Bezirk Ober- 118
pfalz) haben einen eigenen **Zweckverband** gegründet, den Zweckverband Nahverkehr Amberg-Sulzbach (ZNAS), der für diese beiden Gebietskörperschaften den ÖPNV plant.

---

229 *Deloitte*, Die Rolle der ÖPNV-Aufgabenträger in der Bundesrepublik Deutschland – Eine Untersuchung in Zusammenarbeit mit der Bundesarbeitsgemeinschaft der ÖPNV-Aufgabenträger in der Bundesvereinigung der kommunalen Spitzenverbände Deutschlands (BAG ÖPNV), Stand 8/2008, S. 3.

230 *Meyer*, ÖPNV-Aufgabenträger im Fokus, Verkehr und Technik Heft 11 2008, 431-434, 434.

231 Instruktiv und fundiert: *Knieps*, Aufgabenträger oder Verkehrsunternehmen als Gesellschafter von Verkehrsverbünden? Eine Analyse bestehender Verbundstrukturen und eine Bewertung unterschiedlicher Organisationsmodelle unter institutenökonomischen Gesichtspunkten, Diss Univ Gießen 2004, nur im Internet veröffentlicht; zur Entstehung der ersten Verbünde: *Horn*, Ordnungskonzept für die Einnahmeaufteilung und den Defizitausgleich bei den Verkehrsverbünden des ÖPNV, Verlag Josef Eul, Bergisch Gladbach und Köln, Diss Univ. Köln 1993, S. 63–114.

Die Verkehrsunternehmen bilden eine Verkehrsgemeinschaft Amberg-Sulzbach mit koordinierender Funktion, die auch für Auskünfte, Beschwerden und Fundsachen zuständig ist.

119 Eine höhere Stufe der Integration stellt der **Verbund** dar, der allerdings in verschiedenen Organisationsformen bestehen kann. Öffentlich-rechtlich organisiert gibt es ihn beispielsweise im Ruhrgebiet als **Anstalt des öffentlichen Rechts** „Verkehrsverbund Rhein-Ruhr AöR". Er ist nach nordrhein-westfälischem Recht nicht nur für den allgemeinen ÖPNV sondern auch für den SPNV verantwortlich. Auch die im Verkehrsverbund Rhein Ruhr (VRR) zusammengefassten Gebietskörperschaften haben den SPNV und dessen Finanzierung auf den Verbund übertragen.[232]

120 Privatrechtlich ist der Verbund im Großraum München als **Aufgabenträgerverbund** in der Rechtsform der GmbH organisiert. Gesellschafter der Münchner Verkehrs- und Tarifverbund GmbH (MVV) sind die Landeshauptstadt München, die acht umliegenden Landkreise und – als Besonderheit – der Freistaat Bayern. Der MVV plant, vergibt und organisiert als Geschäftsbesorger der Landkreise den Regionalbusverkehr. Zu seinen Aufgaben in diesem Bereich gehören die Durchführung von Ausschreibungsverfahren, Direktvergaben, das Vertragscontrolling und die Abwicklung der gesamten Finanzströme zwischen den Aufgabenträgern und den Betreibern sowie die Vorgabe von Qualitätsstandards. Zu den Basisaufgaben des MVV im gesamten Verbundraum gehören die Pflege des Gemeinschaftstarifs, die Einnahmeaufteilung, das Systemmarketing, die Verkehrs- und Marktforschung, die übergeordnete Kundeninformation und die Koordination der Verbundpartner. Zudem erstellt der MVV den regionalen Nahverkehrsplan und wirkt auf eine Homogenität und Kompatibilität der Nahverkehrsplanungen der Aufgabenträger hin.[233]

121 In Regensburg gibt es seit langem die städtischen Regensburger Verkehrsbetriebe GmbH (RVB). Anlässlich der Entstehung des Regensburger Verkehrsverbundes (RVV) gründete der Landkreis Regensburg eine eigene „Gesellschaft zur Förderung des öffentlichen Personennahverkehrs im Landkreis Regensburg mbH" (GFN), die dann neben der RVB Gesellschafterin des RVV wurde. Der Stadtbusverkehr wird weiterhin von der RVB gefahren, der Regionalbusverkehr von den Kooperationspartnern der GFN. So ist der RVV **formell** ein **Unternehmensverbund**. Da die Aufgabenträger aber über die beiden Gesellschafter das Sagen haben, ist es **sachlich** eher ein **Aufgabenträgerverbund**. Auf Ebene der Aufgabenträger gibt es außerdem eine besondere öffentlich-rechtliche Arbeitsgemeinschaft Verkehrsverbund Regensburg (VVR). Sie dient der Koordination der Aufgabenträger und macht die ganz grundsätzlichen Vorgaben für den Verbundverkehr. Dem RVV wurden weitreichende Funktionen übertragen: er ist Betriebsführer und tragt so das unternehmerische Risiko. Auch übernimmt er alleine das gesamte Marketing und den kompletten Vertrieb.

122 Die Aufgabenträger im Großraum Nürnberg haben einerseits einen **Zweckverband** gegründet, den Zweckverband Verkehrsverbund Großraum Nürnberg (ZVGN), der die Zusammenarbeit der Aufgabenträger koordiniert und sich an der Finanzierung der verbundbedingten Aufwendungen beteiligt. Andererseits gibt es die **Verbundgesellschaft** VGN GmbH, deren Gesellschafter acht Verkehrsunternehmen sind, und die den Gemeinschaftstarif entwickelt, die Einnahmen zuscheidet und das Verbundmarketing betreibt. Diese beiden Institutionen sind durch den **Grundvertrag** (GA) verbunden, der die Basis des gesamten Vertragswerkes ist. Er regelt die Ziele und Aufgaben des VGN und die Zusammenarbeit der Aufgabenträger. Den Grundvertragsparteien steht auch bei wichtigen Entscheidungen der VGN GmbH ein Letztentscheidungsrecht zu.

---

[232] *Husmann, Bayer, Jäger, Hafenrichter* und *Zuck*, EU-konform: Finanzierungssystem des Verkehrsverbundes Rhein-Ruhr, Der Nahverkehr 2011, 26 – 29.

[233] *Freitag*, Entstehung und Entwicklung des Münchner Verkehrs- und Tarifverbundes –MVV, Nahverkehrspraxis 4-2006, 33-35.

Im Raum Würzburg haben – ausgehend vom klassischen **Drei-Ebenen-Modell** – die Stadt Würzburg und das Kommunalunternehmen des Landkreises Würzburg für diesen (erste Ebene) mit der Nahverkehr Würzburg-Mainfranken GmbH (NWM) eine **Aufgabenträgergesellschaft** (zweite Ebene) gegründet. Die NWM fungiert als Dienstleister der Aufgabenträger, vereinbart und finanziert „gemeinwirtschaftliche" Verkehrsleistungen und vollzieht das Gesetz über die Kostenfreiheit des Schulwegs. Auf der dritten Ebene haben sich die Verkehrsunternehmen zur **Verkehrsunternehmens-Verbund** Mainfranken GmbH (vvm) zusammengeschlossen, die Liniennetz und Tarif entwickelt, das Fahrplanangebot abstimmt und gemeinsame Interessen der Verkehrsunternehmen vertritt. Die Zusammenarbeit zwischen NWM und vvm ist in einem **Kooperationsvertrag** geregelt, nach dem bestimmte Maßnahmen der Abstimmung bedürfen (z. B. Tarif- und Fahrplangestaltung, Öffentlichkeitsarbeit). Der Landkreis Kitzingen ist zwischenzeitlich beigetreten.[234] 123

Schon diese wenigen Beispiele zeigen die große Vielfalt an Organisationsformen und -strukturen, deren sich die Aufgabenträger bedienen. Mangels konkreter Vorgaben hat sich kein Leitbild der ÖPNV-Organisation entwickelt, sondern es gibt **gewachsene Strukturen vielfältiger Art**. Dies und die ständige Fortentwicklung der Systeme[235] erschweren die Vergleichbarkeit der Verhältnisse. Bei der Anpassung der Strukturen an das neue Europa- und Bundesrecht gibt es wegen der Unterschiedlichkeit des status quo keinen Standardweg. Vielmehr ist in jedem Fall individuell zu prüfen, ob bzw. welche Schritte notwendig sind, die Vorgaben zu erfüllen, um dem Fahrgast einen attraktiven Verkehr zu bieten. 124

II. Bereich „Abfallentsorgung"

1. Teil. Stadt Bergheim

1. Einleitung und rechtliche Grundlagen

Die Kreisstadt Bergheim ist ein Mittelzentrum im Rheinland mit 62.000 Einwohnern. 1
Das jährliche Hausmüllaufkommen beträgt 12.584 t, das Sperrmüllaufkommen 2.794 t.

Seit 1999 wird die städtische Abfallentsorgung in der Rechtsform einer GmbH, der Stadtwerke Bergheim GmbH, durchgeführt. Die Gesellschaft wurde zunächst als Kooperationsgesellschaft gegründet und ab dem 1.12.2003 als 100%ige Eigengesellschaft fortgeführt. Die nachfolgende Darstellung der Gründungsüberlegungen und Entwicklungen der städtischen Gesellschaft führen – ausgehend von den kurz aufgezeigten Rechtsformvarianten – im Rahmen dieses Praxisbeitrags zwangsläufig zu den maßgeblichen wirtschaftlichen Betrachtungsweisen, die für die Gründungsentscheidung ausschlaggebend waren. Dies erscheint den Verfassern umso wichtiger, als derartige wirtschaftliche Grundüberlegungen im Allgemeinen als Erkenntnisbasis für die einzelnen Modellvarianten dienen dürften. Im Übrigen soll dieser Beitrag gleichsam ein rechtspraktisches Korrelat zu den theoriebezogenen Kapiteln darstellen, der für Interessierte möglichst nachvollziehbare Überlegungen und Hilfestellungen anhand eines konkreten Gründungsfalls und seiner Fortentwicklung aufzeigt.

Der Rat der Stadt Bergheim hat die Verwaltung 1997 beauftragt, unter Einbindung externen Sachverstandes ein **Modernisierungskonzept „Stadtwerke"** zu erarbeiten, wobei neben der Untersuchung alternativer Organisationsformen für den städtischen

---

[234] Perspektivisch noch: *Schäfer* und *Schruml*, Neuorganisation und Expansion, Nahverkehr-praxis 7/8-2008.

[235] Zwei Beispiele für eine Neuorganisation: *Schütze*, *Mellenthin* und *Rompca*, Das Pforzheimer Modell zur Neustrukturierung des ÖPNV, Der Nahverkehr 3/2009, 35–39; *Faustmann, Brödno, Christmann* und *Landsberg*, Voraussetzungen erfolgreicher Privatisierungsverfahren im ÖPNV, Der Nahverkehr 3/2009, 42–45.

Fuhrpark – mit dem Ziel einer wirtschaftlichen und kostengünstigeren Aufgabenerledigung – insbesondere auch die Belange der Bürger als Gebührenzahler, die Stellung des Rates und der städtischen Mitarbeiter bei der Untersuchung zur Neuordnung der bisher von den städtischen Betrieben wahrgenommenen Aufgaben angemessen berücksichtigt werden sollten.

Die hierbei in Betracht gezogenen unterschiedlichen Durchführungsformen der Aufgabenerledigung bezogen sich sowohl auf **öffentlich-rechtliche als auch auf privatrechtliche** Alternativen. Ausgangspunkt der Überlegungen war, dass es grundsätzlich einer Kommune freigestellt ist, in welcher Durchführungsform sie ihre Aufgaben erledigt. Sie besitzt ein umfangreiches Organisationsermessen. An öffentlich-rechtlichen Durchführungsformen standen damals in erster Linie der Regiebetrieb, der Eigenbetrieb und – in Zusammenarbeit mit anderen Gebietskörperschaften – die Rechtsform des Zweckverbandes sowie Möglichkeiten der Arbeitsgemeinschaften oder aber öffentlich-rechtlicher Vereinbarungen auf der Grundlage des (nordrhein-westfälischen) Gesetzes über kommunale Gemeinschaftsarbeit (GKG) zur Verfügung. Die Möglichkeit der Gründung einer Anstalt des öffentlichen Rechts besteht in NRW erst seit 1999.[1]

2 Die städtischen Betriebe der Stadt Bergheim wurden **bis dahin als Regiebetrieb** geführt. Die wahrgenommenen Aufgaben waren, abgesehen von denen des Fuhrparks/Werkstätten, hoheitlicher Art. Die Gemeindeordnung des Landes Nordrhein-Westfalen gestattet(e) es den Städten ausdrücklich aber auch, ihre Aufgaben ebenso in privatrechtlicher Rechtsform durchzuführen, wenn hierfür jeweils die vom Gesetzgeber dafür aufgestellten Voraussetzungen vorliegen. Das gleiche galt/gilt für die Bildung von gemischtwirtschaftlichen Gesellschaften oder von Kooperationsgesellschaften und für die Auftragsprivatisierung. Für die Stadt Bergheim war zu berücksichtigen, dass eine vollständige oder teilweise Zusammenarbeit mit einem privaten Unternehmen nur dann in Betracht kam, wenn ein zuvor durchzuführender Wirtschaftlichkeitsvergleich Vorteile für die Stadt Bergheim gegenüber der Situation brachte, in der sie die Aufgabe selbst betreibt und finanziert.

3 Die Verwaltung der Stadt Bergheim ist von vorneherein davon ausgegangen, dass die rechtlichen Bestimmungen im Abfall-, im Straßenreinigungs- und im Abwasserbereich eine Entkoppelung vom öffentlichen Recht nicht zuließen: Eine völlige Aufgabenübertragung auf Private, die zu einem (fast) gänzlichen Ausschluss der rechtlichen Einwirkungsmöglichkeiten von kommunalen Entscheidungsträgern führen würde, ist verfassungsrechtlich nicht zulässig. Vielmehr musste stets eine **Einflussmöglichkeit der Kommune** auf die Entscheidungsorgane des Privaten möglich bleiben, der kommunale Aufgaben durchführt.

4 Das **Oberverwaltungsgericht (OVG) Münster** hat im Jahr 1994 entschieden, dass bei einer Pflichtaufgabe der Gemeinde nicht die eigentliche Aufgabenverantwortung übertragen werden dürfe, sondern lediglich deren Durchführung.[2] Das Privatrechtssubjekt fungiere hierbei als Verwaltungshelfer bzw. Erfüllungsgehilfe; derartige „funktionale" Privatisierungen seien zulässig. Das OVG führt in derselben Entscheidung hinsichtlich des Organisationsermessens der Gemeinde mit Blick auf das in § 108 Abs. 1 Satz 1 Nr. 2 GO NRW geforderte Merkmal eines „wichtigen Interesses der Gemeinde an der Gründung" einer Gesellschaft aus, dass der Gemeinde hierbei eine **Einschätzungsprärogative** zuzubilligen sei. Ein „**wichtiges Interesse**" könne sich aus einer Vielzahl von Gesichtspunkten ergeben. Im Vordergrund könne ein wirtschaftliches Interesse, namentlich die kostengünstigere Aufgabenerledigung durch Einschaltung eines Privatrechtssubjekts, stehen. Auch könne größere Autonomie und Flexibilität bei der Aufgabenerfüllung, die Abkoppelung vom öffentlichen Dienst-, Organisations- und Haushaltsrecht,

---

[1] Gesetz zur Modernisierung von Regierung und Verwaltung in Nordrhein-Westfalen vom 15.6.1999 (1. ModernG NRW), GVBl. NRW 1999, S. 386.

[2] OVG Münster, Urteil vom 15.12.1994 – 9A 2251/93, NWVBl. 1995, S. 173ff., 174 (= NVwZ 1995, S. 1238ff.).

die leichtere Gewinnung qualifizierten Fachpersonals, die wirtschaftliche Einbindung privater Dritter und dadurch mögliche Nutzbarmachung technischer und wirtschaftlicher Spezialkenntnisse sowie erleichterte Aufbringung von Investitionen für Großvorhaben in Betracht gezogen werden. Das OVG hat allerdings zugleich auch auf **etwaige Nachteile**, die gegen eine Privatisierung sprechen könnten, hingewiesen, die bei der Abwägung zwischen sämtlichen Vor- und Nachteilen zu berücksichtigen seien. Dazu zählen insbesondere auch steuerrechtliche Nachteile, aber auch eine nicht ganz auszuschließende Aushöhlung der kommunalen Selbstverwaltung und der damit verbundene Verlust von Steuerungs- und Kontrollmöglichkeiten der demokratisch legitimierten Vertretungskörperschaft. Als weitere beachtliche Elemente bei Privatisierungsentscheidungen könnten Versorgungs-, Entsorgungs- und Nachsorgesicherheit, Zuverlässigkeit der Aufgabenwahrnehmung, Umweltverträglichkeit der Aufgabenerledigung, Sozialverträglichkeit des Entgelts, Wettbewerb und Verhinderung von Monopolen, Haftung und strafrechtliche Verantwortlichkeit in die Erwägungen mit einbezogen werden.[3]

Auf der Basis dieser Rechtsprechung mussten die Entscheidungsträger daher eine **Abwägung** zwischen sämtlichen Vor- und Nachteilen vornehmen, um eine begründete, sachgerechte Entscheidung treffen zu können. 5

Dafür mussten herausgearbeitet und dokumentiert werden:
- die Ermittlung der bestehenden Situation aus dem damaligen Regiebetrieb „städtische Betriebe",
- die Ziele, die erreicht werden sollen,
- die Schwachstellen, die sich aufgrund eines Vergleichs herausstellen,
- Alternativen, die zu einer angemessen Zielerreichung zur Verfügung stehen.

Aufgrund der so insgesamt herausgearbeiteten Abwägungsgesichtspunkte war sodann eine auch im Einzelnen nachvollziehbare Entscheidung zu treffen.

Vor diesem kommunalverfassungsrechtlichen Hintergrund sind die nachfolgend dargestellten konkretisierten rechtlichen, insbesondere aber wirtschaftlichen Überlegungen zu sehen. 6

2. Gründungsüberlegungen

a) Ausgangslage

Im Jahre 1996 hatte der Bund der Steuerzahler der **Müllabfuhr der Stadt Bergheim** 7 im Rahmen der jährlich stattfindenden Erhebungen zu den Müllabfuhrgebühren aller NRW-Kommunen bescheinigt, **eine der sparsamsten** in ganz NRW zu sein. Dieser Erfolg war möglich, weil es den Verantwortlichen gelang durch organisatorische Maßnahmen und fortgesetzte Kostenoptimierungen eine kostengünstige und wirtschaftlich arbeitende Einheit (Fuhrpark) zu formen.

Der städtische Fuhrpark, der neben der Abfallentsorgung auch für die Durchführung der Kanalunterhaltung und der Straßenreinigung sowie für den Betrieb einer Zentralwerkstatt für alle städtischen Fahrzeuge zuständig war, beschäftigte insgesamt 40 gewerbliche und 2 angestellte Mitarbeiter.

Straßenreinigung

Die Straßenreinigung wurde mit 3,3 Mitarbeitern (Stellenplan) abgewickelt. Die zu 8 erbringenden Leistungen umfassten den Bereich der Straßenreinigung (135.000 Kehrkilometer), die Reinigung der Fußgängerzone und angegliederter Gehwegbereiche (ca. 28.000 m^2). Die Aufgabenabwicklung erfolgte mit einer Kehrmaschine, einer Kleinkehrmaschine und einem kleinen Transport- und Ladefahrzeug für die erforderliche Handreinigung. Der **Deckungsbedarf** dieser Einrichtung wurde zu 75% aus Gebühren finanziert und im Übrigen aus allgemeinen Haushaltsmitteln.

---

[3] OVG Münster, a.a.O. (Fn. 2), S. 174f.

Kanalunterhaltung

9 Das zu unterhaltende städtische Kanalnetz hat eine Länge von rd. 290 km. Ferner waren seinerzeit 11 Pumpstationen und 9 Regenüberlaufbecken zu warten und zu kontrollieren. Zum Leistungsumfang gehörten im Wesentlichen Kanalspülungen, Kanaluntersuchungen, Reinigungs- und Inspektionsarbeiten und regelmäßige Funktionskontrollen. Diese Leistung wurde mit 11 gewerblichen Mitarbeitern sowie drei Kanalreinigungsfahrzeugen, einem Sinkkastenreinigungsfahrzeug, einem Kanalfernsehwagen sowie einem Personenkraftwagen für die regelmäßigen Kontrollfahrten erbracht. Der Deckungsbedarf für diesen Bereich wurde nach Abzug des über den allgemeinen Haushalts zu finanzierenden Anteils für die städtischen Straßen, Wege und Plätze zu **100% über Gebühren** finanziert.

Abfallbeseitigung

10 Die städtische Abfallbeseitigung erbrachte eine Vielzahl von einzelnen Teilleistungen für damals insgesamt ca. 25.000 Haushaltungen bei 62.000 Einwohnern. Die Restmüllentsorgung (sog. graue Tonne), Bio-Abfallentsorgung (braune Tonne), die Sperrmüll- und Haushaltsgroßgeräteentsorgung wurden mit insgesamt 22,7 gewerblichen Mitarbeitern sowie sieben Müllfahrzeugen (inklusive eines abgeschriebenen Ersatzfahrzeuges) und einem Transportfahrzeug für die Haushaltsgroßgeräte abgewickelt. Das jährliche Hausmüllaufkommen betrug einschließlich des Sperrmülls rd. 320 kg je Einwohner. Die Bio-Abfallentsorgung war seinerzeit im Aufbau. 1998 waren im gesamten Stadtgebiet ca. 2.800 Behälter ausgeliefert. Die Schadstoffsammlung und die Entsorgung von Papier, Pappe und Kartonagen waren an ein privates Entsorgungsunternehmen vergeben. Die **Gesamtkosten der Abfallentsorgung** wurden zu 100% über Gebühren abgerechnet.

Zentralwerkstatt

11 Aufgabe der Zentralwerkstatt war die Wartung und Reparatur der Fahrzeuge und Geräte des Fuhrparks (Eigenbedarf) und der städtischen Betriebshöfe, die im Wesentlichen ebenfalls als Regiebetrieb für die Unterhaltung der städtischen Grün- und Sportanlagen sowie den Betrieb und die Unterhaltung der städtischen Friedhöfe zuständig waren. Diese Leistungen wurden in einer **komplett eingerichteten Fahrzeugwerkstatt** von fünf Mitarbeitern erbracht.

Diesen gewerblichen Bereichen stand ein angestellter Fuhrparkleiter vor, der auf eine Sekretariatsstelle zurückgreifen konnte. Die gesamte Organisationseinheit war als **Regiebetrieb im städtischen Haushalt** integriert und insofern organisatorisch dem Fachbereich „Städtische Dienste" der Kommune angegliedert. Innerhalb des Fachbereiches erfolgte die Verwaltung der gesamten Ressourcen für Personal- und Sachmittel.

12 Der Regiebetrieb war im Rahmen des in Bergheim umgesetzten sog. „Neuen Steuerungsmodells" bereits mit einem hohen Maß an Selbständigkeit und Eigenverantwortlichkeit ausgestattet und konnte insofern bereits gute Ergebnisse vorweisen.

Gleichwohl haben sich ab Mitte der 90iger Jahre die **Rahmenbedingungen** der kommunalen Abfallentsorgung deutlich verändert. Insbesondere das am 7.10.1996 in Kraft getretene Kreislaufwirtschaft- und Abfallgesetz des Bundes hat mit seinen Anforderungen an die Entsorgung und Verwertung von Abfällen aus privaten Haushaltungen und Gewerbebetrieben zu Veränderungen geführt. Das Gesetz führte in vielen Teilbereichen der Abfallentsorgung zu einer Verschiebung der gesamten Abfallentsorgungspflichten von der kommunalen Ebene hin zu privatwirtschaftlichen Lösungen. Diese Entwicklungen haben sich im Hinblick auf die Abfallentsorgungsgebühren negativ auf die kommunale Abfallentsorgung ausgewirkt.

13 Aufgrund der in der Stadt Bergheim gegebenen Strukturen innerhalb des Regiebetriebes Abfallbeseitigung entfielen in 1997 nur ca. 40% aller Kosten der Abfallbeseitigung auf Bereiche, deren Kostenentwicklung durch eigene organisatorische und sonstige Maßnahmen zu beeinflussen waren. Das bedeutete andererseits, dass ca. **60% der Kosten „fremdbestimmt"** waren. So mussten z. B. die jährlichen, teils kräftigen Anstiege der

Deponiegebühren als Kosten der kommunalen Abfallentsorgung kommentarlos in die Gebührenbedarfsberechnungen aufgenommen werden. Im Ergebnis führte dies (in der Regel) dazu, dass eigene organisatorische Maßnahmen zu Kosteneinsparungen geführt haben, die bei der Gebührenberechnung jedoch durch eine erheblich höhere Deponiegebühr nicht nur aufgezehrt wurden, sondern zu Mehrkosten mit entsprechenden Gebührensteigerungen geführt haben.

Dies führte zunehmend zu **Akzeptanzproblemen** sowohl bei den Gebührenpflichtigen als auch bei den Entscheidungsträgern im Rat. 14

Dadurch sah sich die Verwaltung veranlasst, trotz der eingangs geschilderten, im NRW-Vergleich positiven Ausgangslage, **Überlegungen zu alternativen Betriebsformen** anzustellen, um den Entscheidungsgremien zukunftsweisende Lösungsvorschläge unterbreiten zu können.

b) Modernisierungskonzept Stadtwerke

aa) Untersuchungsrahmen. Der Rat hat die Verwaltung sodann beauftragt, unter Einbindung externen Sachverstandes ein **Modernisierungskonzept „Stadtwerke"** zu erarbeiten, wobei neben der Untersuchung alternativer Organisationsformen für den städtischen Fuhrpark mit dem Ziel einer wirtschaftlicheren und kostengünstigeren Aufgabenerledigung insbesondere auch die Belange 15

- der Bürger als Gebührenzahler,
- des Rates als Aufsichtsorgan und
- der städtischen Mitarbeiter

sowie die absehbaren abfallwirtschaftlichen Entwicklungen angemessen berücksichtigt werden sollten. Ferner machte der Rat deutlich, dass mit diesem Untersuchungsauftrag die Zielsetzung verbunden war, die Gebühren zu senken bzw. mittelfristig Gebührenerhöhungen zu vermeiden und in den Fällen, wo gesetzliche Vorgaben zwangsläufig zu Kostensteigerungen führen, erforderliche Gebührensteigerungen zu kompensieren.

Es wurden sodann **externe Beratungsleistungen** ausgeschrieben, so dass während des gesamten Prozesses von den ersten Detailüberlegungen bis hin zu den späteren Vertragsabschlüssen fachjuristische und betriebswissenschaftliche Beratung zur Verfügung stand. In jeder Phase der Untersuchungen wurde der Personalrat beteiligt.

Im Verlauf der Untersuchungen wurden folgende alternative Modelle einer näheren Betrachtung unterzogen:

- Auftragsprivatisierung,
- Zweckverband,
- Eigenbetrieb,
- Eigengesellschaft,
- Kooperationsgesellschaft.

Bereits sehr schnell kristallisierte sich heraus, dass unter Berücksichtigung der Vorgaben des Rates für das Modernisierungskonzept eine **Auftragsprivatisierung nicht** in Frage kam. Ein hiermit verbundener Verzicht auf die eigene kommunale Leistungserstellung bedeutete eine größere Abhängigkeit von externen Entsorgungsstrukturen. Eine Personalübernahme durch einen privaten Entsorger war politisch nicht gewollt, entsprach im Übrigen auch nicht der Zielsetzung des Entscheidungsgremiums. 16

Auch die **Gründung eines Zweckverbandes** mit anderen Kommunen schied sogleich als denkbare Organisationsalternative aus. Zum einen ergaben sich zum damaligen Zeitpunkt aufgrund der örtlichen Gegebenheiten bei den Nachbarkommunen keine zielführenden Veränderungen für einen Zweckverband, zum anderen hätten sich gegenüber der bisherigen Organisationsform des Regiebetriebes rechtlich und tatsächlich keine sinnvollen Veränderungen ergeben. Darüber hinaus bestünde kein direkter Einfluss der Stadt. Die Rechtsform des Zweckverbandes bietet sich in der Regel an, wenn anlage- bzw. personalintensive Einrichtungen im Wesentlichen überregional genutzt werden bzw. die Vorhaltekosten für eine Kommune aufgrund der relativ geringen Nutzung zu 17 hoch sind. Im Hinblick auf die Zielvorgaben des Rates ließen die Gründung eines Zweckverbandes **keinerlei Verbesserungen** erwarten.

18 Die näher in Betracht kommenden **Organisationsalternativen** Eigenbetrieb, Eigengesellschaft und Kooperationsgesellschaft (GmbH mit einer privaten Minderheitsbeteiligung) mussten nunmehr in einen rechtlichen und wirtschaftlichen Vergleich zum vorhandenen Regiebetrieb gebracht werden, um die Unterschiede sowie Vor- und Nachteile der einzelnen Möglichkeiten detailliert herauszuarbeiten. Die von der Verwaltung erarbeiteten Annahmen und Berechnungen mussten plausibilisiert und überprüft werden. Aus diesem Grunde wurde gemeinsam mit dem externen Steuerberatungs- und Wirtschaftsprüfungsbüro eine **Modellberechnung** erstellt, die zunächst auf der Grundlage der Kalkulationen des Haushaltsjahres 1998 für einen Zeitraum von zehn Jahren den wirtschaftlichen Verlauf aller drei Untersuchungsalternativen im – Vergleich zum Regiebetrieb – darstellte.

19 **bb) Modellberechnungen (Zielsetzung, Grundlagen, Prämissen).** Durch die Modellberechnungen wurden die **Ergebnisverläufe** (Selbstkosten) der ausgewählten Leistungsbereiche innerhalb dieser Organisationseinheiten für einen Zeitraum von 10 Jahren dargestellt und gleichzeitig auch die Auswirkungen auf den städtischen Haushalt insgesamt, die Gebührenhaushalte und die Mitarbeiter betrachtet. Für die Organisationsalternativen Eigengesellschaft und Kooperationsgesellschaft wurden Wirtschaftspläne für den gleichen Zeitraum erarbeitet. Ebenfalls dargestellt wurden die organisatorischen Unterschiede sowie die Auswirkungen der einzelnen Modelle auf die Abläufe in der Verwaltung, in den politischen Gremien und im Betrieb selbst.

20 *Zielsetzung*

- Darstellung des Kostenverlaufs aller Untersuchungsalternative
- Erarbeitung aller rechtsformabhängigen Kostenunterschiede
- Darstellung des Ergebnisverlaufs der **Untersuchungsalternativen** mit allen Auswirkungen auf den städtischen Haushalt (Verwaltungs- und Vermögenshaushalt) und dem voraussichtlichen Gebührenverlauf unter Berücksichtigung der städtischen Anteile an gebührenrelevanten Kosten, den haushaltstechnischen Wirkungen der kalkulatorischen Kosten sowie bei der Eigen- und der Kooperationsgesellschaft der steuerlichen Auswirkungen (Gewerbesteuer, Kapitalertragssteuer auf kommunaler Seite sowie Umsatzsteuer, Gewerbesteuer und Körperschaftssteuer auf betrieblicher Seite), der Verluste bzw. Gewinne und der Einzahlungen auf das Stammkapital.

21 *Grundlagen*

- Ergebnis der **Leistungsbereiche** Straßenreinigung, Abfallbeseitigung, Unterhaltung Kanalisationsanlagen und Fuhrpark im Haushaltsjahr 1998. Die Kosten des Fuhrparks wurden wiederum entsprechend der vorliegenden Leistungsdaten auf die Leistungsbereiche Straßenreinigung, Abfallbeseitigung, Abwasseranlagen und sonstige Leistungsbereiche (= Belastung allgemeinen Haushalts) aufgeteilt,
- Berücksichtigung der von der Stadt in den kommenden Jahren bereits geplanten Leistungsausweitungen, z. B. die flächendeckende Einführung der Bio-Tonne (Anschlussgrad 1998 = rd. 20%).

22 *Prämissen*

Für alle Untersuchungsalternativen wurden – bezogen auf den 10-jährigen Planungszeitraum – (teilweise. unterschiedliche) **Kostenverläufe** für die einzelnen Kostenblöcke Personalkosten, Betriebskosten, Entsorgungskosten, Abschreibungen und Zinsen aber auch Erträge unterstellt. Bezogen auf die Auswirkungen auf den allgemeinen Haushalt wurde bei den Untersuchungsalternativen Eigen- und Kooperationsgesellschaft angenommen, dass es der Stadt gelingt, die Ausgaben des Verwaltungshaushaltes für nicht mehr benötigte Kapazitäten (sog. Overheadkosten) innerhalb von 5 Jahren an die in den Modellrechnungen geringeren Verwaltungskostenerstattungen anzupassen.

Das **Ergebnis dieser Modellberechnungen** wurde dem Rat mit einer rechtlichen Prüfung aller Modelle in Form eines Gutachtens im März 1998 vorgestellt. Dabei ergaben die vier verbliebenen Untersuchungsmodelle: Regiebetrieb, Eigenbetrieb, Eigengesellschaft und Kooperationsgesellschaft sowohl in organisatorischer als auch in wirtschaftlicher Sicht unterschiedliche Betrachtungsweisen, die im Folgenden dargestellt werden. 23

cc) Allgemeine rechtliche Unterschiede der untersuchten Durchführungsformen

(1) Regiebetrieb

Beim Regiebetrieb, also der damaligen rechtlichen organisatorischen Ausgangslage, 24
handelte es sich um eine **rechtlich unselbständige Organisationseinheit** innerhalb der Verwaltung bzw. innerhalb des Fachbereichs. Entscheidungen wurden in der Verwaltung bzw. vom zuständigen Fachausschuss oder dem Rat getroffen. Innerhalb der Verwaltung sind unterschiedliche Zuständigkeiten gegeben. Die Haushaltsführung richtete sich nach den Vorschriften des Haushalts-, Kassen- und Rechnungswesens mit der Zuständigkeit der Kämmerei. Personalwirtschaftliche Maßnahmen sind in den Stellenplan eingebunden und Organisationsangelegenheiten werden zentral geregelt. Bei Einstellungen, Entlassungen, Versetzungen und Höhergruppierungen ist die Betriebsleitung nur beratend beteiligt. Die Durchführung und Überwachung des laufenden Betriebes erfolgt durch den Fachbereich auf der Basis der Leitungsstruktur der gesamten Verwaltung. Es gilt uneingeschränkt das öffentliche Haushalts- und Dienstrecht. Die Buchführung erfolgte nicht nach kaufmännischen Gesichtspunkten.

Vorteile:
Keine Umsatz- und Körperschaftssteuerpflicht.

Nachteile:
- fehlende Kostentransparenz durch die (damals noch) kameralistische Buchführung
- Gefahr der Quersubventionierung durch den allgemeinen Haushalt,
- begrenzte Einsparpotentiale durch starre haushaltsrechtliche und tarifrechtliche Vorschriften sowie die vorgegebenen langwierigen Entscheidungswege innerhalb der vorgegebenen Organisationsstruktur.

(2) Eigenbetrieb

Beim Eigenbetrieb (und der eigenbetriebsähnlichen Einrichtung) handelt es sich 25
ebenfalls um eine **rechtlich unselbständige Einheit** innerhalb der Kommune. Im Hinblick auf die Organisationsstruktur ist er eigenständiger als der Regiebetrieb; Entscheidungen werden durch den Werkleiter bzw. den Werksausschuss getroffen. Die Entscheidungswege können zwar durch Betriebssatzung gestrafft werden, es verbleibt jedoch bei wesentlichen Zuständigkeiten der Stadt bzw. des Rates (z. B. die Feststellung des Jahresabschlusses durch den Rat).

Vorteile:
- keine Umsatz- und Körperschaftssteuerpflicht,
- größere Kostentransparenz durch die kaufmännische Buchführung,
- geringfügig größere Flexibilität bei den Entscheidungswegen innerhalb der Organisationshoheit.

Nachteile:
- weiterhin Abhängigkeit vom Haushalt,
- Mitarbeiter unterliegen weiterhin uneingeschränkt dem öffentlichen Tarifrecht.

Resümierend wurde festgestellt, dass trotz der dargestellten gegenüber dem Regie- 26
betrieb vorteilhaft abweichenden Organisationsmerkmale **nicht** mit erheblichen Effizienzsteigerungen zu rechnen war. Dies wurde im Vergleich zum Regiebetrieb insbesondere auch deshalb konstatiert, weil es innerhalb der bestehenden Organisationsform in

den vergangenen Jahren bereits zu erheblichen Optimierungen gekommen war und weitere Optimierungsmöglichkeiten in einer öffentlich-rechtlichen Organisationsform nicht gesehen wurden.

(3) Eigengesellschaft

27 Bei der Eigengesellschaft handelte es sich um eine rechtlich selbständige privatrechtliche Organisationsform. Gegenüber den öffentlich-rechtlichen Organisationsformen Regiebetrieb und Eigenbetrieb unterscheidet sich die Eigengesellschaft zunächst durch die **Eigenständigkeit der Leitungsorgane**. Es findet rechtlich eine klare Trennung von Geschäftsführerebene und Kommune statt.

Eine Eigengesellschaft ist zu **100% in der Hand der Kommune**, so dass hier zwangsläufig

- zum einen genügend Einfluss-, Kontroll- und Steuerungsmöglichkeiten der Stadt bestehen (gesetzliche Forderung der Gemeindeordnung),
- zum anderen aber auch von Seiten der Stadt durch die Wahrnehmung dieser Einfluss-, Kontroll- und Steuerungsmöglichkeiten die beschriebene klare gesetzliche Trennung wieder etwas abgeschwächt wird.

Es handelte sich hierbei um eine reine **Organisationsprivatisierung**. Die Modellberechnung wurde bezüglich der Eigengesellschaft unter der Prämisse aufgestellt, dass der Regiebetrieb zunächst mit unverändertem Personal und unveränderten Strukturen in eine privatrechtliche Organisationsform überführt wird und Organisationsoptimierungen erst sukzessive durch „Learning by Doing" umgesetzt werden sollten. Die Gründung einer Eigengesellschaft erfolgt in Form einer Sachgründung, so dass keine weiteren Erlöse für den Haushalt generiert werden können, z. B. Veräußerungserlöse aus dem Verkauf von Fahrzeugen und Gebäuden.

28 *Vorteile:*

- größere Möglichkeiten, effizientere Leistungsstrukturen zu schaffen,
- Entscheidungsprozesse können verkürzt werden,
- gesetzlich geforderter Einfluss des Rates kann sichergestellt werden,

Nachteile:

- durch die privatrechtliche Rechtsform entsteht eine Umsatzsteuer- und Körperschaftssteuerpflicht,
- stärkere Einflussnahme des Rates kann Entscheidungsprozesse hemmen,
- durch die zunächst noch vorhandenen Personal- und Organisationsstrukturen ließen sich Rationalisierungspotentiale und damit verbundene Effizienzsteigerungen, die zur Kompensierung der beschriebenen Steuerpflicht erforderlich sind, nur schwer und mit zeitlicher Verzögerung realisieren,
- privatwirtschaftlich geschultes Know How fehlt (Nachteil gegenüber der Kooperationsgesellschaft),
- Kosten- und Ergebnisrisiko verbleibt weiterhin ausschließlich beim städtischen Haushalt (w.v.),
- Abschreibungserlöse im Einzelplan 9 fallen weg,
- bisher den Gebührenhaushalten in Rechnung gestellte Verwaltungskosten kommen nicht mehr dem allgemeinen Haushalt zugute und können auch nur sukzessive abgebaut werden.

(4) Kooperationsgesellschaft

29 Eine Kooperationsgesellschaft besitzt ebenfalls wie die Eigengesellschaft eine **selbständige Rechtsform**, jedoch kooperiert hierbei die Kommune mit einem Privatunternehmen. Beide **Kooperationspartner** halten Geschäftsanteile an einer GmbH und arbeiten zur Wahrnehmung von Aufgaben der Öffentlichen Hand zusammen. Bezüglich der Rechtsform gibt es zwischen der Eigengesellschaft und der Kooperationsgesellschaft keinen Unterschied. Es besteht jedoch insofern ein erheblicher Unterschied zwischen bei-

den Untersuchungsalternativen, weil durch die Einbeziehung eines privaten Dritten bei entsprechender Kompetenzüberlassung sowohl im kaufmännischen als auch im operativen Bereich erhebliche Verbesserungen durch eine kurzfristige **Optimierung** der Organisation, der Steuerung und der Aufgabenerledigung zu erwarten waren.

Vorteile: 30
- größere Möglichkeiten, effizientere Leistungsstrukturen zu schaffen,
- Entscheidungsprozesse können verkürzt werden,
- gesetzlich geforderter Einfluss des Rates kann sichergestellt werden,
- kurzfristige Verbesserungen bei der Auslastung von Personal, Fahrzeugen und Geräten durch privates Know How möglich,
- in Zusammenarbeit mit dem privaten Partner und dessen Know How können weitere Leistungsfelder erschlossen und hierdurch zusätzliche Umsätze generiert werden,
- Bündelung von Beschaffungsvorgängen mit dem privaten Partner führen zu Kostenvorteilen,
- durch den wechselseitigen Zugriff auf von beiden Partnern vorgehaltene Personal- und Fahrzeugressourcen könnten langfristig betrachtet Kostenvorteile erzielt werden,
- Kosten- und Ergebnisrisiko verblieb nicht ausschließlich bei der Stadt sondern wird entsprechend dem Beteiligungsverhältnis oder entsprechend gesonderter Vereinbarungen aufgeteilt,
- Rechtsform bedingte Mehrkosten der GmbH und dadurch bedingte Anfangsverluste wurden bis zur Erreichung der Gewinnsituation vom privaten Kooperationspartner übernommen und wirken sich daher nicht negativ auf den städtischen Haushalt und den Gebührenverlauf aus,
- der Haushalt erhielt zusätzliche Veräußerungserlöse aus der Veräußerung von Gebäuden, Fahrzeugen und Gerätschaften auf der Basis aktueller Zeitwerte,
- es könnten ad hoc bereits praxiserprobte und funktionsfähige betriebswirtschaftliche Instrumente im Bereich Buchhaltung, Kosten und Leistungsrechnung, Controlling und Tourenmanagement übernommen werden,
- auch unter Einräumung von Besitzstandssicherheiten für das von der Stadt übernommene Personal, für die weiterhin öffentliches Tarifrecht gilt, ergaben sich bei Neueinstellungen entsprechend den Bedingungen des BDE-Tarifrechts des privaten Partners erhebliche Kostenvorteile für die Zukunft.

Nachteile: 31
- durch die privatrechtliche Rechtsform entstand eine Umsatzsteuer- und Körperschaftssteuerpflicht,
- Abschreibungserlöse im Einzelplan 9 fielen weg,
- bisher den Gebührenhaushalten in Rechnung gestellte Verwaltungskosten kamen nicht mehr dem allgemeinen Haushalt zugute und können auch nur sukzessive abgebaut werden.

dd) Wirtschaftliche Ergebnisse der Modellrechnungen unter Berücksichtigung 32
des städtischen Haushalts. Für die einzelnen Durchführungsalternativen wurden unter Annahme verschiedener Prämissen hinsichtlich der Kostenentwicklung und der betrieblichen Weiterentwicklung dieser Leistungsbereiche in öffentlich-rechtlicher und in privatrechtlicher Organisationsform Szenarien entwickelt und auf der Basis der tatsächlichen Haushaltszahlen für das Haushaltsjahr 1998 **Modellrechnungen** bis 2007 aufgestellt. Dies geschah sowohl auf der Ebene allgemeiner Haushalt (Verwaltungs- und Vermögenshaushalt) und Gebührenhaushalte als auch beim Eigenbetrieb, der Eigengesellschaft und der Kooperationsgesellschaft auf der Basis erstellter Ergebnis- und Bilanzplanungen.

Ergänzend hierzu mussten für alle Modelle unterschiedliche Personalbedarfsplanungen und Investitionsszenarien entwickelt werden. Bei der Eigengesellschaft und der Kooperationsgesellschaft wurden einheitliche Zinssätze unterstellt. Die sich aus den dargestellten

Vor- und Nachteilen der einzelnen Durchführungsalternativen ergebenden Kostenannahmen und -prämissen wurden bei den einzelnen Modellberechnungen berücksichtigt.

33 Die Durchführungsalternativen Regiebetrieb, Eigenbetrieb und Eigengesellschaft ergaben auf der Grundlage der haushalts- und gebührenrelevanten Kosten auf der Haushaltsebene eine entsprechende Haushaltsbelastung und auf der Gebührenebene einen jährlich fortgeschriebenen Gebührenbedarf, aus dem sich die voraussichtliche Gebührenentwicklung ergab. Bei der Kooperationsgesellschaft wurde entsprechend der Leistungs- und Kostenentwicklung ein die Gebührenhaushalte und teilweise den allgemeinen Haushalt belastendes Geschäftsbesorgungsentgelt festgelegt und auf der Basis von Preisgleitregelungen fortgeschrieben.

34 Die Modellberechnungen ergaben, dass sich die Kostensituation des Eigenbetriebes kaum von der des Regiebetriebes unterscheidet. Die Eigengesellschaft schnitt bei diesem Vergleich ungünstiger ab, weil die rechtsformbedingten Mehrkosten sich nicht durch Einsparungen infolge von Optimierungen und Synergiegewinne durch einen privaten Kooperationspartner kompensieren ließen und sich dadurch im städtischen Haushalt niederschlugen. Die Kooperationsgesellschaft versprach aufgrund der dargestellten Kosten gegenüber dem Regiebetrieb die größeren Vorteile. Bei der Kooperationsgesellschaft entstehen die Rechtsform bedingten Mehrkosten zwar auch und sie führen auf der GmbH-Rechnungsebene auch zu Anfangsverlusten, sie wirkten sich jedoch aufgrund einer Garantie hinsichtlich der Geschäftsbesorgungsentgelte nicht negativ im städtischen Haushalt aus. Insofern stand die Modellberechnung bezüglich des Kooperationsmodells unter dem Vorbehalt, dass die Prämissen bei der konkreten Vertragsgestaltung auch umgesetzt werden konnten.

35 **ee) Angenommener Ergebnisverlauf der Kooperationsgesellschaft.** Für die Kooperationsgesellschaft wurde parallel zu den Modellberechnungen für den städtischen Haushalt eine Ergebnis-, Investitions- und Stellenplanung erstellt, deren Ergebnisse dann in eine **formale Wirtschaftsplanung** für die Jahre 1999 bis 2007 eingeflossen sind. Gesellschaftsrechtlich wurde angenommen, dass eine Kooperationsgesellschaft mbH mit einer städtischen Beteiligung von 51% und einer privaten Beteiligung von 49% gegründet wurde. Die in den Wirtschaftsplänen in den einzelnen Jahren ausgewiesenen Umsatzerlöse waren mit der Modellberechnung für die Haushaltsauswirkungen (im städtischen Haushalt anzusetzende Geschäftsbesorgungsentgelte für die GmbH) plausibel abgestimmt. Darüber hinaus waren sonstige Erlöse für die erwartete Leistungsausweitung der Kooperationsgesellschaft eingerechnet.

Die tatsächliche **wirtschaftliche** Entwicklung der Gesellschaft führte zu anfänglichen Verlusten, ab dem 4. Jahr zu Jahresüberschüssen und ab dem 10. Jahr waren die Anfangsverluste ausgeglichen.

36 **ff) Ergebnisse des Gutachtens.** Die in dem externen Gutachten bewerteten Prämissen und Modellberechnungen führten zu dem Ergebnis, dass das **Kooperationsmodell**, also die Gründung einer städtischen GmbH mit einer Beteiligung eines privaten Dritten aus der Entsorgungsbranche, gegenüber den anderen Durchführungsalternativen (Regiebetrieb, Eigenbetrieb und Eigengesellschaft) bei einer langfristigen Betrachtung für den allgemeinen Haushalt der Stadt und den Gebührenverlauf **Vorteile** aufwies. Zwar sollten in den ersten Jahren Nachteile für den allgemeinen Haushalt entstehen, weil zum einen bisher angefallene Einnahmen aus der Systematik der kalkulatorischen Kosten (Haushaltsverbesserungen im Einzelplan 9) nicht mehr anfielen und zum anderen frei werdende Overhead-Kapazitäten und damit Kosten nicht ad-hoc, sondern erst im Verlauf der nächsten Jahre abgebaut werden konnten. Diese Nachteile sollten durch die bereits aufgezeigten Maßnahmen mittelfristig aufgefangen und in finanzielle Vorteile umgewandelt werden.

37 Durch die Kooperation mit einem im Entsorgungssektor bereits tätigen privaten Partner sollte eine **verbesserte Auslastung** der vorhandenen Betriebsmittel sichergestellt

werden. Hierdurch konnten durch die Umwandlung von fixen Vorhaltekosten in variable Kosten nachhaltige Ergebnisverbesserungen erzielt werden. Weitere Effizienzsteigerungspotentiale sollten durch verbesserte Beschaffungskonditionen erzielt werden. Durch eine Ausweitung des Leistungsfeldes der Kooperations-GmbH (wie z. B. andere Städte, andere Kommunen, Privatbetriebe – so die Annahme) konnten in den Jahren nach der Gründung deutliche **Ergebnisverbesserungen** erzielt werden. Es wurde davon ausgegangen, dass eine kurzfristige Sicherung dieser Leistungsausweitung nur mit einem über das entsprechende Know-How verfügenden Kooperationspartner möglich sein würde. Erforderliche Rationalisierungsmaßnahmen, z. B. durch Anpassung der Leistungsstandards an die der Privatwirtschaft, ließen sich aufgrund der Erfahrungen eines privaten Kooperationspartners wesentlich schneller umsetzen.

Die gutachterlichen Untersuchungen erstreckten sich auch auf die Fragestellung, welche der beiden in Frage kommenden Gründungsalternativen 38

a) Gründung einer Kooperationsgesellschaft mit gleichzeitiger Beauftragung der Leistungserbringung durch die Stadt
oder
b) Gründung einer Eigengesellschaft mit gleichzeitiger Beauftragung der Leistungserbringung durch die Stadt und späterer Übertragung der Geschäftsanteile auf den privaten Kooperationspartner, vorteilhaft sind, wobei im Gutachten letztendlich das geteilte Gründungsverfahren mit späterer Einbindung des privaten Partners vorgeschlagen wurde.

Bei den Vorüberlegungen, den Gesprächen mit den externen Gutachtern und auch bei den Verhandlungen mit dem Kooperationspartner war der **Personalrat** der Stadt Bergheim stets eingebunden und hat der Gründung einer „Stadtwerke Bergheim GmbH“ zugestimmt. 39

Der **Rat** hat die Verwaltung am 16.06.1998 beauftragt, unter Würdigung
- der Aussagen der Verwaltung zu den Ergebnissen der Gespräche mit potentiellen Kooperationspartnern,
- der Ergebnisse der gutachterlich überprüften Modellberechnungen für die vier genannten Durchführungsalternativen und
- den Aussagen und Einschätzungen der externen Gutachter hierzu

die Gründung der „Stadtwerke Bergheim GmbH“ für die Bereiche Straßenreinigung, Kanalunterhaltung, Abfallbeseitigung und Fuhrpark vorzubereiten und mit einem privaten in der Region tätigen Kooperationspartner aus der Entsorgungsbranche über eine Beteiligung an der GmbH und den Abschluss der hierfür erforderlichen Verträge zu verhandeln.

gg) Verhandlungen mit dem privaten Kooperationspartner. In Ausführung des Ratsbeschlusses wurden unter Einbeziehung der externen Berater umfangreiche Gespräche zur Ausgestaltung der Kooperation und der Gestaltung der erforderlichen Verträge geführt. 40

Die Detailüberlegungen zur **Leistungserbringung und den Leistungsentgelten** (sog. Geschäftsbesorgungsentgelte), die die Stadt an die Stadtwerke Bergheim GmbH zu zahlen hat, wurden auf den Grundlagen und den Erkenntnissen der Modellberechnungen bezüglich der Kooperationsgesellschaft zügig abgeschlossen. Die Geschäftsbesorgungsentgelte wurden als Festpreise dokumentiert, die nur unter bestimmten vertraglich festgelegten Bedingungen (Preisgleitklauseln) verändert werden konnten. Darüber hinaus war es zur Erreichung der im Vorfeld definierten Auswirkungen auf den Haushalt und die Gebührenentwicklung erforderlich, die für 1999 festgelegten Geschäftsbesorgungsentgelte für die ersten drei Jahre einzufrieren, d. h. eine erste Preisgleitung war unabhängig von der Kostenentwicklung erst ab 2002 vorgesehen.

Wesentlich **schwieriger** gestalteten sich die Verhandlungen bezüglich der Überleitung des vorhandenen Personals und der vom privaten Kooperationspartner abzugebenden 41

Garantien, um die Stadt Bergheim von den steuerlich bedingten Anlaufverlusten der GmbH freizustellen. Im Rahmen der Gespräche über die Modalitäten der **Personalüberleitung** war insbesondere sicher zu stellen, dass

- den Mitarbeitern durch die Überleitung keinerlei Nachteile gegenüber einer Weiterbeschäftigung bei der Stadt entstehen,
- die Regelungen bezüglich der Zusatzversorgung auch als Mitarbeiter einer Gesellschaft in privater Rechtsform ihre Bestandskraft behalten und
- den „sog. öffentlich-rechtlichen" Mitarbeitern auch dann keinerlei Nachteile entstehen, wenn in den Folgejahren auch Mitarbeiter nach den Konditionen des BDE-Tarifvertrages eingestellt werden.

Die einzelnen Ergebnisse der Überlegungen und Verhandlungen werden im nachfolgenden Abschnitt im Rahmen der Erläuterungen zu den einzelnen Vertragswerken detailliert erläutert.

3. Gründung der „Stadtwerke Bergheim GmbH" und Übertragung von Geschäftsanteilen an den Kooperationspartner

42 Der Rat der Stadt Bergheim hatte in seiner Sitzung am 26.10.1998 die Gründung der Stadtwerke Bergheim GmbH mit einem Stammkapital von 50.000 DM zunächst als **100%ige Tochter der Stadt Bergheim** sowie den Abschluss aller erforderlichen Verträge beschlossen. Die Gesellschaftsgründung wurde dann zum 6.11.1998 notariell vollzogen. Mit gleichem Datum wurde ein vom Rat bestellter Mitarbeiter der Stadt Bergheim zum Geschäftsführer der Stadtwerke Bergheim GmbH bestellt. In der Sitzung des Rates am 23.11.1998 wurde sodann die Aufstockung des Stammkapitals der GmbH von 50.000 DM auf 250.000 DM sowie die Übertragung von 49% der Geschäftsanteile an den privaten Kooperationspartner mit Wirkung vom 1.1.1999 beschlossen. Ab dem 1.1. 1999 wurde die Gesellschaft von zwei Geschäftsführern vertreten und zwar von dem bereits von der Stadt bestellten Geschäftsführer und einem vom privaten Kooperationspartner bestellten Geschäftsführer.

Im Zusammenhang mit der Gründung der Stadtwerke GmbH wurden folgende Verträge mit einer Laufzeit von 20 Jahren abgeschlossen:

a) Gesellschaftsvertrag

43 Im Gesellschaftsvertrag wurde der Name der Gesellschaft, der Gegenstand und der Zweck des Unternehmens sowie das gewünschte Beteiligungsverhältnis (51% Stadt : 49% Partner) festgelegt. Auch sind Regelungen über die Möglichkeit der Einziehung von Geschäftsanteilen, die Möglichkeit der Kündigung und daraus resultierend Berechnungsgrundlagen für die Festsetzung eines Abfindungsguthabens aufgenommen worden. Ferner wurden Kontroll-, Weisungs-, Mitwirkungs- und Stimmrechte festgelegt. Im Übrigen enthält dieser Vertrag die üblichen Regelungen zur Vertretung und Geschäftsführung, Gesellschafterversammlung und Aufsichtsrat.

b) Geschäftsordnung für die Geschäftsführer

44 Durch die Geschäftsordnung wurde die **Kompetenzverteilung** beider Geschäftsführer im Innenverhältnis der GmbH geregelt. Laufende operative Angelegenheiten der Gesellschaft obliegen ausschließlich dem vom privaten Partner benannten Geschäftsführer. Bei allen Grundsatzangelegenheiten sowie bei allen wichtigen Organisations- und Personalfragen wie z. B.

- Abmahnungen und Kündigungen,
- Organisationsmaßnahmen, die sich auf die Leistungsnormen der Mitarbeiter auswirken,
- Abschluss von Dienstverträgen mit Mitarbeitern, die höhere Gesamtjahresbezüge als das sozialversicherungspflichtige Entgelt beziehen,
- unentgeltliche Verpflichtungs- und Verfügungsgeschäfte zu Lasten der Gesellschaft,
- Veräußerung, Vermietung und Verpachtung von Vermögen der Gesellschaft und

- Verträge mit verbundenen Unternehmen,

war zwischen beiden Geschäftsführern **Einvernehmen** herbeizuführen.

Im Übrigen wurde dem Geschäftsführer des privaten Partners das Letztentscheidungsrecht bei allen Fragen der technischen Spezifikation bei Neu- oder Ersatzbeschaffungen und sonstigen betrieblichen Entscheidungen eingeräumt. 45

c) Garantievertrag

Dieser Vertrag regelte die vom privaten Kooperationspartner gegenüber der Stadt Bergheim bzw. der Stadtwerke Bergheim GmbH zu übernehmenden **Garantien**. Im Wesentlichen handelte es sich um 46

a) die Garantie einer Eigenkapitalverzinsung in Höhe von 6,5% des von der Stadt aufgebrachten Kapitals unabhängig von der Ergebnissituation in der GmbH und
b) die Zusicherung, die Anfangsverluste der GmbH durch ein verzinsliches Gesellschaftsdarlehen aufzufangen, um eine Überschuldung der Stadtwerke zu verhindern.

d) Dienstleistungsverträge

Im Rahmen der abgeschlossenen vier Dienstleistungsverträge für die Straßenreinigung, die Kanalunterhaltung, die Abfallbeseitigung und die Zentralwerkstatt wurden die durch die Stadtwerke Bergheim GmbH zu übernehmenden **Aufgaben** geregelt. Es wurden die jeweils für die einzelnen Leistungsbereiche maßgeblichen Leistungsumfänge sowie die hierfür zu zahlenden Geschäftsbesorgungsentgelte mit den verhandelten Preisgleitklauseln geregelt. 47

Der **Leistungspreis** wurde entsprechend dem per Stichtag 31.12.1998 maßgeblichen Leistungsumfang festgesetzt. Ändert sich der Leistungsumfang, so werden Mehr- oder Minderleistungen entsprechend dem vereinbarten Leistungsentgelt angepasst. Die **Geschäftsbesorgungsentgelte** für das erste Betriebsjahr 1999 wurden auf der Basis der städtischen Kosten im Haushaltsjahr 1998 ermittelt; ab 1999 rechtsformbedingt anfallende Steuern wurden dabei nicht berücksichtigt. Die so festgesetzten Geschäftsbesorgungsentgelte wurden für drei Jahre „eingefroren", eine erstmalige Preisgleitung war also erst ab dem Jahr 2002 vereinbart. In den ersten drei Betriebsjahren war eine außerordentliche Preisanpassung nur in drei Fällen möglich,

aa) bei Kostenerhöhungen durch gesetzliche Vorgaben, z. B. Steuergesetze, EG-Recht (Beispiel: Mehrwertsteuererhöhung),
bb) bei der Ersatzbeschaffung eines zum Übertragungsstichtages bereits abgeschriebenen Fahrzeugs, wenn dies zum Substanzerhalt der übernommenen Einrichtung und zur Leistungserbringung der vom bisherigen Regiebetrieb übernommene Leistung erforderlich war und
cc) bei neuen Leistungsanforderungen durch die Stadt Bergheim.

Die ab dem Jahr 2002 vereinbarten **Preisgleitklauseln** werden am Beispiel der Abfallbeseitigung erläutert. Das mit Stichtag 31.12.1998 festgesetzte Festentgelt unterlag einer Preisgleitung entsprechend der Fortentwicklung und der Gewichtung der nachstehend aufgeführten kalkulationsrelevanten Kosten: 48

- Löhne und Lohnnebenkosten, Gewichtung 60%, Bezugsbasis war der Lohn eines städtischen Arbeitnehmers der Lohngruppe 3 Stufe 5 BMT-G II einschließlich Sozialzuschlag, verheiratet, 1 Kind, Stand 30.6.2000,
- Abschreibung, Reparatur und Unterhaltung, Gewichtung 15%, Veränderung des Indexes der Erzeugerpreise für gewerbliche Produkte (Inlandsabsatz), Gruppe Straßenfahrzeuge (Liefer- und Lastkraftwagen), GP 3313, jährlich veröffentlicht vom Statistischen Bundesamt Wiesbaden, Fachserie 17, Reihe 2, Stand 30.6.2000,
- Dieselkraftstoffe, Gewichtung 15%, Veränderung des Indexes der Erzeugerpreise für gewerbliche Produkte (Inlandsabsatz), Gruppe Mineralölerzeugnisse (Dieselkraftstoff, Abgabe an gewerbliche Verbraucher), GP 2213902, jährlich veröffentlicht vom Statistischen Bundesamt Wiesbaden, Fachserie 17, Reihe 2, Stand 30.6.2000,

- Fixbestandteil, 10% der kalkulationsrelevanten Kosten unterliegen als fixer Bestandteil keiner Preisgleitung, dieser Fixanteil verringerte sich beginnend mit dem 1.1.1999 jährlich um 2% und wuchs zeitgleich und im gleichen Umfang der prozentualen Gewichtung für Abschreibungen, Reparatur und Unterhaltung zu.

49 Die Änderungen auf der Kostenseite wurden dann umgerechnet auf das Leistungsvolumen (Behältervolumen, Tonnage). Änderungen der Leistungen wurden auf der Basis des errechneten Preises für das Behältervolumen (Restmüllbehälter, Bio-Tonne) oder die Tonnagen (Sperrmüll, Weiße Ware) in Rechnung gestellt. Für die Geltendmachung von Preisanpassungen wurde eine Bagatellgrenze von 10.000 DM festgelegt. In den Leistungsverträgen ist ferner für den Fall einer Beendigung der Vertragsverhältnisse, aus welchem Grund auch immer, der Stadt ein umfassendes Zugriffsrecht zur Sicherstellung der kontinuierlichen Leistungserbringung eingeräumt worden.

e) Betriebsübertragungsvertrag und Pachtvertrag

50 Mit der Übertragung der Aufgabenerledigung an die Stadtwerke Bergheim GmbH wurden auch die zur Aufgabenwahrnehmung benötigten Vermögensgegenstände auf die Stadtwerke übertragen bzw. an die Stadtwerke verpachtet. Dieser Vertrag regelte die Übertragung bzw. den Verkauf sowie die Verpachtung von **Vermögensgegenständen** wie z. B. Grundstücke, Betriebsgebäude, Fahrzeuge, Geräte und Abfallbehälter und setzte die entsprechenden von der GmbH an die Stadt zu zahlenden Kauf- bzw. Pachtpreise fest. Die Übertragung erfolgte in der Regel zum Buchwert; sofern Fahrzeuge bereits abgeschrieben jedoch noch im Einsatz waren, erfolgte die Übernahme in Höhe eines gutachterlich festgestellten Restwertes.

51 Für Vermögensgegenstände mit einem hohen Abschreibungswert (in der Regel Fahrzeuge) wurde ein **Pachtmodell** entwickelt, um haushalterische Nachteile zu vermeiden. Der Pachtpreis wurde in Höhe der jährlich im Haushalt für diesen Vermögensgegenstand angesetzten kalkulatorischen Kosten angesetzt. Hinsichtlich der Grundstücke und des Gebäudes wurde ein notarieller Kaufvertrag abgeschlossen. Ferner wurde im Betriebsübertragungsvertrag geregelt, dass alle bisherigen in Zusammenhang mit der Leistungserbringung von der Stadt Bergheim abgeschlossenen Verträge mit wirtschaftlicher und rechtlicher Wirkung auf die GmbH übergingen.

Für den Fall einer Beendigung der Vertragsverhältnisse, aus welchem Grund auch immer, wurde der Stadt ein umfassendes Zugriffsrecht auf Vermögensgegenstände zur Sicherstellung der kontinuierlichen Leistungserbringung eingeräumt.

f) Personalüberleitungs- und Personalgestellungsvertrag

52 Die Mitarbeiter der Stadt Bergheim, die bis zum 31.12.1998 in den genannten Leistungsbereichen mit der Aufgabenerledigung betraut waren, sind nach der gesetzlich vorgesehenen Regelung des § 613a BGB und darüber hinaus nach Maßgabe des abgeschlossenen Personalüberleitungsvertrages zu den Stadtwerken Bergheim GmbH als **neue Arbeitgeberin** gewechselt. Zwei Mitarbeiter, die sich kurz vor Eintritt in den Ruhestand befanden, haben dem Wechsel widersprochen; sie haben in der verbleibenden Zeit ihres Arbeitsverhältnisses (beide unter einem Jahr) nach Maßgabe des abgeschlossenen Personalgestellungsvertrages ihre Arbeit bei den Stadtwerken Bergheim GmbH als weiterhin städtische Mitarbeiter verrichtet.

Durch die Vertragsregelungen erhielten die Mitarbeiter volle **Besitzstandsgarantien**; ihnen entstanden keine rechtlichen und materiellen Nachteile. Es wurde ihnen ferner zugesichert, dass sie nicht gegen ihren erklärten Willen außerhalb des Stadtgebietes eingesetzt werden dürfen. Betriebsbedingte Kündigungen wurden ausgeschlossen. Die Stadtwerke Bergheim GmbH sicherten zu, dass es im Falle späterer Neueinstellungen nach einem anderen Tarifvertrag zu keinem Zeitpunkt für die übergeleiteten Mitarbeiter zu einer Benachteiligung kommen werde.

Die übergeleiteten Mitarbeiter hatten innerhalb einer Frist von drei Jahren nach dem Übertragungszeitpunkt das Recht, ihre Tätigkeit wieder als Mitarbeiter der Stadt Bergheim auszuüben **(Rückkehrrecht)**. Sofern in diesem Fall eine Verwendung bei der Stadt nicht möglich war, erfolgte die Beschäftigung weiterhin bei den Stadtwerken Bergheim GmbH und zwar nach Maßgabe der Bestimmungen des Personalgestellungsvertrages. 53

Für den Fall einer Auflösung oder Liquidation der Gesellschaft verpflichtete sich die Stadt Bergheim, die Mitarbeiter, die zum Übertragungszeitraum nach Maßgabe des Personalüberleitungsvertrages übergeleitet wurden, wieder in die Dienste der Stadt zu übernehmen.

Die Stadtwerke Bergheim GmbH schlossen mit jedem übergeleiteten Mitarbeiter einen neuen Arbeitsvertrag ab; der Personalüberleitungsvertrag wurde Bestandteil dieses neuen Arbeitsvertrages. Die **Verträge** wurden mit dem Personalrat der Stadt Bergheim und der Gewerkschaft ÖTV abgestimmt.

4. Entwicklung der „Stadtwerke Bergheim GmbH"

a) Wirtschaftliche Entwicklung

Die Stadtwerke Bergheim GmbH haben ihren **operativen Betrieb** zum 1.1.1999 aufgenommen. Die von der Gesellschafterversammlung beschlossene erste Wirtschaftsplanung für die Jahre 1999 bis 2004 sah 54

- für das Jahr 1999 ein Defizit von 663.000,00 € vor,
- für das Jahr 2002 erstmals einen jahresbezogenen Überschuss von 79.000,00 € und
- ab dem Jahr 2005 erstmals Gewinnausschüttungen an die Stadt Bergheim vor.

Gegenüber der Modellberechnung ergaben sich zwar im Detail aufgrund der Ergebnisse der Verhandlungen Abweichungen, die Grundaussagen stimmten jedoch überein.

Eine nachträgliche Betrachtung der einzelnen Ergebnisse Gewinn- und Verlustrechnungen der Jahre 1999–2005 zeigte folgendes Bild auf:

- das Jahr 1999 schloss mit einem Defizit von 467.000,00 € ab,
- im Jahr 2001 konnte erstmals ein jahresbezogener Überschuss von 55.000,00 € erzielt werden und
- im Jahr 2003 wurde erstmals eine Gewinnausschüttung erwirtschaftet, das bedeutete, dass zu diesem Zeitpunkt auch schon alle in den Vorjahren aufgelaufenen Verluste abgedeckt waren.

Danach gab es von 2004 bis heute jährlich **Ergebnisverbesserungen** mit steigenden Gewinnausschüttungen für den städtischen Haushalt. Diese rein ergebnisorientierte Betrachtungsweise belegt, dass die der Gründungsentscheidung zu Grunde liegenden dargestellten Annahmen und Berechnungen der Modellberechnungen sich bestätigt haben. Die darüber hinausgehenden Verbesserungen sind auf die stringent auf Optimierung ausgerichtete Betriebsführung zurückzuführen. Der für die operative Betriebsführung zuständige private Kooperationspartner hat insbesondere durch 55

- ein striktes Kostenmanagement,
- Optimierung der Touren- und Personalplanung,
- Optimierung des Einkaufs,
- die Ausweitung der Leistungen der operativen Einheiten ohne zusätzliches Personal – bei Bedarf aber auch mit zusätzlichem Personal –

stetig die Ergebnisse verbessert und die Wirtschaftlichkeit erhöht. Nach der Gründung der Stadtwerke wurden ausscheidendes Personal und zusätzliche Einstellungen nur noch nach den Konditionen des BDE-Tarifrechts ersetzt; hierdurch konnten erhebliche wirtschaftliche Verbesserungen erzielt werden. Zur Erhöhung der Mitarbeitermotivation und Schaffung von Leistungsanreizen wurde ein System für die Gewährung von **Leistungsprämien** entwickelt, durch das die Mitarbeiter an verbesserten Betriebsergebnissen beteiligt wurden. Betriebswirtschaftlich aufgrund der hohen Vorhaltekosten nicht kostengünstig zu erbringende Leistungen wie z. B. die Sinkkastenreinigung oder die Vorhaltung eines eigenen Kanalfernsehwagens wurden ausgelagert; die eingekauften Fremdleistungen führten zu wesentlichen Ergebnisverbesserungen.

b) Weitere Leistungsübertragungen durch die Stadt

56 Nachdem sich bereits frühzeitig abzeichnete, dass sich in der gewählten Rechtsform und Organisationsstruktur Optimierungspotentiale schnell erschlossen und unmittelbar zu wirtschaftlicheren Ergebnissen für den städtischen Haushalt führten, hat sich der Rat der Stadt Bergheim nach Vorschlag durch die Verwaltung in den Folgejahren zu einer **Übertragung** weiterer städtischer Leistungsbereiche auf die Stadtwerke entschlossen. Ohne im Einzelnen auf die hierzu teilweise vorliegenden weiteren externen Gutachten, die im Rahmen der Vorbereitung der politischen Entscheidung jeweils erstellt wurden, einzugehen, werden die in den Jahren 2001 bis zum heutigen Zeitpunkt vollzogenen weiteren Aufgabenübertragungen wie folgt beschrieben:

57 *Abwasserbeseitigung*

Die Stadtwerke Bergheim GmbH waren seit der Gründung für die Erbringung von Unterhaltungsleistungen im Rahmen der Abwasserbeseitigung zuständig. Entsprechend einer extern beauftragten gutachterlichen Stellungnahme zu den wirtschaftlichen und steuerlichen Aspekten einer Übertragung der gesamten Abwasserbeseitigung und deren rechtlichen Zulässigkeit wurde den Stadtwerken ab dem 1.1.2001 die **komplette Betriebsführung** der städtischen Abwasserbeseitigung incl. Planungs- und Ingenieurleistungen und Verwaltungsleistungen übertragen. Die Stadtwerke waren damit zuständig für die komplette Unterhaltung und den Bau von Kanälen. Die Stadt blieb Eigentümer der Kanalisationsanlagen, d.h. Abschreibungen und kalkulatorische Verzinsungen blieben weiter im städtischen Haushalt veranschlagt. Sämtliche Investitionen wurden ab dem 1.1.2001 durch die Stadtwerke im Auftrag und im Namen der Stadt Bergheim durchgeführt. Das hierfür erforderliche Personal (drei Bauingenieure, ein Techniker und zwei Verwaltungsmitarbeiterinnen) wurden vom städtischen Tiefbauamt zu den Stadtwerken übergeleitet.

58 *Ortsreinigung*

Verschiedene Ortsreinigungsarbeiten, die bisher von den städtischen Betriebshöfen wahrgenommen wurden, z.B. Abfallentsorgung an städtischen Grünanlagen, vor städtischen Liegenschaften, Papierkorbleerungen, Reinigungsarbeiten an Buswartehallen, standen in räumlichem und sachlichem Zusammenhang mit der Straßenreinigung. Durch eine **Zusammenführung des Personals und der Sachmittel** beider Einheiten ließen sich Arbeitsabläufe optimieren, Schnittstellen beseitigen und Reibungsverluste minimieren. Aus diesem Grunde wurde die Ortsreinigung für den gesamten Bereich der Stadt Bergheim in drei zeitlichen Etappen zum 1.1.2002, zum 1.7.2003 und 1.1.2004 auf die Stadtwerke übertragen. Es wurden weitere Mitarbeiter zu den Stadtwerken übergeleitet und entsprechende Fahrzeuge und Gerätschaften an die Stadtwerke veräußert. Im Rahmen der Verhandlungen über das Geschäftsbesorgungsentgelt wurde jeweils die Regelung getroffen, dass die Stadtwerke die steuerlich bedingten Mehrkosten und darüber hinaus weitere 15% der bisherigen Kosten zu erwirtschaften hatten.

59 *Straßenbau*

Nachdem bereits zum 1.1.2001 der Abwasserbereich aus dem städtischen Tiefbauamt ausgegliedert wurde, stellte sich im Verlauf der praktischen Umsetzung heraus, dass es insbesondere bei der Ausführung von Baumaßnahmen zu erheblichen Reibungsverlusten und Schnittstellenproblemen kommt, wenn die Bereiche „Straßenbau" und „Kanalbau" getrennt blieben. Aus diesem Grund wurden zum 1.1.2003 auch die Bereiche „Straßenbau und Straßenunterhaltung" auf die **Stadtwerke** übertragen. Dies führte im Ergebnis zu einer weiteren Überleitung von 9 Mitarbeitern/Mitarbeiterinnen aus dem Verwaltungsbereich und weiteren 10 Mitarbeitern des gewerblichen Bereichs (Tiefbaukolonne des

Baubetriebshofs). Das gesamte frühere Tiefbauamt der Stadt Bergheim war damit ausgegliedert.

Wilder Müll 60

Ab dem 1.1.2005 wurde die Beseitigung des wilden Mülls, die bis dato dem Baubetriebshof oblag, ebenfalls auf die Stadtwerke übertragen und dort dem Bereich Straßenreinigung zugeordnet.

Personalüberleitungen erfolgten hierfür nicht.

c) Weitere Entwicklungen und Zukunftsprojekte der Gesellschaft

Die Zusammenarbeit mit dem privaten Kooperationspartner gestaltete sich wie bereits 61
dargestellt sehr positiv. Trotz dieser Entwicklung musste sich der private Partner im Laufe des Jahres 2003 aus rechtlichen Gründen von der Beteiligung an den Stadtwerken Bergheim GmbH trennen. Ab dem 1.12.2003 sind die Stadtwerke Bergheim GmbH wieder eine **100%ige Tochtergesellschaft** der Stadt Bergheim mit nur noch einem von der Stadt Bergheim gestellten Geschäftsführer.

Das private Know How (ein wesentlicher Grund für die ursprüngliche Einbindung des Privaten) konnten sich die Stadtwerke dadurch sichern, dass die Betriebsführung weiterhin durch den privaten Partner erfolgte. Es wurde zwar parallel geprüft, ob u. a. eine Ausschreibung des 49%igen Anteils an der GmbH von Vorteil sei, der Rat hat jedoch unter Berücksichtigung einer extern vergebenen Untersuchung über die rechtlichen und wirtschaftlichen Auswirkungen verschiedener Neuordnungsmodelle entschieden, die Stadtwerke Bergheim GmbH als Eigengesellschaft weiter zu führen und die Betriebsführung weiterhin vom privaten Kooperationspartner durchführen zu lassen.

Die in den Gründungsverträgen festgelegten Geschäftsbesorgungsentgelte sowie die 62
Bestimmungen über die Preisgleitungen wurden ab 1.1.2007 für alle Leistungsbereiche aufgrund geänderter Rahmenbedingungen und unvorhersehbarer Entwicklungen bei einzelnen Leistungsumfängen nach Vorgaben des öffentlichen Preisrechts und in Abstimmung mit der Steuerverwaltung neu festgesetzt. Dies führte im Ergebnis zu teilweise größeren Reduzierungen der Geschäftsbesorgungsentgelte, aber auch in Teilbereichen zu Erhöhungen; insgesamt führte die Neufestsetzung jedoch zu geringeren Belastungen für die Gebührenhaushalte und den städtischen Haushalt.

d) Ausweitung des Geschäftsfeldes im energiewirtschaftlichen Bereich

Vor dem Hintergrund der Liberalisierung des Energiemarktes, mit der von der Bun- 63
desregierung eingeleiteten Energiewende und mit dem Auslaufen der von der Stadt mit einem örtlichen Versorgungsunternehmen abgeschlossenen Konzessionsverträge und der daraus resultierenden Ausschreibungsverpflichtung vor der Neuvergabe der Konzessionen haben sich für die Stadtwerke weitere Betätigungsfelder ergeben.

Zunächst wurde nach dem Motto **„Energie aus Bergheim für Bergheim"** ein Ein stieg in die Erzeugung von Energie im Bereich der Erneuerbaren Energien gefunden. In folgenden Bereichen haben die Stadtwerke ihr Geschäftsfeld ausgeweitet und dadurch auch die Grundlagen für weitere Ergebnisverbesserungen gelegt:

Photovoltaikanlagen

Es wurden zwischenzeitlich auf Bergheimer Schulen, Sportlerheimen, auf den Dächern der Stadtwerke und des Betriebshofes Photovoltaikanlagen errichtet.

In dem Bergheimer Ortsteil Zieverich wurde auf einer Fläche von rd. 2,8 ha ein 1700 kWp Solarpark errichtet, der eine Emissionsminderung von mehr als 17.000 t bewirkt.

Nahwärmeversorgung

Die Stadtwerke Bergheim GmbH planen gemeinsam mit einem Energieversorger im Rahmen eines Pilotprojektes, drei Schulen, zwei Turnhallen und das Verwaltungsgebäude des Rhein-Erft-Kreises durch eine klimafreundliche Heizzentrale zu versorgen. Die Nutzung der regenerativen Energie bei der Umsetzung der neuen Heizzentrale ist ein neuer und richtungsweisender Schritt in die Zukunft. Das 18 bis 26 Grad warme Sümpfungswasser des nahe gelegenen Tagebaus wird via Wärmepumpe, Blockheizkraftwerk und Wärmespeicher zur Stromversorgung der genannten Gebäude nutzbar gemacht. Die Stadtwerke Bergheim GmbH setzen damit bundesweit das erste kommunale Projekt zur Raumheizung mit Tagebau-Sümpfungswasser um. Hierdurch werden ca. 30 % Brennstoffe und 37 % CO_2 Ausstoß reduziert. Die Anlage geht im Herbst 2014 in Betrieb. Mit diesem Projekt wurde Bergheim als KWK-Modellkommune ausgezeichnet und gefördert.

Netzbetrieb

Die Stadtwerke Bergheim GmbH haben am 1.7.2014 gemeinsam mit einem Energieversorgungsunternehmen eine Netzgesellschaft für das städtische Gasnetz gegründet. Mit einem Geschäftsanteil von 51 % dient dies als Einstieg in den kommunalen Netzbetrieb. Ziel ist es weiterhin, auch im Strombereich spätestens zum 1.1.2017 mit dem derzeitigen Konzessionär eine gemeinsame Netzgesellschaft zu gründen.

Weitere geplante Projekte

Entlang der A 61 ist die Errichtung eines Energieparks geplant, der zum einen aus einer 5–6 MW großen Freiflächen-Photovoltaikanlage und zum anderen aus dem Betrieb von drei Windrädern bestehen soll. Hierzu läuft derzeit ein Verfahren zur Änderung des Flächennutzungsplanes und parallel werden Gutachten zum Lärm- und Artenschutz erarbeitet.

5. Vergaberechtliche Aspekte der Umwandlung zur „Stadtwerke Bergheim GmbH"

Vergaberechtlich war in der Anfangsphase zu prüfen, ob die beiden Vorgänge „Übertragung von Aufgaben der Städtischen Betriebe" und „Gründung der Stadtwerke Bergheim" als gemischtwirtliches Unternehmen im Wege der Gründung oder der Übertragung von Geschäftsanteilen **ausschreibungspflichtig** waren.

64 Dabei ging es zunächst um die **rechtliche** Einordung einer Vergabe u. a. von Aufträgen an gemischtwirtschaftliche Gesellschaften in den Fällen von Mehrheitsbeteiligungen der öffentlichen Hand.

Das **OVG Münster** hat im Jahre 1994 in derartigen Fallkonstellationen keine Ausschreibungsverpflichtung gesehen.[4] Das Gericht begründete seine Entscheidung u. a. damit, dass die Gesellschaft aufgrund der durch die Stadt eingebrachten personellen, fachlichen und wirtschaftlichen Kapazitäten des bisherigen Regiebetriebs und des besonderen Sachverstands der übrigen Gesellschafter, aber auch wegen der der Stadt infolge ihrer Mehrheitsbeteiligung an der Gesellschaft zustehenden Einwirkungs- und Kontrollrechte die größtmögliche Gewähr für eine ordnungsgemäße Aufgabenerfüllung erreicht.

65 Zudem war zu klären, ob schon die Gründung einer Gesellschaft durch eine Kommune als solche sowie die Auswahl eines privaten Mitgesellschafters überhaupt eine dem Regime des Vergaberechts unterfallende Entscheidung darstellte. Hierbei wurde zunächst davon ausgegangen, dass sowohl der Vorgang der Gesellschaftsgründung wie auch die anschließende Auswahl eines privaten Mitgesellschafters **keine** Vergabe im Sinne des öffentlichen Auftragswesens darstellt.

Unstreitig war, dass die **bloße Gründung** einer Gesellschaft als hundertprozentige Tochtergesellschaft jedenfalls **nicht** den vergaberechtlichen Bestimmungen unterfällt. Es handelt sich hierbei um eine formelle Privatisierung, bei der nur die Rechtsform wechselt, aber kein Auftrag erteilt wird. Problematisiert wurde jedoch, ob die Gründung einer

[4] OVG Münster, a.a.O. (Fn. 2), S. 174.

gemischt-wirtschaftlichen Gesellschaft zumindest dann ausschreibungspflichtig ist, wenn diese gleichzeitig mit den Entsorgungs- und Straßenreinigungsaufgaben auf der Grundlage eines Entsorgungsvertrages beauftragt werden sollte. In diesem Falle tritt die Kommune als Nachfragerin auf. Für die rechtliche Bewertung knüpfte die Verwaltung der Stadt Bergheim einerseits an einer am Schutzzweck orientierten Auslegung des Vergaberechts an, wonach die Beauftragung einer von der öffentlichen Hand beherrschten Gesellschaft als sogenanntes **„Inhouse-Geschäft"** qualifiziert werden könne – dies jedenfalls dann, wenn die öffentlich beherrschte Gesellschaft weiterhin in dem bisher von der öffentlichen Hand wahrgenommenen Aufgabenbereich tätig wird. Allerdings bezogen sich die Argumente, die gegen die Anwendung des Vergaberechts bei der Beauftragung kommunaler Gesellschaften angeführt wurden, eher auf hundertprozentige Eigengesellschaften und nur eingeschränkt auf Kooperationsgesellschaften mit starker privater Beteiligung, wie dies bei der Stadtwerke Bergheim GmbH als Auftragnehmerin der Fall wäre.

Bei der Gründung der Stadtwerke als Kooperationsgesellschaft mit der gleichzeitigen Beauftragung der Abfall- und Abwasserentsorgung sowie der Straßenreinigung hätte es sich nicht um eine hundertprozentige Tochtergesellschaft der Stadt Bergheim gehandelt, somit war nicht nur der Innenbereich der öffentlichen Verwaltung betroffen.

Mit Blick auf die vergaberechtliche Problematik wurde als – seinerzeit – **rechtliche** 66
Alternative schließlich die Gründung der Stadtwerke Bergheim GmbH als zunächst hundertprozentige Tochtergesellschaft **(Eigengesellschaft)** angesehen. Dieser Gesellschaft wurden sodann die Aufträge zur Abwasser-, Abfallentsorgung und Straßenreinigung erteilt. Erst später wurden 49% der Geschäftsanteile auf den privaten Entsorger übertragen. In diesem Falle wurde der Auftrag zur Entsorgung und Straßenreinigung zu einem Zeitpunkt erteilt, zu dem die Kommune sämtliche Geschäftsanteile der Eigengesellschaft hielt. Hierbei handelte es sich um eine **reine Organisationsprivatisierung**, bei der sich der Hoheitsträger seiner Aufgabe nicht entledigt, sondern sich zu ihrer Wahrnehmung seiner hundertprozentigen Tochter Stadtwerke bedient. In diesem Schritt wurden – anders als bei der Beauftragung der Stadtwerke als Kooperationspartnergesellschaft – keine Privaten eingebunden. Rechtlich wurde dieser Vorgang so bewertet, dass dieser nichts mit einer klassischen Auftragsvergabe, also der Ausgabe einer Leistung aus dem Bereich der öffentlichen Hand in denjenigen der Privatrechtssubjekte zu tun hat, sondern es sich vielmehr um eine interne Umorganisation im Innenbereich der öffentlichen Hand handelt.

Man sah sich in dieser Auffassung **bestätigt** durch eine spätere Entscheidung des 67
EuGH, die erst nach Gründung der Gesellschaft publiziert wurde,[5] wonach (sogar) die Beauftragung von kommunal beherrschten Entsorgungsgesellschaften möglicherweise nicht unter das Vergaberecht zu fassen sei, wenn es sich hierbei um die verfassungsrechtlich gewährleistete Ausübung der Organisationsfreiheit der Kommune handele.[6]

Es wurde ferner darauf abgestellt, dass die spätere Übertragung der Geschäftsanteile an der Gesellschaft auf den privaten Entsorger nicht mit einer Auftragserteilung verbunden war. Durch die Übertragung der Geschäftsanteile hat sich die Kommune keiner Aufgabe entledigt und tritt **nicht** als Nachfragerin von Bau-, Liefer- und Dienstleistungen am Markt auf, so dass der Anwendungsbereich des Vergaberechts auch bei diesem Vorgang nicht betroffen war.

In diese vergaberechtlichen Überlegungen wurde ferner eine nicht unumstrittene – 68
allerdings **kartellrechtliche** – Entscheidung des Oberlandesgericht Düsseldorf aus dem Jahr 1993 grundsätzlich einbezogen, wonach sich aus dem Gleichbehandlungsgrundsatz (Artikel 3 Absatz 1 GG) und dem Diskriminierungsverbot (§ 26 Absatz 2 des GWB) der Zwang zur Ausschreibung aller staatlichen Leistungen ergebe, da im Regelfall nur auf

5 EuGH, Urteil vom 10.11.1998 – C-360/96 (Arnheim-Urteil), NVwZ 1999, S. 397ff.
6 Vgl. auch *Leitermann* in: Der Städtetag 1999, S. 141f.

diese Weise sämtliche Unternehmen der Zugang zu den staatlichen Beschaffungsmärkten eröffnet werden könne.[7]

Ausgehend vom **Sinn** des Kartellrechts, kam die Stadt Bergheim zu dem Ergebnis, dass in dem Abschluss von Verträgen im Rahmen der Abfall- und Abwasserentsorgung sowie der Straßenreinigung die Mitwirkung einer öffentlich–rechtlichen Körperschaft – sofern man eine Marktbeherrschung bejahen wollte – **nicht schon als solche** entgegensteht. Denn das Kartellrecht will nur verhindern, dass marktbeherrschende Unternehmen ihre Marktmacht rechtsmissbräuchlich ausüben. Dies ist indessen dann nicht der Fall, wenn Vertragsschlüsse auf sachliche Gründe gestützt werden können.

Allein in der Zusammenarbeit von öffentlich-rechtlichen Körperschaften mit privaten Dritten liegt nicht per se die diskriminierende Handhabung. Das OVG Münster erkannte in seiner Entscheidung aus dem Jahr 1994 hierin **keinen** Rechtsverstoß. Die Sachgerechtigkeit ergebe sich vielmehr daraus, dass sich die aufgrund der durch die Stadt eingebrachten personellen, fachlichen und wirtschaftlichen Kapazitäten des Regiebetriebs und des besonderen Sachverstandes der übrigen Gesellschafter, aber auch wegen der der Stadt infolge ihrer Mehrheitsbeteiligung an der Gesellschaft zustehenden Einwirkungs- und Kontrollrechte, die größtmögliche **Gewähr** für eine ordnungsgemäße Aufgabenerfüllung biete.[8]

69 Mitte August des Jahres 2003 ergab sich für den **privaten** Mitgesellschafter eine kartellrechtliche Problemstellung. Er wollte aus der Gesellschaft ausscheiden. Die Gesellschaft sollte als 100%ige Eigengesellschaft neu organisiert werden. (s.o.).

Nunmehr stellte sich die vergaberechtliche Frage, ob die intendierte **Rekommunalisierung** der Entsorgungsleistung sowie der Straßenreinigung vergaberechtsrelevant war. Nach Auffassung des Oberlandesgerichts Düsseldorf stellt die Rekommunalisierung ein reines Eigengeschäft der Gemeinde dar (Inhouse-Geschäft), das dem Vergaberecht nach einhelliger Rechtsprechung **nicht** unterliege.[9] Das bedeutete, dass der bisherige Geschäftsanteil des Privaten auf die Stadt Bergheim übertragen werden konnte, um zukünftig allein tätig zu werden, ohne dass die Notwendigkeit bestand, ein Vergabeverfahren durchzuführen.

Seit diesem Zeitpunkt besteht die Stadtwerke Bergheim GmbH wieder als **100%ige Eigengesellschaft** fort.

70 (Kartell-)Vergaberechtlich ist zusammenfassend Folgendes bedeutsam und beachtenswert, weil für die seinerzeitige Einschätzung maßgeblich: Das hier beschriebene Modell der Bildung einer gemischtwirtschaftlichen Gesellschaft fußt auf der von der Stadt Bergheim **seinerzeit** zu berücksichtigenden – in vieler Hinsicht nicht unumstrittenen – Rechtsentwicklung in den Jahren 1997 bis Ende 1998. Nach heutiger Auffassung ist auch bei Vergabe einer Gesellschafterstellung an einem öffentlichen Unternehmen, das über Leistungsaufträge verfügt, eine europaweite Ausschreibung erforderlich, auch wenn die Einräumung der Gesellschafterstellung als solche keine Lieferung oder Leistung ist. Diese Auffassung wird darauf gestützt, dass die Kommune in Fällen der Übertragung einer Gesellschafterstellung tatsächlich als Nachfrager von Lieferungen und Leistungen am Markt auftritt. Der einzubindende Private habe das Interesse und verfolge das Ziel, auch in derartigen gesellschaftsrechtlichen Konstellationen langfristige Liefer- und Leistungsverhältnisse zu sichern. Im Übrigen spricht sich die Rechtsprechung für eine wirtschaftliche Gesamtbetrachtung aus[10], so dass in **Zweifelsfällen**, d. h.

---

[7] OLG Düsseldorf, Urteil vom 9.11.1993 – U (Kart) 2/93, NWVBl 1994, S. 193ff., 194; die Entscheidung ablehnend z. B. die Antwort der Landesregierung S-H auf eine Große Anfrage „Wettbewerb in der Stromwirtschaft Schleswig-Holsteins", LT-Drs. 15/1871, Nr. 11 (S. 7/8).

[8] OVG Münster, a.a.O. (Fn. 2), S. 174.

[9] OLG Düsseldorf, Beschluss vom 15.10.2003 – VII Verg 50/03.

[10] Vgl. dazu grundlegend EuGH, Urteil vom 18.11.1999 – Rs C-17/98, NZBau 2000, S. 9ff.; Urteil vom 10.11.2005 – Rs C 29/04; OLG Düsseldorf, Beschluss vom 4.2.2013 – VII Verg 31/12, Rn. 4 m. w. N.

wenn kein anhand der Kriterien bzw. Vorgaben des Europäischen Gerichtshofs vergabefreies Inhouse-Geschäft vorliegt, schon zur Vermeidung von Risiken eine Ausschreibung erfolgen sollte.[11]

6. Schlussbetrachtung und Ausblick

Die Stadtwerke Bergheim GmbH können nach nunmehr über 15jährigem Bestehen auf 71
eine **erfolgreiche Tätigkeit** zurückblicken. Auch die weiterhin externe Betriebsführung gewährleistet immer noch, dass bei der Leistungserbringung privatwirtschaftliches Know How und damit eine effiziente Leistungserstellung zum Tragen kommt, was durch den positiven Ergebnisverlauf zu belegen ist. Der städtische Haushalt kann nach wie vor jährlich eine nicht unerhebliche Beteiligungsausschüttung vereinnahmen. Aufgrund der nicht beeinflussbaren Kostensteigerungen z. B. bei den Energie- und Treibstoffkosten, bei den von den Tarifabschlüssen bestimmten Personalkosten, aber auch bei den stark gestiegenen Deponiekosten können zwar Gebührensteigerungen nicht immer vermieden werden, sie werden jedoch durch ein weiterhin striktes Kosten- und Erlösmanagement begrenzt.

Die GmbH kann nach wie vor flexibel auf städtische Bedürfnisse reagieren, weil es sich hierbei in aller Regel um sog. Inhouse-Geschäfte handelt.[12]

Die vorstehend aufgeführten Projekte im Bereich der erneuerbaren Energien sind als zukunftsweisender Einstieg der Stadtwerke Bergheim GmbH auf dem Weg in das Zeitalter der nachhaltigen Resourcennutzung zu verstehen. In den kommenden Jahren werden sich die Stadtwerke Bergheim GmbH weiter kontinuierlich an der gesamtgesellschaftlichen Zukunftsaufgabe des Ausbaus der **dezentralen Energieerzeugung** engagieren und ihre Geschäftsfelder in diesem Bereich ausweiten, damit **Energie aus Bergheim** für alle Einwohner Wirklichkeit wird.

2. Teil. Kommunalwirtschaftliche Kompetenzen im europäischen Vergleich am Beispiel Abfall

1. Herausforderungen der kommunalen Abfallwirtschaft in Europa

a) Einleitung

Bei einem Blick auf die kommunale Abfallwirtschaft in Europa, muss zunächst fest- 1
gestellt werden, dass es nicht DIE eine kommunale Struktur und damit nicht DIE kommunale Abfallwirtschaft in Europa gibt. Schon die grundsätzlichen kommunalen Strukturen in den 28 Mitgliedstaaten der Europäischen Union (EU) sind höchst unterschiedlich ausgestaltet, wie die nachfolgenden Ausführungen zeigen werden. Wirft man dann einen Blick speziell auf den Sektor der kommunalen Abfallwirtschaft stellt man fest, dass dieser von großen Unterschieden geprägt ist, wenn es um die Umsetzung und Anwendung der Europäischen Richtlinien, Verordnungen oder Leitlinien geht. Aus dem Binnenmarktanzeiger des Jahres 2013 geht hervor, dass allein die anhängigen Vertragsverletzungsverfahren im Steuer- und Umweltbereich im Jahr 2012 für 45 Prozent aller Verfahren verantwortlich waren.[1] Zudem werden in der EU immer noch rund 40 Prozent der kommunalen Abfälle deponiert. Im Jahr 2011 waren es genau 37 Prozent.[2] Ziel der europäischen Politik ist es aber, eine Angleichung der unterschiedlichen Systeme herbeizuführen – nicht zuletzt, um dem Ziel eines EU weiten Binnenmarktes und der Verwirklichung der vier Grundfreiheiten schrittweise näher zu kommen. Neben konkreten Gesetzgebungsvorhaben – wie etwa der EU-Abfallrahmenrichtlinie – setzen die Europäischen Institutionen dazu regelmäßig gemeinsame Strategien auf, die mittel-

---

[11] Vgl. *Wurzel/Probst*, in *Ossola-Haring* (Hrsg.), Die GmbH mit kommunaler Beteiligung und die gemeinnützige GmbH, 3. Aufl. 2009, 4. Teil, 3.; siehe ausführlich Kapitel H. I. (Rn. 160 ff.).

[12] Vgl. dazu im einzelnen Kapitel H. I. (Rn. 1 ff., 160 ff.).

[1] Vgl. Internal Market Scoreboard 26, Februar 2013, S. 21.

[2] Vgl. Eurostat Pressemitteilung: Umwelt in der EU27, 4. März 2013.

und langfristig die politischen Leitlinien darstellen. Diese mögen zunächst abstrakt und wenig operationell klingen, entfalten aber schrittweise direkte Anwendbarkeit auf einzelne Politikbereiche, wie etwa die kommunale Abfallwirtschaft.

2 Die nachfolgenden Ausführungen ordnen die kommunale Abfallwirtschaft daher zunächst in den europäischen Kontext der Europa-2020-Strategie ein, indem aufgezeigt wird, vor welchen Herausforderungen diese in den nächsten Jahren steht. Anschließend werden die kommunalwirtschaftlichen Kompetenzen allgemein, aber auch in Bezug auf die Abfallwirtschaft an Hand einiger ausgewählter Fallbeispiele aufgezeigt. Es wird sich zeigen, dass die kommunale Abfallwirtschaft äußerst unterschiedliche Ausgangspunkte hat und nicht in allen Punkten mit dem deutschen Modell der kommunalen Selbstverwaltung vergleichbar ist. Aus deutscher Sicht stellt sich aber in Bezug auf die Europapolitik immer wieder die Frage nach der Bestandskraft und der Absicherung der kommunalen Gestaltungsfreiheit. Daher endet dieser Beitrag mit einer Einschätzung der Autorinnen bezüglich der faktischen und juristischen Absicherung der kommunalwirtschaftlichen Gestaltungsfreiheit im Lichte der Ausführungen zur Organisation der Abfallwirtschaft in Europa.

b) Kommunale Abfallwirtschaft in der Europa 2020 Strategie

3 Die Europa-2020-Strategie untersteht drei Prioritäten: Neben einem intelligenten und einem integrativen Wachstum zählt das nachhaltige Wachstum als dritte Priorität zu den großen Zielen der EU bis zum Jahr 2020.[3] Letztgenannte Priorität hat insbesondere die Förderung einer ressourcenschonenden, ökologischeren und wettbewerbsfähigeren Wirtschaft zum Ziel. Damit ist auch die kommunale Abfallwirtschaft direkt angesprochen. Abfall soll zur Ressource werden und dementsprechend behandelt werden bzw. am besten überhaupt erst gar nicht entstehen. Neben der EU-Abfallrahmenrichtlinie und ihrer fünfstufigen Abfallhierarchie stellt die Leitinitiative Ressourceneffizienz im Rahmen der Europa-2020-Strategie dafür den Handlungsrahmen der nächsten Jahre dar.

4 Was das Abfallaufkommen betrifft, so haben die rund 500 Millionen Europäer im Jahr 2011 pro Kopf jeweils durchschnittlich 503 Kilogramm kommunalen Abfall erzeugt. 37 Prozent davon wurden deponiert, 23 Prozent verbrannt, 25 Prozent recycelt und 15 Prozent kompostiert.[4] Auch wenn in den letzten zehn Jahren ein Anstieg des Recyclings in der gesamten EU um etwa zehn Prozent erkennbar ist[5], kann das Nachhaltigkeitsniveau noch nicht als zufriedenstellend bezeichnet werden. Die Leitinitiative Ressourcenschonendes Europa setzt sich daher zum Ziel, das Wirtschaftswachstum von den Ressourcen und vom Energieverbrauch zu entkoppeln und die CO_2-Emissionen zu senken. Auf den Abfallsektor bezogen, hat sich die EU mit ihrer Leitinitiative Ressourcenschonendes Europa insbesondere folgende Ziele gesetzt:[6]

- Flächendeckende getrennte Sammlung bis zum Jahr 2020,
- Senkung des Pro-Kopf Abfallaufkommens in absoluten Zahlen,
- Ausweitung der Herstellerverantwortung auf den gesamten Lebenszyklus,
- Entwicklung funktionierender Märkte für Sekundärrohstoffe,
- Vollständige Umsetzung des EU-Abfallrechts und vollständige Unterbindung illegaler Abfalltransporte sowie der Deponierung.

5 Damit steht die kommunale Abfallwirtschaft vor enormen Herausforderungen. Denn trotz der unterschiedlichen Entwicklungsstufen in den Mitgliedstaaten der EU muss es zu einem gemeinsamen Verständnis der EU Umwelt- und speziell der EU Abfallpolitik kommen. Und in Deutschland, wo immerhin bereits rund die Hälfte der kommunalen Abfälle recycelt wird, muss ein Umdenken dahingehend stattfinden, dass die Europäische

[3] Vgl. Europäische Kommission: Europa 2020 – Eine Strategie für ein intelligentes, nachhaltiges und integratives Wachstum, KOM(2010)2020, 3. März 2010, S.3.

[4] Vgl. Eurostat Pressemitteilung: Umwelt in der EU27, 4. März 2013.

[5] Vgl. ebd.

[6] Europäische Kommission: Fahrplan für ein Ressourcenschonendes Europa, KOM(2011)571, 20. September 2009, S. 9f.

Union zunehmend Einfluss nehmen wird, auf die Ressourcenwirtschaft. Im Sinne des langfristigen Ziels der Importunabhängigkeit der EU von Drittstaaten, werden die Rohstoffe und Wertstoffe aus Abfällen eine zunehmende wirtschaftliche Bedeutung bekommen.

Doch welche Rolle spielt speziell die kommunale Abfallwirtschaft in Bezug auf eine sich entwickelnde Europäische Ressourcenwirtschaft? In den folgenden Kapiteln soll an Hand einiger ausgewählter Fallbeispiele ein etwas genaueres Bild der kommunalen Selbstverwaltung gezeichnet werden. Dazu wird die kommunale Selbstverwaltung zunächst grundsätzlich skizziert, um anschließend aufzuzeigen, was dies für die kommunale Abfallwirtschaft in den jeweiligen Mitgliedstaaten bedeutet. Bevor es aber zu einem tatsächlichen Vergleich oder zumindest zu einer Annäherung an einen Vergleich der kommunalen Abfallwirtschaft einiger ausgewählter Staaten kommen kann, sollten einige wenige vergleichbare Kriterien hergeleitet werden, anhand derer ein solcher Vergleich möglich und zielführend ist. 6

2. Kommunale Kompetenzen und Handlungsorientierungen in einigen ausgewählten EU-Mitgliedstaaten

a) Herleitung vergleichbarer Kriterien für die politische und funktionale Rolle der Kommunen in Europa

Soll es zu einem Vergleich zwischen der kommunalen Organisation unterschiedlicher Mitgliedstaaten der EU kommen, bedarf es zunächst einheitlicher Kriterien. Bei der Auswahl der Kriterien sind zwei Aspekte zu berücksichtigen. Zunächst ist es wichtig zu wissen, welche Rolle die kommunale Selbstverwaltung in der verfassungsrechtlichen Ordnung des Staates spielt, d. h. ob sie überhaupt in der Verfassung und/oder weiterführenden Gesetzen niedergelegt ist und welchen Aufgabenbestand die Kommunen wahrnehmen (dürfen). Diese Kriterien würden aber noch nicht ausreichen, um ein Bild von der kommunalen Selbstverwaltung zu zeichnen. Es ist außerdem zwingend notwendig, die finanzielle Ausstattung der Kommunen zu betrachten und ihre jeweilige Hoheit, darüber verfügen zu dürfen bzw. sogar eigene Einnahmen generieren zu dürfen.[7] Für die nachfolgenden Fallbeispiele wurden daher einheitlich die folgenden Kriterien abgefragt und untersucht: 7

- Verfassungsrechtliche Rahmenbedingungen und Tradition der kommunalen Selbstverwaltung, d. h. die Verankerung der kommunalen Selbstverwaltung in der Verfassung
- Kommunaler Aufgabenbestand, d. h. die Frage der Allzuständigkeit[8],
- Kommunale Finanzautonomie, d. h. die Einnahmesituation bzw. die Befugnis, eigene Steuern zu erheben.

Speziell auf die kommunale Abfallwirtschaft bezogen wurden außerdem noch die Kompetenzen der Kommunen hinsichtlich ihrer diesbezüglichen Rechte und Pflichten untersucht. 8

Für die Auswahl der Fallbeispiele wurden sowohl neue als auch alte Beitrittsstaaten sowie geografisch sowohl Nord- und Mitteleuropäische Staaten ebenso wie Süd- und Osteuropäische Staaten einbezogen. Mittels dieses Vorgehens soll trotz einer limitierten Anzahl an Fallbeispielen, die Möglichkeit eröffnet werden, eine Annäherung an die Situation in Gesamteuropa zu zeichnen. 9

Methodisch ist außerdem noch vorweg zu nehmen, dass ein Vergleich zwischen verschiedenen EU Mitgliedstaaten oft bereits an vergleichbaren Quellen scheitert. Insbeson- 10

[7] Kriterienauswahl in Anlehnungen an Saller, Raymond: Möglichkeiten und Grenzen der Beteiligung der Kommunen und Regionen an den Entscheidungen der Europäischen Union, Würzburg 1999, S. 22.

[8] Allzuständigkeit bedeutet das Recht der Kommune, alle Angelegenheiten der örtlichen Gemeinschaft in eigener Verantwortung zu regeln. Diese Vermutung ergibt sich in Deutschland aus Art. 28 II Grundgesetz.

dere in Bezug auf die kommunale Abfallwirtschaft war es schwierig, valide Quellen zu identifizieren, die einen Vergleich in Bezug auf die gleichen Referenzjahre und Abfallströme (Recycling, Wiederverwendung, Deponierung, Verbrennung, separate Sammlung, erweiterte Herstellerverantwortung etc.) zulassen. Für den vorliegenden Artikel wurde vornehmlich mit offiziellen Daten des Europäischen Statistikamtes (Eurostat) sowie der Europäischen Umweltagentur (EEA) gearbeitet. Bezüglich der Aktivitäten im Bereich der Abfallverbrennung wurde im Wesentlichen auf die Daten der Confederation of Waste-to-Energy Plants (CEWEP) zurückgegriffen. Und für die Einordnung der kommunalen Selbstverwaltung stellt der Artikel hauptsächlich auf eine Veröffentlichung des Ausschusses der Regionen (AdR) ab. Der Grund für die Auswahl der Literatur liegt darin, dass alle Veröffentlichungen einerseits detaillierte und aktuelle Berichte für alle EU Mitgliedstaaten aufstellen und diese andererseits immer auf die gleichen Referenzjahre und Kriterien beziehen, so dass ein tatsächlicher Vergleich möglich ist. Es muss dabei hingenommen werden, dass es dennoch zu Abweichungen kommen kann, da allein bei der Definition von kommunalem Hausmüll keine EU-weit einheitliche Definition existiert, die EEA Berichte aber mit dieser Begrifflichkeit arbeiten. Insofern stellen die nachfolgenden Ausführungen eine Annäherung an die Realität dar.

b) Einige ausgewählte Fallbeispiele

11 **aa) Dänemark.** Dänemark besteht aus 99 Gemeinden, 11 Kreisen und fünf Regionen.[9] Die kommunale Selbstverwaltung wurde im Jahr 1953 in § 82 erstmals in der Verfassung festgeschrieben, als Dänemark eine parlamentarische Demokratie wurde. Sie bestand per Gesetz aber bereits seit dem Jahr 1849. Die Verfassung definiert keine konkreten Aufgaben.[10] So heißt es in § 82 sinngemäß, dass das Recht der Gemeinden, ihre Angelegenheiten selbständig zu regeln, unter der Aufsicht des Staates steht und per Gesetz zu regeln ist. Das bedeutet, dass zwar grundsätzlich eine Reihe von Aufgaben an die dänischen Kommunen delegiert wird, dass deren Ausmaß allerdings vom Parlament bestimmt wird. Die Organisation und die Aufgaben der lokalen Ebene finden sich im sogenannten *Local Government Act*, der erstmals am 31. Mai 1968 aufgelegt und seitdem mehrmals novelliert wurde.[11] Die Finanzen der dänischen Kommunen setzen sich zu 53 Prozent aus direkten und indirekten Steuern, zu 15 bzw. 13 Prozent aus Zuweisungen und Erstattungen des Staates, zu acht Prozent aus Nutzergebühren, zu sechs Prozent aus Grundstücks- und Immobiliensteuern und zu fünf Prozent aus übrigen Steuern zusammen. Zu den direkten und indirekten Steuern zählt auch eine Gemeindesteuer, die jede Kommune individuell festlegt.[12]

12 Die Abfallwirtschaft in Dänemark liegt seit Anfang der 1990er Jahre in den Händen der Kommunen.[13]

13 Dänemark hat insbesondere in den Jahren 1990 bis 2001 massive Anstrengungen hin zu einem effizienten Umgang mit den Ressourcen betrieben. Während in den 1970er und 1980er Jahren noch fast 40 Prozent des gesamten Abfallaufkommens auf Deponien verbracht wurde, lag der Recyclinganteil beim kommunalen Hausmüll im Jahr 2009 bei nahezu 50 Prozent. Der Anteil der Deponierung wurde mittels Einführung einer Deponiesteuer im Jahr 1987 und einer Müllverbrennungssteuer bis zum Jahr 1995 auf 19 Prozent reduziert und belief sich im Jahr 2011 auf drei Prozent. Bereits im Jahr 1997 hat Dänemark ein Deponierungsverbot für biologisch abbaubaren Hausmüll eingeführt.[14]

[9] Vgl. Eurostat: Nationale Gliederungen (EU) [26.07.2013].

[10] Vgl. Committee of the Regions: Division of Powers between the European Union, the Member States and Regional and Local Authorities, European Union December 2012, S. 163.

[11] Vgl. Innenministerium Dänemark: Municipalities and Counties in Denmark – Tasks and Finance, 2002.

[12] Vgl. Committee of the Regions, ebd. S. 164.

[13] Vgl. Innenministerium Dänemark, ebd.

[14] Vgl. European Environmental Agency: Municipal Waste management in Denmark, S. 4.

Die Müllverbrennung stellt in Dänemark neben dem Recycling eine zweite Säule der Abfallwirtschaft dar. In Dänemark wurden im Jahr 2010 insgesamt 29 Müllverbrennungsanlagen betrieben[15] von denen etwa drei Viertel in kommunaler Hand und ein Viertel in privater Hand (hauptsächlich bei Energieversorgern) lagen. Seit dem Jahr 2009 setzte ein Rückgang des Recyclings ein. Rund 50 Prozent des kommunalen Hausmülls wurden im Jahr 2011 verbrannt, 31 Prozent recycelt und 12 Prozent kompostiert.[16] Dass der Anteil des Recyclings kommunalen Hausmülls von 2009 bis 2011 von 50 auf 31 Prozent sank, liegt maßgeblich an einer Änderung der Abfallverordnung am 1. Januar 2010, mit der Definition von kommunalem Hausmüll geändert wurde. Bis dato galten alle Abfälle aus Haushalten grundsätzlich als Hausmüll, womit die Kommune für deren Entsorgung und Behandlung zuständig war. Die Verordnung von 2010 änderte die Definition dahingehend, dass alle privaten Unternehmen seitdem selber für das Recycling ihres Mülls verantwortlich sind. Es wird angenommen, dass rund 470.000 Tonnen Müll daher nicht länger der Zuständigkeit der Kommunen unterliegen.[17] Eine Herstellerverantwortung für Verpackungsabfälle kennt Dänemark derzeit nicht. Die separate Sammlung für Altpapier ist seit 1998 und für Metalle und Kunststoffe seit 2008 vorgesehen. Außerdem werden Papier, Glas und Gartenabfälle separat gesammelt. 14

Artikel 11 der EU-Abfallrahmenrichtlinie (2008/98/EG) sieht vor, dass bis 2020 die Vorbereitung zur Wiederverwendung und das Recycling von Abfallmaterialien von Papier, Metall, Kunststoff und Glas aus Haushalten und gegebenenfalls aus anderen Quellen, auf mindestens 50 Gewichtsprozent insgesamt erhöht wird. Sollte sich Entwicklung in Dänemark, die dort seit 2009 eingesetzt hat fortführen, wird Dänemark dieses Ziel nicht erreichen. Anders sieht es aus, wenn man die Entwicklung in den Jahren 1990–2001 zu Grunde legt. 15

Unter dem Titel „Denmark without waste“ und dem Untertitel „Recycle more – incinerate less“ hat die dänische Regierung in ihrem nationalen Abfallwirtschaftsplan aus November 2013[18] eine ambitionierte Ressourcenstrategie für die Jahre 2013–2018 festgelegt. 16

Die dänische Regierung hat sich zum Ziel gesetzt, bis zum Jahre 2022 etwa 50 Prozent des Hausmülls zu recyceln, was bedeuten würde, die Recyclingrate fast zu verdoppeln. Dabei soll der Fokus bei der getrennten Sammlung neben der für Glas, Papier und Kartonagen auch auf andere Abfallströme ausgeweitet werden, die sich im Hausmüll befinden wie z. B. Lebensmittelabfälle. Bei der Umsetzung der neuen Abfallpolitik in Dänemark sollen die Kommunen Hand in Hand mit dem Bürger eine wichtige Rolle spielen, in die die dänische Regierung großes Vertrauen hat. 17

bb) Schweden. Schweden ist in 290 Gemeinden, 21 Provinzen bzw. Kreise und 3 Regionen gegliedert.[19] Die kommunale Selbstverwaltung ist in Schweden bis ins Mittelalter zurückzuverfolgen. Bereits 1862 trat die erste Gemeindeordnung in Kraft. Die spanische Verfassung erkennt die kommunale Selbstverwaltung direkt in Artikel 1 an wo niedergeschrieben ist, dass alle öffentliche Gewalt vom Volke ausgeht und die schwedische Demokratie auf der Meinungsfreiheit sowie der gleichen und allgemeinen Direktwahl basiert. Diese sollen durch ein repräsentativen Parlament sowie die kommunale Selbstverwaltung realisiert werden. Der *Local Governmenrt Act* aus dem Jahr 1991 verankerte die Rechte und Pflichten der Kommunen noch einmal.[20] Allerdings wird in Schweden nicht offiziell zwischen Städten und Gemeinden unterschieden, so dass das Wort „kommun“ sowohl für größere Städte als auch für kleinere Gemeinden steht. 18

15 Vgl. Confederation of Waste-to-Energy Plants (CEWEP): Waste-to-Energy in Europe 2010.
16 Vgl. Eurostat: Pressemitteilung: Umwelt in der EU27, 4. März 2013.
17 Vgl. European Environmental Agency: Municipal Waste management in Denmark, S. 5.
18 Vgl. Danish Government „Denmark without waste“, November 2013.
19 Vgl. Eurostat: Pressemitteilung: Umwelt in der EU27, 4. März 2013.
20 Vgl. Committee of the Regions, ebd. S. 927.

19 Artikel 7 der schwedischen Verfassung billigt den Kommunen die Freiheit zu, eigene Steuern zu erheben. Die kommunale Einkommenssteuer ist die größte Einnahmequelle der Kommunen und macht etwa die Hälfte ihrer Einnahmen aus. Die Kommunen haben das Recht, die Höhe der Steuer selber zu bestimmen. Nach dem Kommunalgesetz erledigen die Kommunen und Provinziallandtage alle Angelegenheiten von allgemeinem Interesse, die eine Anknüpfung an das Gebiet der Kommune oder des Provinziallandtags haben und die nicht in andere Zuständigkeitsbereiche gehören. Aufgrund dieser allgemeinen Zuständigkeit erledigen die Kommunen Aufgaben in den Bereichen Wohnungswesen, Straßen- Verkehrswesen, Wasserversorgung, Abwasser- und Abfallentsorgung, Energieerzeugung und -Verteilung, Kultur und Freizeitaktivitäten.[21]

20 Die Kommunen in Schweden sind bereits seit dem *Local Government Act* von 1991 verpflichtet, eigene Abfallmanagementpläne aufzustellen, in welchen sie ihr Abfallaufkommen konkret darlegen müssen und außerdem Maßnahmen aufzeigen müssen, wie sie das Abfallaufkommen reduzieren wollen. Die Pläne stellen auf die nationalen Umweltziele ab. So hat sich die schwedische Regierung bereits im Jahr 2005 zum Ziel gesetzt, im Jahr 2010 die Hälfte Prozent der kommunalen Abfälle zu recyceln.[22] Die Deponierung kommunaler Abfälle ist in Schweden nicht mehr existent. Zwischen 2001 und 2010 sank sie von 22 auf ein Prozent. Allerdings verbrennt Schweden rund 51 Prozent der kommunalen Abfälle[23] in insgesamt 32 Müllverbrennungsanlagen.[24] In den Jahren 2006 und 2007 war der Anteil des Recyclings auf Grund einer Verbrennungssteuer zwischenzeitlich bereits höher als jener der Verbrennung. Kurz nachdem dieser Zustand erreicht wurde, hat die Regierung die Steuer im Jahr 2010 allerdings wieder abgeschafft, so dass der Anteil an der Müllverbrennung wieder zunahm.[25]

21 Die schwedischen Kommunen sind verantwortlich für alle Abfälle aus Haushalten außer jenen Kategorien, die von der Produktverantwortung der Hersteller abgedeckt sind. Die Produktverantwortung besteht in Schweden für Verpackungsabfälle, Autos, Reifen, recyceltes Papier, Batterien sowie elektrische und elektronische Produkte. Diese Maßnahmen traten in Kraft, bevor die EU für einige dieser Produktkategorien die erweitere Herstellerverantwortung einführte.[26]

22 Schweden befindet sich auf einem guten Weg, das 50-Prozent-Recyclingziel aus der EU-Abfallrahmenrichtlinie in 2020 zu erreichen. Allerdings wurden in den letzten rund fünf Jahren keine neuen Anstrengungen auf diesem Weg unternommen. Der Anteil des Recyclings an kommunalem Hausmüll lag in 2011 bei 33 Prozent,[27] so dass auch in Schweden durchaus neues Engagement gefragt ist, um sicher zu gehen, das Ziel zu erreichen.

23 **cc) Spanien.** Spanien ist in 8.111 Gemeinden, 50 Provinzen und 17 Autonome Regionen gegliedert. Mit dem Inkrafttreten der spanischen Verfassung im Jahr 1978 und dem Beginn der Parlamentarischen Monarchie setzte in dem bis dato stark unitarisch geprägten Staat ein Dezentralisierungsprozess ein, worunter allerdings grundsätzlich die Abgabe von Kompetenzen an die 17 Autonomen Gemeinschaften zu verstehen ist. Das Recht auf kommunale Selbstverwaltung der Kommunen ergibt sich aus den Artikeln 2, 137 und 140 der Verfassung. Allerdings werden, ähnlich wie in Dänemark die Aufgaben der spanischen Kommunen per Gesetz festgelegt. Das *Ley reguladora de las bases del régimen local* aus dem Jahr 1985 regelt die Kompetenzen und Aufgaben der spanischen Kommunen. Diese sind meist so allgemein formuliert, dass die Kommunen zwar grundsätzlich frei sind, alle Aufgaben zu übernehmen, die nicht formal dem Staat oder den Autonomen Regionen zugeordnet sind, doch findet diese Freiheit ihre Grenzen in den finanziellen Zuweisun-

[21] Vgl. Schwedisches Institut: Kommunale Selbstverwaltung in Schweden, April 2005, S. 1 -4.
[22] Vgl. European Environmental Agency: Municipal Waste management in Sweden.
[23] Vgl. Eurostat: Pressemitteilung: Umwelt in der EU27, 4. März 2013.
[24] Vgl. Confederation of Waste-to-Energy Plants (CEWEP): Waste-to-Energy in Europe 2010.
[25] Vgl. European Environmental Agency: Municipal Waste management in Sweden, S. 6.
[26] Vgl. European Environmental Agency: Municipal Waste management in Sweden, S. 5 f. und 14.
[27] Vgl. Eurostat: Pressemitteilung: Umwelt in der EU27, 4. März 2013.

gen, von denen die Kommunen staatlicherseits abhängig sind. Zudem variieren die kommunalen Kompetenzen erheblich zwischen den Autonomen Regionen.[28]

24 Die weltweite Finanz- und Wirtschaftskrise hat massive Auswirkungen auf das Tätigkeitsfeld der spanischen Kommunen. Im Zuge des finanziellen Drucks auf die Kommunen wird beispielsweise die Wasserversorgung zunehmend privatisiert. Es gibt zudem starke Einsparungen im Bildungs- und Gesundheitswesen bis hin zum regionalen Fernsehsendern. Zudem hat sich jüngst der Mobilfunkanbieter Vodafone für rund drei Millionen Euro für die nächsten drei Jahre in die Madrider Metro eingekauft. Dafür wird eine Metrolinie nun nach dem Unternehmen benannt[29].

25 Die kommunale Abfallwirtschaft ist in Spanien den Kommunen zugewiesen.[30]

26 Spanien hat 1998 sein erstes Abfallgesetz erlassen, das für alle Kommunen mit mehr als 5.000 Einwohnern die getrennte Hausmüllsammlung einführte.

27 Im Juli 2001 ist ein neues spanisches Abfallgesetz in Kraft getreten. Das Gesetz löst den bisher geltenden Rechtsrahmen (Ley 10/1998 v. 21.4.98) ab, orientiert sich vollkommen an der EU-Richtlinie (2008/98/EG) und bringt verschiedene Neuerungen. Es zielt auf eine erhöhte Koordination zwischen den staatlichen Stellen innerhalb des stark dezentralisierten Staatsaufbaus ab, definiert die Verpflichtungen auf der Ebene der Hersteller sowie des Abfallmanagements und schafft schließlich die notwendigen Instrumente, um die Abfallpolitik ehrgeiziger und effizienter zu gestalten.[31]

28 Der Ansatzpunkt der neuen Abfallpolitik liegt erstens auf der Abfallverhütung, zweitens auf der maximalen Nutzung von Abfällen und drittens auf der Verringerung der schädlichen Einflüsse für die menschliche Gesundheit und für die Umweltwelt. Sie will zudem einen Beitrag zum Klimaschutz liefern und zur Verringerung der Emissionen (vor allem der Treibhausgase) beitragen. Spanien will sich damit, wie seitens der Kommission für die EU angestrebt, zu einer „Recycling-Gesellschaft" transformieren. Hier richtet sich die Zielsetzung vor allem auf eine maximale Abfallnutzung und auf ein minimales Abfallaufkommen.

29 Als Neuheit schreibt das Gesetz die fünfstufige Abfallhierarchie fest: Erstens Abfallvermeidung; zweitens Vorbereitung der Abfälle zur Wiederverwendung; drittens Recycling; viertens sonstige Arten der Abfallverwertung, insbesondere im energetischen Bereich; fünftens Abfallbeseitigung. Zur Umsetzung dieser Abfallhierarchie ist außerdem der Aufbau eines integrierten Netzes an Einrichtungen für die Abfallverwertung erforderlich.

30 Das Gesetz bestimmt in diesem Zusammenhang erstmals klarer die entscheidenden Konzepte, wie Wiederverwendung, Recycling, Verwertung und Beseitigung. Zudem führt es konkrete Definitionen für Abfallarten ein, wie zum Beispiel Haushaltsabfälle, Handelsabfälle und Industrieabfälle.

31 Konkret strebt das Gesetz in Anlehnung an die EU-Richtlinie bis 2015 eine getrennte Mülleinsammlung genauso wie eine deutlich stärkere Trennung der biologischen Abfälle an. Die strategischen Zielsetzungen bis 2020 lauten wie folgt: Verringerung des Abfallaufkommens um 10 Prozent gegenüber 2010; Wiederverwertung und Recycling von Haushalts- und ähnlichen Abfällen um 50 Prozent; im Bausektor sogar um 70 Prozent.

32 Das Gesetz verpflichtet ferner die staatlichen Verwaltungsstellen zur Verabschiedung von Programmen und Plänen der Abfallverhütung und des Abfallmanagements in ihrem jeweiligen Kompetenzbereich. So muss die Zentralregierung durch das zuständige Ministerium einen nationalen Rahmenplan für das Abfallmanagement ausarbeiten. Dieser muss unter anderem Mindestziele in Bezug auf Abfallverringerung, Wiederverwertung und Recycling für die unterschiedlichen Abfallarten festsetzen. Die Autonomen Regionen werden verpflichtet, Programme der Abfallverhütung sowie Pläne des Abfallmanage-

---

[28] Vgl. Committee of the Regions, ebd. S. 877-879.

[29] Vgl. Telemadrid: La estación de Metro de Sol ya es Vodafone Sol, 31.05.2013, URL: http://www.telemadrid.es/noticias/madrid/noticia/la-estacion-de-metro-de-sol-ya-es-vodafone-sol [04.08.2013].

[30] Vgl. Committee of the Regions, ebd. S. 882 f.

[31] European Environmental Agency: Municipal Waste Management in Spain, S.5.

ments auszuarbeiten. Die Kommunen wiederum sind für die Abfuhr, den Transport und die Behandlung der Abfälle von Haushalten, des Handels sowie des Dienstleistungsbereichs zuständig. Darüber hinaus nehmen sie die Beaufsichtigung und Kontrolle der Einrichtungen wahr. Auch sie sind ermächtigt, Programme der Abfallverhütung sowie Pläne des Abfallmanagements vorzulegen.[32]

33 In 2004 wurde in einige Autonomen Regionen eine Deponiesteuer eingeführt.[33] Dennoch deponierte Spanien in 2011 immer noch knapp 60 Prozent seiner kommunalen Abfälle. Aber obwohl die Deponierungsrate in Spanien immer noch sehr hoch ist, hat Spanien die Reduzierungsquote aus der Deponierichtlinie von bis zu 75 Prozent bis 2009 erreicht.

34 Neun Prozent der kommunalen Abfälle werden in landesweit 11 Müllverbrennungsanlagen[34] verbrannt und lediglich 15 Prozent recycelt.[35] Die Recyclingquote lag im Jahr 2008 schon einmal bei 40 Prozent, fiel danach aber wieder auf wieder auf das Niveau von 2001 ab. Trotzdem hat das Recycling insgesamt in den letzten 10 Jahren erheblich zugelegt und zwar um mehr als 10 Prozent ausgehend von 21 Prozent im Jahre 2001 hoch bis 33 Prozent im Jahre 2010.

35 Um jedoch das 50-Prozent-Recycling-Ziel aus der EU-Abfallrahmenrichtlinie bis zum Jahr 2020 zu erreichen, muss Spanien mindestens zu seinen Anstrengungen aus den Jahren 2001–2005 zurückfinden. Dafür bedarf es eines großen Engagements der nationalen, regionalen und lokalen Ebene in Spanien.[36]

36 Um die Ziele des 1998 geschaffenen Abfallgesetzes zu erreichen, wurden der nationale Abfallmanagementplan 2000–2006 eingeführt, welcher Ziele für das spanische Abfallmanagement festlegte. Durch ihn wurden Abfallbehandlung und Entsorgung aufeinander abgestimmt sowie das Aufkommen an kommunalen Siedlungsabfällen unter Kontrolle gehalten. Besonders Augenmerk wurde auf die bestmögliche Nutzung biologische abbaubarer Siedlungsabfälle gelegt, insbesondere durch die Kompostierung.[37]

37 Im Dezember 2008 wurde der Abfallmanagementplan neu aufgelegt und zwar für die Jahre 2008–2015. In ihm wurden ambitionierte Ziele für einen Sieben-Jahres-Rahmen festgelegt. Der Plan sieht eine umfassende Analyse der Situation der Abfallbewirtschaftung vor und enthält im Vergleich mit dem vorherigen Plan eine Mischung aus verschiedenen Abfallströmen. Er basiert auf regionalen Abfallplänen für alle siebzehn Autonomen Regionen. Der Plan enthält viele qualitative und quantitative Ziele bis zum Jahr 2012 für die verschiedenen Optionen der Abfallbewirtschaftung sowie Ziele die sich speziell auf Regionen beziehen.[38]

38 Konkret waren die drei „R (reduce, re-use, Recycling) Haupttreiber der spanischen Abfallwirtschaft und setzen die Leitlinien und die wichtigsten Maßnahmen um, welche in 13 verschiedenen Plänen für verschiedene Abfallströme entwickelt wurden. Die ersten nationalen Abfallmanagementpläne waren daher maßgeblich für die Umsetzung einiger Initiativen, angefangen bei der getrennten Sammlung für recycelbare Materialien bis hin zum Aufbau von Recyclingkapazitäten und vieles mehr.[39]

39 **dd) Frankreich.** Die territoriale Staatsorganisation Frankreichs ist im *Code général des collectivitées territoriales* niedergeschrieben. Danach gliedert sich Frankreich heute in 36.680 Gemeinden, 100 Départements und 26 Regionen.[40] In Frankreich hat mit den sogenann-

---

[32] Germany Trade and Invest Gesellschaft der Bundesrepublik Deutschland (GTAI Trade & Invest): Spaniens Abfallwirtschaft im Aufbruch, 10.10.2011.
[33] Vgl. European Environmental Agency: Municipal Waste management in Spain, S. 12.
[34] Vgl. Confederation of Waste-to-Energy Plants (CEWEP): Waste-to-Energy in Europe 2010.
[35] Vgl. Eurostat: Pressemitteilung: Umwelt in der EU27, 4. März 2013.
[36] Vgl. European Environmental Agency: Municipal Waste management in Spain, S. 6 und 13.
[37] European Environmental Agency: Municipal Waste management in Spain, S. 12.
[38] Ebd. S.5.
[39] Ebd. S. 4 und 12.
[40] Vgl. Eurostat: Nationale Gliederungen (EU).

ten *Deferre Acts* in 1982 und 1983 ein Dezentralisierungsprozess eingesetzt, der den Regionen und Kommunen zunehmend mehr Kompetenzen zuspricht. Die kommunale Selbstverwaltung ist in Artikel 72 der Verfassung festgeschrieben, nennt aber keine speziellen Kompetenzen. Die französischen Kommunen haben das Recht, eigene Steuern zu erheben, deren Aufkommen etwa die Hälfte ihres Budgets ausmacht.[41]

Eine Besonderheit der französischen Kommunalwirtschaft war es lange, dass es per Gesetz nur erlaubt war, gemischtwirtschaftliche kommunale Unternehmen zu gründen – sog. Societ³ d'Œconomie Mixte (SEM), die immer auch private Anteilseigner haben mussten. Eine SEM muss sich aus sieben Teilhabern zusammensetzen und davon mindestens einen privaten Teilhaber haben. Das öffentliche Kapital darf einen Anteil von 85 Prozent nicht übersteigen. Erst im Jahr 2010 ist es durch ein neues Gesetz möglich geworden, auch öffentliche Unternehmen ohne private Beteiligung in Frankreich zu gründen.[42] 40

Die kommunale Abfallwirtschaft ist den Kommunen zugewiesen.[43] 41

Die französische Abfallwirtschaft wurde in den Jahren zwischen 1992 bis 2007 wesentlich durch das französische Abfallgesetz bestimmt (*Law No 92-646 of 13th July 1992, concerning the disposal of waste and registered organisations for the protection of the environment).*[44] 42

Die wichtigsten Ziele dieses Gesetzes waren, das Aufkommen an Abfall zu reduzieren, Abfalltransporte innerhalb des Landes zu minimieren, um Material- oder Energierückgewinnung zu fördern, und die Deponierung unbehandelter Abfälle oder Abfälle, die nicht weiter behandelt werden können, zu verbieten. Dieses Gesetz enthielt jedoch keine quantitativen Ziele, mit Ausnahme des Deponieverbotes unbehandelter Abfälle, welches bis zum 1. Juli 2002 umgesetzt werden musste. Das Gesetz von 1992 enthielt ebenfalls Anforderungen an Kommunen, Abfallwirtschaftspläne aufzustellen mit spezifischen Zielen für Abfallsammel- und Verwertungsmaßnahmen.[45] 43

Ab dem Jahre 2007 wurden neue Abfallmanagementstrategien entwickelt. Die Gestaltung des neuen Rechtsrahmens wurde durch einen Stakeholderprozess unter Beteiligung von Nichtregierungsorganisationen, Gewerkschaften, Arbeitgebern und Behörden begleitet, und es wurden spezifische Ziele für die Abfallwirtschaft auf nationaler Ebene definiert. Das Gesetz wurde 2009 verabschiedet.[46] 44

Es enthält Ziele, wonach zwischen 2009 und 2014 das Pro- Kopf-Aufkommen von Hausmüll und ähnlichen Abfällen um sieben Prozent pro Einwohner und Jahr reduziert werden soll. Weiterhin soll die Deponierung und Verbrennung bis zum Jahre 2014 um insgesamt 15 Prozent reduziert werden. Weitere wirtschaftliche Instrumente wie „Pay as you throw schemes" sollen bis 2014 eingeführt werden. Die freiwillige Einführung solcher Systeme in einigen Gemeinden für einen Probezeitraum hat aber gezeigt, dass es zweifelhaft ist, ob dieses Instrument zu einer Erhöhung der Recyclingquote beitragen wird, weil es bei der Bevölkerung auf wenig Zustimmung stößt. Hingegen sollen Abfallvermeidungsprogramme auf kommunaler Ebene zu einem Anstieg des Recyclings von 2004 in Höhe von 25 Prozent bis 2014 in Höhe von 35 Prozent beitragen.[47] 45

Trotz all der Anstrengungen wurden in Frankreich im Jahre 2010 noch 28 Prozent der kommunalen Siedlungsabfälle deponiert. Einem Recycling-Prozess unterzogen werden bisher lediglich 19 Prozent des Siedlungsmülls, 18 Prozent werden kompostiert.[48] In 46

---

41 Vgl. Committee of the Regions, ebd. S. 275-277.

42 Vgl. Fédération des EPL: Connaître les SEM/ les SPL, URL : http://www.lesepl.fr/definition.php [01.08.2013].

43 Vgl. Committee of the Regions: ebd. S. 279.

44 Loi No 92-646 du 13 juillet 1992 relative à l'élimination des déchets ainsi qu'aux installations classées pour la protection de l'environnement (In French). Law No 92-646 of 13th July 1992, concerning the disposal of waste and registered organisations for the protection of the environment

45 European Environmental Agency, Municipal Waste Management in France, S.6.

46 Loi No 2009-967 du 3 août 2009 de programmation relative à la mise en œuvre du Grenelle de l'environnement.

47 European Environmental Agency: Municipal Waste Management in France, S.6 und 20.

48 Eurostat: Umwelt in der EU27: 27. März 2012.

Frankreich spielt die Verbrennung von Siedlungsabfällen immer noch eine große Rolle, weshalb 35 Prozent der Siedlungsabfälle in immerhin 129 Müllverbrennungsanlagen (WtE) thermisch verwertet werden. Frankreich hat damit zwar sein Deponierungsziel aus der Deponierichtlinie für 2016 knapp erreicht, hinkt aber beim Recyclingziel aus der EU-Abfallrahmenrichtlinie von 50 Prozent bis 2020 noch erheblich hinterher. Hier müssen noch enorme Anstrengungen unternommen werden, um das Ziel bis 2020 zu erreichen. Die Erhöhung der Deponiesteuer sowie die Einführung einer Verbrennungssteuer sollen zu höheren Recyclingquoten beitragen.[49]

47 Als wichtiges Instrument zur optimierten Abfallbewirtschaftung wird in Frankreich das Prinzip der erweiterten Herstellerverantwortung (EPR) angesehen, welches in Frankreich bereits im Jahre 1975 eingeführt und inzwischen auf zahlreiche Stoffströme ausgedehnt wurde. Unter dem Titel „Extended Producer Responsibility Chains in France – Panorama 2011" hat ADEME, das französische „Umweltbundesamt" eine Übersicht über die in Frankreich eingeführten Systeme zur Produktverantwortung veröffentlicht. Zum System der Verpackungsentsorgung gibt ADEME außerdem regelmäßige Jahresberichte heraus; die derzeit aktuelle Ausgabe wurde im Jahre 2011 veröffentlicht.[50]

48 Frankreich macht in wesentlich größerem Umfang von EPR Gebrauch als Deutschland. 20 Regelungen sind eingeführt bzw. in Aufbau, darunter auch für Materialien wie Textilien, Möbel oder grafische Papiere. Frankreich organisiert EPR meist über kollektive Systeme, an die die durch EPR Verpflichteten Beiträge zu entrichten haben. Individuelle Rücknahmesysteme der Verpflichteten sind ebenfalls möglich, aber nicht weit verbreitet und bedürfen der ausdrücklichen Genehmigung, die zudem zeitlich befristet ist; gleiches gilt für freiwillige Pfandsysteme, die nur lokale Bedeutung besitzen.

49 Lösungen wie in der deutschen Verpackungsverordnung mit einer Vielzahl von Systembetreibern, die im Preiswettbewerb zueinander stehen, sind ebenso wenig vorgesehen wie Regelungen nach dem deutschen ElektroG, die ganz auf eine Systemorganisation verzichten.

50 Der französische Staat nimmt auf die operative Durchführung einen starken Einfluss. Systeme werden nur für einen bestimmten Zeitraum (z. B. sechs Jahre) zugelassen und müssen dann eine Verlängerung beantragen. Für den Genehmigungszeitraum werden klare Zielvorgaben, z. B. zu den Recyclingquoten oder den Kostenerstattungspflichten, erlassen, die auf einem „Umweltpakt" beruhen. Die Beiträge der Hersteller – die neuerdings auch ökologisch orientierte Komponenten enthalten können – und die Vergütungsregelungen für die Kommunen müssen staatlich genehmigt werden und gelten damit einheitlich. Ein Staatskontrolleur sitzt in jedem Systemunternehmen und wacht über die Einhaltung der Vorgaben. Bei Streitigkeiten nimmt der Staat eine vermittelnde bzw. schlichtende Rolle ein. Vereinfacht gesagt stellen die Systeme einen verlängerten Arm des Staates dar, mit dem er abfallpolitische Ziele realisiert. Die hoheitlichen Vollzugsaufgaben liegen bei ADEME.[51]

51 **ee) Griechenland.** Versucht man eine Einordnung Griechenlands in die Kategorien von Gemeinden, Kreisen und Regionen so zählte Eurostat bis zum Jahr 2010 rund 6.130 Gemeinden, 1.035 Gemeindeverbände und 51 Präfekturen.[52] Nach einer Gebietsreform im Jahr 2010, die dem Bürokratieabbau und der Effizienzsteigerung dienen soll (sog. Kallikratis Gesetz N3852/2010), sind die Gemeinden auf 325 Kommunen reduziert worden. Darunter sind nun auch Städte subsumiert. Zudem muss eine Gemeinde mindestens 10.000 Einwohner haben. Zusätzlich gibt es nun 13 (Verwaltungs-)Regionen.[53] Artikel 101 der griechischen Verfassung aus dem Jahr 1975 schreibt das Prinzip ei-

[49] European Environmental Agency: Municipal Waste Management in France, S.20 + 21.
[50] Agence de l'Environnement et de la Maîtrise de l'Energie (ADEME): Extended Producer Responsibility Chains in France, 2011.
[51] Ebd.
[52] Vgl. Eurostat: Nationale Gliederungen (EU).
[53] Vgl. Committee of the Regions: ebd. S. 351.

nes dezentralisierten Staatsaufbaus fest („The administration of the State shall be organized according to the principle of decentralization.") und Artikel 102 sieht eine Zuständigkeitsvermutung der lokalen Gebietskörperschaften für die lokalen Angelegenheiten vor, die per Gesetz näher bestimmt werden müssen („For the administration of local affairs, there is a presumption of competence in favour of local government agencies. The range and categories of local affairs, as well as their allocation to each level, shall be specified by law.")[54] Durch die Gebietsreform aus dem Jahr 2010 wurden weitere Aufgaben dezentralisiert, und den Kommunen auch in finanzieller Hinsicht mehr Kompetenzen erteilt. Dennoch dürfen die Kommunen keine eigenen Steuern erheben.

Die kommunale Selbstverwaltung hat in Griechenland im Zuge der weltweiten Finanz- und Wirtschaftskrise schwere Einschnitte erlebt. Als Teil der Auflagen des Kontrollgremiums aus Vertretern der Europäischen Zentralbank, des Internationalen Währungsfonds und der EU-Kommission (sog. Troika) wurde die Privatisierung aller staatlichen und gemischtwirtschaftlichen Infrastruktureinrichtungen und Unternehmen beschlossen. Neben Häfen, Flughäfen und staatlichen Industriebetrieben, sollen u.a. auch die öffentlichen Strom- und Gasversorger (wie beispielsweise der Erdgaskonzern Depa), die Post, die Bahn (Trainose) und die kommunale Wasserversorgung in Athen und Thessaloniki bis hin zu privaten Glücksspielunternehmen (OPAP) privatisiert werden.[55] 52

Die Abfallwirtschaft ist in Griechenland war immer eines der Hauptprobleme des Landes, wobei diese in den letzten zwei Jahrzehnten modernisiert wurde. Man versuchte sich nahe an den europäischen Richtlinien zu orientieren, weshalb in den letzten Jahren sämtliche europäische Abfallrichtlinien in nationales Recht umgesetzt wurden, zuletzt die Abfallrahmenrichtlinie im Jahr 2012. 53

Hauptmotor in der Entwicklung griechischer Abfallgesetzgebung war die Ministerialentscheidung 50910/2727/2003, um Maßnahmen und Ziele für die Abfallwirtschaft festzulegen. Der Abfallmanagementplan aus 2003 ist Teil davon und schreibt die grundsätzlichen Prinzipien und Ziele für die nationale und regionale Planung fest. Der Abfallmanagementplan soll alle fünf Jahre fortgeschrieben werden. 54

In Griechenland ist das Umweltministerium zuständig für die politische Entscheidungsfindung, die nationale Planung, technische Fragen sowie Lizenzierung und Regulierung der Finanzierung von großen Abfallbehandlungs- und Entsorgungsanlagen. Nach dem nationalen Abfallmanagementplans liegt die Verantwortung für den Betrieb von Zwischenlagern, die Behandlung und Entsorgung von Abfall im Zuständigkeitsbereich der Abfallmanagementbehörden, während das Innenministerium verantwortlich ist für die Einrichtung dieser Abfallmanagementbehörden. 55

Für andere als Siedlungsabfälle liegt die Verantwortung für die Entsorgung bei den Produzenten und folgt damit dem „Verursacherprinzipı, welches im Jahr 2003 durch den Abfallmanagementplan eingeführt wurde. Ein interministerieller Ausschuss für integriertes Abfallmanagement wurde im März 2008 gegründet. Ihm obliegt die strategische Planung des Abfallmanagements.[56] 56

In Griechenland wurden im Jahre 2010 noch 82 Prozent der kommunalen Siedlungsabfälle deponiert, 17 Prozent recycelt und lediglich ein Prozent der Kompostierung zugeführt.[57] Die 75 Prozent Marke der Deponierichtlinie bis 2009 wurde damit nicht erreicht. Von der Einführung einer Deponiesteuer hat man in Griechenland abgesehen.[58] 57

Im EU-weiten Vergleich gehört Griechenland damit zu den Ländern mit der höchsten Deponierungsquote. Obwohl die Deponierungsquote in den letzten zehn Jahren relativ 58

---

54 Vgl. The Constitution of Greece englische Übersetzung, URL: http://www.hellenicparliament.gr/UserFiles/f3c70a23-7696-49db-9148-f24dce6a27c8/001-156%20aggliko.pdf [01.08.2013].

55 Vgl. Website des griechischen Privatisierungsfonds: Hellenic Republic Asset Development Fund http://www.hradf.com/en/portfolio [02.08.2013].

56 Europen Environmental Agency: Municipal Waste Greece, S.5.

57 Eurostat: Umwelt in der EU27: 27. März 2012.

58 European Investment Bank 2010: European Environmental Agency, Municipal Waste Management in Greece, S.10.

stabil geblieben ist, stieg das Recycling in den vergangenen zehn Jahren um zehn Prozent an. Das liegt im Wesentlichen daran, dass das Recycling von Kunststoffen und Metallen zugenommen hat. Die Kompostierung ist mit einem Prozent eher gering. Um die 50 Prozent Recyclingquote der EU-Abfallrahmenrichtlinie bis 2020 zu erreichen, muss Griechenland noch erhebliche Anstrengungen unternehmen.

59 Mit der Einführung eines Gesetz zur Entsorgung von Verpackungsabfällen (Gesetz Nummer 2939/2001) wurde die Hellenic Recovery Recycling Gesellschaft gegründet, die für das Recycling und die Verwertung sämtlicher Verpackungsabfälle in Griechenland seit 2003 verantwortlich ist.

60 Der Bau und Betrieb von zwei MBA-Anlagen (mit einer Gesamtkapazität von 520.000 Tonnen pro Jahr) zwischen 2004 und 2006 hatte einen großen Einfluss auf die Höhe der Recyclingquote von Siedlungsabfällen.

61 Eine der jüngsten Entwicklungen ist die Einführung von Pay-As-You-Throw-Systemen, bei dem es sich um eine europäisches Pilotprogramm aus 2012 handelt. Die Ergebnisse dieses Programms sind noch unbekannt, aber dies könnte für Griechenland die Behebung vieler Abfallprobleme bedeuten und eine Verbesserung der Belastung der einzelnen Privathaushalte mit den kommunalen Gebühren nach dem Verursacherprinzip.[59]

62 **ff) Ungarn.** Ungarn gliedert sich in 3.154 Gemeinden und sieben Regionen.[60] Artikel 31 bis 35 des ungarischen Grundgesetzes erkennen die kommunale Selbstverwaltung an.[61] Mit dem Kommunalgesetz aus dem Jahr 1990 (LXY/1990) hat in Ungarn ein Dezentralisierungsprozess eingesetzt, im Zuge dessen die Kompetenzen der Kommunen gestärkt wurden. Zudem wurde im Jahr 2011 ein Gesetz zur Kommunalen Selbstverwaltung (No. CLXXXIX, 28.12.2011) verabschiedet. 75 Prozent der Gemeindefinanzen stammen aus eigenen Einnahmen.[62] Die Gemeinden haben nach dem neuen Gesetz zur kommunalen Selbstverwaltung nun das Recht, eigene Unternehmen und Organisationen zu gründen oder Steuern zu erheben.

63 Die Zuständigkeit für die kommunale Abfallentsorgung liegt in den Händen der Kommunen.[63]

64 Mit einem neuen Abfallgesetz aus dem Jahr 2012 (ıTörv³ny A Hullad³kr⁴lı, Magyar Közlöny Nr. 160/2012, 13.11.12) hat Ungarn seine Abfallwirtschaft grundlegend umstrukturiert. Das Gesetz sieht vor, dass die Abfallbewirtschaftung für die privaten Haushalte ab dem Jahr 2014 nur noch von Non-Profit-Unternehmen durchgeführt werden darf, die zu mindestens 51 Prozent in öffentlichem Besitz sind. Das Abfallgesetz ist bei der Europäischen Kommission allerdings noch auf dem Prüfstand. Das neue Abfallgesetz Ungarns, welches am 26. November 2012 vom ungarischen Parlament endgültig verabschiedet wurde und am 1. Januar 2013 in Kraft getreten ist, enthält Regelungen, die massive Auswirkungen für die privaten, gemischten und kommunalen Entsorgungsunternehmen haben.

65 Danach haben die Genehmigungen der privaten Entsorgungsunternehmen mit dem 1.7.2013 die Gültigkeit zur Erbringung von Dienstleistungen im Siedlungsabfallbereich verloren und die noch laufenden Verträge können von den Gemeinden bis zum Ende des Jahres gekündigt werden (§ 81). Weiterhin sollen Gewinne der Unternehmen zukünftig nicht erwirtschaftet und an die Gesellschafter ausgeschüttet werden (Non-Profit-Status). Ab dem 1. Januar 2013 soll die Deponieabgabe jährlich bis 2016 um 10 EUR pro Tonne erhöht werden (§ 68). Abfallgebühren dürfen im Jahr 2013 um höchstens 4,2 Prozent gegenüber den Gebühren von 2012 erhöht werden (§ 91).

66 Mit einer parlamentarischen Anfrage zur schriftlichen Beantwortung durch die EU Kommission vom 2. Juli 2013 soll geprüft werden, ob die Mehrheitsbeteiligung gegen die

---

[59] European Environmental Agency: Municipal Waste Management in Greece, S.13.

[60] Vgl. Eurostat: Nationale Gliederungen (EU).

[61] Vgl. Fundamental Law of Hungary: 25. April 2011, URL: http://www.kormany.hu/download/4/c3/30000/THE%20FUNDAMENTAL%20LAW%20OF%20HUNGARY.pdf [2.8.2013].

[62] Vgl. Committee of the Regions, ebd. S. 419 f.

[63] Vgl. ebd. S. 421.

Niederlassungsfreiheit, die im Artikel 49 S. 1 AEUV festgelegt ist, verstößt. Außerdem sollte ein Verstoß gegen die Wettbewerbsvorschriften des Artikels 106 Absatz 1 AEUV durch diese Regelungen geprüft werden.[64]

Laut Antwort vom 28. August 2013 von Herrn Potocnik im Namen der Kommission führt diese zurzeit eine Konformitätsprüfung der nationalen Rechtsvorschriften durch, die in den Mitgliedstaaten zur Umsetzung der Abfallrahmenrichtlinie erlassen wurden. Die Anliegen des fragestellenden Abgeordneten werden in diesem Kontext geprüft werden. Des Weiteren sind bei der Kommission Beschwerden eingegangen, in denen geltend gemacht wird, dass neue Abfallbeseitigungsregelungen in Ungarn nicht mit der Niederlassungsfreiheit (Artikel 49 AEUV) und den Wettbewerbsvorschriften (Artikel 106 AEUV) vereinbar sind. Diesen Beschwerden wird nach Aussage der Kommission zurzeit nachgegangen.[65] 67

Erst der EU-Beitritt Ungarns im Jahre 2004 hat wesentlich dazu beigetragen, dass sich die Abfallgesetzgebung in Ungarn seit den 1990er Jahren entwickelt hat. Die gesetzliche Grundlage zur Einführung von Abfallmanagementplänen wurde im Jahre 2000 im ungarischen Abfallgesetz festgeschrieben. Diese Pläne werden alle sechs Jahre fortgeschrieben. Der erste Abfallmanagementplan galt für die Jahre 2003–2008, der zweite soll für die Jahre 2009–2014 gelten. Darüber hinaus gab es zwei weitere wichtige Strategien ungarischer Abfallgesetzgebung. Zum einen das Strategiepapier zur Behandlung biologisch abbaubarer Siedlungsabfälle für die Jahre 2004–2016 sowie ein Strategiepapier für die Entwicklung kommunaler Siedlungsabfallentsorgung für die Jahre 2007–2016. Beide Papiere stellen die Grundlage für die weiteren Entwicklungen ungarischer Abfallpolitik dar.[66] 68

Im Jahre 2010 betrug der Anteil am Recycling gerade mal 17 Prozent des Siedlungsabfalls, wovon 13.5 Prozent auf Altpapier, 20 Prozent auf Kunststoffe, 5.9 Prozent auf Glas und etwa 6,4 Prozent auf Metall entfielen.[67] 67 Prozent der kommunalen Siedlungsabfälle wurden in 2010 noch deponiert. Einem Recycling-Prozess unterzogen werden bisher 17 Prozent des Siedlungsmülls, fünf Prozent werden kompostiert und 11 Prozent werden verbrannt.[68] Jedoch lag der Anteil am Recycling im Jahre 2001 nur bei zwei Prozent und ist damit bis 2010 enorm angestiegen. Falls die Entwicklungen anhalten, soll die Recyclingquote von kommunalen Siedlungsabfällen bis zum Jahre 2020 auf 47 Prozent ansteigen, knapp unter der 50-Prozent-Marke der EU-Abfallrahmenrichtlinie.[69] 69

Für viele Jahre stellte die Deponierung in Ungarn die Hauptentsorgungsmaßnahme für Siedlungsabfälle dar. Erst die Entwicklungen seit den 1990er Jahren sowie die Vorgaben der EU haben die Entwicklung moderner Abfallmanagementstrategien in Ungarn gefördert.[70] 70

Bislang wurde jedoch von der Einführung einer Deponiesteuer abgesehen, und sie soll bis zum Jahre 2013 auch nicht Realität werden. Es gibt, jedoch Pläne des Landwirtschaftsministeriums aus dem Jahre 2012, wonach nach Einführung einer Deponiesteuer diese pro Tonne deponierter Siedlungsabfälle bis zum Jahre 2016 von 10 bis 42 Euro pro Tonne ansteigen steigen soll. Um die Deponierung von Siedlungsabfällen zu reduzieren, werden ungarische Initiativen ergriffen. So enthält das nationale ungarische Abfallgesetz Regelungen zur Einführung von Pay-as-you-throw-Systemen für kommunale Siedlungsabfälle, deren Einführung und Wartung in der Verantwortung der Kommunen 71

[64] Europäisches Parlament: Parlamentarische Anfragen: Neureregulierung der Entsorgungswirtschaft in Ungarn vom 02. Juli 2013, URL: http://www.europarl.europa.eu/sides/getDoc.do?pubRef=-//EP//TEXT+WQ+E-2013-007807+0+DOC+XML+V0//DE, (Gesetz CL XXXV/2012 (AbfG)) [19.11.2013].

[65] Europäisches Parlament: Parlamentarische Anfragen: Neuregulierung der Entsorgungswirtschaft in Ungarn, Antwort von Herrn Potocnik im Namen der Kommission vom 28. August 2013, URL: http://www.europarl.europa.eu/sides/getAllAnswers.do?reference=E-2013-007807&language=DE [19.11.2013].

[66] Environmental Agency: Municipal Waste Management in Hungary, S.5.

[67] Ebd. S.6.

[68] Eurostat: Umwelt in der EU27, 27. März 2012.

[69] European Environmental Agency: Municipal Waste Management in Hungary, S.7.

[70] Ebd. S.14.

liegt. Eine weitere Maßnahme, um die Ziele der EU-Verpackungsrichtlinie zu erreichen, ist die landesweite Einführung von Getrenntsammelsystemen. Die Einführung von Getrenntsammelsystemen unter der erweiterten Herstellerverantwortung (Grüner Punkt für Verpackungsabfälle) hatte den Anstieg der Getrennterfassung von PET Flaschen, Kunststoffen, Papier, Glas und Metallen zur Folge.

72 Die einzige Müllverbrennungsanlage des Landes stammt noch aus den 1970er Jahren und wurde in den Jahren zwischen 2003 und 2005 modernisiert und den EU-Standards für Waste-to-Energy-Anlagen angepasst. Die Anlage steht in Budapest und in ihr werden jährlich 52 Prozent der kommunalen Siedlungsabfälle Budapests thermisch verwertet. Im Jahre 2002 wurde ein Deponierungsverbot für unvorbehandelte Abfälle eingeführt.[71]

73 Am 1. Januar 2013 ist auch der nationale Abfallmanagementplan für 2009–2014 in Kraft getreten. Danach sollen weitere Anstrengungen zu mehr Wiederverwertung unternommen werden. Ein nächstes Ziel ist die wachsende Akzeptanz in der Bevölkerung bezüglich der getrennten Sammlung an der Anfallstelle, welche in weiten Teilen des Landes eingeführt werden soll. Darüber hinaus sieht der zweite Abfallmanagementplan vor, dass bis 2014 etwa 80 Prozent der Bevölkerung in den Genuss einer getrennten Sammlung von Haushaltsabfällen kommen. Bis zu 60 Prozent der Verpackungsabfälle sollten schon bis 2012 recycelt werden. Neben der Getrenntsammlung plant Ungarn die Einführung der haushaltsnahen Sammlung bis 2014 sowie die Einführung von Pfandsystemen.

74 Bis 2015 soll die Getrenntsammlung insbesondere Papier, Metalle, Kunststoffe und Glas umfassen. Bis 2020 will Ungarn die Vorbereitung zur Wiederverwertung und das Recycling von letztgenannten Abfallströmen in Höhe von 50 Prozent Gewichtsprozent erreichen. Auch wenn das Deponierungsziel für 2006 und 2009 bereits erreicht wurde, sieht sich Ungarn großen Herausforderungen gegenüber, das Deponierungsziel von 2016 in Höhe von 35 Prozent zu erreichen. Der Markt für Komposte und Recyclingprodukte ist schlecht und stößt in der Öffentlichkeit nicht auf Akzeptanz. Es gibt inzwischen zwar mehrere Deponien mit vorgeschalteten Kompostierungsanlagen, aber kaum einen Absatzmarkt für Komposte. Hinzukommt, dass es derzeit kein aktuelles Abfallvermeidungsprogramm gibt, welches helfen könnte, die anfallende Abfallmenge zu reduzieren, obwohl der Abfallmanagementplan ambitionierte Reduzierungsziele in Höhe von 20 Prozent der jährlichen Abfallproduktion bis 2013 vorsieht. Hinzu kommt, dass es in Ungarn lediglich eine Müllverbrennungsanlage mit Energierückgewinnung gibt. Am 1. September 2011 wurde daher eine nationale Abfallmanagementagentur gegründet (Országos Hulladékgazdálkodási Ügynökség). Sie funktioniert als Koordinator und vermittelt und organisiert die Sammlung und Verwertung von Abfällen.[72]

75 **gg) Polen.** Polen ist in 2.479 Gemeinden, 379 Kreise und 16 Regionen unterteilt.[73] In Polen hat im Zusammenhang mit dem EU-Beitritt seit 1990 ein Dezentralisierungsprozess eingesetzt. Dieses Dezentralisierungsprinzip ist auch in Artikel 15 der polnischen Verfassung aus dem Jahr 1997 niedergelegt. Die Prinzipien der lokalen Selbstverwaltung sind in Artikel 163–172 festgeschrieben. Grundsätzlich nehmen die Kommunen all jene Aufgaben von allgemeinem Interesse wahr, die nicht einer höheren Ebene zugewiesen sind. Seit 1990 sind zudem eine Reihe von *Local, Governament Acts* erlassen worden. Die Gemeindefinanzen setzten sich zu knapp 20 Prozent aus eigenen Steuern zusammen. Der Rest stammt aus Gemeinschaftssteuern und Zuweisungen.[74]

76 Die Regionen sind für die Aufstellung von regionalen Abfallwirtschaftsplänen zuständig[75], die Kommunen für die Sammlung.[76]

---

[71] National Waste Management Agency, URL: www.ohukft.hu [18.11.2013].
[72] European Environmental Agency: Municipal Waste Management in Hungary, S. 17.
[73] Vgl. Eurostat: Nationale Gliederungen (EU).
[74] Vgl. Committee of the Regions: ebd. S. 693 f.
[75] Vgl. Committee of the Regions, ebd. S. 725.
[76] Vgl. ebd. S. 685.

77 Polen hat sich auf die Anforderungen europäischer Abfallpolitik vor dem EU-Beitritt in 2004 vorbereiten müssen. Das erste polnische Abfallgesetz wurde 1997 verabschiedet und trat 1998 in Kraft. Ein weiteres wichtiges Gesetz war das polnische Kommunalabfallgesetz von 1996, welches am 1. Januar 1997 in Kraft getreten ist. Am 1. Oktober 2001 trat dann ein novelliertes polnisches Abfallgesetz in Kraft, welches die Abfallhierarchie und den Grundsatz der erweiterten Herstellerverantwortung sowie Anforderungen für Abfallerzeuger und Akteure in der Abfallwirtschaft implementierte. Im Jahre 2002 wurde der erste Abfallwirtschaftsplan für die Jahre 2002–2006 veröffentlicht. Der zweite Abfallwirtschaftsplan sollte für die Jahre 2007–2010 Geltung beanspruchen. Der dritte Abfallwirtschaftsplan für die Jahre 2011 bis 2014 trat dann im Jahre 2010 in Kraft.[77]

78 Diese jüngsten Entwicklungen haben zum Ziel, eine interregionale Abfallwirtschaft aufzubauen. Deponien, die nicht mehr dem Stand der Technik entsprechen, sollen geschlossen und rekultiviert werden. Der Abfall soll in neuen Verwertungsanlagen sortiert und verwertet werden. Die nicht mehr verwertbaren Siedlungsabfälle sollen in die Verbrennung gehen. Im Jahre 2012 wurde das Investitionsvorhaben für sechs Verbrennungsanlagen in Polen gestartet. Der Bau von 17 Verbrennungsanlagen ist geplant, wobei die Finanzierung noch unklar ist. Außerdem sieht der Nationale Abfallwirtschaftsplan 2014 für Maßnahmen zur Abfallreduzierung und -entsorgung für den Zeitraum 2011 bis 2016 Investitionen in Höhe von rund 1,7 Mrd. Euro vor.[78]

79 Der nationale Abfallwirtschaftsplan 2014 ist eine Fortschreibung des Abfallwirtschaftsplanes von 2010, der mindestens alle vier Jahre aktualisiert werden soll.[79]

80 Er enthält die wichtigsten Verpflichtungen, die Polen im Rahmen des EU-Beitritts für die nationale Umweltpolitik angenommen hat. Er enthält Vorgaben, wonach bis zum 31. Dezember 2014 eine Wiederverwertungsquote von 60 Prozent und eine Recyclingquote für Verpackungsabfälle von 55 Prozent erreicht werden soll. Die Deponierung von biologisch abbaubaren Siedlungsabfällen soll allmählich reduziert werden – ausgehend von 75 Prozent im Jahr 2010 bis 50 Prozent im Jahr 2013, um das 35-Prozent-Niveau 2020 zu erreichen in Bezug auf die Menge der Abfälle, die im Jahr 1995 erzeugt wurden. Insgesamt 4 kg pro Einwohner und Jahr sollen jährlich an Elektroschrott getrennt gesammelt werden.[80]

81 Die Diskussion über die Reform der kommunalen Abfallsammlung und -verwertungssysteme in den Gemeinden ist ebenfalls Teil des aktuellen Nationalen Abfallwirtschaftsplans 2014. In Kapitel 1 wird ausdrücklich betont, dass die Reformen mehr Rechte für Kommunen beinhalten müssen, um sie bei der Kontrolle der kommunalen Abfallentsorgung in Polen zu stärken.[81]

82 Mit dem am 1. Januar 2012 in Kraft getretenen neuen Abfallwirtschaftsgesetz wurde die Überlassungspflicht für die Entsorgung kommunaler Siedlungsabfälle an die öffentlich-rechtlichen Entsorgungsträger eingeführt. Das Gesetz mit dem Namen „Gesetz über die Aufrechterhaltung der Sauberkeit und Ordnung in den Gemeinden" hat eine neue Ära der Abfallentsorgung in Polen begonnen. Es legt den Grundstein für eine ordnungsgemäße Abfallentsorgung. Danach sind die Gemeinden verpflichtet, kommunale Siedlungsabfälle ordnungsgemäß zu entsorgen. Das Gesetz soll dazu beitragen, dass Polen die Ziele der EU-Abfallrahmenrichtlinie erfüllt.[82]

83 Seit Anfang 2013 dürfen biologische Abfälle nicht mehr auf Deponien abgelagert werden, die getrennt eingesammelt werden, was den EU-Vorgaben entspricht. Außerdem sieht das neue Gesetz die Einführung von Getrenntsammelsystemen für Abfälle aus Privathaushalten bis zum ersten Quartal 2013 vor. Die Kommunen haben daher die Auf-

[77] European Environmental Agency. Municipal Waste Management Polen, S. 5.
[78] Europäische Kommission Baltic Sea Region Report, Programme 2007-2013, S.81.
[79] Ebd. S. 84/85.
[80] Ebd. S. 84/85.
[81] Ebd. S.81.
[82] European Environmental Agency: Municipal Waste Management Polen, S. 17.

gabe, im Rahmen ihres Hoheitsgebietes die getrennte Sammlung von Papier, Metall, Kunststoff, Glas, Verbundmaterialien und biologisch abbaubarer Abfälle zu etablieren.[83]

84 Im Jahre 2010 wurden in Polen noch 71 Prozent der kommunalen Siedlungsabfälle deponiert. Einem Recycling-Prozess unterzogen werden bisher 17 Prozent des Siedlungsmülls, 18 Prozent werden kompostiert und ein Prozent wird verbrannt.[84]

Nach Aussage des polnischen Umweltministeriums sollen von den rund 600 legalen Müllhalden in den kommenden Jahren mindestens 300 geschlossen werden, da sie entweder die Normen nicht erfüllen oder keine weiteren Abfälle mehr aufnehmen können.[85]

85 Der signifikante Anstieg von Deponiesteuern für Siedlungsabfälle im Jahr 2008 hat starke Anreize für die Reduzierung der Deponierung und mehr Recycling geschaffen und scheint damit für Polen eine wichtige Initiative gewesen zu sein.[86]

86 Die Berichte zeigen aber auch, dass in Polen noch erhebliche Anstrengungen unternommen werden müssen, um die Vorgaben der EU-Abfallrahmenrichtlinie in 2020 zu erreichen.

87 **hh) Deutschland.** Deutschland zählt derzeit 12.066 Gemeinden, 295 Kreise und 16 Regionen bzw. Bundesländer. Die deutsche kommunale Selbstverwaltung ist in Artikel 28 Absatz 2 des Grundgesetzes niedergelegt. Dort heißt es: „Den Gemeinden muß das Recht gewährleistet sein, alle Angelegenheiten der örtlichen Gemeinschaft im Rahmen der Gesetze in eigener Verantwortung zu regeln."[87] Heute wird der Begriff der kommunalen Selbstverwaltung vor allem mit dem Namen Reichsfreiherr Karl vom und zum Stein und der Preußischen Städteordnung vom 19. November 1808 verbunden. Sie schuf die Grundlagen des heutigen Kommunalrechts. Grundgesetz wie Preußische Städteordnung gehen vom Grundsatz der Allzuständigkeit aus, i.e. dem Recht, alle Angelegenheiten der örtlichen Gemeinschaft in eigener Verantwortung zu regeln. Allerdings ist der Begriff der Selbstverwaltung dort nicht explizit erwähnt. Erste legislatorische Erwähnung findet der Begriff in der Konstitutions- und Ergänzungsakte der Stadt Frankfurt am Main von 1816 wo es heißt: „Alle der Stadt zustehenden Hoheits- und Selbstverwaltungsrechte beruhen auf der Gesamtheit ihrer christlichen Bürgschaft."[88] Die Kommunen haben Satzungshoheit, das Recht, eigene Unternehmen zu gründen oder eigene Steuern zu erheben. Rund 60 Prozent der Einnahmen kommen durchschnittlich aus eigenen Steuereinnahmen.[89] Diese Zahlen sind allerdings mit Vorsicht zu genießen, da laut der Verfassung die Bundesländer dafür verantwortlich sind, die Kommunen mit ausreichend Mitteln auszustatten, damit diese ihren Aufgaben nachkommen können. Hier gibt es erhebliche Unterschiede zwischen den einzelnen Bundesländern, weswegen ein sog. Länderfinanzausgleich eingeführt wurde. Hinzu kommt ein kommunaler Finanzausgleich, der die Unterschiede zwischen den einzelnen kommunalen Einnahmen ausgleichen soll.

88 Die Hausmüllentsorgung gehört in Deutschland zu den Pflichtaufgaben der Kommune.[90]

89 Ihre Verantwortung umfasst die Sammlung und den Transport von Abfällen, Maßnahmen zur Förderung der Abfallvermeidung und -verwertung sowie Planung, Bau und Betrieb von Entsorgungsanlagen. § 17 des am 1. Juni 2012 in Kraft getretenen neuen Kreislaufwirtschaftsgesetzes enthält Regelungen zur Verpflichtung von Erzeugern und

[83] Ebd. S. 17.

[84] Eurostat: Umwelt in der EU27, 27. März 2012.

[85] Germany Trade and Invest Gesellschaft der Bundesrepublik Deutschland (GTAI Trade & Invest): Abfallbehandlung und Recycling in Polen starten Aufholjagd, 04.12.2013.

[86] European Environmental Agency: Municipal Waste Management Polen, S. 17.

[87] Grundgesetz für die Bundesrepublik Deutschland, Bundeszentrale für politische Bildung, Textausgabe Stand Juni 1993.

[88] Vgl. von Unruh, Georg-Christoph: Ursprung und Entwicklung der kommunalen Selbstverwaltung im frühkonstitutionellen Zeitalter, S. 59 Fußnote 8 in: Püttner, Günther: Handbuch der kommunalen Wissenschaft und Praxis, Band 1, Grundlagen, Heidelberg 1981.

[89] Vgl. Committee of the Regions: ebd. S. 316.

[90] Vgl. ebd. S. 317.

Besitzern zur Überlassung von Abfällen an die öffentlich-rechtlichen Entsorgungsträger, Ausnahmen von der Überlassungspflicht sowie Regelungen zu landesrechtlichen Andienungs- und Überlassungspflichten für gefährliche Abfälle.[91]

Da die Überlassungspflichten ein zentrales Instrument für die Wahrnehmung der Aufgaben des öffentlich-rechtlichen Entsorgungsträgers nach § 20 Absatz 1 darstellen, wäre ohne eine solche einheitliche Verfahrensregelung die Aufgabenwahrnehmung gefährdet.[92] 90

Regelungen zur Aufstellung von Abfallwirtschaftsplänen sowie Abfallvermeidungsprogrammen sind im 2. Abschnitt des KrWG geregelt. Danach sind die Länder zur Durchführung der Abfallwirtschaftsplanung unter der Beteiligung der Öffentlichkeit zuständig. 91

Die Vorschrift des § 33 KrWG normiert die Abfallvermeidungsprogramme des Bundes und setzt dabei die Artikel 29 bis 31 AbfRRL um. Danach hat der Bund ein Abfallvermeidungsprogramm zu erstellen und damit die Federführung für ein einheitliches Abfallvermeidungsprogramm, das für das gesamte Bundesgebiet gelten soll.[93] 92

Das deutsche Abfallvermeidungsprogramm, das 2013 verabschiedet wurde, soll dazu beitragen, Maßnahmen zur Beratung, Förderung und Schaffung von Anreizen für umweltgerechtes Verhalten und Abfallvermeidungsmaßnahmen zu entwickeln.[94] 93

Deutschland war eines der ersten europäischen Länder, welches bereits in den 1990er Jahren Maßnahmen ergriffen hat, die Deponierung von unvorbehandelten Siedlungsabfällen zu reduzieren. Die Maßnahmen enthielten Regelungen zur Getrennterfassung von Verpackungs- und Bioabfällen sowie Altpapier. Die Folge davon war, dass bis zum Jahr 2001 in Deutschland bereits über 48 Prozent der kommunalen Abfälle recycelt werden konnten, während etwa 25 Prozent deponiert und 22 Prozent verbrannt wurden.[95] Im Zeitraum von 1990 bis 2000 war die Anzahl der Siedlungsabfalldeponien von 8.273 bis auf 333 Deponien gesunken.[96] 94

Am 1. Juni 2005 wurde in Deutschland in Umsetzung der Technischen Anleitung Siedlungsabfall (TASi)/Abfallablagerungsverordnung fristgerecht und flächendeckend die Ablagerung unbehandelter biologisch abbaubarer sowie organikhaltiger Siedlungsabfälle auf Deponien ganz beendet. Gleichzeitig wurden ca. 200 Deponien stillgelegt, die den Anforderungen nicht mehr entsprachen. Damit ging eine Jahrhunderte währende Ära der Abfallentsorgung zu Ende, die vom „Vergraben und Vergessen" von Abfällen gekennzeichnet war – ein Zeitalter, in dem zahllose Altstandorte und Altlasten angelegt wurden, die spätere Generationen teuer und aufwendig sanieren müssen. Dieser tief greifende Einschnitt in der Siedlungsabfallwirtschaft ist vergleichbar mit der Einführung des Katalysators für PKW oder den Regelungen der 17. BImSchV für Müllverbrennungsanlagen zu Beginn der 90er-Jahre.[97] 95

Deutschland hatte damit die Reduzierung der Deponierung biologisch abbaubarer Abfälle auf 75 Prozent bis 2006 und auf 50 Prozent bis 2009 und auf 35 Prozent bis 2013 erreicht.[98] 96

Bis zum Jahr 2011 hatte das Recycling eine Quote von 45 Prozent erreicht und die Deponierung war auf 1 Prozent gesunken, wobei die Verbrennung auf 37 Prozent angestiegen war.[99] 97

Der nicht verwertbare Anteil des Abfallaufkommens muss unter Vermeidung von Umweltschäden und Gesundheitsbeeinträchtigungen für die Bevölkerung beseitigt werden. Vor der endgültigen Ablagerung sind organische Abfälle grundsätzlich mechanisch- 98

[91] Gesetz zur Förderung der Kreislaufwirtschaft und Sicherung der umweltverträglichen Bewirtschaftung von Abfällen (Kreislaufwirtschaftsgesetz – KrWG) vom 24.02.2012.
[92] Deutscher Bundestag: Drucksache 17/6052, S. 106.
[93] Ebd. S. 93.
[94] Bundesumweltministerium: Abfallwirtschaft in Deutschland 2013.
[95] European Environmental Agency: Municipal Waste Management Germany, S. 6.
[96] Bundesumweltministerium: Siedlungsabfallentsorgung in Deutschland 2006, S.6.
[97] Ebd. S. 1.
[98] European Environmental Agency: Municipal Waste management in Deutschland, S. 6.
[99] Eurostat: Pressemitteilung: Umwelt in der EU27, 4. März 2013.

biologisch oder thermisch zu behandeln, um sie zu inertisieren und so vor allem die Freisetzung von Sickerwässern und Deponiegas aus Deponien deutlich zu verringern. Seit Mitte 2005 ist die Ablagerung unvorbehandelter organischer Abfälle nicht mehr zulässig. Zur Restabfallbehandlung wurden 2011 in Deutschland 69 Müllverbrennungsanlagen mit einer Kapazität von rund 20 Millionen Tonnen betrieben. Darüber hinaus stehen in 30 Ersatzbrennstoffkraftwerken Verbrennungskapazitäten von rund 4,6 Millionen Tonnen zur Verfügung. Zur mechanisch-biologischen Abfallbehandlung wurden 2011 48 Anlagen mit einer Kapazität von rund sechs Millionen Tonnen betrieben, die rund fünf Millionen Tonnen Abfälle behandelten.[100]

99 Im Bundesdurchschnitt führt jeder Einwohner bereits heute pro Jahr fast 30 Kilogramm Abfälle der vom übrigen Siedlungsabfall getrennten Erfassung in gelben Säcken und gelben Tonnen zu. Hinzu kommen die getrennt erfassten Glas- und Papierverpackungen.[101]

100 Im Jahr 2010 wurden in Deutschland rund 11,73 Millionen Tonnen biologisch abbaubare Abfälle (im Wesentlichen aus der Biotonne, biologisch abbaubare Garten- und Parkabfälle, Marktabfälle, weitere biologisch abbaubare Abfälle aus verschiedenen Herkunftsbereichen) in Kompostierungsanlagen und Vergärungsanlagen (Biogasanlagen) behandelt. Hiervon wurden über die Biotonne 4,2 Millionen Tonnen und an Garten- und Parkabfällen rund 4,57 Millionen Tonnen (insgesamt 8,76 Millionen Tonnen) getrennt gesammelt; dies entspricht einer durchschnittlichen Erfassung von 107 Kilogramm je Einwohner und Jahr.

101 Von der gesamten Bioabfallmenge wurden 7,42 Millionen Tonnen in 924 Kompostierungsanlagen und 4,31 Millionen Tonnen in 992 Vergärungsanlagen eingesetzt. Aus den Bioabfällen wurden rund 3,55 Millionen Tonnen Komposte und rund 2,96 Millionen Tonnen Gärsubstanzen hergestellt, die für verschiedene Zwecke verwendet wurden.[102]

102 Auf Betreiben des Bundesumweltministeriums hatte sich die Arbeitsgemeinschaft Graphische Papiere (AGRAPA), ein Zusammenschluss von Verbänden und Organisationen der Papier herstellenden Industrie, der Papierimporteure, des Papiergroßhandels, der Druckindustrie sowie der Verleger, mit Selbstverpflichtungserklärung vom 26. September 1994 dazu verpflichtet, die stoffliche Verwertung grafischer Altpapiere in mehreren Stufen zu steigern und ab dem Jahr 2000 eine stoffliche Verwertungsquote von 60 Prozent zu erreichen. Als grafische Papiere werden Druckerzeugnisse sowie Büro- und Administrationspapiere bezeichnet. Die reale Entwicklung der Verwertungsquote im Zeitraum von 1994 bis 2000 hat die in die Selbstverpflichtung gesetzten Erwartungen deutlich übertroffen. Unter Berücksichtigung dieser positiven Entwicklung hat die AGRAPA im September 2001 ihre Selbstverpflichtung aus dem Jahr 1994 bekräftigt und sichert außerdem zu, die Quote nunmehr dauerhaft auf einem Niveau von 80 Prozent (+/- 3 Prozent) zu halten. Diese Zusage konnte bis heute eingehalten werden.[103]

103 Die Kreislaufwirtschaft in Deutschland wird somit konsequent auf die Abfallvermeidung und das Recycling ausgerichtet, ohne etablierte ökologisch hochwertige Entsorgungsverfahren zu gefährden. Ziel ist nach dem Kreislaufwirtschaftsgesetz, ab 2020 dauerhaft mehr als 65 Prozent der Siedlungsabfälle zu recyceln.

104 Das von der EU in der Abfallrichtlinie geforderte Recyclingziel von 50 Prozent der Haushalts- und Siedlungsabfälle bis zum Jahr 2020 ist von Deutschland bereits erreicht worden.

105 Obwohl 20 Länder der EU eine Deponiesteuer eingeführt haben, hat Deutschland sein Recyclingziel auch ohne Einführung einer Deponiesteuer erreicht. Die Kombina-

[100] Bundesministerium für Umwelt, Naturschutz und Reaktorsicherheit: Abfallwirtschaft in Deutschland 2013, S.11.
[101] Bundesministerium für Umwelt, Naturschutz und Reaktorsicherheit, ebd., S.16.
[102] Ebd., S.18.
[103] Ebd., S.14.

tion zwischen der Vorbehandlung von Siedlungsabfällen und anderen Instrumentarien wie der getrennten Sammlung und der Einführung von Produktverantwortung haben einen wesentlichen Beitrag geleistet weg von der Deponierung und hin zum Recycling.[104]

Zu den wichtigen Strategien deutscher Abfallpolitik der letzten 20 Jahre zählen aber auch die Entwicklung von Abfallwirtschaftsplänen und Abfallmanagementplänen auf lokaler und nationaler Ebene. Zudem war Deutschland das erste Land in der EU mit einer Produzentenverantwortung für Verpackungsabfälle, die im Jahr 1991 eingeführt wurde. Nach diesem Prinzip ist der Hersteller eines Produktes in der Regel für das Produkt verantwortlich, wenn es zu Abfall geworden ist. Allerdings hat dieses Prinzip nur für einige Produktarten wie Verpackungen umgesetzt, Elektro-und elektronische Geräte, Fahrzeuge, Lösungsmittel, Altöl und Batterien.[105] 106

Zu den neueren Entwicklungen in Deutschland zählt die Einführung der sogenannten Wertstofftonne, durch die neben den Verpackungen auch stoffgleiche Nichtverpackungen, Verbundmaterialien, Kunststoffe, alle Arten von Metalle zusätzlich erfasst und recycelt werden können.[106] 107

Im neuen Kreislaufwirtschaftsgesetz (KrWG), das am 1.6.2012 in Kraft trat, wird die getrennte Sammlung von Bioabfällen ab dem 1.1.2015 verpflichtend vorgeschrieben. 108

c) Zusammenfassung der Erkenntnisse aus den Fallstudien

Schlüsselerkenntnis im Vergleich der einzelnen Mitgliedstaaten ist, dass es erhebliche regionale Unterschiede innerhalb der EU gibt. Die nachfolgende Tabelle soll dies noch einmal zusammenfassend veranschaulichen:[107] 109

Staat	Verankerung KSV	Finanzauto-nomie	Deponierung Hausmüll in 2011	Verbrennung Hausmüll in 2011	MVAs in 2010	Recycling Hausmüll in 2011	Kompostierung Hausmüll in 2011	Hausmüll gesamt in 2011 (kg/Person)
Dänemark	§ 82 Verf.	eigene Steuern	3 %	50 %	29	31 %	12 %	781
Schweden	Art. 1 Verf.	eigene Steuern	1 %	51 %	32	33 %	15 %	460
Spanien	Art. 2, 137, 140 Verf.	keine Steuerhoheit	58 %	9 %	11	15 %	18 %	531
Frankreich	Art. 72 Verf.	eigene Steuern	28 %	35 %	129	19 %	18 %	526
Griechenland	Art. 101, 102 Verf. (dez. Staatsaufbau)	keine eigenen Steuern	82 %	–	–	15 %	3 %	496
Ungarn	Art. 31 – 35 GG	eigene Steuern	67 %	11 %	1	17 %	5 %	382
Polen	Art. 163-172 Verf.	nur wenig eigene Steuern	71 %	1 %	1 (17 in Planung)	11 %	17 %	315
Deutschland	Art. 28 GG	eigene Steuern	1 %	37 %	69	45 %	17 %	597

[104] European Environmental Agency: Municipal Waste Management Germany, S. 12.
[105] Ebd. S. 5.
[106] Ebd. S.16.
[107] Zahlen angelehnt an Eurostat Pressemitteilung: Umwelt in der EU27, 4. März 2013.

110 Über die Hälfte des kommunalen Haushaltsmülls in Europa wird derzeit immer noch Deponien zugeführt. Das Recycling macht zwar Fortschritte, hat aber ebenfalls noch erhebliches Ausbaupotenzial. Um in allen EU-Mitgliedstaaten das in der EU-Abfallrahmenrichtlinie festgeschriebene Ziel zu erreichen, bis 2020 die Vorbereitung zur Wiederverwendung und das Recycling von Abfallmaterialien zumindest von Papier, Metall, Kunststoff und Glas aus Haushalten auf mindestens 50 Gewichtsprozent zu erhöhen, sind noch wesentliche Anstrengungen notwendig. Zwar haben vier Staaten (Österreich, Belgien, Deutschland und die Niederlande) das Ziel für 2020 bereits jetzt erreicht und weitere sechs Staaten werden es erreichen, wenn sie ihren positiven Trend zwischen 2001 und 2010 weiter aufrechterhalten, doch in 15 Staaten der EU-28 müssten die Anstrengungen bzgl. des Recyclings soweit angehoben werden, dass es im Vergleich zu den Anstrengungen sogar der „Best-Performers" unwahrscheinlich erscheint. Auch beim Recycling von Bioabfall sind noch weitere Anstrengungen notwendig. Zwischen 2008 und 2010 hat der Anteil von Bioabfall am Hausmüll in der EU-27 immerhin 37 Prozent ausgemacht. Die Fortschritte der Mitgliedstaaten bei der Abfallwirtschaft hängen natürlich noch von vielen weiteren Faktoren ab. In Ländern wie Finnland ist ein Grund für die Deponierung die Geologie, die geringe Bevölkerungsdichte und die mangelnde Nutzungsmöglichkeit für Kraft-Wärme-Kopplung. Granit als natürliche Barriere benötigt keine aufwändige Basisabdeckung. Eine Sickerwassererfassung reicht. In angelsächsischen Ländern sind die Angst vor Dioxin und der Nimby-Effekt[108] der ausschlaggebende Faktor. In ehemaligen Diktaturen wie Spanien, Portugal, etc. ist möglicherweise das Vertrauen in die öffentliche Verwaltung nicht sehr stark ausgeprägt. Ein weiterer Aspekt ist der Nimto-Aspekt[109] vieler politischer Entscheidungen. Des Weiteren ist der Umweltschutz in südlichen und östlichen Mitgliedsstaaten nicht sehr stark entwickelt. Man denke nur an die vielen illegalen Deponien in Griechenland. Ein weiteres Problem ist die Finanzierung einer nachhaltigen Abfallwirtschaft.

3. Möglichkeiten der Absicherung kommunaler Gestaltungsfreiheit in Europa

a) Faktische und juristische Absicherung der kommunalen Abfallwirtschaft

111 Aus deutscher kommunaler Sicht stellt sich mit Blick auf die Abfallwirtschaft in Europa die Frage nach den Durchgriffsrechten der EU in diesem Bereich. In Deutschland ist die kommunale Abfallwirtschaft uneingeschränkt eine Pflichtaufgabe und hoheitliche Aufgabe der Kommunen. Zudem stellt Artikel 28 Absatz 2 Satz 1 Grundgesetz nach herrschender Meinung[110] eine institutionelle Garantie dar, die den Kommunen die Regelung der Angelegenheiten des eigenen Wirkungskreises in eigener Verantwortung zusichert. Dies verschafft den deutschen Kommunen eine politische und funktionale Stärke, die sich in fast keinem anderen EU-Mitgliedstaat wiederfindet.

112 Zwar ist die kommunale Selbstverwaltung in allen EU-Mitgliedstaaten grundsätzlich verfassungsrechtlich oder grundgesetzlich verankert, große Unterschiede zeigen sich allerdings bei der praktischen Umsetzung dieser kommunalen Selbstverwaltungsgarantie. Kommunale Selbstverwaltung meint in Dänemark und Schweden, Frankreich, Ungarn oder Deutschland zwar etwas Vergleichbares, aber nichts Identisches. Eine Allzuständigkeitsvermutung – d.h. das Recht, alle Angelegenheit der örtlichen Gemeinschaft in eigener Verantwortung zu regeln – gibt es neben Deutschland nur in Schweden, Finnland

---

[108] Nimby steht als englischsprachiges Akronym für Not In My Back Yard (Nicht in meinem Hinterhof). Der entsprechende deutsche Ausdruck lautet Sankt-Florians-Prinzip.

[109] Acronym: Not In My Term of Office.

[110] Vgl. Maunz, Theodor/ Düring, Günter/ Herzog, Roman/ Scholz, Rupert: Kommentar zum Grundgesetz, Loseblattausgabe, 1996, Artikel 28, Rn. 45, 56; BVerfG in ständiger Rechtsprechung zuerst BVerfGE 1,167, Pagenkopf, Hans: Kommunalrecht, Band 1: Verfassungsrecht, 2. Auflage, Köln 1975, S. 57f.

und z.T. in Belgien, Ungarn und Österreich. In den meisten anderen Mitgliedstaaten erledigen die kommunalen Gebietskörperschaften ihre Aufgaben durch von höherer nationaler Ebene festgelegte Gesetze (administrative Dekonzentration).[111]

Auch die konkreten Ausführungen zur kommunalen Abfallwirtschaft haben gezeigt, 113
dass die Organisation von Mitgliedstaat zu Mitgliedstaat stark variiert. Es gibt wenig bis keine Grundprinzipien, die man auf europäischer Ebene als Maßstab ansetzen könnte.

Europäisches Primärrecht ist zudem neutral, was die juristische Natur der Dienstleis- 114
tungserbringer betrifft. D.h. aus primärrechtlicher Sicht ist es irrelevant, ob ein Dienstleistungserbringer eine juristische Person des öffentlichen oder des privaten Rechts ist. Dies bedeutet auch, dass – zumindest offiziell – kein spezielles Modell (privatwirtschaftlich, öffentlich, gemischtwirtschaftlich) favorisiert wird. Aus europäischer Sicht geht es lediglich darum, dass bestimmte Dienstleistungen für jedermann zugänglich, erschwinglich und universal zur Verfügung stehen müssen – unabhängig von ihrer Trägerschaft.[112] Diese primärrechtliche Auffassung steht im Widerspruch zum deutschen Selbstverständnis der kommunalen Selbstverwaltung. Die deutschen Kommunen möchten sich nicht auf eine reine Gewährleisterfunktion zurückdrängen lassen, sondern sehen ihre Rolle ganz klar auch in dem Recht – beispielsweise über kommunale Unternehmen – selber operationell tätig zu werden. d.h. selber Dienstleistungen erbringen zu dürfen. Genau an diesem Punkt enthüllt sich der Streit um die Entfaltung der deutschen kommunalen Selbstverwaltung im Zwiespalt mit europäischem Wettbewerbs- und Binnenmarktrecht.[113]

Parallel dazu ordnet die EU-Kommission die Abfallwirtschaft spätestens seit dem Jahr 115
2003 als sogenannte Dienstleistung von allgemeinem *wirtschaftlichen* Interesse ein. Sie vertritt damit die Meinung, „sofern diese Dienstleistungen [...] den Handel zwischen Mitgliedstaaten beeinträchtigen, unterliegt ihre Bereitstellung und organisatorische Abwicklung im Allgemeinem den für den Binnenmarkt, den Wettbewerb und staatliche Beihilfen geltenden Vorschriften".[114]

Das bedeutet, dass die deutsche kommunale Abfallwirtschaft bei einem Blick nach 116
Europa davon ausgehen kann, dass erstens die kommunale Ebene nicht implizit als der maßgeblicher Akteur für diese Aufgabe im Fokus ist (weder aus Sicht der EU-Institutionen noch aus Sicht aller EU-Mitgliedstaaten) und dass zweitens die Dienstleistung der Abfallwirtschaft bereits grundsätzlich in den Fokus der europäischen Wettbewerbs- und Binnenmarktpolitik geraten ist.

Bleibt die Frage, ob der Vertrag von Lissabon, der am 1.12.2009 in Kraft getreten ist, 117
ggf. eine andere Einschätzung untermauern kann.

Analysiert man das Primärrecht im Hinblick auf die Erwähnung eines kommunalen 118
Selbstverwaltungsrechts i.S.d. Art. 28 Abs. 2 Satz 1 GG, wird man feststellen müssen, dass die Verträge eine Selbstverwaltungsgarantie im Sinne eines materiellen Rechtes der Kommunen nicht erwähnen. Bis zum Entwurf des Vertrages von Lissabon bzw. bis zum Entwurf über eine Verfassung für Europa wurden in der Vergangenheit im geltenden europäischen (Verfassungs-) Recht die Kommunen mit ihren Rechten und Kompetenzen – vor allem dem kommunalen Selbstverwaltungsrecht – an keiner Stelle erwähnt geschweige denn anerkannt. Erst mit Inkrafttreten des Vertrags von Lissabon am 1.12.2009[115] findet sich eine Verankerung der kommunalen Selbstverwaltung in Primärrecht.

---

[111] Witte, Sonja: Einflussgrad der deutschen kommunalen Ebene auf die Politikgestaltung der EU, Kommunalwirtschaftliche Forschung und Praxis (Hrsg. Wolf Gottschalk) Band 22, S. 129f.

[112] Vgl. Witte, ebd. S. 388.

[113] Vgl. Witte, ebd. S. 388.

[114] Vgl. Europäische Kommission: Grünbuch zu Dienstleistungen von allgemeinem Interesse, Brüssel 21.5.2003, KOM(2003)270 endgültig, S. 12.

[115] Vertrag über die Europäische Union (EUV), Amtsblatt der Europäischen Union C 83, 30. März 2010.

119 Artikel 4 Absatz 2 EUV:

„Die Union achtet die Gleichheit der Mitgliedstaaten vor den Verträgen und ihre jeweilige nationale Identität, die in ihren grundlegenden politischen und verfassungsmäßigen Strukturen einschließlich der regionalen und lokalen Selbstverwaltung zu Ausdruck kommt."

120 Kritisch betrachtet handelt es sich bei dieser Formulierung allerdings nicht um eine institutionelle Garantie – oder eine explizite Gewährleitung – der kommunalen Selbstverwaltung, sondern lediglich um das Bekenntnis, diese sofern vorhanden zu achten. Von einem rechtlich abgesicherten und wie in Deutschland in etlichen Urteilen des Bundesverfassungsgerichts präzisierten Schutzes der kommunalen Autonomie kann also auch weiterhin keine Rede sein. Dies mag sich ggf. im Laufe der Zeit durch einschlägige Rechtsprechung des Europäischen Gerichtshofes ändern, bisher entfalten die Festlegungen im Primärrecht allerdings de facto keine Auswirkungen auf die Gesetzgebung der Europäischen Union.[116]

121 Handlungsleitendes Prinzip der europäischen Politikgestaltung ist die Verwirklichung des EU-Binnenmarktes. Dieses Prinzip ist nicht umsonst in Artikel 3 Absatz 3 EUV direkt zu Anfang des Vertrags über die Europäische Union festgeschrieben. Alle anderen Prinzipien – auch jenes der kommunalen Selbstverwaltung – finden sich nicht nur nummerisch dahinter, sondern müssen sich auch praktisch diesem Prinzip unterordnen. Das heißt nicht, dass kommunale Selbstverwaltung in Europa keine Chance auf Verwirklichung hat. Sie muss sich aber in das gesamteuropäische Interesse des EU-Binnenmarktes einbetten lassen bzw. darf diesem nicht grundsätzlich im Wege stehen. Das Bewusstsein über die kommunalen Strukturen und damit in gewisser Weise auch über das gesamteuropäische Interesse in Hinsicht auf diese Frage ist daher sicher hilfreich, wenn es um die Einordnung der kommunalen Abfallwirtschaft in eine Europäische Union mit mittlerweile 28 Mitgliedstaaten geht.

b) Fazit

122 Insgesamt lässt sich feststellen, dass die ambitionierte Zielsetzung der EU dazu beigetragen hat, dass sich die Mitgliedstaaten innerhalb der EU-28 auf den Weg zu einer ressourceneffizienten Kreislaufwirtschaft gemacht haben. Es ist deutlich geworden, vor welch große Herausforderungen alle Mitgliedstaaten hier gestellt werden, dass aber auch jeder Mitgliedstaat für sich seine eigenen Wege sucht, damit umzugehen. Von europäischer Ebene kann keine eindeutige Handlungsanweisung für die Organisation der Abfallwirtschaft in den Mitgliedstaaten erwartet werden. Ziel kann und muss es sein, einen europäischen Rahmen zu setzen und die jeweilige Ausgestaltung den Mitgliedstaaten zu überlassen. Regulatorische Maßnahmen allein, werden die Entwicklung allerdings nicht zur Vollendung verhelfen. Nimmt man die Ziele der Europa-2020-Strategie ernst, steht die EU vor einer gesamtgesellschaftlichen Aufgabe, bei der nicht nur jeder Einzelne selber gefragt ist mitzuarbeiten, sondern bei der mitgliedstaatenübergreifende Maßnahmen und Projekte notwendig sein werden. Die Abfallwirtschaft in Europa ist von einem erheblichen Entwicklungsgefälle zwischen den Mitgliedstaaten geprägt. Während in einem Teil der Mitgliedsländer mittlerweile sämtliche organischen Abfälle stofflich oder energetisch verwertet werden, befinden sich andere Länder noch im Aufbau einer flächendeckenden geordneten Entsorgung der Siedlungsabfälle. Notwendig sind gemeinsame Projekte für einen Know-how-Transfer zwischen den Mitgliedstaaten. Deutschland kann hier sicher als Vorreiter aktiv werden und ggf. auf diese Weise das Modell der deutschen kommunalen Abfallwirtschaft auch in andere Mitgliedstaaten der EU übertragen. Denn schaut man sich die Ergebnisse der Fallbespiele an, stellt sich die Frage, ob starke kommunale Strukturen nicht zumindest hilfreich sein können, wenn es um den Aufbau

[116] Vgl. dazu ausführlich Witte ebd. mit zwei Fallbeispielen aus dem Bereich der EU-Ordnungspolitik.

einer ressourceneffizienten Wirtschaft geht. Blickt man auf den Anteil der Deponierung kommunaler Abfälle in Korrelation mit den Mitgliedstaaten, so fällt auf, dass in den Niederlanden, Österreich, Schweden, Belgien, Dänemark, Luxemburg und Deutschland de facto keine Deponierung kommunaler Abfälle mehr stattfindet. Gleichzeitig kann man feststellen, dass die kommunale Selbstverwaltung gerade in jenen Ländern eine besonders starke Rolle einnimmt und die Kommunen hier sowohl politisch als auch funktional stark sind. Völlig anders sieht es in vielen Beitrittsstaaten von 2004 und 2007 aus. In Rumänien und Bulgarien wurden im Jahr 2011 noch 99 beziehungsweise 94 Prozent der kommunalen Abfälle deponiert, in Lettland und Litauen sind es 88 beziehungsweise 79 Prozent und in der Slowakei 78 Prozent. Auch in einigen alten Mitgliedstaaten der EU etwa in Spanien und Griechenland werden immer noch 58 beziehungsweise 82 Prozent der Abfälle deponiert. Im Vereinigten Königreich waren es immerhin noch rund 50 Prozent. Wirft man einen kurzen Blick auf die kommunale Selbstverwaltung in jenen Staaten, so stellt man fest, dass gerade in Spanien, Litauen, Bulgarien, dem Vereinigten Königreich, Griechenland und der Slowakei die geringsten Vergleiche zu einer kommunalen Selbstverwaltung gezogen werden können, wie etwa in den erst genannten Staaten mit hohen Recyclingquoten. Es geht sicher zu weit, einen einfachen Vergleich zwischen dem Grad der Deponierung in den Mitgliedstaaten der EU und ihrer jeweiligen kommunalen Selbstverwaltung zu ziehen. Doch stellt andersherum ein hohes Maß an kommunaler Selbstverwaltung sicher eine gute Stütze für eine funktionierende nachhaltige Abfallwirtschaft dar.

Literaturverzeichnis

Agence de l'Environnement et de la Maîtrise de l'Energie (ADEME): Extended Producer Responsibility Chains in France 2011, URL: http://www2.ademe.fr/servlet/getDoc?sort=-1&cid=96&m=3&id=87728&ref=&nocache=yes&p1=111 [19.11.2013]

Bundesministerium der Justiz: Gesetz zur Förderung der Kreislaufwirtschaft und Sicherung der umweltverträglichen Bewirtschaftung von Abfällen (Kreislaufwirtschaftsgesetz – KrWG) vom 24.2.2012, URL: http://www.gesetze-im-internet.de/bundesrecht/krwg/gesamt.pdf [19.11.2013]

Bundesministerium für Umwelt, Naturschutz und Reaktorsicherheit: Abfallwirtschaft in Deutschland 2013, Fakten, Zahlen, Grafiken, URL: http://www.bmu.de/fileadmin/Daten_BMU/Pools/Broschueren/abfallwirtschaft_2013_bf.pdf [19.11.2013]

Bundesministerium für Umwelt, Naturschutz und Reaktorsicherheit: Bericht Siedlungsabfallentsorgung 2006, Stand: 1. September 2006, URL: http://www.bmu.de/fileadmin/bmu-import/files/pdfs/allgemein/application/pdf/bericht_siedlungsabfallentsorgung_2006.pdf [19.11.2013]

Confederation of Waste-to-Energy Plants (CEWEP): Waste-to-Energy in Europe 2010, URL: http://www.cewep.eu/information/data/studies/m_960 [26.7.2013]

Constitution of Greece, englische Übersetzung, URL: http://www.hellenicparliament.gr/UserFiles/f3c70a23-7696-49db-9148-f24dce6a27c8/001-156Prozent20aggliko.pdf [01.08.2013]

Committee of the Regions: Division of Powers between the European Union, the Member States and Regional and Local Authorities, European Union December 2012

Danish Government „Denmark without waste" November 2013, URL: http://www.mim.dk/NR/rdonlyres/F58E8C8B-3EB9-47DF-8DF3-4BF9207C9DFE/0/Ressourcestrategi_UK_web.pdf [25.11.2013]

Deutscher Bundestag: Drucksache 17/6052, Gesetzentwurf der Bundesregierung, Entwurf eines Gesetzes zur Neuordnung des Kreislaufwirtschafts- und Abfallrechts, 6. Juni 2011, URL: http://dip21.bundestag.de/dip21/btd/17/060/1706052.pdf [19.11.2013]

Europäische Kommission: Baltic Sea Region – National Waste Management Review, Estland, Lettland, Litauen, Polen, RECO Baltic 21 Tech project 2012, URL: http://www.recobaltic21.net/downloads/Public/ProjectProzent20results/wmreview_est_lat_lit_pl.pdf [19.11.2013]

Europäische Kommission: Europa 2020 – Eine Strategie für ein intelligentes, nachhaltiges und integratives Wachstum, KOM(2010)2020, 3. März 2010

Europäische Kommission: Fahrplan für ein Ressourcenschonendes Europa, KOM(2011)571, 20. September 2009

Europäische Kommission: Grünbuch zu Dienstleistungen von allgemeinem Interesse, Brüssel 21.5.2003, KOM(2003)270 endgültig

Europäisches Parlament: Parlamentarische Anfragen, 2. Juli 2013, Anfrage zur schriftlichen Beantwortung an die Kommission, Neuregulierung der Entsorgungswirtschaft in Ungarn (Gesetz CL XXXV/2012 (AbfG)), URL: http://www.europarl.europa.eu/sides/getDoc.do?pubRef=-//EP//TEXT+WQ+E-2013-007807+0+DOC+XML+V0//DE [19.11.2013]

Europäisches Parlament: Parlamentarische Anfragen, 28. August 2013, Antwort von Herrn Potocnik im Namen der Kommission, URL: http://www.europarl.europa.eu/sides/getAllAnswers.do?reference=E-2013-007807&language=DE [19.11.2013]

European Environmental Agency: Managing municipal solid waste – a review of achievements in 32 European countries, EEA Report No 2/2013 http://www.eea.europa.eu/publications/managing-municipal-solid-waste [26.7.2013]

Eurostat: Nationale Gliederungen (EU), URL: http://epp.eurostat.ec.europa.eu/portal/page/portal/nuts_nomenclature/correspondence_tables/national_structures_eu [26.07.2013]

Eurostat Pressemitteilung: Umwelt in der EU27, 4. März 2013: URL: http://epp.eurostat.ec.europa.eu/cache/ITY_PUBLIC/8-04032013-BP/DE/8-04032013-BP-DE.PDF [25.07.2013]

Fédération des EPL: Connaître les SEM/ les SPL, URL : http://www.lesepl.fr/definition.php [01.08.2013]

Fundamental Law of Hungary, 25. April 2011, URL: http://www.kormany.hu/download/4/c3/30000/THEProzent20FUNDAMENTALProzent20LAWProzent20OFProzent20HUNGARY.pdf [2.8.2013]

Germany Trade & Investment Gesellschaft der Bundesrepublik Deutschland (GTAI Trade & Invest): Spaniens Abfallwirtschaft im Aufbruch, 10.10.2011 URL: http://www.gtai.de/GTAI/Navigation/DE/Trade/maerkte,did=271828.html [19.11.2013]

Germany Trade & Investment Gesellschaft der Bundesrepublik Deutschland (GTAI Trade & Invest): Abfallbehandlung und Recycling in Polen starten Aufholjagd 4.12.2013: URL: http://www.gtai.de/GTAI/Navigation/DE/Trade/maerkte,did=753986.html [25.11.2013]

Gesetz zur Förderung der Kreislaufwirtschaft und Sicherung der umweltverträglichen Bewirtschaftung von Abfällen (Kreislaufwirtschaftsgesetz – KrWG) vom 24.02.2012

Griechischer Privatisierungsfonds: Hellenic Republic Asset Development Fund, URL.: http://www.hradf.com/en/portfolio [02.08.2013]

Grundgesetz für die Bundesrepublik Deutschland, Bundeszentrale für politische Bildung, Textausgabe Stand Juni 1993

Innenministerium Dänemark: Municipalities and Counties in Denmark – Tasks and Finance, 2002, URL: http://www.sm.dk/data/Dokumentertilpublikationer/IMProzent20engelsk/MunicipalitiesProzent20andProzent20CountriesProzent20inProzent20Denmark/MunicipalitiesProzent20andProzent20CountiesProzent20inProzent20DenmarkProzent20-Prozent20TasksProzent20andProzent20FinanceProzent20-Prozent20CompleteProzent20html.htm [27.07.2013]

Internal Market Scoreboard 26, Februar 2013, URL: http://ec.europa.eu/internal_market/score/docs/score26_en.pdf [25.7.2013]

Loi No 92-646 du 13 juillet 1992 relative à l'élimination des déchets ainsi qu'aux installations classées pour la protection de l'environnement, URL : http://www.legifrance.gouv.fr/affichTexte.do?cidTexte=JORFTEXT000000345400&dateTexte=&categorieLien=id [19.11.2013]

Loi No 2009-967 du 3 août 2009 de programmation relative à la mise en œuvre du Grenelle de l'environnement, URL : http://www.legifrance.gouv.fr/affichTexte.do?cidTexte=JORFTEXT000020949548&dateTexte=&categorieLien=id [19.11.2013]

Maunz, Theodor/ Dürig, Günter/ Herzog, Roman/ Scholz, Rupert: Kommentar zum Grundgesetz, Loseblattausgabe, Stand: März 2014

Pagenkopf, Hans: Kommunalrecht, Band 1: Verfassungsrecht, 2. Auflage, Köln 1975

Saller, Raymond: Möglichkeiten und Grenzen der Beteiligung der Kommunen und Regionen an den Entscheidungen der Europäischen Union, Würzburg 1999

Schwedisches Institut: Kommunale Selbstverwaltung in Schweden, April 2005, URL: http://www.brunnvalla.ch/schweden/Kommunale_Selbstverwaltung_in_Schweden.pdf [27.07.2013]

Telemadrid: La estación de Metro de Sol ya es Vodafone Sol, 31.05.2013, URL: http://www.telemadrid.es/noticias/madrid/noticia/la-estacion-de-metro-de-sol-ya-es-vodafone-sol [04.08.2013]

Ungarn, National Waste Management Agency, URL: www.ohukft.hu [19.11.2013]

Ungarn: offizielle Internetseite der Regierung: Fundamental Law of Hungary, 25. April 2011, URL: http://www.kormany.hu/download/4/c3/30000/THE%20FUNDAMENTAL%20LAW%20OF%20HUNGARY.pdf [19.11.2013]

Vertrag über die Europäische Union (EUV), Amtsblatt der Europäischen Union C 83, 30. März 2010

von Unruh, Georg-Christoph: Ursprung und Entwicklung der kommunalen Selbstverwaltung im frühkonstitutionellen Zeitalter, in: Püttner, Günther: Handbuch der kommunalen Wissenschaft und Praxis, Band 1, Grundlagen, Heidelberg 1981

Witte, Sonja: Einflussgrad der deutschen kommunalen Ebene auf die Politikgestaltung der EU, Kommunalwirtschaftliche Forschung und Praxis (Hrsg. Wolf Gottschalk) Band 22, Frankfurt am Main 2013

III. Bereich „Krankenhaus“

1. Einführung und ordnungspolitischer Rahmen

1 Im Freistaat Bayern sind zahlreiche Krankenhäuser in öffentlich-rechtlicher Trägerschaft in Form eines Kommunalunternehmens (kommunale Anstalt des öffentlichen Rechts) organisiert.[1] Die nicht geringe Anzahl und die bedeutende Stellung der Krankenhäuser im Rahmen der medizinischen Daseinsvorsorge für die Bevölkerung bieten den Anlass für eine praxisnahe Kurzdarstellung der rechtlichen Besonderheiten der Betriebsführung eines Krankenhauses in der Trägerschaft eines (selbständigen) Kommunalunternehmens.[2]

2 Dieser Praxisbeitrag soll die rechtlichen Ansatzpunkte hinsichtlich der grundlegenden Fragen im Rahmen der Betriebs- und Wirtschaftsführung eines Krankenhauses in der Trägerschaft eines Kommunalunternehmens darstellen und auch einige erläuternde Hinweise zu Rechtsfragen der medizinischen Leistungserbringung liefern. Darüber hinaus soll dieser Praxisbeitrag auch den derzeitigen Stand und die aktuelle Entwicklung des ordnungspolitischen Rahmens in Folge der vergangenen zahlreichen Änderungen des bestehenden Gesundheitssystems, insbesondere im Hinblick auf das GKV-Versorgungsstrukturgesetz (GKV-VStG)[3] beleuchten, ohne jedoch den Anspruch auf eine allumfassende Abhandlung der Thematik erheben zu können. Vielmehr soll der Beitrag eine praktische Einführung in diese Materie ermöglichen.

3 Der ordnungspolitische Rahmen, der die gesamte Gesetzes- und Verordnungslage im Hinblick auf die gesundheitspolitischen Zielsetzungen des Bundes und der Länder zusammenfassend umschreibt, orientiert sich zunehmend an dem Gedanken der Kostendämpfung im Gesundheitswesen, vor allem vor dem Hintergrund des zu erwartenden demographischen Wandels, der Entdeckung neuer Erkrankungen und damit einhergehend neuer Behandlungsnotwendigkeiten sowie des medizinischen und medizintechnischen Fortschritts. Die Kostendämpfung hat vor allem die Begrenzung der Ausgaben der gesetzlichen Krankenkassen und damit die Stabilität der Beitragssätze im Blickfeld. Gesetzlich ist dieses Ziel unter anderem in § 71 SGB V sowie § 17 Abs. 1 S. 3 KHG festgelegt. Entsprechend dieser Vorgaben ist beispielsweise bei der Ermittlung der Pflegesätze der Grundsatz der Beitragssatzstabilität dergestalt zu berücksichtigen, dass Beitragssatzerhöhungen ausgeschlossen werden, es sei denn, dass die notwendige medizinische Versorgung auch nach Ausschöpfung von Wirtschaftlichkeitsreserven nicht mehr zu gewährleisten ist. Die gesetzlichen Grundlagen zur Finanzierung der Krankenhäuser selbst, deren Legaldefinition sich vor allem in § 2 KHG und § 107 SGB V findet[4], werden unter Ziffer 5. näher dargestellt.

4 Der vorstehend beschriebene Gedanke der Beitragssatzstabilität wirkt sich naturgemäß somit direkt auf die finanzielle Ausstattung des einzelnen Krankenhauses aus, da die Krankenhäuser gemäß § 18 Abs. 1 KHG die Pflegesätze mit den Sozialleistungsträgern zu vereinbaren haben. Der Grundsatz der Beitragsstabilität, vor allem im Hinblick auf den Gesundheitsfonds, führt in diesem Rahmen vielfach dazu, dass de facto die Steigerung der Kosten des Krankenhauses nicht mehr aufgefangen werden können. Dies führt zu einer Disparität zwischen den Erlösen (deren Höhe und Steigerungsraten gesetzlichen

---

[1] Umfassende Darstellung in: Rinken, Alternativen zur Privatisierung – Das selbständige Kommunalunternehmen als Organisationsplattform der kommunalen Daseinsvorsorge am Beispiel kommunaler Krankenhäuser, 2008, S. 235ff.

[2] Die nachfolgende Darstellung erfolgt nur im Hinblick auf die Gesetzgebung des Bundes und des Freistaats Bayern; Rechtsstand: 12/2013.

[3] Gesetz zur Verbesserung der Versorgungsstrukturen in der gesetzlichen Krankenversicherung (GKV-Versorgungsstrukturgesetz – GKV-VStG) BGBl. 2011 Teil I Nr. 70 vom 28.12.2011; vgl. Mörsch, Das GKV-Versorgungsstrukturgesetz aus der Sicht der DKG, das Krankenhaus 1.2012, S. 5ff.

[4] Vgl. auch § 67 AO.

Begrenzungen unterliegen) und den Kosten für die Betriebs- und Wirtschaftsführung des Krankenhauses. Dieses „Kostendämpfungsgebot", das durch den ordnungspolitischen Rahmen festgelegt wird, und die Tatsache, dass die Zahlungen aus gesetzlichen Fördermitteln im bundesweiten Durchschnitt weiterhin tendenziell rückläufig sind, führen zu einem erheblichen Kostendruck bei den medizinischen Leistungserbringern und somit auch bei den Krankenhäusern in öffentlicher Trägerschaft[5].

Der Kostendruck wird zudem durch die allgemeine Kostensteigerungen für die Krankenhäuser beispielsweise im Hinblick auf die Entwicklung der Tarifsituation, die geltende Rechtslage im Rahmen der Arbeitszeitgesetze und den gesetzlichen Rahmenbedingungen zur Arbeitnehmerüberlassung (AÜG)[6], die Finanzierung der Ausbildungskosten, den Wegfall von Naturalrabatten im Rahmen der Änderungen des Arzneimittelversorgungs-Wirtschaftlichkeitsgesetz (AVWG), die Erhöhungen der steuerlichen Abgabenlast, die erheblichen Prämiensteigerungen im Rahmen der Krankenhaushaftpflichtversicherungen[7], die unterschiedliche Bevölkerungsstrukturen in den jeweiligen Versorgungsregionen und die steigenden Energiekosten weiter verschärft. Entsprechende Änderungen des ordnungspolitischen Rahmens sind daher aus Sicht der Krankenhäuser weiterhin notwendig, um dem erheblichen Kostendruck zu begegnen und die Sicherstellung der medizinischen Daseinsvorsorge nicht zu gefährden. 5

Trotz der Ansätze des Krankenausfinanzierungsreformgesetzes (KHRG) in Form von Finanzierungshilfen, Kostendämpfungsmaßnahmen und ordnungspolitische Neuausrichtungen der Krankenhausfinanzierung musste der Gesetzgeber erneut tätig werden[8]. Insbesondere mit dem PsychEntgG[9] und dem Beitragsschuldengesetz[10] wurden u.a. mit der sogenannten Tarifausgleichrate und dem Versorgungszuschlag neue Instrumente zur vorübergehenden Verbesserung der Finanzierungslage etabliert. Ob diese Ansätze die vorstehend beschriebenen Probleme zu lösen vermögen, kann an dieser Stelle jedoch noch nicht bewertet werden. Die einzelnen Ansätze werden an der entsprechenden Stelle dieses Beitrages näher dargestellt. 6

2. Vorteile und Nachteile des Kommunalunternehmens für die Betriebs- und Wirtschaftsführung eines Krankenhauses

Das Kommunalunternehmen kann für die Gebietskörperschaften grundsätzlich eine interessante Alternative im Vergleich zum Eigenbetrieb, zum Regiebetrieb und zur gemeinnützigen GmbH darstellen.[11] 7

a) Vorteile

Das selbständige Kommunalunternehmen ist als rechtsfähige Anstalt des öffentlichen Rechts im Gegensatz zu den eingangs genannten Eigenbetrieben und Regiebetrieben eine eigenständige juristische Person, die dementsprechend rechtsfähig ist.[12] Diese Rechtsfähigkeit ermöglicht dem Kommunalunternehmen eine größere Selbständigkeit 8

[5] Nach den Ergebnissen des Krankenhaus Barometers 2013 wiesen 50,7 % der befragten Krankenhäuser (zugelassenen Allgemeinkrankenhäusern ab 50 Betten) in Deutschland einen Jahresfehlbetrag aus; vgl. Krankenhaus Barometers 2013, S. 100 (wirtschaftliche Lage).

[6] Vgl. Gesetz zur Regelung der Arbeitnehmerüberlassung (Arbeitnehmerüberlassungsgesetz – AÜG) zuletzt geändert durch Artikel 4 Absatz 46 des Gesetzes vom 7. August 2013 (BGBl. I, S. 3154).

[7] Zur Entwicklung der Prämien zur Haftpflichtversicherung seit 2010 im Krankenhausbereich vgl. Krankenhaus Barometers 2013, S. 6 ff (Haftpflichtversicherung im Krankenhaus).

[8] Übersicht über die Inhalte (Auszüge) des Krankenhausfinanzierungsreformgesetzes, das Krankenhaus 1.2009, S. 16ff.

[9] Gesetz zur Einführung eines pauschalierenden Entgeltsystems für psychiatrische und psychosomatische Einrichtungen (Psych-Entgeltgesetz – PsychEntgG) vom 21.07.2012 (BGBl. I, S. 1613).

[10] Gesetz zur Beseitigung sozialer Überforderung bei Beitragsschulden in der Krankenversicherung vom 15.07.2013 (BGBl. I, 2423).

[11] *Pfaffeneder*, BayBgm 1996, 139; *Rinken*, aaO, S. 118ff.; *Neusinger/Lindt*, Ein Unternehmen auf dem Vormarsch, BayVBl. 2002, S. 689.

[12] *Widtmann/Grasser*, BayGO – Komm., Art. 89 Rn. 2–6.

und Flexibilität, als dies den Eigenbetrieben und Regiebetrieben möglich ist. Diese Flexibilität ist unter Beachtung der zukünftigen demographischen Entwicklungen, der wachsenden medizinischen Bedürfnisse der Bevölkerung und der Änderungen der gesundheitspolitischen Rahmenbedingungen gerade auch für den Betrieb eines Krankenhauses ein gewichtiger Faktor, um dem medizinischen Fortschritt, den steigenden Ansprüchen von Patienten, Beschäftigten und Kooperationspartnern an ein modernes Krankenhaus angemessen entsprechen zu können und den bisher erreichten Standard in der medizinischen Daseinsvorsorge auch zukünftig erhalten zu können.

9 Auf Grund des großen Kostendrucks im Gesundheitswesen bedarf ein Krankenhaus einer Trägerform, die mögliche Synergieeffekte, die insbesondere durch Kooperationen ermöglicht werden können, weitgehend flexibel und eigenständig nutzen kann. Die Nutzung solcher Synergiepotentiale ermöglicht ein Kommunalunternehmen insbesondere auch in der Form des gemeinsamen Kommunalunternehmens gemäß Art. 49 und 50 KommZG. Als zusätzlicher Vorteil ist in diesem Zusammenhang auch die Möglichkeit zu sehen, sich an deren (privatrechtlichen) Unternehmen zu beteiligen, wenn die Beteiligung dem in der Satzung niedergelegten Zweck des Kommunalunternehmens entspricht.[13]

10 Weiter sprechen für das Kommunalunternehmen die in Art. 90 Abs. 2 S. 1 GO vorgesehenen Überwachungsmöglichkeiten und die durch Art. 90 Abs. 2 S. 4 und 5 GO eröffneten Einflussmöglichkeiten der Gebietskörperschaft im Hinblick auf das Krankenhaus. Zudem bewirkt die fehlende Bindung an den Öffentlichkeitsgrundsatz, dass Entscheidungen im Rahmen der Positionierung des Krankenhaus, die immer häufiger auch nach wettbewerblichen Gesichtspunkten zu treffen sind, gerade in nicht öffentlichen Sitzungen getroffen werden können.[14] Zu beachten ist aber die Regelung des § 27 Abs. 3 Verordnung über Kommunalunternehmen (KUV). Im Gegensatz zu den anderen möglichen Rechtsformen zählen die schlanke Struktur sowie die steuerliche Gleichbehandlung mit den Eigenbetrieben sowie der Bestand der Rechtsaufsicht über das Unternehmen zu den übrigen Vorteilen[15]. Auf Grund der Regelung des Art. 90 Abs. 5 GO dürften auch keine Probleme mit den eventuell verbeamteten ärztlichen und nichtärztlichen Mitarbeitern eines umzuwandelnden Regie- oder Eigenbetriebs in ein Kommunalunternehmen zu erwarten sein und somit dürfte auch der laufende medizinische Betrieb im Rahmen einer Umwandlung nicht gefährdet werden.

b) Nachteile

11 Gerade im Hinblick auf die Rechtsformen des Privatrechts als Träger eines Krankenhauses ist als Nachteil aufzuführen, dass eine Beteiligung Dritter an dem Kommunalunternehmen gesetzlich nicht vorgesehen ist. Im Rahmen der betriebswirtschaftlichen Erkenntnisse der Gesundheitsökonomie kann sich dies wegen der zunehmend häufiger werdenden Kooperationen im Gesundheitswesen, sei es mit anderen Krankenhäusern oder anderen medizinischen Leistungserbringern, und hinsichtlich der Investitionsentscheidungen von Investoren als ein Manko darstellen.[16] Überwindbar wäre dieses Manko aber eventuell durch die Beteiligung über Tochterunternehmen gemäß Art. 89 Abs. 1 S. 2 GO.

12 Bei der Gründung eines Kommunalunternehmens käme als Nachteil auch die Grunderwerbssteuerpflicht bezüglich der Übertragung von Grundeigentum für den Betrieb des Krankenhauses in Betracht. Als Lösungsmöglichkeit bietet sich im Rahmen der Gründung aber eventuell der Abschluss von langfristigen Verträgen (Pacht oder Leihe) über die Grundstücke für den Betrieb des Krankenhauses an.

[13] *Widtmann/Grasser*, aaO.
[14] *Rinken*, aaO, S. 133.
[15] *Widtmann/Grasser*, aaO.
[16] Vgl. hierzu ausführlicher Leinekugel „Die Überlegenheit der GmbH gegenüber öffentlich rechtlichen Rechtsformen" in: *Lenz/Dettling/Kieser*, Krankenhausrecht, Wissenschaftliche Verlagsgesellschaft Stuttgart, 2007, S. 203ff.

Als Nachteilig wird zudem angeführt, dass die betriebenen Krankenhäuser große Vermögenswerte darstellen und die vorstehend genannten Einflussmöglichkeiten, insbesondere gemäß Art. 90 Abs. 2 GO, nicht ausreichend seien. 13

c) Förderrechtliche Auswirkungen

Die Wahl der Rechtsform hat im Hinblick auf die Gewährung von Fördermitteln keine relevanten Auswirkungen, da das Gesetz zur wirtschaftlichen Sicherung der Krankenhäuser und zur Regelung der Krankenhauspflegesätze (KHG) in § 1 Abs. 2 S. 1 KHG die Beachtung der Vielfalt der Krankenhausträger festschreibt. 14

3. Kommunalrechtliche Grundlagen für die Betriebsführung eines Krankenhauses als Kommunalunternehmen im Freistaat Bayern

a) Allgemeine kommunalrechtliche Grundlagen

Der Sicherstellungsauftrag, der insbesondere auf die Versorgung der Bevölkerung mit den erforderlichen Krankenhausstrukturen gerichtet ist, wird in den kommunalrechtlichen Regelungen grundsätzlich festgeschrieben. 15

In Art. 51 Abs. 3 S. 1 Nr. 1 LKrO werden die Landkreise verpflichtet, im Rahmen des eigenen Wirkungskreises und in den Grenzen ihrer Leistungsfähigkeit, die erforderlichen Krankenhäuser zu errichten und zu unterhalten. Sollte diese Aufgabe die Leistungsfähigkeit eines Landkreises überschreiten, so ist die Aufgabe gemäß der Regelung des Art. 51 Abs. 4 LKrO in kommunaler Zusammenarbeit zu erfüllen. Art. 9 Abs. 1 GO verpflichtet insoweit auch die kreisfreien Gemeinden. Eine spezialgesetzliche Regelung enthält Art. 48 Abs. 3 Nr. 1 BezO, der die Bezirke in den Grenzen ihrer Leistungsfähigkeit verpflichtet, die Krankenhausstrukturen für psychische Erkrankungen, neurologische Erkrankungen und Suchterkrankungen zu errichten und zu unterhalten. 16

Bereits mit dem Gesetz zur Änderung des kommunalen Wirtschaftsrechts vom 26.7. 1995[17] wurde das selbständige Kommunalunternehmen des öffentlichen Rechts als Rechtsform in die bayerischen Kommunalgesetze eingeführt und trägt dem Sicherstellungsauftrag dadurch Rechnung, dass die Rechtsform des selbständigen Kommunalunternehmens auch für die Errichtung von Krankenhäusern genutzt werden kann. Diese ursprünglichen Regelungen des Kommunalunternehmens erfuhren in der nachfolgenden Zeit bedeutende Änderungen, von denen insbesondere die Zuweisung von Beamten durch das Gesetz zur Änderung kommunalrechtlicher Vorschriften vom 26.6.1997[18] und die diversen Umwandlungsmöglichkeiten von Unternehmen in der Rechtsform einer Kapitalgesellschaft in ein Kommunalunternehmen sowie die Einführung des fünften Teiles des KommZG mit dem Titel „Gemeinsames Kommunalunternehmen" durch das Gesetz zur Änderung des Kommunalrechts vom 26.7.2004[19] der Erwähnung bedürfen, da die LKrO gerade die kommunale Zusammenarbeit als Lösungsmöglichkeit im Rahmen der Krankenhausversorgung als Teil der Daseinsvorsorge ansieht, wenn die Aufgabe die Leistungsfähigkeit der Gebietskörperschaft übersteigt. 17

Die Regelungen über die (gemeinsamen) Kommunalunternehmen, die durch die erwähnten gesetzlichen Änderungen im Laufe der Zeit auch an die Bedürfnisse einer modernen Betriebsführung für kommunale Unternehmen angepasst wurden, fanden dementsprechend auch ihren Eingang in die gesetzlich festgeschriebenen Trägerstrukturen von öffentlichen Krankenhäusern. Insbesondere Art. 25 S. 1 des Bayerischen Krankenhausgesetzes (BayKrG), der nunmehr in seiner aktuellen Fassung die möglichen Rechtsformen der kommunalen Krankenhäuser nur im Grundsatz festlegt, wurde durch die Neufassung des BayKrG vom 28. März 2007[20] gestrafft und verzichtet inhaltlich zur 18

---

[17] GVBl. Bay S. 376.
[18] GVBl. Bay S. 344.
[19] GVBl. Bay S. 272 .
[20] GVBl. Bay S. 288.; zuletzt geändert durch: § 3 G v. 30.3.2012, 122.

Gänze auf die Aufzählung aller zulässigen Rechtsformen für kommunale Unternehmen. Die Neuregelung stellt diesbezüglich aber allgemein auf die Geltung der Vorschriften des Kommunalrechts ab und bezieht damit insbesondere das Kommunalunternehmen als möglichen Träger eines öffentlichen Krankenhauses und zudem die Vorschriften des Gesetzes über die Kommunale Zusammenarbeit (KommZG) mit ein. Somit können kommunale Krankenhäuser in der Form von (selbständigen) Kommunalunternehmen des öffentlichen Rechts betrieben bzw. in diese umgewandelt werden sowie in Form eines Gemeinsamen Kommunalunternehmens nach Art. 2 Abs. 2 und 4 iVm Art. 49 Abs. 1 KommZG errichtet bzw. in dieses umgewandelt werden.

b) Besondere kommunalrechtliche Grundlagen

19 Die Regelungen des Art. 123 Abs. 1 Nr. 15 GO, des Art. 109 Abs. 1 Nr. 15 LKrO sowie Art. 103 Abs. 1 Nr. 15 BezO sehen eine Verordnungsermächtigung des Staatsministeriums des Inneren im Einvernehmen mit dem Staatsministerium der Finanzen im Hinblick auf den Vollzug der entsprechenden kommunalen Vorschriften vor.

20 Von der vorstehenden Ermächtigungsgrundlagen hat das Bayerische Staatsministerium des Innern im Einvernehmen mit dem Staatsministerium der Finanzen Gebrauch gemacht und hat die Verordnung über Kommunalunternehmen (KUV) vom 19. 3. 1998[21] sowie die Verordnung über die Wirtschaftsführung der kommunalen Krankenhäuser (WkKV) am 11.3.1999[22] erlassen, um unter anderem auf die Bestrebungen der Gebietskörperschaften zu reagieren, auch Krankenhäuser zukünftig in der Trägerschaft von Kommunalunternehmen betreiben zu können.

21 **aa) Verordnung über Kommunalunternehmen (KUV).** Die Verordnung regelt insbesondere im Hinblick auf die Betriebsführung eines kommunalen Krankenhauses in § 1 Abs. 3 KUV zunächst, dass die Vorschriften dieser Verordnung keine Anwendung auf diejenigen Krankenhäuser finden, die den Bestimmungen der Bundespflegesatzverordnung unterliegen. Ebenso finden die Vorschriften der KUV keine Anwendung auf Pflegeeinrichtungen, die den Bestimmungen des Elften Buchs Sozialgesetzbuch – Soziale Pflegeversicherung – unterliegen.

22 Eine Ausnahme von diesem Grundsatz gilt jedoch sowohl für die vorstehend angesprochenen Krankenhäuser als auch für die vorstehend angesprochenen Pflegeeinrichtungen, wenn in der Krankenhaus-Buchführungsverordnung (KHBV[23]), der Verordnung über die Wirtschaftsführung der kommunalen Krankenhäuser (WkKV), der Pflege-Buchführungsverordnung (PBV) bzw. der Verordnung über die Wirtschaftsführung der kommunalen Pflegeeinrichtungen (WkPV) abweichende Regelungen getroffen sind. Beachtenswert ist im Falle des Betriebs mehrerer Krankenhäuser durch eine Gemeinde, dass die als „Soll-Vorschrift" ausgestaltete Regelung des § 6 S. 1 KUV besagt, dass die Versorgungsbetriebe die gleiche Rechtform haben sollen und, wenn sie Kommunalunternehmen sind, zu einem Kommunalunternehmen zusammengefasst werden sollen. Der Hintergrund hierfür dürfte in der Vereinfachung der Verwaltung der Krankenhäuser und der Ermöglichung der verbesserten Nutzung von Synergieeffekten liegen.

23 Die Verordnung besitzt gemäß § 1 Abs. 2 KUV auch Geltung für die Kommunalunternehmen der Landkreise, Bezirke, Verwaltungsgemeinschaften und Zweckverbände und somit für deren Krankenhäuser. Die Vorschriften der KUV gelten auch für gemeinsame Kommunalunternehmen, mit Ausnahme der Vorschrift des § 28 KUV, der den Vermögensübergang bei Auflösung des Kommunalunternehmens im Wege der Rechtsnachfolge auf die Gemeinden bestimmt.

---

[21] GVBl. Bay S. 220.; zuletzt geändert durch: § 1 Nr. 56 G v. 8.4.2013, 174.
[22] GVBl. Bay S. 132.; zuletzt mehrfach geändert durch § 4 V.v. 5.10.2007.
[23] Zuletzt geändert durch Änderung der Rechnungslegungsverordnung vom 09.06.2011 (BGBl. I, 1041).

Hinzuweisen ist an dieser Stelle noch auf die Regelungen zur Finanzausstattung nach § 9 KUV und zur Finanzierung von Investitionen nach § 10 KUV. Danach ist sicherzustellen, dass das Kommunalunternehmen seine Aufgaben nachhaltig erfüllen kann und entsprechende Investitionen für die technische und wirtschaftliche Fortentwicklung insbesondere durch angemessene Rücklagen ermöglicht werden. Der Jahresgewinn soll zudem nach § 14 Abs. 1 KUV so hoch sein, dass neben angemessenen Rücklagen mindestens eine marktübliche Verzinsung des Eigenkapitals erwirtschaftet wird. Hieraus zeigt sich, dass auch bei Kommunalunternehmen wirtschaftliche Ziele festgeschrieben werden, um das Unternehmen wirtschaftlich stabil zu halten. 23a

bb) Verordnung über die Wirtschaftsführung kommunaler Krankenhäuser (WkKV) und deren Verwaltungsvorschriften (VVWkKV). Für die kommunalen Krankenhäuser gelten neben der KUV die weiteren spezialgesetzlichen Vorschriften der WkKV[24]. Die Ermächtigungsgrundlage für den Erlass der WkKV durch das Bayerische Staatsministerium des Inneren im Einvernehmen mit dem Bayerischen Staatsministerium für Arbeit, Sozialordnung, Frauen und Familie bestimmt sich nach dem Art. 123 Abs. 1 S. 3 GO, dem Art 109 Abs. 1 S. 3 LKrO und dem Art. 103 Abs. 1 S. 3 BezO. Konkretisiert werden die Vorschriften der WkKV durch die Verwaltungsvorschriften zur Verordnung über die Wirtschaftsführung der kommunalen Krankenhäuser (VVWkKV)[25]. 24

(1) Der Anwendungsbereich der Verordnung über die Wirtschaftsführung der kommunalen Krankenhäuser (WkKV). Der Anwendungsbereich der WkKV wird von der Verordnung klar definiert. § 1 Abs. 2 S. 1 WkKV regelt zunächst, dass für kommunale Krankenhäuser, die als Regiebetrieb, Eigenbetrieb oder selbständiges Kommunalunternehmen des öffentlichen Rechts geführt werden, die für die Gemeinden, die Landkreise und die Bezirke geltenden Vorschriften über die Wirtschaftsführung nicht anzuwenden sind, soweit in der Krankenhaus-Buchführungsverordnung (KHBV) und in der WkKV abweichende Regelungen getroffen sind. Es wird somit der Vorrang dieser spezialgesetzlichen Regelungen ausdrücklich festgeschrieben. Die WkKV gilt jedoch gemäß § 1 Abs. 2 S. 2 WkKV nicht für Krankenhäuser in einer Rechtsform des privaten Rechts, die einen kommunalen Träger haben oder an denen ein kommunaler Träger beteiligt ist. 25

(2) Inhalt der WkKV. Die WkKV bestimmt in § 1 Abs. 1, dass diejenige Kommunalhaushaltsverordnung anzuwenden ist, die auch für die Haushaltsführung der Kommune gilt. Für das gemeinsame Kommunalunternehmen nach § 49 Abs. 1 KommZG ist demnach gemäß § 1 Abs. 4 S. 2 KUV in der Unternehmenssatzung zu regeln, welche Kommunalhaushaltsordnung anzuwenden ist. Die WkKV beinhaltet vor allem in den Regelungen zu §§ 2 bis 6 die rechtlichen Rahmenbedingungen hinsichtlich der jährlich durchzuführenden wirtschaftlichen und finanziellen Planungen des Krankenhauses. Insbesondere ist ein Wirtschaftsplan aufzustellen, der aus einem darin enthaltenen Erfolgs- und Vermögensplan zu bestehen hat und dem ein Stellenplan und eine Stellenübersicht beigefügt werden muss. Für den Fall, dass mehrere Krankenhäuser betrieben werden, ist für jedes Krankenhaus, für das nach § 9 WkKV ein Jahresabschluss aufgestellt wird, nach den Verwaltungsvorschriften zu § 2 Nr. 3 VVWkKV ein eigener Wirtschaftsplan zu erstellen. 26

Der Krankenhaus-Erfolgsplan ist in den Planansatz, das Ergebnis des Jahresabschluss sowie in Erläuterungen zu unterteilen und hat alle voraussehbaren Erträge und Aufwendungen eines Geschäftsjahres zu enthalten. Diese Mindestgliederung hat nach § 3 Abs. 1 S. 2 WkKV entsprechend der Gewinn- und Verlustrechnung zu erfolgen. 27

Der Krankenhaus-Vermögensplan hat insbesondere alle voraussehbaren Ausgaben eines Geschäftsjahres darzulegen und muss zudem Auskunft über die Tilgungsleistungen geben. 28

---

24 Zuletzt geändert durch § 4 V v. 5.10.2007, 707.

25 Verwaltungsvorschriften zur Verordnung über die Wirtschaftsführung der kommunalen Krankenhäuser (VVWkKV) vom 12. Juli 2001 Az.: I B 3-1512.6-3; AllMBl 2001, S. 258 (Nr. 7).

Zusätzlich hat er Auskunft über die Höhe des in dem entsprechenden Geschäftsjahr zu deckenden Verlustes, die vorhandenen und zu beschaffenden Deckungsmittel zu geben und hat abschließend die notwendigen Verpflichtungsermächtigungen zu enthalten.

29 Weiter ist gemäß § 6 WkKV ein fünfjähriger Krankenhaus-Finanzplan aufzustellen, der eine nach Jahren gegliederte Auskunft über die Ausgaben und Deckungsmittel sowie über die nach Jahren gegliederte Entwicklung der Jahresüberschüsse oder Fehlbeträge zu geben hat. Eine Rücklage nach § 20 KommHV ist gemäß § 8 WkKV nicht erforderlich. Für das Krankenhaus ist am Schluss des jeweiligen Geschäftsjahres ein Krankenhaus-Jahresabschluss (§ 4 Abs. 1 und 3 KHBV) aufzustellen.

30 § 11 WkKV regelt abschließend die Verpflichtung zur Aufstellung eines jährlichen Lageberichts für das Krankenhaus. Der Lagebericht muss in Anlehnung an § 289 Abs 2 HGB erstellt werden und hat dementsprechend die dort beschriebenen Inhalte, wie Vorgänge besonderer Bedeutung, voraussichtliche Entwicklung, Forschung und Entwicklung sowie Zweigniederlassungen, zu behandeln. Weiter hat der Lagebericht insbesondere Auskunft auch über den Stand der im Bau befindlichen Anlagen oder geplanten Bauvorhaben des Krankenhauses und des Personalaufwandes zu geben.

31 **(3) Die Verwaltungsvorschriften zur Verordnung über die Wirtschaftsführung der kommunalen Krankenhäuser (VVWkKV).** Die VVWkKV vom 12.7.2001[26] nehmen direkten und erläuternden Bezug auf die einzelnen Vorschriften der WkKV und enthalten in der Anlage ein Muster eines Wirtschaftsplanes für ein Krankenhaus. Rechtstechnisch handelt es sich hierbei nicht um sogenannte Außenrechtssätze.[27] Vielmehr dienen die Verwaltungsvorschriften aus Sicht des Verordnungsgebers dazu, die Bestimmungen für den jeweiligen Rechtsanwender verständlich und handhabbar zu machen.[28]

c) Auswirkungen des europäischen Beihilferechts

32 Die kommunalen Krankenhäuser sind eine wichtige Stütze im Rahmen der Daseinsvorsorge der Bevölkerung. Die Krankenhausleistungen sind daher im europäischen Kontext als Dienstleistungen von allgemeinem wirtschaftlichen Interesse (DAWI) zu sehen und bedürfen vor allem im Hinblick auf eventuelle staatliche Beihilfen einer genauen Betrachtung[29]. Der rechtliche Rahmen dieser Beihilfen orientiert sich nunmehr insbesondere an dem unter dem Stichwort „Almunia-Paket" bekannt gewordene Maßnahmenpaket[30] und sollte im Rahmen der Betriebsführung des kommunalen Krankenhauses stets berücksichtigt werden. Beachtung sollte hierbei vor allem dem in der so genannten Freistellungsentscheidung[31] eingeführten Betrauungsakt geschenkt werden. Zur Rechtsfrage des Vorliegens eines wettbewerbsrechtlichen Unterlassungsanspruchs auf Grund der angeblichen Verletzung des europäischen Beihilferechts ist aktuell ein Urteil des LG Tübingen beachtenswert, das sich auch mit den Rechtsfragen des Durchführungsverbots nach Art. 108 Abs. 3 S. 2 AEUV befasst[32].

4. Krankenhausrechtliche Grundlagen für die Krankenhausplanung und die Betriebs- und Wirtschaftsführung eines Krankenhauses als Kommunalunternehmen im Freistaat Bayern

33 Die wirtschaftliche Sicherung der Krankenhäuser und die Regelung der Krankenhauspflegesätze unterliegen der konkurrierenden Gesetzgebung gemäß Art. 74 Abs. 1 Nr. 19 a

[26] AllMBl S. 258.
[27] Vgl. *Kopp/Schenke*, VwGO – Kom., 18. Aufl., § 47 Rn. 29 .
[28] Vgl. Fn. 27 und oben Kapitel D, Rn. 20.
[29] Vg. Art. 107 Abs. 1, Art 106 Abs. 2 AEUV.
[30] In Kraft seit dem 31.1.2012; vgl. zudem DAWI Mitteilung ABl C 8, 11.1.2012, S. 4, sog. Freistellungsbeschluss ABl L 7, 11.1.2012, S. 3, Mitteilung der Kommission ABl C 8. 11.1.2012, S. 15, DAWI De-minimis-Verordnung ABl L 114, 26.4.2012, S. 8.
[31] 2005/842/EG, Abl. 2005 L 312, S. 67ff.
[32] LG Tübingen, Urt. vom 23.12.2013, Az. 5 O 72/13.

GG. Dementsprechend müssen in der Darstellung der landesrechtlichen Vorschriften stets auch die bundesrechtlichen Regelungen, beispielsweise das Gesetz zur wirtschaftlichen Sicherung der Krankenhäuser und zur Regelung der Krankenhauspflegesätze (Krankenhausfinanzierungsgesetz – KHG), die Bundespflegesatzordnung (BPflV) und das Gesetz über die Entgelte für voll- und teilstationäre Krankenhausleistungen (Krankenhausentgeltgesetz – KHEntgG) beachtet werden. Die wichtigsten landesrechtlichen Vorschriften für die Krankenhausplanung und die Betriebs- und Wirtschaftsführung eines Krankenhauses sind im Bayerischen Krankenhausgesetz (BayKrG) vom 28.3.2007[33] sowie in der Verordnung zur Durchführung des Bayerischen Krankenhausgesetzes (DVBayKrG) vom 14.12.2007[34] verortet.

a) Krankenhausplanung im Rahmen des Bayerischen Krankenhausgesetz (BayKrG)

In der Fassung der Bekanntmachung vom 28.3.2007 wurde das Bayerische Krankenhausgesetz neu gefasst und den geänderten Rahmenbedingungen im Gesundheitswesen, nicht zuletzt hinsichtlich der notwendigen Überwindung der sektoralen Grenzen zwischen ambulanter und stationärer Behandlung, angepasst. 34

Der Gesetzesziel nach Art. 1 BayKrG ist die bedarfsgerechte stationäre Versorgung der Bevölkerung durch ein funktional abgestuftes und effizient strukturiertes Netz einander ergänzender Krankenhäuser freigemeinnütziger, privater und öffentlich-rechtlicher Träger. Dies soll auf Grundlage der Krankenhausplanung durch die Förderung eigenverantwortlich wirtschaftender, leistungsfähiger Krankenhäuser erreicht werden. Die hierzu grundlegende bundesrechtliche Regelung für die Krankenhausplanung findet sich in § 1 Abs. 1 KHG iVm. § 6 KHG und legt als gesetzgeberisches Ziel die wirtschaftliche Sicherung der Krankenhäuser, die bedarfsgerechte Versorgung der Bevölkerung mit leistungsfähigen Krankenhäusern und die sozial tragbaren Pflegesätze fest. Der in § 1 Abs. 2 S. 1 KHG zum Ausdruck gekommene Gedanke der Trägervielfalt findet in Art. 1 S. 1 BayKrG eine entsprechende landesgesetzliche Regelung. 35

Das BayKrG beinhaltet nach seinem Zweck insbesondere die Regelungen zur Krankenhausplanung sowie die Vorschriften hinsichtlich der Vergabe von Fördermittel für Investitionskosten des Krankenhauses und stellt somit als gesetzgeberisches Ziel auf die Daseinsvorsorge für die Bevölkerung im Hinblick auf die (voll- und teil-) stationäre medizinische Versorgung ab. Weiter trägt diese Vorschrift den gesetzgeberischen Zielen des § 1 Abs. 1 KHG auf Landesebene Rechnung. 36

aa) Ziele der Krankenhausplanung. Zur Verwirklichung der Zielsetzung des Bayerischen Krankenhausgesetzes wird demnach im Rahmen der staatlichen Planungshoheit ein Krankenhausplan für das bayerische Staatsgebiet aufgestellt und kontinuierlich – zumeist jährlich – gemäß § 6 Abs. 1 KHG sowie Art. 3 und 4 BayKrG fortgeschrieben.[35] Der Krankenhausplan stellt den konkreten Bedarf an Kapazitäten zur Erbringung von voll- und teilstationären Krankenhausbehandlungen fest und bestimmt, welche Krankenhäuser zur bedarfsgerechten Versorgung der Bevölkerung notwendig sind und entsprechend den gesetzlichen Bestimmungen gefördert werden. Weiter legt er fest, welche Gesamtbettenzahl und welche Fachrichtungen für die Versorgung der Bevölkerung jedem Krankenhaus zuerkannt werden. Hiervon ist der vorstehend beschriebene kommunale Sicherstellungsauftrag im Rahmen der Kommunalgesetze (GO, LKrO, BezO) zu unterscheiden. Es zeigt sich daher, dass die Verantwortung für die Daseinsvorsorge sowohl eine kommunale als auch eine landesgesetzliche Ausprägung besitzt. Die Großgeräteplanung als Ausfluss der Krankenhausplanung für den Freistaat Bayern, die ein Verfahren zur Abstimmung medizinisch-technischer Großgeräte in Krankenhäusern und 37

[33] GVBl. Bay S. 288; zuletzt geändert durch Gesetz v. 30.3.2012, 122.
[34] GVBl. Bay S. 989; zuletzt geändert durch Verordnung v. 26.9.2013, 621.
[35] Vgl. hierzu BVerfGE 82, 209.

einen Katalog abstimmungspflichtiger Großgeräte zum Inhalt hatte, wurde im Jahre 1997 jedoch aufgehoben.

38 Ein weiteres Ziel der Krankenhausplanung ist es, Fehlinvestitionen im Krankenhausbereich und damit gesundheits- und wirtschaftspolitisch unvertretbare Fehlleitungen öffentlicher Mittel, ausgehend vom konkreten Bedarf an stationären Krankenhausleistungen im Rahmen der Daseinsvorsorge, zu verhindern.

39 Die Krankenhausplanung soll nach den ausdrücklichen Worten des Gesetzes in Art. 3 Abs. 2 S. 2 BayKrG auch die Zusammenarbeit der Krankenhäuser unterstützen und über kommunale Gebietsgrenzen hinweg eine Zusammenarbeit fördern. Der Hintergrund dürfte auch hier die vermehrte Nutzung von Synergieeffekten und Einsparpotentialen sein. Schlagwortartig hat der Krankenhausplan nach der Rechtsprechung des BVerwG somit eine Bedarfsanalyse, eine Krankenhausanalyse und die Festlegung der zur Bedarfsdeckung notwendigen Krankenhäuser zu enthalten (sog. Versorgungsentscheidung).[36]

40 **bb) Rechtsgrundlagen für die Krankenhausplanung im Freistaat Bayern.** § 6 Abs. 1 KHG schreibt fest, dass die Länder zur Verwirklichung der in § 1 KHG genannten Ziele Krankenhauspläne und Investitionspläne aufzustellen haben. Das Nähere ist nach § 6 Abs. 4 KHG durch das jeweilige Landesrecht zu regeln. Diesem gesetzlichen Auftrag kommt das BayKrG durch die landesrechtliche Regelung in Art. 3 BayKrG nach und regelt, dass zur Verwirklichung einer bedarfsgerechten stationären Versorgung der Bevölkerung im Freistaat Bayern ein Krankenhausplan für das gesamte Staatsgebiet aufgestellt und entsprechend der Entwicklung fortgeschrieben wird.

41 Der Krankenhausplan selbst besitzt weder Verwaltungsaktqualität noch ist er als normative Rechtssetzung zu verstehen. Vielmehr ist der Krankenhausplan ein so genanntes „Verwaltungsinternum" (Planungsinstrument).[37]

cc) Inhalt des Krankenhausplans. Der Krankenhausplan des Freistaats Bayern besteht konkret aus zwei Teilen:[38]

42 Teil I: Er beinhaltet die allgemeinen Grundsätze der Krankenhausplanung im Freistaat Bayern und konkretisiert dessen Inhalt. Insbesondere beinhaltet dieser Teil, dass mit Vorlage dieses Planes keine Festschreibung im Bereich der Krankenhausversorgung geschaffen werden soll und die nach Art. 3 Abs. 1 BayKrG vorgesehene Fortschreibung anhand der Entwicklung des tatsächlichen Bedarfs kontinuierlich durchzuführen ist. Aussagen zum Umfang der Krankenhausfinanzierung macht der Krankenhausplan auf Grund seiner Intention als reines Planungsinstrument nicht. Vielmehr enthält er Grundsätze und Leitlinien für die Krankenhausplanung. Zudem besagt dieser Teil des Krankenhausplans, den nur allgemeinen landes- und bundesgesetzlichen Vorgaben folgend, dass die innere Struktur der Krankenhäuser nicht reglementiert werden soll.

43 Teil II: Dieser Teil beinhaltet die nach Regierungsbezirken unterteilten Krankenhäuser, die Schulen für Berufe des Gesundheitswesens, die stationäre Versorgungseinrichtungen von Risiko-Neugeborenen sowie die stationäre Palliativversorgung. Der dem Teil II des Krankenhausplans nachfolgende Anhang führt neben den nichtgeförderten Krankenhäusern mit Versorgungsvertrag insbesondere auch die Hochschulkliniken im Freistaat Bayern auf.

44 Die in Teil II des Krankenhausplans aufgenommen Krankenhäuser (sogenannte „Plankrankenhäuser") sind in ihrem medizinischen Leistungsangebot abgestuft und gemäß Art. 4 Abs. 2 BayKrG i.V.m. Art. 28 Abs. 2 BayKrG in drei Versorgungsstufen und Fachkrankenhäuser unterteilt:

- Erste Versorgungsstufe: Diese Krankenhäuser dienen der Grundversorgung.

---

[36] Vgl. BVerwGE 72, 38.

[37] Vgl. *Stollmann* in Huster/Kaltenborn, Krankenhausrecht, § 4 RdNr. 8 *Quaas/Zuck*, Medizinrecht, 2. Aufl., § 25 Rn. 332.

[38] Vgl. Krankenhausplan des Freistaats Bayern vom 1.1.2013 (38. Fortschreibung).

- Zweite Versorgungsstufe: Diese Krankenhäuser erfüllen in Diagnose und Therapie auch überörtliche Schwerpunktaufgaben.
- Dritte Versorgungsstufe: Diese Krankenhäuser halten im Rahmen des Bedarfs ein umfassendes und differenziertes Leistungsangebot sowie entsprechende medizin-technische Einrichtungen vor.
- Fachkrankenhäuser für bestimmte Krankheitsarten oder Kranke bestimmter Altersstufen.

Der Krankenhausplan wird zudem durch Fachprogramme, beispielsweise die Fachprogramme für Palliativstationen, ergänzt und informiert ohne planerische Konsequenz über die am DMP Programm Brustkrebs teilnehmenden Krankenhäuser. 45

Der Grund für die Einteilung der Krankenhäuser in Versorgungsstufen ist zum einen ein krankenhausplanerischer Aspekt, zum anderen dient die Einteilung aber auch der Festlegung der Höhe der pauschalen Förderung nach der Regelung des Art. 12 BayKrG, der nunmehr jedoch gemäß § 6 Abs. 2 DVBayKrG zum überwiegenden Teil „leistungsbezogen" ausgestaltet ist. Die nach Regierungsbezirken aufgeteilten Plankrankenhäuser werden in Teil II des Krankenhausplans nachfolgend einzeln namentlich aufgelistet und hinsichtlich der Trägerschaft, Gesamtbettenzahl, Fachrichtungen, eventuellen Bemerkungen sowie dem Standort näher bezeichnet. 46

Der Bettenbedarf (BB) im Rahmen der Bedarfsanalyse für das gesamte Staatsgebiet des Freistaats Bayern wird grundsätzlich anhand der Hill-Burton-Formel ermittelt: 47

$$\frac{\text{Einwohnerzahl x Krankenhaushäufigkeit} \times \text{Verweildauer} \times 100}{\text{Bettennutzung} \times 1000 \times 365} = \text{BB}$$

Die Bettenbenutzung (BN), die in einem von Hundert Satz ausgedrückt wird, errechnet sich nach folgender Formel: 48

$$\frac{\text{Berechnungs- und Belegungstage}}{\text{Betten} \times 365} = \text{BN}$$

Aus fachlicher Sicht legt der Krankenhausplan eine Bettennutzung in Höhe von 85 v.H. als den Erfordernissen an eine medizinisch leistungsfähige und wirtschaftliche Akutversorgung fest, wobei stets der Einzelfall zu beachten ist. Aussagen über die Finanzierung von Investitionen enthält der Krankenhausplan (mit Ausnahme der Auflistung der nicht geförderten Krankenhäuser) nicht. Zudem soll der Krankenhausplan keine Regelungen über die internen Strukturen der Krankenhäuser treffen, da dies zu staatlichem Dirigismus und zur Hemmung innerer struktureller Entwicklungen der Krankenhäuser führen würde. 49

dd) Aufnahme in den Krankenhausplan. Ein Anspruch auf die Feststellung der Aufnahme eines Krankenhauses in den Krankenhausplan besteht gemäß § 8 Abs. 2 S. 1 KHG nicht. Im Rahmen der Entscheidung über die Aufnahme in den Krankenhausplan hat die zuständige Landesbehörde gemäß § 8 Abs. 2 S. 2 KHG unter Berücksichtigung der öffentlichen Interessen und der Vielfalt der Krankenhausträger nach pflichtgemäßem Ermessen zu entscheiden, welches Krankenhaus den Zielen der Krankenhausplanung des Landes am besten gerecht wird. 50

Art. 5 Abs. 1 BayKrG übernimmt diese bundesgesetzliche Vorgabe und regelt die vorstehend beschriebene Bedarfsgerechtigkeit eines Krankenhauses dahingehend, dass es die Gewähr dafür zu bieten hat, dass das Krankenhaus nach seinem Standort und seiner Größenordnung seine Aufgabe medizinisch leistungsfähig und wirtschaftlich wahrzunehmen. Zu beachten ist in diesem Zusammenhang, dass diese Grundsätze für die Prüfung der Bedarfsgerechtigkeit nicht nur für das gesamte Krankenhaus, sondern auch für die Prüfung der im Krankenhaus vorgehaltenen Bettenzahl und Abteilungen gilt.[39] 51

[39] Vgl. *Quaas/Zuck*, Medizinrecht, 2. Aufl., § 25 Rn. 342ff.

52 Im Rahmen der Feststellungen des Krankenhausplans, stellt sich häufig auch die Frage nach den Möglichkeiten des Konkurrentenschutzes. Der Beschluss des Bundesverfassungsgerichts vom 14.1.2004 hat zunächst vor allem Klarheit über die Zulässigkeit einer Klage eines im Planaufnahmeverfahren unterlegenen freigemeinnützigen Krankenhauses gegen den ergangenen positiven Feststellungsbescheid des mit ihm um die Planaufnahme konkurrierenden Krankenhauses gebracht hat (sogenannte „aktive Konkurrentenklage“).[40] Es stellte sich darüber hinaus aber bislang die Frage der Zulässigkeit einer Konkurrentenklage eines oder mehrerer Plankrankenhauses im Hinblick auf die Verhinderung der Aufnahme eines konkurrierenden Krankenhauses in den Krankenhausplan (sogenannte „passive Konkurrentenklage“).[41] Mit Urteil vom 25.9.2008 hat das Bundesverwaltungsgericht zu dieser Fragestellung Stellung bezogen.[42] Konkurrieren dementsprechend mehrere Krankenhäuser um einen bestimmten Versorgungsbedarf und trifft die Behörde unter ihnen eine Auswahl, so könne nach der Rechtsprechung des Bundesverwaltungsgerichts eine Anfechtungsklage des einen Krankenhauses gegen den an das andere Krankenhaus gerichteten begünstigenden Bescheid zulässig sein. Voraussetzung sei freilich, dass der Kläger für sich selbst eine Planaufnahme erstreiten und nicht lediglich eine Planherausnahme abwehren will. Nimmt die Behörde aber ein Krankenhaus in den Plan auf, ohne eine Auswahlentscheidung zum Nachteil eines anderen Krankenhauses zu treffen, so werden Rechte des anderen Krankenhauses nicht berührt.

b) Durchführungsverordnung zum BayKrG (DVBayKrG)

53 Die DVBayKrG wurde auf Grund Art. 23 Abs. 1 und 2 BayKrG erlassen und enthält unter anderem die Vorschriften für die Durchführung der im BayKrG vorgesehenen Bereitstellung von Fördermitteln, aber auch Vorschriften nach einem Trägerwechsel bzw. ergänzende Bestimmungen. Die DVBayKrG differenziert im Bereich der Fördermittel für ein Krankenhaus hinsichtlich der Vorgaben des BayKrG zwischen der Einzelförderung von Investitionen und der Pauschalen Förderung nach dem dritten Abschnitt des BayKrG. Die jährlich festzusetzende pauschale Förderleistung errechnet sich dabei nunmehr aus einem leistungsbezogenen und einem aufgabenbezogenen Teilbetrag[43].

Zur Bestimmung des leistungsbezogenen Teilbetrags der Jahrespauschale sind die nach durchschnittlicher Fallschwere gewichteten Fallzahlen des Krankenhauses maßgeblich[44].

Der aufgabenbezogene Teilbetrag der Jahrespauschale ergibt sich aus den für die medizinische Aufgabenstellung nach dem Krankenhausplan jeweils zu Jahresbeginn ausgewiesenen Kapazitäten an voll- und teilstationären Behandlungsplätzen des Krankenhauses, die nach dem gruppenspezifischen Investitionsbedarf zu gewichten und mit dem jährlich festzusetzenden anteiligen Förderbetrag zu multiplizieren sind[45]. Für die im kooperativen Belegarztwesen vorgehaltenen Behandlungskapazitäten erhöht sich dabei zudem der Gewichtungsfaktor[46].

54 § 17 DVBayKrG regelt in Verbindung mit Art. 21 BayKrG insbesondere die Mitbenutzung von bedarfsnotwendigen Anlagegütern zu Zwecken außerhalb der akutstationären Versorgung. Unter dem Begriff der bedarfsnotwendigen Anlagegüter versteht man gemäß § 2 Nr. 2 b KHG die Güter des zum Krankenhaus gehörenden Anlagevermögens. Diese werden im Rahmen von Kooperationen oder dem Betrieb von ambulanten Ein-

---

[40] BVerfG Beschluss vom 14.1.2004, GesR 2004, S. 85.

[41] Zum Meinungsstreit vgl. *Thomae* in *Ratzel/Luxenburger*, Handbuch Medizinrecht, § 30 Rn. 144ff; *Lenz* in *Saalfrank*, Handbuch des Medizin- und Gesundheitsrechts, § 6 Abschnitt 2 – staatliche Planung von Krankenhäusern.

[42] BVerwG vom 25.9.2008 (Az. BVerwG 3 C 35.07).

[43] Vgl. Verordnung zur Änderung der Verordnung zur Durchführung des Bayerischen Krankenhausgesetzes vom 26.09.2013 (GVBl Nr. 19/2013, S. 621).

[44] § 6 Abs. 3 DVBayKrG; dort wird auf die Modalitäten des KHEntgG Bezug genommen.

[45] § 6 Abs. 4 DVBayKrG.

[46] § 6 Abs. 4 S. 2 DVBayKrG.

richtungen durch das Krankenhaus teilweise auch zur Durchführung von ambulanten Behandlungen von Patienten oder vergleichbaren Nutzungen benutzt. Da die Zielsetzung der Krankenhausplanung und die hieraus resultierende finanzielle Förderung der Krankenhäuser ausschließlich an dem Bedarf an (teil-) stationärer Behandlung der Bevölkerung ausgerichtet ist und den ambulanten Bereich in der Regel nicht zu berücksichtigen hat, statuiert § 17 DVBayKrG in Verbindung mit Art. 21 BayKrG eine entsprechend anteilige Kürzung der Förderleistungen für die Krankenhäuser. Der Programmsatz des Art. 3 Abs. 3 BayKrG, dass die Kooperation der Krankenhäuser insbesondere mit den niedergelassenen Ärzten im Rahmen der Anwendung der landesgesetzlichen Reglungen hinsichtlich des Krankenhauswesens grundsätzlich berücksichtigt werden sollen, verliert bei dieser Kürzungsregelung etwas an Gewicht. Im Hinblick auf die stetig zunehmende und gesundheitspolitisch geforderte enge Verzahnung von ambulanter und (teil-) stationärer Patientenbehandlung durch eine sinnvolle Kooperation der jeweiligen Leistungserbringer und auf Grund der örtlichen Unterschiede im Rahmen der medizinischen Versorgung der Bevölkerung, ist daher eine enge Auslegung dieser Vorschrift und eine zu strikte Geringfügigkeitsgrenze als kontraproduktiv im Hinblick auf den Programmsatz des Art. 3 Abs. 3 BayKrG und die gesundheitspolitischen Zielsetzungen zu bezeichnen.

c) Versorgungsauftrag

Die gesetzliche Regelung des § 109 Abs. 4 S. 2 SGB V legt fest, dass das zugelassene 55
Krankenhaus im Rahmen seines Versorgungsauftrages zur Krankenhausbehandlung der gesetzlich Versicherten verpflichtet und dementsprechend auch berechtigt ist. Gemäß § 8 Abs. 1 S. 3 KHEntgG wird auf den Begriff des Versorgungsauftrages zwar Bezug genommen und festgelegt, dass das Krankenhaus nur im Rahmen seines Versorgungsauftrages die Möglichkeit hat, die entsprechende Krankenhausleistung mit den Krankenkassen abzurechnen. Jedoch erfolgt keinerlei gesetzliche Definition für den Versorgungsauftrag eines Krankenhauses. Eine wichtige Ausnahme von dem Verbot der Abrechnung von Leistungen außerhalb des Versorgungsauftrages eines Krankenhauses gilt im Rahmen von Notfällen. § 8 Abs. 1 S. 1 KHEntgG regelt, dass die Entgelte für alle Benutzer des Krankenhauses einheitlich zu berechnen sind.

Die Regelung des § 8 Abs. 1 S. 4 Nr. 1 KHEntgG iVm § 6 Abs. 1 und § 8 Abs. 1 S. 3 KHG 56
legt fest, dass sich der Versorgungsauftrag bei einem Plankrankenhaus aus den Festlegungen des Krankenhausplans in Verbindung mit den Bescheiden zu seiner Durchführung und den ergänzenden Vereinbarungen nach § 109 SGB V ergibt.[47] Bei anderen Krankenhäusern ist der Versorgungsvertrag nach § 8 Abs. 1 S. 4 Ziffer 3 iVm § 108 Nr. 3 SGB V maßgeblich. Eine abschließende und individuell-konkrete Festlegung der im Einzelfall erbringbaren und abrechenbaren medizinischen Leistungen lässt sich hieraus aber nicht ableiten, so dass unter anderem anhand der Feststellungsbescheide und der medizinischen Aufgabenzuweisungen, insbesondere anhand der einschlägigen Weiterbildungsordnungen, des Umfangs und der Vergütung der Leistungen sowie im Hinblick auf die vorgehaltenen personellen und sachlichen Mittel im Einzelfall geklärt werden muss.[48] Der Krankenhausträger kann im Rahmen des Versorgungsauftrages unter Beachtung der Vorgaben des Krankenhausplans und den Bescheiden zu seiner Durchführung aber beispielsweise frei entscheiden, ob eine Abteilung als Belegabteilung oder Hauptabteilung geführt wird[49]. Diese Frage ist nicht Teil des Versorgungsauftrages selbst und demnach Teil der inneren Strukturentwicklung des Krankenhauses, die vom Krankenhausplan gerade nicht

[47] *Thomae*, Versorgungsauftrag des Krankenhauses – Bestimmungen, Einschränkungen, aktuelle Urteile, in das Krankenhaus 7.2008, S. 725.

[48] Vgl. hierzu: Clemens in Wenzel, Handbuch des Fachanwalts Medizinrecht, 3. Aufl. 2013, Kap. 11 RdNr. 258 ff m. w. N.; BSG, Urt. v. 16.05.2012, Az. B 3 KR 9/11; BSG, Urt. v. 24.07.2003, Az. B 3 KR 28/02; Die Mindestmengenregelungen und Strukturvorgaben des Gemeinsamen Bundesausschusses (G-BA) bergen in diesem Zusammenhang ein weiteres Konfliktfeld.

[49] Vgl. BT-Drs. 11/2237, S. 203; vgl. auch Bär, Bayerisches Krankenhausgesetz – Kom., Art 4, Ziffer 14.

berührt werden soll.[50] Gerade im Freistaat Bayern ist eine entsprechende „Rahmenplanung" mit geringem Detaillierungsgrad gegeben.

57 Beachtenswert ist in diesem Zusammenhang auch, dass der Versorgungsauftrag neben der inhaltlichen auch eine räumliche Komponente besitzt, die auf den Umfang begrenzend wirken kann.

d) Trägerwechsel gemäß Art. 20 Abs. 1 BayKrG

58 Die Förderung nach dem KHG und dem BayKrG ist rechtsformunabhängig ausgestaltet und Ausfluss des Grundsatzes des dargestelltenGrundsatzes der Trägerpluralität des § 1 Abs. 2 S. 1 KHG. Für den Betrieb eines Krankenhauses als (gemeinsames) Kommunalunternehmen ergeben sich daher gegenüber den Krankenhausträgern in anderer Rechtsform deshalb keine gesetzlichen Unterschiede.[51] Zu beachten ist, dass jedenfalls die Umwandlung eines als Regie- oder Eigenbetrieb geführten Krankenhauses in ein selbständiges Kommunalunternehmen wohl einen Trägerwechsel im Sinne des Art. 20 Abs. 1 BayKrG darstellt.[52] Ein solcher liegt stets vor, wenn ein Krankenhausbetrieb auf einen anderen Rechtsträger übergeht. Der Trägerwechsel hat laut Art. 19 Abs. 1 iVm Art. 20 BayKrG grundsätzlich den Widerruf der Förderbescheide nach den allgemeinen Bestimmungen, insbesondere des Bayerischen Verwaltungsverfahrensgesetzes gemäß Art. 49 BayVwVfG iVm Art. 1 BayVwVfG, zufolge. Von einem Widerruf ist jedoch gemäß Art. 20 Abs. 1 BayKrG dann abzusehen, wenn die Voraussetzungen des Art. 5 Abs. 1 BayKrG vorliegen, der bisherige Krankenhausträger die gewährten Fördermittel auf den neuen Krankenhausträger überträgt, der neue Krankenhausträger durch schriftliche Erklärung gegenüber dem Freistaat Bayern sämtliche bisherige Förderbescheide sowie die mit der Förderung verbundenen Verpflichtungen, Bedingungen und Auflagen anerkennt und letztlich sichergestellt ist, dass mögliche Rückforderungsansprüche nach dem Krankenhausfinanzierungsgesetz und dem BayKrG ausreichend gesichert sind. Ein Trägerwechsel liegt auch im Fall einer Betriebsaufspaltung vor, bei der nur der Betrieb des Krankenhauses, nicht aber die Grundstücke einschließlich der Gebäude oder anderer Anlagegüter auf das Kommunalunternehmen übertragen werden[53]. Im Fall einer Betriebsaufspaltung hängt der Widerrufsverzicht zudem davon ab, ob die zweckentsprechende Nutzung der Grundstücke einschließlich der Gebäude durch eine langfristige Nutzungsvereinbarung oder eine gleichwertige sonstige Vereinbarung von mindestens 25 Jahren Laufzeit sichergestellt wird[54]. Das Vorliegen der Voraussetzungen für einen Widerrufsverzicht gem. Art. 20 Abs. 1 BayKrG und der Widerrufsverzicht selbst werden zumeist aus Gründen der Rechtssicherheit durch Bescheid gegenüber der Kommune und dem Kommunalunternehmen festgestellt[55].

59 Eine Frage im Rahmen des Art. 49 KommZG ist, ob auch bei einer Gründung eines gemeinsamen Kommunalunternehmens beziehungsweise bei dem Beitritt einer Gebietskörperschaft zu einem bereits bestehenden Kommunalunternehmen ein Trägerwechsel im Sinne der vorstehenden Vorschriften stattfindet. Nach dem Wortlaut des Art. 20 BayKrG ist wohl davon auszugehen, dass bei allen Arten der Entstehung eines gemeinsamen Kommunalunternehmens auch ein Trägerwechsel stattfindet. Dies ergibt sich zusätzlich aus der Pflicht zur Bekanntmachung der neuen bzw. geänderten Unternehmenssatzung gemäß Art. 49 Abs. 5 KommZG.

---

[50] Vgl. auch Schiedsstelle für die Festsetzung von Krankenhauspflegesätzen in Hessen vom 12.2.2008, GesR 2008 S. 256.

[51] Vgl. auch *Neusinger/Lindt*, aaO, S. 690.

[52] Bayerischer Kommunaler Prüfungsverband, Geschäftsbericht 1998, S. 122; *Quaas/Zuck*, Medizinrecht, 2. Aufl., § 25 Rn. 341.

[53] Haertle, Diller, Das Krankenhaus als Kommunalunternehmen, BKPV GB 1998, Ziffer 8.1.

[54] Haertle, Diller, Das Krankenhaus als Kommunalunternehmen, BKPV GB 1998, Ziffer 8.1.

[55] Zu den planerischen Folgen eines Trägerwechselns vgl. Art 20 Abs. 2 BayKrG iVm Art 5 Abs. 1 BayKrG.

60 Abschließend sei in diesem Zusammenhang auf die Regelung des Art. 27a BayPVG hingewiesen, der die Belange der Personalvertretung regelt.

e) Fördermittelsicherung

61 Nach Art. 18 Abs. 3 BayKrG kann vom Krankenhausträger verlangt werden, dass er für einen möglichen Rückforderungsanspruch vor Auszahlung oder Übertragung der Fördermittel nach dem KHG in geeigneter Weise, in der Regel durch Bestellung von Grundpfandrechten, Sicherheit leistet[56]. Gebietskörperschaften wurden aber im Freistaat Bayern nach der sog. Absicherungsrichtlinie von der Pflicht zur Absicherung von Förderleistungen nach dem KHG befreit[57].

5. Überblick über die gesetzlichen Grundlagen zur Finanzierung von Krankenhäusern

62 Die Finanzierung der Krankenhäuser richtet sich nach der sogenannten dualen Finanzierung, die bereits im Jahr 1972 als gesetzliche Grundlage zur wirtschaftlichen Sicherung der Krankenhäuser eingeführt wurde und die zu sozial tragbaren Pflegesätzen beitragen soll.[58] Im Rahmen dieses Beitrags kann nur die grundlegende Systematik der Finanzierung auf Grund ihrer Komplexität dargestellt werden.

a) Duale Finanzierung

63 Die duale Finanzierung der Krankenhäuser wird grundsätzlich durch § 4 Nr. 1 und 2 KHG bestimmt und ist unabhängig von der Rechtsform des Krankenhausträgers. Nach dieser Regelung erfolgt die wirtschaftliche Sicherung der Krankenhäuser auf zwei zu differenzierenden Wegen (duale Finanzierung):

64 Die Investitionskosten der Krankenhäuser werden hiernach im Wege der öffentlichen Förderung übernommen (Investitionskostenfinanzierung) und die Krankenhäuser erhalten leistungsgerechte Erlöse aus den sogenannten Pflegesätzen sowie für die Durchführung von vor- und nachstationären Behandlungen und stationsersetzenden Eingriffen (insb. ambulanten Operationen) zur Betriebskostenfinanzierung. Hierzu kommen insbesondere noch die Einnahmen aus den wahlärztlichen Leistungen.

65 **aa) Investitionskostenfinanzierung.** Nach den Grundsätzen der dualen Finanzierung erhält das Krankenhaus (nach fachlicher Prüfung) zur Finanzierung bestimmte Investitionsfördermittel, die entweder als Einzelförderungsmaßnahmen nach Art. 11 BayKrG von Investitionen für die Errichtungsmaßnahmen im Rahmen von Neu-, Erweiterungs- bzw. Umbaumaßnahmen des Krankenhauses, Wiederbeschaffung bzw. Ergänzungsbeschaffung von langfristigen Anlagegütern oder als jährliche pauschale Förderung nach Art. 12 BayKrG insbesondere für die Wieder- bzw. Ergänzungsbeschaffung der kurzfristigen Anlagegüter erfolgen. Zudem sieht Art. 15 BayKrG die Förderung von Lasten aus Investitionsdarlehen und Art. 17 BayKrG die Förderung bei Schließung oder Umstellung von Krankenhäusern vor.

66 Die Bemessung der Höhe der Fördermittel richtet sich nach §§ 9 Abs. 5 KHG iVm 8 KHG der festschreibt, dass die Höhe der Fördermittel (unter Beachtung betriebswirtschaftlicher Grundsätze) die notwendigen Investitionskosten zu decken habe. Dementsprechend besteht ein Anspruch auf die für das jeweilige Krankenhaus notwendigen Investitionsmittel. Trotz dieses Anspruchs und einer Beteiligung der Kommunen im Rahmen der Krankenhausumlage besteht in vielen Bundesländern ein beachtlicher

[56] Haertle, Diller, Das Krankenhaus als Kommunalunternehmen, BKPV GB 1998, Ziffer 8.2.

[57] FMS vom 29.05.1981 – 2 – FV 6070 – 68/1675 – 13 770/80; vgl. ausführlich Haertle, Diller, Das Krankenhaus als Kommunalunternehmen, BKPV GB 1998, Ziffer 8.2.

[58] Vgl. eingehend zur Finanzierung von Krankenhäusern: *Tuschen/Trefz*, Krankenhausentgeltgesetz – Kommentar, S. 4ff.; *Quaas/Zuck*, Medizinrecht, 2. Aufl., § 25 Rn. 1ff.; *Genzel* in: *Laufs/Uhlenbruck*, Handbuch des Arztrechts, 4. Aufl., § 82 Rn. 1ff.; Degener-Hencke in Huster/Kaltenborn, Krankenhausrecht, § 5 RdNr. 40 ff.

„Investitionsstau", der durch die negative Haushaltslage der Länder bedingt wird. Als Auswirkung dieser Haushaltslage kommt es zu den Festbetragsförderungen für Einzelmaßnahmen und knapp kalkulierten Pauschalförderungen.[59]

67 **bb) Betriebskostenfinanzierung.** Über die so genannten Pflegesätze werden gemäß § 4 Nr. 2 KHG der Krankenhäuser nur die Betriebskosten finanziert.

68 Die so genannten Pflegesätze werden zwischen den Kostenträgern, also den gesetzlichen Krankenversicherungen, und dem jeweiligen Krankenhaus gemäß § 18 Abs. 2 KHG prospektiv vereinbart (Pflegesatzvereinbarung) und von der Landesbehörde gemäß § 18 Abs. 5 KHG genehmigt. Grundlage dieser Vereinbarung, die eventuell auch über ein Schiedsstellenverfahren nach § 18 a KHG zustande kommen kann, ist ein im Voraus zu vereinbarender Gesamtbetrag (§ 4 Abs. 3 S. 1 KHEntgG).

69 Dieser Gesamtbetrag richtet sich nach den prognostizierten notwendigen medizinischen Leistungen des jeweiligen Krankenhauses und deren hierfür nach dem Krankenhausentgeltgesetz (KHEntgG) oder der Bundespflegesatzverordnung (BPflV) ergebenden Vergütungen. Bei der Vergütung nach dem KHEntgG erhalten die Krankenhäuser sogenannte Fallpauschalen (ergänzt durch Zusatzentgelte) nach den Diagnosis Related Groups (DRG), die eine Vergütung nach der jeweiligen Fallschwere und einem von den Bundesverbänden der Selbstverwaltung aufgestellten Entgeltkatalog nach § 9 Abs. 1 KHEntgG vorsehen. Bei der Vergütung nach der BPflV erhalten die Krankenhäuser tagesbezogene Abteilungspflegesätze und den Basispflegesatz. Zu beachten ist jedoch, dass die Pflegesatzfinanzierung der Krankenhäuser einer bindenden Budgetierung unterliegt, wobei Abweichungen von dieser Budgetierung nach den gesetzlichen Vorschriften teilweise ausgeglichen werden.

70 **cc) Abgrenzungsverordnung.** In der Abgrenzungsverordnung (AbgrV) wird die Abgrenzung der in der Pflegesatzfinanzierung nicht zu berücksichtigenden Investitionskosten von den sogenannten pflegesatzfähigen Kosten getroffen. Insbesondere § 3 AbgrV enthält die grundlegenden Zuordnungsgrundsätze.

b) Tendenzen in der Krankenhausfinanzierung

72 Tendenzen in der Gesundheitsökonomie, die eine monistische Finanzierung der Krankenhäuser, also eine Finanzierung der Krankenhäuser allein über leistungsorientierten Entgelte für die Krankenhausleistungen, befürworten, sollten auf Grund des Investitionsstaus im Gesundheitswesen und die grundlegenden Beschlüsse der 80. Gesundheitsministerkonferenz vom 8.3.2007 in der Vergangenheit nicht umgesetzt werden. In dem Beschlusstext wurde hierzu ausgeführt, dass die monistische Finanzierung noch keine Alternative zum gegenwärtigen dualen System darstelle. Welchen Einfluss der politische Willensentschluss[60] die „Qualität" vermehrt als Grundlage von Planungs- und damit eventuell mittelbar zu Finanzierungsfragen heranzuziehen bleibt abzuwarten und zu beobachten. Ob und unter welchen Voraussetzungen die Möglichkeit des Abschlusses von „Qualitätsverträgen" (wohl als Selektivverträge s.u.), beispielsweise für planbare Leistungen, bleibt ebenso wie die Frage der Behandlung von Mengensteigerungen und der geplanten „Versorgungszuschläge" abzuwarten.

6. Übertragung und Fremdbewirtschaftung von Einrichtungen eines Krankenhauses als Kommunalunternehmen

73 Nach den Regelungen des Art. 21 Abs. 1 BayKrG, der eine förderrechtliche Privilegierung darstellt, besteht für die Krankenhausträger eine gesetzlich festgeschriebene Möglichkeit der Ausgliederung und Fremdbenutzung von einzelnen Krankenhauseinrichtungen.

[59] Im Vergleich zum Jahr 1991 ist ein Rückgang der Krankenhausfinanzierung der Länder um real 44,3 % zu verzeichnen, vgl. *Kösters*, das Krankenhaus 5.2007, S. 420.

[60] Vgl. Koalitionsvertrag zwischen CDU, CSU und SPD zur 18. Legislaturperiode, S. 78 ff.

a) Grundsätze der Übertragung und Fremdbewirtschaftung

Die Übertragung von Krankenhauseinrichtungen kann nur unter der Wahrung der Qualität und der Wirtschaftlichkeit der stationären Versorgung erfolgen. Der Gesetzgeber hat diese sinnvolle Form der Bewirtschaftung und die daraus resultierende Konzentration auf die Kernaufgaben eines Krankenhausbetriebs somit generell im BayKrG anerkannt und damit auch einen Beitrag zur Durchbrechung der zu stark sektorenorientierten Behandlung geleistet. Zur Wahrung der im Gesetz genannten Qualität und des bestehenden Leistungsumfangs des jeweiligen Krankenhauses, steht die Ausgliederung jedoch unter dem Vorbehalt der vorherigen Zustimmung der zuständigen Förderbehörde, die entsprechend rechtzeitig einzuholen ist. 74

Auf Grund der Koppelung der Förderung an die Betreibereigenschaft des Krankenhausträgers können jedoch nach der erfolgten Ausgliederung keine Investitionskosten mehr für Umbau, Sanierung oder Neubau sowie für die Beschaffung von kurzfristigen Anlagegütern gefördert werden, auch wenn ausschließlich eine akutstationäre Behandlung erfolgt. Auf den in dieser Konstellation gesetzlich vorgesehenen Widerruf von Förderbescheiden gemäß Art. 19 BayKrG iVm Art. 48ff. BayVwVfG kann von Seiten der Förderbehörde gemäß Art. 21 Abs. 1 Ziffern 1 und 2 BayKrG verzichtet werden, wenn mit Zustimmung der zuständigen Behörde der Betrieb bedarfsnotwendiger Krankenhauseinrichtungen einem Dritten zur eigenverantwortlichen Bewirtschaftung übertragen und die Qualität und Wirtschaftlichkeit der stationären Versorgung dadurch nicht gefährdet wird. Zudem muss für die Nutzung außerhalb der stationären Versorgung ein Nutzungsentgelt entrichtet werden, das der Krankenhausträger zu 25 v.H. seinen Pauschalmitteln nach Art. 12 BayKrG zuführt und zu 75 v.H. an den Freistaat Bayern erstattet. Ein Nutzungsentgelt ist aber dann nicht zu entrichten, wenn der Dritte für bedarfsnotwendige akutstationäre Zwecke tätig ist. Der Widerruf wird gegenüber dem Krankenhausträger durch Bescheid festgestellt und ist eine Ermessensentscheidung der zuständigen Behörde. 75

In Art. 19 des BayKrG wurde ein neuer Abs. 2 eingefügt. Ziel der Gesetzesänderung ist es, notwendige Umstrukturierungen des Krankenhauses zu erleichtern. Bisher standen diesen Maßnahmen oft förderrechtliche Probleme entgegen. Künftig soll die Umwidmung von geförderten Bereichen in eine Nutzung außerhalb der akutstationären Versorgung erleichtert werden. Unter bestimmten Voraussetzungen kann auf den bisher obligatorischen Widerruf der Förderbescheide verzichtet werden. Die Voraussetzungen sind dabei zunächst der Ablauf eines Zeitraums von regelmäßig 15 Jahren seit Inbetriebnahme der entsprechenden Krankenhauseinrichtung. Weiter muss die Umwidmung im krankenhausplanerischen Interesse sein und die durch die Umwidmung erzielbaren Entgelte aus der neuen Nutzung müssen in Höhe eines angemessenen Investitionskostenanteils an den Freistaat Bayern abgeführt werden. Unter bestimmten Voraussetzungen kann der Krankenhausträger die Erstattung zu 50% seinen Pauschalmitteln zuführen. Sie können dem Träger ganz belassen werden, wenn er die Umwidmun durch Bereitstellung eigenfinanzierter, qualitativ und funktional gleichwertiger Krankenhauseinrichtungen ausgleicht.

b) Förderung und Kooperation im Bereich der medizinischen Großgeräte

Der zunehmende Zwang der Krankenhäuser zur Bildung medizinischer Behandlungsschwerpunkte und zur Eingehung von Kooperationen sowie der stetig wachsende Kostendruck auf die Krankenhäuser führen auch dazu, dass auch im Bereich der Nutzung der medizinischen Großgeräte (beispielsweise MRT, Linksherzkatheter-Messplatz, etc.) entsprechende Kooperationen von den Krankenhäusern eingegangen beziehungsweise angestrebt werden. Wegen der üblichen Nutzungsdauer solcher Geräte zwischen 3 bis 15 Jahren, handelt es sich hierbei um sogenannte kurzfristige Anlagegüter. Die Einzelförderung zur Anschaffung dieser medizinischen Großgeräte nach Art. 11 Abs. 1 Ziffer 3 BayKrG wird zunehmend von der zuständigen Förderbehörde verneint. Der Grund hierfür ist, 76 dass eine Förderung nach Art. 11 Abs. 1 Ziffer 3 BayKrG nur noch dann in Betracht kommt, wenn die medizinischen Großgeräte den Status des „Außergewöhnlichen" nicht verloren haben und damit zur Standardvorhaltung eines Krankenhauses werden, die allein durch die Pauschalförderung finanziert werden kann.[61]

77 Als Kooperationsmöglichkeiten kommen dementsprechend folgende Möglichkeiten in Betracht[62]:

78 Zunächst kann die Einrichtung mit den vorgehaltenen Geräten ausgegliedert und einem Dritten zur Bewirtschaftung übertragen werden, von dem das Krankenhaus dann wieder die entsprechenden Leistungen bezieht.

79 Des Weiteren kann der Krankenhausträger mit einem ambulanten Leistungserbringer (bspw. einem niedergelassener Arzt oder einem Medizinischen Versorgungszentrum) eine Kooperation zum Betrieb eines im Eigentum des Kooperationspartners stehenden medizinischen Großgerätes im Krankenhaus eingehen, wenn das Gerät einen wichtigen Beitrag zur akutstationären Versorgung der Bevölkerung im Einzugsgebiet der Klinik hat, aber die zur wirtschaftlichen Betriebsführung erforderlichen Leistungszahlen nur unter Einbeziehung ambulanter Patienten erreicht werden können. Das Krankenhaus stellt in dieser Konstellation dem Kooperationspartner die benötigten Räume für den Betrieb des Großgerätes zur Verfügung.

7. Ausgewählte rechtliche Aspekte der medizinischen Leistungserbringung im Hinblick auf die Betriebs- und Wirtschaftsführung eines Krankenhauses als Kommunalunternehmen

a) Patientenrechtegesetz

80 Zum 26.2.2013 ist das Gesetz zur Verbesserung der Rechte von Patientinnen und Patienten in Kraft getreten[63]. Nunmehr sind im Rahmen der medizinischen Leistungserbringung die Regelungen der §§ 630a ff BGB zu beachten, die zwar die bestehende (richterrechtlich geprägte) Rechtslage abbilden sollten, aber dennoch einige neue Ansätze im Behandlungsverhältnis zwischen dem Behandelnden und dem zu behandelnden Patienten verfolgen[64]. Behandelnder ist dabei derjenige, der die vereinbarte medizinische Leistung zusagt. Mithin können natürlich (wie bislang auch) die Krankenhausträger Vertragspartner werden. Hinsichtlich der Rechte und Pflichten ist von Seiten der Krankenhausträger dabei auf die zum Teil vermehrten Informations- und Aufklärungspflichten[65] zu achten, so dass man konstatieren muss, dass eine solide Dokumentation aber auch an eine gute Kommunikation und ausreichende Information des Vertragspartners noch mehr in den Fokus der Leistungserbringung werden treten müssen.

b) Neue Versorgungsformen

80a Unter den sogenannten neuen Versorgungsformen versteht man Instrumente, die der Gesetzgeber zur Verbesserung der Verzahnung von ambulanter und stationärer Behandlungen, der Verbesserung der Versorgung in vertragsärztlich unterversorgten Bereichen sowie zur Kostenreduktion im Gesundheitswesen eingeführt hat. Dies sind im Krankenhausbereich vor allem die Medizinischen Versorgungszentren (MVZ) nach § 95 SGB V, die Integrierte Versorgung nach §§ 140a ff SGB V und die neue spezialfachärztliche Versorgung nach § 116b SGB V. Zum anderen fällt hierunter aber auch die ambulante Versor-

---

[61] Vgl. AMS des Bayerischen Staatsministeriums für Arbeit, Sozialordnung, Familie und Frauen sowie des Bayerischen Finanzministeriums vom 23.10.2007 (Az. II 2/9480/1/06, 62-FV 6800-008-51486/06).

[62] Vgl. AMS des Bayerischen Staatsministeriums für Arbeit, Sozialordnung, Familie und Frauen sowie des Bayerischen Finanzministeriums vom 23.10.2007 (Az. II 2/9480/1/06, 62-FV 6800-008-51486/06).

[63] Vgl. BGBl. I 2013, 277.

[64] Vgl. umfassend: Walter, Das neue Patientenrechtegesetz, 1. Aufl., 2013.

[65] Vgl. §§ 630c, 630d, 630f.

gung bei Unterversorgung nach § 116a SGB V.[66] Gerade diese neuen Versorgungsformen sind für die strategische Positionierung von Krankenhäusern interessant und sollen nachfolgend kurz mit Bezug auf die Besonderheiten eines Kommunalunternehmens dargestellt werden

aa) Medizinische Versorgungszentren nach § 95 SGB V. Den nach § 108 SGB V zugelassenen Krankenhäusern steht die Gründung Medizinischer Versorgungszentren (MVZ) gemäß § 95 Abs. 2 SGB V grundsätzlich offen.[67] Dies ermöglicht es den Krankenhäusern, über die diversen übrigen gesetzlich eröffneten Möglichkeiten der ambulanten Behandlung im Krankenhaus hinaus, an der ambulanten Versorgung von Patienten zu partizipieren und hierdurch Synergieeffekte auf Grund einer verstärkten Kooperation des ambulanten mit dem stationären Sektors zu schaffen. Auf Grund des Willens des Sozialgesetzgebers, dass eine Verzahnung des stationären mit dem ambulanten Sektor erfolgen soll, muss diese Möglichkeit auch den als (selbständiges) Kommunalunternehmen geführten Krankenhäusern offen stehen[68]. Mit dem GKV-VStG hat der Gesetzgeber bezüglich der MVZ einige wichtige Änderungen der Gesetzeslage vorgenommen. § 95 Abs. 1 S. 3 SGB V n.F. sieht nunmehr vor, dass der ärztliche Leiter eines MVZ in diesem auch als angestellter Arzt oder Vertragsarzt tätig sein muss. Das GKV-VStG beschränkte die zulässigen Rechtsformen jedoch auf die Personengesellschaft, die eingetragene Genossenschaft oder die Gesellschaft mit beschränkter Haftung. Für bereits zum 1.1.2012 existierende MVZ gilt jedoch ein Bestandsschutz nach § 95 Abs. 1a S. 2 SGB V, wonach diese MVZ in ihrer bisherigen Rechtsform weiterbetrieben werden können. 81

Die ambulante Behandlung der Patienten erfolgt im MVZ über angestellte Ärzte oder über freiberuflich tätige Vertragsärzte. Diese ambulante Behandlung steht jedoch in einem Wettbewerb mit den niedergelassenen (Vertrags-) Ärzten, der in seinen Auswirkungen auf das Krankenhaus stets zu durchdenken ist. Im Rahmen der Satzung eines Krankenhauses, das in der Rechtsform eines (selbständigen) Kommunalunternehmens geführt wird, gilt es, dieses neue ambulante Betätigungsfeld des Krankenhauses adäquat abzubilden und die Versorgung mit ambulanten Gesundheitsleistungen in den Gegenstand des Kommunalunternehmens aufzunehmen. Dies sollte vor allem dann geschehen, wenn auch das MVZ gemeinnützig betrieben werden soll. Auf Grund dieser Erwägungen und einer Verfügung der OFD Frankfurt/M. vom 26.9.2006[69] sollte der Gegenstand daher auf die ambulante Behandlung von Patienten erweitert und diese Erweiterung in den Rahmen der Wohlfahrtspflege im Sinne des § 53 AO iVm § 66 AO gestellt werden.[70] Der Verlustgefahr hinsichtlich der Gemeinnützigkeit des Krankenhauses, beispielsweise durch eventuelle Verlustausgleiche im Rahmen des MVZ, sollte durch entsprechende Vorkehrungen begegnet werden. 82

Zwischenzeitlich sind im Rahmen der Gründung und des Betriebs von Medizinischen Versorgungszentren sozialgerichtliche Entscheidungen ergangen, die unter anderem die Zulässigkeit der belegärztliche Tätigkeit eines MVZ betreffen und somit eine noch engere Kooperation des MVZ mit dem Krankenhaus ermöglichen.[71] Probleme im Rahmen der Gründung von MVZ durch kommunale Krankenhäuser treten regelmäßig im Rahmen 83

[66] Allgemein zu diesem Thema: vgl. *Münzel/Zeiler*, Ambulante Leistungen in und an Krankenhäusern, Kohlhammer Verlag, 2008.

[67] Allgemein zu diesem Thema: vgl. DKG – Hinweise zur Gründung Medizinischer Versorgungszentren, Deutsche Krankenhausverlagsgesellschaft, 3. Aufl. 2007; *Zwingel/Preißler*, Ärzte-Kooperationen und Medizinische Versorgungszentren, Deutscher Ärzteverlag, 2. Auflage, 2008.

[68] Vgl. auch Zwingel/Preißler, Ärzte-Kooperationen und Medizinische Versorgungszentren, Deutscher Ärzteverlag, 2. Auflage, 2008, S. 88.

[69] Verfügung der OFD Frankfurt/M. vom 26. 9. 2006, Az. S 0184 A – 11 – St 53.

[70] Der Betrieb 2006, S. 2261; vgl. auch hinsichtlich des Gebotes der Ausschließlichkeit nach § 56 AO: *Ellermann/Gietz*, Steuerrecht der Krankenhäuser – Ein Wegweiser für die Praxis, Kohlhammer Verlag 2007 unter Ziffer 6.1.

[71] Urteil des Sozialgerichts Marburg vom 30.1.2008 (Az. S 12 KA 1079/06); Urteil des Sozialgerichts Marburg vom 30.1.2008 (Az. S 12 KA 77/07); vgl. auch *Neusinger/Lindt*, aaO, S. 694.

der sozialgesetzlich verankerten Verpflichtung zur Abgabe einer Bürgschaft nach § 95 Abs. 2 S. 6 SGB V auf.[72] Das SGB V fordert in dieser Regelung für die Zulassung eines MVZ in der Rechtsform einer juristischen Person des Privatrechts, dass die Gesellschafter selbstschuldnerische Bürgschaftserklärungen für Forderungen der Kassenärztlichen Vereinigung und Krankenkassen abzugeben haben. Die Abgabe einer der Höhe nach unbegrenzten Bürgschaftserklärung, wie es die Kassenärztlichen Vereinigungen teilweise verlangen, führt dann zu Schwierigkeiten, wenn das Kommunalrecht (wie beispielsweise in Art. 92 Abs. 1 Nr. 3 GO) vorschreibt, dass sich die Gebietskörperschaften nicht zur Übernahme von Verlusten in unbestimmter oder unangemessener Höhe verpflichten dürfen und die Gebietskörperschaft über das Kommunalunternehmen Krankenhaus mittelbar Gesellschafter in der Trägergesellschaft des MVZ (z. B. einer GmbH) wird. Da nach der Rechtsprechung die Beteiligung im Sinne des Art. 92 Abs. 1 GO weit auszulegen ist und Art. 92 Abs. 2 GO die mittelbare Beteiligung erfasst, käme eine mittelbare Verpflichtung der Kommune im Rahmen der Bürgschaftserklärung hinsichtlich der Gründung des MVZ in Frage.[73] Hierbei käme eventuell aber das Argument zum Tragen, dass die medizinischen Leistungen des MVZ der Daseinsvorsorge unterfallen (so zumindest bei einer Unterversorgung) und entsprechend die ambulanten Leistungen des MVZ eine Aufgabe der jeweiligen Gebietskörperschaft darstellen. Auf Grund dieser garantenähnlichen Stellung und der Tatsache, dass aus sozialrechtlichen Gründen eine Rückforderung von Seiten der Kassenärztlichen Vereinigung und den Krankenkassen in der Regel auf die letzten vier Jahre beschränkt ist, käme eine Befreiung von der Haftungsbegrenzung durch die Rechtsaufsichtsbehörde in Betracht, da der angestrebte Zweck des MVZ unter anderen Beteiligungsmöglichkeiten nicht bzw. nur schwer zu erreichen wäre und die finanziellen Belastungen anhand der durchschnittlichen Regresse der Kassenärztlichen Vereinigungen durchaus abschätzbar wären. Zudem könnte die Bürgschaftshöhe auf einen Betrag begrenzt werden, der dem Sicherungsbedürfnis der Kassenärztlichen Vereinigung genügt. Als Bemessungsgrundlage für diese Begrenzung käme der Jahresumsatz des MVZ in Betracht, beispielsweise begrenzt auf vier Jahre.

84 Bezüglich der Wettbewerbssituation eines MVZ mit den niedergelassenen Ärzten ist zudem die Verhinderung von Wettbewerbsverzerrungen zu beachten. Es sollte daher gesichert sein, dass das MVZ weder direkt noch indirekt Vorteile aus der Investitionsförderung des Krankenhauses oder durch Defizitausgleiche von Kommunen für das Krankenhaus erlangt. Daher sind dem MVZ insbesondere die vom Krankenhaus bezogenen Leistungen oder die Bereitstellungen von geförderten Räumen und Geräten durch das Krankenhaus in Höhe sachgerechter Kosten in Rechnung zu stellen. Die Regelung des § 17 DVBayKrG ist ebenso zu beachten.

Abschließend ist auf die Möglichkeit der Befristung von Zulassungen nach § 98 Abs. 2 SGB V sowie die Nachrangigkeit von Krankenhaus-MVZ bei der Fortführung von Vertragsarztsitzen nach § 103 Abs. 4 c SGB V hinzuweisen.

85 **bb) Integrierte Versorgung nach §§ 140a ff. SGB V.** Auch die integrierte Versorgung nach den § 140a ff. SGB V soll die Verzahnung des ambulanten und stationären Sektors fördern und bietet den Krankenkassen die Möglichkeit, unter anderem mit den Trägern von Krankenhäusern Verträge abzuschließen, die über verschiedene Leistungssektoren hinweg eine übergreifende Versorgung der Versicherten oder eine interdisziplinär-fachübergreifende Versorgung beinhalten. Diese Versorgungsform soll eine weiter verbesserte Patientenbehandlung ermöglichen und hierdurch zu weiteren Kostenersparnissen führen. Zu Recht wird diese Versorgungsform teilweise als das „Experimentierfeld" der

[72] Zur Notwendigkeit einer eigenständigen Rechtsform für ein MVZ eines kommunalen Krankenhauses vgl. den Beschluss des Sozialgerichts Marburg vom 25.10.2007 (Az. S 12 KA 404/07 ER). Hier werden jedoch der Wortlaut des § 95 SGB V und die zugrunde gelegten gesetzgeberischen Motive zu eng ausgelegt.

[73] BayVGH, BayVBL. 1960, S. 319.

gesetzlichen Krankenkassen bezeichnet. Die Verträge zur integrierten Versorgung sollen nach dem Willen des Gesetzgebers in § 140a Abs. 1 S. 2 SGB V eine bevölkerungsbezogene Flächendeckung der Versorgung mit den entsprechenden vertraglichen Leistungen initiieren. Die Verträge können nach § 140 b Abs. 4 S. 1 SGB V zudem abweichende Regelungen zu den Vorschriften des SGB V, des Krankenhausfinanzierungsgesetzes (KHG) und des Krankenhausentgeltgesetzes (KHEntgG) treffen. Dies eröffnet den Vertragspartnern einen weiten Gestaltungsspielraum, der jedoch seine Grenzen in den gesetzlichen Vorgaben der §§ 140 a ff. SGB V und in der hierzu ergangenen Rechtsprechung der Sozialgerichte findet.[74]

cc) Ambulante spezialfachärztliche Versorgung nach § 116 b SGB V. Gemäß § 116b Abs. 2 Satz 1 SGB V sind an der vertragsärztlichen Versorgung teilnehmende Leistungserbringer und nach § 108 SGB V zugelassene Krankenhäuser berechtigt, Leistungen der ambulanten spezialfachärztlichen Versorgung nach § 116b Abs. 1 SGB V, zu erbringen, soweit sie die maßgeblichen Anforderungen und Voraussetzungen erfüllen und eine entsprechende Anzeige an den sogenannten erweiterten Landesausschuss abgegeben haben. Den jeweiligen Behandlungsumfang hat der Gemeinsame Bundesausschuss (G-BA) nach § 116 b Abs. 4 und 5 SGB V zu bestimmen, in dem er das Nähere zur ambulanten spezialfachärztlichen Versorgung regelt. Insbesondere hat der G-BA die Erkrankungen nach § 116 b Abs. 1 SGB V zu konkretisieren und die sächlichen sowie personellen bzw. kooperativen Anforderungen zu regeln. Vertragsärzte und Krankenhäuser sind demnach grundsätzlich gleichermaßen zur Teilnahme an der spezialfachärztlichen Versorgung berechtigt, sofern die vom G-BA festgelegten Voraussetzungen erfüllt sind. Es handelt sich damit um eine bedarfsunabhängige Ermöglichung zur ambulanten Leistungserbringung[75]. Zuständig für das Anzeige- und Prüfverfahren wird gemäß § 116b Abs. 3 Satz 1 SGB V der neu geschaffene „erweiterte Landesausschuss (eLA)". Die Entscheidung, ob ein Leistungserbringer zur Teilnahme an der ambulanten spezialfachärztlichen Versorgung nach § 116b SGB V berechtigt ist, liegt damit in der Zuständigkeit des erweiterten Landesausschusses[76]. 86

dd) Ambulante Behandlung nach § 116a SGB V. Diese Regelung soll die ambulante und eigentlich der vertragsärztlichen Versorgung vorbehaltene Behandlung in den sogenannten unterversorgten Gebieten sicherstellen. Im Rahmen der Feststellung einer ärztlichen Unterversorgung eines bestimmten Zulassungsbezirks nach § 100 SGB V kann demnach auf Antrag ein Krankenhaus zur ambulanten vertragsärztlichen Versorgung ermächtigt werden, soweit und solange dies erforderlich ist. Beachtenswert ist in diesem Zusammenhang, dass hinsichtlich der Regelung des § 31a Ärzte-Zulassungsverordnung (Ärzte-ZV) in Verbindung mit der Bedarfsplanungsrichtlinie der Ärzte (BedarfsplRL-Ä), die Ermächtigung von Krankenhausärzten der Ermächtigung von Krankenhäusern vorgeht. 87

c) Sonderproblem: Zukunft des Belegarztwesens

Zwar soll nach Art. 3 Abs. 3 BayKrG die Kooperation der Krankenhäuser mit niedergelassenen Ärzten, insbesondere mit Belegärzten entsprechende Berücksichtigung finden. Jedoch lässt sich feststellen, dass kooperationswillige Belegärzte auf Grund ungünstiger Arbeitszeiten, steigender Versicherungskosten und der als ungünstig wahrgenommenen Vergütungssituation seltener werden. Damit verliert ein tradiertes und rechtlich stringentes System wirtschaftlichen Rückhalt und wird immer häufiger durch andere Kooperationsformen, beispielsweise durch eine honorarärztliche Tätigkeit[77], ersetzt. Gerade diese honorarärztliche Tätigkeit ist zwar durch den Gesetzgeber rechtlich ermöglicht worden, 88

[74] Vgl. BT-Drs. 17/6906, S. 81.
[75] Vgl. BT-Drs. 17/6906, S. 81.
[76] Zur Rechtsnatur der Mitteilung nach § 116 b Abs. 2 S. 4 SGB V vgl. Adam, NZS 2013, S. 888 ff.
[77] Vgl. § 2 Abs. 1 S. 1 KHEntgG: „ärztliche Behandlung (...) durch nicht fest angestellte Ärztinnen und Ärzte".

jedoch ist diese Art der Kooperation an hohe rechtliche Hürden gebunden und setzt eine rechtlich einwandfreie Umsetzung der Kooperation in der Praxis voraus, wobei rechtliche Bereiche (beispielsweise im Rahmen der wahlärztlichen Leistungen aber auch im Rahmen der sozialversicherungsrechtlichen Einordnung der Honorarärzte) als bislang noch ungeklärt anzusehen sind[78].

d) Ausblick: Selektivvertragliche Versorgungsmodelle als zukünftige Versorgungsform?

89 Unter diesem Stichwort versteht man den Gedanken der teilweisen Abkehr von dem Kontrahierungszwang der Krankenkassen mit den Krankenhäusern und die Hinwendung zu einem Selektivvertragssystem, in dem nur Häuser zur Abrechnung bestimmter Leistungen zugelassen sind, die über einen entsprechenden Vertrag mit den Krankenkassen verfügen. Es wird gesundheitsökonomisch erwogen, deshalb eine Abkehr von dem bestehenden System – zumindest in Teilbereichen der planbaren Eingriffe – zu vollziehen, um hierdurch einen Vertragswettbewerb zu generieren, der langfristig zu Kosteneinsparungen führen soll. Dieser Planung ist jedoch entgegenzuhalten, dass hierdurch die landesrechtliche Krankenhausplanung in Frage gestellt würde. Zudem könnte hierdurch die Sicherstellung der flächendeckenden Versorgung der Bevölkerung eventuell gefährdet werden, wenn eine Abrechnungsmöglichkeit dieser rein auf vertraglicher Basis „vergebenen" medizinischen Leistungen für Krankenhäuser in strukturschwachen Regionen mangels eines solchen Selektivvertrages nicht mehr gegeben ist. Die gesetzliche Einführung dieser denkbaren neuen Versorgungsform ist nach dem heutigen Stand noch nicht absehbar, dennoch wird die Möglichkeit des Abschlusses von „Qualitätsverträgen" als Selektivverträge, beispielsweise für planbare Leistungen nach eventuellen Vorgaben des G-BA politisch diskutiert[79]. Ob dies ein richtiger Weg insbesondere im Hinblick auf eine denkbare Risikovermeidung ist und, ob damit die medizinische Versorgung schwerstkranker Patienten gestärkt wird, bleibt zukünftig zu diskutieren.

IV. Bereich „Kultur" (Kultur und Veranstaltungs GmbH Worms und Nibelungenfestspiele gGmbH Worms)

1. Einleitung

1 Der nachfolgende Beitrag erläutert am Beispiel der rheinland-pfälzischen Stadt Worms den Prozess des Aufbaus eines privatwirtschaftlich organisierten Kultur- und Veranstaltungsmanagements.

Bereits vor der nachfolgend darzustellenden Umstrukturierung wurde durch verschiedene Einrichtungen der Stadt Worms ein breites kulturelles Spektrum abgedeckt, wobei dieses weitestgehend von den städtischen Verwaltungsstrukturen getragen wurde. Die Konzentration auf das Thema „Nibelungen" brachte die Frage einer künftigen Organisationsstruktur mit sich.

Die in einem ersten Schritt getroffene Entscheidung, mit der Gründung zweier privat-wirtschaftlich organisierter Unternehmen – der Nibelungenfestspiele gGmbH der Stadt Worms und der Nibelungenmuseum-Betriebs GmbH – das Nibelungen-Thema außerhalb der bisherigen Strukturen zu organisieren, wurde letztendlich konsequent zur Bildung einer Kultur und Veranstaltungs GmbH Worms fortentwickelt, um über diese

[78] Vgl. umfassend: Clemens in Wenzel, Handbuch des Fachanwalts Medizinrecht, 3. Aufl. 2013, Kap. 11 RdNr. 195ff m. w. N.; LG Würzburg: Hinweisbeschluss vom 22.5.2012 – 42 S 409/12; LG Nürnberg Beschluss vom 21.3.2012, Az. 11 S 9701/11; Bender GesR 8/2013, S. 449 ff; LG Kiel, Urteil vom 31.5.2013, Az. 1 S 75/12.

[79] Vgl. Koalitionsvertrag zwischen CDU, CSU und SPD zur 18. Legislaturperiode, S. 56.

Gesellschaft den Großteil der städtischen Projekte in diesem Bereich abzuwickeln und hierbei die gegebenen Synergiepotentiale zu nutzen.

Dieser Beitrag erläutert die notwendigen Maßnahmen und Schritte, die zur Durchführung dieser Umstrukturierung notwendig waren.

Zunächst werden dazu die Rahmenbedingungen in Form der zusammenzuführenden kulturellen Veranstaltungen sowie der bereits vorhandenen Unternehmen vorgestellt. In einem zweiten Abschnitt folgen die Erläuterung der grundsätzlichen Konzeption der Umstrukturierung und die dabei angestrebten Ziele.

Abschließend erfolgen eine Darstellung der konkreten Umsetzung sowie eine Bewertung und ein Ausblick auf die zukünftigen, noch durchzuführenden Maßnahmen.

2. Rahmenbedingungen

a) Das kulturelle Angebot der Stadt Worms

Die Stadt Worms bietet eine Vielzahl kultureller Veranstaltungen, welche in der bishe- 2
rigen Organisationsstruktur von verschiedenen städtischen Institutionen getragen wurden. Dabei ist insbesondere bemerkenswert, dass ein breites Spektrum von der Hochkultur bis zu volkstümlicher Unterhaltung abgedeckt wird. Zur Verdeutlichung ist zunächst eine kurze – gezwungenermaßen nicht sehr detaillierte – Zusammenfassung der verschiedenen Projekte sinnvoll, welche in die neugeschaffene Struktur zu integrieren waren.

aa) Nibelungenfestspiele. Die Nibelungenfestspiele in Worms sind zwischenzeitlich 3
in der deutschen Theaterszene etabliert und haben sich einen Ruf, welcher weit über die Region Rhein-Neckar hinausgeht, erarbeitet.

Ursprünglich wurden bereits im Jahr 1937 Festspiele in Worms begründet, welche mit 4
einer Unterbrechung in den 40er Jahren bis 1956 stattfanden. Im Rahmen der Inszenierungen stand ausschließlich das dreiteilige Theaterstück „Die Nibelungen“ von Friedrich Hebbel auf dem Spielplan.

Erst nach sechsundvierzig Jahren entstand die Initiative, sich des Themas „Nibelungen“ in Worms wieder in Form eines Theaterfestivals anzunehmen.

Erstmals fanden die „neuen“ Festspiele schließlich im Jahr 2002 statt, wobei hier eine Neuinterpretation des Nibelungen-Stoffes, welche durch den Berliner Autor Moritz Rinke im Auftrag der Festspiele geschrieben worden war, zur Uraufführung kam.

In den nachfolgenden Jahren fanden sowohl überarbeitete und erweiterte Fassungen dieses Stückes, u.a. eine zweiteilige Version, als auch der ursprüngliche Hebbel-Text Verwendung.

Im Jahr 2009 wurde eine Komödie des Autors John von Düffel uraufgeführt, welche 5
wiederum eine exklusive Auftragsarbeit der Nibelungen-Festspiele darstellt und sich in satirischer Weise mit dem Nibelungen-Thema auseinandersetzt.

Inzwischen wurde der Plan in Angriff genommen, die Festspiele auf eine breitere Basis zu stellen. Hierbei ist insbesondere eine thematische Erweiterung hin zu weiteren mit der Stadt Worms verbundenen Themen, wie beispielsweise dem Judentum, beabsichtigt, welche in einer Inszenierung des „Jud Süß“-Stoffes in den Jahren 2011 und 2012 erste Umsetzung fand.

Die Festspiele profitieren zweifelsfrei von ihrem exklusiven Aufführungsort direkt am Wormser Dom und der über die Jahre durchweg hochkarätigen Besetzung.

Neben bekannten Schauspielern wie Mario Adorf, Manfred Zapatka, Joachim Krol, Maria Schrader, Dieter Mann, Uwe Friedrichsen, Jasmin Tabatabai – um nur einige exemplarisch zu nennen –, wirkt sich das Engagement des Intendanten Dieter Wedel, welcher selbst mehrfach die Regie übernahm, positiv auf die Medienpräsenz der Festspiele aus. Ab 2014 wird mit Nico Hoffmann ein weiteres „Schwergewicht“ der deutschen Kulturszene Dieter Wedel als Intendant der Nibelungenfestspiele ablösen.

6 Vor diesem Hintergrund ist eindeutig festzuhalten, dass sich die Nibelungenfestspiele nach einer Anlaufphase zwischenzeitlich etabliert haben, jedoch vor der Herausforderung stehen, den erarbeiteten Status nicht nur zu halten, sondern insbesondere weiter auszubauen.

7 **bb) Kultur und Tagungszentrum.** Bereits im Jahr 2004 wurde seitens des Stadtrats der Stadt Worms der Beschluss gefasst, das zwischenzeitlich nicht mehr den Anforderungen im Veranstaltungsbereich gerecht werdende Spiel- und Festhaus zu sanieren und durch den Neubau eines Kultur- und Tagungszentrums zu ergänzen. Insgesamt wurde hierfür ein Investitionsvolumen von 32 Mio. Euro netto vorgesehen.

8 Der erste Spatenstich fand im April 2008 statt. Das Objekt wurde im Januar 2011 unter dem Namen „Das Wormser" eröffnet. Im Festhaus stehen nach Abschluss der Sanierung rund 4500 m^2 Hauptnutzfläche und 1400 m^2 Verkehrsfläche zur Verfügung. Hauptraum ist der „Festsaal". Hinzu kommen Garderoben, Umkleide, Verwaltungsräume, Aufenthaltsräume, die Bühne mit Seitenflächen, Regieräume, Lagerräume und technische Räume. Im angrenzenden Neubau stehen nach der Fertigstellung rund 4000 m^2 Hauptnutzfläche sowie 1250 m^2 Verkehrsfläche zur Verfügung. Als Hauptraum steht ein Saal mit den Erweiterungsmöglichkeiten zur Verfügung. Auch hier kommen Garderoben, Umkleide, Verwaltungsräume, ein Bistro und eine Parkebene sowie Lager-, Regie- und technische Räume hinzu.

9 Der neue Veranstaltungssaal bietet eine Kapazität von 800 Plätzen bei Reihenbestuhlung, 500 Plätzen bei Bankettbestuhlung oder 1350 Stehplätze.

Das Kultur- und Tagungszentrum wird in Eigenregie betrieben. Neben lokalen Veranstaltungen ist geplant, Worms als Messestandort und als überregionalen Veranstaltungsort zu etablieren.

10 Aus diesem Grund war es notwendig, eine vollständig neue personelle Infrastruktur aufzubauen, wobei eine Vorlaufphase von mindestens zwei Jahren vor Inbetriebnahme hinsichtlich Werbung und Akquise eingeplant wurde.

Eine besondere Herausforderung bei der Positionierung und dem Betrieb des Kultur- und Tagungszentrums stellt hierbei die Lage von Worms relativ nahe an bereits etablierten Standorten wie Mannheim und Frankfurt und die sich daraus ergebende Konkurrenzsituation dar.

11 **cc) Städtisches Theater/Lincoln-Theater.** Worms unterhält wie die meisten Städte dieser Größe ein städtisches Theater. Im Falle der Stadt Worms ist als Besonderheit festzuhalten, dass es sich nicht um ein Ensembletheater, sondern um ein reines Gastspieltheater handelt. Zu diesem Zweck werden externe Produktionen aus den Bereichen Theater, Kleinkunst und Musik verpflichtet.

Bisheriger Veranstaltungsort war das Spiel- und Festhaus. Nach dem Umbau und der Erweiterung werden die Produktionen im neuen Kultur- und Tagungszentrum fortgesetzt werden. Für die Übergangszeit wurde in der Wormser Innenstadt ein ehemaliges Kino mit etwa 250 Plätzen angemietet, welches als „Lincoln-Theater" Platz für Kleinkunst-, Musik- und kleinere Theaterveranstaltungen bietet.

Nach Eröffnung des „Wormser" wurde das Lincoln-Theater an einen privaten Trägerverein zum Weiterbetrieb übergeben.

12 **dd) Jazz & Joy.** Bei der Veranstaltung „Jazz & Joy" handelt es sich um ein Musikfestival, welches seit dem Jahr 1991 jährlich auf mehreren Open-Air-Bühnen während eines Wochenendes, von Freitag bis Sonntag, in der Wormser Innenstadt stattfindet.

War zunächst der Fokus ganz auf Jazz ausgerichtet, wurde dieser mehr und mehr auf andere Musikstile ausgeweitet, ohne den thematischen Ursprung des Festivals zu vernachlässigen. Neben bekannten internationalen Pop- und Rockformationen, finden Jazzgrößen und Nachwuchsbands ihren Platz im Programm. Über die Jahre waren Stars wie Bob Dylan, Joe Cocker, Sasha, Simply Red, die Fantastischen Vier und Xavier Naidoo, aber auch bekannte Jazzmusiker wie Klaus Doldinger, Bill Ramsey, Bobby McFerrin und Albert Mangelsdorff zu Gast in Worms.

Seit dem Jahr 2008 findet das Festival auf insgesamt drei Bühnen sowie einem geschlossenen Aufführungsort, dem Andreasstift, statt.

Neben dem Aufbau der Infrastruktur stellen in administrativer Hinsicht die Personalverwaltung sowie die Abwicklung der Künstlerengagements bei dieser Veranstaltung die Herausforderung dar.

ee) Spectaculum. Seit dem Jahr 2002 findet jährlich ein Mittelaltermarkt im „Wormser Wäldchen“ statt, zu dem sich an mittelalterlichen Themen Interessierte aus ganz Deutschland einfinden. Im Jahr 2013 konnten über 19.000 Besucher gezählt werden. 13

Zu diesem Anlass wird eine authentische mittelalterliche Atmosphäre geschaffen, welche sich nicht nur in den zeitgenössischen Marktständen, sondern auch in der Bekleidung der Anwesenden, dem „Gewand“, ausdrückt.

Im Rahmenprogramm kommen – ebenfalls ausschließlich am Mittelalter orientierte – musikalische und dramatische Darbietungen zur Aufführung.

Die Veranstaltung findet in Zusammenarbeit mit dem „Netzwerk Lebendiges Mittelalter Worms“ statt.

ff) N9uner – Das Partyzelt. Das Wormser Backfischfest ist eines der größten Volksfeste am Rhein und bietet neben den klassischen Fahrgeschäften eines Jahrmarkts verschiedene Unterhaltungsmöglichkeiten. Im Jahr 2008 wurde von städtischer Seite im Rahmen dieses Festes über die Dauer von neun Tagen ein „Partyzelt“ namens „N9uner“ betrieben, welches mit einem abwechslungsreichen Programm eine breite Zielgruppe ansprechen soll. 14

Neben musikalischen Darbietungen, welche ein Spektrum von Rockmusik, über Country bis hin zu klassischer Bierzeltmusik abdecken, wird in diesem Zelt auch ortsansässigen Vereinen und Verbänden die Möglichkeit zur Durchführung eigener Veranstaltungen geboten.

Da aber ein profitabler Betrieb des „Partyzelts“ nicht zu gewährleisten war, wurde dieses bereits im Jahr 2009 an einen privaten Betreiber übergeben.

gg) Nibelungenmuseum. Das Nibelungenmuseum ist – trotz des eigentlich eindeutigen Namens – kein Museum im klassischen Sinne, sondern vielmehr eine multimediale Installation, die sich aus verschiedenen Blickrichtungen mit dem Nibelungenthema auseinandersetzt. 15

Diese Installation befindet sich in einem im Jahr 2001 eröffneten Gebäude, welches direkt an die historische Stadtmauer angegliedert wurde, wobei Teile der vorhandenen Struktur in das Gebäude integriert wurden.

Neben einem Rundgang, bei welchem dem Besucher audiovisuell die Nibelungensage „erzählt“ wird, wurde im Jahr 2008 das sogenannte „Mythenlabor“ eröffnet, welches ebenfalls mit multimedialen Mitteln didaktische Präsentationen und museumspädagogische Veranstaltungen ermöglicht.

hh) Worms-Verlag. Der Worms-Verlag ermöglicht es der Stadt Worms, heimatgeschichtliche Veröffentlichungen eigenständig auf den Buchmarkt zu bringen. Daneben bietet der Verlag ein reichhaltiges Sortiment an Veröffentlichungen, welche einen Bezug zu Worms haben, und vertreibt diese sowohl über die klassischen Wege als auch über das Internet. 16

ii) Sonderveranstaltungen. Neben den vorgenannten Projekten sind regelmäßig Sonderveranstaltungen abzuwickeln. Als Beispiele sind im Jahr 2008 die Eröffnung der neuen Rheinbrücke, welche an drei Tagen mit einem umfangreichen kulturellen Rahmenprogramm gefeiert wurde, sowie im Jahr 2009 die Eröffnung des rheinland-pfälzischen Kultursommers zu nennen. 17

b) Vorherige Organisationsstruktur

18 Vorgenannte Projekte wurden mithilfe verschiedener Strukturen und Organisationseinheiten umgesetzt. Nachfolgend folgt daher eine kurze Darstellung der Ist-Situation vor der Umstrukturierung.

19 **aa) Stadt Worms.** Die Verwaltung der Stadt Worms wurde im Zuge der Verwaltungsmodernisierung umstrukturiert, wobei die bisherigen Ämter aufgelöst und durch sieben Bereiche ersetzt wurden. Diese Bereiche gliedern sich wie folgt: „Innere Verwaltung", „Finanzen", „Öffentliche Sicherheit und Ordnung", „Kultur, Bildung und Sport", „Soziales, Jugend und Wohnen"; „Planen und Bauen" sowie „Stadtentwicklung".

Der Bereich „Kultur, Bildung und Sport" umfasste neben dem „Institut für Stadtgeschichte" mit dem Stadtarchiv, der unteren Denkmalschutzbehörde und den Museen sowie der Abteilung „Bildung und Sport" mit Teilen der Schul- und Sportverwaltung, der Volkshochschule, der Jugendmusikschule, der Stadtbibliothek und der Stadtbildstelle, welche direkt in der städtischen Verwaltung verblieben sind, auch das „Kulturbüro" und den „Veranstaltungsservice".

Letztere Abteilung war zum einen für die Durchführung der Veranstaltungen Jazz & Joy, Spectaculum sowie jeweiliger Sonderveranstaltungen zuständig und erbrachte zum anderen Dienstleistungen für die Nibelungenfestspiele. Der Abteilungsleiter war zugleich „technischer Geschäftsführer" der Nibelungenfestspiele gGmbH der Stadt Worms.

Darüber hinaus waren das städtische Theater sowie das Lincoln-Theater dem Bereich „Kultur, Bildung und Sport" zugeordnet.

20 **bb) Die Nibelungen-Gesellschaften.** Bereits im Jahr 1999 gab es Überlegungen, das kulturell die Stadt Worms prägende Thema der „Nibelungen" durch den Bau eines Nibelungen-Museums und der Wiederbelebung der Nibelungen-Festspiele aufzuwerten.

In diesem Zusammenhang fand eine Abwägung verschiedener Organisationsformen statt. Ziel war es,

- den Einfluss der Stadt Worms sicherzustellen;
- den gesetzlichen Auftrag der Kulturpflege nach den Grundsätzen größtmöglicher Wirtschaftlichkeit und Sparsamkeit zu erfüllen;
- Entscheidungsprozesse durch die Verkürzung der Entscheidungswege zu optimieren;
- den Betrieb nach betriebswirtschaftlichen Grundsätzen zu führen;
- die Aufnahme weiterer Gesellschafter zu ermöglichen und
- die Finanzierung möglichst ohne Belastung des städtischen Haushalts durchzuführen.

21 Zunächst waren hier die Einrichtung eines Eigenbetriebs, einer Anstalt des öffentlichen Rechts oder einer Eigengesellschaft in Form einer GmbH in der Diskussion.

Nach intensiven Beratungen kam der Stadtrat zu dem Ergebnis, dass die geplanten Projekte durch die Gründung zweier Eigengesellschaften in der Rechtsform der GmbH optimal durchgeführt werden können. Hierbei war ausschlaggebend, dass die Einflussnahme der Kommune als Gesellschafterin und damit die „legale Herrschaft über die Geschäftsführung" sichergestellt werden konnte und dennoch die Möglichkeit der Aufnahme weiterer Gesellschafter nicht grundsätzlich ausgeschlossen wurde.

In der Folge wurden daher die Nibelungenfestspiele gGmbH der Stadt Worms sowie die Nibelungenmuseum-Betriebs GmbH gegründet.

22 (1) Nibelungenfestspiele gGmbH der Stadt Worms. Die Nibelungenfestspiele gGmbH der Stadt Worms ist eine gemeinnützige Gesellschaft mit beschränkter Haftung. Ihr Unternehmensgegenstand lautet nach § 1 Abs. 1 des Gesellschaftsvertrags: „Durchführung von Nibelungenfestspielen in der Stadt Worms sowie alle dazugehörigen Geschäfte". Ihre Gemeinnützigkeit leitet sich nach § 52 Abs. 1 AO aus ihrer Tätigkeit ab, die darauf gerichtet ist, die Allgemeinheit auf materiellem, geistigem und sittlichem Gebiet selbstlos zu fördern. Nach § 52 Abs. 2 Nr. 1 AO ist hierbei – wie im vorliegenden Fall – insbesondere auf die Förderung der Kultur abzustellen.

Strukturell verfügte die Gesellschaft bis ins Jahr 2008 über sämtliche zur Durchführung der Nibelungen-Festspiele notwendigen Abteilungen, insbesondere über eine eigene Personalabteilung und Buchhaltung. Entsprechend der eher saisonal bedingten Aktivität der Gesellschaft werden jeweils im Sommer – also zur Festspielzeit – Mitarbeiter für verschiedene nur dann benötigte Bereiche mittels befristeter Arbeitsverträge angestellt. Dies betrifft sowohl den künstlerischen als auch den technischen Bereich. 23

Folge der Gemeinnützigkeit der Gesellschaft ist grundsätzlich die Steuerbefreiung der Umsätze im Bereich der Ertragsteuern (Körperschaft- und Gewerbesteuer). Aufgrund der Tatsache, dass für die jeweilige Spielzeit ein eigenes Ensemble beschäftigt wird, handelt es sich bei der Nibelungenfestspiele gGmbH der Stadt Worms umsatzsteuerlich um einen Theaterbetrieb. Dies hat einerseits eine Umsatzsteuerfreiheit der Theaterumsätze, aber andererseits auch den Verlust der Vorsteuerabzugsfähigkeit für diesen Bereich zur Folge.

Für wirtschaftliche Geschäftsbetriebe, wie z. B. den Bereich des Sponsoring, ist die Gesellschaft aber sowohl ertragsteuer- als auch umsatzsteuerpflichtig (mit der entsprechenden Vorsteuerabzugsberechtigung).

Der Gesellschafterausschuss, welcher die Aufgaben eines Aufsichtsrats wahrnimmt, setzt sich aus 12 Mitgliedern zusammen, welche durch den Stadtrat der Stadt Worms gewählt werden. Vorsitzender des Gesellschafterausschusses ist der Oberbürgermeister der Stadt Worms.

(2) Nibelungenmuseum-Betriebs GmbH der Stadt Worms. Die Nibelungenmuseum-Betriebs GmbH der Stadt Worms hatte nach § 1 Abs. 1 des Gesellschaftsvertrags „die Errichtung und den Betrieb des Nibelungenmuseums mit den dazugehörigen Geschäften sowie die Unterstützung städtischer Veranstaltungen und Förderung von Kulturprojekten der Stadt Worms“ als Unternehmensgegenstand. 24

Neben dem Betrieb des Nibelungenmuseum, welches im eigentlichen Sinn allerdings kein Museum darstellt, sondern als multimediale Installation anzusehen ist, befand sich der unter II.1.h vorgestellte Worms-Verlag unter dem Dach der Gesellschaft. Insgesamt waren neben der Geschäftsführung lediglich vier festangestellte Mitarbeiter in der Gesellschaft tätig. Hinzu kamen einige geringfügig beschäftigte Arbeitnehmer zur Abdeckung von Hilfstätigkeiten im Besucherbetrieb.

Die Gesellschaft war vollständig steuerpflichtig und damit im Rahmen der Umsatzsteuer auch vorsteuerabzugsberechtigt.

Der Gesellschafterausschuss, welcher auch hier die Aufgaben eines Aufsichtsrats wahrnahm, wurde ebenfalls vom Stadtrat der Stadt Worms gewählt und hatte 12 Mitglieder. Vorsitzender des Gesellschafterausschusses war der Oberbürgermeister der Stadt Worms.

cc) Stadt Worms Beteiligungs-GmbH. Im Rahmen der Verwaltungsmodernisierung wurde seitens des Stadtrats auch die Notwendigkeit gesehen, das Beteiligungsmanagement in der Stadt Worms zu professionalisieren. Der Stadtrat ließ sich hierbei von der Überlegung leiten, dass die Stadt mit ihren 26 Eigenbetrieben und Beteiligungen an privatrechtlich organisierten Gesellschaften insgesamt einen Konzern darstellt, der entsprechend den Gepflogenheiten in privatwirtschaftlich organisierten Konzern Steuerung und Kontrolle bedarf. Darüber hinaus finanziert die Stadt Worms einen Großteil ihrer privatrechtlich organisierten Aktivitäten mit den Gewinnausschüttungen aus der EWR Aktiengesellschaft im Rahmen des sog. „kommunalen Querverbundes“. Wenn auch gerade die kulturellen Aktivitäten nicht steuerwirksam in den Querverbund einbezogen werden konnten, machte es doch Sinn, die Finanzströme im Rahmen dieses Querverbundes zu optimieren und die betroffenen Gesellschaften daher unter einer Konzernführungsgesellschaft zusammenzufassen. 25

Im Rahmen dieser „Konzernbildung“ wurde daher die Stadt Worms Beteiligungs-GmbH gegründet, unter deren Dach die in den Querverbund einbezogenen städtischen Beteiligungen zusammengefasst wurden. Hinsichtlich der für diesen Beitrag relevanten Gesellschaften, der Nibelungenfestspiele gGmbH der Stadt Worms und der Nibelungen- 26 museum-Betriebs GmbH ist die Stadt Worms Beteiligungs-GmbH alleinige Gesellschafterin dieser Gesellschaften.

27 Nachfolgendes **Schaubild** verdeutlicht die grundsätzliche Struktur innerhalb des „Konzern Stadt Worms":

Wie sich aus dem Schaubild ersehen lässt, sind Beteiligungen verschiedenster Art – teilweise unter Beteiligung weiterer Gesellschafter – in der Stadt Worms Beteiligungs-GmbH zusammengefasst. Diese Struktur ermöglicht es der Stadt Worms – trotz des für eine Kommune in dieser Größe beachtlichen Beteiligungsbesitzes – den Konzern im Hinblick auf die öffentliche Zwecksetzung zu steuern und die Finanzierung der verschiedenen Aufgaben in optimaler Weise sicherzustellen.

3. Konzeption und Umsetzung

a) Grundsätzliche Konzeption

28 Durch Beschluss vom 21.3.2007 entschied der Stadtrat der Stadt Worms, die im Rahmen der Verwaltungsmodernisierung für die Kernverwaltung angestrebte Kostenminimierung durch die Bildung größerer Einheiten und die damit einhergehende Möglichkeit der Nutzung von Synergiepotentialen auch auf den Kulturbereich auszudehnen.

29 Hierbei wurde dem seitens der Verwaltung aufgrund einer internen Untersuchung vorgeschlagenen Weg zugestimmt, die bisher getrennt geführten Tätigkeiten der Bereiche „Nibelungenmuseum-Betriebs GmbH", „Jazz & Joy", „Spectaculum", „Veranstaltungsservice", „Spiel- und Festhaus" in der Nibelungenmuseum-Betriebs GmbH zusammenzufassen. Hinzu sollten die noch näher zu definierenden Funktionen „zusätzliche Kulturevents", „kfm. Geschäftsführung und Dienstleistung im Veranstaltungsbereich der Stadt", „Ticketservice" und „Tagungsbetrieb Kulturzentrum" kommen.

30 Nebenbedingung der vorgenannten internen Untersuchung der Verwaltung war insbesondere die Vorgabe des Stadtrates, die Umstrukturierung innerhalb der bestehenden Struktur des „Konzern Stadt Worms" zu realisieren. Hierbei war zu beachten, dass aufgrund eines Beschlusses des Stadtrates keine Neugründung einer Gesellschaft durchgeführt werden durfte.

Weiteres Ziel der Umstrukturierung war die Realisierung von Synergieeffekten innerhalb der Konzernstruktur. Aus diesem Grund wurde die Zusammenarbeit mit einer weiteren Tochtergesellschaft der Stadt Worms im Bereich kaufmännischer Dienstleistungen vorgeschlagen.

31 In Rahmen der Umsetzung des vorgenannten Beschlusses vom 21.3.2007 erhielt die Nibelungenmuseum-Betriebs GmbH als äußeres Zeichen der Umgestaltung die neue Firma „Kultur und Veranstaltungs GmbH Worms".

Im Hinblick auf die eingeführte „Marke" und auch aus Gründen der Transparenz wurde die Nibelungen-Festspiele gGmbH neben der Kultur und Veranstaltungs GmbH Worms beibehalten. Das Tätigkeitsfeld wurde jedoch auf den künstlerischen Bereich konzentriert, wobei die Gesellschaft sich in den anderen Bereichen der Dienstleistungen der Kultur und Veranstaltungs GmbH Worms bedient, welche von dieser in Rechnung gestellt werden.

b) Änderung des Gesellschaftsvertrags

32 Durch Gesellschafterbeschluss wurde die Firma der Nibelungenmuseum-Betriebs GmbH in „Kultur und Veranstaltungs GmbH Worms" geändert.

Zugleich fand eine Erweiterung des Unternehmensgegenstandes statt. Dieser lautet nunmehr: „Errichtung und der Betrieb des Nibelungenmuseums mit den dazugehörigen Geschäften, sowie die Durchführung und die Unterstützung städtischer Veranstaltungen und Förderung von Kulturprojekten der Stadt Worms sowie der Betrieb des Spiel- und Festhauses (Theater mit Kultur – und Tagungszentrum)".

33 Der Gesellschafterausschuss wurde in seiner Struktur derjenigen der Nibelungenfestspiele gGmbH der Stadt Worms angepasst. Aus diesem Grund wurde die Zahl der Mit-

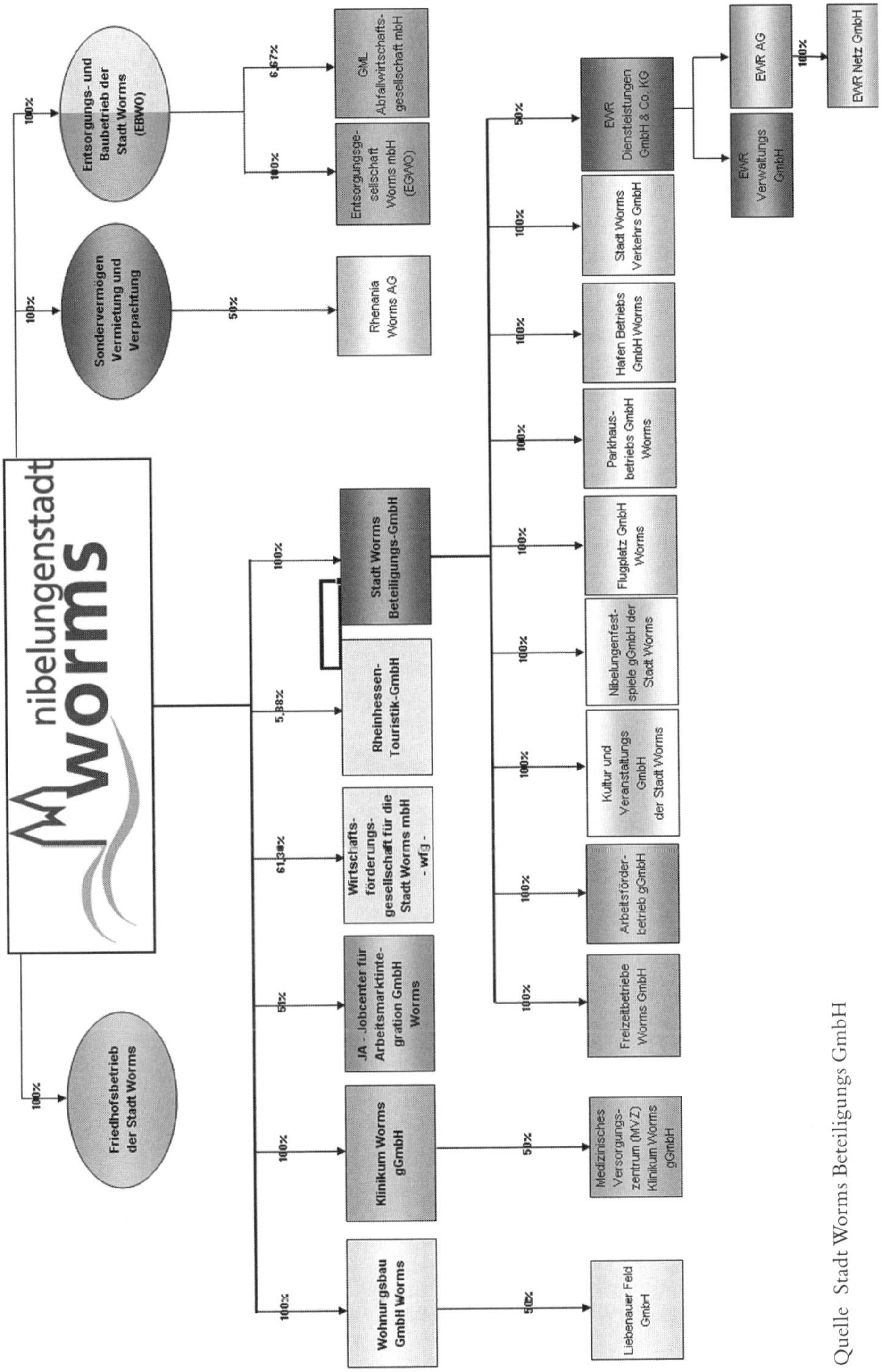

Quelle Stadt Worms Beteiligungs GmbH

glieder auf 17 erhöht. Dies stellt unter anderem sicher, dass sämtliche im Stadtrat vertretenen Parteien und Gruppierungen mindestens ein Mitglied in dieses Gremium entsenden konnten. Sinnvollerweise wurde eine – zwar nicht vorgeschriebene, jedoch die Effektivität der Aufgabenwahrnehmung vereinfachende – weitgehende Personengleichheit zwischen den Gesellschafterausschüssen der Nibelungenfestspiele gGmbH und der Kultur und Veranstaltungs GmbH hergestellt.

Die umstrukturierte Gesellschaft konnte somit zum geplanten Termin, dem 1.1.2008, ihre neuen Aufgaben übernehmen und die notwendigen Umstrukturierungsmaßnahmen durchführen.

c) Aufbau der neuen Organisationsstruktur

34 Hinsichtlich des Aufbaus der Organisationsstruktur ist zwischen der Kultur und Veranstaltungs GmbH Worms sowie der Nibelungenfestspiele gGmbH der Stadt Worms zu unterscheiden. Aufgrund der unterschiedlichen Aufgabenfelder wurden hier abweichende Organisationsmodelle gewählt.

Gemeinsam haben beide Gesellschaften jeweils zwei Geschäftsführer und einen Prokuristen, wobei hier Personenidentität besteht. Aufgrund der engen Verzahnung beider Unternehmen wurde dieser Weg gewählt, um „Reibungsverluste" zwischen den beiden Unternehmen zu vermeiden.

35 **aa) Kultur und Veranstaltungs GmbH Worms.** Die Kultur und Veranstaltungs GmbH gliedert sich unterhalb der Ebene der Geschäftsführung in fünf verschiedene Bereiche, die sich wiederum verschiedene Abteilungen unterteilen.

Nachfolgendes **Schaubild** gibt eine Übersicht über die Struktur der Gesellschaft:

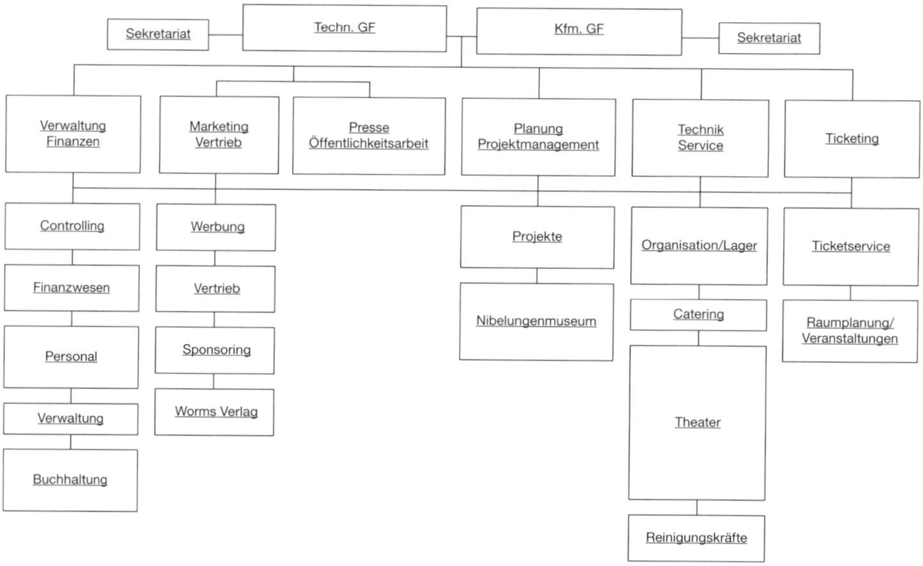

Quelle: Kultur und Veranstaltungs GmbH Worms

Der Bereich Verwaltung/Finanzen gliedert sich in die Abteilungen Controlling, Finanzwesen, Personal, Verwaltung und Buchhaltung. Der Bereichsleiter hat Einzelprokura erhalten.

36 Insbesondere ist die Abteilung Controlling hervorzuheben, welche ein operatives Controlling der Einzelveranstaltungen sicherstellen muss. Dies stellt zum einen aufgrund der

Vielzahl der Veranstaltungen und zum anderen aufgrund der Vielzahl an beteiligten Personen und Gewerke eine Herausforderung dar, welche durch die oftmalige Notwendigkeit im Veranstaltungsgewerbe, schnell auf Veränderungen reagieren zu müssen, nochmals erschwert wird.

Bei den Abteilungen Finanzwesen und Buchhaltung wurde auf die Dienstleistung einer Tochtergesellschaft der Stadt Worms zurückgegriffen. Der Aufbau einer eigenen Buchhaltung hätte sich nicht effektiv darstellen lassen. Durch die Möglichkeit, diese Aufgabe innerhalb des Konzerns „Stadt Worms“ zu vergeben, haben sich somit erste Synergieeffekte ergeben. Aus diesem Grund werden die jeweiligen Mitarbeiter von der beauftragten Tochtergesellschaft gestellt. Je nach Bedarf nehmen diese ihre Aufgaben in den Räumlichkeiten der Kultur und Veranstaltungs GmbH wahr.

Der Bereich Marketing/Vertrieb enthält neben den beiden namensgebenden Abteilun- 37
gen die Betreuung der Sponsoringpartner. Dieser Bereich hat sich als unverzichtbarer Bestandteil einer erfolgreichen Veranstaltungskonzeption etabliert. Neben der Akquise von Sponsoren ist hierbei eine umfassende Betreuung vor, während und nach der Veranstaltung unerlässlich. Hinzu kommt die Zusammenarbeit mit externen Dienstleistern, welche das Unternehmen in den vorgenannten Bereichen unterstützen. Der hier anfallende Arbeitsaufwand, welcher traditionell bei der Geschäftsführung angesiedelt war, erforderte daher die Einrichtung einer entsprechenden Abteilung.

Hinzu kam ab dem Jahr 2010 die Vermarktung des Kultur- und Tagungszentrums, welche ebenfalls diesem Bereich zugeordnet ist.

Der Bereich Planung/Projektmanagement beschäftigt sich mit der inhaltlichen Kon- 38
zeption und Durchführung der Veranstaltungen. Mit Unterstützung der anderen Bereiche werden hier die zuvor beschriebenen Projekte der Kultur und Veranstaltungs GmbH realisiert. Die Betreuung der ganzjährigen Projekte ist ebenfalls diesem Bereich angegliedert.

Der Bereich Technik deckt den gesamten technischen und logistischen Bereich des Unternehmens ab. Da der Veranstaltungsaufbau so weit möglich ohne externe Dienstleister abgewickelt wird, fällt hier gerade bei den Großveranstaltungen des Unternehmens ein enormer Arbeitsaufwand an. Hinzu kommt eine Lagerhaltung, welche auch den gesamten Fundus der Nibelungen-Festspiele erfasst.

Der Bereich Ticketing ist schließlich mit dem Verkauf von Eintrittskarten eigener und zunehmend auch fremder Veranstaltungen betraut. Hier werden allein hinsichtlich der Nibelungen-Festspiele etwa 20.000 Karten pro Festspielsaison umgesetzt. Dies setzt die Zusammenarbeit mit regionalen und überregionalen Ticketprovidern voraus.

Des Weiteren werden seit Eröffnung des Kultur- und Tagungszentrums die Raumplanung und -koordination von diesem Bereich betreut.

Insgesamt beschäftigt die Kultur und Veranstaltungs GmbH etwa 60 fest angestellte 39
Mitarbeiter. Die Vergütung erfolgt nach dem Tarifvertrag für den öffentlichen Dienst (TVöD). Zu diesem Zweck wurden verschiedene Stellen durch die Bewertungskommission der Stadt Worms hinsichtlich ihrer Einstufung in den TVöD überprüft. Im Vorfeld fanden intensive Gespräche mit dem Personalrat der Stadt Worms statt, um eine adäquate Vergütung von Stellen, welche sich aufgrund ihrer besonderen Anforderungen nicht direkt mit den Bewertungskriterien des TVöD vereinbar sind, innerhalb des Gesamtgefüges der Stadtverwaltung sicherzustellen.

Sämtliche Mitarbeiter der Nibelungenfestspiele gGmbH der Stadt Worms, deren Stellen aufgrund der Umstrukturierung in die Kultur und Veranstaltungs GmbH Worms überführt wurden, wurden unter Beibehaltung ihres Status und mindestens unter Beibehaltung der bisherigen Vergütung übernommen.

Hinsichtlich der Mitarbeiter, welche zuvor direkt bei der Stadt Worms beschäftigt waren, wurde ein Personalüberleitungsvertrag geschlossen, welcher neben dem Eintritt in alle Rechte und Pflichten durch die Kultur und Veranstaltungs GmbH Worms auch eine Rückkehroption der betroffenen Mitarbeiter bei Auflösung der Gesellschaft regelte.

40 **bb) Nibelungenfestspiele gGmbH der Stadt Worms.** Die Nibelungenfestspiele gGmbH wurde hinsichtlich des Personals auf den rein künstlerischen Bereich reduziert. Die bisherigen Mitarbeiter, welche nicht-künstlerische Tätigkeiten ausgeübt hatten, wurden in die Kultur und Veranstaltungs GmbH Worms überführt. Letztendlich verblieben somit lediglich der Intendant, dessen persönlicher Referent sowie die Mitarbeiter des künstlerischen Betriebsbüros in der Gesellschaft. Die Zahl der festen Mitarbeiter beträgt daher vier Personen.

41 Aufgabe der Intendanz der Nibelungen-Festspiele ist die künstlerische Leitung der Festspiele, worunter insbesondere die Auswahl des zu spielenden Stückes und gegebenenfalls eines entsprechenden Autoren sowie des Regisseurs zu verstehen ist. Hinzu kommt die Unterstützung bei der Findung von Schauspielern und sonstiger künstlerischer Gewerke.

42 Das künstlerische Betriebsbüro hat die Aufgabe, den konkreten Theaterbetrieb zu organisieren. Neben klassischen Verwaltungsaufgaben, welche in jedem Unternehmen anfallen und daher nach und nach durch die Kultur und Veranstaltungs GmbH übernommen werden sollen, gehören hierzu vor allem theaterspezifische Aufgaben, wie die Betreuung der Künstler und die Aufstellung eines Probenplans. Aufgrund der teilweise sehr spezifischen Arbeitsweisen im Theaterbereich hat sich die Aufrechterhaltung eines künstlerischen Betriebsbüros in der Gesellschaft als sinnvoller Schritt erwiesen.

43 Zu diesem Stamm fester Mitarbeiter kommen bei den Nibelungen-Festspielen saisonale Mitarbeiter, welche nur während der Proben- und Festspielzeit in Worms anwesend sind und für diesen Zeitraum mit befristeten Arbeitsverträgen oder – sofern keine Scheinselbständigkeit vorliegt – freien Dienst- und Werkverträgen beschäftigt werden.

44 Es handelt sich im Durchschnitt um über 100 Mitarbeiter, welche sich auf die verschiedenen Gewerke Technik/Bühne, Licht, Ton, Requisite, Maske, Kostüme und Bühnenbild aufteilen. Die Administration dieser Mitarbeiter wird durch die Personalabteilung der Kultur und Veranstaltungs GmbH Worms in Abstimmung mit dem künstlerischen Betriebsbüro durchgeführt.

In der Spielzeit 2009 wurde erstmals saisonal die Position eines Produktionsleiters besetzt, dessen Aufgabenbereich die Projektplanung, die Erstellung von Projektvorgaben sowie die Organisation und die Überwachung der Arbeitsabläufe während der Produktion umfasst. Da sich diese Maßnahme bewährt hat, wurde dies in den nachfolgenden Jahren beibehalten. Auch hier soll nochmals anhand eines **Schaubilds** die Struktur verdeutlicht werden:

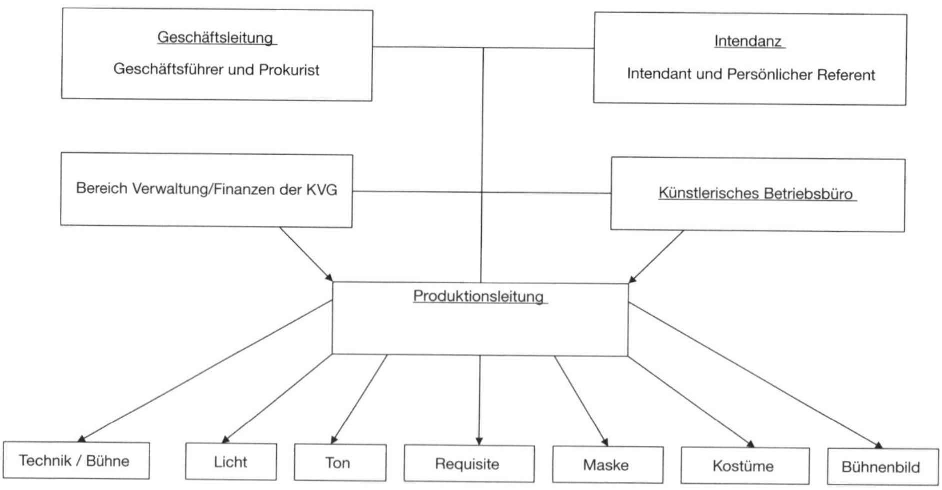

Quelle: Nibelungenfestspiele gGmbH der Stadt Worms

d) Bewertung und Ausblick

Zusammenfassend kann festgestellt werden, dass die Kultur und Veranstaltungs GmbH Worms neben der Nibelungenfestspiele gGmbH der Stadt Worms ihren Platz innerhalb der Struktur des „Konzern Stadt Worms" gefunden und ausgefüllt hat. 45

Sämtliche geplanten Veranstaltungen konnten in den Jahren seit 2008 erfolgreich durchgeführt werden. Synergieeffekte zeigten sich sowohl organisatorisch, was in einer nochmals gesteigerten Professionalität Ausdruck fand, als auch finanziell durch die Einhaltung bzw. Unterschreitung der Planansätze beider Gesellschaften.

Der Erfolg des Unternehmens lässt sich am Erfolg der Veranstaltungen und an der Zufriedenheit der Bürger der Stadt Worms messen. Nimmt man dies zum Maßstab, kann das Konzept der Kultur und Veranstaltungs GmbH Worms – ohne unbescheiden wirken zu wollen – als voller Erfolg bezeichnet werden.

V. Bereich „Energie"
Städte und Gemeinden aktiv in der Energiewende

1. Teil. Einleitung

Mit der Einleitung der Energiewende im Juni 2011[1] und dem Entschluss zum Ausstieg aus der Kernenergie haben die Versorgungsstrukturen in Deutschland einen grundlegenden Wandel erfahren. Die ursprünglich zentrale Energieversorgung wird zunehmend von dezentralen Strukturen der Energieerzeugung und –versorgung, weg von atomaren und fossilen Energieträgern, hin zur regenerativen Energieproduktion ersetzt. Eine Vielzahl an dezentral angesiedelten erneuerbaren Energien, der Aus- und Umbau der Stromnetze und neue, intelligente Technologien prägen die Energielandschaft von heute und ersetzen schrittweise die alten Strukturen der Großkraftwerke. Die zentralen Akteure der Energiewende sind dabei vor allem Städte und Gemeinden, kommunale Unternehmen[2] und die Bürger[3] vor Ort. 1

Dabei sind die Ziele der Energiewende klar formuliert. In den Energiewendebeschlüssen[4] ist festgelegt, dass nicht nur bis spätestens 2022 der Ausstieg aus der Kernenergie erfolgen soll, sondern auch, dass: 2

- die **Treibhausgasemissionen** bis 2020 um 40 % und bis 2050 um 80 % gegenüber dem Jahr 1990 gesenkt,
- der Anteil **erneuerbarer Energien** am Bruttoenergieverbrauch bis 2050 auf 60 % und an der Stromversorgung auf mind. 80 % ausgebaut,
- der **Netzausbau** beschleunigt und
- der **Energieverbrauch** bis 2050 um 50 % (gegenüber 2008), der Stromverbrauch bis 2050 um 25 %, der Endenergieverbrauch im Verkehrssektor bis 2050 um 40 % (gegenüber 2005) gesenkt und die Gebäudesanierungsrate von 1 auf 2 % verdoppelt

[1] Beschlüsse der Bundesregierung vom 6. Juni 2011 (abrufbar unter http://www.bmu.de/detailansicht/artikel/beschluesse-des-bundeskabinetts-zur-energiewende-vom-6-juni-2011/).

[2] Der Anteil kommunaler Stadtwerke an der Stromerzeugung lag laut der Erhebung des Verbandes kommunaler Unternehmen (VKU) im Jahr 2013 bei rd. 12,3 Prozent. Die kommunale Erzeugungsfähigkeit v.a. auf den Anstieg bei den erneuerbaren Energien sowie Kraft-Wärme-Kopplungsanlagen zurück. (vollständige Umfrage unter http://www.vku.de/service-navigation/presse/pressemitteilungen/liste-pressemitteilung/6514.html abrufbar).

[3] Allein 47 Prozent der bis Ende 2012 installierten Stromproduktion stammt aus erneuerbaren Energien der Bürgerinnen und Bürger. Bürgerenergie kommt damit auf einen fast viermal so großen Anteil, wie die Energieversorger, die 12 Prozent der Erneuerbaren-Energien-Anlagen besitzen (Studie „Definition und Marktanalyse von Bürgerenergie in Deutschland" des Marktforschungsinstitut trend:research und der Leuphana Universität Lüneburg im Auftrag der Initiative „Die Wende – Energie in Bürgerhand" und der Agentur für Erneuerbare Energien (AEE), Oktober 2013).

[4] Beschlüsse der Bundesregierung vom 6. Juni 2011 (s.o.).

werden soll. Dahinter steht das so genannte Zieldreieck, das eine sichere, wirtschaftliche und umweltfreundliche Energieversorgung anvisiert. Auf der Grundlage wurde im Juni 2011 ein ganzes Gesetzespaket verabschiedet.[5] Dabei haben sicherlich das Erneuerbare-Energien-Gesetz (EEG), das Netzausbaubeschleunigungsgesetz (NABEG) und das Kraft-Wärme-Koppelungsgesetz (KWKG) eine ganz besondere Bedeutung für die regionalen und lokalen Akteure der Energiewende. Deutlich wird bei allen Gesetzen: Städte, Gemeinden und ihre Stadt- oder Gemeindewerke sind in ganz besonderen Weise in die Energiewende involviert.

1. Städte und Gemeinden in der Energiewende

3 Städte und Gemeinden nehmen in der Energiewende eine ganz besondere Rolle ein. Es sind die Städte, Gemeinden und vor allem der ländliche Raum, in denen die erneuerbaren Energien angesiedelt, auf deren Gebieten die Stromtrassen gebaut, Energiekonzepte entwickelt, die erforderliche Infrastruktur geschaffen wird und alle örtlichen Energieakteure zusammentreffen. Städte und Gemeinden sind dabei nicht nur Planungs- und Vorhabenträger, sondern auch Verpächter und Verkäufer der benötigten Flächen. Als größter öffentlicher Gebäudebesitzer und Auftraggeber von Waren nehmen sie eine Vorbildfunktion für die Bürger und die örtliche Wirtschaft ein.

2. Energiepolitik als kommunale Aufgabe

4 Die Energiepolitik wird als kommunale Aufgabe verstanden. Was sie und ihre Umsetzung vor Ort konkret bedeutet, erfahren Städte und Gemeinden allerdings nicht erst seit den Beschlüssen der Energiewende vom Juni 2011. Eine Vielzahl an Energie- und Klimaschutzkonzepten stammen bereits weit aus der vorhergehenden Zeit. Erneuerbare Energien sind mittlerweile fester Bestandteil in vielen deutschen Städten und Gemeinden. Die Energiewende hat an der Stelle jedoch eine neue Dimension hineingebracht.

5 Im Zuge der Energiewende ist eine Vielzahl neuer kommunaler Aufgabenfelder entstanden, die sowohl erhebliche Chancen, als auch Herausforderungen für Kommunen bereithalten. Einerseits sind ihre Aktivitäten wichtig, um die Ausbauziele der Bundesregierung erreichen zu können. Andererseits bedeuten erneuerbare Energien auch Investitionsmöglichkeiten, die Wertschöpfungseffekte für die Gemeinde und die Region mit sich bringen und eine Identifikation der Bürger vor Ort mit der Thematik schaffen. Städte und Gemeinden sind längst nicht nur mehr selbst Energieverbraucher, sondern werden zunehmend auch zu Energieproduzenten und -lieferanten, indem sie den Betrieb örtlicher Anlagen und Stromnetze selbst übernehmen. In Kooperation mit Stadtwerken können dabei neue Geschäftsmodelle entstehen. Gemeinsam mit ihnen und den Bürgerinnen und Bürgern engagieren sich Städte und Gemeinden für den Einsatz erneuerbarer Energien vor Ort und machen sich durch die Aufstellung von Energie- und Klimaschutzprojekten hierfür stark. Dabei handelt es sich um Projekte im Strom,- Gas- und Wärmebereich mit dem Ziel einer ortsnahen, sicheren und ökologischen Energieversorgung vor Ort. Sie können so u.a. zur Steigerung der Energieeffizienz und -einsparung in öffentlichen Gebäuden oder im Bereich der Straßenbeleuchtung beitragen. Im Vordergrund steht, die Energiewende vor Ort politisch zu gestalten, um die Bürger mitzunehmen. Alle beteiligten Akteure können dabei auf vielfache Weise profitieren. Durch Investitionen in erneuerbare Energien können Steuermehreinnahmen generiert, neue Arbeitsplätze geschaffen, Aufträge an die lokale Wirtschaft vergeben oder auch direkte Gewinne, z. B. durch Vergütungseinnahmen, erzielt werden. Damit eröffnen sich Vorteile und wirtschaftliche Perspektiven, gerade auch für Städte und Gemeinden in ländlichen Regionen. Sie treten als Energielieferanten für die Ballungsräume auf uns stärken damit die Stadt-Umland-Beziehungen.

---

[5] Die Gesetze sind unter http://www.bundestag.de/dokumente/textarchiv/2011/34867973kw26sp.energiewende/ abrufbar.

Längst haben auch die Bürger diese Chance erkannt. So ist die Zahl der Energiegenossenschaften seitdem erheblich gestiegen. Die Zahl der Mitglieder hat sich seit 2012 mehr als verdoppelt und liegt heute bei rund 130.000.[6] Auf diese Weise wird nicht nur ein erheblicher Beitrag für ihr Gelingen geleistet, sondern auch Akzeptanz und Identifikation mit der Energiewende geschaffen. 6

3. Kommunale Handlungsbereiche im Energiebereich

a) Optionen im Energiebereich tätig zu werden

Städte und Gemeinden haben verschiedene Optionen im Energiebereich tätig zu werden. 7

Sie können zunächst selbst in den Bau und Betrieb Erneuerbare-Energien-Anlagen einsteigen. Gemeindeeigene Grundstücke und öffentliche Gebäude bieten sich an, um darauf Solar- oder Windkraftanlagen zu errichten. Vorteilhaft daran ist, dass in diesen Fällen keine Pachtgebühren anfallen. Bei Photovoltaikanlagen kommt hinzu, dass die Gemeinde die einzige beteiligte Planungs- und Genehmigungsbehörde ist, was die Hürden für eine solche Energieerzeugung weiter senkt. Darüber hinaus kann die Gemeinde auch den Wärmebezug aus erneuerbaren Energien für ihre Liegenschaften sichern. Zum anderen bieten sich auch Gestaltungsmöglichkeiten durch auslaufende Konzessionsverträge von Leitungsnetzen im Strom- und Gasbereich und der möglichen Einrichtung eigener kommunaler Versorgungsbetriebe und Stadtwerke. Die Gemeinde kann in diesen Fällen als eigener Energiemanager und Investor agieren. Sie sichert sich dadurch ihren Einfluss und Kontrolle über die örtlichen Versorgungsstrukturen. Über die Entschlüsse des Stadt- oder Gemeinderates können auch die Bürgerbelange berücksichtigt werden. Bei der Stromproduktion vor Ort steigt die kommunale Eigenversorgung, so dass nicht nur die Kosten für den Stromeinkauf sinken. Zusätzlich ermöglicht dieser Ausbau teilweise auch, überschüssigen Strom aus lokaler Erzeugung zu verkaufen. 8

Sofern Städte und Gemeinden nicht durch eigene Projekte im Energiebereich tätig werden, stehen ihnen weitere Tätigkeitsfelder offen, um sich an Projekten z. B. über Stadt- oder Gemeindewerke mittelbar zu beteiligen. Dabei geht es um die Verpachtung von gemeindeeigenen Flächen, die Unterstützung von örtlichen Projekten mit Zuschüssen und Krediten und auch um eine Steuerung durch die Siedlungs- und Bauleitplanung. Auch dadurch kann die Wertschöpfung vor Ort gefördert werden. 9

b) Zusammenarbeit mit örtlichen Akteuren

Oftmals bieten sich für die Umsetzung der Energieprojekte Kooperationen mit bestehenden Stadtwerken, kommunalen Unternehmen, aber auch Bürgern, Landwirten oder benachbarten Gemeinden an. Durch die Vergabe von Aufträgen an örtliche Unternehmen und Handwerksbetriebe kann die lokale Wirtschaft gefördert, lokale Arbeitsplätze geschaffen und die erzielten Gewinne in der Gemeinde bleiben. Darüber hinaus können Städte und Gemeinden das Engagement ihrer Bürger für Projekte der Erzeugung von Strom und Wärme mit erneuerbaren Energien am besten anstoßen. Mit ihnen gemeinsam werden oftmals ganze Energie- und Klimaschutzprojekte umgesetzt. Der Einbezug der Bürgerinnen und Bürger und die Organisation von bürgerschaftlichen „Erneuerbare-Energien-Initiativen“ stärkt nicht nur die Akzeptanz für den Ausbau und schafft positive regionalwirtschaftliche Effekte, sondern kann auch als finanzielle Unterstützung dienen. Insbesondere dort, wo Kommunen sich bislang nicht finanziell an Projekten beteiligen dürfen, weil das Gemeindewirtschaftsrecht dieses nicht zulässt. 10

---

[6] Umfrage des Deutschen Raiffeisen- und Genossenschaftsverband (DRGV), Juli 2013 (abrufbar unter http://www.genossenschaften.de/dgrv-stellt-aktuelle-umfrage-zu-energiegenossenschaften-vor).

c) Nutzung unterschiedlicher Energiearten

11 Neben dem Bereich der erneuerbaren Energien sind Städte und Gemeinden auch im Bereich der Netze und Kraftwerke aktiv. Dabei geht es um den Einsatz neuer, klimafreundlicher Gas- und Dampfkraftwerke und Kraft-Wärme-Kopplung, um die Stromerzeugung mit dem Wärmebereich zu kombinieren. Die Gemeinde Schipkau[7] nutzt die Vorteile dezentraler Energieerzeugungsanlagen und installierte im Jahr 2009 und 2010 zu diesem Zweck Blockheizkraftwerke in zwei kommunalen Kindertagesstätten, einer Grundschule sowie einem Kulturhaus. Die Stadt Norderstedt[8] konzentriert sich im Projekt „intelligente Netze" in Zusammenarbeit mit den Norderstedter Stadtwerken auf den systemischen Bestandteil eines nachhaltigen Energiesystems. Im Rahmen eines Pilotprojekts wird untersucht, wie ein dezentrales und flexibles Energieversorgungsystem der Zukunft aussehen kann, bei dem sich die Strompreise nach der augenblicklichen Versorgungs- und Lastsituation richten.

2. Teil. Rahmenbedingungen für die kommunale Betätigung im Energiebereich

1. Energieversorgung als Teil der kommunalen Daseinsvorsorge

12 Die Energieversorgung zählt zu den Bereichen der kommunalen Daseinsvorsorge.[9] Vor dem Hintergrund der verfassungsrechtlichen Gewährleistung der kommunalen Selbstverwaltung in Art. 28 Abs. 2 S. 1 GG unterfällt diese der Eigenverantwortung der Gemeinde und zählt zu den Angelegenheiten der örtlichen Gemeinschaft. Dies gilt grundsätzlich unabhängig von der Liberalisierung oder Privatisierung von Energiemärkten, da es sich bei der Energieversorgung um die Erfüllung eines Grundbedürfnisses der Bevölkerung handelt, welches auch von Privaten erbracht werden kann. Nach dem Energiewirtschaftsrechts[10] zählt hierzu neben dem Vertrieb von Energie an Kunden und dem Betrieb eines Energieversorgungsnetzes auch die Erzeugung von Energie zur Belieferung von Kunden.

13 Ungeachtet dessen haben Kommunen bei der energiewirtschaftlichen Betätigung eine Vielzahl an rechtlichen Rahmenbedingungen zu beachten. Die wichtigsten sollen im Folgenden kurz dargestellt werden.

2. Gemeindewirtschaftsrecht

14 Das Gemeindewirtschaftsrecht setzt der wirtschaftlichen Betätigung im Energiebereich von Gemeinden eindeutige Grenzen.[11] Auch wenn es in die Kompetenz der Länder fällt und deshalb unterschiedlich ausgestaltet ist, steht die kommunale, wirtschaftliche Betätigung regelmäßig unter dem Vorbehalt der sog. „Schrankentrias". Danach muss die wirtschaftliche Tätigkeit durch den öffentlichen Zweck gerechtfertigt sein (a.), die wirtschaftliche Betätigung muss in einem angemessenen Verhältnis zur Leistungsfähigkeit der Kommune und zum voraussichtlichen Bedarf stehen (b.) und der wirtschaftliche Zweck darf nicht besser oder wirtschaftlicher bzw. ebenso gut und wirtschaftlich durch einen Privaten erbracht werden (c.). Manche Bundesländer stellen die umweltfreundliche, nachhaltige Energiegewinnung und -versorgung als Element der Daseinsvorsorge bzw. aus Umweltschutzgesichtspunkten von vornherein von gemeindewirtschaftsrechtlichen Vorgaben frei und privilegieren diesen Bereich. In diesen Ländern wurden gesonderte Regelungen getroffen.[12]

---

[7] Weitere Informationen sind unter http://www.gemeinde-schipkau.de/texte/seite.php?id=82552 abrufbar.

[8] Weitere Informationen stehen unter http://www.norderstedt.de/klimaschutz zur Verfügung.

[9] BVerfG, NJW 1990, 1783.

[10] § 3 Nr. 36 EnWG.

[11] Vgl. im Einzelnen hierzu Kapitel C I.

[12] So u.a. § 102 VII S. 2 GOBW, § 107a GemO NRW, § 87 II S. 2 BayGO, § 68 II S. 3 KV M-V.

a) Öffentlicher Zweck

Der öffentliche Zweck setzt zunächst voraus, dass das Unternehmen der jeweiligen kommunalen Aufgabenstellung dient.[13] Damit sind diejenigen Bedürfnisse und Interessen gemeint, die in der örtlichen Gemeinschaft wurzeln oder auf sie einen spezifischen Bezug haben.[14] Grundsätzlich sind Art und der Umfang, wie Kommunen ihre Aufgaben für das Gemeinwohl erfüllen, recht weit gefasst. Der Begriff des „öffentlichen Zwecks" stellt einen unbestimmten Rechtsbegriff mit Beurteilungsspielraum dar. Im Falle der lokalen Erzeugung erneuerbarer Energien bereitet diese Voraussetzung in der Regel keine Probleme, da die Energieversorgung als Angelegenheit der örtlichen Gemeinschaft insoweit anerkannt ist.[15] Um die Einhaltung des öffentlichen Zwecks auch im Falle der Beteiligung oder Gründung eines Unternehmens in Privatrechtsform gewährleisten zu können, hat sich die Kommune einen angemessenen Einfluss auf das Unternehmen zu sichern.[16] 15

Die Bindung an den öffentlichen Zweck erfordert weiter, dass das Angebot des Unternehmens auch räumlich ganz überwiegend dem kommunalen Wirkungskreis zuzuordnen ist (so genanntes „Örtlichkeitsprinzip“). Im Falle eines kommunalen Unternehmens sollte die Beteiligungsquote daher in etwa dem Anteil entsprechen, mit dem das Unternehmen seine Geschäftstätigkeit im Gemeindegebiet entfaltet.[17] Gemeinden, die planen, kommunalwirtschaftliche Unternehmen benachbarter Gemeinden an ihren Energieprojekten und an der eigenen Betreibergesellschaft zu beteiligen, müssen daher prüfen, ob der öffentliche Zweck dabei gewahrt ist. Sie haben jedoch die Möglichkeit, den Gesellschaftszweck auf diese Beteiligungskonstellation abzustimmen.[18] Solche Formen der so genannten interkommunalen Zusammenarbeit werden häufig in Form eines Zweckverbandes eingegangen. 16

Konflikte mit dem „Örtlichkeitsprinzip“ kann es unter Umständen geben, wenn es um die Beteiligung von Städten und Gemeinden im Offshore-Windenergie-Bereich geht. Eine solche Beteiligung muss daher genau auf das Vorhandensein eines öffentlichen Zwecks überprüft werden. Die Rechtfertigung dürfte schwerer fallen, als eine Beteiligung an einem regionalen Energieversorger. Zu bedenken ist auch, dass die Beteiligung vorwiegend vom Motiv der Gewinnerzielungsabsicht durch die Kommune forciert wird[19], was zum nächsten Punkt überleitet. Denn die Bindung an den öffentlichen Zweck bedeutet auch, dass das Unternehmen eine spezifisch gemeinwohlorientierte Zielsetzung verfolgen muss. Eine rein erwerbswirtschaftliche Zielsetzung ist damit ausgeschlossen. Ausgeschlossen sind damit keine Gewinne der Gemeinde, die sie durch die Beteiligung im Bereich der erneuerbaren Energien erwirtschaftet. Die Gewinnerzielung darf lediglich als Folge des Auftrags der Daseinsvorsorge auftreten. Dies muss in jedem Einzelfall hinreichend dargelegt werden. Die gemeindliche Beteiligung muss die Erfüllung des öffentlichen Zwecks erfordern, d. h. die Energieversorgungssituation in der Kommune sollte eine solche Beteiligung vernünftigerweise gebieten.[20] Je schwerer der mit der Beteiligung verbundene Eingriff in den Markt ist, desto gewichtiger muss der öffentliche Zweck der Energieversorgung und der Beteiligung an der Energiewende sein. Insofern bietet sich als Anhaltspunkt eine Betrachtung des Umfangs der Beteiligung, der Konkurrenzsituation auf dem relevanten Markt oder des mit einer Beteiligung der Kommune verbundenen Einflusses an.[21] 17

---

13 *Wolff* in Schneider/Theobald, Recht der Energiewirtschaft, § 5 B. Rn.21ff.
14 BVerfGE 79, 121 (151).
15 s.o. unter II. 1.
16 Vgl. im Einzelnen Praxisbeispiele Energiekommune unter III.
17 Kaler/Kneuper, „Erneuerbare Energien und Bürgerbeteiligung“, NVwZ 2012, 791 (793).
18 Kaler/Kneuper, NVwZ 2012, 791 (793).
19 Sonder, „Wirtschaftliche Betätigung von Kommunen im Wandel“, LKV 2013, 202 (206).
20 OVG Münster, NVwZ 2008, 1035.
21 LKV 2013, 202 (206).

b) Leistungsfähigkeitsbezug

18 Der Leistungsfähigkeitsbezug verbietet es der Gemeinde, wirtschaftliche Risiken einzugehen, die ihre Leistungsfähigkeit überschreiten. Sie darf keine Unternehmen unterhalten, die den lokalen Bedarf und damit ihre finanzielle Leistungsfähigkeit überfordern.[22] Hintergrund für die gesetzliche Voraussetzung ist der Schutz der Gemeindefinanzen. Die lokalen Erfordernisse müssen dabei mit einbezogen werden. Gemeinden müssen daher bei der Gründung bzw. Beteiligung an einer Gesellschaft des Privatrechts vor allem die begrenzte Haftung zum Schutz des Kommunalvermögens sicherstellen. Die Gemeinde wird allerdings ihre Leistungsfähigkeit durch die Einbeziehung privater Investitionsmittel durchaus fördern dürfen. Die Anforderungen, die diese Grundsätze mit sich bringen, variieren je nach Gemeinde und Energieprojekt. Es kommt auf den Einzelfall an. Die Energieerzeugung muss in einem vernünftigen Maß konzipiert werden.

c) Subsidiaritätsklausel

19 Die Anforderungen des dritten Kriteriums, der so genannten „Subsidiaritätsklausel", variieren je nach Ausgestaltung in den Bundesländern. Die meisten sehen vor, dass der öffentliche Zweck des Unternehmens nicht besser und wirtschaftlicher durch einen privaten Dritten erfüllt werden oder erfüllt werden kann (so genannte „einfache Subsidiaritätsklausel"). Zum einen beziehen sich die Anforderungen dabei auf Kriterien, wie Zuverlässigkeit und Nachhaltigkeit und zum anderen auf Wirtschaftlichkeit und Effizienz. In einigen Bundesländern gilt die so genannte „strenge" Subsidiaritätsklausel.[23] Diese zieht deutlich engere Grenzen. Sie bestimmt, dass die wirtschaftliche Tätigkeit außerhalb der kommunalen Daseinsvorsorge nur zulässig ist, wenn der Zweck nicht ebenso gut und wirtschaftlich durch einen anderen erfüllt wird oder erfüllt werden kann. Sofern nicht eine gesetzliche Bereichsausnahme definiert ist, bedarf es einer besonders sorgsamen Einzelfallprüfung. Eine entsprechende Prüfung und Begründung kann jedoch dann entbehrlich sein, wenn die Subsidiaritätsklausel nur außerhalb der kommunalen Daseinsvorsorge anwendbar ist. Hierzu zählt man nach der Einleitung der Energiewende auch die dezentrale örtliche Erneuerbare-Energien-Erzeugung, da diese Leistung nach heutigem Ermessen für eine fortdauernde Sicherstellung der Energieversorgung unerlässlich geworden ist.[24]

3. Bauplanungsrecht

20 Erneuerbare-Energien-Anlagen unterfallen grundsätzlich dem Planungsvorbehalt der Gemeinde. Ausgenommen sind unter anderem Wind-Offshore-Parks und den der Fachplanung unterworfenen Anlagen wie Wasserkraftwerke. Die Gemeinden haben so die Möglichkeit, im Rahmen der Bauleitplanung die Zulässigkeit dieser Anlagen räumlich zu steuern. In vielen Fällen, insbesondere bei der Errichtung von Photovoltaikparks und großen Biomasse-Anlagen, ist es zudem erforderlich, dass die Gemeinde die Zulässigkeit dieser Anlagen durch die Aufstellung eines Bebauungsplans erst eröffnet.[25]

21 Der gesetzliche Zulässigkeitsrahmen ist für Anlagen zur Nutzung erneuerbarer Energien unterschiedlich gefasst. Grundsätzlich kommt es darauf an, wo das Vorhaben realisiert wird. Handelt es sich um ein Vorhaben im Außenbereich richtet sich die Zulässigkeit nach § 35 Baugesetzbuch (BauGB). Wenn es innerhalb eines im Zusammenhang bebauten Ortsteils realisiert werden soll, ist § 34 Abs. 1 bis 3a BauGB einschlägig, wenn und soweit für das Gebiet kein Bebauungsplan aufgestellt ist. Besteht bereits ein Bebauungsplan in dem betroffenen Gebiet, beurteilt sich die Zulässigkeit grundsätzlich nach den Festsetzungen des Bebauungsplans bzw. bei nicht qualifizierten Bebauungsplänen i.S.v. § 30

[22] *Wolff* in Schneider/Theobald, § 5 B. Rn.35ff.
[23] u.a. § 71 I 1 Nr. 4 ThürKO.
[24] Kaler/Kneuper, NVwZ 2012, 791 (794).
[25] Praxisleitfaden „Klimaschutz in Kommunen", Deutsches Institut für Urbanistik, S. 75., 2011.

Abs. 1 BauGB ergänzend, je nach Lage, nach § 34 oder § 35 BauGB. Die wichtigste Fallgruppe betrifft die Entwicklung von Standorten für erneuerbare Energien im bisherigen Außenbereich. Aber auch innerhalb von im Zusammenhang bebauten Ortsteilen gewinnt die Nutzung erneuerbarer Energien eine immer wichtigere Bedeutung. Dies liegt auch daran, dass nach dem Erneuerbare-Energien-Wärmegesetz (EEWärmeG) bei der Errichtung von Gebäuden regelmäßig ein bestimmter Anteil des Wärmebedarfs des Gebäudes durch erneuerbare Energien gedeckt werden muss.

In den Fällen, in den gänzlich neue Baugebiete zur Erweiterung der Siedlungsfläche, aber auch zur Umnutzung brachgefallener, ehemals genutzter Flächen im Siedlungsbestand entstehen sollen, geschieht dies grundsätzlich auf der Basis von Bauleitplänen. Die Gemeinde hat somit die Möglichkeit, die Standortentwicklung für erneuerbare Energien so zu steuern. Eines der für die Gemeinde wichtigsten Steuerungsinstrumente ist dabei der Flächennutzungsplan. Er ermöglicht es, vor allem Windenergieanlagen in so genannten „Konzentrationszonen“ zu bündeln (§ 35 Abs. 3 S. 3 BauGB, § 35 Abs. 1 Nr. 2 bis 6 BauGB).[26] Eine ähnliche Funktion kann auch der so genannte Regionalplan erfüllen, wenn Windenergieanlagen als raumbedeutsam gelten, was aufgrund ihrer Dimension des Öfteren der Fall ist. Was die Standortauswahl und auch das Ausmaß der Energienutzung angeht, unterliegen Gemeinden jedoch einigen Einschränkungen. Bauleitpläne sind gemäß § 1 Abs. 4 BauGB immer den Zielen der Raumordnung anzupassen. Jede Gemeinde, die im Wege der konkretisierenden Bauleitplanung Flächen für z. B. Windenergienutzung ausweisen möchte, ist daher in der Regel an die im Regionalplan vorgezeichneten Eignungsgebiete in der Weise gebunden, dass sie zum einen nicht noch weitere, außerhalb der Eignungsgebiete für Windenergie liegende, Flächen ausweisen darf. Darüber hinaus muss die konkretisierende Bauleitplanung der Gemeinde auch mit den städtebaulichen Zielsetzungen in § 1 Abs. 5 BauGB und mit den gemäß § 1 Abs. 6 BauGB zu beachtenden Belangen (Nutzung erneuerbarer Energien sowie die Versorgung mit Energie) in Einklang stehen. Von den in § 1 Abs. 5 BauGB genannten Zielsetzungen sind dabei insbesondere der allgemeine Klimaschutz (durch Verbesserung der Akzeptanz von Windenergieanlagen), eine dem Wohl der Allgemeinheit dienende sozialgerechte Bodennutzung (durch Bürgerbeteiligung), der Schutz der natürlichen Lebensgrundlagen und die Sicherung einer menschenwürdigen Umwelt zu beachten. Des Weiteren müssen die planerischen Festsetzungen gemäß § 1 Abs. 3 BauGB insgesamt städtebaulich erforderlich sein. Daraus folgt für jede Gemeinde das Gebot konsequenter konzeptioneller Planung. Ein neu aufzustellender Flächennutzungs- oder Bebauungsplan muss sich folglich auch in das planerische Gesamtkonzept der Gemeinde selbst einfügen. 22

4. Vergaberecht

Bei einer Beteiligung von Städten und Gemeinden an Unternehmen oder Gesellschaften, können auch vergaberechtliche Bestimmungen greifen. Das gilt unter anderem für Gesellschaften, auf die die öffentliche Hand einen beherrschenden Einfluss ausüben kann und die einschlägigen Schwellenwerte überschritten sind. Dies richtet sich nach § 98 Nr. 4 des Gesetzes gegen Wettbewerbsbeschränkungen (GWB). Das Unternehmen bzw. die Gesellschaft hat dann Bauleistungen, Liefer- und Dienstleistungsaufträge nach vergaberechtlichen Bestimmungen auszuschreiben. Die Gründung eines Unternehmens selbst ist nicht ausschreibepflichtig. Sollen private Partner am Unternehmen beteiligt werden, ist jedoch nach den Anforderungen der Europäischen Kommission ein faires und transparentes Verfahren zu wählen.[27] Die kommunalwirtschaftlichen Akteure müssen jedoch prüfen, ob sie die Gesellschaft direkt mit Leistungen beauftragen können. Geht es nicht um die Gründung eines neuen Unternehmens bzw. entsteht keine neue Rechtspersön- 23

[26] *Hermes* in Schneider/Theobald, Recht der Energiewirtschaft, § 7 F. Rn.166, 4. Auflage 2013.

[27] „Erfolgsmodell Genossenschaft: die Energiewende gemeinsam gestalten“, Leitfaden des Genossenschaftsverband Bayern e.V. und des Bayerischen Gemeindetags, Mai 2012, S. 12-13.

lichkeit, muss geprüft werden, ob die Beteiligung Auswirkungen auf die so genannte „In-House-Fähigkeit“ des betreffenden Unternehmens hat. Strengere Maßstäbe gelten, wenn es sich um eine Beteiligungsgesellschaft handelt, die einen öffentlichen Auftrag erbringt, also beispielsweise Energie an die Gemeinde liefert und sie nicht nur ins allgemeine Netz einspeist. Dann sind die Verfahrensvorschriften des Vergaberechts zu beachten.

3. Teil. Praxisbeispiele Energiekommune

1. Wahl der Rechtsformen für die energiewirtschaftliche Betätigung

24 Um die Energieversorgung vor Ort zu übernehmen und auf erneuerbare Erzeugungsformen umstellen zu können, kann es sinnvoll sein, entweder selbst oder in Kooperation mit Partnern, ein kommunales Unternehmen zu gründen. Grundsätzlich bietet sich diese Option nicht nur für größere Kommunen mit eigenen Stadtwerken, sondern auch für kleinere ohne eigene Stadt- und Gemeindewerke an, um vor allem Erneuerbare-Energien-Anlagen und örtliche Stromnetze betreiben zu können. Bei der Auswahl der Gesellschaftsform sind Städte und Gemeinden jedoch vollständig frei. Bei privaten Rechtsformen müssen Gemeinden vor allem die begrenzte Haftung zum Schutz des Kommunalvermögens sicherstellen und zum anderen sich einen angemessenen Einfluss auf die Gesellschaft sichern.[28] Weitere Kriterien, wie die Flexibilität der Organisation und Finanzierungsfragen sind dabei zu beachten. Daneben sind Aspekte des Vergaberechts, des Steuerrechts sowie der Kooperationsmöglichkeiten mit anderen Unternehmen zu berücksichtigen. Die möglichen Rechtsformen sollen im Folgenden mit möglichen Vor- und Nachteilen dargestellt werden:

a) eingetragene Genossenschaften (eG)

25 In der Rechtsform der eG können die unterschiedlichsten Modelle zur Realisierung von Anlagen der erneuerbaren Energien umgesetzt werden.

26 **aa) Grundsätzliches.** Die eG ist ihrer Struktur nach eine Sonderform des rechtsfähigen Wirtschaftsvereins. Sie gründet auf der Idee der förderwirtschaftlichen Mitgliederselbsthilfe.[29] Gemäß § 1 I Genossenschaftsgesetz (GenG) ist der Zweck einer eG darauf gerichtet, die Belange ihrer Mitglieder durch gemeinsamen Geschäftsbetrieb zu fördern. Zu dieser Grundkonzeption gehört, dass die Leistungen, die die Genossenschaft im Rahmen ihres Geschäftsbetriebs erbringt, in erster Linie den Mitgliedern selbst zugutekommen sollen. Die Genossenschaft kann dazu dienen, Anlagen zur Erzeugung regenerativer Energien zu erwerben, zu betreiben und den Verkauf des erzeugten Stroms zu regeln. Die Finanzierungsmöglichkeiten von Genossenschaften mit Eigen- und Fremdkapital sind dabei vielfältig.

27 Eine Genossenschaft kann bereits von drei Personen oder Unternehmen gegründet werden. Jede Genossenschaft hat grundsätzlich drei Organe, die Generalversammlung, den Aufsichtsrat und den Vorstand. Bei Genossenschaften mit weniger als 20 Mitgliedern kann auf einen Aufsichtsrat verzichtet werden und der Vorstand kann aus nur einer Person bestehen. Bei mehr als 20 Mitgliedern müssen mindestens zwei Personen in den Vorstand und drei Personen in den Aufsichtsrat gewählt werden. Gründerin einer Energiegenossenschaft kann die Stadt oder Gemeinde selbst oder in Kooperation mit anderen Gemeinden und Stadtwerken sein. Die Bürger haben die Möglichkeit, sich durch den Beitritt als Genossenschaftsmitglied an ihr zu beteiligen. In vielen Fällen initiieren die Bürger selbst Genossenschaften zur gemeinsamen Errichtung und Nutzung von Erneuerbare-Energien-Anlagen. In dem Fall beteiligt sich die Gemeinde mit Genossen-

[28] *Wolff* in Schneider/Theobald, § 5 B. Rn. 66.
[29] Althanns, „Genossenschaftliche Modelle bei der Realisierung von Anlagen der erneuerbaren Energien“, ZfBR-Beil. 2012, 36.

schaftsanteilen daran. Hier ist eine Vielzahl an Mischformen denkbar. Während bei den anderen Gesellschaftsformen das Stimmrecht in der Regel vom Kapitaleinsatz abhängt, hat in der Genossenschaft jedes Mitglied grundsätzlich nur eine Stimme, was Abhängigkeiten von einzelnen Mitgliedern verhindern soll. Die Satzung kann einem Mitglied jedoch unter bestimmten Bedingungen auch weitere Stimmen einräumen (vgl. § 43 Abs. 2, Abs. 3 GenG). Wie andere Unternehmen auch, kann die Genossenschaft für ihre Finanzierung eine Dividende auf das eingezahlte Kapital gewähren. Wie die Gewinne verwendet werden, entscheidet die Generalversammlung der Mitglieder. Sie trifft die grundsätzlichen Entscheidungen in der Genossenschaft. Genossenschaften können ihre Mitglieder auch über das für sie typische Instrument der Rückvergütung am finanziellen Unternehmenserfolg beteiligen – eine Form der umsatzorientierten Beteiligung, die steuerlich als Betriebsausgabe anerkannt werden kann.

bb) Vor- und Nachteile. Die Rechtsform der eG ist aus verschiedenen Gründen attraktiv. 28
Die Mitglieder haben zunächst stets ein Mitspracherecht und sind nicht nur Kapitalgeber. Die Haftung ist auf das Vermögen der Genossenschaft beschränkt (vgl. § 2 GenG) und es ist kein Mindestkapital gesetzlich festgelegt, das in der Satzung bestimmt werden muss (vgl. § 8a Abs. 1 GenG). Die Satzung kann folglich frei gestaltet werden. Eine notarielle Beurkundung ist ebenfalls nicht erforderlich. Die Genossenschaft ist offen für neue Mitglieder. Kommunale Betriebe, regionale Partner und Bürger können ohne Umstände durch schriftliche Erklärung und Zulassung seitens der Genossenschaft beitreten (vgl. § 15 GenG). Mit dem Beitritt ist die Übernahme eines oder mehrerer Geschäftsanteile verbunden (vgl. § 7a GenG), wodurch das Vermögen der Genossenschaft mit zunehmender Mitgliederzahl stetig wächst. Im Hinblick auf die Anforderungen des Gemeindewirtschaftsrechts [30] ist die Einschränkung durch den Leistungsfähigkeitsbezug bei der Rechtsform der eG am geringsten. Hier ist die Kommune nur einer unter vielen Genossen. Regelmäßig wird die eG auch anderen Kommunen offenstehen. Zudem ist für die Gründung einer eG keine Gewinnerzielungsabsicht erforderlich. Die Haftung der Kommune ist auf die von ihr übernommenen Geschäftsanteile beschränkt. Ein weiterer besonderer Vorteil der Genossenschaft für die Kommune ist, dass ihr Sitz der Ort der Geschäftstätigkeit, also die Kommune ist. Damit erbringen sie ihre Wirtschaftsleistung vor Ort und ermöglichen es, regionale Akteure verantwortlich einzubinden und stärken die Wertschöpfung vor Ort. Hinzukommt, dass die Kommune auch von der Gewerbesteuer vor Ort profitiert. Genossenschaften können zudem neue Projekte aufnehmen und ihre Geschäftstätigkeit bis zur Versorgung der Mitglieder mit dem erzeugten Strom ausbauen. Der Energiepreis muss für alle Abnehmer nach objektiven Kriterien gleich hoch sein.

Nachteile der eG sind, dass eine Beteiligung zwingend eine Mitgliedschaft im Prüfungsverband erfordert. 29
Während bei den anderen Gesellschaftsformen das Stimmrecht in der Regel vom Kapitaleinsatz abhängt, hat in der Genossenschaft jedes Mitglied grundsätzlich nur eine Stimme, was als nachteilig empfunden werden kann. Aus gemeindlicher Sicht kann das eingeschränkte Stimmrecht zu einer Kollision mit den Anforderungen des Gemeindewirtschaftsrechts führen. Die Stadt oder Gemeinde ist danach grundsätzlich verpflichtet, sich einen angemessenen Einfluss auf das Unternehmen zu sichern, was sich nur mit ausreichenden Einwirkungs- und Kontrollmöglichkeiten umsetzen lässt.[31] Eine Lösung hierfür kann die Gründung einer so genannten „Sekundärgenossenschaft" oder „doppelstöckigen Genossenschaft" sein[32], in der zugunsten eines Mitglieds ausnahmsweise Mehrheitsstimmrechte bestimmt werden können, wenn die Mitglieder ausschließlich oder mehrheitlich eine eingetragene Genossenschaften sind. Hier wird in einem ersten Schritt eine oder mehrere Beteiligungs- oder Bürgergenossenschaften gegründet, die in einem zweiten Schritt Mitglied einer durch die Stadt oder Gemeinde gegründeten

30 Vgl. unter 2. Teil 1.
31 Vgl. im Einzelnen Kapitel C III. Rn. 196ff..
32 Vgl. Kapitel C III. Rn. 197.

Betriebsgenossenschaft wird. Letztere betreibt die Erneuerbare-Energien-Anlagen im Wesentlichen mit dem Kapital der Bürgergenossenschaft. In der Betriebsgenossenschaft können die Stimmrechte der Mitglieder dann so ausgestaltet werden, dass ausnahmsweise Mehrheitsstimmrechte nach der Höhe der Geschäftsanteile eines Mitglieds oder nach einem anderen Maßstab bestimmt werden. Auch bei der Besetzung der Organe der eG hat sich die Gemeinde einen angemessenen Einfluss zu sichern. Dies kann zumindest bei der Besetzung des Vorstandes dadurch geschehen, indem in der Satzung eine andere Bestellung und Abberufung als durch Wahl, z. B. in Form von Vorschlags- und Endsenderechten, geregelt wird.[33] Die Möglichkeiten bei der Besetzung des Aufsichtsrats sind dagegen beschränkt.[34] Oft ist es bei Genossenschaften so, dass die technische und wirtschaftliche Betreuung ehrenamtlich übernommen wird. Die Projekte müssen oft über einen erheblichen Zeitraum betreut werden und sind oftmals mit erheblichem Aufwand verbunden. Die Mitgliedschaft in einer Genossenschaft kann ohne deren Zustimmung gekündigt werden. Es besteht jedoch die Möglichkeit, die erwirtschafteten Überschüsse am Ende des Geschäftsjahres in Form der Rückvergütung als Betriebsausgabe an die Mitglieder im Verhältnis ihres Umsatzes mit der Genossenschaft auszukehren. Die Auszahlung des Auseinandersetzungsguthabens erfolgt jedoch erst nach Ablauf der in der Satzung festgelegten Kündigungsfrist, die maximal fünf Jahre beträgt. Nur wenn die Genossenschaft zustimmt, können die Geschäftsanteile auch übertragen werden. Das ausscheidende Mitglied erhält seinen eingezahlten Geschäftsanteil zurück. Es hat jedoch keinen Anspruch auf die stillen Reserven oder Rücklagen der Genossenschaft.

30 **cc) Praxisbeispiele Genossenschaften.** Energiegenossenschaften spielen für eine dezentrale Energiewende eine immer größere Rolle. Mehr als 130.000 Mitglieder – davon 90 Prozent Privatpersonen – haben bereits rund 1,2 Milliarden Euro in Bürgerkraftwerke investiert.[35] Neben der Energiebereitstellung durch Photovoltaik- und Windkraftanlagen können auch Nahwärme- und Stromnetze durch Energiegenossenschaften betrieben werden. Aufgrund der dynamischen Entwicklung in dem Bereich der Energiegenossenschaften sollen die verschiedenen Beispiele hier etwas ausführlicher dargestellt werden.

31 **(1) Genossenschaften im Nahwärmebereich.** Genossenschaften im Nahwärmebereich haben den Bau, Betrieb und Unterhalt eines Nahwärmenetzes zum Gegenstand. Dies kann vor allem im ländlichen Raum eine sinnvolle Möglichkeit darstellen, insbesondere, wenn auch die vorhandenen Ressourcen hierfür genutzt werden können. Die Genossenschaft bezieht dabei die Wärme von einem Heizwerk oder einer Biogasanlage und leitet die Wärme an die Mitglieder weiter. Sie kann die Anlagen dabei auch selbst betreiben. Möglich ist der Betrieb auch durch Kraft-Wärme-Kopplung, indem die Abwärme von Stromkraftwerken genutzt wird. Die Mitglieder sind über die Genossenschaft Eigentümer des Nahwärmenetzes und auf der anderen Seite die Abnehmer der Wärme. Die Finanzierung der Nahwärmenetzgenossenschaft erfolgt über das von den Mitgliedern einzuzahlende Geschäftsguthaben, durch Eintrittsgelder, Mitgliederdarlehen bzw. KfW-Fördermittel und Bankdarlehen. Auf Grund des Förderauftrages gegenüber den Mitgliedern kann der Preis für die Wärmeenergie für die Mitglieder an den Selbstkosten orientiert sein. Eine Gewinnerzielung der Genossenschaft ist lediglich in dem Maße erforderlich, als Rücklagen für etwaige Nachrüstungen, Instandhaltungen usw. zu bilden sind.[36]

32 Mit dem Bau eines Holzhackschnitzel-Heizwerkes ist es dem Bioenergiedorf Lieberhausen[37] bei Gummersbach gelungen, sich fast vollständig unter Verwendung von Holz

[33] Gaß, „Zulässigkeitsvoraussetzungen und Kooperationsmodelle für den Betrieb von Anlagen erneuerbarer Energien auf gemeindlicher Ebene", KommP BY 1/2012, S. 2 (9).

[34] Vgl. Kapitel C III. Rn. 197.

[35] Vgl. Studie des DRGV oben Fn. 6.

[36] Althanns, ZfBR-Beil. 2012, 36 (42).

[37] Weitere Informationen sind unter http://www.neuegenossenschaften.de/gruendungen/umwelt.energie.wasser/Lieberhausen.html abrufbar.

mit Heizwärme und Warmwasser zu versorgen. Von 104 Häusern des Ortes sind inzwischen 86 Häuser an das zentrale Heizungssystem angeschlossen, bei sieben weiteren Grundstücken sind die Anschlüsse bereits vorhanden oder vorbereitet. Die Einsparungen je Haushalt belaufen sich derzeit auf rund 900 Euro im Jahr gegenüber Erdgas oder Heizöl. Wesentliche Bestandteile des Projektes sind die Heizzentrale, das Nahwärmenetz, welches die Wärme aus dem Heizwerk im Ort verteilt und die Hausübergabestationen für Raumwärme und Brauchwasser. Das Heizwerk wird in eigener Regie durch Personen aus dem Dorf auf 400-Euro-Basis betrieben. Das geschieht unter dem organisatorischen Dach der Energiegenossenschaft Lieberhausen eG (EGL). Entscheidungskriterien für die Umsetzung war der Umweltaspekt, die Einsparmöglichkeiten durch Eigeninitiative bei Planung, Bau und Betrieb sowie die Wahrung der Selbstbestimmung und Selbstverantwortung.

(2) Genossenschaften im Bereich Photovoltaikanlagen. Für die Errichtung und 33
den Betrieb von Photovoltaikanlagen kann die Genossenschaft Flächen anpachten oder Photovoltaikanlagen auf unterschiedlichen Dächern zusammenfassen, gemeinsam betreiben oder verwalten. Sie hat die Möglichkeit, den dort produzierten Strom zu verkaufen und die Vergütung des Erneuerbare-Energien-Gesetz (EEG) zu erhalten.[38] Dies gilt insbesondere, wenn sich an einem großen Solarpark gemeindeübergreifend verschiedene Kommunen und Bürgergenossenschaften beteiligen. Die Finanzierung kann auch hier durch Geschäftsguthaben, Eintrittsgelder oder verschiedenen Formen von Darlehen erfolgen. Die Förderleistung für die Mitglieder liegt in der gemeinsamen Erzeugung regenerativer Energie und der wirtschaftlichen Umsetzung der Energiewende in der Region sowie in der Gewährung von Dividenden im Rahmen der Gewinnverteilung.[39]

Die Stadt Wolfhagen[40] hat ein eigenes Stadtwerk unter Beteiligung der Bürger Wolf- 34
hagen gegründet. Noch bis 2012 war die Stadtwerke Wolfhagen GmbH zu 100 Prozent im Besitz der Kommune. Im April 2008 beschloss die Wolfhager Stadtverordnetenversammlung einstimmig, bis zum Jahr 2015 Wolfhagen komplett mit regional erzeugtem erneuerbarem Strom zu versorgen. Der Bau eines Windparks, der weitere Ausbau der Photovoltaik sowie die Errichtung von Biomassekraftwerken sollten dies möglich machen. Heute halten die Wolfhager Bürger, organisiert in der BürgerEnergieGenossenschaft Wolfhagen eG (BEG)[41], ein Viertel der Anteile. Im März 2012 trafen sich 370 Bürger in der Wolfhager Stadthalle zur Gründung der BürgerEnergieGenossenschaft Wolfhagen eG – 264 von ihnen wurden noch am selben Abend Mitglied. Stadtwerke, Stadt Wolfhagen und BEG schlossen kurz darauf einen Zusammenarbeits- und Beteiligungsvertrag. Im September 2012 erwarb die Genossenschaft auf Basis dieser Vereinbarung einen 25-prozentigen Anteil an den Stadtwerken. Dies geschah im Zuge einer Kapitalerhöhung, so dass der Kaufpreis von rund 2,3 Millionen Euro für Projekte aus dem Bereich erneuerbare Energien zur Verfügung stand. Der Genossenschaftsanteil liegt bei 500 Euro. Die Anzahl der Anteile ist auf maximal 20 pro Genosse und 10.000 Euro gedeckelt. Der Wolfhager Solarpark wurde binnen vier Wochen errichtet und ging im September ans Netz. Auch die Planungen für den Windpark sind bereits weit fortgeschritten.

In der Gemeinde Staufenberg wurde Frühjahr 2010 die Bürgerenergiegenossenschaft 35
„Sonnenland eG“[42] gegründet, um in Kooperation mit Landkreis, Kommunen, Unternehmen und den Bürgern der Region Projekte für nachhaltige Energien umzusetzen und dauerhaft zu betreiben. Die Genossenschaft hat sich regionale Förderung zum Ziel gesetzt

[38] Ab dem 1.01.2014 werden nur noch 90 Prozent des Stroms aus dem EEG vergütet. Die übrigen 10 Prozent müssen entweder selbst verbraucht oder vermarktet werden.

[39] Althanns, ZfBR-Beil. 2012, 36 (42).

[40] Weitere Information sind unter http://www.wolfhagen.de/de/wirtschaft/energiewende/energiewende.php?navanchor=1110131 abrufbar.

[41] Weitere Informationen auf der Homepage der Genossenschaft unter http://www.beg-wolfhagen.de/.

[42] Weitere Informationen sind unter http://www.sonnenland-eg.de/ abrufbar.

und innerhalb kurzer Zeit bereits über vier Millionen Euro in Energieerzeugungsanlagen investiert. Bürger können sich bereits mit 100 Euro an den Projekten der Genossenschaft beteiligen. Somit steht die Beteiligung einer breiten Bürgerschaft aus allen Bevölkerungsschichten offen. 30 Prozent der Anteile an der gemeinsamen Gesellschaft liegen in der Hand der Genossenschaft.

36 Im Fall Leutkirch im Allgäu[43] hat die Stadt gemeinsam mit den Bürgern eine Energiegenossenschaft Leutkirch eG[44] zum Betrieb von Photovoltaikanlagen gegründet. Sie wurde im Oktober 2009 ins Leben gerufen. 84 Mitglieder steuerten auf Anhieb über 80.000 Euro Startkapital bei. Mittlerweile machen bereits etwa 260 Bürger in der Energiegenossenschaft mit. Mehr als 650.000 Euro Kapital wurden der Genossenschaft anvertraut. Die Mindestinvestition liegt bei lediglich 200 Euro. Daneben entwickelten die Bürger zusammen Ideen und Konzepte für die zukünftige Entwicklung der Stadt. In fünf Arbeitsgruppen luden die Bürger Experten zu regelmäßigen Workshops ein, informierten sich umfassend und einigten sich schließlich auf Vorschläge. Der Gemeinderat beschloss daraufhin das „Energie-Leitbild", das ein ausgewogenes Verhältnis von Effizienz, Wirtschaftlichkeit, Ökologie als Grundvoraussetzungen für nachhaltige Projekte formuliert. Zunächst hat man sich für die Gründung einer Gesellschaft bürgerlichen Rechts (GbR)[45] entschieden. Damit sich die Bürger auch mit geringeren finanziellen Möglichkeiten beteiligen können, hat man sich dann für die Gründung einer Energiegenossenschaft entschieden.

37 **(3) Genossenschaften im Bereich Windenergie.** Im Falle der Windenergie bieten sich Genossenschaften an, da in der Regel ein höheres Investitionsvolumen anfällt. Alleine der Investitionsbedarf und die Auswirkungen auf die Umwelt legen die Beteiligung Vieler nahe. Bau und Betrieb der Anlagen machen wegen der Auswirkungen auf die Landschaft und die Natur eine breite Bürgerbeteiligung erforderlich, um für das Vorhaben die Akzeptanz der Bevölkerung zu schaffen. Dabei gibt es unterschiedliche Modelle, Genossenschaften in dem Bereich zu gründen.[46] Zunächst besteht die Möglichkeit, dass Investoren wie Gemeinden und örtliche Banken eine Genossenschaft gründen, die eine Windkraftanlage errichtet, an der sich die Bürger mit weiteren Genossenschaftsanteilen beteiligen. In einem zweiten Schritt kann auf das Modell der so genannten Zentralgenossenschaft zurückgegriffen werden, wenn die einzelnen Bürgergenossenschaften, Gemeinden und regionalen Banken in einen gemeinsamen Windpark investieren. Projektierung, Bau und Betrieb erfolgen dann aus einer Hand über die Zentralgenossenschaft. Der Standort des Windparks kann dann im Einvernehmen mit den Bürgern und Gemeinden nach den Standortkriterien gewählt werden.

38 Eines der ersten Projekte der Stadt Ettenheim[47] war die Umsetzung der Regio-Windparks Ettenheim im Sommer 2000, der zu Spitzenzeiten etwa 3,5 Millionen Kilowattstunden Strom pro Jahr erzeugt und damit knapp 15 Prozent des gesamten Jahresstrombedarfs der Stadt decken kann. Eine Besonderheit dieses Windparks ist die deutsch-französische Zusammenarbeit, denn zwei der drei Windräder befinden sich in der Hand von 108 Bürgern, die sich zu einer Genossenschaft zusammengetan haben. Die Bürger stammen zwar alle aus der unmittelbaren Region, einige kommen aber auch aus Frankreich. Entscheidend war, dass die Teilhaber aus einem Umkreis von 20 Kilometern stam-

---

[43] Weitere Informationen sind unter http://www.leutkirch.de/de/Bauen+Umwelt/Energie+Klimaschutz verfügbar.

[44] Die eigene Homepage der Genossenschaft ist unter http://www.eg-leutkirch.de/ abrufbar.

[45] Vgl. unten.

[46] So auch Althanns, ZfBR-Beil. 2012, 36 (42).

[47] Nähere Informationen sind unter http://www.ettenheim.de/dynasite.cfm?dsmid=238 abrufbar. Die Stadt Ettenheim ist auch auf dem Portal www.kommunal-erneuerbar.de der Agentur für Erneuerbare Energien als Energiekommune im Juni 2013 vorgestellt worden. Das Portal stellt regelmäßig unterschiedliche Energieprojekte von Kommunen dar und stellt Informationen zu den Themen rund um erneuerbare Energien und kommunale Wertschöpfung zur Verfügung.

men. Für 2014 plant die Stadt gemeinsam mit den Gemeinden Schuttertal und Seelbach sowie dem Münchener Energiedienstleister Green City Energy den Bau eines interkommunalen Bürgerwindparks in der südlichen Ortenau. An den geplanten sechs bis acht Windrädern sollen neben Bürgerinnen und Bürgern auch die Kommunen Ettenheim, Schuttertal und Seelbach direkt beteiligt sein.

Im südhessischen Odenwaldkreis[48] arbeiten die 100.000 Einwohner der 15 Gemeinden 39
gemeinsam an der energetischen Modernisierung und dem Umbau der örtlichen Energieversorgung. Der Kreisverwaltung ist dabei besonders wichtig, dass die Bürger bei der Energiewende vor Ort mitwirken. Ziel ist es, die Region nach und nach auf 100 Prozent erneuerbare Energien umzustellen. Daher haben die Gemeinden und Städte des Kreises die Gründung der Energiegenossenschaft Odenwald eG (EGO) Anfang 2009 beschlossen. Mit Einlagen von bisher rund fünf Millionen Euro ermöglichen sie die Realisierung vieler Projekte. Insgesamt erzeugen die 70 Photovoltaikanlagen und zwei Windkraftanlagen der Genossenschaft im Jahr rund 17,3 Millionen Kilowattstunden – genug für die Versorgung von rund 4.500 Haushalten mit Strom aus der Region. Aktuell sind etwa 1.400 Mitglieder in der Genossenschaft mit Einlagen von 100 bis 5.000 Euro vertreten. Jedes Mitglied kann sich über eine jährliche Rendite von 3,5 Prozent freuen. Zudem ist es seit Januar 2013 für Genossenschaftsmitglieder möglich, EGO Naturstrom zu 25,2 Cent pro Kilowattstunde zu beziehen. Der Strompreis liegt somit unter dem des regionalen Energieversorgers. Die bisherigen Anlagen erzeugen genug Strom für rund 4.500 Haushalte und damit mehr als die Haushalte und Gewerbebetriebe in der Genossenschaft verbrauchen. Was sie nicht benötigen, wird ins Netz eingespeist und kommt anderen Verbrauchern zugute. Bilanziell deckt die installierte Leistung im Odenwaldkreis die benötigte Menge Strom.

b) Gesellschaft mit beschränkter Haftung (GmbH) und Aktiengesellschaft (AG)

Als privatrechtliche Organisationsformen kommen auch die Gesellschaft mit be- 40
schränkter Haftung (GmbH) und die Aktiengesellschaft (AG), insbesondere für die Kooperation mehrerer Gebietskörperschaften, in Betracht.

aa) Grundsätzliches. Die GmbH ist eine juristische Person des Privatrechts mit eige- 41
ner Rechtspersönlichkeit und rechtlich sowie organisatorisch gegenüber einer Kommune verselbständigt. Die Gesellschaft darf nur öffentliche Ziele verfolgen. Deshalb muss der öffentliche Zweck in der Satzung ausdrücklich festgelegt und präzisiert sein. Die GmbH kann als juristische Person klagen und verklagt werden. Sie haftet selbst und beschränkt, wenigstens auf ihr Mindeststammkapital von 25.000 Euro. Die Gesellschafter der GmbH sind durch einen Geschäftsanteil (Stammeinlage) am Vermögen beteiligt, sie übernehmen aber durch die Beteiligung keine persönliche Haftung gegenüber Gläubigern. Zu ihrer Gründung ist ein notariell beurkundeter Gesellschaftsvertrag erforderlich. Außerdem muss sie im Handelsregister eingetragen werden. Die GmbH hat zwingend zwei Organe, einen – oder im Fall interkommunaler Zusammenarbeit[49] – mehrere Gesellschafter und die Gesellschafterversammlung. Dagegen hat die AG drei, den Vorstand, Aufsichtsrat und die Hauptversammlung. Mit der gerichtlichen und außergerichtlichen Vertretung ist bei der GmbH der Geschäftsführer betraut. Bei der GmbH kann noch ein zusätzlicher Aufsichtsrat eingerichtet werden, der ähnlich wie bei der AG Kontroll- und Überwachungsfunktion hat. Anders als bei der AG unterliegt die Einrichtung eines Aufsichtsrates jedoch der freien Entscheidung der Gesellschafter (so genannter fakultativer Aufsichtsrat). Bei der AG beträgt das Grundkapital mindestens 50.000 Euro. Die Haftung der Aktionäre ist ebenfalls auf die Höhe ihrer Einlage beschränkt.

---

48 Weiter Informationen sind auf der Homepage der Genossenschaft unter http://www.energiegenossenschaft-odenwald.de/ verfügbar.

49 Vgl. hierzu die Dokumentation des Deutschen Städte-und Gemeindebundes (DStGB) Nr. 51"Interkommunale Zusammenarbeit-Praxisbeispiele, Rechtsformen und Anwendung des Vergaberechts".

42 Eine GmbH kann nicht nur von einer, sondern auch von mehreren Kommunen gegründet werden (so genannte „gemischt-öffentliche Gesellschaft"). Diese setzt nach den landesrechtlichen Bestimmungen Ratsbeschlüsse der jeweiligen Mitgliedsgemeinden voraus. Erforderlich ist zudem ein Satzungsbeschluss der Mitglieder, in dem der öffentliche Zweck der Gesellschaft festgelegt wird. Je nach Land, sind unterschiedliche Anzeige- bzw. Genehmigungsvorbehalte der Kommunalaufsichtsbehörden zu beachten. Um den Anforderungen an das Gemeindewirtschaftsrecht gerecht zu werden, sind Kommunen rechtlich verpflichtet, ihren Einfluss auf die GmbH in ausreichendem Maße zu sichern. Dies kann durch den Modus der Bestellung, durch Informationspflichten und Auskunftsrechte sowie seitens des kommunalen Unternehmens durch angemessene Weisungsrechte sowie Steuerungs- und Kontrollrechte erfolgen.[50] Der Stadt- bzw. Gemeinderat ist gegenüber den dort entsandten Mitgliedern im Falle eines fakultativ errichteten Aufsichtsrats der GmbH, sofern die Kommune eine Mehrheitsbeteiligung hält, grundsätzlich weisungsbefugt.[51] Dies wird für eine zulässige Beteiligung der Kommunen in einigen Landesgesetzen ausdrücklich verlangt.[52] Auch im Rahmen der interkommunalen Zusammenarbeit müssen sich die Kommunen daher mit ihrer jeweiligen Beteiligungsquote entsprechenden Befugnissen ausstatten lassen. Es empfiehlt sich eine klare Regelung in der Satzung bzw. im Gesellschaftsvertrag. Bei der AG ist zu beachten, dass die Gemeindeordnungen einiger Länder die Subsidiarität der Aktiengesellschaft gegenüber anderen Gesellschaftsformen festlegen[53], da Gemeinden in dieser Rechtsform enge Grenzen für die Absicherung des kommunalen Einflusses gesetzt sind.

43 **bb) Vorteile- und Nachteile.** Die GmbH gilt als eine der bekanntesten Gesellschaftsformen. Sie eignet sich grundsätzlich für Energieprojekte, die ein höheres Investitionsvolumen haben. Auf diesem Wege können viele Kapitalgeber eingebunden werden. Es besteht die Möglichkeit, einen Aufsichtsrat einzusetzen, in dem unter anderem auch Vertreter der Ratsfraktionen oder der beteiligten Kommunen vertreten sind. Das macht die Gesellschaft auch für Windprojekte von Kommunen attraktiv. Im Gesellschaftsvertrag und in der Gesellschaftssatzung einer GmbH kann zudem ein Weisungsrecht der Kommune verankert werden und damit eine engere Bindung erreicht werden.

44 Nachteile der GmbH sowie der AG sind, dass der Gründungsaufwand und die damit verbundenen Kosten relativ hoch sind. Bei der AG sind strenge Anforderungen des Aktienrechts einzuhalten. In manchen Bundesländern wird, wie bereits erwähnt, zudem eine Nachrangigkeit der AG im Verhältnis zu GmbH geregelt. bzw. diese Rechtsform grundsätzlich ausgeschlossen.[54] Der Gesellschaftsvertrag bedarf in beiden Fällen der notariellen Form. Auch für die Übertragung der Gesellschaftsanteile bedarf es der notariellen Form. Im Gesellschaftsvertrag besteht nur eine geringfügige Gestaltungsfreiheit. Es gilt die sog. Satzungsstrenge, d.h. es sind nur dort Abweichungen möglich, wo es das Gesetz zulässt. Eine angemessene Steuerung und Einflussnahme der Gemeinde lässt sich daher nur eingeschränkt sicherstellen. Für die GmbH müssen zudem eigenständige Jahresabschlüsse erstellt werden. Steuerrechtlich besteht eine größere Gefahr der verdeckten Gewinnausschüttung.[55]

---

50 Knemeyer „Kommunale Steuerung und unternehmerische Freiheit – ein lösbarer Spagat", KommJur 2007, 241 (243).

51 Vgl. zu der Frage der Weisungsgebundenheit das Urteil des BVerwG vom 31.8.2011, Az.: 8 C 16.10.

52 So u.a. § 108 II Nr. 2 GO NRW.

53 So u.a. § 103 GO BaWü, § 96 IV BbgKVerf, § 87 II GO RhPf.

54 Gem. § 68 Abs. 4 S. 2 KV M-V ist die Gründung bzw. Umwandlung der AG grds. ausgeschlossen.

55 Danach ist es für die Einkommensermittlung der Gesellschaft ohne Bedeutung, ob das Einkommen verteilt wird, insbesondere mindern verdeckte Gewinnausschüttungen das Einkommen nicht, sind also keine abzugsfähigen Betriebsausgaben. Auf Ebene des Gesellschafters – also der Kommune – führt die verdeckte Gewinnausschüttung zu einer kapitalertragsteuerlichen Belastung und damit faktisch zu verminderten Einnahmen.

45 **cc) Praxisbeispiele.** In der hessischen Gemeinde Staufenberg haben sich sechs Gemeinden, eine Bürgerenergiegenossenschaft und ein regionaler Energieversorger zu einer gemeinsamen Betreiber-GmbH zusammengeschlossen, um künftig gemeinsame Energieanlagen in Betrieb zu nehmen und die eigene Region voranzubringen. Als erstes gemeinschaftliches Projekt wurde der Solarpark Buchenberg auf einer ehemaligen Erddeponie im Ortsteil Daubringen der Stadt Staufenberg[56] errichtet, der Ende Juni 2012 in Betrieb genommen wurde. Jede der Kommunen hält 8,33 Prozent an der Unternehmung. 30 Prozent der Anteile an der gemeinsamen Gesellschaft liegen in der Hand der Genossenschaft. Die Stadtwerke Gießen AG sind der regionale Stromversorger und Netzbetreiber, bedeutender Arbeitgeber der Region und Betreiber von öffentlichem Nahverkehr und Bädern sowie etlichen Energieerzeugungsanlagen. Ein großer Teil der erzielten Einnahmen fließt bereits heute als regionale Wertschöpfung in die Region. Die Aktiengesellschaft in kommunalem Besitz hält die restlichen 20 Prozent der Anteile der gemeinsamen Energiegesellschaft.

46 Im Fall des Bioenergiedorfs von der Tannen GmbH[57] wird eine Biogasanlage betrieben, mit der seit Dezember 2011 zwei Blockheizkraftwerke betrieben werden, die Strom und Wärme produzieren. Mit dem ersten Blockheizkraftwerk wird die anfallende Wärme bei der Stromerzeugung als Prozesswärme für den Vergärungsprozess im eigenen Betrieb für die Biogasproduktion und in dem zweiten im 1,4 km entfernten Oberrosphe (verbunden mit einer Mikro-Gasleitung) die anfallende Wärme bei der Stromerzeugung in die Nahwärmetrasse für die Grund- und Spitzenlast der Bioenergiedorf Oberrosphe eG verwendet. Man entschied sich in dem Fall für die Rechtsform der GmbH, da dadurch die Möglichkeit besteht, selbst Entscheidungen zu treffen und trotzdem zusätzliche, stille Gesellschafter einzubinden. Ein weiterer Grund war die beschränkte Haftung.

c) GmbH & Co. KG

47 **aa) Grundsätzliches.** Die GmbH & Co. KG ist eine besondere Form der Kommanditgesellschaft (KG). Die Gründung erfolgt durch Abschluss eines Gesellschaftsvertrages zwischen einer bestehenden oder noch zu gründenden GmbH (mit eigenem Gesellschaftsvertrag) und mindestens einem Kommanditisten. Sie ist im Handelsregister anzumelden. Die Anmeldung ist von einem Notar zu beglaubigen. Die Geschäfte der GmbH & Co. KG werden von einem oder mehreren hauptamtlichen Geschäftsführern geführt. Eine oder mehrere Personen übernehmen hauptamtlich die Geschäfte, gleichzeitig können jedoch viele Kapitalgeber eingebunden werden. Während allerdings bei einer reinen KG die Geschäftsführer (Komplementäre) mit ihrem Privatvermögen haften, übernimmt hier eine GmbH die Rolle des Komplementärs und damit die Haftung in Höhe des Stammkapitals von mindestens 25.000 Euro. Die Haftung ist dadurch auf die Höhe der Kapitaleinlage beschränkt. Auch die Gesellschafter (Kommanditisten) müssen für Verbindlichkeiten nur in Höhe ihrer Einlage haften. Oberhalb bestimmter Bagatellgrenzen muss die GmbH & Co. KG in einem Verkaufsprospekt umfassend über die Geldanlage informieren und diesen von der Bundesanstalt für Finanzdienstleistungsaufsicht (BaFin) prüfen lassen. Die GmbH & Co. KG ist gewerbesteuerpflichtig. Verluste werden für jedes Wirtschaftsjahr den Gesellschaftern entsprechend ihrem Kapitalanteil zugewiesen. Die Kontrolle der Aufsicht über das Unternehmen wird auch hier durch die Gemeinde als Gesellschafter ausgeübt. Die Gemeinde muss die Kontrolle über das Unternehmen in einem ausreichenden Maße sichern, indem sie dafür Sorge trägt, dass aufsichtsrechtliche Auflagen und Weisungen umgesetzt werden.[58]

---

56 Vgl. oben Fn. 35.

57 Weitere Informationen sind unter www.bioenergiedorf-vor-der-Tannen.de abrufbar.

58 *Grünewald* in Danner/Theobald, Kommentar zum Energierecht, Band 4, XI B1, Rn. 68, September 2013.

48 **bb) Vorteile- und Nachteile.** Die GmbH & Co. KG ist ebenfalls wie die GmbH für kostenintensivere Projekte geeignet. Das finanzielle Risiko von Beteiligungen kann relativ gering gehalten werden, da Verluste mit positiven Einnahmen verrechnet werden und die Steuerlast verringern kann. Anleger bei der KG erhalten eine Steuergutschrift in Höhe ihrer Anteile, für die Abgeltungssteuer (zuzüglich Solidaritätszuschlag) abgeführt wird. Attraktiv an der Rechtsform ist zudem, dass die Geschäftsanteile leicht übertragbar sind. Der Gesellschaftsvertrag ist flexibel in seiner Ausgestaltung. Es besteht zudem kein Erfordernis der notariellen Beurkundung, weder des Gesellschaftsvertrages noch des Konsortialvertrages.

49 Nachteilig an der Rechtsform ist der erhöhte Verwaltungsaufwand, der in dem Fall für zwei Gesellschaften anfällt. Für die GmbH und für die KG müssen je eigenständige Jahresabschlüsse erstellt werden. Auch die Buchführung und Steuererklärungen sind dementsprechend aufwändiger. Ähnlich wie bei der Genossenschaft ist auch bei der GmbH & Co. KG die Haftung der Gesellschafter auf ihren Anteil beschränkt. Aufgrund der gleichzeitigen Stellung als Gesellschafter der Komplementär-GmbH wird jedoch eine führende Rolle übernommen, der eine entsprechende Verantwortung für die Geschäftstätigkeit der Gesellschaft und deren sachlich-örtlichen Umfang gegenübersteht. Wenn es im Fall einer Kommune oder eines Stadtwerks um die schuldrechtliche Beteiligung in Form von Darlehen und Inhaberschuldverschreibungen geht, kommt zu dieser Verantwortung noch hinzu, dass die Kommune bzw. das Stadtwerk regelmäßig die Haftung für Rückzahlungen und Zinszahlungen übernimmt. Ein Nachteil gegenüber der Genossenschaft ist, dass nicht zwangsläufig in der Region besteuert wird, sondern am Sitz der Komplementär-GmbH.

50 **cc) Praxisbeispiel.** Die nordbayerische Stadt Fürth[59] hat im März 2003 den Bau einer großflächigen Photovoltaikanlage auf der Deponie beschlossen, um damit den klimarelevanten CO_2-Minderungseffekt der Anlage zu erhöhen. Die Stadt betreibt die Deponie seit 1968, auf der bis 1999 an dem Standort Haus- und Gewerbemüll, Klärschlamm und inerte Abfälle abgelagert wurden. Die Anlage wird in Form einer GmbH & Co. KG betrieben. Um das Projekt zu finanzieren, beteiligte sich die Stadt Fürth mit einer Einlage von 500.000 Euro an der Photovoltaikfreiflächenanlage mit einer installierten Leistung von 1000 Kilowatt. Die städtische Beteiligung wurde als internes Darlehen aus den Rücklagen des „Nachsorge-Haushalts" der Deponie finanziert. 120 Bürger der Kommune beteiligten sich mit rund 1,2 Millionen Euro an dem Projekt. Die Anlage ging im März 2004 in Betrieb und erzeugt seitdem jährlich über eine Million Kilowattstunden Solarstrom. Während der 3-monatigen Bauzeit der Anlage im letzten Quartal 2003 wurden 5760 Solarmodule mit einer Gesamtleistung von 1008 Kilowatt Peak (kWp)[60] am Südhang der Deponie installiert. Auf der Deponie wird zudem auch das Verfahren der Kraft-Wärme-Kopplung angewandt. Über die Deponiegasverwertung in Verbindung mit einem Heizwerk wird Strom und die anfallende Abwärme genutzt.

d) Anstalt des öffentlichen Rechts (AöR)

51 **aa) Grundsätzliches.** Die AöR ist als Alternative zu den Organisationsformen des Regie- oder Eigenbetriebs und den privatrechtlichen Eigen- und Beteiligungsgesellschaften entwickelt worden. Sie ist mittlerweile in fast allen Gemeindeordnungen bzw. Kommunalverfassungen – mit Ausnahme von Baden-Württemberg, Sachsen und dem Saarland – als zulässige Rechtsform anerkannt.[61] Mit der Anstaltslösung wird der Versuch unternommen, die Vorteile öffentlich-rechtlicher Betriebsformen, wie etwa die Wahrung der kommunalen Steuerung und die Dienstherrenfähigkeit, mit den Vorzügen privater

[59] Weitere Informationen sind unter http://www.fuerth.de/Home/stadtentwicklung/solarstadt-fuerth.aspx abrufbar.

[60] maximale Leistung eines Photovoltaik-Moduls bzw. einer Solarstromanlage.

[61] In Bayern, Schleswig-Holstein und Mecklenburg Vorpommern wird sie als „Kommunalunternehmen" bezeichnet.

Rechtsformen, zum Beispiel der organisatorischen Flexibilität und der unternehmerischen Selbständigkeit, zu vereinen. Die AöR ist eine eigenständige, juristische Person, der der Gemeinde ein eigenes Satzungsrecht übertragen kann.[62] Sie hat zwei Organe, zum einen den Vorstand und zum anderen den Verwaltungsrat.

Neben der Neuerrichtung können auch bestehende Eigenbetriebe im Wege der Gesamtrechtsnachfolge in kommunale Anstalten umgewandelt werden[63] oder sich mehrere Gemeinden zusammenschließen.[64] Die Gemeinde oder der Zweckverband regeln hierbei die Rechtsverhältnisse einer Anstalt zwingend durch eine Unternehmenssatzung. Die landesrechtlichen Bestimmungen sehen vor, dass eine Kommune der Anstalt einzelne oder alle mit einem bestimmten Zweck zusammenhängenden Aufgaben übertragen kann. Dabei wird die Ausrichtung auf einen bestimmten Zweck großzügig ausgelegt. Zu den Aufgaben zählen neben den freiwilligen auch die pflichtigen Selbstverwaltungsaufgaben, die Pflichtaufgaben zur Erfüllung nach Weisung und Auftragsangelegenheiten. Mehrzweckanstalten sind allerdings unzulässig. Maßgebliches Kriterium ist, ob das jeweils einschlägige Gesetz die Aufgabendelegation oder anderweitige Aufgabenerledigung erlaubt. 52

bb) Vor- und Nachteile. Die Anstalt ist eine rechtlich selbstständige juristische Person des öffentlichen Rechts. Die Entscheidungsprozesse sind aufgrund der schlanken Organschaft flexibel und schnell umsetzbar. Vorteilhaft ist auch, dass eine gemeinsame Bündelung und Umsetzung der wirtschaftlichen Ziele möglich ist und die Satzung flexibel ausgestaltet werden kann. Die AöR kann im Gegensatz zu privaten Gesellschaften sowohl eigene als auch von der Gemeinde übertragene, hoheitliche Aufgaben wahrnehmen. Gegenüber der Kommunalaufsicht besteht lediglich eine Anzeigepflicht, eine Genehmigung muss dagegen nicht eingeholt werden. Die Rechtsform ist grundsätzlich offen für die Aufnahme neuer Mitglieder. Die Mitgliedskommunen haften grundsätzlich nur für ihre eigenen Projekte, nicht untereinander und nur mit der Stammeinlage. Gerade bei der Beteiligung an Windenergieanlagen und Photovoltaikanlagen ist diese Rechtsform für Kommunen attraktiv, denn sie ist flexibel und lässt sich gut steuern. Das Risiko für die Kommunen ist durch eine Ertragsausfallversicherung minimierbar. Die Gewinne können sich die beteiligten Gemeinden teilen. Die Kommune haftet allerdings zumeist uneingeschränkt für die Verbindlichkeiten der Anstalt (sog. Gewährträgerhaftung). 53

cc) Praxisbeispiel. Die Verbandsgemeinde Arzfeld[65] gründete im Juni 2011 eine AöR, die „Islek Energie AöR“, die Photovoltaik-Dachflächenanlagen betreibt. Bisher sind insgesamt 24 Anlagen mit einer installierten Leistung von rd. 440 Kilowatt Peak (kWp) und einer Investitionssumme von rd. 960.000 Euro gebaut worden. Daneben wurden auch Freiflächenanlagen auf einer Fläche von 4 Hektar mit rund 1,5 Megawatt installierter Leistung und Investitionskosten von rund 3,1 Millionen Euro errichtet. Beteiligt haben sich 15 Kommunen und ein Eigenbetrieb. Vorsitzender des Verwaltungsrates ist der Bürgermeister der Verbandsgemeinde, die Geschäftsführung erfolgt durch die Verbandsgemeindewerke. Vorstandsvorsitzender ist Kraft seiner Funktion der Werkleiter der Verbandsgemeindewerke. Die Stammeinlage der Mitgliedsgemeinden liegt bei 500 Euro. 54

e) Gesellschaft bürgerlichen Rechts (GbR)

aa) Grundsätzliches. Auch die Gesellschaft bürgerlichen Rechts (GbR) kann grundsätzlich als Organisationsform gewählt werden. Sie kann von mindestens zwei Personen mit einem formlosen Vertrag gegründet werden. Ein Stammkapital ist nicht notwendig. Alle Gesellschafter vertreten und führen die GbR gemeinsam und müssen sämtliche Unterschriften leisten. Die Beteiligten haften unbeschränkt und führen die Geschäfte ge- 55

---

62 *Wolff* in Schneider/Theobald (s.o. Fn. 23), § 5 B. Rn.63.
63 So sehen es u.a. Art. 49 Abs. 1–4 BayKommZG und § 113a Abs. 1 GO Nds vor.
64 *Wolff* in Schneider/Theobald (s.o. Fn. 23), § 5 B. Rn. 64.
65 Weitere Informationen sind unter http://www.vg-arzfeld.de/rathaus/islek.energie.php abrufbar.

meinsam oder sie übertragen die Geschäftsführung durch eine Vollmacht auf eine Person. Häufig wird allerdings einer Person per Vollmacht die Geschäftsführung übertragen.

56 **bb) Vor- und Nachteile.** Die GbR eignet sich insbesondere für kleinere Erneuerbare-Energien-Anlagen mit Investitionssummen von wenigen 100.000 Euro, wie zum Beispiel für Bürgersolaranlagen.

Der entscheidende Nachteil ist allerdings, dass die Gesellschafter unbeschränkt mit ihrem Privatvermögen für sämtliche Verbindlichkeiten der GbR haften, was dazu führt, dass diese Gesellschaftsform zum Teil als für Kommunen grundsätzlich ungeeignet eingestuft wird[66]. Die Gesellschaftsform eignet sich zudem nicht für kostenintensivere Anlagen. Das Risiko kann gegebenenfalls durch geeignete Versicherungen und die Wahl erfahrener Installateure verringert werden. Auch die GbR muss oberhalb bestimmter Bagatellgrenzen einen von der BaFin geprüften Verkaufsprospekt erstellen.

57 **cc) Praxisbeispiele.** In der Gemeinde Ebhausen[67] wurden einige GbR gegründet, um insgesamt 12 Photovoltaikanlagen zu betreiben. Zusätzlich zu eigenen Dachanlagen hat sich die Gemeinde an der Bürger Solar Ebhausen GBR, Sonnenfreunde Ebershardt/Ebhausen, Sporthalle Rotfelden GBR, Aktion Bürger Solar GBR beteiligt.

58 In der Stadt Leutkirch[68] wurden zunächst mehrere Gesellschaften bürgerlichen Rechts (GbR) gegründet, um gemeinsam Solar-Projekte zu planen und umzusetzen. Die Solarstrom Initiativen Leutkirch verwirklichten von 2001 bis 2008 sieben Anlagen auf städtischen Dächern. Die GbR waren als Einstieg in die gemeinschaftliche Errichtung von PV-Anlagen sinnvoll, allerdings war die Einstiegsschwelle einfach zu hoch. Um die Zahl der Gesellschafter überschaubar zu halten, war die Mindestbeteiligung – je nach Anlage – bei bis zu 5.000 Euro angesetzt.

f) Stiftungen

59 **aa) Grundsätzliches.** Auch die Gründung einer Stiftung kommt als Rechtsform in Betracht, wenn die Energieerzeugung verbunden werden soll mit Engagement etwa im sozialen oder politischen Bereich. Von der kommunalen Stiftung umfasst, sind alle Stiftungen, die durch die Gemeinde selbst gegründet werden, wie auch die Stiftungen, die von Bürgern gegründet und der Kommune zur Verwaltung übertragen werden. Voraussetzung ist weiterhin, dass der Stiftungszweck im Rahmen der öffentlichen Aufgaben der jeweiligen Kommune liegt und nicht wesentlich über ihren räumlichen Bereich hinausreicht. Die Stiftung hat einen Vorstand und einen Beirat, in dem auch Bürgermeister oder Privatpersonen vertreten sein können. Eine Stiftung ermöglicht es den Gemeinden, außerhalb des kommunalen Haushalts im Bereich erneuerbarer Energien aktiv zu werden und Überschüsse für gemeinnützige Zwecke einzusetzen. Laut Bundesverband Deutscher Stiftungen[69] sind für die Gründung einer rechtsfähigen Stiftung mindestens 50.000 Euro erforderlich. Bei den Gründungsvoraussetzungen sind Besonderheiten in den Vorschriften der Länder zu beachten.[70]

60 **bb) Vor- und Nachteile.** Der Vorteil bei der Nutzung des Instruments der Stiftung besteht in der dadurch ermöglichten organisatorischen Verselbständigung der kommunalen Aufgabe. Die Stiftung genießt in der Bevölkerung ein besonderes Ansehen, was dazu führt, dass die Wahrnehmung kommunaler Aufgaben in der Rechtsform der Stiftung eine erhöhe Akzeptanz erfährt. Die kommunale Stiftung generiert insoweit einen ideellen

66 Vgl. hierzu Kapitel C III. Rn. 195.
67 Weitere Informationen sind unter http://www.ebhausen.de/index.php?id=278 abrufbar.
68 S.o. Fn. 33, 34.
69 Vgl. unter http://www.stiftungen.org/de/news-wissen/stiftungsgruendung.html.
70 So fordert z.B. § 3 V des rheinland-pfälzischen Stiftungsgesetzes (RhPfStiftG) als weiteres Begriffsmerkmal der kommunalen Stiftung, dass die kommunale Stiftung als solche errichtet oder anerkannt wurde. Einige Bundesländer, u.a. Art. 20 II BayStiftG und § 18 II HessStiftG i.V.m. § 120 I 1 HessGO kennen allerdings auch nicht kommunal verwaltete kommunale Stiftungen.

Mehrwert, der die Bereitschaft zu gesellschaftlichem Engagement zu aktivieren vermag. Für Windenergieprojekte werden Stiftungen als ungeeignet angesehen, da die Höhe der Ausschüttung für gemeinnützige Zwecke nicht begründbar ist. Die Gründung einer Stiftung kommt besonders dann in Frage, wenn die Energieerzeugung mit einem Engagement in anderen Bereichen (Soziales, Kultur) verknüpft werden soll. Der Gründungsaufwand wird allerdings als relativ hoch angesehen. Voraussetzung ist zunächst, dass genug Mitglieder bereit sind, der Stiftung Kapital für einen bestimmten, häufig gemeinnützigen Zweck zu schenken. Da Kommunen die Stiftung häufig als Stiftung in privater Rechtsform gründen und ihr gleichzeitig öffentliche Aufgaben der Daseinsvorsorge übertragen, haben sie sowohl das Gesellschaftsrecht auf der einen und das Kommunalverfassungsrecht auf der anderen Seite miteinander in Einklang zu bringen.[71]

cc) Praxisbeispiel. Die saarländische Gemeinde Nohfelden[72] errichtete im Februar 2012 die Stiftung Sonne für Nohfelden. Ziel der Stiftung ist die Errichtung einer Photovoltaik- Freiflächenanlage auf einer Gewerbefläche von 2,6 ha Größe, die sich in kommunalem Eigentum befindet. Der jährliche Stromertrag liegt noch ein gutes Stück über dem Jahresverbrauch aller knapp 300 Haushalte im Ortsteil Eisen, in dem sich das Gewerbegebiet befindet. Die Stiftung verwendet sämtliche Überschüsse, die aus der Einspeisevergütung für den produzierten Strom, nach Abzug der Finanzierungs- und Betriebskosten, erwirtschaftet werden, um ihre gemeinnützigen Stiftungszwecke in der Gemeinde zu verwirklichen. Partner der neuen Stiftung für die Errichtung und den Betrieb der Anlage ist die Firma „WVE" aus Kaiserslautern. Sie ist eine Tochtergesellschaft der dortigen Stadtwerke. 61

2. Konkrete Projektplanung von Energiekonzepten

Abschließend soll auf die konkrete Herangehensweise der Städte und Gemeinden bei der Umsetzung von einzelnen Aktivitäten im Energiebereich oder ganzheitlichen Energiekonzepten, welche Verbrauch, Erzeugung, Speicherung und Energieeffizienz- und Energieeinsparmaßnahmen allumfassend betrachten, eingegangen werden. 62

a) Motivation von Städten und Gemeinden

Die Gründe, warum sich Städte, Gemeinden und ihre Bürger so stark im Energiebereich engagieren, sind vielfältig. Seit Beginn der Energiewende kommt hinzu, dass ein neuer Ansporn für eine aktive Mitgestaltung vor Ort geschaffen wurde. Im Vordergrund steht in vielen Fällen eine nachhaltige, auf die örtlichen Gegebenheiten angepasste, Energieerzeugung und -versorgung mit dem Ziel, den Strom- und Wärmebedarf zu senken und auf der Erzeugerseite die benötigte Energie möglichst regenerativ bereitzustellen. Vor dem Hintergrund ansteigender Energiekosten und immer knapp werdender Ressourcen wird der Fokus oftmals auf den bewussten Umgang und das nachhaltige Wirtschaften mit Energie und den natürlichen Ressourcen gelegt. So wird versucht, alle vor Ort vorhandenen Ressourcen zu nutzen, um auf den Import von Rohstoffen und einen weiten Transport weitgehend verzichten zu können. Durch die Nutzung von Wärme aus erneuerbaren Energien, z.B. in den kommunalen Liegenschaften oder Kraft-Wärme-Kopplung, werden einerseits konventionelle Energiekosten eingespart und andererseits auch die Versorgungsicherheit in der Zeit gewährleistet, in denen die erneuerbaren Energien keinen Strom erzeugen. Gleichzeitig sichern sich Städte und Gemeinden mit eigenen Projekten vor Ort die Planungs- und Entscheidungshoheit für die kommunale Entwicklung und eine Vielzahl an Gestaltungsmöglichkeiten. 63

Die gemeinsame Umsetzung von Energieprojekten mit den Bürgern vor Ort spielt dabei eine ganz wesentliche Rolle. Viele Städte und Gemeinden verstehen sich als Vorbild 64

[71] Werner, „Kommunale Stiftungstätigkeit und ihre Schranken", NVwZ 2013, 1520 (1521).
[72] Homepage der Gemeinde Nohfelden unter www.nohfelden.de abrufbar.

und schaffen damit eine Identifikation der Bürger mit ihrer Region und der Energiewende. Denn die Energie, die vor Ort produziert wird, stellt einen direkten Bezug der Bürger zu den Anlagen her. Damit wird auch zum bewussteren Verbrauch von Energie angeregt. Andererseits können sowohl die Bürger, als auch lokale Handwerksbetriebe, mittelständische Unternehmen, regionale Banken und örtliche Landwirte davon finanziell profitieren. Lokale und regionale Wertschöpfung in Form von Gewinnen, kommunalen Steuern, Pachteinnahmen, sowie dem Erhalt und der Schaffung von Arbeitsplätzen ist ein ganz entscheidendes Motiv für die energiewirtschaftlichen Aktivitäten.

b) Ermittlung der Potenziale vor Ort und in der Region

65 Zunächst liegt es nahe zu ermitteln, was für Potenziale in der Gemeinde liegen, um erneuerbare Energien aufzustellen. Dabei werden durch Potenzialbögen oder Machbarkeitsstudien die nutzbaren Flächen und Standorte, mögliche Erzeugungsarten und die prognostizierte Wertschöpfung aus dem Betrieb der Anlage berechnet.[73] Dabei wird unter anderem geprüft, ob es bereits bestehende Anlagen gibt und ob gegebenenfalls auch die dort produzierte Wärme genutzt werden kann, ob bereits ein Leitungsnetz existiert oder ein solches erst errichtet werden muss.[74] Hinzukommt in vielen Fällen die Untersuchung nach Energieeinsparpotenzialen und Energieeffizienzsteigerungen, insbesondere an öffentlichen Gebäuden. Für die neue Errichtung von kleinen als auch größeren Anlagen wird zu prüfen sein, ob und wo geeignete Standorte bereits bestehen oder Gebiete geeignet sein könnten. So kommen unter anderem auch Standorte, wie Altdeponien und Konversionsflächen durchaus in Betracht, wie das Beispiel der Gemeinde Staufenberg[75] zeigt. Auch die rheinland-pfälzische Verbandsgemeinde Bruchmühlbach-Miesau[76] hat eine große Photovoltaik-Dachanlage auf den Gebäuden des örtlichen US-Armeedepots in Miesau errichtet.

66 Darüber hinaus ist zu überlegen, ob sich auch Objekte für Anlagen zum Eigenverbrauch eignen. Bei der Planung von Biomasseanlagen bietet es sich an, in die Überlegungen mit einzubeziehen, ob unter anderem Energiepflanzenanbaumöglichkeiten im direkten Einzugsgebiet vorhanden sind. Bei der Ausweisung neuer Flächen werden oftmals Gutachten in Auftrag gegeben. In manchen Bundesländern erfolgt die Ausweisung durch die regionalen Planungsverbände. Die Gemeinden werden in die verschiedenen Beteiligungsverfahren einbezogen. Sie können dann vortragen, welche Belange für oder gegen eine Ausweisung sprechen, so beispielsweise des Natur- und Umweltschutz oder anderweitige konkrete gemeindliche Planungen. Bei der Nutzung erneuerbarer Energien geht es immer auch um die Frage, wie ein Ausbau mit dem Erhalt des Landschaftsbildes Hand in Hand gehen kann. Zudem wird in vielen Fällen untersucht, was in den Bereichen Gebäudesanierung, Städtebau und Mobilität für Möglichkeiten bestehen.

c) Einbeziehung und Beteiligung kommunaler Akteure

67 **aa) Gespräche mit betroffenen Flächeneigentümern.** Wenn es sich bei den vorgesehenen Flächen nicht um solche der Gemeinde selbst handelt, muss zunächst ermittelt werden, an wen die Flächen verpachtet sind, um mit den betroffenen Flächeneigentümern Gespräche führen zu können. Darüber hinaus wird zu untersuchen sein, ob bereits Vorverträge mit anderen Projektierern geschlossen wurden. Auch Gespräche mit den

[73] Ein Wertschöpfungsrechner für Kommunen ist unter http://www.kommunal-erneuerbar.de/de/kommunale-wertschoepfung/rechner.html abrufbar. Mit dem Online-Wertschöpfungsrechner kann auf Basis von bundesweiten Durchschnittswerten für typische Beispielanlagen eine erste Orientierung berechnet werden, für die Größe der Wertschöpfungseffekte, Klimaschutzeffekte und Beschäftigungseffekte von einzelnen oder mehreren Erneuerbare-Energien-Anlagen.

[74] Zur Ermittlung der Wertschöpfungspotenziale bei der Nutzung erneuerbarer Energien vgl. die Dokumentation des DStGB und der Deutschen Umwelthilfe (DUH) Nr. 114 „Handlungsempfehlungen für Kommunen zur Optimierung der Wertschöpfung aus Erneuerbaren Energien".

[75] S. oben Fn. 26.

[76] Weitere Informationen sind unter http://www.bruchmuehlbach-miesau.de/vg.bruchmuehlbach.miesau/Rathaus/Umwelt/Erneuerbare%20Energien/ verfügbar.

ortsansässigen Landwirten können erforderlich sein, beispielweise wenn es bei der Nutzung von Biogasanlagen um die Möglichkeiten geht, einen Ertrag an Energiepflanzen zu liefern.

bb) Bürgerinformation und Beteiligung. Die Bürger in der Gemeinde zumindest zu informieren und darüber hinaus auch aktiv zu beteiligen, ist bereits eine gefestigte Praxis in Städten und Gemeinden. Für die Umsetzung von Energieprojekten wird zudem in der Regel Zustimmung des Gemeinde- bzw. Stadtrats eingeholt, um sich den entsprechenden Rückhalt und die Akzeptanz für das Projekt einzuholen. So hob auch der Bürgermeister der Stadt Wolfhagen, Reinhard Schaake, bei der Umsetzung des Energiekonzepts der Stadt Wolfhagen[77] hervor, dass „um die Menschen beim Umbau der Energieversorgung mitzunehmen, zwei Dinge wichtig seien: Die Menschen müssen verstehen, was auf Sie zukommt und sie müssen Anreize und Möglichkeiten vorfinden, um etwas umzusetzen“.[78] Denn auch wenn in dem Fall der Beschluss für die Zustimmung des Projekts der Stadtverordneten einstimmig fiel, erfuhren in dem Fall insbesondere die Pläne für den Windpark bei Teilen der Bevölkerung nicht die gleiche ungeteilte Zustimmung. Sorgen um den Wald, die Landschaft, die Natur wurden geäußert, schließlich wurde eine Bürgerinitiative „Wolfhager Land – Keine Windkraft in unseren Wäldern“ gegründet. Auf Infoveranstaltungen, mit Flyern, Broschüren und einem eigenen Film „Der Wind des Wandels“ traten Stadt und Stadtwerke Zweifeln und Vorurteilen entgegen. Die Stadt veranlasste Sitzungen mit einem Mediator und mehrfache Exkursionen zu Windstandorten im Wald. Auf der anderen Seite wuchs das Engagement der Bürger, die dem Projekt gegenüber positiv auftraten. Sie gründeten die bereits dargestellte Genossenschaft.[79] Teil des Plans bei der Aufstellung des Energiekonzepts war, die Bürger mit einzubeziehen, zum einen durch direkte Beteiligungsmöglichkeiten, zum anderen durch die stärkere lokale Wertschöpfung und die Steigerung der Attraktivität der Region – immer aber durch umfassende Informationen und fairen Dialog. 68

Im Praxisbeispiel Leutkirch[80] wurde die Grundlage für das „Energie-Leitbild“ in einem von der Bürogemeinschaft Sippel und Buff moderierten Bürgerbeteiligungsverfahren erarbeitet. In drei Workshop-Runden beteiligten sich dabei 75 ausgewählte Bürger, davon 60 statistisch, repräsentativ per Zufall ausgewählt und 15 Vertreter von örtlichen Institutionen und Verbänden. Die in den Workshops erarbeitete Grundlage wurde von Fachleuten aus verschiedenen Fachbereichen auf Plausibilität überprüft und aufgearbeitet. Die redaktionelle Bearbeitung wurde hauptsächlich von Mitarbeiter der Leutkircher Stadtverwaltung ausgeführt. Das in diesem Prozess entstandene Leitbild wurde im Sommer 2012 im Leutkircher Gemeinderat diskutiert. Nach einer abschließenden Überarbeitung wurde schließlich das Leitbild „Energie“ in der Sitzung am 1.10.2012 vom Gemeinderat einstimmig beschlossen. 69

Die Gemeinde Bruchmühlbach-Miesau[81] stieß ebenfalls auf Widerstand in der Bevölkerung. Die eigentlich von der Landesregierung im Regionalplan vorgesehene Fläche für Windkraftanlagen wurde von den Anwohnern abgelehnt. Daher legte die Gemeinde in einem Zielabweichungsverfahren ein neues Gebiet fest. Alle Beschlüsse dazu fanden in öffentlichen Sitzungen statt. Zudem konnten die Bürger in jeder Planungsphase Fragen stellen und ihre Meinungen und Wünsche äußern. Derzeit sind auf einer von der Gemeinde ausgewiesenen Fläche zehn Windkraftanlagen vorhanden, die insgesamt etwa 37 Millionen Kilowattstunden Strom im Jahr liefern. 70

---

[77] S. oben Fn. 31.
[78] Schaake, „Bevölkerung aktiv beteiligen“, Verbandszeitschrift des Deutschen Städte- und Gemeindebundes „Stadt und Gemeinde“ Ausgabe September 2013.
[79] S. oben eG II. a. cc. (2).
[80] S. oben Fn. 33.
[81] S. oben Fn. 65.

71 **cc) Suche nach geeigneten Partnern.** Eine Vielzahl an Städten und Gemeinden begibt sich auf die Suche nach geeigneten Partnern für ihr Vorhaben. Dabei kommen unter anderem bestehende Stadt- oder Gemeindewerke, Projektierer, Bürger und Landwirte in Betracht. Durch einen Partner kann das fachliche Know-How eingeholt und die technische und kaufmännische Betriebsführung gewährleistet werden. Zudem können die Vorplanungs- und Planungskosten entweder vom Partner getragen oder zumindest aufgeteilt werden, so dass das eigentliche Risiko für die Gemeinde erst mit der Verwirklichung des Projektes beginnt. Gleichzeitig ist in solchen Fällen eine sorgfältige Wirtschaftlichkeitsprüfung unabdingbar, da viele Faktoren wie beispielsweise Anlagentyp sowie Kosten für Planung, Montage und Betrieb erheblichen Einfluss auf die Wirtschaftlichkeit einer Anlage nehmen können und die Entscheidungslage komplizierter gestalten. Die potenziellen Risiken müssen im Voraus erkannt und bedacht werden. Für die Kommunen mit eigenen Stadtwerken oder entsprechenden Beteiligungen ist zu prüfen, ob und wie der Bereich der Energieerzeugung in einem eigenen Unternehmen auf- oder ausgebaut werden kann. Dabei ist die Kenntnis über die örtlichen Gegebenheiten und Ressourcen der Region von Vorteil, so dass die Versorgung auf den lokalen Bedarf besser abgestimmt werden kann. Letztlich bedeutet der Betrieb eigener Stadtwerke auch Wahrnehmung und Stärkung kommunaler Selbstverwaltung.

72 Die Gemeinde Bruchmühlbach-Miesau[82] ging eine erfolgreiche Kooperation mit Garnison und mit den Stadtwerken Kaiserslautern ein. Die Photovoltaikanlage wurde gemeinsam mit dem Kommandanten und den Technikern der Garnison geplant. Die Stadtwerke sind für die technische Umsetzung beider Anlagen zuständig. Ebenfalls 2012 wurde dort ein Biomethan-Blockheizkraftwerk errichtet. Energetische Reststoffe aus der Region sollen darin zu jährlich 3,1 Millionen Kilowattstunden Strom verarbeitet werden und durch Kraft-Wärme-Kopplung zugleich das Depot beheizen. Damit können rund 443.000 Liter Heizöl pro Jahr gespart werden. Die „Gemeindewerke Bruchmühlbach-Miesau" hat sich daher im Jahr 2009 mit 54 anderen kommunalen, pfälzischen Energieversorgern zur „Pfalzenergie" zusammengeschlossen.

d) Einbindung der beteiligten Behörden, Planer und Banken

73 Zum anderen muss die Rechtsaufsichtsbehörde eingebunden werden sowie in bestimmten Fällen die regionalen Planungsverbände. Dann wird die Gemeinde sich für die konkrete Umsetzung mit örtlichen Regionalbanken, Sparkasse, dem örtlichen Planern, Handwerksbetrieben in Verbindung setzen.

e) Gründung der Projektierungs- und Betreibergesellschaft

74 Schlussendlich steht die tatsächliche Gründung der Projektierungs- und Betreibergesellschaft an und die eigentliche Umsetzung des Vorhabens kann beginnen.

4. Teil. Fazit

75 Die Möglichkeiten von Städten und Gemeinden im Energiebereich tätig zu werden, sind vielfältig. Es gibt insoweit nicht ein ideales Modell für „die Energiekommune" in Deutschland. Vielmehr wird man abhängig von den örtlichen Gegebenheiten und den Bedürfnissen vor Ort eine Lösung finden, die sinnvoll ist und von der am Ende möglichst viele profitieren. Der Dialog und die Zusammenarbeit mit allen Akteuren vor Ort in allen Phasen der Planung von Projekten sind dabei unentbehrlich. Durch ihr Engagement leisten Städte und Gemeinden, die kommunalen Unternehmen und die Bürger vor Ort einen wertvollen Beitrag für das Gelingen der Energiewende.

[82] S.o. Fn. 56.

5. Teil. Literaturverzeichnis zum Bereich „Energie“

Bücher/Kommentare 76

Danner, Wolfgang/Theobald, Christian, Kommentar zum Energierecht, Band 4, 78. Auflage 2013, Beck-Verlag, München

Schneider, Jens Peter/Theobald, Christian, Praxishandbuch Recht der Energiewirtschaft, 4., neu bearb. Aufl. 2013, Beck-Verlag München

Zeitschriften

Althanns, Dr. Andrea: „Genossenschaftliche Modelle bei der Realisierung von Anlagen der erneuerbaren Energien“, Zeitschrift für deutsches und internationales Bau- und Vergaberecht-Beilage (ZfBR-Beil.) Heft 5/2012, Seiten 36–42

Gaß, Dr. Andreas: „Zulässigkeitsvoraussetzungen und Kooperationsmodelle für den Betrieb von Anlagen erneuerbarer Energien auf gemeindlicher Ebene“, KommunalPraxis Bayer (KommP BY) Heft 1/2012, Seiten 2–11

Kaler, Dr. Matthias/Kneuper, Dr. Friedrich: „Erneuerbare Energien und Bürgerbeteiligung“, Neue Zeitschrift für Verwaltungsrecht (NVwZ) Heft 13/2012,Seiten 791–796.

Knemeyer, Prof. Dr. Franz-Ludwig: „Kommunale Steuerung und unternehmerische Freiheit – ein lösbarer Spagat“ Kommunaljurist (KommJur) Heft 7/2007, Seiten 241–244

Schaake, Reinhard: „Bevölkerung aktiv beteiligen“, Verbandszeitschrift des Deutschen Städte- und Gemeindebundes („Stadt und Gemeinde“) Ausgabe 9/2013, Seiten 387–389

Sonder, Dr. Nicolas: „Wirtschaftliche Betätigung von Kommunen im Wandel“, Landes- und Kommunalverwaltung (LKV) Heft 5/2013, Seiten 202–207

Werner, Dr. Rüdiger: „Kommunale Stiftungstätigkeit und ihre Schranken“, Neue Zeitschrift für Verwaltungsrecht (NVwZ) Heft 23/2013, Seiten 1520–1525

Leitfäden/Dokumentationen

Deutschen Städte- und Gemeindebund e.V. (DStGB). „Dokumentation Nr. 51“ Interkommunale Zusammenarbeit-Praxisbeispiele, „Rechtsformen und Anwendung des Vergaberechts“, Verlagsbeilage „Stadt und Gemeinde INTERAKTIV“ Ausgabe 10/2005, Verlag WINKLER & STENZEL GmbH

Deutsches Institut für Urbanistik (Difu), Pravisleitfaden , „Klimaschutz in Kommunen“, 2011, Gestaltung und Satz: dezign: johlige Werbeagentur, Nauen, Herstellumg: AZ Druck und Datentechnik GmbH, Berlin

Genossenschaftsverband Bayern e.V., Leitfaden für Kommunen „Erfolgsmodell Genossenschaft: die Energiewende gemeinsam gestalten“, Mai 2012, Redaktion und Gestaltung: fischer/Appelt, relations GmbH, LIGALUX GmbH

Links

Agentur für Erneuerbare Energien e.V., www.kommunal-erneuerbar.de; http://www.lommunal-erneuerbar.de/de/kommunale-wertschoepfung/rechner.html

Bioenergiedorfs von der Tannen GmbH, www.bioenergiedorf-vor-der-Tannen.de

Bundesumweltministerium, http://www.bmu.de/detailansicht/artikel/beschluesse-des-bundeskabinetts-zur-energiewende-vom-6-juni-2011/)

Bundesverband Deutscher Stiftungen e.V., http://www.stiftungen.org/de/news-wissen/stiftungsgrundung.html

Bürgerenergiegenossenschaft Sonnenland eG, http://www.sonnenland-eg.de/

BürgerenErgieGenossenschaft Wolfhagen eG, http://www.beg-wolfhagen.de/

Deutschenr Genossenschafts- und Raiffeisenverband e.V. (DRGV), http://www.genossenschaften.de/dgrv-stellt-aktuelle-umfrage-zu-energiegenossenschaften-vor

Deutscher Raiffeisen- und Genossenschaftsverband e.V. (DGRV), http://www.neuegenossenschaften.de/gruendungen/umwelt_energie_wasser/Lieberhausen.html

Deutscher Bundestag, http://www.bundestag.de/dokumente/textarchiv/2011/34867973_kw26_sp_energiewende/

Energiegenossenschaft Leutkirch eG, http:www.eg-leutkirch.de/

Energiegenossenschaft Odenwald eG, http://www.energiegenossenschaft-odenwald.de/

Gemeinde Ebhausen, http:www.ebhausen.de/index.php?id=278

Gemeinde Nohfelden, www.nohfelden.de

Gemeinde Schipkau, http://www.gemeinde-schipkau.de/texte/seite.php?id=82552
Stadt Ettenheim, http://ettenheim.de/dynasite.cfm?dsmid=238
Stadt Fürth, http://www.fuerh.de/Home/stadtentwicklung/solarstadt-fuerth.aspx
Stadt Leutkirch, http://www.leutkirch.de/de/Bauen+Umwelt/Energie+Klimaschutz
Stadt Norderstedt, http://www.norderstedt.de/klimaschutz
Stadt Wolfhagen, http://wolfhagen.de/de/wirtschaft/energiewende/energiewende.php?navanchor=1110131
Verband Kommunaler Unternehmen (VKU), http://www.vku.de/service-navigation/presse/pressemitteilungen/liste-pressemitteilung/erzeugungszahlen.html
Verbandsgemeinde Arzfeld, http:www.vg-arzfeld.de/rathaus/islek_energie.php
Verbandsgemeinde Bruchmühlbach-Miesau, http://www.bruchmuehlbach-miesau.de/vg_bruchmuehlbach_miesau/Rathaus/Umwelt/Erneuerbare%20Energien/

K. Kommunen als Unternehmer!

Entscheidungskriterien für die Wahl einer Rechtsform

Übersicht

Literatur: *Baumbach/Hopt,* Kommentar zum Handelsgesetzbuch, 36. Aufl. 2014; *Burgi*, Privatisierung öffentlicher Aufgaben, Gutachten zum DJT 2008, Bd. I, Gutachten/Teil D, sowie die Dokumentation der diesbezüglichen Fachdiskussion in der Abteilung Öffentliches, Bd. II; *Detig*, Die kommunale Anstalt des öffentlichen Rechts als Wirtschaftsförderungsinstitution, 2004; *Ehlers*, Recht der öffentlichen Unternehmen, Gutachten E zum 64. DJT Berlin 2002, 2002; *ders.*, Verwaltung in Privatrechtsform, 1984; *Erbguth/Stollmann*, Erfüllung öffentlicher Aufgaben durch Privatrechtssubjekte? Zu den Kriterien bei der Wahl der Rechtsform, DÖV 1993, 798 ff.; *Gaß*, Die Umwandlung gemeindlicher Unternehmen, 2003; *Gaß/Pop*, Die Gemeinde als Unternehmer, 2014; *Henneke*, Neuregelung des Rechts der öffentlichen Unternehmen im Spannungsfeld von öffentlichem Auftrag und Wettbewerb (zu den Ergebnissen des 64. DJT), in: Der Landkreis 2002, S. 644 ff., sowie Diskussion in: Der Landkreis 2003, S. 32 f.; *ders.* (Hrsg.), Organisation kommunaler Aufgabenerfüllung: Optimierungspotentiale im Spannungsfeld von Demokratie und Effizienz, 1997; *Hoppe/Uechtritz/Reck* (Hrsg.), Handbuch Kommunale Unternehmen, 3. Aufl. 2012; *Ipsen* (Hrsg.) Unternehmen Kommune?, 17. Bad Iburger Gespräche, 2007; *Ipsen*, Wirtschaftliche Betätigung der Gemeinden als kommunalrechtliche und verfassungsrechtliche Fragestellung, in: Festschrift für Dietrich Rauschning, 2001, S. 645–677; *Klein/Uckel/Ibler*, Kommunen als Unternehmer: Gründung, Umwandlung und Führung kommunaler Betriebe, Losebl.; *Knemeyer/Kempen*, Kommunales Wirtschaftsrecht, in: *Achterberg/Püttner/Würtenberger*, Besonderes Verwaltungsrecht, Bd. II, § 17, 2. Aufl. 2000; *Müller*, Rechtsformenwahl bei der Erfüllung öffentlicher Aufgaben, 1993; *Neumeyer*, Nicht steuerliche wirtschaftliche Aspekte bei der Entscheidung über die Rechtsform kommunaler Einrichtungen, KommPraxBy 1998, 374 ff.; *Ossola-Haring*, Die GmbH mit kommunaler Beteiligung und die gemeinnützige GmbH, 3. Aufl. 2009; *Püttner* (Hrsg.), Zur Reform des Gemeindewirtschaftsrechts, Schriften der Gesellschaft für öffentliche Wirtschaft, Heft 49, 2002; *ders.* (Hrsg.), Handbuch der kommunalen Wissenschaft und Praxis, Band 5: Kommunale Wirtschaft, 2. Aufl. 1984; *Riedmayer/Schraml*, Das Kommunalunternehmen – Anstalt des öffentlichen Rechts: Erweiterung kommunaler Handlungsmöglichkeiten, Kommunalforschung für die Praxis (KFP) 42/43, 2000; *Schulz*, Neue Entwicklungen im kommunalen Wirtschaftsrecht Bayerns, BayVBl. 1996, 129 ff.; *Wurzel*, Die Bestandsschutzregelung im GO-Reformgesetz NRW, Der Landkreis 2007, S. 576 ff.; *Schiffer/Wurzel*, Weisungsrecht des Stadtrats gegenüber seinen Vertretern im Aufsichtsrat eines kommunalen Versorgungsbetriebs, KommJur 2012, 52 ff.; *Wurzel/Probst*, in: *Ossola-Haring* (Hrsg.), Die GmbH mit kommunaler Beteiligung und die gemeinnützige GmbH, 3. Aufl. 2009, 4. Teil: Öffentlich-private Partnerschaften, S. 301 ff.

Die Kommunalwirtschaft befindet sich im Aufwind. Seit 2007 gingen über 200 Konzessionsverträge von privaten Betreibern auf kommunale Unternehmen über, im gleichen Zeitraum wurden nach Zahlen des VKU bundesweit mehr als 80 Stadtwerke neu gegründet.[1] Gemeinden engagieren sich mit ihren Stadtwerken verstärkt und auch außerhalb des 1

[1] So *Reck*, Chancen der Rekommunalisierung, in: das rathaus 6/2013, S. 170. Vgl. dazu die aktuelle Studie „Stadtwerke-Neugründungen und Rekommunalisierungen" des Wuppertal Instituts vom September 2013,

Gemeindegebiets in der Energieerzeugung. Einige Landesgesetzgeber haben die kommunalwirtschaftlichen Regelungen geändert mit dem erklärten Ziel, „die Wettbewerbsfähigkeit der Kommunalwirtschaft in Zeiten von deregulierten Märkten zu erhalten und wieder zu verbessern".[2] Erwartungsgemäß beklagen die Wirtschaftsverbände reflexartig eine exzessive, nicht wettbewerbsgerechte wirtschaftliche Betätigung der Kommunen und fordern deren Eindämmung mittels gesetzlicher Maßnahmen. Allerdings scheint auch in der öffentlichen Debatte nach einem langjährigen Trend zu Privatisierungen – nicht zuletzt im Zuge der Kapitalmarkt- und Bankenkrise – ein Umdenkprozess stattzufinden. In Fachbeiträgen sind immer häufiger die Begriffe „Kommunalisierung" oder „Rekommunalisierung" zu lesen, wobei dies allerdings auch kritische Stimmen auf den Plan ruft.[3] Bürgerinnen und Bürger initiieren Volksentscheide, in denen über den Rückkauf ehemals privatisierter städtischer Stromnetze und die Gründung von Stadtwerken abgestimmt wird.[4] Repräsentativen Umfragen zufolge spricht sich eine überwältigende Mehrheit in der Bevölkerung für eine kommunale Beteiligung bei der Erbringung von Leistungen der Daseinsvorsorge aus.[5]

Es scheint sich also ein Trend zur „(Re)Kommunalisierung" jedenfalls in bestimmten Sektoren wie dem Energiebereich abzuzeichnen, wenngleich es für diese Entwicklung zum Teil vorhersehbare und „handfeste" Gründe gibt. So sind bei den Entscheidungsträgern vor Ort die aktuell geführten Diskussionen über die Zukunft der Strom- und Gasnetze vor allem darauf zurückzuführen, dass bis 2015/2016 bundesweit die meisten der Konzessionsverträge auslaufen und daher für die nächsten in der Regel 20 Jahre neu vergeben werden müssen. Das verstärkte Engagement der Kommunen im Bereich der Energieversorgung ist politisch gewollte Folge der 2011 eingeleiteten „Energiewende" und der damit einhergehenden Dezentralisierung der Versorgungslandschaft. Eine Rolle für die verstärkte Investitionstätigkeit mögen auch die derzeit niedrigen Zinsen für Kommunalkredite spielen. Freilich sehen die Gemeinden darin auch die Chance, durch zusätzliche Einnahmen ihre Handlungsspielräume zu sichern. Andere Bereiche wie etwa die Abfallbeseitigung, Abwasserentsorgung, Wasserversorgung oder der ÖPNV sind bereits traditionell durch kommunale Leistungserbringung geprägt.

Bei – notwendiger – sachlicher Betrachtung wird man feststellen, dass „(Re)Kommunalisierung" ebenso wie „Privatisierung" keine Werte an sich sind.[6] Vielmehr ist die Entscheidung, unternehmerisch tätig zu werden, mit „kühlem Kopf" zu treffen. Erwägt die Gemeinde beispielsweise einen Netzrückkauf, sind neben den rechtlichen Risiken[7] insbesondere die Frage der Wirtschaftlichkeit einer kritischen Prüfung zu unterziehen. Auch haben einige Gemeinden zwischenzeitlich die schmerzhafte Erfahrung machen müssen, dass nicht jedes Erneuerbare-Energien-Projekt wirtschaftlich sein muss. Im Rahmen der Aufgabenerfüllung oder (Re)Kommunalisierung stellt sich zudem die Frage, wie dies am optimalsten zu bewerkstelligen sein kann. Pauschale Antworten können aufgrund der Vielfalt relevanter Entscheidungskriterien und möglicher Ausgestaltungen nicht gegeben werden, zumal viele der Kriterien konfligieren. Es muss also darum gehen, im Rahmen einer Abwägung vor Ort unter Berücksichtigung aller maßgeblichen Kriterien die für

---

abrufbar unter http://wupperinst.org, oder das Difu-Papier „Rekommunalisierung – Eine Bestandsaufnahme" aus 2011, erhältlich unter www.difu.de.

[2] So die Begründung des Gesetzentwurfs zum Gesetz zur Revitalisierung des Gemeindewirtschaftsrechts in NRW vom 7.7.2010, LT-Drs. 15/27, S. 1. Ausführlich zu den landesrechtlichen Regelungen Kapitel C.

[3] Vgl. u.a. die – aus kommunaler Sicht kritisch zu bewertenden Ausführungen im XX. Hauptgutachten der Monopolkommission (2012/2013). Kapitel V Kommunale Wirtschaftstätigkeit und der Trend zur Rekommunalisierung, abrufbar unter www.monopolkommission.de/index.php/de.

[4] Vgl. den erfolgreichen Volksentscheid der Initiative „Unser Hamburg – unser Netz" am 22.9.2013 in Hamburg; Volksentscheid über die Rekommunalisierung der Berliner Energieversorgung am 3.11.2013 (abgelehnt).

[5] Vgl. die Ergebnisse der 2011 durchgeführten repräsentativen Umfrage „Daseinsvorsorge und politisches Vertrauen" der Freiherr vom Stein-Akademie für Europäische Kommunalwissenschaften e.V.

[6] So zu Recht *Henneke* in Kapitel A. I. 5.

[7] Vgl. nur BGH vom 17.12.2013, KZR 65/12 und KZR 66/12 vom 9.6.2014, EuVR 10/13 (juris).

eine im Interesse der Gemeindebürger effektive und wirtschaftliche Aufgabenerfüllung optimale Organisationsform zu finden.

I. Rechtsformenwahl als Zielkonflikt

Die Kommunen entscheiden im Rahmen ihrer Organisationshoheit und der gesetzlichen Vorgaben in eigener Verantwortung, in welcher Rechtsform sie ihre Aufgaben erfüllen und sich wirtschaftlich betätigen.[8] Die Wahl einer bestimmten Rechts- oder Betriebsform zählt zu den langfristig wirksamen Maßnahmen, die unmittelbare Folgen für das Unternehmen selbst und seinen Träger nach sich zieht. Bedeutsam für die Entscheidung sind nicht zuletzt die gesetzlichen Rahmenbedingungen – heute zunehmend auch weitreichende europarechtliche Vorgaben.[9] **1a**

So knüpft das Gesetz an bestimmte Rechts- und Betriebsformen unterschiedliche Rechtsfolgen, deren Konsequenzen für die Entscheidung eine große Rolle spielen können. Von besonderer Bedeutung sind in diesem Zusammenhang die **Zweckmäßigkeitskriterien**[10] wie etwa betriebswirtschaftliche, gesellschafts- und unternehmensrechtliche, personal- sowie steuerrechtliche Aspekte, die Finanzierungsmöglichkeiten mit Fremd- und Eigenkapital, Aufwendungen für die Gründung und den Betrieb der Rechtsform, gesetzliche Vorschriften über Umfang, Prüfung und Offenlegung des Jahresabschlusses, die Leitungsbefugnisse (Geschäftsführung, Mitbestimmung), die Haftung oder die Steuerbelastung des Unternehmens(-trägers) sowie die Möglichkeiten der Kooperation mit anderen Rechtssubjekten.[11]

Weitaus größere Relevanz haben aber die mit der Entscheidung verbundenen Konsequenzen für den **kommunalpolitischen Einfluss** auf das Unternehmen und letztlich die Beziehung der Kommune im Außenverhältnis zum Bürger; denn im Unterschied zur Rechtsformenwahl im privaten Sektor stehen die zuvor genannten, an einer wirtschaftlichen Sichtweise orientierten Zweckmäßigkeitskriterien bei der Rechtsformenwahl öffentlicher Unternehmen in einem Konkurrenzverhältnis zu den besonderen öffentlich-rechtlichen Bindungen des kommunalen Unternehmensträgers. 2

Der grundlegende **Zielkonflikt** im Rahmen der Entscheidungsfindung für eine bestimmte Rechts- oder Betriebsform besteht darin, einerseits dem Unternehmen durch Verselbständigung die erforderliche Handlungsfreiheit zugestehen zu wollen, andererseits dem kommunalen Unternehmensträger die notwendigen Möglichkeiten der Einflussnahme sichern zu müssen, um weiterhin eine ordnungsgemäße Erfüllung der jeweiligen kommunalen Aufgabe gewährleisten zu können.[12] Diese Notwendigkeit ist im Interesse des Bürgers als Legitimationsträger und „Kunde" verfassungs- und kommunalrechtlich verankert,[13] so dass bei der Rechtsformenwahl letztlich auch die Ausgestaltung der Bezie- 3

---

[8] BVerfG, BayVBl. 1987, 557; BVerwG vom 11.2.1993, 4 C 18/91, Rn. 34; BGH vom 5.4.1984, III ZR 12/83, Rn. 47 (beide juris).

[9] Vgl. dazu Kapitel B. und C. An dieser Stelle sei hingewiesen auf die „Deutsch-Französische Erklärung", in der die deutschen und die französischen Kommunalverbände die EU gemeinsam auffordern, die Rahmenbedingungen für die kommunale Daseinsvorsorge grundlegend zu verbessern, www.dstgb-vis.de (1.8.2008).

[10] Vgl. Müller, Rechtsformenwahl, S. 108.

[11] Insgesamt dazu u. a. *Neumeyer*, KommPraxBy 1998, 374; *Erbguth/Stollmann*, DÖV 1993, 798 (801); *Klein/Uckel/Ibler*, Kommunen als Unternehmer, Kennzahl 23.00; *Gaß*, Umwandlung gemeindlicher Unternehmen, S. 54 ff.; *Müller*, Rechtsformenwahl, S. 299 ff.; *Scholz/Pitschas*, Rechtsformenwahl, in: *Püttner*, Handbuch der kommunalen Wissenschaft und Praxis, S. 128 ff.; *Ehlers*, Verwaltung in Privatrechtsform, S. 292 ff.; zu den Rechts- und Betriebsformen vgl. Kapitel D.

[12] So bereits *Scholz/Pitschas*, Rechtsformenwahl, in: *Püttner*, Handbuch der kommunalen Wissenschaft und Praxis, S. 128, 132 ff.; *Püttner*, Die Wahl der Rechtsform für kommunale Unternehmen, in: *Püttner*, Zur Reform des Gemeindewirtschaftsrechts, S. 143 ff.

[13] Zu den europa-, verfassungs- und kommunalrechtlichen Vorgaben vgl. Kapitel B. und C.; *Tettinger*, Verfassungsrechtliche Selbstverwaltungsgarantie und kommunale Wirtschaft, in: *Püttner*, Zur Reform des Gemeindewirtschaftsrechts, S. 23 ff.

hung der Verwaltung im Außenverhältnis zum Bürger tangiert ist. Im Vordergrund darf daher nicht die reine Gewinnerzielung stehen, sondern der **citizen value** verstanden als Gemeinwohlorientierung. Ein entscheidender Gesichtspunkt muss demnach die Überlegung sein, ob und wie vor dem Hintergrund der jeweils zu erfüllenden kommunalen Aufgabe eine Balance zwischen erforderlicher unternehmerischer Freiheit und notwendiger kommunaler Steuerung und Kontrolle möglich ist.[14]

4 Mit dieser Überlegung untrennbar verbunden ist die Frage nach dem **wirtschaftlichen Handlungsspielraum**, den die jeweilige Rechts- oder Betriebsform eröffnet. Wirtschaftliches Handeln im Sinne einer effektiven und rentablen Aufgabenerfüllung benötigt Selbständigkeit, Unabhängigkeit und Eigenverantwortlichkeit der Leitungskräfte. Diese Zielvorgaben gilt es, unter Berücksichtigung der besonderen Anforderungen an einen öffentlich-rechtlichen Aufgabenträger zu verwirklichen. Unabhängigkeit und Eigenverantwortlichkeit einerseits und öffentlich-rechtliche Aufgabenbindung andererseits lassen sich aber wiederum nur dort vereinbaren, wo die Unternehmensstrukturen eine flexible, den individuellen Bedürfnissen und Aufgaben entsprechende Gestaltung zulassen. Das vordringliche Bestreben der Kommunen muss demnach darauf gerichtet sein, vor dem Hintergrund der konkret zu erfüllenden Aufgabe eine Rechts- oder Betriebsform zu wählen, durch die sich der angesprochene Zielkonflikt wenn nicht auflösen, so doch minimieren lässt.

II. Die Eröffnung wirtschaftlicher Handlungsspielräume

5 Die Wahl einer bestimmten Rechts- oder Betriebsform erzwingt nicht per se schon eine größere **Wirtschaftlichkeit** oder geringere Defizite. Dieses vor allem im Rahmen von Privatisierungsvorgängen zugunsten von Privatrechtsformen immer wieder undifferenziert und pauschal vorgebrachte Argument verkennt zum Teil komplexe Sachverhalte wie den Bereich der Daseinsvorsorge und vermag – schon mit Blick auf die Erfolgsgeschichte von Sparkassen in Deutschland und auf viele als Kommunalunternehmen bzw. Anstalt des öffentlichen Rechts geführte kommunale Betriebe – sachlich kaum zu überzeugen, zumal in öffentlich-rechtlich organisierten Unternehmen bereits von Gesetzes wegen die Grundsätze der Wirtschaftlichkeit und Sparsamkeit zu beachten sind. Diese Erkenntnis scheint sich mittlerweile – wohl auch befördert durch die erfolgreiche Einführung der Rechtsform des Kommunalunternehmens in Form der Anstalt des öffentlichen Rechts (im Folgenden: AöR) in nunmehr zehn Bundesländern – in der Praxis durchzusetzen, da in den traditionellen Betätigungsfeldern kommunaler Unternehmen insgesamt ein Trend zur Re-Kommunalisierung zu verzeichnen ist.[15] Dieser Trend wird sicherlich durch die weltweite Finanzkrise und zum Teil bittere Erfahrungen einzelner Kommunen befördert.[16] Letztlich geht es bei der Entscheidung vor Ort aber nicht um eine ordnungspolitische Positionierung zwischen den Extremen Privatisierung und

---

[14] Anschaulich hierzu das Beispiel einer Umstrukturierung aus der Praxis in Kapitel J. unter II. Bereich „Abfallentsorgung".

[15] So bereits eine Studie des Instituts der Deutschen Wirtschaft (IW) in Köln vom August 2007, die die wirtschaftliche Betätigung der Kommunen für den Zeitraum 1999 bis 2004 beleuchtet. Vgl. dazu oben Rn. 1 und Kapitel A I. 5.

[16] Zu den Auswirkungen der Finanzmarktkrise zum Beispiel auf Cross-Border-Leasing-Geschäfte der Kommunen vgl. die Stellungnahme des Innenministeriums Baden-Württemberg zu einem entsprechenden Antrag des Landtags von Baden-Württemberg vom 2. 10. 2008 (Drs. 14/3313) sowie die Antwort der Bundesregierung vom 19. 12. 2008 auf eine Kleine Anfrage der Fraktion Bündnis 90/Die Grünen an die Bundesregierung (BT-Drs. 16/11519). Generell zu Kommunalleasinggeschäften und den mit diesen verbundenen Risiken vgl. die Antwort des Bayerischen Staatsministeriums des Innern vom 17. 1. 2005 auf eine Interpellation der SPD-Fraktion im Bayerischen Landtag (LT-Drs. 15/2599); aufgrund der erhöhten Risiken für die Kommunen wurde in Bayern mit Gesetz zur Änderung des Kommunalrechts vom 26. 7. 2004 (GVBl. S. 272) ein Risikominimierungsgebot in die Kommunalgesetze aufgenommen (vgl. auch die amtliche Begründung, LT-Drs. 15/1063, S. 19). Vgl. auch SZ vom 9./10. 5. 2009 („Trick 17 mit fataler Langzeitwirkung").

Kommunalisierung. Durch die Rechtsformenwahl sollen vielmehr die institutionellen Rahmenbedingungen für eine wirtschaftlichere Aufgabenerfüllung geschaffen werden.[17]

Ausgehend von der Prämisse, dass den Entscheidungsträgern für wirtschaftliches Handeln ausreichend Spielräume zur Verfügung stehen müssen, um flexibel (im Sinne von unabhängig und eigenverantwortlich), marktorientiert und damit effizient agieren zu können, rückt somit die **interne Organisationsstruktur** der einzelnen Rechts- oder Betriebsformen in den Fokus des Interesses. Wirtschaftliches Handeln in diesem Sinne kann nur in einem Organisationsgefüge möglich sein, das eine hinreichend klare Abgrenzung der Kompetenzen respektive eine strikte Trennung zwischen Verantwortung und Kontrolle zulässt; denn je mehr die Zuständigkeiten intern zwischen den einzelnen Unternehmensorganen und/oder extern zwischen Unternehmen und Kommune verwischen, desto schwerfälliger und damit letztlich (folge-)kostenintensiver wird die Entscheidungsfindung.[18] 6

Daneben muss der Leitungsebene im Rahmen der **Kompetenzverteilung** die erforderliche Autonomie als Voraussetzung für selbständiges und flexibles Handeln eingeräumt werden. Aufgrund der Komplexität und Vielfalt kommunaler Betätigungsfelder und im Hinblick auf den eingangs erwähnten Zielkonflikt zwischen Handlungsfreiheit und Einflussnahmepflicht[19] sollte auch das Organisationsgefüge selbst flexibel gestaltbar sein, um die interne Struktur des Unternehmens besser auf die zu erfüllende Aufgabe ausrichten und damit eine gesteigerte Effizienz erreichen zu können. So wird die Kommune im Rahmen der Wahrnehmung freiwilliger Aufgaben wirtschaftlicher, sozialer oder kultureller Art der Betriebs-/Unternehmensführung eher ein hohes Maß an Autonomie und entsprechend weitgehende Kompetenzen zugestehen können als im Bereich kommunaler Pflichtaufgaben, deren ordnungsgemäße Erfüllung sie zu gewährleisten hat. Dabei darf freilich der öffentliche Zweck des Unternehmens nicht aus den Augen verloren werden. 7

Um wirtschaftliche Handlungsspielräume zu schaffen oder zu erweitern, sollten sich die Kommunen folglich primär für solche Rechts- oder Betriebsformen entscheiden, die – bei effektiver Aufgabenwahrnehmeung – eine flexible **Gestaltung der internen „Organisations-/Unternehmensverfassung"** zulassen. Die strukturellen Voraussetzungen für wirtschaftliches Handeln können dann durch eine aufgabenorientierte Ausgestaltung, insbesondere eine klare Kompetenzverteilung und die Stärkung der Autonomie der Unternehmensleitung, geschaffen werden. 8

Bei Betrachtung der zur Verfügung stehenden Rechts- und Betriebsformen allein nach diesen Kriterien erscheinen insbesondere die **rechtlich verselbständigten Rechtsformen** vorteilhaft. Allerdings sollten die Kommunen davor gewarnt sein, die propagierte „Schaffung wirtschaftlicher Handlungsspielräume" dahin gehend misszuverstehen, sich selbst diese Handlungsspielräume durch die Ausgliederung von Defiziten auf selbständige Rechtsträger einzuräumen. Derartige „Umschuldungen" stünden dem hier verfolgten Anliegen nach einer wirtschaftlicheren Ausrichtung des kommunalen Unternehmens wegen der in diesem Fall defizitär bedingten Verengung unternehmerischer Handlungsspielräume diametral entgegen.[20] Abgesehen davon sollte auch nach einer Ausgliederung eines Unternehmens aus dem Kernhaushalt der Kommune dieses bei der Beurteilung der finanzwirtschaftlichen Lage der gesamten Kommune nicht aus dem Blick verloren werden.[21] 9

---

17 So auch *Riedmayer*, in: *Riedmayer/Schraml*, Kommunalunternehmen, KFP 42/43, S. 27; *Ehlers*, Verwaltung in Privatrechtsform, S. 299.

18 Vgl. *Klein/Uckel/Ibler*, Kommunen als Unternehmer, Kennzahl 23.00, Anm. 2.2.2; *Müller*, Rechtsformenwahl, S. 335; *Scholz/Pitschas*, Rechtsformenwahl, in: *Püttner*, Handbuch der kommunalen Wissenschaft und Praxis, S. 128, 132.

19 Dazu sogleich Rn. 11 ff.

20 Vgl. nur BGH vom 20.9.2010, II ZR 78/09 (Vorinstanz BbgOLG vom 17.2.2009, 6 U 102/07, beide juris) zur Insolvenz einer zur Entlastung des städtischen Haushaltes gegründeten und aufgrund der übertragenen Lasten nicht konkurrenzfähigen GmbH.

21 Nach dem Kommunalen Finanzreport 2013 der Bertelsmann Stiftung befinden sich bereits 55 Prozent der kommunalen Schulden nicht mehr im Kernhaushalt der Kommunen, sondern in Auslagerungen wie

10 Von den rechtlich verselbständigten Rechtsformen gewährleistet die **Aktiengesellschaft** ein hohes Maß an unternehmerischer Freiheit, lässt aber wegen der zwingend normierten Kompetenzverteilung nur wenig Raum für eine flexible Anpassung der Unternehmensstruktur an die Bedürfnisse eines öffentlichen Rechtsträgers, während die Rechtsformen der rechtsfähigen **Anstalt des öffentlichen Rechts (AöR)** und der **GmbH** – in einigen Bundesländern nunmehr verstärkt auch der unselbständige **Eigenbetrieb** – den Kommunen einen weiten Spielraum bei der Gestaltung der Unternehmensverfassung eröffnen. Der **Regiebetrieb** dagegen eignet sich aufgrund des durch die unmittelbare Einbindung in die Kommunalverwaltung bestehenden Kompetenzgemenges nur sehr eingeschränkt für ein wirtschaftlich orientiertes Unternehmen. Unentbehrliche Voraussetzung für eine größere wirtschaftliche Effektivität oder sogar bessere Erfüllung der öffentlichen Aufgabe bleibt aber unabhängig vom Ergebnis der Entscheidung letzten Endes die tatsächliche Nutzung der wirtschaftlichen Spielräume durch die verantwortlichen Leitungsorgane.

III. Der Verlust kommunaler Einflussnahme und Kontrolle

11 Die Kommunen dürfen die Rechts- und Betriebsform ihrer Unternehmen nicht ausschließlich nach wirtschaftlichen Kriterien wählen, sondern sind an den öffentlichen Zweck ihrer Unternehmung gebunden und zur ordnungsgemäßen Erfüllung ihrer Aufgaben in Verantwortung gegenüber dem Bürger verpflichtet. Um dieser Verpflichtung gerecht zu werden, müssen den Kommunen wirksame **Steuerungs- und Kontrollmöglichkeiten** gegenüber dem Unternehmen zur Verfügung stehen, um Fehlentwicklungen erkennen und korrigieren sowie selbst auf unternehmerische Planungen einwirken zu können. Die Entscheidung für eine unter dem Gesichtspunkt der Wirtschaftlichkeit als vorteilhaft erachtete rechtliche Verselbständigung des Unternehmens führt aber zwangsläufig zu einem Verlust an kommunalen Steuerungs- und Kontrollmöglichkeiten und damit zum eingangs beschriebenen Konflikt zwischen dem Ziel, größere unternehmerischer Freiheit gewähren zu wollen, und der Notwendigkeit, steuernd auf das Unternehmen einwirken zu können. Nicht selten erwachsen hieraus Rechtsstreitigkeiten zwischen der Kommune und Vertetern in Organen rechtlich verselbständigter kommunaler Unternehmen zum Beispiel zur Frage der Weisungsgebundenheit.[22] Handelt es sich um ein Unternehmen in Privatrechtsform, ist zu beachten, dass die Kommunen als Unternehmensträger sich nur innerhalb der gesellschaftsrechtlichen Regelungen einen Einfluss sichern können. Der Kommune als Unternehmer kommt hier kein Sonderstatuts zu.[23]

12 Darüber hinaus wird durch die Verlagerung der Aufgabenerfüllung auf eine Privatrechtsform auch die (kommunal-)externe Kontrolle der Einhaltung des öffentlichen Zwecks im Wege der **Kommunalaufsicht**, der unmittelbar nur die öffentlich-rechtlich organisierten Organisationsformen unterworfen sind, abgeschwächt, so dass sich die Gefahr eines „Entgleitens" des Unternehmens aus dem öffentlichen Einfluss- und Kontrollbereich erhöht. Auch wenn die Minderung kommunalpolitischer Einflussnahme oder staatlicher Kontrolle nicht selten ein wesentliches Motiv einer Umstrukturierung darstellt, sollten sich die kommunalen Entscheidungsträger in diesem Zusammenhang stets bewusst sein, dass sich die kommunale Unternehmung allein aus der Erfüllung eines öffentlichen Zwecks zum Wohle der Bürgerinnen und Bürger rechtfertigt und damit

kommunalen Unternehmen oder Zweckverbänden (siehe www.kommunaler-finanzreport.de, S. 131 ff.). Der Report weist dort auch auf mögliche Auswirkungen von Basel III auf kommunale Unternehmen hin.

[22] Vgl. nur aus jüngerer Zeit BVerwG vom 31.8.2011, 8 C 16/10 (fakultativer Aufsichtsrat einer GmbH); VGH Kassel vom 9.2.2012, 8 A 2043/10 (Aufsichtsrat einer AG); SächsOVG vom 3.7.2012, 4 B 211/12 (Aufsichtsrat einer GmbH), alle juris.

[23] Exemplarisch zum „Vorrang des Gesellschaftsrechts" VGH Kassel vom 9.2.2012, 8 A 2043/10, Rn. 73 ff. m. w. N. (juris).

auch zum eigenen Schutz in gewissem Maße der öffentlichen Kontrolle unterworfen sein muss.[24]

Aufgrund der Bedeutung dieses Zielkonfliktes für das künftige Zusammenspiel zwischen Unternehmensträger und Unternehmen sind der Entscheidung für eine Rechts- oder Betriebsform zwingend Überlegungen dahin gehend voranzustellen, wie viel **wirtschaftlicher Handlungsspielraum** dem Unternehmen zugestanden werden kann oder anders ausgedrückt, in welchem Umfang **kommunale Einflussnahme** erforderlich ist, um die möglichen Gefahren einer Verselbständigung zu minimieren. Wie bereits angeklungen, haben sich diese Überlegung im Wesentlichen an der im Einzelfall zu erfüllenden kommunalen Aufgabe und den daraus erwachsenden Bedürfnissen zu orientieren.[25] 13

Daran schließt sich in einem zweiten Schritt die entscheidende Frage an, durch welche der zur Verfügung stehenden Rechts- oder Betriebsformen sich das angestrebte Verhältnis von unternehmerischer Freiheit einerseits und kommunaler Einflussnahme andererseits optimal verwirklichen lässt. Die Schaffung einer diesen Determinanten entsprechenden **Unternehmensstruktur** kann wiederum nur gelingen, wenn diese Rechts- oder Betriebsform eine flexible Gestaltung der Unternehmensverfassung ermöglicht. 14

Hat die Kommune beispielsweise im Bereich der **Daseinsvorsorge** ein gesteigertes Bedürfnis nach Einwirkungs- und Kontrollmöglichkeiten bei gleichzeitigem Bestreben, die erforderlichen wirtschaftlichen Handlungsspielräume zu gewähren, wird sie eine Rechts- oder Betriebsform favorisieren, innerhalb derer die Kompetenzen der Leitungsebene zugunsten eines internen Kontrollorgans oder extern des zuständigen Kommunalorgans auch bei zukünftigen marktbedingten Veränderungen der Determinanten entsprechend verschoben werden können. Daneben wird die Kommune zur Sicherung ihrer Einflussnahme- und Kontrollmöglichkeiten in der Unternehmensverfassung evtl. weitere flankierende Maßnahmen treffen wollen wie etwa die Normierung von Informations- und Weisungsrechten oder die Regelung der pers. Besetzung der Unternehmensorgane. 15

Umgekehrt wird die Kommune im Rahmen der **Wahrnehmung freiwilliger oder im Wettbewerb zu erfüllender Aufgaben** unter Umständen der Leitungsebene weiterreichende Kompetenzen einräumen und kommunalpolitische Einflussnahme eher vermindern wollen. Die gebotene Balance zwischen den kollidierenden Zielen der Aufgabenbindung (sowie der daraus resultierenden Pflicht zur Einflussnahme) und der Einräumung unternehmerischer Freiheit lässt sich demnach nur im Rahmen einer ausreichend elastischen Organisationsstruktur herstellen. 16

Unter den für kommunale Unternehmen zulässigen Rechts- und Betriebsformen eröffnen die rechtlich unselbständigen **Regie- und Eigenbetriebe** zwar weitreichende Einflussnahmemöglichkeiten durch den Unternehmensträger, begrenzen aber in diesem Maße die Spielräume für die Auflösung des erwähnten Spannungsverhältnisses. Dies gilt vor allem für den unmittelbar in die Kommunalverwaltung integrierten Regiebetrieb, während der Eigenbetrieb als Sondervermögen mit eigenen Organen noch eher eine aufgabenbezogene Ausgestaltung der Betriebssatzung zulässt. 17

Im Gegensatz dazu räumen die zwingenden Vorschriften des Aktienrechts dem Vorstand einer **Aktiengesellschaft** eine größtmögliche Eigenverantwortlichkeit und Selbständigkeit vom Unternehmensträger/Aktionär ein und geben ein relativ starres Kompetenzgefüge vor. Eine kommunale Einflussnahme auf den Vorstand ist direkt nur über eine konzernrechtliche Einbindung der Aktiengesellschaft, ansonsten in begrenztem Umfang 18

---

[24] Zur Forderung nach Information der Öffentlichkeit über das Handeln von Organen kommunaler Unternehmen im Rahmen eines Bürgerbegehrens bzw. zur Verschwiegenheitspflicht der Organmitglieder vgl. BayVGH vom 8.5.2006, 4 BV 05.756 (juris). Zur Frage der „Transparenz" von Rechtsformen *Gaß/Popp*, Gemeinde als Unternehmer, Kap. 3 Erl. 4.10.

[25] Allgemein zum Zusammenhang zwischen Aufgabenerfüllung und Einflussnahmepflicht *Scholz/Pitschas*, Rechtsformenwahl, in: *Püttner*, Handbuch der kommunalen Wissenschaft und Praxis, S. 128, 137 ff.; *Ehlers*, Verwaltung in Privatrechtsform, S. 131 f.; *Püttner*, Die Wahl der Rechtsform für kommunale Unternehmen, in: *Püttner*, Zur Reform des Gemeindewirtschaftsrechts, S. 143, 153 ff.

und nur mittelbar über in den Aufsichtsrat entsandte Personen möglich.[26] Die Aktiengesellschaft ist von ihrer Struktur her nicht auf die Berücksichtigung individueller Bedürfnisse der Unternehmensträger/Aktionäre, sondern auf eine Vielzahl von Teilhabern angelegt und daher eher für wirtschaftlich orientierte Unternehmungen größeren Umfangs geeignet. Vor diesem Hintergrund haben einige Bundesländer einen Nachrang der Aktiengesellschaft gegenüber anderen Rechtsformen normiert.[27]

Der Vollständigkeit halber sei an dieser Stelle darauf hingewiesen, dass auch die – in letzter Zeit vor allem im Energiebereich Verbreitung findende[28] – Rechtsform der **Genossenschaft** aufgrund des genossenschaftsrechtlichen Prinzips, dass jedem Mitglied grundsätzlich unabhägig von seiner Kapitalbeteiligung (nur) eine Stimme in der Generalversammlung zusteht und die Mitglieder des Aufsichtsrats von der Generalversammlung gewählt werden, nur wenig Einflussnahmemöglichkeiten für eine sich beteiligende Kommune eröffnet. Um einen angemessenen Einfluss zu gewährleisten, sind im Falle einer kommunalen Beteiligung Konstruktionen wie die Sekundärgenossenschaft oder doppelstöckige Genossenschaft bzw. Holding-Modelle zu empfehlen.[29]

19 Der weitaus größte Gestaltungsspielraum steht den Kommunen dagegen bei der Wahl der Rechtsform einer **GmbH** oder einer **AöR** zur Verfügung, deren Unternehmensstruktur der Gesetzgeber bewusst offen gestaltet hat. So kann die Kommune im Gesellschaftsvertrag der GmbH oder in der Unternehmenssatzung der AöR Einwirkungsmöglichkeiten ähnlich der Situation bei einem Regiebetrieb festlegen oder aber die Geschäftsführung wie den Vorstand einer Aktiengesellschaft mit autonomen Kompetenzen ausstatten. Für die Rechtsform der GmbH gilt dies jedenfalls, soweit sie nicht mitbestimmungsrechtlichen Regelungen unterliegt und infolgedessen ein obligatorischer Aufsichtsrat gebildet werden muss, dessen Kompetenzen sich aus dem Aktiengesetz ergeben.[30] Somit bleibt es der Kommune selbst vorbehalten, die Reichweite ihrer Einflussnahme durch eine entsprechende Gestaltung der Unternehmensverfassung zu bestimmen, so dass sich die Rechtsformen der GmbH und der AöR in besonderer Weise dazu eignen, einerseits dem Bedürfnis nach mehr unternehmerischer Freiheit nachzukommen und gleichzeitig der Notwendigkeit einer maßvollen Einflussnahme gerecht zu werden.[31]

IV. Möglichkeiten der Kooperation mit anderen Rechtssubjekten

20 Im Rahmen der Zweckmäßigkeitskriterien sind aus kommunaler Sicht vor allem die **Kooperationsmöglichkeiten** von Bedeutung, die die jeweilige Rechts- oder Betriebsform eröffnet. Für die Notwendigkeit einer verstärkten Zusammenarbeit mit anderen Kommunen, aber auch mit Privaten gibt es viele Gründe. Die demografische Entwicklung, knappe finanzielle Ressourcen, permanent steigende rechtliche und technische Anforderungen an die Aufgabenerfüllung, aber auch höhere Erwartungen der Bürgerinnen und Bürger an die Leistungserbringung durch die Gemeinden zwingen zu mehr Effizienz, Wirtschaftlichkeit und Kooperationen über das Gemeindegebiet hinaus. Hinzu kommen die fortschreitende Liberalisierung und Deregulierung ursprünglich originär

[26] Dies hat auch Bedeutung für die Frage der Zulässigkeit vergaberechtsfreier Inhouse-Geschäfte zwischen Kommune und AG, vgl. BGH vom 3.7.2008, I ZR 145/05, Rn. 29 (verneint); EuGH vom 13.10.2005, C-458/03, Nrn. 68 ff. („Parking Brixen", verneint) und vom 10.9.2009, C 573/07 „Sea", Nrn. 41, 63 (bejaht), alle juris. Dazu Kapitel H. I. 6. a).

[27] Ausführlich dazu Kapitel C. III. 1. c).

[28] Nach Angaben der Agentur für Erneuerbare Energien betrug die Zahl der Energiegenossenschaften bis Ende 2013 bundesweit bereits 888 (vgl. www.unendlich-viel-energie.de).

[29] Vgl. dazu *Gaß/Popp*, Gemeinde als Unternehmer, Kap. 13 Erl. 2.2.

[30] Vgl. dazu die Ausführungen unter Rn. 45.

[31] Ebenso *Klein/Uckel/Ibler*, Kommunen als Unternehmer, Kennzahl 31.40, Anm. 2.3 und Kennzahl 51.40, Anm. 2.1; *Knemeyer*, Kommunalunternehmen, in: *Henneke*, Organisation kommunaler Aufgabenerfüllung, S. 131, 142; *Uechtritz/Reck*, in: *Hoppe/Uechtritz/Reck*, Handbuch kommunale Unternehmen, § 16 Rn. 49, 52.

kommunaler Aufgabenbereiche, durch die die Kommunen und ihre Unternehmen mehr und mehr dem Wettbewerb ausgesetzt werden.

So steht nach der Entmonopolisierung der **Abfallentsorgung** und der **Energiewirtschaft** weiterhin die Öffnung des Bereichs der **Wasserver- und Abwasserentsorgung** für private Anbieter zur Debatte.[32] Gleichzeitig lässt sich eine Zunahme der Verwaltungsaufgaben insbesondere im Bereich der **Daseinsvorsorge**, aber auch eine Ausdehnung kommunaler Betätigungsfelder im wirtschaftlichen Bereich beobachten. Um diesen veränderten Rahmenbedingungen gerecht zu werden, ziehen Kommunen in Erwägung, ihre wirtschaftlichen Aktivitäten zu koordinieren und zusammenzuarbeiten, sei es, um durch den Abbau von Überkapazitäten und eine Bündelung der Nachfragemacht die Vorteile der Liberalisierung zu nutzen und dadurch im Wettbewerb um die Kunden die günstigsten Konditionen zu erzielen, sei es zum Abbau von Doppelstrukturen, wo in räumlicher Nähe inhaltsgleiche Aufgaben wahrgenommen werden, oder zur gebietsüberschreitenden Expansion. Auch die Erreichung politischer Ziele wie der Klimaschutz hat hier Bedeutung. 21

Zu diesen Zwecken gewinnt neben der **interkommunalen Zusammenarbeit** auch die **Kooperation mit oder Beteiligung an privaten Rechtssubjekten** an Bedeutung. So kann durch eine solche Zusammenarbeit privates Know-how kostengünstig nutzbar gemacht werden. Vor dem Hintergrund der prekären Finanzlage der Kommunen dient die Beteiligung Privater an kommunalen Eigengesellschaften in zunehmendem Maße auch der Erschließung von Eigenkapital zur Vermeidung erneuter Kreditaufnahmen und der Verringerung der Abhängigkeit von der finanziellen Situation der Trägerhaushalte. Aktuelles Beispiel ist die Übernahme der Strom- und Gasnetze im Rahmen der Konzessionsvergabe durch neu und gemeinsam mit einem strategischen Partner gegründete Stadtwerke.[33] Die Frage nach der Kooperationsfähigkeit mit anderen Rechtssubjekten spielt daher eine immer wichtigere Rolle im Rahmen der Entscheidung für eine bestimmte Rechts- und Betriebsform. 22

Allerdings ist festzustellen, dass mit der steigenden Bedeutung insbesondere des Themas interkommunale Zusammenarbeit auch die rechtlichen Anforderungen zunehmen. Dies gilt vor allem für die Bereiche des Steuer- und des Vergaberechts. So kann durch die jüngere Rechtsprechung zur Umsatzbesteuerung interkommunaler Kooperationen und Beistandsleistungen[34] die Wirtschaftlichkeit derartiger Projekte in Frage stehen. Auch die vergaberechtliche Rechtsprechung schränkt die Möglicheiten einer vergaberechtsfreien Kooperation immer weiter ein.[35] Ob die am 17.4.2014 in Kraft getretenen neuen EU-Vergaberichtlinien, die bis Frühjahr 2016 in nationales Recht umzusetzen sind, mehr Rechtssicherheit bringen, bleibt abzuwarten. Das erklärte Ziel einer Vereinfachung des Vergaberechts wurde jedenfalls nicht erreicht.[36] Eine weitere rechtliche und bürokratische Hürde für die interkommunale Zusammenarbeit können die Regelungen des Arbeitnehmerüberlassungsgesetzes (AÜG) darstellen. Auch bei der Auswahl eines privaten Kooperationspartners können nach der Mitteilung der EU-Kommission bereits vergaberechtliche Vorgaben zur Anwendung kommen bzw. die Durchführung eines fairen und transparenten Verfahrens erforderlich sein.[37]

---

32 Der zuletzt im Verfahren zum Erlass der am 15.1.2014 beschlossenen „Richtlinie über die Konzessionsvergabe" unternommene Versuch der EU-Kommission, sog. kommunale Spartenunternehmen durch konzessionsrechtliche Vorgaben zu einer öffentlichen Ausschreibung der Konzessionen im Wasser- und Abwasserbereich zu zwingen, ist gescheitert. Aktuell befürchten die kommunalen Spitzenverbände durch das geplante Freihandelsabkommen zwischen der EU und den USA (TTIP) Verpflichtungen zur weiteren Liberalisierung von Leistungen der Daseinsvorsorge.

33 Vgl. aus der Rechtsprechung OLG Düsseldorf vom 9.1.2013, VII-Verg 26/12 (juris).

34 Vgl. EuGH v. 16.9.2008, C-288/07; v. 4.6.2009, C-102/08; BFH v. 10.11.2011, V R 41/10, alle juris.

35 Vgl. nur EuGH v. 13.6.2013, C-386/11 „Kreis Düren"; OLG Düsseldorf v. 4.2.2013, VII-Verg 31/12 (alle juris).

36 Nähere Informationen dazu unter www.dstgb-vis.de.

37 Mitteilung der EU-Kommission zu Auslegungsfragen in Bezug auf die Anwendung der gemeinschaftlichen Rechtsvorschriften für öffentliche Aufträge und Konzessionen auf institutionalisierte öffent-

23 Beabsichtigt die Kommune eine Kooperation mit anderen Körperschaften oder Privaten, ist zunächst an eine **Zusammenarbeit auf vertraglicher Basis** zu denken. Dafür ist die Rechtsfähigkeit der Vertragspartner erforderlich, so dass diese Form der Kooperation für Regie- und Eigenbetriebe nicht in Betracht kommt. Für sie muss die Gebietskörperschaft selbst entsprechende Vereinbarungen mit anderen Rechtssubjekten schließen. Auf kommunaler Ebene geschieht dies in der Regel in Form von **Arbeitsgemeinschaften** oder **Zweckvereinbarungen** bzw. im Rahmen anderer Formen **interkommunaler Zusammenarbeit** (ein beliebtes Instrumentarium zum Beispiel im Bereich der Ansiedlung bzw. Ausweisung von Gewerbegebieten). Daneben wurden in der Praxis unter dem Stichwort **„Public-Private-Partnership“** zahlreiche Kooperationsmodelle für die vertragliche Zusammenarbeit zwischen Kommunen und Privaten – z. B. Betreiber-, Betriebsführungs- oder Leasingmodelle – entwickelt[38], die in der Regel als kreditähnliche Rechtsgeschäfte anzusehen sind. Hierzu werden den Kommunen von Bund und Ländern als Hilfestellung mittlerweile zahlreiche Handlungsleitfäden und Vertragsmuster zur Verfügung gestellt.[39] Den Unternehmen in der Rechtsform der AöR oder in Privatrechtsform ist kraft ihrer Rechtsfähigkeit eine eigenständige vertragliche Zusammenarbeit mit anderen Rechtssubjekten uneingeschränkt möglich.

24 Neben der vertraglichen Zusammenarbeit ist auch die gemeinsame **Beteiligung an einem Rechtsträger von großem Interesse**. Dabei kann zunächst festgehalten werden, dass eine Beteiligung Dritter an einem Regie- oder Eigenbetrieb als unselbständiger Teil der Kommune ebenso wenig möglich ist wie die Beteiligung von Regie- und Eigenbetrieben mangels deren Rechtsfähigkeit an anderen Rechtssubjekten. Regie- und Eigenbetriebe sind demnach für eine Kooperation ungeeignet und müssen im Falle entsprechender Planungen als mögliche Betriebsformen ausscheiden.

25 Als „klassische“ Kooperationsform sieht das Kommunalrecht den kommunalen **Zweckverband** als eigenständige öffentlich-rechtliche Rechtsform vor, die ihrerseits kommunale Unternehmen betreiben kann. Unter dem Dach dieser Rechtsform können sich Gebietskörperschaften, daneben aber auch Kommunalunternehmen als Anstalten des öffentlichen Rechts sowie juristische Personen des Privatrechts wie die GmbH oder die Aktiengesellschaft zusammenschließen. Der Zweckverband stellt damit das öffentlich-rechtliche Pendant zur privatrechtlich organisierten Beteiligungsgesellschaft dar.

26 Im Gegensatz zur Beteiligungsgesellschaft offenbart das **Zweckverbandsrecht** aber nicht unerhebliche Schwächen. Die Verbandsstruktur orientiert sich primär am Prinzip der Mitgliedschaft und dem Umlageverfahren, so dass eine Beteiligung der Mitglieder nach der Höhe ihrer Kapitaleinlage oder Investitionen nicht in Betracht kommt. Daneben verfügt der Zweckverband nicht über ein festes Stammkapital als Haftungsgrundlage und Kreditsicherheit. Schließlich kann das Nebeneinander von Verbands- und Unternehmensverfassung, aber auch die Rückkopplung der Verbandsräte an die Entscheidungsgremien der Verbandsmitglieder zu Reibungsverlusten führen. Insgesamt ist der Zweckverband von seiner Struktur daher eher auf eine Zusammenarbeit öffentlich-rechtlicher Rechtsträger im Bereich hoheitlich-verwaltender Tätigkeit und nicht so sehr für die wirtschaftliche Betätigung oder gar die Beteiligung Privater ausgelegt. Vor diesem Hintergrund wird eine grundsätzlich mögliche Beteiligung kommunaler Zweckverbände an anderen Rechtssubjekten nur in seltenen Fällen in Betracht kommen.

27 Das Kommunalunternehmen als **rechtsfähige Anstalt des öffentlichen Rechts** kann sich ebenfalls ohne weiteres an anderen Rechtssubjekten beteiligen, soweit dies dem

---

lich-private Partnerschaften (IÖPP) 2008/C 91/02, ABl. C 91 vom 12.4.2008. Unklar ist allerdings, wie dem Transparenzgebot im Einzelfall Rechnung getragen werden soll.

[38] Insgesamt dazu *Wurzel/Probst*, in: *Ossola-Haring*, Die GmbH mit kommunaler Beteiligung und die gemeinnützige GmbH, 4. Teil, S. 301 ff.

[39] Empfehlenswert die „PPP-Leitfäden“ und sonstigen Materialien, die als download erhältlich sind unter www.ppp.bayern.de, www.ppp.nrw.de, www.ppp.niedersachsen.de oder www.partnerschaften-deutschland.de; siehe auch *Wurzel/Probst* (Fn. 38).

Unternehmenszweck dient. In umgekehrter Richtung ist die Beteiligung Dritter an der AöR wegen dessen monistischer Trägerstruktur nur bei Bestehen einer gesetzlichen Ermächtigungsgrundlage möglich. In vielen Bundesländern, die für kommunale Unternehmen die Rechtsform der Anstalt des öffentlichen Rechts eingeführt haben, ist auch die Mehrträgerschaft in Form eines **„gemeinsamen Kommunalunternehmens" als Alternative zum Zweckverband** zulässig, d. h. mehrere Kommunen können sich als gemeinsame Anstaltsträger eines Kommunalunternehmens bedienen.[40] Ist dies nicht der Fall, bieten sich in der Praxis tragfähige Gestaltungsmodelle wie etwa das Kooperations-Kommunalunternehmen,[41] die Gründung eines „ausgehöhlten" Zweckverbands[42] oder Holding-Konstruktionen[43] an, durch die das Defizit an Kooperationsfähigkeit verringert werden kann. Eine Beteiligung Privater ist aber auch weiterhin ausgeschlossen; hier bleibt nur der Weg einer Kooperation über ein privatrechtlich organisiertes Tochterunternehmen.

Grundsätzlich uneingeschränkte Kooperationsmöglichkeiten bestehen bei Privat- 28
rechtsformen wie der **GmbH** oder der **Aktiengesellschaft**. Diese Rechtsformen können wie ein Kommunalunternehmen Tochtergesellschaften gründen oder sich an anderen Rechtssubjekten beteiligen, darüber hinaus aber auch selbst Dritte als Mitgesellschafter aufnehmen. Voraussetzung für die Beteiligung öffentlich-rechtlicher oder privater Rechtssubjekte an einer kommunalen Gesellschaft ist allerdings, dass die Kommune weiterhin angemessenen Einfluss auf das Unternehmen erhält.

Neben der größeren Flexibilität haben **Privatrechtsformen** im Gegensatz zum 29
Zweckverband in der Regel den weiteren Vorteil, dass sich die Beteiligungsverhältnisse und die daraus resultierenden Einflussrechte ohne weiteres abstufen und variabel verändern lassen.[44] Andererseits darf nicht unberücksichtigt bleiben, dass gerade bei der Kooperation von Kommunen mit Privaten im Rahmen von Beteiligungsgesellschaften, die nichts anderes als eine materielle **Teilprivatisierung** der kommunalen Aufgabe darstellt, die Gefahr eines zunehmenden Verlustes an kommunalen Steuerungs- und Kontrollmöglichkeiten wegen der unterschiedlichen Interessen der Gesellschafter – öffentlicher Zweck versus Gewinnerzielungsabsicht – als besonders groß einzuschätzen ist. Die Kommunen sind daher angehalten, in den Gesellschaftsverträgen oder Unternehmenssatzungen entsprechende Instrumentarien zur Sicherung ihrer Einwirkungsrechte und letztlich der Gewährleistung einer ordnungsgemäßen Aufgabenerfüllung vorzusehen.[45] In diesem Zusammenhang ist zudem zu beachten und bei einer geplanten **Kooperation**

---

[40] Näher dazu Kapitel D. II. 2. b).

[41] Grundlage für das Kooperations-Kommunalunternehmen ist eine Zweckvereinbarung zwischen den beteiligten Kommunen, durch die sie die künftig vom Kommunalunternehmen wahrzunehmende Aufgabe oder die mit einem bestimmten Zweck zusammenhängenden Aufgaben auf eine Kommune übertragen, die sodann das Kommunalunternehmen errichtet.

[42] Im Rahmen des „ausgehöhlten" Zweckverbands schließen sich mehrere Kommunen zu einem Zweckverband zusammen zum Zwecke des Betriebs eines Kommunalunternehmens. Um ein Nebeneinander von Verbands- und Unternehmensorganen zu vermeiden, wird der Zweckverband dergestalt „ausgehöhlt", dass durch entsprechende Gestaltung der Verbands- und Unternehmenssatzung eine weitgehende personelle Identität zwischen den Mitgliedern der Vorstände sowie zwischen Verbandsversammlung und Verwaltungsrat hergestellt wird mit der Folge, dass die unternehmerischen Entscheidungen faktisch nur von zwei Organen vorzubereiten und zu treffen sind.

[43] Die Rechtssubjekte werden hier an einer vom Kommunalunternehmen gegründeten (privatrechtlich organisierten) Tochtergesellschaft beteiligt und arbeiten im Rahmen dieser Gesellschaft mit dem Kommunalunternehmen zusammen. Die Tätigkeit des Kommunalunternehmens als Holding besteht dann im Wesentlichen in der Leitung der Beteiligungsgesellschaften gemeinsam mit den Partnern. Die Holding-Konstruktion eignet sich insbesondere auch für die Kooperation mit Privaten. Näher dazu *Schraml*, in: *Riedmayer/Schraml*, Kommunalunternehmen, KFP 42/43, S. 29 ff. zur Holding des Landkreises Würzburg; zu den Kooperationsmöglichkeiten insgesamt vgl. Kapitel D. II. 2. d) und e).

[44] Dies gilt jedenfalls für Kapital- und Personengesellschaften. Zur Genossenschaft vgl. oben Rn. 18.

[45] Dies erst recht im Hinblick auf die – umstrittene – Entscheidung des BVerwG vom 27.5.2009, 8 C 10/08 (juris), in der das Gericht die (materielle) Privatisierung eines örtlich bedeutsamen Weihnachtsmarkts mangels Sicherung von Steuerungs- und Einwirkungsmöglichkeiten als unzulässige Selbstbeschränkung der kommunalen Selbstverwaltung qualifiziert hat.

mit Privaten in Beteiligungsgesellschaften zu prüfen, ob für die Auswahl des Privaten die vergaberechtlichen – europaweit geltenden – Vorgaben einschlägig sind. Eine Beteiligung Privater an kommunalen Unternehmen kann zudem zur Folge haben, dass die Kommune Aufträge nicht ohne vorhergehende **Ausschreibung** an dieses Unternehmen vergeben kann (sog. „Inhouse-Geschäft“).[46]

30 Strebt die Kommune mit einem ihrer Unternehmen also eine Kooperation mit anderen Rechtssubjekten an, hängt die Wahl der Rechtsform dieses Unternehmens letztlich entscheidend von der geplanten Form der Zusammenarbeit ab. Die interkommunale Zusammenarbeit ist in einem **Zweckverband** möglich, im Rahmen eines **gemeinsamen Kommunalunternehmens** (als AöR) bzw. den mit dem Kommunalunternehmen entwickelten Kooperationsmodellen oder einer kommunalen **Beteiligungsgesellschaft** aufgrund der genannten Nachteile des Zweckverbands aber jedenfalls flexibler. Will sich die Kommune dagegen die Option einer Kooperation mit Privaten innerhalb einer Rechtsform offen halten, wird sie um die Entscheidung für eine Privatrechtsform – eventuell auch im Rahmen einer Holding-Konstruktion – nicht umhin kommen. Wegen der weitgehenden Möglichkeiten zur Gestaltung des Gesellschaftsvertrags dürfte die GmbH die hierfür geeignete Rechtsform darstellen.

V. Steuerrechtliche Aspekte[47]

31 In der Praxis wird den steuerlichen Auswirkungen der Wahl einer Rechtsform oftmals eine erhebliche Bedeutung zugemessen.[48] Dabei ist der Bereich der **Steuergesetzgebung** wie kein anderer ständigen Änderungen unterworfen, so dass planerische Zukunftsprognosen schon auf mittelfristige Sicht kaum möglich sind.

32 Dies gilt vor allem im Hinblick auf steuerliche Begünstigungen öffentlicher Unternehmen, die mit dem Ziel der Herstellung von Wettbewerbsneutralität zwischen öffentlichen und privaten Unternehmen abgebaut werden. In diesem Zusammenhang hat das Steuersenkungsgesetz 2001 die **Körperschaftsteuersätze** vereinheitlicht und die nach alter Rechtslage bestehende unterschiedliche Ertragsteuerbelastung bei Gewinnausschüttungen von Betrieben gewerblicher Art und Eigen- oder Beteiligungsgesellschaften beseitigt. Gleiches gilt für die bis dato differenzierte Behandlung von Beteiligungen im Rahmen der Vermögensverwaltung und als Betrieb gewerblicher Art zu qualifizierenden Beteiligungen. Damit ist in Bezug auf die Körperschaftsteuerbelastung grundsätzlich die Rechtsformneutralität für wirtschaftliche Betätigungen juristischer Personen des öffentlichen Rechts hergestellt worden.

33 Auch aus **gewerbe- und umsatzsteuerrechtlicher Sicht** bestehen grundsätzlich keine Unterschiede zwischen der Besteuerung von Betrieben gewerblicher Art und Eigen- oder Beteiligungsgesellschaften. Etwas anderes gilt, wenn die Kommune mit ihrem Unternehmen hoheitliche Aufgaben wahrnimmt (zum Beispiel Abfallentsorgung, Abwasserbeseitigung). In diesem Bereich sind die öffentlich-rechtlichen Rechts- und Betriebsformen von der Körperschaft-, Umsatz- und Gewerbesteuerpflicht befreit. Allerdings werden im Rahmen der derzeit laufenden Überprüfung der europäischen Mehrwertsteuerrichtlinie auch in Bezug auf die Umsatzbesteuerung der öffentlichen Hand im hoheitlichen Bereich Ansätze diskutiert von der Gleichstellung mit Privaten durch Streichung der Sonderregelungen für öffentliche Einrichtungen bis hin zu lediglich punktuellen, ggf. sektorenbezogenen Änderungen des Systems.[49]

---

[46] Vgl. dazu unten Rn. 70 m. w. N.

[47] Ausführlich zur Besteuerung kommunaler Unternehmen, zu steuerlichen Gestaltungsmöglichkeiten und zu steuerlichen Auswirkungen von Umwandlungen Kapitel G.

[48] Statt vieler *Müller*, Rechtsformenwahl, S. 332 m. w. N.

[49] Eine Vollbesteuerung der öffentlichen Unternehmen oder die Einführung eines Erstattungssystems auf EU-Ebene dürften politisch kaum durchsetzbar sein. Vgl. dazu das Konsultationspapier der EU-Kommission „Überprüfung bestehender MwSt-Rechtsvorschriften zu öffentlichen Einrichungen und Steuer-

34 Wie die zurückhaltende Formulierung vermuten lässt, sind im Steuerrecht allerdings kaum allgemein gültige Aussagen für und wider einer bestimmten Rechts- oder Betriebsform möglich. So können die Steuerpflicht eines kommunalen Unternehmens und die damit verbundene Steuerbelastung auch zu **Kostenentlastungen** führen.

35 Beispielsweise ergibt sich bei einer umsatzsteuerpflichtigen Unternehmung, die größere Investitionen etwa für den Erwerb von Anlagevermögen erfordert, aus der Möglichkeit des sofortigen **Vorsteuerabzugs** jedenfalls vorübergehend ein nicht unerheblicher Finanzierungsvorteil und eine Liquiditätsverbesserung, sodass in diesen Fällen ein steuerstrategischer Wechsel der Rechtsform in Betracht kommt.[50] Dabei ist aber zu beachten, dass sich durch die Umsatzsteuerbelastung der Leistungen des Unternehmens (auch an die Kommune selbst) der anfängliche Vorteil mittelfristig auch in einen Nachteil verkehren kann; dies ist genau zu prüfen. Die unter bestimmten Voraussetzungen zulässige **Zusammenfassung mehrerer steuerpflichtiger kommunaler Betriebe (steuerlicher Querverbund)** und die dadurch mögliche Verrechnung der Gewinne profitabler Betriebe mit den Verlusten defizitärer Betriebe kann zu einer Reduzierung des zu versteuernden Gewinns bis zur gänzlichen Vermeidung einer Steuerbelastung genutzt werden.[51] Auch steuerliche Vergünstigungen im Sinne von **Investitionszulagen** setzen die Steuerpflicht des betreffenden Betriebs voraus.[52]

36 Vor diesem Hintergrund lässt sich die Frage, ob die Effekte steuerlicher Gestaltungsmöglichkeiten den Vorteil der Steuerfreiheit des Unternehmens auszugleichen vermögen, nur unter Berücksichtigung der konkreten Situation des Unternehmens beantworten, wobei diese Überlegungen freilich überhaupt nur bei grundsätzlich steuerfreien **Hoheitsbetrieben** oder Betrieben der **Vermögensverwaltung** relevant werden können.

37 In Bezug auf die steuerpflichtigen **kommunalen Betriebe (gewerblicher Art) oder Rechtsformen (des Privatrechts)** kann eine Entscheidung für eine bestimmte Rechtsform aus steuerlichen Gründen wegen der angestrebten und bereits im Wesentlichen umgesetzten steuerrechtlichen Rechtsformneutralität und der damit einhergehenden Angleichung der Steuerbelastung erst recht nur im Einzelfall getroffen werden. Berücksichtigt man daneben die bereits auf mittlere Sicht schwierig einzuschätzende Entwicklung der Steuergesetzgebung, lassen sich aus dem Steuerrecht im Ergebnis grundsätzlich keine stringenten Gründe für eine bestimmte Rechtsform oder einen Rechtsformwechsel ableiten. Im Gegenteil darf der steuerrechtliche Aspekt nicht zu Lasten anderer wichtiger Entscheidungskriterien zu sehr in den Vordergrund gestellt werden. Bei geplanten Umstrukturierungen ist zudem die durch eine Aufdeckung stiller Reserven im Rahmen der Umwandlung unter Umständen entstehende Steuerbelastung in die Bewertung einzubeziehen.

VI. Personalbezogene Kriterien

38 Der Begriff „Personalbezogene Kriterien" beinhaltet eine Vielzahl von Aspekten, die bei der Entscheidung für eine bestimmte Rechts- oder Betriebsform eine Rolle spielen können. Im Vordergrund steht dabei die durch die jeweilige Organisationsform eröffnete **Flexibilität in der Personalwirtschaft** insbesondere im Hinblick auf arbeits-, dienst- und mitbestimmungsrechtliche Bindungen, daneben auch die Möglichkeit der Beschäftigung von Beamten sowie die Mitverantwortung der Führungskräfte.[53]

befreiungen für dem Gemeinwohl dienende Tätigkeiten" (TAXUD/C1), mit dem interessierten Gruppen eine Möglichkeit zur Stellungnahme bis 25.4.2014 eingeräumt wurde (vgl. z.B. die Stellungnahme des DStGB vom 17.1.2014).

50 Zur Umsatzsteuerpflicht vgl. Kapitel G. II. 1.c).

51 Vgl. dazu Kapitel G. II. 2..

52 Vgl. § 1 Investitionszulagegesetz 2010 (InvZulG).

53 Vgl. ausführlich zum Beamten- und Arbeitsrecht Kapitel F.

39 Die Praxis tendiert in diesem Bereich weiterhin dazu, sich vom **öffentlichen Dienstrecht**, besonders der **öffentlichen Tarifbindung**, zu trennen. Mit dem beamtenrechtlichen Laufbahnsystem, dem großzügigen Kündigungsschutz für Arbeitnehmer, der Eingruppierungssystematik der einschlägigen Tarifverträge und den starren Stellenplänen wird diese Rechtsmaterie im Verhältnis zum privaten Arbeitsrecht als zu wenig leistungsbefördernd, zu komplex und infolgedessen schwieriger handhabbar angesehen. Dies kann sich unter dem Gesichtspunkt der personellen Flexibilität negativ auf das Unternehmen auswirken.

40 Allerdings wurde das **Tarifrecht** des öffentlichen Dienstes mit dem seit 1.10.2005 einheitlich für alle Arbeitnehmer (Arbeiter und Angestellte) geltenden Tarifvertrag für den öffentlichen Dienst (**TVöD**) grundlegend reformiert und auf die besonderen Bedürfnisse einzelner Dienstleistungsbereiche ausgerichtet.[54] Weitere Kernpunkte des neuen Tarifrechts sind insbesondere die Flexibilisierung der Arbeitszeit und Regelungen über eine leistungsabhängige Vergütung.[55] Der Aspekt einer „Flucht aus dem öffentlichen Dienstrecht" dürfte sich daher weiter relativiert haben, zumal der personalbezogene Vorteil einer Privatisierung durch die Fortgeltung von Kollektivnormen nach § 613a BGB ohnehin geschmälert wird. Ein beträchtlicher Kostenfaktor stellt aber weiterhin die **Zusatzversorgung** im öffentlichen Dienst dar. Darüber hinaus wird von einer Umstrukturierung oftmals eine **Senkung der Personalkosten** erwartet.

41 Soweit die Kommune vor der Entscheidung über eine Neuerrichtung eines Unternehmens steht, lassen sich diese Besonderheiten des öffentlichen Dienstrechts durch die Wahl einer rechtlich selbständigen Organisationsform, der der Beitritt zum kommunalen Arbeitgeberverband bzw. der Abschluss von Tarifverträgen grundsätzlich frei steht, vermeiden. In der Regel geht es den Kommunen aber nicht um die Neugründung eines Unternehmens, sondern um die Wahl einer optimalen Rechts- oder Betriebsform für bereits vorhandene kommunale Unternehmen. Der **Wechsel** vom öffentlichen Dienstrecht zum privaten Arbeitsrecht im Rahmen von Unternehmensumstrukturierungen kann aber mit **erheblichen Kosten** verbunden sein, die in Relation zum angestrebten und erreichbaren Einsparungspotential und sonstigen Systemvorteilen, insbesondere unter Berücksichtigung des das öffentliche Tarifrecht unter Umständen ersetzenden Tarifsystems, betrachtet werden müssen.

42 Probleme verursacht dabei insbesondere die bereits angesprochene **Zusatzversorgung** der öffentlich Bediensteten. Im Falle einer Privatisierung muss der neue Rechtsträger aufgrund des durch § 613a BGB vermittelten Bestandsschutzes sowohl die bis zur Privatisierung entstandenen als auch die künftig anwachsenden **Versorgungsanwartschaften** der Arbeitnehmer übernehmen. Da diese Versorgungslasten über Umlagen finanziert und im umzuwandelnden Betrieb nicht durch entsprechende Rücklagen gedeckt sind, muss der neu entstandene private Rechtsträger, wenn er das Ziel einer weitgehenden Flexibilität im personellen Bereich erreichen und sich aus der Zusatzversorgung zurückziehen will, Pensionsrückstellungen in beträchtlicher Höhe bilden, um die geschuldeten Versorgungsleistungen erbringen zu können.[56]

43 Daneben ist zu berücksichtigen, dass auch die übrigen von den Beschäftigten bis zur Umwandlung erworbenen **Rechte nach** § 613a BGB in ihrem Bestand geschützt und Änderungen bisheriger Besitzstände zu Lasten der Arbeitnehmer, soweit sie überhaupt

---

[54] Zum Tarifsystem im öffentlichen Dienst vgl. Kapitel F. II.

[55] Ausführlich dazu Kapitel F. II., Rn. 41ff., 79ff. Auf Länderebene wurden die ursprünglich im Tarifvertrag für den öffentlichen Dienst der Länder (TV-L) ebenfalls vorgesehenen Leistungsentgelte im Rahmen der am 1. 3. 2009 erzielten Einigung der Tarifparteien auf eine Verlängerung des TV-L bis Ende 2010 wieder abgeschafft. Ob sich das Leistungsentgelt, insbesondere das System der systematischen Leistungsbewertung, auf kommunaler Ebene in der Praxis bewährt und beibehalten wird, bleibt abzuwarten (dazu zuletzt BAG vom 16.5.2012, 10 AZR 202/11 – juris).

[56] Zur Problematik der Zusatzversorgung im Rahmen von Privatisierungen *Schuster/Lorenzen*, in: *Hoppe/Uechtritz/Reck*, Handbuch kommunale Unternehmen, § 12 Rn. 70 ff, 87.

politisch durchsetzbar sind, nicht ohne weiteres zulässig sind. Dies gilt insbesondere für aufgrund **tarifvertraglicher Regelungen** begründete Rechte.[57]

Bei alledem darf nicht vergessen werden, dass der Erfolg einer Unternehmensumwandlung in großem Maße auch von der **Identifikation der Beschäftigten** mit den Zielen der Umstrukturierung abhängt. Eine Privatisierung mit dem alleinigen oder hauptsächlichen Ziel, Personalkosten zu senken oder einfachere Lohnstrukturen einzuführen, wird demnach nur in seltenen Fällen zur Erreichung des angestrebten Erfolgs führen. 44

Auch unter dem Gesichtspunkt mitbestimmungsrechtlicher Bindungen ist keine eindeutige Aussage für oder gegen eine bestimmte Rechts- oder Betriebsform möglich, zumal Nutzen und Nachteile der **Arbeitnehmermitbestimmung** nicht eindeutig belegbar sind und diesbezüglich sehr unterschiedliche Meinungen vertreten werden. Diese Frage kann ohnehin nur bei Organisationsformen bedeutsam werden, für die das Gesetz Mitbestimmungsrechte für Arbeitnehmer vorsieht, mithin bei Kapitalgesellschaften ab 500 (Drittelparität) bzw. 2000 (Parität) Arbeitnehmern,[58] teilweise auch bei Eigenbetrieben und bei Kommunalunternehmen.[59] 45

Die öffentlich-rechtlichen Organisationsformen weisen insoweit eine größere personelle Flexibilität auf, als nur sie die **Dienstherrenfähigkeit** besitzen und ihnen daher die Wahlmöglichkeit zusteht, das zur Erfüllung des Unternehmenszwecks geeignete Personal öffentlich-rechtlich im Rahmen von Beamtenverhältnissen oder privatrechtlich durch Begründung von Angestellten- oder Arbeitsverhältnissen anzustellen. Vor dem Hintergrund der umfassenden Qualifikation und der besonderen Treuepflichten der Beamten kann die Dienstherrenfähigkeit durchaus von Vorteil sein. 46

Eine im Hinblick auf die Personalpolitik effizientere und damit wirtschaftlichere Unternehmensführung wird bei den rechtlich selbständigen Rechtsformen durch die einheitliche Zusammenfassung der **Personalhoheit** in den Händen der Unternehmensleitung zumindest gefördert. 47

Mit dem unter II. behandelten Aspekt der Eröffnung wirtschaftlicher Handlungsspielräume eng verknüpft ist die Frage nach der **Mitverantwortung der Führungskräfte** des Unternehmens. Durch eine klare Abgrenzung zwischen Leitungs- und Kontrollzuständigkeiten werden nicht nur Freiräume für eigenverantwortliches und wirtschaftliches Handeln geschaffen. Eine klare Kompetenzzuweisung ist darüber hinaus Voraussetzung dafür, dass dem zuständigen Organ(-mitglied) der Erfolg oder Misserfolg seiner unternehmerischen Entscheidungen zugerechnet und dieses für etwaige unternehmerische Fehlentscheidungen zur Verantwortung gezogen werden kann. Denn ein Mehr an Eigenverantwortung und unternehmerischer Freiheit muss konsequenterweise auch eine gesteigerte Mitverantwortung für die eingeschlagene Unternehmenspolitik nach sich ziehen. Diese Mitverantwortung der Entscheidungsträger äußert sich durch die Sanktionierung unternehmerischer Fehlentscheidungen, aber auch durch eine erfolgs- und leistungsorientierte Gestaltung der Vergütung. 48

Nicht zu unterschätzen ist in diesem Zusammenhang das zu beobachtende gestiegene Interesse der Öffentlichkeit nach mehr Transparenz und Kontrolle öffentlicher Unterneh-

---

57 Dazu und insbesondere zu der mit BAG, Urteil vom 14. 12. 2005, 4 AZR 536/04 (juris) angekündigten Rechtsprechungsänderung in Bezug auf die Auslegung so genannter individualvertraglicher Bezugnahmeklauseln *Schuster/Lorenzen*, in: *Hoppe/Uechtritz/Reck*, Handbuch kommunale Unternehmen, § 12 Rn. 89 ff., 92 ff. In dem zitierten Urteil hat das BAG entschieden, dass ab dem 1.1.2002 eine vertragliche Bezugnahme auf einen Tarifvertrag immer dynamisch wirke (dem folgend BAG vom 17.11.2010, 4 AZR 391/09 m. w. N.). Dies hat zur Folge, dass künftige Änderungen des TVöD, insbesondere Lohnerhöhungen, grundsätzlich weiterhin zum Tragen kommen und sich dadurch Privatisierungsvorhaben weiter verteuern können.

58 Vgl. §§ 1, 4 Abs. 1 DrittelbG bzw. §§ 1, 6 Abs. 1, 7 Abs. 1 MitbestG, wobei Tendenzbetriebe nach § 1 Abs. 2 Satz 1 Nr. 2 DrittelbG bzw. § 1 Abs. 4 MitbestG ausgenommen sind.

59 Z.B. § 93 Abs. 2 KV M-V („kann"); § 114 Abs. 3 GO NRW; § 8 Abs. 2 EigBG LA; § 145 Abs. 4 NKomVG.

men.[60] Besonders sensibel reagiert die Öffentlichkeit bei persönlichen Verfehlungen oder der Inanspruchnahme von Vergünstigungen.

Nicht nur im Hinblick auf die Minimierung von Haftungsrisiken für kommunale Unternehmen und deren Unternehmensleitung gewinnt daher das Thema **Compliance/ Governance-Kodex**[61] für kommunale Unternehmen an Bedeutung.

49 Durch die Sanktionierung von Fehlentscheidungen wird nicht nur eine effektive **Kontrolle der Leitungsebene** im Interesse des Unternehmens gefördert, vielmehr kann sie auch zur **Motivation der Beschäftigten** beitragen, indem leistungsschwache/-unwillige Kräfte entlassen oder gegenüber anderen Leistungsträgern zurückgestuft werden.[62]

50 Weder der **Regie-** noch der **Eigenbetrieb** eröffnen derartige **Sanktionsmöglichkeiten**. Bei diesen Betriebsformen fehlt es zum einen – wie bereits unter II. dargelegt – an der Grundvoraussetzung einer eindeutigen Trennung zwischen Verantwortung und Kontrolle, zum anderen am entsprechenden Sanktionspotential, da die betriebliche Leitung nur unter Beachtung der restriktiven beamten- und arbeitsrechtlichen Vorschriften in Anspruch genommen werden kann. Bei Vorliegen hinreichend wichtiger Gründe ist immerhin die Abberufung der Werkleitung durch den Gemeinderat möglich.

51 Anders verhält es sich dagegen bei den **rechtlich verselbständigten Rechtsformen**, bei denen kraft Gesetzes oder durch den Gesellschaftsvertrag bzw. die Satzung den Unternehmensorganen klare Kompetenzen zugewiesen und die verantwortlichen Organe bzw. Organmitglieder dementsprechend erkennbar sind. Hier verfügt die Kommune als Unternehmensträger oder (Mit-)Gesellschafter über **Sanktionsmöglichkeiten** von der jederzeitigen Abberufung der Leitungsebene[63] über eine außerordentliche Kündigung des Anstellungsvertrags nach § 626 BGB[64] bis hin zu zivilrechtlichen Haftungsansprüchen.[65] Entscheidend für eine tatsächliche Mitverantwortung der Führungskräfte dürfte aber letztlich nicht das bloße Bestehen einer Sanktionsmöglichkeit, sondern insbesondere der politische Wille zur Durchsetzung entsprechender Maßnahmen sein. Danach wird die Kommune auch die Bedeutung dieses Aspekts für ihre Entscheidung zur Rechtsformenwahl zu beurteilen haben.

52 Als Pendant zur Sanktion unternehmerischer Fehlentscheidungen kann eine **leistungs- und/oder erfolgsorientierte Gestaltung der Vergütung** – wie bei allen Beschäftigten – zusätzlich Anreize schaffen, Verantwortung zu übernehmen. In den Anstellungsverträgen der Vorstandsmitglieder und Geschäftsführer rechtlich selbständiger Rechtsformen sind entsprechende Regelungen unbeschränkt möglich; diese sollten auf mittel- und

[60] Vgl. z. B. das Transparenzgesetz NRW vom 17.12.2009 (GV. NRW S. 950); BayVGH vom 14.5.2012 (7 CE 12.370 – juris) zum Auskunftsanspruch zum Gehalt des Geschäftsführers einer kommunalen GmbH oder vom 8.5.2006 (4 BV 05.756 – juris) zur Zulässigkeit eines Bürgerbegehren zur Einschränkung der Verschwiegenheitspflicht der Mitglieder des (fakultativen) Aufsichtsrats einer kommunalen GmbH.

[61] Nach Ziff. 4.1.3 des Deutschen Corporate Governance-Kodex (DCGK) ist unter „Compliance" die in der Verantwortung des Vorstands liegende Einhaltung der gesetzlichen Bestimmungen und der unternehmensinternen Richtlinien zu verstehen (vgl. www.corporate-governance-code.de). Vgl. aus der jüngeren Rspr. hierzu LG München I vom 1.12.2013, 5 HKO 1387/10 (Pflicht des Vorstands einer AG zur Einrichtung eines funktionierenden Compliance-Systems); BGH vom 17.7.2009, 5 StR 394/08 (Garantenpflicht des Leiters der Innenrevision einer Anstalt des öffentlichen Rechts; Pflichten eines Compliance-Officers).

[62] In diesem Sinne auch *Klein/Uckel/Ibler*, Kommunen als Unternehmer, Kennzahl 25.15, Anm. 4.

[63] Vgl. § 84 Abs. 3 AktG, §§ 46 Nr. 5, 38 Abs. 1 GmbHG. Für das Kommunalunternehmen ist die Abberufung des Vorstands nicht ausdrücklich geregelt. Aufgrund der vergleichbaren Interessenlage muss eine Abberufung durch den Verwaltungsrat aber ebenso wie beim Eigenbetrieb bei Vorliegen eines wichtigen Grunds möglich sein.

[64] Soweit der Anstellungsvertrag unter der auflösenden Bedingung eines Widerrufs der Bestellung geschlossen wurde, ist eine außerordentliche Kündigung nicht erforderlich. Im Übrigen sind der körperschaftliche Akt der Bestellung und der schuldrechtliche Anstellungsvertrag aber getrennt zu beurteilen.

[65] Die Geschäftsführer einer GmbH haften der Gesellschaft grundsätzlich nach § 43 GmbHG, der Vorstand einer Aktiengesellschaft nach § 93 AktG. Der Vorstand eines Kommunalunternehmens haftet dem Kommunalunternehmen aus positiver Vertragsverletzung des Anstellungsvertrags (vgl. auch § 3 Abs. 1 BayKUV). Diese Ansprüche können durch den Verwaltungs- oder Aufsichtsrat bzw. die Gesellschafterversammlung geltend gemacht werden. Vgl. aus der Rspr. z. B. OLG Jena vom 12.1.2011, 1 Ws 352/10 (juris).

langfristige Erfolge ausgerichtet sein, wie die weiterhin aktuelle Diskussion über Boni-Zahlungen an Manager zeigt. Die Leiter eines Regie- oder Eigenbetriebs können nur innerhalb der durch Art. 33 Abs. 4 GG gezogenen Grenzen in einem außertariflichen Angestelltenverhältnis beschäftigt und leistungsbezogen vergütet werden.[66]

Soweit das kommunale Unternehmen mit der Erfüllung hoheitlicher Aufgaben betraut ist, kann sich die **Vergütung** der Höhe nach an den im öffentlichen Dienst in vergleichbarer Position gezahlten Gehältern orientieren. Dient das Unternehmen dagegen der Erfüllung von Aufgaben, die im Wettbewerb am Markt erbracht werden, wird die Kommune bzw. das Unternehmen nicht umhin kommen, mit in der Privatwirtschaft üblichen Vergütungen vergleichbare Gehälter anzubieten, um entsprechend qualifiziertes Personal zu gewinnen. Gerade in diesen Betätigungsfeldern, in denen tendenziell verselbständigte Rechtsformen verwendet werden, müssen die Kommunen daher mit höheren Kosten für das Führungspersonal rechnen.[67] Allerdings ist in diesem Zusammenhang auch aus der Praxis bereits auf die Gefahr hingewiesen worden, dass hoch dotierte Geschäftsführer- oder Aufsichtsratsposten geschaffen und eher mit verdienten Politikern als mit entsprechenden Fachleuten besetzt werden.[68] Eine derartige Entwicklung gilt es zu vermeiden. 53

VII. Möglichkeiten der Haftungsbeschränkung

Als weiteres Motiv für die Wahl bestimmter Rechts- oder Betriebsformen kommt die Beschränkung der Haftung auf das Unternehmensvermögen in Betracht.[69] Im Falle der **Insolvenz** wären dann nur die auf das Unternehmen ausgelagerten Vermögensteile und nicht (auch) das Vermögen der Kommune als Unternehmensträger dem Zugriff der Gläubiger ausgesetzt, so dass sich deren finanzielles Risiko eingrenzen ließe. 54

Zu diesem Zweck muss die angestrebte Rechtsform notwendigerweise über ein im Verhältnis zum kommunalen Rechtsträger eigenständiges Vermögen verfügen können und als rechtlich selbständige juristische Person in der Lage sein, eigene Rechte und Pflichten zu begründen. Folglich scheidet der **Regiebetrieb** als unselbständiger Teil der Kommunalverwaltung ebenso aus wie der **Eigenbetrieb**, der zwar außerhalb der allgemeinen Verwaltung als Sondervermögen geführt wird, aber mangels eigener Rechtspersönlichkeit nicht Träger von Rechten und Pflichten sein kann. Sämtliche von den Betriebsorganen geschlossene Rechtsgeschäfte verpflichten daher unmittelbar die Kommune selbst und nicht den Betrieb als solchen. 55

Das **Kommunalunternehmen** als AöR erfüllt zwar die genannten Voraussetzungen. Aufgrund der kommunalen Gewährträgerhaftung haftet die Kommune gegenüber den Gläubigern des Kommunalunternehmens aber in der Regel als Anstaltsträger subsidiär und unbeschränkt für die Verbindlichkeiten des Unternehmens.[70] Dadurch soll dem Umstand Rechnung getragen werden, dass sich die Kommune bei der Erfüllung ihrer (Pflicht-)Aufgaben der Anstalt bedient bzw. diese Aufgabe selbst auf die Anstalt überträgt und daher die Funktionsfähigkeit der Anstalt respektive die Aufgabenerfüllung ungeachtet von Liquiditätsschwierigkeiten sichergestellt werden muss.[71] Eine Beschränkung der Haftung auf das Vermögen des Unternehmens ist bei der Wahl einer öffentlich-rechtlichen Organisationsform demnach ausgeschlossen. 56

---

66 Vgl. *Erbguth/Stollmann*, DÖV 1993, 798 (805); *Ehlers*, Verwaltung in Privatrechtsform, S. 307.

67 Dies bestätigt die im März 2014 veröffentlichte Studie der Managementberatung Kienbaum „Vorstands- und Geschäftsführerbezüge in öffentlichen Unternehmen".

68 So *Erbguth/Stollmann*, DÖV 1993, 798 (805); *Ehlers*, Verwaltung in Privatrechtsform, S. 308; *Siekmann*, Haftung der Kommunen für ihre privatrechtlich organisierten Unternehmen, in: *Püttner*, Zur Reform des Gemeindewirtschaftsrechts, S. 159 ff.

69 Statt vieler *Ehlers*, Verwaltung in Privatrechtsform, S. 315 f.

70 Vgl. Art. 89 Abs. 4 BayGO; § 114 a Abs. 5 Satz 1 GO NRW; § 86 a Abs. 4 GemO RhPf; § 4 AnstG LA; anders dagegen § 144 NKomVG; § 106a Abs. 4 GO S-H.

71 *Schulz*, BayVBl. 1996, 129 (131).

57 Für die **GmbH** und die **Aktiengesellschaft** als Kapitalgesellschaften hingegen gilt das Prinzip der Trennung von Gesellschaftsvermögen und Gesellschaftervermögen, so dass den Gläubigern für Verbindlichkeiten der Gesellschaft als Haftungsmasse ausschließlich das Gesellschaftsvermögen zur Verfügung steht.[72] Eine unmittelbare Haftung des Gesellschafters bzw. Aktionärs ist daher grundsätzlich nur möglich, wenn dieser sich selbst kraft Vertrags neben der Gesellschaft verpflichtet hat. Eine Beschränkung der Haftung auf das ausgegliederte Unternehmensvermögen kann somit nur durch die Wahl einer privatrechtlichen Rechtsform erreicht werden.

58 Jedoch darf die wirtschaftliche Betätigung von Kommunen mittels **Privatrechtsformen** trotz des generellen Vorrangs gesellschaftsrechtlicher Regelungen nicht dazu führen, dass die besonderen öffentlich-rechtlichen Bindungen gänzlich entfallen. Soweit sich die Kommune der Privatrechtsform zur **Erfüllung kommunaler Pflichtaufgaben** bedient, trifft sie die Pflicht zur Sicherstellung der ordnungsgemäßen Erfüllung dieser Aufgabe. Daher kommt die ersatzlose Zerschlagung einer solchen Gesellschaft im Rahmen eines Insolvenzverfahrens nicht in Betracht, vielmehr hat die Kommune die Liquidität und Funktionsfähigkeit der Gesellschaft zu erhalten und deren Insolvenz abzuwenden.[73] Mithin kann sich die Kommune im Rahmen der Erfüllung von Pflichtaufgaben ihrer finanziellen Verantwortung auch durch eine rechtsformbedingte Haftungsbeschränkung nicht entziehen. Vor dem Hintergrund des gesellschaftlichen Trennungsprinzips besteht diese **Insolvenzabwendungspflicht** anders als die Gewährträgerhaftung aber nur im Innenverhältnis zwischen Kommune und Gesellschaft und nicht im Außenverhältnis zwischen Kommune und Gesellschaftsgläubiger.[74] Zumindest insoweit zieht die Wahl einer Privatrechtsform nicht zwingend auch eine Eingrenzung finanzieller Risiken nach sich.

59 Geht es dagegen um die **Erfüllung freiwillig übernommener Aufgaben**, kann die Kommune kraft ihres Selbstverwaltungsrechts selbst entscheiden, ob sie die Insolvenz der betreffenden Gesellschaft abwenden oder die hierfür aufzuwendenden Mittel zur Erfüllung anderer Aufgaben einsetzen will.[75] In diesem Bereich kann sich die Kommune daher gegenüber den Gläubigern auf die Beschränkung der Haftung auf das Gesellschaftsvermögen berufen.

VIII. Verbesserung der Finanzierung

60 Angesichts der prekären Haushaltslage vieler Kommunen, der zu beobachtenden gesamtwirtschaftlichen Entwicklung und der weltweiten Finanzmarktlage gewinnt der Aspekt der **Finanzierungsmöglichkeiten**, die eine Rechts- oder Betriebsform offeriert, immer mehr an Bedeutung. Die Möglichkeiten der Fremdfinanzierung hängen im Wesentlichen von der Kreditwürdigkeit und den rechtlichen Vorgaben für die Kreditaufnahme ab.[76]

61 Ein hohes Maß an **Kreditwürdigkeit** minimiert das Risiko des Geldgebers und führt regelmäßig zu günstigeren Kreditkonditionen durch geringere Fremdfinanzierungskosten etwa in Bezug auf die Zinshöhe oder die Bestellung von Sicherheiten. In diesem Zusammenhang werden den **rechtlich verselbständigten Rechtsformen** aufgrund ihrer Eigenkapitalausstattung generell bessere Fremdfinanzierungsmöglichkeiten bescheinigt, da sie über eine eigene Haftungsgrundlage verfügen und entsprechend Sicherheiten bestellen können.[77]

---

[72] Vgl. § 1 Abs. 1 Satz 2 AktG, § 13 Abs. 2 GmbHG.

[73] Zu den rechtlichen Grundlagen der Konkursabwendungspflicht *Gaß*, Umwandlung gemeindlicher Unternehmen, S. 78 ff. m. w. N.

[74] Eine Durchgriffshaftung der Gläubiger auf das Vermögen der Trägerkommune ablehnend auch *Uechtritz/Reck*, in: *Hoppe/Uechtritz/Reck*, Handbuch kommunale Unternehmen, § 16 Rn. 70 ff., m. w. N.

[75] So zutreffend OLG Celle vom 12.7.2000, 9 U 125/99 (juris), das über die Konkursabwendungspflicht einer Gemeinde bei Insolvenz ihrer Kurbetriebsgesellschaft mbH zu entscheiden hatte.

[76] Zu Kommunalleasinggeschäften vgl. Fn. 15.

[77] Vgl. *Erbguth/Stollmann*, DÖV 1993, 798 (803) m. w. N.

62 Diese privatwirtschaftlich geprägte Argumentation lässt sich allerdings nicht ohne weiteres auf den Sektor kommunaler Wirtschaftsbetätigung übertragen. Im Gegenteil führt die **uneingeschränkte Haftung der Kommunen** für ihre **Regie- und Eigenbetriebe** in der Regel zu einem besseren Fremdfinanzierungsrahmen,[78] da nur ein Zusammenbruch der öffentlichen Haushalte die Rückzahlung des Kredits gefährden könnte, was trotz der derzeitigen Haushaltslage kaum zu erwarten ist.

63 Für die Gläubiger eines **Kommunalunternehmens als AöR** verbreitert sich die Haftungsmasse über das Stammkapital hinaus ebenfalls um das Vermögen des Unternehmensträgers, der in den meisten Bundesländern[79] als Gewährträger diesen gegenüber subsidiär, aber uneingeschränkt haften muss. Im Gegensatz zu den unselbständigen Betriebsformen belastet der Kredit aber nicht unmittelbar den Kommunalhaushalt, sondern allein den Haushalt des Kommunalunternehmens. Die Bonität und Kreditwürdigkeit öffentlich-rechtlich organisierter Unternehmen ergibt sich damit in erster Linie aus der Finanzkraft der Kommune als Unternehmensträger und nicht (nur) aus der – nur bei der AöR vorhandenen – in ihrem Umfang regelmäßig geringeren Eigenkapitalausstattung.[80]

64 Bei **Privatrechtsformen** liegt das Risiko des Kreditgebers für den insolvenzbedingten Ausfall der Forderung wegen der rechtsformbedingten Beschränkung der Haftung auf das Gesellschaftsvermögen dagegen deutlich höher, so dass die Bedingungen bei der Kreditvergabe entsprechend stringenter sein müssen.[81] Hinsichtlich der Kreditwürdigkeit sind öffentlich-rechtliche Organisationsformen den Privatrechtsformen aufgrund der dort bestehenden Haftungsbeschränkungen daher grundsätzlich überlegen. An dieser (rechtsformbezogenen) These ändern auch die zwischenzeitlich eingetretenen Unsicherheiten an den Finanzmärkten im Zuge der europäischen Staatsschuldenkrise oder regulatorische Maßnahmen im Rahmen der Umsetzung von „Basel III" nichts. Diesbezüglich stellt sich eher die – an anderer Stelle zu diskutierende – Frage nach den Auswirkungen auf die kommunalen Finanzen im Allgemeinen.

65 Ein spürbarer Nachteil der Betriebsformen des Regie- und Eigenbetriebs ergibt sich allerdings durch deren Einbindung in den Kommunalhaushalt und die damit verbundenen kommunal- und **haushaltsrechtlichen Bindungen**, die das Verfahren der Kreditaufnahme erschweren und zu Entscheidungsverzögerungen führen können. Dagegen unterliegen die AöR und Eigen- oder Beteiligungsgesellschaften nicht den Erfordernissen einer entsprechenden Kreditermächtigung im Kommunalhaushalt oder etwaiger Genehmigungserteilungen für die Bestellung von Sicherheiten, so dass sich diese wegen der geringeren formalen Anforderungen schneller an veränderte finanzielle Rahmenbedingungen und Schwankungen des Zinsniveaus anpassen können.[82]

66 Die Eigenfinanzierung im Sinne einer **Eigenkapitalerhöhung** kommt von vornherein nur bei den rechtlich verselbständigten Rechtsformen in Betracht, da nur diese über ein eigenes Stamm- oder Nominalkapital verfügen. Die Erweiterung der Eigenkapitalbasis ist zum einen durch Thesaurierung von Unternehmensgewinnen zur Erhöhung der offenen Rücklagen oder durch Nachschusszahlungen des Unternehmensträgers bzw. der Gesellschafter möglich.

---

[78] Dem kann auch nicht die Privilegierung der Kommunen und Anstalten des öffentlichen Rechts in der Zwangsvollstreckung entgegengehalten werden. Nach § 882 a ZPO sind nur die Gegenstände von der Zwangsvollstreckung ausgenommen, die für die Erfüllung öffentlicher Aufgaben unentbehrlich sind, im Übrigen ist eine Vollstreckung in das kommunale Vermögen bzw. das Anstaltsvermögen uneingeschränkt zulässig.

[79] Vgl. Rn. 56.

[80] Vgl. *Ehlers*, Verwaltung in Privatrechtsform, S. 324; dagegen *Neumeyer*, KommPraxBy 1998, 374 (376).

[81] Vor dem Hintergrund der Ausführungen unter VII. relativiert sich der aus der Haftungsbeschränkung resultierende Nachteil in den Bereichen, in denen die Kommune eine Konkursabwendungspflicht trifft. Allerdings haftet die Kommune dann lediglich im Innenverhältnis zur Gesellschaft und nicht unmittelbar gegenüber den Gläubigern.

[82] So zutreffend *Klein/Uckel/Ibler*, Kommunen als Unternehmer, Kennzahl 23.00, Anm. 2.2.8. Dieser Vorteil besteht aber nur, soweit die Kommune nicht ihrerseits über die Bestellung einer Sicherheit für den Kredit des Kommunalunternehmens oder ihrer Eigen- oder Beteiligungsgesellschaft entscheiden muss.

67 Von größerer Bedeutung ist aber die Beschaffung von Eigenkapital durch die **Beteiligung Dritter**, die mit ihren Beteiligungen den Kapitalstock des Unternehmens erhöhen. Diese Form der Eigenkapitalbeschaffung kann nicht nur wegen der Kostenneutralität für die bisherigen Anteilsinhaber und der im Verhältnis zur Fremdkapitalbeschaffung geringeren Risikostruktur Vorteile bringen, sondern darüber hinaus die Möglichkeit eröffnen, das Know-how Dritter für die Unternehmung zu erschließen.

68 Am besten geeignet für die Teilnahme einer unbegrenzten Anzahl von Gesellschaftern und die dadurch bedingte Aufbringung hoher Kapitalbeträge ist die Rechtsform der **Aktiengesellschaft**, die deshalb regelmäßig eine zweckmäßige Organisationsform für Großbetriebe darstellt. Auch bei der Rechtsform der **GmbH** ist eine Aufnahme neuer Gesellschafter jederzeit möglich, wobei die Zahl der Gesellschafter meist wesentlich kleiner sein wird als bei der Aktiengesellschaft.

69 Dagegen ist eine Beschaffung „echten" Eigenkapitals durch die **Kommune** selbst oder ein **Kommunalunternehmen als AöR** mangels Möglichkeit einer direkten Beteiligung Dritter ausgeschlossen. Wie bereits unter IV. dargestellt, weisen die öffentlich-rechtlichen Organisationsformen in Bezug auf die Kooperationsmöglichkeiten und damit letztlich auch im Hinblick auf die Möglichkeiten der Eigenfinanzierung Nachteile gegenüber den Privatrechtsformen auf.

IX. Vergaberechtliche Bindungen

70 Aufgrund der fortschreitenden Ausdehnung der Anwendung des Vergaberechts auf kommunal(wirtschaftlich)e Betätigungen und Formen interkommunaler Zusammenarbeit wird diesem Aspekt in der Praxis zunehmend Einfluss auf die Entscheidung für eine Rechts- oder Betriebsform beigemessen.[83] Soweit ein kommunales Unternehmen aufgrund seiner Rechts-, Betriebs- oder Organisationsform bei der **Vergabe von Aufträgen** an Dritte nicht vergaberechtlichen Bindungen unterliegt[84], besteht mangels Pflicht zur Rücksichtnahme auf vergaberechtliche Verfahrensvorschriften grundsätzlich eine größere politische Eigenständigkeit bei der Gestaltung der Aufgabenwahrnehmung. Unter Umständen kann flexibler auf Angebote Dritter reagiert und können durch den bestehenden Verhandlungsfreiraum möglicherweise günstigere Vertragskonditionen ausgehandelt werden, jedenfalls kann der Dritte, der Partner, gezielt – unter Beachtung wirtschaftlicher Grundsätze – ausgewählt werden.

Die **Gründung** eines kommunalen Unternehmens oder der Rechtsformenwechsel durch Umwandlung eines bestehenden Unternehmens sind als innerstaatlicher (kommunaler) Organisationsakt grundsätzlich nicht vergaberechtsrelevant. Allerdings kann die Gründung eines kommunalen Unternehmens unter Beteiligung Privater bereits einen ausschreibungspflichtigen Vorgang darstellen, wenn dies im Zusammenhang mit einer Auftragserteilung durch die Kommune als öffentlicher Auftraggeber an diese Gesellschaft steht.[85] Unterliegt die Auswahl des privaten Partners dem Vergaberechtsregime, so ist bei Überschreitung der europäischen Schwellenwerte grundsätzlich eine europaweite Ausschreibung unumgänglich. Im Übrigen ist nach Auffassung der EU-Kommission bei der Auswahl privater Partner ein faires und transparentes Verfahren durchzuführen; im Einzelnen sind die Anforderungen an das Transparenzgebot aber unklar.[86]

---

[83] Ausführlich zum Vergaberecht Kapitel H. I. Sehr informativ bzgl. aktueller Rechtsprechung und der Fortentwicklung dieses Rechtsbereichs ist das Vergabeinformationssystem VIS des Deutschen Städte- und Gemeindebundes unter www.dstgb-vis.de.

[84] Vgl. dazu Kapitel H. I. 3.

[85] Vgl. EuGH vom 10.11.2005, C-29/04 (juris). Eine doppelte Ausschreibung sowohl der privaten Beteiligung am Unternehmen als auch der Beauftragung des Unternehmens ist dann aber nicht mehr erforderlich, vgl. EuGH vom 15.10.2009, C-196/08 (juris).

[86] Mitteilung der EU-Kommission zu Auslegungsfragen in Bezug auf die Anwendung der gemeinschaftlichen Rechtsvorschriften für öffentliche Aufträge und Konzessionen auf institutionalisierte öffentlich-private

Von großer Praxisrelevanz, insbesondere wenn es um die Beteiligung Privater oder die Gründung bzw. Beteiligung an einer Aktiengesellschaft geht, ist das vergabefreie **Inhouse-Geschäft** als Ausnahme von der grundsätzlichen Ausschreibungspflicht. Der Europäische Gerichtshof hat dafür Kriterien aufgestellt, die sorgfältig zu beachten sind.[87] Durch die am 17.4.2014 in Kraft getretene Vergabekoordinationsrichtlinie wurden die einzelnen Kriterien für das Vorliegen eines Inhouse-Geschäfts – teilweise in Abkehr von dieser bisherigen Rechtsprechung – neu bestimmt.[88] Ob die bis Frühjahr 2016 in nationales Recht umzusetzenden Richtlinien zu mehr Rechtssicherheit in diesem Bereich führen werden, bleibt abzuwarten. Liegt ein vergabefreies Inhouse-Geschäft nicht vor, droht die Gefahr, dass die Kommune dem betreffenden Unternehmen ohne Ausschreibung keine Aufträge erteilen kann, andernfalls nicht unerhebliche nachteilige Folgen inklusive Strafzahlungen (zunächst an die Bundesrepublik Deutschland gerichtet) entstünden; bei einem Vergabeverfahren steht die Erfüllung der kommunalen Aufgabe unter dem Vorbehalt, dass im Vergabeverfahren kein anderes Unternehmen – als das eigentlich „gewollte" – ein wirtschaftlicheres Angebot abgibt.[89]

Im Bereich der **interkommunalen Zusammenarbeit** neigen die nationale Rechtsprechung[90] und auch der EuGH[91] zu einer eher extensiven Anwendung vergaberechtlicher Vorschriften. Hierzu sei auch auf den von der EU-Kommission 2011 veröffentlichten Leitfaden zur öffentlich-öffentlichen Zusammenarbeit hingewiesen.[92] Die bereits erwähnten 2014 in Kraft getretenen Vergabekoordinationsrichtlinien regeln – durchaus aufbauend auf diesen Leifaden – erstmals gesetzlich die Voraussetzungen für eine vergabefrei zulässige interkommunale Zusammenarbeit. Auch insoweit wird abzuwarten sein, ob im Rahmen der nationalen Umsetzung ein Mehr an Rechtssicherheit erreicht werden kann.

Angesichts der strengen Vorgaben des Vergaberechts, weiterhin bestehender Unsicherheiten im Hinblick auf dessen Reichweite und der weitreichenden Konsequenzen bei dessen Nichteinhaltung ist insgesamt eine sorgfältige Prüfung der vergaberechtlichen Folgen eines Umstrukturierungsvorgangs bzw. des mit ihm verfolgten Ziels anzuraten.

X. Rechtsformabhängige Kosten

Unter dem Gesichtspunkt der Wirtschaftlichkeit einer Rechts- und Betriebsform können schließlich noch die für die jeweilige Organisationsform aufzuwendenden **Gründungs- und Betriebskosten** Bedeutung erlangen. Gründungskosten fallen insbesondere für die notarielle Beurkundung der Unternehmenssatzung, für deren Bekanntmachung oder Veröffentlichung sowie für die unter Umständen erforderliche Eintragung ins Handelsregister an. 71

Bei der Errichtung **öffentlich-rechtlicher Rechtsformen** entstehen Kosten nur für die Veröffentlichung der Betriebs- oder Unternehmenssatzung und eine eventuell obliga- 72

Partnerschaften (IÖPP) 2008/C 91/02, ABl. C 91 vom 12.4.2008. Fraglich ist z. B., ob das Transparenzgebot auch für Bürgerbeteiligungsgesellschaften Anwendung findet oder wie dem Rechnung getragen werden kann.

87 Vgl. insbes. EuGH vom 18.11.1999, C-107/98 „Teckal"; vom 11.1.2005, C-26/03 „Stadt Halle"; vom 19.4.2007, C-295/05 „Asemfo/Tragsa"; vom 29.11.2012, C-182/11 und C-183/11 „Econord SpA"; vom 19.6.2014, C-574/12 „SUCH" (alle juris).

88 U.a. in Bezug auf das „Wesentlichkeitskriterium", die Möglichkeit der Beteiligung Privater an einer Inhouse-Gesellschaft und die Frage der Ausübung der gemeinsamen Kontrolle mehrerer Gesellschafter über eine Gesellschaft.

89 Ausführlich dazu Kapitel H. I. 6.a).

90 Vgl. OLG Düsseldorf, NZBau 2004, 398, 400; OLG Frankfurt, NZBau 2004, 692; OLG Naumburg, NZBau 2006, 58.

91 Die kommunalfreundliche Entscheidung des EuGH vom 9.6.2009 (C-480/06, „Stadtreinigung Hamburg") zur vergaberechtsfreien Zusammenarbeit zwischen Kommunen wurde durch die Entscheidungen vom vom 19.12.2012 (C-159/11, „Lecce") und 13.6.2013 (C-386/11, „Kreis Düren") „konkretisiert".

92 Arbeitsdokument über die Anwendung des EU-Vergaberechts im Fall von Beziehungen zwischen öffentlichen Auftraggebern (öffentlich-öffentliche Zusammenarbeit) vom 4.10.2011, SEK(2011) 1169 endg.

torische[93] oder fakultative[94] Eintragung in das Handelsregister. Die Satzung eines Eigenbetriebs oder einer AöR ist nicht beurkundungspflichtig. Die Einrichtung eines Regiebetriebs ist dagegen insgesamt kostenneutral.

73 Demgegenüber ist der finanzielle Aufwand bei der Gründung einer **Privatrechtsform** größer, da neben der zwingend vorgeschriebenen Eintragung in das Handelsregister und der Bekanntmachung des Gesellschaftsvertrags die notarielle Beurkundung des Gesellschaftsvertrags bzw. der Unternehmenssatzung – im Falle der Umwandlung zusammen mit dem Ausgliederungsvertrag bzw. Ausgliederungsplan – und unter Umständen die Erstellung eines Sachgründungsberichts erforderlich ist.

74 Soweit die Kommune im Rahmen der Gründung eines rechtsfähigen Kommunalunternehmens als AöR bzw. einer privatrechtlichen Gesellschaft Grundeigentum übertragen will, fällt hierfür **Grunderwerbsteuer** in beträchtlicher Höhe an.[95] Bei den unselbständigen Regie- und Eigenbetrieben verbleibt das betreffende Grundstück jedenfalls im Eigentum der Gemeinde.

75 Zu den laufenden, durch Steuern und Personal verursachten Kosten treten **rechtsformspezifische Betriebskosten** im Wesentlichen für die Rechnungslegung, Veröffentlichung der Jahresabschlüsse sowie die Rechnungsprüfung.[96] Diese Kosten fallen bei allen Rechtsformen an, die ihre Rechnung nach den Regeln der doppelten kaufmännischen Buchführung legen, und werden in ihrem Umfang vor allem durch die Größe des Unternehmens bestimmt. Hinzu kommen bei Beteiligungen an Privatrechtsformen die durch die Erstellung der kommunalrechtlich in der Regel vorgeschriebenen Beteiligungsberichte sowie die durch die Einrichtung eines kommunalen Beteiligungsmanagements verursachten Kosten.[97] In Relation zu den übrigen Entscheidungskriterien stellen diese Kosten aber einen – je nach Größe der Kommune – eher untergeordneten Faktor dar.

76 Zusammenfassend lässt sich feststellen, dass in Bezug auf die bei der Gründung einer Rechts- oder Betriebsform und im laufenden Betrieb entstehenden Kosten die privatrechtlichen Rechtsformen tendenziell mit größeren finanziellen Belastungen verbunden sind als die öffentlich-rechtlichen Rechtsformen. Diese Kosten müssen allerdings im Zusammenhang mit den der jeweiligen Rechts- oder Betriebsform dauerhaft anhaftenden – oftmals vorrangigen – positiven Kriterien betrachtet und abgewogen werden.

---

[93] Nach § 29 HGB besteht eine Eintragungspflicht für Eigenbetriebe oder Kommunalunternehmen, soweit sie als Kaufmann im Sinne von § 1 HGB qualifiziert werden können. Als kaufmännisches Handelsgewerbe im Sinne dieser Vorschrift gilt eine erkennbare, auf Dauer angelegte, selbständige, aber nicht freiberufliche, auf Gewinnerzielung ausgerichtete oder jedenfalls wirtschaftliche Tätigkeit am Markt, vgl. *Baumbach/Hopt*, HGB, § 1 Rn. 12 m. w. N. Eine derartige wirtschaftliche Betätigung wird insbesondere bei Energieversorgungsunternehmen angenommen, nicht aber bei Unternehmen, die nach dem Kostendeckungsprinzip arbeiten wie etwa Wasserver- oder Abwasserentsorgungsunternehmen. Bei Regiebetrieben fehlt es bereits am Merkmal der Selbständigkeit und damit am Vorliegen eines Gewerbebetriebs in genanntem Sinne.

[94] Durch die Eintragung ins Handelsregister eröffnet sich beispielsweise die Möglichkeit der Erteilung von Prokura, vgl. §§ 2 Satz 1, 48 HGB.

[95] Soweit dem Kommunalunternehmen ein Grundstück aus Anlass des Übergangs von öffentlich-rechtlichen Aufgaben übertragen wird und dies nicht überwiegend einem Betrieb gewerblicher Art dient (z. B. im Bereich hoheitlicher Aufgaben wie etwa der Abfallentsorgung oder Abwasserbeseitigung), ist der Übertragungsvorgang nach § 4 Nr. 1 GrEStG grunderwerbsteuerneutral. Bei Privatrechtsformen findet diese Vorschrift keine Anwendung, vgl. FG Nds. vom 12.7.2006, 7 K 25/05, Rn. 19 (juris). Die Belastung mit Grunderwerbsteuer kann vermieden werden, indem die Kommune auf die Übertragung des Grundeigentums verzichtet und dem Unternehmen stattdessen die Nutzung des Grundstücks im Rahmen eines Pacht- oder Leihvertrags überlässt.

[96] *Neumeyer*, KommPraxBy 1998, 374 (375).

[97] Zu den diesbezüglichen kommunalrechtlichen Vorgaben vgl. Kapitel C. III. 4.

XI. Sonstige Entscheidungskriterien und Ausblick

Neben den genannten, sicherlich zentralen Kriterien lassen sich noch **einige andere Aspekte** aufzählen, die die Entscheidung der Kommune für eine bestimmte Rechts- oder Betriebsform beeinflussen können. Beispielhaft seien hier vor allem das Rechnungs- und Prüfungswesen, die Publizitätsanforderungen,[98] Möglichkeiten der Entgelt- und Gebührenkalkulation und auch die Ausgestaltung der Nutzungsverhältnisse zwischen Unternehmen und Bürger erwähnt. 77

Vorrangig sollten die Kommunen mit der Wahl einer Rechts- oder Betriebsform das Ziel verfolgen, die Erfüllung der jeweiligen öffentlichen Aufgabe zu optimieren. Aufgrund der Komplexität dieses Ziels ist die allgemeine Empfehlung einer bestimmten Rechts- oder Betriebsform aber selbst für einzelne kommunale Tätigkeitsbereiche nur schwer möglich, sondern erfordert – wie dies bereits mehrfach angeklungen ist – eine eingehende **Bewertung** der Betriebs- oder Unternehmenssituation **in jedem konkreten Einzelfall**. Deshalb können dieser Beitrag und dieses Handbuch nur sensibilisieren für die im Rahmen dieser Erwägungen zu beachtenden Problemfelder und eine Art **Check-Liste** der relevanten Kriterien an die Hand geben. 78

Für welche Rechts- oder Betriebsform sich die „Kommune als Unternehmer" dann entscheidet, hängt letztlich von der Gewichtung der einzelnen Kriterien im Rahmen ihrer **Abwägung** ab. Bei alledem sollte die Frage nach der **Durchsetzbarkeit und Akzeptanz** der unternehmerischen Entscheidung bei den betroffenen Beschäftigten, aber auch in der Bevölkerung[99] nicht außer Acht bleiben: Kommunen und kommunale Unternehmen verspüren in jüngster Zeit bei aller vorhandenen Wertschätzung ein verstärktes Interesse der Öffentlichkeit nach mehr Transparenz und Kontrolle öffentlicher Unternehmen. Das Thema Compliance/Governance-Kodex ist „in". Dabei bedeuten diese „neudeutschen" Begriffe eigentlich nur die Einhaltung aller Gesetze, was für Kommunen und kommunale Unternehmen und deren Amtsträger und Personal selbstverständlich sein sollte, aber leider auch hier gelegentlich nicht der Fall ist. Dies kann zu berechtigtem Unmut beim Bürger führen, der gerade in die kommunale Aufgabenwahrnehmung im Bereich der Daseinsvorsorge und in die Gemeinwohlverpflichtung hohes Vertrauen hat. Aus der Nähe zur öffentlichen Hand, etwa bei der Verantwortung für öffentliche Mittel, ergeben sich generell gerade für kommunale Unternehmen und ihr breites Betätigungsfeld regelmäßig besondere Sorgfaltspflichten. 79

Schließlich ist – mit Blick auf die **Effizienz** und die möglichen **Kosten einer Umstrukturierung** – auch zu prüfen, ob die angestrebten Ziele nicht ebenso durch eine Modernisierung vorhandener Strukturen erreichbar sind. Allzu viele Kommunen mussten in der Vergangenheit die teilweise kostspielige Erfahrung machen, dass der Wechsel von Rechts- oder Betriebsformen allein kein Allheilmittel für die Lösung kommunaler (Finanz-)Probleme darstellt. Mit Blick auf die Komplexität vieler Vorgänge dürfte es auch im Interesse der Kommunen selbst liegen, frühzeitig die Kommunalaufsicht einzubinden. 80

---

[98] Vgl. zu diesem Komplex Kapitel E.

[99] Laut einer repräsentativen Haushaltskundenbefragung des dimap-Instituts im September 2008 im Auftrag des Bundesverbands Öffentliche Dienstleistungen (BVÖD) und des Verbands kommunaler Unternehmen (VKU) bevorzugen 59 Prozent der Bundesbürger öffentliche Unternehmen gegenüber den privaten bei der Versorgung mit Strom, Gas, Wasser, bei der Abfallentsorgung und im Öffentlichen Nahverkehr. Nach der Umfrage wird das Kriterium der „Gemeinwohlorientierung" von den Befragten ganz überwiegend den öffentlichen Unternehmen zugeordnet. Vgl. auch die eingangs in diesem Kapitel erwähnte repräsentative Umfrage der Freiherr vom Stein-Akademie für Europäische Kommunalwissenschaften e.V. aus 2011 (Fn. 4). Derartige Meinungsbilder gilt es insbesondere bei der Entscheidung über (materielle) Privatisierungen zu berücksichtigen.

Sachverzeichnis

Die fettgedruckten Buchstaben geben das Kapitel, die römischen Buchstaben das Unterkapitel an, die mageren Zahlen die Randnummern.

Sachverzeichnis

Sachverzeichnis